赤峰市志

赤峰市地方志编纂委员会

1991–2014

上册

方志出版社

图书在版编目（CIP）数据

赤峰市志：1991—2014 / 赤峰市地方志编纂委员会编. — 北京：方志出版社，2020. 8

ISBN 978-7-5144-4261-8

Ⅰ. ①赤… Ⅱ. ①赤… Ⅲ. ①赤峰 - 地方志 -1991-2014 Ⅳ. ① K292.63

中国版本图书馆 CIP 数据核字（2020）第 163929 号

赤峰市志（1991—2014）

编　　者	赤峰市地方志编纂委员会
责任编辑	冯　松
出 版 者	方志出版社
	地址　北京市朝阳区潘家园东里 9 号（国家方志馆 4 层）
	邮编　100021
	网址　http://www.zgfzcb.cn
发　　行	方志出版社图书经销中心
	电话　（010）67110500
经　　销	各地新华书店
承　　制	赤峰画报社
印　　刷	赤峰翰森印务有限公司
开　　本	889mm×1194mm　1/16
印　　张	165
字　　数	3687 千
版　　次	2020 年 8 月第 1 版　2020 年 8 月第 1 次印刷
印　　数	0001～3000 册

ISBN　978-7-5144-4261-8　　定价（全三册）：1200.00 元

赤峰新城区（2013 年摄）

阿鲁科尔沁旗天山镇（2012 年摄

巴林左旗林东镇（2016 年摄

喀喇沁旗锦山镇（2013 年摄）

宁城县天义镇（2017 年摄）

敖汉旗新惠镇（2017 年摄

元宝山区平庄镇（2017 年摄

红山区新城建设（2019 年摄）

松山区新城建设（2019 年摄）

1		
2	3	4

1. 新城区玉龙大街及玉龙广场（2010 年摄）
2. 新城区半支箭河橡胶坝（2007 年摄）
3. 红山区智慧城市指挥中心（2019 年摄）
4. 银河大桥（2019 年摄）

1	2
	3
	4

1. 红山公园（2017 年摄）
2. 新城区文化长廊（2019 年摄）
3. 新城区石博园（2016 年摄）
4. 新城区车伯尔民俗园（2007 年摄）

1 | 2 | 3

丹锡与赤通高速公路互通（2019 年摄）
赤峰至新营子旅游公路（2019 年摄）
新城区腾飞大道（2020 年摄）

赤峰
交通规则 按规定停放车辆
严禁各种车辆乱停乱放
集中整治站前广场交通秩序

赤峰站

1	3
2	4

1. 赤峰火车站（2012 年摄）
2. 高铁赤峰站（2020 年摄）
3. 赤峰玉龙机场（2013 年摄）
4. 赤峰长途汽车站（2011 年摄）

1		4
2	3	5

1. 翁牛特旗有机水稻种植（2013 年摄）
2. 设施农业节水灌溉（2016 年摄）
3. 赤峰市 Y-121V 型人工增雨飞机（2012 年摄）
4. 敖汉有机小米种植（2014 年摄）
5. 现代化机械收割作业（2010 年摄）

红山区玉皇庙农业园区（2019年摄）

松山区大庙镇设施农业园区（2018年摄）

1	3
2	4

1. 红山区油葵种植（2016 年摄）
2. 翁牛特旗沙地马铃薯种植（2013 年摄）
3. 宁城县玉米种植（2016 年摄）
4. 敖汉旗万寿菊种植（2012 年摄）

1	2	4
3		5

1. 敖汉细毛羊（2016 年摄）
2. 昭乌达肉羊（2017 年摄）
3. 宁城县白羽肉鸭养殖（2013 年摄）
4. 阿旗绍根草业基地（2012 年摄）
5. 草原红牛（2016 年摄）

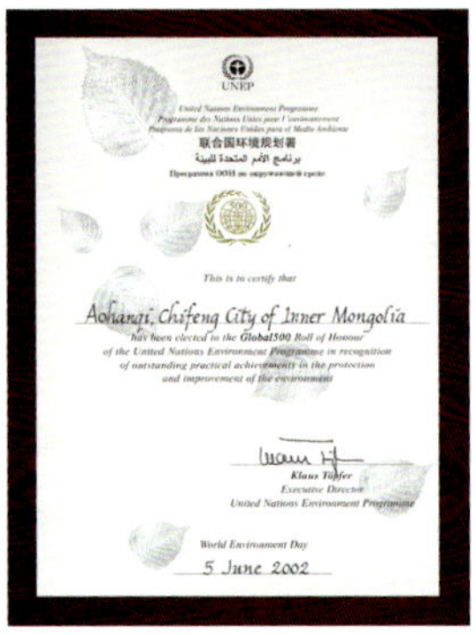

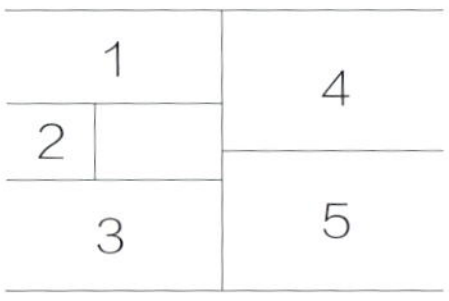

1. 新城区锡伯河畔觅食的鸟（2013 年摄）
2. 2002 年敖汉旗获“全球 500 佳”环境奖牌
3. 松山区太平地林网（2013 年摄）
4. 巴林左旗造林工程（2010 年摄）
5. 克什克腾旗桦木沟林区（2012 年摄）

1	2	4
3		5

1. 宁城县富硒苹果（2017 年摄）
2. 敖汉旗沙棘（2005 年摄）
3. 敖汉旗小流域治理工程（2007 年摄）
4. 翁牛特旗治沙工程（2013 年摄）
5. 松山区植树造林大会战（2003 年摄）

1	2
3	

1. 三座店水库（2010 年摄）
2. 大石门水电站（2010 年摄）
3. 国家级自然保护区达里诺尔湖及盛产的瓦氏雅罗鱼（2008 年摄）

翁牛特旗灯笼河子风电场（2013 年摄）

1	2
	3

1. 元宝山露天矿轮斗挖掘机（2013 年摄）
2. 50 万伏输电线路（2010 年摄）
3. 元宝山发电厂（2012 年摄）

<table>
<tr><td>1</td><td colspan="2" rowspan="2">3</td></tr>
<tr><td></td></tr>
<tr><td>2</td><td>4</td><td>5</td></tr>
</table>

1. 赤峰金峰铜业有限公司（2013 年摄）
2. 赤峰远联钢铁有限责任公司（2017 年摄）
3. 赤峰红山工业园区（2013 年摄）
4. 大唐国际克什克腾煤制天然气公司（2015 年摄）
5. 内蒙古金陶公司选矿厂（2009 年摄）

去压缩机入口汇管

1	2
	3

1. 赤峰中色库博红烨锌业有限公司（2013 年摄）
2. 内蒙古黄岗矿业有限责任公司（2009 年摄）
3. 国电赤峰化工有限公司（2012 年摄）

黄岗矿业

1		4
2	3	5

1. 燕京啤酒（赤峰）有限公司无菌灌装生产车间（2013 年摄）
2. 赤峰拓佳光电有限公司（2019 年摄）
3. 赤峰伊利乳业有限责任公司（2006 年摄）
4. 内蒙古天奇中蒙制药股份有限公司（2017 年摄）
5. 赤峰东荣羊绒制品有限公司生产车间（2019 年摄）

天奇蒙中药国家工程研究院
天奇中蒙制药股份
天奇食品药品检测中心

持续改进

蒙东云计算

1	2
3	

1. 桥北红山物流园区（2017 年摄）
2. 赤峰保税物流中心（2017 年摄）
3. 蒙东云计算产业园（2016 年摄）

1	3
2	4

1. 赤峰万达商业广场（2015 年摄）
2. 赤峰新华路商业步行街（2013 年摄）
3. 赤峰永业广场（2016 年摄）
4. 赤峰国际会展中心（2010 年摄）

永业大厦
北京华联购物中心

维多利广场
VICTORY PLAZA

红星美凯龙家居生活广场

1	2	4
3	5	6

1. 赤峰维多利广场（2013 年摄）
2. 新城区众联广场（2010 年摄）
3. 红星美凯龙家居生活广场（2010 年摄）
4. 赤峰玉龙国宾馆（2013 年摄）
5. 老字号城南对夹餐饮店（2020 年摄）
6. 中国工商银行赤峰分行（2020 年摄）

中國清代蒙古王府博物館
QING MONGOLIAN PRINCE MANSION MUSEUM CHINA

1	2	4
3		5

1. 宁城县黑里河道须沟景区（2013 年摄）
2. 喀喇沁旗蒙古王府博物馆（2013 年摄）
3. 克什克腾旗阿斯哈图石林景区（2008 年摄）
4. 巴林右旗赛罕乌拉世界生物圈保护区（2012 年摄）
5. 喀喇沁旗马鞍山国家森林公园（2016 年摄）

1	3
2	4

1. 克什克腾旗贡格尔草原（2012 年摄）
2. 克什克腾旗白音敖包国家级自然保护区（2012 年摄）
3. 翁牛特旗玉龙沙湖景区（2013 年摄）
4. 喀喇沁旗美林谷滑雪场（2010 年摄）

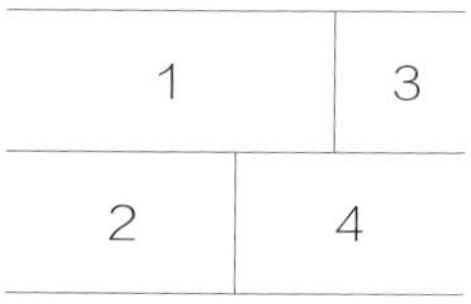

1. 赤峰第二中学（2013 年摄）
2. 赤峰红旗中学（2013 年摄）
3. 松山区第四中学（2015 年摄）
4. 赤峰蒙古族中学（2009 年摄）

圖書館

1		4
2	3	5

1. 赤峰学院图书馆（2015 年摄）
2. 赤峰蒙古族实验小学（2007 年摄）
3. 幼儿园趣味运动会（2018 年摄）
4. 赤峰南山多普勒天气雷达（2019 年摄）
5. 赤峰国家农业科技园（2013 年摄）

1	3
2	4

1. 赤峰市医院（2010 年摄）
2. 赤峰学院附属医院（2013 年摄）
3. 赤峰市医院大型义诊活动（2011 年摄）
4. 罗氏诊断全自动检验系统（2013 年摄）

1	3	
2	4	5

1. 北京 2008 年奥运火炬在赤峰传递（2008 年摄）
2. 内蒙古自治区第十三届运动会在赤峰召开（2014 年摄）
3. 赤峰体育中心（2015 年摄）
4. 全国大学生 CUBA 男子篮球争霸赛在赤峰举行（2007 年摄）
5. 内蒙古自治区第十三届运动会半程马拉松比赛（2014 年摄）

1	3	4
2	5	

1. 赤峰博物馆（2019 年摄）
2. 赤峰群众文化艺术中心（2017 年摄）
3. 赤峰星美国际影城（2016 年摄）
4. 赤峰日报传媒集团（2020 年摄）
5. 红山文化博物馆（2019 年摄）

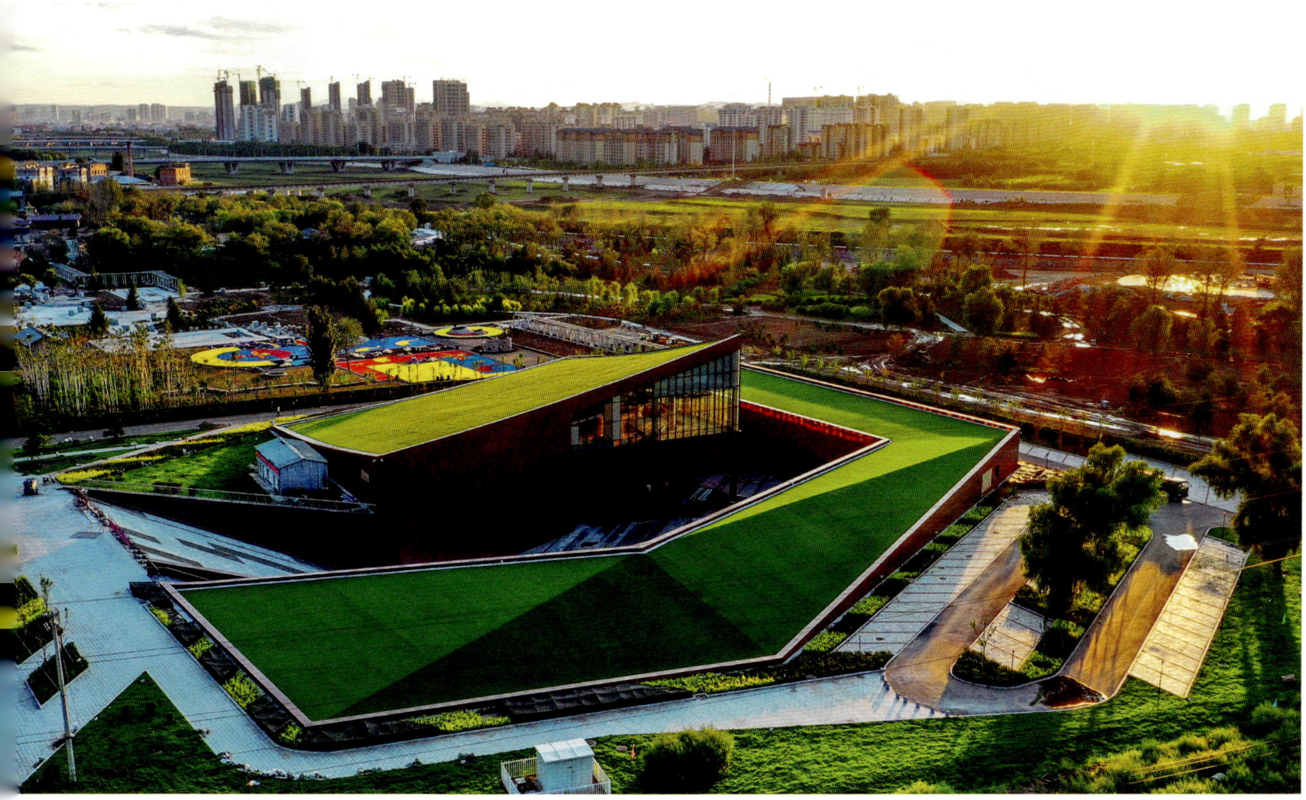

1	3
2	4

1. 宁城国家地质公园博物馆（2012 年摄）
2. 克什克腾世界地质公园博物馆（2012 年摄）
3. 中央电视台“心连心”艺术团到赤峰慰问演出（2004 年摄）
4. 红山文化旅游节开幕式晚会（2019 年摄）

赤峰市第十四届红山文化旅游节
庆祝新中国成立70周年
赤峰市第十四届红山文化旅游节开幕式晚会

王府文化节

1	2
3	

1. 王府文化旅游节（2007 年摄）
2. 乌兰牧骑汇报演出（2018 年摄）
3. 风华蒙古乐新年音乐会（2015 年摄）

<table>
<tr><td>1</td><td>2</td><td>3</td><td colspan="2">9</td></tr>
<tr><td>4</td><td>5</td><td>6</td><td rowspan="2">10</td><td>11</td></tr>
<tr><td colspan="2">7</td><td>8</td><td>12</td></tr>
</table>

1. 中华第一龙
2. 马蹄形玉箍
3. 彩绘陶鬲
4. 陶凤杯
5. 青铜簋
6. 辽代三彩摩羯壶
7. 华夏第一村——兴隆洼聚落遗址（2007 年摄）
8. 元代壁画（2013 年摄）
9. 辽上京遗址（2013 年摄）
10. 二道井子夏家店下层文化遗址（2012 年摄）
11. 契丹文字（2007 年摄）
12. 金界壕遗址（2014 年摄）

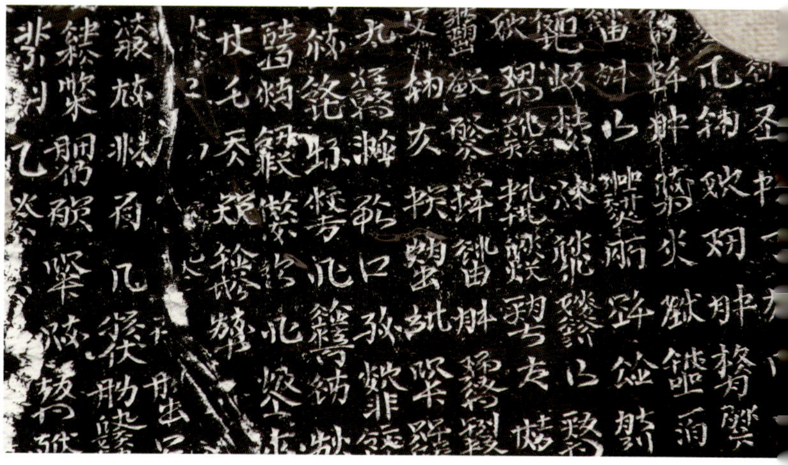

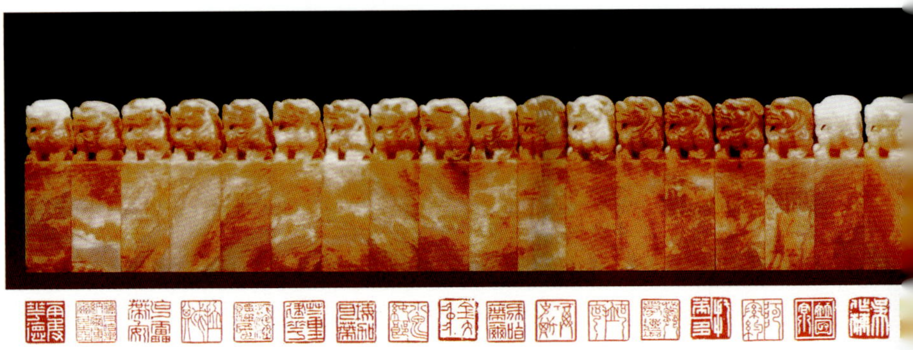

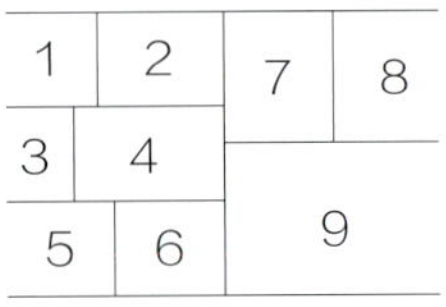

1. 百岔河岩画（2010 年摄）
2. 长城艺术挂毯（2013 年摄）
3. 巴林石鸡血王（2009 年摄）
4. 巴林石连体印章（2001 年摄）
5. 非遗项目——巴林左旗皮影戏（2010 年摄）
6. 非遗项目——剪纸作品（2007 年摄）
7. 非遗项目——赤峰雅乐（2005 年摄）
8. 非遗项目——蒙古汗廷音乐（2012 年摄）
9. 非遗项目——宁城三座店抬阁、背阁（2017 年摄）

<table>
<tr><td colspan="3" rowspan="2">1</td><td>5</td><td>6</td></tr>
<tr><td>7</td><td>8</td></tr>
<tr><td>2</td><td>3</td><td>4</td><td colspan="2">9</td></tr>
</table>

1. 草原那达慕大会（2014 年摄）
2. 摔跤比赛（2014 年摄）
3. 射箭比赛（2014 年摄）
4. 骑马比赛（2014 年摄）
5. 赤峰对夹（2019 年摄）
6. 赤峰烤全羊（2009 年摄）
7. 蒙古族儿童服饰（2018 年摄）
8. 蒙古族青年服饰（2018 年摄）
9. 祭敖包（2010 年摄）

1	3
2	4

1. 救灾救济（2010 年摄）
2. 赤峰市慈善捐赠晚会（2010 年摄）
3. 就业招聘会（2012 年摄）
4. 驻赤部队参加抗洪抢险（2011 年摄

择业观念要更新
转变就业观念 提高就业能力 多渠道实现就业

1		4	5
		6	
2	3	7	8

1. 行政审批便民服务大厅（2012 年摄）
2. 红山区铁南棚户区改造项目（2010 年摄）
3. 亚星国际住宅小区（2012 年摄）
4. 兴安社区党群服务中心（2019 年摄）
5. 养老院（2008 年摄）
6. 兴安南麓植物园下棋的棋友（2014 年摄）
7. 广场上爷孙俩的快乐时光（2013 年摄）
8. 悠闲的市民跳起广场舞（2013 年摄）

《赤峰市志（1991—2014）》（送审稿）评审委员会成员（前排左起：鞠文林、贺　彪、王立恩、查干浪涛、赵海渊　后排左起：董丽娜、姚思泰、韩　泽、唐玉茹、袁洪军、郝文强、李向阳、王　红）

赤峰市交通图

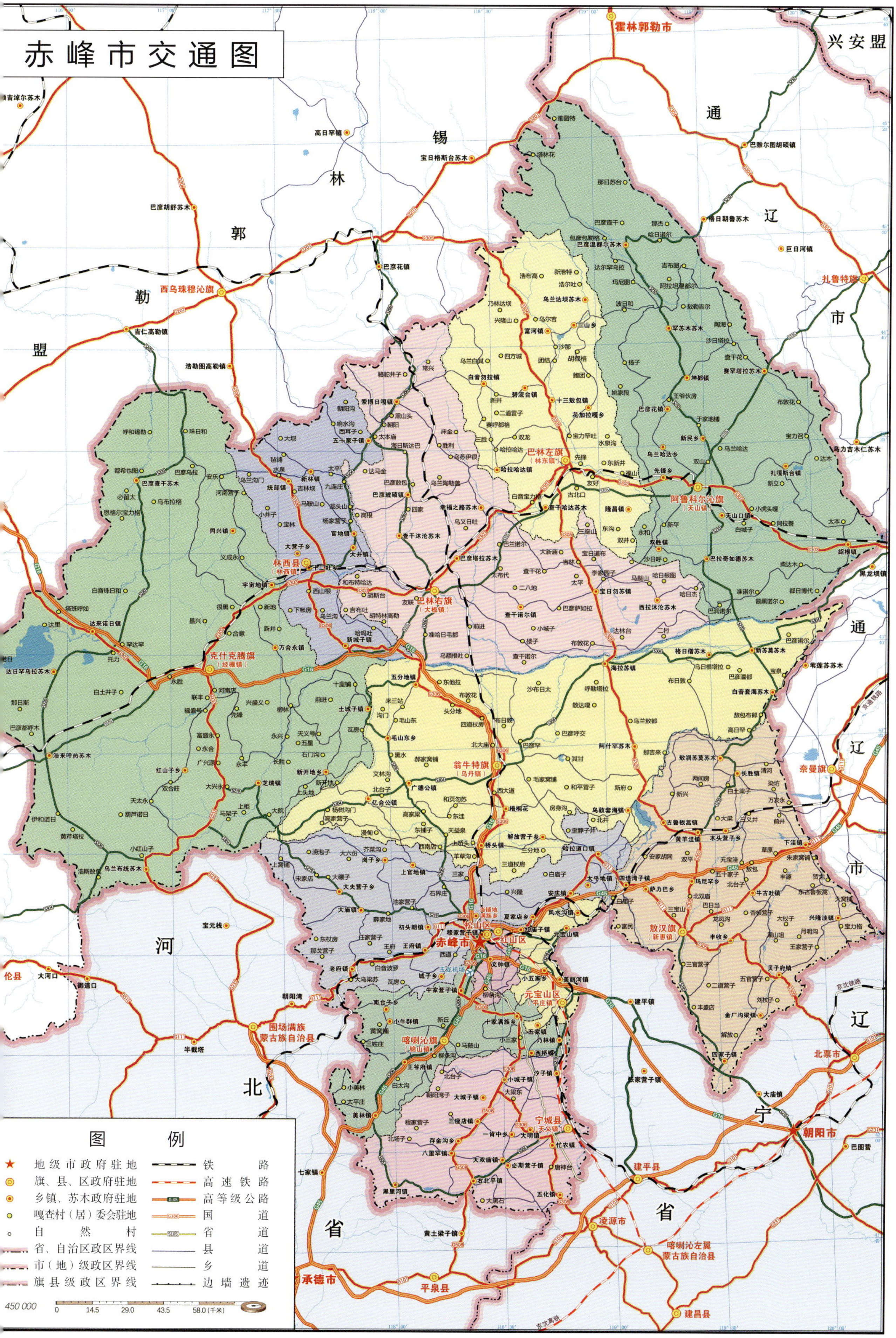

赤峰市民政局编制 2019年8月

《赤峰市志(1991—2014)》编纂分工

王立恩　统筹协调修志工作,解决修志工作中遇到的问题,主持全书的篇目设计和审定工作。

唐玉茹　负责篇目内容设计,主纂、修改、审定全志,编撰大事记、政区环境卷及凡例、总述、卷下概述、附录、编修始末等。

崔长青　统一文风,精炼文字,图文设计,通审全书。

刘瑞翔　编撰农业卷、工业卷、商贸服务旅游卷、交通运输卷、城建环保卷。

林爱民　编撰经济总情卷、综合经济管理卷、党委卷、人大卷、政府卷、政协卷、民主党派人民团体卷。

张金鹏　编撰人口民族卷、邮电通信卷、财政税务卷、卫生体育卷、宗教民俗方言卷。

郭晓辉　编撰金融卷、教育科技卷、政法卷、军事卷、文化卷。

刘军凤　编撰文化卷、人物卷和民俗方言篇。

李瑰峰　编撰人口民族卷和旗县区简介章。

杨裕聪　编撰民政人事劳动与社会保障卷、人物卷。

苏凤云　编撰政法卷、民政人事劳动与社会保障卷。

纪铁男　排版制作,编务。

张　鹏　索引制作。

序

编史修志，是中华民族的优良文化传统。习近平总书记强调“要高度重视修史修志”。李克强总理提出“修志问道，以启未来”“为当代提供资政辅治之参考，为后世留下堪存堪鉴之记述”。

编修《赤峰市志（1991—2014）》，是新中国成立以来赤峰市第二轮修志，是全市人民政治、经济、文化生活中的一件大事，更是承上启下、继往开来、服务当代、有益后世的重要文化成果。历时五载，这部全面展示1991年至2014年24年间赤峰市经济社会发展的志书正式问世，全书25卷、300多万字，客观真实、全面系统地记录了赤峰行政区划、自然环境、人口民族、经济发展、城乡建设、生态环境、党政军群、社会事业、社会管理、风土人情等方面的发展变化，述以往之史，资当今之政，储后世之用，是人们多维度、多角度、全方位了解赤峰的当世通鉴。

1991年至2014年，是赤峰市全面融入我国改革开放和社会主义现代化建设大潮、经济社会发展全面提速的重要时期，在赤峰发展史上留有浓墨重彩的一笔。24年来，赤峰市委、市政府全面贯彻落实中央和自治区决策部署，团结带领全市各族人民，团结拼搏，奋发有为，各行各业都取得了显著的业绩。全市地区生产总值增长了37倍，财政收入增长了54倍，城镇居民人均收入增长了16倍，农牧民人均收入增长了14倍，建成了百万人口的区域性中心城市，先后获得“国家卫生城”“全国双拥模范城”“全国林业生态建设先进市”“全国社会治安综合治理先进城市”“全国防沙治沙标兵单位”“中国优秀旅游城市”“国家森林城市”“百姓幸福感最强城市”等多项荣誉称号，城市的知名度和吸引力不断提升。全市人民的奋斗历程、城乡面貌的巨大变化、各项事业的发展进步、人民生活的改善提高，需要我们全面系统的记载。这部新志，彰显了鲜明的时代特征和独特的地方特色，是认识市情、治市理政的历史启迪和科学依据，更是开展地情教育、对外交流、科学研究的宝贵资源。

盛世修志，惠泽千秋。如今的赤峰，天蓝如湛，绿草如茵，高楼接天，大路通衢，人民安居乐业，社会安定祥和。2019 年 7 月 15 日，习近平总书记莅临赤峰考察指导工作，进社区、入林场、访农村，给赤峰经济社会发展注入了磅礴的精神动力。当前，“十三五”发展的大幕缓缓落下，三大攻坚战决战决胜，全面建成小康社会取得决定性成就。展望未来，“十四五”发展的冲锋号已经吹响，市委、市政府将紧密地团结在以习近平同志为核心的党中央周围，坚持以习近平新时代中国特色社会主义思想为指导，不忘初心、牢记使命，开拓创新、锐意进取，沿着“生态优先、绿色发展”的高质量发展新路子，努力为这片传统文化与现代文明交相辉映的热土，续写更加绚丽夺目的新篇章，让正在跨越崛起的赤峰像一颗璀璨的明珠镶嵌在蔚蓝色的蒙古高原上。

忆昔思今、立志存史，是一件很严肃、很光荣、很辛苦的事情。值此《赤峰市志(1991—2014)》付梓之际，谨向所有参与此书编纂的同志们致以深切的谢意！

中共赤峰市委员会

赤峰市人民政府

2020 年 8 月

凡　例

一、本志以马克思列宁主义、毛泽东思想、邓小平理论、"三个代表"重要思想、科学发展观和习近平新时代中国特色社会主义思想为指导，坚持辩证唯物主义和历史唯物主义的观点和方法，全面、系统地记述断限内赤峰市自然、经济、政治、文化、社会的历史和现状，突出时代特征、地方特点，做到思想性、科学性和资料性相统一。

二、本志为1996年版《赤峰市志》的续修，具有相对独立性，兼顾对《赤峰市志》的补遗、正误。主体内容上限为1991年，下限至2014年。为更好地反映事物的完整性和连续性，部分内容适当上溯。文前彩页中收录的图片拍摄时间下延至2020年。志中所称"现""今"指2014年。

三、本志以2014年赤峰市行政区划为记述范围。

四、本志由总述、大事记、专志、附录四部分组成，以志为主。志体结构为卷、篇、章、节四级，以卷统篇，篇自为志，除总述、大事记、附录外，凡25卷、81篇、355章、1121节。

五、体裁分别采用述、记、志、传、图、表、录等形式。"述"冠于首，概览市情；"记"位次之，纵贯历史，记事以编年体为主，兼顾本末照应；以"志"为纬，横陈各业；"图""表"随类，为无言之志；"录"殿于后，辑存典籍文征，与正文互为表里。分门别类以现代社会分工和学科属性为依据，不受行政部门辖属所限。

六、人物卷以人物传、人物表录两种形式分别收录各类人物。坚持"生不立传"原则，入"传"者，以本籍、正面人物为主，均为对赤峰发展建设有重大贡献或重要影响的已故人物；入"表录"者为在世英模、专家人物等。囿于资料未能全部征集到位，个别人物未收录。

七、表述中的时间界线以1983年10月10日为界，此前出现的"赤峰市"为原昭乌达盟所属市，此后的"赤峰市"为内蒙古自治区直辖市，即今行政区名称。

八、表述中的空间界线以西拉木伦河为界，称"南、北部地区"。"南部"包括红山区、松山区、元宝山区、翁牛特旗（简称翁旗）、敖汉旗、喀喇沁旗（简称喀旗）、宁城县；"北部"包括阿鲁科尔沁旗（简称阿旗）、巴林左旗（简称左旗）、巴林右旗（简称右旗）、克什克腾旗（简称克旗）、林西县。赤峰新城区不具有行政区划意义，范围以松山区为主，包括红山区和喀喇沁旗部分区域。

九、纪年以中华民国成立为界，以前使用朝代纪年，括注公元纪年；以后使用公元纪年，民国纪年在首次出现时括注民国年号。

十、本志数字书写遵照《出版物上数字用法》(GB / T 15835—2011),绝对数、相对数四舍五入后分别保留至小数点后 2 位、1 位。表格的编号数字先后为卷序号、篇序号和表顺序号。

十一、标点符号、计量单位分别执行国家标准《标点符号用法》(GB / T 15834—2011),《国际单位制及其应用》(GB 3100—1993)和《有关量、单位、符号的一般原则》(GB 3101—1993)。

十二、本志所用地名为各级政府审定的标准地名,所用地图由地图主管部门绘制、审定,所用重要地理信息数据为测绘部门公布的法定数据。

十三、本志所用资料来源于各承编部门、档案及调查记录。所用数据,凡列入统计部门统计的,以统计部门公布的为准;未列入统计部门统计的,采用业务主管部门提供的统计数据。

总 目 录

卷一 政区 环境

卷二 人口 民族

卷三 经济总情

卷四 农 业

卷五 工 业

卷六 商贸服务 旅游业

卷七 交通运输

卷八 邮电 通信

卷九 金融业

卷十 财政 税务

卷十一 城乡建设 环境保护

卷十二 综合经济管理

卷十三 中国共产党地方组织

卷十四 地方人民代表大会

卷十五 地方人民政府

卷十六　地方人民政协

卷十七　民主党派　人民团体

卷十八 政 法

卷十九 军 事

卷二十 民政 人事 劳动与社会保障

卷二十一 教育 科技

卷二十二　文 化

卷二十三 卫生 体育

卷二十四　宗教 民俗 方言

卷二十五 人 物

附 录

索 引

编修始末

目　录

（上册）

卷一　政区　环境

卷二 人口 民族

卷三 经济总情

卷四 农 业

卷五　工　业

卷六 商贸服务 旅游业

总述

总 述

一

在辽阔的蒙古高原上，闪耀着一缕灿烂的文明曙光，这就是承载着八千年远古文明的赤峰。赤峰，红山之意，蒙古语“乌兰哈达”，因城区东北部赭红色山峰而得名。

赤峰市位于内蒙古自治区东南部，蒙冀辽三省区交会处，地理坐标北纬41° 17′ 10″~45° 24′ 15″，东经 116° 21′ 07″ ~ 120° 58′ 52″。东南与辽宁省朝阳市接壤，西南与河北省承德市毗邻，东部与内蒙古通辽市相连，西北与内蒙古锡林郭勒盟交界。全市总面积 90021 平方公里，下辖 12 个旗县区，户籍人口 465 万人，是内蒙古人口最多的地区。

赤峰区位优越，交通便捷。距北京、沈阳等中心城市均 400 多公里，距锦州、秦皇岛等港口不足 300 公里，自古就有“京畿门户”之称，是内蒙古距出海口岸最近的地区。已建成高等级公路里程居内蒙古首位，全面融入了东北、华北高速公路网。现有运营铁路 6 条，已开通赤峰至北京、上海、天津、呼和浩特、沈阳、大连、成都、广州、西安等航线，形成了立体便捷的交通网络。

赤峰地形复杂多样，山地、高原、丘陵、盆地、平原俱全。既有崇山峻岭，又有河谷平川；既有浩瀚的坨沼沙地，又有苍莽的原始森林；既有广袤无垠的草原，又有沃野千里的良田。总观地貌属山地丘陵区，中低山和丘陵约占土地总面积的 70% 以上。地势西高东低，北、西、南三面多山，西部最高海拔 2067 米，东部海拔不足 300 米。

赤峰地处中纬度，属中温带半干旱大陆性季风气候区，受南太平洋和印度洋西南季风所支配，又经常受西伯利亚和蒙古高原的干燥高气压团所侵袭，昼夜温差大，雨量适中，是温暖湿润的华北平原的北端，又是干燥草原地带的南缘，形成了具有过渡性质的中间地带。这里四季分明，冬季漫长而寒冷，春季干旱多大风，夏季短促炎热、雨水集中，秋季气温下降快、霜冻降临早。年平均气温 3.5℃~7.7℃，年平均降水量 330~441 毫米，年无霜期在 113~154 天之间。

二

赤峰市地域辽阔，资源多样而丰富。在 9 万多平方公里的土地上，草原面积 576 万公顷，森林面积 299.9 万公顷，湿地面积 29.9 万公顷。浑善达克沙地和科尔沁沙地贯穿全境东西，老哈河、西拉木伦河、乌力吉木伦河、教来河和贡格尔河构成五大水系。常年蓄水的天然湖泊 70 余处，水资源储量 42.40 亿立方米。境内有 3 处温泉，分别在克什克腾旗、敖汉旗、宁城县，水温多在 66℃～96℃之间。冷泉则以巴林右旗比图泉最为著名，因其含锂、锶、锌、镁、钼、硒 6 种微量元素，被誉为“六味神泉”。风力资源得天独厚，内蒙古最大的风电场就坐落于赤峰市克什克腾旗。

赤峰位于我国重要金属成矿带，地下矿藏品种多、储量大。已发现矿产资源 83 种，矿产地 1660 余处。煤炭、铁、有色金属、黄金、白银、巴林石、膨润土、石灰岩是本市优势矿种，尤以铅、锌、铜、铁、金、银规模为最大。赤峰市是“中国有色金属之乡”，喀喇沁旗、敖汉旗、松山区曾是全国“万两黄金县”。巴林石属国内稀有矿种，为四大国石之一，获国家地理标志产品保护。

这里是典型的农牧交错区，农畜产品产量居内蒙古前列。全市粮食产量 102 亿斤，是全国 27 个产粮超百亿斤地区之一，被评为全国粮食生产先进市；六月末牲畜存栏2215 万头只，连续 7 年居内蒙古自治区首位，是国家重要的绿色农畜产品供应基地。

野生动植物种类较多，分布广泛。野生动物 497 种，有梅花鹿、丹顶鹤、白鹤、白鹳、黑鹳等国家一级保护动物；野生植物 1863 种，沙地云杉是世界珍稀濒危物种之一。

赤峰市被誉为“北京后花园”。境内集中了草原风光、地质奇观、名胜古迹等独具特色的文化旅游资源，素有“内蒙古缩影”和“内蒙古名片”之称。这里有克什克腾世界地质公园、赛罕乌拉世界生物圈保护区；有距北京最近最美的乌兰布统草原和国内现存规模最大的清代蒙古族王爷府——喀喇沁亲王府；有在我国文明史上占有重要地位的兴隆洼文化和红山文化历史遗存。阿斯哈图石林、达里诺尔湖、青山冰臼群、玉龙沙湖、召庙、美林谷滑雪场令人流连。此外，境内还有白音敖包、黑里河等 8 处国家级自然保护区和马鞍山、黄岗梁等 6 个国家级森林公园。

三

赤峰历史悠久，文化灿烂。境内有八千年的人类文明史，是中华文明的发祥地之一，是草原文明的重要组成部分。因红山文化标志性器物 C 形碧玉龙出土于此，赤峰又被称为玉龙之乡。

在八千年前的兴隆洼文化时期，赤峰先民从事农耕、渔猎、采集、畜牧，开始了定居生活，留下了规模宏大的聚落遗址，被学术界称为“华夏第一村”。距今七千年前后的赵宝沟文化时期，赤峰先民博采众长，兼容并蓄，崇龙尚凤，创造了独树一帜的新石器文化。距今五六千年前的红山文化时期，赤峰成为中华古代文明的诞生地，象征这一时期辉煌的是翁牛特旗三星他拉出土的大型碧玉雕龙，它是中华大地最早的龙形器物，被誉为“中华第一龙”。距今四千五百年前的小河沿文化时期，赤峰先民开始用文字记事，告别蒙昧，走进文明。距今四千三百年前的夏家店下层文化时期，赤峰地区进入了青铜器时代，和中原的夏王朝同时形成奴隶制国家，其标志是赤峰境内大大小小几百座城堡。

晚商到战国，是考古学上的夏家店上层文化时期，活动于赤峰的主要是东胡系民族。战国后期，燕在边境构筑的燕北长城，从赤峰南部穿过。赤峰南部为燕之右北平郡，治所在宁城黑城。

秦并六国，迄于隋唐。隋唐时在赤峰设饶乐都督府和松漠都督府。

辽代，赤峰是辽王朝政治、经济、军事中心，今赤峰全境属上京临潢府和中京大定府。上京是辽王朝的首都，中京是最大的陪都。

金代，地方行政区域设置为路、府、州、县，今赤峰市全境属北京路。

元代，属上都路、大宁路和全宁路、应昌路。

明代，先后属大宁卫、全宁卫、应昌卫和兀良哈三卫。

清代，大部分地区属昭乌达盟，部分地区属卓索图盟。

民国时期，先后属于1914年设置的热河特别区和1928年由特别区改建的热河省。

1949年新中国成立后，先后隶属于热河省和内蒙古自治区，1969年划归辽宁省，1979年划回内蒙古自治区，1983年撤销昭乌达盟设赤峰市，实行市管县体制。

2014年，赤峰市辖3区、7旗、2县，即红山区、松山区、元宝山区、阿鲁科尔沁旗、巴林左旗、巴林右旗、林西县、克什克腾旗、翁牛特旗、喀喇沁旗、宁城县、敖汉旗。下辖85个镇、28个乡（2个民族乡）、19个苏木、21个街道办事处。

赤峰从清代中叶开始有移民进入，至晚清出现移民高峰。关内外多种习俗相互交流，蒙汉等多民族融合，形成了独特的清末民初移民文化。各民族相濡以沫、唇齿相依，共同掀开了赤峰新的历史篇章。

四

新中国成立后，特别是改革开放以来，赤峰市经济得到全面发展。工业形成了冶金、能源、食品加工等主导产业和装备制造、新型化工等新兴产业，以节水高效为主的设施农业和产业化经营初具规模，商贸物流业空前繁荣。

经济总量大幅扩张，综合实力节节攀升。全市地区生产总值已从1991年的46.6亿元增长到2014年的1778.37亿元，增长37倍。人均地区生产总值由1991年的1107元增长到2014年的41309元，增长36倍。财政总收入由1991年的3.9亿元增长到2014年的212.87亿元，增长54倍；财政总支出由1991年的6.99亿元增长到2014年的360.44亿元，增长51倍。三次产业结构由1991年的38.68：32.93：28.39调整到2014年的15.43：48.34：36.23，经济结构进一步优化，三次产业对经济增长的贡献率分别为7.2%、66.9%和25.9%。

赤峰市的工业经济是在新中国成立以后形成并发展壮大的。由于受东北工业基地的辐射和带动，较早形成了能源、冶金、机械、建材、化工、纺织、医药、食品等工业门类。20世纪中后期，赤峰市的工业经济在内蒙古多年保持第二位。赤峰制药、双马集团、草原兴发、赤峰二毛、宁城老窖等一批知名企业闻名区内外，打造出了长城地毯、赤峰陈曲、草原绿乌鸡、赤峰钻机、赤峰锅炉等一批全国著名品牌。1978年，全市806家国有和集体企业实现工业总产值4.19亿元，是1949年的88.15倍。1985年，全市工业总产值首次超过农业总产值，实现了从农业经济为主到工业经济为主的重要转变。进入新世纪，赤峰市在深入实施"工业强市"战略过程中，一方面不断以新技术、新装备改造提升传统制造业，另一方面通过扩大开放、招商引资拉动传统制造业优化升级，同时着力推动新兴产业快速崛起。一些领先国际水平的新技术、新设备得到应用，赤峰制造业的装备水平大幅提升，一批技术密集型企业相继诞生，多元发展、多极支撑的现代产业体系逐步形成。

赤峰能源工业具有雄厚的基础。成立于1959年的平庄矿务局，曾经是内蒙古最大的统配煤矿。始建于1974年的元宝山发电厂引进的一、二号机组分别为我国第一台30万千瓦和60万千瓦机组。改革开放以后，赤峰市抓住振兴东北老工业基地的机遇，大力发展能源工业，取得巨大成就。中国国电集团、中国华能集团、中国大唐集团、中国华电集团、中国电力投资集团等国家大型发电企业入驻赤峰，先后新建扩建一批发电项目。元宝山发电厂、大板发电厂已成为国家大型骨干发电厂，大唐新能源公司、国电龙源公司等已成为国家重要的风力发电企业。依托丰富的水利资源，赤峰还先后建成一批小水电站，成为全市能源工业的亮点。随着生物质发电项目、太阳能光伏发电项目的开工建设，赤峰市进一步拓宽了新能源发展之路。赤峰有色金属工业走过了从无到有、从小到大、从弱到强的发展历程，已初步形成探、采、选、冶、加产业链条，2014年，有色金属产业销售收入超过千亿元。全市已建成白音诺尔、中色库博红烨和敖仑花等一批有色金属骨干企业，中国有色、铜陵有色、中钢集团、中铁集团等十几家行业领军企业进驻赤峰发展。赤峰已成为国家重要的有色金属生产加工基地。2010年7月，赤峰市被中国有色金属工业协会命名为"中国有色金属之乡"，成为全国唯一获此殊荣的地级市。赤峰食品工业拥有燕京啤酒、安琪酵母、赤峰瑞阳、恒生淀粉等一批国家、自治区食品行业名牌企业和名牌产品。淀粉、蛋白粉、季戊四醇等多个产品畅销全国，出口美国、加拿大、阿根廷、巴西等国家。赤峰作为自治区三大医药产业集群地之一，拥有赤药集团、蒙欣药业、伊泰丹龙等国家、自治区医药行业知名企业和雷蒙欣感冒药、赤峰牌麻黄素、灰黄霉素、土霉素以及丹龙中药等名牌产品。一批高新技术成果实现产业化，全化学合成麻黄素、扫日劳-7胶囊、小牛血去蛋白提取物、甲苯磺酸妥舒沙星、仙藿补肾合剂等许多产品属国内首创。随着大唐国际克什克腾煤制天然气、大地云天化工复合肥等一批化工项目建成投产，化工产业正在成为赤峰市经济八大支柱产业中最具发展潜力的产业。国家高新技术企业赤峰拓佳光电有限公司、赤峰蒙东云计算产业应用示范基地的建成运营，填补了赤峰市乃至内蒙古电子信息产业的空白。到2014年，全市有规模以上工业企业569家，其中国有及国有控股企业19家，集体所有制企业9家，民营企业530家，外商及港澳台投资企业11家。全市规模以上工业总产值达到

2056.94 亿元，比 1991 年增长 62.51 倍，能源、冶金、食品、医药、纺织、建材、机械、化学八大工业占工业总产值的 94.28%。工业生产稳步增长，原煤产量 2669 万吨，增长 1.7 倍；发电量 212 亿千瓦时，增长 4.4 倍；钢材产量 223 万吨，增长 130.2 倍；饮料酒产量 31 万吨，增长 3.6 倍；水泥产量 586 万吨，增长 8.2 倍。已建成各类工业园区 15 个，60 余家全国 500 强企业入驻园区。全市拥有 5 个“中国驰名商标”，32 个“内蒙古著名商标”。工业经济已成为赤峰国民经济发展最强有力的支撑。

农牧业是赤峰的传统产业，全市有耕地 140.99 万公顷，草牧场 576 万公顷。土壤气候条件适合多种作物生长。玉米种植面积多年保持在 53.33 万公顷以上，同时还大量种植小麦、水稻、马铃薯等粮食作物，荞麦、黄豆、绿豆等杂粮杂豆，蔬菜、甜菜、油葵、烤烟、药材、林果等经济作物。贡格尔草原、乌兰布统草原、巴林和海哈尔塔拉草原是天然的优良草牧场，主要畜养品种有肉牛、肉羊、细毛羊、白绒山羊等。农区养殖则以生猪、肉鸡、蛋鸡、肉鸭等为主。改革开放以来，赤峰市不断加大农牧业投入，加强农牧业基础设施建设，持续进行大规模的平整土地、整修梯田、农田林网建设工程，涌现出松山区太平地、敖汉旗黄羊洼、敖汉旗六道岭、宁城县老鹰山等许多农田建设和小流域治理的先进典型。全市共建成各类水库 81 座、大中型灌区 73 处，农田有效灌溉面积近 47 万公顷，牧草地灌溉面积 8.9 万公顷。在牧区重点实施天然草牧场围栏、人工草地开发和配套小草库伦建设等工程，累计完成草原建设面积 171.67 万公顷，建成肉牛、肉羊人工授精站点 1700 多个，建成高标准舍饲棚圈 60 多万平方米，发展养殖大户 3 万多户、养殖专业村 700 多个、养殖小区 400 多个，实现了由靠天养畜向人工饲养的重要转变。赤峰市高度重视农牧业科学技术推广和应用，先后培育出玉米“赤早 5 号”、高粱“赤杂 16 号”、谷子“赤谷系列”等 30 个农作物优质品种，特别是“谷子显性雄性核不育基因”和“谷子基因互作型显性核不育”的研究与应用，填补了国内该领域的空白，居世界领先水平。培育出“昭乌达肉羊”、敖汉毛肉兼用细毛羊、草原红牛、乌兰哈达猪、罕山白绒山羊等多个家畜新品种。建成了内蒙古唯一一家国家级农业科技园区——赤峰国家农业科技园区。连续举办14 年的赤峰·中国北方农业科技成果博览会升格为国家级展会。在内蒙古率先成立鹿业、肉羊、北方寒冷地区蔬菜、中蒙药、农牧机械制造产业技术创新战略联盟。全市主要农作物良种覆盖率达 95%，家畜改良率 97%，设施农业新品种应用率 98%，新技术应用率 80%。优质高效新品种、设施农业、种子包衣、地膜覆盖、立体种植、配方施肥、节水高效等农牧业新品种、新技术得到普遍推广。农牧业机械化综合作业水平达 62%。2014 年，全市农林牧渔业总产值完成 456 亿元，是 1991 年的 17 倍，其中农业产值 285 亿元，牧业产值 143 亿元，林业产值 19 亿元，渔业产值 3 亿元，分别是 1991 年的 18 倍、16 倍、12 倍和 30 倍；肉类、禽蛋、奶类产量分别为 46 万吨、33 万吨、37 万吨。敖汉小米、双井荞麦、阿旗天山大明绿豆等 5 个农产品获国家地理标志产品保护。

赤峰是生态环境脆弱的地区。20 世纪 50 年代初，赤峰市仅有森林面积 45.5 万公顷，森林覆盖率为5%,水土流失和沙漠化严重,“风沙曾使田庐没”是当时的真实写照。面对复杂恶劣的生态环境,赤峰市各级党委、政府始终坚持“生态立市”战略不动摇,一任接着一任干,一张蓝图绘到底,坚持不懈推动森林草原保护与建设,连续多年实施植树造林生态建设大会战、小流域综合治理、京津风沙源治理、退耕还林还草、退化林分改造修复、城乡绿化美化等工程,对境内浑善达克、科尔沁两大沙地进行集中治理。党的十八大以来,赤峰市深入贯彻落实习近平生态文明思想,坚决扛起筑牢祖国北疆生态屏障的政治任务,先后启动实施了老哈河上游、达里诺尔流域等重大生态保护与建设工程。经过几代人的不懈努力,赤峰彻底实现了从“沙进人退”到“沙退人进”的历史性转变。2014年,赤峰的人造林面积达到90.53万公顷,占全市森林面积的30%,森林覆盖率达到35.4%,天然草原植被覆盖度达到58.8%,沙化面积由267.33万公顷减少到188.73万公顷。赤峰市先后被授予“全国林业生态建设先进市”“全国防沙治沙十大标兵单位”“国土绿化突出贡献单位”“京津风沙源治理工程先进集体”等荣誉称号,敖汉旗被联合国环境规划署授予“全球环境500佳”。涌现出陈洪恩、唐臣等全国造林绿化的先进典型。

赤峰自古就是商贸重地、草原丝绸之路的重要驿站,素有“旱码头”之称。在计划经济体制下,遍布全市的国有商贸流通企业和社会服务网点为保障人民群众的物质生活需求发挥了重要作用。伴随着赤峰工业的崛起,赤峰市商贸物流等服务产业也在不断发展中实现着新的跨越。90年代中期,被誉为“塞北第一街”的新华路商业步行街建成后,商贸业便在这里不断汇聚,并逐渐成为全市最繁华的商业中心。2003年后,随着城市建设的“西移北扩”和“建设大市场、发展大商贸”战略的实施,中心城区形成了以红山区新华路、松山区英金路、平庄镇宝山街和新城区玉龙商业街等为主的“一主三副”四大核心商圈。北京华联、国美电器、红星·美凯龙、居然之家、沃尔玛、星美国际影院等知名服务企业成功入驻,维多利广场、万达广场、印象红山、永业广场等大型商贸项目投入运营,遍布城乡的果菜、建材、钢材、粮油副食、小商品等专业批发市场生机勃发。2014年,全市实现社会消费品零售总额588.39亿元,是1991年20.66亿元的28.48倍;外贸进出口总额8.53亿美元,是1991年的157.73倍。全市商业网点达5万多个,其中5000平方米以上的大型商场58个,各类商品交易市场300多个,商贸流通业从业人员53万人,商贸业实现增加值占地区生产总值的10%以上。

伴随着大数据时代的到来,全市“互联网+商贸物流业”风生水起,发展迅猛。物流园区、物流节点、物流通道和物流设施建设取得突破性进展,一个北连俄蒙、东达沈大、南接京冀、出区达海的现代物流体系正逐步形成。全市已建成物流园区12个,其中红山物流园区已建成内蒙古规模最大、辐射带动能力最强的现代化综合物流园区,年交易额突破200多亿元,被确定为首批国家电子商务示范基地。全市现有物流配送中心、城乡配送网点210多家,开辟全国货运干线200多条,年货物吞吐量500多万吨。中昊物流、恩志物流发展成为自治区重点龙头企业。位于红山物流园区的赤峰保税物流中心实现区域通关一体化，赤峰已成为内蒙古通往全国及远东地区最便捷的陆路通道。2012年，赤峰市被确定为全国农产品现代流通综合试点城市。2014年底，全市9个旗县进入电子商务进农村示范县行列。以农村牧区便民连锁超市为基础，以农村物流配送服务体系为纽带，以物流信息服务平台为触角，电子商务已延伸到农村牧区的每一个角落。

五

赤峰于清乾隆三十九年(1774年)建城。从建城至新中国成立的175年间，“九街三市”的格局长期未变，发展缓慢。1949年，赤峰市区面积仅2.1平方公里，人口约5万。新中国成立到20世纪末，赤峰城镇建设发生了翻天覆地的变化。2000年，赤峰中心城区建成区面积达到43平方公里、人口50万，分别是1949年的20.5倍、10倍；城镇化率由6%提高到27%。21世纪以来，赤峰市持续加大城市基础设施建设力度，不断提升中心城区综合承载能力，新城区、桥北新区、松北新城等一大批城市组团相继规划建成，城市框架不断拉大，集中连片棚户区基本消除。2014年，中心城区绿地率达到35.8%，人均公园绿地面积达到18.2平方米，中心城区建成区面积扩展到105平方公里，人口增加到100万，已成为自治区第三个人口超百万的城市，先后被评为“国家森林城市”“国家园林城市”，连续19年获得“国家卫生城”荣誉称号。大力推进新型城镇化建设，加大旗县城关镇扩容改造力度，9个旗县政府所在地建成区面积扩展到135.6平方公里，城镇化率由27%提高到46%。统筹推进城乡融合发展，累计改造危土房24万户，农牧民“走上了水泥路、喝上了干净水、跳起了广场舞”，在全区率先实现了农村牧区电视信号和网络宽带全覆盖，广大农村牧区面貌发生了化茧成蝶的美丽嬗变。

一路通达百业兴。改革开放以来，赤峰市坚持交通先行，构建了县县通铁路、乡乡通等级公路、村村通油路的道路交通网。2014年，公路由建国初期的727公里增加到2.5万公里，增长33.4倍，境内所有旗县都有高等级公路，高速公路和一级公路总里程1122公里，2万多个自然村全部实现油路通达；铁路由新中国成立初期的114公里增加到1105公里，增长8.69倍，6条铁路将12个旗县区紧紧串联在一起，赤峰高铁将于2020年全线贯通，届时赤峰将融入北京、沈阳两小时经济圈；玉龙机场开通国内航线14条，通航城市11个，全年起降航班9987架次，旅客年运输量近88万人次，货物年运输量2707.7吨。以赤峰市区为中心，进京出海，外接东北、华北及环渤海经济圈的民航、铁路、高等级快速公路立体交通网已逐步形成。

赤峰市旅游资源富集，类型多样，草原风光、地质奇观、名胜古迹等独具特色。全市有优良级旅游资源109个，居内蒙古自治区首位，有旅游景区(点)90个，旅游星级宾馆33家，旅行社70家。打造出阿斯哈图石林、达里诺尔湖、青山冰臼群、乌兰布统草原、喀喇沁亲王府、玉龙沙湖、召庙、美林谷滑雪场、草原游牧文化区等旅游景点，其中阿斯哈图石林、喀喇沁亲王府、达里诺尔湖是国家AAAA级景区;形成了草原风光、沙漠探险、地质奇观、民族风情、森林观光、温泉度假、自驾游等主打旅游产品;建成了面向北京、大连等地的3条大旅游环线和4条市内精品旅游线路。红山文化节、兴隆洼文化节、草原文化旅游节、辽中京文化节、王府文化旅游节、巴林石节、达里湖冬捕节、克什克腾蒸汽机车摄影节、美林谷滑雪节等大型旅游节庆活动,更是吸引了大批国内外游客,成为宣传推介赤峰的有效载体。2014年,全市接待游客1139万人次,实现旅游收入180亿元,占地区生产总值的10%。赤峰先后荣获中国优秀旅游城市、中国最具民族特色的旅游城市称号。旅游业从无到有,已成为赤峰经济发展的新的增长点。

六

赤峰市各项社会事业发展水平居内蒙古自治区前列。各级党委、政府坚持富民与强市并重、经济与社会事业发展同步,持续加大投入和建设力度,社会事业全面进步,民生福祉极大改善。

赤峰市不断推进科技创新平台和载体建设,累计打造自治区级科技创新载体和平台200多个,取得自治区级以上科技成果175项,专利申请量达到2343项。赤峰市连续4次荣获"全国科技进步先进市"称号。

发扬崇文重教优良传统,坚持教育优先发展战略,统筹推进学前教育、义务教育、高中教育、职业教育、民族教育全面发展。2014年,全市有各级各类学校1460所,在校生71.3万人,本科以上学历教师占教师总数的90%以上。学前三年入园率91.74%,形成了保基本、广覆盖的学前教育体系;城乡义务教育得到均衡发展,全面实现"两基"达标;高中教育基本普及,教育质量稳步提升,高考成绩始终稳居自治区前列;特殊教育不断发展,实现了残疾儿童少年与普通学生同步接受义务教育;民族教育得到优先重点发展,民族特色教育遍及全市。2003年,赤峰学院晋升为本科院校,以赤峰学院为龙头的三所高等院校,树起了东部盟市的教育品牌,为社会培养了大批高端人才和高级技能型人才。24年间,赤峰有近50万优秀学子考入各类高等学府,并从此走向全国、走向世界,成为各行各业的精英。

文化事业繁荣发展。2014年,全市共有公共图书馆14个、群艺(文化)馆13个、文化站200多个,乡镇苏木综合文化站、广播电视"村村通"、嘎查村草原书屋基本实现全覆盖,初步建立了市、旗县区、乡镇苏木、嘎查村四级公共文化服务体系。全市博物馆、图书馆、群艺馆(文化馆)全部向社会免费开放。组建了一批秧歌、器乐、戏曲、歌舞等业余组织及城乡个体表演队伍。连年举办的红山文化节、草原文化旅游节等节庆活动,不断丰富着群众的业余文化生活。草原"红色文艺轻骑兵"乌兰牧骑常年扎根基层,将欢乐送到广大农牧民身边。赤峰话剧团、赤峰京剧团、赤峰民族歌舞剧院等专业院团创作演出的《大地之根》《红石山》《萧观音》《小村总理》《大漠绿海》等剧目和一大批美术、音乐、摄影、舞蹈等作品多次荣获国家级奖项和自治区“五个一工程”奖，并在国际间交流。红山文化、辽文化、蒙元文化等地域文化研究成果斐然。赤峰博物馆、红山文化博物馆和正在建设中的中国契丹辽文化博物馆等一批博物馆群，使熠熠生辉的历史文化得到良好的传承和发展。非物质文化遗产抢救发掘工作成果显著，全市共有市级以上非物质文化遗产项目 110 个，其中蒙古族勒勒车制作技艺、阿日奔苏木婚礼和巴林皮影戏列入国家非物质文化遗产名单。红山文化和辽文化两大遗址列入世界文化遗产预备名单。巴林右旗被评为中国好来宝之乡、中国格斯尔文化之乡。林西县、元宝山区、松山区被评为全国文化先进区县，敖汉旗、红山区、宁城县被评为自治区文化先进旗县区。

不断健全医疗卫生服务体系，医疗卫生资源大幅增长，医疗技术领先全区水平，人民群众的健康状况明显改善。2014 年，全市拥有医疗卫生机构 4445 个，共有医院 81家，其中三级综合医院 5 家（三级甲等综合医院 1 家），12 家县级综合医院已全部达到二级甲等医院标准，县域内就诊率已达 90%。每千人拥有病床 5.56 张，每千人拥有执业医师和护士数分别为 2.34 人和 2.05 人。依托 4000 多个医疗卫生机构，全市已形成半小时医疗服务圈。重大传染病和各类地方病得到有效控制，无重大突发传染病疫情和鼠疫发生。全市人均寿命达到 73.5 岁，孕产妇死亡率和婴儿死亡率分别降至 15.68/10 万和 4.79‰。突发公共卫生事件及时报告率和处置率均达到 100%。国家卫生城成果得到巩固和发展，卫生城市建设和管理水平进一步提升。

广泛开展全民健身运动，推动全民健身和全民健康深度融合。全市有各类体育场地 3830 个，各类单项体育协会和社区俱乐部 200 多个，吸纳会员 80 余万人；社会体育指导员 4674 人，其中国家级 16 人；体育人口达到 180 万人。竞技体育实现跨越式发展，呼日嘎、朝鲁、马经伟、敖特根、杨艳等一批优秀运动员在全国及一些国际大赛中取得优异成绩。赤峰市成功举办全区第十三届运动会和一些全国性、国际性赛事。2008 年 7 月，北京奥运会火炬在赤峰以“文化之旅”为主题传递。赤峰市连续多年被评为自治区群众体育先进单位，松山区、敖汉旗、翁牛特旗被评为全国体育先进县，红山区被命名为“全国武术之乡”。

脱贫攻坚取得突破性成就。聚焦贫困地区集中攻坚，几万名党员干部常年驻守在贫困地区，产业化扶贫、易地搬迁扶贫、社会力量扶贫、京蒙对口帮扶等脱贫举措落实到贫困地区，让贫困群众过上幸福美好生活的信念已融入到经济社会发展的每一条血脉中。党的十八大以来，全市累计投入扶贫资金 300.5 亿元，30.1 万人实现稳定脱贫，贫困发生率降至 3.74%。城乡最低生活保障体系、居民基本养老保险体系全面建立，城镇基本医疗保险参保率达到 97%，城镇登记失业率始终控制在 4%以内。2014 年，城镇居民人均可支配收入和农牧民人均纯收入达到 22819 元和 8937 元，分别比 1991 年增长 16 倍、14 倍。民族团结事业扎实推进，各类宣传教育和创建活动深入开展。民生和社会事业的不断进步，正在显著地增加着老百姓的获得感和幸福感。

七

赤峰地处祖国北疆,是首都北京的“北大门”。这是军民同心共建的一座城,革命战争年代,军民同仇敌忾;和平建设时期,携手共谱华章。24 年来,赤峰市广泛深入开展双拥共建活动,军地共建取得丰硕成果,军民结下了鱼水深情,军政军民团结,社会和谐进步。2014 年,赤峰市已实现全国双拥模范城“七连冠”。

赤峰综治工作始终是内蒙古的一面旗帜,平安赤峰建设惠及百姓福祉。24 年来,各级党委、政府扎实推进平安赤峰建设,加强民族团结进步教育,加强社会治安综合治理,加强和创新社会管理,始终保持了团结、平安、和谐、稳定的社会局面。赤峰市连续 4 次被评为“全国社会治安综合治理先进城市”,连续 2 次被评为“百姓幸福感最强城市”,全市人民群众对社会治安满意度始终保持在 97.5%以上,为构筑祖国北疆安全稳定屏障作出了重要贡献。

赤峰精神文明建设长期保持较高水平。20 世纪 90 年代,曾被中央文明办评为全国精神文明建设水平较高的地区之一。从创建文明单位、文明企业、文明村镇、“十星级文明户”到践行社会主义核心价值观、争创全国文明城市,精神文明建设不断被引向深入,人民群众的思想道德素质不断提升。广泛开展的评选“道德模范”和“赤峰好人”、开辟“道德讲堂”、推出“善行义举榜”和“志愿服务”等活动,不断凝聚起社会正能量。以“赤诚勤勉、开放包容、崇文重教、勇攀高峰”为特征的赤峰新城市人文精神,正成为全市各族人民共同遵循的行为规范和准则。全方位的文化浸润,全过程的实践培养,使社会主义核心价值观深深植根于这片土地,形成了赤峰人崇德向善的精神品质。

伴随着改革开放的不断深入,赤峰市从严治党进入制度化、规范化、常态化,党的建设质量水平不断提高,各级党组织凝聚力、战斗力显著增强。经过党的群众路线教育实践活动、“三严三实”专题教育和干部工作作风建设年活动的洗礼,全市各级党组织和广大党员干部工作作风、精神面貌焕然一新,呈现出了风清气正的良好政治生态和政通人和的喜人局面。

24 年来,各行各业涌现出的先进模范人物层出不穷。一大批工人、农牧民、教师、医生获得“全国劳动模范”称号和全国“五一劳动奖章”,还有一大批享受国务院政府特殊津贴人员、自治区级有突出贡献的中青年专家、受国务院各部委表彰的先进人物。中华孝亲敬老楷模李国芬、全国见义勇为模范陈拥军、全国道德模范提名奖柴兴恩、最美的中国人——捐献女儿“小希望”器官的冯磊和王晓菲夫妇等人的先进事迹,在全国多种媒体广为传播。这些先进人物同赤峰市的各族人民一起,谱写了改革开放和经济建设的新篇章。

八

总结24年的发展历程,赤峰人得出了一些宝贵的经验:

一是必须坚持党的领导,充分发挥各级党组织总揽全局、协调各方的领导核心作用,充分发挥基层党组织的战斗堡垒作用和广大党员的先锋模范作用,着力打造一支素质高、能力强、作风正、群众公认的干部团队,为加快改革发展提供坚强的组织保证。

二是必须坚持科学发展观,推动经济社会高质量发展。必须把发展作为第一要务,在实现经济持续稳定快速增长的同时,更加注重提高增长质量和效益,更加注重提升产业层次,更加注重全面、协调、可持续发展。

三是必须坚持特色化发展,提升区域经济竞争实力。充分发挥资源、区位等优势,着力发展特色产业。推进资源要素向优势产业、优势企业和优秀企业集中。紧紧抓住招商引资这个中心环节推进项目建设,优化发展环境,创建投资兴业的最佳区域。

四是必须坚持统筹发展,扎实推进全面小康社会建设。既要发展城市经济,又要发展农村经济,积极稳妥地推进城镇化;既要重视内部发展,提高城市核心竞争力,又要扩大对外开放,提高城市对县域乃至周边地区的经济辐射能力。

五是必须坚持以民为本,构建和谐社会。把加快发展与实现最广大人民群众的根本利益统一起来,在经济发展中谋划群众利益,在维护群众利益中加快发展。继续深化改革,坚持市场化的改革取向,不断消除影响发展的体制障碍,激发全社会的创新、创业激情。同时,更加注重提高城乡居民收入水平,更加注重扩大社会就业,更加注重构建社会保障体系,让发展成果惠及全市人民。

经验弥足珍贵,业绩有目共睹,但存在的问题与不足也不容忽视。主要有:经济总体实力不强、优势企业和名牌产品数量不足、民营经济和县域经济发展较慢、经济结构不尽合理、群众财富积累幅度有待进一步加大、高质量人才培养和引进力度不够等问题。

昔日的辉煌已载入史册,新征程的号角已经吹响。465万赤峰各族人民正以习近平新时代中国特色社会主义思想为指引,全面秉承“创新、协调、绿色、开放、共享”五大发展理念,为实现中华民族伟大复兴的中国梦再创新的辉煌。我们坚信:一个百业兴旺的多彩赤峰,一个充满希望的崭新赤峰,必将成为塞外北疆一道最为亮丽的风景!

大事记

大　事　记

1991年

1月

26日　赤峰民航机场扩建工程竣工。工程总造价920万元,新建长1800米水泥混凝土跑道,可起降BAE—146型以下飞机。

27日　在全国爱卫会第九次委员会扩大会议暨全国城市卫生检查评比表彰大会上,赤峰市被授予“十佳卫生城市”称号。

是月　赤峰市委、市政府召开第二次民族团结进步暨学习使用蒙古语文表彰大会,表彰民族团结进步模范集体71个、模范个人94人;表彰学习使用蒙古语文先进集体22个、先进个人116人。

2月

27日　赤峰市政府印发《赤峰市城镇住房制度改革方案》《赤峰市城镇调整公有住房租金办法》《赤峰市城镇公有旧房出售办法》等六项实施细则,城镇住房制度改革开始。

△　宁城县获“全国粮食生产先进单位”称号。

4月

10日　赤峰市委、市政府印发《关于命名文明单位的决定》,43个单位被命名为1990年度市级文明单位。

5月

23日至29日　政协赤峰市第二届委员会第一次会议选举钱柏林为市政协二届委员会主席。

25日至31日　赤峰市第二届人民代表大会第一次会议选举鲍鹏飞为市二届人大

常委会主任,高连元为市长。

是月　赤峰市黄金管理局成立。

△　宁城县八里罕酒厂 38° 宁城老窖酒获轻工部优质产品称号。

6月

10日　九三学社赤峰市委员会成立。

20日　中共中央宣传部授予赤峰市阿鲁科尔沁旗巴彦包勒格苏木业余党校“先进基层党校”称号。

25日　中国农工民主党赤峰市委员会成立。

29日　赤峰市第二届人大常委会第一次会议通过《关于实施法制宣传教育第二个五年规划的决议》和《关于批准〈赤峰市 1990—2000 年义务教育规划〉的决议》。

是月　《敖汉旗志》由内蒙古人民出版社出版发行。

7月

1日　赤峰市与烟台市缔结为友好城市。

△　在全区第七届运动会 12 项比赛项目中,赤峰市金牌总数和团体总分均列第三名,这是赤峰市参加全区运动会最好成绩。

10日　赤峰市政府印发《赤峰市城镇公共卫生管理办法》,将城镇爱国卫生管理纳入法制管理轨道。

是月　按国务院规定,全市机关事业单位工作人员恢复年休假制度。

8月

2日　赤峰市郊区(今松山区)、敖汉旗被全国绿化委员会、林业部授予“全国治沙先进单位”称号。

9月

4日　赤峰市政府决定对现行的菜牛、菜羊购销体制进行改革。主要是放开市场,实行多渠道经营;放开价格,实行议购议销。

11日　赤峰市委、市政府印发《关于进一步解放思想、放手发展乡镇企业的决定》。

26 日　赤峰市与黑龙江省黑河地区结为友好城市。

是月　赤峰市劳动争议仲裁委员会成立。

10 月

14 日　内蒙古自治区党委决定:刘云山任中共赤峰市委书记。

17 日　赤峰市与黑龙江省牡丹江市结为友好城市。

11 月

30 日　赤峰市中蒙医院举行开院典礼。该院坐落在红山区哈达街东段,占地面积 4000 多平方米。

12 月

15 日　阿鲁科尔沁旗公安局被公安部授予“全国优秀公安局”称号。

是年　赤峰市获“全国绿化先进地区”称号。

△　赤峰市委、市政府认真贯彻《内蒙古自治区计划生育条例》精神,在全市实行党政主要领导计划生育目标责任制和计划生育“一票否决制”。

△　赤峰市政府就城镇社区服务工作在红山区 3 个街道办事处进行试点,成立社区服务小组 315 个,建活动场所 3 处,设服务网点 124 个,为老年人、残疾人、儿童及烈军属等服务。

△　赤峰市建筑勘察设计研究院成立。

△　赤峰市成立爱国卫生运动委员会,下设爱卫会办公室。

1992 年

2 月

19 日　赤峰市委召开社教工作队下基层动员大会,市和旗县区抽调部分干部深入全市农村牧区开展社会主义思想教育活动。

21 日　赤峰昭乌达商场试行经营放开、价格放开、用工放开、分配放开“四放开”政策。全市商业体制改革全面展开。

是月　赤峰市政府印发《关于选拔有突出贡献的中青年科学技术管理人员暂行办

法》。当年全市共选拔13人为全市有突出贡献的中青年科学技术管理人员。

3月

4日 赤峰市元宝山区政府驻地由元宝山镇搬迁至平庄镇。

4月

10日 内蒙古自治区政府印发《关于划定锡林郭勒盟西乌珠穆沁旗与赤峰市阿鲁科尔沁旗、巴林左旗、巴林右旗、克什克腾旗行政区域界线的决定》。

11日 赤峰平庄经济开发试验区成立，开发区面积44.77平方公里。2005年9月23日,赤峰平庄经济开发区被内蒙古自治区政府批准为自治区级经济开发试验区。

17日 赤峰市对外经济委员会成立。

5月

13日 赤峰市政府印发《关于鼓励外商投资的规定》和《关于发展国内横向经济技术联合协作优惠政策的规定》。

△ 赤峰市政府在北京举行经济技术协作需求项目发布会,拉开了北京—赤峰对口支援活动的帷幕。

15日 赤峰市政府召开有突出贡献的科技人员表彰大会,对48名科技人员进行表彰奖励。

28日 由中国青少年发展基金会赞助兴建的翁牛特旗巴嘎他拉苏木其甘嘎查希望小学竣工投入使用。该校是当时全国唯一一所牧区希望小学,也是自治区第一所希望小学。

是月 赤峰市军转干部培训中心成立,负责军队转业干部的岗位培训工作。

6月

3日 红山国家森林公园开工建设。该园是由林业部批准修建的内蒙古自治区第一个国家级森林公园。

24日 赤峰市委办公室转发市文化局《关于赤峰市直属文化系统深化改革实施方案(试行)》。市直文化系统改革开始。

是月 新中国成立以来赤峰市最大的地方投资项目——赤峰冶炼厂开工兴建。该厂的锌冶炼在内蒙古自治区尚属首家，其设计能力为年产电解锌2.1万吨，副产硫酸3.6万吨，还可回收部分铜、镉等贵重金属。1995年8月，全面建成投产。

7月

16日　赤峰红山文化学会成立。

8月

5日　赤峰市与辽宁省锦州市结为友好城市。

11日　赤峰市委、市政府印发《关于鼓励个体私营经济发展的决定》。

9月

24日　赤峰市第二届人大常委会第九次会议通过了《关于深入开展依法治市工作的决议》。

是月　赤峰市政府印发《赤峰市城镇国有土地使用权出让和转让实施办法》，使土地无偿、无期使用变为有偿、有期使用，全市土地使用制度改革开始。

10月

4日　赤峰市政府印发《赤峰市扶贫开发项目区建设管理办法》。

13日　成立于1981年9月的赤峰守备区建制撤销。

28日　国家重点建设项目元宝山发电厂三期扩建工程举行开工典礼。工程总投资31亿多元，装2台国产60万千瓦机组。1995年建成并网发电。

△　赤峰烈士陵园建设工程竣工。陵园占地面积4350平方米，原位于站前广场的革命烈士纪念碑和苏联红军烈士纪念碑迁至园内。在园内的黑色大理石墙壁上，镌刻着在历次革命战争中牺牲的烈士英名。萧克将军为陵园题写园名。

△　赤峰红山国家粮食储备库正式挂牌。其前身为赤峰市第一粮库。

是月　赤峰果菜粮批发市场建成。该市场是赤峰市供销社控股的股份制企业。到2000年，逐步发展成为内蒙古东部地区最大的区域性专业粮油批发市场。

△　《宁城县志》由内蒙古人民出版社出版发行。

12月

9日　赤峰市被中央社会治安综合治理委员会授予“全国社会治安综合治理先进单位”称号。

27日　赤峰市电话号码由5位升至6位。

是年　赤峰市开始实施住房公积金制度。

△　赤峰市开展军队转业干部预备役登记工作。

△　红山区在火花路建成副食批发一条街。

△　赤峰市宗教事务管理局成立。

△　赤峰市政府设立为民服务的市长公开电话,并成立市长公开电话办公室。

△　全市271个乡镇苏木的2609个村嘎查全部完成第二届村嘎查居民委员会换届选举。

△　由赤峰市委办公厅、市委政研室联合主办的《赤峰通讯》创刊。

△　按照中共中央、国务院《关于进一步加强社会治安综合治理的意见》要求,全市自上而下层层签订社会治安综合治理责任状,逐级实行社会治安综合治理“一票否决制”。

1993年

1月

10日　赤峰市首次被全国双拥工作领导小组命名为“全国双拥模范城”。

2月

16日　全市组织工作会议召开,会议表彰全市企业优秀党支部书记103人。

20日　赤峰市委、市政府举行首批公安警察授衔仪式。授衔的警官警衔包括三级警监、一级警督、二级警督、三级警督四个级别。

24日　兴隆洼遗址和耶律羽之家族墓群被列入1992年度全国十大考古新发现。

3月

10日　赤峰市委、市政府印发《关于加快流通体制改革,建立和完善市场体系的意见》。

27日　赤峰市人才市场成立,这是全自治区首家盟市级人才市场。1995年12月,自治区人事厅和赤峰市政府共同组建内蒙古自治区东部人才市场,赤峰市人才市场并入内蒙古自治区东部人才市场。

是月　中国民主建国会赤峰市总支委员会成立。

4月

2日　中国民主同盟赤峰市委员会成立。

6日　俄罗斯罗斯托夫市副市长奥列格一行3人到赤峰进行友好访问。双方进行了交流洽谈并达成协议。

5月

4日　内蒙古自治区党委决定:高连元任赤峰市委书记。

5日　赤峰市委、市政府印发《关于切实减轻农牧民负担的紧急通知》。

△　赤峰市委印发《关于进一步加强培养、选拔、任用少数民族干部工作的意见》。

6月

8日　红山区钢铁街西段道路建设工程开工。该路东起园林路,西至平双公路,全长2552米,控制红线60米。于1994年9月建成通车。

是月　《翁牛特旗志》由内蒙古人民出版社出版发行。

7月

1日　经国务院批准,赤峰市郊区更名为赤峰市松山区。

△　《赤峰日报》由四开小报改为对开四版大报,结束了37年办四开小报的历史。

△　巴林左旗乌兰达坝铜锌矿日采选300吨工程试车投产。

8月

7日　全国政协副主席、中国社会科学院院长胡绳偕夫人到赤峰市考察赤峰博物馆、红山国家森林公园和八角楼实业公司等地。

12日　中国北方古文化国际学术研讨会在赤峰召开。

19日　赤峰市第一座褐煤干馏装置在平庄矿务局投入试产。

20日　经国家粮食储备局批准,阿鲁科尔沁旗天山粮库转为内蒙古天山国家粮食储备库。

是月　赤峰有线电视台成立。

9月

10日　全市民族团结进步暨学习使用蒙古语文表彰大会召开。大会表彰22个民族团结进步先进集体和35名先进个人,9个学习使用蒙古语文的先进集体和17名先进个人。

13日　赤峰市委、市政府印发《关于深化国有中小型工业企业改革的意见》。

24日至28日　全国防沙治沙工程建设工作会议在赤峰市召开。来自全国各地的200多名代表参加会议。会议期间,代表们先后到松山区当铺地村、太平地乡参观考察。

10月

1日　赤峰市邮电局首次开办邮政特快专递业务。

是月　赤峰市住房资金管理中心成立。

△《克什克腾旗志》由内蒙古人民出版社出版发行。

11月

10日　松山区太平地乡发现油田。

23日　赤峰市人大常委会审议通过了《赤峰市草原野生药材资源管理暂行办法》。

是月　克什克腾旗乌兰布统乡通电,全市至此告别无电乡的历史。

12 月

14 日　赤峰红十字中心血站正式成立。176 名机关干部职工及社会群众参加首次无偿献血活动。

是年　辽河石油勘探局在阿鲁科尔沁旗绍根苏木探测到了油气。1994 年，绍根油田正式投产，结束了赤峰地区不产石油和天然气的历史。

△　国家正式取消粮票，“票证年代”宣告终结。全市除烟草、食盐以外，其他所有消费品纳入市场调节轨道。

△　赤峰市劳动力中心市场成立。

△　赤峰市委组织部下发《关于对新提拔干部实行试用期制度的暂行规定》，对所提拔的县处级领导干部实行试用期制度，试用期一年。

1994 年

1 月

1 日　按国务院要求全市取消牲畜交易税、燃油特别税、奖金税和工资调节税。

12 日　赤峰市政府印发《赤峰市矿产资源管理暂行办法》。

3 月

29 日　赤峰市第二届人民代表大会第四次会议补选许久勋为市长。

是月　赤峰地区开通 1G 蜂窝式移动通信网，标志着赤峰地区移动电话业务正式开通。

4 月

是月　赤峰市工商局对红山区、松山区、元宝山区工商局实行垂直管理，市辖三区的工商局改为市工商局直属分局。

5 月

2 日　赤峰市委、市政府印发《关于加快防沙治沙建设的意见》。

△　赤峰市委、市政府印发《关于拍卖“五荒”使用权的决定》。

18日　自治区医药工业企业第一家股份有限公司——赤峰丹龙中药制药有限公司成立。

是月　内蒙古金峰畜牧有限公司成立。该公司是中国和澳大利亚在赤峰地区合资兴办的第一家种羊繁育场。

6月

1日至2日　全国人大常委会副委员长吴阶平率全国人大常委会教师法执法检查组到赤峰市视察工作。

3日　赤峰市委、市政府印发《关于进一步加快农牧业和农村牧区经济发展的意见》。

8日　赤峰市委、市政府召开“见义勇为、舍己救人”好青年命名表彰大会。会议宣读市委、市政府《关于命名表彰见义勇为舍己救人的好青年朝格拉·阿拉坦巴根的决定》。

7月

是月　赤峰市第二次被命名为“全国双拥模范城”。

8月

5日　应赤峰市人民政府邀请，日本稻泽市友好代表团一行12人到赤峰市参观访问。

21日　国务委员陈俊生及国务院有关部门的领导到赤峰考察灾情，检查指导农村牧区经济工作。

26日　赤峰市政府印发《关于实施分税制财政管理体制改革有关问题的决定》，实行分税制财政管理体制。

△　赤峰市国家税务局、赤峰市地方税务局机构分设，并正式挂牌办公。

9月

6日至10日　全国落实草地有偿承包责任制现场会在阿鲁科尔沁旗召开。

24日　在全国第二次民族团结进步表彰大会上，巴林右旗政府被评为“全国民族团结进步先进集体”，受到国务院表彰和奖励。

10月

7日　赤峰市委作出《关于追认张秀同志为优秀共产党员的决定》，并号召在全市开展向张秀学习活动。11月，自治区政府追认张秀为革命烈士。

18日　赤峰市委办公室、市政府办公室印发《关于深入开展严打斗争，大力整顿社会治安的意见》。

是月　赤峰市委、市政府印发《赤峰市城镇企业职工社会养老保险暂行规定》《赤峰市城镇企业职工个人缴纳基本养老保险费暂行办法》，标志着赤峰市社会养老保险工作进入一个新的阶段。

△《阿鲁科尔沁旗志》由内蒙古人民出版社出版发行。

12月

1日　赤峰市第一批安居工程竣工，建筑面积10000平方米，186户干部职工喜迁新居。

6日　赤峰双拥模范城纪念碑在红山区钢铁街西段与园林路交会处落成。2002年8月，为适应城市道路建设需要，“双拥碑”由钢铁街西段迁至哈达街东转盘中心处。

是年　赤峰市医院引进全市第一台核磁共振机、第一台医用高压氧舱，填补全市此项空白。

△　赤峰西城蔬菜批发市场建成。该市场位于红山区钢铁西街，属村办集体企业。是主营批发水果蔬菜、兼营农副产品的大型专业批发市场。

△　赤峰市政府修订《赤峰市殡葬管理办法》，全市普遍推行以火化及公墓集中安葬为核心的殡葬改革。

△　由赤峰市敖汉旗林业局承担的“敖汉旗退化草场防护林体系工程营建”项目获国家科技进步三等奖。

△　元宝山区通过国家第一批“两基”（基本普及九年义务教育、基本扫除青壮年文盲）教育工作验收，成为赤峰市第一个实现“两基”达标的地区。至2006年，赤峰市全部实现“两基”达标。

1995年

1月

8日　赤峰商厦开业，总面积16300平方米。是当时赤峰地区最大的商厦。

20日　赤峰市委、市政府印发《关于加快工业经济发展的若干意见》。

是月　赤峰第一建筑工程公司跻身全国建筑企业“双五百强”行列,成为赤峰市首家进入“双五百强建筑企业”的单位。

△　亚洲开发银行无偿援助赤峰市草地生态治理试验项目在克什克腾旗达里镇实施。

2月

13日　赤峰市委印发《关于在全市范围内深入开展社会主义市场经济理论大学习、大讨论的意见》。

3月

3日　国家级有突出贡献专家、赤峰市林业研究所研究员张凤承担的水土保持项目——《干旱黄土丘陵营造水土保持林技术》获国际流失控制协会第四届环境杰出贡献奖,成为中国首次获此奖项的人。

是月　赤峰市政府集资100万元进行人工增雨作业,以抗御春旱。这种以集资形式开展人工增雨作业,在自治区尚属首次。

△　赤峰市物资局撤销,同年6月,成立赤峰物资(集团)有限责任公司。

4月

24日　内蒙古自治区党委决定:许久勋任赤峰市委书记。

25日　赤峰市推行国家公务员制度试点工作正式开始。

5月

18日至21日　政协赤峰市第二届委员会第五次会议选举巴特尔为市政协二届委员会主席。

19日至23日　赤峰市第二届人民代表大会第五次会议补选云德奎为市长。

30日　内蒙古自治区第一个村级党委在元宝山区建昌营村成立。

是月　赤峰市民族歌舞团创作演出的大型歌舞《契丹钩沉》,获内蒙古自治区“五个一工程”奖。

6月

1日　翁牛特旗青年教师王建哲为保护学生免遭车祸而壮烈牺牲。王建哲英雄事迹在《人民日报》《赤峰日报》刊登。1996年6月，自治区团委授予王建哲“五四奖章获得者”称号。同年，自治区政府批准王建哲为烈士。

3日　赤峰市宁城牌53°、38°老窖，向阳牌53°、38°陈曲，赤峰牌啤酒，天使牌手工羊毛栽绒地毯，赤波牌杏仁乳，赤华牌盐酸麻黄素6种产品被评为自治区首批名牌产品。

23日　全市电话号码均由6位升到7位，全市统一使用一个长途区号0476和一个114查号台。

7月

17日　赤峰市委转发中共内蒙古自治区委员会、内蒙古自治区人民政府《关于印发赤峰市党政机构改革方案的通知》和赤峰市机构编制委员会《关于赤峰市机构改革实施意见》。

20日至22日　全国人大常委会副委员长、民盟中央主席费孝通到赤峰市元宝山区、翁牛特旗、巴林右旗视察工作。

8月

22日　赤峰市公安局刑事警察支队成立。

9月

4日　赤峰市儿童福利院成立。这是赤峰市第一所儿童福利院。

10日　香港华夏基金会资助的赤峰市华夏职业中学在巴林左旗落成。

19日至23日　自治区科委、畜牧厅在巴林右旗召开罕山白绒山羊新品种命名大会。巴林右旗被农业部确定为“全国白绒山羊商品生产基地”，获农业部奖励。

10月

12日　赤峰机场助航灯光系统建成并启用，结束了机场不能夜航的历史。

19日　赤峰市红山区逸夫小学命名大会暨教学楼剪彩仪式在逸夫小学举行。教学楼由香港邵逸夫捐资，于1994年11月动工兴建，1995年9月竣工，总投资265万元人民币。

是月　元宝山区山前镇马架子村获国家级“蒲公英民族文化园”称号。

△　《松山区志》由辽宁人民出版社出版发行。

11月

7日　赤峰市委、市政府印发《关于认真组织实施全市“六七”扶贫攻坚计划的决定》。

12月

1日　由自治区政府和铁道部投资兴建的集通铁路正式开通运营。该路全长943公里，在赤峰市境内长460公里，途经赤峰市阿鲁科尔沁旗、巴林左旗、巴林右旗、林西县、克什克腾旗5个旗县，是连接内蒙古东西部和沟通我国东北、华北、西北的一条铁路干线。

23日　首届东部盟市人才交流大会在赤峰召开，有81家用人单位参会，700余人入场择业，有170名高校毕业生交流成功。

25日　赤峰市被全国爱卫会正式命名为国家卫生城市，成为当时全国“三北”地区、边疆少数民族地区、经济欠发达地区第一个国家卫生城市。

26日至27日　赤峰市首届科学技术大会召开，对优秀科技人员进行表彰奖励。赤峰市党政领导及有关部门代表近千人参加会议。

△　满洲里海关驻赤峰办事处开关，主要负责办理赤峰市境内的海关业务。

是年　赤峰市政府印发《关于执行蒙汉两种文字并用的通知》，加强蒙古文使用推广工作。

△　赤峰市反贪污贿赂局成立。

△　赤峰市政府印发《赤峰市拥军优属暂行办法》。1996年，以元宝山区、敖汉旗、宁城县和松山区为试点单位，进行以统筹优待金和建立拥军优属保障基金为内容的优抚改革。

1996年

1月

6日　赤峰市海外联谊会成立。

16日　赤峰市委、市政府印发《关于进一步巩固和完善草场有偿承包使用的意见》，明确巩固完善草场有偿承包使用制度，进一步强化家庭承包经营的使用权和经营权。

29 日　巴林果树林场选育的“宁丰”苹果获国家科技发明三等奖。赤峰市巴林果树林场场长、宁丰苹果发明人乔凤岐出席了国家科学技术奖励大会。

是月　赤峰电子器材公司、赤峰电容器厂、赤峰电子配件厂、赤峰电讯器材厂、赤峰电器设备厂、赤峰七彩霓虹灯厂 6 家企业共同组建的赤峰电子（集团）公司成立。该公司拥有从日本引进的彩电生产线等先进设备。

2 月

27 日　赤峰市委、市政府印发《关于进一步扩大对外开放和横向联合的意见》。

3 月

19 日　赤峰市环境保护局成立。

20 日　内蒙古宏峰实业股份有限公司“内蒙宏峰”股票在深圳证券交易所挂牌上市，公开发行人民币普通股 5248 万股。

4 月

28 日　根据自治区防火指挥部和内蒙森警总队命令，由赤峰市森警支队 100 名官兵组成的扑火队紧急驰援呼伦贝尔盟（今呼伦贝尔市）罕达盖火场，参加扑救特大森林火灾任务。

是月　全市旗县区人武部收归军队建制，隶属赤峰军分区，为正团级单位，机关干部为现役军官，机关职工为地方工作人员。

△　中国人民保险财产保险公司赤峰分公司成立。

△　中国人民保险人寿保险公司赤峰分公司成立。

5 月

5 日　经自治区教育厅批准，赤峰市第一职业高中改为赤峰市第一职业中等专业学校。

25 日　赤元公路红庙子收费站成立，这是赤峰市第一个公路收费站。

是月　赤峰市第一家拍卖行——赤峰天正拍卖中心在红山区成立。

△　《巴林左旗志》由内蒙古人民出版社出版发行。

6月

3日　松山区关家营满族乡中学教室发生坍塌事故，造成16名学生受伤，刘景昌老师为抢救学生英勇献身。1997年3月7日，内蒙古自治区政府批准刘景昌为烈士。

17日至20日　阿鲁科尔沁旗被中央宣传部、司法部授予全国“二五”普法、依法治理先进旗称号。

是月　赤峰市润峰大厦建筑工程被评为国家级优质工程，获“中国建筑工程鲁班奖”。

△　赤峰市开始考试录用行政机关主任科员以下公务员。考录原则是“公开、平等、竞争、择优”，坚持德才兼备标准。

7月

1日　赤峰市委、市政府印发《关于加快流通产业发展的决定》。

25日　经赤峰市第三届人民代表大会常委会第二次会议审议决定，《草原上有一座美丽的城》为赤峰市市歌。

是月　赤峰市“八五”期间重点开发项目——黄岗铁矿一期工程试车投产。一期工程总投资4600万元，设计年处理铁矿石10万吨。

△　赤峰市首家证券经营机构——恒泰证券股份有限公司赤峰哈达街营业部成立。

△　赤峰市总商会成立。

8月

1日　赤峰富龙热力股份有限公司A股股票在深圳证券交易所上市。发行数量为1370万股，发行价格每股5.88元。股票简称：富龙热力。

8日　赤峰宾馆鹤翔楼开业。这是赤峰当时首幢高层楼房，地上共15层，总投资4500万元，总建筑面积11000平方米。

10日　自治区精神文明建设经验交流会在赤峰举行，与会人员参观了元宝山区精神文明建设的先进典型单位。

20日　赤峰市委作出《关于开展向乡镇书记的榜样刘清河同志学习的决定》。

是月　黄岗梁国有林场被批准为国家级森林公园。

9月

16日　赤峰市首届残疾人运动会开幕。全市13个代表队170名运动员参加比赛，比赛项目为田径和乒乓球两大项、70个小项。

10月

28日　赤峰市有色金属集团总公司成立。

11月

18日　赤峰市新华书店新营业楼落成开业，新落成的大楼建筑面积5500多平方米。

△　红山区体委销售中国体育彩票150万元，这是赤峰市首次销售中国体育彩票。

20日　松山区猴头沟乡缸瓦窑遗址被国务院批准为全国重点文物保护单位。

是月　内蒙古塞飞亚集团公司成立。2001年，该公司改制为内蒙古塞飞亚食品股份有限公司。

12月

23日　全市优化资本结构试点工作动员大会召开。1997年，赤峰市被列为全国111个优化资本结构试点城市之一。

是月　中国农业发展银行赤峰市分行成立。

△　中国民主促进会赤峰市总支部委员会成立。

△　《赤峰市红山区志》由内蒙古人民出版社出版发行。

是年　红山区被国家体委命名为全国“武术之乡”。

△　赤峰市委、市政府成立“菜篮子”办公室，主抓蔬菜生产。

△　宁城县发现艾滋病感染者1例，这是赤峰地区首次发现艾滋病病例。

△　赤峰市委组织部采取“一推双考”（组织推荐，考试、考核）的办法，公开选拔6名县处级领导干部。

1997年

1月

17日　赤峰市第三次获“全国双拥模范城”称号。

21日　赤峰市政府对污染严重的18家小企业依法取缔、关闭、停产。

31日　赤峰市被中央社会治安综合治理委员会授予“1993—1996年度全国社会治安综合治理优秀单位”称号。

2月

19日　赤峰市委印发《关于全市各级人大机构改革的实施意见》和《关于全市各级政协机构改革的实施意见》。

3月

11日　赤峰市城市客运出租汽车起租价下调,起租费由原来的10元降至5元。

14日　赤峰市委、市政府制定《赤峰市“九五”时期农村牧区小康建设总体规划》。

16日　联合国开发计划署向赤峰市援助100万美元的妇女扶贫国际援助项目资金,用于帮扶贫困地区妇女脱贫。

24日　松山区被列为全国山区综合开发示范区。

4月

1日　经铁道部批准,赤峰—北京2559/2560次列车冠名“兴发号”。这是内蒙古兴发股份有限公司企业形象宣传的一个重要举措。

7日　赤峰市委、市政府印发《关于加强环境保护工作的意见》。

21日至24日　中共中央政治局候补委员、书记处书记温家宝视察赤峰市宁城县、松山区、元宝山区和喀喇沁旗。

23日　赤峰市委、市政府印发《赤峰市直属机关开展“整顿机关作风、树立公仆形象”活动实施方案》。29日,市直机关“整顿机关作风、树立公仆形象”动员大会召开。

5月

8日　赤峰啤酒集团成立。

27日　赤峰彩电中心大楼开工建设。该楼位于红山区钢铁西街路北，总建筑面积7000多平方米。于1999年1月30日建成。

6月

5日　在全国第五次文化建设经验交流会上，松山区被授予“全国文化先进县”称号。

是月　内蒙古草原兴发股份有限公司A股股票在深圳证券交易所上市，发行4000万股，股票简称：草原兴发。这是赤峰市第三家上市公司。

7月

5日　赤峰文化广场扩建工程竣工。广场占地面积3.6万平方米，其中绿地面积7500平方米。

10日　赤峰市政府举行《赤峰市志》首发式。该书是赤峰地区历史上第一部市志，1996年12月由内蒙古人民出版社出版，分上、中、下三册，近350万字。

23日至25日　由中共中央政治局委员、国务院副总理邹家华，国务委员兼国务院秘书长罗干率领的中央代表团，在参加内蒙古自治区成立50周年庆祝活动之后，抵达赤峰市进行慰问和视察。代表团先后视察了红山区、松山区农田防护林建设和沙地改造工程建设情况。

是月　赤峰市政府决定撤销煤炭工业管理局，成立赤峰市煤炭工业（集团）总公司。

△　赤峰市委、市政府批转《关于进一步深化市直中小企业改革的实施方案》，确定在3年内规范破产一批、产权转制一批、资产重组一批中小企业。

△　赤峰市政府印发《关于实施城市居民最低生活保障制度的通知》，城镇居民最低生活保障制度在全市建立。享受城市最低生活保障的对象为城市无生活来源、无劳动能力、无法定抚养义务人或法定抚养义务人丧失劳动能力而无力抚养的人员（简称“三无”人员）。

△　克什克腾旗达里诺尔湖晋升为国家级珍稀鸟类自然保护区。

8月

4日　全市草牧场承包到户工作现场会在翁牛特旗海拉苏镇召开。

6日　赤峰市仲裁委员会成立。

9月

12日　赤峰市委、市政府召开“双学双比”(学文化、学技术,比成绩、比贡献)经验交流会。会议表彰了23个先进集体、33名先进个人,4个单位获单项奖,43名女同志被授予“三八红旗手”称号。

10月

5日　赤峰市委、市政府印发《关于进一步深化旗县区小企业改革的意见》。全市力争用一到两年时间,基本完成旗县区小型工商企业的改制任务。

23日　翁牛特旗头段地乡漫甸村小学教师张玉华为泄私愤,持刀将6名小学生杀死在教室内,张玉华畏罪自杀。

11月

1日　英制BAE—146飞机服务呼和浩特—赤峰—呼和浩特航线。系该机型首次投入赤峰地区航线运营。

10日　赤峰市委、市政府印发《关于进一步稳定和完善农村牧区土地承包关系的实施意见》。全市第一轮土地承包期一律延长至2025年底。

是月　赤峰市巴林左旗平顶山、桃石山及克什克腾旗大青山先后发现多处冰臼群。

12月

18日　赤峰市药业集团公司成立。该集团由赤峰制药厂、赤峰北方联合制药厂、赤峰医药集团公司、赤峰丹龙中药制药有限责任公司联合组建。有员工7000多人,资产总额6亿元。

△　赤峰市公安局指挥中心大楼落成,“110”报警服务台同日开通。

20日　赤峰市代表团赴大连市开展招商引资活动。代表团推出各类招商项目200余个,签约项目 43 个,协议投资总额 3 亿元。

是月 《赤峰市元宝山区志》由内蒙古人民出版社出版发行。

1998 年

1 月

18 日 赤峰市烟叶公司成立。

△ 赤峰富龙(集团)有限责任公司成立。赤峰市自来水公司、克什克腾旗水电开发公司整体划归富龙(集团)有限公司。该公司成为城市集中供热、供气、供水及供电为一体的大型综合性公用企业集团。

2 月

16 日 赤峰市委、市政府印发《关于卫生改革与发展的决定》。

25 日 赤峰市委、市政府印发《关于实施“4321”生态建设工程的意见》。3 月 31 日,市委、市政府召开全市“4321”生态建设工程誓师动员大会。

3 月

12 日 赤峰市委、市政府印发《关于进一步加强土地管理,切实保护耕地的意见》。

17 日 赤峰市政府举行《赤峰年鉴(1991—1995 年)》首发式。该书是赤峰市第一部综合年鉴,由内蒙古科学技术出版社出版发行。

4 月

6 日 赤峰市委、市政府召开紧急会议,专门研究赤峰双马集团强行组织职工集资事件被中央电视台“曝光”问题。

20 日 赤峰市委、市政府印发《关于赤峰市国有资产管理体制改革的决定》,确定赤峰市国有资产管理体制基本框架和整体发展思路。

△ 赤峰市社会治安综合治理委员会召开见义勇为表彰大会,对全市 13 名维护社会治安见义勇为先进个人予以表彰奖励。

28 日 宁城集团宁城老窖 A 股股票在上海证券交易所上市,首次发行数量 3600 万股,发行价每股 7.42 元。

5月

9日　内蒙古自治区党委决定:刘玉祥任赤峰市委书记。

15日　松山区碾坊乡第三煤矿发生透水事故,有17名矿工遇难。

18日　赤峰红烨锌冶炼有限责任公司挂牌成立。该公司由内蒙古基本建设咨询投资公司和内蒙古宏峰有色金属集团公司在原赤峰冶炼厂基础上组建而成。

6月

5日　阿鲁科尔沁旗率先实行草牧场“双权一制”(所有权、使用权和承包经营责任制)改革,67万公顷草牧场全部划分承包到户。

18日　赤峰市公交总公司开通赤峰火车站至220医院的10路公交线路。

△　赤峰市120急救中心成立,中心设在赤峰市医院。各旗县区二级以上综合医院均成立急救分中心。

22日　赤峰第二毛纺织厂300余名职工到市政府上访,要求解决工厂拖欠职工工资和生活费问题。25日,市政府召开会议,对上访职工提出的问题予以答复后,上访职工离开市政府。

23日　赤峰市委、市政府印发《赤峰市直属机关进一步开展“整顿机关作风、树立公仆形象”教育活动实施方案》。

7月

22日　赤峰市委、市政府印发《关于进一步做好国有企业下岗职工基本生活保障和再就业工作的意见》。

27日　经国务院批准,平庄矿务局由中央管辖划归内蒙古自治区管辖。

27日至28日　中共中央政治局常委、国务院总理朱镕基到赤峰市红山国家粮食储备库、赤峰市劳动就业服务中心、赤峰长城地毯总厂视察,并与赤峰市10家企业的负责人进行座谈。

8月

1日　全国政协副主席王文元一行8人到赤峰参观考察。

6日　中国北方古代文化第二届国际学术研讨会在赤峰召开。来自日本、德国、韩国、美国、意大利、加拿大等国家和中国香港、中国台湾地区及国内近百位专家学者参加会议。

11日　赤峰市区800多辆出租车停在昭乌达路旁，出租车司机集体停运上访。12日上午，市政府召开会议与上访出租车司机代表对话，对出租车计价标准等问题予以答复，12日上午11时，上访司机陆续驾驶出租车离开现场，恢复正常营运。

20日　内蒙古宏峰实业股份有限公司白音诺尔铅锌矿二期扩建工程破土动工。该项目为国家重点项目，设计采选能力1000吨/日，总投资1.95亿元。

9月

1日　赤峰市法律援助中心成立。

4日至8日　自治区农村牧区科技工作现场会在赤峰召开。

26日　德国"社会住房援助基金会"负责人巴尔都博士被赤峰市政府授予"赤峰市荣誉市民"称号，赤峰市代市长高延青为其颁发荣誉证书。

10月

20日　赤峰市实施邮政、电信分营，赤峰市邮政局和赤峰市电信局成立。

△　赤峰市2万多名群众欢送驻军某部给水工程团移防。给水工程团在赤峰市驻守24年，为赤峰市"两个文明"建设作出了重要贡献。

是月　由赤峰市文艺工作者创编的辽代历史剧《萧观音》，获第八届全国少数民族戏剧题材"孔雀奖"银奖。

11月

7日　赤峰市最大的封闭式活畜交易市场——林西县新林镇活畜交易市场投入使用。市场占地6万平方米，总投资80余万元。

8日　赤峰西客站动工兴建。该站位于松山区松山大街东段，总投资1420万元，2000年10月18日投入运营。

15日　由赤峰市人民政府建立的赤峰信息宣传网络系统正式开通，主页：中国·赤峰。

△　赤峰市实施第二次住房制度改革。

18日　赤峰市信访局成立。2010年7月，市委、市政府联合接访中心成立。

是月　《喀喇沁旗志》由内蒙古人民出版社出版发行。

12 月

14 日至 18 日　赤峰市人大常委会组织赤峰市的全国、自治区及市人大代表开展视察活动。

24 日　赤峰市政府命名 12 所学校为“名学校”,12 人为“名校长”,24 人为“名教师”。

是月　自治区第五届精神文明建设“五个一工程”作品评奖揭晓,赤峰有 6 件作品获“入选作品奖”,市委宣传部获“组织工作奖”,成为全区唯一获“组织工作奖”五连冠的单位。

是年　赤峰市农牧业遭受历史上罕见的洪涝灾害。全市 12 个旗县区普遍受灾,造成农牧业经济损失约 10.02 亿元。

△　赤峰植物园开工建设。该园由北京林业大学园林学院设计。1999 年 5 月竣工并向游人开放,2002 年 8 月被评为国家 AA 级景区。

△　驻军某部 220 医院撤销。2000 年 3 月 15 日,医院重新恢复部队编制,为二级甲等医院。

△　赤峰市政府办公厅印发《赤峰市家畜定点屠宰管理暂行办法》,在全市实施家畜定点屠宰管理。同时确定赤峰市第二肉联厂、松山区商业肉联厂为赤峰中心城区生猪定点屠宰场。

△　赤峰市粮食产量创历史最高水平,全市粮豆总产首次突破 30 亿公斤大关,达 33.32 亿公斤。

△　赤峰市行政学院成立。

△　按照建设部印发的《关于制作颁发全国统一房屋权属证书的通知》要求,赤峰市开始核发全国统一房屋权属证书。

△　赤峰市新华路商业步行街开工建设。步行街主街南起哈达街,北至头道街,2002 年建成。步行街内有红旗大厦、紫旌大厦等 17 家较大的综合类百货商厦。

1999 年

1 月

19 日　赤峰市巴林右旗奇石馆珍藏的价值百万元的“鸡血石王”被盗,经过公安人员的全力侦破,6 名犯罪嫌疑人被抓获归案。

22 日　中国联通赤峰分公司成立。

29 日　赤峰市委、市政府印发《关于加快小城镇建设，推进乡村城镇化的意见》。

2 月

8 日　赤峰市委、市政府印发《关于深化农村牧区改革的实施意见》。明确全市农村牧区要进一步稳定家庭承包经营制度。

12 日　赤峰市委、市政府印发《关于党政机关加强党风廉政建设的意见》。

3 月

是月　赤峰市公安局组建经济犯罪侦查支队。

△《赤峰市林业生态建设与保护工程规划》经国家计划委员会批准实施。

4 月

8 日至 12 日　赤峰市第三届人民代表大会第五次会议补选高延青为市长。

11 日　赤峰市区 1 路公共汽车首次实行无人售票。

26 日　赤峰市首家“148”法律服务热线电话在红山区司法局开通。

27 日　赤峰市委印发《赤峰市 1999 年国有企业下岗职工基本生活保障和再就业工作实施意见》。至年底，全市共发放下岗职工基本生活保障费 9381.2 万元，有 3.2 万名下岗职工实现了再就业，再就业率 59.7%。

5 月

6 日　全市“三讲”（讲学习、讲政治、讲正气）教育动员大会召开。大会动员全市县级以上党政领导班子、领导干部要积极参加“三讲”教育，切实把党中央和自治区党委的部署和要求落到实处。

8 日　克什克腾旗达里 1 号风力电场一期工程 2 台 600 千瓦风力发电机组安装完毕，这是赤峰地区第一个风力发电项目。

29 日　为纪念赤峰市与日本稻泽市缔结友好城市 10 周年，以市长高延青为团长的访问团赴日本稻泽市参加纪念活动。

6 月

1 日　赤峰市儿童福利院新楼竣工剪彩。

△ 赤峰—北京北 2560 次旅客列车实现了赤峰到北京的“夕发朝至”。

是月 赤峰市质量技术监督局上划自治区质量技术监督局,实行垂直管理。

7 月

6 日至 8 日 中共中央政治局原常委宋平到赤峰视察。

13 日 赤峰市委、市政府印发《关于实施乡镇企业“二次创业”的意见》。

8 月

7 日至 8 日 全国人大常委会副委员长布赫到赤峰视察元宝山区山前南苑小区、兴隆庄森林公园、前进村幼儿园和老年活动中心等地。

是月 《赤峰八千年大事记》由方志出版社出版发行。

9 月

1 日 赤峰市英才学校成立。该校是一所集小学、初中、高中为一体的国有民办全日制学校。2009 年,学校撤销,人员合并到赤峰第四中学。

4 日 中央电视台《新闻联播》节目以“绿色向沙漠延伸”为题,播发了赤峰人民治沙造林成就。

21 日 政协赤峰市委员会举行庆祝人民政协成立 50 周年报告会。

是月 内蒙古移动通信公司赤峰分公司成立。

10 月

1 日 赤峰市政府广场扩建工程完工。工程总投资 100 万元,改造和扩大绿地 1 万平方米。

20 日 赤峰地区最大的工业企业——赤峰第二毛纺厂破产重组,新成立的赤峰华源毛业发展有限公司挂牌成立,标志着赤峰国有企业改革迈出了坚实的一步。

是月 《赤峰蒙古史》由内蒙古人民出版社出版发行。

11 月

7 日 赤峰市代表团随全国青联赴澳门特区访问,并向澳门特区政府赠送了“澳门回归祖国纪念玺”。

23 日　松山区被科学技术部命名为“全国科技工作先进县”。

30 日　赤峰出入境检验检疫局挂牌成立。

12 月

是月　由赤峰市农业科学研究所研究员胡洪凯主持完成的“谷子基因互作型雄性不育的发现、起源、胞质转换与应用体系”科研成果获得国家自然科学奖四等奖。

△　《林西县志》由内蒙古人民出版社出版发行。

是年　赤峰市委、市政府实施“绿色行动”，全面开展城乡绿化建设。市区绿化覆盖率达到 31.47%。

△　松山区松山广场建设完工并投入使用。

△　赤峰牛家营子中药材市场被科技部列为全国五大绿色中药材规范化种植基地。2012 年，北沙参、桔梗两个品种通过农业部的地理标志认证。

△　全市居民身份证证号由原来的 15 位升至 18 位。

2000 年

1 月

18 日　赤峰市政府印发《赤峰市城镇职工基本医疗保险办法》，在全市启动医疗保险制度，全市城镇职工全部纳入社会保险范畴。基本医疗保险基金实行社会统筹和个人账户相结合。

2 月

23 日　全市农村牧区工作会议召开。会议确定生态建设和农牧业基础建设是赤峰市的一项基本市策，是一项长期的战略任务。

3 月

6 日　赤峰市政府印发《赤峰市城镇国有土地开发利用管理办法》和《赤峰市城镇国有土地使用权招标拍卖管理办法》。29 日，赤峰市城区国有土地使用权首次公开拍卖出让。赤峰影都对过三角地 0.93 公顷被拍卖，成交价 1760 万元。

7日　“龙(文物)”特种邮票首次发行。这是新中国成立以来关于赤峰市的题材首次被印上邮票。该邮票共6枚,首枚是出土于赤峰市红山文化遗址的碧玉龙。

10日　赤峰市被国家林业局授予“全国林业生态建设先进市”称号。

是月　克什克腾旗白音敖包自然保护区晋升为国家级自然保护区。

4月

1日　赤峰市开通“科技110”专线服务电话,在市科协设立专线指挥中心,同时组建专家咨询服务团。

13日至14日　中共中央政治局常委、书记处书记、国家副主席、中央军委副主席胡锦涛到赤峰市视察红山区城郊乡西南地村、红山区红武公司、松山区龙潭小流域治理示范工程及元宝山区山前镇山前村农民住宅新区、前进村幼儿园,并在山前村召开座谈会。

18日至21日　政协赤峰市第三届委员会第五次会议补选张立华为市政协三届委员会主席。

19日至23日　赤峰市第三届人民代表大会第六次会议补选刘玉祥为市三届人大常委会主任。

6月

25日　赤峰市元代应昌路遗址被国务院批准为全国重点文物保护单位。

7月

1日　大板—呼和浩特旅游列车开通。

14日　赤峰城区最高气温达到40.4℃,创有气象记录以来的历史最高纪录。

15日　第一届内蒙古克什克腾草原旅游文化节暨第二届赤峰市克什克腾草原旅游节在贡格尔草原开幕。

18日　赤峰市政府印发《赤峰市招商引资奖励办法》《赤峰市招商引资优惠措施若干规定》。

△　内蒙古平庄煤业(集团)有限责任公司成立。

26日　内蒙古仙纺纺织集团暨赤峰深业仙崎纺织有限公司成立。

28日　内蒙古自治区电信公司赤峰市分公司成立。

是月　赤峰市委、市政府印发《全面实施开放带动战略的决定》,确定2000年为“赤峰市对外开放年”。

8月

4日　赤峰市医院将职工的人事档案全部移交赤峰市人才交流中心代管，标志着全市事业单位人事制度改革试点工作开始。

14日　由联合国开发计划署、中国国际经济技术交流中心和赤峰市政府共同主办的“扶贫与妇女参与发展”国际研讨会在赤峰召开。

18日至20日　巴林右旗举办首届中国巴林石节。

9月

25日　投资500万元的赤峰市区主干道亮美工程完工，站前广场、钟楼、文化广场等地实现亮化。

10月

1日　赤峰中心城区污水处理厂实现试运行，结束了向东旱河长期排放污水的历史。该工程于1995年开工建设。

△　国道306线赤峰过境线10.8公里一级公路竣工通车，实现了赤峰市高级公路零的突破。

是月　赤峰市委办公厅、市政府办公厅印发《关于进一步加强人才培养引进和使用工作的意见》，决定设立人才开发基金，市财政每年拨付资金50万元作为人才开发基金的基础资金并列入预算。基金管理委员会办公室设在市人才交流服务中心。

11月

6日　在全国第四次人防工作会议上，赤峰市被评为“全国人民防空先进城市”。

12月

27日　赤峰制药厂、赤峰北方联合制药厂顺利实施了“债转股”。

是月　赤峰市招商引资政务大厅举行揭牌仪式。

是年　赤峰富龙热力股份有限责任公司“热、电、气”三联产一期工程完工并投入使用。

△ 赤峰宁城老窖生物科技股份有限公司、赤峰富龙热力股份有限责任公司、赤峰东信园有限公司、赤峰华源毛业有限公司先后通过内蒙古自治区高新技术企业认定。

△ 宁城县、喀喇沁旗被全国绿化委员会授予“全国造林绿化百佳县”称号,敖汉旗木头营子乡获“全国造林绿化百佳乡”称号。

△ 国家京津风沙源治理工程项目在赤峰启动实施,全市有10个旗县区被列入京津风沙源治理工程和退耕还林治理区。

△ 全市最大的批发市场“万商大院”一期工程竣工,营业面积1.5万平方米。2001年,二期工程竣工,营业面积3万平方米。

△ 昭乌达电脑城建成开业,营业面积5000平方米,100多家商户入驻经营。

△ 赤峰市委确定实施“生态立市、工业强市、科教兴市、开放带动”四大战略。

△ 为推进“科教兴市”战略目标,全市12个旗县区配备了科技副旗(县、区)长,50%乡镇苏木配备科技副乡(镇)长、副苏木达。

2001年

1月

1日 按国务院要求,赤峰市停征筵席税和屠宰税。

10日 阿鲁科尔沁旗天山镇最低气温-35.7℃,为赤峰市1991—2014年期间极端最低气温。

2月

11日 赤峰市被国家计生委确定为计划生育综合改革试点市,成为16个试点单位中唯一的少数民族试点地区。

3月

1日 红山区公安分局被公安部授予“全国优秀公安局”称号。

11日 赤峰富龙集团、林西冷山制糖公司重组双马集团签字仪式在富龙集团举行,赤峰双马集团顺利实现重组。原赤峰双马集团是以制糖为主的内蒙古自治区重点企业,1999年破产。

20日至22日 赤峰市首届农业新品种、新技术交易会在赤峰开幕。有227家参展商出席交易会，成交额 1000 余万元。

28 日　赤峰市委办公厅、市政府办公厅印发《关于在市直属机关、事业单位深入开展“学习‘三个代表’重要思想、树立机关良好形象”教育活动的实施方案》。

4 月

16 日　赤峰市委、市政府办公厅印发《赤峰市合并乡镇苏木工作方案》，全面开展合并乡镇苏木工作。全市原有乡镇苏木 273 个，撤并 37 个，调整 76 个，撤并后全市共有乡镇苏木 236 个。

5 月

1 日　山西航空公司开通太原—呼和浩特—赤峰往返航线，太原市成为继北京市、呼和浩特市之后，第三个与赤峰通航的城市。

△　赤峰联通分公司开通无线市话“小灵通”业务。2014 年 10 月，全市“小灵通”全部停用。

18 日　红山区松州园小区的石油液化气管道供气工程竣工，标志着赤峰市大规模使用管道为居民供应液化气的开始。

25 日　中德财政合作赤峰市治沙造林项目正式启动。中德财政合作赤峰市治沙造林项目是德国政府无偿援助赤峰市的生态造林工程，项目总投资 1.14 亿元人民币，项目建设期 5 年。

6 月

20 日　一架来自北京的客机包机在赤峰机场安全降落。这是赤峰民航机场自 1959 年开航以来首次包机飞行。

25 日　国务院公布第五批全国重点文物保护单位名单，赤峰市有 9 处古遗址、古墓葬、古建筑在公布之列。

△　赤峰市土地交易中心正式挂牌成立。

7 月

13 日　北京燕京啤酒有限公司与赤峰啤酒（集团）公司合资建立的燕京啤酒（赤峰）有限责任公司举行成立庆典仪式。北京燕京啤酒有限公司占公司资本总额的 60.19%，赤峰啤酒(集团)公司占公司资本总额的39.81%。

15日至20日　第二十二届全国小学生“英才·向阳杯”乒乓球赛在红山区英才学校举行。赤峰市红山区第八小学甲组一队获男子甲组团体冠军。

8月

10日　赤峰市被中央社会治安综合治理委员会授予“1997—2000年期间全国社会治安综合治理优秀单位”称号。

16日　铁道通信有限责任公司赤峰分公司成立。

20日　赤峰银河大桥建成通车。该桥跨阴河、连接松山区和红山区桥北组团，桥长321米，桥宽24.5米，总投资约3500万元。

22日　自治区城镇医疗卫生体制改革现场经验交流会在赤峰召开。卫生部部长张文康参加会议并讲话。

29日　宁城县汐子镇副镇长戴成钧由于长期超负荷工作，积劳成疾，病逝于工作岗位上，年仅35岁。2002年1月14日，赤峰市委作出《关于向新时期基层干部的楷模戴成钧学习的决定》。

是月　由巴林石集团公司提供的一块重约20公斤的巴林彩冻石被亚太经合组织国家首脑上海会议筹委会选中，并制成印章作为国礼馈赠与会的各国首脑。印章名称为“涌动的太平洋”。

9月

5日　全国草原工作会议在赤峰召开。

6日至11日　全国政协副主席王文元率领全国政协委员组成的内蒙古生态建设视察团到赤峰市克什克腾旗、红山区、松山区视察生态建设示范工程。

7日　赤峰市制作的广播剧《普通人家》获全国第八届“五个一工程”奖。

10日　赤峰市南山生态园建设工程启动。

△　由全国妇联、中国妇女发展基金会支持的“大地之爱·母亲水窖”项目在林西县正式启动。

19日至22日　全市各旗县区全部达成划界协议。12月6日，自治区政府批准赤峰市旗县区行政区域界线勘界协议书。至此，赤峰市内各旗县区行政区域界线全部确定，并成为法定界线。

21日　巴林右旗赛罕乌拉国家级自然保护区被批准成为联合国“人与生物圈”成员单位。

是月　内蒙古自治区党委决定:罗啸天任赤峰市委书记。

△　赤峰市药品监督管理局成立,隶属自治区药品监督管理局管理。

10月

9日　赤峰市环境保护科教馆落成。

12日　赤峰市图书馆电子阅览室正式开通。

16日　赤峰城南立交桥竣工通车。这是本市第一家以BOT(即建设—经营—转让)形式修建的重点工程。桥长2336米,宽24米,为6车道。

17日至21日　赤峰市第四届人民代表大会第一次会议选举罗啸天为市四届人大常委会主任,呼尔查为市长。

20日　赤峰制药集团、赤峰艾克制药科技股份有限公司百吨合成麻黄素项目正式投产。该项目为国家高新技术产业规划项目、国家火炬计划项目,是赤峰制药工业发展的里程碑。

是月　赤峰市政府命名12所学校为"名学校",16名校长为"名校长",35名教师为"名教师"。

△　赤峰北疆粮油购销(集团)有限责任公司成立,为市粮食局管理的国有独资企业。

11月

6日　赤峰市依法治市工作会议召开。大会表彰赤峰市"三五"普法先进集体和先进个人。

26日　赤峰市获"三北防护林工程建设先进集体"称号。

12月

10日　经国土资源部批准,克什克腾地质公园晋升为国家级地质公园。

18日　赤峰市委、市政府印发《关于市直党政机构改革的实施意见》。改革后的党政工作机构共设40个,其中市委设9个,市政府设31个。

31日　红山区被内蒙古自治区文明委命名为"五星级文明城",并获"十佳星级文明城市"称号。

△　赤峰市规划局成立。

△　赤峰市对外贸易经济合作局成立。

是年　赤峰市东城国家粮食储备库通过财政扶持转化为股份制企业,成为自治区第一家收储企业中的股份制企业和全国粮食企业改革试点单位。

△　赤峰市启动中小学校舍改造工程,至2014年,新建和改造校舍面积429.39万平方米,占全市中小学校舍总面积的89.58%。累计投入资金66.6亿元。

△　赤峰市政府办公厅印发《关于赤峰市医疗机构药品集中招标采购实施意见的通知》,进一步推进药品集中采购管理。

△　按照自治区的统一部署,赤峰市在巴林右旗推行农村牧区税费改革试点。

△　中国国民党革命委员会赤峰市总支委员会成立。

△　敖汉旗大黑山自然保护区晋升为国家级自然保护区。

2002年

1月

22日　敖汉旗华夏第一村教育促进会成立。

是月　赤峰市旅游局成立。

2月

8日至10日　中共中央政治局委员、国务院副总理温家宝到赤峰市翁牛特旗、敖汉旗等地走访慰问受灾群众。

4月

1日　台湾影光(私人)教育基金会为阿鲁科尔沁旗、巴林左旗、翁牛特旗、喀喇沁旗、宁城县、敖汉旗捐资425万元人民币,兴建6所小学。

4日　赤峰市人防办公室加挂赤峰市民防局的牌子。赤峰市交通战备管理职能由市人防办划归市交通局。

18日至19日　中共中央政治局委员、全国人大常委会副委员长姜春云到赤峰市翁牛特旗、巴林右旗、松山区、宁城县等地视察。

23日至24日　全国政协副主席赵南起率人口资源环境委员会调研组到赤峰市翁牛特旗、敖汉旗、喀喇沁旗、松山区等地考察调研生态建设情况。

23日至28日　赤峰市第四届人民代表大会第二次会议补选照那斯图为市四届人大常委会主任。

5月

22日至28日　赤峰市商贸代表团参加第五届中国北京国际科技产业博览会。共签订引资项目73项，引进国内资金4.87亿元、外资1.39亿美元。

30日　内蒙古赤峰国家农业科技园区成立。园区以设施农业为主导产业。2010年，该园区通过科技部验收，成为内蒙古唯一一家国家农业科技园区。

是月　赤峰市开通打假举报电话“12365”。

△　赤峰市老年大学成立。

△　赤峰市全面启动工业园区建设。阿鲁科尔沁旗、巴林左旗、巴林右旗、林西县等旗县相继开展工业园区建设。

6月

4日　敖汉旗被联合国环境规划署授予“全球环境500佳”称号。

10日　以赤峰市出土文物为主体的辽代文物精品展在中国历史博物馆开幕。此次展览共展出辽代文物204件。

15日至18日　全国政协副主席张思卿一行到赤峰市视察文博工作。

16日至18日　全国政协副主席周铁农带领全国政协委员一行到赤峰市视察工作。

17日　赤峰市政府被全国绿化委员会、人事部、国家林业局授予“全国防沙治沙十大标兵单位”称号。克什克腾旗政府、巴林右旗政府、敖汉旗人民武装部分别获“全国防沙治沙先进集体”称号。

21日　赤峰市委、市政府作出《关于向全国防沙治沙标兵唐臣同志学习的决定》。

是月　赤峰市政府采购中心成立。

△　赤峰市慈善总会成立。

7月

20日至23日　全国人大常委会副委员长、全国妇联主席、中国红十字会会长彭珮云到赤峰视察克什克腾旗达里诺尔自然保护区、白音敖包自然保护区、喀喇沁旗小牛群乡春蕾学校和赤峰六一幼儿园等地。

是月　克什克腾旗被确定为全国唯一的草原改良建设机械化保护性种植示范区。项目区全部围封，进行免耕作业。

8月

13日　喀喇沁旗举办首届喀喇沁王府文化旅游节。此后每年举办一届，内容不断丰富，至2014年，已连续举办13届。

20日　2002·赤峰投资贸易洽谈会在赤峰举行。共引进资金11亿元，其中签订合同金额4.13亿元。

22日　克什克腾旗、翁牛特旗、松山区、喀喇沁旗、宁城县先后遭受特大冰雹和暴风雨袭击。17万多人受灾，死亡4人，直接经济损失3亿多元。

31日　内蒙古自治区第五届农民运动会在乌兰浩特市闭幕。赤峰市体育代表团共夺得7枚金牌、8枚银牌、5枚铜牌，以203.5分的总成绩获团体总分第三名。

是月　内蒙古自治区省际大通道（内蒙古阿荣旗至广西北海一级公路内蒙古段）赤峰境内工程在阿鲁科尔沁旗天山镇正式开工。大通道在内蒙古境内全长2532公里，其中在赤峰市境内全长386公里。于2008年5月竣工通车。

9月

15日　喀喇沁旗王府博物馆开馆。

19日　赤峰市委、市政府成立赤峰市新城区建设领导小组，领导小组下设指挥部，同时成立了各专项工作组。

25日　赤峰市委、市政府召开赤峰市乡镇企业暨个体私营经济工作会议，通报表彰8名“全国乡镇企业家”和24名“自治区乡镇企业家”。

10月

18日　内蒙古自治区通信公司赤峰分公司成立。

20日　赤峰市松山区星火技术密集区被科技部命名为“国家星火技术密集区”。

21日　赤峰市委、市政府印发《关于进一步加快林业生态建设步伐的决定》。文件规定，可以通过拍卖、租赁、承包、股份合作、无偿划拨等方式依法获得林地、荒山、荒沙的使用权和经营权，使用和经营期限为50~70年。

22日　赤峰市生态建设大会召开。大会授予6人“生态书记”称号，10人“生态建设标兵”称号，50人“生态建设先进个人”称号。

29日　赤峰市委、市政府印发《关于改善投资环境的决定》，再次取消和下放行政审批项目34项。同时成立赤峰市行政审批服务中心，当年有22个部门进驻服务中心。

11 月

10 日至 11 日　10 日晚 11 时 30 分至 11 日早 5 时 30 分，赤峰市出现大风天气，风速最高达 27 米 / 秒，最大风力达 10 级，一些户外建筑遭到严重破坏。

12 月

27 日　经内蒙古自治区政府批准，赤峰红山高新技术开发区晋升为自治区级高新技术开发区。

31 日　由政协赤峰市委员会编纂的《赤峰人物·总近代卷》出版发行。

是年　中央文明委命名宁城县热水镇、元宝山区前进村和四合村为全国创建文明村镇工作先进单位。

△　赤峰市第四届人大常委会第七次会议审议通过《赤峰市生态建设与保护规划》。

△　全市小学学制由五年制改为六年制，全市汉语、蒙古语授课儿童入学年龄均缩小 1 周岁，即汉语授课儿童入学年龄为 6 周岁、蒙古语授课儿童入学年龄为 7 周岁。

△　松州桥建成通车。该桥位于松州路北端，跨英金河，连接老城区和新城区，桥长 270 米，桥宽 32 米。2001 年开工建设，由沈阳市政集团承建。

△　赤峰市环境监测中心站启动赤峰市区空气质量自动监测。

△　赤峰汽车站晋升为内蒙古自治区一级汽车站。

△　赤峰市土地管理局、赤峰市地质矿产管理局合并组建赤峰市国土资源管理局。

△　赤峰市黄金有色办公室（原赤峰市黄金局）、赤峰市第二轻工业局、赤峰市轻化纺织工业局、赤峰市冶金机械工业局撤销，其行政管理职能划归市经济贸易委员会。

△　赤峰海达电器有限责任公司成立。

△　赤峰市委、市人大常委会、市政府、市政协办公室更名为办公厅，办公室所属各科更名为处，级别不变，职能不变。

2003 年

1 月

3 日　赤峰市政府与国家开发银行呼和浩特分行金融合作全面启动。第一批项目贷款总额度 89 亿元，其中用于支持赤峰新城区建设的资金额度为 30 亿元。

13 日　《赤峰市城市总体规划（2002—2020 年）》通过自治区审批，赤峰市中心城区空间发展方向为“西移北扩,集中成片,规模发展”。

14日　克什克腾旗建成全国最大胚胎基地,累计移植羊胚胎10万多只,移植牛胚胎3000多头,成为辐射全国的胚胎移植产业化龙头基地。

2月

18日　位于红山区二东街的支栋楼开始拆除。支栋楼是赤峰城内最早建造的私人楼房,随着赤峰城市建设的发展,该楼影响了火花路的南北交通,经有关部门批准拆除。

3月

5日至7日　内蒙古自治区首届农牧业科技成果博览会暨赤峰市第三届农业新技术新品种交易会在赤峰开幕。359家参展商参展,交易的农业新品种、新技术涉及几十个行业。现场交易额5000多万元,意向成交额1.5亿元。

25日　赤峰市委、市政府决定在市直机关开展“服务赤峰发展,创建人民满意机关”和在企事业单位开展“讲诚信创效益,为赤峰发展做贡献”主题教育活动。

是月　赤峰制药集团与上海实业联合集团达成合作协议,上海实业联合集团投资7018.5万元,用于赤峰制药集团成员企业艾克制药科技股份有限公司和蒙欣药业有限公司化学合成麻黄素及相关产品技术开发和制剂产品生产,打造全国先进的麻黄素生产基地。

4月

13日　全国范围内暴发“非典”疫情后,市政府制定《赤峰市非典型肺炎防治应急预案》,规范“非典”疫情报告程序,实行“日报告”“零报告”制度;在全市所有二级以上医疗单位和76个中心卫生院设立了发热门诊,将市传染病防治医院和10个旗县区(不包括红山区和松山区)医院设立为定点治疗医院。至5月31日,全市报告“非典”病人3例,全部治愈,无死亡病例。监控返乡人员62565人,累计追踪调查密切接触者422人,调查处理疫情587件次。对划定的4处疫区(点)和“非典”患者污染的15处场所进行彻底消毒,实现全市“非典”疫情无蔓延。

20日　赤峰市新城区开工建设奠基仪式举行。新城区初步规划西起西山风景区边缘的外环路,东至京通铁路,北起巴林大街,南至锡伯河,总面积17.39平方公里,规划人口12万人。

5月

17日　赤峰新城区玉龙大街建设工程开工。该路东起国道306线，西至外环路，全长4.8公里。是全市技术标准最高、绿化美化最好的城市街路，是新城区的标志性工程。2005年建成。

6月

2日　克什克腾旗巴彦高勒银矿已探明银储量达1000吨以上。这是当时内蒙古境内的第一大银矿。

24日　宁城黑里河自然保护区晋升为国家级自然保护区。

是月　赤峰百柳购物中心建成运营。购物中心位于红山区昭乌达路中段，营业面积5500平方米。为当时市区最大的购物超市。

△　新城区启动“四横四纵”骨干道路建设，到2005年基本完成。“四横”即玉龙大街、巴林大街、王府大街、临潢大街，“四纵”即天义路、宝山路、锦山路、新惠路。

7月

8日　中国平安财产保险股份有限公司赤峰中心支公司挂牌营业。

△　赤峰库博红烨锌业有限公司举行揭牌庆典活动。

10日　赤峰学院挂牌成立。赤峰学院是赤峰地区第一所本科大学，由赤峰民族师范高等专科学校与赤峰教育学院、内蒙古广播电视大学赤峰分校、赤峰卫生学校、内蒙古幼儿师范学校合并组建而成。学院占地面积52万平方米，建筑面积22.05万平方米。

18日　赤峰市新城区首宗15.59公顷国有土地使用权挂牌出让仪式在市土地交易中心拍卖大厅举行。赤峰锦绣大地房地产开发有限公司以5849万元价格获得该宗土地使用权。

△　赤峰伊利乳业有限责任公司超高温灭菌液态牛奶项目在元宝山区开工建设。

25日　安琪酵母公司（赤峰）有限公司成立。

8月

16日　18时58分,赤峰市阿鲁科尔沁旗和巴林左旗交界处发生里氏5.9级强烈地震。地震共造成阿鲁科尔沁旗、巴林左旗、巴林右旗、翁牛特旗、林西县5个旗县的73个乡镇苏木、620个村嘎查受灾,受灾人口约84.09万人。

17日　中国首届蒙古族服装服饰节在赤峰市巴林右旗大板镇举行。

18日至20日　由内蒙古地矿局和赤峰市政府联合主办的内蒙古大兴安岭地区矿产资源远景研讨会在克什克腾旗召开。

26日　赤峰市第一家股份制金融企业——赤峰市城市信用社股份有限公司举行揭牌仪式。该公司是由赤峰、红山、同兴、新兴、华夏5家城市信用社和富龙热力公司、北京锦绣大地公司重组成立的股份制银行业金融机构。

是月　赤峰市收容遣送站更名为赤峰市救助管理站。

9月

26日　满洲里海关驻赤峰办事处举行授衔仪式,有9人分别被授予一级关务督办、二级关务督办、一级关务员。

10月

24日　赤峰市委、市政府印发《关于实行全市封育禁牧的决定》。从2004年开始,全市实行封育禁牧。

27日　赤峰市委办公厅、市政府办公厅印发《赤峰市中等专业学校管理体制改革和布局结构调整实施意见》。赤峰财经学校等10所成人中等专业学校全部撤销。

11月

28日　总投资4.5亿元的赤峰市元宝山区老公营子煤矿开工建设。

是月　自治区党委、自治区政府印发《关于加快城镇化进程的决定》要求,尽快把赤峰建设成内蒙古东部地区区域性中心城市,把赤峰市建设成全区第三个人口超百万的城市。

12 月

16 日　元宝山电厂 4 号机组复建工程开工建设。

26 日至 27 日　中共中央政治局常委、全国政协主席贾庆林到赤峰视察并慰问地震灾区群众。

是月　位于赤峰市区南山的赤峰市气象局新一代天气雷达投入运行，赤峰成为内蒙古自治区首家拥有新一代天气雷达的盟市。

△　赤峰市委四届八次全委(扩大)会议提出“利用 21 世纪初前 10 年左右时间，争取把赤峰市建设成为辐射周边地区的农畜产品生产加工基地、东北与华北地区重要能源基地、国家矿产资源战略接替基地、草原文化旅游胜地、京津与辽沈地区重要生态屏障、百万人口的区域性中心城市和内蒙古自治区最便捷的出海通道”。

△　赤峰新城富龙管道燃气有限公司成立。2004 年 7 月，在新城区开始管道燃气工程建设。

是年　赤峰新城区宝山桥建成通车。该桥位于锡伯河，连接八家组团与小新地组团，桥长 256 米，桥宽 45 米。由北京市政设计研究院设计，唐山远大交通工程有限公司承建。

△　赤峰市大型民营企业——中昊物流公司成立。

△　赤峰市委、市政府成立劳务输出领导小组，下设劳务输出办公室，办公室设在市就业服务局。同年，全市有组织的劳务输出 8 万多人。

△　第一次全国湿地资源调查结果显示：赤峰市湿地总面积 19.33 万公顷，约占全市总土地面积的 2.15%，其中开发利用面积 2.22 万公顷，占湿地总面积的 11.48%。

△　赤峰市政府印发《赤峰市新城区八家组团 2003—2005 年规划工作方案》《赤峰市新城区建设用地供应管理办法》《赤峰市新城区建设资金使用管理办法》。

△　赤峰市卫生学校附属医院更名为赤峰学院附属医院。

2004 年

1 月

12 日　赤峰市喀喇沁旗旺业甸森林公园、克什克腾旗桦木沟森林公园晋升为国家级森林公园。

18 日　巴林左旗被科技部批准为“2001—2002 年度全国科技进步先进旗”。

22 日　赤峰市入选中宣部、中央文明办、国家质检总局等部门联合评选的“中国

50家投资环境诚信安全区”,是内蒙古自治区唯一获此殊荣的城市。

是月 《红山晚报》划归赤峰日报社,实行“一社二报、统一管理”体制。《红山晚报》创刊于1988年,是当时全国唯一的县级晚报。

2月

4日 赤峰富龙热力股份有限公司更名为赤峰大地基础产业股份有限公司。

12日 赤峰市辖区内由通辽铁路分局管理的教育、医疗机构移交赤峰市政府管理。

13日 赤峰市野生动植物保护协会成立。

是月 总投资1650万元的全国最大草原围栏项目——草原划区轮牧试点示范项目落户赤峰市克什克腾旗贡格尔草原。

3月

4日 由赤峰市委宣传部、共青团赤峰市委等10家单位联合开展的首届“赤峰杰出(优秀)青年卫士”评选活动揭晓。10人被评为“杰出青年卫士”,10人被评为“优秀青年卫士”。

16日至20日 赤峰市第四届人民代表大会第五次会议补选杭桂林为市长。

18日 赤峰火车站开办全国联网售票业务。

是月 新城区玉龙广场开工建设。广场位于新城区党政机关办公大楼南侧,总面积15.8万平方米,分南北两部分。核心景观为飞龙在天雕塑,龙行谷贯穿整个北广场。2006年8月1日建成,工程造价3149万元。由天津园林规划设计院设计。

4月

1日 赤峰市全面开展粮食补贴发放工作,将对流通环节的粮食间接补贴改为对种粮农民的直接补贴。

2日 赤峰市体育馆正式开馆。

11日 赤峰新城区首家大型房地产开发项目——赤峰锦绣大地房地产公司开发的锦绣花园一期工程开工。继锦绣花园之后,赤峰亚兴房地产开发公司开发的王府花园、赤峰鑫峰房地产公司开发的吉祥家园、北京紫晨房地产公司开发的天骄西苑别墅、金狮房地产公司开发的玉龙小区、鹏昊房地产公司开发的皇家帝苑、赤峰六家房地产公司联合开发的馨风雅居相继动工兴建。

23 日　阿鲁科尔沁旗草原“无鼠害示范区”项目通过农业部、自治区农业厅检查验收。

24 日　赤峰市工商联安徽商会(同乡会)成立。该商会是赤峰市首家异地商会。

△　克什克腾旗黄岗梁铁矿三区采选项目开工建设。项目建设规模为年处理矿石 80 万吨,总投资 3.48 亿元。

是月　赤峰市安全生产监督管理局成立。

5 月

10 日　位于赤峰新城区的玉龙国宾馆举行开工奠基仪式。宾馆占地面积 4.5 万平方米,建筑面积 1.2 万平方米。

18 日　内蒙古自治区考古专家在赤峰市一件属新石器时期的陶杯上发现凤造型,鉴定后认为这件距今 6000 多年的陶杯上的凤造型,当属“中华第一凤”。

24 日　中国银行业监督管理委员会赤峰监管分局成立。

6 月

8 日　“彭年光明行动”在赤峰市启动。全市有 1327 名贫困白内障患者免费得到医治。

24 日　赤峰市有 151 个农产品、14 个水产品获全国无公害农产品认证。赤峰市无公害农产品认证数量居内蒙古自治区首位。

26 日　内蒙古塞飞亚集团有限责任公司的“塞飞亚”商标被国家工商总局认定为中国驰名商标。

28 日　赤峰市社会福利院综合服务楼竣工,并向社会开放。

7 月

14 日至 17 日　全国政协副主席李兆焯率领全国政协委员视察团到赤峰市喀喇沁旗、红山区、克什克腾旗等地视察生态建设工作。

23 日　日本稻泽市友好访问团到赤峰市考察新城区建设。

24 日　由赤峰市政府、北京大学和赤峰学院联合主办的中国北方古代文化第三届国际学术研讨会在赤峰召开。

8月

2日　内蒙古省道206线锦山至茅荆坝段一级公路全线贯通。该路全长109公里,总投资10亿元,是赤峰市第一条高等级出城公路。

7日　赤峰市政府与北京国际电力开发投资公司举行项目合作签字仪式。双方共同开发阿鲁科尔沁旗绍根煤田、克什克腾旗小水电建设等项目。

18日　赤峰市康复医院成立。世界儿童基金会和中国扶贫基金会向康复医院捐赠价值180余万元的医疗物资。

27日　希望工程"明德奖学金"项目在赤峰启动。赤峰市100名小学生和30名大学生接受捐款14万元。

28日　2004·内蒙古民营企业项目合作暨赤峰市投资贸易洽谈会在赤峰文化广场开幕。其间签约项目94个,项目总投资89.88亿元。

29日　中央电视台《走遍中国·赤峰》系列专题片在赤峰开机。

是月　台湾著名蒙古族诗人席慕蓉到赤峰市克什克腾旗观光采风,并为赤峰市青少年文学爱好者举办文学讲座。

9月

3日　阿鲁科尔沁自然保护区晋升为国家级自然保护区。

3日至4日　国务委员陈至立一行到赤峰视察"两基"达标工作。

13日　中央电视台"心连心"艺术团到赤峰慰问义演在喀喇沁旗锦山镇市民广场举行。演出活动的主题为"吉祥草原"。

21日　赤峰新城区开通6路、7路、9路三条线路公交车。

23日　赤峰市召开纪念人民代表大会成立50周年大会。

△　赤峰艺术旅游学校成立。该校由赤峰商业职工中等专业学校和赤峰市艺术学校合并组建而成。

29日　赤峰学院农牧职业技术学院成立。

是月　赤峰市药品监督管理局更名为赤峰市食品药品监督管理局。

△　赤峰市住房公积金管理中心成立。

△　赤峰市政府办公厅印发《赤峰市深化林业产权制度改革实施方案》,明确了林业产权制度改革的范围是国有森林、集体森林、林木及其宜林地。同年,在敖汉旗牛古吐乡和长胜镇的三个村开展试点工作。

10月

20日　大唐赤峰赛罕坝风力发电公司成立暨一期工程开工仪式在克什克腾旗举行。工程一期总投资2.7亿元，装机总容量3万千瓦，是中国大唐集团公司开发的第一个风力发电项目。

28日　巴林右旗风根山电场工程建设正式开工。

△　赤峰市城市基本建设档案馆整建制并入赤峰市档案馆。城建档案库房仍在赤峰市建委办公大楼内，库房建筑面积336.49平方米。

是月　内蒙古自治区最大水库——红山水库水毁修复除险工程通过竣工验收并交付使用。

11月

1日　赤峰市经济普查工作开始。

16日　自治区首例造血干细胞捐献者——赤峰学院附属医院血液科医生王海峰从北京归来。

18日　内蒙古自治区和赤峰市重点工程项目——赤峰远航水泥有限公司日产2500吨水泥熟料新型干法生产线点火试生产。

12月

2日　克什克腾旗黄岗梁保护区、桦木沟保护区晋升为自治区级自然保护区。

6日　赤峰市党政机关综合办公楼竣工。办公楼位于新城区八家组团核心地段。2003年8月开工，建筑面积8.32万平方米，工程总投资2亿元。9日，市委、市人大、市政府、市政协机关及近30个委办局搬迁入驻。

7日　赤峰平庄煤业(集团)有限公司煤炭产销双双突破1000万吨。

31日　赤峰市医院晋升为三级甲等医院。

是月　松山区被农业部评为“全国粮食生产先进县”。

△　赤峰九龙供水有限责任公司成立。该公司是赤峰市第一家进入供水行业的民营企业，供水范围为赤峰新城区。

是年　赤峰市共销售体育彩票2987万元，居自治区之首。

△　赤峰市国税入库首次突破10亿元大关。

△　赤峰市粮食产量达到314.66万吨，是继1998年之后的第二个高产年。

△ 赤峰市家畜存栏首次突破 1000 万头只大关。

△ 赤峰贺麒铜业公司 1.2 万吨精密铜管建设项目竣工。填补了赤峰市有色金属加工业的一项空白。

△ 由赤峰市敖汉种羊场和自治区家畜改良站合作共同开发的国家 863 科技攻关项目——超细型细毛羊胚胎移植取得成功。

△ 赤峰新城区兴安南麓植物园开工建设。该园位于王府大街南、玉龙大街北、林西路东、半支箭河西侧,总面积 18.4 万平方米。园内有植物 165 种,约 3 万株。由北京林业大学林学院设计。2005 年 9 月建成,工程造价 873 万元。

△ 赤峰新城区海贝尔游乐城开始启动建设并于年内向游人开放。

2005 年

1 月

8 日 赤峰市获“中国优秀旅游城市”称号。

12 日 松山区职教中心晋升为国家级重点职业学校。

23 日 内蒙古自治区党委决定:杭桂林任赤峰市委书记。

2 月

3 日 赤峰市委举办全市保持共产党员先进性教育活动报告会。

11 日 克什克腾地质公园通过联合国教科文组织评审并批准为世界级地质公园。这是自治区第一家世界地质公园,也是中国第一家以行政区划命名的世界地质公园。

3 月

1 日 赤峰市新型农村牧区合作医疗试点工作在敖汉旗启动。这是赤峰市第一个实行农村牧区合作医疗试点的旗县。

19 日 松山区太平地探出油气田并立项开发。项目总投资 3.52 亿元,建成后年产天然气 1 亿立方米。

4 月

2 日 赤峰二中新校址在新城区奠基。校址占地面积 12.2 万平方米,投资 1 亿元。

2006 年 9 月,新校区落成。

18 日至 22 日　政协赤峰市第四届委员会第五次会议补选杨宝忠为市政协四届委员会主席。

是月　赤峰九天水上运动中心建成运营。该运动中心位于赤峰市新城区,建筑面积 1.1 万平方米。

5 月

17 日　赤峰市公共交通总公司首台改装后的燃气车投入运营。

18 日　中国民主促进会赤峰市委员会成立。

20 日　全国人大常委会副委员长李铁映率人大安全生产执法检查组到赤峰市进行矿山安全生产执法检查。

23 日　赤峰市第四次被中央社会治安综合治理委员会评为“全国社会治安综合治理优秀地市”,被授予“全国社会治安综合治理长安杯”。

25 日　松山区夏家店遗址被国务院批准为国家级重点文物保护单位。

是月　集通铁路公司将集通铁路运行的蒸汽机车全部更换为内燃机车。12 月 8 日,最后一列蒸汽机车在巴林右旗大板车站熄火停运,标志着蒸汽机车铁路运营在世界范围内彻底消失。

△　赤大白铁路建设工程开工。该线路北起锡林郭勒盟白音华煤田,南至赤峰北站,赤峰境内 275.97 公里,总投资约 32 亿元。赤大白铁路是内蒙古自治区“十一五”期间的重点交通建设项目。于 2008 年 12 月 17 日全线贯通。

6 月

4 日　国家电网公司和东北电网有限公司投资 2.5 亿元建设的 220 千伏赤峰天山输变电工程开工。12 月 30 日工程竣工并投入运行。

16 日至 18 日　内蒙古自治区第十届中学生运动会在松山区红旗中学举行。各盟市 26 支代表队、600 余名运动员参赛,运动会设田径、篮球、排球、乒乓球和搏克 5 个大项。赤峰市代表队获总分第一名。

18 日　2005“鲁能杯”中国乒乓球俱乐部超级联赛在赤峰举行,王楠、郭跃等著名运动员参赛。

20 日　全国政协副主席、全国工商联主席黄孟复率全国政协调研组对赤峰市新型能源建设进行调研。

30 日　全市第一批保持共产党员先进性教育活动圆满结束。7 月 13 日,全市第二批保持共产党员先进性教育活动工作会议召开。7 月 18 日,自治区督导检查组到赤峰检查指导第二批保持共产党员先进性教育活动工作。

是月　赤峰市人事考试中心成立。

7月

16日　总投资1.04亿元的赤峰制药集团赤霉素系列深加工产品扩建项目奠基。

20日　阿鲁科尔沁旗发生草地蝗虫灾害,面积达10.6万公顷。

26日　阿鲁科尔沁旗绍根煤田爱民温都矿井开工建设。矿井建设计划总投资4.62亿元。

8月

8日至10日　赤峰市首届少数民族传统体育运动会在巴林右旗大板镇举行。本届运动会共设射箭、赛马、蒙古象棋、武术、搏克、中国式摔跤等8个项目,282名运动员参赛。巴林右旗、红山区、阿鲁科尔沁旗代表队分获金牌榜第一、二、三名。

12日　中国大唐集团公司在克旗赛罕坝风电场举行首批风电机组投产暨赛罕坝风电二期工程开工仪式。同时与赤峰市政府签订在赛罕坝地区投资100亿元、建设总装机100万千瓦风电场的协议。

16日　赤峰、朝阳、锦州、阜新、葫芦岛五市美术、书法、摄影艺术交流展在赤峰博物馆展出。

26日至28日　第六届世界华人地质科学研讨会暨中国地质学会2005年学术年会在赤峰召开。

9月

1日　赤峰市政府与中国泽楷(集团)有限公司在赤峰宾馆举行煤化工项目合作签约仪式。该项目总投资80亿元,年产甲醇及系列产品180万吨。

9日　克什克腾旗拜仁达坝银多金属矿——内蒙古银都矿业有限公司试车投产。

17日　阿鲁科尔沁旗20万吨煤制甲醛项目开工仪式在绍根镇举行。

21日　翁牛特旗那什罕苏木牧民喜顺以身高2.361米成为世界自然生长身高第一人,创吉尼斯世界纪录。

26日　由中国和加拿大两国政府共同投资建设的克什克腾旗达里诺尔环境教育中心落成,并向游人开放。

10 月

16 日　松山区被农业部评为“2003—2004 年全国无公害农产品生产示范基础县(区)达标单位”。

21 日　在全国第十届运动会速度赛马 12000 米决赛中，翁牛特旗新苏莫苏木运动员乌兰格日乐以 16 分 36 秒 57 跑完全程并摘得金牌。这是自治区在全国十运会上获得的唯一一枚金牌。

△　赤峰国际会展中心奠基仪式在新城区举行。该中心是集会议、展览、酒店于一体的综合性多功能建筑项目，占地面积 51800 平方米，工程总投资 2.7 亿元。2008 年 7 月建成投入使用。

28 日　赤峰市政府与建行内蒙古分行签署《银政合作框架协议》。

31 日　赤峰市委、市政府印发《关于进一步改进工作作风的意见》，就大力精简各类会议、切实精简各类文件、规范各类检查评比活动、精简市领导事务性活动、深入开展调查研究等问题提出了具体要求。

是月　内蒙古(赤峰)中油汽车燃气有限公司成立。

△　赤峰市直属机关幼儿园、赤峰市政府机关幼儿园、赤峰市六一幼儿园由原来的部门管理统一划归市教育局管理。

11 月

8 日　全市防控高致病性禽流感工作会议召开。全市进入禽流感防控状态，暂停从市外引进禽(鸟)及其产品进入赤峰。

△　赤峰市政府与天津中敖畜牧集团战略合作签约暨内蒙古中敖食品有限责任公司百万只肉羊屠宰项目投产仪式在敖汉旗举行。

18 日　内蒙古草原兴发首批 4.5 万只活羊销往约旦。这是中断 8 年后中国再次向中东出口活羊。

12 月

13 日　赤峰市科技进步表彰大会召开。会议表彰奖励了 2004 年获得科技进步奖的 28 个单位和 185 名科技工作者。

15 日　由赤峰市政府和国家自然博物馆共同举办的“龙行华夏——中国古生物科普展”在赤峰新城区开展。

是年　赤峰市地税总收入180618万元,首次突破18亿元大关。

△　赤峰市委宣传部等10家单位联合开展“感动赤峰人物”评比表彰活动。有11人获“感动赤峰人物”称号。

△　赤峰市喀喇沁旗马蹄营子乡划归元宝山区,松山区文钟镇划归红山区。

△　赤峰市政府金融工作办公室成立。

△　赤峰中色库博红烨锌业有限公司加入中国有色金属建设股份有限公司。

△　赤峰市人防警报试鸣日从每年的8月15日调整为每年的9月18日。

△　平煤集团公司跻身中国煤炭企业百强行列,名列52名。

△　赤峰市疾病预防控制中心成立。

△　全市实现村村通电话,所有乡镇开通宽带。

△　赤峰市政府被国务院授予“全国民族团结进步模范集体”称号。

△　赤峰市在全市范围开始换发第二代居民身份证。

△　赤峰市政府实施“5年培训25万蓝领技工”工程。到2009年,全市已稳定形成“望京保安”“上京涂料人”“敖汉架线工”“上京笤帚艺工”“巴林民族歌手”“喀旗进京月嫂”等劳务品牌,“望京保安”“上京涂料人”被评为全国优秀劳务品牌。

△　巴林左旗笤帚苗制品交易市场建成运营。该市场位于巴林左旗十三敖包镇,占地面积7.2公顷。市场内有从事笤帚苗加工龙头企业10多家, 年加工能力在1000万把以上。

2006年

1月

2日　内蒙古中油汽车燃气有限公司第一个加气站——红峰路加气站开始试营业,开创赤峰地区汽车使用天然气的历史。全年有1349辆汽车使用天然气,大大减少了汽车尾气造成的污染。

4日　内蒙古乌兰水泥集团与赤峰丹峰特种水泥有限公司合资组建内蒙古华峰水泥有限公司,一期工程举行奠基仪式。

是月　赤峰市入选“中国特色魅力城市200强”。

△　在首届中国旅游营销年会上,赤峰市获“中国最佳旅游胜地”和“中国最具民族特色的旅游目的地”称号。

2月

3日　松山区、红山区国土资源局上划赤峰市国土资源局,改称松山、红山直属分局。

是月　赤峰市作为全自治区三个试点盟市之一，开展第三次全国文物普查工作。

3月

16日至18日　内蒙古第四届农博会暨赤峰市第六届农交会开幕。参会客商476家，展出农业新技术、新品种1500多项。大会现场完成交易额6800万元。

18日　赤峰温州商会成立。

是月　翁牛特旗黑鱼泡子有机食品基地被国家环保总局命名为国家级有机食品生产基地。

△　赤峰市乡镇苏木机构改革工作顺利完成。全市236个乡镇苏木经过调整撤并为116个，其中撤并乡21个、镇81个、苏木14个，减幅50.8%。

4月

30日　赤峰西郊220千伏输变电工程建成投入运营。

是月　全市11124名干部组成2175个驻村工作队，深入基层与1.6万户农牧民结成帮扶对子，共同推进社会主义新农村新牧区建设。

5月

16日　赤峰至山海关N184次快速旅客列车开通。

21日　赤峰至哈尔滨4271次直快列车开通。

25日　国务院公布第六批全国重点文物保护单位名单，赤峰市翁牛特旗元代蓟国公张应瑞家族墓地、巴林左旗辽代韩匡嗣家族墓地、松山区新石器时代至战国时代的夏家店遗址群、阿鲁科尔沁旗查干浩特古城址、敖汉旗赵宝沟新石器时代遗址等名列其中。

29日　由内蒙古塞飞亚集团投资2779万元建设的国内最大的沼气生物肥环保工程项目投入生产。

△　大唐东山风电场一期工程开工建设。

是月　松山区五三村被司法部、民政部命名为“全国民主法治示范村”。

6月

7日　赤峰军民合用机场——玉龙机场举行奠基典礼。该项目工程包括4800平方米的航站楼、5050平方米的停车场,总投资约2亿元。2008年3月20日,赤峰玉龙机场正式启用,原赤峰民航机场同时永久性关闭。

8日　内蒙古交通职业技术学院由自治区交通厅移交赤峰市人民政府管理。

14日　全国人大常委会原副委员长布赫到赤峰考察调研旅游文化产业、小城镇建设、新城区建设以及部分企业情况。

17日　赤峰机场先后开通由中国东方航空公司和中国国际航空公司执飞的呼和浩特—赤峰—呼和浩特往返包机航线,赤峰—呼和浩特航线首次出售打折机票。

是月　国家重点项目二道河子水库二期除险加固工程全面开工。工程总投资5126万元。

△　宁城县高级中学学生石悦(女)以总分702分的优异成绩夺得内蒙古自治区秋季高考理科状元。

△　内蒙古红山物流园区开工建设,一期工程建设总投资1.45亿元。至2014年,建成区面积约10平方公里。

7月

4日　赤峰市政府与中国粮油食品(集团)有限公司签订合作协议。中粮集团在松山区兴建以玉米为原料、年生产30万吨燃料乙醇及相关副产品的生物能源项目,总投资12亿元。

21日至23日　全国人大常委会副委员长、全国妇联主席顾秀莲到赤峰市视察。

25日　经自治区政府批准,赤峰市平庄经济开发试验区更名为赤峰市资源型城市经济转型开发试验区。试验区位于元宝山区境内,由市、区两级政府共同管辖,担负"工业经济发展平台、城市经济转型范例、百万人口城市重要支点"的重要职能。

28日　新浪网在内蒙古地区的第一家网站——新浪·赤峰网正式开通。

是月　内蒙古首个城镇火灾自动报警系统在宁城县启动。

8月

12日　中国·赤峰首届红山文化节在赤峰新城区玉龙广场举行。文化节包括文艺演出、文物及艺术展览、旅游观光、媒体传播、经贸洽谈、学术讨论6大类23项活动。文化节期间,举办了红山文化国际高峰论坛、欢乐赤峰主题焰火晚会、俄罗斯赤塔州花样歌舞团演出、乌兰牧骑调演、万人大合唱等。此后每年举办一届,内容不断丰富。至2014年,已连续举办9届。

30日　由中央电视台、凤凰卫视等全国113家电视台为赤峰市农牧民援建100个

“社会主义新农村书屋”活动启动。

△ 色素万寿菊杂交制种技术在喀喇沁旗科技局研制成功，使用杂交制种技术生产出的色素万寿菊，花大、色素含量高、产量高。此项技术在国内仅此一家。

是月 赤峰金峰铜业有限责任公司年产 6 万吨铜项目在喀喇沁旗锦山工业园区竣工投产，累计完成投资 3.86 亿元。

9 月

11 日 赤峰市“12315”消费者申诉举报指挥中心建成并投入使用。

11 日至 13 日 中央电视台大型《鉴宝》专题节目在赤峰完成 7 场录制。10 月 1 日至 7 日在中央电视台 2 套播出。

18 日 全市第一条通乡水泥路工程——阿鲁科尔沁旗境内罕苏木至巴彦温都线竣工通车。线路总长 49 公里。

19 日 赤峰市社会医疗保险管理局成立。

是月 赤峰市房产管理局成立。下设赤峰市房屋交易产权管理中心，实行房屋产权登记、发证统一管理。

△ 赤峰市环境科学研究所更名为赤峰市环境科学研究院。

10 月

12 日 红山区开通城市市容环境管理热线“8331110”。

15 日 在北京国际马拉松赛上，赤峰体育学校学生孙伟获男子 8 公里冠军，陈司兵获亚军。

25 日 赤峰市政府与中国有色金属建设股份有限公司签订建设大型有色金属产业基地合作协议。

是月 南山生态园景区被评为国家 AAAA 级风景区。

△ 赤峰市民防应急救援指挥中心综合楼落成并投入使用。

11 月

3 日 14 时 21 分，巴林右旗宝日勿苏镇发生 4.3 级地震。受灾范围包括巴林右旗和翁牛特旗。

10 日 赤峰制药集团“慧利源”生物制药研发生产基地在红山高新技术产业开发

区内奠基。

19日　三座店水利枢纽工程主坝截流成功。三座店水利枢纽工程是内蒙古自治区“十五”期间立项的最大水利枢纽工程,是以城市防洪、供水为主,兼顾农业灌溉、发电等综合性利用的水利工程。2005年开工建设,工程总投资7.01亿元,设计洪水标准为500年一遇,总库容3.05亿立方米,水电站装机容量2400千瓦,年发电量680万千瓦时。

是月　翁牛特旗被列入国家大型商品粮基地项目区。项目总投资1774万元,建设面积7333.3公顷,其中良种繁育666.67公顷。

12月

5日　赤峰煤矸石电厂新建工程在红山高新技术工业园区开工建设。工程总投资16亿元,安装两台135兆瓦热电联产机组,以220千伏电压等级接入东北电网。

是月　赤峰市在内蒙古自治区各盟市中率先全面开通农村牧区党员干部现代远程教育网络,覆盖赤峰市所有旗县区、乡镇苏木和92%的村嘎查,使67.5%的农牧民能够接受远程教育。

是年　赤峰市116个乡镇苏木完成党委换届。

△　克什克腾旗、翁牛特旗完成“两基”达标任务,顺利通过自治区验收。至此,赤峰市12个旗县区整体实现“两基”达标。

△　翁牛特旗玉龙工业园区开工建设。2012年2月,该园区晋升为自治区级工业园区。

△　赤峰市建立农村牧区最低生活保障制度,每人每年补助360元。

△　赤峰桥北汽车交易市场开业。该市场位于内蒙古红山物流园区内,是蒙东、辽西地区最大汽车交易市场。截至2014年,该市场入驻汽车4S店、销售店92家。

△　赤峰市政府成立应急管理办公室,强化政府应急管理的职能。

△　赤峰市政府印发《赤峰市医疗救助实施办法》,全面开展医疗救助。救助的重点是城镇低保户、农村“五保户”、重点优抚对象等贫困人员。

△　赤峰日报社“塞外赤峰网”正式开通。该网包括《赤峰日报》和《红山晚报》数字报。

△　赤峰蒙古族中学举行新校址落成典礼暨建校60周年庆祝大会。

△　按照自治区的统一要求,赤峰市全面取消农业税、农业特产税、牧业税。历时6年,农村牧区税费改革结束。

2007 年

1 月

1 日　赤峰市第二次全国农业普查现场登记工作开始。

13 日　赤峰市驻京商会成立大会在北京召开。

16 日　内蒙古自治区第一家旗县级司法鉴定所——“宁城县医院司法鉴定所”挂牌成立。

2 月

8 日　包头市商业银行赤峰分行成立。该银行重组了原赤峰市城市信用社。

是月　赤峰中色库博红烨锌业有限公司三期扩建项目投产。实现年产 11 万吨电解锌、3 万吨热镀锌合金生产能力，是赤峰市锌锭产品深加工上的新突破。该项目于 2005 年 9 月 20 日开工建设。

3 月

13 日　巴林左旗公安局看守所被公安部评为“一级看守所”。

15 日　赤峰城区社会应急联动系统和城市视频监控系统平台开始试运行，为公安机关快速反应、调剂社会联动救援提供有力保障。

△　总投资 3 亿元的内蒙古第一家秸秆发电项目——国能赤峰生物质发电项目在松山区安庆镇开工建设。该项目的实施，开创了赤峰市能源开发领域的新模式。

29 日　赤峰市政府常务会议审议通过了《赤峰市城市管理暂行办法》《赤峰东部工业区规划》《关于加快我市有色金属工业发展的决定》。

是月　由国家林业局和中石油天然气股份有限公司联合投资的文冠果油料能源林示范基地建设项目在赤峰市启动。

4 月

12 日　内蒙古金陶公司总投资 1.1 亿元的千吨金选厂、千吨铜选厂开工建设。

17 日　赤峰市政府印发《赤峰市保护知识产权行动实施方案》，并成立赤峰市保护知识产权举报投诉服务中心。

18日　总投资5亿元的内蒙古兴安银铅冶炼公司多金属冶炼项目在克什克腾旗经西工业园区落户。

28日　南京雨润集团整体收购赤峰远大肉牛产业开发公司,重新组建赤峰利源肉类加工有限公司。

5月

12日　赤峰市工艺美术协会和民间文艺家协会成立。

18日　敖汉银亿矿业有限公司3万吨氢氟酸项目开工建设。

30日　赤峰党建网站开通。

6月

6日　喀喇沁旗美林谷旅游区举行开工奠基仪式。该项目由喀喇沁旗政府与北京亚大美林集团合作开发,总投资约10亿元。2009年12月,赤峰美林谷滑雪场开业,填补了赤峰市冬季旅游项目的空白。

12日　赤峰市公安局特警支队成立。

23日　承德市党政考察团到赤峰市力王工艺美术公司、中色库博红烨锌业有限公司、赤峰博物馆、赤峰二中进行实地考察。

△　宁城县甸子镇被农业部、中国蔬菜协会评定为“中国甘蓝之乡”。

7月

5日　赤峰有色金属产业发展论坛在克什克腾旗举行。来自全国矿业领域的专家、国家和自治区有关部门的领导、国内知名的有色金属企业代表参加会议。

10日　赤峰市、承德市、朝阳市、锡林郭勒盟就加强旅游区域合作达成协议,从而开启三省四地之间旅游合作。

11日　赤峰云铜有色金属有限公司10万吨铜电解项目投产。

15日　赤峰至通辽高速公路全线贯通。该路起点位于松山区杨家营子,与赤大高速公路相接,终点至敖汉旗下洼镇,主线全长161公里,总投资41.2亿元,于2005年3月开工建设,2007年10月建成通车。

△　为推动全民健身运动的开展，红山区将72处驻区单位和中小学的体育场所免费向社会开放。

18 日　赤峰市被全国爱卫会重新确认为“国家卫生城市”，授牌仪式在新城区玉龙国宾馆举行。

△　赤峰市公共交通总公司首次在乘公交车收费中使用 IC 卡，标志着赤峰公交车进入电子货币收费时代。

19 日　赤峰市委、市政府召开赤峰市防沙治沙大会，表彰 10 名防沙治沙标兵、30 个先进集体、40 名先进个人。

29 日　中国钢铁集团赤峰金鑫矿业公司扩建工程开工。该项目是内蒙古首个万吨有色金属采选项目，总投资 4 亿多元。

30 日　赤峰市选手白云龙在自治区第三届残疾人运动会暨第二届特殊奥林匹克运动会上，以 1.73 米的成绩打破世界残疾人 T45（双臂全无）级别跳高纪录。

8 月

10 日至 11 日　中共中央政治局委员、国务院副总理、中央代表团副团长回良玉在出席内蒙古自治区成立 60 周年庆典活动之后，率中央代表团二分团到赤峰市慰问干部群众。13 日，中央代表团艺术团在赤峰新城区玉龙广场举行慰问演出。

16 日　辽宁省阜新市政府考察团到赤峰市就经济社会发展和城市建设与管理等方面进行了考察，并就巴新铁路建设的有关问题进行了交流。

19 日　在辽宁省本溪市打工的阿鲁科尔沁旗先锋乡农民庞晓达，为救一名 13 岁落水男孩献出了自己年轻的生命。本溪市授予他“见义勇为勇士”称号。12 月，庞晓达被评为第三届“感动赤峰人物”。

22 日　赤峰泽楷公司年产 180 万吨煤制甲醇项目，在赤峰市资源型城市经济转型开发试验区开工。中国泽楷集团总投资约 80 亿元。

28 日　投资 10 亿元的内蒙古富邦化工有限公司年产 6 万吨氢氟酸项目，在巴林左旗凤凰山工业园区开工建设。

30 日　元宝山区农村信用联社改制为赤峰元宝山农村合作银行，成为内蒙古自治区首家农村合作银行。2012 年 8 月，改制为元宝山农村商业银行股份有限公司。

是月　在澳门举行的第二届国际传统武术精英邀请赛上，赤峰市代表队 6 名参赛选手在 11 个武术项目中摘得 10 金 1 银，并获团体总分第一名。

△　全国第五批农业标准化示范项目——宁城县无公害肉鸭养殖及加工标准化示范区、敖汉旗沙棘营造标准化示范区、喀喇沁旗中蒙药材种植及加工和山葡萄栽植及加工标准化示范区通过国家验收。

9 月

2 日　赤峰市政府与安徽铜陵有色金属集团在赤峰玉龙国宾馆举行合作框架协议

签字仪式。

△　总投资6亿多元的国能宁城生物质发电工程举行开工典礼。

5日　中国宁城首届辽中京文化节在天义镇举行。

22日　赤峰中心城区河道治理工程开工建设。

27日　农业部、中国作物学会及自治区有关专家对松山区高产玉米示范田进行现场测产验收,亩产达1172.1公斤,创东北、内蒙古高产纪录。

△　位于新城区的赤峰市新汽车站开工建设。该站总投资约2.2亿元,是赤峰市最大的公路客运枢纽站。2008年12月,汽车站投入使用。

10月

10日　松山区进入全国科普示范县行列。

12日　赤峰市日处理能力最大的有色金属企业——赤峰储源矿业有限责任公司第一期年采选180万吨工程竣工投产。

28日　位于克什克腾旗拜仁达坝矿区的内蒙古维拉斯托多金属矿竣工投产。

30日　红山区一中街赤峰特全劳保用品商店失火,造成6人死亡。

11月

7日　赤峰市印刷行业协会成立。赤峰市印刷企业已达230家,在内蒙古自治区居第二位。

21日　巴林石获得国家地理标志保护认证。

12月

4日　位于新城区的赤峰博物馆开工建设。新建的赤峰博物馆建筑面积1.1万平方米,是赤峰市的重要标志性建筑。2010年8月8日,赤峰博物馆举行开馆仪式。

6日　赤峰至大板高速公路竣工通车。这是自治区中东部五盟市的第一条高速公路,全长150公里,工程造价31亿元。于2004年8月开工建设。

10日　中国国电集团公司与赤峰市政府签署平庄煤业股权转让协议。国电集团以增资控股方式重组平煤集团。同日,国电赤峰煤化工项目一期工程开工。

14日　赤峰玉龙机场成功试飞波音737-800飞机。

14日至18日　政协赤峰市第五届委员会第一次会议选举赵兴为市政协五届委员会主席。

15日至19日　赤峰市第五届人民代表大会第一次会议选举斯日古楞为市五届人大常委会主任。

24日　内蒙古首例试管婴儿在赤峰市计划生育技术服务中心诞生。

是月　宁城县被评为“全国粮食生产先进县”。

△　赤峰市最后10个行政村开通班车，至此，全市行政村嘎查通车率达到100%。

是年　林西县被全国绿化委员会授予“全国绿化模范县”称号。

△　新型农村牧区合作医疗在赤峰市全面推开。

△　克什克腾旗在达里诺尔湖举办具有浓郁民族特色的冬捕节（冬季捕鱼），通过这种方式祈福来年丰收。此后每年举办一届，至2014年，已连续举办8届。

△　赤峰市直属机关事务管理局成立。

△　赤峰市部分事业单位开始参照公务员法管理。

△　敖汉新惠师范学校由敖汉旗迁入红山区，改为普通中学，称赤峰实验中学。

△　赤峰火车站重建工程开工。新站建筑面积17612平方米，比原站扩大3倍多。候车大厅可同时容纳3500多人，是原候车室的3.5倍。2008年1月，新站竣工投入运营。

△　赤峰人民广播电台、赤峰电视台合并，成立赤峰广播电视台。

2008年

1月

6日　赤峰市全面启动农业污染源普查工作。

15日　2007年度“感动赤峰人物”颁奖典礼举行。10人被评为2007年度“感动赤峰人物”。

2月

11日　宁城县汐子镇二十家子村被列为国家首批新农村建设科技示范点。全国首批示范村共有120个。

28日至3月3日　赤峰市第五届人民代表大会第二次会议补选王中和为市长。

3月

是月　中国邮政储蓄银行赤峰市分行成立。

4月

3日　赤峰至锦山33路公交线路通车运营,为赤峰市首例城乡客运班线。

5日　赤峰市被科技部评定为“2005—2006年度全国科技进步先进市”,全市有6个旗县区获“全国科技进步先进旗县区”称号。

30日　赤峰市举行庆祝“五一”国际劳动节暨“工人先锋号”表彰大会。

是月　赤峰市纪委、赤峰市监察局开通“12388”举报电话。

△《赤峰广播电视报》由赤峰日报社接管。2012年1月,该报停刊。

5月

13日　赤峰市各界紧急行动支援四川汶川地震灾区。市红十字会向全市发出救灾募捐紧急呼吁,并与有关部门筹备大型慈善赈灾义演。22日,由赤峰市疾控中心组建的两支救灾防疫队前往四川抗灾第一线。

16日　赤峰市敖汉旗法学会成立,这是内蒙古自治区第一个旗县区级法学会。

6月

7日　阿鲁科尔沁旗申报的蒙古族阿日奔苏木婚礼和蒙古族勒勒车制作技艺两个项目,被列入第二批国家级非物质文化遗产项目。

23日　辽宁省朝阳市党政考察团到赤峰市进行参观考察。

29日　2008世界草地与草原大会在赤峰召开,来自澳大利亚、美国、新西兰、法国、加拿大、瑞士、意大利等18个国家和地区的54名代表出席会议。

7月

10日　北京奥运会火炬接力在赤峰市新城区主干道进行。线路全长6.3公里,火炬手208人,其中赤峰市火炬手58人。50多万名社会各界群众沿途观看。奥运火炬在赤峰市传递的主题为“文化之旅”。

16日　内蒙古黄岗矿业三区采选工程正式试车投产。该项目总投资3.6亿元,生产规模为年产80万吨铁精粉等产品。

8月

18日　内蒙古自治区首家村镇银行在克什克腾旗成立。

22日　全国政协副主席厉无畏率民革中央调研组在赤峰市考察调研。

25日　内蒙古自治区首家残疾人培训就业基地在赤峰挂牌成立。

28日　巴林石国家矿山公园揭牌暨第九届巴林石节在巴林右旗举行。

29日　中国·内蒙古第五届草原文化研讨会暨第三届红山文化高峰论坛在赤峰国际会展中心开幕。

30日　10时13分，敖汉旗四家子鑫鑫花炮厂生产厂区发生火药爆炸事故，造成17人死亡、4人轻伤。

9月

1日　赤峰市停止征收个体工商户管理费和集贸市场管理费。

2日至5日　赤峰市首届农村牧区文艺会演在昭乌达剧场举行，全市12个旗县区的代表队参加了声乐、舞蹈、器乐、戏曲等多种形式的演出。

5日　广东省考察团到赤峰市考察工业园区、有色金属产业、煤电化工产业、风力发电、旅游产业等情况，并与赤峰市党政领导和企业家进行交流。

20日　林西县建县100周年庆祝大会在林西体育中心举行。

28日　克什克腾旗首家金属冶炼项目——内蒙古兴安银铅冶炼有限公司正式投产运营。

是月　巴林左旗沙那水库被批准为第八批国家水利风景区。

10月

1日　赤峰市委、市政府在新城区玉龙广场举行升国旗仪式，庆祝中华人民共和国成立59周年和改革开放30周年。

△　赤峰市首届家居博览会开幕。

18日　阿鲁科尔沁旗政府与大唐（赤峰）新能源有限公司举行150万千瓦风电项目开发签约仪式。同日，道德风电场开工建设。

28日　赤峰市政府与阜新矿业集团公司举行敖汉旗油页岩综合开发签约仪式。

△　红山区文钟镇魏家窝铺红山文化遗址被列为自治区级重点文物保护单位。

29日　广东省佛山市经贸代表团到赤峰市考察。

是月　赤峰市重量竞技体育(摔跤、柔道)后备人才培训基地在阿鲁科尔沁旗建立。

△　赤峰市公安机关破获新中国成立以来最大一起麻黄素盗窃案,盗窃阿鲁科尔沁旗天山制药公司盐酸麻黄碱的4名犯罪嫌疑人被抓获。

△　辽上京契丹·辽文化研究会在巴林左旗成立。

11月

9日　赤峰市政府与山东黄金集团在北京签订战略合作框架协议。

14日　全国唯一的马鹿产业技术战略联盟在赤峰市成立。

25日　赤峰市庆隆化工物资有限公司年产1万吨纤维素醚生产项目开工仪式在赤峰红山经济开发区举行。

12月

5日　赤峰市政府与香港光辉集团签署合作协议,草原兴发集团实现重组。

20日　赤峰市政府与河北新奥集团光伏能源有限公司签署框架合作协议,总投资25亿元的硅烷气生产基地在松山区安庆工业园区落户。

27日　第二届内蒙古克什克腾国际蒸汽机车旅游摄影节开幕,国内外百余名摄影爱好者及40多家新闻媒体记者参加开幕仪式。

是年　由赤峰市林业科学研究所培育的杨树新品种——“赤峰杨”系列选种与推广应用获自治区科技进步一等奖。

△　赤峰市全部实施城镇居民基本医疗保险制度,各级财政补助资金1982万元。实现城乡居民医疗保障体系全覆盖。

△　阿鲁科尔沁旗天山活畜交易市场建成。市场位于阿鲁科尔沁旗天山镇,占地10.13公顷,主营牛、马、驴、羊等大小活畜交易。

△　红山文化暨契丹辽文化研究基地成立。

2009年

1月

9日　赤峰市举行首届道德模范颁奖典礼,40名道德模范人物获奖。

14日　全市农村电网改造全面启动,赤峰市农电局规划资金1.6亿元。

是月　农业部公布第二批国家级水产种质资源保护区名单,赤峰市克什克腾旗达里诺尔湖因盛产瓦氏雅罗鱼名列其中。

△ 位于巴林左旗的辽代祖陵园遗址入选2008年中国六大考古新发现。

2月

3日 赤峰中昊运输有限责任公司一辆客车在宁城县必斯营子境内发生交通事故，造成7人死亡、15人受伤。

10日 赤峰市机关作风建设年活动动员大会召开。

16日 元宝山区平煤高级中学女排在自治区中学生排球锦标赛中夺得冠军。

25日 赤峰市政府与中国银行股份有限公司内蒙古分行签订《全面金融合作协议》。

3月

1日 赤峰市集中开展网络安全执法百日行动。

6日 赤峰市全面实施党代表任期制。

22日至24日 内蒙古自治区第七届农牧业科技成果博览会暨赤峰市第九届农业新技术、新品种交易会在松山区开幕。来自全国16个省市地区的439个商家参加农博会，达成意向性交易额1.9亿元。

25日 赤峰市昭乌达妇女可持续发展协会与美国格莱民基金会签署协议，基金会提供20万美元支持协会开展小额贷款扶贫工作。

27日 赤峰市政府与国家开发银行举行《开发性金融合作协议》签字仪式。

31日 国家现代农业谷子遗传育种研究室和玉米、大豆、高粱、向日葵4个综合试验站在赤峰市农研所揭牌。

是月 国电赤峰化工有限公司成立。

4月

3日 赤峰市委、市政府印发《关于全面深化集体林权制度改革的意见》，明确集体商品林、公益林、宜林地全部进行改革。2012年，全市基本完成明晰集体林产权和承包到户的改革任务。

23日 赤朝高速公路赤峰至平庄段、国电联合动力技术（赤峰）有限公司400套风机叶片制造及总装、赤峰亚鼎铜业公司10万吨无氧铜杆及深加工三大重点项目正式开工建设。

29日　中国电力投资集团蒙东能源大板煤制甲醇项目开工建设，一期工程计划投资60亿元。

30日　赤峰市庆祝“五一”国际劳动节暨劳动模范先进工作者表彰大会举行。290人获“赤峰市劳动模范”称号，49人获“赤峰市先进工作者”称号。

△　蒙东地区首届汽车工业展暨赤峰第二届汽车博览会在赤峰国际会展中心开幕。参展汽车品牌60多个。

是月　赤峰市政府公布第一批36项市级非物质文化遗产名录。

△　在翁牛特旗高日苏大黑山发现红山文化时期刻有文字形象符号的岩画近千块。

△　松山区水上公园改造工程完工，项目总投资3800万元。

△　赤峰天虹花卉市场开工建设。该市场是华北地区面积最大的花卉市场，由红山区大三家村投资建设。2010年8月投入使用。

5月

4日　为纪念“五四”运动90周年，共青团赤峰市委举行赤峰青年群英会。首届赤峰青年“五四”奖章获得者和第四届“赤峰市十大杰出青年”受到表彰。

8日　赤峰市委、市政府印发《关于加快推进农村牧区改革发展的实施意见》。

11日　赤峰市政府与中国工商银行内蒙古分行签署金融合作备忘录。

15日　国家开发银行生源地信用助学贷款业务在赤峰市正式启动。

18日　在全国社会治安综合治理表彰大会上，红山区获“2005年至2008年期间全国平安建设先进县(市、区)”称号，阿鲁科尔沁旗获“全国社会治安综合治理先进集体”称号。

25日　赤峰市政府与中国农业银行内蒙古分行举行《战略合作协议》签约仪式。

6月

5日　赤峰市首家公益性文化艺术培训演艺机构——赤峰市群众艺术馆演艺中心成立。

10日　赤峰和美建材城开工暨红星美凯龙家居广场奠基仪式举行。2010年8月18日建成开业，营业面积6.1万平方米，总投资8亿多元。

18日　松山区阳光时代广场举行开工奠基仪式。该项目是集购物中心、星级酒店和住宅为一体的综合性商业广场，规划总投资4.8亿元。

22日　前日本驻华大使阿南惟茂一行到赤峰市进行友好访问。

27日　内蒙古首届婚庆博览会在赤峰国际会展中心开幕。

29日　赤峰市纪念中国共产党成立88周年暨“一先两优”(先进基层党组织、优秀共产党员和优秀党务工作者)表彰大会在赤峰国际会展中心举行。

是月 阿鲁科尔沁旗70岁牧民白音查干因拥有蒙古族勒勒车制作技艺，被列为国家级非物质文化遗产项目传承人。

△ 红山区警方破获系列特大非法制造出售假发票案。21名犯罪嫌疑人被行政拘留,收缴假发票7万余份,避免了7.5亿元税款流失。

△ 锦(州)赤(峰)铁路开工建设。锦赤铁路全长283公里,在赤峰市境内53公里,途经松山区、红山区、元宝山区和敖汉旗,2012年12月13日赤峰至朝阳段通过重载试验。至此,自治区东部地区首条铁路达海通道在赤峰地区路段已全部建成。

△ 赤峰市体育彩票管理分中心正式成立。

7月

1日 赤峰市对辖区煤炭企业开征煤炭价格调节基金。

6日 赤峰市人大常委会组织部分人大代表组成执法检查组,对人民防空法贯彻落实情况进行了执法检查。

9日 东北特钢集团林西金域矿业有限公司成立。2011年7月,年产2万吨钼制品加工项目联动试车。

12日 在赤峰市与日本稻泽市缔结友好城市20周年之际,日本稻泽市市长大野纪明率领访问团到赤峰进行友好访问。

22日 宁城县地质公园开园。8月19日,国土资源部批准其为国家级地质公园。

23日 赤峰地区强降雨导致大量污水淹没了赤峰九龙供水公司9号水源井,造成新城区居民饮用水污染事件。截至7月26日下午5时,新城区报告腹泻病例231例,主要分布于8个居民小区。到8月3日,患病人数多达4300多人,有80多名严重患者住院治疗。水污染事件发生后,市委、市政府高度重视,立即启动突发公共事件应急预案。8月9日,新城区自来水恢复正常饮用。

29日至31日 中共中央政治局委员、书记处书记、中宣部部长刘云山到赤峰市红山区、松山区、喀喇沁旗等地视察工作。

是月 赤峰市北部旗县发生蝗灾,受灾面积53.33万公顷。

8月

2日 总投资3.6亿元的大唐国际克什克腾旗大石门水电站建成并落闸蓄水。

3日 中韩第三届“宋辽夏金元史”国际学术研讨会在巴林左旗林东镇召开。来自中国、韩国和日本的专家学者70余人参加研讨会。

△ 赤峰市制药股份有限公司装有30吨液态氨的罐装车在卸载过程中金属软导

管突然发生破裂,液态氨泄漏。事故共造成21人住院治疗,88人有刺激性反应。

8日　赤峰首届古玩宝玉石博览会开幕。

10日　首届内蒙古马头琴艺术节暨第四届红山文化节在赤峰新城区玉龙广场开幕。

△　赤峰市养老服务示范中心在克什克腾旗热水塘民政疗养院揭牌。

11日　中国赤峰首届燕京啤酒节在赤峰国际会展中心广场开幕。

△　山东黄金柴胡栏子黄金矿业500吨/日选矿厂技改项目开工。

△　广东省旅游业、工商业考察团到赤峰市参观考察。

12日　红山区桥北组团开发项目开工。该项目是赤峰市打造百万人口城市、落实中心城区西移北扩战略的重要举措。项目规划区占地29平方公里，计划投资100亿元。

13日　赤峰远联钢铁公司矽钢扩建项目工程竣工投产。项目总投资3亿多元,由赤峰远联钢铁公司与上海康阳矽钢薄板公司共同建设。

17日　针对全市严重的旱情,赤峰市抗旱防汛指挥部下发关于启动抗旱Ⅲ级应急响应的通知。

18日　2009·中国(赤峰)民间艺术品展览会在赤峰国际会展中心开幕。

20日　大唐国际克什克腾旗煤制天然气及输气管线工程开工。项目总投资257亿元,2013年投产后,年产天然气40亿立方米。克什克腾旗成为北京主要的天然气供应地区。

22日至23日　首届全国谷子产业大会在赤峰召开。来自黑龙江、吉林、辽宁等11个省区的200多位农业专家参加会议。

29日　中共中央政治局常委、国务院总理温家宝到赤峰市敖汉旗等地慰问受灾群众。

是月　内蒙古自治区中学生田径锦标赛在赤峰举行。

△　赤峰市农业科学研究所、赤峰市畜牧兽医科学研究所合并组建赤峰市农牧科学研究院。

9月

2日　内蒙古自治区集体林权制度改革现场会在赤峰召开。

7日　在中国内蒙古第二届草原母亲节开幕式暨“感动草原十杰母亲”颁奖会上,阿鲁科尔沁旗天山办事处居民都达古拉获“感动草原十杰母亲”称号。

13日　赤峰市、朝阳市、锦州市、唐山市、承德市、锡林郭勒盟“五市一盟”区域合作(2009)峰会在辽宁省朝阳市举行。会上,“五市一盟”市(盟)长共同签署合作备忘录。

16 日　赤峰市政府召开甲型 H1N1 流感防控工作电视电话会议。通报前段防控工作,分析研判疫情形势,部署下一步防控任务。

21 日　自治区党委和赤峰市委学习实践科学发展观活动领导小组办公室在赤峰举办“咱们的好支部”大型主题报告会。新华社、《人民日报》《光明日报》《经济日报》等多家媒体进行报道。

△　赤峰市政府与云南锡业集团签署合作协议。

26 日　赤峰制药集团股份有限公司举行揭牌仪式。

是月　赤峰市命名 12 个村嘎查为赤峰市农村牧区党员干部培训基地。

△　赤峰市民委、中国人民银行赤峰市中心支行、宁城县人民政府获“全国民族团结进步模范集体”称号,乌拉等获“全国民族团结进步模范个人”称号。

△　赤峰市劳动和社会保障局与赤峰市人事局合并为赤峰市人力资源和社会保障局。

10 月

15 日　赤峰市政府授予影光教育事业基金会董事长施影光“荣誉市民”称号,以表彰其对赤峰市教育发展作出的贡献。

△　赤峰市最大的铜钼矿——阿鲁科尔沁旗敖仑花铜钼矿竣工投产。

19 日　林西县七合堂村获“全国第一批生态文化村”称号,这是自治区唯一一个获此殊荣的行政村。

11 月

3 日　克什克腾旗达里湖景区晋升为国家 AAAA 级景区。

13 日　赤峰市高校毕业生人才储备就业见习及创业培训基地授牌仪式在赤峰天奇制药有限责任公司举行。

12 月

7 日　赤峰玉龙机场旅客吞吐量首次突破 15 万人次。

8 日　阿鲁科尔沁旗政府、山东山水水泥集团有限公司、阿旗巴彦包特水泥有限公司举行合作建设 300 万吨水泥项目签约仪式。根据约定,山东山水水泥集团有限公司对该项目总投资为 4 亿元。

12 日　云铜集团重组赤峰金峰铜业签约仪式在赤峰举行。

22 日　中国小提琴演奏家盛中国音乐会在赤峰国际会展中心举办。

26 日　中国国际航空公司内蒙古分公司和中国国际旅行社等 10 家北京旅行社组团到赤峰考察冬季旅游项目。

28 日　中央巡回检查组第六组到赤峰市红山区、松山区、喀喇沁旗检查指导第三批学习实践科学发展观活动。

△　克什克腾旗在达日罕乌拉苏木举办第一届克什克腾达日罕银冬驼文化节。此后每年举办一届,内容不断丰富,至 2014 年,已连续举办 6 届。

△　在内蒙古自治区"五个一工程"表彰会上,赤峰市成为全区唯一获得"五个一工程"组织奖十连冠的城市。

是年　赤峰市实现财政补贴农牧民资金"一卡通"发放。全市 12 个旗县区通过"一卡通"共发放给农牧民财政补贴资金 3.25 亿元。

△　翁牛特旗被科技部授予"全国科技进步先进旗县"称号,3 人被授予"全国科技进步先进个人"称号。

△　赤峰市开始实施校安工程。至 2011 年,累计投入建设资金 44.4 亿元,新建或加固校舍 286 万平方米。中小学校舍安全工程的实施,使校舍质量全面提升,校舍安全从根本上得到保障。

△　赤峰市开始全面启动棚户区改造工作。全市棚户区总量为 13.4 万户,其中城市棚户区 10.9 万户,占棚户区总数的 81.3%,是全市棚户区改造工作的重点和难点。

△　赤峰九天国际酒店开业运营。该酒店由九天建材化工(集团)有限责任公司投资建设,总建筑面积 43500 平方米。

2010 年

1 月

7 日　由中华慈善总会、自治区及赤峰市慈善总会联合举办的"慈善情暖万家"活动暨捐赠仪式在赤峰举行。此次活动共募集款物 120 万元。

13 日　敖汉旗政府与北票煤业有限责任公司、北京富达投资公司举行油页岩开发项目签约仪式。两家公司分别在敖汉旗投资 6.8 亿元和 6 亿元,建设两条集采、炼为一体的油页岩生产线。

2 月

1 日　赤峰市动漫协会成立。赤峰首部动漫电影《飞鱼雅罗》开机。

6日　赤峰市政府、中国联通内蒙古分公司就“数字赤峰”建设项目签署合作框架协议。中国联通将赤峰作为全国第一个数字城市建设试点，投资15亿元推进基础数据通信网络、政府信息化网络、农村牧区和企业等信息化网络建设。

26日　赤峰市委举办“赤峰干部论坛”大型专题讲座，聘请北京大学教授宣讲“组织高效执行能力建设”。各旗县区和市直1100多名干部参加讲座。

是月　敖汉旗被批准为国家首批新型农村养老保险试点旗。该旗52万农民每年将享受各级政府养老保险补贴金约6200万元。

3月

1日　赤峰市创建国家森林城市动员大会召开。按照市委、市政府的决定，从2010年起，用三年时间把赤峰建设成国家森林城市。

8日　赤峰市深入学习实践科学发展观活动总结大会召开。自2008年9月开始，赤峰市共有4679个单位、5503个基层党组织、18.16万名党员参加第二、第三批学习实践活动。

20日至22日　内蒙古自治区第八届农牧业科技成果博览会在赤峰国际会展中心开幕。共展出新技术、新品种1960多种，现场交易额7280万元，成交额2.4亿元，参观人数7.2万人次。

25日　内蒙古金成重工机械有限公司机械加工项目开工奠基典礼在翁牛特旗玉龙工业园区举行。该项目总投资7亿元。2010年，部分车间实现投产，当年实现产值1.2亿元。

28日　赤峰—呼和浩特—广州直通航线开通。

是月　喀喇沁旗法院被全国妇联评为“全国维护妇女儿童权益先进集体”。

4月

15日　赤峰市委、市政府印发《关于加快文化产业发展的意见》。

18日　宁夏回族自治区考察团到赤峰市考察文化建设工作。

23日　赤峰市第六届十大杰出（优秀）青年企业家暨首届青年创业奖颁奖典礼在赤峰国际会展中心举行。

24日　赤峰市文学艺术界举办“情系玉树”大型义演义卖活动。29日，赤峰市“情系玉树，爱心集结”慈善捐赠晚会在赤峰电视台演播大厅举行，出席晚会的单位和个人共向灾区捐款590余万元。

26日　总投资8860万元的新疆金风科技（赤峰）风机总装项目在松山区奠基。

28日至29日　赤峰市政府在沈阳市、大连市举行投资合作对接洽谈暨重点项目推介会。共签约项目26个,涉及机械制造、煤炭化工、农畜产品加工、旅游开发等方面,签约金额达120多亿元。

30日　巴林右旗德日苏宝冷水库正式落闸蓄水。该水库于2007年6月22日开工,总投资3.98亿元,总库容9882万立方米,是集蓄水、防洪、发电、养殖、灌溉、旅游于一体的水资源开发项目。

是月　2010年"一事一议"财政奖补项目建设全面启动。各旗县区确定600多个项目纳入项目库并开始实施。

△　内蒙古东部人才市场在赤峰国际会展中心举办"2010年春季内蒙古东部地区及'三市一盟'高校毕业生就业洽谈暨人才交流大会"。有8个省市自治区的320家单位参会招聘,共提供就业岗位8000多个;入会交流的高校毕业生及各类人才2万多人次,签订就业协议或达成明确就业意向6000多人。

5月

6日　俄罗斯驻华使馆拉林先生一行到赤峰烈士陵园向前苏联红军烈士纪念碑敬献花圈。

△　赤峰市委决定在全市推行嘎查村级事务契约化管理。

7日　中国大唐集团新能源有限责任公司、华锐风电科技(集团)股份有限公司、山东中凯风电设备制造有限公司在阿鲁科尔沁旗天山镇举行新能源装备制造基地开工奠基仪式。该基地占地666.67平方米,总投资7.2亿元。

11日　赤峰市被列为国家可再生能源启用示范城市,获得补助资金4200万元。

16日　赤峰市政府与山东山水集团战略合作暨远航水泥重组签约仪式在赤峰玉龙国宾馆举行。

△　赤峰学院历史文化学院挂牌成立。

26日　赤峰市政府在上海世博会内蒙古活动周举行"梦里草原·神奇赤峰"旅游专题推介会。

△　赤峰市中心城区河道开始蓄水。蓄水水源为三座店水库调水,新城区锡伯河两道橡胶坝及半支箭河三道橡胶坝先行蓄水,形成水面约63万平方米。

31日　2010年"健行杯"全国中西部举重锦标赛在赤峰举行。国家体育总局举重训练基地在赤峰市体育中学同时挂牌。

是月　赤峰市公安局依法将电动三轮车纳入机动车管理。

△　由赤峰市阿鲁科尔沁旗天山农牧业机械有限责任公司投资建设的喷灌设备生产基地正式建成投产。该基地每年可生产300套大型喷灌设备,在国内同行业中生产规模最大。

6月

1日　克什克腾旗达里诺尔湖鲫鱼、瓦氏雅罗鱼（华子鱼）获得农业部农产品地理标志保护认证。

11日　赤峰市红山区文钟镇二道井子夏家店下层文化遗址被国家文物局评选为“2009年度全国十大考古新发现”之一。

16日　中国乒乓球俱乐部超级联赛赤峰赛区开赛。

26日　克什克腾号旅游专列首次从北京抵达赤峰，来自北京地区约300名游客到赤峰进行为期2天的周末游活动。

是月　赤峰市全面启动文化资源普查工作。

7月

3日　赤峰市政府在北京民族文化宫举办百集电视说唱艺术片《格斯尔故事》首发式。该片由中国格斯尔文化之乡巴林右旗投资录制。

6日　《承德日报》《朝阳日报》《赤峰日报》《锡林郭勒日报》“三市一盟”党报协作会议在赤峰召开。

11日　辽宁省一旅行社大型普通客车在克什克腾旗境内发生特大交通事故，造成7人死亡，36人受伤。赤峰市有关方面全力组织现场救治。

17日　国电联合动力（赤峰）首批1.5兆瓦风机整机下线仪式在松山科技产业园区举行。为松山区打造国内重要的风机生产基地奠定了基础。

20日至22日　全国政协副主席李金华率全国政协视察团到赤峰市克什克腾旗、喀喇沁旗等地，就草原生态建设与保护工作进行视察。

24日　中国有色金属产业发展高峰论坛在赤峰举行。会上赤峰市被授予“中国有色金属之乡”称号，这是全国唯一获此殊荣的地级城市。

27日　中央民族歌舞团大型民族歌舞晚会《情系巴林》在巴林右旗大板镇举办。

是月　赤峰华孚建材工业有限公司投资9000万元建设的微晶玻璃生产线在喀喇沁旗建成投产。

8月

4日至9日　中国·赤峰绿色食品博览会、赤峰首届大型图书博览会在赤峰国际会展中心开幕。

10日　克什克腾旗被国家标准化管理委员会授予“国家级旅游服务标准化示范旗”称号,这是内蒙古第一个旅游服务标准化示范旗。

16日　总投资4.3亿元的赤峰金剑铜业有限责任公司二期技改工程竣工。

18日　松山区北城区建设项目开工。该项目标志着赤峰中心城区“西移北扩”战略迈出新步伐。松山北城区是赤峰中心城区北扩的主要区域之一,规划用地面积11.18平方公里,计划一期投资44.5亿元。

19日　赤峰籍蒙古族作曲家斯琴朝克图作品歌舞晚会《心中的故乡》在赤峰国际会展中心剧场举办。其代表作品有《我和草原有个约定》《蓝色的蒙古高原》等。

20日　江苏雨润集团投资建设的赤峰农副产品物流配送交易中心项目在松山物流园区开工奠基。该项目规划占地73.33公顷,总投资25亿元,建设周期为3年。

△　林西大井矿山公园被国土资源部批准为国家级矿山公园。

△　第五届红山文化节在新城区玉龙广场开幕,首演大型音乐舞蹈诗画《永远的牧歌——红山之光》。

20日至21日　内蒙古自治区第六次精神文明建设经验交流会在赤峰召开。会议总结交流精神文明建设工作经验,表彰全区精神文明建设先进工作者,安排部署全区精神文明建设工作。其间,代表们参观了红山区、松山区精神文明建设典型单位。

23日　全国中学生排球联赛在赤峰结束。元宝山区平煤高中代表队获得男女排球队冠军。

26日　赤峰市社区文化体育活动比赛开幕,12个旗县区的300多名运动员参加历时3天、5个项目的比赛。

27日　内蒙古肉羊产业技术创新战略联盟启动仪式在赤峰市克什克腾旗举行。中国工程院副院长旭日干等人出席仪式并为之揭牌。

△　赤峰市新城区众联广场开业。该商场建筑面积6.9万平方米,总投资3.5亿元。2008年4月开工建设。

29日至30日　中共中央政治局委员、北京市委书记刘淇率北京市代表团到赤峰市进行对口帮扶考察。

9月

6日　赤峰日报传媒集团挂牌成立。集团主办《赤峰日报》(蒙、汉文版)、《红山晚报》、《赤峰广播电视报》。

10日　赤峰市反腐倡廉警示教育基地建成并启用。

△　赤峰北奔重汽威龙专用汽车有限公司年改装1万辆重卡汽车建设项目在红山经济开发区开工。

20日　赤峰市建设委员会更名为赤峰市住房和城乡建设委员会。原市建委负责的城市公共交通管理职责划归市交通局管理。

△　赤峰市首发赴台湾旅游团，当年赤峰市赴台湾旅游观光人员达100余人次。

10月

13日　赤峰清河大桥竣工通车。桥长341.6米，总宽30米，其中主桥面宽23米。清河大桥跨越英金河，是连接桥北新区和老城区的重要通道。

14日　北京市商务考察团到赤峰市考察。双方签订了《北京与赤峰商务合作框架协议》。

23日　内蒙古中敖食品有限公司肉牛肉驴屠宰加工项目、华海酒业白酒饮料生产项目、沙漠之花饮料公司饮品项目举行开工奠基仪式。

是月　元宝山区向阳村被评为第六届“中国十佳小康村”。

△　赤峰市青年志愿者协会成立。

11月

1日　第六次全国人口普查工作全面展开。全市有常住人口137.32万户、465.81万人。

△　位于翁牛特旗乌丹镇的玉龙工业园区被认定为首家自治区级承接产业转移示范园区，开始享受各项有关支持政策。

12日　山东黄金有色矿业集团公司、赤峰中色矿业投资公司举行合作签约仪式。巴林左旗年产10万吨铅冶炼项目正式启动。

△　内蒙古大牧场赤峰生产基地在元宝山工业园区平庄项目区竣工投产。

25日　总投资约10亿元的阿鲁科尔沁旗山水水泥项目一期工程——2500吨水泥生产线投入生产，二期4800吨生产线奠基。

30日　辽宁省考察团到赤峰市考察有色金属及矿产加工等工业项目。

是月　在第六次全国人民防空工作会议上，赤峰市第三次获“全国人民防空先进城市”称号。

△　《赤峰市松山区志（1991—2005）》由内蒙古文化出版社出版发行。

12月

1日　赤峰市开通“12350”安全生产服务电话，受理生产安全事故、重大事故隐患、非法违法生产建设经营等方面的举报投诉和信息上报。

9日　宁城集团绵香型白酒“宁城老窖”荣膺中国驰名商标。

13日　赤峰市党外知识分子联谊会成立。

20日　内蒙古凌志公司马铃薯全粉加工及种薯繁育、内蒙古金土地公司节水灌溉设备研发及生产两个项目在翁牛特旗玉龙工业园区投入生产运营。

21日　内蒙古寒冷地区蔬菜产业技术创新战略联盟在赤峰市成立。

26日　赤峰市投资1350万元建设的数字化城市管理系统投入试运行，这在内蒙古自治区地级市中尚属首家。

是月　全市地方财政收入首次突破百亿元大关,实现100.5亿元。

是年　内蒙古及东北地区最大的区域性农机市场——赤峰蒙东农机产品交易市场在松山物流园区建成并运营,项目总投资5亿元。2007年12月开工建设。

△　赤峰居然之家家居建材市场开工建设。总建筑面积8.4万平方米,营业面积7万平方米。2012年9月竣工开业。

△　赤峰市委办公厅、市政府办公厅印发《关于进一步加强中小学校社会治安综合治理的意见》。市公安局与有关单位联合开展了对学校、幼儿园周边环境重点整治行动。

△　赤峰市人力资源和社会保障局及人才交流服务中心建成“赤峰人力资源”网站，开始利用互联网进行人才交流和网上招聘人才活动。

△　第二次全国湿地资源调查结果显示:全市湿地面积为29.99万公顷,占全市总土地面积的3.33%。主要分布在克什克腾旗、阿鲁科尔沁旗、翁牛特旗、敖汉旗等旗县，这些地区已建成了自然保护区。

2011年

1月

26日　林西县政府与中国有色矿业集团在玉龙国宾馆签署有色金属项目合作协议。

27日　自治区首例原种猪养殖项目——松山区政府与香港亚盛农业控股有限公司和美国华特希尔公司原种猪养殖项目及示范农场项目在松山区签约。项目总投资4亿元,分两期实施。

29日　赤峰市客运车辆GPS监控平台正式建成启用,对客运车辆超员、超速、越界、恶意逃避监管等交通违法行为进行24小时实时监控。该GPS监控系统工作模式为自治区首创。

是月　赤峰市获“全国百姓幸福感最强的十个城市”称号。

△　内蒙古自治区党委决定:王中和任赤峰市委书记。

△　《巴林右旗志(1987—2006年)》由内蒙古人民出版社出版发行。

2月

25日至28日　赤峰市第五届人民代表大会第五次会议补选包满达为市长。

3月

8日至9日　国家京津风沙源治理工程评估组对赤峰市京津风沙源治理一期工程进行调研评估，并赴克什克腾旗、翁牛特旗进行实地检查。赤峰市顺利通过一期评估并进入二期规划。

17日　赤峰市发生抢购食盐风波，一些市民大量购买食用盐囤积。市委、市政府及时启动应急方案，用三天时间快速平息了此次风波。

18日　赤峰市环境监测监察指挥中心落成并投入使用。该中心总建筑面积2.2万平方米，总投资约6000万元。于2009年7月开工建设。

19日　赤峰市政府与北京市金融工作局《金融合作备忘录》签约仪式在赤峰玉龙国宾馆举行。

26日至28日　内蒙古（赤峰）第九届农博会在赤峰国际会展中心开幕。农博会交易的农业新技术、新品种近3000项，完成交易额约5亿元，合作金额1.5亿元。

29日　四川航空公司开通赤峰—呼和浩特—成都航线。至此，赤峰机场航线达到6条，通航城市达到7个。

是月　赤峰市政府聘请赤峰籍影视演员王珞丹为赤峰市旅游形象大使。

4月

1日　赤峰市表彰59家A级信用纳税人、十佳纳税大户。

6日　赤峰市科学技术奖励大会在赤峰国际会展中心召开。大会表彰了赤峰科学技术特别贡献奖获得者夏海波、刘士和，赤峰市中青年科学技术创新奖获得者李书田等5人。有赤峰市科学技术进步一、二、三等奖共30个奖项。

12日　2011年内蒙古·香港经贸合作活动周赤峰市项目推介暨签约仪式在香港举行。赤峰市与香港地区企业共签约项目5个，总签约金额超过70亿元人民币。

16日　经国务院批准，阿鲁科尔沁旗高格斯台罕乌拉自然保护区晋升为国家级自然保护区。

30日　巴林右旗连续发生强降雨，引发多起严重洪涝灾害。灾害造成全旗6.4万人受灾，农作物受灾面积达1.91万公顷，直接经济损失达2.2亿元。

是月　元宝山区与吉林省辽源巨星有限公司签约。该公司投资10亿元建设工业煤气化项目。

5月

4日　克什克腾旗政府与江苏雨润肉类产业集团有限公司签署食品加工项目合作协议。项目总投资5.2亿元。

△　全市党建带团建“双创双争”暨“十大杰出青年”表彰大会在赤峰国际会展中心召开。

6日　内蒙古健元鹿业集团获“中国鹿业首家国家高新技术企业”称号。

21日　由赤峰市政府主办、市残疾人联合会和市体育局共同承办的赤峰市“龙信杯”第二届残疾人运动会暨第一届特殊奥林匹克运动会在市体育馆开幕。来自全市15支代表队的300名运动员参赛。

6月

9日　赤峰市政府在北京市召开“推进京蒙合作对口帮扶及承接转移”项目推介会。达成合作框架协议8个,协议投资金额303.8亿元。

13日　巴林左旗皮影戏被列入第三批国家级非物质文化遗产项目名录。

20日　由赤峰市委宣传部、内蒙古中元投资(集团)有限公司与中央电视台《探索·发现》栏目联合拍摄的大型纪录片《契丹王朝》在赤峰开机。2012年1月10日,该片在中央电视台科教频道首播。

22日　2011年“祥源·海派杯”全国青年古典式摔跤锦标赛暨第七届全国城市运动会古典式摔跤预赛在赤峰市举行。来自全国各省市49支代表队、296名运动员参赛。

26日　中国有色集团赤峰富邦铜业有限责任公司10万吨粗铜冶炼项目联动试车。

27日　赤峰市纪念建党90周年暨“一先两优”表彰大会在赤峰国际会展中心举行。会上,市委对100个先进基层党组织、30名优秀共产党员和70名优秀党务工作者进行了表彰。

△　赤峰市委、市政府实施“双千双百亿”工程,即培育销售收入超千亿元产业(冶金产业)、园区(赤峰市经济开发区)各1个,培育多个销售收入超百亿元园区和企业。

7月

1日　全市农村牧区集体土地所有权确权登记发证工作开始,至2012年12月31日结束。

6日 赤峰工业职业技术学院举行揭牌仪式。该学院是一所全日制普通高等职业技术学院,学制三年。

8日 赤峰市政府与天津市政府合作建设赤峰内陆港框架协议签字仪式在赤峰玉龙国宾馆举行。

10日 辽上京乾德门遗址考古发掘工作正式开始。

26日 北京雪莲集团、内蒙古东雪公司共同投资的羊绒深加工项目在巴林右旗正式开工建设。项目总投资1.5亿元,2012年底竣工投产。

28日 内蒙古自治区农牧业高效节水灌溉工作现场会在赤峰市召开。赤峰市和乌兰察布市、鄂尔多斯市分别就各自农牧业高效节水灌溉工作作典型发言。

是月 赤峰新天地商业广场重点商贸项目开工建设。项目总建筑面积26万平方米,总投资7亿元。

△ 内蒙古润邦生物科技有限公司年产5000吨生物胶工程在赤峰市资源型城市经济转型开发试验区开工建设。该项目为国家"863攻关项目",总投资2.4亿元。

△ 赤峰市文物局成立。

8月

1日 赤峰市林业科学研究所更名为赤峰市林业科学研究院,并挂内蒙古林业科学研究院赤峰分院牌子。

22日 内蒙古自治区第三届欢乐草原全民健身大会暨喀喇沁旗第十届王府文化节在喀喇沁旗锦山市民广场开幕。来自各盟市的12支代表队约350名运动员参加搏克、射箭、乒乓球、羽毛球四个项目的比赛。

23日 赤峰市政府与广东温氏食品集团《关于发展"双百万"工程项目合作框架协议》签约仪式在赤峰举行。

是月 赤峰市政府印发《赤峰市老年人优惠优待暂行规定》。全年发放"赤峰市老年人优待证"50万本。

△ 赤峰市第六次党代会提出"在未来五年,要把赤峰市建成国家有色金属生产加工基地、能源基地、新型化工基地和绿色农畜产品生产加工基地,建成蒙东、冀北、辽西区域性商贸物流中心、国家历史文化名城、京津与辽沈地区重要生态安全屏障,建成经济繁荣、功能完善、环境优美、宜居宜业的百万人口区域性中心城市"。

9月

6日 赤峰中色库博红烨锌业有限公司四期年产10万吨锌冶炼扩建项目正式建

成达产。年新增产值18亿元,新增利税1.2亿元。

8日 赤峰市庆祝第二十七个教师节暨表彰大会在赤峰国际会展中心召开。13名教师被市政府授予"师德标兵"称号。

16日 内蒙古福建商会赤峰分会成立。

20日 红山旅游商贸契丹城建设项目在红山物流园区启动。项目建筑面积16.79万平方米,总投资9.5亿元。

22日 黄岗梁国家森林公园项目奠基仪式在克什克腾旗举行。该项目由武汉三特索道集团股份有限公司建设,计划总投资8亿元,建设周期8年。

26日 由赤峰市家畜改良工作站培育的"昭乌达肉羊"新品种,通过国家畜禽遗传资源委员会羊专业委员会审定。

29日 赤峰机场正式开通中转联程服务。乘坐飞机从赤峰机场始发,经北京市、呼和浩特市中转至其他城市航班的乘客,可以享受中转联程服务。

是月 赤峰百灵歌唱团在中央电视台第十届少儿艺术大赛中获儿童组声乐类金奖。

△ 赤峰市人大常委会下发《关于进一步加强法制宣传教育,推进法治赤峰建设的决议》,正式启动"法治赤峰"建设。

10月

1日 赤峰市规定,65岁以上老人可免费乘坐市内公交车。

△ 在杭州举办的第八届全国残疾人运动会上,赤峰市残疾人运动员杨艳、郭宏志夫妇分别获得女子举重60公斤级金牌和男子举重75公斤级银牌。

15日 赤峰大世界陶瓷有限责任公司年产1200万平方米抛光砖项目在宁城县投产。项目总投资1.8亿元,分两期建设。

17日 内蒙古第一家数字科技馆在红山区开馆。该馆是山东省科技馆援建项目,设在红山区教育局。

26日 由中国人民对外友好协会、中国关心下一代工作委员会、北京中联国兴书画院承办的全国百名将军、百名部长、百名画家书画全国巡回展在赤峰开展。全国政协副主席李金华出席开幕式。

30日 赤峰北大桥正式竣工通车。原北大桥始建于1969年,2011年1月,红山区政府决定在原址修建新桥,总投资约3000万元,桥梁全长330米,宽18米。

△ 喀喇沁旗牛家营子镇牛家营子村被农业部认定为全国"一村一品"示范村镇,成为赤峰市唯一获此殊荣的村镇。

是月 赤峰美术馆成立。2013年8月18日,免费对外开放。馆址在赤峰博物馆旧馆(红山区),建筑面积6880平方米。

11 月

1 日　赤峰市城镇医疗保险“一卡通”信息系统全面启用。参保人员持“中华人民共和国社会保障卡”可在全市任何定点医疗机构、定点零售药店就医、购药。

18 日　赤峰市工商局在全市范围内集中整治餐饮行业“禁止自带酒水”侵权行为。

21 日　丹锡高速公路赤峰至平庄段建成通车。该段公路全长 48.6 公里，于 2009 年 4 月开工建设。

△　赤峰市获“全国科技进步先进市”称号，元宝山区、翁牛特旗、克什克腾旗、阿鲁科尔沁旗获“全国科技进步先进旗县区”称号。

22 日　自治区首个文物与博物馆专业学位研究生试点落户赤峰学院。

23 日　喀喇沁旗锦山工业园区晋升为自治区级工业园区。

29 日　赤峰市政府与中国石油辽河油田公司签署天然气合作框架协议。

30 日　全国首例纤维类植物生产燃料乙醇项目在阿鲁科尔沁旗正式投产。该项目由内蒙古金地生物质有限公司与北京化工大学、中科院广州能源所、山西煤化所等单位合作进行，总投资 3.15 亿元，分两期建设。

是月　由蒙古国布尔干省省长莫·乌云巴图带领的考察团一行 9 人到内蒙古蒙都羊业食品有限公司、海拉苏镇考察育肥羊和黄牛改良等项目。

△　投资 15 亿元的元宝山发电厂粉煤灰综合利用项目开工建设。

12 月

11 日　赤峰—鄂尔多斯—重庆往返航线正式开通。该航线由华夏航空有限公司 CRJ—200 飞机执行航班任务。

15 日　巴林右旗举行巴林民俗博物馆揭牌仪式。

△　赤峰市机动车驾驶人考试全过程实现智能电子评判。

20 日　赤峰市被中央文明委命名为“全国文明城市提名资格城市”。敖汉旗贝子府镇、元宝山区元宝山镇建昌营村获全国“文明村镇”称号。

26 日　在国务院召开的全国粮食生产表彰奖励大会上，松山区获“全国粮食生产先进单位”称号。

29 日　首届“我最喜爱的十大赤峰人民警察”评选颁奖仪式在赤峰国际会展中心举行。有 10 人当选“我最喜爱的十大赤峰人民警察”，10 人获“我最喜爱的十大赤峰人民警察”提名奖。

30 日　赤峰市委、市政府印发《赤峰市中长期人才发展规划纲要(2011—2020 年)》。

△　克什克腾世界地质公园被国土资源部命名为全国第二批国土资源科普基地，

成为全国34家资源保护类科普基地之一。

△ 赤峰丹龙药业有限公司生产的“复方羊角胶囊”“仙藿补肾合剂”制备技术通过国家知识产权局的审核,获得国家发明专利。

是月 《阿鲁科尔沁旗志(1989—2006)》由内蒙古文化出版社出版发行。

是年 赤峰市完成国税收入54.23亿元,首次突破50亿元大关。

△ 赤峰中环路建设启动。该路总长31公里,建设桥梁7座,总投资30亿元。

△ 赤峰市成为内蒙古自治区第一个实现急诊急救网络全覆盖的盟市。

△ 阿鲁科尔沁旗被科技部授予“全国科技进步先进县”称号。

△ 内蒙古自治区(赤峰)第十一届农业科技成果博览会在赤峰国际会展中心开幕。此次博览会改由自治区政府主办,自治区科技厅、赤峰市政府承办。共展出农业新技术、新品种约3000项,现场完成交易额1.2亿元,参会人数9万多人次。

△ 赤峰市对80～99周岁老人每人每月发放100元“高龄老人”津贴,100周岁以上老人每人每月发放300元“高龄老人”津贴。

2012年

1月

3日 赤峰市组团参加在吉林省举行的全国第十二届冬季运动会。这是赤峰市首次单独组团参加国家级综合运动会,也是首次参加全国冬季运动会。

6日 中国邮政储蓄银行阿鲁科尔沁旗支行成立,填补了赤峰北部旗县无邮政储蓄银行的空白。

8日 赤峰市计划生育技术服务中心生殖医学中心通过卫生部专家评审验收,成为自治区东部地区唯一一家试管婴儿基地。

27日 赤峰市蝉联“全国双拥模范城”七连冠。

2月

23日 赤峰市和辽宁省朝阳市举行红山文化遗产保护申遗经验交流会。

27日 内蒙古鼎新担保有限责任公司赤峰分公司成立。该公司是自治区财政厅出资设立的政策性担保公司。

是月 自治区级非物质文化遗产项目《冰上阿日嘎》传承保护基地在阿鲁科尔沁旗成立。

3 月

10 日　赤峰市委、市政府在北京举办 2012 年赤峰发展(北京)论坛。

16 日　赤峰市委、市政府印发《关于对赤峰市重大决策事项、重要干部任免、重大项目安排和大额资金使用监督管理的暂行规定》,进一步规范赤峰市“三重一大”事项监督管理工作。

18 日　翁牛特旗被农业部授予“全国农业标准化示范县”称号,是赤峰市唯一一家获此殊荣的旗县,示范产品为水稻。

27 日　赤峰市召开首届社会科学优秀成果奖颁奖大会。赤峰市社会科学优秀成果奖是市政府设立的赤峰市社会科学最高奖,设一、二、三等奖。本届共评选出一等奖 5 项、二等奖 16 项、三等奖 41 项。

29 日至 31 日　由科技部、自治区政府主办,自治区科技厅、赤峰市政府承办的首届“赤峰·中国北方农业科技成果博览会”在赤峰市举行。本届农博会完成交易额 1.8 亿元,意向成交额 4.5 亿元,现场签约项目 37 项。

4 月

9 日　沃尔玛超市、星美国际影院入驻赤峰新城区签约仪式在九天国际酒店举行。

10 日　2012 年内蒙古·香港经贸合作活动周开幕式在香港会议展览中心举行。13 日,赤峰市举行项目推介暨签约仪式。其间共签约项目 14 个,总金额超过 100 亿元人民币。

18 日　赤峰市政府出资购置“玉龙号”Y—12 型增雨飞机,结束了长达 17 年的租机开展人工增雨的历史。

25 日　赤峰市第三次环境保护大会召开。市政府与 12 个旗县区政府及部分企业签订 2012 年度环境减排目标责任书。

△　赤峰市庆“五一”暨五一劳动奖状(章)表彰大会召开。大会对内蒙古平庄能源股份有限公司六家煤矿、赤峰市农牧科学研究院、内蒙古辽河工程局股份有限公司等 36 个“五一劳动奖状”获奖单位以及 187 名“五一劳动奖章”获得者给予表彰和奖励。

28 日　赤峰市政府与美国大自然保护协会林业碳汇合作项目启动仪式在敖汉旗马头山林场举行。

5 月

6 日　赤峰市纪念中国共产主义青年团成立 90 周年大会暨赤峰市青年联合会第

五届委员会全体会议召开。大会表彰了获得赤峰青年“五四”奖章的先进集体和个人。

13 日　赤峰松山区永业广场举行开工庆典。该项目投资 22 亿元,总建筑面积 38万平方米。

14 日　内蒙古自治区东部盟市经济工作座谈会在赤峰召开。与会人员考察了赤峰市翁牛特旗玉龙工业园区、赤峰经济开发区、红山物流园区和新城区。

15 日　赤峰市电子普通护照启用。

18 日　赤峰市政府与中国恒天集团合作协议签约仪式在北京举行。

24 日　蒙古语言云计算平台落户红山区。内蒙古大学与红山区政府、赤峰智云科技公司分别签署《战略合作协议》和《云平台共建协议》。

29 日　内蒙古红山物流园区被商务部授予首批“国家电子商务示范基地”称号,是内蒙古自治区第一家国家电子商务示范基地。

6 月

5 日　内蒙古科学技术研究院东部分院在赤峰学院成立。

12 日　在第六届中国企业国际融资洽谈会暨中国城市(园区)投资与发展大会上,赤峰市被评为“中国最具投资潜力城市”。

14 日　中央电视台《朝闻天下》以“最美中国人”为题,报道了赤峰市翁牛特旗冯磊、王晓菲夫妇捐献因病去世女儿器官的义举。这是赤峰市第二例人体器官捐献者,也是首位女性人体器官捐献者。

20 日　内蒙古医科大学赤峰临床医学院在赤峰市医院挂牌成立。

△　中国妇女发展基金会在赤峰市举行首批“母亲邮包”发放仪式。

28 日　赤峰市庆祝建党 91 周年暨“创先争优”活动表彰大会举行。会议表彰了在“创先争优”活动中涌现的先进基层党组织、优秀共产党员和优秀党务工作者。

30 日　首届中国·蒙古汗廷文化节在阿鲁科尔沁旗开幕。此后每年举办一届,内容不断丰富,至 2014 年,共举办 3 届。阿鲁科尔沁旗天山蒙小、罕乌拉小学、天山蒙中及天山五中被命名为“中国·蒙古汗廷文化传承培训基地”。

是月　内蒙古赤峰经济开发区红山园区晋升为国家级循环化改造示范试点园区,内蒙古自治区仅此一家。

7 月

13 日　北京—赤峰卫生对口支援与技术协作 20 周年总结汇报大会在赤峰召开。同日,“2012 年情系内蒙古北京医疗卫生专家赤峰行”义诊活动在赤峰国际会展中心举行。来自北京 16 家医疗卫生单位的 44 名专家参加义诊。

14 日至 15 日　全国政协副主席王志珍到赤峰市克什克腾旗视察生态旅游业发展情况。

18 日　赤峰市图书馆举行建馆 30 周年暨新城区新馆开馆仪式。

20 日　赤峰市首届金融博览会开幕。

20 日至 21 日　中共中央政治局委员、国务委员刘延东到赤峰市红山物流园区、赤峰市蒙古族中学、赤峰博物馆视察。

30 日　赤峰国际陆港开工建设。赤峰国际陆港是依托天津港区域大通关优势，以红山物流园区铁路运输基地为基础建设的具有国家二类口岸功能的内陆无水港，是内蒙古通往全国及远东地区最便捷的陆路通道。项目整体规划面积 30 公顷，总投资 1.13亿元，2013 年 10 月竣工并封关运营。

是月　克什克腾旗达里诺尔自然保护区发现长尾鸭、太平洋潜鸟、灰柳莺三种珍稀鸟类。其中长尾鸭、太平洋潜鸟在内蒙古地区首次发现，灰柳莺属赤峰地区首次发现。

△　赤峰地区首个 220 千伏智能化变电站开工。该工程总投资 2.47 亿元。

8 月

2 日　赤峰玉龙机场与中国联合航空公司合作，正式开通赤峰—北京南苑机场航线。

3 日　喀喇沁旗牛家营子镇北沙参、桔梗获国家农产品地理标志登记保护。

5 日　中国格斯尔文化保护与研究基地在巴林右旗揭牌。6 日，举行首届中国格斯尔文化论坛。

8 日　赤峰市举办“迎全运、谋发展、促和谐”2012 年赤峰市万人健身跑活动，共 1 万多人参加 5 公里健身长跑。

15 日　首届中国兴隆洼文化节在敖汉旗新惠镇开幕。

18 日　中共中央政治局常委李长春到赤峰视察。

△　“中国巴林石杯”2012 世界旅游文化小姐大赛赤峰赛区总决赛暨颁奖仪式在巴林右旗举行。

△　敖汉旗旱作农业系统被联合国粮农组织批准为全球重要农业文化遗产暨世界旱作农业发源地。敖汉旗成为全球重要农业文化遗产保护试点地区。

19 日　内蒙古契丹辽文化研究会成立，秘书处设在赤峰学院。

19 日至 22 日　全国青少年“未来之星”阳光体育节在赤峰举办。

20 日　首届契丹学国际学术研讨会在赤峰召开。

27 日　赤峰市政府与华润电力控股有限公司就赤峰中心城区热电联产项目合作举行签约仪式。

是月　赤峰中色锌业有限公司“红烨”牌锌锭在伦敦金属交易所（LME）注册，标志着赤峰中色锌业有限公司的产品质量获得国际权威机构的认可。

9 月

9 日　赤峰市克什克腾旗、林西县、松山区，河北省围场县，锡林郭勒盟多伦县、正蓝旗、锡林浩特市、西乌珠穆沁旗签署《区域警务合作机制框架协议》，区域警务合作机制从此建立。

13 日　赤峰市举办“爱我中华、固我国防”国防教育书画展。

10 月

22 日　国道 306 线赤峰至凌源一级公路内蒙古段通车。该路北起红山区文钟镇，与赤承高速相连；南至辽宁省凌源市热水汤镇，与长深高速相连，全长 91 公里，总投资 23 亿元。2011 年开工建设。

是月　从本月开始，赤峰市残疾人可免费乘坐公交车。

11 月

3 日至 5 日、10 日至 11 日　赤峰市两次普降大到暴雪。此次降雪量之大、日期之早 60 多年罕见，给农业生产造成重大损失，直接经济损失达 9500 万元。

15 日　位于赤峰红山区新华路步行街的赤峰维多利购物广场建成开业，总面积9.2 万平方米，地上 7 层，地下 2 层。

16 日　北京妇产医院和赤峰市妇幼保健院对口支援与技术协作协议签约。

17 日　红山文化和辽文化两大遗址进入国家文物局公布的中国申报世界文化遗产预备名单。

30 日　赤峰市政府蒙古文网站及中国·赤峰视频网站正式开通。

是月　赤峰市红山区文钟镇柳条沟寄宿制留守儿童之家被全国妇联、教育部、中央文明办联合授予“全国基层示范儿童之家”称号。

12 月

3 日　赤峰市医院院士专家工作站正式成立。这是赤峰市第一家自治区级院士专家工作站。至 2014 年，赤峰市共建 4 个自治区级院士专家工作站、7 个市级院士专家工作站。

18 日　赤峰学院蒙古汗廷文化研究中心揭牌。蒙古汗廷文化研究中心是赤峰学院与阿鲁科尔沁旗政府为发展地方文化和地方经济合作组建的社会科学研究机构。

△ 内蒙古自治区首家“银联卡助农服务点”在喀喇沁旗王爷府镇黑山沟村挂牌。

24 日 赤峰公共资源交易中心正式投入运行。

27 日 赤峰吉隆黄金矿业股份有限公司在上海证券交易所上市。

是月 阿鲁科尔沁旗绍根镇境内 31 号探井实现原油自喷。日产原油 50 吨，是内蒙古境内日产量最高油井。

△ 赤峰市委、市政府印发《关于扎实推进西部大开发工作的意见》。提出把赤峰建成国家重要的有色金属生产加工基地、能源基地、新型化工基地、绿色农畜产品生产加工基地。

△ 巴林左旗七锅山地质公园晋升为自治区级地质公园。

△ 内蒙古蒙都羊业食品有限公司的“蒙都”牌商标被国家商标局认定为中国驰名商标。

是年 红山区被列入国家农业综合开发县。至此，赤峰市 12 个旗县区全部被列入国家农业综合开发县。

△ 赤峰市粮食总产首次突破百亿斤大关，达到 100.2 亿斤。跻身全国 27 个百亿斤粮食生产大市之列，被农业部评为“全国粮食生产先进市”。

△ 赤峰市被自治区政府确定为自治区云计算试点城市，赤峰市政府在红山区建设以“龙云工程”为核心的云计算产业基地。

2013 年

1 月

6 日至 10 日 政协赤峰市第六届委员会第一次会议选举朱景田为市政协六届委员会主席。

7 日至 11 日 赤峰市第六届人民代表大会第一次会议选举钱荣旭为市六届人大常委会主任。

14 日 赤峰市红十字志愿者联合会成立。

26 日 中国北方（赤峰）首届国际精品花卉展览会在赤峰国际会展中心开幕。

29 日 赤峰市首部原创歌曲集《放歌赤峰》出版发行。歌曲集共分 7 章，收录整理各类原创歌曲 287 首。

2 月

23 日 赤峰市“2013 年新春高校毕业生就业暨人才招聘服务月”在市人才交流服

务中心举行。本次活动为期50天。首场招聘月参会招聘单位约160家,提供工作岗位2700余个。

是月　林西县医院晋升为国家三级综合医院,成为自治区第二家进入国家三级综合医院的旗县级医院。

3月

5日　赤峰市“玉龙人才”公寓启用。该公寓是赤峰市委、市政府为解决引进的高层次人才居住问题而建造的。

14日　由自治区妇联组织实施的“草原母亲健康快车”公益项目落户红山区,总投资200余万元。

15日　赤峰—呼和浩特—昆明航线开通。该航线由东方航空公司运营,机型为波音737。

20日　赤峰新城区获2012年度内蒙古自治区人居环境范例奖。

31日　赤峰市促进非公有制经济发展大会召开。市委、市政府授予40家企业“赤峰市非公有制优秀企业”称号;授予40人“赤峰市非公有制优秀企业家”称号;授予24人“赤峰市优秀个体工商户”称号。

△　赤峰市开通火车站至玉龙机场公交专线。

是月　中央电视台财经频道幸福城市调查结果公布,赤峰市再次获得“中国幸福城市”称号。

△　赤峰市贯彻国务院《关于第六批取消和调整行政审批项目的决定》,依法取消9项行政审批涉税项目。

△　赤峰市被全国绿化委员会、国家林业局授予“国家森林城市”称号。

4月

2日　西安—呼和浩特—赤峰往返航线开通。由东方航空公司使用A320机型执飞。

17日　交通银行股份有限公司赤峰分行成立。

23日　赤峰—北京航空邮路开通,首次实现邮件当日抵京。

27日　赤峰市召开庆“五一”暨五一劳动奖状(章)表彰大会。大会对36个“五一劳动奖状”获奖单位和167名“五一劳动奖章”获得者以及35个“工人先锋号”获奖单位进行表彰。

是月　赤峰市政府印发《赤峰市突发公共事件新闻发布应急预案》。

△　阿鲁科尔沁旗看守所被公安部评为“全国一级看守所”，该所连续三年获此荣誉。

5月

21日　在北京市举办的第一批中国重要农业文化遗产发布会上，敖汉旗旱作农业系统被评为第一批中国重要农业文化遗产。

24日　“敖汉小米”被国家质量监督检验检疫总局批准为国家地理标志保护产品。

25日　首届内蒙古·广东科技合作活动周赤峰活动日在广州市举行，赤峰市现场签约14项科技项目。

△　赤峰市与佛山市缔结为友好城市。

27日　2013年内蒙古·澳门经贸合作活动周在澳门开幕。赤峰市金融办与萨格摩尔投资集团签订萨格摩尔投资集团投资协议。

29日　赤峰市在香港举行港台企业家经贸合作座谈会。赤峰市与港台企业签署了现代农业科技园区、中国首家非疫区检疫检测中心项目、敖汉旗二级综合非营利性医院建设项目。

6月

5日　赤峰市政府与国家开发银行签署开发性金融合作协议。未来5年内，国家开发银行将为赤峰市基础设施建设、支柱产业、文化旅游等多个领域融资500亿元。

19日　赤峰市政府与大连交通大学签署战略合作协议，双方约定将在人才培养、科技讲座方面开展合作。

25日　赤峰市公安局红山区公安分局交通警察大队民警郭涛被公安部追授为“全国公安系统二级英雄模范”称号，并被追认为烈士。

7月

1日　巴林右旗大板电厂两台60万千瓦机组正式并网运行。全年共发电21亿千瓦时，项目总投资46.3亿元。

6日　赤峰市举办首届就业创业博览会暨大型人才招聘会。大会邀请300余家区内外企业，提供就业岗位4000多个，有8500多人次与用人企业达成就业意向。

10日　赤峰市首台可移动式献血房车正式启用。

12日　赤峰市政府与中国银泰投资有限公司签署战略合作协议，双方在矿产资源、城镇建设、商贸物流等领域开展合作。

16 日　赤峰市政府与南通华侨经济技术交流促进会投资考察团举行座谈。红山区、松山区、翁牛特旗、克什克腾旗与南通 7 家非公有制企业签署 12 项意向合作协议。

17 日　赤峰市举办“温商赤峰行”经贸洽谈会。赤峰市与有关企业签订合作项目 22 项,协议引进资金 60 亿元。

18 日　赤峰市召开“赤峰精神”发布会。“赤峰精神”表述语确定为:赤诚勤勉、开放包容、崇文重教、勇攀高峰。

27 日　由赤峰市政府、中国航空器拥有者及驾驶员协会主办,克什克腾旗政府承办的第三届克什克腾草原空中那达慕在克旗地质公园开幕。来自国内外约 10 万名观众观看开幕式飞行表演。中央电视台对开幕式进行现场直播。

29 日　中国·宁城首届国际旅游文化节在宁城县道须沟景区开幕。

△　赤峰市达里诺尔、阿鲁科尔沁、白音敖包、乌兰布统、潢源、桦木沟、黄岗梁、乌兰坝、松树山和小河沿 10 个自然保护区被列入《全国湿地保护工程“十二五”实施规划》。

是月　赤峰市劳动教养管理所撤销。

8 月

1 日　内蒙古自治区首笔“营改增”专用发票在林西县国税局正式开具。自此,营业税改征增值税工作在全市开始实施。

6 日　由科技部、自治区政府主办,自治区科技厅、赤峰市政府承办的 2013 赤峰·中国北方农业科技成果博览会在赤峰国际会展中心开幕。其间,赤峰市林业科学研究院与北京林业大学生物科学与技术学院签订《优良经济树种引进试验与示范合作协议书》;与内蒙古乌兰夫基金会、通辽市林科院签订《文冠果繁育与产业发展协议书》。

9 日　赤峰山东商会成立。

△　赤峰市医院成功实施首例肝移植手术,开创了赤峰乃至内蒙古东部地区医疗史上的先河。

11 日至 15 日　《格斯(萨)尔》与口传史诗国际研讨会在巴林右旗召开。来自美国、俄罗斯、日本、蒙古、土耳其、尼日利亚以及国内部分省区的 50 多名专家学者和 20 多名史诗艺人参加会议。

12 日　丹锡高速公路经棚至锡林浩特赤峰境内段开工建设。该路起点位于赤峰市克什克腾旗经棚镇,终点至锡林浩特市,全长 138 公里,其中赤峰市境内 63.28 公里,总投资 21.25 亿元。

13 日　赤峰学院附属医院新院址建设工程完工。新址位于新城区王府大街与天义路交会处。

16 日　赤峰建市 30 周年成就展在赤峰国际会展中心开展。共展出照片 1000 余幅、实物 22 件，展期 10 天。

17 日　全市民族团结进步暨学习使用蒙古语文表彰大会召开。会上表彰了全市民族团结进步模范集体 40 个、民族团结进步模范个人 50 人；全市学习使用蒙古语文先进集体 40 个、学习使用蒙古语文先进个人 50 人。

24 日　赤峰市阿鲁科尔沁旗被中国畜牧业协会授予“中国草都”称号。

28 日　2013 年第十三届内蒙古国际农业博览会在赤峰国际会展中心开幕。来自国外的 8 家企业和国内 19 个省、市、自治区的 600 余家企事业单位携带新产品、新技术、新设备应邀参展。

是月　内蒙古自治区党委决定：王程熙任赤峰市委书记。

△　赤峰市顺利通过全国爱卫会的复审，连续 19 年保持国家卫生城市成果。卫生城创建工作初步形成长效机制。

9 月

2 日　阿鲁科尔沁旗籍选手斯日吉嘎瓦、额日和木巴图分别获得第十二届全运会男子柔道 81 公斤级冠军和 73 公斤级冠军。

4 日　中粮集团有限公司与翁牛特旗政府合作项目——中粮翁牛特旗 150 万头生猪肉食产业链基地项目在北京签约，项目总投资约 25 亿元。

29 日　天津—赤峰—海拉尔往返航线开通。该航线由天津航空公司运营，由 E90 机型执飞。

30 日　赤峰市区开通首条快速公交线路——K99 路公交线路。

是月　赤峰—茅荆坝高速公路竣工通车。该公路是国道 45 线大庆至广州高速公路的一段，是连接赤峰、承德、北京的重要公路。主线全长 100.6 公里，总投资 53.1 亿元。于 2011 年 3 月开工建设。

10 月

30 日　南京—赤峰—哈尔滨往返航线开通。该航线由东方航空公司运营，由空客 A320 机型执飞。

是月　总投资额 2.5 亿元的赤峰（乌丹）香河家具城在翁牛特旗乌丹镇新城区开业。

△　赤峰机场旅客吞吐量首次突破 50 万人次。

△　赤峰学院设立全国第一个雕刻专业。

△　赤峰市水利技术推广站改为赤峰市水利科学研究院。

11 月

2 日　赤峰新城区管委会与深圳市航通智能技术股份有限公司举行赤峰新区“智慧城市”建设合作签约仪式。

5 日　赤峰市首家曲棍球训练场地落成。

△　巴林右旗山丹食品公司的注册商标山丹、燕京啤酒(赤峰)有限责任公司的注册商标乾御兴被自治区商务厅授予“内蒙古老字号”称号。

是月　赤峰市红山皮影戏被评为自治区第二批“一旗一品”文化品牌,这是本市唯一获此殊荣的文化品牌。

12 月

1 日　草原兴发重组发布会在北京钓鱼台国宾馆举行。元宝山区国有资产经营有限公司与内蒙古兰达食品有限责任公司、光辉投资控股有限公司三方签署了内蒙古草原兴发食品有限公司重组协议。

10 日　内蒙古民族交通技师学院成立,与内蒙古交通职业技术学院一个机构、两块牌子。

20 日　赤峰市首家反家庭暴力妇女庇护所在市救助站挂牌并正式投入使用。

24 日　内蒙古大唐国际克什克腾煤制天然气有限责任公司生产的天然气进入北京城市供气管网,开始向北京地区供应天然气。

29 日　清华大学赤峰新能源汽车产学研基地项目签约仪式在清华大学举行。该项目一、二期计划共投资 20 亿元。

是年　赤峰市公安局出入境管理局成立,各旗县区公安局(分局)均设立出入境管理大队。

2014 年

1 月

1 日　按国务院要求,赤峰市铁路运输业和邮政业纳入营业税改征增值税试点。

△　赤峰市调整全市城镇基本医疗保险和职工生育保险待遇标准,并全面建立城镇大病医疗保险制度。城镇职工医疗保险最高支付限额由 25 万元提高到 30 万元。

8 日　赤峰市政府与承德市政府区域旅游合作协议签约仪式暨专场推介会在承德

市举办。两市旅游局分别做了旅游推介。

22 日　中信银行股份有限公司赤峰分行成立。

23 日　赤峰市政府印发《赤峰市农村牧区新型基层供销合作体系建设实施方案》，全面启动新型基层供销合作体系建设工程。

26 日　赤峰市公共交通总公司开通赤峰市区至喀喇沁旗锦山镇的 33 路公交线路，单程 62 公里，这是赤峰市首条途经高速公路运营的公交线路。

△　赤峰移动 4G 网络正式开通，标志着赤峰市的通信发展迈入 4G 时代。

2 月

18 日　赤峰市委召开党的群众路线教育实践活动动员部署大会。自治区党委党的群众路线教育实践活动第六督导组负责人在动员部署大会上讲话。

19 日　赤峰市农村牧区工作会议召开。会议贯彻落实中央和自治区农村牧区工作会议精神，研究部署赤峰市农村牧区改革发展工作。

24 日　赤峰市南部出现雾霾天气，市区能见度在 1000 米以下，$PM_{2.5}$ 浓度在 200 微克 / 立方米以上，市气象台发布赤峰市历史上首个雾霾黄色预警。

3 月

1 日　赤峰市与全国同步启动注册资本登记制度改革，大幅降低公司的设立门槛。

△　赤峰市话剧团成立。

5 日　赤峰市邮政局更名为内蒙古邮政公司赤峰市分公司。

18 日　16 时 15 分，国电赤峰化工有限公司储油罐爆炸燃烧，相邻 9 个化工储油罐受到严重威胁。经过市、区两级消防官兵奋力扑救，22 时左右大火被扑灭。在扑救过程中，4 名消防官兵被烧伤。4 月 24 日，参与救火的赤峰市公安消防支队特勤中队和元宝山区中队被自治区公安厅记集体三等功。

27 日　蒙古国后杭盖省省长巴特额尔德尼一行应邀访问赤峰市，赤峰市政府与蒙古国后杭盖省签署《中国内蒙古赤峰市与蒙古国后杭盖省建立友好地区关系意向书》。

27 日至 28 日　中共中央政治局常委、国务院总理李克强到赤峰市红山区、翁牛特旗和喀喇沁旗走访棚户区居民，看望慰问贫困户、老党员，了解第二批党的群众路线教育实践活动开展情况和经济社会发展情况。

28 日　2014 赤峰·中国北方农业科技成果博览会暨全国农高会新丝绸之路创新品牌展览会在赤峰开幕。来自北京、上海、山西等 18 个省市及美国、荷兰、比利时等 5 个国家的 1123 家参展商参展。现场完成交易额 2.5 亿元，签约科技合作项目 35 项。

△　赤峰市政府与新加坡澳亚集团投资控股有限公司签署“建设现代化万头奶牛

养殖循环经济示范区项目合作框架协议”。此次合作澳亚集团计划总投资30亿元。

4月

10日　由赤峰市委宣传部、北京丰禾映像影视文化有限公司联合摄制的神眼系列电影《金面具》,在中央电视台电影频道首播。

25日　赤峰“中国天鹅之乡”授牌仪式在赤峰市新城区举行。赤峰市被中国野生动物保护协会授予“中国天鹅之乡”称号。

30日　第九届赤峰民间古玩艺术品交流会开幕。其间中央电视台《鉴宝》栏目举办现场鉴宝活动。

5月

7日　赤峰市公安局组织开展了“玉龙四号”反恐综合演练。累计出动公安机关警力1800余人次、武警警力200余人次。

14日　赤峰市政府印发《关于加快发展民族教育的决定》。

16日　红山区铁南棚户区改造一期工程开工建设。铁南棚户区改造工程涉及征收2900户居民和60家企业的房屋,征收房屋面积50万平方米。

△　赤峰市召开全市扶贫攻坚三项重点工作电视电话会议。安排部署全市“扶贫三到村三到户”、“金融扶贫富民工程”和“贫困村嘎查、户建档立卡”三项扶贫攻坚重点工作。

19日　赤峰市政府办公厅印发《关于成立全市第二次地名普查工作领导小组的通知》,启动全市地名普查工作。

22日至23日　中共中央政治局常委、国务院总理李克强先后到赤峰市德润污水处理厂在建项目工地、赤峰博物馆等地视察。主持召开赤峰市部分企业与金融机构负责人座谈会,并指导翁牛特旗委班子党的群众路线教育实践活动民主生活会。

是月　机场快速路开工建设。该路起点位于新城区应昌街海苏沟桥中心,终点位于省道206线杨家营子至赤峰玉龙机场连接线,全长9.8公里,总投资4.5亿元。8月8日建成通车。

6月

11日　赤峰市政府与辽宁省朝阳市政府在牛河梁国家考古遗址公园签署《红山文化遗址联合申报世界文化遗产工作备忘录》,共同推进红山文化遗址申报世界文化遗产工作。

12 日　农业部在北京召开第二批中国重要农业文化遗产发布活动。阿鲁科尔沁旗草原游牧系统正式列入中国重要农业文化遗产名录。

17 日　内蒙古民族工业技师学院成立，与赤峰工业职业技术学院一个机构、两块牌子。

20 日　由自治区工商联及赤峰市委、市政府联合主办的全国知名企业家赤峰行活动在赤峰国际会展中心举行。来自全国各地的 320 位企业家与赤峰进行项目对接，现场签约项目投资总额 180 亿元。

△　赤峰万达广场开业。该广场位于新城区西拉木伦大街、宝山路、平双路结合处，占地面积 27.14 公顷，建筑面积 98.32 万平方米。有写字楼、购物中心、影院、商业街、五星级酒店等多种设施。2012 年 4 月开工建设。

28 日至 30 日　内蒙古（蒙东）国际农业机械博览会在赤峰国际会展中心举行。来自全国 16 个省市自治区的 220 多家企业参展。农机博览会由内蒙古自治区农牧业厅、内蒙古农牧业机械工业协会、内蒙古经济发展与研究促进会联合主办，是全国唯一一个以畜牧业装备为主题的大型专业性展会。

30 日　赤峰市金融机构人民币各项贷款余额 1048.07 亿元，首次突破千亿元大关。

7 月

3 日　中央电视台纪录频道、北京科学教育电影制片厂和克什克腾旗政府联合录制的纪录片《美丽克什克腾》举行首播发布仪式。该片是国内首部全景式自然生态纪录片。

6 日　由赤峰市民族歌舞剧院创作演出的话剧《太阳一定升起》获得“第十一届中国·内蒙古草原文化节”优秀剧目奖；广播剧《希望》获全区第十二届精神文明建设“五个一工程”优秀作品奖。

15 日　中国社会科学院考古研究所和内蒙古文物考古研究所联合组成辽上京考古队，到巴林左旗开始对辽上京宫城遗址进行考古发掘。这是国内首次对辽上京宫城遗址进行科学考古发掘。

22 日至 23 日　全国政协副主席、民建中央常务副主席马培华率调研组到赤峰市，就节水增粮行动项目开展情况进行调研。

是月　赤峰体育中心建成并投入使用。赤峰体育中心由体育场、体育馆、地下车场和中心平台及室外体育练习场地组成，总占地面积 22.31 公顷，总建筑面积 8.78 万平方米。

8 月

7 日　内蒙古自治区第十三届运动会圣火采集仪式在翁牛特旗玉龙沙湖举行。8

日,火炬传递活动在赤峰市举行。17 日,在自治区第十三届运动会开幕式上,火炬再次点燃。

△ 全国农村基层卫生综合改革座谈会在赤峰市召开。

12 日 由自治区文化厅、自治区文物局、内蒙古博物院、赤峰市政府和赤峰学院主办的第九届红山文化高峰论坛在赤峰市开幕。

17 日至 25 日 内蒙古自治区第十三届运动会在赤峰市举行。运动会共设 32 个大项、605 个小项。在比赛中有 1 人次超全国少年纪录,8 人 19 次打破 13 项自治区最高纪录,31 人 41 次打破 31 项自治区青少年最高纪录。赤峰市代表团以 384.5 枚奖牌获得奖牌总数第一名。

18 日 蒙古国后杭盖省歌舞剧院文艺演出代表团到赤峰市,为观众献上了一台“蔚蓝的杭盖”文艺演出。

△ 在赤峰市委宣传部、市文明办、市教育局、市人民教育基金会、赤峰日报社联合开展的“寻找身边最美教师”活动中,旭仁夫等 15 人被授予赤峰市“最美教师”称号,许风华等 9 人被授予赤峰市“最美教师”提名奖。

28 日 赤峰市人民防空宣传教育馆和人民防空博物馆在红山物流园区揭牌。这是内蒙古自治区首家人防宣传教育基地。

是月 赤峰学院“高压相功能材料重点实验室”和“光电功能材料重点实验室”被认定为自治区重点实验室,结束了赤峰学院没有自治区级重点实验室的历史。

△ 赤峰市新城区大板桥建成通车。该桥位于大板路南段,跨越锡伯河,连接八家组团和小新地组团,桥梁总长 240 米,为双向六车道,工程造价 6140 万元。

△ 赤峰烈士陵园被内蒙古党史研究室命名为全区首批“内蒙古党史教育基地”。

△ 阿鲁科尔沁旗蒙古汗廷音乐、巴林格斯尔被列入第四批国家级非物质文化遗产项目名录。

△ 赤峰市质量技术监督局、赤峰市工商管理局移交地方管理。12 月,市工商局、市食药监局、市质监局合并成立赤峰市市场监督管理委员会,挂市食品安全委员会办公室牌子。

9 月

6 日 在第五届中俄蒙“奥运之星”国际青少年运动会上,赤峰市选派的青少年国际象棋选手获得女子团体赛亚军。

12 日 国家海关总署、财政部等部门对赤峰保税物流中心建设工程进行验收。赤峰保税物流中心位于赤峰市红山物流园区内,中心规划面积 1.43 平方公里。12 月 1 日,赤峰保税物流中心正式运行。

△ 在 2014 年韩国仁川举办的亚洲运动会上,赤峰籍射击运动员陈东琦与队友常

静、赵慧馨在女子 50 米步枪三种姿势团体项目中，以 1737 环的成绩为中国队摘得一枚金牌。

28 日至 29 日　在中央民族工作会议暨国务院第六次全国民族团结进步表彰大会上，赤峰市巴林右旗政府、翁牛特旗农电局、松山区玉龙街道王府社区党委被授予“全国民族团结进步模范集体”称号，有 3 人被授予“全国民族团结进步模范个人”称号。

29 日　国家林业局自然保护区研究中心与赤峰林业局签署合作协议书，建立国家林业局自然保护区研究中心赤峰研究基地。

是月　赤峰新天地商务广场——赤峰义乌商品批发城投入运营。该项目位于赤峰长途汽车站南侧，由赤峰九天建化集团和浙江义乌小商品有限责任公司投资建立，总投资约 15 亿元，建筑面积 28.2 万平方米。

10 月

1 日　根据财政部和国家税务总局有关规定，赤峰市对月销售额不超过 3 万元的小微企业、个体工商户和其他个人暂免征收增值税。

9 日　全市地方志工作暨《赤峰市志（1991—2014）》编修启动工作会议在赤峰召开。《赤峰市志》续修工作正式启动。

15 日　赤峰市委召开党的群众路线教育实践活动总结大会，对全市教育实践活动进行总结，对巩固和拓展教育实践活动成果、加强党的作风建设、全面推进从严治党进行部署。

22 日　赤峰市委、市政府印发《赤峰市政府职能转变和机构改革方案》。机构改革后，市政府工作部门由 1991 年的 51 个减少至 32 个。

11 月

7 日　赤峰市召开 2014 年诚信“红黑名单”发布会。市中级人民法院发布了失信被执行人名单，市国税局、市地税局发布了企业纳税情况“红黑名单”，市人社局发布了企业劳动用工情况“红黑名单”，市文化市场综合执法局发布了非法出版企业名单，中国银行赤峰分行发布了高信誉度企业名单。

24 日　在韩国济州岛举行的第八届世界女子拳击锦标赛上，赤峰籍运动员杨晓丽夺得 81 公斤级金牌，这也是中国队在本届比赛中获得的唯一一枚金牌。

12 月

1 日　赤峰友谊大桥竣工通车。该桥西起松山北城银河路，东至桥北组团赤锡路，跨阴河,连接松山北城和桥北组团,总长度约1283米,桥宽48米,机动车道为双向八车道。于2011年11月正式开工建设,是赤峰中环路北环的重要节点工程。

5日　赤峰市乌兰坝自然保护区晋升为国家级自然保护区。

9日　赤峰市文化广播电影电视局举办“首届赤峰市专业表演艺术大赛”。全市182名参赛选手分别参加了器乐、戏曲、舞蹈、声乐四个类别的比赛,最终55名参赛选手分别获得一、二、三等奖。

12日　由赤峰市委宣传部和赤峰学院共同打造的“红山大讲堂”正式启动并举办首场报告会。“红山大讲堂”以传播先进思想文化、交流学术研究成果、普及文化科技知识为宗旨,定期开展主题宣讲活动。

17日　中关村海淀园赤峰分园揭牌仪式在赤峰经济开发区红山园区管委会举行。

25日　赤峰市人口和计划生育委员会与赤峰市卫生局合并为赤峰市卫生和计划生育委员会。

是月　赤峰市医院司法鉴定所成立。至此,全市共建立司法鉴定机构6家。

是年　赤峰市农作物在遭受严重旱灾情况下,粮食总产仍保持在百亿斤以上,再次被农业部评为“全国粮食生产先进市”。

△　巴林左旗、克什克腾旗被确定为国家级县级公立医院综合改革试点旗县。

△　赤峰市组建赤峰有色金属工业技术研究院。研究院是一所由政府部门发起,以企业为主体、高校和科研所共同参与的社会性有色金属研究开发机构。

△　新城区完成“七横七纵”路网建设。“七横”,即玉龙大街、巴林大街、王府大街、临潢大街、铁南大街、全宁街、富河街7条横向大街;“七纵”,即天义路、宝山路、平双路、锦山路、新惠路、中环路、外环路7条纵向道路,道路总长80公里。

△　赤峰万达嘉华酒店开业运营。该酒店由大连万达集团投资建设,是提供各种会议、住宿、餐饮等接待服务的五星级酒店。

△　赤峰市被自治区综治委评为“全区社会治安(平安建设)先进地区”,名列全区第一名。

△　赤峰机场通航呼和浩特、北京、上海、天津、大连、广州、西安、海拉尔、包头、南京、哈尔滨等11个城市。中国国际航空公司、中国东方航空公司、天津航空公司、北京首都航空公司、中国联合航空公司、华夏航空公司6家航空公司参与赤峰地区航空市场运营。

△　全市首次遴选政府机关公务员。经发布公告、网上报名、笔试、面试、体检、考察等程序,为市公安局等6个部门遴选9名公务员。

△　赤峰市人口出生率由1991年的17.78‰下降到6.96‰,自然增长率由1991年的12.31‰下降到4.58‰。

第一卷

政区 环境

赤峰市位于内蒙古自治区东南部，蒙冀辽三省区交会处，地理坐标北纬 41° 17′ 10″ ~ 45° 24′ 15″，东经 116° 21′ 07″ ~ 120° 58′ 52″。东南与辽宁省朝阳市接壤，西南与河北省承德市毗邻，东部与内蒙古通辽市相连，西北与内蒙古锡林郭勒盟交界。全市总面积 90021 平方公里，下辖 12 个旗县区。赤峰，红山之意，蒙古语"乌兰哈达"，因城区东北部赭红色山峰而得名。赤峰原为昭乌达盟，昭乌达为蒙古语，汉译"百柳"之意。

赤峰历史悠久，文化灿烂。境内有 8000 年的人类文明史，是中华文明的发祥地之一，是草原文明的重要组成部分。因红山文化标志性器物 C 形碧玉龙——"中华第一龙"出土于此，赤峰又被称为玉龙之乡。赤峰在秦、汉时期分属燕、东胡、鲜卑；隋唐时设饶乐都督府和松漠都督府；辽代是辽王朝政治、经济、军事中心，全境属辽上京临潢府和辽中京大定府；金代全境属北京路；元代属上都路、大宁路和全宁路、应昌路；明代先后属大宁卫、全宁卫、应昌卫和兀良哈三卫；清代大部分地区属昭乌达盟，部分地区属卓索图盟；民国时属热河特别区和热河省。1949 年新中国成立后，先后隶属于热河省和内蒙古自治区，1969 年划归辽宁省，1979 年划回内蒙古自治区，1983 年撤销昭乌达盟设赤峰市。

赤峰区位优越，交通便捷。距北京、沈阳等中心城市均 400 多公里，距锦州、秦皇岛等港口不足 300 公里，是内蒙古距出海口岸最近的地区。

赤峰地形复杂多样，山地、高原、丘陵、盆地、平原俱全。总观地貌属山地丘陵区，中低山和丘陵约占土地总面积的 70% 以上。地势西高东低，北、西、南三面多山，西部最高海拔 2067 米，东部海拔不足 300 米。第四纪冰川遗迹冰臼群、石林、角峰、冰石河等地质奇观分布广泛，其中阿斯哈图花岗岩石林和大青山冰臼群被誉为世界地质奇观。

赤峰地处中纬度，属中温带半干旱大陆性季风气候区。四季分明，冬季漫长而寒冷，春季干旱多大风，夏季短促炎热、雨水集中，秋季气温下降快、霜冻降临早。年平均气温 3.5℃~7.7℃，年平均降水量 330~441 毫米，年无霜期在 113~154 天之间。

在 9 万多平方公里的土地上，有草原面积 576 万公顷，森林面积 299.9 万公顷，湿地面积 29.99 万公顷。有老哈河、西拉木伦河、乌力吉木伦河、教来河和贡格尔河五大水系。常年蓄水的天然湖泊 70 余处，水资源储量 42.40 亿立方米。在克什克腾旗、敖汉旗、宁城县境内有 3 处温泉，水温多在 66℃ ~ 96℃之间。冷泉则以巴林右旗比图泉最为著名，因其含锂、锶、锌、镁、钼、硒 6 种微量元素，被誉为"六味神泉"。

赤峰已发现矿产资源 83 种，矿产地 1660 余处。主要矿产资源有煤炭、铁、有色金属、黄金、白银、巴林石、膨润土、石灰岩等，铅、锌、铜、铁、金、银为优势矿种，巴林石属国内稀有矿种。赤峰市是"中国有色金属之乡"。

赤峰野生动植物种类较多，分布广泛。野生动物 497 种，有梅花鹿、丹顶鹤、白鹤、白鹳、黑鹳等国家一级保护动物；野生植物 1863 种，境内的沙地云杉是世界珍稀濒危物种之一。

1983 年，赤峰实行市管县体制，改原赤峰市为红山区、赤峰县为郊区(今松山区)，新建元宝山区,下辖7旗、2县。至2014年,赤峰市辖红山区、松山区、元宝山区、阿鲁科尔沁旗、巴林左旗、巴林右旗、林西县、克什克腾旗、翁牛特旗、喀喇沁旗、宁城县、敖汉旗共12个旗县区。1991年,赤峰市共有乡镇苏木街道办事处281个,其中乡170个、镇57个、苏木44个、街道办事处10个,共有村嘎查居民委员会2730个。到2014年,全市共有乡镇苏木街道办事处153个,其中乡28个、镇85个、苏木19个、街道办事处21个,共有村嘎查居民委员会2378个。

第一篇 政 区

第一章 区位 建置

第一节 方位境界

一、位置面积

赤峰市地处内蒙古自治区东南部，东北地区西端，西辽河上游，大兴安岭西南段山脉与燕山北麓山地，内蒙古高平原，西辽河平原的复合部位。地理坐标：北纬 41° 17′ 10″ ~ 45° 24′ 15″，东经 116° 21′ 07″ ~ 120° 58′ 52″。总面积 90021 平方公里。市境以大兴安岭山地、燕山山地、内蒙古高原、浑善达克沙地和科尔沁沙地为骨架，可分为山地、高平原、熔岩台地、丘陵、平原等地貌类型。其中山地面积占 18%，高平原占 6%，熔岩台地占 3%，丘陵占 42%，平原占 10%，沙地占 21%。

市政府驻赤峰腹地偏南松山区。东邻辽沈，南近京津唐，西北靠锡林郭勒大草原，交通四通八达。铁路，经承德距北京站 553 公里，经隆化距北京北站 486 公里；距沈阳北站 573 公里；距自治区首府呼和浩特站经北京北站 1130 公里。公路，距北京经承德 426 公里；距天津 502 公里；距唐山 388 公里；距沈阳 487 公里；距锦州 252 公里；距锡林浩特经克什克腾旗 400 公里。航空，距北京 338 公里；距呼和浩特 639 公里。

二、周边临界

四至极点 南起宁城县五化镇的哈叭气村南山，北至阿鲁科尔沁旗雅图特山，南北最长 457.5 公里；东起阿鲁科尔沁旗绍根嘎查准沙日乌苏，西至克什克腾旗达日罕乌拉苏木的昌特敖包，东西最宽 375 公里。东与通辽市扎鲁特旗、开鲁县、奈曼旗毗邻，东南与辽宁省朝阳市接壤，西南与河北省承德市交界，西北部与锡林郭勒盟西乌珠穆沁旗、锡林浩特市、正蓝旗、多伦县相连。边界线总长 2346.62 公里，其中省区界 1093.2 公里，盟市界 1253.42 公里。

东、东南自北而南 北起雅图特山东—准陶高日格乌兰哈达—甘珠尔敖包—木如古其格—乌尔图—乌兰哈达—准敖伦花—敖包胡特勒—亚玛特音乌拉—喇嘛音查干—达玛珠尔达巴—套海罕乌拉—萨日图日古其—呼和哈达—哈日努勒—萨古拉嘎

图乌拉—浩尔高乌拉—查干呼舒—翁根呼舒—哈日干图—哈日楚鲁图—布敦花—干其哈达—努和图—额日彦苏达拉图—朝布桑珠尔嘎—准道克图—布敦花—翁根花—诺干楚鲁图—台河—台河口—西拉木伦河与台河分流处,转东沿西拉木伦河—西拉木伦河与老哈河交汇处沿老哈河—四十八顷—万发永东约 3 公里—下洼东—发来甸子一线与通辽市扎鲁特旗、开鲁县、奈曼旗为邻。自发来甸子转西南—大黑山林场—平顶山—豆包梁东—青沟梁—南大城南约 5 公里处转西北—扎赛营子西约 3 公里—老虎洞山—老哈河河岸转西南沿老哈河—四家东约 5 公里处—桲椤树—南三十家子—道虎沟东约 1 公里一线与辽宁省朝阳市为邻。

西、西南自西而东　西起敖包山,沿吐力根河—赛罕坝—大光顶子山转南—磨盘山—大采梁东—黄砬子山—喀喇沁旗小牛群镇四合永村西—七座塔山东—茅荆坝—平顶山—东大山南转东—葫芦峪山—马圈子山—双山—饽饽山—道虎沟东南一线与河北省承德市为邻。

北、西自东而西　东起雅图特山—海拉斯台达巴—古尔班绍荣—玛拉根达巴—查干温都尔罕山—他本林场东山—塔少达坝—乃林达坝—和日根达坝—呼日格达巴—古勒斯台乌拉—买拉苏图格登—哈日根台乌拉—萨如勒乌拉—楚鲁图达坝—塔拉索勃达巴—苏木图乌拉—哈拉嘎芒哈—绍荣—西坝—大乌兰山—大坝—红格尔敖包—北京陶宝格—努格得—嘎松山—阿其乌拉—多伦诺尔(鲤鱼泡子)—老西山—黑大山—敖包山一线与锡林郭勒盟的西乌珠穆沁旗、锡林浩特市、正蓝旗、多伦县为邻。

第二节　建置沿革

一、战国至魏晋时期

战国时期,燕昭王十二年(前 300 年),燕将秦开率军北征击败东胡,燕置上谷、渔阳、右北平、辽西、辽东五郡。赤峰以南属右北平郡(治所在宁城黑城)。燕所建长城为燕与东胡属地的分界线。燕长城以北为东胡属地,西汉初期,东胡被匈奴击败后为乌桓属地,役属于匈奴。

汉元狩四年(前 119 年),在上谷郡(今河北省怀柔东南)置护乌桓校尉监领乌桓。时右北平乌桓大人乌延,曾在赤峰地区建牙帐。

曹魏初年(220 年),分东西部鲜卑,赤峰为东部宇文鲜卑占据,其部落首领曾在紫蒙川建牙帐。

东晋建元二年(344 年),赤峰地区南部属前燕昌黎郡;北部为库莫奚、契丹部游牧之地。

二、隋唐时期

隋唐时期在赤峰建有饶乐都督府和松漠都督府。

饶乐都督府　隋朝时库莫奚称“奚”。唐朝建立后，奚族举族内附，贞观二十二年(648 年)，在奚族境内设立了饶乐都督府，故址在今宁城县大明镇。

松漠都督府　贞观二十二年(648 年)在契丹地建松漠都督府，故址在今林西县樱桃沟古城址。

三、辽朝时期

辽朝，今赤峰地区属上京临潢府和中京大定府。上京是辽王朝的首都，中京是陪都。辽在华北和东北地区设上京、中京、东京、西京和南京 5 道，其中上京道和中京道治所均在今赤峰境内。

上京道　辖临潢府和 12 个节度使、刺史及观察州，此外，还有 5 个“边防城”州、16 个头下军州，总共州 32 个、城(边防城)4 个。上京道所辖府州县在今赤峰市境内的有：

临潢府为上京道治所和皇都所在地。初称龙眉宫，辽太宗耶律德光会同元年(938 年)改为上京，设临潢府，即今巴林左旗林东镇南古城址。

祖州。因是辽高祖、曾祖出生地，有祖山，故名。州治所在今巴林左旗林东镇石房子村。

怀州。遗址在今巴林右旗幸福之路苏木。

庆州。遗址在今巴林右旗索博日嘎镇查干木伦河北岸草原上。

永州。遗址在今翁牛特旗新苏莫苏木。

仪坤州。遗址在今克什克腾旗万合永镇境内。

龙化州。遗址在今教来河东。

饶州。遗址在今林西县新城子镇樱桃沟村。

降圣州。遗址在今敖汉旗玛尼罕乡五十家子村。

丰州。治所在今翁牛特旗乌丹镇。

松山州。遗址在今巴林右旗益和诺尔西北。

黑河州。遗址在今巴林右旗大板镇。

中京道　因位于五京之中，故名。中京道设大定、兴中二府，其下设刺史州和县。

大定府为中京道治所，建于辽圣宗统和二十五年(1007 年)。大定府直辖 10 州 9县，在今赤峰市境内的有 5 州 6 县：

恩州。位于大定府北 60 里，今喀喇沁旗西桥镇附近。

惠州。今敖汉旗西境部分地域属之。

武安州。遗址在今敖汉旗丰收乡白塔子村。

松山州。遗址在今松山区城子乡。

高州。遗址在今元宝山区风水沟镇庄头营子村。

6 县为：大定县、长兴县、劝农县、归化县、文安县、升平县。

四、金朝时期

金朝，地方行政区域设置为路、府、州、县。今赤峰市全境属北京路。北京路所领府、

州、县分布于今赤峰市境内的有:

大定府　下属大定县、长兴县、文安镇、松山县、惠和县、武平县、静封县7县。

临潢府总管府　天德二年(1150年)改为临潢府路,下属临潢、宁塞、卢川、长宁诸县。

庆州　金时庆州包括辽代的庆州、怀州和祖州地,下属朔平县、孝安县。

全州　承安三年(1198年)置,治所在今翁牛特旗乌丹镇西门外,下属安丰县。

五、元朝时期

元朝,今赤峰市属中书省的上都路、辽阳行省的大宁路和弘吉剌氏私城以家奴为总管的全宁路和应昌路。

上都路　今赤峰市松山区西部、喀喇沁旗北部属之。

全宁路　元大德七年(1303年)建路,治所在今翁牛特旗乌丹镇西门外古城址。今赤峰以北至翁牛特旗、林西县、巴林右旗、巴林左旗4旗县全境和阿鲁科尔沁旗大部地区属之。

应昌路　至元二十二年(1285年)建路,治所在今克什克腾旗达里湖西南约2公里处古城址。今克什克腾旗属之。

大宁路　至元七年(1270年)建路,治所在今宁城县大明镇。

六、明朝时期

明朝,今赤峰地区的设置以永乐初年为线,分两个时期。前期属大宁都司,后期属奴儿干都司以及兀良哈三卫中的朵颜卫。

大宁都司　即大宁都指挥使司,置于洪武二十年(1387年),次年改为北平行都司,治所在大宁城(今宁城县大明古城址)。下辖20余卫所,与今赤峰有关的有:大宁卫、新城卫,所辖区域大体为今赤峰南部地区;全宁卫、应昌卫,所辖区域大体为今赤峰北部地区。

大宁卫　治所在元大宁路旧址,初为府,洪武二十年(1387年)改称卫。

新城卫　与大宁卫同年建置,治所在大宁卫西南60里处。

全宁卫　洪武二十二年(1389年)建置,治所在元全宁路旧城址。

应昌卫　洪武二十二年(1389年)建置,不久改为清平镇,治所在元应昌故城。

天顺元年(1457年)以后,赤峰属兀良哈三卫中的朵颜卫管辖。15世纪20年代后,鞑靼蒙古数部先后进入兀良哈地区。嘉靖二十五年(1546年)察哈尔达赉逊库登汗(达延汗曾孙)由锡林郭勒北部率数部,东移西拉木伦河以北。16世纪中叶以后,喀喇沁部并朵颜卫。不久,达赉逊库登悉并朵颜等三卫地,今赤峰市全境又置于察哈尔部控制之下。

七、清朝时期

清朝,今赤峰市大部属昭乌达盟,部分属卓索图盟。

明崇祯十二年(清崇德四年,1639年),敖汉、奈曼、翁牛特左翼、翁牛特右翼4旗会盟于翁牛特左翼旗东部昭乌达地方成立昭乌达盟。顺治元年(1644年)至康熙三年(1664年),先后建立的阿鲁科尔沁、巴林左翼、巴林右翼、扎鲁特左翼、扎鲁特右翼、克什克腾、喀尔喀左翼 7 旗，均隶属于昭乌达盟。昭乌达盟共辖 8 部 11 旗。

喀喇沁左翼、喀喇沁右翼、土默特左翼 3 旗会盟于卓索图地方成立卓索图盟。顺治五年（1648 年）至康熙四十四年（1705 年），建立的土默特右翼旗、喀喇沁中旗隶属于卓索图盟。卓索图盟辖 2 部 5 旗。

18 世纪初叶以后，清廷设置一些政权机构，管理昭、卓两盟境内汉民事务。雍正七年（1729 年）在喀喇沁中旗境内八沟地方（今河北平泉县）设置八沟理事同知厅。乾隆三年（1738 年）在喀喇沁左翼旗境内塔子沟地方（今辽宁凌源县）设置塔子沟理事同知厅。乾隆十三年（1748 年）八沟厅在翁牛特右翼旗境内乌兰哈达（今红山区）设税务司。乾隆二十三年（1758 年）设赤峰巡检署。乾隆三十九年（1774 年）升赤峰巡检署为乌兰哈达通判厅。乾隆四十三年（1778 年）改乌兰哈达厅为赤峰县，统属承德府。乌兰哈达厅建立之后，辖翁牛特 2 旗、巴林 2 旗、阿鲁科尔沁旗、克什克腾旗等。光绪三十三年（1907 年）升赤峰县为赤峰直隶州，赤峰州所辖地域与县同，同时设巴西县。光绪三十四年（1908 年）改巴西县为林西县，管理巴林左、巴林右 2 旗汉民事务，同属赤峰直隶州。

八、中华民国时期

民国前期，今赤峰市全境先后属于 1914 年（民国 3 年）设置的热河特别区和 1928 年由特别区改建的热河省。截至 1932 年，今赤峰市境内县级行政建置有：巴林左、巴林右、敖汉左、敖汉右、敖汉南、克什克腾、阿鲁科尔沁、翁牛特左翼、翁牛特右翼 9 旗；赤峰、经棚、林西、林东 4 县和宁城、天山设治局，县级单位共 15 个。

1933 年，日军侵占了热河省全境和内蒙古东部地区，整个东北沦为日本的殖民地。抗战期间，今赤峰市境内县级行政区域设置有：喀喇沁中、喀喇沁右、翁牛特左、翁牛特右、敖汉 5 旗，隶属伪热河省；阿鲁科尔沁、巴林左翼、巴林右翼、克什克腾 4 旗和林西县，隶属伪兴安总省，共 10 个旗县。

自 1945 年 8 月 15 日日本投降，到 1949 年 10 月 1 日中华人民共和国成立，今赤峰市南部分别属于热辽行政公署设置的热中专区、二十二专区和热辽专区；北部先属东蒙古自治政府设置的"昭乌达省"和热北专区，后属昭乌达盟。后统属中国共产党建立的热河省。

热中专区　1945 年 9 月，热中专员公署在赤峰成立。先后辖赤峰市、赤峰县、宁城县、新惠县等。县级行政区域单位 21 个。

1945 年 8 月下旬，成立赤峰市人民政府。1946 年 10 月 10 日，国民党军队占领赤峰，赤峰市人民政府撤销。1947 年 6 月 6 日，赤峰地区第二次解放，重建赤峰市。1948 年 9 月，赤峰市再次恢复建制。1948 年 12 月 30 日，热中专区撤销。热中专区治所在今赤峰市宁城县一肯中乡等地。

二十二专区　1946 年 12 月 22 日，二十二专员公署在乌丹建立。先后辖乌丹、赤峰、赤西、围北4县和翁牛特右旗。1947年11月11日,二十二专区撤销,所辖旗县划入热中地区。

热辽专区　1946年2月,热辽专员公署在小哈拉道口成立(今辽宁省建平县境内)。敖汉旗属热辽专区。1948年12月30日,热辽专区撤销。

热北专区　1945年9月,热北专员公署在林西县成立。领林西、经棚2县和克什克腾旗。巴林右翼旗及其以东地区属东蒙古自治政府设置的昭乌达省(筹建)。1946年6月,热北专署与筹建的昭乌达省同时撤销,建立昭乌达盟临时行政委员会。

1949年5月20日,昭乌达盟及所属阿鲁科尔沁旗、巴林左翼旗、巴林右翼旗、克什克腾旗和林西县从热河省划归内蒙古自治区。

九、中华人民共和国成立后

1949年10月1日至1955年12月31日,今赤峰市北部属内蒙古自治区昭乌达盟,辖阿鲁科尔沁、巴林左翼、巴林右翼、克什克腾4旗和林西县;南部属热河省,辖敖汉、喀喇沁、翁牛特3旗和宁城、赤峰、乌丹3县及赤峰市。1952年5月28日,赤峰市、县合并,称赤峰县。

1956年1月1日,热河省撤销,其所辖敖汉、喀喇沁、翁牛特3旗,宁城、赤峰、乌丹3县划入内蒙古自治区昭乌达盟,昭乌达盟人民委员会由林东迁驻赤峰。1958年10月20日撤销赤峰县,设立赤峰市。

1969年7月5日,昭乌达盟从内蒙古自治区划归辽宁省。

1979年7月1日,昭乌达盟由辽宁省划回内蒙古自治区。

1956年1月1日至1983年10月9日,今赤峰市全境称昭乌达盟,辖阿鲁科尔沁、巴林左、巴林右、克什克腾、翁牛特、喀喇沁、敖汉7旗,林西、宁城、赤峰3县和赤峰市,县级单位共11个。

1983年10月10日,经国务院批准,撤销昭乌达盟行政公署建制,建立赤峰市,实行市管县体制,其所辖地域与原昭乌达盟所辖地域同。新建立的赤峰市设3区,管辖7旗、2县,县级单位共12个。

第二章　行政区划

第一节　政区布局

赤峰市前身为昭乌达盟。1956年1月1日至1983年10月9日,昭乌达盟辖7旗、3县和赤峰市,县级单位共11个。1983年10月10日,经国务院批准,撤销昭乌达盟行政公署建制,建立赤峰市,实行市管县体制,其所辖地域与原昭乌达盟所辖地域同。新建立的赤峰市设3区,管辖7旗、2县,即红山区、郊区(今松山区)、元宝山区,阿鲁科尔沁旗、巴林左旗、巴林右旗、克什克腾旗、翁牛特旗、喀喇沁旗、敖汉旗，林西县、宁城县。

红山区地域包括：原赤峰市市区，城郊公社，红庙子公社（不含划入元宝山区的马架子大队）和原赤峰县穆家营子公社的六大份大队，当铺地公社的哈达和硕大队。

郊区（今松山区）地域包括：除划入元宝山区、红山区的部分公社和大队外，基本是原赤峰县所辖区域。

元宝山区地域包括：原赤峰市的元宝山、平庄、五家3个公社和红庙子公社的马架子大队；喀喇沁旗的山前公社，马蹄营子公社的公格营子、西六家、四家、喇嘛地、岭上5个大队，甸子公社的望甘池大队，楼子店公社的乔家窝铺大队；原赤峰县的建昌营、美丽河、哈拉卜吐、小五家4个公社，太平地公社的兴隆坡、哈拉木头、大北海、风水沟4个大队，安庆沟公社的下坎大队。

市管的阿鲁科尔沁、巴林左、巴林右、克什克腾、翁牛特、喀喇沁、敖汉7旗和林西、宁城2县，除喀喇沁旗马蹄营子乡划入元宝山区，松山区文钟镇划入红山区外，其他旗县的行政区划未变。

1983年10月10日至2014年，赤峰市3区、7旗、2县格局未变，区划调整主要在乡镇苏木一级。

第二节 区划变更

一、驻地变迁

市政府 2004年12月9日，赤峰市政府驻地由红山区站前街道昭乌达路南段搬迁至松山区玉龙大街1号。

旗县区政府 1992年3月4日，经自治区政府批复（内政函〔1992〕24号），同意元宝山区政府驻地由元宝山镇搬迁至平庄镇，1993年9月7日，元宝山区政府正式搬迁。

2002年12月，巴林左旗政府驻地由林东镇振兴大街中段路北搬迁至林东镇契丹大街222号。

2006年12月26日，克什克腾旗政府驻地由经棚镇达尔罕街中段北侧搬迁至经棚镇碧柳街中段北侧。

2014年10月1日，红山区政府驻地由站前街道哈达街中段搬迁至桥北街道桥北大街1号。

2014年11月，敖汉旗政府驻地由新惠镇新中街与惠宁路交叉路口西北侧搬迁至新惠镇河东新区新惠路1号。

2014年12月1日，宁城县政府驻地由天义镇大宁路54号搬迁至天义镇燕京街1号。

2014 年,阿鲁科尔沁旗政府驻地由天山镇汉林东街中段搬迁至天山镇天元大街中段。

二、区划新建

1992—2014 年,全市新建 2 个镇、11 个街道办事处。

1992 年,巴林左旗新建白音诺尔镇。

1994 年,林西县新建大井镇。

1998 年,红山区增设长青街道、哈达街道 2 个街道办事处。

2002 年,松山区增设振兴街道、向阳街道、松州街道、铁东街道 4 个街道办事处。

2008 年,红山区增设桥北街道、西城街道 2 个街道办事处。

2010 年,元宝山区增设平庄东城街道、平庄西城街道、城区街道 3 个街道办事处。

三、撤乡建镇

1991—2014 年,赤峰市区划调整主要在乡镇苏木一级。

1991 年末,旗县区以下区划为 57 个镇、170 个乡(含 3 个民族乡)、44 个苏木、10 个街道办事处,乡镇级机构共计 281 个;乡镇苏木下设 2730 个村(嘎查、居委会)。

1993 年 6 月,宁城县天义乡改为城关镇。1994 年,克什克腾旗宇宙地乡改为宇宙地镇;宁城县热水乡改为热水镇、头道营子乡改为头道营子镇;元宝山区公格营子乡改为古山镇、山前乡改为山前镇。1995 年,敖汉旗贝子府乡改为贝子府镇。到 1995 年末,旗县区以下区划调整为 225 个乡(含 3 个民族乡)、67 个镇、48 个苏木;乡镇苏木下设 2839 个村(嘎查、居委会)。

1996 年,松山区大五十家子乡改为上官地镇、当铺地乡改为当铺地镇。1997 年 3 月,阿鲁科尔沁旗绍根苏木改为绍根镇。1998 年,元宝山区哈拉卜吐乡和马林街道办事处合并组建马林镇;巴林左旗丰水山乡改为丰水山镇。1999 年,敖汉旗长胜乡改为长胜镇;宁城县忙农营子乡改为忙农营子镇;松山区五三乡改为五三镇、安庆沟乡改为安庆镇。

2001 年 4 月 16 日,市委办公厅、市政府办公厅向自治区报送《赤峰市合并乡镇苏木工作方案》。同年 7 月 10 日,自治区民政厅批准赤峰市的合并乡镇苏木方案。依此方案撤并调整后,全市共有乡镇苏木 236 个,其中乡 116 个、镇 88 个、苏木 32 个。2005—2006 年,根据自治区党委、自治区政府《关于配套推进全区乡镇苏木机构改革试点工作的若干具体意见》要求,赤峰市乡镇苏木区划有所调整。2005 年,松山区当铺地镇、关家营满族乡、木头沟乡合并,称当铺地满族乡;撤销王府乡改设王府镇。2006 年,松山区撤销五三镇,整建制并入穆家营子镇。同年,元宝山区撤销古山镇,并入美丽河镇;撤销马林镇,并入元宝山镇;撤销马蹄营子乡,并入平庄镇;撤销山前镇,并入平庄镇。同年,宁城县撤销头道营子镇,并入甸子乡,称甸子镇;撤销城关镇,将其所辖的 11 个行政村与原大明镇的 3 个行政村和原忙农镇的 3 个行政村及原榆树林子乡的 2 个行政村一同并入天义镇,称天义镇;撤销热水镇,将其原管辖的行政区域整建制并入八里罕镇;原榆树林子乡的 8 个行政村并入忙农镇。同年,巴林左旗丰水山镇与十三敖包乡、花加拉嘎乡合并为十三敖包镇。到 2006 年末，乡镇苏木由 236 个减少至 116 个，其中乡 21 个、镇 81 个、苏木 14 个。到 2010 年末，旗县区以下区划调整为 21 个乡（含 2 个民族乡）、81 个镇、14 个苏木、21 个街道办事处，乡镇级共计 137 个；乡镇苏木下设 2904 个村（嘎查、居委会）。2012 年 11 月，巴林左旗白音诺尔镇更名为白音勿拉镇。2013 年 11 月，宁城县三座店乡改为三座店镇、必斯营子乡改为必斯营子镇。

到 2014 年末，旗县区以下区划调整为 28 个乡（含 2 个民族乡）、85 个镇、19 个苏木、21 个街道办事处，乡镇级机构共计 153 个；乡镇苏木下设 2378 个村（嘎查、居委会）。

四、区域调整

1991—2014 年，赤峰市只进行了 1 次区域调整，即 2005 年喀喇沁旗马蹄营子乡划归元宝山区；松山区文钟镇划归红山区。

1991 年赤峰市乡镇苏木、街道办事处统计表

表 1-1-1　　单位：个

旗县区	乡镇苏木、街道办事处名称		小计	总计
红山区	镇	红庙子镇（驻聂胡地村）、桥北镇（驻桥北大街）	2	10
	乡	城郊乡（驻哈达东街）	1	
	街道办事处	西屯街道办事处（驻三西街）、三中街街道办事处（驻三道街）、永巨街道办事处（驻三道街）、东城街道办事处（驻三道东街）、站前街道办事处（驻园林路）、南新街街道办事处（驻钢铁街）、铁南街道办事处（驻铁南大街）	7	
松山区	镇	穆家营子镇（驻木兰街）、初头朗镇（驻初头朗村）、老府镇（驻老府村）、大庙镇（驻大庙村）、哈拉道口镇（驻哈拉道口村）、红花沟镇（驻敖包村）	6	33
	乡	五三乡（驻五三村）、大夫营子乡（驻娘娘庙村）、岗子乡（驻岗子村）、大六份乡（驻大六份村）、当铺地乡（驻兴隆洼村）、城子乡（驻画匠沟门村）、太平地乡（驻太平地村）、河南营子乡（驻北波罗胡同村）、安庆沟乡（驻小北道村）、牤牛营子乡（驻牤牛营子村）、东山乡（驻东山村）、大碾子乡（驻大碾子村）、波罗和硕乡（驻波罗和硕村）、水地乡（驻水地村）、王家店乡（驻王家店村）、碾坊乡（驻碾坊村）、猴头沟乡（驻猴头沟村）、关家营满族乡（驻关家营村）、木头沟乡（驻大木头沟村）、大五十家子乡（驻大五十家子村）、碱场乡（驻碱场村）、王府乡（驻牛家营子村）、姜家营子乡（驻姜家营子村）、孤山子乡（驻孤山子村）、三眼井乡（驻文钟村）、柳条沟乡（驻南大营子村）、打粮沟门乡（驻打粮沟门村）	27	
元宝山区	镇	平庄镇（驻前进街）、五家镇（驻五家村）、建昌营镇（驻建昌营村）、风水沟镇（驻下坎子村）、元宝山镇（驻国槐街）、美丽河镇（驻后美丽河村）	6	13
	乡	山前乡（驻十大份村）、公格营子乡（驻公格营子村）、哈拉卜吐乡（驻太平地村）、小五家回族乡（驻小五家村）	4	
	街道办事处	云杉路街道办事处（驻云杉路中段）、西露天街道办事处（驻西平街）、马林街道办事处（驻马林居委会）	3	

续表

旗县区		乡镇苏木、街道办事处名称	小计	总计
阿鲁科尔沁旗	镇	天山镇(驻天山街社区居民委员会)、天山口镇(驻新风村)、双胜镇(驻双胜村)、坤都镇(驻高勒嘎查)、巴彦花镇(驻五一村)	5	27
	乡	荞麦塔拉乡(驻张家围子村)、道伦百姓乡(驻王爷伙房村)、东沙布尔台乡(驻东沙布尔台村)、新民乡(驻新民村)、乌兰哈达乡(驻杏树村)、先锋乡(驻先锋村)、岗台乡(驻北岗台村)、巴彦包特乡(驻中心村)、平安地乡(驻平安地村)、白城子乡(驻大虎头嘎村)	10	
	苏木	巴拉奇如德苏木(驻达兰花嘎查)、巴彦诺尔苏木(驻敦达诺尔嘎查)、呼和格日苏木(驻呼和格日嘎查)、巴彦包勒格苏木(驻吉布图嘎查)、巴彦温都尔苏木(驻海拉苏台嘎查)、罕苏木苏木(驻巴彦呼舒嘎查)、赛罕塔拉苏木(驻沙日塔拉嘎查)、宝力召苏木(驻宝力召嘎查)、扎嘎斯台苏木(驻查干诺尔嘎查)、道德苏木(驻上清河子嘎查)、绍根苏木(驻绍根嘎查)、柴达木苏木(驻柴达木嘎查)	12	
巴林左旗	镇	林东镇(驻林东四道街)、隆昌镇(驻隆昌村)、杨家营子镇(驻杨家营子村)	3	22
	乡	福山地乡(驻福山地村)、白音沟乡(驻衙门庙村)、白音敖包乡(驻老烧锅村)、野猪沟乡(驻野猪沟村)、毛宝力格乡(驻半拉石槽村)、哈达英格乡(驻哈达英格村)、哈拉哈达乡(驻小城子村)、罕吐柏乡(驻西罕吐柏村)、十三敖包乡(驻敖包前村)、宝力罕吐乡(驻宝力罕吐村)、花加拉嘎乡(驻伙力伙村)、丰水山乡(驻赵家屯村)、碧流台乡(驻五香营子村)、四方城乡(驻海苏沟村)、浩尔吐乡(驻加拉嘎村)、三山乡(驻新农村村)	16	
	苏木	乌兰达坝苏木(驻哈布其拉嘎查)、白音乌拉苏木(驻乃力珠嘎查)、查干哈达苏木(驻乌兰格日勒嘎查)	3	
巴林右旗	镇	大板镇(驻大板村)、巴彦琥硕镇(驻巴彦琥硕村)、宝日勿苏镇(驻宝日勿苏嘎查)	3	19
	乡	朝阳乡(驻朝阳村)、羊场乡(驻羊场村)	2	
	苏木	索博日嘎苏木(驻索博日嘎嘎查)、沙巴尔台苏木(驻沙巴尔台嘎查)、查干木伦苏木(驻毛敦敦达嘎查)、巴彦尔灯苏木(驻浩饶钦嘎查)、都希苏木(驻都希嘎查)、巴彦汗苏木(驻新达冷村)、巴彦塔拉苏木(驻塔班板嘎查)、岗根苏木(驻浩特艾勒嘎查)、幸福之路苏木(驻幸福之路村)、查干诺尔苏木(驻楼子嘎查)、益和诺尔苏木(驻达林台嘎查)、洪格尔苏木(驻洪格尔嘎查)、胡日哈苏木(驻苏吉嘎查)、西拉木伦苏木(驻家属村)	14	
林西县	镇	林西镇(驻三道街东段)、官地镇(驻下官地村)、新城子镇(驻小城子村)、新林镇(驻新合村)、五十家子镇(驻五十家子村)	5	19
	乡	大营子乡(驻中心村)、繁荣乡(驻繁荣村)、三段乡(驻三段村)、双井店乡(驻双井村)、下场乡(驻下场村)、统部乡(驻统部村)、板石房子乡(驻板石房子村)、毡铺乡(驻毡铺村)、兴隆庄乡(驻兴隆庄村)、老房身乡(驻老房身村)、十二吐乡(驻十二吐村)、大川乡(驻大发村)、隆平乡(驻东方红村)、冬不冷乡(驻冬不冷村)	14	
克什克腾旗	镇	经棚镇(驻经锡路社区居民委员会)、热水塘镇(驻热水塘村)、土城子镇(驻土城子村)	3	28
	乡	河南店乡(驻河南店村)、新庙乡(驻红光村)、三义乡(驻长胜德村)、宇宙地乡(驻东升村)、书声乡(驻天义号村)、木希嘎乡(驻同兴号村)、天合园乡(驻天合村)、万合永乡(驻大河村)、柳林乡(驻柳林村)、新井乡(驻中心村)、芝瑞乡(驻兴华村)、昌义乡(驻合胜村)、南店乡(驻南店村)、上头地乡(驻上头地村)、广兴源乡(驻广兴源村)、天盛号乡(驻天盛号村)、新开地乡(驻新道梁村)、红山子乡(驻大浩来图村)、浩来呼热乡(驻浩来呼热分场村)、乌兰布统乡(驻元宝山牧场村)	20	
	苏木	达来诺日苏木(驻哈达英日嘎查)、达日罕乌拉苏木(驻达根诺日嘎查)、阿其乌拉苏木(驻达来嘎查)、巴彦查干苏木(驻巴彦查干嘎查)、巴彦高勒苏木(驻查干敖包嘎查)	5	

续表

旗县区		乡镇苏木、街道办事处名称	小计	总计
翁牛特旗	镇	乌丹镇(驻西门外村)、广德公镇(驻广德公村)、海拉苏镇(驻海拉苏嘎查)、桥头镇(驻桥头村)、乌敦套海镇(驻新城社区居民委员会)、梧桐花镇(驻西梧桐花村)、五分地镇(驻五分地村)	7	31
	乡	亿合公乡(驻亿合公村)、解放营子乡(驻解放营子村)、高家梁乡(驻高家梁村)、头段地乡(驻头段地村)、杨树沟门乡(驻杨树沟门村)、毛山东乡(驻毛山东村)、头分地乡(驻头分地村)、东庄头营子乡(驻庄头营子村)、杜家地乡(驻杜家地村)、玉田皋乡(驻下府村)、大兴乡(驻大兴村)、山嘴子乡(驻山嘴子村)、四道杖房乡(驻四道杖房村)、头牌子乡(驻头牌子村)、二牌子乡(驻二牌子村)	15	
	苏木	朝格温都苏木(驻巴彦罕嘎查)、布力彦苏木(驻布力彦嘎查)、格日僧苏木(驻赛罕塔拉嘎查)、高日罕苏木(驻树根包冷嘎查)、高日苏苏木(驻高日苏庙嘎查)、巴嘎塔拉苏木(驻哈日敖包嘎查)、阿什罕苏木(驻阿什罕嘎查)、白音套海苏木(驻白音套海嘎查)、新苏莫苏木(驻古特嘎查)	9	
喀喇沁旗	镇	锦山镇(驻锦山大街)、旺业甸镇(驻旺业甸村)、牛家营子镇(驻牛家营子村)、王爷府镇(驻王爷府村)、乃林镇(驻乃林村)	5	21
	乡	美林乡(驻湾子村)、上瓦房乡(驻上瓦房村)、大西沟乡(驻庙沟村)、四十家子乡(驻四十家子村)、大牛群乡(驻大牛群村)、小牛群乡(驻小牛群村)、南台子乡(驻南台子村)、永丰乡(驻永丰村)、昌盛远乡(驻昌盛远村)、西桥乡(驻西桥村)、宫营子乡(驻宫营子村)、楼子店乡(驻楼子店村)、十家满族乡(驻十家村)、龙山乡(驻龙山村)、驼店乡(驻驼店村)、马蹄营子乡(驻马蹄营子村)	16	
宁城县	镇	天义镇(驻天南社区居民委员会)、小城子镇(驻宁北村)、大城子镇(驻上五家村)、八里罕镇(驻八里罕村)、汐子镇(驻汐子村)、二龙镇(驻二龙村)、大明镇(驻城后西村)	7	28
	乡	天义乡(驻铁西居委会)、布日嘎苏台乡(驻王家营子村)、马架子乡(驻榆树林村)、热水乡(驻热水村)、黑里河乡(驻大营子村)、四道沟乡(驻四道沟村)、西泉乡(驻西泉村)、甸子乡(驻北洼子村)、头道营子乡(驻头道营子村)、大双庙乡(驻大双庙村)、铁匠营子乡(驻铁匠营子村)、忙农营子乡(驻大忙农营子村)、榆树林子乡(驻大榆树林子村)、五化乡(驻宋三家村)、山头乡(驻山头村)、必斯营子乡(驻必斯营子村)、石佛乡(驻石佛村)、三座店乡(驻三座店村)、一肯中乡(驻河北村)、八肯中乡(驻八肯中村)、存金沟乡(驻格日勒图村)	21	
敖汉旗	镇	新惠镇(驻新惠路中段)、四家子镇(驻四家子村)、金厂沟梁镇(驻金厂沟梁村)、四道湾子镇(驻四道湾子村)、下洼镇(驻下洼村)	5	30
	乡	新惠乡(驻新中街北段)、古鲁板蒿乡(驻古鲁板蒿村)、双井乡(驻双井村)、长胜乡(驻长胜村)、新窝铺乡(驻新窝铺村)、哈沙吐乡(驻羊场村)、新地乡(驻新地村)、林家地乡(驻林家地村)、康家营子乡(驻康家营子村)、木头营子乡(驻木头营子村)、四德堂乡(驻艮兑营子村)、宝国吐乡(驻宝国吐村)、大甸子乡(驻大甸子村)、王家营子乡(驻王家营子村)、贝子府乡(驻贝子府村)、克力代乡(驻克力代村)、牛古吐乡(驻牛古吐村)、敖吉乡(驻敖吉村)、丰收乡(驻丰收村)、南塔乡(驻白塔子村)、高家窝铺乡(驻高家窝铺村)、敖音勿苏乡(驻敖音勿苏村)、萨力巴乡(驻萨力巴村)、玛尼罕乡(驻玛尼罕村)	24	
	苏木	敖润苏莫苏木(驻敖润苏莫嘎查)	1	

2014年赤峰市乡镇苏木、街道办事处统计表

表1-1-2　　　　单位:个

旗县区		乡镇苏木、街道办事处名称	小计	总计
红山区	镇	红庙子镇(驻聂胡地村)、文钟镇(驻文钟村)	2	13
	街道办事处	西屯街道办事处(驻哈达街)、三中街街道办事处(驻三道街)、永巨街道办事处(驻清河路)、东城街道办事处(驻三道东街)、铁南街道办事处(驻昭乌达路)、南新街街道办事处(驻钢铁街)、站前街道办事处(驻园林路)、哈达街道办事处(驻长青街)、长青街道办事处(驻长青街)、西城街道办事处(驻钢铁街)、桥北街道办事处(驻金都街)	11	
松山区	镇	穆家营子镇(驻西站大街)、初头朗镇(驻初头朗村)、老府镇(驻老府村)、大庙镇(驻大庙村)、哈拉道口镇(驻哈拉道口村)、上官地镇(驻大五十家子村)、安庆镇(驻马架子村)、王府镇(驻敖包村)、太平地镇(驻三分地村)	9	18
	乡	大夫营子乡(驻娘娘庙村)、夏家店乡(驻八家村)、岗子乡(驻岗子村)、当铺地满族乡(驻兴隆洼村)、城子乡(驻画匠沟门村)	5	
	街道办事处	松州街道办事处(驻桥西大街)、铁东街道办事处(驻木兰街)、向阳街道办事处(驻广场路)、振兴街道办事处(驻迎金路)	4	
元宝山区	镇	元宝山镇(驻国槐街中段)、风水沟镇(驻风水沟居委会)、平庄镇(驻银河街中段)、五家镇(驻北台子村)、美丽河镇(驻前美丽河村)	5	12
	乡	小五家乡(驻小五家村)	1	
	街道办事处	西露天街道办事处(驻平西街社区居委会)、城区街道办事处(驻向阳社区居委会)、东城街道办事处(驻哈河街哈河社区居委会)、西城街道办事处(驻银河街惠宁社区居委会)、云杉路街道办事处(驻国槐街云杉路社区居委会)、马林街道办事处(驻三纬路林山社区居委会)	6	
阿鲁科尔沁旗	镇	天山镇(驻汉林西街)、双胜镇(驻双胜村)、天山口镇(驻新风村)、坤都镇(驻高勒嘎查)、巴彦花镇(驻五一村)、绍根镇(驻绍根嘎查)、扎嘎斯台镇(驻查干诺尔嘎查)	7	14
	乡	新民乡(驻新民村)、先锋乡(驻刁家段村)、乌兰哈达乡(驻杏树村)	3	
	苏木	巴拉奇如德苏木(驻达兰花嘎查)、罕苏木苏木(驻乌日都呼布嘎查)、赛罕塔拉苏木(驻查彬塔拉嘎查)、巴彦温都尔苏木(驻海拉苏台嘎查)	4	
巴林左旗	镇	林东镇(驻契丹大街)、隆昌镇(驻隆昌村)、哈拉哈达镇(驻小城子村)、白音勿拉镇(驻乃力珠嘎查)、十三敖包镇(驻洞山村)、富河镇(驻加拉嘎村)、碧流台镇(驻五香营子村)	7	11
	乡	三山乡(驻新农村村)、花加拉嘎乡(驻伙力伙村)	2	
	苏木	乌兰达坝苏木(驻哈布其拉嘎查)、查干哈达苏木(驻乌兰格日勒嘎查)	2	
巴林右旗	镇	大板镇(驻大板村)、索博日嘎镇(驻索博日嘎嘎查)、宝日勿苏镇(驻宝日勿苏嘎查)、查干诺尔镇(驻羊场村)、巴彦琥硕镇(驻巴彦琥硕村)	5	9
	苏木	西拉木伦苏木(驻苏吉嘎查)、巴彦塔拉苏木(驻宝木图嘎查)、幸福之路苏木(驻幸福之路村)、查干木伦苏木(驻沙巴尔台嘎查)	4	

续表

旗县区	乡镇苏木、街道办事处名称		小计	总计
林西县	镇	林西镇（驻铜都大街）、官地镇（驻上官地村）、新城子镇（驻双井村）、新林镇（驻新合村）、五十家子镇（驻五十家子村）、大井镇（驻中兴村）、统部镇（驻统部村）	7	9
	乡	大营子乡（驻大营子村）、十二吐乡（驻铜都大街）	2	
克什克腾旗	镇	经棚镇（驻河东村居民委员会）、宇宙地镇（驻东升村）、土城子镇（驻土城子村）、达来诺日镇（驻哈日浩韶嘎查）、同兴镇（驻同兴村）、芝瑞镇（驻兴华村）、万合永镇（驻中心村）	7	13
	乡	新开地乡（驻新道梁村）、红山子乡（驻大浩来图村）	2	
	苏木	巴彦查干苏木（驻巴彦查干嘎查）、达日罕乌拉苏木（驻达根诺日嘎查）、浩来呼热苏木（驻浩来呼热嘎查）、乌兰布统苏木（驻孤山嘎查）	4	
翁牛特旗	镇	乌丹镇（驻西门外）、桥头镇（驻桥头村）、五分地镇（驻五分地村）、海拉苏镇（驻海拉苏嘎查）、乌敦套海镇（驻红山居委会）、梧桐花镇（驻西梧桐花村）、广德公镇（驻广德公村）、亿合公镇（驻亿合公村）	8	14
	乡	解放营子乡（驻解放营子村）、毛山东乡（驻苦力吐村）	2	
	苏木	新苏莫苏木（驻宝音代嘎查）、白音套海苏木（驻白音套海嘎查）、阿什罕苏木（驻巴彦敖包嘎查）、格日僧苏木（驻赛罕塔拉嘎查）	4	
喀喇沁旗	镇	锦山镇（驻锦山大街 ）、美林镇（驻旺业甸村）、王爷府镇（驻王爷府村）、小牛群镇（驻小牛群村）、牛家营子镇（驻牛家营子村）、乃林镇（驻乃林村）、西桥镇（驻西桥村）	7	9
	乡	十家满族乡（驻楼子店村）、南台子乡（驻南台子村）	2	
宁城县	镇	天义镇（驻富家村）、大明镇（驻城后西村）、大城子镇（驻上五家村）、甸子镇（驻北洼子村）、八里罕镇（驻八里罕村）、五化镇（驻宋三家村）、大双庙镇（驻巴里营子村）、小城子镇（驻宁中村）、汐子镇（驻汐子村）、忙农镇（驻前三家村）、黑里河镇（驻大营子村）、三座店镇（驻三座店村）、必斯营子镇（驻必斯营子村）	13	15
	乡	一肯中乡（驻河北村）、存金沟乡（驻格日勒图村）	2	
敖汉旗	镇	新惠镇（驻格格召村）、四道湾子镇（驻四道湾子村）、下洼镇（驻河西村）、四家子镇（驻四家子村）、金厂沟梁镇（驻金厂沟梁村 ）、贝子府镇（驻贝子府村）、长胜镇（驻长胜村）、兴隆洼镇（驻宝国吐村）	8	16
	乡	古鲁板蒿乡（驻古鲁板蒿村）、牛古吐乡（驻牛古吐村）、玛尼罕乡（驻玛尼罕村）、萨力巴乡（驻萨力巴村）、丰收乡（驻丰收村）、林家地乡（驻林家地村）、木头营子乡（驻木头营子村）	7	
	苏木	敖润苏莫苏木（驻敖润苏莫嘎查）	1	

说明：表中数据不包括未经民政部门确认的12个街道办事处或街道办事处筹备处。

第三章 旗县区简介

第一节 红山区

自然环境 红山区是红山文化的发祥地,位于赤峰市中南部。地理坐标北纬 42°02′~42°21′,东经 118°50′~119°11′。东、东南与元宝山区接壤,西南与喀喇沁旗毗邻,北、西南为松山区环绕。东西最长 27.9 公里,南北最宽 35.2 公里,总面积 506 平方公里。红山区是赤峰市中心城区,1956 年 1 月 1 日至 2004 年 12 月 9 日曾是赤峰市政府所在地。区政府所在地桥北办事处距赤峰市政府所在地直线距离 7 公里。

辖区属半川半丘陵地带,地势自南向北、自西向东倾斜。最高峰为文钟镇南大营子村老西沟南,海拔 1101 米,最低处为红庙子镇东南营子村地带,海拔 518 米,相对高差 583 米。

全境属中温带半干旱大陆性季风气候区。冬季漫长寒冷,降雪量偏少;春季干旱多风;夏季短促炎热,雨水集中;秋季短促,气温下降快,霜冻来临早。年平均气温 7.3℃~9.0℃,年平均日照时数 2821.5 小时,年平均降水量 381.5 毫米,年平均蒸发量 1802.4 毫米,年无霜期平均 153 天左右。

境内有锡伯河、阴河、昭苏河、英金河 4 条河流,均属于老哈河水系。水资源总量 5311 万立方米。总体水质良好,属重碳酸钙型水,矿化度低于 1 克 / 升,适于人畜饮水、农田灌溉和工业用水。

境内矿产资源有矽砂、花岗岩、青石、混合沙等。野生动物有狐狸、山兔、獾子、百灵、凤头百灵、鹌鹑等。野生植物有麻黄、甘草、百里香、皮碱草、赖草、山榆、桑树等。

政区 人口 红山区于 1983 年 10 月建区。2014 年,红山区辖 2 个镇,11 个街道办事处,27 个村民委员会,53 个社区。总户数 147249 户,总人口 360220 人,其中非农业人口 273437 人。总人口中有汉族 263953 人,蒙古族 63659 人,回族 14820 人,满族 16610 人,有朝鲜、达斡尔、鄂温克、壮、藏、锡伯、苗、土家、彝等其他少数民族 1178 人。人口密度 712 人 / 平方公里。

经济概况 红山区商贸市场繁荣活跃,是蒙东地区商贸物流中心;工业经济基础雄厚,红山经济开发区是赤峰经济开发区的主体组成部分,全市工业骨干企业主要集中在这里,形成了金属冶炼、医药化工、纺织服装、农畜产品深加工等优势主导产业。2014 年末,全区实现地区生产总值 284.56 亿元,人均地区生产总值 62281 元,其中第一产业增加值 6.94 亿元,第二产业增加值 126.23 亿元,第三产业增加值 151.39 亿元。三次产业结构比重为 2.4∶44.4∶53.2。全年固定资产投资 134.93 亿元。地方财政收入 20.01 亿元,地方财政支出 26 亿元。

农业　2014 年，全区农作物播种面积 13028 公顷。其中粮食作物播种面积 11272 公顷，总产量 53187 吨；蔬菜种植面积 1217 公顷，总产量 12.98 万吨。实现农业总产值 6.94 亿元。万亩以上灌渠 1 条，配套机电井 531 眼，有效灌溉面积 6066.67 公顷。农业机械总动力 9.3 万千瓦。

畜牧业　以饲养猪、禽、羊、奶牛等为主，兼养役畜牛、马、驴、骡等。2014 年 6 月末，牲畜存栏总头数 7.72 万头只，总出栏 7.8 万头只，其中生猪存栏 2.01 万口。畜牧业产值 2.73 亿元，占农业总产值的 39.4%。全年肉类总产量 4549 吨。

林业　2014 年，全区林业用地 17881 公顷，其中林地 14022 公顷，育苗 50 公顷，年产苗量 241 万株。森林覆盖率 30.7%。人均公共绿地 12.07 平方米。林业产值 1665.6 万元，占农业总产值的 2.4%。

工业　全区构建了冶金制造、医药化工、能源电力、农畜产品深加工四大主导产业。2014 年，全区拥有各类工业企业 400 家，企业员工 52873 人，工业增加值 114.82 亿元，利税 28.7 亿元。其中规模以上工业企业 76 家，企业员工 28549 人，实现工业总产值 375.08 亿元，工业增加值 109.91 亿元，利税 26.5 亿元，其中民营企业 64 家。

商贸服务　2014 年，全区共有各类商贸经营单位和零售网点 25036 家，从业人员 63634 人。全年社会消费品零售总额 117.51 亿元，其中批发零售业 102.56 亿元，餐饮住宿业 14.95 亿元。亿元以上城乡商品交易市场 4 个，年商品交易额 38.5 亿元。有外贸商业企业 130 家，对外贸易总额 5.55 亿元。

旅游　2014 年，全区有旅游景区 4 个，全年接待国内外游客 193.2 万人次，实现旅游收入 42 亿元。有旅行社 27 家，从业人员 2.5 万人，主要旅游景点有红山公园、植物园、南山生态园。

交通　赤峰火车站位于红山区境内，有叶柏寿—赤峰、北京—通辽、呼和浩特—海拉尔、呼和浩特—通辽等多条铁路交会于此。2014 年，全区公路通车里程 467.82 公里。其中国道全长 34.4 公里，省道 15.2 公里，县道 28.9 公里，乡道 125.2 公里，村道 264.1 公里。公路客运量 135 万人次，客运周转量 6075 万人公里；公路货运量 625 万吨，货运周转量 83750 万吨公里。

城乡建设　随着市政府启动中心城区西移北扩发展战略，红山区于 2008 年启动了桥北新区建设，城市框架不断拉大。2014 年，全区城市规划面积达 170 平方公里，建成区面积达到 33.73 平方公里。全区完成基本建设投资 9.9 亿元，房地产开发投资 28.63 亿元。商品房销售面积 22.65 万平方米，实现商品房销售额 12.17 亿元。建筑业完成总产值 42.69 亿元，增加值 16.32 亿元。全区城市化率达到 93.7%。全区城区道路总长达到 226 公里，城区小巷全部硬化。安装路灯 10220 盏。城区绿化覆盖 1302 公顷，绿地 1210 公顷，人均公共绿地 12.07 平方米，建成区绿化覆盖率达到 38.86%。

环境保护　从 1999 年到 2014 年，创建“绿色学校”15 所，出环保专栏 70 余期。2014 年，削减二氧化硫 2020.76 吨、氮氧化物 256.39 吨，净削减农业源化学需氧量

760.3 吨、农业源氮氧 10.46 吨。重新修订和划分农村村级水源地保护区。全年全区空气质量优良天数 280 天。

教育　2014 年,全区有各类幼儿园 78 所,入园儿童 13027 人,幼儿教师 121 人。有各类学校 140 所,在校学生 61139 人。其中小学 38 所,在校学生 24340 人;初中 11 所,在校学生 12335 人;高中 5 所,在校学生 7908 人;民办和公办职业高中 7 所,在校学生 3383 人;特殊教育学校 1 所,在校学生 146 人。各类学校有专职教师 4744 人。2014 年,高考达到三本以上分数线人数为 3478 人。

科技　2014 年,全区有各类专业技术人员 5324 人,其中高级职称 376 人,中级职称 2365 人,初级职称 2583 人。有科研机构 13 个,科技团体 15 个。1991—2014 年,有 46 项科研成果通过鉴定,44 项获奖,其中国家级 1 项,自治区级 14 项,赤峰市级 29 项。1999 年被自治区科技厅命名为科技先进示范城区;2000 年被自治区科协命名为自治区级科普示范城区;2002 年被科技部命名为全国科技先进城区;2007 年后连续四次通过科技部考核验收,实现全国科技先进城区"五连冠"。

文化　2014 年,全区有艺术表演团体 13 个,有艺术表演场所 1 处;有辖区图书馆和少儿图书馆各 1 个,总藏书 38.39 万册(件、套),总流通 44460 人次;有辖区文化馆和基层群众文化活动中心各 1 处,2014 年举办展览 18 次,组织文艺活动 155 次,举办训练班 60 个班次。红山区是红山文化的发祥地,境内有红山文化遗址、夏家店下层文化遗址、夏家店上层文化遗址等大量古遗址。

卫生　2014 年,全区共有各级各类医疗机构 443 个,实有床位 8128 张,专业卫生技术人员 8750 人。其中综合医院 12 个,床位 6097 张,执业医师 1798 人,注册护士 2908 人,药师 191 人;中医医院 2 个,床位 243 张,执业医师 144 人,注册护士 145 人,药师 55 人;民族医院 1 个,床位 20 张,执业医师 10 人,注册护士 4 人,药师 2 人;专科医院 9 个,床位 1294 张,执业医师 233 人,注册护士 386 人,药师 44 人;全区基层医疗卫生机构 406 个,床位 369 张,在岗职工 1326 人,其中社区卫生服务中心(站)43 个,卫生院 3 个,村卫生室 118 个;专业公共卫生机构 10 个,在岗职工 788 人;其他卫生机构 3 个,在岗职工 14 人。新型农村合作医疗参合人数达 8.19 万人,农民参合率 95.85%。

体育　2014 年,全区有运动场 24 个,网球场 7 个,篮球场 102 个。有各类体育协会 22 个,举办体育赛事 25 次。有各类等级运动员 78 人。1992 年,红山区被国家体委授予"群众体育先进单位"称号。1996 年,被国家体委授予"武术之乡"称号。2013 年,参加第十届全国"武术之乡"武术套路比赛,获 1 金、4 银、3 铜;参加自治区第八届少数民族传统体育运动会,获 4 金、2 银、2 铜。2014 年,参加第十一届全国"武术之乡"武术套路比赛,获 2 金、3 银、2 铜;参加自治区第十三届运动会获 5 金、4 银、5 铜。

人民生活和社会保障　2014 年,全区城镇居民人均可支配收入 25807 元,城镇居民人均消费支出 16865 元;农村居民人均可支配收入 13783 元,农村居民人均消费支出 11535 元。城镇居民人均住房建筑面积 26.5 平方米,农村居民人均住房建筑面积

29.2 平方米。全区最低生活保障救助 18704 人，其中城镇 10147 人，农村 8557 人。社会福利企业 10 家，安置残疾人就业 842 人。社会福利院 2 个，床位 259 张，收养 55 人。城乡居民基本养老保险参保 6.63 万人，参保率 80%。

红山区先后被评为全国双拥模范区、全国十佳卫生城、全国科技进步先进区、国家平安建设先进区，连续四次获得全国社会治安综合治理长安杯，获得自治区首届文明城区等称号。

第二节 松山区

自然环境 松山区位于赤峰市南部，地处七老图、努鲁尔虎山地，赤峰黄土丘陵台地的复合截接部位。地理坐标北纬 42°01′～42°43′，东经 117°47′～119°39′。东隔老哈河与敖汉旗相望，西与河北省围场县毗邻，南与喀喇沁旗、红山区、元宝山区接壤，北与翁牛特旗、克什克腾旗相连。东西最长 152.5 公里，南北最宽 77 公里，总面积 5618 平方公里。2004 年 12 月 9 日后成为赤峰市政府所在地。

全境地势西北高、东南低，呈中山低山丘陵及河谷平川交错分布的地貌景观。最高峰为介于本区西部与围场县、克什克腾旗交界处的大光顶子山，海拔 2067 米，最低处为东南部波罗和硕地带，海拔不足 500 米，相对高差 1567 米。

松山区属中温带半干旱大陆性季风气候区。冬季寒冷，降水少；春季干旱，多大风；夏季温热，降水集中；秋季短促，霜冻来临早。年平均气温 7.8℃，年平均降水量 370 毫米，年平均蒸发量 2028.5 毫米，年平均无霜期 152 天，年平均日照时数 2864.5 小时。年平均风速 2.7 米/秒，年平均 8 级以上大风日 19 天。

境内或过境河流有昭苏河、半支箭河、西路嘎河、锡伯河、阴河、英金河、羊肠子河、老哈河，均属于老哈河水系。水资源总量 29769.33 万立方米。总体水质良好，属重碳酸盐型水，矿化度低于 1 克/升，适于人畜饮水、农田灌溉和工业用水。

境内矿产资源比较丰富，已发现矿产资源 40 余种。初步探明储量的有金、银、锰、钼、铜、硅石、膨润土、大理石、氟石、煤等 10 余个矿种，黄金储量居内蒙古各旗县区首位。

野生保护动物 40 多种，主要有山兔、狍子、刺猬、花鼠、狗獾、赤狐、苍鹰、松雀鹰、雕、长尾林鹄、麻雀、山鸡、家燕、岩燕、毛腿杀鸡、乌鸦等，其中国家二级野生保护动物 8 种，自治区级野生保护动物 14 种。野生植物 70 多种，主要有甘草、黄芪、卵叶远志、远志、防风、五味子、桔梗、麻黄、狭叶子胡、羊胡子草、早熟禾、苍耳、芦苇、猪毛菜、苔草、平车前、委陵菜、地榆、三棱草等。

政区 人口 松山区于 1983 年建区，原名赤峰市郊区，1993 年 7 月，改称赤峰市松山区。2014 年，全区辖 9 个镇、5 个乡、4 个街道办事处，244 个行政村，44 个城市社区居委会、3 个农村社区居委会。总户数 210160 户，总人口 571291 人，其中非农业人口 130846 人。总人口中有汉族 407704 人，蒙古族 119346 人，满族 40042 人，回族 3597

人,还有壮、苗、藏、彝、朝鲜、达斡尔、土家等其他少数民族602人。人口密度为102人/平方公里。

经济概况　松山区农牧业基础较好,是全国粮食生产先进县、无公害蔬菜基地示范县。2014年末,全区实现地区生产总值237.25亿元,人均地区生产总值40159元,其中第一产业增加值40.89亿元,第二产业增加值118.28亿元,第三产业增加值78.08亿元。三次产业结构比重为17.2∶49.9∶32.9。全年固定资产投资157.69亿元。地方财政收入9.13亿元,地方财政支出31.05亿元。

农业　作物主要有谷子、高粱、玉米、大豆、杂豆、小麦、荞麦、马铃薯、甜菜、蔬菜、水果等。2014年,全区农作物播种面积14.89万公顷,其中粮食总产量达到78.02万吨。实现农业总产值69.94亿元。有大型水库1座,中型水库1座,万亩以上灌区17处,配套机电井3731眼。农业机械总动力80万千瓦。

畜牧业　2014年6月末,牲畜存栏186.09万头只,总出栏197.06万头只。其中大畜存栏39.89万头,出栏24.29万头;小畜存栏69.7万只,出栏44.08万只;生猪存栏85.5万口,出栏51.84万口。畜牧业产值18.57亿元,占农业总产值的27.34%。

林业　2014年,全区有林面积19.38万公顷,其中天然次生林3.15万公顷,人工林16.23万公顷。林木总蓄积量502.4万立方米。森林覆盖率34.28%。林业产值16811万元,占农业总产值的2.47%。

渔业　2014年,全区有养鱼水面1020公顷,产鲜鱼143万公斤,产值1400万元,占农业总产值的0.2%。

工业　2014年,全区工业主导产业有农副食品加工、矿业采选、机械器材制造、电力热力生产供应。规模以上工业企业57家,企业员工13840人,实现工业总产值195.09亿元,工业增加值94.61亿元,利税总额9.26亿元。

商贸服务　2014年,全区有各类商贸经营单位和零售网点16782家,从业人员35373人。全年社会消费品零售总额100.45亿元,其中批发零售贸易业91.28亿元,住宿餐饮业9.17亿元。城乡商品交易市场43个,年商品交易额215.71亿元。有外贸商业企业42家,对外贸易总额280万美元。

旅游　2014年,全区主要旅游景点5个,全年接待国内外游客30万人次,实现旅游总收入9000万元。

交通　京(北京)—通(通辽)铁路横贯东西,境内长140公里,设站点12个。赤(峰)—大(板)—白(音花)铁路建成通车,穿境而过。赤大、赤通、赤朝高速公路建成通车,松山区优先受益。2014年,全区公路通车总里程1809.7公里,其中国省干线222.4公里,县道232.7公里,乡、村道1354.6公里。公路客运量390.2万人次,客运周转量45600万人公里;公路货运量290.6万吨,货运周转量12350万吨公里。

邮政电信　2014年,全区邮政局所36个,邮路长度及投递线路2460公里。全年邮政业务总量2960万元。移动、联通、电信三家通信公司下设支局所18个,自办营业厅

22个,合作营业厅246个,自控营业厅18个,便利店12个,业务代办点536个。全年电信业务总量2.21亿元。年末固定电话用户达到6.43万户,移动电话用户达到52万户,互联网用户达到7.32万户。

城乡建设 2014年,全区完成基本建设投资157.69亿元,房地产开发投资39.88亿元。建筑业完成总产值44.89亿元。为贯彻市政府西移北扩城市发展战略,从2010年开始,松北新城开工建设。截至2014年,在完成党政机关办公楼、公铁立交桥、友谊大桥、友谊大街、广场路、银河路施工基础上,有序推进了南城区改造,完成了广场路南段、306国道城区段、6条巷道、4座垃圾压缩站和部分街头节点绿化工程,新增、改造绿地3.4万平方米。实施30.7万平方米旧小区和4片棚户区改造工程,房地产开发面积达到80万平方米。全区小城镇建设扎实推进,编制完成11个小城镇建设总体规划,太平地、初头朗、安庆、哈拉道口等小城镇建设有了新起色。全区城镇化率达到52.23%。

环境保护 2014年,全区投资1.48亿元,完成重污染企业搬迁、燃煤锅炉改造、城市供暖热力管网建设和改造、餐饮企业油烟污染治理、工业堆场治理、工地扬尘治理、道路扬尘治理等12个重点项目,环境污染得到有效控制,大气环境质量得到改善。

金融 2014年,全区有各类金融机构9家,下设营业所、储蓄所96家,农村信用社(农商银行)60家。年末各项存款余额178.4亿元,其中城乡居民储蓄存款余额104.8亿元。年末金融机构各项贷款余额110.7亿元。

保险 2014年,全区各类保险机构12家,开展各类险种118个。各类保费收入2.04亿元,其中财险保费收入1.29亿元,寿险保费收入0.75亿元。理赔支出6853万元,其中财险理赔6553万元,寿险理赔300万元。

教育 2014年,全区有各类幼儿园12所,在园幼儿3243人,幼儿教师94人。有各类学校352所,在校学生81998人,教职员工6427人,其中专任教师5470人。适龄儿童入学率100%;小学、初中入学率分别为100%和96.97%。当年高考达到三本以上分数线人数为3296人。

科技 2014年,全区有科研机构17个,科技团体2个。有各类专业技术人员11984人,其中高级职称3014人,中级职称3569人,初级职称5401人。1991—2014年,有29项科研成果获奖,其中自治区级2项、赤峰市级27项。

文化 松山区境内文化遗存较多,缸瓦窑遗址、三座店石城遗址、尹家店山城遗址、太平庄遗址群、金界壕是国家重点文物保护单位。2014年,全区有文物所、文化馆、图书馆各1个,乡镇综合文化站9处,草原书屋68处。当年举办各类文化活动140余场,有3个民间剧团深入农村、社区演出80余场。广播电视实现了村村通,覆盖率达到98%。

卫生 2014年,全区有各类医疗卫生机构48个,其中医院6个。从业职工1976人,其中卫生技术人员1706人。有病床1679张。全区新型农村牧区合作医疗参合人数40.58万人,农牧民参合率96.31%。

体育　2014年,全区有综合体育馆11个,篮球场121个,门球场13个,乒乓球馆10个,网球场28个,安装健身路径总数达到1496件套。30个城市社区建设了活动室和室外活动场地,活动室面积达到7902平方米,室外活动场地93个,面积23.9万平方米。

人民生活和社会保障　2014年,全区城镇居民人均可支配收入24339元,城镇居民人均消费支出16252元;农村居民人均可支配收入10557元,农村居民人均消费支出8356元。城镇居民人均住房建筑面积23.95平方米,农村居民人均住房建筑面积26.38平方米。全区最低生活保障救助36710人,其中城镇4217人,农村32493人。社会福利性收养单位(含敬老院)19个,床位1684张,收养934人。社会福利企业2家,安置残疾人就业43人。城镇职工基本养老保险参保23618人,参保率为100%。

松山区是全国基础教育先进县、国家级星火技术密集区、科技先进县、文化先进县、体育先进县。赤峰新城区坐落在松山区,为全市行政、教育、文化中心,被授予自治区人居环境范例奖。

第三节　元宝山区

自然环境　元宝山区位于赤峰市区东南部,地处努鲁尔虎山地与赤峰—敖汉黄土丘陵截接部位。地理坐标北纬41°55′28″~42°25′22″,东经119°01′15″~119°30′09″。东部与辽宁省建平县及敖汉旗隔老哈河相望,南部与赤峰市喀喇沁旗毗邻,西部、北部与红山区、松山区相连。东西最宽39公里,南北最长56公里,总面积953平方公里。区政府驻地平庄镇,距赤峰市政府所在地45公里。

元宝山区属燕山山脉延伸部位,地势西南高、东北低,全境呈低山丘陵与河谷平川相间的地貌景观。最高峰小五家乡西端的骆驼山,海拔1135.2米,最低处风水沟镇大北海地区,海拔448米,相对高差687.2米。

全境属温带半干旱大陆性气候区。冬季寒冷,少雪;春季干旱,多风;夏季温热,降水集中;秋季短促,霜冻来临早。年平均气温7℃~8℃,年平均降水量340~390毫米,年平均蒸发量1257毫米,年平均无霜期140~150天,年平均日照时数2900~3000小时。全年≥8级大风日54~56天,最大风速38.8米/秒。

境内河流有老哈河、英金河、楼子店河、马架子河,均属过境河。老哈河境内流长78.01公里,平均流量13.6立方米/秒;英金河境内流长22公里,平均流量0.38立方米/秒;楼子店河境内流长15.3公里;马架子河境内流长18.7公里。水资源总量9531.5万立方米。总体水质良好,属重碳酸盐型水,矿化度低于1克/升,适于人畜饮水、农田灌溉和工业用水。

已探明矿产资源有煤、铁、金、玄武岩、石灰石等,其中煤储量21亿吨,可采储量10.6亿吨,是赤峰同类矿产资源之最。年煤炭产量2800万吨,火电装机容量220万千瓦,年发电量近百亿千瓦时。境内有平庄煤业(集团)公司、元宝山发电有限公司等大型能源企业,是全国重点产煤地区和国家重要能源基地。

野生动物有狐狸、野兔、黄鼬、艾虎、花翅雕、鹌鹑、百灵、凤头百灵、沙鸡等 20 余种。野生植物有山杏、山枣、虎榛子、羊草、碱草、百里香、百合、狼毒、冷蒿、麻黄、甘草、芨芨草、沙棘等 300 余种。

政区 人口　元宝山区于 1983 年 10 月 10 日建区。2014 年,全区辖 6 个乡镇,6 个街道办事处,66 个村民委员会、45 个居民委员会。总户数 113666 户, 总人口 326392 人,其中非农业人口 181460 人。总人口中有汉族 269529 人,蒙古族 43149 人,满族 11291 人,回族 2066 人,还有朝鲜、锡伯、壮、达斡尔、苗等其他少数民族 357 人。人口密度 343 人 / 平方公里。

经济概况　至 2014 年末,全区实现地区生产总值 240.38 亿元,人均地区生产总值 72281 元,其中第一产业增加值 17.47 亿元,第二产业增加值 124.55 亿元,第三产业增加值 98.36 亿元。三次产业结构比重为 7.3 ∶ 51.8 ∶ 40.9。全年固定资产投资 148.89 亿元。地方财政收入 11.22 亿元,地方财政支出 20.79 亿元。

农业　2014 年,全区农作物播种面积 2.90 万公顷。农作物以玉米、高粱、谷子、小麦、水稻、糜子、黍子、大豆、油葵、甜菜、烟叶、蔬菜、中草药等为主。粮食总产量 15.96 万吨。实现农业总产值 29.22 亿元。全区有万亩以上灌渠 2 条,小型水库 2 座,配套机电井 1715 眼。农业机械总动力 14.1 万千瓦。

畜牧业　2014 年 6 月末,牲畜存栏总头数 22.34 万头只,总出栏 16.38 万头只。其中大畜存栏 55033 头,出栏 36030 头;小畜存栏 100145 只,出栏 78742 只;生猪存栏 68221 口,出栏 48997 口。畜牧业产值 10.17 亿元,占农业总产值的 34%。

林业　2014 年,全区共有林地面积 3.37 万公顷,森林覆盖率 33.65%,活立木蓄积量 142.8 万立方米。林业产值 4415 万元,占农业总产值的 1.51%。

渔业　全区有养鱼水面 2 公顷(水库库容 181.6 万立方米),年养鱼收入 295 万元,占农业总产值 0.1%。

工业　1991—2014 年, 元宝山区开工建设总规划面积 5.68 平方公里的 3 个工业项目集中区、总规划面积 80 平方公里的赤峰市资源型城市经济转型开发试验区、总规划面积 14.39 平方公里的元宝山区绿色农畜产品加工园区,初步形成以能源、化工、绿色食品加工和机械制造四大主导产业为骨架的工业体系。2014 年,全区有规模以上工业企业 63 家,实现工业总产值 229.63 亿元,全部工业增加值 110.95 亿元,利税 2.72 亿元。民营企业 1388 家。主要名优产品有红杉湖羊绒衫、干哥俩牛肉干、大牧场牛肉干等。赤峰市资源型城市经济转型开发试验区被认定为内蒙古自治区高新技术产业开发区和内蒙古自治区承接产业转移示范区。

商贸服务　到 2014 年, 全区有各类商贸经营单位和零售网点 7200 家, 从业人员 3.2 万人,其中 5000 平方米大型商业网点达到 11 家。农村商业网点有 2000 家,覆盖元宝山各行政村。全年社会消费品零售总额 74.26 亿元,其中批发零售贸易业 64.9 亿元,住宿餐饮业 9.37 亿元。城乡商品交易市场 20 个,年商品交易额 30.06 亿元。有出口经营权企业 48 家,对外贸易总额 3523 万美元。

旅游　2014 年,全区有兴隆庄国家森林公园、静安寺文化生态旅游区、赤峰市资源型城市经济转型开发试验区工业观光区、锦绣山农业观光区等旅游景区 5 个,旅行社 1 家,宝山大酒店、平庄宾馆三星级宾馆 2 家。接待游客 13 万人次,实现旅游收入 3 亿元。

交通　元宝山区铁路、公路交通便捷。叶赤线(叶柏寿—赤峰)、京通线(北京—通辽)铁路在元宝山区纵横穿过,境内长 64 公里,设客、货运站点 5 处。有矿区铁路 125 公里。至 2014 年,全区公路总里程 788.18 公里,其中高速公路 25.24 公里,一级公路 29.9 公里,二级公路 95 公里,三、四级公路 459.06 公里。公路客运量 325 万人次,客运周转量 16525 万人公里;公路货运量 504 万吨,货运周转量 10593 万吨公里。

邮政电信　2014 年,全区邮政局所 15 个,邮路长度及投递线路 1032 公里。邮政业务总量 1354 万元。移动、联通、电信三家通信公司电信业务总量 2.12 亿元。年末固定电话用户达到 4.36 万户,移动电话用户达到 40.55 万户,互联网用户达到 21 万户。

城乡建设　2014 年,全区完成基本建设投资5398 万元,房地产开发投资 11.26 亿元。商品房销售面积 17.68 万平方米,实现商品房销售额 7.65 亿元。建筑业完成总产值 10.66 亿元。全区城区建成区面积达 29 平方公里,城区道路总长 46 公里。建成区绿地面积 1083.21 公顷,人均公共绿地面积 19.4 平方米。城区供热面积 816 万平方米,集中供热普及率 88.3%。城镇化率 72.62%。改造村级油路 363.05 公里,铺设给排水管网 50 公里,安装路灯 3200 盏。

环境保护　1991—2014 年,元宝山区环保投资 8.49 亿元,境内重点工业企业废水、医院废水、生活污水都经城区污水处理厂处理,实现基本达标排放。2014 年,减少二氧化硫排放 5146.46 吨、氮氧化物排放 3802.36 吨。综合整治环境污染,垃圾简易填埋处理率 91%。完成环境污染治理项目 25 个,完成投资额 4.82 亿元。

金融　2014 年,全区有各类金融机构 32 家,下设营业所、储蓄所 22 家,农村信用社(农商银行)33 家。年末各项存款余额 154.11 亿元,其中城乡居民储蓄存款余额 116.18 亿元。年末金融机构各项贷款余额 132.07 亿元。

保险　2014 年,全区各类保险机构 21 家,开展各类险种 15 个,各类财产承保额1.3 亿元。保费收入 2.22 亿元,其中财险保费收入 1.03 亿元,寿险保费收入 1.19 亿元。赔款支出 0.76 亿元,其中财险赔款 0.51 亿元,寿险赔款 0.25 亿元。

教育　元宝山区率先在赤峰市普及高中教育。2014 年,全区有各级各类学校 28所,在校生 37748 人。教职员工 4318 人,其中专任教师 3021 人。适龄儿童入学率 100%;小学、初中毛入学率分别为 100%、109%。当年高考达到三本以上分数线人数为 3045 人。

文化　2014 年,全区有公共图书馆 1 个,总藏书量 47 万册。文化俱乐部(室)12

个，乡镇文化中心12个，群众业余演出团（队）14个。广播调频机6部，广播人口覆盖率100%。电视发射机41座，电视人口覆盖率99%。有线电视联网用户4.2万户，占全区总户数的37%。广播电视光缆里程396公里。

卫生 2014年，全区有各类医疗卫生机构184个。其中医院13个，卫生院11个，社区卫生服务中心（站）9个，村卫生室71个，诊所、卫生所及医务室74个。医疗卫生单位有病床1999张。有卫生技术人员2000人，其中执业医师和执业助理医师846人，注册护士805人，药师（士）155人，技师（士）102人。全区参加新型农村合作医疗15.19万人。

科技 全区有各级各类专业技术人员5926人，其中高级职称2507人，中级职称3218人，初级职称201人。农民技术人员3.3万人，科技示范户1000户，庭院经济开发户2.9万户。有国家级工程技术中心1个，自治区级工程技术中心5个，各类科技协会52个。2002年，创建赤峰市国家农业科技园1处，累计争取科技项目资金超亿元，组织实施科技项目128个。1991—2014年，有38项科研成果通过鉴定，32项获奖，其中自治区级10项，赤峰市级22项。

体育 全区有能容纳500～800人的灯光球场1个，游泳馆2个，有毽球、羽毛球、排球3个训练基地。有自治区级体育俱乐部1处。至2014年，共举办6届全民健身运动会，每届都安排10个以上比赛项目，参赛选手均在5000人次以上。

人民生活和社会保障 2014年，全区城镇居民人均可支配收入达到25391元，城镇居民人均消费支出16261元；农村居民人均可支配收入13593元，农村居民人均消费支出11120元。城镇居民人均住房建筑面积达34.7平方米，农村居民人均住房建筑面积达32.5平方米。全区最低生活保障救助42645人，其中城镇25657人，农村16988人。社会福利性收养单位（含敬老院）5个，床位640张，收养147人。社会福利企业7家，安排残疾人员就业139人。城镇居民基本养老保险参保76647人，参保率85%。

元宝山区先后被列入全国农村综合实力百强县、全国乡村城市化试点地区，被评为全国水土保持生态建设示范区、全国文化工作先进区、全国两基教育先进区，获中国人居环境范例奖，被联合国工会组织确立为绿色产业示范区。

第四节　阿鲁科尔沁旗

自然环境 阿鲁科尔沁旗位于赤峰市东北部，地处西拉木伦河北岸，大兴安岭南端东麓。地理坐标北纬43°21′～45°24′，东经119°02′～120°58′。东与通辽市扎鲁特旗为邻，西南与翁牛特旗隔西拉木伦河、台河相望，西与巴林右旗、巴林左旗毗邻，北与锡林郭勒盟的乌珠穆沁旗接壤。东西最宽114.4公里，南北最长232公里，总面积14555平方公里，旗政府驻地天山镇距赤峰市区339公里。

阿鲁科尔沁旗地势属大兴安岭高原地带，西北高、东南低，由中山山地过渡到低山丘陵及波状平原。最高峰格苏台罕乌拉的巴代敖瑞,海拔1541.5米,最低处合隆地带,海拔266米,相对高差1275.5米。

全境属中温带半干旱大陆性季风气候区。春季干燥多大风,气温回升快,风多雨少,蒸发量大,干旱频率高;夏季雨热同期,降水集中;秋季短促,气温下降快,昼夜温差大,秋霜降临早;冬季漫长,寒冷干燥,风多雪少,光照充足,积温有效性高。年平均气温6.75℃,年平均日照时数3134小时,年平均降水量330.7毫米,年平均蒸发量1109.8毫米,年无霜期平均天数176天。全年≥8级大风天数23天左右,年平均风力2级,年平均风速3.2米/秒。

境内或过境河流有达拉林河、海哈尔河、欧木伦河、西拉木伦河、乌力吉木伦河等。有天然湖泊12个,水域总面积2312公顷,其中水面66.67公顷的有5个。水资源总量3.73亿立方米。水质良好,矿化度低于1克/升,属碳酸钙型水,适宜人畜饮用、农田灌溉和工业用水。

境内有已发现和开采的金属、非金属矿40余种,主要有铅、锌、钼等,分布于230多处矿床、矿点和矿化点。

野生动物禽类有天鹅、大鸨、黑鹳、蓑羽鹤等182种;兽类有狼、野猪、猞猁等37种;鱼类有鲤鱼、鲫鱼、冷水华子鱼等11种。野生植物有847种,分属116科308属,其中牧草植物665种。天然次生林主要树种有山杨、白桦、黑桦等13种。

政区 人口 阿鲁科尔沁旗于明崇祯九年(清崇德元年,1636年)建旗,阿鲁科尔沁为蒙古语,汉译"阿鲁"是山北之意,"科尔沁"意为弓箭手。2014年,全旗辖4个苏木、3个乡、7个镇,245个村嘎查,11个社区,513个自然村,17个集体经济联合社。总户数138445户,总人口301318人,其中非农业人口57069人。总人口中有汉族170712人,蒙古族123040人。人口密度21人/平方公里。

经济概况 2014年末,全旗实现地区生产总值101.27亿元,人均地区生产总值37873元,其中第一产业增加值18.14亿元,第二产业增加值45.12亿元,第三产业增加值38.01亿元。三次产业结构比重为17.9∶44.6∶37.5。全年固定资产投资4.96亿元。地方财政收入3.25亿元,地方财政支出24.37亿元。

畜牧业 阿旗主体经济为牧业,在自治区率先实施了高效节水人工牧草基地建设。2014年6月末,牲畜存栏总头数达到287.3万头只,总出栏155.59万头只。其中大畜存栏46万头,出栏20万头;小畜存栏233万只,出栏130万只;生猪存栏7.6万口,出栏5.5万口。畜牧业产值11.78亿元,占农业总产值的39.1%。有配种站、改良站、防疫站740处,畜牧业技术基本普及。

农业 2014年,全旗农作物播种面积15.44万公顷,主要农作物有玉米、高粱、大豆、谷子、小麦、荞麦等。粮食总产量51050.2万公斤,实现产值16.53亿元,占农业总产值的54.9%。全旗有水库6座,万亩以上灌渠6条。配套机电井14146眼,有效灌溉面积3.85万公顷。农牧业机械总动力58万千瓦。阿旗为全国三大绿豆生产区之一,被农业部《绿色产品布局规划(2006—2015)》列为特色粮油——绿豆产品主要种植区域,“天山绿豆”被农业部批准登记为“地理标志农产品”。

林业　2014年,全旗有林面积42.28万公顷,其中天然次生林面积20.36万公顷,人工林21.92万公顷。境内保留了较为完整的山地森林系统、草原生态系统、湿地生态系统、沙地生态系统。草原植被覆盖度45%,森林覆被率达到34.44%。林木总蓄积量335.87万立方米。有国营林场5个。林业产值2.84亿元,占农业总产值的9.4%。

渔业　全旗2014年有养殖水面2754公顷,水产品产量达1651吨。渔业总产值2032万元,占农业总产值的0.68%。

工业　2014年,全旗有各类工业企业234家,企业员工8255人,实现工业总产值116.6亿元,工业增加值39.9亿元,利税2.5亿元。其中规模以上工业企业32家,企业员工3899人,实现工业总产值100.3亿元,工业增加值31亿元,利税2.1亿元。民营企业206家。主要名优产品有大型圆形喷灌机、“东山”水泥、“塔里山”矿泉水等。

商贸服务　2014年,全旗有各类商业网点6735家,其中全民所有制27家,股份制3家,民营企业359家,个体私营6346家,从业人员20205人。全年社会消费品零售总额27.8亿元,其中城镇21.1亿元,乡村6.7亿元。批发零售贸易业24.2亿元,住宿餐饮业3.6亿元。有城乡交易市场29个,年商品交易额15.1亿元。有外贸商业企业10家,出口商品主要有服装、服饰等,销往俄罗斯、韩国等国家。年对外贸易总额80万美元。

旅游　阿旗是蒙古民俗文化极具代表性的地区,全旗有国家级文物保护单位5个,国家级非物质文化遗产2个,现存林丹汗都城等古遗址400余处。1984年,在阿旗发现的“蒙古汗廷音乐”被誉为“文化活化石”。到2014年,全旗有旅游景点10个,主要有罕山原生态游牧文化区、巴彦花水库旅游区、巴拉奇如德庙佛教文化旅游区等旅游景区。接待游客42万人次,实现旅游收入4.2亿元。到2014年,已连续举办了三届蒙古汗廷文化旅游节,启动了“蒙古汗廷文化园”建设。

交通　集(宁)—通(辽)铁路横贯阿旗南部,境内站点13个。2014年,全旗公路通车总里程达到3280.896公里。其中国道115.688公里,省道76.908公里,县道292.831公里,乡道281.514公里,村道2513.955公里,公路网密度为23.06公里/百平方公里。共有客运班车84辆,客运班线57条,农村班线公交化运营客车47辆,公交运营线路2条。全年公路货运量170.59万吨,公路客运量244.8万人次。

邮政电信　2014年,全旗邮政局所19个,邮路9条,总长556公里。全年邮政业务收入1079.36万元,邮政业务总量1082.09万元。移动、联通、电信三家通信公司下设支局所24个,自办营业厅29个,合作营业厅133个,自控营业厅30个,便利店365个,业务代办点157个。电信业务总量1.495亿元。年末固定电话用户2.13万户,移动电话用户27.1万户,互联网用户2.08万户。

城乡建设　2014年,全旗完成基本建设投资2.37亿元,房地产开发投资4.7亿元。商品房销售面积11.4万平方米,实现商品房销售额3.88亿元。建筑业完成总值3.26

亿元。天山镇城区住宅面积209万平方米,人均居住面积达到26.5平方米。绿化覆盖面积292.5公顷,人均公共绿地面积12.81平方米。城区已建成道路32条,总长度35.6公里。给水管道总长度179公里,日供水能力达9000立方米,排水管道总长度70公里。建成集中供热站2个,供热面积达255万平方米。

环境保护　2014年,完成阿旗山水水泥有限公司熟料生产线及鑫天山水泥集团有限公司熟料生产线脱硝、东暖热力公司锅炉脱硫工程,单位GDP能耗和主要污染物排放量有效控制在赤峰市下达的指标范围内。全旗废水污染源申请登记的单位有15家,年废水排放总量3.643万吨;废气污染登记的单位有60家,年废气排放量为20.5亿标立方米。完成环保和污染治理项目3个,完成投资额2130万元。

金融　2014年,全旗有银行类金融机构8家,下设营业所、储蓄所11家,农村信用社(农商银行)29家。年末各项存款余额41.07亿元,其中城乡居民储蓄存款余额28.31亿元。年末金融机构各项贷款余额37.81亿元。

保险　2014年,全旗各类保险机构9家。各项保费收入1.57亿元,其中财险保费收入0.91亿元,寿险保费收入0.66亿元。理赔支出7286万元,其中财险理赔4786万元,寿险理赔2500万元。

教育　2014年,全旗共有各类幼儿园19所,在园幼儿5622人,幼儿园教师308人。有各类学校39所,在校学生29618人,教职员工4240人,其中专任教师3254人。适龄儿童入学率100%;小学、初中毛入学率分别为100%、107%。高考达到三本以上分数线人数为1348人。

科技　2014年,全旗有各类专业技术人员7318人,其中高级职称2159人,中级职称2906人,初级职称2253人。有科研机构1个,科技团体4个。1991—2014年,有2项科研成果通过鉴定,2项获赤峰市奖励。

文化　2014年,全旗有新华书店、文化馆、图书馆、乌兰牧骑、博物馆5个文化艺术机构,有乡、镇、苏木文化站15个,村、嘎查文化室245个,草原书屋245个。旗博物馆有馆藏文物3220件。旗乌兰牧骑年均旗内演出230场。全旗非物质文化遗产项目成果33个,其中国家级3个、自治区级10个、市级20个。有国家级传承人1人,自治区级传承人17人,赤峰市级传承人44人。

卫生　2014年,全旗有旗乡两级医疗卫生机构34个,有床位1222张,其中旗级医疗单位948张,乡、镇、苏木卫生院274张。共有专业技术人员574人。阿旗中医医院被评定为“国家三级中医医院”,蒙医医院被评定为“国家二级甲等医院”。新型农村牧区合作医疗参合人数为23.64万人,农牧民参合率97%。

体育　2014年,全旗有400米跑道田径运动场5个,学校体育活动场54.35万平方米,篮球场82个。阿旗籍运动员杨晓丽2011年获全国女子拳击锦标赛第一名,2012年获国际邀请赛第三名,2014年获全国锦标赛第一名,2014年获第八届世界女子拳击比赛第一名。斯日吉嘎瓦获2008年全国柔道锦标赛、奥运会选拔赛金牌,2010年获第十五届亚洲锦标赛81公斤级第三名，2011年获全国柔道锦标赛81公斤级冠军，2012年获全国柔道锦标赛81公斤级冠军，2013年获第十二届全国运动会81公斤级冠军。

人民生活和社会保障 2014年，全旗城镇居民人均可支配收入19026元，城镇居民人均消费支出13318元；农村牧区居民人均可支配收入6830元，农村牧区居民人均消费支出8223元。城镇居民人均住房建筑面积28.9平方米，农村牧区居民人均住房建筑面积达20.5平方米。全旗最低生活保障救助人数26112人，其中城镇3887人，农村牧区22225人。社会福利性收养单位（含敬老院）13个，床位795张，收养461人。社会福利企业1家，安排残疾人就业8人。城镇居民基本养老保险参保12.68万人，参保率达82%。

第五节 巴林左旗

自然环境 巴林左旗位于赤峰市北部，地处大兴安岭南段山脉东南麓。地理坐标北纬43°36′46″～44°46′46″，东经118°43′56″～119°48′30″。北与锡林郭勒盟西乌珠穆沁旗交界，西南与巴林右旗接壤，东南与阿鲁科尔沁旗毗邻。南北最长132公里，东西最宽69公里，总面积为6459平方公里。旗政府驻地林东镇距赤峰市政府所在地262公里。

地势西北高、东南低，属山地丘陵与山间盆地、河谷平川相间的地貌景观。在总土地面积中，山地占65%，丘陵占15%，山间盆地及河谷平川占20%。最高峰为乌尔塔查干哈马尔山，海拔1735.7米，最低处为隆昌镇福山村地区，海拔394米，相对高差1341.7米。

全境属中温带大陆性季风气候区。春季风大少雨，蒸发量大，气候干旱；夏季温度较高，降水集中；秋季短促，降水少，秋霜来临早；冬季漫长寒冷，雪少风多。年平均气温5.3℃~7.8℃，年平均降水量364.9毫米，年平均蒸发量为1465毫米，年平均日照时数3092.5小时，年均无霜期为165天。全年平均风速为2.4米／秒。

境内或流经的河流有乌力吉木伦河及其支流乌兰坝河、干支嘎河、浩尔吐河、乌兰白其河、查干白其河、沙里河等。有天然湖泊3个。乌力吉木伦河属赤峰市四大河流之一，发源于旗境内老爷洞沟，境内流长155公里，有6条主要支流汇入，总长920公里。全旗水资源总量3.04亿立方米。水质良好，总体属重碳酸盐型水，矿化度低于1克／升，适于人畜饮用、农田灌溉和工业用水。

左旗矿产资源丰富，品种多、储量大。境内已发现各类矿产地138处，矿点和矿化点130多个。查明的矿种主要有铅、锌、铜、锡等有色金属，金、银等贵重金属，铁、锰等黑色金属和叶蜡石、珍珠岩、花岗岩等非金属总计30多种。

全旗野生动物有40余种，兽类有狼、狐、貉、马鹿、狍、黄羊、青羊、野猪、野狸、蒙古兔、黄鼬、艾虎、猪獾等；禽类有环颈雉、鹌鹑、石鸡、大鸨、鸿雁、鸢、草原雕、灰背隼、岩鸽、大杜鹃、家燕、凤头百灵等；鱼类有雅罗鱼、鲫鱼、鲤鱼、鲶鱼、泥鳅等。野生植物资源较多,木本植物有山杨、白桦、蒙古栎、兴安落叶松、文冠果、山丁子、山杏等40种;草本植物有582种,分属24科313属。其中牧草植物283种,药用植物519种,油料植物33种,野果植物32种,蔬菜植物近100余种。

政区 人口 巴林左旗始建于清顺治五年(1648年),"巴林"系蒙古语,汉译为"俘获""捉拿"之意。2014年,全旗辖7个镇、2个乡、2个苏木,2个街道办事处,165个村嘎查,11个社区。全旗总户数149713户,总人口356950人,其中非农业人口60145人。总人口中有汉族215302人,蒙古族129078人,满族11432人,回族764人,还有朝鲜、达斡尔、鄂伦春、壮、藏、锡伯、苗、土家、赫哲、维吾尔、俄罗斯、彝等其他少数民族共374人。人口密度为55人/平方公里。

经济概况 至2014年末,全旗实现地区生产总值118.84亿元,人均地区生产总值37178元,其中第一产业增加值21.57亿元,第二产业增加值60.95亿元,第三产业增加值36.32亿元。三次产业结构比重为18.2∶53.1∶30.6。全年固定资产投资88.9亿元。地方财政收入4.65亿元,地方财政支出24亿元。

农业 全旗农作物主要有谷子、玉米、高粱、小麦、大豆等。2014年,全旗农作物播种面积11.10万公顷,其中粮食总产量4.45亿公斤。实现农业总产值35.4亿元。全旗有水库4座,万亩以上灌渠6条。配套机电井4034眼,有效灌溉面积4.04万公顷。农牧业机械总动力47.8万千瓦。

畜牧业 2014年6月末,牲畜存栏总头数265.8万头只,总出栏94.8万头只。其中大畜存栏31.7万头,出栏12.7万头;小畜存栏200.6万只,出栏62.6万只。畜牧业产值11.72亿元,占农业总产值的33.1%。2014年,上京现代农牧业示范园区被评为自治区级农牧业产业化示范园区;左旗驴肉产品进入国家"有机产品"行列;健元鹿业荣获中国驰名商标。

林业 2014年,全旗有林面积22.87万公顷,其中天然次生林14.48万公顷,人工林8.39万公顷。活立木蓄积量达472.14万立方米。林业产值1.19亿元,占农业总产值3.4%。全旗森林覆盖率达34.4%。乌兰坝自然保护区通过国务院批准,正式晋升为国家级自然保护区。

渔业 2014年,全旗有养殖水面11.13公顷,主要养殖品种有鲤鱼、草鱼、白鲢鱼、黄鲢鱼等。年产值997万元,占农业总产值的0.3%。

工业 2014年,全旗有各类工业企业657家,企业员工14800人,实现工业总产值197亿元,工业增加值51.6亿元,利税21亿元。其中规模以上工业企业52家,企业员工10344人,实现工业总产值188.7亿元,工业增加值46.4亿元。民营企业48家。主要名优产品为铅、锌、铜等。全旗铅锌选矿企业达17家,有色金属日采选能力突破2万吨,年冶炼能力达到20万吨。规划建设的凤凰山工业园区被自治区列为蒙东地区有色金属冶炼、氟化工循环产业发展重点园区。

商贸服务 2014年,全旗有各类商贸经营单位和零售网点(包括个体)7434家,从业员工 24253 人。全年社会消费品零售总额 35.73 亿元，其中城镇 25.58 亿元，乡村10.15 亿元。批发零售贸易业 31.76 亿元，住宿餐饮业 3.97 亿元。城乡集贸交易市场 26 个，年商品交易额 8.3 亿元。有外贸商业企业 11 家，对外贸易总额 58.5 万美元。

旅游　左旗历史文化底蕴深厚，旅游基础资源丰富。2014 年，全旗有主要旅游景点 12 个，接待国内外游客 53.3 万人次，实现旅游收入 4.7 亿元，辽真寂之寺晋升为国家 AAA 级景区，辽上京博物馆晋升为国家 AA 级景区。

交通　集通铁路横贯左旗中部，境内设站点 8 个。2014 年，林白铁路、集通铁路复线左旗段等铁路项目开工建设。全旗公路总里程 1795 公里，其中国道 99.8 公里，省道 161.5 公里，县道 298.4 公里，乡道 434.9 公里，村道 800.5 公里。公路货运量 115 万吨，公路货运周转量 7216 万吨公里；公路客运量 235 万人次，公路客运周转量 13347.5 万人公里。

邮政电信　2014 年，全旗邮政局所 19 个，邮路长度及投递线路 650 公里。邮政业务总量 1418 万元。移动、联通、电信三家通信公司下设支局所 17 个，自办营业厅 19 个，合作营业厅 80 个，自控营业厅 19 个，便利店 101 个，业务代办点 101 个。电信业务总量 1.57 亿元。年末固定电话用户达到 27826 户，移动电话用户达到 65077 户，互联网用户达到 27902 户。

城乡建设　2014 年，全旗完成房地产开发投资 2.99 亿元。商品房销售面积 12.80 万平方米，实现商品房销售额 4.93 亿元。建筑业完成总产值 7.55 亿元。按照旗政府“文化名城、山水新城、宜居靓城”的建设思路，林东城区京西组团累计投资 86.8 亿元，建设了总长度 19.1 公里、总面积 72.2 万平方米的“四横九纵”路网和 16.1 公里污水主管道、20 公里雨水管道。完成了占地 59.8 万平方米的麓山公园、契丹广场和沙里河公园建设。实施了第二水厂、富龙热力、民禾天然气、风电供热、新城变电站等项目，配套功能日趋完善。整个城区面积达到 19.5 平方公里，城镇绿化覆盖面积 438.77 公顷，绿化覆盖率 35.1%；园林绿地面积 428.97 公顷，园林绿地率达 34.3%。实施 21.2 万平方米的棚户区改造工程，房地产开发面积达 90 万平方米。全旗各乡镇的小城镇建设也都加快了步伐，全旗城镇化率达到 45.2%。林东镇被住房和城乡建设部、国家旅游总局评定为“全国特色景观旅游名镇”。

环境保护　1991—2014 年，全旗环保投资 5.3 亿元，对环境污染进行综合治理。2014 年，获得监测数据 3302 个。其中大气质量和废气监测数据 864 个；一般污染源、重点污染源、地表水及地下水监测数据 2363 个；建筑噪声、交通噪声、城区环境噪声监测数据 75 个。全年实现减排工业和生活化学需氧量 1048 吨、氨氮 134 吨；农业源减排化学需氧量 85 吨、氨氮 5 吨、二氧化硫 6888 吨。城市环境空气中可吸入颗粒物、二氧化硫、二氧化氮年均浓度值分别为 0.063 毫克 / 立方米、0.017 毫克 / 立方米和 0.034 毫克 / 立方米，年均浓度均符合国家二级标准。城市功能区噪声总达标率 81.7%。

金融　2014 年，全旗有各类金融机构 7 家，下设营业所、储蓄所 50 家，农村信用社

(农商银行)30家。年末各项存款余额55.7亿元,其中城乡居民储蓄存款余额43.2亿元。年末金融机构各项贷款余额36.4亿元。

保险 2014年,全旗各类保险机构12家。保费收入1.89亿元,其中财险保费收入0.91亿元,寿险保费收入0.99亿元。理赔支出8562.29万元,其中财险理赔5580.12万元,寿险理赔2982.17万元。

教育 2014年,全旗有幼儿园57所,在园幼儿8073人,幼儿教师310人。有各类中小学校34所,在校学生38627人,教职员工4603人,其中专任教师3358人。适龄儿童入学率100%;小学、初中入学率分别为100%和100%。当年高考达到三本以上分数线人数为1440人。

科技 2014年,全旗有科研机构10个,科技团体22个。有各类专业技术人员7168人,其中高级职称1849人,中级职称3113人,初级职称2206人。1991—2014年,有20项科研成果通过鉴定,12项获奖,其中自治区级10项,赤峰市级2项。

文化 2014年,全旗有文化馆1个,公共图书馆1个,博物馆2个,乡村文化站室65个。有广播站和电视差转台各1座,广播电视覆盖率达98.61%,城乡有线电视用户达4.5万户,占总户数的42.53%。左旗是契丹·辽文化的发祥地,辽上京博物馆是国内唯一以辽文化为主题的博物馆。全旗有辽代文化遗存700多处,其中有辽上京遗址、辽祖州祖陵遗址、辽真寂之寺遗址、辽韩匡嗣家族墓地遗址、金界壕遗址巴林左旗段等5处国家级文保单位。2012年,辽代上京城和祖陵遗址进入中国世界文化遗产预备名单。投资60亿元的上京契丹辽文化产业园列入自治区“十二五”期间文化产业重点项目。

卫生 2014年,全旗乡镇、苏木、村嘎查以上医疗卫生机构304个,其中公立的168个,非公立的136个。有病床1399张,其中医院910张,基层卫生机构449张,专业卫生机构40张。医疗卫生机构人员2106人,其中执业医师446人。新型农村牧区合作医疗自愿参加农牧民26万人,参合率95.9%。

体育 2014年,全旗有运动场28个,网球场14个,篮球场148个。有体育协会18个,举办大中型体育赛事30场次。有业余体校1所。有各类等级运动员236人。新建农村牧区小型体育健身场3处。青少年体育学校荣获全市业余训练工作先进单位称号;1人被国家体育总局评为全国群众体育先进个人;左旗运动员在2014年自治区第十三届运动会上获得金牌2枚、银牌5枚、铜牌12枚。

人民生活和社会保障 2014年,全旗城镇常住居民人均可支配收入20655元,城镇居民人均消费支出13511元;农村牧区常住居民人均可支配收入7240元,农村牧区居民人均消费支出6898元。城镇居民人均住房建筑面积28.6平方米,农村牧区人均住房建筑面积23.7平方米。全旗最低生活保障救助3.192万人,其中城镇0.642万人,农村牧区2.55万人。社会福利企业1家,安置残疾人就业21人。社会福利院(敬老院)18个,床位1901张,收养734人。城乡居民基本养老保险参保16.04万人,参保率为90%。

第六节 巴林右旗

自然环境 巴林右旗位于赤峰市北部，地处西拉木伦河北岸，大兴安岭南段山地。地理坐标北纬 43°12′~44°27′，东经 118°15′~120°05′。东、东南与巴林左旗、阿鲁科尔沁旗毗邻，南隔西拉木伦河与翁牛特旗为界，西与林西县相连，北与锡林郭勒盟的西乌珠穆沁旗接壤。东西最长 154 公里，南北最宽 139 公里，总面积为 9837 平方公里。旗政府驻地大板镇距赤峰市 189 公里。

地势西北高、东南低，由西北向东南缓降。北部重峦叠嶂，最高峰乌兰坝，海拔 1957 米，最低处为益和诺尔一带，海拔不足 400 米。相对高差 1557 米。

全境属温带大陆性季风气候区。冬季漫长而寒冷，夏季短促而骤热，春秋温差大。年平均气温 5.8℃，年平均日照时数 2979.1 小时左右，年平均降水量 352.3 毫米左右，年平均无霜期天数 125 天左右，年均大风日数 27 天左右。

境内或过境的大小河流 35 条，同属西辽河水系。最大的河流为查干木伦河与西拉木伦河。旗内有天然湖泊 20 个，其中水面在千亩以上的 3 个。全旗水资源总量 3.43 亿立方米。水质总体上属重碳酸盐型水，矿化度低于 1 克 / 升，适宜人畜饮用、农田灌溉和工业用水。

全旗已探明的有色金属和非金属矿藏 30 种，矿点、矿化床 110 处。全旗有色金属矿石日采选能力达到 6050 吨。著名的巴林石就出产在巴林右旗境内。

境内有野生植物 600 多种，其中牧草种类 300 多种。药用植物 150 多种，主要有甘草、麻黄、知母、黄芪等；用材植物 30 多种，主要有云杉、油松、落叶松、山杨、白桦、榆树、柞树等；油用植物有山杏、文冠果等；食用植物有白蘑、木耳、蕨菜等。野生动物 30 多种，主要有马鹿、狍、野猪、黄羊、青羊、猞猁、獾、狐、天鹅、雉鸡、杜鹃、百灵等，其中马鹿、猞猁、青羊为国家二级保护动物。

政区 人口 巴林右旗始建于清顺治五年（1648 年），“巴林”系蒙古语，汉译为“捉拿”“俘获”之意。2014 年，全旗辖 4 个苏木、5 个镇，2 个街道办事处，161 个村嘎查，10 个社区，583 个独贵龙（组）。总户数 85819 户，总人口 186377 人，其中非农业人口 58526 人。总人口中有汉族 92881 人，蒙古族 90030 人，满族 2669 人，回族 504 人，还有朝鲜、壮、苗、土家、达斡尔、彝等其他少数民族共 293 人。人口密度为 19 人 / 平方公里。

经济概况 至 2014 年末，全旗实现地区生产总值 72.06 亿元，人均地区生产总值 41640 元，其中第一产业增加值 11.13 亿元，第二产业增加值 39.48 亿元，第三产业增加值 21.45 亿元。三次产业结构比重为 15.6：54.8：29.8。全年 500 万元以上固定资产投资 53.95 亿元。地方财政收入 3.87 亿元，地方财政支出 20.11 亿元。

畜牧业 2014 年 6 月末，全旗牲畜存栏总头数达到 242.15 万头只，总出栏 57.28 万头只。其中大畜存栏 12.39 万头，出栏 51684 头；小畜存栏 22.63 万只，出栏 49.31 万只。新建标准养殖场36个,创建家庭牧场70个。畜牧业产值8.29亿元,占农业总产值58.6%。

农业　以种植小麦、糜子、大豆、谷子、高粱、荞麦等作物为主。2014年,全旗农作物播种面积9.10万公顷,其中粮食总产量17450万公斤。实现农业总产值9亿元。全旗有大、中、小水库13座,万亩以上灌渠6条。配套机电井3935眼,有效灌溉面积3.29万公顷。农牧业机械总动力35.9万千瓦。

林业　2014年,全旗有林面积9.39万公顷,其中天然次生林4.35万公顷,人工林5.03万公顷。森林覆盖率25.59%,全年活立木蓄积量43.8万立方米。林业产值7758万元,占农业总产值的4.1%。

渔业　2014年,有养殖水面47666.67公顷,年产值2200万元,占农业总产值的2.4%。

工业　2014年,全旗有规模以上工业企业21家,企业员工4163人,实现工业产值115亿元,工业增加值28亿元,利税17.8亿元。其中私人控股和集体控股企业18家,主要名优产品为铅、锌、铜、酒、水泥等。

商贸服务　2014年,全旗全年社会消费品零售总额20.68亿元,其中城镇13.05亿元,乡村7.63亿元。批发零售贸易业20.16亿元,住宿餐饮业0.5156亿元。有城乡集贸交易市场6个。

旅游　巴林右旗的旅游资源极为丰富。2014年,全旗主要旅游景点有7个,其中国家AAA级旅游景区2个,国家AA级旅游景点3个。古迹有辽怀州城、辽庆州城遗址,有清康熙年间建造的荟福寺等。国家级自然保护区——赛罕乌拉自然保护区被列入世界生物圈保护区。有国家四星级宾馆1家,二星级宾馆2家。全年接待国内外游客28.9万人次,旅游收入2.01亿元。2003年,右旗创办的首届中国蒙古族服装服饰艺术节,曾被国家旅游总局命名为全国百大节庆活动之一,被自治区政府命名为自治区十大节庆活动之一。

交通　集(宁)—通(辽)铁路横跨旗境,境内设站点3个,大板镇是铁路分局所在地。2014年,全旗公路里程2283.2公里,其中国道143.17公里,省道112.63公里,县道317.09公里,乡道484.05公里,村道1226.35公里。公路客运量118万人次,客运周转量14360万人公里;公路货运量122万吨,货运周转量12960万吨公里。

邮政电信　2014年,全旗邮政局所20个,邮路长度及投递线路550公里。邮政业务总量695万元。移动、联通、电信三家通信公司下设支局所23个,自办营业厅5个,合作营业厅118个,自控营业厅5个,便利店78个。电信业务总量1096万元。年末固定电话用户达到1.2万户,移动电话用户达到17万户,互联网用户达到1.45万户。

城乡建设　2014年,全旗完成基本建设投资58.16亿元,房地产开发投资2.19亿元。商品房销售面积2.11万平方米,实现商品房销售额0.56亿元。建筑业完成总产值10.48亿元。全旗街路扩展到26条,道路里程达到41公里,道路总面积91万平方米。大板城区绿化覆盖面积达到523.8万平方米,建成区绿地率37.4%,建成区人均绿地面积 7.5 平方米。管网铺设总计 80.5 万延长米。自来水用户达到 2.45 万户。全旗绿化率达 48.2%。

环境保护 2014 年,投资 1.87 亿元完成大板电厂脱硝工程,落实资金 0.85 亿元实施草原生态保护。完成林业生态建设 8420 公顷,草原治理 1.77 万公顷。单位生产总值能耗和主要污染物排放量有效控制在赤峰市下达的指标范围内。全旗废水污染源申报登记的单位有 4 家,废气污染登记的单位有 5 家。

金融 2014 年,全旗有各类金融机构 8 家,下设营业网点 28 家,农村信用社(农商银行)19 家。年末各项存款余额 40.23 亿元,其中城乡居民储蓄存款余额 26.75 亿元。年末金融机构各项贷款余额 38.88 亿元。

保险 2014 年,全旗各类保险机构 8 家,开展各类险种 9 个。各类保费收入 9688.79 万元,其中财险保费收入 4246.68 万元,理赔支出 619.45 万元;寿险保费收入 5442.11 万元,理赔支出 1114.71 万元。

文化 2014 年,全旗有艺术表演团体 7 个(包括 6 个民间艺术表演团体)。旗级公共图书馆 1 个,馆藏图书 10 万余册。博物馆 2 个,馆藏文物 82500 多件(套)。文化馆 1 个,乡级文化站 9 个。全旗建电视差转台 1 处,广播覆盖率达 96.4%,电视覆盖率达 93.7%。2014 年,"格萨(斯)尔"被列入国家级非物质文化遗产代表性项目名录,建立了中国社科院"国情调研巴林右旗基地"。

教育 2014 年,全旗共有各类中小学校 29 所,在校学生 18496 人,教职员工 2533 人,其中专任教师 2103 人。有各类幼儿园 30 所,在园幼儿 3909 人,幼儿教师 216 人。适龄儿童入学率 99.7%;小学、初中入学率分别为 100%和 100%。当年高考达到三本以上分数线人数为 890 人。

科技 2014 年,全旗有科研机构 4 个,科技团体 2 个。有各类专业技术人员 55 人,其中高级职称 16 人,中级职称 25 人,初级职称 14 人。1991—2014 年,有 14 项科研成果通过鉴定,8 项获奖,其中自治区级 2 项、赤峰市级 6 项。

卫生 2014 年,全旗有医疗卫生机构、单位、网点 171 个。其中旗级医院 3 个,乡镇卫生院 15 个,妇幼保健机构 1 个,专科疾病防治机构 1 个,社区卫生服务机构 4 个,诊所、卫生所、医务室 45 个,村卫生室 102 个。全旗医疗卫生单位实有病床 669 张,专业卫生技术人员 948 人。新型农村牧区合作医疗参合人数达 11.5275 万人,农民参合率 95.35%。

体育 2014 年,全旗共有体育场地 145 个,其中综合体育馆 1 个,篮球场 69 个,排球场 18 个,网球场 11 个。旗级那达慕大会每年举办 1 次,乡镇苏木级那达慕大会每年举办 1 次。2014 年 7 月,右旗搏克队参加全区欢乐草原那达慕大会获团体第一名。2013 年,旗青少年射箭队在全区射箭比赛中获两金一银一铜。

人民生活和社会保障 2014 年,全旗城镇居民人均可支配收入 19025 元,城镇居民人均消费支出 12824 元;农村牧区居民人均可支配收入 7436 元,农村牧区居民人均消费支出6198元。城镇居民人均住房建筑面积25.30平方米,农村牧区居民人均住房建筑面积22.56平方米。全旗最低生活保障救助18920人,其中城镇4888人,农村牧区14032人。全旗社会福利院15个,床位1282张,收养543人。有社会福利企业1家,安排残疾人就业267人。城镇居民基本养老保险参保68315人,参保率为81%。

第七节 林西县

自然环境 林西县位于赤峰市北部,地处西辽河上游、大兴安岭南段。地理坐标北纬43°14′~44°15′,东经117°37′~118°34′。东与巴林右旗毗邻,西与克什克腾旗接壤,北与锡林郭勒盟西乌珠穆沁旗相连,南与翁牛特旗隔河相望。南北最长117公里,东西最宽73.5公里,总面积为3933平方公里。县政府驻地林西镇距赤峰市政府所在地211公里。

地势由西北向东南倾斜,北部属石质中山区,南部为中低山丘陵区,沿河各山体之间为带状平原。最高峰为北部的大冷山,海拔1774米;最低处为东南部下场地区,海拔644米,相对高差1130.2米。

全境属中温带大陆性季风气候区。春季多大风,少雨雪;夏季短促温热,雨水集中;秋季冷暖交绥剧烈,霜冻来临早;冬季严寒多风少雪。年平均气温5.3℃,年平均日照时数2959小时,年平均降水量379毫米,年均蒸发量1302.7毫米,无霜期年均125天。全年平均大于或等于8级风的日数为45天,年平均风速3.03米/秒。

境内或过境河流有西拉木伦河、查干木伦河、嘎斯台河等15条,均属西辽河水系。有天然湖泊9个,水面550.5亩。水资源总量1.78亿立方米,可开采量0.46亿立方米。水质总体以重碳酸钙和重碳酸镁型为主,矿化度低于1克/升。

已探明矿产有铜、锡、铅、锌、银、钨、钼、萤石、石灰石、煤等20余种。探明铜金属储量79358吨,铅金属储量79313.63吨,锡金属储量19018吨。引进了富邦铜业、东北特钢业、中色赤峰大井子锡业等一批大型有色金属采选冶炼企业,矿产冶金已经成为林西县四大主导产业之一。

野生动物有黄羊、狍子、野猪、马鹿、沙鸡、野雉、野鸭等30余种。野生植物有650余种。其中药用植物有甘草、黄芪、黄芩、远志、知母、柴胡、麻黄等240余种;野生食用植物有蘑菇、黄花、蕨菜等10余种;木本植物有油松、落叶松、山杨、白桦、柞、山杏等30余种。

政区 人口 林西县建于清光绪三十四年(1908年)。2014年,全县辖7个镇、2个乡,2个街道办事处,10个社区。总户数108916户,总人口240879人,其中非农业人口60635人。总人口中有汉族224123人,蒙古族11573人,回族1847人,满族3164人,还有锡伯、朝鲜、壮、侗、土家、达斡尔、苗、藏等其他少数民族共172人。人口密度为61人/平方公里。

经济概况　至 2014 年末，全县实现地区生产总值 70.89 亿元，人均地区生产总值 35453 元，其中第一产业增加值 12.20 亿元，第二产业增加值 32.43 亿元，第三产业增加值 26.26 亿元。三次产业结构比重为 17.2 ∶ 45.7 ∶ 37.1。全年固定资产投资 60.28 亿元。地方财政收入 3.35 亿元，地方财政支出 20.46 亿元。

农业　主要农作物有小麦、谷子、玉米、高粱、大豆、荞麦、莜麦、糜子、黍子、甜菜、葵花、胡麻等。2014 年，全县农作物播种面积 7.1 万公顷，其中粮豆产量 23.21 万吨。实现农业总产值 12.20 亿元。全县有水库 4 座，万亩以上灌渠 1 条。配套机电井 4685 眼，有效灌溉面积 2.88 万公顷。农牧业机械总动力 31.2 万千瓦。

林业　2014 年，全县有林面积 5.67 万公顷，其中人工林 3.93 万公顷，天然次生林 1.74 万公顷。森林覆盖率 38.4%，活立木蓄积量 268 万立方米。林业产值 1.41 亿元，占农业总产值的 11.6%。

畜牧业　2014 年 6 月末，全县大小畜存栏总头数133.3 万头只，总出栏 66.7 万头只。其中大畜存栏 17.3 万头，出栏 9.2 万头；小畜存栏 101.6 万只，出栏 47.7 万只。畜牧业产值 4.03 亿元，占农业总产值的 33%。

渔业　2014 年，全县有养鱼水面 43.33 公顷，年产值 744 万元，占农业总产值的 0.6%。

工业　矿业采掘加工、食品加工、建工建材和饲料、皮毛加工是林西县工业的特色产业。2014 年，全县有规模以上工业企业 30 家，企业员工 7518 人，实现工业总产值 108 亿元，工业增加值 27.8 亿元，其中民营企业 28 家。主要名优产品为“冷山”白糖、“飞碟”啤酒、精锡。

商贸服务　2014 年，全县有各类商贸经营单位和零售网点 10685 家，从业人员 12000 人。全年社会消费品零售总额 27.39 亿元。其中城镇 17.24 亿元，乡村 10.15 亿元；批发零售贸易业 23.82 亿元，住宿餐饮业 3.57 亿元。有城乡商品交易市场 12 个，年商品交易额 6.85 亿元。有外贸商业企业 6 家。

旅游　2014 年，全县主要旅游景点有 4 个。全年接待国内外游客 30 万人次，实现旅游收入 3 亿元。有旅行社 2 个，从业人员 8 人。

交通　集(宁)—通(辽)铁路横跨林西全境，县城是主要站点之一。林西县公路交通发达，2014 年，全县公路总长 1436 公里。其中国省级公路 3 条，228.23 公里；县级公路 2 条，120 公里；乡级公路 11 条，270 公里。全县公路客运量 179 万人次，客运周转量 13251 万人公里；货运量 212 万吨，货运周转量 18640 万吨公里。

邮政电信　2014 年，全县有邮政局所 10 个，邮路长度及投递线路 1680 公里。全年邮电业务总量 12550 万元。移动、联通、电信三家通信公司下设支局所 5 个，自办营业厅 12 个，合作营业厅 88 个，便利店 56 个，业务代办点 237 个。年末固定电话用户 1.74 万户，移动电话用户 23.3 万户，互联网用户 3 万户。

城乡建设　2014 年，全县完成基本建设投资 60.28 亿元，房地产开发投资 1.23 亿元。商品房销售面积 10.2 万平方米，实现商品房销售额 3.9 亿元。建筑业完成总产值

1.42亿元。城市建设和管理得到加强,城市框架进一步拉大,建成区面积达到13.6平方公里,形成了"一环四纵七横"的城区主干网络。完成松漠广场、带状公园、体育公园、滨河公园等公共活动场所建设。建成金鼎水厂,镇区供水状况明显改观。实现乡乡通油路,村村通四级以上砂石路。农村通电达到100%。全县城市化率达到41.5%。

环境保护　1991—2014年,环保投资3.8亿元,实施污水、废气、废渣、噪声综合治理。日处理污水9050吨;采取有效措施,年减少二氧化硫排放3680.02吨,削减粉尘排放521.57吨;境内重点工业企业、医院废水、生活污水经城区污水处理厂处理基本达标排放;工业企业实施废物再利用,改善了环境质量。2014年,环境保护和污染治理完成7个项目,完成投资额3.8亿元。

金融　2014年,全县有各类金融机构9家,下设营业所、储蓄所8家,农村信用社(农商银行)1家。年末各项存款余额48.44亿元,其中城乡居民储蓄存款余额35.84亿元。年末金融机构各项贷款余额37.24亿元。

保险　2014年,全县有各类保险机构5家,开展各类险种73个,各类财产承保额162.15亿元。保费收入1.5亿元,其中财险保费收入0.81亿元,寿险保费收入0.69亿元。理赔支出1668万元,其中财险理赔1037万元,寿险理赔631万元。

教育　2014年,全县有各类幼儿园27所,在园幼儿4127人,幼儿教师88人。有各类学校21所,在校学生24980人,教职员工4640人,其中专任教师1771人。适龄儿童入学率100%;小学、初中入学率分别为100%和100%。当年高考达到三本以上分数线人数为858人。

科技　2014年,全县有科技团体1个。有各类专业技术人员5398人,其中高级职称1789人,中级职称2396人,初级职称1178人。2001—2002年度,林西县获得科技部颁发的"全国科技进步先进县"称号。

文化　2014年,全县有艺术表演团体12个,其中业余文艺团体11个。有公共图书馆1个,藏书量达4.7万册。有文化馆1个,博物馆1个,乡镇文化站9个。行政村有文化室142处,草原书屋工程覆盖所有行政村。全县调频广播电视覆盖率和无线电视覆盖率均达到100%,有线电视覆盖行政村97%、覆盖自然村89%。

卫生　2014年,全县有医疗卫生机构35个,其中县级医院3个,中心卫生院4个。有床位1185张。医疗人员1269人,其中执业医师352人,执业助理医师104人,注册护士401人。林西县医院为国家三级甲等综合医院。新型农村牧区合作医疗参合人数达15.1万人,农民参合率95.5%。

体育　2014年,全县有业余体校1所,体育公园1个,公共运动场所15个,网球场11个,篮球场2个,五人制足球场2个,灯光球场15个。2013年9月29日,林西县获得"全国群众体育先进县"称号。

人民生活和社会保障　2014年,全县城镇居民人均可支配收入20328元,城镇居民人均消费支出13380.3元;农村居民人均可支配收入6818元,农村居民人均消费支出 5774 元。城镇居民人均住房建筑面积 27.4 平方米，农村居民人均住房建筑面积 24.1 平方米。全县最低生活保障救助 2.75 万人，其中城镇 0.76 万人，农村 1.99 万人。社会福利企业 4 家，安排残疾人就业 102 人。社会福利院(敬老院)15 个，床位 1250 张，收养 847 人。城镇居民基本养老保险参保 76558 人，参保率为 75%。

第八节　克什克腾旗

自然环境　克什克腾旗位于赤峰市西北部，地处内蒙古高原与大兴安岭南端山地和燕山余脉七老图山的交会地带。地理坐标北纬 42°23′～44°22′，东经 116°21′～118°26′。东与林西县、翁牛特旗接壤，西邻锡林郭勒盟多伦县、正蓝旗，南与松山区、河北省围场县毗邻，北与锡林郭勒盟西乌珠穆沁旗、锡林浩特市相连。南北最长 207 公里，东西最宽 170 公里，总面积 20673 平方公里。旗政府驻地经棚镇距赤峰市政府所在地 220 公里。

全境整体地势西北高、东南低。西部为沙地和草原，北部多山脉峰脊。东南以山峰丘陵为主，最高峰为介于松山区、河北省围场县与本旗之间的大光顶子山，海拔 2067 米；最低处为土城子镇哈巴其拉一带，海拔 680.9 米，相对高差 1386.1 米。

克旗属于温带半干旱大陆性季风气候区。春季短暂干旱，多风而气温变化大；夏季温凉短促，降雨集中；秋季光照充足，气温下降快，昼夜温差大；冬季寒冷漫长，干燥多风。年平均气温 4.4℃，年平均日照时数 2688～3067 小时，年平均降水量在 237～575 毫米之间，降水期集中在每年的 6—8 月份，年平均蒸发量在 1513～1821 毫米之间。克旗处中纬度西风带，全年多西风，冬季多西北风，风速多在 2.8～3.0 米 / 秒。无霜期在 98～165 天之间。

境内或过境河流有西拉木伦河、滦河与内陆河三条水系，50 公里以上河流 84 条。西拉木伦河发源于境西南，境内长 198 公里，有萨岭河、大克头河、塔其沟河、百岔河、苇塘河等河流。滦河水系境内支流有赵古堆河、土力根河。内陆河水系包括大小吉林河、锡林河、贡格尔河、亮子河。有天然湖泊 11 个，其中达里湖水面面积最大。全旗水资源总量 8.63 亿立方米。水质属于重碳酸钙型水，矿化度低于 1 克 / 升，适宜人畜饮用、农田灌溉和工业用水。

克旗有较丰富的矿产资源。至 2014 年，已发现金属矿产 19 种，非金属矿产 19 种。金属矿产地 112 处，非金属矿产地 98 处。有黄岗梁大型铁锡矿床、安乐中型锡矿床、柯单山小型铬铁矿床、河盛源小型钼矿床等。在距旗政府驻地经棚镇东北 30 公里处，有一处热水温泉，地下热水分布面积约 0.62 平方公里，最高水温为 72℃，为碱性水，是理想的医疗沐浴资源。

克旗野生动物资源较为丰富。哺乳动物有 5 目 15 科 42 种，国家重点保护的主要有马鹿、黄羊、斑羚、水獭、赤狐、猞猁 6 种；鸟类有 18 目 54 科 316 种，其中有国家一级保护鸟类丹顶鹤、大鸨、玉带海雕、金雕等10种;鱼类有硬骨系鲤形目1目5科21种,其中14种是当地原种,达里诺尔瓦氏雅罗鱼和鲫鱼闻名遐迩,滦河上游有细鳞鱼出产。两栖、爬行及节肢类有9科12种。

野生植物有1100余种,其中草本植物1008种。野生植物中药用植物有甘草、麻黄、赤勺、黄芪、防风、百合、柴胡、远志、苍术等406种。野生山野菜类植物有蕨菜、黄花、山白菜、山芹菜、山韭菜等;蘑菇有丁子、片子、天花板、水云盘、鸡腿子等。木本植物主要有山杨、白桦、黑桦、落叶松、樟子松、油松、柳、榆、柞、山丁子、稠李子、山杏等。在白音敖包还生长着3万余亩原始红皮云杉林,在气候干旱、土质瘠薄的沙地上能成片集中生长,为国内外罕见,已建立了国家级自然保护区。

政区 人口 克什克腾旗于清顺治九年(1652年)建旗,"克什克腾"系蒙古语,汉译为"亲兵""卫队"。2014年,全旗辖7个镇、4个苏木、2个乡,2个街道办事处,124个行政村、嘎查,13个居委会。全旗总户数109015户,总人口252992人,其中非农业人口54837人。总人口中有汉族213496人,蒙古族33535人,回族3433人,满族2356人,还有朝鲜、达斡尔、壮、侗、鄂温克、藏等少数民族172人。人口密度为12人/平方公里。

经济概况 至2014年末,全旗实现地区生产总值139.94亿元,人均地区生产总值69851元,其中第一产业增加值17.60亿元,第二产业增加值88.97亿元,第三产业增加值33.37亿元。三次产业结构比重为12.6∶63.6∶23.8。全年500万元以上固定资产投资71.4亿元。一般预算收入7.2亿元,地方财政支出24.1亿元。

农业 2014年,农田播种面积7.67万公顷,作物主要有小麦、莜麦、荞麦、谷子、玉米、高粱、糜子、油葵、甜菜和苜蓿草、箭舌豌豆等。农业总产值29.19亿元,粮食总产量17.95万吨,产值16.87亿元,占农业总产值的57.8%。全旗有水库10座,万亩以上灌渠7条。配套机电井6777眼,有效灌溉面积1.63万公顷。农牧业机械总动力44.79万千瓦。

畜牧业 畜牧业是克旗支柱产业之一。2014年6月末,牲畜存栏总头数248万头只,总出栏114万头只。其中大畜存栏29万头,出栏14万头;小畜存栏213万只,出栏100万只。畜牧业产值10.17亿元,占农牧业总产值的23.8%。

林业 克旗是全市三大次生林区之一。有林地面积24.23万公顷,其中天然次生林17.95万公顷,人工林6.28万公顷。活立木蓄积量1576万立方米。林业产值1.27亿元,占农牧业总产值的3.2%。

渔业 克旗是赤峰主要渔业生产基地之一。2014年,全旗有养鱼水面2.5万公顷,年捕捞2823吨,渔业产值6480万元,占农业总产值的2.2%。

工业 2014年,全旗有各类工业企业267家,企业员工18425人,实现工业总产值208亿元,工业增加值83.5亿元,利税22.97亿元。其中规模以上工业企业32家,企业员工7366人,实现工业总产值204亿元,工业增加值81.5亿元,利税22.53亿元。民营企业28家。主要名优产品有铁、铅、锌等。克旗有得天独厚的风能和水能发电资源,

2014 年，全旗风能发电 134800 万千瓦时，水能发电 10300 万千瓦时，创造产值 7.31 亿元。

商贸服务　2014 年，全旗有各类商贸经营单位和零售网点 2987 家，从业人员 5530 人。全年社会消费品零售总额 27.73 亿元，其中城镇 20.91 亿元，乡村 6.82 亿元。批发零售贸易业 21.11 亿元，住宿餐饮业 6.62 亿元。有城乡商品交易市场 23 个，年商品交易额 5.32 亿元。

旅游　克旗有独具特色的旅游资源，主要有青山冰臼群、阿斯哈图花岗岩石林、黄岗梁冰川遗迹、达里诺尔火山群和热水塘温泉等多种地貌景观，有克什克腾世界地质公园等 9 个世界和国家级旅游景区。克什克腾旗先后被评为国家级旅游服务标准化示范旗、中国温泉之乡、全国摄影创作基地等。2014 年，全旗全年接待国内外游客 390 万人次，实现旅游收入 24.6 亿元。有旅行社 12 个，从业人员 3000 人。

交通　集通铁路克旗段经过原浩来呼热乡、三义乡、经棚镇、新庙乡、热水塘镇、宇宙地乡等 4 乡 2 镇 18 村，克旗段全长 159.94 公里，设站点 18 个。境内公路总里程 3464 公里，其中国道 364 公里，省道 108 公里，县道 225 公里，乡道 725 公里，村道 2095 公里。公路客运量 53 万人次，客运周转量 6585 万人公里；货运量 161 万吨，货运周转量 17700 万吨公里。

邮政电信　2014 年，全旗有 20 个邮政局所，邮路长度及投递线路 2100 公里，覆盖克旗全部农村牧区，面向全旗办理函件、包裹、汇兑、报刊发行等业务。全年邮政业务总量 886 万元。移动、联通、电信三家通信公司下设支局所 15 个，自办营业厅 18 个，合作营业厅 185 个，自控营业厅 17 个，便利店 96 个，业务代办点 154 个。电信业务总量 3400 万元。年末固定电话用户达到 17300 户，移动电话用户达到 20 万户，互联网用户达到 17000 户。

城乡建设　2014 年，全旗完成基本建设投资 9.55 亿元，房地产开发投资 36.25 亿元。商品房销售面积 14.04 万平方米，实现商品房销售额 13.42 亿元。建筑业完成总产值 5.14 亿元。至 2014 年末，旗政府所在地经棚镇建成区面积达到 12 平方公里，按规划建设有四路十街等主街路。主路主街全部安装路灯 1000 盏。建设有全封闭公共厕所近百处。城区绿化覆盖面积达到 431.9 万平方米，建成区绿地率达 39.22%。管网铺设总计 30 万延长米，自来水用户达到 2.75 万户。全旗城镇化率达到 43.8%。

环境保护　2014 年，全旗完成环境保护和污染治理项目 17 个，完成投资额 14284 万元。经棚镇实现集中联网供热。各类服务业、餐饮业用炉烟尘排放达标率达 52%。主要商业区、行政区、机关、学校、企业、服务行业等排水排污户进入街路管网经过污水处理厂处理，实现污水零排放。开通“12369”环保服务热线。经棚镇全年空气质量在Ⅱ级以上。

金融　2014 年，全旗有各类金融机构 10 家，下设营业所、储蓄所 34 家，农村信用社（农商银行）25 家。年末各项存款余额 49.81 亿元，其中城乡居民储蓄存款余额 32.14 亿元。年末金融机构各项贷款余额 54.44 亿元。

保险　2014年,全旗各类保险机构15家,保费收入1.35亿元,其中财险保费收入0.52亿元,寿险保费收入0.83亿元。理赔支出5436万元,其中财险理赔2312万元,寿险理赔3124万元。

文化　2014年,全旗有公共博物馆1个,公共图书馆1个,公共文化馆1个,专业艺术表演团体1个。乡级有文化站15个,社区文化活动室10个,草原书屋114个。克旗博物馆有馆藏文物2000件(套),其中国家一级文物10件,国家二级文物23件。经征集,馆藏古钱币较为丰富,有各朝代古钱币3000余枚。克什克腾世界地质公园博物馆属于专业博物馆,全面展示了克旗独特的地质遗迹类型、多样的生态环境和独具特色的地域民族文化。克旗乌兰牧骑常年活跃在全旗乡镇、村庄、厂矿、旅游景区景点,为农牧民和游客开展文艺演出服务。原创三人舞《百岔岩画随想》,获内蒙古自治区"五个一工程"奖。有广播站和电视差转台各1座,广播电视覆盖率达98%,城乡有线电视用户达3万户,占总户数的30%。

教育　2014年,全旗有各类幼儿园40所,在园幼儿4114人,幼儿教师304人。有各类学校43所,在校学生20311人,教职员工2824人,其中专任教师2185人。小学、初中入学率分别为100%、100%。当年高考达到三本以上分数线人数为508人。

科技　2014年,全旗有科研机构1个,科技团体1个。有各类专业技术人员4936人,其中高级职称1177人,中级职称1919人,初级职称1446人。1991—2014年,有4项科研成果通过鉴定,4项获奖,其中国家级1项,自治区级3项。

卫生　2014年,全旗有各类医疗卫生机构233个,其中旗直医疗卫生机构5个,乡镇卫生院21个,社区卫生服务中心(站)9个,个体卫生(诊)所37个。各类医疗卫生机构床位数1362张,有各类医疗卫生技术人员1888人。新型农村牧区合作医疗参合人数17.87万人,农牧民参合率达95.29%。

体育　2014年,全旗有游泳馆3个,综合体育馆1个,篮球馆1个,门球馆1个,网球馆1个,乒乓球馆1个,篮球场115个,排球场19个,网球场14个,羽毛球场15个,门球场16个,乒乓球室18个,台球室7个,健身网点16个,健身房17个,棋牌室17个。全旗普遍安装了群众健身设施,在全部建制镇人民政府所在地广场或群众聚居区都安装有健身路径,总数达到600件以上。至2014年,全旗共有各类等级运动员12人。

人民生活和社会保障　2014年,全旗城镇常住居民人均可支配收入21049元,城镇居民人均消费支出11392元;农村牧区常住居民人均可支配收入8021元,农村牧区居民人均消费支出7857元。城镇居民人均住房建筑面积38.5平方米,农村牧区居民人均住房建筑面积25.78平方米。全旗有城乡低保对象27273人,其中城镇4633人,农村牧区22464人。有社会福利企业1家,安置残疾人就业11人。有社会福利性收养单位(含敬老院)13个,床位680张,收养363人。城镇居民基本养老保险参保96103人,参保率88.5%。

第九节　翁牛特旗

自然环境　翁牛特旗位于赤峰市中部，地处大兴安岭山脉南段与七老图山脉截接地带东麓、科尔沁沙地西缘。地理坐标北纬42°26′42″~43°25′31″，东经117°49′47″~120°43′58″。东与通辽市奈曼旗接壤，西与赤峰市克什克腾旗毗邻，北隔西拉木伦河与林西县、巴林右旗、阿鲁科尔沁旗为邻；南与敖汉旗和松山区相连。东西最长256公里，南北最宽86公里，总面积11882平方公里。旗政府驻地乌丹镇距赤峰市政府所在地89公里。

地势西高东低，地貌大体分为西部台地、中部低山丘陵和东部平原三个类型。最高三岔档山，海拔2020米，最低处大兴地区，海拔270米，相对高差1750米。

全境属温带大陆性季风气候区。春季冷暖无常，空气干燥，大风频吹；夏季炎热短促，降水集中；秋季寒潮骤发，雨量锐减；冬季寒冷，多西北风。年平均气温5.8℃，年平均降水量370毫米，年平均日照时数2850~3000小时，年平均蒸发量1920~2050毫米，年平均无霜期天数150天左右。全年8级以上大风日数40天左右，平均风速：东部4.0~4.2米/秒，西部3.5~3.7米/秒。

过境和境内河流主要有西拉木伦河、老哈河及其支流少郎河、苇塘河、五分地河、四道杖房河、羊肠子河；另有布日敦河、其甘河、五牌子河等内陆河。枯水季节除西拉木伦河、老哈河外，其他河流均断流或分段断流。水资源总量6.44亿立方米，其中地下水可开采量3.16亿立方米，全国36个大型水库之一——红山水库坐落于此。总体水质良好，属重碳酸盐型水，矿化度低于1克/升，适宜人畜饮水、农田灌溉和工业用水。

境内已探明的金属矿有金、银、铜、铅、锌、钨、锑等，储量约137.9万吨；非金属矿有氟石、珍珠岩、萤石、叶蜡石、石灰石等。其中氟石储量1亿余吨，珍珠岩3000余万吨，萤石10万余吨。褐煤地质储量1.89亿吨，可开采量1.32亿吨，平均含蜡量3.7%，可提供优质工业用蜡。

风能资源丰富，境内拥有内蒙古风质最好的风电场，9个大型风电场可实现装机200多万千瓦。能驱动风力发电的风速（≥3米/秒）时间占全年的70%，年可利用风能时间3000~4500小时，有效风能密度为100~200瓦/平方米。

野生植物475种，其中林木36种，以杨、榆、落叶松、油松、柞、山杏等为主；草本植物中药用植物有甘草、麻黄、党参、枸杞、荆芥、知母、黄芪等。野生动物有狍、黄羊、狼、狐、獾、天鹅、灰鹤、鹳、豆雁等。

政区　人口　翁牛特旗始建于明崇祯九年（清崇德元年，1636年），“翁牛特”系蒙古语，汉译为“王之部众”。2014年，全旗辖4个苏木，2个乡，8个镇，2个街道办事处，6个国有农牧场，229个行政嘎查村，8个居委会。全旗总户数194896户，总人口482114人，其中非农业人口69246人。总人口中有汉族400644人，蒙古族74711人，回族393

人,满族 6049 人,还有朝鲜、壮、藏、苗族等其他少数民族 317 人。人口密度为 41 人/平方公里。

经济概况 至 2014 年末,全旗实现地区生产总值 138.8 亿元,人均地区生产总值 33109 元,其中第一产业增加值 40.63 亿元,第二产业增加值 61.54 亿元,第三产业增加值 36.63 亿元。三次产业结构比重为 29.3∶44.3∶26.4。全年固定资产投资 144 亿元。农牧业总产值 66.67 亿元。地方财政收入 3.94 亿元,地方财政支出 30.21 亿元。

农业 翁旗物产丰富,是内蒙古水稻主产区之一、全区优势畜产品基地建设先进旗和有机农业示范旗,是全国产粮大县和粮食生产先进旗县。农作物主要有谷子、玉米、高粱、大豆、荞麦、糜子、黍子、水稻、油葵、线麻、芝麻、烟叶等。2014 年,播种面积达 14.14 万公顷,其中粮豆总产 71.51 万吨。农业产值 45.63 亿元,占农牧业总产值 68.54%。全旗有水库 11 座,万亩以上灌渠 14 条。配套机电井 4871 眼,有效灌溉面积 3.25 万公顷。农牧业机械总动力 74.8 万千瓦。

畜牧业 2014 年 6 月末,全旗大小畜存栏总头数 256.01 万头只,总出栏 126.19 万头只。其中大畜存栏 218.47 万头,出栏 10.66 万头;小畜存栏 33.59 万只,出栏 19.62 万只。畜牧业产值 17.15 亿元,占农牧业总产值 25.72%。

林业 2014 年,全旗有林面积达 51.22 万公顷。有国有林场 12 个。有天然次生林 29.47 万公顷,人工林 21.75 万公顷。活立木蓄积量 454.5 万立方米。林业产值 2.78 亿元,占农牧业总产值 4.17%。全旗森林覆盖率 29.37%。

渔业 2014 年,全旗有养殖水面 7100 公顷,主要水产品种有鲢鱼、草鱼、鲤鱼。年产值 6319 万元,占农牧业总产值 0.95%。

工业 2014 年,全旗有各类工业企业 328 家,其中规模以上工业企业 61 家,企业员工 12895 人,实现工业总产值 208.2 亿元,工业增加值 53.8 亿元,利税 21.92 亿元。民营企业 328 家,主要名优产品为马铃薯全粉、滴灌带、蒙都牛肉干等。玉龙工业园区被命名为内蒙古首家承接产业转移示范园区。

商贸服务 2014 年,全旗有各类商贸经营单位和零售网点 8500 家,从业人员 3.4 万人。全年社会消费品零售总额 37.40 亿元,其中城镇 22.95 亿元,乡村 14.45 亿元。批发零售贸易业 32.32 亿元,住宿餐饮业 5.08 亿元。有城乡商品交易市场 34 个,年商品交易额 14.8 亿元。有外贸商业企业 27 家。

旅游 翁旗文化源远流长,是红山文化、辽文化的发祥地之一,因赛沁塔拉出土“中华第一龙”,享有“玉龙之乡”的美誉。2014 年,全旗旅游景点主要有玉龙沙湖、木叶山、灯笼河草原等 7 个,旅游路线 18 条。有旅行社 2 个,从业人员 233 人。接待国内外游客 70 万人次,实现旅游收入 6.5 亿元。

交通 2014 年,全旗公路总里程达 3611 公里,其中高速公路 98 公里,国道 173 公里,省道 358 公里,县道 78 公里,乡道 800 公里,村道 2008 公里。公路客运量 259.41 万人次,客运周转量 19000 万人公里;货运量 201.61 万吨,货运周转量 22700 万吨公里。

邮政电信　2014年，全旗邮政局所35个，邮路长度及投递线路4172公里。邮政业务总量1208.94万元。移动、联通、电信三家通信公司下设支局所30个，自办营业厅31个，合作营业厅308个，自控营业厅3个，便利店140个，业务代办点311个。电信业务总量1.92亿元。年末固定电话用户达到18706户，移动电话用户达到32.17万户，互联网用户达到29000户。

城乡建设　2014年，全旗完成基本建设投资10.05亿元，房地产开发投资6.31亿元。商品房销售面积24.29万平方米，实现商品房销售额8.7亿元。建筑业完成总产值14亿元。加快旧城区改造步伐，改造棚户区28万平方米，完成全宁路、乌丹路等4条主要街路改造，治理25条小巷，建成污水处理厂和无害化垃圾处理厂，启动建设全长36公里的乌丹城区外环路。全旗各乡镇苏木小城镇建设步伐加快，乌敦套海镇、海拉苏镇分别被列入国家级和自治区级重点小城镇，全旗城镇化率达到36%。

环境保护　1991—2014年，全旗环境污染得到有效控制，年减少二氧化硫排放5377.65吨，削减粉尘排放407.02吨。境内重点工业企业、医院废水、生活污水经城区污水处理厂处理基本达标排放，改善了环境质量。

金融　2014年，全旗有各类金融机构9家，下设营业所、储蓄所45家，农村信用社（农商银行）2家。年末各项存款余额68.78亿元，其中城乡居民储蓄存款余额49.51亿元。年末金融机构各项贷款余额47.21亿元。

保险　2014年，全旗各类保险机构12家，开展各类险种8个，保费收入2.5亿元，其中财险保费收入1.57亿元，寿险保费收入0.93亿元。理赔支出1.4亿元，其中财险理赔1.11亿元，寿险理赔2963.71万元。

教育　2014年，全旗有各类幼儿园63所，在园幼儿9552人，幼儿教师1015人。有各类学校141所，在校学生57344人，教职员工6095人，其中专任教师4721人。适龄儿童入学率100%；小学、初中入学率分别为100%和100%。当年高考达到三本以上分数线人数为3184人。

科技　2014年，全旗有科研机构5个，科技团体30个。各类专业技术人员8092人，其中高级职称1881人，中级职称3908人，初级职称2303人。1991—2014年，有6项科研成果通过鉴定，5项获奖，其中自治区级1项，赤峰市级4项。年内，翁旗进入全国科技进步先进县行列。

文化　2014年，全旗有文化馆、公共图书馆各1个，乡级文化站22个，草原书屋241个。有电视发射机12座，广播中心站15个，分站12个，广播电视综合覆盖率达到97.99%。全旗城乡有线电视用户达72900户，占总户数的37.4%。

卫生　2014年，全旗有各类医疗卫生机构303个，其中医院2个，专业公共卫生机构4个，其他卫生机构1个。诊所360个。有医疗卫生技术人员1554人。医疗卫生机构有床位1231张。新型农村牧区合作医疗参合人数38.38万人，农牧民参合率达95.66%。

体育　2014年,全旗有200米以上田径运动场60个,有各类运动场地600个,其中网球场8个,篮球场294个,排球场95个,门球场13个,羽毛球场45个,足球场65个,乒乓球台96个。旗体育馆、体育场、各机关单位、各乡镇苏木、各中小学校相继购置体育活动设备和器材,全民健身运动积极性高涨、蓬勃开展。

人民生活和社会保障　2014年,全旗城镇居民人均可支配收入20395元,城镇居民人均消费支出13976元;农村牧区居民人均可支配收入7406元,农村牧区居民人均消费支出6543元。城镇居民人均住房建筑面积62平方米,农村牧区居民人均住房建筑面积50平方米。全旗享受最低生活保障人员39030人,其中城镇6225人,农村牧区32805人。社会福利企业2家,安排残疾人就业83人。社会福利性收养单位(含敬老院)18个,床位676张,收养635人。

第十节　喀喇沁旗

自然环境　喀喇沁旗位于赤峰市南部,地处燕山山系七老图山脉东北麓。地理坐标北纬41°33′30″~42°14′11″,东经118°07′45″~119°20′3″。东与辽宁省建平县、元宝山区为界,西与河北省隆化县、围场县毗邻,南与宁城县相连,北与松山区、红山区接壤。东西最长99.8公里,南北最宽75.7公里,总面积3006平方公里。旗政府驻地锦山镇距赤峰城区38公里。

喀旗地势西高东低,自然形成西南部中山、中北部低山丘陵和东南部河谷平川三种不同地貌类型。最高山葫芦峰海拔1890.9米,最低处海拔487米,相对高差1403.9米。全境地理特征为“七山一水二分田”。

喀旗属中温带半干旱大陆性季风气候区。春季干燥多风;夏季雨热同期;秋季冷暖交绥剧烈,霜冻降临早;冬季严寒,降雪少。年平均气温4.4℃~7.5℃;无霜期120~150天之间;全年平均日照总时数2706小时;年降水量时空分布不均,波动较大,平均降水量370~490毫米;年平均蒸发量在1650~1710毫米。

喀旗河流属西辽河流域上游老哈河水系,境内有老哈河、锡伯河、半支箭河、西路嘎河、坤兑河、马架子河、楼子店河及小牛群河8条河流。老哈河及锡伯河为主要河流。老哈河境内流长12.63公里,平均流量10.12立方米/秒;锡伯河境内流长115.5公里,平均流量1.84立方米/秒。水资源可利用总量2.08亿立方米。总体水质良好,属重碳酸盐型水,矿化度低于1克/升,适宜人畜饮水、农田灌溉和工业用水。

境内已发现金属、非金属和固体燃料矿产资源38种,大、中、小矿床、矿点、矿化点300多处,已开发和利用的矿种19种,纳入自治区矿产资源储备量简表的矿种14种。截至2014年底,金矿石保有储量为658.22万吨,石灰石矿保有储量为2838万吨,萤石矿保有储量为177.44万吨,珍珠岩矿保有储量为424.65万吨,叶蜡石矿保有储量为13.93万吨,硅石矿保有储量为72.7716万吨。

野生动物有13目40科182种。其中鸟类8目30科150种，兽类5目10科32种，包括猞猁、金钱豹和雀鹰、松雀鹰、金雕等国家珍稀保护动物多种。野生植物有95科371属803种，包括山杨、白桦、油松、落叶松、柞、糠椴、胡枝子、山杏、虎榛子、蕨菜、蘑菇等。

政区 人口 喀喇沁旗始建于明崇祯八年(后金天聪九年，1635年)。喀喇沁为蒙古部落名称，汉译为“平民”，取“守卫者”之意。2014年，全旗辖7个镇，2个乡，2个街道办事处，10个社区。总户数140593户，总人口353586人，其中非农业人口45757人。总人口有汉族168548人，蒙古族155640人，满族28672人，回族433人，还有朝鲜、壮、彝、锡伯、达斡尔、鄂温克、维吾尔、侗、苗等其他少数民族293人。人口密度118人/平方公里。

经济概况 喀喇沁旗经济特色突出，工业以铜冶炼为支撑，农业中药材种植面积大，服务业现代物流业发展迅速。至2014年末，全旗实现地区生产总值67.25亿元，人均地区生产总值23944元，其中第一产业增加值12.78亿元，第二产业增加值28.10亿元，第三产业增加值26.37亿元。三次产业结构比重为19∶41.8∶39.2。全年地方财政收入4.4亿元，地方财政支出21.36亿元。

农业 2014年，全旗农作物播种面积51912公顷。主要农作物有谷子、玉米、高粱、小麦、水稻、薯类等。粮食总产量31.35万吨，进入自治区级产粮大县行列。实现农业总产值21.42亿元。全旗有农业龙头企业45家，其中年产值500万元的有27家，产业化经营收入占农民人均纯收入的60%以上。全旗获得无公害、绿色、有机农产品认证33项；“久闻”牌小米获得2014年上海·中国绿色食品博览会金奖；蒙野顶级甜红葡萄酒获得亚洲葡萄酒质量大赛银奖；7万亩谷子种植区被中国绿色食品发展中心批准为全国绿色食品原料标准化生产基地。全旗万亩以上灌渠5条，小型水库2座。机电井2854眼，有效灌溉面积1.96万公顷。农业机械总动力35.1万千瓦。综合农机化作业率达到71%。

畜牧业 2014年6月末，牲畜存栏总头数102.55万头只，总出栏69.48万头只。其中大畜存栏19.46万头，出栏10.37万头；小畜存栏60.97万只，出栏36.88万只；生猪存栏22.12万口，出栏22.23万口。畜牧业产值8.58亿元，占农业总产值的40.03%。全旗畜产品龙头企业19家，畜禽产品市场10个，养殖专业合作组织245个。

林业 2014年，全旗有林面积16.77万公顷，其中森林面积14.86万公顷。林木蓄积量432万立方米，森林覆被率达到48.7%。林业产值1.4亿元，占农业总产值的6.51%。

工业 到2014年工业企业总数403家，形成有色冶金、新型建材、矿产开发、氟化工、纺织服装、农畜产品加工六大支柱产业。工业总产值70.22亿元，工业增加值19.67亿元。

商贸服务 2014年，全旗商贸经营网点10571家。其中私有商贸企业602家，个体商户9969家；规模性商贸企业20家；拥有进出口业务企业17家，主要出口创汇产品有中药材、速冻食用菌、脱水蔬菜等，年对外贸易额达到213.57万美元。商贸从业人员

15969人。全年社会消费品零售总额26.63亿元,其中城镇18.28亿元,乡村8.35亿元。批发零售贸易业23.17亿元,住宿餐饮业3.46亿元。城乡商品交易市场60个,年商品交易额23亿元。

旅游　喀喇沁旗山川秀美,马鞍山、茅荆坝国家森林公园和美林谷旅游区景色宜人。以喀喇沁亲王府、福会寺、灵悦寺、龙泉寺为主的文物资源十分丰富。2014年,主要旅游景点有11个,其中美林谷滑雪场被评为国家AAAA级旅游景区。旅游餐饮住宿单位252家,国内旅行社2家,国家级导游员70余人,旅游直接从业人员0.8万人,间接从业人员1.5万人。全年接待游客67.6万人次,旅游收入8亿元。

交通　全旗交通便利,叶(柏寿)—赤(峰)铁路由旗东部昌盛远和乃林镇通过,赤朝高速、赤大高速、赤承高速、赤凌高速等高等级公路穿越或始于旗境,赤峰玉龙机场坐落在境内。到2014年,公路通车里程1348.02公里,有国道1条30.09公里;省道2条100.64公里;专用公路1条11.53公里;县道6条177.88公里;乡道14条282.86公里;村道80条631.11公里;农村旅游专用公路3条11.7公里;农村公路100条1091.8公里,其中硬化里程763.46公里,比国家规定提前四年实现村村通硬化公路目标。公路货运量236万吨,货运周转量16337万吨公里;公路客运量1345万人次,客运周转量17936万人公里。

邮政电信　2014年,全旗邮政所17个,邮路长度及投递线路3910公里。邮政业务总量2385万元。移动、联通、电信3家通信公司下设支局所10个,自办营业厅28个,合作营业厅149个,便利店216个,业务代办点121个。电信业务总量1.5亿元。年末固定电话用户2.6万户,移动电话用户达到27.8万户,互联网用户达到2.9万户。

城乡建设　2014年,全旗完成基本建设投资15.2亿元,房地产开发投资1.7亿元。商品房销售面积9.65万平方米,实现商品房销售额2.92亿元。建筑业完成总产值7.91亿元。锦山城区形成了“三横六纵一环”的主体框架,建成区面积扩展到8.2平方公里,城镇供水水质合格率100%,城区集中供水普及率89%,集中供热普及率76%,燃气普及率91%。乡镇政府所在地的小城镇建设也初见成效,整村绿化、卫生净化、环境美化、道路硬化、村庄亮化的新农村大量涌现。

环境保护　2014年,完成环境保护和污染治理项目7个,完成投资额1835万元。实施二氧化硫(SO_2)气象监测数据70000个。依法关停小石灰窑、洗煤厂30处。划分水源保护区8个。

金融　2014年,全旗有各类金融机构8家,下设营业所、储蓄所25家,农村信用社(农商银行)32家。年末各项存款余额73.7亿元,其中城乡居民储蓄存款余额54.1亿元。年末金融机构各项贷款余额45.3亿元。

保险　2014年,全旗有各类保险机构3家,各类保费收入1.23亿元,赔款支出4564万元。

教育　2014年,全旗有各类幼儿园130所,在园幼儿8898人,幼儿教师408人。有各类中小学校 100 所,在校学生 35969 人,教职员工 3752 人,其中专任教师 3397 人。适龄儿童入学率 100%;小学、初中毛入学率分别为 100%和 100.82%。当年高考达到三本以上分数线人数为 1365 人。

科技 2014 年,全旗有各类专业技术人员 6212 人,其中高级职称 1608 人,中级职称 2249 人,初级职称 2355 人。有科研机构 5 个,其中行政管理机构 1 个,事业单位 1 个,民建科技机构 3 个。有科技企业 31 个。自 1991—2014 年,有 113 项科研成果通过鉴定,44 项获奖,其中国家级 2 项,自治区级 20 项,赤峰市级 22 项。

文化 2014 年,全旗有文化艺术机构 8 个,有电视台 1 座,文化馆、公共图书馆、博物馆各 1 个,乡级文化站 11 个,社区文化活动室 8 个,群众性文艺队伍 320 支。城乡有线电视用户达 6.5 万户,占总户数的 80.5%。博物馆有馆藏文物 1864 件,其中国家一级文物 25 件, 国家二级文物 98 件, 国家三级文物 229 件, 不可移动文物保护单位 605 处。

卫生 2014 年,全旗有医疗卫生机构 348 个,其中医院、卫生院 20 个,村卫生室 163 个, 社区及乡村诊所 57 个。各类医疗卫生单位拥有床位 1005 张。卫生技术人员 1243 人,其中执业医师 413 人,执业助理医师 166 人,注册护士 345 人,高级职称医护人员 58 人,中级职称医护人员 193 人。新型农村合作医疗参合人数达 27.63 万人,农民参合率 95.1%。

体育 2014 年,全旗有体育场馆 2 个,11728.6 平方米,群众体育活动场所、场地 610 处,老年体协组织 28 个,其他群众体育团体 16 个。2014 年,旗体育中心被国家体育总局命名为国家级“小型全民健身活动中心”,参加内蒙古自治区第十三届运动会获 3 金 1 银 3 铜成绩。

人民生活和社会保障 2014 年,全旗城镇居民人均可支配收入 20657 元,城镇居民人均消费支出 12790 元;农村牧区人均可支配收入 8007 元,农村牧区人均消费支出 6266 元。城镇居民人均住房建筑面积 31.63 平方米,农村居民人均住房建筑面积 25.13 平方米。全旗最低生活保障救助 30135 人,其中城镇 2932 人,农村牧区 27203 人。社会福利企业 7 家,安排残疾人就业 900 人。社会福利性收养单位(含敬老院)15 个,床位 1210 张,收养 905 人。城镇居民基本养老保险参保 16.08 万人,参保率达 90%。

喀喇沁旗是全国生态建设先进县、全国绿色小康县、自治区特色产业示范旗、全区旅游产业发展重点旗。

第十一节 宁城县

自然环境 宁城县位于赤峰市南部,地处河北、辽宁、内蒙古三省(区)交界处。地理坐标北纬 41° 17′ ~ 41° 53′,东经 118° 15′ ~ 119° 24′。东与辽宁省建平县接界,东南与辽宁省凌源市接壤,南与河北省平泉县交界,西南与河北省承德县相依,西与河北省隆化县毗邻，西北和北部与喀喇沁旗相连。东西长约 94 公里，南北宽约 64 公里，总面积 4305.47 平方公里。县政府驻地天义镇距赤峰市政府所在地 116 公里。

宁城县属内蒙古高原与松辽平原的过渡地带，地势西高东低。西部山峦起伏，中部丘陵广阔，沿河平川较长，构成了“五山四丘一分川”的地貌景观。最高峰三座店镇龙潭梁翠云峰，海拔 1890.9 米；最低处五化镇南三十家子村南侧，海拔 459 米，相对高差 1431.9 米。

宁城县全境属温带半干旱大陆性季风气候区。冬季严寒少雪，多偏北风；夏季温热，雨水集中；春秋两季南北气流冷暖交绥剧烈，少雨雪，多大风。年平均气温 6.75℃，年平均日照时数 2750~2900 小时，热量分布由东向西递减，年平均降水量 465 毫米左右，年均蒸发量 1517 毫米左右，年均无霜期 100 ~ 150 天。

境内和过境河流主要有老哈河及其支流黑里河、八里罕河、热水河、忙农河、昆都仑河、大城子河、八素台河、汐子河等；有大凌河支流驿马吐河、五化河、铜匠沟河、朝宝沟河、团结店河。水资源总量 4.01 亿立方米。水质较好，矿化度低于 1 克 / 升，以碳酸钙型水为主，适宜人畜饮用、农田灌溉和工业用水。

境内自然资源丰富，已探明金属和非金属矿产资源有 30 余种，矿点、矿化点达 252 处。金属矿有金、铁、锰、钼、铜、铅、锌等，非金属矿有煤、硅石、膨润土、珍珠岩、大理石、水晶石等。境内有丰富的古生物化石资源，是我国北方重要的化石研究基地。南部有地热资源 1 处。

全县野生动植物资源种类繁多。有野生高等植物 140 科 465 属 953 种，其中国家二级保护植物有刺五加、胡桃木、五味子等 17 种；有野生动物 26 目 61 科 177 种，其中国家一级保护动物有金雕、白枕鹤 2 种，国家二级保护动物有黑熊、大天鹅、红隼等 19 种。地质遗迹资源种类丰富，有昆虫类、双壳类、腹足类、鱼类、两栖类、无颌类、爬行类、鸟类、哺乳类和多种植物化石 20 多个门类。

政区 人口　宁城县原属喀喇沁中旗，1931 年，在旗境小城子沿袭明代大宁卫之名，置大宁设治局。后取大宁之“宁”字，小城子之“城”字，更名为宁城设治局。1932 年 10 月 1 日，改称宁城县。2014 年，全县辖 13 个镇，2 个乡，3 个街道办事处，302 个村民委员会，22 个社区居民委员会。是一个以蒙古族为主体、汉族居多数的多民族聚居县，是内蒙古自治区人口最多、人口密度最大的县。总户数 223245 户，总人口 615237 人，其中非农业人口 80410 人。总人口中有汉族 528515 人，蒙古族 76310 人，满族 8100 人，回族 1947 人，还有朝鲜、达斡尔、壮、锡伯、苗、侗、彝等其他少数民族 365 人。人口密度为 143 人/ 平方公里。

经济概况　至 2014 年末，全县实现地区生产总值 159.03 亿元，人均地区生产总值 29854 元，其中第一产业增加值 34.62 亿元，第二产业增加值 66.83 亿元，第三产业增加值 57.58 亿元。三次产业结构比重为 21.8 ：42 ：36.2。全年固定资产投资 81.56 亿元。地方财政收入 6.2 亿元，地方财政支出 29.2 亿元。

农业 宁城县是全国产粮大县。2014 年，全县农作物播种面积 10.45 万公顷。主要农作物有谷子、玉米、高粱、小麦、水稻、莜麦、荞麦、黍子、胡麻、蓖麻、芝麻、向日葵、甜菜、线麻、烟叶、中药材等。粮食总产量 74.02 万吨。农业总产值 57.83 亿元。有水库 15 座，万亩以上灌渠 4 条。配套机电井 6355 眼，有效灌溉面积 4.96 万公顷。农牧业机械总动力 52.94 万千瓦。1991 年，国务院授予宁城县“全国粮食生产先进单位”称号。

畜牧业 2014 年 6 月末，牲畜存栏总头数 168.34 万头只，总出栏 150.76 万头只。其中大畜存栏 60.11 万头，出栏 30.80 万头；小畜存栏 58.92 万只，出栏 45.33 万只；生猪存栏 49.31 万口，出栏 71.63 万口。畜牧业产值 16.33 亿元，占农业总产值的 28.23%。

林业 2014 年，全县有林面积 23.62 万公顷，其中天然次生林 8.25 万公顷，人工林 11.90 万公顷。活立木蓄积量 651.39 万立方米。林业产值 2.21 亿元，占农业总产值 3.82%。全县森林覆盖率 47%。黑里河林区天然次生林面积 5.33 万公顷，是国家级自然保护区。

渔业 主要是水库养鱼。2014 年，有养殖水面 731 公顷，年产值 6366 万元，占农业总产值的 1.1%。

工业 宁城县工业经济比较发达，1991 年后，逐步确立了工业在县域经济中的主导地位，食品、冶金、化工三大主导产业日益壮大。2014 年，全县有各类工业企业 487 家，企业员工 4 万人，实现工业总产值 198.64 亿元，工业增加值 58.20 亿元，利税 6.53 亿元。其中规模以上工业企业 70 家，企业员工 1.4 万人，实现工业总产值 179.2 亿元，工业增加值 49.44 亿元，利税 3.57 亿元。民营企业 66 家，主要名优产品有宁城老窖酒、塞飞亚草原鸭等。

商贸服务 2014 年，全年社会消费品零售总额 53.32 亿元，其中城镇 42.16 亿元，乡村 11.16 亿元。批发零售贸易业 48.19 亿元，住宿餐饮业 5.13 亿元。有城乡商品交易市场 62 个，年商品交易额 13 亿元。有外贸商业企业 33 家，对外贸易总额 569 万美元。

旅游 宁城县是辽代五都之一的辽中京所在地，有“辽中京博物馆”“藏龙谷”“道须沟”等 21 个主要旅游景点。2014 年，开发旅游线路 2 条，接待国内外游客 120 余万人，实现旅游收入 16.2 亿元。有旅行社（含分社）7 个，从业人员 14 人。

交通 宁城县是赤峰市南大门，内蒙古交通要冲，铁路、公路纵横交错，四通八达。叶（柏寿）—赤（峰）铁路从县境东部通过，境内有 3 个车站 1 个乘降所。天义是京沈高铁赤峰专线，大连—赤峰、沈阳—赤峰、山海关—赤峰、丹东—赤峰等特快对开列车的停车站之一。2014 年，全县公路总里程 2092 公里，其中赤凌一级公路、国道 306 线、省道 219 线穿境 324.3 公里；县乡公路 29 条 753.5 公里，公路网密度 48.6 公里 / 百平方公里。全县长途客运车、出租车、市内公交车、货运车、特种汽车等达 1.3 万辆。公路客运量 683 万人次，客运周转量 12975 万人公里；货运量 578 万吨，货运周转量 28279 万吨公里。

邮政电信 2014 年，全县邮政局所 30 个，邮路长度及投递线路 2479 公里。邮政业务总量 2386 万元。移动、联通、电信三家通信公司下设支局所 14 个，自办营业厅 19 个，合作营业厅98个,便利店207个,业务代办点297个。电信业务总量2.6亿元。年末固定电话用户5.8万户,移动电话用户达到41.3万户,互联网用户达到3.3万户。

城乡建设　2014年,全县完成基本建设投资81.6亿元,房地产开发投资10.35亿元。商品房销售面积31.35万平方米,实现商品房销售额14.9亿元。建筑业完成总产值21.72亿元。按照县政府“西移北扩”的城建布局,建成新城区总长30.5公里的街路框架,建成区面积达到22平方公里,成为宁城县政治、商贸和文化教育中心。全县小城镇建设成效显著,新建改造镇区道路19.22公里,铺设给排水、供热源网18.92公里,安装路灯328盏,绿化1.3万平方米。八里罕镇被列为全国新型城镇化建制示范试点。全县城镇化率达到41.89%。

环境保护　宁城县是首都阻沙基地,也是京津涵养水源基地。1991—2014年,环保投资3.56亿元,实施污水、废气、废渣、噪声综合治理。先后拆除锅炉120个,取缔不合格企业305家,治污投入1.85亿元,铺设管网67.99公里,日处理污水2万吨。采取有效措施,年减少二氧化硫排放2219吨,削减粉尘排放3898吨;工业企业实施废物再利用,环境质量得到改善。2008年,宁城县被国家环保总局命名为“国家级生态示范区”。

金融　2014年,全县有各类金融机构9家,下设营业所、储蓄所88家。年末各项存款余额123亿元,其中城乡居民储蓄存款余额104.6亿元。年末金融机构各项贷款余额76.6亿元。

保险　2014年,全县各类保险机构17家,开展各类险种9个,各类财产承保额183.26亿元。保费收入1.03亿元,其中财险保费收入1908万元,寿险保费收入8363万元。赔款支出1583万元,其中财险赔款1067万元,寿险赔款516万元。

教育　2014年,全县有幼儿园102所,在园幼儿11928人,幼儿教师893人。有各类学校74所,在校学生62576人,教职员工7008人,其中专任教师5572人。适龄儿童入学率100%;小学入学率100%,初中入学率100%。当年高考达到三本以上分数线人数为1613人。

科技　2014年,全县有科技团体1个。有各类专业技术人员11019人,其中高级职称2564人,中级职称4252人,初级职称4203人。1991—2014年,有98项科研成果通过鉴定;133项获科技进步奖,其中国家级科技进步奖1项,自治区级9项,赤峰市级58项,县级65项。1995年,宁丰苹果育种获国家发明三等奖。

文化　2014年,全县有艺术表演团体1个,艺术表演场所1处;有公共图书馆、博物馆各1个,博物馆馆藏文物6100件;有文化馆1个,乡镇文化站16个,有社区文化活动室22个,草原书屋305个。富有传统韵味的抬阁背阁、宁城锣鼓乐、李家剪纸被列入赤峰市、自治区非物质文化遗产名录。有广播站和电视差转台各1个,广播电视覆盖率达97.8%,城乡有线电视用户达7.5万户,占总户数的33.6%。

卫生　宁城县加强县、乡、村三级卫生保健网络建设,基本形成公立医院、村卫生室(社区卫生服务中心)及个体医院(诊所)共生的格局。2014年,有各类医疗卫生机构

591个,其中乡镇以上卫生机构33个,村卫生室、个体诊所等其他卫生机构558个。有医疗卫生技术人员2761人，有病床2639张。新型农村合作医疗参合人数达46.4万人,农民参合率96%。

体育　2014年,全县有运动场70个,网球馆1个,篮球场70个。有体育协会9个,举办体育赛事60余次,有各类等级运动员108人。县里有业余体校1所,1991—2014年共向市内外输送体育人才394人。

人民生活和社会保障　2014年,全县城镇居民人均可支配收入22352元,城镇居民人均消费支出14789元;农村居民人均可支配收入7791元,农村居民人均消费支出6902元。城镇居民人均住房建筑面积34.98平方米,农村居民人均住房建筑面积30.86平方米。全县最低生活保障救助4.2万人,其中城镇0.7万人,农村牧区3.5万人。社会福利企业7家,安排残疾人就业168人。社会福利院(敬老院)22个,床位2305张,收养603人。城镇居民基本养老保险参保241414人,参保率为39.24%。

第十二节　敖汉旗

自然环境　敖汉旗位于赤峰市东南部,地处燕山山脉东段努鲁尔虎山北麓、科尔沁沙地南缘。地理坐标北纬41°42′~43°02′,东经119°30′~120°53′。东与通辽市奈曼旗毗邻,南与辽宁省朝阳市接壤,西与元宝山区、松山区相连,北与翁牛特旗隔老哈河相望。东西最宽122公里,南北最长176公里,总面积8294.14平方公里。旗政府驻地新惠镇距赤峰市区110公里。

全旗低山丘陵区占总面积34%,北部沙质平原坨甸区占32%,其余为平原区。最高峰丰收乡四道营子大山海拔1255米,最低处不详。

全境属中温带大陆性季风气候区。冬季寒冷干燥,夏季温热,多降水天气,春秋两季多大风少雨雪。年平均气温7.4℃。年平均降水量在350~500毫米之间。年平均蒸发量在2025~2408毫米之间。年平均日照时数多在2980~3088小时之间。有效积温2600℃~3000℃。年无霜期在139~208天之间。年平均风速4米/秒,全年大于或等于8级以上大风30~60天左右。

境内和过境主要河流有叫来河、孟克河、老哈河、老虎山河、牤牛河等。全旗水资源总量4.78亿立方米。水质总体属重碳酸钙型水,矿化度低于1克/升,水质良好,适于人畜饮用、农业灌溉和工业用水。

敖汉旗是内蒙古第一产金大县,年产黄金4000千克。境内发现地下蕴藏的矿产资源主要有金、铁、铜、银、钨、钼、煤、萤石、油页岩、磷、硅石、陶土、天然硅砂、水泥灰岩、地下热水、建筑用砂石、砖瓦用粘土等30余种;有各类矿床、矿点、矿化点200余处。

野生动物主要有狐、狍、蒙古兔、沙鼠、刺猬等,鸟类主要有雉鸡、鹌鹑、大鸥、石鸡、绿头鸭等。野生经济植物有90余科710余种,主要药用植物有麻黄、黄芩、甘草、远志、柴胡等。森林资源以人工林为主。有大面积的人工油松林和山杏经济林,还有以沙棘、柠条、锦鸡儿、杨柴为主的灌木林,以及以落叶松、杨树为主的用材林。

政区 人口 敖汉旗始建于明崇祯九年(清崇德元年,1636年),“敖汉”系蒙古语,汉译为“大王”。2014年,全旗辖6个乡,8个镇,1个苏木,216个村民委员会,6个嘎查。总户数238521户,总人口610723人,其中非农业人口72131人。总人口有汉族566090人,蒙古族35107人,回族1910人,满族7289人,还有朝鲜、达斡尔、鄂温克、鄂伦春、壮、藏、锡伯、苗、土家、彝、黎、傣等其他少数民族327人。人口密度74人/平方公里。

经济概况 至2014年末,全旗实现地区生产总值156.52亿元,人均地区生产总值29439元,其中第一产业增加值40.42亿元,第二产业增加值67.47亿元,第三产业增加值48.63亿元。三次产业结构比重为25.82∶43.11∶31.07。全年固定资产投资95亿元。地方财政收入5.2亿元,地方财政支出29.79亿元。

农业 敖汉旗农作物以玉米、高粱、谷子、水稻、小麦、荞麦、向日葵、芝麻、黑瓜子等为主。2014年,农作物播种面积25.33万公顷,粮食总产量77.35万吨。实现农业总产值66.54亿元。全旗有大、中、小型水库15座,配套机电井9360眼,农用拖拉机11733台。农牧业机械总动力82.57万千瓦。

畜牧业 2014年6月末,全旗大小畜存栏总头数达到294.99万头只,总出栏148.01万头只。其中大畜存栏30.77万头,出栏31.05万头;小畜存栏86.22万只,出栏91.18万只。肉类总产量7.29万吨,禽蛋总产量8.62万吨,奶类总产量9783吨。人工种草及飞播牧草面积8万公顷。畜牧业产值17.48亿元,占农业总产值27.36%。

林业 敖汉旗生态建设享誉中外,是“全国人工造林第一县”。2014年,全旗有林面积38.10万公顷,其中天然次生林1.87万公顷,人工林36.23万公顷。森林覆被率43.8%。林木蓄积量694.3万立方米。林业产值5.4亿元,占农业总产值8.5%。

渔业 全旗有养殖水面266.67公顷,年产值1381万元,占农业总产值0.21%。

工业 2014年,敖汉旗有各类工业企业368家,企业员工27718人,实现工业产值96.82亿元,工业增加值60.17亿元。其中规模以上工业企业59家,企业员工9420人,实现工业总产值83.14亿元,利税1683.7万元。民营企业39家,主要名优产品有黄金、铁精粉、白酒等。

商贸服务 2014年,全旗有各类商贸企业94家,从业人员323人。全年社会消费品零售总额39.48亿元,其中城镇36.44亿元,乡村3.04亿元。批发零售贸易业34.91亿元,住宿餐饮业0.89亿元。城乡商品交易市场47个,年成交额50亿元。有外贸商业企业7家,对外贸易总额219万美元。

旅游 敖汉旗历史文化悠久,发展文化旅游潜力巨大。2014年,全旗主要有清泉谷、温泉度假村等景点11个,接待国内外游客82万人次,有旅行社2家,从业人员18人,实现旅游总收入7.1亿元。

交通 京(北京)—通(通辽)铁路自西向东横贯境北96公里,设18个站点。2014

年，全旗公路通车总里程达到2733公里，其中国道180公里，省道10公里，县道413公里，乡道1111公里。公路客运量168.8万人次，客运周转量8095万人公里；货运量160万吨，货运周转量8803万吨公里。

邮政电信 2014年，全旗邮政局所22个，邮路长度及投递线路570公里。邮政业务总量2769.62万元。移动、联通、电信三家通信公司下设支局所17个，自办营业厅22个，合作营业厅326个，便利店268个，业务代办点156个。电信业务总量2.6亿元。年末移动电话用户42.8万户，互联网用户5.51万户。

城乡建设 2014年，全旗完成基本建设投资39.4亿元，房地产开发投资21.4亿元。商品房销售面积40.88万平方米，实现商品房销售额16.37亿元。建筑业完成总产值11.32亿元。全旗城镇化率35.7%。

环境保护 从2010年到2014年，全旗环境保护总投资0.59亿元，完成环境保护和污染治理项目33个。2014年，日均处理生活污水达2万吨，化学需氧量日均减排量已达到6.2吨，氨氮日均削减量0.45吨。

金融 2014年，全旗年末各项存款余额85.98亿元，其中城乡居民储蓄存款余额67.25亿元。年末金融机构各项贷款余额45.49亿元。

保险 2014年，全旗各类财产承保额150.5亿元。保费收入1.67亿元，其中财险保费收入0.84亿元，寿险保费收入0.83亿元。理赔支出6337万元，其中财险理赔5707.8万元，寿险理赔628.9万元。

教育 2014年，全旗有各类学校82所，在校学生59057人，教职工5835人，其中专任教师4670人。有各类幼儿园104所，在园幼儿13593人，幼儿园教师1159人。适龄儿童入学率100%；小学、初中入学率分别为100%和100%。

科技 2014年，全旗有科研机构1个。有各类专业技术人员8389人，其中高级职称2334人，中级职称4084人，初级职称1971人。1991—2014年，有12项科研成果通过鉴定，12项获奖，其中自治区级4项，赤峰市级8项。

文化 敖汉旗历史文化底蕴深厚，距今8000年的兴隆洼文化遗址被考古界誉为“华夏第一村”。敖汉旗博物馆藏有5000余件(套)历史文化珍品，在全国县级博物馆中居第一位。2014年，全旗有公共图书馆、文化馆、博物馆各1个，有各种艺术表演团体15个，有艺术表演场所35个，乡镇文化站16个，社区文化活动室14个。敖汉旗乌兰牧骑演出的、反映敖汉旗生态建设成就的评剧《大漠绿海》在第四届全国评剧艺术节上获优秀演出奖。全旗广播电视差转台16座，广播电视综合人口覆盖率达95%，有线电视用户达7.5万户。

卫生 2014年，全旗有各类医疗卫生机构35个，其中旗级医院2个，乡镇卫生院29个，村卫生室(站)、个体诊所等其他卫生机构644个。各类医疗卫生机构有卫生技术人员1431人，床位1932张。新型农村牧区合作医疗参合人数50.03万人，户籍人口参合率达95.17%。

体育　2014 年,全旗有各类体育场地 665 个,总面积 46.5 万平方米。其中球类场地 322 个,田径场地 37 个,体育健身场地 306 个。

人民生活和社会保障　2014 年,全旗城镇居民人均可支配收入 20620 元,城镇居民人均消费支出 13500 元;农村牧区居民人均可支配收入 8005 元,农村牧区居民人均消费支出 6814 元。全旗最低生活保障救助 52694 人,其中城镇 7266 人,农村牧区45428 人。社会福利性收养单位(含敬老院)18 个,收养 1015 人。社会福利企业 1 家,安排残疾人就业 17 人。城镇居民基本养老保险参保 29.6 万人,参保率 48.4%。

第二篇　自然环境

第一章　地　质

赤峰市南、北部分属华北陆块区和天山—兴蒙造山系两个Ⅰ级大地构造单元。独特的大地构造位置、漫长而复杂的地质演化造就了赤峰市独有的地质特征：地层发育较齐全而岩性繁杂多样，古生代之前地层以西拉木伦河为界南北迥异，古生代之后全市发生大面积陆相火山岩喷发；岩浆活动强烈而频繁，方式多种多样，既有岩浆喷溢和喷发，又有岩浆侵入，岩石类型以酸性为主，中性岩类次之；地质构造形迹复杂，形成以东西向深大断裂为界、北东向构造为主、褶皱分布其间的构造格架；矿产资源丰富，成矿条件优越，矿产种类齐全，是我国著名的“有色金属之乡”。

第一节　地　层

赤峰地区古生代及之前地层大致以西拉木伦河为界，南部为稳定基底，属华北地层区阴山地层分区；北部属天山—兴蒙地层区内蒙古草原地层分区。晚古生代基底主体抬升，受到剥蚀，仅在华北陆块边缘接受海陆交互相沉积，地层归属为华北地层区阴山地层分区；北部属古亚洲多岛洋，以海相、泻湖相地层为主，夹古陆块变质基底地层，归属天山—兴蒙地层区。

古生代末期，古亚洲洋消亡闭合，与南侧华北陆块连为一体，其后进入中、新生代共同沉积。赤峰地区中、新生代地层均属滨太平洋地层区，地层分布主要受到深大断裂构造的控制。

一、新太古界

赤峰地区保留的太古界地层分布在华北陆块区，即赤峰市南部，构成本地区基底，也是本市南部铁矿、金矿矿源层。

乌拉山群。赤峰地区出露的最古老地层，分布在宁城县、喀喇沁旗、松山区及敖汉旗南部。乌拉山群为片麻岩、斜长角闪岩为主的变质岩系，分为3个（岩）组，即深色片麻岩（岩）组、浅色片麻岩（岩）组及大理岩（岩）组。总厚度达2500米以上。

二、元古界

赤峰地区元古界地层分散在北部,目前认为是拼贴在兴蒙造山系中破碎的“锡林浩特”微地块的基底。

宝音图群。分布在克什克腾旗北部、巴林右旗南部、林西县南部、阿鲁科尔沁旗北部及翁牛特旗中部。宝音图群是以云母石英片岩、云母片岩和石英岩为主的一套中、浅变质的岩石组合,原岩属于在海水平静、升降频率不大的条件下沉积的、海域不广的板块边缘浅海—滨海相建造。

三、古生界

古生界地层南北迥异,寒武系、奥陶系地层仅保留在南部,属华北地层区阴山地层分区;志留系中统之后地层保留较齐全,南、北部地层均出现连续沉积。

寒武系　仅在南部出露,为锦山组,属华北地层大区阴山地层分区。

锦山组。零星出露于喀喇沁旗小牛群镇北、锦山镇北山以及小五家回族乡一带。岩石组合以碎屑岩为主,下部为深灰色泥质砂岩、砂质泥岩夹杂砂岩、灰岩透镜体等;上部以板岩为主,夹少量千枚岩及条带状泥质结晶灰岩。厚度大于 419 米,未见顶底。

奥陶系　仅在南部喀喇沁旗出露,区域上无延展,为明安山灰岩,属华北地层大区阴山地层分区。

明安山灰岩。分布于喀喇沁旗十家满族乡明安山一带。岩性为浅海相块状、条带状灰岩、泥质灰岩为主的一套碳酸盐岩组合。无化石。未见顶底。

志留系　赤峰地区是一个特殊的断代。南部华北陆块区遭受剥蚀时,华北陆块区北缘接受不同环境沉积,在翁牛特旗晒勿苏地区沉积志留系中统浅海相碳酸盐岩岩系的晒勿苏组,后发育活动型的八当山火山岩,在林西县新城子镇发育志留系上统——泥盆系下统海相西别河组,该组夹杂的蛇绿岩碎片是洋壳俯冲的重要证据,对本地区的构造及地史演化研究均有重要意义。以上地层均属于华北地层大区内蒙古草原地层区。

晒勿苏组。分布于翁牛特旗解放营子晒勿苏一带。该组为浅海相碳酸盐岩岩系,岩性主要为结晶灰岩、礁灰岩及泥灰岩,局部夹板岩。未见下界。

八当山火山岩。分布在翁牛特旗解放营子晒勿苏一带,整合于晒勿苏组碎屑岩之上。该组为一套流纹斑岩夹板岩的海相中酸性火山岩,在东山一带夹有一层安山岩。厚度为 1064 米。上界关系不清。

西别河组。在林西县新城子镇以东出露,位于西拉木伦河以北。以板岩为主,夹有少量砂岩和灰岩,未见顶底,其中含有蛇绿岩碎片,富含珊瑚、腕足类、层孔虫等多门类化石。该组是我国北方少有发育生物礁的古生代沉积地层。

泥盆系　前坤头沟组。仅在敖汉旗前坤头沟一带分布。该组为一套浅海相杂砂岩、暗绿色板岩、砂质板岩、板岩夹灰岩及基性火山岩组合。厚度约为 1438 米。上、下界关系不清。

石炭系 地层分布广泛，发育良好，生物化石丰富，门类繁多，分区特征明显：以西拉木伦河为界，南部发育赤峰地层分区石炭系地层，北部发育锡林浩特—磐石地层分区的石炭系地层。

赤峰地层分区发育于西拉木伦河以南，均为海陆交互相，包括沉积岩及火山岩，分别为连续沉积的朝吐沟组、石嘴子组、白家店组和酒局子组。

朝吐沟组。分布于敖汉旗牛古吐乡。该组是以变质火山岩为主的岩性组合，包括变质基性至中酸性熔岩、变质火山碎屑岩夹绢英片岩及少量石英岩。

石嘴子组。分布在敖汉旗一带。为海相轻微变质砂岩、泥（板）岩组合。

白家店组。分布于敖汉旗哈沙叶乡至木头营子乡及南塔子乡。本组为海相碳酸盐岩岩系。厚达 2533.3 米。

酒局子组。在敖汉旗朝吐沟一带。与朝吐沟组及白家店组连续沉积。岩性组合为陆相或海陆交互相页（板）岩，局部夹灰岩透镜体、中酸性凝灰岩。厚度大于 700 米。

锡林浩特—磐石地层分区地层大致分布于西拉木伦河以北，为上石炭统的本巴图组、阿木山组与格根敖包组。

本巴图组。仅出露在克什克腾旗巴彦高勒苏木东南。该组岩性为深灰色、灰绿色硬砂岩、长石砂岩夹灰岩、砾岩，底部为酸性火山岩。含动植物化石。

阿木山组。零星出露于巴林右旗宝日勿苏镇至阿鲁科尔沁旗双胜镇一带，为海相碳酸盐岩为主的岩石组合。含化石丰富。可见厚度 357.7 米。

格根敖包组。零星出露于克什克腾旗巴彦查干苏木北部地区。该组为海陆交互相火山岩及碎屑岩组合，岩性主要为浅黄色安山质熔岩、英安质火山碎屑岩、黄绿色长石砂岩、粉砂岩、粉砂质板岩。含腕足动物及少量植物化石。层厚约 2211.02 米。

二叠系 以海相、滨海相、浅海相地层为主，沉积较连续。中部和南部为三面井组、额里图组、于家北沟组，属赤峰地层分区；北部为寿山沟组、大石寨组、哲斯组、林西组，属锡林浩特—磐石地层分区。

三面井组。在赤峰地区零星分布。为浅海—滨海相碎屑岩组合，主要为灰绿色—灰白色长石细砂岩，夹部分杂砂岩、灰绿色含粉砂板岩等。上界与额里图组整合接触或被中生代火山岩不整合覆盖。

额里图组。分布于克什克腾旗和翁牛特旗部分地区。克什克腾旗于家北沟一带，本组为以安山岩为主夹凝灰岩，位于三面井组和于家北沟组之间的陆相火山岩及正常碎屑岩，上与于家北沟组整合接触，下与三面井组关系不清。翁牛特旗武家沟南山本组为中酸性火山碎屑岩夹安山岩，下界关系不清，上界亦与于家北沟组整合接触。

于家北沟组。出露于克什克腾旗经棚镇以西，翁牛特旗杨树沟门至敖汉旗新惠镇一带。为海陆交互相沉积岩石组合，岩性比较稳定，具正粒序层的特征，偶夹火山岩。含动植物化石。上界与满克头鄂博组不整合接触。

寿山沟组。分布于巴林左旗碧流台地区至阿鲁科尔沁旗罕苏木一带。该组为一套海相、滨海相碎屑岩组合。含动物化石。厚度变化较大。

大石寨组。分布广泛,除林西县及宁城县,其余各旗县均有出露。该组地层是海相中酸性熔岩及凝灰岩组合,局部夹正常碎屑岩。岩性在不同地区变化较大。含动物化石。上覆哲斯组整合接触,下界未见底。

哲斯组。广泛分布在西拉木伦河以北。为浅海相砂岩、板岩和灰岩透镜体岩石组合。下部整合接触在大石寨组之上,上部被林西组整合或不整合覆盖。

林西组。广泛分布于西拉木伦河以北。为湖相、泻湖相黑灰色砂板岩组合,含砂岩、砂砾岩和板岩。该组化石极为丰富,除海相的双壳类,还有大量的植物化石。其上限被中生代不同岩性地层覆盖,下限与哲斯组呈整合接触。

四、中生界

赤峰地区中生界普遍发生陆相火山岩喷发及沉积,地层分布受北东—北北东向深大断裂构成的大型沉积盆地及火山喷发带控制,属滨太平洋地层区,其中侏罗系地层属大兴安岭—燕山地层分区;白垩系地层较广,分属大兴安岭地层分区、华北地层分区。

侏罗系　下、中统地层主要为陆相湖盆沉积,横跨全市,但出露较为零星,红旗组地层属大兴安岭—燕山地层分区;万宝组跨越宁城—敖汉地层小区和博克图—二连浩特地层小区,与属乌兰浩特—赤峰地层小区的新民组为相变关系;土城子组平行不整合于万宝组、新民组之上,属大兴安岭—燕山地层分区。侏罗系上统陆相火山岩地层广布全市,以酸性火山岩为主的满克头鄂博组和以中性火山岩为主的玛尼吐组呈连续沉积,属大兴安岭—燕山地层分区。

红旗组。主要出露在克什克腾旗北部巴彦查干苏木东及敖汉旗林家地附近。为一套灰色、深灰色、黑色泥岩及含炭质泥岩、粉砂岩、砾岩夹煤层。含植物化石。厚度为121.7米。

万宝组。出露于克什克腾旗新开地乡以北。为一套灰黄色、灰色、灰黑色砂砾岩、砂岩、粉砂岩夹页岩,含不稳定的煤层及煤线。含动、植物化石。出露厚度约190米。

新民组。在赤峰地区广泛分布。该组岩性主要为杂色酸性火山碎屑岩、火山碎屑沉积岩夹沉积岩及煤层。含动、植物化石。

土城子组。在红山区及喀喇沁旗十家满族乡交界地区发育较好。该组为一套紫红色、灰绿色为主的沉积碎屑岩。含动、植物化石。厚度大于430米。

满克头鄂博组。在赤峰地区出露十分广泛。岩性以酸性火山熔岩、凝灰岩、熔结凝灰岩夹凝灰质砂岩为特点。未见动、植物化石。厚1500米。

玛尼吐组。在西拉木伦河以北广泛分布,南部仅在敖汉旗康家营子乡南及翁牛特旗万合永镇一带小面积零星出露。为安山岩、英安岩及英安质火山碎屑岩组合,夹有厚度不等的火山碎屑沉积岩及正常沉积岩。不含动、植物化石。厚度差异较大。

白垩系　主要为陆相火山岩与湖盆沉积。白垩系下统白音高老组广布全市,属大兴安岭—燕山地层分区;梅勒图组、龙江组、义县组基本上同期发育,分属二连浩特地层小区、赤峰地层小区和宁城—敖汉地层小区;大磨拐河组上覆在梅勒图组、龙江组之上,跨二连浩特地层小区、赤峰地层小区;宁城—敖汉地层小区九佛堂组、阜新组连续沉积,上覆于义县组之上,被孙家湾组不整合覆盖。大磨拐河组、九佛堂组和阜新组含煤及油页岩,是本区的重要产煤地层。

白音高老组。在赤峰地区分布广泛。为杂色酸性火山碎屑岩、酸性熔岩、酸性熔结凝灰岩夹中酸性火山碎屑岩、火山碎屑沉积岩、沉积岩及安山岩。含叶肢介、双壳类化石。厚度变化较大。

梅勒图组。在阿鲁科尔沁旗北部和克什克腾旗西部零星出露。本组地层整体为中基性火山岩,夹中酸性火山碎屑岩及火山碎屑沉积岩。整体厚 212.9~834.4 米。

龙江组。主要分布在阿鲁科尔沁旗中东部。主要为陆相中酸性火山—沉积岩组合。未见古生物踪迹。

大磨拐河组。在阿鲁科尔沁旗新民乡以东大面积出露。该组岩性组合为一套含煤碎屑岩:下部为灰色砾岩、砂砾岩夹粉砂岩、凝灰岩、凝灰质粗砂岩;上部为灰色泥岩、粉砂岩、砂岩夹砾岩及煤线。含植物化石及叶肢介。

义县组。广泛分布于赤峰南部地区。在本地区为两套中基性火山岩夹沉积岩组合(局部相变为酸性)。岩性和厚度在区域上变化较大。

九佛堂组。分布在赤峰市南部,主要位于元宝山—平庄盆地中。其岩性下部为紫红、灰绿色砾岩夹紫红色砂岩、泥岩,中部为灰色砾岩夹黑色砂岩、泥岩、局部夹薄煤层,上部为灰绿、灰黑色块状泥岩、页岩夹灰白、灰色砂岩和泥灰岩及薄煤层。含热河动物群化石。

阜新组。在赤峰地区出露于平庄—元宝山盆地。该组为河湖、湖沼相沉积,岩性以灰色粉砂岩为主,夹砂岩、泥岩、炭质泥岩和煤层。含植物化石。本组上部仅局部煤层达可采厚度,近底部为煤层富集带,有数十个自然层,煤层厚度变化大。

孙家湾组。出露在平庄—元宝山盆地以及敖汉旗兴隆洼镇、新惠镇以南。岩性主要为红色粗碎屑岩,下部为紫红、黄褐色砾岩,局部夹砂岩及煤线,上部以黄褐色砂岩和砾岩为主夹泥岩及煤层。总厚度大于 600 米。

五、新生界

地层受区域深大断裂构造控制,沉积环境基本属于大型坳陷盆地、断陷盆地及山间盆地三种类型。本市新近系发育老梁底组、汉诺坝组、宝格达乌拉组 3 个地层组,属大兴安岭—燕山地层分区,乌兰浩特—赤峰地层小区。

新近系　老梁底组。仅在赤峰郊区老梁底村出露较好,位于汉诺坝组玄武岩之下。该组为灰黄色、暗灰色砂岩夹砾岩及泥质砂质页岩,含炭质。页岩中富含化石,主要为植物化石和孢粉。厚度 25 米左右。

汉诺坝组。在赤峰市中西部出露广泛。该组为青灰色—暗灰色辉石玄武岩夹安山玄武岩、橄榄玄武岩、致密块状或气孔状玄武岩、砂砾岩,局部夹泥炭。

宝格达乌拉组。出露于克什克腾旗巴彦高勒苏木西侧。该组为红色泥岩、砂质泥岩夹钙质结核。产状近水平,出露不佳。含三趾马化石。厚 39.7 ~ 80 米。

第四系　发育地层为阿巴嘎组,属乌兰浩特—赤峰地层小区;根据成因类型划分为:与风成作用相关的风积,与水成作用相关的冲积、洪积、湖积、沼泽积两类。

阿巴嘎组。分布在克什克腾旗西部,达里诺尔湖西北榛子山一带。岩性为气孔状玻基橄榄玄武岩、气孔状橄榄玄武岩、伊丁石化橄榄玄武岩。

风积。风积主要分布在敖汉旗北部、翁牛特旗中东部及克什克腾旗西部地区,即西拉木伦河在赤峰市东西端两侧,面积广阔。

冲积、洪积、湖积、沼泽积。冲积、洪积多沿山区河谷两侧及山间盆地分布,呈冲积锥及冲积扇。湖积、沼泽积在达里诺尔湖、岗更诺尔湖四周发育,地表多为植被覆盖。

第二节　岩浆岩

自太古代以来,赤峰地区伴随多次构造运动,岩浆活动强烈且期次繁多,方式多种多样,既有岩浆喷溢和喷发,又有岩浆侵入。岩石类型除寒武纪、二叠纪—三叠纪有基性—超基性岩体外,其余各期次均以酸性侵入体为主,中性岩类次之。

一、岩浆岩演化

赤峰地区太古代时期岩浆活动记录较少,仅在南部华北陆块区古老基底有部分保存;元古代以来,岩浆活动强烈,范围较广,特别是中生代时期,活动更趋于剧烈,尤以中酸性岩类更甚,在全市范围均有分布;新生代以来,以喷发玄武岩为主。

本地区岩浆活动具有一定周期性,呈波浪式发展,且发生周期越来越短。根据同位素数据,出现四个明显的高峰值,分别为 3.50 亿年、2.35 亿年、1.95 亿年、1.25 亿年,相应反映了地壳运动中四次大的热事件,即四次岩浆活动高潮,代表了海西期、印支期、燕山早期和燕山晚期的岩浆活动全盛时期,与地壳形成演化有着密切的关系。活动强度依次为燕山早期→燕山晚期→海西期→加里东期→印支期。其中燕山早晚期不仅规模大,而且有多阶段、多期次岩浆活动。

二、岩浆侵入活动基本特征

太古代　赤峰境内太古代上限为 2500Ma,即乌拉山期。该期现保留的岩石地层分布在南部的喀喇沁旗、宁城县、松山区以及敖汉旗部分地区,位于区域上呈近东西向古构造带中。被认为是地壳分异作用产生的在区域上东西向的古岛链式陆核,既存在泥质碎屑岩和碳酸盐岩沉积,又有中基性火山岩喷溢,包括拉斑玄武岩等,下部层位受到区域混合岩化作用的影响,形成混合花岗岩。

古元古代—晚古生代　赤峰地区早古生代岩浆活动主要保存在近东西向的索

伦—西拉木伦缝合带内，为基性岩体，规模较小，与铁矿相关。晚古生代岩浆活动在二叠纪十分强烈。该时期岩浆岩包括超基性岩、辉绿岩、闪长岩类、花岗岩类，其中花岗岩类、闪长岩类最主要。该期岩浆岩主要分布在北部大兴安岭主脊—林西深断裂带北侧、南部华北陆台嫩江—八里罕断裂西侧及敖汉旗东部北东向断裂带东侧，超基性岩出露在阿鲁科尔沁旗与巴林左旗和巴林右旗交界处，属于索伦—西拉木伦缝合带次级构造。

三叠纪—早侏罗世　三叠纪岩浆活动主要体现在南部华北陆块区嫩江—八里罕断裂以西，以侵入活动为主，岩性主要为花岗岩类，在南部黑里河北岸有部分基性岩及闪长岩类。该期侵入岩与二叠纪侵入岩为同一旋回，是组成“喀喇沁台隆”的主体。

中侏罗世—新生代　燕山运动第一幕之后，赤峰地区仍处于上升遭受剥蚀时期，地壳运动频繁而剧烈。中晚侏罗世，受到太平洋板块多次俯冲影响，东北部大兴安岭地区火山喷发此起彼伏，侵入活动亦表现活跃，岩浆活动达到一个新的高潮。岩性整体以花岗岩类为主，次为闪长岩类。本地区整体受北东向构造控制，岩浆岩分布在大兴安岭主脊南段—林西深断裂带及柯单山—浩尔吐深断裂、嫩江—八里罕深断裂及敖汉旗东部北东向断裂带内。

白垩世—晚更新世　受拉张作用的影响，赤峰地区发育内陆断陷盆地，并伴随有大陆基性岩浆喷发。岩浆岩分布在大兴安岭主脊南段—林西深断裂带内、索伦—西拉木伦缝合带两侧、华北陆块北缘深断裂带内，主要受到北东—北北东向和近东西向断裂控制。侵入岩以花岗岩类占绝对优势。

三、火山岩

赤峰境内最古老的火山岩保存在乌拉山岩群中，有中基性火山岩喷溢，包括拉斑玄武岩等。

中志留世之后，发生海底火山喷发，在翁牛特旗解放营子晒勿苏一带形成八当山火山岩，岩性为流纹斑岩夹板岩的海相中酸性火山岩，东山一带夹有一层安山岩。

至泥盆纪，在敖汉旗前坤头沟一带发生海底火山岩喷发，形成前坤头沟组中基性火山岩夹杂在海相沉积岩中。石炭纪，在华北陆块区北缘发生海相火山岩喷发，为基性—中酸性熔岩和火山碎屑岩，形成朝吐沟组地层和以中酸性凝灰岩为主的酒局子组地层。在北部西拉木伦河大断裂处，酸性火山岩喷发夹杂在本巴图组砂岩、砾岩及灰岩中。在克什克腾旗北部地体中，保存有格根敖包组海陆交互相中酸性火山碎屑岩及火山熔岩。

晚二叠世在赤峰地区广泛发生海相火山岩喷发，形成海相中酸性熔岩及凝灰岩的大石寨组；在兴蒙造山系内形成以安山岩为主夹凝灰岩的额里图组。

中生界在赤峰地区广泛发生陆相火山岩喷发；侏罗纪，形成以酸性火山岩为主的新民组，以酸性火山熔岩、凝灰岩、熔结凝灰岩夹凝灰质砂岩为特点的满克头鄂博组，安山岩、英安岩及英安质火山碎屑岩的玛尼吐组；白垩纪，酸性火山岩为主的白音高老组在全市广泛分布,在北部形成中基性火山岩为主的梅勒图组、中酸性火山岩与沉积岩组合的龙江组,在南部则形成中基性火山岩组合的义县组。

新生界受喜马拉雅运动影响,在中西部发生大面积玄武岩喷溢,分别在新近系形成汉诺坝组和第四系形成阿巴嘎组。

四、侵入岩

太古代侵入岩及混合花岗岩　太古代侵入岩为组成华北陆块区古老基底的一部分,主要分布在敖汉旗、宁城县以及喀喇沁旗部分地区。拉拉杆沟—高峰营子地区出露混合花岗岩、混合斜长角闪片麻岩、灰黑色混合花岗岩、黑云片麻岩等。在敖汉旗王家营子—贝子府南东一线,该期岩层上部为混合质黑云奥长片麻岩、混合质角闪奥长片麻岩夹磁铁石英岩;下部为混合质斜长角闪片麻岩、混合质角闪奥长片麻岩夹磁铁石英岩、磁铁角闪岩。太古代混合花岗岩以钾交代为主,仅在晚期局部范围内有微弱的钠交代现象。

元古代侵入岩及混合花岗岩　元古代侵入岩在赤峰地区主要在喀喇沁旗一线呈近东西向的链弧状展布,主要为酸性岩浆侵入,与区域构造线一致,时代为中元古代早期;在北部的兴蒙造山系宝音图群中也有零星分布。中元古代晚期主要为花岗岩类,另有中性、基性和超基性岩株。

岩体出露于华北陆块区北缘,侵入新太古界乌拉山岩群,呈岩基产出,近东西向延伸。中元古代晚期在喀喇沁旗出露为花岗岩类,岩体近东西向展布,呈不规则状岩基产出,主要岩性为花岗岩和花岗闪长岩。

古生代侵入岩　寒武纪。寒武纪侵入活动主要表现为超基性—基性岩浆侵入。该期侵入岩主要分布于温都尔庙俯冲增生杂岩带中,一般呈岩脉、岩株或岩床产出。

石炭纪。石炭纪是赤峰地区岩浆活动强烈时期之一,主要伴随火山岩喷发形成朝吐沟组、酒局子组等,超基性—酸性侵入岩有发育。主要分布在克什克腾旗北部。

二叠纪。在二叠纪时期,侵入岩十分发育,以中酸性为主,常呈巨大的岩基广泛分布于华北陆块区北缘及兴蒙造山系内部。闪长岩类岩体主要在翁牛特旗褶皱带多伦复背斜。

三叠纪。三叠纪岩浆侵入活动主要发生在南部华北陆块区,与二叠纪侵入岩一起,是组成“喀喇沁断隆”的主体部分。岩性主要为酸性花岗岩类。

中生代侵入岩　侏罗纪。全市侏罗纪侵入岩出露面积 5498.94 平方公里。岩石类型以花岗岩、花岗斑岩、钾长花岗岩为主,其次为花岗闪长岩、石英正长斑岩。在大兴安岭西坡,该期侵入岩以二长花岗岩、花岗岩为主。

早侏罗世闪长玢岩和花岗闪长岩见于毛山东和天山等地,均为小型岩体。晚侏罗世的闪长岩、闪长玢岩多集中分布在甘珠尔庙—黄岗梁、陶海营子—幸福之路和达青牧场—白音查干三个华夏系复背斜带上。钾长—二长花岗岩和花岗岩全区分布最广,常以长条状岩基展布在隆起区的断褶带上,而以乌兰山—达来诺尔一线较为集中。

闪长岩、正长岩类侵入岩呈小岩株产出，岩性以石英闪长岩为主，少数为闪长岩和闪长玢岩。该期正长岩类在区内大兴安岭区域呈岩体群产出。

花岗岩类侵入岩广泛分布在大兴安岭地区，多呈岩基或大型岩株。主要岩石类型为花岗闪长岩、二长花岗岩、花岗岩、花岗斑岩、石英斑岩和钾长花岗岩。

白垩纪。白垩纪侵入岩分布广泛，早白垩世的岩体主要分布在甘珠尔庙—黄岗梁一线；而晚白垩世的岩体则主要分布在甘珠尔庙—碧流台、陶海营子—林东—羊场—广德公一带。岩石类型以花岗岩、黑云母花岗岩、钾长花岗岩、花岗斑岩、花岗闪长岩、流纹斑岩、石英斑岩为主，另有少量的晚期玄武玢岩在阿鲁科尔沁旗出露。侏罗纪及白垩纪岩浆活动，是金、银、铜、钼、铅、锌、钨、锡、铁等多金属矿产的重要成矿时期。

第三节　地质构造

按照大地构造单元划分原则，赤峰市南部属华北陆块区，北部属天山—兴蒙造山系，二者界线为：大六份乡—上官地镇—太平地乡—高家窝铺乡—大甸子乡—兴隆洼镇一线。

赤峰地区经过漫长复杂的造山运动，形成丰富的断裂、褶皱及缝合带等构造形迹。尤其是深大断裂，大都经历长期发展活动过程，形成以西拉木伦河缝合带、华北陆台北缘深大断裂为构造格架的断裂系统。西拉木伦河缝合带、华北陆台北缘深大断裂对不同时期的沉积建造、岩浆活动、变质作用和矿产的形成，均有明显的控制作用。

一、断裂

本区断裂系统分为华北北缘东西向断裂区、兴蒙造山系中部断裂区两个大区，构成本市基本的断裂格架，控制本市侵入岩及地层分布。南部华北陆块北缘断裂区呈东西向，北部兴蒙造山系断裂区属北东向，后有北北东向断裂带叠加，属于滨太平洋构造域产物。

索伦—西拉木伦缝合带　该缝合带区域上向西至达尔罕茂明安联合旗嘎少庙一带，向东延伸入吉林省。在赤峰市总体沿西拉木伦河河谷伸展，向东至海拉苏镇附近被第四系风成砂覆盖。该断裂是北部冷水型动物群和南部暖水型动物群、北部安格拉植物群与南部华夏植物群的重要分界线。在区域地质发展上有重要意义，是大兴安岭弧盆系—锡林浩特岩浆弧与温都尔庙弧盆系—翁牛特旗俯冲增生杂岩带的分界线，沿断裂有晚元古代及加里东期超基性岩、燕山期侵入岩及上新世玄武岩分布。索伦—西拉木伦缝合带是一条规模宏伟、具长期发展和多次活动特点的超岩石圈断裂，构成本市重要的构造格架。

索伦敖包—阿鲁科尔沁旗深断裂带　该断裂西起索伦敖包，向东经查干诺尔、达里诺尔、阿鲁科尔沁旗，直至扎鲁特旗东部。总体呈近东西—北东走向，在林西县南部一带，转为北东向。在区域上东、西两端均被北北东向深断裂截断。断裂以南，为古元古

代锡林浩特地体宝音图群微陆块残留、志留系西别河组蛇绿岩套及古生代海相碳酸盐建造—海陆交互相砂页岩建造及浅海相—滨海相砂页岩建造，含华夏植物群分子。断裂北侧，石炭纪为海相火山岩建造、碳酸盐建造，早二叠世早期为岛弧型火山岩建造和弧后碳酸盐建造，含冷水型动物化石。深断裂方向与二叠纪岛弧平行一致。该断裂是华北增生板块与早先分裂出去的爱力格庙—锡林浩特中间地块于早二叠世晚期碰撞、缝合的位置。

大兴安岭南段深断裂带　该断裂带沿大兴安岭主峰及其两侧分布，向南延伸入河北省境内，呈北北东向延伸。根据区调资料，该断裂总体向东倾斜，倾角在 60°～80° 之间。断裂形成于侏罗纪，白垩纪继续活动，与东部嫩江—八里罕深断裂同步发展，形成巨大的大兴安岭主脊垒、堑构造体系。由于太平洋板块对大陆的俯冲，在本地区形成隆起背景下的张性断陷，壳幔源岩浆上涌形成火山盆地。侏罗纪末期隆起，形成地垒构造(大兴安岭)东西两侧下沉，形成盆地，控制大兴安岭—燕山中生代岩浆岩带。

在赤峰境内，沿该断裂同步发育一系列北东向断裂，形成自达里诺尔湖沿大兴安岭主脊两侧的断裂带，控制晚古生代及中生代地层、岩浆岩分布。控制大兴安岭多金属成矿带。

嫩江—八里罕深断裂带　该断裂位于大兴安岭东缘，北端由黑龙江省呼玛一带延入，贯穿整个赤峰市，沿白音诺尔—平庄—八里罕向南延入河北省。呈北北东向延伸，总长度 1200 米以上。该断裂为自晚侏罗世至新生代长期活动的西抬东降的正断裂。地貌特征极为明显，断裂以西为大兴安岭高山地带，以东为松辽断陷盆地，构成大兴安岭山区与平原的天然分界线。

该断裂在赤峰地区大部分地段被第四系所覆盖，只在平庄—八里罕一线显露地表，为一断面东倾的正断层。在开鲁西部截断东西向温都尔庙—西拉木伦河深断裂带。该断裂在赤峰地区晚古生代已经初具规模，控制东、西两侧石炭—二叠系沉积，为敖汉旗复向斜的西界断裂，由于挤压作用形成，显示压扭性特征。中生代活动强烈，在早白垩世表现尤为明显，控制东侧下白垩统成煤盆地的形成和发展。另据历年地震资料表明，该断裂为一地震活动带，属强震区。

其他小型断裂带　依照断裂规模、性质及在空间上的展布特征，可将本市的断裂分为东西—近东西、北东—北东东—北北东、北西—北西西—北北西和南北—近南北向 4 个断裂组和多向断裂网状发育区。这些断裂互相切割，分枝复合，构成复杂的断裂系统。

东西—近东西向断裂组。该体系分为阴山东西向复杂构造带和区域性东西向构造带两类，前者发育在包括西拉木伦河及其南部地区；后者常见于北部地区。

北东—北东东—北北东向断裂组。该走向一般断裂遍布全市，较集中在北部大兴安岭地区。单体规模长短不一，基本在数十公里左右，较小者数公里，大者可达百余公里。断裂性质以压扭性为主，张—张扭性较少。一般切截东西—近东西向断裂，又常被北西—北西西—北北西向断裂切割或错移。该组断裂多形成于古生代,对古生代地层和侵入岩的展布有一定的控制作用。

北西—北西西—北北西向断裂组。分布较普遍,但数量较少。北西向居多,以高角度逆冲性质者为主,走向延伸较平直,力学性质多为张—张扭性,切割东西向及北东—北东东—北北东向断裂。时代较为年轻,多为中生代及以后发育。

南北—近南北向断裂组。在本市发育较少,多集中在中部及南部,稍具规模的断裂位于王府乡—上官地一带,控制白垩纪岩浆岩分布,部分地区被汉诺坝组玄武岩覆盖。截断本地区的近东西向及北东东向断层。

多向断裂网状发育区。赤峰部分被隔断的盆地或平台高地存在同时发育的多组断裂。这些断裂互相切割,规模小但密度集中,对局部地区的成矿、岩浆岩及地形有明显的控制作用。主要有:阿鲁科尔沁旗中部北东—北西向断裂区、巴彦查干—达青牧场挤压破碎褶皱带、红山子—万合永镇北东—北西向断裂带、乌兰布统北东—北西向断裂带、翁牛特旗中部北东—近东西向断裂褶皱带、解放营子北东—北西向断裂褶皱带、元宝山盆地北东—北西断裂区、老府—上官地近南北—近东西向断裂区、新惠—新地镇北东—北西—近东西断裂区、南台子—牛家营子镇北东向断裂区、喀喇沁北东—北西向褶皱断裂区等。

二、褶皱

赤峰市地史漫长,构造复杂,各时期地层保留较完整,褶皱形迹较发育。主要集中在北部大兴安岭主脊南段(黄岗—甘珠尔庙)、翁牛特旗中部。

大兴安岭主脊南段复背斜　位于大兴安岭主脊南段—林西断裂褶皱带中,发育一系列北东向复背斜。该褶皱带呈北东东—北东向,向南东微凸的弧形展布。区域内原为古亚洲洋及飘散其中的其微陆块,至二叠系残余海盆消失,形成多个古生代复式褶皱。主要有迪彦庙复背斜、巴彦温都(甘珠尔庙)复背斜、林东复向斜和天山复背斜。

达青牧场—白音查干华夏系复背斜带　在赤峰境内位于克什克腾旗西北,核部地层为宝音图群,翼部为酒局子组。轴向 55°～60°,规模 45 千米,为紧闭型褶皱,形成于中志留世,至二叠纪强化了复背斜构造形态,二叠系侵入岩分布在两侧。

林西区域性复向斜带　位于锡林浩特区域复背斜带和翁牛特旗区域性复背斜带之间。组成复向斜带的最新褶皱地层为下二叠统,单体褶皱发育,轴向北东。在北翼形成次级背斜带,如黄岗东背斜、浩布高东背斜等。中生代形成坳中隆,控制黄岗—甘珠尔庙多金属成矿带。

翁牛特旗复背斜褶皱带　位于华北陆块以北,大地构造位置属于温都尔庙俯冲增生杂岩带,有镶嵌其中的古元古代古老地块、古生代海相地层及中新生代地层。经历多次以俯冲增生及碰撞为主的地壳运动,形成敖汉旗复式向斜、解放营子复式背斜、红山子—万合永区域复背斜多个褶皱。

哲斯—林西复向斜　为晚古生代强烈坳陷地带。地层多陡倾,以紧密线型和倒转褶皱为主,褶皱轴与区域构造线方向一致,一般为北东东向,轴面以南倾者为主,轴向为北东和北北东。

三、构造发展史

自早石炭世末期开始,西伯利亚板块与华北板块沿西拉木伦河以北一线自西向东碰撞,沿碰撞带蛇绿岩发生大规模的构造侵位,在区域上形成长达数千公里规模宏大的蛇绿岩带。在赤峰市主要是在西拉木伦河两岸分布。同时,在缝合线两侧形成中酸性岩浆弧。

在中晚石炭世—二叠纪阶段,兴蒙造山系是古亚洲洋的残留海期。由于古大洋两侧板块碰撞,洋脊终止活动,海盆明显缩小,使南北生物地理区开始发生混生,如早二叠世的哲斯动物群、晚二叠世的华夏植物和安格拉植物沿缝合带混生。沿缝合带自西向东遍布残留海盆,其中堆积陆源碎屑。潜在的俯冲作用可能还在进行,继续在缝合线两侧造成晚古生代晚期—中生代初期的中酸性岩浆弧外,还普遍造成陆相安山质—流纹质火山喷发,在赤峰市主要到晚二叠世。从三叠纪开始真正进入一个新的陆壳发展阶段。

古生代陆壳增生区构造分带和中新生代构造特征(北部)北纬 42° 以北,西拉木伦河一线北侧的林西、巴林右旗、巴林左旗以南是早古生代陆壳增生区。划分为三个带(根据遗留下来的各种地质特征),自北而南为古俯冲带、古岛弧带和弧后盆地带。早古生代中期出现的古岛弧分布在林西、巴林右旗,它们分别由奥陶系或中、下志留统的火山—沉积岩系组成,伴有同期侵入的深成岩。岛弧带之南为古弧后盆地区,这里接受了一套早、中志留世的浅海碎屑岩和碳酸盐岩沉积。华北陆块北缘除了广泛分布的石炭、二叠系地层外,还零星分布了上泥盆—下石炭统地层,这是一套滨浅海相或海陆交互相的地层,并夹有一套中酸性的火山碎屑岩或火山熔岩。晚古生代地层变质程度很低,构造变形相对比较简单,大部分是晚古生代末期过程中所形成的。中新生代则以高角度断层及受断层控制的隆起—坳陷带为主。断裂带走向从西向东逐渐由东西转为北东东向,延长达百余公里。

北纬 42° 以北为古生代以来的陆壳增生区, 其南至北纬 41° 之间属华北陆块北缘地区,传统称为内蒙古地轴。从本区及邻区的地壳厚度分布可看出,该区处于一个相对稳定的构造区域,东部大兴安岭地区受到太平洋构造域的作用,地壳厚度的梯度带呈北东向展布;总体地壳等厚线呈东西向,大部分保留了晚古生代所奠定的构造格局。地貌上本区属于蒙古高原,地壳厚度稳定在 42 ~ 44 千米,构造格局也相对比较简单。

第四节　成矿作用

赤峰地区复杂的地质环境, 为形成该地区丰富的矿产资源奠定了基础。至 2014 年,赤峰地区已发现具有工业意义的贵金属、有色金属、黑色金属、非金属矿等多种矿产资源。这些矿产的形成与沉积作用、变质作用、构造岩浆作用密切相关。

赤峰南部为华北陆块北缘金矿成矿区。该地区的太古界乌拉山群沉积变质火山岩建造是金和多金属矿的矿源层，在燕山期构造岩浆活动作用下，经溶解、迁移、聚集，在适宜的构造部位形成不同类型的金矿。该时代形成的铁硅质岩石，经区域变质，形成磁铁石英岩型铁矿。

赤峰中部志留系，北部下二叠统沉积了大量的中基性火山岩、板岩地层。在燕山期构造岩浆作用下，形成夕卡岩型、热液型铜、铅、锌、钨、锡、钼等多金属矿。

由沉积作用、沉积变质作用形成的矿床有水泥灰岩、白云岩、硅石、大理石、瓦板石等。

中新生代以来赤峰地区发育北东向火山断陷盆地。有大量的中基性、中酸性、酸性火山岩喷发和火山沉积，形成了大量与火山岩、火山作用有关的非金属矿床。这些矿种是：高岭土、膨润土、沸石、珍珠岩、叶蜡石。

与岩浆作用、火山作用及各种水热作用有关形成的矿产有黄铁矿、萤石、伟晶岩型宝玉石矿。

各时代的岩体、岩层本身有的已构成各类石材矿。

在中生代早白垩世，平庄、元宝山盆地西形成了多层工业煤层。开鲁盆地西南部的阿旗绍根有石油生成。

第二章 地 貌

赤峰市位于大兴安岭南段和燕山北麓山地，是内蒙古高原、冀北丘陵和辽河平原的复合部位，地理和大地构造位置独特。地貌呈三面环山，西高东低，具有多山多丘陵的特征。

第一节 地貌类型

地貌形态涵盖山地、高平原、熔岩台地、丘陵、平原。其中山地面积占 18%，高平原占 6%，熔岩台地占 3%，丘陵占 42%，平原占 10%，沙地占 21%。全市大体分为四个地形区：北部山地丘陵区、南部山地丘陵区、西部高平原区和东部平原区。海拔 280～2067 米。东部西拉木伦河与老哈河汇流处大兴三角地区，海拔 280 米左右，为赤峰市地势最低地带；西部克什克腾旗和河北省围场县交界处的大光顶子山，海拔高 2067 米，为赤峰市第一高峰。地势相对高差 1700 米左右。市内主要山脉有大兴安岭南段、努鲁尔虎山和七老图山 3 条山脉。

一、山地

大兴安岭西南段中低山地　大兴安岭是兴安岭的西部组成部分。赤峰境内为大兴安岭南段,又称为苏克斜鲁山,长约600公里,在赤峰境内成北东走向,西拉木伦河上游谷地为其南端止点。大兴安岭形成于海西运动,成型于燕山运动。大兴安岭南段草原植被茂盛,最高峰位于克什克腾旗黄岗峰,海拔2035米,最低海拔900米,一般海拔1000~1200米。在大板—林东—鲁北—乌兰哈达一线以东的低山地带坡缓谷宽,宽阔的山间盆地与河谷平原交错,水草丰美,是优良草牧场。山多尖顶状、长梁状,山顶多锯齿状,近山顶多峭壁,山坡平直,沟深谷窄且多峡谷、障谷。谷内堆积乱石滩和倒石锥。脊线多为北东、北北东向,局部为东西向。山岭主要由侏罗系火山岩及燕山期花岗岩组成。为全市最高分水岭。大兴安岭西南段动植物资源丰富,林地有370万公顷,森林覆盖率达到74.1%,野生动物400余种,野生植物1000余种,矿产资源丰富,是赤峰重要的有色金属成矿带。在赤峰境内主要山岭如下:

黄岗梁。黄岗梁坐落于克什克腾旗东北部,主峰距经棚镇29公里,系蒙古语"洪高达坝",意为形若鞍鞒的山梁。山脉呈南北向,海拔1500米,主峰2029米,为大兴安岭的最高点。山多长梁状、尖顶状、锯齿状。山上有棒槌石、骆驼脖子峰、石凳、石桌、石棋盘等怪石胜景。现已建成黄岗梁国家森林公园,独具森林、草原景观与蒙古族民族风情,针阔混交疏林草地景观是公园特有的景观。贡格尔、木希嘎、大小吉林、碧流诸河皆源出此山。

赛罕乌拉。赛罕乌拉又称白音乌拉、罕山、小罕山,坐落在巴林左旗、巴林右旗两旗之北,山体大部在巴林右旗,属大兴安岭南段中部的中低山区主要山峰。主峰海拔1928.9米,距大板镇72公里。已建成面积10.04万公顷的国家级自然保护区。保护区是一个以保护珍稀濒危野生动植物及其赖以生存的森林、草原、湿地等多样的生态系统为主的综合性自然保护区。该山在辽代被称为黑山,是祭山、拜祖之地;自清代以来,巴林蒙古族奉此山为圣山,每逢农历五月十三日,上至王、贝、公,下至平民前来祭山神,拜祖先,伴有喇嘛诵经、体育竞技等活动;中华人民共和国成立后,逐渐成为举办那达慕盛会的场所。赛罕乌拉西麓进山处有一双笔峰,高百余米,相对矗立山崖,称旗杆砬子。另有一巨石凌空悬卧崖巅,遥望似飞,称飞石岩;东麓崖壁有一石洞,口南向谷,宽约10米,深高各3米,内有石桌石凳,称石棚,石棚沟由此得名。山腰以山杨、白桦、油松、蒙古栎为主,还有山丁子、稠李子、榛子、山杏等亚乔木和灌丛伴生,林下草种繁多,山间河溪川流。野生禽兽有雕、野鸡、百灵、山雀、马鹿、狍子、野猪、青羊、黄羊等。

桃石峰。桃石峰坐落在巴林左旗查干哈达苏木的阿尔善山西面,距林东镇15公里,山区面积16平方公里。主峰钦德门朝鲁峰,又称灵岩峰,海拔1300米。峰顶有一巨石耸立,酷似桃形,故称"桃石峰"。山体多笔峰、怪石。谷底乌兰哈达突兀挺立,形若巨轮停泊。山壁有辽代石窟一组共3室,石窟满布浮雕和石刻佛像,形态各异。辽初建石窟寺名"真寂之寺",俗称召庙。清乾隆年间建喇嘛庙,名善福寺,俗称后召庙。除人文景观外,还有古树群落、千年乌巢、圣水湖、圣水井、九叠溪瀑布等生态景观。已成为国家AAA级旅游景区。

赤峰市地貌图

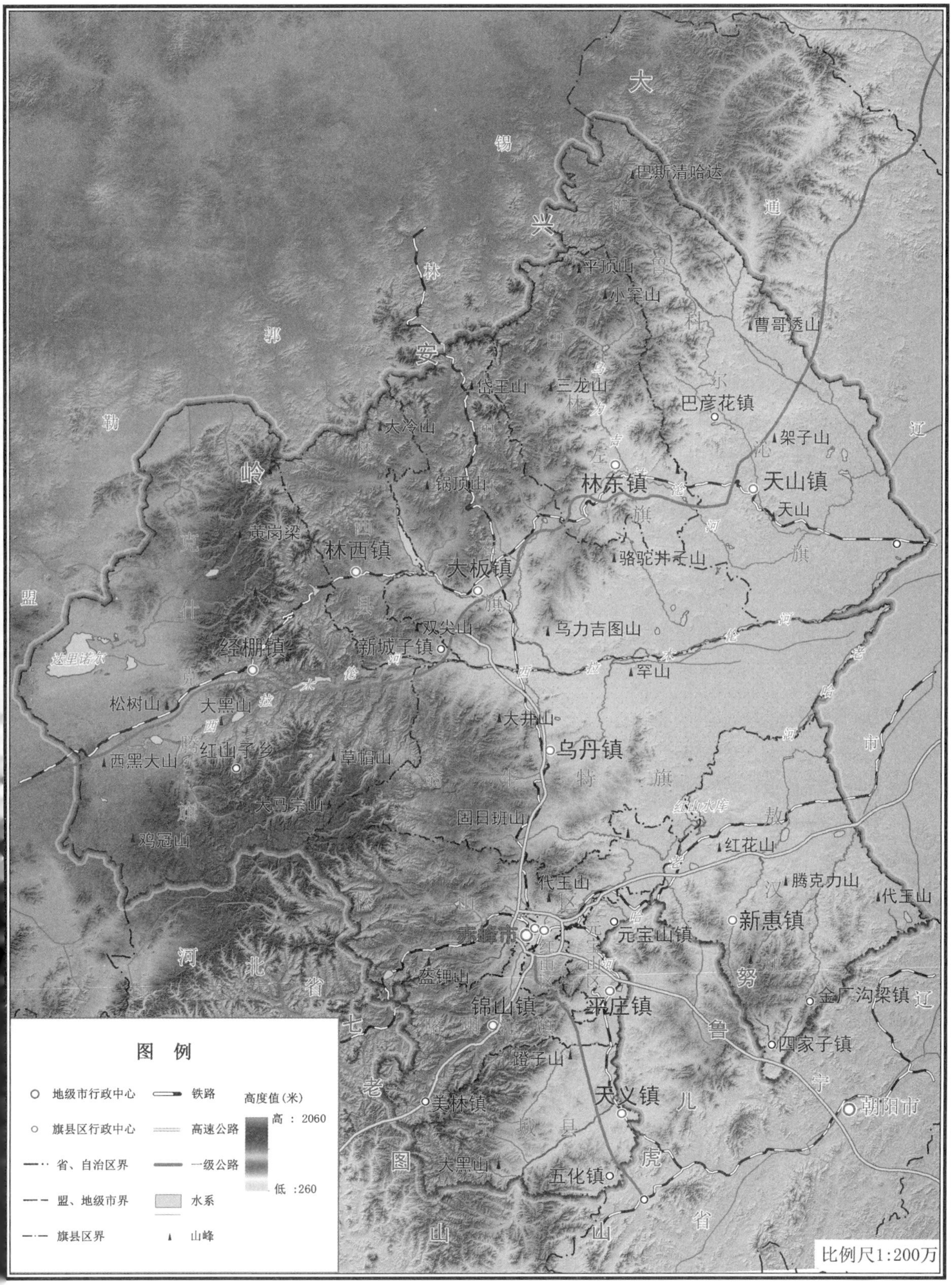
巴斯清哈达
平顶山
小罕山
曹哥透山
岱王山
三龙山
巴彦花镇
大冷山
架子山
锅顶山
林东镇
天山镇
天山
黄岗梁
林西镇
大板镇
骆驼井子山
双尖山
乌力吉图山
经棚镇
新城子镇
达里诺尔
罕山
松树山
大黑山
大井山
西黑大山
红山子乡
草帽山
乌丹镇
大马宗山
红山水库
固日班山
鸡冠山
红花山
腾克力山
代王山
代王山
新惠镇
赤峰市
元宝山镇
锦山镇
平庄镇
金厂沟梁镇
四家子镇
天义镇
美林镇
朝阳市
大黑山
五化镇
图例
地级市行政中心
铁路
高度值(米)
旗县区行政中心
高速公路
高 : 2060
省、自治区界
一级公路
盟、地级市界
水系
低 :260
旗县区界
山峰
比例尺1:200万

洞山。洞山坐落在巴林左旗丰水山乡，距林东镇25公里。山体南、北、西三面环绕，中间形成空谷，东为壑，主峰海拔1111米。山中有天然及人工岩洞百余处，其中天然洞60余处，驰名的有水帘洞、朝阳洞。前者洞高10米，进深38米，洞口有清泉水直泻，掩映洞口如门帘；后者洞口向南高5米，进深15米。山下有辽代云门寺遗址、浮雕佛像等遗址。山上密布山杨、白桦、糠椴、紫椴、蒙古栎、山杏等天然林。

努鲁尔虎低中山地　努鲁尔虎山，系蒙古语，意为"脊梁山"，属燕山山脉东段，从辽宁省建平县进入敖汉旗，由西向东延伸到四家子、金厂沟梁镇和林家地、克力代、贝子府等乡，为赤峰市敖汉旗与辽宁省朝阳、北票市的界山。在敖汉旗境内山脉长约90公里，主峰有大黑山、大青山等。最高海拔1630.4米，最低海拔600米，一般海拔700～900米。气势雄伟，资源丰富。山顶多圆状、浑圆状且平直不连续，凸坡、山谷较宽，多呈"U"字形。冲沟发育，密度3～10条/平方公里。由前震旦系变质岩、侏罗系凝灰质砂砾岩、燕山期花岗闪长岩和第四系黏性土组成。为全市第二高分水岭。赤峰境内主要山岭如下：

大黑山。大黑山位于努鲁尔虎山中东部，敖汉旗东南。有大小山头近百座，海拔高度在600～1074米。山高岭峻，沟谷纵横，气势雄伟，森林茂密，树木种类达600余种，占地近30平方公里，以观赏森林景观、奇峰异石为主。已经建成大黑山自然保护区，是一个以保护草原、森林等多样生态系统及珍稀野生动植物栖息地为主的丘陵山地综合性自然保护区。

大青山。大青山北起敖汉旗四家子，主峰位于朝阳县西北部。方圆500多平方公里，是朝阳与敖汉之间的一道天然屏障。大青山主峰海拔1153.7米，登临其上可远眺渤海，又因峰顶四周是悬崖峭壁，故当地人称之为"望海楼"。大青山古称"青峦岭"，因其山色青翠，民国初改称"大青山"。大青山青翠苍郁，多有古迹。在其主峰南侧地势平坦的山坳上，有两座南北排列的被当地群众称为"南城""北城"的辽代遗址。大青山西麓还有辽代韩瑜墓、石片子辽墓等。

七老图中低山地　七老图山，系蒙古语，意为"七堆碎石头"，属燕山山脉支脉，位于赤峰市西部与河北省交界处，为断块山地。山脉主体呈西北—东南走向，西北起自百岔山，东南接努鲁尔虎山，为老哈河、滦河分水岭，海拔1000～1200米。主峰平顶山在河北省隆化县境内，最高峰是坐落在赤峰市西北部的大光顶子山，海拔2067米，也是克什克腾旗与河北省围场县的界山。大光顶子山长约3公里，宽约2.5公里，东北和西南坡陡峭险峻，北坡较为平缓，山上植物茂盛，产有多种野生药材。

二、丘陵

大兴安岭西南段和赤峰—敖汉黄土台地丘陵(含坡积—洪积扇裙、山间谷地)，最高海拔853.1米，最低海拔320米，一般海拔400～600米。丘陵多呈馒头状、长梁状、浑圆状，丘顶平宽散立，凸坡一般高出地表10～15米，个别达100米，长轴方向一般为北东向。丘间洼地宽浅，一般海拔450～500米。冲沟发育，多为"V"字形，一般切深5～

10 米，密度 2 ~ 4 条 / 平方公里。局部积水成湿地、沼泽或小湖泊。山麓斜坡地带有坡积—洪积扇裾。山间谷地多呈树枝状，有水溪川流。由第四系亚黏土、亚砂土和砂砾卵石组成。

赤峰著名的红山位于该丘陵区。红山坐落在赤峰城区东北之英金河畔，山体五峰攒聚，主峰海拔 746 米，方圆约 10 平方公里。山势南陡北缓，西陡东缓。明代称大石崖，清代称乌兰哈达，汉译红山或赤峰，因其山石呈赭红色而得名。登峰可一览赤峰街区。凸坡红岩裸露，凹坡有榆、松、杨等人工林。山脊有燕长城通过，山后是“红山文化”发祥地，有新石器原聚落址遗存。西端山麓有红山公园，整个山区建设为国家森林公园。

三、平原

赤峰境内平原分为冲积—湖积平原和河谷冲积平原。

冲积—湖积平原 为西辽河上游平原。由第四系冲积—湖积粉细沙土和灰黑色亚黏土组成。最高海拔 401.3 米，最低海拔 277.7 米。地势辽阔坦荡，起伏不大，岗地、洼地相间。

河谷冲积平原 由第四系冲积亚砂土、粉细沙、砂砾石组成。一般主谷中河床宽 50 ~ 100 米，最宽 400 ~ 500 米，支谷一般小于主谷 20 米左右。河漫滩位于河床两侧，富存地下水资源。冲积阶地多呈条带状分布在主谷和较大支谷中。漫滩、阶地以陡坎相接。

四、高平原

赤峰境内高平原有克旗西部高平原和亿合公玄武岩台地高平原。

克旗西部高平原 主要由更新统冲积—湖积灰黑色亚黏土、粉细沙、湖沼堆积草炭及火山熔岩组成。最高海拔 1588.2 米，最低海拔 1220 米，一般海拔 1225 ~ 1330 米。地势辽阔，其上内陆河湖发育，南部为沙丘覆盖，北部属熔岩台地。

亿合公玄武岩台地高平原 由第三系渐新世玄武岩组成。地势开阔，其上多馒头状、长梁状孤丘，一般高出地表 100 ~ 500 米。冲沟发育，沟深谷窄。冲沟切深一般 40 ~ 100 米，最深 200 ~ 260 米，沟内有流水，沟头有泉点。

五、沙地

赤峰境内有三大片沙地，分别为东片科尔沁沙地西缘，西片浑善达克沙地的东部，南片金河沙地。沙地主要发育在新近系冲积湖积物上，由于风应力加强和人类活动，植被遭到破坏，形成目前风沙地貌，下伏地貌多为平原阶地。沙层深厚在 40 ~ 100 米之间。2014 年，赤峰市沙化土地面积 188.7 万公顷，其中科尔沁沙地 127.99 万公顷，浑善达克沙地 60.71 万公顷。按沙化程度分，轻度 100.38 万公顷，中度 66.24 万公顷，重度 12.29 万公顷，极重度 97880 公顷；按沙化土地类型分，流动沙地 96800 公顷，半固定沙地 11.95 万公顷，固定沙地 161.16 万公顷，露沙地 2880 公顷，沙化耕地 56240 公顷。

科尔沁沙地　分布于赤峰市中东部,包括阿鲁科尔沁旗和巴林右旗南部、翁牛特旗东半部、敖汉旗北部。该区域地处中国北方半干旱农牧交错区生态脆弱带内,大部分为西辽河平原和大兴安岭山前冲积平原。上面堆积着深厚的第四纪以后形成的冲积湖积沙物质。几十年来,由于气候变异和人类滥垦、过牧、滥樵等不合理的经济活动,破坏了良好的原生植被和土壤层,使原本脆弱的生态环境更加恶化,形成沙地景观——高大沙丘、低缓起伏的沙地与丘间低地。沙丘相对高度在10米左右,有的高达20~30米。低缓起伏的沙地相对高度一般在3~5米。

浑善达克沙地　分布于赤峰市克什克腾旗境内。区域内降水量较多,植被生长状况良好。以禾本科和蒿属植物为主,植被盖度30%~50%,固定半固定沙地占98%,流动沙地仅为2%。受大兴安岭南端山地和燕山北部山地区系影响,植物种类成分较为丰富,仅禾本科植物就有30余种。浑善达克沙地相对稳定,但是草原退化和沙化迅速,沙化动态变化主要表现为流动沙丘的扩展、半固定沙丘的扩张和固定沙丘的缩减。

老哈河支流英金河沿岸金河沙地　该片沙地呈断续条状,面积29866.67公顷,主要呈沙质丘陵台地,沿河流两岸呈断续条状的沙丘、平原。

六、微地貌

赤峰市境内微地貌类型繁多,成因复杂,形态各异。主要有以下几种:

风蚀残柱(即雅丹地形)　主要分布于敖汉旗北部、老哈河下游、巴林左旗、巴林右旗的丘陵和山前地带。柱高一般5~10米,三五个或十几个连接成土柱群,呈残垣状。组成岩性为更新统灰黄色、白灰色亚砂土,系风蚀所致。

残山(岛状山)　分布于各类平原上,一般海拔700~1000米,山顶呈浑圆状,坡陡凸,坡角缓,山体形似海中孤岛。典型的有宁城县桃古吐山、翁旗海金山、右旗布敦花等。组成岩性主要为侏罗系凝灰质砂砾岩、安山岩、燕山期花岗岩。

串珠谷(葫芦状洼地)　多见于山地丘陵区和山间谷地中。一串相联山谷延伸宽窄不一,开阔平坦者2~5平方公里,狭窄坎坷者不足1平方公里,宽窄相连,状似串珠。翁旗帐房川长约50公里,有塔布乌苏、下泡子、老牛槽沟、头道杖房、四道窝铺、五道窝铺、六道窝铺等处宽谷被窄谷串联,构成典型的串珠谷地貌景观。

角峰　见于山区,以右旗羊场乡—左旗查干哈达苏木阿鲁召嘎查一带、克旗芝瑞乡等地较典型。山顶多呈羊角状、尖顶状、塔状孤峰。组成岩性主要为燕山期花岗岩。

倒石锥　主要分布在山脚或陡崖下,由风化破碎岩石在重力作用下堆积于山脚而成。多为三角形、长条形。组成物质无分选性,面积一般为10~100平方米。

洪积扇　多分布于沟谷出口处,呈扇形,轴部微突起,前缘覆于阶地之上。其上地势平坦,微向谷外倾斜,多被纵向冲沟切割。面积一般小于1.0平方公里。

沙洲　见于较大河流下游,由于河水分流,河床出露地表而成。多为棱形、肾状或条带状，面积由不足 1 平方公里到几平方公里不等。老哈河下游龙门套海—河夹心子一带有十几处，属最集中地区。

蛇曲 主要分布河流下游、冲积—湖积平原、冲积—湖积高平原及沙地中。河谷狭窄、河床弯曲。

牛轭湖 分布于河床弯曲部位。由于河流侧蚀作用，被河水遗弃的河床或漫滩地势低洼形成弓形或新月形的常年或季节性的湖泊、沼泽地，喜水植物生长茂盛。

洪积扇裙 分布在山麓及斜坡地带。由多个洪积扇地形连片组成。其上地势平坦，微向沟谷方向倾斜，倾角一般 5~10 度，扇轴部位砂砾石厚度较大，适宜地下水开采。

山间谷地 位于山间，呈喇叭状向谷外开口，谷地出口处常有锥状三角地分布。较大的山间谷地有十大份、四道杖房、头分地、三分地、五分地、桥头—亿合公、哈拉道口—东洼子等。主要岩性由上更新统黄土状亚黏土、碎砂石和中更新统棕红色、棕黄色亚黏土等组成。

岗地 主要分布于乌力吉木伦河下游、西拉木伦河北岸波状平原上。多呈长梁状、圆状、椭圆状，长轴方向为北西。宽一般 300 ~ 500 米，最宽 1 ~ 2 公里，长一般 2 ~ 3 公里，最长 8 ~ 10 公里，平均 2 ~ 5 条 /10 公里。一般高出地表 5 ~ 10 米，最高 40 余米。

洼地 分布于岗地之间，呈长条状或不规则状。长轴方向多数与岗地方向一致，个别近东西向。宽一般 1 ~ 2 公里，最宽 5 ~ 10 公里。地势平坦，微向轴部倾斜，倾角一般 2 ~ 3 度。最低地带常常积水形成湖泊或沼泽地。

河漫滩 以不对称形式分布于河床两侧。其上地势微向河床倾斜，倾角一般 2 ~ 3 度。河漫滩宽：河谷上段一般 10 ~ 100 米，下段 100 ~ 200 米，主谷中最宽处 300 ~ 400 米，西拉木伦河与老哈河汇流的三角地带达 500 米。

冲积阶地 主要有两级：一级冲积阶地呈条带状连续分布于河谷及较大支谷中。一般宽 400 ~ 500 米，主谷中 500 ~ 1000 米，西拉木伦河巴林桥以东地段最宽达 3 ~ 5 公里。冲积阶地前缘与河漫滩以陡坎相连，坎高 0.5 ~ 1.0 米。局部 2 米以上。后缘与二级冲积阶地或山前陡坎连接，坎高 2 ~ 4 米，最高 5 ~ 10 米。二级冲积阶地呈条带状断续分布，以不对称形式出现。宽 300 ~ 500 米，巴林桥一带最宽达 2 ~ 5 公里。二级阶地前缘与一级阶地以陡坎相连，坎高 1 ~ 2 米。后缘与低山丘陵以陡坎连接，坎高一般 5 ~ 8 米，最高 10 米以上。两级阶地上地势平坦，微向河漫滩倾斜，倾角 2 ~ 4 度，植被良好。组成岩性为全新统冲积亚黏土、砂砾卵石等。

第二节 地貌区

一、北部大兴安岭西南段石质中低山丘陵区

本区南线大致自东而西从天合隆—合作村—东马鬃山—图拉嘎—巴林桥转东南—大黑山与西辽河上游平原相分开；再自大黑山而南—山嘴子转西—官井子北折—

上哈布其拉转西西南—小孤山—十二座连营,与亿合公熔岩台地相连接。行政区域包括巴林左旗和林西县全部、巴林右旗和阿鲁科尔沁旗大部、克什克腾旗中东部、翁牛特旗西北部。面积约42121平方公里,占全市总面积的47.4%,山脉走向为构造线控制,呈东北—西南向,海拔多在1000~1300米,相对高度100~500米。大于1500米的山峰集中于西部,以克什克腾旗黄岗梁为最高,海拔2029米。

本区以北东向南起图拉嘎—塔拉板—上半拉沟—索贝山—靠山村—玛尼图—毛呼勒嘎吐一线为界,可分作两个地貌山区。北为大兴安岭西南段石质中山小区,行政区域包括:克什克腾旗中东部、林西县全部、翁牛特旗西北部、巴林左旗、巴林右旗和阿旗西北部。面积32066平方公里,占全市总面积35.6%。南为大兴安岭西南段东麓石质低山丘陵小区,行政区域包括:阿鲁科尔沁旗中东部、巴林左旗、巴林右旗东南部,面积为10656平方公里,占全市总面积11.8%。

二、南部燕山北麓山地丘陵区

包括七老图—努鲁尔虎山及其延伸部分。行政区域包括:克什克腾旗东南部、翁牛特旗大部、敖汉旗中南部,松山区、红山区、元宝山区、喀喇沁旗及宁城县全部,面积2.69万平方公里,占全市总面积的29.5%,地势复杂,起伏较大。

三、东部西辽河上游平原区

行政区域包括:阿鲁科尔沁旗南部、巴林右旗东南部、翁牛特旗东部、敖汉旗北部,面积11841平方公里,占全市总面积的13.2%。平原面向东及东北倾斜。地表均由松散的第四系沉积物所组成,主要有冲积、洪积、风积物,沉积物厚度从西北向东南增大。

四、西部高平原区

位于克什克腾旗西部,大兴安岭西南段山地西侧,燕山北麓山地台地丘陵以北。面积约8910平方公里,占全市总面积的9.9%。基岩主要为第三系始新统至上新统的湖盆相砂砾岩、泥岩、沙质泥岩、红色泥岩等互层,沉积岩厚度介于100~700米之间,并有大片第四系火山熔岩、玄武岩喷溢。地势东高西低,南高北低,地貌以波状起伏为主要特征。

第三章　气候　物候

赤峰市属中温带半干旱大陆性季风气候区,一年中随着季风转换,天气系统、控制气团和天气状况均有明显的季节性特征,形成了冬季漫长而寒冷,春季干旱多大风,夏季短促炎热、雨水集中,秋季气温下降快、霜冻降临早气候特征。赤峰市三面环山,具有山水林田湖草多种类型,地形地貌复杂多样,光、热、水的地域分配不均,小气候资源丰富。

赤峰市气候特点是季风显著,四季分明,光照充足,气候干燥,雨热同季,气候资源配置多样。1991—2014 年,赤峰市气温持续上升,年平均气温 3.5℃ ~ 7.7℃;年平均降水量 330 ~ 441 毫米,降雨日数减少,年平均降雨日数 53 ~ 64 天;年平均日照时数 2790 ~ 3153 小时。

第一节 气候特征

一、气候特点

赤峰市属中温带半干旱大陆性季风气候区,气候特征具有明显的地域特色,同时受地形、植被、水体影响,小气候优势明显。

四季分明、雨热同季 赤峰市受温带季风影响,形成了光热充足、雨热同季且配合良好的气候特征。春季太阳辐射逐月增强,气温同步回升,雨量偏少,干旱多风;6 月中旬由春入夏,降水逐渐增多,气温同步上升;7—8 月,太阳辐射量达到最高,受副热带高气压控制,进入盛夏高温期和雨水集中期,夏季降水占全年降水量的 64% ~ 76%,但有的年份会出现高温伏旱;9 月进入夏秋转换季节,受蒙古冷高压控制,雨热同步下降,秋高气爽,光照充足,气温日较差大,光温条件优于春季;11 月上旬入冬,雪少风多,光热水处于低值期,是一年中最寒冷的季节。

冬季,由于冷空气的不断补充南下,天气干燥寒冷,此时盛行偏北风;春季,是冬季风向夏季风转换的过渡季节,气候干燥,干旱频发,气温呈波动回升;夏季,受太平洋副热带高压控制,盛行偏南风,来自海洋的水汽输送本地,降水过程较多,除局部雷阵雨外,多连续晴热天气;秋季,是夏季风向冬季风转换的过渡季节,气候相对凉爽,但有时也会出现秋老虎天气,由于常有冷空气南下,锋面活动开始增多,常会出现寒潮降温天气。

光热充足、资源丰富 赤峰市南北地跨约 4 个纬度,东西地跨约 4.5 个经度,地势西高东低,三面环山,南部山地丘陵区属燕山山脉,有众多的森林覆盖,是赤峰市降水较多、无霜期最长、农耕农业最适宜的区域;北部山地丘陵区属大兴安岭南段和天然草地交错地带,气候适宜,降水适中,热量条件较优;东部平原区属于典型的农牧交错地带,降水量偏少,光照充足,热量条件优越,是农耕文化的主要发源地;西北部山区,气候垂直差异显著,气温随高度上升而下降,雨量随高度上升而增加,组成复杂的立体小气候。

气象灾害时有发生 受季风交替的不稳定和地形影响,赤峰市春季干旱、大风、倒春寒、晚霜冻;夏季干旱、高温,以及强对流天气引发的洪涝、冰雹;秋季连阴雨、干旱、霜冻等气象灾害时有发生。1994 年,敖汉旗日最大降水量 187 毫米,洪涝灾害严重。2009 年,冰雹灾害涉及 9 个旗县,损失严重。2014 年,持续高温干旱,用水困难,全市农牧业生产受到重大影响。

二、四季气候

气象意义上，以连续5天滑动平均气温稳定通过5℃和20℃作为四季划分标准：<5℃为冬季，>20℃为夏季，5℃～20℃之间为春季、秋季。

春季 升温快，干旱，多大风。赤峰市春季始于4月2日至14日，南早北迟，南部平均4月3日，北部平均4月7日，相差4天；终于6月2日至21日，南早北迟，南部平均6月6日，北部平均6月13日，相差7天；持续时间60～68天，北部略长于南部。随着气候变暖，各地区入春时间有所提前，春季结束时间相应提前。春季是冬季风转换为夏季风的过渡性季节，光温同步上升，但冷暖起伏大，气候干燥，并时有大风、低温天气出现。其代表月4月的光热水条件为：平均气温5.6℃～9.9℃，降水量10.6～22.3毫米，日照时数248～283小时。

夏季 短促，雨量集中。赤峰市夏季始于6月3日至22日，南早北迟，南部平均6月7日，北部平均6月14日，相差7天；终于8月10日至30日，南迟北早，南部平均8月29日，北部平均8月23日，相差6天；持续时间50～89天，南部长于北部，西北部山区少于50天。与1991年前20年相比，近24年的夏季持续天数略有增加。盛夏是一年中降水高峰期和高温期，易出现强对流天气，造成冰雹、洪涝灾害，并有阶段性高温干旱。其代表月7月的光热条件为：平均气温20.7℃～24.2℃，降水量101.4～126.6毫米，日照时数244～293小时。

秋季 气温下降快，霜冻来临早，多晴朗天气。赤峰市秋季始于8月11日至31日，北早南迟，南部平均8月30日，北部平均8月24日，相差6天；终于10月17日至31日，南迟北早，南部平均10月28日，北部平均10月21日，相差7天；持续时间56～68天，南部长于北部。秋季光温同步下降，气温起伏较大，霜冻降临早，降水量显著减少，光照充足，大多数年份为秋高气爽天气。其代表月10月的光热条件为：平均气温4.4℃～8.6℃，降水量13.1～26.3毫米，日照时数230～257小时。

冬季 漫长寒冷，雪少风多。赤峰市冬季始于10月18日至11月1日，北早南迟，南部平均10月29日，北部平均10月22日，相差7天；终于4月1日至13日，南早北迟，南部平均4月2日，北部平均4月6日，相差4天；持续时间152～178天，北部长于南部。冬季漫长，前冬寒冷干燥，后冬雨雪渐多，是一年中光热水的低值时期。其代表月1月的光热条件为：平均气温-16.6℃～-10.5℃，降水量0.8～2.6毫米，日照时数204～224小时。

三、年气候

1991—2014年，赤峰市年平均气温6.4℃，呈明显上升趋势，比20世纪60年代升高了0.9℃，比70年代升高了0.9℃，比80年代升高了0.5℃，空间分布呈自西北向东南逐渐升高。

1991—2014年，赤峰市年平均降水量381毫米，年际波动较大，总体略有减少，比20世纪60年代减少了2毫米，比70年代增加了11毫米，比80年代减少了11毫米。

年降水量最小值出现在 2009 年，为 256 毫米，最大值出现在 1993 年，为 513 毫米。

1991—2014 年，赤峰市年平均日照时数 2989 小时，年际波动较大，总体比较平稳。年平均相对湿度、风速、最高气温、最低气温无明显变化趋势，蒸发量呈减少趋势，积温呈上升趋势。

1991—2014 年赤峰市主要气象要素变化情况表

表 1-2-1

年份	降水量（毫米）	平均气温（℃）	相对湿度（%）	日照时数（小时）	风　速（米 / 秒）	蒸发量（毫米）	最高气温（℃）	最低气温（℃）	积　温（℃）
1991	493	5.7	53	2815	2.6	1728	38.9	–29.1	2857
1992	435	5.8	55	2750	2.5	1706	35.8	–26.0	2620
1993	513	5.7	53	2910	2.6	1774	35.7	–28.9	2781
1994	405	6.6	52	2959	2.6	1901	37.3	–28.4	2906
1995	378	6.4	51	2934	2.8	1832	38.0	–24.9	2574
1996	404	5.9	50	2953	2.8	1769	36.7	–25.4	2789
1997	417	6.6	50	3013	2.6	1885	39.8	–29.3	2834
1998	497	7.6	54	2828	2.4	1725	37.2	–33.2	3216
1999	320	6.6	52	3019	2.6	1839	40.4	–29.8	2887
2000	317	6.1	51	2985	2.4	1993	43.7	–32.9	3297
2001	324	6.4	51	3101	2.6	2066	39.8	–35.7	3142
2002	345	6.8	50	2959	2.6	1530	37.2	–29.8	3030
2003	390	6.7	52	2848	2.5	1389	35.9	–28.9	2949
2004	390	6.9	49	3062	2.6	1460	37.7	–28.9	2905
2005	366	6.1	50	3065	2.7	1371	37.8	–29.1	2913
2006	298	6.6	49	3001	2.6	1396	36.4	–29.9	2977
2007	309	7.3	49	3601	2.6	1434	42.7	–28.5	3258
2008	336	7.1	48	2970	2.7	1390	39.5	–29.2	2869
2009	256	6.6	45	3105	2.7	1481	39.2	–28.7	3103
2010	420	5.7	51	2912	2.7	1267	37.5	–35.3	2982
2011	341	6.2	50	3050	2.7	1355	39.8	–29.2	2749
2012	465	5.2	53	2905	2.7	1290	36.9	–33.1	3053
2013	357	6.2	53	3037	2.8	1313	36.4	–31.7	3129
2014	361	7.1	49	2951	2.6	1337	39.3	–30.2	2786

第二节　气候资源

一、光

太阳辐射　1991—2014 年,赤峰城区年平均总辐射 5748 兆焦 / 平方米,年总辐射最多为 6163 兆焦 / 平方米,出现在 2009 年,最少为 5379 兆焦 / 平方米,出现在 1992 年。一年中,5—7 月的太阳辐射最强,总辐射最多,月总辐射在 670 ~ 700 兆焦 / 平方米之间;3 月、4 月、8 月、9 月次之, 月总辐射在 490 ~ 630 兆焦 / 平方米之间;1 月、2 月、11 月、12 月最少,月总辐射在 220 ~ 340 兆焦 / 平方米之间。

空间上,东部平原地区最多,年平均总辐射在 5800 兆焦 / 平方米左右;南部丘陵区次之,年平均总辐射在 5700 兆焦 / 平方米左右;北部丘陵区最少,年平均总辐射在 5600 兆焦 / 平方米左右。

1991—2014 年赤峰市各地各月及年平均太阳总辐射情况表

表 1-2-2　　单位:兆焦 / 平方米

总辐射 时间 地区	1 月	2 月	3 月	4 月	5 月	6 月	7 月	8 月	9 月	10 月	11 月	12 月	年
赤峰城区	265	335	495	592	695	669	673	629	511	390	266	228	5748
天山	251	334	507	607	712	712	706	655	525	389	253	212	5863
林东	256	340	506	610	707	676	669	639	517	389	257	218	5784
大板	255	331	496	592	699	678	675	634	506	384	254	219	5723
林西	249	325	491	596	691	665	656	629	503	379	252	214	5650
经棚	254	330	492	591	696	682	670	629	500	375	253	214	5686
乌丹	264	340	504	605	706	678	686	639	520	394	263	226	5825
锦山	262	330	478	578	678	650	646	607	498	382	263	226	5598
天义	267	336	493	589	691	661	659	621	512	397	273	233	5732
新惠	271	340	501	590	702	681	675	636	518	398	269	233	5814

日照时数　1991—2014 年,赤峰市年平均日照时数在 2750 ~ 3200 小时之间,日照百分率在 63% ~ 71%之间。日照时数最多的 5 月和 8 月,月平均日照时数在 250 ~ 310 小时之间,日照百分率在 60% ~ 70%之间;日照时数最少的 11 月和 12 月,月平均日照时数在 180 ~ 220 小时之间,日照百分率在 68% ~ 75%之间。赤峰城区年日照时数呈逐

年增加趋势，年际多寡悬殊较大，最多的是 2007 年，为 3511 小时，最少的是 1992 年，为 2608 小时。月日照时数最多为 344 小时，出现在 2009 年 8 月，月日照时数最少为 152 小时，出现在 1993 年 11 月。

从空间分布来看，赤峰市东部平原地区地势平坦，光照充足，为赤峰市日照时数最长区域，年日照时数 3100 ~ 3200 小时左右；北部丘陵区次之，3000 ~ 3100 小时；南部丘陵区最少，2800 ~ 3000 小时。日照时数一般随海拔高度而有显著变化，日照时数随海拔高度的增加而增加。

1991—2014 年赤峰市各地各月及年平均日照时数情况表

表 1-2-3　　单位：小时

日照时数 时间 / 地区	1月	2月	3月	4月	5月	6月	7月	8月	9月	10月	11月	12月	年
赤峰城区	213	217	257	262	288	261	269	277	261	244	206	196	2951
天山	215	231	280	283	305	297	297	301	283	259	207	194	3152
林东	223	239	281	283	297	270	270	289	278	261	216	207	3114
大板	216	224	267	267	295	271	273	285	265	250	202	199	3014
林西	208	218	264	273	288	261	258	281	261	245	204	195	2956
经棚	211	222	264	266	290	272	267	279	256	237	200	189	2953
乌丹	217	230	272	276	297	268	279	285	272	254	211	203	3064
锦山	202	207	242	251	274	247	247	257	246	232	198	186	2789
天义	203	210	253	258	283	254	255	266	257	245	206	193	2883
新惠	219	221	265	262	292	269	269	281	266	252	211	202	3009

二、热

年（月）平均气温　赤峰市年平均气温在 3.0℃ ~ 8.0℃之间，南部高于北部，平原高于山区。西北部在 3.0℃ ~ 5.5℃之间，东北部在 6.0℃ ~ 7.0℃之间，南部在 7.0℃ ~ 8.0℃之间。一年中以 1 月平均气温最低，在 -16.6℃ ~ -10.5℃之间；7 月平均气温最高，在 20.7℃ ~ 24.2℃之间。赤峰市年平均气温最高为 9.0℃，出现在 1994 年的天义，年平均气温最低为 1.9℃，出现在 2012 年的经棚。

赤峰城区年平均气温 7.8℃，为全市最高。赤峰城区 1 月最暖的 2002 年月平均气温为 -7.2℃，最冷的 2000 年月平均气温为 -15.4℃；7 月最热的 2000 年月平均气温 27.2℃，最凉的 1996 年和 2004 年月平均气温为 22.4℃，年际差异较大。

1991—2014 年，赤峰市各地年平均气温呈上升趋势，增幅较大。西北地区年平均气温比20世纪60年代升高1.0℃,比70年代升高0.8℃,比80年代升高0.7℃。东北地区年平均气温比60年代升高1.2℃,比70年代升高1.1℃,比80年代升高0.7℃。南部地区年平均气温比60年代升高0.8℃,比70年代升高0.8℃,比80年代升高0.6℃。全球气候变暖的大背景和城镇化进程的加快是造成气温上升的主要原因,城镇化进程快的区域升温大于进程慢的区域。

1991—2014年赤峰市各地各月及年平均气温情况表

表1-2-4　　单位:℃

平均气温＼时间 地区	1月	2月	3月	4月	5月	6月	7月	8月	9月	10月	11月	12月	年
赤峰城区	–10.5	–6.4	0.5	9.7	17.1	21.4	23.8	22.2	16.5	8.6	–1.2	–8.4	7.8
天山	–13.7	–9.0	–1.2	9.2	17.2	22.0	24.2	22.6	16.3	7.5	–3.5	–11.7	6.7
林东	–12.9	–8.7	–1.5	8.3	16.2	21.0	23.2	21.5	15.2	7.0	–3.6	–11.1	6.2
大板	–12.9	–8.9	–1.8	8.1	15.8	20.6	23.0	21.2	15.1	6.7	–3.7	–11.2	6.0
林西	–13.5	–9.5	–2.5	7.3	14.9	19.6	22.0	20.3	14.4	6.2	–3.9	–11.4	5.3
经棚	–16.6	–12.2	–4.2	5.6	13.2	18.0	20.7	18.9	12.8	4.4	–5.7	–14.0	3.4
乌丹	–11.8	–7.7	–0.8	8.9	16.3	20.9	23.1	21.5	15.6	7.7	–2.3	–9.8	6.8
锦山	–10.7	–6.8	0.0	9.0	16.0	20.1	22.4	20.7	15.2	7.7	–1.6	–8.6	6.9
天义	–11.4	–6.6	0.7	9.9	17.0	21.2	23.4	21.8	16.1	8.3	–1.4	–9.0	7.5
新惠	–11.6	–7.4	–0.4	9.0	16.3	21.0	23.2	21.7	16.2	8.2	–1.8	–9.3	7.1

积温　1991—2014年,赤峰市≥0℃积温在2800℃～3800℃之间,≥10℃积温在2300℃～3300℃之间,各地差异较大,南部高于北部,东部高于西部。西北地区最低,≥0℃积温在2500℃～3100℃之间,≥10℃积温在1800℃～2700℃。除了城区以外,东南部地区最高,≥0℃积温在3300℃～3900℃之间,≥10℃积温在2600℃～3500℃。

受城市热岛影响,赤峰城区≥0℃积温在3500℃～4000℃,≥10℃积温在2700℃～3600℃,是赤峰市积温最高的地区。1991—2014年,≥10℃积温最多的是2007年,为3586℃,是有记录以来的最多年份;最少的是1995年,为2709℃。

1991—2014年赤峰市各地≥0℃和≥10℃积温情况表

表1-2-5　　单位:℃

积温＼地区 项目	赤峰城区	天山	林东	大板	林西	经棚	乌丹	锦山	天义	新惠
≥0℃积温	3722	3686	3479	3417	3222	2884	3538	3469	3681	3601
≥10℃积温	3237	3242	3020	2969	2727	2353	3046	2955	3183	3080

地温 1991—2014 年，赤峰市年地表平均温度在 6.1℃～9.8℃，1 月、2 月、11 月、12 月地表温度在 0℃以下，5—8 月地表温度在 20℃以上。月地表平均温度以 1 月最低，在 -15.8℃～-12.0℃之间，7 月最高，在 25.5℃～28.6℃之间。年地表平均温度空间分布北部低、南部高，北部地区在 6℃～9℃之间，南部地区在 8℃～10℃之间。

1991—2014 年，赤峰城区年地表平均温度 9.3℃，比 20 世纪 60 年代升高了 0.9℃，比 70 年代升高了 0.8℃，比 80 年代升高了 0.2℃。

1991—2014 年赤峰市各地各月及年地表平均温度情况表

表 1-2-6　　单位：℃

地表平均温度 时间 / 地区	1月	2月	3月	4月	5月	6月	7月	8月	9月	10月	11月	12月	年
赤峰城区	-12.0	-6.5	2.2	12.1	20.5	25.4	27.7	26.0	19.3	9.0	-1.9	-10.0	9.3
天山	-15.0	-8.9	0.7	12.4	21.6	26.8	28.6	27.3	19.7	8.4	-4.0	-12.8	8.7
林东	-13.3	-8.1	0.7	11.1	19.8	25.2	27.5	26.1	18.4	8.1	-3.6	-11.7	8.4
大板	-13.7	-8.4	0.4	11.5	20.2	25.2	27.4	25.6	18.2	7.6	-4.3	-12.3	8.1
林西	-14.0	-8.9	0.0	11.0	19.4	24.3	26.6	24.6	17.7	7.3	-4.0	-12.1	7.7
经棚	-15.8	-11.0	-1.4	8.9	17.1	23.0	25.5	23.4	16.5	6.0	-5.2	-13.8	6.1
乌丹	-12.5	-7.1	1.4	11.8	20.2	25.2	27.6	25.8	19.0	8.7	-2.7	-10.7	8.9
锦山	-12.6	-6.8	2.1	12.3	20.5	24.8	27.0	25.4	18.7	8.3	-2.7	-11.1	8.8
天义	-12.2	-6.2	2.8	13.3	21.4	26.3	28.4	26.7	19.8	9.3	-1.6	-10.2	9.8
新惠	-12.4	-6.9	1.7	12.0	20.3	25.4	27.5	25.9	19.4	9.1	-2.0	-10.5	9.1

三、水

降水量 赤峰市各地年降水量 330～450 毫米，主要集中在 5—9 月，占全年降水量的 83%～89%。7 月降水量为全年最多，占全年降水量的 27%～35%；1 月、2 月、11 月、12 月降水量最少，占全年降水量的 3%～5%。年降水量空间上南多北少，北部地区在 330～390 毫米之间，南部地区在 370～450 毫米之间。

1991—2014 年，赤峰市年降水量最多为 681 毫米，出现在 1998 年的林东，年降水量最少为 175 毫米，出现在 2009 年的乌丹。月降水量最大为 354.7 毫米，出现在 1993 年 7 月的林东，月降水量最少为 0 毫米，各地均出现整月未降水情况。

1991—2014 年，赤峰城区年降水量最多出现在 1994 年，为 559 毫米，为有记录以来的最多年份，最少为 250 毫米，出现在 2009 年。

赤峰市降水量分布图

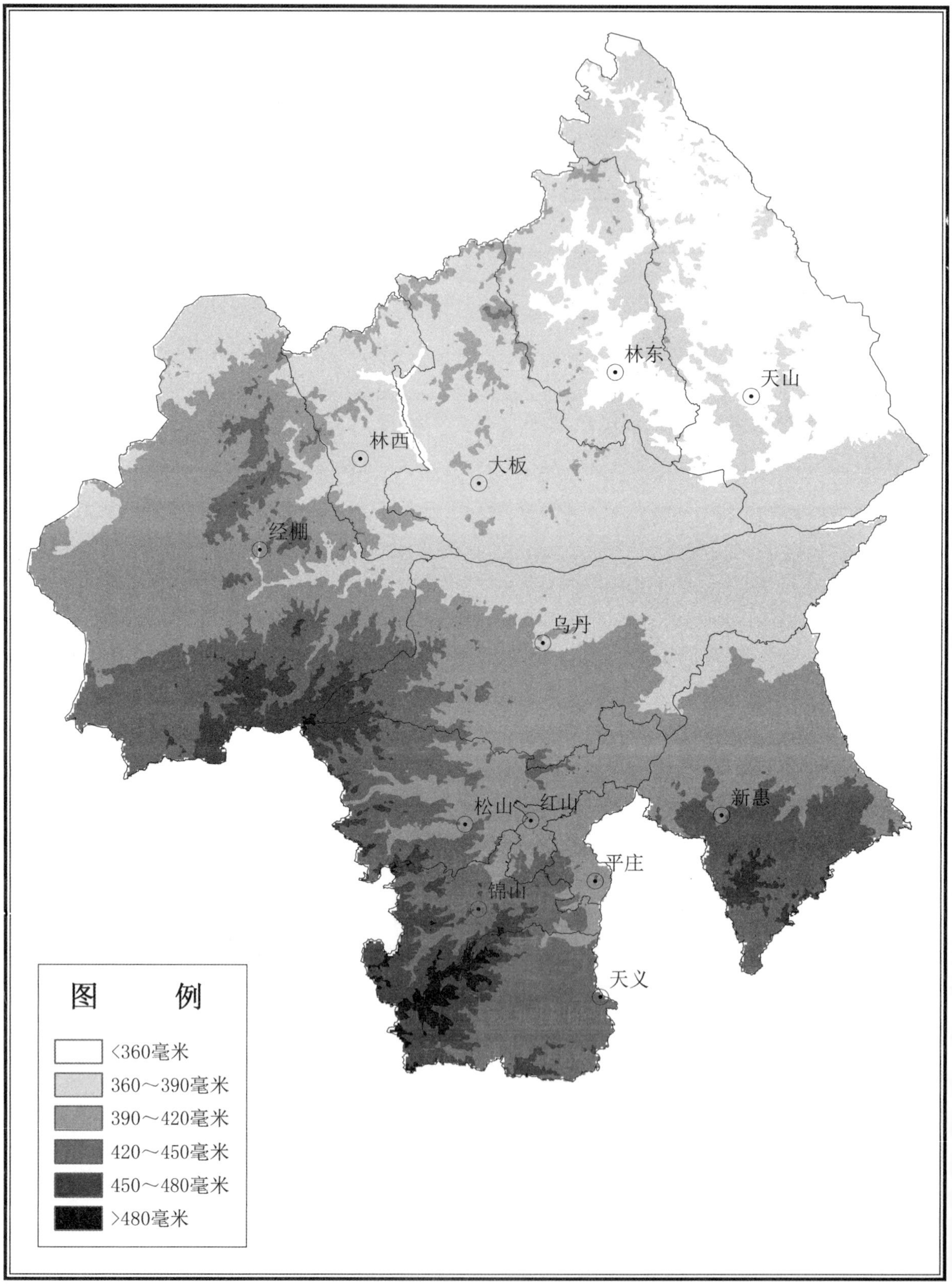
林东
天山
林西
大板
经棚
乌丹
新惠
松山
红山
平庄
锦山
天义
图例
<360毫米
360～390毫米
390～420毫米
420～450毫米
450～480毫米
>480毫米

1991—2014 年赤峰市各地各月及年降水量情况表

表 1-2-7　　　　单位:毫米

降水量＼时间 地区	1月	2月	3月	4月	5月	6月	7月	8月	9月	10月	11月	12月	年
赤峰城区	2.0	3.0	8.3	18.7	37.0	71.8	110.6	60.4	29.5	23.0	7.3	2.1	373.6
天山	2.0	1.9	4.6	12.3	32.1	63.0	116.0	51.5	26.9	13.6	4.6	2.1	330.6
林东	1.6	1.6	5.3	10.9	27.0	85.7	120.1	66.9	26.1	13.7	4.6	1.5	365.0
大板	2.4	2.6	6.7	12.0	29.2	79.4	116.5	69.4	27.9	15.9	7.3	2.2	371.5
林西	2.1	1.7	6.8	10.6	32.1	85.1	103.2	70.7	27.5	15.6	5.2	1.6	362.1
经棚	2.6	3.3	8.0	16.0	42.3	65.8	105.8	75.8	36.1	20.1	7.9	3.7	387.2
乌丹	2.3	2.0	7.8	15.1	33.9	68.2	96.8	51.3	29.0	14.2	7.7	1.8	330.1
锦山	1.3	2.5	7.4	19.8	47.7	94.4	120.3	70.7	38.1	26.3	11.2	1.5	441.0
天义	1.8	2.2	6.8	22.3	44.6	85.9	115.3	79.1	37.1	26.1	8.6	2.1	431.9
新惠	2.0	2.8	7.8	18.2	43.9	83.2	116.9	69.8	35.6	21.9	9.8	2.3	414.0

降水相对变率　1991—2014 年,赤峰市作物生长季(4—9 月)降水变率在 17.2% ~ 25.5%之间,总体南部降水变率小于北部降水变率,西部较小,中东部较大。

1991—2014 年赤峰市各地 4—9 月降水相对变率情况表

表 1-2-8　　　　单位:%

地区 项目	赤峰城区	天山	林东	大板	林西	经棚	乌丹	锦山	天义	新惠
降水变率	19.5	21.3	23.0	25.5	21.3	17.2	22.8	18.5	21.9	20.9

蒸发量　赤峰市年平均蒸发量变化不明显,但年际差异很大。1991—2014 年,全市年平均蒸发量最大的 2001 年,为 2066 毫米;最小的 2010 年为 1267 毫米。赤峰市年蒸发量最多为 2558 毫米,出现在 2001 年的新惠,年蒸发量最少为 1305 毫米,出现在 1993 年的天义。月蒸发量最多为 480 毫米,出现在 2001 年 5 月的林西,月蒸发量最少为 11.5 毫米,出现在 2000 年 1 月的经棚。

赤峰市各地年蒸发量在 1550 ~ 2250 毫米之间,是降水量的 3.6 ~ 6.0 倍。3—10 月蒸发量较大,月蒸发量基本在 100 毫米以上,最大的 5 月在 250 ~ 370 毫米之间。11 月至次年 2 月蒸发量较小,月蒸发量基本在 70 毫米以下,1 月最小,为 15 ~ 40 毫米。

1991—2014年赤峰市各地各月及年蒸发量情况表

表1-2-9　　单位:毫米

蒸发量/时间 地区	1月	2月	3月	4月	5月	6月	7月	8月	9月	10月	11月	12月	年
赤峰城区	40	63	136	245	321	264	257	223	199	144	75	42	2009
天山	27	50	116	250	342	296	255	229	199	141	57	27	1988
林东	28	47	106	212	308	268	254	232	202	120	5	2	1785
大板	34	55	120	243	339	293	262	234	200	149	65	36	2031
林西	34	53	116	239	334	283	255	230	204	145	68	36	1997
经棚	19	36	91	188	272	235	213	193	162	111	52	22	1595
乌丹	37	58	128	244	318	269	251	223	195	144	72	38	1977
锦山	33	55	115	205	264	224	202	183	155	113	60	36	1646
天义	27	50	111	193	252	221	197	176	151	104	52	29	1563
新惠	40	69	147	269	361	310	262	238	224	161	81	45	2206

相对湿度　1991—2014年,赤峰市各地年平均相对湿度在45%~55%之间,空间分布南部大北部小。年平均相对湿度最大为62%,出现在1992年的经棚,年平均相对湿度最小为42%,出现在2009年的林东。平均相对湿度较大时段集中在夏季,6—8月平均相对湿度在50%~70%之间;春季是一年中最干燥的季节,3—5月平均相对湿度在30%~40%之间。1991—2014年,月平均相对湿度最大为83%,出现在1993年7月的天义,月平均相对湿度最小为25%,出现在1998年3月的林东。

1991—2014年赤峰市各地各月及年相对湿度情况表

表1-2-10　　单位:%

相对湿度/时间 地区	1月	2月	3月	4月	5月	6月	7月	8月	9月	10月	11月	12月	年
赤峰城区	45	40	38	38	40	56	65	65	57	50	49	47	49
天山	47	42	40	39	43	57	68	68	57	49	49	48	51
林东	47	43	40	39	43	58	68	67	57	49	49	48	51
大板	49	41	37	34	38	53	65	63	54	47	49	51	48
林西	48	42	41	36	39	55	65	64	54	47	49	50	49
经棚	48	43	40	38	42	57	67	66	56	49	49	48	50
乌丹	44	38	37	35	39	54	65	65	55	46	46	46	47
锦山	44	39	37	37	42	59	69	69	61	53	48	45	50
天义	51	43	40	41	46	61	72	73	65	57	54	52	55
新惠	48	42	40	38	43	58	70	69	57	50	49	48	51

四、风

平均风速 1991—2014 年,赤峰市各地除山区外,年平均风速为 1.9 ~ 2.6 米 / 秒。一年中以 3—5 月平均风速最大,在 2.3 ~ 4.6 米 / 秒之间;7—8 月较小,在 1.4 ~ 2.9 米/ 秒之间。

年平均风速东部平原区较大,在 2.4 米 / 秒以上,东南部在 3.0 米 / 秒以上,是赤峰市风能资源较丰富的区域;低山丘陵区风速较小,年平均风速 2.0 米 / 秒以下,如锦山年平均风速 1.9 米 / 秒,是全市风速最小的区域,新惠是风速最大的地区,年平均风速为 3.5 米 / 秒,并且除 7—8 月以外,其余月份平均风速均在 3.0 米 / 秒以上。

1991—2014 年赤峰市各地各月及年平均风速情况表

表 1-2-11 单位:米 / 秒

平均风速 时间 地区	1月	2月	3月	4月	5月	6月	7月	8月	9月	10月	11月	12月	年
赤峰城区	2.0	2.2	2.7	3.0	2.8	2.2	1.9	1.7	1.9	2.1	2.1	2.1	2.2
天山	2.0	2.3	3.0	3.6	3.3	2.4	1.9	1.7	1.9	2.2	2.2	2.1	2.4
林东	2.5	2.6	3.0	3.3	2.9	2.2	1.9	1.7	1.9	2.4	2.4	2.4	2.4
大板	3.6	3.4	3.5	3.8	3.3	2.4	2.2	2.0	2.3	2.9	3.1	3.5	3.0
林西	2.9	2.8	3.1	3.4	3.1	2.2	1.8	1.7	2.1	2.6	2.9	3.0	2.6
经棚	4.1	3.6	3.4	3.3	2.9	2.0	1.8	1.6	1.9	2.7	3.5	3.9	2.9
乌丹	2.9	3.0	3.5	3.8	3.4	2.5	2.1	1.9	2.2	2.8	2.9	2.9	2.8
锦山	1.8	1.9	2.3	2.7	2.3	1.7	1.5	1.4	1.6	1.8	2.0	1.9	1.9
天义	2.0	2.4	3.0	3.4	2.9	2.4	2.0	1.8	1.9	2.2	2.3	2.1	2.4
新惠	3.3	3.6	4.1	4.6	4.1	3.3	2.9	2.7	3.1	3.6	3.7	3.5	3.5

盛行风向 赤峰季风气候明显,风向随季节交替而改变。春季以西北风、西南风居多;夏季以西南风、偏南风为多;秋季以偏北风、西北风居多;冬季也以偏北风、西北风为多。全年除静风外,以偏西北风和西南风居多。

因受蒙古高压、反气旋环流、地形引起的地方性山谷风和测站周围的障碍物等综合影响,时空变化不规律,大体呈片状分布。东北部天山、林东一带多盛行西北风;西部山区盛行西风;西拉木伦河以南至市区以北地区,多为西北风和西风;赤峰市区以南及敖汉旗大部地区盛行西南风和南风。

第三节 天气现象

一、高温、低温

高温 日最高气温≥35℃为高温日。1991—2014 年,高温天数年际差异较大,2000 年和 2007 年高温天数最多, 分别为 5 ~ 18 天和 4 ~ 18 天;1993 年和 2006 年高温天数最少,均为 0 ~ 1 天。一年中,7 月高温天数最多,24 年累计高温天数 18 ~ 67 天;6 月次之,24 年累计高温天数 6 ~ 47 天;4 月、5 月、8 月、9 月均有发生。最早和最晚出现高温天气均是天山, 分别出现在 1996 年 4 月 28 日和 2010 年 9 月 13 日, 日最高气温为 35.1℃和 36.0℃。

1991—2014 年,赤峰市各地年均≥35℃天数:赤峰城区 3.8 天,天山 6.7 天,林东 3.5 天,大板 4.8 天,林西 2.5 天,经棚 1.3 天,乌丹 2.8 天,锦山 1.7 天,天义 2.4 天,新惠 2.1 天。赤峰市年极端最高气温为 42.8℃,出现在 2000 年 7 月 14 日的天义。2000 年 7 月 14 日,赤峰城区最高气温达到 40.4℃,创有气象记录后的城区历史最高纪录。

赤峰城区高温天数年份差异较大,2000 年和 2007 年分别为 18 天和 12 天,2000 年是有记录以来的最多年份。1994 年、1996 年、2003 年、2006 年、2011 年高温天数均为 0 天。

低温 1991—2014 年,赤峰市日最低气温≤0℃的平均低温天数在 160 ~ 200 天之间。经棚是低温天数最多的地区,为 170 ~ 210 天,赤峰城区是低温天数最少的地区,为 140 ~ 180 天。1991—2014 年,赤峰市各地年均≤0℃天数:赤峰城区 162 天,天山 178 天,林东 180 天,大板 177 天,林西 181 天,经棚 197 天,乌丹 169 天,锦山 171 天,天义 167 天,新惠 166 天。赤峰市年极端最低气温为 -35.7℃,出现在 2001 年 1 月 10 日的天山。2001 年 1 月 13 日,赤峰城区最低气温达到 -27.8℃。

1991—2014 年, 赤峰城区≤0℃的低温天数年际变化较大, 最多的是 1996 年和 2003 年,为 174 天,最少的是 2014 年,为 145 天。

二、雨、雪

雨 赤峰市平均年雨日数为 50 ~ 65 天,其中 6—7 月雨日数较多,在 12 ~ 16 天之间;5 月、8 月、9 月次之, 在 5 ~ 12 天之间;3 月、4 月、10 月、11 月较少, 在 1 ~ 4 天之间。年雨日数空间变化趋势是从东北向西南、平原向山区递增。

1991—2014 年,赤峰城区年雨日数呈减少趋势,年雨日数最多的是 1991 年,为 66 天;最少的是 2004 年,为 46 天。

1991—2014 年赤峰市各地各月及年雨日数情况表

表 1-2-12 单位:天

雨日数 时间 / 地区	1月	2月	3月	4月	5月	6月	7月	8月	9月	10月	11月	12月	年
赤峰城区	0	0	1	3	7	13	13	9	7	3	1	0	57
天山	0	0	2	2	7	12	12	8	5	3	2	0	53
林东	0	0	2	2	7	13	13	9	6	2	0	0	55
大板	0	0	1	2	7	12	14	10	7	3	1	0	56
林西	0	0	1	3	7	13	15	10	7	3	1	0	58
经棚	0	0	1	3	7	14	16	12	7	3	1	0	64
乌丹	0	0	1	3	8	12	13	9	6	3	2	0	56
锦山	0	0	0	3	8	14	15	10	8	3	1	0	62
天义	0	0	2	3	8	13	13	9	7	4	1	0	59
新惠	0	0	1	3	9	13	12	9	7	3	1	0	59

日降水量 0.1～9.9 毫米之间为小雨，日降水量 10.0～24.9 毫米之间为中雨，日降水量 25.0～49.9 毫米之间为大雨，日降水量≥50.0 毫米为暴雨。赤峰市各地年小雨天数在 7～9 天之间，中雨天数在 1.8～3.1 天之间，暴雨天数在 0.1～0.8 天之间，均表现为北部少南部多、平原少山区多的特点。降雨多集中在 6—8 月，夏季暴雨增多，易造成洪涝灾害。

雪　赤峰市平均年雪日数，经棚为 63 天，其余地区为 17～26 天。其中 11 月至次年 3 月雪日数较多，在 3～5 天之间；4 月、10 月次之，在 2～3 天之间；有的年份在 5 月和 9 月出现降雪。1991—2014 年，赤峰市最早初雪日和最迟终雪日均出现在经棚，初雪日为 2006 年 9 月 8 日，终雪日为 1996 年 5 月 10 日和 2005 年 5 月 10 日。

三、大风

日最大风速达到 17.2 米 / 秒或以上为大风日。1991—2014 年，赤峰市年平均大风天数，锦山为 7.7 天，其余地区为 12.0～30.8 天，北部多于南部。一年中，4 月大风天数最多，为 1.9～6.3 天；其次是 3 月和 5 月，为 1.0～5.0 天；7—9 月大风天数较少，0.2～1.7 天。

1991—2014 年，赤峰城区大风天数呈递减趋势，各年出现大风天数差异很大。2000 年大风天数最多为 20 天，2009 年最少为 4 天。赤峰市年大风天数最多为 96 天，出现在

2007 年的天山,年最少天数为 0 天,出现在 2014 年的锦山。月大风日数最多为 18 天,出现在 2007 年 5 月的天山,月大风日数最少为 0 天,各地各月均有未出现大风的情况。

1991—2014 年赤峰市各地各月及年大风日数情况表

表 1-2-13　　单位:天

地区 \ 时间 大风日数	1月	2月	3月	4月	5月	6月	7月	8月	9月	10月	11月	12月	年
赤峰城区	0.3	0.4	1.4	3.2	2.8	1.4	0.8	0.3	0.5	0.5	0.8	0.3	12.8
天山	1.3	2.0	4.9	5.8	4.7	1.3	0.5	0.4	0.4	1.7	1.0	1.1	25.1
林东	1.4	1.4	2.5	4.3	3.1	1.5	0.8	0.5	0.6	1.3	1.1	1.1	19.4
大板	3.0	1.9	3.8	6.0	4.0	1.3	1.0	0.5	0.9	2.3	2.1	2.5	29.5
林西	1.1	1.3	3.0	4.9	3.8	1.0	0.4	0.3	0.7	1.1	1.5	1.8	21.0
经棚	2.1	1.8	2.9	5.4	4.8	1.7	0.9	0.5	1.7	2.5	2.8	2.3	29.5
乌丹	1.8	2.8	4.3	5.5	4.9	1.5	1.0	0.4	0.5	1.8	1.9	2.2	28.5
锦山	0.4	0.5	1.3	1.9	1.0	0.5	0.4	0.2	0.2	0.4	0.5	0.5	7.7
天义	0.5	1.1	2.5	3.0	2.1	0.7	0.2	0.2	0.2	0.4	0.5	0.7	12.0
新惠	2.3	3.5	5.0	6.3	4.2	1.8	0.5	0.3	1.1	1.9	2.3	1.7	30.8

四、雷暴

1991—2013 年,赤峰市各地最早雷暴出现日期在 3 月 30 日至 4 月 23 日,最晚雷暴出现日期在 10 月 17 日至 11 月 9 日。赤峰市年平均雷暴日数 22 ~ 34 天。一年中,6—8 月雷暴日数最多,在 4.5 ~ 10.1 天之间;4 月、5 月、9 月、10 月次之,在 0.2 ~ 3.5 天之间,3 月和 11 月偶有发生,12 月至次年 2 月不发生。

赤峰地区年雷暴日数最多为 47 天,出现在 1991 年的锦山,年雷暴日数最少为 15 天,出现在 2012 年的赤峰城区。1991—2013 年,赤峰地区最早初雷日期为 2000 年 3 月 30 日和 2007 年 3 月 30 日,分别出现在大板和经棚,最晚终雷日期为 2004 年 11 月 9 日,分别出现在锦山和天义。赤峰城区年雷暴日数最多为 39 天,出现在 2000 年,年雷暴日数最少为 15 天,出现在 2012 年;最早初雷日期为 2008 年 4 月 6 日,最晚终雷日期为 2003 年 10 月 21 日。

1991—2013 年赤峰市各地各月及年雷暴日数情况表

表 1-2-14　　　　单位:天

雷暴日数 \ 时间 / 地区	1月	2月	3月	4月	5月	6月	7月	8月	9月	10月	11月	12月	年
赤峰城区	0.0	0.0	0.0	0.6	2.9	8.5	7.6	4.7	2.2	0.5	0.0	0.0	27.0
天山	0.0	0.0	0.0	0.4	1.7	6.8	6.9	4.5	1.8	0.2	0.0	0.0	22.3
林东	0.0	0.0	0.0	0.3	2.0	8.4	8.0	5.5	2.9	0.3	0.0	0.0	27.4
大板	0.0	0.0	0.0	0.3	2.3	7.2	9.0	5.0	2.8	0.5	0.0	0.0	27.2
林西	0.0	0.0	0.0	0.2	2.3	8.7	9.4	6.0	3.4	0.8	0.0	0.0	30.7
经棚	0.0	0.0	0.0	0.3	2.5	9.5	9.6	7.1	3.4	0.7	0.0	0.0	33.3
乌丹	0.0	0.0	0.0	0.4	2.5	7.9	8.5	4.7	2.3	0.4	0.0	0.0	26.7
锦山	0.0	0.0	0.0	0.7	3.4	10.1	9.9	5.7	3.0	0.8	0.0	0.0	33.6
天义	0.0	0.0	0.0	1.0	3.3	8.7	7.3	4.9	2.5	0.7	0.0	0.0	28.3
新惠	0.0	0.0	0.0	0.5	3.5	8.0	7.9	4.8	2.3	0.5	0.0	0.0	27.4

说明:2014 年开始,各地不再观测雷暴天气。

五、霜

1991—2014 年,赤峰市初霜日平均出现在 9 月 12 日至 10 月 2 日,整体上是北部

1991—2014 年赤峰市各地年平均初终霜日、无霜期情况表

表 1-2-15

项目 / 地区	初霜日(月—日)	终霜日(月—日)	无霜期(天)
赤峰城区	10-02	04-30	154
天山	09-23	05-04	142
林东	09-21	05-08	135
大板	09-23	05-04	141
林西	09-22	05-10	134
经棚	09-12	05-21	113
乌丹	09-26	05-03	145
锦山	09-24	05-03	143
天义	09-25	05-02	145
新惠	09-24	05-02	144

地区早于南部地区。经棚初霜最早为9月12日,比赤峰城区早20天左右,比其余地区早10~15天。终霜出现在4月30日至5月21日,整体上是南部地区早于北部地区。经棚终霜最晚为5月21日,赤峰城区最早为4月30日,其余地区在5月上旬。经棚终霜比赤峰城区晚20天左右,比其余地区晚10天左右。

1991—2014年,赤峰市各地无霜期平均在113~154天之间,南部长于北部,赤峰城区最长为154天,其余地区除西北地区不足120天以外,均在130~150天之间。

第四节 物候

赤峰市物候南北差异较大,物候现象的日期(平均数值)一般是春季从南向北逐渐推迟,海拔每上升100米约推迟2~3日;秋季相反,由北向南海拔每下降100米约推迟2~3日。

一、动物候

豆雁:2月下旬初见,是赤峰市最早从南方迁徙来的候鸟,11月初南飞,11月中旬绝见。

鸿雁:3月中旬初见,11月初南飞。

大天鹅:3月上旬初见,9月下旬南飞,11月下旬绝见。

大鸨:3月下旬初见,5月上旬繁殖,10月中旬绝见。

家燕:4月上旬初见,5月中旬筑巢,6月初产卵,6月中旬孵出,20天左右初飞,10月上旬绝见。

白头鹎:4月中旬交配,5月中旬筑巢,6月下旬孵出,7月上旬初飞。

银鸥、红嘴巨鸥、红嘴鸥:4月下旬始见,10月下旬南迁。

蓑羽鹤:4月下旬初见,5月下旬繁殖,9月中旬南迁。

麻雀:4月产卵,5月上旬孵出,5月中旬初飞。

百灵鸟:5月下旬产卵,6月上旬小鸟初飞。

乌鸦:3月中旬始见,10月末绝见。

青蛙:4月中旬始见,5月上旬始鸣,8月下旬绝鸣,9月下旬绝见。

蛇:10月上旬蛰眠,3月中旬复苏,4月中旬出洞。

黄鼠:3月中旬苏醒出洞,4月下旬交配,6月幼鼠出现。

蝈蝈:8月上旬始鸣,11月上旬终鸣。

蟋蟀:8月上旬始鸣,10月中旬终鸣。

蝴蝶:3月下旬始见,10月末不见。

蚂蚁:3月下旬始见,10月末不见。

蝗虫:6月上旬始见,7—8月盛期,9月不见。

二、植物候

杨树:4 月中旬萌动,4 月末放叶、落花絮(构),5 月上旬展叶,10 月下旬落叶。

榆树:4 月上旬萌动,5 月上旬展叶,5 月中旬榆钱儿成熟,10 月下旬落叶,11 月上旬叶尽。

柳树:4 月中旬枝梢发青,4 月下旬展叶,5 月下旬飞絮,11 月上旬落叶,11 月中旬叶尽。

洋槐:5 月下旬开花,11 月中旬落叶。

桃树:5 月上旬开花,10 月下旬落叶。

山杏:4 月中旬开花,5 月上旬展叶,10 月下旬落叶。

山枣:6 月下旬开花,11 月上旬落叶。

沙枣:4 月上旬萌动,4 月中下旬展叶,5 月下旬开花,9 月下旬果实成熟,10 月下旬落叶。

苹果树:5 月中旬开花,8 月中旬果实成熟,11 月上旬落叶。

寒红梨:4 月上中旬萌动,4 月下旬开花,5 月上旬至 5 月中旬展叶,9 月下旬果实成熟,10 月下旬至 11 月初落叶。

大果榛子:4 月上旬萌动,4 月下旬开花,5 月上旬至 5 月中旬展叶,8 月下旬至 9 月上旬果实成熟,10 月中旬落叶。

山楂:3 月下旬萌动,4 月下旬展叶,5 月中下旬开花,9 月中旬果实成熟,10 月下旬落叶。

文冠果:4 月中下旬萌动,5 月上旬开花,7 月下旬至 8 月上旬果实成熟,10 月上中旬落叶。

核桃楸:4 月上中旬萌动,4 月下旬展叶,5 月上旬开花,8 月下旬至 9 月上旬果实成熟,9 月下旬落叶。

榆叶梅:4 月上旬萌动,4 月下旬开花,6 月中下旬果实成熟,10 月中旬落叶。

紫丁香:3 月下旬至 4 月上旬萌动,4 月中旬展叶,4 月下旬开花,6 月中下旬果实成熟,10 月上旬落叶。

龙爪桑:4 月下旬至 5 月上旬萌动,5 月中旬展叶,5 月下旬开花,6 月上旬果实成熟,10 月下旬落叶。

葡萄:6 月初开花,9 月上旬果实成熟,11 月上旬落叶。

胡枝子:4 月中下旬萌动,5 月上旬展叶,6 月下旬开花,10 月上旬果实成熟,10 月下旬落叶。

野生牧草:3 月下旬萌发,4 月下旬返青,5 月初进入生长期,9 月下旬停止生长,10 月上旬枯黄。

羊草:4 月中旬萌发,4 月下旬展叶,7 月中旬开花,7 月下旬结实,9 月下旬枯黄。

狗尾草:4 月中旬萌发,4 月下旬展叶,7 月上旬开花,8 月上旬结实,9 月上旬枯黄。

贝加尔针茅:5月下旬返青,7月下旬开花,8月上旬结实,9月下旬枯黄。

芦苇:5月中旬返青,7月下旬开花,8月中旬结实,10月上旬枯黄。

野大豆:5月下旬幼苗出土,6月上旬展叶,6月下旬开花,8月中旬结实,9月下旬枯黄。

甘草:4月下旬出苗,5月中旬展叶,6月下旬开花,7月下旬结实,9月下旬枯黄。

艾蒿:5月下旬出苗,6月上旬展叶,6月下旬开花,8月中旬结实,9月下旬枯黄。

苍耳:5月上旬出苗,7月上旬开花,7月中旬结实,8月中旬枯黄。

车前:4月中旬萌发,4月下旬展叶,6月上旬开花,9月上旬枯黄。

蒲公英:4月中旬萌发,4月下旬展叶,5月上旬开花,6月下旬枯黄。

马兰:5月上旬放叶、开花,10月下旬枯黄。

百里香:4月中旬萌发,6月中旬开花,7月上旬结实,8月下旬枯黄。

黄芩:4月中旬萌发,4月下旬展叶,6月下旬开花,7月中旬结实,8月上旬枯黄。

益母草:4月中旬萌发,4月下旬展叶,5月中旬开花,5月下旬结实,6月下旬枯黄。

马齿苋:5月下旬出苗,7月上旬开花,8月上旬结实,9月中旬枯黄。

达乌里黄芪:4月下旬出苗,5月上旬展叶,6月上旬开花,7月下旬结实,9月上旬枯黄。

三、非生物候

雷:5月上旬初雷,9月末终雷。

霜:5月上旬终霜,9月中旬初霜。

冰冻:4月下旬始由南向北解冻,9月下旬始由北向南结冻,10月中旬结冰。

雪:9月上旬初雪,4月下旬终雪。

第四章　河流　湖泊

第一节　河流水系

赤峰市境内共有流域面积50平方公里及以上河流401条,分别属老哈河水系、西拉木伦河水系、新开河水系、教来河水系、内陆水系(达里诺尔水系、锡林郭勒水系)、大凌河水系、滦河水系。境内主要河流有西拉木伦河、老哈河、乌力吉木伦河、英金河、查干木伦河、教来河及内陆河等。

一、西拉木伦河水系

西拉木伦河是赤峰境内第一大河流,是辽河正源(赤峰)。西拉木伦河,系蒙古语,因河水混浊色黄而得名。发源于克旗西南部,干流从西向东,贯穿于赤峰市中部,流经克什

2014 年赤峰市河流数量统计表

表 1-2-16 单位:条

流域	50 平方公里及以上	100 平方公里及以上	1000 平方公里及以上	10000 平方公里及以上
合计	401	224	38	8
辽河	368	204	30	6
海河	3	3	1	0
内陆河	30	17	7	2

克腾旗、林西县、巴林右旗、阿鲁科尔沁旗和翁牛特旗,至翁旗大兴乡海流吐村东敖吉出境,到开鲁县与老哈河汇流成西辽河干流。整个流域上游宽阔,下游狭窄,为羽状水系。河流全长 397 公里(以萨岭河始计),境内 355 公里。总落差 1515 米,河道平均比降 2.4‰。多年平均径流量 10.02 亿立方米, 年平均含沙量 16.49 公斤 / 立方米, 年输沙量为 1652 万吨。总流域面积 32629.13 平方公里,境内流域面积 28596.18 平方公里。有查干木伦河、嘎斯台河、古力古台河、苇塘河、巴尔太河、碧流河、百岔河等大小支流 120 条,全系河流总长 3998.6 公里,河网密度 0.14 公里 / 平方公里。

全河为三段:从源头至百岔河口为上游段,河长 174 公里(河源以萨岭河计),流域面积 4512 平方公里,平均比降 4.4‰,河宽 30 ~ 50 米,水面宽 20 米左右,水深约 1 米,植被良好。河水水源主要来自泉水及地下水,水流清澈。年平均流量 9 ~ 10 立方米 /秒,年际变化不大,各月分配差别较小。春汛期流量 7 ~ 11 立方米 / 秒,夏季洪峰最大流量约 18.7 立方米 / 秒。河水含沙量很小,龙口站年平均含沙量 0.58 公斤 / 立方米,最大含沙量 4.0 公斤 / 立方米,最小含沙量 0.004 公斤 / 立方米。年输沙量 14.9 万吨,侵蚀模数仅 57.9 吨 / 平方公里。

从百岔河口至海日苏为中游段, 河长 120 公里, 平均比降 1.9‰, 河宽 100 ~ 500 米,巴林桥以下最宽处达 1000 米,水深 0.5 ~ 1.0 米。此段农业比重较大,水土流失较为严重,河流含沙量大,是本河流泥沙和洪水的主要来源段。

从海日苏至西辽河干流为下游段,河长 103 公里,河道平缓,平均比降 1.6‰,河面宽,水浅,无支流汇入。

二、老哈河水系

老哈河是赤峰境内第二大河,西辽河水系南源。发源于河北省平泉县西北部光头山北麓柳西川,在宁城县甸子乡七家入境,流经宁城、喀喇沁、元宝山、松山、敖汉、翁牛特 6 个旗县区,于翁旗大兴乡海流吐村东敖吉出境。干流从西南流向东北,河流全长425公里,境内长368公里。河道总落差1215米,平均比降1.5‰。多年平均天然径流量为12.7亿立方米,年平均含沙量47.1公斤/立方米,年输沙量5982万吨。全部流域面积29709.63平方公里,境内面积22334.08平方公里。全水系共有大小河流165条,境内94条,其中年平均径流量在1亿立方米以上的大型河流有英金河(古称乐水、落马河)、阴河(元代称英金河)、锡伯河、西路嘎河(元代称白羊河)、坤兑河。全系河流总长4339.6公里,河网密度0.15公里/平方公里。老哈河流域在赤峰市境内绝大部分地区为农业区,共有耕地面积34.35万公顷,草场面积60.95万公顷,林地面积52.73万公顷。

全河在境内分三段:从河流源头至黑里河口为上游段。河段长57公里,平均比降7.4‰,主要支流为黑里河,流域面积653.16平方公里,属天然次生林区,植被良好。

从黑里河口至红山水库为中游段。河段长217公里,河道平均比降0.8‰,河槽宽浅,两岸比较开阔。流域地貌大部为黄土丘陵及中低山区,植被覆盖度低,水土流失比较严重,河流含沙量及输沙量从上而下随着支流汇入逐渐加大。

从红山水库至与西拉木伦河汇流处,为下游段。河段长151公里,河道平均比降0.9‰。此段没有支流加入,两岸多为沙质丘陵台地。落差较集中,水能资源丰富。

三、乌力吉木伦河水系

乌力吉木伦河是赤峰境内第三大河。发源于大兴安岭南段南麓,向东南流经左旗沙那、林东及阿旗巴彦包特、巴奇楼子、清河子、天合隆出境汇入新开河,全长458公里。境内流长274.4公里,流域面积19746平方公里,平均比降1.6‰,多年平均径流量3.413亿立方米,河水含沙量5.3公斤/立方米。共有大小支流63条,总长度1980.5公里,河网密度0.11公里/平方公里。全河由于排水不畅,自左旗隆昌镇以下,地下水位逐年上升,造成大范围盐渍化。

河段在境内分三段:从河源乌兰坝至巴林左旗福山地为上游段。长106.7公里,平均比降为9‰。流域地貌大部分为山地,植被较好,水量稳定,含沙量较小。

从福山地至阿鲁科尔沁旗巴奇楼子为中游段。长77.5公里,平均比降为1.4‰。流域地貌大部分为丘陵区,植被较差,水土流失较严重。

从巴奇楼子至天合隆为下游段。长90.2公里,平均比降0.9‰。流域地貌为沙丘平原,植被不良,水土流失较重。

四、教来河水系

教来河(又称叫来河),源出敖汉旗南部努鲁尔虎山金厂沟梁镇北大洼,自西南流向东北,于敖汉旗下洼镇出境,入通辽市奈曼旗。全河流长483公里,境内河长123公里,流域面积2614.52平方公里,平均比降2.5‰,多年平均天然径流量1.33亿立方米,年平均含沙量72.8公斤/立方米,属羽状水系。共有支流13条,总长498.8公里,河网密度0.19公里/平方公里。全流域属低山、黄土丘陵区,植被稀疏,水土流失严重。

最大支流孟克河(西汉称参柳河),位于教来河左侧,发源于敖汉旗新地乡赖毛沟山,与教来河平行分布。河长 157.5 公里,流域面积 2655.05 平方公里,平均比降 4.8‰。流域地貌为低山、黄土丘陵区,植被稀疏,是赤峰市水土流失最严重地区。河水多年平均含沙量 114.09 公斤 /立方米。下游淤积严重,洪灾频繁,土地盐碱化严重。

五、大凌河水系

境内属大凌河支流源头部分,主要分布于宁城县东南部、敖汉旗南部和东南部,流域面积 1642.12 平方公里。共有宁城县驿马吐河、五化河及敖汉旗老虎山河、黑城子河、玉春河 5 条支流。其中敖汉旗境内的河流,流经地貌属低山丘陵区,土壤侵蚀严重。

六、内陆水系

主要分布于大兴安岭南段山脉的西西北地区,顺自然地势呈西西北流向。由达里诺尔、锡林郭勒 2 个水系组成,共有大吉林河、小吉林河、锡林郭勒河、贡格尔河、亮子河等大小河流 11 条。较大的河流有贡格尔河、锡林郭勒河。

贡格尔河(公格尔河),源出克旗西部山地,上游称查木罕郭勒河。全长 123 公里,平均比降 1.6‰。流域面积 1540 平方公里,注入达里诺尔湖。多年平均径流量 0.6601 亿立方米。年均流量 0.6 立方米 / 秒,汛期流量达 11 立方米 / 秒。

锡林郭勒河(锡林河),源出克旗俄伦泊(敖伦诺尔),境内长 41 公里,流入锡林浩特市境内巴彦宝拉格南自行渗漏消失。多年平均径流量 0.1285 亿立方米，年输沙量 0.06 吨。

七、滦河水系

滦河水系境内有两源:其一,土力根河(又名四道河),源出克旗境内漠海恩都尔山西麓,属赤峰市与河北省承德地区的界河,全长 60 公里,年均径流量 0.337 亿立方米,平均流量 0.9 立方米 / 秒;其二,赵古堆河,源出克旗乌兰布统乡东河头,属克旗与多伦县的界河,全长 17 公里。上述二河在克旗西部汇流出境入滦河。

第二节　天然湖泊

2013 年，赤峰市水利普查数据显示：赤峰市境内共有常年积水的天然湖泊 70 余个,其中水域面积在 1 平方公里及以上的天然湖泊 13 个,淡水湖 4 个,咸水湖 8 个,盐湖 1 个。赤峰市的天然湖泊除少数为构造湖外,绝大多数为风蚀洼地构成的浅小湖泊。湖泊水位和水量大部分随季节呈规律性变化。

赤峰市1平方公里以上天然湖泊分布情况表

表1-2-17

流域	湖泊名称	水域面积（平方公里）	水质类型	所属地区
辽河流域	布日敦湖	1.64	半咸	翁牛特旗
	达拉哈诺尔	3.82	半咸	阿鲁科尔沁旗
	大水诺尔	3.40	淡	克什克腾旗
	乌和朝鲁诺尔	—	淡	阿鲁科尔沁旗
	哈尔诺尔	1.41	半咸	巴林右旗
	阿鲁科尔沁诺尔	1.55	半咸	阿鲁科尔沁旗
	其甘湖	4.31	盐	翁牛特旗
内陆河流域	宝音图诺尔	1.94	半咸	克什克腾旗
	柴达木	1.12	半咸	克什克腾旗
	达里诺尔	195	半咸	克什克腾旗
	多伦诺尔	2.01	淡	克什克腾旗
	岗更诺尔	22.2	淡	克什克腾旗
	小达来诺尔	1.20	半咸	克什克腾旗

说明:此表为赤峰市水利局2013年水利资源普查数据。

第五章　土壤　植被

第一节　土　壤

赤峰市土壤总面积887.07万公顷。共分17个类型,39个亚类,142个土属。

一、棕壤、暗棕壤、灰色森林土

棕壤、暗棕壤、灰色森林土是赤峰市境内的主要山地土壤,同属淋溶纲。主要分布于南部和北部山地海拔800~1000米以上，总面积128.31万公顷，占全市土壤总面积的14.5%。

棕壤　棕壤分布于赤峰市南部山区。其中敖汉旗分布在南部努鲁尔虎山海拔800米以上的山坡或沟谷中;宁城县、喀旗、松山区分布在七老图山800米上的垂直带上。

棕壤下接褐土，局部接栗褐土，常形成碳酸盐褐土—褐土—棕壤或栗褐土—褐土—棕壤的垂直带谱。面积46.82万公顷，占全市土壤总面积5.3%。其中耕地36182.73公顷，占本土类面积7.7%。土壤的形态特征是剖面分化明显，枯枝落叶层3~5厘米，腐殖质层20~30厘米，棕黑色。有机质含量3%~6%，碳氮比在14~20之间，土体内风化作用和黏化作用比较强烈。pH量中性至微酸性反应，表层pH值7左右，底土pH值6.0~6.5，盐基饱和度90%~98%。

暗棕壤　暗棕壤分布在阿旗、左旗北部大兴安岭山地海拔1000~1300米的垂直带上，下接黑钙土或暗栗钙土。面积42454.73公顷，占全市土壤总面积的0.5%，其中耕地面积1115.07公顷，占本土类面积2.6%。暗棕壤具有比棕壤更强烈的腐殖质积累，并同样具备较强的盐基淋洗和黏化作用。表层有机质含量4%~8%，碳氮比在12~17之间。呈弱酸性反应，pH自上而下降低。

灰色森林土　灰色森林土面积77.24万公顷，占全市土壤总面积的8.7%。分布于北部大兴安岭南段山地和南部七老图山地北端，即阿鲁科尔沁旗、巴林左旗、巴林右旗北部，林西县北、西部，克旗东部海拔1200米山体以上的垂直带上。上与山地黑土相接，下连黑钙土或淋溶型黑钙土，呈复区分布。灰色森林土的主要特征是强烈的腐殖质积累和明显的硅粉集聚。腐殖质贮量达166.1吨/亩，表层有机质含量3%~12%，全氮0.1%~0.4%，全磷0.10%~0.13%，全钾2.3%~2.7%；有效磷4ppm左右，速效钾230~250ppm，碳氮比在13~14之间。

二、褐土、栗褐土

赤峰市的褐土、栗褐土是山地森林土壤向草原土壤过渡类型，同属半淋溶纲。主要分布在南部地区，总面积104.94万公顷，占全市土壤总面积的11.83%。

褐土　褐土是赤峰市最南部的土壤，面积15.23万公顷，占全市土壤总面积的1.7%。分布于宁城县必斯营子至敖汉旗汤梁以南的低山丘陵，并向东延伸到宝国吐一带。此外，在宁城县、喀旗、松山区西部垂直带亦有零星分布。属华北褐土带的北缘。腐殖质层一般20~30厘米，棕褐色，有机质含量1.0%~1.5%，全氮0.06%~0.08%，全磷0.07%~0.09%，全钾2.3%~2.7%；有效磷2~4ppm，速效钾100~120ppm。

栗褐土　栗褐土北接大兴安岭南段东麓的栗钙土，南接从华北延伸至本市南端的褐土。西部、南部与七老图山地、努鲁尔虎山地的棕壤、褐土构成垂直带谱。面积89.71万公顷，占全市土壤总面积的10.1%，其中耕地34.66万公顷，占本土类38.6%。栗褐土表层有机质含量一般在1.0%~1.8%，全氮0.6%~1.0%，全磷0.06%~0.09%，全钾2.4%~2.8%；有效磷3~5ppm，速效钾110~130ppm，全剖面有石灰反应。

三、黑土、黑钙土、草甸土

黑土、黑钙土、草甸土都有较强的腐殖质积累作用，腐殖质层较深厚为它们共同特征。同属均腐殖质土纲。

黑土　黑土分布在海拔1650米以上平缓的山顶或熔岩台地。主要集中于克旗南部的熔岩台地—赛罕坝一带,其他零星小面积出现于山地海拔较高的平顶山顶部。面积仅28822.67公顷,占全市土壤总面积0.32%。克旗南部是两个垂直系列的交会点,台地上的黑土向两侧边坡自上而下构成黑土—暗灰色森林土(灰色森林土)—黑钙土垂直带谱;同时沿台面由高向低形成了黑土—黑钙土—暗栗钙土草原土壤垂直区分布系列。所以这里的黑土在地理分布上既与草原土壤相接,又与森林土壤毗连。黑土通体无石灰反应,有机质含量4%~6%,平均值为4.9098%。碳氮比在10~14之间,黑土属淋溶型,土体中的盐基淋洗比较充分,无游离的碳酸钙,pH值6.5~7.0。表层全氮平均含量0.2595%,全磷0.229%,全钾2.82%;有效磷、速效钾的含量较低,分别为3ppm和117ppm。

黑钙土　黑钙土分布于大兴安岭南段山地和七老图山地的北端海拔1000米以上的垂直带上,下接暗栗钙土,又与灰色森林土多呈复区分布。包括阿鲁科尔沁、巴林左、巴林右3旗北部,林西县北部和西部,克旗东部,翁旗西部。面积73.61万公顷,占全市土壤总面积的8.3%。黑钙土的理化性状特点为表层有机质含量较高,但变幅较大,在3.5%~12%之间,平均含量为3.702%,碳氮比在10~15之间。钙积层出现在60~90厘米以下,石灰含量低于8%,pH值在6.5~8.0之间。

草甸土　草甸土即暗色草甸土,分布于赤峰市北部和西部中低山山间谷地,即乌力吉木伦河、西拉木伦河上游沿岸的低洼地段,贡格尔河两岸和达里湖亦有零星分布。分布的行政区域包括阿鲁科尔沁、巴林左、巴林右3旗的中北部,林西、克什克腾、翁牛特3旗县的西部。面积19.35万公顷,占全市土壤总面积的2.2%。草甸土的主要形态特征为:完整的剖面由腐殖质层、潴育层、潜育层构成,腐殖质层厚20~30厘米。有机质含量3.0%~4.5%,全氮0.2%~0.3%,全磷0.066%~0.094%,全钾2.45%~2.88%;有效磷4~9ppm,速效钾126~258ppm。pH值变化较大,在灰色森林土、暗棕壤带的草甸土pH值多在6.0~7.0,分布在黑钙土、暗栗钙土区域的草甸土pH值8.0~8.5。碳酸钙含量一般在3%~5%,最高12.6%。

四、栗钙土

栗钙土属钙层土纲,是赤峰市主要的草原土壤类型,广泛分布于北部大兴安岭南段山地东麓山前低山丘陵、河谷平原及西部高原海拔1200米以下的熔岩台地上。行政区域包括阿鲁科尔沁旗、巴林左旗、巴林右旗、林西县、克什克腾5旗县西部和东南部,敖汉旗、翁牛特旗北部。栗钙土是赤峰市水平带中分布最北的土类,南连栗褐土,北、西北及西部高原的东侧与垂直带上的黑钙土相接。面积248.13万公顷,占全市土壤总面积的27.9%,是赤峰市分布面积最大的土类。栗钙土的形态特点主要是发生层分化明显。剖面构型由腐殖质层、钙积层、母质层组成,腐殖质层厚20~50厘米。腐殖质层有机质含量1.5%~2.0%, 碳氮比在5~12之间。全氮平均为0.1092%, 全磷0.0944%, 全钾2.56%;有效磷3ppm,速效钾121ppm。碳酸钙含量一般为10%~20%,最高34.3%,最低1.0%。pH值7.0~8.5。

五、风沙土、粗骨土

风沙土、粗骨土为年幼土壤，同属初育土纲。

风沙土 风沙土分布于赤峰市西部高原和东部西辽河上游平原。西部高原上的风沙土属浑善达克沙地的一部分，东部平原的风沙土是科尔沁沙地的西缘。西部风沙土全部在克旗境内；东部风沙土分布于翁旗东部、敖汉旗北部、阿旗东部和南部、右旗南部，此外在左旗和林西县的南部、松山区东部亦有零星分布。面积209.44万公顷，占全市土壤总面积的23.6%，仅次于栗钙土，为本市第二大土类。

东部沙地的风沙土多数处于弱生草化阶段，固定风沙土占27.7%，半固定、流动风沙土占72.3%。土壤剖面形态分化不明显，有机质含量为0.4%~0.8%，全氮0.02%~0.04%，全磷0.02%~0.03%，全钾2.4%~2.8%；有效磷1~2ppm，速效钾50~80ppm。西部高原上的风沙土多数处于明显生草化阶段，固定风沙土占62.0%，半固定和流动风沙土占38.0%。腐殖质层厚30~40厘米，有机质含量0.8%~2.5%，全氮0.05%~0.09%，全磷0.02%~0.05%，全钾2.0%~2.5%；有效磷2ppm，速效钾70~80ppm，pH值7.5左右。少部分植被好的地段，已发育成为砂质黑钙土和砂质栗钙土，在个别森林茂密的植被下，已成为沙质灰色森林土。

粗骨土 粗骨土分布于北部和南部山地及山前广大的石质丘陵地区。分布特点：一是分布广泛，全市各旗县区均有分布；二是分布零星，主要出现在植被较差、侵蚀严重的石质山地的阳坡和阴坡上部，呈小面积破碎不连片的分布状态。面积56.76万公顷，占全市土壤总面积的6.4%。剖面形态特征：土体薄，10~20厘米，多砾石和石块。腐殖质层厚15厘米左右，以下为岩石的半风化层，石块多，腐殖质含量1.4%~2.8%，全氮0.08%~0.12%，全磷0.05%~0.09%，全钾1.4%~2.8%；有效磷2~3ppm，速效钾150~170ppm。

六、灰色草甸土、潮土、灌淤土

灰色草甸土和潮土（浅色草甸土）是草甸类型土壤，同属半水成土纲，灌淤土属人为土纲。

灰色草甸土 灰色草甸土主要分布于栗钙土地区河谷阶地或河漫滩等局部低洼处。分布的行政区域包括阿旗、左旗、右旗南部。面积17.82万公顷，占全市土壤总面积的2.0%。腐殖质层厚10~30厘米，有机质含量1.2%~2.0%，碳氮比在9~11之间。全磷0.1%~0.25%，全钾2.0%~3.0%；有效磷3~7ppm，速效钾120~160ppm。碳酸钙含量10%~30%，pH值在8.5~9.5之间。

潮土 潮土即浅色草甸土，分布于老哈河中下游，西拉木伦河下游沿岸的局部低洼处（包括沙丘间甸子地）。行政区域包括翁旗、松山区、喀旗、宁城县东部、敖汉旗北部。面积18.39万公顷，占全市土壤总面积的2.1%，其中耕地61872.2公顷，占本土类面积33.6%。腐殖质层厚15厘米左右，棕灰色。有机质含量1.0%~1.6%，全氮0.05%~0.08%，全磷 0.05%~0.10%,全钾 2.0%~2.8%;有效磷 5ppm,速效钾 147ppm,pH 值 8.5~10。碳酸钙含量一般 3%~5%,最高 10%~15%。

灌淤土 灌淤土是人工引洪淤灌的产物,也是人们改良土壤的成果。灌淤土发育在沿河两岸、河漫滩或阶地上,有明显的灌淤熟化层,厚度大于 50 厘米。灌淤土主要分布于松山区、红山区、翁旗,其他旗县也有零星分布。面积 16719 公顷,占全市土壤总面积的 0.91%。灌淤土有机质含量 1.5%~2.5%,全氮 0.08%~0.10%,全磷 0.06%~0.10%,全钾 2.0%~2.3%;有效磷 5~10ppm,速效钾 150~200ppm。pH 值 8.2~8.5。

七、沼泽、泥炭土、盐土

沼泽土、泥炭土为水成土纲,盐土属盐碱土纲。

沼泽土 沼泽土零星分布于河谷泛滥地、湖泊周围、丘间洼地和沙丘间甸子地低洼处。面积 53817.33 公顷,占全市土壤总面积的 0.6%,其中耕地面积 111.73 公顷,占本土类面积 0.2%。耕地仅分布于草甸沼泽土亚类中,且多为稻田。沼泽土有机质含量最低 3.857%,最高 19.062%;全氮最低 0.222%,最高 1.022%;全磷最低 0.0689%,最高 0.297%;全钾最低 1.05%,最高 2.70%;有效磷 6~10ppm,速效钾 65~185ppm。pH 值 7.0~8.9。

泥炭土 泥炭土分布于阿旗良种场河岸阶地边缘及克旗宇宙地附近的低洼地。面积 78.27 公顷,有机质含量平均 27.5533%,全氮平均 1.7566%,全磷平均 0.6537%,全钾平均 1.865%;有效磷平均 7ppm,速效钾平均 186ppm。

盐土 盐土主要分布于克旗达里诺尔湖东岸,面积 3333.6 公顷,占全市土壤总面积的 0.04%。该盐土分布范围内约有 80%的面积为盐斑所据。在返盐季节盐斑往往形成厚 1 厘米左右的盐结皮,其含盐量达 15%以上。有机质含量平均为 0.372%,全氮 0.0258%,全磷一般在 0.04%~0.07%之间,全钾多在 5.5%~7.5%之间。pH 值 9.5 左右。

第二节 植 被

赤峰市地处华北、东北以及蒙古植物区系的交接地带,各植物区系在境内相互渗入,植被成分复杂,又具有一定的过渡性。主要植被类型有森林、灌丛草原、干草原、草甸草原、草甸、沙生、沼泽等。

一、森林植被

赤峰森林植被,南部以宁城县黑里河、喀喇沁旗旺业甸、敖汉旗大黑山为代表的燕山山系,以油松、山杨、白桦、蒙古栎、五角枫等暖温型天然次生林植被为主;中部翁牛特旗松树山、勃隆克一带至克什克腾旗南部,以天然油松、家榆等沙地疏林植被为主;北部克什克腾旗林区和罕山林区,以白桦、山杨、蒙古栎、天然华北(兴安)落叶松等森林植被为主。

二、灌丛草原植被

赤峰灌丛草原植被处于森林植被向草原植被过渡地段，主要分布于赤峰市南部偏远的低山或丘陵的阴坡或陡坡以及田头、沟边、路旁等。植被特点为：原生植被少见，分布零星，植物群落成分既有森林成分渗入，又有干草原草本植物相混杂，植被矮小稀疏。主要灌木有胡枝子、黄荆、酸枣、沙棘、山杏等。草本植物有本氏针茅、百里香、白羊草、白茅、白草、多叶隐子草、糙闭穗、冰草、狗尾草、冷蒿、甘草、羊草、赖草、黄蒿、铁杆蒿、紫菀等，同时还可见有零星的油松、榆树、槐树、杨树等乔木。

三、干草原植被

赤峰干草原植被分布较为广泛，是典型的地带性植被。主要分布在克什克腾旗、西拉木伦河以南的黄土丘陵区及西拉木伦河两岸的科尔沁沙地。以草本植物为主，其中多年生丛生禾本科植物占有相当的比重，其他为一年生旱生杂类草，偶见侵入山杏灌丛以及零星的小乔木文冠果、榆树等。组成干草原草地的主要建群植物为禾本科的大针茅、糙隐子草、羊草、冰草；豆科的达乌里胡枝子、甘草；菊科的冷蒿；灌木的山杏、小叶锦鸡儿、黄柳；半灌木的铁杆蒿、岩蒿、百里香、沙蒿。伴生的杂类草有麻黄、苔草、赖草、叉分蓼、猪毛菜、东北茵陈蒿、阿氏旋花、糙叶黄芪、兰刺头、黄花、黄芪等。有毒植物主要有狼毒、狼毒大戟、飞燕草。

四、草甸草原植被

赤峰草甸草原植被是赤峰地带性草地，主要分布在阿鲁科尔沁旗、巴林左旗、巴林右旗、克什克腾旗的大兴安岭山地，另外在翁牛特旗、松山区、喀喇沁旗、宁城县西部山地及敖汉旗东南部山地均有零星斑块状分布。该类型草地海拔均在1000~1800米，气候属于温带半干旱大陆性季风气候区。植被多以中生或中旱生的植物为主，如地榆、蓬子菜、委陵菜、艾蒿、黄花菜、窄叶兰盆花、草地麻花头、贝加尔针茅、多叶隐子草、羊草、尖叶胡枝子、虎榛子、绣线菊、西伯利亚杏；半灌木有铁杆蒿、岩蒿；主要乔木树种有山杨、白桦、蒙古栎。该类型草地伴生植物主要有火绒草、唐松草、马先蒿、裂叶蒿、早熟禾等。

五、草甸植被

赤峰草甸植被面积较小，分布零星。主要分布在河流湖泊沿岸局部低洼处，其中老哈河、西拉木伦河、乌力吉木伦河下游沿岸以及东部科尔沁沙地中沙丘间甸子地分布较多。草甸植被常见的有：寸草苔、野大麦、碱茅、鹅绒委陵菜、芨芨草、车前、马蔺、草地风毛菊、苣荬菜、碱地风毛菊、碱蓬、角果碱蓬、西伯利亚蓼、大花旋复花、海乳草、扁蓄、灰绿黎、猪毛菜、蒲公英、稗子、地榆、野薄荷、小糠草、假苇佛子茅、小画眉草、狼尾草、披碱草、野黑麦草、密花早熟禾、鸢尾、苍耳等。

六、沙生植被

赤峰沙生植被分布于境内的科尔沁沙地和浑善达克沙地，植物群落多由灌木、半灌木及草本植物组成。西部沙地植被较好,在一些高大的沙丘上还生长有榆树、杨、白桦、沙地柏。浑善达克沙地东部克什克腾旗白音敖包有较大面积的沙地云杉林,科尔沁沙地西端翁牛特旗松树山生长有原始油松。沙生植被乔灌木树种主要有:榆树、小叶锦鸡儿、沙柳、黄柳、红柳、查巴嘎蒿、沙蒿、山竹黄芪、乌丹蒿、东北木蓼、稠李、欧李、鼠李、西伯利亚山杏等。草本主要有:沙蓬、沙生冰草、狗尾草、虫食、沙地委陵菜、雾冰藜、猪毛菜、刺沙蓬、白草、拂子茅、虎尾草、糙隐子草、蒺藜、麻黄等。

七、沼泽植被

赤峰沼泽植被面积很小,多成零散的斑块分布在沙丘间的沼泽,常与沙地干草原组成复合植物群落。主要分布于克什克腾旗、翁牛特旗和敖汉旗境内的河边、湖滨、积水滩、山丘间集水洼地。沼泽植被生长的地方土体经常处于水分饱和状态,地表常年积水或季节性积水,沼泽植被不但有喜湿性植物生长,而且有相当比重的草甸型植物渗入。该类型草地的建群植物有芦苇、莎草、三棱藨草、针蔺、苔草以及杂类草香蒲等,伴生植物有拂子茅、牛鞭草、水葱、蒲公英等。

第六章　自然资源

第一节　土地资源

一、土地利用现状

赤峰市土地总面积 90021.22 平方公里,折 900.21 万公顷。土地资源特点:山地、丘陵、高原(含台地)占总面积的 86.8%,平原占 13.2%,其中沙地占 23%,坡耕地占三分之二以上;坡度大,水土流失严重,有机质含量一般在 1%左右,有效磷含量 2~6ppm,速效钾含量 80~150ppm;草场退化、沙化面积占草场总面积的 80%。

1990 年,在土地总面积中耕地 80.42 万公顷,占全市土地面积的 8.93%;园地 0.75 万公顷,占全市土地面积的 0.08%;有林地 174.43 万公顷,占全市土地面积的 19.38%;可利用草场 486.5 万公顷,占全市土地面积的 54.04%;居民点及工矿占地 15.51 万公顷,占全市土地面积的 1.72%;道路用地 4.17 万公顷,占全市土地面积的 0.46%;水域 19.04 万公顷,占全市土地面积的 2.12%;其他宜林荒山、裸岩、沟谷、沙地等 119.39 万公顷,占全市土地面积的 13.26%。

2009 年,在土地总面积中耕地 140.58 万公顷,占全市土地面积的 15.62%;园地 2.65 万公顷,占全市土地面积的 0.3%;林地 263.19 万公顷,占全市土地面积的 29.24%;草地 389.05 万公顷,占全市土地面积的 43.22%;城镇村及工矿用地 19.19 万公顷,占全市土地面积的 2.13%;交通运输用地 6.78 万公顷,占全市土地面积的

0.75%;水域及水利设施用地 16.98 万公顷,占全市土地面积的 1.89%;其他 61.79 万公顷,占全市土地面积的 6.86%。

2014 年,在土地总面积中耕地 140.99 万公顷,占全市土地面积的 15.66%;园地 2.64 万公顷,占全市土地面积的 0.29%;林地 262.36 万公顷,占全市土地面积的29.14%;草地 388.05 万公顷,占全市土地面积的 43.11%;城镇村及工矿用地 20.12 万公顷,占全市土地面积的 2.24%;交通运输用地 7.03 万公顷,占全市土地面积的 0.78%;其他 79.02 万公顷,占全市土地面积的 8.78%。

二、土地资源评价

全市土地资源类型复杂多样,适宜性广泛,开发潜力较大,但土地总体质量不高,后备资源分布不均衡。赤峰市在内蒙古自治区内人口密度相对较高,人均土地资源占有量较少。2014 年,人口密度为每平方公里 52 人,高于自治区平均水平。

全市土地利用类型以农业用地为主,农村居民点用地面积大。全市有 11 个旗县区农用地占土地总面积的比例都达到 80%以上, 其中 9 个旗县区农用地比例在 90%以上,农用地仍是各旗县区最主要的土地利用方式。非农建设用地中,农村居民点用地比重较大,人均占地多,传统村落规模小,缺乏规划,偏重外延发展,村内空闲地较多。

赤峰市山地和丘陵面积大,平原面积小。全市各地区在土地利用结构上差异较大,主要表现在中心城区、南部旗县和北部旗县之间在农用地内部结构、建设用地比重、土地后备资源比重上的差异。中心城区建设用地比例远超旗县,南部旗县建设用地比例普遍高于北部旗县。

赤峰市土地利用率高,后备资源相对不足。全市土地利用率达 95.32%,土地利用率超过全国平均水平,但土地后备资源相对不足。到 2014 年,全市未利用土地 139.49 万公顷中 45%是近期无法开发和难以利用的山地和沙地。

第二节 湿地资源

赤峰市湿地资源丰富。主要湿地类型有:沼泽型湿地、河流型湿地、湖泊型湿地、库塘(人工)型湿地,主要分布于克什克腾旗、林西县、巴林右旗、巴林左旗、阿鲁科尔沁旗、翁牛特旗、敖汉旗和松山区东部以及宁城县西部。全市基本形成以河流源头沼泽湿地为起点, 以主要河流为主线, 以西拉木伦河和老哈河两岸沙地湖泊为辐射面的点、线、面相结合的湿地网。

2003 年,第一次全国湿地资源调查结果显示:赤峰市湿地总面积为 19.33 万公顷,约占全市总土地面积的 2.15%, 其中开发利用面积 2.22 万公顷, 占湿地总面积的 11.48%。

2010 年, 第二次全国湿地资源调查结果显示: 赤峰市湿地总面积为 29.98 万公顷,占全市总土地面积的3.33%。其中克什克腾旗达里诺尔湿地4.27万公顷,阿鲁科尔沁旗湿地2.59万公顷,敖汉旗小河沿湿地1.81万公顷,这些地区已建成了自然保护区。

一、沼泽型湿地

沼泽型湿地主要分布于罕山林区、克什克腾林区和茅荆坝林区三大天然林区,是西辽河的二级支流西拉木伦河和老哈河的发源地,是当地的重要水源涵养区。北部林区由于地处草原与森林的交汇地带,沟谷开阔为森林湿地的演替和发育创造了条件,在白音敖包、黄岗梁、响水峡谷、乌兰布统、赛罕乌拉、大冷山、乌兰坝、大罕山、黑里河等森林生态系统类自然保护区中形成了丰富的柳灌丛沼泽湿地,这些湿地是多种鸟兽的重要栖息地,也是生物多样性的载体。

二、河流型湿地

河流型湿地分布于西拉木伦河、老哈河、查干木伦河、乌力吉木伦河、黑哈尔河等主要河流沿岸,对全市水资源调节起着十分重要的作用。

三、湖泊型湿地

湖泊型湿地主要分布于北部草原区、浑善达克沙地和科尔沁沙地,著名的有达里诺尔湖、益和诺尔湖、其甘湖等,达里诺尔湿地已被列为亚洲重要湿地。每年春冬两季,这里成为许多鸟类如鹤类、大鸨、大天鹅、雁鸭类等候鸟的迁徙通道和驿站,也是重要的鸟类繁殖地。

四、库塘(人工)型湿地

库塘(人工)型湿地主要分布于红山水库、老哈河沿岸、打虎石水库等诸多的库区以及中南部水稻产区。这些地区形成了大面积的库塘型湿地,库区内生物类型复杂多样。

表1-2-18

赤峰市湿地情况统计表

湿地类型	2003年		2010年	
	湿地面积(万公顷)	占全市湿地面积比例(%)	湿地面积(万公顷)	占全市湿地面积比例(%)
合计	19.33	—	29.98	—
沼泽型	5.67	29.33	16.95	56.53
河流型	6.02	31.14	8.88	29.62
湖泊型	6.07	31.40	3.14	10.47
库塘型	1.57	8.12	1.01	3.37

第三节 水资源

赤峰市水资源总量 42.40 亿立方米,其中地表水资源 27.04 亿立方米,地下水总补给量 27.24 亿立方米,重复计算量 11.88 亿立方米。人均占有水量 850 立方米。

赤峰市水资源分布情况表

表 1-2-19 单位:万立方米

地区	地表水资源量	地下水资源量	重复量	水资源总量
红山区	1735	4932.74	1356.59	5311.15
松山区	21179	16841.05	8250.72	29769.33
元宝山区	2973	9304.57	2746.07	9531.5
阿鲁科尔沁旗	20097.2	25323.78	8142.36	37278.62
巴林左旗	20859	17589.84	8073	30375.84
巴林右旗	24143	21177 .84	10984.86	34335.98
林西县	13795	11909.81	7727.71	17977.1
克什克腾旗	71430	50236.39	35324.48	86341.91
翁牛特旗	21414	53270.5	10258.29	64426.21
喀喇沁旗	14515	10595.4	4327.55	20782.85
宁城县	29371	19757.88	9034.82	40094.06
敖汉旗	28876	31455.26	12550.35	47780.91
全市	270387.2	272395.06	118776.8	424005.46

说明:表中数据为赤峰市水利局 2013 年水资源普查数据。

一、地表水

赤峰市地表水主要来源于境内各河流水系。主要河流有老哈河、英金河、西拉木伦河、乌力吉木伦河、查干木伦河、教来河及内陆河等。全市地表水多年平均资源总量为 27.04 亿立方米。年内径流量不均,6—8 月径流量最大, 占总径流量的 70%～80%。多年平均入境水量为 29.7 亿立方米,入境水均为老哈河干支流。

赤峰市平均地表水年径流量情况表

表 1-2-20　　　　单位:万立方米

地区	地表水资源量	径流深(毫米)	不同频率径流量			
			20%	50%	75%	95%
红山区	1735	33.1	2464	1492	972	555
松山区	21179	37.7	29439	18638	12707	7413
元宝山区	2973	31.2	4341	2408	1487	803
阿鲁科尔沁旗	20097	13.8	27930	17647	11974	7080
巴林左旗	20859	31.5	29620	15853	10012	7301
巴林右旗	24143	23.5	32600	21800	15600	9710
林西县	13795	35.1	19300	12100	8110	4770
克什克腾旗	71430	35.8	90720	67860	53570	37860
翁牛特旗	21414	18.0	29337	19058	13277	8137
喀喇沁旗	14515	47.2	21192	11757	7258	3919
宁城县	29371	68.2	44057	21147	11455	6755
敖汉旗	28876	34.8	40131	25356	17204	10173

说明:表中数据为赤峰市水利局2013年水资源普查数据。

二、地下水

全市多年平均地下水资源总量27.24亿立方米,地下水可开采量16.20亿立方米。

地下水含水层特点　赤峰市境内主要分布有基岩裂隙水和第四系松散层中的潜水。第四系松散层中的潜水,又分为丘陵地区第四系松散层中的地下水和山区河谷平原第四系松散层中的地下水。

基岩裂隙水主要储在变岩、灰岩、花岗岩、玄武岩及其他火成岩中,分布在平原外围的冀北、辽西山区和大兴安岭南麓山区。

黄土丘陵区的地下潜水。主要储存在黄土层下的红色砂质黏土中。其特点是地下水埋藏圈深,一般为20~50米,有的地区达70~80米以上;含水层厚度小,水量不丰富,一般水量不足50立方米/小时。

山区河谷平原第四系松散层中的地下潜水。水量丰富,主要分布在沿河两岸平原。其水文地质特征,一般沉积有较厚的砂砾层和充沛的水源补给。老哈河、查干木伦河、乌力吉木伦河、教来河与少冷河河谷都沉积有10~40米以上的砂砾石层,单井涌水量大于150吨/小时。西拉木伦河虽然系大河,但其形成的河谷狭窄,松散物质组成的低阶地范围很小,因而地下水远不如上述诸河丰富,单井涌水量100吨/小时左右。

赤峰市平均地下水资源量及可开采量统计表

表 1-2-21 单位:万立方米

地区	地下水资源量	地下水可开采量
红山区	4932.74	3865.23
松山区	16841.05	10575.91
元宝山区	9304.57	6976.19
阿鲁科尔沁旗	25323.78	16072.15
巴林左旗	17589.84	10318
巴林右旗	21177.84	13245.21
林西县	11909.81	7663.58
克什克腾旗	50236.39	19845.51
翁牛特旗	53270.5	37613.74
喀喇沁旗	10595.4	7147.01
宁城县	19757.88	14037.38
敖汉旗	31455.26	14668.84
全市	272395.06	162028.75

说明:表中数据为赤峰市水利局2013年普查数据。

地下水的化学变化 因全市的地形基本属于山地丘陵区,河谷发育、地下水径流条件较好,地下水动态类型属渗入—径流型,化学类型主要为重碳酸盐类水,以碳酸钙为主,其中西拉木伦河南部支流及老哈河(太平庄水文站断面以上)为重碳酸钙Ⅱ型水,西辽河其余支流均为重碳酸钙Ⅰ型水。

地下水矿化度变化为200~900毫克/升,西辽河一带总硬度大于100毫克/升。英金河六大份、八家一带平均总硬度为360毫克/升,总硬度与矿化度的地区分布趋势相同。pH多年平均值在6.4~8.6之间。

地下水阳离子以Ca^{2+}为主,阴离子以HCO_3^-为主。通过2010年4月、9月对全市36处地下水进行的两次水化学分析所得数据,全市二类水占66.7%,三类水占33.3%。

三、水资源利用

2014年,赤峰市总用水量为19.24亿立方米。其中居民生活用水量为1.9亿立方米,占总用水量的9.88%;工业用水2.28亿立方米,占总用水量的11.85%;农业用水14.29亿立方米,占总用水量的74.27%。

2000—2014年部分年份赤峰市用水量情况统计表

表 1-2-22　　单位:亿立方米

年份	总用水量				分行业用水量						
	合计	其中			合计	工业	其中	农业	其中	生活	其中
		地表水	地下水	其他			地下水		地下水		地下水
2000	17.9017	6.7326	11.1691	—	17.8565	0.8409	0.8369	15.6758	8.9924	1.3398	1.3241
2001	17.8602	7.171	10.6892	—	17.8052	0.8429	0.8429	15.4832	8.4131	1.4791	1.4345
2002	18.5408	7.3549	11.1859	—	18.5439	0.809	0.809	16.1686	8.839	1.5663	1.5444
2003	17.1725	7.374	9.7973	0.0012	17.2116	0.841	0.841	14.5282	7.2332	1.8424	1.723
2004	16.6992	6.5592	10.1388	0.0012	16.7004	0.8052	0.8052	13.9032	7.5465	1.992	1.5496
2005	18.5378	7.7337	10.7499	0.0542	18.5379	1.3088	1.3088	15.9411	8.1532	1.288	1.288
2006	18.6843	7.8392	10.8377	0.0074	18.6843	1.3216	1.3216	16.0388	8.1922	1.3239	1.3239
2007	18.5385	7.7168	10.8217	—	18.5385	1.8006	1.8006	15.3677	7.6509	1.3702	1.3702
2008	19.0603	8.2039	10.8564	—	19.0603	2.0017	2.0017	15.6209	7.417	1.4377	1.4377
2009	19.3549	8.3445	10.9334	0.077	19.3556	2.1784	2.1784	15.567	7.1448	1.6102	1.6102
2010	19.7418	8.5114	11.1512	0.0792	19.7427	2.2219	2.2219	15.8785	7.287	1.6423	1.6423
2014	19.2378	7.9319	11.2502	0.0557	18.4841	2.2767	2.0812	14.2976	7.1785	1.9098	1.9088

第四节　矿产资源

赤峰市位于华北与东北的交会处,地跨大兴安岭有色金属成矿带和华北地台北缘多金属成矿带,具有良好的成矿地质条件和巨大的资源潜力,是国内重要的有色金属和贵金属基地之一。境内从北到南分布着三条成矿带,分别是北部铁锡钨银铜铅锌成矿亚带、中部铅锌铜钼金钨成矿亚带和南部金铜铁成矿亚带。受中生代以来构造运动和岩浆活动影响,赤峰境内形成了一系列由火山断陷盆地组成的北东向火山岩带。在特定的地质环境、复杂的地质条件和成矿作用下,形成了赤峰有色金属矿产资源种类多、储量大、分布广的特点。全市已发现的矿种主要有煤炭、石油、油页岩、铁、铜、铅、锌、钨、锡、钼、金、银、石灰石、萤石、硅石、电气石、叶蜡石等。南部燕山北麓以黄金为主,北部大兴安岭南段和少郎河流域以有色金属为主,中部老哈河与英金河的交汇处以煤炭为主。2014 年,已发现矿产资源 83 种,能源矿产主要有煤炭、石油、油页岩;金属矿产主要有铁、铜、铅、锌、钨、锡、钼、金、银、铟、镉;非金属矿产主要有石灰石、萤石、膨润土、高岭石、沸石、硅石、电气石、叶蜡石、硅藻土、硅灰石、饰面用建筑石材等。除石油天然气等特定矿种外，纳入自治区矿产资源储量统计表的矿种有31种(亚矿种32种)。已发现矿产地1660余处，涵盖能源、贵金属、有色金属、非金属等多种矿产类型。已探明的主要矿产资源储量为：煤19.9亿吨，铁5.47亿吨，铜107.8万吨，铅560.8万吨，锌895.5万吨，钨4.70万吨，锡33.8万吨，钼40.9万吨，金227吨，银21383吨，萤石657.2万吨，石灰石3.5亿吨，膨润土1115万吨，高岭土64万吨。

赤峰市主要矿产资源储量表

表1-2-23

矿种	储量	储量单位
煤	19.9	亿吨
铁	5.47	亿吨
铜	107.8	万吨
铅	560.8	万吨
锌	895.5	万吨
钨	4.7	万吨
锡	33.8	万吨
钼	40.9	万吨
金	227	吨
银	21383	吨
萤石	657.2	万吨
石灰石	3.5	亿吨
膨润土	1115	万吨
高岭土	64	万吨

说明：表中数据来源《赤峰统计年鉴》。

一、金属矿

黑色金属矿产　黑色金属矿产主要为铁、铬矿，锰矿、钛矿次之，钒矿资源短缺，总体资源比较丰富。铁矿在赤峰市分布广泛，成因类型复杂，主要与古生代沉积建造及中生代岩浆侵入形成矽卡岩相关，矿床类型有沉积型、沉积变质型、沉积—热液叠加型和矽卡岩型等。锰矿主要为小型氧化锰矿床，主要产于古生代二叠纪地层中。铁矿主要分布在克什克腾旗、敖汉旗、宁城县等地。全市铁矿产地49处，其中大型铁矿床1处，小型27处；锰矿产地9处，铬和钛矿产地各1处。

有色金属矿产　赤峰市有色金属种类繁多，储量可观，主要有铜、铅、锌、钨、锡、钼、镍、钴等，矿床、矿点、矿化点数以百计。主要分布在克什克腾旗、巴林左旗、林西县、翁牛特旗、巴林右旗、阿鲁科尔沁旗、松山区、敖汉旗及喀喇沁旗。集中分布区有花敖包特—扎木钦、白音诺尔—乌兰达多坝、哈达吐—台莱花、拜仁达坝—哈尔楚鲁图、黄花沟、小东沟—红山子等6个地区。全市已知铅锌矿产地76处,其中大型矿床4处,中型矿床6处;铜矿产地109处,其中中型矿床3处,小型矿床10处,矿(化)点96处;钼矿产地11处,其中大型矿床1处,中型矿床3处,小型矿床2处;锡矿产地18处,其中大型矿床1处,中型矿床4处,小型矿床4处。

贵金属矿产 金、银贵金属是赤峰市的优势矿种。

金矿主要产于赤峰市南部太古代—燕山期复杂岩体中,全部为岩金。矿床成因类型多样。主要产地在敖汉旗、喀喇沁旗、松山区和宁城县。截至2014年,全市黄金保有储量已达227吨。已知金矿产地89处,其中大型矿床1处,中型4处,小型17处。

银矿资源也较丰富,主要分布在克什克腾旗、巴林左旗、巴林右旗、林西县和松山区等地,与多金属伴生产出。截至2014年,全市银保有储量为21383吨。赤峰市已知银矿产地7处,其中大型矿床2处,中型1处,小型4处。

二、非金属矿

能源矿产 赤峰地区能源矿产有煤、石油、油页岩等。

煤炭是赤峰市最重要的能源矿产,南部的平庄—元宝山盆地及北部阿鲁科尔沁旗是集中产区,全市成煤时代均为早白垩世。煤主要以褐煤为主,还有少量的长焰煤、无烟煤,保有资源储量为19.9亿吨。主要产地在元宝山区和阿鲁科尔沁旗。

石油主要产地在阿鲁科尔沁旗和松山区,已探明资源储量2.8亿吨。

油页岩主要产地在敖汉旗,已探明资源储量4.138亿吨。

非金属矿产 赤峰地区非金属矿产极为丰富。2014年,已发现石灰石、白云石、萤石、高岭石、叶蜡石、电气石、沸石等非金属矿产50余种。遍布全市,品质优良,开采便利,应用前景广阔。已发现大中型非金属矿床11处,其中大型水泥灰岩矿床4处、大型硅石矿床2处、大型白云石矿床1处、中型沸石矿床2处、大型煤系高岭土矿床1处、中型伊利石矿床1处。

非传统矿产资源 赤峰市矿泉水资源有12处,主要分布在克什克腾旗、巴林右旗、喀喇沁旗、敖汉旗及松山区。

赤峰市有敖汉旗林家地、宁城县热水镇、克旗热水镇3处温泉,翁牛特旗大新井地区及元宝山区美丽河镇为地温异常点。

第五节 野生生物资源

一、野生动物资源

赤峰市所处的地理位置独特,在动物区划上,跨越东北区、华北区和蒙新区3个动物区划交会区,野生动物种类多、品种全。全市共有分布记录的野生动物497种,其中陆生脊椎动物460种、有哺乳类动物63种，鸟类377种，鱼类37种，两栖类5种，爬行类动物15种。在陆生野生动物种类中，被列为国家Ⅰ级重点保护的野生动物有豹、金雕、黑鹳、大鸨、白鹤、白头鹤、丹顶鹤等12种。国家Ⅱ级保护动物有黑熊、水獭、马鹿、斑羚、猞猁、兔狲、白尾鹞、鹊鹞、白头鹞、日本松雀鹰、燕隼、灰背隼、红脚隼、红隼、红角鸮、黑琴鸡、白枕鹤、蓑羽鹤等60种。丑鸭、冠鱼狗为内蒙古赤峰市新记录种。鱼类多为硬骨鱼系的鲤形目经济鱼类，以瓦氏雅罗鱼、鲫鱼、鲤鱼、鲶鱼、泥鳅、花鲢、白鲢、草鱼为主，其中瓦氏雅罗鱼为上层鱼类，分布在达里诺尔湖、红山水库等地。爬行类、两栖类动物中，麻蜥、沙蜥、蛇的数量较多。

野兽类　共有63种，隶属于6目17科。主要有：食虫目、翼手目、兔形目、啮齿目、肉食目、偶蹄目；猬科、鼹科、鼩鼱科、蝙蝠科、鼠兔科、兔科、松鼠科、跳鼠科、鼠科、仓鼠科、犬科、熊科、鼬科、猫科、猪科、鹿科、牛科。

赤峰市境内有豹、黑熊、水獭、兔狲、猞猁、马鹿、斑羚7种国家重点保护哺乳动物。豹和黑熊在赤峰市仅在黑里河国家级自然保护区有过记录。但自20世纪70年代黑熊就再没发现过，20世纪90年代后豹也再难觅其踪。这两个物种是否还在黑里河区域栖息还有待进一步调查。

赤峰市是国内马鹿（东北亚种）的重要分布地，主要栖息于大兴安岭南部的克什克腾旗、林西县、巴林右旗、巴林左旗和阿鲁科尔沁旗。由于保护工作的加强，种群数量明显增加，在克什克腾旗、巴林右旗、阿鲁科尔沁旗的林区经常可以见到三五成群的马鹿在林缘草甸觅食。特别是阿鲁科尔沁旗的高格斯台罕乌拉国家级自然保护区是赤峰市马鹿数量最多的地区，数量达5000头。

兔狲主要栖息地为荒漠化、石漠化地区。该物种在赛罕乌拉国家级自然保护区被发现，使该地区成为内蒙古自治区境内兔狲的新分布区。

赤峰市境内国家重点保护哺乳动物名录

表1-2-24

序号	名称	保护级别
1	豹	Ⅰ
2	黑熊	Ⅱ
3	水獭	Ⅱ
4	兔狲	Ⅱ
5	猞猁	Ⅱ
6	马鹿	Ⅱ
7	斑羚	Ⅱ

鸟类　已知鸟类377种,隶属于18目61科168属。主要有:潜鸟科、鸊鷉科、鹈鹕科、鸬鹚科、鹭科、鹳科、鹮科、鸭科、鹗科、鹰科、隼科、松鸡科、雉科、三趾鹑科、鹤科、秧鸡科、鸨科、蛎鹬科、反嘴鹬科、燕鸻科、鸻科、鹬科、鸥科、沙鸡科、鸠鸽科、杜鹃科、鸱鸮科、夜鹰科、雨燕科、翠鸟科、佛法僧科、戴胜科、啄木鸟科、百灵科、燕科、鹡鸰科、鹎科、太平鸟科、伯劳科、黄鹂科、卷尾科、椋鸟科、鸦科、河乌科、鹪鹩科、岩鹨科、鸫科、鹟科、画眉科、鸦雀科、扇尾莺科、莺科、绣眼鸟科、攀雀科、长尾山雀科、山雀科、䴓科、旋木雀科、文鸟科、雀科、鹀科。

赤峰市地处东亚—澳大利亚候鸟通道的中轴线上,境内有三条候鸟迁徙通道。

第一条是内蒙古高原—科尔沁沙地—松辽平原(辽西地区)—锦州、葫芦岛通道。这一通道主要是雁鸭类鸟类通道,鸟类从蒙古高原到达赤峰市北部后,在克什克腾旗、阿鲁科尔沁旗、翁牛特旗、巴林右旗、敖汉旗等湖泊湿地中停歇后,沿着西拉木伦河、老哈河以及两河汇流后的西辽河,经过努鲁尔虎山北麓广阔的松辽平原湿地到达辽西地区的锦州和葫芦岛海岸。

第二条是内蒙古高原—浑善达克沙地—多伦县—河北京津湿地—渤海湾通道。这一通道主要是雁鸭类鸟类和鹤类、鸨类等草原鸟通道。由于该通道地处蒙古高原草原区,湿地丰富,草原广阔,迁徙的候鸟从蒙古高原到达赤峰后,经过停歇补充能量,再经浑善达克沙地沿着滦河流域到达河北省以及京津地区湿地,最后到达渤海湾。

第三条是大兴安岭南部—燕山北麓通道。这一通道是森林鸟类通道。由于大兴安岭山地和燕山山地在赤峰市境内交会,两大山地联系紧密,因此,以秋季鸟类南迁为例,小型雀形目鸟类以及其他南北迁徙的森林鸟类,沿着大兴安岭山地森林带到达燕山山地七老图山支脉后,分两个分支,一个分支是经燕山向西南迁徙,另一个分支是经努鲁尔虎山向东南迁徙。

赤峰市北部草原区是鹤形目鸟类的重要栖息地,主要有白鹤、白头鹤、丹顶鹤、白枕鹤、蓑羽鹤、灰鹤、大鸨等。其中白鹤、白头鹤已多年未见;丹顶鹤每年都有记录,但种群数量不大;灰鹤在赤峰市没有繁殖记录,但春季可见大量集群,最多时达1000只;蓑羽鹤、白枕鹤、大鸨除部分继续北迁外,一部分会在此处进行繁殖,等到秋季迁徙期时,北迁的大鸨、蓑羽鹤会与在此处繁殖的种群会合,一起南迁,秋季大鸨集群最多时达80多只一群,蓑羽鹤集群数达3000多只。

赤峰境内的老哈河和西拉木伦河等河流沿岸湿地,达里诺尔、达林台、宝力格等内陆湿地,科尔沁沙地、浑善达克沙地内的湖泊以及红山水库、德日苏宝冷水库、沙那水库、沙坝水库等人工湿地是雁鸭类、鸻鹬类等水鸟的重要栖息地和繁殖地,每年迁徙及繁殖的雁鸭类、鸻鹬类水鸟可达几十万只。

在国内分布的天鹅类候鸟有三种,分别是大天鹅、小天鹅、疣鼻天鹅。这三种天鹅在赤峰市境内都有分布,尤其以大天鹅、小天鹅数量最多,高峰时可达7万余只。天鹅的分布地在赤峰市多达50余处。2013年,赤峰市被中国野生动物保护协会评为“中国天鹅之乡”。

赤峰市境内国家重点保护鸟类名录

表 1-2-25

序号	名称	保护级别
1	黑鹳	Ⅰ
2	东方白鹳	Ⅰ
3	中华秋沙鸭	Ⅰ
4	玉带海雕	Ⅰ
5	白尾海雕	Ⅰ
6	金雕	Ⅰ
7	白鹤	Ⅰ
8	白头鹤	Ⅰ
9	丹顶鹤	Ⅰ
10	大鸨	Ⅰ
11	遗鸥	Ⅰ
12	角䴙䴘	Ⅱ
13	赤颈䴙䴘	Ⅱ
14	卷羽鹈鹕	Ⅱ
15	黄嘴白鹭	Ⅱ
16	黑头白鹮	Ⅱ
17	白琵鹭	Ⅱ
18	疣鼻天鹅	Ⅱ
19	大天鹅	Ⅱ
20	小天鹅	Ⅱ
21	鸳鸯	Ⅱ
22	鹗	Ⅱ
23	凤头蜂鹰	Ⅱ
24	(黑)鸢	Ⅱ
25	白腹海雕	Ⅱ
26	高山兀鹫	Ⅱ
27	秃鹫	Ⅱ
28	铜色鹞(白头鹞)	Ⅱ
29	白腹鹞	Ⅱ

续表

序号	名称	保护级别
30	白尾鹞	Ⅱ
31	鹊鹞	Ⅱ
32	日本松雀鹰	Ⅱ
33	雀鹰	Ⅱ
34	苍鹰	Ⅱ
35	灰脸鵟鹰	Ⅱ
36	普通鵟	Ⅱ
37	棕尾鵟	Ⅱ
38	大鵟	Ⅱ
39	毛脚鵟	Ⅱ
40	乌雕	Ⅱ
41	草原雕	Ⅱ
42	鹰雕	Ⅱ
43	黄爪隼	Ⅱ
44	红隼	Ⅱ
45	红脚隼	Ⅱ
46	灰背隼	Ⅱ
47	燕隼	Ⅱ
48	猎隼	Ⅱ
49	游隼	Ⅱ
50	黑琴鸡	Ⅱ
51	勺鸡	Ⅱ
52	蓑羽鹤	Ⅱ
53	白枕鹤	Ⅱ
54	灰鹤	Ⅱ
55	小杓鹬	Ⅱ
56	小鸥	Ⅱ
57	领角鸮	Ⅱ
58	红角鸮	Ⅱ

续表

序号	名称	保护级别
59	雕鸮	Ⅱ
60	长尾林鸮	Ⅱ
61	花头鸺鹠	Ⅱ
62	纵纹腹小鸮	Ⅱ
63	鹰鸮	Ⅱ
64	长耳鸮	Ⅱ
65	短耳鸮	Ⅱ

鱼类　已知41种，隶属于6目13科。主要有：鲤形目、鲶鱼目、刺鱼目、鲈形目；鲤科、鳅科、鲶科、鲿科、刺鱼科、塘鳢科。

两栖类　已知5种，隶属于1目2科。主要有：蟾蜍科、蛙科。

爬行类　已知15种，隶属于2目5科。主要有：鬣蜥科、蜥蜴科、游蛇科、蝰科、蝰蛇科。

二、野生植物资源

赤峰市地处欧亚草原区和东亚阔叶林区的接触过渡地带，是蒙古、华北、东北和兴安四大植物区系汇集地带，植物区系属于泛北极植物区域。赤峰南部多为华北植物种类，东部多为东北植物种类，北部多为大兴安岭植物种类。由于地理位置独特，南北气候差异较大，因而野生植物种类繁多，资源丰富。全市共有野生植物1863种，分属118科、545属，其中乔木96种，灌木232种，草本植物1513种，藤本植物22种。区系分布有：世界分布种、泛北极种、古北极种、东古北极种、欧洲—西伯利亚种、东西伯利亚种、古地中海种、黑海—哈萨克—蒙古种、哈萨克—蒙古种、亚洲中部种、达乌里—蒙古种、东亚种、华北种与东北种。

赤峰市野生植物类型主要包括野生饲用植物、野生药用植物、野生工业原料植物。

野生饲用植物　野生饲用植物共793种，分为8个经济类群组，24个经济类群。

1.旱生禾草：多为典型草原及草甸草原中建群种或优势种。主要有大针茅、羊草、贝加尔针茅、本氏针茅、冰草、糙隐子草、硬质早熟禾等。种类多，分布广，数量大，适于放牧或打草，在营养期碳水化合物含量丰富，茎叶柔嫩，适口性好。马、羊喜食，牛、驼次之。

2.中生禾草：多生长在草甸、草原化草甸、沼泽化草甸、山地沟谷及草甸草原，为群落的优势种或伴生种，有时也能成为建群种。以披碱草、拂子茅、小糠草、牛鞭草、早熟禾等为主。草质柔软、叶量丰富，含有较多的水分和碳水化合物，多为优质或良等饲用植物，牛最喜食，羊、马次之。

3.湿生禾草：生长在沼泽、河岸、低洼浸水的环境，数量不多，芦苇是建群种或优势种。叶量大,味甜,抽穗前家畜喜食,一般作打贮草。

4.盐生禾草:分布在翁旗、阿旗、克旗,耐盐力强,主要有芨芨草、碱茅、野黑麦、星星草、獐茅等。营养中等,适口性差。芨芨草是冬季牛用饲草。

5.一年生禾草:比重较大,且分布广。在典型草原中,特别是沙地干草原及撂荒地上,在群落建成中起很大作用,常形成优势层片。生长迅速,周期短,再生力强,产草量高,多雨年份生长茂密,是良好的放牧型草,营养价值高,适口性佳,大小家畜均喜食。野燕麦、狗尾草、虎尾草、冠芒草等均有引种价值,对过冬牲畜早春抓膘作用大。

6.一至二年生豆科草:多为中生,分布在山地草甸、低湿地草甸及草甸草原中,在群落中多以伴生种出现,数量不多,分布不广。常见有草木樨、鸡眼草、野大豆、达乌里黄芪等。为高蛋白牧草,花期前枝叶柔嫩,各种动物均喜食。

7.多年生豆科草:数量较多,分布亦广,多为林缘草甸或草原中的常见伴生种,时有建群种或优势种。主要有直立黄芪、草木樨状黄芪、野豌豆、多茎野豌豆、歪头菜、野火球、五脉山黧豆等,甘草、扁蓿豆、糙叶黄芪为典型草原中常见成分,喜生沙质草地,有时在局部成优势种群。多用作割草场或放牧场。再生性好,耐践踏,营养价值高,是豆科牧草中饲用价值最高的一类。各类家畜四季喜食,高大的中生、旱生豆科草牛喜食,矮小的羊也喜食,个别有毒的披针叶黄花、苦马豆等,霜后晒干家畜仍可食用。

8.半灌木豆科草:分布在典型草原地带,是豆科植物中重要的群落建群种和优势种。多生长在山地、丘陵、平原等草场。其中的细叶胡枝子、达乌里胡枝子、尖叶胡枝子等,青鲜时为各种动物喜食,冬季牛、马、羊亦食,是利用价值较高的豆科饲用植物。

9.灌木豆科草:平原、丘陵、山地、沟谷均有生长,常见有二色胡枝子、木岩黄芪、山竹岩黄芪、小叶锦鸡儿、窄叶锦鸡儿等。其中小叶锦鸡儿是典型草原中的沙地草场主要建群种,耐旱、抗寒、再生性好,枝多、枝叶嫩、粗蛋白质和粗脂肪含量丰富,营养价值高,为牛、羊喜食,冬季枯枝亦为羊、马、牛特别是山羊所乐食。

10.蒿类:包括一、二年生蒿类植物及多年生半灌木等类植物。分布广,比重大,半灌木铁杆蒿、岩蒿是山地草原或低山丘陵草原中常见的优势植物,在山顶或阳坡成优势群落。半灌木乌丹蒿、差不嘎蒿、沙蒿等是沙地草原中的重要成分,还有万年蒿、茵陈蒿、冷蒿、艾蒿等。一、二年生蒿类多在退化草地、撂荒地上,并形成优势层片,饲用价值有明显的季节性。早春返青时适口性好,秋冬季羊喜食,马、驼、牛亦食。晚霜后放牧或打贮草,利用价值高。多年生半灌木蒿类饲用价值高于1~2年生蒿类。

11.菜蓟类:为蒿类、菊苣类以外的菊科植物。种类多、分布广,多为草原群落中的伴生种。常见有硬叶风毛菊、紫苞风毛菊、草地风毛菊、银背风毛菊、麻花头、线叶菊等。饲用价值低,适口性差,春季牲畜吃嫩叶,粗老不食。

12.菊苣类:为中生或旱中生,少数为旱生植物,分布在道边、地埂及低地草甸草场中,很少成为优势种,是菊科中饲用价值较高的植物,家畜家禽尤其猪、兔喜食。常见有苦荬菜、苦苣菜、山莴苣、抱茎苦荬菜等,均可引种栽培。

13.大型苔草：指株高在50厘米以上的高大莎草科牧草，多为中生或湿生，少为旱生植物。分布在隐域性沼泽草地、沼泽化草甸草地，在湿生生境中多为建群种或优势种。因其茎叶粗糙、坚硬，适口性差，多作割草地利用。

14.小型苔草：指株高50厘米以下的莎草科植物和灯芯草科植物。分布广，常见有寸草苔、黄囊苔草、日荫菅、砾苔草、苔草等。日荫菅为草甸草原中的优势种，寸草苔在草甸、草甸草原以至典型草原中都有分布，常常形成优势层片，在过牧的低地草甸及盐化草甸中构成密集的“寸草滩”草地。因其草皮深厚、耐牧性强、再生性好，是良好的夏季牧草。

15.藜科肉质类：主要包括碱蓬属和猪毛菜属植物。碱蓬是低湿地、盐碱地植物的主要成分，猪毛菜多分布在田边、路旁，在沙地或撂荒地上有时成优势种。因多汁，茎叶肉质，含水分、盐分多，味苦咸，秋霜后盐分减少，适口性提高，猪、羊喜食。

16.藜科薄质类：分布在沙质草地、盐渍化草地以及棚圈和居民点附近，在田边、路旁也常有大量分布。营养价值高，营养期长，适口性好，多数种为家畜乐食，猪、禽喜食。

17.藜科干质类：分布较广，以沙质地草原、荒地、固定或半固定沙丘生长较多，为沙地植被的先锋植物。其中一年生植株在降雨量大的年份可形成株丛，冬春受风力滚动，保存率低。饲用价值中等，沙蓬在青嫩时，牛、马、羊乐食，虫实类植物青鲜时适口性好、营养价值高，大小畜均食。

18.湿生杂类草：生长在湿地、沼泽地及浅水中，有时在林下、路边也有生长。主要有两栖蓼、水芹、慈姑等，为猪、禽喜食，但分布范围窄，数量不多。

19.中生杂类草：分布在林缘、草甸、河流阶地、沟谷及草甸草原上。包括蓼科、唇形科、蔷薇科、毛茛科、百合科等。多呈伴生种，个别如地榆、鹅绒委陵菜、珠牙蓼等在低地草甸、山地草甸草地中成优势种。为中等饲用植物，大畜乐食。

20.旱生杂类草：多为典型草原、沙地草原中的主要伴生种，有时也成为优势种或建群种。以叉分蓼、知母、百里香、麻黄等为多见。常生于低山丘陵坡地、山地阳坡、砾石质地、黄土丘陵地及固定半固定沙地。种类繁多，在草地中参与度较大，在典型草原地带，作用仅次于禾草类和蒿类植物。饲用价值因不同种而差异较大。百里香、知母、葱为良等饲草，为小畜喜食。委陵菜属旱生牧草，饲用价值中等。鸢尾属植物马兰、细叶鸢尾、射干鸢尾等饲用价值不大，只在早春、霜后采食。

21.一至二年生杂类草：分布在田间、路边、河畔及撂荒地，有时形成小片群聚。林下、草甸中也有生长。常见有细叶益母草、香青兰、夏至草、打豌花、酸模叶蓼等。适口性较差、饲用价值不高。

22.中生灌木类：分布在林缘草地、低山丘陵草地及沙质草地上，为林下灌丛的主要成分或散生于各类草地中构成灌丛化草，并常在草地中形成优势层片。主要有西伯利亚杏、虎榛子、小红柳、黄柳、土庄绣线菊等。嫩枝叶可食，适口性一般，大小畜都不同程度地采食。

23.旱生灌木类：分布在沙质草地中，是固定、半固定沙地及流动沙地的主要植被成分,有时构成优势种或建群种,起固沙作用。其中东北木蓼、优若藜等,由于返青早、生长期长、营养价值高,枝叶四季均可采食。但因利用过度,灌木逐年消失。

24.乔木枝叶类:山地、平原、沙地均有分布,多在山地形成森林植被,草原地带生长较少。包括针叶树类和阔叶树类。其中油松、樟子松的叶制成粉做添加饲料,营养价值高;阔叶树种类多,分布广,大果榆、杨树、栎树、家榆等枝叶为家畜饲料,特别是枯草期作用尤著。

优良野生牧草:主要有羊草、无芒雀麦、黄花苜蓿、扁蓿豆、冷蒿、冰草、兴安胡枝子、草木樨、野大豆、木地肤、山竹岩黄芪、野火球、小叶锦鸡儿、披碱草等。2001 年后,赤峰市在实施京津风沙源治理飞播种草、防风固沙以及人工种草养畜中沙打旺和紫花苜蓿得到广泛种植。沙打旺,豆科黄芪属,多年生草本植物,直立株型,根茎分枝多,茎秆比较细,呈绿色,根系发达,主根粗壮,侧根发达,两三年生根系入土深达 40~65 厘米。常生于草甸草原、河滩草甸、灌丛、林下等地,在赤峰地区广泛栽培。紫花苜蓿,又名紫苜蓿,蔷薇目、豆科、苜蓿,属多年生草本,根粗壮,深入土层,根茎发达。茎直立、丛生以至平卧,四棱形,无毛或微被柔毛,枝叶茂盛。种子卵形,长 1~2.5 毫米,平滑,黄色或棕色。花期 5—7 月,果期 6—8 月。原产于小亚细亚、伊朗、外高加索一带。生于田边、路旁、旷野、草原、河岸及沟谷等地。赤峰市阿鲁科尔沁旗种植有百万亩紫花苜蓿基地。

野生药用植物　野生药用植物在本市分布广、数量多。在野生植物组成中,具有药用价值的植物有 586 种,分属于 102 科 329 属,分别占全市野生植物科、属、种的 86.44%、60.36%和 31.45%。全国重点普查常见中草药共 363 种,其中赤峰市占 96 种,主要包括甘草、麻黄、黄芪、知母、赤芍、远志、防风、柴胡、苍术、百合、苦杏仁、车前子、郁李仁、桔梗、地丁、文冠木、苦参、升麻等。

赤峰北部山地气温低,植被好,是野生药用植物的主要产区,如苍术、百合、赤芍、黄芩、苦杏仁、远志、防风、石竹、地榆、桔梗、知母、苍耳、黄精、益母草、车前子等。南部山区气候温暖,雨量适中,生长着喜温的中药材植物,主要有山楂、酸枣、胡枝子、刺五加、黄柏、五味子、龙胆草、红柴胡、鼠李、当归、猪苓等。西部高原生长着耐寒药用植物,如黄芪、黑柴胡、桔梗、漏芦、山刺玫、红柴胡、升麻、叉分蓼等。阿鲁科尔沁旗、巴林左旗、巴林右旗南部、翁牛特旗东部广大草原为甘草、蒲公英等野生药用植物的主要产区。

野生工业原料植物　1.野生油料植物:共 58 科、156 属、227 种,分别占全市野生植物科、属、种的 49.15%、28.62%和 12.18%。油料植物中,双子叶植物和裸子植物比重较大,单子叶植物很少,多数经济价值不大,利用困难。经济意义较大的有蔷薇科、桦木科、壳斗科、十字花科、桑科等,其中木本 93 种,占油料植物的 40.97%。

2.野生纤维植物:共 34 科、80 属、171 种,分别占全市野生植物科、属、种的 28.81%、14.68%和 9.18%。其中裸子植物集中于松科,双子叶植物涉及科较多,单子叶植物集中于香蒲科、鸢尾科、莎草科和禾本科。裸子植物主要是木质纤维,双子叶植物主要是韧皮纤维和种子纤维,单子叶植物主要是茎叶纤维和穗纤维,可分别用于造纸、纺织、编织、绳索加工以及填充料等。

3.野生鞣料植物:共26科、44属、85种,分别占全市野生植物科、属、种的22%、8.07%和4.56%。在全市鞣料植物中,双子叶植物占78种,主要有壳斗科、桦木科、蔷薇科、蓼科、松科和鼠李科等。

4.野生染料植物:共17科、27属、42种,占全市野生植物科、属、种的14.41%、4.95%和2.25%。染料植物除单子叶植物有一个科属种(鸭跖草)外,全部为双子叶植物,以壳斗科、鼠李科最为集中,芸香科、桦木科、藜科、蓼科、蔷薇科次之。

5.淀粉植物:共25科、42属、70种,占全市野生植物科、属、种的21.19%、7.70%和3.76%,具有较大经济价值和开发利用的有壳斗科和桦木科,橡果和榛果是重要森林副产物,而且已广为群众加工利用。

6.野生菜用植物:共9科、14属、24种,占全市野生植物科、属、种的7.63%、2.57%和1.29%。全部是双子叶植物,其中蔷薇科植物的种类、数量均占有重要位置。柳叶菜科的柳兰、夹竹桃科的罗布麻,本市常有成片分布,有利用价值。

7.野果植物:共8科、16属、30种,占全市野生植物科、属、种的6.78%、2.94%和1.61%。全是双子叶植物,其中蔷薇科占绝对优势,胡颓子科的醋柳(沙棘)近年增加较快。

8.野生橡胶植物:共8科、10属、21种,占全市野生植物科、属、种的6.78%、1.83%和1.13%。均为双子叶植物,含有乳浆。蓬子菜、狼毒大戟、乳浆大戟等有开发利用价值。

9.野生芳香油植物:共17科、39属、60种,占全市野生植物科、属、种的14.41%、7.16%和3.22%。主要有松科、唇形科、菊科的蒿属和桦木科等。

10.野生树脂树胶植物:共4科、6属、14种,占全市野生植物科、属、种的3.39%、1.10%和0.75%。树脂植物主要是松科2属、7种,以松香利用最早;树胶植物有3科、4属、7种,以山杏和桃分布较多。

野生农药植物　共32科、40属、56种,占全市野生植物科、属、种的27.12%、7.34%和3.01%。主要是大戟科、毛茛科、瑞香科和菊科。

野生有毒和有害植物　全市野生有毒和有害植物共39科、117种,占植物总数的6.28%。

烈毒性植物:常年对动物有毒害作用,因其有强烈的刺激性气味,为动物所厌食。主要有二色乌头、细叶乌头、草乌头、黄花乌头、毛茛、石龙芮、白屈菜、天仙子、毒芹、茴茴蒜、野罂粟、乳浆大戟、狼毒、罗陀罗、毒麦、藜芦、毛穗藜芦等。

常年有毒植物:毒素含量低,但植物干枯后毒性依然存在,动物采食会轻微中毒,很少致死。主要有大花飞燕草、水葫芦苗、小叶小花棘豆、黄穗棘豆、木贼、蕨、中华蹄盖蕨、华北磷毛蕨、北马兜铃、问荆、变异黄芪等。

机械伤害植物:有大针茅、贝加尔针茅、长芒草、西伯利亚羽茅等。秋季种子成熟后,坚硬的芒可刺伤牲畜皮肤,造成发炎、溃疡,甚至死亡。

重点保护植物　赤峰市有《国际贸易公约》保护植物16种,分别为紫点杓兰、大花杓兰、宽叶红门兰、密花舌唇兰、二叶舌唇兰、凹舌兰、角盘兰、二叶兜被兰、手参(手掌参)、线叶十字兰、对叶兰、北方鸟巢兰(堪察加鸟巢兰)、北火烧兰、绶草、原沼兰(沼兰)、珊瑚兰。

有国家级重点保护植物25种,分别为刺五加、内蒙古黄芪、珊瑚兰、斑花杓兰、大花杓兰、穿龙薯蓣、野大豆、手掌参、角盘兰、中国沙棘、胡桃楸、对叶兰、沼兰、小柱兰、尖唇鸟巢兰、堪察加鸟巢兰、鸟巢兰、二叶兜被兰、宽叶红门兰、黄檗、紫椴、二叶舌唇兰、密花舌唇兰、五味子、绶草。

有国家级重点保护的药用植物10种。其中国家二级保护的药用植物有黄檗、甘草;国家三级保护的药用植物有刺五加、黄芩、大叶龙胆(秦艽)、达乌里龙胆(小秦艽)、卵叶远志、远志、防风、五味子。

有内蒙古自治区重点保护植物19种。其中胡桃楸(核桃楸)、五味子(北五味子)、野大豆、甘草、黄檗、文冠果(木瓜)、葛枣猕猴桃、桔梗、穿龙薯蓣、手掌参、芍药、卵叶芍药为二级保护植物;兴安升麻、油松、贺兰山南芥、二型叶沙参、乌丹蒿、细叶百合、大花杓兰为三级保护植物。

有内蒙古自治区重点保护的药用植物8种。其中单子麻黄、麻黄为自治区二级保护药用植物;红柴胡、兴安柴胡、桔梗、芍药、卵叶芍药、白藓为自治区三级保护药用植物。

第七章 自然灾害

干旱、洪涝、冰雹、霜冻、雪灾等是影响赤峰市的主要气象灾害。1991—2014年,赤峰市各地出现洪涝的概率均在40%以上。局地性干旱几乎每年均会出现,尤其是春旱、伏旱威胁较大。

第一节 旱 灾

赤峰市局地性干旱几乎每年都会出现,特别是春、夏旱的危害最大,秋旱的威胁较小。春旱一般出现在4月、5月,夏旱一般出现在7月、8月,秋旱一般出现在9月、10月。如果旱情相连,则称之为连旱。

1991—2014年,赤峰市的春旱频率为53%,约2年一遇,北部地区高于南部地区,其中天山、林东的发生频率最高,天义的发生频率最低;春重旱赤峰城区、天山、大板出现频率较高,约4年一遇,锦山、天义、新惠未出现春重旱,其余地区约10年一遇。春旱发生时易出现全市大范围的旱情,如1993年、1994年、1995年、1996年、1998年、1999年、2000年、2002年、2009年、2010年、2011年、2012年、2013年。

在春旱、夏旱、秋旱三种旱灾中,夏旱发生频率最小。1991—2014年,赤峰市出现夏旱的概率约8年一遇,全市大范围的夏旱出现在2000年、2010年、2014年;夏重旱只有赤峰城区、天山、林东、经棚各出现 1 年，乌丹出现 2 年，其余地区未出现夏重旱。

1991—2014 年，赤峰市出现秋旱的概率约 3 年一遇，全市大范围的秋旱出现在 1991 年、1999 年、2002 年、2003 年、2006 年、2008 年、2009 年、2014 年；赤峰市秋重旱约 10 年一遇，新惠最高，约 2 年一遇，乌丹约 4 年一遇，天山 6 年一遇，赤峰城区、林东约 8 年一遇，林西、锦山、天义约 12 年一遇，经棚 24 年一遇，大板未出现秋重旱。

1991—2014 年赤峰市各地干旱情况表

表 1-2-26　　单位:年

旱 情		赤峰城区	天山	林东	大板	林西	经棚	乌丹	锦山	天义	新惠
春旱	旱	8	3	8	2	4	3	7	11	4	12
	重旱	6	7	3	6	2	1	1	0	0	0
	春夏连旱	0	5	6	6	5	7	6	0	3	
夏旱	旱	2	2	3	2	4	4	1	2	3	2
	重旱	1	1	1	0	0	1	2	0	0	0
秋旱	旱	3	6	3	4	4	7	4	2	5	7
	重旱	3	4	3	0	2	1	6	2	2	11

1991 年，赤峰局部地区秋旱严重，全市农田受灾面积 35.9 万公顷，其中绝收 4.7 万公顷。

1992 年，阿鲁科尔沁旗、巴林左旗、翁牛特旗、赤峰城区、喀喇沁旗、宁城县大部或局地春旱、春夏连旱，受灾农田 7.29 万公顷。

1993 年，阿鲁科尔沁旗、巴林左旗、巴林右旗东南部、翁牛特旗东部、敖汉旗大部春夏连旱严重，受灾农田 20.5 万公顷。死亡牲畜 1378 头只。

1994 年，阿鲁科尔沁旗、巴林左旗、巴林右旗、林西县、克什克腾旗春夏连旱，受灾农田 25.5 万公顷，绝收 2.85 万公顷，受灾草牧场 8.6 万公顷。

1995 年，全市大部地区发生严重春旱和春夏连旱，克什克腾旗、林西县、巴林右旗、巴林左旗、阿鲁科尔沁旗旱情最重。全市受灾农田 38.85 万公顷，绝收 4 万公顷，受灾牲畜 300 万头只。

1996 年，巴林右旗、林西县、翁牛特旗、喀喇沁旗、元宝山区、松山区、敖汉旗大部或局部春旱及伏旱，受灾农田面积占总播种面积的 38%。

1997 年，阿鲁科尔沁旗、巴林左旗、巴林右旗、林西县、克什克腾旗、宁城县春旱或春夏连旱，受灾农田 98.79 万公顷，绝收 5.45 万公顷；受灾草场 145.93 万公顷，绝收 141.33 万公顷。

1999 年，巴林左旗、克什克腾旗、翁牛特旗、喀喇沁旗、敖汉旗春夏连旱，受灾农田 67 万公顷，绝收 2116 公顷，受灾牲畜 195 万头只。

2000年,赤峰地区出现1951年以后最为严重的旱灾。全市64座大中小型水库中有29座因旱干涸,300多处塘坝干枯,大部地区地下水位下降2~3米,7800眼机电井贮水不足或吊空。全市因旱未播2.49万公顷,未出苗13.7万公顷,旱死绝收46万公顷,111.8万头只牲畜严重受灾。

2001年,持续干旱,敖汉旗、宁城县、喀喇沁旗、翁牛特旗、松山区、元宝山区旱情最为严重。全市受旱农田65.3万公顷,绝收13.4万公顷,24.9万公顷未播,152.67万头只牲畜饮水困难,牲畜死亡9.27万头只。

2002年,巴林左旗、巴林右旗、林西县和克什克腾旗大部或局部春夏连旱严重,受灾面积30.3万公顷,绝收3.6万公顷。

2003年,全市大部地区出现严重伏秋旱,全市12个旗县区191个乡镇苏木251.04万人受灾,28.89万人、84.46万头只牲畜饮水困难。受灾作物80.6万公顷,绝收2.57万公顷,粮食减产8.3亿公斤,直接损失10.42亿元。

2004年,阿鲁科尔沁旗、翁牛特旗、敖汉旗春夏持续严重干旱,3.07万公顷农田受灾,200公顷绝收;森林、草地受灾面积200公顷;105.6万人、60万头只牲畜饮水困难。

2005年,巴林左旗、巴林右旗、林西县、克什克腾旗、翁牛特旗、松山区局地春夏连旱,受灾农田77万公顷。

2006年,全市大部地区严重伏秋旱,受灾农田58.7万公顷。

2009年,全市大部地区春夏秋连旱,敖汉旗、阿鲁科尔沁旗、巴林左旗、松山区西部和西北部严重受灾。全市受灾农田面积88万公顷,绝收17.93万公顷,171万头只牲畜发生饮水困难。

2010年,巴林左旗、阿鲁科尔沁旗、巴林右旗、林西县、克什克腾旗、翁牛特旗夏旱严重。全市农田受灾43.76万公顷,绝收5.06万公顷;林地受灾32.91万公顷;19.06万人、122万头只牲畜饮水困难。

2013年,全市大范围夏伏旱,农田受灾面积19.07万公顷,绝收2.54万公顷;6689人、1.8万头只牲畜出现饮水困难。

2014年,夏旱严重,全市大部地区受灾,以敖汉旗、阿鲁科尔沁旗、巴林左旗、宁城县、巴林右旗、松山区最为严重。全市受灾农田80.39万公顷,绝收22.77万公顷。

第二节 洪 涝

1991—2014年,赤峰市出现暴雨日数126天,每年平均5.3天。1991—1998年,赤峰市一直处于暴雨多发期,尤其是1993年、1994年、1997年、1998年,全市暴雨日数在11~16天之间,1993年和1998年最多,分别为16天。1999—2014年(2011年除外),暴雨日数明显减少,全市每年暴雨日数不足6天,2002年和2006年,全市各地未出现暴雨。从空间分布来看,山地丘陵区易出现暴雨,锦山和新惠最多,分别为17天和19天;赤峰城区、林东、大板、天义次之,分别为 15 天,经棚最少,为 3 天。受大陆性季风气候的影响,赤峰市暴雨日数月分布呈单峰型,7 月暴雨日数最多,达到 73 天,其次是 6 月和 8 月,分别为 24 天和 22 天,5 月和 9 月,偶有发生,10 月至次年 4 月,未出现暴雨。

1991—2014 年赤峰市各地年暴雨日数情况表

表 1-2-27　　单位:天

年份\地区	赤峰城区	天山	林东	大板	林西	经棚	乌丹	锦山	天义	新惠
1991	1	0	1	2	1	0	1	1	1	1
1992	1	0	0	0	0	0	0	1	0	2
1993	1	0	2	2	2	0	2	2	2	3
1994	3	0	0	0	0	0	0	4	2	3
1995	0	0	0	0	0	0	1	0	0	0
1996	1	2	1	1	0	0	1	1	1	0
1997	2	1	1	1	1	1	0	2	1	1
1998	1	2	3	1	2	1	2	2	1	1
1999	0	1	1	0	0	0	0	0	0	0
2000	1	0	0	0	1	0	0	1	1	1
2001	0	0	0	0	0	0	0	0	2	0
2002	0	0	0	0	0	0	0	0	0	0
2003	0	0	0	1	0	0	0	1	1	1
2004	0	0	0	3	1	1	0	0	0	0
2005	1	0	0	1	0	0	0	1	0	1
2006	0	0	0	0	0	0	0	0	0	0
2007	0	1	2	0	0	0	1	1	0	1
2008	0	0	2	1	0	0	0	0	0	1
2009	1	0	0	0	0	0	0	0	0	0
2010	1	0	0	0	0	0	0	0	0	1
2011	1	1	1	2	2	0	0	0	1	0
2012	0	1	0	0	0	0	0	0	2	1
2013	0	0	0	0	0	0	0	0	0	1
2014	0	0	1	0	0	0	0	0	0	0
观测站合计	15	9	15	15	10	3	8	17	15	19
年频数	0.6	0.4	0.6	0.6	0.4	0.1	0.3	0.7	0.6	0.8

1991—2014年赤峰市各地各月暴雨日数情况表

表 1-2-28　　单位:天

暴雨日数 时间 / 地区	1月	2月	3月	4月	5月	6月	7月	8月	9月	10月	11月	12月	合计
赤峰城区	0	0	0	0	1	1	11	2	0	0	0	0	15
天山	0	0	0	0	0	0	6	3	0	0	0	0	9
林东	0	0	0	0	0	6	8	1	0	0	0	0	15
大板	0	0	0	0	0	3	9	3	0	0	0	0	15
林西	0	0	0	0	0	3	5	2	0	0	0	0	10
经棚	0	0	0	0	0	0	2	1	0	0	0	0	3
乌丹	0	0	0	0	0	2	6	0	0	0	0	0	8
锦山	0	0	0	0	2	3	10	2	0	0	0	0	17
天义	0	0	0	0	2	5	6	2	0	0	0	0	15
新惠	0	0	0	0	1	1	10	6	1	0	0	0	19

赤峰市洪涝灾害发生特点是:多阵性降水引发山洪灾害,少阴雨连绵诱发的河流洪水。山洪灾害发生时间与暴雨时间一致,主要出现在6—8月。

1991年6—9月,全市出现大部或局地中到大雨、暴雨过程13次,致使大部地区遭受不同程度的洪水灾害。克什克腾旗、巴林左旗、翁牛特旗、喀喇沁旗、宁城县、敖汉旗灾情严重。全市累计受灾农田、草场面积5200公顷,农田绝收933.33公顷,因灾死亡40人,死亡牲畜2.55万头只。

1993年6—9月,全市大部或局地多次降大到暴雨伴有冰雹。巴林左旗、巴林右旗、林西县、克什克腾旗、翁牛特旗、喀喇沁旗、敖汉旗、松山区受灾严重。全市受灾农田21.8万公顷,绝收8.4万公顷,因灾死亡45人,死亡牲畜1425头只。

1994年7月、9月,全市大部或局地出现中到大雨、局地暴雨过程12次,大暴雨1次,造成全市大部或局地洪涝灾害。阿鲁科尔沁旗、巴林左旗、巴林右旗、翁牛特旗、喀喇沁旗、宁城县、敖汉旗、元宝山区受灾严重。全市受灾农田44.3万公顷,绝收8.5万公顷,因灾死亡61人,死亡牲畜7.44万头只。

1995年5—8月,全市大部或局地多次出现大到暴雨伴有冰雹,全市各旗县区均有不同程度受灾。受灾农田5.85万公顷,受灾草场1399.7公顷。

1996年5月、7月、8月,全市大部地区均出现大到暴雨伴有冰雹过程,除红山区外都遭受不同程度洪涝灾害。受灾农田7.18万公顷,因灾死亡9人。

1997年,全市各旗县区都遭受不同程度洪涝灾害。受灾农田5.38万公顷,因灾死亡4人,死亡牲畜963头只。

1998 年 6—8 月，赤峰市 12 个旗县区普遍发生洪涝灾害。全市共有 216.9 万人受灾，受灾农作物 39.2 万公顷，因灾死亡牲畜 7.08 万头只。

1999 年，全市除红山区外均发生洪涝灾害。受灾农田 62.48 万公顷，损毁水利工程 10 处，因灾死亡 1 人，死亡牲畜 434 头只。

2000 年 6—8 月，全市多地遭受洪涝灾害。受灾农田 3.42 万公顷，冲毁农田 289 公顷，受灾草场 1109.67 公顷，倒塌房屋 3026 间，因灾死亡 21 人，死亡牲畜 1972 头只。

2001 年，全市大部地区遭受洪涝灾害，阿鲁科尔沁旗、巴林左旗、巴林右旗、林西县、克什克腾旗、翁牛特旗、宁城县、敖汉旗、松山区受灾最重。全市受灾农田 12.35 万公顷，3.8 万公顷绝收，因灾死亡 11 人，死亡牲畜 5576 头只。

2003 年 6—7 月，阿鲁科尔沁旗、巴林右旗、林西县、克什克腾旗、宁城县、敖汉旗、红山区、松山区遭受洪涝灾害。受灾农田 1.28 万公顷，冲毁农田 200 公顷，667.67 公顷农田绝收，因灾死亡牲畜 164 头只。

2004 年，阿鲁科尔沁旗、巴林左旗、巴林右旗、林西县、克什克腾旗、喀喇沁旗、宁城县、敖汉旗遭受不同程度洪涝灾害。受灾农田 2.9 万公顷，受灾草场 353.33 公顷，因灾死亡 2 人，死亡牲畜 2166 头只。

2005 年 6—8 月，阿鲁科尔沁旗、巴林左旗、巴林右旗、林西县、克什克腾旗、翁牛特旗、喀喇沁旗、敖汉旗遭受洪涝、冰雹灾害。受灾农田 4.49 万公顷，绝收 9024 公顷，受灾草场 793.33 公顷，冲毁民房 18 间，因灾死亡 2 人，死亡牲畜 53 头只。

2007 年 7—8 月，克什克腾旗、巴林左旗、喀喇沁旗、宁城县、敖汉旗、松山区局地遭受洪涝灾害。受灾农田 2912 公顷，11.3 公顷农田绝收，冲毁农田 10 公顷，冲毁民房 12 间，因灾死亡 1 人。

2008 年 6—8 月，阿鲁科尔沁旗、林西县、克什克腾旗、翁牛特旗、宁城县、敖汉旗局地遭受洪涝灾害。受灾农田 2.36 万公顷，冲毁农田 800 公顷，6573.6 公顷农田绝收，受灾草牧场 7.15 万公顷，冲毁草场 4813.33 公顷，受灾林地 106.67 公顷，因灾死亡 1 人，死亡牲畜 1842 头只。

2009 年 7 月，克什克腾旗、敖汉旗、喀喇沁旗部分地区遭受暴雨、冰雹袭击。受灾农田 3776 公顷，绝收 347.67 公顷，6.67 公顷大棚被毁。

2010 年 5—8 月，阿鲁科尔沁旗、克什克腾旗、翁牛特旗、喀喇沁旗、宁城县、敖汉旗、松山区部分地区遭受暴雨、山洪、冰雹灾害。受灾农田 1.87 万公顷，冲毁农田 8 公顷，1396.67 公顷农田绝收，损毁蔬菜大棚 10 公顷，因灾死亡 1 人，死亡牲畜 62 头只。

2011 年 6—8 月，阿鲁科尔沁旗、巴林左旗、巴林右旗、克什克腾旗、敖汉旗、翁牛特旗、喀喇沁旗、宁城县遭受洪涝灾害。受灾农田 5.45 万公顷，357 公顷农田被毁，1.14 万公顷农田绝收，受灾草牧场 2466.67 公顷，损毁林地 73.33 公顷，因灾死亡 8 人，死亡牲畜 2247 头只。

2012 年 6—7 月，阿鲁科尔沁旗、巴林右旗、林西县、翁牛特旗、敖汉旗、松山区部分乡镇出现大到暴雨,造成洪涝灾害。受灾农田 2.27 万公顷,316.73 公顷农田绝收,冲毁公路 25 公里,倒塌房屋 1467 间,倒塌畜棚 38 间,因灾死亡牲畜 1709 头只。

2013 年 6 月、7 月、9 月,阿鲁科尔沁旗、巴林左旗、巴林右旗、林西县、克什克腾旗、翁牛特旗、喀喇沁旗、敖汉旗、松山区大部或局部地区遭受暴雨、洪涝灾害。受灾农田 12.08 万公顷,1.95 万公顷农田绝收,受灾草场 2427.33 公顷,1967 公顷草场绝收,倒塌房屋 623 间,因灾死亡 11 人,死亡牲畜 1876 头只。

2014 年 6 月,巴林左旗、巴林右旗、林西县、克什克腾旗、翁牛特旗、喀喇沁旗、松山区部分地区遭受洪水、冰雹灾害。受灾农田 1.79 万公顷,2453 公顷农田绝收,因灾死亡 1 人,死亡牲畜 632 头只。

第三节 冰 雹

1991—2014 年,经棚、锦山丘陵山区出现冰雹最多,分别为 57 次和 47 次,两地冰雹次数超过各地观测到的冰雹总次数的 40%;东部平原区最少,天山、林东、乌丹分别为 16 次、15 次、11 次。冰雹的月分布呈现单峰型,6 月最多为 90 次,其次是 7 月为 54 次,5 月和 8 月为 32 次和 40 次,9 月、10 月出现的概率也比较高,4 月只有 6 次,11 月至次年 3 月不出现冰雹。

1991—2014 年赤峰市各地月及年冰雹次数情况表

表 1-2-29　　单位:次

冰雹次数　时间 地区	4 月	5 月	6 月	7 月	8 月	9 月	10 月	年
赤峰城区	1	3	9	5	2	1	3	24
天山	1	3	3	4	2	2	1	16
林东	1	0	3	4	6	0	1	15
大板	0	4	5	5	7	2	1	24
林西	0	1	11	4	3	2	0	21
经棚	0	7	21	12	9	8	0	57
乌丹	1	1	2	5	1	1	0	11
锦山	1	10	15	7	5	6	3	47
天义	0	1	10	3	3	0	0	17
新惠	1	2	11	5	2	4	1	26

赤峰市冰雹多发生在冷暖空气活动频繁的初夏，或强对流发展旺盛的盛夏，一般出现在午后到傍晚。赤峰市冰雹灾害往往是由局地强对流天气发展而成，受地形抬升作用，易形成冰雹云，因此，影响范围较小，很少出现全市范围的冰雹灾害。

1992 年 5 月 30 日，喀喇沁旗遭受雹灾，直接损失 303 万元。敖汉旗降暴雨伴冰雹，6200 公顷作物严重受灾，53.33 公顷农作物需要翻种。

1993 年 6—7 月，克什克腾旗、巴林左旗、翁牛特旗、喀喇沁旗、宁城县、松山区、元宝山区、红山区部分地区遭受雹灾，受灾农田 8910.67 公顷。

1998 年 6 月、9 月，阿鲁科尔沁旗、敖汉旗、翁牛特旗、松山区部分乡镇遭受雹灾，受灾农田 2.99 万公顷，2600 公顷农田绝收。

1999 年 6—7 月，巴林左旗、林西县、翁牛特旗、喀喇沁旗、宁城县、敖汉旗、红山区、松山区、元宝山区部分乡镇遭受雹灾，受灾农田 2.8 万公顷，绝收 2490.17 公顷。

2000 年 7—8 月，克什克腾旗、翁牛特旗、宁城县、敖汉旗部分地区遭受雹灾，受灾农田 3114.67 公顷，绝收 1062 公顷。

2001 年 6—8 月，阿鲁科尔沁旗、巴林左旗、克什克腾旗、翁牛特旗、喀喇沁旗、宁城县、敖汉旗、红山区、元宝山区、松山区部分地区遭受雹灾，受灾农田 3.38 万公顷，绝收 4723.2 公顷。

2002 年 6—8 月，阿鲁科尔沁旗、巴林左旗、翁牛特旗、林西县、克什克腾旗、喀喇沁旗、宁城县、松山区、元宝山区部分地区遭受雹灾，受灾农田 10.56 万公顷，5.24 万公顷农田绝收。

2003 年 6—7 月，阿鲁科尔沁旗、巴林左旗、克什克腾旗、翁牛特旗、喀喇沁旗、宁城县、敖汉旗、松山区、元宝山区部分地区遭受雹灾，受灾农田 4.36 万公顷，1.25 万公顷农田绝收。

2005 年 5—7 月，全市各旗县区均遭受不同程度雹灾，受灾农田 7.41 万公顷，1.24 万公顷农田绝收。

2006 年 5—8 月，克什克腾旗、翁牛特旗、敖汉旗、红山区、松山区遭受不同程度雹灾，受灾农田 7911.66 公顷，1865.33 公顷农田绝收。

2007 年 6—7 月，克什克腾旗、敖汉旗、翁牛特旗、喀喇沁旗遭受不同程度雹灾，受灾农田 8059.74 公顷，393.33 公顷农田绝收，砸死羊 162 只。

2008 年 6 月 9 日，巴林左旗、翁牛特旗、喀喇沁旗、宁城县、敖汉旗遭受不同程度雹灾，受灾农田 1.78 万公顷，1517.73 公顷农田绝收，直接经济损失 9881.47 万元。

2009 年 6—7 月，阿鲁科尔沁旗、巴林左旗、克什克腾旗、翁牛特旗、喀喇沁旗、宁城县、敖汉旗、松山区、元宝山区遭受不同程度雹灾，受灾农田 8.89 万公顷，8466 公顷农田绝收，砸毁蔬菜大棚 43 栋，砸死牲畜 70 头只。

2011 年 5—8 月，克什克腾旗、翁牛特旗、喀喇沁旗、敖汉旗、松山区遭受不同程度雹灾，受灾农田 5.94 万公顷，1776.67 公顷农田绝收。

2013 年 6—8 月,林西县、翁牛特旗、敖汉旗、松山区遭受不同程度雹灾,受灾农田 4.66 万公顷,1.29 万公顷农田绝收。

2014 年 5—7 月,阿鲁科尔沁旗、巴林左旗、巴林右旗、林西县、翁牛特旗、宁城县、敖汉旗、松山区遭受不同程度雹灾,受灾农田 6.03 万公顷,果园和经济林受灾面积 650 公顷,2774.47 公顷农田绝收。

第四节 风灾 沙尘暴

1991—2014 年,赤峰市年平均大风天数北部多于南部,一般是春、冬季多,秋季次之,夏季最少。大风的危害主要是风蚀地表、毁坏设施、作物倒伏。春季风灾主要是将作物种子吹走或抽干幼苗,造成缺苗断垄;秋季风灾可使作物茎秆折断或倒伏,造成减产;冬季大风直接影响设施农业和牧业生产,损坏大棚设施和牲畜棚圈。

沙尘暴是指强风将地面大量尘沙吹起,使空气非常混浊,水平能见度小于 1 公里的天气现象。赤峰市沙尘暴主要出现在春季和秋季,由于干旱少雨、地面覆盖物少,尘土易被大风卷起形成沙尘天气。1991—2014 年, 赤峰市各地年平均沙尘暴日数在 0.2 ~ 1.8 天,沙尘暴天数最多为 10 天,出现在 2002 年的锦山,1996—1999 年、2014 年各地均未出现沙尘暴天气。

1993 年 4 月 6 日至 7 日和 4 月 25 日至 26 日,全市除喀喇沁旗和宁城县西部瞬时最大风力小于 8 级外,其余地区达 8 ~ 11 级,全市风揭沙压小麦 8860 公顷,风毁蔬菜大棚 1695 栋、塑料畜棚 4397 间,因灾死亡牲畜 3645 头只。8 月 23 日至 24 日,克什克腾旗、翁牛特旗受灾 1.4 万公顷农田。

1994 年 4 月 20 日至 29 日, 克什克腾旗连续 10 天遭受大风灾害, 风揭沙压小麦 3600 公顷。9 月 4 日,翁牛特旗最大风力达 7~8 级,受灾农田 9300 公顷。

1995 年 6 月 8 日,松山区五三乡遭龙卷风袭击,受灾农田 333.33 公顷。6 月 22 日,翁牛特旗五分地和毛山东遭龙卷风袭击,受灾农田 213.33 公顷。9 月 10 日,元宝山区遭受风灾,受灾农田 560 公顷。

1997 年 7 月 15 日, 敖汉旗林家地乡受龙卷风袭击,266.67 公顷大田作物被风刮倒,200 多棵成材树木折断。9 月 18 日,敖汉旗古鲁板蒿乡 8 个村受龙卷风袭击,受灾作物 2660 公顷,毁坏房屋 170 间。

1998 年 9 月 3 日,敖汉旗高家窝铺乡遭受龙卷风袭击,造成 4 人死亡、16 人受伤。

2000 年 7 月 15 日,巴林左旗 5 个乡镇和松山区老府镇受龙卷风袭击。

2002 年 3 月 20 日至 22 日,全市出现沙尘暴,阿鲁科尔沁旗有 1600 多个农户电线被刮断,7 根高压线杆被刮断。4 月 6 日,克什克腾旗的巴彦高勒、达尔罕、达里 3 个苏木遭受强沙尘暴袭击,最大风力达 8 级以上,因灾丢失牲畜 616 头只,冻死羊 500 多只。

2003 年 6 月 20 日，克什克腾旗巴彦查干苏木、巴彦高勒苏木遭受龙卷风袭击，受灾牧户 21 户，7 户牧民的蒙古包及家庭用品被大风刮走。

2005 年 8 月 15 日，敖汉旗新窝铺村、长合村遭受龙卷风袭击，刮断大树 3000 多棵，受灾作物 171.4 公顷，绝收 101.4 公顷。

2007 年 5 月 7 日，阿鲁科尔沁旗出现持续时间最长、范围最广、风力最强的沙尘暴，沙尘暴持续 2 小时，扬沙持续 4 小时，大风持续近 9 小时，瞬间最大风速 36.0 米 / 秒，10 分钟平均风速最大为 22.0 米 / 秒。7 月 2 日，宁城县甸子镇头道营子和南沟村遭受龙卷风灾害，308 户村民不同程度受灾，受灾农田 2000 公顷，1751 间房屋受损，1 人死亡。

2013 年 2 月 28 日至 3 月 1 日，赤峰市出现大风降温天气，巴林右旗、翁牛特旗平均风力达 8 级，瞬时最大风速达 10 级以上，11 个乡镇受灾，设施农业大棚、牲畜棚舍被风吹塌，棚膜被吹毁，电杆被刮断、线路受损导致部分地段停电达 4 小时，路边广告牌被吹走，死亡大畜 6 头、羊 1061 只，倒塌房屋 23 间，严重损坏 61 间，直接经济损失 579.3 万元。8 月 25 日，翁牛特旗东部出现强对流和大风天气，海拉苏瞬间极大风速达 29.3 米 / 秒，海拉苏镇、白音套海等 8 个苏木、53 个乡镇行政村受灾，农作物受灾面积 2.3 万公顷，5333.33 公顷农田绝收，损坏房屋 1533 间、棚圈 12350 平方米，刮断树木 950 棵，1 人受伤。

第五节　雪　灾

赤峰地区的大雪多发生在 11 月至次年 1 月，2 月、3 月也有发生。西部山区由于山区气候影响，最早 11 月就有大雪天气，并容易形成座冬雪。1991—2014 年，赤峰市积雪深度大于 7 厘米的积雪日数全市各地分布极不均匀，西北地区最多为 4.1 天，呈平原、河谷地区向山区递增，由南部向北部递增。

1991—2014 年，赤峰市观测到最大积雪深度为 51 厘米，出现在 2012 年 11 月 5 日的锦山，积雪时间最长是 2012 年 11 月 4 日至 2013 年 4 月 18 日，长达 166 天。赤峰城区最大积雪深度为 23 厘米，也出现在 2012 年 11 月 5 日，积雪时间最长是 2012 年 11 月 4 日至 2013 年 2 月 19 日，长达 108 天。

1991 年 3—5 月，赤峰市大部地区先后 3 次降中到大雪，局地暴雪，部分地区树木被雪压断，电力、通信设施损坏严重。元宝山区 30 多条电路被毁；敖汉旗四道湾子 16 千伏的高压线杆被压倒；新惠通往金厂沟梁等乡镇的电话线被压断，交通中断 2 天；赤峰城区和喀喇沁旗 173.33 公顷蔬菜保护地严重受灾。

1997 年 5 月 28 日，克什克腾旗地面积雪 30 多厘米，冻死牧工 1 人，冻死牲畜 1163 头只。10 月 2 日至 3 日，松山区大庙镇和王府乡降暴雪，损坏电力线路 5600 米。

1999 年冬季，全市先后出现 8 次大范围降雪过程，部分牧区受灾严重。克什克腾旗

55 万头只牲畜不能出牧，冻死饿死牲畜 3578 头只；阿鲁科尔沁旗冻死饿死牲畜4000 多头只；林西县受灾牲畜 9.5 万头只，因灾死亡 6000 多头只。

2006 年 9 月 8 日至 9 日，克什克腾旗、林西县、巴林右旗北部降大到暴雪，受灾乡镇 21 个，死亡牲畜 1.31 万头只，损失饲草 1.6 亿公斤、饲料 3940 万公斤、青贮饲料 1.87 亿公斤，损坏大棚 335 栋。

2007 年 3 月 3 日至 4 日，赤峰市中南部降大到暴雪。红山区损坏蔬菜大棚 251 栋；元宝山区 4 个乡镇受灾，受损大棚 989 栋；松山区受灾人口 10 万人，倒塌大棚 932 栋；敖汉旗 11 个乡镇、16 个村、640 人受灾，倒塌房屋 3 间，房屋损坏 28 间，倒塌蔬菜大棚 151 栋，冻死大棚蔬菜 18.33 公顷，死亡牲畜 144 头只，道路交通中断 5 天。

2010 年 1 月 3 日至 8 日，全市先后 2 次降小到中雪、局地大雪，造成持续冰雪冷害，阿鲁科尔沁旗、喀喇沁旗、宁城县、敖汉旗、红山区、松山区、元宝山区受灾严重。共造成 6302.73 公顷作物受灾，3354.33 公顷绝收，死亡牲畜 4800 头只。

2012 年 3 月、10 月、11 月，全市先后 3 次多地或局地降大到暴雪，阿鲁科尔沁旗、巴林右旗、林西县、克什克腾旗、翁牛特旗、喀喇沁旗、敖汉旗、松山区受灾严重。全市农牧业受灾面积 1.82 万公顷，受灾人口 27.27 万人，因灾倒塌房屋 951 间，压塌养殖大棚 3800 平方米，因灾死亡 2 人，死亡牲畜 4951 头只。

第六节　霜　冻

当日最低气温降至≤2℃时，地面温度达到 0℃左右，大田作物就会受到冻害。

1991—2014 年，赤峰市各地初霜日期极不均匀，最早的初霜日期为 2012 年 8 月21 日，分别出现在经棚、乌丹、锦山、天义、新惠，最晚的初霜日期为 1998 年 10 月 16 日至 18 日，分别出现在赤峰城区、天山、乌丹、锦山、天义、新惠。由于初霜日的年际变化较大，初霜日提前的年份，会造成霜冻灾害。

2011 年 9 月 17 日至 22 日，巴林右旗、敖汉旗、元宝山区、松山区、翁牛特旗的部分乡镇遭受不同程度霜冻灾害，农作物受灾面积 13.46 万公顷。

2012 年 8 月 21 日至 22 日，克什克腾旗、翁牛特旗、松山区部分地区出现初霜冻，农作物受灾面积 2.34 万公顷，绝收 1.32 万公顷。9 月 12 日至 13 日，巴林左旗、巴林右旗、林西县、克什克腾旗、翁牛特旗、喀喇沁旗、宁城县、松山区部分地区出现霜冻，全市有 27 个乡镇、6.28 万公顷农作物受灾，740 公顷农作物绝收。

2013 年 9 月 15 日、16 日、18 日凌晨，阿鲁科尔沁旗、巴林左旗、巴林右旗、林西县、翁牛特旗、松山区出现不同程度霜冻，农作物受灾面积 11.66 万公顷。

第二卷

人口　民族

赤峰市是内蒙古自治区人口大市,人口数量始终位居自治区首位。1991—2014 年,赤峰市继续实行计划生育的基本国策,出生人口得到有效控制,人口合理流动得到有效保障,人口素质和结构发生深刻变化。人口总量持续增加,增长速度由快转慢。

全市户籍人口由 1991 年的 413.94 万人增长到 2014 年的 465.8 万人,24 年间,增加 51.86 万人,年均增加 2.16 万人,人口增长速度前快后慢。人口增长主要是自然增长。1991 年后,赤峰市出生人口呈波浪式下降趋势,自然增长减缓,人口增长模式从过去高出生、低死亡、高增长的模式,过渡到低出生、低死亡、低增长的模式。2014 年与 1991 年相比,人口出生率由 17.87‰下降到 6.96‰,下降 10.91 个千分点;人口死亡率由 5.56‰下降到 2.38‰,下降 3.18 个千分点;人口自然增长率由 12.31‰下降到 4.58‰,下降 7.73 个千分点。计划生育率达 93.99%。人口性别比(以女性人口为 100)稳定在 105.69~107.05,在正常值范围内。

随着户籍制度的逐步放开,城镇化进程的稳步推进,人口机械变动波动较大,2014 年,全市城镇化率达到 46%。人口的社会构成也发生较大变化,第一产业从业人员向第二、第三产业转移。家庭结构渐趋小型化,2010 年,赤峰市家庭户籍平均人口由 1990 年的 4.12 人降至 3.04 人。同时,人口流动极为活跃,外来流动人口增长迅速,2014 年,全市流动人口 148291 人,比 1990 年增加 87514 人,增长 143.99%。

社会发展进步,人民生活水平提高,医疗条件改善,使人均预期寿命值与人口素质得到提高。1990 年, 全市人口平均寿命 67.6 岁,2014 年, 全市人口平均寿命 73.5 岁。1990—2010 年,全市高中文化程度人口增加 27.33 万人,年均增加 1.37 万人,总增长率 77.22%;大学文化程度人口增加 26.22 万人,年均增加 1.31 万人,总增长率 765.9%。随着九年制义务教育的普及、成人教育的发展,人均受教育年限提高,文盲人口大幅下降。

按照国际通用人口年龄划分标准(65 岁以上老年人口系数超过 7%即进入老龄化社会), 20 世纪 90 年代开始,赤峰市人口老龄化加快。1990 年,全市 65 岁及以上人口为 15.09 万人,占总人口 3.68%;2000 年上升到 5.2%;2010 年上升到 7.46%。赤峰进入老龄化社会且程度逐年加深。

赤峰是一个以蒙古族为主体、汉族为多数的少数民族聚居区,朝鲜族、蒙古族、满族、回族等民族在不同的历史时期先后迁入赤峰。其中朝鲜族自辽代迁入,蒙古族自宋代(南宋)迁入,满族、回族自清代迁入,其他少数民族人员多是解放后因工作、婚姻等原因到赤峰定居或居住。改革开放后,随着经济发展和市场经济不断完善,城市人口的流动,赤峰少数民族人口快速增长。1990 年第四次全国人口普查中,全市有蒙古、汉、回、满、藏、维吾尔、苗、彝、壮、朝鲜、达斡尔、侗、瑶、白、土家、哈尼、傣、黎、傈僳、纳西、景颇、土、锡伯、羌、俄罗斯、鄂伦春、鄂温克、赫哲、布依族共 29 个民族,少数民族总人口为 82.5 万人。2010 年第六次全国人口普查中,新增哈萨克族、佤族、畲族、高山族、拉祜族、水族、东乡族、仡佬族、阿昌族、塔吉克族、怒族、基诺族 12 个少数民族,减少了景颇族,全市共有40个民族,少数民族总人口98.55万人。到2014年,全市共有少数民族人口113.65万人,占全市总人口的24.4%。其中蒙古族95.52万人,回族3.19万人,满族14.47万人,其他少数民族0.47万人,分别占总人口的20.51%、0.69%、3.11%和0.1%。少数民族在居住上呈现大分散、小聚居特点,“大分散”,即全市各旗县区、乡镇苏木均有少数民族居住;“小聚居”,即蒙古族人口在赤峰市北部阿鲁科尔沁旗、巴林左旗、巴林右旗、克什克腾旗和南部翁牛特旗、喀喇沁旗居住相对较多,回族、满族人口在赤峰市南部宁城县、敖汉旗、红山区、松山区、元宝山区和北部林西县居住较多。

1991—2014年,全市累计投入少数民族扶贫等各类资金3.48亿元,实施一系列少数民族地区经济建设、基础设施建设、电信网络工程建设、卫生院建设、草原书屋建设等项目,少数民族地区经济社会发展步伐明显加快,少数民族群众的生产生活条件得到根本性改善。2014年,全市有民族普通中小学、民族幼儿园145所,专任教师5256人。有各类民族文化机构42个,其中民族艺术演出团体10个,民族少儿图书馆1个,公共图书馆内设蒙文阅览室13个,蒙古语电影制作机构1个,乡镇苏木民族文化馆17个,有200个嘎查建起文化室。1993—2014年,赤峰市先后5次获国务院授予的全国民族团结进步奖。

第一篇　人　口

第一章　人口规模

根据2010年全国第六次人口普查(简称“六普”)统计,全市常住人口中共有家庭户137.32万户,人口417万人,平均每个家庭户的人口为3.04人,比2000年“五普”的3.54人减少0.5人。比全国“六普”的3.10人少0.06人、比全区“六普”的2.82人多0.22人。全市家庭户规模在缩小。

第一节　人口总量

1991年,全市共有户籍总户数1041517户,总人口4139352人。其中男性2140105人,占总人口比重的51.7%,女性1999247人,占总人口比重的48.3%;城镇人口649244人,占总人口比重的15.68%,农业户籍人口3490108人,占总人口比重的84.32%;汉族3347283人,占全市人口总数的80.87%,蒙古族650827人,占全市人口总数的15.72%,其他民族共141242人,占全市人口总数的3.41%。2000年,全市户籍总户数124万户,总人口4392841人。其中男性为2256727人,占总人口比重的51.37%,女性为2136114人,占总人口比重的48.63%;城镇人口854006人,占总人口比重的19.44%,农业户籍人口3538835人,占总人口比重的80.56%;汉族3458163人,占总人口比重的78.72%;蒙古族775606人,占总人口比重的17.66%,其他民族共159072人,占总人口比重的3.62%。2010年,全市户籍总户数达1640126户,总人口4577372人。其中男性为2349911人,占总人口比重的51.34%,女性为2227461人,占总人口比重的48.66%;城镇人口1095198人,占总人口比重的23.93%,农业户籍人口3482174人,占总人口比重的76.07%;汉族3500746人,占总人口比重的76.48%;蒙古族904190人,占总人口比重的19.75%,其他民族共172436人,占总人口比重的3.77%。2014年,全市户籍总户数1860238户,总人口4658079人。其中男性为2393429人,占总人口比重51.38%,女性为2264650人,占总人口比重48.62%;城镇人口1144499人,占总人口比重24.57%,农业户籍人口3513580人,占总人口比重75.43%;汉族3521497人,占全市总人口的

1991—2014年赤峰市人口总量变化情况统计表

表2-1-1

项目 年份	总户数 (户)	总人口 (人)	其中(人)			
			男	女	城镇人口	农业人口
1991	1041517	4139352	2140105	1999247	649244	3490108
1992	1061736	4160156	2151556	2008600	657973	3502183
1993	1086735	4200160	2170435	2029725	687748	3512412
1994	1110621	4232408	2187653	2044755	712158	3520250
1995	1127319	4265141	2202835	2062306	730997	3534144
1996	1161000	4313410	2229412	2083998	752305	3561105
1997	1192000	4364568	2252629	2111939	790364	3574204
1998	1211000	4414713	2282342	2132371	817274	3597439
1999	1231000	4463427	2303865	2159562	844146	3619281
2000	1240000	4392841	2256727	2136114	854006	3538835
2001	1262927	4420288	2278361	2141927	888869	3531419
2002	1304090	4443135	2288168	2154967	919881	3523254
2003	1318581	4472597	2303164	2169433	954562	3518035
2004	1326617	4470102	2295069	2175033	987125	3482977
2005	1342375	4453559	2285288	2168271	1002126	3451433
2006	1367484	4502141	2307191	2194950	1019015	3483126
2007	1445403	4527696	2326022	2201674	1055854	3471842
2008	1464251	4564898	2345428	2219470	1071878	3493020
2009	1565059	4591948	2357821	2234127	1085166	3506782
2010	1640126	4577372	2349911	2227461	1095198	3482174
2011	1704761	4599424	2362340	2237084	1109425	3489999
2012	1741688	4611871	2369641	2242230	1125891	3485980
2013	1786417	4642953	2385947	2257006	1139263	3503690
2014	1860238	4658079	2393429	2264650	1144499	3513580

说明:表中数据系公安机关户籍人口统计数据。

75.60%；蒙古族955178人，占全市总人口的20.51%，其他民族181404人，占全市总人口的3.89%。1991—2014年，全市户籍户数增加818721户，人口增加518727人，平均每年增加34113户、21614人。其中男性增加253324人，女性增加265403人，总人口性别比为105.69（以女性为100，下同）；城镇人口增加495255人，平均每年增加20636人，农业户籍人口增加23472人，平均每年增加978人；汉族增加174214人，平均每年增加7258人，蒙古族增加304351人，平均每年增加12681人，其他民族增加40162人，平均每年增加1673人。24年间，男、女人口都有增加，总人口性别比处于基本稳定；城镇人口明显快于农业人口发展速度，全市城镇化速度加快；作为主体民族的蒙古族和其他少数民族的人口增长明显高于汉族，党的民族政策得到了很好的落实。

第二节　人口分布

一、地域分布

1991年，全市户籍总人口4139352人，分布在全市12个旗县区。其中人口最多的是宁城县，有人口564213人；其次为敖汉旗，有人口542373人；第三是郊区（今松山区），有人口490559人；人口最少的是巴林右旗，有人口160776人。2014年，全市户籍总人口为4658079人，在全市12个旗县区中，人口最多的仍然是宁城县，有人口615237人；其次是敖汉旗，有人口610723人；第三是松山区，有人口571291人；人口最少的是巴林右旗，有人口186377人。

二、城乡分布

城镇人口　1991年，全市户籍总人口为4139352人，城镇人口649244人，占全市总人口的15.68%；2000年，全市总人口为4392841人，城镇人口为854006人，占全市总人口的19.44%；2004年，赤峰市委、市政府印发了《关于加快城镇化进程的意见》，全市城镇化建设步伐加快；2010年，全市人口达到4577372人，城镇人口为1095198人，占全市总人口的23.93%；截至2014年，全市共有总人口4658079人，有城镇人口1144499人，占全市总人口的24.57%，与1991年相比，城镇人口总数增长了495255人，年均增长20636人，占全市总人口的比重上升了8.89个百分点。全市城镇人口增长加快，呈逐年上升态势。

农业户籍人口　赤峰市是农业大市，农业户籍人口在总人口中基数大、比重高。1991年，全市共有农业户籍人口3490108人，占全市总人口的84.32%；2000年，全市共有农业户籍人口3538835人，占全市总人口的80.56%；2010年，全市农业户籍人口3482174人，占全市总人口的76.07%；截至2014年，全市共有农业户籍人口3513580人，占全市总人口的75.43%。从2000年到2014年，农业户籍人口连续多年出现负增长，最多的2000年减少80446人。2014年与1991年相比，农业人口总数增长了23472人。

1991—2014年赤峰市城乡人口分布情况统计表

表2-1-2

年 份	城镇人口数占全市总人口(%)	城镇人口比上年增长(人)	农业户籍人口占全市总人口(%)	农业户籍人口比上年增长(人)
1991	15.68	13711	84.32	—
1992	15.82	8729	84.18	12075
1993	16.37	29775	83.63	10229
1994	16.83	24410	83.17	7838
1995	17.14	18839	82.86	13894
1996	17.44	21308	82.56	26961
1997	18.11	38059	81.89	13099
1998	18.51	26910	81.49	23235
1999	18.91	26872	81.09	21842
2000	19.44	9860	80.56	–80446
2001	20.11	34863	79.89	–7416
2002	20.70	31012	79.30	–8165
2003	21.34	34681	78.66	–5219
2004	22.08	32563	77.92	–35058
2005	22.50	15001	77.50	–31544
2006	22.63	16889	77.37	31693
2007	23.32	36839	76.68	–11284
2008	23.48	16024	76.52	21178
2009	23.63	13288	76.37	13762
2010	23.93	10032	76.07	–24608
2011	24.12	14227	75.88	7825
2012	24.41	16466	75.59	–4019
2013	24.54	13372	75.46	17710
2014	24.57	5236	75.43	9890

说明:表中数据系公安机关人口统计数据。

第三节 人口密度

1991 年，全市户籍总人口 4139352 人，国土面积 90021 平方公里，平均每平方公里 47 人。其中人口密度最高的是红山区，每平方公里 1400 人；人口密度最低的是克什克腾旗，每平方公里 12 人。2014 年，全市户籍总人口 4658079 人，国土面积 90021 平方公里，平均每平方公里 52 人。旗县区中密度最高的仍是红山区，每平方公里 712 人；其次是元宝山区，每平方公里 343 人。旗县以宁城县人口密度最高，每平方公里为 143 人。人口密度最低的仍是克什克腾旗，每平方公里 12 人。

1991 年、2000 年、2010 年、2014 年赤峰市人口密度分布情况表

表 2-1-3 单位：人 / 平方公里

年份 地区	1991 年	2000 年	2010 年	2014 年
全市平均	47	50	51	52
红山区	1400	641	698	712
松山区	84	97	95	102
元宝山区	289	317	341	343
阿鲁科尔沁旗	19	21	21	21
巴林左旗	53	53	55	55
巴林右旗	17	18	19	19
林西县	60	61	61	61
克什克腾旗	12	12	12	12
翁牛特旗	38	40	41	41
喀喇沁旗	118	123	116	118
宁城县	132	139	140	143
敖汉旗	67	72	72	74

说明：表中数据系公安机关人口统计数据和统计年鉴数据。

第二章 人口结构

2010 年“六普”结果显示，全市常住人口中男性人口为 2234825 人，占 51.48%；女性人口为 2106420 人，占 48.52%。常住人口性别比（以女性为 100，男性对女性的比例)由 2000 年“五普”时的 105.78 上升为 106.10,比全自治区平均水平低 2.10 个百分点。

全市人口年龄结构变化较大,“六普”时常住人口中 0~14 岁人口为 66.52 万人,占 15.32%;15~64 岁人口为 335.21 万人,占 77.22%;65 岁及以上人口为 32.4 万人,占 7.46%。同 2000 年“五普”相比,0~14 岁人口的比重下降 7.18 个百分点,15~64 岁人口的比重上升 4.92 个百分点,65 岁及以上人口的比重上升 2.26 个百分点。年龄小的人口比重越来越小,中间段和年龄大的人口比重越来越大。老龄人口数量不断加大,老龄化进程明显加快。

第一节 性别 年龄结构

一、性别结构

1990 年,全国第四次人口普查(简称“四普”)时,全市总人口数 4105758 人。其中男性 2109540 人,占 51.38%;女性 1996218 人,占 48.62%。总人口性别比为 105.68(以女性为 100,下同)。

2000 年“五普”时,全市总人口数 4435737 人。其中男性 2280139 人,占 51.4%;女性 2155598 人,占 48.6%。总人口性别比为 105.78。其中 5~9 周岁人口性别比为 114.81,比 1990 年上升 10.05 个百分点;65~69 周岁人口性别比为 103.78,比 1990 年下降了 16.69 个百分点。

2010 年“六普”时,全市总人口数 4341245 人。其中男性 2234825 人,占 51.48%;女性 2106420 人,占 48.52%。总人口性别比为 106.10。其中 5~9 周岁的人口性别比为 123.18,比 2000 年上升 8.37 个百分点;10~14 周岁的人口性别比为 119.02,比 2000 年上升 12.54 个百分点。

2014 年,全市总人口数 4658079 人。其中男性 2393429 人,占 51.38%;女性2264650 人,占 48.62%。总人口性别比为 105.69。与 1990 年“四普”时的 105.68 相比,全市的总人口性别比基本稳定。

二、年龄结构

1990 年“四普”时,0~14 岁少年儿童人口为 118.43 万人,占总人口的比重为 28.84%;15~64 岁青壮年人口为 277.06 万人,占总人口的比重为 67.48%;65 岁及以上老年人口为 15.09 万人,占总人口的比重为 3.68%。

2000 年“五普”时,0~14 岁少年儿童人口为 99.78 万人,占总人口的比重为22.50%;15~64 岁青壮年人口为 320.73 万人,占总人口的比重为 72.31%;65 岁及以上老年人口为 23.06 万人,占总人口的比重为 5.2%。

2010 年“六普”时,0~14 岁少年儿童人口为 66.52 万人,占总人口的比重为15.32%;

1990 年、2000 年、2010 年全国人口普查赤峰市人口性别比例情况统计表

表 2-1-4

年龄组	1990 年				2000 年				2010 年			
	人口数（人）	其中		性别比例	人口数（人）	其中		性别比例	人口数（人）	其中		性别比例
		男(人)	女(人)			男(人)	女(人)			男(人)	女(人)	
总计	4105758	2109540	1996218	105.68	4435737	2280139	2155598	105.78	4341245	2234825	2106420	106.10
0~4 岁	431410	228667	202743	112.79	231540	126200	105340	119.80	220026	122633	97393	125.92
5~9 岁	420590	215180	205410	104.76	299137	159879	139258	114.81	212937	117527	95410	123.18
10~14 岁	332324	169062	163262	103.55	467157	240909	226248	106.48	232263	126216	106047	119.02
15~19 岁	474923	237640	237283	100.15	405007	204614	200393	102.11	286799	151925	134874	112.64
20~24 岁	443404	227907	215497	105.76	310831	157718	153113	103.01	353646	179626	174020	103.22
25~29 岁	423107	215320	207787	103.63	443641	229082	214559	106.77	352821	179952	172869	104.10
30~34 岁	382949	194654	188295	103.38	456205	236034	220171	107.20	301509	155444	146065	106.42
35~39 岁	306070	155359	150711	103.08	426639	218187	208452	104.67	420987	217469	203538	106.84
40~44 岁	188798	96134	92664	103.74	384330	196148	188182	104.23	431838	223087	208751	106.87
45~49 岁	149908	76002	73906	102.84	307071	155578	151493	102.70	400139	203095	197044	103.07
50~54 岁	165030	85577	79453	107.71	189746	95778	93968	101.93	358939	181045	177894	101.77
55~59 岁	131861	69902	61959	112.82	138221	69178	69043	100.20	278557	138737	139820	99.23
60~64 岁	104517	55848	48669	114.75	145619	73921	71698	103.10	166833	82418	84415	97.63
65~69 岁	72063	39377	32686	120.47	104301	53118	51183	103.78	114300	55409	58891	94.09
70 岁以上	78804	42911	35893	119.55	126292	63795	62497	102.08	209651	100242	109409	91.62

15~64 岁青壮年人口为 335.21 万人,占总人口的比重为 77.22%;65 岁及以上老年人口为 32.4 万人,占总人口的比重为 7.46%。

1990 年、2000 年、2010 年三次人口普查比较:0~14 岁少年儿童所占比重明显呈下降趋势,1990 年占总人口的 28.84%,2000 年占总人口的 22.50%,2010 年占总人口的 15.32%;15~64 岁青壮年人口所占比重依次为 67.48%、72.31%、77.22%, 呈上升趋势;65 岁以上老年人口占总人口的比重依次为 3.68%、5.2%、7.46%,上升趋势缓慢;人口老化指数依次为 13.88、22.42、48.63,上升速度较快。

第二节　职业结构

1990 年"四普"时,全市在业人口 2370977 人,占总人口的 57.75%。其中从事农、牧、林、渔各业的 1809279 人,占在业人口的 76.3%;工业、地质普查和勘探业、建筑业 292589 人,占 12.34%;交通、邮电、商贸、金融、饮食服务业 128612 人,占 5.42%;房地产管理、公用事业、居民服务和咨询服务业 13662 人,占 0.58%;科学研究和综合技术服务业 1397 人,占 0.06%;文教卫生、体育、广播电视和国家机关、党群团体、社会福利事业 125377 人,占 5.29%;其他行业 61 人,占 0.003%。在业人口中,男性 1290473 人,占 54.43%,女性 1080504 人,占 45.57%,男性在业率高出女性在业率 8.86 个百分点。

2000 年"五普"时,全市在业人口 264389 人。其中从事农、林、牧、渔等第一产业各业的 194536 人,占在业人口的 73.58%;从事工业、地质普查和勘探业、制造业、建筑业、电力、煤气及水的生产和供应业等第二产业各业的 28122 人, 占在业人口的 10.64%;从事交通、邮电、商贸、金融、饮服、科研及文教卫生、体育、广播电视和国家机关、党群团体、社会福利事业等第三产业各业的 41731 人,占在业人口的 15.78%。在业人口中,男性 142765 人,占 54%;女性 121624 人,占 46%,男性在业率高出女性在业率 8 个百分点。

2010 年"六普"时,全市在业人口 249674 人。其中从事农、林、牧、渔等第一产业各业的 166709 人,占在业人口的 66.77%,比 1990 年"四普"时占比下降了 9.53 个百分点,比 2000 年"五普"时占比下降了 6.81 个百分点;从事采矿业、制造业、建筑业、电力、煤气及水的生产和供应业等第二产业各业的 29430 人,占在业人口的 11.79%,比 2000 年"五普"时占比上升了 1.15 个百分点;从事交通、邮电、商贸、金融、饮服、科研及文教卫生、体育、广播电视和国家机关、党群团体、社会福利事业等第三产业各业的 53535 人,占在业人口的 21.44%,比 1990 年"四普"时占比上升了 10.09 个百分点,比 2000 年"五普"时占比上升了 5.66 个百分点。在业人口中,男性 137389 人,占 55.03%,女性 112285 人,占 44.97%,男性在业率高出女性在业率 10.06 个百分点。

第三节 婚姻家庭结构

一、婚姻结构

1990年“四普”时，全市15岁及15岁以上人口2921434人（男1496631人，女1424803人）。其中未婚727764人（男414829人，女312935人），有配偶2027666人（男1011400人，女1016266人），丧偶154505人（男61579人，女92926人），离婚11499人（男8823人，女2676人）。从婚姻结构情况看，未婚人口中，各年龄组男性均高于女性，而且年龄越高差距越大，总的性别比例为132.56；有配偶人口中，49岁以下各年龄组男性低于女性，50岁以上则男性高于女性，总的性别比例为99.52；丧偶人口中，39岁以前男性高于女性，40岁以后的女性明显高于男性，总的性别比例为66.27；离婚人口中，除15~19岁一个年龄组男性低于女性外，其他各年龄组男性均高于女性，总的性别比例为329.71。男性婚姻问题比较突出。从主要民族婚姻结构看，汉族未婚占本民族15岁及15岁以上人口的23.99%，比全市平均低0.9个百分点，有配偶占70.18%，比全市平均高0.8个百分点；蒙古族未婚占29.92%，比全市平均高5个百分点，有配偶占64.89%，比全市平均低4.5个百分点；回族未婚占23.53%，比全市平均低1.4个百分点，有配偶占70.56%，比全市平均高1.2个百分点；满族未婚占27.78%，高出全市平均的2.7个百分点，有配偶占69%，低于全市平均的0.4个百分点；朝鲜族未婚占24.7%，比平均数低0.2个百分点，有配偶占71.63%，比平均数高2.2个百分点；达斡尔族未婚占28.21%，比平均数高3.3个百分点，有配偶占69.74%，比平均数高0.3个百分点；其他少数民族未婚占19.74%，比平均数低5.2个百分点，有配偶占71.29%，比平均数高1.9个百分点。

2000年“五普”时，全市15岁及15岁以上人口332193人（男168662人，女163531人）。其中未婚65397人（男38202人，女27195人），有配偶247821人（男123335人，女124486人），丧偶16606人（男5570人，女11036人），离婚2369人（男1555人，女814人）。与1990年比，未婚人口中，各年龄组男性均高于女性，年龄越高差距越大的问题仍然存在，总的性别比例为140.47；有配偶人口中，各年龄组男女比例基本平衡，总的性别比例为99.08；丧偶人口中，34岁以前男性高于女性，35岁以后女性越来越高于男性，直至高出一倍以上，总的性别比例为50.47，比1990年男性年龄组小了5岁；离婚人口中，除20~24岁一个年龄组男性低于女性外，其他各年龄组男性均高于女性至1倍以上，总的性别比例为191.03，男性婚姻问题仍然比较突出。

2010年“六普”时，全市15岁及15岁以上人口349225人（男175310人，女173915人）。其中未婚59591人（男34763人，女24828人），有配偶267314人（男133047人，女134267人），丧偶18477人（男5287人，女13190人），离婚3843人（男2213人，女1630人）。与2000年比，未婚人口中，各年龄组男性均高于女性，且仍呈现年龄越高差距越

1990年、2010年全国人口普查赤峰市婚姻结构情况统计表

表2-1-5　　　　单位:人

项目 / 年份	年龄组	15岁及15岁以上人口			未婚		有配偶	
		合计	男	女	男	女	男	女
1990年	总计	2921434	1496631	1424803	414829	312935	1011400	1016266
	15~19岁	474923	237640	237283	233202	229256	4378	7955
	20~24岁	443404	227907	215497	122433	79390	104657	135495
	25~29岁	423107	215320	207787	21531	3661	191751	203180
	30~34岁	382949	194654	188295	11099	292	181047	186972
	35~39岁	306070	155359	150711	8108	127	144338	148912
	40~44岁	188798	96134	92664	4258	48	89183	90035
	45~49岁	149909	76003	73906	2739	28	69984	69611
	50~54岁	165030	85577	79453	3340	33	76056	70078
	55~59岁	131861	69902	61959	3087	18	58314	48783
	60~64岁	104517	55848	48669	2299	23	43199	31675
	65岁及以上	150866	82287	68579	2733	59	48493	23570
2010年	总计	349225	175310	173915	34763	24828	133047	134267
	15~19岁	27836	14668	13168	14628	12965	40	203
	20~24岁	31893	15976	15917	11760	9185	4169	6675
	25~29岁	31800	16002	15798	3345	2005	12360	13578
	30~34岁	27669	13990	13679	1054	367	12576	13047
	35~39岁	39696	20237	19459	961	156	18765	18875
	40~44岁	41541	21125	20416	807	55	19810	19765
	45~49岁	38955	19538	19417	638	33	18376	18676
	50~54岁	34785	17432	17353	511	13	16337	16249
	55~59岁	27075	13324	13751	479	13	12242	12297
	60~64岁	16317	7966	8351	215	4	7139	6669
	65岁及以上	31658	15052	16606	365	32	11233	8233

1990 年、2010 年全国人口普查赤峰市民族婚姻结构情况统计表

表 2-1-6　　单位:人

年份＼项目	民族	15 岁及 15 岁以上人口			未婚		有配偶	
		合计	男	女	男	女	男	女
1990 年	总 计	2920626	1496200	1424426	414729	312859	1011076	1015981
	汉 族	2417268	1244328	1172940	334720	245303	849082	847430
	蒙古族	416635	207048	209587	67497	57156	131161	139201
	回 族	19325	9779	9546	2507	2040	6910	6743
	满 族	66552	34636	31916	9881	8275	23645	22279
	朝鲜族	846	409	437	124	85	278	328
2010 年	总 计	349225	175310	173915	34763	24828	133047	134267
	汉 族	279605	141250	138355	26072	18114	108882	108001
	蒙古族	58027	28235	29792	7217	5587	20020	22019
	回 族	2452	1230	1222	288	223	872	865
	满 族	8843	4456	4387	1144	872	3181	3271
	朝鲜族	93	48	45	13	9	35	30
	达斡尔族	33	11	22	4	5	7	16
	其他少数民族	172	80	92	25	18	50	65

大的问题,总的性别比例为 140.02;有配偶人口中,除 15~19 岁年龄组和 65 岁及以上年龄组有所失衡外,其余各年龄组男女比例基本平衡,总的性别比例为 100.44;丧偶人口中,呈现所有年龄组女性均高于男性,直至高龄组出现近 3 倍的状况,总的性别比例为 40.08;离婚人口中,除 20~24 岁年龄组女性略高于男性外,其余各年龄组男性均高于女性,总的性别比例为 135.77。从主要民族婚姻结构看,汉族未婚占本民族 15 岁及 15 岁以上人口的 15.8%,比全市平均低 1.26 个百分点,有配偶占 77.5%,比全市平均高 1.03 个百分点;蒙古族未婚占 22.07%,比全市平均高 5.01 个百分点,有配偶占 72.45%,比全市平均低 4.09 个百分点;回族未婚占 20.84%,比全市平均高 3.78 个百分点,有配偶占 70.84%,比全市平均低 5.7 个百分点;满族未婚占 22.8%,比全市平均高 5.74 个百分点,有配偶占 72.96%,比全市平均低 3.58 个百分点;朝鲜族未婚占23.66%,比全市平均高 6.6 个百分点,有配偶占 69.89%,比全市平均低 6.65 个百分点;达斡尔族未婚占 27.27%,比全市平均高 10.21 个百分点,有配偶占 69.69%,比全市平均低 6.85

个百分点;其他少数民族未婚占25%,比全市平均高7.94个百分点,有配偶占66.86%,比全市平均低9.68个百分点。

二、家庭结构

1990年"四普"时,全市家庭户数985033户,家庭户人口4062020人,户均人口4.12人;2000年"五普"时,全市家庭户数1248420户,家庭户人口4421415人,户均人口3.54人;2010年"六普"时,全市家庭户数1373247户,家庭人口4170007人,户均人口3.04人。三次人口普查比较,1990年到2010年,平均每个家庭户人口由4.12人降至3.04人,说明家庭在向小型化发展。

1990年、2000年、2010年全国人口普查赤峰市家庭结构情况统计表

表2-1-7　　　　单位:户、人

地区＼年份	1990年			2000年			2010年		
	家庭户数	人口数	平均每个家庭户人口	家庭户数	人口数	平均每个家庭户人口	家庭户数	人口数	平均每个家庭户人口
赤峰市	985033	4062020	4.12	1248420	4421415	3.54	1373247	4170007	3.04
红山区	62816	223007	3.55	97661	303725	3.11	143197	399590	2.79
松山区	114910	492125	4.28	145563	520227	3.57	169485	544655	3.21
元宝山区	65628	251296	3.83	90044	295708	3.28	105657	317758	3.01
阿鲁科尔沁旗	63204	271212	4.29	83284	299822	3.60	94559	261219	2.76
巴林左旗	79303	328592	4.14	95276	334418	3.51	105380	320428	3.04
巴林右旗	36745	157956	4.30	51575	176602	3.42	59420	166424	2.80
林西县	58695	223132	3.80	76731	238632	3.11	72555	197513	2.72
克什克腾旗	60407	238643	3.95	72897	244510	3.35	69972	188845	2.70
翁牛特旗	103547	437658	4.23	124669	467507	3.75	132851	422649	3.18
喀喇沁旗	82917	352930	4.26	99394	365517	3.68	93773	286323	3.05
宁城县	129120	550846	4.27	155091	588312	3.79	160864	529326	3.29
敖汉旗	127741	534623	4.19	156235	586435	3.75	165534	535277	3.23

第三章 人口素质

1990—2010年，三次人口普查结果表明，赤峰市的人口素质有了显著提高。2010年“六普”显示，全市常住人口中，具有大学(指大专以上)文化程度的29.64万人，高中(含中专)文化程度的62.73万人，初中文化程度的165.46万人，小学文化程度的133.26万人。同2000年“五普”相比，每10万人中具有大学文化程度的由2409人上升为6866人，具有高中文化程度的由11938人上升为14427人，具有初中文化程度的由35033人上升为38110人，具有小学文化程度的由34577人下降为30716人。全市常住人口中，文盲人口(15岁以上不识字的人)为13.81万人，同2000年“五普”相比，文盲人口减少23.27万人，文盲率由10.6%下降为3.18%，下降7.42个百分点，文盲率分别低于全国、全区0.89个、0.88个百分点。人口的文化素质显著提高，但同全区平均水平相比，每10万人中具有大学文化程度、高中文化程度、初中文化程度的人数分别比全区低3342人、698人、1108人，继续提高人口素质的任务还很艰巨。

第一节 文化素质

一、人口文化结构

1990年“四普”时，全市6周岁以上不识字或识字很少的共736215人，小学以上文化人口共2863889人，小学文化程度1513507人，初中文化程度962215人，高中文化程度353933人，大学文化程度34234人，文盲人口634450人，文盲率21.75%。

2000年“五普”时，全市6周岁以上不识字或识字很少的共420801人，小学以上文化人口共3724109人，小学文化程度1532300人，初中文化程度1553498人，高中文化程度530710人，大学文化程度107266人，研究生文化程度335人，文盲人口370773人，文盲率10.60%。

2010年“六普”时，全市6周岁以上不识字或识字很少的共160990人，小学以上文化人口共3913115人，小学文化程度1332645人，初中文化程度1654637人，高中文化程度627250人，大学文化程度296432人，研究生文化程度2151人，文盲人口138123人，文盲率3.18%。

2010年与1990年相比，全市小学以上文化人口增加1049226人，总增长率为36.64%，年均增长人数52461人，年均增长率为1.83%。小学文化程度人口2000年比1990年增加了18793人，2010年比2000年减少了199655人；初中文化程度人口2000年比1990年增加了591283人，2010年比2000年增加了101139人，20年总增加人数692422人，总增长率达71.96%，年均增加人数34621人；高中文化程度人口2000年比

1990年增加了176777人,2010年比2000年增加了96540人,20年共增加人数达273317人,总增长率达77.22%,年均增加13666人;大学文化程度人口2000年比1990年增加了73032人,2010年比2000年增加了189166人,20年共增加262198人,总增长率达765.9%,年均增加13110人;研究生文化程度人口2000年比1990年增加了335人,2010年比2000年增加了1816人,20年共增加2151人,年均增加108人。6周岁以上不识字或识字很少的人口2000年比1990年减少了315414人,2010年比2000年减少了259811人,20年共减少575225人,年均减少28761人。

1990年、2000年、2010年全国人口普查赤峰市人口文化结构一览表

表2-1-8

项目＼年份	1990年		2000年		2010年	
	人数(人)	占总人口(%)	人数(人)	占总人口(%)	人数(人)	占总人口(%)
总人口	4105758	100	4435737	100	4341245	100
小学	1513507	36.86	1532300	34.54	1332645	30.7
初中	962215	23.44	1553498	35.02	1654637	38.11
高中	353933	8.62	530710	11.96	627250	14.45
大学	34234	0.83	107266	2.42	296432	6.83
研究生	0	—	335	0.007	2151	0.05
6周岁以上不识字或识字很少	736215	17.93	420801	9.49	160990	3.71

二、人口文化程度分布

1990年人口普查中,赤峰市小学以上文化人口比重最大的是红山区,占总人口的80.31%;其次是元宝山区,占总人口的75.11%;第三是林西县,占总人口的72.97%;比重最小的地区是宁城县,占总人口的65.88%。2000年人口普查中,赤峰市小学以上文化人口比重最大的地区仍然是红山区,占总人口的89.09%;其次是巴林右旗,占总人口的85.77%;第三是元宝山区,占总人口的84.83%;比重最小的地区是克什克腾旗,占总人口的79.58%。2010年人口普查中,赤峰市小学以上文化人口比重最大的地区仍然是红山区,占总人口的92.80%;其次是元宝山区,占总人口的92.24%;第三是敖汉旗,占总人口的91.34%;比重最小的地区是喀喇沁旗,占总人口的87.06%。

1990 年、2010 年全国人口普查赤峰市人口文化程度分布情况统计表

表 2-1-9　　　　单位：人

年份＼项目	地区	总人口数(人)	小 学	初 中	高 中	大 学	研究生
1990 年	合 计	4105758	1513507	962215	353933	34234	—
	红山区	234989	47866	66621	60200	14040	—
	松山区	497785	188077	124042	34174	2652	—
	元宝山区	254527	68142	80856	38202	3984	—
	阿鲁科尔沁旗	272599	108997	65626	19938	1202	—
	巴林左旗	331663	127904	74976	27049	1414	—
	巴林右旗	159401	66002	33860	12460	1087	—
	林西县	223669	94714	46898	20359	1236	—
	克什克腾旗	239815	89031	46112	21716	1159	—
	翁牛特旗	440251	179763	86637	26970	1765	—
	喀喇沁旗	356809	125100	84573	25591	1670	—
	宁城县	554126	191958	137851	33185	2071	—
	敖汉旗	540124	225953	114163	34089	1954	—
2010 年	合 计	4341245	1332645	1654637	627250	296432	2151
	红山区	434785	68023	140958	123441	70414	636
	松山区	573571	156409	217087	91441	51735	526
	元宝山区	325170	73936	139267	59252	27308	181
	阿鲁科尔沁旗	272205	100769	104724	28038	13714	105
	巴林左旗	327765	104648	131139	40894	16359	86
	巴林右旗	175543	57818	66182	24945	10670	45
	林西县	200619	75223	67186	26391	10144	52
	克什克腾旗	211155	66603	69661	34118	16006	95
	翁牛特旗	433298	155458	163475	46555	20173	90
	喀喇沁旗	293246	101284	107264	33565	13130	68
	宁城县	546845	163144	235554	61904	25379	157
	敖汉旗	547043	209330	212140	56706	21400	110

第二节　身体素质

人口寿命是反映人口身体素质的综合性指标。随着赤峰市人居环境不断改善,老年人口持续增加,人口平均预期寿命普遍上升。1990 年人口普查,全市有 80 岁以上老人 128212,占总人口的 0.31%,其中男性为 6670 人,女性为 6152 人,性别比为 108.42。2000 年人口普查,全市有 80 岁以上老人 18409 人,占总人口的 0.42%,其中男性为 8945 人,女性为 9464 人,性别比为 94.52,比 1990 年增加 5588 人,女性比男性多 519 人。2010 年人口普查,全市有 80 岁以上老人 41994 人,占总人口的 0.97%,其中男性为 19436 人,女性为 22558 人,性别比为 86.16,比 2000 年增加 23585 人,女性比男性多出 3122 人。

1990 年人口普查,全市人口平均预期寿命为 67.6 岁,其中男性平均预期寿命 66.7 岁,女性平均预期寿命 68.6 岁。2000 年人口普查,全市人口平均预期寿命为 69.85 岁,其中男性平均预期寿命68.21岁,女性平均预期寿命 71.72 岁。2010 年人口普查,全市人口平均预期寿命为 72.82 岁,其中男性平均预期寿命70.27 岁,女性平均预期寿命 75.71 岁。全市平均综合寿命比 2000 年上升 2.97 岁,女性比男性预期寿命高出 5.44 岁。

第四章　人口变动

1991—2014 年,全市出生率较为稳定,1991 年出生率最高,为 17.87‰,2014 年出生率最低,为 6.96‰。随着生活水平、医疗条件的提高,全市死亡率处于较低水平阶段,2014 年死亡率最低,为 2.38‰,2010 年死亡率最高,为 11.29‰。1991 年自然增长率最高,2010 年呈负增长。

1995—2002 年,全市大部分年份为迁入大于迁出,仅 2000 年机械增长率为负。2003—2014 年,全市大部分年份为迁出大于迁入,仅 2006 年机械增长率为正。2001—2014 年,各旗县区除红山区、松山区迁入大于迁出外,其余旗县区都是迁出大于迁入,呈负增长。

2014 年,全市流动人口共 148291 人,其中男性 90594 人,女性 57697 人。暂住半年以下的流动人口有 29931 人,暂住半年至五年的流动人口有 89941 人,居住五年以上的流动人口 28419 人。全市流动人口以务工人员为主,有 75012 人,占流动人口总数的 50.58%;经商人员有 22709 人,占流动人口总数的 15.31%;服务和务农分别有 8961 人和 6893 人,分别占流动人口总数的 6.04%和 4.65%。

第一节 自然变动

进入20世纪90年代以后，全市人口自然变动逐步进入低出生、低死亡、低增长阶段。1991—2014年，全市共出生1139928人，死亡548134人，自然增长591794人，年均增长24658人。出生率由1991年的17.87‰下降到2014年的6.96‰，下降了10.91个千分点。其中有11个年份出生率在10‰以下，11个年份自然增长率在5‰以下，2010年自然增长率呈现负增长。

2014年，全市总人口比1991年增长了0.13倍。其中红山区增长0.51倍，元宝山区增长0.3倍，松山区增长0.16倍，巴林右旗增长0.16倍，敖汉旗增长0.13倍，宁城县增长0.09倍，阿鲁科尔沁旗增长0.08倍，翁牛特旗增长0.08倍，巴林左旗增长0.06倍，克什克腾旗增长0.05倍，林西县增长0.04倍，喀喇沁旗减少0.01倍。

1991年、2014年赤峰市人口增长情况统计表

表2-1-10

地区＼年份	1991年总人口(人)	2014年总人口(人)	2014年比1991年	
			纯增人数(人)	年均增长人数(人)
全市	4139352	4658079	518727	21614
红山区	238566	360220	121654	5069
松山区	490559	571291	80732	3364
元宝山区	251171	326392	75221	3134
阿鲁科尔沁旗	278859	301318	22459	936
巴林左旗	336599	356950	20351	848
巴林右旗	160776	186377	25601	1067
林西县	230998	240879	9881	412
克什克腾旗	240169	252992	12823	534
翁牛特旗	448013	482114	34101	1421
喀喇沁旗	357056	353586	-3470	-145
宁城县	564213	615237	51024	2126
敖汉旗	542373	610723	68350	2848

1991—2014年赤峰市人口自然变动情况统计表

表2-1-11

项目/年份	总人口(人)	出生		死亡		自增率(‰)
		出生人数(人)	出生率(‰)	死亡人数(人)	死亡率(‰)	
1991	4139352	74616	17.87	23015	5.56	12.31
1992	4160156	60939	11.84	20842	5.01	6.83
1993	4200160	51095	14.1	21528	5.6	8.5
1994	4232408	55214	13.05	21354	5.05	8
1995	4265141	55000	12.9	21347	5.0	7.9
1996	4313410	61095	14.2	24193	5.6	8.6
1997	4364568	59206	13.6	21107	4.9	8.7
1998	4414713	51694	11.7	20368	4.6	7.1
1999	4463427	47916	10.7	18583	4.2	6.5
2000	4392841	47530	10.8	32508	7.4	3.4
2001	4420288	39736	9.0	20056	4.5	4.5
2002	4443135	37257	8.4	18054	4.1	4.3
2003	4472597	42325	9.5	20171	4.5	5.0
2004	4470102	42203	9.4	32946	7.4	2.0
2005	4453559	41051	9.2	36782	8.3	0.9
2006	4502141	31242	7.0	13389	3.0	4.0
2007	4527696	50218	11.1	25591	5.7	5.4
2008	4564898	49941	10.9	20796	4.6	6.3
2009	4591948	40569	8.8	18004	3.9	4.9
2010	4577372	42448	9.27	51692	11.29	-2.02
2011	4599424	40628	8.83	12708	2.76	6.07
2012	4611871	47217	10.2	30143	6.5	3.7
2013	4642953	38381	8.27	11893	2.56	5.71
2014	4658079	32402	6.96	11064	2.38	4.58

第二节 机械变动

1991—2014年，全市共迁入1273335人，迁出1285639人，全市机械增长人数为-12304

1991—2014年赤峰市人口迁入迁出情况统计表

表2-1-12

项目 年份	年度总人口（人）	迁入人口（人）	迁出人口（人）	机械增长人口（人）	机械增长率（‰）
1991	4139352	56008	50480	5528	1.34
1992	4160156	51342	55422	-4080	-0.98
1993	4200160	84251	73439	10812	2.57
1994	4232408	68599	68553	46	0.01
1995	4265141	61452	60816	636	0.15
1996	4313410	72636	62331	10305	2.39
1997	4364568	72508	60491	12017	2.75
1998	4414713	69617	53887	15730	3.56
1999	4463427	53554	48377	5177	1.16
2000	4392841	72347	78248	-5901	-1.34
2001	4420288	74172	63896	10276	2.32
2002	4443135	61355	55835	5520	1.24
2003	4472597	59354	59575	-221	-0.05
2004	4470102	57880	67943	-10063	-2.25
2005	4453559	58875	74923	-16048	-3.60
2006	4502141	41218	39906	1312	0.29
2007	4527696	34309	41753	-7444	-1.64
2008	4564898	36285	43535	-7250	-1.59
2009	4591948	30708	36444	-5736	-1.25
2010	4577372	36453	40548	-4095	-0.89
2011	4599424	31409	42875	-11466	-2.49
2012	4611871	33194	40351	-7157	-1.55
2013	4642953	23852	29556	-5704	-1.23
2014	4658079	31957	36455	-4498	-0.97
合计		1273335	1285639	-12304	-2.05

2001—2014 年赤峰市各旗县区人口迁入迁出情况统计表

表 2-1-13　　　　单位:人

地区	迁入人口	迁出人口	机械增长人口数
全 市	611021	673895	-62874
红山区	225667	217581	8086
松山区	46043	44181	1862
元宝山区	40589	42801	-2212
阿鲁科尔沁旗	23672	30191	-6519
巴林左旗	30925	37625	-6700
巴林右旗	23791	23977	-186
林西县	29718	34077	-4359
克什克腾旗	22555	29171	-6616
翁牛特旗	43110	52786	-9676
喀喇沁旗	28746	35525	-6779
宁城县	49394	58666	-9272
敖汉旗	46811	67314	-20503

人,机械增长率为 -2.05‰。其中,1991—1995 年,全市共迁入人口 321652 人,迁出人口 308710 人,机械增长率由 1991 年的 1.34‰下降至 1995 年的 0.15‰;1996—2000 年,全市共迁入人口 340662 人,迁出人口 303334 人,机械增长率由 1996 年的 2.39‰下降至 2000 年的 -1.34‰;2001—2005 年,全市共迁入人口 311636 人,迁出人口 322172 人,机械增长率由 2001 年的 2.32‰下降至 2005 年的 -3.6‰;2006—2010 年,全市共迁入人口 178973 人,迁出人口 202186 人,机械增长率由 2006 年的 0.29‰下降至 2010 年的 -0.89‰;2011—2014 年,全市共迁入人口 120412 人,迁出人口 149237 人,机械增长率由 2011 年的 -2.49‰提高到 2014 年的 -0.97‰。2001—2014 年,全市迁入人口比迁出人口少 62874 人。从各旗县区情况看,除红山区、松山区迁入大于迁出外,其余旗县区都是迁出大于迁入,呈负增长。

第三节 流动人口

1990 年,全市流动人口共有 60777 人,流动人口较多的旗县区有红山区、元宝山区和喀喇沁旗,分别为 9772 人、10428 人、8388 人。2014 年,全市流动人口共有 148291人,

1990 年、2014 年赤峰市流动人口统计表

表 2-1-14 单位:人

年份 所在地区	1990 年			2014 年			2014 年比 1990 年增长人数
	合计	男	女	合计	男	女	
全市	60777	29585	31192	148291	90594	57697	87514
红山区	9772	5114	4658	32162	17477	14685	22390
松山区	5484	2483	3001	26697	15771	10926	21213
元宝山区	10428	5474	4954	19362	12683	6679	8934
阿鲁科尔沁旗	1559	717	842	3695	2552	1143	2136
巴林左旗	2545	1170	1375	9437	5693	3744	6892
巴林右旗	3828	1820	2008	5044	3236	1808	1216
林西县	2573	1134	1439	6151	3810	2341	3578
克什克腾旗	3014	1622	1392	9760	6307	3453	6746
翁牛特旗	2823	1319	1504	6455	4088	2367	3632
喀喇沁旗	8388	4110	4278	13362	8100	5262	4974
宁城县	5542	2483	3059	3781	2600	1181	-1761
敖汉旗	4821	2139	2682	12385	8277	4108	7564

比1990年增加87514人,增长了143.99%,其中红山区和松山区增长人数最多,分别为22390人和21213人。流动人口148291人中,以务工人员为主,有75012人,占流动人口总数的50.58%;经商人员有22709人,占流动人口总数的15.31%;服务和务农人员分别有8961人和6893人,分别占流动人口总数的6.04%和4.65%。

第五章 人口控制

赤峰市的计划生育工作大体经历了控制人口过快增长阶段(1991—1995年)、稳定低生育阶段(1996—2006年)、人口均衡发展阶段(2007—2014年)。

1991年,赤峰市正处于第三个生育高峰期,人口出生率17.87‰,自然增长率12.31‰,符合政策生育率90.94%。赤峰市委、市政府认真贯彻《内蒙古自治区计划生育条例》精神,实行全市各级党政主要领导计划生育目标责任制和计划生育"一票否决制"。市委、市政府与旗县区党政主要领导签订计划生育目标管理责任书,旗县区委、区政府同乡级党委政府、有关部门签订责任书,乡级党委政府同村级党支部、村委会签订责任书;市、旗两级计生部门还分别与科(股)室签订责任书;各地结合实际,县、乡两级政府与所辖企事业单位签订责任书。

1992年,根据各旗县区对乡镇苏木评比检查的结果,市委组织部、市计生委对全市26个乡镇苏木实行跨级重点管理。1994年,本着分类指导的原则,将全市12个旗县区分为三类,确定目标管理责任制。为了使责任目标得到全面落实,市计生委全年组织进村入户实查三次,共检查10526户、41251人。旗县区抽查比例达到了总人口的三分之一以上。1998年,市政府印发《关于进一步明确有关部门计划生育工作职责的通知》,明确卫生、公安、工商、扶贫开发、民政等部门在计划生育工作中的职责。2000年,市政府与市工商局、市民政局、市劳动局、市卫生局、市公安局、市扶贫办等部门签订了计划生育目标管理责任书,在年终和旗县区目标责任制一并检查。2008年,市人口和计划生育委员会下发《村党支部、村委会人口和计划生育目标管理责任书》和《村级人口计生主任(专干)人口和计划生育目标管理责任书》,进一步明确村"两委"班子成员的责任和村级计生工作人员的责任。到2014年,赤峰市人口出生率下降到6.96‰,自然增长率下降到4.58‰,符合政策生育率93.99%。

第一节 政策演变

1987年、1990年,赤峰市红山区、敖汉旗曾先后下发关于实行计划生育的决定。1990年10月12日,《内蒙古自治区计划生育条例》颁布实施后,赤峰地区计划生育政策按《条例》有关规定执行。主要内容包括:

1.汉族公民一对夫妻只生育一个子女。2.蒙古族公民一对夫妻可以生育两个子女；达斡尔族、鄂温克族、鄂伦春族公民提倡优生，适当少生；蒙古族、达斡尔族、鄂温克族、鄂伦春族以外的其他少数民族，一对夫妻可以生育两个子女。3.再婚夫妻，一方未育，另一方生育过一个子女，或者另一方丧偶生育过两个子女均属于计划内的，可以再生育一个子女。4.对超生的夫妻双方均为国家工作人员的，至少给予一方开除公职处分，另一方给予降级处分；一方为国家工作人员的，给予开除公职处分。对伪造假计划生育证明（包括更改民族、年龄）的国家工作人员，情节严重的给予开除公职或开除公职留用处分。

1995 年 11 月 17 日，重新修订后的《内蒙古自治区计划生育条例》颁布实施。《条例》将依法收养一个子女的条件，由八年以上不孕的改为“五年以上”；将除达斡尔族、鄂温克族、鄂伦春族以外的少数民族公民，一对夫妻可以生育两个子女，改为除满族、壮族的少数民族。

2002 年 9 月 27 日，新修订的《内蒙古自治区人口与计划生育条例》和《社会抚养费征收范围和标准的通知》实施。按照《条例》规定，可以再生育一个子女的条件为：夫妻双方均为独生子女的；再婚夫妻汉族公民，一方未育，另一方生育过子女或丧偶已生育两个子女的；少数民族公民，一方未育，另一方已生育两个子女的。

2008 年 3 月 6 日，市政府办公厅转发《内蒙古自治区吉祥草原惠民计生行动实施方案》的通知。实施方案规定，从 2008 年起，全市农牧区独生子女家庭每年增加奖励 120 元，至独生子女年满 14 周岁止；全市对农牧区户口，女方年满 50 周岁的独生子女死亡现无子女家庭进行扶助，夫妇双方每年扶助 600 元；各旗县区要建立 10 万元以上“计生关怀基金”，用于计划生育工作者和计划生育家庭的特殊补助；在新型农村牧区合作医疗中，独生子女家庭夫妇双方及子女报销比例提高 10%。

2014 年 3 月 31 日，修订后的《内蒙古自治区人口与计划生育条例》规定了赤峰市“单独两孩”政策为：汉族（壮族、满族）公民夫妻的一方为独生子女的，经批准可以再生育一个子女。再婚夫妇有下列情形的，可允许其再生育一个子女：独生子女一方未生育子女，另一方已生育一个子女，双方婚后生育一个子女且家庭只有该子女的；独生子女一方未生育子女，另一方已生育两个子女的；双方再婚前各生育一个子女的。

第二节　宣传教育

1991 年，中共赤峰市委常委会议两次专题研究计划生育工作，市委、市政府印发《关于计划生育的十条决定》；10 月，市委批转了市计划生育委员会关于贯彻中共中央和国务院《关于加强计划生育工作严格控制人口增长的决定》的意见。此后，市委、市政府又连续两次召开电话会议，部署在全市开展计划生育“大宣传、大落实、大检查、大评比”活动。全市各地深化宣传教育工作，各旗县区进行社会化大宣传都在两次以上，开展“乡办中心、村办校、联户办班”活动的达 70%,到年底全市共制作永久性宣传标语 438 块,张贴标语 1.3 万余条。

1993 年,为了贯彻《内蒙古自治区计划生育条例》,市计生委编印了该条例宣传提纲,面向社会广泛宣传,作为计划生育队伍培训教材。

1995—1998 年,市政府为贯彻修订后的《内蒙古自治区计划生育条例》,先后组织 4 次全市性计生大宣传,各级政府充分利用广播、电视、报纸等各大媒体向全社会广泛宣传该条例和相关政策法规。全市 2653 个村嘎查、居委会办起了人口学校,重点对已婚育龄妇女进行《条例》培训和组织开展计生政策法规的学习。

2002 年,市、旗县区党委政府同各有关部门签订“计划生育宣传教育工作目标责任制”,对党委宣传部、文明办、教育、民政、文化、广电和工、青、妇等部门抓好计划生育宣传教育提出了明确要求,年末列入责任制检查评估内容进行考评。

2008 年,在“7·11”世界人口日、“9·25”公开信发表纪念日、“10·28”男性健康日、“12·4”法制宣传日进行了全市集中宣传活动,对村级以上宣传广告、标语、橱窗进行了全面清理更新。全市在旗县区新建计生文化一条街和计生长廊 57 处;在乡镇苏木制作永久广告标语牌 751 块,宣传橱窗 1089 个;投资 120 万元制作宣传画、折页、小册子等 1300 多万份,免费发放到群众手中。

2010 年,全市强化人口文化建设。全市新建人口文化活动中心、人口乐园等基地 23 个,人口文化小区 12 个,人口文化大院 36 个,为开展“人口文化和谐计生”创造了有利平台。

2013 年,市人口和计划生育委员会加强新型人口生育文化建设。倡导开展具有地域特色、民族特色的人口宣传活动。全年在报纸、广播、电视台等媒体开设人口计生专栏 479 期,刊稿 1112 篇。加强新型人口文化阵地建设,建成人口文化大院 63 处、人口文化长廊(一条街)133 处、人口文化书屋 1420 个。

2014 年,市卫生和计划生育委员会根据国家、自治区卫生和计划生育委员会关于加强计划生育特殊困难家庭扶助关怀的宣传工作要求,制定《关于加强计划生育特殊困难家庭扶助关怀的宣传工作方案》。要求扩大宣传力度,提高社会各界和广大干部群众对计划生育特殊困难家庭扶助政策的知晓度,推动此项政策的有效落实。

第三节　技术服务

20 世纪 90 年代以后,赤峰市计划生育技术服务的主要特点是,加强技术服务的基础设施建设、服务网络建设、技术队伍建设和优质服务建设,逐步形成技术服务网络化、规范化、标准化,形成以市计划生育技术服务中心为龙头、旗县技术服务站为骨干、乡镇站所为补充、村服务室为依托的系统化服务网络,为广大育龄群众创造了优良的服务环境,最大限度满足了育龄群众的优生优育需求。

2006 年,市政府印发《关于切实加强计划生育技术服务工作,认真落实创建优质服务先进旗县区乡镇苏木活动的通知》,并召开全市计划生育技术服务工作会议,专题研究部署计划生育技术服务工作。2010 年,市人口和计划生育委员会开展“计划生育技术服务规范年”活动,并制定活动实施方案,全面推进和加强优质服务工作。到 2011 年底,全市有国家级优质服务先进县 3 个,国家级优质服务示范站 2 个,自治区级优质服务先进县 6 个,市级命名的计划生育优质服务先进乡镇 76 个。全市开展产前筛查、重大畸形胎儿检出率达 95%以上,开展婚前免费医学检查 1.1 万对,全面开展免费孕前优生健康检查,覆盖率达 90%以上。2011 年,市政府办公厅印发《赤峰市集中整治“两非”专项行动方案》(“两非”指非医学需要的胎儿性别鉴定和选择性别的人工终止妊娠行为),由市人口和计划生育委员会联合有关部门组织实施。2012 年,市计划生育技术服务中心被评为“全国人口和计划生育系统先进集体”。赤峰市生殖医学中心、内蒙古人类精子库顺利通过卫生部专家组的复审和检查验收,填补了内蒙古自治区没有人类精子库的空白。2007 年,自治区计划生育科学技术研究所在市计划生育技术服务中心挂牌成立。2011 年,市计划生育技术服务中心《腹腔镜下回肠移植阴道成形术的临床研究》获自治区科技成果三等奖。《外周血染色体及羊水细胞染色体核型分析》获自治区技术创新成果二等奖。市计划生育技术服务中心自行编辑制作的全国第一张优生优育宣传光盘《预防出生缺陷,生育健康宝宝》由人口出版社出版,面向全国发行。《单孔无气腹悬吊式腹腔镜下附件区手术的临床研究》《淋巴细胞主动免疫治疗复发性流产的临床分析》通过赤峰市科研成果鉴定。2012 年 1 月 8 日,市计划生育技术服务中心(科研所)生殖医学中心正式通过卫生部专家评审验收,成为自治区东部地区唯一一家试管婴儿基地。

2014 年,全市免费孕前优生健康检查预测目标人群 36730 人,共为计划怀孕夫妻实施免费孕前优生健康检查 31324 人,覆盖应检查目标人群数的 85.28%。

第四节 计划生育管理

一、机构队伍

市级机构 赤峰市计划生育委员会是赤峰市政府主管全市计划生育工作的行政管理部门。1991 年,市计划生育委员会内设机构为人秘科、宣传科、业务科 3 个科室。同年 6 月增设政策法制科。1995 年,市计划生育委员会下设赤峰市计划生育技术服务中心、市计划生育药具管理站、市计划生育宣教中心、赤峰计划生育协会 4 个事业单位,共有事业人员编制 40 人。1996 年,增设流动人口办公室。2004 年 2 月,赤峰市计划生育委员会更名为赤峰市人口和计划生育委员会。内设机构为办公室、政策法规科、宣传教育科、规划统计科、科技科、流动人口办公室 6 个科室。2007 年,将流动人口办公室改为流动人口服务管理科。2014 年 12 月 25 日,市人口和计划生育委员会与市卫生局合并成立赤峰市卫生和计划生育委员会，为赤峰市政府工作部门。下设4个事业单位未变。

旗县区机构队伍　1991年，赤峰市各旗县区政府均设有计划生育委员会，共有机关工作人员344人。2005年，各旗县区计划生育委员会更名为人口和计划生育委员会，有机关工作人员419人。2014年，根据上级统一要求，各旗县区卫生部门与计生部门合并成立卫生和计划生育委员会，为各旗县区政府工作部门，均下设事业单位计生服务站。有计划生育工作人员485人。

乡镇苏木和街道办事处机构队伍　1991年，市里定点匹配的100个乡级服务站全部建成，各地又自筹建站27个。全市建成村级服务室352个。1993年，技术服务网络建设步伐加快，全市建立乡级服务站228个，建立村级服务室1250个，占行政村总数的49%。1996年，按照国家计生委服务站建设标准，全市11个旗县区级技术服务站有6个达标，273个乡镇苏木全部建起服务站，配齐了超声检测B超诊断仪、手术器械等设备。全市乡级服务站基本做到房舍、人员、设备三到位。2000年，全市建立市、旗县区、乡镇、村四级技术服务网络，总建筑面积达到14.93万平方米。其中市技术服务中心建筑面积1400平方米，旗县区计生服务站平均面积1100平方米，乡级计生服务站平均面积48平方米，1622个村级服务室平均面积14平方米。2008年，全市大力推行以县级服务站为龙头、乡级服务站为骨干、村级服务室为基础、流动服务车为纽带的计生优质服务新模式。投资655万元，完成了2个县级服务站(克什克腾旗和敖汉旗)、43个乡级服务站的新建和改扩建；投资400多万元，为市药具站购置装修药具用房900平方米；投资529万元，为县乡两级计生技术服务中心配置检验、化验设备和办公设备。加快推广“乡镇苏木服务站+流动服务车”的工作模式，为基层配备15辆流动服务车，解决了撤乡并镇给基层计划生育服务工作带来的困难。2013年，全市共投入2921万元，新建1个县级、12个乡镇级、29个村级计生服务站室，改扩建8个乡镇服务站，启动了2个县级服务站建设。全市共投入1011万元，为基层计生服务站配备检验检测诊疗设备78台(件)，投入资金262万元，更新流动服务车21辆。

1991年，全市乡镇苏木和街道办事处设有计生办，共有计划生育专职干部1319人。1997年12月，市政府印发《赤峰市人民政府关于加强计划生育队伍规范化管理的通知》，对旗县区以下各级计划生育队伍从机构设置、人员编制、考核奖惩、交流调动、工资待遇、管理监督等方面作出了明确规定。全市12个旗县区的282个乡镇苏木和街道办事处计生办共有计生工作人员2320人，平均每个乡镇8.23人。旗县区乡镇苏木下设事业单位计生服务站。1998年1月，市计划生育委员会下发《赤峰市乡级计划生育队伍教育整顿方案的通知》，教育整顿后保留1796人，平均每个乡镇6.37人，精减524人，占原有人数的22.59%。2010年，全市132个乡镇苏木和街道办事处计生办核定计生人员编制1005人，实有1262人，其中行政74人，事业1188人。到2014年，全市乡镇苏木和街道办事处计生办共有计生管理人员1070人。

二、目标管理

实施计划生育目标管理责任制　1991年，市委、市政府认真贯彻落实中共中央、国务院《关于加强计划生育工作，严格控制人口增长的决定》，严格落实目标管理责任制，市委、市政府与旗县区党政主要领导签订责任书，规定年度目标任务，建立自上而下的目标管理责任制，从而成为内蒙古自治区第一个实行党政主要领导计划生育目标责任制的盟市。

1992年，根据各旗县区对乡镇苏木评比检查的结果，市委组织部、市计生委对全市26个乡镇苏木实行跨级重点管理。1993年，市委组织部、市计生委继续对全市26个乡镇苏木实行跨级重点管理。根据两年被重点管理的乡镇情况，市计生委坚持半年督查一次，帮助分析后进原因，查找工作不足，限期改进提高各旗县区对后进乡镇苏木的督查力度。同年4月，市计生委下发了计划生育责任目标七项工作职责。1994年，本着分类指导的原则，将全市12个旗县区分为三类，确定目标管理责任制。一类地区计划生育率达到94%，二类地区达到90%，三类地区达到86%，使先进地区和落后地区人口小户和人口大户以工作量大小和工作难度加以区分，体现实事求是，公平、公正考核评估。

1998年，市政府印发《关于进一步明确有关部门计划生育工作职责的通知》，明确卫生、公安、工商、扶贫开发、民政等部门在计划生育工作中的职责。2000年，市政府与市工商局、市民政局、市劳动局、市卫生局、市公安局、市扶贫办等部门签订了计划生育目标管理责任书，在年终和旗县区目标责任制一并检查。2001年，市计生委对各旗县区进行了两轮督查、两次检查。2002年，市计生委经过对多年实行的计生目标责任制考核经验进行总结，进一步改进和完善计划生育目标责任考核，本着突出重点、注重实效、简便易行的原则，公开、公平、公正落实"一票否决"制度，把基层的注意力和工作重点引导到为群众提供优质服务、提高工作效能上来，对责任制的内容进行了调整。

2004年4月，市人口和计划生育委员会组成三个督查组，把后进单位作为重点，对12个旗县区、36个乡、36个村的人口计划生育工作进行调研、督查和指导。2007年3月，市人口和计划生育委员会下发《赤峰市人口和计划生育工作重点管理旗县区指导联系制度》的通知。对在目标管理责任制考核中被"情况单列""黄牌警告""一票否决"的旗县区实行重点管理，市人口计生委建立联系制度包括反馈考核结果、提出整改意见、督促指导工作、信息上报等工作要求。2008年，市人口和计划生育委员会下发《村党支部、村委会人口和计划生育目标管理责任书》《村级人口计生主任（专干）人口和计划生育目标管理责任书》，进一步明确了村"两委"班子成员的责任和村级计生工作人员的责任。

2012年，市委、市政府印发《关于对出生人口性别比偏高旗县区实行重点管理的通报》，决定从2012年起，对出生人口性别比偏高的翁牛特旗、宁城县、敖汉旗、松山区、元宝山区、喀喇沁旗、红山区实行市级重点管理。年底被重点管理的旗县区党委、政府主要领导向市委、市政府进行专项述职。2013 年 9 月,对 20 家公立医院、医疗保健机构和计生服务机构,17 家民营医院,46 家个体诊所进行了执法检查。对检查发现的问题按照属地管理、归口办理的原则,向所在地相关部门进行移交,并要求限时处理。

2014 年,全市各地综合治理出生人口性别比工作相关法律法规得到进一步宣传普及,综合治理出生人口性别比连续三年呈下降趋势。

信息化建设　1992 年 8 月,市计生委下发《旗县区计划生育统计工作责任制》。同年,市计生委与市统计局联合下发《赤峰市计划生育统计工作管理办法》,对该项统计工作的内容、责任等提出了较为具体的要求。1993 年 3 月和 5 月,市计生委下发《计划生育统计工作考核细则》,对统计账卡表册的使用、管理、考核提出了规范化的要求。1997 年 2 月,市计生委转发《内蒙古自治区计划生育指标审批程序及"生育证"管理办法》的通知,对审批原则、权限、程序及"生育证"管理作出规定,市计生委统一印制"生育证""生育指标审批表""生育对象花名表",并于 1997 年 4 月开始启动使用。2002 年,赤峰市计生系统取消手工账卡和手工报表,县、乡、村三级全部实现计算机电子表格打印。2009 年,赤峰市被自治区党委政府授予"2009 年度人口和计划生育统计信息化建设奖"。2010 年,按照自治区人口和计划生育委员会的全区人口计生信息化建设要求,赤峰市承担并较好地完成建立全区全员人口信息资源库的试点任务,为全区提供了可资借鉴的经验。2014 年 6 月 30 日,市人口和计划生育委员会下发《关于加强基层人口计生信息化建设工作的通知》,要求全市各级人口计生部门要切实加强基础人口计生信息化建设,将计算机、打印机配备到村,网络开通到村。

完善依法管理　1990 年 10 月,《内蒙古自治区计划生育条例》颁布实施后,赤峰市启动计划生育工作的依法管理。1993 年 2 月,市计生委下发《关于在乡以上配备政策法规人员的通知》,规定全市从事政策法规工作人员应具备的条件和人数要求。1994 年 11 月,市计生委转发国家计生委《关于加强依法管理计划生育工作的意见》,提出建立计划生育依法管理工作质量考核标准。1999 年 8 月,市计生委下发《执法责任制》《执法公示制》《错案和执法过错追究制》《行政损害赔偿制》等制度,进一步规范了计划生育工作人员在工作中的执法责任、公示监督、错案追责、损害赔偿等工作行为。

2003 年,宁城县推行计划生育村民自治试点工作后,在全市逐步推开。当年全市实现计划生育村民自治村达到 857 个,占全市行政村总数的 45.68%。2004 年,进一步推动计划生育村民自治工作,在全市 1877 个行政村中有 1424 个建立了村民自治组织,占 75.87%。2005 年 4 月 7 日,为解决社会抚养费征收不到位、计生法律法规执行不统一的问题,市人口和计划生育委员会与市中级人民法院联合下发《关于建立协调执法机制,依法征收社会抚养费的通知》,形成由人民法院协助人口计生部门征收社会抚养费的新机制。规定旗县区计生部门统一下达征收决定书,不再委托乡镇苏木征收社会抚养费。2008 年,市人口和计划生育委员会与 10 个相关部门联合下发《关于联合开展党员、干部和社会公众人物违法生育专项治理行动的通知》,全市共清查有违法生育行为的党员干部74人，其中农民党员64人，干部党员10人。2011年，全市深入开展“诚信计生”“阳光计生”行动，充分利用“12356”阳光计生服务热线，为广大群众提供政策咨询、投诉举报、便民维权等服务，有效地保障了人民群众在计划生育工作中的知情权、参与权、表达权和监督权。2014年，全市有9个乡镇被国家、自治区卫生和计划生育委员会命名为依法行政示范乡镇，有6个村(居)被中国计生协会命名为计划生育村(居)民自治示范村(居)。

流动人口和特殊人群计划生育管理 1995年，全市把流动人口的计划生育管理作为工作重点，市政府印发《关于实行计划生育工作属地管理的通知》，明确属地管理的具体要求、属地管理的对象、实行属地管理的原则以及计划生育工作管理措施等。管理对象包括：离开户籍地半年以上，居住在本辖区内的人口；居住在本辖区内具有常住趋势的人口，如婚嫁、军转、迁移、劳改释放及无户口人员；离开户籍地不足半年，在本辖区内具有常住趋势的人口。

1996年，市计生委设立流动人口办公室，配备2名人员专职负责。1999年初，全市开展流动人口计划生育大清查活动，共清查出流动已婚育龄妇女55520人，其中流入已婚育龄妇女27394人，流出已婚育龄妇女28126人。清查后，市计生委组织各旗县区人员核对了流出人口去向，对在市内旗县区间的流动人口，由旗县区集中到流入地发放流动人口计划生育证明；对在自治区间的流动人口，由市计生委到流入的盟市发证，同时带回部分不明去向人员的详细情况。通过清查，摸清了全市流动人口的底数和分布。

2007年8月，赤峰市建立了以分管市长为组长，发改委、财政、公安、工商等10个部门组成的流动人口综合治理领导小组。市人口和计划生育委员会将原设流动人口办公室更名为流动人口服务管理科，各旗县区人口计生部门也都设置流动人口办公室，共配备专职人员18人。各乡镇苏木都配备专人负责流动人口工作。红山区、松山区、元宝山区在流入人口较多的乡镇、街道安排3~5人负责流动人口工作，流动人口较集中的社区还聘请了信息员(物业人员、抄表员、社会治安员、民警等)协助承担流动人口管理和服务工作。2008年，随着流动人口计划生育管理力度的不断加大，市人口和计划生育委员会下发《关于开展流动人口计划生育服务管理专题评估的通知》，对全市各旗县区流动人口计生服务管理工作进行了评估，并撰写《关于流动人口计划生育管理与服务评估报告》，进一步摸清了流动人口的底数和工作运行状态。2010年开始，市人口和计划生育委员会在《责任制评估办法》中，将各旗县区使用流动人口管理系统平台工作情况纳入责任制考评内容。其中录入率均达到80%以上，接收率达到100%，反馈率达到80%以上，查无此人率低于40%。通过双向考核、追踪问效，促进了各旗县区流动人口的“一致率”。到2010年底，旗县区流动人口“一致率”从年初的57%提高到83%，完成了责任目标的要求。2012年，全市流动人口服务管理机构、人员、经费得到全面落实。除县乡级配齐人员外，各地还新增计划生育流动人口信息员和协管员，全市流动人口服务与管理投入资金达360多万元。2014年，市卫生和计划生育委员会与区内4个盟市、17个省的市区人口计生部门签订了流动人口跨区域协作管理协议书,落实双向管理、区域协作机制。

第二篇 民 族

第一章 民族状况

第一节 民族分布

1991 年,赤峰市共有 29 个民族,以蒙古族为主体,汉族为多数。全市 12 个旗县区中民族分布各有不同。其中蒙古族人口最多的是喀喇沁旗,蒙古族人口 114239 人,占全旗人口的 31.99%。第二多的是阿鲁科尔沁旗,蒙古族人口 100112 人,占全旗人口的 35.9%;汉族人口 172039 人,占全旗人口的 61.69%。第三多的是巴林左旗,蒙古族人口 91898 人,占全旗人口的 27.30%;汉族人口 233663 人,占全旗人口的 69.42%。全县汉族人口最多的是敖汉旗,汉族人口 513451 人,占全旗总人口的 94.67%;汉族人口第二多的是宁城县,汉族人口 498644 人,占全县总人口的 88.38%;汉族人口第三多的是松山区,汉族人口 396378 人,占全区总人口的 80.80%。满族人口最多的是松山区,满族人口 29618 人,占全区总人口的 6.04%;满族人口第二多的是喀喇沁旗,满族人口 28573 人,占全旗总人口的 8.00%;满族人口第三多的是巴林左旗,满族人口 10076 人,占全旗总人口的 2.99%。回族人口最多的是红山区,回族人口 12114 人,占全区总人口的 5.08%;回族人口第二多的是克什克腾旗,回族人口 3360 人,占全旗总人口的 1.40%;回族人口第三多的是松山区,回族人口 3060 人,占全区总人口的 0.62%。

据全国第五次人口普查统计,12 个旗县区中,蒙古族分布最多的是喀喇沁旗,蒙古族人口 12.5 万人,占全旗总人口的 34.44%;汉族人口 20.9 万人,占全旗总人口的 57.58%。蒙古族人口第二多的是巴林左旗,蒙古族人口 11.2 万人,占全旗总人口的 31.55%;汉族人口 23 万人,占全旗总人口的 64.79%。蒙古族人口第三多的是阿鲁科尔沁旗,蒙古族人口 10.9 万人,占全旗总人口的 37.2%;汉族人口 17.6 万人,占全旗总人口的 60.07%。旗县区中汉族人口最多的是敖汉旗,汉族人口 54.2 万人,占全旗总人口的 94.26%。

到 2014 年,全市户籍总人口中,汉族人口为 352.15 万人,蒙古族人口 95.52 万人,回族人口 3.19 万人,满族人口 14.47 万人,其他少数民族人口 0.47 万人,分别占人

1991年、2014年赤峰市民族分布情况统计表

表 2-2-1

项目/年份	地区	汉族		蒙古族		回族		满族		其他民族	
		人口数（人）	占全市汉族人口总数（%）	人口数（人）	占全市蒙古族人口总数（%）	人口数（人）	占全市回族人口总数（%）	人口数（人）	占全市满族人口总数（%）	人口数（人）	占全市其他民族人口总数（%）
1991 年	红山区	194858	5.82	22546	3.46	12114	43.30	8319	7.49	729	32.94
	松山区	396378	11.84	61387	9.43	3060	10.94	29618	26.67	116	5.24
	元宝山区	221560	6.62	20377	3.13	1971	7.04	7021	6.32	242	10.94
	阿旗	172039	5.14	100112	15.38	246	0.88	6304	5.68	158	7.14
	左旗	233663	6.98	91898	14.12	769	2.75	10076	9.07	193	8.72
	右旗	84124	2.51	74286	11.41	357	1.28	1833	1.65	176	7.95
	林西县	221077	6.60	5743	0.88	1758	6.28	2366	2.13	54	2.44
	克旗	212119	6.34	23052	3.54	3360	12.01	1547	1.40	91	4.11
	翁旗	385603	11.52	56599	8.70	455	1.63	5203	4.69	153	6.91
	喀旗	213767	6.39	114239	17.55	359	1.28	28573	25.73	118	5.33
	宁城县	498644	14.90	58696	9.02	1960	7.00	4828	4.35	85	3.84
	敖汉旗	513451	15.34	21892	3.36	1570	5.61	5362	4.83	98	4.43
2014 年	红山区	263953	7.50	63659	6.66	14820	46.39	16610	11.48	1178	24.9
	松山区	407704	11.58	119346	12.49	3597	11.26	40042	27.67	602	12.72
	元宝山区	269529	7.65	43149	4.52	2066	6.47	11291	7.80	357	7.55
	阿旗	170712	4.85	123040	12.88	233	0.73	7052	4.87	281	5.93
	左旗	215302	6.11	129078	13.51	764	2.39	11432	7.90	374	7.91
	右旗	92881	2.64	90030	9.43	504	1.58	2669	1.84	293	6.19
	林西县	224123	6.36	11573	1.21	1847	5.78	3164	2.19	172	3.64
	克旗	213496	6.06	33535	3.51	3433	10.75	2356	1.63	172	3.64
	翁旗	400644	11.38	74711	7.82	393	1.23	6049	4.18	317	6.70
	喀旗	168548	4.79	155640	16.29	433	1.36	28672	19.81	293	6.19
	宁城县	528515	15.01	76310	7.99	1947	6.09	8100	5.60	365	7.22
	敖汉旗	566090	16.08	35107	3.68	1910	5.98	7289	5.04	327	6.91

说明：此表数据系公安机关人口统计数据。

口总数的 75.60%、20.51%、0.69%、3.11%和 0.1%；少数民族人口总数为 113.65 万人，比 1991 年增加 34.44 万人。在全市 12 个旗县区中，蒙古族分布最多的仍然是喀喇沁旗，蒙古族人口 155640 人，占全旗总人口的 44.02%；汉族人口 168548 人，占全旗总人口的47.67%。蒙古族人口第二多的是巴林左旗，蒙古族人口 129078 人，占全旗总人口的 36.16%；汉族人口 215302 人，占全旗总人口的 60.32%。蒙古族人口第三多的是阿鲁科尔沁旗，蒙古族人口 123040 人，占全旗总人口的 40.83%；汉族人口 170712 人，占全旗总人口的 56.66%。旗县区中汉族人口最多的是敖汉旗，汉族人口 566090 人，占全旗总人口的 92.69%。汉族人口第二多的是宁城县，汉族人口 528515 人，占全县总人口的 85.9%。汉族人口第三多的是松山区，汉族人口 407704 人，占全区总人口的 71.37%。满族人口最多的是松山区，满族人口 40042 人，占全区总人口的 7.01%。满族人口第二多的是喀喇沁旗，满族人口 28672 人，占全旗总人口的 8.11%。满族人口第三多的是巴林左旗，满族人口 11432 人，占全旗总人口的 3.20%。回族人口最多的是红山区，回族人口 14820 人，占全区总人口的 4.11%。回族人口第二多的是松山区，回族人口 3597 人，占全区总人口的 0.63%。回族人口第三多的是克什克腾旗，回族人口 3433 人，占全旗总人口的 1.36%。

第二节 民族构成

赤峰地区是多民族聚集的地区。1990 年“四普”时，全市有蒙古、汉、回、满、藏、维吾尔、苗、彝、壮、朝鲜、达斡尔、侗、瑶、白、土家、哈尼、傣、黎、傈僳、纳西、景颇、土、锡伯、羌、俄罗斯、鄂伦春、鄂温克、赫哲、布依族 29 个民族。2010 年“六普”时，全市又新增哈萨克族、佤族、畲族、高山族、拉祜族、水族、东乡族、仡佬族、阿昌族、塔吉克族、怒族、基诺族 12 个少数民族，减少了景颇族，全市共有 40 个民族。

1990 年、2000 年、2010 年赤峰市民族构成情况统计表

表 2-2-2

年份	人口总数		汉族		蒙古族		回族		满族		其他民族	
	人口数（人）	占总人口比例（%）	人口数（人）	占总人口比例（%）	人口数（人）	占总人口比例（%）	人口数（人）	占总人口比例（%）	人口数（人）	占总人口比例（%）	人口数（人）	占总人口比例（%）
1990	4105758	100	3280782	79.91	677233	16.49	28061	0.68	116951	2.85	2731	0.07
2000	4435737	100	3441581	77.59	830357	18.72	31122	0.70	128656	2.90	4021	0.09
2010	4341245	100	3355733	77.30	829824	19.11	31234	0.72	120715	2.78	3739	0.09

说明：此数据系人口普查数据。

1990年全国第四次人口普查,在全市4105758人中,汉族3280782人,占总人口的79.91%;蒙古族677233人,占16.49%;回族28061人,占0.68%;满族116951人,占2.85%;其他少数民族2731人,占0.07%。

2010年全国第六次人口普查,在全市4341245人中,汉族3355733人,占总人口的77.30%;蒙古族829824人,占总人口的19.11%;回族31234人,占0.72%;满族120715人,占2.78%;其他少数民族3739人,占0.09%。

第三节 民族文化状况

1990年全国第四次人口普查,赤峰市各主要民族小学文化程度人口占其本民族人口总数的比例依次为:汉族37.49%,蒙古族34.84%,满族33.27%,回族28.45%,朝鲜

1990年、2010年全国人口普查赤峰市民族人口文化结构情况统计表

表2-2-3　　单位:人

项目/年份	民族	总人口数	小学	初中	高中	大学	研究生
1990年	合 计	4105758	1513507	962215	300071	34228	—
	汉 族	3280782	1230076	778922	229377	24060	—
	蒙古族	677233	235963	148151	56077	8252	—
	回 族	28061	7983	7641	3809	446	—
	满 族	116951	38908	26860	10312	1327	—
	朝鲜族	1339	303	347	217	65	—
	其他少数民族	1392	274	294	279	78	—
2010年	合 计	4341245	1332645	1654637	627250	296432	2151
	汉 族	3355733	1060774	1314355	463426	203016	1322
	蒙古族	829824	235963	283445	133033	77746	706
	回 族	31234	6012	11205	7952	3243	14
	满 族	120715	29230	44590	21981	11728	94
	朝鲜族	1290	196	375	358	227	7
	其他少数民族	2449	470	667	500	472	8

族22.63%。初中文化程度占其本民族人口总数的比例依次为：回族27.23%，朝鲜族25.91%，汉族23.74%，满族22.97%，蒙古族21.88%。高中文化程度占其本民族人口总数的比例依次为：朝鲜族16.21%，回族13.57%，满族8.82%，蒙古族8.28%，汉族6.99%。中专文化程度占其本民族人口总数的比例依次为：朝鲜族3.21%，回族1.91%，蒙古族1.71%，满族1.49%，汉族1.22%。大学专科文化程度占其本民族人口总数的比例依次为：朝鲜族3.66%，回族1.12%，蒙古族0.92%，满族0.84%，汉族0.53%。大学本科文化程度占其本民族人口总数的比例依次为：朝鲜族1.19%，回族0.47%，蒙古族0.3%，满族0.29%，汉族0.21%。

2010年全国第六次人口普查，赤峰市各主要民族小学文化程度人口占其本民族人口总数的比例依次为：汉族31.61%，蒙古族28.44%，满族24.21%，回族19.25%，朝鲜族15.19%。初中文化程度占其本民族人口总数的比例依次为：汉族39.17%，满族36.94%，回族35.87%，蒙古族34.16%，朝鲜族29.07%。高中文化程度占其本民族人口总数的比例依次为：朝鲜族27.75%，回族25.46%，满族18.21%，蒙古族16.03%，汉族13.81%。大学文化程度占其本民族人口总数的比例依次为：朝鲜族17.60%，回族10.38%，满族9.72%，蒙古族9.37%，汉族6.05%。研究生文化程度占其本民族人口总数的比例依次为：朝鲜族0.54%，蒙古族0.09%，满族0.08%，回族0.04%，汉族0.04%。

第二章 民族事务管理

第一节 管理机构

一、市级管理机构

1991年，赤峰市设民族事务委员会（简称市民委），负责全市民族事务、宗教事务工作。内设办公室、政策法规室、经济科、教文科、宗教科、蒙古语文科，有机关工作人员28人。下设事业单位昭乌达译书社，工作人员3人。1993年后，市民委与市宗教事务局合署办公。2002年后，市民委与市宗教事务局一个机构、两块牌子，增挂蒙古语文工作委员会牌子。2013年，昭乌达译书社改为赤峰市蒙古族文化保护研究中心，挂昭乌达译书社和赤峰市格斯尔工作办公室牌子，为市民委所属科级事业单位。2014年，市民委内设综合科、政策法规科、监督检查科、经济发展科、社会发展科、宗教事务科、蒙古语文科，机关工作人员18人。事业单位1个，工作人员5人。

二、旗县区管理机构

1991年，全市12个旗县区设民族事务委员会，负责本地区的民族事务、宗教事务管理工作，共有工作人员78人。1993年后，各旗县区民委更名为民族宗教事务局；

2002年后,更名为民族事务委员会;2010年后,更名为民族宗教事务局。2014年,旗县区管理机构共有工作人员111人。

第二节 管理工作

一、贯彻落实民族政策法规

自1984年《中华人民共和国民族区域自治法》颁布后,赤峰市坚持每年开展民族政策法律法规贯彻落实情况的监督检查工作。根据《民族区域自治法》有关规定,从1987年后相继恢复建立元宝山区小五家回族乡、松山区关家营满族乡、喀喇沁旗十家满族乡3个民族乡。1990年,市委、市政府成立赤峰市民族工作领导小组,负责对全市民族工作的组织、领导和协调工作。1993年9月,国家民委发布《城市民族工作条例》。1995年,市政府制定《赤峰市清真食品生产经营管理办法》《赤峰市清真食品生产经营管理办法实施细则》,对清真食品生产加工企业、餐饮企业、零售网点等经营行为进行具体规范,对清真食品市场准入、执法主体和监督检查等作出明确规定,此后每年均组织开展1~2次清真食品生产经营活动专项检查,依法保障了少数民族合法权益。1999年起,民族政策和法律法规的宣传教育工作纳入全市普法工作规划、社会宣传计划、各级干部培训计划和各级各类学校教学计划。2004年,市民委编印《民族工作政策法规选编》,为各级领导干部和民族工作者学习民族工作、蒙古语文政策和法律法规提供较为翔实的参考。2008年,中共中央宣传部、国家民委印发《党和国家民族政策宣传教育提

1993—2014年赤峰市获全国、自治区民族团结进步奖统计表

表2-2-4

年份	名称	先进集体（个）	先进个人（人）	授奖部门
1994	全国民族团结进步奖	2	3	国务院
1999	全国民族团结进步奖	3	3	国务院
2005	全国民族团结进步奖	3	3	国务院
2009	全国民族团结进步奖	3	3	国务院
2014	全国民族团结进步奖	3	3	国务院
1993	全区民族团结进步奖	15	15	自治区党委、政府
1997	全区民族团结进步奖	20	24	自治区党委、政府
2002	全区民族团结进步奖	25	51	自治区党委、政府
2007	全区民族团结进步奖	22	24	自治区党委、政府
2012	全区民族团结进步奖	32	34	自治区党委、政府

纲》后，赤峰市组织全市县处级以上领导干部学习。2011 年，市民委制定《全市民委系统法制宣传教育第六个五年规划》，为进一步开展民族政策法规宣传工作奠定了良好基础。1993—2012 年，赤峰市先后 5 次获自治区党委、政府民族团结进步奖，其中受表彰的先进集体 114 个、先进个人 148 人。1996—2013 年，赤峰市先后 3 次召开民族团结进步表彰活动，表彰先进集体 131 个、先进个人 177 人。1994—2014 年，赤峰市先后 5 次获国务院民族团结进步奖，其中受表彰的先进集体 14 个、先进个人 15 人。

二、促进少数民族聚居地区经济社会发展

1991 年，市民委下发《全市民委系统各项经费申报程序、使用原则和管理办法的规定》《进一步加强民委系统各项经费管理的意见》，加强资金、项目的规范化管理。当年，申报自治区开发项目 35 个，争取资金 589 万元。全市扶持少数民族贫困户 3447 户、17224 人，通过扶贫解决温饱 2488 户。1995 年，全市投放少数民族扶贫专项资金累计 2127 万元，共安排贫困旗县 8 个工业生产项目，创产值 1816.8 万元，实现利税 658.1 万元。其中阿鲁科尔沁旗投资 50 万元，围封麻黄基地 33 处、1.77 万公顷，总产值 450 万元，为 2900 户少数民族解决温饱，323 户当年致富。1998 年，国家民委和财政部增设少数民族发展专项资金，自治区共拨付给赤峰市少数民族发展资金 1597 万元，安排项目 98 个。其中经济类项目 68 个，1212 万元；教科文卫社会发展项目 30 个，385 万元。在 68 个经济类项目中，用于边远少数民族聚居的嘎查村改善生态环境、基本生产生活条件的有 15 个，共建家庭喷灌小草库伦 5703 处；改善边远农牧区基础设施条件项目 17 个，修路项目 4 个，修乡村路 130 公里，解决了 17 个嘎查村通路难的问题；为边远牧区实施供电项目 1 个，解决了 3612 人的生产生活用电问题；治河项目 1 个，改善了沿河两岸群众的生产生活条件。

1998 年后，赤峰市委、市政府印发《关于进一步加强民族工作的意见》《关于进一步加强民族工作，加快我市经济社会又好又快发展的意见》，把少数民族聚居地区发展纳入经济社会总体发展规划，制定和实施一系列有利于少数民族聚居地区经济社会发展的政策措施。实施加快少数民族聚居嘎查村发展的“少数民族扶贫工程”。2000 年，为 500 个草原读书室免费订阅报刊，为 11 个读书室配备电教设备，为读书室中心服务站和部分读书室配备微机，使草原读书室的功能不断完善。经认真核查申报，全市有 9 个旗县被国家确定为民族贸易旗县，有 19 个边远牧区民族用品生产企业被国家确定为民族用品生产企业。全年共争取基础设施、生态建设、农牧业生产扶贫开发项目和扶持民族地区发展的文化、教育、卫生、科技项目 46 个，争取少数民族发展资金 300 多万元。巴林右旗为家庭灌溉小草库伦投入无偿资金 30 多万元，解决财政周转金 60 万元，解决了一些牧民家庭生产生活困难。

“十五”期间，全市民委系统累计争取少数民族发展资金 1502 万元。扶持贫困嘎查村建设基础设施和改善生产生活条件项目 75 个；为 39 所民族中小学购置“三语教学”配套设备，改善了教学条件；投入“电脑农牧业（草原读书室）信息网络工程资金”100

万元，建电脑农牧业示范推广点12个。巴林右旗累计投入资金710万元，围绕奶牛等产业，有步骤地推广电脑农牧业项目；翁牛特旗电脑农牧业信息网站拓展为“翁牛特旗民族网站”，实现与互联网对接，投资30万元，新增3个嘎查村电脑农牧业试点，配备电脑、电视机、VCD播放器等设备，开展农牧业信息服务。全市争取民族社会事业项目资金110万元，扶持8个民族学校和民族卫生院建设。

2006—2014年，市政府印发《关于进一步加强民族教育工作的意见》，优先在全市各民族学校实施国家贫困地区义务教育工程、危房改造工程、高中扩建工程、薄弱学校改造工程、扶贫助学工程等项目，累计投入资金达3亿多元。新建民族学校教学用房4.46万平方米，改善和修建校舍面积28.4万平方米，民族教育办学条件明显提高。至2014年，全市有民族普通中小学、民族幼儿园145所，在校生7.9万人，蒙古语授课在校生3.43万人。全市有民族中小学、民族幼儿园专任教师5256人，蒙古语授课专任教师4041人。民族幼儿园、民族小学专任教师合格率达100%，民族初中、职业高中达98%以上，民族高中达94%以上。北部旗县以蒙古语授课为主的学校，从小学二年级起开设汉语文课程；南部旗县以汉语授课为主的学校，小学一年级起开设蒙古语文课程，从小学到高中基本形成双语教学体系。同期，赤峰市大部分蒙古语授课小学从三年级起开设英语课，赤峰蒙中、天山二中和大板一中设有蒙、汉、英“三语”实验班，民族教育教学质量明显提高。民族高中入学率由2005年的91%提高到2014年的95%以上，高考本科升学率由51.9%提高到92.5%。全市建设各类民族文化机构42个。其中民族艺术演出团体10个，民族少儿图书馆1个，公共图书馆内设蒙古语文阅览室13个，蒙古语电影制作机构1个，乡镇苏木民族文化馆17个。全市各牧业旗、半农半牧旗新华书店均建有蒙古语文图书销售专架、专柜，全市200个嘎查建起文化室，基本满足全市少数民族群众文化需求。2012年，第十一届“五个一工程”评选中，全市申报蒙古语广播剧《巴林食府》《热爱大自然》《鸿雁》，蒙古语长篇小说《胡硕图的人们》，蒙古语报告文学《乌兰牧骑颂歌》和蒙古语中篇小说集《暖春》等十几部作品，是赤峰市历届参评作品最多、门类最全的一届。广播剧《巴林食府》(蒙古语)获得自治区“五个一工程”优秀剧目。1995—2014年，全市组团参加7次自治区少数民族传统运动会，取得优异成绩。

三、普及推广蒙古语言文字

1991—2014年，赤峰市蒙古语文工作委员会，下设蒙古语文工作委员会办公室，与市民委蒙古语文科合署办公，负责全市蒙古语言文字的学习、使用与推广工作。2004—2008年，为促进蒙古语文使用的标准化，赤峰市成立蒙古语文翻译领导小组，建立健全翻译机构，落实人员编制。全市有党政机关翻译工作机构13处，专职翻译从原来的18人增加到30人，兼职翻译由原来的127人增加到165人。至2014年，赤峰市不断推进蒙古语言文字服务。赤峰市信访局、北部5个旗和宁城县、敖汉旗配备兼通蒙古语言文字工作人员27人，其中专职工作人员13人，兼职工作人员14人。全市各级司法系统有兼通蒙古语言文字工作人员124人。各级蒙医中医医院有兼通蒙古语言文字医务人员 98 人，其中市蒙医中医医院有蒙汉兼通的医务人员 25 人，蒙医科始终实行开蒙文处方。全市各级行政服务大厅、车站、医院、宾馆、乌兰牧骑等部门配备兼通蒙古语言文字的工作人员 217 人，努力为基层农牧民提供蒙古语言文字服务。

1991 年，赤峰市为加强蒙汉两种文字和市面用文规范化管理，市委、市政府召开全市第三次蒙古语文表彰大会，表彰 22 个先进集体和 115 名先进个人，同时市民委在阿鲁科尔沁旗召开全市蒙汉文并用工作现场会，为促进学习使用好蒙古语言文字、维护全市民族平等、实现各民族共同繁荣发展发挥重要作用。

1995 年，为努力实现市面用文的规范化，推进蒙汉两种文字并用制度，赤峰市政府印发《关于执行蒙汉两种文字并用的通知》，并组成市、区两级联合检查组，对市区 268 个行政事业单位进行检查指导，红山区与 34 个行政事业单位签订“红山地区市面用文规范化活动责任状”。至 2001 年，赤峰市政府先后印发《赤峰市社会市面蒙汉文并用管理办法》《赤峰市户外广告设置管理暂行规定》《赤峰市牌匾标识设置管理暂行规定》等规范性文件，连续 7 年组织开展全市社会市面蒙汉文并用情况的集中检查整顿活动。对全市各旗县区政府所在地、街路两侧的户外广告牌匾蒙汉文并用情况进行集中整顿，检查牌匾 90047 块，合格牌匾 80476 块，发现不合格牌匾 9571 块，现场整改牌匾 3960 块，其他不合格牌匾整改率达到 98%以上。

2004 年，《内蒙古自治区蒙古语言文字工作条例》（简称《条例》）颁布后，全市利用各类新闻媒体集中开展《条例》和党的有关民族语文政策宣传教育活动。2005 年 5 月 1 日起，在赤峰人民广播电台蒙语频道开办“蒙古语会话”节目，与“北国风”汉语直播节目连接，每天播出 30 分钟。同时，市民委通过实施“草原读书室”工程，编写 18 万字的教材。2008 年起，翁牛特旗中蒙医院蒙医科实行开蒙文处方，克服少数民族患者看病、治病过程中的语言沟通障碍。阿鲁科尔沁旗、巴林左旗、巴林右旗、克什克腾旗、宁城县、松山区等蒙医中医医院均能够给基层农牧民群众提供蒙古语言文字服务。

2009 年，为普及蒙古语言文字工作，市民委举办蒙古语文翻译培训班，全市有 60 多名蒙古语文专兼职翻译参加培训。各旗县区先后举办各类蒙古语文翻译培训班，共培训翻译人员 656 人次。通过培训，翻译人员的专业技术水平得到明显提高。同年，宁城县委组织部、县民委研究选配宁城县蒙汉兼通干部和岗位标准，增设蒙汉兼通领导干部和公务员岗位 58 个。

2006—2012 年，认真开展农村牧区少数民族农牧民职业技能培训工作。全市举办各类以蒙古语言文字授课的实用技术培训班 160 多次，培训学员达 9200 多人次。其中阿鲁科尔沁旗民族职教中心开展的以蒙古语言文字授课的实用技术培训 5008 人次，培训内容涉及农牧业生产技术、医疗卫生及安全教育、民间艺术、计算机、动物防疫、物权法、电焊、民族刺绣和民族服饰等多个方面。巴林左旗邀请一些兼通蒙汉两种语言文字的专业技术人员为广大牧民讲课，培训牧民达 700 多人次。

2008—2014 年，为培养少数民族干部，赤峰市在国家机关、人民团体和事业单位录用国家公务员和工作人员等各种考试中,确定汉族与少数民族岗位比例为1∶0.3。全市各级政府允许考生使用蒙汉两种语言文字参加考试,在同等条件下优先录用。赤峰学院每年招收近300名蒙古语授课大学生,培养蒙汉兼通各类专业人才。2010年9月,巴林左旗在公开招聘事业单位工作人员考试中,1252人参加笔试,共招聘72个岗位,其中使用蒙文答卷的考生为134人,占总人数的10.7%。2009—2012年,翁牛特旗考入蒙古语授课的大中专生739人,旗内分配就业的蒙古语授课大中专生33人,通过就业局在旗内企业临时就业的有30多人。

2012年9月,召开赤峰市蒙古语文学会成立暨蒙古语文学会会员代表会议,表彰奖励在蒙古语文学术活动中作出突出贡献的人员。各旗县区相继成立各种少数民族社会团体,其中巴林左旗建立蒙古族文化艺术协会,宁城县、喀喇沁旗建立蒙古文化研究会、内蒙古清格尔泰蒙古语言文化基金会等,促进蒙古语言文字学术科研和文化交流活动的开展。2012年后,赤峰学院成立蒙古语标准音培训测试站,先后参加培训测试的教师和高校学生达971人。认真开展民族古籍的抢救搜集和整理工作,全市已搜集到130多种少数民族古籍。2013年7月17日,巴林左旗教师进修学校教师那木拉与汉文书法家白雪峰耗时一年多完成的166.28米蒙汉文书法长卷,获得上海大世界吉尼斯总部颁发的"最长蒙汉对照书法长卷吉尼斯纪录"证书。

至2014年,赤峰市不断推进蒙古语言文字服务。全市信访部门接收蒙古语言文字的来信来访5150件(次);已处理包括牧区牧民草牧场、土地、财产、民生、民族宗教、教育、社会市面用文等方面的来信来访5130件(次)。仅市中级人民法院每年用蒙古语言文字法律审理的各类案件高达150多件。深入开展学习使用蒙古语言文字表彰活动,1991—2014年,赤峰市先后召开6次学习使用蒙古语文表彰大会,表彰先进集体103个,先进个人323人。全市蒙古语文推广服务工作受自治区表彰3次,先后受到表彰的先进集体有17个,先进个人有56人。其中2005年,赤峰市政府获全区民族语文工作先进单位称号;2008年,赤峰市民委获全区蒙古语文工作先进单位称号。

第三卷

经济总情

1991—2014 年,赤峰市根据中共中央、国务院确定的改革开放大政方针和总体部署,结合本地区实际情况和特点,对经济体制和传统经济管理模式进行一系列富有成效的改革。从农村到城市、从生产领域到流通领域、从经济领域到其他各个领域改革不断深入,为全市经济社会发展带来前所未有的生机和活力。经过 24 年建设,全市经济社会快速发展,地方综合实力大幅度提升,人民生活水平得到迅速提高。

经济总量大幅增长。1991—2014 年,全市地区生产总值由 46.61 亿元增长到 1778.37 亿元,年均增长速度由 8.7%达到 11.5%(按可比价格计算)。人均地区生产总值由 1107 元增长到 4.13 万元,年均增长速度由 7.5%达到 11.8%。第一产业、第二产业、第三产业产值分别由 18.03 亿元、15.35 亿元、13.23 亿元增加到 274.39 亿元、859.70 亿元、644.28 亿元。第二产业成为全市经济发展中增长最快的产业。

经济结构优化升级。1991—2014 年,全市经济结构调整取得显著成果。一、二、三产业结构比例由 38.68∶32.93∶28.39 调整到 15.43∶48.34∶36.23。高产、高效和高附加值农畜产品、工业产品明显增加,效益提升。全市粮豆产量由 168.94 万吨增加到 510 万吨,蔬菜产量由 39.47 万吨增加到 487.59 万吨, 牧业年度家畜存栏由 834.57 万头只增加到 2214.58 万头只,农林牧渔业总产值由 26.95 亿元增加到 456.41 亿元。有色金属、钢材、原煤、化学原料药、化肥、水泥等优势特色工业产品产量增速较快,名优产品增多;全市规模以上工业总产值由 33.81 亿元增加到 2056.94 亿元。社会消费品零售总额由 20.66 亿元增加到 588.39 亿元。在所有制结构上,国有、集体经济成分减少,股份制、私营等非公有制经济成分增加。全市国有、集体(乡及以上)工业企业由 1221 家减少到 28 家(规模以上);股份制、外商及中国港澳台、私营等非公有制工业企业由 1994 年的 59 家发展到 2014 年的 541 家。2014 年,非公有制规模以上企业工业总产值占全市规模以上企业工业总产值的比重达到 95.03%,工业和非公有制经济成为全市经济的主导力量。

固定资产投资迅猛。1991—2014 年, 全市全社会固定资产投资由 10.72 亿元增加到 1113.28 亿元,增长 102.85 倍。其中 500 万元以上项目投资由 7.33 亿元增加到 1101.28 亿元,增长 149.24 倍;工业投资由 5.88 亿元增加到 421.18 亿元,增长 70.63 倍;房地产投资由 2554 万元增加到 128.59 亿元,增长 502.48 倍。

财政状况明显改善。20 世纪 90 年代初期,全市财政收入增长较为缓慢,12 个旗县区有 10 个需要国家补贴实现财政收支平衡。1994 年,实施分税制管理体制改革,增收节支力度加大,自治区过渡期转移支付制度实行,全市财政收支状况逐步好转。1996 年,财政赤字的历史彻底结束。2001—2005 年,财政收入年均增长 19.9%。2006—2010 年,财政收入年均增长 30.5%,财政支出年均增长 24.6%,实现了由“吃饭财政”向“公共财政”的转变。2010 年,全市地方财政收入突破百亿元。到 2014 年,全市财政总收入 212.87 亿元,比 1991 年的 3.9 亿元增长 53.58 倍,其中一般预算收入(地方财政收入)146.29 亿元,比1993 年的 2.38 亿元增长 60.47 倍;全市财政总支出 360.44 亿元,比 1991 年的 6.99 亿元增长 50.57 倍。

经济持续快速增长,使居民的衣、食、住、行等方面得到较大改善,城乡居民生活总体达到小康水平。全市城镇居民可支配收入由1991年的1312元增加到2014年的2.28万元,增长16.38倍;农牧民人均纯收入由1991年的614元增加到2014年的8937元,增长13.56倍。城乡居民人均消费支出由1991年的1306元、518元增加到2014年的1.43万元、8109元,分别增长9.95倍、14.65倍。城乡居民的恩格尔系数分别由1991年的46.3%、57.3%下降到2014年的28.8%、29%。2014年,平均百户城镇居民家庭拥有电冰箱100台、彩色电视机106台、移动电话207部、家用电脑69台、家用汽车18辆;平均百户农牧民家庭拥有电冰箱86台、彩色电视机106台、洗衣机84台、移动电话193部、摩托车85辆、家用汽车12辆。城镇居民人均住房建筑面积为30.59平方米,农牧民人均居住面积为26.28平方米。城乡居民储蓄存款年末余额由1991年的16.74亿元上升至2014年的931.8亿元,增长54.66倍。

第一篇 国民经济运行

第一章 经济实力及构成

第一节 经济规模

1991—2014 年，赤峰市经济和社会发展取得历史性重大成就。24 年间，市委、市政府坚持以经济建设为中心，坚持改革开放，从赤峰市的实际情况出发，适时提出各个发展阶段的指导思想、发展战略和政策措施，及时调整经济比例关系和优化经济结构，克服各种困难和不利因素，推动全市国民经济和社会事业不断向前发展。尤其是进入 21 世纪之后，经济发展连上新台阶，经济活力明显增强，综合实力显著提升。2014 年，全市地区生产总值达到 1778.37 亿元，比 1991 年增长 37.16 倍；人均地区生产总值达到 41309 元，比 1991 年增长 36.32 倍。全市经济总量 2007 年突破 500 亿元，用了 16 年时间；从 500 亿元上升到 1000 亿元，用 3 年时间；从 1000 亿元上升到 1500 亿元，用了仅仅 2 年时间。

24 年间，全市农村牧区经济更加活跃，农牧业产业化经营不断完善，综合生产能力稳步提高，农畜产品产量显著增加，农牧业经济得到全面发展。全市大力实施“工业强市”战略，走新型工业化道路，逐步形成以特色主导产业为支柱的工业体系，产业结构日趋合理，经济效益明显提高，整个工业经济持续快速增长。全市围绕“建设大市场、发展大贸易、搞活大流通”的指导思想，着力提升传统商贸业的层次和水平，同时加速发展现代商贸服务业，大力发展旅游业和新兴服务业，全面推进第三产业快速发展。全市上下齐心努力，走出了一条符合时代特点、具有赤峰特色的经济社会发展之路。

1991—2014 年赤峰市地区生产总值统计表

表 3-1-1

年份	地区生产总值（万元）	第一产业（万元）	第二产业（万元）	其中工业（万元）	第三产业（万元）	人均地区生产总值（元）
1991	466076	180277	153487	133944	132312	1107
1992	570110	218849	189059	158676	162202	1345

续表

年份	地区生产总值（万元）	第一产业（万元）	第二产业（万元）	其中工业（万元）	第三产业（万元）	人均地区生产总值（元）
1993	659263	231549	240079	211221	187635	1537
1994	840415	306501	287306	246746	246608	1941
1995	911294	301873	287904	254065	321517	2085
1996	1132349	413445	335495	289667	383409	2562
1997	1275431	433497	405653	342905	436281	2859
1998	1334486	465489	398250	333745	470747	2960
1999	1399192	440819	423604	358776	534769	3093
2000	1468520	387788	463368	389341	617364	3250
2001	1641084	437541	500038	418039	703505	3626
2002	1871764	500766	583846	482839	787152	4121
2003	2264367	625257	751369	584940	887741	4963
2004	2800619	770325	971034	771156	1059260	6343
2005	3485691	922190	1283352	1061252	1280149	7860
2006	4663767	988522	1807186	1545786	1868059	10529
2007	6382301	1214270	2873775	2549575	2294256	14432
2008	8034100	1435500	3849800	3418500	2748800	18251
2009	9128914	1489420	4513905	3941200	3125589	20863
2010	10862293	1773700	5565762	4834562	3522831	24967
2011	13471906	2107405	7225346	6278695	4139155	31121
2012	15568199	2375410	8204619	7095619	4988170	36070
2013	16861549	2609262	8396595	7179009	5855692	39126
2014	17783716	2743869	8597043	7311703	6442804	41309

2000—2014年部分年份赤峰市各旗县区地区生产总值统计表

表 3-1-2

地 区	2000年		2010年		2014年	
	地区生产总值（万元）	人均地区生产总值（元）	地区生产总值（万元）	人均地区生产总值（元）	地区生产总值（万元）	人均地区生产总值（元）
红山区	115982	5923	1728497	48966	2845641	62281
松山区	143846	2714	1394139	26034	2372400	40159
元宝山区	241641	8533	1485137	45626	2403693	72281
阿鲁科尔沁旗	67669	2290	583371	19446	1012728	37873
巴林左旗	88875	2616	675747	18849	1188409	37178
巴林右旗	48986	2820	418143	22725	720589	41640
林西县	90311	3811	375113	15597	708893	35453
克什克腾旗	62263	2488	881652	34848	1399455	69851
翁牛特旗	134880	2880	803608	16690	1387946	33109
喀喇沁旗	68450	1870	634965	18168	672466	23944
宁城县	190078	3211	915714	15173	1590307	29854
敖汉旗	147350	2544	930494	15508	1565296	29439

一、农牧业生产

1991年，全市上下认真贯彻落实党在农村的各项方针政策，不断深化农村牧区改革，采取一系列促进农牧业发展的有效措施，农牧业生产低而不稳的状况有所改变。全市注重发挥国家、集体和农牧民三方面的积极性，大搞以水利为重点的农田基本建设和水源、草场、林木、机械、饲料五配套的草库伦建设以及以小流域治理为重点的生态建设，生产条件得到有效改善，综合生产能力稳步提高，农牧业生产有了新的发展。全市农林牧渔业总产值（按1990年不变价格计算）26.95亿元，比上年增长9.2%。其中农业（包括副业）16.26亿元，增长8.8%；牧业9.01亿元，增长9.6%；林业1.58亿元，增长10.2%。全市粮豆总产168.94万吨，比上年增长3.9%，再创历史新水平。6月末家畜总头数834.57万头只，比上年增长4.9%。1995年，由于遭受严重的干旱、低温、早霜冻等自然灾害，农业生产受到一定影响，全市粮食产量比上年下降32.1%，农林牧渔业总产值比上年下降10%。1996年1月,市委、市政府印发《关于加大工作力度推进农牧结合的几点意见》和《关于大力推行农牧业和农村牧区经济产业化的决定》。通过产业化经营,做到种植业和养殖业及加工业相结合,实行适度规模经营和集约经营,促进农牧业产业结构优化升级。以肉、乳、菜、草为主攻方向,推出肉牛、肉羊、肉鸡、肉兔、肉鸭、奶牛、蔬菜、饲草、优质杂粮杂豆、林桑十项重点产业。加快发展高产、优质、高效农牧业,努力增加农畜产品的有效供给,实现农牧业生产能力的稳步提高。全市农牧业喜获丰收,全市农林牧渔业总产值完成44.3亿元,比上年提高32.89%;粮豆总产量达到289.62万吨,比上年增长82.5%;蔬菜总产量50万吨,比上年增长21.1%;6月末家畜总头数945.81万头只,比上年增长2.1%;肉类总产量18.89万吨,比上年增长23.1%。1999年4月,市委、市政府印发《关于进一步实施科技兴农兴牧战略的意见》,明确加大技术推广力度,提高科技含量。当年,市主管部门认真开展"种子工程"和新技术、新成果的引进、示范、推广工作。全市"两杂"种子统购率达到100%,新品种应用率达到25%,主要农作物良种覆盖率达到90%以上,建农业科技示范园区20个。

2001年,全市农牧业生产坚持以结构调整为主线,紧紧围绕推进农牧业产业化经营,建设绿色优质农畜产品生产基地,增强农畜产品竞争能力,延伸农牧业产业链条。农牧业经济在连年灾害的情况下保持平稳发展。2005年,全市各地进一步加大政策支持和资金投入力度,采取积极有效的措施,加快调整农牧业经济结构,坚持把畜牧业摆在突出的发展位置,不断提高畜牧业产值占农牧业总产值的比重。牧区注重转变传统经营方式,走建设养畜、科学养畜之路;农区和半农半牧区扩大养殖规模,突出发展肉牛、肉羊和生猪等家畜,搞好粮食、秸秆的转化利用。全市农村牧区经济实现较快发展,加上降水及时,雨量丰沛,粮食产量创历史新高。全市粮豆产量达到338.20万吨,比上年增长7.5%。6月末牲畜存栏达到1454.85万头只,比上年纯增273.53万头只;牲畜出栏率48.9%,比上年提高7.3个百分点。全市农林牧渔业总产值(按当年价格计算)153.78亿元,其中农业71.46亿元、牧业71.77亿元。

2011年,全市农牧业"561"工程(赤峰市2011年提出的以集约节水高效为核心的农牧业重点工程,即到"十二五"末,完成玉米膜下滴灌500万亩,谷子滴灌、设施农业、节水人工牧草、节水马铃薯、节水大地蔬菜、高效节水经济林各100万亩,出栏优质肉牛100万头)成效明显。完成玉米膜下滴灌7.2万公顷,完成节水人工种植紫花苜蓿0.85万公顷,完成高效节水经济林1.47万公顷,设施农业总面积达到4.73万公顷,综合生产能力大幅提升。全市粮豆产量达到435.1万吨,比上年增长22.5%。6月末牲畜存栏达到1719.62万头只,比上年增长1.2%;牲畜出栏率54.5%,比上年下降1.3个百分点;牲畜良种及改良种率95.4%。2014年,进一步强化农牧业产业化经营,注重龙头企业品牌建设。全市有国家级重点龙头企业5家,自治区级重点龙头企业91家,市级重点龙头企业118家;全市龙头企业有6个中国驰名商标,43个自治区著名商标,158个赤峰市知名商标。全市新增高效节水种植面积10.80万公顷;粮豆产量在大旱之年虽然有所下降，但仍保持百亿斤以上；牧业生产连续9年居自治区首位，新培育国家和自治区级农畜产品品牌31个。

24年间，全市农牧业经济得到全面发展，农林牧渔业总产值迅速增长，农畜产品产量显著增加。2014年，全市农林牧渔业总产值完成456.41亿元，是1991年的16.93倍。其中完成农业产值285.02亿元、牧业产值143.23亿元、林业产值18.73亿元、渔业产值2.6亿元，分别是1991年的17.53倍、15.90倍、11.82倍和27.49倍。全市粮豆年产量不断跃上新台阶，2004—2007年，产量在300万吨左右；2008—2011年，除2009年产量较低外，其余年份均在350万吨以上；2012—2014年，均稳定在500万吨以上。2014年，全市粮豆产量510万吨，蔬菜产量487.59万吨，甜菜产量75.8万吨，油料产量14.03万吨，分别是1991年的3.02倍、12.35倍、1.34倍和3.09倍。全市家畜牧业年度存栏2214.58万头只，是1991年的2.65倍；肉类总产量46.1万吨，鲜奶总产量37.1万吨，分别是1991年的4.89倍和17.70倍。

1991—2014年赤峰市农林牧渔业总产值和粮豆产量统计表

表3-1-3

年份	农林牧渔业总产值（万元）	粮豆总产量（吨）	年份	农林牧渔业总产值（万元）	粮豆总产量（吨）
1991	269512	1689434	2003	588141	2429186
1992	305403	2009790	2004	732604	3146616
1993	345712	2280694	2005	1537841	3382002
1994	369659	2337085	2006	1689460	2976200
1995	333339	1587014	2007	2037035	2933900
1996	442977	2896159	2008	2408720	3500525
1997	462015	2698235	2009	2489394	2960001
1998	498344	3332028	2010	2971907	3551048
1999	484997	2658533	2011	3501641	4351035
2000	440157	1408465	2012	3954968	5001035
2001	488669	2268888	2013	4369743	5251000
2002	552455	2701562	2014	4564077	5100000

说明：农林牧渔业总产值2005年开始按当年价格计算，以前按1990年不变价格计算。

1991—2014 年赤峰市家畜存栏统计表

表 3-1-4　　　　单位:万头只

年份	六月末家畜存栏数	十二月末家畜存栏数	年份	六月末家畜存栏数	十二月末家畜存栏数
1991	834.57	651.46	2003	976.98	741.97
1992	845.88	623.85	2004	1181.32	905.80
1993	827.99	632.29	2005	1454.85	914.42
1994	850.69	671.82	2006	1669.88	892.13
1995	926.16	708.76	2007	1731.80	863.29
1996	945.81	705.16	2008	1753.09	897.87
1997	952.80	684.17	2009	1769.31	924.17
1998	940.82	625.48	2010	1700.12	920.57
1999	897.48	629.24	2011	1719.62	938.36
2000	911.08	598.57	2012	1856.35	943.16
2001	834.54	595.40	2013	1963.19	942.91
2002	871.51	687.67	2014	2214.58	985.51

二、工业生产

1991 年,市委、市政府出台一系列进一步搞活工业企业的政策,印发《搞活国有工业企业的若干规定》。继续完善和发展企业承包制,落实各工业企业目标责任制;大力推进企业技术进步,推动工业产品更新换代;抓好企业升级和“双增双节”工作,强化企业管理,挖掘内部潜力,降低原材料和能源消耗,促进增产增收,提高企业经济效益。全市工业总产值 39.29 亿元,比上年增长 12.4%。其中乡及乡以上工业产值 33.81 亿元,比上年增长 11.4%,轻工业产值 16.12 亿元,比上年增长 8.3%;重工业产值 17.69 亿元,比上年增长 14.5%。1995 年,全市上下以提高工业经济增长的质量和效益为中心,面向国内外市场,不断深化改革,强化企业管理,加强技术改造,推进技术进步,调整优化企业产品结构,工业经济保持较好的发展势头。全市工业总产值 96.79 亿元,比上年增长 28.3%。其中乡及乡以上工业产值 75.05 亿元,比上年增长 22.9%。优势产业和产品得到重点发展,涌现出一批知名企业和名牌产品。

进入 21 世纪之后,全市上下紧紧抓住国家深入实施西部大开发、振兴东北老工业基地战略的有利时机,立足资源优势和市场需求,大力实施“工业强市”战略,走新型工业化道路,逐步形成以冶金、能源、食品、制药、纺织、建材等特色主导产业为支柱的工业体系，产业结构趋向合理。2005 年，全市工业实现增加值 102 亿元，比上年增长 28.1%。其中规模以上(全部国有及年销售收入 500 万元以上非国有工业企业)企业完成增加值 76.57 亿元,比上年增长 35.2%。能源、冶金、食品、制药四个支柱行业共完成增加值 67.13 亿元,占规模以上工业的 90.5%。工业经济效益明显提高,规模以上工业经济效益综合指数达到152.24，比上年提高32.05个百分点。规模以上工业企业实现利税总额26.38亿元，比上年增长49.7%。

2011年，全市“双千双百亿”工业重点工程（赤峰市提出2011年培育年销售收入超千亿元产业和超千亿元园区，年产值和销售收入超百亿元企业）进展顺利，有两个企业年销售收入突破百亿元。全市规模以上工业（年主营业务收入2000万元及以上的法人工业企业）实现增加值627.87亿元，比上年增长29.87%。国有及国有控股企业增长15%，冶金、能源、食品、制药、建材、纺织、化工和机械八大重点行业实现工业增加值增长21.5%。规模以上工业主营业务收入实现1559.46亿元，增长25.6%；实现利税218.71亿元，增长19.9%；全年产销率98.7%，产销衔接基本平衡。2014年，市委、市政府把保工业作为稳增长的首要任务。落实电价补贴和贷款补贴8551.7万元，减免缓税费2.75亿元；使65家停产半停产企业恢复生产，36家企业减少亏损。全市规模以上工业增加值达到731.17亿元，与上年基本持平。在规模以上工业企业中，大中型工业企业增加值增长12.3%。全市八大重点行业共有规模以上企业532家。其中能源企业73家，冶金企业155家，食品企业103家，化工企业37家，建材企业81家，医药企业20家，纺织企业20家，机械加工制造企业43家。八大重点行业增速为10.6%，对规模以上工业的贡献率达到94.4%，拉动规模以上工业比上年同期增长10.1%。其中冶金行业增加值增长12.7%，对规模以上工业的贡献率为57.1%，拉动规模以上工业增长6.1个百分点。

24年间，全市工业经济持续快速增长。2014年，全市完成规模以上工业总产值2056.94亿元，是1991年的60.84倍。主要工业产品产量有序增长。其中粗钢产量223.46万吨，是1991年的134.58倍；成品钢材262.84万吨，是1991年的50.50倍；发电量211.69亿千瓦时，是1991年的5.40倍；原煤产量2669.25万吨，是1991年的2.69倍；糖产量97271吨，是1991年的1.99倍；化肥产量14.07万吨，是1991年的19.54倍；水泥产量585.52万吨，是1991年的9.13倍。

1991—2014年部分年份赤峰市工业企业基本情况统计表

表3-1-5

项目＼年份	1991	1995	2000	2005	2010	2014
工业总产值（亿元）	33.81	75.05	66.16	218.96	1265.84	2056.94
工业增加值（亿元）	12.32	18.88	21.33	76.57	483.46	731.17
产品销售收入（亿元）	32.09	59.13	66.16	214.55	1241.33	1950.94
利税总额（亿元）	2.99	4.65	4.58	26.38	182.39	140.97
企业数量（家）	1221	1660	145	242	593	569
年均从业人员（万人）	17.98	21.21	10.98	10.97	15.04	15.11

说明：1991—1997年为乡及乡以上独立核算工业企业，1998—2002年为限额以上独立核算工业企业，2003—2014年为规模以上工业企业数据。

2000—2014年部分年份赤峰市各旗县区规模以上工业企业主要经济指标统计表

表3-1-6 单位:亿元

地区	2000年			2010年			2014年		
	工业总产值	产品销售收入	利税总额	工业总产值	产品销售收入	利税总额	工业总产值	产品销售收入	利税总额
红山区	0.82	0.74	0.11	263.59	246.40	28.98	375.08	381.93	26.50
松山区	1.94	1.88	0.01	—	151.69	21.90	195.09	197.25	9.26
元宝山区	10.32	11.08	1.01	131.94	135.33	29.79	229.63	205.27	2.72
阿鲁科尔沁旗	0.41	0.53	0.05	53.15	52.30	2.07	100.38	82.28	2.00
巴林左旗	0.59	0.84	0.04	79.39	78.27	14.69	188.65	162.61	21.04
巴林右旗	0.58	0.61	0.12	—	44.60	12.36	114.95	113.90	17.81
林西县	1.92	2.27	0.37	30.52	29.84	2.39	108.06	106.71	8.39
克什克腾旗	0.73	0.52	0.12	96.58	93.14	30.36	204.33	192.39	22.53
翁牛特旗	2.18	2.59	0.16	74.72	74.67	10.60	208.19	208.52	21.92
喀喇沁旗	2.10	2.56	0.18	149.48	150.42	19.27	70.22	70.29	3.54
宁城县	5.56	6.29	0.82	120.01	115.55	7.97	179.21	164.43	3.57
敖汉旗	1.73	2.01	0.22	69.50	69.13	2.01	83.14	65.37	1.68

三、第三产业

1991年,全市上下重视流通,重点加强商贸流通市场建设,办好贸工农一体化、产供销一条龙的经济实体。建成或正在筹建的84个经济实体成为启动农村牧区商品经济的有生力量,新建、扩建、改建各类商贸市场133处。国内外贸易有较快发展。全市社会消费品零售总额20.66亿元,比上年增长9.8%;外贸出口总额541万美元,比上年增长11.2%。全市各类消费品零售物价指数为104.6,比上年上涨1.2%。交通运输、邮电通信事业稳步发展。全市公路货运量872万吨,比上年增长6.6%;全市公路客运量1512万人,比上年增长18.8%;完成邮电业务量3178万元,比上年增长18.2%。金融、保险业发展迅速。全市城乡居民储蓄年末存款余额为16.74亿元,比上年增长25.1%。1993年1月,市委、市政府印发《关于加快第三产业发展的若干意见》。按照"建设大市场、发展大贸易、搞活大流通"的指导思想,调动社会各方面的积极性,鼓励国家、集体、个人、外资一齐上,全面推动第三产业发展。1995年,全市消费品市场繁荣活跃,市场体系日趋完善。商品市场建设步伐较快,辐射功能和服务水平进一步增强;金融、劳务、房地产、交通运输、邮电通信等生产要素市场和其他市场逐步发展,物价上涨得到有效控制。全市社会商品零售总额为43.61亿元,比上年增长22.7%;城乡居民储蓄年末存款余额

48.26 亿元，比上年增长 29.1%。对外贸易发展迅速。全市外贸系统和企业自营出口 2019 万美元，比上年增长 41%。旅游业得到长足发展。以建设“中国北方草原文化旅游产业开发区”为目标，以积极发展国内旅游为重点，实施加快旅游发展的三项“启动工程”。2000 年，全市共接待国内外游客 225 万人次，比上年增长 9.8%；游客总收入 2.07 亿元，比上年增长 25%。

2001 年，消费品市场供应充足，销售稳定增长。全市实现社会商品零售总额 79.31 亿元，比上年增长 8.5%；集市贸易比较活跃，全年成交额 62.3 亿元，比上年增长 26%。交通运输业稳定发展。全市公路货运量 6604 万吨，货运周转量 31.01 亿吨公里；公路客运量 2560 万人，客运周转量 14.51 亿人公里。金融机构存贷款增加。到年底全市金融机构各项存款余额 120.23 亿元，比年初增长 13.9%。全年财产保险金额 240.4 亿元，比上年增长 8.8%；保费收入 10083 万元，比上年增长 7.3%。2005 年，大力加强市场建设，促进商贸流通行业发展。全市建筑面积 5000 平方米以上的商业零售网点达到 34 个，年交易额超亿元的商品批发市场达到 15 家；消费品零售总额实现 138.21 亿元，比上年增长 17%。其中批发零售贸易业零售额 115.60 亿元，增长 14.8%；餐饮业零售额 15.59 亿元，增长 18.6%。全年外贸进出口总额实现 16268 万美元，比上年增长 38.2%，其中自营企业完成 11910 万美元，占总额的 73.2%。旅游业快速发展。全市共接待境内外游客 330 万人次，比上年增长 17%；旅游业总收入实现 25.39 亿元，增长 95%。赤峰市先后被评为中国优秀旅游城市和中国最佳旅游胜地。交通运输承载能力进一步增强。全市公路里程达到 11128 公里，比上年增长 3.6%，其中等级公路率达到 97.6%。邮电通信业不断发展壮大。全年邮电业务总量完成 17.99 亿元，比上年增长 39.2%。现代物流业迅速崛起，红山、松山等物流园区快速发展。2007 年，赤峰市红山物流园区累计完成投资 7.1 亿元，新入驻企业 75 家，实现交易额 15.2 亿元，成为辐射周边的区域性新型物流枢纽。

2011 年，全市着力提升传统商贸业的层次和水平，同时推进现代服务业加速发展，培育大型现代物流企业，推广应用先进物流技术。红山物流园区集聚辐射作用明显增强，晋升为自治区现代化综合物流园区。全市商贸流通业重点项目年度投资首次突破百亿元大关，实现翻番增长。23 个投资超亿元的大型商贸场所启动建设。2014 年，全市完成第三产业总值 644.28 亿元，占全部生产总值的 36.2%。建成一批重点商贸项目，新增商业面积 198 万平方米。赤峰保税物流中心封关运营，现代物流业发展迈上新的台阶。全市旅游业发展良好。建设最具特色的草原文化旅游观光休闲度假基地进展顺利，推动旅游业与文化产业融合发展，深度挖掘旅游业的文化内涵，充分发挥文化促进旅游消费的作用，推进一批特色旅游景区和四季旅游品牌建设，乡村牧区旅游又有新发展。全市接待游客 1139 万人次，比上年增长 20.9%；旅游创收 180 亿元，增长 23.9%。交通、邮电、金融、保险业保持良好的发展势头。全市公路里程达到 24953 公里，比上年增长 2.8%。

24 年间，全市商贸服务业快速发展。2014 年，全市实现社会消费品零售总额

588.39 亿元,是 1991 年的 28.48 倍。外贸进出口总额 8.53 亿美元,是 1991 年的 157.73 倍。公路货运周转量 239.83 亿吨公里,是 1991 年的 52.46 倍;客运周转量 27.62 亿人公里,是 1991 年的 3.15 倍。邮政电信业务总量 33.23 亿元,是 1991 年的 105.90 倍。全市金融机构人民币存款余额达到 1366.47 亿元,是 1991 年的 64.12 倍。

1991—2014 年赤峰市社会消费品零售总额统计表

表 3-1-7

年份	社会消费品零售总额(万元)	同比增长(%)	年份	社会消费品零售总额(万元)	同比增长(%)
1991	206629	9.8	2003	980010	12.9
1992	236837	14.6	2004	1180925	20.5
1993	290324	22.6	2005	1382144	17.0
1994	355447	22.4	2006	1625785	17.6
1995	436059	22.7	2007	1963023	20.7
1996	505037	15.8	2008	2466831	25.7
1997	580336	14.9	2009	2869997	16.3
1998	628503	8.3	2010	3415201	19.0
1999	681597	8.4	2011	4046101	18.5
2000	730783	7.2	2012	4691032	15.9
2001	793082	8.5	2013	5307000	13.1
2002	867319	9.3	2014	5883891	10.9

1991—2014 年部分年份赤峰市金融机构人民币存贷款余额统计表

表 3-1-8

项目/年份	年末各项存款余额				年末各项贷款余额	
	总数(万元)	同比增长(%)	其中城乡居民储蓄存款余额		总数(万元)	同比增长(%)
			总数(万元)	同比增长(%)		
1991	213127	23.1	167414	25.1	351492	15.8
1995	459205	14.1	482633	29.1	910774	18.2
2000	1378223	8.9	1100101	8.4	1477088	–0. 8
2005	3198686	27.4	2255336	20.6	1410809	–4.1
2010	8794197	22.1	5367138	20.7	4659314	17.8
2014	13664721	7.8	9317957	8.1	10480711	21.8

2000—2014年部分年份赤峰市各旗县区社会消费品零售总额统计表

表 3-1-9　　单位:万元

地　区	2000年	2005年	2010年	2014年
红山区	105083	337948	664641	1175135
松山区	58600	150830	573608	1004500
元宝山区	130012	204449	426260	742620
阿鲁科尔沁旗	33668	61726	158741	278037
巴林左旗	41132	79433	205588	357280
巴林右旗	25783	52576	122408	206800
林西县	33450	65627	156527	273880
克什克腾旗	27808	68108	163522	277346
翁牛特旗	45020	91054	218032	373962
喀喇沁旗	32029	54190	152353	266293
宁城县	70320	128003	303291	533245
敖汉旗	41497	78454	222213	394792

第二节　经济结构

一、所有制结构

国有工商企业　工业企业。20世纪80年代后期和90年代前期，全市形成以全民所有制为主体的工业体系。1991年,全市有国有工业企业322家,有企业职工11.3万人,完成工业总产值27.11亿元(当年价格,下同),占全市工业总产值的69.3%,实现利税0.72亿元。1992年之后,加强工业发展,国有企业逐渐增加。至1995年,全市国有工业企业增加到480家,企业职工增加到13.8万人,完成工业总产值55.91亿元,占全市工业总产值的57.76%，实现利税3.46亿元。1996年以后，全市开展企业产权制度改革,优化资源配置,通过兼并、转卖、破产重组、股份制改造等措施,很多工业企业退出国有序列。至2000年,全市限额以上国有企业只剩66家,工业总产值23.06亿元,占全市工业总产值的34.84%。2001年之后,进一步深化产权制度改革,建立现代企业制度。国有工业企业的个数和职工人数越来越少,在整个工业总量中的比重越来越低。到2005年,全市有国有工业企业37家,完成工业总产值41.32亿元,占全市规模以上工业企业总产值的18.87%,实现利税5.6亿元。到2014年,全市国有工业企业还有19家,完成工业总产值81.27亿元,占全市规模以上工业企业总产值的3.95%,实现利税2.84亿元。

商业企业。1991年,全市有国营商业企业1400家,从业人员25593人。其中农副产品采购企业349家,从业人员5488人;工业品批发企业172家,从业人员4949人;零售企业820家,从业人员12120人;仓储运输企业49家,从业人员2981人;其他企业10家,从业人员55人。全市国营商业企业社会消费品零售总额8.59亿元,占全市社会消费品零售总额41.55%,全部企业缴纳税金总额7082万元。1992年,市商贸系统对商业、粮食、物资、外贸的零售网点,以租赁形式为主,引进个体私营经营机制,实行国有民营。对批发企业进一步完善承包责任制。到1995年,全市国有批发零售贸易业企业568家,网点1607个,从业人员34886人。1996年之后,通过破产、兼并、转制等改革措施,一些商贸企业退出国有企业序列。到2000年,全市国有批发零售餐饮服务业企业495家,从业人员20412人。到2005年,全市国有限额以上批发零售贸易业商品销售总额51.86亿元,占全市社会消费品零售总额的37.52%。到2014年,全市国有批发零售餐饮服务业企业130家。国有限额以上批发零售贸易业商品销售总额33.54亿元,占全市社会消费品零售总额5.70%。利润总额2.63亿元,缴纳税金1.89亿元。

集体工商企业　工业企业。1991年,全市集体工业企业主要集中在二轻系统和乡镇企业中。全市有乡及乡以上集体工业企业899家,职工66756人,完成工业总产值6.70亿元,占全市工业总产值的17.05%,实现利税7200万元。1992年之后,由于乡镇企业的迅猛发展,全市集体工业企业呈发展势头。到1995年,全市乡及乡以上集体工业企业1144家,企业职工7.9万人,完成工业总产值15.21亿元,占全市工业总产值的15.71%,实现利税8930万元。1996年之后,全市加大经济体制改革力度,全面实行产权制度改革,大多数集体企业尤其是乡镇集体企业,通过转卖、兼并、破产等措施转为私有私营。到2000年,全市限额以上独立核算集体工业企业18家,工业总产值3.05亿元,占全市工业总产值的2.58%。到2005年,全市规模以上集体工业企业21家,工业总产值5.49亿元,占全市规模以上工业总产值的2.51%。到2014年,全市规模以上集体工业企业有9家,工业总产值32.84亿元,占全市规模以上工业总产值的1.60%。

商业企业。1991年,市集体商业企业主要是市商业局系统的集体企业及城市街道、居委会、乡村办的集体商业,共有企业1092家;全市集体所有制商业企业社会消费品零售额7.62亿元,占全市社会消费品零售总额36.90%。1992年之后,通过拍卖、破产、兼并等改革措施,集体商业企业逐渐减少。到2000年,全市批发和零售贸易、餐饮业、社会服务业集体企业279家,从业人员9970人。集体限额以上批发零售贸易业商品销售总额1.29亿元,占全市社会商品零售总额的1.77%。2014年,全市集体所有制批发零售贸易、餐饮业、服务业企业仅有25家,集体限额以上批发零售贸易业商品销售总额2.62亿元,占全市社会商品零售总额的0.45%。

股份制企业　工业有限责任公司。1994年,《中华人民共和国公司法》实施后,全市工业推进建立现代企业制度。市属国有大中型企业基本上实现剥离附营、精干主体,建立股份制企业。全市建立有限责任公司14家。市政府授权部分企业经营国有资产试点工作，积极探索国有资产管理、经营、运营的新体制。市煤气热力经营总公司为全市首家国有资产经营试点单位。到2000年，全市限额以上工业有限责任公司34家，其中国有独资公司7家，其他有限责任公司27家；工业总产值24.85亿元，占全市工业总产值的21.03%。2005年，全市规模以上工业有限责任公司96家，工业总产值90.71亿元，占全市规模以上工业总产值的41.43%。2014年，全市规模以上工业有限责任公司294家，工业总产值1274.83亿元，占全市规模以上工业总产值的61.98%。

工业股份有限公司。1996年之后，全市经济体制改革不断深化，一些国有、集体工业企业通过股份制改造成立股份有限公司。积极开展招商引资，吸引国内外企业和个人到赤峰企业中参股或建立股份制企业。到2000年，全市限额以上工业股份有限公司12家，工业总产值12.15亿元，占全市工业总产值的10.28%。2005年，全市规模以上工业股份有限公司18家，工业总产值42.56亿元，占全市规模以上工业总产值的19.44%。2014年，全市规模以上工业股份有限公司30家，工业总产值164.28亿元，占全市规模以上工业总产值的7.99%。

股份制商业企业。1994年之后，全市商贸企业通过转换经营机制，增资减债，实行股份制改造。1995年，全市成立商贸行业股份制企业11家，从业人员1763人；完成社会消费品零售额5.26亿元，占全市社会消费品零售总额的12.07%。2005年，全市商贸行业有股份制企业46家，从业人员1584人；限额以上批发零售股份制商贸企业商品销售总额9.84亿元，占全市社会商品零售总额的7.12%。到2014年，全市商贸行业股份制企业达到125家，从业人员11447人；限额以上批发零售股份制商贸企业商品销售总额165.03亿元，占全市社会商品零售总额的28.05%。

私营企业　私营工业企业。1991年之后，全市开始发展个体私营经济，但私营工业企业发展缓慢。1995年，全市乡及乡以上私营工业企业只有2家。2000年，全市限额以上私营工业企业6家，其中私营合伙企业2家，私营有限责任公司4家；工业总产值1.13亿元。2001年之后，全市加快工业企业产权制度改革，一些国有、集体工业企业转制为私营企业，新建私营工业企业个数不断增加。2005年，全市规模以上私营工业企业57家，其中私营有限责任公司49家；工业总产值26.37亿元，占全市规模以上工业总产值的12.06%。2014年，全市规模以上私营工业企业201家，工业总产值455.84亿元，占全市规模以上工业总产值的22.16%。

私营商业企业与个体商户。1991年，全市有商贸私人企业105家，从业人员200余人；城乡有证个体商户为14530家，从业人员18753万人。1992年之后，在市委、市政府的积极扶持下，全市个体商户快速发展。到1995年，全市城乡有证个体商户发展到34821家，从业人员62746人，分别比1991年增长1.4倍和2.3倍；销售总额10.34亿元，占全市社会商品零售总额的23.72%。2000年，全市商贸行业私营企业1300余家，限额以上批发零售贸易私营企业商品销售总额3868万元；城乡个体商户达到4.1万家，从业人员10余万人。2010年，全市商贸行业私营企业达到9000家，从业人员近

5万人;城乡个体商户达到10.4万家,从业人员21万余人。到2014年,全市商贸行业私营企业1.4万家,从业人员7.5万人。限额以上批发零售贸易私营企业商品销售总额42.64亿元,占全市社会商品零售总额的7.25%;缴纳税金3593万元,实现利润总额6235万元。城乡个体商户达到12万家,从业人员25万余人。

港澳台及外商投资企业　1991年之后,市政府采取措施,积极吸引外商到赤峰投资办企业。到1995年,全市乡及乡以上港澳台及外商投资工业企业18家,工业总产值2.77亿元,占全市工业总产值的2.86%。到2000年,全市限额以上港澳台及外商投资工业企业7家,工业总产值1.55亿元,占全市工业总产值的1.31%。2005年,全市规模以上港澳台及外商投资工业企业8家,工业总产值11.30亿元,占全市规模以上工业总产值的5.16%。2014年,全市规模以上港澳台及外商投资工业企业11家,工业总产值56.12亿元,占全市规模以上工业总产值的2.73%。

1991—2014年部分年份赤峰市不同所有制工业企业数量统计表

表3-1-10　　单位:家

年份 类别	1991	1995	2000	2005	2010	2014
国有企业(国营企业)	322	480	66	37	24	19
集体企业	899	1144	18	21	12	9
有限责任公司	—	—	34	96	271	294
股份有限公司	—	6	12	18	28	30
股份合作公司	—	—	2	4	2	—
港澳台及外商投资企业	—	18	7	8	14	11
私营企业	—	2	6	57	242	201
其他企业	—	10	—	1	—	5

说明:1991—1997年为乡及乡以上工业企业,1998—2002年为限额以上独立核算工业企业,2003—2014年为规模以上工业企业数据。

二、生产结构

产业结构　1991年,赤峰市第一产业、第二产业、第三产业的构成比例为38.68∶32.93∶28.39,形成第一产业高于第二产业、第二产业高于第三产业的经济发展格局。20世纪90年代,不断进行产业结构调整,三次产业均衡拉动经济增长。第一产业比重逐年下降,第二产业、第三产业逐年上升。1995年,全市地区生产总值91.13亿元,比上年增长8.4%。其中第一产业30.19亿元,下降1.5%;第二产业28.79亿元,基本与上年持平;第三产业32.15亿元,增长30.4%。三次产业的构成比例为33.13∶31.59∶35.28。

1991—2014 年赤峰市三次产业占地区生产总值比重对比表

表 3-1-11

年份	地区生产总值(万元)	第一产业占%	第二产业占%	其中工业占生产总值%	第三产业占%
1991	466076	38.68	32.93	28.74	28.39
1992	570110	38.39	33.16	27.83	28.45
1993	659263	35.12	36.42	32.04	28.46
1994	840415	36.47	34.19	29.36	29.34
1995	911294	33.13	31.59	27.88	35.28
1996	1132349	36.51	29.63	25.58	33.86
1997	1275431	33.99	31.81	26.89	34.20
1998	1334486	34.88	29.84	25.01	35.28
1999	1399192	31.51	30.27	25.64	38.22
2000	1468520	26.41	31.55	26.51	42.04
2001	1641084	26.66	30.47	25.47	42.87
2002	1871764	26.75	31.19	25.80	42.06
2003	2264367	27.61	33.18	25.83	39.21
2004	2800619	27.51	34.67	27.54	37.82
2005	3485691	26.46	36.82	30.45	36.72
2006	4663767	21.20	38.75	33.14	40.05
2007	6382301	19.03	45.03	39.95	35.96
2008	8034100	17.87	47.92	42.55	34.21
2009	9128914	16.32	49.44	43.17	34.24
2010	10862293	16.33	51.24	44.49	32.43
2011	13471906	15.64	53.63	46.61	30.73
2012	15568199	15.26	52.70	45.58	32.04
2013	16861549	15.47	49.80	42.58	34.73
2014	17783716	15.43	48.34	41.11	36.23

第二产业保持稳定，第三产业快速上升，在三次产业的比重中跃升第一。2000 年，全市产业结构不断优化，三次产业的构成比例为 26.41：31.55：42.04。和上年同期相比，第一产业下降 5.1%，第二产业增长 1.3%，第三产业增长 3.8%。

进入 21 世纪之后，产业结构调整步伐不断加快，第二产业、第三产业已逐渐成为推动全市国民经济增长的重要力量。2005 年，全市的三次产业结构由上年的 27.51：34.67：37.82 调整为 26.46：36.82：36.72。工业化进程进一步加快，工业总产值占全部生产总值的比重由上年的 27.5%提高到 30.5%。第一产业中畜牧业比重由上年的 45.4%提高到 50%；交通运输、邮电和社会服务业继续快速发展，所占第三产业比重较上年有新的提高。之后，全市实施"工业强市"战略，第二产业逐步成为拉动经济增长的中坚力量。

2011 年，全市继续推进产业优化升级，提高工业经济质量和效益。按照"打造大产业，培育大企业，建设大园区"的思路，一手抓资源型产业延伸升级、提质增效，一手抓非资源型产业培育扶植、增量扩张，不断优化产业结构，做大做强工业经济。全市三次产业的构成比例为 15.64：53.63：30.73，第一产业比重比上年下降 0.7 个百分点，第二产业上升 2.4 个百分点，第三产业下降 1.7 个百分点。第二产业增势强劲，超过地区生产总值的一半。从增长速度看，第二产业达到 29.8%，居三次产业之首，分别高于第一产业、第三产业 11 个和 12.3 个百分点。从拉动经济增长情况看，三次产业分别拉动经济增长 1.1 个、10.5 个和 6.6 个百分点。农村牧区通过产业结构调整，第二产业、第三产业的收入快速增长。全市农牧民人均第二产业和第三产业收入为 627 元，比 1991 年增长 3.9 倍。2014 年，全市三次产业结构为 15.43：48.34：36.23，各产业所占比重变化不大。经济结构进一步优化，三次产业对经济增长的贡献率分别为 7.2%、66.9%和 25.9%。

产品结构　农牧业产品。1991 年，全市粮豆总产量为 168.94 万吨。其中水稻 5.43 万吨，占总产量的 3.21%；小麦 36.23 万吨，占总产量的 21.45%；玉米 71.41 万吨，占总产量的 42.27%；谷子 26.89 万吨，占总产量的 15.92%；高粱 15.55 万吨，占总产量的 9.20%；豆类 3.24 万吨，占总产量的 1.92%；马铃薯(按折粮薯类计算)2.54 万吨，占总产量的 1.50%；黍子、荞麦等其他作物 7.65 万吨，占总产量的 4.53%。另外，向日葵籽 3.80 万吨，甜菜 56.44 万吨，蔬菜 39.47 万吨。全市 6 月末牲畜总头数为 834.57 万头只。其中牛 77.68 万头，占总头数的 9.31%；马 25.57 万匹，占总头数的 3.06%；驴 35.94 万头，占总头数的 4.31%；骡 12.10 万头，占总头数的 1.45%；绵羊 344.26 万只，占总头数的 41.25%；山羊 208.74 万只，占总头数的 25.01%；生猪 130.12 万头，占总头数的 15.60%。

2014 年，全市粮豆总产量为 510 万吨。其中水稻 8.61 万吨，占总产量的 1.69%；小麦 10 万吨，占总产量的 1.96%；玉米 419.29 万吨，占总产量的 82.21%；谷子 27.99 万吨，占总产量的 5.49%；高粱 18.34 万吨，占总产量的 3.60%；豆类 4.72 万吨，占总产量的 0.93%；马铃薯(按折粮薯类计算)17.43 万吨，占总产量的 3.42%；黍子、荞麦等其他作物 3.63 万吨，占总产量的 0.71%。另外，向日葵籽 14.03 万吨，甜菜 75.80 万吨，蔬菜

487.59 万吨。全市 6 月末牲畜总头数为 2214.58 万头只。其中牛 245.52 万头，占总头数的 11.09%；马 14.67 万匹，占总头数的 0.66%；驴 73.29 万头，占总头数的 3.31%；骡 9.81 万头，占总头数的 0.44%；绵羊 1241.97 万只，占总头数的 56.08%；山羊 268.99 万只，占总头数的 12.15%；生猪 360.22 万头，占总头数的 16.27%。

1991—2014 年部分年份赤峰市农牧业产品结构变化情况统计表

表 3-1-12

项目	年份	1991	1995	2000	2005	2010	2014
粮豆总产量(万吨)		168.94	158.70	140.85	338.20	355.10	510.00
粮豆作物产量占总产量的比重(%)	水稻	3.21	5.22	11.00	6.61	4.72	1.69
	小麦	21.45	14.34	6.21	2.29	1.55	1.96
	玉米	42.27	54.34	67.21	56.85	69.56	82.21
	谷子	15.92	8.76	5.11	8.95	7.53	5.49
	高粱	9.20	7.98	3.65	7.11	4.67	3.60
	豆类	1.92	2.93	2.08	5.05	2.52	0.93
	马铃薯	1.50	2.38	2.50	6.27	7.90	3.42
	其他	4.53	4.05	2.24	6.87	1.55	0.71
其他作物产量(万吨)	向日葵	3.80	2.30	1.08	11.14	11.48	14.03
	甜菜	56.44	49.84	13.40	50.24	61.24	75.80
	蔬菜	39.47	41.29	88.33	192.74	396.86	487.59
六月末家畜存栏数(万头只)		834.57	926.16	911.08	1454.85	1700.12	2214.58
牲畜占总头数的比重(%)	牛	9.31	9.44	9.42	8.33	11.78	11.09
	马	3.06	2.81	2.58	1.00	0.83	0.66
	驴	4.31	4.54	4.97	3.06	3.46	3.31
	骡	1.45	1.72	2.00	0.96	0.68	0.44
	绵羊	41.25	29.52	23.86	46.32	47.77	56.08
	山羊	25.01	29.60	35.05	29.29	19.82	12.15
	生猪	15.60	22.35	22.12	11.04	15.65	16.27

24 年间，全市粮豆品种产量占总产量比重变化最大的是玉米，由 1991 年的 42.27%上升到 2014 年的 82.21%,增长近一倍,且上升的速度是匀速稳步上升;水稻所占比重起伏比较大，由 1991 年的 3.21%上升到 2000 年的 11%，又跌落到 2014 年的 1.69%;小麦的跌幅比较大,由 1991 年的 21.45%跌至 2000 年的 6.21%,又跌至 2014 年的 1.96%;谷子总产量基本没有变化,但所占比重跌幅比较大。其他作物产量蔬菜变化最大,1991—1995 年在 40 万吨左右徘徊，到 2000 年产量翻一番，到 2010 年连续翻两番。全市牲畜品种头只数占总头数的比重变化不太大的是牛、驴和生猪;马所占比重跌幅比较大,由 1991 年的 3.06%跌至 2014 年的 0.66%;绵羊、山羊所占比重起伏比较大,绵羊由 1991 年的 41.25%跌至 2000 年的 23.86%,又上升到 2014 年的 56.08%;山羊由 1991 年的 25.01%上升到 2000 年的 35.05%,又跌至 2014 年的 12.15%。

工业产品。1991 年,全市主要工业产品产量:钢 16607 吨,发电量 39.20 亿千瓦时,原煤 992.80 万吨,糖 49000 吨,饮料酒 68000 吨,化肥 7200 吨,水泥 64.10 万吨。产品结构存在“三多三少”现象:大路产品多,名优产品少;初级产品多,深加工产品少;资源开发类产品多,精深加工产品相对较少。1992 年之后,全市上下在工业经济建设中结合资源、市场等优势,调整产品结构。开发生产电解锌和副产品硫酸、白水泥、土霉素碱、平板玻璃、高活性干酵母、淀粉、中密度纤维板、颗粒粕、活性炭、球墨铸铁管、风力发电组件、人工合成麻黄素等产品。到 2000 年,全市产品品种、产量、生产技术水平等都有很大提升。2001 年之后,全市实施“工业强市”战略,不断加强产品结构调整,依托地区资源优势、区位优势和市场需求,积极引进、开发新技术、新产品。产品品种不断增加,产品质量不断提高,产品产量不断增长。技术含量高、生产规模大、市场销售好、发

1991—2014 年部分年份赤峰市主要工业产品产量统计表

表 3-1-13

项目＼年份	单位	1991	1995	2000	2005	2010	2014
钢	吨	16607	30598	1081	151714	2040895	2234619
发电量	万千瓦时	392000	532016	808751	1044159	2186201	2116860
原煤	万吨	992.80	1224.02	917.11	1648.63	2956.85	2669.25
糖	吨	49000	28488	19538	41864	46627	97271
饮料酒	吨	68000	141848	145422	215961	247117	310584
铅	吨	—	—	7767	36537	55135	66784
锌	吨	—	—	24567	49710	82040	217334
化肥	吨	7200	19014	15208	87300	256931	140652
化学原料药	吨	—	6351	35279	14511	5017	4507
水泥	万吨	64.10	86.89	110.27	219.52	545.40	585.52

展潜力大的产品越来越多,工业产品结构不断优化。“十一五”(2006—2010 年)时期,主要工业产品产量快速增长。2010 年,钢产量由 2005 年的 15.17 万吨提高到 204.09 万吨,增长 12.45 倍;原煤产量由 2005 年的 1648.63 万吨提高到 2956.85 万吨,增长 79.35%;新增精炼铜 20.85 万吨,电解锌 8.2 万吨,硫酸 95.92 万吨,电力电缆 122 千米,钢芯铝绞线 2938 吨。2014 年,全市主要工业产品产量:钢 223.46 万吨,发电量 211.69 亿千瓦时,原煤 2669.25 万吨,糖 97271 吨,饮料酒 31.06 万吨,铅 66784 吨,锌 21.73 万吨,化肥 14.07 万吨,化学原料药 4507 吨,水泥 585.52 万吨。全市规模以上工业产品销售率 98.7%,高于全区平均水平 0.8 个百分点;在统计的 59 种主要产品产量中,47 种同比有增长。有色金属等优势特色产业产品产量增速较快,其中锌产量比 2010 年增长 1.65 倍,铅产量比 2010 年增长 21.13%。

第三节 固定资产投资

一、投资总量

1991 年,全市固定资产投资回升。全年固定资产投资总额 10.72 亿元,比上年增长 37.4%,其中 500 万元以上固定资产投资完成 7.33 亿元。用于基本建设投资 4.35 亿元,比上年增长 35.4%;更新改造投资 2.46 亿元,比上年增长 47.9%。1995 年,固定资产投资得到控制。全市固定资产投资总额 22.52 亿元,比上年下降 28.1%。2000 年,固定资产投资快速增长。全市固定资产投资总额 43.04 亿元,比上年增长 13.1%。其中基本建设投资 22.86 亿元,增长 8.2%;更新改造投资 3.49 亿元,增长 21.6%;房地产开发投资 5.41 亿元,增长 68.4%。

进入 21 世纪,全市固定资产投资不断增加,投资结构日趋合理。“十五”时期是全市历史上投资总量最大、增长速度最快的时期。五年投资累计完成 600.41 亿元,是“九五”时期总和的 3.1 倍,是“八五”时期总和的 5.5 倍;累计投资增长幅度高于“十五”预期目标 145 个百分点,年均增长 40%。2005 年,全市全社会固定资产投资 225.76 亿元,比上年增长 39.3%。其中基本建设投资 157.56 亿元,增长 32.4%;更新改造投资 16.64 亿元,增长 188.8%。2011 年,全市全社会固定资产投资完成 683.50 亿元,比上年增长 21.1%,其中 500 万元以上项目投资完成 657.65 亿元,增长 20.60%。

24 年间,伴随着全市经济社会的快速发展,固定资产投资的速度也在不断加快。2014 年,全市全社会固定资产投资 1113.28 亿元,比上年增长 15.7%,是 1991 年的 103.83 倍。其中 500 万元以上项目投资 1101.28 亿元,比上年增长 16%,占投资总额的 98.9%,是 1991 年的 150 倍;工业投资 421.18 亿元,比上年增长 15.5%,占投资总额的 37.8%,是 1991 年的 72 倍;房地产投资 128.59 亿元,比上年下降 12.6%,占投资总额的 11.6%,是 1991 年的 503 倍。

1991—2014年赤峰市固定资产投资统计表

表3-1-14　　单位:万元

年份	全社会投资	其中		
		500万元以上项目投资	工业投资	房地产投资
1991	107216	73727	58780	2554
1992	167683	116143	95677	6794
1993	270663	213079	58780	20541
1994	313022	249597	187233	11419
1995	225232	144415	103175	11389
1996	286927	202531	147184	14141
1997	419875	322884	241368	14627
1998	389192	290286	158928	11649
1999	380529	273683	60745	32113
2000	430367	333403	63126	54084
2001	461117	370395	68211	76257
2002	584497	503669	90423	55632
2003	1080123	968449	288555	61430
2004	1620758	1453098	450962	109142
2005	2257559	2165637	734597	176067
2006	2946115	2875966	993910	293163
2007	3485254	3313113	1239405	390401
2008	4015012	3816706	1372022	459554
2009	4645369	4480813	1805581	545738
2010	5644123	5453150	2350866	833697
2011	6835033	6576498	2821039	1383721
2012	8079009	7878645	3309079	1398388
2013	9622100	9493767	3646605	1471732
2014	11132770	11012770	4211829	1285905

二、投资主体

1991 年，全民所有制固定资产投资 7.12 亿元，比上年增长 40.6%，占全社会固定资产投资总额的 66.38%；集体所有制固定资产投资 2.17 亿元，比上年增长 36.4%，占 20.20%；私人固定资产投资 1.18 亿元，增长 38.2%，占 11.04%；商品房投资 2554 万元，增长 35.5%，占 2.38%。1995 年，国有单位投资 13.51 亿元，比上年下降 42%；集体单位投资 2.88 亿元，增长 44.7%；城乡居民个人投资 5.20 亿元，增长 19.5%。2005 年，固定资产投资主体趋向多元化。全市国有经济单位投资 119.59 亿元，比上年增长 20%；集体经济单位投资 5.02 亿元，增长 0.4%；城镇个人投资 2.24 亿元，增长 16.7%；其他经济类型单位投资 98.88 亿元，增长 88.1%。2010 年，全市国有经济单位固定资产投资占全社会固定资产投资总额的 31.08%，集体单位投资占 3.91%，有限责任公司投资占 37.87%，其他经济类型单位投资占 27.14%。2014 年，全市 500 万元以上项目固定资产投资完成 1101.28 亿元，比上年增长 16%。其中内资企业投资 1093.30 亿元，增长 12%；港澳台商投资企业投资 0.78 亿元，下降 55.1%；外商投资企业投资 2.83 亿元，增长 162%；个体经营投资 4.37 亿元，增长 32.2%。

三、投资结构

1991 年，固定资产投资的重点在工业。全市全民所有制单位基本建设投资 4.37 亿元。其中工业投资 3.55 亿元，占 81.28%；农牧林渔业投资 1261 万元，占 2.89%。1995 年，在基本建设和更新改造投资中，所占比重较大的行业依次是：采掘业、电力、煤气、水生产和供应、制造业、交通运输、邮电及仓储业。此外，农牧林渔业投资额占全部投资额的比重由上年的 0.2%上升到 0.9%。2000 年，固定资产投资结构进一步优化，基础产业和基础设施建设及更新改造投资明显增加。在 500 万元以上项目固定资产投资中，用于第一产业投资 1.88 亿元，比上年增长 1.8 倍；用于第二产业投资 5.54 亿元，增长 1.4 倍；用于第三产业投资 25.91 亿元，增长 22.7%。在第三产业中，用于交通运输邮电方面的投资 9.95 亿元，占第三产业投资额的 38.4%。

2005 年，投资结构不断改善，基础产业和基础设施建设投资进一步加强。全市在 500 万元以上项目固定资产投资中，第一产业比上年增长 14.9%，第二产业增长 23.1%，第三产业增长 59.3%。在第三产业投资中，交通运输邮电完成 40.40 亿元，增长 60.5%；文化、体育和娱乐业完成 1.13 亿元，增长 5.05 倍。2011 年，全市第一产业、第二产业和第三产业投资分别占规模以上（城乡 50 万元以上项目）投资的 9.2%、53.1%和 37.7%。第二产业投资比重有所下降，第一、三产业投资比重有所提升。第三产业中的居民服务和其他服务业、交通运输仓储和邮政业、房地产业实现快速增长，分别增长 26 倍、85.4%、71.4%。2014 年，固定资产投资结构日趋合理。在 500 万元以上项目固定资产投资中，第一产业、第二产业和第三产业分别完成投资额 195.18 亿元、425.40 亿元和 480.70 亿元，分别占总投资的 17.7%、38.6%和 43.7%。第二产业投资比重同比下降

7.3 个百分点,第一产业和第三产业分别上升 4.6 个和 2.7 个百分点。

2014 年赤峰市分行业 500 万元以上项目固定资产投资统计表

表 3-1-15

行　业	投资额(亿元)	同比增长(%)
农牧林渔业	195.18	31.4
采矿业	116.31	9.9
制造业	225.24	21.9
电力、热力、燃气及水的生产和供应业	79.64	9.2
建筑业	4.21	-70.0
房地产业	154.31	-18
科学研究和技术服务业	6.35	73.3
卫生和社会工作	5.65	47.5
文化、体育和娱乐业	8.64	1.9

第四节　财政收支

从 1985 年开始,自治区对赤峰市实行"核定收支、定额补贴、超收留用、自求平衡、一定五年"的财政管理体制。1991 年,全市地方财政收入 3.9 亿元,比上年增长 9.4%,其中工商税收 2.86 亿元,增长 7.7%;地方财政支出 6.99 亿元,比上年增长 7.1%。财政收入的增长幅度略高于财政支出的增长幅度。20 世纪 90 年代初期,全市一般公共财政预算收入增长缓慢,年度间常出现较大幅度波动。至 1993 年末,全市 12 个旗县区中,除红山区收大于支、元宝山区收支自求平衡外,其余旗县区全部支大于收,主要靠国家补贴实现收支平衡。1994 年,中央与地方实行分税制管理体制改革,促进了财政收入的增长。1995 年,全市财政收支状况好转,增收节支成效显现。全年财政总收入 8.10 亿元,比上年增长 13.6%,比 1991 年增加 4.20 亿元,增长 1.1 倍,年均增长 21.54%。其中地方财政收入 4.61 亿元,增长 25.8%,上划中央"两税"(增值税和消费税)收入 3.49 亿元,增长 0.7%;财政支出 10.11 亿元,比上年增长 7.7%。财政支出除保证工资基本发放外,对支农、教育、科技等重点专项支出基本拨付到位,财政当年没有出现新的赤字。1996 年,自治区开始实施过渡期转移支付制度,结束了全市财政出现赤字的历史,市本级和旗县区全部实现当年财政收支平衡。2000 年,全市遭遇百年不遇的特大旱灾,农作物大面积绝收,全市经济受到严重影响,财政收支矛盾突出,收支比例相差较大。全年财政总收入 12.73 亿元，比上年下降 4.9%，其中地方财政收入 8.40 亿元，下降 7.3%；地方财政支出 21.64 亿元，比上年增长 13.8%。地方财政支出大于财政总收入 8.91 亿元。

进入 21 世纪，全市综合经济实力和财政实力逐步增强，财政收支状况明显好转。“十五”时期（2001—2005 年），全市财政收入呈现稳步增长的走势，年均增长 19.9%，高于“十五”预期目标 9.9 个百分点。2001 年，全市财政开始实施所得税分享政策，由过去的按企业隶属关系划分所得税改为中央和地方按比例分享。2005 年，全年财政总收入完成 31.52 亿元，比上年增长 30.3%，是 2000 年的 2.5 倍。其中地方财政收入 19.99 亿元，增长 26.5%，上划中央税收收入 11.53 亿元，增长 37.4%；全年地方财政支出 73.28 亿元，增长 23.5%。财政支出明显扩大，公共财政的服务和保障功能得到加强，工资发放、社会保障、抗震救灾以及机关运转等重点支出基本得到保证。“十一五” 时期（2006—2010 年），全市公共财政制度不断完善，财政支出结构进一步优化，对公共服务领域的财政投入逐年增加，赤峰市实现由“吃饭财政”向“公共财政”的转变。2006 年，为增强市级财政宏观调控能力，缓解困难旗县的财政状况，市政府进一步调整完善财政管理体制。市财政部门对财政收入的增量分配进行调整，实行税收属地管理。继续实行税收按比例分享，市级分享比例适当提高，用于加大对旗县的转移支付力度。“十一五”时期，全市地方财政总收入 438.27 亿元，年均增长 30.5%，是“十五”时期的 4.3 倍，年均新增财力 67 亿元。随着财政收入总量的不断增加，全市财政保障能力逐步增强，民生领域投入逐年加大，保证了各项重点支出。“十一五”时期，全市财政支出累计达到 767.68 亿元，年均增长 24.6%，是“十五”时期的 3.1 倍。全市对科教文事业、农林水事业、社会保障和就业、医疗卫生事业等累计支出 435 亿元。

2011 年，市政府在完善转移支付制度的基础上，建立县级基本财力保障机制，有效缓解县乡财政困难局面，全市财政收入结构更加合理，收入质量不断提高。全年财政总收入完成 183.76 亿元，比上年增长 25.8%。其中地方财政一般预算收入 120.62 亿元，增长 20%，上划中央税收收入 48.16 亿元，增长 32.7%。有 8 个旗县区地方财政收入超过 5 亿元。其中红山区、元宝山区超过 20 亿元，克什克腾旗超过 15 亿元，松山区超过 10 亿元。全年地方财政支出 272.20 亿元，增长 23.8%，公共与民生领域仍然是支出的重点。其中一般公共服务支出 28.65 亿元，增长 20.2%；教育支出 57.81 亿元，增长 24.1%；医疗卫生支出 20.56 亿元，增长 51.8%；住房保障支出 8.78 亿元，增长 47.9%。2014 年，全市财政总收入完成 212.87 亿元，比上年下降 5.1%。其中地方财政一般预算收入 146.29 亿元，下降 1.9%，上划中央税收收入 38 亿元，下降 18.9%；全市公共财政预算支出 360.49 亿元，比上年增长 3.6%。全市财政支出按照“基本公共服务均等化”的要求，积极调整支出结构，努力压缩“三公经费”（出国及出境费、车辆购置及运行费、公务接待费）等一般性开支，不断加大对社会保障、教育、卫生、“三农”等领域的投入。连续十年提高企业退休职工养老金待遇，逐步扩大城乡医保、低保标准和范围，实现高中

1991—2014 年赤峰市财政收支情况统计表

表 3-1-16

年份	绝对值(万元)				指数(以上年为 100)			
	财政总收入	其中		地方财政支出	财政总收入	其中		地方财政支出
		地方财政收入	上划中央税收			地方财政收入	上划中央税收	
1991	39044	39044	—	69867	109.4	109.4	—	107.1
1992	40441	40441	—	74089	103.6	103.6	—	106.0
1993	52563	23800	28763	83993	130.0	58.9	—	113.4
1994	71267	36622	34645	93929	135.6	15.9	120.4	111.8
1995	80957	46074	34883	101147	113.6	125.8	100.7	107.7
1996	99758	61117	38641	127091	123.2	132.6	110.8	125.6
1997	118763	78168	40595	151559	119.1	127.9	105.1	119.3
1998	128403	85245	43158	171939	108.1	109.1	106.3	113.4
1999	133847	90619	43228	190175	104.2	106.3	100.2	110.6
2000	127324	84013	43311	216378	95.1	92.7	100.2	113.8
2001	131107	87416	43691	287795	103.0	104.1	100.9	133.0
2002	141936	85445	59491	378696	108.3	97.7	129.3	131.6
2003	178642	110292	68350	471181	125.9	129.1	121.0	124.4
2004	241960	157991	83969	593420	135.4	143.2	122.8	125.9
2005	315195	199850	115345	732826	130.3	126.5	137.4	123.5
2006	442578	245933	169638	905492	131.8	123.1	147.1	123.6
2007	632434	571634	249252	1177493	142.9	158.6	146.9	142.8
2008	770314	724086	305462	1525347	121.8	126.7	122.6	129.5
2009	1076216	822780	304480	1870653	139.7	113.6	99.7	122.6
2010	1461153	1005117	362945	2197851	135.8	122.2	119.2	117.5
2011	1837620	1206160	481644	2721978	125.8	120.0	132.7	123.8
2012	1988487	1393666	534219	3256223	108.2	115.5	110.9	119.6
2013	2242246	1491777	466427	3477996	112.8	107.0	87.3	106.8
2014	2128742	1462872	380044	3604389	94.9	98.1	81.5	103.6

说明:2006 年以后地方财政收入和地方财政支出为新口径数据。

1991—2014 年部分年份赤峰市各旗县区公共财政预算收入统计表

表 3-1-17　　单位:万元

地 区	1996	2000	2005	2010	2014
红山区	7543	21753	61895	98572	200117
松山区	7842	8502	22500	40500	91306
元宝山区	10288	20216	64766	71656	112166
阿鲁科尔沁旗	5528	6686	11067	14840	32500
巴林左旗	5128	6908	15840	25417	46538
巴林右旗	3848	5165	10518	24910	38748
林西县	4205	5081	11028	19249	33500
克什克腾旗	3808	4368	17001	57832	72000
翁牛特旗	5274	5800	12069	21921	39490
喀喇沁旗	4551	4672	11088	26156	44018
宁城县	9801	12566	17660	29039	61887
敖汉旗	6562	5981	17028	26404	51888

说明:2010、2014 年为公共财政预算收入,其他年份为财政总收入。

免费教育,大力支持农业节水增粮工程和农村牧区扶贫开发工程,积极实施城市保障性安居工程,集中财力办一些普惠人民群众的实事好事。

24 年间，全市财政收支增速较快。2014 年全市财政总收入是 1991 年的 54.52 倍，财政支出是 1991 年的 51.60 倍。“十一五”期间是财政收入增长速度最快的时期。2009 年,全市财政总收入突破百亿元大关,达到 107.62 亿元;2010 年,全市地方财政收入突破百亿元大关,达到 100.51 亿元,是 2005 年的 5.03 倍,年均增长 30.5%,比“十五”时期年均增速提高 11.6 个百分点；地方财政总收入占 GDP 的比重由 2005 年的 5.7%提高到 9.3%。

第二章　“五年计划”经济运行情况

第一节　第八个五年计划时期

“八五”(1991—1995 年)时期,全市改革开放不断深入,国民经济发展较快,人民生活水平进一步提高。1995年,全市地区生产总值达到91.13亿元,按可比价格计算,年均增长8.7%,高于“七五”时期年均增速3.4个百分点。其中第一产业完成30.19亿元,第二产业完成28.79亿元,第三产业完成32.15亿元,年均分别增长6.1%、9.5%和10.2%。人均地区生产总值达到2085元,年均增长7.5%。新发展“三资”企业84家,实际利用外资2730万美元,分别是“七五”时期的12倍和130倍。

农牧业生产与乡镇企业 “八五”时期,全市坚持把农牧业放在各项经济工作的首位,调整优化农牧业结构,大搞农牧结合,加强科技兴农兴牧工作,农牧业生产条件不断改善,综合生产能力稳步提高。1995年,全市农林牧渔业总产值达33.33亿元,比1990年增长35%,年均增长6.2%。全市粮豆总产量五年累计980.40万吨,比“七五”时期增加390万吨。1995年,在历史罕见的多灾并发的情况下,粮豆产量仍达158.7万吨,接近“七五”时期的最高水平。畜牧业连年丰收,1995年,牧业年度牲畜存栏达926.16万头只,比1990年增加130.27万头只。五年造林47.92万公顷,比“七五”时期增加23.47万公顷,森林覆盖率由1990年的19.4%提高到1995年的22.5%。“八五”时期,乡镇企业继续快速发展,成为全市国民经济新的增长点和广大农村牧区致富达小康的重要途径。1995年,全市乡镇企业现价总产值达到148.5亿元,比1990年增长8.3倍,年递增56.2%。五年累计向国家缴纳税金4.9亿元,其中1995年入库税金1.52亿元。

工业经济 “八五”时期,全市以提高工业经济增长的质量和效益为中心,面向国内外市场,深化改革,强化企业管理,加强技术改造,推进技术进步,不断调整优化企业组织结构和产业、产品结构,工业经济保持较好的发展势头。1995年,全市工业增加值达到32.22亿元,年均增长8.5%。优势产业和产品得到重点发展。工业的主导作用有所增强,能源、原材料工业稳定发展,轻纺工业的结构调整步伐逐步加快,原煤、发电量、有色金属、纺织品、食品饮料等主要产品产量都保持不同程度增长。五年间,工业技术改造投资15.4亿元,开发新产品353种,涌现出一批知名企业和品牌产品。经济效益不断提高,五年中地方独立核算工业企业实现利税16亿元。

固定资产投资 “八五”时期,全市固定资产投资完成108.4亿元,比“七五”时期增长2.2倍,其中地方投资61.1亿元,增长1.7倍。投资结构趋向合理,交通通信和城市基础设施建设明显加强。全市相继进行了集通铁路、阿旗绍根油田、元宝山露天矿和元电三期工程的建设,建设了赤峰冶炼厂、赤峰公路东西出口和市区给水、排水、集中供热工程,实施了赤峰啤酒厂、赤峰第一食品厂、赤峰第二化工厂等一批地方重点基建、技改项目。全市城镇及部分乡村实现电话交换程控化和长途传输数字化。

商贸流通 “八五”时期,全市商品市场建设步伐加快,辐射功能和服务水平进一步增强。市场管理不断加强,物价上涨得到有效控制。1995年,全市社会消费品零售总额达到43.61亿元,比1990年增长1.3倍,年均增长18.3%;城乡集市贸易成交额达23亿元,增长6.1倍,年均增长48.1%;商品零售物价总水平上涨15.1%,控制在计划目标之内。交通运输生产稳步增加,公路客、货运周转量按可比口径五年分别递增4.4%和

7.5%。邮电通信业快速发展,邮电业务总量1995年达到1.35亿元,年递增38%。

财政金融 “八五”时期,全市以财源建设为重点,加强税收征管和审计监督,积极开展增收节支工作,财政收入水平稳步提高。1995年,全市财政收入完成8.1亿元,比1990年增长1.3倍,年均增长17.8%;财政支出10.11亿元,增长40%,年均增长7%。金融保险业务进一步扩大,服务水平不断提高。1995年末,全市金融机构人民币各项存款余额达45.92亿元,比1990年增长1.7倍;各项贷款余额91.08亿元,增长3倍。国内外保险业务1.6亿元,增长4.7倍。

社会事业 科技进步在农牧业经济增长中的贡献率达到38%,在地方独立核算工业企业新增产值中所占份额达到70%。九年义务教育正在实施,成人教育和职业技术教育得到加强,中等职业技术学校同普通高中的在校生比例达到0.75∶1。文化、卫生、体育、新闻出版、广播电视等其他社会事业也都得到相应发展,人口自然增长率控制在计划目标之内。环保工作加强,环境质量有所改善。

人民生活 1995年,全市城镇居民人均可支配收入2831元,比1990年增加1539元,年均增长19.8%;农牧民人均纯收入1108元,比1990年增加551元,年均增长19.4%。年末城乡居民储蓄存款余额达48.3亿元,比1990年增长2.6倍,年均增长29.2%。居住条件得到改善,生活水平逐步提高。

第二节 第九个五年计划时期

“九五”(1996—2000年)时期,全市上下抓住机遇,落实国家一系列发展经济的政策,实行积极财政政策和西部大开发战略,积极扩大内需,着力解决经济社会发展的深层次矛盾,努力克服自然灾害带来的困难,国民经济持续增长,社会各项事业全面进步。2000年全市人均国内生产总值比1980年“翻两番”的目标于1996年提前实现。2000年,全市地区生产总值完成146.85亿元,按可比价格计算,年均增长8.7%,与“八五”时期年均增速持平。其中第一产业完成38.78亿元,年均增长5%;第二产业完成46.34亿元,年均增长7.9%;第三产业完成61.74亿元,年均增长12.3%,成为国民经济新的增长点。人均地区生产总值达到3250元,年均增长8.4%,比“八五”时期年均增速提高0.9个百分点。

农牧业生产 农牧业结构调整迈出较大步伐,综合生产能力不断提高。“九五”时期,全市农村牧区第二轮土地延包和草牧场“双权一制”(草牧场的所有权、使用权和承包责任制)落实工作顺利完成。农牧业基础地位进一步巩固,产业化经营取得积极进展,开始步入生态农牧业、效益农牧业发展阶段。2000年,旱灾给全市农牧业造成巨大损失,粮食减产严重,牧业年度牲畜存栏基本与1995年持平。全市农业总产值达44.02亿元,比1995年增长32%,年均增长5.7%;“九五”时期,年均粮豆产量和肉类总产量分别达到260万吨和22.6万吨,比“八五”时期分别增长31.2%和76.5%。

工业经济与对外开放 “九五”时期,国有企业改革取得突破性进展,重点困难企业减轻债务24亿元,解决了制约全市工业经济发展的一些关键问题。工业企业经过改革、重组,市场化程度进一步提高,企业的生存和发展能力明显增强。以重点企业集团为骨干的新的工业体系初步形成,正在进入新的增长时期。2000年,全市工业增加值完成38.93亿元,年均增长6.9%。外引内联成果丰硕,完成对外合资合作项目2004个,引进国内外资金47亿元,是“八五”时期的9.4倍。

固定资产投资 2000年,全市全社会固定资产投资完成43.04亿元,是1995年的1.9倍,年均增长13.8%。“九五”时期,全市累计完成固定资产投资190.7亿元,比“八五”时期增长76.2%。农牧业完成投资6.3亿元,是“八五”时期的7.4倍。固定资产投资结构优化,基础产业和基础设施建设投资明显增加。2000年,在定期统计的32.62亿元投资中,用于第一产业的投资1.88亿元,比上年增长1.8倍。建成一批节水、灌溉、防洪等水利工程和造林种草、防沙治沙、水土保持等生态治理工程,生态建设步入全国先进行列,成为全国第一个“林业生态建设先进市”。

商贸流通 第三产业在全市国民经济中的比重逐年提高,商贸流通、旅游观光、交通运输、邮电通信业稳步发展。2000年,全市社会消费品零售总额达到73.08亿元,是1995年的1.7倍,“九五”时期年均增长10.9%。集市贸易比较活跃,全年成交额49.4亿元,是1995年的2.2倍。旅游业不断发展,全年接待游客225万人,旅游收入2.07亿元,分别比上年增长9.8%和25%。公路货运量8102万吨,客运量3895万人,分别比1995年增长8.2倍和4.1倍。全年完成邮电业务总量6.84亿元,比1995年增长5.1倍。对外贸易进出口总额达到7908万美元,是1995年的3.1倍,年均增长25.1%。

财政金融 2000年,全市地方财政收入达到8.4亿元,是1995年的1.8倍,“九五”时期年均增长12.8%,比“八五”时期年均增速提高7.6个百分点。年末城乡居民储蓄存款余额达到110.01亿元,比1995年增长1.3倍,年均增长17.9%。

社会事业 科技事业取得新进展。全市共引进推广应用重大科技成果51项,其中工业12项、农业23项、社会发展16项。九年义务教育成绩显著。2000年,全市初中入学率97.4%,小学学龄儿童入学率99.1%。文化事业稳步发展。首届广场消夏文化节从6月持续到10月国庆节,各项文化活动繁荣活跃。医疗卫生条件进一步改善,国家卫生城市建设成果得到巩固和发展。全民健身运动普遍开展,体育事业不断迈上新台阶。

人民生活 全市人民生活日益改善。2000年,城镇居民人均可支配收入4588元,比1995年增加了1757元,年均增长17.5%;农牧民人均纯收入1684元,比1995年增加576元,年均增长9.1%。城乡居民的收入、消费水平和结构都发生很大变化。

第三节 第十个五年计划时期

“十五”(2001—2005年)时期,全市国民经济呈现稳定运行态势。2005年,全市地区生产总值达到348.57亿元，年均增长16.1%，比“九五”时期年均增速提高7.4个百分点。其中第一产业年均增长13.6%，第二产业年均增长19.8%，第三产业年均增长14.6%。人均地区生产总值达到7860元，年均增长15.9%，比“九五”时期年均增速提高7.5个百分点。

农牧业生产 “十五”时期，通过推进种养结构调整和产业化经营，设施农业面积逐年扩大，养殖业比重明显上升，农畜产品加工转化率不断提高。2005年，全市农田有效灌溉面积比2000年增加6.13万公顷；粮豆产量达到338.20万吨，比2000年增长1.4倍；粮食作物播种面积稳定在66.67万公顷以上，年均粮豆产量达到278.67万吨。牲畜饲养规模日益扩大，周转不断加快，牲畜品种继续得到优化，经济效益随之同步提高。2005年，全市牧业年度牲畜存栏达到1454.85万头只，是2000年的1.6倍，平均年增加100万头只以上；牲畜良种及改良率由2000年的79.7%提高到2005年的90%，超出“十五”预期目标15个百分点；出栏率由2000年的35.5%提高到2005年的48.9%。实施“生态立市”战略，全市五年完成生态治理面积102.87万公顷，绿色屏障初具规模，生态环境整体趋于好转；全市上下加大农田水利基本建设力度，五年增加农田有效灌溉面积10.23万公顷，达到39.87万公顷，生产条件得到明显改善。

工业经济 “十五”时期，全市上下坚定不移实施“工业强市”战略，促进结构优化，加速工业化进程，彻底扭转了“九五”时期工业经济低速低效运行的被动局面。通过改革和调整，构建起新的产业框架，形成一批新的增长点。能源、食品、冶金、制药四大行业取得长足发展，形成以四大行业为支柱、具有地方特色的工业体系，规模优势逐年显现。2005年，全市规模以上工业增加值达到76.57亿元，其中四大支柱行业实现67.13亿元，占规模以上工业的87.7%，比2000年提高5.3个百分点；销售收入实现214.55亿元，其中四大支柱行业实现182.89亿元，占规模以上工业的85.2%，比2000年提高1个百分点；利税总额实现26.38亿元，其中四大支柱行业实现23.69亿元，占规模以上工业的89.7%，比2000年下降2.4个百分点。

固定资产投资 “十五”时期是全市历史上固定投资总量最大、增长速度最快的时期。2005年，全市全社会固定资产投资完成225.76亿元，是2000年的5.2倍，年均增长39.3%，比“九五”时期年均增速提高25.5个百分点。“十五”时期，全市固定资产投资累计完成600.41亿元，是“九五”时期投资总和的3.1倍。其中基本建设投资累计完成412.52亿元，是“九五”时期的3.7倍，年均增长47.1%，比“九五”时期年均增速高30.2个百分点。建设出区跨省公路干道，改造一批县际、旅游、通乡通村公路，启动建设赤大、赤通高速公路和赤大白铁路，改善了全市道路交通条件，拉动了经济增长；实施城乡电网改造工程，提高了供电质量和安全可靠性，为实现城乡同网同价奠定了基础。

商贸流通 “十五”时期，全市消费品市场繁荣活跃。2005年，全市社会消费品零售总额达138.21亿元，超出“十五”预期目标15亿元；年均增长13.6%，平均每年净增加13亿元。商业网点逐步形成规模经营，如步行街、长青街中段的服装名品专卖，火花路的小商品、酒类、饮料批发,钢铁街中段的摩托配件、汽车维修,解放街西段的农机及配件,昭乌达路北段的汽车贸易等。大型专业市场相继涌现。其中西城菜市场、万商大院家电和化妆洗涤用品市场、喀喇沁旗牛家营子药材批发市场、林西统布活牛交易市场、红山区千禧建材城、宁城金三角等专业市场年交易额都在亿元以上,并且具有很强的辐射周边能力。全市对外贸易规模不断扩大。2003—2005 年进出口总额连续三年突破 1 亿美元,摆脱了"十五"头两年负增长和低增长的低迷局面。2005 年,全市外贸进出口总额达到 1.63 亿美元,完成"十五"预期目标的 135.6%。五年间,累计实现外贸进出口总额 5.23 亿美元,年均增长 15.5%,高于"十五"时期预期目标 5.5 个百分点。

城镇化建设 "十五"时期,进一步加强城镇化建设。在中心城区,开通连接新老城区的道路,畅通了新老城区的交通;调整区划,扩展了红山城区面积;不断加强城市基础设施建设,实现新老城区建设整体推进、协调发展。在旗县城关镇,加快开发、建设、改造步伐,发展经济、吸引人口的承载能力进一步增强。在城市新区、工业园区和一批重点小城镇建设的拉动下,城镇化步伐不断加快,全市城镇化率由"九五"时期的 26.85%提高到 33.2%;中心城市和 9 个城关镇生产总值占全市的比重达到 40%以上。

财政金融 "十五"时期,全市财政收入快速增长。2005 年,全市财政收入实现 31.52 亿元,是 2000 年的 2.5 倍,超出预期目标 11 亿元,年均增长 19.9%,高于预期目标 9.9 个百分点,比"九五"时期年均增速提高 10.4 个百分点。全市财政收入总量和旗县区财政收入均呈现较快增长。"十五"时期全市财政收入累计超过 100 亿元,是"九五"时期的 1.7 倍;12 个旗县区全部超亿元,其中红山区、元宝山区突破 6 亿元。2005 年末,全市银行各项存款余额 245.74 亿元,比 2000 年增长 1.3 倍;各项贷款余额 141.08 亿元,比 2000 年略有降低。

社会事业 科学技术推广应用步伐加快,2005 年,全市科技三项费用达到 1993 万元;全市基本普及初等义务教育,有 10 个旗县区实现"两基"(基本普及义务教育、基本扫除文盲)达标;全市初中和小学入学率分别达到 98.2%和 98.73%。疾病预防控制体系、医疗救治体系进一步完善,卫生防疫、地方病、流行病、传染病防治等工作不断加强。广播电视普及率和覆盖率明显提高,2005 年,广播覆盖率 93.6%,电视覆盖率 88.1%。文化基础设施建设得到加强,城乡文化日趋繁荣;体育、新闻出版、就业和社会保障、人口与计划生育等各项事业全面进步。

人民生活 "十五"时期,城乡居民收入水平和生活质量有明显提高。2005 年,城镇居民人均可支配收入 7572 元,比 2000 年增长 65%,年均增长 10.5%,高于预期目标 2.5 个百分点;农牧民人均纯收入 2817 元,比 2000 年增长 67.3%,年均增长 10.8%,高于预期目标 0.8 个百分点。城乡居民恩格尔系数(食品支出占消费总支出比重)分别为 31.8%和 39.4%,分别比 2000 年下降了 4.5 个和 3.4 个百分点。

第四节 第十一个五年规划时期

“十一五”(2006—2010年)时期,全市经济总量迈上千亿元台阶。2010年,全市地区生产总值达到1086.23亿元,按可比价格计算,“十一五”时期年均增长17.7%,比“十五”时期年均增速快1.6个百分点。其中第一产业年均增长6.1%,第二产业年均增长25.2%,第三产业年均增长16.1%。人均地区生产总值达到24967元,年均增长18.2%,比“十五”时期年均增速快2.3个百分点。产业结构不断优化,三次产业结构由2005年的26.46∶36.82∶36.72演进为16.33∶51.24∶32.43。

农牧业生产 “十一五”时期,全市农村牧区综合配套改革全面推进,土地、草牧场经营权流转和集体林权制度改革不断深化;农牧业产业化经营扎实推进,农牧业综合生产能力显著增强;粮食生产迈上新台阶,设施农业和高效农业规模逐年扩大,畜牧业效益明显提升。2010年,全市农作物播种面积107.82万公顷,农田有效灌溉面积46.67万公顷,节水灌溉面积32万公顷;优质高产高效农作物比重达到71%,主要农作物良种覆盖率达到95.2%;粮豆产量达到355.10万吨,年均粮豆产量保持在315万吨左右。牲畜饲养规模日益扩大,牲畜品种不断优化。2010年,全市牧业年度牲畜存栏达到1700.12万头只,比2005年增长16.8%,年平均增加50万头只,年均增长3.2%;出栏率由2005年的48.9%提高到2010年的55.8%;牲畜良种及改良率由90%提高到94.9%。全市森林覆盖率达到34.09%。

工业经济 “十一五”时期,全市积极实施“工业强市”战略,坚持在增量中调整产业结构,巩固提升优势特色产业,积极发展新兴产业。以有色金属为主的冶金工业支柱地位凸显,以风电为代表的新能源工业快速发展,煤化工实现突破,食品加工和机械制造业取得新进展。全市实现了由农牧业主导向工业化引领的重大转变,工业经济的比重由2005年的30.4%提高到2010年的44.5%。2010年,全市规模以上工业实现增加值478.38亿元,是2005年的6.2倍。其中冶金、能源、食品加工等产业共实现增加值395.3亿元,是2005年的6.4倍;三个行业占规模以上工业的84.4%,比2005年提高3.8个百分点。有色金属日采选、年冶炼能力分别由2005年的1.7万吨和17万吨提高到10.1万吨和64万吨;原煤产量由1649万吨提高到2957万吨,电力装机由166万千瓦增加到613万千瓦;化工产业实现突破,机械制造业发展势头良好,2010年,这两个行业分别实现增加值13.5亿元、12.6亿元,增长速度分别达到26.9%和83.6%。继续加大招商引资和区域合作力度,推进资源整合和企业重组,主动承接发达地区产业转移。一批知名的大企业、大集团相继入驻,全国500强企业中有51家在赤峰投资兴业。

固定资产投资 “十一五”时期,固定资产投资规模不断扩大。2010年,全市全社会固定资产投资完成564.41亿元,是2005年的2.5倍,年均增长20.1%;五年累计完成投资2073.59亿元,是“十五”时期总和的3.5倍。“十一五”时期,全市充分发挥投资对经济增长的拉动作用，以项目建设为载体，把投资转化为经济发展的现实动力。2010年，全市工业固定资产投资完成235.09亿元，是2005年的3.2倍，年均增长26.2%；500万元以上项目投资总额的比重由2005年的33.9%提高到43.1%。全市五年累计完成工业投资776.18亿元，是“十五”时期的4.8倍。交通道路和电力设施投资效果明显。赤峰玉龙机场投入运营，赤大白铁路、赤大高速公路、赤通高速公路竣工通车，赤锦铁路、巴新铁路、林白铁路、赤朝高速公路、赤承高速公路开工建设，全市实现乡乡通油路、村村通公路的目标。城乡电网改造步伐加快，环架结构进一步完善，华峰宁500千伏输变电工程和赤峰西郊、赤峰城东、宁城中京等5座220千伏输变电工程建成完工，每个旗县区至少拥有1座220千伏变电站。

商贸流通 物流产业迅速发展，社会消费能力稳步提升，旅游业品牌效应更加明显。“十一五”时期，全市商贸流通兴旺发达，消费品市场繁荣活跃，呈现持续、稳定、快速的发展态势。2010年，全市社会消费品零售总额达341.52亿元，是2005年的2.5倍，平均每年净增加41亿元，年均增长19.8%，比“十五”时期年均增速高6.2个百分点。全市旅游人数和旅游收入连年增长，2010年，接待游客580万人，比2005年增长75.8%，年均增长11.9%；实现旅游收入74亿元，比2005年增长1.9倍，年均增长23.9%。全市对外贸易规模不断扩大，五年间进出口总额累计实现27.51亿美元，是“十五”时期的5.3倍。2010年，全市对外贸易进出口总额达到10.65亿美元，其中出口1.45亿美元，分别是2005年的6.5倍和3.1倍，年均分别增长45.6%和25.1%，比“十五”时期年均增速分别高30.1个和17.2个百分点。

城镇建设 “十一五”时期，赤峰中心城市框架继续扩大，城镇化水平持续提高。新城区建成区面积达到18平方公里，服务功能和承载能力明显提升；红山区桥北组团、松山区北城区开发启动实施，元宝山区西城区初具规模；旗县城关镇和重点小城镇建设步伐加快。2010年，全市城镇化率达到43.2%，比2005年提高10个百分点；中心城市人口达到89万人，比2005年增加22.3万人；建成区面积达到81平方公里，比2005年增加11平方公里。

财政金融 “十一五”时期，全市财政收入快速增长，地方财政收入突破百亿元大关，年均增长30.5%，比“十五”时期年均增速提高11.6个百分点。2010年，全市地方财政总收入达到100.51亿元，是2005年的5倍，地方财政收入五年累计达到336.95亿元，是“十五”时期的5.3倍，年均新增财力近55亿元。地方财政总收入占GDP的比重由2005年的5.7%提高到9.3%。金融生态环境持续改善，金融活力不断增强。2010年，全市银行各项存款余额879.42亿元，各项贷款余额465.93亿元，分别比2005年增加633.68亿元和324.85亿元，增长2.6倍和2.3倍。

社会事业 “十一五”时期，全市基础教育协调发展，中小学校舍安全工程积极推进，教育质量稳步提高；科技推广和实用技术应用普及力度加大，科技成果转化率不断提高，科技引领带动作用进一步增强，赤峰市于2010年获得全国“科技进步先进市”称号;公共卫生和医疗服务体系逐步完善,医药卫生体制改革稳步实施,城镇居民基本医疗保险全面铺开;文化体育事业有新的发展,成功举办五届红山文化节,圆满完成奥运火炬传递任务,文化大市建设有序推进;新闻出版、广播电视工作得到加强,广播与电视覆盖率分别达到93.6%和88.1%。

人民生活 “十一五”时期,城乡居民收入稳步增长,生活质量明显改善。全市用于民生的财政支出五年达到306.5亿元,占全市财政总支出的40.3%。2010年,全市城镇居民人均可支配收入14108元,比2005年增长86.3%,年均增长13.3%;农牧民人均纯收入5010元,比2005年增长77.8%,年均增长12.2%。就业工作不断加强,五年累计新增城镇就业13.3万人,全市城镇登记失业率控制在4.2%以内。坚持不懈地推进扶贫开发,五年直接扶持贫困人口58.5万人,其中稳定解决温饱问题31万人。随着收入水平的提高,居民消费从满足基本生活向精神享受和注重自身发展方面转化,用于医疗保健、交通通信等方面的消费支出明显提高。2010年,全市城乡居民交通与通信支出分别比2005年增长104.4%和30.5%。

第五节 第十二个五年规划时期

“十二五”(2011—2015年)时期,全市经济总量持续攀升。2014年,全市地区生产总值达到1778.37亿元,按可比价格计算,2011—2014年年均增长11.5%。其中第一产业年均增长6.1%,第二产业年均增长14.6%,第三产业年均增长8.7%。人均地区生产总值达到41309元,年均增长11.8%。三次产业结构由2010年的16.33∶51.24∶32.43演进为2014年的15.43∶48.34∶36.23。

农牧业生产 农牧业生产结构不断优化,综合生产能力显著增强,优质高效种养业比重大幅提高。全市积极发展玉米膜下滴灌工程、马铃薯和谷子节水示范工程。2012年,全市粮豆产量突破百亿斤大关;2013年,达到525.10万吨,创历史新高;2014年,在遭受严重旱灾的情况下,全市粮豆总产量仍达到510万吨。设施农业发展态势良好。2014年,全市牧业年度牲畜存栏达到2214.58万头只,连续9年居全区首位,比2010年增加514.46万头只,年均增长6.8%;牲畜良种及改良率达到90%。农牧业产业化步伐进一步加快,市级以上重点龙头企业达到147家,带动种植业基地24.70万公顷,规模以上农畜产品加工企业完成销售收入372亿元。全市实施营造林建设6.75万公顷,完成重点区域绿化1.61万公顷,赤峰市被确定为国家级生态保护与建设示范市。

工业经济 “十二五”时期,全市继续实施“工业强市”战略,着力调整产业结构。2014年,全市规模以上工业增加值比2010年增长51.2%;产品销售率98.7%,高于全区平均水平0.8个百分点;在统计的59种主要产品产量中,47种同比有增长。有色金属等优势特色产业快速发展,冶金、能源、食品加工业实现增加值占全市规模以上工业增加值的81.5%。赤峰经济开发区被自治区评为全区重点产业优秀集中区,并认定为

“有色金属产业示范基地”。

固定资产投资 “十二五”时期,固定投资规模持续扩大。全市以项目建设为载体,坚持增投资、上项目,不断增强经济发展后劲。2014年,全市全社会固定资产投资完成1113.28亿元,是2010年的2倍,年均增长18.5%。500万元以上项目固定资产投资1101.28亿元,年均增长16%。其中工业投资完成421.18亿元,是2010年的1.8倍,年均增长15.7%。四年间,累计完成社会固定资产投资3566.89亿元,是“十一五”时期的1.7倍;累计完成工业投资1398.86亿元,是“十一五”时期的1.8倍。

商贸流通 全市消费品市场持续发展,消费规模不断扩大。服务业加快发展,质量和水平不断提升。2014年,全市社会消费品零售总额达到588.39亿元,是2010年的1.7倍;四年间,平均每年净增加63亿元,年均增长14.6%。全市新增商业面积198万平方米。赤峰物流核心区进入业态完善期,保税物流中心、金融物流港一期建成运营,全市物流园区完成销售收入394亿元。新兴服务业发展加速,蒙东云计算中心实现交易额16亿元,成为全国创业孵化示范基地。全市旅游业共接待游客1139万人次,实现旅游收入180亿元,分别比2010年增长96.4%和1.4倍。四年间,全市对外贸易进出口总额累计实现46.58亿美元,是“十一五”时期的1.7倍。

招商引资 2014年,赤峰市组织召开中关村海淀园赤峰分园筹备座谈会,分别与天津市、沈阳市和中燃集团就能源供应基地、旅游产业发展、天然气管道建设签订战略合作协议;成功举办国内百家知名企业赤峰行等招商引资活动,累计签订项目36个,签约金额322亿元;加快推动签约项目落地建设,市本级签约的70项重大项目已开工51项;全面深化与北京市的多领域对口合作,申报帮扶合作项目24项,承接非资源型产业转移项目39项,并在北京朝阳区设立“品质赤峰”文化推广中心;加快推进与周边地区合作,“锡赤通朝锦”(锡林郭勒盟、赤峰市、通辽市、朝阳市、锦州市)区域合作初步纳入国家“环渤海”地区发展规划。全年引进国内市外500万元以上项目资金516亿元,同比增长11.4%。

财政金融 公共财政预算收入稳步增长。2014年,全市公共财政预算收入达到98.03亿元,是2010年的1.7倍,年均增长14.9%,比“十一五”时期年均增速低1.6个百分点。公共财政预算收入占GDP的比重由2010年的5.2%提高到2014年的5.5%。全市金融机构存款余额达到1366.47亿元,比2010年增长55.3%;提前完成贷款余额突破千亿元目标,达到1048.07亿元,比2010年增长1.2倍。

社会事业 2014年,赤峰·中国北方农业科技成果博览会进入全国农高会序列,全市国家级高新技术企业达到20家;学前教育工程、义务教育标准化、薄弱学校改造、职业学校基础能力建设加快推进;基本公共卫生和基层医疗卫生服务体系建设全面推进,县级公立医院改革正式启动,克什克腾旗、巴林左旗和阿鲁科尔沁旗、翁牛特旗分别列入全国、全自治区改革试点;完成全市文化产业项目库建设,积极争创国家公共文化服务示范区,累计建成文化站157个;市体育中心等一批城乡体育场馆建成投入运营，在赤峰举行的内蒙古自治区第十三届运动会取得圆满成功；完成广播村村响 10 个试点工程和 10 个地面数字电视转播台的建设任务。

人民生活　全市城乡居民收入保持增长，生活水平持续提高。2014 年，全市城镇常住居民人均可支配收入 22820 元，比 2010 年增长 61.7%，年均增长 12.8%；农牧民人均纯收入 8937 元，比 2010 年增长 78.21%，年均增长 15.6%。全市城镇新增就业 3.2 万人，农牧民转移就业 70 万人；城乡低保标准年提高 252 元和 197 元，城镇职工及新农合住院报销封顶线增加到 30 万元；投入各类扶贫资金 30.5 亿元，14 万贫困人口实现稳定脱贫。

第二篇　城乡居民生活

第一章　城镇居民生活

第一节　城镇居民收入

一、收入水平

20世纪90年代,全市工商企业实行劳动用工制度改革,职工工资大幅度增长,城镇居民收入保持快速增长态势,收入构成发生明显变化。1991年,全市城镇居民人均可支配收入1312元,2000年达到4588元,比1991年增加3276元,增长2.5倍。进入21世纪之后,第三产业迅速发展,市场持续繁荣,城镇居民家庭除工资收入之外,个体经营收入、离退职再就业收入和财产性收入快速增加。2002年,中共十六大之后,国家高度重视提高低收入群体的收入水平和生活水平,积极实行再就业工程,继续深化行政事业单位工资改革,城镇居民转移性收入和工资性收入大幅度增加。2007年,全市城镇居民人均可支配收入达到10032元,比2000年增加5444元,翻一番之外还多出856元。

2011年,全市新增城镇就业23600人,落实应往届高校毕业生就业13900万人,失业人员再就业12900人;建立企业职工工资正常增长机制,增加行政事业单位人员津贴;较大幅度地提高企业退休人员养老金和城镇居民低保供养标准。这些措施,有效地提高了城镇居民收入水平。2013年,全市城镇居民人均可支配收入突破2万元,达到20802元,比2007年又翻一番。2014年,实施更加积极的就业政策,大力发展劳动密集型产业、服务业和非公有制经济、中小微企业,增加更多的就业岗位;不断加强城镇困难群体、特殊群体就业工作,动态消除城镇"零就业家庭"。全市城镇居民人均可支配收入22819元,比上年增加2017元,增长9.7%。1991年到2014年,全市城镇居民收入增长16.4倍,年均增长13.2%。

二、收入结构

工资性收入　20世纪80年代之后,赤峰市企业改革继续深入,对企业职工打破"铁饭碗",收入实行按劳分配,城镇居民就业观念发生很大变化,就业渠道不断拓宽。

1991年,全市城镇居民人均工资性收入1152元,占可支配收入的比重为87.8%。此后,全市不断提高企业经济效益,提高职工工资水平,并且认真组织实施再就业工程,切实抓好停产企业职工和下岗人员的再就业工作。1997年,全市城镇居民人均工资性收入3227元,比1991年增加2075元,增长1.8倍,占可支配收入的比重为83.3%,比1991年下降4.5个百分点。2001年,改革公务员工资制度,按照自治区的统一方案,赤峰市调增机关事业单位工作人员工资标准,实施艰苦边远地区津贴。2002年,全市城镇居民人均工资性收入4219元,比1997年增加992元,增长30.7%,占可支配收入的比重为78.0%,比1997年下降5.3个百分点。2006年之后,大力发展第三产业、劳动密集型产业和中小企业,努力增加就业岗位,增加城镇居民收入。2008年,全市城镇居民人均工资性收入8295元,比2002年增加4076元,增长96.6%,占可支配收入的比重为71.9%,比2002年下降6.1个百分点。2010—2012年,赤峰市三次调整行政事业单位人员津贴补贴,机关事业单位工作人员工资大幅度增加。2014年7月,自治区政府根据劳动和社会保障部最低工资规定,结合自治区实际,调高最低工资标准和非全日制工作小时最低工资标准。当年,全市城镇居民人均工资性收入13933元,比2008年增加5638元,增长68.0%,占可支配收入的比重为60.1%。

1991—2014年赤峰市城镇居民可支配收入统计表

表3-2-1

年份	人均可支配收入(元)	同比增长(%)	年份	人均可支配收入(元)	同比增长(%)
1991	1312	14.8	2003	6027	11.5
1992	1625	23.9	2004	6706	11.3
1993	2048	26	2005	7572	12.9
1994	2463	20.3	2006	8451	11.6
1995	2831	14.9	2007	10032	18.7
1996	3372	19.1	2008	11538	15
1997	3874	14.9	2009	12670	9.8
1998	4114	6.2	2010	14108	11.3
1999	4522	9.9	2011	16416	16.4
2000	4588	1.5	2012	18678	13.8
2001	4956	8	2013	20802	11.4
2002	5407	9.1	2014	22819	9.7

1991—2014年部分年份赤峰市各旗县区城镇居民人均可支配收入统计表

表3-2-2　　单位:元

地　区	1991	1995	2000	2005	2010	2014
全市	1312	2831	4588	7572	14108	22819
红山区	1493	3214	5238	8195	15357	25807
松山区	—	—	4693	7489	14700	24339
元宝山区	—	2430	4946	7963	15316	25391
阿鲁科尔沁旗	—	—	4115	6161	12200	19026
巴林左旗	1059	2281	4213	6464	11514	20655
巴林右旗	—	—	4065	5978	11678	19025
林西县	—	—	4306	6449	12088	20328
克什克腾旗	—	—	3756	6109	12551	21049
翁牛特旗	1022	1892	4320	6542	12402	20395
喀喇沁旗	—	—	4099	6156	12406	20657
宁城县	—	2656	4742	6807	13558	22352
敖汉旗	847	1995	3875	6122	10808	20620

1991—2014年部分年份赤峰市城镇居民人均可支配收入与自治区平均水平比较统计表

表3-2-3　　单位:元

项目＼年份	1991	1995	2000	2005	2010	2014
赤峰市	1312	2831	4588	7572	14108	22819
自治区平均水平	1305	2845	5129	9137	17698	28350
两者之间的差距	7	14	541	1565	3590	5531

经营性收入　20世纪90年代初期，赤峰市城镇居民经营性收入很少。1991年,全市城镇居民人均经营净收入仅10元,占可支配收入的比重为0.8%。90年代中后期,进行建立现代企业制度改革,采取股份合作、租赁、转让、拍卖、兼并、联合、破产等多种形式,放开搞活各类企业,同时产生大批下岗职工。全市采取优惠政策,扶持下岗职工和未就业人员发展个体私营经济。企业的搞活特别是个体私营经济的发展,带动了城镇居民经营性收入的增长。1997年,全市城镇居民人均经营净收入85元,比1991年增加75元,占可支配收入的比重为2.2%,比1991年提高1.4个百分点。进入21世纪之后,

随着各级政府对合理配置劳动力资源的关注，以及在市场的牵引下，全市从事个体经营的人数逐年增多，城镇居民经营性收入逐渐增加。2002 年，全市城镇居民每百人中从事个体经营的人数为 6 人；城镇居民人均经营净收入 388 元，比 1997 年增加 303 元，增长 3.6 倍；占可支配收入的比重为 7.2%，比 1997 年提高 5 个百分点。2003 年之后，市政府相继制定一系列鼓励下岗失业人员和普通高等院校毕业生从事个体经营的优惠政策，全市从事个体经营的人数显著增加。2008 年，全市城镇居民每百人中从事个体经营的人数为 8 人；城镇居民人均经营净收入 1600 元，比 2002 年增加 1212 元，增长 3.1 倍；占可支配收入的比重为 13.9%，比 2002 年提高 6.7 个百分点。2012 年之后，落实国家对个体工商户免收各种税费的优惠措施，同时对小微企业实施一系列就业、再就业、创业扶持政策，充分激发民间资本的活力。个体私营经济持续发展，带动城镇居民经营性收入继续增长。2014 年，全市城镇居民每百人中从事个体经营的人数为 11 人；城镇居民人均经营净收入 4789 元，比 2008 年增加 3189 元，增长 2 倍，占可支配收入的比重为 20.6%。

转移性收入　20 世纪 90 年代之前，赤峰市城镇居民转移性收入主要是离退休人员的离退休金，其他转移性收入几乎没有。1991 年，全市城镇居民人均转移性收入 130 元，占可支配收入的比重为 9.9%。之后，国家逐步加大对低收入群体的转移支付力度。1996 年，自治区政府提出市区居民月生活费收入 100 元、县城居民月生活费收入 80 元的最低生活标准，对最低生活线以下的城镇居民实行扶危救困。1997 年，全市城镇居民人均转移性收入 520 元，比 1991 年增加 390 元，增长 3 倍；占可支配收入的比重为 13.4%，比 1991 年提高 3.5 个百分点。进入 21 世纪之后，进一步完善社会保障制度，抓好养老、失业、医疗保险的扩面征缴，提高基金的保障能力，保证国有企业下岗职工基本生活费和企业离退休人员养老金按时足额发放。2002 年，全面完成国有企业下岗职工基本生活保障向失业保险并轨，全市全年发放养老金 2.5 亿元，发放下岗职工基本生活保障金 6185 万元，城镇低保实现应保尽保，为 5 万名城镇低保对象发放保障金 3300 万元。全市城镇居民人均转移性收入 1015 元，比 1997 年增加 495 元，增长 95.2%；占可支配收入的比重为 18.8%。2008 年，全市城镇低保人数达到 9.1 万人，比上年增加 1 万人，月低保标准提高 20 元。企业退休人员养老金月增加 102 元。城镇居民医疗保险参保率达到 72.5%。全市城镇居民人均转移性收入 1859 元，比 2002 年增加 844 元，增长 83.2%；占可支配收入的比重为 16.7%。2011 年之后，加强“共享性”社会保障。继续扩大社会保险覆盖面，稳步提高社会保险统筹层次和标准，提高企业退休人员基本养老金。2014 年，全市城镇企业职工养老保险参保人数为 52.89 万人；企业退休人员人均养老金达到 2000 元 / 月左右，比上年增长 10%；城镇基本医疗保险参保人数为 105.9 万人，生育保险参保人数为 31 万人，失业保险参保人数为 26.3 万人，参加工伤保险的职工人数为 27.7 万人。城镇居民最低生活保障标准为 442 元，全市城镇享受最低生活保障的人数为 9 万人（享受低保为月人均收入在 442 元以下）；全市共发放城镇低保金 3.98 亿元,人均补助 363 元 / 月。全市城镇居民人均转移性收入 3213 元,比 2008 年增加 1354 元,增长 72.8%;占可支配收入的比重为 13.8%。

财产性收入 20 世纪 90 年代,赤峰市金融市场不断发展,拓宽了人们的投资渠道,利息、股息、红利及保险等金融性财产收入从无到有,逐年提高。1991 年,全市城镇居民人均财产性收入 20 元,占人均可支配收入的比重为 1.5%。1997 年达到 42 元,比 1991 年增加 22 元;占可支配收入的比重为 1.1%,比 1991 年下降 0.4 个百分点。进入 21 世纪之后,国家实施通过消费拉动经济增长的战略,多次降低固定储蓄利息,一部分城镇居民转向一些投资风险较小的金融产品,如国库券、保本型基金等;少部分城镇居民转向投资风险和收益并存的金融产品,如股票等。2002 年,全市城镇居民人均财产性收入 48 元,比 1997 年增加 6 元,增长 14.3%;占可支配收入的比重为 0.9%,比 1997 年下降 0.2 个百分点。"十一五"(2006—2010 年)时期,随着股票市场和房地产市场的升温,城镇居民财产性收入大幅度增加,在家庭收入中所占的份额快速提高。2008 年,全市城镇居民人均财产性收入 171 元,比 2002 年增加 123 元,增长 2.6 倍;占可支配收入的比重为 1.5%,比 2002 年提高 0.6 个百分点。2010 年之后,随着收入的提高,一部分城镇居民把资金投到股票、基金、房地产、收藏品,获得了可观的投资收益。2014 年,全市城镇居民人均财产性收入 1264 元,比 2008 年增加 1093 元,增长 6.4 倍;占可支配收入的比重为 5.4%。

2005—2014 年部分年份赤峰市城镇居民人均收入结构情况统计表

表 3-2-4

项目＼年份		2005	2010	2014
可支配收入(总收入)(元)		7876	14827	23199
工资收入	数额(元)	5549	10254	13933
	所占比重(%)	70.5	69.2	60.1
经营性收入	数额(元)	879	2043	4789
	所占比重(%)	11.2	13.8	20.6
转移性收入	数额(元)	1308	2305	3213
	所占比重(%)	16.6	15.5	13.8
财产性收入	数额(元)	140	225	1264
	所占比重(%)	1.8	1.5	5.4

说明:2005 年、2010 年数据为总收入。

2005—2014 年部分年份赤峰市城镇居民人均财产性收入分类情况统计表

表 3-2-5　　　　单位：元

项目 \ 年份		2005	2010	2014
财产性收入		140	225	1264
其中	利息收入	11	2	14
	股息与红利收入	68	97	193
	其他投资收入	8	18	201
	出租房屋收入	33	99	188
	其他财产性收入	14	9	12
	储蓄性保险净收入	6	—	3
	房屋虚拟租金	—	—	653

第二节　城镇居民消费

一、消费水平

20 世纪 90 年代，全市国民经济快速发展，居民收入增加，消费品市场繁荣，城镇居民在吃、穿、住、用、行等方面有了很大改善。1991 年，全市城镇居民人均消费支出 1306 元，2001 年达到 3969 元，10 年提高 2 倍。进入 21 世纪，随着改革开放不断深入和国民经济快速发展，城镇居民的生活发生历史性的巨大变化。主要体现在居民收入迅速增加，消费水平和生活质量明显提高。不仅居民的“菜篮子”“米袋子”更加丰富，而且人们的衣食住行开始向多元化、高档化发展，恩格尔系数持续下降，人们用于精神文化生活和卫生保健支出相应提高，文化消费、教育消费、体育消费、健康消费、旅游消费明显增长。人们的生活水平和质量，由改革开放初期的维持生存型向富裕型，再向小康型转变。群众享有的公共服务明显增加，社会保障和救助体系进一步健全。人民群众关心的就业、就医、上学、住房、环境等民生问题逐步得到解决。2011 年，全市城镇居民人均消费支出 11321 元，比 2001 年增长 1.9 倍；与 1991 年相比，20 年增长 7.7 倍。2014 年达到 14329 元，和 1991 年相比，增长 9.97 倍，年均增长 11.3%。

1991—2014年赤峰市城镇居民消费支出统计表

表3-2-6

年份	人均消费支出(元)	同比增长(%)	年份	人均消费支出(元)	同比增长(%)
1991	1306	19.4	2003	4877	4.1
1992	1314	0.6	2004	5221	7.1
1993	1709	30.8	2005	5755	10.2
1994	2139	25.2	2006	6480	12.6
1995	2544	18.9	2007	7145	10.3
1996	2756	8.3	2008	8221	15.1
1997	3046	10.5	2009	9187	11.8
1998	3188	4.7	2010	10343	12.6
1999	3447	8.1	2011	11321	9.5
2000	3539	2.8	2012	13138	16
2001	3969	12.2	2013	13808	5.1
2002	4683	18	2014	14329	3.8

二、消费结构

1991—2014年,随着城镇居民收入的增加,生活水平不断改善,人们的消费观念也不断更新,消费结构发生根本性的改变,消费水平大幅度全面提高。居民手中有了钱,吃饭穿衣占居民收入的比重越来越小。全市城镇居民食品消费所占比重由1991年的46.3%下降到2014年的28.8%。购置耐用消费品成为消费的热点,式样由老到新,档次由低到高。高档耐用消费品快速进入平常百姓家,成为衡量居民家庭富裕程度的重要标志之一。人们的生活由“需求型”消费向“时尚型”消费转变。饮食消费由吃饱到吃好,再到讲究营养;饮食方式由家庭聚会到在外就餐,开始向“娱乐型”“享受型”转变。服装的名牌化、时装化和个性化成为人们的追求,成衣化倾向成为衣着消费的主流。从短途的城市周边游,到长假的国内游、出国出境游和以老年人为主的专列游,人们外出旅游的热情一年比一年高。旅游已成为居民休闲度假的新方式。

1991—2014 年部分年份赤峰市城镇居民人均消费支出构成统计表

表 3-2-7

项目 \ 年份		1992	1995	2000	2005	2010	2014
消费支出		1315	2543	3540	5755	10343	14329
食品	数额(元)	614	1146	1082	1830	3299	4130
	所占比重(%)	46.7	45.1	30.6	31.8	31.9	28.8
衣着	数额(元)	249	429	501	873	1695	1521
	所占比重(%)	18.9	16.9	14.2	15.2	16.4	10.6
居住	数额(元)	96	154	403	697	1169	2687
	所占比重(%)	7.3	6.1	11.4	12.1	11.3	18.8
生活用品及服务	数额(元)	105	174	274	317	742	1076
	所占比重(%)	8.0	6.8	7.9	5.5	7.2	7.5
交通与通信	数额(元)	31	134	326	546	1115	1772
	所占比重(%)	2.4	5.3	9.2	9.5	10.8	12.4
教育文化娱乐	数额(元)	118	283	448	761	1093	1560
	所占比重(%)	9.0	11.1	12.7	13.2	10.6	10.9
医疗保健	数额(元)	49	140	320	484	824	1201
	所占比重(%)	3.7	5.5	9.0	8.4	8.0	8.4
其他商品与服务	数额(元)	53	83	186	248	407	382
	所占比重(%)	4.0	3.3	5.3	4.3	3.9	2.7

食品消费　20 世纪 90 年代，全市城镇居民食品消费开始追求科学化、营养化，食品支出逐年增加，但占生活消费支出的比重逐年下降。1991 年，全市城镇居民人均食品支出 605 元，恩格尔系数为 46.3% ，达到小康标准（根据联合国粮农组织提出的标准，恩格尔系数在 59%以上为贫困，50%~59%为温饱，40%~50%为小康，30%~40%为富裕，低于 30%为最富裕）。1997 年，城镇居民人均食品支出 1214 元，比 1991 年增长 1 倍，恩格尔系数降至 39.9%，首次低于 40%，达到富裕标准。2002 年，城镇居民人均食品支出 1388 元，比 1997 年增长 14.3%，恩格尔系数降至 30.2%，达到历史最低。之后，由于食品价格上涨，食品支出快速增加，恩格尔系数又有所上升。2008 年，城镇居民人均食品支出 2683 元，比 2002 年增长 93.3%，恩格尔系数为 32.6%。2014 年，恩格尔系数为 28.8%，恩格尔系数低于 40%，全市城镇居民生活进入相对富裕阶段。

1991—2014年赤峰市城镇居民食品消费支出及恩格尔系数表

表3-2-8

年份	食品支出（元）	恩格尔系数（%）	年份	食品支出（元）	恩格尔系数（%）
1991	605	46.3	2003	1511	32.2
1992	614	46.7	2004	1647	31.5
1993	710	41.5	2005	1830	31.8
1994	912	42.6	2006	1986	31.7
1995	1146	45.1	2007	2165	30.3
1996	1120	40.6	2008	2683	32.6
1997	1214	39.9	2009	3050	33.2
1998	1203	37.7	2010	3299	31.9
1999	1201	34.8	2011	4084	36.1
2000	1082	30.6	2012	4270	35.9
2001	1228	30.9	2013	4593	33.3
2002	1388	30.2	2014	4130	28.8

24年间，随着生活水平的提高，城镇居民的饮食结构逐步趋向于科学化、合理化。在吃的方面质量要求越来越高，食品消费从追求高脂肪、高热量向营养、科学、绿色转变。

食品消费更趋营养。餐桌上的食品结构更加优化，主食消费所占比重下降，副食消费比重上升，其中肉、蛋、奶、水产品等富于营养的饮食消费大幅度增加。1991年，全市城镇居民人均主食支出106元，占食品支出的17.5%。进入21世纪之后，随着收入的增加，城镇居民的营养意识不断更新，对饮食质量要求越来越高。粮食、瓜果蔬菜、猪牛羊肉、水产品都要新鲜的，买食品首先要看生产日期。城镇居民一年四季都能吃上新鲜食品。2014年，城镇居民人均主食支出675元，占食品支出的16.3%。城镇居民人均消费肉类25.1公斤，比1991年增长21.1%；人均消费水产品6.5公斤，增长35.4%；人均消费动植物油10.2公斤，增长83.1%；人均消费鲜蛋10.5公斤，增长54.4%；人均消费鲜奶17.4公斤，增长近6倍。

居民在外就餐增加。20世纪90年代中期以后，随着消费理念的转变，在外就餐这种消费方式已被越来越多的居民家庭所接受，成为普通大众节庆、聚会、休闲的主要形式。1997年，全市城镇居民人均在外饮食支出93元，占食品支出的7.7%。2002年，全市城镇居民人均在外饮食支出157元，占食品支出的11.3%，比1997年提高3.6个百分点。2008年，全市城镇居民人均在外饮食支出433元，占食品支出的16.1%，比2002年提高4.8个百分点。2014年，全市城镇居民人均在外饮食支出950元，占食品支出的

23.0%，比 2008 年提高 6.9 个百分点。

1991—2014 年部分年份赤峰市城镇居民人均副食品消费情况统计表

表 3-2-9　　　　　　　　　　　　　　　　　　　　　　　　单位:元

品名＼年份	1992	1995	2000	2005	2010	2014
油脂类	19	46	32	51	112	136
肉禽蛋水产品	195	327	299	454	803	1157
蔬菜类	64	117	101	162	353	409
调味品	13	18	19	30	59	98
糖烟酒饮料类	90	123	136	164	274	425
干鲜瓜果类	62	91	94	166	290	376
糕点、奶及奶制品类	29	52	67	154	182	261
其他食品类	5	10	13	55	86	185
饮食服务	34	59	130	285	577	950

说明:饮食服务主要是“在外饮食”。

衣着消费　20 世纪 90 年代，随着生活水平的提高，城镇居民穿着更加注重内在与外观的协调统一，个性化需求日益明显，衣着款式、面料、色彩绚丽多姿。1991 年，全市城镇居民人均衣着支出 245 元，占生活消费支出的 18.8%。1997 年，城镇居民人均衣着支出 555 元，比 1991 年增长 1.3 倍，占生活消费支出的 18.2%，比 1991 年下降 0.6 个百分点。进入 21 世纪之后，服装已不仅是一种生活的需要，而是形象、气质的象征，城镇居民衣着购买频繁，式样丰富多彩，高档品牌进入寻常百姓家。2002 年，城镇居民人均衣着支出 644 元，比 1997 年增长 16.0%，占生活消费支出的 13.8%，比 1997 年下降 4.4 个百分点。2008 年，城镇居民人均衣着支出 1292 元，比 2002 年增长 1 倍，占生活消费支出的 15.7%，比 2002 年提高 1.9 个百分点。2014 年，城镇居民着装讲究的是突出个性、展现自我，舒适、漂亮、庄重成为着装潮流。女士的着装更是缤纷多彩、婀娜多姿，成为城市的亮丽风景线。全市城镇居民人均衣着支出 1521 元，比 2008 年增长 19.5%，占生活消费支出的 10.6%，比 2008 年下降 5.1 个百分点。

居住消费　1991 年，赤峰市城镇居民人均居住面积 7.63 平方米。在房屋产权方面，92.6%的城镇居民居住公房，0.7%的居民居住租赁私房，6.7%的居民居住自有房。在住房条件方面，86.7%的城镇居民使用暖气，13.3%的城镇居民使用火炉、火炕等取暖；76.0%的城镇居民使用液化石油气，24.0%的城镇居民使用煤炭。20 世纪 90 年代中后期，全市城镇建设发展迅速，很多居民区进行改造，大片的平房变成楼房；进行城镇职工住房制度改革，很多职工通过房改购买公房变为私房。广大城镇居民的住房条件

明显改善。1997 年，城镇居民人均居住支出 242 元；人均居住面积 12.15 平方米，比 1991 年提高 59.2%。进入 21 世纪，全市从旧城区改造到新城区建设，城市建设发展很快，城镇居民住房条件持续改善。2002 年，城镇居民人均居住支出 659 元，比 1997 年增长 1.7 倍；居民人均住房使用面积 18.35 平方米，比 1997 年增长 51%。在房屋产权方面，22.7%的居民居住原有私房，42.6%的居民居住房改私房，29.3%的居民居住商品房，5.4%的居民居住租赁房和其他住房。2010 年之后，城镇居民居住环境显著改观，出现了现代化设施的商品住宅小区。小区内外配备各种便民配套设施，扩大花草、树木的栽培面积，增设休闲、健身器材。城镇居民住房消费已成为带动消费需求增长和产业结构调整的一个重要组成部分。2014 年，全市城镇居民家庭住宅私有率达到 92.0%，城镇居民人均居住支出 2687 元，比 2008 年增长 1.9 倍；居民人均房屋建筑面积 30.59 平方米，比 1991 年增长 3 倍。在住房条件方面，94.3%的居民使用暖气；68.2%的城镇居民使用罐装液化石油气，20.8%的城镇居民使用管道液化石油气。

耐用品消费　20 世纪 80 年代，居民主要购买自行车、缝纫机、手表、收音机、黑白电视机、洗衣机、收录机、电风扇等；到 90 年代，主要购买电冰箱、电话、彩色电视机、摩托车、影碟机、激光音响、照相机等；进入 21 世纪，购买热点集中在移动电话、家用电脑、空调器、电动车、小汽车、钢琴、摄像机等，这些都标志着耐用消费品的一次又一次升级换代。城镇居民家庭耐用消费品经历了由“普及型”向“娱乐型”“智能型”“高科技

1991—2014 年部分年份赤峰市每百户城镇居民耐用消费品拥有量调查表

表 3-2-10

消费品名称	单位	1991	1997	2002	2008	2014
洗衣机	台	80	85	88	95	98
电冰箱	台	53	57	81	94	100
微波炉	台	—	2	12	40	48
彩电	台	69	90	114	111	106
照相机	台	16	27	37	35	20
家用电脑	台	—	1	12	6	69
固定电话	部	5	58	96	70	46
移动电话	部	—	1	55	166	207
自行车	辆	274	226	208	—	—
摩托车	辆	—	9	18	26	32
助力车	辆	—	—	—	16	35
家用汽车	辆	—	—	1	6	18

型”的转变。1991 年，全市城镇居民人均购买日用品支出 145 元，每百户城镇居民家庭拥有自行车 274 辆、缝纫机 64 台、洗衣机 80 台、电冰箱 53 台、收音机 49 台、彩电 69 台、照相机 16 台、中高档乐器 21 件。2002 年，城镇居民人均购买家庭设备用品及服务支出 266 元，比 1991 年增长 83.4%。2014 年，城镇居民人均购买家庭设备用品支出 1076 元，比 2002 年增长 3.0 倍；每百户城镇居民家庭拥有摩托车 32 辆、助力车 35 辆、家用汽车 18 辆、洗衣机 98 台、电冰箱 100 台、彩电 106 台、家用电脑 69 台、照相机 20 台、微波炉 48 台、淋浴热水器 55 台、固定电话 46 部、移动电话 207 部。

交通消费　20 世纪 90 年代初，自行车是赤峰市城镇居民出行的主要交通工具。由于受经济条件限制，人们外出旅游的很少，走亲访友一般乘坐火车和汽车。1991 年，全市城镇居民人均交通费仅 7 元。90 年代中后期，经济条件好转，人们外出的机会增多，交通消费不断增长。1997 年，城镇居民人均交通费支出 91 元。进入 21 世纪，出门乘坐出租车成为常事，外出旅游都乘坐火车、大客车。2002 年，城镇居民人均交通费支出 164 元，比 1997 年增长 80.2%。进入“十一五”（2006—2010 年）时期，随着公路的新建、拓宽和提质改造，城乡之间的道路四通八达，交通状况大为改善，城镇居民出行更加方便快捷，舒适、便捷的私家车陆续进入城镇居民家庭。同时，国家大力发展铁路、民航，方便了城镇居民探亲访友和出门旅游。2008 年，城镇居民人均交通费支出 482 元，比 2002 年增长 1.9 倍。2014 年，城镇居民人均交通费支出 1022 元，比 2008 年增长 1.1 倍。

通信消费　20 世纪 80 年代，居民信息传递主要靠信函。90 年代前后，固定电话开始进入居民家庭。1991 年，全市城镇居民人均邮电费 5 元，每百户城镇居民家庭拥有 5 部自费固定电话。90 年代中后期，固定电话迅速普及，移动电话开始走进居民生活。1997 年，城镇居民人均通信支出 109 元，每百户城镇居民家庭拥有固定电话 58 部、移动电话 1 部。进入 21 世纪之后，随着现代科学技术的不断发展，通信产品功能日趋多样化，手机、家用电脑等现代通信工具进入越来越多的家庭，为城镇居民的日常生活、工作、娱乐、交际带来极大方便，通信消费逐渐成为深受城镇居民喜爱的一大消费亮点。2002 年，城镇居民人均通信支出 286 元，比 1997 年增长 1.6 倍；每百户城镇居民家庭拥有固定电话 96 部、移动电话 55 部。2008 年，城镇居民人均通信支出 387 元，比 2002 年增长 35.3%；每百户城镇居民家庭拥有固定电话 70 部、移动电话 166 部。2014 年，城镇居民人均通信支出 750 元，比 2008 年增长 93.8%；每百户城镇居民家庭拥有移动电话 207 部。

教育消费　20 世纪 90 年代，赤峰市的基础教育全面发展，教育水平不断提高。到 1990 年，全市 12 个旗县区如期完成普及初等教育的历史任务，开始有计划、有步骤地依法实施九年义务教育。1991 年，城镇居民人均学杂费 31 元，人均保育费 11 元。90 年代中后期，学杂费大幅度上升。1997 年，城镇居民人均教育支出 234 元，占消费支出的 7.7%。进入 21 世纪，全市教育事业迅速发展。到 2002 年，全市城镇居民人均教育支出 403 元，比 1997 年增加 169 元，增长 72.2%；教育支出占消费支出的 8.6%，比 1997 年上升 0.9 个百分点。2008 年,国家全面取消义务教育阶段学生学费、杂费、书本费,城镇居民教育负担大为减轻。全市城镇居民人均教育支出 345 元,比 2002 年减少 58 元,下降 14.4%;教育支出占消费支出的 4.2%,比 2002 年下降 4.4 个百分点。2012 年,自治区投入 20 亿元实施高中阶段免费教育政策,实现高中阶段学生全部享受免学费、免费提供教科书的“两免”政策,减轻了家庭教育支出负担。但是,在校学生的校外培训费不断增加,成人教育费用不断提高,以上两大因素使城镇居民加大了教育投入。2014 年,城镇居民人均教育支出 961 元,比 2008 年增加 616 元,增长 1.8 倍;教育支出占消费支出的 6.7%,比 2008 年上升 2.5 个百分点。其中城镇居民人均校外培训费支出 206 元,比上年增长 48.3%;人均成人教育支出 81 元,比上年增长 31.9%。

文化消费　20 世纪 90 年代,黑白电视机逐渐退出城镇居民家庭,彩色电视机逐年增加并达到普及,看电视、听音乐成为居民主要的文化生活之一。1991 年,城镇居民文化娱乐支出 95 元,1997 年增加到 108 元,比 1991 年增长 13.7%。中高档乐器、录放像机、组合音响、照相机等文化生活用品不断增加。进入 21 世纪,居民文化消费日益向多样化发展,玩影碟机、电脑、琴棋书画,进行网上冲浪、珍品收藏、休闲旅游、KTV 等各项娱乐活动广泛开展。消费方式已从家庭走向社会,由当地扩展到外埠。2002 年,城镇居民文化娱乐支出 218 元, 比 1997 年增长 1 倍。2008 年增加到 551 元, 比 2002 年增长 1.5 倍。2014 年,城镇居民人均文化娱乐消费 599 元,比 2008 年增长 8.7%。

医疗保健消费　20 世纪 90 年代, 随着人民生活水平的提高和医疗保健意识的增强,城镇居民积极追求健康的生活方式,医疗保健支出不断增加。1991 年,全市城镇居民人均医疗保健支出 40 元,其中人均用药及医疗用品支出 36 元,人均医疗保健服务支出 4 元。1997 年,城镇居民人均医疗保健支出 189 元,比 1991 年增加 149 元,增长 3.7 倍。1999 年,全市城镇职工基本医疗保险制度开始启动,城镇所有职工都参加基本医疗保险, 城镇职工的医疗条件明显改善。2002 年, 城镇居民人均医疗保健支出 506 元,比 1997 年增加 317 元,增长 1.7 倍。2008 年,城镇居民基本医疗保险试点在全市展开,城镇居民得到更好的医疗服务,医疗保健支出稳步增加。城镇居民人均医疗保健支出 554 元,比 2002 年增加 48 元,增长 9.5%。此后,随着医疗卫生制度改革的不断深入,进一步建立健全医疗保险体系,城镇居民医疗费的报销比例不断提高。2014 年,调整全市城镇基本医疗保险和职工生育保险待遇标准,并全面建立城镇大病医疗保险制度。城镇职工医疗保险最高支付限额由 2013 年的 25 万元提高到 30 万元。同时,城镇居民基本医疗保险统筹基金最高支付限额也有提高,一个医疗年度内,基本医疗保险最高支付限额由 2013 年的 10 万元提高到 12 万元。同年,城镇居民人均医疗保健支出 1201 元,比 2008 年增加 647 元,增长 1.2 倍。

其他商品和服务消费　随着城镇居民收入的不断增加和消费水平日益提高,人们追求享受的意识增强,城镇居民在金银珠宝饰品、高档化妆品、品牌手表等消费的支出越来越多。1991 年,全市城镇居民人均其他商品和服务支出 35 元,其中人均其他服务支出 27 元。2002 年，城镇居民人均其他商品和服务支出 149 元，比 1991 年增加 114 元，增长 3.3 倍。2008 年，城镇居民人均其他商品和服务支出 298 元，比 2002 年增加 149 元，增长 1 倍。其中人均购买金银珠宝饰品支出 58 元，人均购买化妆品支出 91 元，人均理发洗澡费 45 元，人均美容费 22 元。2014 年，城镇居民更多的钱已不仅仅用于家庭“衣、食、住、行”等必需型消费，而是将一部分钱用于装扮自己，更加注重美容、化妆和生活的享受型消费，金银珠宝饰品成为城镇居民家庭消费新的热点。全市城镇居民人均其他商品和服务支出 382 元，比 2008 年增加 84 元，增长 28.2%。其中人均购买金银珠宝饰品及手表支出 190 元；居民用于其他服务的支出人均达 130 元，比 2008 年增长 58.5%。

第二章　农牧民生活

第一节　农牧民收入

一、收入水平

20 世纪 90 年代，随着农村牧区经济体制改革不断深化，农村牧区经济快速增长，农牧民生产投入大幅增加，农村牧区劳动生产率和土地产出率不断提高，农牧民收入增长点不断拓宽。全市各级党委和政府在引导、支持农牧民群众发展商品经济、勤劳致富的同时，积极开展扶贫开发工作，取得明显效果。进入 21 世纪，中央先后出台逐步减免农业税、实行粮食直补、实施农村牧区综合改革等惠农举措，减轻了农牧民负担，增加了农牧民收入。全市农牧民人均纯收入由 1991 年的 614 元增加到 2014 年的 8937 元，增长了 13.56 倍。

农民家庭收入水平　1991 年之后，全市农村家庭联产承包责任制更加完善，农民收入快速增长。1995 年，全市农民人均纯收入由 1991 年的 608 元增加到 1100 元；2001 年达到 1739 元，比 1991 年增加 1131 元。10 年中，农民年人均纯收入年均增长 12.8%，增速较快。1995 年，赤峰市农业生产遭受严重干旱、低温、早霜冻等自然灾害，粮食作物大幅度减产，第一产业增加值同比下降 9.4%，影响了农民收入，增幅减缓。全市农民年人均纯收入由上年的增长 22.1%减少到 8.2%。2000 年，全市普遍遭受更严重的旱灾，给农牧业生产造成巨大损失。全市粮豆产量同比下降 47%，第一产业增加值同比下降 8.9%；农民年人均纯收入由 1999 年的 1998 元跌至 1697 元，跌幅 15.1%。2001—2011 年，全市农村大量的剩余劳动力从第一产业中转移出来，从事第二产业和第三产业，给农村经济全面发展注入了生机和活力。加上外出打工人数的增加，农民的钱袋子越来越鼓，农民年人均纯收入始终保持高速增长态势。2005 年，全市农民人均纯收入 2834 元，比上年增长 16.1%；到 2011 年达到 6188 元，与 2001 年相比，年均增长 15.15%。从 1991

年到2011年,全市农民年人均纯收入增加5574元,20年年均增长12.99%。

牧民家庭收入水平 1991年之后,全市牧区实行草畜双承包责任制、草牧场流转制和牧区的双层经营制。市政府为解决牧区牲畜销售难的问题,实行畜产品市场、价格、经营“三放开”政策,牧业重点户、专业户、牧民家庭牧场逐渐发展,进一步调动牧民生产积极性。全市牧区草原畜牧业生产突破单一的畜牧业经营方式,牧区产业结构发生很大变化,从事建筑业、运输业、商贸服务业经营的牧民逐渐增多,牧民的收入逐年增加。1995年,全市牧民人均纯收入由1991年的702元增加到1212元;2001年上升到1599元,比1991年增加897元,10年牧民年人均纯收入年均增长8.6%。2001—2011年,牧民年人均纯收入仍然保持较高速度增长。2005年,全市牧民年人均纯收入2625元,比上年增长20.9%;2006年,赤峰市取消牧业税后,国家、自治区对牧民种草养畜进行补贴,增加了牧民收入。到2011年,全市牧民年人均纯收入达到5685元,比2001年增加4086元,10年牧民年人均纯收入年均增长13.5%。从1991年到2011年,全市牧民年人均纯收入增加4983元,20年牧民年人均纯收入年均增长11%。

农牧民家庭收入水平 2012年,党的富民政策得到进一步落实,农村牧区经济快速发展,农牧民收入有很大增加。全市农牧民年人均纯收入7079元,年人均可支配收入6428元,均比上年增长15.3%。2014年,全市农牧民年人均纯收入8937元,农村牧区常住居民人均可支配收入8114元,均比上年增长11.4%(注:2012年全国开展城乡一体化调查改革,统一用可支配收入指标计算城乡居民收入,不再分农民、牧民计算)。

1991—2014年赤峰市农牧民人均纯收入统计表

表3-2-11

年份	农牧民人均纯收入(元)	同比增长(%)	年份	农牧民人均纯收入(元)	同比增长(%)
1991	614	9.6	2003	2056	11.3
1992	731	19.1	2004	2415	17.5
1993	840	14.9	2005	2817	16.6
1994	1024	21.9	2006	3220	14.3
1995	1108	8.2	2007	3681	14.3
1996	1377	24.3	2008	4240	15.2
1997	1604	16.5	2009	4500	6.1
1998	1805	12.5	2010	5010	11.3
1999	1957	8.4	2011	6138	22.5
2000	1684	－13.9	2012	7079	15.3
2001	1728	2.6	2013	8022	13.3
2002	1847	6.9	2014	8937	11.4

1991—2014 年部分年份赤峰市各旗县区农村牧区常住居民人均可支配收入统计表

表 3-2-12 单位:元

地 区	1991	1995	2000	2005	2010	2014
全市	558	1006	1529	2558	4549	8114
红山区	1156	1738	3328	5157	8200	13783
松山区	577	1140	1510	3220	6335	10557
元宝山区	805	1695	3317	4580	8008	13593
阿鲁科尔沁旗	636	871	984	2377	4730	6830
巴林左旗	663	878	1208	2828	5080	7240
巴林右旗	707	1100	1376	2903	4792	7436
林西县	529	1072	978	2616	4869	6818
克什克腾旗	674	1113	1372	2800	5090	8021
翁牛特旗	561	949	1225	2704	5069	7406
喀喇沁旗	482	960	1058	2438	4984	8007
宁城县	559	1050	1290	2700	5330	7791
敖汉旗	509	1059	788	2626	4767	8005

说明:全市 6 个年份均为可支配收入;各旗县区 2014 年为可支配收入,其他年份均为纯收入。

1991—2014 年部分年份赤峰市农牧民人均纯收入与自治区平均水平比较统计表

表 3-2-13 单位:元

年份 项目	1991	1995	2000	2005	2010	2014
赤峰市	614	1108	1684	2817	5010	8937
自治区平均水平	651	1300	2038	2989	5530	9976
两者之间的差距	37	192	354	172	520	1039

二、收入结构

家庭经营收入　20 世纪 90 年代,赤峰市农牧民家庭经营收入主要包括种植业、养殖业、工商服务业。1991 年,全市农民人均家庭经营收入 726 元,占全部收入的 93%;牧民人均家庭经营收入 1014 元,占全部收入的 95.7%。1995 年,全市农民人均家庭经营收入 1459 元,占全部收入的 80.7%。由于各级政府重视农区畜牧业的发展,国家实行“惠农惠牧”政策,农村家庭养殖业发展迅速,农民人均牧业收入增长较快,达到 384 元,占家庭经营收入的 26.3%;牧民人均家庭经营收入 2746 元,占全部收入的 97.8%。进入21

世纪之后,全市农牧民家庭经营主要包括农业、牧业、交通运输业、商贸服务业。随着工资性收入、转移性收入、财产性收入的增加,农牧民家庭经营收入所占的比重总体呈下降趋势。2001 年,全市农民人均家庭经营收入 2125 元,占全部收入的 77.8%,其中农业经营收入 1005 元,占家庭经营收入的 47.3%;牧民人均家庭经营收入 2595 元,占全部收入的 90.6%,其中牧业经营收入 1990 元,农业经营收入 455 元。2011 年,全市农民人均家庭经营收入 7272 元,占全部收入的 73.3%,其中农业经营收入 4737 元,牧业经营收入 1796 元;牧民人均家庭经营收入 8336 元,占全部收入的 78%,其中牧业经营收入 4953 元,农业经营收入 2909 元。2014 年,全市农牧民人均家庭经营收入 9897 元,基本与上年持平。

1991—2014 年赤峰市农牧民人均家庭经营收入统计表

表 3-2-14　　单位:元

年份	农民家庭经营收入	牧民家庭经营收入	年份	农民家庭经营收入	牧民家庭经营收入
1991	726	1014	2003	2333	2683
1992	955	1399	2004	2748	2965
1993	1016	1526	2005	3513	3664
1994	1204	2051	2006	3700	3950
1995	1459	2746	2007	4346	5157
1996	1821	1871	2008	5184	5624
1997	2140	2426	2009	5225	6364
1998	2217	2252	2010	5628	7507
1999	2120	2165	2011	7272	8336
2000	1715	2284	2012	8006	
2001	2125	2595	2013	9873	
2002	2215	2654	2014	9897	

说明:2012 年全国开展城乡一体化调查改革,农牧民人均家庭经营收入不再分农民、牧民计算。

工资性收入　20 世纪 90 年代,赤峰市农牧民工资性收入主要包括在集体组织中的劳动报酬和在企业中的劳动报酬。1991 年,全市农牧民人均工资性收入仅 107 元。进入 20 世纪 90 年代中后期,大量的农村剩余劳动力开始从第一产业中转移出来,外出从事第二产业和第三产业,因此农牧民工资性收入成为农牧民收入增长的重要来源,劳务收入增幅明显快于全市农牧民经营性收入增长水平。进入 21 世纪之后,全市农牧民工资性收入主要包括在非企业组织中劳动所得、在本地企业劳动所得、常住人口外出从业所得。外出打工成为农牧民工资性收入的主要增长点。2000 年,全市农民人均工资性收入 660 元,其中外出务工所得 184 元,占工资性收入的 27.9%。2010 年,全市农民人均工资性收入达到 1692 元,其中外出务工所得 720 元,占工资性收入的 42.6%。2011 年,全市农民人均工资性收入为 1986 元,与 1991 年相比,20 年增长 17.6 倍。2014 年,全市农牧民人均工资性收入为 2673 元,比上年增加 273 元,增长 11.3%。

1991—2014 年赤峰市农牧民人均工资性收入统计表

表 3-2-15 单位:元

年份	农民工资收入	牧民工资收入	年份	农民工资收入	牧民工资收入
1991	107	—	2003	664	298
1992	162	—	2004	732	414
1993	171	—	2005	841	499
1994	221	—	2006	1000	507
1995	252	—	2007	1153	595
1996	290	137	2008	1308	656
1997	359	105	2009	1512	751
1998	412	149	2010	1692	994
1999	553	172	2011	1986	931
2000	660	218	2012	2162	
2001	527	188	2013	2400	
2002	595	329	2014	2673	

说明:2012 年全国开展城乡一体化调查改革,农牧民人均工资性收入不再分农民、牧民计算。

转移性收入 20 世纪 90 年代,赤峰市农牧民转移性收入主要包括国家和地方财政补贴、在外人口寄回或带回的资金。1991 年,全市农民人均转移性收入 19 元,牧民 6 元,1995 年分别达到 26 元和 15 元。进入 21 世纪之后,全市上下认真贯彻落实上级政策,实行对种粮农民的农资综合补贴、农作物良种补贴、农机具购置补贴和牧民的草原生态保护补助奖励以及森林生态效益补助、农村牧区危房改造补助、地方政府补贴、自然灾害生活救助等政策性补贴,农牧民转移性收入持续增加。2011 年,全市农民人均转移性收入 500 元,牧民人均转移性收入 1066 元,分别比 1991 年增长 25 倍和 177 倍。2014 年,全市农牧民人均转移性收入达到 979 元,比上年增加 116 元,增长 13.4%。

1991—2014 年赤峰市农牧民人均转移性收入统计表

表 3-2-16　　单位:元

年份	农民转移性收入	牧民转移性收入	年份	农民转移性收入	牧民转移性收入
1991	19	6	2003	38	40
1992	22	8	2004	114	146
1993	28	16	2005	156	183
1994	20	9	2006	246	326
1995	26	15	2007	252	402
1996	32	30	2008	347	502
1997	26	47	2009	432	608
1998	34	19	2010	497	641
1999	41	27	2011	500	1066
2000	50	45	2012	751	
2001	57	64	2013	863	
2002	65	125	2014	979	

说明:2012 年全国开展城乡一体化调查改革,农牧民人均转移性收入不再分农民、牧民计算。

财产性收入　1991 年之后,赤峰市农牧民的财产性收入主要是银行存款利息和城镇近郊农民房屋出租所得等。1995 年,全市农民人均财产性净收入 70 元,至 2006 年达到 116 元,到 2011 年达到 166 元;1996 年,全市牧民人均财产性净收入 41 元,至 2006 年达到 175 元,到 2011 年达到 354 元。2014 年,全市农牧民人均财产性收入下降到 101 元。

三、现金收入

20 世纪 90 年代,赤峰市农牧民逐步从以实物收入为主的农牧业经济,走向以货币收入为主的市场经济。1991 年,全市农牧民人均现金收入为 580 元,占总收入的比重为 68.3%。进入 21 世纪之后,随着农牧业生产社会化、商品化进程的加快,农牧民的市场经济意识增强,在扩大非农择业的同时,不断提高农畜产品商品率,农牧民收入越来越货币化。2001 年,全市农牧民人均现金收入达到 1758 元,占总收入的比重为 64.1%,其中农民家庭现金收入 1737 元,牧民家庭现金收入 2009 元。2011 年,全市农牧民人均现金收入达到 7933 元,占总收入的比重为 80.2%,与 1991 年相比,20 年增长 12.7 倍。2014 年,全市农牧民人均现金收入达到 14018 元,占总收入的比重为 88.1%,比 2011 年增长 76.7%。

1991—2014 年赤峰市农牧民家庭人均年现金收入统计表

表 3-2-17　　单位:元

年份	农民家庭人均年现金收入	牧民家庭人均年现金收入	年份	农民家庭人均年现金收入	牧民家庭人均年现金收入
1991	583	884	2003	2359	2432
1992	893	1255	2004	2631	2828
1993	941	1312	2005	3468	3739
1994	1199	1921	2006	4171	4372
1995	1463	2231	2007	4751	5481
1996	1538	1680	2008	5840	6020
1997	2014	2202	2009	6438	6972
1998	2048	2074	2010	6674	7847
1999	2248	1932	2011	7898	9117
2000	2000	2228	2012	—	
2001	1737	2009	2013	—	
2002	2029	2452	2014	14018	

第二节　农牧民消费

1991—2014 年,在农牧民收入快速增长的拉动下,全市农牧民购买力越来越强,消费支出大幅增长,消费结构和消费质量明显提升,消费水平普遍提高,生活逐渐奔向全面小康。

一、消费水平

20 世纪 90 年代,国家一系列体制上的改革,使农牧民整体消费水平逐年提高,消费领域不断拓展。1991—1995 年, 全市农牧民人均生活消费总支出由 518 元提高到 1249 元,增长 2.4 倍。1996—2000 年,由于受多种因素影响,农牧民生活消费支出忽上忽下,在 1200~1400 元上下徘徊,其中 1996 年和 1999 年分别出现 2.8%和 7.7%的负增长。进入 21 世纪之后,全市认真落实一系列惠农政策,调动农牧民发展生产、搞活经济的积极性,各项收入不断增加,农牧民的消费水平提高很快。2005 年,全市农牧民人均生活消费总支出达到 2260 元,比 1995 年增加 1000 多元。2011 年,是全市农牧民生活水平提高最快的一年,人均生活消费总支出达到 5475 元,比上一年增加近 2000 元,同比增长 53.3%。2014 年达到 8109 元,比 2011 年增加 2634 元。

表 3-2-18

1991—2014 年赤峰市农牧民家庭生活消费支出统计表

年份	人均生活消费支出(元)	同比增长(%)	年份	人均生活消费支出(元)	同比增长(%)
1991	518	12	2003	1621	6
1992	649	25.3	2004	1798	10.9
1993	711	9.6	2005	2260	25.7
1994	820	15.3	2006	2504	10.8
1995	1249	52.3	2007	2748	9.7
1996	1214	– 2.8	2008	3087	12.3
1997	1354	11.3	2009	3148	2
1998	1411	4.2	2010	3572	13.5
1999	1302	– 7.7	2011	5476	53.3
2000	1346	3.4	2012	5826	6.4
2001	1399	3.9	2013	6579	12.9
2002	1529	9.3	2014	8109	23.3

二、消费结构

1991—2014 年，赤峰市农牧民物质消费档次逐步提高，生活消费由基本生存型向享受型及发展型转变，农牧民消费结构不断变化，消费质量明显提高，生活方式逐步向城市靠近。

食品消费 1991—1995 年，全市农牧民食品消费由 297 元提高到 731 元，增长 2.5 倍，占生活消费支出比重分别为 57.3%和 58.5%。进入 21 世纪之后，农牧民消费观念提升，消费水平提高，食品消费构成和方式明显变化。在外饮食及其他食品支出增加较快，主食支出比重下降，肉、蛋、奶、水果等消费量增多，农牧民膳食结构向营养型、科学型发展。2001 年，全市农牧民食品消费 593 元，占消费支出比重为 42.4%。2014 年，食品消费支出 2348 元，恩格尔系数由 1991 年的 57.3%下降到 29%。

衣着消费 1991—1995 年，赤峰市农牧民衣着消费由 46 元提高到 90 元，增长近一倍。进入 21 世纪之后，全市农村牧区市场繁荣，农牧民收入不断增加，衣着消费观念逐渐发生改变，农牧民穿着由保暖型和传统型逐渐发展成潮流型和城市型；从过去低档、耐用型向高档、时尚、成衣化转变，衣着服饰品种、规格更加齐全，衣着消费结构进入以成衣消费为主的新阶段。2001—2010 年的 10 年间，全市农牧民的衣着穿戴有

1991—2014 年部分年份赤峰市农牧民人均消费支出构成统计表

表 3-2-19

项目＼年份		1991	2000	2005	2010	2014
消费支出(元)		518	1346	2260	3572	8109
食品	数额(元)	297	576	891	1480	2348
	所占比重(%)	57.3	42.8	39.4	41.4	29.0
衣着	数额(元)	46	92	147	271	543
	所占比重(%)	9	6.8	6.5	7.6	6.7
居住	数额(元)	79	228	304	580	1207
	所占比重(%)	15.3	16.9	13.5	16.2	14.9
生活用品及服务	数额(元)	23	58	84	155	403
	所占比重(%)	4.4	4.3	3.7	4.3	5.0
交通与通信	数额(元)	7	71	268	350	1281
	所占比重(%)	1.4	5.3	11.9	9.8	15.8
文教娱乐用品及服务	数额(元)	42	200	360	317	1143
	所占比重(%)	8.1	14.8	15.9	8.9	14.1
医疗保健	数额(元)	22	94	165	356	1015
	所占比重(%)	4.2	7.0	7.3	10.0	12.5
其他商品及服务	数额(元)	2	27	41	62	169
	所占比重(%)	0.4	2.0	1.8	1.7	2.1

一定变化，衣着消费由 95 元增加到 271 元，分别占消费支出的 6.8%和 7.6%。2014 年达到 543 元，其中购买成衣所占比重达 90%以上。款式新颖、样式美观的西装、大衣、皮衣、裙装在农村牧区年轻人中非常流行，其节奏变化紧追城市，时尚化程度进一步加快。

居住消费　1991—1995 年，赤峰市农牧民居住消费由 79 元提高到 163 元，提高 1.1 倍，分别占生活消费支出比重是 15.3%和 13.2%。进入 21 世纪之后，宽敞舒适的住房一直是农牧民家庭向往的目标，也是生活质量改善的重要标志。农牧民居住支出大幅度增加，居住质量、居住条件的改善，在农牧民提高生活消费水平的目标中始终占有重要的地位。2000—2010 年，全市绝大多数农牧民都住上了宽敞明亮的砖瓦房，有一部分农牧民还住上了楼房。同时多数农牧民更加注重住房的内在质量和室内配套设施的完善。住房消费支出由 228 元增加到 580 元，分别占消费支出的 16.9%和 16.2%。

2014年,全市农牧民人均用于居住类消费支出1207元,占消费支出的14.9%。农牧民住房有卫生设施和空调的户数有所增加,家庭室内装饰装修也越来越受到重视。新建住房大多设施齐全,内部装修讲究,住房舒适整洁,布置优雅美观。

1991—2014年赤峰市农牧民家庭食品消费支出和恩格尔系数表

表3-2-20

年份	食品支出(元)	恩格尔系数(%)	年份	食品支出(元)	恩格尔系数(%)
1991	297	57.3	2003	639	39.4
1992	339	52.2	2004	757	42.1
1993	373	52.5	2005	891	39.4
1994	445	54.3	2006	914	36.5
1995	731	58.5	2007	1066	38.8
1996	724	59.6	2008	1340	43.4
1997	712	52.6	2009	1303	41.4
1998	762	54.0	2010	1480	41.4
1999	635	48.8	2011	2175	39.7
2000	576	42.8	2012	2019	31.3
2001	593	42.4	2013	2163	29.3
2002	615	40.2	2014	2348	29

耐用品消费　1991年,赤峰市农牧民耐用消费品主要是手表、缝纫机、自行车和收音机"四大件",部分农牧民拥有黑白电视机。全市平均每百户农民拥有自行车107辆,牧民拥有93辆;农民拥有缝纫机68台,牧民拥有71台;农民拥有收音机52台,牧民拥有89台;农民拥有黑白电视机42台,牧民拥有24台。洗衣机、彩色电视机、收录机、摩托车拥有量很少;电话还没有进入农牧民家庭。20世纪90年代中后期,通过农村牧区电网改造,农村牧区消费环境不断改善,农牧民购买能力日益增强。洗衣机、电冰箱、摩托车、电话、彩色电视机、收录机等高档耐用消费品逐步走入农牧民家庭。进入21世纪之后,耐用消费品价格的持续走低,刺激了农牧民对大件商品的消费。农牧民消费领域明显扩大,用于购买各种日常用品及耐用消费品的支出迅速增加,用品趋于高档化。洗衣机、电冰箱、彩电、电话、摩托车等高档耐用家庭消费品拥有量,在农牧民家庭中越来越多。到2014年,农牧民拥有洗衣机、电冰箱、彩电、移动电话、摩托车数量大幅增加,部分家庭有了家用汽车,一些新型家电如微波炉、热水器、照相机、计算机、空调等高档电器以较快的发展速度进入农牧民家庭。

2000—2014 年部分年份赤峰市每百户农牧民耐用消费品拥有量情况调查表

表 3-2-21

年份 消费品名称	单位	2000	2005	2010	2014
洗衣机	台	26	44	57	84
电冰箱	台	9	21	49	86
电风扇	台	18	37	—	—
微波炉	台	—	1	2	9
热水器	台	—	2	3	13
彩色电视机	台	50	88	100	106
黑白电视机	台	52	18	5	—
自行车	辆	109	77	69	—
摩托车	辆	19	52	66	85
固定电话	部	20	49	54	38
移动电话	部	—	51	108	193
收录机	台	35	19	—	—
影碟机	台	6	27	22	—
照相机	架	3	3	3	2
家用电脑	台	—	1	4	20
家用汽车	辆	—	—	1	12

交通、通信消费　1991 年，赤峰市农村牧区交通通信比较落后。全市农牧民人均交通费用仅 3 元，而且没有通信消费支出。进入 21 世纪之后，全市农村牧区基础设施建设改善，方便了农牧民的出行和联络，农牧民与外界的交流日益扩大，交通通信支出快速增长，有效地改变农牧民的生活观念和生活方式。2005 年，全市农牧民人均全年交通和通信消费支出 268 元，占整个消费支出的 11.9%。其中交通用品支出 115 元，交通服务消费支出 48 元；通信工具支出 28 元，通信服务费支出 76 元。2014 年，全市已有 95% 以上的村通公路和电话，全市农牧民人均用于交通和通信的支出 1281 元，比 2005 年增长近 3 倍，占整个消费支出的 15.8%，其中交通消费 876 元，通信消费 405 元。每户农牧民家庭拥有移动电话近 2 部，家用汽车也开始进入农牧民家庭。

文教娱乐消费　1991 年，全市农牧民人均用于文化教育娱乐方面的支出为 42 元，占整个消费支出的 8.1%。20 世纪 90 年代，随着农牧民收入不断增加，农牧民开始有了改善文化生活的愿望，用于文化教育、娱乐用品及服务的消费增加较快。2000 年，全市农牧民平均每人全年用于此项支出 200 元,占消费支出的 14.8%,其中农民支出 206元,牧民支出 127 元。进入 21 世纪之后,由于市场经济发展的驱动,农牧民学文化、学技术意识增强,对子女和自身教育培训舍得投资,注重文化教育、讲究文明生活的氛围,在广大农村牧区日渐形成。农牧民家庭拥有组合音响、照相机、家用计算机、高档乐器越来越多,农牧民文化娱乐生活更加丰富多彩。2014 年,全市农牧民人均用于教育文化娱乐方面的支出为 1143 元,占消费支出的 14.1%,其中教育支出 950 元,文化娱乐支出 193 元。在教育支出中,高中教育支出 218 元、大专及以上教育支出 433 元,分别占 22.9%和 45.6%。

医疗保健消费　1991 年,全市农牧民人均医疗卫生费用 22 元,占整个消费支出的 4.2%。20 世纪 90 年代中后期,农牧民收入增加和保健意识增强,医疗保健消费也在不断增加。2000 年,全市农牧民此项支出平均每人全年 94 元,其中农民 95 元,牧民 86 元。进入 21 世纪之后,国家推行新型农村牧区合作医疗制度及农村牧区特困群体大病救助制度,全市农村牧区医疗条件得到明显改善,农牧民防病治病意识不断增强,农牧民医疗保健支出明显增加。2005 年,全市农牧民平均每人全年医疗保健消费支出 165元,占消费支出的 7.3%,其中农民 158 元,牧民 255 元。2014 年,全市农牧民人均用于医疗保健费用支出 1015 元,比 2005 年增长 5.2 倍,占消费支出的 12.5%。

农牧民税费支出　1980 年初,全市农村牧区刚刚从集体经济转变为家庭经营经济,农牧民负担比较轻。1982 年,农牧民人均税费支出为 8.5 元,占农牧民人均纯收入的 3.2%。20 世纪 90 年代中后期,农牧民负担加重。1991 年,农牧民人均税费支出 32 元。1997年,是农牧民负担最重的一年,全市农牧民人均税费支出达到 147 元,占纯收入的比重为 9.2%。2002 年,国家实行农村牧区税费改革后,农牧民负担大为减轻,全市农牧民人均税费支出减为 59 元,占纯收入的比重为 3.2%,重新回到 1982 年的水平,比 1997 年降低了 6 个百分点。2004 年,国务院开始实行减征或免征农业税的惠农政策,全市大部分农牧民直接受益。从 2006 年 1 月 1 日起,国家全部免除农业税,全市所有农牧民不再缴纳农业税。截至 2014 年,全市农牧民已无税费支出。

第四卷

农业

赤峰是传统的农牧业地区，是国家重要的商品粮基地，土壤气候条件适合多种作物生长。2014 年，有耕地 140.99 万公顷，草牧场 576 万公顷。玉米种植面积多年稳定在 53.33 万公顷，同时还大量种植小麦、水稻、马铃薯等粮食作物，荞麦、黄豆、绿豆等杂粮杂豆，蔬菜、甜菜、油葵、烤烟、药材、林果等经济作物。贡格尔草原、乌兰布统草原、巴林和海哈尔塔拉草原是天然的优良草牧场，主要畜养品种有肉牛、肉羊、细毛羊、白绒山羊等。农区养殖则以生猪、肉鸡、蛋鸡、肉鸭等为主。

1984 年，赤峰市开始实施农村牧区经济体制改革，在农村实施家庭联产承包责任制，即第一轮土地承包，土地“包产到户”，牧区普遍推行“牲畜作价归户”“草牧场承包经营”。1997 年后，全市开始实施农村第二轮土地承(延)包、牧区草场有偿承包使用、农村牧区税费改革。建立并不断完善农村牧区统分结合的双层经营体制。通过建立农村牧区合作经济组织，实行“农牧民专业合作组织 + 农牧户”“产业化龙头企业 + 农牧户”等模式，促进传统农牧业向现代农牧业和一、二、三产业融合转变。到 2000 年，全市 99%的土地和 94.8%的草牧场承包到户。2002 年后，开始实施土地和草牧场流转制度。到 2014 年，土地流转面积达到 26.01 万公顷，占家庭承包经营耕地面积的 27.7%；牧区草牧场使用权流转面积 33.05 万公顷，占草原承包总面积的 15.8%。农牧民承担的各种税费全部取消。深化农村牧区改革，进一步调动了农牧民生产经营的积极性，同时促进了农(牧)业规模化、产业化。

赤峰市高度重视农牧业科学技术推广和应用。2014 年，有市县乡三级农牧业技术推广机构 500 余个，农牧业科技推广人员 4000 余人，形成了市县乡三级农牧业技术推广体系。先后培育出玉米“赤早 5 号”、高粱“赤杂 16 号”、谷子“赤谷系列”等 30 多个农作物优质品种，特别是“谷子显性雄性核不育基因”和“谷子基因互作型显性核不育”的研究与应用，填补了国内该领域的空白，居世界领先水平。培育出了“昭乌达肉羊”、敖汉毛肉兼用细毛羊、草原红牛、乌兰哈达猪、罕山白绒山羊等多个家畜新品种。建成了内蒙古唯一一家国家级农业科技园区——赤峰国家农业科技园区。优质高效新品种、设施农业、种子包衣、地膜覆盖、立体种植、配方施肥、节水高效等农牧业新品种、新技术得到普遍推广。农牧业机械化综合作业水平达 62%。

1991 年以来，赤峰逐步走出了一条政策驱动、产业联动、龙头拉动、基地带动、科技促动的产业化快速发展之路。2014 年，全市市级以上产业化重点龙头企业达到 214 家；规模以上加工类龙头企业 157 家，比 2002 年增加 115 家。随着绿色有机食品越来越受到市场青睐，赤峰市抓住有利时机较早开展了绿色有机农业的探索和尝试。2002 年，翁牛特旗开始推广绿色有机稻米、蔬菜、杂粮种植，成为全国整体推进有机农业第一县。全市水稻种植面积达到 1.45 万公顷，其中有机水稻占较大比例；绿色有机马铃薯种植面积 5.27 万公顷，年产马铃薯 29 万吨。全市绿色农产品年产量 10 万多吨，绿色畜产品年产量 5 万多吨，获得绿色食品标志产品近 50 个，获得有机食品证书产品近 70 个。敖汉小米、双井荞麦、阿旗天山大明绿豆等农产品获国家地理标志产品保护。赤峰生产的绿色有机农畜产品供不应求,成为农牧民收入新的增长点。

2014年,全市农业产值285亿元,牧业产值143亿元,分别是1991年的18倍、16倍;全市粮豆总产量超过500万吨,比1991年增长2倍多;经济作物总产量超过90万吨,比1991年增长46.96%;蔬菜总产量超过480万吨,比1991年增长11倍多。全市六月末家畜存栏2215万头只,比1991年增长2.14倍;肉类和禽蛋产量分别超过46万吨和30万吨。赤峰市已成为全国27个产粮超百亿斤地区之一,牲畜存栏连续7年居内蒙古首位。

20世纪50年代初,赤峰市仅有森林面积45.5万公顷,森林覆盖率为5%,到处是赤地千里的荒凉景象。面对复杂恶劣的生态环境,赤峰市以浑善达克、科尔沁两大沙地治理为主线,各级党委、政府一任接着一任干,一张蓝图绘到底,开展了长期不懈的防沙治沙工作。1950年起在平川地区实施农田防护林网建设,涌现出松山区当铺地、太平地等蜚声中外的治沙典型。1978年实施"三北"防护林工程以来,累计完成造林保存面积155.87万公顷。1990年起实施小流域和山区综合治理工程,治理水土流失面积341.67万公顷。2000年起实施京津风沙源治理工程,完成林业项目建设123.2万公顷。2002年起实施退耕还林工程,完成退耕还林43.74万公顷。治理区草原植被占80%以上。经过几代人的努力,赤峰彻底实现了从"沙进人退"到"沙退人进"的历史性转变,成为京津冀及东北地区重要的生态安全屏障。2010年,启动了创建国家森林城市工作,3年间共完成森林建设总面积8.24万公顷,城市建成区绿化覆盖率达40.12%,人均公共绿地面积11.13平方米。2012年10月,赤峰创建国家森林城市工作通过国家专家组评估验收,生态建设为赤峰带来巨大的生态效益和经济效益。到2014年,全市林业产值达19亿元,是1991年的12倍;共建有自然保护区28处,总面积110.99万公顷;森林面积达到299.9万公顷,是1991年的1.68倍;森林覆盖率达到35.4%,比1991年提高近15个百分点。赤峰市先后被授予全国造林绿化先进单位、全国林业生态建设先进市、全国防沙治沙十大标兵单位、国家森林城市等荣誉称号。

2014年,全市有注册水库81座、机电井44.72万眼,667公顷以上灌区73处,发展膜下滴灌26.67万公顷,实施牧区节水灌溉面积7186.67公顷、牧草地灌溉面积8.9万公顷。水产养殖业产量1.54万吨,渔业产值2.6亿元。

随着农牧业和农村牧区经济的发展和扶贫开发的实施,全市农牧民开始向小康迈进。1991—2014年,全市农牧民年人均纯收入由614元达到8937元,增长13.56倍;恩格尔系数由57.3%下降到29%;全市贫困人口由1985年的166.1万人减少到1993年的99万人和2014年的48.1万人。农牧民生活水平明显提升。

第一篇 综 述

第一章 农村牧区经济体制改革

第一节 农村经济体制改革

一、第一轮土地承包

20 世纪 80 年代初期,赤峰市农村首先进行以“包产到户”为主要形式的生产责任制改革。1984 年 4 月,全市农村全面推广实施家庭承包经营,即第一轮土地承包。除元宝山区建昌营村外,其他地区到年底全部落实到位。各地区具体承包形式大体有两种:一是“口粮田”模式,即把耕地全部作为“口粮田”,按人口平均分配到户经营;二是“口粮田 + 机动地”模式,即耕地分为两部分,一部分作为“口粮田”,按人口平均发包到户经营,一部分作为“机动地”,村集体经营,主要用于每年人口的增减调剂和抽补,保证新增人口“口粮田”的需求。同时实行“有统有分、以分为主、统分结合”的“两田制”(口粮田与责任田),“责任田”按家庭劳动力平均有偿承包或招标有偿承包,承包费主要用于“三提五统”(三提:公积金、公益金、管理费三项村级提留款;五统:教育附加费、计划生育费、民兵训练费、民政优抚费、民办交通费五项乡镇统筹款)和部分生产管理费用。截至 1991 年,全市共有 1448 个村实行了土地有偿承包和“两田制”经营,占农村总数的 66.6%。全市有 61.3 万户农民与集体签订了土地承包合同,占总户数的 82.5%。1998 年后,“两田制”和有偿承包取消,统一改为按人均承包到户经营。

二、第二轮土地延包

根据中共中央决定,第一轮土地承包期为 15 年,赤峰市农村土地第一轮承包从1984 年开始至 1997 年,第一轮承包陆续到期。1997 年,市委、市政府印发《关于进一步稳定完善土地承包关系的实施意见》,配套印发《全市稳定土地承包关系工作方案》。要求各地农村在“大稳定,小调整”的基础上,把第一轮承包到户的土地承包期一律延长到 2025 年底,并规定在新的承包期内实行“增人不增地”“减人不减地”的政策。

第二轮土地延包工作从 1997 年 11 月在全市全面开展,农户一律签订土地承包合同。到 1998 年 5 月末,全市有 89.39 万公顷耕地按新的政策规定落实到农户手中,占纳入本次土地延包总面积的95%。到2000年末,全市共有16587个村民组全部完成二轮延包工作,落实土地承包面积93.84万公顷,占耕地总面积的88.37%;共签订土地承包合同80.37万户,占全市土地承包总户数的99%;发放承包土地经营权证书80.12万份,占全市土地承包总户数的98%。

三、土地流转制度

2002年后,按照中共中央《关于做好农户承包地使用权流转工作的通知》要求,市政府在全市开始实施土地使用权流转制度。允许在土地集体所有权和不改变用途的前提下,对承包土地进行转包、转让、互换和入股等。市和旗县区先后建立土地流转服务组织和土地承包经营调解纠纷仲裁机构。推广使用土地使用权流转合同示范文本,建立土地流转合同鉴证、土地流转登记备案等制度,强化对土地流转的监督、指导和服务。到2010年,全市有2个旗县10个乡镇建立了土地流转服务中心。到2014年,全市农村土地使用权流转达到41.02万户,土地流转面积26.01万公顷,占家庭承包经营耕地总面积的27.7%。

第二节　牧区经济体制改革

一、牧区承包经营责任制

1984年,农村实行"两田制"的同时,赤峰市在牧区全部实行"牲畜作价,分户饲养"的家庭承包经营责任制。1985年之后,针对草场超载放牧现象,市政府首先在阿鲁科尔沁旗、巴林右旗进行试点,实行草牧场有偿使用,创造出牧区家庭小草库伦经营模式,总结出有利于牧区一家一户分散经营的经验。1989年,自治区政府在阿鲁科尔沁旗召开全区草牧场有偿承包使用现场会,市政府印发《赤峰市草牧场有偿使用暂行规定》,在全市逐步推行草牧场有偿使用制度。1994年,农业部在阿鲁科尔沁旗召开全国落实草地有偿承包责任制现场会议,推广赤峰市经验。1996年,市委、市政府印发《关于进一步巩固和完善草场有偿使用的意见》,用"双权一制"(草畜所有权、使用权和有偿承包责任制)取代草畜双承包责任制。至1997年末,全市凡适合实行草牧场有偿承包使用的草场、打草场全部落实有偿承包使用制度。全市落实草牧场所有权面积554.33万公顷,有偿承包使用面积413.33万公顷,发放草牧场使用证和签订草牧场使用承包合同34168份。承包给牧民的草场权属30至50年不变。到2001年,全市牧区有220.67万公顷可利用草场,有209.22万公顷承包到户,占应分草牧场的94.8%。全市有牧民68134户,全部承包草牧场。共发放草牧场经营权证75480个,签订承包合同68134份。

二、草牧场流转制度

2001年,赤峰市开始实施草牧场使用权流转制度。对牧民承包或有偿使用的放牧场、打草场，允许在草牧场集体所有权和不改变用途的前提下，可以出租、转让、交换、继承，也可以转股、入股、联合经营等。畜群数量较为集中的苏木、嘎查以及畜牧业产业化发展比较早的乡镇苏木，还进行草牧场适度规模经营，大力种树种草，开发牧草饲料基地，组织飞播、草原灌溉等，加快草场有序合理流转，改善了草原生态环境。2010 年以后，为解决草牧场流转出现的矛盾纠纷，市、旗县建立草牧场流转服务组织和草牧场有偿承包调解纠纷仲裁机构。在乡镇苏木推广草牧场使用权流转合同示范文本，建立草牧场流转合同鉴证、草牧场流转登记备案等制度，加强对草牧场流转的监督、指导和服务。至 2014 年，全市牧区草牧场使用权流转面积 33.05 万公顷，占草原承包总面积的 15.8%。

第三节　建立双层经营体制

一、农村的双层经营体制建设

1991 年之后，全市农村在坚持土地等基本生产资料公有制的前提下，把家庭分散经营与集体统一服务结合起来，建立有统有分、统分结合的双层经营体制。村委会把没有承包到户的村边和路旁的荒地、荒水出租承包。条件较好的村，利用原有的集体积累发展多种经营和工副业生产，增加集体收入，壮大集体经济，为分散农户提供服务。1992 年，全市各地农村根据集体经济实力，逐步实行统一耕地、统一良种、统一播种、统一浇水、统一防治病虫害等“五统一”服务，巩固完善家庭联产承包责任制。同时，农村各地以当地资源优势为基础，因地制宜兴办小农场、小牧场、小林场、小果园、小鱼池以及苗圃等，为集体积累资金。自然资源比较好的村，积极发展以种养业为基础的加工企业，通过加工增值，扩大集体经济投入。1995 年，全市 80%的村按照合同规定收取集体提留款和有偿承包费，分期分批回收集体财产的作价款和农民欠款。1999—2000 年，各村按照“宜农则农、宜牧则牧、宜林则林、宜副则副”的原则，从实际出发，继续兴办村级企业，壮大村、组集体经济，不断增加集体积累。2014 年，全市双层经营体制建设不断完善，集体统一服务功能进一步健全。

二、牧区的双层经营体制建设

1987 年，市委、市政府作出决定，深入开展牧区改革。在稳定和完善“双权一制”的同时，按照自愿合作原则，发展多种形式的合作制、联产制、联营制。完善牧区服务组织建设，增强嘎查、独贵龙集体功能。1991 年后，市和旗县区政府在牧区和半农半牧区发展牧农结合的生产经营。至 1999 年，全市牧农结合的乡镇苏木 107 个、村嘎查 573 个，涉及农牧户 17.6 万户。与此同时，牧区、半农半牧区有条件的村嘎查还依托当地资源优势，兴办小水电、小矿山、食品加工、畜产品系列初加工、饲草饲料加工等项目发展嘎查级集体经济。2000—2002 年，一些牧民通过种植业的粮食、经济作物、饲料生产与养殖业的畜禽饲养结合进行,取得比单一种植或单一养殖更大的综合效益。许多嘎查开始兴办牧业生产合作社,统一组织牧民开展生产经营,提高了生产力水平,拓宽了销售渠道。至2014年,在牧民家庭中,牧农结合经营户占全市牧区总户数的16.7%。许多牧民将种、养、加、销结合起来,挂靠或依托畜牧业产业化龙头企业,创办生产、加工、销售、经营联合体,使家庭经营走向规模化、集约化和专业化。

第四节　农村牧区综合服务体系建设

一、农村牧区综合服务体系建设

1989—1991年,全市开展农牧业技术推广服务配套建设。至1992年,在全市244个乡镇农业技术服务站中,有12个乡镇办公条件、服务设施得到改善;有52个乡镇新建农业技术服务站达到“五有”(有技术队伍、工作用房、咨询经营门市、仪器设施、试验示范基地)标准。1995年,市政府印发《关于加强农村牧区社会化综合服务体系建设的指示》,全市培育发展了一批贸工农一体化、产加销一条龙的经营服务实体。至1999年末,全市乡镇苏木有综合服务站297个,其中行业综合服务站211个,开辟生产经营试验示范基地295处,兴办服务实体871个,各种龙型经济服务组织发展到300多个。村级服务和农牧民自我服务也有了新的发展,30%左右的村嘎查都建有较成型的服务组织,60%以上的村嘎查配备专兼职人员。2010年之后,全市农牧业科技推广服务体系不断完善和加强,初步形成以农牧业科研和技术推广机构为依托、合作经济组织为基础、龙头企业为骨干、其他社会力量为补充、公益性服务和经营性服务相结合、专项服务和综合服务相协调的新型农牧业科技服务体系。至2014年,全市农牧业技术推广机构516个,其中市级17个,县级180个,乡级319个。

二、农村牧区合作经济组织建设

1991年之后,赤峰市组建养羊和肉牛产业协会,在协会统一组织、协调下,“公司加农牧户、企业加基地、生产加销售”的龙型产业链逐步形成,部分农村牧区的商贸、工业、畜牧、生产加工、销售各相关环节融为一体。在养羊和肉牛产业协会带动下,养鸡、养猪、养鸭等协会组织也开始建立和发展。到1998年,全市养羊、肉牛、养鸡、养猪、养鸭等协会组织达到1897个。1999年,开始推行以农牧民专业合作社为主的新型农村牧区合作经济组织建设。2006年,市委、市政府印发《赤峰市农村牧区专业合作经济组织和农牧民经纪人队伍建设实施方案》,当年,全市农牧民专业合作社达到1244家,经纪人队伍发展到4.9万人。2007年7月,《中华人民共和国农民专业合作社法》颁布实施以后,全市各乡镇苏木、村嘎查积极宣传,认真实施,推动了农牧民专业合作社的发展。到2010年,全市各类农牧民专业合作社达到2234家,入社农牧户12.3万户,受益农牧户61万户。至2014年末,全市各类农牧民专业合作社达到10891家,入社农牧户

15.5 万户，受益农牧民达到 98.1 万人，直接带动农牧户 32 万户，间接带动农牧户 33 万户。全市有 74 家农牧民专业合作社产品通过农产品质量认证，有 20 个种类无公害蔬菜标准化生产技术规程通过鉴定，195 家合作社拥有注册商标。

第五节 农村牧区税费改革

一、减轻农牧民负担

1991 年，全市 271 个乡镇苏木、2121 个村嘎查农牧民负担的村(嘎查)提留、乡镇苏木统筹以及其他社会负担 8164.4 万元，人均 26.1 元，占上年人均收入的 6.7%，比按国家要求应占上年人均收入 5%的标准高出 1.7 个百分点。1992 年，全市对各地农牧民负担项目和收费标准进行限期清理，加强对村嘎查提留和乡镇苏木统筹费的管理，禁止乱收费、乱罚款和各种摊派行为。1995 年，全市农民直接承担的“三提五统”人均 32.14 元，占上年人均纯收入 888 元的 3.6%。在牧区新建 6 个监测点，测算牧民负担的“三提五统”占上年人均年收入的 3.93%。1999 年，全市推广农牧民负担一定三年不变、公平负担、报账制度三项改革。2000 年，全市农牧民负担进一步减少。当年，因旱灾取消农牧业税收 9069 万元，取消中小学乱收费 553.1 万元，停收教育集资 1000 万元，减少报刊摊派费 420 万元，农牧民人均负担占上年人均纯收入的 2.3%，同比降低 1.1 个百分点。2003 年，全市税费改革措施基本落实到位，人均减负率 51.7%。

二、改革“三提五统”

2000 年 3 月，中共中央、国务院颁发《关于进行农村税费改革试点工作的通知》(简称通知)，赤峰市巴林右旗作为自治区首批试点牧业旗，率先进入本次税费改革进程。到 2001 年初，全市其他旗县区的税费改革也全面启动。主要改革村嘎查收取的“三提”征收方式和使用管理办法，把原来村级直接面向农牧民征收的公积金、公益金和管理费，改为以农业税、牧业税附加的方式收取，并实行乡级(乡镇苏木)管理、村级(村嘎查)使用的办法；取消乡镇苏木面向农牧民征收的教育附加费、计划生育费、民兵训练费、民政优抚费和民办交通费“五统”收费。同时取消农村牧区教育集资和专门面向农牧民征收的行政事业性收费、政府性基金、集资等；逐步取消“两工”，即面向农牧民摊派的劳动积累工和义务工。

三、减免和全面取消农牧业税

2001 年，按照中共中央、国务院通知要求，全市对农牧业税进行“四调整”：一是调整农业税，即降低农业税征税率，并把原来单独征收的农业附加费并入农业税，不再单独收取；二是调整农牧业特产税，即同一纳税地块不再交叉(重复)征收农业税和农业特产税，并把原来在生产环节和销售环节都征收的农业特产税合并为一个环节征收；三是调整牧业税，降低牛、马等畜种税费，免除当年仔畜和耕役畜等牧业税；四是取消牲畜屠宰税。2004 年 1 月,国家在试点的基础上正式推出“两减免三补贴”改革措施。“两减免”,即降低或免征农业税,免征除烟叶以外农业特产税。全市全部取消了农业特产(除烟叶)税、牧业税。2004 年,全市落实“两减免三补贴”资金 20360 万元,其中减免农业税及其附加 8640 万元。农牧民人均负担比 2003 年减少 26.54 元。2005 年,减免农牧业税及特产税 9818 万元。2006 年,《中华人民共和国农业税条例》废止,至此,全市农牧民不再缴纳农牧业税。

四、农业“四项补贴”

在第一轮税费改革的同时,国家启动了粮食主产区直接补贴试点。赤峰市作为试点地区,于 2003 年 4 月正式启动粮食补贴改革。同年,市政府印发《赤峰市粮食补贴方式改革实施方案》规定,把放开粮食购销市场和粮食购销价格后发放给农牧民流通环节的补贴调整为给农牧民直接补贴。农牧民凭粮食补贴通知书和“农业税完税证”到乡级财政领取补贴款。2004 年 1 月,国家正式推出“两减免三补贴”改革措施。全市对农业生产实行“三补贴”,即农民粮食生产直接补贴、购买良种补贴和农机具购置补贴。2006 年,国家在原来“三补贴”的基础上增加农业生产资料综合补贴。至此,全市以“四补贴”为支撑的国家对农业、农民支持保护制度基本确立。2005 年,落实粮食直接补贴 11260 万元,良种补贴 380 万元,农机具购置补贴 170 万元,全市农牧民年人均增加政策性收入 32.4 元。2006 年,全市落实“四补贴”资金 21463 万元,比上年增加 9653 万元。其中粮食直补 12150 万元,比上年增加 890 万元;良种补贴 1180 万元,比上年增加 800 万元;农机具购置补贴 400 万元,比上年增加 230 万元;农业生产资料综合补贴资金 7733 万元;全市农牧民年人均政策性收入 59.6 元。到 2014 年,全市发放“四补贴”资金 12.3 亿元,是 2006 年的 5.7 倍。

第二章 农牧业产业化

第一节 产业化经营

1996 年,市委、市政府作出大力推行农牧业和农村牧区经济产业化的决定,提出着力组织实施“十大产业”开发和改制组建三类龙头企业。

“十大产业”开发主要包括:粮豆产品系列开发;肉乳、绒毛、皮革等畜产品系列开发;油菜、甜菜、烟叶等产品系列开发;蔬菜、瓜果产品系列开发;水产品系列开发;林产品系列开发;草产品系列开发;中药材产品系列开发;建筑建材产品系列开发;土特产品系列开发。

组建三类龙头企业:(1)立足现有企业,改组、改建与农畜产品加工贸易有关联、有开拓市场和开发产品能力的企业;(2)组建新的龙头企业,尤其要大力发展乡镇的龙头企业和股份合作制的龙头企业;(3)兴办经济实体和社会化服务组织,使之成为产供销一条龙服务的专业技术龙头。

到2002年,全市农牧业产业化经营取得明显成效。规模以上农畜产品加工企业达到42家,初具规模的种养小区、专业村达到800多个,肉牛、肉羊、肉禽、杂粮杂豆、蔬菜等主导产业和基地初步形成。农牧业产业化各类合作经济组织1300多个。全市参与农牧业产业化经营的农牧户20.3万户,占全市农牧户总数的22%,农牧民人均从产业化经营中获得的收入320元,占农牧民年人均纯收入的17.2%。

2003年,市委、市政府实施"6421"工程,即做强做大六大主导产业(肉禽肉兔产业、肉牛肉羊生猪产业、无公害蔬菜产业、山羊绒产业、林草产业、玉米产业);培育开发四大优势产业(甜菜产业、烤烟产业、桑蚕产业、优质杂粮杂豆产业);培育壮大20个市级龙头企业(畜产品加工型龙头企业10个,农产品加工型龙头企业7个,市场流通型龙头企业1个,科技先导型龙头企业2个);重点开发十大商品生产基地(肉禽、肉兔、肉牛、肉羊、生猪、无公害蔬菜、优质绒山羊、优质牧草、烤烟桑蚕、优质杂粮杂豆)。

2004年,在原有六大主导产业和十大商品生产基地的基础上优化出10个产业项目进行重点建设和开发,提出以肉、乳、菜、草为主攻方向,加大对肉牛、肉羊、肉兔、奶牛、蔬菜、牧草、杂粮杂豆、林桑等十大产业推进力度,在市发改委成立农牧业产业化办公室,配备专职人员主抓全市产业化经营推进工作。2006年,自治区产业化工作会议在赤峰召开,推广赤峰的经验。2007年,市政府印发《关于扶持产业化经营的意见》,进一步调整优化产业布局,明确主导产业定位,提出以粮(玉米、杂粮杂豆)、菜(蔬菜、马铃薯)、肉(牛肉、羊肉、猪肉、禽肉)、乳、草为主导产业,以基地规模化、龙头集团化、产品品牌化、服务系列化、发展园区化为主攻方向,强力推进产业化经营。到2012年,全市粮、菜、肉、乳、草等主导产业生产基地初具规模。其中玉米基地年产量达到324.55万吨,肉牛基地年产牛肉9.73万吨,肉羊基地年产羊肉8.43万吨,奶业基地年产鲜奶37.5万吨。初步建成覆盖农畜产品加工贸易的龙头企业群和中介服务体系。全市初具规模的产业化龙头企业633家,有农牧民专业合作社2807家,入社农牧户18.5万户,受益农牧民110万人,直接带动农牧户38万户,农牧民从产业化经营中获得的纯收入人均达到4600元,占农牧民人均纯收入的65%。到2014年,全市农牧业产业化经营初步形成具有赤峰区域特色的发展路子,整体水平走在自治区前列。

第二节 产业化龙头企业

1994年,全市有成型的龙头企业116家。到2002年,全市规模以上加工型龙头企业达到42家,有10家企业的13类产品、32个品种取得国家"绿色食品"标志,有12个农畜产品被评为自治区名牌产品。商贸型龙头企业和农畜产品市场建设也有较大发展。2002年,全市建有农畜产品交易市场169处,其中大型批发市场12处,西城蔬菜批发市场、赤峰杂粮批发市场成为自治区东部乃至东北地区的果、菜、粮集散地。

2003年以后,市级财政每年拨付100万元奖励龙头企业发展。第一批列入全市重点扶持的龙头企业有17家,其中加工型龙头企业15家,商贸型龙头企业2家。不断加大对草原兴发肉羊项目、塞飞亚三大园区建设和肉鸭项目、东方万旗肉牛产业化项目和奥特曼獭兔养殖深加工等项目的扶持力度。

2010年,全市农牧业产业化规模以上企业150家。其中国家级产业化重点龙头企业4家,自治区级产业化重点龙头企业43家,赤峰市级产业化重点龙头企业57家,旗县区级产业化龙头企业46家。红山区农畜产品加工园区、巴林左旗上京农畜产品加工园区和翁牛特旗玉龙食品工业园区等21个产业化园区初具规模,入驻年销售百万元以上龙头企业98家。产业化龙头企业创出知名品牌81个,其中中国驰名商标3个,自治区著名商标18个,赤峰市知名商标60个。全市有11个企业集团的38个农畜产品使用绿色食品标志,有12家企业的72个农畜产品获有机食品认证,有5个农产品获得农业部农产品产地地理标识。全市组建各类农牧民专业合作社2661个,其中养殖合作社1437个,种植合作社946个,生产加工合作社171个,农机服务合作社107个。入社会员13.6万户,占农牧民总户数的15.8%,直接带动农牧户33万户。

2014年,全市有规模以上农牧业产业化加工型龙头企业157家,销售额500万元以上流通企业82家,年销售500万元以上农畜产品批发市场49家、养殖企业68家。全市市级以上产业化重点龙头企业发展到214家,其中国家级5家,自治区级91家,市级118家。龙头企业创造的品牌总数达到207个,其中国家级驰名商标6个,自治区级著名商标43个,市级知名商标158个。

第三节　产业化生产基地

20世纪90年代初,赤峰地区开始发展种植、养殖业小区。到1995年,松山区建成万头牛、万口猪、万亩蔬菜、万亩经济林等9个专业生产小区,敖汉旗建成166个养鸡小区,喀喇沁旗建成1000公顷的烤烟种植小区,宁城县建成万亩果树和万亩杂粮杂豆制种小区等。

1996年,全市大力推进产业化经营之后,生产基地建设进入规模化开发和建设阶段。到2002年,全市种植业建成优质玉米基地13.8万公顷,杂粮杂豆基地20万公顷,蔬菜、甜菜、油料等生产基地也初具规模。养殖业初步建成细毛羊基地、绒山羊基地、小尾寒羊基地、肉牛基地、生猪基地、肉(蛋)禽基地等。

到2010年,全市蔬菜产业、奶产业和林草产业初步形成“四带”“七区”的产业格局。“四带”,即以松山区、宁城县、敖汉旗、翁牛特旗为重点产区的老哈河流域粮食产业带,以玉米、荞麦、谷子、水稻等为优势和特色;以阿鲁科尔沁旗、巴林右旗、林西县为重点产区的西拉木伦河流域粮食产业带,以玉米、大豆、绿豆、红小豆、莜麦等为优势和特色;以松山区、阿鲁科尔沁旗、巴林右旗、翁牛特旗、林西县、宁城县为重点产区的肉牛产业带；以巴林右旗、敖汉旗、阿鲁科尔沁旗、翁牛特旗为重点产区的肉羊产业带。“七区”，即以松山区、宁城县、元宝山区、喀喇沁旗、林西县、巴林右旗为重点的蔬菜产业区；以元宝山区、翁牛特旗、松山区、林西县为重点的奶产业区；以敖汉旗、翁牛特旗、松山区、宁城县、巴林左旗为重点的瘦肉猪产业区；以元宝山区、宁城县、敖汉旗、翁牛特旗为重点的肉(蛋)禽产业区；以松山区、翁牛特旗、林西县、巴林右旗为重点的油料产业区；以松山区、林西县、敖汉旗、翁牛特旗为重点的甜菜产业区；以敖汉旗、宁城县、巴林右旗为重点的林(山杏、沙棘)草(饲草、青贮、饲料)产业区。此外，特色种植、特色养殖产业，如杂粮杂豆制种、中药材、花卉、烟叶、笤帚苗、马鹿等产业也形成区域性规模和优势。

2014 年，粮、肉、乳、菜等几大主导产业均达到一定规模。玉米产业种植面积达到 55.61 万公顷，产量 419.29 万吨；杂粮杂豆种植面积 26.13 万公顷，产量 52.24 万吨。牛 6 月末存栏 245.46 万头，年产牛肉 9.85 万吨；羊 6 月末存栏 1510.95 万只，年产羊肉 8.96 万吨；生猪 6 月末存栏 360.1 万头，年产猪肉 13 万吨。奶牛 6 月末存栏 24.44 万头，年产奶品 37.1 万吨。蔬菜种植面积 7.65 万公顷，年产鲜菜 487.59 万吨。人工草地保有面积 15.15 万公顷，年产饲草 5.68 亿公斤。

第三章 农业综合开发

1988 年，国家实施农业综合开发，赤峰市被列为自治区第一期农业综合开发重点地区之一。1989 年，宁城县、松山区、林西县、巴林左旗首先列入重点开发范围。1992 年，第二期综合开发开始，敖汉旗、翁牛特旗、阿鲁科尔沁旗和巴林右旗列入重点开发范围，其中巴林右旗为草原建设开发项目试点旗。1995 年，第三期综合开发启动后，元宝山区、克什克腾旗、喀喇沁旗先后列入重点开发范围，其中克什克腾旗为草原建设开发项目旗。2012 年，红山区被列入农业综合开发重点范围。至此，全市 12 个旗县区均被列为全国农业综合开发重点地区。

全市农业综合开发重点是实施中低产田改造、高标准农田建设、草原生态建设、节水增粮行动、科技推广等项目。1989—2014 年，全市农业综合开发累计完成投资 37.73 亿元，其中财政投资 27.08 亿元，银行贷款 1.08 亿元，群众自筹 9.57 亿元。累计实施农业土地治理 36.47 万公顷，其中改造中低产田 30.19 万公顷，开垦宜农荒地 8300 公顷，建设高标准农田 2.12 万公顷，实施节水增粮行动项目 3.33 万公顷。累计完成草原生态建设 74.48 万公顷。完成产业化经营项目 296 个。完成部门项目 80 个。项目区累计新增粮食生产能力 110 万吨，新增牧草 2.74 亿公斤，累计新增经济效益 29.14 亿元。项目区 89.6 万户农户人均增收 812.5 元。

第一节　管理机构

1988年,赤峰市成立农业综合开发领导小组,下设办公室,具体负责农业综合开发项目的规划、设计和组织实施。1991年,调整市农业综合开发领导小组,农业综合开发办(简称"农业开发办")挂靠市农牧办,行政编制4人,内设资金项目科。1995年10月,市农业开发办定为副处级行政机构,行政编制7人,内设资金项目科和综合科。2001年12月,市农业开发办升格为正处级行政机构,与市农牧办合署办公,编制8人,内设资金项目科和综合科。2002年5月,市农牧办撤销,市农业开发办并入市财政局,仍为正处级机构,行政编制9人,内设计划财务科和项目管理科。2003年12月,成立赤峰市农业综合开发评审中心,为市农业开发办所属科级事业单位,核定事业编制6人。2004年,市农业开发办有行政和事业编制15人,内设计划财务科和项目管理科2个科室及农业综合开发评审中心1个事业单位,至2014年未变。

第二节　综合开发项目

一、中低产田改造项目

中低产田改造项目是农业综合开发最早启动实施、项目区最大、覆盖面最广的工程项目。项目区覆盖全市12个旗县区。1989—2013年,全市中低产田改造项目投资累计达到15.9亿元,其中中央财政投资7.28亿元,地方配套资金(自治区、市、旗县区三级)3.99亿元,银行贷款6700万元,群众自筹资金3.96亿元。改造中低产田累计达到30.19万公顷,占全市耕地总面积的27.51%。2014年底,中低产田改造项目与高标准农田示范工程合并,统称高标准农田建设项目。

二、高标准农田示范工程建设项目

2009年,国家农业综合开发启动高标准农田示范工程建设项目。敖汉旗、翁牛特旗首先列入项目区。2010年,宁城县列入项目区。2012年,松山区、巴林左旗、林西县列入项目区。2014年,阿鲁科尔沁旗、克什克腾旗、元宝山区、红山区加入农业综合开发高标准农田示范工程建设行列。2009—2014年,全市建成高标准农田示范工程建设项目2.12万公顷,涉及11个旗县区(右旗除外)的38个乡镇苏木、224个村嘎查。建设项目累计投资4.73亿元,其中中央财政投资3.07亿元,地方配套资金1.29亿元,农牧民投工投劳3700万元,惠及农牧户2.8万户、8.2万人。

三、"节水增粮行动"项目

2012年,全市启动"节水增粮行动"项目。2012年,实施1.33万公顷,投资2亿元;2013年,实施1万公顷,投资1.5亿元;2014年,实施1万公顷,投资1.5亿元。到2014

年末，全市10个旗县区、25个乡镇苏木完成投资5亿元，其中中央财政投资3亿元，地方配套资金1.5亿元，群众自筹5000万元，累计完成“节水增粮行动”项目建设面积3.33万公顷。

四、草原生态建设项目

1992年，巴林右旗作为自治区第二期农业综合开发启动实施的草原生态建设试点旗之一，率先实施草原生态建设项目。1995年，克什克腾旗被列入草原生态建设项目区。至2014年，全市草原生态建设项目累计投资1.54亿元，完成草原生态建设项目7.48万公顷。

五、科技推广项目

2006年开始，农业综合开发项目区加大科技推广力度，设置专项资金，对重点工程和骨干项目提供有效的科技支撑。2006—2014年，全市共投入科技推广资金1486万元，在农业综合开发土地治理项目区的11个旗县区、22个乡镇、54个村，开展玉米、向日葵、马铃薯、高粱、甜菜、设施蔬菜、胡萝卜等粮食作物和经济作物的抗旱节水高产高效栽培适用技术的推广应用。共推广适用新技术27项，示范推广农作物新品种80多个；建设高标准核心示范区3.33万公顷，示范推广面积达到24.67万公顷。其间共举办各类技术培训班248期，培训农民3.5万人次，发放各类技术资料10万份，提升了开发项目的科技含量，增加经济效益1.2亿元。

六、产业化经营项目

1994年开始，国家农业综合开发办公室从农业综合开发资金中分出部分资金，专门用于扶持多种经营及龙头企业项目。2004年，多种经营及龙头企业项目整合为农业综合开发产业化经营项目，下设产业化龙头和多种经营两个子项目。产业化经营项目区覆盖全市12个旗县区。1995—2014年，全市共完成296个产业化经营项目，项目总投资6.51亿元。其中中央财政资金2.39亿元，地方配套资金1亿元，群众自筹资金2.53亿元，农发专项贷款5900万元。

七、部门农业综合开发项目

部门农业综合开发项目是由国土资源部、水利部、农业部、国家林业局、供销总社组织实施，地方农业综合开发机构和地方财政局参与管理的农业综合开发项目。赤峰市从1998年开始实施部门项目。1998—2014年，全市12个旗县区共建53个项目区，累计实施完成80个项目，总投资2.53亿元。其中中央财政资金1.27亿元，地方配套资金5300.5万元，群众自筹资金7263.14万元。

第四章　扶贫开发

1978年以前，赤峰市扶贫工作主要是通过民政部门救济、救助的方式落实到贫困户。1979年,国家开始实施扶贫改革试点工作,通过建设农业基础设施、开展农业科技培训、推广农业技术等措施进行扶贫。1985年,全市贫困人口166.1万人,贫困发生率50.1%。1986年,国家实施大规模开发扶贫。赤峰市把过去由多个部门分散抓转变为各级党委政府领导、全社会齐抓共管的工作机制,组织实施种植业温饱工程、养殖业脱贫致富工程、家庭经济开发扶贫工程和生态建设扶贫工程等。1986—1993年,全市累计投入各种扶贫资金3.45亿元,开展农牧业基础设施建设、发展生产、科技培训等综合扶贫工作,累计扶持贫困人口127.9万人,有67.1万人解决了温饱,占扶贫人口的52.46%,全市贫困人口由1985年的166.1万人减少到1993年的99万人,平均每年脱贫8.39万人。1994年,国务院《"八七"扶贫攻坚计划》发布后,赤峰市相继实施京蒙对口扶贫项目、农村牧区人畜饮水解困工程、移民扶贫开发工程、产业化扶贫工程、贷款扶贫项目、可持续发展项目等扶贫工程和项目。1994—2000年,全市累计投入各类扶贫资金12.74亿元,开展基础设施建设、农牧业科技培训、劳务输出、移民搬迁扶贫等综合扶贫开发,先后有78.8万贫困人口解决温饱,贫困人口(农区年人均收入300元、牧区人均收入500元以下)由1993年的99万人下降到2000年的20.2万人。2001年以后,赤峰市在巩固实施上一阶段的在建、续建扶贫项目的同时,重点对接落实国家、自治区新启动的扶贫工程和项目。2001年,组织实施自治区的千村扶贫开发工程和移民扩镇扶贫工程;2004年,实施劳动力转移培训工程项目和自治区肉羊产业化扶贫项目;2006年,启动实施"村级发展互助资金"试点项目;2009年,启动实施"整村推进连片开发"试点项目。到2010年,全市共投入扶贫开发资金24.37亿元,解决绝对贫困人口(年人均收入625元以下)温饱65.5万人。2011年,国家颁布《中国农村扶贫开发纲要(2011—2020)》后,赤峰市根据自治区的安排部署,在巴林右旗启动实施"推进农村牧区最低生活保障制度和扶贫开发政策有效衔接"试点项目,在革命老区旗县实施扶贫开发项目。2011—2014年,全市共投入各项扶贫资金51.52亿元,扶持大量贫困人口实现稳定脱贫。到2014年,全市有贫困户17.1万户、贫困人口48.1万人。

第一节　贫困状况

1991年,内蒙古自治区政府确定,贫困户人均收入达到500元、人均占有粮食达400公斤为达到温饱线,贫困扶持标准定为农区人均收入不足300元,牧区不足500元。赤峰市有7个国家扶持的贫困旗县和4个自治区扶持的贫困旗县区。1992年,喀喇沁旗被列入国家扶持的贫困县。1993年,林西县被列入国家扶持的贫困县。1993年末,全市有57个贫困乡、877个贫困村、99万贫困人口。1994年,国家重新调整贫困县扶持标准。赤峰市敖汉旗、宁城县、林西县、巴林左旗、巴林右旗、克什克腾旗、翁牛特旗和喀喇沁旗8个旗县被列为国家重点扶持的旗县,阿鲁科尔沁旗和松山区被列为自治区重点扶持的贫困旗区。同年,赤峰市57个贫困乡镇苏木被列入国家和自治区扶贫攻坚重点扶持范围。到 1996 年,赤峰市扶持对象范围覆盖到 170 个乡镇苏木、1539 个村嘎查,贫困人口 99 万人。1999 年,赤峰市对农区人均收入 300 元以下和牧区人均收入 500 元以下（1990 年不变价）的农户数量进行统计。全市贫困人口总数为 64.82 万人（农区 53.16 万人,牧区 11.66 万人),其中社会保障人口 1.41 万人,残疾人 1.81 万人,需要移民的 4.52 万人。2000 年，赤峰市人均收入 625 元以下贫困人口有 111.84 万人，625～865 元的 9.1 万人。有 8 个国贫县,2 个自治区扶贫开发重点县,206 个贫困乡，1719 个贫困村。2011 年,赤峰市仍有 8 个国家扶贫重点旗县、2 个自治区扶贫重点旗县。2014 年,全市有贫困户 17.1 万户、贫困人口 48.1 万人,分布在 142 个乡镇苏木、1736 个村嘎查,全市有贫困村嘎查 692 个。

第二节　专项扶贫

一、重点扶贫工程

温饱致富工程　1989 年,赤峰市启动实施区域性温饱致富工程。在农区重点建设旱地覆膜玉米种植和水稻开发项目,项目区涉及敖汉旗和翁牛特旗;在牧区、半农半牧区重点实施家庭小草库伦、羊产业(细毛羊、小尾寒羊、绒山羊)、草产业开发项目,项目区涉及阿鲁科尔沁旗、巴林左旗、巴林右旗、克什克腾旗、翁牛特旗 5 个旗。1995 年,赤峰市承接自治区下达的“温饱致富工程”1.93 万公顷旱地覆膜任务,当年全市完成 3.89 万公顷,其中扶持旱地覆膜玉米 3.03 万公顷,项目区覆盖敖汉旗、宁城县、喀喇沁旗。1996 年,项目区延展到除红山区以外的 11 个旗县区,覆膜玉米种植达到 5.52 万公顷。到 2000 年,全市扶持旱地覆膜玉米种植面积达到 8.23 万公顷,项目区覆盖全市 207个乡镇苏木、1449 个村嘎查,扶持贫困户 23.5 万户、贫困人口 96.41 万人。

移民搬迁扶贫工程　1997 年,经自治区批准,赤峰市在林西县双井店乡东樱桃沟和西樱桃沟 2 个山区贫困村实行移民搬迁试点。1998 年 10 月开始搬迁,1999 年基本完成搬迁。总投资 193 万元,共迁出 5 个自然村的 70 户、297 人,迁驻到 3 个移民新村。

2000 年，自治区在阿鲁科尔沁旗坤都镇和巴林右旗白音尔登苏木实施移民扩镇扶贫工程(第一期项目)试点。阿鲁科尔沁旗坤都镇移民扩镇项目总投资 530.25 万元,从沙区共迁出 117 户、501 人,入住到镇区。巴林右旗白音尔登苏木移民扩镇项目总投资 725万元,从沙区共迁出 150 户(贫困户 125 户)、586 人(贫困人口 508 人)入住到大板镇区。

2001 年,在试点成功的基础上,全市规模化移民扩镇扶贫项目启动实施。到 2007年,先后在阿鲁科尔沁旗、巴林左旗、巴林右旗、喀喇沁旗、敖汉旗、克什克腾旗、元宝山区、松山区等 10 个旗县区的 18 个乡镇(场)实施第二期至第五期移民扩镇工程项目。总投资 8316.07 万元,共搬迁 27 个村嘎查的 1851 户、6816 人。

2008—2012 年,在除红山区以外的 11 个旗县区的 33 个村嘎查实施第六、七、八期移民搬迁扩镇项目。总投资 2.85 亿元,其中自治区财政投入 0.83 亿元,市内各级政府配套资金、部门资金、银行贷款、群众自筹2.02亿元,共完成搬迁2542户、9205人。

到2014年末,所有移民搬迁扩镇扶贫项目全部通过验收。1997—2014年,全市实施移民搬迁扶贫项目总投资3.82亿元,共完成搬迁65个贫困村嘎查的4730户、1.65万人。

千村扶贫开发与整村推进扶贫到户工程　2001年,自治区推出“扶贫开发十年规划”,启动实施“千村扶贫开发工程”,赤峰市12个旗县区的866个村嘎查被列入重点扶贫开发计划。2001年实施142个村嘎查,2002年后又实施397个村嘎查,到2004年实施重点扶贫开发的村共有539个,总投资2.1亿元。

2005年,自治区对扶贫开发工程进行调整,把“千村扶贫开发工程”改为“整村推进扶贫到户工程”,赤峰市原列入“千村扶贫开发工程”尚未实施的322个村嘎查直接转入“整村推进扶贫到户工程”,之后又调整增加13个村嘎查,扶贫开发重点村嘎查达到335个。2005—2007年,分三批实施重点开发,总投资1.96亿元。2008—2010年,对已实施重点开发的128个重点村嘎查进行巩固和提高,共投入各类扶贫资金2.18亿元。

2011年,在56个贫困村嘎查实施整村推进扶贫工程项目,投入各类扶贫资金7880万元;2012年,在76个贫困村嘎查实施整村推进扶贫工程项目,投入各类扶贫资金3.88亿元;2013年,自治区投入赤峰专项扶贫资金3.5亿元,在700个贫困村嘎查实施以“六到户”为主要内容的整村推进项目,即水、电、路、气、房和环境优美的“六到农家牧户”工程,到2013年末,该项目完成。

产业化扶贫工程　1986—1993年,产业化扶贫以扶持乡村企业为主,全市扶贫资金投入乡村企业建设累计达到1.19亿元,占扶贫资金总投入的34.46%。1994—2003年,扶持产业化龙头企业项目累计投入3.36亿元。重点扶持的龙头企业产业化经营项目有赤峰远大肉牛产业开发公司,宁城塞飞亚集团肉鸭加工项目,克什克腾旗腾发公司牛羊育肥、加工、销售项目,元宝山区兴发集团肉鸡养殖、加工、销售一体化项目,赤峰康盛公司獭兔养殖加工项目,喀喇沁旗原野山葡萄酒业公司生产项目,松山区万利丰肉鹅养殖加工项目,敖汉旗黄羊洼草业公司项目等。

2004年,自治区印发《大力推进产业化扶贫工作的意见》,产业化扶贫列入自治区扶贫开发专项投资计划。到2005年,全市投入产业化扶贫项目资金1.33亿元,扶持一批产业化龙头企业,建成产业化专业生产小区107个,其中养羊专业小区86个。经国家扶贫办认定,内蒙古塞飞亚集团公司、内蒙古东方万旗肉牛公司、林西锦绣大地农业公司、内蒙古黄羊洼草业公司4家企业被列入国家重点扶持的产业化龙头企业。

2006—2010年,全市投入产业化扶贫项目资金4.37亿元,重点扶持内蒙古蒙都羊业食品公司、赤峰华源毛业公司、内蒙古东方万旗肉牛公司等一批产业化龙头企业和生产基地建设。2008年,内蒙古蒙都羊业食品公司、内蒙古草原金峰畜牧有限公司、赤峰利源肉类加工公司(原赤峰远大公司重组)、赤峰华源毛业公司4家企业列入国家重点扶持的龙头企业。2006—2010年,集中建设发展专业生产小区304个,农畜产品流通市场和产业化服务中心组织也得到重点扶持和发展。2011—2014 年，全市累计投入产业化项目建设资金 1.22 亿元，重点扶持龙头企业，发展专业生产小区。通过产业化项目建设和拉动，实现脱贫致富的农牧民进一步增加。

二、重点扶贫项目

集中连片开发项目　2009 年，自治区在喀喇沁旗实施“整村推进，连片开发”扶贫试点项目。2010 年，松山区开始实施连片开发项目。2012—2013 年，阿鲁科尔沁旗、巴林右旗、克什克腾旗、林西县、翁牛特旗、敖汉旗、松山区等 8 个旗县区的 112 个贫困村先后实施 16 个连片开发项目。2009—2014 年，连片开发项目总投入累计达到 4.39 亿元，带动农牧民户年均增收 2500 元以上。

革命老区建设项目　2008 年，宁城县、喀喇沁旗从自治区争取到革命老区专项扶贫资金 1000 万元，协调赤峰 139 家龙头企业在 139 个革命老区贫困村，采取“公司 + 农户”的模式，带动帮扶贫困人口脱贫致富。2010 年，支援扶持革命老区建设纳入自治区专项扶贫计划，宁城县、喀喇沁旗享受专项扶贫政策。2011 年，松山区、克什克腾旗、敖汉旗 3 个旗区被确认增补为革命老区县。全市共有革命老区县 5 个，确认革命老区村 521 个，共有贫困户 8.2 万户，贫困人口 25.66 万人。2012 年，国家扶贫办决定使用中央彩票专项公益金扶持革命老区贫困村实施整村推进项目，宁城县、喀喇沁旗 18 个革命老区村受益。2012—2013 年，累计投入 7046.66 万元（其中彩票公益金 2500 万元），扶持革命老区贫困村改善基础设施和产业开发。2010—2014 年，全市累计投入革命老区建设项目资金 4971 万元，共扶持贫困户 2389 户、贫困人口 8771 人。

“雨露计划”项目　2004 年，自治区启动实施“雨露计划”，包括“雨露计划”项目和“雨露计划”实施方式试点项目两个子项目。

“雨露计划”项目。即劳动力转移培训项目。从 2004 年开始，赤峰市先后在阿鲁科尔沁旗、巴林左旗、巴林右旗、林西县、克什克腾旗、翁牛特旗、喀喇沁旗、宁城县、敖汉旗、松山区 10 个旗县区实施了“雨露计划”。培训对象主要是：当年未升入高中和大中专院校的应届初、高中毕业生；返乡农（牧）民工、贫困家庭劳动力、贫困妇女及计划生育贫困家庭子女；扶贫开发重点村（嘎查）的干部和能帮助带动贫困户脱贫的教育骨干；贫困户中的复员退伍士兵。培训内容有 10 大类 70 多项，涉及建筑、机电、纺织、驾驶、计算机、保安、物业等各个领域。2004—2014 年，累计投入专项资金 4598 万元，培训 7.91 万人次，实现就业 7.25 万人，就业率达到 91.66%。

“雨露计划”实施方式试点项目。2011 年，自治区在翁牛特旗、敖汉旗进行“雨露计划”实施方式试点项目。到 2014 年，宁城县、喀喇沁旗也实施了此项目。扶持的重点对象是：建档立卡确认的贫困家庭中在高职学校一、二、三年级和中职学校一、二年级在读的学生；参加一年以上技能培训的学生。补助标准为 1500 元 / 人。2011—2014 年，共筛选确定享受项目补助的贫困家庭在校学生 1.93 万人，试点补助金全部通过“一卡通”方式发放到贫困学生家庭。被补助的对象同时享受中等职业学校减免学费和给予生活补贴政策。

贫困村发展互助金试点项目　是2006年国家启动实施的扶贫项目。贫困村发展互助金试点项目,互助金由财政扶贫资金、村民自愿交纳的互助资金、社会捐助资金构成。其中财政扶贫资金、社会捐助资金及其增值部分归全体村民所有;村民交纳的互助金归村民所有。赤峰市在喀喇沁旗的5个村进行试点;2009年在巴林右旗的5个村嘎查进行试点。之后,敖汉旗、阿鲁科尔沁旗、宁城县、巴林左旗、林西县、松山区、元宝山区、翁牛特旗先后实施试点项目。到2013年,全市有11个旗县区的82个乡镇苏木、195个村嘎查实施了该项目。总投入4016万元,社员入社资金312万元,入社总户数1.62万户,其中贫困户1.08万户,累计发放贷款4539万元,其中贫困户借款3073万元。

世界银行贷款扶贫项目　1997年,自治区实施世界银行贷款扶贫项目,林西县、巴林右旗、克什克腾旗、翁牛特旗4个旗县被列入项目计划。2001年,敖汉旗被列入项目计划。项目区覆盖5个旗县的58个乡镇苏木、278个村嘎查、4.31万户、17.13万人。1997—2004年,项目投资累计完成2.47亿元。项目区内共有14.91万人脱贫,占项目区人口总数的87.04%。

第三节　社会扶贫

一、国家部委和中直企业定点帮扶

1991年,中国社会科学院在翁牛特旗杜家地乡隋家窝铺村设立科技扶贫点,实施北方干旱半干旱贫困山区生态农业优化模式研究项目。有60户、277人实现脱贫,脱贫率87.9%。

1994年,国家民委定点帮扶巴林右旗。至2000年,国家民委通过“温饱基金”“新增发展基金”等多项渠道,累计投入1500万元,帮助该旗实施28个扶贫项目。其间建希望小学2所,建小草库伦40处,推广新技术18项,举办农牧民培训班12期,培训农牧民1万多人次,农牧民3456户、12112人得到扶持和帮助。2001—2014年,国家民委累计投入资金1170万元,为该旗实施帮扶项目18个,项目区的农牧民得到不同方面的扶持和帮助。

2002年开始,国家统计局定点帮扶敖汉旗。到2007年,累计投入资金565万元,捐助物资折款110多万元。实施富民项目114个,共有1.3万人实现温饱。2002—2010年,国家统计局累计投入帮扶资金1320万元,有一大批贫困群众得到帮扶。

2002年开始,中国轻工业对外经济技术合作公司帮扶林西县。2007年,该公司与国家教育发展基金会联系、沟通,对林西县350名贫困高中生给予救助,每名贫困学生每年获得救助资金1200元,直到高中毕业。该公司还为林西县30名贫困大学生争取救助资金3万元,为林西县贫困人口争取扶贫物资折款达17万元。

2003年开始,中国水利电力对外公司定点帮扶巴林左旗。至2011年,累计投入帮扶资金 740 万元,在 9 个苏木镇打深水机电井 67 眼。2012—2013 年,帮扶该旗隆昌镇毛宝力格村建设寄宿制小学。2014 年，投资 97 万元，继续用于改善左旗教育基础设施。

2010 年,中国钢铁集团公司开始定点帮扶翁牛特旗。到 2014 年,共投入帮扶资金 250 万元。

2012 年 11 月 8 日,国家确定新一轮定点扶贫单位。除国家民委、中钢集团继续包扶巴林右旗、翁牛特旗外,新增 5 家中直机关和企业,包扶赤峰市其他 6 个国家贫困县:国家安全部包扶敖汉旗、中国国电集团公司包扶宁城县、中国长江三峡集团公司包扶巴林左旗、中国中化集团公司包扶林西县和阿鲁科尔沁旗、中国轻工集团公司包扶喀喇沁旗。截至 2012 年，全市 8 个国贫旗县全部纳入中央国家机关和企业的扶持范围。

二、北京市对口帮扶

1996 年,根据中央的安排,北京市对口帮扶内蒙古自治区。从 1997 年起,北京市宣武区、石景山区、崇文区、丰台区、大兴县、平谷县,分别对口帮扶赤峰市喀喇沁旗、宁城县、敖汉旗、林西县、巴林左旗、翁牛特旗 6 个贫困旗县。1997—1999 年,北京市 6 个区县共向赤峰市 6 个贫困旗县捐赠资金和物资总计 4093.36 万元，其中无偿捐赠资金 2452.68 万元,捐赠物资折款 1640.68 万元,其间,有 126 个单位、街道办事处和企业对口帮扶赤峰市 94 个单位、25 个乡和 7 个村,共支援帮扶资金及物资 1745.6 万元(资金 928.6 万元),重点扶持基础设施建设和教育、卫生项目。2001—2007 年,北京市 6 个区县向赤峰投入对口帮扶资金和物资折款累计 5837.8 万元，其中援助资金 4414.35 万元,捐赠物资折款 1423.45 万元。通过北京对口帮扶资金的扶持,有 6 万户受益,15.33 万贫困人口解决了温饱。其间,北京市有 26 个乡镇街道办事处,155 个单位、企业与赤峰市的 26 个贫困村,155 个单位、企业之间建立对口帮扶关系,共捐助资金和物资 317 万元。北京市有 60 多家医疗单位与赤峰 50 多家医院建立对口帮扶协作关系,为赤峰培训卫生技术人员 1000 多人次,专家到赤峰义诊 1200 多人次,同时北京医疗单位无偿提供 800 多万元医疗设备和药品。北京市教育单位无偿援助资金和物资 400 多万元,有 31 所学校与赤峰结成“手拉手”姊妹学校,有 200 多名教师和赤峰市开展了对口交流。2008—2014 年，北京市继续加大与赤峰市对口帮扶力度，并逐步向多个领域拓展,使赤峰受扶持地区在产业开发、市场开拓、劳动力转移、基础设施建设、教育卫生等多个领域得到扶持和发展。

三、赤峰市行政事业单位和企业定点承包扶贫

1986 年,赤峰市实行机关单位定点扶贫。当年市委、市人大、市政府分别承包克什克腾旗、敖汉旗和翁牛特旗。市直 41 个部委办局承包 37 个贫困乡镇苏木;旗县区 412 个单位承包 380 个贫困村嘎查。扶贫方式除捐款捐物外,重点帮助贫困地区制订发展规划和实施扶贫开发。1989 年,市直承包单位由行政单位扩大到企事业单位,市、旗县

两级机关单位下派青年干部到基层“挂职扶贫”。到1993年,全市扶贫承包单位增加到715个,其中市级125个,旗县级590个,分别承包74个贫困乡镇苏木和560个贫困村嘎查。1994年,市直有125个机关单位、旗县区有590个机关单位分别承包73个贫困乡镇苏木和560个贫困村嘎查。1995年,实行各级领导干部建立扶贫联系点,旗县区有207名县处级领导干部确定207个村嘎查为扶贫联系点,市直承包扶贫单位派出52名青年干部挂职下派到52个贫困乡镇苏木开展扶贫。1997年,实行各级单位直接扶贫到村到户制度。全市扶贫单位增加到2343个,其中市直213个,旗县区直892个,乡镇苏木1238个,包扶589个村嘎查,有7.2万名机关干部结对包扶7.65万贫困户。1999年,全市包扶单位增加到3205个,承包589个贫困村嘎查、3859个独贵龙组,有7.42万名机关干部结对包扶8.27万贫困户。

1996—2000年,承包扶贫单位和职工累计向扶贫地区投入资金、物资折款1.15亿元,其中资金7418.39万元,物资折款4105.12万元。此外,承包单位还帮助引进项目资金5220.1万元。

2001—2010年,赤峰市直(包括中区直驻赤单位)共包扶全市1008个贫困村嘎查,市直干部职工4187人包扶9215户贫困户,地市级领导干部248人重点联系贫困村嘎查,先后投入社会扶贫资金、物资9291.4万元,协调引进项目资金2620.66万元,干部职工捐款捐物1504万元,共扶持贫困人口1.91万人,解决温饱人口5100人。各旗县区、乡镇苏木的10.25万名干部职工包扶11.4万户贫困户,其中1389名县处级干部联系1374个贫困村嘎查,先后投入社会扶贫资金、物资1.16亿元,协调引进项目资金9.65亿元,单位和干部职工捐款3952.7万元,扶持贫困户解决温饱问题。

2011—2014年,继续实行各级领导干部扶贫联系点制度、各级承包单位扶贫到村到组制度、各单位干部职工结对扶贫到户制度。通过单位驻乡驻村干部,把扶贫资金、物资与“整村推进扶贫到户”工程、产业化扶贫工程等建设项目结合起来,取得较好的扶贫实效。

第四节　管理机构

一、市级管理机构

1990年以前,市民政局设贫困地区经济开发办公室,主管全市扶贫开发工作。1991年,市农牧办设赤峰市扶贫开发办公室(简称市扶贫办)。1997年8月,赤峰市扶贫开发办公室挂靠赤峰市农牧业办公室,为正处级事业单位,核定事业编制8人。2001年3月,市扶贫办改为行政机构。2002年4月,根据市委、市政府《赤峰市党政机关机构改革方案的通知》,设立赤峰市扶贫开发领导小组办公室(简称市扶贫开发办),核定行政编制14人,工勤事业编制2人。内设综合科、项目管理科、社扶移民科、世行贷款扶贫项目科 4 个职能科室。2013 年，市扶贫开发办增设互助资金管理科。2014 年 10 月，市扶贫开发办行政编制调整为 15 人，机关工勤人员编制 2 人。

二、旗县区管理机构

1990 年，克什克腾旗、喀喇沁旗、巴林左旗、巴林右旗、敖汉旗、宁城县设有贫困地区经济开发领导小组办公室，隶属于旗县政府。其他旗县区一般由民政局或农业部门兼管。1991 年，敖汉旗贫困地区经济开发领导小组办公室与旗农委合署办公。1992 年以后，上述各部门先后划归当地农委。1995 年，巴林左旗成立旗扶贫开发领导小组办公室。1996 年，克什克腾旗单独设立扶贫开发办。1997 年，翁牛特旗、林西县、敖汉旗单独设立扶贫开发办。到 2000 年，全市除市辖三区外，9 个旗县均设立独立的扶贫开发办。2002 年，元宝山区、松山区单独设立扶贫开发办。2014 年，全市除红山区扶贫开发工作隶属于农牧业局外，其他各旗县区均建立起隶属于当地政府的扶贫开发办。各地根据扶贫开发重点，内设有办公室、综合股、财务股、项目股、社会扶贫股、移民搬迁股、金融股、劳动力转移培训股等工作机构。

第二篇　种植业

第一章　耕　地

第一节　耕地面积

1991 年,全市耕地面积 80.51 万公顷,占全市土地总面积的 8.94%。其中水田 1.48 万公顷,占全市耕地总面积的 1.84%;旱地 79.03 万公顷,占耕地总面积的 98.16%;水浇地 23.52 万公顷,占耕地总面积的 29.21%。1992 年以后,随着农村经济体制改革的深化,农民生产积极性提高,通过开垦荒地等形式不断增加耕地面积。1995 年,全市耕地面积增加到 85.27 万公顷,其中水田 1.57 万公顷,水浇地 24.52 万公顷,旱地 83.7 万公顷。到 2000 年,全市耕地面积 106.19 万公顷,其中水田 1.94 万公顷,水浇地 25.42 万公顷,旱地 104.25 万公顷。2001 年以后,国家不断加强农牧林业生态保护工作,实施退耕还林、退耕还草政策,耕地面积逐渐减少。2005 年,全市耕地面积减少到 99.62 万公顷,其中水田 2.42 万公顷,水浇地 31.09 万公顷,旱地 97.2 万公顷。从 2010 年开始,国家对种植业补贴力度加大,补贴额度以面积计算,之前各地区瞒报的面积逐渐显露。2010 年,全市耕地面积 140.58 万公顷,其中水田 2.23 万公顷,水浇地 42.37 万公顷,旱地 138.35 万公顷。2014 年,全市耕地面积 140.99 万公顷,占全市土地总面积的15.66%,比 1991 年增加 60.48 万公顷,增长 75.12%。其中水田 2.23 万公顷,占全市耕地总面积的 1.58%,比 1991 年增加 7500 公顷,增长 50.68%;水浇地 43.1 万公顷,占全市耕地总面积的 30.57%,比 1991 年增加 19.58 万公顷,增长 83.25%;旱地 138.76 万公顷,占全市耕地总面积的 98.42%,比 1991 年增加 59.73 万公顷,增长 75.58%。

第二节　耕地类型与质量

一、耕地类型

2005 年,全市开展测土配方施肥项目以后,第一次对耕地地力进行评价。2013 年,再次开展评价,两次耕地地力评价等级情况如下:

一级地 综合地力指数≥0.825，耕地面积17万公顷，占全市耕地总面积的12.09%。一级地在全市耕地中所占面积偏少，主要分布在阿鲁科尔沁旗、敖汉旗、巴林左旗、松山区、宁城县、红山区。土壤类型主要是壤土，质地构型主要是蒙金型、通体壤型，土壤侵蚀为无侵蚀、轻度侵蚀和中度侵蚀，地势平坦，土层深厚，保水保肥，宜耕期长，养分含量属于上等。该级土壤没有障碍因素，水、肥、气、热协调性好，灌溉条件良好，无盐渍化现象；土壤有机质在7.12克/公斤至40.78克/公斤之间，平均为17.04克/公斤；土壤全氮在0.44克/公斤至2.88克/公斤之间，平均为1.02克/公斤；土壤有效磷在2.94毫克/公斤至49.09毫克/公斤之间，平均为13.17毫克/公斤；土壤速效钾在64.25毫克/公斤至264.1毫克/公斤之间，平均为131.97毫克/公斤。这些地区地势平坦，灌排条件理想，为赤峰市主要高产土壤。

二级地 综合地力指数为0.75~0.825，耕地面积23.67万公顷，占全市耕地总面积的16.84%。主要分布在翁牛特旗、敖汉旗、松山区、林西县、巴林左旗。耕地特点是土层深厚，养分含量较高；土壤有机质在5.69克/公斤至40.46克/公斤之间，平均为16.06克/公斤；土壤全氮在0.32克/公斤至2.16克/公斤之间，平均为0.97克/公斤；土壤有效磷在3.27毫克/公斤至64.88毫克/公斤之间，平均为12.90毫克/公斤；土壤速效钾在49.82毫克/公斤至273.70毫克/公斤之间，平均为129.92毫克/公斤。排水能力一般，有轻度漏水漏肥现象，总体上肥力较好，地势较平坦，灌排能力较好，是较好的土壤类型。

三级地 综合地力指数为0.43~0.75，耕地面积9.84万公顷，占全市耕地总面积的7%。主要分布在翁牛特旗、阿鲁科尔沁旗、宁城县、巴林左旗、巴林右旗。土层厚度较薄，土壤有不同程度侵蚀；土壤有机质在7.71克/公斤至44.23克/公斤之间，平均为17.17克/公斤；土壤全氮在0.43克/公斤至3.3克/公斤之间，平均为1.03克/公斤；土壤有效磷在3.04毫克/公斤至53.84毫克/公斤之间，平均为12.51毫克/公斤；土壤速效钾在45.65毫克/公斤至263.7毫克/公斤之间，平均为127.75毫克/公斤。肥力属于中等，土壤中的各种障碍因素对农业生产影响较大。

四级地 综合地力指数为0.27~0.43，耕地面积75.08万公顷，占全市耕地总面积的53.41%。在赤峰市各旗县区均有分布，主要分布在敖汉旗、翁牛特旗、阿鲁科尔沁旗、巴林左旗、松山区。该土层厚度薄，土壤侵蚀相对较严重；土壤有机质在5.48克/公斤至44.01克/公斤之间，平均为17.25克/公斤；土壤全氮在0.37克/公斤至2.54克/公斤之间，平均为1.04克/公斤；土壤有效磷在2.15毫克/公斤至43.57毫克/公斤之间，平均为12.29毫克/公斤；土壤速效钾在46.89毫克/公斤至280.2毫克/公斤之间，平均为131.7毫克/公斤。土质较瘠薄，地势不平坦，基本无灌溉条件，土壤中各种障碍因素对农业生产影响较大。

五级地 综合地力指数<0.27，耕地面积11.94万公顷，占全市耕地总面积的8.49%。在赤峰市各地均有零星分布，主要分布在松山区、敖汉旗、林西县、克什克腾旗、

宁城县。该级地土壤侵蚀严重;土壤有机质在 5.39 克 / 公斤至 33.15 克 / 公斤之间,平均为 14.99 克 / 公斤;土壤全氮在 0.44 克 / 公斤至 1.91 克 / 公斤之间,平均为 0.91 克 / 公斤;土壤有效磷在 3.17 毫克 / 公斤至 39.62 毫克 / 公斤之间,平均为 12.07 毫克 / 公斤;土壤速效钾在 68.92 毫克 / 公斤至 255.20 毫克 / 公斤之间,平均为 133.95 毫克 / 公斤。土质很瘠薄,地势不平坦,无灌溉条件,土壤中各种障碍因素对农业生产影响很大。

二、耕地改良

1991 年以后,针对部分地区特别是丘陵地区没有灌溉条件,普遍存在水土流失、干旱瘠薄、耕作粗放、产量低而不稳等问题,赤峰市不断加强耕地改良,以旱作农业生物工程建设和中低产田改造等各项技术措施,不断提高土地质量。1995 年,赤峰市开展中低产田改造项目建设,明确将干旱灌溉型、盐碱耕地型、坡地梯改型、沙化耕地型、瘠薄培肥型、渍潜稻田型、渍涝排水型、障碍层次型 8 个中低产田类型作为全市中低产田改造的主攻方向。结合不同类型土地采取相应改造措施,提高土地质量。

测土配方施肥　2005 年开始,推广测土配方施肥,改善耕地质量。2009 年,测土配方施肥技术在全市推广应用。到 2013 年,国家在赤峰市测土配方施肥项目上累计投入资金 3970 万元。各级农业技术部门通过积极开展宣传培训、示范引导、发放施肥建议卡、技术指导、免费为农民取土测土等测土配方施肥技术服务,全面提高农民的科学施肥技术水平。到 2014 年,累计测土配方施肥面积 95.46 万公顷。

有机肥应用、绿肥种植、秸秆还田　2006 年,在松山区、敖汉旗、翁旗、左旗、宁城县等旗县区开展标准粮田建设项目,建成高标准粮田 1 万公顷。2009 年,开展耕地保护与质量提升项目。积极开展有机肥应用、绿肥种植、秸秆还田等项目研究与推广应用。在阿鲁科尔沁旗开展商品有机肥补贴试点,共完成 8000 公顷有机肥应用推广;在林西县、克什克腾旗、翁牛特旗开展牧草绿肥种植推广应用,完成 8000 公顷牧草绿肥种植。2000 年以后,在喀喇沁旗、元宝山区、宁城县、翁牛特旗、敖汉旗开展秸秆还田技术推广应用。元宝山区主要开展了温室秸秆反应堆的推广应用,宁城县、翁牛特旗、敖汉旗、喀喇沁旗主要是开展大田作物秸秆腐熟剂催腐秸秆还田,都取得较好效果。2014 年,在秸秆还田的基础上,开展有机肥堆沤技术推广应用,加强家畜禽养殖合作社与养殖大户的合作,增加有机肥的肥源。全市每年农家肥积造稳定在 150 亿公斤以上。到2014 年,中低产田改造累计 170 多万公顷,耕地质量不断提高。

三、耕地产能

高产田　2014 年,全市水田和水浇地 45.33 万公顷,占耕地总面积的 32.15%,水田主要分布在翁牛特旗、敖汉旗和松山区部分地区,水浇地在全市各旗县区均有分布,主要分布在沿河两岸。水田和水浇地主要土壤类型为草甸土、草甸栗钙土。土层深厚,土壤肥沃,水利设施配套,主要种植水稻、玉米等高产作物,是主要粮食产区。

中产田　全市中产田面积 46.05 万公顷,占全市耕地总面积的 32.66%,各旗县区均有分布,主要分布在低山丘陵区、平川河谷区和中低山区。坡度小于 2° 的旱平地面积29.19万公顷，占总耕地面积20.70%；坡度在2°～6°的梯田面积2.63万公顷，占总耕地面积1.87%；坡度在6°～15°的梯田面积14.22万公顷，占总耕地面积10.09%。中产田土壤类型以褐土和黄绵土为主，耕地资源较为丰富，光热条件好，但坡耕地较多，水资源短缺制约粮食单产的提高，种植作物以玉米、谷子、葵花、绿豆、土豆为主。

低产田　全市低产田面积49.56万公顷，占全市耕地总面积的35.15%，各旗县区均有分布，主要分布在低山丘陵区和中低山区。坡度在2°～6°的坡地面积42.23万公顷，占耕地总面积29.95%；坡度在6°～15°的坡地面积6.77万公顷，占耕地总面积4.8%；坡度大于15°的坡地面积0.55万公顷，占耕地总面积0.39%。低产田土壤类型主要以褐土、黄绵土、棕壤为主，土壤受侵蚀程度较严重。低产田中坡耕地较多，水资源较为贫乏，水土流失较为严重，农业生产条件较差，粮食单产水平较低。作物产量低而不稳，抵御自然灾害的能力低，常受到干旱、风灾、水蚀的影响而导致严重减产。种植作物以谷子、向日葵、土豆等杂粮杂豆为主。

第三节　农田建设与保护

一、农田基本建设

20世纪70年代至80年代，赤峰市就大规模开展以打井、修渠、筑坝、平整土地、修建水平梯田等为主的农田基本建设。1991年，全市继续在平川区开展4米宽水平梯田建设，在山区开展旱作基本田建设。当年，修建水平梯田2.89万公顷、坡式梯田2.02万公顷，水平畦田建设总面积20万公顷。

1992年以后，全市农田基本建设逐步向水平畦田、水平梯田、高产稳产田发展。1993年，全市水平畦田面积扩大到24.39万公顷。1994年开始，全市实施高产优质高效农田建设工程。到1995年，全市完成高产优质高效农田建设面积25.84万公顷。1996年开始，全市积极开展日光温室等设施农业建设。到2000年，全市完成日光温室建设14228处，面积590公顷。2004年，改造中低产田6.67万公顷。2009年，建设大型灌溉设施7266.7公顷，移动式喷灌3733.3公顷。到2012年，中低产田改造面积达到15.23万公顷。到2014年，全市有塘坝245座，泵站59座，万亩灌渠474处，地下水取水井6.3万眼。建成水田面积2.23万公顷，比1991年增长50.68%；水浇地面积43.10万公顷，比1991年增长83.21%。玉米膜下滴灌面积累计27.73万公顷。设施农业面积6.77万公顷，其中日光温室面积4000公顷。

二、农田保护

1991年6月，市政府制定《赤峰市基本农田保护规定》，基本农田的范围包括已有的和新开发的菜地、水田、水浇地、平川旱地和水平梯田。“规定”根据农田的质量、水源等条件对其进行分等立级，把菜地、水田、水浇地划分为一级保护田，平川旱地为二级保护田,水平梯田为三级保护田。1993年,全市划定农田保护区面积20.07万公顷,设置保护区标牌1338块。1997年,贯彻中共中央、国务院《关于进一步加强土地管理,切实保护耕地的通知》精神,深入开展非农用地大清查,切实落实耕地保护措施。1999年,结合贯彻国务院《基本农田保护条例》,进一步禁止任何单位和个人在基本农田保护区内建房、建坟、挖砂、采石、采矿、取土等,严格控制征用、占用农田,建立基本农田保护奖惩制度。在工程措施上,先后进行水土流失综合治理和小流域综合治理,加大农田防护林网建设。自2000年起,国家重点林业工程、京津风沙源治理、退耕还林等工程开始在赤峰市实施。2005年,在全市开展基本农田保护执法大检查,农田保护率80%以上,建设项目与开发、整理、复垦土地相对应,做到"占一补一",实现耕地占补平衡。2010年,全市发现和制止破坏耕地行为796起,保护耕地252.13公顷。积极推动耕地储备库建设,实现占补平衡后净增耕地1795公顷。2014年,自治区下达赤峰市耕地保有量指标为97.29万公顷,基本农田保护面积86.9万公顷。市政府与各旗县区政府签订"土地管理和耕地保护目标责任状",年末,各旗县区均达到目标要求。2001—2014年,全市京津风沙源治理和退耕还林等重点工程共计完成封山育林78.81万公顷。其中生态建设与保护工程封山育林1万公顷,京津风沙源治理工程封山(沙)育林74.13万公顷,退耕还林工程以封代造完成3.68万公顷。有效遏制土地沙漠化,防止水土流失。

第二章　作　物

第一节　种植结构

1991年,全市粮豆种植面积70.55万公顷,粮豆总产量168.94万吨;经济作物种植面积8.62万公顷,总产量61.92万吨;粮经作物比例为7.9∶2.1。1992年,市政府提出以提高效益为中心,坚持"一手抓粮,一手抓钱"的方针,一方面抓住高产地块和高产作物,另一方面积极扩大细粮和经济作物的种植。1993年,种植业在保证粮食生产稳定增长的前提下,全面放开种植计划,根据市场需求引导农民调整种植业结构,全市粮经作物比例调整到7.1∶2.9。市场上畅销的大豆、杂豆、高粱、中药材等高效作物大幅度增加,其中大豆、杂豆产量分别达到10.5万吨和6万吨。

1999年,全市种植业结构调整坚持产量、质量、结构、效益统一,依靠科技进步,在确保粮食稳定的前提下,引导农民增加适销对路的农产品,发展绿色产品、地方特色产品。优质粮食作物种植面积增加40.87万公顷,高产高效粮豆作物种植面积增加3.41万公顷,粮经饲作物比例调整为8.5∶1.1∶0.4。2000年,全市种植业结构调整按照"稳粮提质、扩经、增名优特新,提高种植业整体效益"目标,出现"一减"(粮食作物)"四增"(马铃薯、油料、蔬菜、饲草)的局面。全市粮豆作物面积71.09万公顷,比上年减少

1991—2014年赤峰市主要农作物播种面积及产量统计表

表4-2-1 单位:公顷、吨

年份	播种面积总计	粮豆面积	粮豆总产	油料面积	油料总产	甜菜面积	甜菜总产	蔬菜瓜果面积	蔬菜瓜果总产
1991	817547	705520	1689434	56693	46055	24340	564387	11593	445428
1992	819453	702287	2009790	62367	59259	21520	458046	13607	451510
1993	840120	735953	2280694	46120	49794	205153	489773	14240	497446
1994	842440	741980	2337085	45320	55514	24240	472869	12170	510639
1995	847300	745000	1587014	45700	27650	27800	498363	13300	446422
1996	902800	796200	2896159	36400	39983	29600	633398	15400	554115
1997	1004620	873500	2698235	33440	45042	28230	687800	17950	677559
1998	1049940	921440	3332028	53020	70732	23800	589538	20440	663006
1999	1054024	908138	2658533	70845	69349	12753	213373	23889	831738
2000	867135	710857	1408465	63788	14521	10201	133987	32926	1096657
2001	987658	827471	2268888	51460	37035	10744	271359	23970	775654
2002	952519	782478	2701562	47926	51079	22523	552499	26982	823206
2003	923958	703408	2429186	69882	65085	12129	290798	39257	1347104
2004	991724	783093	3146616	51374	68316	13022	354009	41310	1687161
2005	1040861	799611	3382002	64778	116468	13767	502417	49343	2099989
2006	1029393	788857	3148493	54832	68766	13480	434297	56036	2468976
2007	1026881	798198	3050221	58709	69541	14970	500413	61336	2872527
2008	1051190	829760	3500525	77836	146100	16912	658383	63260	3150514
2009	1062311	860282	2960001	77908	74036	13808	420829	69059	3679365
2010	1078215	875080	3551048	79010	116750	13056	612425	71414	4243712
2011	1103470	893330	4351035	74754	118714	16508	698467	75461	4731577
2012	1110968	897797	5001035	70617	129306	18160	749782	83754	4981472
2013	1119083	902287	5251000	68863	128530	20891	887811	79958	4852528
2014	1147600	907700	5100000	66669	142536	17683	758049	85902	5218433

19.72 万公顷;经济作物面积 15.4 万公顷,比上年增加 2.87 万公顷;蔬菜瓜类种植面积 3.29 万公顷,比上年增加 9037 公顷;种植饲草和青贮作物面积 6.67 万公顷,比上年增加 4.67 万公顷。全市粮经饲作物比例调整为 6.5∶2.9∶0.6。

2001 年后,全市农业发展从农产品产量的增加转向发展优质专用高效农业。2005 年,全市粮豆播种面积达到 79.96 万公顷,占农作物总播种面积的 76.8%;优质特色经济作物种植总面积 14.36 万公顷;蔬菜种植面积 4.4 万公顷;粮饲兼用和青贮玉米面积 26.8 万公顷,其中青贮玉米 7.02 万公顷,饲草 7.27 万公顷。

2007 年以后,种植业放弃“小而全”模式,培育具有区域特色的主导产业和品牌、绿色农产品,实行专业化、规模化生产,建设国家、自治区特色种植业示范基地和高产优质高效农业产业带。2011 年,蔬菜、瓜类播种面积 7.5 万公顷。新建设施农业总面积达 4.73 万公顷,继续保持全区第一位。各具特色的区域经济逐步形成。2013 年,粮经饲作物比例调整为 8.06∶1.61∶0.33。2014 年,全市农作物播种面积 114.76 万公顷。其中粮豆播种面积 90.77 万公顷,产量 510 万吨;油料播种面积 6.67 万公顷,产量 14.25 万吨;甜菜播种面积 1.77 万公顷,产量 75.8 万吨;蔬菜瓜果播种面积 8.59 万公顷,产量 521.84 万吨;其他饲料牧草作物播种面积 6.96 万公顷,产量 134.5 万吨。粮经饲比例为 7.91∶1.48∶0.61。

第二节　粮食作物

1991—2014 年,赤峰市粮食作物有三大类:谷物、豆类、薯类。其中谷物主要品种有玉米、谷子、高粱、荞麦、小麦、水稻及黍子、莜麦、糜子等;豆类主要品种为大豆、绿豆、红小豆等;薯类即马铃薯。1991 年,赤峰市粮豆总产量达 168.94 万吨。此后,赤峰市结合市场经济发展,积极调整粮食作物种植结构,适合赤峰地区种植条件和市场需求的玉米、谷子及水稻、小麦等高效优质粮食作物大量增加。1994 年,全市粮豆总产量 233.7 万吨。1996—2003 年 8 年中,有 5 年产量在 250 万吨以上;2004—2007 年,年产量 300 万吨以上;2008—2012 年,除 2009 年产量较低外,其余年份均在 350 万吨以上,特别是 2012 年粮豆产量首次突破 500 万吨大关。到 2014 年,全市粮豆总产量 510 万吨,比 1991 年增长 201.88%。

一、谷物种植

玉米　玉米是赤峰市的主要粮食作物。赤峰地区具有生产玉米的光热、气候、土壤和技术栽培等优势和条件。种植区域主要分布在水利条件相对较好、热量较高的地区。重点产区有宁城县、敖汉旗、松山区、翁牛特旗、喀喇沁旗、巴林左旗、阿鲁科尔沁旗、林西县等地区。全市适宜种植的玉米品种 150 多个,年均种植面积超过 6600 公顷以上的玉米品种 15 个。其中极早熟品种有兴垦 10;中早熟品种有哲单 37;中熟品种有京单

28、硕秋 5、吉单 27、丰田 12、丰田 6 等；中晚熟品种有郑单 958、先玉 335、硕秋 8、秦龙 9、益丰 29、丹玉 27、大民 338、平育 11、浚单 20 等。随着农业科技的不断推广，玉米产量不断创新高。1991 年，玉米种植面积 13.14 万公顷，总产量 71.43 万吨。2000 年，种植面积 23.19 万公顷，总产量 94.66 万吨。2010 年，种植面积 40.8 万公顷，产量 247.01 万吨。2014 年，种植面积 55.61 万公顷，比 1991 年增长 3.23 倍；总产 419.29 万吨，比 1991 年增长 4.87 倍。

小麦　赤峰市种植的小麦主要是春小麦、旱地小麦。小麦品质一般，单产不高。种植区域主要分布在克什克腾旗、翁牛特旗、林西县等地，其他地区有零星种植。1991 年，全市小麦种植面积 13.41 万公顷，总产量 36.23 万吨。1992 年以后，种植面积逐年减少。2000 年，全市小麦种植面积 6.48 万公顷，产量 8.74 万吨。2010 年，种植面积 3.24 万公顷，产量 5.50 万吨。2014 年，种植面积 3.15 万公顷，总产 9.99 万吨。

水稻　赤峰市水稻种植面积较小，主要分布在翁牛特旗和敖汉旗。主要品种有长粒香、丰优 307、丰优 516、吉粳 73、吉粳 83、9807 等。1991 年，全市水稻种植面积 1.75 万公顷，总产 5.43 万吨。2000 年，种植面积 2.04 万公顷，总产量 15.48 万吨。2010 年，种植面积 2.08 万公顷，产量 16.76 万吨。2014 年，种植面积 1.45 万公顷，总产 8.61 万吨。

谷子　谷子是赤峰地区传统粮食作物。种植区域主要分布在敖汉旗、翁牛特旗、宁城县、松山区等地。主要品种有吨谷 1 号、山西红谷、黄金谷、张杂 3、张杂 5 及赤谷 4、5、6、10 等系列品种。1991 年，全市谷子种植面积 19.69 万公顷，总产量 26.89 万吨。此后，谷子种植面积逐年减少。到 1994 年，种植面积减少到 8.61 万公顷。2000 年，种植面积 9.84 万公顷，总产量 7.19 万吨。2001 年以后逐渐回升。到 2010 年，种植面积 12.55 万公顷，总产量 26.75 万吨。2014 年，种植面积 13.39 万公顷，比 1991 年减少 6.3 万公顷；总产量 27.99 万吨，比 1991 年增加 1.1 万吨，增长 4.1%。2014 年 9 月，在敖汉旗举办世界小米起源与发展国际会议，敖汉旗获得世界小米之乡、全国最大优质谷子生产基地、中国小米之乡称号。

荞麦　赤峰地区种植的荞麦均为甜荞，为晚田作物。主要分布在敖汉旗、林西县、翁牛特旗等地。品种主要有日本大粒荞麦、黎麻道荞麦，美国温莎荞麦等。赤峰市荞麦产量大、质量好，大多出口日本、韩国、俄罗斯等国家。1991 年，全市荞麦种植面积 3.64 万公顷，总产量 1.46 万吨。2000 年，种植面积 4.02 万公顷，总产量 1.5 万吨。2010 年，种植面积 3.58 万公顷，总产量 3.05 万吨。2014 年，种植面积 2.30 万公顷，比 1991 年减少 1.34 万公顷，下降 36.81%；总产量 2.02 万吨，比 1991 年增加 5600 吨，增长 38.36%。

高粱　赤峰市高粱种植主要分布在宁城县、敖汉旗、松山区、元宝山区、喀喇沁旗、巴林左旗、阿鲁科尔沁旗、巴林右旗等地。品种以敖杂、吉杂、赤杂、辽杂系列为主。1991 年，全市高粱种植面积 5.02 万公顷，总产量 15.55 万吨。2000 年，种植面积 3.82 万公顷，总产量 5.14 万吨。2010 年，种植面积 5.43 万公顷，总产量 16.58 万吨。2014 年，种植面积 5.26 万公顷，比 1991 年增加 2400 公顷，增长 4.78%；总产量 18.34 万吨，比

1991年增加2.79万吨,增长17.94倍。

莜麦　赤峰市莜麦种植主要分布在克什克腾旗、林西县,翁牛特旗、松山区、巴林右旗、宁城县有零星种植。1991年,全市莜麦种植面积1.12万公顷,总产量9943吨。2000年,种植面积1.19万公顷,总产量3232吨。2014年,种植面积2906.67公顷,总产量4647吨。

黍子　赤峰市黍子种植主要分布在巴林左旗、敖汉旗、宁城县、松山区、翁牛特旗、阿鲁科尔沁旗、喀喇沁旗、林西县等地。1991年,全市黍子种植面积3.4万公顷,总产2.59万吨。2000年,种植面积2.74万公顷,总产量1.05万吨。2010年,种植面积1.15万公顷,总产量1.75万吨。2014年,种植面积6700公顷,总产量1万吨。

糜子　赤峰市糜子种植主要分布在阿鲁科尔沁旗、巴林左旗、巴林右旗、宁城县,翁牛特旗、林西县有零星种植。1991年,全市糜子种植9640公顷,总产量6399吨。2000年,种植5566公顷,总产量1629吨。2010年,种植400公顷,总产量200吨。2014年,种植糜子432公顷,总产量471吨。

大麦　赤峰市大麦种植面积很小,主要分布在克什克腾旗、翁牛特旗、宁城县、松山区。1991年,全市大麦种植500公顷,总产量399吨。2000年,种植1880公顷,总产量1500吨。2010年,大麦种植200公顷,总产130吨。2014年,大麦种植49公顷,总产量73吨。

二、豆类种植

大豆　赤峰市大豆种植主要分布在松山区、巴林左旗、巴林右旗、林西县、翁牛特旗、敖汉旗。主要品种有合丰系列、赤豆系列、黑农系列、东农46、蒙豆9等。1991年,全市大豆种植面积4.48万公顷,总产量3.24万吨。1995年,种植面积6.1万公顷,总产量2.89万吨。2000年,种植面积4.83万公顷,总产量1.44万吨。2010年,种植面积5.36万公顷,总产量5.95万吨。2014年,种植面积1.96万公顷,总产量2.44万吨。

绿豆　绿豆种植主要分布在阿鲁科尔沁旗、巴林左旗、巴林右旗、敖汉旗,以阿鲁科尔沁旗、巴林左旗种植面积最大。主要品种有大明绿豆、天山明绿等。1992年,赤峰市包括绿豆等杂豆种植面积9930公顷,杂豆总产量11470吨。1995年,全市杂豆种植面积4.59万公顷,杂豆总产量1.76万吨。2000年,绿豆种植6.97万公顷,总产量9394吨。2010年,绿豆种植5.77万公顷,总产量2.47万吨。2014年,绿豆种植2.01万公顷,总产量2.05万吨。

红小豆　赤峰红小豆种植主要分布在阿鲁科尔沁旗、巴林左旗等地区。2000年,红小豆种植面积2785公顷,总产量171吨。2010年,红小豆种植面积3853公顷,总产量1448吨。2014年,红小豆种植面积893公顷,总产量587吨。

三、马铃薯种植

马铃薯俗称土豆,赤峰地区主要作蔬菜用。种植主要分布在克什克腾旗、翁牛特旗、喀喇沁旗、敖汉旗、松山区、巴林左旗、巴林右旗、林西县。1991年,赤峰市马铃薯种植面积 1.15 万公顷，总产 2.54 万吨(折粮，以下均为折粮数据)。1992 年以后，随着国家和自治区对马铃薯脱毒种薯补贴力度的不断加大，全市马铃薯产业快速发展，马铃薯种植面积基本稳定。重点推广脱毒优质种薯克新一号、费乌瑞特、夏波蒂、大西洋等品种。1995 年，种植马铃薯 1.11 万公顷，总产量 2.95 万吨。2000 年，种植 2.35 万公顷，总产量 3.52 万吨。2010 年，种植 5.63 万公顷，总产量 25.36 万吨。2014 年，种植面积 2.47 万公顷，总产 17.43 万吨。

1991—2014 年部分年份赤峰市粮食作物产量统计表

表 4-2-2

年份	粮豆播种面积（万公顷）	粮豆总产量（万吨）	谷物产量（万吨）							豆类产量（万吨）		薯类产量（折粮 万吨）	
			总产	水稻	小麦	玉米	谷子	高粱	其他	总产	大豆	总产	土豆
1991	70.55	168.94	162.30	5.43	36.23	71.41	26.89	15.55	6.79	4.10	3.24	2.54	2.54
1995	74.50	158.70	150.29	8.28	22.75	86.24	13.90	12.67	6.45	4.65	2.89	3.77	2.95
2000	71.09	140.85	134.28	15.48	8.74	94.66	7.19	5.14	3.07	2.93	1.44	3.64	3.52
2005	79.96	338.20	299.86	22.34	7.74	202.42	30.25	24.07	13.04	17.09	9.40	21.26	18.35
2010	87.51	355.10	318.08	16.76	5.50	247.01	26.75	16.58	5.48	8.95	5.95	28.07	25.36
2014	90.77	510.00	487.00	8.61	10.00	419.29	27.99	18.34	2.77	4.72	2.44	17.43	17.43

第三节 经济作物

1991 年，赤峰市经济作物种植面积 8.62 万公顷，总产量 61.91 万吨，主要品种有油料、甜菜、烟叶、药材等。到 2000 年，全市经济作物种植面积 8.28 万公顷，总产量 16.03 万吨。2001 年以后，赤峰市经济作物种植随着市场的需求不断增加，油料、甜菜、药材等作物种植与产量呈上升趋势。到 2014 年，全市经济作物种植面积 9.48 万公顷，比 1991 年增加 8600 公顷，增长 10%；经济作物总产量 90.98 万吨，比 1991 年增加29.07 万吨，增长 46.96%。

一、油料

1991 年，全市油料播种面积 5.67 万公顷，总产量 4.61 万吨。其中胡麻籽播种面积 3720 公顷，总产量 2279 吨；向日葵播种面积 3.92 万公顷，总产量 38048 吨；芝麻播种面积 1.19 万公顷，总产量 4318 吨；油菜籽播种面积 980 公顷，总产量 457 吨；花生播种面积 20 公顷，总产量 92 吨。1992 年以后，油料面积有所下降。1995 年，全市油料种植面积 4.57 万公顷，总产量 2.77 万吨。其中胡麻籽播种面积 3000 公顷，总产量 1773 吨；向日葵播种面积3.62万公顷,总产量2.3万吨;芝麻播种面积2900公顷,总产量471吨;油菜籽播种面积1800公顷,总产量1238吨;花生播种面积100公顷,总产量398吨。2000年,全市油料播种面积63788公顷,总产量14521吨。其中花生播种面积95公顷,总产量209吨;胡麻籽播种面积1771公顷,总产量263吨;油菜籽播种面积13780公顷,总产量1928吨;芝麻播种面积4311公顷,总产量828吨;向日葵播种面积42575公顷,总产量10772吨。2005年,全市油料播种面积6.48万公顷,总产量11.65万吨。其中花生播种面积175公顷,总产量155吨;胡麻籽播种面积652公顷,总产量530吨;油菜籽播种面积1401公顷,总产量1681吨;芝麻播种面积2118公顷,总产量1642吨;向日葵播种面积6.04万公顷,总产量11.14万吨。

2010年,全市油料播种面积7.9万公顷,总产量11.68万吨。其中花生播种面积47公顷,总产量39吨;胡麻籽播种面积131公顷,总产量72吨;油菜籽播种面积1153公顷,总产量862吨;芝麻播种面积2265公顷,总产量579吨;向日葵播种面积7.52万公顷,总产量11.48万吨。到2014年,全市油料播种面积6.67万公顷,总产量14.25万吨。其中花生播种面积77公顷,总产量219吨;胡麻籽播种面积11公顷,总产量12吨;油菜籽播种面积720公顷,总产量1257吨;芝麻播种面积1004公顷,总产量710吨;向日葵播种面积6.49万公顷,总产量14.03万吨。

二、糖料

赤峰市糖料种植以甜菜为主,主要分布在林西县、松山区、翁牛特旗等地区。1991年,全市甜菜种植面积2.43万公顷,总产量56.44万吨。1995年,种植面积2.78万公顷,总产量49.84万吨。到2000年,种植面积1.02万公顷,总产量13.4万吨。2001年开始,赤峰市甜菜生产呈恢复性增长。到2005年,种植面积1.38万公顷,总产量50.24万吨。2010年,种植面积1.31万公顷,总产量61.24万吨。2014年,种植面积1.77万公顷,总产量75.8万吨。

三、烟叶

1991年,赤峰市烟叶种植面积4047公顷,总产量8443吨。1995年,种植面积1900公顷,总产量4595吨。2000年,种植面积6539公顷,总产量11744吨。2005年,种植面积7151公顷,总产量18021吨。2010年,种植面积2945公顷,总产量12607吨。2014年,种植面积2339公顷,总产量9258吨。

四、药材

1991年,赤峰市药材种植面积226.67公顷,总产量255吨。2000年,全市药材种植面积2151公顷,总产量2439吨。2005年,全市药材种植面积3860公顷,总产量11749吨。2010年,全市药材种植面积4978公顷,总产量5647吨。2014年,全市药材种植面积8143公顷,总产量9121吨。

第四节 蔬菜作物

一、种植区域

蔬菜(包括果用瓜类)在全市各旗县区都有种植。主要生产基地集中在松山区、宁城县、元宝山区、翁牛特旗、喀喇沁旗、红山区等地区。1992 年,红山区、松山区、元宝山区、宁城县种植面积较大,年产量分别为 8.99 万吨、7.46 万吨、7.4 万吨、5.11 万吨,占全市蔬菜总产量的 64.14%。2000 年,喀喇沁旗、宁城县、松山区、红山区种植面积较大,年产量分别为 29.88 万吨、26.54 万吨、20.93 万吨、20.67 万吨, 占全市蔬菜总产量的 89.38%。2010 年,松山区、宁城县、元宝山区、喀喇沁旗种植面积较大,年产量分别为 135.64 万吨、100.91 万吨、60.02 万吨、26.20 万吨, 占全市蔬菜总产量的 81.33%。2014 年,松山区、宁城县、元宝山区、翁牛特旗种植面积较大,年产量分别为 166.46 万吨、120.38 万吨、59.05 万吨、48.94 万吨,占全市蔬菜总产量的 80.96%。

二、主要品种

全市蔬菜种植品种有叶菜类、瓜类、葱类、块根(茎)类、茄果类、椒类、菜豆类、食用菌等九大类,近千个品种。主要有:

叶菜类 白菜。主要有大青棵、二青棵、黄秧白、晋菜二号、晋菜三号、沈阳快菜、蒙白一号、锦州 3 号、小杂 56、建春、良庆、富士黄等品种。

甘蓝。主要有中甘十一、紫甘蓝、铁头二号、京丰一号、晚丰等品种。

芹菜。主要有西芹、空心芹菜、实梗芹菜、白庙芹菜、津南实芹、玻璃翠等品种。

菠菜。主要有尖叶菠菜、圆叶菠菜、日本大叶等品种。

韭菜。主要有大白根、大青根、马莲韭、汉中冬韭、791 等品种。

葱类 主要有六叶大葱、五叶齐大葱、本地大葱等品种。

块根(茎)类 胡萝卜。主要有富山红、红映二号、红参王、早春红冠、日本先红、金红 6 寸、多利 A-4 等品种。

萝卜。主要有心里美萝卜、菜萝卜、翘青头萝卜、红萝卜等品种。

茄果类 番茄。主要有卡依罗、印第安、和谐 3913、欧盾、芬达、倍盈、安曼、格雷、维尔斯 1036、阿乃兹 189、达尔文、汉姆一号、苏菲、保罗塔、普罗旺斯、瑞菲、思贝德等品种。

茄子。主要有六叶茄、七叶茄、太原海茄、茄杂一、呼杂一号、丰研茄、呼杂 34 号、布利塔、安德烈、黑大将等品种。

椒类 主要有麻辣三道筋、海花三号、吉林三号、851 甜椒、农大 40、辽椒一号、保椒二号、蒙椒四号、迅驰 37-74、富康、红罗丹、龙鼎 1 号、友和 2 号、斯丁格 37-76、日本长剑、坂田辣椒、亮剑、方舟、红太阳、世界冠军、吉林 3 号、通风 16 号、保加利亚尖椒等品种。

菜豆类　主要有中芸一号、851架豆、赤裕三号、赤裕五号、泰国豆、双青12、凌芸三号、大连白、九粒白、玉龙8号等品种。

瓜类　黄瓜。主要有津优2、津优4、津优30、津优31、津优32、津冬1、津冬3、中荷6、中荷8、中荷10、6M12、驰誉A、琬美、津春四号、津春五号、津研二号、长春密刺、新泰密刺、山东密刺、中农101、秋棚一号和秋棚二号等品种。

角瓜。主要有早青一代、大白角瓜、银青一代、一窝猴等品种。

此外还有冬瓜、南瓜、丝瓜、苦瓜等瓜类种植。

三、面积产量

1991年，全市蔬菜种植面积1.02万公顷，总产量39.47万吨。1992年以后，随着市场经济的发展和农业种植结构的调整，蔬菜种植面积和产量不断增加。1995年，全市蔬菜种植面积1.15万公顷，总产量41.29万吨。1996年后，全市加大设施农业建设，大力发展塑料冷棚、暖棚蔬菜种植，常规种植面积、产量显著增加。到2000年，全市蔬菜种植总面积2.55万公顷，总产量88.33万吨。2001年以后，赤峰市进一步加大设施农业建设，蔬菜种植面积、产量进一步增加。到2010年，全市蔬菜种植面积6.34万公顷，总产量396.86万吨。“十二五”期间，设施农业开始规模化发展，每年以6666.67公顷的速度发展。2014年，全市蔬菜种植面积7.65万公顷，蔬菜总产量487.59万吨，比1991年分别增长6.5倍和11.35倍。

第五节　水　果

一、种植区域

水果在赤峰各旗县区都有种植，主要集中在松山区、宁城县、林西县、阿鲁科尔沁旗、巴林左旗、喀喇沁旗、元宝山区等旗县区。1992年，全市果园面积达到千公顷以上的旗县区3个：喀喇沁旗1446公顷，宁城县1400公顷，松山区1335.2公顷；全市水果年产量千吨以上的旗县区6个：巴林右旗2171吨，松山区1617吨，宁城县1547吨，敖汉旗1538吨，喀喇沁旗1145吨，翁牛特旗1547吨。1993年后，全市各地积极发展水果种植，果园面积、产量不断提高。到2014年，全市果园面积达到千公顷以上的旗县区4个：林西县2108公顷，喀喇沁旗1857公顷，阿鲁科尔沁旗1301公顷，翁牛特旗1173公顷；全市水果年产量3000吨以上的旗县区7个：松山区65961吨，宁城县22145吨，林西县22000吨，阿鲁科尔沁旗9943吨，喀喇沁旗4795吨，元宝山区3816吨，敖汉旗3066吨。

二、种植品种

赤峰种植的水果主要有苹果、梨、葡萄、李子、杏、桃、大枣、蒙古野果、草莓等。

1991—2014 年赤峰市果树面积及产量统计表

表 4-2-3 单位:公顷、吨

年份	面积	产量	苹果		梨		葡萄	
			面积	产量	面积	产量	面积	产量
1991	7392	14028	2466	4571	1978	3784	226	661
1992	7858	12999	3340	4838	2134	3351	164	707
1993	10412	17498	5172	7763	2565	4729	374	846
1994	11600	14784	5157	4641	1542	2794	261	958
1995	10767	26248	5093	4904	1569	2225	199	960
1996	9305	14539	4665	5312	1150	2277	236	892
1997	10082	14112	5051	6117	1269	1765	427	731
1998	9622	15444	5113	6564	1093	2187	244	1822
1999	8419	15765	4342	6861	900	1874	129	1285
2000	9277	13857	4758	6919	990	1413	208	2192
2001	7585	12683	4325	4949	958	1567	529	3134
2002	8065	13986	5022	8092	898	1924	450	1088
2003	7950	22098	4580	9118	795	2851	542	2587
2004	9141	33091	5431	17254	986	4158	673	3973
2005	9578	33760	5466	24184	873	4636	824	4719
2006	9419	33100	5336	20045	836	4772	661	3415
2007	8770	40508	4323	21474	1240	5856	1149	5705
2008	10974	48082	6281	28892	1934	6168	1223	6263
2009	10551	57304	5518	31245	1327	5183	1173	13010
2010	16449	62817	9707	34857	1996	5630	1562	7600
2011	16004	88664	11205	64282	1499	10080	834	7841
2012	14493	127231	10317	103114	1467	13209	874	7147
2013	18085	150032	11094	103765	2021	14008	1391	23163
2014	16773	141028	9436	85654	2578	12836	971	38023

苹果　主要品种有寒富、黄太平、金红、海棠等。

梨　主要品种有苹果梨、鸭梨、南果梨等。

葡萄　主要品种有巨峰、夏黑、茉莉香、醉金香、金手指、京蜜、无核白鸡心、红地球、克瑞森无核、黄意大利、秋黑等。

桃　主要品种有金辉、中油4号、中油5号、中油8号、春雪、大久保等。

草莓　为设施草莓,主要品种有红颜、章姬、甜查理等。

三、面积产量

1991年,全市果树栽种面积7392公顷,总产量1.4万吨。1992年以后,随着市场经济的发展,果树种植面积和产量不断增加。到1994年,果树种植面积1.16万公顷,产量1.48万吨。2000年,全市果树栽种面积9277公顷,总产量1.39万吨。2001年以后,随着市场经济发展不断深入、种植业结构调整,果树面积和产量大量增加。到2005年,全市果树面积9419公顷,产量3.31万吨。2008年,引进设施葡萄、桃、李子和杏4个品种,在5个旗县区进行栽培试验。2009年,设施葡萄和桃栽培取得成功。栽培的红地球葡萄亩产1000公斤,桃亩产达到1500公斤。2010年,从广西南宁引进的玫瑰红2号火龙果试栽成功。同年,全市果树栽培面积达到1.65万公顷,产量达到6.28万吨。2014年,全市果树栽培面积1.68万公顷,总产量14.1万吨,比1991年分别增长2.27倍和10.05倍,其中设施果树面积927公顷,产量9100吨。

第三章　种　子

第一节　种子引进与繁育

一、品种选育

赤峰地区从20世纪50年代开始进行农作物品种选育工作。1991—2000年,赤峰市农科所等农业科研单位共育成农作物新品种33个,其中玉米品种20个,高粱品种6个,谷子品种2个,赤豆品种2个,辣椒品种3个。赤峰市丰田科技种业公司的“丰田”系列品种和翁牛特旗玉龙种子有限公司的“玉龙”系列品种具有明显的市场竞争力。2001—2014年,全市共育成各类农作物新品种195个。其中玉米品种66个,高粱品种15个,小麦品种1个,谷子品种16个,糜子品种2个,黍子品种2个,荞麦品种2个,燕麦品种1个,大豆品种3个,绿豆品种2个,向日葵品种27个,菜豆品种9个,茄子品种2个,辣椒品种19个,甜椒品种13个,黄瓜品种1个,西瓜品种4个,籽用西瓜品种2个,芥菜品种1个,花卉品种2个,帚用高粱品种3个,饲用农作物品种2个。育种主体有种子企业、科研院所和个人,其中种子企业育成144个,科研院所育成48个,个人育成3个。

二、品种引进

1991—2000 年，全市引进农作物新品种 379 个，平均每年引进新品种近 40 个。2001—2005 年,共引进农作物新品种 2972 个,平均每年引进新品种 594 个。2006 年以后,每年引进农作物品种均在 1000 个以上。其中 2002 年引进和推广郑单 958 等耐密植型玉米品种,成为赤峰市提高玉米产量的主攻方向;2007—2014 年,引进先玉 335 等单粒点播品种和种植技术,改变传统的玉米播种方式,通过减少下种量,简化农事操作,降低成本,提高经济效益。

三、新品种推广

1991 年,全市农作物新品种推广应用率 21.4%。2003 年,从赤峰市丰田科技种业有限责任公司承担内蒙古自治区玉米品种试验项目开始,到 2014 年,全市共有 9 个品种试验点分别承担国家和自治区的玉米、高粱、大豆、向日葵、谷子、绿豆、糜子及杂粮杂豆品种的预备试验、区域试验和生产试验。全市农业生产中新品种应用率由 1991 年的 21.4%提高到 2014 年的 36.7%，主要农作物良种覆盖率达到 96.2%，玉米品种每 3~5 年更新一次。

2013 年,赤峰市种子管理站会同各旗县区种子管理站对全市农业生产中的 21 个重要农作物品种数量进行调查,结果显示:水稻品种 18 个,小麦品种 11 个,玉米品种 323 个(普通玉米品种 318 个、饲用玉米品种 5 个),高粱品种 21 个,谷子品种 28 个,糜子品种 2 个,黍子品种 7 个,燕麦品种 5 个,荞麦品种 5 个,大豆品种 16 个,绿豆品种 12 个,赤豆品种 2 个,菜豆品种 28 个,马铃薯品种 10 个,向日葵品种 27 个(食用向日葵品种 7 个、油用向日葵品种 20 个),西瓜品种 26 个,甜瓜品种 26 个,黄瓜品种 24 个,茄子品种 15 个,辣椒品种 24 个,番茄品种 26 个。播种面积超过 3300 公顷的玉米品种依次为郑单 958、先玉 335、硕秋 8、丰田 13、硕秋 5、先玉 508、浚单 20、哲单 39、京科 968、宁玉 524、丰田 12、农华 101、金玉 6、先正达 408、丹玉 27、丰田 8、丰田 6、秦龙 9、浚单 29、先玉 696、哲单 37、冀承单 3、宁玉 212、兴垦 10、浚单 26、京华 8 号,其中郑单 958 为 4.73 万公顷,先玉 335 为 3.29 万公顷,硕秋 8 为 1.28 万公顷,丰田 13 为 1.21 万公顷,硕秋 5 为 1.13 万公顷。在这些品种中,95%以上为 2010 年以后选育和引进的品种。

四、制种

赤峰市气候独特、制种条件优良,制种区农民具有较为成熟的技术和经验,生产的种子籽粒饱满、色泽纯正、质量好。凭借良好的制种环境,吸引了北京、辽宁、黑龙江、河北和山东等众多区外企业到赤峰地区进行种子生产,赤峰市成为北方乃至全国重要的中早熟玉米种子生产基地。

1990 年，赤峰市农业研究所种子公司成立，年经营种子 200 万公斤左右。1991—2000 年,全市每年制种面积在 8000 公顷左右,年产种子 3 万～4 万吨,外销十几个省 130 多个用种单位。

2001—2005年，全市种子生产面积年均1.67万公顷左右，年生产种子7万吨以上,其中玉米生产面积稳定在1万公顷左右,年生产种子5万吨左右。

2006—2014年,全市种子生产面积年均2万公顷左右,年生产种子10万吨以上,其中玉米生产面积稳定在1.33万公顷左右,年生产种子8万吨左右。玉米制种基地主要分布在翁牛特旗、克什克腾旗和松山区,制种面积约占全市制种总面积的70%。2013年，松山区被农业部认定为国家级杂交玉米种子生产基地。2013—2014年，在全国种子产能过剩、种子大量积压的形势下,赤峰市种子生产仍保持稳定发展态势。

第二节　种子管理

一、品种管理

品种准入　2001年以后,赤峰市种子管理部门按照《内蒙古自治区农作物种子条例》等要求,积极开展种子品种准入管理。对赤峰市选育的6种主要农作物112个品种通过审定,引进的6种主要农作物194个品种通过认定,选育和引进的287个非主要农作物新品种通过认定。2012年,市农牧业局成立赤峰市农作物品种推荐小组,对部分非主要农作物实行登记管理。2013年,在全市开展除燕麦、大麦、荞麦、谷子、绿豆、亚麻等以外非主要农作物的品种登记工作。2014年,对胡萝卜、西瓜、芥菜、黄瓜4种农作物9个品种进行登记。

品种退出　2007年以后,赤峰市种子管理部门根据农业部《主要农作物品种审定办法》和《内蒙古自治区农作物种子条例》等要求，积极开展种子品种审定工作。到2013年底,审定清退出的农作物品种涉及48种农作物的663个品种。

二、质量管理

质量监督　1991—2000年,赤峰市种子质量管理主要是企业自检。2001年以后,在种子企业自检的基础上,农业部门对种子质量进行监督抽查。2010年,在赤峰市种子质量监督检验站的基础上,设立赤峰市农作物种子质量检验中心,挂靠在市种子管理站,承担全市种子质量的监督检验、仲裁检验和其他委托检验任务。此外,松山区和宁城县农牧业局也分别设立种子检验站,负责辖区内的种子质量检验工作。种子抽样合格率不断提高,玉米种子抽样合格率由2001年的90.8%提高到2014年的100%,高粱种子抽样合格率由2001年的87.5%提高到2014年的99.6%，瓜菜种子抽样合格率由2001年的82.9%提高到2014年的93.4%。

制种田质量检查　2007年以后,每年7月至8月,赤峰市种子管理站会同各旗县区种子管理站对全市杂交玉米制种田进行花期质量检查。2007—2014年，累计抽查制种企业269个,品种431个,抽检面积3.33万公顷,其中符合要求的制种田2.89万公顷,占抽检总面积的95.3%。对不符合要求的制种田提出整改意见,整改不合格的作报废处理。

制假案件查处 2001年以后，赤峰市各级种子管理部门认真贯彻落实种子法和相关法规、规章，不断加强种子案件查处力度。每年春季在全市集中开展大规模的种子市场检查活动，检查内容包括经营资质、品种审认定及授权情况、种子质量、种子标签和经营档案等。2001—2014年，全市查出有违法违规行为的种子生产经营单位124家，立案查处82起，没收种子320吨，种子案件查处率100%。

三、管理机构及经营企业

管理机构 1991年，赤峰市农业局和旗县区农业局下设种子管理站。各级种子管理站同时又称种子公司，一套机构、两块牌子。1996年以后，各级种子管理站与种子公司分设。种子管理站成为隶属于同级农牧业行政主管部门的事业单位，负责辖区内种子的行政许可、行政检查、行政处罚等管理工作。2013年，种子管理站不再行使行政处罚职能，由各级农牧业综合行政执法支队负责。

经营企业 1991年，全市有市级和旗县区种子企业13家，全部为国营种子公司，与同级种子管理站一套机构、两块牌子。1996年后，市及旗县级种子管理站与种子公司分设。2001年后，种子的繁育、销售不再由国营种子公司垄断，各种类型民营、个体种子企业不断增加。2006年，根据国务院办公厅《关于推进种子管理体制改革加强市场监管的意见》要求，全市原有的13家种子公司逐步完成股份制改造，与农业行政主管部门脱钩。2010年，全市共有种子企业60家。其中注册资本500万元的27家，100万元的32家，分支机构1家；种子销售门市1500多家。2014年，全市有种子企业37家。其中注册资本3000万元的16家，500万元的10家，200万元的10家，分支机构1家；种子销售门市1200多家。

第四章 农业技术

第一节 粮食作物种植技术

一、栽培

地膜覆盖技术 地膜覆盖栽培技术是利用聚乙烯塑料薄膜，在作物播种前后覆盖在农田上，配合其他栽培措施，改善农田生态环境，促进作物生长发育，提高产量和品质的一种保护性栽培技术。具有增温、保温、保水、保持养分、增加光效和防病虫草等效果。主要有平畦覆盖、高垄覆盖、高畦覆盖、沟畦覆盖等。地膜覆盖方式依当地自然条件、作物种类、生产季节及栽培习惯不同而异。

1984年，赤峰市开始发展玉米覆膜种植。1991年，全市玉米覆膜种植1.05万公顷，2000年10.67万公顷，2010年11.45万公顷，2014年增加到33.3万公顷。1991—2014

年,平均亩产622公斤,较露地种植平均亩增产147公斤。除玉米外,此技术还广泛应用于马铃薯、谷子、高粱、向日葵和甜菜、蔬菜等多种经济作物。1995年,“旱作玉米地膜覆盖增产技术推广”项目获农业部丰收二等奖,1996年获赤峰市科技进步一等奖;1997年,“旱作玉米地膜覆盖配套增产技术开发”项目获农业部丰收二等奖;1999年,“旱作玉米地膜覆盖栽培综合增产技术的研究与推广”项目获农业部丰收二等奖。

2008年,赤峰市开始发展玉米全覆膜种植。2010年后,全覆膜技术在全市大面积推广。2014年,全市玉米、谷子、高粱和向日葵等作物完成全覆膜种植10.19万公顷,其中玉米全覆膜种植田平均亩产845公斤,较半膜覆盖田平均亩增产163公斤,较露地栽培田平均亩增产312公斤。2011年,“赤峰市玉米全膜双垄沟播栽培技术集成与推广”项目获自治区丰收一等奖,2012年获市科技进步一等奖。2014年,赤峰市研发的专用覆膜播种机获自治区丰收二等奖。

立体种植技术 该技术是农作物复合群体在时空上的充分利用。根据不同作物的不同特性,如高秆与矮秆、喜光与耐荫、早熟与晚熟、深根与浅根、豆科与禾本科,利用它们在生长过程中的时空差,合理地实行科学的间种、套种、混种、复种、轮种等配套种植,形成多种作物、多层次、多时序的立体交叉种植结构。

1992年,赤峰市开始发展玉米、小麦、高粱、水稻、马铃薯等粮麦套作模式化栽培技术,重点推广立体种植技术,粮麦套种田平均亩产701公斤。1994年,赤峰市“春小麦套种玉米栽培技术推广应用”项目获自治区丰收二等奖,1995年获赤峰市科技进步二等奖。2000—2001年,完成自治区“万亩大田高效立体栽培技术推广”项目,建设项目田1513.3公顷。2007年,在宁城县汐子镇20亩粮麦套种田,平均亩产小麦161公斤、亩产玉米1065公斤。

免耕种植技术 免耕种植技术是在保留地表覆盖物的前提下免耕播种,不翻动土壤,减少作业次数,节省时间、劳动力和能耗,大幅度降低生产成本,控制土壤水土流失,保持土壤自我保护机能和营造机能,增加土壤有机质,提高水分利用率,改善土壤的可耕作性。

2007年起,赤峰市在对玉米螟等病虫害做好综合防治的基础上,开展玉米免耕种植技术示范,包括秸秆覆盖免耕、单垄留茬免耕、机械旋耕灭茬免耕、大小垄留茬休闲免耕、玉米、大豆轮作休闲免耕等不同形式。应用推广“马铃薯—小麦—绿肥”合理轮作、小麦免耕种植和地膜重复利用免耕栽培等不同的耕作形式,小麦免耕种植在生产上广泛应用。到2014年,全市完成保护性耕作面积26万公顷,主要形式是大小垄留茬休闲免耕。

高产优质高效栽培技术 该技术是通过选用优良品种,应用精量机播、地膜覆盖、增密增肥、配方施肥、引洪灌溉技术,强化田间管理,实现高产优质高效的技术模式。

玉米高产优质高效种植技术。1993年,赤峰市“玉米丰产栽培技术推广”项目获自治区丰收三等奖。1996—2003年,实施“紧凑型玉米品种及其配套技术推广”项目、自治区“春玉米高产优化栽培技术推广”项目、自治区“内蒙古平原灌区优质高产春玉米配套技术推广”项目。重点推广郑单958等紧凑型玉米品种，配套推广地膜覆盖、大小垄种植技术。1997年，赤峰市“高产优质高效吨粮田技术开发与推广”项目获市科技进步一等奖。

2012年，赤峰市在认真总结全市玉米生产成功经验的基础上，结合国家、自治区相关技术标准，提出“两增八推三提早”综合配套技术模式。主要是合理增加种植密度、增施有机肥料，普遍推广大小垄种植、优良品种、机械作业、精量播种、地膜覆盖（特别是全覆膜）、滴灌补水、配方施肥、病虫综防技术，组织农民提早整地、提早覆膜、适期提早播种。2007—2009年，全市连续创造东北春玉米区高产纪录，最高亩产1282公斤。2010年，“玉米高产超高产高效栽培关键技术集成与推广”项目获自治区丰收二等奖。

谷子与杂粮杂豆高产优质高效种植技术。1991年，赤峰市“旱地高粱丰产栽培技术推广”项目获自治区丰收二等奖。1998年，“旱地高粱综合配套增产技术推广”项目获自治区丰收三等奖。1998—1999年，赤峰市完成自治区“旱地谷子优良品种及综合配套技术推广”项目。1999—2000年，实施“大明绿豆新品种及综合配套技术推广”项目，推广绿色优质谷子品种“金香玉”及配套栽培技术。1996—2000年，重点开展杂粮杂豆品种比较、覆膜栽培不同密度及不同播期试验示范。采用地膜覆盖、优良品种、机械穴播、增施有机肥等技术措施，提高产品质量和产量。2001—2004年，全市实施绿色杂粮杂豆种植、旱地优质杂粮杂豆种植配套技术推广专项工作。2009年后，全市开展谷子全覆膜滴灌种植试验示范工作，包括一膜三行、一膜四行等不同种植形式和一穴单株、一穴双株、一穴三株等不同留苗方式，统筹品种选择、肥料管理等。开展高粱、绿豆全覆膜栽培技术试验，筛选适宜全覆膜种植的高粱优良品种。2013年，全市实现谷子、高粱全覆膜精量机播。2011—2013年，赤峰市实施农业部“优质杂交谷子新品种地膜覆盖旱作节水技术新模式示范”项目。2011年开始，实施谷子、高粱高产创建工作，重点推广优良品种、全膜覆盖、精量机播、滴灌节水、水肥一体、平衡施肥和病虫综防技术。2.6万公顷示范田平均亩产439公斤，增产125公斤。

水稻高产优质高效种植技术。1997年，试验示范水稻旱育稀植及抛秧技术。通过实施自治区“水稻高产配套技术推广”等项目，促进抛秧盘、壮秧剂、移栽灵等广泛应用。2001—2005年，全市重点实施自治区“高产优质水稻配套栽培技术推广”项目。2004年，制定“赤峰市A级绿色水稻生产技术规程”。2001—2005年，全市以优良品种、旱育稀植、抛秧和应用移栽灵为主要技术支撑，4万公顷技术推广田平均亩产496公斤，亩均增产18公斤，其中3.83万公顷水稻抛秧种植平均亩产525公斤，亩均增产47公斤。完成1.93万公顷绿色水稻种植，平均亩产509公斤，亩均增产31公斤。

2005年，赤峰市水稻免疫育秧技术示范获得成功，机械插秧技术逐渐得到推广普及。水稻机械插秧较抛秧每亩可节本增效280元。2010—2014年，全市通过实施高产创建活动，建设绿色、有机水稻高产高效种植田3973公顷，平均亩产626公斤，亩均增产

79 公斤,增产 14.4%。

大豆、油葵、马铃薯高产优质高效种植技术。2002 年,赤峰市结合“大豆振兴”计划,重点开展高油、高蛋白大豆新品种引进试验示范工作。2005 年,大豆高产栽培技术推广面积达到 1 万公顷,其中巴林左旗三山乡新农村千亩连片示范区平均亩产 236 公斤。同年,赤峰市“高油大豆高产优质高效研究与推广”项目获农业部丰收一等奖。

1992 年,赤峰市“油葵模式栽培技术推广”项目获自治区丰收三等奖。2001—2002 年,全市完成优质油葵新品种高产高效技术推广面积 3.5 万公顷,平均亩产 131 公斤,亩均增产 44 公斤。2008—2010 年,全市实施优质专用向日葵新品种筛选及生产技术研究与示范,示范田平均亩产 180 公斤,亩均增产 44 公斤。2011 年后,重点推广优良品种、大小垄种植、地膜覆盖(全覆膜)、配方施肥、精量播种、适期晚播、滴灌节水、化学除草和病虫综防等技术,同时重点在合理密植、空间配置、滴灌补水、水肥一体、叶面施肥、黄萎病等病虫害防治等方面开展试验示范,技术推广田平均亩产 78 公斤,亩增产 43 公斤。

2000 年,全市马铃薯覆膜种植面积 1 万公顷。2006—2010 年,全市累计完成马铃薯覆膜种植 35.79 万公顷,平均亩产折粮食 558 公斤,亩均增产折粮食 127 公斤。2014 年,全市共完成马铃薯技术推广面积 19.81 万公顷,平均亩产折粮食 391 公斤,亩均增产折粮食 104 公斤。同年,在克什克腾旗总结出马铃薯“一扩两增五推”配套技术,主要内容是:在精细整地的基础上实行扩垄种植(垄宽由 50 ~ 70 厘米调整为 80 ~ 100 厘米),合理增加密度(亩保苗由 3000 株增加到 3500 株)、合理增加施肥量(由 30 ~ 60 公斤增加到 60 ~ 80 公斤),同时配套推广脱毒种薯、地膜覆盖、机械作业、大垄高台、配方施肥、滴灌节水和病虫草害统防统治技术。2014 年,赤峰市马铃薯“两增五推”技术示范推广项目获自治区丰收一等奖。

二、施肥

1991 年开始,赤峰市土壤肥料工作站在玉米、小麦、水稻、甜菜 4 个作物上开展氮、磷、钾配比及钾肥用量、施用方式的分散多点田间小区试验,建立 11 个施肥模型、33 个目标产量下的 99 个氮磷钾平衡施肥推荐方案。1993 年,进行 4000 公顷示范;氮磷钾平衡施肥比氮磷配方施肥,粮食作物平均亩增产 8.4%,甜菜平均亩增产 9.6%。

1995 年,微量元素肥料应用逐步扩大到玉米、小麦、水稻、向日葵、果树、蔬菜等 9 种作物,应用面覆盖到全市 12 个旗县区,锌、硼微肥应用面积超过 29.3 万公顷。2000 年以后,磷钾肥料应用逐渐增加。2005 年后,实施测土配方施肥项目,钾肥与微肥应用增多。随着测土配方施肥项目的实施,磷钾肥施用量明显上升,其中磷肥施用量上升 33%,钾肥施用量上升 140%。农户氮磷钾施肥比例为 1 : 0.52 : 0.24。

三、植物保护

赤峰地区植物病虫害种类较多,每年都有不同种类、不同程度的病虫害发生。赤峰地区病虫害主要有草地螟、黏虫、蝗虫、玉米螟、向日葵菌核病、马铃薯晚疫病等。

1991—2014年赤峰市农作物病虫害防治情况统计表

表4-2-4

年份	发生面积（万亩次）	防治面积（万亩次）	挽回产量（吨）	实际损失（吨）	主要病虫害
1991	2812.66	1877.26	181340.80	49062.84	黏虫
1992	2349.21	1507.76	110487.00	61489.89	土蝗
1993	2080.37	1603.76	129862.41	43711.32	黏虫
1994	2121.61	1562.83	113970.57	43606.00	蝗虫、草地螟
1995	2447.48	1947.62	119311.71	44050.24	黏虫
1996	2594.21	1937.28	158978.30	57834.70	草地螟
1997	3098.74	2186.95	514512.70	111285.31	黏虫
1998	3423.07	3073.87	203052.33	82240.61	黏虫
1999	3006.70	2611.84	380875.63	96245.73	黏虫、草地螟
2000	2369.49	2026.10	282788.02	88285.43	地下害虫、蝗虫、草地螟
2001	2705.25	2281.68	703916.08	158459.86	黏虫
2002	2519.11	2205.77	447862.53	126107.85	草地螟
2003	2521.40	2225.33	500405.87	135941.20	草地螟、土蝗
2004	2554.04	2192.91	515447.05	105982.29	土蝗
2005	2734.71	2445.01	546782.26	114903.06	玉米螟、粟灰螟
2006	2778.19	2482.80	624024.62	172783.41	玉米螟、粟叶甲
2007	2877.02	2466.33	568026.84	119869.85	马铃薯晚疫病、蝗虫、草地螟
2008	4096.08	3466.06	634804.42	116101.81	蝗虫、蔬菜病虫害
2009	3993.07	3374.27	536097.12	91948.08	土蝗、蔬菜病虫害、草地螟
2010	4238.81	3818.13	492167.31	84557.40	蔬菜病虫害、玉米螟
2011	4421.77	3635.53	645859.95	98544.20	蝗虫
2012	5562.23	4303.68	846098.18	165075.96	二、三代黏虫
2013	5916.00	4473.00	687322.30	96400.30	黏虫
2014	6096.62	4160.33	795001.20	183276.60	蝗虫、玉米螟

病虫害灾情测报　1990 年,全市建立 67 个病虫害灾情测报站点,其中市级系统测报站 13 个,旗县级测报点 30 个,乡级测报点 23 个,村级测报点 1 个,测报员均由专业技术人员担任。到 2000 年,全市建立全国区域测报站 1 个、自治区系统测报站 6 个、旗县级测报点 48 个。2001 年以后，赤峰市对各旗县测报网点进行调整，每个旗县保有 2～3 个测报站点。2004 年,全国农技推广中心在赤峰地区建立全国区域监测站,市植保站成为全国区域监测站,承担全国农技推广中心的监测任务。到 2012 年,赤峰市共建立 10 个国家级监测预警站、43 个乡镇级测报站点。重大病虫害长、中、短期预报的准确率分别达到 81.7%、91.5%、95.1%。2012 年,发生黏虫灾害时,由于预测预报准确,防治及时,挽回粮食损失 8.46 亿公斤,挽回经济损失 18 亿元。2014 年,赤峰市发生大面积农作物蝗虫、玉米螟等病虫害，由于防治及时，挽回产量 79.5 万吨，实际损失 18.33 万吨。

病虫害防治　赤峰地区从 20 世纪 60 年代开始,通过药物喷施、控制病虫害区域等技术和方法进行病虫害防治。改革开放以后，积极采用病虫害防治新技术、新成果。1996 年,全市完成主要经济作物病虫害综合防治项目。对玉米、高粱等作物推广种子包衣技术,有效控制地下害虫、苗期害虫和黑穗病。防治用药器械主要是手动喷雾器、机动喷雾器、东方红 –18 型弥雾喷粉机、担架式动力药械、手动喷雾喷粉机等。1996—1998 年,完成玉米螟及玉米病虫综合防治项目。项目完成后,利用高压汞灯诱杀玉米螟成虫、白僵菌、赤眼蜂技术,BT 乳剂生防技术,杀螟灵 1 号防治玉米螟技术在赤峰地区推广应用。

2000—2012 年,综合防治工作由对单一作物的综合防治逐渐转向对重大病虫的统防统治。在黏虫、草地螟、蝗虫、玉米螟等重大病虫危害发生时期,组织专业化防治队、应急防治队进行统防统治。市植保站与自治区农科院植保所、山东潍坊植保站联合开展根结线虫、“TY”病毒病防控新技术研究;与自治区农科院植保所联合开展丽蚜小蜂防治番茄白粉虱的试验研究项目,利用白粉虱的天敌丽蚜小蜂的寄生原理,控制白粉虱的繁殖;与中国农业大学合作完成农牧交错区蝗虫发生规律及防治技术研究。在巴林左旗、林西县建立蝗虫绿色防控示范区,示范区内重点使用微孢子虫、绿僵菌、白僵菌、苦参碱和高效氯氰菊酯等生物制剂防治蝗虫,同时改善蝗灾区生态条件,压缩蝗虫适生面积,推进蝗灾可持续治理。

到 2014 年,全市完成巴林左旗、林西县、克什克腾旗、巴林右旗、阿鲁科尔沁旗等旗县蝗虫数字化区划定位工作,监测蝗区面积 22 万公顷。在全市 12 个旗县区分别建立玉米螟绿色防控示范区,项目区主要通过生物、物理等绿色植保集成防控技术,如白僵菌封垛、频振式杀虫灯诱控、释放赤眼蜂、颗粒剂灌心叶等绿色防控技术,有效减轻玉米螟危害。

第二节 蔬菜栽培技术

一、露地蔬菜栽培技术

20世纪90年代初期，赤峰地区露地蔬菜栽培主要集中在城镇郊区，栽培管理简单粗放，蔬菜种类主要以叶菜类为主，品种大多是常规品种，施肥以农家肥为主，辅以少量化肥，浇水采用大水漫灌或沟灌，人工松土或除草。采取间种、套种、复种、覆膜栽培、暖棚、日光温室等种植技术。进入21世纪以后，随着市场经济发展和农业科技进步，现代蔬菜栽培技术在蔬菜生产中得到广泛应用。到2014年，累计推广露地节水蔬菜4.36万公顷，主要分布在克什克腾旗、翁牛特旗、林西县、松山区、宁城县、喀喇沁旗和元宝山区，作物有胡萝卜、大白菜、甘蓝、菜豆、辣椒、番茄、黄瓜、茄子、芹菜、洋葱、西葫芦等。采用的节水灌溉形式有大型喷灌圈、小型喷灌圈、微喷灌及膜下滴灌四种。节水灌溉技术与传统大水漫灌相比，节水60%以上，节肥40%以上，可有效节省人工，避免土壤板结，改善土壤环境，减少作物灾害发生，节本增效效果明显。

二、设施蔬菜栽培技术

2000年以后，随着设施蔬菜种植的快速发展，赤峰市主要推广设施无公害蔬菜安全高效栽培的“253”技术。2即“二优”：优型棚室结构，优良新品种；5即“五化”：高效化茬口技术，集约化育苗技术，标准化栽培技术，水肥一体化技术，棚室管理机械化；3即“三控”：棚室环境调控技术，绿色防控技术，抗土壤连作障碍调控技术。通过推广应用集成配套技术，全市设施农业栽培的新品种应用率达95%以上，新技术应用率达82%以上，蔬菜标准化生产水平大幅度提升。设施无公害蔬菜技术推广应用，改变了蔬菜种植生产方式，设施蔬菜由单一的春提早向秋延晚和冬季生产发展，实现由一季生产向多季生产、一季增收向四季增收的转变。

三、病虫害防治

蔬菜病害主要是由各种霉菌、病毒引起的。虫害是各种害虫对蔬菜造成的危害。20世纪90年代初期，赤峰地区蔬菜病虫害防治主要推广使用高效、低毒、低残留农药，提倡无公害蔬菜生产。2000年以后，要求蔬菜生产全部达到无公害水平，病虫害防治提倡绿色蔬菜防治、有机蔬菜防治。防治措施主要有：

农业防治 推广应用抗病品种，培育适龄壮苗，提高抗逆性，嫁接防病，土壤处理和轮作换茬，彻底清理田间杂草及拉秧的植株，及时拔除病株或摘除病叶，将其集中堆沤处理或深埋，以减少病虫害的再次侵染，科学施肥，创造适宜的生长环境条件。

生物防治 人工释放害虫天敌进行害虫防治，应用生物农药防治病虫害，利用性引诱剂诱杀害虫等。

物理防治 高温闷棚，土壤消毒，应用防虫网防治斜纹夜蛾、棉铃虫等害虫，应用

黄板、蓝板、杀虫灯等诱杀蚜虫、白粉虱、斑潜蝇、斜纹夜蛾、甜菜夜蛾等害虫。

化学防治　使用化学农药防治,应用精准施药技术,根据不同病虫害选用高效低毒低残留对症农药,禁止使用高毒、高残留农药,在害虫低龄幼虫期和病害发病初期施药,同时注重轮换、交替使用农药。

第三节　果树栽培管理

一、露地果树栽培管理

1990 年以前，赤峰市大多数果树栽培管理采用的是大灌稀植粗放管理。1991 年以后,推广大株距小行距密植技术,树形已由三大主枝半圆形转变为小冠疏层形、自由纺锤形和细长纺锤形、小冠开心形,进行强拉枝整形等栽培管理技术,科学施肥,保证果树稳产、丰产。

1998 年,实施苹果、梨丰产栽培技术。由自治区农牧业厅多种经营管理站主持,市农业多种经营管理站承担,在宁城县、敖汉旗、喀喇沁旗的 39 个乡镇实施。两年承担计划任务 4000 公顷,亩产水果 310 公斤,实施面积 4266.67 公顷,平均亩产水果 437.3 公斤,总产 2.8 万吨。

二、设施果树栽培技术

1991 年以后，赤峰市开始发展设施果树栽培，不断提高设施果树栽培技术水平。2008 年后,主管部门多次组织各旗县区有关单位和农户赴辽宁、山东等地考察学习。到 2014 年,引进设施果树包括葡萄、桃、李子、杏、大樱桃、蓝莓等共 15 个树种;引进设施果树新品种 50 个,筛选出适宜在赤峰地区种植、具有良好发展前景的 10 个品种。初步形成规模化区域化生产基地,设施果树栽培主要集中在松山区和元宝山区,栽培面积占全市的 73%。2008—2014 年,研究集成设施果树的棚室建造和园区设计、新树种和新品种引进、提早成形结果、促成和延迟生产、葡萄二次果生产、生物复混配方肥应用、种苗繁育、授粉、配套新装备应用等关键技术。

三、病虫害防治

20 世纪 90 年代,赤峰市果树病虫害防治主要是采取喷施农药等传统方法,防治效果不佳。由于连续使用农药,造成许多病虫害产生抗药性,用药量不断增加,水果品质下降。许多从外省引进的苗木造成根癌病、病毒病等病害快速蔓延。从 2008 年开始,赤峰市积极推广生态调控、生物防治、理化诱控和科学用药等综合防治水果病虫害技术,并取得实效。

生态调控　重点采取和推广抗病虫品种、优化作物布局、培育健康种苗、改善水肥管理等健康栽培措施。结合农田生态工程、果园生草覆盖、作物间套种、天敌诱集带等生物多样性调控与自然天敌保护利用等技术,改造病虫害发生源头及滋生环境,人为增强自然控害能力和作物抗病虫能力。

生物防治 重点推广应用以虫治虫、以螨治螨、以菌治虫、以菌治菌等关键性生物防治措施，加大丽蚜小蜂等成熟技术示范推广力度，积极开发应用植物源农药、农用抗生素、植物诱抗剂等生物生化制剂应用技术。

理化诱控 重点推广昆虫信息素（性引诱剂、聚集素等）、杀虫灯、诱虫板（黄板、蓝板）防治果树害虫，积极开发和推广应用植物诱控、食饵诱杀、防虫网阻隔和银灰膜驱避害虫等理化诱控技术。

第五章 农机 农具

第一节 农牧业机械

一、农田基本建设机械

1991 年，全市有推土机、挖掘机等农田基本建设机械 1195 台。1992 年以后，随着农业承包责任制、分田到户等农村经济体制改革，推土机、挖掘机等大型农田基本建设机械逐渐减少。到 1995 年，全市农田基本建设机械减少至 1166 台，比 1991 年减少 29 台，减少 2.43%。到 2000 年，全市农田基本建设机械减少至 167 台，比 1995 年减少 999 台。

2001 年以后，赤峰市不断加强产业结构调整，大力发展设施农业、规模化生产，农田基本建设机械开始恢复性增长。到 2005 年，全市农田基本建设机械增加至 513 台，比 2000 年增加 346 台，增长 207.19%。到 2010 年，全市农田基本建设机械增加至 1166 台，比 2005 年增加 653 台，增长 127.29%。到 2014 年，全市农田基本建设机械增加至 1675 台，比 2010 年增加 509 台，增长 43.65%。

二、耕作机械

拖拉机 1991 年，全市拖拉机保有量为 2.08 万台，拖拉机总动力 39.01 万千瓦，占农牧业机械总动力的 38.09%。其中大中型拖拉机 7349 台，总动力 26.32 万千瓦；小型拖拉机 1.35 万台，总动力为 12.69 万千瓦。1992 年以后，随着农业生产承包到户，适合农户生产的小型拖拉机大量增加，适应集体经济的大中型拖拉机逐渐减少。到 1995 年，全市拖拉机保有量增加至 2.25 万台，比 1991 年增加 1726 台，增长 8.3%；拖拉机总动力 34.95 万千瓦，占农牧业机械总动力的 31.16%。其中大中型拖拉机 4063 台，总动力 16.47 万千瓦，大中型拖拉机比 1991 年减少 3286 台；小型拖拉机 1.85 万台，总动力 18.48 万千瓦，小型拖拉机比 1991 年增加 5012 台，增长 37.26%。

1996 年以后，随着国家一系列惠农政策的落实，农民生产积极性进一步提高，进而积极增加投入，购置农业生产机械，提高农业生产的机械化水平。到 2000 年，全市拖拉机保有量近 3 万台，比 1995 年增加 7432 台，增长 32.99%；拖拉机总动力 45.64 万千瓦,占农牧业机械总动力的25.18%。其中大中型拖拉机4997台,总动力18.27万千瓦,大中型拖拉机比1995年增加934台,增长22.99%;小型拖拉机近2.5万台,总动力27.37万千瓦,小型拖拉机比1995年增加6498台,增长35.19%。

2001年以后,全市拖拉机数量进一步增加。到2005年,全市拖拉机保有量增加至4.23万台,比2000年增加1.24万台,增长41.25%;拖拉机总动力69.13万千瓦,占农牧业机械总动力的25.59%。其中大中型拖拉机达到1.4万台,总动力36.34万千瓦,大中型拖拉机数量比2000年增加9019台,增长180.49%;小型拖拉机2.83万台,总动力32.78万千瓦,小型拖拉机数量比2000年增加3339台,增长13.38%。

2006年以后,全市农牧业种粮大户、专业户不断增加,集约化、规模化生产水平不断提高,大中型拖拉机需求进一步提高,小型拖拉机处于饱和状态,并逐渐减少。到2010年,全市拖拉机保有量增加至8.03万台,比2005年增加3.8万台,增长89.77%;拖拉机总动力166.34万千瓦,占农牧业机械总动力的38.33%。其中大中型拖拉机5.77万台,总动力140.55万千瓦,大中型拖拉机比2005年增加4.37万台,增长311.67%;小型拖拉机2.26万台,总动力25.79万千瓦,小型拖拉机比2005年减少5698台。

到2014年,全市拖拉机保有量增加至10.98万台,比2010年增加2.95万台,增长36.73%;拖拉机总动力为254.02万千瓦,占农牧业机械总动力的44.89%。其中大中型拖拉机8.65万台,总动力227.16万千瓦,大中型拖拉机比2010年增加2.88万台,增长49.92%;小型拖拉机2.33万台,总动力为26.87万千瓦,小型拖拉机比2010年增加686台,增长3.03%。

耕整地机　1991年,全市有耕整地机械6919台,其中机引犁5579台,机引耙1311台,旋耕机29台。1992年以后,全市耕整地机械数量和品种不断增加。1995年,全市耕整地机械达到9086台,比1991年增加2167台,增长31.32%。其中机引犁达到7591台,比1991年增加2012台,增长36.06%;机引耙达到1412台,增长7.70%;旋耕机达到59台,增长103.45%。1993年开始,全市出现机耕船作业。1995年,机耕船为24艘。

2000年,全市耕整地机械达到14351台,比1995年增加5265台,增长57.95%。其中机引犁达到1.21万台,比1995年增加5050台,增长54.3%;由于农民耕作方式的变化,机引耙比1995年减少132台,为1280台;旋耕机继续保持高速增长,达到533台,比1995年增加474台,增长803.39%。1997年,耕整机达到109台,2000年达到275台。

2001年,全市引进深松机151台,以后不断增加。到2005年,全市耕整地机械达到2.30万台,比2000年增加8620台,增长60.06%。其中耕整机达到689台,比2000年增加414台,增长150.55%;机引犁比前几年增速有所放缓,2005年为16740台,比2000年增加4607台,增长37.97%;旋耕机达到2823台,保持高速增长,比2000年增加2290台,增长483.12%;机耕船达到162艘,比2000年增加32艘,增长24.62%;机引耙达到2243台,比2000年增加963台,增长75.23%;深松机达到314台,比2001年增加163台，增长107%。

2006年以后，国家农机补贴政策深入实施，全市农机数量进一步增加，个别机械有所减少。到2010年，全市耕整地机械达到6.08万台，比2005年增加3.78万台，增长164.37%。其中耕整机达到1002台，比2005年增加313台，增长45.43%；机引犁快速增长，达到4.06万台，比2005年增加2.39万台，增长142.53%；旋耕机达到1.63万台，比2005年增加1.35万台，增长4.76倍；深松机达到916台，比2005年增加602台，增长191.72%；机耕船快速减少，由162艘减少到10艘，减少152艘；机引耙2044台，减少199台，减少8.87%。

到2014年，全市耕整地机械达到8.5万台，比2010年增加2.4万台，增长38.22%。其中耕整机达到2783台，比2010年增加1781台，增长177.74%；机引犁达到4.98万台，增加9217台，增长22.7%；旋耕机达到2.64万台，增加1.01万台，增长62.2%；深松机达到2428台，增加1512台，增长165.07%；机耕船一直保持10艘；机引耙减少到2027台，减少17台，减少0.83%。

三、种植机械

1991年，全市有种植机械2491台，其中精少量播种机153台，化肥深施机34台，地膜覆盖机285台。1992年以后，各级政府不断加强农业机械推广应用工作，全市种植机械数量不断增长。到1995年，全市种植机械达到5454台，比1991年增加2963台，增长118%。其中精少量播种机718台，化肥深施机103台，地膜覆盖机543台。1996年以后，全市种植机械种类增加，数量继续增长。到2000年，全市种植机械达到8270台，比1995年增加2816台，增长51.63%。其中精少量播种机2991台，免耕播种机2514台，水稻插秧机51台，化肥深施机293台，地膜覆盖机1529台。

2001年以后，全市进一步推进农业机械化发展，加上国家实施并不断加大农机补贴，全市农业机械保有量持续增长。到2005年，全市种植机械达到1.97万台，比2000年增加1.14万台，增长138%。

2010年，全市种植机械达到4.36万台，比2005年增加2.39万台，增长121.32%。其中精少量播种机2.36万台，免耕播种机1.51万台，水稻插秧机739台，化肥深施机1418台，地膜覆盖机3253台。到2014年，全市种植机械达到7.6万台，比2010年增加3.24万台，增长74.31%。其中精少量播种机3.93万台，免耕播种机2.65万台，水稻插秧机766台，化肥深施机4192台，地膜覆盖机1946台。

四、田间管理机械

1991年，全市有机动喷粉机303台。1992年以后，机动喷粉机数量有所减少。到1995年，全市有机动喷粉机298台，比1991年减少5台。1996年以后，全市机动喷粉机数量开始快速增长。到2010年，全市机动喷粉机数量达到1167台，比1995年增加869台，增长近3倍。到2014年，全市有机动喷粉机1053台，比2010年减少114台。

五、农田排灌机械

1991年，全市有农田排灌机械5.14万台套，其中排灌动力机械2.53万台，农用水泵近2.6万台，节水灌溉机械145套。1995年，全市有农田排灌机械5.13万台套，比1991年减少106台套，降低0.21%。其中排灌动力机械2.51万台，比1991年减少203台，降低0.08%；农用水泵2.62万台，比1991年增加192台，增长0.74%；节水灌溉机械50套，比1991年减少95套，降低65%。

1996年以后，全市农田排灌机械快速增加。到2000年，达到6.74万台套，比1995年增加1.61万台套，增长31.38%。其中排灌动力机械2.86万台，比1995年增加3452台，增长13.74%；农用水泵3.82万台，比1995年增加1.21万台，增长46.17%；节水灌溉机械572套，比1995年增加522套，增长10.44倍。

2001年以后，全市农田排灌机械快速增长。2005年，达到8.09万台套，比2000年增加1.35万台套，增长20.03%。其中排灌动力机械4.35万台，比2000年增加1.49万台，增长52.1%；农用水泵减少到3.67万台，减少3.93%。

2006年以后，全市农田排灌机械进一步快速增长。到2010年，达到9.74万台套，比2005年增加1.65万台套，增长20.39%。其中排灌动力机械5.06万台，比2005年增加7086台，增长16.28%；农用水泵达到4.57万台，比2005年增加9018台，增长24.61%；节水灌溉机械1076套，增加385套，增长55.72%。

到2014年，全市农田排灌机械达到11.39万台套，比2010年增加1.65万台套，增长16.94%。其中排灌动力机械5.7万台，比2010年增加6328台，增长12.5%；农用水泵5.28万台，增加7134台，比2010年增长15.63%；节水灌溉机械4108套，比2010年增加3032套，增长281.78%。

六、收获机械

联合收获机　1991年，全市有联合收获机械23台。到1995年，达到41台，比1991年增加18台，增长78.26%。到2000年，达到119台，比1995年增加78台，增长190.24%。2002年，赤峰市首次引进玉米收割机4台，随后逐年增加。到2005年，联合收获机械达到125台，比2000年增加6台，增长5.04%，其中玉米联合收割机20台。到2010年，联合收获机总数达到353台，比2005年增加228台，增长182.4%。2011年，玉米收割机达到458台。2012年开始，随着农牧民对玉米收割机作业效率的认可，全市玉米收割机快速增加。到2014年，全市联合收获机械达到2366台，比2010年增加2013台，增长570.25%。其中玉米收割机达到2027台，比2011年增加1569台，增长342.58%。

割晒机　1991年，全市有割晒机442台。1992年以后，联合收获机不断增加，割晒机逐年减少。到1995年，有割晒机339台，比1991年减少3台。到2000年，全市割晒机245台，比1995年减少94台，减少27.72%。到2005年，全市割晒机数量降到76台，比2000

1991—2014年赤峰市农田排灌机械数量统计表

表 4-2-5

年份	排灌动力机械						农用水泵	节水灌溉机械
	合计		柴油机		电动机			
	台	千瓦	台	千瓦	台	千瓦	台	套
1991	25322	288047	6040	54171	19282	233876	25965	145
1992	23889	288227	5588	49698	18301	238529	23658	167
1993	25157	296670	5934	49424	19223	247246	24006	119
1994	25751	298694	6252	50034	19499	248660	25147	797
1995	25119	294805	6289	50103	18830	244702	26157	50
1996	26517	292841	6620	51941	19897	240900	25877	47
1997	28770	296234	6692	54916	22078	241318	31091	83
1998	29933	308688	7324	61400	22609	247288	31593	67
1999	30139	314794	7732	65274	22407	249520	30609	321
2000	28571	321172	9240	78631	19331	242541	38233	572
2001	30528	337483	11790	96239	18738	241247	40191	697
2002	32582	372517	13123	124084	19459	248433	50921	1083
2003	33273	383234	13692	134053	19581	249181	53639	552
2004	35151	401971	15609	155523	19542	246448	33365	658
2005	43539	453755	22739	202129	20800	251626	36639	691
2006	41830	452157	20992	198906	20838	253251	39441	799
2007	41671	445530	20098	185305	21573	260225	39855	1276
2008	47152	493111	25847	240596	21305	252515	44024	932
2009	48432	503942	26249	247008	22183	256934	44308	994
2010	50625	529781	27385	259463	23240	270318	45657	1076
2011	51898	545480	28016	266198	23882	279282	47248	2675
2012	53449	566084	28209	269296	25240	296788	49109	3275
2013	56651	606871	30139	291639	26512	315232	52600	3977
2014	56953	610812	30269	293172	26684	317640	52791	4108

年减少169台,减少68.98%。2008年开始,随着各类经济作物对割晒机的需求增大,割晒机数量快速增长。到2010年,增加到993台,以后趋于稳定增长。到2014年,全市有割晒机1021台,比2010年增加28台,增长2.8%;比1991年增加579台,增长130.99%。

机械脱粒机　1991年,全市有机械脱粒机5074台。到1995年,达到7073台,比1991年增加1999台,增长39.4%。2000年,全市有机械脱粒机8524台。2001年以后,赤峰市机动脱粒机数量快速增加。到2010年,全市机械脱粒机增加到10468台。2014年,增加到13963台,比1991年增长175.19%。

谷物烘干与种子加工机械　1996年以后,赤峰市开始引进谷物烘干机械和种子加工机械。2000年,全市有谷物烘干机2台,种子加工机械239台。2010年,全市有谷物烘干机19台,种子加工机械35台。2014年,全市有谷物烘干机15台,种子加工机械33台。

马铃薯收获机　1996年,赤峰市引进1台马铃薯收获机。以后,随着马铃薯种植面积的不断扩大,马铃薯收获机数量快速增长。到2000年,增加到112台。到2008年,达到691台。到2010年,达到1046台。到2014年,达到1371台,比2010年增加325台,增长31.07%;比2000年增长11.24倍。

七、运输机械

1991年,全市有农用运输机械20447台。1992年以后,随着农村经济日益繁荣,农用运输机械快速发展,农用三轮车和低速载货车数量不断增加。到1995年,全市运输机械增加至31267台,比1991年增加10820台,增长52.92%。到2000年,全市运输机械增加至54319台,比1995年增加23052台,增长73.73%。到2005年,全市运输机械增加至88226台,比2000年增加33907台,增长62.42%。

2006年以后,随着运输业的快速发展,农用三轮车与低速载货车市场逐渐被其他农用运输车挤占。2010年,全市农用运输机械增加至12.65万台,比2005年增加38295台,增长43.41%。到2014年,全市农用运输机械达到13.6万台,比2010年增加9487台,增长7.5%。

第二节　农　具

一、农业工具

20世纪80年代,赤峰地区旧式农具基本完成更新换代,半机械化农具成为农业生产的重要组成部分。1991年,全市有半机械化农具47.49万台件。其中作为农田作业运输工具的大、小胶轮车37.3万台,占半机械化农具总量的78.54%。手动喷雾(粉)器9.11万台,手动插秧机164台,人力铺膜机200台,人力打稻机157台。1992年以后,全市半机械化农具数量开始增长,1995年增加到49.95万台件,1999年达到56.89万台件。其中大、小胶轮车41.06万台，手动喷雾（粉）器15.52万台，手动插秧机86台，人力铺膜机1163台，人力打稻机1793台。2000年以后，全市农业机械化快速发展，国家实行农机补贴政策，农民收入显著提高，购买力增强，农业机械大量增加，大胶轮车、小胶轮车等半机械化农具逐渐减少。到2014年，全市大、小胶轮车基本淘汰，其他半机械化农具也大量减少。

二、畜牧业工具

赤峰地区传统的畜牧业生产工具不多。运输工具有胶轮车、牛车、马车、驴车、手推车，牧区有勒勒车等。饲养工具有草料槽、水桶等。打贮草工具有铡刀、镰刀、刈刀等。还有屠宰、阉割、灌药、注射等简易工具。随着畜牧业现代化的发展，传统的畜牧业生产工具逐渐被现代化机具所替代。1991年以后，赤峰市农牧业机械化快速发展。汽车、拖拉机代替了胶轮车、牛车、马车、驴车、手推车、勒勒车，打草机、粉碎机代替了铡刀、镰刀、刈刀。到2014年，全市传统的畜牧业生产工具已不多见。

第三节 农机服务

一、农机作业服务

1991年，全市有农机作业服务组织160个，工作人员604人；有农机户35952户、39755人，其中农机作业服务专业户4960户、5908人，利用各种农业机械从事农田作业、农业工程施工、农副产品加工及运输等有偿服务。1992年以后，随着农业生产的发展，农机作业服务组织和农机作业服务专业户不断增加。到2000年，全市有农机作业服务组织178个、650人；农机作业服务专业户达到5402户、6316人。

2001年以后，随着农机购置补贴力度不断加大，全市农民购买、使用农机具的热情日益高涨。2008年开始，赤峰市引导农机专业大户整合农机资源，建立农机专业合作社。到年末，全市农机专业合作社发展到11个，从业人员160人。农机合作社以农机大户为主，吸纳多个农机专业户，以劳动、技术、资金和农业机械等入股形式，采取统一组织作业、订单式作业、代耕代种等作业形式，为农牧民提供作业服务。2013年，全市建成部级示范社6个、省级示范社11个。2014年，全市农机专业合作社增加到248个、6478人，农机作业服务组织发展到284个、6835人，农机户上升到17.32万户、23.23万人，农机作业服务专业户1.87万户、3.21万人，承担全市的耕、耙、推、挖、播、铲、运、压、平、松、收等农田作业任务。2014年，全市新增省级示范社15个。

二、农机队伍培训

1991年，赤峰市设有市级农机推广站1个，有工作人员5人；旗县区级农机推广站11个，工作人员145人。全年培训农机人员7503人，其中培训农机操作人员6984人，培训农机化干部519人。

1992年以后,农机保有量快速增加,赤峰市农机管理部门不断加强农机培训工作,每年培训农机人员和农机干部数量不断增加。1995年,培训农机人员13571人,其中培训农机技术人员13398人,培训农机化干部173人。2000年,全市有农机推广机构13个,其中市级1个,工作人员7人;旗县级12个,有工作人员125人。旗县区农机常训班改建为农机化学校,培训内容有农机管理人员培训、农机监理人员培训、农机技术人员培训、农机操作人员培训等。全市有农机化学校10个,人员总数121人。2005年,全市培训农机人员15202人次,其中培训农机管理人员184人次,培训农机技术人员1343人次,培训农机监理人员225人次,培训农机操作人员13450人次。

2010年,全市有农机推广机构13个,其中市级1个,工作人员34人;旗县级12个,工作人员102人。全市有旗县区农机化学校9个,有工作人员75人。全年培训农机人员19419人次,其中培训农机管理人员206人次,培训农机技术人员4057人次,培训农机监理人员122人次,培训农机操作人员15034人次。

2014年,全市有农机推广机构13个,其中市级1个,工作人员24人;旗县级12个,工作人员100人。全市有旗县区农机学校9个,工作人员56人。当年完成农机化培训28406人次,其中培训农机管理人员542人次,培训农机技术人员9659人次,培训农机监理人员209人次,培训农机操作人员17996人次。

第六章　机　构

第一节　管理机构

一、市级管理机构

赤峰市农业局　赤峰市农业局成立于1982年,隶属于赤峰市政府。1991年,内设办公室、秘书科、生产科、经济作物科、计财科等工作机构。下设种子管理站、农业经营管理站、农业技术管理站、农牧学校、农业科学研究所等直属机构。2002年4月,市农机局撤销,职能划归赤峰市农业管理局。2004年3月,市农业局与市畜牧业局合并成立赤峰市农牧业管理局。

赤峰市农牧业管理局　2004年3月,市政府办公厅印发《赤峰市农牧业局职能配置、内设机构和人员编制》的通知,将赤峰市农业局、畜牧业局、农牧场服务中心合并,成立赤峰市农牧业局,隶属市政府。内设14个职能科室:办公室(党办、纪检监察)、综合科、人事与老干部科、政策法规科、市场与经济信息科、发展计划科、财务科、科技教育科、种植业科、畜牧科、草原科、兽医科、农牧业机械化管理科、农牧场管理科。市农牧业局机关行政编制47人,工勤人员事业编制6人。2010年9月,市农牧业产业化办公室撤销,其行政职能划入市农牧业局。2014年,市农牧业局设20个内设机构:办公室

(党委办公室、监察室)、综合科、人事与老干部管理科、政策法规科、市场与经济信息科、发展规划科、财务科、科技教育科、种植业管理科、畜牧科(奶业管理办公室)、草原科、饲料科、兽医防疫监督科、兽医医政药政科、农牧业机械化管理科、农牧场管理科、乡镇企业科、农牧业产业化科、农畜产品质量安全监管科、经济合作科。市农牧业局机关行政编制 71 人,机关工勤编制 9 人。下设直属单位 18 个:赤峰市农业技术服务中心、赤峰市农牧业信息中心、赤峰市国营农牧场综合服务站、赤峰市农业环保能源站、赤峰市农牧业综合行政执法支队、赤峰市种子管理站、赤峰市畜产品安全监测中心、赤峰市家畜改良工作站、赤峰市农业多种经营管理站、赤峰市农牧业经营管理站、赤峰市饲料质量监督检验站、赤峰市动物疫病预防控制中心、赤峰市植保植检站、赤峰市农畜产品质量安全管理站、赤峰市动物卫生监督所、赤峰市农牧科学研究院、赤峰市农业广播电视学校、赤峰市农牧业机械化研究推广服务中心。

二、旗县区管理机构

1991 年,赤峰市各旗县区一般均设农牧林水电局,负责各地农业、畜牧业、水利、林业、农机等行政管理工作。1995 年以后,分别设立农业局、畜牧局、水电局、农机局等管理机构。2002 年以后,各旗县区农业局相继改为农牧业管理局,先后将畜牧局、农机局合并到农牧业管理局,统一管理本地区的农业、畜牧业、农牧业机械化工作,至 2014 年未变。

第二节 直属事业机构

赤峰市植保植检站 成立于 1958 年。2009 年 10 月,变更为独立科级事业单位,隶属于赤峰市农牧业局, 核定事业编制 13 人。2010 年 10 月, 变更为参照公务员法管理科级事业单位。2014 年,该站有工作人员 13 人。

赤峰市农牧业经营管理站 成立于 1981 年 9 月,称赤峰市农业经营管理站,隶属于市农业局,科级事业单位。1991 年 1 月,增挂赤峰市农村集体经济审计办公室牌子。2004 年 11 月,赤峰市农业经营管理站与赤峰市畜牧业经营管理站合并,成立赤峰市农牧业经营管理站。2009 年 3 月,列入参照公务员法管理单位。2014 年,该站有工作人员 23 人。

赤峰市农业多种经营管理站 1987 年成立,为市农牧业局所属相当于科级的事业单位。2014 年,该站有工作人员 18 人。

赤峰市种子管理站 1996 年 2 月成立,隶属于市农业局,科级事业单位。2009 年 12 月,赤峰市种子管理站撤销,设立赤峰市农作物种子质量检验中心。2014 年,该站有工作人员 12 人,其中专业技术人员 10 人。

赤峰市农牧业综合行政执法支队 2011 年 12 月成立,隶属于赤峰市农牧业局,科级事业单位,编制 15 人。2014 年,该支队有工作人员 15 人,其中专业技术人员 13 人。

赤峰市农业环保能源站　1984年2月，赤峰市农村能源建设领导小组办公室成立,下设市农村牧区能源工作站。1996年2月,更名为农业环保能源站,科级事业单位,隶属于市农业局。2014年,该站有工作人员10人。

赤峰市国营农牧场综合服务站　始建于1987年,2014年加挂赤峰市农牧业产业化服务中心牌子。隶属于市农牧业局,科级事业单位,有工作人员9人。

赤峰市农牧业信息中心　1997年7月,赤峰市农业资源区划办公室成立,隶属于市农业局,科级事业单位。2003年1月,增挂赤峰市农业信息中心牌子。2014年12月,赤峰市农业资源区划办公室更名为赤峰市农牧业信息中心,加挂赤峰市农业资源区划办公室牌子,有工作人员9人。

赤峰市农业技术服务中心　1984年2月成立，隶属于市农业局，科级事业单位。2004年10月,增挂赤峰市农牧业科技教育工作站牌子。2005年6月,加挂赤峰市农产品质量检测中心牌子。2014年,赤峰市农业技术服务中心有工作人员32人,其中技术人员28人。

赤峰市农牧业机械化研究推广服务中心　1972年,赤峰市农机研究所成立,隶属于市农机局。1996年5月,赤峰市农牧业机械化技术推广服务中心成立。2004年5月,赤峰市农牧业机械化研究所与赤峰市农牧业机械化技术推广服务中心合并,组建赤峰市农牧业机械化研究推广中心,隶属于市农牧业局,科级事业单位。2010年12月,增挂赤峰市农牧业机械产品质量投诉监督管理站牌子。2014年,更名为赤峰市农牧业机械化研究推广服务中心,挂赤峰市农牧机械产品质量投诉监督管理站牌子,有工作人员28人,其中专业技术人员22人。

第三篇 畜牧业

第一章 草 地

第一节 天然草地

一、草地面积

1991 年,赤峰市草地面积 604.4 万公顷,其中可利用面积 501.42 万公顷,占草地总面积的 82.96%,占全市国土面积的 55.7%。1992 年以后,草地总面积逐渐减少。全市积极开展防沙、治沙、退耕还草等草地保护与建设,可利用草地不断增加。到 2014 年,全市草地总面积减少到 576 万公顷,比 1991 年减少 28.4 万公顷,减少 4.7%;可利用草地面积 504.24 万公顷, 占全市国土面积的 56.01%, 比 1991 年增加 2.82 万公顷, 增长 0.56%。

二、草地类型

赤峰市天然草地分为 5 大类、9 亚类,主要包括干草地类、草甸草地类、草甸类、低地草甸类和沼泽类。草地植被主要为典型的地带性植被。饲用牧草有 743 种,占全市植被总数的 44.3%。其中优等牧草占可饲用植物的 15.5%,良质牧草占可饲用植物的 21.5%,中等牧草占 41.0%,低等与劣等牧草占 6.1%。全市天然草地分布区域主要集中在克什克腾旗、阿鲁科尔沁旗、巴林右旗、翁牛特旗 4 个以牧为主的旗,草地面积占全市草地面积的 76.23%;其次分布在敖汉旗、巴林左旗、松山区、林西县,草地面积占全市草地面积的 19.67%;喀喇沁旗、宁城县、元宝山区有零星分布,占 4.1%。

干草地类 全市有干草地类草地 386.19 万公顷,占草地总面积的 67.05%。主要分布在大兴安岭南段山地的低山丘陵, 燕山北麓山地的低山及其以北的黄土丘陵地区, 老哈河与西拉木伦河之间的科尔沁沙地。其中克什克腾旗 107.72 万公顷,阿鲁科尔沁旗 75.64 万公顷,巴林左旗 14.95 万公顷,巴林右旗 62.43 万公顷,林西县 13.9 万公顷,翁牛特旗 53.86 万公顷,敖汉旗 29.59 万公顷,松山区 19.02 万公顷,元宝山区 2.28 万公顷,宁城县 2.34 万公顷,喀喇沁旗 4.46 万公顷。

该类草地土壤以栗钙土和风沙土为主。组成该类草地的主要群种植物为禾本科的有大针茅、糙隐子草、羊草、冰草等;豆科有达乌里胡枝子和甘草等;菊科有冷蒿等;灌木有山杏、小叶锦鸡儿、黄柳;半灌木有铁杆蒿、岩蒿、百里香、沙蒿;主要伴生的杂类草有麻黄、苔草、赖草、叉分蓼、猪毛菜、茵陈蒿、阿氏旋花、糙叶黄芪、蓝刺头等;有毒植物有狼毒、狼毒大戟、飞燕草等。该类草地草群种的饱和度为每平方米有7~17种植物,牧草层高度为15~45厘米,草群盖度为25%~60%,平均每公顷产可食牧草2400公斤左右。

草甸草地类 全市有草甸草地类草地面积134.06万公顷,占天然草地总面积的22.18%。主要分布在大兴安岭南段山地、燕山山脉的七老图山和努鲁尔虎山地。其中阿鲁科尔沁旗37.28万公顷,克什克腾旗34.09万公顷,巴林左旗26.44万公顷,巴林右旗10.81万公顷,翁牛特旗6.70万公顷,松山区7.69万公顷,喀喇沁旗7.46万公顷,宁城县2.83万公顷,敖汉旗7600公顷。

该类草地海拔均在1000~1800米左右,属于温带半干旱大陆性季风气候区。该类植被多是以中生或中旱生植物为主。其中杂类草有地榆、蓬子菜、委陵菜、艾蒿、窄叶蓝盆花、草原麻花头等;禾本科建群种植物有贝加尔针茅、多叶隐子草、羊草;豆科建群种植物有胡枝子等;莎草科建群种植物有日荫菅;灌木建群种植物有虎榛子、土庄绣线菊、西伯利亚杏等;半灌木有铁杆蒿、岩蒿等;该类草地伴生植物主要有火绒草、唐松草、马先蒿、早熟禾等。该类草地层次明显,草群平均高度为30~50厘米,盖度在40%~79%,草群种的饱和度为每平方米有18~36种植物,平均每公顷产可食牧草为3750公斤左右。

草甸类 全市草甸类草地面积为9.35万公顷,占天然草地总面积的1.62%。主要分布在巴林右旗和克什克腾旗北部大兴安岭南段山地的阴坡或半阴坡的林缘,喀喇沁旗西部七老图山地顶部也有零星分布。其中巴林右旗4.3万公顷,克什克腾旗4.8万公顷,喀喇沁旗2500公顷。该类草地分布在海拔1400~2000米,土壤为黑钙土,草群种的饱和度为每平方米有15~35种植物,草群层次为2~3层。建群种植物以地榆、早熟禾、苔草等为主,草群高度为30~50厘米,盖度为40%~80%,平均每公顷产可食牧草4350公斤左右。

低地草甸类 全市有低地草甸类草地面积40.19万公顷,占全市天然草地总面积的6.98%。主要分布在地下水位较浅的河流沿岸的河漫滩、湖盆低地和丘间、坨甸低洼地段。其中阿鲁科尔沁旗16.53万公顷,翁牛特旗8.34万公顷,克什克腾旗5.1万公顷,巴林右旗5.83万公顷,敖汉旗2.98万公顷,林西县0.82万公顷,巴林左旗0.59万公顷,松山区、宁城县和喀喇沁旗也有零星分布。草群高度在15~35厘米,盖度为70%~90%,平均每公顷产可食牧草4200公斤左右。

沼泽类 全市有沼泽类草地面积5.19万公顷,占全市天然草地总面积的0.86%。主要分布在山间沟谷洼地及平原的低洼地区。其中克什克腾旗4.96万公顷,翁牛特旗613公顷,敖汉旗1640公顷。该类草地建群种植物有芦苇、中型莎草等。草群高度30~

80 厘米，最高可达到 150 厘米以上，草群种的饱和度为每平方米有 3～10 种植物，平均每公顷产可食牧草 6000 公斤以上。

三、草质量

赤峰市天然草地野生饲用植物有 54 科、251 属、752 种，优良牧草有 100 多种。其中禾本科、豆科约占 30%，主要包括羊草、冰草、披碱草、糙隐子草、早熟禾、无芒雀麦、胡枝子、直立黄芪、草木樨状黄芪等。

赤峰市典型草地及草甸草地中，建群种或优势种植物以羊草、冰草、大针茅、早熟禾等为主，适合于放牧或刈草利用，这类牧草在全市草群种中所占比重在 10%～20%。豆科牧草营养价值比较高，天然草地中豆科牧草常见种类主要有草木樨、胡枝子、野大豆、野豌豆等，这些种类牧草在赤峰市天然草地中的比重在 5%～10%之间。蒿类、菜蓟类植物在赤峰市天然草地植物组成中占有较大的比重。主要品种有铁杆蒿、差不嘎蒿、沙蒿、冷蒿、凤毛菊、麻花头、线叶菊等，这类牧草在天然草地中的比重在 30%～50%之间，适口性较差。

赤峰市天然草地植物群落中，还包括大量的一年生禾草、藜科、菊科等杂类草，这类牧草适口性差，在植物群落中所占比重在 10%～20%。

四、饲草产量与载畜量

饲草产量　天然草场饲草。赤峰市有可利用天然草地 504.25 万公顷，一般正常年景，暖季饲草贮量 41.3 亿公斤，冷季饲草贮量 30.7 亿公斤，全年天然草地饲草生产量 72 亿公斤。按 70%利用，每年可提供饲草 50.4 亿公斤。

旱作人工草地饲草。2014 年，人工草地保有面积达到 15.15 万公顷，平均每公顷产饲草 3750 公斤，年可提供优质饲草 5.68 亿。

节水灌溉人工草地饲草。全市有节水灌溉人工草地保有面积 4.8 万公顷，每公顷平均产饲草 1.2 万公斤，年可提供优质饲草 5.77 亿公斤。

青贮饲料。1991 年，全市青贮饲料作物播种面积 9600 公顷，产量 4.3 亿公斤。2014 年，全市青贮饲料作物种植面积达到 15.83 万公顷，年可生产青贮饲料 71.23 亿公斤，折合干草 23.74 亿公斤。

农作物秸秆。全市农作物秸秆平均年产量为 25 亿公斤左右，60%的秸秆通过家畜过腹还田实现秸秆转化，年提供饲用秸秆 15 亿公斤。

载畜量　正常年景，全市年可提供各类饲草 94.9 亿公斤，按每个羊单位年均消耗 720 公斤饲草计算，年载畜量为 1318.06 万个羊单位。

五、草地退化与沙化状况

退化草地　1991—2014 年，全市退化草地面积 460.37 万公顷，占全市草地总面积的 79.93%。其中重度退化面积 135.23 万公顷，占全市草地总面积的 23.48%；中度退化面积 156.47 万公顷，占全市草地总面积的 27.16%；轻度退化面积 168.67 万公顷，占全市草地总面积的 29.28%。

轻度退化草地。主要分布在阿鲁科尔沁旗、巴林左旗、巴林右旗、林西县和克什克腾旗北部大兴安岭山地阴坡及南部海拔较高的丘陵阴坡；克旗西部高原丘陵及南部海拔较高的丘陵阴坡；翁牛特旗、喀喇沁旗西部山地阴坡以及北部草地中的部分河漫滩草地。这些地区的草地由于靠近林区或离居民点较远，一般放牧较轻，有的是打草地和刈牧兼用草地，年降雨量一般在 400 毫米以上，这类草地退化现象不明显，建群种以针茅、苔草、羊草、中生灌木、冷蒿、冰草等为主，只出现少量多年生和一年生丛生禾草和杂类草，总盖度在 30% ~ 70%，可食牧草产量平均每公顷 375 ~ 750 公斤左右。

中度退化草地。主要分布在阿鲁科尔沁旗、巴林左旗、巴林右旗、林西县的北部山地阳坡、山间平地和中部的丘陵干草地；克什克腾旗中部山地阳坡和西部平原沙地及高原草地；翁牛特旗北部和东部冲积平原以及南部旗县的山地丘陵和黄土丘陵台地较大片的草地。这些地区的草地降雨量一般为 350 毫米左右；蒸发量高，偏于干旱，土壤水分不足。多为春、夏放牧地或是常年放牧地，畜群比较集中，放牧过重，牧草生长不旺，优良牧草减少，杂类草和一年生禾草增加，由中等禾草向小丛型禾草演替，出现一定数量的狼毒、狗娃花等退化植物。建群种中，针茅、羊草、冰草等优良牧草减少。植被总盖度在 20% ~ 50%，可食牧草干草产量平均每公顷 300 ~ 600 公斤。

重度退化草地。主要分布在阿鲁科尔沁旗、巴林左旗、巴林右旗、林西县的南部冲积平原和河流两岸河阶台地，小腾格里沙地和科尔沁沙地草地，翁牛特旗中东部。由于超载放牧、利用和人类经济活动的影响，植被受到破坏，裸地面积增加，出现以风蚀沙化为特征的退化现象，优良牧草基本消失。一年生牧草和狼毒等植物大量生长，适口性差，可食牧草产量低，一般每公顷产可食牧草只有 300 公斤左右。还有一部分分布在湖泊周围及低洼盆地的低湿草地，由于地下水位低，蒸发量大，加之牲畜践踏，只生长耐盐碱、适口性差的植物，如碱蓬、雾冰藜等。产量很低，形成环状和斑状以盐碱化为特征的重度退化草地。

沙化草地　科尔沁沙地和浑善达克沙地在赤峰市腹地交会，绵延数百里，总面积为 267.3 万公顷，其中科尔沁沙地面积 195.7 万公顷，浑善达克沙地面积 71.6 万公顷。两大沙地都是以风沙土和沙化栗钙土为主，原生植被以黄柳、红柳、沙榆、锦鸡儿、沙蒿、冷蒿、乌丹蒿和一年生杂类草为主，植被盖度在 15%以下。到 2014 年，沙化草地总面积 209.33 万公顷，占全市草地总面积的 36.34%。

第二节　草牧场建设

一、人工种草

1991 年，全市人工种草保有面积 29.17 万公顷。此后，全市人工种草每年以 6.7 万 ~ 15 万公顷的速度发展，到 1996 年，人工种草保有面积 33.96 万公顷。2001—2005

年，全市每年人工草地种植面积都在 1.33 万公顷以上。到 2011 年，全市京津风沙源一期治理工程共完成人工种草 10.05 万公顷，建成 200 公顷以上的人工草地 57 块。2011 年，国家实施草地生态保护补助奖励机制和牧草良种补贴政策。2011—2013 年，全市完成多年生人工草地建设 10 万公顷。到 2014 年，全市多年生人工草地保有面积 19.96 万公顷，累计完成节水灌溉人工草地建设 4.81 万公顷，每年生产牧草种子 300 万公斤。

二、飞播种草

1979 年，在巴林右旗飞播种草获得成功。1983—1984 年，先后在巴林右旗、翁牛特旗、巴林左旗、阿鲁科尔沁旗等地区的沙化草地进行飞播种草示范，面积达到 1.39 万公顷。到 1996 年，累计飞播 29.6 万公顷，保有面积 18.2 万公顷。1991—1996 年，全市年均飞播种草面积 2 万公顷。1999 年，飞播种草面积突破 3.33 万公顷。2014 年，全市飞播种草保有面积 18.63 万公顷。

飞播牧草品种主要有沙蒿、沙打旺、锦鸡儿、山竹子等抗风沙品种。飞播草地植被盖度由播前的 10%～23%提高到 45%～75%以上；草群高度由 7～22 厘米提高到 50～110 厘米；牧草品种由播前的 1～24 种增加到 8～40 种。飞播草地每公顷产草量由播前的 244 公斤提高到 3164 公斤，平均每公顷增产优质牧草 2920 公斤。

三、草地围栏

2000 年始，全市以京津风沙源治理工程为依托，积极开展天然草地围栏，每年完成草地围栏 4 万～5.33 万公顷。2000—2011 年，全市京津风沙源一期治理工程草地围栏封育完成 27.72 万公顷，工程采用闭合式网围栏封育方式。围封第一年，植被恢复与对照区比较，植被盖度提高 15%；两年后达到 65%左右，牧草产量提高 40%，每公顷产青干草 1500 公斤以上。到 2014 年，全市草地围栏保有面积 128.89 万公顷。

四、配套小草库伦

赤峰市牧业区从 20 世纪 80 年代开始“五配套”草库伦建设，即草库伦、水利、饲料种植、果树园林、农机具同步配套建设。1991 年，全市围封草牧场 6.98 万公顷，建成“五配套”草库伦 2909 处、5800 公顷，打贮草 25.3 亿公斤，其中青贮饲料 2.16 亿公斤，天然牧草 12.15 亿公斤。到 1995 年，牧区草库伦综合配套建设形成大、中、小三结合的格局。全市配套小草库伦达到 16719 处、3.39 万公顷，年打贮草总量的 75%来自草库伦。到 2014 年，全市配套小草库伦达到 2.1 万处，面积 4.2 万公顷。

五、草地改良

1991—2014 年，全市平均每年完成草地改良 3.33 万公顷以上，开展草地改良工作主要措施有浅耕翻、松土补播、施肥、引洪淤灌等方式。通过浅耕翻的草场，牧草高度平均提高 14 厘米以上，盖度提高 19%以上，每公顷产干草 855 公斤。通过引洪淤灌的草场，每公顷产干草 3000 公斤以上，全市每年引洪淤灌草场面积平均 2 万～3.5 万公顷。

到 2014 年,全市改良草场面积达到 114 万公顷,生态效益、经济效益显著。

六、草地鼠虫害防治

赤峰市草原地带一直是草地鼠虫害的高发区、频发区、易发区,每年鼠虫害发生面积都在 66.67 万公顷以上。主管部门在每年春季牧草返青前,都开展草地鼠情调查,制定鼠害防治方案,投放灭鼠毒饵,开展集中防治。1991—2014 年,每年鼠害防治面积在 6.67 万公顷以上,鼠虫害防治率 10%以上。

草地蝗虫是赤峰草地又一大危害。1991—2014 年, 草地管理部门每年 6 月及时启动草地蝗虫周报制和 24 小时值班制,做好虫情监测工作。在蝗虫发生地区就地防治,防止虫情扩散。主要采取机械防治、飞机防治、人工防治多种方式,把蝗虫危害控制在最低限度。

第三节　草原管理

一、禁牧休牧

2000 年,赤峰市开展禁牧、休牧,划区轮牧,舍饲圈养试点工作。2003 年 10 月,市委、市政府印发《关于全市实行封育禁牧的决定》和通告,从 2004 年 1 月 1 日起,全市开始实行封育禁牧:(1)在巴林左旗、林西县、喀喇沁旗、宁城县、敖汉旗和红山区、松山区、元宝山区实行全年全境禁牧;(2)在阿鲁科尔沁旗、巴林右旗、克什克腾旗、翁牛特旗的 50 个乡镇苏木实行全境禁牧;(3)上述 4 旗的另外 34 个乡镇苏木实行季节性休牧,休牧期每年不低于 3 个月;(4)从 2007 年起,全市实行山羊全面禁牧。

2010 年,全市对禁牧政策进行调整,禁牧期统一为每年 3 月 10 日至 5 月 31 日。到 2014 年,全市实行封育禁牧的草场 569.29 万公顷。其中全年禁牧乡镇苏木 96 个,禁牧草场 338.63 万公顷,涉及养畜户 66.8 万户,涉及牲畜 723.5 万头只;季节性休牧和划区轮牧的乡镇苏木 20 个,休牧轮牧草场面积 230.66 万公顷。

二、草畜平衡

2001—2005 年,全市全面实施草畜平衡制度,确定草原监测点,每年 5 月进行牧草返青监测,7 月进行牧草长势监测,8 月进行草原生产能力路线调查, 根据监测数据确定合理的载畜量。2007 年开始,赤峰市承担国家 60 个不同草原类型样地监测任务。从 2011 年起,对禁牧草场和草畜平衡草场给予生态补助奖励政策,其中补偿禁牧草场面积 245.51 万公顷,补偿草畜平衡草场面积 199.32 万公顷。2014 年,全市草群平均高度和干草产量分别比 2007 年提高 13.5%和 41.1%。

三、草原防火

1991 年以后,赤峰市不断加强草原防火工作。2003 年,赤峰市总投资 300 万元,建成农业部草原防火物资项目储备库。2004 年,总投资 110 万元,建成克什克腾旗白音敖包草原防火站。2009 年，总投资 200 万元，建成阿鲁科尔沁旗草原防火站。规定每年春季 3 月 15 日到 6 月 15 日、秋季 9 月 15 日到 11 月 15 日为草原防火期。防火期间，赤峰市各级草原防火部门 24 小时对火情进行监测。1991—2014 年，全市草原没有发生灾害性火情。

四、依法保护

1991—2014 年，赤峰市认真贯彻《中华人民共和国草原法》《内蒙古自治区草原管理条例》等法规规章，不断加强草原违法违规案件的监察和处理。1991—2002 年，重点查处非法开垦草原、乱采滥挖和非法收购野生植物案件。1993 年，查处非法开垦草原案件 4 起，查处乱采滥挖、毁坏草原案件 280 起。1994 年，查处各类草原违法案件 72 起。1995 年，查处草原违法案件 137 起。1997 年，查处草原违法案件 209 起。2014 年，查处各类草原违法案件 7191 起。其中移送司法机关处理的案件 12 起；在这些违法案件中，违法开垦草原案件 51 起，涉及草原面积 90 万公顷；违反草原禁牧休牧和草畜平衡规定案件 7107 起；非法采集草原野生植物、临时占用草原、违反草原防火规定案件共 21 起。2006—2014 年，全市共查处草原违法违规案件 5.4 万起，有效保护了草原的安全和健康发展。

第二章　家畜　家禽

第一节　家　畜

一、家畜存栏

1991 年，全市 6 月末牲畜存栏 835 万头只。其中牛存栏 77.68 万头，马存栏 25.7 万匹，驴存栏 35.94 万头，骡存栏 12.1 万头，骆驼存栏 1677 峰，羊存栏 553 万只，猪存栏 130.12 万头，鹿存栏 2142 头。1992 年以后，赤峰市进一步加强畜牧业发展，牲畜存栏规模不断扩大。1998 年，赤峰地区发生百年一遇的洪灾，耕地和草原受到严重破坏。1999 年，又遭受严重旱灾，粮食和饲草减产，畜牧业受到重大影响，导致家畜存栏增长缓慢，当年全市 6 月末牲畜存栏 897 万头只，其中牛存栏 84 万头，羊存栏 518 万只，猪存栏 208 万头。到 2000 年，全市 6 月末牲畜存栏 911 万头只，其中牛存栏 86 万头，羊存栏 536 万只，猪存栏 202 万头，其他牲畜存栏 87 万头只。2001 年以后，全市加大畜牧业结构调整的力度，畜牧业经营方式由传统畜牧业向现代畜牧业转变，牲畜存栏数量继续增加。2007 年，国家开始实施畜禽养殖标准化创建项目，实施能繁母猪补贴等惠牧政策，家畜存栏总数持续增长。到 2010 年，全市 6 月末牲畜存栏 1700 万头只，其中牛存栏 200 万头，羊存栏 1149 万只，猪存栏 266 万头，其他牲畜存栏 85 万头只。同年，自治区政府出台一号文件，对牧区和半农半牧区具有牧业户籍的养殖户饲养的基础母牛、购买的种公牛和母牛实施人工授精所用的冷冻精液进行补贴。阿鲁科尔沁旗、巴林左旗、巴林右旗、克什克腾旗、翁牛特旗、林西县、敖汉旗7个旗县获得补贴支持。2011年,自治区实施"菜篮子"工程项目,通过以奖代补的方式,对达到标准化要求的规模养殖场(小区)进行扶持。这些惠牧政策和项目的实施,有效促进了规模养殖的发展,全市家畜存栏数量快速增大。到2014年,全市6月末牲畜存栏2215万头只,比1991年增加1380万头只,增长1.65倍。其中牛存栏246万头,增加168.32万头,增长2.17倍;羊存栏1511万只,增加958万只,增长1.73倍;生猪存栏360万头,增加229.88万头,增长1.77倍;其他牲畜存栏97.9万头匹,增加23.7万头匹。

二、畜群结构

1991—2014年,各畜种在畜群中的比重变化较大,大畜的比重呈平稳趋势,小畜的比重上升较快。2000—2001年,山羊的比重增加较快。2005—2014年,绵羊的比重增加较快。

1991年,全市6月末家畜存栏835万头只。其中牛、马、驴、骡等大牲畜存栏152万头匹,占家畜存栏总数的18.20%;牛存栏78万头,占家畜存栏总数的9.34%,占大牲畜存栏总数的51.32%;羊存栏553万只,占家畜存栏总数的66.23%;猪存栏130万头,占家畜存栏总数的15.57%。

1992年以后,赤峰市不断加强家畜改良,积极调整畜群、种群结构,家畜品种不断优化,畜群、种群结构逐渐趋于合理。到2000年,全市6月末家畜存栏911万头只。其中牛、马、驴、骡等大牲畜存栏173万头匹,占家畜存栏总数的18.99%;牛存栏86万头,占总数的9.44%;羊存栏536万只,占总数的58.84%;猪存栏202万头,占总数的22.17%。

2001年以后,赤峰市积极改造传统畜牧业,发展农区畜牧业。农区以秸秆和粮食转化为中心,以舍饲圈养为基本饲养方式,发展规模养殖,畜牧业发展速度较快。特别是羊存栏数量不断增加,到2005年,全市羊存栏1100万只,占全市家畜存栏总数的75.6%。2010年,全市6月末家畜存栏1700万头匹只。其中牛、马、驴、骡等大牲畜存栏285万头匹,占家畜存栏总数的16.76%;牛存栏200万头,占总数的11.76%;羊存栏1149万只,占总数的67.59%;猪存栏266万头,占总数的15.65%。

2014年,全市6月末家畜存栏2215万头匹只。其中牛、马、驴、骡等大牲畜存栏344万头匹,占家畜存栏总数的15.53%;牛存栏246万头,占总数的11.11%;羊存栏1511万只,占总数的68.2%;猪存栏360万头,占总数的16.25%。

三、品种分布

1991年,阿鲁科尔沁旗、巴林左旗、巴林右旗、克什克腾旗、翁牛特旗5个牧业旗家畜存栏566.6万头只,占全市家畜存栏的67.9%。至2014年,5个牧业旗家畜存栏1299.3万头只,占全市家畜存栏的58.66%。其中牛存栏117.4万头,占全市牛存栏总数的47.72%;羊存栏1058.7万只,占全市羊存栏总数的70.07%;猪存栏84.1万头,占全

1991—2014 年赤峰市 6 月末家畜存栏情况统计表

表 4-3-1

年份	总计	大畜						小畜			猪（万头）
		合计	牛（万头）	马（万匹）	驴（万头）	骡（万头）	骆驼（万峰）	合计	绵羊（万只）	山羊（万只）	
1991	835	152	78	25.7	36	12.1	0.2	553	345	208	130
1992	846	154	78	25.4	37.5	13.2	0.1	545	325	220	147
1993	828	160	79	25.4	40.8	14.7	0.1	493	278	215	175
1994	851	160	79	25	40.5	15.2	0.1	496	265	231	195
1995	926	172	88	26	42.1	16	0.1	547	273	274	207
1996	946	180	93	26.7	43.8	16.3	0.1	551	267	284	215
1997	953	181	92	26.8	44.2	17.6	0.1	568	252	316	204
1998	941	175	88	25.5	43.6	17.7	0.07	553	228	325	213
1999	897	171	84	24.7	44.3	18.4	0.06	518	211	307	208
2000	911	173	86	23.5	45.3	18.2	0.07	536	217	319	202
2001	834	147	67	20	42	18	0.05	549	203	346	138
2002	872	139	65	16	40.8	17	0.03	601	235	366	132
2003	977	156	82	14.6	43	16.3	0.03	693	311	382	128
2004	1181	176	102	14	44.5	15.7	0.04	865	495	370	140
2005	1455	194	121	14.5	44.6	14	0.05	1100	674	426	161
2006	1670	228	147	14.8	51	15.2	0.004	1275	772	503	167
2007	1732	237	164	13.3	46	14	0.05	1295	759	536	200
2008	1753	256	174	13.8	53.8	14	0.05	1265	770	495	232
2009	1769	259	187	12.2	49	11	0.06	1246	765	481	264
2010	1700	285	200	14	59	11.5	0.08	1149	812	337	266
2011	1720	301	209	16.5	64	11.2	0.1	1151	886	265	268
2012	1856	324	229	16.4	67.4	11	0.1	1192	949	243	340
2013	1963	341	245	14	71	10.7	0.1	1271	1038	233	351
2014	2215	344	246	14.7	73.3	9.8	0.1	1511	1242	269	360

市猪存栏总数的23.36%。

1991年,林西县、敖汉旗家畜存栏108.9万头只,占全市家畜存栏的13%。至2014年,家畜存栏428.3万头只,占全市家畜存栏的19.3%。其中牛存栏28.1万头,占全市牛存栏总数的11.42%;羊存栏257.3万只,占全市羊存栏总数的17.03%;猪存栏113万头,占全市猪存栏总数的31.39%。

1991年,喀喇沁旗、宁城县、红山区、元宝山区、松山区家畜存栏159万头只,占全市家畜存栏的19.04%。至2014年,家畜存栏487万头只,占全市家畜存栏的21.99%。其中牛存栏99.96万头,占全市牛存栏总数的41%;羊存栏195万只,占全市羊存栏总数的12.91%;猪存栏165.7万头,占全市猪存栏总数的46%。

1991年、2014年各旗县区牛羊猪存栏情况统计表

表4-3-2　　单位:万头只

项目 地区	总数		牛		羊		猪	
	1991年	2014年	1991年	2014年	1991年	2014年	1991年	2014年
全市合计	834.5	2214.6	78	245.52	553.1	1511	130.1	360.2
阿旗	154.9	287.3	21.7	40.6	115.7	233.4	7.9	7.6
左旗	75.1	265.8	5.5	10.5	43	200.6	17.6	33.4
右旗	123.7	242.1	11.8	10.4	103.2	226.3	4.5	3.5
林西县	37.2	133.3	3	12.6	24.7	101.6	6.1	14.4
克旗	120.5	248	18.5	26.8	90.1	213.4	6.2	5.5
翁旗	92.4	256	8.9	29.1	59.8	185	13.9	31.4
喀旗	35.9	102.6	1.8	15.7	17.9	61	12.6	22.1
宁城县	50.9	168.3	2.4	48.3	23.3	58.9	17.8	49.3
敖汉旗	71.7	295	1.7	15.5	40.4	155.7	18.5	98.6
红山区	2.7	7.7	0.05	0.76	0.7	4.4	1.7	2
元宝山区	11	22.3	0.3	4.4	3.4	10	5.7	6.8
松山区	58.5	186	2.2	30.8	30.9	60.7	17.6	85.5

第二节　家　禽

一、家禽存栏

1991年末,全市家禽存栏617万只,其中鸡533.1万只,鸭55.5万只,鹅28.8万只;全年出栏肉禽311.6万只,生产禽肉4278吨。1992年以后,赤峰市家禽养殖户逐渐增多,草原兴发集团、内蒙古塞飞亚食品股份公司等种养加一体化、产供销一条龙的禽类龙头企业相继出现。1994 年末，全市家禽存栏 1039.1 万只，禽蛋产量 5.90 万吨。1998 年末,全市家禽存栏 912.4 万只,禽肉产量 2.02 万吨,禽蛋产量 6.54 万吨。

2000 年末,全市家禽存栏 1355 万只,其中鸡 1140 万只,鸭 112 万只,鹅 103 万只;全年出栏肉禽 1498 万只,禽肉产量 2.76 万吨,禽蛋产量 9.39 万吨。2010 年末,全市家禽存栏 1917 万只,其中鸡 1304 万只,鸭 446 万只,鹅 167 万只;全年出栏肉禽 4867.63 万只，禽肉产量 11.38 万吨，禽蛋产量 30.02 万吨。2014 年末，全市家禽存栏 2175 万只,其中鸡 1625 万只,鸭 384 万只,鹅 166 万只;全年出栏肉禽 6239 万只,禽肉产量 12.06 万吨,禽蛋产量 33.12 万吨。

二、产区分布

家禽在各旗县区都普遍饲养。规模化生产基地主要分布在宁城县、喀喇沁旗、敖汉旗、松山区、元宝山区、翁牛特旗,阿鲁科尔沁旗、巴林左旗的生产基地也具有一定规模。

1992 年,家禽年末存栏百万只以上的旗 1 个:敖汉旗存栏 108.9 万只;年末存栏 80 万只以上的旗县区 3 个:宁城县存栏 96.7 万只,郊区(今松山区)存栏 92.7 万只,翁牛特旗存栏 81.3 万只;年末存栏 40 万只以上的旗 3 个:喀喇沁旗存栏 61.1 万只,巴林右旗存栏 50.8 万只,阿鲁科尔沁旗存栏 44.8 万只;年末存栏 30 万只以上的县区 3 个:元宝山区存栏 39.9 万只,林西县存栏 39.6 万只,红山区存栏 32 万只。

2000 年,全市年生产禽肉万吨以上的区 1 个:元宝山区禽肉产量 1.05 万吨,占全市禽肉产量的 38%;年生产禽肉 2000 吨以上的旗县 4 个:敖汉旗 4462 吨,翁牛特旗 3207 吨,喀喇沁旗 2704 吨,宁城县 2375 吨;年生产禽肉 1000 吨以上的旗区 2 个:巴林左旗 1480 吨,松山区 1121 吨。

2010 年,全市年生产禽肉万吨以上的旗县区 5 个:宁城县 4.91 万吨,敖汉旗 1.43 万吨,元宝山区 1.19 万吨,松山区 1.10 万吨,翁牛特旗 1.07 万吨;年生产禽肉 2000 吨以上的旗 3 个:喀喇沁旗 8769 吨,巴林左旗 2475 吨,阿鲁科尔沁旗 2065 吨;年产禽肉 1000 吨以上的旗区 2 个:巴林右旗 1515 吨,红山区 1134 吨。

2014 年，全市年生产禽肉万吨以上的旗县区 4 个：宁城县 6.26 万吨，喀喇沁旗 1.34 万吨,敖汉旗 1.33 万吨,松山区 1.11 万吨;年产禽肉 6000 吨以上的旗区 2 个:翁牛特旗 8508 吨,元宝山区 6508 吨。

第三章 品种改良

第一节 地方品种

一、马

赤峰市地方品种马主要有蒙古马、百岔铁蹄马、都什业图马、赛罕马。1990 年末,全市有蒙古马20万匹,占全市马存栏总数的86.4%,主要分布在阿鲁科尔沁旗、巴林左旗、巴林右旗、克什克腾旗、翁牛特旗;百岔铁蹄马在克什克腾旗有4176匹,占全市马存栏总数的1.8%;有都什业图马3000匹,占全市年末马存栏总数的1.3%,主要分布在克什克腾旗;赛罕马主要分布在克什克腾旗东南部和翁牛特旗、松山区的西部,属于正在培育的新品种,培育区中有1125匹,占全市年末马存栏总数的0.49%。到2014年,这些传统的地方品种已不能独立成群,相互混群杂交,或与外购品种杂交。2014年末,全市马存栏16.08万匹。

二、牛

赤峰市地方品种牛主要有蒙古牛、岗更牛,其中蒙古牛集中在阿鲁科尔沁旗、巴林左旗、巴林右旗、克什克腾旗、翁牛特旗。随着家畜改良和牛在役畜中逐步退出,地方传统品种牛逐步被专用肉牛、奶牛等新品种所取代,存栏所剩无几。

三、驴、骡

赤峰地区的毛驴大都有固定种群和品种名称,多为民间自繁、自育、自用或出售。1991年末,全市驴存栏33.28万头;2000年末,全市驴存栏39.26万头;2014年末,驴存栏58.56万头。

骡主要作为役畜饲养和使用。随着牲畜在农牧业生产中逐步退出,骡的数量也逐年减少。1991年末,全市骡存栏11.23万头;2000年末,骡存栏16.23万头;2014年末,存栏减少到1.12万头。

四、羊

赤峰市地方品种羊主要有蒙古羊和乌套海羊,乌套海羊是克旗巴彦高勒苏木乌套海嘎查地方良种羊。1990年,全市有蒙古山羊100万只,成年乌套海绵羊405只。1991—2014年,通过品种改良和新品种引进,地方品种羊逐渐被改良和取代。

蒙古羊原产于蒙古高原,是一个分布很广的古老的粗毛脂尾绵羊品种。蒙古羊体质结实,背腰宽平,体躯较长,后躯发育良好,尾肥大,呈半圆形,俗称“大尾羊”。主要分布在赤峰北部旗县。

第二节　育成品种

一、早期育成品种

从20世纪50年代开始,赤峰市就开展牲畜改良育种研究和实验。截至1990年,先后育成并通过自治区和国家鉴定命名的品种有:敖汉细毛羊、乌兰哈达猪、中国草原红牛。这些品种主要特点是“兼用”型:敖汉细毛羊为毛肉兼用型品种,乌兰哈达猪为肉用型品种,草原红牛为肉乳兼用型品种,这些品种在赤峰地区的畜群发展中起到主导作用。1990年以后,专用型品种逐步居主导地位。上述三大品种,除敖汉细毛羊还保留一定原种群外，其他两大品种均进一步改良杂交，形成新的品种或改良种，原种群数量大幅度减少。

二、新育成品种

罕山白绒山羊　罕山白绒山羊是赤峰市1991年后育成的新品种。该品种是在地方良种选育的基础上，部分导入辽宁绒山羊血液培育成的绒肉兼用型品种。1994年，内蒙古自治区技术监督局印发《罕山白绒山羊内蒙古自治区地方标准》，1995年，内蒙古自治区政府进行品种验收和命名。

罕山白绒山羊有较强的抗寒和耐粗饲能力。品种特点和性能：(1)体型较大，背腰平直，后躯稍高，四肢强健，蹄质坚实。(2)成年公羊平均体高61.9厘米，体长68.9厘米，胸围74.9厘米；成年母羊平均体高57.8厘米，体长64.9厘米，胸围70.1厘米；羔羊出生平均体重2.3公斤。(3)一级罕山白绒山羊生产性能为：成年公羊秋天体重60公斤，绒厚度5厘米，产绒量600克，抓绒后体重40公斤；成年母羊秋天体重45公斤，绒厚度4厘米，产绒量400克，抓绒后体重30公斤；育成公羊秋天体重45公斤，绒厚度4厘米，产绒量400克，抓绒后体重30公斤；育成母羊秋天体重40公斤，绒厚度4厘米，产绒量350克，抓绒后体重25公斤。(4)羊绒细度13～16微米，净绒率65%。(5)成年羯羊屠宰率为46%，成年母羊屠宰率为44.5%，产羔率在103%～109%之间。

1996—2000年，赤峰市罕山白绒山羊种羊场承担国家科技攻关项目“白绒山羊选育与开发”和自治区重点科技项目“内蒙古白绒山羊优质高产类群培育及建立良种繁育体系研究”的课题研究任务。经过5年科技攻关，罕山白绒山羊品种羊的质量明显提高。种羊场的成年公羊平均产绒量达到1127克，最高达到1825克，绒厚度为7.3～9.6厘米；成年母羊平均产绒量达到592克，最高达到1318克，绒厚度为5～6.5厘米；育成公羊平均产绒量在750克以上；育成母羊平均产绒量在510克以上。羊绒细度为13～15.5微米，净绒率65%，羊绒综合品质居国内领先水平。种羊场所产种羊全部达到品种羊一级标准，特级羊占95%。1999年，在中国国际农业博览会上，赤峰市罕山白绒山羊种羊场培育的特级羊被评为名牌产品。该科研项目于2000年通过农业部、科技部及自治区有关部门专家现场测试和验收。2001年，获得内蒙古自治区首届名优特农畜产品和绿色食品交易会名牌产品称号。

2014年，全市罕山白绒山羊存栏269万只。主要分布在巴林右旗、巴林左旗、阿鲁科尔沁旗。赤峰市罕山白绒山羊种羊场建成核心场1处、分场8处、家庭育种场106处，饲养罕山白绒山羊品种羊1.8万只，形成年培育罕山白绒山羊种羊8000只、生产冻精颗粒2万粒的生产规模。

昭乌达肉羊　从20世纪50年代开始，赤峰好鲁库种羊场以当地蒙古羊为母本，用前苏联美利奴羊、萨里斯克羊、德国美利奴羊为父本进行杂交改良，到20世纪90年代，全市形成200多万只的细毛羊改良群体。1990年，在杂交型细毛羊基础上，又经过德国美利奴羊进一步杂交改良，改良羊达到80多万只。1991年，赤峰市制定昭乌达肉羊育种技术方案,进行昭乌达肉羊育种实验。2006年8月,进一步修订完善《昭乌达肉羊新品种培育方案》,得到自治区农牧业厅的正式批复后,昭乌达肉羊育种工作进入攻坚阶段。到2010年6月末,在昭乌达肉羊核心育种区共存栏昭乌达肉羊18.13万只,4个育种旗昭乌达肉羊存栏达到50万只以上。2010年6月开始,进行昭乌达肉羊验收命名的组织申报,12月1日在国家质量技术监督局备案并颁布执行。

2011年9月26日至29日,农业部畜禽遗传资源委员会羊专业委员会专家组通过了对昭乌达肉羊新品种的评审。2012年3月2日,农业部命名为昭乌达肉羊。

昭乌达肉羊适应性能强,适宜于牧区、半农半牧区草原环境条件下夏秋放牧、冬春补饲饲养方式,具有较强的抗逆性和适应性,觅食能力强,采食范围广。品种特征和性能指标:(1)体型较大,肉用羊体型特征明显。6月龄公羔屠宰后胴体重18.9公斤,屠宰率46.4%,净肉率76.3%,比改良型细毛羊6月龄公羔增加4.5公斤,屠宰率和净肉率分别提高4.1个百分点和1.5个百分点;12月龄羯羊屠宰后胴体重35.6公斤,屠宰率49.8%,净肉率76.9%,比改良型细毛羊12月龄羯羊增加11.1公斤,屠宰率和净肉率提高9个百分点和1.5个百分点。(2)初产母羊繁殖率126.4%,经产母羊繁殖率137.6%,分别比母本改良型细毛羊提高26.4个百分点和27.6个百分点。经产母羊有17.5%可达到二年三胎。(3)毛丛结构闭合良好,细度均匀22~23微米,成年母羊年平均剪毛量5.6公斤,平均毛长8.5厘米,平均净毛率42.6%。

第三节　良种引进

一、肉牛良种

20世纪70年代,赤峰市引进苏系和德系的西门塔尔种公牛和夏洛来种公牛。进入21世纪以后,引进和牛、安格斯牛等优质肉牛品种。2014年,赤峰市家畜改良工作站种畜场饲养的西门塔尔和夏洛来种公牛达到116头。

二、肉羊良种

1993年,赤峰市金峰公司与澳大利亚佳得宝公司合资,一次性从澳大利亚引进邦德母羊1510只,种公羊11只。此后,又从澳大利亚引进萨福克种羊,德国美利奴肉羊种羊、无角陶赛特种羊、杜波种羊等世界优良肉羊品种种羊3000多只。

三、小尾寒羊

20世纪80—90年代,赤峰部分地区从山东引进小尾寒羊。小尾寒羊是中国乃至世界著名的肉裘兼用型绵羊品种。原产于山东省梁山县。该品种由古代北方蒙古羊杂交培育而成。

主要特点是:(1)体格高大,发育快;一年多胎,一胎多羔,4月龄即可育肥出栏。(2)成年羊体重可达130~190公斤,净肉率45.89%;肉质细嫩,肥瘦适度,蛋白质含量高，胆固醇含量低。(3)裘皮质量好，质地坚韧，适于制革，是工业用皮优质原料。

赤峰小尾寒羊除巴林右旗外，其他旗县区都普遍饲养。饲养量较大的旗县区有敖汉旗、松山区、宁城县、翁牛特旗、喀喇沁旗，其中敖汉旗小尾寒羊存栏保持在70万只以上。2010年6月末，全市小尾寒羊存栏189.88万只。2014年6月末，达到253.49万只。

四、猪禽良种

赤峰地区从20世纪60—70年代开始引进良种猪、禽。至2014年，主要引进有长白猪、大白猪、杜洛克等优良生猪品种，罗曼褐鸡、海兰褐鸡、白羽肉鸡等优良品种。

第四节　杂交改良

1991年以后，赤峰市家畜改良工作不断深入，改良条件和技术水平不断提高，人工授精、胚胎移植适用新技术得到广泛推广应用，良种及改良种家畜比重不断提高，畜牧业品种结构不断优化。至2014年，全市各级种畜禽场达到93家，其中国家肉牛冷冻精液站1家，自治区种畜禽场43家，旗县级种畜场49家。年可提供优良种畜12万头只。全市有牛冷配站点1983处，有羊人工授精站点1415处。有液氮运输车10辆，液氮罐2724个，显微镜1997台。年可生产肉牛冷冻精液160万支、肉羊冷冻精液10万支。

一、肉牛改良

1990年始，赤峰市畜牧部门开展肉牛改良工作。经过多品种杂交实验证明，赤峰市比较适合用西门塔尔品种牛对基础母牛进行配种改良。用西门塔尔牛杂交的后代，耐粗饲，耐寒性强，生长发育好，日增重高，饲料转化率高。1997年，赤峰市成立百万肉牛产业开发项目领导小组，加强对此项工作领导。至2000年6月末，牛存栏达到86.7万头。其中良种和改良种牛达到67万头，占牛存栏总数的77.28%；西门塔尔杂交牛有43.5万头，占牛存栏总数的50.17%。

2001—2010年，赤峰市实施肉牛产业开发工程。在全市以推广西门塔尔、夏洛来牛冻精为主，改良配种母牛，对改良牛进行模式化饲养育肥，提高产肉性能和加快畜群周转。到2005年6月末，牛存栏121万头，良改率为90.5%；牛冷配32.6万头，肉牛模式化育肥21.5万头；淘汰劣质公牛5.2万头；完成改良肉牛后代测定1000头。

2010年，全市肉牛存栏203.2万头，基础母牛存栏101.8万头，良种和改良种牛达到191.8万头，占牛总数的94.39%，其中有西门塔尔杂交牛128万头，占牛存栏数的62.9%。牛冷配60.07万头。全市出栏肉牛84.25万头，其中模式化育肥出栏62.89万头。全市牛冷配站达到1701处，其中新建56处，维修改造标准化站点271处。

2011年，良种牛和改良种牛发展到195.8万头，占牛总数的93.68%。其中西门塔尔杂交牛有137万头，占牛存栏数的65.55%。2014年，全市肉牛存栏245.52万头。其中基础母牛存栏127.68万头，占牛存栏量的52%，良改率达到98.1%。2014年，全市自繁自育肉牛 67.5 万头。累计向基层推广发放冻精 150 万支,发放液氮 48 万升。

二、羊改良

1991—1996 年,由自治区农委、科委联合主持细毛羊科技攻关二期工程,赤峰市作为成员单位承担 20 万只达标细毛羊任务。至 1996 年,共完成达标细毛羊 31 万只。

1997—2002 年, 赤峰市羊产业发展被列入自治区政府主持的种子工程建设项目,赤峰市家畜改良工作站、敖汉种羊场等 9 家种羊生产企业成为项目建设单位,大力推广引进的优良品种和赤峰本地育成的优良品种。

2003—2014 年,肉羊产业被列入赤峰市农牧业产业化专项推进项目。肉羊良种率由 1991 年的 64%提高到 2014 年的 97.5%,提高 33.5 个百分点。

经过多年的改良推广,羊的个体生产性能得到显著提升。1991 年,肉羊平均胴体重为 13 公斤, 实施品种改良后, 到 2014 年达到 16.7 公斤, 提高 3.7 公斤, 增长率为 28.5%。1991 年,每只细毛羊平均产毛量 4 公斤,羊毛细度 60 支纱,到 2014 年每只羊平均产毛量 5.5 公斤,羊毛细度 66 支纱,产毛量提高 1.5 公斤,比 1991 年增长 37.5%。1991 年,绒山羊只均产绒量 200 克,到 2014 年达到 500 克,提高了 300 克,增长 150%。

第四章　繁育　饲养

第一节　繁　育

1991 年以后,全市不断加强牲畜繁育工作,加强基础建设,积极推广先进繁育技术,牲畜改良率、繁殖成活率不断提高。到 2000 年,全市标准化牛配种站 1185 处,羊人工授精站达到 1050 处,形成年生产种公牛 150 头、种公绵羊 2000 只、冷冻精颗粒 10 万粒的种源基地。牲畜良改率 79.8%。

到 2010 年,全市改良种家畜 1612.7 万头只,良种率 94.9%,牲畜改良率 94.6%。仔畜繁殖成活 822.3 万头只,繁殖成活率 97%。到 2014 年,全市改良种家畜 1993.7 万头只,良种率 94%,牲畜改良率 94.9%。仔畜繁殖成活 1065.54 万头只,繁殖成活率 97%。家畜良改率和仔畜繁殖成活率均保持在较好水平。

一、仔畜繁殖

1991 年 6 月末,全市繁殖仔畜 217.15 万头只,成活 203 万头只,繁殖率 76.5%,成活率 93.5%。其中牛繁殖 14.32 万头,成活 13.92 万头,繁殖率 50.5%,成活率 97.2%;马繁殖 3.04 万匹,成活 2.82 万匹,繁殖率 36.7%,成活率 95.1%;驴繁殖 4.28 万头,成活 4.09 万头,繁殖率 33.3 %,成活率 95.6%;绵羊繁殖 122.92 万只,成活 113.3 万只,繁殖率 81.5 %,成活率 92.2%;山羊繁殖 71.6 万只,成活 67.84 万只,繁殖率 86%,成活率 94.7%;生猪繁殖 57.7 万头,成活 53.99 万头,繁殖率 858.7%,成活率 93.57%。1992 年以后，赤峰市不断加强牲畜繁育管理。积极引进和推广良种和牲畜品种改良；积极推广科学繁育技术，采取人工授精配种；良种化率和大小畜繁殖成活率显著提高。

2000 年 6 月末，全市繁殖仔畜 312.24 万头只，成活 300.56 万头只，繁殖率 99.6%，成活率 96.3%。其中牛繁殖 20.45 万头，成活 19.79 万头，繁殖率 61%；马繁殖 3.31 万匹，成活 3.16 万匹，繁殖率 46.3%；驴繁殖 8.16 万头，成活 7.95 万头，繁殖率 42.1%；绵羊繁殖 85.13 万只，成活 81.51 万只，繁殖率 82.7%；山羊繁殖 110.21 万只，成活 106.26 万只，繁殖率 79.3%；生猪繁殖 84.08 万头，成活 81.01 万头，繁殖率 725.1%。

2014 年 6 月末，全市繁殖仔畜 1097.70 万头只，成活 1065.54 万头只，繁殖率 112.3%。其中牛繁殖 71.73 万头，成活 69.89 万头，繁殖率 55.9%；马繁殖 3.91 万匹，成活 3.79 万匹，繁殖率 65.9%；驴繁殖 25.18 万头，成活 24.67 万头，繁殖率 73.7%；绵羊繁殖 623.62 万只，成活 602.25 万只，繁殖率 98.9%；山羊繁殖 110.10 万只，成活 106.94 万只，繁殖率 86.7%；生猪繁殖 261.97 万头，成活 256.83 万头，繁殖率 510.6%。

二、基础母畜

1991 年 6 月末，全市能繁殖的母畜 292.20 万头只。其中大畜能繁殖的母畜分别为牛 27.34 万头，马 7.64 万匹，驴 13.37 万头；小畜能繁殖的母畜分别为绵羊 151.43 万只，山羊 92.38 万只；生猪能繁殖的母畜 6.23 万头。

2000 年 6 月末，全市能繁殖的母畜 331.51 万头只。其中大畜能繁殖的母畜分别为牛 34.44 万头，马 7.08 万匹，驴 20.56 万头；小畜能繁殖的母畜分别为绵羊 106.64 万只，山羊 152.19 万只；生猪能繁殖的母畜 10.58 万头。

2014 年 6 月末，全市能繁殖的母畜 1082.16 万头只。其中大畜能繁殖的母畜分别为牛 122.76 万头，马 6.67 万匹，驴 35.26 万头；小畜能繁殖的母畜分别为绵羊 727.61 万只，山羊 141.17 万只；生猪能繁殖的母畜 48.65 万头。

三、种公畜

1991 年 6 月末，全市有种公畜 12.38 万头只。其中大畜种公畜：牛 8782 头，马 4875 匹，驴 6911 头；小畜种公畜：绵羊 6.36 万只，山羊 3.96 万只；生猪种公畜 2745 头。

2000 年 6 月末，全市有种公畜 12.54 万头只。其中大畜种公畜：牛 1.17 万头，马 3922 匹，驴 5354 头；小畜种公畜：绵羊 4.44 万只，山羊 5.43 万只；生猪种公畜 0.57 万头。

2014 年 6 月末，全市有种公畜 41.64 万头只。其中大畜种公畜：牛 1.85 万头，马 5227 匹，驴 1.75 万头；小畜种公畜：绵羊 26.92 万只，山羊 7.53 万只；生猪种公畜 3.06 万头。

第二节 饲养方式

1991—2003 年，赤峰市畜牧业生产方式主要以传统的自然放牧为主。2004 年始，全市实施封育禁牧，畜牧业生产方式由传统的自然放牧为主向季节性禁牧和舍饲半舍饲转变,农区实行舍饲圈养,牧区则实行季节性禁牧。到2014年,全市新增棚圈面积729.5万平方米,增加的棚圈面积可满足360万个羊单位的过冬需求。全市青贮窖371.3万立方米,饲料加工机械33935台套。以人工种草、飞播种草、草地围栏、草地改良等为主要内容的饲草饲料基地建设不断加强,提高了草地的生产能力和水平,为解决舍饲情况下畜牧业发展开辟了新的途径。

2010年以后,畜牧业养殖方式发生重大变化。形成整村推进模式、自繁自育模式、“公司+农牧户”模式、养殖专业合作社模式、公司化模式和羊联体模式等多种适合当地畜牧业生产发展的现代养殖模式。到2014年,全市有各类畜禽规模养殖场(户)65351个。其中国家级标准化规模养殖示范场37个(农业部授牌的20个),自治区级标准化规模养殖示范场89个,生态家庭牧场40个。生猪、奶牛、肉牛、肉羊、蛋鸡和肉鸡的规模养殖比重分别达到56.1%、85%、51%、54.9%、36.9%和18.5%。现代畜牧业育肥技术得到广泛应用,加快了家畜周转速度,提高了畜产品的增加值。牛从自然状态下的3~4年出栏,缩短到18~24月龄出栏;羔羊实现当年育肥出栏;生猪由原来自然状态下的1~2年出栏,缩短到6月龄育肥出栏。

第三节　饲养技术

1991—1993年,全市主要以牛羊短期育肥、推广青贮饲料和氨化饲料、“四良四改”(四良:良种、良舍、良料、良法;四改:改养纯种猪为养杂交猪,改单一饲料为配合饲料,改传统的“吊架子”养猪为拌湿料饮清水的直线育肥,改冬季冷舍养猪为扣暖棚养猪)配套养猪技术和草库伦配套技术等为重点,全面实施牧业12项适用增产技术。“四良四改”配套养猪34万头,完成黄牛冷配8.1万头,接冬羔110万只,建畜用塑料暖棚1.85万个,冬春驱虫534.26万头只次,推广羊三联干粉菌苗125.5万只次,防治牛皮蝇蛆77.8万头次。

1994年以后,赤峰市承担内蒙古自治区畜牧厅下达的6项牧业技术推广项目,即肉牛模式化育肥技术、肉羊模式化育肥技术、猪“四良四改”模式化育肥技术、蛋鸡模式化饲养技术、奶牛模式化饲养技术和配套草库伦建设模式。推广应用牛、羊胚胎移植技术,推广应用生物工程疫苗等技术。

第五章　畜疫防治

第一节　传染病

1991—2014年,全市每年防治动物传染病近30种,重点对“二二三”动物保健工程中的6种传染病及口蹄疫、高致病性禽流感、高致病性猪蓝耳病、小反刍兽疫等10多种动物疫病进行防治。

一、重点防控的6种传染病

"二二三"动物保健工程是内蒙古自治区根据全区畜牧业危害严重的7种动物疫病防治提出的,即1991—2000年间,在全区消灭二种传染病:马鼻疽、羊痘;稳定控制二种传染病:马传贫、布病;控制三种传染病:猪瘟、鸡新城疫和羊疥癣。

马鼻疽 马鼻疽是由鼻疽杆菌引起的马、骡、驴多发的一种人畜共患传染病。被列为国家二类动物疫病。主要防治措施是:对马、驴、骡等易感动物进行监测,对监测出的阳性畜进行捕杀处理。1996—2000年,全市共检疫马属动物93.62万匹次,平均每年监测18.72万匹次。2001—2014年,全市共监测马属动物14.52万匹次,检测结果全部为阴性。

绵羊痘 绵羊痘是由绵羊痘病毒引起的绵羊急性接触性传染病。被列为国家一类动物疫病。1994—1995年,全市12个旗县区先后通过市级考核验收,达到消灭标准。

1996年始,由于引进羊时检疫隔离不严,克什克腾旗、敖汉旗、喀喇沁旗、阿鲁科尔沁旗等地出现散发疫情。各地对疫区进行封锁、隔离、消毒、无害化处理;对疫区假定健康羊和受威胁区羊进行紧急免疫接种。到2014年,全市有12处散发疫点,发病羊3999只,病死羊153只,病死率为3.83%。1991—2014年,全市共免疫接种羊痘疫苗7433.96万只次,绵羊痘得到有效控制。

马传贫 马传贫是由马传染性贫血病毒引起的一种马属动物传染病。列为国家二类动物疫病。该病主要防治措施是:发现病畜立即捕杀深埋处理,对健康牲畜进行疫苗免疫预防注射,对未发现疫情地区进行检疫监测。1998年8月,在翁牛特旗白音套海苏木发现马传贫疫情,经过积极防治处理,马传贫疫病被及时消灭。1991—2014年,全市用马传贫驴白细胞弱毒疫苗免疫预防马属动物11.65万匹次,监测马属动物71964匹次。

布病 布病是由布鲁氏菌属细菌引起的人畜共患传染病。被列为国家二类动物疫病。布病防控主要措施是:免疫,检疫监测,捕杀淘汰阳性畜,消毒灭源。1991—2000年,对红山区、元宝山区、喀喇沁旗以外的旗县区的羔犊进行免疫。2001年开始,对发生疫情的林西县和克旗的成幼畜全部进行免疫,其他旗县区对当年羔犊进行免疫。2004年,对发生疫情的林西县、克什克腾旗、松山区和翁牛特旗4个旗县区的成幼畜全部进行免疫,其他旗县区仍对当年羔犊进行免疫。2011—2014年,全市共完成畜间溯源灭点采血检测羊169.61万只,检出阳性羊26677只,阳性率1.57%,捕杀阳性羊24886只,消除疫点2799处。对各类家畜进行布病免疫7097.43万头只次,其中牛1010.28万头次,羊6087.15万只次。

猪瘟 猪瘟是由猪瘟病毒引起的一种高度接触性、出血性和致死性传染病,猪是唯一的自然宿主。被列为国家一类动物疫病。对猪瘟防治措施主要是使用猪瘟弱毒疫苗对所有存栏猪免疫，对规模养殖场按程序免疫，对散养猪春秋两季集中免疫。1992年、1994年、2000年3个年度有疫情发生，全市共发生疫点7处，发病猪123头，病死猪106头。2008年始，实施猪瘟强制免疫。1991—2014年，全市共预防免疫猪5549万头次，免疫密度每年都达到98%以上。

鸡新城疫　新城疫病是由禽副黏病毒I型引起的高度接触性禽类烈性传染病。被列为国家一类动物疫病。鸡新城疫的防治措施主要是用鸡新城疫各系疫苗进行全面免疫，规模养殖场按程序化免疫，散养鸡春秋两次集中免疫。1991—2014年，全市共预防免疫57535.36万只次。

二、口蹄疫(“五号”病)

口蹄疫是由口蹄疫病毒引起的以偶蹄动物为主的急性、热性、高度传染性疫病。被列为国家一类动物疫病。1987—1992年，全市连续6年保持无疫情。1993—2008年，有14个年度有猪口蹄疫疫情，除翁旗、红山区以外的10个旗县区73个乡镇苏木有151个疫点，发病猪3994头，病死猪516头，捕杀病猪及同群猪3921头。1999年、2000年、2003年和2004年4个年度有牛口蹄疫疫情，全市9个旗县区32个乡镇苏木有38个疫点，发病牛3994头，病死牛18头，捕杀病牛及同群牛4539头。1996年、1999年有羊口蹄疫疫情，林西县和松山区2个乡镇有2个疫点，发病羊119只，捕杀病羊及同群羊193只。2009—2014年，赤峰地区没有口蹄疫疫情发生。

三、高致病性禽流感

高致病性禽流感是由A型流感病毒引起的以禽类为主的人畜共患烈性传染病。被列为国家一类动物疫病。2001年，全市开始监测高致病性禽流感疫情。2002—2003年，赤峰市在重点养禽地区开展高致病性禽流感免疫。2004年，各地为防止疫情传入赤峰市，采取预防免疫、设卡堵截外疫、关闭活禽(鸟)市场、加强禽(鸟)交易市场及养殖加工场所各环节的监督检查、加强养禽场(户)封闭管理等综合防控措施，全市没有疫情发生。

2005年以后，对全市所有存栏家禽进行高致病性禽流感强制免疫。2009年起，开展高致病性禽流感病原学监测。2002—2014年，全市共免疫家禽56845万只次。2006—2014年，进行高致病性禽流感免疫抗体监测140761只次，合格118348只次，免疫合格率为84%。

四、高致病性猪蓝耳病

高致病性猪蓝耳病是由猪繁殖与呼吸综合征(俗称蓝耳病)病毒变异株引起的一种急性高致病性疫病。仔猪发病率达100%，死亡率达50%以上，母猪流产率达30%以上，育肥猪也可发病死亡。被列为国家一类动物疫病。从2007年下半年开始，全市对所有存栏猪实施高致病性猪蓝耳病强制免疫。2007—2014年，全市共免疫猪2183.27万头次。从2010年开始，赤峰市开展高致病性猪蓝耳病免疫抗体监测，指导免疫工作，对监测结果不合格的,进行重免。

五、小反刍兽疫

小反刍兽疫是一种由副黏病毒引起的、以传染山羊和绵羊为主的病毒性传染病,易感羊群发病率通常达60%以上,病死率可达50%以上。被列为国家一类动物疫病。

2007年,西藏阿里地区首次发生小反刍兽疫疫情。2013年12月以后,新疆、甘肃、宁夏、河北、辽宁等省区先后发生小反刍兽疫疫情。2014年2月,内蒙古自治区发生小反刍兽疫疫情。为了防止小反刍兽疫传入,赤峰市从2014年2月中旬开始采取疫情排查、疫情防堵、免疫接种等防控措施。到2014年10月,全市对所有存栏羊进行一次免疫,共免疫羊1542.9万只次。

第二节 常见病

一、奶牛结核病

奶牛结核病是由牛型结核分枝杆菌引起的一种人畜共患慢性传染病。被列为国家二类动物疫病。20世纪90年代初,该病在赤峰市处于零星散发状态。2001年以后,奶牛结核病防治措施主要是结核病检测和净化(捕杀、连续监测、隔离病畜和消毒灭源)。2003年和2009年,市政府先后印发《关于加强全市奶牛疫病防治工作的通知》《赤峰市2009年奶牛健康普查实施方案》,加强奶牛结核病的防控工作。到2014年,全市共进行奶牛结核病检测37.52万头次,检出阳性牛815头,阳性率为0.22%,对检出的阳性牛进行捕杀处理。

二、炭疽

炭疽是由炭疽芽孢杆菌引起的一种人畜共患传染病。被列为国家二类动物疫病。赤峰市在1923年有炭疽发病记载。1991—2014年,累计出现22处疫点,发病牲畜367头只,死亡365头只,病死率为99.5%。全市共预防接种家畜5683.3万头只,该病在全市得到控制。主要防治措施是发现病畜后立即封锁疫区,隔离病畜,采用深埋等措施处理病死畜,用炭疽II号芽孢苗对疫区、受威胁区易感动物紧急预防接种,每年定期对新老疫区、受威胁区易感动物预防注射。

三、羊三病

羊三病是羊快疫、羊肠毒血症、羊猝狙三种病的总称,是由梭状芽孢杆菌引起羊发生的传染病。羊快疫的病原菌为腐败梭菌,羊肠毒血症和羊猝狙病原菌分别为D型和C型魏氏梭菌。被列为国家二类动物疫病。该病春秋季发病较多,呈散发性地方流行。1991—2014年,全市发现羊三病发病疫点42处,发病羊1525只,病死645只,病死率为42.3%。防治措施主要是坚持每年免疫接种羊三联菌苗。到2014年,全市共接种羊三联菌苗免疫5272万只次。

四、巴氏杆菌病

巴氏杆菌病主要是多杀性巴氏杆菌引起的各种家畜家禽以败血症为主要特征的传染病总称。猪巴氏杆菌病又称猪肺疫,牛巴氏杆菌病又称牛出血性败血症,禽巴氏杆菌病又称禽霍乱。被列为国家二类动物疫病。

猪肺疫　1995 年,在巴林左旗发现病疫点 1 处,发病猪 15 头,病死 4 头,病死率为 26.7%。该病主要是采用猪肺疫菌苗预防接种,防止病疫扩散。1991—2014 年,全市共免疫预防猪 2842.17 万头次。

牛出血性败血症　该病主要防治措施是采用牛出血性败血症疫苗接种。1991—2014 年,全市免疫预防牛 436.63 万头次。其间,巴林左旗和克什克腾旗各有发病疫点 1 处,发病牛 44 头,病死 17 头,病死率为 38.6%。

禽霍乱　1991—1995 年,巴林右旗有发病疫点 5 处,发病禽 2451 只,病死 521 只,病死率为 21.3%。主要防治措施是定期用禽霍乱菌苗接种。1991—2014 年,全市免疫预防家禽 6787.3 万只次。

五、猪丹毒

猪丹毒是由猪丹毒杆菌引起的一种急性、热性传染病。主要表现为败血症和皮肤疹块,也表现为慢性心内膜炎和多发性关节炎。被列为国家二类动物疫病。1992 年、1993 年分别在喀喇沁旗、巴林左旗发现疫点 2 处,发病 86 头,病死 48 头,病死率为 55.8%。防治措施主要是加强监测,发现病猪立即捕杀处理;对无病猪接种猪丹毒菌苗。1991—2014 年,全市共免疫预防猪 3351.27 万头次。

第三节　寄生虫病

一、羊疥癣病

羊疥癣病主要由疥螨、痒螨和足螨三种寄生虫感染引起。疥癣的特征是皮肤炎症、脱毛、奇痒及消瘦。在秋末、冬季和早春多发生,阴暗潮湿、圈舍拥挤和常年的舍饲可增加发病几率和流行时间。被列为国家三类动物疫病。1991—1998 年,全市共发现疫点 20 处,发病羊 726 只,使用特效广谱驱虫药(碘硝酚、丙硫咪唑、阿维菌素等)进行预防和治疗。到 1998 年,赤峰地区羊疥癣病得到基本控制。1999—2014 年,没有发生羊疥癣病。

二、牛皮蝇蛆病

牛皮蝇蛆病是严重危害养牛业发展的寄生虫病,病原主要是纹蝇和牛皮蝇。牛皮蝇蛆在牛体内寄生长达 9 ~ 11 个月,吸取牛体内大量营养,释放毒素,使牛的生长、繁殖、产肉、泌乳性大大下降,严重影响养牛业和畜产品加工业发展。被列为国家三类动物疫病。1999 年开始,在全市开展大面积连续性、高密度防治牛皮蝇蛆病工作。采用国内先进的牛皮蝇蛆病防治技术，对牛施以倍硫磷及阿维菌素系列产品药物为主的驱治。至 2004 年，全市累计防治牛皮蝇蛆病牛 365.12 万头，感染率由 1999 年的 54%下降到 2004 年的 0.33%；个体最高感染强度由 1999 年的 56 个瘤肿下降到 2004 年的 2 个瘤肿。2004—2014 年，全市牛皮蝇蛆病防治继续采取秋季药物驱治和春季驱治，同时加强对引进牛的检查和驱治工作，继续保持全市牛皮蝇蛆病驱治基本消灭和控制成果。

三、包虫病

包虫病又称为棘球蚴病。棘球蚴病是由细粒棘球蚴(中绦期绦虫)寄生在人、动物脏器内因引起挤压和分泌毒素而致病。包虫病是一种人畜共患寄生虫病。被列为国家二类动物疫病。该病在赤峰市历史上各旗县区均有发生，特别是养犬多的牧区和半农半牧区每年均有一定数量牛羊患病而死。20 世纪 90 年代初，该病已基本控制。发现病畜及时开颅手术，对犬定期进行驱虫。2010 年开始，全市各地加强对犬及牛羊的驱虫工作；加强牛羊犬的管理，对牛羊实行半封闭式舍饲，对犬实行院内拴养、笼养，使牛羊犬的包虫病感染率得到有效控制。2014 年，各旗县区在牛羊屠宰场检测羊肺脏和肝脏 3752 只份，发现 9 只羊脏器有感染，感染率为 0.24%。

第四节 动物检疫

一、产地检疫

1991 年，赤峰市产地检疫由旗县区兽医站和乡镇苏木兽医站实施。旗县区兽医站和乡镇苏木兽医站检疫人员在收购时进行产地检疫，对健康动物出具“三证”(免疫证、检疫证、非疫区证)，食品公司、肉联厂等加工企业凭“三证”入场屠宰加工。各屠宰场配有专门检疫人员，对屠宰后动物胴体进行检疫后方可出售。

2001—2014 年，全市产地检疫家畜 1187.07 万头只。其中检疫猪 333.89 万头，消毒运载工具 13.82 万辆，检出病猪 73 头；检疫牛 155.31 万头，消毒运载工具 9.15 万辆；检疫羊 697.87 万只，消毒运载工具 8.77 万辆。对动物屠宰检疫 1909.85 万头只。其中检疫生猪 153.72 万头，检出病害猪 129 头；屠宰检疫牛羊 1756.13 万头只。屠宰检疫禽类 25782.28 万只，检出病禽 26.43 万只。无害化处理病畜禽 26.44 万头只。

二、交易市场和养殖场所检疫

1991 年以后，每个交易市场配备专职检疫人员 2 ~ 3 人，设固定检疫场所。配备简易化验检疫设备，可做生化、理化、细菌学检验。禁止病畜和病、死畜禽肉出售。各级兽医管理部门坚持定期、不定期地对各类养殖场所进行检疫，发现疫情、病情及时处置，防止各种疫病的传播。

2001 年以后，对养殖场、养殖小区、动物及动物产品交易市场采取划片包干的方式,明确监管责任人和负责人,将监管责任层层分解、责任到人,根据风险级别制定监管措施。2010年以后,对规模饲养场(小区)、种畜禽场、活畜交易市场、动物及其产品经营场所管理和技术人员进行登记、培训,签订动物检疫报批报检承诺责任书,检疫工作进一步规范化、制度化。

三、运输检疫

陆路运输检疫　1991—2000年,赤峰地区陆路运输检疫由旗县区兽医站和兽医卫生监理所联合实施。旗县区兽医站负责办理出境手续,实地检查畜(货)的产地检疫手续、证明等。运输单位凭运输检疫证明或消毒证明外运。运输途中监督检查由旗县区兽医卫生监理所联合检查站及运输检疫站执行。

2001年,实行官方兽医出证备案制度。对出具跨省调运动物及动物产品检疫合格证明的官方兽医,实行自治区级登记备案制度;对出具跨盟市调运动物及动物产品检疫合格证明的官方兽医,实行市级登记备案制度。

2002年开始,实行市外调入动物及动物产品备案和指定道口管理。外省引进动物经检查站查验合格放行后及时通知输入地旗县区动物卫生监督所,动物到达输入地后,输入地旗县区动物卫生监督所做好监管工作。对市外调入的非屠宰用动物实行调运前审批、备案,对市外调入的动物产品实行调运前备案,指定进入通道和储藏、分销检疫制度。强化动物交易市场监管。明确具体负责人和监管责任人,与辖区内的动物交易场所、动物经纪人签订责任状,明确双方的责任、义务。

2009年以后,进一步严格查证验物。对进入交易场所的动物严格查验"动物检疫合格证明"和耳标。落实公示、防疫、消毒、无害化处理和记录等制度。规范公路动物卫生监督检查站建设管理。全市设8处检查站,执行24小时值班制度,严格查验动物检疫合格证明等手续,及时向输入地旗县监督所通报运输动物的相关信息。

铁路运输检疫　1991年,赤峰地区铁路运输动物及其制品检疫由赤峰铁路兽医卫生检疫站实施。1999年11月,赤峰出入境检验检疫局成立。赤峰地区铁路运输动物及其制品检疫划归赤峰出入境检验检疫局。动物及其产品的检验检疫主要采取品质检验和兽医卫生检验相结合、动物检疫与监督管理相结合的方式。动物产品的检验检疫采用动物屠宰前、后检验检疫,生产过程监督检验,存贮、装运过程监督检查和生产厂(库)注册、登记管理等措施。每批检毕的动物及其产品均签发兽医卫生证书。

第六章　畜牧业现代化建设项目

第一节　项目建设

中国北方草原与畜牧业发展项目(简称北方草原项目),是1981年我国首次使用国际农业发展基金会贷款在赤峰市建设的畜牧业现代化建设项目。项目区涉及阿鲁科尔沁旗、巴林右旗、克什克腾旗、翁牛特旗4个牧业旗的14个苏木(镇)、1个草籽场,覆盖1.8万多户农牧民、90.67万公顷草场。其中国际农业发展基金会贷款折合人民币3992.3万元,内蒙古自治区配套1380万元,赤峰市配套120万元,社队劳务自筹1748.92万元。该项目到1988年,农发行贷款和配套资金全部投入完毕,共使用资金7241.22万元。1988—1990年为还款准备期,1991年正式启动还款计划,此后,项目区进入边建设边还款、自我循环巩固发展阶段。到2014年,累计偿还贷款人民币3627.08万元。

一、项目区基本建设

1991年,全项目区新投入建设资金844.28万元(协作合作投入247.5万元),完成人工种草7513公顷,比上年同期增加296.58%;半人工草地9073公顷,比上年同期增加258.84%;种植饲料地5020公顷,比上年同期增加240.14%;植树造林1667公顷,比上年同期增加14.4倍;新建配套的小草库伦1549处、2793公顷;建设永久性棚圈1.65万间、21.7万平方米,是项目区前10年建设规模的2.41倍。1992年,项目区总投入367.48万元(农口等部门投入333.78万元),完成人工种草9933公顷,种植饲料(青贮)面积5000公顷,植树造林1127公顷,建设配套小草库伦1347处、32.4万公顷。

1993—2000年,项目区累计完成人工种草13.51万公顷,种植青贮及饲料地3.57万公顷,建设小草库伦面积1.08万公顷,围封草牧场20.68万公顷,建设牲畜棚圈21.74万平方米,营造防护林1.41万公顷,重点建设家庭牧场205户。2001—2010年,项目区累计完成人工种草28.07万公顷,种植青贮及饲料地10.37万公顷,重点建设家庭牧场808户。其间,2007年投入830万元(部门资金380万元,自筹408万元,贷款42万元),巩固完善项目区配套建设。从2004年始,项目区实施禁牧,到2010年,禁牧面积63.33万公顷,占项目区草牧场面积的69.85%。2011—2014年,重点进行项目管理和家庭牧场建设。到2014年,家庭牧场达到1105户。

二、现代家庭牧场建设

1991—1996年,在项目区原有家庭牧场中优化出100户,重点开展高标准家庭牧场建设。借农发基金贷款38万元,百户家庭牧场自筹资金50万元,在百户家庭牧场内建设人工草地1000公顷,营造草牧场防护林28.67公顷,新围封草牧场2333公顷,治沙育草333.33公顷,建小草库伦60处,建设面积120公顷。筹集10万元在克什克腾旗乌力吉家庭牧场内,建立年育肥200头牛的小型育肥场1处,该育肥场作为远大肉牛公司一个育肥点,初步形成公司加牧户的产业化模式。到1996年6月,百户高标准家庭牧场有牲畜31564头只,比1991年增加3324头只,增长11.8%,户均达到300头只,其中牛发展到7132头,增加1064头,增长17.6%。百户家庭牧场人均收入3850元,比1991年增加1918元。

1999年,百户家庭牧场在高标准建设的基础上,向财政部申请借贷资金400万元,重点扶持百户高标准家庭牧场的配套建设。以百户家庭牧场为基础,以巴林右旗天蒙沐沦公司和翁牛特旗远大公司为龙头,以各苏木草原站为中心,开展饲料就地转化和牛、羊育肥。转化秸秆2.5亿公斤,玉米饲料50万公斤,育肥牛、羊1.2万头只。

2000年,项目区现代家庭牧场发展到205户。2002年,高标准家庭牧场人均收入达到4627元,户均收入3.5万元。到2010年,项目区家庭牧场发展到808户,人均收入1.4万元。至2014年,北方草原项目区共有家庭牧场1105户,其中高效益现代家庭牧场达到660户,人均收入达到1.85万元。

三、引进项目建设

草地牧业综合发展项目　该项目于1991年在农业部立项,由赤峰市畜牧业现代化办公室组织实施。项目覆盖4个牧业旗的15个乡镇苏木(场)。从1991年开始建设到1995年底结束,项目总投入400万元。其中农业部投入200万元,自治区投入50万元,赤峰市投入20万元,项目旗配套20万元,农牧民自筹投入110万元。到1995年,完成人工种草5313.33公顷,占项目计划的132%;建设草牧场防护林4000公顷,建1000米×1000米的林网小区40个;开发加工草产品30万公斤,加工草粉15万公斤;扶持高标准家庭牧场50户,达到项目计划的125%,每个高标准家庭牧场人工种草25~35公顷,建设水、草、林、机、料配套的家庭小草库伦2~3.5公顷;扩建冷库速冻间200平方米;建育肥场2处,面积1200平方米,占项目计划的120%;年育肥牛1200头,占项目计划的130%。

中国北方草地生态治理试验项目　该项目是亚洲开发银行无偿援助的项目,项目总投资390万元,其中亚洲开发银行投入320万元人民币,各级政府配套50万元,农牧民自筹20万元。从1995年开始在项目区的克旗达来诺日镇实施,2000年结束。主要是在重度退化的草地上建设人工草地400公顷;改良中度退化草地33.33公顷;在流动沙丘上栽植黄柳,撒播沙打旺、沙蒿、山竹子、草木樨等固沙、耐沙植物,治理流动沙丘33.33公顷,季节性划区轮牧试验66.67公顷。

草畜产业综合开发"4421"效益工程项目　1996年,在项目区实施"4421"工程项目,即建设4个示范苏木,40户高效益家庭牧场,2个骨干企业,1个服务中心。当年在40户高效益家庭牧场内人工种植优良牧草400公顷,在4个示范苏木内种植优良牧草2000公顷。示范推广实施饲草加工、秸秆氨化微贮、黄牛冷配、胚胎移植、牛羊短期育肥等适用技术和高新技术。

四、经济效益

产草量　1991—2014年,对项目区先后实施4次投入和引进2个项目投入,共投入资金3213.76万元。共围封草牧场86.67万公顷,占项目区草场总面积100%,畜均围栏草场0.33公顷,围封草场每公顷平均产干草1560公斤,比围封前提高一倍;人工种草保有面积8.2万公顷,畜均人工草地0.033公顷,人工草地平均每公顷产干草3480

公斤,比围封草场前提高 1.3 倍;建设半人工草地 41.33 万公顷,畜均 0.133 公顷,占草场总面积的 50%,半人工草地每公顷平均产干草 2880 公斤,比围封草场增加近 1 倍;项目区内冬季储备饲草总量从 1.23 亿公斤增加到 5.6 亿公斤, 比项目前增加近 4 倍;每年储备青贮饲料、农作物秸秆 3.5 亿公斤,枯草期畜均储备饲草 350 公斤,草场载畜量由每公顷 1.5 个羊单位提高到每公顷 3.2 个羊单位。飞播种草区内的植被由 1991 年的 20%提高到 2014 年的 90%,牧草产量从几十公斤增加到 300 公斤以上,牧草高度从 43 厘米提高到 57 厘米。草场风蚀沙化减缓,林网草场内冬季气温比其他地区高 1℃~3℃,春季牧草返青比林网以外地区提前 10~15 天,恶劣性天气较其他地区明显减少,降雨量明显增加,土壤含水量较其他地区高 2%~3%,蒸发量比其他地区明显减小。

畜群数量 1991 年 6 月末,项目区牲畜存栏 119.25 万头只,到 2014 年 6 月末增加到 260 万头只,比 1991 年增加 118.03%。良种和改良畜由 1991 年的 60.13 万头只增加到 2014 年的 260 万头只,牲畜全部实现良种化和改良化。基础母畜比例从 40.84%提高到 65%,比 1991 年提高 24.16 个百分点。牲畜出栏率从 20%上升到 48%,比 1991 年提高 28 个百分点。百亩草场畜产品产量,项目建设前产肉 25.94 公斤,绒、毛 5.36 公斤,奶 35.4 公斤,到 2014 年,产肉 125.4 公斤,绒、毛 16.6 公斤,奶 125.5 公斤,分别增加了 99.46 公斤、11.24 公斤和 90.1 公斤,分别增长 3.83 倍、2.09 倍和 2.55 倍。

项目收入 1991 年,项目区畜牧业总收入 4400 万元,人均收入其中牧业收入 3400 万元。到 2014 年,畜牧业总收入增加到 2.8 亿元,其中牧业收入 2.2 亿元。畜牧业总产值由 2189 万元提高到 2.8 亿元;比 1991 年增加 5.36 倍。项目区人均收入由 1991 年的 846.56 元增至 2014 年的 6500 元。家庭牧场人均收入由 1991 年的 1932 元增加到 2014 年的 1.85 万元。基础建设项目每百元投资年新增收入 16.07 元, 投资回收期是 8.47 年。畜产品加工企业由 1991 年的 6 个增加至 2014 年的 18 个。畜产品加工项目每百元投资年新增收入 37.93 元,投资回收期为 3.9 年。

第二节 示范牧场建设

翁牛特旗示范牧场建设项目是 1979 年联合国粮农组织无偿援助项目。牧场建在翁旗东部格日僧苏木,总面积 1.4 万公顷。联合国粮农组织在 1980 年和 1983 年无偿援助 154.2 万美元用于该示范牧场建设,国内配套投入建设资金 778 万元。其中国家农牧渔业部投资 442 万元,内蒙古自治区投入 328 万元,赤峰市投入 5 万元,翁牛特旗投入 3 万元。1983 年,赤峰市实施农村经济体制改革后,农村管理体制与联合国粮农组织项目管理出现不配套,示范牧场建设项目和粮农组织项目管理脱钩,项目停止续建。1990 年,赤峰市政府将翁牛特旗示范牧场移交翁牛特旗政府管理。

1991 年以后, 翁牛特旗示范牧场积极开展基础建设, 大力发展农牧业生产。到 2014 年,累计建设暖棚 3 万平方米、青贮窖 280 立方米、贮草棚 1267 平方米、人工饲草基地100公顷。全场有农田灌溉渠道2000米,分水闸8座,机电井25眼,农业高低压线路3000米,水浇地总面积达1920公顷。牲畜存栏2.44万头只,其中羊1.82万只,牛6242头;当年出栏羊5000只,出栏牛3000头,产值达295万元。玉米种植1487公顷,销售玉米1444万公斤;水稻种植146.67公顷,销售稻谷220万公斤;葵花种植466公顷,销售葵花733.5万公斤;全场粮豆总产量达到3059.1万公斤,农业总产值1470万元。

2006年后,积极开展新农村新牧区示范村建设。到2014年,完成造林绿化5.33公顷;完成街巷硬化8.26公里,场内主要公路和巷道两侧围栏标准化更新改造33公里;修建牧户入户路3.4万延长米,建设牧民文化活动广场3处;新建垃圾转运点6处,建沼气池60座、加油站1处;参加新型农村牧区合作医疗人数达100%,有线电视、移动电话实现全覆盖;完成全场3个嘎查标准化“四室一站”(四室:办公室、活动室、警卫室、医疗室,一站:社区服务站)建设。场内农牧民生产、生活条件显著改善。

第七章 机 构

第一节 管理机构

一、市级管理机构

1991年,赤峰市设有畜牧局,隶属赤峰市政府。市畜牧局内设办公室、财务科等工作机构,下设直属单位有:赤峰市家畜改良工作站、赤峰市兽医卫生监理所和赤峰市兽医工作站(合署办公)、赤峰市畜产品安全监测中心、赤峰市兽药监察所、赤峰市饲料质量监督检验站。2004年1月,赤峰市畜牧局与市农业局合并,组建赤峰市农牧业管理局。

二、旗县区管理机构

1991年,红山区农牧林水电局统一管理畜牧工作。其他11个旗县区均设有畜牧局。翁牛特旗、宁城县、克什克腾旗等部分旗县畜牧局加挂畜牧服务中心牌子。1993年,巴林左旗畜牧局撤销,成立巴林左旗畜牧业服务中心。1995年,红山区畜牧局成立。1996年,克什克腾旗畜牧局撤销,成立旗畜牧业综合开发服务中心,1999年更名为克什克腾旗畜牧业局。2002年,红山区畜牧局撤销,成立红山区畜牧技术服务中心。2004年,各旗县区畜牧局及畜牧服务中心等机构撤销,职能划归旗县区农牧业局。2005年,克什克腾旗草原监督管理局成立,阿鲁科尔沁旗草原监督管理局成立。2007年,巴林右旗生态监督管理局成立,后更名为巴林右旗生态监督管理中心。至2014年未变。

第二节 直属事业机构

赤峰市家畜改良工作站 成立于 1976 年 7 月,隶属于赤峰市畜牧局,科级事业单位。1998 年,赤峰市种畜禽监督管理站成立,与市家畜改良工作站合署办公。2004 年,赤峰市家畜冷冻精液站并入赤峰市家畜改良工作站,编制 53 人。2014 年,该站有工作人员 44 人,其中专业技术人员 27 人。

赤峰市草原资源监测管理站 1991 年,赤峰市畜牧局下设草原监理所,与草原站合署办公。1997 年,赤峰市草原监理所与草原站分设,更名为赤峰市草原资源监测管理站,隶属赤峰市畜牧局。2006 年 9 月,市草原资源监测管理站加挂赤峰市草原防火办公室牌子。2014 年,有工作人员 11 人。

赤峰市动物卫生监督所 1986 年 4 月成立赤峰市兽医卫生监理所和赤峰市兽医工作站,一套人马、两块牌子,科级事业单位。1997 年 3 月,赤峰市兽医卫生监理所单列,更名为赤峰市兽医卫生监督检验所。2003 年 1 月,赤峰市兽医卫生监督检验所更名为赤峰市动物防疫监督检验所。2008 年 12 月, 更名为赤峰市动物卫生监督所。2014 年 8 月,赤峰市动物卫生监督所加挂赤峰铁路航空动物卫生监督站和赤峰市畜禽屠宰监管大队牌子。2014 年,该所有工作人员 24 人。

赤峰市动物疫病预防控制中心 始建于 1954 年,1991 年,赤峰市兽医工作站和赤峰市兽医卫生监督管理所实行一套人马、两个牌子,隶属于市畜牧局,科级事业单位。1997 年 3 月,赤峰市兽医卫生监督管理所牌子撤销。2003 年 1 月,赤峰市兽医工作站更名为赤峰市动物防疫站。2008 年 11 月, 赤峰市动物防疫站更名为赤峰市动物疫病预防控制中心。2010 年 9 月, 为参照公务员法管理单位。2014 年, 该中心有工作人员 23 人,其中技术人员 21 人。

赤峰市饲料质量监督检验站 1989 年 10 月, 赤峰市草原工作站加挂赤峰市饲料质量监督检验站牌子。1991 年 12 月, 单独设立赤峰市饲料质量监督检验站, 编制 10 人,隶属于市畜牧局,科级事业单位。2008 年,加挂赤峰市饲料质量安全检验室牌子,编制 15 人。2014 年,该站有工作人员 15 人。

赤峰市农畜产品质量安全管理站 2012 年 4 月成立, 隶属于赤峰市农牧业局,相当于科级事业单位。2014 年,该站有工作人员 9 人,其中技术人员 8 人。

赤峰市畜产品安全监测中心 1991 年,赤峰市兽药监察所成立,隶属于市畜牧局,科级事业单位。2004 年,加挂赤峰市畜产品质量检测中心牌子。2014 年,更名为赤峰市畜产品安全监测中心,有工作人员 14 人,其中技术人员 12 人。

第四篇 林 业

第一章 森林资源

第一节 森林面积

1991 年,全市林业用地面积 292.78 万公顷,森林面积 177.66 万公顷,森林覆盖率 19.73%,全市人均有林面积 0.42 公顷;林木总蓄积量 2286.9 万立方米。1995 年,全市林业用地面积 319.57 万公顷,森林面积 189.77 万公顷,林木总蓄积量 3044.71 万立方米,森林覆盖率 22.4%。2000 年,全市林业用地面积 368.78 万公顷,森林面积 217.25 万公顷,林木总蓄积量 4603 万立方米,森林覆盖率 25.64%。2005 年,全市林业用地面积 417.69 万公顷,森林面积 261.25 万公顷,林木总蓄积量 5209.83 万立方米,森林覆盖率 30.83%。2010 年,全市林业用地面积 424.84 万公顷,森林面积 288.84 万公顷,林木总蓄积量 5896 万立方米,森林覆盖率 34.09%。2014 年,全市林业用地面积达到 425.34万公顷,比 1991 年增加 132.56 万公顷,增长 45.28%;森林面积达到 299.96 万公顷,比 1991 年增加 122.3 万公顷,增长 68.84%;林木总蓄积量达到 6394 万立方米,比 1991 年增加 4107.1 万立方米,增长 1.8 倍;森林覆盖率达到 35.4%,比 1991 年增加 15.67 个百分点;人均有林面积达到 0.7 公顷,比 1991 年增加 0.28 公顷,增长 66.67%。

第二节 森林资源分布

一、天然林

赤峰市天然林集中分布在西南部茅荆坝、西北部克什克腾旗、东北部罕山 3 个次生林区,中部翁牛特旗松树山和东部敖汉旗大黑山也有少量分布。1991 年,全市天然次生林面积 85.9 万公顷。1992 年以后,全市不断加强天然次生林保护和建设,天然次生林面积不断扩大。2000 年,全市天然次生林面积 131.8 万公顷。到 2014 年,全市天然次生林面积达到 137.8 万公顷。

茅荆坝林区　茅荆坝林区位于赤峰市西南部，地处燕山山地的七老图山脉中段，

1991—2014 年赤峰市森林资源统计表

表 4-4-1

单位：万公顷

年份	林业用地								林网四旁占地	森林面积	人工林保存面积	林木蓄积量（万立方米）	覆被率（%）
	合计	有林地	疏林地	灌木林地	未成林造林地	苗圃地	无林地						
							小计	其中宜林荒山荒地					
1991	292.78	129.16	4.08	40.63	25.18	0.23	93.50	76.95	7.87	177.66	83.90	2287	19.73
1992	313.76	130.64	4.35	41.36	27.96	0.24	109.21	96.41	8.00	180.00	84.09	2338	20.00
1993	320.60	133.37	4.31	42.51	31.67	0.24	108.49	95.11	8.41	184.29	86.87	2399	21.75
1994	325.02	117.64	4.54	65.39	33.26	0.23	103.96	82.05	7.99	191.03	78.71	2780	22.55
1995	319.57	115.15	4.90	67.28	31.97	0.22	100.05	90.31	7.34	189.77	77.25	3045	22.40
1996	327.59	114.81	5.42	74.45	30.97	0.21	101.73	91.45	6.92	196.18	120.99	3384	23.15
1997	355.28	117.57	5.10	71.29	30.15	0.29	130.88	118.97	6.00	194.86	76.13	4021	23.00
1998	358.82	119.68	5.10	73.47	27.75	0.25	132.57	121.23	6.31	199.79	78.67	4163	23.58
1999	363.88	122.12	4.74	83.90	28.87	0.23	124.00	112.67	5.91	211.93	77.22	4470	25.01
2000	368.78	124.48	4.72	87.04	31.89	0.23	120.42	107.99	5.73	217.25	79.71	4603	25.64
2001	364.13	117.09	4.72	99.63	30.08	0.24	112.37	99.93	3.11	219.82	72.54	4705	25.94
2002	375.69	126.43	3.76	102.22	30.73	0.23	112.32	100.23	2.55	234.96	79.20	4833	27.29
2003	380.80	128.45	3.23	104.70	38.01	0.24	106.17	102.41	2.40	235.55	79.90	4840	27.80

续表

年份	林业用地								林网四旁占地	森林面积	人工林保存面积	林木蓄积量（万立方米）	覆被率（%）
	合计	有林地	疏林地	灌木林地	未成林造林地	苗圃地	无林地						
							小计	其中宜林荒山荒地					
2004	385.77	130.81	3.23	115.36	38.78	0.24	97.35	93.51	2.58	248.76	82.27	4972	29.36
2005	417.69	128.42	3.21	131.48	40.98	0.25	113.35	111.16	1.35	261.25	75.67	5209	30.83
2006	420.36	129.97	3.31	138.49	39.97	0.25	108.37	106.10	1.62	270.09	77.07	5376	31.88
2007	422.53	132.21	3.45	141.81	41.10	0.25	103.71	100.57	1.84	275.86	79.23	5538	32.56
2008	424.40	133.74	3.47	144.42	44.75	0.25	97.77	94.49	2.02	280.19	80.71	5722	33.07
2009	424.91	135.01	3.46	147.26	47.89	0.26	91.03	88.50	2.27	284.54	81.77	5773	33.58
2010	424.84	136.91	3.44	149.38	46.94	0.26	87.91	85.12	2.56	288.84	83.71	5896	34.09
2011	424.74	139.71	3.64	150.92	49.56	0.26	80.65	78.18	2.63	293.26	86.53	6027	34.61
2012	425.05	142.01	3.64	152.61	51.40	0.26	75.12	75.12	2.83	297.42	89.53	6159	35.10
2013	425.18	142.79	3.64	153.47	54.30	0.27	70.71	68.24	2.81	299.07	90.55	6279	35.30
2014	425.34	142.8	3.66	154.14	54.27	0.27	70.2	68.27	2.82	299.96	90.81	6394	35.40

说明：此表来源于《赤峰市林业志》《赤峰统计年鉴》。

是华北平原向蒙古高原过渡地带。海拔多在600～1700米之间，最高达1890米，山体相对高度一般在200～400米之间，平均坡度在25° 左右。该林区自然植被汇集了内蒙古、华北、东北区系的植物，以华北植物种类最多。阴坡主要分布白桦、山杨，阳坡、半阳坡主要分布油松、蒙古栎。该林区林地面积7.84万公顷，其中天然林4.53万公顷，人工林3.31万公顷，集中分布在宁城县的黑里河、四道沟，喀喇沁旗的美林、旺业甸4个乡镇。区域内用材林面积6.23万公顷，占林地面积的79.46%。用材林中，针叶用材林2.78万公顷，占用材林总面积的44.62%，是全市针叶林最多的地区，活立木总蓄积量为26万立方米，平均每公顷蓄积量48立方米，林分质量列三大林区之首。主要树种有油松、落叶松、云杉、桦树、核桃楸、黄菠萝、蒙古栎、椴树、色树、杜鹃、鼠李等几十种，主要造林树种有油松、落叶松、云杉、红松、樟子松，以油松为最多。

克什克腾林区　克什克腾林区位于赤峰市西北部，是赤峰市最大的次生林区。地形比较复杂，东北部为大兴安岭支脉南麓，东南部为燕山山脉七老图山的北麓，西部是浑善达克沙地，最高海拔2067米，最低海拔680.9米。该林区属于华北植物区系和兴安植物区系的交错地带，区内动植物资源丰富。林区植被主要分布在海拔1200米以上的中部山地，阴坡为白桦、黑桦、山杨，林下伴生虎榛子、兴安杜鹃、野蔷薇等灌木。阳坡主要是蒙古栎、山杏，伴生山黄榆等灌木，山下有人工栽植的长白落叶松、华北落叶松、兴安落叶松。区域内林地面积29.53万公顷，其中天然次生林25.8万公顷，人工林3.73万公顷。主要分布在红山子、三义、广兴源等乡。灌木疏林面积13.53万公顷，占林地面积的45.82%。用材林面积16万公顷，占林地面积的54.18%，用材林活立木蓄积量536万立方米，平均每公顷蓄积量33.45立方米。树种以山杨、白桦占绝大多数，尤以白桦最多。是赤峰北部的木材产区，年产量1.5万~2万立方米。

罕山林区　罕山林区位于赤峰市东北部，横跨阿鲁科尔沁旗、巴林左旗、巴林右旗，集中分布在乌兰达坝、白音乌拉、索博日嘎、幸福之路、巴彦温都尔等7个苏木。该林区系大兴安岭南部山地，海拔多在1000～1500米之间。林区植被属于兴安植物区系，基本为森林草原，是大兴安岭针阔叶林向燕山山地针叶林的过渡地带。兴安落叶松、华北落叶松、油松、云杉等树种有零星分布。分布较广的是以白桦、山杨、蒙古栎为主的阔叶林。林地总面积21.17万公顷，其中天然次生林20.62万公顷，人工林5533公顷，是次生林分布较多的地区。活立木蓄积量174.5万立方米，平均每公顷蓄积量7.5立方米。用材林中以中幼林为最多，面积3.78万公顷，占用材林总面积的53.7%。幼龄林面积3.27万公顷，占用材林总面积的46%。成熟林最少，为42.35公顷，占用材林总面积的0.3%。次生林中桦树、柞树为最多，柞树多数不成材，山杨分布面积小，云杉、椴树等均为零星分布，造林树种为落叶松、油松、云杉等。

二、人工林

赤峰境内的人工林基本上是1949年以后栽（种）植的，主要分布在平原、丘陵、沙地、山地等地带。主要树种有杨树、油松、落叶松、樟子松、柳树和榆树等;灌木主要有沙棘、锦鸡儿、山杏等。1991年,全市累计人工造林面积218.12万公顷,保存面积83.9万公顷,保存率为38.47%。人工林面积占森林总面积的47.22%,林木蓄积量1105.6万立方米。1992年以后,造林重点北移,经过20多年的努力,基本打破南多北少的局面。2014年,全市已成林人工林保存面积90.81万公顷,占森林总面积的30.27%,林木蓄积量3394.45万立方米。

三、灌木林

赤峰市灌木林分布较广,有天然灌木林和人工灌木林两种,主要树种有榛柴、山杏、踏郎、黄柳、柠条等。京津风沙源治理工程实施后,造林重点转向北部沙区,柠条、踏郎、黄柳等沙地灌木成为主要造林树种。1991年,全市灌木林地总面积40.63万公顷。2000年,全市灌木林地总面积87.04万公顷。2014年,全市灌木林地总面积达154.14万公顷,其中防护灌木林地137.77万公顷,经济灌木林地16.37万公顷。主要分布在克什克腾旗、阿鲁科尔沁旗、翁牛特旗、巴林右旗、敖汉旗。其中克什克腾旗35.29万公顷,占全市灌木林地总面积的22.89%;阿鲁科尔沁旗28.79万公顷,占全市灌木林地总面积的18.68%;翁牛特旗21.96万公顷,占全市灌木林地总面积的14.25%;巴林右旗15.21万公顷,占全市灌木林地总面积的9.87%;敖汉旗15.16万公顷,占全市灌木林地总面积的9.84%。面积最大的是山杏,占全市灌木林地面积的46.06%;其次是锦鸡儿、虎榛子、榛子、沙柳和其他灌木林,分别占全市灌木林地面积的17.9%、9.22%、7.76%、7.39%和6.64%;第三是杨柴、沙棘、绣线菊,分别占灌木林地面积的1.93%、1.64%、0.84%;面积较小的是黄柳、枸杞、沙拐枣和葡萄,分别占灌木林地面积的0.58%、0.02%、0.02%和0.02%。

四、有林地

1991年,全市有林地(已成林乔木林地)面积129.16万公顷。2000年,全市有林地面积124.48万公顷。2014年,全市有林地面积达到142.8万公顷,在各旗县区都有分布。其中克什克腾旗有林地面积24.23万公顷,占全市有林地总面积的16.97%;敖汉旗有林地面积19.58万公顷,占全市有林地总面积的13.71%;阿鲁科尔沁旗有林地面积18.61万公顷,占全市有林地总面积的13.03%;宁城县有林地面积14.04万公顷,占全市有林地总面积的9.83%;松山区有林地面积12.97万公顷,占全市有林地总面积的9.08%;巴林左旗有林地面积12.61万公顷,占全市有林地总面积的8.83%。

五、未成林

1991年,全市未成林造林地面积25.18万公顷。2000年,全市未成林造林地面积31.89万公顷。2014年,全市未成林造林地面积达到54.27万公顷。主要分布在阿鲁科尔沁旗、巴林左旗、巴林右旗、克什克腾旗、翁牛特旗。其中阿鲁科尔沁旗6.52万公顷,占全市未成林造林地总面积的12.01%;巴林左旗6.13万公顷,占全市未成林造林地总

赤峰市森林资源分布图

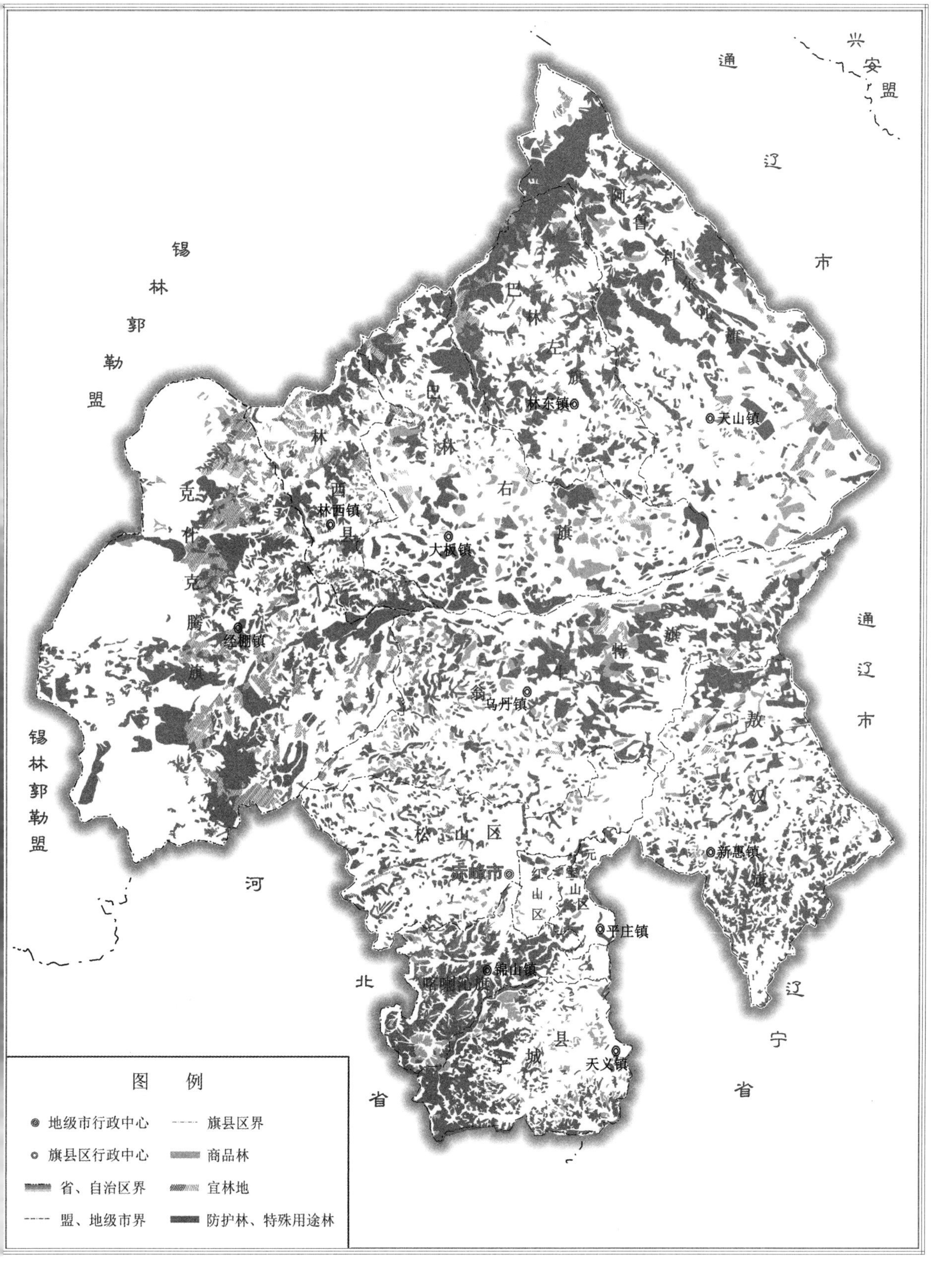

兴安盟
通辽市
锡林郭勒盟
阿鲁科尔沁旗
巴林左旗
巴林右旗
林东镇
天山镇
克什克腾旗
林西县
林西镇
大板镇
经棚镇
翁牛特旗
乌丹镇
通辽市
敖汉旗
新惠镇
松山区
赤峰市
元宝山区
红山区
平庄镇
河北省
锦山镇
喀喇沁旗
宁城县
天义镇
辽宁省
图例
地级市行政中心
旗县区行政中心
省、自治区界
盟、地级市界
旗县区界
商品林
宜林地
防护林、特殊用途林

面积的11.3%;巴林右旗9万公顷,占全市未成林造林地总面积的16.58%;克什克腾旗7.91万公顷,占全市未成林造林地总面积的14.58%;翁牛特旗10.17万公顷,占全市未成林造林地总面积的18.74%。

六、疏林地

1991年,全市疏林地面积4.08万公顷。2000年,全市疏林地面积4.72万公顷。2014年,全市疏林地面积3.66万公顷。主要分布在巴林右旗、克什克腾旗、翁牛特旗、敖汉旗、松山区。其中巴林右旗5900公顷,占全市疏林地总面积的16.12%;克什克腾旗9000公顷,占全市疏林地总面积的24.59%;翁牛特旗1.15万公顷,占全市疏林地总面积的31.42%;敖汉旗2800公顷,占全市疏林地总面积的7.65%;松山区3200公顷,占全市疏林地总面积的8.74%。

七、宜林地

1991年,全市宜林地总面积76.95万公顷。2000年,全市宜林地总面积为107.99万公顷。2014年,全市宜林地总面积为68.27万公顷。主要分布在阿鲁科尔沁旗、巴林右旗、巴林左旗、克什克腾旗、翁牛特旗、松山区。其中阿鲁科尔沁旗6.56万公顷,占全市宜林荒山荒地总面积的9.61%;巴林左旗5.53万公顷,占全市宜林荒山荒地总面积的8.1%;巴林右旗14.84万公顷,占全市宜林荒山荒地总面积的21.74%;克什克腾旗22.23万公顷,占全市宜林地总面积的32.56%;翁牛特旗5.42万公顷,占全市宜林地总面积的7.94%;松山区6.54万公顷,占全市宜林荒山荒地总面积的9.58%。通过多年的努力,全市无林地面积大量减少,无林地占林业用地的比重由2000年的32.65%降至2014年的16.5%,其中宜林地比重由2000年的29.28%下降到2014年的16.05%。

八、林网四旁城镇林木占地

1991年,全市林网四旁城镇林木占地7.87万公顷。2000年,全市林网四旁城镇林木占地5.73万公顷。2014年,全市林网四旁城镇林木占地2.82万公顷。其中阿鲁科尔沁旗9000公顷,占全市的31.91%;巴林左旗900公顷,占全市的3.19%;翁牛特旗2920公顷,占全市的10.35%;宁城县2000公顷,占全市的7.09%;敖汉旗7100公顷,占全市的25.18%;红山区500公顷,占全市的1.77%;松山区2860公顷,占全市的10.14%;元宝山区1200公顷,占全市的4.26%。

第三节　森林资源结构

一、林种结构

防护林　赤峰市从20世纪50年代开始开展农田防护林、防风固沙林建设。到20世纪80年代,基本形成包括农田防护林、防风固沙林、牧场防护林、水土保持林等在内的防护林体系。1985年全市防护林面积23.75万公顷,1995年34.04万公顷,2005年

86.48 万公顷，2014 年全市防护林面积达到 91.07 万公顷。

用材林 赤峰市从 1950 年开始用材林建设。1985 年，全市用材林面积 64.93 万公顷，1995 年达到 76.11 万公顷。1996 年以后，用材林面积逐渐减少。2005 年，全市用材林面积减少到 32.87 万公顷。2014 年增加到 43.13 万公顷，占有林地面积的 30.2%。

经济林 赤峰市经济林主要有山杏、桃树、苹果树、梨树、葡萄、沙棘等主要林种，在赤峰分布范围广、面积大，是地方经济树种。1985 年，全市乔木（山杏、桃树、苹果树、梨树等）经济林面积 16.11 万公顷，1995 年下降到 2.44 万公顷，2005 年下降到 1.62 万公顷，2014 年回升到 2.69 万公顷。

薪炭林 赤峰市从 20 世纪 70 年代开始营造薪炭林，主要树种是榆树、小叶杨和灌木林。1991 年，全市薪炭林面积 3.07 万公顷，1995 年减少到 2.77 万公顷。1996 年以后，随着经济社会发展，清洁能源发展步伐加快，薪炭林功能弱化，逐渐被更新为新的林种。到 2014 年，全市薪炭林减少到 1006 公顷。

特用林 特用林包括国防林、母树林、环境保护林、风景林、名胜古迹和革命纪念地的林木等。1985 年，全市特用林面积 500 公顷。1991 年以后，全市特用林数量逐渐增加。1995 年增加到 2900 公顷，2005 年增加到 7.37 万公顷，2014 年有 7.32 万公顷。

1985—2014 年部分年份赤峰市主要乔木树种面积统计表

表 4-4-2 单位：万公顷

树种 \ 年份	1985	1995	2005	2010	2014
落叶松	2.93	9.28	12.39	13.63	14.56
樟子松	0.04	0.12	0.40	0.55	0.59
油 松	11.14	15.96	16.84	17.08	17.32
云 杉	0.28	0.33	0.33	0.36	0.37
榆 树	5.69	5.79	4.12	4.31	4.51
白 桦	16.51	16.80	23.40	23.54	23.49
山 杨	3.81	3.72	3.69	3.66	3.89
柞 树	11.52	11.20	16.31	16.44	16.29
黑 桦	1.68	1.92	4.21	4.11	4.03
杨 树	32.91	42.39	42.36	48.29	52.12
柳 树	1.04	1.02	1.84	1.86	1.87
沙 枣	0.01	0.01	0.01	0.04	—
槐 树	—	—	—	—	0.01
其他阔叶林	0.02	4.17	0.91	1.15	3.85
合 计	87.58	112.71	126.81	135.02	142.90

二、树种结构

乔木树种　1985年,全市有乔木树种(不含经济林乔木)面积87.58万公顷,占森林总面积的82.74%,其中阔叶林占83.96%,针叶林占16.04%。随着全市造林绿化的深入开展,乔木树种面积不断扩大。1995年,全市乔木树种面积达到112.71万公顷,占森林总面积的59.39%。到2014年,全市有乔木树种(不含经济林乔木)面积142.90万公顷,占森林总面积的47.64%。主要树种有樟子松、落叶松、油松、云杉、杨树、柳树、白桦、黑桦、柞树、榆树等10余种,其中阔叶林占77.03%,针叶林占22.97%。

灌木林树种　1991年,全市灌木林地总面积40.63万公顷,主要树种有山杏、锦鸡儿、榛子、沙柳、杨柴、沙棘、枸杞子等。1992年以后,随着治沙、造林、绿化的进展,全市灌木林面积、树种不断增加。到2000年,全市灌木林增加到87.04万公顷。2014年,全市灌木林面积154.14万公顷,主要树种有山杏、锦鸡儿、虎榛子、榛子、沙柳、杨柴、沙棘、绣线菊、黄柳、沙拐枣、葡萄、枸杞子等。灌木林中,山杏70.99万公顷,占灌木林总面积的46.06%;锦鸡儿27.58万公顷,占灌木林总面积的17.89%;虎榛子14.21万公顷,占灌木林总面积的9.22%;沙柳11.39万公顷,占灌木林总面积的7.39%;杨柴2.98万公顷,占灌木林总面积的1.93%;沙棘2.53万公顷,占灌木林总面积的1.64%;绣线菊1.29万公顷,占灌木林总面积的0.84%;黄柳9000公顷;沙拐枣300公顷;葡萄300公顷;枸杞300公顷。

2000—2014年部分年份赤峰市灌木林主要树种及面积统计表

表4-4-3　　单位:万公顷

面积 年份 / 树种	2000	2005	2010	2014
山杏	36.13	59.39	69.23	70.99
枸杞	—	0.03	0.03	0.03
沙棘	6.84	2.28	2.49	2.53
锦鸡儿	18.26	23.52	26.07	27.58
沙柳	5.27	11.27	12.17	11.39
杨柴	0.49	2.38	2.89	2.98
榛子	9.08	22.97	25.45	11.96
沙拐枣	—	0.03	0.03	0.03
葡萄	0.01	0.01	0.02	0.03
绣线菊	—	—	—	1.29
黄柳	—	—	—	0.90
虎榛子	—	—	—	14.21

乔木经济林树种 20世纪80年代，赤峰市乔木经济林处于上升趋势。1985年，达到16.11万公顷。20世纪90年代以后，随着对老果园的更新改造、经济结构的调整，乔木经济林面积不断减少。到2005年，减少到1.61万公顷。此后逐渐回升，到2014年，全市乔木经济林面积增加到2.69万公顷。其中苹果树8900公顷，文冠果树8600公顷，沙果树3100公顷，大扁杏树2000公顷，梨树1400公顷，山楂树100公顷，其他树种2800公顷。受市场影响，山楂、海棠、核桃、桑等树种，面积逐步减少。苹果、文冠果、梨、枣、沙果、李子等树种面积有所增加。

2000—2014年部分年份赤峰市乔木经济林主要树种及面积统计表

表4-4-4 单位:公顷

面积 年份 树种	2000	2005	2010	2014
苹果	11800	7000	7600	8900
苹果梨	400	200	200	—
梨	1500	700	900	1400
家杏	300	1000	600	600
大扁杏	1200	1900	2300	2000
李子	—	300	300	300
山楂	700	100	100	100
核桃	—	100	100	—
枣	100	100	200	500
沙果	1400	2700	3000	3100
海棠	200	—	—	—
文冠果	600	500	2200	8600
桑	—	100	200	—
其他乔木	100	1400	1000	1400
合计	18300	16100	18700	26900

珍稀树种 根据《内蒙古自治区珍稀林木保护条例》确认，赤峰市境内分布有自治区级珍稀树种27种。

白扦。乔木，生长在海拔1400～1700米的山地阴坡、半阴坡、沙地，分布于克什克腾旗和喀喇沁旗。

沙地云杉。乔木，生长在海拔1000米的沙地，分布于克什克腾旗白音敖包。

兴安落叶松。乔木，生长在海拔300～1200米的山地，分布于克什克腾旗。

油松。乔木，生长在海拔800～1500米的山地阴坡、半阴坡，分布于克什克腾旗、翁牛特旗、喀喇沁旗、宁城县。

草麻黄。草本状灌木,生长在丘陵坡地、平原、沙地,主要分布于草原。

胡桃楸。乔木,生长在土壤良好的山坡地或谷地,分布于喀喇沁旗、宁城县。

角翅桦。乔木,生长在石质山坡或山顶,分布于宁城县。

裂叶榆。乔木,生长在海拔700~1500米的山坡、沟谷杂木林中,分布于喀喇沁旗。

蒙桑。灌木或小乔木,生长在向阳山坡、丘陵、低地及沟谷疏林中,分布于巴林左旗、巴林右旗、敖汉旗。

细叶小檗。落叶灌木,生长在森林草原地带的山地灌丛及砾质土地,分布于克什克腾旗、喀喇沁旗、宁城县。

五味子。木质藤本,生长在阴湿山沟灌丛或林下,分布于宁城县、喀喇沁旗、巴林右旗、敖汉旗。

东陵八仙花。灌木,生长在山地林缘、灌木丛中,分布于克什克腾旗、喀喇沁旗、宁城县。

堇叶山梅花。灌木,生长在山坡林缘、灌木丛中,分布于宁城县、喀喇沁旗、敖汉旗。

花楸树。乔木,生长在山地阴溪涧或疏林中,分布于阿鲁科尔沁旗、巴林左旗、巴林右旗、克什克腾旗、喀喇沁旗。

元宝槭。小乔木,生长在山区,多见于半阴坡、阳坡、沟谷底部,分布于宁城县。

文冠果。乔木,生长在山坡、丘陵地,主要分布于翁牛特旗、喀喇沁旗。

蒙椴。乔木,散生于山地杂木林或山坡,分布于喀喇沁旗、翁牛特旗、克什克腾旗、巴林右旗。

紫椴。乔木,散生于山地杂木林或山坡,分布于喀喇沁旗。

葛枣猕猴桃。藤本,生于山地杂木林中,分布于黑里河林区。

中国沙棘。灌木或乔木,生长在落叶阔叶林区或森林草原区,分布于巴林左旗、克什克腾旗、敖汉旗、喀喇沁旗。

短梗刺五加。灌木,生长在湿润肥沃山坡、沟谷及桦木林下,分布于宁城县。

刺五加。灌木,生长在肥沃土坡,散生或丛生于针叶阔叶混交林或杂木林内,分布于宁城县、喀喇沁旗、克什克腾旗。

迎红杜鹃。小灌木,生长在山地灌丛,分布于喀喇沁旗、宁城县。

锦带花。灌木,生长在山地灌丛或杂木林下,分布于克什克腾旗、敖汉旗、喀喇沁旗。

鸡树条荚蒾。灌木,生长在山地林缘或杂木林及山地灌丛中,分布于克什克腾旗、喀喇沁旗、宁城县。

六道木。灌木,生长在山顶石砬子上,分布于喀喇沁旗。

乌丹蒿。半灌木,生长于流动及半固定沙丘上,分布于翁牛特旗。

古树名木　2001—2011年,赤峰市曾4次对全市古树名木进行补充调查。全面了解古树名木的分布和生长状况,建立全市古树名木档案,为古树名木保护奠定基础。

古树。全市共有古树32种69.93万株(含古树群的古树株数),隶属于15科23属,其中散生古树320株。在散生古树中,榆树数量最多,有88株。有古树群43个,在古树群中,旱柳、元宝枫和沙地云杉古树群古树数量较多。散生古树中,一级古树15株,占散生古树的4.69%;二级古树74株,占散生古树的23.13%;三级古树231株,占散生古树的72.18%。古树群中,一级古树6万株(白音敖包沙地云杉古树群),二级古树15.23万株,三级古树48.67万株。古树在全市12个旗县区均有分布,古树群分布在巴林左旗、巴林右旗、克什克腾旗、翁牛特旗、松山区、喀喇沁旗、宁城县和敖汉旗8个旗县区。其中巴林右旗益和诺尔旱柳古树群有古树9.52万株;翁牛特旗松树山古树群有古树1万株;白音敖包沙地云杉古树群有古树56万株,是赤峰市最大的古树群。榆树古树群在全市分布比较普遍。

名木。全市有名木11种共3037株,隶属于8科10属。其中樟子松1株,日本落叶松2000株,油松3株,侧柏2株,圆柏14株,牡丹1株,旱柳3株,槐树2株,桑树2株,榆树1008株,暴马丁香1株。名木仅在阿鲁科尔沁旗、巴林右旗、克什克腾旗、松山区、红山区、喀喇沁旗、宁城县有分布。

第二章 森林经营

第一节 封山育林

1991年以后,赤峰市进一步加强封山(沙)育林,对具有天然下种或萌蘖更新能力的疏林地、无立木林地、宜林地、灌丛实施封禁,保护植物的自然繁殖生长,促进森林及灌草植被恢复。对低质、低效有林地、灌木林地进行封禁、改造,提高森林质量。1992年,赤峰市林业局下发《赤峰市封山(沙)育林管理(暂行)办法》,加强对封山育林的管理。1991—1995年,全市累计封山育林面积21.37万公顷。1996—2000年,全市累计封育面积13.57万公顷。其间国家重点林业工程、京津风沙源治理工程、退耕还林工程等开始在赤峰市实施封山(沙)育林项目。封育工程管理实行法人责任制、合同制、招投标制,责权利挂钩。2001—2014年,全市京津风沙源治理和退耕还林等重点工程累计完成封山育林79.53万公顷,其中生态建设与保护工程封山育林1万公顷,京津风沙源治理工程封山(沙)育林74.85万公顷,退耕还林工程以封代造完成3.68万公顷。

第二节 森林抚育与改造

一、中幼林抚育改造

1991—2000年,全市累计抚育中幼林88.73万公顷,年均8.87万公顷。2001年以后,进一步加强中幼林抚育改造。2009年,国家启动中幼林抚育工程,按国家要求,国有林抚育任务由林场职工完成,重点解决国有林场富余职工就业和生活困难等问题。投资标准为天然保护工程区1800元/公顷,非天然保护区工程区1500元/公顷。2010年,国家下达非天然保护区工程区中幼林抚育改造财政补贴任务1.07万公顷,占全区非天然保护区工程区任务3.34万公顷的32%,涉及10个旗县区的42个国有林场。2012年,中幼林抚育改造财政补贴任务3333公顷,占全区非天然保护区工程区任务的50%,涉及6个旗县区的21个林场。2013年,国家下达赤峰市中幼林抚育改造财政补贴任务6667公顷,涉及除红山区、元宝山区外的10个旗县区,共36个林场。2014年,国家下达赤峰市中幼林抚育改造财政补贴任务5333公顷,涉及9个旗县区,共21个林场。2001—2014年,全市累计完成中幼林抚育改造105.47万公顷,年均7.53万公顷。

二、次生林抚育改造

1991年以后,赤峰市继续开展次生林抚育改造工作。重点是对杨树低产低效林进行改造,主要技术措施是变更造林树种,采取"双行一带"式造林模式。1991—2000年,全市次生林、低产林改造3.78万公顷,年均3780公顷。2001年以后,全市各地积极探索低产低效林改造途径,在水源充分、立地条件较好的地方大力营造高效节水经济林,在其他地方调整树种结构,加大混交林比重,积极推广樟子松基地建设,年植树造林面积达到3.33万公顷。2001—2014年,全市次生林、低产林改造2.49万公顷,年均1778.57公顷。

第三节 森林采伐与更新

赤峰市认真执行国家和内蒙古自治区森林采伐的有关规定,采伐地块在采伐当年或次年必须完成更新造林。采伐方式分为皆伐、择伐、渐进伐三种。更新方式分为人工更新、人工促进天然更新和天然更新。人工更新,当年成活率不低于70%,3年后保存率不低于65%;人工促进天然更新,补植补播后的成活率和保存率达到人工更新标准;天然更新,每公顷皆伐迹地应当保留健壮树种不少于3000株或幼苗不少于6000株,更新均匀度应当不低于60%。采伐迹地更新面积应与采伐面积相一致,更新面积不得少于采伐面积,禁止擅自改变林地性质和用途。到1990年,全市更新造林面积累计为13.08万公顷,其中国营造林占82.5%。茅荆坝林区更新造林最多,为5.18万公顷,占全市更新造林总数的39.6%。1991—2014年,全市累计更新造林11.03万公顷,年均更新造林4595.83公顷。

第三章 林木种苗

第一节 种子生产

一、采种

1991年以后，赤峰市继续积极开展适合赤峰地区生长条件的林木种子引进、培育、选优、良种繁育和采集工作。在元宝山林场和克什克腾旗热水林场建立2处沙棘种植园，在城郊林场建立1处沙棘良种繁殖苗圃，在翁牛特旗建立1处沙棘种子林。良种繁育面积不断扩大，种子采集数量不断增加。1991—1995年，全市共采集各种林木种子630.9万公斤，年均采集126.18万公斤。1996年以后，进一步加强治沙灌木和经济林用种采集，加强良种基地建设。1998年，赤峰市实施林木种苗工程建设项目，加强云杉、油松、锦鸡儿、杨柴、山杏等采种基地建设，良种生产品种、产量不断提高。到2000年，全市新建林木采种基地5753公顷。其中云杉采种基地1000公顷，油松采种基地340公顷，柠条锦鸡儿采种基地133公顷，小叶锦鸡儿采种基地1200公顷，杨柴采种基地2413公顷，山杏采种基地667公顷。各类林木种子年生产能力达到30万公斤以上。1996—2000年，全市共采集各种林木种子980.1万公斤。2001年以后，赤峰市进一步加大林木种子基地建设力度。2001—2010年，全市共采集各种林木种子621.3万公斤。2013年，市政府建立林木储备金制度，设立储备资金300万元，用于保障发生自然灾害和林木种子歉年时造林用种安全，提高林木良种使用率。2014年，全市有各类采种基地3万公顷，其中山杏采种基地8667公顷。2011—2014年，全市共采集林木种子242.9万公斤，年均采种量60.73万公斤。

1991—2014年赤峰市林木种子采集情况统计表

表4-4-5 单位：万公斤

年 份	采种量	年均采种量
1991—1995	630.9	126.18
1996—2000	980.1	196.02
2001—2005	322.2	64.44
2006—2010	299.1	59.82
2011—2014	242.9	60.73

二、引种

1991—2014年，全市引种育苗成功的树种主要有19种。其中杨树种苗6种：银中杨、毛白杨、抗病虫杨、辽宁杨系列、欧美杨、山杨三倍体；柳树种苗5种：金丝垂柳、白柳、银芽柳、苏柳、谭汉柳;经济乔木种苗3种:红松、沙地柏、樟树;灌木类种苗5种:柠条锦鸡儿、无刺大果沙棘、枸杞、水蜡、白蜡。

在引种成功的树苗中,银中杨、柠条锦鸡儿、无刺大果沙棘已经形成规模化育苗推广基地。银中杨是由赤峰林业种苗站协同巴林右旗良种苗圃从黑龙江省防护林研究所引进的新品种,经过驯化,实验栽培成功,被自治区林业部门认定为优良树种,2000年在全市10个旗县区进行推广育苗。柠条锦鸡儿是由市种苗站和翁牛特旗种苗站共同研究和引进实验成功的生态治理灌木,被林业部纳入重点种子基地,填补了赤峰市治沙灌木引种及采种基地建设空白。大果沙棘是由市林业种苗站和克什克腾旗热水林场合作完成的优良品种,到2000年,完成125.33公顷丰产栽培示范基地建设。银中杨、柠条锦鸡儿于1996年和2001年分别获自治区林业厅科技贡献奖。

三、良种基地

1991年,全市有林木良种基地4处。2010年至2012年,国家启动实施林木良种基地和育苗补贴试点,每年为赤峰市下拨补贴资金250万元。2013年始,国家开展林木良种基地和育苗补贴,全市补贴资金450万元。至2014年,全市有良种基地7处。其中国家级林木良种基地3处,面积778.57公顷;自治区级林木良种基地1处,面积40公顷;普通林木良种基地3处,面积135.07公顷。

四、良种认定

2012年,经国家、自治区良种审定委员会审定,赤峰市林木良种达到17个。其中国家级良种1个:昭林6号杨;自治区级良种16个:赤峰杨、赤峰小金杨、赤美杨种子,黑里河林场油松种子园种子、油松等树林种子,旺业甸实验林场樟子松种子园种子、樟子松母树林种子,日本落叶松种子园种子、日本落叶松母树林种子、长白落叶松种子园种子、长白落叶松母树林种子,五栏坎林场兴安落叶松种子园种子,华北落叶松种子园种子,华北落叶松母树林种子,翁牛特旗元宝枫采种基地种子,白音敖包沙地云杉优良种子园种子。被自治区良种审定委员会认定的良种8个:即赤峰文冠果1~8号。全市林木良种数量占自治区林木良种总数的60%,良种年产量超过5000公斤。

五、良种推广

1991—2014年,全市各地积极开展林木良种生产和推广和使用。1993年,全市良种基地生产林木良种889公斤。1994年以后,正常年份生产林木良种4500~6800公斤。其中赤峰杨、昭林6号杨和小黑杨羊等杨树优良品种年生产能力达到8300万株。到2014年末,全市林木良种使用率达到52.3%。

第二节 育 苗

1990年,全市育苗用地面积1937公顷,当年育苗713.67公顷,年产合格苗木3.5

亿株。除满足本市造林用苗外,还有大量苗木销往外省市。1991—2000年,全市各苗圃共生产苗木35亿株,年均生产3.5亿株以上。到2014年,全市有育苗用地总面积1118.2公顷,年产苗木5亿~6亿株,年出圃合格苗木4.5亿株以上。

国有苗圃育苗 1991—1995年,全市国有苗圃育苗面积2716公顷,占全市育苗总面积的57.48%;1996—2000年,国有苗圃育苗面积4223.11公顷,占育苗总面积的89.4%;2001—2005年,国有苗圃育苗面积3194.71公顷,占育苗总面积的47.5%,2005年,有7家国有苗圃独立苗圃改制,国有苗圃育苗面积下降;2006—2010年,国有苗圃育苗面积1673.69公顷,占育苗总面积的31.78%;2011—2014年,国有苗圃育苗面积1174.53公顷,占育苗总面积的25.24%。

集体苗圃育苗 1991—1995年,全市集体苗圃育苗1311公顷,占总育苗面积的27.75%;1996—2000年,集体苗圃育苗300.84公顷,占总育苗面积的6.41%;2001—2005年,集体苗圃育苗面积1931.2公顷,占总育苗面积的28.74%;2006—2010年,集体苗圃育苗1701公顷,占总育苗面积的32.3%;2011—2014年,集体苗圃育苗面积1398.74公顷,占总育苗面积的30.05%。

个体苗圃育苗 1991—2000年,全市个体苗圃育苗面积866.72公顷,占总育苗面积的9.27%;2001—2010年,个体苗圃育苗面积3485.66公顷,占总育苗面积的29.08%;2011—2014年,个体苗圃育苗面积2080.8公顷,占总育苗面积的44.71%。

育苗技术 20世纪80年代,化学除草技术在针叶育苗中大面积推广,每年应用范围达到66.67公顷以上。20世纪90年代以后,应用容器育苗,针叶树采用切根育苗、稀土育苗、ABT生根粉育苗等新技术。2010年,赤峰市林科院引入控根育苗技术,研究建立起控根容器育苗配套技术体系,为培育大规模苗木、推进多立地条件造林提供有力的技术支撑。

1991—2014年赤峰市育苗情况统计表

表4-4-6 单位:公顷

年 份	合 计	国有苗圃育苗	集体苗圃育苗	个体苗圃育苗
1991—1995	4725.00	2716.00	1311.00	698.00
1996—2000	4622.67	4223.11	300.84	168.72
2001—2005	6722.53	3194.71	1931.20	1594.62
2006—2010	5265.73	1673.69	1701.00	1891.04
2011—2014	4654.07	1174.53	1398.74	2080.80

第四章　造林绿化

第一节　人工造林

赤峰市从1949年开始有组织地开展大规模的植树造林。1991年,全市人工造林保存面积83.9万公顷,同年,赤峰市被评为全国绿化先进地区。1994年,林业部把赤峰市确定为全国防治荒漠化改革试验区。1998年以后,国家先后在赤峰地区启动实施生态建设与保护工程、退耕还林工程、京津风沙源治理工程以及三北防护林工程建设。到2010年,全市人工造林保存面积83.71万公顷。2014年,人工造林保存面积90.81万公顷,比1991年增加6.91万公顷,增长8.24%。人工造林的主要类型有:防护林、用材林、经济林、薪炭林、生物质能源林等。

一、防护林

赤峰市的防护林包括农田防护林、防风固沙林、草牧场防护林、水土保持林等,在整个林业建设中占有重要位置。

农田防护林　20世纪80年代末,赤峰市松山区、红山区、元宝山区、宁城县、喀喇沁旗等基本实现农田林网化,形成带、网、片相结合的防护林体系。1991年,全市农田防护林面积达到2.82万公顷,保护农田面积14.1万公顷。2006年初,赤峰市制定“十一五”农田防护林建设总体规划。2006—2010年,全市营造农田防护林5185.93公顷,更新农田防护林5038.13公顷。到2014年,全市农田防护林面积达到4.42万公顷,保护农田面积35.19万公顷,比1991年分别增长56.74%和149.57%。

防风固沙林　赤峰市从20世纪50年代就开始营造防风固沙林,最典型的是赤峰城区周边防风固沙林。1981年,11个国家的联合国粮农组织沙漠化讲习班学员到赤峰城郊林场观摩学习。1991年,全市有防风固沙林16.2万公顷。1994年,巴林右旗巴彦尔灯治沙示范试验区项目开始启动,到1996年底,共完成防风固沙造林治理面积8467公顷。项目区内采取丘间低地造林、栽植柳桩和樟子松、埋设黄柳沙障、飞播踏郎和牧草、封沙育林等一系列措施,流动沙丘不再移动,达到沙地一次治理、一次固定、永久利用的目的。2000年,全市防风固沙林面积达到27.6万公顷。翁牛特旗大力推广“开通穿沙公路、大规模切割治理”的经验和做法,先后开通6条穿沙公路,总里程达到402公里。到2014年,全市共计营造防风固沙林48.59万公顷,防治风沙危害面积达74.76万公顷;在京津风沙源治理工程实施过程中,共计营造防风固沙林42.39万公顷,防治风沙危害面积达65.23万公顷。

水土保持林　赤峰市从20世纪70年代开始,在赤峰南部丘陵山区大面积营造水土保持林。到1990年,全市水土保持林总面积达到25.4万公顷。20世纪90年代,全市开展一年三季群众性大会战，在丘陵山区开展大规模水土保持林建设，培育出敖汉旗六道岭、十二连山，松山区龙潭等典型示范工程。2000年，全市水土保持林面积达到31.1万公顷。2014年，全市累计营造水土保持林46.27万公顷。丘陵山区的水土流失基本得到有效控制。

草牧场防护林 1985年，巴林右旗胡日哈沙化草牧场防护林建设项目启动，至1987年，造林面积达到4046公顷，森林覆盖率由建设前的“零”上升到28.7%。1989年，开始实施敖汉旗黄羊洼草牧场防护林工程建设。到1992年，共营造草牧场防护林3386.67公顷，占沙化草牧场总面积的96.2%。1997年开始，实施敖汉旗黄羊洼草牧场防护林二期工程建设。到1998年，建成小网格1204个，开沟造林总长1885公里，新增造林面积2667公顷。到2000年，全市草牧场防护林面积达到9600公顷。2014年，全市草牧场防护林面积达到1.57万公顷，防护草牧场面积12.83万公顷。

护岸林 1990年始，赤峰市林业科学研究所与喀喇沁旗林业局等单位协作，实施“老哈河护岸林工程综合技术研究”项目。至1995年，营造护岸林134公顷，建成护岸林带19条，总长26.6公里，营造各类片状落叶林60公顷，形成乔灌草、带片网相结合，“林水农牧副”相结合的生态经济型护岸林体系。老哈河护岸林的建成，带动了阿鲁科尔沁旗黑哈尔河流域治理、克什克腾旗西拉木伦流域生态工程等建设。到2000年，全市营造护岸林5780公顷。到2014年，全市营造护岸林9452公顷，护岸林带总长2960公里。

护路林 赤峰市护路林建设与公路建设同步。1991年，全市新植护路树131.7公里，干线补植护路树273.8公里。到2000年，完成国道303、305、306线，省道204、205、206线公路绿化和其他道路绿化，建成比较稳定的防护与用材兼用道路绿化体系。2004—2006年，赤峰市启动呼海省际通道赤峰段绿化工程。在通道两侧各横向绿化1公里，3年累计完成通道绿化长度199.8公里，造林面积达到39960公顷。2008—2010年，敖汉旗、松山区、红山区、翁牛特旗、巴林右旗承担赤大、赤通高速公路绿化。在公路两侧造林面积50.19公顷，绿化长度152.26公里。其中赤通高速造林14公顷，绿化长度41.44公里；赤大高速造林36.19公顷，绿化长度110.82公里。主要造林树种有云杉、油松、樟子松、杨树和丁香等。2013年，按照内蒙古自治区统一安排，启动重点区域绿化工程。至2014年，全市公路绿化总里程达到7023.6公里。

二、用材林

赤峰市从1950年开始用材林建设。到1990年，全市累计营造用材林75.47万公顷，林木蓄积量1623.9万立方米，年产木材10万立方米。到2000年，共营造用材林23.44万公顷。2001—2013年，全市坚持以生态建设为主的林业发展道路，以大力营造防护林为主，用材林营造比重下降。至2014年，进入资源统计的全市用材林面积43.13万公顷，活立木总蓄积量达5773万立方米，年产木材20万立方米。

三、经济林

山杏林　山杏在赤峰分布范围广、面积大，并成为重要的乡土经济树种。1990年，在全市范围内进行山杏低产林改造及丰产栽培技术推广。到1995年，全市山杏核产量由推广项目以前的每公顷不足40.5公斤提高到177公斤。山杏低产林改造及丰产栽培技术推广总面积达47.4万公顷。1996年，赤峰市启动千万亩山杏基地建设，加大营造力度。2000年后，启动退耕还林工程，山杏作为生态经济兼用型树种，得到大力发展。2004年，全国山杏会议在赤峰召开，全市山杏林栽植推向新阶段。2000—2007年，共新栽植山杏林18.67万公顷。2014年，全市山杏林面积82.24万公顷，其中结果面积61.67万公顷。

沙棘林　沙棘是赤峰市分布面积较大的经济林树种。天然沙棘林分布在克什克腾旗和西拉木伦河沿岸，1990年，总面积2000公顷，多作护岸或围栏之用。1993年，赤峰市引进俄罗斯无刺大果沙棘，推广面积125.87公顷。到2009年，全市沙棘林总面积达到28920公顷，年产沙棘果49.45万公斤。在“三北”防护林建设、京津风沙源治理、退耕还林等国家重点工程中，沙棘作为主要造林树种，面积逐年增加。到2014年，全市沙棘林面积5万公顷，其中结果面积3万公顷，已成林面积25300公顷。

葡萄基地　赤峰市葡萄种植南部旗县区多于北部旗县。1991年开始，喀喇沁旗开展山葡萄生产基地建设。到2014年，山葡萄种植面积333.33公顷，年产优质“双优、双红”山葡萄600多万公斤，除满足当地山葡萄酒厂需求外，还向其他地区的酒厂供应山葡萄鲜果。2007年，元宝山区风水沟镇开展优质葡萄产业化基地建设，主要栽植市场销售状况良好的无核白鸡心、红地球等葡萄品种。2014年，元宝山区风水沟镇葡萄基地面积667公顷。

四、薪炭林

20世纪70年代，赤峰市开始营造薪炭林，主要树种是榆树、小叶杨和灌木。1990年，全市薪炭林面积达到3.07万公顷，蓄积量6.55万立方米。其中榆树占26.5%，杨树占35.2%，杂木占27.6%，柳树占10.7%。全市薪炭林分布较广，翁牛特旗1.04万公顷，敖汉旗8800公顷，宁城县5467公顷，松山区4733公顷，喀喇沁旗733公顷，林西县533公顷，巴林右旗67公顷。1991年以后，随着经济社会发展，清洁能源逐渐进入寻常百姓家，薪炭林功能弱化，被更新为新的林种。2014年，全市薪炭林仅存1006公顷。

五、生物质能源林

2007年，国家林业局和中国石油天然气股份有限公司开展的林油一体化生物柴油原料林示范基地建设项目启动，赤峰市被列入全国第一批示范基地建设范围。确定2006—2010年在赤峰市投资2亿元，建设3.33万公顷文冠果生物柴油原料林示范基地。2008年，全市文冠果生物柴油原料林基地1.1万公顷。2009年末，停止能源林项目建设。至2014年底，全市有文冠果生物柴油原料林基地1.78万公顷。

六、全民义务植树

赤峰市从20世纪50年代起，大力开展义务植树活动。1996年，赤峰市人大常委会将每年的4月15日确定为赤峰市义务植树日。2006年，市绿化委员会为纪念全民义务植树活动25周年，确定4月10日至16日为全市绿化周。各级干部、群众每年在4月都积极参加植树护绿活动，全民绿化活动广泛深入开展。1991—2014年，全市义务植树3.52亿株，人均植树约6.17株。建立义务植树基地260多个，纪念林13处，休闲、观光景点30多处。市直机关先后在红山森林公园、南山生态园、松山区三座店水库周边建成3处义务植树基地。2013—2014年，全市累计投入资金20.4亿元，完成重点区域造林绿化2.97万公顷。其中公路绿化1203.3公里，面积6588公顷；城镇周边绿化93处，面积7707公顷；厂矿园区绿化107处，面积2133公顷；村庄绿化368处，面积13240公顷。创造出赤大高速、赤朝高速、赤凌一级路、翁牛特旗乌丹镇外环路、元宝山区平庄镇古山公园等一批绿化精品工程。

第二节　造林技术

一、覆膜抗旱造林技术

此项技术源于巴林左旗林业生产实践，1999年在全市推开，适用于杨树、果树及其他根系较大的苗木植苗造林。该造林技术易操作，效果好，可以提高膜下栽植穴内地温，保持土壤水分，改善林木生长发育所需的光热水条件，造林成活率提高10%以上。栽植方法：挖40厘米×40厘米或60厘米×60厘米的栽植穴。将苗木放在穴中，填土至穴二分之一处，提苗舒展根系，苗木地径距穴口处5厘米，浇第一遍水，渗透后再填土至苗木地径，踩实后修整植树穴外沿，浇第二遍水，浇透为止，待水渗透后封土，与栽植口平齐。根据穴大小选用60厘米×60厘米或80厘米×80厘米的塑料膜，在膜侧边剪口至薄膜中心，覆于栽植穴上，在膜四周及剪口处埋10厘米的压膜土，以防风。雨天撤膜。

二、生态经济沟营造林技术

1995年，喀喇沁旗、松山区等地率先推出生态经济沟营造林建设模式，此后在全市推广。生态经济沟是指在一定条件下的小流域内，充分利用自然条件，通过高标准整地措施，建立以林果业为主，农、牧、副相结合的多林种、多树种、多层次立体生态经济型林业。在造林前一年雨季整地，水土保持工程按20年一遇暴雨施工设计，坡面采用水平梯田、水平沟、机械开沟、机械挖濠整地，沟壑部分采用沟头防护工程、淤泥坝等措施，形成从上到下、从坡到沟的整体防护，达到水不下山、土不入川。

阳坡造林树种主要为油松、侧柏、山杏、柠条、荆条、沙棘等，阴坡造林主要树种为油松、落叶松（海拔在800米以上）、沙棘、榛子等树种。中下部栽植采用小台田、条田、

1991—2014年赤峰市义务植树情况统计表

表4-4-7

年份	义务植树数量（万株）	义务植树参加人数		
		应参加人数（万人）	实际参加人数（万人）	参加率（%）
1991	1362.99	256.80	213.80	83.30
1992	1782.67	272.51	253.69	93.10
1993	1880.59	277.10	255.32	92.14
1994	1907.51	282.07	259.45	91.98
1995	1480.74	274.71	250.88	91.33
1996	1723.78	281.40	261.32	92.86
1997	1560.80	270.19	249.73	92.40
1998	1388.52	267.50	249.70	93.30
1999	2363.20	265.30	244.50	92.00
2000	983.28	298.36	283.21	94.90
2001	888.60	288.01	242.78	85.00
2002	1053.90	287.10	236.60	82.41
2003	1001.40	281.90	229.80	81.52
2004	1112.10	265.10	214.50	80.91
2005	1065.80	243.70	207.20	85.02
2006	1103.00	230.12	201.21	87.44
2007	1430.00	235.18	202.30	86.02
2008	1298.00	234.11	210.86	90.07
2009	1662.80	254.40	244.30	96.03
2010	1733.60	278.06	263.60	94.80
2011	1607.00	284.24	256.10	90.10
2012	1349.00	229.43	208.30	90.79
2013	2080.00	275.39	253.10	91.91
2014	1360.00	239.60	214.00	89.00
合计	35179.28	6381.58	5706.25	89.59

梯田等进行整地，水源条件好的地块，则建设鲜果经济林基地，栽植品种为苹果、李子、桃、梨等；水源条件较差的地块，建设干果经济林基地，栽植品种为大枣、大扁杏等。沟底通过淤泥坝防护措施，有效拦截水土，营造杨树速生丰产林。通过生态经济沟建设，有效地控制水土流失，提高植被覆盖率，形成山、水、田、林、路综合治理，林、果、粮、草、经相结合的立体布局。

三、植物再生沙障治沙造林技术

1991年，敖汉旗在植树造林生产实践中，应用植物再生沙障治沙造林技术，取得成效。2000年开始，逐步在全市推广。2001—2010年，阿鲁科尔沁旗、巴林右旗、克什克腾旗、翁牛特旗和敖汉旗大面积推广，累计完成植物再生沙障治沙造林面积2.77万公顷。

此项技术适用于年平均降水量300毫米左右的半干旱沙地。沙障设置在流动沙丘、沙垄或沙带上，沙障材料以踏郎、黄柳、沙柳为主，适宜栽植的树种有樟子松、白柠条、花棒等。网格规格为4米×4米、4米×5米、4米×6米，沙丘顶部可适当缩小采用2米×2米网格，呈矮立式紧密结构，造林后地上部分留出20~30厘米枝条，疏透度0.2~0.3米。用扦插造林方法埋设沙障，10月中下旬选用木质化程度较好的植株作种条，随采条随造林。主副带配置选择“踏郎+踏郎”“踏郎+黄柳（沙柳）”。网格内栽植白柠条、小叶锦鸡儿等灌木，带间也可栽植樟子松容器苗。造林后进行严格的封禁，三年后即可成林。

四、“两行一带”配置杨树旱作造林技术

“两行一带”配置杨树旱作造林技术是敖汉旗林业局1998年完成的一项科研成果，2000年，获内蒙古自治区科技进步二等奖。“两行一带”配置杨树旱作造林技术，适宜于年平均降水量300毫米左右的半干旱地区，主要地类为无灌溉条件的低山丘陵、缓坡地区。树种选择适生的杨树，草种选择优质紫花苜蓿等豆科牧草，作物选择糜子、马铃薯。造林采取两行一带，株距2米，行距4~5米，带距8~10米，每公顷660株，带间撒播紫花苜蓿等牧草或糜子、马铃薯等作物。当年春季采用机械犁开沟整地，耕深30厘米，在沟内定点挖50厘米×50厘米×50厘米的栽植穴。造林后，随即在林带间种植紫花苜蓿或作物，采用耧播方式种植，行间距30厘米，每公顷播种15公斤。在造林密度不变的前提下，改变以前均匀或近均匀分布的配置形式，采用大小垄配置，充分利用光、水、热等自然条件，促进林木的生长，缩短树木采伐周期，增大木材生长量，提高土地综合利用率和产出率，有效避免低产林的形成。

“两行一带”营造林技术模式，林木成材期比同密度等距造林提前5年以上。最早应用于杨树造林，随着技术的成熟与发展，在樟子松、落叶松、榆树纯林及混交林中广泛应用。解决了在干旱、半干旱地区杨树用材林造林成林、成材难的问题，实现林、灌、草相结合，提高了植被盖度和土地利用效率。

五、引种入林复合经营技术

该技术是2001年后在赤峰市普遍推广的适用技术,将林木和粮、果、药材、牧草等种植在同一地面内,形成相互作用、相互促进,既有生态效益又有经济效益。引种入林技术按照林木和各种植物的生物学特性合理配置,充分利用光、水、土资源,达到互相促进生长。在造林模式上,采取以杨树为主的阔叶树速生丰产林带状造林,适合灌溉条件、土壤条件(肥力)较好、适宜间种的滩川平原区。营造带状速生丰产林,实行“两行一带”式造林,株行距为2米×2米,亩株树最少为25株,株行距为3米×3米,每亩株树最少为16株,带距最大为25米;以杨树为主的阔叶树防护用材林带状造林,是指在无灌溉条件下,营造带状防护用材林,带间播种紫花苜蓿等牧草或糜子、马铃薯等作物。

六、可控根育苗造林技术

此项技术突破传统育苗、移栽方式,通过为苗木提供特殊的物理环境(控根容器)、化学环境(配方基质)和相应的管护措施,使植物根系按照人工控制的方向、大小、形状发育,为移栽后苗木生长提供条件。具有特殊的增根、控根和促进生长作用,缩短缓苗周期,能够在河滩地、硬化地、荒芜地育苗,大幅度提高土地利用率。可以全冠移栽树木,提高造林成活率与生长率。应用可控根育苗技术,可以直接播种育苗,生产城市绿化应用的园林苗木,培育具有观赏效果的桩苗,培育葡萄、苹果、梨等经济林苗木,快速培育根系发达的荒山造林苗木,为立地条件较差地区提供适用的造林技术。

七、樟子松容器苗造林技术

樟子松容器苗造林技术包括育苗、造林、管护过程。培育容器苗首先选择1年生,发育健壮、顶芽饱满、木质化程度好、根系完好、无病虫害的壮苗进行容器育苗。容器底部先装部分营养土,随后苗木居中放置,填土、提苗、再填土,营养杯整齐排列在苗床上,浇透水,保持苗木湿润,及时除草、防治病虫害。造林前一年进行整地,小鱼鳞坑、水平沟整地,正三角形配置。苗木出圃前灌1次透水,待水稍干、容器袋内营养土稍硬时起苗,要求保持袋体完整,运输途中做好苗木保湿工作,防止风吹、暴晒,携带植苗袋造林。栽植时,定植穴深度和宽度要略大于袋体,采用悬空贴壁栽植方法。将容器苗底部撕开,保持苗木根团不散、根系完整。踩紧踏实,按“三埋、二踩、一提苗”(三次埋土、两次踩实以及一次将苗木向上提起)的规程,有条件的地块采取坐水栽植。栽植后,回填土要压实,使土壤与容器紧密结合,整平穴面,上面覆一层虚土,增加土壤、苗木抗旱保水能力。造林后苗木要及时扶正、培土,除草、松土。

八、飞播造林技术

飞播方式 2005年以前,飞播方式包括飞机播种、人工模拟和机械喷播三种。2005年后,林业部颁布《飞播造林技术规程》,模拟飞播不再纳入飞机播种造林生产计划。

播区选择 播区选在相对集中连片的宜林宜草山区或沙区,面积不小于200公顷(一个作业架次),其中宜播面积占播区面积的70%以上,天然植被盖度达到3%~12%

以上。沙地播区沙丘相对高度一般不超过 15 米，植被盖度一般在 10%以上；山地播区尽量选在阴坡、半阴坡，植被盖度 30%以上。

飞播植物配置 飞播植物尽量选择适宜当地生长条件的乡土树种。沙区用于飞播的树种主要有踏郎、柠条、花棒、沙蒿、沙拐枣、沙打旺等；山区用于飞播的树种有落叶松、油松、柠条、花棒、沙蒿等。

播种量与播期 飞播造林每公顷播种量 7.5～9 公斤。模拟飞播多选柠条，播种量每公顷 7.5～11.25 公斤。赤峰飞播期在每年 6 月上旬至 7 月上旬，具体时间根据当地气候条件确定。1995 年后，飞播种子都采取包衣处理或丸粒化处理，以提高飞播播种准确性。

播区地面处理要求 对于沙丘高大、植被密度交叉的沙地播区，要设置生物沙障或机械沙障；山地播区要根据植被情况，实行随机点状整地或鱼鳞坑整地。人工模拟飞播大多采用撒播或机械开沟条播；机械喷播通常在平缓沙地进行，用拖拉机牵引喷播机作业，作业半径 15～20 米。

2013—2014 年，全市累计投入资金 20.4 亿元，完成重点区域造林绿化 2.97 万公顷。其中公路绿化 1203.3 公里，面积 6588 公顷；城镇周边绿化 93 处，面积 7707 公顷；厂矿园区绿化 107 处，面积 2133 公顷；村庄绿化 368 处，面积 13240 公顷。

第三节 国家森林城市建设

2009 年初，市委、市政府提出创建国家森林城市。2009 年 10 月，市政府委托北京林业大学制定《赤峰森林城市建设总体规划》，提出“一城、二区、三网、多点”的建设布局。“一城”指赤峰市环城高速公路以内区域；“二区”指赤峰中西部浅山丘陵区和东部河川丘陵区；“三网”指水系林网、道路林网、农田林网；“多点”指分布在规划建设区内可以绿化的行政村镇。明确赤峰市创建国家森林城市的规划范围为红山区、松山区、元宝山区、喀喇沁旗建成区以及周边各个乡镇。赤峰市森林城市创建分为两个阶段：第一阶段（2010—2012 年）为重点建设期；第二阶段（2013—2015 年）为巩固期，重点实施环城林带及城市绿楔绿岛建设，人居林建设，“三网”防护林建设，低效公益林提质建设、森林公园和生态旅游开发建设，废弃矿区生态恢复建设，浅山丘陵区水土保持建设、林业产业化基地建设，森林文化建设（包括全民义务植树基地建设、古树名木保护、文化节庆打造、纪念林建设），科技支撑建设等十大森林建设重点工程。

2010 年，红山区、松山区、元宝山区、喀喇沁旗启动十大创森工程，实施 53 个重点项目。当年，完成创建国家森林城市工程建设面积 6380 公顷，占工程任务的 105.4%，完成创建国家森林城市工程投资 2.51 亿元。到 2012 年，全市累计投入资金 33.55 亿元，完成创建国家森林城市工程总面积 8.24 万公顷，各项指标达到或超过国家评价指标要求。全市森林覆盖率 35.1%，规划区森林覆盖率 34.3%，建成区绿化覆盖率 40.12%，人均公共绿地面积11.13平方米,新建小区绿化达标率100%。城市全年空气质量二级以上标准天数317天。2012年10月,通过国家创建国家森林城市联合检查组验收。2013年9月24日,全国绿化委员会、国家林业局授予赤峰市国家森林城市称号。

第五章　森林保护

第一节　公益林管护

公益林分为国家级公益林和地方公益林两种。赤峰市公益林包括黑里河、白音敖包、赛罕乌拉、大黑山4个国家级自然保护区的森林和林木;浑善达克、科尔沁沙地上的森林和林木;红山、打虎石、二道河子3个大型水库集水区、湖泊周围,西拉木伦、老哈河、乌力吉木伦河、教来河四大河流源头集水区的森林和林木;防风固沙林、水土保持林、农田牧场防护林、护岸林、国防林和铁路、公路两侧的护路林及森林公园和风景名胜古迹的森林和林木。

2004—2014年赤峰市公益林基本情况统计表

表4-4-8　　单位:万公顷、万元

年份	区划面积			生态效益补偿面积			补偿资金			公共管护支出资金
	合计	国家级公益林	地方公益林	合计	国家级公益林	地方公益林	合计	国家级公益林	地方公益林	
2004	324.32	181.12	143.20	131.40	130.07	1.33	8829.95	8779.95	50.00	—
2005	324.32	181.12	143.20	134.71	130.07	4.63	8940.45	8779.95	160.50	717.00
2006	324.42	181.12	143.30	154.19	147.02	7.17	10201.49	9923.99	277.50	535.00
2007	324.46	181.12	143.34	154.99	147.02	7.97	10799.03	10475.32	323.71	320.00
2008	324.88	181.12	143.76	154.99	147.02	7.97	10799.03	10475.32	323.71	375.00
2009	325.12	181.12	144.00	185.76	177.79	7.97	12991.16	12667.45	323.71	445.00
2010	325.12	221.61	103.51	184.95	177.79	7.16	19380.97	19075.58	305.39	450.00
2011	306.20	221.61	84.59	189.32	182.16	7.16	19923.65	19618.26	305.39	430.00
2012	306.36	221.61	84.75	227.28	220.12	7.16	24890.39	24585.00	305.39	460.00
2013	319.78	220.12	99.66	226.93	220.12	6.81	33790.74	33487.00	303.74	270.00
2014	320.99	220.12	100.87	226.93	220.12	6.81	33790.22	33487.00	303.22	360.00

2001 年，全市完成森林分类区划界定工作，初步界定公益林 302.01 万公顷，商品林 68.63 万公顷。2004 年，经过第二次调整，区划界定生态公益林 324.32 万公顷，分布在全市除红山区外的 11 个旗县区，占林业用地总面积的 76.9%，其中国家级公益林 181.12 万公顷，地方公益林 143.2 万公顷。至 2011 年，全市公益林区划总面积 306.2 万公顷，其中国家级公益林 221.61 万公顷，地方公益林 84.59 万公顷。纳入森林生态效益补偿基金补偿范围的国家级公益林面积 182.16 万公顷，地方公益林补偿面积 7.16 万公顷。2012 年，根据内蒙古自治区林业厅《关于下达国家级公益林补充区划界定补进面积的通知》中确定的面积、地类、权属、生态区位、保护等级，组织开展国家级公益林区划落界工作，赤峰市新增纳入森林生态效益补偿基金补偿范围的公益林面积 37.96 万公顷，总数 220.12 万公顷。至 2014 年，全市公益林区划总面积 320.99 万公顷，其中国家级公益林 220.12 万公顷，地方公益林 100.87 万公顷。纳入森林生态效益基金补偿范围国家级公益林面积 220.12 万公顷，地方公益林补偿面积 6.81 万公顷。2004—2014 年，全市国家级公益林补偿资金累计 19.43 亿元，地方公益林补偿资金 2982.26 万元。

第二节　护林防火

一、防火区划与设施

赤峰市是内蒙古自治区森林草原防火重点盟市之一。全市防火区域 820 万公顷。防火重点区域有罕山林区的阿鲁科尔沁旗、巴林左旗、巴林右旗；克什克腾林区的克什克腾旗、林西县；茅荆坝林区的松山区、喀喇沁旗、宁城县；敖汉旗大黑山以及全市生态建设项目区。其中一类防火区面积 645.48 万公顷，占总面积的 78.72%；二类防火区面积 55.2 万公顷，占总面积的 6.73%；三类防火区面积 119.32 万公顷，占总面积的 14.55%。

1990 年，全市对 12 个旗县区进行森林防火区划。1991 年，克什克腾旗、翁牛特旗、松山区、宁城县、敖汉旗、阿鲁科尔沁旗、巴林左旗、喀喇沁旗等 9 个旗县区被列为全国第一批重点森林防火县级单位。1997 年，全市划定森林草原防火戒严区为 29 个，总面积 358.25 万公顷。

2001 年，全市 12 个旗县区划分为 12 个防火责任区，各责任区防火工作由市防火指挥部成员单位具体负责。2004 年，将重点防火区域划分为 5 个责任区，责任人分别由各防火指挥部副总指挥承担。市、旗县区、乡镇苏木、国有林场层层签订防火责任状。市委、市政府将森林草原防火工作列入林业建设第一责任人和主要责任人任期目标考核。赤峰市确定，从 2005 年始每年 3 月 5 日至 4 月 5 日为全市森林草原防火宣传月，以城镇郊区中小学和农村牧区中小学为载体进行重点宣传。

2011 年，启动重点森林火险区综合治理三期工程建设项目。范围涵盖赤峰市所辖的罕山林区、克什克腾林区和茅荆坝林区，以及翁牛特旗、松山区、元宝山区、红山区。

新建林火视频监测系统18套、瞭望塔10座,购置宣传、交通运输和扑火机具等设备,总投资1683万元,其中国家投资1347万元,地方配套336万元。2012年,全市完成林火远程视频瞭望监控系统建设。到2014年,全市共有防火隔离带5385.8公里,其中林带1151公里,机耕带4234.8公里。建立防火瞭望台78座,有望远镜89个,专用电话线310公里,有线电话200部,图文传真机26台,计算机94台,数据终端机12台,无线电台1747台。防火物资储备库131个,防火公路3528.3公里,森林消防车491辆,扑火机具66589台件,其中风力灭火机9684台。

二、防火组织机构

防火组织　1955年,昭乌达盟、哲里木盟、锡林郭勒盟建立森林草原火灾联防组织开展联合护林防火。1990年,联防组织有赤峰市、呼伦贝尔盟、哲里木盟、锡林郭勒盟、承德地区,称三盟一市一区联防委员会。1993年,联防组织调整为哲里木盟、兴安盟、锡林郭勒盟、赤峰市、承德市。1999年,哲里木盟改为通辽市。2000年,三盟二市联防组织改称为二盟三市联防委员会。2010年, 乌兰察布市和河北省张家口市加入联防工作,联防组织改称二盟五市防火联防委员会,下设7个分会,100多个基层委员会,40多个旗县区参加联防。各级联防组织本着自防为主,积极联防,团结互助,保护森林、草场的原则,领导联防区域内的护林防火工作。划分联防界线,制定联防办法、制度,定期

1991—2014年森林火灾发生情况统计表

表4-4-9　　　　单位:起、公顷

年份	火警	火灾	受灾面积	年份	火警	火灾	受灾面积
1991	1		0.80	2003	13	21	354.57
1992	—	2	2.10	2004	12	27	453.90
1993	—	1	3.60	2005	12	50	13332.66
1994	—	1	2.40	2006	5	4	118.45
1995	—	4	114.53	2007	—	5	36.14
1996	3	4	120.50	2008	—	4	181.81
1997	3	2	3.22	2009	—	3	6.51
1998	—	4	6.57	2010	—	3	6.22
1999	3	4	27.13	2011	—	6	22.06
2000	7	2	21.28	2012	—	7	118.52
2001	2	7	102.08	2013	—	10	68.40
2002	—	9	40.28	2014	—	23	135.23

召开会议研究联防工作。联防委员会主任委员由成员单位轮流担任。赤峰市有10个旗县区(除红山区、敖汉旗)参加二盟五市防火联防组织。

防火机构 1988年,市政府决定将赤峰市护林护场防火指挥部更名为赤峰市森林草原防火指挥部,成员单位由最初的15个增加到26个,12个旗县区均建立起森林草原防火指挥部,下设办公室。林区牧区所在乡镇村(嘎查)、国营农牧林场、驻林区厂矿等也普遍建立扑火组织和扑火队伍。三大重点林区(罕山林区、茅荆坝林区和克什克腾林区)乡镇苏木建立义务快速扑火队。2005年,市森林草原防火指挥部制定《赤峰市森林草原消防队伍建设标准(试行)》。至2014年,全市有旗县区级以上森林草原防火指挥部13个,成员372人;市及旗县区森林草原防火办事机构13个,编制100人;全市65个国有林场全部成立防火办公室,配备专职人员;有机械防火站2个(克什克腾旗白音敖包防火站、阿鲁科尔沁旗巴日图防火站),工作人员82人;防火检查站22个,工作人员87人;117个乡镇苏木均建立了防火组织。分布在全市各地的专业、半专业扑火队258支、7769人,义务快速扑火队1393支、37844人,护林员8847人,其中专职护林员4493人,兼职护林员4354人。

三、森林火灾与扑救

武装警察赤峰市森林支队是全市森林资源保护和森林草原防火灭火的中坚力量。1991年,全市发生火警1起,受灾面积0.8公顷。1991—2014年,全市共发生火警61起、火灾203起,森林受灾面积15278.96公顷。各级防火组织、机构及时组织森警战士和干部群众积极进行扑救,使火灾损失减少到最低。至2014年,赤峰市森警支队共参加大小灭火战斗290次,先后有50多人受到自治区总队以上表彰,1人被赤峰市森林草原防火指挥部评为十佳森林卫士,1人立二等功,312人立三等功。

第三节 病虫害防治

一、病虫害种类与分布

1979—1980年,昭乌达盟(赤峰市)首次开展森林病虫害普查,赤峰市境内森林病虫害发生面积较大、危害严重的有52种,其中森虫害40种,病害12种,鼠害3种,兔害1种,有害生物4种。经常造成危害的害虫有30种,病害有7种。其中危害严重造成灾害的是“10虫2病”。10种害虫是:油松毛虫、落叶松毛虫、黄褐天幕毛虫、青杨天牛、杨干象、云杉扁叶蜂、落叶松尺蛾、舞毒蛾、沙棘木蠹蛾和杨毒蛾;2种病害是:杨树烂皮病和云杉球果锈病。各类病虫害以其寄主分布于各地。1991—2014年,全市不断加强森林病虫害治理,许多病虫害得到有效防治,但仍存在潜在威胁。

赤峰市主要森林虫害种类及分布情况一览表

表 4-4-10

名　称	分　布	寄生树木
油松毛虫	宁城县、敖汉旗、喀喇沁旗、松山区、元宝山区、红山区	油松、樟子松
落叶松毛虫	翁牛特旗、宁城县、敖汉旗、喀喇沁旗、松山区、巴林左旗、克什克腾旗	落叶松、油松、樟子松
榆紫叶甲	敖汉旗、翁牛特旗、巴林右旗、巴林左旗、林西县、阿鲁科尔沁旗	榆树
落叶松腮扁叶蜂	巴林左旗、巴林右旗	落叶松
落叶松红腹叶蜂	巴林左旗、巴林右旗	落叶松
云杉扁叶蜂	克什克腾旗	沙地云杉
栗山天牛	宁城县	柞树
落叶松八尺小蠹	克什克腾旗、巴林左旗	落叶松
重齿小蠹	克什克腾旗	红皮云杉
柠条豆象	全市	柠条
沙棘木蠹蛾	红山区、松山区、敖汉旗、林西县、克什克腾旗	沙棘
魏氏锉叶蜂	巴林左旗、巴林右旗	落叶松
杨二尾舟蛾	全市	杨树
分月扇舟蛾	全市	杨树
春尺蠖	敖汉旗	榆树
杨毒蛾	全市	杨树、柳树
舞毒蛾	克什克腾旗、宁城县、喀喇沁旗、松山区	落叶松、柞树、杨树、柳树、榆树、果树等
杨叶甲	全市	杨树
杨梢叶甲	全市	杨树
杨绵蚧	全市	杨树
榆织蛾	松山区	榆树
锦鸡儿织蛾	巴林右旗	锦鸡儿、山竹子
文冠果隆脉木虱	翁牛特旗	文冠果
杨干象	红山区、元宝山区、松山区、敖汉旗	杨树
白桦尺蠖	克什克腾旗、宁城县、喀喇沁旗、巴林左旗、巴林右旗、阿鲁科尔沁旗	桦树
青杨天牛	全市	杨树
白杨透翅蛾	林西县、巴林左旗	杨树

续表

名 称	分 布	寄生树木
柳蛎盾蚧	全市	杨树、柳树
钻具木蠹蛾	巴林左旗、巴林右旗	山杨
大青叶蝉	阿鲁科尔沁旗、巴林右旗	杨树
光肩星天牛	松山区、红山区、元宝山区、敖汉旗	杨树、柳树、糖槭等
黄褐天幕毛虫	全市	杨树、山杏等
白杨枯叶蛾	全市	杨树
油松球果螟	宁城县	油松
微红梢斑螟	宁城县	油松
黑绒金龟	全市	落叶松、杨树等
桦蛱蝶	林西县	桦树
铜绿丽金龟	全市	榆树、柳树、杨树
紫穗槐豆象	敖汉旗	紫穗槐

赤峰市主要森林病害种类及分布情况一览表

表 4-4-11

名 称	分 布	寄生树木
松针锈病	喀喇沁旗	油松
松落针病	喀喇沁旗	油松
云杉球果锈病	喀喇沁旗	云杉、稠李
杨树烂皮病	全市	杨树、柳树、榆树
杨树黑斑病	全市	杨树
青杨叶锈病	全市	杨树
杨树灰斑病	全市	杨树

二、监测预报

1980 年，昭乌达盟建立起盟、旗县区、林场或乡镇苏木、营林区四级虫情测报网，虫情监测覆盖度达 95%。1987 年，市林业局制定《赤峰市南部山区松毛虫预测预报方案》，建立测报中心、测报站、测报点和虫情监测哨四级预测预报网。1989 年，市林业局制定《落叶松叶蜂预测预报方案》。根据落叶松叶蜂发生区特点，分别在乌兰坝林场、石棚沟林场、罕山林场、大冷山林场、黄岗梁林场、罕山林场等重点发生区设立 6 个测报点,每个点设2名测报员。在旗县区森林病虫害防治检疫站设测报站,营林区由护林员兼管虫情测报。2004年,新增加3个自治区级测报点,分别是巴林右旗、巴林左旗和阿鲁科尔沁旗。从2004年开始,各中心测报站及重点测报点均配备微机,基本实现测报信息传输网络化。2007年,市森林病虫害防治检疫站编制《赤峰市林业有害生物监测预报方案》。到2009年,全市已建成6个国家级中心测报点,3个自治区级中心测报点,3个市级测报点,129个基层测报点。共有专职测报员45人,兼职测报员329人,虫情调查员529人。每年虫情测报次数50多次,印发虫情预报资料900多份。国家级和自治区级中心测报点都配备有电脑、GPS、显微镜、解剖镜、相机和测报工具等设备,克什克腾旗等部分旗县还配备了小气候观测系统、自动虫情监测灯等先进设备。

三、病虫害防治

20世纪80年代对林木常见病虫害防治主要采取生物防治、化学防治、人工防治措施。1991年开始,增加仿生防治措施。2002年开始,增加飞机喷雾防治(简称“飞机防治”)措施。1991—2014年,全市累计防治面积143.91万公顷,防治面积占虫害发生面积的83.37%。其中仿生防治34.85万公顷,化学防治26.2万公顷,人工防治44.02万公顷,生物防治9.81万公顷,飞机防治1.99万公顷,其他防治措施27.04万公顷。

松毛虫防治 松毛虫是全市发生面积最广、持续时间最久、对林业危害最大的害虫之一,包括油松毛虫、落叶松毛虫等,对松、柏、杉类树种危害极大。1991—2000年,主要采取人工、化学防治。2000—2003年,实施“赤峰市松毛虫工程治理”项目,覆盖区域为宁城县、敖汉旗、喀喇沁旗、松山区4个旗县区。通过封育、残次林改造、人工防治、仿生防治等综合措施,使项目区内13.25万公顷松林内的松毛虫得到有效控制,治理效果达到93%以上。2009年,全市松毛虫发生面积3.53万公顷,采用化学、生物防治和营林措施相结合的综合治理手段,治理面积达到3.13万公顷,占虫害发生面积的88.6%。

天幕毛虫防治 天幕毛虫(黄褐天幕毛虫)是赤峰市突发性食叶害虫之一,也是赤峰市对森林危害最大的害虫之一。主要危害山杏、杨树、柞树与阔叶树。进入21世纪以后,气候变化异常,造成天幕毛虫越冬虫基数较多,天敌寄生减少,越冬死亡率低,局部地区成灾。2010年5月统计,全市共发生天幕毛虫1.29万公顷。2011—2013年,各旗县区把天幕毛虫防控作为防治重点,各级森林病虫害防治检疫站普遍制定防治预案,采取飞机喷雾、车载喷雾机喷雾、机动喷雾器喷雾、喷烟机喷烟、人工摘除卵块等措施进行防治。2012年,阿鲁科尔沁旗雇用专业防治公司飞机,对发生的2000公顷天幕毛虫林地进行集中防治,防治有效率95%。2013年,再次运用飞机防治天幕毛虫、松毛虫,控制面积达3333公顷,有效控制了虫害的蔓延成灾,减轻了损失。

杨干象防治 杨干象是一种毁灭性蛀干害虫,为全国林业植物检疫对象。赤峰市主要分布在元宝山区、松山区和红山区,发生面积达2000公顷。从2006年开始,积极进行防治,主要防治措施有人工和化学防治法。特别是在幼虫危害期,采用甲胺磷、氧化乐果在树干基部打孔注药防治,取得良好效果,虫口密度不断下降。

1991—2014 年赤峰市森林病虫害防治情况统计表

表 4-4-12 单位:万公顷

年份	发生面积	防治面积							防治率(%)
		合计	生物防治	化学防治	人工防治	仿生防治	飞机喷雾	其他防治	
1991	7.12	5.42	0.89	1.08	2.27	1.18	0.00	0.00	76.09
1992	7.76	5.35	0.25	1.03	1.05	1.53	0.00	1.49	68.84
1993	6.77	5.06	0.39	1.19	1.20	1.47	0.00	0.81	74.66
1994	8.48	5.82	0.25	0.77	1.15	3.37	0.00	0.28	68.52
1995	6.36	4.99	0.17	0.61	2.59	1.62	0.00	0.00	78.66
1996	7.35	5.96	0.33	0.29	3.72	1.22	0.00	0.40	81.1
1997	6.51	6.63	0.37	0.58	2.91	1.09	0.00	1.68	92
1998	5.01	4.29	0.45	0.42	2.43	0.78	0.00	0.21	87.6
1999	5.03	4.66	0.43	0.84	2.35	0.83	0.00	0.21	92.9
2000	4.94	4.80	0.36	1.17	1.86	0.84	0.00	0.57	97.01
2001	5.27	5.59	0.77	1.35	1.69	0.53	0.00	1.25	90.73
2002	6.42	4.65	0.29	2.04	1.00	0.95	0.08	0.29	72.58
2003	6.45	5.70	0.39	1.45	1.15	1.66	0.00	1.05	88.42
2004	6.71	6.18	0.44	1.77	2.44	0.82	0.01	0.70	92.12
2005	6.55	5.42	0.19	2.07	1.85	0.83	0.00	0.48	82.66
2006	7.78	5.92	0.53	1.19	2.53	1.28	0.00	0.39	76.04
2007	8.09	7.47	1.76	1.19	2.01	1.45	0.00	1.06	92.28
2008	8.20	6.65	0.91	1.34	1.75	0.63	0.20	1.82	81.06
2009	8.29	7.73	0.08	1.24	2.58	1.82	0.00	2.01	93.2
2010	8.37	6.89	0.26	1.15	1.32	2.43	0.00	1.73	82.24
2011	8.70	7.19	0.15	0.97	1.17	2.00	0.00	2.90	82.67
2012	9.06	8.25	0.05	0.71	2.27	1.91	0.33	2.98	91.6
2013	8.81	8.33	0.05	0.82	2.54	2.10	0.67	2.15	85.71
2014	8.59	8.15	0.05	0.93	1.41	2.51	0.7	2.55	94.99
合计	172.62	143.91	9.81	26.20	44.02	34.85	1.99	27.04	

青杨天牛防治　青杨天牛是一种极具危害性的杨树害虫，在赤峰市一年发生一代，主要以幼虫危害枝干，特别是枝梢部分。20 世纪 60 年代发现，在红山区城郊林场、宁城县、林西县、松山区危害尤为严重。1987—1988 年，青杨天牛累计发生面积 1.27 万公顷。1997—1998 年再次大面积发生，成灾面积 1.45 万公顷。青杨天牛防治措施主要有人工剪除虫瘿瘤、早年飞机喷洒化学农药、释放肿腿蜂、加强检疫措施以及更换抗虫树种等。一些地区通过喷洒高氯菊酯防治成虫，取得较好效果，幼林的危害得到有效控制。

云杉扁叶蜂防治　1991—1998 年，在克什克腾旗白音敖包林区发生，年平均危害面积 1333 公顷，因连续对云杉林造成危害，致使树势衰弱，次生害虫小蠹虫继发危害，部分树木枯死。1999—2004 年，白音敖包自然保护区采用卡车承载喷雾器防治，喷洒灭幼脲 3 号，防治效果达 90%以上，危害面积逐年下降，年平均发生危害面积 267 公顷。2011 年以后，云杉扁叶蜂发生面积有所反弹。2013 年 7 月，克什克腾旗采取招投标方式防治，中标公司赤峰中农大生化科技有限责任公司用飞机对沙地云杉扁叶蜂喷洒阿维—灭幼脲进行防治，飞防 42 架次，面积 3333 公顷，防治有效率 90%以上。

落叶松叶蜂防治　1989—1992 年，在阿鲁科尔沁旗、巴林左旗、巴林右旗和林西县实施落叶松叶蜂综合治理项目，治理面积 1.11 万公顷，虫口减退率 96.4%，基本控制了落叶松叶蜂蔓延和成灾。2009—2014 年，该地落叶松叶蜂发生面积控制在 400 公顷以内，基本达到有虫不成灾的目标。

榆紫叶甲防治　榆紫叶甲是榆树上主要食叶害虫。主要分布在阿鲁科尔沁旗、巴林左旗、巴林右旗、林西县、敖汉旗、翁牛特旗等地区的人工林和苗圃内，危害严重。2004 年，榆紫叶甲在克什克腾达里诺尔、达尔罕苏木的沙地榆树林突发成灾，危害面积 2 万公顷，榆叶大部分被啃食殆尽。当地采用高氯菊酯喷雾等措施进行防治，历经 3 年，防治面积达 6000 公顷，基本控制了榆紫叶甲对沙地榆树的危害，达到有虫不成灾的目标。

分月扇舟蛾防治　从 1987 年开始，赤峰北部旗县大面积发生分月扇舟蛾危害。1993 年，采用化学药剂和仿生制剂等措施进行防治，每年平均防治面积 4947 公顷，平均防治有效率 92%。1994 年，该虫害发生面积达到 3.9 万公顷，并呈蔓延扩散趋势，对林木构成严重威胁。赤峰市与自治区森林病虫害防治检疫站和中国林科院专家合作，进行重点防治，林西县全年防治面积达到 1.07 万公顷，防治效果达到 93%。1999 年，林西县开展分月扇舟蛾颗粒体病毒防治实验，实验面积 200 公顷，取得较好防治效果。1995—2009 年，通过连年综合防治，分月扇舟蛾发生及危害面积逐年下降，到 2009 年，发生面积控制在 700 公顷以内，基本达到有虫不成灾的目标。

杨树烂皮病防治　该病害在赤峰市各地均有发生。1990—1999 年，年平均发生面积 733 公顷。2000—2002 年再次大面积发生，受灾面积达 6000 公顷，发生原因是连续几年干旱，树木所需水分不足，树势衰弱，病菌乘虚而入，造成中幼林成片死亡。针对林分差异,采取不同的防治措施,对于有死亡树木的林分,砍伐销毁被害树木;对于成片死亡的林分,全部伐除病死树木,更新造林;对于感染病菌较轻的中幼林,用10%碱水、梧宁霉素、多菌灵等药剂喷涂患病树干防治。2010年后,幼林杨树烂皮病的危害有所减轻。

森林鼠兔害防治 1987—1989年,赤峰市林区鼠兔灾害曾大面积发生,年平均发生面积1.83万公顷。中幼林受害严重,特别是幼林,树皮和顶芽被啃食后,严重影响树木生长,危害严重者甚至死亡。全市各地大力开展灭鼠拔源活动,不断加强鼠兔灾害防治,主要措施是投放鼠药。1999—2004年,发生面积逐年下降,年平均发生1133公顷。2012年,阿鲁科尔沁旗发生鼠害,主要是长爪沙鼠和达乌尔黄鼠,采取大面积投放鼠药的办法,防治鼠害8467公顷。

四、森林植物检疫

1990年,各旗县区森林病虫害防治检疫站对检疫工作进行统一调整,对原来没有木材检查站的路口增设检疫哨卡,全市共有检疫站卡16处,专兼职检疫员49人。1999年,根据国家林业局《关于开展检疫性害虫普查工作的通知》精神,市及各旗县区林业局成立检疫性害虫普查工作领导小组,制订方案,落实资金,培训普查人员。2003年,赤峰市森林病虫害防治检疫站组织各旗县区专兼职检疫员深入苗圃和育苗大户进行产地检疫。造林验收时,对于疫株率超过1%的造林面积,一律视为不合格造林面积。严格按照《全国无检疫对象苗圃建设要点》,重点开展无检疫对象苗圃建设,全市有7个国营苗圃首批进入国家级无检疫对象苗圃行列。2004年,全市有4处国营苗圃进入国家级无检疫对象苗圃行列。2009年,赤峰市森林病虫害防治检疫站和市林业局造林科、森林公安局、市林业种苗站联合组成检查组,在春季造林季节开展苗木质量大检查,对不合格苗木就地处理,确保春季造林质量。针对鄂尔多斯市从东北经大通道调运苗木的情况,市和旗县区森林病虫害防治检疫站配合森林公安进行联合复检。

2012年,根据国家和内蒙古自治区关于开展“绿盾2012”行动的部署,市林业局制定《赤峰市“绿盾2012”林业植物检疫执法检查行动实施方案》。市森林病虫害防治检疫站与市森林公安局联合成立检查组,深入受检单位相对集中的红山区、松山区、元宝山区进行检查,出动执法人员853次,检查苗木花卉基地115处,种苗花卉2466.79万株,木材71027.9立方米,涉木企业257家,木质包装箱128个。查处检疫违法违规案件10起。

2014年,全市检疫产地种子11.04万公斤,苗木5364万株。调运检疫种子3.02万公斤,苗木5364万株,木材41.95万株。同年,全市建立起11个全国无检疫对象苗圃。

五、外来林业有害生物防治

1991—2014年,赤峰市不断加强防止外来林业有害生物入侵工作,切实保护全市森林资源与生态建设安全。2004年8月,赤峰市森林病虫害防治检疫站加挂赤峰市防治外来林业有害生物入侵办公室牌子,进一步加强防止外来林木有害生物入侵工作。赤峰市重点防范的外来林木有害生物有:松材线虫、美国白蛾、黄花刺茄、光梗蒺藜草。2004年,根据内蒙古自治区《关于开展松材线虫病2004年秋季普查的通知》要求,赤峰市对松林进行全面普查。以后的每年 8 月,赤峰市森林病虫害防治检疫站结合其他病虫害的监测,对油松、落叶松进行年度性松材线虫普查。各旗县区也组织专业技术人员对所属乡镇、场、公司进行普查。

2008 年,市政府制定《处置重大林业有害生物灾害应急预案》。2009 年,市林业局制定《美国白蛾普查及监测防控实施方案》,对调查、监测、防治提出具体要求。2011 年春季,巴林右旗发生黄花刺茄侵入。市森林病虫害防治检疫站制定《巴林右旗外来有害生物黄花刺茄除治方案》,该旗政府迅速成立以分管副旗长为组长的防治领导小组、以各苏木镇领导为组长的防治技术指导小组。9 月 20 日, 各苏木镇采用人工防治方法,进行地毯式砍伐和铲除,集中进行处理和烧毁,基本完成除治工作。2011 年,在红山区西城办事处小房村又发现该有害生物,市森林病虫害防治检疫站技术人员到实地开展调查,指导小房村对黄花刺茄进行清理后焚烧,共铲除 13.33 公顷。至 2014 年,赤峰地区再未发现黄花刺茄。

2006 年,有害生物光梗蒺藜草传入敖汉旗,在敖润苏莫苏木、长胜镇、古鲁板蒿乡等地沿公路迅速扩散蔓延。到 2008 年,敖汉旗光梗蒺藜草发生纯面积达到 1533 公顷,覆盖该旗北部近 1 万公顷沙地, 进入部分林地。2007—2009 年, 敖汉旗林业局对全市光梗蒺藜草进行研究和防治,形成一整套成熟的防治技术模式。试验面积为 13.33 公顷,防治效果达 100%。到 2014 年,光梗蒺藜草蔓延得到有效控制。

第四节 自然保护区建设

1979 年,昭乌达盟(今赤峰市)建立第一个自然保护区——白音敖包自然保护区。2001 年,国家林业局启动全国野生动植物保护与自然保护区建设工程后,赤峰市自然保护区建设与管理工作不断加强。2005 年,赤峰市林业局编制完成《赤峰市森林、野生动植物及湿地保护类型自然保护区建设总体规划(2005—2030)》,确定了全市野生动植物资源保护、发展的战略性布局,经市政府批复实施。截至 2014 年底,全市共建立各级各类自然保护区 28 处,总面积 110.99 万公顷,占全市国土面积的 12.33%,其中国家级自然保护区 8 处,自治区级自然保护区 9 处,市级自然保护区 3 处,旗县级自然保护区 8 处。全市不断加强自然保护区建设,在维护生态平衡、改善生态环境、保护野生动植物、维护生物多样性等方面发挥出重要作用。

一、达里诺尔国家级自然保护区

达里诺尔国家级自然保护区位于克什克腾旗西部, 西北部与锡林郭勒自然保护区相邻,南部为浑善达克沙地的东段,西以锡林郭勒盟边界为界,东距白音敖包自然保护区约 80 余公里。是一个以保护珍稀鸟类及其赖以生存的湖泊、河流、沼泽型湿地、草原、林地等多样的生态系统和火山遗迹、历史文化古迹为主的综合性自然保护区。保护区总面积为 11.94 万公顷。其中核心区 5 个,面积 1414 公顷;缓冲区 3 个,面积 6508 公顷;实验区面积为 11.15 万公顷。保护区始建于 1987 年，1997 年晋升为国家级自然保护区。

该保护区内有高等维管束植物 434 种。有鸟类 16 目 42 科 235 种。其中国家一级保护鸟类丹顶鹤、大鸨、遗鸥、白鹳、黑鹳、玉带海雕、白头鹤、金雕、白尾海雕等 9 种；国家二级保护鸟类 37 种。有鱼类 21 种，以鲫鱼、瓦氏雅罗鱼（华子鱼）为主。兽类 15 种，以狍、狐、獾及草原啮齿类动物为主。

二、白音敖包国家级自然保护区

白音敖包国家级自然保护区位于克什克腾旗西北部，地处大兴安岭南部山地向内蒙古高原的过渡地带，总面积 13682 公顷，是一处以沙地云杉及其生态系统为主体的森林生态系统类型自然保护区。1979 年，建立自治区级自然保护区。2000 年 4 月，晋升为国家级自然保护区。

该保护区土壤以沙性土为主，还有沙质黑钙土、沙栗土、沙质草甸土等。主要河流有贡格尔河和敖包河。保护区内有沙地云杉面积 1947 公顷，为世界珍稀树种。沙地云杉林划分为 4 种类型，即藓类苔草沙地云杉林、禾草杂类草沙地云杉林、杂类草白桦沙地云杉混交林和沿河沙地云杉林。保护区还有沙地白桦林、山杨林和榆树林等。有高等植物约 68 科、239 属、460 余种。拥有知名鸟类 16 目、33 科、133 种，其中国家一级保护鸟类 9 种，二级保护鸟类 27 种，国际受威胁鸟类 17 种。主要品种有：黑鹳、大天鹅、大鸨、鸳鸯、秃鹫、猎隼、红隼、苍鹰、草原雕、白枕鹤、蓑羽鹤等。兽类有 7 目、17 科、68 种，其中以食肉、啮齿偶蹄目为主，主要有：马鹿、猞猁、狍子、沙狐、豹猫、艾虎、黄鼬等。

三、赛罕乌拉国家级自然保护区

赛罕乌拉国家级保护区位于巴林右旗北部， 总面积为 10.04 万公顷。是一处以保护森林草原湿地等多样生态系统、珍稀濒危野生动植物及西辽河上游水源涵养林为主的山地综合性自然保护区。1997 年 4 月建立旗级自然保护区，1998 年晋升为自治区级自然保护区，2000 年 4 月晋升为国家级自然保护区。2001 年 9 月， 被联合国教科文组织批准为世界生物圈保护区。2009 年，与内蒙古农业大学联合建立内蒙古赛罕乌拉森林生态系统定位研究站。

该保护区地处大兴安岭山脉阿尔山支脉，地貌类型主要为山地，平均海拔 1000 余米。最高峰乌兰坝海拔 1957 米。保护区山高林密，水源涵养能力强，有乌兰坝河、二林坝河、沙艾河、白其河、北吐河、罕山河、阿尔善河、海青河、岗根河等 10 条河流。保护区内山体陡峭，土壤垂直分布明显。山顶分布着山地黑土，林下土壤为灰色森林土。山体中下部土壤多为棕壤，山体坡麓为暗栗钙土，沟谷地带为草甸土。保护区内有 6 个植被类型，10 个植被亚型，39 个群系，是东亚阔叶林向大兴安岭寒温带针叶林、草原向森林双重过渡带，也是华北植物区系向兴安植物区系的过渡带。保护区内有鸟类 237 种，哺乳动物 38 种，昆虫 591 种，野生维管束植物 792 种，苔藓类植物 221 种，野生高等真菌 251 种，地衣 65 种。还有大量两栖、爬行类动物及其他动物资源。国家重点保护鸟类 37 种，其中国家一级保护鸟类有大鸨、金雕、黑鹳3种,国家二级保护鸟类有大天鹅、鸳鸯、黑琴鸡等34种。世界受胁鸟类有乌雕、鸿雁、大鸨3种,被国际鸟类联盟确定为世界重要鸟区。有国家二级保护哺乳动物马鹿、斑羚(青羊)、猞猁、兔狲4种。其中马鹿300余只,斑羚(青羊)240余只,是国内最大的野生斑羚种群。保护区建有赛罕乌拉自然博物馆。

四、黑里河国家级自然保护区

黑里河国家级自然保护区位于宁城县西部,总面积2.76万公顷。是一处以保护天然油松为主的自然保护区。始建于1996年12月,为县级自然保护区。1999年12月,晋升为自治区级自然保护区。2003年6月,晋升为国家级自然保护区。

该保护区地处燕山山脉东段北缘七老图山脉,地貌属于中低山组合。土壤为棕壤,因受地形地貌影响,地带性土壤垂直和水平分布明显。黑里河是贯穿保护区最大的一条河流。保护区地处东北针阔混交林向华北落叶阔叶林的过渡地带,是以天然油松林为主的森林生态系统类型,区内有天然油松林4667公顷,是全国面积最大、长势最好、最为集中连片的天然油松分布区,也是燕山山地具有生物多样性的野生生物物种基因库。已发现野生高等植物140科、465属、953种。其中苔藓植物42科、88属、176种,蕨类植物12科、18属、32种,裸子植物1科、3属、4种,被子植物85科、356属、741种。有鸟类16目、38科、117种,哺乳动物6目、14科、33种,两栖动物1目、3科、5种,爬行动物2目、4科、12种,鱼类1目、2科、10种,昆虫7目、51科、168种。其中国家重点保护植物17种,国家一级保护动物豹、金雕等2种,国家二级保护动物黑熊、勺鸡等19种。

五、大黑山国家级自然保护区

大黑山国家级自然保护区位于敖汉旗东南部,总面积86799公顷,是一处以保护森林、草原、野生动植物生态系统为主的自然保护区。始建于1996年,1998年晋升为自治区级自然保护区,2001年晋升为国家级自然保护区。是一个以草原、森林等多样生态系统、珍稀野生动植物栖息地和水源涵养地为主要保护对象的丘陵山地综合性自然保护区。

该保护区内大小山峰100多座,多在海拔800米左右,最高峰海拔1000多米。保护区既是大凌河和西辽河两大水系的分水岭,又是这两大水系的重要水源涵养地。区域内有5个植被类型、14个群系,主要包括草原、森林、灌丛植被、半灌丛植被、草甸植被。野生动物中,有鸟类16目、41科、142种,其中国际受威胁鸟1种,国家一级保护鸟类金雕1种,国家二级保护鸟类鸢、雀鹰、红脚隼、黄爪隼等21种。有哺乳动物6目、13科、29种;有昆虫7目、30科、158种。野生植物中,有维管束植物82科、301属、592种,有国家重点保护植物3种,药用植物374种,其中国家重点保护药用植物7种,有小叶朴、大果榆、胡桃楸等古老植物群落。

六、阿鲁科尔沁国家级自然保护区

阿鲁科尔沁国家级自然保护区位于内蒙古自治区阿鲁科尔沁旗东部,总面积

136794公顷。地处大兴安岭南部山地山前台地和山间河谷地带。是一个以保护沙地草原、林地、河流、湖泊、沼泽型湿地等多样的生态系统及珍稀鸟类为主的综合性自然保护区。

该保护区境内有湖泊、河流和沼泽三种类型的湿地生态系统。有几十个常年积水泡子及数百个小泡子组成的湖泊群，有乌力吉木伦河和黑哈尔河两大河流，并在保护区东南部汇合，汇入西拉木伦河，这些河流为保护区湖泊提供了水源，同时在河流两岸河滩上发育形成了大面积的沼泽、湿草甸及柳灌丛湿地。保护区有7个植被类型、54个群系，主要植被类型有水生植被、沼泽植被、草甸植被、草原植被、丘陵坡地半灌木丛植被、丘陵坡地灌木丛植被和沙地复合植被。

保护区内已查明野生维管束植物63科、186属、271种。有药用植物198种，占保护区植物的72%。有优良牧草38种，有观赏植物13种。

保护区有鸟类14目、37科、151种，有哺乳动物6目、13科、30种，有鱼类3目、5科、13种，有昆虫类19目、134科、616种。保护区不仅在国内鸟类栖息中具有重要地位，而且是重要的鸟类迁徙基地。保护区鸟类资源丰富，世界受威胁种有鸿雁、丹顶鹤、白枕鹤、大鸨、黑嘴鸥、遗鸥等，国家一级保护鸟类有丹顶鹤、大鸨、遗鸥三种，国家二级保护鸟类有燕隼、红隼、大天鹅、小天鹅、秃鹫等28种。属于珍稀野生动植物国际贸易公约附表所列的鸟类有金尾鸭、琵嘴鸭、绿翅鸭等8种。被列入中国生物多样性保护行动计划中的鸟类有白枕鹤、灰鹤、鸳鸯、雀鹰等29种。

七、高格斯台罕乌拉国家级自然保护区

高格斯台罕乌拉国家级自然保护区位于阿鲁科尔沁旗北部，总面积10.63万公顷，属保护森林生态系统类型自然保护区。保护区属于东北平原和蒙古高原的重要水源涵养地。有黑哈尔河、苏吉河等14条河流，向东流入西辽河，向西流入内蒙古高原。1997年建立旗级保护区，1999年晋升为市级保护区，2001年晋升为自治区级保护区，2011年4月晋升为国家级自然保护区。

保护区拥有森林、灌丛、草原、湿地等多样化的生态系统。保护区内有高等植物842种，隶属116科、388属，包括种子植物700种、蕨类植物10种、苔藓植物132种，其中国家二级保护植物紫椴和内蒙古新记录植物物种红毛七最为珍贵。列入《珍稀濒危野生动植物物种国际贸易公约》保护的植物有手掌参、角盘兰、红门兰、绶草、大花杓兰5种，内蒙古珍稀濒危保护植物12种。有脊椎动物241种，包括鱼类11种、两栖类4种、爬行类7种、鸟类182种、兽类37种。其中国家重点保护鸟类有大鸨、大天鹅、蓑羽鹤、白枕鹤、黑琴鸡、雕鸮、乌雕、红脚隼等38种；国家重点保护的野生动物有马鹿、猞猁2种。有昆虫1293种。

八、乌兰坝国家级自然保护区

乌兰坝国家级自然保护区位于巴林左旗北部的乌兰坝林场和石棚沟林场境内，总面

2014年赤峰市自然保护区情况一览表

表4-4-13　　单位:公顷

保护区名称	面积	主要保护对象	保护区级别	所在地区
阿鲁科尔沁自然保护区	136794	珍稀鸟类、湿地、科尔沁沙地、草原	国家级	阿鲁科尔沁旗
赛罕乌拉自然保护区	100446	森林、草原、生态系统及生物多样性	国家级	巴林右旗
达里诺尔自然保护区	119414	珍稀鸟类	国家级	克什克腾旗
白音敖包自然保护区	13682	沙地云杉林	国家级	克什克腾旗
黑里河自然保护区	27638	天然油松林	国家级	宁城县
大黑山自然保护区	86799	森林、草原、野生动植物	国家级	敖汉旗
高格斯台罕乌拉自然保护区	106284	森林、生物多样性(水源涵养)	国家级	阿鲁科尔沁旗
乌兰坝自然保护区	78672	自然环境及珍稀濒危野生动植物	国家级	巴林左旗
七锅山—平顶山自然保护区	2250	自然锅穴及相关地质遗迹	自治区级	巴林左旗
青山自然保护区	9200	冰臼群	自治区级	克什克腾旗
乌兰布统自然保护区	30089	森林、草原、湿地等	自治区级	克什克腾旗
潢源自然保护区	45438	草原、林地、湿地等	自治区级	克什克腾旗
黄岗梁自然保护区	41654	森林生态系统	自治区级	克什克腾旗
桦木沟自然保护区	41858	森林生态系统	自治区级	克什克腾旗
小河沿自然保护区	18000	湿地、鸟类	自治区级	敖汉旗
松树山自然保护区	42377	湿地、生物多样性	自治区级	翁牛特旗
沙日温都自然保护区	24740	森林生态系统	自治区级	阿鲁科尔沁旗
大冷山自然保护区	26587	水源涵养、生物多样性	市级	林西县
灯笼河自然保护区	8000	草原、湿地、珍禽	市级	翁牛特旗
旺业甸自然保护区	6600	水源涵养、生物多样性	市级	喀喇沁旗
红山自然遗迹自然保护区	1271	红山岩体、古文化遗址	县级	红山区
大乌梁苏自然保护区	2533	野生动植物、水源涵养	县级	松山区
上窝铺自然保护区	1467	水源涵养、生物多样性	县级	松山区
根丕自然保护区	5370	森林生态系统	县级	阿鲁科尔沁旗
阿布德龙台自然保护区	29980	草原、森林生态系统	县级	巴林右旗
贡格尔草原自然保护区	101900	草原、湿地、鸟类	县级	克什克腾旗
五牌子鸟类自然保护区	800	湿地、珍禽	县级	翁牛特旗
热水自然保护区	41	热水、地热资源	县级	宁城县
合计	1109884			

积为 78672 公顷。是以保护大兴安岭南部山地森林、草原、湿地生态系统及珍稀濒危野生动植物资源为主要目的的森林生态系统类自然保护区。1997 年 9 月建立旗级自然保护区,2001 年 12 月晋升为自治区级自然保护区,2014 年 12 月晋升为国家级自然保护区。

保护区地处大兴安岭东南山麓,地形以中低型山地为主,海拔 800 ~ 1820 米。保护区境内主要有浩尔吐河、乌兰达坝河和乌兰白其河,是西辽河主要的水源涵养地之一。保护区内山体陡峭,土壤垂直分布明显,随海拔高度自高而低,依次为黑钙土、灰色森林土、棕壤土及暗栗钙土。保护区有高等植物 1071 种,隶属 133 科、453 属。其中种子植物 84 科、353 属。862 种, 蕨类植物 10 科、14 属、27 种, 苔藓植物 39 科、86 属、182 种。脊椎动物有 321 种,其中哺乳类 45 种,鸟类 242 种,两栖爬行类 15 种,鱼类 19 种。有昆虫 19 目、204 科、1294 种。野生动植物资源中,珍稀濒危野生动植物众多。野生植物中,有第一批被列为国家级重点保护植物的黄檗、紫椴,有内蒙古自治区重点保护植物五味子、二型叶沙参、贺兰山南芥、穿龙薯蓣等 12 种。动物中,有国家一级保护鸟类黑鹳、金雕、白肩雕、玉带海雕、大鸨、丹顶鹤 6 种,国家二级保护野生动物马鹿、斑羚、天鹅、鸳鸯、草原雕、秃鹫、白头鹞、红脚隼等 44 种,被列入《珍稀濒危野生动植物物种国际贸易公约》保护的动物有 46 种。

第六章　林权　林政

第一节　林权制度改革

一、“五荒”拍卖

1993 年,赤峰市部分地区进行“五荒”(宜林荒山、荒地、荒滩、荒草、荒水)拍卖试点。1994 年 5 月,市委、市政府印发《关于拍卖“五荒”使用权的决定》,实行“五荒”资源所有权和经营权分离。参与“五荒”资源拍卖的有农牧民,具有治理开发能力的企事业单位、社会团体及其他组织或个人。最长使用年限为 50 年,在承包期限内依法享有继承、转让、抵押、参股联营的权利。全市按照分类指导、抓两头带中间的原则,确定克什克腾旗新开地乡和翁牛特旗巴嘎他拉苏木两个推广点。拍卖“五荒”政策的逐步落实,调动了农牧民和社会各界治荒的积极性。至 1999 年,全市“五荒”资源使用权拍卖面积 45.33 万公顷,其中 80%通过造林、封育等措施进行了治理。

二、集体林权制度改革

2002 年 10 月,市委、市政府印发《关于进一步加强林业生态建设步伐的决定》,明确林业多种经济成分的经营主体,通过拍卖、租赁、承包、股份合作、无偿划拨等形式,依法获得林地、荒山、荒沙的使用权和经营权,使用和经营期限为 50 ~ 70 年。当年年末,全市开展新一轮集体林权登记发证工作,发证的范围是集体所有的森林、林木、林地以及个人所有的林木,还有退耕还林工程完成后的林地和林木。2004年,全市组织开展以集体商品林和宜林地为重点的改革,市政府办公厅印发《赤峰市深化林业产权制度改革实施方案》,明确集体林经过村民大会或代表大会讨论通过后,以拍卖、承包、租赁和划分、明晰股权等形式,确权到户。至2005年,全市确权到户集体商品林面积12.93万公顷,占应确权到户面积(16.2万公顷)的79.81%;发证面积9.6万公顷,占应发证面积的59.26%;集体宜林地发证面积78.6万公顷,占应发证面积(79.2万公顷)的99.24%。

2008年,市政府印发《关于全面深化集体林权制度改革的意见》,进一步明确改革配套政策和相关保障措施,改革方式以家庭联合承包为主,其他形式并存。2009—2011年,用3年时间基本完成明晰集体林产权、承包到户的主体改革任务,完成核发林权证的工作。在推进集体林权制度主体改革的同时,积极探索配套改革,以“依法、自愿、有偿”为前提,推动林权流转。2009年,市政府印发《赤峰市集体林权抵押贷款管理暂行办法》,搭建起以林权抵押贷款为主要内容的林业投融资平台,促使农牧民通过林权抵押变现扩大再生产,推进林业产业发展进程。2010年,全市林权抵押贷款1.01亿元,抵押面积4653公顷,其中农户贷款8575.5万元。积极培育林业专业合作社,促进林业生产集约经营。至2013年末,全市279.1万公顷集体林明晰了产权,核发林权证275.7万公顷,惠及333万人,涉及林改户数88万多户;全市林业专业合作社68家,入社成员10171人,经营面积4.59万公顷。

第二节 林 政

一、林地使用管理

1990年,按照林业部的要求,赤峰市对征占用林地情况开始全面统计。1992年,贯彻落实国务院办公厅转发林业部等部门《〈关于进一步加强林地保护管理工作请示〉的通知》,严格征占用林地的审批管理;认真执行征占用林地补偿制度,建立健全林地保护管理制度。1993年,按照内蒙古自治区林业厅、物价局、财政厅等部门联合印发的《内蒙古自治区占用、征用林地收费标准和管理使用规定》,占用、征用林地单位应向被占用征用林地单位缴纳林木补偿费、林地补偿费和安置费,森林植被恢复费由旗县区以上林业主管部门收取。林业主管部门在办理占用、征用林地审核手续时,一次性征收占用、征用林地费用的1%作为林地管理费。1995年,按照林业部《关于试行使用林地许可证制度的通知》,在全国试行林地使用许可证制度。2001年,国家林业局颁布《占用征用林地审核审批管理办法》,进一步明确征占用林地审核审批权限、程序、用地单位申请征占用林地的条件等。2002年以后,国家林业局相继出台《使用林地可行性报告编写规范》《关于占用、征用国家级森林公园林地有关问题的通知》《关于依法加强征占用林地审核审批管理的通知》,财政部、国家林业局联合出台《森林植被恢复费征收使用管理暂行办法》，规定了森林植被恢复费征收标准、使用管理等。上述政策在赤峰市得到认真贯彻落实。2004 年，实行公益林和商品林分类经营管理，公益林主要向社会提供水土保持、涵养水源、防风固沙、调节气候、防止污染、净化空气等生态效益，对采伐严管、管死。不允许流转，不准随意征占，确因国家重点工程建设需要占用的，必须按照法律法规确定权限进行审批，并按 1 ~ 2 倍的面积、数量在异地造林。2007 年始，实行征占用林地限额管理制度、征用占用林地专家评审和林业主管部门预审制度，实行林地用途管制。2006—2010 年，全市累计办理征占用林地项目 295 件，涉及林地面积 4240 公顷。年平均审核审批占用林地申请 60 多件，涉及林地面积 848 公顷，审核审批率和森林植被恢复费缴纳率均达到 100%。2013 年，市政府印发《赤峰市征占用林地审核管理办法》，进一步加强征占林地审核审批工作。

二、林木采伐管理

1987 年起，国家和自治区要求严格控制森林年采伐量，按合理经营和永续利用的原则，实行森林采伐限额管理。遵循用材林消耗量低于生长量的原则，每 5 年编制一次森林采伐限额，经国家批准后实施。1991 年以后，赤峰市进一步加强林木采伐制度建设，先后建立和完善采伐公示制度、审计人员持证上岗制度、现场监伐制度、采伐验收制度和采伐更新验收制度等。对要采伐的林木，必须属地公示，对于无异议的地块方可报批。上报采伐作业申请时，必须持林权证或由采伐地块四邻签字证明，否则不予审批。采伐许可证的管理和核发一律由资源林政股（站）的持证执法人员负责。核发采伐证必须严格按林业部《森林采伐管理办法》规定办理。全市采取集中审批制度，国有林场每年在采伐前集中召开一次作业设计审批会；集体和个人于每年上半年 1—3 月、下半年 10—12 月进行两次集中审批。建立采伐监伐和更新管理责任制，市、旗县区设立采伐监伐责任人，负责现场监伐，发现问题及时纠正或停止采伐；明确采伐更新、许可证核发、采伐作业、异地更新等各生产管理环节的责任和责任人，出现问题严格追究有关人员责任。坚持严格的检查验收制度，各旗县区对当年采伐和上年更新的项目进行全面自查，市林业管理部门进行抽查，对更新欠账或质量不合格的单位限期更新；逾期未完成任务的，以林场、村组为单位停止采伐审批，直到完成更新为止。市林业局编制应用采伐、运输、报表等管理软件系统，实行采伐全过程数字管理。

2004 年以后，公益林采取更加严格的采伐制度，采伐作业由自治区林业主管部门或授权单位审批，采伐限额禁止跨年度和串项使用；商品林采伐限额依据森林经营方案单独审批，采伐树木以成熟度为依据，采伐限额可以跨年度使用，实行采伐限额 5 年执行期总控制。

2011 年，国家林业局在全国 200 个单位开展以森林采伐管理改革为核心的森林资源可持续经营管理试点工作，敖汉旗、克什克腾旗被列为试点旗县之一。试点内容包括五项：(1)科学编制县级森林经营规划；(2)建立森林经营方案审核备案制度和森林经营方案实施保障机制；(3)深化森林采伐管理制度改革，逐步从采伐指标管理向依据森林经营活动进行采伐利用管理转变;(4) 探索建立可持续经营管理新模式和新机制;(5)建立健全森林资源可持续经营管理监测评价体系。2012年,在总结敖汉旗森林采伐试点经验的基础上,市政府制定《赤峰市森林采伐管理办法(试行)》。根据林木生长规律和林农经营需求,放宽采伐林龄和面积限制;实行林木采伐审批公示、行政许可限时制度,简化审批程序和手续;允许经营者在不破坏生态功能的前提下,依法合理利用林地资源,开发林下种养业,利用森林景观开发森林旅游业;放活林权流转市场,推进森林资源经营向资产、资本经营方向转变,增加农民资产性收入;放开林权流转方式,在法律允许的前提下,允许林地承包经营权人在剩余承包期限内自主选择林权流转方式,但流转后不得改变林地用途。

1991—2000年,全市林木年采伐量控制在25万立方米。到2014年,全市林木年采伐量控制在35万~40万立方米。

三、木材流通管理

20世纪50年代初,昭乌达盟开始执行木材凭证运输制度。1954年,在次生林区交通路口设木材检查站。1985年,全市对木材检查站设置、人员编制状况进行整顿,保留木材检查站19个。2000年以后,随着木材市场行情不断上涨,木材运输量逐年增加,市林政管理部门加大木材运输管理力度,办证工作人员一年一更换,申领木材运输证的人员实行实名制;木材运输证及运输介绍信通过微机软件打印输出,避免违规涂改证件现象。在办理运输证明时,出具采伐证、育林基金缴纳证明、介绍信、检疫证等证明,使采伐管理与运输有机结合,有效切断了滥伐、盗伐林木的外运通道。2008年,市林业局编制《赤峰市木材检查站投资规划》,对全市木材检查站的总体布局进行调整,控制滥伐、盗伐及违法收购的木材进入流通市场。2006—2010年,全市投入运营的木材检查站有21个,共办理运输证5.6万多张,运输木材151万多立方米,凭证运输率98%。到2014年,全市经自治区政府批准设立的木材检查站共26个,其中实际运营的木材检查站11个,分别是巴林左旗的黑力黑坝、米力图坝检查站,林西县的大水菠萝检查站,克什克腾旗的宇宙地、白土千坑子、文革桥、联峰检查站,宁城县的试驾检查站,敖汉旗的新惠、羊场、大黑山检查站。检查站共有工作人员50人,由林政、森林公安、防火部门和林场人员组成。全市木材运输管理进一步加强,做到依法检查、依法运输。

第七章　林场　苗圃

第一节　林　场

1991年,全市有国有林场61个。其中翁牛特旗12个,克什克腾旗10个,敖汉旗9个,阿鲁科尔沁旗5个,巴林右旗5个,宁城县5个,喀喇沁旗4个,巴林左旗3个,林西县 3 个，松山区 3 个，红山区 1 个，元宝山区 1 个。按规模分，全市有特大型（有林面积 2 万公顷以上）林场 6 个，大型（有林面积 6667 ~ 20000 公顷）林场 28 个，中型（有林面积 3333 ~ 6667 公顷）林场 14 个，小型（有林面积 3333 公顷以下）林场 13 个。按经营性质分为三类：建在次生林区以经营天然次生林为主要任务的经营林场 25 个；建在非林区，以荒山荒地造林为主要任务的造林林场 24 个，其中以营造防护林、用材林为主的 22 个，以营造经济林为主的 2 个；建在科尔沁沙地周围，以防沙治沙为主要任务的林场 12 个。

1994 年，敖汉旗宝国吐林场从大黑山林场分出为独立林场，直属旗林业局。克什克腾旗成立镇郊林场。2001 年，敖汉旗马头山林场从木头营子林场分离为独立林场，直属敖汉旗林业局。2008 年，巴林右旗国营林业机耕站改建为巴林右旗国有机耕林场。到 2014 年，全市有国有林场 65 个。其中翁牛特旗 12 个，克什克腾旗 11 个，敖汉旗 11 个，阿鲁科尔沁旗 5 个，巴林右旗 6 个，宁城县 5 个，喀喇沁旗 4 个，巴林左旗 3 个，林西县 3 个，松山区 3 个，红山区 1 个，元宝山区 1 个。按经营性质分：经营林场 25 个；造林林场 28 个，比 1991 年增加 4 个，其中营造防护林、用材林为主的林场 26 个，以营造经济林为主的林场 2 个；治沙林场 12 个。

2014 年，全市国有林场发展规模：（1）林场总经营面积 159.2 万公顷，占全市总土地面积的 17.68%。其中林业用地面积 140.6 万公顷，非林地面积 18.6 万公顷。在林业用地面积中，有林地面积 61.93 万公顷，疏林地面积 2.4 万公顷，灌木林地 45.63 万公顷，未成林造林地 5.53 万公顷，苗圃地 0.21 万公顷，宜林地 22.33 万公顷，其他林地 2.57 万公顷。（2）国有林场经营森林面积 107.87 万公顷，其中人工林面积 27.67 万公顷，天然林面积 80.2 万公顷。活立木总蓄积量 2944 万立方米，占全市森林总蓄积量的 54.2%。（3）国有林场生态公益林面积达到 98.53 万公顷，商品林面积 42.07 万公顷。（4）全市国有林场总人口 20752 人，有职工 7174 人，其中离退休职工 2711 人。

第二节 苗 圃

一、林业苗圃

1990 年，全市有国有林业苗圃 108 个，苗圃土地面积 2045.4 公顷。其中国有独立的林业苗圃 16 个，苗圃土地面积 849.67 公顷，职工 722 人；国有林场场属苗圃 92 个，土地面积为 1195.73 公顷。1991 年以后，随着植树造林和绿化的发展，林业苗圃不断发展。到 2003 年，全市 16 个国有独立苗圃职工增加到 790 名，其中管理人员 102 名，技术人员 84 名，工人 512 名。年育苗面积 379.6 公顷，生产合格苗木 1.5 亿株。

2004 年，全市 16 个国有独立苗圃改革转制过程中，除翁牛特旗的河南苗圃、巴林左旗苗圃未进行改制外，其他 14 个苗圃全部实施改制。转制形式有 4 类：（1）林场兼并,成为场属苗圃。包括克什克腾旗的经棚苗圃、钟营子苗圃、达里苗圃、木希嘎苗圃,敖汉旗的丰源苗圃、敖吉苗圃,松山区的安庆沟苗圃。行政人员调入林场,职工一次性解决养老保险到退休。(2)股份合作制。包括阿鲁科尔沁旗的天山苗圃,巴林右旗的良种苗圃,林西县的新林镇苗圃和松山区的当铺地苗圃。划出一少部分苗圃地作为职工的口粮田,大部分苗圃地用于组建股份制有限公司。职工自愿入股,公司负责一次性或分期解决职工养老保险。(3)独资经营。包括阿鲁科尔沁旗的巴彦花苗圃,林西县新兴苗圃。组建独资经营的有限责任公司,公司负责职工的养老保险。(4)整体转让经营权。喀喇沁旗团结地苗圃,整体转让,转让资金用于偿还外债和安置职工。

截至2014年,全市有苗圃365个,其中国有苗圃76个,非国有苗圃72个,个体苗圃217个。国有苗圃中,国有独立苗圃2个,国有林场附属苗圃69个,非林业系统苗圃1个,其他苗圃4个。全市苗圃共有育苗面积1072.4公顷,其中国有苗圃育苗面积515公顷。全市年产合格苗木5亿~6亿株,年出圃合格苗木3.5亿~4.5亿株。

二、园林苗圃

1991年,中心城区有赤峰市林业科学院苗圃、红山区红庙子园林苗圃、松山区陕西营子苗圃、元宝山区毛家园林苗圃、小五家矿务局苗圃5个苗圃,总面积80多公顷。1991年以后,园林苗圃的建设以国有专业苗圃为主,集体、个体苗圃为辅,先后建设关家营苗圃、赛赫园林苗圃。2014年,全市有园林苗圃11处,生产基地277.8公顷,城市绿化苗木自给率达到80%以上。

赤峰市林业科学院苗圃　始建于1959年,位于红山区。市林业科学院苗圃是集苗木栽植、引种、科学研究于一体的专业苗圃,同时进行草花繁育、苗木引种种植试验。2014年,该苗圃占地65公顷,苗圃内栽植各类苗木50多种、47.86万株。

红山区红庙子园林苗圃　始建于1950年,位于红山区红庙子镇,隶属于红山区园林管理处。2014年,该苗圃占地57公顷,经营面积53.33公顷,育苗面积40公顷,优良品种花卉繁育苗地4公顷。苗地存苗100万株,培育各种乔木50个品种、灌木35个品种,年生产盆花20万盆,花苗45.8万株。红庙子苗圃是市区最大的苗木生产基地,产品辐射内蒙古中、东部及河北北部、辽宁西部各城市。

红山区大三家天虹花卉市场　位于红山区大三家村,2009年4月开工建设,2010年8月建成,占地13.2公顷。建有内蒙古地区最大的花卉繁育基地,开展园林植物品种的改良和新品种引种驯化,引进适宜本地生长的白皮松、银杏、铁线莲、藿香等树种和花卉共110个品种,每年为赤峰地区提供各类花卉500多万株。

松山区关家营苗圃　位于松山区关家营满族乡,2010年启动建设并投入使用,占地45公顷。2014年,栽植有五角枫、金叶榆、海棠、卫矛等28个品种、42.3万株。

松山区赛赫园林苗圃　位于松山区关家营满族乡,面积40公顷,2010年建设使用。2014年,栽植有五角枫、卫矛、新疆杨等30多个品种,栽植苗木36.51万株。

五家园林苗圃　位于元宝山区五家镇，始建于2004年，占地面积5.33公顷。2014年，栽植有云杉、杨树、柳树、油松、梓树、国槐、丁香、水蜡、草花和宿根花卉等10多个品种，有苗木9.15万株。

铁东园林苗圃　位于元宝山区铁东区，始建于2012年，占地面积6.67公顷。2014年，栽植有云杉、杨树、柳树、油松、梓树、国槐、丁香、水蜡、草花和宿根花卉等苗木10多个品种，有苗木15.3万株。

毛家园林苗圃　位于元宝山区毛家窝铺，始建于1965年，占地面积11公顷，隶属于平煤投资公司林业处。2014年，栽植有云杉、杨树、柳树、油松、梓树、国槐、丁香、水蜡、草花和宿根花卉等10多个品种，有苗木18.6万株。

小五家矿务局苗圃　位于元宝山区小五家回族乡，始建于1958年，占地面积18.7公顷，隶属于平煤投资公司林业处。2014年，栽植有云杉、杨树、柳树、油松、梓树、国槐、丁香、水蜡、草花和宿根花卉等10多个品种，有苗木25.5万株。

小五家林业局林场苗圃　位于元宝山区小五家回族乡，始建于2010年，占地面积20公顷，隶属于元宝山林场。2014年，栽植有云杉、杨树、柳树、油松、梓树、国槐、丁香、水蜡、草花和宿根花卉等15个品种，有苗木30万株。

山湾子苗圃　位于元宝山区风水沟镇山湾子村，始建于2005年，占地面积9.3公顷。2014年，栽植有云杉、杨树、柳树、油松、梓树、国槐、丁香、水蜡、草花和宿根花卉等苗木15个品种，有苗木15.3万株。

第八章　重点工程

第一节　三北防护林建设工程

三北防护林建设是1978年国家针对“三北”（东北、华北、西北）地区生态环境日益恶化所采取的一项重大战略决策。三北防护林体系建设工程范围涉及赤峰市所辖12个旗县区，按照生态建设重点项目不重叠原则，从2001年开始，三北防护林工程在赤峰市的建设范围调整为红山区、元宝山区、松山区。以科尔沁沙地和浑善达克沙地、北部和中南部浅山丘陵为重点建设和治理区，以防沙治沙和控制水土流失为骨干工程，以农田防护林、草牧场防护林、水土保持林、防风固沙林体系建设为重点项目，进行规划和建设。

1978—2013年，全市累计完成国家投资26557.9万元。其中一期工程（1978—1985年）投资900.2万元，二期工程（1986—1995年）投资7794.7万元，三期工程（1996—2000年）投资17155万元，四期工程（2001—2010年）投资468万元，五期工程（2011—2013年）投资240万元。至2014年，全市规划造林面积123.03万公顷，实际完成面积

1978—2013年赤峰市三北防护林工程完成情况统计表

表4-4-14　　单位:万公顷

工期	年份	国家投资(万元)	造林面积	其中		
				人工造林	飞播造林	新封育林
一期	1978—1985	900.2	39.10	39.10	—	—
二期	1986	222	1.73	1.73	—	—
	1987	229	1.23	1.23	—	—
	1988	229	1.23	1.23	—	—
	1989	157.4	0.96	0.96	—	—
	1990	343.3	11.55	6.38	0.17	5.00
	1991	343	11.70	6.57	0.20	4.93
	1992	535	14.13	8.47	1.46	4.20
	1993	2201	16.00	8.85	1.09	6.06
	1994	2419	11.72	7.89	0.70	3.13
	1995	1116	9.65	5.98	0.73	2.94
三期	1996	3622	10.94	8.11	1.00	1.83
	1997	2651	8.41	5.10	1.15	2.16
	1998	4007	8.06	5.15	0.71	2.20
	1999	4605	7.62	4.90	1.21	1.51
	2000	2270	6.88	3.65	0.85	2.38
四期	2001—2007	—	—	—	—	—
	2008	200	0.13	0.13	—	—
	2009	96	0.04	0.04	—	—
	2010	172	0.07	0.07	—	—
五期	2011	150	0.03	0.03	—	—
	2012	—	—	0.00	—	—
	2013	90	0.02	0.02	—	—
合计		26557.9	161.2	115.59	9.27	36.34

161.2 万公顷，任务完成率达 131.02%。其中人工造林完成面积 115.59 万公顷，飞播造林完成面积 9.27 万公顷，封山育林完成面积 36.34 万公顷。

1978—2014 年，在三北防护林体系建设中共开发推广和应用 100 多项先进技术，年均推广面积 2 万公顷以上，使造林成活率由过去的不足 40%提高到 85%以上。重点推广生态经济沟、生物经济圈以及林农、林草、林药兼做的立体种植模式，全市累计建设生态经济沟 2399 条，总面积 23.53 万公顷，年均经济效益 2330 万元。山杏低产林改造技术推广面积累计达到 47.4 万公顷，山杏核产量由过去的每公顷 40.5 公斤提高到 267 公斤，高产地块每公顷产量达到 810 公斤，成为农牧民重要经济收入。速生丰产林营造技术推广面积达到 10.67 万公顷，已建成重要的用材林基地。

经过 30 多年建设，以农田防护林、草牧场防护林、水土保持林、防风固沙林为主体的防护林体系初步形成，水土流失和风蚀沙化得到有效治理。全市累计营造农田防护林 3.67 万公顷。全市平川旗县全部实现农田林网化，保护农田 29.33 万公顷。农田防护林网内平均风速降低 31.4% ~ 36.6%，空气相对湿度提高 9% ~ 10%，累计完成牧场防护林面积 6.23 万公顷，保护牧区 74.73 万公顷。其间全市累计治理开发沙地 140 万公顷，占沙化土地面积的 52%，在沙区开展以栽植樟子松为主的植被建设，植被高度由原来的 15%提高到 38%，森林覆被率由 1978 年的 8%增加到 2013 年的 35.3%，境内流动和半流动沙地得到有效控制。全市治理水土流失面积 247.13 万公顷，占水土流失面积的 60.8%。

第二节 生态建设与保护工程

1998 年 8 月，中国林业调查设计院协助赤峰市林业局编制《内蒙古赤峰市林业生态建设与保护工程规划》，9 月，国家发展改革委员会、国家林业局、中国科学院、北京林业大学、中国林业科学院等 9 个单位的领导和专家对规划进行论证和审定，1999 年 3 月，国家发展和改革委员会正式批复。工程建设范围包括全市 12 个旗县区，建设规模为 66.67 万公顷，其中人工造林（种草）46.67 万公顷，飞播造林种草 10 万公顷，封山育林育草 10 万公顷；工程总投资 7.6 亿元，其中国家投资 3 亿元，平均每年国家无偿投资 6000 万元。1998 年，赤峰市生态建设与保护工程启动。至 2007 年，国家累计下拨资金 1.9 亿元，下达建设任务 14.54 万公顷。其中人工造林 8.14 万公顷，飞播造林 2.53 万公顷，封山育林 3.79 万公顷，林木种苗工程 806.33 公顷。

第三节 退耕还林工程

从 2001 年开始，赤峰市开展退耕还林工作。当年，全市退耕还林 7333 公顷。2002 年，国家启动退耕还林工程。赤峰市退耕还林工程主要在阿鲁科尔沁旗、巴林左旗、巴林右旗、林西县、克什克腾旗、翁牛特旗、喀喇沁旗、宁城县、敖汉旗、松山区10个旗县区。2003年，市政府出台封山禁牧、舍饲禁牧等管理办法，同时加强管护队伍建设。2004年,赤峰市中心城区北扩西移,启动城区周边绿化工程,红山区、元宝山区承担了部分退耕还林建设任务。

2002—2006年，全市退耕还林工程为大范围实施阶段,5年建设任务总计达到39.87万公顷，占10年建设任务的91.16%。2007—2010年是收尾阶段,4年的建设任务全部属于荒山荒地造林范围,任务量逐年减少。

2001—2010年,全市完成建设任务43.74万公顷。其中完成退耕还林任务20.47万公顷，完成荒山荒地造林任务23.27万公顷（包括人工造林19.54万公顷，以封代造3.73万公顷)。实际完成率为100%。

2001—2014年,全市完成国家退耕还林总投资67.67亿元,其中用于造林的费用3.43亿元。从2008年开始,发放巩固退耕还林成果专项资金,至2014年,总投资达1.56亿元。退耕还林工程收到良好的生态效益和经济效益。工程区林草盖度由退耕前的15%提高到70%以上，退耕地的地表水径流量减少20%以上，泥沙量减少24%以上,地表结皮增加,遏制了耕地沙化势头。生态环境明显改善。

第四节　京津风沙源治理工程

2000年,国家启动京津风沙源治理工程,2002年,工程开始全面实施,全市12个旗县区均列入工程建设范围。2000—2014年，赤峰市京津风沙源治理工程总投资23.13亿元。到2014年,全市共完成工程建设面积143.25万公顷,占下达任务的100%,其中人工造林完成56.27万公顷,飞播造林完成12.13万公顷,封山(沙)育林完成74.85万公顷。全市森林覆被率年均增长0.56个百分点。1999年禁牧前,全市林草植被盖度不足47%,到2012年,达到63%。禁牧、休牧面积达到567万公顷,治理区草原植被达到80%以上。2009年,沙化土地总面积下降到189.97万公顷,其中固定沙地154.75万公顷,半固定沙地20.06万公顷,流动沙地12.26万公顷,露沙地1.08万公顷,沙化退化耕地1.82万公顷。沙尘天气明显减少,许多地方有风不起土,沙区生态环境初步得到改善,农田、草牧场沙化趋势得到遏制。在京津风沙源治理中,赤峰市在老哈河与西拉木伦河沿岸建设杨树用材林基地5.34万公顷，在大兴安岭南麓和燕山北麓建设以落叶松为主的针叶树用材林4.67万公顷，在燕山北麓的丘陵地带建设林果基地2.67万公顷。杨树用材林平均每年每公顷产值达7500元,全市每年增加林业产值4亿元;针叶树用材林平均每年每公顷产值达4500元,每年可增加林业产值2.1亿元;林果基地平均每年每公顷产值达2.25万元,每年可增加林业产值6亿元。仅此三项,年均可为工程区增加收入12.1亿元,人均增收300多元。

2000—2014 年赤峰市京津风沙源治理情况统计表

表 4-4-15

年份	国家投资（万元）	造林面积（万公顷）	人工造林（万公顷）	飞播造林（万公顷）	封山(沙)育林（万公顷）	工程固沙（万公顷）
2000	3179	3.35	2.47	0.16	0.72	—
2001	8760	9.05	6.51	0.50	2.04	—
2002	7207.8	6.01	0.27	1.33	4.41	—
2003	7610	6.17	0.97	0.93	4.27	—
2004	6981	5.82	0.5	0.87	4.45	—
2005	6910	5.73	0.53	0.87	4.33	—
2006	7410	6.03	0.83	0.93	4.27	—
2007	6715	5.13	2.60	0.20	2.33	—
2008	10100	8.08	3.02	0.33	4.73	—
2009	16600	13.34	4.67	0.67	8.00	—
2010	19580	13.11	3.45	1.33	8.33	—
2011	36320	19.28	10.61	2.00	6.67	—
2012	38283	18.51	8.37	0.67	9.47	—
2013	45984	20.11	10.07	0.67	9.20	0.17
2014	9659	3.83	1.4	0.67	1.63	0.13
合计	231298.8	143.55	56.27	12.13	74.85	0.30

第九章 机构队伍

第一节 机 构

一、管理机构

市级管理机构 赤峰市林业局。1991 年，赤峰市林业局内设人秘科、经营科、造林科、计财科和林政科、林业公安科等 6 个科室，有机关工作人员 20 人，有所属事业单位 6 个。2010 年 9 月，市林业局内设办公室、审计计财科、治沙造林科、森林资源林政管理科、国有林场科、防火指挥部办公室、林业产业科、农村林业改革发展科 8 个科室，行政编制 17 人。2014 年末,市林业局内设办公室、审计计财科、治沙造林科、森林资源林政管理科、国有林场科、防火指挥部办公室、林业产业科、农村林业改革发展科 8 个科室,有机关工作人员编制 22 人。

赤峰市森林公安局。1991 年,赤峰市林业局内设林业公安科,为市林业局职能机构,同时列入公安序列,实行林业、公安双重领导,以林业部门领导为主的体制。1996 年,市林业局林业公安科更名为赤峰市林业公安局。2002 年,赤峰市林业公安局更名为赤峰市森林公安局。2003 年 12 月,成立赤峰市森林公安局刑侦治安支队,核定编制 15 人。2008 年 10 月,赤峰市森林公安局纳入国家政法专项编制管理,实行林业和公安部门双重领导的管理体制。2014 年,赤峰市森林公安局内设政工、刑侦治安、法制、督察、综合、装备、信息通讯等职能机构,下设刑侦治安支队 1 个,旗县区森林公安局 12 个。

旗县区管理机构　旗县区林业局。1991 年,全市 12 个旗县区中,红山区、元宝山区设林业服务中心,作为林业管理服务机构,其他 10 个旗县区均设林业局。1993 年,阿鲁科尔沁旗、巴林右旗、宁城县、敖汉旗将林业局改为林业服务中心。1995 年,红山区、元宝山区将林业服务中心改为林业局。2001 年 11 月至 2002 年 5 月,阿鲁科尔沁旗、巴林右旗、宁城县、敖汉旗将林业服务中心改为林业局。至此,全市 12 个旗县区均设林业局。2014 年,旗县区林业局内设有办公室、业务股、财会股、林业产业化办公室、林政资源管理办公室、林权办公室、种苗站、森防站、防火办、公益林管理办公室、森林公安局等工作机构,下设有乡镇苏木、街道办事处林业工作站和林业场站等机构。

旗县区森林公安局。1991 年,部分旗县区林业局内设林业公安股,为所属林业部门的职能机构,实行林业、公安双重领导,以林业部门领导为主的体制。1996 年,旗县区林业局林业公安股更名为旗县区公安局林业公安分局。2002 年,旗县区公安局林业公安分局更名为森林公安分局。2008 年 10 月,旗县区森林公安分局全部纳入国家政法专项编制管理,实行林业和公安部门双重领导的管理体制。至 2014 年,全市有旗县区森林公安分局 12 个,各局内设政工、刑侦治安、法制、督察、综合、装备、信息通讯等机构。全市共有森林公安派出所 57 个,警务区 14 个,共有森林公安民警 615 人。

二、市林业局直属单位

1991 年,赤峰市林业局有林业科学研究院、防火办公室、林业工作总站、林业种苗站、森林病虫害防治检疫站、林产品公司 6 个局属事业单位。1992 年 1 月,成立赤峰市林业治沙管理站。1995 年 4 月,成立赤峰市沙产业技术经济服务中心。到 1997 年 5 月,市林业局所属事业单位 8 个:林业科学研究所、防火办公室、林业治沙管理站、沙产业技术经济服务中心、林业科技培训中心(2005 年撤销)、市林业工作总站、林业种苗站、森林病虫害防治检疫站。1999 年 4 月,成立中德合作内蒙古赤峰市造林项目办公室。2003 年 11 月,成立赤峰市野生动植物保护中心,撤销赤峰市沙产业技术经济服务中心。2007 年 8 月,成立赤峰市公益林管理站。2011 年 12 月,成立赤峰市林权管理服务中心。

2014 年 5 月，赤峰市机构编制委员会核定，市林业局所属事业单位 10 个，有赤峰市林业科学研究院、赤峰市森林病虫害防治检疫站、赤峰市林业灾害应急管理办公室、赤峰市林业治沙管理站、赤峰市林业工作总站、赤峰市林业种苗站、赤峰市林业对外合作项目管理办公室、赤峰市野生动植物保护中心、赤峰市天然林资源保护管理局、赤峰市林权管理服务中心，共有事业编制 165 人。

赤峰市林业科学研究院　1958 年，赤峰市林业科学研究所成立，是赤峰市专门林业科研机构。1991 年，赤峰市林业科学研究所为相当于处级事业单位，隶属于赤峰市林业局。2011 年 8 月，赤峰市林业科学研究所更名为赤峰市林业科学研究院，增挂内蒙古林业科学研究院赤峰分院牌子。内设基地处、综合处、科技处 3 个职能科室及森林生态研究所、森林经营研究所、林木育种研究所、荒漠化治理研究所、林业经济及林产业研究所、监测规划研究所、森林碳汇研究所、实验中心 8 个专业研究室。到 2014 年，赤峰市林业科学研究院共有职工 62 人，其中有专业技术人员 57 人。1991—2014 年，赤峰市林业科学研究院积极开展各类林业课题研究与推广应用，取得显著成果。2001 年被评为全国林业科研先进单位，2002 年被科技部批准为内蒙古赤峰农业科技园区林业生态科技园，2003 年被科技部批准为内蒙古赤峰农业科技园区林业生态星火科技专家大院，2004 年被科技部核准为国家星火计划农业科技专家大院模式示范单位，2012 年被国家林业局授予全国生态建设突出贡献奖先进集体称号。

赤峰市林业工作总站　1979 年 4 月成立昭乌达盟治沙造林总站，1984 年更名为赤峰市林业工作总站，为赤峰市林业局所属相当于科级事业单位。1997 年 5 月，该站挂赤峰市林业勘察设计队牌子，具有乙级林业调查规划设计资质。2010 年 9 月，自治区人力资源和社会保障厅批准为参照公务员法管理单位。2014 年 5 月，赤峰市林业勘察设计队更名为赤峰市林业监测规划设计队。2014 年，该站有工作人员 24 人。

赤峰市林业治沙管理站　1992 年 1 月，赤峰市林业治沙管理站成立，是市林业局所属科级事业单位，挂赤峰市防治荒漠化改革试验区办公室的牌子。2008 年 12 月，自治区人力资源和社会保障厅批准为参照公务员法管理事业单位。2014 年，该站有职工 11 人。

赤峰市林业种苗站　始建于 1978 年，为市林业局所属相当于科级事业单位。2003 年 9 月，赤峰市林业种苗站加挂赤峰市林木种苗质量监督检验站牌子。2008 年 12 月，自治区人力资源和社会保障厅批准为参照公务员法管理事业单位。2014 年，该站有工作人员 17 人。

赤峰市天然林资源保护管理局　2007 年 6 月，赤峰市公益林管理站成立，为市林业局所属相当于科级事业单位。2010 年 9 月，自治区人力资源和社会保障厅批准为参照公务员法管理事业单位。2012 年 8 月，赤峰市公益林管理站更名为赤峰市天然林资源保护管理局，挂赤峰市公益林管理中心牌子，编制 9 人。2014 年，该局有工作人员 9 人。

赤峰市野生动植物保护中心　2003 年 12 月成立，核定编制 5 人。2008 年 3 月，自治区人力资源和社会保障厅批准为参照公务员法管理事业单位。2009 年 10 月，增挂赤峰市湿地保护管理中心牌子。2014 年,该中心有工作人员 5 人。

赤峰市森林病虫害防治检疫站　始建于 1978 年,为赤峰市林业局所属相当于科级事业单位。2004 年 6 月,赤峰市森林病虫害防治检疫站增挂赤峰市防止外来生物入侵管理办公室牌子。2014 年,该站有工作人员 6 人,其中技术人员 5 人。

赤峰市林权管理赤峰中心　2011 年 12 月成立,核定事业编制 5 人。2014 年,该中心有工作人员 5 人,其中技术人员 5 人。

赤峰市林业对外合作项目管理办公室　1999 年 4 月,成立赤峰市中德合作内蒙古赤峰市造林项目办公室。2005 年 3 月,中德合作内蒙古赤峰市造林项目办公室更名为赤峰市林业对外合作项目管理办公室。2014 年 5 月,加挂赤峰市林业信息化办公室牌子。2014 年,该办公室有工作人员 6 人,其中技术人员 6 人。

赤峰市林业灾害应急管理办公室　1991 年,赤峰市防火办公室为市林业局所属科级事业单位。2002 年,更名为赤峰市森林草原防火信息服务中心。2008 年 12 月,将赤峰市森林草原防火信息服务中心更名为赤峰市森林草原防火协调调度中心。2011 年 5 月，将赤峰市森林草原防火协调调度中心更名为赤峰市林业灾害应急管理办公室。2014 年,该办公室有工作人员 8 人,其中专业技术人员 6 人。

第二节　队　伍

1990 年,赤峰市林业系统有职工 9528 人。其中专业技术人员 1862 人,占职工总数的 19.54%;在职职工 8324 人,占职工总数的 87.36%;临时、合同工人 1204 人,占职工总数的 12.64%。1995 年,全市林业系统有职工 9516 人。其中专业技术人员 1119 人,占职工总数的 11.76%;在职职工 8483 人,占职工总数的 89.14%;临时、合同工人 1033 人,占职工总数的 10.86%。1997 年以后,职工总数和临时工、合同工数量逐渐减少,技术人员比例逐渐上升。2000 年,全市林业系统有职工 8189 人。其中专业技术人员 1763 人,占职工总数的 21.53%;在职职工 7744 人,占职工总数的 94.57%;临时、合同工人 445 人,占职工总数的 5.43%。2005 年,全市林业系统有职工 7776 人。其中专业技术人员 2024 人,占职工总数的 26.03%;在职职工 7582 人,占职工总数的 97.51%;临时、合同工人 194 人,占职工总数的 2.49%。2014 年末,全市林业系统有职工 6308 人。其中专业技术人员 1959 人,占职工总数的 31.06%,专业技术人员中,有林业高级技术人员 324 人,中级技术人员 1406 人,技术员 229 人;在职职工 5479 人,占职工总数的86.86%;临时、合同工人 829 人,占职工总数的 13.14%。2014 年,全市林业系统职工总数比1990 年减少 3220 人,下降 33.8%;专业技术人员比 1990 年增加 5.21%;在职职工比 1990 年减少 34.18%;临时、合同工人比 1990 年减少 375 人,下降 31.15%。

第五篇 水 利

第一章 水利设施建设

第一节 蓄水工程

一、工程概况

赤峰市从1949年开始小塘坝建设,1958年开始水库建设。1991年,全市有水库69座。其中有大型水库2座:红山水库、打虎石水库;有中型水库15座;有小型水库52座,其中小一型水库26座、小二型水库26座。全市有小塘坝168座。

1991年以后,国家对水利建设资金投入不断加大,赤峰市积极开展蓄水工程建设。1991—2000年,先后新建上湾子一级水库、小响水水库、玉名水库、西高日苏水库、玉瀑水库、敖包水库、白城子水库、小乌兰勿苏水库和马鞍山水库9座水库。2000年末,全市水库增加到76座。2001年以后,新建大石门水库、三座店水库、德日苏宝冷水库、西河水库、桦木沟水库。对46座水库完成除险加固,对一些除险加固价值不大和管理较为困难的水库进行降号或销号报废处理。到2005年,全市在册水库共有69座,其中大型水库2座,中型水库16座,小一型水库32座,小二型水库19座。到2014年,全市有在册水库82座(不含三座店水库),其中有大型水库4座(大一型水库1座,大二型水库3座),中型水库17座,小型水库61座(小一型水库42座,小二型水库19座)。1991—2010年,全市新建塘坝810座,其中1991年建设168座,2005年建设394座,2010年建设248座。由于气候变化等原因,许多塘坝干涸,失去功能而报废。到2014年,全市共有塘坝248座,其中橡胶坝25座。

二、大型水库

1991年,全市有红山水库和打虎石水库2座大型水库,总库容26.75亿立方米,总兴利库容32亿立方米。2005年,在松山区开工建设三座店大二型水库,2009年建成,总库容3.05亿立方米,兴利库容1.55亿立方米。2007年,在克什克腾旗开工建设大石门大二型水库,2010年建成投入运行, 总库容1.85亿立方米, 兴利库容7500万立方米。2014年,全市有大型水库4座,总库容19.22亿立方米,兴利库容12.32亿立方米。

表 4-5-1

2014 年赤峰市大型水库基本情况统计表

水库名称	所在地区	开工时间（年）	竣工时间（年）	总库容（万立方米）	兴利库容（万立方米）
红山水库（大一型）	翁牛特旗	1958	1965	131700	94100
打虎石水库(大二型)	宁城县	1976	1982	11529	6034
三座店水库(大二型)	松山区	2005	2009	30520	15520
大石门水库(大二型)	克什克腾旗	2007	2010	18500	7500

红山水库　位于老哈河中游,翁牛特旗、敖汉旗、松山区交界处。1958 年开工建设,1965 年竣工投入使用。控制流域面积 24486 平方公里,占流域面积的 74%。是以防洪为主,灌溉、发电、水产养殖等综合利用的大一型水库。防洪按千年一遇设计,万年一遇校核。总库容 25.6 亿立方米。主坝全长 1174 米,大坝高 31 米,坝顶高 446 米。副坝全长 694 米,平均坝高 6.4 米。水电站总装机总量 6720 千瓦,其中 1600 千瓦 4 台,320 千瓦 1 台。设计年发电量 900 万千瓦时。水库承担着保护西辽河下游耕地 40 万公顷、城镇 11 座、200 万人口、11 条铁路干线的防洪任务。

1999 年 12 月,红山水库被上级水利主管部门鉴定为三类坝。2001 年 11 月,国家批准实施红山水库除险加固二期工程,总投资 1.98 亿元。初步设计为一等工程,规模为大一型。大坝、溢洪道、泄洪洞按地震烈度 7 度设防。红山水库除险加固二期工程于 2002 年 4 月开工建设,2010 年 5 月竣工。红山水库除险加固后,设计防洪标准为千年一遇,校核洪水标准万年一遇;设计泄洪量 1.49 万立方米 / 秒,校核泄洪量 1.8 万立方米 / 秒。总库容 13.17 亿立方米,兴利库容 9.41 亿立方米。设计灌溉面积 15 万公顷,有效灌溉面积 15 万公顷, 同时承担西辽河流域内 300 多万人口、53.33 万公顷农田的防洪安全。

打虎石水库　位于老哈河支流黑里河下游,距宁城县天义镇 72 公里。是以灌溉为主,兼顾防洪、发电、养鱼、旅游等综合利用的大二型水库。1976 年 1 月开工建设,1982 年竣工投入使用。总库容 1.15 亿立方米,兴利库容 6034 万立方米。主坝长 529 米,坝高 42.1 米,坝顶宽 7.0 米。水电站有 500 千瓦发电机 3 台,40 千瓦发电机 1 台,总装机容量 1540 千瓦,设计年发电量 416 万千瓦时。

2002 年 12 月,打虎石水库被上级水利主管部门鉴定为三类坝。2003 年 1 月,打虎石水库管理局委托有关单位进行打虎石水库除险加固工程初步设计。工程总投资 5961.6 万元。设计洪水标准为百年一遇,校核洪水标准为 5000 年一遇。2007 年,打虎石水库除险加固工程开工建设,2010 年 11 月,通过水利部松辽委员会、内蒙古自治区水利厅竣工验收委员会竣工验收,交付使用。打虎石水库除险加固工程投入使用后,承担老哈河流域内 22 万人口、1.33 万公顷耕地、6 个乡镇、88 个行政村、310 家大中型企业的防洪安全,保护着叶赤铁路、306 国道、平双公路、天旺公路等基础设施和辽中京遗址的安全。为下游国家大型灌区甸子灌区提供可靠的水源保证。

三座店水库 位于西辽河支流阴河下游,在松山区初头朗镇三座店村上游,距赤峰市中心城区 35 公里。2005 年 7 月开工建设,2009 年 8 月下闸蓄水投入使用。工程总投资 7.01 亿元,由辽宁省水利水电勘测设计研究院设计。水库控制流域面积 2842 平方公里,是以防洪、供水及灌溉为主综合利用的大二型水库。设计洪水标准为 500 年一遇,校核洪水标准为 5000 年一遇;总库容 3.05 亿立方米,兴利库容 1.55 亿立方米;正常蓄水位 724 米,防洪限制水位 722 米,设计洪水水位 727.8 米。主坝全长 614 米,高 52.4 米,副坝全长 490 米,高 4.5 米。水电站有 3 台水轮发电机组,总装机容量 2400 千瓦。水库供水范围为赤峰市中心城区和阴河、英金河干流。水库建成后,赤峰市中心城区防洪标准由 5~20 年一遇提高到 50~100 年一遇,保护英金河下游的 6667 公顷生态林和 3.85 万公顷农田。2012 年, 三座店水库工作重点逐步由建设管理向运行管理转移。

大石门水库 位于克什克腾旗境内西拉木伦河上游, 流域面积 3606 平方公里。2007 年开工建设,2010 年竣工验收。是以发电、供水为主综合利用的大二型水库。设计洪水标准为 2000 年一遇。工程总投资 3.95 亿元,主体工程由大坝、溢洪道、发电站组成。水库总库容 1.85 亿立方米,兴利库容 0.75 亿立方米。大坝为碾压沥青混凝土堆石坝,坝高 63.78 米,坝顶长 203 米,坝顶宽 6 米,溢洪道为竖井式,进口距坝轴线 75 米,喇叭口半径 7 米,隧道出口为城门洞形,洞长 175 米,最大泄洪量 148 立方米 / 秒。共 3 台水轮发电机组,发电装机总容量 6000 千瓦。设计近期可为当地工业发展提供 3000万立方米水量,远期可提供 6000 万立方米水量;近期每年平均发电量 1634 万千瓦时,远期每年平均发电量 1460 万千瓦时。2010 年,向下游累计放水 1000 万立方米,累计发电 33.07 万千瓦时。

三、中型水库

1991 年,全市有中型水库 15 座。1992 年以后,赤峰市进一步加强中型水库建设。1996 年建成克什克腾旗上湾子中型水库,2012 年建成巴林右旗德日苏宝冷中型水库。1991—2014 年,先后对部分水库进行除险加固,保障水库的健康运行。2014 年,全市有中型水库 17 座,总库容 6.11 亿立方米。

白音花水库 位于阿鲁科尔沁旗巴彦花镇境内乌力吉木伦河支流欧木伦河上游。始建于 1958 年,1962 年交付使用,是一座以防洪、灌溉为主,兼顾养鱼等综合利用的中型水库。水库控制流域面积 547 平方公里。设计洪水标准为 100 年一遇,校核洪水标准为 500 年一遇,总库容 2285 万立方米。水库由主坝、副坝、溢洪道、输水闸组成。主坝为黏土斜墙坝,坝高 11 米,坝顶长 740 米;副坝为黏土均质坝,坝高 9.56 米,坝顶长 653 米,溢洪道为开敞式溢洪道,堰顶净宽 36.5 米,最大泄洪量 523.4 立方米 / 秒。输水洞径 1 米,最大泄洪量 4.4 立方米 / 秒。该水库亦从黑木伦河引水调节补充水源不足问题。

表 4-5-2

2014 年赤峰市中型水库基本情况统计表

水库名称	所在地区	开工时间（年）	竣工时间（年）	总库容（万立方米）	兴利库容（万立方米）
二道河子水库	松山区	1970	1972	8567	1830
哈日朝鲁水库	阿鲁科尔沁旗	1976	1979	1093	3172
白音花水库	阿鲁科尔沁旗	1958	1962	2285	128
沙那水库	巴林左旗	1972	1975	6766	2800
德日苏宝冷水库	巴林右旗	2007	2012	9882	7944
草原水库	巴林右旗	1975	1976	1219	1041
达林台水库	巴林右旗	1981	1981	1978	1500
益和诺尔水库	巴林右旗	1978	1979	3880	2000
上湾子水库	克什克腾旗	1994	1996	4140	1160
五道石门水库	克什克腾旗	1968	1969	1470	870
龙口水库	克什克腾旗	1971	1974	1130	367
响水水库	克什克腾旗	1978	1981	1605	210
乌兰召水库	敖汉旗	1966	1966	1035	165
青山水库	敖汉旗	1970	1973	3050	2022
高家店水库	敖汉旗	1972	1976	1140	175
乌兰勿苏水库	敖汉旗	1958	1959	2683	500
山湾子水库	敖汉旗	1974	1976	9171	928

1998 年 8 月，该水库遭遇洪水袭击，破损严重。2002—2003 年进行除险加固。2004 年 9 月，通过验收交付管理单位使用。除险加固后设计洪水标准为百年一遇，校核标准为千年一遇，总库容 2285 万立方米，汛期限制水位 124.4 米，正常水位 125 米，最大泄洪量 523.4 立方米 / 秒。水库的主要功能仍然为防洪、灌溉为主，兼顾养鱼等综合利用。设计灌溉面积 2700 公顷，有效灌溉面积 1200 公顷。

哈日朝鲁水库　位于阿鲁科尔沁旗扎嘎斯台镇境内黑木伦河下游。始建于 1976 年，1979 年竣工投入使用，总库容 1093 万立方米，兴利库容 3172 万立方米。设计灌溉面积 7600 公顷，有效灌溉面积 2300 公顷。

沙那水库　位于巴林左旗富河镇境内乌力吉木伦河上游。始建于 1972 年，1975 年建成交付使用，是以防洪、灌溉为主，兼顾养鱼、旅游等综合利用的中型水库。水库控制流域面积 1855 平方公里，原设计洪水标准为 50 年一遇，校核洪水标准为 300 年一遇。

总库容 6766 万立方米，水库由大坝、泄洪洞（兼灌溉水洞）两部分组成。大坝为均质土坝，最大坝高 22.2 米，坝顶长 938 米；泄洪洞为圆形隧洞，洞径 5 米，洞长 225 米。设计泄洪流量为 174 立方米 / 秒，校核泄洪量为 180 立方米 / 秒。保护下游 10 个乡镇苏木、8 万人口及 308 国道、205 国道、集通铁路等重要设施的安全，设计灌溉面积 1.23 万公顷，有效灌溉面积 1 万公顷。

1998 年 7 月，遭遇洪水袭击，水库破损严重。2001 年 7 月，进行除险加固工程。2003 年 8 月，通过验收交付使用。工程级别为三等，主要建筑物等级为三级。除险加固后设计洪水标准为百年一遇，校核标准为千年一遇；总库容 6766 万立方米，兴利库容 2800 万立方米；设计最大泄洪量 355 立方米 / 秒，校核最大泄洪量 382 立方米 / 秒。

德日苏宝冷水库　位于巴林右旗大板镇境内西拉木伦河支流查干木伦河中游。始建于 2007 年，2012 年竣工投入使用。水库控制流域面积 8427.4 平方公里，以生态保护、工业供水为主，兼顾灌溉等综合利用。水库总库容 9882 万立方米，兴利库容 7944 万立方米，正常蓄水位 604.6 米，设计洪水水位 603.8 米。设计洪水标准为百年一遇，洪水校核标准为 2000 年一遇。该水库由主坝、副坝、防洪堤组成。主坝为复合土工模心墙堆石坝，坝高 21 米，坝顶宽 7 米，坝顶长 357.2 米；副坝为均质土坝，坝高 9.1 米，坝顶宽 5 米；防洪堤为沙砾料筑堤，堤高 6.55 米，堤顶宽 6 米，堤顶长 2970 米。水库设计灌溉面积 8800 公顷，有效灌溉面积 8000 公顷。承担保护下游 6 个苏木镇、7.5 万人口及 303 国道、305 国道、集通铁路等重要设施的安全。

草原水库　位于巴林右旗幸福之路苏木境内西拉木伦河支流古力古台河中上游。控制流域面积 998 平方公里。始建于 1975 年，1976 年建成投入使用。水库功能以灌溉为主，兼顾水产养殖、改善生态环境等综合利用。设计库容 1219 万立方米，兴利库容 1041 万立方米。正常蓄水位 52.2 米。设计洪水标准为 20 年一遇，校核洪水标准 200 年一遇。水库由主坝、副坝、输水洞和引水枢纽等建筑组成。大坝全长 1725 米，坝高 8 米，坝顶长 950 米，坝顶宽 4 米，最大引水流量 50 立方米 / 秒，最大泄洪量 16.4 立方米 / 秒。灌溉面积 4400 公顷，承担保护下游 4 个镇苏木、5600 口人、3333 公顷耕地、6666.67 公顷草场的安全。

2004 年，巴林右旗对草原水库进行除险加固，加高后主坝最大坝高为 9.5 米，宽 5 米，副坝高为 9.2 米，宽 5 米，主坝长 950 米，副坝全长 850 米；新建副坝工程，坝顶宽 4 米，坝长 700 米。2006 年 8 月竣工通过验收。水库除险加固后，设计洪水标准为 20 年一遇，校核洪水标准 200 年一遇。

达林台水库　位于巴林右旗益和诺尔苏木境内西拉木伦河下游左岸，是以灌溉为主，兼顾水产养殖、生态保护等综合利用的中型水库。1981 年开工建设，当年建成投入使用。设计总库容 1978 万立方米，兴利库容 1500 万立方米；正常蓄水位 430.7 米，死水位 427.6 米。水库设计洪水标准 20 年一遇，校核洪水标准 100 年一遇。水库由主坝、副坝、引水渠系建筑等组成。大坝为均质土坝，全长 2270 米，其中主坝长 490 米，副坝长 1780

米,坝高5米,坝顶宽3米。最大引水流量4立方米/秒,最大泄洪量6立方米/秒。灌溉耕地面积1300公顷,保护2.17万人、1.08万公顷耕地、1.8万公顷草场的防洪安全。

2003年8月,受地震影响,水库受损严重。2005年,进行水库除险加固工程建设,2007年12月竣工,通过验收投入使用。除险加固后,大坝总长2000米,其中主坝长500米,副坝长1500米,坝顶宽6米;最大泄洪量10.74立方米/秒,引水流量15立方米/秒。水库设计洪水标准20年一遇,校核洪水标准100年一遇。

益和诺尔水库 位于巴林右旗益和诺尔苏木境内乌力吉木伦河支流哈通河中下游,控制流域面积812.4平方公里。以灌溉为主,兼顾水产养殖、生态保护及旅游等。始建于1978年,1979年建成投入使用。水库设计总库容3880万立方米,兴利库容2000万立方米。水库设计洪水标准为20年一遇,校核洪水标准200年一遇。水库由大坝、溢洪道、引水渠等组成。大坝为均质土坝,全长1820米,坝顶宽3米,其中主坝长720米,副坝长1100米。水库最大泄洪量140.28立方米/秒,引水流量18立方米/秒。灌溉耕地面积4000公顷,保护下游2个镇苏木、9100口人、8000公顷农田、10000公顷草场的防洪安全。

2003年8月,受地震影响,水库工程结构发生不同程度破坏。2005年,进行除险加固工程建设,2010年竣工,通过验收投入使用。除险加固后,大坝总长2540米,其中主坝长2000米,副坝长540米,坝顶宽6米;泄洪闸3孔,孔口为6米×0.89米,最大泄洪量89.5立方米/秒;引水渠加长后为13.9公里,渠底加宽后为12米,设计引水流量18立方米/秒。水库设计洪水标准20年一遇,校核洪水标准100年一遇。

龙口水库 位于克什克腾旗红山子乡境内西拉木伦河上游,控制流域面积3984平方公里,汇流面积1093平方公里。始建于1971年,1974年建成使用。以发电为主,兼顾防洪、灌溉、养鱼等。设计洪水标准为50年一遇,校核洪水标准为500年一遇。总库容1130万立方米,兴利库容367万立方米。正常水位990米,设计洪水位991.36米,校核洪水位992.34米。水库保护着下游7个村庄、333公顷农田、9处水利工程设施、38公里公路的防洪安全。对下游浑善达克沙地进行供水灌溉,每年可供水120万立方米。

2001年9月,对大坝安全进行评估鉴定,大坝安全属于三类坝。2003年10月,进行除险加固工程建设。2006年8月,工程通过竣工验收投入使用。

响水水库 位于克什克腾旗浩来呼热苏木境内西拉木伦河支流沙里河上游。始建于1978年,1981年建成投入使用。以防洪、发电为主,兼顾灌溉、生态保护、养鱼、旅游等综合利用。工程级别为三等,设计防洪标准为50年一遇,校核防洪标准500年一遇。总库容1605万立方米,兴利库容210万立方米。正常蓄水位1159.5米,设计洪水位1159.23米,校核洪水位1160.5米。水库由拦河坝、左岸输水洞、引水式电站等组成,拦河坝为混凝土单曲拱坝,水电站装机容量2500千瓦。

2003年,对大坝安全进行评估鉴定,为三类坝。2009年,对水库进行除险加固工程建设。2010年11月竣工投入使用。工程加固后设计洪水标准50年一遇,校核洪水标准500年一遇。水库工程等级为三级。

上湾子水库 为中型一级水库。位于克什克腾旗红山子乡境内西拉木伦河支流萨岭河中下游。以防洪、发电为主。始建于1994年，1996年竣工，1998年投入运行。水库由大坝、引水隧洞、电站、升压变电站等组成。总库容4140万立方米，兴利库容1160万立方米。水电站总装机容量为2×1600千瓦。年设计发电量为840万千瓦时。

五道石门水库 位于克什克腾旗白音查干苏木境内贡格尔河上游。以防洪为主，兼顾发电、灌溉、养鱼等。始建于1968年，1969年11月竣工，投入使用。总库容1470万立方米，兴利库容870万立方米；正常蓄水位1398.59米，校核洪水位1401.62米。水库由重力坝、溢流坝、输水洞、发电站、升压站等组成。水库设计洪水标准30年一遇，校核洪水标准500年一遇。水库通过达来诺日渠首向达来诺日灌区供水，控制灌溉耕地面积3500公顷，对下游沙地补水，控制草场灌溉面积9300公顷。保护着下游达来诺日镇6个嘎查、10050人和国道的防洪安全。

2001年，通过对大坝安全进行评估鉴定，为三类坝。2004年，对水库进行除险加固建设。2005年8月，通过竣工验收投入使用。

二道河子水库 位于松山区老府镇境内老哈河二级支流西路嘎河上游。控制流域面积1509平方公里，以防洪、灌溉为主。始建于1970年，1972年12月竣工投入使用。总库容9300万立方米，兴利库容2080万立方米；正常蓄水位850.15米。设计防洪标准为50年一遇，校核防洪标准千年一遇。水库由大坝、输水泄洪洞、溢洪道等组成。大坝为碾压式均质土坝，坝高45.5米，坝顶宽4米，坝顶长370米。溢洪道最大泄洪能力1382立方米/秒，泄洪洞最大泄洪量313立方米/秒。水库设计灌溉面积8200公顷，实际灌溉面积6700公顷。承担着下游的赤峰市城区、元宝山露天煤矿、元宝山发电厂及大广高速公路、京通铁路、赤大白铁路以及1.33万公顷农田防洪安全。

1992年，被定为病险水库。1996年，开始水库除险加固工程建设。2004年7月，对水库除险加固一期工程进行竣工验收，由于坝体渗漏严重，水库大坝定为三类坝，被限制使用。2006年，进行二期除险加固工程建设，当年竣工通过验收，投入运营。该水库经过两期除险加固工程改造后，总库容8567万立方米，兴利库容1830万立方米；正常蓄水位850.15米，校核水位857.08米。水库防洪设计标准50年一遇，校核洪水标准千年一遇。大坝最高45.10米，坝顶宽5米，设计防震烈度为7.5度。灌溉耕地面积4000~5300公顷。

山湾子水库 位于敖汉旗牛古吐乡境内敖来河上游，控制流域面积690平方公里。以灌溉、防洪为主，兼顾养鱼及旅游等。始建于1974年，1976年8月竣工并投入使用。设计洪水标准为50年一遇，校核洪水标准500年一遇。总库容9171万立方米，兴利库容928万立方米。水库由大坝、溢洪道和输水洞组成。最大坝高29.2米，坝顶长1175米，坝宽10米；溢洪道最大泄洪量为30立方米/秒。设计灌溉面积7300公顷，保灌面积4600公顷。承担着下游15个村9000人口、国道111线和赤通高速公路防洪安全。

1997 年,水库调蓄能力下降,灌溉面积减少。1998—2000 年,对水库进行维修改造,防洪校核标准由原来的 500 年一遇提升为千年一遇。

2003 年 8 月,赤峰发生 5.9 级地震,水库受损,2004 年 1 月被鉴定为安全三类坝。2007 年,开始进行除险加固工程。2010 年 10 月,通过竣工验收交付使用。除险加固后,水库防洪设计标准为百年一遇,校核标准为千年一遇。总库容 9171 万立方米,兴利库容 928 万立方米。设计水位 529.55 米,校核水位 534.33 米,最大泄洪量为 411 立方米 / 秒。

乌兰勿苏水库　位于敖汉旗木头营子乡境内敖来河支流腾克力河下游。以防洪、灌溉为主,兼顾养鱼等。始建于 1958 年,1959 年竣工并投入使用,控制流域面积 400 平方公里。设计洪水标准 50 年一遇,校核洪水标准为 300 年一遇。总库容 2683 万立方米。水库由大坝、泄洪闸组成。大坝为均质土坝,最大坝高 7.9 米,坝顶长 1500 米;输水洞下泄流量 5 立方米 / 秒。

2002 年 9 月,对水库进行安全鉴定,为三类坝。2006 年,开始除险加固工程建设。2008 年 7 月,竣工通过验收交付使用。水库除险加固后设计总库容 2683 万立方米,兴利库容 500 万立方米;正常蓄水位 419.5 米,设计洪水位 421.16 米,校核洪水位 421.73 米。设计最大泄洪量 31 立方米 / 秒。

青山水库　位于敖汉旗木头营子乡境内敖来河支流孟克河下游。以防洪、灌溉为主。始建于 1970 年,1973 年竣工交付使用。水库控制流域面积 1280 平方公里。水库设计洪水标准 50 年一遇,校核洪水标准为千年一遇。总库容 3500 万立方米。水库由大坝、泄洪闸、输水洞三部分组成。大坝为均质土坝,坝高 14.4 米,主坝长 450 米,副坝长 3000 米;泄洪量 5 立方米 / 秒。设计灌溉面积 1.08 万公顷,有效灌溉面积 6700 公顷。水库保护着 3 个乡镇苏木的 5.03 万人口及京通铁路的防洪安全。

2002 年,水库防洪安全鉴定为三类坝。2004 年,进行水库除险加固工程。2005 年 11 月,竣工通过验收并交付使用。水库除险加固后设计洪水标准为 50 年一遇,校核洪水标准为千年一遇。设计水位 432.77 米,校核水位 433.72 米。总库容 3050 万立方米,兴利库容 2022 万立方米。设计最大泄洪量 1377 立方米 / 秒,校核水位时泄洪量为 1503 立方米 / 秒。

乌兰召水库　位于敖汉旗萨力巴乡境内老哈河支流饮马河下游。以防洪、灌溉为主,兼顾养鱼等综合利用。始建于 1966 年,当年交付使用。水库控制流域面积 200 平方公里。设计洪水标准为 50 年一遇,校核洪水标准 500 年一遇。总库容 1260 万立方米。水库由主坝、副坝、溢洪道和输水洞组成。大坝为均质土坝,主坝长 250 米,坝顶宽 5 米,坝高 17.8 米,左副坝全长 350 米,最大坝高 4.2 米,坝顶宽 4.5~5 米,右副坝全长 2560 米,高 7.4 米,坝顶宽 2.5~4 米。溢洪道最大泄洪量 40 立方米 / 秒。灌溉面积 853.33 公顷。保护下游 2 个行政村和大广高速公路、京通铁路的防洪安全。

2007 年 7 月,对水库进行除险加固工程。2010 年 11 月,竣工通过验收交付使用。水库除险加固后主坝最大坝高 19.55 米,坝顶长 430 米,坝顶宽 5 米;副坝高 6.35 米,坝顶长 600 米,坝顶宽 5 米。设计洪水标准 50 年一遇,校核洪水标准千年一遇。设计水位 487.67 米,校核水位 489.67 米。总库容 1035 万立方米,兴利库容 165 万立方米。泄洪道最大泄洪量 707 立方米 / 秒,排沙洞最大泄洪量 80.4 立方米 / 秒。

高家店水库　位于敖汉旗兴隆洼镇境内大凌河支流牤牛河上游。以防洪、灌溉为主,兼顾养鱼等综合利用。始建于 1972 年,1976 年交付使用。控制流域面积 128.6 平方公里。设计洪水标准 50 年一遇,校核洪水标准 200 年一遇。总库容 1140 万立方米。水库由大坝、左右输水洞组成。大坝为均质土坝,主坝长 490 米,坝顶宽 4 米,坝高 18 米。灌溉耕地面积 100 公顷。

2005 年 9 月,对水库进行除险加固工程。2006 年 12 月,竣工并通过验收交付使用。水库除险加固后,设计洪水标准为 50 年一遇,校核洪水标准为千年一遇。设计水位 102.97 米,校核水位 105.57 米。总库容 1140 万立方米,兴利库容 175 万立方米。最大泄洪量 406.39 立方米 / 秒。

四、小型水库

1991 年,全市有小型水库 52 座,其中小一型水库 26 座,小二型水库 26 座。1992 年以后,赤峰市不断加强小型水库建设,对部分小型水库进行除险加固,对一些除险加固价值不大和管理较为困难的水库进行降号或销号报废处理。到 2005 年,全市有小型水库 51 座,其中小一型水库 32 座,小二型水库 19 座。到 2014 年,全市有小型水库 60 座,其中小一型水库 41 座,小二型水库 19 座。小型水库分布:阿鲁科尔沁旗 4 座,巴林左旗 1 座,巴林右旗 9 座,林西县 4 座,克什克腾旗 5 座,翁牛特旗 10 座,喀喇沁旗 2 座,宁城县 14 座,敖汉旗 9 座,元宝山区 2 座。

第二节　灌溉工程

一、引水工程

赤峰地区从 20 世纪 50 年代开展以修建灌区为主的引水工程建设。到 1990 年,全市有英金河灌区、巴彦花灌区、跃进灌区、甸子灌区、山湾子灌区、幸福河灌区共 6 处 3000 公顷以上灌区,有效灌溉面积 5 万公顷;有 660 ~ 3000 公顷灌区 17 处,有效灌溉面积 2.3 万公顷。1991 年以后,全市进一步加强引水工程建设,新建一批灌区,对英金河灌区等原有灌区进行续建和改造。从 2000 年开始,国家对赤峰市海日苏、英金河、甸子、山湾子 4 处大型灌区陆续进行节水改造与续建配套工程投资,一些灌区的“卡脖子”工程得到改造,影响干渠输水及渗漏严重的渠段得到治理,有效灌溉面积不断增加。到 2014 年,全市有 667 公顷以上灌区 73 处。其中 2 万公顷以上大型灌区 4 处,总灌溉面积 10.92 万公顷,有效灌溉面积 8.44 万公顷;3333 公顷至 2 万公顷中型灌区 27 处,有效灌溉面积 8.45 万公顷;667 ~ 3333 公顷小型灌区 17 处,有效灌溉面积 2.28 万公顷;667 公顷以下小型灌区

300多处。各类灌区在全市农牧业生产中发挥着越来越大的作用。

英金河灌区　是赤峰市最早修建的大型灌区之一。包括3条干渠:一干渠为安庆沟灌区,建于1958年;二干渠为英金河灌区,建于1965年;三干渠为跃进灌区,始建于1971年。设计灌溉面积3.36万公顷,有效灌溉面积2.13万公顷。

1995年,国家启动大型灌区续建配套与节水改造工程,英金河灌区争取续建资金560万元,自筹103万元,开始改造灌区灌溉工程的配套设施和渠道除险加固及节水灌溉示范工程。1998年,英金河灌区被列为全国大型灌区续建配套和节水改造项目。2000年,松山区政府将英金河灌区与跃进灌区合并,共同列入大型灌区节水改造项目。2000年12月,《英金河灌区续建配套与节水改造工程2000年项目实施方案》经水利部批准实施。2001年11月,《英金河灌区续建配套与节水改造规划报告》获得水利部批复,英金河灌区规划灌溉面积3.35万公顷,计划实施15年。项目设计3条干渠全长224公里,规划建筑物783座。3条干渠中设计支渠20条,其中一干渠12条,二干渠8条。到2014年,有支渠12条,其中一干渠6条,二干渠6条。设计干斗渠120条,其中一干渠35条,二干渠17条,三干渠68条。到2014年,有配套干斗渠83条,其中一干渠23条,二干渠12条,三干渠48条。还有8条支渠、37条干斗渠需配套。

海日苏草原灌区　位于西拉木伦河中下游的翁牛特旗海拉苏境内,始建于1958年。1978年,灌区水源工程——海拉苏水利枢纽工程竣工后投入使用,灌区从海拉苏水利枢纽工程引水。海日苏草原灌区由翁牛特旗幸福河灌域和巴林右旗达林台灌域两个灌域组成,灌区总土地面积33万公顷,易于自流灌溉面积8万公顷,灌区设计灌溉面积3.33万公顷,以灌溉饲草料基地、天然草场为主。

2001年11月,水利部批准实施海日苏草原灌区续建配套与节水改造项目。在原基础上进行续建与改造,2001—2010年,完成干支渠建筑224座,渠道衬砌7.65公里,渠道整治144.25公里。新增有效灌溉面积3520公顷,其中幸福河灌域3400公顷,达林台灌域120公顷。改善灌溉面积1.39万公顷,其中幸福河灌域7900公顷,达林台灌域6000公顷。灌区灌溉面积由1.63万公顷增加到2.25万公顷。通过续建配套与节水改造项目的建设,灌域节水效益明显提高,每公顷平均用水量由11850立方米降到8749.5立方米,年节水258万立方米。

旬子灌区　位于老哈河上游的宁城县境内,始建于1966年,1969年投入运行。1981年建成其水源配套工程打虎石水库,设计灌溉面积2.1万公顷,灌区长90公里。灌区有5条干渠,一、二干渠渠首位于老哈河一级支流黑里河上,三、四、五干渠渠首位于老哈河干流上。5条干渠长166公里,有支渠9条,长71公里。干支渠有建筑物647座,配套率72.3%。灌区设计灌溉面积2.1万公顷,有效灌溉面积2.03万公顷,实际灌溉面积1.36万公顷。

2001年,甸子灌区被列入国家大型灌区。同年开始续建配套与节水改造工程项目建设。到2011年,共完成项目工程136处,渠道衬砌47.95公里。

山湾子灌区 位于敖汉旗东北部,始建于 1966 年。原名南水北调工程,山湾子水库建成后,易名为山湾子灌区。该灌区为敖汉旗最大的一处蓄、引、提相结合的万亩以上跨流域引水灌溉工程。山湾子灌区有 2 座引水枢纽:五一灌区渠首、双井灌区渠首。全灌区有总干渠 1 条,干渠 17 条,支渠 170 条,总长 637 公里,支渠以上建筑物 340 座。1991 年, 实际灌溉面积 9333 公顷。1992 年以后, 山湾子灌区曾进行多次续建和配套改造。1992 年,新建总干渠韩家窝铺交叉工程。到 2014 年,建设完成渠首改造工程 1 处,扬水站改造 2 座;完成建筑物配套改造 71 座,其中水闸 31 座,渡桥 4 座,农桥 30 座,测流桥 6 座;完成渠首整治 77.33 公里,渠道防渗衬砌 46.05 公里,渠道险段护砌 360 米;完成防风固沙林带建设 69.79 公里;完成信息化工程 4 处。山湾子灌区有水源骨干工程 7 座。其中中型水库 3 座,即教来河山湾子水库、孟克河青山水库、腾克力河乌兰勿苏水库;渠首工程 2 座,即教来河五一渠首、孟克河长胜渠首;中型扬水站 2 座,即教来河韩家窝铺扬水站和下洼扬水站。灌区建有总干渠 1 条,长 56.5 公里;干渠 3 条,长 48.2 公里;支渠 19 条,长 201 公里;支渠以上渠系建筑物 325 座。设计灌溉面积 2.17 万公顷,有效灌溉面积 2.03 万公顷。

二、提水工程

灌溉机电井 1991 年,全市有机电井 27362 眼,灌溉总面积 29.59 万公顷,有效灌溉面积 26.01 万公顷。全市有 4000 眼以上机电井的区县 2 个: 松山区、宁城县;有 1000 ~ 4000 眼机电井的旗县 7 个:翁牛特旗、喀喇沁旗、林西县、巴林左旗、阿鲁科尔沁旗、敖汉旗、克什克腾旗;有 1000 眼以下机电井的旗区 3 个:巴林右旗、元宝山区、红山区。到 2014 年,全市有机电井 44.74 万眼,规模以上(井口直径大于 20 厘米)机电井 5.58 万眼,灌溉总面积 50.45 万公顷,有效灌溉面积 41.18 万公顷。

2014 年,全市有 10 万眼以上的旗 1 个:敖汉旗;有 4 万至 10 万眼的旗县区 5 个:宁城县、巴林左旗、阿鲁科尔沁旗、翁牛特旗、松山区;1 万至 4 万眼的旗县区 4 个:喀喇沁旗、元宝山区、巴林右旗、林西县;1 万眼以下的旗区 2 个:克什克腾旗、红山区。

泵站 泵站包括扬水站和排灌站。1990 年,全市有 200 千瓦以上扬水站 19 处;有排灌站 189 处,其中电力排灌站 183 处,机械排灌站 6 处。2012 年,赤峰市第一次全国水利普查数据统计,全市有大小泵站 59 座,其中规模以上(装机流量 1 立方米 / 秒以上或装机 50 千瓦以上)44 座,规模以下 15 座。在规模以上泵站中,中型 3 座、小型 41 座。中型泵站有韩家窝铺扬水站、下洼扬水站、白音塔拉草原灌溉站,至 2014 年运行良好。

韩家窝铺扬水站。位于敖汉旗下洼镇。始建于 1974 年,1977 年竣工投入使用,为山湾子水库补充水源工程,设计灌溉面积 1000 公顷。装机总容量 330 千瓦,设计总扬程 21.7 米,6 台机组,设计提水量 1.36 立方米 / 秒。之后,该站进行扩建,新增 1 台机组,总装机容量增加到 490 千瓦。每年春、夏两季提水 60 多天,灌溉面积 800 公顷。2002—2004 年,实施灌区续建配套改造工程,更新机泵 4 台,总装机容量 480 千瓦,提水流量 1.56 立方米 / 秒,至 2014 年运行良好。

表 4-5-3

1991—2014 年全市灌溉机电井情况统计表

年份	机电井总数（眼）	有效灌溉面积（万公顷）	灌溉总面积（万公顷）
1991	27362	26.01	29.59
1992	28109	27.55	31.18
1993	—	—	—
1994	31112	25.66	29.689
1995	—	—	—
1996	—	—	—
1997	31166	30.84	35.43
1998	31313	31.33	36.13
1999	31230	32.48	37.54
2000	31787	33.89	40.40
2001	32599	35.22	42.31
2002	33499	36.93	44.34
2003	32555	37.09	44.89
2004	33683	38.58	46.89
2005	38291	39.87	48.67
2006	38317	40.92	50.24
2007	38959	42.25	51.93
2008	39739	43.17	53.17
2009	40484	44.34	54.62
2010	40996	45.51	55.98
2011	41956	46.01	56.85
2012	55789	40.59	49.68
2013	56329	40.59	50.07
2014	55849	41.18	50.45

下洼扬水站。位于敖汉旗下洼镇。始建于 1960 年，1979 年由山湾子灌区统一管理并进行更新改造。总装机容量 4×220 千瓦。1983 年增装 1 台机组，总装机容量达到 5×220 千瓦，年实际灌溉面积 400 公顷。2005 年，开展山湾子灌区续建配套与节水改造工程，更新机泵 3 台，总装机容量 111 千瓦，更新管路 66 米，更新变压器 5 台；对护坡、机房、水池、闸门等进行改建，扬水站功能显著提高，至 2014 年运行良好。

白音塔拉草原灌溉站。位于翁牛特旗白音塔拉苏木境内，始建于 1975 年，1983 年形成规模效益。控制灌溉面积 6700 公顷，其中耕地 2000 公顷，人工饲料地 3000 公顷，天然草场1700公顷。1991年，打配机电井350眼，引幸福之路河水源，开挖引水渠28公里。1991—2014年，该站不断加强设施维护，功能发挥良好，对该地区畜牧饲养、改善生态状况、增加牧民收入起到重要作用。

第三节 防洪工程

1991年，全市有重点城市防洪工程14处，堤坝总长48.74公里。1992年以后，赤峰市围绕西辽河、老哈河、新开河、教来河、大凌河等河流水系进行防洪工程体系建设，保障国家、集体、个人财产及城乡经济建设和人民群众生产、生活的安全。1996年，市政府制定《赤峰市防洪工程建设实施计划》，提出堤防建设加固任务和要求。1998年以后，全市开展敖尔盖河幸福之路防洪工程、西拉木伦河防洪工程、老哈河防洪工程、乌力吉木伦河防洪工程、新开河防洪工程、红山水库浸没区防洪工程及二道河子水库除险加固工程等工程建设。1998—2000年，全市完成国家预算内专项资金防洪工程项目28项，修建堤防165.43公里。主要河道部分河段防洪标准提高到20～30年一遇。

2003年开始，全市防洪工程建设主要以城市防洪为主。重点开展赤峰市新城区、阿鲁科尔沁旗天山镇欧木伦河、巴林右旗大板镇、林西县林西镇羊肠子河和嘎斯汰河、克什克腾旗经棚镇碧流河、松山区穆家营子镇阴河、喀喇沁旗锦山镇锡伯河、敖汉旗新惠镇孟克河等防洪工程建设。2001—2005年，全市共建设完成堤防工程114项，新建堤防193公里，加固堤防80.6公里，护岸98.69公里。2006年以后，全市继续加强城镇防洪设施建设，重点开展水库、水闸、灌区除险等工程建设。2006—2010年，全市完成水库、水闸、灌区除险加固工程50处。2011—2014年，全市完成水库、水闸、灌区除险加固工程8处，完成河道护岸工程13处，总长78公里。

到2014年，全市有主要防洪堤坝70座，堤防总长428.2公里。其中西辽河水系防洪堤坝18座，总长90.6公里，涉及5个旗县：克什克腾旗2座，7.07公里；林西县8座，15.13公里；巴林右旗5座，60.37公里；阿鲁科尔沁旗1座，1.7公里；翁牛特旗2座，6.33公里。老哈河水系有堤防30座，总长141.38公里，涉及5个旗县区：宁城县10座，45.88公里；喀喇沁旗5座，20.72公里；元宝山区8座，30.43公里；松山区5座，22.24公里；中心城区2座，30.21公里。新开河水系有堤防15座，堤防总长135.57公里，涉及2个旗：巴林左旗7座，72.25公里；阿鲁科尔沁旗8座，63.32公里。教来河水系有堤防6座，总长57.62公里，涉及2个旗：阿鲁科尔沁旗2座，18.6公里；敖汉旗4座，39.02公里。大凌河水系敖汉旗境内有堤防1座，长3.23公里。

2014年全市主要防洪工程一览表

表4-5-4

水系	所在旗县区	名称	建设时间（年）	长度（公里）	防洪标准
西辽河水系	克什克腾旗	镇区碧柳河堤防	2009—2014	6.50	50年一遇
		镇区多伦河堤防	2014	0.57	20年一遇
	林西县	镇区嘎斯汰河段堤防	2001—2009	5.83	30年一遇
		镇区羊肠子河堤防	2001—2002	1.75	30年一遇
		官地镇九二九渠首堤防	1999	0.95	20年一遇
		官地镇黑河子堤防	2004	0.60	20年一遇
		官地镇龙和渠首下游堤防	2003	1.20	20年一遇
		五十家子镇九峰渠首上游堤防	1999	0.45	20年一遇
		五十家子镇五星渠首下游堤防	1999	3.57	20年一遇
		五十家子镇野来改桥下游堤防	2003	0.78	20年一遇
	巴林右旗	大板西郊防洪工程	1997	1.40	20年一遇
		镇区查干木伦河防洪工程	1998	6.10	50年一遇
		镇区内防洪渠工程	1996—2014	9.77	20年一遇
		查干木伦河防洪工程	1994—2006	40.00	20年一遇
		西拉木伦河干流防洪工程	1998—2002	3.10	20年一遇
	阿鲁科尔沁旗	西拉木伦河左岸防洪工程	1999	1.70	20年一遇
	翁牛特旗	乌丹镇区防洪工程	2011—2012	3.50	30年一遇
		少郎河下游段防洪工程	2013	2.83	30年一遇
老哈河水系	宁城县	天义镇镇区防洪工程	—	7.05	30年一遇
		甸子灌区分洪枢纽上游段堤防	2001	1.55	20年一遇
		甸子村段堤防	2003	0.60	20年一遇
		必斯营子段堤防	1998	3.19	10年一遇
		大榆至红庙子段堤防	2000—2003	8.64	20年一遇
		三座店乡三座店段堤防	2010	3.30	10年一遇
		三座店乡喇嘛营子堤防	1995	1.15	10年一遇
		大城子镇三家至宁北段堤防	1991—1992	11.73	10年一遇
		大城子镇瓦南至瓦北段堤防	1991	4.67	10年一遇
		小城子镇白音套海至台子段堤防	1996	4.00	10年一遇
	喀喇沁旗	锦山镇区防洪工程	1962	10.00	50年一遇
		乃林镇甘苏庙堤防	1999—2001	4.30	20年一遇
		乃林镇草帽山堤防	1983—1984	2.98	10年一遇
		昌盛远镇平安地堤防	1998—1999	2.69	10年一遇
		昌盛远镇甸子堤防	2000	0.75	10年一遇

续表

水系	所在旗县区	名 称	建设时间（年）	长度（公里）	防洪标准
老哈河水系	元宝山区	平庄镇防洪堤	2010	3.05	20 年一遇
		公格营子乡东六家堤防	2000	1.02	20 年一遇
		公格营子北四家堤防	2003	0.65	20 年一遇
		美丽河镇青山村山湾子堤防	1997	1.17	10 年一遇
		风水沟镇兴隆坡堤防	2000—2004	8.10	20 年一遇
		楼子店堤防	2001	6.15	20 年一遇
		东六家堤防	2002	1.02	20 年一遇
		青山村山湾子堤防	1997	1.17	10 年一遇
	松山区	太平地镇八台营段堤防	1999	3.60	20 年一遇
		太平地镇杨树林段堤防	1999	0.58	20 年一遇
		太平地镇山前段堤防	2003	0.41	20 年一遇
		老哈河松山区段堤防	1998—2003	14.65	50 年一遇
		阴河大桥段堤防	2003	3.00	50 年一遇
	中心城区	河道防洪坝	1949—2014	30.00	100 年一遇
		红庙子灌区防洪工程	1960 年前后建，2000 年重修	0.21	50 年一遇
新开河水系	巴林左旗	林东镇区沙里河段防洪工程	2007—2014	16.83	30 年一遇
		镇区乌力吉木伦河段防洪工程	2001—2006	9.37	30 年一遇
		镇区罕吐柏河防洪堤	2006	1.70	30 年一遇
		镇区小清河防洪堤	2006	1.70	10 年一遇
		沙那至刘家营子段防洪堤	1999	35.00	30 年一遇
		原福山地乡刘家营子段左岸防洪堤	—	6.10	20 年一遇
		林东段右岸防洪堤	—	1.55	20 年一遇
	阿鲁科尔沁旗	天山镇欧木伦河段防洪堤	1985	—	30 年一遇
		镇区天山西河段防洪堤	2009—2010	1.50	30 年一遇
		岗台乡扣象哈达村至道德镇防洪堤	1999	47.42	30 年一遇
		宝力召堤防	1999	1.80	10 年一遇
		白城子险工治理工程	—	0.78	10 年一遇
		三段防洪堤	2006	0.93	10 年一遇
		二道河子防洪堤	—	3.19	20 年一遇
		黑木伦河防洪工程	1999	3.70	20 年一遇

续表

水系	所在旗县区	名称	建设时间(年)	长度(公里)	防洪标准
教来河水系	阿鲁科尔沁旗	新惠镇孟克河段防洪工程	1992—1996 2011—2014	15.58	30年一遇
		西山排洪渠	1970、2013	3.02	20年一遇
	敖汉旗	四道湾子镇小河沿堤防	1982、2000	22.70	20年一遇
		古鲁板蒿乡哈拉乌苏堤防	1999—2000	5.80	20年一遇
		古鲁板蒿乡康家营子堤防	2001	6.52	20年一遇
		古鲁板蒿乡木家营子堤防	2002	4.00	20年一遇
大凌河水系	敖汉旗	老虎山河段防洪堤	2012—2013	3.23	10年一遇

第四节　人畜饮水工程

20世纪80年代,国家把解决人畜饮水困难列入重要民生工程。赤峰市积极对接国家、自治区的相关项目,落实相关政策,加大组织实施力度。1991—1995年,全市共建人畜饮水工程1030处,累计解决24.64万人饮水困难,解决牲畜饮水25.56万头只,其中建设集中式供水工程669处,受益人口19.38万人。1996年开始,全市实施人畜饮水“380”工程建设(内蒙古自治区“九五”期间为基本解决全区农村牧区380万人口、1020万头只牲畜的饮水困难和防氟改水而兴建的各种供水工程,简称人畜饮水“380”工程)。1996—2000年,全市建设农村牧区饮水安全工程826处,受益人口35.25万人,解决牲畜饮水63.26万头只,其中建设集中式供水工程780处,受益人口33.04万人。

2001—2005年,全市结合“十五”规划和扶贫攻坚计划,进一步加大人畜饮水工程建设力度,共完成农村牧区饮水安全工程901处,解决48.3万人口和65.91万头只牲畜的饮水困难。2006—2010年,全市总投资5.4亿元,建设各类农村牧区饮水解困工程1246处,解决90.89万人口和200万头只牲畜的饮水困难。2011—2014年,全市总投资10.12亿元,建设各类农村牧区饮水解困工程1634处,解决126.98万人口和350万头只牲畜的饮水困难。

一、饮水安全状况

2005年,赤峰市按照国家和自治区的统一部署,对全市农村牧区人口饮水状况进行调查评估。全市农村牧区总人口351.53万人,其中饮水安全和基本安全人口97.13万人,占全市农村牧区总人口的27.63%;饮水不安全人口254.4万人,占全市农村牧区总人口的72.37%。

在饮水不安全人口中，饮用水含氟量大于 1.2 毫克 / 升的人口 90.75 万人，占农村牧区总人口的 25.82%；饮用水含砷量大于 0.05 毫克 / 升的人口 4130 人，占农村牧区总人口的 0.12%；饮用苦咸水人口 31.07 万人，占农村牧区总人口的 8.84%。

饮用细菌超标、未经处理的地表水人口 7015 人，占农村牧区总人口的 0.2%；饮用污染严重、未经处理的地下水人口 8.23 万人，占农村牧区总人口的 2.34%。其他水质不达标人口 3.91 万人，占农村牧区总人口的 1.12%；水量不达标（人均日供水量不足 25 升）人口 45.8 万人，占农村牧区总人口的 13.03%；用水方便程度不达标人口 52.17 万人，占农村牧区总人口的 14.84%；水源保证率不达标人口 21.36 万人，占农村牧区总人口的 6.08%。通过“十一五”饮水安全工程规划的实施，全市饮水不安全状况得到极大改善。到 2010 年，饮水不安全人口为 153.46 万人，比 2005 年减少 100.95 万人。其中氟超标人口 33.78万人，比 2005 年较少 56.96 万人；砷超标人口为 0，比 2005 年较少 4125 人；苦咸水超标人口 13.47 万人，比 2005 年减少 17.60 万人；其他水质问题不达标人口 2.91 万人，比 2005 年减少 9.93 万人；饮水方便程度、水源保证率不达标人口 103.30 万人，比 2005 年减少 16.03 万人。赤峰市高氟地区较多，是造成缺水和饮水不安全的重要原因。全市氟危害严重的地区是敖汉旗、阿鲁科尔沁旗、林西县、松山区。其次是左旗、喀旗、翁旗、右旗、宁城县等一些地区。

二、农村牧区人畜饮水解困工程

1991 年，国家把解决农村饮水困难正式纳入国民经济建设规划，制定《全国农村人畜饮水、乡镇统一供水 10 年规划和“八五”计划》。1994 年，又把人畜饮水解困纳入《国家“八七”扶贫攻坚计划（1994—2000 年）》。赤峰市积极承接国家、自治区的相关工程、项目，落实相关政策，加大组织实施力度。1991—1995 年，全市共建人畜饮水工程 1030 处，累计解决人饮水 24.64 万人，解决牲畜饮水 25.56 万头只，其中建设集中式供水工程 669 处，受益人口 19.38 万人。2006 年，全市启动实施人畜饮水安全工程。2006—2010 年，全市完成农村牧区饮水安全工程 1246 处。其中集中式供水工程 1238 处，受益人口 90.89 万人；分散式供水工程受益人口 2667 人。

2011—2014 年，全市完成农村牧区人畜饮水安全工程 4475 处，受益人口 25.31 万人，解决牲畜饮水 350 万头只。其中集中式供水工程 4027 处，受益人口 22 万人；分散式供水工程 238 处，受益人口 16 万人。

三、重点项目建设

2006—2010 年，全市旗县区饮水安全工程先后实施 10 个重点建设项目，总投资 5035.17 万元。其中翁牛特旗 4 个：梧桐花镇饮水安全工程、桥头镇饮水安全工程、亿合公镇饮水安全工程、大兴农场饮水安全工程；林西县 2 个：统部镇饮水安全工程、隆平乡饮水安全工程；松山区 1 个：大庙镇饮水安全工程；宁城县 1 个：大明镇饮水安全工程；喀喇沁旗 1 个：西桥镇饮水安全工程；元宝山区 1 个：平庄镇西部饮水安全工程。工程项目建成投入使用后,实行有偿供水、定时供水、按月按户征收水费制度。国家投资建设的联村供水工程,成立供水公司或由乡镇水管站统一管理,单村供水工程由村集体、用水合作组织或个人承包管理;供水设施入户部分和以户建设的分散式供水设施由用水户管理。

第五节　节水工程

一、畦田节水

1991年,赤峰市将20万公顷保灌地改造成四米畦田,实行畦田化管理。1992年,市水利局下发《节水型灌溉农业示范区实施办法》,要求在畦田建设的基础上,推广高标准节水灌溉面积1万公顷。在除红山区外的11个旗县区安排12处试点,每处面积67公顷以上。当年,全市完成节水灌溉1.34万公顷。1993—1995年,全市畦田节水灌溉投资138万元,"U"形混凝土防渗渠建设达到3817.59公里,灌溉面积7.91万公顷。到1998年,全市"U"形混凝土防渗渠达到7496公里,大部分畦田实行节水灌溉技术。赤峰市20万公顷保灌面积大部畦田化。每年可节约地下水1亿至1.5亿立方米,全市20万公顷保灌面积可增产1.5亿公斤粮食。

二、喷灌、滴灌、渗灌节水

1998年,赤峰市开始大力推广喷灌、滴灌及渗灌节水技术,到年末,全市完成节水灌溉面积1.77万公顷,其中渠道衬砌5107公顷,低压管道8813.33公顷,喷灌3493.33公顷,滴渗灌320公顷。建成喀喇沁旗乃林镇300公顷半固定喷灌小区和元宝山区、林西县等十几处66.67公顷以上喷灌小区。巴林右旗独石苏木德日苏嘎查建成80处小草库伦喷灌示范小区。1998—2000年,全市完成节水灌溉面积6.24万公顷,其中管道灌溉3.37万公顷,喷滴灌1.62万公顷,渠道防渗1.25万公顷。

2001年以后,全市进一步加强节水灌溉工程建设。开展敖汉旗、克什克腾旗、林西县、巴林右旗4个国家节水增效示范项目建设,开展英金河等四大灌区节水配套改造工程建设,在牧区大力开展节水型灌溉小草库伦建设。到2010年,全市有效灌溉面积达到45.47万公顷,节水灌溉面积达到33.67万公顷。在节水灌溉面积中低压管道和渠道防渗灌溉面积2.33万公顷,占86%;喷灌、微灌面积4.67万公顷,占14%。

2010年,市委、市政府在全市开展以节水为核心的"1571"工程建设,即在"十二五"期间,全市要整合用于农业建设资金,实施1000万亩高效节水灌溉工程,发展玉米膜下滴灌500万亩,谷子、马铃薯、大地蔬菜、生态经济林滴灌各100万亩,人工种草喷滴灌100万亩以及年出栏优质肉牛100万头,发展设施农业100万亩。当年4月,市水利部门组织6个旗县区水利部门有关人员赴黑龙江省大庆市参观,学习膜下滴灌工程建设与管理经验,在每个旗县区建设66.67公顷玉米膜下滴灌试验田。市水利局下发

《赤峰市玉米膜下滴灌技术模式》《赤峰市玉米膜下滴灌工程实用技术与操作规程》，指导全市开展 33.33 万公顷玉米膜下滴灌工程建设。2011 年，全市开始实施玉米膜下滴灌工程。市水利局制定《赤峰市 2011 年高效节水灌溉工作方案》，将高效节水灌溉工作纳入目标考核范围，与各旗县区水利（水务）局签订责任状。当年，全市完成玉米膜下滴灌 7.21 万公顷。完成阿鲁科尔沁旗、巴林左旗、松山区节水灌溉示范项目 3 处，发展节水灌溉 479.33 公顷，其中喷灌 200 公顷，微灌 279.93 公顷。建立起市县乡三级节水灌溉技术服务网络，市和旗县区成立高效节水技术服务中心，乡镇建立技术服务站，定期对农民进行技术指导和培训，提供全方位的技术服务。至 2014 年，全市“1571”工程中，每年建设 6.67 万公顷玉米膜下滴灌高效节水灌溉。至 2014 年 6 月，全市共建成玉米膜下滴灌面积 26.67 万公顷。

第二章　水土保持

第一节　水土流失状况

1990 年，全市水土流失面积 4.07 万平方公里，占总土地面积的 44.45%。赤峰市南部、东南部水土流失较严重，北部及西部山地高原流失状况较轻。全市风侵蚀严重地区为科尔沁沙地和浑善达克沙地，水侵蚀主要分布在阿鲁科尔沁旗中部、巴林左旗中南部、克什克腾旗东南部、翁牛特旗中西部、敖汉旗中南部、宁城县、喀喇沁旗、松山区、元宝山区的大部。

2000 年，土壤侵蚀面积遥感数据显示，全市水侵蚀面积 6.26 万平方公里，占全市土地总面积的 69.56%；风侵蚀面积 2.74 万平方公里，占总面积的 30.44%。全市沙化土地面积 2.67 万平方公里。其中固定沙地 1.72 万平方公里，半固定沙地 6666.7 平方公里，流动沙地 2886.3 平方公里，另有潜在沙漠化土地 5873.3 平方公里。

2012 年，自治区水利厅发布《内蒙古自治区水土保持情况公报》，公布了 2010—2012 年内蒙古自治区开展第一次全国水利普查结果。赤峰市土壤侵蚀总面积为 3.75 万平方公里，占全市国土面积 41.67%。其中水侵蚀和风侵蚀面积分别为 1.71 万平方公里和 2.04 万平方公里，分别占土壤侵蚀总面积 45.6%和 54.4%。

第二节　水土流失治理

一、水土保持工程建设

1991 年以后，赤峰市结合国家三北防护林工程，大力加强水土保持建设。实施山水田林路沟综合治理，大力开展荒山绿化、防风固沙、种树种草、修建梯田、兴修水利等

2012年赤峰市水侵蚀土壤面积情况统计表

表4-5-5　　单位:平方公里

所在地区	水蚀土壤面积	其中				
		轻度	中度	强烈	极强烈	剧烈
红山区	249.57	113.58	60.56	49.7	22.77	2.96
元宝山区	416.76	212.43	104.8	73.91	19.38	6.24
松山区	2083.08	1138.76	457.44	273.82	156.2	56.86
阿鲁科尔沁旗	2053.83	1761.61	172.33	87.76	30.3	1.83
巴林左旗	887.85	564.45	168.42	104.91	43.6	6.47
巴林右旗	1622.71	1091.46	275.04	123.83	51.33	81.05
林西县	403.58	241.88	72.44	62.75	21.42	5.09
克什克腾旗	2160.22	1621.96	269.26	194.26	64.82	9.92
翁牛特旗	2955.04	1665.68	694.23	389.54	178.86	26.73
喀喇沁旗	902.12	417.65	218.04	168.96	80.68	16.79
宁城县	1021.48	536.27	246.84	160.91	75.76	1.7
敖汉旗	2316.66	1117.45	592.91	359.35	197.7	49.25
全市合计	17072.90	10483.18	3332.31	2049.70	942.82	264.89

2012年赤峰市风侵蚀土壤面积情况统计表

表4-5-6　　单位:平方公里

所在地区	风蚀土壤面积	其中				
		轻度	中度	强烈	极强烈	剧烈
阿鲁科尔沁旗	4445.84	2910.95	746.79	266.85	385.98	135.27
巴林左旗	1263.37	676.79	540.55	9.06	33.91	3.06
巴林右旗	1333.93	935.3	45.49	82.12	147.71	123.31
林西县	301.61	116.61	184.94	0	0.01	0.05
克什克腾旗	10219.58	8430.74	618.97	40.12	314.01	815.74
翁牛特旗	2445.38	1038.43	184.06	47.6	315.93	859.36
敖汉旗	342.54	173.08	76.1	1.75	33.08	58.53
全市合计	20352.25	14281.9	2396.9	447.5	1230.63	1995.32

1991—2014 年赤峰市水土保持工程建设情况统计表

表 4-5-7 单位:万公顷

年份	合计	其中			
		修梯田	水土保持林	人工种草	其他
1991	4.10	—	—	—	—
1992	4.19	0.85	2.52	0.56	0.26
1993	16.54	3.96	10.19	2.35	0.04
1994	14.82	3.34	7.53	1.59	2.33
1995	15.76	3.54	9.01	3.20	0.01
1996	15.01	2.90	8.94	3.17	—
1997	18.69	4.37	10.37	3.90	0.05
1998	16.57	3.34	8.99	4.18	0.06
1999	16.53	3.57	9.16	3.77	0.03
2000	15.31	3.07	9.28	2.74	0.22
2001	14.33	2.98	8.20	2.97	0.18
2002	15.27	1.74	9.29	4.08	0.16
2003	15.90	1.88	9.85	4.05	0.12
2004	14.64	1.40	9.01	4.00	0.23
2005	14.68	2.03	9.32	3.14	0.19
2006	9.39	0.30	6.80	1.90	0.39
2007	9.17	0.31	4.83	4.00	0.03
2008	7.37	—	—	—	—
2009	7.18	0.04	4.50	2.63	0.01
2010	7.03	0.08	4.05	2.90	—
2011	7.07	0.08	4.63	1.98	0.38
2012	7.07	0.08	4.63	1.98	0.38
2013	8.07	0.07	4.27	2.33	1.40
2014	8.11	—	3.59	2.41	2.11
总计	282.84	40.09	158.95	63.78	20.02

各项建设工程。特别是2001年以后,赤峰市实施京津风沙源治理工程建设,实行退耕还林、退耕还草,全市生态环境进一步改善。2001—2005年,全市完成水土保持综合治理工程74.82万公顷,其中修建水平梯田10.03万公顷,水土保持林45.67万公顷,人工种草18.24万公顷,其他治理面积8800公顷。区域性生态环境及人居环境明显改善,森林覆盖率提高2个百分点。2006—2010年,市水利局编制《赤峰市坡耕地水土流失综合治理规划》《全市主要河流水源涵养区水土保持规划》《赤峰市生态修复规划》等专项规划,围绕京津风沙源治理工程、水土保持重点治理工程和水源涵养区治理保护工程进行重点突破。全市治理小流域650条,建设百平方公里示范区20多处,使水土保持重点治理区的水土流失得到初步控制,生态环境和农牧业生产条件得到明显改善。2011—2014年,赤峰市重点开展坡耕地水土流失综合治理工程、京津风沙源治理工程和水土保持重点治理工程。其中完成宁城县、喀喇沁旗、敖汉旗和林西县等坡耕地水土流失综合治理工程项目9个,总投资1.18亿元,治理面积6433.33公顷;完成克什克腾旗、翁牛特旗、松山区、敖汉旗、巴林左旗、巴林右旗、宁城县和红山区等京津风沙源治理工程项目12个,总投资1.13亿元,治理面积1.95万公顷,水源工程438处,节水工程262处;完成克什克腾旗、翁牛特旗和林西县等水土保持重点工程小流域治理项目5个,总投资1181万元,治理面积2526.67公顷。1991—2014年,全市累计完成水土保持综合治理面积282.84万公顷。

二、小流域治理

赤峰市从20世纪80年代就开展小流域治理,通过封山育林、种树种草、修建梯田等多种形式改变坡面小地形,增强土壤有机质和抗蚀力,增加植被覆盖率,取得显著成果。1991年以后,以小流域为单元,开展山、水、田、林、路、沟综合治理。1992年,赤峰市制定《赤峰市生态经济沟建设纲要》,加强生态经济沟建设。各地在生态经济沟建设中,积极开展植树造林和果树、药材、蔬菜等经济作物种植,防止水土流失,提高经济效益。在小流域治理中,全市每年完成水土保持综合治理面积13.33万公顷,水平梯田3.33万公顷。各地结合不同流域和地区特点,采取不同的治理模式:(1)综合治理模式。实行山、水、田、林、路、沟综合治理,工程措施与生物措施结合,乔、灌、草结合,促进三大效益同步提高。(2)基本农田建设模式。通过兴修水平梯田、打坝淤地、引洪淤地、改河垫地等建设基本农田。(3)山丘区水利开发模式。充分利用地上水,合理开发地下水,尽量拦蓄天上水,努力实现"千亩山、百亩田、一眼井、吨粮田"。(4)农牧结合模式。通过种植优质牧草,防沙治沙,解决草畜矛盾,大力发展舍饲畜牧业。(5)沙化区复合治理模式。在水蚀、风蚀交错区,采取飞、封、造措施结合,搞好乔、灌、草立体搭配,并实施封山禁牧。(6)产业化开发模式。通过市场牵龙头、龙头带基地、基地连农户,发展"订单"农业。(7)林果开发模式。在有条件的地区,通过合理规划,发展经济林果,突出抓好近中期效益。(8)城郊综合开发模式。利用近郊优势发展经济林果和"菜篮子"工程,集小流域治理、城镇防洪和游览观光于一体,取得显著生态建设成果。

2001—2005 年，全市完成小流域治理 186 条，完成水源工程 7083 处、节水工程 3791 处。共完成水土保持综合治理工程 6663.3 平方公里。2006—2010 年，赤峰市围绕京津风沙源治理工程、水土保持重点治理工程和水源涵养区治理保护工程治理小流域 650 条，使水土保持重点治理区的水土流失得到初步控制。2011—2014 年，赤峰市结合坡耕地水土流失综合治理、京津风沙源治理和水土保持重点治理工程，进一步加强小流域治理。全市在长期水土保持治理中不断探索出新的治理措施，由分散治理、单一措施治理转变为以小流域为单元的集中连续治理，又探索出由单纯小流域治理转向经济开发、产业化发展的新模式，取得水土保持治理的显著效果。到 2014 年，全市治理 666.67 公顷以上的小流域 200 多条，治理 333.33～666.67 公顷的小流域 400 多条，建成 100 平方公里以上的示范区 20 多处。很多地方的水源得到涵养，地下水位逐步上升，水土流失状况得到有效遏制，农牧业生产的防洪抗灾能力和综合生产能力进一步提高，区域性生态环境及人居环境明显改善。

第三章　河道治理

第一节　城镇周边河道治理

一、中心城区河道综合治理

1991 年以后，赤峰市为加强中心城区的防洪安全，不断加强对城区周边的锡伯河、阴河和英金河的治理。积极开展防洪坝建设，不断增加河坝高度，扩大沿城河道堤坝硬化面积，提高防洪能力。积极开展河道清淤，禁止在河道中挖沙、采土，禁止乱搭、乱建、乱堆、乱放，保障河流通畅。2003 年，赤峰市在开展新城区建设的同时，开展中心城区河道高标准规划建设。

中心城区景观防洪堤按百年一遇防洪标准规划建设。堤坝为复式断面，迎水坡设置戗台，外侧有防洪抢险通道，全部硬化。经过十几年建设，至 2014 年，建成景观河道 13.3 公里，其中新城区 5.5 公里，老城区 7.8 公里。景观河道由 4 条河流构成，即锡伯河、半支箭河、阴河和英金河。整个景观河道建设总面积约 333 公顷，建成高标准防洪堤 30 公里，建设橡胶坝 13 座，库区面积 180 万平方米，总库容 220 万立方米，建设堤顶道路 20 万平方米，绿化面积 27.5 万平方米，栽植乔木 2 万株，完成堤顶道路、人行道、二层平台、护坡等硬化面积 78 万平方米，安装路灯、景观灯、草坪灯等照明灯具 2021 盏；中心城区河道管理范围内光缆敷设 2.1 万米，电缆 7000 米，安装景观河道摄像头 44 处，基本实现数字化监管全覆盖。

至 2014 年，中心城区景观河道蓄水建设共修建橡胶坝 13 座，其中半支箭河 4 座，锡伯河 7 座，阴河 1 座，英金河 1 座。最长的橡胶坝长 240 米，最短的 78 米，全部为充水橡胶坝。河道库区铺有防渗膜,可形成水面180万平方米。

结合创建园林城市和森林城市,建设中心城区河道两岸绿化带27.5万平方米,其中老城区河道上层堤防护坡实现绿化全覆盖,敷设有先进的滴灌设施。随着城市的发展,景观河道堤防建设在逐渐向上下游延伸,防洪标准也在逐步提高。

赤峰市河道管理处每年制定中心城区河道防汛应急预案,组织召开中心城区河道防汛工作会议,明确责任主体,开展防汛应急演练。在河道上游设立5处报汛站,建立24小时领导带班值班制度,组建防汛抢险队伍,做好防汛物资储备。对一些老旧、塌陷设施和未完善的地方进行及时修复,对河道行洪造成的淤泥进行清除,对存在安全隐患的河道沙坑进行治理。2012年,对半支箭河河道进行清淤,清淤量7.26万立方米。2013年,修复锡伯河、半支箭河河道二层平台受极端天气影响破损的地砖1.9万平方米,修复锡伯河左岸塌陷堤顶路面730延长米。2014年,修复锡伯河右岸塌陷混凝土防洪堤130延长米,累计治理上下游沙坑40多个,维修半支箭河堤防路面1.05万平方米。在涉河工程管理中,加强对赤峰西大桥、赤峰新华路大桥、赤峰友谊大桥等在建桥梁和红庙子、衣家营灌渠渠首等涉河工程的安全管理,进一步加强了中心城区防洪安全。

二、旗县城镇河道治理与建设

1991年以后,赤峰市各旗县不断加强城镇周边河道的治理和建设,保障城镇防洪安全,提高城镇生态环境水平。特别是2000年以后,各旗县城市建设步伐加快,河道治理、建设快速发展。

喀喇沁旗锦山镇景观河道建设　1991年以后,喀喇沁旗不断加强锡伯河锦山段、樱桃沟河和马鞍山河的河道治理和建设。积极开展河道清淤、修筑河坝建设,保障沿河城镇地区的防洪安全。2003年,旗财政投资建设橡胶坝景观工程。到2007年,在锡伯河锦山段建成4座橡胶坝;2009年,建成6座充气坝泵房、5座边墙。在马鞍山河金峰工业园区段建成5座橡胶坝泵房和5座边墙。城镇防洪标准由原来的不足15年一遇提高到30年一遇。每年补给城区地下水约400万立方米。

锡伯河锦山段河道景观工程于2003年开工,2009年竣工,两岸建设堤防6.6公里,先后建拦河橡胶坝4座,蓄水能力达80万立方米,形成水面43.33公顷。在河道治理建设中,加强绿化美化工程建设,建成以锦山水上公园为中心的水利风景区。2006年,锦山水上公园被水利部批准为“国家级水利风景区”。

翁牛特旗乌丹镇小西河段景观河道建设　2010年开工建设,2011年建成,地方财政投资2149.8万元。按30年一遇洪水设计建设。新建钢坝闸1座。在防洪工程的基础上对平台、平台以上坡面及堤顶路面进行硬化美化。

林西县嘎斯汰河南门外河段橡胶坝建设　2007年开工建设,2009年完成主体工程,地方财政投资4539万元。对南门外嘎斯汰河金鼎大桥上游3000米河段进行河道整治。新建橡胶坝3座,形成23.33公顷水面的人工湖。

巴林左旗林东镇沙里河河道景观建设 2010年开工建设,2012年竣工。景观水面面积27.4公顷,两岸布设太阳能路灯90处,布设绿化草皮护坡2万平方米。形成以城镇防洪为主,兼有开发旅游、美化环境、改善自然景观等功能的现代城镇生态水利系统。

阿鲁科尔沁旗天山镇景观河道建设 2014年开工建设。工程总投资3515万元。通过疏浚河道、加高堤防,确保城镇防洪安全。通过建设橡胶坝拦蓄工程,完善城市防洪体系建设,改善天山镇人居环境,实现天山西河为天山镇的城中河。工程设计防洪标准为30年一遇。建设防洪坝10公里,建设橡胶坝2座,形成蓄水区12.07公顷。

第二节 水环境治理

1991年以后,赤峰市不断加强对河流、水库、湖泊的水环境整治管理工作。积极开展监督检查,严厉打击在河流、水库、湖泊上的违法违规活动。2011年以后,进一步加大水环境管理整治力度。2012年,市水利局成立水环境专项整治行动领导小组,制定《赤峰市水利行业打非治违专项整治工作方案》《赤峰市水利系统安全隐患排查治理体系建设方案》,在全市开展水环境专项整治工作。对存在安全隐患的水利工程单位发出《水利工程安全生产检查整改通知书》,限期整改。7月,市水政监察支队联合松山区、红山区、喀喇沁旗、宁城县有关部门严厉查处阴河哈达和硕段和坤兑河段非法采沙行为。各旗县区组织水利生产经营单位全面开展自查自纠。喀喇沁旗进行安全生产检查37次,其中开展"打非治违"专项行动4次,共查处非法违规行为55起;宁城县对全县所属68家企业及采沙户进行安全生产大检查;敖汉旗对22家采沙企业或个人下达整改通知;松山区查处违规违章采沙行为13起;元宝山区对某企业违法向楼子店河河道排放弃土及维修围堰水事违法案件进行查处,责令其在规定的期限内排除妨碍物,并做出上限罚款处罚。2013年4—9月,赤峰市水利管理机关组织开展全市河道专项执法检查活动。检查活动覆盖全市12个旗县区400多条河流的河道。(1)重点对违法采沙行为进行打击。(2)对所辖范围内各类涉河建设项目进行检查,发现问题后责令相关建设单位立即整改。(3)开展河道巡查,消除防洪隐患。各旗县区水政部门落实河道日常巡查登记和报告制度,组织专人对河道进行定期巡查,每月进行河道巡查1~2次,全市共巡查河道百余次,发现违规采沙、影响行洪的采沙点及偷排渣土事件多起,依法进行处理并按照要求建档记录。各旗县区对非法侵占河道,向河道内非法倾倒矿渣、垃圾,弃置、堆放阻障行洪物体和种植阻碍行洪林木及高秆作物等行为依法进行查处。(4)加强中心城区景观河道环境综合整治工作。加大执法力度,查处超范围、深度开采沙石行为3起,扣押河道非法排渣车辆4起,治理私搭乱建4起,拆除违章建筑2000平方米。加强对友谊大桥等5处涉河工程、红庙子等2个渠道、万达广场沿河工地的管理,查处阻碍河道行洪行为8起。2014年,全市共查处河道采沙行为108起。其中无有效河道采沙许可证非法采沙42起,超范围、超期限、超采量、超船数等违规采沙29起,危及重要水利工程、桥梁、航道、码头、管线等跨河、穿河、临河重要基础设施安全、防汛安全、航运安全的非法采沙行为2起，责令停产或吊销采沙许可证后未经批准擅自开展采沙作业的行为29起，未经河道主管机关批准在河道滩地上大量堆放沙石影响河道行洪、危及堤防安全和河势稳定的行为6起。

第四章 抗旱 防汛

第一节 抗 旱

1991年后，市及各旗县区水利部门每年春播前，针对春旱不同情况，组织工作组到乡镇苏木落实抗旱灌溉任务，保证春播的顺利进行。1991年夏秋以后，全市多数地区出现严重伏旱和秋旱。8月19日，市政府召开紧急电话会议，部署抗旱工作。会后，组织两个工作组到各旗县区督促抗旱夏浇工作。全市完成夏浇农田18.97万公顷，减少了夏秋旱情造成的损失。1992年6月下旬至7月中旬，南部地区出现低温少雨天气，降水量为54.68毫米，比历年同期少52.7%，旱情严重。全市及时动员组织抗旱灌溉，完成夏浇面积19.35万公顷，保证了农牧业生产的正常开展。

1994年，赤峰市北部5个旗县遭受几十年最为严重的春夏连旱，市及各旗县区从春播前开始，全力开展抗旱防灾工作，完成播前灌溉27.9万公顷，夏浇19.23万公顷，把旱灾造成的损失减少到最低。

1995—1997年，全市继续出现严重旱灾。市委、市政府及时召开抗旱工作会议，研究部署全市抗旱工作。市和旗县区主要领导经常深入一线指导。市和旗县区水利部门每年都派技术人员到基层进行技术指导。中央、自治区、赤峰市政府每年拨付大量抗旱救灾资金，支持各地抗旱救灾。各旗县区加强抗旱服务队建设，到2007年，全市除红山区外，其他旗县区建立11个抗旱服务队，工作人员125人，其中国家正式职工92人；有办公及经营用房1019平方米、水泵263台、柴油机266台、喷灌机12台套、输水管路2.4万米、大小机动车辆16台、施工设备3台、机床5台、抗旱水桶3000多个。成立乡镇级服务组织32个。各地抗旱服务队积极配合播前灌溉和春耕生产，及时掌握旱情动态和墒情变化情况，采取各种方式跟踪服务，把灾害损失降到最低。

1999—2011年，全市连续13年发生大部或局部严重旱灾，全市采取一切积极有效措施，全力以赴开展抗旱救灾工作。1999年，市委、市政府多次召开抗旱备耕会议，派出督查组具体督查抗旱工作。各旗县区水利部门围绕春耕生产，组织技术人员深入第一线，大力开展水源工程建设、水毁工程修复，落实技术承包责任制，开动一切可以利用的水利设施，尽最大努力开辟各种水源，全市完成播前灌溉面积33.81万公顷，完成抗旱坐水播种面积15.54万公顷。从1999年秋开始，针对当年夏秋连旱造成水源不足的实际情况，组织全市水利工程技术人员深入抗旱工作第一线，采取各种有效措施投入播前汇地。2000 年，共完成播前汇地 33.71 万公顷，完成抗旱坐水播种 16.31 万公顷。进入夏季，各地旱情持续发展，各级水利部门克服地下水位下降、河流塘坝干涸等困难，开动全部水利设施，全市完成夏浇面积 20.09 万公顷。2001 年，旱情持续，春节前后，市委、市政府组成 15 个工作组，检查督促抗旱。国家、自治区先后下达给赤峰市特大抗旱费 1000 万元，支持抗旱工作。进一步加强水源工程建设，在灾后资金不足的情况下，各地积极开展打配机电井、维修配套机电井、打小土井、清淤渠道及筑坝拦蓄冰雪水等水源工程建设。2000 年秋到 2001 年春，全市新建各类水源工程 1.2 万处。2002 年以后，全市继续加强抗旱工作。积极开展水源工程建设，充分利用水利灌溉设施，挖掘一切可以利用的水源，组织群众开展春夏灌溉。积极发挥各级抗旱服务组织的机动灵活作用，深入实地为广大农牧民搞好服务。组织群众全力开展春夏灌溉，推广坐水点种、覆膜种植、滴灌、喷灌等抗旱节水技术，在连续旱灾之年，一方面把灾损降到最低程度，另一方面保障农牧业生产持续发展。2012 年以后，全市旱情逐渐缓解。市和旗县区继续加强抗旱工作领导，积极开展水利设施建设，及时组织群众开展春夏灌溉，积极推广应用抗旱节水新技术，不断提高抗旱能力和水平。到 2014 年，连续 3 年取得农牧业生产大丰收。

第二节 防 汛

1991—2014 年，市及旗县区建有抗旱防汛指挥部，由市长担任总指挥，成员单位有 23 个，办公地点设在赤峰市水利局。各旗县区抗旱防汛指挥部亦成立由旗县区长为总指挥、相关部门为成员单位的防汛指挥机构。

1991 年，全市各级党委、政府不断加强防汛工作的领导，认真落实防汛工作责任制。市及旗县区抗旱防汛指挥部每年在汛期到来之前，制定防汛应急预案，召开防汛工作会议，对全市防汛工作进行部署，进行汛前准备和防汛工作检查；积极组织开展防汛设施建设，做好防汛物资贮备，加强防汛队伍建设，不断提高防汛水平。加强防汛指挥通信系统建设，到 1992 年，全市有 32 部短波通信电台投入使用，确保及时传递雨情、汛情。1994 年，市防汛办公室配备并开通一套超短波集群通信系统及一台计算机，提高了通信效率。汛期，防汛工作人员 24 小时值班，及时传递雨情、水情，及早做好防汛准备。1994 年 8 月，市防汛办公室制定《赤峰市防汛通讯管理办法》，进一步健全防汛通信规章制度。1999 年，为保证汛期安全，各级党委和政府认真总结 1998 年洪水灾害的经验与教训，牢固树立防大汛、抗大灾的思想，把防汛工作作为一项重要的政治任务，切实加强组织领导，严格落实以行政首长负责制为核心的各项防汛责任制，做到领导、组织、制度、队伍、物资、预案、资金、措施全部落实。

2000年以后,面对连年干旱,全市对防汛工作始终高度重视,不断加强领导工作。市及各旗县区对防汛重点目标落实行政首长负责制，制定完善重点水库调度运用计划、防洪预案。加强汛期防汛值班,组织落实防汛抢险队伍,增加抢险物资储备。加强防汛非工程措施建设,做好防汛抢险的各项准备。加强重点工程汛前检查,确保各类水利工程的安全度汛。按照自治区防汛抗旱指挥部、自治区水利厅的统一部署,在全市开展山洪灾害防汛非工程措施建设。至2010年,全市共完成项目建设资金6940万元,建成覆盖12个旗县区、109个乡镇苏木、1164个行政村的监测预警系统和群测群防体系。建成市级监测预警信息平台1个、旗县级预警平台12个,建立自动雨水情监测站402个、简易雨量站254个、自动水位站29个、简易水位站21个,安装无线预警广播站385个,发放手摇报警器287部、简易预警设备(锣、鼓、号、口哨、扩音喇叭)361套。编制完成旗县区级山洪灾害防御预案12份、乡镇预案109份、村级预案1164份,制作宣传栏、宣传板1920块,发放明白卡193.4万张,组织技术培训5.6万人次。2011年,落实红山水库、三座店水库、打虎石水库、海日苏枢纽、二道河子水库、赤峰城区防洪坝等6座市级重点工程以行政首长为核心的防汛责任制。各旗县区落实防洪重点工程和重点防御目标151个,制定完善全市重点水库、河道调度运用计划、防洪预案、预警建设;对重点工程进行汛前检查,对防汛物资储备、抢险队伍、河道清障、城镇防洪、水库防汛、山洪防御、尾矿库等情况进行认真检查和落实,发现问题及时处理。

2012—2014年,全市突出做好山洪灾害防治项目建设。市、旗县区加强对防御山洪灾害工作的领导,认真落实防御山洪灾害责任制,构建集监测、预警、预报和抢险于一体的完善的防御体系。开展山洪灾害防治项目非工程措施建设,全市完成中央、自治区项目建设资金6477.6万元，建成覆盖12个旗县区、109个乡镇苏木、1164个行政村的监测预警系统和群测群防体系,建成旗县级监测预警平台12个、市级监测预警平台1个、1991—2014年,全市发生多次大强度洪灾,由于防汛抗洪救灾预防到位、措施有力,使灾害造成的损失程度降到最低,保障了国家财产和人民生产、生活的安全,保障了全市工农各业生产和建设的健康快速发展。

第五章　水利管理

第一节　机　构

一、管理机构

市级管理机构　1991年,赤峰市设有水利水产局,隶属于市政府,内设人秘科、计划财务科、农牧水利科、工程管理科、水产科、水政水资源科、审计科共7个职能机构。1995年,赤峰市水利水产局更名为赤峰市水利局,内设办公室、计划财务审计科、农牧水利科、水利管理科、水政水资源科、综合经营管理科6个职能科室,有行政编制27人。2014年,赤峰市水利局内设科室7个,分别是办公室(包括党办、监察室)、计划财务科、建设与管理科、农牧水利科、水资源科、水政与安全监督科、市抗旱防汛指挥部办公室。市水利局编制22人,其中公务员编制19人,工勤编制3人。

旗县区水利管理机构 1991—2014年,赤峰市12个旗县区均设有水利局机构,主要负责水资源开发、利用、节约和保护,协调、监督、指挥抗旱防汛工作,管理农牧水利、水土保持、水产建设的规划,承办当地政府和上级水利部门交办的其他事项。

二、市水利局直属机构

赤峰市抗旱防汛调度中心 1997年,成立赤峰市抗旱防汛指挥部办公室,2001年更名为赤峰市抗旱防汛信息中心,2000年成立赤峰市防汛机动抢险队,与市抗旱防汛信息中心合署办公。2008年,更名为赤峰市抗旱防汛指挥部办公室。2009年,赤峰市抗旱防汛指挥部办公室核定为参照公务员法管理单位。2011年12月,成立赤峰市防汛抗旱应急抢险救灾服务队,核定人员编制6人。2013年,成立赤峰市抗旱防汛调度中心(挂赤峰市防汛机动抢险队牌子),调度中心由市抗旱防汛指挥部和市防汛抗旱应急抢险救灾服务队合并组成。有事业编制20人,其中管理人员编制8人,专业技术人员编制10人,工勤人员编制2人。

赤峰市河道管理处 2009年9月,赤峰市中心城区河道管理处成立,隶属于赤峰市住房和城乡建设委员会。2012年11月,将赤峰市中心城区河道管理处整建制划归赤峰市水利局,更名为赤峰市河道管理处。主要负责全市河道规划、建设与管理工作。2013年10月,确定为市水利局所属的相当于准处级事业单位。核定事业编制22人,其中管理人员编制3人、专业技术人员编制18人、工勤人员编制1人。

赤峰市水产技术工作站 赤峰市水产技术工作站由赤峰市水产工作站、赤峰市水产科学研究所和赤峰市红山渔政监督管理站合并而成。1992年4月,市水利水产局水产科改建为赤峰市水产工作站,挂赤峰市水产技术推广站的牌子,为事业单位,具有水产养殖生产、技术推广和渔政监督管理职能。1997年,赤峰市编制委员会核定,市水产工作站相当于科级事业单位,事业编制8人。2005年12月,挂赤峰市渔政监督管理站牌子,核定编制30人。2006年1月,赤峰市水产工作站与赤峰市水产科学研究所合并,成立赤峰市水产技术工作站,与赤峰市渔政监督管理站合署办公。2013年10月,市水产技术工作站增挂赤峰市渔政监督管理站和赤峰市红山渔政监督管理站的牌子,为赤峰市水利局所属的相当于科级参公事业单位。核定参公编制29人,工勤编制1人。

赤峰市水产科学研究所 市水产科学研究所的前身是1958年成立的昭乌达盟鱼种站,1978年更名为赤峰市水产科学研究所。1997年,赤峰市水产科学研究所事业编制24人,其中专业人员编制19人,行政后勤人员编制5人。2005年12月,并入赤峰市水产技术工作站。

赤峰市渔政监督管理站 1992年,赤峰市渔政监督管理站成立,隶属于赤峰市水利水产局,负责全市渔政工作。2001 年 4 月,撤销赤峰市渔政监督管理站,职能划归赤峰市水政监察支队。2006 年 1 月,市水产工作站与市水产科学研究所合并,成立赤峰市水产技术工作站,挂赤峰市渔政监督管理站牌子。2013 年 10 月,赤峰市水产技术工作站挂赤峰市渔政监督管理站和赤峰市红山渔政监督管理站的牌子,为市水利局所属的相当于科级事业单位。

赤峰市水土保持工作站　1991 年,赤峰市水土保持工作站隶属赤峰市水利水产局,主要负责全市水土保持管理工作。1992 年 7 月,赤峰市水土保持工作站增挂赤峰市水土保持监察总站的牌子。1993 年,赤峰市水土保持工作站改为赤峰市水土保持监督总站,为全额拨款事业单位。到 2014 年未变。

赤峰市水政监察支队　1994 年 9 月,成立赤峰市水资源管理办公室。2001 年 4 月,撤销赤峰市水资源管理办公室,成立赤峰市水政监察支队,为市水利局所属科级事业单位。编制 20 人,其中专业技术人员 14 人,行政工勤人员 6 人。2013 年 10 月,核定事业编制 22 人,其中管理人员编制 21 人,工勤人员编制 1 人,为全额拨款事业单位。

赤峰市水利建设工程质量监督站　1990 年 4 月,赤峰市水利水产局内设赤峰市水利建设工程质量监督站。2008 年 12 月,成立赤峰市水利建设工程质量监督站,为市水利局所属相当于科级事业单位。2011 年以后,赤峰市进一步加强和规范水政监察机构建设。赤峰市水政监察支队设立水土保持监督管理大队、水管理监督大队、河道监督大队、三座店水库管理局监察大队等监察机构。各乡镇苏木建立起水政监察中队。2013 年 10 月,核定事业编制 6 人,其中管理人员编制 2 人,专业技术人员编制 4 人。2014 年,全市共有水政监察人员 229 人,其中专职水政监察员 209 人,兼职水政监察员 20 人。

赤峰市三座店水库管理局　成立于 2009 年,隶属于赤峰市水利局,为准处级事业单位,内设 7 个科室,人员编制 50 人。2013 年 10 月,核定编制 45 人,其中管理人员编制 4 人,专业技术人员编制 39 人,工勤人员编制 2 人。内设办公室、计划财务科、工程管理科、水情科、供水管理科、渔政管理科、工程保卫科 7 个科级机构。

第二节　水利工程管理

1998 年,赤峰市在喀喇沁旗上瓦房村对小型水利工程进行产权制度改革试点。1999 年,市政府印发《关于大力推进小型水利工程产权制度改革的意见》,在全市逐步推开。2000 年,宁城县、喀喇沁旗、松山区、敖汉旗、林西县、翁牛特旗结合本地实际,相继出台《小型水利工程产权制度改革实施细则》, 成立小型水利工程产权制度改革领导机构。各旗县区根据调查摸底和试点的经验,相继开展小型水利工程产权制度改革。当年底,全市通过拍卖、承包、租赁、股份经营等形式,完成工程改制 5895 处。各地制定许多优惠政策,放开建设权,搞活经营权,盘活存量资产,发挥水利工程效益。到 2003 年末,全市完成小型水利工程改制28784处,其中拍卖7899处,承包19938处,租赁509处,股份经营438处。2005年,全市小型水利工程改制率达到90%以上。

2007年9月至2008年4月,根据自治区政府《关于进一步推进全区水利工程管理体制改革工作的通知》精神,赤峰市成立水利工程管理体制改革领导小组,市政府批复市水利局《水利工程管理体制改革实施方案》,全市水利工程管理体制改革开始实施。2007年,全市有水利工程管理单位29个,其中水库管理单位17个,管理工程21处;水闸管理单位2个,管理工程4处;灌区管理单位8个,管理灌区17处;河道管理单位2个。

一、水库工程管理

1995年,根据自治区人民代表大会常务委员会颁布的《内蒙古自治区水利工程管理保护办法》和自治区政府制定的《内蒙古自治区水利工程管理和保护范围划定标准》,赤峰市开始明确划分水库、堤防等水利工程的管理范围和保护范围,不断推进全市水利工程确权划界工作。2010年,全市4座大型水库中有3座由水利部门管理(自治区水利厅直管1座、赤峰市水利局直管1座、宁城县水利局直管1座),企业管理1座(大唐公司管理)。小型水库管理实行多元化体制,由旗县水利部门管理的占44.3%,乡镇管理的占50.8%,旗县林业部门管理的占4.9%。至2014年,全市完成确权划界的大中型水库30座,占水库总数的37%。其中大型水库全部完成;中型水库完成11座,占中型水库总数的64.7%;小一型水库完成12座,占小一型水库总数的28.6%,小二型水库完成4座,占小二型水库总数的21.1%。

二、灌区工程管理

2007年,在水利管理体制改革中,全部实行分级管理,灌区内部实行管养分离。全市4个大型灌区和19个中型灌区均由旗县区水利部门直接管理; 有25个中型灌区由乡镇苏木管理。水利部门直接管理的灌区有专门的管理机构,配备专门的管理人员,有的管理机构负责多个灌区管理;乡镇苏木管理的灌区,多数由乡镇苏木农业服务站或水利工作站抽调人员或雇人负责管理。2014年,全市有万亩以上灌区48个,其中大型灌区(30万亩以上)4个,中型灌区(1万~30万亩)44个。

三、水土保持工程管理

1991—1999年,全市水土保持工程管理继续实行“谁治理、谁管护、谁受益”长期不变政策,允许继承和转让。除个别统一治理、统一管理的工程外,其他均由乡镇、村统一治理,治理后分户管理。2000年之后,凡属水土保持治理项目,包括坡改梯项目、重点小流域治理项目、京津风沙源二期治理项目等,实行“农牧民出承包地,国家无偿投资,工程项目建成验收合格后归农牧民所有”的管理体制。

四、机电井运行管理

2000年之后,对全市规模以上的5.58万眼机电井实行多样化管理方式。部分机电井仍然由村级经济组织管理;部分机电井实行股份制经营和管理;部分机电井由个人或联户承包管理,由个人组成联户与井管人签订承包合同,明确双方权责利;拍卖少部分机电井。

五、工程质量监督

1991年以后,赤峰市水利建设工程质量监督站认真开展施工单位的资格审查、施工进度检查、工程阶段验收和竣工验收等工作,保证水利工程的建设质量。1997年,自治区水利厅《内蒙古自治区水利水电工程质量监督管理实施细则》实施后,进一步加强全市水利工程质量监督管理工作。对监理、设计、施工等单位的资质等级、经营范围核查,发现越级承包工程等不符合规定要求的,责成建设单位限期改正;对在建工程,质量监督人员实行现场监督,对工程有关部位进行检查;对违反技术规程、规范、质量标准或设计要求的施工单位,通知建设、监理单位采取纠正措施;在质量监督过程中发现不合格原材料、半成品、成品、设备及构件,责成建设单位采取措施纠正;对造成重大工程质量事故的单位和个人,提请有关部门或司法机关追究行政、经济、刑事责任;及时公布、通报工程质量监督检查情况及处理结果。1991—2014年,全市各级水利工程质量监督机构认真贯彻执行上级有关水利工程质量监督管理的法规、规章、制度和要求,积极开展全面严格监督管理,保障了各项水利工程建设质量。

第三节 水政与水资源管理

一、取水许可

1991年,自治区政府印发《实施〈中华人民共和国水法〉办法》,对水资源依法实行取水许可制度和水资源有偿使用制度。克什克腾旗、宁城县作为水利部实行取水许可制度试点旗县首先开始,1992年以后,赤峰市全面实施取水许可制度。1995年,在市辖区大型工业企业开展取水许可工作,直接从江河湖泊或地下取用水资源的单位和个人除按有关规定不需要申领取水许可证的情形外,均应按照《水资源费征收使用管理办法》规定缴纳水资源费。2004年,市县两级实行分级管理,全市工业企业和个体工商户使用自备水源井的都办理了取水许可证。2006年,自治区政府《取水许可和水资源费征收使用管理条例》颁布实施,赤峰市取水许可工作进一步细化。2012年,国务院颁布《关于实行最严格水资源管理制度的意见》后,赤峰市封闭147眼自备水源井,保护有限的地下水资源。

二、水资源费、水土保持补偿费征收

从1991年开始,赤峰市按照《中华人民共和国水法》和国务院《取水许可和水资源费征收管理条例》的规定,实行取水许可制度。1992年,开展水资源费、水土保持补偿费征收工作。当年,全市征收水资源费、水土保持补偿费47.33万元。1993年以后,水

1992—2014年赤峰市征收水资源费、水土保持补偿费情况统计表

表4-5-8　　　　单位:万元

年份	合计	水资源费	水土保持补偿费
1992	47.33	41.63	5.70
1993	280.74	274.79	5.95
1994	88.59	82.99	5.60
1995	176.26	167.46	8.80
1996	258.29	190.08	68.21
1997	243.79	183.54	60.25
1998	220.52	157.56	62.96
1999	221.88	176.25	45.63
2000	196.91	151.75	45.16
2001	242.24	137.29	104.95
2002	285.52	213.48	72.04
2003	324.19	217.71	106.48
2004	446.51	317.29	129.22
2005	479.34	293.01	186.33
2006	595.73	374.35	221.38
2007	979.53	597.17	382.36
2008	1004.35	535.42	468.93
2009	869.98	629.95	240.03
2010	1375.26	962.19	413.07
2011	2298.61	1562.24	736.37
2012	4180.25	3501.71	678.54
2013	4397.89	3652.80	745.09
2014	5357.48	4168.03	1189.45
总计	24571.19	18588.69	5982.50

资源费、水土保持补偿费征收范围不断扩大,征收数量不断增加。1995 年,全市征收水资源费、水土保持补偿费 176.26 万元,2000 年达到 196.91 万元。

2002 年,自治区政府印发《内蒙古自治区水资源费征收及使用管理办法》,2011年,自治区政府印发《自治区水资源费征收标准及相关规定》,先后对水资源费、水土保持补偿费征收标准、征收办法等进行调整。赤峰市各级水资源管理部门不断加强征收工作力度,征收数量不断提高。2010 年,全市征收水资源费、水土保持补偿费 1375.26 万元。2014 年,全市征收水资源费、水土保持补偿费 5357.48 万元,其中征收水资源费 4168.03 万元、水土保持补偿费 1189.45 万元。

三、水政监察

1991 年以后,赤峰市水政监察机构不断加强水政管理法规制度的宣传教育,加强对水资源、水利工程、水土保持、生态环境、河道等监督保护工作。积极开展水事案件查处,严厉打击破坏水资源、水利设施、水土保持及生态环境等违法违规活动。1993 年,市水利局下发《关于加强水政监察工作的通知》,要求各级水政管理部门加强对水利基础设施破坏案件的查处,严厉打击破坏水利基础设施、盗窃水利设备活动。克什克腾旗水政监察人员在旗公安局配合下,连续破获 5 个犯罪团伙,抓获涉案人员 17 人,缴获赃物折款 1.44 万元。当年,全市水政部门共调解处理水事纠纷 9 起,查处水事案件 31 件。1997 年 6 月,市水利局对某热电企业擅自在规划区内违法凿井取水下达《责令停止水事违法行为通知书》并予以通报批评。同年 7 月,市水利局组织红山区、松山区水政监察人员进行查处,依法拆除 3 道丁坝,清除河道内栽种的树木 1.8 公顷,清除大量河道内堆积杂物,保障了河道的通畅。1998—2014 年,市和各旗县区水利管理机关和水政监察部门先后查处锡伯河八家至新地段河道违章建筑、东山湾大桥上游违章建筑、老哈河违章修建丁字坝、奈曼旗莲苏乡在老哈河道设障、英金河段河道非法采沙等 20 多起严重违法违章案件。

第六篇 渔 业

第一章 渔业资源

第一节 水域资源

一、水域

赤峰市境内分布有老哈河、西拉木伦河、教来河、乌力吉木伦河、达里诺尔河、锡林郭勒河、大凌河、滦河八个水系。流域面积50平方公里及以上河流401条。1990年,全市水域面积47054公顷,其中已利用面积35557公顷,占水域总面积的75.57%。2000年,全市水域总面积48022公顷,其中已利用水域面积43443公顷,占水域总面积的90.46%。2010年,全市水域总面积55048公顷,其中已利用水域面积54991公顷,占全部水域面积的99.9%。2014年,全市水域面积53300公顷,其中已利用面积43550公顷,占水域总面积的81.71%。其中水库82座,面积15100公顷;湖泊26700公顷;池塘55处,面积1530公顷;宜渔滩涂12处,面积220公顷。

二、水质

赤峰市地表水化学类型较为简单,外流河均属于重碳酸盐类水,以碳酸钙为主,其中西拉木伦河南部支流老哈河为重碳酸钙Ⅱ型水,西辽河其他支流为重碳酸钙Ⅰ型水。河水矿化度200~900毫克/升,西辽河一带总硬度大于100毫克/升,英金河六大份、八家一带平均总硬度为360毫克/升,总硬度在矿化度的地区分布趋势相同。pH值多年平均在6.4~8.6之间。

主要水产养殖水域水质:pH值7.5~9,碱度2.7~4.2毫克/升,硬度3.0~3.3毫克/升,化学耗氧量6~16克/升。浮游植物生物量1~6.7克/升,优势种群为绿藻、硅藻。浮游动物生物量0.6~1.5克/升,优势种群为枝角类。底栖动物生物量1.8~2.5克/升,摇蚊幼虫、水丝蚓个体数量占首位。山谷型水库水草较少,湖泊和平原型水库水草较多,主要是水生维管束植物芦苇、蒲草、荆三菱,沉水植物菹草、眼子菜、聚草等,80%分布在浅水域中。除小部分山谷型水库外,大部分水域底质为沙壤土,比较平坦,易于捕捞作业。

三、天然湖泊

湖泊面积　1991年,全市湖泊水域面积为3.17万公顷。1995年,全市湖泊水域面积3.52万公顷。1998—2000年,全市湖泊水域面积连续3年保持在3.39万公顷。2010—2012年,全市湖泊水域面积连续3年保持在3.6万公顷。2013年,湖泊水域面积大幅度缩减,下降到1990年以后最低,总面积为2.67万公顷,至2014年未变。

达里湖　达里湖亦称达里诺尔湖,古时曾称"捕鱼儿海"。系内蒙古第二大湖,也是赤峰市第一大湖。位于克什克腾旗达日罕苏木境内。湖水面积1.95万公顷,最大水深12米。属封闭式半咸水湖,湖中盛产鲫鱼、瓦氏雅罗鱼(华子鱼),为赤峰市重要渔业生产基地。水源主要由4条河流补给,最大的一条为贡格尔河,第二条河为沙里河,第三条河为亮子河,第四条河为耗来河。

岗更诺尔湖　又称岗更湖、牤牛泡子,位于克什克腾旗达来诺日镇境内,距达里湖东15公里,通过沙里河与达里湖相连。湖水面积2220公顷。南北长6.5公里,东西宽5公里,水深1～5米,湖面海拔1240米,为赤峰市境内第二大湖泊。湖水水源为沙里河,湖东南岸浑善达克沙地北端有数眼泉水注入湖内。湖内盛产鲤鱼、鲫鱼、瓦氏雅罗鱼。

多伦诺尔湖　又称鲤鱼泡子,位于达里湖西16公里处,通过耗来河与达里湖相连。湖水面积200公顷,湖中涌泉很多。因湖中盛产鲤鱼而闻名。

四、水库、池塘

1991年,全市有大中小型水库69座,水域面积3300公顷。2014年,全市有在册水库82座,水域面积15100公顷。

1990年,全市有池塘168处,总水域面积380公顷。1992年以后逐渐增多。到1995年,全市池塘水域面积410公顷。2000年,池塘水域面积570公顷。2005年,有池塘394处,水域面积510公顷。2006年以后,全市池塘数量逐渐减少,但池塘面积不断扩大。到2010年,全市池塘减少到248处,池塘水域面积增加到1575公顷。2014年,全市池塘水域面积1528公顷,比2010年减少47公顷;比1990年增加1148公顷,增长3.02倍。

第二节　鱼类资源

一、区系种类

赤峰市水域内鱼类有6个区系,即中国平原区系复合体、古代第三纪区系复合体、北方平原区系复合体、印度平原区系复合体、中亚山地区系复合体和北方山麓区系复合体。以中国平原区系、古代第三纪区系、北方平原区系复合体为主,构成赤峰鱼类种群基础,其中中国平原区系复合体的经济鱼类品种、数量最多。

1991年,赤峰水域鱼类资源共有6目9科54种。有地方品种32种。其中鲤形目鲤科有20种、鳅科有7种，刺鱼目刺鱼科有1种，鲶形目鲶科有2种、鮠科有1种，鲈形目鳢科有1种。有引进品种22种。其中鲤形目鲤科有18种，鲱形目鲑科有1种，鲻形目鲻科有1种，鲈形目鲡科有2种。

2014年，赤峰水域内的主要鱼类有6目13科41种。其中鲤形目有鲤科22种，鳅科3种；鲑形目有鲑科4种，银鱼科1种，胡爪鱼科1种；鲶形目有鲶科1种，鲿科1种；鲈形目有鲡科2种，鳢科1种，鮨科1种，塘鳢科2种；鲻形目鲻科1种；鲟形目鲟科1种。

2014年赤峰市鱼类资源一览表

表4-6-1

目	科	种（亚种）
鲤形目	鲤科	青鱼、草鱼、拉氏鱥、瓦氏雅罗鱼、马口鱼、餐条鱼、团头鲂、红鳍鲌、东方真鳊、斜齿鳊、细鳞斜颌鲴、中华鳑鲏鱼、鲢、鳙、鲤、鲫、银鲫、麦穗鱼、棒花鱼、突吻、长蛇、蛇
	鳅科	北鳅、条鳅、泥鳅
鲑形目	鲑科	虹鳟、金鳟、鲑鱼、细鳞鱼
	银鱼科	大银鱼
	胡爪鱼科	池沼公鱼
鲶形目	鲶科	鲶鱼
	鲿科	黄颡鱼
鲈形目	鲡科	尼罗罗非鱼、莫桑比克罗非鱼
	鳢科	乌鳢
	鮨科	鳜鱼
	塘鳢科	葛氏鲈塘鳢、黄黝鱼
鲻形目	鲻科	鲻鱼
鲟形目	鲟科	杂交鲟

二、主要鱼种

地方鱼种　鲤鱼。属鲤形目鲤科，俗称鲤拐子、鲤子。为比较古老的鱼类，属地方品种，杂食性。天然鲤鱼全市各地均有分布，其中红山水库、打虎石水库、沙那水库、巴彦花水库等大中型水库渔场种群数量最多。由于多年过度捕捞和气候异常的影响，天然鲤鱼数量逐年减少，个体也越来越小。人工养殖鲤鱼的产量逐年增加，养殖品种多为丰鲤、建鲤和德黄杂交鲤等。是赤峰地区重要的天然捕捞和人工养殖经济鱼类。

鲫鱼。属鲤形目鲤科，俗称“鲫鱼瓜子”。为比较古老小鱼类，属地方品种，全市均有分布。品种有达里湖鲫鱼、银鲫、澎泽鲫、湘云鲫、异育银鲫等。其中达里湖鲫鱼种群规模最大,经济价值最高。

瓦氏雅罗鱼。俗称“华子鱼”。属鲤形目鲤科。系北方平原区系复合体,耐寒,耐碱盐性水域。主要分布在克什克腾旗达里湖。为内蒙古地区地产特色鱼类,经济价值较高。另有引进品种东北雅罗鱼,分布在阿旗、左旗、右旗、林西、翁旗等旗县。

餐条鱼、棒花鱼、麦穗鱼。均属鲤形目鲤科。餐条鱼、棒花鱼系中国平原区系复合体。均属地方品种,在全市各地水域均有分布。

鲶鱼、黄颡鱼。鲶鱼属鲶形目鲶科。栖息在水草丛中,肉食性,捕食虾、蝌蚪、小型鱼类等,天然生鲶鱼主要分布在阿旗、左旗、右旗、翁旗、松山区、敖汉旗境内水域,属于地产经济鱼类,全市年产近百吨。黄颡鱼,属鲶形目鲿科。喜栖息于水体底层,肉食性,以小鱼、水生昆虫等为食。天然生黄颡鱼分布在阿旗、右旗、翁旗、宁城县、敖汉旗等地区水域。

泥鳅。属鲤形目鳅科。属比较古老鱼类,在全市各地水域均有分布。

引进鱼种　草鱼。属鲤形目鲤科。栖息于水体中下层及近岸多水草区域,是典型的草食性鱼类。属引进品种,在赤峰水域无天然分布,为人工养殖经济鱼类,在全市各地均有人工养殖。

鳙鱼。属鲤形目鲤科。属引进品种,在赤峰市水域无天然分布,为人工养殖经济鱼类,全市各地均有养殖。

鲢鱼。属鲤形目鲤科,又称白鲢。为赤峰地区人工养殖重要经济鱼类,养殖成本低。在赤峰水域无天然分布,全市各地水域均有养殖。

青鱼。属鲤形目鲤科。赤峰水域无天然分布,人工养殖区域主要分布在巴林右旗、翁牛特旗、宁城县、敖汉旗等地。

红鳍鲌、团头鲂、马口鱼。红鳍鱼分布在阿旗、左旗、右旗部分水域,地方种分布在翁牛特旗。团头鲂,又称武昌鱼,为静水生活鱼类,在赤峰水域内无天然分布,人工养殖主要分布在阿旗、左旗、翁旗、松山区、红山区、宁城县、敖汉旗、喀喇沁旗部分水域。马口鱼,栖息于水体中上层,在赤峰水域无天然分布,人工养殖主要分布在宁城县打虎石水库。

大银鱼、虹鳟鱼、池沼公鱼。大银鱼属鲑形目银鱼科,赤峰水域无天然分布,为赤峰地区人工饲养小型特色经济鱼类,主要分布在阿旗、翁旗、宁城县。虹鳟鱼属鲑形目鲑科,属冷水性鱼类,在赤峰水域无天然分布,20 世纪 90 年代养殖分布在克旗、松山区等地,2006 年元宝山区开始养殖。池沼公鱼属鲑形目胡爪鱼科,天然分布,人工养殖主要分布在宁城县打虎石水库。

罗非鱼。属鲈形目鲡科。赤峰水域无天然分布,人工养殖分布在宁城县和红山区,20 世纪 80 年代敖汉旗有养殖。

三、无公害基地与有机产品认定

1999年，赤峰市生产的达里湖鲫鱼、瓦氏雅罗鱼、泥鳅、麦穗鱼被环保部有机食品认定中心认定为有机(天然)食品。2002年，国家环保总局对达里湖的水域环境、生产方式、加工过程等各个环节进行全面考核后，颁发"有机产品贸易证书""有机产品认证书""有机销售者证书"。2004年，达里湖瓦氏雅罗鱼、达里湖鲫鱼被自治区政府评为内蒙古名牌产品。2005年，达里湖被命名为国家有机水产品基地。

2003年，敖汉旗四道湾地区养殖的河蟹，山湾子水库养殖的草鱼、鳙鱼，翁牛特旗黑鱼泡子养殖的草鱼、鲢鱼，大泡子渔场养殖的鲤鱼、鲫鱼、河蟹，红山水库养殖的鲢鱼、鳙鱼、鲤鱼等10处水产品生产基地和24个水产品种被国家环保部门认定为无公害水产品生产基地及无公害产品。2004—2014年，赤峰市先后认定25处无公害水产品生产基地、74个有机水产品。2014年，全市有25处无公害水产品生产基地，认定无公害水产品22种共112个产品；认定水面面积4.9万公顷，占水产养殖总面积的95%。

第二章　水产养殖

第一节　人工养殖

1991年，全市有渔场、水产养殖企业、养殖户191家，从业人员708人。主要养殖品种有鲤鱼、草鱼、白鲢、鳙鱼、罗非鱼、鲫鱼、银鱼等，年产各类水产品2710吨，总产值900万元。1992年以后，随着经济体制改革的深入和市场经济的发展，渔业养殖户不断增多，规模不断扩大，产量不断增加。到1995年，水产品产量4684吨，总产值2300万元。从事水产养殖的业户进一步增加，养殖品种、规模进一步扩大。到2000年，全市水产养殖户增加到210家，从业人员759人。水产品产量6773吨，总产值3400万元。2001年以后，多数渔场、鱼塘等养殖水面承包给民营企业或个体养殖户。养殖业户积极引进和应用现代养殖技术，发展中小水面养殖、网箱养殖、网栏养殖等现代养殖技术，不断扩大养殖规模，开发名优品种，水产品品种、产量进一步增加。2006年，全市池塘养殖575公顷，湖泊养殖3.14万公顷，水库养殖1.45万公顷，河流养殖67公顷，稻田养殖200公顷，网栏养殖330公顷。到2010年，全市水产品产量1.2万吨，产值1.17亿元。到2014年，全市有渔业生产企业、渔业种苗场、个体养殖户121家。全市鱼苗产量1.36亿尾，鱼种产量582吨，中小水面半精养面积533.33公顷，网箱养殖2000平方米，网栏养殖100公顷，池塘养殖名优特品种106.67公顷，大银鱼养殖5333公顷，稻田养蟹面积180公顷。2014年，全市水产品产量1.54万吨，比1991年增加1.27万吨，增长4.67倍；产值2.4亿元，比1991年增加2.31亿元，增长25.67倍。

表 4-6-2

1991—2014 年部分年份赤峰市水产品产量、产值情况统计表

年份	产量(吨)	其中								产值(万元)
		鲤鱼	草鱼	白鲢	鳙鱼	罗非鱼	鲫鱼	银鱼	其他	
1991	2710	398.2	129.4	452.2	400.0	2.3	684.1	—	643.8	900
1995	4684	915.0	324.0	1169.0	1000.0	2.0	862.0	—	412.0	2300
2000	6773	1346.0	665.0	1612.0	1300.0	38.0	1220.0	28.0	564.0	3400
2005	8926	1917.0	1045.0	2399.0	1668.0	21.0	1220.0	248.0	408.0	7600
2010	11516	2855.0	1449.0	2908.3	2033.0	11.0	1300.0	40.0	919.7	11700
2014	15374	3500.0	2025.0	4108.0	2700.0	30.0	2135.0	66.0	810.0	24000

第二节　种苗繁育

一、鱼苗与鱼种繁育

1980 年,赤峰地区渔场及水产研究所人工繁殖鱼苗 5240 万尾。1987 年以后,赤峰市水产科学研究所进行规模化配合颗粒饲料精养鲤鱼实验, 进行鱼类人工繁育。到 1990 年,人工繁育鲤鱼、草鱼、白鲢、鳙鱼、罗非鱼鱼苗 1.02 亿尾。1991 年以后,宁城县热水鱼种场、松山区水泉鱼种场、衣家营鱼种场、翁牛特旗鱼种场、草原水库鱼种场、喀喇沁旗鱼种场、元宝山区鱼种场等 8 个鱼种场先后开展种苗繁殖培育。2001 年以后,增加雅罗鱼、鲫鱼品种繁育。到 2005 年,全市鱼苗繁育 1.8 亿尾。此后,全市自繁鱼苗数量不断增加。2010 年,全市自繁鱼苗 4.05 亿尾,生产鱼种 708 吨。2014 年,全市自繁鱼苗 4.95 亿尾,生产鱼种 559 吨。

二、增殖放流

2004 年开始,自治区、赤峰市和旗县区开始以不同形式在不同水面组织增殖放流活动。2006 年以后,每年 6—9 月,自治区渔业局、赤峰市水利局在三座店水库、达里湖、红山水库、二道河子水库等地举行水生生物资源增殖放流活动,平均每年向水域投放鱼苗 2 万 ~ 3 万尾。通过增殖放流,有效改善和优化水域的鱼类群落结构,恢复和增加鱼类的种群数量。2012 年 6 月 14 日, 克什克腾旗在达来诺日渔场南河口增殖基地举行放流仪式,放流华子鱼苗 8860 万尾。2013 年 5 月 16 日,内蒙古自治区渔政渔港监督管理局和赤峰市水利局主办的赤峰市三座店水库水生生物资源增殖放流活动在松山区三座店水库举行,向水库投放鱼苗 2 万尾。2014 年 6 月 18 日,由内蒙古自治区渔政渔港监督管理局、赤峰市水利局主办,在松山区三座店水库开展水生生物资源增殖

1990—2014 年部分年份赤峰市鱼苗繁殖与培育情况统计表

表 4-6-3　　单位:万尾

年份	鲤 鱼	草 鱼	白 鲢	鳙 鱼	罗非鱼	雅罗鱼	鲫 鱼	合 计
1990	7302	924	1000	900	100	—	—	10226
1995	5005	1000	2100	800	200	—	—	9105
2000	2300	600	800	600	200	—	—	4500
2005	5010	3000	500	500	500	3000	5500	18010
2006	2500	1000	3000	2000	200	3800	6000	18500
2007	4500	1000	2000	—	—	20000	7000	34500
2008	—	—	—	—	—	11000	11000	22000
2009	4500	2000	1000	—	2000	12000	8000	29500
2010	6500	4000	2000	—	3000	15000	10000	40500
2011	3500	2600	1100	1100	2000	10000	10000	30300
2012	3500	2600	1100	1100	2000	10000	8600	28900
2013	—	—	—	—	—	8600	10000	18600
2014	3800	3460	2100	2100	10	20000	18000	49470

1990—2014 年部分年份赤峰市鱼种培育情况统计表

表 4-6-4

种类/年份	产　量(吨)						养殖面积(公顷)			
	鲤鱼	草鱼	白鲢	鳙鱼	罗非鱼	小计	池塘	网箱	网栏	库湾
1990	155	60.3	55	45	10	325.3	20.00	—	—	1.67
1995	409	102	195	130	5	841	53.33	—	—	2.73
2000	321	178	150	120	30	799	50.00	—	—	3.27
2005	311	199	250	240	57	1057	60.00	4	4	2.47
2006	331	198	245	240	5	1019	60.00	4	4	2.33
2007	250	192	293	—	9	744	60.00	4	4	2.33
2008	284	176	150	141	10	761	60.00	4	4	2.33
2009	301	193	203	—	12	709	60.00	4	4	2.33
2010	311	184	202	—	11	708	56.67	4	4	2.33
2011	313	228	100	137	9	787	56.67	4	4	2.33
2012	310	250	100	145	24	829	56.67	4	4	2.33
2013	247	208	116	100	23	694	56.67	4	4	2.33
2014	190	173	95	96	5	559	56.67	4	4	2.33

放流活动,放流鲤鱼苗3万多尾、2500公斤。2014年7月18日和8月26日,二道河子水库先后开展2次增殖放流后,于10月21日组织第三次增殖放流,市水利局、松山区政府在二道河子水库投放鲢鱼、鳙鱼鱼苗5万尾、7000公斤。

2004—2014年,全市增殖放流鱼种约1.4亿尾,增殖鱼苗1.32亿尾。放流水域有老哈河流域、西拉木伦河流域、乌力吉木伦河流域。其中老哈河流域红山水库段344万尾,打虎石水库段130万尾;西拉木伦河流域益和诺尔水库段278万尾,草原水库段110万尾,达林台水库段150万尾;乌力吉木伦河流域扎斯台湖段160万尾,哈日朝鲁水库段120万尾。增殖水域有湖泊、水库、渔场,增殖品种有瓦氏雅罗鱼、鲫鱼、大银鱼,共增殖鱼苗5.32亿尾。其中达里诺尔湖增殖瓦氏雅罗鱼3200万尾,鲫鱼1亿尾;红山水库增殖大银鱼1.5亿尾;沙那水库增殖大银鱼1亿尾;哈日朝鲁水库增殖大银鱼5000万尾;扎斯台渔场增殖大银鱼5000万尾;达拉哈渔场增殖大银鱼5000万尾。

第三节　渔业捕捞

一、渔具

赤峰市是传统的农牧业地区,渔业发展起步较晚,渔具、渔法都是从其他地区引进,结合本地实际略加改进后投入渔业生产的。2014年,全市使用的渔具主要有8种:拉网、刺网、网箔、笼壶(地笼、地猫)、旋网、陷网(陷阱)、围网、拖网。此外,还有少量手抛网、搬网、抄网、钓具等。其中拉网20套,主要分布在克什克腾旗、巴林右旗、阿鲁科尔沁旗、宁城县等地,捕捞量占总捕捞量的28%;刺网10万米,全市均有分布,捕捞量占总捕捞量的22%;网箔6.3万米,全市均有分布,捕捞量占总捕捞量的20%;笼壶500套,捕捞量占总捕捞量的10%;旋网110个,捕捞量占总捕捞量的6%;围网1套,在克什克腾旗,捕捞量占总捕捞量的4%;拖网10套,主要分布在红山水库、阿鲁科尔沁旗,捕捞量占总捕捞量的3%;其他渔具捕捞量占总捕捞量的2%,数量较小,形不成渔业生产规模。

二、渔法

拉网捕鱼法　大拉网渔法。大拉网是长带状渔具,两侧翼网长度各1000米,网高4~10米,最小网目8~10厘米;囊网长度30~40米,最小网目8厘米,曳纲长度200米,附属网具走杆长度40米。主要在大型湖泊、水库中使用,捕捞鱼种:鲤鱼、鲫鱼、瓦氏雅罗鱼、草鱼、鳙鱼、鲢鱼等。大拉网捕鱼特点:捕捞量大,捕捞时间集中。

冰下大拉网渔法。将网具按照顺序叠置车上,运至网场下网口处。下网口长2米,宽1米,沿两翼预定线路打一圈走杆冰眼,走杆冰眼间距40米,直径0.3米,一直达到出网口汇合。出网口呈梯形,底长1.2米,边长2米。打走杆冰眼同时,把翼网置于下网口左右,将系水线绳的走杆放入冰眼,用走钩拨动走杆前行,每走一杆拉出水线绳带动曳纲,每隔5个走杆冰眼绞收一次曳纲,走杆继续前进,一直达到出网口,两水线绳带动曳纲汇合。从出网口拉出水线绳，最后绞收曳纲，直至把翼网、囊网全部拉出水面，收取渔获。

明水期大拉网渔法。将网具按顺序叠置船上，网的一端在岸边固定，然后放网，船带动网衣以半圆形包围鱼群，直至将网衣另一端送到岸边，用人力或绞车收翼网和囊网，最终将鱼赶入设置在岸边的网箱，达到捕捞目的。

地拉网渔法。地拉网是长带状网具，网长400～500米，网高3～4米，没有囊网，上纲配浮子，下纲配沉子，曳纲长度50米，最小网目8～10厘米。渔法：类似明水期大拉网。捕鱼特点：产量适中，捕捞时间集中。

刺网、网箔、笼壶捕鱼法　刺网渔法。又称挂网、丝挂子等，结构简单、操作方便，主要在湖泊、水库中使用，是赤峰市渔业最普遍的主要渔具之一，一般都是单层定置刺网，呈长方形带状，网衣采用尼龙单丝编织，隐蔽性较好。上纲装配浮子，下纲装配沉子，放置水域中呈直立墙状。捕捞品种：鲤鱼、鲫鱼、草鱼、鳙鱼、鲢鱼等。网目选择依所捕鱼规格而定，多用于捕捞大规格鱼，网目在14～18厘米，网长50～100米，网高1～3米，单船可携带20～50片。一般用渔船将刺网运到捕捞水域，用重物作锚把网具固定在鱼类洄游通道上，形成一道道墙状网，当鱼类通过时就会刺入网目或被网衣缠绕，达到捕捞目的。捕鱼特点：灵活方便，操作简单，产量适中。

网箔渔法。网箔是赤峰市渔业普遍使用的主要渔具之一，墙网和翼网网目尺寸1.5厘米。墙网长1000～5000米，网高2～4米，根据水域水深浅而调整。捕捞品种：鲤鱼、鲫鱼、草鱼、鳙鱼、鲢鱼、红鳍鲌、黄颡鱼、鲶鱼、池沼公鱼等。渔法：将网具设置在鱼类洄游的通道上，口门和墙网相互配合，布置成易进难出的箔阵，由墙网将鱼群逐步引导到各类口门，最终汇集到取鱼部，达到捕捞目的。捕鱼特点：操作简单，产量持续稳定，渔获鲜活。

笼壶渔法。笼壶又称地笼，是长筒状渔具，长30～50米，侧面装配漏斗状进口数十个，易进难出，底部用重物配重保持稳定，最小网目尺寸0.2厘米。捕捞品种：河蟹、黄颡鱼、鲶鱼、泥鳅。渔法：将网具固定在鱼类洄游通道上，在底层水域形成一道道阻隔，当鱼蟹通过时受阻，沿网具引导从进口进入地笼，达到捕捞目的。捕鱼特点：操作简便，渔获鲜活。

地猫渔法。由长桶状囊网和翼网组成，取鱼部长30米，最小网目尺寸4厘米；翼网长20～30米，高2～3米，最小网目尺寸1厘米。捕捞品种：河蟹、黄颡鱼、鲶鱼、泥鳅。渔法：将网具固定在鱼类洄游通道上，用翼网将鱼类引导到取鱼部，达到捕捞目的。

旋网、陷网（陷阱）、围网、拖网捕鱼法　旋网渔法。网身似圆锥状，由网身和网兜两部分组成。网身高1.5～2.5米，起围鱼和阻逃鱼作用，最小网目1厘米；网兜即取鱼部，最小网目3厘米。在岸边和船上均能作业，为群众一般常用捕鱼工具之一。网场多选择底质平坦、鱼类集中的地方，为了提高效率可设置诱饵，吸引鱼集中抢食，以便捕获。渔法：一人撑船，一人手持旋网站立船头撒网，网呈圆形撒出后，按水深放网纲，船驶往下风处，待网口沉至水底时，轻拉网纲，最后将网提上船，整网取鱼。捕鱼特点：操作简便，渔获鲜活。

陷网(陷阱)渔法。将长带状网衣固定列敷于水中,长度 20 ~ 30 米,最小网目 3 厘米,形成围城。诱使鱼入网内,最终进入网囊内,达到捕捞目的。主要捕捞品种为底层鱼类:麦穗鱼、泥鳅、棒花鱼、虾类。捕鱼特点:操作简便,渔获鲜活。

围网渔法。长带状网具,长 2000 米,一般分为两片,网高 3 ~ 4 米,没有囊网,上纲配浮子,底纲配沉子,最小网目 8 ~ 10 厘米。渔法:一般由两条船作业,将网具按顺序分别叠置在两条船上运至网场,在下网点连接两片网衣,两船分别下网,以半圆形包围鱼群,直至合拢网具,用人力或绞车收网衣,如果水深最终在船上捕捞渔获物;如果水浅则设置网箱,最终将鱼赶入网箱进行捕捞。捕鱼特点:捕捞量大,时间集中。

拖网渔法。分为单船拖网和对船拖网。单船拖网曳纲长 20 米,囊网长 20 ~ 30 米,无翼网,网口 20 米,以框架支撑;对船拖网曳纲长 20 ~ 30 米,翼网长 20 米,网口 30 米,囊网长 35 ~ 40 米。最小网目尺寸翼网 6 厘米,囊网 1 厘米左右。捕捞品种:大银鱼、虾类。渔法:单船拖网亦称“飞机网”,即在船尾装置一横梁,长度 7 ~ 8 米,将网具翼网固定在横梁两端,船在移动中追捕鱼群,达到捕捞目的;对船拖网由两只船操作,翼网固定在船尾,两只船协同移动追捕鱼群,达到捕捞目的。捕鱼特点:机动性强,捕捞集中,品种单一。

第三章　养殖技术

第一节　水面养殖

一、淡水渔场养殖

淡水渔场养殖技术是赤峰市水产工作站研发的一项大水面精养技术,集养殖、捕捞于一体。该技术核心是通过水下声波电子驯鱼仪结合定点、定时、定量投饲方法,控制鱼类的行为,达到驯养效果。利用定置箱式诱网进行定向捕捞,捕大留小,持续上市。2003 年,该技术通过赤峰市科技局鉴定。2004—2007 年,在翁旗高日苏渔场进行推广。2009 年,该技术获内蒙古自治区农牧业厅水产局认定。

二、“淹青”养殖

2006 年,在红山水库开展“淹青”养殖试验,取得显著效果。该技术是在水库周边滩涂种植饲草或农作物,当水位增高时淹没成为鱼类饵料,取得很好的效果。既保持了纯天然、无公害、绿色产品的特色,又增加了产量,形成了规模效益,平均增产 30%以上。

三、网栏养殖

网栏养鱼是利用沟河、渠道等水面,通过网栏进行人工养殖的一种鱼类养殖方式。鱼苗借助水中的天然饵料成长,节约养殖成本。网栏主要采用竹竿、钢管等制作成支撑网格,覆细网目根据不同地形实施围圈。2002年开始,在右旗达林台渔场和益和诺尔渔场开展网栏养殖技术推广,主要养殖品种为草鱼、鲤鱼。项目采用半精养的方式进行,每5000平方米设一个投料点,每日投喂2次,共生产鱼种6万公斤,商品鱼产量8万公斤。2006年,网栏养殖面积达到330公顷,总产量14万公斤。2014年,全市有达林台水库、益和诺尔水库等开展网栏养殖技术,养殖面积1000公顷,总产量2万公斤。

四、网箱养殖

网箱养殖是20世纪80年代后开展的渔业养殖技术。2000年始, 赤峰市在红山水库、钓鱼台水库和打虎石水库开展网箱养殖,到2006年,养殖水域1800平方米,产量18万公斤。2014年,网箱养殖产量23万公斤,主要养殖品种为鲤鱼、鲫鱼、草鱼、罗非鱼。

五、池塘养殖

1991年以后,养殖户不断学习应用池塘养鱼新技术,池塘定期消毒,一个池塘内投放适合上、中、下不同水深的多个鱼种,投放配方饵料等,池塘养殖数量、品种、产量大幅提高。到2006年,全市池塘养殖面积575公顷,产量169万公斤。到2014年,全市池塘养殖面积1493公顷,总产量544万公斤。

六、达里湖瓦氏雅罗鱼、鲫鱼增殖技术

1994年始,达里诺尔渔场开展瓦氏雅罗鱼和鲫鱼增殖技术研究、实验和推广。该项技术操作工序是:每年5月份鱼类产卵季节,将10吨羊胡子草(一种陆生草)加工成小捆,每捆700~800根,固定在6米长的鱼巢上为一组,每组鱼巢30捆草,共加工1万组鱼巢。待鱼类进入产卵期,将鱼巢分期分批放入产卵场,经过1~2天粘满鱼卵后取出放入孵化池内,每亩放鱼巢100组。经过15天左右的孵化出苗,每年孵化水花鱼苗1亿尾,在池塘内培育15天后放入大湖。通过这项增殖技术,达里湖鱼类年产量稳定在50万公斤以上。

2006年,渔场对达里湖瓦氏雅罗鱼和鲫鱼增殖技术做深入研究,制定瓦氏雅罗鱼和鲫鱼增殖技术规范。2008—2009年连续两年进行达里湖瓦氏雅罗鱼和鲫鱼的耐盐碱极限试验,确定了达里湖瓦氏雅罗鱼、鲫鱼受精卵和水花鱼苗在达里湖原湖水质条件下存活的极限耐碱度。2009—2010年, 进行瓦氏雅罗鱼和鲫鱼的人工繁殖研究,利用流水孵化器将人工授精卵孵化出鱼苗,人繁技术取得成功。瓦氏雅罗鱼和鲫鱼的人工授精率达90%以上,孵化出苗率都达75%以上。2014年,实施达里湖鱼苗繁育及养殖基地项目,建设人工繁殖设施,为以后人工繁殖鱼苗、扩大种群数量打下良好基础。

第二节 病害防治

一、鱼病害

赤峰地区鱼病主要是鱼寄生虫病、疖疮病。其中最主要的是寄生虫病,包括中华

鳋、锚头鳋、鱼虱、红线虫等,感染鱼类有鲫鱼、鲤鱼、草鱼、鲢鱼、鳙鱼等。1996 年,草原水库发生寄生虫病。寄生虫体有中华鳋、锚头鳋、鱼虱、红线虫等。2003 年 6 月至 8 月,草原水库、岗更湖发生寄生虫病。草原水库的鱼病寄生虫体为中华鳋,鲫鱼感染率为80%,鲤鱼感染率 60%,鲢、鳙鱼感染率为 65%。岗更湖鱼病的寄生虫体为锚头鳋,鲫鱼感染率最为严重,感染率达 30%以上。

2004 年 4 月,岗更湖、草原水库发生鱼病。岗更湖鱼发生寄生虫病和疖疮病,渔获物中,有 20%感染锚头鳋,有 15%的鱼体感染疖疮病,到 5 月中旬,死伤鱼已占渔获物的 25%。草原水库发生严重寄生虫病,取样检测,鲫鱼、鲢鱼、鳙鱼感染率达 100%。至 2014 年,全市较大范围鱼病发生 3 次。

二、防治方法

对疫病区实施药物灭病和防控。2003—2014 年,利用苦参碱等药液,对大水面鱼类感染锚头鳋、中华鳋等寄生虫病进行防治;利用大黄浸出液结合氯制剂对池塘鱼类疫病特别是草鱼“三病”进行防治。在已经发生的鱼类疫病区域,除实施灭病外,及时打捞死鱼进行深埋处理,加大疫病鱼种捕捞力度,减少疫病感染源。对疫病区域出水口进行杀虫灭菌,防止投药水域和相邻水域感染。

严格鱼苗引种、放养方式检疫。对鱼苗苗种产地进行考察调研,确认该苗种无鱼病发病史后方可进行,在购进苗种后必须进行镜检,确认苗种无疾病后再将消毒药物投放至水中。建立渔业疫病检测预防机制,专门负责鱼病防治日常工作,各旗县区定期上报渔业疫病情况,市级汇总后上报自治区渔业局。

第四章　渔业管理

第一节　渔业安全管理

一、安全生产

1991 年以后,赤峰市各级渔政管理部门认真贯彻落实《中华人民共和国渔业法》,每年 3 月 22 日结合世界水日、中国水周开展渔业生产政策法规、安全生产知识等方面的宣传,提高渔业从业人员的安全意识和能力。2000 年,成立赤峰市渔业安全生产领导小组,定期或不定期会同旗县区渔政人员对达里诺尔渔场、红山水库、三座店水库、益和诺尔水库、达林台水库、草原水库、扎斯台渔场、白音花水库、二道河子水库、打虎石水库等重点渔区、渔场进行集中安全生产监督检查。从 2007 年开始,每年 6 月初市级渔政部门都逐旗县对渔业生产安全和鱼产品质量安全进行抽查,强化渔业相关管理部门和管理人员的安全意识。市县两级渔政管理部门制定和完善渔业安全生产制度和渔业安全应急预案，落实安全生产责任制，到 2014 年，没有发生渔业生产安全事故。

二、产品质量安全

赤峰市认真贯彻《中华人民共和国农产品质量安全法》《兽药管理条例》《水产品质量管理规定》《内蒙古自治区水产品质量安全专项执法行动方案》等法规。从 1991 年始，逐步建立和完善质量安全追溯制度。对全市健康养殖示范场、无公害水产品生产基地的生产、用药和销售记录进行经常性检查，保证水产品的质量安全。2000 年始，赤峰市渔政部门每年协助国家渔业局、自治区渔业局对赤峰市水产品质量进行抽样检查，在克旗开展水产品准出试点工作。加强病害测报与防治，每年各旗县区水产站、渔业企业、养殖户做好水生动物病害测报、防疫检疫工作，发现疫情及时上报，对瞒报、漏报的追究责任。2008 年，根据国务院第一次全国污染源普查的要求和内蒙古农业污染源普查领导小组的部署，在全市开展水产养殖污染源普查入户清查登记工作，对 108 个普查对象全部进行普查数据录入和上报。2014 年，对红山区渔业养殖水环境水质的 7 个常规化学指标进行检测，全部合格。市渔政监督管理站派人驻守养殖场，建立监督档案。日常监督周边环境、水源供给、苗种和饲料购进；规范其生产日志、用药记录和销售记录；检查每批产品的生产记录、生产档案、用药记录和销售记录；检查是否有违禁药品和饲料。

三、船舶检验

从 2001 年始，赤峰市实行渔船检验管理。每年检验 1 次，不合格渔船禁止作业。由市水利局渔政大队专门负责全市渔船检验工作。2003 年，开展“渔业船舶登记证书”“渔业船舶检验证”“渔业船员证”“渔业捕捞许可证”等证书的审核、检验和发证工作。对新申请办理的上述证书，按照相关要求认真审核，对达不到要求的一律不予办理。对已办理的证书每年进行一次检验、审核，保证渔民作业安全。2001—2014 年，全市共进行渔业船舶检验 1300 多艘次。2014 年，检验确认合格捕捞渔船 123 艘，其中机动渔船 107 艘。

第二节 渔政管理

一、禁渔管理

从 2000 年开始，市渔政部门根据内蒙古自治区农牧业厅《关于年度禁渔期、禁渔区的通知》要求，把每年 5—7 月列为赤峰市禁渔期；66.67 公顷以上水域的鱼类产卵场、河口水域为禁渔区。禁渔期内，加强对禁渔区的禁渔管理。克什克腾旗达里湖渔场对鱼类产卵场和交汇河道 3300 公顷水域进行围封，设置为禁渔区。每年禁渔期内，市县两级渔政部门投入执法车辆和船(艇)30 ~ 40 辆艘，巡查大小水面 100 多处。全市设置渔业环境监测点 20 处，加强渔业环境监测保护。制定和实施捕捞许可制度、捕捞限额制度、水生野生动物利用特许制度、养殖证制度和渔业安全生产制度，严格开展审检工作。规定捕捞地点、期限、作业方法和捕捞种类，对超范围、超强度捕捞的企业及个人收回捕捞许可证、没收非法所得，保障渔业资源安全和可持续发展。

二、监察执法

认真贯彻落实《中华人民共和国渔业法》等一系列法规规章，严厉打击渔业违法、违规活动，保障渔业生产安全健康发展。1999 年，查处渔业违法行为 53 起，其中劳动教养 1 人，行政拘留 5 人，经济处罚 21 人。2004 年，给达里湖渔场配备渔政执法快艇 1 艘。2008 年，对巴林右旗达林台水库、益和诺尔水库、巴嘎诺尔渔场违反禁渔期规定，利用网箔捕鱼进行了处罚，限期撤出网箔边墙。

第七篇 国有农牧场 乡镇企业

第一章 国有农牧场

赤峰市从20世纪50年代起开展农牧场建设。赤峰市不断深入农牧场管理体制改革、经济体制改革，加强农牧场各项建设，农牧场在市场经济发展中进一步发展壮大，为赤峰市农牧业生产和经济建设作出重要贡献。1991—2014年，国家累计向赤峰市农垦系统投入2.03亿元，用于农田基础建设、企业经营、扶贫、救灾、税费改革、教育、危房改造等建设和发展，为农牧场建设提供有力保障，农牧场不断取得显著的经济效益。2014年，生产总值达到7.32亿元，比1991年增加6.98亿元，增长20.53倍，其中第一产业增长8.66倍，第二产业增长68.89倍，第三产业增长16.83倍。国有农牧场总利润由1991年亏损11.3万元到2014年盈利107万元。不断加强基础设施建设、农业机械化建设，积极推广应用农业科学技术，种植面积不断扩大，产品品种不断增加，产量不断提高。2014年，全市农垦耕地面积增加到1.33万公顷，比1991年增加3100公顷，增长29.1%。粮豆总产量9.01万吨，比1991年增加5.94万吨，增长1.93倍。各种农牧业机械达到5662台，农业机械总动力达到10万千瓦，农业生产机械化率达到100%，有效灌溉面积达到100%。农业科学耕作、轮作技术，水稻旱育稀植、抛秧技术，无纺布水稻育秧技术，测土配方施肥技术，麦粮套种、膜下滴灌、全覆膜双垄沟播技术以及精量半精量播种技术等得到广泛应用。畜牧业健康发展，到2014年，建成专业养殖小区30个。牲畜良种化达到90%以上，牲畜舍饲和半舍饲技术、短期育肥技术等新技术广泛应用。年末牲畜存栏26.2万头只，比1991年增加15.85万头只，增长1.53倍。肉类产量6165吨，比1991年增加4736吨，增长3.31倍。2014年，全市农牧场工业生产总值4.24亿元，比1991年增加4.18亿元，增长68.89倍；第三产业生产总值8257万元，比1991年增加7794万元，增长16.83倍。大力加强商品粮基地建设，产品产量不断提高。大力开展标准畦田和梯田化建设、防护林建设、水利设施建设和农牧业机械化建设，现代化农牧业水平不断提高。积极开展家庭农牧场建设，到2014年，全市有农垦系统家庭农牧场1.24万户，比2000年增加1869户。

第一节　机　构

一、管理服务机构

赤峰市农牧场服务中心　赤峰市农牧场服务中心前身是赤峰市农牧场管理局。是市政府负责管理全市农牧场的职能机构。1991 年，赤峰市农牧场管理局内设人秘科、生产科、计财科等工作机构，共有工作人员 20 人。下设赤峰市国营农牧场综合服务站，有工作人员 13 人。1995 年 11 月，赤峰市农牧场管理局更名为赤峰市农牧场服务中心，挂赤峰市农牧场管理局牌子。2001 年 12 月，不再挂农牧场管理局牌子，保留市农牧场服务中心，隶属于市农业局，行政职能划入农业局。2002 年 4 月，市政府办公厅印发《赤峰市农业局职能配置、内设机构和人员编制规定》，明确赤峰市农牧场服务中心为赤峰市农牧业局直属机构。2004 年 4 月，撤销农牧场服务中心，成立农牧场管理科，为市农牧业局内设职能机构，至 2014 年未变。

赤峰市农牧场综合服务站　1991 年，赤峰市农牧场综合服务站为市农牧场管理局直属机构。1995 年，隶属于赤峰市农牧场服务中心管理。2004 年，与市农牧场服务中心同时划归赤峰市农牧业局，为市农牧业局所属全额事业单位，名称改为赤峰市农牧场综合服务站。2014 年，赤峰市农牧场综合服务站加挂赤峰市农牧业产业化服务中心牌子，增加农牧业产业化服务职能。

二、农牧场

1991 年，全市农垦系统有国有农牧场共 14 个，其中牧场 8 个，农场 6 个。分布在 6 个旗县。其中阿鲁科尔沁旗 3 个：道德牧场、道伦百姓农场、巴彦花农场；巴林右旗 1 个：短角牛场；林西县 2 个：大水菠萝牧场、隆平农场；翁牛特旗 5 个：灯笼河牧场、海金山牧场、白音花羊场、花都什农场、大兴农场；喀喇沁旗 2 个：马鞍山羊场、乃林农场；宁城县 1 个：乌兰哈达猪场。14 个农牧场土地总面积 9.2 万公顷，其中耕地 1.02 万公顷，林地 2800 公顷，草牧场及其他土地 7.9 万公顷。

1992 年，宁城县乌兰哈达猪场加挂宁城农垦实业有限公司牌子。1996 年，右旗短角牛场与中国国际钢铁投资公司联营成立天蒙木伦牧业有限公司。2001 年，阿鲁科尔沁旗和喀喇沁旗有 3 个国有农牧场撤销独立建制，并入乡镇实行场乡(镇)合一体制。其中阿旗道伦百姓农场并入巴彦花镇，阿旗道德牧场并入道德镇，后又随道德镇一起并入绍根镇；喀旗马鞍山羊场并入马鞍山乡。2004 年，马鞍山羊场恢复独立建制。2005 年，林西县隆平农场并入大井镇。2006 年，全市有 4 个旗县的 4 个国有农牧场撤销独立建制，并入乡镇苏木实行场乡合一体制。其中阿鲁科尔沁旗巴彦包特农场并入双胜镇；巴林右旗短角牛场并入胡日哈苏木；翁牛特旗大兴农场并入新苏莫苏木(但财务单独核算)；喀喇沁旗马鞍山羊场并入锦山镇。

2009 年,翁牛特旗大兴农场恢复独立建制,人财物全部从新苏莫苏木分离,成立大兴农场,实行以场代乡(苏木)管理体制。2010 年,喀旗马鞍山羊场从锦山镇划出并入喀旗河南街道办事处;宁城县乌兰哈达猪场划归县农牧局直接管理,对原职工身份进行置换,在原猪场家属区成立巴润嘎日社区,原职工家属转为社区居民。2014 年,乃林农场撤销独立建制,并入乃林镇实行场镇合一管理体制;乃林农场与果园分场被旗政府征用建设乃林中小企业园区。

到 2014 年,全市农牧场实行独立建制的 6 个。其中翁牛特旗 5 个:灯笼河牧场、海金山牧场、白音花羊场、花都什农场、大兴农场;林西县 1 个:大水菠萝牧场。场乡(镇、苏木)合一体制的 7 个。其中阿鲁科尔沁旗 3 个:巴彦包特农场、道伦百姓农场、道德牧场;巴林右旗 1 个:短角牛场;林西县 1 个:隆平农场;喀喇沁旗 2 个:马鞍山羊场、乃林农场。场局(县直机关)合一体制 1 个:宁城县乌兰哈达猪场。2014 年,全市 14 个农牧场有总土地面积 9.2 万公顷,其中耕地 1.4 万公顷,草场 5.33 万公顷,林地 2 万公顷,总人口 4 万人,从业人员 2.2 万人。

第二节 经济效益

一、国家资金投入

1991—2014 年,国家在农牧场建设中不断加大资金投入,加强基础设施建设,发展多种经营以及教育、扶贫、救灾等各项建设和工作,促进了农牧场的健康快速发展。1991 年,国家在农垦系统投资项目有 6 个,共投入 286 万元。其中小型水利建设 85 万元,企业亏损补贴 35 万元,系统的教师工资补贴 74 万元,校舍维修 25 万元,以工代赈 40 万元,贴息贷款 27 万元。1993 年起,增加救灾款项目。1995 年,投资项目有 7 个,总投入 394 万元。其中小型水利建设 80 万元,企业亏损补贴 35 万元,救灾款 60 万元,教师工资补贴 74 万元,校舍维修 25 万元,以工代赈 50 万元,贴息贷款 70 万元。1999 年起,取消贴息贷款项目。2000 年,投资项目有 6 个,共投入 259 万元。其中小型水利建设 80 万元,企业亏损补贴 35 万元,救灾款 5 万元,教师工资补贴 74 万元,校舍维修 25 万元,以工代赈 40 万元。从 2001 年起,取消救灾款投资项目,2002 年后取消以工代赈项目,2003 年后取消教师工资补贴和校舍维修项目。2005 年,投资项目有 2 个,共投入 155 万元,其中小型水利建设 120 万元,企业亏损补贴 35 万元。2006 年,增加一次性投入税费改革资金 324 万元。2008 年,增加一次性义务教育债务以奖代补资金 474 万元。2010 年,投资项目有 2 个,共投入 135 万元,其中小型水利建设 100 万元,企业亏损补贴 35 万元。从 2011 年起,取消企业亏损补贴项目。2011—2014 年,增加危房改造项目,增加专项扶贫项目,保留小型水利建设项目。4 年累计投入 1.39 亿元,年均 3468.5 万元。其中 2014 年投资项目 3 个,总投入 4891 万元:小型水利建设 90 万元,专项扶贫280万元,危房改造4521万元。

至2014年,国家累计向赤峰农垦系统投入20296万元,年均845.67万元。其中小型农田水利建设资金2215万元, 占投资总额的10.91%; 企业经营亏损补贴资金700万元,占投资总额的3.45%;专项扶贫资金1821万元,占投资总额的8.97%;救灾资金300万元,占投资总额的1.48%;税费改革资金324万元,占投资总额的1.6%;教育基金1188万元,占总投资的5.85%;剥离教育职能及义务教育债务奖补资金797万元,占投资总额的3.93%;危房改造资金12951万元,占总投资的63.8%。

二、生产总值

1991年,赤峰市14个农牧场生产总值3399万元,其中第一产业生产总值2329万元,第二产业生产总值607万元,第三产业生产总值463万元。1995年,农牧场系统生产总值达到5547万元,其中第一产业生产总值3711万元,第二产业生产总值923万元,第三产业生产总值913万元。2000年,全市农牧场系统生产总值6192万元,其中第一产业生产总值4479万元,第二产业生产总值513万元,第三产业生产总值1200万元。2004年,全市农牧场生产总值12261万元,其中第一产业为8262万元,第二产业为2052万元,第三产业为1947万元。2010年,全市农牧场系统生产总值达到27996万元,其中第一产业生产总值14847万元,第二产业生产总值8459万元,第三产业生产总值为4690万元。2014年,全市农牧场系统生产总值达到73188万元,其中第一产业生产总值22509万元,第二产业生产总值42422万元,第三产业生产总值8257万元。

三、经营效益

1991—1996年,全市14个国有农牧场共有15个独立核算单位(隆平农场兴办林西啤酒厂单独核算),有3年亏损,3年盈利。亏损年份为1991年、1994年、1996年,亏损额累计238.3万元,年均亏损79.43万元;盈利年份为1992年、1993年、1995年,盈利额累计67万元,年均盈利22.33万元。其中1991年盈利单位11个,盈利额3.1万元,亏损单位4个,亏损额14.4万元,全系统平均核算亏损11.3万元;1995年15个独立核算单位全部盈利,盈利额为28万元。

2000年,全系统有盈利农牧场9个,盈利额32万元,亏损农牧场5个,亏损额93万元,全系统各场平均核算亏损61万元。2005年,全系统有盈利农牧场12个,盈利总额59万元,亏损农牧场2个,亏损额19万元。2001年到2005年,全市14个农牧场平均核算实现扭亏为盈,盈利总额129万元,年均25.8万元。2007年,全系统各场首次实现无亏损。2009—2014年,全系统各场全部实现盈利。

1991—2014 年赤峰市农牧场生产总值情况统计表

表 4-7-1

年份	生产总值（万元）	其中					
		第一产业（万元）	占三次产业总量(%)	第二产业（万元）	占三次产业总量(%)	第三产业（万元）	占三次产业总量(%)
1991	3399	2329	69	607	18	463	14
1992	3882	2929	75	550	14	403	10
1993	4510	3320	74	723	16	467	10
1994	4650	3719	80	393	8	538	12
1995	5547	3711	67	923	17	913	16
1996	6254	4470	71	943	15	841	14
1997	6435	5186	81	335	5	914	14
1998	5780	4420	76	362	6	998	18
1999	6802	5216	77	461	7	1125	17
2000	6192	4479	72	513	8	1200	20
2001	7782	6356	82	473	6	953	12
2002	8231	6371	77	592	7	1268	16
2003	9391	7208	77	704	7	1479	16
2004	12261	8262	67	2052	17	1947	16
2005	14079	9123	65	2650	19	2306	16
2006	16410	10459	64	3204	20	2747	17
2007	18824	11162	59	4513	24	3149	17
2008	22824	13482	59	5678	25	3664	16
2009	24630	13766	56	6628	27	4236	17
2010	27996	14847	53	8459	30	4690	17
2011	47498	16597	35	25534	54	5367	11
2012	55618	18788	34	30214	54	6616	12
2013	64483	21071	33	35968	56	7444	12
2014	73188	22509	31	42422	58	8257	11

第三节　生产经营

一、农业生产

1991年,全市农垦系统14个农牧场有耕地面积1.02万公顷,其中万亩以上耕地的农牧场6个:巴彦包特农场、道伦百姓农场、大兴农场、花都什农场、隆平农场,全年粮豆种植总面积9110公顷。种植品种主要有玉米、小麦、谷子、水稻等。其中玉米种植2900公顷,小麦种植1900公顷,谷子种植1000公顷,水稻种植500公顷,粮食总产量3.07万吨。1995年,全市农牧场有耕地面积1.11万公顷,粮豆种植面积1.02万公顷。其中小麦种植1400公顷,水稻种植1500公顷,粮豆总产量3.76万吨。2000年,全市农垦耕地面积1.29万公顷,粮豆种植面积1.1万公顷,其中玉米种植面积6600公顷,水稻种植3000公顷,由于遭受特大旱灾,粮食作物均不同程度减产,粮豆总产量为4.1万吨。2005年,全市农垦粮食总产量6.58万吨。2010年,农垦耕地面积增加到1.45万公顷,粮豆种植面积1.2万公顷,粮豆总产量7.51万吨。2014年,全市农垦耕地面积1.33万公顷,有万亩以上耕地牧场10个。粮豆种植面积1.21万公顷,其中玉米种植6300公顷。粮食总产量9.01万吨,平均每公顷产量7425公斤,比1991年翻一番多。

二、牧业生产

1991年,全市各农牧场年末牲畜存栏10.35万头只,其中牛7367头,羊7.11万只,生猪1.63万头,其他牲畜8703头。肉类总产量1429吨。1995年,全系统牲畜年末存栏11.18万头只,其中牛7157头,羊6.74万只,猪2.66万头,其他牲畜1.06万头。肉类总产量1574吨。2000年,全市农垦系统牲畜年末存栏9.01万头只,其中牛6019头,羊5.4万只,猪2.09万头,其他牲畜9140头。肉类总产量1920吨。2005年,农垦系统牲畜年末存栏18.97万头只,其中牛1.46万头,羊14.55万只,猪2.04万头,其他牲畜9271头。肉类总产量3632吨。2010年,全市农垦系统牲畜年末存栏20.48万头只,其中牛1.03万头,羊16.08万只,猪2.49万头,其他牲畜8885头。肉类总产量4637吨。2014年,全市农垦系统牲畜年末存栏26.2万头只,比1991年增加15.85万头只。其中牛1.29万头,羊20.79万只,猪3.24万头,其他牲畜8824头。肉类总产量6165吨。

三、多种经营

工业企业　场办工业。1990年,14个农牧场有场办工业企业25家,固定资产原值1742万元。1991年,全系统有场办工业企业21家,企业职工933人。工业总产值1583万元,税金249万元。场办工业涉及9个行业,其中建筑建材及非金属矿物加工业4家,金属制品工业2家,机械工业3家,纺织工业1家,木材加工及草柳制品业1家,造纸及纸制品工业1家,食品、饮料、乳品酒类制造业9家。1995年,全市农垦系统场办

1991—2014年赤峰市农牧场年末牲畜存栏及肉类产量统计表

表4-7-2

年份	牲畜总计（头只）	其中						肉类产量（吨）
		牛（头）	占牲畜总数%	羊（只）	占牲畜总数%	猪（头）	占牲畜总数%	
1991	103536	7367	7	71118	69	16348	16	1429
1992	91332	6971	8	57937	63	17225	19	1534
1993	89028	6051	7	52190	59	21697	24	1602
1994	98153	6118	6	58370	59	23885	24	1531
1995	111770	7157	6	67425	60	26565	24	1574
1996	96851	7578	8	56718	59	21303	22	2052
1997	84113	5753	7	49823	59	17949	21	2198
1998	74169	5733	8	40236	54	18103	24	1840
1999	93606	6667	7	48379	52	27201	29	1859
2000	90097	6019	7	53992	60	20946	23	1920
2001	86123	5745	7	53088	62	18502	21	2434
2002	126725	11565	9	85691	68	21037	17	2324
2003	146473	12472	9	103523	71	20421	14	2853
2004	168045	13011	8	126428	75	19432	12	3468
2005	189731	14589	8	145475	77	20396	11	3632
2006	191980	13715	7	146007	76	22143	12	4194
2007	180278	13891	8	130705	73	26001	14	4769
2008	180651	11444	6	136941	76	23927	13	4804
2009	188709	8291	4	148623	79	23630	13	4436
2010	204832	10325	5	160770	78	24852	12	4637
2011	215015	11647	5	169713	79	24660	11	5013
2012	22110	12334	6	165903	78	25228	12	5307
2013	239599	11686	5	190975	80	27229	11	5512
2014	262014	12912	5	207868	79	32410	12	6165

工业有 16 家,职工 1084 人,工业总产值 2897 万元,税金 288 万元。1996 年以后,在企业改革中,场办企业通过破产、兼并、改制等措施逐渐减少。1999 年减少到 12 家,2000 年减少到 6 家。2005 年,场办工业仅保留阿旗巴彦包特农场转制后成立的巴彦包特水泥有限责任公司 1 家,从业人员 240 人,工业总产值 2770 万元,销售收入 2870 万元,税金 70 万元,利润 25 万元。2009 年 12 月,山东山水水泥集团与巴彦包特水泥有限责任公司合资成立阿鲁科尔沁旗山水水泥有限公司。

民营及个体工业。随着国有企业破产和转制,民营工业和个体工业逐步发展。1995 年,全市农垦系统个体工业 9 家,从业人员 20 人,工业总产值 2074 万元,占全系统工农总产值 6559 万元的 31.62%。2000 年,全市农垦系统个体工业发展到 60 家,从业人员 399 人。2005 年,个体工业缩减为 56 家,从业人员 958 人,产值 4256 万元。2010 年,全市农垦系统民营工业企业减少到 13 家,从业人员 455 人,工业总产值 9900 万元,税金 416 万元,利润 111 万元。2014 年,农垦系统民营工业企业 23 家,涉及电力、采矿、建材、木材、造纸、谷物加工、白酒制造 7 个行业。主要工业产品产量:风力发电量 8000 万千瓦时,萤石 8 万吨,氟石 6120 吨,原料石 6150 立方米,水泥 126 万吨,砖 880 万块,胶合板 22.5 万立方米,纸箱板 1920 吨,大米 5100 吨,白酒 15 万升。

商业企业　场办商业。1991 年,全系统有场办商业 9 家,商业产值 71.9 万元,营业收入 432.49 万元,纳税 24.1 万元。2000 年,场办商业仅剩 5 家,零售网点 3 家,有从业人员 29 人;销售总额 145 万元,总产值 13 万元。此后,场办商业退出国有经营序列,全部民营化。

个体商业。1991 年,全系统有个体商贸服务网点 159 家,从业人员 225 人,总产值 37.7 万元,销售总额 476 万元。1995 年,个体商贸服务网点达到 214 家,从业人员 323 人,总产值 366.7 万元,销售总额 714.5 万元,缴纳税金 28.17 万元。2000 年,全系统个体商贸服务网点 277 家,从业人员 491 人,总产值 879.5 万元,销售总额 1532 万元,纳税 37.8 万元。2005 年,个体商贸服务网点 348 家,从业人员 746 人,销售总额 2772 万元。2010 年,垦区以发展旅游业为重点,规范大水菠萝牧场、灯笼河牧场、马鞍山羊场旅游业管理,积极拓展垦区第三产业服务领域。年末全系统商业网点达到 525 家,从业人员 1490 人。2014 年,有商业网点 430 家,从业人员 1614 人,销售总额 1.44 亿元。

第四节　生产基地与家庭农牧场

一、商品粮基地

数量分布　赤峰市农垦系统在 20 世纪 80 年代已建成 5 个商品粮基地场。主要有阿鲁科尔沁旗:巴彦包特、道伦百姓农场;林西县:隆平农场;翁牛特旗:大兴、花都什农场。1991 年,5 个商品粮基地场共有土地面积 3.07 万公顷,耕地面积 7300 公顷,占全市农牧场耕地总面积的 71.57%。

1995 年,新建成商品粮基地场 1 处:翁牛特旗海金山牧场,以种植水稻为主。2000 年,新建商品粮基地场 1 处:巴林右旗短角牛场。全市农垦系统商品粮基地场达到 7 处,耕地总面积 9267 公顷,占全市农垦系统耕地总面积的 71.83%。2005 年,新建成商品粮基地场 1 处。截至 2014 年,全市农垦系统共建成商品粮基地场 8 处,耕地总面积基本稳定在 1.27 万公顷,占全市农垦系统耕地总面积的 95.49%。比 1990 年增加 5400 公顷。其中阿鲁科尔沁旗 3 处:巴彦包特农场、道伦百姓农场、道德牧场;巴林右旗 1 处:短角牛场;林西县 1 处:隆平农场;翁牛特旗 3 处:大兴农场、花都什农场、海金山牧场。

规模、产量 1991 年,赤峰农垦系统 5 个商品粮基地场粮豆播种面积 6503 公顷,占全市农垦系统粮豆播种面积的 71.38%;粮食产量 26009 吨,占农垦系统粮食总产量的 84.75%;平均每公顷 4005 公斤,是全市农垦系统平均单产的 118.67%;商品粮出售 15335 吨,占全市农垦系统商品粮总数的 90.23%;粮食商品率达到 58.96%,比全市农垦系统平均粮食商品率提高 3.58 个百分点。

2014 年,赤峰农垦系统 8 个商品粮基地场粮豆播种面积 9955 公顷,占全市农垦系统粮豆播种总面积的 82.08%; 粮食产量 8.48 万吨, 占全市农垦系统粮食总产量的 94.13%;粮食单产每公顷 7995 公斤,是全市农垦系统粮食平均单产的 107.68%;商品粮出售 7.89 万吨,占全市农垦系统商品粮总数的 96.17%;粮食商品率为 93.01%,比全市农垦系统平均粮食商品率高 1.98 个百分点。

基本建设 1990 年,全市农垦系统已建成的 5 个基地场全部实现水利化。其中翁旗大兴农场、花都什农场和阿旗的巴彦包特农场实现井灌、渠灌双保险,旱能浇、涝能排,旱涝保收面积 4236.97 公顷,占全市农垦系统耕地总面积的 46.3%。到 2014 年,翁旗大兴农场全场 2600 公顷耕地,全部规划成"林成网、田成格",水利基础设施仍然保有渠系、机井双保险配置,灌溉面积达到 100%;巴彦包特农场全场 2133 公顷耕地,全部达到标准畦田和梯田化,防护林网全部更新改造,有机电井 106 眼,灌溉面积保持在耕地面积的96%。全市农垦基地场机械化作业在全市起点最早、水平最高。1990 年,农机总动力 1.22 万千瓦,动力机械、耕作机械、机引农具、排灌机械、农产品加工机械、农用运输机械等齐全配套。2012 年, 翁旗海金山牧场建成万亩水稻机械化科技示范园区,园区面积 1066.67 公顷,有配套拖拉机 354 台,配套农机具 508 台,水田旋地整地机 346 台,水田打浆机 36 台套,水稻插秧机 121 台,水稻育秧机 160 台套,水稻收割机 78 台,园区作业全部实现机械化。2014 年,阿旗巴彦包特农场拥有农牧业机械总动力 2.2 万千瓦,有农机具 1780 台套,有粮食烘干设施 4 处,全场基本实现机械化。翁旗大兴农场有机械总动力 2.7 万千瓦,是 1990 年初全市农垦系统机械总动力的 2.25 倍,其中有拖拉机及配套农机具 650 台套, 玉米联合收割机 180 台, 场内建有粮食烘干塔 3 处,全场机械化水平达到 100%。其他基地场机械化水平均居全系统及全市前列。

1991—2014 年赤峰市农垦系统商品粮基地场生产情况统计表

表 4-7-3

年份	粮豆面积(公顷)		单产(公斤 / 公顷)		粮食总产(吨)		商品粮出售(吨)	
	农牧场合计	商品粮基地场	农牧场合计	商品粮基地场	农牧场合计	商品粮基地场	农牧场合计	商品粮基地场
1991	9110	6503	3375	4005	30688	26009	16995	15335
1992	8692	5973	3945	5220	38246	31202	19006	16442
1993	9185	6236	3780	4500	34750	28094	19857	16899
1994	10169	7027	4350	4920	44234	34560	24755	19582
1995	10192	7805	3690	3915	37619	30503	21990	19701
1996	10504	8132	5325	5820	55861	47314	33096	30533
1997	11078	8576	5070	5505	56215	47230	33607	30571
1998	10998	7805	3330	3690	36619	28838	17338	20346
1999	11277	8353	5025	5640	56717	47143	27012	23903
2000	11045	9234	3705	4050	40967	37456	23789	22423
2001	11596	9581	4935	5445	57225	52144	32780	30042
2002	10112	8810	5565	5820	56280	51272	36812	33393
2003	10006	8895	5490	5655	54867	50354	45723	43210
2004	9956	8580	6270	6645	62448	57002	50674	42423
2005	10912	8970	6030	6315	65804	62373	51353	48519
2006	10284	9219	6765	7200	69626	66372	57872	54988
2007	11146	9400	6435	7275	71727	68451	59776	57166
2008	11253	9646	6850	7410	76665	71429	63700	59543
2009	11753	9917	5790	6645	68009	62993	60045	55859
2010	12004	10031	6255	6510	75118	70055	64349	60218
2011	11525	9459	7665	8085	88425	82484	81747	77386
2012	11964	9893	7860	8415	94000	88677	85107	80944
2013	11977	9865	7980	8582	95514	90134	82646	78181
2014	12128	9955	7425	7995	90094	84802	82014	78873

二、家庭农牧场

数量、类型　1991年，全市农垦系统有家庭农牧场8785户，其中种植业7368户，养殖业1194户，林业28户，果园55户，其他经营140户。家庭农牧场总人口3.49万人，占农垦系统人口总数的94%。经营耕地666.67公顷，占农垦系统耕地总面积的65.05%，林地223.8公顷，果园8.87公顷，养殖乳牛1270头，羊6.9万只。家庭农牧场拥有大中小型拖拉机317台，联合收割机8台。2000年，全市农垦系统家庭农牧场10528户，比1991年增加1743户。其中种植业9076户，增加1708户；养殖业1281户，增加87户；林业65户；其他经营106户。2014年，全市农垦系统家庭农牧场12397户，比2000年增加1869户。其中种植业11044户，比2000年增加1968户；养殖业977户，比2000年减少304户。

经营效益　1991年，全市农垦系统家庭农牧场农业总产值3831万元，占全市农垦系统农业总产值的98%，其中种植业2094万元，养殖业1178万元，林业129万元，其他收入430万元。家庭农牧场粮豆总产量3.1万吨，肉类总产量1400吨，家庭农牧场生产经营总收入3451万元，上缴利税101万元，上缴场部管理费132万元，人均纯收入524元。2000年，全市农垦系统家庭农牧场生产经营总收入9261万元，比1991年增加5430万元，增长141.74%。其中种植业5371万元，占总收入的58%；养殖业2037万元，占总收入的21.17%；其他产业1853万元，占总收入的19.25%。家庭农牧场利润总额达到2534万元，人均纯收入1364元。2013年，全市农垦系统家庭农牧场生产经营总收入4.78亿元，比2000年增加3.85亿元，增长416%。利润总额3.06亿元，比2000年增加2.81亿元，增长11.08倍。家庭农牧场人均收入8314元，是2000年的6.1倍，是1991年的15.87倍。

第二章　乡镇企业

乡镇企业是在计划经济时期社队企业的基础上逐渐发展起来的。1984年，社队企业改称为乡镇企业。1985年，市委、市政府印发《关于大力发展乡镇企业的决定》，提出乡镇企业实行乡办、村办、联户、个体“四轮驱动”，坚持工业、商业、建筑业、运输业、服务业“五业并举”，大力加强乡镇企业的发展。到1991年，全市乡镇企业发展到6.68万家，从业人员达到27.44万人，完成现价生产总值18.95亿元，税金总额1.03亿元。1994年开始，在乡镇企业推行以股份合作为主的产权制度改革，对乡办、村办集体企业实行拍卖、转让、租赁和股份制等改革。1998年后，积极开展产业结构调整，积极引导乡镇企业与农牧业产业化对接，大力发展规模种植和农副产品加工业。到2000年，全市乡镇企业总数16.64万家，比1991年增长149.1%；从业人员76.06万人，比1991年增长177.19%；生产总产值474.76亿元，比1991年增长24.05倍。2001年以后，随着乡镇企业产权制度改革不断深化,一些乡镇、村办集体企业通过破产、租赁、拍卖、股份制改造等形式转为个体、联营和股份制企业,乡镇、村集体所有制企业进一步减少。个体私营企业在农村牧区产业结构调整中不断适应市场经济发展的需要,积极投入到农村牧区产业化经营之中,组织形态、规模类型、经营方式等都发生重大变化。2002年,全市乡镇企业完成增加值66.72亿元,财政总收入14.19亿元,入库税金5.05亿元。全市销售收入100万元以上农副产品加工企业达到72家,带动全市3万多农牧户、10万多农牧民走上产业化经营的致富之路。许多乡镇企业成为种养加一体化、产供销一条龙的大型龙头企业,推进了全市农牧业产业化进程。2004年,赤峰市及各旗县区撤销乡镇企业管理局,成立农牧业产业化办公室。乡镇企业工作融入农牧业产业化建设之中。

第一节　发展规模

1991年,全市有乡镇企业6.68万家,从业人员27.44万人,完成生产总值18.95亿元,税金总额1.03亿元。乡镇、村办集体企业实力大幅增长,全市有7个旗县区乡镇企业总收入超过4亿元,红山区城郊乡、元宝山区建昌营镇总产值均超过1亿元。到1995年,全市乡镇企业总数达到12.51万家,从业人员达到52.4万人,完成现价总产值148.51亿元,税金6.46亿元,总体实力进一步增强。红山区、元宝山区、松山区、宁城县进入自治区乡镇企业“十强旗县”。全市总产值超亿元的乡镇增加到43个,总产值超亿元的村增加到17个,超亿元的企业2家,超百万元的企业达到566家。全市乡镇企业中,有“三资”企业8家、股份制企业434家、企业集团33家、个体私营企业12.11万家。乡镇企业所有制形式发生巨大变化,乡村集体企业由主体地位逐渐退出,各种所有制形式竞相发展,个体私营经济占据主体地位。

2000年,全市乡镇企业总数16.64万家,从业人员76.06万人,总产值474.76亿元,税金26.04亿元。全市营业收入超亿元的乡镇达到89个,超亿元的村63个,超亿元的企业4家。全市培育出初具规模的产业化龙头企业57家,其中骨干龙头企业30家,产业化产品达到1000多种。乡镇企业产权制度改革不断深化,一些乡镇、村办集体企业通过破产、租赁、拍卖、股份制改造等形式转为个体、联营和股份制企业。个体私营企业达到16.5万家,占全市乡镇企业的99%;从业人员达到53.7万人,占全市乡镇企业从业人员的69.7%;完成增加值132亿元,占全市乡镇企业完成总数的92.7%。2002年,按农业部对乡镇企业新的统计办法统计,全市乡镇企业有8.16万家,其中99%以上是个体私营企业,从业人员39.55万人,完成现价总产值222.46亿元。乡镇企业实际入库税金5.05亿元,占全市财政收入总量的35.59%。全市国内生产总值的三分之一、财政收入的三分之一都来自乡镇企业。

第二节 企业管理

一、管理机构

1985 年，赤峰市和各旗县区将社队企业管理局改称为乡镇企业管理局，作为政府职能部门主管乡镇企业工作。1991 年，市和旗县区成立乡镇企业工作领导小组，加强对乡镇企业的领导。全市 281 个乡镇苏木有 253 个建立起乡镇企业管理站，配备管理人员 775 人，其中有国家干部 213 人。1995 年，全市又为乡镇企业管理站解决 500 个招工名额，解决部分基层人员的身份问题，全市乡镇企业管理站共配备工作人员 1240 人，基层管理队伍进一步加强。2002 年，市和各旗县区乡镇企业局并入经贸局。2004 年，市和旗县区乡镇企业局更名为农牧业产业化办公室，分别划归市和旗县区农牧业局。

二、管理工作

政策措施 1991 年，市委、市政府制定《关于进一步解放思想、放手发展乡镇企业的决定》，成立市县两级乡镇企业工作领导小组，建立乡镇苏木一级管理机构，形成齐抓共管之势。1992 年，市委、市政府印发《关于鼓励个体私营经济发展的决定》，1994 年印发《关于在新形势下大力推进乡镇企业发展的意见》《关于建立全市乡镇企业投资体系的通知》，1995 年印发《关于加快发展乡镇企业的决定》等政策性文件，为乡镇企业发展提供政策保障。

1997 年《中华人民共和国乡镇企业法》颁布以后，市委、市政府把发展乡镇企业列入全市工作重点，不断加大政策宣传力度，重奖发展乡镇企业有功人员，积极开展“企业管理年”“学习邯钢、走向市场”等活动，全面加强企业管理。1999 年初，市委、市政府做出乡镇企业“二次创业”决定，提出深化改革与扩大开放并举、质的提高与量的扩张并重，促使全市乡镇企业向上档次、上水平、注重内涵、扩大再生产方向发展。引导乡镇企业与农牧业产业化对接，大力发展规模种植和农副产品加工业，优化第二产业，提高第三产业。到 2002 年，全市营业收入 100 万元以上农副产品加工企业达到 72 家，带动全市 3 万多农牧户、10 万多农牧民走上产业化经营的致富之路，推进了全市农牧业产业化进程。

经营管理 赤峰市重视并不断加强乡镇企业生产经营、产品质量等各项管理工作，乡镇企业经营管理水平不断提高。1991 年，全市有 1 家乡镇企业被评为部级先进企业、3 家企业被评为自治区先进乡镇企业，有 2 种产品创部优、9 种产品创区优、35 种产品被评为赤峰市乡镇企业优秀产品。在全市乡镇企业中开展会计工作达标升级活动，市乡企局举办各类财会人员培训班 23 期，培训会计人员 1882 人次。1995 年，全市有 8 家乡镇企业采用国际标准产品通过认证，全市乡镇企业创新品种 34 种，创国家优质名牌产品 2 种。1998 年，全市乡镇企业开展“学邯钢、抓管理、降成本、增效益”活动，同时，在全市乡镇企业中普遍开展清产核资和备案登记工作，企业管理粗放、跑冒滴漏

等问题得到有效解决。到2000年,全市培育初具规模的产业化龙头企业57家,产品1000多种。到2002年,全市有500多家骨干企业建立新型的管理模式,有16家乡镇企业通过相关国际质量体系认证,有40多家企业通过农业部全面质量管理达标,有几十种产品分别获得农业部、自治区和市级名优产品。

企业改革 1991年,赤峰市乡镇企业主要有乡办、村办集体企业和个体私营企业,在管理中实行生产责任制或承包经营。1993年,赤峰市开始放手发展乡办、村办、户办、联办、合资、私营、股份制等多种所有制形式和经营方式的乡镇企业。到年末,建成集体与集体联营式企业48家,国营与集体联营式企业18家,国营、集体、个体联营式企业9家。到1995年,全市股份合作制企业达到434家,实行租赁制企业573家,拍卖企业174家,完成转制企业占全市集体乡镇企业的29%。1996年以后,全市继续推进乡镇企业产权制度改革,采取因企制宜、抓大放小、一企一策等方式稳步推进。1998年,市政府出台《关于加快乡镇企业产权制度改革若干意见》,市乡镇企业管理局下发《关于乡镇企业改革急需做好几项工作有关通知》,加快乡镇企业改革步伐。到2000年,全市集体乡镇企业实行产权制度改革的达到90%以上。在乡镇企业改革的同时,大力发展个体私营经济,到2002年,全市个体私营企业发展到8.1万家,占全市乡镇企业的99%。

第五卷

工业

第一篇 工业综述

赤峰市工业是在新中国成立以后产生并逐步发展壮大的。由于受东北工业基地的辐射带动,较早形成能源、冶金、机械、建材、化工、纺织、医药、食品等工业门类,尤其传统制造业相对发达。20 世纪中后期,赤峰市工业经济多年保持全自治区的第二位。赤峰制药、双马集团、草原兴发、赤峰二毛、宁城老窖等一批龙头企业闻名自治区内外,长城地毯、红马牌麻黄素、宁城老窖、赤峰陈曲、草原绿鸟鸡、赤峰钻机、赤峰锅炉等多种产品成为全国知名品牌。1978 年,全市 806 家国有和集体企业实现工业总产值 4.19 亿元,是 1949 年 470 万元的 88.15 倍。

中共十一届三中全会后,全市按照中央"调整、改革、整顿、提高"的方针进行工业经济调整和改革。从 1983 年开始,通过推行多层次的承包经营责任制,企业生机与活力增强,管理水平和经济效益提高。1983—1985 年,全市工业总产值年均增长 12.8%,到 1985 年底,工业总产值首次超过农业总产值。1986—1990 年,全市普遍推行承包经营责任制和厂长(经理)负责制,企业生机与活力进一步增强。"七五"时期(1986—1990 年),全市工业总产值保持年均 12.1%的增长,在全市经济中的主导地位日趋巩固。

进入 20 世纪 90 年代后,沿海发达地区工业经济强势崛起,全市工业面临的市场竞争压力增大,部分企业计划经济体制的弊端尚未完全解决,一些工业产品的市场竞争力和占有率下降。1991 年后,全市工业经济战线以落实赤峰市"八五"计划为抓手,继续转换企业经营机制,推进企业技术进步,调整和优化产业产品结构,工业总产值仍然保持年均 8.5%的增长。1998 年后,赤峰市工业遇到前所未有的困难和问题。市委、市政府加大对工业经济的领导力度,按照"分类指导,两线运行,突出市直抓大,完善旗县放小,重点突破,全面推进"的工作思路,全市上下在争取国家政策支持的同时,加大招商引资和企业改组工作力度,改制搞活停产、破产企业,扶优扶强重点企业,支持和鼓励非公有制工业发展,先后组建六大企业集团,其中四家公司股票上市销售。2000 年开始实施"工业强市"战略,全市工业经济下滑的局面逐步摆脱,恢复性增长的态势日益增强。"九五"时期(1996—2000 年),全市工业总产值年均增长 6.88%,企业规模由小而散开始向大而强转变,工业经济效益大幅度提升。1997 年,全市乡及乡以上工业企业由 1991 年的 1221 家减少到 1122 家,工业总产值、增加值和利税总额则由 1991 年的 32.39 亿元、13.39 亿元和 2.99 亿元分别增加到 77.72 亿元、34.29 亿元和 6.31 亿元。

到2000年,全市限额以上工业企业由1998年的211家减少到145家,工业总产值、增加值和利税总额则分别由1998年的61.33亿元、33.37亿元和1.67亿元增加到66.16亿元、38.93亿元和4.58亿元,分别增长7.88%、16.66%和174.25%。

2001年,市政府制定赤峰市《2000—2005年调整经济结构,实施工业强市战略指导意见》和《2000—2005年工业产品结构调整指导意见》,明确“发展六大产业、调整四个结构、搞好三个创新、实现两个突破”的发展思路。同年10月,市政府继续加大工业经济的政策支持和行政推进力度,印发《赤峰市加快“十五”工业发展实施意见》,继续加大对外开放,扩大招商引资,增大资金、技术和项目支持,建设工业及高新技术园区,优化工业经济布局。整个“十五”时期(2001—2005年),生产经营状态良好的工业企业普遍升级上档,大部分停产、破产企业恢复生产,企业经营机制创新、技术创新、产品创新能力明显增强,工业经济的所有制结构、产业结构、产品结构全面优化,企业向园区集中,行业向优势产业集中,能源、冶金、医药、食品、纺织、建材六大产业集群初步形成,全市工业经济焕发出新的生机与活力,主要经济指标由恢复性增长逐步进入快速增长的轨道,速度和效益实现双突破。到2005年,全市工业园区发展到13个,入园企业193家;工业增加值达到106.13亿元,其中规模以上工业完成增加值74.14亿元,剔除物价指数变化因素,年均增长仍然达到24.42%,在“十五”期间翻一番的目标如期超额实现;规模以上工业利润总额达到13.3亿元,实现税金13.2亿元。

2006—2014年,“工业强市”战略继续推进,国际国内经济形势好转,大宗商品价格连续攀升,全市有色金属资源优势得到充分发挥,冶金工业迅猛发展,规模以上冶金工业增加值比重由2005年的26.9%提升到2009年的51.7%;能源、建材、化工行业同步发展,全市工业经济进入高速增长的快车道,2006—2008年,规模以上工业增加值增速年均达到32.7%。到2010年,全市工业规模和效益均实现突破性增长,与2005年相比,规模以上企业由242家增加到593家,总产值由218.96亿元增加到1265.84亿元,增加值由106.13亿元增加到483.46亿元,利税总额由26.38亿元增加到182.39亿元,分别增长1.45倍、4.78倍、3.56倍、5.91倍。2013年以后,受国内外经济大环境和下行趋势影响,市场需求下降,企业生产成本增加,工业经济受到较大影响。全市积极推进工业企业、产业和产品转型升级,提高生产力水平,工业经济仍然取得稳步增长。2014年,全市规模以上工业企业达到569家,其中股份制、个体私营、港澳台及外商投资等非国有集体企业占95.09%,所创产值占工业总产值的95.05%;全市规模以上工业总产值2056.94亿元,利税总额140.97亿元,分别是1991年的63.51倍、47.15倍。全市拥有5个“中国驰名商标”、32个“内蒙古著名商标”。工业经济已经成为赤峰国民经济发展最强有力的支撑。

第一章 工业企业改革

第一节 经营机制改革

一、承包经营责任制

20 世纪 80 年代，赤峰市在部分国有工业企业中实行扩大经营管理自主权、利润留成、利改税、提高折旧率和改进折旧费使用办法等改革措施。1987 年 8 月，市政府印发《赤峰市国营企业承包经营责任制试行方案》，按照两权分离的原则，在国有企业中普遍推行和完善了各种形式的承包、租赁经营责任制和厂长(经理)负责制，深化了企业内部改革和外部综合配套改革，在生产、销售、核算、分配等环节逐步建立健全企业内部管理责任制。到 1990 年，在全市 1546 家企业中有 1490 家实行承包或租赁经营，占企业总数的 96.38%。在承包租赁企业中引进了竞争机制和风险机制，推行了招聘制、选任制、聘任制。

1991 年之后，全市工业企业改革进一步深化完善承包经营责任制，建立科学承包指标体系，顺利实现两个承包期有机衔接。当年末，全市旗县区以上国有工业企业有 638 家续签第二轮承包合同，占应签合同企业的 94.9%。大多数企业第二轮的承包基数与上缴利润比第一轮有所增长。1992 年 6 月，国务院颁发《全民所有制工业企业转换经营机制条例》，提出通过股份制、股份合作制、剥离附营、承包、租赁、拍卖、兼并等改革形式，促进企业经营机制转换，增强企业活力。全市工业管理部门按照“条例”要求，根据企业不同情况，分别试行投入产出总承包、单项资产承包、企业兼并、股份制改造等方法进行改革。1993 年，全市工业经济体制改革工作的重点从过去的减税让利转向理顺产权关系、深化产权制度改革，进一步完善承包责任制。年初，市政府印发《工交企业转换经营机制工作方案》《关于深化国有中小型工业企业改革的意见》《赤峰市企业兼并暂行办法》等有关企业改革的文件，指导国有企业进一步完善承包制，同时推行小型企业“转、租、卖”，实行国有民营改革。至当年 8 月，全市实行各类承包责任制的国有工业企业 781 家， 其中 26 家进行投入产出总承包试点，20 家企业进行进档达标承包试点，32 家企业实行税保财政、利活企业试点，有 24 家企业实行扭亏增盈承包制，有 162 家企业实行租赁经营。

二、企业内部综合配套改革

1992 年开始，全市工业经济体制改革实行以转换企业经营机制为中心，以企业劳动、人事、分配“三项制度”(也称“砸三铁”：铁饭碗、铁工资、铁交椅)改革为重点的内部综合配套改革。市经委、体改委、人事局、劳动局等有关部门下发《关于深化企业劳动、人事、工资制度改革的意见》《进一步推进社会保险制度改革的意见》等配套政策和规定。全市50%国有企业打破合同工和固定工的界限,推行企业内部全员劳动合同制或合同化管理;80%以上企业打破干部和工人的界限,择优聘任环节干部和管理人员,形成能上能下的激励机制。进一步落实企业用工自主权,允许企业根据生产经营需要和经济效益情况,自主决定用工方式、用工时间、用工数量。首批自主招工的企业,都按政策规定制定招工简章。在劳动部门指导下,坚持面向社会公开招收,全面考核,择优录用。大力压缩和精简行政人员,市直企业通过"三定三岗"(定编、定岗、定员,上岗、试岗、待岗),减少内部机构78个,有320名干部充实到基层。改革企业内部分配制度,建立激励机制。大多数企业在原分配办法基础上,实行计件工资、岗位结构工资、质量效益工资、岗位技能工资等多种形式的分配制度。实行岗位技能工资的企业,通过考试、考核定级上岗,做到一岗一薪、一技一薪,把职工收入同其劳动责任、强度、环境、技能、工作态度和成果挂钩,形成奖勤罚懒、以贡献论报酬的分配机制。当年末,全市国有预算内工业企业有80家实行了"三项制度"改革,占预算内工业企业的52%。

第二节 产权制度改革

1993—1994年,全市工业企业产权制度改革主要以组建有限责任公司和股份有限公司为重点,分类指导,因企施策,分块搞活。对资产规模较大、技术装备水平较高、经济效益较好、发展前景广阔的企业,通过建立现代企业制度,转轨建制,不断提高运行质量和效益;对有一定发展前景但生产经营比较困难的企业,通过抵贷返租、嫁接改造、租赁等多种形式,改善经营状况,扭转被动局面;对资不抵债、生产技术落后、无发展前景的企业实施破产、兼并,对破产企业通过资产变现,妥善安置职工和重新组建股份制企业。通过上述做法,先后进行赤峰双马集团总公司、赤峰煤气热力公司、赤峰兴发集团股份有限公司的改革试点,同时进行了赤峰纸制品厂、赤峰第一印刷厂铅印分厂、赤峰轻工机械厂、赤峰元宝山水泥厂、赤峰煤气热力公司劳动服务公司的股份合作制试点。全市实现企业兼并39家;进行股份制试点企业33家,其中股份有限公司11家,有限责任公司22家;组建企业集团33家,其中市直9家,旗县区24家。

1995年之后,进一步深化明晰产权、界定产权、产权结构多元化为特征的企业改革。以兼并、联合、组建企业集团、嫁接、出售、破产等多种形式,推进资产重组和企业组织机构调整。企业投资主体开始多元化,全市股份制企业股本总额为4.6亿元,国家、法人、个人股分别占总股本的54.5%、20%、25.5%。1996年,全市有乡及乡以上地方独立核算国有工业企业237家(包括16家公用事业单位和8家商办企业),到2000年末,已完成转制和实现投资主体多元化的企业206家,占86.92%,其中股份制或股份合作制企业84家,破产64家,产权出售或转让28家,兼并14家,其他形式(分立、租赁)16 家。有 80%的国有职工改变身份,退出国有职工序列。

2002 年,全市国有工业企业降为 73 家,其中中央和自治区属企业 24 家,地方企业 49 家。地方国有企业中,改制为有限责任公司的 21 家,改制为股份有限公司的 4 家。通过国有企业改革转制,以股份制经济类型为主的非国有经济迅速崛起,投资主体多元化、多种所有制经济共同发展的经济格局基本形成。2004 年,全市企业改革突出身份置换、产权多元化、建立科学的法人治理结构三大重点,从实际出发,因企施策。全市国有及国有控股工业企业改革共置换国有职工身份 20593 人, 其中市直置换 14503 人,旗县区置换 6090 人。至 2014 年末,市直国有及国有控股企业 23 家,资产总额 291 亿元,负债 135 亿元,所有者权益 156 亿元。

第三节 资产重组

1993 年 9 月,赤峰市在二轻系统组建以赤峰皮革厂、皮毛厂为核心层企业,以赤峰民族皮件厂、赤峰皮毛制品厂为紧密层企业的赤峰市皮革皮毛(集团)总公司,正式与市二轻局脱离隶属关系。隶属于市二轻局的集体企业赤峰服装总厂合并于赤峰第二毛纺织厂,实施企业兼并改革。同年,重点加强 6 个企业集团的建设,即内蒙古宏峰、富龙热力、草原兴发、宁城老窖 4 家上市公司和赤峰啤酒、赤峰药业 2 个集团,4 家上市公司融资 6.44 亿元。1996 年 3 月, 内蒙古宏峰实业有限公司在深圳证券交易所上市,融资 4900 万元;同年,赤峰富龙热力股份有限公司在深交所上市,融资 8056 万元;1997 年 5 月,内蒙古草原兴发股份有限公司在深交所上市,融资 2.26 亿元;1998 年 4 月,内蒙古宁城老窖股份有限公司在上海证券交易所上市,融资 2.88 亿元。

1997—2001 年,赤峰市以产权为纽带,对企业的各种生产要素和资产进行重新配置和组合。资产重组主要形式包括收购兼并、股权转让、资产剥离、资产置换等。市直属工业企业有 14 家破产后实施重组。其中赤峰第二毛纺织厂破产后被中国华源集团重组为赤峰华源毛业有限公司,赤峰水泵厂等 3 家企业由职工重组为有限公司(有限责任公司),赤峰动力机配件厂等 6 家企业重组为有限责任公司(有限公司),赤峰地毯总厂破产改制为赤峰长城地毯有限责任公司,赤峰针织厂破产后并入内蒙古仙纺服装有限公司,赤峰羊绒衫厂被维信(赤峰)纺织有限公司收购,赤峰电石厂加入赤峰九天建材化工(集团)有限公司。重组后,有的企业取得较好的经营效果,有的企业由于市场、经营等多方面原因,重组后又破产。

“十五”期间,赤峰市促成赤峰制药集团与上海迪赛诺集团合作;赤峰红烨公司与南非库博公司合资合作,组建新的公司;唐山佳奇公司整体收购赤峰钢铁厂,组建远联钢铁公司;唐山宏文机电公司与平煤南机厂重组;吉林华泰矿业公司、辽宁通和矿业公司对内蒙宏峰公司破产企业并购,组建新的公司,盘活大量资产,形成新的生产能力。

“十一五”时期,全市把推动国有企业战略重组作为工作重点,加快引进战略合作伙伴中国有色股份有限公司、云南铜业公司、铜陵有色公司、中钢集团、中铁集团、山东黄金公司、湖南有色公司、东北特钢公司、西部矿业公司、中国电力集团公司、大唐集团公司、中国电力投资公司、华润集团、福建紫金矿业公司等大企业、大集团,促进优势产业、优势企业做大做强。2006年,根据中共中央办公厅、国务院办公厅《关于进一步做好资源枯竭矿山关闭破产工作的通知》等有关文件精神,对列入国家关闭破产计划的平煤集团所属三家破产企业,利用有效资产进行重组。平庄煤业集团重组草原兴发,实现"借壳"上市,实施定向增发,上市发行4亿股股票,解决了草原兴发三、四期借贷危机问题。同年,引进京能集团并控股,由平煤集团参股,建设红庙子煤矸石热电厂。2008年,由中国电力集团公司重组平煤集团,投资160多亿元实施煤、电、运、化系列项目;引进中国有色股份有限公司重组了白音诺尔铅锌矿,启动了30万吨锌冶炼项目,为把赤峰市打造成为中国北方有色金属基地和中国北方锌都打下了基础。2010年,经国务院国资委和证监会批准,由兴业集团重组富龙热电股份,实现了国有资本从上市公司有序退出,达到了国有资产的保值增值。2014年,通过推进企业重组,盘活了存量资产,引进一批新项目,为赤峰经济发展增添了后劲。

第四节 建立现代企业制度

1993年开始,赤峰市开展建立现代企业制度试点工作。全市共确定试点企业18家,其中市级7家,旗县区11家。在股份制工业企业中,建立以市场经济为基础,以企业法人制度为主体,以有限责任制度为核心,以产权清晰、权责明确、政企分开、管理科学为条件的新型企业制度。建立包括股东会、董事会、监事会和经理层在内的公司法人治理结构,妥善处理党委会、职代会和工会与股东会、董事会、监事会的关系。

2002年,全市开展了国有企业改革"回头看"和继续深化国有企业产权制度改革攻坚工作。坚持产权改革、国有职工身份置换、建立规范的法人治理结构一步到位的原则,突出产权多元化,使工厂制变公司制。继续调整股权结构,国有独资的变为国有控股或参股。对大中型企业国有股权比例在当年末的基础上降低30%,由国有绝对控股变为相对控股。认真做好大中型企业主辅分离、辅业改制,加快劣势企业退出市场步伐。"十一五"(2006—2010年)时期,现代企业制度不断完善,公司法人治理结构日趋合理优化。现代企业制度的基础管理工作,诸如标准化、定额、计量、统计、信息、完善规章制度、基础教育等,得到落实;法人的决策、计划、管理、领导等综合治理能力不断提高。

第二章 经济规模

第一节 经济总量

1991年,赤峰市加强对工业经济的领导,市委、市政府印发《关于搞活国营工业企业的若干规定》,进一步深化和完善国营工业企业第二轮承包政策。大力推动企业技术进步,开展企业升级及“双增、双节”等活动,提高企业经济效益,对确定的40家重点企业及时发现和解决生产中的问题,保证重点企业和行业的正常运转。到年末,全市有乡及乡以上工业企业1221家,工业总产值33.81亿元,其中乡及乡以上独立核算工业企业1102家,工业总产值32.39亿元,工业增加值13.39亿元,利税总额2.99亿元。1992年以后,全市工业经济以转换企业经营机制为中心,开展企业“三项制度”改革,进一步完善各种形式的承包经营责任制。1993年,市政府印发《工交企业转换经营机制工作方案》《关于国有中小型工业企业改组实行股份合作制试行办法》等文件,开展企业产权制度改革,一些国有企业转制为股份有限公司及有限责任公司,政企分开,把企业推向市场。积极支持企业开展技术改造、新产品开发,提高企业经营效益。大力发展私营企业,积极开展招商引资,发展港澳台及外资企业。赤峰市工业经济发展速度加快,工业经济快速增长,规模不断扩大。到1995年,全市乡及乡以上独立核算工业企业增加到1402家,工业总产值63.06亿元,比1991年增长121.98%。1996年以后,随着改革开放和市场经济的深入发展,在长期计划经济体制下形成的工业经济受到冲击,许多企业由于生产技术落后、产品销售不畅、负债过多,生产经营困难。1997年,赤峰市被列为全国111个优化资本结构试点城市之一,市政府印发《赤峰市优化资本结构实施方案》《1997年赤峰市企业兼并破产和职工再就业工作计划》《赤峰市优化资本结构企业破产实施办法》等文件。1999年9月,市政府印发《赤峰市市直国有中小工业企业转制若干规定》,加快市直国有企业破产转制工作进程。一批技术落后、产能不足、产品滞销等没有发展前景的企业被淘汰,大多数企业完成产权制度改革,建立起现代企业制度,资本结构不断优化。在产权制度改革中,大多数国营、集体企业破产重组,转为民营企业、合营企业或股份制企业等经济类型企业。加强外引内联、招商引资,港澳台及外商投资企业不断增多;依托资源优势,积极开展产业结构和产品结构调整,全市工业经济逐步走出困境,进入良性发展轨道。到2000年,全市有限额以上工业企业145家,工业总产值66.16亿元,工业增加值21.33亿元,利税总额4.58亿元。2000年后,赤峰市提出“工业强市”发展战略,进一步加大工业经济发展力度。继续深化工业经济体制改革,建立现代企业制度;加强招商引资,积极吸引国内各地和港澳台及外商企业和个人到赤峰市投资经营;进一步加强产业结构和产品结构调整,大力发展高新技术产业和产品,全市工业经济进入高速发展的快车

1991—2014年赤峰市工业企业基本情况统计表

表5-1-1

年份	工业总产值（亿元）	产品销售收入（亿元）	利税总额（亿元）	企业数量（家）	从业人数（万人）
1991	32.39	32.09	2.99	1102	17.98
1992	38.82	38.75	3.29	1126	18.37
1993	48.64	48.52	–0.45	1162	20.09
1994	55.62	51.49	5.52	1170	21.14
1995	63.06	59.13	4.65	1402	21.21
1996	70.21	68.46	3.81	1263	21.35
1997	74.43	72.35	6.31	996	19.02
1998	61.33	63.17	1.67	211	14.12
1999	63.14	62.85	–1.56	168	12.12
2000	66.16	66.16	4.58	145	10.98
2001	69.63	72.65	6.18	137	10.12
2002	78.34	81.24	8.54	140	10.21
2003	97.97	101.80	10.26	173	10.90
2004	152.66	154.24	18.03	237	10.57
2005	218.96	214.55	26.38	242	10.97
2006	323.74	311.24	44.92	331	11.53
2007	565.86	554.65	106.47	376	12.03
2008	791.67	776.66	107.04	506	13.70
2009	969.27	954.14	126.99	560	14.07
2010	1265.84	1241.33	182.39	593	15.04
2011	1577.32	1559.46	218.71	526	14.92
2012	1868.38	1803.96	200.14	532	15.07
2013	2074.32	1994.18	187.10	563	15.67
2014	2056.94	1950.94	140.97	569	15.11

说明：1991—1997年为乡及乡以上独立核算工业企业，1998—2002年为限额以上工业企业，2003—2014年为规模以上工业企业数据。

道。到 2005 年,全市有规模以上工业企业 242 家,工业总产值 218.96 亿元,工业增加值 76.57 亿元,利税总额增加到 26.38 亿元。2006 年以后,赤峰市进一步加强工业经济发展建设,大力发展高新技术产业,产业规模进一步扩大,产业结构和产品结构进一步优化,产品品种、产量、产值进一步增加,工业经济进入高速发展快车道。到 2010 年,全市规模以上工业企业增加到 593 家,工业总产值增加到 1265.84 亿元,工业增加值增加到 483.46 亿元,利税总额增加到 182.39 亿元。2011 年以后,赤峰市继续深入实施"工业强市"战略,进一步调整优化产业结构和产品结构,依靠科技进步和技术创新加快新型工业化进程。以项目和产业基地建设为重点,推动产业升级、产业多元和产业延伸。做大做强优势特色产业,培育发展战略性新兴产业,巩固提升传统产业,工业经济继续保持快速健康发展态势。2013 年以后,因受国际及全国经济下行影响,全市工业经济增长速度趋缓。2014 年,全市规模以上工业企业减少到 569 家,工业总产值 2056.94 亿元,是 1991 年的 63.51 倍;利税总额 140.97 亿元,是 1991 年的 47.15 倍。

第二节 经济效益

1991 年,全市乡及乡以上独立核算工业企业中,有 961 家盈利企业,占总数的 87.2%,利润总额 2.45 亿元;有 141 家亏损企业,占总数的 12.8%,亏损总额 1.25 亿元,盈亏相抵后利润总额 1.19 亿元。全市利税总额 2.99 亿元,税金总额 1.8 亿元。1995 年,全市乡及乡以上独立核算亏损企业增加到 275 家,占乡及乡以上独立核算企业的 16.57%,亏损额 1.11 亿元,盈亏相抵后利润总额 3551.2 万元,比 1991 年下降 70.16%。利税总额增加到 4.65 亿元,比 1991 年增长 55.5%。税金总额增加到 4.29 亿元,比 1991 年增长 1.38 倍。2000 年,全市限额(规模)以上独立核算工业企业 145 家,其中盈利企业 108 家,占总数的 74.5%,利润总额 2.75 亿元;亏损企业 37 家,占总数的 25.5%,亏损额 3.61 亿元。全市利税总额 4.58 亿元,比 1995 年减少 678.7 万元,下降 1.5%。税金总额 5.45 亿元,比 1995 年增加 1.15 亿元,增长 26.83%。2005 年,全市规模以上工业企业增加到 242 家,其中亏损企业 33 家,占总数的 13.6%,亏损额 1.1 亿元,亏损额比 2000 年减少 25135 万元,下降 69.55%;盈利企业 209 家,占总数的 86.4%,盈利企业利润总额 14.33 亿元,比 2000 年增加 11.58 亿元,增长 4.21 倍。全市工业利润总额增加到 13.15 亿元。利税总额 26.38 亿元,比 2000 年增加 21.80 亿元,增长 4.76 倍。2010 年,全市规模以上企业增加到 593 家,其中亏损企业 45 家,占总数的 7.6%,亏损额 1.44 亿元,比 2005 年增加 3405 万元,增长 30.9%;盈利企业 548 家,占总数的 92.4%,利润总额 131.06 亿元,比 2005 年增加 116.7 亿元,增长 8.14 倍。盈亏相抵后利润总额 129.62 亿元,比 2005 年增长 8.8 倍。利税总额 182.39 亿元,比 2005 年增加 156.02 亿元,增长 5.9 倍。2014 年,全市规模以上工业企业 569 家,其中亏损企业 67 家,占总数的 11.8%,亏损额 19.73 亿元,比 2010 年增加 18.29 亿元,增长12.69 倍;盈利企业 502

家,占总数的88.2%,盈利企业利润总额114.38亿元,比2010年减少16.68亿元,下降12.73%。盈亏相抵后利润总额94.64亿元,比2010年减少34.97亿元,下降26.98%。全市规模以上工业企业利税总额140.97亿元,比2010年减少41.42亿元,下降22.71%。税金46.33亿元,比2010年减少6.45亿元,下降12.22%。

1991年、2014年全市工业企业分行业销售收入、利税情况统计表

表5-1-2　　　　单位:万元

行业	1991年		2014年	
	主营业务收入	利税总额	主营业务收入	利税总额
煤炭采选业	50537.30	-5058.00	1239125.70	122102.10
石油和天然气开采业	—	—	20435.00	441.60
黑色金属采选业	541.30	145.00	1134372.50	79981.50
有色金属采选业	22353.80	4313.00	3498926.80	348585.70
非金属矿采选业	1627.00	104.00	527385.10	27756.10
其他采矿业	—	—	57420.30	5269.60
农副食品加工业	—	—	1946128.20	96524.60
食品制造业	39888.20	3626.00	185599.70	16438.40
饮料制造业	17428.20	5424.00	165019.10	28870.60
饲料工业	3076.80	248.00	—	—
纺织业	32612.00	3173.00	571503.20	49008.30
纺织服装、服饰业	1388.00	-75.00	77921.60	7264.40
皮革、毛皮及其制品业	4690.60	46.00	53657.40	2245.60
木材加工及制品业	708.10	36.00	265123.10	24563.70
家具制造业	1111.80	35.00	—	—
造纸及纸制品业	4410.20	225.00	2005.00	155.50
印刷业、记录媒介的复制业	2615.40	285.00	8305.20	1051.10
文教体育用品制造业	244.10	32.00	321204.30	80765.90
石油加工、炼焦及核燃料加工业	—	—	209516.10	-1790.20
化学原料及化学制品制造业	7704.70	538.00	445570.60	-73951.70
工艺美术品制造业	4688.90	575.00	—	—
医药制造业	13418.10	1630.00	219295.60	9667.00
炼焦、煤气及煤制品业	1552.10	180.00	—	—

续表

行业	1991 年		2014 年	
	主营业务收入	利税总额	主营业务收入	利税总额
非金属矿物制品业	16689.50	1409.00	617375.40	51917.20
黑色金属冶炼及压延加工业	8192.80	712.00	1364039.80	10420.90
有色金属冶炼及压延加工业	1526.40	-147.00	4030655.60	177592.30
金属制品业	6264.60	608.00	134563.60	12571.20
橡胶制品业	340.30	45.00	—	—
塑料制品业	1892.20	80.00	143103.10	12769.00
通用设备制造业	6637.90	656.00	124758.80	11741.00
专用设备制造业	—	—	42522.00	1767.20
交通运输设备制造业	3068.00	282.00	47846.80	299.00
电气机械及器材制造业	5563.20	1026.00	249518.70	4245.80
电子及通信设备制造业	583.80	8.00	13570.50	1945.60
工艺品及其他工业	1145.90	4.00	—	—
废弃资源和废旧材料回收加工业	—	—	54232.60	-3.90
金属制品、机械和设备修理业	—	—	6517.30	34.10
仪器仪表及其他计量器具制造业	172.60	6.00	—	—
电力、热力生产和供应业	57747.50	9677.00	1718151.20	296286.40
燃气生产和供应业	—	—	6546.30	1830.10
水的生产和供应业	468.80	57.00	7509.50	1369.20

说明:1991—1997 年为乡及乡以上工业企业,1998—2002 年为限额以上工业企业,2003—2014 年为规模以上工业企业数据。

第三章 经济结构

第一节 所有制结构

1991 年，赤峰市工业所有制结构主要为国营企业和集体企业。其中国营企业占 26.37%,集体企业占 73.63%;国营企业总产值占全市工业总产值的 80.18%,集体企业总产值占全市工业总产值的 19.82%。1995 年，全市乡及乡以上工业企业中，国营企业 28.9%，集体企业 68.9%，股份制企业 0.36%，港澳台及外商投资企业 1.1%，联营企业 0.6%，私营企业 0.12%。国营企业总产值占全市工业总产值的 74.5%，集体企业占

20.27%,其他类型企业占5.23%。1996年以后,赤峰市深化工业经济体制改革,实施兼并、转卖、破产、重组、产权制度改革等改革措施,提高工业经济发展活力。许多国营、集体企业在改革中转制为私营企业、股份制企业。通过招商引资,港澳台及外商投资企业不断增多,国营工业企业和集体工业企业大量减少,其他类型企业明显增加。到2000年,全市限额以上工业企业中,国有企业占45.52%,集体企业占12.41%,有限责任公司占23.45%,股份制企业占9.66%,港澳台及外商投资企业占4.83%,私营企业占1.38%,其他类型企业占2.75%。在全市工业总产值所占比例中,国有企业占34.83%,集体企业占4.61%,有限责任公司占37.56%,股份制企业占18.36%,港澳台及外商投资企业占2.34%,其他类型企业占2.3%。2001年以后,全面加强产权制度改革,建立现代企业制度。对国有、集体企业进行公司化改造,转制为有限责任公司、股份有限公司、私营企业等不同类型的企业。同时不断加大招商引资工作力度,吸引国内外投资商到赤峰兴办工业企业。国有、集体企业进一步减少,有限责任公司、股份制企业、私营企业等类型企业快速增加。到2010年,全市工业企业数量所占比例中,国有企业占4%,集体企业占2%,股份制企业占4.72%,有限责任公司占45.7%,私营企业占40.81%。港澳台及外商投资企业占2.36%。在全市工业总产值所占比例中,国有企业占7.24%,集体企业占0.86%,有限责任公司占49.99%,股份有限公司占12.16%,私营企业占23.73%,港澳台及外商投资企业占5.86%,其他类型企业占0.16%。2011年以后,赤峰市不断优化产业结构,积极发展各类型所有制企业。到2014年,全市规模以上工业企业比例中,国有企业占3.34%,集体企业占1.58%,有限责任公司占51.67%,股份有限公司占5.27%,私营企业占35.33%,港澳台及外商投资企业占1.93%,其他类型企业占0.88%。在全市工业总产值所占比例中,国有企业占3.95%,集体企业占1.01%,有限责任公司占61.98%,股份有限公司占7.99%,私营企业占22.16%,港澳台及外商投资企业占2.73%,其他类型企业占0.19%。国有、集体工业企业数量进一步减少,有限责任公司、股份有限公司、私营企业和港澳台及外商投资企业进一步增加,产权制度多元化,多种所有制经济全面发展。

一、国有企业

1991年,赤峰市有国营工业企业322家,企业职工11.3万人,工业总产值27.11亿元(当年价),占全市乡及乡以上工业总产值的80.18%,利税2.27亿元。1995年,全市国营工业企业480家,企业职工13.8万人,工业总产值55.91亿元,占全市乡及乡以上工业总产值的74.5%,利税3.46亿元。1996年以后,在市场经济快速发展中,国营工业受到冲击,亏损严重。赤峰市积极推进企业改革,优化资源配置,通过兼并、转卖、破产重组、股份制改造等措施,国营企业大量减少。至2000年,全市限额以上国营企业有66家,职工3.66万人,工业总产值23.05亿元,占全市规模以上工业总产值的34.83%。2001年以后,赤峰市进一步加大工业企业改革力度,深入开展产权制度改革,建立现代企业制度。到2010年,全市规模以上国有工业企业减少到24家,企业职工1.07万人,工业总产值91.67亿元,占全市规模以上工业总产值的7.24%,利税16.56亿元。

1991—2014年赤峰市工业企业所有制结构情况统计表

表 5-1-3 单位:家

年 份	国有企业	集体企业	有限责任公司	股份有限公司	私营企业	港澳台及外商投资企业
1991	322	899	—	—	—	—
1992	307	899	—	—	—	—
1993	334	983	—	—	3	1
1994	292	899	—	3	1	10
1995	480	1144	—	6	2	18
1996	427	940	—	12	27	22
1997	298	734	—	12	55	18
1998	139	30	17	11	5	4
1999	99	23	24	6	7	5
2000	66	18	34	12	6	7
2001	61	14	33	16	6	6
2002	54	14	36	18	11	6
2003	49	19	48	26	19	8
2004	38	21	48	17	47	8
2005	37	21	96	18	57	8
2006	32	22	134	26	102	9
2007	20	21	165	29	130	8
2008	22	16	240	32	181	10
2009	24	15	255	30	217	13
2010	24	12	271	28	242	14
2011	28	10	251	23	191	11
2012	28	11	255	23	179	12
2013	23	10	287	28	197	11
2014	19	9	294	30	201	11

说明:1991—1997年为乡及乡以上工业企业,1998—2002年为限额以上工业企业,2003—2014年为规模以上工业企业;1991—2000年为国营工业企业,2001—2014年为国有工业企业。

2014年,全市规模以上国有工业企业减少到19家,职工8252人,工业总产值81.27亿元,占全市规模以上工业总产值的3.95%,利税2.84亿元。

二、集体企业

1991年,全市有乡及乡以上集体工业企业899家,职工6.68万人,工业总产值6.7亿元,占全市乡及乡以上工业总产值的19.82%,利税7164万元。1995年,全市乡及乡以上集体工业企业1144家,企业职工7.9万人,工业总产值15.21亿元,占全市乡及乡以上工业总产值的20.27%,利税8938.3万元。1996年以后,受市场经济影响,集体工业企业资金不足,产品销路不畅,生产经营进入困境。此后,市政府加大集体工业企业改革力度,实行产权制度改革,大多数集体企业通过转卖、兼并、破产等改革措施转制为个体私营或股份制企业。到2000年,全市限额以上集体工业企业减少到18家,工业总产值3.05亿元,占全市限额以上独立核算工业总产值的4.61%。2010年,全市规模以上集体工业企业减少到12家,工业总产值10.91亿元,占全市规模以上工业总产值的0.86%。2014年,全市规模以上集体工业企业减少到9家,工业总产值20.98亿元,占全市规模以上工业总产值的1.01%。

三、混合所有制企业

有限责任公司　1994年,《中华人民共和国公司法》颁布后,赤峰市积极推进建立现代企业制度工作。对市属国有大中型企业实行剥离附营、精干主体,在此基础上建立规范的股份有限公司和有限责任公司。市政府积极探索国有资产管理、经营、运营的新体制,批准市煤气热力经营总公司为全市首家国有资产经营试点,同时授权经营国有资产。通过实行国有资产授权经营,推动国有资产管理体制的改革,探索出国有资产管理体制与机构改革有机融合的有效途径。到2000年,全市限额以上工业有限责任公司发展到34家,其中国有独资公司7家,其他有限责任公司27家;工业总产值24.85亿元,占全市限额以上工业总产值的37.56%。2001年以后,赤峰市进一步加快企业改革步伐,开展企业公司制改造和产权制度改革,大力发展民营工业企业。到2010年,全市规模以上工业有限责任公司发展到271家,其中国有独资公司1家,其他有限责任公司270家;工业总产值632.78亿元,占全市规模以上工业总产值的49.99%。到2014年,全市规模以上工业有限责任公司增加到294家,其中国有独资公司10家,其他有限责任公司284家;工业总产值1274.83亿元,占全市规模以上工业总产值的61.98%。

股份有限公司　1996年以后,赤峰市不断深化经济体制改革,一些国营、集体工业企业通过股份制改造,成立股份有限公司。同时,积极开展招商引资,吸引国内外企业和个人到赤峰企业中参股或建立股份制企业。到2000年,全市有限额以上工业股份有限公司12家,工业总产值12.14亿元,占全市限额以上工业总产值的18.36%。到2010年,全市规模以上工业股份有限公司发展到28家,工业总产值153.98亿元,占全市规模以上工业总产值的12.16%。到2014年,全市有规模以上工业股份有限公司30家,工业总产值164.28亿元，占全市规模以上工业总产值的7.99%。

股份合作企业 1998年，全市有限额以上股份合作工业企业2家，工业总产值1898.2万元，占全市限额以上工业总产值的0.31%。2000年，全市有限额以上股份合作工业企业2家，工业总产值3837.9万元，占全市限额以上工业总产值的0.58%。2010年，全市有规模以上股份合作工业企业2家，工业总产值1.99亿元，占全市规模以上工业总产值的0.16%。2011年以后，2家股份合作企业先后退出股份合作制。2014年，全市没有规模以上股份合作工业企业。

四、私营企业

1991年，赤峰市没有私营工业企业。1995年，全市有私营工业企业2家，工业总产值34.6万元。到2000年，全市有私营工业企业6家，工业总产值1.13亿元，占全市限额以上工业总产值的1.7%。2001年以后，赤峰市加快工业企业产权制度改革，一些国营、集体工业企业转制为私营企业，新建私营工业企业不断增加。到2010年，全市规模以上私营工业企业增加到242家，工业总产值300.36亿元，占全市规模以上工业总产值的23.73%。2013年以后，受国内外经济环境下行影响，一部分私营工业企业破产或转产。到2014年，全市规模以上私营工业企业减少到201家，工业总产值455.84亿元，占全市规模以上工业总产值的22.16%。

五、港澳台及外商投资企业

1991年以后，赤峰市不断加强招商引资工作，吸引港澳台及外商投资企业到赤峰市投资经营。到1995年，全市有乡及乡以上港澳台及外商投资工业企业18家，工业总产值2.77亿元，占全市乡及乡以上工业总产值的3.69%。到2000年，全市有限额以上港澳台及外商投资工业企业7家，工业总产值1.55亿元，占全市限额以上工业总产值的2.34%。2001年以后，赤峰市进一步加强招商引资工作，港澳台及外商投资企业不断增加。到2010年，全市有规模以上港澳台及外商投资工业企业14家，工业总产值74.14亿元，占全市规模以上工业总产值的5.86%。2014年，全市有规模以上港澳台及外商投资工业企业11家，工业总产值56.12亿元，占全市规模以上工业总产值的2.73%。

第二节 产业结构

1991年，赤峰市产业结构按轻重工业分，有轻工业和重工业，重工业和轻工业结构比例为52.32∶47.68；按行业门类分，有能源、冶金、医药、食品等八大主导产业。各行业乡及乡以上独立核算工业企业总产值所占比例为：能源工业29.52%，冶金工业10.13%，化学工业2.53%，医药工业4.2%，食品工业19.36%，建材工业5.99%，纺织工业12.57%，机械工业4.91%，其他工业10.77%。1992年以后，赤峰市结合市场经济的发展，依托资源优势，积极发展重工业，大力发展能源、冶金、食品、建材等工业产业，赤峰市工业经济快速发展，产业结构也发生了明显变化。1995年，全市重工业和轻工业结构比例为55.79：44.21，重工业比轻工业增加11.58个百分点。各行业乡及乡以上独立核算工业企业总产值所占比例为：能源工业26.36%，冶金工业11.73%，化学工业2.92%，医药工业5.55%，食品工业23.5%，建材工业6.88%，纺织工业8.29%，机械工业4.2%，其他工业10.56%。能源、冶金、食品、建材、机械、化学工业所占比重增加，纺织及其他工业比重减少。1996年以后，赤峰市继续依托资源优势，结合市场需求，积极发展重工业，不断加强能源、食品、医药等主导产业的发展。加快工业经济体制改革步伐，通过破产、转制、兼并、合资经营等多种改革措施，淘汰一批技术落后、产能不足、产品滞销等没有发展前景的企业，大力发展个体私营企业、有限责任公司等类型企业、港澳台及外资企业，产业结构逐步优化。到2000年，全市限额以上工业企业总产值66.16亿元。全市重工业和轻工业结构比例为58.99：41.01，重工业比轻工业高17.98个百分点。各行业限额以上独立核算工业企业总产值所占比例为：能源工业37.65%，冶金工业13.13%，化学工业0.98%，医药工业6.88%，食品工业25.53%，建材工业4.49%，纺织工业4.43%，机械工业1.69%，其他工业5.21%。能源、食品、医药工业所占比重增加，其他工业均不同程度减少。2000年，市委、市政府印发《2000—2005年调整工业经济结构实施“工业强市”战略指导意见》，明确能源、建材、有色、纺织、食品(农畜产品加工)、医药等产业发展规划。全市依托资源优势，大力发展优势产业，产业结构不断优化，工业经济进入快速发展轨道。到2005年，全市规模以上工业企业总产值达到218.96亿元。全市重工业和轻工业结构比例为66.16：33.84。全市规模以上工业企业总产值所占比例为：能源工业30.81%，冶金工业26.57%，化学工业2.12%，医药工业4.96%，食品工业23.02%，建材工业4.22%，纺织工业2.96%，机械工业1.42%，其他工业3.91%。冶金工业比重比2000年增长15.93个百分点，其他各行业有不同程度下降。2006年，按《赤峰市国民经济和社会发展第十一个五年规划纲要》提出，继续实施“工业强市”战略，加大企业的引进、联合与重组力度，盘活存量，扩大增量。做大做强冶金、能源、食品、制药工业；培育化学工业；发展纺织服装、皮革皮毛、建材等加工业；开发非资源性工业，打造一批立市、立旗的大企业和大产业，提高工业企业自主创新能力和市场竞争力；发展循环经济，加速新型工业化进程。2009年，市政府印发《关于促进赤峰市工业产业结构调整的指导意见》，进一步明确赤峰市产业结构调整的主要目标、重点和政策、措施。通过一系列产业结构调整措施的实施，促进了赤峰市工业经济的高速发展，产业结构进一步优化。到2010年，全市规模以上工业总产值达到1265.84亿元。重工业和轻工业比例为84.02：15.98，重工业比重比2005年增加17.86个百分点。全市规模以上工业企业总产值所占比例为：能源工业17.27%，冶金工业53.8%，化学工业2.16%，医药工业1.59%，食品工业9.56%，建材工业2.91%，纺织工业2.3%，机械工业3.78%，其他工业6.63%。冶金工业和机械工业所占比重比2005年明显增长，其他各行业比重有的基本持平，有的有不同程度下降。2011年，《赤峰市国民经济和社会发展第十二个五年规划纲要》提出，要调整优化结构，加快新型工业化进程。深入实施“工业强市”战略,以项目和产业基地建设为重点,推动产业升级、产业多元和产业延伸。做大做强优势特色产业,培育发展战略性新兴产业,巩固提升传统产业,对能源、冶金、食品、制药等产业结构调整、发展目标、措施等提出明确规划。到 2014 年,全市规模以上工业总产值达到 2056.94 亿元。重工业和轻工业的比例为 79.36 : 20.64,轻工业比重比 2010 年增加 4.66 个百分点。全市规模以上工业企业总产值所占比例为:能源工业 14.07%,冶金工业 51.07%,化学工业 3.19%,医药工业 1.23%,食品工业 12.41%,建材工业 6.92%,纺织工业 2.79%,机械工业 2.61%,其他工业 5.72%。冶金工业所占比重位居第一,食品、建材、化学工业所占比重比 2010 年有所增长。产业结构进一步优化。

1991—2014 年部分年份赤峰市工业总产值分行业统计表

表 5-1-4 单位:亿元

年份	合计	能源工业	冶金工业	化学工业	医药工业	食品工业	建材工业	纺织工业	机械工业	其他工业
1991	32.39	9.56	3.28	0.82	1.37	6.27	1.94	4.07	1.59	3.49
1995	63.06	16.62	7.40	1.84	3.50	14.82	4.34	5.23	2.65	6.66
2000	66.16	24.91	8.69	0.65	4.55	16.89	2.97	2.93	1.12	3.45
2005	218.96	67.46	58.18	4.64	10.87	50.41	9.25	6.48	3.10	8.57
2010	1265.84	218.62	681.06	27.35	20.18	120.96	36.82	29.08	47.90	83.87
2014	2056.94	289.35	1050.46	65.56	25.32	255.28	142.34	57.38	53.64	117.61

说明:1991—1997 年为乡及乡以上独立核算工业企业总产值,1998—2002 年为限额以上工业企业总产值,2003—2014 年为规模以上工业企业总产值。

第三节 产品结构

一、产品结构调整

1991 年,赤峰市主要工业产品产量:原煤 992.8 万吨,发电量 39.2 亿千瓦时,钢 1.66 万吨,糖 4.9 万吨,食用植物油 1.58 万吨,饮料酒 6.8 万吨,水泥 64.1 万吨,化肥 7200 吨。产品结构特点是大路产品多,名优产品少;初级产品多,深加工产品少;资源开发类产品多,精深加工产品少。工业产品除能源、制药、冶金、纺织、食品等产业中有为数不多的较高技术产品外,多数企业产品老旧、发展潜力不足、市场销售不畅。1992 年,市政府印发《进一步鼓励企业技术进步的优惠政策》,鼓励和扶持企业开展技术革新,引进新技术、开发新产品,提高工业生产现代化水平,优化产品结构。部分企业与高等院校、科研单位联合协作,开发新产品。当年,全市完成市级以上新产品开发项目 133 个。1993 年以后,赤峰市结合资源优势和市场需求,重点发展铅、锌、铜等有色金属冶炼,制药、新型建材、风力发电等工业产品,开发生产电解锌和副产品硫酸、白水泥、土霉素碱、平板玻璃、高活性干酵母、淀粉、中密度纤维板、颗粒粕、活性炭、球墨铸铁管、风力发电组件、人工合成麻黄素等产品。不断加强产品创新重大项目建设。1991—2000 年,全市有 17 个产品创新重大项目开工建设和竣工生产。到 2000 年,全市主要工业产品产量:原煤 917.11 万吨,比 1991 年减少 75.7 万吨,下降 7.6%;发电量 80.88 亿千瓦时,比 1991 年增加 41.68 亿千瓦时,增长 106.31%;钢 1081 吨,比 1991 年减少 15526 吨,减少 93.5%;糖 1.95 万吨,比 1991 年减少 2.95 万吨,下降 60.13%;食用植物油 1.39 万吨,比 1991 年减少 1900 吨,下降 13.67%;饮料酒 14.54 万吨,比 1991 年增加 7.74 万吨,增长 113.86%;化学原料药 3.53 万吨,比 1993 年增加 3.06 万吨,增长 6.54 倍;铅 7767 吨,比 1996 年增加 1323 吨,增长 20.53%;锌 2.46 万吨,比 1996 年增加 1.85 万吨,增长 3.05 倍;水泥 110.27 万吨,比 1991 年增加 46.17 万吨,增长 72.03%;化肥 1.52 万吨,比 1991 年增加 8008 吨,增长 111.22%。产品品种、产量、生产技术水平等都有很大提升,产品结构不断优化。2001 年以后,赤峰市实施“工业强市”战略,依托资源优势、区位优势和市场需求,不断加强产品结构调整。大力发展能源、冶金、医药、化工、食品、机械制造、农副产品等,积极引进、开发新技术、新产品,产品品种不断增加,产品质量不断提高,产品产量不断增长,技术含量高、生产规模大、市场销售好、发展潜力大的产品越来越多。2001—2010 年,全市有 56 个产品创新项目开工建设或竣工生产。全市工业项目不断增多,规模不断扩大,科技水平不断提高,产品结构不断优化。到 2010 年,全市主要工业产品产量:原煤 2956.85 万吨,比 2000 年增加 2039.74 万吨,增长 222.41%;发电量 218.62 亿千瓦时,比 2000 年增加 137.74 亿千瓦时,增长 170.3%;钢 204.1 万吨,比 2000 年增加 203.98 万吨,增长 1869.7 倍;铅 5.51 万吨,比 2000 年增加 4.74 万吨,增长 6.1 倍;锌 8.2 万吨,比 2000 年增加 5.75 万吨,增长 2.34 倍;化学原料药 5017 吨,比 2000 年减少 3.03 万吨,下降 85.78%;糖 4.66 万吨,比 2000 年增加 2.71 万吨,增长 138.65%;食用植物油 2.11 万吨,比 2000 年增加 0.72 万吨,增长 51.8%;饮料酒 24.71 万吨,比 2000 年增加 10.17 万吨,增长 69.93%;水泥 545.40 万吨,比 2000 年增加 435.13 万吨,增长 3.95 倍;化肥 25.69 万吨,比 2000 年增加 24.17 万吨,增长 15.89 倍。2011 年以后,赤峰市结合市场经济发展,进一步加强工业产品结构调整,积极引进和开发新技术、新产品。继续加强产品创新重大项目建设。2011—2014 年,全市开工或竣工产品创新重大项目 18 个。各类工业产品品种、质量、生产能力和技术水平进一步提升,产品结构进一步优化。2013 年以后,受国际金融危机影响,部分工业产品产量下降。2014 年,全市主要工业产品产量:原煤 2669.25 万吨,比 2010 年减少 287.6 万吨,下降 9.73%;发电量 211.69 亿千瓦时,比 2010 年减少 6.93 亿千瓦时,下降 3.17%;钢 223.46 万吨,比 2010 年增加 19.37 万吨,增长 9.5%;铅 6.68 万吨,比 2010 年增加 1.16 万吨,增长 21.13%;锌 21.73 万吨,比 2010 年增加 13.53 万吨,增长 165%;化学原料药 4507 吨,比 2010 年减少 510 吨,下降 10.17%;糖 9.73 万吨,比 2010 年增加 5.06 万吨,增长 108.6%;食用植物油 1.56 万吨,比 2010 年减少 5500 吨,下降 26.1%;饮料酒 31.06 万吨,比 2010 年增加 6.35 万吨,增长 25.68%;水泥 585.52 万吨,比 2010 年增加 40.12 万吨,增长 7.36%;化肥 14.07 万吨,比 2010 年减少 11.62 万吨,下降 45.25%。

1991—2014年赤峰市主要工业产品产量统计表

表 5-1-5

年 份	原煤（万吨）	发电量（万千瓦时）	钢（吨）	铅（吨）	锌（吨）	化学原料药（吨）	饮料酒（吨）	糖（吨）	水泥（万吨）	化肥（吨）
1991	992.80	392000	16607	—	—	—	68000	49000	64.10	7200
1992	1044.82	490300	49453	—	—	—	72700	67400	80.90	15800
1993	1191.84	464300	55500	—	—	4678	88100	60100	86.31	6300
1994	1291.60	556268	38702	—	—	5027	104836	35088	82.07	23000
1995	1224.02	532016	30598	—	—	6351	141848	28488	86.89	19000
1996	1149.56	521900	50575	6444	6067	8190	141254	67481	110.27	27497
1997	1353.11	591673	36338	8059	13041	6847	140506	76372	97.55	18041
1998	1077.28	614977	879	6340	21176	8228	137588	51627	94.84	26296
1999	945.11	633766	888	10463	22540	35984	151393	32448	96.15	26300
2000	917.11	808751	1081	7767	24567	35279	145422	19538	110.27	15208
2001	840.34	790486	1699	8061	8035	43078	133962	27915	89.66	2295
2002	1205.74	825178	995	23587	23719	11909	146116	48648	123.18	15000
2003	1362.54	930425	92446	11535	27704	11698	131774	58921	133.50	16500
2004	1597.71	962075	134723	28761	68416	13911	173297	29057	179.36	92700
2005	1648.63	1044159	151714	36537	49710	14511	215961	41864	219.52	87300
2006	1811.18	1109565	118291	51779	50727	14118	257000	84083	280.91	154700
2007	2333.46	1384769	579552	15873	77219	10275	254965	44742	328.09	193000
2008	2587.92	1607029	1176761	38714	101208	9654	220047	59555	354.74	165000
2009	2959.66	1978255	104216	19181	86806	5774	223170	39091	390.52	182600
2010	2956.85	2186201	2040895	55135	82040	5017	247117	46627	545.40	256900
2011	3226.06	1905685	2187210	82473	119172	5418	333429	71634	745.07	105900
2012	3435.66	1820459	2653128	50954	126554	5531	300607	95224	640.78	97600
2013	3459.57	1928689	2963053	66508	125060	4278	330365	126294	631.79	110800
2014	2669.25	2116860	2234619	66784	217334	4507	310584	97271	585.52	140652

二、名优产品培育

1991 年,赤峰市积极推动企业技术进步,开发培育名牌优质产品;积极推行产品国际标准化管理,扩大产品知名度,拓宽国内外销售市场。宁城八里罕酒厂生产的宁城老窖酒获自治区首届轻工产品质量大赛特等奖;赤峰羊绒衫厂生产的“雪原”牌羊绒衫达到国家纺织行业标准,产品畅销日本、中国香港等 38 个国家和地区。1992 年,宁城老窖酒获日本第四届国际博览会金奖,被评为中国消费者协会推荐商品。1994 年,赤峰第二毛纺织厂生产的“西格玛”牌高档服装获全国纺织服装新产品金奖。1995 年,赤峰制药厂“赤华牌”盐酸麻黄素被评为内蒙古自治区名牌产品;赤峰北方联合制药厂生产的“源生牌”注射用葡萄糖酚被评为内蒙古自治区名牌产品。1998 年,内蒙古草原兴发股份有限公司、内蒙古塞飞亚集团有限责任公司肉鸭产业通过 ISO 9002 国际质量管理体系认证。1999 年,赤峰金陶股份有限责任公司的“提高金厂沟梁金矿选冶回收率综合研究”项目和“沿脉掘进毛矿分掘”项目分别获赤峰市科学技术进步一、二等奖;“柴胡栏子金矿采矿方法试验研究”项目获国家经贸委黄金科技进步三等奖。2000 年,全市有赤峰制药厂等 14 家企业通过 ISO 9000-9002 国际质量管理体系认证。2001 年以后,赤峰市实施“工业强市”战略,进一步加强产品结构调整,优化产品结构,积极引进和发展高新技术产业项目,大力加强新技术、新产品的研发和生产,开发培育名优产品。实行国际标准化管理的企业日益增多,一批科技含量高、品质优良、绿色环保的名优产品获得各级名优产品称号和奖励。2001 年、2003 年,赤峰松鹤调味品有限责任公司生产的“松鹤”牌酱油、醋、豆豉、酱糕、腐乳被命名为内蒙古自治区名牌产品。2002—2005 年,燕京啤酒(赤峰)有限责任公司、赤峰华源毛业有限公司、赤峰永建混凝土有限责任公司、赤峰焱邦锅炉工业有限公司、赤峰宏文机电有限公司 5 家企业先后通过 ISO 9001-2000 国际质量管理体系认证。2005 年,赤峰远航水泥有限责任公司生产的“远航”牌 42.5R 普通硅酸盐水泥被评为内蒙古自治区名牌产品。当年,全市有 6 家企业的 30 个产品获得绿色食品称号,有 4 家企业的 12 个产品获得农业部的有机食品认证,有 80 家企业的 92 种产品通过国家质量标准认证,赤峰“兴发”“塞飞亚”商标获国家驰名商标的称号。2007 年,赤峰蒙野酒业有限责任公司通过 ISO 9001-2000 国际质量管理体系认证。2008 年,赤峰晨光变压器有限公司通过 ISO 9002 国际质量管理体系认证。2010 年,赤峰丹龙中药制药有限责任公司生产的黄芪精颗粒被评为内蒙古自治区名牌产品。2012 年,内蒙古东方万旗肉牛产业有限公司“东方万旗”牌牛肉获自治区名牌农畜产品称号。2013 年,赤峰盛森硅业自主研发的二氧化硅产品被评为内蒙古自治区名牌产品。2014 年,赤峰远联钢铁有限责任公司生产的热轧光圆钢筋被评为内蒙古自治区名牌产品。2009—2013 年,全市有赤峰天山农牧业机械有限责任公司、赤峰东元矿业有限责任公司、内蒙古沐禾金土地节水工程设备有限公司、内蒙古兴安银铅冶炼有限公司、林西冷山糖业有限责任公司、阿鲁科尔沁旗山水水泥有限公司、赤峰巨昌机械有限公司、宁城京都淀粉有限公司 8 家企业通过 ISO 9001-2008 国际质量管理体系认证。2014 年，赤峰华孚科技发展有限公司通过 ISO 9001-2000 国际质量管理体系认证。2001—2014 年,全市有 68 家企业通过国际标准化组织制定的质量体系标准认证,企业管理不断向科学化、标准化迈进。各类名优产品、有机绿色产品进一步增多,产品结构进一步优化,促进了全市工业经济的快速发展。

第四章 工业布局

第一节 工业布局调整

1991 年以前，赤峰市工业区划布局按相对集中分布区域大体上分为城市和郊区工业、矿区工业、交通沿线和原料产地工业等。城市工业生产企业比较集中,产业门类较多。一般食品加工、纺织、机械、电子等相对污染较小的生产企业多分布在市区内。能源、冶金、制药、化工等污染较重企业多分布在下风带和远离水源地及城市郊区,如原来的赤峰发电厂、造纸厂、钢铁厂等均设在城区东侧下风口区。矿区工业企业主要分布在各矿产资源采掘地。交通沿线和原料产地工业企业设在产品原料产地和公路、铁路枢纽地区。

2001 年以后,赤峰市加强工业区划布局调整,结合工业原料产地、产品市场、交通运输、生态环境影响、人民生活等各方面因素,科学合理地规划布局,使赤峰市工业生产在健康快速发展的同时，对生态环境和其他各业发展及人民生活影响降到最低。2002 年后,赤峰市启动工业园区建设。各地在工业园区建设中,结合本地实际合理选址,开展电力、交通、通讯、给排水等基础设施建设,制定优惠政策,吸引各地企业和个人到园区设企办厂,同时将城镇工厂迁移到园区内。到 2005 年,全市工业园区发展到 13 个,入园区企业 193 家。2006 年,《赤峰市国民经济和社会发展第十一个五年规划纲要》对全市工业区划布局提出较为科学合理的规划。在赤峰市北部地区以煤转化为主,南部地区以煤化工、石油化工、氯碱化工为主;加强工业区建设,培育形成产业集群的工业布局。此后,全市按照工业布局规划,积极开展金属原材料基地、能源基地、能源产业带、有机食品加工基地、制药基地、化学工业基地和工业园区建设。到 2010 年,全市各大产业基地、产业带和工业园区建设取得重大进展,适合赤峰市工业发展的工业布局基本形成。2011 年,《赤峰市"十二五"工业发展总体规划纲要》提出,努力构筑"三区、四带、五板块"的工业布局。

"三区"即三个工业集聚区:中部核心工业集聚区,以中心城区为主体,兼顾产业关联度较高的邻近区域形成工业集聚区;北部重化工业集聚区,包括克旗、左旗、右旗、阿旗、林西县 5 个旗县,依据其资源开发状况和工业发展基础,打造中国有色金属产业基地和煤电一体化产业基地;南部贵金属及轻工食品工业集聚区,包括宁城县、敖汉旗、松山区,巩固和提升原有黄金、黑色金属开发、食品等产业,突出发展非金属加工业和轻工、食品等产业。

“四带”,即四大优势产业带:沿集通铁路和省际通道构筑能源化工、有色金属资源开发千亿元产业带;沿赤大白铁路、叶赤铁路构筑加工制造业千亿元产业带;沿西拉木伦河和老哈河流域建设绿色食品加工产业带;沿大兴安岭南麓至西拉木伦河流域打造风电产业带。

“五板块”,即五大优势工业聚集板块:中心城区现代工业基地;喀旗、元宝山区、林西县铜加工基地;克旗、右旗煤电化基地;翁旗、宁城县等承接产业转移基地;宁城县食品及新材料基地。

2014 年,赤峰市工业布局进一步完善、合理,“三区、四带、五板块”基本形成。

第二节 县域工业

1991 年,全市各旗县区有乡及乡以上工业企业 1134 家,工业总产值 14.69 亿元,占全市工业总产值的 43.45%。主要为国营、集体和乡镇企业;产业类型主要为农畜产品加工、食品、建材、纺织、机械制造、制药、采矿等。1992 年后,各旗县区开展工业经济体制改革,通过实行生产责任制,企业承包、租赁经营和实施破产、重组、兼并、转卖等改革措施,一些资源短缺、技术落后、市场萎缩的企业逐渐被淘汰,产业结构逐步优化。到 2000 年,全市各旗县区有限额以上工业企业 111 家,工业总产值 28.89 亿元,占全市工业总产值的 43.67%。2001 年后,各旗县区积极贯彻市委、市政府“工业强市”战略,进一步深化企业改革,建立现代企业制度;依托资本地源、地理、交通等优势,大力开展招商引资,开展技术改造升级,发展优势产业,开发新产品,产业结构不断优化;积极开展工业园区建设,吸引许多客商投资建厂,企业数量、规模以及产品产量、产值大幅度提高。到 2014 年,全市有规模以上工业企业 569 家,工业总产值 2056.94 亿元。其中红山区、松山区、元宝山区有规模以上工业企业 196 家,工业总产值 799.8 亿元,占全市工业总产值的 38.88%;9 个旗县工业总产值 1257.14 亿元, 占全市工业总产值的 61.12%。县域工业规模进一步发展。

一、红山区

1991 年,红山区有乡及乡以上独立核算工业企业 95 家,工业总产值 1.05 亿元(当年价,下同)。主要工业产业为锅炉制造、制药、食品、农产品、酒及饲料制造加工业等。2000 年,有限额以上工业企业 8 家,工业总产值 8240 万元。2014 年,有规模以上工业企业 76 家,工业总产值 375.08 亿元,占全市工业总产值的 18.23%。主要产业:冶金、制药、电力、纺织、食品、建材、机械制造和农畜产品加工。

二、松山区

1991 年,松山区有乡及乡以上独立核算工业企业 151 家,工业总产值 2.06 亿元。主要工业产业为制糖、黄金采选、农畜产品加工业等。2000 年,有限额以上工业企业 12

家，工业总产值1.94亿元。2014年，有规模以上工业企业57家，工业总产值195.09亿元，占全市工业总产值的9.48%。主要产业：黄金采选、生物质发电、制糖、机械加工制造、农畜产品加工等。

三、元宝山区

1991年，元宝山区有乡及乡以上独立核算工业企业85家，工业总产值9626万元。主要工业产业为煤炭、火力发电等。2000年，有限额以上工业企业13家，工业总产值10.32亿元。2014年，有规模以上工业企业63家，工业总产值229.63亿元，占全市工业总产值的11.16%。主要产业：能源、绿色食品加工、机械设备制造和有色金属加工、化工等。

四、阿鲁科尔沁旗

1991年，阿鲁科尔沁旗有乡及乡以上工业企业87家，工业总产值9801万元。主要工业产业为农业机械制造、水泥、砖瓦、皮革皮毛加工业等。2000年，有限额以上工业企业5家，工业总产值4092万元。2014年，有规模以上工业企业33家，工业总产值100.38亿元，占全市规模以上工业总产值的4.88%。主要产业：有色金属采选、生物质转化、煤炭、优质牧草加工、农畜产品加工、农业机械制造等。

五、巴林左旗

1991年，巴林左旗有乡及乡以上工业企业79家，工业总产值1.31亿元。主要工业产业为有色金属采选、鹿产品和农畜产品加工等。2000年，有限额以上工业企业4家，工业总产值5930万元。2014年，有规模以上工业企业52家，工业总产值188.65亿元，占全市工业总产值的9.17%。主要产业：有色金属采选、化工、煤炭、农畜产品加工等。

六、巴林右旗

1991年，巴林右旗有乡及乡以上工业企业66家，工业产值7066万元。主要工业产业为煤炭、制酒、地毯加工、鸡血石开采加工等。2000年，有限额以上工业企业6家，工业总产值5837万元。2014年，有规模以上工业企业21家，工业总产值114.95亿元，占全市工业总产值的5.59%。主要产业：火力发电、煤化工、鸡血石开采加工等。

七、林西县

1991年，林西县有乡及乡以上工业企业75家，工业总产值1.22亿元。主要工业产业为铜采选加工、制酒、粮食加工等。2000年，有限额以上工业企业10家，工业总产值1.92亿元。2014年，有规模以上工业企业30家，工业总产值108.06亿元，占全市规模以上工业总产值的5.25%。主要产业：铜、锡、钼冶炼深加工、氟化工、制糖、油脂加工、羊绒制品加工等。

八、克什克腾旗

1991年，克什克腾旗有乡及乡以上工业企业85家，工业总产值7352万元。主要工业产业为制糖、制酒业等。2000年，有限额以上工业企业6家，工业总产值7283万元。2014年，有规模以上工业企业32家，工业总产值204.33亿元，占全市工业总产值的

9.93%。主要产业:煤化工、金属冶炼、有色金属和黑色金属采选、农畜产品加工等。

九、翁牛特旗

1991年,翁牛特旗有乡及乡以上独立核算工业企业114家,工业总产值1.1亿元。主要工业产业为制酒、酶制剂、水泥砖瓦生产、农畜产品加工等。2000年,有限额以上工业企业13家,工业总产值2.18亿元。2014年,有规模以上工业企业61家,工业总产值208.19亿元,占全市工业总产值的10.12%。主要产业:机械加工、轻工食品、有色金属采选、新型建材、农畜产品加工等。

十、喀喇沁旗

1991年,喀喇沁旗有乡及乡以上独立核算工业企业82家,工业总产值1.57亿元。主要工业产业为制酒、黄金采选、农畜产品加工等。2000年,有限额以上工业企业11家,工业总产值2.1亿元。2014年,有规模以上工业企业15家,工业总产值70.22亿元,占全市工业总产值的3.41%。主要产业:铜冶金、氟化工、水泥生产、农畜产品加工等。

十一、宁城县

1991年,宁城县有乡及乡以上独立核算工业企业124家,工业总产值2.59亿元。主要工业产业为制酒、农业机械生产加工、农畜产品加工等。2000年,有限额以上工业企业11家,工业总产值5.56亿元。2014年,有规模以上工业企业70家,工业总产值179.21亿元,占全市工业总产值的8.71%。主要产业:食品加工、黑色金属采选、农业机械制造、制酒、农畜产品加工、肉鸭加工等。

十二、敖汉旗

1991年,敖汉旗有乡及乡以上独立核算工业企业91家,工业总产值1.03亿元。主要工业产业为制酒、黄金采选、农畜产品加工等。2000年,有限额以上工业企业12家,工业总产值1.73亿元。2014年,有规模以上工业企业59家,工业总产值83.14亿元,占全市工业总产值的4.04%。主要产业:食品、饮料加工、氟化工、黄金采选、黑色金属采选等。

第五章　园区建设与重点项目建设

第一节　经济开发区与工业园区建设

1992年4月,元宝山区建立赤峰平庄经济开发试验区,总规划面积44.8平方公里。1992年5月,郊区(松山区)建立赤峰桥西经济技术开发区。2002年4月,红山区建立赤峰红山经济开发区。从2002年5月开始,赤峰市全面启动工业园区建设。阿鲁科尔沁旗、巴林左旗、巴林右旗、林西县等旗县相继开展工业园区建设。2003年,赤峰红山经济开发区更名为赤峰红山高新技术产业开发区。2005年,赤峰桥西经济技术开发区更名为内蒙古赤峰松山经济开发区。赤峰平庄经济开发区晋升为自治区级经济开发试验区。2005 年,市政府印发《关于进一步促进全市工业园区发展的意见》,明确赤峰市工业园区建设的思路、目标和措施。9 月,市政府将赤峰红山高新技术产业开发区上划赤峰市统筹,市、区两级共建共管。到 2005 年末,全市工业园区基础设施建设总投资 4185 万元,建成工业园区 13 个,其中自治区级园区 5 个,其他园区 8 个;入驻企业 193 家,其中投产企业 132 家。累计实现工业总产值近 100 亿元。2009 年 4 月,市政府将松山安庆工业园区和元宝山工业园区纳入赤峰市经济开发区管理,更名为内蒙古赤峰经济开发区。2010 年,赤峰市相继印发《赤峰市人民政府关于进一步促进全市工业园区加快发展的指导意见》《赤峰市市级工业园区审核认定办法》等文件,对全市工业园区建设提出一系列意见、办法和措施,对加快全市园区建设实施专项推进,不断提高园区建设与管理水平。全市以工业园区和资源富集地为平台,以核心项目为依托,以产业链或同类产业、产品为纽带,一批冶金、能源、化工、食品、机械制造等产业集群日趋形成。到 2014 年,全市有市级及以上工业园区 15 个,其中自治区级园区 7 个,市级园区 8 个;有县级工业园区 26 个。全市工业园区总规划面积 629 平方公里,建成区面积 140 平方公里,累计基础设施投入资金 81.92 亿元,入驻企业 692 家,从业人员 9.52 万人,工业总产值 1409.92 亿元,税金 23.67 亿元。

一、内蒙古赤峰经济开发区

内蒙古赤峰经济开发区前身为赤峰红山经济开发区,始建于 2002 年 4 月,2003 年 8 月更名为赤峰红山高新技术产业开发区。2005 年 9 月,赤峰红山高新技术产业开发区上划赤峰市,由市、区两级政府共建共管。2006 年 9 月,更名为赤峰红山经济开发区,成为第八批经过国家核准的经济技术开发区之一。2009 年后, 赤峰红山经济开发区先后被确定为自治区第三批工业循环经济试点示范园区、国家级循环经济试点示范园区、自治区节水型示范工业园区、自治区级有色金属产业示范基地等。2009 年 4 月,松山安庆工业园区和元宝山工业园区纳入赤峰红山经济开发区统筹协调管理,更名为内蒙古赤峰经济开发区。至 2014 年,内蒙古赤峰经济开发区规划面积 142 平方公里,建成区面积 39 平方公里。入驻企业 177 家(红山园区 129 家,元宝山园区 35 家,松山园区 13 家),其中投资超亿元的企业有 30 家,投资超 10 亿元的企业有 11 家,分别是:赤峰远联钢铁有限公司、赤峰中色锌业有限公司、赤峰金剑铜业有限公司、京能(赤峰)能源发展有限公司、赤峰浩克新能源技术有限公司、赤峰拓佳光电有限公司(投资 2 亿元)、上海迪赛诺有限公司赤峰生产基地、国电赤峰化工有限公司、内蒙古伊品生物科技有限公司、赤峰瑞阳化工有限公司、内蒙古大地云天化工有限公司;从业人员 28170 人,工业总产值 646.36 亿元,产品销售收入 631.28 亿元,工业增加值 181.6 亿元,占全市工业增加值的 24.84%,税收总额 7.67 亿元,初步形成以冶金、化工、医药、机械装备制造为主导产业,以现代服务业、现代物流和非金属加工为辅助产业的发展格局。

2009—2014年内蒙古赤峰经济开发区主要经济指标统计表

表5-1-6　　单位:亿元

年份	工业总产值	产品销售收入	工业增加值	税收总额	从业人员(人)
2009	146.63	146.01	43.90	2.53	17688
2010	175.26	175.23	55.41	2.71	17980
2011	251.12	250.60	75.20	4.06	21970
2012	387.00	378.20	110.00	4.60	24353
2013	505.45	490.62	143.97	6.17	24858
2014	646.36	631.28	181.60	7.67	28170

内蒙古赤峰经济开发区实行“一区三园”的管理模式,下辖红山区、元宝山区和松山区三个园区。

红山园区　位于红山区东部,总规划面积43平方公里。2002年4月,红山区建立赤峰红山经济开发区。同年12月,晋升为自治区级高新技术产业开发区。2003年8月,被自治区政府列为全区重点扶持的20家经济技术开发区和工业园区之一,同时更名为赤峰红山高新技术产业开发区。2005年9月,红山园区上划赤峰市统筹,由市、区两级政府共建共管。2006年9月,晋升为国家级经济技术开发区,更名为赤峰红山经济开发区。2009年1月,赤峰红山经济开发区被列为内蒙古自治区工业循环经济试点示范园区。2012年6月,内蒙古赤峰经济开发区红山园区晋升为国家级循环化改造示范试点园区。到2014年,红山园区累计投入13.78亿元,基础设施不断完善。基本建成有色金属加工区、黑色金属加工区、能源工业区、医药产业发展区、农畜产品加工区、机械加工区和商务中心(包括行政办公)等几大功能区。形成冶金、医药化工、能源电力、农畜产品深加工等几大支柱产业。入驻主要企业有京能赤峰能源公司、赤峰维信羊剪绒制品公司、赤峰天奇制药有限公司、赤峰万泽制药有限公司、赤峰迪生药业有限公司、赤峰蒙欣药业有限公司等。2014年,红山园区入驻企业129家,其中有冶炼制造企业14家,医药化工企业15家,农畜产品深加工企业9家。

松山园区　位于松山区安庆镇,总规划面积18.7平方公里。1992年5月,松山区建立赤峰桥西经济技术开发区。2005年,更名为内蒙古赤峰松山经济开发区。2006年,松山区在安庆镇选定区域,在巩固和发展原有工业园区的基础上,开发建设松山工业园区新区。2009年4月,市政府将松山安庆工业园区纳入内蒙古赤峰经济开发区统筹管理。2010年10月,将穆家营子当铺地机械装备加工制造园改为松山信息科技产业园区。自此,松山园区下辖安庆与当铺地两个园区。2014年,入驻企业13家,初步形成机械装备加工、制造,节水材料制造,制糖等产业。

元宝山园区 位于元宝山区元宝山镇,规划建设面积约80平方公里,产业定位为煤化工产业、生物化工产业及装备制造产业。2006年1月,市政府决定设立元宝山平庄经济开发区。同年7月,更名为赤峰市资源型城市经济转型开发试验区。2009年,纳入内蒙古赤峰经济开发区统筹管理。2010年12月,晋升为自治区级高新技术产业开发区。2014年5月,被自治区经信委认定为自治区级承接产业转移示范园区。到2014年末,累计投入基础设施建设资金12亿元,建成煤化工区、生物化工区、装备制造区3个产业分区。规模较大的有国电赤峰化工有限公司、赤峰九联煤化有限责任公司、内蒙古(赤峰)伊品生物科技有限公司、赤峰瑞阳化工有限公司等企业。到2014年,该园区入驻企业35家。

二、其他工业园区与经济开发区

阿旗工业园区 位于天山镇。2002年,阿鲁科尔沁旗建立阿旗工业园区。2010年,该园区晋升为市级工业园区。2013年,该旗实施小微企业创业园建设,逐步把城区企业迁到园区发展。2002—2014年,该旗投资1.45亿元进行园区基础建设,建成小微企业创业园、新能源产业园。2014年,阿旗工业园区入驻企业15家,从业人员628人,工业总产值2.52亿元,税金870万元。

巴林左旗工业园区 2002年,巴林左旗开始工业园区建设。采取"一园三区"的总体规划,即凤凰山工业集聚区、上京工业集聚区和南塔工业集聚区,总规划面积33.85平方公里。凤凰山工业集聚区定位为以氟化工产业、有色金属深加工产业和煤化工产业三大产业为主导的产业园区。2010年,巴林左旗工业园区晋升为市级工业园区。2012年,增加白音诺尔工业集聚区,将原来的"一园三区"拓展为"一园四区"。2014年,巴林左旗工业园区入驻企业36家,从业人员5941人,工业总产值104.2亿元,税金1.7亿元。

巴林右旗工业园区 2006年开始,巴林右旗规划建设大板煤电化基地、巴林右旗大板工业园区等园区。2010年,巴林右旗大板煤电化基地被确定为市级工业园区和自治区统一调度的盟市工业园区。2011年,被市政府确定为创"双千双百亿"重点工业园区。2012年,被自治区政府确定为自治区工业循环经济试点示范园区。该园区还先后被自治区确定为重点建设的煤化工产业基地、自治区现代煤化工生产示范基地、蒙东地区大型综合性煤炭物流基地和赤锡经济合作示范区"水煤组合"园区。到2014年,巴林右旗建有巴林右旗大板煤电化基地(园区)、西拉木伦石材产业园区、巴林右旗大板工业园区、巴林右旗大板木材产业园区。入驻企业42家,从业人员4500人,工业总产值24.1亿元,税金1.25亿元。

内蒙古林西工业园区 位于林西镇。2001年,林西县规划建设宏林工业园区,以绒毛加工、医药制造、种子与地膜等农用生产资料加工等为主导产业,占地6.67平方公里。2004年,林西县规划建设金鼎工业园区,以有色金属冶炼加工、建材加工为主导产业。2006年,金鼎园区晋升为自治区级工业园区,更名为内蒙古林西工业园区,以绒毛加工、肉食品加工、医药制造等为主导产业的园区。2009年,按照“一园三区”发展模式对内蒙古林西工业园区进行规划和建设,规划面积38.23平方公里。2014年,内蒙古林西工业园区入驻企业110家,从业人员7160人,工业总产值105.2亿元,税金1.3亿元。

克什克腾旗循环经济工业园区 位于克旗经棚镇。2006年,克旗政府规划建设经西工业园区。2007年12月,市政府批准为克什克腾煤电化基地。2010年后,先后被市政府和自治区政府批准为市级工业园区和自治区第五批工业循环经济试点示范园区。2011年,经西工业园区改名为克什克腾旗循环经济工业园区。2012年,该园区被列为“内蒙古东部盟市重点产业发展规划”重点建设工业集中区。2014年,入驻企业18家,从业人员4140人,工业总产值56.10亿元,税金1.73亿元。

翁牛特旗工业园区 2006年后,翁牛特旗开始乌丹工业园区、玉龙工业园区等园区规划建设。2010年8月,玉龙工业园区晋升为市级工业园区;2010年10月,被认定为自治区首家承接产业转移示范园区;2012年2月,晋升为自治区级工业园区;2013年5月,被认定为自治区高层次人才创新创业基地。2014年,翁牛特旗建有乌丹工业园区、玉龙工业园区、桥头工业园区和梧桐花工业园区4个工业园区,入驻企业65家,从业人员近万人,工业总产值138.96亿元,税金5.49亿元。

喀喇沁经济开发区 2002年,喀喇沁旗规划建设锦山工业园区。2008年1月,被自治区政府确定为自治区循环经济示范园区。2010年,赤峰市政府批准为市级工业园区。2011年11月,自治区政府批复建设喀喇沁经济开发区。当年,喀喇沁经济开发区建有锦山园区、和美园区、乃林园区、小牛群园区、十家园区。2014年,入驻企业24家,从业人员4400人,工业总产值62.79亿元,税金9820万元。

内蒙古宁城经济开发区 2003年3月,宁城县规划建设宁城经济技术开发区,包括中京工业园、塞飞亚工业园和宁城酒业园3个工业园。2006年,宁城经济技术开发区被内蒙古自治区人民政府确定为自治区级开发区,同时更名为内蒙古宁城经济开发区。2010年,规划建设汐子工业园、固体废物加工利用循环经济园、机械制造产业园和生物科技产业园。内蒙古宁城经济开发区总规划面积57.12平方公里。2014年,内蒙古宁城经济开发区入驻企业87家,从业人员8260人,工业总产值126亿元,上缴税金1.21亿元。

敖汉旗工业园区 2002年开始规划建设,到2014年,初步形成“一园七区”格局。“一园”即敖汉旗工业园区(市级),包括新惠工业园区、贝子府化工集中区和四家子冶金工业集中区;“七区”即乡镇工业集中区(旗级),包括金厂沟梁冶金工业集中区、长胜食品工业集中区、玛尼罕新星工业集中区、四道湾子农副产品加工集中区、下洼工业集中区、兴隆洼镇油页岩工业园区和羊场工业集中区。2014年末,敖汉旗工业园区入驻企业58家,从业人员1.6万人,工业总产值77.29亿元,上缴税金3.26亿元。

第二节 重点项目建设

1991 年,全市工业固定资产投资 5.88 亿元。实施技改项目 100 个,批准技术改造资金 1.24 亿元,全年重点项目竣工 54 个。全市共开发市级以上新产品、新技术 141 个,总投资 4200.6 万元,推动了工业产品的更新换代。1995 年,实施技改项目 88 个,落实资金 1.87 亿元,其中续建项目 23 个,新建项目 65 个,新产品开发 106 种。新创办“三资”企业 11 家,协议总投资 9225 万元,协议利用外资 207 万美元。2000 年,全市工业固定资产投资增加到 6.31 亿元。实施技术改造项目 14 个,技改投入资金 2 亿元,全年有 8 个项目竣工。2001 年以后,赤峰市实施“工业强市”战略,积极开展工业产业结构调整和产品结构调整,大力加强重点工业项目建设,固定资产投资额不断提高,重大产业化、集约化、高新技术项目不断增加。2005 年,全市工业固定资产投资达到 73.46 亿元,是 2000 年的 11.64 倍。当年完成投资 55.81 亿元,竣工项目 64 个。2001—2005 年,全市投资 5000 万元以上重点工业项目 132 个,固定资产投资总额 177.28 亿元。2010 年,全市工业固定资产投资 235.09 亿元,是 2005 年的 3.2 倍。当年全市投资 1000 万元以上重点工业项目 288 个,其中新建项目 237 个,续建项目 51 个。当年完成投资 315.11 亿元,竣工项目 208 个。2006—2010 年,全市投资 1000 万元以上重点工业项目 755 个,累计完成投资 1078.15 亿元。2014 年,全市工业固定资产投资 421.18 亿元,是2010 年的 1.79 倍。当年全市投资 1000 万元以上重点工业项目 433 个,其中新建项目 328 个,续建项目 105 个。当年竣工项目 179 个。2011—2014 年,全市投资 1000 万元以上重点工业项目 2817 个,完成投资 3391.74 亿元。重点工业项目建设促进了全市工业经济健康快速发展。

1991—2014 年赤峰市投资 1 亿元以上重点工业项目一览表

表 5-1-7

建设单位	重点项目名称	开(竣)工时间(年)	投资总额(万元)
赤峰冶炼厂	锌冶炼项目	1992—1995	17015
元宝山发电厂	发电项目	1994—2006	550000
赤峰富龙热电、富龙热力公司	三联产项目	1998—1999	10000
赤峰富龙集团	重组赤峰双马集团赤峰糖厂	2000(开工)	10000
赤峰草原兴发有限公司	肉牛羊产业化项目	2001(开工)	74442
阿旗天山水泥有限公司	水泥生产线	2002(开工)	11700
赤峰红烨锌冶炼有限公司	二期扩建项目	2002(开工)	23500
内蒙古塞飞亚食品有限责任公司	肉鸭养殖及深加工项目扩建工程	2002—2004	14818
宝山能源(集团)贺麒铜业有限责任公司	精密铜管项目	2003(开工)	18000

续表

建设单位	重点项目名称	开(竣)工时间(年)	投资总额(万元)
赤峰远航水泥有限责任公司	异地搬迁扩建	2003—2004	30000
内蒙古银都矿业有限公司	拜仁达坝银多金属矿开发项目	2004—2005	30000
东电茂林风能公司	3万千瓦"国债风电"项目	2000—2004	24000
鑫天山水泥集团公司	新型干法水泥熟料生产线	2004—2006	13500
宁城县宏大矿业有限公司	铁矿采选项目	2004(开工)	16000
平煤公司老公营子煤矿	煤矿建设项目	2004—2006	42577
大唐赤峰赛罕坝风力发电有限责任公司	赛罕坝风场一期风电建设项目	2004(开工)	34900
鸡冠子山多金属矿	多金属矿建设项目	2005(开工)	10000
赤峰金剑铜业有限公司	6万吨电解铜扩建项目	2005(开工)	10000
赤峰金剑铜业有限公司	年产12万吨铜二期改扩建项目	2005(开工)	46000
赤峰金峰铜业有限公司	阳极板铜的搬改扩工程	2005—2006	35000
孤山子多金属矿	多金属矿开发项目	2005—2005	10000
赤峰制药集团	土霉素扩建项目	2005—2006	10300
赤峰热电厂	四期扩建项目	2005—2006	149034
燕京啤酒(赤峰)有限公司	10万吨扩建项目	2005—2006	11000
库博红烨公司	三期扩建项目	2005—2006	22500
赤峰远联钢铁有限责任公司	80万吨钢铁扩建项目	2005(竣工)	75000
赤峰远联钢铁有限责任公司	120万吨钢铁扩建项目	2005—2006	69000
大唐赤峰赛罕坝风力发电有限责任公司	赛罕坝风场二、三期风电建设项目	2005(开工)	90000
赤峰新胜风力发电公司	一期10万千瓦风电场建设项目	2006(开工)	104000
中国石油辽河油田公司	太平地(辽河)油气田开发建设项目	2006(开工)	26500
大唐风电公司	东山(大碾子)风场风电建设项目	2006(开工)	52815
赤峰赤阳春蚕业有限公司	缫丝及纸浆板建设项目	2006(开工)	14100
赤峰云铜有色金属有限公司	年产10万吨电解铜项目	2006—2007	44000
京能(赤峰)能源发展有限公司	煤矸石电厂2×135兆瓦机组新建项目	2006(开工)	160000
内蒙古东岳金峰氟化工有限公司	无水氟化氢工程	2006—2011	20000
赤峰山金银铅有限公司	10万吨铅冶炼项目	2010—2013	47000
内蒙古维拉斯托矿业有限责任公司	采选矿石33万吨(1000吨/天)项目	2006(开工)	17842
内蒙古拜仁矿业有限公司	矿石采选项目	2006—2007	14600
内蒙古兴业集团	小东沟钼多金属矿开发项目	2005—2006	43000
内蒙古兴安银铅冶炼有限公司	多金属冶炼项目	2007(开工)	50000

续表

建设单位	重点项目名称	开(竣)工时间（年）	投资总额（万元）
赤峰新胜风力发电有限公司	风电二期建设项目	2008—2009	52800
赤峰敖仑花矿业有限责任公司	铜钼矿采选	2008(开工)	80000
辽河油田赤峰智普石油燃气有限公司	太平地油气田开发项目	2008—2009	12000
宁城京都淀粉有限公司	玉米深加工项目	2008(开工)	63400
内蒙古银都矿业有限公司	拜仁达坝银多金属矿扩建项目	2008(开工)	20000
赤峰九联煤化有限责任公司	煤综合利用项目	2008—2010	87000
巴林右旗诺尔盖铜矿	一期扩建改造	2008—2009	12900
大唐东山风电	三期建设项目	2008—2009	52800
赤峰市玉龙服装有限公司	服装加工项目	2008—2009	11000
赤峰鑫天山水泥有限公司	水泥熟料生产线项目	2008—2009	18000
赤峰瑞阳化工有限公司	二期扩建项目	2008(竣工)	20200
国电赤峰化工有限公司	煤化工项目	2009(开工)	368843
国电联合动力技术(赤峰)有限公司	风机叶片制造及风机总装项目	2009—2010	80000
赤峰亚鼎铜业有限公司	铜材加工项目	2009(开工)	12000
赤峰新胜风力发电有限公司	老水泉风电建设项目	2009—2009	52800
国电科环赤峰风电公司	大于营一期 5 万千瓦风电建设项目	2009—2010	48000
赤峰远航水泥有限责任公司	兴建第二条日产 2500 吨新型干法生产线	2010(竣工)	34000
内蒙古大唐国际发电股份有限公司	克什克腾煤制气项目	2009(开工)	2571000
翁牛特旗鸿宇精密机械有限公司	精密配件制造项目	2009—2010	22500
国电科环赤峰风电公司	阿旗道德 49.5 兆瓦风电项目	2009(竣工)	448723
东北特钢集团林西金域钼制品加工有限公司	钼铁合金项目	2010—2011	12000
赤峰博恩药业有限公司	奶牛乳腺炎疫苗生产项目	2010(开工)	20000
林西天一矿业开发有限公司	氟化氢生产线项目	2010(开工)	12000
新疆金风公司	风机总装项目	2010(竣工)	30000
国电内蒙古能源有限公司	赤峰西大梁风电项目	2010(开工)	50000
赤峰龙源公司	风电项目	2010(开工)	108000
赤峰宇邦矿业有限公司	银铅采选项目	2010(开工)	55000
北票煤业有限责任公司	油页岩综合开发项目一期工程	2010—2011	55000
内蒙古金诚重工机械有限公司	机械加工项目	2010—2012	70000
赤峰京铜铜业有限公司	异型铜系列产品项目	2010—2012	38500
内蒙古金土地节水工程设备有限公司	节水灌溉设备和滴灌设备研发生产项目	2010(竣工)	24000

续表

建设单位	重点项目名称	开(竣)工时间(年)	投资总额(万元)
赤峰市得丰焦化有限责任公司	焦化项目	2010—2012	85000
赤峰天润电力建设有限公司	风电开发项目	2011(开工)	50000
内蒙古河套酒业集团股份有限公司	白酒生产线项目	2011(竣工)	10000
赤峰中色白音诺尔矿业公司	采选扩建项目	2011—2013	56000
林西天一公司	氟化工深加工项目	2011(开工)	23000
赤峰中色库博红烨锌业有限公司	四期改扩建项目	2011(竣工)	120000
内蒙古沐禾节水工程设备有限公司	高效节水设备及大口径输水管生产建设项目	2011(开工)	12000
赤峰大井子锡业有限公司	精锡冶炼项目	2011(开工)	27000
林西华龙矿业有限责任公司	氟化氢项目	2011—2012	15000
赤峰山金红岭有色矿业有限责任公司	采选扩建项目	2011—2013	85000
宁夏伊品生物科技股份有限公司	生物发酵项目	2011(开工)	520000
赤峰鲁蒙特种水泥有限公司	新型干法水泥项目	2011—2012	25000
汇风新能源有限公司	杨树沟门5万千瓦风机装机项目	2012(开工)	50000
赤峰赤阳春装备制造有限公司	轻质隔离墙板项目	2012(开工)	21600
国电科环赤峰风电公司	大于营三期5万千瓦风机装机项目	2012(开工)	50000
赤峰蓝天糖业有限公司	甜菜制糖项目	2012—2013	45000
赤峰元易生物质公司	农林废弃物生产、生物天然气生产项目	2012—2014	32000
赤峰利拓矿业有限公司	银多金属采选项目	2012—2014	30000
赤峰佰惠生仓储物流有限公司	酵母系列产品项目	2012(开工)	33000
喀喇沁草原水泥有限责任公司	熟料水泥生产线一期项目	2012—2014	80000
赤峰兴远公司	节水管材、可降解农膜项目	2000—2014	17800
国电科环赤峰风电公司	松山区大于营2万千瓦光伏发电项目	2013(竣工)	25000
燕京啤酒(中京)有限责任公司	啤酒搬迁技改项目	2013—2014	45000
赤峰百典家具有限公司	板式(实木)办公家具生产项目	2013—2014	19801
赤峰雅艺包装印刷有限公司	包装纸箱项目	2013—2014	28000
中粮家佳康(赤峰)有限公司	生猪肉食产业链基地建设项目	2014(开工)	250000
内蒙古九源牧业有限公司	肉羊屠宰加工项目	2014(开工)	21000
塞浦路斯浦达拉集团	处理印度尼西亚沥青岩项目	2014(开工)	2200000
内蒙古伊品生物科技有限公司	热电联产项目	2014(开工)	100000
内蒙古大地云天化工有限公司	缓控释肥项目	2014(开工)	402439
内蒙古中能国电新能源科技有限公司	地面光伏并网发电站项目	2014(开工)	34000
赤峰普光科技浩来呼热(公司)	光伏发电项目	2014(开工)	11817

第六章 管理机构

第一节 综合管理机构

赤峰市经济和信息化委员会 1991 年,赤峰市设有经济委员会,负责全市工业、商贸等行业的综合管理。内设办公室、企业管理科、有色科、生产科、技术科、外经科、能源科、商流科、党办 9 个机构。1992 年,赤峰市对外经济委员会(简称市外经委)成立,设在市经委,主要负责全市工业企业对外招商引资及外企服务等工作。下设信息联络科、项目开发科和外企服务科,有工作人员 10 人。1995 年,赤峰市经济委员会、对外经济委员会撤销,组建赤峰市经济贸易委员会。内设综合科、人事科、办公室、技术科、能源科、企管科、财贸科、流通企业科、外经科 9 个机构,编制 42 人。1997 年赤峰市第二轻工业局撤销。2001 年,煤炭工业管理局撤销。2002 年,赤峰市黄金有色办公室、赤峰市轻化纺织工业局、赤峰市冶金机械工业局撤销,其行政管理职能划归市经济贸易委员会。市经济贸易委员会内设办公室、人事教育科、综合科、政策法规科、经济运行科、企业科、高新技术产业科、投资规划与项目科、资源电力科、商贸流通科、对外经济科、安全生产管理科、煤炭管理科、离退休人员管理一科、离退休人员管理二科 15 个科室。2004 年,赤峰市经济贸易委员会改称为赤峰市经济委员会,企业国有资产监督管理职能由市财政局划入市经济委员会。赤峰市经济委员会内设办公室、人事教育科(党办)、综合科、能源工业科、冶金机械科、药业食品科、轻化建材科、经济运行科、企业改革与发展科、国有资产、证券及股权监管科、离退休人员管理科。2009 年,赤峰市经济委员会、市政府办公厅所属信息化办公室合并,设立赤峰市经济和信息化委员会,挂中小企业管理局牌子。市经济和信息化委员会内设办公室、人事教育科、政策法规科、经济运行科、能源和资源节约科、装备和消费品工业科、原材料工业科、中小企业协调管理科、中小企业发展规划科、中小企业服务体系指导科、国有企业产权管理科、国有企业监督管理科、信息化科、信息产业发展科、国防工业科、安全生产科、离退休人员管理科、党办、纪检监察室。至 2014 年机构未变。

第二节 行业管理机构

赤峰市煤炭工业管理局 成立于 1971 年,负责全市地方煤矿行业管理。1991 年,赤峰市煤炭工业管理局内设办公室、安全科、生产科、财务科、运销管理科 5 个工作机构,有机关工作人员 19 人。1997 年 7 月,撤销赤峰市煤炭工业管理局,成立煤炭工业(集团)总公司,挂市煤炭工业管理局牌子,事业编制 29 人。内设办公室、生产计划科、安全监察科、审计财务科、运销管理科、人事劳动工资科6个工作机构,有机关工作人员18人。下辖2个二级单位:赤峰市煤炭物资供应站、赤峰市煤矿设计室。2001年,市煤炭工业管理局撤销,职能划归市经济贸易委员会。

赤峰市黄金管理局　1991年5月成立,主管全市黄金工业。内设人事科、生产科、企财科、安全环保科、地质测量科。1997年12月,撤销赤峰市黄金管理局。1998年1月,成立赤峰市黄金有色办公室。2002年,赤峰市黄金有色办公室撤销,行政职能划归市经济贸易委员会。

赤峰市第二轻工业局　成立于1958年,主管全市二轻工业。1991年,赤峰市第二轻工业局内设办公室、生产计划科、技术科、财务科。下辖赤峰长城地毯总厂、赤峰皮革厂、赤峰皮毛总厂、赤峰第一塑料厂、赤峰第一木器厂、赤峰服装厂、赤峰红光皮件厂、赤峰制镜厂等10家直属企业。1997年,赤峰市第二轻工业局撤销,保留市手工业合作联社,更名为赤峰市二轻集体工业联社。1998年,赤峰市二轻集体工业联社与赤峰市轻化纺织工业局合并为赤峰市轻工局。2009年4月,赤峰市事业单位改革,赤峰市二轻集体工业联社撤销。

赤峰市轻化纺织工业局　成立于1983年,称赤峰市轻工业局,主管全市轻工业。1991年,赤峰市轻工业局内设办公室、生产计划科、技术设备科、人事劳资科、财务科、企业管理科等8个工作机构。下辖赤峰第一毛纺织厂、赤峰第二毛纺织厂、赤峰羊绒衫厂、赤峰针织厂、赤峰麻纺厂、赤峰第一制酒厂、赤峰啤酒厂、赤峰日用化工厂、赤峰造纸厂、赤峰丝绸厂、赤峰轻工机械厂等12家企业。1993年更名为赤峰市轻化纺织工业局。2002年1月,赤峰市轻化纺织工业局撤销,保留轻化纺织工业改革办公室,划归赤峰市经济贸易委员会。

赤峰市冶金机械工业局　成立于1958年,称昭乌达盟工业局,1983年改称为赤峰市工业局。1991年,内设办公室、企业管理科、生产科、技术科、审计科等7个工作机构。下辖赤峰动力机配件厂、赤峰电线电缆厂、赤峰钻机厂、赤峰钢铁厂、赤峰电机厂、赤峰轴承厂、赤峰标准件厂、赤峰农牧业机械厂、赤峰汽车修配厂、赤峰无线电器材厂、赤峰电视机厂等12家直属企业。1993年,赤峰市工业局更名为赤峰市冶金机械工业局。2002年1月,赤峰市冶金机械工业局撤销,相关职能划归赤峰市经济贸易委员会。

赤峰市建材工业局　1991年10月,赤峰市建材工业局成立,为具有行政管理职能的事业单位。2002年1月,赤峰市建材工业局撤销,保留建材工业改革办公室,隶属赤峰市经济贸易委员会。

赤峰电业局　成立于1962年,称昭乌达盟电业局。1984年1月,改称赤峰电业局,为东北电管局直属企业。1992年12月,赤峰电业局成立中国东北电力总公司赤峰供电公司,与赤峰电业局合署办公。1999年4月,国家电力公司撤销中国东北电力总公司,成立国家电力公司东北公司,赤峰电业局(赤峰供电公司)为其直属单位。2002年9月,国家电网公司将国家电力公司东北公司重组为东北电网有限公司,直接管理赤峰电业局(赤峰供电公司)。2008 年 6 月,东北电网有限公司将赤峰电业局(赤峰供电公司)更名为东北电网有限公司赤峰供电公司。2009 年 4 月,赤峰电业局名称撤销,保留东北电网有限公司赤峰供电公司。2009 年 6 月,内蒙古东部电力有限公司成立,赤峰供电公司由东北电网有限公司划入内蒙古东部电力有限公司管辖。2009 年 10 月,赤峰供电公司名称变更为内蒙古东部电力有限公司赤峰电业局。2013 年 7 月,内蒙古东部电力有限公司赤峰电业局更名为国网内蒙古东部电力有限公司赤峰供电公司。2014 年,赤峰供电公司下辖阿鲁科尔沁旗、巴林左旗、巴林右旗、林西县、克什克腾旗、翁牛特旗、喀喇沁旗、宁城县、敖汉旗、红山区、松山区、元宝山区、平庄共 13 个供电公司。

赤峰市农电局 1989 年 3 月,赤峰市农电局成立,为准处级单位,受市政府与赤峰电业局双重领导。1991 年,赤峰市农电局划归内蒙古电管局管理,同时受市政府领导,至 2014 年未变。

第二篇　主导工业

1991年,全市基本形成以能源、冶金、食品、医药、化学、建材、纺织、机械工业为主要构成的工业体系。在具体产业中,除能源、冶金工业规模相对较大外,其他产业总体上规模较小、技术水平不高、产品相对落后。1992年后,市和旗县区两级党委、政府及工业经济主管部门抓住工业经济体制和企业改革的机遇,充分利用原有基础,用足用活资源和区位条件,通过争取国家和自治区政策支持、盘活企业资产、吸纳金融资金、强化引资引智、发展非公有制企业等措施,不断做大做强具有自身优势和市场前景的主导产业,进而以主导产业推动工业乃至全市经济的持续、快速、高质量发展。到2014年,已稳固形成能源、冶金、化学、医药、食品、建材、纺织、机械8个主导产业。八大主导产业产值1939.33亿元,占全市工业总产值2056.94亿元的94.28%;利税总额、企业资产、销售收入等其他主要指标均达到对应产业全市总量的90%以上;对全市规模以上工业的贡献率达到94.4%;成为赤峰市经济的主要支撑力量。

电力工业。全市发电企业种类由1991年的火力、水力和企业自备发电,发展到1998年开始兴建的风力发电、2006年开始兴建的生物质能发电、2010年开始实施的光伏发电。到2014年,全市有火力发电厂14座,水力发电站22座,风电装机2119台。从1991年到2014年,全市年发电量由39.2亿千瓦时增加到211.69亿千瓦时,工业总产值由4.97亿元增加到162.9亿元,利税总额由9677万元增加到29.63亿元,分别增长4.4倍、31.78倍、29.62倍。

煤炭工业。通过1993年后的国营煤矿改革,1995年开始的小煤矿清理整顿,1998年实施的污染、落后煤矿的关井压产,2001年后的国有公司制和乡镇煤矿民有民营改革,煤炭工业企业多、产能低、效益差(1991年亏损5058万元)的状况逐步改变,从1994年扭亏为盈开始,稳步走上集约发展的轨道。到2010年,全市煤炭企业减到22家,原煤产量和效益接近历年最高。到2014年,全市有大型国有煤炭企业1家,地方煤炭企业15家,比1991年减少183家;煤炭产量、产值、利税因其他能源产业竞争和煤炭市场下滑影响,比最高的2013年虽有所下降,仍分别达到2669.25万吨、123.69亿元、12.21亿元,比1991年分别增长1.69倍、26.43倍、25.14倍。

冶金工业。经过24年的持续发展,加上南非库博、中国有色金属等大型冶金企业的合资合作,全市冶金工业不断向深度广度发展。2003年,赤峰市被列为国家重点找矿区域。2010 年，被命名为“中国有色金属之乡”。到 2014 年，全市规模以上冶金工业企业 143 家，比 1991 年的 64 家（乡及乡以上）增加 79 家，从采选、冶炼到加工的生产体系日益完善，有色金属和黑色金属的产品系列持续增加，工业总产值和利税总额分别达到 1050.46 亿元、61.66 亿元，比 1991 年的 3.28 亿元和 5023 万元分别增长 319.26 倍和 121.76 倍。

食品工业。1991 年后，企业由小而散向大而强转变，产品由单一、普通向丰富、优质发展。到 2014 年，全市食品工业产品发展到粮、油、肉、奶、蛋、糖、酒、蔬菜、保健食品、食品添加剂、饲料等 15 个大类，拥有塞飞亚、燕京啤酒、安琪酵母等一批国家和自治区名牌企业及产品。企业数量由 1991 年的 146 家（乡及乡以上）整合发展到 107 家（规模以上），工业总产值和利税总额分别达到 255.28 亿元、14.18 亿元，比 1991 年分别增长 39.71 倍、14.25 倍。

化学工业。全市企业数量由 1991 年的 32 家（乡及乡以上）发展到 2014 年的 35 家（规模以上），工业总产值由 1991 年的 8183 万元增加到 2014 年的 65.56 亿元。2013 年和 2014 年，受市场不畅等因素影响，2014 年，全市化学工业企业利税总额 -7.40 亿元。

医药工业。从 1991 年到 2014 年，生产企业由 9 家（乡及乡以上）发展到 20 家（规模以上），工业总产值由 1.37 亿元增加到 25.32 亿元，增长 17.48 倍，利税总额由 1630 万元增加到 9667 万元，增长 4.93 倍。

建材工业。1991—2014 年，通过发挥资源优势，实施招商引资，在传统建材企业及其产品的基础上，一批骨干企业脱颖而出，水泥等传统产品提质增效，微晶石等新型、环保建材相继问世，主要经济指标大幅度增长。到 2014 年，全市建材工业总产值 119.6 亿元，利税总额 3 亿元。

纺织工业。经过老企业转制、重组、挖潜改造和新产品开发，到 2014 年，全市企业数量由 1991 年的 44 家（乡及乡以上）整合到 13 家（规模以上），工业总产值和利税总额分别达到 57.38 亿元和 4.9 亿元，比 1991 年分别增长 13.1 倍和 14.45 倍，成为传统产业提质增效的典型代表。

机械制造工业。通过 1991—2000 年的抓大放小、扶强去弱，企业数量由 1991 年的 102 家（乡及乡以上）整合到 2014 年的 34 家；企业产品由传统的通用设备、农牧业机械、矿山机械等系列发展到现代的风电设备、汽车配件、节水灌溉等系列；工业总产值和利税总额分别由 1991 年的 1.59 亿元、1964 万元增长到 2014 年的 53.64 亿元和 1.81 亿元，分别增长 32.74 倍、8.22 倍。

第一章　电力工业

1991 年，赤峰市电力工业主要有火力发电、水力发电。全年发电总量 39.2 亿千瓦时，工业总产值 4.97 亿元。赤峰电业局所属 66 千伏及以上变电站共有 17 座，总容量为104.54万千伏安,有送电线路30条,线路总长881千米。赤峰市农电系统有各种电压等级线路70条,线路总长2.01万千米。配电变压器1485台,总容量73.5万千伏安。有各种电压等级变电所62座,装主变压器91台,总容量为21.03万千伏安。电力供应不能完全满足全市工农业生产、人民生活及各项事业的需要, 赤峰市设有全用电、节约用电、计划用电办公室(简称赤峰市"三电"办公室),负责全市计划用电、节约用电及电量分配。1992年以后,赤峰市大力发展电力工业,积极开展火力发电、风力发电、水力发电、光伏发电等新能源发电建设,不断加强输电网络和设施建设,发电、供电能力不断提高。到1998年,发电、供电基本满足全市电力需求,赤峰市"三电"办公室撤销,逐渐取消计划供电。到2000年,赤峰地区电网内500千瓦以上发电厂27座,装机总容量166.47万千瓦,全市发电总量80.88亿千瓦时,工业总产值18.3亿元。

2001年以后,赤峰市进一步加强电力工业建设,大力发展热电联产、风力发电、光伏发电、生物质能发电建设,发电量快速增加;不断加强输电网络和设施建设,输送电能力进一步加强。到2014年,全市有火力发电厂14座,水力发电站22座,风电装机2119台,全市发电总量达到211.69亿千瓦时。全市电网共有变电站219座,总容量1178.43万千伏安;有66千伏以上输电线路355条,线路总长8694.21千米。全市农电系统共有各种电压等级线路5.66万千米,有各种电压等级变电所210座,总容量3515兆伏安。全市电力工业职工总人数达到14131人,工业总产值162.9亿元,利税29.63亿元。

第一节 发 电

一、火力发电

1991年,赤峰市有500千瓦以上火力发电厂5座,装机总容量102万千瓦,全年发电总量39.2亿千瓦时。规模最大的是元宝山发电厂,装机容量90万千瓦,年发电量36.24亿千瓦时。赤峰热电厂是热电联产企业,装机容量2.4万千瓦,年发电量1.94亿千瓦时。此外,还有林西冷山制糖有限责任公司动力车间、赤峰华源毛业有限公司自备电厂等火力发电厂,装机容量、发电量较小。1995年,赤峰地区电网有500千瓦以上发电厂20座,装机总容量108.8万千瓦,发电总量53.2亿千瓦时。到2000年,赤峰地区电网内500千瓦以上发电厂27座,装机总容量166.47万千瓦,其中元宝山发电厂150万千瓦,发电总量49.25亿千瓦时;赤峰热电厂7.3万千瓦,发电总量2.13亿千瓦时。2001年以后,随着经济建设的快速发展,赤峰市火力发电进入高速发展时期。同时,赤峰热电厂、京能(赤峰)能源发展有限公司、赤峰富龙热力股份有限公司电厂、赤峰宝山能源(集团)热电有限责任公司等企业发展热电联产,取得提高供热质量、增加电力供应和劣质煤利用等综合效益。2001年, 赤峰富龙热力股份有限公司电厂先后有3台1.2万千瓦机组并网发电。2003年, 元宝山发电厂新增1台1.2万千瓦机组并网发电。

1991—2014年赤峰市电力工业主要经济指标统计表

表 5-2-1

年 份	发电量（万千瓦时）	工业总产值（万元）	利税总额（万元）	固定资产原值（万元）	职工总数（人）
1991	392000	49654.20	9677.00	162302.40	7037
1992	490300	63947.20	11468.90	168423.10	7413
1993	464300	86300.00	-35200.00	256600.00	7401
1994	556268	103885.80	20955.70	276599.30	8292
1995	532016	96384.30	10663.40	300470.20	—
1996	521900	95803.20	2654.80	297882.30	8342
1997	591673	116207.60	14542.80	325290.30	9055
1998	614977	134661.20	25395.50	373050.70	12388
1999	633766	139370.60	-51658.60	829767.20	11430
2000	808751	182975.40	266.70	847264.00	12632
2001	790486	202228.20	16044.10	864058.40	12396
2002	825178	211441.50	6712.90	916634.30	12637
2003	930425	241576.00	37048.00	992515.10	12459
2004	962075	361664.40	40402.00	1047818.00	11395
2005	1044159	441953.50	62087.40	1141752.00	11089
2006	1109565	500142.00	56482.50	1536393.00	10618
2007	1384769	664699.80	68752.40	2097672.00	11612
2008	1607029	875430.20	69453.10	2429698.00	12253
2009	1978255	1199391.00	240049.70	3076243.00	13800
2010	2186201	1363042.00	212291.80	3328865.00	13212
2011	1905685	1566458.00	276127.10	3556279.00	13694
2012	1820459	1402915.00	237958.20	3489323.00	13927
2013	1928689	1504925.00	247313.10	3959939.00	14434
2014	2116860	1629025.10	296286.40	4605513.20	14131

说明：1991—1997年为乡及乡以上独立核算企业，1998—2002年为限额以上独立核算企业，2003—2014年为规模以上企业数据。

同年,元宝山发电厂三期工程第一台60万千瓦机组开工建设。2005年5月,赤峰热电厂四期建设规模2×13.5万千瓦机组及管网、粉煤灰综合利用设施项目开工建设。到2005年末,全市电力行业火电装机容量171.32万千瓦,发电总量88.75亿千瓦时。2006年以后,赤峰市依托煤炭资源优势,进一步加强火力发电建设,重点实施元宝山发电厂三期四号机组恢复建设项目及四期扩建项目。2006年,赤峰热电厂1号机组移交生产,2007年9月,2号机组移交生产。2007年,元宝山发电厂三期工程第二台60万千瓦机组建成投产。2008年,内蒙古大板发电有限责任公司2×60万千瓦机组项目与京能集团内蒙古赤峰煤矸石电厂2×13.5万千瓦机组项目开始建设。2010年,全市电力行业火电装机容量318.32万千瓦,发电总量142.1亿千瓦时。2013年,内蒙古大板发电有限责任公司2台60万千瓦机组并网发电。2014年,中国电力投资集团公司2×30万千瓦热电联产和富龙2×5万千瓦背压机组项目开工建设。到2014年末,赤峰市电力装机总容量818.96万千瓦,其中火电550.6万千瓦,占67.23%。全市有规模以上火力发电企业17家,发电总量155.76亿千瓦时。

2014年赤峰市规模以上火力发电企业基本情况统计表

表5-2-2

企业名称	装机容量(万千瓦)	资产总额(万元)	职工人数(人)
元宝山发电有限责任公司	180.00	887330.00	2011
赤峰热电厂	34.60	202223.00	826
京能(赤峰)能源发展有限公司	27.00	144386.00	180
赤峰平庄热电有限责任公司	2.40	22556.00	320
赤峰宝山能源(集团)热电有限责任公司	2×1.20	22031.00	350
赤峰富龙热力股份有限公司电厂	3.60	34106.10	467
巴林左旗新城热电有限责任公司	2×1.20	24297.00	208
赤峰大板热电有限责任公司	2×1.20	20669.00	300
内蒙古大板发电有限责任公司	2×60.00	532690.00	244
赤峰恒源热力有限责任公司	2×1.20	14026.00	65
赤峰宝源热力有限责任公司	—	16450.00	90
林西县泰合热力有限责任公司	—	2165.00	20
林西欣达热力有限责任公司	—	8865.00	24
林西县众诚热力有限责任公司	—	1865.40	18
赤峰金峰热力有限责任公司	3.50	18940.60	140
宁城县昊丰热力有限责任公司	—	3948.70	65
敖汉旗中远供暖有限责任公司	—	12843.00	181

二、水力发电

受地域环境和气候环境影响，赤峰市境内没有较大的河流，全市水力发电装机与发电量比重较小。1991 年，全市有小水电站 19 座，年发电量 6127.61 万千瓦时。其中克什克腾旗 7 座，年发电量 3719.43 万千瓦时；翁牛特旗 3 座，年发电量 2043 万千瓦时；宁城县 4 座，年发电量 356.38 万千瓦时。克什克腾旗水电装机容量 1.36 万千瓦，是全国水电农村电气化建设县之一。1992 年以后，翁牛特旗建设红山水电站和玉瀑水电站。到 2014 年末，赤峰市共有水电站 22 座，其中克什克腾旗 10 座，翁牛特旗 5 座，敖汉旗 2 座，宁城县 4 座，松山区 1 座。共有发电机组 54 台，总装机容量为 3.98 万千瓦，年发电量 6747 万千瓦时。

三、风力发电

20 世纪 80 年代，全市在无电地区推广发展小型风力发电。1990 年，北五旗县共安装小型发电机 2412 台。1998 年 9 月，克什克腾旗达日罕风力发电场一期 2 台 600 千瓦风力发电工程开工建设，由克什克腾旗农电局自筹资金兴建。1998 年，赤峰电业局参与组建东电茂霖风能发展有限责任公司，负责达里风电场一期工程的建设及管理。达里风电场一期工程总装机容量 5250 千瓦，于 1999 年 9 月破土动工，2000 年 2 月 3 日，7 台风机全部安装调试完成，并网发电。2002 年，达里风电场二期、三期工程投入运行。在国家支持清洁能源发展的政策下，市内风电发展迅猛。到 2004 年末，全市风电装机总容量达到 5 万千瓦。2005 年，大唐赛罕坝风电场一期工程竣工，并网发电。2008 年，全市风力发电量近 10 亿千瓦时，成为全国第一个建成百万千瓦风电基地的地级市。2009 年，大唐公司、国电集团、龙源集团公司总装机 60 万千瓦风电项目开工建设。2010 年 6 月，总投资 5 亿元的阿鲁科尔沁旗大唐道德风电场 4.95 万千瓦一期工程建设完成，并网发电。同年末，全市完成风电装机总容量 224.7 万千瓦。2012 年末，全市共有风力发电场 24 座，6000 千瓦及以上风电场 23 座，其中赛罕坝风电场、新胜风电场、大唐东山风电场、乌敦套海风电场规模较大，装机容量分别达到 21.93 万千瓦、29.8 万千瓦、24.93 万千瓦、14.85 万千瓦；6000 千瓦以下风电场 1 座，为达日罕风电场，装机容量 0.12 万千瓦。风力发电装机总容量 214.36 万千瓦，风电发电量 46.41 亿千瓦时。2014 年 6 月，翁牛特旗风电场上网发电，总装机容量 85 万千瓦，占全市风电总装机容量的 32.73%。2014 年 8 月，华能内蒙古赤峰克什克腾书声风电场第一台 30 万千瓦风力发电机组完成安装，克什克腾旗建成和在建风电总装机容量达到 181 万千瓦。2014 年末，全市风电装机 2119 台，装机总容量 316.93 万千瓦，年发电量 55.4 亿千瓦时。

2014 年赤峰市规模以上风力发电企业基本情况统计表

表 5-2-3

企业名称	装机容量（万千瓦）	资产总额（万元）	职工人数（人）
赤峰市盛华新能源有限公司	5.00	42669.00	50
赤峰龙源风力发电有限公司	14.80	136104.30	41
大唐(赤峰)新能源有限公司	112	—	—
内蒙古京能巴林右旗风力发电有限公司	3.50	34559.00	22
大唐三合(林西)新能源有限公司	10.00	78993.40	43
东电茂霖风能发展有限公司	5.02	63640.00	72
克什克腾旗汇风新能源有限责任公司	9.90	40003.00	47
大唐赤峰赛罕坝风力发电有限责任公司	52.00	46396.00	20
赤峰新胜风力发电有限公司	40.00	132429.00	164
龙源(翁牛特)新能源有限公司	40.00	15320.00	127
内蒙古京能旗杆风力发电有限公司	25.00	20980.00	152

四、自备发电

1990 年,赤峰市有 7 座企业自备发电厂(车间),即赤峰制药厂自备电厂、林西糖厂动力车间、宁城糖厂自备发电厂、赤峰第二毛纺厂自备电厂和元宝山煤矿、红花沟金矿、敖汉旗金厂沟梁金矿自备电厂。年发电总量 1698.27 万千瓦时。林西糖厂动力车间 1982 年投产,装机容量为 2250 千瓦,1991 年发电量为 427.6 万千瓦时;宁城糖厂自备发电厂 1986 年投产,装机容量为 3000 千瓦,1991 年发电量为 200 万千瓦时;赤峰第二毛纺厂自备电厂 1987 年投产,装机容量 6000 千瓦,年发电量为 766 万千瓦时。

1991 年,赤峰制药厂开始热电联产建设项目,装机容量为 9000 千瓦,年发电量为 3731 万千瓦时;1994 年,作为市区第二热源,向热网供热。1999 年 7 月,赤峰中色库博红烨锌业有限公司发电机组投产,装机容量 1500 千瓦,年发电量 924 万千瓦时。2005 年以后,赤峰地区自备电厂建设进入快速发展阶段。先后建成巴林左旗 2×1.2 万千瓦林东热电联产项目、巴林右旗大板热电有限责任公司 2×1.2 万千瓦热电项目、林西县 2×2.5 万千瓦林西热电厂项目、翁牛特旗红山火电厂、内蒙古奥德赤峰分公司热电联产项目等。2014 年,全市有企业自备电厂 9 座,装机总容量 30.4 万千瓦,年发电量 7.86 亿千瓦时,比 1990 年增长 7.69 亿千瓦时。其中容量较大的发电厂有 4 家:大唐克什克腾旗煤制气电厂,装机容量 23 万千瓦,年发电量 6.45 亿千瓦时;赤峰制药厂自备电厂装机容量 0.9 万千瓦,年发电量 5037 万千瓦时;内蒙古伊品生物科技有限公司自备电厂，总装机容量 2.5 万千瓦，年发电量 5500 万千瓦时；国电赤峰化工有限公司自备电厂，总装机容量 4 万千瓦。

五、生物质能、光伏发电

生物质能发电 赤峰市从 2006 年开始有生物质能发电。2006 年 10 月，国能赤峰生物发电有限公司生物发电工程在松山区安庆工业园区开工建设，是内蒙古自治区第一家生物发电项目。引进丹麦高温高压振动 48 吨锅炉配 1.2 万千瓦发电供热机组，利用当地丰富的玉米秸秆进行直燃发电。2009 年 6 月，机组开始发电，每年可将 12 万吨秸秆转化为 7200 万千瓦时的绿色电能。到 2014 年，年发电量达 9000 万千瓦时，产值 6000 万元，利税 1000 万元。

光伏发电 2010 年以后，敖汉旗、元宝山区、翁牛特旗、克什克腾旗、阿鲁科尔沁旗、林西县等旗县区开始发展光伏发电。2013 年，阿鲁科尔沁旗大唐温都尔花 10 兆瓦光伏发电项目开工建设，当年并网发电；2014 年，装机容量达到 4.56 兆瓦，当年发电 850 万千瓦时。2014 年，国电内蒙古能源有限公司投资的敖汉旗 4 万千瓦光伏发电项目开工建设，项目总投资 3.84 亿元，当年完成一期工程 2 万千瓦光伏发电项目建设，并网发电，日平均发电量 8 万千瓦时；国电科环赤峰风电松山区大于营风光同场太阳能光伏发电项目开工建设，装机容量 2 万千瓦，年发电能力 3689 万千瓦时。

全市已建成大型光伏发电项目主要有阿鲁科尔沁旗的大唐温都尔花 4.6 兆瓦光伏发电项目，当年发电 850 万千瓦时；敖汉旗的国电内蒙古能源公司项目，装机容量达到 2.46 万千瓦，年发电能力 3725.12 万千瓦时。

第二节 供 电

一、电网概况

1991 年，赤峰电业局所属 66 千伏及以上变电站共有 17 座，总容量 104.54 万千伏安；全市有送电线路 30 条，线路总长 881 千米。2000 年，全市有变电站 22 座，总容量 126.57 万千伏安；有送电线路 38 条，线路总长 935.42 千米。到 2014 年，赤峰电网共有 500 千伏线路 6 条，线路长度 687.68 千米；220 千伏线路 50 条，线路长度 2384.81 千米；66 千伏线路 299 条，线路长度 5621.72 千米。变电站 219 座，总容量 1178.43 万千伏安。每个旗县区至少有一座容量 220 千伏变电站。全市以 500 千伏网架为依托，220 千伏电网为骨干，建成南、北、中部单环网，使赤峰地区供电能力和供电可靠性得到显著提高。

二、电网建设与改造

赤峰国家电网建设与改造 送电线路建设与改造。1991 年以后，赤峰市电力生产与供应快速增长。为满足全市经济建设和人民生活的需要，赤峰市电业系统不断加强送电线路建设与改造。1991—2014 年，先后进行大乌线、赤桥线、赤星线、平吕线、吕乃线66千伏送电线路建设与改造;元新线、赤宝线、元元一回线路、元元二线路等220千伏线路的建设和改造;白音华—赤峰—辽宁500千伏输变电工程线路等建设。赤峰电网66千伏送电线路遍布赤峰12个旗县区,重点城镇区实现分区供电,重要用户实现双电源供电。2014年末,赤峰市境内送电线路355条,总长8694.21千米。其中有66千伏送电线路299条,线路长度5621.72千米;220千伏送电线路50条,线路长度2384.81千米;500千伏送电线路6条,线路长度687.68千米。

1991—2014年赤峰市220千伏线路建设与改造情况统计表

表5-2-4

名称	建设时间(年)	线路全长(千米)	导线	铁塔(基)
元新线(大理石矿段)改建	1999	4.45	导线采用LGJ-240型钢芯铝绞线,避雷线采用CJ-50型镀锌钢绞线	11
赤宝线新建	1995—1997	25.15	导线采用LGJ-240型钢芯铝绞线,每相两根,架空地线采用GJ-50型镀锌钢绞线	77
元元一回线路	1997	5.33	从1号到4号塔导线型号为2×LGJ-400,其余导线型号为2×LGJ-300,架空地线采用CJ-50型镀锌钢绞线	19
元元二线路	1997—1998	6.04	导线型号为2×LGJ-300/40,架空地线型号为CJ-50型镀锌钢绞线	20
锦西线路	2013	39.92	导线型号为2×LGJ-300/40,架空地线型号为GJ-80、OPGW-24型镀锌钢绞线	98
青锦线路	2011	54.67	导线型号为2×LGJ-300/40,架空地线型号为GJ-80、OPGW-24型镀锌钢绞线	141
青西线路	2012	38.95	导线型号为2×LGJ-300/40,架空地线型号为GJ-80、OPGW-24型镀锌钢绞线	126
赤西线路	2006	27.84	导线型号为LGJ-400/35,架空地线型号为GJ-50、OPGW-24型镀锌钢绞线	98
青马线路	2010	8.75	导线型号为LGJ-400/35,架空地线型号为GJ-50型镀锌钢绞线	31
青宝2线路	2010	16.46	导线型号为LGJ-400/35,架空地线型号为GJ-50型镀锌钢绞线	53
热赤甲线路	2007	2.24	导线型号为LGJ-300/40,架空地线型号为GJ-50、OPGW-24型镀锌钢绞线	14
热赤乙线路	2007	2.24	导线型号为LGJ-300/40,架空地线型号为GJ-50、OPGW-24型镀锌钢绞线	14
煤东1号线路	2008	6.60	导线型号为LGJ-400/35,架空地线型号为GJ-50、OPGW-24型镀锌钢绞线	26
煤东2号线路	2008	6.60	导线型号为LGJ-400/35,架空地线型号为GJ-50、OPGW-24型镀锌钢绞线	26
青城1号线路	2010	16.59	导线型号为LGJ-300/40,架空地线型号为GJ-50、OPGW-24型镀锌钢绞线	53
青城2号线路	2010	16.59	导线型号为LGJ-300/40,架空地线型号为GJ-50、OPGW-24型镀锌钢绞线	53

续表

名称	建设时间（年）	线路全长（千米）	导线	铁塔（基）
金新线路	2011	55.18	导线型号为 LGJ-240/40 钢芯铝绞线，地线型号为右线单根 24 芯复合架空地线光缆 OPGW-24，左线为 LBGJ-150-40AC 和 GJ-80 混合地线	141
新康 1 号线路	—	64.69	导线采用 1XJLHA3-425 中强度型钢芯铝绞线，地线采用双地线架设，右线采用 JLB40-120 铝包钢绞线，左线为 24 芯 OPGW-24B1-120 型光缆	179
新康 2 号线路	—	64.38	导线采用 1XJLHA3-425 中强度型钢芯铝绞线，地线采用双地线架设，右线采用 JLB40-120 铝包钢绞线，左线为 24 芯 OPGW-24B1-120 型光缆	180
达热线路	2007	94.60	导线型号为 LGJ-400/35，架空地线型号为 OPGW-24、GJ-50 型镀锌钢绞线	234
柳热线路	2013	12.01	导线型号为 LGJ-400/35，架空地线型号为 OPGW-24、GJ-80 型镀锌钢绞线	31
青平 1 号线路	2010	22.84	导线型号为 LGJ-400/35，架空地线型号为 OPGW-24、GJ-50 型镀锌钢绞线	70
青中线路	2010	91.18	导线型号为 LGJ-240/30，架空地线型号为 LBGJ-150-40AC、OPGW-24、GJ-80 型镀锌钢绞线	224
杨西线路	2008	83.11	导线型号为 LGJ-400/35，架空地线型号为 OPGW-24、GJ-50;158 号 -202 号 GJ-50 更换为 OPGW-72 芯光缆（特高压维护）	202
元新 2 号线路	2010	58.24	导线型号为 LGJ-240/30，架空地线型号为 GJ-50 型镀锌钢绞线	172
乌热线路	2004	127.12	导线型号为 LGJ-400/35，架空地线型号为 GJ-50 型镀锌钢绞线	296
乌杨线路	2008	19.80	导线型号为 LGJ-240/30 ，架空地线型号为 GJ-50、OPGW-48	50
东杨线路	2008	18.98	导线型号为 LGJ-300/40 ，架空地线型号为 GJ-50、OPGW-48	49
煤杨线路	2010	22.58	导线型号为 LGJ-400/35 ，架空地线型号为 OPGW-48	53
西山风场分支线路	2010	1.02	导线型号为 LGJ-400/35 ，架空地线型号为 OPGW-48	4
热经 1 号线路	2012	56.38	导线型号为 LGJ-400/35 ，架空地线型号为 OPGW-48	135
热经 2 号线路	2012	56.38	导线型号为 LGJ-400/35 ，架空地线型号为 OPGW-48	135
巴铜 1 号线路	2010	58.01	导线型号为 LGJ-400/35 ，架空地线型号为 GJ-80、OPGW-24	125
铜热 1 号线路	2014	40.67	导线型号为 LGJ-400/35 ，架空地线型号为 GJ-80、OPGW-24	94

续表

名称	建设时间（年）	线路全长（千米）	导线	铁塔（基）
铜热2号线路	2012	40.57	导线型号为LGJ-400/35,架空地线型号为GJ-80、OPGW-24	95
亿赛线路	2009	3.62	导线型号为LGJ-400/35,架空地线型号为GJ-80、OPGW-48	10
经煤2号线路	2012	44.65	导线型号为LGJ-400/35,架空地线型号为GJ-80、OPGW-24	122
东天线路	2006	71.90	导线型号为LGJ-400/35、LGJ-400/50,架空地线型号为GJ-50、OPGW-24	196
电巴1号线路	2012	174.60	导线型号为LGJ-240/30，架空地线型号为OPGW-24	450
电巴2号线路	2012	174.60	导线型号为LGJ-240/30，架空地线型号为OPGW-24	450
巴东1号线路	2010	62.86	导线型号为LGJQ-300/25、LGJ-300/25、LGJ-400/35，架空地线型号为LBGJ150-140-40、GJ-50、OPGW-24	173
巴大2号线路	2010	19.28	导线型号为LGJQ-300/25、LGJ-400/35,地线型号为LBGJ150-140-40、GJ-50、OPGW-16	54
巴天1号线路	2011	113.18	导线型号为LGJ-400/35,架空地线型号为GJ-80、OPGW-24	285
天太线路	2011	51.23	导线型号为LGJ-400/35,架空地线型号为GJ-80、OPGW-24、LGJ-70/40	150
白巴1号线	2009	152.67	导线型号为LGJ-240/30，架空地线型号为OPGW-24和GJ-80	353
白巴2号线	2009	152.69	导线型号为LGJ-240/30，架空地线型号为OPGW-24和GJ-80	351
巴青1号线	2009	172.23	导线型号为LGJ-300/40钢芯铝绞线,地线为两根24芯复合架空地线,光缆型号为OPGW-24	396
巴青2号线	2009	172.17	导线型号为LGJ-300/40钢芯铝绞线,地线为两根24芯复合架空地线,光缆型号为OPGW-24	401
元青1号线	2009	18.58	导线型号为LGJ-300/40钢芯铝绞线,地线为两根24芯复合架空地线,光缆型号为OPGW-24	53
元青2号线	2009	19.55	导线型号为LGJ-300/40钢芯铝绞线,地线为两根24芯复合架空地线,光缆型号为OPGW-24	56

供电设施。1991年，赤峰电业局所属66千伏及以上变电站共有17座，总容量为104.54万千伏安。其中220千伏变电站5座,110千伏变电站1座,66千伏变电站11座。1992年以后，加强电网设施设备建设与改造。到2000年，全市变电站增加到22座,总容量126.57万千伏安。其中220千伏变电站6座,110千伏变电站1座,66千伏变电站15座。2001—2014年,进一步加强电网改造和建设,新建和更新大批变电设施与设备。2014年,赤峰电网共有变电站219座,总容量1178.43万千伏安。其中500千伏变电站2座,变压器12台,容量300万千伏安;220千伏变电站19座(包括杨树沟门汇集站),变压器31台,容量387.9万千伏安;66千伏变电站198座,变压器347台,

容量490.53万千伏安。

农电网络建设 1991年,赤峰市农电系统有输电线路70条,总长2006.57千米。其中110千伏线路3条,线路长度138.6千米;66千伏线路67条,线路长度1867.97千米。配电线路1.62万千米,配电变压器1485台,总容量73.53万千伏安。有变电所62座,装主变压器91台,容量23.03万千伏安。其中110千伏变电所4座,装主变压器8台,容量3.03千万伏安;66千伏变电所58座,装主变压器83台,总容量20万千伏安。全市271个乡镇苏木通电269个,通电率达99.3%;村嘎查2608个,通电2432个,通电率达93.3%;全市农牧民用电户92.77万户,已通电86.94万户,通电率达93.7%。1992年以后,赤峰市进一步加强农电建设,农电线路、设施、设备快速增加。到1993年,全市实现乡镇苏木全部通电。1995年,积极开展电力扶贫致富工程,全市2550个村嘎查通电,通电率达到97.8%,当年通电村嘎查35个,使3.8万户农牧民用上了电,通电户106.15万户,通电率达到97.13%。1998—2014年,赤峰市实施农网改造工程10个批次,累计投入资金58.66亿元。新建及改造66千伏变电站319座,新增及更新主变压器649台,主变压器容量4057.65兆伏安;新建及改造66千伏线路3773.3千米,新建及改造10千伏线路28547.3千米,更新配电变压器18958台,容量1279.10兆伏安;新建及改造低压线路23088千米;户表改造49.26万户。通电村达到100%,农牧民通电户达到100%。

1998—2014年赤峰市农网改造工程统计表

表5-2-5

农网改造工程	总投资(亿元)	实施时间(年)	新建及改造66千伏变电站(座)	新建及改造66千伏线路(千米)	新建及改造10千伏线路(千米)	新建及改造低压线路(千米)	改造户表(万户)
一期农网改造工程	4.12	1998—2002	79	606.60	2996.4	2714	7.60
二期农网改造工程	6.81	2001—2003	—	—	8831.1	9336	14.06
一、二期县城电网改造工程	4.50	2004—2005	28	789.00	1779.9	1448	5.70
2005年及2008年农网完善工程	9.00	2005—2009	53	895.60	6042	2307	3.46
2009年新增中央投资中西部农网完善工程	7.50	2009—2010	34	597.30	2239	2040	4.60
2010年农网升级改造工程	7.80	2010—2011	42	—	2213.7	1868	6.07
2011年农网升级改造工程	4.90	2011—2012	22	180.50	1444.2	1053	7.83
2012年农网升级改造工程	5.80	2012—2013	33	278.00	1390	990	3.10
2013年农网升级改造工程	6.40	2013—2014	19	251.30	1611	1332	10.90
2014年农网升级改造工程	1.83	2014	9	175.00	—	—	—
合计	58.66		319	3773.30	28547.30	23088	63.32

第三节 用 电

一、工业用电

电力构成 1991年,赤峰市全社会用电量17.39亿千瓦时,其中工业用电量12.62亿千瓦时,占全社会用电量的72.57%。1992年以后,随着经济建设的快速发展,赤峰市用电量不断增加。2014年,全社会用电量94.75亿千瓦时,其中工业用电量61.11亿千瓦时,占全社会用电量的64.5%,工业用电量比1991年增长48.49亿千瓦时,增长3.84倍。

电量分配 1991—1997年,赤峰地区电力供应不足,电力电量分配由赤峰市“三电”办公室向全市厂矿企业下达年度、季度用电计划申请表。赤峰市“三电”办公室根据全市各单位提报的用电计划汇总提出全市的用电计划,向东北电业管理局报送年度、季度用电计划需要量,经东北电业管理局平衡审批分配用电计划指标下发到赤峰市“三电”办公室。对地方企业、农业、城乡人民生活用电,由赤峰市“三电”办公室进行分配用电计划指标,将用电计划指标下发到各主管工业局、公司。1998年以后,赤峰市发电量快速增加,电力供应平衡,赤峰市“三电”办公室改为赤峰市电力办公室,计划用电逐步取消。1999—2014年,实行按需供电。

节约用电 1991年后,一些大企业和一些重要产业由内蒙古自治区经济委员会和内蒙古“三电”办公室直接按行业分类下达单耗定额标准。1993年9月,赤峰市节能协会成立。1994年,赤峰市认真落实节电措施和推广节电技术,重点推广细管日光灯、稀土三基色节能灯、金属板块式卤素灯等节能灯具和高频电炉改造,更新节能变压器和低压电容器分散就地补偿装置、电机串级调速等节电新技术。在赤峰电机厂、赤峰动力机械厂、赤峰八角楼实业总公司、赤峰第二毛纺织厂和赤峰钢铁厂等单位召开现场会,推广电动机应用磁性槽泥节电技术和炼钢电弧炉应用导电横臂及变频式电极调节器,以提高熔化率,减少热停炉,缩短冶炼时间,增加炼钢炉次。1991—2014年,全市各机关、企事业单位认真落实电管部门节电要求,积极应用各类节电技术和产品,不断健全节约用电制度,节电成效显著提高。

负荷调整 20世纪90年代初期,赤峰地区电力供应不足,特别是冬季高峰负荷时,经常出现超负荷的情况,严重威胁电网安全运行,有时被迫出现拉闸限电的局面。赤峰市“三电”办公室加强地区负荷管理,根据各用电大户的负荷规律,采取在高峰负荷时间调整用电负荷的措施,即大型用电设备可间断开停的要尽量错开高峰负荷时间用电,以降低高峰负荷时间的最大负荷。为了把调整高峰负荷工作落到实处,赤峰市“三电”办公室采取对全市用电大户安装负荷控制器,同时采取经济手段,加强电网的负荷管理,对大用户实行峰谷差电价。通过采取措施,鼓励用电单位多在低谷时间用电。1998—2014年,赤峰地区电力供应充足,供电负荷调整逐渐减少。

电价政策 1991年,赤峰市执行原水利电力部规定的用电价格。1992年11月1日开始,按照1992年能源部与国家物价局《关于东北电网实行峰谷分时电价的批复》,赤峰市实行峰谷分时电价政策。实施范围:电网直供电的容量在320千伏安及以上的大工业用户、100千伏安以上非工业和普通工业用户趸售专供单位。时段划分:高峰时段为7:30—11:30、17:00—21:00;低谷时段为22:00—5:00;其余时间为平时段。高峰时段按基础电价上浮50%,低谷时段按基础电价下浮50%,平时段电价不变。同年,按照财政部、能源部、国家计委、国家物价局《关于筹集三峡工程建设基金的紧急通知》要求,在当年燃运加价基础上每千瓦时征收3厘钱作为三峡工程建设基金;1994年1月1日起提高到每千瓦时征收4厘。2003年1月1日开始,按照国家计委《关于中央直属水库库区建设基金标准有关问题的通知》,按抄见电量提取标准为每千瓦时收取0.13元建设基金。2006年6月30日开始,按照财政部《关于大中型水库移民后期扶持基金征收使用管理办法》要求,实行大中型水库移民后期扶持基金加价政策,内蒙古地区按抄见电量每千瓦时加价3.1厘。

二、农业用电

农电管理体制 1991年,赤峰市农电局归内蒙古电管局管理,赤峰农村电网属东北电网组成部分。1993年,赤峰市农电局对旗县区农电局实行行业归口管理。1999年后,各旗县区供电企业逐步成为具有独立法人资格、独立核算的实体,行使企业管理职能。取消乡电管站,设置旗县区供电营业所,实现城乡用电一体化管理。赤峰地区旗县区级供电企业上划国家电力公司东北公司,除松山区农电局外,各农电局均由国电东北公司代管。2001年,市农电局对松山区农电局实行接管。2009年6月,旗县区农电局划归国网内蒙古东部电力有限公司代管。2013年8月,国网内蒙古东部电力有限公司与各盟市政府签订国有产权整体无偿划转协议,各旗县区农电单位作为国网内蒙古东部电力有限公司的全资子公司,各农电单位由代管企业转制为全资子公司。2014年,各旗县区农电局更名为旗县区供电公司。

电力构成 1991年,全社会用电量17.39亿千瓦时,其中农业用电量1.16亿千瓦时,占全社会用电量的6.67%。1992年以后,随着农业生产的发展、农牧民生活水平的提高和电力供应的快速增长,全市农业用电量不断提高。2014年,全社会用电量94.75亿千瓦时,其中农业用电量6.51亿千瓦时,占全社会用电量的6.87%,农业用电量比1991年增长5.35亿千瓦时,增长4.61倍。

电力分配 1991—1997年,电力供应不足,实行停二开五,即每周停电2天,供电5天。1998—2014年,随着电力供应充足,赤峰地区计划用电逐步取消,实行按需供电。

电价政策 1991年以后,国家对农业用电一直执行优惠扶持政策。为扶持农业发展,减轻农民负担,对中、小化肥生产企业用电继续给予优惠,用电价格执行非工业、普通工业电价的,按非工业、普通工业电价的86%收取;执行大工业电价的,按大工业电价的80%收取。1998年后,改造农村电网,改革农电管理体制,实现城乡同网同价。

2004 年 1 月,按国家电网公司《关于农村种植业、养殖业用电价格执行意见的通知》,农业用电中,粮食作物生产用电执行农业生产电价;蔬菜生产、苗圃育苗等农村种植业、养殖业及农副产品加工等用电执行非工业、普通工业用电。2011 年 7 月,按照自治区发改委《关于农村牧区饮水安全工程用电价格的通知》,对农村牧区饮水安全工程供水用电执行居民生活用电价格。至 2014 年,上述政策继续实行。

三、生活用电

电力构成　1991 年,赤峰市全社会用电量 17.39 亿千瓦时,其中城乡居民生活用电量 2.37 亿千瓦时,占全社会用电量的 13.63%。1992 年以后,人民生活水平不断提高,家庭用电量快速增加。到 2014 年,城乡居民生活用电量 16.58 亿千瓦时,占全社会用电量 94.75 亿千瓦时的 17.5%, 城乡居民生活用电量比 1991 年增加 14.21 亿千瓦时,增长 6 倍。

电价政策　1991 年, 赤峰市执行国家电力公司东北公司规定的用电价格。1993 年 7 月,按国家电力公司东北公司印发的《东北电网电价表》规定:居民生活用电价格,电压等级不满 1000 千瓦时的调整到 0.22 元,1000 千瓦时及以上的调整到 0.21 元。2001 年 3 月,按国家电力公司东北公司《东北公司在内蒙古东部地区增供扩销暂行办法》,对居民生活用电实行阶梯电价:居民月用电量在 130 千瓦时及以内的,执行新目录电价;131~260 千瓦时之间的用电量, 在新目录电价的基础上给予 0.03 元 / 千瓦时的优惠;261 千瓦时以上的用电量给予 0.06 元 / 千瓦时的优惠。

2011 年,根据国家发展改革委《关于居民生活用电试行阶梯电价指导意见的通知》,对居民生活用电试行阶梯电价。2012 年 6 月,根据自治区发改委《关于我区试行居民生活用电阶梯电价的通知》,试行居民生活用电阶梯电价。对“一户一表”的城乡居民用电户,月用电量分为三个档次:第一档电量为 170 千瓦时及以下,用电价格保持不变;第二档电量为 171 千瓦时至 260 千瓦时,用电价格在第一档电价的基础上,每千瓦时电提高 0.05 元;第三档电量为 261 千瓦时及以上,用电价格在第一档电价的基础上,每千瓦时电提高 0.3 元。对低收入群体设置免费电量。对城乡“低保”户和农村牧区“五保”户家庭每户每月设置 15 千瓦时免费用电基数,由供电企业按照现行居民生活用电价格标准(含政府性基金及附加)收取后,采取“先收后返”的方式定期返还。2014 年以前, 赤峰供电公司根据各民政部门提供的信息进行统一返还。2014 年开展五保户、低保户年度退费统计核实工作,共计退费 17.3 万户,电费 515.2 万元。至 2014 年末,赤峰市继续实行居民生活用电阶梯电价,对低收入群体实行免费电量政策。

抄表　居民家庭一般每户设置一个电表,用于记录各家庭用电量。1991—2000 年,供电部门派抄表员对各用电户逐月进行手工抄表。2001 年以后,随着科技信息技术的发展,赤峰市供电部门使用用电信息采集系统统计居民家庭用电量,采集用电户数量不断扩大。到 2014 年,全市用电信息系统采集用电户达到 71 万户,工作效率大大提高。

第四节　企业选介

元宝山发电有限责任公司　前身是元宝山发电厂，位于赤峰市元宝山区，始建于1974年。1991年，有职工2246人，发电量36.2亿千瓦时，工业总产值3.79亿元。1999年10月，元宝山发电厂三期扩建工程（3、4号机组）注册为元宝山发电有限责任公司，与元宝山发电厂（1、2号机组）合署办公。2000年8月，元宝山发电厂并入元通发电有限责任公司。2002年12月，元宝山发电厂由元通发电有限责任公司划出。2005年5月，国家电网公司持有的元宝山发电厂和元宝山发电有限责任公司股份划归国网新源控股有限公司。2005年12月，元宝山发电有限责任公司吸收合并元宝山发电厂。2007年12月，元宝山发电有限责任公司划归中电投集团，由中电投蒙东能源集团有限责任公司代管。2014年4月，元宝山发电有限责任公司划归中国国电集团管理。

2004年，元宝山发电有限责任公司3台机组总装机容量150万千瓦。2007年9月，装机容量60万千瓦的4号机组投入生产。2014年，该公司电网接入冀北电网。至年末，元宝山发电有限责任公司有职工2011人，装机总容量180万千瓦，年发电量70.56亿千瓦时，销售收入18.34亿元，利润-1.29亿元，税金9314万元。该公司先后获东北电网一流发电企业、内蒙古自治区先进企业、全国电力系统首届“双文明”单位、中国文化管理示范基地、全国文明单位和全国五一劳动奖状等称号。

赤峰热电厂　前身为始建于1921年的赤峰电灯厂，位于赤峰市红山区长青街东段，1949年更名为赤峰发电厂，1987年更名为赤峰热电厂。2003年1月，赤峰热电厂加入中国电力投资集团公司。2008年1月，赤峰热电厂划归中电霍煤集团公司。

1988年，由单一发电厂改造为热电联产的热电厂。2008年，装机容量34.6万千瓦。除发电外，还承担向赤峰市区21家工业企业提供生产用热和中心城区居民冬季采暖用热任务。年设计发电能力20亿千瓦时，供热能力900万吉焦，是赤峰市的骨干热源单位。赤峰热电厂先后进行4次扩建。至2014年末，赤峰热电厂有职工826人，全年发电量16.5亿千瓦时，供热量640.4万吉焦，销售收入5.78亿元，其中电力收入4.14亿元，利税-213.24万元。该企业先后获得内蒙古自治区五一劳动奖状、全国电力系统安全文明生产创水平双达标单位等称号。

京能（赤峰）能源发展有限公司　成立于2006年11月，位于赤峰红山经济开发区，由北京京能煤电资产管理有限公司与内蒙古平庄煤业（集团）有限公司合资建立。京能煤电资产管理有限公司负责赤峰煤矸石电厂运营管理及开发赤峰周边地区能源发展项目。该工程于2007年5月开工建设，2009年4月开始运行。设计能力年发电量16.5亿千瓦时，供热量500万吉焦。2014年，该公司有职工180人，年发电量14.97亿千瓦时，工业总产值4.50亿元，利税6009万元，固定资产原值14.18亿元。该公司先后获内蒙古自治区五一劳动奖状、自治区文明单位等称号。

大唐(赤峰)新能源有限公司　是中国大唐集团新能源股份有限公司的子公司,成立于2004年9月,主要经营赤峰地区的风力发电、太阳能发电等新能源项目的开发、建设和生产运营。到2010年,建成全国第一个百万千瓦风电场基地。到2014年,该公司先后建设运营世界最大的风电场——赛罕坝风电场及东山风电场等9个风电场,风电总装机容量达112万千瓦,利税1.5亿元。每年可节约标煤87万吨,减排二氧化氮250万吨。

龙源(翁牛特)新能源有限公司　位于翁牛特旗亿合公镇,2009年8月成立,是龙源电力集团股份有限公司的全资子公司,主营风力发电。2006年4月,龙源电力集团股份有限公司在翁牛特旗亿合公镇灯笼河牧场建设风力发电工程项目。2011年6月,该工程项目竣工,并网发电。共建设安装320台风电机组,其中单机容量0.75千瓦风电机组200台,单机容量2千瓦风电机组120台;建设变电站4座;建设220千伏架空输电线路1条,总长86千米。2014年,该公司风力发电量8.98亿千瓦时,上网电量8.71亿千瓦时,工业总产值4.15亿元,销售收入4.26亿元,利税6136万元。

第二章　煤炭工业

1991年,全市煤炭企业共生产原煤992.8万吨,实现工业总产值4.51亿元。1992年以后,赤峰市不断加强煤炭产业整顿和管理,加强技术改造,增加原煤产量,为国民经济的快速发展提供充足的煤炭资源。2000年,全年生产原煤917.11万吨,实现工业总产值6.58亿元。2002年后,赤峰市煤炭工业进一步发展,生产技术、管理水平进一步提高,产量不断增长。2012年以后,煤炭生产企业因受国际市场需求减少的影响,原煤产量下滑,2014年出现普遍亏损。至2014年,全市共有规模以上煤炭开采和洗选企业17家,生产原煤2669.25万吨,实现工业总产值123.69亿元,销售收入123.91亿元,实现利税总额12.21亿元,固定资产原值94.40亿元,员工24429人。煤炭开采和洗选工业对全市重点行业工业增加值贡献率为17%,工业增加值占全市规模以上工业企业增加值的13.1%。

第一节　煤田勘探

一、勘探机构

1991年,赤峰地区有东北煤田地质勘探局104地质勘探队、平庄矿务局地质测量处地质队和测量队、赤峰矿产资源勘察开发技术咨询服务部等4个煤田勘探机构。1992年11月,平庄矿务局撤销地质测量处地质队和测量队编制,分别设立地质勘探公司和测绘服务公司,隶属于地质测量处。1995年5月,平庄矿务局成立地质勘探测

1991—2014 年赤峰市煤炭工业主要经济指标统计表

表 5-2-6

年 份	职工总数（人）	原煤产量（万吨）	工业总产值（万元）	利税（万元）	固定资产原值（万元）
1991	49664	992.80	45116.70	-5058.00	131959.10
1992	51163	1044.82	51037.00	-5968.10	141785.60
1993	58900	1191.84	61300.00	-3400.00	151100.00
1994	57141	1291.60	67482.20	4641.20	161261.80
1995	56100	1224.02	68926.10	6697.60	193475.90
1996	55243	1149.56	74572.20	5410.00	203318.50
1997	41779	1353.11	80187.80	6441.20	212840.50
1998	45473	1077.28	90307.20	5756.30	235996.90
1999	43805	945.11	65621.90	3570.60	235458.80
2000	34925	917.11	65805.30	6854.90	190339.80
2001	31385	840.34	70740.70	9435.20	258860.30
2002	31389	1205.74	76882.90	10853.60	285981.60
2003	24699	1362.54	91272.40	14616.40	276997.70
2004	27253	1597.71	152595.50	22735.00	283375.30
2005	31162	1648.63	232639.90	38698.40	591135.60
2006	29651	1811.18	297601.00	47417.00	597712.20
2007	27182	2333.46	373185.10	82125.80	627705.80
2008	28111	2587.92	528602.20	163181.90	615543.10
2009	29000	2959.66	679040.10	188876.30	671576.40
2010	29742	2856.85	823113.80	275523.50	708926.60
2011	26022	3226.06	1056433.70	298609.20	754892.60
2012	25854	3435.66	1258493.70	271372.70	840903.70
2013	25212	3459.57	1254466.00	149029.10	876655.80
2014	24429	2669.25	1236893.90	122102.10	943991.30

说明:1991—1997 年为乡及乡以上独立核算企业,1998—2002 年为限额以上独立核算企业,2003—2014 年为规模以上企业数据。

绘公司,为平庄矿务局直属单位。地质勘探公司、测绘服务公司与地质测量处分离,为地质勘探测绘公司下属单位。1998 年 8 月, 东北煤田地质勘探局 104 地质勘探队划归内蒙古煤田地质局。同年 10 月,平庄矿务局撤销地质勘探测绘公司,成立平庄矿务局地质勘探公司,为矿务局直属单位。2002 年 4 月,平庄矿务局测绘服务公司更名为赤峰平庄弘科测绘有限责任公司,地质勘探公司改制为赤峰勘盛有限责任公司。2008 年 7 月,赤峰平庄弘科测绘有限责任公司划归赤峰平煤投资有限公司管理。2014 年,赤峰地区有内蒙古煤田地质局 104 勘探队、赤峰平庄弘科测绘有限责任公司、赤峰勘盛有限责任公司 3 个煤田勘探测绘机构。

二、勘探工作

1991—1993 年,东北煤田地质勘探局 104 地质勘探队在元宝山老公营子勘探区进行精查勘探,施工 68 个孔,工程量 2 万米。探明该地区煤资源储量为全井田 A+B+C 级,总资源储量 2.7 亿吨,其中高级储量占总资源储量的 59.7%。1993 年 12 月,提交《内蒙古自治区赤峰市元宝山煤田老公营子井田勘探(精查)地质报告》,该报告于 1995 年由中国煤田地质总局审核批准。2004 年,内蒙古煤田地质局 104 勘探队对阿鲁科尔沁旗绍根煤田东、西区进行勘探,2005 年对中区进行勘探, 累计查明绍根煤田煤炭资源储量 6.63 亿吨。2010 年,编写提交了《内蒙古自治区赤峰市绍根矿区绍根核查区煤炭资源储量核查报告》。2010 年,内蒙古煤田地质局 104 勘探队对赤峰部分地区煤田进行详查,查明平庄煤田四龙头沟区煤炭储量 3060.37 万吨,克什克腾旗好鲁库勘查区煤炭资源储量 1.19 亿吨,敖汉旗榆树林子核查区煤炭资源储量 392.94 万吨,松山区当铺地乡煤矿调查区煤炭资源储量 77 万吨,编写提交了《内蒙古自治区平庄煤田四龙头沟区矿井扩建地质报告》《内蒙古自治区克什克腾旗好鲁库勘查区煤炭详查报告》《内蒙古自治区敖汉旗榆树林子核查区煤炭资源储量核查报告》《内蒙古自治区松山区当铺地乡煤矿调查区煤炭资源储量调查报告》。2011 年,探明元宝山区煤炭矿区煤炭资源储量 12.31 亿吨,查明平庄煤炭矿区煤炭储量 6.12 亿吨,编写提交了《内蒙古自治区赤峰市元宝山区煤炭矿区资源储量核查报告》《内蒙古自治区赤峰市平庄煤炭矿区资源储量核查报告》。1991—2014 年,东北煤田地质勘探局 104 地质勘探队、平庄矿务局、赤峰矿产资源勘察开发技术咨询服务部等多家单位在赤峰地区进行煤田勘探工作,先后编写和提交了 14 份煤炭资源储量调查、核查报告,为赤峰地区煤炭资源开发奠定了良好基础。

第二节　煤炭分布

赤峰市煤炭资源丰富。1991 年以后, 地质勘探部门不断加强赤峰地区煤炭资源勘探。至 2014 年,除红山区未勘探外,其他 11 个旗县区均有一定煤炭储量。其中以平庄、元宝山两大煤田为重点的南部地区为主要煤炭赋存基地,储量大,范围集中,总储量约占全市 90%以上;中北部地区煤系分布范围大,煤炭储量较少。

平庄煤田 位于平庄镇西部，西起五家镇，东至古山镇六家村，走向长27公里，西北斜宽2公里，总面积70平方公里，含煤面积54平方公里。煤田由3个断块组成，形成3个自然井田，即五家煤矿、西露天煤矿、古山煤矿。煤田含煤厚度为32～250米，平均厚为150米左右，2011年探明储量6.12亿吨。

元宝山煤田 位于元宝山区，西起红庙煤矿，东至风水沟煤矿，走向长35公里，南北斜宽约4公里，总面积140平方公里，含煤面积120平方公里，含煤厚度为90～400米，平均厚200米，以中厚煤层为主，最大可采厚度在80～120米之间。2011年探明储量12.31亿吨。该煤田有老公营子煤矿、风水沟煤矿、元宝山露天煤矿、元宝山煤矿、红庙煤矿。

四龙煤矿 位于宁城县大城子乡四龙头沟村境内，其附近的喀喇沁旗西桥、三道营子地方国营煤矿及元宝山区大黑山煤矿均分属平庄煤田煤系，煤炭分布较集中。2010年探明储量3060.37万吨，煤质为褐煤。

分属元宝山煤系的地方煤矿，规模较大的有松山区大风水沟地方国营煤矿和元宝山区兴隆煤矿。各矿地下储量不一，煤系分布结构大体一致。

2000年赤峰地区煤炭资源分布、储量情况统计表

表5-2-7

所在旗县区（单位）	煤矿名称	煤质	探明储量（万吨）	热量（千卡/千克）
平庄矿务局	元宝山煤田、平庄煤田	褐煤	184263.6	4747
宁城县	四龙煤矿	褐煤	4272	4747
喀喇沁旗	西桥煤矿	褐煤	184.4	4926
喀喇沁旗	三道营子煤矿	褐煤	340.6	4926
元宝山区	大黑山煤矿	褐煤	506.5	5245
元宝山区	大风水沟煤矿	褐煤	1163	4625
元宝山区	兴隆煤矿	褐煤	257	4625
敖汉旗	王家营子煤矿	无烟煤	425.8	4843
敖汉旗	宝国吐煤矿	长焰煤	913	7114
喀喇沁旗	青峰煤矿	长焰煤	69.8	6881
克什克腾旗	广兴煤矿	褐煤	483.6	3039
翁牛特旗	宋家营子煤矿	褐煤	626	2881
巴林右旗	塔布花煤矿	无烟煤	784.3	5606
阿鲁科尔沁旗	温都花煤矿	褐煤	387.6	5876
合计			194677.2	

青峰煤矿 位于喀喇沁旗西部，东距旗政府所在地锦山镇35公里，煤质为长焰煤,探明储量69.8万吨。

塔布花煤矿(原名红旗煤田) 位于巴林右旗北境查干木伦苏木和巴彦琥硕镇交界处,总面积为45平方公里。煤质为无烟煤,探明储量784.3万吨。

温都花煤矿 位于阿鲁科尔沁旗扎格汰苏木,矿区总面积为37.5平方公里。探明储量387.6万吨,煤质为褐煤。

好鲁库煤田 位于克什克腾旗好鲁库地区浩来呼热乡南部。2010年探明煤炭储量1.19亿吨。

丹峰煤田 位于翁牛特旗和克什克腾旗接合地带,煤田由30多个沉积盆地组成,总面积40余平方公里。预测储量约4亿吨,煤质为褐煤。

绍根煤田 位于阿鲁科尔沁旗绍根地区。2005年探明总面积86平方公里,煤炭储量6.63亿吨。

榆树林子煤田 位于敖汉旗长胜镇榆树林子村境内。2010年探明煤炭储量为392.94万吨。

宝国吐煤矿 位于敖汉旗宝国吐乡兴隆洼村。储量为913万吨,煤质为长焰煤。

朱家店煤田 位于敖汉旗宝国吐乡和王营子乡中间地带，矿区面积2平方公里，煤质为无烟煤,总储量425.8万吨。

第三节 煤矿建设

一、国有煤矿矿井建设

1991—2014年,平庄煤业集团建成投产的重点工程项目有元宝山露天煤矿、古山立井、老公营子煤矿建设项目;开工建设的重点工程项目有爱民温都等煤矿建设项目。

元宝山露天煤矿建设项目 元宝山露天煤矿设计能力年产500万吨，批准概算投资41.58亿元,实际投资40.01亿元。1973年筹建,到1990年,完成开工前的土地征用及部分农村动迁工作、疏干供电线路及东部变电所工程、交通线路和疏干排水等工程。1990年10月,开始矿建剥离工程、土建工程建设。2000年5月,疏干排水工程开工建设。到2001年4月,疏干排水工程全部完工。建设准轨铁路9.41千米,公路23.1千米,厂区道路2.35千米,供电线路65.41千米。设备安装1546台(套)。2004年,元宝山露天煤矿通过安全设施、环保、消防、卫生等验收。2005年4月移交投产。

古山立井煤矿建设项目 古山立井煤矿设计能力为年产90万吨，由长春煤矿设计院设计。1990年5月,古山立井项目经东煤公司基建局审查批准,12月开工建设。先后完成矿建1.67万延长米,土建8.34万平方米。建设准轨铁路3.62千米,窄轨铁路2.63千米,厂外公路5.15千米,厂区道路2.35千米,输电线路54.25千米。设备安装1427台(件)。1998年,完成生产系统建设,开始试生产。2001年10月,古山立井煤矿建

设竣工验收,正式移交生产。

老公营子煤矿建设项目 老公营子煤矿由内蒙古煤矿设计院设计,年生产能力120万吨,2003年11月开工建设。老公营子煤矿建设项目实行业主负责制、招投标制、工程监理制。通过招投标方式,选择沈阳煤业集团基本建设有限责任公司、阜新嘉成建筑工程公司承担3个井筒的建设,聘请北京众智科威建设监理咨询所进行工程监理。2003—2007年,该煤矿建设投资总额4.26亿元,其中矿建工程1.24亿元。2008年12月,老公营子煤矿投入生产。项目总投资4.26亿元。

二、地方煤矿矿井建设

1991—2014年,赤峰市不断加强地方矿井建设。先后建设赤峰建昌营煤业有限责任公司煤矿、元宝山公格营子煤矿、赤峰巨森矿业有限责任公司煤矿、元宝山区昌盛煤矿、元宝山向阳煤业有限责任公司煤矿等较大型地方煤矿。

第四节 煤炭生产

一、井工开采

开拓方式 1991年,平庄矿务局共有13对生产矿井。其中有10对采用斜井开拓,即元宝山矿三、四井,五家矿一、二、三井,疏干井,古山矿二、三井,红庙矿一、二井;2对采用平硐盲斜井开拓,即古山矿一井,风水沟矿;1对采用立井开拓,即元宝山矿二井。至2014年,平庄煤业共有6个井工矿,分别是:瑞安矿业公司煤矿、古山煤矿三井、红庙煤矿二井、风水沟煤矿、六家煤矿、老公营子煤矿,矿井平均开采深度为350米;2个露天煤矿,分别是西露天煤矿、元宝山露天煤矿,共8个生产矿。风水沟煤矿矿井开拓方式为平硐盲斜分区水平开拓。红庙煤矿二井开拓方式为斜井多水平—盘区式上下山开拓。古山煤矿三个井均属斜井阶段式开拓。老公营子煤矿采用立井多水平开拓。六家煤矿开拓方式为立井单水平上下山开拓。瑞安公司煤矿均为斜井片盘式开拓。2014年,有地方煤矿32座,开拓方式为立井多水平分区式开拓和斜井阶段式开拓。

掘进方法 1991年,平庄煤田采煤掘进装载机械化水平较高,综合掘进机械化水平相对较落后。装载机械化设备主要有铲斗装岩机、耙斗装岩机、蟹爪装煤机。掘进装载机械化程度为47.85%,综掘机械化程度为0.28%,综掘机械效能为158米/月台。1992年以后,逐步加强综掘机械化建设。到2005年,掘进装载机械化程度为85.6%,综掘机械化程度提高到41.31%。2006年以后,进一步加强掘进装载和综掘机械化建设。到2010年,掘进装载机械化程度提高到90.01%,综掘机日平均开动台数由2005年的3.24台提高到8.81台,综掘机械化程度提高到70.96%。由于综掘巷道提倡锚杆锚索支护,受锚杆支护速度慢的影响,综掘机效能由2005年的290.76米/月台降低到2010年的244.01米/月台。

采煤方法　采煤是煤炭生产的主要环节。采煤方法经历了从炮采、高档普采到综采、综放的演进。

爆破采煤。1991年,平庄煤业的爆破采煤工作面有9个,1995年有8个,2000年有11个,2005年有10个,2010年有4个。爆破采煤工作面按生产工序分爆破落煤、装煤、运煤、支护、移溜、放顶及顶板管理。2013年淘汰炮采工艺。

高档普采。1991年,平庄矿务局有高档普采队11个。其中元宝山煤矿二井、三井、四井各1个,五家煤矿四井1个,古山煤矿三井1个,红庙煤矿一井1个、二井2个,风水沟煤矿3个。是平庄煤业高档普采工作面最多的一个时期。高档普采在各矿使用的效果不好,产量不高,时有冒顶事故发生。2000年,平庄煤业高档普采仅剩古山煤矿三井5103队、红庙煤矿二井5142队、风水沟煤矿二区5131队3个。2005年后,平庄煤业再没有高档普采工作面。

综合机械化采煤。综合机械化采煤是采煤的全部生产过程包括落煤、运煤、支护、顶板管理以及顺槽运输等全部实现机械化。1991—2002年,平庄煤田有1套综采设备在风水沟煤矿一区5123采煤队使用。2003年,红庙煤矿二井新增一套综采设备。同年,风水沟煤矿一区5123综采工作面机组设备进行更新换代。2005年以后,风水沟煤矿、红庙煤矿综采设备进一步升级。至2014年末,平庄煤业使用的综采设备有4套。其中风水沟煤矿一区1套、二区1套,红庙煤矿二井1套,老公营子煤矿1套。

综采放顶采煤。平庄煤业综放的使用可分为两个阶段:1989年7月至1997年4月,主要采用双铰支撑掩护式开天窗中位放顶煤支架;2006年10月至2014年12月,采用掩护式低位放顶煤支架。

通风　1990年以前,平庄煤业多数矿井建有比较完善的机械通风系统。1991年,对各矿井经第一次通风系统改造,全部实现矿井机械通风。2000—2014年,随着生产规模扩大和科学技术发展,平庄煤业对各矿井多次实施通风系统改造,提高矿井通风能力。采用先进技术,对通风系统进行优化简化,实施开拓专用风井4条,开拓专用风巷2150米,简化巷道2560米,增加并联风路6条,减阻扩巷4892米;矿井内尽可能减少通风设施数量,井巷采用经济合理的通风断面,降低通风阻力,使矿井通风系统达到稳定性、安全性、科学性。改造地面主要通风机,更换旧式4-72-11型离心式主要通风机14台,其中采用2K58型轴流式主要通风机10台,BD-Ⅱ型对旋轴流式主要通风机4台,对风硐、闸门、扩散器等进行相应的改造,使主要通风机安全、稳定运行。通风系统达到矿井通风压力分布均衡,风流、风量、风速、风质符合《煤矿安全规程》规定,矿井有效总风量充裕系数达到1.8倍以上,采区内风量充裕系数达到1.5倍以上,提高了矿井防灾抗灾能力。

排水　1991年以后,平庄煤业不断加强排水设备的更新换代,将老式主排水泵更换为新型高效主排水泵。到2014年,有新型高效主排水泵40台。其中风水沟煤矿4台,老公营子煤矿1台,红庙煤矿14台,六家煤矿2台,古山煤矿13台,元宝山煤矿(兴山矿业公司)3台,五家煤矿3台。至2009年,共配置大小水泵191台,每年都要对防、排水系统进行维护和检修。

运输 1991—2014年，平庄煤业的煤炭生产运输方式主要有提升运输、皮带运输、刮板机运输、架线电机车运输、汽车运输等。

矿井提升运输。老公营子煤矿主副井直流提升机为井塔式多绳摩擦式提升机，维护简单方便，工作安全可靠。六家煤矿主副井提升系统为立井提升，1999年正式投入使用。2005年5月，装备GHT型过卷缓冲托罐装置及NB型防蹾罐装置，组成整体过卷过放保护系统。2006年，绞车由原来的电气控制设备更换为绞车电控系统。采用数字化的动力制动装置，提升机运行更加平稳。2010年2月安装机车监控系统。古山煤矿一井和瑞安矿业公司主提升为斜井串车提升。风水沟煤矿、红庙煤矿、古山煤矿、兴山矿业公司、瑞安矿业公司的辅助提升，均为副斜井单绳缠绕提升机。

皮带机运输。1991年以后，大部分井工矿更换为强力皮带机运输。到2014年，平庄煤业有主要皮带运输机35台。其中风水沟煤矿16台，六家煤矿4台，元宝山煤矿（兴山矿业公司）2台，五家煤矿（瑞安矿业公司）4台，老公营子煤矿2台，红庙煤矿5台，古山煤矿2台。

架线电机车运输。架线（蓄电池）电机车运输主要用于辅助生产运输。2014年，平庄矿务局共有45台。

刮板机运输。刮板运输机类型复杂，随着煤矿机械化步伐加快，已大量淘汰。至2009年，平庄煤业共有173台刮板运输机。刮板运输机属可移动设备，各单位根据生产需要租赁使用。

汽车运输。载重汽车是元宝山露天煤矿的主要运输设备，主要用于原煤和岩土的运输。元宝山露天煤矿有两种大型载重汽车：一种是本溪重型汽车制造厂生产的LW-392型，载重量68吨，功率800千瓦，1994年5月开始使用，2010年有32台；另一种是包头北方重型机械股份有限公司生产的TR-100型，载重量91吨，功率1050千瓦，2001年10月开始使用，2010年末有18台。2014年，西露天煤矿有太原重型机械厂生产的WK-4型电铲18台，功率250千瓦；有德国生产的EL-2/23电机车12台，功率1400千瓦。生产工艺改变后，购置包头北方重型机械股份有限公司生产的JERES 3304型载重汽车20台，载重量28吨，2007年6月开始使用。

二、露天开采

平庄煤业有2个露天开采煤矿：西露天煤矿、元宝山露天煤矿。

西露天煤矿 1958年8月开工建设，1965年移交生产，核定生产能力为150万吨/年，是我国自行设计和建设的第一个露天煤矿。1986年，西露天煤矿开始实施“632”方案设计，即在不改变核定生产能力、生产工艺和开拓开采方式的前提下，以632平盘为界向深部收口，废除上部铁路运输系统和山后排土场。因受第三系地层大规模滑坡的影响，台阶无法按设计到界。1997年，实施南区局部卡车出煤工艺改造，利用卡车的优势在南区铁道不能延伸下去的部位进行公路延伸工艺改造，通过转载站装自翻车，利用既有开拓

运输系统完成部分采煤作业,维持100万吨/年左右的煤炭产量。2004—2007年,西露天煤矿商品煤年产量160万~210万吨。2014年,西露天煤矿煤炭产量达到240万吨。

元宝山露天煤矿 1990年10月开工建设,2005年4月移交生产,设计规模年产原煤500万吨。元宝山露天煤矿采用连续、半连续的综合开采工艺。上部剥离采用轮斗挖掘机→胶带机→分流站→排土机的连续作业系统;下部剥离及煤炭生产采用单斗电铲→重型汽车→破碎站→胶带机→排土机(选煤厂)的半连续作业系统。主要生产设备为每小时挖掘能力3600立方米的轮斗挖掘机,每小时排土能力5000立方米的排土机,12立方米、15立方米电铲,载重91吨和68吨自卸汽车等。2006年生产原煤500万吨,2008年产量800万吨,2010年产量950.20万吨,2014年产量达到1237万吨。

第五节 生产企业

一、大型国有煤矿

赤峰市有1家大型国有煤矿企业——内蒙古平庄煤业(集团)有限责任公司。始建于1959年,称平庄矿务局。1991年,隶属于东北内蒙古煤炭集团公司(简称东煤公司),为国家二级企业。1994年3月,东煤公司撤销,平庄矿务局隶属国家煤炭部、自治区煤炭工业局双重领导。1998年7月,平庄矿务局划归内蒙古自治区人民政府领导。2000年7月,平庄矿务局改制为内蒙古平庄煤业(集团)有限责任公司(简称平庄煤业)。2003年9月,平庄煤业划归赤峰市人民政府领导。2008年6月,中国国电集团公司以51%的股权对平庄煤业控股,平庄煤业加入中国国电集团公司,至2014年未变。

1991年,平庄矿务局辖2个矿田区、6个生产矿和2个在建矿。位于南部的平庄矿田区总面积70平方公里,有五家矿、西露天矿、古山矿、古山立井和古山露天矿区。元宝山矿田区总面积140平方公里,有红庙子矿、元宝山矿、元宝山露天在建矿和风水沟矿等。有职工3.18万人,生产原煤603.7万吨,工业总产值2.96亿元,有固定资产原值11.74亿元。1991—2014年,平庄矿区先后报废煤源枯竭的元宝山煤矿、五家煤矿一井、五家煤矿二井、五家煤矿三井、红庙煤矿一井、古山煤矿一井、古山煤矿二井7家矿井;建设投产老公营子煤矿、六家煤矿。至2014年末,平庄煤业有8个生产矿。其中有瑞安矿业公司煤矿、古山煤矿三井、红庙煤矿二井、风水沟煤矿、六家煤矿、老公营子煤矿6个井工矿;有西露天煤矿、元宝山露天煤矿2个露天煤矿。共有职工18089人,在赤峰地区煤炭产量2100万吨,工业总产值43.9亿元,利税12.2亿元。

二、地方煤矿

1991年,全市有地方煤矿198家,有职工1.79万人,全年生产原煤389.1万吨,工业总产值1.54亿元。其中国营煤矿12家,有职工5900人,生产原煤141.1万吨,工业总产值9322万元;乡镇集体煤矿186家,有职工1.22万人,生产原煤248万吨,工业总产值 6078 万元。地方国营煤矿基本实现机械提升、爆破采煤和机车运输的开采方式；乡镇煤矿设备简陋，机械化程度不高。1992 年以后，乡镇煤矿进一步发展。到 1994 年，全市在册乡镇煤矿 202 家。1995 年，自治区政府把赤峰市作为乡镇煤矿治理整顿的重点地区，到 12 月末，全市清理整顿停封矿井 164 家。1998 年开始，实施关井压产，将资源不足、开采技术落后、原煤质量低、产量少、严重破坏环境的矿井予以关停。到 2000 年，全市有限额以上地方煤矿 68 家，全年共生产原煤 273.11 万吨，完成工业总产值 1.37 亿元。其中国营煤矿 10 家，生产原煤 91 万吨；乡镇煤矿 58 家，生产原煤 182.11 万吨。2001 年以后，赤峰市深化地方煤矿体制改革，国有煤矿实行公司制改造，乡镇煤矿改制为民营企业。到 2010 年，全市规模以上地方煤矿减少到 22 家，全年共生产原煤 288.85 万吨，工业总产值 6.07 亿元，其中地方国有煤矿企业 10 家，民营煤矿企业 12 家。2012 年以后，受煤炭市场不景气的影响，全市煤矿企业生产和效益下滑。2014 年，全市有规模以上地方煤矿企业 15 家，年生产原煤 310.35 万吨，工业总产值 5.68 亿元。

2014 年赤峰市规模以上主要煤矿企业基本情况统计表

表 5-2-8

企业名称	主要产品	生产能力（万吨 / 年）	资产总额（万元）
内蒙古平庄煤业（集团）有限公司	原煤	2100	1238166
赤峰宝马矿业有限公司	原煤	45	9364
刘家店元通煤业有限公司	原煤	30	21646
赤峰市建昌营煤业有限责任公司	原煤	45	18915
赤峰西拉沐沦（集团）投资有限公司	原煤	75	32966
赤峰向阳煤业有限公司	原煤	30	2367
赤峰泰兴煤业公司	原煤	30	2272
赤峰元宝山大黑山煤炭有限公司	原煤	30	4787
赤峰宝山能源（集团）铁东煤业有限责任公司	原煤	30	6705
赤峰元宝山房身煤业公司三矿	原煤	36	3144
元宝山区山前镇马架子青年煤矿	原煤	30	3306
元宝山区山前永兴煤矿	原煤	30	491
风水沟下坎子村东山煤矿	原煤	30	2633
赤峰安庆煤矿	原煤	30	3468
宁城四龙矿业有限责任公司	原煤	80	6769
合计		2651	1356999

其中国有煤矿企业9家,有员工1533人,生产原煤125万吨,工业总产值2.29亿元。全市共有民营煤矿企业32家,生产原煤185.35万吨,工业总产值3.39亿元。地方煤矿较大企业有赤峰四龙矿业有限责任公司、赤峰市建昌营煤业有限责任公司、赤峰西拉沐沦(集团)投资有限公司、赤峰向阳煤业有限公司、元宝山区山前镇马架子青年煤矿、赤峰安庆煤矿等。民营煤矿企业只有10家能维持生产。

宁城四龙矿业有限责任公司　位于宁城县天义镇西北大城子镇四龙头沟村。1991年,四龙煤矿生产原煤36.44万吨,完成工业总产值545.4万元。1995年,引进高档普采设备,年生产原煤能力提高到45万吨。2000年,宁城县政府对四龙煤矿实施公司制改造,组建国有控股、员工持股的有限责任公司,同时更名为“宁城矿业有限公司”。2002年10月,宁城矿业有限公司组建宁城四龙矿业集团。2005年,减持国有股,企业转制为民营企业。2010年,企业有员工1366人,年产原煤41万吨,完成工业总产值6405万元,利润1104万元,缴纳税金22.2万元。2014年,企业有员工575人,年生产能力80万吨,当年生产原煤16万吨,完成工业总产值5001万元,产品销售收入5867万元,利润-1326.4万元,缴纳税金36万元。

三、经济效益

1991年,赤峰市有大型国营煤矿企业1家;有地方煤矿企业198家,其中国营煤矿企业12家,乡镇煤矿企业186家。全市有乡及乡以上煤矿企业49家,原煤产量992.8万吨,工业总产值4.51亿元,固定资产原值13.20亿元。国营煤矿企业实行计划经济管理体制,受乡镇煤矿企业无序发展及市场经济影响,国营煤矿企业经济效益不佳,全市煤矿企业利税额-5058万元。1992年,全市煤矿企业利税总额为-5968.1万元。1993年,国营煤矿企业深化经营机制改革,进一步落实生产责任制,加上煤炭价格上涨等因素,经济效益有所回升。到1994年,全市煤炭工业总产值6.75亿元,利税额达到4641.2万元。1995年开始,对达不到要求的小煤矿进行清理整顿。1998年开始,对环境污染严重、技术落后、产能不足等地方煤矿进行关井压产,促进了煤矿企业健康有序发展。到2000年,全市地方煤矿减少到68家,全市煤矿企业共产原煤917.11万吨,工业总产值6.58亿元,利税额提高到6854.9万元,固定资产原值达到19.03亿元。2001年以后,赤峰市进一步开展煤矿治理整顿,进一步深化地方煤矿体制改革,国有煤矿实行公司制改造,乡镇煤矿改制为民营企业。到2010年,全市地方煤矿减少到22家。全市煤矿企业共生产原煤2956.85万吨,比2000年增长2.22倍;工业总产值82.31亿元,比2000年增长11.5倍;利税额27.55亿元,比2000年增长39.19倍;固定资产原值70.89亿元,比2000年增长2.72倍。2011年,全市煤炭工业经济继续快速增长。2012年以后,随着石油、电力、天然气等能源的快速发展,煤炭市场不景气,全市煤矿企业生产和效益下滑。到2014年,全市原煤产量2669.25万吨,比2010年下降9.73%;工业总产值123.69亿元,比2010年增长50.27%;利税12.21亿元,比2010年下降55.68%;固定资产原值94.40亿元,比2010年增加33.15%。

第三章 冶金工业

1991年，赤峰市有冶金工业企业64家，职工18169人，工业总产值3.28亿元，利税5023万元。1992年以后，赤峰市深入开展工业经济体制改革，转换经营机制，扩大企业自主权，提高企业经营活力，赤峰市冶金工业平稳较快发展。到1995年，赤峰市有乡及乡以上独立核算冶金工业企业92家，职工27368人，工业总产值7.40亿元，利税6330.6万元。1996年以后，赤峰市加快和深化工业经济体制改革步伐，对不同企业实行租赁承包、兼并、破产及产权制度改革和建立现代企业制度等一系列改革。淘汰落后产能，激发企业活力，促进冶金工业的快速发展。到2000年，赤峰市限额以上独立核算冶金工业企业发展到122家，企业员工15437人，工业总产值8.69亿元，利税9088.6万元。2001年以后，市政府印发《赤峰市招商引资优惠措施若干规定》，加大招商引资力度，引进南非库博公司、中国有色金属股份有限公司、云南铜业股份有限公司、山东黄金集团、东北特钢集团、包头钢铁(集团)有限责任公司等大企业合资合作。赤峰市冶金工业生产规模不断扩大，产品种类逐步增多，管理水平、工艺装备水平、技术水平、资源综合利用能力明显提高，冶金工业成为赤峰市工业重要支柱。

为加快有色金属产业发展，赤峰市政府于2003年、2007年、2010年、2011年先后4次举办全国性、高规格的有色金属产业发展论坛。来自全国的地质专家、政府领导和企业代表，就赤峰市如何从矿业资源基地向新型产业基地跨越、大兴安岭地区有色金属产业转型发展等问题进行研讨。2003年，赤峰市被列为国家重点找矿区域。2010年，赤峰市被命名为中国有色金属之乡，进一步促进了赤峰市冶金工业特别是有色金属工业的发展。

2010年，全市规模以上冶金工业企业173家，企业员工51534人，工业总产值681.06亿元，利税98.53亿元。2014年，赤峰市规模以上冶金工业企业143家，企业员工54334人，工业总产值1050.46亿元，利税61.66亿元，其中规模以上黑色、有色金属冶炼及压延企业42家，员工26754人，工业总产值561.4亿元，利税18.8亿元。冶金工业对全市重点工业行业增加值贡献率达到57.1%，其中黑色金属和有色金属行业分别为14.2%和42.9%；工业增加值占全市规模以上工业企业增加值的49.2%，其中黑色金属行业和有色金属行业分别为12.4%和36.8%。

第一节 有色金属勘探

赤峰市地处大兴安岭南麓，矿产资源丰富。从20世纪50年代开始，国家和地方地质勘探部门不断加强对赤峰地区矿产资源的勘探和开发，先后发现克什克腾旗黄岗梁大型铁锡矿床，巴林左旗白音诺尔特大型多金属矿床，敖汉旗金厂沟梁金矿，松山区红

1991—2014年赤峰市冶金工业主要经济指标统计表

表5-2-9

年份	工业总产值（万元）	利税总额（万元）	固定资产原值（万元）	职工总数（人）
1991	32822.8	5023	38591.7	18169
1992	45521.4	7180.8	42482.7	18017
1993	68200	11300	60200	29410
1994	62879.1	9356	72106.4	28639
1995	73995.8	6330.6	91008	27368
1996	90263.3	7131.5	103588.3	26684
1997	94129.6	6856.8	167387.7	25325
1998	70662.7	–3516.1	169131.8	19754
1999	83067.9	8227.6	160736.3	16461
2000	86885.9	9088.6	156465.6	15437
2001	82950.8	7310.2	161113.9	16861
2002	98218	11874.9	154954.4	16159
2003	165860.4	19788.4	184305	18131
2004	347711.3	61904.9	178163.9	22405
2005	581753.6	104280.9	235916.1	22120
2006	1377689	258776.8	319010.2	29883
2007	3085406.5	687509.1	587814.2	35746
2008	4385789.1	606850	1017011.3	38936
2009	515721.8	585078.7	1902407	48800
2010	6810552.8	985304.1	2814081	51534
2011	7684852.4	1109268	2843138.5	52959
2012	10104971	974234	2596064.5	54667
2013	11265922	989670.2	2680470	56269
2014	10504581.5	616580.4	2670593.1	54334

说明:1991—1997年为乡及乡以上独立核算企业,1998—2002年为限额以上企业,2003—2014年为规模以上企业数据。

1991—2014年赤峰市冶金工业主要产品产量统计表

表5-2-10

年份	铅金属（吨）	锌金属（吨）	铜金属（吨）	锡金属（吨）	锡锭（吨）	黄金（千克）
1991	7904	16000	1960	100	159	1916.00
1992	9282	17260	2209	312	229	2207.94
1993	9569	20374	2178	277	366	2578.50
1994	13207	27704	2217	283	378	3780.04
1995	13164	32713	2922	332	335	2915.10
1996	6444	6607	1143	526	—	3181.00
1997	8059	13041	1253	422	13041	3432.00
1998	6340	21176	2031	746	21180	3390.00
1999	10463	22540	2400	1095	23000	3434.00
2000	7767	24567	4827	163	24567	2536.33
2001	8061	23587	5259	473	—	2468.57
2002	8035	23719	11578	—	—	2413.83
2003	11535	27704	32105	—	—	2241.69
2004	28761	68416	42528	576（精粉）	—	2226.93
2005	36537	49701	51408	584（精粉）	—	2953.05
2006	51779	50727	57253	—	—	2926.27
2007	15873	77219	72828	—	—	10712.00
2008	38714	101208	110633	—	—	16468.00
2009	19181	86806	184828	—	—	10126.00
2010	55135	82040	208487	—	—	6358.00
2011	82473	119172	243554	959	—	6946.79
2012	50954	126554	186168	5474	—	7639.00
2013	66508	125060	244526	—	—	8592.10
2014	66784	217334	249271	—	—	8375.00

花沟金矿、柴胡栏子金矿等有色金属矿床，开发建设一批有色金属开采、生产企业，促进了赤峰市工业经济发展。1991年以后，赤峰市逐步加强矿产资源特别是有色金属资源勘探开发工作。内蒙古自治区有色地质勘查局108队、内蒙古第十地质矿产勘查开发院、核工业二四三大队等地质勘探部门也在赤峰地区积极开展有色金属勘查。1994年，市政府与在赤峰进行大兴安岭南段矿产资源调查研究的中科院地质与地球物理研究所签订《赤峰地区矿产资源勘查与开发合作意向书》，开展联合勘查开发。1997年，内蒙古赤峰地质矿产勘查开发院成立，有色金属勘查队伍不断增多，促进了赤峰市有色金属产业的发展。2000年后，赤峰市确立“工业强市”发展战略，把有色金属勘探开发列为工业发展的重要内容，积极开展有色金属资源勘探开发工作。

2003年，大兴安岭矿产资源远景研讨会在赤峰市召开，一批国家矿业权威专家学者与会，经过考察论证，提出把大兴安岭南麓作为中国有色金属战略接续基地。市政府与中科院地质与地球物理研究所签订了矿产资源勘查、开发合作意向，建立了联合研发中心。从2003年开始，赤峰市不断加大政府资金投入，积极鼓励企业与个人投资勘查，形成国家、地方、社会多元化投资格局，促进了有色金属勘查工作的快速发展。2007年7月，赤峰市举办有色金属产业发展论坛，来自全国各地的地质专家、企业代表围绕赤峰市如何从矿业资源基地向新型产业基地跨越、大兴安岭地区有色金属产业转型发展等进行研讨，对赤峰市有色金属产业基地科学、可持续发展提出许多建议。此次论坛后，市政府出台《加快有色金属工业发展的决定》，加强与地勘单位和科研院所合作，引进先进技术，大力开展有色金属资源勘查工作。2003—2010年，全市累计投入勘查资金47亿元，勘查总面积2.5万平方公里。扩大了黄岗梁、白音诺尔、大井子、小营子等一批老矿规模，增加了资源储量；新查明拜仁达坝、维拉斯托、红山子、鸡冠山、车户沟等一批大中型金属矿床。到2010年，赤峰地区有国有勘查机构5个，民营勘查机构17个，有地质矿产技术人员1000多人。

国家“十二五”规划中，在全国确定16个重点勘查成矿带，以赤峰为核心的大兴安岭南麓被列入其中。此后，市政府先后出台一系列鼓励有色金属勘查政策，加大有色金属勘查力度，对有色金属勘查工程优先审批用地、用水、用电等项目。到2014年，全市已探明铜、铅、锌、钨、锡主要产地20处，全市有色金属资源保有储量：铜107.8万吨、铅560.8万吨、锌895.5万吨、钨4.7万吨、锡33.8万吨、钼40.9万吨、金227吨、银21383吨。有色金属资源主要集中在克什克腾旗、巴林左旗、巴林右旗、林西县、翁牛特旗，南部旗县区有少量分布。

铅锌矿　全市已知矿产地76处，其中大型矿床4处，中型矿床6处，小型矿床15处，矿点51处。各旗县区均有分布，储量集中在克什克腾旗、巴林左旗、翁牛特旗。

铜矿　全市已知矿产地109处，其中中型矿床3处，小型矿床10处，矿点96处。各旗县均有分布，林西县、阿鲁科尔沁旗、敖汉旗等分布较多。

钼矿　全市已知矿产地11处，其中大型矿床1处，中型矿床3处，小型矿床2处，

矿点5处。分布在阿鲁科尔沁旗、巴林左旗、巴林右旗、林西县、克什克腾旗、敖汉旗、松山区等地。

锡矿　全市已知矿产地18处,其中大型矿床1处,中型矿床4处,小型矿床4处,矿点9处。主要有克什克腾旗黄岗梁铁锡矿、安东锡矿、莫古吐锡矿及林西县大井子锡矿等。

钨矿　全市已知钨矿4处,其中中型矿床2处,小型矿床2处。主要以伴矿形式出现,分布于克什克腾旗黄岗梁铁锡矿区、同兴铅锌多金属矿区及林西县三七地铅锌矿区。

第二节　有色金属与金银矿采选

一、有色金属矿

铅锌矿　赤峰市铅锌采选集中在巴林左旗、克什克腾旗、翁牛特旗。1991年,全市有乡及乡以上独立核算铅锌采选工业企业10家,职工6357人,工业总产值6734.8万元,利税1551万元。其中白音诺尔铅锌矿日处理矿石400吨,赤峰梧桐花铅锌矿日处理矿石500吨,翁牛特旗洞子铅锌矿日处理矿石50吨。到2000年,全市有限额以上独立核算铅锌采选企业12家,职工13788人,工业总产值3.62亿元,利税4635.2万元。2001—2010年,巴林左旗辽都矿业有限责任公司、巴林左旗东方富源矿业有限公司、巴林左旗开源矿业有限责任公司、内蒙古维拉斯托矿业有限责任公司、克什克腾旗金辉矿业有限责任公司、克什克腾旗鑫宇矿业有限责任公司、赤峰德发矿产有限公司、赤峰市翁牛特旗山川矿业有限责任公司、翁牛特旗盛世莲花矿业有限责任公司、翁牛特旗四维迈拓矿业有限公司等铅锌采选工业企业相继建成投产。中国有色金属建设股份有限公司、山东黄金集团到赤峰投资建矿。2010年,全市有规模以上铅锌采选工业企业70家,从业人员2.39万人,工业总产值196.03亿元,利税41.77亿元。到2014年,全市铅锌采选工业企业减少到39家,从业人员10950人,工业总产值367.38亿元,资产总额93.46亿元。

铜矿　1991年,赤峰市有铜矿企业6家,年采矿能力40万吨。其中规模最大的是隶属于中国有色金属工业公司的林西大井银铜矿, 日采选能力400吨;其他除林西铜矿是林西县地方国营企业外,均为乡镇企业,采选规模不大。全市当年生产铜精粉2000多吨。1999年9月,宁城县黑里河松海铜矿成立。到2000年,全市有铜矿企业7家,年采矿能力近百万吨,生产电解铜4827吨。2001年以后,赤峰市铜矿开采进一步发展,铜矿开采企业不断增加。2003年3月,阿鲁科尔沁旗巴彦包温都包力高铜矿建立,进行铜矿开采加工。2006年1月, 内蒙古拜仁矿业有限公司在克什克腾旗建立白音查干敖包铜矿,进行锌、铜、铅、银矿采选和加工。2006年11月,内蒙古维拉斯托矿业有限公司在克什克腾旗白音查干苏木建立多金属矿,进行铜、锌、钨开采加工。2010年,全市生产粗铜15.66万吨,精铜20.85万吨。2011年2月,宁城县松丰铜矿建立,进行铜矿开采加工。2014年,全市有铜矿企业13家,规模较大的有林西县大井子银铜矿、白音查干敖包

2014年赤峰市规模以上铅锌采选企业基本情况统计表

表5-2-11

企业名称	主要产品	生产能力	资产总额（万元）	职工人数（人）
内蒙古第十地质矿产勘查开发有限责任公司	铅、锌、铜	3000吨/日	40571	345
阿鲁科尔沁旗鑫源矿业有限责任公司	铅、锌精粉	300吨/日	7745	154
阿鲁科尔沁旗龙钰矿业有限公司	铅、锌精粉	300吨/日	7287	80
赤峰中色白音诺尔矿业有限公司	铅、锌	3500吨/日	229926	2108
赤峰山金红岭有色矿业有限责任公司	铅、锌	5000吨/日	106785	480
赤峰市白音罕山矿业有限公司	铅、锌	300吨/日	32409	230
巴林左旗白音诺尔益兴铅锌矿业有限责任公司	铅、锌	100吨/日	15955	123
巴林左旗辽都矿业有限责任公司	铅、锌	800吨/日	34406	130
赤峰市玉峰矿业有限公司	铅、锌	2100吨/日	64486	340
巴林左旗东方富源矿业有限公司	铅、锌	800吨/日	3890	57
巴林左旗大乾元矿业有限公司	铅、锌	200吨/日	2590	90
赤峰市宇邦矿业有限公司	银、铅精粉	3000吨/日	47719	299
赤峰源隆矿业有限公司	铅、锌精粉	300吨/日	2405	182
巴林左旗开源矿业有限责任公司	铅、锌精粉	1000吨/日	6625	80
赤峰市辽溪矿业有限责任公司	铅、锌精粉	1000吨/日	5000	158
赤峰富生矿业有限公司	铅、锌精粉	300吨/日	5296	433
巴林右旗永安矿业有限责任公司	铅、锌精粉	500吨/日	4186	181
巴林右旗巨源矿业有限责任公司	铅、锌精粉	500吨/日	25236	427
赤峰市明珠矿业有限公司	铅、锌精粉	300吨/日	1046	312
林西天成矿业有限公司	铅、锌、银	1000吨/日	2275.9	159
内蒙古拜仁矿业有限公司	铅、锌、铜	2000吨/日	54543	624
内蒙古维拉斯托矿业有限公司	锌、铜	1000吨/日	38778	475
克什克腾旗金辉矿业有限责任公司	铅、锌	1000吨/日	27358	276
克什克腾旗鑫宇矿业有限责任公司	铅、锌	500吨/日	17833	279
克什克腾旗金星矿业有限责任公司	铅、锌	300吨/日	8460	197
赤峰德发矿产有限公司	铅、锌	500吨/日	18533	210
克什克腾旗郝氏矿业有限责任公司	铅、锌	300吨/日	9178	196
克什克腾旗开元矿业有限责任公司	铅、锌	9万吨/年	10478	183

续表

企业名称	主要产品	生产能力	资产总额（万元）	职工人数（人）
内蒙古盛地矿业有限责任公司	铅、锌粉	9 万吨 / 年	12243	192
赤峰市天毅矿业有限公司	铅、锌粉	9 万吨 / 年	6781	150
翁牛特旗湘大矿业有限责任公司	铅、锌粉	60 万吨 / 年	6951	270
赤峰市翁牛特旗山川矿业有限责任公司	铅、锌粉	15 万吨 / 年	10197	97
赤峰诚鑫矿业有限责任公司	铅、锌粉	30 万吨 / 年	17313	78
翁牛特旗梧桐花鑫春有色金属选矿厂	铅、锌粉	15 万吨 / 年	16424	267
翁牛特旗宏祥矿业有限公司	铅、锌粉	15 万吨 / 年	5994	134
翁牛特旗皇姑屯铅锌矿产有限责任公司	铅、锌粉	15 万吨 / 年	7778	79
翁牛特旗盛世莲花矿业有限责任公司	铅、锌粉	15 万吨 / 年	7849	155
翁牛特旗四维迈拓矿业有限公司	铅、锌粉	15 万吨 / 年	6711	296
赤峰恒久矿业有限公司	铅、锌粉	30 万吨 / 年	5347	424

铜矿、白音查干多金属矿 3 家，有小型矿 10 家，生产精铜 24.93 万吨。

钼矿　20 世纪 90 年代，赤峰市有零星钼矿开采。进入 21 世纪，赤峰市钼矿开采规模逐渐扩大。2003 年，敖汉磊鑫矿业有限公司成立，主要经营铜、钼开采、钼精粉生产等。2004 年，赤峰市碾子沟矿业有限责任公司、赤峰国维矿业有限公司相继成立，主要产品为钼精粉。到年末，全市有敖汉磊鑫矿业有限公司、赤峰市碾子沟矿业有限责任公司、赤峰国维矿业有限公司 3 家规模以上钼矿开采企业。2007 年，阿鲁科尔沁旗赤峰敖仑花矿业有限责任公司成立。此后，松山区老府镇蒙古营子钼矿、宁城县西泉乡新星钼矿、关家营满族乡新店银洞子沟钼矿、赤峰市环球有限公司等企业先后建立，从事钼矿开采。规模最大的是赤峰敖仑花矿业有限责任公司。到 2010 年，全市有较大型钼矿开采企业 13 家，小型钼矿企业 8 家，采选能力 4 万吨 / 日，年生产钼精粉 1.5 万吨以上。主要矿山有阿旗敖仑花铜钼矿，采选能力 1.5 万吨 / 日；松山区车户沟铜钼矿，采选能力 5000 吨 / 日；松山区水地鸡冠子山铜钼矿，采选能力 1 万吨 / 日；松山区碾子沟铜钼矿，采选能力 3000 吨 / 日；克什克腾旗小东沟钼矿，采选能力 5400 吨 / 日；林西县红林锡钼矿，采选能力 2000 吨 / 日。2011 年，赤峰国维矿业有限公司启动总投资 75 亿元，实施日处理矿石 6 万吨的采选扩建项目，采选处理能力不断提高。至 2014 年，全市有钼矿开采企业 11 家，年生产钼精粉 2.64 万吨，产值 3.56 亿元。

二、金、银矿

1991 年，赤峰市有乡及乡以上金、银矿企业 28 家。主要企业有敖汉旗金厂沟梁金矿、敖汉旗撰山子金矿、赤峰红花沟金矿、喀喇沁旗大水清金矿、赤峰柴胡栏子金矿。共有从业人员8878人,年生产黄金1916千克,工业总产值1.08亿元,利税2755万元。到2000年,赤峰市有限额以上金、银矿企业7家,从业人员4016人,年生产黄金2536.33千克,工业总产值5.07亿元。2001年以后,赤峰永丰矿业有限责任公司、内蒙古银都矿业有限责任公司、赤峰鸡冠山矿业有限公司、敖汉旗鑫浩矿业有限公司、敖汉旗宇丰矿业有限责任公司、敖汉旗克力代矿业有限公司、敖汉旗鑫瑞恩矿业有限责任公司等金、银矿相继建成投产。到2010年,全市有规模以上金、银矿企业15家,从业人员6612人,年生产黄金6358千克,工业总产值13.99亿元。到2014年,赤峰市有规模以上黄金、白银采选工业企业16家,黄金产量8375千克,白银产量21.52万千克,工业总产值53.47亿元。

2014年全市规模以上黄金、白银采选企业基本情况统计表

表5-2-12

企业名称	主要产品	矿石处理能力	资产总额（万元）	职工人数（人）
赤峰银海金业有限责任公司	黄金、白银	600吨/日	10396.90	235
赤峰华泰矿业有限责任公司	黄金	250吨/日	15253.50	511
赤峰永丰矿业有限责任公司	黄金	100吨/日	25726.20	95
赤峰柴胡栏子黄金矿业有限公司	黄金	400吨/日	18806.80	243
内蒙古银都矿业有限责任公司	银、铅锌	3000吨/日	74563.00	617
赤峰金蟾矿业有限公司	黄金	500吨/日	18097.20	396
赤峰鸡冠山矿业有限公司	黄金	120吨/日	5242.80	136
内蒙古金陶股份有限责任公司	黄金	1500吨/日	81977.00	2485
赤峰吉隆矿业有限责任公司	黄金	600吨/日	5253.00	1128
敖汉旗龙武矿业有限责任公司	黄金	500吨/日	2104.00	130
敖汉旗鑫浩矿业有限公司	黄金	300吨/日	7768.00	49
敖汉旗宇丰矿业有限责任公司	黄金	300吨/日	1703.00	60
敖汉旗克力代矿业有限公司	黄金	1000吨/年	5045.00	293
敖汉旗光源工贸有限公司	黄金	500吨/日	412.00	119
敖汉旗鑫瑞恩矿业有限责任公司	黄金	1000吨/年	11398.00	115
翁牛特旗华澳广源矿业投资有限公司	银、铅锌	10万吨/年	3357.00	135

第三节 黑色金属矿采选

1991年,全市有乡及乡以上独立核算黑色金属矿采选企业8家,从业人员473人,工业总产值564.2万元,利税145万元。1992年,赤峰黄岗铁矿成立,1996年8月建成投产,该矿区是长江以北最大的铁锡多金属矿区,铁矿石储量为1.08亿吨,锡金属储量45.5万吨。1992年以后,其他小型采选企业相继关闭。2000年,赤峰市限额以上黑色金属矿采选企业只有赤峰黄岗铁矿1家,从业人员197人,工业总产值2874.9万元。

2001年以后,敖汉旗、宁城县等旗县区黑色金属矿采选业发展较快。宁城县东兴铁选厂、宁城县辽沈兄弟矿业有限责任公司、宁城县富川矿业有限责任公司、宁城县宏大矿业有限公司、敖汉旗老哈河矿业有限公司、敖汉旗四家子镇双峰铁矿相继建成投产。到2010年,全市有规模以上黑色金属矿采选企业59家,从业人员6365人,采选铁矿石原矿2447.45万吨,工业总产值65.39亿元,利税10.49亿元。2014年,全市有规模以上黑色金属矿采选企业43家,从业人员6120人,采选铁矿石原矿2862万吨,工业总产值121.69亿元,利税8亿元。

第四节 金属冶炼

一、锌冶炼

1991年以前,赤峰市没有锌冶炼生产。1992年6月,赤峰冶炼厂开工建设,1995年8月建成投产,年生产电解锌2.1万吨。1998年5月,进行公司制改造,成立赤峰红烨锌冶炼有限公司。到2000年,赤峰红烨锌冶炼有限公司有从业人员1169人,年生产锌锭2.46万吨,工业总产值2.42亿元,利税2020万元。2002年8月,由南非库博公司、赤峰红烨锌冶炼有限公司、白音诺尔铅锌矿三方共同出资组建中外合资企业——赤峰库博红烨锌业有限公司,投资扩建二期工程,生产能力扩大到年产电解锌5万吨,硫酸9万吨。2005年,加入中国有色金属建设股份有限公司,更名为赤峰中色锌业有限公司,先后投资建设三期、四期工程,生产能力达到年产锌产品21万吨,硫酸43万吨。到2010年,该公司有从业人员2139人,生产锌锭10.77万吨,利税9131万元。2014年,赤峰市只有赤峰中色锌业有限公司1家锌生产企业。该公司有9个分厂,有员工3115人。主要产品有:锌锭、热镀锌合金、压铸锌合金、硫酸、阴极铜、精镉锭、钴精矿、银精矿、金精矿等。全年生产锌产品21.73万吨,工业总产值32.5亿元,利税8832万元,总资产达到35亿元。

二、铜冶炼

1991年,赤峰市只有赤峰金剑铜业有限责任公司1家铜冶炼企业。该公司始建于

2014年全市规模以上铁矿基本情况统计表

表5-2-13

企业名称	主要产品	生产能力	资产总额(万元)	职工人数(人)
巴林左旗鑫泰铁矿有限责任公司	铁	2000吨/日	10690.00	218
金港矿业投资有限公司	锌、铁精粉、免烧砖	免烧砖2000万块/年	1836.00	89
赤峰市天霸工贸有限公司	铁精粉	400吨/日	757.00	68
内蒙古黄岗矿业有限责任公司	铁精粉	铁精粉110万吨/年、锡精粉2000吨/年、锌精粉5000吨/年、白钨精粉600吨/年	179568.00	1223
克什克腾旗西北矿业有限公司	铁精粉	50万吨/年	38960.00	380
赤峰兆峰矿业有限责任公司	铁精粉	15万吨/年	27754.00	186
克什克腾旗同兴燕腾矿业有限责任公司	铁精粉	9万吨/年	113321.00	212
翁牛特旗广久矿产品有限公司	铁粉	30万吨/年	1938.00	310
宁城县辽沈兄弟矿业有限责任公司	铁精粉	20万吨/年	1896.00	65
宁城县富川矿业有限责任公司	铁精粉	20万吨/年	2468.20	105
宁城恒峰矿业有限公司	铁精粉	16万吨/年	1089.00	64
宁城县生鑫矿业有限公司	铁精粉	20万吨/年	1845.60	116
宁城县宏大矿业有限公司	铁精粉	90万吨/年	70956.00	740
宁城明森矿业有限公司	铁精粉	20万吨/年	2720.60	75
内蒙古宁城首鑫源矿业发展有限公司	铁精粉	25万吨/年	12272.00	220
宁城县西泉铁矿厂	铁精粉	30万吨/年	4233.60	95
宁城迅兴矿业有限公司	铁精粉	20万吨/年	5563.80	114
宁城县宁盈选矿厂	铁精粉	13万吨/年	980.00	41
宁城县金谷矿业有限公司	铁精粉	10万吨/年	4685.40	116
宁城县兴旺家齐球团厂	铁精粉	15万吨/年	2920.00	120
宁城创溢矿业有限公司	铁精粉	25万吨/年	560.50	104
赤峰金辰矿业有限公司	铁精粉	20万吨/年	2768.10	62
宁城县东兴铁选厂	铁精粉	10万吨/年	3135.70	88
宁城县怡山矿业有限公司	铁精粉	25万吨/年	47962.70	47
敖汉旗四家子镇双峰铁矿	铁粉	10万吨/年	1123.00	60
敖汉瑞达矿业有限责任公司	铁粉	30万吨/年	3564.00	61

续表

企业名称	主要产品	生产能力	资产总额（万元）	职工人数（人）
敖汉嘉丰矿业有限公司	铁粉	10 万吨 / 年	1789.00	90
敖汉旗佳伟矿业有限公司	铁粉	10 万吨 / 年	1254.00	70
赤峰春胜铁精粉有限公司	铁粉	30 万吨 / 年	5903.00	82
赤峰市海澳铁精粉有限公司	铁粉	40 万吨 / 年	5238.00	68
赤峰市建广矿业有限公司	铁粉	20 万吨 / 年	3922.00	79
敖汉万泰矿业有限责任公司	铁粉	20 万吨 / 年	1358.00	75
敖汉旗宝丰矿业有限公司	铁粉	5 万吨 / 年	1843.00	70
敖汉旗鑫铧矿业有限公司	铁粉	5 万吨 / 年	502.00	40
敖汉旗芦城南矿业有限公司	铁粉	1000 吨 / 日	4359.00	68
敖汉旗安泰矿业有限公司	铁粉	1000 吨 / 日	2240.00	78
赤峰晟达矿业有限公司	铁粉	20 万吨 / 年	1497.00	86
敖汉旗金丰矿业有限公司	铁粉	10 万吨 / 年	4060.00	61
赤峰嘉金矿业投资有限公司	铁粉	20 万吨 / 年	16000.00	80
敖汉旗中天矿业有限公司	铁粉	15 万吨 / 年	5472.00	60
敖汉旗老哈河矿业有限公司	铁粉	15 万吨 / 年	2428.00	83
敖汉旗瑞宇矿业投资有限公司	铁粉	10 万吨 / 年	2918.00	60
敖汉旗春风矿业有限公司	铁粉	10 万吨 / 年	1121.00	56
敖汉旗东大磷铁矿业有限公司	磷铁	20 万吨 / 年	10524.00	150

1989 年，是以铜冶炼为主业的综合性社会福利企业，原隶属于沈阳军区后勤部大连企业管理局。从业人员 1850 人。年生产阴极铜 1.8 万吨，工业硫酸 3.2 万吨，工业总产值 5 亿元，利税 500 万元。

1997 年，喀喇沁旗的赤峰金峰铜业有限公司成立。1998 年，赤峰金剑铜业有限责任公司由军工企业转入地方，成为民营企业。2006 年，赤峰金峰铜业有限公司被云南铜业有色金属有限公司兼并，成立赤峰云铜有色金属有限公司，为国有控股企业。采用粗铜连续吹炼工艺，生产“铁峰”牌高纯阴极铜，年生产能力 12 万吨。2007 年，林西县的赤峰富邦铜业有限责任公司成立。2010 年，赤峰市有规模以上铜冶炼企业 3 家：赤峰金剑铜业有限责任公司、赤峰云铜有色金属有限公司、赤峰富邦铜业有限责任公司，有从业人员 4500 人。全年生产精炼铜 20.85 万吨，工业总产值 58.25 亿元，利税 37.64 亿元。2011 年，中国有色集团整体收购富邦铜业公司，投入资金 10 亿元，启动 10 万吨粗铜冶炼项目，同年6月试车生产。2014年，全市3家铜冶炼企业有从业人员4617人。全年生产精炼铜24.93万吨，工业总产值69.65亿元，利税4.5亿元。

三、铅冶炼

1991年，赤峰市有翁牛特旗新烨有色金属冶炼有限责任公司1家铅冶炼企业，年生产能力7904吨粗铅，后因污染严重被关闭。1994年10月，白音诺尔铅锌矿开工建设年产精铅6000吨冶炼工程，1996年投产，年生产精铅4399.8吨。1996—1998年，该企业共生产铅锭1.61万吨。2000年，因为污染严重关闭。

2007年5月，内蒙古兴安银铅冶炼有限公司粗铅冶炼一期工程开工建设；2008年9月，粗铅系统点火试车成功；2009年11月，粗铅系统、精铅系统分别投入生产。2011年5月，巴林左旗赤峰山金银铅有限公司成立，从事金银铅冶炼生产，2014年8月完成基础建设，投料试产成功。年生产电解铅2075.5吨、硫酸19885.63吨、氧化锌153吨，销售收入5023.3万元，利润523.9万元。2014年，赤峰市有赤峰山金银铅有限公司和内蒙古兴安银铅冶炼有限公司2家规模以上铅冶炼企业，有从业人员1948人，年生产铅6.68万吨，工业总产值29.83亿元，税金7100万元。

四、锡冶炼

1991年，赤峰市有林西县锡冶炼厂1家锡冶炼企业，职工220人，年生产精锡259吨，工业总产值328.4万元，利税178.7万元。1993年，新建一条年产2000吨电铅及配套的贵金属提取生产线，主要产品有精锡锭、铅锭、各种规格标准的焊锡条、锡基轴承合金等。1996年，林西县锡冶炼厂有职工320人，工业总产值2243万元，利税总额605万元。1999年，内蒙古宏峰有色金属集团公司把因为资金匮乏造成停产的林西县锡冶炼厂租赁给中国五矿集团公司经营，恢复生产，取得较好的经济效益。2001年，因环境污染较严重停产。2002年9月，林西县锡冶炼厂改制为林西立仁锡业发展有限公司。2004年7月，迁入金鼎工业园区。2006年6月，林西立仁锡业发展有限公司与河北廊坊明华建材有限公司合作成立明仁有色金属有限责任公司，建设年产2000吨精锡和5万吨合金合资项目，当年投产。2007年进行扩建，达到年产锡1.5万吨的生产能力。2008年，生产精锡600吨/年。2011年，中国有色矿业集团有限公司成立赤峰大井子锡业有限公司，接收明仁有色金属有限责任公司。2011年6月，赤峰大井子锡业有限公司位于林西工业园区年产1万吨精锡冶炼项目开工建设。2013年5月14日冶炼出第一炉精锡，纯度为99.97%，达到国家标准。2014年，赤峰市锡冶炼企业仅有赤峰大井子锡业有限公司1家，有员工339人，生产精锡2000吨，工业总产值2.2亿元，利润-904万元。

五、黑色金属冶炼

1991年，赤峰市有赤峰钢铁厂1家黑色金属冶炼企业。赤峰钢铁厂成立于1969年，主要产品有小型圆钢、线材、角钢、锻造钢球。1991年，有职工1490人，生产成品钢材5.21万吨，工业总产值8156.3万元，利税2125.5万元。到1998年，有职工1939人，由于市场及经营等因素影响,生产经营困难,产量下降到3.19万吨,利润-4855.7万元。

1999年8月,由九天建化集团公司、赤峰远航水泥厂接收原赤峰钢铁厂组建赤峰远建钢铁实业有限责任公司。2002年,河北唐山佳奇钢铁实业公司与赤峰远建钢铁实业有限责任公司成立赤峰远联钢铁有限责任公司,生产项目有烧结、炼铁、炼钢、连铸及轧钢等。2014年,该公司有从业人员5808人,生产钢坯、建筑用线材、棒材、中宽带钢、管材等217万吨,完成工业总产值54.36亿元,利税5300万元。2014年,全市有赤峰远联钢铁有限责任公司、宁城鑫马铸业有限公司2家钢铁冶炼企业,生产钢坯272万吨,从业人员7108人,工业总产值68.59亿元,利税6500万元。

六、钼铁冶炼

2009年5月,东北特钢集团入驻林西县。2010年1月,组建东北特钢集团林西金域钼制品加工有限公司,当年3月开工建设1万吨/年钼铁项目一期工程,采用节能型回转窑无碳焙烧技术,总投资1.2亿元。2011年7月,生产出第一炉符合国家标准的60# 钼铁,当年实现产值3.7亿元。2013年,该公司一期1万吨钼铁项目达产,年销售收入10.5亿元,利税717万元。同年7月,东北特钢集团林西金域钼制品加工有限公司2万吨钼制品加工项目联动试车成功。2014年5月,该公司启动第二期年产1万吨钼铁和500吨金属钼条生产项目,总投资2.4亿元。到年末,东北特钢集团林西金域钼制品加工有限公司有职工157人,生产钼铁合金1万吨,工业总产值3.75亿元,利税577万元。

七、金银冶炼

1991年,赤峰市规模较大的金银生产冶炼企业有赤峰红花沟金矿、敖汉旗撰山子金矿、赤峰柴胡栏子金矿3家企业,共有职工3200人,年生产黄金1916千克,工业总产值1.08亿元,利税163万元。1992年以后,随着市场经济的发展、企业经济体制改革的深入,黄金产量不断提高。1994年,赤峰柴胡栏子金矿整体加入内蒙古宏峰实业股份有限公司;2000年,柴胡栏子金矿退出宏峰公司独立经营。2000年,赤峰红花沟金矿、敖汉旗撰山子金矿、赤峰柴胡栏子金矿3家企业共有职工3645人,当年生产黄金3434千克,工业总产值1.01亿元,利税182万元。2003年9月,赤峰柴胡栏子金矿改建为赤峰柴胡栏子黄金矿业有限公司。2004年9月,喀喇沁旗赤峰金蟾矿业有限公司成立,主要进行金矿采选、冶炼等生产经营。2005年1月,赤峰红花沟金矿改建为赤峰华泰矿业有限责任公司。2005年10月,敖汉旗撰山子金矿改建为赤峰吉隆矿业有限责任公司。2010年,全市有赤峰柴胡栏子黄金矿业有限公司、赤峰金蟾矿业有限公司、赤峰华泰矿业有限责任公司、赤峰吉隆矿业有限责任公司等10家规模以上金银生产冶炼企业,共有职工3810人。黄金年产量6358千克,工业总产值12.72亿元,利税896万元。2014年,10家规模以上金银冶炼企业黄金产量8375千克,白银产量21.52万千克,工业总产值53.47亿元。

第五节 压延加工

一、黑色金属压延加工

1991年,赤峰市有赤峰钢铁厂1家黑色金属压延加工企业,职工1490人,年产线材产品5.2万吨,工业总产值6889万元,利税712万元。1999年,赤峰钢铁厂破产。2002年8月,赤峰远联钢铁有限责任公司成立,建有高速热轧线材与棒材生产线1条、带钢生产线1条、管材生产线1条,生产建筑用线材、棒材、中、宽带钢、管材等。到2014年,全市有规模以上黑色金属压延加工企业8家,生产粗钢223.46万吨、成品钢材262.84万吨,工业总产值138.21亿元,利税1.04亿元。

二、铜金属压延加工

2004年,赤峰宝山能源(集团)贺麒铜业有限责任公司成立。引进国家专利精密铜管连铸连轧生产线设备和制造工艺,年生产能力1.2万吨,其中光管7000吨,内螺纹管5000吨。2007年,赤峰金奥电工有限责任公司成立,主要生产无氧铜杆、铜排、扁铜线、纸包线等。2009年,赤峰奥德模板有限公司成立,主要生产建筑模板。2010年,赤峰京铜铜业有限公司成立,主要生产铜和铜合金线材、板带材及异型材。2011年,赤峰亚鼎铜业有限公司(厂)在锦山工业园区内成立,主要产品有:电气化铁道用铜及铜合金接触线、铜及铜合金绞线、电工用圆铜杆、铜单线、电工用铜排、镀锡线、铝包钢芯铝绞线和铝包钢绞线等。2014年,生产各类铜管6818吨,完成销售收入3.26亿元,缴纳税金256.5万元。此外还有赤峰京铜铜业有限公司、赤峰金奥电工有限责任公司等铜压延加工企业,规模小,产量低。

第六节 企业选介

赤峰中色白音诺尔矿业有限公司 前身为赤峰市白音诺尔铅锌矿,位于巴林左旗北部白音诺尔镇。始建于1978年12月,初为乡镇企业,1983年改为旗办大集体企业,1984年转为地方国营企业,更名为赤峰市白音诺尔铅锌矿。1991年,晋升为国家二级企业。1996年10月,归属赤峰有色集团公司。1998年11月,归属内蒙古宏峰股份有限公司。2000年12月,恢复法人地位,独立经营,名称仍为赤峰市白音诺尔铅锌矿。2008年,加入中国有色金属建设股份有限公司,更名为赤峰中色白音诺尔矿业有限公司。有员工1935人,主要经营铅精矿、锌精矿开采。1999年、2013年,先后完成二、三期采选改扩建工程,日采选矿石达到3500吨。2014年,有职工2108人,工业总产值2.68亿元,利税1.02亿元。

内蒙古金陶股份有限公司 前身为敖汉旗金厂沟梁金矿,位于敖汉旗金厂沟梁镇，始建于1958年。1997年，敖汉旗金厂沟梁金矿转制为内蒙古金陶股份有限公司。2013年12月，内蒙古金陶股份有限公司加入中国黄金集团公司。1998年，该公司黄金年产量达到1062.5千克，年利税2000万元以上。2006—2010年，投资2200万元进行井下生产系统改造，出矿能力达到1000吨/日。2008年，投资1.5亿元建设的新选矿厂投产。2009年，开工建设1500吨/日尾矿综合回收工程，2010年11月完工。2014年，总资产8.2亿元，有东、西两个矿区，总面积6.7平方公里，出矿量1300吨/日。公司下属3个子公司、7个生产单位，共有职工2485人，工业总产值6.48亿元，利润总额1215万元，其中税金647万元。

内蒙古银都矿业有限公司 该公司是由内蒙古矿业开发有限责任公司、内蒙古第九地质矿产勘查开发院和盛达矿业股份有限公司组建的股份制企业，位于克什克腾旗巴彦高勒苏木。2004年2月成立，2005年9月投产，主要从事银、铅、锌等有色金属的采选及矿产勘查、开发、生产、加工和产品销售等生产经营。2008年扩建，日处理能力由原来的2000吨/日提升至3000吨/日。2014年，该公司有员工617人，生产铅1.38万吨、锌3.92万吨、银110.16吨，工业总产值7.47亿元，税金2.19亿元。

赤峰敖仑花矿业有限责任公司 位于阿鲁科尔沁旗赛罕塔拉苏木陶海嘎查，成立于2007年2月，2009年9月达产。主要产品为钼精矿和铜精矿，年产钼精粉5000吨、铜精粉3000吨。2014年，该公司有员工437人，生产钼精粉4940吨，钼金属量2215吨，生产铜精粉1862吨，铜金属量300吨，实现工业总产值2.46亿元，销售收入3.1亿元，上缴税金4024万元，利润–340万元。该公司先后获中国有色金属工业协会第二届中国有色金属地质找矿成果一等奖、中国冶金建设协会颁发的冶金行业优质工程证书等荣誉。

内蒙古黄岗矿业有限责任公司 前身为赤峰黄岗铁矿，始建于1992年，1996年8月建成投产。2000年，改制为内蒙古黄岗矿业有限责任公司。由包钢(集团)公司控股，包钢矿业公司、北京鼎峰工业技术公司、内蒙古集通铁路(集团)公司、克什克腾旗人民政府、克什克腾旗农电局等多家单位合资组建。矿区面积20平方公里，铁矿石储量1.17亿吨，锡金属量45.5万吨，伴生锌、砷、钨、铜等元素。2014年，该公司有企业员工1223人，处理原矿230万吨，生产铁粉(品位65%)110万吨、锡精粉5700吨、锌精粉3500吨，销售收入8.6亿元，利税总额1.64亿元。2006年，该公司的铁锡分离项目获得中国有色金属协会“中国有色金属工业科学技术奖”。2012年，被国土资源部评为国家级绿色矿山试点单位。

赤峰中色锌业有限公司 位于赤峰红山经济开发区，前身为赤峰冶炼厂。1992年6月开工建设，1995年8月建成投产，有员工920人。年产电解锌2.1万吨、硫酸3.6万吨。1998年5月，由内蒙古自治区基本建设咨询投资公司投资6500万元、内蒙古宏峰有色金属集团公司投资6170万元进行公司制改造，成立赤峰红烨锌冶炼有限公司。2002年8月，由南非库博公司、赤峰红烨锌冶炼有限公司、白音诺尔铅锌矿三方注资1.85亿元人民币，共同出资组建中外合资企业——赤峰库博红烨锌业有限公司。引进

国外的资金、技术、管理模式和市场资源,投资扩建二期工程,生产能力为年产电解锌5万吨、硫酸9万吨。2005年,加入中国有色金属建设股份有限公司,更名为赤峰中色锌业有限公司,是由中国有色金属建设股份有限公司控股,南非库博公司等企业参股组建的一家国有控股的中外合资企业。先后投资建设三期、四期工程,生产能力达到年产电解锌21万吨、硫酸43万吨。从冶炼废渣中,回收铜2200吨,银20吨,金100千克,镉1100吨,钴100吨,创产值亿元以上。企业规模跻身全国同行业前5名。2014年,该公司有9个分厂,有员工3115人,主要品牌产品有锌锭、热镀锌合金、压铸锌合金、硫酸、阴极铜、精镉锭、钴精矿、银精矿、金精矿等,年生产锌产品21.73万吨、硫酸38.26万吨,工业总产值32.5亿元,利税8832万元,总资产达到35亿元。2001—2014年,该公司先后被授予中国有色金属工艺科学技术一等奖、全国五一劳动奖状、全国质量工作先进集体、中国诚信企业等荣誉称号。

赤峰金剑铜业有限责任公司　前身为中国人民解放军第9089工厂,位于红山区文钟镇。始建于1989年,1999年10月转入地方,改制为有限责任公司。2008年8月,与安徽铜陵有色集团控股公司资产重组, 成为铜陵有色集团控股子公司。2006—2008年,该公司总投资4.6亿元,引进澳大利亚澳斯麦特顶吹熔炼工艺,淘汰落后的密闭式鼓风炉熔炼工艺。当年完成年产粗铜6万吨、电解铜6万吨、硫酸24万吨一期技改工程建设。2009年4月,投资5亿元,进行二期技改工程,2010年9月竣工投产。2014年,有职工1995人,生产粗铜12万吨、阳极铜14万吨、电解铜12万吨、硫酸45万吨,销售收入70.01亿元,工业总产值78.5亿元,利税6521万元。

赤峰云铜有色金属有限公司　2006年成立,位于喀喇沁旗锦山工业园区,占地面积126.67公顷。生产系统采用大量新技术、新工艺、新设备,自主研发的"金峰双侧吹熔池熔炼炉"获国家专利,是当时东北地区最大的同时拥有火法和湿法工艺的铜冶炼企业。2014年,总资产30亿元,固定资产18亿元,员工2200人。有冶炼、电解、硫酸、热电4个分厂,年生产能力为阳极铜10万吨、高纯阴极铜10万吨、副产品硫酸51万吨。工业总产值52.8亿元,利税1.73亿元。

赤峰远联钢铁有限责任公司　前身为赤峰钢铁厂。1999年,由九天建化集团、远航水泥接收原赤峰钢铁厂组建成立赤峰远建钢铁实业有限责任公司。2002年,河北唐山佳奇钢铁实业公司与赤峰远建钢铁实业有限责任公司注册成立赤峰远联钢铁有限责任公司,位于赤峰红山经济开发区。主要工艺包括烧结、炼铁、炼钢、连铸及轧钢等。2005—2012年,先后实施一期80万吨、二期120万吨、三期100万吨钢铁配套工程,连铸钢坯年生产能力达到300万吨。2013年,工信部核准为钢铁行业规范性企业准入单位。2014年,有员工5808人,生产钢坯、建筑用线材、棒材、中、宽带钢、管材等217万吨,工业总产值54.36亿元,利税5300万元,资产总额42亿元。

内蒙古兴安银铅冶炼有限公司　位于克什克腾旗煤电化基地。2006年, 由内蒙古地质勘查有限责任公司和黑龙江伊春金林矿业有限责任公司合资成立内蒙古兴安银铅冶炼有限公司，2006 年 7 月开工建设。2008 年 8 月，新增股东上海中贸投资有限公司。同年 9 月，粗铅系统建成试生产。铅冶炼采用国际先进技术回收铅精矿中的锌、金、银、铋、碲、钯等有价元素和进行粗铅、电铅、硫酸等生产。2010 年 4 月，由内蒙古地质勘查有限责任公司、黑龙江伊春金林矿业有限责任公司、上海中贸投资有限公司、赤峰地质矿产勘查开发院、内蒙古第十地质矿产勘查开发院 5 家企业重组。2010 年，生产粗铅 2.74 万吨、电铅 2.89 万吨、硫酸 3.42 万吨，销售收入 8.77 亿元。2012 年 7 月，实施股份重组，民营股份全部退出，新股本构成为内蒙古地质勘查有限责任公司 87%、赤峰地质矿产勘查开发院 8%、内蒙古第十地质矿产勘查开发院 5%。2014 年，该公司资产总额 17.06 亿元，下设熔炼分厂、精炼分厂、贵金属分厂、动力维修厂和自备电厂 5 个分厂，有员工 1176 人。工业总产值 29.33 亿元，税金 125.9 万元，利润 -2.29 亿元。

第四章 化学工业

1991 年，赤峰市有乡及乡以上独立核算化学工业企业 32 家，主要生产日用化工产品、化肥、乙炔气、聚氨酯、活性炭、硅酸钠、纯碱、电石、橡胶制品和塑料制品等。固定资产原值 8838 万元，工业总产值 8183 万元，利税 538 万元，职工总数 5598 人。1995 年，全市乡及乡以上独立核算化学工业企业增加到 40 家，固定资产原值 1.98 亿元，工业总产值 1.84 亿元，利税 -23.1 万元，职工总数 4525 人。1996 年以后，化工行业通过优化资本结构、债转股、破产重组等改革措施，建立起现代企业制度。2000 年，全市有限额以上独立核算化学工业企业 4 家，固定资产原值 1.45 亿元，工业总产值 6480.8 万元，利税 -99.1 万元，员工总数 1777 人。2001 年以后，随着市场经济的发展，赤峰市化工企业规模不断扩大，产品产量不断提高。2005 年，全市规模以上化工企业增加到 11 家，固定资产原值 1.85 亿元，工业总产值 4.64 亿元，利税 2831.6 万元，员工总数 1415 人。2010 年，全市化工行业规模以上企业 43 家，固定资产原值 13.75 亿元，工业总产值 27.35 亿元，利税 2.31 亿元，员工总数 4426 人。2011 年以后，全市化工行业进入高速发展时期，产业规模进一步扩大，化工产品进一步丰富。2014 年，赤峰市化工产品已涉及煤化工、日用化工、精细化工等多个领域，主要产品有煤制天然气、化肥、氢氟酸、季戊四醇等。至年末，全市有规模以上化工企业 35 家，职工总数 4367 人，固定资产原值 50.4 亿元，工业总产值 65.56 亿元，利税 -7.4 亿元，税金 6800 万元。

第一节 煤化工

一、煤制天然气

2010 年 12 月，内蒙古大唐国际克什克腾煤制天然气有限公司在克什克腾旗经棚

1991—2014年赤峰市化学工业主要经济指标统计表

表5-2-14

年份	工业总产值（万元）	利税（万元）	固定资产原值（万元）	职工总数（人）
1991	8183.00	538.00	8838.00	5598
1992	10081.40	303.10	13433.70	5127
1993	8600.00	300.00	14700.00	4766
1994	12893.10	-1183.40	16437.90	4626
1995	18375.70	-23.10	19834.10	4525
1996	19320.60	5.00	24808.30	4266
1997	21010.20	409.80	26051.90	4674
1998	13606.00	-58.10	22967.50	2950
1999	9693.40	-58.10	21155.80	2223
2000	6480.80	-99.10	14503.30	1777
2001	2972.90	175.60	744.40	365
2002	3821.50	18.80	2491.60	585
2003	7201.50	422.80	4482.40	761
2004	25321.40	1754.10	17265.00	1287
2005	46412.30	2831.60	18507.00	1415
2006	52131.00	2370.60	24426.30	2291
2007	85743.40	8027.60	42858.90	1369
2008	154710.60	17061.10	64257.70	3298
2009	201994.60	15995.20	79791.50	3370
2010	273500.80	23104.10	137548.80	4426
2011	456033.30	28997.40	146773.10	4914
2012	589560.40	25359.30	139877.30	5177
2013	674017.90	-33945.90	172681.50	4650
2014	655566.40	-73951.70	503960.60	4367

说明:1991—1997年为乡及乡以上企业,1998—2002年为限额以上独立核算企业,2003—2014年为规模以上企业数据。

2014年赤峰市规模以上化学工业企业基本情况统计表

表 5-2-15

企业名称	主要产品	生产能力(年)	资产总额(万元)	职工人数(人)
内蒙古吉安化工有限责任公司	炸药	2.4 万吨	54919.00	221
赤峰富邦化工有限公司	氢氟酸	6 万吨	4300.00	65
巴林左旗日升化工有限公司	糠醛	2000 吨	15800.00	65
内蒙古东岳金峰氟化工有限公司	氟化氢	6 万吨	21789.60	250
喀喇沁昌隆萤石化工有限公司	萤石	萤石块、粉 2 万吨	2295.20	64
林西天一矿业开发有限公司	氟化氢	3 万吨	5158.50	268
林西华龙矿业有限公司	氟化氢	4 万吨	17308.00	165
敖汉旗瑞佳化工有限公司	抗老化剂	600 吨	21324.00	50
敖汉旗浩源化工有限公司	糠醛	8000 吨	1969.00	39
赤峰兴敖化工有限公司	糠醛	1 万吨	4121.00	46
敖汉旗胜春糠醛有限公司	糠醛	4000 吨	1450.00	43
敖汉鑫德化工有限公司	四氯化钛	1.5 万吨	4010.00	62
宁城县施达化肥有限公司	化肥	15 万吨	21283.40	120
内蒙古辽中京化工有限公司	化肥	30 万吨	16535.00	270
内蒙古双赢化工有限公司	化肥	12 万吨	22508.30	280
宁城春毅糠醛有限公司	糠醛	5000 吨	2504.00	79
赤峰得丰焦化有限公司	焦炭	100 万吨	47922.00	486
宁城县龙腾工贸有限公司	活性炭	4000 吨	684.00	38
和顺矿业	氟硅酸钠	6 万吨	1024.00	96
宁城汇丰化工有限公司	对位脂	5 万吨	6265.10	78
莹晶矿业	萤石粉	5 万吨	763.70	83
通阔矿产品	萤石粉	2 万吨	2154.60	150
宁城天晟硅业有限公司	三氯氢硅	6000 吨	4156 .00	52
赤峰王牌有机化工有限公司	蒙旦蜡	3000 吨	11508 .00	99
赤峰博汇化工有限公司	活性白土	10000 吨	2813.00	108
赤峰中农大生化科技有限公司	化学农药原药、杀虫剂	5000 吨	4290 .00	172

续表

企业名称	主要产品	生产能力(年)	资产总额(万元)	职工人数(人)
赤峰市嘉宝仕生物化学有限公司	化学农药制造	200吨	6180.00	30
赤峰瑞阳化工有限公司	季戊四醇系列	7万吨	60847.00	640
赤峰杰翔复合肥有限公司	复合肥	10万吨	6508.00	80
赤峰彩霸油漆有限公司	油漆	3000吨	1419.00	45
中城建新型建筑材料(赤峰)有限公司	乳胶粉	8000吨	7210.00	39
赤峰盛森硅业科技发展有限公司	二氧化硅	8000吨	21216.00	163
赤峰九联煤化有限责任公司	捣固焦	100万吨	102879.00	600
赤峰欣棋新材料有限公司	碳化硅	8000吨	705.00	35
内蒙古伊品生物科技股份有限公司	氨基酸	30万吨	275100.00	1063
内蒙古润邦生物科技有限公司	结冷胶	1.5万吨	18362.00	180
赤峰云淞科技发展有限公司	生物活性酶	200吨	3482.00	50
赤峰爱丽雅涂装有限公司	乳胶漆	1000吨	1354.00	50
国电赤峰化工有限公司	合成氨、尿素	30万吨、52万吨	353709.00	700
内蒙古大唐国际克什克腾煤制天然气有限公司	煤制天然气	40亿立方米	2260000.00	1623
赤峰元易生物质科技有限责任公司	生物天然气	11000万立方米	33000.00	287

镇达日罕乌拉苏木成立。该公司利用锡林郭勒盟丰富的褐煤资源,采用先进工艺生产煤制天然气。2013年建成投产,设计年产天然气40亿立方米。同年12月,天然气管道并入北京燃气管网,向北京供气。2014年,内蒙古大唐国际克什克腾煤制天然气有限公司生产天然气3.54亿立方米。

二、煤制尿素

2009年3月,国电赤峰化工有限公司成立。该公司建设的国电赤峰煤化工一期工程项目,利用平煤集团元宝山露天矿褐煤资源,采用鲁奇碎煤加压气化技术生产尿素,实现资源就地转化,年消耗原料煤83万吨、燃料煤98万吨,年用水609万吨。主产品为大颗粒尿素,中间产品为合成氨,副产品有硫磺、粗酚、中油、焦油等。年产30万吨合成氨、52万吨尿素。2010年4月开工建设,2012年4月投料试车。2012年8月,生产出合格尿素产品。2014年,该公司有从业人员1274人,产品产量10.64万吨。工业总产值2.23亿元,利税1972万元。

三、煤制捣固焦及综合利用

2008 年 5 月,赤峰九联煤化有限责任公司成立。该公司建设的捣固焦项目是集生产捣固焦、回收化学产品、煤气综合利用于一体的大型煤炭综合利用项目,总投资 8.7 亿元。2008 年 5 月开工建设,2009 年 12 月投入生产运营。该公司煤炭综合利用项目以生产捣固焦为主,同时生产洗脱苯、脱硫、硫铵等化工产品,将煤焦化过程中产生的煤气供给宝山能源 2×1.2 万千瓦机组发电。2014 年, 年生产能力达到捣固焦 100 万吨、粗苯 1 万吨、焦油 4 万吨、硫磺 1500 吨、硫铵 1 万吨、煤气 1.4 亿立方米。

第二节 化学原料生产

1991 年初,全市有基本化学原料制造企业 11 家,从业人员 733 人,主要生产乙炔气、聚氨酯、硅酸钠、活性炭、电石、天然碱等化学原料。1992 年以后,随着改革开放的深入、市场经济的发展,赤峰市基本化学原料生产有所发展。1995 年,全市有基本化学原料生产企业 7 家,从业人员 901 人,工业总产值 1.84 亿元,生产品种有硫酸、盐酸、电石等。到 2000 年,全市有基本化学原料生产企业 11 家,工业总产值 6480.8 万元,从业人员 1777 人,生产品种有硫酸、盐酸、电石、褐煤蜡等。2001 年以后,赤峰市基本化学原料生产发展加快。赤峰瑞阳化工有限公司、内蒙古吉安化工有限责任公司、赤峰九桦化工有限责任公司等一批生产规模大、科技含量高、生产品种多的生产企业先后建立。赤峰瑞阳化工有限公司成立于 2005 年,先后投资 2.45 亿元,不断扩大产能;2011 年,年生产工业季戊四醇 4 万吨、甲酸钠 1.4 万吨、甲酸钙 1.5 万吨、甲醛 12 万吨、乙醛 1.6 万吨、甲酸 1 万吨以及酒精 3 万吨;2014 年,该公司销售收入达到 3.73 亿元,利润总额达到 2054.1 万元。2014 年, 全市有规模以上化学原料企业 23 家, 从业人员 3348 人,总资产 20.41 亿元。年生产蒙旦蜡 1860 吨,氢氧化钡 2000 吨,氟硅酸钠 4000 吨,季戊四醇系列 4 万吨,二氧化硅 5220 吨,碳化硅 3880 吨,活性炭 2775 吨,糠醛 8610 吨,氢氟酸 3 万吨,氟化铝 2.2 万吨,氟化氢 3.51 万吨,对位脂 3.58 万吨,三氯氢硅 3.58 万吨,四氯化钛 4000 吨及其他基本化学原料。

第三节 塑料 橡胶制品生产

1991 年,赤峰市有乡及乡以上独立核算塑料制品生产企业 18 家,从业人员 1122 人,主要产品有塑料薄膜、塑料板、塑料管、泡沫塑料和日用塑料杂品等,工业总产值 1999.3 万元;有乡及乡以上独立核算橡胶制品生产企业 4 家,主要产品有三角带、输送带、自行车外胎、畜力车外胎、橡胶杂件、密封圈等,工业总产值 413.4 万元,利税 45 万元。1992 年以后,随着市场经济的发展、经济体制改革的不断深入,国有、集体企业通过破产、兼并、股份制改造等转为民营企业。1995年,全市有乡及乡以上独立核算塑料制品生产企业26家，工业总产值3883.7万元，利税总额136.9万元，员工总数1625人。2005年,全市有规模以上塑料制品生产企业6家,员工198人,工业总产值1975.2万元,利税93.5万元。2006年以后,随着市场经济的发展,赤峰市塑料、橡胶制品生产企业逐渐增加,规模不断扩大。2014年,全市规模以上橡胶和塑料制品生产企业增加到10家,从业人员1355人,工业总产值达到14.47亿元,利税1.28亿元。

第四节 日用化工制品生产

1991年,赤峰市日用化工产品生产企业有赤峰日用化工厂、平庄矿务局650厂、林东化工总厂3家。赤峰日用化工厂主要生产香皂、肥皂、鞋油、蜡烛、护肤霜、洗涤剂等。平庄矿务局650厂主要生产炸药。1991年,林东化工总厂下设油漆、油墨、日用化工、地毯、涂料等5个分厂,从业人员1126人。固定资产原值达到1595万元,工业总产值2381万元,利税367万元。产品有油漆、油墨、日用化工、涂料、地毯5大类300多个品种。醇酸水、砂纸、清漆、各色醇酸磁漆被评为自治区级优秀新产品,誊写油墨和铅印油墨被评为技术开发优秀新产品。2000年以后,赤峰吉太生物科技有限公司、内蒙古伊品生物科技股份有限公司、内蒙古润邦生物科技有限公司等一些较大生产企业先后建立,投入生产。2014年,全市有日用化工产品重点生产企业5家,总资产达到28.21亿元,从业人员1479人。年生产食品添加剂2070吨,赖氨酸、苏氨酸、味精、过瘤胃饲料添加剂、玉米淀粉等17万吨,结冷胶1.2万吨,生物活性酶187吨,益生菌4000吨。

第五节 化肥 农药生产

一、化肥生产

1991年,赤峰市有赤峰第一化肥厂、赤峰第二化肥厂、喀喇沁旗化肥厂等4家化肥生产企业,年生产化肥7200吨,工业总产值1996.3万元。1992年以后,农业化肥需求不断增加,化肥生产企业发展步伐加快。2000年,全市有化肥生产企业5家,年生产化肥1.52万吨,工业总产值4396万元。2001年以后,化肥生产企业进一步增加,规模不断扩大,产品产量大幅提高。宁城县施达化肥有限责任公司生产复混肥、饲料级磷酸氢钙、肥料级磷酸氢钙,内蒙古辽中京化工有限责任公司生产长效缓释复合肥料、长效有机氮肥、长效掺混肥料。2014年,赤峰市有赤峰杰翔复合肥有限公司、国电赤峰化工有限公司、宁城县施达化肥有限责任公司、内蒙古辽中京化工有限责任公司、内蒙古双赢化工有限公司、内蒙古光明化肥生物科技有限公司、内蒙古大地云天化工有限公司7家规模以上化肥生产企业。总资产42.67亿元,从业人员1425人。生产化肥14.07万吨，工业总产值 3.52 亿元。

1991—2014 年赤峰市化肥产量统计表

表 5-2-16

年份	化肥(万吨)	年份	化肥(万吨)
1991	0.72	2003	1.65
1992	1.58	2004	9.27
1993	0.63	2005	8.73
1994	2.30	2006	15.47
1995	1.90	2007	19.30
1996	2.75	2008	16.50
1997	1.80	2009	18.26
1998	2.63	2010	25.69
1999	2.63	2011	10.59
2000	1.52	2012	9.76
2001	—	2013	11.08
2002	1.50	2014	14.07

二、农药生产

1991 年以前，赤峰市没有农药生产企业。1992 年，赤峰中农大生化科技有限责任公司建立，以开发生产植物源农药苦参碱母药及药剂为主，从事高效、绿色环保型杀虫剂、杀菌剂等农药产品的生产和研发。主导产品 1%苦参碱系列杀虫剂被国家林业局药剂采购中心列为植物源农药推荐产品，被农业部列入治蝗重点农药储备名录，被国家农业部农技推广中心推荐为无公害农药重点推广品种。1998 年，内蒙古帅旗生物科技股份有限公司建立，位于红山区农畜产品工业园区，主导产品有烟碱、苦参碱类植物源农药。其中 1.2%烟碱·苦参碱乳油是国家发明专利产品，烟碱原药、苦参碱母药为中国首家登记的植物源农药产品，1.2%烟碱·苦参碱乳油年生产能力为 2000 吨。2014 年，全市有赤峰中农大生化科技有限责任公司、内蒙古帅旗生物科技股份有限公司 2 家农药生产企业，企业员工 455 人，生产各类农药 3571 吨，工业总产值 1.03 亿元，利税 366.9 万元。

第六节　其他化工产品生产

1992 年，位于元宝山区的赤峰彩霸油漆有限责任公司建立。年生产油漆 3000 吨，生产丙烯酸聚氨酯及各类油漆、醇酸等1000多个品种,是生产汽车用漆、防腐漆的专业生产厂家。产品广泛应用于汽车、军用品、铁路、船舶、发电、机械等生产领域。

1993年以后,赤峰地区相继建立赤峰爱丽雅涂装有限责任公司、中城建新型建筑材料(赤峰)有限公司、赤峰盛川膨润土有限责任公司、内蒙古吉安化工有限责任公司、赤峰凯扬建筑材料有限责任公司、赤峰博汇化工有限公司、赤峰骏凯化工有限公司、敖汉旗瑞佳化工有限责任公司等化工生产企业。2000年,内蒙古宁城天宇化工有限公司成立,隶属于宁城天宇集团,是我国东北地区最大膨润土研发、生产加工企业。建有初、中、高三级产品加工生产线10余条,年综合产能20万吨以上。主要产品有高效活性白土、颗粒白土、饲料蒙脱石、钻井泥浆土、铸造土、猫砂、干燥剂、有机膨润土、高纯蒙脱石、洗涤助剂等系列。2004年,在赤峰爱丽雅涂装有限公司、元宝山保湿材料厂、林西博微建筑保温材料有限公司基础上组建赤峰爱丽雅涂装有限责任公司,是内蒙古自治区东部最大的化工企业集团。主要产品有乳胶漆、木器漆、内外墙油漆、涂料、保温材料等。年生产乳胶漆4000吨,保温材料5000吨。2006年4月,林西天一矿业开发有限公司成立,位于林西县金鼎工业园区内。该公司是集萤石采选、化工生产、重型机械加工、工贸运营于一体的私营独资企业。2010年4月,建设氟化工工厂1座;投资1.2亿元,建设年产3万吨无水氟化氢项目,2013年9月竣工投入生产;2012年,投资2.3亿元,建设年产2万吨二氟乙烷项目,2014年该项目完成设备安装,处于调试阶段。2014年,全市有规模以上其他化工企业8家,职工817人。主要产品产量:油漆2850吨,乳胶粉6980吨,乳胶漆925吨,活性白土2.64万吨,爆破器材1.8万吨,腻子粉、乳胶4.6万吨,染料中间体198吨,抗老化剂532吨。

第七节　企业选介

内蒙古大唐国际克什克腾煤制天然气有限公司　位于克什克腾旗经棚镇达日罕乌拉苏木。2010年12月成立,主要出资方有:大唐能源化工有限公司,占注册资本的51%;北京市燃气集团有限公司,占注册资本的34%;中国大唐集团公司,占注册资本的10%;天津市津能投资有限公司,占注册资本的5%。主要生产煤制天然气,投产后年产煤制天然气40亿立方米。所用褐煤来自大唐国际锡林浩特胜利东二号露天矿,项目用水取自大唐国际投资建设的大石门水库。煤制天然气通过输气管道主要输往北京市。设计能力为年产天然气40亿立方米,分三个系列建设,单系列设计产能为13.3亿立方米/年。每年生产副产品焦油16.2万吨、中油20万吨、粗酚6.2万吨、石脑油5.7万吨、硫磺16.5万吨、硫铵48万吨。2013年12月24日,一系列正式向北京供气;2014年,二系列计划年底具备试生产条件,三系列正处于基础设计和设备招标准备阶段。至2014年,该公司累计投资242亿元,资产总额226亿元。至年末,有员工1623人,生产天然气

3.54 亿立方米，利润 -29.55 万元，税金 9344 万元。

赤峰瑞阳化工有限公司 成立于 2005 年 7 月，是江苏开磷瑞阳化工股份有限公司下属的全资子公司，位于内蒙古赤峰市元宝山区平庄工业园区。2013 年，该公司整体搬迁至赤峰市资源型城市经济转型开发试验区，主要经营季戊四醇系列产品开发、生产、销售。2005 年，投资 2500 万元，建设 3 万吨乙醇项目。2007 年，投资 6000 万元，建设 2 万吨季戊四醇及其配套原料工程项目。2010—2011 年，投资 1.6 亿元，建设完成 2 万吨季戊四醇技改扩建项目及其配套原料工程项目。产能达到工业季戊四醇 4 万吨 / 年，甲酸钠 1.4 万吨 / 年，甲酸钙 1.5 万吨 / 年，甲醛 12 万吨 / 年，乙醛 1.6 万吨 / 年，甲酸 1 万吨 / 年，酒精 3 万吨 / 年，DDG 饲料 2.1 万吨 / 年。产品主要销往美国、日本、韩国及欧洲、拉丁美洲、东南亚、中国台湾等 53 个国家和地区。2014 年，资产总额 6.08 亿元，工业总产值 5.06 亿元，产品销售收入 3.76 亿元，利税 2900 万元，有员工 640 人。

国电赤峰化工有限公司 位于元宝山区境内的赤峰市资源型城市经济转型开发试验区，成立于 2009 年 3 月，下设供煤分场、动力分场、水汽分场、气化分场等 12 个生产分场。该公司承建的国电赤峰煤化工一期工程年产 30 万吨合成氨、52 万吨尿素项目，是中国国电集团公司与赤峰市人民政府签署的重组平煤协议的一项重要工业建设项目，总投资 37.5 亿元，被国家发改委、工信部列为 2009 年度重点产业振兴支持项目，获得项目扶持资金 6000 万元。该项目利用平煤集团元宝山露天矿褐煤资源，采用鲁奇碎煤加压气化技术生产尿素，实现资源就地转化，年消耗原料煤 83 万吨、燃料煤 98 万吨。主要产品为大颗粒尿素，中间产品为合成氨，副产品有硫磺、粗酚、中油、焦油等。项目主体工程于 2010 年 4 月开工建设，2012 年 8 月生产出合格尿素产品。该项目获得 2012 年度全国化学工业优质工程奖。2014 年，有从业人员 700 人，尿素产量 10.64 万吨，工业总产值 10.56 亿元，利税 -9.09 亿元，其中税金 2300 万元。

第五章 医药工业

制药工业是赤峰市极具发展潜力的朝阳产业。1991 年，全市有制药企业 9 家，工业总产值 1.37 亿元，利税总额 1630 万元。1992 年以后，赤峰市不断加强制药企业体制改革，依托资源优势，结合市场经济发展，不断调整产业结构和产品结构，大力开展招商引资，促进赤峰市制药产业快速发展。至 2000 年，全市限额以上医药工业企业增加到 10 家，企业员工 6471 人；工业总产值 4.55 亿元，比 1991 年增长 2.33 倍；利税总额 2769 万元，比 1991 年增长 69.88%。2001 年以后，赤峰市进一步加快制药企业改革步伐，制药企业通过产权制度改革，建立现代企业制度，提高企业活力。通过外引内联、招商引资，扩建、新建一批现代化药品生产企业，产业规模不断扩大，新产品、新技术不断增强，产品产量日益增加。2010 年，全市规模以上医药工业企业增加到 19 家，工业总产值 20.18 亿元，比 2000 年增长 3.44 倍；利税总额 2.37 亿元，比 2000 年增长 7.55 倍。

2014年,全市规模以上医药工业企业增加到20家,工业总产值25.32亿元,比1991年增长17.48倍;利税总额达到9667万元,比1991年增长4.93倍。赤峰市医药工业形成化学药品、生物制药、中蒙药工业和兽用药品生产等较为完整的医药工业体系,成为全市重要工业产业和新的经济增长点。

1991—2014年赤峰市规模以上医药工业企业情况统计表

表5-2-17　　单位:万元

年份	企业数量(家)	工业总产值	销售收入	利税总额	利润总额	固定资产原值	职工数量(人)
1991	9	13671.20	13418.10	1630.00	1013.00	7411.90	3171
1992	10	15167.30	13581.40	1046.10	633.00	8178.40	3877
1993	11	20300.00	25300.00	2300.00	800.00	11300.00	4769
1994	11	29526.60	24870.90	2076.80	870.70	16472.80	5462
1995	15	34957.90	33335.40	2418.00	585.60	25953.20	5474
1996	18	34202.60	32764.60	2980.30	793.00	30945.80	5410
1997	10	28024.40	28772.80	840.20	-1179.80	29555.40	5535
1998	11	38755.90	38690.90	2326.40	255.90	38499.40	6457
1999	10	42036.20	42057.20	2837.90	552.60	43355.10	6558
2000	10	45486.90	42931.10	2769.00	717.00	42619.30	6471
2001	9	52194.90	47107.80	2669.80	690.80	52176.00	6610
2002	9	59340.90	53693.60	5108.40	1400.40	60624.80	6315
2003	12	65382.30	64458.30	5306.10	1126.40	64816.30	6220
2004	13	78703.50	76700.00	6027.60	813.60	73257.70	6486
2005	14	108668.40	108323.60	11627.60	5980.30	83639.70	5858
2006	12	129114.80	132991.20	8844.60	2671.60	89067.50	5468
2007	13	127891.40	121662.10	10635.80	1000.60	102638.70	5234
2008	13	147158.30	137804.40	16585.40	10833.00	76437.20	5344
2009	16	167636.50	146915.90	17913.90	10908.70	84222.80	6000
2010	19	201751.60	176677.00	23674.30	17329.70	137548.80	6027
2011	18	243903.60	221270.20	29518.50	21660.30	100697.40	6000
2012	17	233004.10	217549.90	24294.30	15113.30	90205.60	5082
2013	20	252008.10	234099.50	17028.00	10056.20	104143.90	5197
2014	20	253195.30	236357.20	9667.00	4507.10	121051.50	5446

第一节 生产企业

1991年,全市有乡及乡以上制药企业9家。其中大、中型制药企业4家:赤峰制药厂、赤峰北方联合制药厂、赤峰中药厂和元宝山制药厂;小型制药企业5家:赤峰永巨制药厂、赤峰生化制药厂、大板制药厂、林西制药厂、赤峰松州制药厂。主要生产化学原料药、中成药、中药制剂、化学制剂等药品、药剂。全市医药工业企业共有员工3171人,工业总产值1.37亿元,销售收入1.34亿元,利税总额1630万元。1992年以后,赤峰市大力发展制药工业,制药企业不断增多,规模不断扩大。各制药企业积极开展技术改造,开发新产品,扩大生产规模,提高市场竞争能力。到1995年,全市乡及乡以上制药企业增加到15家,从业人员5474人,工业总产值3.5亿元,利税2418万元。1996年后,赤峰市进一步加强制药企业改革,通过破产、重组、联合组建、股份制改革等形式,提高企业活力和市场竞争力。1997年11月,赤峰制药厂、赤峰北方联合制药厂、赤峰医药集团公司、赤峰丹龙中药制药有限责任公司4家企业联合组建赤峰药业集团公司。联合后有工商企业9家,其中制药生产企业8家,流通企业1家,共有职工7500人。1998年7月,赤峰维康生化制药有限公司成立,是集科研、生物制药、化学制药于一体的高科技制药企业。到2000年,赤峰市有限额以上制药企业10家,从业人员6471人,工业总产值4.55亿元,利税总额2769万元。2001年以后,赤峰市进一步加强企业产权制度改革,建立现代企业制度。2001年3月,赤峰药业集团公司所属赤峰制药厂和赤峰北方联合制药厂实施债转股,在此基础上进行改革转制,与中国华融资产管理股份有限公司等企业组建赤峰制药集团有限责任公司。2007年,上海迪赛诺制药公司兼并重组赤峰制药集团有限责任公司,成立赤峰制药股份有限公司。制药企业规模不断扩大,产品品种、数量日益增加,企业效益日益增强。到2010年,全市规模以上制药企业增加到19家,从业人员6027人,工业总产值20.18亿元,利税总额2.37亿元。2012年,全市有医药企业34家,取得化学药品批准文号产品463个,约占自治区的77%;取得中药批准文号产品266个,占自治区的67%,成为内蒙古自治区三大医药产业发展集群之一。形成涵盖化学药品、生物制药、中蒙药、制药器械和兽用药品等较为完整的医药工业体系。拥有赤药集团公司、赤峰蒙欣药业公司、赤峰伊泰丹龙药业公司等国家、自治区医药行业知名企业和雷蒙欣感冒药、赤峰牌麻黄素、灰黄霉素、土霉素以及丹龙中药等名牌产品。2013年以后,受国际市场影响,赤峰市制药工业效益开始下降。2014年,全市规模以上制药企业20家,其中中成药企业5家,化学制药企业5家,生物制药企业4家,兽药制药企业3家,特殊药品生产企业1家,医药保健及保健食品等企业2家;工业总产值25.32亿元,利税总额9667万元。

1991—2014 年赤峰市制药企业主要产品产量统计表

表 5-2-18　　单位:吨

年份	化学原料药	中成药	年份	化学原料药	中成药
1991	13671	303	2003	11698	1077
1992	15167	272	2004	13911	1151
1993	20300	367	2005	14511	1628
1994	5027	414	2006	14118	1837
1995	6352	430	2007	10275	1809
1996	8190	368	2008	9654	1911
1997	6847	330	2009	5774	2769
1998	8228	696	2010	5017	4069
1999	35984	570	2011	5148	6504
2000	35278	709	2012	5531	3942
2001	36430	9674	2013	4278	4127
2002	11909	1034	2014	4507	5096

第二节　中药　蒙药

一、中药

1991 年,赤峰市中药生产企业有赤峰中药厂、赤峰制药厂 2 家企业生产中成药,产品数十种,年产量 303 吨。1993 年,赤峰中药厂新建综合制剂生产楼和蜜丸生产楼各 1 座,总建筑面积 3897 平方米。总投资额 648 万元,引进蜜丸生产线,彻底改变传统的手工分装蜜丸生产方式。1995 年,内蒙古天奇中蒙制药股份有限公司成立。主要生产丸剂、片剂、胶囊剂等五种剂型共 122 个品种,独家蒙药扫日劳清肺止咳胶囊、止嗽立效胶囊被列为国家重点新产品。其中扫日劳清肺止咳胶囊为国家唯一蒙药三类新药,被列为国家火炬计划项目和国家高新技术产业化示范项目,获自治区科技进步二等奖、自治区名牌产品称号。2000 年,全市有中(蒙)药生产企业 6 家,生产各类中(蒙)成药 709 吨。2001 年 12 月,位于喀喇沁旗的赤峰荣兴堂药业有限公司成立,以种植、加工和销售中(蒙)药材为主,下设饮片加工厂、鲜桔梗加工车间,生产中药材及饮片 600 余个品种。生产的中药材、中药饮片、鲜桔梗销往内蒙古自治区、河北省、安徽省、山东省、辽宁省等地。2004 年,鲜桔梗出口韩国。2009 年 3 月,赤峰市博康中药饮片有限公司成立, 引进国内先进中药饮片生产设备, 融合传统炮制方法生产中药饮片 1000 余种。2010 年,赤峰中药厂黄芪精颗粒产业化项目被科技部评为国家火炬计划项目,黄芪精

2014 年赤峰市规模以上主要制药企业基本情况一览表

表 5-2-19

企业名称	主要产品	资产总额（万元）
赤峰蒙欣药业有限公司	片剂	19175
赤峰制药股份有限公司	化学制药	60229
赤峰万泽制药有限责任公司	化学制药	6507
赤峰赛林泰药业有限公司	制剂	13316
赤峰迪生药业有限责任公司	羟乙基淀粉	4197
赤峰艾克制药科技股份有限公司	麻黄素	11287
赤峰维康生化制药有限公司	中药饮片	8041
赤峰市博康中药饮片有限责任公司	中药饮片	1804
颈复康药业集团赤峰丹龙药业有限公司	中成药	10624
内蒙古奇特生物高科技术(集团)有限公司	中成药	15827
赤峰多维尔生物工程有限公司	医药保健品食品	2000
内蒙古格林特制药有限责任公司	原料药研发	20188
赤峰市紫芝中药有限责任公司	中药饮片	1220
赤峰奥博思制药有限公司	土霉素碱	4236
内蒙古华天制药有限公司	兽药	5967
赤峰佳合天山制药有限公司	药品	2970
内蒙古科然生物高新技术有限公司	大豆深加工	5494
内蒙古城梓药业有限公司	饮片	561.5
赤峰荣兴堂药业有限责任公司	中药饮片	3335.9
赤峰博恩药业有限公司	兽用制品	—

颗粒胶囊被评为内蒙古自治区名牌产品。2011 年，黄芪精颗粒项目的研发与产业化项目获得内蒙古自治区职工技术创新成果一等奖。2012 年，黄芪精颗粒产业化项目获得内蒙古自治区乌兰夫基金企业创新奖。以内蒙古特产山羊角为主要原料的复方羊角胶囊为公司自行研发的国家级新药,属国家中药保护品种,为国家级火炬计划项目,拥有国家发明专利,属国家级新产品。2014 年 4 月,内蒙古赤峰市柏善医药有限公司在赤峰市资源型城市经济转型开发试验区建设年产 2100 吨中药饮片项目，生产桔梗、党参、黄芪、沙参、甘草饮片。巴林左旗蒙医中医医院年产中成药制剂以及中药饮片包括桔梗、黄芪、沙参、甘草饮片和蜜丸剂、胶囊剂、水丸剂、散剂、膏剂等制剂。2014 年,全市规

模以上中成药生产企业增加到5家,生产各类中成药1000多个品种,产量5096吨。

二、蒙药

1991年以前,赤峰市蒙药生产企业有赤峰中药厂1家。1995年,赤峰天奇制药有限公司开始批量生产中、蒙药。2000年以后,部分旗(县)蒙医医院制剂室生产蒙药。2012年12月,赤峰天奇制药有限公司更名为内蒙古天奇中蒙制药股份有限公司,集蒙中药研发与生产、蒙中药材种子驯化研究及药材种植为一体。主要生产丸剂、片剂、胶囊剂等五种剂型122个品种,独家蒙药扫日劳清肺止咳胶囊是国家重点新产品。扫日劳清肺止咳胶囊为国家唯一蒙药三类新药,被列为国家火炬计划项目和国家高新技术产业化示范项目,获自治区科技进步二等奖、自治区名牌产品称号。2008年,开发国家重点新产品止嗽立效胶囊和蒙药冠心七味片、中药夏天无胶囊等。有28个中蒙药品种被列入国家基本药物目录,4个蒙药产品列入内蒙古自治区基层医疗机构基本药物目录。2014年,内蒙古天奇中蒙制药股份有限公司有资产5亿元,工业总产值2.2亿元,利税3650万元,员工780人。

第三节　化学制药

1991年,赤峰市有赤峰制药厂、赤峰永巨制药厂、赤峰松州制药厂3家乡及乡以上化学制药企业。主要产品有抗菌、消炎、解热镇痛等各种药品,维脑路通和萘普生是赤峰制药厂开发生产的地方著名药品。1991年,全市制药企业生产各类化学原料药1.37万吨。1992年,赤峰制药厂30吨萘普生扩产改造工程竣工,萘普生及萘普生钠的生产能力由10吨/年扩大到30吨/年。1995年,全市各类化学原料药产量6352吨。1996年以后,赤峰市制药企业深化企业改革,加强技术改造,不断研发新技术、引进新品种,化学药品生产逐年提高。到2000年,全市制药企业生产各类化学原料药达到35278吨。2007年5月,赤峰制药股份有限公司成立后生产的产品灰黄霉素年产销能力250多吨,居世界第一位,土霉素年产1000多吨,注射级土霉素年产250吨,维生素B_2年生产能力近3000吨,产品远销欧美等40多个国家和地区。2002年10月,内蒙古双奇药业股份有限公司和深圳万泽医药连锁有限公司共同投资组建赤峰万泽制药股份有限责任公司。2014年,引进上海新华联制药有限公司进行公司重组,更名为赤峰万泽药业股份有限公司。主要经营原料药和制剂产品开发、生产、销售,有化学原料药、片剂、胶囊剂、颗粒剂、软膏剂、乳膏剂、溶液剂、擦剂等8种剂型。甲苯磺酸妥舒沙星、参棘软膏是该公司主导产品,具有自主知识产权。主要原料药有:甲苯磺酸妥舒沙星、藻酸双酯钠、尼群地平、烟酸占替诺、曲匹布通等。医药制剂主要品种有:甲苯磺酸妥舒沙星片、参棘软膏、吲哚美辛擦剂、盐酸氟桂利嗪胶囊、牛磺酸颗粒等。2004年6月,赤峰永巨制药厂改制,更名为赤峰荣济堂药业有限公司,2013年12月,更名为赤峰赛林泰药业有限公司。该公司主要产品有大容量注射剂、片剂、散剂、胶囊剂4个剂型50多个产品。大容量注射剂年生产能力达2亿瓶,固体制剂年生产能力达20亿片(粒)。大容量注射剂生产线单剂型年生产能力曾在内蒙古自治区及东三省位列第一,全国排名第三位。该企业自主研发的新型高效抗肿瘤药物获得该药化合物及其制备方法发明专利。同年,该企业自主研发的治疗慢性淋巴细胞癌(白血病)抑制剂获国家"十二五"重大新药创制科技重大专项支持。各制药企业不断加强药品开发、技术改造,产品产量快速提高。2005年,全市各类化学原料药产量达到1.45万吨。2008年以后,受国际市场影响,产量开始下降,到2010年下降到5017吨。2014年,全市有化学制药企业5家,化学原料药产量4507吨。

第四节 生物制药及兽药生产

一、生物制药

1991年,赤峰市有赤峰制药厂、元宝山制药厂2家企业生产生物药品。年生产土霉素、灰黄霉素、红霉素等生物药品100余吨。产品除国内销售外,还销往美国、古巴、越南、欧洲及中国香港、中国澳门等20多个国家和地区。1993年,赤峰制药厂开始生产盐酸土霉素, 最大年产量达到80吨。到2000年, 赤峰市生物药品生产企业增加到3家,有赤峰制药厂、元宝山制药厂、赤峰博恩药业有限公司。生产品种有灰黄霉素、土霉素、红霉素、破伤风抗毒素抗体血清、孕马血清促性腺激素等共25个,年生产各种生物药品190吨。2001年以后,赤峰市制药业进入快速发展时期。制药企业积极开发、引进生物制药新技术、新品种,产量不断增加。2006年,赤峰制药集团开展2000吨土霉素扩建项目,土霉素年产销能力达到1万多吨,注射级土霉素年产250吨。2010年,上海迪赛诺制药公司引进维生素产品维生素B2,年生产能力近3000吨,成为世界第三大生产企业。2014年,赤峰市生物药品生产企业增加到4家,生产品种有灰黄霉素、土霉素、红霉素、破伤风抗毒素抗体血清、孕马血清促性腺激素等共29个,年生产各种生物药品560吨。赤峰制药集团灰黄霉素年产销能力250多吨。

二、兽药生产

1991年,赤峰市有赤峰兽药厂1家兽药生产企业。1997年10月,赤峰博恩药业有限公司成立,是以生物、生化、动物脏器、血液制药为主体的生产企业,主要生产破伤风抗毒素抗体血清与孕马血清促性腺激素等产品,共有注射用血促性素、注射用绒促性素、注射用促黄体素释放激素、液体消毒剂、杀虫剂等16个品种。2000年,赤峰兽药厂资产重组,成立赤峰金碧药业有限公司。该公司自主研发有稀土饲料营养添加剂、小青杨注射液、金碧止泻宝等新产品。2002年6月,赤峰向阳兽药厂成立,主要产品有痢剑、肽能、速康、呼毒先锋、杆菌精品等兽用药。2006年,赤峰金碧药业有限公司产品稀土饲料营养添加剂获得国家发明专利, 小青杨注射液获自治区科技进步二等奖。

2007 年，赤峰金碧药业有限公司完成 2 条饲料和饲料添加剂生产线改造及 7 条兽药生产线改造，并通过农业部验收。2014 年，该公司生产稀土饲料 2 万吨，饲料添加剂 3200 吨，粉针剂 3000 万支，水针剂 1200 万支，大输液 300 万瓶，片剂 5 亿片，口服液 150 万瓶，中药散剂 300 吨，西药粉剂 300 吨，预混剂 600 吨。产品主要销往内蒙古自治区各盟市和北京、河北、辽宁、新疆、山东、黑龙江等省区市。2014 年，全市规模以上兽药生产企业有赤峰金碧药业有限公司、赤峰博恩药业有限公司、赤峰向阳兽药厂 3 家。

第五节　特殊药品生产

生物碱类药——麻黄碱(麻黄素)属于特殊管理药品。赤峰制药厂是国内最大的麻黄素生产厂家，1990 年，生产麻黄素 84 吨，天然麻黄素产量居世界麻黄素产量第一位。1991 年，赤峰制药厂生产的盐酸伪麻黄碱获国家金质奖。1993 年 11 月，赤峰制药厂阿鲁科尔沁旗分厂建成投产，主导产品为草酸麻黄素，年产 30 吨。1995 年，赤峰制药厂生产的“赤华牌”盐酸麻黄素被评为内蒙古自治区名牌产品，氨酚伪麻片、双扑麻黄片、美扑伪麻片、愈酚伪麻片等 4 个复方片剂产品取得国家级三类新药证书。2000 年 3 月，成立赤峰艾克制药科技股份有限公司，专门进行麻黄素类产品为主的化学合成原料药生产。2005 年，该公司的全化学合成法生产麻黄素获得国家发明专利。2008 年，该公司被认定为国家级高新技术企业。2014 年，赤峰艾克制药科技股份有限公司研发的 L- 去氧肾上腺素的制备方法、L- 苯丙酮的制备方法获得国家发明专利。该公司是赤峰市唯一生产特殊药品的企业，生产盐酸麻黄碱、盐酸伪麻黄碱、消旋盐酸甲基麻黄碱、盐酸甲基麻黄碱、硫酸伪麻黄碱、盐酸去甲伪麻黄碱等 6 种特殊药品及地红霉素、依普黄酮、巴柳氮等化学合成产品，其中年产麻黄素系列产品约 300 吨。到 2014 年，该公司有员工 233 人，工业总产值 4198 万元，工业增加值 1041 万元，销售收入 4061 万元。

第六节　企业选介

赤峰制药股份有限公司　位于红山区一东街，前身为赤峰制药厂，始建于 1949 年。1991 年，隶属于内蒙古自治区医药总公司，1996 年 11 月划归赤峰市。2001 年 3 月，赤峰制药厂、赤峰北方联合制药厂与中国华融资产管理有限公司重组为赤峰制药(集团)有限公司。成立赤峰科元投资发展有限公司，与海南、深圳等地投资商共同投资设立赤峰艾克制药科技股份有限公司。同年 11 月，将制剂分厂改组成立赤峰蒙欣药业有限公司。2007 年 5 月，赤峰制药(集团)有限公司与上海迪赛诺医药发展有限公司合作组建赤峰制药股份有限公司。

1991 年以前，赤峰制药厂生产生物药品、化学药品、中成药等 100 多个品种，是赤峰市最大的制药企业。该厂生产的盐酸麻黄碱、右旋麻黄碱、盐酸异麻黄碱、萘普生、安心酮、心痛定等药品获国家质量奖、自治区科技进步奖、优秀成果奖等奖项。1992 年，赤峰制药厂开发引进柱晶白霉素片、利福定片等 16 个制剂新产品。1993 年 11 月，阿鲁科尔沁旗土畜产工贸公司筹资建立赤峰制药厂阿旗分厂，主导产品为草酸麻黄素，年产 30 吨。1993 年，赤峰制药厂对片剂车间进行改造，设计能力为年产 15 亿片，当年竣工投产。赤峰制药厂产品分为两大系列，一个系列为抗生素原料药，主要产品灰黄霉素年产销 250 吨，居世界第一位；另一个系列为维生素产品，维生素 B_2 年产近 3000 吨，成为世界第三大维生素 B_2 生产企业。至 2014 年，赤峰制药股份有限公司总资产 6.02 亿元，员工 1600 人。有 8 个原料药生产车间，1 个自备热电厂，12 个职能管理部室，1 个技术中心；1 个全资子公司（赤峰蒙广生物科技有限公司），2 个参股子公司（赤峰蒙欣药业有限公司、赤峰艾克制药科技股份有限公司）。工业总产值 55092 万元，销售收入 45896 万元，利润 636 万元，税金 1525 万元。1991—2014 年，赤峰制药股份有限公司先后获全国医药行业质量效益型先进企业、全国外贸质量效益型先进企业、国家高新技术企业、内蒙古科技创新示范企业等称号。

赤峰艾克制药科技股份有限公司　2000 年 3 月成立，由原赤峰制药厂分离出来，专门从事麻黄素及其系列产品科研、生产，是国家食品药品监督管理局定点的国内最大的麻黄素生产企业。2002 年，该公司通过美国食品药品监督管理局现场检查，同年通过欧洲药典适用性认证。此后，通过英国葛兰素史克公司、中美史克公司、惠氏百宫制药公司、美国百利高公司、上海施贵宝公司、上海强生制药公司的质量审计。2003 年，通过引资合作，使上海实业医药投资股份有限公司成为控股股东。2008 年，赤峰艾克制药科技股份有限公司被认定为国家级高新技术企业。2014 年 3 月，该公司研发的 L– 去氧肾上腺素的制备方法获得国家发明专利证书。赤峰艾克制药科技股份有限公司是赤峰市唯一一家以麻黄素类产品为主的化学合成原料药生产企业，是国家食品药品监督管理局定点、国内产销量最大的麻黄素生产企业。主要产品有盐酸麻黄碱、盐酸伪麻黄碱、消旋盐酸甲基麻黄碱、盐酸甲基麻黄碱、硫酸伪麻黄碱、盐酸去甲伪麻黄碱等 6 种特殊药品及地红霉素、依普黄酮、巴柳氮等化学合成药品。2014 年，有员工 233 人，工业总产值 4198 万元，工业增加值 1041 万元，销售收入 4061 万元。

颈复康药业集团赤峰丹龙药业有限公司　前身为赤峰中药厂，始建于 1969 年，1994 年企业改制，成立赤峰丹龙中药制药有限责任公司。2002 年，由内蒙古伊泰集团注资成立内蒙古伊泰丹龙药业有限责任公司。2008 年 3 月，员工出资回购，成立赤峰丹龙药业有限公司。2010 年，加盟颈复康药业集团有限公司，称颈复康药业集团赤峰丹龙药业有限公司。2009 年，复方羊角胶囊研制与开发获得自治区科技进步二等奖。主要产品黄芪精颗粒、心脑舒颗粒获得国家发明专利，属国家重点新产品。2010 年，黄芪精颗粒产业化项目被科技部评为国家火炬计划项目，被评为自治区名牌产品；2011 年，获内蒙古自治区职工技术创新成果一等奖；2012 年，获自治区乌兰夫基金企业创新奖。仙灌补肾合剂获得国家发明专利。2014年,该企业生产中药、化学药、蒙药、食品等共186个品种,生产片剂、颗粒剂、胶囊剂、丸剂、口服液、胶剂、散剂、合剂8个剂型,11条生产线。有员工406人,工业总产值2.12亿元,销售收入2亿元,利税1344万元。2008—2014年,该企业先后获全国医药行业药品质量诚信建设示范企业、国家高新技术企业、自治区级中蒙药研发中心、内蒙古自治区科技名牌企业等称号。

内蒙古天奇中蒙制药股份有限公司　1995年成立,位于赤峰红山高新技术产业开发区。主要经营蒙中药研发与生产、蒙中药材种子研究及药材种植、蒙中药饮片加工生产。主要生产丸剂、片剂、胶囊剂等5种剂型共122个品种。该企业生产的扫日劳清肺止咳胶囊为国家唯一蒙药三类新药,被列为国家火炬计划项目和国家高新技术产业化示范项目,获自治区科技进步二等奖、自治区名牌产品称号。2008年,开发国家重点新产品止嗽立效胶囊和蒙药冠心七味片等。该公司生产的28个蒙药产品列入国家基本药物目录,4个蒙药产品列入内蒙古自治区基层医疗机构基本药物目录。该公司牵头成立蒙中药产业技术创新战略联盟,有成员单位20家,其中高校与科研院所6家,蒙药科研与生产企业14家。该公司先后获得国家重点高新技术企业、国家首批技术创新示范企业称号,被推选为内蒙古蒙中药产业技术创新战略联盟理事长单位。到2014年,该公司总资产5亿元,工业总产值2.2亿元,利税总额3650万元,员工780人。

赤峰蒙欣药业有限公司　前身为赤峰制药厂制剂分厂,2001年11月,改组为公司制企业。2003年,引入上海实业医药投资股份有限公司投资建立赤峰蒙欣药业有限公司。1993年7月,赤峰制药厂制剂分厂研发生产的国家级四类新药铝碳酸镁咀嚼片被国家中医药管理局推荐列为“八五”时期开发的新药,进入中国医保产品目录。主导产品雷蒙欣是自行研发的国家级三类新药,1999年11月获得国家重点新产品奖;2001年获得内蒙古自治区科学技术进步二等奖;2002年被科技部评为国家科技成果重点推广计划项目国家级三类新药;2003年被科技部评为国家级火炬计划项目。2006年,自主研发的地红霉素肠溶片,采用现代制剂工艺技术,利用自制包衣混合辅料将地红霉素原料制成肠溶薄膜衣片,属国家级四类新药。2005年12月,地红霉素获得新药证书。2010年3月,赤峰蒙欣药业有限公司成为上海实业医药投资股份有限公司成员企业。2014年4月,开工建设异地GMP改造暨退城进园项目,项目设计总投资2.34亿元,总占地面积5.67万平方米,总建筑面积2.76万平方米。2014年,该公司有161个药品生产批准文号,生产抗生素、解热镇痛药、消化系统药、循环系统药、呼吸系统药等10余个系列200多个规格的产品。有员工1560人,年生产各种片剂40亿片、胶囊剂1亿粒、颗粒剂1亿袋、散剂500吨。销售额4.65亿元,实现利税4320万元,成为赤峰市最大的药品制剂生产企业。

赤峰博恩药业有限公司　位于松山区当铺地满族乡,前身为1997年10月成立的赤峰松山兽药厂。2004年,经股份制改制后更名为赤峰博恩药业有限公司。注册资本1000万元,占地面积3.67万平方米,建筑面积8000平方米。是以生物、生化、动物脏器、血液制药为主体的科技型生产企业，主要产品为破伤风抗毒素抗体血清与孕马血清促性腺激素系列产品。有5条生产线，18个产品品种，年生产兽用制品2000万支。2005年，血液制品车间通过国家食品药品监督管理局《药品生产质量管理规范》兽药GMP认证(简称GMP认证)。2006年，冻干粉针剂车间和灭菌小容量注射剂车间通过国家兽药GMP认证。2009年，液体消毒剂/液体杀虫剂车间通过国家兽药GMP认证。2011年，5条生产线全部通过国家兽药GMP认证复验。2008年，该公司被自治区科技厅认定为科技企业孵化器。2009年，赤峰博恩兽药研发中心被认定为自治区级企业研发中心。2014年，该公司注册的“北风”牌商标，被评定为赤峰市知名商标和内蒙古自治区著名商标。同年，该公司被内蒙古自治区科技厅认定为高新技术企业。拥有实用新型专利8项，申报发明专利5项，授权发明专利2项。经内蒙古自治区科技厅鉴定的科研成果2项。

第六章 食品工业

1991年，赤峰市乡及乡以上独立核算食品工业企业146家，员工总数17606人，工业总产值6.27亿元，实现利税0.93亿元。1992年后，赤峰市食品工业平稳较快发展。1995年，乡及乡以上独立核算食品工业企业177家，员工总数19597人，工业总产值14.82亿元，实现利税1.58亿元。1996年以后，在市场经济发展中，食品工业企业通过破产、出售、重组、改制等形式转为股份制、个体私营等多种经济成分的企业。2000年，全市限额以上独立核算食品工业企业24家，员工15547人，工业总产值16.89亿元，实现利税2.32亿元。2001年以后，赤峰市继续深化经济体制改革，以建立现代企业制度为主导，依托资源优势和市场需求，积极开展产业结构和产品结构调整，大力发展民营企业，积极开展招商引资，食品工业开始平稳、快速发展。2005年，全市规模以上食品工业企业37家，员工总数16843人，工业总产值50.41亿元，利税2.04亿元。2010年，全市规模以上食品工业企业发展到100家，员工总数14947人，工业总产值120.96亿元，利税9.05亿元。赤峰市的食品工业快速发展，涌现出内蒙古草原兴发集团、内蒙古塞飞亚农业科技发展股份有限公司、安琪酵母(赤峰)有限公司、内蒙古顺鑫宁城老窖酒业有限公司、燕京啤酒(赤峰)有限公司等一批国家及自治区级知名企业。主要名牌产品有“向阳牌”陈曲、“寧诚”牌宁城老窖、“赤峰”牌赤峰啤酒、“塞飞亚”牌草原鸭等。形成粮油、蔬菜(含山野菜、菌类食品)、肉制品、食糖、糕点糖果、方便食品、乳制品、罐头、调味品、发酵制品、保健食品、食品添加剂、酒类、饮料、饲料等15个产品大类。其中有6家企业的30种产品获得“绿色食品”认证，有4家企业的12种产品获得农业部“有机食品”认证，有80家企业的92种产品通过国家“QS”认证，“草原兴发”“塞飞亚”获得国家驰名商标称号。全市有3家农副食品加工企业被农业部、国家发改委等部委授予“农业产业化国家重点企业”称号。2014

年,全市规模以上食品加工业企业发展到107家,员工17548人,工业总产值255.28亿元,固定资产原值97.56亿元,利税14.18亿元。食品工业对全市重点行业工业增加值的贡献率达到6.2%,其中农副食品加工业、食品制造业、饮料制造业分别为5.1%、1.0%和0.1%;工业企业增加值占全市规模以上工业企业增加值的比重为8.3%,其中农副食品加工业、食品制造业、饮料制造业分别为6.4%、0.6%和1.3%。

第一节　酒及饮料制造

一、酒类制造

白酒　1991年,赤峰市有乡及乡以上独立核算白酒制造企业17家,年产白酒2.81万吨,工业总产值1.8亿元(当年价)。赤峰第一制酒厂和赤峰宁城老窖集团是赤峰地区最大的白酒制造企业。当年,赤峰第一制酒厂生产的58°、55°、38°陈曲酒获内蒙古自治区首届轻工产品质量大赛特等奖,50°精制白酒获一等奖。1992年以后,赤峰白酒制造业进一步发展,赤峰宁城老窖集团新开发的38°、45°辽王贡酒在日本东京国际食品博览会上获得金奖;“寧诚”牌商标先后被评为赤峰市著名商标和内蒙古自治区著名商标;赤峰第一制酒厂生产的58°、55°、38°陈曲酒获全国畅销商品金奖。1995年,全市有乡及乡以上白酒制造企业32家,生产白酒10.18万吨,工业总产值1.86亿元。1996年以后,受市场经济影响,白酒生产企业出现产品销售不畅、企业经营困难局面。此后,进行了破产、兼并、股份制改造、建立现代企业制度等一系列改革。到2000年,全市有限额以上白酒制造企业6家,企业员工2340人,生产白酒2.04万吨,工业总产值1.44亿元。2001年以后,各企业顺应市场经济的发展,不断开发、生产白酒新产品,效益不断提高。2001年,破产后的赤峰第一制酒厂改制为赤峰向阳陈曲酒业有限责任公司。2005年2月,燕京啤酒(赤峰)有限责任公司收购赤峰向阳陈曲酒业有限责任公司,开发出百年白酒品牌“乾御兴”牌系列白酒。2005年,宁城老窖酒业与北京顺鑫农业集团联合,成立内蒙古顺鑫宁城老窖酒业有限公司。2007年,该公司生产的“寧诚”牌宁城老窖八年陈白酒被内蒙古自治区消费者协会评为内蒙古自治区消费者满意食品。2009年,宁城老窖寧诚品牌获中国驰名商标称号。2009年12月,内蒙古赤峰陈曲酒业有限责任公司成立,产品有高、中、低档几十个品种,产能达到3000吨/年。2012年,内蒙古赤峰陈曲酒业有限责任公司“赤峰陈曲”商标被认定为内蒙古自治区著名商标。2014年,全市有规模以上酒类生产企业11家,共有员工1358人,年产白酒7.88万吨,工业总产值10.31亿元。

啤酒　1991年,赤峰市有赤峰啤酒厂、林西啤酒厂、翁牛特旗啤酒厂、敖汉旗啤酒厂、宁城啤酒厂、内蒙古赤峰帅威啤酒有限公司、天山啤酒厂等7家生产企业,企业员工3647人,年产啤酒3.5万吨,工业总产值4100万元。1997年,赤峰市在优化资本结

1991—2014 年赤峰市规模以上食品工业主要经济指标统计表

表 5-2-20

年 份	工业总产值(万元)	利税(万元)	固定资产原值(万元)	职工总数(人)
1991	62686.80	9298.00	36735.50	17606
1992	72411.00	9394.60	43234.00	19597
1993	81600.00	10600.00	51600.00	21906
1994	72411.00	9394.60	43234.00	19597
1995	148176.50	15806.90	88418.50	19597
1996	178250.80	10408.60	112717.90	27003
1997	209496.50	22578.40	137896.00	29106
1998	179091.50	16862.10	135769.90	21592
1999	205968.60	24199.00	117808.30	14449
2000	168925.40	23150.80	121298.90	15547
2001	183731.30	23807.00	145629.60	15002
2002	252502.50	19921.30	147408.10	18169
2003	299059.50	18096.20	179421.10	28510
2004	377209.50	24049.20	166345.30	15870
2005	504148.10	20377.90	188170.60	16843
2006	399288.70	32739.80	261806.00	14227
2007	529076.80	57942.00	177301.00	12514
2008	759044.20	61196.00	230323.30	13828
2009	976524.20	73479.60	277573.80	13900
2010	1209633.28	90522.90	372464.50	14947
2011	1674029.20	117431.30	421421.40	15623
2012	1897952.80	147387.70	481925.30	14785
2013	2348521.60	146812.80	586038.10	18978
2014	2552812.00	141833.60	975639.20	17548

说明：1991—1997 年为乡及乡以上独立核算企业，1998—2002 年为限额以上企业，2003—2014 年为规模以上企业数据。

1991—2014年赤峰市食品工业主要产品产量统计表

表5-2-21　　单位:吨

年份	饮料酒	食用植物油	配混饲料	糖
1991	68000	15798	—	49000
1992	72700	14728	—	67400
1993	88100	3500	—	60100
1994	104836	10177	—	35088
1995	141848	11696	—	28488
1996	141254	10431	123497	67481
1997	140506	10257	179395	76372
1998	137588	8326	162457	51627
1999	151393	10486	197649	32448
2000	145422	13876	146640	19538
2001	133962	7626	153829	27915
2002	146116	12334	239978	48648
2003	131774	23636	362046	58921
2004	173297	19491	511385	29057
2005	215961	24743	376315	41864
2006	256999	12986	190693	84083
2007	254965	41282	240356	44742
2008	220047	13212	420572	39091
2009	223170	13212	420572	39091
2010	247117	21071	565657	46627
2011	333429	25125	625049	71634
2012	300607	18237	728849	95224
2013	330365	21739	52284	126294
2014	310584	15563	902349	97271

说明:1991—1997年为乡及乡以上独立核算企业,1998—2002年为限额以上企业,2003—2014年为规模以上企业数据。

2014 年赤峰市大型食品工业企业基本情况统计表

表 5-2-22

企业名称	主要产品	年生产能力	资产总额(万元)
燕京啤酒(赤峰)有限公司	啤酒、白酒	40 万吨、5000 吨	60907
赤峰伊利乳业集团有限公司	液态纯牛奶和乳饮料	14.5 万吨	14500
内蒙古大牧场农副食品有限公司	蒙餐工业化系列产品	1000 吨	12387
内蒙古燕京啤酒原料有限公司	麦芽	5 万吨	31830
内蒙古河套赤峰酒业有限公司	白酒	5000 吨	10154
赤峰福润肉类加工有限公司	生猪屠宰及加工	200 万头	14273
赤峰宏发农副食品有限公司	牛羊肉及农副食品	羊 80 万只、牛 10 万头	10000
巴林左旗林源鹿业有限公司	鹿副产品、鹿系列酒	酒 1200 吨	14266
林西冷山糖业有限公司	绵白糖、原糖	加工甜菜 50 万吨、原糖 20 万吨	44527
内蒙古蒙都羊业农副食品有限公司	鲜冷藏肉系列	6000 吨	23199
赤峰利源肉类加工有限公司	鲜冷藏肉	肉牛 10 万头、肉羊 30 万只	24472
赤峰市凌志农副食品有限公司	土豆全粉	1.2 万吨	53275
安琪(酵母)赤峰有限公司	高活性干酵母	8000 吨	17800
赤峰市乌丹油脂工业有限公司	植物油、饲料	植物油 3 万吨	15592
赤峰市翁牛特旗晨光糠化有限公司	糠醛	3500 吨	10762
赤峰蓝天糖业有限公司	白砂糖	4.2 万吨	15259
内蒙古塞飞亚集团有限公司	肉鸭	3000 万只	88700
内蒙古东方万旗肉牛产业有限公司	肉牛	6 万头	32451
赤峰顺鑫宁城老窖酒业有限公司	白酒	3 万吨	25267
燕京啤酒(中京)有限公司	啤酒	10 万吨	23447
宁城京都淀粉有限公司	淀粉	40 万吨	15000
内蒙古家乐都农副食品有限公司	鲜冻肉	8 万吨	24464
赤峰众益糖业有限公司	绵白砂糖	3.6 万吨	37844
内蒙古草原兴发股份有限公司	肉鸡、肉羊	肉鸡 8000 万只、肉羊 600 万只	—

构工作中,林西啤酒厂、翁牛特旗啤酒厂、敖汉旗啤酒厂、宁城啤酒厂4家旗县属企业加入赤峰啤酒集团。到2000年,全市有限额以上啤酒生产企业5家,企业员工4530人,年生产啤酒11.9万吨,工业总产值1.45亿元。2001年7月,赤峰啤酒集团加盟北京燕京啤酒集团公司,改建为燕京啤酒(赤峰)有限责任公司。设计生产能力为年产啤酒40万吨,白酒5000吨。有4家啤酒生产子公司,分别为燕京中京公司、燕京宝山公司和内蒙古燕京啤酒原料生产公司、林西啤酒厂。主要产品有螺旋藻啤酒、超爽啤酒、荞麦干啤、燕京超纯啤酒、新鲜代啤酒、纯爽啤酒、原生啤酒及扎啤、鲜啤、听装啤酒等,形成高、中、低档合理搭配,适合不同层次消费需求的产品结构。2014年,全市有燕京啤酒(赤峰)有限责任公司、燕京啤酒(宝山)有限责任公司、燕京啤酒(中京)有限责任公司、林西县泓盛啤酒有限责任公司4家规模以上啤酒生产企业,企业员工1728人,年生产啤酒23.17万吨,工业总产值5.53亿元。

果酒　赤峰市果酒生产起步于20世纪80年代。1991年,赤峰市有敖汉旗酒厂、喀喇沁旗乃林酒厂、林西糖厂、宁城老窖集团等4家企业生产果酒。主要产品有山楂酒、葡萄酒、沙棘酒,产量不大。2001年,喀喇沁旗乃林酒厂开发山葡萄资源,将企业改制为赤峰蒙野酒业有限责任公司,利用本地生产的优质山葡萄,采用多项新工艺、新技术,生产干型、半干型、甜型、加气型四大系列"蒙野"牌山葡萄酒。2002年9月,产品通过自治区级质量鉴定。2003年1月,被中国中轻产品质量保障中心评为质量保证产品;2006年,被农业部中绿华夏有机食品认证中心评为有机食品。2006年12月,赤峰蒙野葡萄酒业有限公司被赤峰弘坤公司兼并,重组为内蒙古赤峰弘坤蒙野酒业有限责任公司。主要生产干型、甜型、加气型三大系列20余个品种的葡萄酒。到2014年,全市有果酒生产企业5家,共有员工265人,生产各类果酒3200吨,工业总产值9600万元。

二、乳品制造

2003年以前,赤峰套马杆酒业有限公司与当地奶牛养殖户合作,引进液态乳加工设备,生产袋装鲜牛奶、奶豆腐、黄油、奶酒等产品,后因生产规模小而停产。2003年7月,赤峰伊利乳业有限责任公司成立,位于元宝山区平庄工业园区,主要生产伊利牌液态纯牛奶和乳饮料,有瑞典利乐超高温杀菌设备及相应的配套设备,建设有9条生产线,日处理鲜奶400吨。2014年,该公司有从业人员417人,生产液态乳10.03万吨,工业总产值6.19亿元,利润3713.45万元,税金655.4万元。

三、饮料制造

1991年,赤峰市有饮料生产企业22家,其中乡镇企业11家,街道企业11家,从业人员774人。主要产品有杏仁乳、酸牛奶、汽水、冷饮等,工业总产值861万元。1992年以后,敖汉赤波饮料有限公司生产杏仁饮料、沙棘饮料,宁城老窖集团生产杏仁露等多种饮料。1994年,赤峰套马杆酒业有限公司利用本地资源开发黑加仑饮料。1995年,宁城老窖集团保健饮料厂生产的宁露牌杏仁露被中国绿色食品发展中心评为"AA"级绿色食品蛋白饮料;1998 年,被中国食品工业协会授予全国食品行业名牌产品证书;2000 年,被卫生部批准定为保健食品。1996 年以后,赤峰市大部分小型饮料生产企业在市场冲击下停产。2003 年 9 月,敖汉旗内蒙古沙漠之花生态产业科技有限责任公司成立,年产沙棘、杏仁原汁 7000 吨,年产沙棘、杏仁系列饮料 3 万吨。2014 年,全市有阿鲁科尔沁旗桐鑫源籽瓜饮料有限公司、巴林左旗狼河饮品有限公司、内蒙古沙漠之花生态产业科技有限责任公司、内蒙古瑞景生物科技有限公司 4 家规模以上饮料生产企业,从业人员 397 人,年生产各种饮料 2.2 万吨,工业总产值 6600 万元。

第二节 食品加工

一、肉食品加工

1991 年,全市有赤峰第一肉联厂、赤峰第二肉联厂、翁牛特旗肉类联合加工厂、阿鲁科尔沁旗肉类联合加工厂、克什克腾旗肉类联合加工厂等乡及乡以上独立核算食品加工企业 23 家,其中牲畜屠宰企业 14 家,肉食品加工企业 9 家。职工总数 596 人,工业总产值 1.49 亿元。

1998 年,赤峰第一肉联厂资产转让给内蒙古草原兴发集团,转产肉鸡加工。2000 年,赤峰第二肉联厂破产。阿鲁科尔沁旗天柱农牧业有限责任公司、内蒙古阜信源肉食品加工有限公司、内蒙古中敖食品有限公司、内蒙古蒙都羊业食品有限公司、赤峰远大肉牛产业开发公司等一批肉食品加工企业相继建立。到 2000 年末,全市有限额以上独立核算肉食品加工企业 9 家,从业人员 5618 人,工业总产值 8.11 亿元,利税总额 8000 万元。2001 年以后,随着市场经济的快速发展,赤峰市肉食品加工企业不断增加。2001 年 7 月,宁城县内蒙古东方万旗肉牛产业有限公司成立,主要经营肉牛饲养、育肥,冷鲜、冷冻分割牛肉及速冻牛肉产品生产销售。2002 年,赤峰群鹏火鸡有限责任公司、赤峰万利丰鹅业有限公司等企业成立,分别经营火鸡、肉鹅饲养、屠宰加工和销售。2007 年 3 月,内蒙古草原兴发股份有限公司与赤峰市元宝山区国有资产经营有限公司共同出资组建内蒙古草原兴发食品有限公司,主导产品有羔羊肉、鸡肉、牛肉、熟食制品等草原特色食品。2006 年 7 月,内蒙古食乐康食品有限公司成立,主要从事研发和生产内蒙古特产系列、酱卤肉系列、香肠火腿系列、休闲食品系列。风干牛肉是赤峰市的地方特色食品,2006 年 8 月,内蒙古独伊佳食品有限公司成立,主要生产加工风干牛肉,产品有原味、五香、麻辣、孜然、椒麻、烧烤、咖喱等 7 种口味。2007 年,巴林左旗思源农副食品有限公司成立。2008 年,阿鲁科尔沁北方肉业有限公司等肉食品加工企业成立。同年,赤峰惠牛傻子旺食品有限公司成立,以风干牛肉为主打产品。2010 年成立的内蒙古骏然食品有限公司年加工牛肉 385 吨,产风干牛肉 120 吨。2014 年,全市有规模以上肉食品加工企业 33 家,其中牲畜屠宰企业 21 家,禽类屠宰企业 5 家,肉食品及副产品加工企业 7 家,从业人员 1526 人,工业总产值 28.37 亿元。

二、糕点糖果制造

1991年,赤峰市有赤峰第一食品厂、赤峰第二食品厂等乡及乡以上糕点糖果制造企业38家,工业总产值4318.4万元。1992年以后,随着市场经济的发展,国营、集体糕点加工企业通过破产、兼并、股份制改造等形式退出国营、集体企业序列,民营糕点加工企业逐渐增加。1996年5月,赤峰京香食品有限责任公司成立,主要从事食品生产及销售,生产中式糕点、西式糕点、食品等九大类1000多个品种。1998年,赤峰喜利来食品有限责任公司成立,主要经营蛋糕、面包等糕点和冷热饮食品。经营品种有中西糕点、日式套餐、西式牛排、意大利披萨、台湾珍珠奶茶、巴西现煮咖啡等。2014年,全市有糕点糖果制造企业4家,从业人员416人。

三、酱菜调味品加工

1991年,赤峰市有赤峰第三食品厂、赤峰第四食品厂等乡及乡以上酱菜调味品加工企业5家,企业职工220人,工业总产值503.4万元。1993年,赤峰发得快酵母有限公司成立,主要从事酵母生产。1994年,赤峰营峰副食品厂成立,主要生产酱菜调味品等。2003年,赤峰第三食品厂破产重组,改为民营企业赤峰松鹤调味品有限责任公司,主要产品有豆豉、豆酱、酱油、醋、腐乳等酱菜、调味品。2003年8月,赤峰发得快酵母有限公司加入安琪酵母集团,更名为安琪酵母(赤峰)有限公司。2006年5月,赤峰营峰副食品厂改为赤峰瑞嘉食品有限公司。2014年,全市有规模以上酱菜、调味品、发酵制品制造企业4家,分别是赤峰松鹤调味品有限责任公司、赤峰瑞嘉食品有限公司、赤峰市万达生化有限公司、安琪酵母(赤峰)有限公司。共有员工760人,工业总产值3.26亿元。

四、其他食品加工

玉米淀粉加工　1998年,赤峰北方联合制药厂进行技术改造,建成年产3万吨玉米淀粉生产线。2008年3月,宁城京都淀粉有限公司成立,位于宁城县天义镇生物科技产业园区,主营玉米淀粉及其深加工;2012年10月,玉米深加工项目一期工程竣工投产,年深加工玉米30万吨。2014年,该公司共有从业人员450人,生产玉米淀粉4.12万吨,工业总产值7.58亿元,利税414.4万元。

马铃薯深加工　20世纪80年代以前,赤峰地区马铃薯深加工以加工淀粉和粉条为主,主要是社队集体企业。改革开放后,加工淀粉和粉条的个体户迅速发展,以冬春两季为多。产品有土豆淀粉、宽粉条、马莲粉条和细粉条、粉丝等,年加工量约在1000吨左右。1990年,林西食品厂生产的“鹿山”牌火锅粉丝,被评为内蒙古自治区优质产品,畅销市内外。2006年9月,凌志马铃薯科技股份有限公司成立,位于翁牛特旗玉龙工业园区南区,主营马铃薯脱毒种薯繁育,商品薯生产、深加工及销售。采用德国马铃薯全粉生产线设备进行生产,每年可加工马铃薯鲜薯6万吨,年产马铃薯全粉3000吨。2010年,该企业有员工260人,工业总产值1.99亿元,工业增加值6949.1万元,利税4051.8万元。2012年后,受市场经济影响,生产规模、效益下降。2014年,该企业有从业人员 378 人，工业总产值 1.44 亿元，工业增加值 3200 万元，利润 2098 万元。

蔬菜加工 20 世纪以前，赤峰市蔬菜加工企业较少，数量不多。进入 21 世纪，蔬菜加工发展较快，主要是蔬菜保鲜、蔬菜脱水、蔬菜速冻、山野菜加工等。1998 年，克什克腾旗然皇绿色食品有限公司成立，开发生产以天然野生植物为原料的纯天然绿色食品。年生产脱水山野菜 1517.5 吨和速冻山野菜 650 吨。加工生产的山野菜主要品种有蕨菜、黄花、凤翅、猴腿、蒲公英、苦嫩芽、玉竹菜、薄荷、味灵仙、山地瓜、酸模、山豆根、柳蒿、苦菜、山莴苣、马齿苋、龙须菜、山韭菜、藜菜、西天谷、凤尾菜、冬葵、山韭花、黑蘑菇、白蘑菇、鸡爪蘑、杂蘑、松蘑、金莲花、马兰菜、珍珠菜等。2002 年，由日本食品株式会社投资成立喀喇沁旗食美秀食品有限公司，位于锦山镇西街，主要产品为糖渍类和水煮类蔬菜，产品全部销往日本。2006 年，出口腌渍萝卜 716 吨，保鲜萝卜 415 吨，出口创汇 57.6 万美元，销售收入 555 万元，利税 3 万元。2006 年 11 月，内蒙古万德有机食品有限公司成立，位于翁牛特旗乌丹镇玉龙工业园区南区，是规模较大的蔬菜加工企业。主要种植、加工有机脱水蔬菜、保鲜蔬菜，设计能力为年产脱水蔬菜 3000 吨、保鲜蔬菜 1 万吨。2010 年成立的内蒙古骏然食品有限公司（克什克腾旗）年加工鲜山野菜 600 吨、鲜食用菌 300 吨，年产山野菜干制品（蕨菜、金针等）60 吨、食用菌干制品（野生蘑菇）30 吨。2011 年 1 月，内蒙古泰之味食品有限公司成立，是由阿鲁科尔沁旗大众食品有限公司与浙江上虞泰之味食品有限公司合资建立的蔬菜食品加工企业。主要从事蔬菜储藏加工，年加工蔬菜能力 5000 吨。

第三节 粮油及饲料加工

一、粮食加工

1991 年，全市有赤峰面粉厂、林西面粉厂等乡及乡以上粮食加工企业 30 家，加工粮食 12.27 万吨，工业总产值 1.17 亿元。1992 年，粮食销售市场放开以后，国营粮食加工厂所需原料由粮食部门调拨供应改为市场化采购，加工量逐年减少。至 1997 年，年加工粮食减少到 1.7 万吨，是 1991 年的 13.85%。多数企业处于停产和半停产状态，亏损不断增加。1998 年以后，随着粮食流通体制改革，一部分国营、集体粮食加工企业转制为股份制企业或个体私营企业，民营粮食加工企业不断增加。2004 年，赤峰蒙天粮油购销有限公司成立，年加工各类杂粮 2.5 万吨。2007 年 1 月，翁牛特旗天和农产品购销有限公司成立，建有加工小米、荞麦米、荞麦粉、绿豆 4 条生产线，日加工成品小米 30 吨、荞麦米 15 吨、荞麦粉 10 吨、绿豆 30 吨。2007 年 3 月，宁城县明塔面粉加工有限公司成立，是赤峰市生产规模最大的面粉加工企业，年加工小麦 3 万吨，日产各类面粉 75 吨、麦麸子 23 吨。2014 年，全市有规模以上粮食加工企业 11 家，从业人员 1816 人，加工生产白面、荞面、大米、小米、玉米、杂粮等粮食 25 万吨，工业总产值 8.7 亿元。规模以上粮食加工企业中，国有及国有控股企业 3 家，从业人员 1388 人。

二、植物油加工

1991年,赤峰市有赤峰第二粮库、赤峰面粉厂、赤峰粮谷加工厂、林西粮食加工厂、乌丹油脂厂等8家企业进行植物油加工,主要品种为葵花籽油和大豆油。全市加工植物油1.58万吨,工业总产值2596.8万元。1995年,赤峰粮谷厂对油浸车间进行技术改造,年产油量1050吨。同年,全市各粮油企业加工生产油脂11317吨。1997年,全市油脂产量1.03万吨,其中豆油2650吨、葵花油7650吨。1998年5月,乌丹油脂厂改制为赤峰太阳油脂有限公司。2001年10月,林西粮食加工厂转制为林西北方油脂工业有限责任公司。2007年,该企业新建年产10万吨油料加工生产线,日处理油料能力300吨。2014年,全市有规模以上植物油加工企业3家,从业人员320人,年加工植物油1.56万吨,工业总产值3112.6万元。

三、饲料加工

1991年,赤峰市有饲料加工企业25家,其中配合及混合饲料加工企业22家、其他饲料加工企业2家、饲料添加剂制造企业1家。共有员工970人,年加工各种饲料3万吨,工业总产值2983万元。1995年,全市饲料产量达到3.3万吨,产值2559万元。1998年以后,国营饲料加工企业先后改制为公司制企业或民营企业,许多企业破产关闭,新建民营饲料加工企业逐渐增多。1998年,内蒙古草原万旗畜牧饲料有限公司、内蒙古黄羊洼草业有限公司2家饲料加工企业在宁城县、敖汉旗建立。内蒙古草原万旗畜牧饲料有限公司建有颗粒饲料加工生产线2条,配合饲料生产线1条,添加剂、预混料生产线1条。年可生产30万吨苜蓿草、玉米秸颗粒、压块饲料。产品有饲料添加剂、预混料、浓缩料、精料补充料四大系列几十个品种。2006年12月,赤峰四海同心生物科技有限公司成立,主要经营和生产高科技含量的全价配合饲料、浓缩饲料、预混合饲料、饲料添加剂及饲料原料。安装有全自动化生产线,年生产能力为10万吨。产品有猪、鸡、牛、羊、鱼五大系列48个品种。2014年,全市有规模以上饲料加工企业8家,从业人员1816人,加工生产各种饲料90.23万吨,工业总产值18.7亿元。

第四节　制　糖

1991年,赤峰市有赤峰糖厂、宁城县糖厂、克什克腾旗糖厂、林西糖厂4家制糖企业,共有职工3263人,年生产糖4.9万吨,工业总产值1.46亿元。1995年,全市糖产量下降到2.85万吨。1997年,糖产量增加到7.64万吨。1998年以后,受市场经济影响,制糖企业经营困难,在深化经济体制改革中,除林西糖厂外,其他3家糖厂均破产。2000年,林西糖厂糖产量1.95万吨;2006年,增加到8.4万吨,达到最高值;2010年,受市场影响产量下降到4.66万吨。2012年,翁牛特旗赤峰蓝天糖业有限公司成立。2013年,松山区赤峰众益糖业有限公司成立,均以甜菜为原料加工生产白砂糖和白绵糖。2013

年末,全市制糖企业增加到3家,糖产量达到12.63万吨。2014年,全市有林西冷山糖业有限公司、赤峰众益糖业有限公司、赤峰蓝天糖业有限公司3家规模以上制糖企业,从业人员1001人,制糖业受国际经济下行影响,糖产量下降到9.73万吨,工业总产值5.99亿元。

第五节　企业选介

赤峰第一制酒厂　始建于清同治八年(1869年)。1984年8月31日,赤峰第一制酒厂生产的"向阳"牌陈曲瓶装白酒,在连续四年获得内蒙古自治区优质产品的基础上,被国家质量审定委员会评为国家优质酒,获得银质奖。1991年,赤峰第一制酒厂有员工542人,固定资产原值1248万元,生产白酒16种,年总产量5500吨,工业总产值1503万元,利税总额498万元。1992年,58°、55°、38°陈曲酒获得全国畅销商品金奖。同年又开发出开胃酒、御液酒、蒙古老窖和38°陈曲酒。1995年,有员工582人,固定资产2345.4万元,白酒品种23种,总产量7800吨,工业总产值2144.3万元,利税627万元。1999年,赤峰第一制酒厂破产。2001年,成立赤峰向阳陈曲酒业有限公司。2002年,因经营不善等原因,企业逐渐走入困境。2005年2月,燕京啤酒(赤峰)有限公司整体收购赤峰向阳陈曲酒业有限公司全部资产。

内蒙古顺鑫宁城老窖酒业有限公司　前身为宁城八里罕酒厂,始建于1958年。1993年,组建宁城老窖实业集团公司,下辖13个分厂。1996年10月,改为内蒙古宁城老窖集团公司。1997年,整合重组21家企业,组建宁城老窖股份有限公司。1998年4月,宁城老窖股票在沪证券交易所上市发行。2000年,宁城老窖股份有限公司更名为内蒙古宁城老窖生物科技股份有限公司。2005年,内蒙古宁城老窖生物科技股份有限公司与北京顺鑫农业集团联合成立内蒙古顺鑫宁城老窖酒业有限公司。

1992年,赤峰宁城老窖酒厂进行第三期技术改造,新增生产能力1260吨(原酒),开发出38°、45°辽王贡酒。同年,在国际食品博览会上获得金奖,被评为中国消费者协会推荐商品。2000年,产品销售收入达到4.26亿元,缴纳税金5652万元。2005年以后,内蒙古顺鑫宁城老窖酒业有限公司开发生产宁城老窖陈酒系列和宁城老窖礼品酒系列等新品种。2014年,该公司有员工308人,总资产4.39亿元,成品酒年产量1.5万吨,工业总产值1.1亿元,销售收入1.6亿元,利税3196万元。

燕京啤酒(赤峰)有限责任公司　前身为赤峰啤酒厂。2001年7月,赤峰啤酒厂加盟北京燕京啤酒集团公司。年生产啤酒40万吨,白酒5000吨。主要产品有螺旋藻啤酒、超爽啤酒、荞麦干啤、燕京超纯啤酒、新鲜代啤酒、纯爽啤酒、原生啤酒等。产品先后获全国、内蒙古自治区啤酒行业优质产品称号。该公司"乾御兴"白酒商标获内蒙古自治区著名商标。到2014年,有员工1207人,年生产各类啤酒38种,产量13.7万吨,工业总产值达到3.27亿元,利税1.73亿元。该公司先后获全国用户满意企业、全国酿酒行业百强企业及自治区高新技术企业、质量效益先进企业、自治区五一劳动奖状等称号。

内蒙古塞飞亚农业科技发展股份有限公司　前身为宁城县汐子纸箱厂，成立于1988年,是乡镇企业,1996年11月改建为内蒙古塞飞亚集团公司。1997年11月,成立塞飞亚食品有限责任公司。2001年,改建为内蒙古塞飞亚食品股份公司。2007年,内蒙古塞飞亚食品股份公司变更为内蒙古塞飞亚食品有限责任公司。2011年9月,更名为内蒙古塞飞亚农业科技发展股份有限公司。

1998年7月,塞飞亚食品有限责任公司肉鸭屠宰生产线试车投产。2002年,进行肉鸭生产二期扩建工程。2003年,达到年养殖加工肉鸭2000万只、加工饲料20万吨的生产能力。2002—2009年,先后实施三期改扩建工程,企业规模、生产能力显著提高。2012年,投资6168.55万元,建成有20处标准化垫料养殖场、年出栏600万只商品鸭养殖项目。2014年,该公司有从业人员1590人,屠宰肉鸭1481万只,工业总产值6.10亿元,利税2670.3万元。2006—2014年,该企业先后被农业部、国家发改委、国家食品药品监管局命名为国家食品行业禽类示范养殖企业、全国畜牧行业优秀企业、国家食品深加工示范单位等。

内蒙古草原兴发食品股份有限公司　前身是始建于1988年的赤峰大兴肉鸡公司。1993年,赤峰大兴肉鸡公司更名为内蒙古草原兴发集团。1997年,注册为内蒙古草原兴发股份有限公司。同年,草原兴发4000万A股股票上市。2007年,内蒙古草原兴发股份有限公司与赤峰市元宝山区国有资产经营有限公司共同出资组建内蒙古草原兴发食品有限公司。2007年，北京科瑞天诚投资股份有限公司收购内蒙古草原兴发食品有限公司的全部股权及赤峰市元宝山区国有资产经营有限公司的部分股权。2008年，香港光辉投资控股有限公司收购北京科瑞天诚投资股份有限公司所持有的内蒙古草原兴发食品有限公司的股份。2013年9月，兰达集团收购香港光辉投资控股有限公司所持有的草原兴发股份,成为控股股东。同年12月,兰达集团同北京金慧丰投资有限公司、深圳秉鸿投资有限公司、山东富士达食品有限公司等达成合资合作。主导产品有羔羊肉、绿鸟鸡、世界屋脊牛、熟食制品、四野杂粮等3000多个品种。产品远销日本、阿联酋、俄罗斯、中国香港等7个国家和地区。在国内建有华北、东北、华中、华南、华东、西北、西南7个销售大区、30个销售分公司,产品畅销全国。在国内建有涮园500余家,绿食店1000多家,从业人员约1万人。在内蒙古自治区、黑龙江省、吉林省、甘肃省、青海省、新疆维吾尔自治区建有71家生产工厂,具有年屠宰加工肉羊600万只、肉鸡8000万只的生产能力。2014年,内蒙古草原兴发食品有限公司有员工1000人,工业总产值1.5亿元,利税400万元。

内蒙古东方万旗肉牛产业有限公司　成立于2001年7月,位于宁城县中京工业园区。主营肉牛饲养与育肥,冷鲜、冷冻分割牛肉及速冻牛肉产品的生产和销售。2009年以后，每年承担国家1500头活畜储备任务。建设生产能力为6万头肉牛的屠宰加工厂,引进德国屠宰加工设备,采用国际先进的胴体后熟(冷却、排酸)处理、剔骨分割工艺，按照欧盟卫生标准生产冷冻、冷鲜牛肉。建成3000吨牛肉深加工车间，生产烘烤类、中式蒸煮类、牛排类等产品，该公司生产的冷鲜、冷冻分割牛肉和速冻牛肉产品已形成高、中、低三个档次上百个品种，产品取得国家绿色食品认证、有机产品认证、无公害农产品产地认证、食品安全管理体系认证。2014年，该公司有从业人员301人，屠宰加工肉牛31141头，工业总产值5.03亿元，利税1477万元。2010—2014年，该公司先后被认定为农业产业化国家重点龙头企业、国家扶贫龙头企业、国家农业科技园区畜禽产业科技园肉牛项目实施单位、全国民族用品定点生产企业；公司生产的东方万旗牌牛肉被评为内蒙古自治区名优特产品。

安琪酵母（赤峰）有限公司　前身为赤峰发得快酵母有限公司，始建于1993年，位于翁牛特旗乌丹镇。2003年8月，加入安琪酵母集团，更名为安琪酵母（赤峰）有限公司，生产70多个品种的高活性干酵母。产品覆盖东北、华北等地区，出口到非洲、中亚等20多个国家。2014年，该公司有从业人员374人，生产高活性干酵母8000吨，资产总额1.78亿元，工业总产值2.17亿元，工业增加值7578万元，利税总额6592.8万元。

翁牛特旗盛达食品有限公司　前身为翁牛特旗紫辰绿色食品有限公司，2012年更名为翁牛特旗盛达食品有限公司。是内蒙古自治区农牧业产业化重点龙头企业，有自营进出口权，有固定资产2900万元，员工156人。企业占地面积3.2万平方米，建有先进的大米及生熟荞麦米、荞麦粉、荞麦茶、葵花仁、小米等杂粮加工生产线9条，设计能力为年加工生产大米及各类杂粮20万吨。2010年，员工296人，资产总额4900万元。生产有机大米及杂粮2.73万吨，工业总产值3.64亿元，工业增加值1.27亿元，利税470万元。

内蒙古黄羊洼草业有限公司　前身为绿源草业有限责任公司，成立于1998年。2002年8月，改建为内蒙古黄羊洼草业有限公司，总部位于敖汉旗新惠镇，主营草产品加工、销售。2004年，引进苜蓿草颗粒生产线，年生产能力2万吨。有牧草种植基地3466.67公顷，有2万吨/年草颗粒生产线一套，3万吨/年青贮纤维质饲料生产线一套，有种子采集机、高密度牧草打捆机、割草机和牵引车等动力设备。2014年，有从业人员69人，加工生产饲料6500吨，工业总产值1.3亿元。该公司先后被评定为国家级扶贫龙头企业、自治区级农牧业产业化重点龙头企业、赤峰市十佳民营科技企业。2012年6月，被中国农牧业协会草业分会评为十强优秀企业。

林西冷山糖业有限责任公司　前身为内蒙古林西糖厂，1979年建成投产。2006年，改制为股份制企业，称林西冷山糖业有限责任公司。主要产品为优质绵白糖、白砂糖、糖蜜、甜菜颗粒粕。2014年，林西冷山糖业有限责任公司有员工523人，总资产4.45亿元，年加工甜菜50万吨，生产优质绵白糖、白砂糖6.5万吨，产甜菜颗粒粕2.6万吨，产糖蜜2.5万吨，产品销售收入4亿元，工业总产值4.2亿元，利税8000万元。该公司是自治区农牧业产业化龙头企业。2012年，通过国家食品安全体系、质量体系认证，获国家产品质量优秀奖。

第七章　建材工业

1991—2014 年,赤峰市依托丰富的花岗岩、高岭土、玄武岩、萤石、膨润土、珍珠岩等资源,依靠科技进步,不断发展建材工业,先后引进山水集团、中材集团等国内一流水泥生产企业,企业装备、管理水平、产品质量大幅提升,新工艺、新技术、新材料得以有效推广应用,节能减排、淘汰落后产能效果明显,产品结构渐趋合理。到 2014 年,全市水泥产量 585.52 万吨,基本形成以水泥工业为龙头、以新型建材工业为先导、以砖瓦砂灰等传统建材工业为基础的产业体系,成为重要工业支柱产业之一。

1991 年,赤峰市有乡及乡以上独立核算建材工业企业 51 家,职工 3432 人,主要产品有水泥、红砖、瓦、电杆、水泥制品、加气混凝土等,工业总产值 1594.7 万元。1991 年 10 月,赤峰白水泥厂建成试车,生产出优质白色硅酸盐水泥,填补了赤峰市多年不能生产白水泥的空白。1996 年以后,国营集体建材工业企业进行破产、兼并、转制等形式改革,股份制企业、个体私营建材生产企业不断增加。到 2000 年,全市建材工业企业资产总额 5.27 亿元,销售收入 2.82 亿元,工业增加值 9413 万元,利税 2583 万元。2001 年以后,随着经济建设和科技水平的发展,新型、环保、优质建材生产企业不断增多。特别是 2003 年以后,赤峰市启动新城区建设,进一步促进了建材业的快速发展。2005 年,全市有规模以上建材企业 32 家,水泥产量 219.5 万吨。一批环保空心砖、空心板材、保温隔热组件、木质复合材料、彩钢复合板等新型建材项目相继建成投产。全市建材工业销售收入 11.48 亿元,工业增加值 3.96 亿元,利税 1.2 亿元。2006 年以后,在国家产业政策指导下,新型干法水泥及各种新型建筑材料发展步伐加快,建材工业快速健康发展。2010 年,全市有规模以上建材工业企业 75 家,工业增加值 14.1 亿元,销售收入 58.6 亿元,利润 2.85 亿元,税金 1.86 亿元。2014 年,全市规模以上建材企业 51 家,资产总额 54.98 亿元,从业人员 6669 人,工业总产值 119.6 亿元,主营业务收入 117.3 亿元,利税总额 3 亿元。

第一节　水泥及水泥制品生产

一、水泥

普通水泥　1991 年,赤峰市有乡及乡以上水泥制造企业 10 家,从业人员 5115 人,生产水泥 64.1 万吨,工业总产值 858.4 万元。1992 年以后,赤峰水泥制造业进一步发展。至 1995 年,赤峰市有乡及乡以上水泥制造企业 11 家,从业人员 1996 人,生产水泥 86.89 万吨,工业总产值 1024.4 万元。2000 年 8 月,赤峰第一水泥厂转制,成立赤峰远航水泥有限责任公司。2000 年,赤峰市有限额以上水泥制造企业 11 家,从业人员

2014 年赤峰市规模以上建材工业企业基本情况统计表

表 5-2-23

企业名称	主要产品	年生产能力	资产总额（万元）	职工人数(人)
赤峰九天建化集团	商品混凝土	350 万立方米	92352	1095
内蒙古华峰水泥有限公司	白水泥	4.8 万吨	10656	236
赤峰市超俊新型建材科技有限公司	建筑材料	200 万平方米	10057	30
赤峰正飞玻纤有限公司	无碱玻璃纤维球	5000 吨	1117	90
赤峰赤东新型建材有限责任公司	建筑材料	10000 吨	6029	38
赤峰鑫海节能建材有限公司	建筑材料	40 万立方米	3500	69
赤峰同人混凝土有限公司	混凝土	20 万立方米	2756	60
赤峰哈河水泥有限责任公司	水泥	100 万吨	15581	418
赤峰星河水泥有限责任公司	水泥	60 万吨	16543	272
内蒙古赤阳春建材装备有限公司	墙材及墙体材料生产线	70 万立方米	777	35
赤峰宇强环保建材有限公司	加气混凝土砌块	15 万立方米	881	26
赤峰市城泰保温材料有限公司	乳胶漆、保温砂浆、腻子	25000 吨	1514	42
赤峰昊鑫塑料制品有限公司	塑料编织袋	5000 万米	3716	99
赤峰市诚意新型建材有限责任公司	加气混凝土砌块	15 万立方米	6518	90
赤峰富龙非金属材料科技有限责任公司	珍珠岩	1 万立方米	3691	51
赤峰富春木业有限责任公司	细木工板	10 万张	490	32
赤峰市文泰珍珠岩制品有限公司	聚苯板、珍珠岩颗粒	珍珠岩 3 万立方米、聚苯乙烯泡沫板 1.8 万平方米、石粉 1000 吨	309	28
赤峰铸泰混凝土搅拌有限责任公司	混凝土	10 万立方米	26859	135
赤峰恒赫新型建材有限责任公司	空心砖、免烧砖	2 万立方米	351	31
赤峰润盈建材有限公司	聚苯夹芯复合轻质墙板	100 万平方米	942	75
阿鲁科尔沁旗鑫天山水泥集团有限公司	水泥	50 万吨	65000	320
阿鲁科尔沁旗山水水泥有限责任公司	水泥	50 万吨	73157	377
赤峰天润电力建设有限公司	电杆、配电装置	水泥电杆 1 万基	2361	41
阿鲁科尔沁旗三和建业有限责任公司	空心砖	800 万块	2900	120
阿鲁科尔沁旗先锋乡利锋砖瓦联合有限公司	红砖	15000 万块	3500	245

续表

企业名称	主要产品	年生产能力	资产总额（万元）	职工人数(人)
阿鲁科尔沁旗坤都矿业有限公司	叶蜡石	3万吨	290	15
赤峰富泰膨润土化工有限责任公司	膨润土	1万吨	850	20
巴林左旗磊鑫矿业有限公司	叶蜡石	5万吨	2875	45
赤峰市新鑫矿业有限责任公司	石英石粉	10万吨	6426	58
巴林左旗蒙鑫水泥有限公司	水泥	66万吨	2895	61
赤峰鲁蒙特种水泥有限公司	特种水泥	77.5万吨	35000	245
巴林左旗达峰水泥制品有限公司	水泥	20万吨	2517	40
赤峰市富岭建筑材料有限公司	白灰	10万吨	3450	60
赤峰储源石材有限责任公司	块石、路基石	10万立方米	4660	35
巴林右旗大板华宇轨枕制造有限公司	轨枕	100万根	2584	28
巴林右旗山水水泥有限公司	水泥	100万吨	12465	138
赤峰鸿成新型建筑材料有限公司	混凝土空心砖	30万立方米	1856	120
林西聚恒混凝土工程有限公司	商品混凝土	20万立方米	1769	34
赤峰市克什克腾红山水泥有限公司	水泥	20万吨	44346	194
翁牛特旗绿洲矿业有限责任公司	大理石	350万平方米	6799	235
赤峰山水远航水泥有限公司	水泥	250万吨	68000	571
喀喇沁旗鑫鑫矿产品有限责任公司	白石	40万吨	3010.8	109
赤峰东元矿业有限责任公司	石灰石粉	50万吨	4412.6	117
赤峰盛峰钢构彩板有限公司	钢构彩板	20万平方米	674	73
赤峰华孚科技发展有限公司	微晶石	20万平方米	9276	156
喀喇沁旗昌隆萤石化工有限公司	萤石粉	3万吨	2288	63
赤峰中兴首创混凝土搅拌有限责任公司	混凝土搅拌	60万方	6944	60
赤峰广源新型建材有限公司	蒸压加气混凝土砌块	45万立方米	4250	64
敖汉旗瑞佳建材有限责任公司	预拌混凝土	20万立方米	7032	89
敖汉旗金源商砼有限公司	预拌混凝土	15万立方米	2727	42
喀喇沁旗草原水泥有限公司	水泥	200万吨	79011	299
敖汉旗三泰水泥有限公司	水泥	60万吨	1931	35
宁城县泰峰玻璃制品有限公司	玻璃瓶	8000万个	3695	216

1996人，水泥产量110.27万吨，工业总产值1300万元。2001年以后，市政府印发《赤峰市清理整顿小玻璃厂小水泥厂工作实施意见》，全市清理淘汰产能落后的小水泥厂5家，淘汰水泥生产能力8.1万吨。2001年10月，元宝山水泥厂转制为赤峰哈河水泥有限责任公司。赤峰市水泥制造业通过改组重建、新建、联合等形式建立起一批现代企业，企业活力不断增强，生产工艺、产品产量和质量大幅提高。"十一五"期间，水泥生产工艺由机立窑煅烧向回转窑煅烧发展，新型干法水泥生产的发展步伐加快。2009年，赤峰市有新型干法水泥生产线8条，设计能力790万吨，占全市水泥生产的92%。到2010年，全市有规模以上水泥生产企业23家，水泥产量545.4万吨，销售收入14.84亿元。阿鲁科尔沁旗鑫天山水泥集团有限公司生产能力为日产熟料4000吨，年生产水泥能力50万吨，主要生产32.5级复合硅酸盐水泥、42.5级普通硅酸盐水泥，被自治区建材总会与自治区建材工业协会评为向社会和自治区重点工程特别推荐产品。2011年以后，赤峰市对水泥生产企业进行清理整顿，对产能落后、污染严重的生产企业进行取缔或转产，淘汰落后产能101.49万吨。2014年，全市有规模以上普通水泥生产企业9家，从业人员2342人，年生产能力814万吨，当年水泥产量585.52万吨，销售收入12.84亿元。

特种水泥　1991年，赤峰市白水泥厂建立，总投资6867万元，年产白水泥4.8万吨，结束了赤峰市没有白水泥生产的历史。2000年，赤峰市白水泥厂转制成立赤峰华峰特种水泥有限责任公司。生产强度625号、525号白度87度特级高档产品及425号、

1991—2014年赤峰市水泥产量统计表

表5-2-24　　单位：万吨

年份	产量	年份	产量
1991	64.1	2003	133.5
1992	80.9	2004	179.36
1993	86.3	2005	219.52
1994	82.7	2006	280.91
1995	86.89	2007	328.09
1996	100.21	2008	354.74
1997	97.55	2009	390.52
1998	94.84	2010	545.4
1999	96.15	2011	745.07
2000	110.27	2012	640.78
2001	89.66	2013	631.79
2002	123.18	2014	585.52

525号白度80度以上中低档产品和各种彩色水泥，白水泥年生产能力4.8万吨。2005年10月，巴林左旗通过招商引资，在白音诺尔镇建立赤峰鲁蒙特种水泥有限公司。2011年7月，赤峰鲁蒙特种水泥有限公司被山东重山集团兼并，成为其全资子公司。2014年5月，旋窑生产线正式投产，主要原材料为石灰石、页岩、粉煤灰、脱硫石膏。设计能力为年产特种水泥77.5万吨，实际生产能力45万吨。2014年，全市有赤峰华峰特种水泥有限责任公司、赤峰鲁蒙特种水泥有限公司2家特种水泥生产企业。

二、水泥制品

1991年，赤峰市有乡及乡以上水泥制品制造企业27家，从业人员556人，生产水泥制品804万立方米，电杆2.49万根，加气混凝土2399万立方米，工业总产值8093万元。1992年以后，赤峰水泥制造业进一步发展。到1995年，全市有乡及乡以上水泥制品制造企业25家，从业人员623人，生产水泥制品631万立方米，电杆2.55万根，加气混凝土1331万立方米，工业总产值6246万元。1996年以后，随着市场经济的发展和工业经济体制改革的深入，赤峰市水泥制品企业相继进行破产、兼并、股份制改造等改革。2000年10月，赤峰永建混凝土有限公司成立，预拌混凝土生产能力800万立方米/年。全市有限额以上水泥制品企业16家，企业员工531人，生产水泥制品1200万立方米，电杆2.96万根，加气混凝土2600万立方米，工业总产值5248万元。2009年12月，赤峰鑫海节能建材有限公司建立，主要生产环保节能建材、新型建材，年生产加气混凝土砌块9万立方米。2001年后，赤峰龙翔混凝土有限公司、赤峰弘毅混凝土有限公司、赤峰金泽新型建材有限责任公司、赤峰振江新型建材有限公司等水泥制品生产企业先后建立。到2014年末，全市有赤峰永建混凝土有限公司、赤峰中兴首创混凝土搅拌有限公司、赤峰同人混凝土有限公司、赤峰龙翔混凝土有限公司、赤峰亿辰商砼有限公司、赤峰弘毅混凝土有限公司、宁城县风水山混凝土有限公司、敖汉旗金源商砼有限公司、林西聚恒混凝土工程有限公司、赤峰金泽新型建材有限公司、赤峰振江新型建材有限公司、赤峰市诚意新型建材有限责任公司、赤峰鑫海节能建材有限公司、赤峰鸿成新型建材制造有限公司等规模以上水泥制品生产企业14家，年生产预拌混凝土460万立方米，加气混凝土砌块75万立方米，混凝土预制件35万立方米，水泥电杆1万根。工业总产值6671万元，利税总额240万元。

第二节　砖瓦　白灰　石材加工

一、砖瓦

1991年，全市有砖瓦生产企业309家，从业人员2.41万人，主要是乡镇企业。年生产红砖14.8亿块，瓦1.16亿片。全市红瓦生产企业较多，厂家集中、生产量较大的是翁牛特旗桥头至梧桐花一带，鼎盛时期有120家制瓦企业，主要生产陶土瓦。较大的厂家有翁牛特旗桥头镇长城瓦厂、桥头林场瓦厂、桥头镇永久瓦厂、梧桐花联合瓦厂、大西营全兴瓦厂、梧桐花镇双岭村河西瓦厂等。1999 年,建设部、国家质量技术监督局、国家建材局联合发布《关于在住宅建设中淘汰落后产品的通知》,要求所有城市禁止使用实心黏土砖。红砖生产企业积极开展技术改造,开始生产空心砖、多孔砖、煤矸石烧结砖。到 2000 年,全市砖瓦生产企业生产瓦 2.05 亿片,黏土陶粒制品、空心砖等新型墙体材料 8000 万块。2001 年以后, 赤峰市各砖瓦生产企业生产实心黏土砖数量逐渐减少,利用煤矸石烧结多孔砖、空心砖的数量日益增加,新型墙体材料生产不断增多。到 2014 年,全市有规模以上砖瓦、新型墙体材料生产企业 8 家,有从业人员 670 人,生产墙体材料 70 万立方米,加气混凝土砌块 75 万立方米,免烧砖 2 万立方米,空心砖 800 万块,红砖 1500 万块,煤矸石烧结砖 4844 万块。

二、白灰

1991 年,赤峰市有白灰生产企业 51 家,均为乡镇企业,从业人员 180 人,年生产白灰 25 万吨。2005 年, 喀喇沁旗赤峰东元矿业有限责任公司成立, 建成 2 条石灰粉生产线,生产能力达 50 万吨 / 年。2009 年,林西林源石灰加工有限公司建立,采用全封闭环保节能型石灰混烧竖窑生产石灰,年生产能力 2 万吨。2014 年,全市有白灰生产企业 56 家,从业人员 410 人,年生产白灰 86 万吨。白灰生产主要集中在喀喇沁旗十家满族乡,境内有大量石灰石资源。全乡有石灰石生产企业 14 家,白灰生产企业 56 家。

三、石材

1991 年,赤峰市有石材加工企业 8 家,从业人员 290 人,年加工石材 8000 立方米,总产值 784 万元,利税 110 万元。石材加工主要分布在林西县、松山区、翁牛特旗。主要品种有花岗岩、大理岩和墨玉(鱼鳞黑)等石材,主要用于建筑装饰。此外,部分企业还开发出石材工艺品。1992 年以后,赤峰市经济建设发展步伐不断加快,石材需用量不断增加,石材加工企业不断增多。2003 年 12 月,林西县民营企业赤峰天行石材矿业有限责任公司成立,年生产各种石板材 19 万平方米,加工荒石料 1.5 万立方米。2008 年 10 月,赤峰储源石材有限公司成立,位于巴林左旗林东镇新房身村,年开采荒料 3 万立方米,加工、销售成品石板材 100 万平方米。该公司引进国内著名石材企业深圳高时集团有限公司生产的双刀圆盘锯、金刚石绳锯等开采设备,生产工艺先进,大幅度提高企业的生产能力和石材的利用率。2014 年,全市有石材加工生产企业 12 家,从业人员 368 人,加工生产石材 7.19 万立方米,总产值 5983.4 万元,利税 526.96 万元。

第三节 陶瓷 玻璃生产

一、陶瓷

1991 年, 赤峰市较大的陶瓷生产企业有赤峰陶瓷厂和宁城陶瓷厂等 4 家企业,产品有缸、坛、陶瓷瓦等六大类近千个品种,年生产民用瓷缸 7.4 万个,陶瓷管 4.4 万米,陶瓷瓦 6.87 亿片,釉面砖 3.27 万块,陶瓷杂件 2.99 万吨,工业总产值 616.3 万元。赤峰陶瓷厂生产的 5 寸蓝花接碟和宁城陶瓷厂生产的陶瓷瓦、民用缸等产品销往市内外市场。1992 年 7 月, 赤峰陶瓷厂 30 万平方米 / 年釉面砖技改生产线一期工程投产。1997 年,受市场经济影响,该企业陷入困境,1998 年 2 月破产。2010 年 1 月,赤峰大世界陶瓷有限责任公司成立,位于宁城县汐子镇汐子工业园区,有员工 500 人。该公司建有 320 米全自动窑炉,主要生产高档全抛釉砖 800、600 及配套产品,年产全抛釉砖 540 万平方米。以生产地板砖为主,专业生产全抛釉砖系列产品,主要有渗花砖、全抛釉砖等。2012 年,达到年产 1200 万平方米抛光砖生产能力。2012 年 12 月,因企业负债过多停产。2013 年以后,赤峰市无规模以上陶瓷生产企业。

二、玻璃

1991 年, 赤峰市有宁城县玻璃厂等 3 家较大玻璃生产企业, 主要生产玻璃酒瓶,年产量 1600 万个,工业总产值 336.3 万元。1999 年,宁城县泰峰玻璃制品有限公司成立。2000 年,市政府出台《赤峰市清理整顿小玻璃厂小水泥厂工作实施意见》,全市淘汰 2 家小玻璃厂,淘汰玻璃生产能力 14.5 万箱。2009 年 4 月,赤峰同凯钢化玻璃有限公司成立,主要生产钢化玻璃、玻璃制品。2012 年 11 月,赤峰凯博玻璃制品有限公司成立,主要生产玻璃制品。2014 年 3 月,赤峰鑫文达玻璃有限公司成立,主要生产钢化玻璃、中空玻璃、夹层玻璃。2014 年,全市有玻璃生产企业 4 家,企业规模均较小,年生产各种玻璃 260 万平方米,玻璃瓶 8000 万个。

第四节　新型建筑材料生产

一、墙体、屋面材料

1991—2000 年,赤峰市墙体、屋面材料生产企业不多,规模、产量较小。2001 年以后,新型墙体材料生产快速发展。2002 年 6 月,赤峰恒裕型钢有限公司成立,位于赤峰市桥北水泉工业园,年产钢结构材料 5 万吨,彩钢板 100 万平方米,外墙装饰保温板 40 万平方米。外墙装饰保温板是由该企业自主研发的集外墙装饰、外墙保温功能于一体的新型外墙建筑节能干挂式墙板,绿色环保节能。2004 年 5 月,赤峰春光彩板钢结构有限责任公司入驻赤峰红山经济开发区,年产彩钢夹芯板 20 万平方米,各型彩钢瓦 1000 万平方米,钢结构材料 5000 吨。2005 年,赤峰润盈建材有限公司成立,位于松山区经济开发区, 具有年产节能环保型聚苯夹芯轻质复合墙板能力 80 万平方米。2008 年,赤峰超俊新型建材科技有限公司成立,主营墙体材料制造、销售等。建有 1 条生产线,年生产混凝土空心隔墙板 100 万平方米。2009 年 1 月,赤峰鑫业达新型建材科技有限公司成立,位于赤峰红山经济开发区,建有年产 30 万平方米环保轻质墙板生产线，产品适用于各类房屋的室内隔墙，具有防火、隔音、防老化、防裂、抗冲击、无辐射等特点。2010 年，全市新型墙体材料生产企业发展到 47 家。2012 年 1 月，内蒙古赤阳春建材装备有限公司成立，专业从事新型墙材生产线制造，年产各种不同规格空心墙板 30 万平方米，纤维混凝土空心建筑条板 180 万平方米，空心砖 10 万立方米，标砖 3000 万块。2013 年 3 月，山东隆发钢结构（赤峰）有限公司入驻赤峰红山经济开发区，年产轻钢 1.8 万吨，中钢 10 万吨，重钢 1.8 万吨，Z 型钢 0.4 万吨，彩钢 1 万吨，镀锌彩涂钢板 5 万吨。2014 年，全市有屋面、墙体材料生产企业 251 家，其中建筑用砖生产企业 206 家，大型瓦、彩瓦生产企业 26 家，新型墙体材料生产企业 19 家。

二、新型装饰、防水材料

1991 年以前，赤峰市新型装饰、防水材料有油毡、涂料、细木工板等，企业规模小，产品档次低。1992 年以后，随着经济建设的发展，赤峰市新型装饰、防水材料生产企业不断增多，大理石、花岗石、釉面砖、纸面石膏板、铝合金门窗、建筑涂料等产品产量不断提高。1993 年，赤峰华孚科技发展有限公司建立，主要生产各类建筑装饰用板材。1998 年，该企业与清华大学合作，开发新型高档建筑装饰材料——微晶石。2002 年 11 月，原松山区轻体材料厂改制为赤峰文泰珍珠岩制品有限公司，主要生产建筑保温材料，珍珠岩粉、聚苯乙烯泡沫板、珍珠岩制品、各种型号保温砂浆、防火吸音材料等各种防水及新型装饰材料。2007 年 5 月，中城建新型建筑材料（赤峰）有限公司松山分公司和赤峰市城泰保温材料有限公司成立，主要经营建筑节能保温材料。2007 年 12 月，中城建新型建筑材料（赤峰）有限公司入驻赤峰市资源型城市经济转型开发试验区，年产 5000 吨胶粉、3000 吨减水剂。2011 年 11 月，赤峰百丰圆环保科技有限公司成立，主要经营地砖、地板等建筑装饰材料及电热板、塑料管材等。

2014 年，全市规模以上新型装饰、防水材料生产企业主要有赤峰华孚科技发展有限公司、中城建新型建筑材料（赤峰）有限公司松山分公司、赤峰市城泰保温材料有限公司、赤峰市文泰珍珠岩制品有限公司、赤峰百丰圆环保科技有限公司 5 家。

第五节　企业选介

赤峰山水远航水泥有限公司　前身为赤峰第一水泥厂，始建于 1958 年。2000 年 8 月，赤峰第一水泥厂转制为赤峰远航水泥有限责任公司。2010 年 5 月，山水集团注资 8.6 亿元，对赤峰远航水泥公司进行控股重组，更名为赤峰山水远航水泥有限公司。

1994 年，该厂生产的 425 号普通硅酸盐水泥被自治区评为首批免检产品。2003 年，赤峰远航水泥有限责任公司在喀喇沁旗陈家营子村建起第一条日产 2500 吨水泥熟料新型干法生产线。2005 年，该企业从红山区迁到喀喇沁旗，当年，该企业水泥年产能提高到 100 万吨。2009 年 7 月，开工建设的第二条日产 2500 吨水泥熟料新型干法生产线竣工。2014 年，赤峰山水远航水泥有限公司有员工 571 人，总资产 6.8 亿元，生产水泥 145.83 万吨，工业总产值 5.66 亿元，销售收入 4.5 亿元，利润 8000 万元，税金 6000 万元。

赤峰九天建材化工（集团）有限公司　前身是创建于 1975 年的赤峰电杆厂，2002 年 3 月，通过兼并赤峰石灰厂，托管重组赤峰电石厂，接收转制的赤峰钢铁厂注册成立。是以房地产开发为主的多元化大型骨干企业，注册资本 2.287 亿元。赤峰九天建材化工（集团）有限公司全资子公司赤峰永建混凝土有限公司是赤峰市规模最大的预拌商品混凝土生产企业，具有内蒙古自治区建设厅颁发的预拌商品混凝土二级资质和预拌商品混凝土专项实验室资质。该公司有 HZS240 型混凝土搅拌站 2 座、HZS160 型混凝土搅拌站 2 座，有 HZS90 型、HZS60 型混凝土搅拌站各 1 座，有混凝土搅拌运输车 106 辆，混凝土年生产能力 800 万立方米。该公司生产的超早强混凝土、防水抗渗混凝土、防冻早强混凝土、高强高性能混凝土产品在赤峰市红山区、新城区及元宝山区诸多工程中广泛应用。2002 年，该公司被评为内蒙古自治区高新技术企业。2004 年，通过 ISO 9001：2000 质量管理体系认证。

阿鲁科尔沁旗山水水泥有限公司　成立于 2009 年 12 月，是由山东山水水泥集团与阿鲁科尔沁旗巴彦包特水泥有限公司合资成立的股份制企业，位于阿鲁科尔沁旗双胜镇北山根村，主要产品为水泥、熟料，年生产水泥 50 万吨。有日产 2500 吨及 4800 吨新型干法水泥熟料生产线各一条，实现水泥生产过程的节能、高效和自动化控制。2012 年，该公司通过国家质量管理体系认证。2014 年，该公司有职工 377 人，工业总产值 2.52 亿元，税金 2536 万元，利润 190 万元。

第八章　纺织工业

纺织业是赤峰市的传统产业，主要有毛纺织、棉纺织、麻纺织、丝织、服装等。1991 年，全市有乡及乡以上独立核算纺织工业企业 44 家，职工 17671 人，工业总产值 40702.1 万元，利税 3173 万元。1992 年以后，赤峰市纺织工业新产品开发与产品结构调整步伐加快，产品向深加工、精加工、服装类发展。1995 年，全市有乡及乡以上独立核算纺织企业 39 家，工业总产值 52302.3 万元，利税 –779.4 万元。1996 年以后，纺织企业适应市场经济发展，通过破产、转制、建立现代企业制度等经济体制改革，企业数量不断减少。到 2000 年，全市有限额以上独立核算纺织企业 9 家，从业人员 10123 人，工业总产值 29344.3 万元，利税 –301.7 万元。2001 年以后，赤峰市进一步深化经济体制改革，积极开展招商引资，不断调整产业结构和产品结构，纺织企业走向良性发展轨道。2005 年，全市有规模以上纺织企业 7 家，企业员工 5677 人，工业总产值 64832.5 万元，利税 5397.4 万元。2006 年以后，纺织企业扩大规模，开展技术改造，产品提档升级，全市纺织业进一步发展。2010 年，全市规模以上纺织企业增加到 18 家，职工 5641 人,工业总产值 29.08 亿元,利税 4.81 亿元。2014 年,全市有规模以上纺织工业总产值 57.38 亿元,比 1991 年增长 13.1 倍;利税 4.9 亿元,比 1991 年增长 14.45 倍。

1991—2014 年赤峰市纺织工业主要经济指标统计表

表 5-2-25

年 份	工业总产值（万元）	利税总额（万元）	固定资产原值（万元）	职工总数（人）
1991	40702.10	3173.00	22879.90	17671
1992	46277.00	1239.40	24900.50	18080
1993	51200.00	900.00	27500.00	18699
1994	63047.40	4050.10	33506.60	19211
1995	52302.30	-779.40	46863.20	19896
1996	60121.70	2547.80	54776.50	20236
1997	40819.70	-1496.50	54529.40	17121
1998	23996.40	-20371.30	65848.70	12968
1999	18657.90	-4200.20	64358.80	10352
2000	29344.30	-301.70	58321.70	10123
2001	28248.60	-1275.40	46232.90	6807
2002	26275.80	-973.60	48577.40	6351
2003	34673.10	107.40	45618.70	6343
2004	42725.80	1324.10	36751.50	6251
2005	64832.50	5397.40	32213.10	5677
2006	95794.00	2047.50	31328.80	5197
2007	173974.20	30040.10	35310.50	5561
2008	159382.50	36259.40	31705.10	5367
2009	179097.20	33940.60	36256.50	5500
2010	290769.00	48080.30	45820.60	5641
2011	376706.20	64213.70	49070.80	4596
2012	471702.20	72420.80	65388.60	5337
2013	512000.40	79212.10	68118.20	5345
2014	573750.50	49008.30	79017.20	4891

说明:1991—1997 年为乡及乡以上独立核算企业,1998—2002 年为限额以上企业,2003—2014 年为规模以上企业数据。

1991—2014年部分年份赤峰市纺织工业主要产品产量统计表

表5-2-26

年份	布（万米）	毛线（吨）	呢绒（万米）	地毯（平方米）	纱（吨）	服装（万件）
1991	561.30	660	285.70	152000	—	—
1995	182.80	1186	228.00	244900	—	—
1996	577.87	1374	332.25	173019	3660	149.67
2000	251.93	237	—	61195	7211	30.69
2005	—	—	—	—	5923	75.68
2010	—	—	—	—	2298	77.00
2014	—	138	—	—	4138	414.00

2014年赤峰市规模以上纺织工业企业基本情况统计表

表5-2-27

企业名称	主要产品	年生产能力	资产总额（万元）	职工人数（人）
赤峰华源毛业有限公司	呢绒	300万米	31012	3120
阿鲁科尔沁旗牧原绒毛制品有限责任公司	羊绒衫	5万件	2195	87
赤峰易通服装有限公司	服装、纺织品	100万件	1847	205
赤峰先锋纺织有限公司	棉纱锭	5.5万锭	5055	550
赤峰东深羊绒制品有限公司	围巾 披肩	40万件	2932	120
林西东德羊绒制品有限公司	无毛绒	80吨	21028	80
林西县统壹工贸有限责任公司	无毛绒	300吨	1354	100
内蒙古飞雁羽绒制品有限公司	羽毛绒	900吨	9001	65
宁城县立发纺织有限公司	纱锭	5万锭	7116	189
赤峰市骏达绒毛加工有限公司	羊绒	800吨	12897	131
赤峰市玉龙服装有限公司	服装	200万件	4172	167
赤峰兴叶包装制品有限公司	塑料编织袋	200万条	864	129
赤峰煜恒服装有限公司	服装	60万件	11001	149
翁牛特旗广顺梳绒有限责任公司	成品绒	300吨	3559	89
赤峰东黎绒毛制品有限公司	羊绒衫 无毛绒	50万件 225吨	16012	550
赤峰市富宝绒毛有限公司	毛条	1200吨	6635	47
赤峰凯兰羊绒制品有限公司	羊绒衫	60万件	12903	600
赤峰圣伦绒毛制品有限公司	羊绒衫	20万件	9935	310
赤峰昭乌达羊绒制品有限责任公司	羊绒衫	40万件	1922	105
赤峰维信羊剪绒制品有限公司	羊剪绒毯垫	80万个	743	920

第一节 棉纺织

1991 年,全市有乡及乡以上独立核算棉纺织企业 9 家,职工总数 4259 人,固定资产原值 3693 万元,工业总产值 8053.7 万元,利税 258 万元。较大型棉纺织工业企业 3 家:乃林纺织总厂、赤峰民族色织布厂、赤峰床单厂。赤峰床单厂年生产能力 60 万条,产品有双人床单、单人床单和被套等。1995 年,赤峰床单厂被赤峰双马集团兼并。1997 年,赤峰民族色织布厂破产终结。1999 年,在赤峰乃林纺织总厂的基础上组建内蒙古仙纺纺织集团有限公司,有自营进出口权。2000 年 5 月,由内蒙古仙纺纺织集团有限公司、深圳深业集团有限公司、香港仙崎集团有限公司共同出资成立赤峰深业仙崎纺织有限公司。2006 年, 内蒙古仙纺纺织集团有限公司改建为赤峰先锋纺织有限公司,由国有转为民营,改制后,公司进行较大规模的更新改造,各种纯棉纱生产能力扩大到年 6000 吨以上。2010 年 10 月,宁城县立发纺织有限公司成立,主营棉纱、混纺纱加工生产,年生产纱锭 5 万锭。2014 年,全市有规模以上棉纺织工业企业 2 家,从业人员 611 人,工业总产值 5500 万元,利税 310 万元。

第二节 毛纺织

1991 年,赤峰市有乡及乡以上独立核算毛纺织企业 11 家,员工 8399 人,固定资产原值 1.32 亿元,工业总产值 2.42 亿元,利税 2430 万元。最大的毛纺织企业为赤峰第一毛纺织厂和赤峰第二毛纺织厂。1992 年以后, 赤峰市毛纺织企业强化对外合作,开展技术改造,毛纺织工业有了较快发展。1993 年后,赤峰市毛纺织企业新产品开发与产品结构调整步伐加快,年增加新品种 70 个、色号 100 个,产品向深加工、精加工、服装类发展。精纺产品主要有华达呢类、哔叽类、贡呢类、女氏呢类、花呢类、凡尔丁(凡立丁)类等,其中缎被华达呢、驼丝锦、板丝呢、牙签呢、马裤呢格外畅销;粗纺产品主要有立绒、拷花大衣呢、提花大衣呢、格花呢等。1995 年,赤峰市有 2 家乡及乡以上毛纺织企业:赤峰第一毛纺织厂和赤峰第二毛纺织厂。主要产品产量:毛条 3934 吨,毛绒 1186 吨,呢绒 228 万米。1996 年 10 月,赤峰第一毛纺织厂一分厂独立,成立赤峰毛条厂。1997 年, 赤峰第一毛纺织厂改建为赤峰市羚羊(集团)有限责任公司。1998 年,毛纺织企业遇到前所未有的困难,通过深化改革、转制重组,逐步走出困境并不断发展。1998 年 2 月,赤峰第二毛纺织厂破产。1999 年 7 月,赤峰市政府与中国华源集团签订合作协议,中国华源集团整体收购赤峰第二毛纺织厂的全部有效资产,安置职工 3500 人。10 月,赤峰华源毛业有限公司挂牌运营。到 2000 年,全市有限额以上毛纺织企业 2 家,从业人员 7800 人,工业总产值 1.85 亿元。2001 年 1 月,赤峰市羚羊(集团)有限责任公司更名为赤峰羚羊毛纺织有限责任公司。2002年以后,赤峰市毛纺织工业通过破产、重组,建立现代企业制度,技术改造,转型升级,在激烈的市场竞争中发展。2014年,赤峰市有1家规模以上毛纺织工业企业——赤峰华源毛业有限公司。

第三节 针织纺织

一、棉针织

1991年,赤峰市有乡及乡以上棉针织企业7家,有职工2600人,工业总产值2570.3万元。赤峰针织厂是赤峰市最大的棉针织企业,成立于1969年,产品由原来的单一手套,发展为内衣针织、径编针织面料、径编装饰布和人造毛皮等4大类180多个品种,350多个花色产品。1999年,赤峰针织厂及其他棉针织企业相继破产。2000年,内蒙古仙纺集团、深圳深业集团、香港仙崎集团共同出资组建赤峰深业仙崎纺织有限公司。到2000年,全市有赤峰深业仙崎纺织有限公司、赤峰成大制袜有限责任公司2家限额以上棉针织企业,共有职工2100人,工业总产值8500万元,利税-310万元。2014年,赤峰市无规模以上棉针织企业。

二、绒毛针织

1991年,全市有乡及乡以上绒毛针织企业8家,有职工3465人,工业总产值2624.8万元,利税209万元。主要产品有羊毛衫、羊绒裤、羊绒套裙、羊绒围巾等10余类,近百个花色产品。赤峰羊绒衫厂是赤峰市最大的毛针织厂,有以山羊绒为原料生产的“雪原牌”羊绒衫、羊绒套裙和以兔毛为原料织成的兔毛衫等。“雪原牌”羊绒衫和羊绒裙分别被评为内蒙古自治区优质产品。1991年,赤峰羊绒衫厂与香港企业合资成立赤峰“雪原”羊绒制品有限公司,到1992年,新增生产能力30万件,年生产能力达到45万件。1992年6月,“雪原牌”羊绒衫在中国实用技术及产品贸易展览会上获墨西哥银奖,同年12月被评为内蒙古自治区著名商标,产品畅销日本、中国香港等38个国家和地区。宁城县羊毛衫厂生产的“飞飞牌”男开领衫、纯毛绣花女开领衫,林西县羊毛衫厂生产的“杏花牌”羊毛衫,敖汉旗羊毛衫厂生产的纯毛男女衫和男女童装以及翁牛特旗乌丹羊毛衫厂生产的羊毛衫、拉毛围巾,畅销东北、华北各地。其中宁城产的“飞飞牌”拧花男开领衫和纯毛绣花女开衫等新产品,被评为内蒙古自治区优质产品和行优产品。1997年,赤峰东雪羊绒有限公司、林西东德羊绒制品有限公司、赤峰昭乌达羊绒制品有限责任公司成立。1999年,赤峰凯兰羊绒衫厂成立。2000年,赤峰东荣羊绒制品有限公司成立,主要生产羊绒衫。2000年,全市绒毛针织生产企业达到11家,从业人员4000人,工业总产值4200万元,利税310万元。

2001年4月,赤峰东黎绒毛制品有限公司成立,主要经营山羊无毛绒、羊绒服装、羊绒围巾生产加工等。年加工羊绒500吨,生产羊绒衫50万件,羊绒围巾30万条。产品销往意大利、瑞士、英国、美国、日本等国家和中国香港地区。2003 年，赤峰羊绒衫厂与香港维信集团重组，成立维信赤峰羊绒有限公司。同年，赤峰凯兰羊绒衫厂改建为赤峰凯兰羊绒制品有限公司。2010 年，林西东德羊绒制品有限公司与日本深喜毛织株式会社共同出资成立以生产加工山羊绒无毛绒及其制品为主的中外合资企业。2010 年，林西县统壹工贸有限责任公司从黑龙江引进大型羊绒分梳机、水洗联合设备，使生产加工成为选、洗、梳、打包等一整套生产作业流程，年加工无毛绒 200 吨、羊绒衫 5 万件。2013 年，赤峰东荣羊绒制品有限公司迁入赤峰红山经济开发区，扩大羊绒生产加工能力，年生产羊绒衫 80 万件，加工水洗绒 550 吨，纺纱 300 吨。2014 年，全市有规模以上绒毛加工生产企业 25 家，从业人员 4116 人，生产无毛绒 2000 吨，羊绒衫 500 万件。

第四节 麻纺织 丝纺织

一、麻纺织

1991 年，赤峰市有赤峰麻纺织厂 1 家麻纺织企业，工业总产值 18.2 万元。该企业成立于 1971 年，年产麻袋 10.5 万条，麻线 300 吨，麻布 100 吨。1992 年以后，受市场经济影响，赤峰麻纺织厂经营日益困难。1993 年 6 月，赤峰麻纺织厂被赤峰第一毛纺织厂兼并，生产麻袋、地毯等产品，1998 年全面停产，2000 年破产。

二、丝纺织

1991 年，赤峰市有赤峰民族丝绸厂 1 家丝纺织企业。该企业 1961 年建成投产，位于元宝山区平庄镇前进路西段。主要产品有丝纱、羽纱、多臂线绨、提花衣料、线绨被面、珠光被面等。长纤产品类，主要有涤关绸、涤丽绫、特麦呢和赛力呢等。奔月牌多臂线绨为内蒙古优质产品。赤峰民族丝绸厂产品畅销国内市场，少数丝织品打入国际市场。1991 年，赤峰民族丝绸厂开发立绒印花。1995 年，生产丝织品 33 万米。1999 年，赤峰民族丝绸厂破产。

第五节 企业选介

赤峰先锋纺织有限公司 前身是赤峰市乃林纺织总厂，位于喀喇沁旗乃林镇。1994 年，赤峰市乃林纺织总厂开发麻、毛、绒和化纤系列产品 34 个。1997 年，主要生产“仙纺”牌系列花灰纱、本白纱、罗纹布、棉毛布、绒布、弹力汗布及羊绒棉混纺衫、运动休闲服装、针织内衣等产品。年生产纱 2000 吨，坯布 1500 吨，服装 300 万件。1999 年，在赤峰市乃林纺织厂的基础上整体转制组建内蒙古仙纺纺织集团。2000 年 5 月，加入赤峰深业仙崎纺织有限公司。2006 年，改建为赤峰先锋纺织有限公司，由国有转为民营。2014年,赤峰先锋纺织有限公司有员工550人,资产总额5055万元,生产各种纯棉纱6000吨,销售收入4975万元,税金284万元,亏损220万元。

赤峰羚羊毛纺织有限责任公司　前身为平庄毛纺织厂,1984年更名为赤峰第一毛纺织厂,位于元宝山区平庄镇。1991年,赤峰第一毛纺织厂有职工1417人,生产毛纺织纱3000吨、毛线660吨,工业总产值4328万元,利税1154万元。通过不断加强科研开发和技术创新,到1995年,开发生产10大类、40个品种的毛线产品和羊毛衫、地毯等新产品。许多产品获内蒙古自治区地方名牌奖、优质产品奖。1996年10月,赤峰第一毛纺织厂一分厂成立赤峰毛条厂,具有独立法人资格。1997年,赤峰第一毛纺织厂改建为赤峰市羚羊(集团)有限责任公司。2001年1月,赤峰市羚羊(集团)有限责任公司通过债权转股权改革,更名为赤峰羚羊毛纺织有限责任公司,股东有:中国华融资产管理公司、中国东方资产管理公司、赤峰市国有资产管理局。2013年4月,中国华融资产管理公司将所持股份出售给赤峰银锡铜业有限责任公司。

赤峰华源毛业集团公司　前身为赤峰第二毛纺织厂,1984年建成投产,位于红山区东城大街。1994年,赤峰第二毛纺织厂与香港立富有限公司、新加坡鹏斯投资公司合资成立由赤峰第二毛纺织厂控股的2家合资有限公司——赤峰第二毛纺织厂制衣有限公司和华富绒毛制品有限公司。1996年以后,受市场影响,企业经营困难,1998年宣布破产。1999年10月,中国华源集团整体收购赤峰第二毛纺织厂的全部资产,重组成立赤峰华源毛业有限公司。2012年5月,赤峰华源毛业有限公司与江苏中新资源集团公司重组,成立赤峰华源毛业集团公司。

1991年,赤峰第二毛纺织厂有职工6376人,年生产呢绒285.7万米、毛条1901吨,工业总产值1.97亿元,利税1252万元。1993年后,开发生产国内名牌“西格玛”西装、休闲装、衬衣等。1995年,赤峰第二毛纺织厂有职工6600人,年生产呢绒228万米、毛条2201吨,工业总产值1.06亿元,利润-2367.8万元,税金233.8万元。1996年以后,受市场影响,处于停产、半停产状态。1998年破产重组后,先后实施3期技术改造,引进意大利、德国、瑞士、法国、比利时、西班牙和日本等国的先进纺织设备200多台(套),提高产品档次、生产能力和工艺水平。2014年,赤峰华源毛业集团公司有员工3120人,生产呢绒面料300.07万米,营业收入8327万元,利润229万元,税金1475万元,出口创汇447万美元。

赤峰东黎绒毛制品有限公司　成立于2001年4月,是在赤峰东荣羊绒制品有限公司基础上成立的港澳台合资的中型羊绒加工企业,主要生产三大系列近千种绒毛制成品,生产的无毛绒、羊绒服装、服饰出口意大利、日本、瑞士、英国等国家,主要经营羊绒收购、水洗、无毛绒加工、纺纱、羊绒衫生产等。2013年5月,迁入赤峰红山经济开发区,投资3亿元,建设先进的水洗绒生产线2条,自主研发羊绒分梳生产线18条,进口纺纱生产线4条,进口电脑提花编织机65台。羊绒收购仓储能力达到800吨,水洗绒加工能力550吨,羊绒分梳能力450吨,纺纱能力300吨,羊绒衫加工能力80万件。生产的无毛绒主要销往意大利、日本和中国香港地区;羊绒衫、羊绒围巾主要出口瑞士、英国、日本等国家。2014 年,该公司有员工 550 人,工业总产值 5 亿元,出口额达到 6700 万美元,利润总额 4050 万元,税金 1600 万元。

第九章 机械工业

1991 年,全市有乡及乡以上独立核算机械工业企业 102 家,职工 9041 人,工业总产值 15857.40 万元,利税 1964 万元。1995 年,全市乡及乡以上独立核算机械工业企业增加到 125 家,工业总产值 2.65 亿元,利税 -818.1 万元,许多企业产品销售不畅,经营困难。1996 年以后,赤峰市加强工业经济体制改革力度,通过破产、兼并、转卖等多种形式,淘汰一批产能落后、销售不畅、资不抵债、没有发展潜力的企业,同时加强企业股份制、公司制、私营制改革。2000 年,全市有限额以上独立核算机械工业企业 5 家,从业人员 1041 人,工业总产值 1.12 亿元,利税 636.5 万元。2001 年以后,通过加强招商引资,企业经济实力、生产技术不断提升,企业数量增加,产品品种、产量不断扩大,产值、利润不断增长。到 2005 年,全市有规模以上机械工业企业 9 家,从业人员 1984 人,工业总产值 3.1 亿元,利税 2249.5 万元。2010 年,全市有规模以上机械工业企业 43 家,从业人员 5484 人,工业总产值 47.9 亿元,利税 3.15 亿元。2014 年,全市规模以上机械工业企业 34 家,从业人员 3779 人;工业总产值 53.64 亿元,比 1991 年增长 32.82 倍;利税总额 1.81 亿元,比 1991 年增长 8.19 倍。

第一节 通用设备制造

一、锅炉及辅助设备制造

1991 年,赤峰市有乡及乡以上独立核算锅炉制造企业 2 家:赤峰锅炉厂、赤峰奥火恒温锅炉制造有限公司,共有职工 582 人,生产工业锅炉 142 台 /319 蒸吨,工业总产值 1589 万元,利税 235 万元。1995 年,赤峰大神火锅炉有限公司建立,先后研发生产多功能小型锅炉、煤转气锅炉等多个品种。该公司生产的“大神风”牌系列锅炉是国家监制的环保产品,获 8 项国家发明专利。到 1995 年,全市乡及乡以上独立核算锅炉制造企业发展到 3 家,员工 610 人,生产工业锅炉 358 台 /326 蒸吨。2014 年,全市有规模以上锅炉制造企业 3 家,企业员工 212 人,生产工业锅炉 196 台 /820 蒸吨,工业总产值达到 9810 万元,利税 512 万元。

二、轻工机械制造

1991 年,赤峰市有赤峰轻工机械厂 1 家轻工机械制造企业,始建于 1979 年,位于红山区,主要生产小型制糖设备、皮革加工机械、食品加工机械、制酒机械。1981 年

1991—2014年赤峰市机械工业基本情况统计表

表5-2-28

年 份	工业总产值(万元)	利税(万元)	固定资产原值(万元)	职工总数(人)
1991	15857.40	1964.00	11533.40	9041
1992	11260.00	1903.50	12349.30	9451
1993	16900.00	1600.00	13500.00	6594
1994	21417.40	-205.80	27924.30	—
1995	26548.00	-818.10	33269.50	—
1996	27537.90	-594.90	28874.00	11337
1997	16302.50	-740.30	19268.00	7566
1998	7385.40	-3176.70	9988.10	2785
1999	7348.30	-545.20	10763.30	1287
2000	11240.60	636.50	8420.10	1041
2001	8699.20	314.00	11941.70	1004
2002	6953.20	-76.40	12176.70	976
2003	5511.30	327.20	9184.30	650
2004	15243.90	2115.70	13522.60	1697
2005	31003.60	2249.50	17870.60	1984
2006	91628.90	9252.00	47493.10	4705
2007	169763.10	29792.70	59495.00	5384
2008	234434.00	21431.20	76937.20	6478
2009	247655.20	12230.50	60105.20	4500
2010	478976.90	31528.50	117271.00	5484
2011	922459.00	37468.00	136879.20	6151
2012	400987.50	6763.80	119006.80	3771
2013	471068.60	19091.40	143204.80	3712
2014	536361.10	18053.00	164628.70	3779

说明:1991—1997年为乡及乡以上独立核算企业,1998—2002年为限额以上企业,2003—2014年为规模以上企业数据。

2014年赤峰市规模以上机械制造工业企业基本情况统计表

表5-2-29

企业名称	所属行业	主要产品	年生产能力	资产总额（万元）	员工人数（人）
赤峰暖捷新型建材有限公司	机械	水暖器材	300万件	2432	30
赤峰焱邦锅炉工业有限公司	机械	锅炉	700蒸吨	5214	147
赤峰东方机械有限公司	机械	机械加工配件	5000万件	8946	100
赤峰华茂风机制造有限公司	机械	风机	400台	3911	68
赤峰蒙东风电电气有限公司	机械	变压器、整流器	100万千伏安	7105	100
赤峰元坤变压器有限公司	机械	变压器	1000台	1945	38
赤峰鑫祥电线电缆有限公司	机械	电线、电缆	3000吨、1000千米	2425	112
赤峰德翔电力设备有限公司	机械	玻璃钢表箱	50000个	996	50
赤峰神州彩板钢构有限公司	机械	钢构	1000吨	5972	42
赤峰奥火恒温锅炉制造有限公司	机械	常压锅炉	100台	1224	66
赤峰奥德模板有限公司	机械	建筑模板	10000平方米	2360	15
赤峰蒙奇制药机械设备有限公司	机械	压力容器	500台	2960	35
赤峰安特诺塑料制品有限公司	机械	塑料制品	1000吨	2600	28
赤峰春光彩板钢结构有限公司	机械	彩板结构钢	10000吨	4769	68
赤峰北奔重汽威龙专用车有限公司	机械	专用车	4500辆	11394	60
赤峰鑫通电力金具制造有限公司	机械	电力器材	780吨	334.2	7
赤峰宏文有限公司	机械	铸造、检修	1.5万吨	12023	384
赤峰顺风电力工程机械有限公司	机械	风力发电塔架	90台套	3256	30
赤峰贺邦机电制造有限公司	机械	矿车托辊	1000吨	3287	98
赤峰天华机械有限公司	机械	钢球	1万吨	20977	70
赤峰元泰铸件有限公司	机械	锰钢铸件	5000吨	2089	32
赤峰市恒泰特种钢铸造有限公司	机械	铸件	1500吨	1417	86
赤峰东元电力有限公司	机械	检修、安装	—	3099	80
赤峰富强机电设备有限公司	机械	矿山除尘器	10台套	5010	20
赤峰金奥电工有限公司	机械	铜管、铜排	1.2万吨	3964	30
赤峰华阔铝业有限公司	机械	铝型材	6万吨	6745	80

续表

企业名称	所属行业	主要产品	年生产能力	资产总额（万元）	员工人数（人）
赤峰北工合金钢有限公司	机械制造	钢球、衬板	5000吨	1812.5	60
赤峰天平利安玻璃钢有限公司	机械制造	风机机舱罩	500套	2314.1	31
赤峰华瑞盛泰机械制造有限公司	机械制造	汽车制动盘	40万片	614.7	23
国电联合动力技术(赤峰)有限公司	机械制造	风机整机	400套	140073	731
赤峰恒裕型钢有限公司	机械制造	钢结构、彩钢板	2万吨、30万平方米	2421.7	92
赤峰恒久铸业有限公司	机械制造	钢球、衬板	3600吨	1965.7	49
赤峰泰和铸造有限公司	机械制造	铸管、标准件等	5500吨	1043.5	45
内蒙古赤峰天山农牧业机械有限公司	机械	大型喷灌机	500台	9826	90
内蒙古蒙星变压器有限公司	机械	变压器	S11型系列1000台	1255	26
林西县清树农牧业机械制造有限公司	机械制造	农机	2000台	272.5	27
赤峰亚润电气设备有限公司	机械制造	箱式变压器	200台	3833.4	50
克什克腾旗华盛农牧机械制造有限公司	机械	铸钢	90万吨	1876	245
赤峰广圆电力铁塔制造有限公司	机械	电力铁塔	铁塔设施3万吨	18246	750
翁牛特旗鸿宇精密机械有限公司	机械	矿山、冶金设备	30万件	23703	155
内蒙古沐禾节水设备有限公司	机械	滴灌管带	20万公顷滴灌管带	10315	196
内蒙古金成重工机械有限公司	机械	矿山、冶金设备	6000台	3354	264
赤峰京铜铜业有限公司	机械	铜材	5万吨	11875	230
赤峰研祥冶金材料有限公司	机械	金属材料	料5000吨	3825	6293
文杰金属有限公司	机械	暖气片	80万柱	19864	75
赤峰市宁城长明机械公司	机械	农机具	2万台	13622.2	110
赤峰巨昌机械有限公司	机械	农机具	2.6万台	6497.5	123
敖汉旗惠通铸件有限公司	机械	铸件	15万吨	8450	110
内蒙古万华铸件有限公司	机械	铸件(汽车零配件)	27万吨	38014	64
敖汉宁国新高新钢球制造有限公司	机械	铸件(矿山机械配件)	10万吨	4212	184
赤峰金汇鼎机械制造有限公司	机械	耐磨合金铸件	1万吨	3500	210

与赤峰衡器厂合并，增加衡器生产，主要产品有：台秤及皮革、皮毛、食品、陶瓷、塑料、橡胶生产加工机械和制酒、制糖设备等。1997 年，该企业由集体转为股份制合作企业，2000 年破产。

三、水泵制造

1991 年，全市有赤峰水泵厂等水泵制造企业 2 家，工业总产值 701.5 万元。1995 年，赤峰水泵厂与赤峰电机总厂、赤峰威特机电供应处合并组成赤峰华信集团公司。1998 年，赤峰华信集团公司解散，赤峰水泵厂停产。1999 年 9 月，赤峰水泵厂通过破产重组成立赤峰宇太工业泵有限公司，安置原企业员工 110 名。353 名离退休员工通过划拨资产方式移交社会保险部门发放养老金，320 名合同制、大集体员工与企业解除劳动关系，217 名国有固定工买断工龄。企业生产形势好转。2001 年以后，企业在市场经济环境下经营困难。2005 年，赤峰宇太工业泵有限公司破产。

四、通用零部件制造

1991 年，赤峰市有赤峰轴承厂、赤峰标准件厂、赤峰动力机配件厂 3 家通用零部件制造企业，均为赤峰市直属企业。1992 年以后，由于资金、技术、市场竞争等因素，产品销售不畅，企业经营困难。2000 年，上述 3 家企业破产。

赤峰轴承厂始建于 1969 年，是内蒙古自治区东部地区国家机电部定点轴承生产厂。主要产品为单列圆锥滚子轴承和调心滚子轴承。1991 年，产品订货量达 36 万套，年产轴承 36.6 万套，产值 868.6 万元，销售额 745.8 万元，实现利税 106.9 万元。2000 年企业破产。

赤峰标准件厂始建于 1967 年，是国家机电部标准紧固件定点生产厂，位于赤峰市红山区火花路。产品有螺栓螺母、铆钉两大系列，127 个品种，近千个规格。产品畅销辽宁、河北和内蒙古自治区各盟市。1991 年，该厂有职工 193 人，年产值 144 万元，利税 56.5 万元。2000 年企业破产。

赤峰动力机配件厂始建于 1969 年，主要生产制造各种中小型矿山机械、提升机、球磨机、高锰钢工矿配件、成套设备等产品。1992 年以后，受市场影响，产品销路不畅，经营困难。2000 年企业破产。

第二节 专用设备制造

一、矿山机械制造

1991 年，赤峰市有平庄矿务局风水沟机修厂 1 家矿山机械制造企业，始建于 1985 年。1991 年，有员工 56 人，主要生产输送机、矿车、给煤机、放煤机，总产值 172.2 万元。2004 年 5 月，改制为赤峰贺邦机电制造有限责任公司。转制后主要经营制造煤矿生产的各类胶带输送机，发电厂机械设备及配件加工制造和有色金属冶炼。2004 年 7 月，赤峰宏文机电有限公司成立。主导产品有:掩护式液压支架、放顶煤液压支架、给煤机、刮板输送机、带式输送机、大功率强力胶带输送机、连接环、1吨矿车翻车机、绞车,露天采矿破碎设备和半固定式胶带机,桥式、门式起重机,大中型铸钢件、冶金、建材机械大齿轮、路桥支座、新型准轨车辆摇枕、侧架等配件。2007年6月,赤峰天华机械有限责任公司成立。主要以生产矿山耐磨材料、矿山机械设备及其配件加工为主,年生产能力1万吨, 机械加工车间具备承接较大型矿山机械设备及配件生产能力。2010年5月,内蒙古金成重工机械有限公司成立,位于翁牛特旗玉龙工业园区北区,主要生产矿山设备、冶金设备、起重设备、掘进设备等大型机械,2011年陆续投产。起重设备销往东北、华北地区,年生产重型机械设备总起重量8万吨。2011年8月,赤峰天华机械有限责任公司与大连重工通用设备有限公司签署《全液压自动力接力式斗轮挖掘机生产系统技术实施合作合同》,开发生产全液压自动力接力式斗轮挖掘机。2012年4月,该产品通过中国机械工业协会组织的专家现场鉴定之后投入生产。2014年,赤峰市有规模以上矿山机械制造企业8家,共有员工801人,工业总产值11.87亿元,利税1767.2万元。

二、钻机制造

1991年,赤峰市有赤峰钻机厂1家钻机制造企业,始建于1975年,位于红山区长青路东段。主导产品为铸铁管和钻机两大类,铸铁管产品有滑入式、承插式和柔性机械接口3个品种、16个规格; 钻机产品分为人造金刚石系列和工程钻机系列两大类。产品主要应用于矿山采掘和水电施工工程,并配套生产水泵等系列配件。金刚石产品主要有钻头、锯片。该厂生产的“英金河牌”50型岩芯钻机和“钻石牌”金刚石坑内钻机,先后被评为内蒙古自治区优质产品。1999年企业破产。

第三节　电气机械制造

一、电机制造

1991年,赤峰市有赤峰电机制造厂1家电机制造企业,始建于20世纪70年代。1991年,该厂生产交流电动机总容量12.5万千瓦,产值2076万元,利税205万元。1992年以后,受市场经济影响,企业经营困难。1995年,赤峰电机制造厂与赤峰水泵厂、赤峰威特机电供应处合并组建赤峰华信集团公司。1998年,赤峰华信集团公司解散,赤峰电机制造厂破产。

二、风机制造

2005年11月,赤峰顺风电力工程机械有限公司成立,位于平庄农副产品加工产业园,占地面积5.34万平方米。2005年开工建设,2008年建成投产。总投资6000万元,建设1.7万平方米的生产车间,2万平方米成品堆场。风力机械生产能力:年产1.5兆瓦以上风机塔架 180 套,1.5 兆瓦风电塔筒 400 个。2009 年 4 月，国电联合动力技术（赤峰)有限公司成立,位于赤峰松山信息科技产业园区,是国电联合动力技术有限公司的全资子公司,占地面积 33.35 万平方米,总投资 8 亿元。主营风电机组设计、研发、生产,风电机组配套产品、机电设备产品的销售以及提供技术服务等项业务。主要产品为 1.5 兆瓦、2 兆瓦风力发电机组及配套叶片，设计能力为年产 100 万千瓦风力发电机组,具备 3 兆瓦叶片生产能力。2012 年,全市有风机设备组装制造企业 5 家,分别是国电联合动力技术(赤峰)有限公司、赤峰天润鑫能公司、大连华锐赤峰公司、山东中凯赤峰公司、赤峰顺风电力工程机械有限公司。形成年产整机 1300 套、叶片 1000 套、塔筒 800 套的生产能力。2014 年,全市有风机制造企业 3 家,企业员工 1025 人,工业总产值 2.03 亿元,利税 1205 万元。

三、变压器制造

1991 年,赤峰市有赤峰电机厂变压器分厂 1 家变压器制造企业,总产值 3.7 万元。1992 年，阿鲁科尔沁旗农电局电器厂建成投产，生产多种类型变压器和焊接设备。1997 年,赤峰晨光变压器有限公司成立,收购赤峰电机厂变压器分厂,主营高、低压电气、电机的生产和维修。1999 年 6 月,赤峰晨光变压器有限公司更名为赤峰蒙东风电电气有限公司。主要产品有 10 千伏、35 千伏、66 千伏变压器及高低压开关柜、环氧浇注干式变压器、特种变压器等。1999 年,内蒙古变压器厂赤峰分厂成立,主要生产各类变压器。到 2000 年,赤峰市有规模以上变压器制造企业 3 家。2005 年,内蒙古变压器厂赤峰分厂改建为赤峰元坤变压器有限责任公司,迁址到赤峰红山经济开发区。主要生产油浸变压器、干式变压器、欧式箱和美式箱变压器、电炉变压器、整流变压器及各类特种变压器。2006 年 12 月，阿鲁科尔沁旗农电局电器厂改建为内蒙古蒙星变压器有限责任公司。主要产品有箱式变压器、配电变压器、非晶合金变压器,附属产品有节能环保焊接设备。2014 年,赤峰市有赤峰元坤变压器有限责任公司、赤峰蒙东风电电气有限公司、内蒙古蒙星变压器有限责任公司 3 家规模以上变压器制造企业,从业人员 114 人,工业总产值 2387 万元,利润 22 万元。

四、电线电缆生产

1991 年,赤峰市有赤峰电线电缆厂 1 家电线电缆生产企业,始建于 1972 年。1991 年,有职工 595 人,隶属于赤峰市冶金机械工业局。1994 年,该厂生产的电缆被评为内蒙古自治区名牌产品。2000 年,赤峰电线电缆厂转制重组为赤峰鑫祥电线电缆有限公司。该公司有从芬兰引进的电线、电缆生产线 3 条,主要产品有:铝绞线及钢芯铝绞线、镀锌钢绞线、交联聚乙烯绝缘电力电缆、聚氯乙烯绝缘电力电缆、塑料绝缘电缆、农用地埋电线、架空电缆(电线)、通用橡套软电缆、橡胶绝缘电线、防老化电线等四大类几十个品种 3000 多个规格。2014 年,该公司有员工 112 人,工业总产值 2700 万元,利税 50 万元。

第四节　农牧业机械及设备制造

一、农牧业机械制造

1991年,赤峰市有阿鲁科尔沁旗农牧业机械修造厂、翁牛特旗农业机械修造厂、宁城县农机研究所等乡及乡以上农、林、牧、渔业机械制造企业11家,从业人员1355人。工业总产值1697.8万元,产品销售收入1680万元,利税总额66万元。1992年以后,市场经济快速发展,一些技术落后、产品销售不畅的企业相继破产或转产。1994年,宁城县农机研究所农机具试验车间改建为宁城县巨昌机械厂。1998年7月,阿鲁科尔沁旗农牧业机械修造厂与阿鲁科尔沁旗农牧业机械厂合并组建为内蒙古赤峰天山农牧业机械有限责任公司。主导产品有圆形喷灌机、平移式喷灌机。2000年,全市有限额以上农牧业机械制造企业4家,从业人员1130人,总产值4966万元,利税-110.2万元。2001年以后,随着农牧林业的快速发展、农牧民收入的提高,对农牧业机械的需求不断增长,农牧业机械制造企业不断增加。2008年,宁城县巨昌机械厂改建为赤峰巨昌机械有限公司。主要产品有:种植施肥机械、耕整地机械、收获机械和收获后处理机械以及矿山设备等四大类10个品种40多个规格型号的农用机械,年生产各类农机具3万台(套)。2014年,全市有规模以上农、林、牧、渔专用机械制造企业14家,从业人员1976人,工业总产值达到13.48亿元,利税2600万元。

二、节水灌溉设备制造

2009年以前,赤峰市没有节水灌溉设备制造企业。2010年,内蒙古沐禾金土地节水工程设备有限公司成立,位于翁牛特旗玉龙工业园区。主营业务为节水灌溉技术与产品研发、工程设计、成套设备制造与销售、农业再生资源利用、节水灌溉工程总承包、节水灌溉技术推广与农机服务等,主要生产滴灌带(管)、微喷带、输配水管材、管件、过滤器等滴灌设备和喷灌机以及农用地膜等9类700多个品种规格的节水灌溉系列产品。有各类生产设备350多台(套)。2014年,该公司共有员工196人,工业总产值8.43亿元。

第五节　交通运输设备制造

1991年,赤峰市有赤峰汽车配件厂等乡及乡以上交通运输设备制造企业19家,其中汽车配件制造业8家,汽车修理业10家,其他交通运输设备制造业1家,从业人员1431人。工业总产值2630.2万元,销售收入3068万元,利税总额282万元。赤峰汽车配件厂主要有锻钢曲轴、前后轮毂、前后制动毂、前后制动总成等12个种类40多个规格产品。1992年以后,交通运输设备制造业发展步伐加快。1995年,全市有乡及乡以上交通运输设备制造企业38家,从业人员1431人,工业总产值3896万元,产品销售收入 4292.5 万元，利税总额 318.2 万元。1996 年以后，受市场经济影响，大部分企业出现困难局面，通过破产、兼并、转产等形式退出市场。1997 年，赤峰汽车配件厂资产租赁给北京汇业物资公司枣强防腐保温工程公司后，受市场经济影响，企业经营困难，于 1999 年破产。2000 年，全市有限额以上交通运输设备制造企业 1 家，职工 138 人，工业总产值 980.2 万元，利税 186.4 万元。2007 年 1 月，敖汉旗内蒙古万华铸件有限公司成立，主要生产汽车配件等产品。2010 年，赤峰市有规模以上交通运输设备制造企业 1 家，从业人员 79 人，工业总产值 3262.9 万元，利税 439.9 万元。2011 年 4 月，赤峰北奔重汽威龙专用车有限公司建立，位于赤峰红山经济开发区。主要经营项目为改装自卸车、半挂车、厢式车、水泥搅拌车等专用重卡汽车，年改装能力 1 万辆。2013 年，赤峰浩克新能源技术有限公司建立，位于赤峰红山经济开发区。该公司是由清华大学汽车工程系成立的一家集新能源汽车研发、制造、销售为一体的民营企业，总投资 20 亿元，一期项目总投资 8 亿元，可年产新能源汽车 4 万辆(2014 年在建)。到 2014 年末，全市有规模以上交通运输设备制造企业 3 家：敖汉旗内蒙古万华铸件有限公司、赤峰北奔重汽威龙专用车有限公司和赤峰浩克新能源技术有限公司。共有从业人员 228 人，工业总产值 5.01 亿元，利税总额 299 万元。

第六节　企业选介

赤峰焱邦锅炉工业有限公司　前身为赤峰锅炉厂，2003 年 5 月改制为赤峰焱邦锅炉工业有限公司。该企业生产制造 220 吨 / 小时锅炉：有循环流化床锅炉系列、燃气锅炉系列、往复推式炉排锅炉系列产品；A 级锅炉受热面部件加工制造：膜式壁受热面部件、蛇形管受热面部件；D1、D2 压力容器；锅炉节能环保设备及烟气脱硫脱硝环保工程；锅炉机电设备安装、锅炉节能改造。该公司是内蒙古自治区首家具有国家 A 级锅炉制造许可证的装备制造企业，有锅炉及压力容器制造加工与检测设备 230 台套。2014 年，有员工 147 人，生产工业锅炉 32 台 / 700 蒸吨，工业总产值 9100 万元，利税 487 万元。

赤峰蒙东风电电气有限公司　位于红山区三东街。1997 年 4 月，赤峰晨光变压器有限公司收购赤峰电机总厂变压器分厂组建赤峰蒙东风电电气有限公司。主要有 10 千伏、35 千伏、66 千伏、110 千伏 S9、S11、S13 变压器系列产品，YB—10/0.4 预装式变电站，特种变压器等。2014 年，员工总数 100 人，固定资产原值 5170 万元，工业总产值 2000 万元。

赤峰市天山农牧业机械有限公司　位于阿鲁科尔沁旗天山镇。1998 年 7 月，阿鲁科尔沁旗农牧业机械修造厂与阿鲁科尔沁旗农牧业机械厂合并，成立赤峰市天山农牧业机械有限公司。2007 年，研制成功大型圆形喷灌机、平移式喷灌机。2013 年，研制成功翻转犁、深松犁。2013 年，该公司启动喷灌机生产线技术改造项目，建成后达到年产圆形喷灌机600台的生产能力。2014年,员工总数90人,生产喷灌机500台,工业总产值5000万元,利润86万元。

国电联合动力技术(赤峰)有限公司　2009年4月成立,位于赤峰松山信息科技产业园区。主要经营风电机组设计、生产制造、工程承包、研究开发;销售风机配套产品,提供系统化方案以及与此相关的机电设备产品和技术服务等。主要产品为1.5兆瓦、2兆瓦风力发电机组及配套叶片。2011年,该公司被评为自治区高新技术企业,先后取得3项发明专利和16项实用新型专利。2014年,该公司有员工565人,生产风机400套。工业总产值10.22亿元,利税3441.9万元。

赤峰顺风电力工程机械有限公司　2005年11月17日成立,位于平庄镇平庄农副产品加工产业园,占地面积5.34万平方米。2005年开工建设,2008年建成投产。总投资6000万元,建设1.7万平方米的生产车间,2万平方米成品堆场,设计能力年产180套1.5兆瓦以上风机塔架。风机塔架包括塔体、爬梯、电缆、电缆梯、平台等结构。

第十章　其他工业

第一节　石油　天然气　油页岩生产

赤峰市的石油、油页岩、天然气勘探和开采始于20世纪80年代后,成为赤峰市能源工业的组成部分。至2014年,石油和天然气开采业对全市重点行业工业企业增加值的贡献率为0.4%,工业增加值占全市规模以上工业企业增加值的0.3%。

一、石油生产

科尔沁油田位于赤峰市阿鲁科尔沁旗境内绍根地区,1983年辽河石油勘探局探明油田面积284平方公里,总资源量2.8亿吨。1994年,辽河石油勘探局设立科尔沁油田开发公司进行石油开采,当年开钻建成油井330口,日产原油280吨,全年生产原油10万吨。1995年以后,该公司不断加大油田开发建设。到2004年,科尔沁油田共投产油井493口,注水井362口,日产原油400吨,年生产原油12万吨。2014年,科尔沁油田建有各类井744口,其中开钻建成油井575口,注水井169口,日产原油150吨,全年生产原油5.6万吨。

二、天然气生产

1993年11月,华北油田物探公司第二钻井公司在松山区太平地发现油气田。2004年底,辽河油田赤峰智普石油燃气有限公司进驻松山区太平地镇对油气田进行复探并开展天然气生产建设。至2006年,建成生产井6口,建成日处理5万立方米的天然气压缩站1处,天然气日产量达到5万立方米,当年销售收入达到5.73亿元,利税3262万元。2014年,日产天然气5万立方米,日处理天然气5万立方米,生产销售天然气 3560 万立方米，总产值 10000 万元，利税 441.6 万元。

三、油页岩生产

敖汉旗兴隆洼镇已探明油页岩远景储量 4500 万吨。2010 年 1 月，北票煤业有限公司与敖汉旗政府合作，成立敖汉旗宝塔油页岩有限公司，建设年开采 500 万吨油页岩露天矿 1 处。2010 年 6 月开工，至 2014 年 10 月分两期进行项目建设，投资 4 亿元，建成两套炼油装置 64 台干馏炉，采用油页岩低温干馏技术，年开采加工油页岩 300 万吨，年生产页岩油 6 万吨。

第二节 电子元器件制造

1991 年，赤峰市有内蒙古赤峰电子器材公司、赤峰市无线电器材厂、赤峰电容器厂、赤峰电视机厂 4 家电子电器及通信器材制造企业。有员工 656 人，工业总产值 523.2 万元，产品销售收入 583.8 万元，利税总额 8 万元。1995 年 12 月，内蒙古赤峰电子器材公司、赤峰电容器厂、赤峰市无线电器材厂破产重组为赤峰电子集团总公司。1999 年，赤峰电子集团总公司经营困难，破产。2014 年 1 月，赤峰拓佳光电有限公司成立，是由深圳拓佳科技集团为实施产业转移升级而投资建设的智能电子产品研发、生产的高新技术企业。主要从事智能手机配件、智能手机等智能产品的研发、生产和销售。2014 年末，赤峰市有赤峰拓佳光电有限公司 1 家电子工业企业。

一、电子元件制造

1991 年，赤峰市有内蒙古赤峰电子器材公司、赤峰电容器厂 2 家电子元件制造企业。1995 年 12 月，内蒙古赤峰电子器材公司、赤峰电容器厂破产重组，建立赤峰电子集团总公司。该公司下设电容器厂、电子配件厂、电讯器材厂、四丰机械厂。主要产品有色度延迟线、亮度延迟线、集中参数延迟线、高中压电容器、红外线报警器、疏状滤波器、霓虹灯、电工元器件等。延迟线是主要产品，为全国几大电视机厂配套生产。1999 年该公司破产。

二、电子器件制造

1991 年，赤峰市有赤峰市无线电器材厂、赤峰电容器厂 2 家电子器件生产企业。赤峰市无线电器材厂始建于 1971 年，主要生产电子报警器。1987 年，引进日本彩电延迟线生产线。1996 年 8 月，企业破产。赤峰电容器厂于 1988 年建立，1992 年引进日本村田公司高压电容生产线，总投资 1055 万元，1993 年 11 月开始试生产。1995 年 12 月，与赤峰市无线电器材厂破产重组赤峰电子集团总公司，1999 年破产。2014 年 1 月，赤峰拓佳光电有限公司成立，主要从事智能电子产品的研发、生产和销售。

第三节 造纸 印刷业

一、造纸及纸制品业

1991年，赤峰市有乡及乡以上造纸及纸制品工业企业20家，其中造纸业7家，纸制品业13家。有从业人员2041人，工业总产值4739万元，利税总额225万元。赤峰第一造纸厂是当时全市最大造纸企业，主要生产瓦楞纸、普通食品包装纸、纸箱、纸袋、卫生纸等。1991年，该厂有职工1062人，生产纸浆2.73万吨，机制纸及纸板2.55万吨，工业总产值3401万元，利税143万元。1994年，赤峰第一造纸厂开发生产铜版原纸和涂布白纸板等产品。1995年，全市乡及乡以上造纸及纸制品企业增加到26家，职工1500人，工业总产值1.01亿元，利税总额604.9万元。1996年以后，赤峰市造纸及纸制品企业受市场影响，经营困难。一些企业在经济体制改革中，通过破产、兼并、转产等形式退出市场。1998年，赤峰第一造纸厂转制重组为赤峰金文造纸有限责任公司，重组后仍然处于半停产状态，1999年破产。2000年，全市有造纸及纸制品企业5家，其中限额以上企业1家，从业人员1628人，工业总产值1.68亿元，利税725.7万元。2002年9月，赤峰琨宇纸业有限公司成立，2010年搬迁至赤峰红山经济开发区，从业人员32人，有生产印刷无碳复写纸生产线1条，主要生产印刷无碳纸等纸制品。2010年3月，敖汉旗元发纸业有限公司成立，位于敖汉旗四家子镇，建有2100型多缸多网纸机生产线和2400型单缸单网纸机生产线，产品有各种规格的箱板纸、瓦楞纸、焚化纸等。到年末，全市有规模以上造纸及纸制品企业5家，从业人员537人，工业总产值5.97亿元，利税总额5555.9万元。2011年以后，赤峰市加大环境治理力度，关停对环境污染严重的造纸及纸制品企业。2014年，全市有赤峰琨宇纸业有限公司、敖汉旗元发纸业有限公司2家规模以上纸制品生产企业，有员工90人，生产、加工各类纸张11680吨，工业总产值2005万元，利税总额155.5万元。

二、印刷业

1991年，全市有乡及乡以上独立核算印刷企业31家，职工2161人，工业总产值3043.8万元，利税285万元。规模较大企业有赤峰第一印刷厂和赤峰第二印刷厂。1993年5月，赤峰第一印刷厂与赤峰第二印刷厂合并，成立赤峰印刷集团公司。1996年以后，在市场经济冲击下，印刷业出现生产不足、负担过重、资不抵债困难局面。在经济体制改革中，一些企业破产转制或破产重组，一些企业破产关闭。1998年2月，赤峰印刷集团公司破产。1999年1月，赤峰彩世印刷有限责任公司成立。1999年5月，赤峰雄飞印务有限责任公司成立。2000年8月，赤峰地质印刷厂转制为赤峰地质宏达印刷有限责任公司。2000年，全市有规模以上印刷企业2家，有员工509人，工业总产值905.4万元，利税-168.6万元。2001年以后，随着经济、文化事业的发展，一批股份制、私营印刷企业相继建立。2001 年 6 月，赤峰市中正制作印务有限公司成立。2001 年，赤峰第三印刷厂进行产权制度改革，更名为赤峰富德印刷有限公司。2002 年，赤峰正兴印刷厂成立，2008 年更名为赤峰天海印务有限公司。2003 年 4 月，赤峰彩益印刷有限公司成立。2004 年，赤峰富德印刷有限公司改制为私营企业，引进刮奖防伪发票印刷生产线。2008 年，赤峰亿柏传奇印刷有限公司成立，2011 年，公司投资引进国内先进的景德镇大四开四色印刷机，购进冠东正四开四色印刷机、制版机、晒版机等多台印刷设备，引进 08 单色印刷机、全自动切纸机等生产设备。2010 年，全市有印刷企业 11 家，其中规模以上企业 2 家，有员工 138 人，工业总产值 2645.9 万元，利税 141.7 万元。到 2014 年，全市有规模以上印刷企业 2 家，员工 173 人，工业总产值 8305.2 万元，利税 155.5 万元。

第四节　皮革　皮毛业

1991 年，全市有乡及乡以上独立核算皮革皮毛及其制品企业 26 家，职工 3645 人，工业总产值 5476.5 万元，利税 46 万元。规模较大企业有赤峰皮革厂、赤峰皮毛厂、赤峰民族皮件厂、赤峰皮毛制品厂等，产品有皮鞋、皮衣、羊剪绒制品等。1993 年，赤峰市在工业经济体制改革中组建企业集团，成立赤峰市皮革皮毛集团总公司。1994 年，赤峰市皮毛厂与香港维信贸易公司合资成立赤峰维信羊剪绒制品有限公司。1995 年，全市有乡及乡以上独立核算皮革皮毛及其制品企业 25 家，职工 1350 人，工业总产值 5572.8 万元，利税总额 -30.9 万元。1996 年以后，赤峰市进一步深化工业经济体制改革，大部分皮革皮毛生产企业破产或转产。1999 年，赤峰市皮革皮毛集团总公司破产。2000 年，全市限额以上皮毛制品企业只有赤峰维信羊剪绒制品有限公司 1 家，工业总产值 740 万元，利税 115 万元。

2010 年，全市规模以上皮革皮毛及其制品企业有 3 家，企业员工 1230 人，工业总产值 3.62 亿元，利税总额 8733.6 万元。2014 年，全市有 3 家规模以上毛绒加工生产企业，企业员工 1068 人，工业总产值 5.41 亿元，利税 2245.6 万元。

第五节　服装　鞋帽业

一、服装加工

1991 年，赤峰市服装加工生产企业主要有赤峰服装厂、赤峰被服厂及各旗县区被服厂、服装厂；赤峰第二毛纺织厂等纺织企业也有服装加工生产；还有许多乡镇服装加工业、个体私营服装加工业生产加工各类服装，满足市场和不同群众的需求。全市有乡及乡以上服装加工生产企业 23 家。1996 年以后，服装生产加工企业在工业经济体制改革中，通过破产、兼并、重组等形式进行产权制度改革,一些产品销售不畅、经营困难企业退出服装市场。2000 年,全市有限额以上服装加工生产企业 15 家。2001 年以后,赤峰市限额以上服装生产加工企业逐渐减少。2011 年,翁牛特旗赤峰煜恒服装有限公司建立,有员工 2000 人,年生产棉服、运动服、休闲服 50 万件,西装 10 万套,生产针织品、泳装、内衣 60 万件。同年,翁牛特旗赤峰信浓服装有限公司开工生产,有员工 500 余人,年生产针织服装 100 万套(件)。2014 年,全市有规模以上服装加工生产企业 8 家,从业人员 1308 人,生产各类服装 414 万件,工业总产值 9.63 亿元,利税 7264.4 万元。

二、制鞋、制帽

1991 年,赤峰市有赤峰皮革厂、翁牛特旗皮鞋厂、赤峰制帽厂、乌丹制帽厂、翁牛特旗皮毛厂等 13 家乡及乡以上制鞋、制帽企业,工业总产值 765.5 万元,利税 19 万元。赤峰皮革厂生产的红山牌男式胶粘牛面鞋、老板鞋、女式胶粘鞋,翁牛特旗皮鞋厂生产的云龙牌保健鞋,在全国、全区同行业评比中名列前茅,并于 1991 年获轻工业部金杯奖。3 家专业制帽厂产品有三大类 100 多个品种,年产各种单、棉、皮帽 100 多万顶。1996 年以后,受市场经济影响,企业经营困难,相继破产或转产。2000—2014 年,赤峰市没有规模以上制鞋、制帽企业。

第六节　工艺美术业

一、地毯编织

1991 年,全市有乡及乡以上地毯编织企业 35 家,职工 5154 人,工业总产值 4894 万元,产品销售收入 3773.3 万元,利税 254 万元。其中较大的企业有赤峰地毯厂、巴林右旗地毯厂、乌丹地毯厂等。赤峰地毯厂生产的天然色地毯是国内同行业唯一获得国家银质奖的产品,连续 2 次在中国工艺美术品百花奖中获银杯奖,1991 年获国家金质产品奖。1992 年以后,地毯纺织企业通过破产、兼并、重组改建为股份制或民营企业。1997 年,赤峰长城地毯厂破产改制为赤峰长城地毯有限公司。采用中国传统“机拉洗”手工工艺生产高级羊毛地毯和艺术挂毯。产品有三大类七个系列十一个品种四十余个花色,有区优、部优和国优产品。1999 年,巴林右旗地毯厂成立,生产各种地毯。2004 年 5 月,巴林右旗地毯厂改建为赤峰市巴林天发地毯有限责任公司。主要生产经营纯手工编织地毯、纯毛背胶地毯、艺术挂毯和化纤地毯,兼营机织地毯,年产各类地毯 3 万平方米。2005 年以后,赤峰力王工艺美术公司开发生产艺术地毯产品。该公司把传统的挂毯编织工艺与西方油画表现手法巧妙融合,创造出独具艺术风格的纯毛手工艺术挂毯。2014 年,全市有赤峰长城地毯有限公司、内蒙古力王工艺美术有限公司、赤峰市巴林天发地毯有限责任公司 3 家地毯生产企业,年生产地毯 5 万平方米。

二、雕刻、刺绣、青铜工艺美术

1991年,赤峰市有工艺美术加工生产企业20余家。主要加工生产各种玉雕、牙雕、石雕、根雕、青铜工艺品。主要企业有赤峰第一工艺美术厂、赤峰红星雕刻厂、赤峰第一绣花厂、巴林右旗巴林石工艺美术公司等。1992年,翁牛特旗万里花香民族服饰、服装公司成立,生产蒙古族特色的烟荷包、香包、刺绣等产品。1995年,内蒙古力王工艺美术有限公司成立,主营文化艺术品、民族工艺品、旅游纪念品研发、制造。1998年,巴林石集团有限责任公司成立,主营巴林石开采和巴林石工艺品加工。2010年,赤峰兆麟工艺品有限责任公司成立,是进口猛犸象牙定点加工销售单位。各工艺美术企业在发展中涌现出一大批优秀人才,创作出大量工艺美术经典作品。2014年,全市有内蒙古力王工艺美术有限公司、巴林石集团有限责任公司、赤峰兆麟工艺品有限责任公司等5家规模以上工艺美术加工生产企业,从业人员820人,工业总产值14.52亿元。

第七节 膨润土生产

膨润土是以蒙脱石为主要矿物成分的非金属矿产,具有特殊的性质,如膨润性、黏结性、吸附性、催化性、触变性、悬浮性以及阳离子交换性。广泛用于各个工业领域,如冶金、铸造、化工、饲料、复合肥等。赤峰膨润土产业主要集中在宁城县,该县膨润土资源十分丰富,初步估算储量在2亿吨以上,为华北地区(国家级)大型矿床。膨润土资源品种齐全,以钙基膨润土居多,还有少量钠基膨润土和天然活性土。1990年,宁城县有3家膨润土生产企业,从业人员286人,生产膨润土10万吨。2010年,该县有规模以上膨润土开采及加工企业5家,从业人员668人,生产膨润土76.4万吨,产值3.27亿元。2014年,该县共有膨润土矿16个,膨润土加工企业25家,年生产能力244万吨。主要膨润土产品有冶金球团用土、铸造用钙、钠基膨润土、干燥剂、猫砂、泥浆土、添加剂、黏结剂等10余种,主要销往华北、东北等国内市场,部分出口美国、俄罗斯、韩国、日本、菲律宾等国家和中国台湾地区。

第八节 企业选介

赤峰长城地毯有限公司　前身为赤峰长城地毯厂,始建于1958年。手工地毯产量位居全国地毯行业之首,产品注册商标为“天使”牌。1988年,获得自营进出口权。1999年,从德国引起机织设备生产机织地毯。手工羊毛地毯主要品种有:天然色地毯、化学染色地毯、天然植物染色地毯、波斯图案地毯、仿古地毯、艺术壁毯等。机织地毯主要品种有:机织仿手工地毯、满铺地毯等。1991年,该厂生产的天然色羊毛地毯获国家金质奖。1997年,赤峰长城地毯厂破产改制为赤峰长城地毯有限公司。改制后企业不断改进生产工艺,以内蒙古盛产的优质羊毛为原料,采用中国传统“机拉洗”手工工艺生产高级羊毛地毯和艺术挂毯。主要品种有天然色高级羊毛地毯、机拉洗高级羊毛地毯、80道羊毛地毯、仿古地毯、塔林地毯、牡丹地毯等。既可生产拉胶地毯,也可生产抽胶地毯,档次有150道、120道、100道、90道、80道、70道和63道等。产品有三大类七个系列十一个品种四十余个花色。2001年6月,赤峰长城地毯有限公司采用手洗工艺,为北京人民大会堂编织25块大型异彩地毯。2014年,该公司迁址到赤峰红山经济开发区。

赤峰维信羊剪绒制品有限公司　前身是赤峰市皮毛厂,始建于1950年。1994年,赤峰市皮毛厂与香港维信贸易公司合资成立赤峰维信羊剪绒制品有限公司。2001年,由香港维信贸易公司收购赤峰维信公司转为香港独资企业。2005年,股权变更,由独资企业转为香港维信贸易公司、赤峰维宇经销处、日本企业合资经营企业。2012年11月,赤峰维宇经销处收购香港维信贸易公司的全部股权,赤峰维信羊剪绒制品有限公司改为民营企业。该公司主要生产羊剪绒高级挖花床毯、坐垫、汽车靠垫以及毛革鞋靴等系列产品,远销日本、韩国、美国、澳大利亚、新西兰、英国等国家。2014年,该公司有员工630人,工业总产值1.6亿元,利税1522万元,出口创汇2450万美元。

内蒙古力王工艺美术公司　成立于1995年,位于赤峰红山经济开发区。主营文化艺术品、民族工艺品、旅游纪念品研发、制造。主要产品有青铜铸造艺术品、手工羊毛艺术挂毯、辽瓷复仿制品、各类民族工艺品和旅游纪念品等五大系列1000多个品种。该公司把民族的挂毯编织工艺和西方油画表现手法巧妙融合在一起,创造出独具艺术风格的纯毛手工艺术挂毯;研发的青铜铸造工艺品获2项国家专利。2001年,企业被外交部确定为中国外事礼品生产基地;2009年,被科技部等三部委授予国家高新技术企业称号,被国家旅游局授予全国工业旅游示范点称号;2010年,被文化部命名为全国文化产业示范基地。2014年,该公司有员工260人,工业总产值365万元,利税341万元。

巴林石集团有限责任公司　位于巴林右旗大板镇,前身为巴林右旗工艺美术公司,始建于1985年。1998年,巴林右旗工艺美术公司和巴林右旗食品加工厂共同出资组建巴林石集团有限责任公司。主要产品是巴林石,用巴林石加工的各类艺术品雕件、图章等工艺品为中外收藏家和金石书画界人士所喜爱。巴林石被称为中国四大名石。2007年7月,获得国家地理标志保护产品认证。2014年,公司有员工400人,工业总产值1.44亿元,利税1980万元。

第六卷

商贸服务　旅游业

赤峰位于蒙冀辽三省区交会处，是东北与华北经济区的结合部和连接关内外的重要通道，自古就是商贸重地、草原丝绸之路的重要驿站。在计划经济时期，遍布全市的国有商贸流通企业和社会服务网点为保障人民群众的物质生活需求发挥了重要作用。1991—2014 年，伴随改革开放的不断深入、赤峰工业的崛起、人民生活水平的提高，全市商贸、服务业和旅游业实现跨越发展，并逐步成为满足城乡市场、吸纳社会就业、繁荣全市经济的重要力量。

国内贸易。进入 20 世纪 90 年代后，全市不断深化商贸流通体制改革，加快民营经济发展。到 2006 年，商业、供销、粮食、物资、外贸五大系统的经营体制改革全面完成，绝大多数国有集体企业转制为民有民营。2014 年与 1991 年相比，全市国有批发零售贸易企业由 1491 家减少到 130 家，集体所有制商贸企业由 1087 家减少到 25 家，私营商贸企业由 105 家增加到 1.4 万家，个体商户由 1.45 万户增加到 12 万户，个体私营等非公有制商贸经济逐步取代国有集体商贸业，成为国内贸易的主导力量。2003 年后，随着城市建设的“西移北扩”和“建设大市场、发展大商贸”战略的实施，中心城区形成了以红山区新华路、松山区英金路、平庄镇宝山街和新城区玉龙商业街等为主的“一主三副”四大核心商圈。北京华联、国美电器、红星·美凯龙、居然之家、沃尔玛、星美国际影院等知名服务企业成功入驻，维多利广场、万达广场、印象红山、永业广场等大型商贸项目投入运营。2014 年，全市实现社会消费品零售总额 588.39 亿元，是 1991 年的 28.48 倍。全市商业网点达 5 万多个，其中 5000 平方米以上的大型商场 58 个，商贸流通业从业人员 53 万人，商贸业实现增加值占地区生产总值的 10%以上。

对外及港澳台贸易。20 世纪 90 年代以后，赤峰市对外贸易工作实施“走出去，引进来”和市场多元化发展战略，逐步强化外贸及对中国港澳台贸易的转型（由组织货源为主向直接出口创汇为主转型，由单一流通型向流通实业型转型）发展，同时抓住中国加入 WTO 和国家促进外贸事业发展等机遇，全面推行外贸企业改革，积极培育以自营进出口企业、民营外贸企业、“三资”企业为出口创汇主力军的经营主体，港澳台地区、亚太、非洲、拉美、欧共体等市场不断巩固和拓展，进出口贸易持续扩大。同时劳务输出、加工贸易、境外投资等也相继开展。到 2014 年，全市累计审批“三资”企业 243 家，实际利用外资额 4.75 亿美元；对外投资项目 21 个；主要外贸流通企业有赤峰山金瑞鹏贸易有限公司、赤峰信源对外贸易公司等 6 家，有外商及中国港澳台投资企业 36 家，年销售额 1 亿元以上的外贸生产企业 14 家。出口商品结构从 20 世纪 90 年代初期以农副产品为主，发展到以粮油食品、化工、医药保健品、纺织品、矿产冶金产品、机械产品为主；进口商品逐年增加，主要有矿产、机械、化工、食品、钢材、电子等产品，其中铜精粉和铅锌精矿粉占进口总额 96.4%。1991—2014 年，全市累计出口商品 15.88 亿美元，进口商品 66.99 亿美元。

1996 年 3 月 1 日，满洲里海关驻赤峰办事处开始办理海关业务。2014 年，累计审核进出口货物报关单497份,监管进出口货物13.73万吨、总值3.53亿美元;缉私行政立案69件,查获案件案值1590.1万元,罚没收入740.1万元;征缴入库税款2.15亿元。赤峰出入境检验检疫局对赤峰地区进出口商品的质量、规格等进行检验。1991—2014年,累计完成出入境货物检验33535批次,其中入境6949批次,出境26586批次。

社会服务业。1991年后,全市在积极推动住宿、餐饮等传统社会服务业发展的同时,全力培育会展和计算机及软件服务等现代社会服务业发展。到2014年,全市各类服务企业、个体商户的数量、从业人员、营业额均比1991年有大幅度增长。其中宾馆及酒店4560家,从业人员4.2万人,营业额19.61亿元;餐饮业户12185家,从业人员4.83万人,营业额3.98亿元;中介服务机构1385家,从业人员6945人;保安服务企业15家,从业人员2008人;居民服务网点13464家,从业人员34851人;广告经营单位540家,从业人员2012人,广告营业收入1.42亿元;娱乐服务企业1586家,从业人员4758人,营业额1.9亿元;拍卖企业20家,从业人员245人;典当企业20家;云计算孵化园1处,从业人员600多人,入园企业交易额16亿元。赤峰国际会展中心从2008年开始运营至2014年,各类成交额57.96亿元,缴纳税金近6亿元。

物流业。2014年,全市已建成物流园区12个,入驻企业1551家,实现销售收入393.59亿元,利税10.99亿元。其中红山物流园区是内蒙古自治区规模最大、辐射带动能力最强的现代化综合物流园区,被确定为首批"国家电子商务示范基地"。全市现有物流配送中心、城乡配送网点210多家,开辟全国货运干线200多条,年货物吞吐量500多万吨。中昊物流、恩志物流发展成为自治区重点龙头企业。赤峰保税物流中心实现区域通关一体化,赤峰已成为内蒙古通往全国及远东地区最便捷的陆路通道。2012年,赤峰市被确定为全国农产品现代流通综合试点城市。2014年底,全市9个旗县进入电子商务进农村示范县行列。

旅游业。赤峰市旅游资源富集,类型多样。全市有优良级旅游资源109个,旅游景区(点)90个,旅游星级宾馆33家,旅行社70家;AAAA级景区、AAA级景区、AA级景区分别达到3个、8个和10个,打造出阿斯哈图石林、达里诺尔湖、青山冰臼群、乌兰布统草原、喀喇沁亲王府、玉龙沙湖、召庙、美林谷滑雪场、草原游牧文化区等旅游景点,其中阿斯哈图石林、喀喇沁亲王府、达里诺尔湖是国家AAAA级景区。旅游形式由早期自然风光游逐步发展为蒸汽机车摄影游、温泉养生游、节庆游等特色旅游。旅游商品向系列化、多样化、规模化发展,有仿古艺术品、民族文化饰品、现代工艺品、巴林鸡血石等400多个品种。2014年,全市接待游客1139万人次,实现旅游收入180亿元,占地区生产总值的10%。赤峰先后荣获中国优秀旅游城市、中国最具民族特色的旅游城市称号。旅游业从无到有,已成为赤峰经济发展新的增长点。

1991—2014年赤峰市社会消费品零售总额统计表

表 6-0-1

年份	绝对值(万元)				指数(以上年为100)			
	合计	市级	县级	县以下	合计	市级	县级	县以下
1991	206629	100997	53961	51671	109.80	110.60	114.50	104.00
1992	236837	112891	67243	56703	114.60	111.80	124.60	109.70
1993	290324	145649	74561	70114	122.60	129.00	110.90	123.70
1994	355447	178187	93635	83625	122.40	122.30	125.60	119.30
1995	436059	220031	103097	112931	122.70	123.50	110.10	135.00
1996	505037	258581	133023	113433	115.80	117.50	129.00	100.40
1997	580336	299539	151501	129296	114.90	115.80	113.90	114.00
1998	628503	318110	165135	145258	108.30	106.20	109.00	112.30
1999	681597	339150	184261	158186	108.40	106.60	111.60	108.90
2000	730783	363994	197264	169525	107.20	107.30	107.10	107.20
2001	793082	397058	214537	181487	108.50	109.10	108.80	107.10
2002	867319	433689	235280	198350	109.30	109.20	109.70	109.30
2003	980010	492051	265419	222540	112.90	113.50	112.80	112.20
2004	1180925	601501	317876	261548	120.50	122.20	119.80	117.50
2005	1382144	708755	370715	302674	117.00	117.80	116.60	115.70
2006	1625785	842423	435112	348250	117.60	118.90	117.40	115.10
2007	1963023	1025707	522821	414495	120.70	121.80	120.20	119.00
2008	2466831	1299303	654857	512671	125.70	126.70	125.30	123.70
2009	2869997	1514951	761477	593569	116.30	116.60	117.30	115.80
2010	3415201	2751937	—	663264	119.00	121.20	—	110.60
2011	4046101	3291630	—	754471	118.50	119.60	—	113.80
2012	4691032	3856085	—	834947	115.90	117.10	—	110.70
2013	5307000	4411272	—	895728	113.10	114.40	—	107.30
2014	5883891	4950462	—	933429	110.90	112.20	—	104.20

说明：从2010年开始，社会消费品零售总额按销售单位所在地分为城镇和乡村两部分，表中2010—2014年县以下数据实际为城镇、乡村零售额数据。

第一篇 国内贸易

第一章 流通体制改革

第一节 商业体制改革

一、购销体制改革

20 世纪 80 年代，赤峰市进行了商业流通体制改革。在购销体制上，坚持国家、集体、个体一起上的方针，改变了原来封闭式、少渠道、多环节的流通体制，打破计划经济时期的收购和供应商品的格局，逐步建立起开放式，多渠道、多成分、多形式、少环节的“三多一少”流通体制，形成四通八达的商业流通网络。各地建起工业品、农副产品贸易中心，撤并了重复的批发机构，按商品合理流向设置批发站点。进入 90 年代之后，全市商业流通体制改革进一步深化，小商品市场和农贸市场发展迅速。1991 年，全市集贸市场增加到 278 个，其中日上市万人以上的市场 35 个，初步形成以农副产品集散、物资交流、商品流通为一体的集贸市场体系。1993 年，国家正式取消粮票，凭票供应的历史——“票证年代”宣告终结。全市除烟草、食盐以外，其他所有消费品进入市场调节轨道。1994—1996 年，全市商贸市场基本形成城乡结合、大中小结合、各种经济成分和经营方式并存、功能齐全的市场网络。

2001—2014 年，全市商业网点逐步形成规模经营。批发市场的开办者有股份制企业、集体企业、私营企业，多是批发、零售兼营。商品门类齐全，几乎覆盖所有工业消费品和生产资料，并逐渐向市场大型化、设施现代化、商品品牌化、行业专业化、商户规范化、管理制度化升级换代。

二、企业改革

转换经营机制 20 世纪 80 年代，全市在商业流通企业实行承包经营责任制，扩大企业自主权，转换经营机制，促进商品经济快速发展。“八五”期间，商业流通企业在对国有资产评估、界定产权的基础上，通过国有民营、剥离附营、承包、租赁、重组等多种改革形式，促进企业经营机制转换；在企业内部，实行劳动、人事、分配三项制度改革，增强企业活力。1991 年，市财政局、商业局与市百货批发公司、百货大楼、第二食品厂等11家企业分别签订《企业承包经营合同》。在敖汉旗、巴林左旗百货公司进行“批零合一”(一套资金,一套库存,一个户头对外)改革试点工作。1992年开始,全市在国营商业以转换企业经营机制为中心,以零售企业“四放开”(经营、价格、分配、用工放开)、批发企业“五调整”(调整组织结构、人员结构、经营结构、库存结构和资金结构)为主要内容,进行商业企业体制改革。市直把昭乌达商场作为试点企业,取得经验后,在零售企业中推广。相继有20家较大的零售企业实行“四放开”,占市直独立核算零售企业总数的69%。在改革过程中,市政府本着“小行政、大实业”的思路,探索行业管理部门向经济实体过渡的改革。各批发企业压缩行政科室,精简行政人员,充实一线。决定在市百货公司民贸科的基础上,成立赤峰市民族贸易公司,隶属于市商业局。市糖酒公司调整批发组织结构,将回民商店二楼大厅改建为赤峰酒类批发市场,汇聚了全国200多个厂家1000余种酒在此经销,成为北方地区较大的酒类批发市场。

1993年,全市国营商业系统在零售企业中推行国有民营体制。市直首先在市百货大楼、昭乌达商场、回民商店等一批骨干商业网点实行国有民营;旗县区商业零售企业也都推行国有民营。批发企业在“转、包”上下功夫,对计划经济条件下建立的商业批发体制进行转型。主要是转变批发企业大机构、大架子的格局,压缩后勤和行政人员,充实经营第一线,同时向批零兼营、一业为主、多种经营上转变,向批发市场上转变。各批发企业的经营形式重点是实行和完善承包经营责任制。市直商业有5个公司实行各经营部“大包干”经营,包死利润(亏损)基数,超收全留或分成,实行风险抵押。同年12月,市政府召开转换企业经营机制工作会议,进一步明确企业改革和转换经营机制的思路和措施。1994年,继续实行行业管理部门向经济实体过渡改革。市商业局将市百货批发公司、饮食服务公司、水产供销公司、纺织品批发公司、五金交电化工批发公司分别改建为总公司,下设若干个分公司,变成纯经济实体。1996年之后,市商务局在全系统全面推行全员劳动合同制,进一步完善企业内部的经营机制。1999年,市百货总公司、市糖酒公司等批发企业,采取租赁经营、包干经营、股份合作、职工停薪留职和自谋职业等多种形式分块搞活;市百货大楼、新华商城等零售企业,以国有民营、民有民营为主要改革形式,对所属大部分网点进行租赁、转让和出售,在下岗分流、减员增效、职工身份置换等方面大胆尝试,在实现减员的同时,盘活了固定资产。

企业产权制度改革 1993年,市委、市政府加大流通体制改革的力度,印发了《赤峰市关于加快流通体制改革、大力发展社会主义市场经济若干问题的决定》《赤峰市流通企业股份制暂行办法》等11个文件。强调国有中小企业改革要从理顺产权关系入手,以股份(合作)制为突破口,探索建立新的产权制度。进行股份制和小型国营企业转、租、卖试点,实现产权关系明晰化。1997年开始,市商业系统主要采取三种不同的改革方式:一是先成立,再重组,分块搞活;二是抓大放小,破产、出租、拍卖;三是兼并、联合,优势企业兼并劣势企业,活化资产。同年5月,市政府批转市体改委《关于加强和完善流通企业国有民营有关工作的意见》,进一步规范和完善国有民营改革措施。各旗

县区以股份合作制、兼并、破产、租赁、拍卖为主要形式的小型企业改革全面启动。实现“国家转让产权，政府转变职能，企业转换机制，职工持股经营”改革措施。一些旗县区商业总公司对严重资不抵债的企业采取了“产权一次性买断，资金一次性收回，职工一次性安置，改革一步到位”的办法，人员分流，理顺了产权关系，企业资本结构得到优化，初步形成科学规范的法人治理结构。

1998—1999 年，市商务局对市直商业企业产权制度进行改革，主要采取四种形式：一是市五交化总公司、第二食品厂等 4 家企业实施破产；二是市百货大楼、第一饮食服务公司等 4 家企业实行国有民营、民有民营，对所属门点实行租赁、转让、拍卖、破产等方式；三是市百货总公司等 3 家企业实行分块搞活；四是市民族贸易公司、蔬菜公司等 4 家企业实行经营承包、划小核算单位、明晰产权等改革方式。

2001 年，市直商业企业产权制度改革基本完成，一次性置换职工身份 4895 人，退休职工移交市社保部门 2150 人，签署协议等待进行职工身份置换的 381 人。2003 年，全市 12 个旗县区有 9 个旗县区商业系统企业转制工作全部完成，退出国有序列，置换安置职工 14220 人。2004 年，元宝山区、宁城县、林西县 3 个区县商业系统完成转制工作，置换安置职工 1070 人。

第二节　粮食体制改革

一、粮食购销与储备体制改革

1985 年，赤峰市开始粮食购销体制改革。根据国家调整农村粮油购销政策和价格方案，同年 4 月起，全市开始取消粮食统购，实行合同定购，同时调整农村粮油购销价格。从 1990 年秋粮上市起，国家将合同定购改为国家定购。同年 11 月，建立国家专项储备粮食制度。1992 年 10 月起，全市粮价全面放开，居民口粮由平价改为议价供应，实行购销同价，粮食销售全面市场化。1994 年，建立粮食风险基金，用于市政府为平衡粮食市场价格收售粮食发生的利息、费用和差价支出以及市级储备粮油利息、费用支出。1996—1997 年，执行国务院出台的按保护价敞开收购农民余粮政策，收购品种为小麦、稻谷和玉米。1999 年，市政府印发《关于完善粮食流通体制改革措施的意见》，在保持定购制度不变的前提下，将定购价格调低到保护价水平。将以县级行政区域为单位收购粮食，改为全市统一协调进行。同时，采取“以奖促销”政策，加大粮食顺价销售工作力度。2000 年，市物价局、粮食局决定，将抵顶合同定购品种的杂粮、杂豆纳入保护价收购。

2003 年，市政府印发《关于进一步深化粮食流通体制改革的意见》，实行粮食购销市场化改革，不再按保护价收购农民余粮。全市放开粮食市场，放开粮食收购价格，取消粮食合同定购任务，取消粮食运输凭证制度。允许国有粮食购销企业及其他多种经济成分的市场主体直接到农村随行就市收购、运输粮食。2003—2004 年，市政府印发

《关于建立地方储备粮制度的意见》和《关于印发赤峰市储备粮管理办法和下达2004年地方储备粮承储任务的通知》2个文件，明确提出，按照自治区政府下达给赤峰市的地方储备粮规模，结合赤峰市实际，建立市级储备粮，完善储备制度，市级地方储备粮动用权属于市政府。2008年，国家发改委、国家粮食局、财政部、中国农业发展银行等四部门，启动东北三省及内蒙古自治区国家临时存储玉米收购工作。2013年，全市收购国家临储玉米121.57万吨。2014年，不断加强中央储备粮、地方储备粮的管理，建立健全粮食市场监测预警体系和应急机制，形成中央储备、自治区储备、市级储备、县级储备齐全的四级粮食储备体系。

二、国有粮食企业改革

1991年，全市有国有粮食企业280家，其中粮食加工企业13家，国营粮店64家，其他国有粮食企业203家。市粮食局在全市国有粮食企业继续推行承包责任制。1992年粮食市场放开以后，全市粮食系统内部实行盈亏两条线分开管理，企业进一步扩大承包经营自主权，实行经营、价格、分配、用工“四放开”。在人事制度上实行干部聘任制；在分配制度上实行多劳多得；在劳动用工制度上实行全员劳动合同制，鼓励职工停薪留职、自谋职业。到1993年末，全市粮食系统分流职工6013人。1994年，全市粮食企业进行分类施策改革。粮食储备企业实行栈租制，销售和工业企业实行租赁经营，小型企业实行股份合作制。1997年，全市粮食部门积极鼓励企业兼并，规范破产，下岗分流，减员增效，实施再就业工程。对长期亏损、扭亏无望、资不抵债企业实施破产；对扭亏困难、包袱沉重、破产又不具备条件的企业进行整体出售；对条件成熟的实行连锁经营或股份制改造；采取买断工龄、停薪留职、提前退养、从事多种经营等形式多渠道分流人员。1998年，市和旗县区两级粮食管理局全部与市粮油总公司脱钩，实行收储企业与商业性经营企业分开，隶属于赤峰市粮油供应总公司的红庙子粮站和军粮供应站上划市粮食局。全市国有粮食商业性经营企业97家，通过破产、拍卖、兼并、民有民营、股份合作制、租赁承包等途径，完成产权制度改革的81家，占83.5%。

2001年10月，成立赤峰北疆粮油购销(集团)有限责任公司，下设4个全资子公司、1个控股子公司、两个分支机构，为市粮食局管理的国有独资企业。2005年，进一步深化企业产权制度改革，妥善处理“老粮”“老人”“老账”问题。对赤峰北疆粮油购销公司实行股份制改造，组建赤峰北疆粮油购销股份有限责任公司，国有股份占60.45%；赤峰红山国家粮食储备库和赤峰市军粮供应站实行国有独资经营；对资不抵债的赤峰市新兴粮油总公司实施依法破产。改革过程中，按照现代企业制度的要求，建立和完善企业内部各项管理制度，实现由传统管理方式向现代管理方式转变。至2007年，全市国有粮食企业分别通过国有独资、混合所有制、民有民营、集团带动等模式，全面完成产权制度改革任务，重新构建了粮食经济组织框架。每个旗县区仍然至少保留1~3家国有独资或控股的骨干粮食企业，继续发挥粮食流通的主渠道作用。

第三节 供销体制改革

一、社有企业改革

20世纪80年代，市供销合作社（简称“供销社”）在社有企业中全面推行承包经营责任制。承包形式主要有：几定一包，工资浮动，完成有奖，完不成受罚；联销联利计酬，每百元销售额工资含量，利润大包干等。1987年开始，对部分企业实行租赁经营试点，重点放在濒临破产、资不抵债、亏损和微利企业，还有经营管理不善、效益差、潜力大的企业等。在这些企业中实行了个人租赁，或合伙、集体、全员租赁。截至1990年末，全市供销社系统实行抵押承包的企业242家，风险额与经济效益挂钩的企业61家。

1993年，在赤峰供销大厦、巴林右旗供销社等企业开展“租壳卖瓤”经营试点工作，推动产权制度改革。1996年之后，对供销企业进行化解债务、分流人员、建立现代企业制度等措施，进一步深化产权制度改革工作。对市供销社直属企业采取一企一策、以资抵债、抵贷返租、分块搞活、培育龙头等措施进行改革。旗县区供销社对承担政府委托任务，与为农牧民服务关系密切的农资、烟叶、社办工业等骨干龙头企业，实行承包经营和目标管理；对严重亏损、资不抵债的企业实行破产、拍卖、租赁；对有发展前景、效益较好的企业实行股份制改造。到2005年，市供销社直属的6家企业全部完成转制工作，在职员工全部置换职工身份，离退休人员全部交到市社保部门管理；各旗县区供销社直属企业有158家企业破产重组，66家企业完成转制，置换职工身份1.5万人，职工身份置换率达到98%，全部完成产权制度改革。

二、基层供销合作社改革

1991年，全市供销社系统有基层供销社202个，主要开展农业生产资料、农畜产品、工业品购销等业务。随着国家经济体制改革的深化，市供销社加快基层供销社经营管理体制改革，推行租赁经营。主要方式是：供销社职工自愿结组，商品作价卖给职工，定期回收本金；房屋及经营设施作价租给职工，按期收取租金；行政经费及其他劳保、福利、税金按任务分摊到组，定期交纳。到1993年，全市有124家基层供销社实行租赁经营，占总数的61.4%。1996年7月，自治区供销社召开专门工作会议，总结推广赤峰市供销社等单位的典型经验。1998年之后，各旗县区淘汰一批严重资不抵债、丧失服务功能、扭亏无望的基层供销社。

2001年，市政府批转市供销社《关于进一步推进基层供销合作社改革与发展意见》，全市基层供销社改革以分类改造为重点，调整基层供销社建制；以“减人、减债、减负”为重点，加大基层供销社改组改造力度；大力兴办专业合作社；推进开放办社，增强基层供销社活力；参与和推动农牧业产业化经营；撤社留店，撤销一部分边、小、微、亏社。当年，在全市推广喀喇沁旗供销社内部股份合作制、松山区大庙新建供销社按经济区建社、林西县新林镇供销社股份制改造、宁城县大城子供销社资产租赁等成功模式和先进经验。全市基层供销社总数由1998年的186家调整到163家。到2008年,全市多数地区将基层供销社逐步建成区域性中心超市和配送中心、产业化龙头、综合服务中心或农副产品贸易中心,基层供销社在“新网工程”建设、产业化经营中的作用越来越明显。2009年,全市按“合乡建镇”后新的经济格局,重组改造基层供销社107家。此后,充分利用现有资产,发挥人才优势,通过多元投入,采取多种形式,继续对基层供销社进行全面改造升级和经营创新。

2014年,市政府印发《赤峰市农村牧区新型基层供销合作体系建设实施方案》,市供销社与市发改委、财政局、国土局、住建局、商务局、农牧业局、工商局等8个部门联合下发落实“实施方案”的意见;与阿鲁科尔沁旗、林西县和松山区等10个旗县区政府签署框架协议,合力推动新型基层供销合作体系建设。当年末,全系统重建重组和改造提升拥有社有资产和服务功能健全的新型基层供销社69家。经营服务网点向行政村延伸,逐步恢复起基层供销社服务“三农三牧”的前沿阵地和联系农牧民社员的桥梁纽带作用。

第四节　物资流通体制改革

一、管理体制改革

20世纪80年代,赤峰市物资流通领域开始由计划管理体制向以计划管理为主、市场调节为辅的管理体制转变,物资价格、物资市场逐渐放开。1991年,市物资局引导企业摆脱计划经济模式的束缚,向市场经济转变。1992年,市物资局下发《赤峰市重要生产资料价格“并轨”实施方案》和《市物资局机构改革方案》,同时简政放权,成立物资协作公司,进行人员分流;12个旗县区物资机构改建为经济实体或向实体过渡。1995年6月,市物资系统根据全市机构改革的总体要求,把行政机构改革、建立现代企业制度、转换企业经营机制、国有资产管理体制改革融为一体,进行四同步改革。组建以产权关系为纽带、以现代企业制度为特征的母子公司式的企业集团。市物资局及所属的企业成建制地转为赤峰物资(集团)有限责任公司,保留市物资局的牌子。2001年12月,市物资(集团)有限责任公司撤销,行政职能由市经济委员会承担。2004年,根据市委办公厅、市政府办公厅《关于经济委员会、商务局、商改办工作职能调整及人员安置等有关问题的会议纪要》,将市物资系统所属企业转制工作及遗留问题交由市商务局接管。

二、企业改革

20世纪80年代,赤峰市在物资企业内部实行承包经营责任制。1991年,全市物资工作会议之后,物资企业开始由专一经营向“一业为主,多种经营,交叉经营,互补共进,全面发展”转变。1992年,市物资局在市金属材料总公司和市机电设备总公司进行干部、用工、分配制度改革试点,各旗县区物资部门也相继出台和实施转换企业内部机制方案。扩大经营门类，实行聘任制，打破干部、工人界限，公平竞争。在分配制度上，实行工资与效益挂钩。1994年开始，进行企业转换经营机制改革。市物资局采取租赁、风险承包和股份合作制等形式，对4家小型企业开展转制工作。1995年6月，市物资局转为赤峰物资(集团)有限责任公司后，将2家经营实力较差的公司并入实力较强的公司，开展多元化经营，推行代理制，走联合创新之路，靠实业开发促发展。

1997—1998年，赤峰物资集团公司对企业实施规范破产、分块搞活、兼并转属、扶持壮大等多种形式的改革措施，重点进行物资企业资本结构优化、人员分流和再就业。市金属材料总公司、市木材总公司、市建筑材料总公司申请依法破产，在岗职工通过多种渠道安置再就业；对于退休职工，从破产企业中划出相应资产作为退休保障金，由市社保部门接收。市机电设备总公司、市燃料总公司、市轻化总公司以资抵贷，抵贷返租，抵消银行借款2500万元。喀喇沁旗、敖汉旗、阿鲁科尔沁旗等物资流通企业通过破产、转让、股份制等形式，完成物资企业转制工作。到1999年，市物资集团公司在职职工1787人，分流867人。到2000年，市物资集团11家子公司企业职工国有身份置换完成。松山区物资局4家公司转制或注销，企业在职职工置换身份，退休职工移交区社保部门。红山区物资总公司破产，原职工都得到合理安置。截至2005年末，全市物资系统全部完成企业转制，退出国有序列。

第二章　经济成分

第一节　国营商业

1991年，赤峰市有国营商业企业1491家，企业职工30294人。其中企业管理机构91家，工作人员4701人；企业经营机构1351家，企业职工22612人。在企业经营机构中，批发机构521家，零售机构820家，其他经营机构10家。全市国营商业社会消费品零售总额7.91亿元，占全市社会消费品零售总额的38.26%。1992年6月，国务院颁布《全民所有制工业企业转换经营机制条例》后，赤峰市商贸系统在对国有资产评估、界定产权的基础上，促进企业经营机制转换，增强企业活力。在企业内部开展以劳动、人事、分配三项制度改革为突破口的国营企业改革。对商业、粮食、物资、外贸的零售网点，以租赁形式为主，引进个体私营经营机制，实行国有民营；对批发企业进一步完善承包责任制。截至1995年，全市国有批发零售贸易企业568家，网点1607家，从业人员34886人。全市国有批发零售贸易企业社会消费品零售总额16.02亿元，占全市社会消费品零售总额的36.74%。

1996年以后，赤峰市不断加大商贸企业经济体制改革力度，通过破产、兼并、转制等改革，一些国营商贸企业退出国有企业序列，国有企业数量不断减少，国有商业企业社会消费品零售总额在全市社会消费品零售总额中所占比率逐渐下降。截至2000年,全市国有批发零售贸易企业减少到495家,从业人员20412人;国有限额以上单位批发零售贸易企业商品销售总额20.98亿元,占全市社会消费品零售总额的28.71%。截至2005年,全市国有批发零售贸易企业减少到278家,从业人员9474人;国有限额以上单位批发零售贸易企业商品销售总额51.86亿元,占全市社会消费品零售总额的37.52%。截至2010年,全市国有批发零售贸易企业减少到166家,从业人员7495人;国有限额以上单位批发零售贸易企业商品销售总额26.38亿元,占全市社会消费品零售总额的7.84%。截至2014年,全市国有批发零售贸易企业减少到130家,从业人员5145人;国有限额以上单位批发零售贸易企业商品销售总额33.54亿元,占全市社会消费品零售总额的5.7%。

第二节　集体商业及供销合作商业

一、集体商业

赤峰市集体商业企业主要是市商业系统的集体企业以及城市街道、居委会、乡村办的集体商业。1991年,全市商业系统有集体所有制商业企业1087家,从业人员7475人;全市集体所有制商业企业社会消费品零售总额1.86亿元,占全市社会消费品零售总额的9%。1992年以后,赤峰市经济体制改革不断深入,集体商业企业通过破产、兼并逐渐减少。截至1995年,全市集体商业企业减少到536家,从业人员24433人;社会消费品零售总额16.88亿元,占全市社会消费品零售总额的38.72%。1996年以后,集体商业企业在经济体制改革中,有的破产、出售,有的通过股份制改造等形式转为民营企业,集体商业企业不断减少。截至2000年,全市集体批发零售贸易企业减少到279家,从业人员9970人;集体限额以上单位批发零售贸易企业社会消费品零售总额1.29亿元,占全市社会消费品零售总额的1.77%。截至2005年,全市集体所有制批发零售贸易企业减少到127家,从业人员2829人;社会消费品零售总额1.77亿元,占全市社会消费品零售总额的1.29%。截至2010年,全市集体所有制批发零售贸易企业减少到46家,从业人员1750人;集体限额以上单位批发零售贸易企业商品销售总额3.33亿元,占全市社会消费品零售总额的1%。截至2014年,全市集体所有制批发零售贸易企业减少到25家,从业人员1264人;集体限额以上单位批发零售贸易企业商品销售总额2.62亿元,占全市社会消费品零售总额的0.45%。

二、供销合作商业

1991年,赤峰市供销合作社下设12个旗县区供销社,有基层供销合作社202家,分销店698家,双代店919家,其他经营机构906家,共有从业人员17309人。各级供销合作社开展农产品收购、农业生产资料供应及各类生产生活用品供应,为“三农三牧”服务。截至1991年末,全市供销系统完成商品销售总额5.63亿元,占全市社会消费品零售总额的27.25%。1992年以后,供销系统受市场经济影响,出现严重亏损。赤峰市供销社在基层企业推行经营承包责任制、租赁经营制、经理负责制等经营管理体制改革,减缓了基层供销企业亏损势头。1995年开始,在全市发展专业合作社。1998年以后,各旗县区因地制宜,淘汰一批严重资不抵债、扭亏无望的基层社。截至2001年,基层社总数由1998年的186家调整到163家。2002年以后,加强多种类型的专业合作社建设。截至2010年,全市有基层社107家,农牧民专业合作社187家,村级综合服务社466家,各类经营网点2926家。2011年以后,各级供销社、合作社不断适应农业生产、市场经济的发展变化,开展灵活多样的经营,经济效益不断提高。截至2014年,全市有旗县区供销联社12家,社属企业89家;有基层社69家,农牧民专业合作社589家,村级综合服务社755家,各类经营网点3673家,从业人员6000多人。全市供销系统完成商品销售总额58.64亿元,占全市社会消费品零售总额的9.97%。

第三节　股份制商业

1991年以后,赤峰市加强商贸企业经济体制改革,转换企业经营机制,扩大企业自主权,增资减债,实行股份制改造,建立现代企业制度。1994年,赤峰市物资局金属回收公司、市外贸友谊宾馆、市外贸肠衣厂4家企业转制为股份制企业。1995年,市物资局改建为赤峰物资(集团)有限责任公司。截至年末,全市商贸业建立股份制企业11家,从业人员1763人。1996年以后,赤峰市商贸业通过改制、新建,股份制企业不断增加。截至2000年,全市商贸行业股份制企业34家,从业人员1015人;限额以上股份制批发零售商贸企业商品销售总额5069万元, 占全市社会消费品零售总额的0.7%。截至2005年,赤峰市商贸业有股份制企业46家,从业人员1584人;限额以上股份制批发零售商业企业商品销售总额2.21亿元, 占全市社会消费品零售总额的1.61%。2006年以后,部分股份制企业在市场经济发展过程中破产或解体,赤峰市商业系统股份制企业逐渐减少,但企业规模不断扩大,经营效益显著提高。截至2010年,赤峰市商业有股份制企业32家,从业人员5046人;限额以上股份制批发零售商业企业商品销售总额47.05亿元,占全市社会消费品零售总额的13.78%。2011年以后,赤峰市商业加强现代企业制度建设,股份制商业企业不断增加。截至2014年,全市商业有股份制企业125家,从业人员11447人;限额以上股份制批发零售商业企业商品销售总额67.17亿元,占全市社会消费品零售总额的11.42%。

第四节　私营商业

1991年,赤峰市有私营商贸企业105家,从业人员200多人。1992年8月,市委、市政府印发《关于鼓励个体私营经济发展的决定》，全市商贸业私营企业逐步增加。1995年以后，市政府制定优惠政策，大力扶持和发展个体私营经济，全市私营商业经济快速发展。截至2000年，全市私营商贸业企业发展到1300多家；限额以上私营批发零售贸易企业商品销售总额3868万元。2001年以后，赤峰市私营商业进入调速发展时期。截至2005年，全市商贸业私营企业发展到3820家；限额以上私营批发零售贸易企业商品销售总额19.42亿元，占全市社会消费品零售总额的14.05%。截至2010年，全市私营商贸业企业达到9000家，从业人员近5万人；限额以上私营批发零售贸易企业商品销售总额24.41亿元，占全市社会消费品零售总额的7.15%。截至2014年，全市私营商贸业企业1.4万家，从业人员7.5万人；限额以上私营批发零售贸易企业商品销售总额42.64亿元，占全市社会消费品零售总额的7.25%。

第五节　个体商户

1991年，赤峰市城乡有证个体商户为14530户，从业人员18753人；社会消费品零售总额2.21亿元，占全市社会消费品零售总额的10.69%。1992年以后，赤峰市不断加大个体私营商业发展力度。截至1995年，全市城乡有证个体商户发展到34821户，从业人员62746人；销售总额10.34亿元，占全市社会消费品零售总额的23.7%。1997年，内蒙古自治区第八届人大常委会第二十七次会议通过《内蒙古自治区个体工商户条例》，进一步促进赤峰市个体私营经济的快速发展。截至2000年，全市城乡个体商户达到4.1万户，从业人员10万余人。2005年，赤峰市城乡个体商户为4.7万户，从业人员15万人。2010年，赤峰市城乡个体商户达到10.4万户，从业人员21万余人。截至2014年，赤峰市城乡个体商户达到12万户，从业人员25万余人。

第三章　商场　市场

第一节　商　场

1991年，赤峰市较大的商场有市百货大楼、郊区(松山区)红旗商店、元宝山区百货大楼。1992年，赤峰同济大厦建成开业，营业面积5000平方米。1994年，中心城区裕隆商厦和新华商城建成开业，营业面积均在8000平方米以上。1995年，赤峰供销大厦、赤峰购物城、赤峰商厦建成开业，赤峰商厦营业面积达1.2万平方米。1995年，赤峰市中心城区超过5000平方米以上的大型商场有6家。1996年以后，赤峰市、红山区两级党委、政府通过政策引导、招商引资，中心城区大型商场、商厦建设速度不断加快。紫旌、新华书店、宝峰、振峰、天峰、宏达、海达、同裕、同鑫、奔腾、文化大厦、锦州中百、承天、世纪春天、宝鼎、润峰、天狮、红城、天元等大型商场、商厦先后建成开业。1999 年，喀喇沁旗锦山大厦投入运营，营业面积 8700 平方米。“十五”期间(2001—2005 年)，全市建设 5000 平方米以上的大型商场、商厦 18 家。在中心城区建设金钰大都会、赤峰大惟通讯数码广场、红城新世界购物广场、众联广场、航宇商务大厦、印象红山商贸中心、松山恒茂大厦、元宝山后皇朝故里；旗县建成翁牛特旗都市购物商场、巴林右旗大板商贸中心等大型商场、商厦。截至 2005 年，全市 5000 平方米以上营业面积的商场共有 27 家。2006 年以后，赤峰市进一步加大大型商场建设力度，积极投资新建、续建大型商场、购物中心。先后建成永业城市广场、维多利购物中心、新天地商业广场、金钰大都会二期、五金机电城、印象红山城市广场、天丰商贸城、奔腾购物广场、元宝山宝山仕家商务区、平庄中央商务区、巴林左旗上京商贸广场、翁牛特旗金色港湾商业广场、敖汉旗万强广场等。各大商场、商厦结合市场经济发展，不断调整经营策略，增加服务项目，扩大经营品种，改善营销方式，提高经营水平和效益。许多综合商场、商厦除商品销售外，还经营住宿、餐饮、健身、娱乐等服务项目；专业商场亦经营其他商品；一些大型商品、电器、电子商品还提供免费送货、上门安装等服务。截至 2014 年，全市有 5000 平方米以上营业面积的大型商场、超市、购物中心 58 家，总营业面积 40 多万平方米，总营业额 220 亿元。

第二节　市　场

一、城乡集贸市场

1991 年，赤峰市有城乡集贸市场 278 个，其中城市 43 个，乡村 235 个。有固定市场 109 个，马路市场 139 个。每天人员流动 1 万人次以上的市场 35 个。年商品贸易成交额 4.06 亿元，占全市社会消费品零售总额的 19.65%。1992 年以后，全市各地不断加强集贸市场建设。1993 年，元宝山区平庄综合集贸市场年成交额突破 1 亿元，成为赤峰市首家成交额突破 1 亿元大关的集贸市场。1994 年，红山区、松山区开辟早市、夜市等直销市场。“八五”期间(1991—1995 年)，全市投资 1.22 亿元，建设各类市场 157 个，改、扩建市场 228 个。截至 1995 年，全市有年成交额超过 1 亿元的城乡集贸市场 7 个，有 8 个年成交额超过 5000 万元，有 39 个年成交额超过 1000 万元。全市城乡集贸市场贸易年成交额达到 22.97 亿元。1996 年以后，随着市场经济的快速发展，赤峰市城乡集贸市场建设进一步加快。2000 年，全市最大的私营工业品批发市场万商大院一期工程竣工，营业面积 1.5 万平方米，160 多家商户进驻市场，经营品种 2000 多种。截至 2000 年，全市城乡集贸市场共 410 个，其中城镇 71 个，农村 339 个；集市贸易年成交额达到 55.08 亿元，比 1991 年增长 12.6 倍。

2001 年以后，赤峰市以建设市场、培育市场为重点，发挥投资主体的作用，多方筹集资金，改造、扩建农畜产品交易市场和生活消费品批发市场。红山区实施“商贸立区”

战略,突出抓好西城蔬菜市场、同兴市场等五大市场建设,新建、扩建面积6.9万平方米。市商务局加强市场调控和监管,整顿和规范市场流通秩序。2005年,全市投入市场建设资金11.8亿元,新增建筑面积49万平方米。取缔一批马路市场,一些农村临时市场被淘汰。2001年,万商大院二期工程竣工,营业面积达到3万平方米。截至2005年末,全市有各类贸易市场达到348个,年交易额超过1亿元的规模商品批发市场达到17个,全年交易额38.3亿元。2006年,投入市场建设资金15.5亿元,新增建筑面积64万平方米。同年,规模以上市场达到39个,其中年交易额1亿元以上的20个。"十一五"期间(2006—2010年),全市投资新建、改建农贸市场项目32个。2011—2014年,赤峰市不断加快农贸市场升级步伐,全市投资31.14亿元,新建、改建各类市场项目46个。截至2014年,全市有各类交易市场400多个,其中年交易额超过1亿元的23个。各类市场年交易额106.6亿元,比2000年增长93.54%。

二、专业批发市场

1991年以前,赤峰市没有单一的专业市场。1992年,红山区建成同兴钢材市场、桥北建材市场、火花路小食品批发市场。其中同兴市场占地面积6.6万平方米,以钢材批发为主,为赤峰市首家专业批发市场。此后,红山区相继建设赤峰果菜粮批发市场、赤峰西城蔬菜批发市场、解放街小商品批发市场、天越装饰材料市场、三宇陶瓷市场、千禧建材交易市场等。"八五"期间,旗县区建成并投入运营的专业批发市场有翁牛特旗乌丹粮食批发市场、大兴玉米批发交易市场、喀喇沁旗牛家营子中药材市场、林西县北门外菜市场(2000年扩建后更名为林西县同裕瓜果蔬菜批发市场)、巴林右旗宝日勿苏金三角活畜集贸市场、翁牛特旗新华菜市场等。

1996年以后,赤峰市整合市场资源,优化市场布局,引导果菜粮、建材、家居、药材、汽车交易等市场向专业化、规模化发展,重点培养年交易额超亿元的大型专业市场。1996年,宁城县金三角果蔬批发市场、小城子刺绣品批发市场、三座店粉条批发市场建成投入运营。1998年,林西县北方活畜交易市场建成。2001年,宁城县大双庙蔬菜批发市场、喀喇沁旗赤峰昌盛煤炭市场建成运营。2003年,元宝山区向阳建材市场、巴林右旗西郊菜市场建成运营。2004年,巴林右旗东郊建材市场建成运营。2005年,松山区关家营牲畜交易市场、敖汉旗四家子镇中国北方国际花炮展示交易中心、巴林左旗笤帚苗制品交易市场建成运营。2007年,元宝山区(农业生产资料批发)金色谷时代广场建成运营。2008年,元宝山区康绿源蔬菜产地批发市场、阿鲁科尔沁旗天山活畜交易市场建成运营。2009年,宁城县一肯中蔬菜交易中心、敖汉旗富润汽贸商城建成运营。2010年,红山区天虹花卉市场、松山区白音华煤炭物流园、蒙东农机市场、蒙隆钢材木材市场、元宝山区平庄建材批发市场、宁城县中京农贸批发市场、喀喇沁旗红星·美凯龙家居生活广场、翁牛特旗润海水利农机市场、阿鲁科尔沁旗南市蔬菜批发市场、克什克腾旗新开地马铃薯交易市场建成运营。2011年,松山区五金机电城建成运营。2012年,林西县赤北煤炭市场、巴林右旗巴林石城、巴林左旗赤峰同济农贸综合市场建成运营。2014 年，松山区雨润蔬菜水果交易市场、翁牛特旗广德公特色农产品批发市场建成运营。截至 2014 年末，全市有规模以上专业市场 48 个。

三、超级市场

20 世纪 90 年代末期，随着商品经济的快速发展，赤峰市开始出现超级市场，规模较大，以顾客自选方式经营百货、服装、食品、家庭日用品等商品为主，能满足不同层次顾客要求。2000 年，红山区京香超市建成运营，营业面积 4200 多平方米。宁城县华特超市、敖汉旗惠香园超市、巴林右旗鼎盛民族超市相继建成开业。2002 年，喀喇沁旗泰和园超市、翁牛特旗得立超市新华店和得立超市全宁店开业。全市超市发展步伐逐渐加快。2003 年，百柳购物中心在红山区建成开业，营业面积 5500 平方米，经营品种有食品、副食品、服装、纺织品、日用百货、蔬菜、水果等各种商品。2004 年，福客园超市在元宝山区建成运营，营业面积 5550 平方米。京香超市在元宝山区建成连锁分店开业，营业面积 1300 平方米。2005 年，百柳购物中心在赤峰新城区开设连锁店——百柳购物中心新城店，营业面积 2000 多平方米。2005 年 12 月，赤峰新合作超市连锁集团有限公司成立。该公司坚持“小超市、大连锁”的发展策略，先后建立超市直营店 9 家、配送中心 1 家，零售总营业面积 1.6 万多平方米，有员工 300 多人。2006 年以后，中心城区和各旗县超市不断增多，许多超市纷纷建立起连锁店。截至 2014 年，全市有超市(单体营业面积 500 平方米以上)56 家，其中营业面积 5000 平方米以上大型综合超市 12 家。

四、重点市场、商场简介

重点市场　赤峰西城蔬菜批发市场。建于 1994 年，位于红山区钢铁西街，属村办集体企业。市场占地面积 13.33 公顷，营业面积 13.3 万平方米，是主营批发水果蔬菜、兼营农副产品的大型专业批发市场。市场内设有工商所、派出所、银行分理处等管理、服务机构。2014 年，该市场有固定经营户 2400 户，流动经营户 4000 户，年交易额 13 亿元。与全国 500 多家大型农贸市场联网，有业务往来；建有 2000 多人的果菜经纪人队伍，发展近 20 万户农牧户，每年近 2 万公顷果菜基地的果菜销往全国各大农贸市场，部分果菜产品还销往韩国、日本和蒙古国。1998 年，被内蒙古自治区人民政府命名为文明市场。1999—2012 年，被赤峰市委、市政府确定为农牧业产业化龙头企业。

赤峰果菜粮批发市场。1992 年 10 月成立，是赤峰市供销社控股的股份制企业。到 2000 年，已成为内蒙古东部地区最大的区域性专业粮油批发市场。截至 2014 年，市场占地面积 3.5 万平方米，营业用房 3000 平方米，仓储面积 1.3 万平方米，硬化货场面积 2.1 万平方米，场内铁路专用线 150 延长米，市场服务功能与设备完整齐备。有北京、天津、辽宁、湖南、广东等十几个省市自治区近 300 家客商进场交易，其中固定客户 59 家。该市场有从业人员 460 人，年货物吞吐量达 17 万吨，实现交易额 4 亿元。2005 年，被赤峰市政府、红山区政府分别授予市级龙头企业和诚信市场称号。2006 年，被赤峰市工商局命名为“守信誉、重合同”先进单位。2008 年，被全国供销总社命名为农牧业

2014年赤峰市部分大型超级市场一览表

表6-1-1

超市名称	所在地区	建立时间（年）	营业面积（平方米）	员工数量（人）	年营业额（万元）
京香超市	红山区	2000	4200	—	1700
家家福超市	红山区	2000	3600	65	1200
百柳购物中心	红山区	2003	5500	500	5500
百柳购物中心新城店	新城区	2005	2000	—	—
百柳购物中心冠东店	新城区	2011	10000	—	—
京香购物广场	红山区	2005	6000	—	—
佳佳超市	红山区	2009	4680	300	800
爱购超市	红山区	2014	5600	215	—
佳佳超市松山连锁店	松山区	2009	6900	320	3000
京香众联超市	松山区	2010	3000	—	—
百柳超市新天地店	松山区	2014	10900	200	—
福客园超市(连锁店5家)	元宝山区	2004	5550	87	5000
京香超市	元宝山区	2004	1300	—	360
东元大厦京香超市	元宝山区	2007	1100	—	240
京香超市金色谷店	元宝山区	2007	1400	—	800
华特超市	宁城县	2000	500	19	250
隆福超市	宁城县	2008	600	400	3000
隆福超市宁城二店	宁城县	2014	6800	—	—
惠香园超市(3个连锁店)	敖汉旗	2000	2100	81	700
华成超市	敖汉旗	2006	3800	60	300
泰和园超市(4个连锁店)	喀喇沁旗	2002	2800		1743
得立超市新华店	翁牛特旗	2002	350	80	530
得立超市全宁店	翁牛特旗	2002	530	—	—
得立超市新城分店	翁牛特旗	2009	1300	—	—
六合超市	翁牛特旗	2005	1440	40	500
隆福超市(3个连锁店)	翁牛特旗	2007	9100	195	5500
福玛特超市	翁牛特旗	2010	1500	90	1000
富利来超市	林西县	2013	4500	—	—
鑫隆超市	巴林左旗	2003	10000	200	3392
乐购超市	巴林左旗	—	2000	—	—
万福超市	巴林左旗	2014	4000	200	12000
鼎盛民族超市	巴林右旗	2000	400	16	500
珑玛特超市	巴林右旗	2007	980	50	1100
金彩超市	巴林右旗	2008	5000	30	1000
聚源超市	巴林右旗	2013	1800	37	1800
佳佳超市	巴林右旗	2014	3000	32	1100
大富源超市	阿鲁科尔沁旗	2006	800	30	360

产业化龙头企业，跨入全国供销系统百强企业行列。

赤峰天虹花卉市场。是华北地区面积最大的花卉市场。该市场位于306国道（辽宁绥中—赤峰克什克腾旗）平双公路段西侧，由红山区大三家村投资建设，占地48.67公顷。市场一期占地13.2公顷，2009年4月开工建设，2010年8月投入使用。市场由花卉及附属商品、天鑫特色花卉繁育基地、仓储保鲜配送中心、综合服务区、鱼鸟宠物区五部分构成，主营花卉品种3000多种，其中天鑫特色花卉繁育基地年繁育种苗及特色鲜花20多种670多万株。2012年，该市场成立天时花卉研究所，与内蒙古农业大学林学院合作，进行花卉组培技术的研究。2014年，该市场有从业人员2186人，交易额3.6亿元，上缴利税1300万元。

赤峰桥北汽车交易市场。2006年开工建设并于当年开业，位于内蒙古红山物流园区内，隶属于内蒙古红山物流园区管委会，是蒙东辽西地区最大汽车交易市场。截至2014年，该市场入驻奔驰、宝马、沃尔沃等74个知名汽车展销品牌，汽车4S店、销售店92家，从业人员近2000人，汽车年销量6万辆以上，年销售额50亿元。

赤峰牛家营子中药材市场。位于喀喇沁旗牛家营子镇。其前身是1991年11月建立的牛家营子中药材市场。1992年7月扩建，更名为赤峰牛家营子中药材市场。2003年，群众集资扩建9000平方米，总建筑面积2.1万平方米。主营地产中药材和种子种苗，兼营优质中药饮片加工，产品销往国内各地及中国香港、中国台湾地区各大药市，还销往日本、韩国、新加坡等国家。1999年11月，该市场被科技部列为全国五大绿色中药材规范化种植基地，被中国特色产业基地命名委员会命名为“中国北沙参、桔梗之乡”。2001年9月，牛家营子中药材协会建立。2011年，开通牛家营子中药材网站。2012年，北沙参、桔梗两个品种通过农业部的地理标志认证。截至2014年，该市场入驻药业商户120家，经纪人队伍达1000余人，年吞吐中药材量3万多吨，交易额达6亿元。

巴林左旗笤帚苗制品交易市场。位于巴林左旗十三敖包镇，占地7.2公顷。2005年建成运营，营业面积2000平方米。市场内有从事笤帚苗加工龙头企业10多家，年加工能力在1000万把以上。带动周边5个笤帚苗加工专业村，年加工能力1000万把，总加工能力达到2000多万把，占全旗加工能力的2/3。该市场先后在北京、河北、天津、山东等省市建立了销售点，部分精品笤帚销往中国台湾地区和韩国、日本等国家。截至2014年，笤帚苗制品发展到五大系列、60多个花样品种。年批发笤帚苗制品3000多万把，交易额达1亿元。

阿鲁科尔沁旗天山活畜交易市场。2008年，阿鲁科尔沁旗天山活畜交易市场投资建设。位于阿鲁科尔沁旗天山镇北7公里，占地10.13公顷，主营牛、马、驴、羊等大小活畜交易。2012年，成立经纪人协会和阿旗活畜养殖专业合作社。截至2014年，该市场有管理人员32人，从事牲畜交易的经纪人队伍6200多人，有国内10多个省市1500多名客商进场交易，年交易大小畜23万头只，交易额10亿元。

重点商场 赤峰海达大厦。始建于1988年，位于红山区昭乌达路，营业面积3.8万平方米,主营家电、手机、计算机,为民营企业。1998 年,改为股份制企业,注册成立赤峰海达商贸有限责任公司。2002 年,更名为赤峰海达电器有限责任公司。2005 年后,先后在赤峰市、锡林郭勒盟、河北省、辽宁省等地建立直销连锁店。经营家电、通信、电脑品牌达 200 多种,部分品牌获得赤峰市、锡林郭勒盟及辽宁省、河北省部分地区的总代理权和经销权。2014 年,公司有直销连锁店 20 家,经销商 160 多家,销售总额 12 亿元,缴税 1500 万元。

赤峰百柳购物中心。2003 年 6 月,赤峰百柳购物中心建成运营,位于红山区昭乌达路中段,营业面积 5500 平方米。经营品种有食品、副食品、服装、纺织品、日用百货、蔬菜、水果等各种商品。2005 年 10 月, 百柳购物中心在赤峰新城区开设第二家分店——百柳购物中心新城店,营业面积 2000 多平方米。2011 年 12 月,开设第三家分店——百柳购物中心冠东店,营业面积 10000 平方米。2014 年 9 月,在松山区开设第四家连锁分店——赤峰百柳购物中心新天地店,营业面积 11000 平方米。截至 2014 年,赤峰百柳购物中心共开设 4 家连锁店,总营业面积 2.85 万平方米,员工 700 多人,营业额 6000 多万元。

众联商场。位于赤峰市新城区玉龙大街核心区域。2008 年 4 月开工建设,2010 年 8 月建成开业。总占地面积 2.6 万平方米,总建筑面积 6.9 万平方米。该商场集餐饮、购物、休闲、娱乐、服务等多种功能于一体。截至 2014 年,有员工 1000 多人,营业额约 5 亿元,上缴税金 640 万元。

赤峰红星·美凯龙家居生活广场。由红星美凯龙集团投资建设,位于新城区临潢大街中心地段,毗邻和美工贸园区,是红星·美凯龙的第七代商场、第 66 家连锁经营卖场。该广场于 2009 年开工建设,2010 年 8 月开业,营业面积 6.1 万平方米。截至 2014 年,入驻品牌商户 220 多家,年销售韩式、欧式、美式等各式家居建材近 10 万件,营业额 1.3 亿元。

赤峰居然之家家居广场。位于新城区与喀喇沁旗交界处,毗邻和美工贸园区,2010 年开工建设,2012 年 9 月建成开业,总建筑面积 8.4 万平方米,营业面积 7 万平方米。主要经营家居设计、建筑材料、装饰材料、家具及家居饰品等服务。截至 2014 年,进驻商户 200 余户,从业人员 2000 余人,营业额 1.2 亿元。

冠东百货(原金钰大都会一期)。由赤峰冠东百货服务有限公司开发建设,位于赤峰新城区玉龙广场南侧,占地 61.84 亩。2007 年 9 月开工建设,2009 年 12 月竣工,2011 年 9 月开业,营业面积 7.6 万平方米。建有商场、餐厅等多种服务设施,集购物、休闲、娱乐、餐饮等多项服务于一体。2014 年,有从业人员 800 多人,营业额达 1.5 亿元,上缴税金 200 多万元。

赤峰维多利购物广场。由内蒙古维多利集团投资建设,2012 年建成开业。位于赤峰红山区新华路步行街,总面积 9.2 万平方米,地上 7 层,地下 2 层。该广场涵盖购物中心、星级影院、休闲娱乐、美食休闲娱乐等。商品有服装纺织、日用百货等国内知名品牌。截至 2014 年,该广场有从业人员 1500 多人,营业额 2.7 亿元。

赤峰新天地商务广场。位于赤峰长途汽车站南侧,占地 11.33 公顷,建筑面积 28.2

万平方米，2010 年开工建设，2014 年 9 月竣工投入运营。该广场是以小商品批发为主，以专卖店、超市、电影院、电玩城、宾馆、酒店、特色餐饮、写字楼等为辅的大型商业综合体。截至 2014 年末，入驻商户 5000 多家，从业人员 1 万多人，年营业额 8.5 亿元。

赤峰万达广场。位于新城区西拉木伦大街、宝山路、平双路结合处，2012 年 4 月开工建设，2014 年 6 月开业。该广场占地面积 27.14 公顷，建筑面积 98.32 万平方米。设有住宅、写字楼、购物中心、影院、商业街、五星级酒店等多种设施，集居住、办公、购物、休闲、娱乐、餐饮、酒店等多种功能于一体。至 2014 年末，营业额达 4 亿元。

第三节　商业街区

1991 年起，随着城市建设和城镇化进程，赤峰的商业街区不断扩大。截至 2014 年，赤峰市中心城区形成以红山区新华路商业中心、松山区木兰街商业中心、新城区玉龙大街商业中心、元宝山区宝山路商业中心为主的四大区域商业中心。由各商业中心向外扩展，形成广阔的商业区域。各旗县城关镇商业街区建设也发生显著变化，商场、市场、商业网点大量增加，规模、区域不断扩大。

红山区商业街区　1991 年，赤峰市红山区北起一道街、南至哈达街，东起火花路、西至园林路，是各类商业店铺比较集中的商业区。1991 年以后，赤峰市在市场经济建设中，积极开展商业街区建设。1992 年，红山区建成火花路副食批发一条街，吸引许多个体私营商户开店经营，商户不断增多，规模不断扩大。京香酒店、火花路菜市场先后在此街建成开业，日益繁荣，吸引许多旗县商户到此批发进货。1993 年以后，红山区进一步加强特色商业街建设，先后建成长青街五金机电一条街、哈达西街电子通讯产品一条街、钢铁街汽车摩托车配件一条街、三中街自行车及电动自行车一条街等特色商业街，商户不断增多，规模不断扩大，吸引力和辐射力日益增强。20 世纪 90 年代末期，赤峰市、红山区两级政府启动新华步行街建设。对步行街及周边区域进行整体开发和绿化美化，引进区外知名商贸企业到步行街经营发展，大力发展大型购物中心、专卖店、餐饮店等经营网点，提供购物、餐饮、娱乐、健身等服务，步行街经营档次不断提高，整体功能不断完善，辐射力日益增强。截至 2000 年，建成以红旗大厦、紫旌大厦、购物城、同济大厦等大型商厦为中心，辐射两翼的中央商业区。2012 年 11 月，赤峰维多利广场建成营业。截至 2014 年，形成北起一道街、南至长青街，西起园林路、东至火花路的新华路商业中心。

新城区商业街区　新城区以玉龙大街商业中心为主要区域，向周边辐射。该中心位于玉龙大街新区段，西起新惠路，东至宝山路，主要有众联广场、冠东百货、上海城、会展中心、九天国际酒店等。

松山区商业街区　2008 年，松山区迎金路商业步行街开工建设，西至康平巷、北至临潢大街、东至西大桥、南至锡伯河，总占地面积 21.6 公顷。2010 年，在松山区市政广场南侧开展木兰街商业中心建设。商业中心的东方永业城市广场项目，占地 8.2 公顷，建筑面积 14.9 万平方米,是集大型购物中心、大型超市和四星级酒店于一体的综合性建筑,2014 年建成开业。

元宝山区商业街区 2014 年,元宝山区宝山路区域商业中心初步形成以宝山路、银河街所在街区为中心区域,以富尔沃平庄新天地商务区、平庄城乡中央商务区、平庄商场西商务区、皇朝故里商贸区、奔腾电器城为辐射的六大特色区的商业网络格局。

第四章 商品经营

第一节 生活资料经营

一、食品、副食品及烟酒

1991 年,赤峰市的食品、副食品及烟酒批发业主营单位是市直企业,有赤峰市食品公司、赤峰市水产公司、赤峰市糖酒公司、赤峰市东肉联厂、赤峰市西肉联厂、赤峰市外贸冷冻厂、赤峰市第一食品厂、赤峰市第二食品厂等食品加工和批发经营企业,均属二级批发企业,批发业务直接对各旗县区三级批发公司。全市有副食商店 366 家,专门经营食品、副食品及烟酒零售。1992 年以后,随着市场经济的发展,私营、个体食品加工企业逐渐增多,对市场提供批发、零售。烟草实行专营,由赤峰市烟草专卖局(公司)直接向 12 个旗县区公司供货。商品综合经营机构不断增加,专门副食品商店逐渐减少。截至 1995 年,全市有食品、饮料、烟草批发机构 174 家,销售网点 745 家,从业人员 11705 人。购进总额 8.71 亿元,销售总额 9.16 亿元。

1996 年以后,除烟草制品国家规定由省级公司专营外,所有食品、饮料商品放开经营。从事食品、饮料等生产、批发零售的个体、私营企业大量增加,购销数量显著增长。截至 2000 年,全市限额以上单位食品、饮料及烟草商品批发业购进总额 3.97 亿元,销售总额 4.14 亿元; 限额以上单位食品、饮料及烟草制品零售业商品购进总额 3.75 亿元,销售总额 4.55 亿元。2001 年以后,随着市场经济的发展,商业往来增多,人民生活水平提高,食品、饮料及烟草消费量增大。截至 2005 年,全市限额以上单位食品、饮料及烟草制品批发业商品购进总额 11.03 亿元, 销售总额 15.26 亿元; 限额以上单位食品、饮料及烟草制品零售业商品购进总额 578 万元,销售总额 573 万元。

截至 2010 年,全市限额以上单位食品、饮料及烟草制品批发业商品购进总额 11.31 亿元,销售总额 17.25 亿元;限额以上单位食品、饮料及烟草制品零售业商品购进总额 2.45 亿元,销售总额 2.2 亿元。

截至 2014 年, 赤峰市限额以上单位食品、饮料及烟草制品批发业商品购进总额 20.44 亿元,销售总额 31.86 亿元,比 2000 年分别增长 4.15 倍和 6.7 倍;限额以上单位食品、饮料、烟草零售业商品购进总额 7.09 亿元, 销售总额 5.86 亿元, 比 2000 年分别增长

89.1%和 28.79%。

二、农副产品

1991 年以前,农副产品实行计划管理,主要由各级供销社购销经营。1991 年 9 月,赤峰市放开农畜产品市场,1992 年放开粮食市场,各类农副产品通过城乡集贸市场进行经营交易,农副产品经营企业、个体商户不断增多。截至 1995 年,全市农畜产品商品购进总额 2.04 亿元,销售总额 2.16 亿元。随着市场经济的快速发展,农副产品批发业增长速度不断加快,市场规模不断扩大,购销数量快速增长。截至 2000 年,全市农副产品商品市场成交总额 26.34 亿元。2001 年以后, 赤峰市农村牧区产供销一体化龙头企业、农村牧区合作社组织和经纪人队伍不断增加,农副产品购销市场进一步发展,各地农副产品专业批发贸易市场不断增多,产品购销数量增长速度进一步加快。截至 2005 年, 全市限额以上单位农副产品经营机构商品购进总额 5175 万元, 销售总额 6140 万元。2006 年以后,赤峰市进一步加强农贸市场建设,市场规模不断扩大,市场交易量显著提高。截至 2010 年,全市限额以上单位农副产品经营机构商品购进总额 1.97 亿元,销售总额 2.09 亿元。截至 2014 年,全市限额以上单位农副产品批发业贸易机构商品购进总额 26112 万元,销售总额 44124 万元,比 2005 年分别增长 4.05 倍和 6.19 倍。

三、服装、纺织、日用百货

1991 年,赤峰市纺织、服装、日用百货类商品经营以计划经营为主。主要由赤峰市纺织批发站、百货批发站及赤峰第一毛纺织厂、赤峰第二毛纺织厂、赤峰针织厂等批发、生产企业组织进货、生产和批发,各百货商店、综合零售商店、服装纺织品专营商店及商业零售网点经营销售。全市有纺织品商店 6 家,百货商店 247 家,日用杂品商店 55 家,共有职工 4693 人。当年共批发、零售各类布料 1160.34 万米,批发、零售各类服装 399.02 万件。1992 年以后,赤峰市不断深化经济体制改革,商品市场逐渐放开,各零售商店实行经营机制改革,可以自由组织进货销售;纺织、服装、百货国营批发机构相继取消,民营、个体纺织、服装、百货批发、零售企业和商户日益增加。截至 1995 年,全市有纺织、服装、鞋帽、日用百货、日用杂品批发机构 36 家,批发网点 290 家,从业人员 4777 人;有纺织、服装、鞋帽、日用百货、日用杂品零售机构 273 家,零售网点 16885 家,从业人员 40108 人。商品购进总额 7.47 亿元,其中批发业购进总额 2.31 亿元,零售业购进总额 5.16 亿元;商品销售总额 9.96 亿元,其中批发业销售总额 3.63 亿元,零售业销售总额 6.33 亿元。1996 年以后,国营、集体商业批发零售机构在商业经济体制改革中,通过破产、兼并、出售等形式转为股份制企业或个体私营企业。从事纺织、服装、鞋帽、日用百货、日用杂品批发零售经营的民营企业大量增加,商品购进销售金额快速增长。截至 2000 年,全市限额以上单位纺织、服装、鞋帽、日用百货批发零售机构商品购进总额 1.4 亿元,商品销售总额 1.58 亿元。2001 年以后,赤峰市进一步加强商品市场建设,大力开展招商引资,许多市外、区外企业和个人到赤峰开展纺织、服装、鞋帽、日用百货商品经营。经营规模不断扩大,商品品种不断增多,各类品牌、高档商品显著增加,商品销售量快速增长。

2006 年以后,全市纺织、服装、鞋帽、日用百货商品市场进一步发展。2010 年,全市仅限额以上单位日用百货经营机构商品销售总额 5239 万元。截至 2014 年,全市限额以上单位服装、纺织、日用品经营机构商品购进总额 1.81 亿元,商品销售总额 1.68 亿元。

四、五金、交电

1991 年,赤峰市五金、交电(包括家用电器及电子产品)商品由赤峰市五金公司主营批发,其下属五金商店为主要销售网点,其他综合商店也有兼营;移动电话及其他通信器材等电子产品由市邮电局营业厅经营销售。全市有五金、交电经营机构 48 家,从业人员 1137 人。1992 年以后,市场放开,五金、交电产品经营打破五金、邮电部门专营局面,其他商贸机构及民营、个体商贸企业也开始经营销售五金、电器及电子产品。截至 1995 年,全市有五金、交电经营企业 35 家,经营网点 431 家,从业人员 1738 人;商品购进额 2.14 亿元,商品销售额 3.28 亿元。1996 年以后,赤峰市进一步加快商品经济发展,经营五金、交电商品的民营企业不断增多,批发零售机构和销售网点不断增加。在红山城区建成长青街五金机电一条街、哈达西街电子通信产品一条街等专业市场;赤峰海达电器有限责任公司、内蒙古奔腾电器有限公司在红山城区建起海达大厦、奔腾大厦,主营电视机、手机、计算机等家用电器、电子产品。截至 2000 年,全市限额以上单位五金、交电产品零售业商品购进总额 590 万元,销售总额 2243 万元。2001 年以后,商品经济进一步快速发展,人民生活水平显著提高,家用电器、电子产品等商品销售量不断增加。截至 2005 年,全市限额以上单位五金、交电产品批发业商品购进总额 3.19 亿元,销售总额 3.24 亿元;全市限额以上单位五金、交电产品零售业商品购进总额 3.75 亿元,销售总额 4.33 亿元。截至 2010 年,全市限额以上单位机械设备、五金交电产品批发业商品购进总额 6.17 亿元,销售总额 6.52 亿元;全市限额以上单位机械设备、五金交电产品零售业商品购进总额 5.33 亿元,销售总额 5.76 亿元。截至 2014 年,全市限额以上单位机械设备、五金交电产品批发业商品购进总额 6.66 亿元,销售总额 7. 46 亿元;全市限额以上单位机械设备、五金交电产品零售业商品购进总额 18.77 亿元,销售总额 21.11 亿元。

五、文化、体育用品及器材

1991 年,赤峰市除各地新华书店外,其他专营图书、音像制品等文化、体育用品机构很少。1992 年以后,随着经济的发展、社会的进步,文化、体育用品及器材零售业迅速发展,各种专营商店不断增多。书店、音像制品店、体育器材店、器乐行、书画装裱店、文具店、工艺品店在城市随处可见,品牌运动装、体育器材、健身器材走进乡村,销售额不断增长。截至 1996 年,全市图书报刊零售业商品购进总额 3557 万元,销售总额 3483 万元。2000 年,赤峰市限额以上单位文化、体育用品及器材专门零售业商品购进总额 2113 万元,销售总额 2745 万元。2005 年,赤峰市限额以上单位文化、体育用品及器材专门零售业商品购进总额 3789 万元,销售总额 3876 万元。2010 年,赤峰市限额以上单位文化、体育用品及器材专门零售业商品购进总额 5283 万元,销售总额 5050 万元。截至 2014 年,赤峰市限额以上单位文化、体育用品及器材专门零售业商品购进总额 9309

万元,销售总额1.02亿元,比2000年分别增长3.41倍和2.72倍。

六、医药

1991年，赤峰市医药及医疗器材批发由市直国有企业赤峰医药公司独家经营,属国家监控经营的重点行业。全市有二级批发机构3家,三级批发机构14家,四级批发机构24家。零售仅限于市医药公司所属医药门市。全市有医药商店23家，职工465人,全市医药及医疗器材销售总额1.42亿元。1992年以后,国家对医药经营逐步放开,医药兼营机构、私营机构逐渐增多。截至1995年,全市有医药批发机构17家,有网点149家,从业人员1516人。1995年,赤峰荣济堂大药房连锁公司成立,在赤峰中心城区开设荣济堂大药房连锁药店并向旗县区扩展，采取连锁直销方式经营。1996年以后,内蒙古成大方圆医药连锁有限公司、赤峰雷蒙大药房连锁有限公司、赤峰人川大药房连锁有限公司相继在赤峰设连锁药店,并向旗县区延伸设店,连锁经营。赤峰市医药市场进一步放开,经营商户进一步增加,购销规模进一步扩大。截至2000年,全市限额以上单位医药及医疗器材批发业商品购进总额达到5969万元，销售总额达到7442万元。2001年以后,赤峰市按照国家有关要求对医药营销市场进行整顿。对于不具备经营药业资格、无证经营等业主进行清理取缔,加强规模大、品牌优的药业经营企业的引进,各大品牌药店、连锁店进一步增加。截至2005年,全市限额以上单位医药及医疗器材零售业商品购进总额1799万元,销售总额1928万元;限额以上单位医药及医疗器材批发业商品购进总额5.26亿元,销售总额5.94亿元。截至2010年,全市限额以上单位药品及医疗器材批发业商品购进总额5.6亿元,销售总额7.31亿元;限额以上单位医药及医疗器材零售业商品购进总额1.28亿元,销售总额1.81亿元。2011年以后,全市医药及医疗器材商品购销继续快速发展。截至2014年,全市限额以上单位医药及医疗器材批发业商品购进总额11.36亿元,销售总额12.27亿元;全市限额以上单位医药及医疗器材专门零售业商品购进总额2.71亿元,销售总额3.69亿元。

第二节　生产资料经营

一、工业生产资料

金属材料、木材、建材、煤炭及化工材料　1991年,赤峰市钢材、木材、建材及化工材料实行计划供应,由市和各旗县区金属材料公司、木材公司、燃料公司等物资供应部门对各类重要物资实行计划调拨供应。当年,全市物资系统购进钢材、木材、建材、煤炭及化工材料等物资总值3.25亿元,销售总额3.74亿元。1992年以后,随着市场流通体制改革步伐加快,金属材料、矿产品、建材、煤炭及化工商品市场逐渐放开,民营机构不断增加,销售数量快速增长。截至1995年,全市金属材料、矿产品、木材、建筑材料及化工商品购进总额8.37亿元,销售总额10.6亿元。1996年以后,赤峰市不断兴建金属材料、建材等各类专业批发市场,各类矿产品、金属材料、建筑材料及化工产品批发商户大量增加,商品销售额不断提高。截至2000年,全市限额以上单位矿产品、建材及化工产品批发业商品购进总额13.03亿元,销售总额13.87亿元。2001年以后,进一步加强矿产品、金属材料、建筑材料及煤炭、化工商品市场建设,各类专业市场建设规模、经营规模不断扩大,经营企业不断增加。截至2005年,全市限额以上单位金属材料、建筑材料、煤炭、矿产品、化工商品购进总额20.88亿元,销售总额50.91亿元。截至2010年,赤峰市限额以上单位矿产品、金属材料、建筑材料及化工商品购进总额63.26亿元,销售总额71.54亿元。截至2014年,赤峰市限额以上单位矿产品、金属材料、建筑材料及煤炭、化工商品购进总额113.35亿元,销售总额117.72亿元。

汽车、摩托车及零配件　1991年,赤峰市没有汽车销售网点,作为专供商品,由市物资部门经销。机关企事业或个人购买汽车都要到沈阳、北京等地办理。摩托车由五金公司经营,销售量不大。汽车、摩托车配件专营机构很少。1992年以后,外地汽车销售商偶尔到赤峰举办汽车展销。1993年,全市销售汽车619辆,其中载货汽车269辆。此后,销售量逐年增加。随着市场经济的快速发展,汽车、摩托车不再由物资部门和五金公司统一经营,汽车、摩托车及零配件销售民营机构逐渐增多,摩托车的销售量快速增加。截至1995年,全市销售汽车483辆,其中载货汽车252辆,销售摩托车6825辆。全市汽车、摩托车及零配件商品销售总额10052万元。1996年以后,由于许多工商企业经济效益下滑,不少企业在经济体制改革中破产、转制或租赁、拍卖,购买力下降,汽车、摩托车及零配件销售逐渐减少。截至2000年,全市汽车、摩托车及零配件商品销售总额减少到4186万元。2001年以后,人民生活水平显著提高,对汽车、摩托车需求快速增长,赤峰市积极加强销售市场建设,汽车、摩托车及零配件经营企业不断增加,汽车、摩托车及零配件商品销售快速增长。2002年,在红山区东南站前东街建立二手车交易市场。2006年,红山区在桥北建设赤峰物流园区并设有汽贸区。2007年,汽贸区入驻企业10余家,引进本田、大众、现代、斯巴鲁、福特、雪铁龙、北方奔驰、陕汽重卡等国内外40多种知名品牌轿车、载重汽车、工程车,年交易额数亿元。许多生产销售企业在赤峰地区建立集整车销售、零配件销售、售后服务、信息反馈四位一体的4S店,提高销售量。截至2010年,全市销售汽车1870辆,摩托车2918辆。限额以上单位汽车、摩托车及零配件销售总额13.96亿元,其中汽车销售13.16亿元,汽车零配件销售885万元,摩托车及零配件销售6708万元。2014年,赤峰红山物流园汽贸市场成为蒙东地区最大的汽车交易中心,有奔驰、宝马、沃尔沃等74个知名汽车展销品牌入驻,有汽车4S店、销售店92家。当年,销售汽车6万辆。全市限额以上单位汽车、摩托车及零配件专门零售业商品销售总额33.73亿元,其中汽车销售32.44亿元,汽车零配件销售3497万元,摩托车及零配件销售4792万元,其他4600万元。

废旧物资　1991年,赤峰市废旧物资主要由各级供销社特许经营。1992年以后,全市供销系统在落实国家废旧物资特许经营政策、加强废旧物资购销的同时,加快系统内再生资源企业改革、改组步伐，加强系统上下和系统内外联合与合作，以分购联销和代理制等形式开展规模经营。通过与自治区再生资源行业协会和大型加工企业对接，畅通经营通道。全市供销系统的废旧物资品种主要有废钢铁类、废旧有色金属类、杂骨、废橡胶、废纸、废塑料等。1997 年，开始旧物市场建设，当年赤峰同立旧物市场建成开业。截至 2000 年，全市再生物资回收购进总额 258 万元，销售总额 320 万元。2004 年，由市供销社、公安局、工商局、环保局、建委、财政局、地税局等 7 个部门共同组建赤峰市再生资源经营管理协会，并召开首届会员大会，以旗县区综合利用企业为龙头的再生资源回收利用网络建设开始启动。在该协会指导下，重新整合回收网络、形成连锁经营。各旗县区启动一批网点回收、市场集散和综合利用项目。2006 年开始，推进再生资源回收利用市场建设。2010 年，克什克腾旗再生资源回收利用市场建成运营，营业场区 32000 平方米。2012 年，宁城县供销社投资 2000 余万元，征地 7.27 公顷，新建集废旧回收、旧货交易为一体的再生资源交易市场。宁城县天义城区的 23 家废旧回收企业和 16 家旧货交易企业迁入该市场经营，年收购废品总量达 12150 吨，完成交易额 1900 余万元，实现利税 196 万元。截至 2014 年，全市供销合作社系统建成再生资源市场及分拣中心 7 个，入驻废旧回收、旧货交易经营户 368 家，从业人员 710 人，再生资源交易量达 13.65 万吨，年交易额达 1.7 亿元。

二、农牧业生产资料

化肥 1991 年，国家对化肥实行专营政策，统一由各级供销社农资部门经营，全市供销系统销售化肥 26.4 万吨。1994 年，国务院颁发《关于改革化肥等农业生产资料流通体制的通知》，化肥经营继续发挥农资公司主渠道作用，同时发挥农业植保站、土肥站、农技推广（中心）站以及生产企业自销的辅助渠道作用，允许农垦、林业等机构在本系统内销售化肥。当年，全市供销系统销售化肥 28.5 万吨。1995 年，自治区政府印发《关于进一步完善我区化肥流通体制若干问题的通知》，要求搞好化肥需求总量平衡，做好化肥的供应与结算，严格化肥价格管理，落实化肥供应保障措施，建立化肥储备制度，加强化肥资金管理和市场管理。当年，全市供销系统销售化肥 32 万吨。1999 年，市政府印发《关于解决当前供销合作社几个突出问题的通知》，明确赤峰市农业生产资料公司承担市本级化肥淡季储备任务，建立市级化肥淡季储备制度。至 2002 年，化肥经营渠道全面放开，除供销社主渠道外，农牧业、林业、生产企业等都可经营，价格按市场规律运行。当年，全市供销系统销售化肥 17.45 万吨。2006 年以后，全市以市农业生产资料公司为龙头，在农资供应中强化为农服务意识，实施统一标准、统一配送、统一价格、统一标识、统一服务的“五统一”标准，理顺购销渠道，增设服务网点，形成较为完整的农资经营网络，保障化肥的及时供应。2014 年，全市化肥销售 32.1 万吨。

农药 1991 年，国家对农药实行专营政策，由供销社的农业生产资料经营部门专营，其他部门使用的农药必须由供销社供应。1994 年后，农药生产供过于求，不再实行专营政策，全部实行市场调节。1995 年，全市供销系统共销售农药 579 吨。2005 年，共

1991—2014年赤峰市供销系统物资购销情况统计表

表6-1-2

年份	销售总额（万元）	农副产品收购总额（万元）	农牧业生产资料供应		
			化肥（万吨）	农药（吨）	农用膜（吨）
1991	139143	21600	26.40	806	1465
1992	145661	25938	31.50	492	1357
1993	110206	27023	22.80	314	747
1994	103244	23856	28.50	1020	660
1995	111785	27800	32.00	579	1085
1996	150352	34000	28.40	450	1650
1997	136963	34000	35.40	320	2200
1998	95956	12861	30.25	313	1630
1999	94284	35000	26.52	210	565
2000	71278	30000	23.00	308	1779
2001	72804	21300	22.00	247	1328
2002	87109	26856	17.45	450	1800
2003	105602	15137	17.50	250	1606
2004	122389	33900	17.60	480	1550
2005	132569	23253	17.08	200	2253
2006	152060	33557	22.00	272	2448
2007	179485	38441	28.60	269	4330
2008	221468	32000	26.50	285	3785
2009	258886	29100	33.50	380	3300
2010	319793	74808	34.00	370	3738
2011	401093	107661	34.26	470	3233
2012	471835	90566	36.00	444.3	2671
2013	529608	105267	36.60	472.8	2845
2014	586413	112896	32.10	187	884

销售农药200吨。2014年,共销售农药187吨。

农用膜　1991年,各种农用膜由供销社农资公司和基层社专营。当年,全市销售农用膜1465吨。1995年,自治区政府印发《关于进一步加强农地膜生产经营管理工作的通知》,强调安排好农用膜供需总量平衡计划,加强市场管理和农用膜原料产品的价格管理。1995年,全市供销社系统组织供应农用膜1085吨。1996年以后,随着农用膜使用量不断增加,全市供销系统不断加大农用膜的组织供应数量,2005年增加到2253吨,2007年最高为4330吨。2008年以后,随着农资市场的进一步扩大,供销系统组织供应农用膜数量逐步减少。截至2014年,全市供销系统供应农用膜减少到884吨。

农机　1991年,赤峰市农牧业机械供应由赤峰市农机局统一管理。赤峰市农机局和各旗县区农机局共下设14家农机公司等农机供应企业；全市有291家农机维修网点,从业人员921人。当年,全市农牧业机械供应销售总额1.04亿元,实现利税253.5万元。1992年以后,农牧业机械供应市场化规模不断扩大。赤峰市及各旗县区所属的农机公司等企业通过破产、改制等形式,成为独立的法人企业。1996年以后,一些国营农机经营企业通过股份制改造等形式转制为股份制企业或民营企业,有的通过破产、兼并退出农机经营市场。赤峰市加强农机市场发展建设,民营农机经营企业不断增多。截至2000年,全市有农机经营销售企业499家,从业人员682人；有农机维修网点1035家,从业人员1990人。全市销售拖拉机10375台。进入21世纪,赤峰市经济建设进入高速发展阶段,农村牧区农牧民收入显著增加,农牧业机械销售量快速增长。从2004年开始,国家为进一步加强农牧业现代化建设,实行农机销售奖励、补贴政策。截至2005年,全市限额以上单位农机经营机构农机销售总额为6485万元。2005年后,补贴标准不断提高,农民购买农机的积极性不断提高,农机市场进入快速发展时期。全市专门农机交易市场数量不断增多、规模不断扩大。农机经营机构经营规模、品种不断扩大,从业人员不断增加,农机销售数量不断增长。截至2010年,全市有农机经营机构453家,从业人员1130人;农机维修网点1187家,从业人员2241人。全市限额以上单位农机经营机构农机销售总额为4.25亿元。截至2014年,全市有农机经营机构539家,从业人员1458人;农机维修网点1278家,从业人员2344人。全市限额以上单位农机经营机构农机销售总额为5.53亿元。

第五章　粮食购销

第一节　粮油收购

一、粮食合同定购

1985年,国家取消粮食统购,实行合同定购。赤峰市粮食定购品种在国家规定的小麦、稻谷、玉米、大豆4个品种外,又增加谷子、高粱和莜麦3个品种。合同定购指标直接落实到旗县、乡镇政府,两级政府粮食部门将任务分解下达到售粮单位(户)并签订合同。合同定购以外的粮食品种进入市场自由流通。1990年开始,国务院将粮食合同定购重新明确为既是合同又是国家任务,必须保证完成。1991—2002年,全市每年完成合同定购10万吨左右,定购品种逐年减少,截至2001年,只剩玉米一个品种。2003年4月1日起,正式取消粮食合同定购。

二、粮食议购

赤峰市粮食局于1981年成立赤峰市粮食议购议销公司,对国家统购统销以外的粮食品种进行内购内销、内购外销、外购内销、外购外销经营活动。1985年,国家取消粮食统购,实行合同定购,定购以外的粮食可以自由交易,国有粮食购销企业发挥主渠道作用,参与市场调节,每年随行就市,从农民手中议价收购一定数量的粮食。1991年,全市收购议价粮食32.45万吨。此后,全市粮食议价收购量每年平均在20万吨以上。2002年,全市粮食议价收购量(含国家最低保护价收购)增加到144万吨。2003年,粮食收购市场化后,粮食议价收购不再是独立的收购方式。

三、粮食保护价收购

1997年8月6日,国务院颁布《关于按保护价敞开收购议购粮的通知》,对农民完成定购任务后出售的余粮,国有粮食购销企业必须按照国家确定的保护价敞开收购,不准限收、拒收和停收。1997年,赤峰市启动粮食保护价收购,具体为小麦每50公斤65元,稻谷每50公斤65元,玉米每50公斤48元。全市当年收购保护价粮食10万吨,占收购总量的31.72%。

1999年,赤峰市开始实行定购价与保护价合一,均按保护价收购,小麦每50公斤56元,稻谷每50公斤62元,玉米每50公斤41元。2000年,赤峰市物价局、粮食局决定,将抵顶合同定购品种的杂粮杂豆纳入保护价收购,以二等为标准品,每50公斤:大豆90元、谷子40元、高粱33元、荞麦60元、绿豆170元、红小豆135元。2001年,赤峰市小麦退出保护价收购范围。2002年,赤峰市保护价收购只有玉米1个品种,每50公斤43元,当年收购13.6亿公斤,占收购总量的93.86%。2003年以后,实行粮食市场化收购,保护价收购政策不再执行。

四、粮食市场化收购

按照国务院部署,赤峰市从2003年4月1日起取消粮食定购任务,全面放开粮食市场。各类粮食购销企业随行就市,自由收购和运销粮食。当年,全市共收购粮食185万吨,创全市粮食收购历史最高纪录。2004—2006年,全市平均每年市场化收购粮食94.49万吨。2007年,全市市场化收购粮食128.79万吨,其中国有粮食企业收购56万吨,占收购总量的58%。2008年以后,赤峰市粮食市场进一步发展,经营粮食购销的民营企业、个体经营户不断增多,粮食市场经营主体多元化格局初步形成。2014年,全市粮食市场化收购 27.36 万吨,其中国有粮食企业收购 11 万吨。

五、国家临时存储玉米收购

2008 年,内蒙古及东北地区玉米滞销,市场价格下跌,为稳定粮食市场价格,保护种粮农民利益,国家发展改革委、国家粮食局、财政部、中国农业发展银行等部门启动东北、内蒙古地区国家临时存储玉米收购工作。2008 年,赤峰地区国家临时存储玉米收购价格为国家标准二等,每市斤 0.76 元,当年全市收购 116 万吨。2009—2011 年,赤峰地区玉米市场价格上涨,临时储备玉米收购工作未能启动。2012 年,赤峰地区国家临储玉米收购价格为新颁国家标准三等, 每市斤 1.07 元, 当年全市收购 26.1 万吨。2013 年, 国家临储玉米收购资金由中国储备粮管理总公司统贷统还改为各收储库点分贷分还,收购价格也提高到每市斤 1.13 元,各收储库点积极性提高,全市收购国家临储玉米 121.57 万吨。2014 年,全市临储玉米收购资金由分贷分还改为中储粮赤峰直属库统贷统还,全市收购国家临储玉米 52.78 万吨,比上年减少 68.79 万吨。

六、油料收购

赤峰市的油料除大豆(通常包括在粮食之内)外,主要有胡麻籽、线麻籽、油菜籽、芝麻。1978 年以后,昭乌达盟开始引进种植油用葵花,从此油用葵花籽成为赤峰地区的主要油料。

1985 年,取消油料统购,实行合同定购,定购品种为葵花籽、胡麻籽、油菜籽。定购

1991—2014 年赤峰市粮食收购情况统计表

表 6-1-3　　　　单位:万公斤

年 份	收购量	年 份	收购量
1991	32447	2003	185000
1992	34054	2004	70059
1993	47563	2005	120013
1994	49268	2006	93386
1995	27364	2007	128794
1996	32611	2008	124185
1997	31583	2009	101483
1998	67578	2010	172369
1999	104478	2011	197821
2000	65776	2012	144461
2001	95457	2013	19196
2002	144928	2014	27361

任务的油料按定购价收购,定购任务以外的油料按“倒四六”比例价敞开收购,即收购量的40%按统购价,60%按超购(议购)价。1987年,实行粮食购销调拨包干。1990年,全市油料收购完成3138万公斤。1995年以后,食用油料(赤峰市为胡麻籽和油用葵花籽)不再实行合同定购,改为国营粮食购销企业议价收购。2005—2012年,全市食油及油料折油收购共计2146.5万公斤。

第二节　粮食销售

一、粮食统销

1991年,赤峰市继续实行粮食统销政策。粮食统销范围包括城镇居民定量供应、农村牧区分类统销、军粮供应等。1992年,粮食销售全面市场化后,只有军粮供应实行粮食统销。

城镇居民定量供应　城镇粮食供应实行按劳动差别、年龄大小分级定等定量供应的办法。1991年,赤峰市继续实行1963年城镇口粮定量标准。全市城镇粮食定量供应标准分工人、干部、学生、居民四个类别,工人按体力劳动强度最高每人每月28公斤,最低每人每月15公斤;乡镇、苏木干部每人每月15.5公斤,旗县以上干部每人每月14.5公斤;大、中学校学生每人每月17.5公斤;城镇居民按年龄最高每人每月14公斤,最低每人每月3.5公斤。1992年,全市城镇居民口粮定量供应人口35.3万人,占全市总人口的8.4%。1992年10月1日起,粮价放开,居民口粮由平价供应改为议价供应,城镇居民口粮定量供应办法终止。

农村牧区用粮分类统销　农村牧区用粮按不同类型采用不同办法对待。对产粮区的缺粮户实行国家返销。1991年,根据当年灾情程度确定救灾指标,由乡镇掌握发放。当年,全市农村发放返销粮2180万公斤,1992年发放2600万公斤。

国营农牧场返销,比照农村返销标准确定。其职工口粮和耕畜的留粮标准一般高于当地农村的留粮标准,职工家属的口粮标准与当地农民口粮标准相等。1992年,粮食统销价格放开,全市国营农牧场供应人口为21万人,年供应量3810吨。

菜农的粮食供应,按附近余粮生产队口粮标准执行。完不成蔬菜交售任务的,标准适当降低。在供应价格方面,达到三项条件的按平价销售,达不到的按“倒三七”比例价格供应销售(70%按平价,30%按市场价格)。三项条件是:第一,按国家计划种足菜田面积;第二,与国营购销公司签订购销合同;第三,自产自销蔬菜销售执行国家指导性价格。1992年,全市菜农供应人口为7.5万人,年供应量4150吨。1992年10月1日,粮食市场全面放开后,菜农粮食供应结束。

牧民口粮供应,从1959年开始,赤峰市对牧民口粮执行“内部控量、凭证供应、分季清理、年终作废”供应办法,每人每月供应12.5公斤成品粮,全市平均每年供应牧民口粮3万多吨。此外,为照顾牧民饮食习惯,每年向牧区供应糜子5000多吨,为扶持牧

1963—1992年赤峰市城镇口粮定量标准一览表

表6-1-4 单位:公斤/月

类别			标准
工人	特重体力	甲级	28.00
		乙级	25.50
		丙级	23.50
	重体力	甲级	22.00
		乙级	20.50
		丙级	19.00
	轻体力	甲级	17.00
		乙级	16.00
		丙级	15.00
干部	乡镇、苏木干部		15.50
	旗县以上干部及脑力劳动者		14.50
学生	大、中学校学生		17.50
居民	一般居民和十周岁以上儿童		14.00
	不满十周岁		13.00
	不满九周岁		12.00
	不满八周岁		11.50
	不满七周岁		10.50
	不满六周岁		9.50
	不满五周岁		8.50
	不满四周岁		7.50
	不满三周岁		6.00
	不满二周岁		5.00
	不满一周岁		3.50

业发展,每年拨付抗灾保畜用粮3000~5000吨。至1992年粮价放开后结束。

军粮供应　1991年,对部队工资制人员的口粮改供商品粮,凭"军用价购粮票"到粮食部门指定粮店购买粮食。赤峰市有一家军粮供应站,军粮供应范围包括武警部队、森警部队、消防警察部队、驻赤野战部队,包括普通士兵。2007年,根据总后勤部、财政部、国家粮食局文件精神,改革军粮供应结算办法,取消军用粮票,实行军用购粮卡,凭卡购粮,军用粮票停止使用。2013年,军粮供应网点实现网络连接,运用军粮供应电子地图,实现军粮供应结算电子化。

粮食供应票证　粮食统销时期,单位和个人凭粮票和粮食供应证购买粮食及其制品,实行严格的票证制度。粮票按票面面额供应粮食,粮证按人分等定量,按证上标明数量供应,逐月或逐季结清。主要有七证、四票,七证包括:城镇居民粮油供应证,工商行业用粮供应证,城镇饲料供应证,城镇居民粮油供应转移证,牧民粮油供应证,农村缺粮人口返销供应证,国营农牧场及菜农粮食供应证;四票包括:全国通用粮票、军用粮票、地方粮票、地方料票。

1992年10月1日起,城镇居民口粮供应办法终止,但粮食关系仍然保留,继续按国家有关政策办理城镇人口自然增长和"农转非"等粮油供应关系。城镇居民粮食供应证不作废,由居民自行保管。2001年,国家粮食局发出取消城镇居民粮食供应转移证明通知后,粮食票证制度正式结束。2007年,军用粮票停止使用。

二、粮食议价销售

粮食议价销售是粮食统销的补充。粮食统销的数量、品种、价格由国家统一制定,未经批准,任何单位和个人无权更改。为了调剂粮食余缺,满足城乡居民和工商行业用粮的多样化需要,由粮食部门随行就市,通过议价销售给予保证。赤峰市粮食议价销售从1980年开始,当年销售2.11万吨。1981年,专门成立粮油议购议销公司,议价粮油销售迅速增加,当年销售超过3万吨。1985年,工业用粮取消平价,改为议价供应,议价粮油销售5.64万吨。1989年,工商行业用粮全部放开,议价粮油销售8.61万吨。1992年,居民口粮放开后,议价粮油销售11.8万吨。1998年以后,粮油销售统计制度改革,粮油议价销售不再单独统计。

三、粮食市场化销售

1992年,粮食销售全面实现市场化。国有粮食企业转换经营机制,发挥自身优势,在粮食市场化销售中起到主渠道作用。2005年,全市纳入统计范围的原粮总销售86万吨,其中国有粮食企业销售74万吨,占总销售的86%。随着粮食市场体系发育完善,粮食销售渠道和经营主体不断增加,国有粮食企业销售占总销售的比例逐渐降低,至2012年下降到33.4%。2013年,国家销售临储玉米后,全市国有粮食企业销售占总销售的比例又提高到52.7%。2014年,全市纳入统计范围的原粮总销售68万吨,其中国有粮食企业销售31万吨,占总销售的45.5%。

四、成品粮销售

1991年以前，赤峰市成品粮销售主要由国营粮食经营企业经营。1992年，粮食市场放开以后，民营粮食经营企业逐渐增多，很快成为市场主体，成品粮经营个体商户大量增加，许多城乡贸易市场、百货商店、综合商厦、超市都进行成品粮销售。截至2014年，全市有专门从事成品粮油经营的商户745家，其中市区150家，旗县所在地359家，乡镇所在地236家。除赤峰市军粮供应站等少数几家为国有或国有控股企业外，其余均为民营企业。全市成品粮经营企业年销售额约26万吨，占全市成品粮销售量的40%。

第三节　粮食仓储及运输

一、粮食仓储

1978年，赤峰地区粮仓大多是20世纪50年代改造的旧仓房和60年代建的土圆仓、喇叭仓、民房庙宇等，部分已不能使用。1979—1997年，新建有效仓容5.72亿公斤，全市有效仓容达到8.44亿公斤，其中平房仓6.14亿公斤，钢板立筒仓720万公斤，砖圆仓7280.1万公斤，地下仓1.49亿公斤。1998年以后，赤峰市建仓工作进入快速发展时期。通过积极争取国家投资、银行贷款、企业自筹等多种形式，改扩建仓库，提高仓容，强化企业管理。2010年，全市申请国家扶持资金仓储建设项目7个，建设仓容2.25亿公斤，总投资1.35亿元，其中国家配套资金4450万元，其他企业自筹。截至2012年底，全市粮食仓储企业总仓容292.65万吨，其中有效仓容242.7万吨，国有粮食企业有效仓容186.2万吨。装备环流熏蒸系统仓容78万吨，装备粮情测控系统仓容118.6万吨，机械通风仓容115.2万吨。全市有107.8万吨仓容获得中央储备粮承储资格。截至2014年，全市有仓容500吨以上粮油仓储企业234家，其中中央储备粮赤峰直属库及附属企业9家，赤峰市属国有粮食仓储企业61家。经国家粮食局命名的国家粮食储备库11座。全市有效仓容达到251万吨。全市钢罩棚面积达到21.8万平方米，水泥地坪达到301万平方米。建成烘干塔145座，总烘干能力每小时超过1500吨。有汽车衡179台，输送机等移动式设备1938台。粮食入库、出库、烘干、检测基本实现机械化和电子化。

二、粮食运输

1959年，昭乌达盟成立盟粮食运输专业车队，有汽车30辆。截至1989年，全市有运输车122辆，总吨位608吨，年货运量15.41万吨。1992年，粮食市场放开后，从事粮食经营运输的个体商户日益增加。1997年后，粮食部门运输企业相继破产。1998年后，全市粮食运输主要以铁路运输为主。2003年1月，内蒙古自治区对粮食运输归口管理政策进行调整，出区和跨盟市铁路运输归口管理权限统一下放到盟市管理。2012年，全市商品粮购进140.59万吨，销售72.17万吨(不包括转储数和加工转化数)，全部完成安全调运。

2014 年赤峰市国家粮食储备库基本情况一览表

表 6-1-5

企业名称	企业性质	占地面积(亩)	从业人员(人)	符合要求仓容量(万吨)	钢罩棚(平方米)	水泥地坪(平方米)	铁路专用线(米)	烘干塔(座)
天山国家粮食储备库	国有	213	33	5.40	2640	43600	288	2
林东国家粮食储备库	国有	345	32	6.00	10802	100000	450	1
大板国家粮食储备库	国有	406	38	5.30	1087	66648	—	2
林西国家粮食储备库	国有	81	17	5.00	1651	21000	—	2
经棚国家粮食储备库	国有	200	28	6.00	1500	50000	—	2
翁旗国家粮食储备库	国有	150	30	4.30	1677	42000	—	2
元宝山国家粮食储备库	国有	295	163	11.20	15466	116900	—	2
平庄国家粮食储备库	国有	239	84	4.50	8594	86586	200	3
天义国家粮食储备库	国有	202	33	9.90	—	50000	—	1
赤峰红山国家粮食储备库	国有	220	120	12.10	29350	88000	800	1
赤峰东城国家粮食储备库	国有	111	53	3.60	1200	31000	850	1

第四节　粮油加工

一、粮食加工

1978 年,全市有粮油加工企业 13 家,主要生产设备有清水米机、三节砂辊米机、立式米机、双对辊米机、砻谷机、磨粉机等,主要加工品种为面粉和杂粮。1981—1989 年,全市共改造、新建面粉车间 9 个,引进先进生产设备 42 台(套)。1989 年,全市粮食加工量达 13.73 万吨,其中面粉 11.92 万吨,杂粮 17391 吨,粮食制品生产量 2800 吨。1993 年起,市场竞争加剧,国有粮食加工企业加工量急剧下降。1994 年 10 月,赤峰面粉厂等级粉车间完成技术改造,主要生产特制粉(雪花粉),特一、二粉和标准粉,成为一家现代化的中型面粉生产企业,所生产的“雪花粉”填补了赤峰地区的空白。1997 年,全市粮食加工量 17098 吨,其中大米 77 吨,面粉 15646 吨,杂粮 1015 吨,挂面 360 吨。

2000 年以后,全市粮食加工业以民营为主,加工种类主要包括大米、面粉、杂粮和副食品。截至 2012 年,全市有粮食产业化骨干企业 150 家,粮食加工量为 120 万吨。2014 年,全市有粮食加工企业 102 家。其中规模以上粮食加工企业 11 家,从业人员 1816 人,加工生产白面、荞面、大米、小米、玉米、杂粮等粮食 25 万吨,工业总产值 8.7 亿元。规模以上粮食加工企业中,国有及国有控股企业 3 家,从业人员 1388 人。

二、油脂加工

1983年，全市油脂加工量6697吨。1987年8月，巴林左旗粮油厂建成一座日处理原料80吨的平转式油脂浸出车间。此后，敖汉旗粮油厂、喀喇沁旗粮油厂也分别建起平转式油脂浸出车间，相继于1989年投产。1987年5月至1989年3月，赤峰面粉厂投资450万元，改造设计能力为日预榨原料130吨，日浸出油饼100吨，日精炼处理毛油50吨，年产油脂1万吨。1989年，全市有5家平转式浸油厂（车间），分别是乌丹油脂厂、巴林左旗粮油厂油脂车间、敖汉旗粮油厂油脂车间、喀喇沁旗粮油厂油脂车间、赤峰面粉厂油脂车间；加工原料不足，实际加工量9244吨，远远没能达到10.14万吨的设计能力。1995年11月，市粮谷加工厂对油浸车间进行扩建技改，设计日处理原料20吨，年处理原料3000吨（按150天生产日期计算），产油1050吨，新增产值1164万元。1997年，全市油脂年产量12969吨，其中豆油5319吨，葵花油7650吨。1998年，国有粮食商业性经营企业（含油脂加工企业）进一步深化体制改革，与粮食主管部门脱钩，油脂加工业走向低谷。2012年，全市在粮食部门登记的油脂加工企业7家，年实际加工量1.06万吨。截至2014年，全市有规模以上植物油加工企业3家，从业人员320人，年加工植物油1.56万吨，工业总产值3112.6万元。

三、饲料加工

1979年，赤峰市饲料公司成立。1982年，昭乌达盟粮食局购地40亩，建立一家机械化饲料加工厂，1983年建成投产，年产混合饲料1万吨、颗粒配合饲料2500吨。此后，全市11个旗县区相继办起机械化饲料加工厂。至1985年，全市新建饲料加工厂11家，市饲料公司直属饲料企业6家，各种饲料产量65440吨，初步形成集饲料加工、科学试验、资源开发、畜禽产品加工、销售综合发展的一体化经营饲料加工体系。1989年，全市饲料加工产量68728吨。1992年起，粮油市场放开，社会兴办饲料加工厂的数量大量增加，国营饲料加工企业处于劣势，仅1996年全市国营饲料加工企业亏损额就高达1219万元。1998年，国有粮食商业性经营企业（含饲料加工企业）改制，与粮食主管部门脱钩。2012年末，全市在粮食部门登记的饲料加工企业27家，年实际加工量14万吨。截至2014年，全市有规模以上饲料加工企业8家，从业人员1816人，加工生产各种饲料52.23万吨，工业总产值18.7亿元。

第六章 专卖专营

第一节 盐 业

一、盐品购销

1991年，赤峰市盐业专营部门共购进盐39275吨，销售盐44379吨，其中销售小包装加碘食盐 1280 吨，全市盐销售收入 484.51 万元，实现利润 279.77 万元。1994 年，由于私盐的冲击，赤峰市盐品购销数量下降。当年，全市购进盐 36971 吨，销售盐 40548 吨。1995 年以后，盐业部门加强盐业市场的管理，盐品购销逐渐回升。1999 年，购进盐 38884 吨，销售盐 41080 吨，全市盐销售收入 538.5 万元，利润 163.28 万元。2000 年，赤峰市盐业公司在全市积极开展建点布网工程，疏通盐的销售渠道，选择与外省比邻和受私盐冲击严重的 9 个旗县区，采取自建批发部和选择有较好经营能力的个体经营户为代批代销点，建立起乡镇转批代销点 92 家，对保证供应、促进销售起到积极的作用。2001 年，赤峰盐业公司加快食盐结构调整，全面推行改品种、换包装工作，食盐全部推行 500 克复合膜小包装。2002 年开始，这一做法在内蒙古自治区全面推广。2002 年 11 月，停止塑料袋外包装食盐的销售，统一改为纸箱包装，进一步提高盐品的供应质量。2003 年，实现食盐小包装化，直接入口食盐实行纸箱外包装，食盐小包装率达到 100%。加强畜牧用盐市场开发，加强多品种盐销售，全市设立 245 家销售网点，主动开展电话预约、送货上门业务。2005 年，全市购进盐增加到 52960 吨，销售盐增加到 49868 吨。2007 年，建立喀喇沁旗、平庄、元宝山食盐配送站，实行集中分装配送。全市设立 127 家加盟连锁网点和 1 家特许代销网点。在一些偏僻地区建立销售网点，开展送货下乡业务，方便偏远地区的用盐户。通过多种渠道引入能够降低血脂，补充钙、铁、锌等多种微量元素的多品种营养盐，丰富盐业市场的品种。2009 年以后，引入中盐国本、浙江蓝海星、河南平顶山等盐企的四大系列产品 80 多个品种投入市场。改变坐商模式，实行送货上门，建立联络信息库，建立商户登记 700 多家。2010 年，赤峰市盐业分公司购进各类盐产品 53593 吨，销售 53402 吨，实现销售收入 7159 万元、利润169.75 万元。全市设立盐品自营店 10 家，加盟店 70 家。2012 年以后，赤峰市盐业分公司加强网络建设，扩大食用盐供应品种，采取多种形式开展盐品销售。市区及各旗县区的大型超市、商场除上架销售深井海藻碘盐，又增加调味菇盐、低钠菇盐、低钠菌菇盐、澳洲精选海盐、澳洲珍品海盐、海藻盐等品种多样的高品质盐，丰富食盐市场，满足不同消费群体的需求。2013 年，由于加大基础设施建设等投入增加，利润 -606.12 万元。2014 年，全市盐业部门购进盐 45796 吨，销售盐 52809 吨，实现利润 689.75 万元。

二、加工储备

食盐加工　1990 年，盐业公司在全市范围内集中力量发展食盐粉碎加工和小包装生产，当年生产包装食用盐 12612 吨。1995 年，赤峰市盐业公司全面更新食盐加工车间的皮带输送机、螺旋提升机、加碘输送机等设备，提升食盐加工的现代化水平。2001 年，食盐全部推行 500 克复合膜小包装。2006 年，赤峰市盐业公司投资 30 万元，扩建、改造食盐包装生产线。将原有一条生产线改造成腌制盐和精制盐两条生产线，把腌制盐改成全自动包装机包装，结束腌制盐手工包装历史。改造后的包装日产量由原来的 27 吨提高到 48 吨，年生产能力达到 1.5 万吨，满足翁牛特旗以南 6 个旗县区的成品盐供应需求。2012 年 10 月，根据自治区盐业公司的部署，赤峰盐业公司全部停止食盐小

1991—2014 年赤峰市盐品购销情况统计表

表 6-1-6

年份	购进（吨）	销售（吨）	库存（吨）	利润（万元）
1991	39275	44379	13099	279.77
1992	47114	46854	13345	319.52
1993	51626	40912	23857	272.14
1994	36971	40548	20074	613.03
1995	40798	43245	17457	681.54
1996	42207	46299	13158	728.58
1997	49953	46157	16983	310.45
1998	43256	44476	15623	153.53
1999	38884	41080	13576	163.28
2000	38375	39676	12413	171.99
2001	44628	43779	13406	171.23
2002	43437	43679	13601	200.10
2003	37693	39642	12636	173.02
2004	44710	44407	12859	260.41
2005	52960	49868	16060	136.15
2006	49278	51510	13949	212.55
2007	55019	50058	15780	576.21
2008	48568	51082	16045	723.18
2009	52740	52668	15947	313.55
2010	53593	53402	16057	169.75
2011	51312	52847	14416	263.52
2012	52087	53283	13186	182.53
2013	54723	50517	17333	–606.12
2014	45796	52809	10259	689.75

包装生产,各类小包装盐品直接从盐场调入,结束盐业公司22年的分装历史。

食盐储备　1991年,赤峰市盐业公司库存储备盐13099吨。1992年以后,该公司不断加强各类盐品的储备工作,保证全市人民生活用盐和工业、畜牧业等行业生产用盐的需求。1994年,库存储备盐20074吨,为赤峰市库存盐最多时期。2000年,全市库存储备盐12413吨,2005年为16060吨。2007年,内蒙古自治区人民政府决定,重新建立自治区级食盐应急储备,以应对盐业市场突发情况。赤峰盐业公司负责本地区3000吨储备盐仓储工作。2010年,赤峰市库存储备盐16057吨。2013年10月,为确保储备盐质量,自治区盐务局又将3000吨储备盐全部调整为小包装食盐。2014年,赤峰市库存储备各类盐10259吨。

三、碘盐管理

1983年6月,赤峰市盐业公司装备加碘机械8台、皮带输送机7台,实现食盐加碘机械化。同年8月,加工小包装食盐每袋1000克,食用盐普遍上市精、细、白的加碘小包装盐,食用盐供应实现小型化、卫生化、标准化。1984年,全市11个旗县区31个地甲病高发区的乡镇苏木均达到防治地甲病控制标准,成为内蒙古自治区第一个达标市。1986年,投资21.9万元更新包装设备,实现食盐加碘机械化、规范化。全市年供应加碘盐2万吨,人均供应加碘盐8.4公斤。赤峰盐业公司被授予碘盐管理国家级先进单位称号,1人被评为全国防治地方病先进工作者。2005年,全市实现消除碘缺乏病目标。2006—2012年,全市各旗县区碘盐覆盖率、碘盐合格率、合格碘盐食用率均保持在96%以上。

四、盐价管理

1984年,进行盐价调整,南部旗县销售每吨上调5元,工业用盐调到每吨99.10元(制革)、155.50元(肥皂),农牧业用盐调到每吨152.80元。1986年,吉兰太盐批发价每吨264元,零售价每公斤0.30元。对三级批发机构优惠7%,工业制革用盐每吨106.50元,肥皂、饲料用盐每吨152.50元,农牧业用盐每吨155元,渔业用盐每吨135元。1988年3月,上市精制盐(散装)零售价每公斤0.34元;粉洗盐(散装)零售价每公斤0.32元,其批零差为12%,三级批发优惠7%不变。

1989年11月25日起,全国统一调整盐价,各旗县所在地中心市场(0~10公里以内)到基层市场按运距40公里以内每500克加价1分。粉洗盐、精制盐在调整零售价的基础上每500克加价0.04~0.06元的差价。原盐批零差率17%,粉洗盐、精制盐为15%。

二级批发企业对供销社及商业三级批发,实行的转批发优惠7%标准不变。原盐粉碎每吨加价由10元提高到20元;小袋包装每公斤加价8分。加工单位给零售环节加价4%,碘盐不加价。工业用盐减税的每吨扣5元,全税的按市场批发价供应。2004年,对矿物质饲料营养舔块盐定批发价每吨1100元、零售价每吨1300元。

五、盐政管理

1990年12月18日，按《内蒙古自治区盐业管理条例》规定，赤峰市对辖区内的食盐、工农畜牧业用盐实行专营。1991年，实行《盐业行政执法办法》，当年查处盐业违法案件41起，没收私盐42吨，罚款1.47万元。1992年以后，赤峰市盐务管理局不断加强对违法、违规走私盐、劣质盐贩卖营销案件查处打击力度，保障全市盐业市场的健康发展。1993年，赤峰市盐务管理局成立监察室，加强盐品市场监管工作。1998年以后，一些不法商贩将辽宁、河北大量无碘食盐贩运到赤峰地区销售，严重威胁食盐加碘防治碘缺乏病工作。从1998年开始，赤峰市盐务管理局每年都组织开展大规模的治理整顿行动。2000年，赤峰市盐务管理局设立盐政科，成立盐政稽查大队，各旗县区也陆续成立相应机构，开展盐业市场管理，全市有稽查管理人员51人。2002年，设立市盐务管理局公安执勤室，市公安局派出两名干警协助工作。2003年，全市先后开展三次大规模的打击涉盐违法、整治食盐市场秩序的统一行动，查处私盐案件724起，查获私盐837吨。6名私盐案犯判处有期徒刑。2004年，市盐务管理局标本兼治，查、防、打并举，以打惯犯、掏窝点、敲团伙、抓大案为重点，严厉打击涉盐违法分子。全年查处涉盐违法案件624起，查获私盐720吨，移送公安机关5起。2004年9月，赤峰市盐务管理局被评为全国食盐市场管理先进单位。2006—2010年，市盐务管理局进一步加强盐政市场管理，加强对重点地区、重点行业、重点车辆、重点人员进行重点检查和监管，有效抑制私盐大量流入。开展畜牧盐、肠衣盐、小工业盐市场专项检查。2011年以后，赤峰市盐务管理局因地制宜，有针对性地组织开展形式多样的专项整治行动，打击涉盐违法活动，盐业市场健康发展。

1983—2012年，全市查处私盐违法案件4159起，查获违法盐产品4656吨，没收违法盐产品3605吨。2014年，全市共查处涉盐违法案件22起，查获违法盐产品25.54吨，没收违法盐产品25.54吨，罚款14.29万元。稽查市场出动人数2250人次，检查食盐零售部门16153家，检查用盐单位9498家，散发宣传材料59977份。

六、盐政管理机构

1984年，赤峰市盐务管理局、盐业公司成立，为政企合一的盐业专卖管理机构，隶属于内蒙古自治区盐业管理局，实行“垂直领导，专管专营”体制。1991年，赤峰市盐务管理局下辖红山盐业配送中心和11个旗县区盐业支公司、盐务管理局。2007年9月，赤峰市盐业公司撤销喀喇沁旗盐业支公司、平庄盐业批发部、元宝山盐业批发部，成立喀喇沁旗、平庄、元宝山食盐配送站。2014年，赤峰市盐务管理局（公司）下辖阿鲁科尔沁旗、巴林左旗、巴林右旗、林西县、克什克腾旗、翁牛特旗、宁城县、敖汉旗8家支公司及红山、平庄、元宝山、喀喇沁旗4家配送中心。

第二节 烟 草

一、卷烟营销

1984 年,赤峰市成立烟草专卖局、烟草专卖公司,对烟草经营实行专营专卖。1991 年,赤峰市烟草专卖局(公司)卷烟销售 31480 箱,其中地产烟销售 12712 箱,卷烟营销总收入 273.7 万元。1992 年以后,赤峰市烟草专卖局(公司)采取多种营销策略开辟区内外卷烟市场,扩大卷烟销售。1994 年,赤峰市烟草专卖局(公司)争取到参加全国卷烟拍卖市场资格,几次中标云南烟,扩大货源供应,卷烟销售额大幅度上升。1995 年,全市卷烟销售 30649 箱,其中区产烟 10274 箱,实现利润 754 万元。1996 年开始,继续加强区产烟销售,多渠道组织适销对路卷烟,加强卷烟销售网点建设,当年建立网点 23 家。2000 年,全市卷烟销售 81062 箱,其中地产烟 29064 箱,实现利润 1094 万元。2001 年以后,重点开拓地产烟市场,促进区产烟销售,加强网络建设,强化对零售户的服务。2005 年,全市卷烟销售 87170 箱。2006 年以后,赤峰市烟草专卖局(公司)进一步拓展卷烟进货渠道,不断扩大卷烟品种,先后与内蒙古昆明卷烟有限公司、青岛颐中烟草(集团)有限公司等生产厂家确定卷烟订货计划。2010 年,与红云红河烟草(集团)有限责任公司签署协同营销合作协议书,全市货源得到保证。到年末,全市卷烟销售 12.05 万箱,卷烟营销总收入 13.48 亿元,实现利润 15571 万元。2012 年,赤峰市烟叶调往上海烟草集团、川渝中烟、安徽中烟、湖北中烟、湖南中烟、山东中烟和黑龙江进出口公司 7 家工业企业,共 16.06 万担。当年开通网上订货客户 9820 户,客户网上订货率 70.83%。2014 年,全市卷烟销售 14.24 万箱,卷烟营销总收入 24.05 亿元,实现利润 2.57 亿元。

二、烟叶生产

1960 年,赤峰地区就开始种植烤烟。1992 年开始,原呼和浩特卷烟厂在赤峰市松山区、宁城县、喀喇沁旗等地建立优质烟生产基地。1996 年后,赤峰市烟叶合同种植面积大量增加,1997 年,合同种植面积 1.4 万公顷,烟叶产量 60 万担。烤烟种植分布于南部的松山区、元宝山区、宁城县、喀喇沁旗、敖汉旗、翁牛特旗 6 个旗县区。2005 年,合同种植面积减少到 6106.03 公顷,收购烟叶 24.23 万担。2007 年以后,烟叶管理上划,赤峰地区烟叶种植面积大幅度压缩,当年落实烟叶合同种植面积 2519.38 公顷。2010 年,全市合同种植面积 2575.63 公顷,收购烟叶 16.73 万担。2011 年以后,烟叶种植受到粮食、人工价格上涨、成本上升等影响,计划落实出现困难。赤峰市烟草专卖局(公司)积极协调当地政府,争取政策扶持,将国家烟草专卖局烟叶收购价格上调 20%,保障烟叶种植户的利益,缓解烟叶种植数量下滑的速度。2014 年,全市合同种植面积 1974.97 公顷,收购烟叶 13.71 万担。

2005—2014年赤峰市烤烟种植收购情况统计表

表6-1-7

年　份	实际收购(担)	合同收购(担)	合同约定种植面积(公顷)	合同份数(份)	种植村（个）	种植乡镇(个)
2005	242345.56	299659	6106.03	9652	108	—
2006	223855.85	224000	4977.73	7484	190	29
2007	160834.71	185500	2519.38	3453	135	27
2008	156049.46	185500	2504.49	3055	118	26
2009	161211.96	186200	2506.45	2962	119	26
2010	167306.09	193100	2575.63	2295	107	22
2011	134344.43	186245	2483.48	1915	103	22
2012	160614.91	179350	2402.37	1683	93	23
2013	161102.46	179861	24214.3	1658	93	24
2014	137114.62	149500	1974.97	1260	75	20

三、烟草专卖管理

卷烟市场监管　1984年,赤峰市烟草专卖局(公司)成立后,实行烟草专卖管理。卷烟进货、批发由各级烟草专卖公司直接经营。卷烟零售商店及经销户需办理卷烟零售许可证,方可经营卷烟零售业务。烟草专卖调拨许可证,经赤峰市烟草专卖局(公司)审核转报内蒙古自治区烟草专卖局批准发放。1991年以后,赤峰市烟草专卖局认真贯彻执行《中华人民共和国烟草专卖法》等一系列法规制度,建立卷烟市场监管联合执法长效机制,把打击制售假烟网络和市场监管有机结合,坚决取缔无证经营,对重点户采取密切监控,发现问题及时查处,严厉打击制售假烟违法活动。2000年以后,贯彻国家烟草专卖局"烟草专卖准运证""烟草专卖省内运输证明"制度,运输卷烟、雪茄烟、烟丝、烟草种子、烟叶、卷烟纸、滤嘴棒、烟用丝束、烟草专用机械,必须持有省级以上烟草专卖局开具的准运证明。赤峰地区卷烟运销,由市烟草专卖局凭有效合同代自治区烟草专卖局分别核发。2012年3月开始,按照国家烟草专卖局、自治区烟草专卖局开展"天价烟"专项治理工作的要求,开展"天价烟"治理整顿,重点查处违规销售高价位卷烟和乱渠道销售高价位卷烟的行为。1991—2014年,赤峰市集中开展28次大规模的清理整顿"两烟"市场专项行动,保障卷烟市场健康发展。

烟叶市场监管　2006年,赤峰市烟叶经营管理划归赤峰市烟草专卖局（公司)以后,赤峰市烟草专卖局不断加强烟叶市场监管工作,严厉打击非法收购、贩运烟叶行为,保证烟叶市场秩序稳定。2010—2014年,查处烟叶案件33起,查获涉案烟叶117.09吨,涉案金额约264.73万元。

四、烟草专卖管理机构

1984 年 4 月,赤峰市烟草专卖局(公司)成立,隶属于自治区烟草专卖局(总公司),实行卷烟经营专卖管理。1997 年 12 月,赤峰烟叶公司成立,业务隶属自治区烟叶(赤峰)分公司。2000 年,改为内蒙古自治区烟叶公司驻赤峰办事处,两家机构共同负责烟叶专卖管理。2006 年,赤峰市烟叶经营管理划归赤峰市烟草专卖局(公司),统一组织烟叶生产、收购、经营管理。截至 2014 年,赤峰市烟草专卖局(公司)有员工 232 人。下辖红山区、松山区 2 家烟草专卖局,宁城县、敖汉旗、喀喇沁旗、元宝山区、翁牛特旗 5 家烟草专卖局(分公司),克什克腾旗、林西县、巴林右旗、巴林左旗、阿鲁科尔沁旗烟草专卖局(营销部)和松山区烟叶分公司等 13 个基层单位。

第三节　石油　汽车燃气

内蒙古自治区石油公司赤峰市分公司(简称赤峰石油分公司)是赤峰地区专营石油国营企业。1991 年,该公司辖 11 个旗县区石油支公司,有油库 13 座、加油站 35 座;销售成品油 12.02 万吨,销售额 2.17 亿元。1992 年以后,国家石油市场由计划经济开始向市场经济过渡。赤峰地区计划外成品油市场放开,形成多行业、多种所有制企业参与石油市场竞争格局,国有、集体、个体等多渠道投资建设加油站。1995 年,赤峰地区运营加油站共有 356 座(有正式营业执照),其中赤峰石油分公司加油站 61 座,社会加油站 321 座。赤峰石油分公司全年销售成品油 11.9 万吨,石油商品纯销售额 2.7 亿元,利税 550 万元。

1996 年以后,上海蒙申股份有限公司赤峰石油销售公司(简称蒙申赤峰石油公司)、赤峰富龙石化有限责任公司先后成立。赤峰地区石油市场呈现竞争态势。2000 年,中国石化内蒙古石油销售有限责任公司赤峰石油分公司(简称中石化赤峰分公司)成立,上海蒙申赤峰石油公司加入中石化赤峰分公司,为参股成员单位。赤峰地区石油市场形成中石油赤峰分公司、中石化赤峰分公司、赤峰富龙石化公司及社会加油站竞争格局。

2000 年,赤峰市共有油库 12 座。其中中石化赤峰分公司有油库 1 座、加油站 5 座,销售成品油 1.79 万吨,营业收入 7625 万元;中石油赤峰分公司有油库 11 座、加油站 92 座,销售成品油 28.9 万吨,销售收入 5.99 亿元,占赤峰成品油市场总量的 80%以上。

2005 年 10 月,内蒙古(赤峰)中油汽车燃气有限公司成立,经营车用压缩天然气,兼营车辆燃气系统改装业务。此后,赤峰地区汽车燃气和成品油营销规模不断扩大。2010 年,全市有 3 座汽车燃气加气站,全年销售汽车燃气 887.61 万立方米,销售收入 2890.6 万元。全市有油库 7 座、加油站 440 座。其中中石油赤峰分公司有油库 6 座、加油站 200 座,销售石油 60.6 万吨,销售收入 5.24 亿元;中石化赤峰分公司有油库 1 座、加油站 17 座,销售石油 12.33 万吨,销售收入 9.32 亿元。

1991—2014年中石油赤峰分公司业务情况统计表

表 6-1-8

年份	加油站(家)	油库数量(座)	成品油销售量(万吨)
1991	35	13	12.02
1992	48	13	13.40
1993	57	13	13.80
1994	60	13	10.20
1995	61	12	11.90
1996	61	12	6.30
1997	68	12	7.50
1998	72	12	15.40
1999	84	12	23.20
2000	92	11	28.90
2001	109	11	27.71
2002	129	11	26.50
2003	137	11	26.40
2004	154	11	32.70
2005	200	6	60.6
2006	221	8	43.30
2007	218	8	49.80
2008	195	8	54.70
2009	198	8	52.60
2010	200	6	60.60
2011	197	6	65.60
2012	191	5	61.90
2013	191	5	69.60
2014	192	5	70.93

2014年,赤峰地区共有油库7座、加油站445座,其中中石油赤峰分公司有油库5座、加油站192座,占总数的43%;中石化赤峰分公司有油库2座、加油站44座,占总数的10%;社会加油站209座,占总数的47%。赤峰地区石油销售97.31万吨,销售额72.88亿元。其中中石油赤峰分公司销售石油70.93万吨,销售额52.8亿元;中石化赤峰分公司销售石油16.65万吨,销售收入14.07亿元;其他社会加油站销售石油9.73万吨,销售收入6.02亿元,占市场份额9%。赤峰市有汽车燃气经营企业3家,有汽车燃气站5座,其中内蒙古(赤峰)中油汽车燃气有限公司有加气站2座,年销售汽车燃气944万立方米,销售收入3610万元。

中国石油天然气股份有限公司内蒙古赤峰销售分公司 1991年,称内蒙古自治区石油公司赤峰市石油分公司,下辖5家直属单位、11个旗县区石油支公司,有员工1516人。1998年6月,赤峰石油分公司整体上划中国石油天然气集团公司,隶属于中国石油天然气集团公司内蒙古销售分公司。2000年9月,更名为中国石油天然气股份有限公司内蒙古赤峰销售分公司。2002年3月,将10家下属支公司更名为经营部。2006年5月,成立红山零售片区和松山零售片区。至2014年末,赤峰销售分公司下辖赤峰油库1家直属单位、内蒙古(赤峰)中油汽车燃气有限公司1家非控股单位、红山和松山2个零售片区和10家旗县经营部,共有员工1783人。2014年,有加油站192座、油库5座,铁路最大运油能力16824吨/24小时,公路最大运油能力9779吨/24小时,成品油销售70.93万吨。1991—2014年,赤峰销售分公司累计销售成品油849.1万吨,年均增长8%。其中汽油销售312万吨,年均增长7.5%;柴油销售533.8万吨,年均增长8.7%;润滑油销售3.3万吨。利税7.94亿元,其中利润年均增长7.3%,税金年均增长6.3%。

第四节 烟花爆竹

1991年以前,赤峰市烟花爆竹经营没有明确限制,一般土产、日杂、综合商店都可经营销售。1992年以后,国家加强烟花爆竹生产、经营安全管理,烟花爆竹批发业务统一由供销社的日杂公司经营,实行从国家定点生产企业进货制度。全市各级供销社和烟花爆竹专营公司配合公安、工商等部门对市场进行专项整顿,打击非法经营,加强对经营单位的资格审查,专营公司的经营得到规范,在保证安全的前提下,基本满足城乡居民需求。2002年,市供销社牵头成立赤峰市烟花爆竹流通协会,依托协会,加强与地方生产厂家的联合与合作,进一步延伸服务网络,全市烟花爆竹经营网络日趋健全。2005年,全市有38家烟花爆竹批发企业、1380家零售企业。2014年,全市烟花爆竹批发企业增加到48家,零售企业进一步增加。

第七章 商务管理

第一节 管理机构

一、赤峰市商务局

1991年,赤峰市商业局内设秘书科、人保科、第一业务科、第二业务科、物价科、储运基建科、科技工业科、计划统计科8个职能部门,有机关工作人员40人。1995年3月,撤销赤峰市商业局、物资局,成立赤峰市商务局,承担原市商业局、物资局行政管理和行业管理职能,机关行政编制25人。下辖百货批发公司、百货大楼、糖酒批发公司、纺织品批发公司、工业品贸易中心、五金交电化工批发公司、食品公司、饮食服务公司、蔬菜供销公司、水产供销公司、第二食品厂、第三食品厂、商业职工中等专业学校共13个企事业单位。市商务局有在编事业工作人员68人,企业职工1223人。1993年以后,在经济体制改革中,市商业系统直属企业通过兼并、破产、重组、产权制度改革等形式与商务局分离,成为独立的法人企业。1998年,赤峰市商业职工中等专业学校移交市教育委员会管理。

2001年8月,撤销赤峰市商务局,其行政职能划归赤峰市经济贸易委员会。2001年12月,赤峰市对外贸易经济合作局成立,原商务局相关职能划入赤峰市对外贸易经济合作局。2003年12月,撤销赤峰市对外贸易经济合作局,建立赤峰市商务局,主管全市国内外贸易和国际经济合作,原赤峰市对外贸易经济合作局全部职能划入商务局。将原市发展计划委员会的农产品进出口计划职能、原市经济贸易委员会内贸管理等职能划入商务局。2014年,赤峰市商务局内设办公室、监察室、综合规划科、流通业发展科、市场运行和消费促进科、对外贸易科、外国投资管理科、国外经济合作管理科、市场体系建设科、市场秩序科10个科室和商务综合行政执法支队。有机关工作人员33人。

二、赤峰市物资局

1991年,赤峰市设有物资局,主管全市金属、木材、燃料、机电、基建材料等物资流通工作,内设办公室、人事科、财务科、教育科、统计信息办公室5个职能部门。所辖企事业单位有:金属材料公司、木材公司、化轻公司、建筑材料公司、燃料公司、机电公司、金属回收公司、物资交易中心、基建物资配套承包公司。1992年4月,成立赤峰市物资贸易公司。同年7月,成立赤峰市物资开发总公司、物资协作公司。1994年4月,市金属回收公司改组为股份合作制企业。1995年3月, 赤峰市物资局撤销,6月成立赤峰物资(集团)有限责任公司,为股份制企业,下设各企业同时成建制转为股份制企业,物资企业全部从国营序列退出。2001年12月,市物资(集团)有限责任公司撤销,行政职能由市经委承担。

三、赤峰市供销合作社联合社

1991 年,赤峰市供销合作社联合社(简称赤峰市供销社)有机关工作人员 41 人,下辖 7 家直属企业。1992 年以后, 赤峰市供销社随着改革开放的深入和市场经济的发展,不断加强基层供销社、供销企业管理体制改革和经营机制改革,积极开展农村牧区经济合作组织建设,提高管理服务水平和经济效益。2000 年 1 月,赤峰市供销社为处级事业单位。2007 年,赤峰市供销社机关参照公务员法管理。截至 2014 年,赤峰市供销社有机关工作人员 33 人。

四、赤峰市粮食局

1991 年,赤峰市粮食局有机关工作人员 23 人,下辖 7 家直属粮食企业。1992 年 11 月,组建赤峰市粮油食品集团总公司,与市粮食局一套人马、两块牌子,集粮食行政管理与经营服务于一身。1995 年 11 月, 赤峰市粮食局更名为赤峰市粮食管理局。2002 年 4 月,又改称为赤峰市粮食局,至 2014 年未变。

第二节 经营管理

从 20 世纪 80 年代开始,赤峰市商贸服务业由计划经济向市场经济发展,各类计划供应商品逐渐放开,民营商贸服务企业及个体商户不断增加,各级管理机构也逐渐由计划经济管理体制向市场经济管理体制转变。1991 年,赤峰市商贸服务业主体仍以国营、集体商业企业为主,企业干部职工管理、企业经营管理、财务管理、服务质量管理、安全生产管理等是管理机构的主要工作。在企业经营管理中,实行租赁承包责任制,其他仍按照计划管理模式进行。1992 年以后,不断深化商贸企业管理体制改革,零售企业推行经营、价格、分配、用工“四放开”;批发企业实行组织、人员、经营、库存和资金结构“五调整”;物资系统实行价格并轨,放开经营。不断扩大企业经营管理自主权。1996 年以后,加强企业经营机制和管理体制改革,对企业实行破产、兼并、租赁、股份制、民营化改造等多种形式的改革。至 2000 年,全市大多数国营、集体商贸企业转制为民营企业,建立起现代企业管理制度。2001—2014 年,赤峰市商贸行政管理机关管理工作重点主要是贯彻执行国家有关政策和法规、商品市场监控、查处和打击假冒伪劣商品、整顿市场经济秩序等。

一、生猪屠宰管理

生猪屠宰管理机构 1991—1996 年,赤峰市生猪屠宰管理由商业部门和卫生防疫部门依据《中华人民共和国食品卫生法》进行管理,主要对生猪屠宰企业进行卫生防疫监管。1997 年 12 月, 国务院颁布《生猪屠宰管理条例》, 明确国家对生猪实行定点屠宰、集中检疫、统一纳税、分散经营,地方政府商品流通行政主要部门负责监督管理区域内生猪屠宰活动。赤峰市成立家畜定点屠宰管理领导小组及办公室,组织领导开展全市生猪屠宰管理工作,办公室设在市商务局。各旗县区也相继设立领导小组及办公室,组建相应执法队伍。1998 年,赤峰市政府办公厅印发《赤峰市家畜定点屠宰管理暂行办法》,在全市实施家畜定点屠宰管理。2001 年,赤峰市政府印发《关于加强市中心城区生猪产品市场管理的通告》《关于进一步贯彻落实国务院〈生猪屠宰管理条例〉加强屠宰管理的通知》,进一步加强生猪屠宰管理工作。2009 年,赤峰市商务局成立商务综合行政执法支队,加强以生猪市场为重点的商品市场监管。至 2014 年未有变化。

生猪屠宰定点　1998 年,在赤峰市家畜定点屠宰管理领导小组的领导下,市商务局会同其他有关部门,加强生猪屠宰市场的管理,确定市第二肉联厂、松山区商业肉联厂为赤峰中心城区生猪定点屠宰场。1999 年,赤峰市家畜定点屠宰管理领导小组下发《赤峰市家畜定点屠宰场(点)设置规划》,确定赤峰市猪、牛、羊、家禽定点屠宰场(点)28 个。2001 年,自治区经贸委印发《关于进一步加强家畜屠宰管理工作的通知》,市政府印发《关于加强市中心城区生猪产品市场管理的通告》《关于进一步贯彻落实国务院〈生猪屠宰管理条例〉加强屠宰管理的通知》,进一步加强生猪定点屠宰管理。各生猪定点屠宰企业严格执行国家规定的技术操作规程,建立严格的肉品品质检验管理制度。市区两家定点屠宰场对屠宰车间和设施进行技术改造,增设污水处理设施。加强家畜屠宰证、章、标识牌管理,实行“两章两卡”制,为执法部门打击私屠滥宰、消费者识别“放心肉”提供明显的标识。截至 2014 年,全市有生猪、牛、羊、家禽定点屠宰场(点)46 个。

家畜屠宰市场监管　1998 年以后,赤峰市认真执行国务院《生猪屠宰管理条例》,不断加强家畜屠宰市场的监管工作。市及各旗县区商务局生猪屠宰管理部门组建相应执法队伍。商务执法人员持内蒙古自治区统一核发的行政执法证,对市区的肉食摊点、屠宰企业进行检查,取缔非法屠宰点。2004 年,市商务局对中心城区 3 家生猪定点屠宰企业和 30 多家猪肉经销企业进行检查。元旦、春节期间,组织工商、防疫、动物检验检疫等单位相关部门人员对全市 12 个旗县区家畜定点屠宰工作进行检查,保证生猪屠宰市场健康发展。2005 年以后,每年都开展不同形式和内容的生猪屠宰市场监管工作。2009 年,赤峰市商务局建立商务综合行政执法支队,进一步加强生猪肉品市场监管,重点针对外埠生猪肉品进入本市提出“五统一”管理措施,即统一备案登记准入、统一定点批发、统一检验检疫、统一税费管理、统一执法检查,保障生猪肉品消费安全。2010 年以后,进一步加强生猪屠宰市场监管工作。2014 年,取缔私屠滥宰窝点 2 处。

二、其他商品经营监管

2000 年以后,赤峰市商务局加强酒类、食品、饮料、家用电器等与人民生活密切相关的商品质量的监督检查、治理整顿工作。2004 年,市商务局制定《赤峰市加油站行业发展规划》,严格加油站的前期审批工作。建立加油站数据库,对全市拍卖、典当企业和旧机动车鉴定评估机构进行监管。由市商务局牵头,成立 8 个委办局参与的汽车市场专项整治工作领导小组,制定《汽车市场专项整治实施方案》,对赤峰市汽车市场和拆车企业进行规范和整顿。

2005年11月,商务部颁布《酒类流通管理办法》。2006年,赤峰市在全市开展酒类流通备案登记工作,为生产和批发企业办理酒类流通随附单,严格规范酒类市场流通秩序。进一步加强特业市场管理,当年审批变更、新建和迁址加油站62家;加强对典当、拍卖行业的管理,批准开办典当、拍卖企业各1家。2009年,赤峰市商务局进一步强化商品市场监督管理,保障市场有序发展。进一步加强酒类流通备案登记工作;加强成品油市场监管,建立和完善成品油市场监管信息系统,建立健全成品油市场监管机制;加强对拍卖、典当、直销等特许行业的监管,不定期进行抽查,督促企业规范运营。2011年,市商务局组织相关部门配合,集中开展打击侵犯知识产权和制售假冒伪劣商品专项行动,查处违法违章案件211起,涉案金额2700多万元。开展药品流通领域的监管工作,确定一批典型药品流通企业共同参与监管,对非典型药品流通企业实施季报统计数据。

2014年,完成市级"12312"商务举报投诉服务中心建设,12个旗县区全部开通"12312"举报投诉热线,实现商务领域的咨询服务等工作常态化。加强对肉类、酒类等商贸重点领域的监督检查;在全市开展成品油市场监管、机动车隐患排查、非法集资行为检查、电视购物专项治理、直销网点核查等工作;开展打击侵犯知识产权和制售假冒伪劣商品专项行动,查处侵权假冒案件390件,整治办结368件,涉案金额125.4万元。

第二篇 对外及对港澳台经贸

第一章 对外及港澳台贸易往来

“八五”期间(1991—1995年),赤峰市各外贸企业进一步完善承包经营责任制,推动了对外经贸的发展。全市对外贸易进出口总额累计完成6057万美元,较“七五”期间(1986—1990年)增长273%,年均增长54.6%。其中出口完成5902万美元,较“七五”期间增长287.2%,年均增长57.44%;进口完成155万美元,较“七五”期间增长55%,年均增长11%。出口商品收购额5年累计完成12.05亿元,较“七五”期间累计出口商品收购额的7.21亿元增长67.1%。累计创汇5117万美元,较“七五”期间的315万美元增长15.24倍。进口180万美元,易货贸易147万美元。

“九五”期间(1996—2000年),赤峰市外贸抓大宗品种,改善和优化出口商品结构,扩大出口成交。依托赤峰的氟石、锡锭、荞麦、猪肉、牛肉、蜂蜜和其他粮油食品、土畜产品等品种,对日本、韩国、东南亚各国的老市场、老渠道、老客户抓住不放,同时开拓北美、西欧、中东和非洲市场。全市对外贸易进出口总额累计完成3亿美元,较“八五”期间增长395.32%,年均增长79.1%。其中出口完成2.05亿美元,较“八五”期间增长246.9%,年均增长49.4%;进口完成9529万美元,较“八五”期间增长61.45%,年均增长12.29%。共批准设立外商投资企业42家,合同总金额4187.7万美元,实际利用外资金额2417.4万美元。

“十五”期间(2001—2005年),赤峰市把招商引资和发展出口创汇的着力点放在优势资源、优势产品和主导产业上。全市对外贸易进出口总额累计完成4.57亿美元,较“九五”期间增长52.33%,年均增长10.47%。其中出口完成2.59亿美元,较“九五”期间增长26.3%,年均增长5.3%;进口完成1.98亿美元,较“九五”期间增长107.8%,年均增长21.6%。

“十一五”期间(2006—2010年),赤峰全市有进出口经营资格的企业326家,有进出口实绩的企业48家,与60多个国家和地区发生贸易往来。其间,虽然2008年世界金融风暴发生,世界经济增长明显放缓,中国与欧盟双边贸易额增幅下降明显,但是政府对于反倾销和反补贴加强指导和引导,赤峰市继续拓展市场、提高产品质量。外贸进出口创造产值200多亿元,带动2万多人就业。进出口总额累计实现28.12亿美元,较“十五”期间增长515.32%,年均增长103.06%。其中出口完成4.69亿美元,较“十五”期间增长81.08%,

年均增长16.2%;进口完成23.43亿美元,较“十五”期间增长1083.3%,年均增长216.7%。

2011年以后,受国际经济下滑影响,赤峰市出口商品品种、数量有所下降。到2014年,全市出口额完成1.34亿美元,比2010年下降7%。为减少外贸商务成本,赤峰市与全国大多数外贸行业一样,开始建立电子商务平台,利用网络销售模式来降低交易成本,结算时争取多用英镑、美元或人民币等硬币来结算。赤峰市仍先后有近百家企业获得进出口经营权,形成以自营出口生产企业为龙头,外贸专业公司、外商投资企业并驾齐驱的外贸出口格局。出口商品结构从以农副产品出口为主,发展到粮油食品、化工产品、医药保健品、纺织品、冶金矿产产品、机械产品等为主,涉及机械、化工、食品、钢材、电子等。进出口总额4年累计实现46.58亿美元。2014年,进出口总额8.53亿美元,比2010年减少19.86%。其中进口总额7.19亿美元,比2010年减少2.01亿美元,减少21.9%;出口总额1.34亿美元,比2010年减少1016万美元,减少7.3%。

1991—2014年赤峰市外贸进出口总额统计表

表6-2-1

年份	进出口额(万美元)	进出口比上年增长(%)	年份	进出口额(万美元)	进出口比上年增长(%)
1991	541	34.60	2003	7848	48.10
1992	599	10.70	2004	11769	50.00
1993	851	42.10	2005	15179	29.00
1994	1481	74.00	2006	30230	99.20
1995	2585	74.50	2007	49187	59.40
1996	4187	62.00	2008	44245	-8.20
1997	5630	34.50	2009	51040	15.40
1998	5771	2.50	2010	106474	108.60
1999	6506	12.70	2011	122300	14.90
2000	7908	21.50	2012	141425	15.60
2001	5554	-29.80	2013	116759	-17.44
2002	5300	-4.60	2014	85333	-26.92

第一节 进出口及对港澳台贸易

一、出口商品

出口商品规模 1991年,赤峰市立足自治区一家口岸与多家口岸结合,全年向区外口岸调拨的商品7300万元,在外地组织货源5000万元。市外贸出口销售总额541万美元;出口商品收购额完成2.04亿元,为年计划的248.5%,首次突破2亿元大关。1992年以后,原有的8家国有外贸专业公司逐渐退出外贸领域,民营企业和“三资”

企业成为对外贸易的主体，自营出口创汇在对外贸易中的比例不断上升。1995 年，全市收购原绒 150 多吨，出口无毛绒 50 吨，仅此一项创汇 600 多万美元。此外还开发羊毛衫、活猪、活马、面粉、杨原木、杂粮杂豆和服装等十几个出口新品种。全年出口商品总额 2585 万美元，比 1991 年增加 2044 万美元，增长 377.82%。赤峰市对外经济贸易总公司被自治区政府授予 1995 年度出口创汇先进企业称号。

1996 年以后，赤峰市对赤峰兴发集团公司、赤峰市制药厂、赤峰宏峰集团公司、赤峰维信公司等出口创汇重点企业，在业务指导、协调、进出口商品配额许可证的申报申领、通关、退税等方面都给予政策倾斜，促进鸡肉系列、西药、地毯、有色金属、羊剪绒制品等大宗骨干出口产品的持续增长。调整出口产品结构，改变以土特产品、农副产品出口为主的状况，初步形成以药品、土畜产品、轻工产品及纺织品等占主导地位的出口格局。到 2000 年末，全市出口商品总额达到 4725 万美元。其中对东南亚出口创汇 3051.27 万美元，对西欧出口 1404.6 万美元，对中东出口 154.61 万美元，对南美出口 23.8 万美元。

2001 年以后，赤峰市出口商品额不断增加。2002 年，全市出口额增加到 4830 万美元。2005 年，全市出口额增加到 6378 万美元。2006 年以后，赤峰市出口商品结构由出口原料型逐步向出口半成品、制成品发展，出口商品品种不断增加，贸易伙伴逐渐增多，对外贸易市场向多元化发展。到 2010 年，出口额达到 1.45 亿美元，比 2000 年增长 2.06 倍，比 1991 年增长 25.8 倍。2011 年以后，受国际经济下滑等因素影响，赤峰市出口商品品种、数量有所下降。到 2014 年，全市出口额完成 1.34 亿美元，比 2010 年下降 7.34%。

1991—2014 年赤峰市外贸出口总额统计表

表 6-2-2

年份	出口总额（万美元）	比上年增长（%）	年份	出口总额（万美元）	比上年增长（%）
1991	541	34.60	2003	5208	7.83
1992	593	9.61	2004	6223	19.49
1993	751	26.64	2005	6378	2.49
1994	1432	90.68	2006	6628	3.92
1995	2585	80.52	2007	7367	11.15
1996	3941	52.46	2008	9057	22.94
1997	3780	–4.09	2009	9358	3.32
1998	3743	–0.98	2010	14461	54.53
1999	4284	14.45	2011	22202	53.53
2000	4725	10.29	2012	12298	–44.61
2001	3210	–32.06	2013	11766	–4.33
2002	4830	50.47	2014	13400	13.89
总计	158761				

2014年赤峰市主要外贸生产企业情况一览表

表6-2-3

企业名称	建立时间(年)	企业性质	主要业务	员工数量(人)	年销售总额(亿元)
赤峰制药股份有限公司	2008	股份制企业	制药生产经营	1674	10.00
赤峰金剑铜业有限责任公司	1990	股份制企业	硫酸回收,粗铜冶炼,阴极铜生产、销售;铁精粉及铜精粉生产、销售;金、银销售等	2000	100.00
赤峰东黎绒毛制品有限公司	2001	合资企业	山羊无毛绒、羊绒服装、羊绒围巾等生产销售	600	5.00
赤峰中色白音诺尔矿业有限公司	2007	国有控股企业	铅锌精矿采选,铅锭冶炼加工、制造等	2100	20.00
赤峰维信羊剪绒制品有限公司	1994	合资企业	羊剪绒制品及毛革鞋靴等产品生产销售	700	1.40
赤峰中色锌业有限公司	2003	合资企业	从冶炼废渣中综合回收金、银、铜、铬、钴等有价金属	3115	12.00
赤峰瑞阳化工有限公司	2005	股份制企业	季戊四醇及其配套原料生产销售	509	4.30
内蒙古黄羊洼草业有限公司	1996	民营企业	牧草种子、草产品加工、科研开发、销售	69	1.40
内蒙古塞飞亚农业科技发展股份有限公司	2001	股份制企业	肉鸭、鸭产品、鸭饲料加工、生产、销售	2000	6.10
赤峰荣兴堂药业有限责任公司	2000	民营企业	蒙中药材种植、生产、销售	220	1.20
赤峰云铜有色金属有限公司	1997	国有控股企业	“铁峰”牌高纯阴极铜生产、销售	1858	25.70
林西冷山糖业有限责任公司	1999	股份制企业	糖生产、销售	300	2.80
安琪酵母(赤峰)有限公司	2003	私营企业	活性干酵母生产、销售	374	2.37
内蒙古维拉斯托矿业有限公司	2006	股份制企业	锌、铜、银、钨等有色金属勘查、开采及矿产品销售等	305	2.00

出口商品品种 1991 年，赤峰市出口创汇的产品有 80 多个品种，主要有食品、土产、畜产、纺织、轻工、工艺、机械、矿产、化工、有色、医药保健等 11 大类。在出口商品总额中，初级产品比重占 76%，工业制成品占 24%。20 世纪 90 年代开始，按国际贸易标准进行分类，分为初级产品和工业制成品两类。初级产品主要包括粮油食品、中草药、非食用原料、矿物燃料、动植物油脂及土畜产品等；工业制成品主要包括重化工业产品、机电产品、轻纺工业产品等。1992 年以后，工业制成品出口比重逐渐增加。1995 年，初级产品出口比重为 66%，比上年减少 8 个百分点；工业制成品升至 34%，相应增加 8 个百分点。粮油食品和土畜产品等农副土特产品出口继续增长，分别比上年增长23.2%和 26.1%；工业制成品出口增长的幅度更大，以机械产品增幅为最大，增长 255.9%，纺织、工艺、化工产品出口增长也在 50%以上，分别增长 74.9%、61.1%和 52.4%；服装和轻工等工业制成品的增幅也分别为 44.5%和 38%。

到 2000 年，初级产品出口比重为 68%，比上年减少 8 个百分点；工业制成品出口比重为 32%，相应地比上年增加 8 个百分点。工业制成品出口占赤峰出口商品总值的比重由 1995 年的 16%增加到 2000 年的 44.42%，增长 1.8 倍。其中机电产品出口由1991 年出口额 172 万美元，占赤峰出口商品总额的 23%，增加到 2000 年的 2106 万美元，占出口商品总额的 37%，增长 11.24 倍。

2005 年，赤峰市出口产品总体上仍以资源型和初加工型为主，出口产品结构单一，原料和初级产品出口比例较大，约占 70%，工业制成品约占 30%。主要有 5 大类，其中绒毛、纺织品、服装及其制品出口 3203 万美元，占全市外贸出口总额的 50.2%；原料药及中药材出口 1860 万美元，占全市外贸出口总额的 29.2%；矿产品出口 803 万美元，占全市外贸出口总额的 12.6%；农畜产品、土特产出口 480 万美元，占全市外贸出口总额的 7.5%；种子及木制玩具等出口 32 万美元，占全市外贸出口总额的 0.5%。

2010 年，赤峰市出口产品结构进一步优化，工业制成品出口 5090 万美元，占全市出口总额的 35.2%，基本形成以生产型企业为主、外商投资企业和流通企业为依托的外贸发展格局。

2014 年，赤峰市出口产品结构有较大变化，绒毛制成品、荞麦制品和生物医药产品仍保持较好势头，占全市出口总额的 80%以上；鸭制品、化工产品和原料、初级产品出口量有所减少。

商品销往国家和地区 1991 年，赤峰市外销商品销往近 70 个国家和地区。有中国香港、中国澳门、中国台湾地区，日本、马来西亚、泰国、新加坡、韩国、印度尼西亚、越南、菲律宾、澳大利亚、朝鲜、蒙古、印度、美国、法国、英国、德国、荷兰、墨西哥、加拿大、瑞士、西班牙、意大利、芬兰、希腊、智利、匈牙利、新西兰、挪威、比利时、丹麦、以色列、埃及、伊朗、巴基斯坦、捷克斯洛伐克、南斯拉夫、苏联、奥地利、波兰、科威特、沙特阿拉伯、古巴、阿曼、塞浦路斯、约旦、孟加拉国、巴西、多米尼亚、克罗地亚、斯洛文尼亚、阿联酋、利比亚、阿曼、南非、赞比亚、加纳、巴林、尼泊尔、扎伊尔、尼日尔、加蓬、苏丹、秘鲁、也门等。1992 年以后,赤峰市不断扩大外贸销售市场,外销商品国家不断增加。到 2000 年,赤峰市直接外销商品增加到 30 多种;外销商品国家增加俄罗斯、亚美尼亚、乌兹别克斯坦、阿塞拜疆、爱沙尼亚、格鲁吉亚、拉脱维亚、土库曼斯坦、柬埔寨、叙利亚、伊拉克等 11 个,外销国家和地区近 80 个。2001—2005 年,赤峰市外贸销售稳定增长,外销商品国家基本保持在 80 个左右。

2006 年以后,赤峰市初级产品外销国家和地区逐渐减少,工业制成品外销国家量逐渐增多。到 2014 年,全市外销商品国家和地区 63 个。其中继续保持 2000 年外销国家和地区 50 个,即中国香港、中国澳门、中国台湾地区,日本、马来西亚、泰国、新加坡、韩国、印度尼西亚、越南、菲律宾、澳大利亚、蒙古、印度、巴基斯坦、捷克、奥地利、波兰、美国、法国、英国、德国、荷兰、墨西哥、加拿大、瑞士、西班牙、意大利、智利、新西兰、挪威、丹麦、以色列、埃及、沙特阿拉伯、孟加拉国、斯洛文尼亚、阿联酋、尼日尔、苏丹、秘鲁、也门、巴西、俄罗斯、亚美尼亚、乌兹别克斯坦、阿塞拜疆、爱沙尼亚、格鲁吉亚;新增外销国家 13 个:吉尔吉斯斯坦、东帝汶、纳米比亚、阿根廷、肯尼亚、尼日利亚、迪拜、罗马尼亚、厄瓜多尔、委内瑞拉、马达加斯加、马尼拉、哥伦比亚。

二、进口商品

进口商品规模　1992 年,赤峰市外贸部门开始开辟国外进口商品,当年进口商品 6 万美元。赤峰市五金矿产工业品进出口公司、赤峰市医药保健品进出口公司、赤峰市对外经济贸易公司等 5 家主要外贸流通企业均经营进口商品业务。1993 年以后,随着改革开放的深入发展,赤峰市外贸部门努力开辟进口市场,进口商品品种、数量逐渐增加。到 1996 年,进口商品总额达到 246 万美元。1997 年,增加到 1850 万美元。到 2000 年,赤峰市外贸进出口流通企业减少到 3 家,赤峰金剑铜业有限责任公司、赤峰云铜有限责任公司、赤峰艾克制药股份有限公司成为自营进口商品的生产企业,全市进口商品总额增加到 3181 万美元。2001 年以后,赤峰市外贸流通企业增加到 5 家:赤峰信源对外经贸有限公司、赤峰泽鑫经贸有限公司、赤峰国源对外经贸有限公司、赤峰晟昊粮油食品有限公司、内蒙古草原兴发进出口有限责任公司。自营进口商品生产企业和外贸流通企业进口商品规模进一步扩大,到 2005 年,进口总额达到 8801 万美元,比 2000 年增长 176.7%。赤峰信源公司进口 7894 万美元,占全市进口总额约 90%。2006 年以后,赤峰市进口商品需求不断增加,进口商品规模迅速扩大。2010 年,赤峰信源对外经贸有限公司铜矿粉进口贸易,由进口商变成代理商。到年末,全市进口商品总额达到 9.2 亿美元,比 2000 年增长 27.9 倍。2012 年,进口额增加到 12.91 亿元。2013 年开始,受世界经济下滑影响,进口商品规模下降。2014 年,全市进口商品总额减少到 7.19 亿美元,比 2010 年下降 21.85%。其中赤峰金剑铜业有限责任公司进口商品额 4.34 亿美元,赤峰山金瑞鹏贸易有限公司进口商品额 2.16 亿美元,赤峰国源对外经贸有限公司进口商品额 4300 万美元。三家企业进口商品额 6.93 亿美元,占全市总进口量的 96.4%。赤峰山金瑞鹏贸易有限公司、赤峰信源对外经贸有限公司、赤峰泽鑫经贸有限公司、赤峰国源对外贸易有限公司、赤峰国润进出口商贸有限公司、赤峰晟昊粮油食品有限公司等6家主要外贸流通企业经营进口商品；赤峰金剑铜业有限责任公司、赤峰云铜有限责任公司、赤峰艾克制药股份有限公司是赤峰市自营进口商品主要生产企业。

1991—2014 年赤峰市外贸进口总额统计表

表 6-2-4

年份	进口额（万美元）	比上年增长（%）	年份	进口额（万美元）	比上年增长（%）
1991	—	—	2003	2640	461.70
1992	6	—	2004	5546	110.10
1993	100	1566.70	2005	8801	58.70
1994	49	-53.00	2006	23602	168.20
1995	—	-100.00	2007	41820	77.20
1996	246	—	2008	35188	-15.90
1997	1850	652.00	2009	41682	18.50
1998	2028	9.60	2010	92013	120.70
1999	2222	9.60	2011	100098	8.80
2000	3181	43.20	2012	129127	29.00
2001	2344	-26.40	2013	104993	-18.70
2002	470	-79.90	2014	71900	-32.40

进口商品品种　1992—1995 年，赤峰市主要进口商品品种、数量较少，有矿产品、汽车、拖拉机、摩托车零配件、机械设备及零配件、家用电器、照相器材、仪器仪表、包装物料、化肥、木材、水泥、胶合板、各种聚乙烯及化工原料、进料加工所需原材料、零配件及建材产品、纺织原料、棉纱、化纤纱等。1996—2000 年，全市技术先进的成套设备、机械、仪器等商品引进快速增长，工业生产原料除铜精矿粉外，又增加钼精矿粉和铝锭等材料的进口，工业生产资料和农用生产物资构成进口商品的主体。生产资料占的比重大，生活资料占的比重小。2001—2005 年，赤峰市工业生产资料和农用生产物资仍是进口商品的主体，以铜矿粉和铜精矿粉为主。赤峰信源对外经贸有限公司、赤峰泽鑫经贸有限公司为赤峰金峰铜业有限责任公司和赤峰金剑铜业有限责任公司两大铜冶炼企业提供 85%以上的原料，为全市铜产业的初深加工提供 80%以上的原料保障。机械设备进口数量逐步增加，进口商品质量有较大的提高。2006 年以后，随着中国工业生产的发展进步，各种机械设备、生产生活资料的生产水平不断提高，许多机械、仪器、电器、电子产品等不再依靠进口，进口品种数量逐年减少。到 2010 年，全市进口商品以铜精粉、铅精粉等矿产原料为主，占进口总额的 90%以上，机械、轻工纺织品、医药化工产品、食

品类等占进口总额的10%。到2014年,在进口商品中,混合矿、铅精矿、锌精矿、铜精矿等矿产原料占进口总额的92%,机械、食品、轻工纺织品、化工产品类等仅占8%。

进口商品国家和地区 1992—1995年,赤峰市进口商品的国家和地区有24个:韩国、日本、印度尼西亚、新加坡、蒙古、泰国、菲律宾、澳大利亚、俄罗斯、巴勒斯坦、德国、英国、美国、法国、瑞士、意大利、摩洛哥、科威特、秘鲁、南非、斯洛文尼亚、约旦,中国香港、中国台湾地区。1996年以后,随着进口商品品种和规模的不断扩大,进口商品国家和地区不断变化。到2001年,进口商品国家和地区24个,减少了泰国、巴勒斯坦、科威特、南非、斯洛文尼亚、约旦6个进口商品国家;增加了吉尔吉斯斯坦、捷克、西班牙、加拿大、新西兰、乌拉圭6个进口商品国家。2006年以后,随着我国科技水平和生产力水平的快速发展,进口商品品种结构发生变化,进口商品国家和地区也随之变化。2014年,赤峰市进口商品国家和地区减少到22个,减少了印度尼西亚、菲律宾、法国、摩洛哥、秘鲁、捷克、加拿大、乌拉圭8个国家和中国台湾地区;增加了加拿大、墨西哥、意大利、斯洛文尼亚、巴勒斯坦、科威特、约旦7个国家。1992—2014年,赤峰市保持经常进口商品的有韩国、日本、新加坡、蒙古、澳大利亚、俄罗斯、德国、英国、美国、瑞士、意大利、吉尔吉斯斯坦、西班牙、新西兰14个国家和中国香港地区。

第二节 利用外资及港澳台资

赤峰市利用外资始于20世纪80年代,以补偿贸易方式进行。1991年以后,市及旗县区出台一系列招商政策,为投资商创造"招商、亲商、安商、富商"的投资环境,外商投资企业、投资额不断增多。

1991—1995年,招商总体是投资少,规模小,合作期限短。其间,赤峰市共批准设立外商投资企业83家,合同金额3.56亿美元,实际利用外资金额7370万美元;引资项目行业有轻工、化工、纺织、服装、食品、电子、机械、房地产开发、建筑装饰、畜牧业等。

1996—2000年,赤峰市从国外引进一批先进技术和设备。其间,批准设立外商投资企业42家,合同金额2.22亿美元,实际利用外资金额8908.7万美元,实际利用外资额比"八五"时期增长20.87%;涉及行业有轻工、纺织、皮毛加工、石油、化工、房地产、建筑材料、食品、矿山开发、农业园艺、医药等。

2001—2005年,赤峰市工商业实施产权制度改革,建立现代企业制度,开展产业结构调整,外商投资有所减少。其间,全市利用外资合同总金额为3.04亿美元,实际利用外资额为4606.9万美元,比"九五"时期减少48.29%。

2006—2010年,全市利用外资合同总金额为12.83亿美元,实际利用外资额为1.92亿美元,实际利用外资额比"十五"时期增长316.77%。外商投资项目涉及风力发电、畜牧业、食品、制药、矿产品开发等领域。

2011—2014年,是全市外贸工作较为发展时期。市外贸部门组织内外贸企业参加了多个交易博览会和洽谈会：112 届广交会、东中西部外贸订单对接会、第九届中国—东盟博览会，涉及农业、牧业、采矿业、制造业等十余个行业；参加了中国品牌商品美国展、第八届中国·吉林东北亚投资贸易博览会、第六届中国民交会、中国二连浩特中蒙俄经贸合作洽谈会、第十一届沙迦中国商品交易会及“2012 内蒙古—香港经贸合作活动周”和 2014 年乌兰巴托中国商品展览暨投资贸易洽谈会。2011—2014 年，全市利用外资 7428.7 万美元。1991—2014 年，全市共审批“三资”企业 243 家，实际利用外资额 4.75 亿美元。

一、招商引资

招商政策优惠　1991 年以后，赤峰市不断加强招商引资工作，市及各旗县区及时出台一系列招商政策，增强招商引资吸引力。营造更加宽松的政策环境，从政策上降低招商门槛，修订和完善各项优惠政策，优化简化审批办理手续。1996 年，市委、市政府印发《关于进一步扩大横向经济联合的优惠办法》《关于进一步扩大对外开放和横向联合的意见》，市政府印发《关于鼓励外商投资的规定》。2000—2004 年，市委、市政府印发《赤峰市招商引资奖励办法》《赤峰市招商引资优惠措施若干规定》《赤峰市招商引资目标考核奖励办法（试行）》《赤峰市对外开放若干政策措施规定》。鼓励国内外企业和个人到赤峰市以独资、合资、联营等形式兴办各类企业；联合组建跨地区、跨行业、跨所有制形式的企业联合体；以资金、技术、专利、设备、管理、名牌商标等形式到赤峰市入股，转让科技成果，开展补偿贸易等领域的协作。鼓励港澳台地区及外国的公司、企业和其他经济组织和个人，到赤峰市兴办中外合资企业、中外合作企业、外商独资企业和其他企业。通过上述招商引资政策性文件，在税收、土地使用、行政事业收费等方面给予一系列政策优惠。

税收政策优惠。市外投资者在赤峰市兴办的联合企业，自投产经营之日起，3 年内免征企业所得税；免收期满后，2 年内减半征收企业所得税。对兴办原材料工业，从事农、牧、林、水利开发经营和能源、交通、通信设施建设项目的投资者，以及到旗县以下（含旗县）地区进行投资的，从投产之日起，5 年内免征企业所得税。在国家和自治区批准的经济技术开发区、试验区、乡镇企业东西合作示范区、乡镇企业示范区及星火技术密集区内的联合企业，按 15%的税率征收企业所得税；在上述开发区内新开办的市外投资企业，从投产经营之日起，3 年内免征企业所得税，3 年后按 15%的税率征收企业所得税。以资金、技术、商标、管理、设备入股形式与全市现有企业联合的，以联合的上一年度为基准，5 年内新增利润，可按高于实际投资比例的 10%~20%参与分配；地方新增所得税，可按对方实际投资比例 3 年内由地方财政予以返还。

土地使用政策优惠。外商投资企业以出让方式取得土地使用权并一次付清土地出让金的，土地出让金优惠 10%；开发农、牧、林、水利等资源，土地出让金优惠 50%；兴办高新技术产业、能源、交通、通信设施、原材料工业、生产加工型工业，土地出让金优惠 30%；在城市规划区以外地区从事上述各业的，土地出让金优惠 60%；开发各类第三产业项目,经营期在10年以上的,土地出让金优惠15%;收购关、停、破产的国有企业,通过转让方式取得土地使用权的,免交土地出让金;接受原企业职工,不改变土地用途的,也可直接办理土地使用权划拨手续;投资建设公益设施项目的,按行政划拨方式供应土地;开发国有荒山、荒地、荒漠、荒滩、荒沟土地的,土地出让金优惠60%,土地受让期限,最长可达50年,期满可以续约;利用荒地植树育林的,享受林木所有权,可以继承、转让、出售;以出让方式取得土地使用权的市外投资者,开发建设投资额达到合同规定的总投资额25%以上的,或已形成工业生产用地条件的,在使用期限内可以依法转让、出租、抵押或作为合资、合作、联营的条件。外商投资企业在批准的建设期内,免征土地使用费;利用非现有场地办企业的,自开业年度起,5年内免缴土地使用费;利用现有场地办企业,经营期10年以上的,自开业年度起,10年内免缴土地使用费。对外商投资的产品出口企业,先进技术企业,能源、交通、基础设施建设项目,资源开发、原材料生产企业和外商投资额在100万美元以上的生产性企业,以及在旗县、乡镇苏木开办的企业,自开业年度起,20年内免缴土地使用费。

行政事业收费政策优惠。对外商投资额在25%以上的生产性项目,免征城市基础设施配套费,其他项目减半征收基础设施配套费。对投资在25%以上、经营期10年以上的外商投资企业,减半征收政策性和管理性收费。对全市经济社会发展有重大影响的投资项目,可实行"政策随项目"一事一议的办法,根据需要制定相应的政策,给予特殊照顾。服务性收费按最低标准收取;必须收取的行政事业性收费,按市政府审定的收费项目目录(含收费项目、标准及减收幅度)以最低标准收取,实行公示制和"依卡收费"制度;收费目录以外的一律免收。

招商引资形式 1991—2003年,市委、市政府加强与东北三省以及环渤海地区的高层互访和经济建设交流和合作。招商引资的主要形式是政府牵头,组织企业参加国家和自治区举办的国际性经贸洽谈会以及东北、京津、沿海发达地区区域性招商引资洽谈会,通过推介项目进行招商。2004年以后,赤峰市为强化招商引资工作,组建赤峰市商务局,全面负责赤峰市的招商引资工作。除继续保持会议招商、项目招商以外,还通过对口招商、定向招商、一对一招商、网上招商、媒介招商、中介招商、以商招商、专业招商、全民招商等多种形式吸引国内外资金到赤峰投资发展。选派招商干部赴发达地区开展专业招商工作。2010—2014年,赤峰市进一步创新思路,增强招商实效。加强招商引资对外宣传,扩大影响,增强吸引力;积极开展以商招商,进一步引导外来投资企业增资投入和发展新项目;积极支持、鼓励企业自行招商,对企业进行项目包装,努力把企业推向招商引资的主战场,使企业在自行引进项目、资金、技术等方面不断发展;突出抓好项目跟踪落实,完善项目主办负责制、奖惩制,力争使新的签约项目尽快落户、尽快投资创造效益;走出去请进来,有针对性地登门拜访,上门招商。有针对性地邀请国内外、区内外大企业、大集团到赤峰市考察、投资。在巩固招商引资成果的同时,继续优化环境,增强招商引资吸引力。

招商服务与管理　招商服务。1991年以后，赤峰市各级党政部门、企事业单位主动为投资商创造“招商、亲商、安商、富商”的投资服务环境，接待好到赤峰进行项目咨询、投资考察、市场及环境调查的国内外人士，向他们介绍提供赤峰市的投资环境、项目信息、优惠政策、产业政策以及与项目有关的各类信息；帮助投资商搞好项目考察、市场调研和前期论证以及项目审批、核准、备案等；协调各部门帮助投资商解决投诉案件，保障投资者的合法权益。有关部门实行定期和不定期走访，将走访获知的问题及时反馈给市委、市政府及有关部门，帮助解决。此外，向到赤峰市投资的企业提供产品展示展销、经贸洽谈信息，并帮助企业搞好参会活动。各级商务部门建立项目咨询资料库，为投资企业提供优质的服务。

重点项目管理。1991年以后，赤峰市不断加强重点招商建设项目管理。在“九五”（1996—2000年）初期，赤峰市建立市重点项目推进工作联席会议制度，协调解决重点项目推进中的重大问题。市级重点项目前期审批实行“绿色通道”和模拟审批服务，有关部门优化流程，简化手续，提高审批效率。市发展与改革、住房与城乡建设、城乡规划、国土资源、环保、水利、安监、人防、公安消防、气象等部门在办理重点项目建设审批手续时，对审批权限内的事项，在承诺时限内办结；依法需报上级部门审批的事项，确定专人帮助项目单位跟踪落实。

用地管理。能源、交通、水利等基础设施项目年度用地指标由市协调保障；公益性民生、新兴服务业、战略性新兴产业、生态环保等项目年度用地指标由市和项目所在旗县区共同协调保障。对税收贡献大、带动作用强、经济社会效益好的重点项目，有关旗县区优先保障用地。符合行政事业性收费减免条件的市重点项目，项目单位提出申请后，有关部门帮助项目单位及时完善手续，落实优惠政策。为市重点项目建设提供配套支持的单位，优先保障市重点项目建设需要，及时提供技术指导和跟踪服务。符合贷款条件的市重点项目需银行贷款的，有关部门向金融机构推介。市金融办、市人行、赤峰市银监分局协调金融机构为市重点项目建设提供融资服务，支持重点项目及时开工建设。符合条件的市重点项目，优先享受市产业政策扶持和专项资金支持。

招商环境管理。1991—2014年，市有关部门对重点企业除税务部门以外的行政执法检查，须经政府专门机构批准后方可进行，杜绝乱检查、乱收费、乱罚款、乱评比、乱摊派；对涉及机关工作人员服务态度和各种效能等方面的投诉及时受理，尽快反馈办理情况。对破坏发展环境以及侵害基层、企业和纳税人利益的案件，发现一起查处一起，典型案件公开曝光。严禁索取、接受、占有、借用企业的钱、物；严禁参加由企业支付费用的各种宴请、娱乐活动；严禁到企业报销各种费用；严禁向企业推销、摊派各类报纸杂志及各种商品。

对客商投资项目审批、注册、登记实行一厅式办公、一条龙服务。需要到上级部门审批的，由赤峰市对口部门协助办理。凡是到赤峰市从事生产经营的投资者及企业员工，只要有固定住所和生活来源，要求到赤峰落户的，本人及家庭成员户口可落入赤峰市。

二、外商及港澳台商投资

投资企业　1991—2014年,赤峰市共批准外商及港澳台商合资经营企业、合作经营企业、独资经营企业(简称“三资”企业)188家。其中农林牧渔业27家,轻工业28家,食品工业21家,服装加工业20家,矿山开采与加工25家,机械制造业8家,医药保健业10家,化学工业12家,电子业8家,房地产业15家,餐饮娱乐业12家,其他2家。

1991—2014年赤峰市“三资”企业数量统计表

表6-2-5　　单位:家

年份	“三资”企业总数	年份	“三资”企业总数
1991	10	2003	57
1992	33	2004	54
1993	60	2005	53
1994	80	2006	63
1995	91	2007	72
1996	96	2008	75
1997	84	2009	65
1998	78	2010	51
1999	69	2011	43
2000	57	2012	37
2001	42	2013	38
2002	51	2014	36

1991—2014年,赤峰市共批准成立外资及港澳台合资经营企业117家。其间,“八五”时期共批准69家。其中农林牧渔业2家,轻工业14家,食品工业11家,服装加工业11家,矿山开采与加工5家,机械制造业4家,医药保健业1家,化学工业5家,电子业1家,房地产业9家,餐饮娱乐业5家,其他1家。“九五”时期共批准9家。其中农林牧渔业1家,轻工业1家,食品工业1家,矿山开采与加工2家,机械制造业1家,医药保健业1家,化学工业1家,餐饮娱乐业1家。“十五”时期共批准27家。其中农林牧渔业4家,轻工业3家,食品工业4家,服装加工业2家,矿山开采与加工4家,医药保健业2家,化学工业1家,电子业2家,房地产业1家,餐饮娱乐业3家,其他1家。“十一五”时期共批准8家。其中农林牧渔业1家,轻工业1家,矿山开采与加工2家,机械制造业1家,电子电力业3家。2011—2014年共批准4家,其中农林牧渔业2家,轻工业1家,服装加工业1家。2014年,全市有“三资”企业36家。

投资方式　国外贷款。赤峰市通过外贸途径向外国贷款起步于改革开放以后，20世纪90年代取得较大进展。1992年，赤峰市有3家企业引进外国贷款5220万元人民币，其中赤峰白水泥厂引进丹麦混合贷款3300万元，赤峰皮毛厂引进西班牙贷款1700万元，大板罐头厂利用国际粮农组织贷款220万元。3家企业共创产值636.9万元，销售额298.6万元，出口创汇14万美元，纳税7.4万元，利润9.6万元。1998年，赤峰市利用外国政府贷款1项，合同金额200万美元。此后，没有通过外贸系统贷款项目。

外商及港澳台商直接投资。1991年，赤峰市有外商及港澳台商直接投资的“三资”企业10家，全市利用外资合同总金额为1344.8万美元，实际利用外资额为286万美元。1995年，赤峰市在册的“三资”企业共91家，其中当年新批“三资”企业11家。“三资”企业利用外资合同总金额为4168万美元，实际利用外资额为2750万美元。“八五”期间，全市利用外资合同总金额为3.56亿美元，实际利用外资额7370.9万美元。

2000年，赤峰市在册的“三资”企业共57家，其中美国、日本等外商投资企业30家。全市利用外资合同总金额为2.22亿美元，其中“三资”企业利用外资合同总金额为1.26亿美元，实际利用外资额为5378.8万美元。投资领域有：轻工、化工、食品、畜牧业、农业种植、花卉种子、矿山开采、石材加工、汽车维修、农药生产等近20个行业。“九五”期间，全市利用外资合同总金额为3.61亿美元，“三资”企业实际利用外资额为8908.7万美元，比“八五”时期增长20.86%。

2005年，赤峰市在册的“三资”企业共53家，其中当年新批“三资”企业15家。53家“三资”企业利用外资合同总金额为3625万美元，实际利用外资额为531.6万美元。投资领域有：矿山开采、房地产开发、有色金属冶炼、轻工、化工、食品、畜牧业、医药、石材加工等近20多个行业。“十五”期间，全市利用外资合同总金额为3.03亿美元，实际利用外资额为4606.9万美元，比“九五”时期下降48.29%。

2010年，赤峰市在册的“三资”企业共51家，其中当年新批“三资”企业10家。“三资”企业利用外资合同总投资额为7440.6万美元，实际利用外资额为5707.3万美元。投资领域有：新能源开发、餐饮旅游、矿山开采、房地产开发、有色金属冶炼、轻工、化工、食品、畜牧业、纺织、医药等近30多个行业。“十一五”期间，全市利用外资合同总金额为12.8亿美元，实际利用外资额为1.92亿美元，比“十五”时期增长316.77%。

2014年，赤峰市在册的“三资”企业共36家，其中当年新批“三资”企业2家。实际利用外资额为2112万美元。投资领域有：新能源开发、有色金属冶炼、矿山开采、医药产业、房地产开发、轻工、化工、食品、农牧业种养殖、纺织等行业。2011—2014年，实际利用外资额为7428.7万美元。

补偿贸易。补偿贸易是按规定对生产所需进口的设备、原材料（包括辅助材料和包装物料）以及零部件等，给予优惠政策，免征进口关税和工商税。补偿贸易是赤峰市利用外资较早的贸易方式，数量较少。1992年，赤峰市的补偿贸易项目是赤峰市经贸公司引进韩国资金50万美元，建土豆片加工厂。此后再没有补偿贸易项目。

第三节　经济技术协作

1991年以后，赤峰市不断加快经济技术协作工作步伐，市委、市政府及各旗县区先后制定和实施经济技术协作优惠政策，举办各种经济技术合作洽谈会，促进赤峰市经济技术协作健康发展。1992年4月，内蒙古国际经济技术合作公司赤峰分公司成立，主营对外承包工程和劳务合作业务，为赤峰市对外经济技术合作服务。该公司对赤峰市从开始引进矿山设备，扩展到引进工厂的生产设备，包括矿山、轻工业、化工、纺织业、食品工业、交通运输业等行业的设备，对提高赤峰采掘业、制造业的生产能力起到促进作用。

20世纪90年代以后，赤峰市对外投资的国家和地区有蒙古国、俄罗斯、英属维尔京群岛、塔吉克斯坦、美国、韩国和中国香港地区等，对外投资项目21个，总投资2.39亿美元。投资的主要项目有矿产开采、住宿业、餐饮业、服务业、房地产、国际贸易、矿业机械设备和零件销售、建筑材料和装饰材料等行业。引进经济技术协作项目17个，主要项目有畜牧业、农业、电力、教育、卫生等。对外劳务输出约7000人次，输出的国家和地区有俄罗斯、蒙古、日本、厄瓜多尔等，主要从事种植业、食品加工、缝纫业、农艺业、采矿业和驯养业。对外经济技术协作项目20多个，引进资金3000多万美元。主要国家和地区有独联体国家、厄瓜多尔、日本、俄罗斯、蒙古和中国香港地区等。主要项目有服装制作、餐饮、食品加工、矿产开采、采集市场信息、营销策划和食品研发等。

一、对外及港澳台经济投资

1992年，赤峰木制品开发公司在蒙古国开办2家合资企业，投资总额35.38万美元，是赤峰市最早的对外投资项目。1994年，赤峰市在俄罗斯和蒙古国投资项目9个，投资金额82.5万美元。2005年，赤峰兴业集团、松山区柴胡栏子金矿、宁城县宝山工贸总公司先后在英属维尔京群岛、蒙古国注册成立3家独资或合资企业，开展矿业开发和贸易，总投资5万美元和400万元人民币。2011年，赤峰市鑫昌源矿业有限公司在塔吉克斯坦共和国设立2家矿业公司，总投资5780万美元。2013年，赤峰金狮开发有限公司在美国夏威夷独资设立有限公司，经营房地产、建筑材料等，投资总额8580万美元。2014年，内蒙古赤阳建材装备有限公司在蒙古国设立商贸有限责任公司，总投资9000.59万元人民币；内蒙古华大投资有限公司在韩国投资3000万美元，成立合资企业，经营房地产开发，投资2500万美元，成立合资企业，经营住宿、餐饮、服务、房地产业；赤峰山金瑞鹏贸易有限公司在香港设立子公司，总投资10万美元，经营有色和黑色金属及矿产品。

1992—2014年，赤峰市先后有19个企业在蒙古国、俄罗斯、英属维尔京群岛、塔吉克斯坦、美国、韩国6个国家和中国香港等地区投资开发经营矿产开采、住宿餐饮服务、房地产、国际贸易、矿山机械设备和零件、建筑材料等项目21个，总投资9400万元人民币和1.45亿美元。

二、港澳台及外方借贷

2003年，国家计委、财政部、外汇管理局联合发布《外债管理暂行办法》，规定境内中资机构举借中长期国际商业贷款，须经国家发展计划委员会批准；外商投资企业在“投注差”范围内，可自行借贷外债，并到外汇管理局办理外债签约登记、提款登记、专用账户开户审批、还本付息购付汇审批手续。同年，赤峰市首次开展外商及港澳台商投资企业直接借贷外债业务，赤峰荣德绒毛制品有限公司借贷卢森堡塞非特工业公司38万美元。2008年，大唐赤峰新能源有限公司借贷香港韩电国际有限公司9000万美元，期限10年。2010年，赤峰元宝山区安信永小额贷款公司借用美国股东贷款220万美元。

2012年，赤峰市首次开展跨境人民币直接借贷业务，敖汉旗鑫瑞恩矿业公司借用香港股东人民币贷款2500万元(折397万美元)。2014年，赤峰元宝山区安信永小额贷款公司借用跨境人民币外债2笔，金额5000万元，债权人为香港关联公司。全市外商投资企业直接外债存量8笔，债务余额0.47亿美元。

2003年以后，赤峰市积极开展财政转贷款利用外资工作。至2014年，赤峰市获得财政转贷款项目9个，转贷总额3200万美元。其中世界银行贷款项目7个，包括改水二期、改水三期、妇幼卫生、粮食流通、贫困教育、雪灾重建、西部扶贫项目，转贷金额2400万美元；亚洲开发银行贷款项目1个，即水毁重建项目，转贷金额600万美元；国际复兴开发银行贷款项目1个，即结核病防治项目，转贷金额80万美元。赤峰市企业、单位通过国内银行获得外国政府转贷款项目9个，转贷金额6900万美元。转贷资金用于企业单位的流动资金、风水互补风电工程、引进食品加工设备、引进医疗设备、城市发展改善等项目。赤峰市有4家银行向23家企业发放外汇贷款6100万美元，全市银行外汇贷款余额2200万美元，通过利用外债资金不断推进赤峰市经济建设。

三、技术协作

1991—2014年，赤峰市不断加强对外开放，积极开展与国外及港澳台地区技术协作，先后与蒙古国、韩国、日本、德国、加拿大、卢森堡、荷兰、捷克等国家和中国台湾地区的政府、组织、企业、科技人员合作，引进先进的科学技术，提高赤峰市科学技术水平和生产力水平；发挥赤峰市的技术、设备优势，与外国及有关地区合作，进行产品开发、生产和经营，提高了经济效益，增进了友好关系。

1991年，赤峰市白水泥厂聘请外国专家进行技术指导，使白水泥的质量、产量、自动化程度和经济效益都有显著提高。12月，赤峰市郊区矿业开发总公司同韩国世进通商株式会社签订开发和生产玄武岩的合同，利用企业生产技术和部分资金开发生产玄武岩。1992年，赤峰市国际经济技术合作公司成立，开始国际经济技术合作业务。同年，赤峰电容器厂引进日本村田公司及中国台湾企业总金额90.8万美元的设备、设施，进行高压瓷介电容器技术改造，提高了产品质量和产能。1993年，赤峰市翁牛特旗针织厂利用中方设备、技术,在蒙古国创办针织股份有限公司,开展纺织品生产经营。1994年,赤峰市元宝山露天矿建设项目,聘请德国工程技术人员30多人在工地从事设备安装和调试工作,提供操作和保养技术。1999年,赤峰市先后聘请加拿大兽医专家和动物营养专家、荷兰农业蔬菜专家为赤峰市的畜牧业和农业提供技术服务。2003年,巴林右旗畜牧局邀请由加拿大自然科学与工程研究理事会派遣的保罗·姆巴提亚博士到该旗开展奶牛饲养管理及疾病防治项目技术指导。11月,内蒙古草原兴发股份有限公司聘请荷兰技术人员指导开发牛羊肉生产及深加工项目。2004年,赤峰市争取无偿援助金额505.6万元,其中捷克政府向内蒙古塞飞亚集团提供鸭粪综合处理设备,价值57.3万美元。2005年,捷克维特多维彩公司向内蒙古塞飞亚集团二期工程无偿援助33.1万美元的150千瓦/小时沼气发电机组、电器设备以及发酵罐机等相关设备。2007年,大唐(赤峰)新能源有限公司先后与韩国、日本企业合作,引进外资和先进技术,产量、产能、生产水平显著提高。2014年,赤峰大牧场集团与蒙古国签订合作项目,把蒙古国丰富且优质的牛羊肉原料资源与赤峰大牧场集团先进的深加工技术相结合,发展牛羊肉深加工产业,开拓中国与蒙古国中高端市场。

四、劳务输出

赤峰市从20世纪80年代开始,为解决富余劳动力、增加群众经济收入开展对外劳务输出工作。由对外经济技术协作部门牵头联系劳务输出业务,公安局、劳动局、共青团、妇联等机构和组织参与组织劳务人员进行技术及有关培训教育及审核、办理相关手续等。1991年,赤峰市从宁城县、敖汉旗选派劳务人员700多人到俄罗斯联邦布里特亚特共和国各农场承包种植蔬菜,带去先进的种植蔬菜技术,获得较好经济效益。1992年4月,内蒙古国际经济技术合作公司赤峰分公司成立,主营对外承包工程和劳务合作业务。1992年,赤峰市向俄罗斯、蒙古、日本、厄瓜多尔等国派出劳务人员4500余人,主要从事种植业、食品加工、采矿业和驯养业。1993年,全市劳务输出418人,到独联体、日本、蒙古等国从事建筑、种植、养殖、服装加工业,总收入190万元。1997年,赤峰市乡镇企业局、敖汉旗、宁城县等与有关部门合作向俄罗斯、蒙古等国派遣种菜、食品加工等方面的劳务人员。1999年,赤峰市外贸公司获得对外经济技术合作经营权,开始独立承担对外劳务输出工作。2000年,派往日本的劳务人员共3批50人。2001年,赤峰市对日本劳务输出4批,总计94人,分别前往日本群马县和茨城县,从事缝纫业和农艺业劳务。2004年,赤峰市与日本签订劳务输出合同3份,合同金额118.08万美元,营业额28.3万美元。2005年,赤峰市向日本劳务输出55人,合同金额160万美元,营业额157万美元。2007年,赤峰市与日本签订劳务合同41份,劳务输出617人次,合同金额558.6万美元,营业额300.6万美元。2008年,赤峰市与日本签订劳务合同8份,输出劳务人员731人,合同金额832万美元,营业额361万美元。2009年,赤峰市与日本签订劳务合同10份,输出劳务人员231人,合同金额332万美元,营业额161万美元。2010年,赤峰市与日本签订劳务合同8份,输出劳务人员216人,合同金额

268 万美元，营业额 169 万美元。1991—2010 年，赤峰市在对外劳务合作中向俄罗斯、日本、厄瓜多尔等国家输出劳务人员 7000 多人次。2011 年以后，赤峰市商务系统未有对外劳务输出项目。

第四节　外贸企业及管理机构

一、外贸企业

主要外贸流通企业　1991 年，赤峰市有赤峰市粮油食品进出口公司、赤峰市土畜产进出口公司、赤峰市五金矿产工业品进出口公司、赤峰市医药保健品进出口公司、赤峰市对外经济贸易公司 5 家主要外贸流通企业。全市出口收购额累计完成 2.04 亿元，4 家专业公司出口完成 1.77 亿元，占全市出口商品收购额的 86.8%。其中赤峰市粮油食品进出口公司完成收购额 5074 万元，市土畜产进出口公司完成收购额 5320 万元，市五金矿产工业品进出口公司完成收购额 6006 万元，市医药保健品进出口公司完成收购额 1259 万元。全年出口总额为 541 万美元。其中市对外经济贸易公司自营出口创汇 80.17 万美元，市长城地毯厂自营出口创汇 451.32 万美元，其他企业自营完成 9.51 万美元。

1995 年，赤峰市有市土畜产进出口公司、市进出口公司、市对外经济贸易公司、赤峰市对外贸易运销公司、内蒙古自治区国际贸易总公司赤峰分公司等 6 家主要外贸流通企业。全市进出口总额为 2585 万美元。其中市土畜产进出口公司完成 114 万美元，市进出口公司完成 52 万美元，市对外经济贸易公司完成 698 万美元，其他企业自营完成 1721 万美元。

2000 年，赤峰市有赤峰市对外经济贸易总公司、赤峰市五金矿产工业品进出口公司、内蒙古草原兴发进出口有限责任公司等 3 家主要外贸流通企业。具有自营进出口权的赤峰艾克制药科技股份有限公司、赤峰维信羊剪绒制品有限公司、赤峰金剑铜业有限责任公司等外贸生产企业与全市民营企业和“三资”企业成为对外贸易主体，自营出口创汇在对外贸易中比例不断上升。全市进出口总额为 7908 万美元。其中内蒙古草原兴发进出口有限责任公司自营完成 445 万美元，赤峰维信羊剪绒制品有限公司自营完成 1209 万美元，赤峰艾克制药科技股份有限公司自营完成 1369 万美元，赤峰金剑铜业有限责任公司自营完成 2158 万美元，其他流通企业及企业自营完成 373 万美元。

2006 年，赤峰市有赤峰信源对外经贸有限公司、赤峰泽鑫经贸有限公司、赤峰国源对外贸易有限公司、赤峰晟昊粮油食品有限公司、内蒙古草原兴发进出口有限责任公司等 5 家主要外贸流通企业。全市对外贸易进出口总额完成 3.02 亿美元。其中赤峰信源对外经贸有限公司完成 1.51 亿美元，赤峰泽鑫经贸有限公司完成 3000 万美元，其他流通企业及企业自营完成 1.21 亿美元。

到 2014 年，赤峰市有赤峰山金瑞鹏贸易有限公司、赤峰信源对外经贸有限公司、赤峰泽鑫经贸有限公司、赤峰国源对外贸易有限公司、赤峰国润进出口商贸有限公司、赤峰晟昊粮油食品有限公司等6家主要外贸流通企业。全市对外贸易进出口总额完成8.53亿美元。其中赤峰国源对外贸易有限公司完成4300万美元,赤峰山金瑞鹏贸易有限公司完成2.16亿美元,赤峰金剑铜业有限责任公司自营进出口完成4.34亿美元,内蒙古伊品生物科技有限公司自营进出口完成1055万美元,其他流通企业及企业自营完成1.49亿美元。

主要外贸生产企业 1991年,赤峰市主要外贸生产企业有赤峰长城地毯厂、赤峰制药厂、赤峰外贸肠衣厂、赤峰皮毛厂和赤峰金剑铜业有限责任公司等5家企业,年生产出口产品总值约400万美元,占全市出口总额541万美元的74%。1992年以后,随着市场经济的发展、对外开放的扩大,赤峰市外贸生产企业及产品不断增多。到2000年,赤峰市的外贸已经从组织货源型转向直接出口创汇型,使越来越多的企业直接走向国际市场。"三资"企业的不断增加,形成外贸、自营、进出口企业和"三资"企业共同出口创汇的局面,一些大中型企业成为出口创汇的大户,主要有赤峰中色锌业有限公司、赤峰金剑铜业有限责任公司、赤峰制药股份有限公司、赤峰云铜有色金属有限公司、林西冷山糖业有限责任公司等骨干企业。到2007年,赤峰制药股份有限公司、内蒙古伊品生物科技有限公司、赤峰市新朗德粮贸有限责任公司、内蒙古塞飞亚农业科技发展股份有限公司、安琪酵母(赤峰)有限公司等骨干企业的生产总值约为28亿元,占全市外贸生产企业生产总值36亿元的77.8%。到2014年,赤峰市主要外贸生产企业发展到14家,主要有赤峰制药股份有限公司、赤峰市新朗德粮贸有限责任公司、赤峰金剑铜业有限责任公司、赤峰东荣羊绒制品有限公司、赤峰东黎绒毛制品有限公司、赤峰中色白音诺尔矿业有限公司、赤峰维信羊剪绒制品有限公司、内蒙古塞飞亚农业科技发展股份有限公司等。全市外贸生产企业生产总值约200亿元,骨干生产企业产值约160亿元,占总产值的80%。赤峰制药股份有限公司主要生产土霉素、灰黄霉素、春雷霉素等,年产值10亿元;赤峰市新朗德粮贸有限责任公司主要生产加工荞麦原粮、荞麦米、烤制荞麦仁、荞麦壳、小米、糜子米、高粱米及其他豆类等,年产值1亿元;赤峰金剑铜业有限责任公司主要经营范围是硫酸回收、粗铜冶炼、三废产品(炉渣)回收和利用、阴极铜生产,年产值约100亿元;赤峰东黎绒毛制品有限公司是经营山羊无毛绒、羊绒服装、羊绒围巾的合资企业,年产值5亿元。

二、外贸管理机构

1988年5月,赤峰市对外经济贸易总公司成立,与赤峰市对外经济贸易局为一套机构、两个牌子。1991年,赤峰市对外经济贸易局内设业务科、外经科、财务科、审计科、人事科、秘书科、行政科7个职能部门,共有机关工作人员26人。下设赤峰市驻大连、黑河、满洲里、二连浩特、绥芬河、呼和浩特、海口7个办事处,共有工作人员39人。下辖赤峰市粮油食品进出口公司、赤峰市五金矿产工业品进出口公司、赤峰市土畜产进出口公司、赤峰市医药保健品进出口公司、赤峰市经贸进出口公司、赤峰市经贸包装装饰公司、赤峰市外贸冷冻厂、赤峰市外贸肠衣厂等9家外贸企业。1995年3月,赤峰市机构改革,撤销赤峰市对外经济贸易局,成立赤峰市对外经济贸易总公司,保留市对外经济贸易局的牌子。

1996年,赤峰市对外经济贸易总公司有下属企业14家。1997年以后,各外贸企业先后进行产权制度改革,建立现代企业制度,逐步退出国营序列。1993—1997年,先后撤销赤峰市驻黑河、满洲里、海口等办事处,只保留大连办事处,收归市政府直接管理。

2001年,赤峰市对外经济贸易局更名为赤峰市对外贸易经济合作局,负责全市对外开放、招商引资等对外贸易与经济合作工作。内设外贸管理科、外资外经科、招商引资科、合作管理科、综合业务科、办公室,编制19人。2003年12月,对外贸易工作划归市商务局统一管理,至2014年未变。

第二章 海 关

1993年6月,满洲里海关驻赤峰办事处(简称海关赤峰办事处)成立,1996年3月1日开始办理海关业务。海关赤峰办事处认真贯彻海关总署《中华人民共和国海关报关单位注册登记管理规定》《中华人民共和国海关企业分类管理办法》《中华人民共和国海关企业信用管理暂行办法》等法规规章,加强对海关企业的注册登记管理、分类管理和信用分级管理。对诚信守法企业予以表彰奖励,对失信违法企业予以惩戒。海关企业管理工作不断规范化、制度化、法治化。至2014年,赤峰辖区共有注册企业282家,其中AA类企业1家,A类企业16家,B类企业265家。积极开展进出口企业和“三资”企业等的保税加工,减免税上报审批、登记备案和后续管理;认真开展稽查、征收关税和其他税费;严格查处走私违规案件。到2014年,注册进出口业务企业282家,比1996年增加234家,比2010年增加103家;进出口货物11007吨,比1996年增加9773吨;货值2155.04万美元,比1996年增加2105.6万美元,增长42.28倍;进出口加工贸易额2797.7万美元,比1996年增加2770.3万美元,增长101倍。1996—2014年,海关赤峰办事处共审核进出口货物报关单497份,监管进出口货物13.73万吨,进口货物总值3.53亿美元;缉私行政立案69件,查获案件案值1590.1万元,罚没收入740.1万元;征缴入库税款2.15亿元。为国家挽回巨大经济损失,打击了走私分子,维护了进出口贸易的正常秩序,促进了赤峰地区经济的健康快速发展。

第一节 海关监管

1996年3月,满洲里海关驻赤峰办事处开始办理业务,积极开展进出口货物监管。海关赤峰办事处不断加强监管体系建设,改进作业流程、简化通关手续、提高办事效率,积极支持符合条件的企业开展区域通关。多次到天津海关、沈阳海关、锦州海关、二连海关等周边口岸海关考察学习,对守法水平较高的 A 类企业优先开展区域通关。与赤峰检验检疫局签订《对进境货物木制包装检疫监管签订配合协议》,加强关、检业务联系配合和信息共享,共同为赤峰地区外向型经济把好关、服好务。1996—2014 年,共审核进出口货物报关单 497 份,监管进出口货物 13.73 万吨,进口货物总值 3.53 亿美元。监管的主要进口产品有:铜精矿、铜精矿粉、铁矿、盐渍羊皮等;出口产品有:绒毛制品、农副产品、化工初级产品等。

1996—2014 年满洲里海关驻赤峰办事处监管通关业务情况统计表

表 6-2-6

年份	监管进出口货运量(吨)	监管进出口货物总值(万美元)	加工贸易手册备案数(册)	合同备案进口总额(万美元)	合同备案出口总额(万美元)
1996	1234.00	49.80	21	9.00	18.40
1997	1424.00	253.60	18	1309.70	2200.00
1998	4870.00	1244.10	7	143.70	207.60
1999	747.00	2545.40	8	179.00	349.00
2000	55.70	89.60	2	166.00	292.00
2001	47700.00	13821.80	9	267.30	439.70
2002	163.00	282.00	6	185.00	291.60
2003	5955.00	149.83	10	403.00	580.00
2004	65.00	102.50	19	828.00	1423.00
2005	108.96	136.50	20	750.00	1264.00
2006	3878.00	4202.10	11	120.00	218.00
2007	3085.00	4151.42	24	744.14	1495.00
2008	481.00	26.32	14	892.00	1359.00
2009	43793.00	3062.66	11	1029.77	1364.00
2010	294.00	535.78	29	1951.67	3289.00
2011	16.00	28.40	19	2802.03	4458.78
2012	383.00	120.15	15	733.83	1222.00
2013	12088.00	2370.63	24	1155.98	3127.00
2014	11007.00	2155.04	17	748.70	2049.00
总计	137347.63	35327.63	284	14418.82	25647.08

1996 年 3 月开始，海关赤峰办事处开展加工贸易货物监管工作，包括来料加工和进料加工。积极推行简政放权，取消加工贸易手册设立、变更、核销、申报行政许可审批手续，简化企业办事程序，为企业减负增效；为促进加工贸易内销便利，实行加工贸易内销集中办理制度，支持加工贸易企业统筹利用国际国内两种市场资源，鼓励和引导加工贸易企业转型升级；支持赤峰地区承接加工贸易转移，出台便捷通关措施，促进加工贸易企业发展。1996—2014 年，加工贸易手册备案 284 册，合同备案进口总额 1.44 亿美元，合同备案出口总额 2.56 亿美元。

第二节　税收征管

1996 年，海关赤峰办事处开始办理业务后，坚持贯彻执行海关税收工作方针，认

1996—2014 年满洲里海关驻赤峰办事处税收征管业务情况统计表

表 6-2-7

年份	税款入库总额（万元）	审批减免税份数（份）	审批减免税款总额（万元）	实有注册企业数（家）	稽查企业数（家）
1996	26	4	35	48	—
1997	219.6	1	17	57	5
1998	5	287	500	68	7
1999	38	67	2216	72	7
2000	26.2	38	4788.89	87	7
2001	28.1	33	1444.7	49	4
2002	88.76	27	1652.88	57	5
2003	4.78	34	1261.35	74	7
2004	2.72	34	1857.3	81	5
2005	32.97	16	464.97	90	9
2006	1237.63	19	11895.52	126	27
2007	8551.37	7	1000.53	162	20
2008	263.75	8	989.35	172	11
2009	5196.78	4	66.83	174	9
2010	597.98	8	502.56	179	7
2011	199.87	0	0	199	4
2012	229.29	0	0	211	5
2013	2446.50	0	0	240	4
2014	2349.64	0	0	282	19
总计	21544.94	587	28692.88		164

真落实海关税收法规,努力挖掘税源,强化税收征管,不断提高税收征管水平。当年,海关赤峰办事处征缴入库税款26万元。2000年,征缴入库税款26.2万元。2010年,征缴入库税款597.98万元。到2014年,征缴入库税款2349.64万元,比1996年增长89.37倍,比2010年增长2.93倍。1996—2014年,海关赤峰办事处共征缴入库税款2.15亿元。

海关赤峰办事处认真落实海关各项税收优惠政策,及时为企业办理减免税业务提供政策上的指导,协调解决企业办理减免税过程中遇到的问题和困难,全力支持赤峰市重点项目建设和地方经济的发展。1996—2014年,海关赤峰办事处为大唐(赤峰)新能源有限公司、赤峰东黎绒毛制品有限公司、赤峰市污水处理厂、赤峰市制药厂、赤峰市医院等50家单位办理减免税证明手续587份,减免税金额合计2.87亿元,为赤峰地区风电、纺织、环保、制药和医疗事业的发展作出积极的贡献。

第三节　查缉走私

1996年3月,海关赤峰办事处对外开展业务以后,积极开展打击走私违法犯罪活动,以查获无合法证明进口车辆为重点,开展一系列打击行动。海关赤峰办事处加强与公安、铁路、缉私警察等的联系配合,分别签订合作谅解备忘录,形成反走私工作齐抓共管、综合治理的局面。2000年6月,成立海关赤峰办事处缉私局,建立缉私警察队伍,进一步加强查缉走私工作。2007年6月,撤销缉私局,成立海关赤峰办事处缉私科,继续开展和加强查缉工作。1996—2014年,缉私行政立案69件,查获案件案值1590.1万元,罚没收入740.1万元。其中1998—2002年查获案件最多,查获案件58件,查扣进口走私或组装汽车59辆、摩托车48辆,查获案值590万元,罚没收入536.9万元。

第四节　陆港及保税物流中心建设

赤峰国际陆港　位于内蒙古红山物流园区内。是赤峰市依托天津港区域大通关优势,以红山物流园区铁路运输基地为基础建设的具有国家二类口岸功能的内陆无水港。项目整体规划面积30公顷,总投资1.13亿元,于2012年7月30日开工建设,2013年10月竣工并封关运营。赤峰国际陆港具备港口口岸、保税监管、国际国内物流配送等功能,是内蒙古通往全国及远东地区最便捷的陆路通道。

赤峰保税物流中心　位于内蒙古红山物流园区内。2013年8月,赤峰保税物流中心经国家海关总署、财政部、国家税务总局、国家外汇管理局批复同意设立。是内蒙古首家投入运营的B型保税物流中心。2014年9月12日,赤峰保税物流中心揭牌,同时一期工程竣工。保税物流中心通过依托天津港、大连港、锦州港等区域大通关优势及国际港口口岸功能，以红山物流园区铁路运输基地为基础，为赤峰及周边地区外向型企业提供进口货物保税仓储、出口退税、转口贸易、国际物流配送等功能服务。项目建成后，赤峰将成为开放层次高、政策优惠广、服务功能全的海关监管区域。

第三章 出入境检验检疫

赤峰出入境检验检疫局是国家质检总局派驻在赤峰地区负责进出口商品检验、进出境动植物检疫和出入境卫生检疫工作的行政执法机构。1991 年称赤峰进出口商品检验局（简称赤峰商检局），主要职能是对赤峰地区进出口商品的质量、规格等进行检验检疫。1991 年，赤峰商检局检验检疫进出口商品 1077 批次，货值 1.8 亿元人民币。此后，随着赤峰地区经济的发展，对外贸易不断增加，赤峰市商检局进出口商品检验检疫量也相应增加，到 1998 年，全年检验检疫进出口商品 1338 批次，货值 5385 万美元。1999 年 11 月，赤峰商检局更名为赤峰出入境检验检疫局（简称赤峰检验检疫局），主要职能是在进出口商品检验检疫的基础上，增加出入境卫生检疫与处理、出入境动植物检疫、外商投资财产鉴定、进出口商品安全质量许可管理、实验室认可管理，以及涉外检验检疫鉴定等。赤峰检验检疫局根据新的工作职能要求，调整职能机构，增设综合技术服务中心，增加检测设备器具 80 多台套，可检测项目 120 多项，涉及农产品、畜产品、食品、化工、矿产品等 8 大类商品，获得国家级计量认证、食品检测资质认定及实验室认可资格。2000 年，赤峰检验检疫局检验检疫进出口商品、动植物等 1377 批次，货值 6494 万美元。2001 年以后，赤峰检验检疫局紧密结合赤峰地区经济发展实际，落实出口农产品、小微型企业一般原产地征收费减免政策，为进出口企业提供方便、快捷、优质的服务。到 2014 年，检验检疫进出口商品、货物 1108 批次，货值 2.53 亿美元。2014 年，被国家检验检疫局授予全国检验检疫系统窗口标准化建设“全国示范窗口”称号。

到 2014 年，赤峰检验检疫局有在职职工 34 人。内设办公室、综合业务科、植检检验检疫监管科、动检检验检疫监管科、轻工纺织检验监管科、机电化（工）矿（产）检验监管科 6 个科室和综合技术服务中心。

第一节 商品检验

一、出口商品检验

1991 年，赤峰商检局依据商检法对进出口商品实施检验和监督管理，全年检验出口商品 892 批、品种 40 个，货值 1.59 亿元。其中不合格 3 批，货值 46 万元。1992 年以后，检验出口商品品种、数量逐渐增加。到 1996 年，检验出口商品 523 批，货值 2915 万美元。检验不合格商品 5 批，货值 11 万元。检验出口商品 50 种，大宗商品有羊毛衫、鸡肉、豆类、荞麦、饲料、氟石等。1998 年,检验出口商品 1287 批,货值 4848 万美元。检验不合格商品 5 批,货值 11 万美元。主要大宗出口产品有禽肉、玉米、氟石、荞麦、羊绒、锌锭等。

1999 年 11 月,赤峰出入境检验检疫局开始承担动植物检疫、卫生检疫和进出口商品检验监管任务。全年共检验检疫出口商品 951 批,货值 3633 万美元,检验检疫商品 13 类 36 种。2000 年,检验检疫出境货物 1340 批,货值 5855 万美元。检验检疫大宗出境货物主要有:玉米 712 批,20.14 万吨;禽肉 306 批,6374 吨;牛羊肉 32 批,945 吨;杂粮杂豆 61 批,5658 吨;羊绒 44 批,240 吨;毛衫 48 批,66420 件。2003 年,检验检疫出境货物下降到 14 类 50 种。2004 年以后,检验检疫出境货物品种、数量又开始回升。2014 年,共检验检疫出境货物 794 批,货值 5491 万美元。主要有羊绒衫、羊剪绒鞋靴、荞麦及其制品、饲料、鸭肉等。

动物产品出口检验　羊肉。羊肉的检验始于 1962 年,断断续续有所出口。1998 年到 2005 年,共检验羊肉 44 批、1935 吨,货值 2018 万美元。羊肉检验采取检验人员驻厂监督加工与检验相结合的办法,在赤峰检验检疫局帮助下,2002 年,内蒙古草原兴发集团生产的“羔羊肉”获得地理标志注册。2006 年后,无羊肉出口。

牛肉。牛肉检验采取检验和驻厂监督的方式。1980—1992 年,检验出口冻牛肉 1802 批、34424 吨。1993—2002 年,检验出口冻牛肉 117 批、78223 吨。2011—2012 年,检验出口冻牛肉 24 批、524 吨。

鸡肉。赤峰地区 1972 年开始出口冻肉用鸡肉。1991—2005 年,检验出口冻肉用鸡肉 2279 批、40131 吨,货值 6454 万美元。内蒙古草原兴发集团公司生产的鸡肉主要出口到日本、中东和中国香港等地,其产品“草原兴发绿鸟鸡”于 2002 年获得地理标志注册。

鸭肉。2001 年 4 月,内蒙古塞飞亚集团公司鸭肉系列产品获得对南非出口食品卫生注册,开始出口鸭肉。2001—2003 年,共检验检疫出口鸭肉 88 批、2153 吨。2004—2012 年,检验检疫出口鸭肉 218 批、4358 吨,货值 956 万美元。2013—2014 年,检验检疫出口鸭肉 136 批、2426 吨,货值 650 万美元。2014 年 11 月,内蒙古塞飞亚集团公司成为内蒙古首家禽肉熟食在日本注册企业。

植物产品出口检验　荞麦。赤峰荞麦在国际市场特别是日本、韩国等市场十分畅销。1989—1992 年,检验出口荞麦 277 批、17174 吨,货值人民币 1423 万元。1993—2003 年,检验 562 批、90279 吨,货值 1545 万美元。2004—2012 年,检验 2184 批、17.42 万吨,货值 1.15 亿美元。2013—2014 年,检验 301 批、23206 吨,货值 1507 万美元。

玉米。玉米 1974 年首次检验出口。1991—1992 年,检验出口玉米 185 批、25270 吨。1994 年,检验 6 批、1020 吨。1997—2000 年,检验 1964 批、48.78 万吨,货值 6463 万美元。2002—2003 年,检验玉米 1797 批、86.07 万吨,货值 9045 万美元。在赤峰检验检疫局的支持与帮助下,“赤峰黄玉米”于 2003 年取得地理标志注册。2004—2005 年,完成玉米检验 706 批、34.89 万吨,货值 4573 万美元。

酵母与饲料出口检验 酵母。2000年以后，赤峰检验检疫局开展食品的品质检验和卫生检验检疫。2000—2003年，检验检疫出口酵母91批、237吨，货值164万美元。2004—2012年，检验检疫出口酵母276批、8483吨，货值1955万美元。2013—2014年，检验检疫出口酵母41批、735吨，货值178万美元。

饲料。2014年6月，内蒙古伊品生物科技有限公司通过出口饲料生产、加工、存放企业检验检疫注册登记考核，具备了出口资质。2014年12月，该公司累计出口赖氨酸及玉米蛋白粉104批、11462吨，货值1215万美元。

氟石出口检验 1962年，开始检验出口氟石。1980—1992年，检验出口氟石3203批、471863吨，检验出不合格125批、42966吨。1993—2000年，检验出口氟石432批、22.61万吨，检验出不合格4批、1600吨。

轻纺产品出口检验 赤峰地区的轻纺产品是传统出口项目。赤峰检验检疫局对境内4家轻纺企业实施二类管理。2013年8月15日起，羊剪绒鞋靴和羊绒衫不再实行法定检验。

羊绒。赤峰地区出口羊绒多为原绒和水洗绒。羊绒检验始于1988年。1991年，赤峰检验检疫局检验羊绒1批、5吨，货值人民币142万元。1992年，检验2批、18吨，货值人民币335万元。自1994年以后，赤峰地区每年都有羊绒出口。1994—2003年，检验出口羊绒386批、922吨，货值5350万美元。2004—2012年，检验出口羊绒421批、960吨，货值9083万美元。2013—2014年，检验出口羊绒48批、170吨，货值2548万美元。

羊绒衫。羊绒衫主要销往日本、美国和欧盟等国家和地区。羊绒衫的检验始于1981年。1988—1992年，检验羊绒衫306批、28.43万件，货值人民币5221万元。1993—2003年，检验451批、90.76万件，货值4451万美元；检验出不合格4批、15458件，货值77万美元。2004—2012年，检验1383批、330万件，货值1.28亿美元。2013年，检验出口羊绒衫51万件，货值2120万美元。

羊剪绒鞋靴。出口羊剪绒产品是赤峰地区出口的传统项目，外销美国、欧盟等20多个国家和地区。2004—2012年，检验羊剪绒鞋靴2561批、889万双，货值1.67亿美元。2013年，检验羊剪绒鞋靴69万双，货值1258万美元。

二、进口商品检验检疫

1991年以后，赤峰地区大宗进口商品主要有木材、化肥、羊皮、铜精矿粉和成套设备。贸易国主要涉及俄罗斯、蒙古、澳大利亚、新西兰、日本、德国、法国等国家。1991年，检验进口商品185批，货值2099万元；不合格15批，占总批次的8.1%。此后，由于不同年度进口的商品品种、数量、价格不同，进口商品年批次、总值等也各有不同。1995年，检验进口货物278批，货值506万美元；检验不合格进口商品3批，货值150万美元。2000年，检验入境货物37批，货值639万美元。检验大宗入境货物主要是铜精矿粉19批、372吨；羊皮10批、881吨。2005年，共检验检疫入境货物315批，货值4801万美元，主要有铜精矿、皮张等。2010年，共检验检疫入境货物734批，货值3.65亿美元，主要有铜精矿、皮张、车辆等。2014年,检验检疫入境货物314批,货值1.98亿美元,主要有铜精矿、皮张等。

元宝山电厂进口成套设备检验 元宝山电厂从1994年开始进口设备,货值1000万美元。主要进口设备有轮斗、排土机、分流站、破碎站、集中控制设备和皮带运输车等部分设备。为做好设备检验,检验检疫局工作人员驻现场办公,先后检验发现不合格设备与配件120多台件,出具索赔证书85份,索赔金额达178万美元。

进口木材检验 进口木材检验以原木为主,有少量方木和板材,均来自俄罗斯。1991—2000年,进口木材66批次、13731立方米,查出不合格木材15批次,出具索赔证书790份,索赔金额257.8万瑞士法郎。

进口化肥检验 1991年,检验化肥158批、17508吨,货值人民币1554万元。1992年,检验25批、9464吨,货值人民币645万元。1993年,检验17批、10566吨,货值170万美元。1994—1996年,检验36批、7434吨,货值207万美元。1999年,检验1批、3吨,货值1万美元。进口化肥主要来自俄罗斯,少量来自于美国。进口的俄罗斯化肥质量问题严重,不合格为3批,货值19万美元。

进口铜精矿粉检验 1997年,赤峰从蒙古和俄罗斯进口铜精矿粉,数量多、货值高,是赤峰地区传统的进口大项。1997—2014年,检验进口铜精矿粉4216批、171.01万吨,货值20.33亿美元;检验进口不合格1批、64吨,金额达1万美元。在入境铜精矿检验监管中,根据夏、冬季气候条件,分别制定签样流程,积极改进进境铜精矿检验监管方法,建立完善进境铜精矿质量追溯体系,保证样品的公正性和可追溯性,维护了贸易双方的合法权益。

第二节 动植物检验检疫

1991年,赤峰商检局主要承担动植物及其产品的品质检验。1999年11月,赤峰商检局更名为赤峰出入境检验检疫局。其职能除原来的进出口商品检验外,还增加了动植物检疫和卫生检疫。

一、进口皮张检验检疫

1989—1998年,检验检疫进口羊皮4批、10.57万张,货值68万美元;检验出不合格1批、30000张。1999—2003年,检验检疫进口羊皮115批、4450吨,货值664万美元。2004—2012年,检验检疫进口羊皮968批、35654吨,货值9566万美元。2013—2014年,检验检疫进口羊皮142批、5202吨,货值1281万美元。在检验检疫中,对每批进口皮张都进行炭疽杆菌检测,对检出的检疫物及时进行检疫处理,防止有害生物的传入;对皮张生产的废料,定期在检验检疫人员监管下进行销毁处理,防止疫情疫病传播。

二、进口蒙古马检疫

2014年初,大连绿洲集团进口25匹蒙古马,经二连口岸入境,按要求在赤峰地区设临时隔离场所进行隔离检疫。大型动物的进口在赤峰地区属于首次，赤峰检验检疫局完成对马匹到达前后的消毒处理、采血、送样以及监管记录。

三、防止有害生物传入

2010年，在进境木质包装中，发现并截获外来有害生物3批次，经鉴定为小杆线虫、滑刃线虫、米扁虫等7种有害生物，均为赤峰地区首次截获。2011年，在入境皮张中3次截获检疫性杂草刺苍耳，在入境医疗设备木质包装中检出活体小杆线虫。2012年，在入境皮张中截获检疫性有害生物6批次2种，分别为刺苍耳、意大利苍耳。在入境木质包装中截获外来有害生物1批次1种，经鉴定为锯谷盗，为赤峰地区首次截获。2013年，截获外来有害生物1批次1种，经鉴定为墙大麦。2014年，截获外来有害生物1批次1种，为刺苍耳。每次截获有害生物后，为防止入侵的有害生物在赤峰地区繁衍扩散，及时对木质包装进行除害处理。

四、检疫性实蝇监测

1999年以后，赤峰检验检疫局严格按实蝇监测有关技术规范操作，对各个实蝇监测点进行认真备案，使用GPS标注方位，定期巡查诱捕点，定期添加和更换引诱剂、诱饵，定期收集实蝇标本，定期做好监测记录；同时执行疫情上报、标本保管、疫情处置等工作程序，逐步完善外来有害生物的监测体系。

五、外来杂草监测

1999年以后，赤峰检验检疫局不断加强外来杂草疫情防范，坚持开展外来杂草调查、预防、处理工作。2011年7月，由中国科学院、中国检验检疫科学研究院、内蒙古检验检疫局、赤峰检验检疫局相关专家组成外来有害杂草监测组，对赤峰市元宝山国家粮食储备库、赤峰市红山国家粮食储备库周边环境的杂草进行抽样调查。发现有零星外来检疫性杂草齿裂大戟和毒莴苣，及时向赤峰市政府有关领导进行专题汇报并通报有关部门，按照《外来杂草监测技术指南(2010)》的要求进行检疫处理。

第三节　卫生检疫

赤峰出入境检验检疫局从2000年开始进行劳务输出人员健康体检工作。2000—2012年，对赴俄罗斯、日本、蒙古国劳务输出人员实施健康体检2230人次。2012年10月，内蒙古国际旅行卫生保健中心赤峰工作部成立，方便了赤峰及周边盟市对外劳务输出人员、因公因私出国人员、留学人员的健康体检和免疫接种。2012—2014年，为出入境人员982人进行健康体检和预防接种。2014年9月，检测出1例艾滋病病毒感染者，对该感染者不予发放健康证书，对其进行流行病学调查和提供健康建议，并通报市卫生局等有关单位。

表 6-2-8

1991—2014 年赤峰市出入境检验检疫情况统计表

年份	出入境货物检验检疫				入境货物检验检疫				出境货物检验检疫				金额单位
	批次	金额	其中		批次	金额	其中		批次	金额	其中		
			不合格批次	金额			不合格批次	金额			不合格批次	金额	
1991	1077	18045	18	75	185	2099	15	29	892	15946	3	46	万元
1992	945	18770	10	126	–	–	–	–	945	18770	10	126	万元
1993	1060	4403	7	252	77	1057	4	249	983	3346	3	3	万美元
1994	1061	7161	16	52	170	682	10	19	891	6479	6	33	万美元
1995	865	3717	8	63	278	506	3	–	587	3211	5	63	万美元
1996	600	3091	9	13	77	176	4	2	523	2915	5	11	万美元
1997	911	5581	6	82	72	1966	1	2	839	3615	5	80	万美元
1998	1338	5385	5	11	51	537	–	–	1287	4848	5	11	万美元
1999	980	4041	0	0	29	408	0	0	951	3633	0	0	万美元
2000	1377	6494	0	0	37	639	0	0	1340	5855	0	0	万美元
2001	761	4395	1	3	125	2220	0	0	636	2175	1	3	万美元
2002	1445	6915	0	0	168	2229	0	0	1277	4686	0	0	万美元
2003	2370	13159	4	23	292	3544	0	0	2078	9615	4	23	万美元
2004	1287	9529	17	227	421	5549	16	227	866	3980	1	0	万美元
2005	1607	11940	2	12	281	4349	0	0	1326	7591	2	13	万美元
2006	1486	13684	1	4	298	8546	0	0	1188	5138	1	4	万美元
2007	2004	27783	4	401	777	22452	2	399	1227	5331	2	2	万美元
2008	1830	43131	0	0	628	37232	16	227	1201	5898	0	0	万美元
2009	1967	24466	1	1	692	18033	1	1	1275	6433	0	0	万美元
2010	2215	45988	1	1	734	36519	0	0	1481	9468	1	1	万美元
2011	2085	54624	30	453	562	38821	0	0	1523	15803	30	453	万美元
2012	1823	46508	20	101	443	36122	0	0	1380	10386	20	101	万美元
2013	1334	25396	16	41	238	17010	1	0	1096	8386	15	41	万美元
2014	1108	25310	10	29	314	19819	0	0	794	5491	10	29	万美元

第三篇　社会服务业

第一章　住宿　餐饮业

第一节　住宿业

1990年，全市有国营、集体、个体宾馆、招待所、旅店近600家，从业人员5000多人，床位2万张，年营业额2000多万元。20世纪90年代中期，一批国有宾馆加快建设，赤峰宾馆鹤翔楼、红花沟金矿黄金大厦、民族旅社等一批宾馆、旅店的建成和投入使用，使赤峰地区宾馆、旅店规模与档次有很大改善。

2000年后，宾馆酒店快速发展。西拉沐沦、新泰和、赤峰酒店、军昊酒店、天王国际酒店、丽景酒店、金帝酒店、九天国际酒店、玉龙国宾馆等一批星级宾馆酒店的建设，提升了城市的旅游接待层次。到2010年，全市新建、续建三星级以上宾馆酒店建设项目8个，其中6个均为新建项目，且分布在旗县。到2014年，全市有各类宾馆酒店4560家，从业人员42000人，营业额19.61亿元。其中大中型宾馆酒店866家，小型宾馆、旅店、个体旅社、招待所3694家，其中有四星级宾馆酒店5家，三星级宾馆酒店11家，二星级宾馆酒店17家。主要宾馆酒店有赤峰宾馆、玉龙国宾馆、赤峰万达嘉华酒店、九天国际酒店、福兴东方精品酒店、金帝酒店、新泰和宾馆、金尊宾馆、金方宾馆、丽景酒店。

第二节　餐饮业

1980年后，赤峰市饮食业发生新的变化，集体、个体饮食企业异军突起，打破国营企业独家经营的局面。高级餐厅、豪华餐厅日渐增多。市区比较大的饭店有赤峰饭店、鹿鸣春饭庄、松州饭店、聚宾楼饭庄等，各旗县区所在地也都建有当地特色和风味的饭庄。在菜点上先后引进北京全聚德烤鸭、东来顺涮羊肉等200多个品种，挖掘地方风味50多个。主食上引进兰州抻面、沈阳老边饺子、锅贴、天津包子等30多个品种，挖掘地方风味20多个。同时，把糕点、小食品生产、销售引入餐饮业经营，全市糕点、小食品品种达200多个。西餐、咖啡馆在市区及各旗县区均有开办。阿旗、左旗、克旗市面都设有民族茶馆,店内有奶茶、黄油、炒米、奶豆腐、奶嚼口等奶食品供应,深受牧民欢迎。

1991年,全市饮食业有2213家,其中正餐企业605家,快餐企业1390家,快餐经营网点218家。全市饮食业从业人员8147人,营业额9136万元。1998年,以小型企业为主的饮食服务业继续采取租赁、承包的形式,进一步放开、搞活。全市饮食服务业资产总计2658万元,职工总人数1870人。市直40个饮食服务网点,总营业面积22687平方米,职工人数1459人。至2000年底,以小型企业为主的饮食服务业,资产总计1495万元,缴纳税金7万元,职工人数1387人。全年出售营业网点8个,一次性置换职工身份502人,离退休职工463人转送社保局。到2005年,赤峰市区较为知名的饭店有:湘临天下大酒店、银海饭店、经棚饭店、仙客来饭店、赤峰烤鸭店、乾贵酒店、红武大酒店、天元大酒店、福成肥牛酒店、大自然酒店、福兴楼酒店、京城鸭子坊等。随着新城区的开发建设,一批高档餐饮企业陆续在新城区落户开业,如银海草原城、天泽酒楼、可汗宫酒店、锡伯河美食城等。到2010年,全市有餐饮业户8975家,从业人员达35216人,年营业额32.88亿元。其中正餐饭店达2250家,从业人员15085人;快餐业网点达3980家,从业人员10920人。到2014年,全市餐饮业户发展到12185家,从业人员达48273人。其中正餐营业户3080家,从业人员23500人;快餐经营网点8520家,从业人员19450人;各类茶馆、茶楼达到40家,从业人员210人;其他餐饮业户545家,从业人员5113人。

一、餐饮

正餐　1991年,全市正餐企业共有605家,从业人员2945人。其中有鹿鸣春饭庄、民族饭店、聚宾楼饭庄、赤峰饭店、松州饭店、大众饭店、东风饭店、新华餐厅、宴宾楼饭店等19家国营、集体正餐饭店。从业人员1562人,均隶属于赤峰饮食服务公司。其中国有企业17家,从业人员1502人;集体企业2家,从业人员60人。1991年,赤峰地区名店、名师、名菜点擂台大赛中,鹿鸣春饭庄、民族饭店、聚宾楼饭庄、赤峰饭店等4家正餐饭店被评为赤峰名店。1992年以后,随着市场经济的发展、社会消费者的需求,餐饮业企业规模不断扩大,原有的餐饮企业规模、档次不断提高。同时,赤峰大酒店等一批新的正餐饭店陆续开工兴建。到1995年,全市正餐饭店发展到1028家,从业人员4950人。各饭店、酒楼不断开发、引进经营品种,扩大经营规模,提高经营水平。引进北京全聚德烤鸭、东来顺涮羊肉等菜品200多个品种,挖掘地方风味50多个品种。全市国家特二级以下四级以上厨师、面点师、服务师达到496人,形成赤峰菜点体系。

1996年以后,赤峰市民营餐饮企业快速增加,规模、档次不断提高。到2000年,全市正餐餐饮企业达到1028家,从业人员4950人,正餐服务业规模、档次进一步提高。至2001年末,全市餐饮业相继完成企业转制工作,均退出国有、集体序列,转为民营企业。2001年以后,赤峰市经济进入高速发展时期,人民生活水平、消费水平进一步提高,餐饮业进一步快速发展。星级宾馆酒店与正餐饭店在整体行业规模和个体规模上实现双增长。众多宾馆酒店集餐饮、住宿、娱乐、休闲、健身于一体。至2005年,全市正餐营业户

1763 家，从业人员 8450 人。2006 年以后，全市宾馆、酒店建设实现新突破。到 2010 年，全市正餐饭店达 2250 家，从业人员达 15085 人。2011—2014 年，全市投资近 8 亿元，完成新建、扩建大型宾馆、酒店、餐饮娱乐建设项目 50 多个，包括赤峰宾馆贵宾楼、天王国际酒店、赤峰港湾世纪酒店、元宝山五星级酒店、左旗京都宾馆酒店、元宝山广厦苑星级酒店等。到 2014 年末，赤峰市正餐营业户达到 3080 家，从业人员 23500 人。

快餐 20 世纪 80 年代后，快餐餐饮业在全市主要城区、旅游景点、交通发达和人口密集的地方兴起。1991 年，全市快餐经营网点发展到 218 家，从业人员 590 人。快餐店铺以个体经营居多，主要经营米饭、面食和地方小炒菜品。多数早餐店、夜宵店经营早点和特色小吃，如馄饨、包子、烧饼、水饺等。快餐店菜品简单，就餐方便、快捷、价廉。同年，市饮食服务公司所属的赤峰饭店烤鸭店凤凰厅首次推出自助餐。1995 年末，全市有快餐业网点 820 家，从业人员 1650 人。1996 年以后，快餐业快速发展。到 2000 年，全市有快餐业网点 1020 家，从业人员 2250 人。

2001 年后，赤峰市进一步加强餐饮业的引导和支持，快餐业发展速度进一步加快，快餐店规模不断扩大、数量不断增多，组织形式、服务方式等也发生重要变化。一些特色餐饮企业采取连锁、配送等现代组织形式和服务方式开拓市内外餐饮市场，经营规模不断扩大。一些餐饮企业挖掘地方餐饮资源，以蒙古族游牧风俗和草原文化为背景，开发蒙餐系列；利用本市独有的农产品、畜产品和林产品开发一批新菜、名菜、特色菜，打造赤峰特色风味餐饮品牌。2010 年，全市快餐业网点达到 3980 家，从业人员 10920 人。至 2014 年末，全市快餐经营网点 8520 家，从业人员 19450 人。王子海鲜城、东方快车、山西罐焖肉店、肯德基快餐店、老边饺子馆、包子王、十三香馅饼铺、刀削面馆、兰州牛肉拉面、加州牛肉面、大连海鲜店、蒙餐店等各具特色的快餐店分布于各个城镇街区。

二、茶馆

1991 年，赤峰市茶馆数量不多，规模不大。1992 年以后，随着经济的快速发展，人们生活水平不断提高，生活方式、生活习惯、消费观念也在发生着变化。随着茶饮消费人员的增加，全市茶馆数量逐渐增多，规模不断扩大，服务不断完善。2003 年 3 月，赤峰地区规模最大的茶楼青藤茶艺楼建成，经营面积 500 平方米。此后，阿鲁科尔沁旗天山镇的托娅茶馆、林西镇的安达茶馆、宁城县的雨花石茶楼、元宝山区的上品茶楼等规模较大的茶楼、茶馆先后建成开业。到 2014 年，全市各类茶馆、茶楼达到 40 家，从业人员 210 人。其中有红山区的青藤茶艺楼，新城区的赤峰海贝尔茶庄、吴裕泰茶庄，元宝山区的水润茶庄、茗桂茶楼，宁城县的雨花石茶楼等比较高档茶楼、茶馆 15 家，从业人员 80 人。

第三节 宾馆 酒店选介

赤峰宾馆 位于红山区昭乌达路南段，邻近赤峰火车站。始建于 1958 年，总建筑面积3.2万平方米,总投资6400万元。1998年,被评为四星级宾馆。2012年,建成五星级标准的贵宾楼。宾馆内设置客房296间,床位310个,大中小餐厅27个,能同时容纳2000人就餐,不同规格会议室10个,设备完善,功能齐全,提供住宿、餐饮、会议等服务。

赤峰玉龙国宾馆　位于赤峰市新城区玉龙大街东段,是内蒙古兴业集团股份有限公司在赤峰市按照五星级标准投资兴建的宾馆。2012年建成营业,设有客房101间(套),160个床位,从业人员267人,年营业额1780万元。宾馆内设有高档套房、客房、会议厅、餐厅等设施,提供不同规格和类型的会议、住宿、餐饮等接待服务。

赤峰万达嘉华酒店　位于赤峰市红山区西拉木伦大街万达广场,由大连万达集团按五星级标准兴建的宾馆。2014年6月20日开业运营。设有350间客房及套房,859个床位。酒店设有高档客房、会议厅室、餐厅、健身房等设施,可提供各种会议、住宿、餐饮等接待服务。

赤峰九天国际酒店　位于赤峰市新城区兴安街,由九天建材化工(集团)有限责任公司投资建设。2009年开业运营,总建筑面积43500平方米,地上26层,地下2层。酒店内设有会议厅、住宿客房、餐厅及健身、娱乐等设施,是提供各种会议接待、住宿、餐饮及健身、娱乐服务的四星级酒店。

宴宾楼饭店　是赤峰老字号饭店。1915年,由晋商张文琳创办,取名庆丰楼饭庄。1952年,更名为宴宾楼饭店,地址在红山区一道街。"文化大革命"期间一度更名为"工农兵饺子馆"。2011年,宴宾楼饭店迁址到昭乌达路原人大招待所。2013年12月,宴宾楼饭店组建宴宾楼餐饮有限公司,分设机构有宴宾楼和美饭店(喀喇沁旗)、宴宾楼红山区店等。总店宴宾楼和美饭店营业面积4600平方米,其他店(含营业门市)营业面积2700平方米。有职工172人,其中国家级特等厨师2人,内蒙古自治区级名厨1人,中级职称厨师11人。主营项目为中餐、熏酱类熟食。特色项目是老赤峰传统菜和赤峰名小吃熏肉对夹。2014年,该公司销售收入200万元,纳税42.5万元。

第二章　中介 保安 居民服务业

第一节　中介服务业

20世纪80年代,赤峰从事中介服务的机构和人员不多,只有少数几家个体职业、婚姻介绍所。1990年以后,随着市场经济的发展和需要,中介服务机构不断增多。1991年,赤峰市有中介服务机构37家,从业人员89人,其中红山区有10家,松山区有5家,元宝山区有2家,其他各旗县有20家。1995年以后,中介服务业快速发展。除政府部门设置的人才市场、劳务市场外,从事职业介绍、房屋交易、家政服务、信息咨询等个体私营中介机构大量增加。到2000年,全市中介服务机构发展到105家,从业人员 395 人。2005 年以后，中介服务项目拓展到价格认证、物业中介、会计审计、职业中介等。到 2012 年，全市有各类中介机构 1320 家，从业人员 6750 人。到 2014 年，全市有中介服务机构 1385 家，从业人员 6945 人。

第二节　保安服务业

保安服务业是 20 世纪 90 年代兴起的一种社会服务行业。1991 年，红山区、松山区、元宝山区和林西县先后成立保安服务公司，主要开展保安服务和保安业务咨询，共有保安人员 228 人，服务客户 58 户。2005—2009 年，克什克腾旗、敖汉旗、喀喇沁旗、翁牛特旗、宁城县先后成立保安服务公司。到 2010 年，全市保安服务机构发展到 10家，从业人员 1208 人。2014 年，全市有保安服务机构 15 家，从业人员 2008 人。主要为政府机关、企事业单位、矿山、住宅区、金融单位及各类会议、场所提供保安服务，为商家提供防盗服务和贵重物品押运服务。

第三节　居民服务业

一、美发、美容及健身

20 世纪 80 年代，随着改革开放的深入，赤峰市理发业快速发展。到 1990 年，全市理发摊点达到 1106 家，从业人员 1206 人。美发业除在各社区的网点外，还遍布城市各街路。除少数几家国营、集体理发、洗浴机构外，大多数是个体理发店，有的店铺只有一两个人。服务项目除男士理发、女士理发、烫发外，还有染发、护发等，理发价格只有几毛钱。1995 年以后，美容、美发、健身业开始快速发展，其服务项目越来越多，服务档次越来越高，消费价格越来越高。美容服务项目有除皱、文眉、文唇线、文眼线等，有的还增加了护肤、按摩等服务项目。美发档次不断提高，有染发、焗油、离子烫、平板烫、夹板烫、喇叭烫等多种类型。健身业有健身房、瑜伽培训班、健身操培训班等个体服务机构和场所，提供健身器材和教练、培训服务。到 2014 年，全市理发、美容、美发、健身业发展到 6848 家，从业人员 14315 人。其中红山区、松山区、元宝山区理发、美容、美发、健身业 3628 家，从业人员 7120 人；各旗县理发、美容、美发、健身业 3220 家，从业人员 7195 人。

二、洗浴

1991 年，全市有国营、集体、个体洗浴服务机构 40 家，从业人员 165 人。有淋浴、搓澡、修脚、按摩等服务项目。部分机关、企事业单位内部都设有洗浴设施。1992 年以后，人民生活水平、消费水平进一步提高，洗浴服务项目不断增多。除一般性大众洗浴外，一些高档次、多项目服务的洗浴中心等洗浴服务机构逐渐兴起。一般的洗浴场所都设有淋浴、桑拿浴、拔罐、修脚、推盐、推奶、搓澡等项目。高档洗浴中心有雅间按摩，浴缸式奶浴、盐浴、鲜花浴及美容、美发服务。休息区设有闭路电视、茶点水果、冷热饮、餐饮等多项服务,顾客可一次性购买套餐消费,也可购年卡消费。到2005年,全市有洗浴企业320家,从业人员960人。进入21世纪,赤峰市宾馆酒店发展速度加快,一般宾馆酒店均设有洗浴设施,许多大型宾馆酒店附设洗浴中心。2006年以后,红山区莱茵河洗浴中心、赤峰宾馆商务部等具有一定规模和档次的洗浴服务企业先后建成营业。到2014年,全市洗浴服务业机构、网点有637家,从业人员1911人。

三、家政服务

20世纪80年代,除为数不多的家庭保姆、家具制作等家政服务人员外,其他家政服务项目和人员很少,没有专门的家政服务机构或网点。1990年以后,市场经济快速发展,人民生活水平日益改善,家政服务需求不断增加。专门从事家政服务的家政公司、搬运公司、装修公司、家政中介机构等不断增加,服务项目不断扩大,有家庭保姆、家务钟点工、家庭卫生保洁、搬家、运输、家庭设施设备维修、安装等。此外,市区的有些街路口有定点维修服务人员常年聚在一起,有木工、瓦工、粉刷工、电工等,服务上门,随叫随到。2005年,全市从事家政服务的机构网点达到105家,从业人员520人。

2009年,赤峰市家政服务网络中心成立。该服务中心整合家政服务资源,通过电话、网络等信息手段,提供维修、养老、法律、物业管理、房屋租售等服务。至2012年底,中心城区约有190家家政公司、服务中心,旗县约有450家家政小公司、小店铺从事家政服务业。各类家政服务公司的从业人员约2万人,通过各类中介和社区推荐就业、自谋职业、灵活就业从事家政服务的人员约10万人。

2014年末,全市有家政服务机构、网点2457家,其中规模以上企业20余家。家政服务从业人员12285人。

2011—2014年,赤峰市妇联、赤峰农牧学校、赤峰学院等单位定期承办家政服务培训班,培训家政服务学员近5000人。2014年,宁城县万家帮家政服务体系建设项目、赤峰市红武社区配餐工程、红山区社区服务中心社区居家养老服务体系建设项目、赤峰职业技术培训学校家政服务培训项目通过有关部门验收合格。赤峰市被列为全国家政服务网络体系建设试点城市。

四、洗染编织

20世纪80年代,随着人民生活水平的提高和轻纺工业的发展,呢绒、毛料、羽绒等高档服装走进千家万户。1985年,市饮食服务公司投资8万元引进德国产干洗设备1套,在红山区五西街成立“普兰德”高级干洗店,是赤峰市成立最早、规模最大、设备最先进的干洗店,服务项目有干洗、甩干、熨烫、织补。1990年,全市有国营、集体、个体干洗店21家,从业人员250人,固定资产100万元。

1991年,全市有国营、集体、个体干洗店20家,从业人员70人,年营业额180万元。1995年以后,市场经济快速发展,人民生活水平不断提高,居民的洗涤需求向干洗、熨烫、染色、织补、皮革护理保养、羊绒产品清洗、羽绒服清洗、家庭床上用品清洗等多样化发展。到 2012 年末，全市有洗涤业经营户 420 家，从业人员 1260 人，服务网点多集中于街道商业区和社区内。到 2014 年，全市洗染经营户发展到 550 家，从业人员达 1520 人。较大的有赤峰市普兰德洗染公司，元宝山区瑛洁洗衣店、衣佳干洗店，林西县康洁干洗店、瀚凰干洗店、丫丫干洗店，宁城县海燕干洗店，巴林右旗悠然干洗坊，喀喇沁旗新依生缘干洗坊、洗来雅干洗店，翁牛特旗洁尘干洗店、晶洁干洗店等。

五、摄影、打字复印

20 世纪 80 年代后，赤峰市照相业快速发展。到 1991 年，全市有摄影、彩洗、扩印商户 287 家，从业人员 503 人，营业额 200 余万元。随着电子数码科技的快速发展，数码相机应用、电脑制作、洗印技术逐渐普及，摄影项目不断增加。过去的单调的底板、胶卷照相形式逐渐被淘汰，婚纱照、艺术照、标准照、集体照、室外实景照、礼仪现场照、旅游景点照等流行。影楼备有各种西装、民族装、艺术装、时装等摄影专业服装可供选择，有专业化妆师为顾客服务。洗印照片可满足顾客各种需求，还可刻盘保存。照相服务可满足顾客的多样需求，包括到指定地点场合，提供多种拍照服务。2005 年，全市摄影及扩印服务业户达 506 家，从业人员 1581 人，其中红山区、松山区摄影及扩印户各有 100 多家，从业人员 200 人。到 2014 年，全市有摄影、扩印服务业机构及个体商户 2162 家，从业人员达 4820 人。

20 世纪 80 年代至 90 年代初，赤峰地区基本没有提供打字复印、光盘刻制服务的商户。从 1995 年开始，随着电子数码信息技术的快速发展，机关企事业单位和个人拥有电子办公设备的大幅增加，赤峰地区从事打字、复印、光盘刻制的服务商户逐渐增加，到 2012 年发展到 810 家。

第三章 广告 娱乐 会展业

第一节 广告 娱乐业

一、广告

1991 年，全市有广告经营单位 53 家，广告从业人员 202 人，广告营业额 170 万元。1992 年，昭乌达蒙古族师专、北方民族研究所开展广告业务。1993 年，全市有广告经营单位 68 家，其中全民 62 家、集体 6 家，专业广告公司 9 家，广告从业人员 359 人，年广告经营额达 211 万元。在市区路灯上、候车亭、商厦门前、大桥两边制作了精美的灯箱广告和公益广告，既美化了城市又宣传了企业形象。宁城县 60 家企业、15 家个体户利用自有场地统一建起以街道两侧、楼顶、墙壁、沿街电线杆、街道路标和路牌为主的户外广告一条街。1995 年，全市广告经营单位 81 家，从业人员 412 人，经营收入 548 万元。

1997 年,各广告公司走联合经营、参股经营之路,增强竞争力,促进广告业健康发展。全市广告经营单位发展到 102 家。其中电视台 17 家,电台 7 家,报社 20 家,杂志 2 家,广告公司 30 家,其他 26 家。广告从业人员 469 人,经营收入 750 万元。到 2000 年,全市有广告经营单位 129 家,从业人员 640 人。2001 年以后,赤峰市广告服务业快速发展,广告形式多样,有报纸广告、广播电视广告、手机广告、电子屏广告、车载流动广告、车厢广告、图窗广告、条幅广告、路牌广告、大型建筑物广告等。到 2010 年,全市广告经营单位达到 258 家,从业人员 1020 人,广告经营收入 1.4 亿元。到 2014 年,全市有广告经营单位 540 家,从业人员 2012 人,广告营业额 1.42 亿元。全市最大的广告企业有赤峰亿翁策划广告有限公司和赤峰北方广告有限公司。

二、娱乐

1991 年,全市有娱乐服务业户 105 家,主要有歌厅、舞厅、卡拉 OK 厅、网吧等。从业人员 310 人,年营业额 525 万元。1992 年以后,随着经济的发展、人民生活水平的提高,赤峰地区娱乐服务业逐步发展。1995 年,全市发展到 259 家,从业人员增加到 958 人,年营业额 2590 万元。1996 年以后,各地区先后建起的大型宾馆、酒店大都装备多功能厅、卡拉 OK 厅、KTV 等娱乐设施,有的建有电子游戏厅、网吧、棋牌室。娱乐消费水平显著提高,娱乐业快速发展。到 2005 年,全市有娱乐业户 592 家,从业人员 1770 人,年营业额 5900 万元。到 2010 年,全市娱乐业户发展到 986 家,从业人员 2958 人,年营业额 9868 万元。到 2014 年末,全市娱乐服务业场所发展到 1586 家,从业人员 4758 人,营业额 1.9 亿元。

第二节　会展业

赤峰国际会展中心于 2006 年 4 月开工建设,2008 年 7 月建成投入使用。总占地面积 5.24 公顷,建筑面积 3.75 万平方米。其中展览中心面积 1.8 万平方米,可容纳国际标准展位近 700 个;会议中心面积 1.9 万平方米,有能容纳 10 ~ 1200 人的会议室 20 多间;室外广场面积 2.8 万平方米。

赤峰国际会展中心从 2008 年开始运营,至 2014 年,先后承办接待赤峰市人民代表大会、赤峰市政治协商会议等各种大型会议、会展 1766 场次,参加人员 680.68 万人次,成交额 57.96 亿元,缴纳税金近 6 亿元。其中举办农博会、汽博会、啤酒节、美食节、金博会、图书展、房交会、文博会、婚博会、人才交流会及动漫展等各类大型专业展会 85 场次,参展商 1.6 万家,参展观众 610 万人次;举办“名师讲堂”等培训会议 13 场次,参会人员 1.44 万人次;举办红山文化节 35 场次,各种演出活动 419 场次,参加人员 39.42 万人次。

2008—2014 年赤峰国际会展中心会展业务情况统计表

表 6-3-1

年份	数量（场次）	参加人数（人次）	交易额（万元）
2008	5	330000	61000
	51	33200	—
2009	6	670000	65000
	82	43150	—
2010	8	970000	68000
	309	46325	—
2011	15	1210000	81000
	528	88050	—
2012	12	850000	83000
	272	272610	—
2013	18	950000	86000
	181	102490	—
2014	21	1120000	135600
	258	121000	—
总计	1766	6806825	579600

第四章　拍卖　典当业

第一节　拍　卖

1996 年 5 月，赤峰市第一家拍卖行——赤峰天正拍卖中心在红山区成立。主要业务范围有：国资、公检法、金融、海关和工商财税等部门需要变卖的国有资产、缉私罚没物资、破产企业资产、抵税物品、强制执行的抵债物品等。拍卖涉及房地产、机动车及生产资料，同时还进行企业产权、生产许可权、房屋租赁权、无形资产、其他经营权和使用权的拍卖业务。此外，该行受北京太平洋国际拍卖有限公司的委托，负责赤峰地区文化艺术品、古玩珍藏品的拍卖征集鉴定业务。

2000 年以后，赤峰市拍卖机构开始增加。2004 年，全市有拍卖企业 9 家，均设在红山区。全年开展拍卖 201 场次，成交总额 3.66 亿元。主要涉及房地产、机器设备、机动车等。上缴税金65.25万元,实现利润26.46万元。2007年,全市有拍卖企业11家,企业员工96人。当年举行拍卖会153场次,成交额3.27亿元。标品来源中,政府部门和金融资产机构委托2.57亿元,占全部标品来源的78.5%,其他机构委托6741.16万元,占全部标品来源的20.6%,个人委托为284万元。2010年,全市有拍卖企业14家,其中分支机构1家,公物拍卖企业6家,共有拍卖从业人员220人。当年,开展拍卖121场次,成交总额约4亿元,上缴税金613万元。主要涉及房地产、机器设备、机动车等。到2012年,全市有拍卖企业达18家。到2014年,全市有拍卖企业20家,从业人员245人。

2014年赤峰市主要拍卖、典当公司(行)一览表

表6-3-2

名　称	地　　点
内蒙古广厦拍卖有限责任公司	新城区
赤峰天润典当有限责任公司	新城区
赤峰博宇拍卖有限责任公司	红山区
赤峰昌泰拍卖有限责任公司	红山区
赤峰诚誉拍卖有限责任公司	红山区
赤峰德融拍卖有限责任公司	红山区
赤峰方大拍卖有限责任公司	红山区
赤峰宏达拍卖有限责任公司	红山区
赤峰乾盛拍卖有限责任公司	红山区
赤峰天正拍卖行	红山区
内蒙古广义拍卖有限责任公司赤峰分公司	红山区
内蒙古正平拍卖有限责任公司	红山区
赤峰市兴隆典当有限责任公司	红山区
赤峰市新泰和典当有限公司	红山区
赤峰昌泰典当有限责任公司	红山区
赤峰宝山典当有限责任公司	元宝山区
赤峰诚轩拍卖有限责任公司	元宝山区
赤峰诚誉拍卖有限责任公司	喀喇沁旗
内蒙古广厦拍卖有限责任公司宁城分公司	宁城县
内蒙古广厦拍卖有限责任公司敖汉新洲分公司	敖汉旗

第二节　典　当

2003 年 4 月，赤峰兴隆典当公司成立，是赤峰地区第一家典当企业，主要经营房地产、机械设备抵押典当以及典当物品的鉴定、评估、咨询等，后又有天润、新泰和、昌泰、聚源等典当公司挂牌营业。

2005 年，全市典当金额 5690 万元。在经营品种中，房地产占 78%，机动车占 0.9%，黄金、铂金、钻石饰品占 0.01%，生产资料占 20.8%。到 2007 年，全市有典当企业 5 家，从业人员 44 人，实收资本 6096 万元。当年完成典当业务 32 笔，典当金额 1557 万元，典当总额 1890 万元，上缴税金 41.6 万元，利税总额 66.2 万元。到 2012 年，全市典当企业发展到 14 家。典当服务范围从以城乡居民为主要服务对象的生活服务用品典当，正逐步转移到以中小企业和个体工商户为重要对象的生产资料、房地产、机动车等财产权利典当。到 2014 年，全市有典当企业 20 家。

第五章　计算机及软件服务业

第一节　计算机服务业

20 世纪 90 年代初，赤峰地区计算机应用还未普及，只有部分机关、企事业单位配备和使用计算机。计算机服务机构有赤峰理想电脑有限公司、赤峰市联众电脑科技有限公司等几家公司，主要从事计算机、复印机及计算机零配件销售和售后维修服务等业务。1992 年，赤峰市计算机科学应用服务站成立，隶属于赤峰市科协，主要从事计算机应用服务。

1996 年以后，随着科技的发展，各机关、企事业单位不断提高办公自动化水平，配备和应用计算机的机构及个人不断增多，计算机销售服务机构不断增加。1996 年，赤峰巨安电子工程有限公司成立，主要开展计算机软件研发、自动化设备维修及经销等业务。此后，赤峰金辰电子有限责任公司、赤峰申联科技有限责任公司、赤峰海达商贸有限责任公司先后成立，主要从事信息系统集成、软件研发、自动化设备维修及经销、工程设计、施工、售后服务等信息技术服务，经销家电、通信、电脑产品。

随着计算机技术的进步，在各领域应用日益广泛，使用计算机的机构和个人不断增加，计算机服务业快速发展。2000 年，昭乌达电脑城建成开业，营业面积 5000 平方米，100 多家商户进驻经营，是集时尚数码专区、笔记本专区、软件超市、电信网络产品以及办公用品等营销为一体的电脑商城。进入 21 世纪，随着计算机技术的飞速发展，计算机在机关、企事业单位各领域进一步普及，计算机服务业进一步发展，计算机软件开发、应用、销售、维修服务机构进一步增多。2010年,赤峰百岁达科技有限公司成立,主要从事计算机软硬件的研发及销售、计算机技术服务等。至2014年末,全市从事计算机信息技术相关服务业的企业法人单位60多家,从业人员2200多人,主营业务收入26亿多元。

第二节 软件服务业

1992年,赤峰市计算机科学应用服务站成立,主要开展计算机应用培训与服务。1996年,赤峰巨安电子工程有限公司成立,主要从事国家机关、企事业单位、各类院校和学校的计算机应用系统的设计与实施。项目范围包括校园网络、软件开发、网络信息化办公、多媒体设备教学应用、安防监控系统、工业生产自动化控制等。赤峰市计算机科学应用服务站与赤峰申信电脑网络公司重组为赤峰申联科技有限责任公司,主营计算机信息系统集成、工业自动化控制、建筑智能化控制等开发应用。2000年,赤峰市教育网络通信有限责任公司成立,主营宽带接入、软件开发、网站建设、系统集成等服务。到2000年末,全市有四级计算机系统集成资质企业6家,三级计算机系统集成资质企业2家,具有软件和软件产品认证企业4家。

2002年,赤峰市教育网络通信有限责任公司改建为内蒙古智信信息技术有限公司,主要从事计算机网络工程、安防工程、智能化小区建设、软件开发、系统集成工程建设与服务。2006年5月,赤峰市互联网络有限责任公司成立,主营软件开发、网络工程、网站建设、物联网系统集成、地理信息系统工程等业务。2010年4月,赤峰联智软件有限责任公司改建为赤峰云集软件科技有限公司,主营软件研发、信息系统集成和应用信息系统平台建设。

至2014年,全市从事软件信息技术服务业的企业法人单位140家,从业人员1252人,主营业务收入1.38亿元。其中从事信息技术咨询服务业的企业法人单位57家,从业人员345人,主营业务收入3666.4万元。总体企业规模不大,有软件人员20人以上的12家,8~19人的48家,其他均在7人以下。重点软件经营企业有内蒙古智信信息技术有限公司、赤峰市互联网络有限责任公司和赤峰云集软件科技有限公司。

第三节 赤峰蒙东云计算孵化园

2012年,自治区政府将赤峰市确定为自治区云计算试点城市,在赤峰市建设蒙东云计算中心,将赤峰市定位为云计算软件研发与应用示范中心和数据灾备中心。赤峰市政府在红山区建设以“龙云工程”为核心的云计算产业基地。以云计算软件研发与应用示范中心为主,以电子商务、服务外包、呼叫中心、软件研发4个领域为主攻方向,加强云计算孵化器、孵化园等基础设施建设。当年,红山区政府投资1亿元建设的蒙东云计算产业第一孵化器信息大厦投入使用，被自治区科技厅确定为自治区级物联网科技创新企业孵化器。同年5月，该大厦被商务部确定为首批34个国家电子商务示范基地之一。7月，由赤峰蒙东云计算产业联盟成员中科国际投资10亿元建设的赤峰蒙东云计算孵化园开工建设，孵化园占地13.67公顷，总建筑面积14万平方米。到2013年，孵化园完成31栋多层主体建设。

赤峰蒙东云计算产业第一孵化器信息大厦建成后，积极开展招商引资，至2014年，有北京恩源、华为、金蝶、中科国际、北大华光、内蒙古大学、天津渤海商品交易所、赤峰红软、赤峰百岁达等23家企业相继入驻大厦。云计算产业累计投资近7亿元。云计算孵化器、孵化园等基础设施不断完善，累计建设基础设施约16万平方米，孵化园建成面积9.6万平方米。已启动建设的项目14项，电子政务云、医疗云、电子商务云、中小企业服务云、蒙古文资源信息服务云、教育云、智慧社区云等重点示范工程均已投入使用和陆续投入使用。有从业人员600多人。企业交易额达到16亿元，其中云计算应用项目交易额达到13亿元，上缴税金900多万元。2014年，被人力资源和社会保障部认定为国家级示范性创业孵化基地。

第六章　维修　租赁业

第一节　维修业

一、汽车、摩托车维修

1991年，赤峰市有汽车、摩托车维修业户512家，从业人员2833人。1992年以后，随着国民经济的发展，机关、企事业单位和个人汽车、摩托车拥有量不断增加，汽车、摩托车维修市场也快速发展。1995年，全市汽车、摩托车维修业户达到742家，从业人员4105人。到2000年，全市汽车、摩托车维修业户达到848家，其中一类业户19家，二类业户76家，三类业户753家，从业人员5063人。全年维修各种车辆13.1万辆次。2005年，全市汽车、摩托车维修业户增加到1388家。其中一类维修业户22家，二类维修业户68家，三类维修业户1086家，摩托车维修业户212家；从业人员9817人。全年维修各种车辆20.28万辆次。其中整车大修1976辆次，总成大修3820辆次，二级维护57256辆次，专项修理13.98万辆次。到2010年，全市汽车、摩托车维修业户增加到1619家。其中一类维修业户37家（含具备危险货物运输车辆维修资质的业户2家），二类维修业户45家，三类维修业户1479家，摩托车维修业户58家；从业人员5856人。全年维修各种车辆65.58万辆次。其中整车大修3130辆次，总成大修13468辆次，二级维护54170辆次，专项修理58.28万辆次，维修救援2243辆次。到2014年，全市汽车、摩托车维修业户达到2179家，比2010年增长34.6%，比2000年增长156.96%，比1991年增长325.59%。

其中一类维修业户47家(含具备危险货物运输车辆维修资质的业户1家),二类维修业户66家,三类维修业户1981家,摩托车维修业户85家;有从业人员5592人,比2010年减少4.5%,比2000年增长10.45%,比1991年增长97.39%。全年维修各种车辆76.8万辆次,比2010年增长17.11%,比2000年增长486.26%。其中整车大修2108辆次,总成大修9102辆次,二级维护41320辆次,专项修理71.38万辆次,维修救援1560辆次。

二、日用品维修

1991年,赤峰市有自行车、钟表、家电维修及修鞋服务网点930家,从业人员1100人。1992年以后,随着人民生活水平的提高,日用品维修服务网点不断增加,维修项目也不断扩大。自行车维修大户大都同时开展修锁、开锁、配钥匙;修鞋户增加各类鞋子维修、翻新、保养及专职擦鞋等;家电维修网点随着家电品种的增多而不断增加。机关、企事业单位及个人电脑的应用数量增大,从事计算机和软件维修商家与日俱增。日用品维修服务业的服务范围不断扩大,增加电动车、小型交通工具维修,太阳能热水器维修,汽车美容、清洗,打印机、复印机、电脑等办公设备维修,电话、多功能手机等通信工具维修及供暖设备维护等服务机构、网点。到2010年,全市日用品维修服务网点达到3825家,从业人员4200人。到2014年,全市有日用品维修服务网点5011家,从业人员6100人。

第二节　租赁业

一、汽车租赁

赤峰市21世纪初期开始出现汽车租赁业务。2005年后,随着人民生活水平的提高,汽车租赁服务快速发展,租赁项目涵盖长租、短租、以租抵购、分时租赁商务用车和旅游用车等业务。2012年6月,全市有营业执照的汽车租赁业户220家,行业资产总值3320万元,共有从业人员500余人。租赁车辆以比亚迪、起亚、现代、吉利等经济型和小型车辆为主。其中红山区汽车租赁业户79家,租赁车辆345辆,持有工商营业执照的租赁业户46家;松山区汽车租赁业户10家,租赁车辆22辆,持有工商营业执照的租赁业户10家。至2014年无变化。

二、其他租赁

1991年,赤峰地区租赁业主要为图书音像制品租赁。一般图书音像商户在销售的同时开展租赁业务。1992年以后,随着市场经济的发展,建筑工程机械、工程设备等租赁服务商户开始出现并不断增加。翁牛特旗、敖汉旗等旗县区出现脚手架租用店、工程机械租赁中介等租赁业服务机构。到2000年,全市租赁业服务机构及个体商户发展到412家,从业人员820人。2005年后,一些中介机构经营房屋租赁业务,大型工程机械与设备租赁服务商户不断增加,可提供设备造型、定位、安装等服务。到2014年,全市租赁服务机构及商户发展到1391家,从业人员2780人。

第七章　物流业

第一节　物流配送

物流配送是1990年开始在赤峰兴起的新型业务。其前身是货物零担运输，仅赤峰汽车运输公司一家开展此项业务。1995年后，大型专业货运企业不复存在，以个体营运为主的物流配送运输在赤峰地区逐渐兴起。至年末，赤峰市共有营运载货车17511辆。其中大型货车12226辆、双排座货车120辆、特种车52辆、专用车248辆，小型货车1365辆、双排座货车3028辆、特种车356辆、专用车116辆。公路普通货物运输量1005万吨，货运周转量56740万吨公里。2000年以后，赤峰市物流配送载货车辆向大功率、专业用车、特种车辆、环保车辆方向发展。组织形式有个体营运、民营配货站、企业配送中心等。有各种营运载货车19858辆，总吨位76832吨。公路货物运输量8192万吨，货运周转量323200万吨公里。

2003年，赤峰市大型民营企业——中昊物流公司建立。有货车、服务车300辆，货运场站8个。在各旗县设立物流分公司，开展长途运输、高速快运、大件运输、异地配载等物流运输方式，实现规模经营。同年，赤峰市经贸委制定《赤峰市流通产业发展规划(2003—2010年)》，确定10家连锁配送企业为重点发展对象，予以扶持。选择基础条件较好、连锁经营有潜力的物流配送和食品及食品加工企业为突破口，发展连锁配送。赤峰市邮政局“11185”物流配送总公司、赤峰医药集团总公司的药品配送中心、市供销社农业生产资料连锁配送中心、六通物流、中杰物流、奔腾电器配送中心、成大方圆配送中心等物流企业快速发展。2004年，赤峰西拉木伦(集团)在平庄工业园区内建设赛欧亚物流园，将40多家配货站集中到园区内经营。2005年，赤峰中昊运输有限责任公司在红山区桥北镇建设中昊物流园区，成为赤峰市物流企业的龙头。物流业务覆盖到全市各旗县，扩展到锡林浩特市，河北省的承德、围场，辽宁省的黑水。物流业户发展到1020家，从业人员3000人。开通北京、天津、沈阳、石家庄及市内各旗县快运专线18条。到2006年，赤峰市有物流企业408家，年营业额5200万元，从业人员2870人。红山区启动并完成红山物流园区一期工程，引进各类企业19家；松山商贸物流园区与56家企业签订入驻合同；巴林右旗大板物流园区、喀喇沁旗牛家营子工贸物流园区、林西中昊物流园区开始建设。2007年，市政府印发《关于赤峰市中心城区物流产业园区建设的若干意见》，提出赤峰市物流园区发展的远景规划、发展目标和政策措施。

2010年，赤峰市物流建设项目15个，完成投资额24亿元。2012年，赤峰市在实施“万村千乡市场工程”项目中，建设本地承办企业物流中心15家。2013年，红山物流园区、松山物流园区、和美工贸园区以中心城区为依托,加快构建现代物流体系。赤峰国际陆港、赤峰保税物流中心、赤峰金融物流港等高端项目初具规模。同年7月,内蒙古农产品现代流通综合试点工作现场会在赤峰市召开。2012—2013年,赤峰国际陆港共发运货物497.1万吨,实现收入8.6亿元,利润811万元。2014年9月,赤峰保税物流中心项目通过国家海关总署、财政部、税务总局和外汇管理局验收,进入试运营。2013年,开工兴建赤峰金融物流港项目,至2014年12月,累计完成投资11.5亿元。一期工程信息中心、甩挂运输场站、金融物流中心、城市配送中心竣工,投入运营。

到2014年,赤峰市12个物流园区完成投资67.02亿元,累计完成投资410.85亿元,入驻企业1551家,从业人员21828人。销售收入393.59亿元,利税10.99亿元。

第二节　物流园区

一、内蒙古红山物流园区

内蒙古红山物流园区于2006年6月开始建设,至2014年,在建及建成区面积近10平方公里,基础设施达到"七通一平一监控"(通路、通电、通水、通暖、通电信、通燃气、通有线电视,土地平整,视频监控)标准。完成各类房屋场地建设330万平方米,其中仓库面积55万平方米。建设配货站点256个,停车场面积11万平方米,货场面积12300平方米,周转仓储82000平方米。完成园区铁路轨道铺设5.12公里,其中专用线4.82公里,与国铁接轨,可实现整列火车的直进直出和编组。建成铁路专用场站1处,占地面积20.4万平方米,仓储面积12.6万平方米。完成园区道路建设39条,总长34公里;完成园区与环城高速公路互通、桥北新城和松北新城城市干道与园区连接道路等重要交通工程。2008—2014年,园区先后开工建设赤峰保税物流中心、赤峰金融物流港、赤峰钢材城、赤峰石材城、内蒙古蒙东绒毛商城、赤峰汽修汽配城、赤峰汽修广场、北方汽车站商业广场、赤峰契丹城、赤峰北方现代物流配送中心、赤峰粮油市场、赤峰商贸城、蒙东云计算产业孵化园等重点项目,初步建成物流配送、物资仓储、汽车贸易、专业市场、旅游商贸、新兴业态、保税物流七大业态功能区。到2014年末,完成重点项目建设总建筑面积121万平方米,累计完成投资302.5亿元。进驻企业217家,从业人员4500人,年营业额330亿元,上缴税费8.5亿元。2011年6月,红山物流园区晋升为自治区级现代化综合物流园区,成为辐射蒙东、冀北、辽西区域物流节点的核心和现代综合物流园区的代表。

二、内蒙古松山物流园区

内蒙古松山物流园区于2008年12月开工建设,到2014年,完成道路建设12条、12750米,铺设供水管道4000米,铺设排水管网12000米,铺设供热管道8500米,建设66千伏变电所一处,设置绿化带12000平方米。2009—2014年,该园区先后开工建设完成蒙东农机市场、赤峰五金机电城、赤峰雨润农副产品物流配送交易中心、安徽商会农资市场及北辰综合市场等重点项目,建筑面积 84.6 万平方米。到 2014 年末,入驻园区企业达 930 家,带动就业 10000 多人,年营业收入 28 亿元,税收 7000 万元。

2014 年赤峰市物流园区建设情况统计表

表 6-3-3

园区名称	累计完成投资（亿元）	2014 年当年完成投资（亿元）	入驻企业（个）	就业人数（人）	销售收入（亿元）	税收（亿元）	建筑面积（万平方米）
红山物流园区	302.50	39.50	217	4500	330.00	8.50	121.00
宁城县铁西物流园区	6.41	1.76	51	920	7.00	0.20	14.00
内蒙古上京物流园区	6.70	1.60	7	40	1.12	—	17.00
敖汉物流园区	6.98	2.04	46	1068	4.08	0.19	16.40
翁牛特旗商贸物流园区	10.00	1.60	12	1200	4.50	0.45	2.50
赤峰北方商贸物流园区	8.00	1.50	12	300	—	—	20.00
内蒙古赤北物流园区	0.50	0.20	4	200	2.00	0.30	13.30
喀旗和美工贸园区	29.40	4.40	100	3000	14.50	0.68	100.00
松山物流园区	27.50	6.20	930	10000	28.00	0.70	84.60
赤峰商贸物流城	9.60	6.20	—	—	—	—	—
大板煤炭物流园区	0.51	0.51	1	100	0.29	0.22	19.00
赛欧亚物流园区	2.75	1.50	171	500	2.10	0.02	5.60
合　　计	410.85	67.01	1551	21828	393.59	11.26	—

三、物流园区入驻企业

赤峰中昊运输有限责任公司物流分公司　2003 年成立,2006 年入驻内蒙古红山物流园区。总投资额 1.7 亿元,公司占地面积 13.33 公顷,总建筑面积 45000 平方米。其中零担配载区建筑面积 16000 平方米,主要经营业务有道路货物运输、零担中转装卸、仓储配送、汽车修理、商务中心、餐饮、停车住宿等。有发往全国各地专线 57 条,包括北京零担专线、天津零担专线、沈阳零担专线、通辽零担专线、旗县零担专线等。该公司与赤峰云铜、赤峰金剑铜业、赤峰制药厂、天津金链德金属材料、赤峰啤酒厂、赤峰中色库博锌业、保定大利铜业等多家企业签订大宗运输业务协议。至 2014 年,该公司有重型挂车及中小型货车120辆,货物吞吐量200多万吨,年营业额1.5亿元,从业人员1100多人。该公司先后获2005年度中国物流百强企业、2007年内蒙古物流行业十强企业、2009年全国AAAA级物流企业、2012年全国先进物流企业等称号。

赤峰恩志物流有限公司　1999年成立,2006年入驻内蒙古红山物流园区。在园区建有大型库房面积23000平方米,主要经营货物运输、仓储、搬运、装卸等业务。拥有赤峰至石家庄、济南、临沂、北京等9条货运专线,自有运输车辆52辆,城市配送车辆35辆,通过赤峰分拣、发往旗县的中转站26个。2014年末,公司有员工79人,营业额达到1.16亿元,上缴税费273万元。

内蒙古久通物流有限公司　2012年5月成立,入驻内蒙古红山物流园区,注册资金6010万元,是以金融物流为主营业务,集仓储、办公、信息服务为一体的大型现代物流企业。主要合作企业有山东临沂兰山区新林丰配载市场、河东区鲁南配载市场,山东淄博良乡物流中心,锡林浩特四通八达物流园,河北石家庄市货运中心、润丰物流园、聚合港物流园、河北正定小商场物流配载市场,北京锦绣大地物流港、神龙丰物流园,天津振东物流园、奥森物流园,广东星星集团公司,赤峰好运来物流货运有限公司、赤峰昊翔物流货运有限公司等。2012年4月,该公司加入中国外运河北公司业务网络。2014年,公司有员工180人,营业收入2.3亿元,上缴税费1600万元。

赤峰永业仓储服务有限责任公司　2006年12月成立,入驻内蒙古红山物流园区。有固定资产近千万元,占地面积16公顷。是一家以仓储、钢材批发零售为一体的现代化钢材储备公司,主要经营种类有鞍山钢铁集团公司、首都钢铁集团公司、唐山钢铁集团公司、凌源钢铁集团公司等各大钢铁企业生产的许多品种,业务辐射内蒙古东西部盟市旗县及辽宁朝阳等周边城市,年交易量35万吨以上,入驻钢材经销商、五金水暖商户100多家。2014年,该公司有员工47人,营业额936万元,上缴税费110万元。

第四篇 旅 游

第一章 旅游景区(点)及特色旅游

赤峰市独特的地质构造、神奇的地貌特点、悠久的历史文化,造就了赤峰多姿多彩的自然和历史文化旅游资源。山峰、沙漠、草原、森林、温泉、冰雪、湖泊、冰臼、花岗岩石林、珍稀动植物、蒙古族风情、文物古迹一应俱全,门类齐备。赤峰市有各个时期历史文化遗址6800多处,国家重点文物保护单位49处,国家森林公园6处,国家级自然保护区8处,有世界级文化旅游品牌3处,是内蒙古旅游资源的富集区,被誉为"内蒙古的名片"和"自治区的缩影"。在全区确定的31个旅游重点旗县区(市)中,赤峰市占有7个,即克什克腾旗、喀喇沁旗、巴林右旗、巴林左旗、翁牛特旗、敖汉旗、宁城县。

第一节 旅游景区

2014年,赤峰市有3个AAAA级景区,分别是喀喇沁亲王府、克什克腾世界地质公园阿斯哈图花岗岩石林旅游区和达里湖旅游区。此外,还有8个AAA级景区、10个AA级景区。

克什克腾世界地质公园旅游区 克什克腾世界地质公园位于赤峰市西北部、内蒙古高原东部,地处大兴安岭山脉、燕山山脉和浑善达克沙地三大地貌结合部,独特的地理位置、特殊的地质结构造就了丰富独特的地质遗迹资源。克什克腾世界地质公园主要地质遗迹景观有阿斯哈图花岗岩石林、青山冰臼群及花岗岩峰林、黄岗梁第四纪冰川遗迹、平顶山"冰斗"群、达里诺尔火山群、热水塘温泉、西拉木伦大峡谷、浑善达克沙地等八种类型,在国内外具有独特性、稀有性、典型性和完整性,是研究地质、地貌、气候、动植物、沙漠、湖泊、河流、湿地等学科重要的科研基地。

阿斯哈图石林 位于克什克腾旗北大山上,距经棚镇105公里,其南部与黄岗梁国家森林公园相连,是克什克腾世界地质公园八大景区之一。阿斯哈图为蒙古语,汉译为"险峻的山峰",阿斯哈图石林是世界上罕见的花岗岩石林,为第四纪冰川遗迹,被专家

称为世界地质奇观。阿斯哈图石林分布面积约 15 平方公里,海拔高度约 1700 米,分为月亮城堡、桃园结义、雄鹰敛翅、围城、民俗生活娱乐五大景区。是克什克腾世界地质公园的重要组成部分,国家 AAAA 级景区。

克什克腾旗达里诺尔湖旅游区 达里湖旅游区位于克什克腾旗西北,距锡林浩特市 90 公里。是一个以保护珍稀鸟类及其赖以生存的湖泊、湿地、草原、沙地、林地等多种生态系统为主的综合性国家级自然保护区,1998 年 7 月保护区正式批准挂牌,已被列入"亚洲重要湿地"名录。保护区内有台地高原植被、湖积平原草原植被、低湿地植被

2014 年赤峰市 AA 级以上旅游景区一览表

表 6-4-1

级别	旅游区名称	地址	批准年份
AAAA	喀喇沁亲王府	喀喇沁旗王爷府镇	2005
AAAA	克什克腾世界地质公园阿斯哈图花岗岩石林旅游区	克什克腾旗白音查干苏木	2005
AAAA	达里湖旅游区	克什克腾旗达里湖	2009
AAA	曼陀山庄	克什克腾旗达尔罕苏木	2002
AAA	玉龙沙湖旅游区	翁牛特旗布日敦嘎查	2006
AAA	海贝尔游乐园	赤峰市新城区王府大街北段	2006
AAA	马鞍山国家森林公园	喀喇沁旗锦山镇东南	2008
AAA	巴林左旗召庙	巴林左旗林东镇南	2009
AAA	克什克腾世界地质公园博物馆	克什克腾旗经棚镇	2009
AAA	藏龙谷旅游区	宁城县黑里河镇	2012
AAA	敖汉温泉城	敖汉旗四家子镇	2012
AA	赤峰植物园	红山区红峰路	2002
AA	红山湖旅游区	翁牛特旗红山水库	2005
AA	红山公园	红山区红山路	2005
AA	南山生态园	红山区铁南大街	2006
AA	荟福寺	巴林右旗大板镇大板街	2006
AA	巴林右旗奇石馆	巴林右旗大板镇查干木伦街	2006
AA	巴林蒙古部落	巴林右旗大板镇郊外	2006
AA	大辽猎苑旅游区	宁城县黑里河镇	2009
AA	杜鹃山庄	宁城县黑里河镇	2009
AA	辽上京博物馆	巴林左旗林东镇	2009

和沙地疏林草原植被等多样的生态系统。达里诺尔湖区同时又是一个巨大的火山群，是克什克腾世界地质公园的一部分。达里诺尔湖是自然保护区的核心，水域面积226.8平方公里，水储量16亿立方米，水深10～13米，属于碳酸盐型半咸水湖，是内蒙古第三大湖。达里湖地处内蒙古高原，人烟稀少，湖面广阔，草甸、湿地齐备，是鸟类的天堂，是中国北方重要的候鸟迁徙通道，栖息着16目42科235种鸟类。其中有珍稀的丹顶鹤等国家一、二类保护鸟类26种，是国家珍稀鸟类保护区。

达里诺尔湖周围有砧子山岩画、曼陀水云洞、应昌路遗址、隆兴寺遗址、金界壕等大量历史遗存，达里诺尔湖的姊妹湖——岗更诺尔湖和多伦诺尔湖分列在其东西两侧。

黄岗梁国家森林公园旅游区　黄岗梁国家森林公园位于克什克腾旗东北部，总面积18万公顷。1995年筹建，1996年8月由林业部批准建立黄岗梁国家森林公园。是以森林、草原景观与蒙古族民俗风情为主体，融草原、山地、河谷、湖泊、草甸、丛林、疏林、沙地等景观于一体，集旅游、避暑、度假、科学考察等功能于一身的特大型国家级森林公园。

公园有原生植物种类在900种以上。形成天然森林景观、白桦和山杨丛林景观、针阔混交疏林草地景观、山地草甸景观等众多植物类景观。景区内有獐、狍、豹、狐狸、野猪、山鸡等各类野生动物300多种。开辟有黄岗梁国际狩猎场，占地2.13万公顷。公园内有多处冰川遗迹，保存了第四纪冰川最完整的形态。该公园开展观光、采集、骑射、垂钓、滑冰、滑雪、划船、观鸟、射猎等多种旅游项目。

大青山旅游景区　大青山景区位于大兴安岭东南边缘、克什克腾旗东部，距经棚镇25公里，距赤峰市区200公里。景区总面积30余平方公里，最高峰1574米。花岗岩形成的山体岩石经第四纪冰川运动，形成千姿百态的地质奇观。景区内峰峦叠嶂，群峰突起，连绵不绝，巍峨壮观。青山山体土石分明，山体阳面和沟谷两侧多是裸露的岩石，山体阴面绿树成荫，花草繁茂。青山象形石有鹰石、蛇石、龟石、蛙石、天犬石、双熊石、险石、老夫老妻石等，惟妙惟肖。在青山主峰花岗岩表面上，分布着大型冰臼群。青山疏林景观特点突出，尤以白桦林、紫桦林景色优美，加上山杨树、山丁子、山核桃、椴树、山梨树等景物更加吸引游客。1991年以后，当地政府不断加强青山旅游开发建设，修建景区道路、上山索道及餐饮、住宿等服务设施，游客数量不断增加。

青山冰臼景区　青山冰臼景区位于克什克腾旗东南部，距经棚镇约35公里。冰臼是冰川时期留在山岩上的臼坑石窝，亦称岩臼。青山冰臼是由花岗岩形成的山体岩石经第四纪冰川作用形成的特殊形态。1997年，在青山冰臼景区发现大规模“天然锅穴”冰臼群后，引起社会各界的广泛关注，1998年8月，青山冰臼景区被赤峰市政府批准为市级自然保护区，1999年8月，晋升为自治区级自然保护区，2001年，被国土资源部批准为国家级地质公园，2005年，被联合国教科文组织批准为克什克腾世界地质公园组成部分之一。青山冰臼地处大兴安岭的东南边缘，连绵近20公里。2004年以后，先后建起青山坛、洞吧、观景台等景观、设施，还修建了索道、电瓶车道、游步道、马道等游览基础设施。主要景观有青山坛、山顶大型冰臼群、花岗岩峰林、天然林景观、高山草甸疏林景观、野生动物景观、特色植物景观、古石庙等。

乌兰布统草原旅游景区 乌兰布统景区位于克什克腾旗西南部,曾是清朝皇家木兰围场区,乌兰布统为蒙古语,汉语的意思为红色的坛形山。景区距克什克腾旗人民政府经棚镇120公里,距北京、承德、赤峰的距离分别为450公里、260公里、300公里。东与红山子乡毗邻;南与河北省围场接壤;西、北与锡林郭勒盟多伦县和克旗浩来呼热乡交界,交通便利。乌兰布统景区自然旅游资源以草原、湖泊、沙地、湿地、林地为主,以林木花卉、野生动物为辅,而且大多保存完好。人文旅游资源以蒙古民族风情、古战场遗址遗迹、特色旅游商品为主,以蒙古文化、特色饮食等为辅,是开展文化旅游、民俗旅游、宗教旅游和产业观光旅游的载体。《还珠格格》《康熙王朝》《汉武大帝》等影视剧在这里拍摄。

贡格尔草原旅游景区 贡格尔草原位于克什克腾旗的西北、西南部,是集自然风光、人文景观、民族风情、名胜古迹和草原文化于一体的独具特色的观光旅游区。旅游区有白音敖包红皮云杉、达里湖等自然景观。贡格尔草原动植物资源丰富,有野生植物500多种,有狍、鹿、狼、猞猁、旱獭等野生动物30多种。草原上盛产白蘑、黄花、山韭菜等山野菜。黄芪、甘草、芍药、苦参等中草药产量也很大。有天鹅、水凫、百灵等珍稀鸟类133种。白音敖包红皮云杉林分布于贡格尔草原的东北部,是世界上仅存的两处红皮云杉之一,有"活化石"之称。

召庙旅游景区 召庙景区位于巴林左旗林东镇,面积10平方公里,是辽、清两代弘扬佛法的著名场所。在景区灵岩山东南陡壁上,有辽代开凿的三座石窟依次排列,中窟门楣刻"真寂之寺"四个大字。石窟前有清代续建的喇嘛庙——善福寺,俗称召庙,景区因此而得名。主要景点有灵岩山、圣水井、七锅山冰臼、平顶山古庙及大型祭祀遗迹等,还有蒙古族民间诗人沙格德尔墓园等人文景观,是人文景观和自然景观相结合的旅游胜地。

乌兰坝—沙那水库风景旅游区 旅游区位于巴林左旗浩尔吐乡北,距林东镇90公里,以森林景观、奇峰异石、野生动植物观赏、文物古迹和娱乐项目为主,由乌兰坝林区、沙那水库、金界壕、富河文化遗址等组成。乌兰坝,汉译为"红色的大山",以山峰上红色石崖得名,最高峰海拔1362米。坝上有山杨、桦、柞、榆、樟子松、油松、落叶松等20多个树种,建有落叶松种子园,是林业部人工育种的重点项目。乌兰坝山川峻秀,森林茂密,层峦起伏,风景优美,有十八罗汉山、双幽洞、仙人洞、老君炼丹、双鱼恋、鳄鱼石、观音、狼牙峰、鹰嘴峰、林海一柱、石门峰、南天门等景点。乌兰坝林区建有鹿场,绵延千里的金界壕从坝前穿过。南30公里处建有沙那水库,可进行钓鱼、游泳、划船、乘游艇等旅游活动。

玉龙沙湖旅游景区 玉龙沙湖位于科尔沁沙地西缘、翁牛特旗乌丹镇境内,距赤峰市区100公里,是集草原、沙漠、山林、湖泊和蒙古族风情于一体的国家AAA级旅游景区。"中华第一龙"就出土在这里。景区主要景点有玉龙沙湖、勃隆克奇石、响沙等。布日敦湖镶嵌在绿草和沙海之间,沙湖北面的勃隆克山是第四纪冰川遗迹,沙湖东北面

的响沙湾，沙丘自然坡高为 70 ~ 100 米，用手推动沙子会发出“呜呜”的低沉声音。景区设有垂钓、沙漠越野冲浪、沙浴、滑沙等项目，每年 6—10 月是景区旅游的黄金季节。

红山国家森林公园　位于赤峰市城区东北角，公园占地 4300 公顷。新中国成立后，党和政府带领广大群众大力开展绿化活动，在红山上栽植各种树木、花草，绿化面积不断增加。1991 年 11 月，经林业部批准建为国家森林公园，是全国唯一一处人工森林公园。1992 年后，红山区进一步加强红山国家森林公园建设。投入大量人力物力，引水上山，修道路、种花草、植林木、挖湖池、建廊亭。主要景区有红山揽胜区、碑廊亭榭区、佛事活动区、鸿雁观景区、森林活动区、红山先民村落、红山遗址群七大景区，还建有佛亭、邀月亭、聆风轩、龙涎池、碑廊亭榭组合等 57 个景点。红山上有自然形成的“靠山佛、卧驼峰、将军石、一线天、金蟾望月”等象形石。生长有黑松、云杉、落叶松、杨、柳、榆、柞、桦等野生或人工栽植的各类树种。园内有众多人文古迹，如远古太阳神像、战国燕长城遗址、辽金文化遗存及木兰碑等。园内开设蒙古包式旅馆及其他服务设施，推出独具蒙古草原特色的骑马、跑骆驼、蒙古长调牧歌等民俗旅游项目和烤全羊、手把肉、奶茶、奶酪等蒙古风味食品。

马鞍山国家森林公园　位于喀喇沁旗西南部，有林面积 2.32 万公顷，生长着松、柏、桦、椴等 20 多个树种。林区内有豹、狐、兔、斗鸡等几十种走兽飞禽，生长着柴胡、刺五加等 100 多种药材和金针、木耳、野韭菜等 10 多种林区特产。林区群山起伏，森林茂密，风景秀丽。清代，这里是木兰围场的一部分，康熙、乾隆曾多次到此行围打猎。境内有茅荆坝、玉女峰、韭菜楼、滴水壶等多处美景。地势在海拔 1300~1700 米之间。这一带自然景观具有鲜明的东北、华北向内蒙古高原过渡的特点，在自然地理上处于半湿润半干旱森林草原带过渡地区，同时又是辽河、滦河两大水系的分水岭。茅荆坝风光秀丽，坝底生长着良好的人工针叶树林，山坡上多以针阔混交林为主要景观。每逢深秋季节，漫山遍野的红叶点缀于各种林木之中，色彩鲜明，形成五彩斑斓的画卷，让人流连忘返。

喀喇沁亲王府　喀喇沁亲王府位于喀喇沁旗王爷府镇，始建于清代，是内蒙古建成年代最早、建筑规模最大、规格等级最高、现状保存最完好的蒙古王府。1996 年命名为喀喇沁王府博物馆。2001 年，被国务院列为全国重点文物保护单位。2006 年，王府博物馆被评为国家 AAAA 级景区。喀喇沁亲王府历经 300 多年风雨，东院已荡然无存，西院也仅存不多，后花园早已消失，仅主体建筑保存下来。1997 年以后，地方政府投入巨资进行抢救性保护性维修，恢复了中轴区和东西跨院古建筑的原有风貌，复建照壁、垂花门等。恢复后的亲王府有府门、轿厅、回事处、议事厅、承庆楼、书画厅、揖让厅、书塾、福晋居室等建筑，并举办有“喀喇沁亲王府复原陈列”“清代蒙古王府历史陈列”等大型展览，被文博专家誉为中国最大的蒙古王府博物馆。

美林谷滑雪场　美林谷滑雪场位于喀喇沁旗，距赤峰中心城区 110 公里，位于宁城县、河北隆化县、围场县交会之处。旅游项目共分为滑雪场、度假酒店等，其中一期建设项目于 2009 年 12 月 25 日开业并投入运营。整个雪道工程预计分三期开发完成，全部建成后雪道总长度能达到70公里以上。至2014年,已开出5条雪道供游客滑行,其中4条中高级雪道,1条初中级雪道。

道须沟旅游景区　位于宁城县黑里河国家级自然保护区,是以原生态自然风光为主的旅游景区。景区内建有五棵松广场、水车博览园、情人岛、森林氧吧等47处景观。道须沟以华北植物区系为主,是华北植物区向东北植物区、森林气候向草原气候、内蒙古高原向东北平原的过渡带,是内蒙古自治区植物最丰富、天然次生林保护最好的地区。道须沟有各类植物953种,其中国家二级保护植物17种。有哺乳动物33种,鸟类117种。每年都有大批游客到此旅游。

宁城国家地质公园　位于宁城县境内,地处蒙、辽、冀三省交界处。公园由古生物化石遗迹园区、热水温泉园区和黑里河园区组成,总面积339.54平方公里。2009年8月,国土资源部批准其为第五批国家地质公园。主要地质遗迹为古生物化石、含化石地层剖面、热水温泉资源。道虎沟古生物化石群保存于中侏罗系九龙山组,属于燕辽生物群,其他赋存为下白垩系义县组,属于热河生物群,是燕辽生物群与热河生物群的过渡区,是世界级的化石宝库。公园主要有辽中京城墙遗址、大明塔、辽中京博物馆、黑城遗址、法轮寺等景点。

第二节　特色旅游

一、蒸汽机车摄影游

内蒙古集通铁路(集宁—通辽)原是一条以蒸汽机车为动力的地方铁路,2005年改为内燃机车,至此,世界上最后一辆蒸汽机车在内蒙古草原退出历史舞台。集通铁路克什克腾旗段,特别是经棚—热水段,地处燕山山脉七老图山和大兴安岭山脉交会处,地形复杂,山高、坡陡、多弯道、多桥涵、多隧道。在这一路段,机车速度慢,吐出的烟气大,与周围环境交映形成壮观、奇特场景,为了满足国内外蒸汽机车摄影爱好者的创作需求,克什克腾旗人民政府与集通铁路公司合作,自2007年开始,把每年的12月31日至第二年的1月6日定为克什克腾国际蒸汽机车摄影节。至2014年,该摄影节已连续举办8届,有德国、法国、美国、日本、荷兰等二十几个国家的近万名蒸汽机车摄影爱好者到这里摄影。

二、温泉养生游

赤峰境内有三大温泉,分别是克什克腾温泉、敖汉温泉和宁城温泉。各地不断加强温泉基础设施建设,开发温泉养生旅游,促进旅游业发展。

克什克腾温泉　位于克什克腾旗热水镇,热水温泉分布范围1平方公里,水温48℃~83℃,含有40多种化学元素、化合物和离子,对人体循环系统、运动系统、消化系统的疾病均有奇特疗效。克什克腾温泉列全国甲级温泉第二位,这里的矿泉水浴被称为“绿色疗法”。热水开发区建有温泉疗养院30多家，日接待能力4000多人，年接待游客和疗养者60多万人次。

宁城温泉 宁城温泉距天义镇63公里，毗邻河北省。温泉地处燕山余脉八里罕新华夏系构造带上，分布面积0.5平方公里。热水中心孔口自流泉水温度高达96℃，是全国水温最高的温泉之一。泉水系碱性硫酸盐水，无色透明，含有丰富的稀有元素，对布氏杆菌病、消化道溃疡、慢性肠火、胃下垂、肠胃神经痛、牛皮癣、慢性肝炎、糖尿病等均有显著疗效。温泉所在的小镇建有疗养院、宾馆等46家，客房1400间，年接待游客和疗养者30多万人次。

敖汉温泉 敖汉温泉位于敖汉旗中南部，北距新惠镇45公里，南距辽宁朝阳市70公里。清乾隆年间开始开发利用。温泉水质属于中矿化度含硅酸、硫酸、重碳酸钠型矿泉水，水温66℃，矿泉范围2平方公里。泉水中含有20多种有益人体健康的化学元素，其中含氡量全国最高。温泉度假村依山而建，占地面积33.33公顷，设有床位240余张，年接待游客和疗养者10多万人次。

三、节庆游

2006年以后，赤峰市及各旗县区积极举办红山文化节、克什克腾草原空中那达慕、中国·蒙古汗廷文化旅游节、中国·巴林石文化节、王府文化旅游节、克什克腾达里湖冬捕旅游节和美林谷滑雪节等节庆旅游活动，进一步促进了全市旅游业的发展。

红山文化节 红山文化是距今五六千年以前中国古代北方新石器时期最具代表性的文化类型，是中华文明的重要源头之一，在中华文明史上具有举足轻重的地位。赤峰市是红山文化的发祥地，全市发现有大量红山文化遗存。赤峰市为进一步弘扬以红山文化为代表的悠久灿烂的历史文化，提升赤峰的知名度和影响力，加强经济建设，大力发展旅游事业，于2006年8月12日，举办中国·赤峰首届红山文化节。文化节主要活动内容包括13大项，分为文化活动、经贸活动、体育和旅游活动、会议研讨4个类别。活动分市区活动和旗县区活动两个部分，市区活动主要有文艺演出、文化活动、论坛研讨、经贸活动、旅游活动、体育赛事等，旗县区活动主要有中国巴林石节、草原文化旅游节、王府文化旅游节等。文化节活动持续10余天。此后每年8月举办红山文化节，内容不断丰富。到2014年，共举办9届。

克什克腾草原空中那达慕大会 2010年7月中旬至8月中旬，在赤峰市克什克腾旗生态文化旅游景区——乌兰布统桦木沟林场举办草原空中那达慕大会。主办单位为赤峰市政府和中国航空器拥有者及驾驶员协会，承办单位为赤峰乌兰布统文化旅游区管理有限公司，国务院中央军委空中交通管制委员会、中国民用航空局、中国中央电视台、国际航空器拥有者及驾驶员协会支持协办。大会活动包括直升机表演、直升无人机表演、三人翼装飞行编队表演、热气球表演、动力伞表演、实验类飞行器表演、特种飞机展示、飞行员交流等项目。此次那达慕大会吸引了大批航空爱好者和旅游人士，促进了当地旅游业的发展。推动地方经济与通用航空行业发展对接，为地方经济、文化、旅游发展提供新途径,受到国内外媒体及通航领域广泛关注,形成高端的品牌形象。2010—2014 年,赤峰市共举办 5 届克什克腾草原空中那达慕大会。

中国·蒙古汗廷文化旅游节　蒙古汗廷文化是蒙元时期蒙古族古代宫廷文化。阿鲁科尔沁旗是北元末代皇帝林丹汗都城——查干浩特古城的所在地。盛行于蒙元时期的“林丹汗宫廷音乐”,是已发现较为完整的蒙古族汗廷音乐资料,对研究了解古代蒙古族宫廷乐律、典章制度、纲常礼仪、宗教文化等具有重要价值。2012 年 6 月 30 日至 7 月 3 日,由自治区文化厅主办,阿旗旗委、旗政府承办首届中国·蒙古汗廷文化旅游节。蒙古汗廷文化旅游节以阿鲁科尔沁旗独有的蒙古汗廷音乐为特色,展示阿鲁科尔沁旗独特文化、旅游资源,打造文化旅游品牌,拉动地方经济发展。文化节期间,召开为期 2 天的察罕浩特——蒙古汗廷文化全国学术研讨会。与会专家学者对蒙古族婚俗——阿日奔苏木婚礼、阿日奔苏木马文化那达慕、罕乌拉祭敖包乃日(乃日:蒙古语,意为盛会)等系列文化活动进行学术考察,参观胡仁乌力格尔展览、阿鲁科尔沁旗手工艺品展览、民族服饰展览。蒙古汗廷文化旅游节活动进一步提高了阿鲁科尔沁旗的知名度,对该旗民族文化、经济建设和旅游事业的发展起到积极的促进作用。到 2014 年,阿鲁科尔沁旗已连续举办 3 届。

中国·巴林石文化节　巴林石主产于巴林右旗大板镇巴林矿,与寿山石、青田石、昌化石并称为“中国四大印石”,深为广大玉石爱好者和收藏家青睐。1978 年,轻工业部将巴林石正式命名为中国巴林石。2000 年 7 月 10 日至 12 日, 巴林右旗为进一步发展旅游事业,举办首届中国·巴林石文化节。文化节期间,举办巴林石精品展评、巴林石研讨会、拍卖会、展销会、巴林石节那达慕大会等多种活动,吸引许多国内、国际知名的艺术家、收藏家、文化名流以及石商、石友前往参观交流合作,提高了巴林石文化品牌的魅力,吸引大量游客从全国各地到巴林草原旅游观光,促进了巴林右旗旅游业的发展。2001 年以后,每年举办一届,到 2014 年已连续举办 15 届。

中国·宁城国际文化旅游节　2013 年 7 月 19 日至 24 日, 宁城县在道须沟景区举办宁城国际文化旅游节,以后每年举办一次。旅游节期间,邀请国内知名旅游演出团队和景区组团开展展演活动。通过文艺演出团队的表演、旅游景点图片和录像展示、标志性旅游产品促销等活动, 展示和宣传宁城县优美的自然风光和丰富的历史文化资源,提高宁城县知名度,吸引了大量旅游者到宁城县观光旅游。

王府文化旅游节　始建于清康熙十八年(1679 年),位于喀喇沁旗王爷府镇,是内蒙古已存王府建筑中建成年代最早、建筑规模最大、规格等级最高、保存最好、知名度最高的一座古建筑群,是全国重点文物保护单位。占地面积 20 多公顷,房屋 490 多间。后建成喀喇沁王府博物馆。2001 年 6 月, 被国务院公布为全国重点文物保护单位;2006 年 4 月,被国家旅游局评定为 AAAA 级旅游景区,被国家民委评为 56 个最具民族特色的旅游风景区。喀喇沁旗为进一步发展旅游事业, 于 2002 年 8 月 13 日至 19 日,在喀喇沁旗王爷府镇举办首届喀喇沁王府文化旅游节。旅游节活动主要内容有王府礼仪风情展演、王府雅乐展演、婚俗展示、时装展演、招商引资商贸洽谈活动等。2002—2014年,喀喇沁旗共举办王府文化旅游节13届。

克什克腾达里湖冬捕旅游节 达里湖是内蒙古自治区第二大湖泊和重要的渔业生产基地,湖中盛产肉质鲜美的瓦氏雅罗鱼和鲫鱼。达里湖冬捕一直沿用传统的捕鱼方式,在零下30℃左右的冰面上作业。每年的12月中下旬,当气温下降到零下20℃、湖面的冰层厚度达到50厘米时,一年一度的冬季捕捞便开始。工人首先在出网口和入网口凿开冰层,两口之间距离约1500米,然后在入网口两侧等距离依次开凿小冰洞,冰洞之间距离约20米,由两侧呈弧形通向出网口。工人们在入网口用两根长20多米的木杆牵着两张宽25米、长300多米的网扇沿冰洞向出网口穿行,网扇的尾部连接一个能容纳10万公斤鱼的大兜网,两根木杆到达出网口后捕捞便进入拉网阶段。一般一网能捕捞1万公斤以上,每年冬季捕鱼产量都在50万公斤左右。达里湖冬捕从下网、打眼、走杆、拉网、出鱼,每一个环节、工人的每一个动作都是一道风景。开捕前举行隆重的祭湖醒网仪式。选定一块冰石,用冰块、竖杆、渔网围成一个活动中心,伴随祭祀曲,渔把头和捕捞队员先后来到冰洞祭祀湖神,随着渔把头宣布"出发"的号令,冬捕活动正式开始。当第一网鱼出水之后,在仪式上还要举行放生和首网鱼拍卖。达里湖冬捕持续一个月左右时间。2007年,克什克腾旗在达里湖举办具有浓郁民族特色的冬捕节来丰富冬季旅游内容,并通过这种方式祈福来年的丰收。2011年6月13日,"达里湖冬捕习俗"被列入内蒙古自治区第三批非物质文化遗产名录。至2014年,克什克腾旗共举办8届达里湖冬捕旅游节。

红山湖(水库)冬捕旅游节 2014年1月2日,红山湖首届冬捕旅游节开捕仪式举行。开捕前举行祭河神仪式,仪式体现了契丹辽文化特色。之后进行冰下拉网、头鱼竞拍、幼鱼放生以及冰上娱乐活动。红山湖的冬捕活动,集壮观、庄重、趣味、欢乐于一体,游客可参与其中,与活鱼亲密接触,尽情体验冬趣、冷趣、鱼趣。此次冬捕首网捕获鳙鱼等鱼1.5万公斤,其中1条14.9公斤的青鱼拍出了18880元的高价。

克什克腾达日罕银冬驼文化节 达日罕乌拉苏木是我国双峰驼的主要分布区,自古有"小驼乡"之称,在漫长的历史岁月中形成了独具地域特色的驼文化。每逢婚宴、春节、祭敖包等盛大集会,都有牧民骑着骆驼来参加,赛骆驼已成为民族体育运动的一项重要内容。2009年12月28日,克什克腾旗在达日罕乌拉苏木举办第一届克什克腾达日罕银冬驼文化节。主要活动有赛骆驼、驯骆驼、骆驼"选美"、驼拉雪橇等,近千名牧民身着节日盛装,牵着自家的骆驼参加活动,展现了草原人民又一独特的生活场景。2009—2014年,共举办6届克什克腾达日罕银冬驼文化节。

赤峰美林谷国际滑雪节 美林谷人工滑雪场位于喀喇沁旗境内海拔1800多米山地上的美林谷运动休闲度假区。滑雪场设有雪地摩托、雪地自行车、滑冰、雪橇等多种滑雪娱乐项目,建有初、中、高级三种雪道。雪道保留了美林谷纯天然亚高山湿地变化丰富、坡道迂回的雪山地形原貌,雪友们可以随心所欲地在丛林中自由穿行,谷内群山环绕,成为滑雪场减缓风力的天然屏障。2009 年 11 月 15 日开放运营后,每年近 150 天的雪季开放时间,弥补了国内很多滑雪场冬季营业短暂的缺憾。2013—2014 年,举办 2 届赤峰美林谷国际滑雪节。

第二章　旅游接待与收入

第一节　旅游接待

20 世纪 90 年代初,赤峰市旅游业还处于起步初期,许多旅游景区景点还没有开发,旅游接待主要以外事接待型为主。1991 年以后,随着经济建设的快速发展,人民生活水平显著提高,旅游人员不断增加。赤峰市各级党委、政府重视并加强旅游开发建设,加强旅游景区景点、旅游宾馆饭店、旅游接待队伍建设。旅游业开始向政府主导型、大规模产业化发展阶段迈进,旅游接待能力不断增强。

2000 年以后,赤峰市不断提高旅游交通、住宿、餐饮、购物等接待能力。依托高速公路和国省干道、县乡村道路等公路网络,连通市域内的主要旅游景区、旅游集散中心、火车站、飞机场等旅游中转枢纽地,加快构筑航空、公路、铁路"三位一体"的立体交通网络,旅游交通条件不断改善。旅游宾馆饭店向专业化、品牌化、网络化、规模化方向发展,逐步建立起现代旅游接待体系。一是加快"绿色宾馆饭店"建设,提倡生态旅游消费方式,形成绿色旅游管理体系,发展资源节约型、环境友好型现代旅游企业。二是大力推动发展以星级宾馆为主的旅游住宿设施建设,形成以星级宾馆为主体,以景区住宿设施和集散城镇旅馆、招待所、农牧林家乐接待户为基础,高、中、低档配套,民族特色、林区和农家体验特色完备的旅游住宿接待体系。三是开发具有赤峰特色的美食菜肴,提升旅游接待能力。在市区、重点旅游城镇、重点旅游景区推出蒙餐(烤全羊、烤羊腿、手把肉、啤酒焖羊肉、奶食品、奶茶、涮羊肉)、达里全鱼宴、王府宴、契丹皇家餐饮、山野菜系列、对夹、哈达饼、草原馅饼等赤峰旅游特色餐饮。建设赤峰特色餐饮一条街,定期举办赤峰美食节。四是开发和生产具有赤峰地方特色、民族特色和文化内涵的旅游商品,建立旅游商品生产基地。五是建设赤峰中心城区和经棚、大板、林东、锦山等一批旅游特色城镇,完善旅游集散、购物和咨询服务功能,克什克腾旗热水开发区、乌兰布统和白音查干苏木、敖汉旗热水开发区、喀喇沁旗王爷府镇和宁城县热水开发区强化旅游接待和娱乐功能,发展农家乐、牧家乐、林家乐、休闲农庄等特色景观旅游村镇和体验性旅游产品,推动旅游产品多样化发展。

2006 年以后,随着景区景点推介营销市场扩大,旅游项目从观光向休闲、历史文化、科学探险、摄影、生态旅游等综合性旅游过渡,到赤峰旅游的国内外游客不断增多。2010 年以后,结合旅游"吃、住、行、游、购、娱"基本要素,进一步完善交通、通信、住宿、餐饮等旅游基础接待设施，提高旅游接待设施综合能力，推动旅游产业要素聚集，优化旅游接待结构，逐步建立起现代旅游接待体系。到 2014 年，全市旅馆总床位数量突破 71000 张，星级宾馆达到 33 家，旅游接待能力和水平进一步提高。

第二节 旅游收入

一、旅游综合收入

1991 年，赤峰市旅游业处于起步阶段，旅游收入较少。1992 年以后，随着经济建设的发展，人民生活水平的提高，赤峰市逐步加强旅游开发建设。到 2000 年，全市接待旅游人员 225 万人次，旅游收入 2.07 亿元。2001 年以后，赤峰旅游业进入快速发展时期。2005 年，全市接待旅游人员 330 万人次，旅游收入 25.39 亿元。2010 年，全市接待旅游人员 580 万人次，比 2005 年增长 75.8%；旅游收入达到 74 亿元，比 2005 年增长 1.9 倍。2014 年，赤峰市接待旅游人员 1139 万人次，比 2010 年增长 96.38%；旅游收入 180 亿元，比 2010 年增长 143.24%。

2000—2014 年赤峰市旅游接待与收入情况统计表

表 6-4-2

年 份	接待人数（万人次）	海 外（人次）	旅游收入（亿元）	国外收入（万美元）
2000	225	912	2.07	76.00
2001	233	1640	2.79	32.80
2002	280	8162	4.42	48.16
2003	289	7813	5.78	47.17
2004	310	9896	12.90	313.86
2005	330	11035	25.39	444.31
2006	370	18000	31.40	540.00
2007	412	—	40.82	—
2008	472	—	50.10	—
2009	520	—	61.00	—
2010	580	31974	74.00	—
2011	640	35300	88.00	—
2012	720	—	110.00	—
2013	910	—	145.20	—
2014	1139	—	180.00	—

二、假日旅游收入

1991 年以后,随着经济的发展,人民生活水平不断提高,赤峰地区假日旅游人数不断增加。一般在春夏秋旅游旺季,星期日及"五一"、"十一"、端午节、中秋节等节假日旅游人数较多,多为赤峰本地及周边附近人员。1995 年,全国实行双休日以后,赤峰周边

2014 年赤峰市主要旅游景区接待游客情况一览表

表 6-4-3

景　区	旅游人数(万人次)	旅游收入(万元)
喀喇沁亲王府	4.70	218.00
马鞍山国家森林公园	2.05	35.00
喀喇沁旗美林谷旅游景区	10.70	820.80
巴林左旗召庙	16.50	960.00
巴林右旗巴林石博物馆	1.66	28.39
宁城县道须沟旅游景区	20.00	1200.00
宁城县辽中京遗址	15.00	—
宁城温泉度假区	25.00	7500.00
宁城县紫蒙湖旅游景区	20.00	400.00
翁牛特旗玉龙沙湖景区	15.00	1650.00
克旗石林旅游景区	44.40	35520.00
达里湖旅游景区	26.00	20800.00
克旗热水旅游度假村	31.85	25480.00
乌兰布统旅游景区	57.39	45912.00
黄岗梁国家森林公园景区	18.00	14400.00
克旗大青山旅游景区	14.40	11520.00
克旗白音敖包景区	4.00	3200.00
翁牛特旗响水玉瀑景区	5.00	4000.00
克旗西拉木伦漂流景区	22.40	17920.00
敖汉温泉城	30.00	6000.00
敖汉旗青泉谷景区	10.00	1000.00

地区游客不断增加。1999年全国实行“五一”黄金周、2000年实行“十一”黄金周以后，全国各地到赤峰旅游人员逐渐增加，假日旅游收入不断增长。2001年以后，赤峰市各级政府不断加强旅游开发建设，旅游业发展步伐不断加快。每到节假日，到赤峰各旅游景区景点旅游观光的游客络绎不绝，旅游收入快速增长。2012年国庆节期间，全市接待游客总数达到40.18万人次，同比增长15.68%，旅游收入1.05亿元，同比增长17.2%，其中过夜游游客15.68万人次，一日游游客24.5万人次。2012年春节期间，接待游客总数量6.1万人次，同比增长6.2%，旅游收入2797万元，同比增长15.5%，其中过夜游游客3.3万人次，一日游游客2.8万人次。2014年国庆节期间，接待游客总数量71万人次，同比增长42%，旅游收入2.08亿元，同比增长39%，其中过夜游客29.15万人次，一日游游客42万人次。2014年春节期间，接待游客总数量7.4万人次，同比增长10.5%，旅游收入3330万元，同比增长7.9%，其中过夜游游客3.9万人次，一日游游客3.5万人次。

三、旅游景区景点收入

1991年，赤峰市旅游业处于发展初期，旅游景区景点较少，设施简陋，游客不多，收入有限。2000年以后，赤峰市不断加强旅游业开发建设，旅游景区景点不断增加，旅游交通、餐饮、服务等各方面条件不断改善，游客快速增加，旅游景区景点收入快速增长。2005年，全市旅游景区景点收入达到7.11亿元。2010年，全市旅游景区景点收入20.7亿元。2014年，全市旅游景区景点收入50.4亿元，比2005年增长6.09倍。

第三章 旅游服务

第一节 旅行社

1996年以后，赤峰市开始有旅行社服务机构。到2000年，赤峰市有旅行社10多家，从业人员90多人，年接待游客约10万人次。2001年以后，赤峰市旅游业快速发展，旅行社不断增加。到2005年，全市有旅行社30多家，从业人员200多人，年接待旅游人员100万人次。到2010年，全市旅行社达到60家，从业人员1200多人，年接待旅游人员300万人次。2010年以后，赤峰市旅游管理部门按照“总量控制、结构合理、规范服务、提高素质”的原则，以旅行社做大做强为目标，整合旅游产业相关要素，鼓励有实力的景区、饭店等旅游企业开办旅行社，推出“景区加饭店加旅行社”、“机场加航空公司加旅行社”等混业经营模式，涌现出一批有市场竞争力的旅行社。通过行业间的横向联合及与其他相关行业的纵向联合，在赤峰市区设立国内外知名旅行社办事处，形成联合经营网络。鼓励中、小型旅行社突出特色经营，由旅行社经营向旅游代理发展，参与政府采购、会议外包和多种经营，避免同质低价恶性竞争。到2014年，全市有旅行社70家，从业人员2000人，年接待旅游人员500万人次，营业收入600万元。

2014年赤峰市旅行社情况一览表

表6-4-4　　　　　　　　　　　　　　　　　　　　　　单位:人

单位名称	导游人数	地　址
赤峰国际旅行社有限责任公司	65	赤峰市新城区
赤峰领航国际旅行社有限责任公司	28	赤峰市新城区
赤峰青年旅行社有限公司	4	赤峰市新城区
赤峰春秋旅行社有限公司	7	赤峰市新城区
赤峰扬帆旅行社有限责任公司	5	赤峰市新城区
赤峰环宇旅行社有限公司	3	赤峰市新城区
赤峰市四季旅行社有限责任公司	4	赤峰市新城区
赤峰畅达旅行社有限公司	3	赤峰市新城区
赤峰顺安旅行社有限公司	3	赤峰市新城区
赤峰凯歌旅行社有限责任公司	5	赤峰市红山区
内蒙古赤峰顺达旅行社有限责任公司	9	赤峰市红山区
赤峰远方旅行社有限公司	5	赤峰市红山区
赤峰中国旅行社	8	赤峰市红山区
克旗草原旅行社有限公司	5	赤峰市红山区
赤峰招商旅行社有限责任公司	6	赤峰市红山区
赤峰风景线旅行社有限责任公司	8	赤峰市红山区
赤峰远航商务旅行社有限公司	7	赤峰市红山区
赤峰阳光之旅旅行社有限公司	6	赤峰市红山区
赤峰神州旅行社有限公司	6	赤峰市红山区
赤峰市华旅旅行社有限责任公司	5	赤峰市红山区
赤峰新五洲旅行社有限责任公司	9	赤峰市红山区
赤峰天下行旅行社有限责任公司	6	赤峰市红山区
赤峰凯莱旅行社有限公司	6	赤峰市红山区
赤峰山水旅行社有限公司	7	赤峰市红山区
赤峰运通旅行社有限公司	3	赤峰市红山区
赤峰园丁旅行社有限公司	6	赤峰市红山区
赤峰华夏旅行社有限公司	3	赤峰市红山区
赤峰康辉旅行社有限责任公司	5	赤峰市红山区

续表

单位名称	导游人数	地址
赤峰和平旅行社有限公司	4	赤峰市红山区
赤峰卓拉旅行社有限公司	3	赤峰市红山区
赤峰美途旅行社有限公司	3	赤峰市红山区
赤峰携程旅行社有限责任公司	5	赤峰市红山区
赤峰蒙之缘旅行社有限公司	3	赤峰市红山区
赤峰自游自在旅行社有限责任公司	4	赤峰市红山区
赤峰龙程旅行社有限公司	5	赤峰市红山区
赤峰辽都旅行社有限公司	3	赤峰市红山区
赤峰方舟旅行社有限责任公司	3	赤峰市松山区
赤峰众信旅行社有限公司	6	赤峰市松山区
赤峰嘉年华旅行社有限责任公司	4	赤峰市松山区
赤峰云庆旅行社有限责任公司	3	赤峰市松山区
赤峰光大旅行社有限公司	5	赤峰市松山区
赤峰美景假日旅行社有限公司	3	赤峰市松山区
赤峰阳光假日旅行社有限公司	3	赤峰市松山区
赤峰众驰天下旅行社有限责任公司	6	赤峰市松山区
赤峰世福旅行社有限责任公司	3	赤峰市松山区
赤峰阿古达木旅行社有限责任公司	3	赤峰市松山区
赤峰天马旅行社有限公司	4	赤峰市松山区
赤峰平庄吉运旅行社有限责任公司	3	赤峰市元宝山区
赤峰泰达旅行社有限责任公司	3	巴林右旗大板镇
赤峰黑骏马旅行社有限公司	5	巴林右旗大板镇
林西县北国春旅行社有限责任公司	3	林西县林西镇
赤峰市草原风情旅行社有限责任公司	3	克什克腾旗经棚镇
赤峰九州旅行社有限公司	6	克什克腾旗经棚镇
内蒙古北方草原旅行社有限公司	5	克什克腾旗经棚镇
赤峰克旗安达旅行社有限责任公司	4	克什克腾旗经棚镇
赤峰克旗世界地质公园旅行社有限公司	5	克什克腾旗经棚镇
克什克腾塞外草原旅行社有限公司	3	克什克腾旗经棚镇

续表

单位名称	导游人数	地址
赤峰龙行天下旅行社有限责任公司	3	克什克腾旗经棚镇
赤峰克什克腾金色假期旅行社有限责任公司	4	克什克腾旗经棚镇
赤峰市乌兰布统旅行社有限公司	3	克什克腾旗经棚镇
赤峰克什克腾旗金秋坝上旅行社有限责任公司	4	克什克腾旗经棚镇
克什克腾兴林旅行社有限责任公司	4	克什克腾旗经棚镇
克什克腾相聚草原旅行社有限公司	3	克什克腾旗经棚镇
赤峰翁牛特旗龙缘旅行社有限公司	6	翁牛特旗乌丹镇
喀喇沁旗远达旅行社有限公司	3	喀喇沁旗锦山镇
喀喇沁旗金旅旅行社有限公司	6	喀喇沁旗锦山镇
宁城元亨旅行社有限责任公司	3	宁城县天义镇
宁城金龙旅行社有限责任公司	5	宁城县天义镇
赤峰中京旅行社有限公司	4	宁城县天义镇
宁城春秋旅行社有限公司	6	宁城县天义镇

第二节　旅游线路

1991 年以后，赤峰市不断加强旅游业的发展，积极开展旅游线路开发建设。至2014 年,赤峰市已建成北京—承德—赤峰、北京—锡盟—赤峰、大连—沈阳—赤峰 3 条大旅游环线,并依据客运航线开通上海—赤峰、广州—赤峰、成都—赤峰、西安—赤峰、锡盟—赤峰—呼伦贝尔等旅游线路,进一步满足了国内外游客需要。市内形成了四条旅游精品线路:

内蒙古第二条精品旅游线路　赤峰市区—翁牛特旗—巴林左旗—巴林右旗—克什克腾旗—锡林浩特市区。

南部精品旅游线路　赤峰市区—翁旗玉龙沙湖—木叶山—华夏第一村—宁城热水—黑里河—美林谷—喀喇沁亲王府—赤峰市区。

北部精品旅游线路　A 线:赤峰市区—翁牛特旗玉龙沙湖—克什克腾旗世界地质公园—赤峰市区;B 线:赤峰—玉龙沙湖—召庙—赛罕乌拉—世界地质公园—赤峰市区。

大环线　北京—喀喇沁旗(美林谷、喀喇沁亲王府)—宁城县(黑里河、热水、辽中京)—市区(力王工艺美术公司、红山旅游综合会馆)—翁牛特旗(玉龙沙湖、红山湖)—巴林左旗(辽文化)—巴林右旗(赛罕乌拉、巴林石)—克什克腾旗(石林、热水、大青山、达里湖、乌兰布统)—北京。

第三节 旅游交通

一、旅游航空交通

1991 年,赤峰市民航机场航线有呼和浩特—赤峰—呼和浩特,每周 3 班,全年旅客吞吐量 15319 人次。旅客乘飞机可从北京和呼和浩特直达赤峰。当年还增加呼和浩特—赤峰—沈阳航线,1992 年 1 月取消。1991—1999 年,通过乘坐飞机旅游的国内外游客较少。2000 年以后,赤峰市不断加强旅游开发建设,旅游业快速发展,到赤峰旅游人数快速增长。赤峰民航运输条件不断改善,先后增加赤峰至太原、沈阳、石家庄、大连等航班航线。2009 年以后,又开通赤峰至天津、上海、成都、重庆、鄂尔多斯、包头、海拉尔、南京等航班航线,全国各地到赤峰旅游航空交通更为便捷。到 2000 年,年旅客吞吐量提高到 21709 人次。2013 年 7 月 24 日至 8 月 28 日,济南—赤峰定期旅游包机开通。2014 年,东方航空公司在 7 月 2 日至 8 月 30 日、7 月 14 日至 8 月 23 日分别开通运营赤峰—济南、赤峰—青岛旅游包机。到 2014 年末,赤峰机场通航城市有呼和浩特、北京、上海、天津、大连、广州、西安、海拉尔、包头、南京、哈尔滨等 11 个城市。年旅客吞吐量 88.13 万人次,比 2000 年增长 39.6 倍,比 1991 年增长 56.53 倍。为国内外游客进出赤峰提供更加方便快捷的交通条件,越来越多的游客选择乘飞机到赤峰旅游。

二、旅游铁路交通

1991 年,赤峰境内有客运铁路 2 条,即京通线和叶赤线。有赤峰—沈阳、赤峰—锦州、赤峰—北京直达旅客列车。1995 年,集通铁路建成通车,赤峰境内阿鲁科尔沁旗、巴林左旗、巴林右旗、林西县均有旅客列车站点,可直达内蒙古自治区呼和浩特、集宁、通辽各主要城市及沿线城镇。乘坐铁路交通旅游的人数不断增加。2000 年以后,全国铁路交通建设进一步快速发展,赤峰至北京、赤峰至沈阳、赤峰至大连、赤峰至锦州等大中城市的直达旅客列车不断增加,为各地旅游人员通行带来极大便利。到 2014 年,赤峰日均有通往呼和浩特、通辽、北京、长春、哈尔滨、沈阳、山海关、大连、满洲里等地到发旅客列车 21 对,年发送旅客 382 万人次。

三、旅游公路交通

高等级旅游公路建设　2000 年以后,赤峰市在加强旅游开发建设中,加快推进高等级旅游公路通达重点旅游景区的建设步伐。按照交通体系建设规划,统筹考虑道路与旅游景区连接、旅游道路休息区建设问题,打通连接旅游景区的快速通道,构建安全、便捷的综合交通运输网,保障旅游客运公司和旅游车辆有序运营。在高等级公路沿途附近有 AAA 级以上旅游景区的,建设通往景区的高等级公路出入口和连接公路。到 2014 年,赤峰市建设通往旅游景区的高等级公路出入口和连接公路 6 条,总里程 100 公里。

市内旅游交通干线建设 2000年以后，重点建设赤峰市“两纵三横”(“两纵”即国道306线、省道504线，“三横”即省际通道、国道303线、林西县五十家子镇九连庄村至林西县板石房子乡敖包河村)旅游交通主干线，加快赤峰—承德的高速公路、乌兰布统—达里湖二级公路、大板—赛罕乌拉—林西—石林二级公路、赤大高速—玉龙沙湖一级公路、青山—热水二级公路、大通道—平顶山连接公路、市区—三座店水利风景区一级公路、赤朝高速—敖汉热水二级公路、赤峰—红山湖二级公路、天山—罕山旅游区二级公路、111国道松山段经神仙沟、大小乌梁苏至二道河子公路、林西—热水、灯笼河—乌兰布统等公路建设。

2013年，总投资1亿元的宁城温泉至黑里河景观大道完工，喀喇沁亲王府至锦山的旅游交通专线投入运营，总投资11亿元的赤峰市区至乌兰布统旅游专用公路竣工。开工建设乌兰布统至达里湖二级油路延伸至阿斯哈图石林、锦山—旺业甸—黑里河—打虎石—赤峰全线二级油路、敖汉新惠—林家地温泉60公里三级油路等多条旅游支线。

2000—2014年，赤峰市完成旅游公路建设投资23.2亿元，建成旅游公路19条，总长769公里。建成的主要有达里湖至国道303线、锦山至马鞍山等旅游专用公路。

旅游停车场建设 2000年以后，赤峰市为进一步加强旅游业的发展，不断加强重点旅游地区的旅游停车场建设。在红山区京蒙旅游大厦、克什克腾旗热水镇、白音查干服务区、巴林右旗巴林石园区、克什克腾旗乌兰布统南北入口、喀喇沁旗茅荆坝隧道出口等地建设大型公共停车场；在经棚旅游服务中心、克什克腾旗达里湖南岸曼陀山庄服务区、宁城县道须沟景区、旅游公路沿途加油站建设中型公共停车场；在主要旅游景点周边建设功能齐全的停车场。

第四节 旅游餐饮 住宿

赤峰市是以蒙古族为主体、汉族为多数、多民族聚居的地区。赤峰餐饮既有北方农家特色，又有游牧民族草原特色。2000年以后，随着旅游业的快速发展，赤峰旅游餐饮发展步伐加快。各地不断开发地方小吃、特色美食、传统菜肴等具有地方特色和民族特色的餐饮，吸引大量旅游者。红山区建成特色餐饮一条街，开设了赤峰对夹、哈达饼、缸炉烧饼等传统小吃。克什克腾阿斯哈图石林、白音敖包等景区推出烤全羊、烤羊腿、手把肉等特色餐饮，达里景区推出以全鱼宴为主的特色餐饮，乌兰布统景区推出以啤酒焖羊肉为主的蒙餐系列餐。喀喇沁亲王府景区推出以王府宴为主的蒙餐系列餐，美林谷推出山野菜系列。巴林左旗推出以辽代食谱为主的契丹皇家餐饮系列餐。巴林右旗推出以蒙古宫廷餐为主的系列餐。敖汉旗推出以拨面为主的杂粮系列餐和以野外烧烤为主的原始部落村的原始人生活体验餐。宁城县推出“中京八大美食”等赤峰旅游特色餐饮。

2014年赤峰市星级宾馆、饭店情况一览表

表6-4-5

酒店名称	星级	地 址
九天国际酒店	4	赤峰市新城区
福兴东方精品酒店	4	赤峰市新城区
赤峰宾馆	4	赤峰市红山区昭乌达路东段
新泰和宾馆	3	赤峰市红山区昭乌达路中段
金尊宾馆	3	赤峰市红山区昭乌达路中段
金方宾馆	3	赤峰市红山区哈达街西段路北
丽景酒店	3	赤峰市红山区昭乌达路北段
金狮皇冠酒店	3	赤峰市红山区钢铁街中段
弘坤宾馆	2	赤峰市红山区钢铁街中段
融典·金业宾馆	2	赤峰市红山区清河路南段
平庄宾馆	3	赤峰市元宝山区平庄镇
京西宾馆	2	巴林左旗林东镇
东风宾馆	2	巴林左旗林东镇
赤峰玉峰宾馆	2	巴林左旗林东镇
巴林宾馆	4	巴林右旗大板镇
龙镶宾馆	2	巴林右旗大板镇
龙田大酒店	2	巴林右旗大板镇
林西福临大酒店	3	林西县林西镇
林西振兴楼饭店	2	林西县林西镇
林西盛和宾馆	2	林西县林西镇
阳光温泉大酒店	4	克什克腾旗经棚镇
环保宾馆	3	克什克腾旗热水镇
热水商务会议中心	3	克什克腾旗热水镇
克什克腾天和假日酒店	3	克什克腾旗乌兰布统开发区
卧龙宾馆	2	克什克腾旗乌兰布统开发区
乌兰布统友谊宾馆	2	克什克腾旗乌兰布统开发区
集通宾馆	2	克什克腾旗热水镇
沐军猎人树温泉度假村	2	克什克腾旗热水镇
克旗新城宾馆	2	克什克腾旗经棚镇
克旗汇通宾馆	2	克什克腾旗经棚镇
乌丹宾馆	2	翁牛特旗乌丹镇
锦山宾馆	3	喀喇沁旗锦山镇
喀喇沁盈泰酒店	2	喀喇沁旗锦山镇

1996年以后,赤峰市为促进旅游业发展、提高接待水平,开始加强旅游宾馆饭店建设,根据宾馆饭店的设施设备、管理水平、制度建设、服务水平等情况评定星级旅游宾馆饭店。到2000年,全市评定出二星级以上旅游宾馆饭店8家,其中三星级旅游宾馆饭店2家,二星级旅游宾馆饭店6家。到2010年,赤峰市有三星级以上旅游宾馆饭店25家,其中四星级旅游宾馆饭店3家,三星级旅游宾馆饭店8家,二星级旅游宾馆饭店14家。到2014年,全市星级旅游宾馆饭店发展到33家,其中四星级旅游宾馆饭店5家,三星级旅游宾馆饭店11家,二星级旅游宾馆饭店17家。

第五节　旅游娱乐　购物

一、旅游娱乐

1991—2000年,赤峰市旅游业处于发展初期,一些旅游景区设有骑马、射箭、钓鱼等旅游娱乐活动项目。2001年以后,赤峰市加快旅游开发建设。各旅游宾馆不断加强基础设施建设,增加服务项目,集住宿、餐饮、旅游、休闲娱乐、健康养生等各项服务于一体。各旅游景区景点积极开发旅游娱乐项目,提高旅游吸引力和服务水平。到2014年,赤峰地区开发的各种旅游娱乐项目有:骑马、射箭、摔跤等。在温泉度假休闲区有草药浴、茶浴、奶浴、脉冲浴等洗浴项目。在沙漠体验休闲区有沙漠探险、沙漠赛车、滑沙、沙疗、沙雕、沙浴、骑骆驼、“沙漠之夜”歌舞表演等项目。各类旅游娱乐项目使旅游活动更加丰富多彩,进一步提升了赤峰旅游服务的质量和水平。

二、旅游购物

2000年以前,赤峰市旅游业发展较慢,旅游商品有蕨菜、黄花菜等山野菜和野生菌及赤峰陈曲、宁城老窖等地方名酒,品种不多。2001年以后,赤峰市加快旅游业发展步伐,大力开发具有地方特色、民族特色的旅游商品。各级政府积极扶持旅游产品生产企业开发设计和生产旅游产品,不断开拓旅游购物市场。具有赤峰文化特色、地方特色和民族特色的旅游商品品种不断增加,旅游商品形成系列化、多样化。有历史文物仿制、复制品,民族服装服饰和生活用品,巴林石、林西水晶和工艺品,鹿系列产品,蒙古刀、蒙古皮画、仿辽瓷、草柳编等工艺品,金莲花、蘑菇、蕨菜等土特产品,牛肉干、鹿肉干、烤羊腿等地方风味肉制品, 还有赤峰地方特产野生华子鱼、敖汉小米、杂粮杂豆等1000多种,深受广大游客欢迎。2010年以后,各地旅游商品生产进一步突出商品的纪念性、艺术性、实用性、礼品性和民族特色,向多样化、系列化、规模化发展,旅游商品市场进一步扩大。2014年,赤峰旅游商品有力王青铜器及手工艺挂毯、民族文化饰品、健元鹿业鹿制品、巴林鸡血石、羊剪绒制品、生态饮品、绿色食品等400多个品种。

第四章 旅游管理

第一节 管理机构

1991年1月,赤峰市旅游局成立,与赤峰市外事办合署办公,主管全市外事和旅游工作。2002年1月,赤峰市旅游局单独设立,隶属于赤峰市政府。内设办公室、规划发展科、旅游促进科、质量管理科4个职能机构。到2014年,赤峰市旅游局内设职能机构不变,有工作人员30人。

1991年,赤峰市旅游局成立后,各旗县区相继成立旅游局、外事旅游局或招商旅游局。2014年,全市有6个旗县区政府直属旅游局:红山区旅游局、松山区旅游局、林西县旅游局、克什克腾旗旅游局、喀喇沁旗旅游局、翁牛特旗旅游局;有6个合署旅游管理机构:元宝山区旅游局、阿鲁科尔沁旗旅游局、巴林左旗旅游局、巴林右旗旅游局、宁城县旅游局、敖汉旗旅游局。共有工作人员130人。

第二节 旅游市场监管

2000年,赤峰市旅游执法支队成立,12个旗县区也相应建立旅游执法队伍,配备旅游执法专用车等执法工具,对重点地区和重点单位进行重点检查,规范企业的经营,保护消费者的利益,促进旅游市场有序发展、规范运作。同年,赤峰市旅游质量监督管理办公室成立,设置旅游投诉电话,积极受理各类投诉案件,保护游客和旅游企业的合法权益。2002年、2003年,按照国家旅游局和自治区旅游局印发的整顿和规范旅游市场工作方案,以旅行社、旅游饭店和旅游景区的经营秩序、卫生、安全为重点,打击非法经营、恶意竞争等不法行为,严格依法治理旅游行业,为游客提供安全、有序和高质量的旅游环境。推进《旅游星级饭店评定标准》《旅行社国内旅游服务标准》《导游服务质量》等国家和行业标准。开展争创最佳星级饭店、旅游景区(点)质量等级评定、旅行社申报等工作。

2005年以后,完善旅游安全管理体系,深入开展军、警、民共建安全文明旅游区活动。建立自治区、市、县三级旅游安全救援指挥系统,完善城市旅游紧急救援体系,组建旅游安全紧急救援中心,与“110”、“119”、“120”和“12315”旅游服务投诉实行联动报警,组织指挥旅游安全救援工作。制定安全预警预案,严格执行重大旅游安全事故报告制度,做好节假日旅游高峰期间的旅游安全工作,做好意外事故善后处理。2009年,在全市开展“旅游服务质量提升年”活动,制定《赤峰市旅游质量服务提升手册》等10个行业规范性文件。2009—2014年,市旅游局积极会同公安、工商、质监、卫生、交通等部门开展联合执法,严厉查处“黑车、黑导、黑社、黑景点”等突出问题,对游客反映突出的跑马场宰客问题进行严厉打击和定点规范。

第三节　中国优秀旅游城市创建

中国旅游城市评选自 1998 年开始。2004 年 3 月,市委、市政府印发《关于创建中国优秀旅游城市加快旅游业发展的决定》,同时成立“创优”指导委员会,指导和推进“创优”工作。4 月 12 日,《赤峰市创建中国优秀旅游城市工作方案》出台,“创优”工作列为“一把手”工程,主要领导亲自挂帅,分管领导主抓落实。全市在旅游开发、旅游基础设施建设、旅游环境建设、旅游服务与管理等方面进行全面规划和建设。

在创建优秀旅游城市工作中,赤峰市中心城区先后投入资金 4 亿元,新建、改建城区道路 14.5 公里,改扩建新华商业步行街和中心城区文化广场,新增路灯 3600 盏。在机场、火车站、汽车站、赤峰宾馆等游客集散地设立 4 个旅游咨询中心,在中心城区主要道路上设立交通指示牌 45 个,设立公用电话 1631 部、IC 卡公话 1613 部。在市区主要街道、主要景区和通往景区的道路上新建、改建水冲厕所 29 座。2004 年,赤峰市被评为中国优秀旅游城市。2005 年 1 月,赤峰市通过验收,正式进入中国优秀旅游城市行列。

赤峰市志

1991–2014

中册

赤峰市地方志编纂委员会

方志出版社

目 录

（中册）

卷七 交通运输

卷八 邮电 通信

卷九 金融业

卷十 财政 税务

卷十一 城乡建设 环境保护

卷十二　综合经济管理

卷十三 中国共产党地方组织

卷十四 地方人民代表大会

卷十五 地方人民政府

卷十六 地方人民政协

卷十七 民主党派 人民团体

第七卷

交通运输

赤峰市是连接东北、华北的咽喉要地，自古有“旱码头”之称。辽代至清代均有通往周边地区的古道。民国初年，以赤峰为中心的车马大道四通八达，客货运输量逐年增加。1929 年，赤峰始建公路。至 1931 年，先后修建赤峰至平泉、赤峰至朝阳、赤峰至林西、赤峰至围场、赤峰至开鲁、赤峰至经棚等地多条公路。

新中国成立后，交通事业发展进入新阶段。国道 111、303、305、306 线赤峰段和赤峰至朝阳、赤峰至承德、赤峰至乌丹、平泉至双井店、锡林浩特至林西、大板至巴林桥 6 条省级干线公路相继建成。

1978 年中共十一届三中全会后，赤峰市经济建设、城市建设与交通建设相互支撑、同步快速发展。到“七五”末期，赤峰市公路通车里程达到 8774 公里，公路客运总量 250 万人，货运总量 681.6 万吨。“八五”期间全市公路建设投资 8471 万元，到1995 年，全市公路客运总量 958 万人，客运周转量 69255 万人公里，货运总量 1005 万吨，货运周转量 59395 万吨公里。“九五” 期间，全市共完成公路建设投资 20.4 亿元，新建、改建公路工程 2768 公里，其中一级公路 11 公里，二级公路 602 公里，三级公路 338 公里。赤峰汽车西客站及一批县级汽车站建成运营。到 2000 年，全市公路总里程已达到 10300 公里，比 1995 年增加 1448 公里，初步形成了以市区为中心，以各旗县政府所在地为节点，以国省干线为骨架，以县乡公路为网络，干支结合、纵横交错的公路网。2001 年后，赤峰市加大交通基础设施投资力度，通过招商引资、多方筹措建设资金，公路建设持续快速发展。2005—2013 年，赤峰—大板、赤峰—通辽、赤峰—朝阳、赤峰—茅荆坝高速公路建成通车，公路总里程 460 公里，形成了连接京津和东北高速网的“天”字形高速公路网格局；赤峰境内 4 条国道路段拓宽改造工程全部完工；阿荣旗至北海省际通道赤峰段建成通车；新建老哈河、东山湾 2 座特大桥，30 座互通立交桥。2008 年，赤峰新城区长途汽车站建成。到 2014 年，赤峰公路总里程达到 2.5 万公里，比 1991 年增长 1.84 倍，其中高速公路和一级公路总里程 1122 公里，2万多个自然村全部实现油路通达。全市有民营汽车运输企业 181 家，有个体运输户4.42 万家，有客运班车 1923 辆，客运班线 1139 条。客运量 3872 万人次、客运周转量27.62 亿人公里，比 1991 年分别增长 1.56 倍和 2.15 倍；货运量 1.31 亿吨、货运周转量 239.83 亿吨公里，比 1991 年分别增长 14 倍和 51.45 倍。全市出租汽车增加到 9350辆，其中中心城区出租汽车 3231 辆。公路养护、路政、运政、规费征收、交通战备、港航监督等各项管理工作全面提升。

铁路运输是赤峰市最重要的旅客和货物运输方式。1935 年，赤峰站（原名赤峰驿）、赤峰至叶柏寿铁路建成通车，1945 年 8 月，日军投降时遭到破坏被迫停运。1953 年后，赤峰站、叶赤铁路修复后通车，其间新建一批厂矿专用线，铁路客货运输纳入全国铁路网。

1978 年中共十一届三中全会后，铁路建设快速发展，客货运输量逐年增大。1979 年，京通铁路建成通车，与叶赤线交会于赤峰火车站，连接宁城县、喀喇沁旗、元宝山区、红山区、松山区、敖汉旗等南部6个旗县区。1991年,全市共发送旅客175.7万人,发送货物699.6万吨。1995年,集通铁路建成通车,自东向西贯穿阿鲁科尔沁旗、巴林左旗、巴林右旗、林西县、克什克腾旗等北部5个旗县。这3条铁路使赤峰与内蒙古其他地区以及辽宁、河北、北京、天津等省市相连。境内始发或途经铁路客运列车可直达北京、呼和浩特、沈阳、大连、哈尔滨、长春、秦皇岛、承德等城市。2000年,全市发送旅客229.27万人,发送货物1053.9万吨。2005年开始,赤峰至大板至白音华、巴彦乌拉至新邱、林东至白音诺尔至白音华、赤峰至锦州铁路和集通铁路扩能改造工程先后开工建设。2007年,重建赤峰站,新站建筑面积比原站扩大3倍多。2011年,国务院颁发《关于进一步促进内蒙古经济社会又好又快发展的若干意见》,把赤峰至喀左高铁(京沈高铁支线)列入重点建设项目,赤峰地区经京沈高铁接入全国高铁网。2014年,铁路由新中国成立初期的114公里增加到1105公里,增长8.69倍,6条铁路将12个旗县区紧紧串联在一起。随着铁路列车6次提速以及电气化改造的实施,铁路运输能力明显提高,旅客运输量443万人,比1991年增长152%;货物运输量2455万吨,比1991年增长250%。赤峰站日均到发旅客列车21对。赤峰高铁将于2020年全线贯通,届时赤峰将融入北京、沈阳两小时经济圈。

航空运输自1959年5月1日中国民航赤峰站成立起步,当日开通航线1条,同时办理国内航空客货运输业务。1978年中共十一届三中全会后,赤峰机场航班、航线逐年增加。1991年,赤峰机场航线由国航内蒙古分公司运营,有航线2条,每周航班2班;旅客运输量15319人,货物运输量45.8吨。到2000年,开通北京、呼和浩特、沈阳、石家庄等航线,旅客运输量21709人,货物运输量21.2吨。北方航空公司、山西航空公司、海南航空公司加盟赤峰地区航空运营。2001年后,赤峰市加大交通基础设施投资力度,民航新增赤峰至大连、上海浦东、广州、天津、济南、成都、哈尔滨、西安、南京、海拉尔、包头等地航线。2008年,赤峰玉龙机场建成并投入运营,可满足B737-800、A320机型起降。中国国际航空公司、中国东方航空公司、天津航空公司、北京首都航空公司、中国联合航空公司、华夏航空公司等多家民航企业加入赤峰航空运营。2014年,赤峰玉龙机场开通国内航线14条,通航城市11个,全年起降航班9987架次,旅客年运输量88万人次,比1991年增长57倍;货物年运输量2708吨,比1991年增长58倍。赤峰正成为内蒙古东部地区的综合运输枢纽和物流中心。

第一篇　公路运输

第一章　道　路

1991年，赤峰市公路总里程8794公里。有4条国道通过赤峰境内，境内国道总里程1226公里，其中二级道路69公里，三级道路1010公里，四级道路147公里；有省道4条，总里程612公里，其中二级公路148公里，三级公路444公里；有县级公路40条，总里程2822公里，其中二级公路42公里，三级公路1170公里；有乡镇道路177条，总里程4081公里；有专用道路53公里。1995年以后，赤峰市境内加快省道、县道、乡镇及村道的改造升级和建设，道路里程不断增加，道路等级不断提高。到2000年，赤峰市道路总里程1.03万公里。境内有国道4条，总里程1321公里；省道4条，总长551公里；县道2718公里；乡镇道路5632公里；专用公路60公里。2001年以后，赤峰市经济进入高速发展快车道，道路建设也随之进入高速发展时期。国、省、县、乡、村道路改造升级和新建道路建设步伐不断加快。2002年8月，国家和内蒙古自治区重点工程项目省际通道——阿荣旗至北海通道开工建设，2005年8月竣工通车，赤峰境内总长386公里。从2004年开始，开工建设3条高速公路，到2007年，赤峰—大板高速公路、赤（峰）通（辽）高速公路赤峰至下洼段2条高速公路建成通车，总长310.8公里。2002—2005年，赤峰境内先后开工建成省道105线、国道306线，总长141.3公里。2006年以后，赤峰市认真贯彻国家和自治区公路村村通要求，大力加强村级道路建设。到2010年，赤峰市道路总里程达到2.3万公里。其中有国道4条，总里程1543公里；省道7条，总里程797公里；县道总里程2886公里；乡镇道路总里程5843公里；村道总长1.15万公里；专用公路413公里。2011年11月，赤峰—朝阳高速公路赤峰至平庄（蒙辽界）段建成通车，赤峰市境内主线全长46公里。2013年10月，国道306线凌源至赤峰（辽蒙界）一级公路竣工通车，赤峰境内路段全长91公里。到2014年，赤峰市道路总里程2.49万公里。其中有国道4条，总里程1737公里；有省道8条，总里程1384公里；有县道40条，总里程2463公里；有乡镇道路283条，总里程5752.42公里；村道总里程达到12991公里；专用公路627公里。按技术等级分，有高速公路460公里，一级公路662公里，二级公路2067公里，三级公路3158公里，四级公路17725公里，等外公路882公里。

第一节 高速公路

赤峰市从2004年开始高速公路建设。2004年8月,赤峰—大板高速公路开工建设,2007年12月建成通车,全长149.8公里,是赤峰市第一条高速公路。2005年以后,赤峰境内新开工建设赤峰—通辽高速公路赤峰至下洼段、赤峰—朝阳高速公路赤峰至平庄(蒙辽界)段、大庆—广州高速公路赤峰至茅荆坝(内蒙古自治区与河北省交界处)段3条高速公路2007年、2011年、2013年先后建成通车。2014年7月,丹东—锡林浩特高速公路经棚至锡林浩特段开工建设。至2014年末,赤峰市境内已建成通车4段高速公路。全长460公里。

赤峰—大板高速公路　是国家公路网规划的国道16线丹东至锡林浩特高速公路中的一段。起点位于喀喇沁旗仓窖村与省道206线相交处,终点至巴林右旗大板镇西哈日毛都嘎查村与省际通道相连。途经喀喇沁旗、红山区、松山区、翁牛特旗、巴林右旗5个旗县区、13个乡镇苏木、44个行政村(嘎查)。2004年8月开工建设,2007年12月建成通车。全长149.8公里,路基宽度26米,设计荷载为标准公路一级,设计速度为100公里/小时,总投资28.17亿元。全线建有大桥10座、中桥9座、小桥8座、分离式立交桥5座、互通立交桥6座、天桥31座、通道桥71座、涵洞222道,沿线设有收费站6处、服务区2处、停车区1处。

赤峰—平庄高速公路　是国家公路网规划的国道16线丹东至锡林浩特高速公路中的一段。起点位于喀喇沁旗仓窖村与省道206线相交处,终点止于平庄镇东北与辽宁省交界的老哈河畔。途径赤峰市喀喇沁旗、红山区、元宝山区3个旗区、19个村,向东延伸至辽宁省朝阳市与锦朝高速公路相连,赤峰市境内主线全长48.6公里,采用四车道高速公路标准建设。2009年4月开工建设,2011年11月建成通车,总投资19.98亿元。

赤峰—下洼高速公路　是国家公路网规划的国道45线大庆至广州高速公路中的一段,是内蒙古自治区通往东北、华北地区的重要走廊,是东北地区由赤峰进入京津地区的第二通道,也是赤峰市"两横、三纵、两出口"公路主骨架的重要"一横"。赤通高速公路起点位于赤峰市松山区杨家营子,与赤大高速公路相接,终点至赤峰与通辽交界的敖汉旗下洼镇。途经西水地、红庙子、陈家营子、元茂隆、当铺地南、八台营子北、萨力巴、麻袋沟、小河子、冯登营子至赤峰与通辽交界的下洼镇。2005年3月开工建设,2007年10月建成通车,总投资41.2亿元。全长161公里,路基宽度26米,设计荷载为标准公路一级,设计速度为100公里/小时。全线建有特大桥1座、大桥17座、中桥28座、小桥174座、分离式立交桥29座、互通立交桥6座、天桥5座、通道桥85座、涵洞219道,沿线有服务区2处、养护工区2处。

赤峰—茅荆坝高速公路　是国道45线大庆至广州高速公路的一段,是连接赤峰、承德、北京的重要公路。起点位于红山区文钟镇连接丹锡高速公路，终点止于喀喇沁旗锦山镇龙水塘村西省道 206 线。2011 年 3 月开工建设，2013 年 9 月竣工通车。主线全长 100.6 公里，总投资 53.1 亿元。设计速度为 100 公里 / 小时，路基宽度 26 米，设计荷载为标准公路一级。全线建有大桥 21 座、中桥 55 座、小桥 53 座、涵洞 348 道、互通立交桥 6 座；全线建有隧道 2 座，全长 6775 米，其中赤峰境内长 3859 米。沿线设有服务区 2 处、停车区 2 处、主线收费站 1 处、匝道收费站 5 处。

经棚—锡林浩特高速公路　是国道 16 线丹锡高速公路经棚至锡林浩特道路中的一段，起点位于克什克腾旗经棚镇工业园区，终点止于锡林浩特市，连接省际通道集宁至阿荣旗路线。全长 63.28 公里，总投资 21.25 亿元，设计荷载为标准公路一级。2014 年 7 月开工，计划 2016 年通车。

第二节　国　道

1991 年，赤峰市境内有 4 条国道通过，分别是国道 111 线、国道 303 线、国道 305 线、国道 306 线。赤峰境内国道总里程 1226 公里，其中二级道路 69 公里，三级道路 1010 公里，四级道路 147 公里。1992 年以后，国家不断加大国道建设力度，大力加强国道改造和建设。到 2005 年，赤峰境内国道 111 线、国道 303 线路段全部改造成为高级、次高级道路；赤峰境内国道 305 线、306 线路段全部改造成为二级、一级道路。2005 年 8 月，国家和内蒙古自治区重点工程项目阿荣旗至北海一级省际通道竣工通车。2013 年 10 月，国道 306 线凌源至赤峰一级公路建成通车。2014 年，赤峰市境内国道有 5 段：北京至内蒙古自治区呼伦贝尔市加格达奇的国道 111 线、吉林省集安至锡林浩特的国道 303 线、辽宁省庄河至赤峰市林东的国道 305 线、辽宁省绥中至赤峰市经棚的国道 306 线、凌源至赤峰的国道 306 线，还有阿旗至克旗的自治区省际大通道 1 条，6 条公路总里程 1737 公里。其中一级公路 162 公里，二级公路 988 公里，三级公路 587 公里，二级以上公路比 1991 年增加 1081 公里，比 1991 年增长 15.67 倍。

省际通道赤峰段　是国家和内蒙古自治区“十五”“十一五”期间重点公路建设工程项目，是内蒙古自治区呼伦贝尔市阿荣旗至广西北海省际通道的一段。赤峰境内起点于阿鲁科尔沁旗西巴彦塔拉，途经阿鲁科尔沁旗、巴林左旗、巴林右旗、林西县、克什克腾旗，终点止于克什克腾旗公主埂，全长 386 公里。2002 年 8 月开工建设，2005 年 8 月竣工通车。设计为一级公路，路基宽度 25.5 米，双向四车道。全线有大桥 21 座、中桥 18 座、小桥 62 座、涵洞 482 道；沿线有收费站 6 处、服务区 3 处、养护工区 5 处。

国道 111 线兴巨德—下洼段　国道 111 线起点为首都北京，终点为内蒙古自治区呼伦贝尔市境内加格达奇。在赤峰境内西连河北省围场县兴巨德，东接通辽市奈曼旗与敖汉旗交界处下洼镇，经老府、红花沟、赤峰市区、红庙子、安庆沟、哈拉道口、新惠镇、牛古吐，全长 268.9 公里。是贯穿赤峰市东西的主要干线公路，也是沟通东北、华北两大经济区的重要通道。国道111线于1971年8月建成通车，赤峰境内公路总里程261公里。1976年，开始铺设渣油路面。1990年以后，逐段进行技术改造。1991年，改造八家大桥—安庆沟段；1997年，改造兴巨德—老府段；1998年，改造四道湾—下树林段，先后改造为三级油路。2000—2002年，高家窝铺—下洼段51.2公里、新惠—高家窝铺15.6公里、东山湾大桥—新惠34.8公里全部改建为二级油路。2003年，改造老府—红花沟—衣家营子58.9公里二级油路工程竣工。到2005年，国道111线赤峰境内路段全部改造成为高级、次高级路面。

国道303线经棚—天山段　国道303线于1973年10月建成通车，起点为吉林省集安市，终点为内蒙古自治区锡林浩特市，贯穿赤峰市北五旗县。东起阿鲁科尔沁旗与通辽交界处的新开河大桥，经天山、林东、大板、林西、经棚，西接克什克腾旗与锡林郭勒盟交界阿其乌拉，赤峰境内全长419公里。1991年以后，赤峰市开始对国道303线分期进行高级、次高级路面改造：1996—1997年，对清河子故道桥—白城子段19.3公里进行三级油路改造；1997—1998年，完成克旗热水—经棚—阿其乌拉115公里三级油路建设工程，对新开河大桥—绍根段20.3公里进行二级油路改造；2000—2001年，对林东—巴彦塔拉33.3公里、大板—平顶庙23.5公里进行二级油路改造。2005年，省际通道竣工通车以后，原303线降为县道，省际通道经棚—天山段定为国道303线。国道303线赤峰市境内全部达到高级、次高级路面。

国道305线大黑山—林东段　国道305线于1970年10月建成通车，起点为辽宁省庄河，经敖汉旗大黑山进入赤峰市境内，经贝子府、新惠、四道湾、哈拉道口、玉田皋、海拉苏、宝日勿苏、野猪沟，止于巴林左旗林东镇。赤峰市境内全长235.1公里，其中新惠—四道湾—哈拉道口53.4公里与国道111线重合。1996年，国家对国省干线公路网进行调整，将国道305线终点由林西改为林东，在保留原国道305线敖汉旗大黑山—松山区哈拉道口段的同时，利用原县级公路哈拉道口—翁牛特旗海拉苏段113.9公里和县级公路海拉苏—宝日勿苏55.9公里以及巴林左旗原乡道宝日勿苏—林东36.1公里道路。至1997年，国道305线除与国道111线重合路段新惠—四道湾—哈拉道口为三级油路外，其余全部为砂石路面或等级外路。1998年，内蒙古自治区交通厅投资完成宝日勿苏至林东59.4公里三级油路建设；2005年，完成水泉—新惠40公里二级公路改造。

国道306线三十家子—经棚段　国道306线于1985年8月建成通车，赤峰境内公路总里程337公里。南起辽宁省绥中，经宁城县与辽宁省凌源交界处南三十家子进入赤峰境内，经五化、大明、小城子、楼子店、五三、碱场、土城子至克什克腾旗经棚镇。1996年以前，国道306线在赤峰境内经南三十家子—小城子—克什克腾旗陈家营子桥。陈家营子桥—关东车段原为乡级公路，关东车—经棚镇为县级公路。1997年，赤峰市对国道306线分段进行全面技术改造，将宁城县小城子—七家桥(与喀喇沁旗交界处)14.2公里改造为二级油路。1998—1999年，将南三十家子—包古鲁梁段35.1公里、七家桥—老爷梁段38公里、老爷梁—五三段29.1公里全部改造为二级油路。2000年，对五三乡—昭苏河段 25.1 公里进行改造。2001—2002 年，将昭苏河—高家梁—土城子—陈家营子桥 112.8 公里全部改造为二级油路，陈家营子—经棚二级公路建设项目也同时开工。2003 年，黄榆沟—经棚段与省际通道一级公路经棚隧道同时开通。2005 年，国道 306 线赤峰境内 337 公里全线改造为二级、一级公路。

国道 306 线凌源—赤峰段　国道 306 线凌源至赤峰一级公路于 2011 年 6 月开工建设，2013 年 10 月竣工通车。赤峰境内路段 91 公里。起点于红山区文钟镇大营子村，途经喀喇沁旗、宁城县，终点止于赤峰市宁城县与辽宁省凌源市交界的热水汤镇。设计为一级公路，路基宽 26 米，双向四车道。全线有大桥 17 座、中桥 13 座、小桥 44 座、涵洞 135 道；沿线有收费站 2 处、养护工区 2 处。

第三节　省　道

1991 年，赤峰市境内有省道 4 条，总里程 612 公里。其中二级路 148 公里，三级路 444 公里。1997 年、2004 年、2005 年，赤峰境内先后新建省道 207 线小城子—黑里河桥南段、省道 105 线公主埂—经棚段、省道 306 线白音胡硕—天山西段 3 条省道。至此，赤峰市境内省道达到 8 条，总里程 796 公里。2006 年以后，新建省道 105 线、304 线；先后将县道 228 线（乌丹—灯笼河子）、县道 229 线（大兴—海日苏）调整为省道。到 2014 年，全市有省道 8 条，总里程 1384 公里。其中达到一级及以上公路标准的 3 条，467 公里；达到二级公路标准的 4 条，554 公里；三级及以下 1 条，363 公里。

省道 105 线公主埂—经棚段　省道 105 线系省际通道的一部分。该线西起呼和浩特罗家营，途经旗下营镇、科布尔沁镇、白音查干镇、商都镇、安业镇、明安图镇、桑根达来镇，从公主埂入赤峰界，经好来呼热、三义止于经棚镇。赤峰境内 85.1 公里。该线 2002 年开工建设，2005 年竣工通车，总里程 329.8 公里。

省道 204 线大水菠萝—巴林桥段　省道 204 线北起锡林郭勒盟东乌珠穆沁旗，经大水菠萝进入赤峰林西境内，经板石房子、统部镇、大营子、林西镇、新城子镇、双井店乡、下场乡，终点为巴林桥，与省道 205 线相接。该线 1991 年开工建设，1993 年竣工通车，公路等级二级。赤峰市境内路线总里程为 152.8 公里。1999 年，省道 204 线大水菠萝牧场—林西镇十字街段 66.2 公里改建为三级油路。2003 年，林西镇十字街—双井店乡段 39 公里及双井店乡通往国道 306 线 3 公里路段进行二级油路改造。2005 年，大水菠萝—林西段 66.2 公里改造为二级油路，省道 204 线基本达到二级公路标准。省道 204 线，依次与国道 303 线、国道 306 线、省道 205 线、省际通道、赤大高速公路相连接，是通往赤峰市北部旗县及东北三省的重要省级干线。2014 年达到 146.1 公里。

省道 205 线大板—黑水大桥段　省道 205 线大板至朝阳公路始建于 1952 年，是赤峰市北通五旗县、南连辽宁及锦州港的重要出口路，起点为巴林右旗大板镇，途经巴林桥、五分地、四道杖房、乌丹镇、梧桐花镇、桥头镇、木头沟乡、当铺地镇、赤峰城区、哈拉卜吐、美丽河、黑水大桥、辽宁省的建平县、敖汉旗老虎山至辽宁省朝阳市。赤峰市境内全长128.1公里。1991年以后，赤峰市对省道205线公路陆续进行分段改造。1996年,元宝山区政府采取“贷款修路,收费还贷”方式,对辖区内省道205线进行二级油路改造,建起公路收费站。此后,松山区、翁牛特旗、巴林右旗政府相继在辖区内对省道205线进行二级油路改造。至2005年,省道205线大部分路段达到二级公路标准。2014年达到238.7公里。

省道206线赤峰—茅荆坝段　省道206线是赤峰市进京的主要通道，也是自治区交通厅规划的“三横九纵十二出口”的重要出口之一,起点赤峰,终点为河北省承德市。赤峰境内从松山区八家铁路桥处与国道111线岔路口起,经牛家营子、龙山、锦山、王爷府、旺业甸,止于茅荆坝隧道,全长106.9公里。1966年开工建设,1968年竣工通车,公路等级三级。2001—2003年，赤峰富龙路桥公司投资改建锦山—茅荆坝段一级公路,全长68.4公里,总投资6.8亿元。2003—2004年,赤峰富龙路桥公司又投资3亿元改建赤峰—锦山36公里一级公路，实现省道206线赤峰市境内全部为沥青混凝土一级公路。到2005年,全线达到双向四车道一级公路标准,路基宽20米,全部为沥青混凝土路面。全线设牛家营子、四十家子、旺业甸3个收费站。2014年达到109.4公里。

省道207线小城子—黑城大桥南段　省道207线(小城子至平泉)是1996年国省干线公路网调整时新增加的一条省级公路,改线起点在宁城县小城子镇与国道306线连接处,经大城子镇、三座店乡、存金沟乡、八里罕镇、甸子乡,至河北省平泉县与宁城县交界处的黑城大桥南，赤峰境内全长56.1公里。1995年开工建设,1997年竣工通车,公路等级二级。1997—1999年,采取“贷款修路,收费还贷”方式,对辖区内的平双公路进行二级公路改造,省道207线全部改造为二级油路。

省道306线白音胡硕—天山西段　起点于兴安盟白音胡硕南国道111线岔路口,经布敦化—西巴彦塔拉—天山西止,赤峰境内56.2公里。2002年开工建设,2005年建成通车,为一级公路。

省道307线林东—罕乌拉段　省道307线起点为赤峰市巴林左旗林东镇，终点为锡林郭勒盟西乌珠穆沁旗罕乌拉。赤峰境内途经十三敖包、风水山、杨家营子、浩尔吐、昆都岭，全长102.3公里。1958年开工建设,1960年竣工通车，砂石路面。2002—2003年,巴林左旗以“贷款修路,收费还贷”方式,将林东至杨家营子35公里改造为三级油路。2003年，将该线由县道调整为省道。省道307线是赤峰市连接锡林郭勒盟西乌珠穆沁旗和通辽市霍林河矿区及北部区域的重要通道。2014年达到98.7公里。

省道304线大兴—乌兰布统段　省道304线东起通辽市科左中旗保康镇，经翁牛特旗大兴进入赤峰境内,经新苏莫苏木、呼鲁斯太嘎查、海拉苏嘎查、乌丹镇、广德公、亿合公、灯笼河子至克什克腾旗乌兰布统,终点位于锡林郭勒盟太仆寺旗宝昌镇。该段公路由原县道228线(乌丹—灯笼河子)、县道229线(大兴—海日苏)及新建灯笼河子至乌兰布统段公路组成,路线总里程369.3公里。

第四节　县级公路

1991 年，赤峰市有县级公路 40 条，总里程 2822 公里，其中二级公路 42 公里，三级公路 1170 公里。全市县级公路中，有油路 115 公里，砂石路 2698 公里，土路 9 公里。1992 年以后，赤峰市不断加强县级公路建设。到 1995 年，全市县级公路总里程达到 2823 公里。1996 年以后，县级公路建设速度进一步加快，公路等级进一步提高。到 2000 年，全市县级公路总里程 2718 公里，其中二级公路 88 公里，三级公路 1505 公里。全市县级公路中，油路 147 公里，砂石路 2571 公里。到 2005 年，全市县级公路总里程 2877 公里。到 2010 年，全市县级公路总里程 2886 公里。到 2014 年，赤峰市有县道 40 条，总里程 2463 公里，其中一级公路 43 公里，二级公路 336.7 公里，三级以下公路 2083.3 公里。

2014 年赤峰市二至四级县级公路情况一览表

表 7-1-1　　单位：公里

路线名称	公路里程	公路等级	路面	中间经过主要地点	建设年份
县道 201 线赤峰—大乌珠穆沁	16.70	三级	沥青混凝土	八里铺	1966
县道 202 线赤峰—建昌营	24.40	二级	沥青混凝土	红庙子、元宝山	—
县道 203 线赤峰—水地	20.40	四级	水泥混凝土	红山、大六份、水泉	—
县道 204 线赤峰—桥头	26.80	四级	砂石	哈达和硕、新井	—
县道 205 线赤峰—朝阳	60.30	三级	沥青混凝土	城子、猴头沟	—
县道 206 线焦营子—大六份	58.80	三级	沥青混凝土	木头沟、岗子	—
县道 207 线东山湾—安庆	23.70	三级	沥青混凝土	牛家营子、太平地	1971
县道 208 线元宝山—平庄	21.90	二级	沥青混凝土	元宝山镇、青山、公格营子	1979
县道 209 线古山—马架子	29.90	二级	沥青混凝土	平庄	1980
县道 210 线平庄—牛家营子	46.40	三级	沥青混凝土	楼子店、毕家坝、下水地	—
县道 211 线鲁北—宝日勿苏	170.70	三级 四级	沥青混凝土	昆都、天山、岗台、双胜	2001
县道 212 线巴彦温都—天山	120.50	三级 四级	沥青混凝土	昆都、乌兰哈达、荞麦塔拉	1986
县道 213 线天山—新立屯	30.40	四级	沥青混凝土	天山口	1976
县道 215 线浩尔吐—林东	96.20	三级 四级	沥青混凝土	三山、乌兰达坝	2001
县道 216 线杨家营子—白音高勒	102.70	三级	沥青混凝土	碧流河、白音乌拉、哈拉哈达	2010

续表

路线名称	公路里程	公路等级	路面	中间经过主要地点	建设年份
县道217线白音诺尔—碧流台	47.30	三级	沥青碎石	白音诺尔铅锌矿、四方城	2001
县道218线哈日根台—大板	126.30	三级	沥青混凝土	二道坝、索博日嘎、巴彦琥硕	2002
县道219线西拉木伦—大板	112.10	三级	沥青混凝土	胡日哈、宝日勿苏羊场	2001
县道220线洪格尔—大板	58.20	三级	水泥混凝土	黄花林场、查干诺尔苏木	1979
县道221线庙西营子—大川	67.10	三级	沥青混凝土	五十家子、杨家营子、官地	2002
县道222线九连—嘎岔	27.60	三级	沥青混凝土	太平、五星、新林	1970
县道223线经棚—山嘴子	180.00	三级	沥青混凝土	经棚	2003
县道224线土城子—关东车	115.70	三级	水泥混凝土	经棚	1962
县道225线乌丹—哈拉道口	60.00	三级	沥青混凝土	头牌子、潘家窝铺	1995
县道226线玉田皋—四家子	135.70	三级	沥青混凝土	古鲁板蒿、哈沙吐、新惠、新地	1997
县道227线五分地—毛山东	26.60	三级	水泥混凝土	五分地、合成公、南大荒、毛山东	—
县道228线乌丹—灯笼河子	111.90	三级	沥青混凝土	广德公、亿合公、杨树沟门	1991
县道229线大兴—海日苏	102.70	三级	油路	白音塔拉、翁牛特旗示范牧场、海拉苏	1979
县道230线锦山—平庄	78.40	三级	沥青混凝土	马鞍山、西桥、乃林、马蹄营子	2004
县道231线锦山—南台子	33.70	三级	沥青混凝土	大牛群、小牛群	2000
县道232线铁匠营子—旺业甸	98.90	三级	沥青混凝土	大双庙、必斯营子、甸子、黑里河	2000
县道233线天义—山头	56.60	三级	沥青混凝土	忙农、必斯营子	1994
县道234线天义—忙农	13.90	三级	沥青混凝土	天义、忙农	2001
县道235线大明—三座店	21.60	三级	沥青混凝土	大明、一肯中、三座店	1995
县道236线荷也勿苏—哈沙吐	44.50	三级	沥青混凝土	长胜、双井	1997
县道237线下洼—嘎岔	52.80	三级	沥青混凝土	朱家窝铺、春玉河、宝国吐	1996
县道238线宝国吐—老虎山	93.40	三级	沥青混凝土	大甸子、贝子府、金厂沟梁	1997
县道239线万发永—白斯朗营子	89.30	三级	沥青混凝土	三义井、木头营子、羊场、孤山子	1997
县道240线赤峰—小新地	3.91	三级	沥青碎石	三家村	—
县道242线天山—经棚	260.50	二级	沥青混凝土	林东、大板、林西	2004

第五节 乡镇 村级公路

一、乡镇道路

1991年,赤峰市有乡镇道路177条,总里程4081公里,其中三级公路922公里,其他均为四级及以下。全市乡镇道路中,油路22公里,砂石路3747公里,土路312公里。1992年以后,赤峰市不断加强乡镇道路建设。到1995年,全市乡镇道路总里程4136公里。1996年以后,乡镇道路建设速度进一步加快,公路等级进一步提高。到2000年,全市乡镇道路总里程达到5632公里,其中二级公路5公里,三级公路1104公里。全市乡镇道路中,油路42公里,砂石路5590公里。到2005年,全市乡镇道路总里程6090公里。到2010年,全市乡镇道路总里程5843公里。到2014年,全市乡镇道路达到283条,总里程5752.42公里,其中一级公路3.11公里,二级公路173公里,三级公路749.95公里,四级及以下公路4826.36公里。全市乡镇道路中,油路3843.73公里,砂石路1908.69公里。

二、村道

1991—2000年,赤峰市村道多为自然形成的土道。2001年以后,随着农村经济快速发展,各旗县区、乡镇、村不断加强村级道路的建设,通过政府投资、乡镇和村筹资、村民集资等多种方式进行村道建设和改造,村道建设步伐不断加快。2006年以后,赤峰市认真贯彻国家和自治区公路村村通要求,大力加强村级道路的拓宽改造和建设。到2010年,全市村级道路达到11501公里。2011年以后,各旗县区进一步加强道路村村通工程建设,村道建设进一步加快,许多村道改建为水泥路或柏油路。到2014年,全市村级道路达到12991公里。

第六节 专用公路

1991年,赤峰市有专用公路6条,通车里程53公里,其中油路20公里,砂石路33公里。1995年,将元宝山至四井公路1.1公里改建为三级水泥路,全长6公里。2001年,将元宝山至风水沟煤矿公路改建为二级沥青路,全长8公里。2003年,将红卫矿至玉皇火车站公路改建为三级沥青路,全长7.9公里。2006年,巴林左旗政府通过招商引资,引进中国对外贸易运输(集团)总公司和辽宁省久益置业投资有限公司共同投资修建巴林左旗—西乌旗白音华煤矿运煤专用公路,公路总里程172.6公里,其中赤峰境内长115.49公里,为二级公路。2006年4月开工建设,同年12月竣工。2007年以后,随着经济建设的发展,赤峰市专用公路建设进一步加强。2014年,赤峰市专用公路627公里。

第二章 桥涵 隧道

第一节 桥 涵

1991年,赤峰市有公路桥梁958座,总长29701米。1992年以后,随着公路建设的发展,桥梁不断增加。到2000年,全市有公路桥梁1117座,总长34978米,其中特大桥1座、大桥59座、中桥203座、小桥854座。2001年以后,赤峰市公路建设速度加快,各类桥梁、隧道随之增多。到2014年,赤峰市公路桥梁共计2700座,总长10.14万米。按跨径分,有特大桥2座,总长2144米;大桥172座,总长36000米;中桥497座,总长29923米;小桥2029座,总长33302米;互通立交桥30座。公路桥梁中,国道桥梁942座,总长45276米;省道桥梁398座,总长16810米;县道桥梁558座,总长16028米;乡道桥梁453座,总长11413米;专用公路桥梁46座,总长1983.4米。

一、特大桥

老哈河特大桥　位于松山区境内,通辽—赤峰高速287公里920米处,跨越老哈河。该桥为箱形梁结构,跨径30米×36孔,桥梁全长1087米,桥面净宽23米,设计荷载为公路一级,技术等级为一类。2005年8月开工建设,2007年12月竣工通车。此桥由赤峰市中交通力公路勘察设计有限公司设计,中交路桥二分局三公司施工,沈阳鑫通工程监理公司监理。

东山湾特大桥　位于松山区境内,国道111线576公里处,跨越老哈河。该桥为箱形梁结构,跨径30米×35孔,桥梁全长1057米,桥面净宽11米,桥下净高5米,设计荷载为公路一级,技术等级为一类。2007年7月开工建设,2009年11月竣工通车。此桥由赤峰市中交公路勘察设计有限责任公司设计,赤峰安通路桥有限责任公司施工,赤峰天宇公司监理。

二、大桥

1991年,赤峰市公路大型桥梁不多。1992年以后,赤峰市公路建设快速发展,公路大桥不断增多。到2000年全市有公路大桥63座,11165米。到2014年,全市公路大桥达到172座,总长36000米。

2014年赤峰市境内部分大桥基本情况一览表

表7-1-2

桥梁名称	桥梁结构	桥长（米）	跨径(米—孔数）	桥面净宽（米）	设计荷载	建成年份
大坑子大桥	T形梁	116	20—5	12.60	公路二级	2003
新开河大桥	空心板梁	173	13—13	9.00	公路一级	2005
清河子大桥	T形梁	144	20—7	7.00	公路一级	1994
沙里河大桥	箱形梁	247	20—12	22.50	公路一级	2005
南湾子大桥	箱形梁	307	20—15	22.50	公路一级	2005
召胡图格大桥	箱形梁	166	20—8	25.50	公路一级	2005
克德河大桥	箱形梁	167	20—8	22.50	公路一级	2005
益斯毛都大桥	组合式梁	167	20—8	22.50	公路一级	2005
查干木伦大桥	组合式梁	646	20—32	22.50	公路一级	2005
东樱桃沟大桥	箱形梁	106	20—7	22.50	汽—20级	2005
西樱桃沟大桥	箱形梁	146	20—7	22.50	汽—20级	2005
公益阁大桥	箱形梁	106	20—5	22.50	汽—20级	2005
白家湾大桥	箱形梁	426	20—21	22.50	汽—20级	2005
胡吐哈吐沟大桥	组合式梁	107	20—5	20.00	汽—20级	2005
泉子河大桥	组合式梁	107	20—5	20.00	汽—20级	2005
三七地沟大桥	组合式梁	107	20—5	20.00	汽—20级	2005
西拉木伦2号桥	组合式梁	227	20—11	21.00	汽—20级	2005
西拉木伦1号桥	箱形梁	267	20—3	20.00	汽—20级	2005
字山大桥	组合式梁	187	30—6	20.00	汽—20级	2005
林东西桥	T形梁	184	20—9	9.00	汽—20级	1991
山嘴桥	空心板梁	108	13—8	11.00	汽—20级	2005
锡伯河左桥	T形梁	347	20—17	9.60	汽—20级	2000
昭苏河桥	T形梁	212	13—16	11.00	汽—15级	2006
黑沟门桥	空心板梁	70	—	11.00	汽—20级	1999
宋三家大桥	空心板梁	109	13—8	11.00	汽—20级	2005
瓦房桥	空心板梁	186	—	3.00	汽—20级	2005
碾房大桥	空心板梁	14	—	11.00	汽—20级	2005
新大明桥	箱形梁	308	30—10	11.00	公路一级	2007
阴河大桥	空心板梁	169	20—8	23.00	公路一级	2007
昭苏河大桥	箱形梁	107	20—5	23.00	公路一级	2007
西拉木伦大桥	箱形梁	247	20—12	23.00	公路一级	2007
少郎河大桥	箱形梁	147	20—7	23.00	公路一级	2007
干沟子大桥	箱形梁	132	16—8	23.00	公路一级	2007
白银沟大桥	箱形梁	147	20—7	23.00	公路一级	2007

续表

桥梁名称	桥梁结构	桥长(米)	跨径(米—孔数)	桥面净宽(米)	设计荷载	建成年份
羊肠子河大桥	箱形梁	106	20—5	23.00	公路一级	2007
四道杖房大桥	箱形梁	209	20—10	23.00	公路一级	2007
东塔拉大桥	箱形梁	247	20—12	23.00	公路一级	2007
张家店大桥	箱形梁	107	20—5	23.00	公路一级	2007
三道井子互通立交桥	板梁	111	35—3	23.00	公路一级	2007
公铁立交桥	板梁	217	30—7	23.00	公路一级	2007
红山英金河大桥	箱形梁	577	30—19	23.00	公路一级	2007
水泉沟英金河大桥	箱形梁	397	30—13	23.00	公路一级	2007
松山公铁立交大桥	板梁	105	35—3	23.00	公路一级	2007
阴河大桥	箱形梁	247	30—8	23.00	公路一级	2007
狐狸山沟 1 号大桥	箱形梁	228	20—11	23.00	公路一级	2007
教来河大桥	箱形梁	848	30—28	23.00	公路一级	2007
蚌河大桥	箱形梁	397	30—13	23.00	公路一级	2007
簸箕沟大桥	箱形梁	188	20—9	23.00	公路一级	2007
狐狸山沟 2 号大桥	板梁	108	20—5	23.00	公路一级	2007
饮马河大桥	箱形梁	427	30—14	23.00	公路一级	2007
上泉子沟大桥	箱形梁	148	20—7	23.00	公路一级	2007
清水河大桥	箱形梁	108	20—5	23.00	公路一级	2007
张大沟大桥	箱形梁	278	30—9	23.00	公路一级	2007
孟克河大桥	箱形梁	768	20—38	23.00	公路一级	2007
腾克力河大桥	箱形梁	468	20—23	23.00	公路一级	2007
碧柳河大桥	组合式梁	196	20—9	21.00	汽—20 级	2005
牛粪沟大桥	组合式梁	187	20—9	21.00	汽—20 级	2005
金鼎大桥	板梁	204	20—10	9.00	汽—20 级	2002
城南立交桥	板梁	580	26—22	22.00	汽—20 级	2001
小府大桥	板梁	168	20—8	11.00	汽—20 级	2002
砬子沟大桥	板梁	147	20—7	18.00	汽—20 级	2002
牛头沟门桥	板梁	109	13—8	14.00	汽—20 级	1999
八里罕大桥	板梁	122	13—9	12.00	汽—20 级	1999
双山屯大桥	板梁	165	20—8	22.50	汽—20 级	2005
白音塔拉大桥	板梁	465	20—23	22.50	汽—20 级	2005
鲍家店大桥	板梁	125	20—6	22.50	汽—20 级	2005
王家店桥	板梁	123	16—7	8.50	汽—15 级	1992
大兴桥	板梁	324	20—16	7.00	公路二级	2004
锦山大桥	板梁	173	14—11	11.50	汽—20 级	2001

续表

桥梁名称	桥梁结构	桥长（米）	跨径(米—孔数)	桥面净宽（米）	设计荷载	建成年份
四家子大桥	板梁	118	13—9	8.00	汽—20级	1998
大辛庄2号桥	板梁	164	—	12.00	汽—20级	1991
平顶庙桥	板梁	162	—	7.50	汽—15级	1993
龙山桥	板梁	209	13—16	7.50	汽—20级	1998
锦四大桥	板梁	156	13—12	8.00	汽—20级	1997
巴齐楼子桥	板梁	140	10—13	4.50	汽—10级	1999
大河北桥	拱桥	123	10—10	7.00	汽—20级	1998
金矿桥	T形梁	230	—	4.50	汽—10级	1996
吉祥庄桥	板梁	119	—	5.00	汽—20级	1998
白音套海大桥	板梁	123	20—6	8.00	汽—15级	1993
高日罕桥	板梁	133	13—10	8.00	公路二级	1994
英金河大桥	板梁	180	13—12	6.00	汽—15级	1995

三、互通立交桥

2001年以后，赤峰市公路建设步伐加快。到2007年，在高速公路建设中，先后建成互通立交桥10座。到2014年，达到33座。

敖汉旗齐家窝铺互通立交桥 位于敖汉旗境内，大庆—广州高速公路赤峰—下洼段218公里处，单喇叭形互通A匝道桥，跨越主线，延伸与国道111线连接。跨线桥结构形式为上部采用20米预应力空心板，下部桥墩为桩柱式，肋板式桥台，桩基础。跨径组合20米×4孔，桥梁全长85.9米，跨径总长80米，桥梁全宽13.5米，桥面净宽12.5米，桥下净高5米，设计荷载为公路一级。2005年开工建设，2007年6月竣工通车。此桥由北京交科公路勘察设计有限公司设计，浙江登封交通集团有限公司施工，山西振兴公路监理有限公司监理。

敖汉旗新惠互通立交桥 位于敖汉旗境内，大庆—广州高速公路赤峰—下洼段253公里处，单喇叭形互通A匝道桥，跨越主线，延伸与县道玉四线连接。跨线桥结构形式为上部采用现浇预应力箱梁，下部桥墩为独柱墩桩基础，桩柱式桥台。跨径组合26米×1孔+35米×1孔，桥下净高5米，设计荷载为公路一级。2005年开工建设，2007年6月竣工通车。此桥由北京交科公路勘察设计有限公司设计，内蒙古公路局施工，陕西公路工程监理有限公司监理。

元宝山互通匝道桥 位于元宝山区境内，大庆—广州高速公路赤峰—撒力巴段307公里处，单喇叭形互通A匝道桥，跨越主线，延伸与县道安上线连接。该桥结构形式为上部采用20米预应力空心板，下部桥墩为桩柱式，肋板式桥台，桩基础。跨径组合20米×4孔，桥梁全长86.46米，跨径总长80米，桥梁全宽15.5米，桥面净宽14.5米，

桥下净高5米,设计荷载为公路一级。2005年开工建设,2007年9月竣工通车。此桥由中交通力公路勘察设计工程有限公司设计，中铁十一局集团第一工程有限公司施工，唐山交通建设工程监理咨询有限公司监理。

赤峰东(新安)互通立交桥　位于红山区境内,大庆—广州高速公路赤峰—撒力巴段东环连接线593米处,单喇叭形互通A匝道桥,跨越主线,延伸与国道111线连接。该桥结构形式为上部采用20米预应力空心板,下部桥墩为桩柱式,肋板式桥台,桩基础。跨径组合20米×4孔,桥梁全长86.02米,跨径总长80米,桥梁全宽15.5米,桥面净宽14.5米，桥下净高5米，设计荷载为公路一级。2005年开工建设,2007年9月竣工通车。此桥由中交通力公路勘察设计有限公司设计,邯郸光太公路有限公司施工,湖北中交公路桥梁监理咨询有限公司监理。

红山区三道井互通立交桥　位于红山区境内,大庆—广州高速公路赤峰—撒力巴段东环连接线6公里处,单喇叭形互通A匝道桥,跨越主线,延伸与省道205线连接。该桥结构形式为上部采用20米预应力空心板,下部桥墩为桩柱式,肋板式桥台,桩基础。跨径组合20米×4孔,桥梁全长86.02米,跨径总长80米,桥梁全宽15.5米,桥面净宽14.5米，桥下净高5米，设计荷载为公路一级。2005年开工建设,2007年9月竣工。此桥由中交通力公路勘察设计有限公司设计,邯郸光太公路有限公司施工,湖北中交公路桥梁监理咨询有限公司监理。

玉龙互通立交桥　位于松山区境内,丹东—锡林浩特高速公路赤峰—大板段1公里处,单喇叭形互通A匝道桥,跨越主线,延伸与省道206线连接。该桥结构形式为上部采用13米与20米预应力空心板,下部桥墩为桩柱式,肋板式桥台,桩基础。跨径组合13米×2孔+20米×13孔,桥梁全长71.1米,跨径总长66米,桥面净宽18.5米,桥下净高5米,设计荷载为公路一级。2005年开工建设,2007年11月竣工通车。此桥由中交通力公路勘察设计有限公司设计,龙建路桥股份有限公司施工,武汉广益工程咨询有限公司监理。

赤峰西互通立交桥　位于松山区境内,丹东—锡林浩特高速公路赤峰—大板段12公里处,苜蓿叶形互通主线桥,跨越赤通高速,延伸与主线连接。该桥结构形式为上部采用20米预应力空心板,下部桥墩为桩柱式,肋板式桥台,桩基础。跨径组合20米×4孔,桥梁全长87.04米,跨径总长80米,桥梁全宽27.5米,桥面净宽26米,桥下净高5米,设计荷载为公路一级。2005年开工建设,2007年11月竣工通车。此桥由中交通力公路勘察设计有限公司设计,中铁十五局集团有限公司施工,武汉广益工程咨询有限公司监理。

翁牛特旗乌丹互通立交桥　位于翁牛特旗境内,丹东—锡林浩特高速公路赤峰—大板段83公里处,单喇叭形互通A匝道桥,跨越主线,延伸与乌丹连接线连接。该桥结构形式为上部采用20米预应力空心板,下部桥墩为桩柱式,肋板式桥台,桩基础。跨径组合20米×4孔,桥梁全长96米,跨径总长80米,桥梁全宽20米,桥面净宽19米,桥下净高 5 米，设计荷载为公路一级。2005 年开工建设，2007 年 11 月竣工通车。此桥由中交通力公路勘察设计有限公司设计，中国路桥集团西安实业发展有限公司施工，河北冀民公路工程咨询有限公司监理。

巴林互通立交桥　位于巴林右旗境内，丹东—锡林浩特高速公路赤峰—大板段 134 公里处，单喇叭形互通 A 匝道桥，跨越主线，延伸与省道 205 线连接。该桥结构形式为上部采用 20 米预应力空心板，下部桥墩为桩柱式，肋板式桥台，桩基础。跨径组合 20 米×4 孔，桥梁全长 86.10 米，跨径总长 80 米，桥梁全宽 13.5 米，桥面净宽 12.5 米，桥下净高 5 米，设计荷载为公路一级。2005 年开工建设，2007 年 11 月竣工。由中交通力公路勘察设计有限公司设计，中铁十二局集团第三有限公司施工，辽宁省第三公路监理咨询事务所监理。

翁牛特旗桥头互通立交桥　位于翁牛特旗境内，丹东—锡林浩特高速公路赤峰—大板段 43 公里处，单喇叭形互通 A 匝道桥，跨越主线，延伸与省道 205 线连接。该桥结构形式为上部采用 20 米预应力空心板，下部桥墩为桩柱式，肋板式桥台，桩基础。跨径组合 20 米×4 孔，桥梁全长 87 米，跨径总长 82 米，桥梁全宽 16.5 米，桥面净宽 15.5 米，桥下净高 5 米，设计荷载为公路一级。2005 年开工建设，2007 年 11 月竣工。此桥由中交通力公路勘察设计有限公司设计，衡阳公路桥梁建设有限公司施工，太原市华宝通工程监理有限公司监理。

2014 年赤峰市互通立交桥情况一览表

表 7-1-3

桥梁名称	所在位置	结构	全长（米）	宽（米）	竣工年份
齐家窝铺互通立交桥	敖汉旗境内，大广高速公路赤峰段	单喇叭形互通 A 匝道桥	85.90	13.50	2007
新惠互通立交桥	敖汉旗境内，大广高速公路赤峰段	单喇叭形互通 A 匝道桥	68.92	13.50	2007
元宝山互通匝道桥	元宝山区境内，大广高速公路赤峰段	单喇叭形互通 A 匝道桥	86.46	15.50	2007
红山互通桥	红山区境内，大广高速公路赤峰段	单喇叭形互通 C 匝道桥	94.04	8.50	2007
赤峰北互通桥	红山区境内，大广高速公路赤峰段	单喇叭形互通 A 匝道桥	85.20	15.50	2010
赤峰东(新安)互通立交桥	红山区境内，大广高速公路赤峰段东环连接线	单喇叭形互通 A 匝道桥	86.02	15.50	2007
红山区三道井互通立交桥	红山区境内，大广高速公路赤峰段东环连接线	单喇叭形互通 A 匝道桥	86.02	15.50	2007
赤峰南互通立交桥	红山区境内，大广高速公路赤峰段	苜蓿叶形互通 B 匝道桥	105.60	17.91	2013
赤峰南互通立交桥	红山区境内，大广高速公路赤峰段	苜蓿叶形互通 C 匝道桥	338.00	10.50	2013
赤峰南互通立交桥	红山区境内，大广高速公路赤峰段	苜蓿叶形互通 D 匝道桥	125.60	17.50	2013
赤峰南互通立交桥	红山区境内，大广高速公路赤峰段	苜蓿叶形互通 E 匝道桥	107.00	10.50	2013
南大营子互通立交桥	红山区境内，大广高速公路赤峰段	单喇叭形互通 A 匝道桥	123.00	19.00	2013

续表

桥梁名称	所在位置	结构	全长（米）	宽（米）	竣工时间
锦山东互通立交桥	喀喇沁旗境内,大广高速公路赤峰段	单喇叭形互通 A 匝道桥	92.00	15.50	2013
王爷府互通立交桥	喀喇沁旗境内,大广高速公路赤峰段	单喇叭形互通 E 匝道桥	42.90	10.50	2013
美林互通立交桥	喀喇沁旗境内,大广高速公路赤峰段	单喇叭形互通 B 匝道桥	64.40	8.50	2013
平庄互通立交桥	元宝山区境内,丹锡高速公路赤峰段	单喇叭形互通 A 匝道桥	73.40	26.00	2011
三眼井互通立交桥	红山区境内,丹锡高速公路赤峰段	单喇叭形互通 A 匝道桥	70.00	26.00	2011
赤峰南互通立交桥	红山区境内,丹锡高速公路赤峰段	苜蓿叶形互通 A 匝道桥	126.00	10.50	2013
赤峰南互通立交桥	红山区境内,丹锡高速公路赤峰段	苜蓿叶形互通 A 匝道桥	66.00	10.50	2013
赤峰南互通立交桥	红山区境内,丹锡高速公路赤峰段	苜蓿叶形互通 A 匝道桥	97.20	15.25	2013
赤峰南互通立交桥	红山区境内,丹锡高速公路赤峰段	苜蓿叶形互通 A 匝道桥	96.80	12.00	2013
赤峰南互通立交桥	红山区境内,丹锡高速公路赤峰段	苜蓿叶形互通 I 匝道桥	108.00	8.50	2013
玉龙互通立交桥	松山区境内,丹锡高速公路赤峰段	单喇叭形互通 A 匝道桥	71.10	18.50	2007
赤峰西互通立交桥	松山区境内,丹锡高速公路赤峰段	苜蓿叶形互通 A 匝道桥	87.04	27.50	2007
赤峰西互通立交桥	松山区境内,丹锡高速公路赤峰段	苜蓿叶形互通 B 匝道桥	53.07	36.30	2007
赤峰西互通立交桥	松山区境内,丹锡高速公路赤峰段	苜蓿叶形互通 C 匝道桥	71.08	9.50	2007
赤峰西互通立交桥	松山区境内,丹锡高速公路赤峰段	苜蓿叶形互通 D 匝道桥	71.08	9.10	2007
赤峰西互通立交桥	松山区境内,丹锡高速公路赤峰段	苜蓿叶形互通 E 匝道桥	53.04	27.60	2007
桥头互通立交桥	翁牛特旗境内,丹锡高速公路赤峰段	单喇叭形互通 A 匝道桥	87.00	16.50	2007
乌丹互通立交桥	翁牛特旗境内,丹锡高速公路赤峰段	单喇叭形互通 A 匝道桥	96.00	20.00	2007
巴林互通立交桥	巴林右旗境内,丹锡高速公路赤峰段	单喇叭形互通 A 匝道桥	86.10	13.50	2007
查干花互通立交桥	巴林右旗境内,丹锡高速公路赤峰段	苜蓿叶形互通 A 匝道桥	69.08	8.50	2007
查干花互通立交桥	巴林右旗境内,丹锡高速公路赤峰段	苜蓿叶形互通 B 匝道桥	85.09	8.50	2007

四、中桥

1991 年,赤峰市境内中桥数量不多。1992 年以后,随着全市道路建设的快速发展,各种桥梁建设随之增加。到 2000 年,赤峰市有中桥 203 座,总长 11563 米。到 2010 年,中桥达到 406 座,总长 23814 米。到 2014 年,中桥达到 497 座,总长 29923.71 米。其中国道中桥 175 座,总长 10774.51 米;省道中桥 80 座,总长 4819.35 米;县道中桥 103 座,总长 6182.27 米;乡道中桥 71 座,总长 4326.48 米;专用公路中桥 5 座,总长 328.8 米;村道中桥 63 座,总长 3492.3 米。

五、涵洞

1991 年初,赤峰市境内有公路涵洞 6448 道,其中国道涵洞 1069 道,省道涵洞 827

道，县道涵洞1939道，乡道涵洞2613道。到2000年，全市公路涵洞达到6904道。2010年达到7568道。2014年底，全市有公路涵洞9449道，其中国省道干线有涵洞3441道，农村牧区公路包括县、乡、村和专用公路涵洞共6008道。

第二节　隧　道

1999年1月，赤峰第一条公路隧道青沟梁隧道开工建设，2000年9月竣工通车，全长512米。2003—2012年，先后建成茅荆坝隧道、经棚隧道、二道井子隧道。2014年，赤峰市有公路隧道4条，总长3462米。

青沟梁隧道　位于省道205线赤峰市敖汉旗与辽宁省朝阳市交界处，长512米，隧道净高5米，路面净宽9米，人行道宽0.75米，设计行车速度40公里/小时，路面基本照明亮度2.3支光/米，隧道为复合衬砌。1999年1月开始施工，2000年9月建成通车。隧道建成后，通行车辆比经原盘山路缩短2公里以上。该隧道由辽宁省公路交通系统负责建设、管理、养护和运营。

茅荆坝隧道　位于省道206线赤峰市与承德市交界处的茅荆坝山区，全长2370米，其中赤峰境内1580米，河北境内790米，隧道净宽10.2米，净高5米。隧道内设计速度为60公里/小时，路面面层采用25厘米水泥混凝土铺筑，衬砌内轮廓净宽10.3米，左侧留人行道宽1米，右侧留0.25米，内设通气系统、照明系统，外设变电所。2001年8月开工建设，2003年6月2日竣工通车。该隧道由铁道第三勘测设计院设计，中铁二十局第三工程公司施工，河北中交铁路监理咨询有限公司监理。

经棚隧道　位于国道306线克什克腾旗经棚镇东南，全长290米，隧道净宽20米，净高5米。2001年开工建设，2003年8月竣工。该隧道由中国铁路第三勘察设计研究院设计，中铁十三局第四公路处施工，辽宁第三公路工程监理咨询事务所监理。

二道井子隧道　位于高速公路国道16线红山区境内，全长290米，隧道净宽21米，净高5.3米。2010年开工建设，2012年10月竣工通车。该隧道由内蒙古交通设计研究院设计，中铁十五局施工，北京路久监理咨询有限责任公司监理。

第三章　交通工具

第一节　机动车辆

一、客运机动车辆

1991年，全市有客运班车403辆、客位18141个。其中大型客车393辆、客位18041个，小型客车10辆、客位100个。车型以中小型中级或普通级为主，大多采用前置发动机，噪声大，无空调，座椅窄硬，舒适度偏低。1995 年，全市客运班车增加到 422 辆、客位 17384 个。其中大型客车 354 辆、客位 15744 个，小型客车 68 辆、客位 1640 个。1996 年后，随着赤峰地区对外开放的扩大和经济建设的快速发展，公路客流量快速增长，全市客运机动车辆大量增加。到 2000 年，全市有客运班车 1487 辆、客位 33222 个。其中大型客车 112 辆、客位 4355 个，小型客车 1375 辆、客位 28867 个。进入 21 世纪，车辆档次有显著提高，大多采用高级车型，普通级客车逐渐退出，高中级车型占市场的 60%。以苏州金龙、厦门金旅、烟台舒驰、北京福田、郑州宇通等品牌为主。采用后置发动机，全封闭车体，噪声小，配置冷暖空调、饮水机、安全带、阅读灯、音视频等装置，座椅采用外包纺织面料，内部填充海绵等物品，提高了乘坐的舒适性。2005 年，全市客运班车增加到 1693 辆、客位 38155 个。其中大型客车 247 辆、客位 8493 个，中型客车 1154 辆、客位 24796 个，小型客车 292 辆、客位 4866 个。2010 年，全市客运班车增加到 1848 辆、客位 52982 个。其中大型客车 925 辆、客位 33611 个，中型客车 856 辆、客位 18909 个，小型客车 67 辆、客位 462 个。

到 2014 年，全市有客运班车 1923 辆，其中大型客车 1413 辆、客位 55732 个，中型客车 444 辆、客位 11000 个，小型客车 66 辆、客位 525 个。主要有尼奥普兰、宇通、中通、金龙等品牌车辆。随着国家节能减排政策的不断推进，2013 年，赤峰中昊运输有限责任公司赤峰至朝阳班线投入 3 辆天然气动力客车。2014 年，宁城县元亨运输有限责任公司天义至北京班线投入 1 辆天然气动力客车，首次使用新能源客车。

二、货运机动车辆

1991 年，全市有货车 10688 辆。其中大型货车 8306 辆，专用车 536 辆，小型货车 340 辆，客货两用车 1318 辆。主要有布切奇、日野、日产、三菱、东风 140、解放 141 等品牌车辆。1992 年以后，随着经济的发展，赤峰市货运车辆不断增多。1995 年，全市货车增加到 17511 辆。其中大型货车 12226 辆，双排座货车 120 辆，特种车 52 辆，专用车 248 辆；小型货车 1365 辆，双排座货车 3028 辆，特种车 356 辆，专用车 116 辆。主要有东风、解放、黄海、五十铃等品牌车辆。2000 年，全市有货车 19858 辆，总吨位 7.68 万吨。其中大型货车 18121 辆、吨位 7.42 万吨，中型货车 93 辆、吨位 321 吨，小型货车 1587 辆、吨位 1966 吨，专用载货车 57 辆、吨位 394 吨。主要有东风重卡系列、一汽解放重卡、五十铃、北方奔驰等品牌车辆。2005 年，全市有货车 17813 辆，吨位 11.76 万吨。其中大型货车 10016 辆、吨位 10.05 万吨，中型货车 2053 辆、吨位 6870 吨，小型货车 5543 辆、吨位 9121 吨，专用载货车 201 辆、吨位 1178 吨。主要有北汽福田欧马柯、福田欧曼、东风天龙、一汽解放重卡、解放 J6、北方奔驰、中国重汽、陕汽德龙 F2000、红岩、江淮帅陵、依维柯等品牌车辆。2010 年，全市有货车 38033 辆，吨位 24.94 万吨。其中大型货车 15178 辆、吨位 20.45 万吨，中型货车 4465 辆、吨位 1.28 万吨，小型货车 17895 辆、吨位 2.69 万吨，专用载货车 495 辆、吨位 5268 吨。主要有东风天龙、一汽解放重卡、解放 J6、北汽福田欧马柯、福田欧曼、中国重汽、陕汽德龙 F2000、北方奔驰、依维

1991—2014 年赤峰市客运车辆情况统计表

表 7-1-4

年份	客车数量（辆）	客位（个）	其中					
			大型客车		中型客车		小型客车	
			数量（辆）	客位（个）	数量（辆）	客位（个）	数量（辆）	客位（个）
1991	403	18141	393	18041	—	—	10	100
1992	424	20059	413	19935	—	—	11	124
1993	408	18882	386	18573	—	—	22	309
1994	432	18128	387	16811	—	—	45	1317
1995	422	17384	354	15744	—	—	68	1640
1996	1199	26875	402	15858	—	—	797	11017
1997	1199	26875	402	15858	—	—	797	11017
1998	1151	24429	328	12870	—	—	823	11995
1999	1453	30455	334	13099	—	—	1119	17356
2000	1487	33222	112	4355	—	—	1375	28867
2001	1641	40094	218	7941	1165	28590	258	3563
2002	1649	36947	208	7751	1198	25355	243	3841
2003	1651	36606	248	7517	1138	23774	265	4315
2004	1682	37883	202	7353	1144	25022	336	5508
2005	1693	38155	247	8493	1154	24796	292	4866
2006	1760	40958	237	8579	1294	28944	229	3435
2007	1758	43132	306	10677	1271	29832	181	2623
2008	1791	47310	506	19414	1171	26878	114	1018
2009	1857	52728	762	28620	1084	23961	11	147
2010	1848	52982	925	33611	856	18909	67	462
2011	1937	62640	977	36910	880	25123	80	607
2012	1895	63532	1223	47668	596	15265	76	599
2013	1956	68720	1538	59811	356	8430	62	479
2014	1923	67257	1413	55732	444	11000	66	525

柯、红岩、江淮帅陵、江铃等品牌车辆。到2014年,全市货车达到46492辆,比1991年增长335%,比2000年增长134.12%;吨位20.32万吨,比2000年增长164.58%。其中大型货车10446辆、吨位14.62万吨,中型货车3271辆、吨位1.09万吨,小型货车31839辆、吨位4.61万吨,专用载货车936辆、吨位10015吨。主要有东风天龙、一汽解放重卡、解放J6、北汽福田欧马柯、中国重汽、福田欧曼、北方奔驰、红岩、江淮帅陵等品牌车辆。车辆档次、运输能力显著提高。

1991—2014年赤峰市货物运输车辆情况统计表

表7-1-5　　单位:辆

年份	车辆总数	其中			
		大型货车	中型货车	小型货车	其他货车
1991	10688	8306	—	340	2042
1992	13335	10196	—	364	2775
1993	14885	11063	—	443	3379
1994	17458	12211	—	1354	3893
1995	17511	12226	—	1365	3920
1996	10025	8400	32	1526	67
1997	10025	8400	32	1526	67
1998	10084	8466	32	1526	60
1999	15270	13655	32	1526	57
2000	19858	18121	93	1587	57
2001	20950	15511	93	4702	644
2002	13773	6831	1643	4897	402
2003	13818	7067	1402	5277	72
2004	16622	8579	1678	6159	206
2005	17813	10016	2053	5543	201
2006	22507	10190	2442	9875	—
2007	24695	10467	2468	11760	—
2008	25261	10245	2031	12985	—
2009	29170	11078	3289	14803	—
2010	38033	15178	4465	17895	495
2011	38283	16788	4104	17391	—
2012	40795	17021	3495	20279	—
2013	37088	9150	1183	26755	—
2014	46492	10446	3271	31839	936

说明:车辆总数中包含大中小型货车以外的特种车、专用车等车辆。

三、机动车检测及维修管理

机动车综合性能检测 1991年以前，赤峰地区汽车性能检测由旗县区运管所负责。1991年4月，交通部印发《汽车运输业车辆综合性能检测站管理办法》，对检测站的职责、检测站的分级、检测站的认定等作出明确规定。同年，赤峰市交通局为各旗县区运管所购买机动车综合性能检测车12辆，解决了边远地区农牧民检车难的问题，使检测时间降低到每台次20分钟左右，工作效率提高5倍。1996年，赤峰衡远汽车维护有限责任公司检测站在平庄镇建成投入运营，是国家B级检测站，有检测设备11台件。2000年，宁城县宏运汽车检测公司检测站竣工投入使用，主要设备有底盘测功机、制动试验台等32台件。2004年9月，国家A级检测站——赤峰恒力汽车维修有限责任公司检测站在红山区建成投入运营。到2005年，全市交通系统3个检测站及各旗县区运管所共有检测设备99台件，检测车12辆，能够对运输车辆在不解体的情况下进行全面诊断、检测，查明故障及隐患的部位和原因，为安全行车提供科学的依据。到2014年底，全市综合性能检测站达到13个，全年完成检测量6.33万辆次，能够满足交通运输业发展需求。

机动车维修管理 1991年，赤峰市运输管理处对汽车维修市场管理坚持"公开作业项目及收费标准，执行统一结算票据、统一工时定额、统一技术标准、统一挂牌作业"的管理方法。制定维修业户考核办法，按经营者的技术等级从机具设备、生产技术、作业场地、资金、经营行为五个方面对全市维修业户进行年审。1993年，赤峰市运输管理处下发《赤峰市汽车总成大修企业开业技术条件(试行)》，对维修企业资质进行规范；市物价局、市交通局下发《关于调整汽车维修收费标准的通知》，要求汽车零、小修和专项维修按各工种工时或设备工时结算。1997年，赤峰市运输管理处根据内蒙古自治区交通厅要求，对全市汽车维修市场进行治理整顿，对无证经营、越级维修、超范围作业、维修质量低劣、以不正当手段争揽车源等违章违纪行为进行查处。1998年开始，赤峰市运输管理处按照内蒙古自治区交通厅要求，对全市汽车维修企业统一发放交通部制定的标志牌、合格证、保修卡及检验员证，实行挂牌服务，接受用户及社会监督。2005年，根据交通运输部《机动车维修管理规定》，赤峰市运输管理处对全市二级及以上汽车维修业户进行实地检查，加强机动车维修行业许可管理。2006年12月开始，按照交通运输部《机动车维修企业质量信誉考核办法(试行)》，赤峰市运输管理处在全市开展对机动车维修企业的从业人员素质、安全生产、维修质量、服务质量、环境保护、遵章守纪和企业管理等方面进行综合评价考核，将质量信誉等级分为优良、合格、基本合格和不合格。将诚信考核结果上报至自治区交通运输管理局，并向社会公布。2009年6月开始，市运输管理处按照交通运输部要求，加强道路运输车辆燃料消耗量检测和监督管理，对未列入"燃料消耗量达标车型表"的机动车不予配发"道路运输证"。2010年，市运输管理处下发《关于对二级维护定点企业实行运管驻厂监督制度的通知》，要求各旗县区运输管理所抽调素质高、社会责任感和工作责任心强的人员常驻企业，监管企业经营行为。督促企业按规范内容作业，确保维修质量，严格按要求使用"机动车维修竣工出厂合格证”，对只收费、不维修或不按规定要求作业的经营行为进行处理。2013—2014年，市运输管理处认真贯彻落实国家交通行业标准《营运客车类型划分及等级评定》，进一步加强机动车管理，促进和引导机动车行业规范、健康发展。

第二节　人力车辆

一、客运人力车辆

20世纪90年代，赤峰城区出现被人们称为“神牛”“祥子”的人力车，即用二轮手推车改装的脚踏式三轮车，前为一轮，后为二轮，有简易车厢，用以载客。从业者主要是农村进城务工人员及企业下岗职工。由于车辆依靠人力作为动力，价钱低廉，很难与机动车竞争，一些人力车被改装为电动三轮车。2000年底，市政府为保证人力三轮车的运输安全，要求对现有人力三轮车通过定期报废，自然减少，电动三轮车不作为城市客运车辆。2006年，市运输管理处为中心城区1873辆人力客运三轮车发放证件，一车一牌，一年一换，其中由20家车行共经营1721辆，个体经营业户经营152辆。2009年以后，停止三轮车车牌发放。2011年，全市有1118辆三轮车参加审验，其中个体经营业户68辆，11家车行合计1050辆。2012年开始，市运输管理处不再对其进行年审。由于人力三轮车在主要道路禁行政策的逐年推行，车辆只能在红山区、松山区的部分非主要路段行驶，人力三轮车逐年减少。

二、货运人力车辆

1991年，全市有货运人力车50辆，主要是用手推车改装的脚踏式三轮平板车，用以少量货物运输。1992年，全市有货运人力车55辆。1993年以后，由于小型货运机动车辆不断增加，货运人力车辆逐渐减少。1996年，全市货运人力车减少到7辆。1999年，仅剩2辆。2000年，货运人力车退出公路运输市场。

第四章　运　输

第一节　旅客运输

一、营运线路

1991年，赤峰市有客运班线183条，营运里程1.2万公里。其中省际客运班线21条，营运里程4500公里；盟市际客运班线16条，营运里程1500公里；市内客运班线146条，营运里程6000公里。1992年，市委、市政府印发《关于鼓励个体私营经济发展的决定》，允许个体工商户和私营企业经营长途客运，个体运输迅速发展。1995年，赤峰市客运班线发展到350条，营运里程5.4万公里，其中省际客运班线80条，营运里程3.7万公里。到2000年，赤峰市有客运班线653条，营运里程11万公里。其中省际客运班线156条，营运里程5万公里；盟市际客运班线33条，营运里程1.8万公里。2001年以后，随着全国、全区、全市高等级公路网的不断规划完善和建成通车，赤峰市中心城区和各旗县区人民政府所在地陆续新开通和增加省际长途客运班线51条，新开通盟市际客运班线26条。2005年，赤峰市有客运班线882条，平均日发班次1997.9个。其中省际客运班线129条，平均日发班次165.4个；盟市际客运班线35条，平均日发班次27.5个；市内客运班线718条。2006年以后，全市旗县际班线运力基本达到供需平衡。伴随着私家车的不断增加，有的线路运力供大于求，平均旅客实载率已达不到70%。至2010年，有客运班线1062条，平均日发班次2672个。其中省际客运班线190条，平均日发班次238个；盟市际客运班线89条，平均日发班次125个；市内客运班线783条。2014年，全市客运班线增加到1139条，平均日发班次2558.6个。其中高速公路客运线路24条，平均日发班次26.5个；跨省线路176条，平均日发班次137.3个；跨盟市线路99条，平均日发班次68.8个；跨县线路156条，平均日发班次614个；旗县内线路684条，平均日发班次1712个。客运班线比1991年增加956条，增长5.22倍；平均日发班次比1991年增加1948.6个，增长3.19倍。

二、客运车站

1991年，全市有道路客运车站29个，其中二级站1个，三级站12个，四级站16个，有工作人员320人。平均日发客运班车453车次，日发送旅客1.48万人次。通达乡镇270个，通达行政村1834个。1992年后，随着全市经济的快速发展，道路客运呈快速增加趋势。2001年，全市有道路客运车站46个，其中二级站1个，三级站13个，四级站32个。简易站(站外发车区)2个。2002年，赤峰市交通系统进行管理体制改革，客运车站减少到14个。2005年增加到43个。2006年以后，赤峰市客运车站数量逐年增加。到2010年，全市客运车站增加到98个。2014年，全市有客运车站98个，其中一级站2个，二级站10个，四级站86个，有工作人员1450人。平均日发班车2907车次，日发送旅客58262人次。

赤峰汽车站　始建于1958年，位于红山区昭乌达路中段，隶属于市交通局。1983年，迁到红山区站前街新站。1996年11月，赤峰汽车站实现微机联网售票。2000年，赤峰汽车站年平均日发班车352车次，年发送旅客177万人次。2007年9月，赤峰汽车站改制，划归赤峰中昊运输有限责任公司。同年，该公司按照国家一级站的标准新建赤峰汽车站。赤峰新汽车站位于松山区松山大街以北、富山路以西，2008年12月投入使用，成为赤峰市最大的公路客运枢纽站。2014年，赤峰汽车站有员工204人，营运线路427条，营运总里程9.37万公里，日均始发班车560多车次，日均发送旅客1.2万人次，年发送旅客360万人次。车站承担全市12个旗县区以及河北、辽宁、山东、天津、北京、锡盟等跨省、跨盟市的旅客运输任务。2002年，该站晋升为内蒙古自治区一级汽车站。

赤峰汽车客运西站　位于松山区银河大桥西,1998年开工建设,2000年10月建成,隶属于松山区交通局。占地面积2.04万平方米,建筑面积3356平方米,候车大厅1600平方米,售票厅200平方米,停车场1.3万平方米,投资1300万元。2002年,该站被自治区交通厅批准为二级汽车站。2014年,该站共有职工64人,各类营运客车271辆,客运班线150条,日发班车230多车次,日发送旅客2300多人次。

天山汽车站　始建于1951年。1991年,日发班车52车次,日发送旅客2060人次。1999年,车站购置6台微机,售票、检票、报班、结算、监控实现电脑操作。2002年,被评为内蒙古自治区二级汽车站。2010年6月,在天山镇新城区集通大街建成新城区汽车站,投入使用。2014年,天山汽车站有客运班线76条,其中跨省、跨盟市班线17条;有大中小型客车133辆,座位2898个,日发班车82车次,日接待旅客3500多人次。

林东汽车站　始建于1950年。1991年,有始发客运班线18条,日发班车33车次,日均运送旅客1960人次。2001年,赤峰汽车运输总公司在林东新城区建成新长途汽车站,与巴林左旗运输公司新建的汽车站合并为一处营业,更名为林东汽车站。车站级别为二级,2001年12月投入使用。新站占地面积4.6万平方米,候车大厅建筑面积2025平方米,发车场地面积3600平方米,车站广场面积2500平方米。2014年底,林东汽车站经营省际客运班线8条,盟市际班线10条,旗县际班线7条,旗内班线61条,日均发送客运班车123车次,进站客运车辆173辆,日均发送旅客3600余人次。

大板汽车站　始建于1965年。1988年,自治区交通厅投资188万元建设大板汽车站大楼,1991年竣工交付使用。车站占地面积8087平方米,建筑面积2200平方米。1991年,日发班车22车次,日发送旅客1100人次。2002年6月,巴林右旗运输公司转制为私营企业,大板客运站由赤峰北方运输公司大板分公司租赁使用和经营管理。2011年12月,赤峰中昊运输有限责任公司和巴林右旗聚源有限责任公司在大板镇投资建设的安通大板汽车站竣工,投入运营,车站级别二级,站房面积4501平方米,停车场面积1.61万平方米,日发旅客1500~5000人次。2014年,该站日发班车98车次,日均发送旅客1500人次。

林西汽车站　始建于1952年。1991年,日发林西—赤峰的客运班车5车次。1999年9月,林西短途汽车站与林西汽车站两站实行合并经营,林西民乐客运站退出客运市场。林西汽车站职工总数68人,日发班车120车次,日发送旅客1500人次,营运总里程4645公里,营运班线42条,其中跨省班线2条,跨盟市4条,跨旗县6条,县内班线30条。2003年12月,赤峰中昊运输有限责任公司并购林西县鸿安汽车运输公司和林西短途汽车站,成立赤峰中昊运输有限责任公司林西分公司。2005年,林西新汽车站竣工投入使用。占地67056平方米,建筑面积1.6万平方米。2014年,林西汽车站有客运营运线路45条,其中跨省线路6条,跨盟市线路11条,县内线路28条。日发送客运班车105车次,日均运送旅客3150人次。

经棚汽车站　始建于1955年。1991年,车站有营运班线15条,营运里程2856公里。其中跨省市班线3条、营运里程1282公里，市内旗县班线12条、营运里程1574公里。全年发送班车4997车次，发送旅客22.4万人次。1998年4月，克什克腾旗汽车运输公司、汽车站由赤峰汽车运输总公司整体并购。2002年，该车站与赤峰市运输总公司同步进行转制，车站更名为赤峰中昊运输有限责任公司经棚汽车站。2005年，赤峰中昊运输有限责任公司投资新建二级汽车站投入使用。占地面积2万平方米，建筑面积3140平方米，其中客运大楼2140平方米，候车厅547平方米，停车场6000平方米。2014年，有营运班线83条，其中省际班线2条，盟市际班线2条，旗县际班线11条，旗县内班线68条。进站营运车辆145辆，日均发送班车121车次，日均发送旅客1900人次。

乌丹汽车站　始建于20世纪60年代。1991年，该站隶属于翁牛特旗交通局，有职工35人。有发车班线20条，日发客运班车20车次，日均发送旅客100人次。2000年，新车站建成投入运营。占地面积13202平方米，建筑面积1898.2平方米，为二级站。2004年，车站日始发班车170车次，日均客流量1600人次。2010年，乌丹客运站被赤峰中昊运输有限责任公司兼并。2011年12月，在乌丹镇新城区建成新汽车站投入使用。占地面积3.75公顷，建筑面积8000平方米，主站房建筑面积4800平方米，停车场1.6万平方米，发车区3200平方米，按照国家一级站的标准建设。2014年，该站有发车线路30条，日发客运班车150车次，日均发送旅客1700人次。

锦山汽车站　始建于1966年。1991年，该站有职工32人。有营运线路32条，日发客运班车47车次，日均发送旅客1800人次。2001年6月，锦山汽车站划归旗交通运输管理所管理。2014年，该站有发车线路41条，日发客运班车76车次，日均发送旅客820人次。

天义汽车站　始建于1963年。1990年，在天义镇高桥路中段新建汽车站综合服务楼。占地面积8100平方米，建筑面积2700平方米。1993年11月，新汽车站竣工投入运营，汽车站从运输公司分离，隶属于宁城县交通局。1997年，该站被交通部命名为文明汽车客运站。2011年11月，宁城县天义汽车客运站新站建成投入运营。占地面积3.23万平方米，按二级站标准设计，建筑面积9937平方米。2014年，该站有进站营运客车227辆，日均发车236车次，日均运送旅客5480人次。

新惠汽车站　始建于1952年。1991年，新惠汽车站有营运班线25条，营运里程3025公里，日接发班次54车次，接发旅客3500人次。1999年，实现微机售票。2001年6月，被自治区交通厅认定为二级汽车客运站。2014年11月，新汽车站建成投入运营，按国家一级客运站标准建设。位于新惠镇百柳大街南段，占地6.53公顷，建筑面积2600平方米。有售票窗口8个、检票口6个，停车场400个车位，配备智能化办公、安全设施。2014年，该站有进站班车164辆，发车线路156条，日发客运班车167.5车次，日均发送旅客4800人次。

平庄汽车站　始建于1997年。为自治区二级汽车客运站，占地面积1.79万平方米。2012年8月,新车站建成投入使用,为一级站。占地4万平方米,建筑面积2.08万平方米。其中站务用房2700平方米,站内停车场1.68万平方米,地下停车场2080平方米。2014年,该站有营运线路40条,其中跨省线路12条,跨盟市线路6条,跨旗县线路16条,区内线路6条,有班车126辆,日发班车265车次,日均发送旅客3000多人次。同年开通联网售票系统。

三、公路客运枢纽

赤峰市按照《国家公路运输枢纽布局规划》《内蒙古自治区国民经济和社会发展第十一个五年规划纲要》《赤峰市国民经济和社会发展第十一个五年规划纲要》要求,积极开展赤峰市公路客运枢纽规划和建设。至2014年,赤峰市共规划国家公路运输客运枢纽5个:赤峰新城区汽车站、赤峰桥北客运站、平庄汽车站、赤峰小新地客运站、赤峰旅游客运站,其中赤峰新城区汽车站及平庄汽车站已建成投入运营。

四、客运量、周转量

1991年,赤峰市公路旅客运输量1511万人次,旅客周转量8.77亿人公里。1992—1994年,公路旅客运输量基本平稳。1995—1996年,全市交通运输系统深化企业改革,客运量减少。1996年,客运量1439万人次,旅客周转量10.14亿人公里。1997年,交通运输系统改革基本完成,公路旅客运输量高速增长。同年全市客运量1551万人次,旅客周转量10.35亿人公里。以后呈现持续快速增长态势。到2000年,客运量增加到3895万人次,旅客周转量增加到17.26亿人公里。2010年,客运量4249万人次,旅客周转量35.8亿人公里。2012年,达到历史最高水平,客运量5066万人次,比1991年增长235%,比2000年增长30%;旅客周转量43.58亿人公里,比1991年增长397%,比2000年增长152.51%。2013年以后,赤峰市大力发展公共交通运输,全市公交运输线路和车辆大量增加,班线旅客运输量开始减少。到2014年,客运量3872万人次,比2012年减少23.57%;旅客周转量27.62亿人公里,比2012年减少36.63%。

五、旅游客运与公交客运

旅游客运 1991年,赤峰汽车运输总公司提供旅游客运车辆处于起步阶段。2000年6月,赤峰汽车运输总公司通过公开招标,以总投资650万元购车总额,取得克什克腾旗、翁牛特旗、喀喇沁旗、敖汉旗、红山水库5个旅游区客运线路及15辆豪华客车经营权。同年,赤峰汽车运输总公司成立绿野旅游公司,有客运车辆20辆,开始旅游客运业务。2004年7月,赤峰中昊运输有限责任公司旅游汽车分公司成立。2008年9月,赤峰市玉龙旅游客运有限责任公司成立,承担旅游包车业务。此后,又陆续有6家旅游包车客运企业成立。至2014年底,全市共有旅游包车客运企业7家,包车客运车辆129辆,总座位数4594个,年旅游客运32.43万人次,为赤峰市的旅游业发展提供保障。

公交客运 2011年,赤峰市除红山区、松山区外,各旗县区有公交线路84条,公共交通车辆371辆。2011年9月,交通运输部印发《关于积极推进城乡道路客运一体化

发展的意见》，将统筹城乡道路客运协调发展作为为民办实事的重大工程。赤峰市各级交通运输部门从客运市场实际出发，积极探索，因地制宜，大力推进城乡客运一体化及农村客运公交化改造。赤峰至锦山客运班线公交化改造成功后，阿鲁科尔沁旗天山镇至部分乡镇的县内客运班线实现公交化运营；翁牛特旗开启农村区域化公交运营模式；赤峰至平庄、元宝山区的旗县际客运班线公交化运营，赤峰西客站至松山区东、西乡镇的旗县内客运班线公交化运营工作稳步推进。到 2012 年末，全市各旗县区公交线路发展到 92 条，公交车辆发展到 404 辆。2013 年 8 月，内蒙古自治区城乡客运一体化现场会在赤峰召开，赤峰市城乡客运一体化工作得到自治区交通运输厅、赤峰市政府的肯定。此后，赤峰市继续加强城乡客运一体化建设。到 2014 年，赤峰市各旗县区公共交通线路达到 128 条，比 2011 年增长 52%；公共交通车辆达到 528 辆，比 2011 年增长 42%。

2011—2014 年赤峰市旗县区公共交通车辆、线路统计表

表 7-1-6

旗县区	2011 年		2012 年		2013 年		2014 年	
	公交车（辆）	线路（条）	公交车（辆）	线路（条）	公交车（辆）	线路（条）	公交车（辆）	线路（条）
阿鲁科尔沁旗	—	—	—	—	—	—	23	2
巴林左旗	28	2	28	2	28	2	38	4
巴林右旗	26	4	30	8	30	8	44	10
林西县	74	16	74	16	66	17	67	18
克什克腾旗	20	2	20	2	30	3	30	3
翁牛特旗	54	31	56	33	86	35	107	56
喀喇沁旗	32	10	32	10	32	10	32	10
宁城县	62	7	70	7	70	7	70	7
敖汉旗	45	9	46	9	57	12	69	13
元宝山区	30	3	48	5	48	5	48	5
总　计	371	84	404	92	447	99	528	128

第二节　货物运输

一、货物运输场站

20 世纪 90 年代，赤峰市没有大型综合公路货物运输场站。进入 21 世纪以后，各运输企业不断加强货物运输、物流配送、仓储等服务设施建设。2005 年以后，赤峰市加强运输场站规划建设。交通部门按照《赤峰市国民经济和社会发展第十一个五年规划纲要》要求,根据赤峰市货物流向、流量分布等情况,结合城市主要公路主骨架辐射方向,在城区周围规划建设赤峰集装箱综合站、赤峰货运南站、平元货运站3个综合货运站;规划建设红山物流园区物流中心和红山工业园区物流中心2个物流中心。到2014年,红山物流中心已建成投入使用。

二、普通货物运输

赤峰市汽车普通货物运输总量是外运大于内运,运往市外的主要货物有煤炭、金属矿石、矿建材料、水泥、非金属矿石、粮食、农林牧渔产品;运往市内的主要货物有石油、钢材、木材、化肥及农药、盐、机械设备、电器、轻工、医药产品和生活日用品。1991年,赤峰市公路货物运输量为871万吨,货物周转量为45721万吨公里。随着国民经济持续快速增长,货运量不断提高。到2000年,全市货运量达到8192万吨,货物周转量达到32.32亿吨公里。到2010年,全市货运量达到5967万吨,货物周转量达到202.4亿吨公里。到2014年,全市货运量达到1.31亿吨,比1991年增长14.04倍;货物周转量达到239.83亿吨公里,比1991年增长51.45倍。

三、危险货物运输

1991—1995年,赤峰市的公路危险货物运输主要是石油、液化气。1991年,全市公路危险货物运输企业有3家,分别是赤峰石油公司、赤峰运输公司、赤峰富龙燃气公司,有运输车辆28辆。1996年以后,随着赤峰市经济建设快速发展,燃油、液化气、化工原料等需求和生产日益增加,从事此类货物运输的企业和车辆也随之增加。到2000年,全市公路危险货物运输企业30家,车辆58辆,吨位289吨,从业人员858人。2005年,全市公路危险货物运输企业15家,车辆191辆,吨位952吨,从业人员727人。主要从事汽油、柴油、石油、液化气、电石、氧气、乙炔气、化工原料、硫酸、碱、航空煤油、原油、民用爆破器材(雷管、炸药)、高锰酸钾、酒精等物品运输。到2010年,全市公路危险货物运输企业32家,其中经营性企业25家,非经营性企业7家;危险货物运输车辆450辆、吨位4544吨,其中大型车248辆、吨位4198吨(含重型车243辆、吨位4172吨),中型车11辆、吨位41吨,小型车191辆、吨位305吨。从业人员中,危险货物运输驾驶员476人,押运员470人,装卸管理员70人。到2014年,全市公路危险货物运输企业40家,其中经营性企业34家,非经营性企业6家;危险货物运输车辆618辆、吨位8567吨,其中大型车376辆、吨位8205吨(含重型车350辆、吨位8076吨),中型车22辆、吨位66吨,小型车220辆、吨位296吨。从业人员中,危险货物运输驾驶员712人,押运员620人,装卸管理员71人。

1991—2014 年赤峰市公路客货运输情况统计表

表 7-1-7

年份	客运量（万人）	旅客周转量（万人公里）	货运量（万吨）	货物周转量（万吨公里）
1991	1512	87679	871	45721
1992	1587	92057	980	48759
1993	1465	92404	963	49981
1994	1462	95988	957	52453
1995	958	69255	1005	59395
1996	1439	101438	1001	54982
1997	1551	103466	3452	230568
1998	2192	123868	3685	237720
1999	2203	131169	3852	231988
2000	3895	172588	8192	323198
2001	2560	145125	6604	310089
2002	2572	145150	6650	310100
2003	2590	146200	6720	315500
2004	2608	146368	6823	402880
2005	2687	147020	7433	443678
2006	2750	152275	7750	462946
2007	2838	156160	7917	480106
2008	3171	284761	4902	1714687
2009	3746	312500	5275	1819170
2010	4249	358020	5967	2024040
2011	5008	422700	7500	2495600
2012	5066	435800	9360	3044700
2013	4508	287459	9798	2080474
2014	3872	276152	13117	2398284

第三节　营运企业

一、客运企业

1991年,赤峰市有经营公路旅客运输企业9家,主要是市运输总公司和旗县运输公司。全市有公路客运站29家,有工作人员3524人。1992年以后,赤峰市允许个体工商户和私营企业经营长途客运,赤峰市民营运输企业、个体运输业户不断增加。2000年,全市有国有客运经营企业3家,企业职工2153人;民营客运经营企业8家,从业人员1184人。2001年以后,赤峰市市场经济进一步发展,经济体制改革进一步深入,全市汽车营运企业进行产权制度改革,逐步建立起现代企业制度。随着赤峰市经济的快速发展,民营客运企业、个体客运户大量增加。2010年,赤峰市有民营汽车客运企业6家,从业人员659人;个体客运户9家。到2014年,赤峰市有民营汽车客运企业25家,从业人员6987人;个体客运户192家。

二、货运企业

1991年,赤峰市从事货物运输的主要是赤峰市运输公司货运车队、赤峰市粮运车队及旗县区货物运输企业。1992年以后,随着经济体制改革和市场经济的发展,民营货运企业和个体运输户逐渐发展。到2000年,全市个体运输户发展到2.42万家,从业人员3.36万人。2001年以后,赤峰市国有、集体运输业在经济体制改革中转制为民营企业,个体货运业户不断增加。2010年,全市个体货运业户发展到3.26万家,从业人员5.42万人。到2014年,全市民营货运企业156家,从业人员6.54万人;个体货运业户4.41万家,从业人员6.55万人。

1997—2014年赤峰市个体货运业户及从业人员统计表

表7-1-8

年 份	货运业户(家)	从业人员(人)	年 份	货运业户(家)	从业人员(人)
1997	5601	24152	2006	48062	64831
1998	8855	30918	2007	57440	66387
1999	29576	56660	2008	58159	66783
2000	24157	33572	2009	30682	52617
2001	24809	33572	2010	32585	54170
2002	27789	35187	2011	33596	62910
2003	33084	36330	2012	39603	63880
2004	40990	50230	2013	37062	63723
2005	47168	60133	2014	44084	65498

三、营运企业选介

赤峰中昊运输有限责任公司　前身是国有企业赤峰汽车运输公司。1991 年，该公司有职工 1845 人，营运客货车辆 253 辆，客运量 562 万人次，旅客周转量 4.23 亿人公里，货运量 7.5 万吨，货物周转量 2649.6 万吨公里，营业总收入 2934.2 万元，利润 104.5 万元。1993 年，更名为赤峰汽车运输总公司。2002 年 1 月，赤峰汽车运输总公司改制为赤峰中昊运输有限责任公司。2003 年，中昊公司先后并购林西县鸿安运输有限责任公司、敖汉旗万强运输有限责任公司、敖汉旗汇通运输有限责任公司、宁城县元亨运输有限责任公司、喀喇沁旗鑫通运输有限责任公司、翁牛特旗运输有限责任公司、松山区安达运输有限责任公司和部分个体经营户。成为赤峰地区规模最大的道路运输企业，是国家道路运输客运一级企业、货运二级企业，下属 20 个分支机构。2005 年，被评为中国物流百强企业。2013 年，被交通运输部、公安部、国家安监总局授予道路客运安全年活动先进企业称号。2014 年，该公司有员工 734 人，营运客货车辆 863 辆，客运量 9.3 万人次，旅客周转量 45 万人公里，货物周转量 2.26 亿吨公里，营业总收入 3.29 亿元，利润 4358 万元。

赤峰北方运输有限公司　成立于 2003 年 6 月，该企业由转制后的原巴林左旗运输公司、阿鲁科尔沁旗运输公司、巴林右旗聚源运输公司、松山区驰恒运输有限公司以及红山区所有个体运输经营业户联合组成。经营范围为客货运输、客运站经营，兼营汽车维修、配件及油料销售等业务。2003 年，有大中型车辆 404 辆，其中高级客车 26 辆；有营运线路 387 条，其中省际班线 28 条，盟市际 22 条，旗县际 74 条，旗县内 263 条；年营运收入 5000 多万元。2007 年 6 月，被中国道路运输协会评为二级企业。2014 年，该公司有从业人员 1499 人；有营运车辆 639 辆，其中高级客车 207 辆，中级客车 269 辆，客位数 21380 个；营运线路 479 条，其中 200 公里以内 386 条，201~400 公里 62 条，省际班线 50 条，盟市际班线 47 条，县内班线 292 条；年营运收入 7245 万元，利润 686 万元。

第四节　搬运装卸

1991 年，赤峰地区有赤峰市搬运公司和宁城县搬运公司 2 家专门搬运企业，有厂矿企业自行组建的装卸队和近郊农民组成的装卸队 75 家。全市有搬运装卸人员 2631 人。1996 年，全市搬运装卸业户减少到 52 家，搬运装卸工人 4151 人。1997 年以后，农村进城打零工人员不断增多，专门搬运装卸业户和专门从事搬运装卸工人逐渐减少。到 2000 年，全市搬运装卸业户减少到 50 家，搬运装卸工人 1738 人。到 2006 年，全市搬运装卸业户减少到 4 家，搬运装卸工人 81 人。2007 年以后，赤峰市专门从事搬运装卸业户被零散搬运装卸人员取代。

1991—2006年部分年份赤峰市搬运装卸人员统计表

表7-1-9

年份	搬运装卸业户(家)	搬运装卸人员(人)
1991	77	2631
1996	52	4151
1997	52	269
1998	52	4150
1999	64	2036
2000	50	1738
2001	39	1461
2002	39	1348
2003	38	608
2004	38	1336
2005	10	570
2006	4	81

第五章　公路交通管理

第一节　公路养护管理

1991—2014年,赤峰市不断加强公路养护队伍建设,提高公路养护水平,积极开展公路常规养护、大中修工程、险桥改造、公路灾害防治、公路绿化等工作,养护水平不断提高。1999年,根据交通部印发的《公路养护技术规范》和自治区公路局的部署,赤峰市交通局下发《赤峰市公路养护招投标管理办法》,成立赤峰市公路养护招投标工作领导小组和评审委员会。公路养护队伍不断加强,技术水平不断提高。2000年,全市公路养护职工5907人,有各种养护机械460台,养护里程4590公里。其中国省干线养护里程1872公里,综合好路率72.1%;县级公路养护里程2718公里,综合好路率66.2%。2001年以后,赤峰市进一步加强公路养护管理工作。2002年5月,赤峰市公路管理处制定《赤峰市公路养护生产管理办法》。2003—2004年,下发《赤峰市地方公路建设养护管理暂行办法》《赤峰市县级公路小修保养效益考核实施细则》《赤峰市干线公路养护生产质量管理、监督、验收暂行办法》《赤峰市乡村公路养护管理指导意见》等文件,进一步加强公路养护生产作业规范化、标准化、科学化管理。2005年以后,赤峰市公路建设进入高速发展时期，高速公路、国省公路、县乡村公路大量增加。赤峰市进一步加强养护队伍建设，不断增置现代化公路养护机械设备，提高公路养护水平，积极开展公路常规养护、大中修工程、险桥改造、公路灾害防治、公路绿化等工作，保障各级公路的完好和畅通。2014 年，全市县级以上公路养护里程 5583 公里，其中高等级公路养护里程 845 公里，国省干线公路养护里程 2274 公里，县级公路养护里程 2463 公里，优良路率分别为 100%、74.21% 和 59.92%。公路养护机械设备 936 台，高性能、大功率、现代化机械大量增加。县级以上公路绿化里程 4301 公里。

一、机构

赤峰市公路管理处主管全市公路养护工作。1991 年，赤峰市公路管理处内设办公室、财务科、养路科等 7 个工作机构，处机关工作人员 42 人。下设 12 个公路段、307 个固定道班，有养护职工 4774 人。1992 年以后，不断加强养护队伍建设。2000 年，赤峰市公路管理处下设 12 个公路段、12 个养护工区、144 个道班，有养护职工 5907 人。2001 年，全市实施公路养护分级管理，将原有的 12 个公路段一分为二，成立 12 个公路养护管理工区和 12 个公路管理段，为独立法人机构，分账管理、独立核算，由旗县区交通局管理。工区负责国省干线的养护管理，公路段负责县乡公路的养护管理，全市共设置 144 个道班。2005 年，赤峰市有 12 个管理工区、51 个道班，养护职工 2278 人；有 12 个公路管理段、87 个道班，养护职工 2176 人；国省干线养护里程 2100 公里。2006 年以后，赤峰市公路建设进一步快速发展，高速公路、国省公路、县乡公路建设步伐不断加快，高等级公路大量增加；进一步加强公路养护管理，机构、队伍不断加强。2007 年，成立新惠、新安、桥头和头分地 4 个养护管理所。2011 年，设立赤朝高速公路养护管理所。2014 年，赤峰市公路管理处加挂“赤峰市高等级公路管理处”牌子。内设机构 20 个，其中高等级公路管理机构 10 个，设 7 个高速公路养护管理工区；事业编制 160 人，其中高速公路专用编制 99 人。

二、养护作业

1991—2014 年，赤峰地区公路养护作业主要是路基养护、沥青路面养护、砂石路面养护和桥面养护。

1990 年，赤峰市公路养护里程 4658 公里，其中国省干线养护里程 1836 公里，县级公路养护里程 2822 公里。综合好路率 70%，其中国省干线好路率 73.8%，县级公路好路率 67.5%。1995 年，国省干线养护里程达到 1840 公里，县级公路养护里程达到 2823 公里。综合好路率达到 77.9%，其中国省干线好路率 81.8%，县级公路好路率达到 75.3%。2000 年，国省干线养护里程达到 1872 公里，县级公路养护里程达到 2718 公里。综合好路率达到 68.6%（按部颁新标准），其中国省干线好路率为 72.1%，县级公路好路率达到 66.2%。2005 年，国省干线养护里程达到 2100 公里，县级公路养护里程达到 2877 公里。综合好路率达到 80.9%，其中国省干线好路率达到 85%，县级公路好路率达到77.1%。2014年,高等级公路养护里程达到845公里,国省干线养护里程2274公里,县级公路养护里程达到2463公里,优良路率分别为100%、74.21%和59.92%。

路基养护。重点是清理边沟,整修路肩、边坡,维修损坏的截水沟、排水、碎落台等防护设施,发现问题,随时处理。保证路肩、路基边坡直顺、稳定,路基坡脚线都平行于路中心线,保证排水设施畅通,桥涵构造物完好。

沥青路面养护。通过灌缝、挖补、罩面、封层等科学的养护作业,使高级、次高级、中级路面经常保持路面平整、坚实、无变形、无破损、清洁。

砂石路面养护。砂石路面常见问题有坑槽、松散、露骨、翻浆、沉陷、车辙、波浪平整度差和横坡不适等。有效的治理办法是上精料、刮平、拖匀,使路面恢复平整度。

桥面养护。通过养护桥面,使桥面无坑槽、波浪、碎边、杂物,泄水管畅通,伸缩缝内无沉积物,人行道、边石、栏杆、扶手、护栏等保持完好,锥坡、护坡无沉陷,勾缝无脱落,表面无杂草。

三、公路绿化

1991—2014年,赤峰市不断加大公路绿化力度,累计投入公路绿化资金2420.5万元,积极开展绿色通道工程、千公里彩练工程、公路生态工程、公路标准化和美化工程建设,公路绿化面积和质量都有大幅度提高。1991年,全市国省干线绿化里程1009公里;2005年达到1438公里;2014年达到2191.38公里。1991年, 全市县道绿化里程1190公里;2005年达到1527公里;2014年达到2463公里。至2014年,市内干线公路实现乔灌结合、花草点缀、畅洁绿美的行车环境。

绿色通道工程　1991年5月,市政府提出开展绿色通道工程建设,总结推广四种绿化模式,即以解决路田分离为主的"两带一沟"模式,以防风固沙为主的"围封林网"模式,以抗旱保苗为主的"半地下造林"模式,以绿化美化城镇出口公路为主的"城乡一体化"模式。这些因路制宜科学造林方法,在绿色通道工程建设中收到了显著效果。"十五"期间,全市共完成高标准绿化整地1200公顷,新植路树695.3公里,国省干线宜林路段绿化率达到91%。到2014年,全市县级以上公路绿化总里程3441公里,县级以上公路绿化率达到67.9%。

公路生态工程　1997年7月,市交通局提出开展公路生态工程建设,在国、省、县级公路范围内实施生态环境治理。赤峰市地理环境复杂多样,境内有浑善达克沙地和科尔沁沙地。为改善环境、减少沙害,采取宽带造林、围封禁牧、飞播种草、稻草方格固沙等措施,恢复扩大公路两侧植被覆盖面积,改善公路沿线的生态环境,有效地排除了风沙对公路的侵袭。

四、养护设备

1991—1995年,全市公路养护设备有推土机15台、铲运机1台、中型压路机22台、轻型压路机2台、空压机1台、载重汽车14辆、自卸汽车13辆、大中型拖拉机176台、小型拖拉机22台、碎石机1台、混凝土搅拌机3台、沥青洒布机11台、装载机2

台、钻机1台、发电机8台、维修机床8台。1996年以后，随着公路建设、养护事业的发展，赤峰市加大公路养护机械设备的投入，淘汰部分陈旧老化、技术落后的机械设备，增添一大批新的机械设备。到2000年，赤峰市公路养护机械有推土机17台、中重型压路机33台、轻型压路机16台、空压机3台、凿岩机1台、载重汽车16辆、自卸汽车41辆、大中型拖拉机74台、小型拖拉机171台、碎石机5台、抽水机1台、混凝土搅拌机4台、沥青混凝土摊铺机4台、沥青混凝土搅拌机16台、沥青洒布机6台、沥青洒布车6台、装载机14台、铣刨机和钻机各1台、洒水车1辆、综合养护车3辆、混凝土切缝机3台、平地机9台、划线机1台、发电机14台、维修机床3台。

2005年后，省际通道及赤通、赤大高速公路开通运营以后，赤峰市交通部门不断增加公路养护设备的投入，养护机械设备大幅度增加。到2014年，全市有养护设备936台，78007马力。其中载重汽车、自卸车增加到247辆，装载机增加到50台，平地机增加到16台，铣刨机增加到2台，压路机增加到53台，混凝土搅拌机增加到8台，沥青混凝土搅拌机增加到18台，沥青洒布机增加到12台，沥青洒布车增加到13台，洒水车增加到36辆，综合养护车增加到5辆，混凝土切缝机增加到24台，划线机5台。

第二节　路政管理

一、管理机构

1991年，赤峰市交通局设路政科，各旗县区交通局设路政股，负责路政管理工作。1995年12月，市交通局成立地方交通征费稽查处，挂赤峰市路政管理执法监察支队牌子，负责路政管理工作，人员编制14人。1996年，各旗县区交通局先后成立地方交通征费稽查所，共有工作人员54人。2004年6月，内蒙古自治区交通厅将农用汽车养路费征收下放到各盟市，由地方交通征费稽查部门负责征收。2010年11月，赤峰市地方交通征费稽查处更名为赤峰市公路路政执法监察支队。赤峰市公路管理处不再挂赤峰市路政管理执法监察支队牌子，赤峰市公路管理处下设的路政科全部职能划入赤峰市公路路政执法监察支队。各旗县区也先后成立路政执法监察大队，负责辖区内除高速公路及省际通道以外的路政管理工作。

二、管理工作

1991年，赤峰市路政管理部门与公安部门紧密配合，积极开展维护路产路权、打击违法犯罪的宣传和专项治理活动。当年，全市发生路政案件1354起，破案1337起，破案率98.7%；结案1269起，结案率94.9%，收缴索赔款13.7万元。1992年以后，进一步加强路政法规宣传工作，积极查处各类路政案件，维护公路的安全通畅。认真贯彻市政府《赤峰市公路路政管理办法》，不断加强路政管理工作。开展以加强路政宣传、清除违章建筑、治理公路“三乱”、取缔马路市场为主要内容的路政稽查活动。2000年，全市共发生路政案件447起,查处445起,其中立案14起,破案14起,结案14起;收缴路产赔(补)偿费102.38万元,查处率99%,破案率100%,索赔率88%;制止违章建筑行为447起,拆除违章建筑20处,清理堆放杂物1.21万立方米,清理马路市场33处。2005年,以开展路政执法队伍建设年为契机,认真贯彻执行《中华人民共和国公路法》,加强路政执法力度。共查处路政案件346起,拆除违法建筑10处,清理非公路标志物852块,清理占路集贸市场141处,清理堆放杂物6859立方米,保障公路畅通。2011年以后,全市路政管理部门以构建"畅、洁、绿、美、安"和谐公路交通运输环境为目标,进一步加强路政监察执法力度,严厉打击路政违法违规行为。2014年,全市共发生路政案件263起,查处263起;检测车辆12.33万辆次,查处超限车辆4315辆次,卸载转运货物9978吨;清理非公路标志物432块,清理堆放杂物8653立方米,为赤峰市经济健康有序发展提供了安全畅通的道路运输环境。

第三节　运政管理

一、管理机构

赤峰市运输管理处是赤峰市道路运输管理机关。1991年,有工作人员28人。主要负责全市公路客货运输、搬运、装卸、汽车维修、运输服务业管理及公路运输管理费征收、车辆技术管理、驾乘人员培训等道路运输管理工作。2004年10月,赤峰市运输管理处开始承担原城市客运稽查大队相关职责, 市运输管理处人员编制65人。2014年12月,市运输管理处核定事业编制60人。

1991年,旗县区都建有运输管理站,其经费、业务、人员编制均由市运输管理处管理,人事任免由当地交通局负责。2008年税费改革之后,各旗县区运输管理机构统一划归当地交通主管部门管理。

二、管理工作

旅客运输管理　客运市场管理。1991年以前, 赤峰市道路旅客运输市场基本是国有运输企业独家经营, 客运车辆发展缓慢, 运输能力严重不足,"出行难" 问题突出。1992年8月,市委、市政府印发《关于鼓励个体私营经济发展的决定》,放宽个体私营经济的经营范围,允许个体工商户和私营企业经营长途客运业,进一步放开客运市场。1992年,自治区交通厅印发《内蒙古自治区汽车客运线路额度管理办法的通知》,市政府印发《关于进一步放开城乡客运市场改善和加强营运管理的通知》,加强宏观调控,进一步放开和搞活城乡客运市场。城乡客运市场规模不断扩大,客运能力不断提高。1995年,市政府批转市交通局《关于定线营运客车统一进站发车的报告》,确定3个停发车站(场),定线营运,客车统一进站发车。1999年,在赤峰至各旗县的10条客运班线上新增20辆高等级客车,车价超过百万的有10辆。客运市场规模不断扩大,市场资源、结构不断优化。2003 年，根据自治区交通厅《关于认真做好道路客运超类别经营线路调整工作的通知》，自 1 月 1 日起，不再为超类别企业和个人审批新的超过其经营资质等级的客运线路。以二级客运企业中昊运输有限责任公司为龙头，鼓励兼并其他三、四级企业走联合经营的道路，扩大经营规模，提高企业资质等级；引导个体经营户与有相应资质等级的企业合资经营。到年末，全市基本完成超类别经营线路调整工作，赤峰市道路旅客运输市场基本形成由中昊运输有限责任公司和北方运输有限责任公司相互竞争、共同经营的客运市场格局。2006 年，自治区交通运输管理局印发《关于道路旅客运输行政许可有关事宜补充通知》，市运管处进一步完善和规范客运行政许可管理。2007 年，市交通局下发《关于进一步加强包车和报停车辆管理的通知》，对包车车辆资质、包车牌发放及管理、报停和恢复营运车辆管理等方面加强监管。2008 年以后，根据自治区交通厅《关于加快发展高速公路旅客运输的若干意见》，加强对高速公路客运管理。2012 年，赤峰市运输管理处下发《关于进一步加强和规范道路旅客运输企业剥离工作有关问题的通知》《关于进一步加强汽车客运站管理的通知》，强化属地管理，加大客运站监管力度；实行“进站证”和“进站单”制度；启用客运班车发车申请表，合理确定发车时间；加强文明经营，优质服务。2013 年 10 月起，按照自治区交通运输管理局要求，赤峰市启用包车客运管理信息系统及新版省际、盟市际包车客运标志牌。到 2014 年，赤峰市客运市场进一步繁荣，市场资源进一步优化，市场管理进一步规范化、制度化。

赤峰市从 1992 年开始，对客运市场违规、违章行为进行治理整顿。1994 年 10 月以后，对道路运输市场进行治理整顿，实行运力宏观调控，限制车辆盲目发展；清理无证及超类别经营的业户，打击欺行霸市行为；查处超越经营范围不按审批班线运营的车辆；查处欠费运行或不按规定缴纳规费的营运车辆。1995 年后，红山区政府和市区交通、公安部门加强站前广场秩序整顿，严厉查处站前广场客运车辆强行揽客拉客、无证驾驶、无证营运、随意停放、不缴纳税费等行为，站前广场客运秩序明显好转。1999 年 1 月至 3 月，市运输管理处针对赤峰中心城区客车沿街揽客、违法经营、串线经营等问题，开展专项治理。2001 年 8 月，市政府印发《关于赤峰发往元宝山区各地定线客运班车统一到赤峰汽车站停发车的通知》，在文化广场、长青公园等站外发车的定线营运班车一律到赤峰汽车站发车，对逾期仍在站外发车或沿街揽客的营运车主依法处罚。2004 年，市运输管理处与有关部门成立联合执法队伍，开展打击“黑车”，治理超员、超载、私自增设客车座（铺）位的整治行动。2005 年，市政府印发《赤峰市人民政府关于严厉打击中心城区三轮车辆无证经营的通告》，市交通局、市公安局下发《关于严厉打击中心城区电动三轮车无证经营出租客运车辆专项行动实施方案》，抽调公安、交警和运政稽查人员成立 6 个联合查处组，对中心城区电动三轮车无证经营出租客运车辆进行全面清理整顿。2005—2014 年，赤峰市运输管理部门不断加大打击“黑车”，治理超员、超载、私自增设客车座（铺）位等违法违章行为的整治行动，有效遏制客运经营业户违法违章行为,客运市场健康发展。

运价管理。1991 年,赤峰市汽车运输价格按 1988 年赤峰市物价局《赤峰市装卸搬运起重价格规定》执行。1992 年 2 月,市物价局、市交通局联合下发《关于调整赤峰市公路装卸搬运起重收费价格的通知》,自 1992 年 3 月 1 日起,调整公路装卸搬运起重收费标准。1993 年 3 月,市物价局、市交通局下发《关于随燃料价格上涨确定汽车运价上浮的通知》规定,赤峰市客货运输燃料差价的加价,一律在等级运价基价上提高 53%计算。1995 年,市政府印发《赤峰市城市客运交通管理暂行办法》规定:凡在赤峰市辖三区内从事城市客运的国营、集体、联户、个体户的机动车、非机动车及宾馆招待所、旅社接送站的车辆均纳入城市客运统一管理范围。2000 年 12 月,市物价局、市交通局下发《关于客车运价上调的通知》,对跨旗县区的营运客车票价进行调整。2006 年,按照市财政局下发《赤峰市石油价格改革财政补贴工作实施方案》的规定,赤峰市农村客运和出租客运经营者可以获得相应数量的补贴资金,补贴标准以车辆的实际燃油消耗量为依据。2008 年开始,国家、自治区为从事农村客运班线运输的道路客运车辆发放燃油补贴。

客运车辆 GPS 中心建设。2010 年 12 月, 赤峰市交通局建成赤峰市客运车辆 GPS 中心,并开始运行。客运车辆 GPS 中心监控系统对运输里程超过 800 公里,从事旅游的包车、三类以上班线客车和运输危险化学品、烟花爆竹、民用爆炸物品的道路专用车辆进行全天候高精度不间断监控。GPS 中心实行“市政府主导、市场化运作、第三方监管、多部门联控”的管理形式。监控中心成立以后,赤峰市公安交警、交通运管部门分别派出工作人员进驻监控中心,对监控工作进行监管,依据职责权限及时对违规车辆和人员作出处理。

货运管理　普通货物运输管理。1991 年 5 月,市政府印发《赤峰市新增转籍过户营运机动车管理暂行办法》规定,运政管理部门对新增营运车辆实行额度管理,有效控制营运机动车辆的盲目发展。自 7 月 1 日起,全市实行“三级调度,综合平衡”制度,设置市运输管理处、各旗县区运输管理所、成建制车队的三级调度。市运输管理处每月召开一次货运平衡调度会议,各地按会议平衡结果组织实施运输。1992 年,市运管部门进一步放开道路运输市场。取消车辆额度管理,停止执行先批准后购车的规定;允许党政机关、社会团体等行政事业单位的车辆从事营业性货物运输;取消对大宗重点货物运输的计划管理和运输分工;装货凭证不再作为路检路查项目,只作为结算凭证;取消各类汽车维修业户发展的额度限制,凡具备开业条件的,即可批准从事相应级别的作业;打破原装卸搬运作业范围的分工,允许跨行业、跨单位作业。至此,赤峰市货运市场由微观管理转向宏观管理,由抓企业转变为抓行业。1993 年 5 月,市政府印发《赤峰市道路货物运输管理暂行办法》,对培育和完善公路货运市场进行规范。11 月,市交通局成立赤峰市公路运输稽查大队,按照自治区政府《关于加强超载超限运输车辆管理的通知》,制定治理方案,重点对超载运输车辆行驶公路进行管理。1994 年 9 月,辽宁省交通厅运输管理局、吉林省交通厅运输管理局、黑龙江省交通厅运输管理局、内蒙古自治区交通厅运输处联合印发《东北三省及内蒙古自治区省(区)间公路零担货物专线运输管理协议》，对相关区域零担货物运输业进行协调，作出相关规定。2001年，市交通局下发《赤峰市交通系统清理整顿道路客货运输秩序实施方案》，组织开展货物运输、危险货物运输专项治理整顿工作，自2001年4月中旬开始，至11月末结束。2004年，在货物运输专项整治中，对8家企业、124辆从事危险货物运输车辆和385名从业人员进行审验和考核。2005年以后，宣传贯彻《中华人民共和国道路运输条例》、《道路货物运输及站场管理规定》及交通运输部《道路危险货物运输管理规定》，落实自治区交通厅《转发交通部〈关于做好道路危险货物运输安全专项整治工作〉的通知》，调整运输结构，进一步开展货运市场治理。2009年，市运输管理处下发《关于载货汽车安装使用全球卫星定位系统的通知》，要求所有重型载货汽车、半挂牵引车必须安装全球卫星定位系统(GPS)或者行车记录仪，凡未安装GPS或行车记录仪的货车一律不予年审。2011年，市运输管理处下发《关于建立赤峰市道路货物运输车辆GPS监管及物流公共信息服务平台的通知》，引导货物运输行业向信息化、规范化发展。到2014年，全市有近千辆重型载货汽车、半挂牵引车，2376辆从事旅游的包车、三类以上班线客车和运输危险化学品、烟花爆竹、民用爆炸物品的道路专用车辆、农村客运车辆安装了GPS或北斗全球卫星定位系统。

危险货物运输管理。1991年以后，赤峰市运输管理部门不断加强危险货物运输管理工作，认真做好危险货物运输的检查、登记等工作。1996年以后，积极贯彻落实交通部公路管理司《危险货物运输管理规定实施意见》，各旗县区运管机构指定专人负责，对危险货物运输业户进行调查登记，对从业人员进行培训，考核合格发给执业证书后允许从事运营。2001年，市运输管理处转发交通部办公厅《关于微型货车从事危险货物运输有关问题的复函》，允许微型货车从事居民生活用液化气罐运输，货厢内必须安置栅格固定装置，避免罐体相互碰撞，严禁超载运行。严禁微型货车从事居民生活用液化气以外的危险货物运输；全面禁止农用运输车从事危险货物运输；自卸货车只允许装运二级固体危险货物，不得装运其他危险货物。2002年7月，赤峰市运输管理处下发《关于取缔不符合资质危险货物运输业户的通知》，对当年危险货物运输专项整治工作中发现的不符合资质的33家企业(单位)予以取缔。2004年2月，市运输管理处下发《关于加强化学危险货物运输管理工作的通知》，要求各运管机构和运输企业要确保道路危险货物运输安全；强化行车记录仪使用与管理，建立行车安全分析制度；加强对危险货物运输企业和车辆的年度审验；加强从业人员职业技能培训、考核；建立应急处理协调机构；车辆技术状况必须过关，按照要求悬挂警示标志；危险货物运输企业、单位要建立健全安全管理和安全生产责任制。2006年，赤峰市运输管理处下发《关于加强我市道路危险货物运输管理工作的通知》，要求全市运管机构做好危险货物运输车辆行车记录仪和卫星定位系统的安装使用管理工作，新增车辆一律安装车辆定位系统。同年,市运输管理处下发《赤峰市道路危险货物运输企业(单位)安全运输考核办法(试行)》,对企业安全责任、安全运输考核、奖惩措施作出具体规定。9 月,市运输管理处组织全市相关企业在危险货物运输车辆上安装新标志、反光带。2013 年,市运输管理处下发《关于对道路危险货物运输 GPS 信号异常车辆进行专项整治的通知》,对危险货物运输车辆 GPS 安装使用不规范的进行专项整治。5 月, 市运输管理处在危险货物运输车辆年度审验中,首次依据有关规定就危险货物运输车辆的安全、环保、消防等标识和应急器材设备及个人防护用品进行统一规范。2014 年车辆年审期间,对上年度要求规范的各类车辆应急、安全设施设备进行检查,车辆均已按规定备齐相关设施设备,运输安全得到保障。

驾驶员培训与管理　1991 年,驾驶员培训与管理由公安交警部门负责。赤峰市开展机动车驾驶员培训机构有 9 家,隶属于赤峰市交警支队。1996 年,根据交通部《中华人民共和国机动车驾驶员培训管理规定》,机动车驾驶员培训机构的管理工作由道路运输管理机构负责。2000 年 1 月,市政府批转市交通局《关于对汽车驾驶学校和驾驶员培训工作实施行业管理的报告》,赤峰市机动车驾驶员培训工作由公安交警部门移交给交通部门管理。2001 年 6 月, 按照市物价局《赤峰市机动车驾驶员培训收费标准》,大型货车 1900 元 / 人,小型汽车 1500 元 / 人。2002 年,全市有机动车驾驶员培训机构 11 家,教练员 119 人,培训学员 2760 人次。2003 年 3 月,市运输管理处下发《关于禁止各驾驶员培训学校在旗县区办分校的通知》。同年 7 月,市发展与改革委员会确定机动车驾驶员培训收费标准,大型货车培训费提高到 2000 元 / 人,小型汽车提高到 1600 元 / 人。2004 年, 市交通主管部门对驾驶员培训学校驾驶培训班实行资格管理,对机动车驾驶培训机构和驾驶培训工作进行宏观方面的行业管理。学员实行统一报名制度,在全市各运政管理部门的服务窗口增设汽车驾驶学员、营运车辆从业资格学员报名处。2005 年,市运输管理处对全市驾驶员培训学校进行整顿,对不符合要求的学校停止营业,限期整改。2006 年,全市培训机构达到 31 家,教练员 792 人,培训学员 2.24 万人次。2007 年,赤峰市运输管理处决定,从 10 月 1 日起,将低速汽车驾驶员培训及摩托车驾驶员培训工作纳入行业管理。2012 年 12 月,市运输管理处启用赤峰市机动车驾驶人计算机计时培训管理系统,学员刷卡参加培训,属地运管机构严格审核培训时间,保证培训质量。到年末,全市驾驶员培训机构增加到 47 家,教练员 1444 人,培训学员 1.99 万人次。2013 年, 赤峰市开始启用电子培训记录, 实现驾校管理信息化。到 2014 年,全市驾驶员培训机构增加到 127 家,教练员 3172 人,培训学员 8.27 万人次。

第四节　规费征收管理

一、养路费征管

征管机构　1991 年,赤峰市养路费征收由赤峰市征费稽查处负责。1996 年 1 月,自治区交通征费稽查局赤峰分局成立，将原征费稽查处负责的摩托车、拖拉机养路费征收业务移交该局管理。自治区交通征费稽查局赤峰分局为副处级事业单位，隶属于自治区交通厅，人员编制14人。旗县区相应成立地方交通征费稽查所，总编制73人。至2008年，自治区交通征费稽查局赤峰分局和12个旗县区地方交通征费稽查所共有征稽人员87人。2009年，全国统一停止养路费征收，各级养路费征管机构撤销。

养路费征收　1991—2008年，全市征费稽查部门不断加强和规范农用车、摩托车养路费的征收与管理。针对恶意偷、逃、漏、欠费的农用车辆加大路面查处力度，每年都开展多次专项稽查活动，确保国家规费应征不漏。征收范围包括凡在本地区领有牌证或投入使用的农用运输车、拖拉机、摩托车(包括二轮、侧三轮)。

1991年，赤峰市养路费收入641.4万元。到2000年，全市养路费收入2315万元。2008年，达到5205万元，比2000年增长125%，比1991年增长7.12倍。2009年1月1日停止征收养路费。

1991—2008年赤峰市公路养路费征收数量统计表

表7-1-10　　单位：万元

年份	累计收入	年份	累计收入
1991	641.40	2000	2315.00
1992	1119.00	2001	2155.80
1993	1399.60	2002	2564.40
1994	1520.60	2003	2785.10
1995	1486.70	2004	3168.50
1996	1182.30	2005	3675.20
1997	1730.70	2006	4087.80
1998	1833.40	2007	4416.00
1999	1943.50	2008	5205.00

二、通行费征管

收费公路、收费站(点)　1991年以后，赤峰市不断加大公路建设力度，采取政府投资、银行贷款等多种渠道筹措资金开展公路建设。公路建成投入运营后，通过收缴公路通行费归还贷款。公路经营企业按统一规划，通过招商引资等形式投资建设的公路，由公路经营企业按相关标准收缴一定时期的公路通行费。赤峰市从1996年开始收缴公路通行费。1998年，政府还贷公路国道303线新开河至绍根段建成投入运营，设立新开河收费站开始收缴公路通行费。此后,随着高等级公路的不断增加,赤峰市收费公路逐渐增多。到 2014 年,赤峰市有地方管辖的普通收费公路 27 处,设有 27 个收费站点,其中桥梁收费站 1 处,隧道收费站 1 处,一级公路收费站 5 处,二级公路收费站 20 处。按收费性质划分,政府收费还贷公路 17 处,经营性公路 10 处。市直属收费站 9 处,分别为柳条沟、松山、七家、土城子、高家梁、山嘴子、统部、新城子二级公路收费站和宇宙地一级公路收费站,其余由旗县区交通运输局或公路经营企业负责经营管理。收费公路总里程 1222 公里,投资总额 34.42 亿元,其中企业、个人投资项目 18.86 亿元,政府收费还贷公路投资 15.56 亿元。

收费数量 1996 年,赤峰市收取公路通行费 196.7 万元。1997 年以后,随着收费公路的增加,收费金额不断增长。2000 年,全市收取公路通行费 4503.7 万元。2010 年,收费额达到 2.38 亿元。2012 年以后,赤峰市按照国家有关要求,逐步减少二级以下公路收费,收费额逐年减少。2014 年,全市公路收费额减少到 1.89 亿元。1996—2014 年,共收取公路通行费 26.71 亿元。

三、运输管理费征管

征收范围 1991 年,凡从事营运性公路客货运输、搬运装卸、运输服务的单位和个人,以及部队参加地方营运性运输的,均缴纳运输管理费。1992 年,赤峰市税务局、物价局、工商局、交通局联合下发《关于放开客运市场对各项税费实行定额管理的通知》,对各项税费实行定额管理:按经营者申请的客运线路和车型核定应收额;客运发展基金按审批时限由审批机关一次性收缴;运管费、客附费、税金、工商管理费由车管所在运管部门按月征收和代征;运管费、客附费、工商管理费三项收费可实行年度包缴,包缴的月数不低于 8 个月;客运发展基金和各项收费一经收缴不予退还。2003 年 12 月,赤峰市运输管理处下发《关于做好我市 2004 年运输管理费征收工作的通知》规定:凡从事道路运输、车籍在赤峰市各旗县区范围内的营运车辆,从 2004 年起一律按 12 个月足额征收道路运输管理费,各地不得擅自减免,否则不予核销票据。2005—2008 年,凡从事营业性运输的三轮汽车包括农用三轮车、农用拖拉机,其车主身份、机动车行驶证、道路运输证均属同一农牧民和农牧场职工,且持本村村委会和当地公安派出所书面证明的均免收公路运输管理费;四轮、五轮、六轮农用车无论吨位大小,一律按普通汽货车费率征收公路运输管理费。1991—2008 年,全市共征收公路运输管理费 2.27 亿元。

费用征收 1987 年 1 月起,运输管理费按照《内蒙古自治区公路运输管理费征收和使用实施细则》征收。1992 年 5 月始,公路运输管理费费额执行自治区交通厅、物价局 1992 年印发的《关于理顺公路运输管理费费额的通知》规定的标准,货车每吨位每月 13 元;客车(含面包车)每座位每月 2 元。轿车、吉普车征收标准及小四轮、手扶拖拉机吨位计算办法仍按《内蒙古自治区公路运输管理费征收和使用实施细则》执行。1996 年 1 月起,对运输管理费实行包缴:汽车全年包缴 8 至 10 个月,新车入户当年按实际月份包缴；大型拖拉机全年包缴 7 至 9 个月；22 马力以下小型拖拉机、机动三轮车全年包缴 6 至 8 个月。实行包缴的车辆不再办理报停手续，各地可根据车辆的保有量、完好状况和运营情况按以上规定确定具体包缴月数。2004 年始，按自治区交通厅、财政厅《内蒙古自治区公路运输管理费征收使用管理实施细则》计征公路运输管理费。对于从事营业性客货运输的业户均由所在地交通运输管理部门按营业额 0.8%计征；对财务统计制度不健全、营业额难以计算或临时参加营业性运输的，实行定额征收，即按月根据车辆吨位包括挂车和客座折算核收，汽车包括拖拉机每吨每月 13 元，农用汽车每吨每月 9元。

资金管理　2006—2008 年，根据自治区交通厅、财政厅《内蒙古自治区公路运输管理费征收使用管理实施细则》补充规定的要求，运输管理费纳入预算管理，实行专款专用，分级安排用于公路运输管理，其中 90%作为本盟市交通运输管理部门事业费支出，10%上缴自治区交通厅。各级交通运输管理部门所需经费，按收入预算编制年度支出预算，经同级财政部门审核后，将款项下拨到市运输管理处，市运输管理处按照财政部门批复的支出预算下拨到旗县区运输管理所。2009 年 1 月，运输管理费征收取消。

四、客运附加费征管

征收范围　凡在赤峰市从事公路客运的国营、集体、个体、部队的营运客车，以及公路客运旅游车、出租车等都必须向各旅客征收公路客运附加费。

费用征收　2002 年 1 月 1 日起，执行自治区计委、交通厅《关于征收公路客运附加费的补充规定》批准的收费标准。代征企业（者）向旅客征收客运附加费标准：按每人公里 0.01 元征收，出租车按照标定座位（出厂标定座位减 1 座）数量征收，每座 30 元 / 月；旅游车按照标定座位（出厂标定座位减 2 座）数量征收，每座 30 元 / 月；跨省区客运线路客车，由有关部门在不低于每座 70 元 / 月的基础上，与对方协调征收。

长途客车客运附加费按每一标定座位 35 元 / 月计收结算。其中跨盟市客运线路长途客车客运附加费计收结算分为三个档次：客运线路营运里程在 100 公里以下，循环车辆年平均日行程（以营运里程为准）在 200 公里以下的，按 35 元 / 月座结算；客运线路营运里程在 100 公里（含 100 公里）至 150 公里，循环车辆年平均日行程在 200 公里（含 200 公里）至 300 公里的，按 55 元 / 月座结算；客运线路营运里程在 150 公里（含 150 公里）以上，循环车辆年平均日行程在 300 公里（含 300 公里）以上的，按 70 元 / 月座结算。2008 年停收。1991—2008 年，全市共征收公路客运附加费 1.2 亿元。

资金管理　1991—2005 年，客运附加费实行专户储存、逐级汇解的管理办法。支付给代征者 1%的代办费和征收单位 1.5%的手续费。2006—2008 年，客运附加费由市交通征费稽查分局征收。2008 年，国务院决定实施成品油价格和税费改革，取消公路养路费、航道养护费、公路运输管理费、公路客货运附加费、水路运输管理费、水路客货运输附加费等 6 项收费。2009 年 1 月，客运附加费征收取消。

2014年赤峰市收费站基本情况一览表

表7-1-11

地区	站名	开始收费年份	核定收费年限	累计投资总额(万元)	性质	收费单位
阿旗	新开河收费站	1998	19年	2778	政府还贷公路	赤峰市交通路桥公司
阿旗	清河子收费站	2006	27年	13000	经营性公路	赤峰市交通路桥公司
左旗	十三敖包收费站	2001	20年	3800	政府还贷公路	左旗交通运输局
左旗	哈拉哈达收费站	2008	25年	30697	经营性公路	左旗浩力路桥有限公司
左旗	白音诺尔收费站	2008	25年		经营性公路	左旗浩力路桥有限公司
右旗	大板收费站	2000	23年	9480	政府还贷公路	右旗交通运输局
林西县	新城子收费站	2002	15年	7602	政府还贷公路	赤峰市交通运输局
林西县	统部收费站	2007	13年	8809	政府还贷公路	赤峰市交通运输局
克旗	土城子收费站	2002	18年	7492	政府还贷公路	赤峰市交通运输局
克旗	宇宙地收费站	2012	15年	39000	政府还贷公路	赤峰市交通运输局
翁旗	山嘴子收费站	2000	20年	4800	政府还贷公路	赤峰市交通运输局
翁旗	高家梁收费站	2002	18年	7492	政府还贷公路	赤峰市交通运输局
松山区	平房收费站	2000	20年	12173	政府还贷公路	松山区人民政府
松山区	八家收费站	2000	20年	11780	政府还贷公路	松山区交通运输局
松山区	松山收费站	2004	16年	12850	政府还贷公路	赤峰市交通运输局
红山区	城南立交桥收费站	2000	20年	8314	经营性公路	城南立交桥有限责任公司
松山区	柳条沟收费站	2000	19年	6891	政府还贷公路	赤峰市交通运输局
元宝山区	六家收费站	1996	25年	12412	经营性公路	赤峰交通路桥公司
喀旗	牛营子收费站	2000	30年	21942	经营性公路	富龙路桥公司
喀旗	茅荆坝收费站	2003	30年	56377	经营性公路	富龙路桥公司
宁城县	宁城收费站	2001	25年	13161	经营性公路	宁城元亨路桥公司
宁城县	甸子收费站	2001	25年	22000	经营性公路	宁城元亨路桥公司
宁城县	小城子收费站	1997	24年	11279	政府还贷公路	宁城县交通运输局
宁城县	四家收费站	2002	25年	5513	经营性公路	宁城县宝田路桥公司
敖汉旗	小四家收费站	2005	25年	5201	经营性公路	敖汉旗速吉道桥公司
敖汉旗	新惠收费站	2002	15年	4864	政府还贷公路	敖汉旗交通运输局
敖汉旗	七家收费站	2001	16年	4500	政府还贷公路	赤峰市交通运输局

第五节 交通战备管理

一、机构

赤峰市交通战备办公室 1991—2001年，赤峰市交通战备办公室设在市人防办。市交通局交通战备工作由市交通局生产建设科兼管，主要工作是对位于红山区和翁牛特旗两座战备钢桥储备库进行管理，定期对储备库战备钢桥进行检查、维护保养，保证设施的完好率。2002年9月，市交通战备办公室由市人民防空办公室划归市交通局。2002年10月，赤峰市国防动员委员会下发《关于调整赤峰市交通战备办公室组成单位和人员的通知》，赤峰市武警、公安、铁路军代处、火车站、民航站、4个通信分公司等11个单位为赤峰市交通战备办公室成员单位。2004年5月，赤峰市国防动员委员会下发《关于调整赤峰市交通战备办公室组成单位和人员的通知》，铁路、交通、民航、5个通信分公司和铁路军代处、公安、武警、驻军部队有关领导为交通战备办公室成员，成员单位由11个调整为18个。2010年3月，赤峰市交通局和赤峰市交通战备办公室决定，在赤峰市公路管理处、赤峰市运输管理处组建交通战备办公室，负责本行业和本单位交通战备及交通保障工作。至2014年未变。

旗县区交通战备管理机构 1991—2003年，旗县区未设立交通战备管理机构，交通战备工作由旗县区武装部和交通局协调管理。2003年11月，按照赤峰市国防动员委员会《关于落实旗县区交通战备办公室组织机构有关工作的通知》要求，12个旗县区成立交通战备办公室，挂靠在地方交通局，负责本地区交通战备工作。至2014年未变。

二、交通战备保障方案编制

2002年以后，赤峰市交通战备办公室积极开展交通战备方案和各项交通战备预案编制工作。2002年、2004年，赤峰市交通战备办公室先后两次重新规划赤峰市境内的国防交通保障公路，拟定4个三级公路重点保障目标，国防战备交通保障公路网络布局更加合理，保障能力进一步增强。2005年4月，市交通战备办公室根据赤峰市国防动员委员会要求和赤峰市实际情况，确定32个四级公路重点保障目标；制定《交通保障方案内容编排规则》，进一步加强各项交通战备预案编制工作。至2005年10月，赤峰市交通战备办公室编制《赤峰市民用汽车运力国防动员预案》，各旗县区交通战备办公室全部完成《民用汽车运力国防动员预案》编制，这是建国以后交通战备部门第一次对民用汽车运力进行战时综合动员筹划。2005年12月，市交通战备办公室编制《赤峰市交通系统突发公共事件部门应急预案》，预案中除包括部门应急救援外，还包括公路及桥梁抢修、道路运输事故应急救援、道路危险货物运输事故救援和破坏性地震应急预案等6个子预案。应急预案把交通保障和交通战备工作结合在一起，明确对战争、重大军事行动和突发公共事件中的应急措施。明确人员、车辆收拢集结、应急保障行动、完成具体任务的工作程序及方法。2006 年 1 月,市交通战备办公室制定《民用汽车运力国防动员预案》,将赤峰驻军战时所需民用汽车与有关旗县区进行对接,首批动员潜力落实到车辆和驾驶员。2006 年 12 月,赤峰市交通战备办公室对《赤峰至大板高速公路西拉木伦河大桥保障方案》进行初审;对翁牛特旗交通战备办公室编写的《西拉木伦河大桥保障方案》进行审定。2007 年 2 月,赤峰市交通局编制《赤峰市交通局综合应急预案》,下发各旗县区交通局贯彻执行。2007 年 3 月,赤峰市交通战备办公室下发《公路重点线路保障方案内容编排规则》,对保障方案的内容、序列等诸多方面进行规范,对全市公路重点线路保障方案的编制工作起到规范、保证和促进作用。同年,赤峰市交通战备办公室下发《关于调整我市公路四级重点保障目标的通知》,撤销阿旗巴彦塔拉大桥, 增设元宝山区赤朝高速公路平庄立交桥为四级公路重点保障目标。2008 年,按照自治区交通战备办公室的部署,对 2006 年制定的《民用汽车运力国防动员预案》重新进行修订。2008 年 12 月,赤峰市编制完成老哈河公路特大桥、西拉木伦河 1 号大桥、西拉木伦河大桥和茅荆坝公路隧道 4 个三级交通重点目标保障方案,赤峰市三级交通重点目标保障方案编制工作全面完成。2009 年, 按照自治区交通战备办公室的统一部署,赤峰市交通战备办公室对《道路交通保障应急预案》《道路运输应急保障预案》《战备钢桥架设应急预案》进行修订;编制《赤峰市部队大规模机动交通保障应急预案》。2010 年,赤峰市交通战备办公室被自治区国防动员委员会评为"十一五"交通应急保障先进单位。2014 年,对《赤峰市国防交通应急保障预案》和 4 个三级重点目标保障方案进行修订。各种交通战备方案、预案的编制,对赤峰市战时军事交通、重大军事行动和处置突发事件的公路交通运输保障具有重要作用。

三、国防交通动员

1991—2001 年,赤峰市国防交通动员工作由市人防办公室负责。市人防办与武装、交通部门密切合作,不断加强专业队伍建设,组织培训和演练,提高应对突发事件的能力。2002 年以后,赤峰市交通战备办公室不断加强国防交通动员专业队伍建设,积极组织开展交通战备专业培训和演习、演练,不断提高各专业队伍应对突发事件和实战交通保障能力和水平。2003 年, 在全市建立 2 个交通专业保障大队、27 个交通专业保障分队。以后,按年度对交通专业保障队伍进行整组。2003 年 8 月,赤峰市巴林左旗、阿鲁科尔沁旗发生 5.9 级地震,全市交通战备部门立即进入战备紧急状态。在较短时间内,组成公路抢修突击队、落实运输保障车辆、架设战备钢桥、进行救灾物资运输,为抗震救灾物资运输、抢险救灾作出贡献。2003 年、2004 年,圆满地完成赤峰军区和内蒙古军区组织的赤峰城区防空袭作战演习交通保障任务。

2004 年 5 月至 6 月,开展全市国防交通动员潜力调查工作。8 月至 9 月,自治区交通战备办公室在翁牛特旗举办战备钢桥架设培训班。其间,以翁牛特旗交通保障队伍为主,进行战备钢桥架设演练,北京军区交通战备办公室领导和内蒙古军区首长及全区各盟市交通战备办公室领导对战备钢桥架设演练进行现场观摩。2004 年 9 月,赤峰市和巴林右旗交通战备办公室代表赤峰市和自治区接受北京军区国防动员委员会组织的国防动员工作检查,受到检查组一致好评。同年12月,赤峰市交通战备办公室被自治区国防动员委员会授予“国防动员工作先进单位”称号。2005年7月至8月,赤峰市交通战备办公室组织开展重点民用汽车运力国防动员潜力调查工作,为应急动员提供重点汽车运力依据。2005年,全市战备交通专业保障队伍发展到2个支队、12个大队、1114人。至2014年,全市战备交通专业保障队伍发展到2个支队、12个大队、1396人。

四、交通战备储备物资管理

1991—2001年,市人防办不断加强交通战备储备物资管理,为应对各种突发情况做好物资储备。2002年以后,赤峰市交通战备办公室进一步加强战备储备物资管理工作。2003年开始,建立和完善交通战备储备物资管理档案。战备储备物资特别是战备钢桥多次在地震、公路桥梁抢通和公路施工中发挥重要作用。2008年,交通运输部对交通战备储备物资进行大检查。按照自治区交通战备办公室的统一安排,对赤峰、乌丹、通辽、锡盟等地战备储备物资进行相互调剂,全市共调出调入储备物资50多吨,除通辽储备物资未调入赤峰外,其他调剂工作全部完成。2009年11月,松山区木头沟国防交通物资储备库建成投入使用。2010年,赤峰市交通战备办公室被自治区国防动员委员会评为“十一五”交通战备储备物资管理先进单位。2013年11月,自治区交通战备办公室向赤峰市调拨新型钢桥面板和价值30万元的喷涂设备一套。到2014年,赤峰市交通战备物资保管设施设备进一步完善,战备物资管理进一步科学合理,达到保管安全、数量清楚、随时可用。

五、国防交通建设

1991—2001年,市人防办与武装、交通机关积极开展国防交通建设,保障国防战备公路在战时或突发情况下畅通无阻。2002年开始,赤峰市交通战备办公室建立国防交通基础建设项目库,制定和完善赤峰市战备交通建设规划,有计划、有步骤地开展国防公路建设。2003年,赤峰至土城子军用机场公路建设项目得到国家交通战备办公室批准。该公路全长17公里,采用三级公路标准。2004年9月,赤峰至土城子军用机场公路竣工投入使用。

2005年5月,根据驻军部队提出在高速公路预留坦克通道和通道通行条件要求,赤峰至通辽高速公路第一项目执行办公室和赤峰市交通战备办公室及驻军部队进行实地勘查,加大调整公路通道的通行高度,保证驻军部队战备执勤和军事训练任务顺利进行。2006年,赤峰市交通战备办公室对20世纪80年代初确定的三级目标进行调整,拟定公路三级重点保障目标4个、重点公路保障线路8条。2006—2014年,赤峰市国防交通基础建设快速发展,新建、改建古鲁满汉—天河梁一期工程、兴巨德—经棚公路、老府—大庙段、王家店—喇嘛山、雷达站—省道205线、五分地—黑水、翁旗雷达站进场路、宁城雷达站进场路、麒麟山对空台及小新地雷达站进出口路、土城子军用机场巡场路多条战备公路和部队进出口路、水泉—干沟子雷达站进出口道路等一系列国防战备公路和部队进出口路。总里程203.3公里,总投资1.86亿元。

第六节 港航监督管理

一、管理机构

市级管理机构 1987年9月,成立赤峰市港航监督所,有编制3人,隶属于赤峰市交通局。主要职责是负责全市水上交通安全管理、监督、检查、事故处理等。2003年3月,赤峰市港航监督所更名为赤峰市地方海事局,内设船检办公室和综合办公室,有工作人员6人。2014年,该局有工作人员5人。

旗县区海事管理机构 1991年,全市旗县区除红山区外,有11个港航监督所,隶属于当地交通局,负责本辖区内港航管理。2003年3月,旗县区港航监督所更名为地方海事处。2004年5月,红山区交通局建立海事处。到2005年,各旗县区地方海事处共有工作人员33人;36个有水域的乡镇苏木配备兼职水上安全员100人,形成市、旗县区、乡镇苏木三级水上安全监管体制。到2014年,全市具备行政执法主体资格的市和旗县区海事处工作人员达到46人。

二、监督管理

赤峰市地方海事局登记管理的船舶分布在全市10个旗县区24处水域,点多面广、高度分散。1991年以后,水上旅游业快速发展,船舶数量逐年增加。赤峰市港监部门对已批准开办的水运企业加强安全监督管理;对申请待批的进行实地勘查,严格审批手续;强化船舶年审制度,严把验船质量关,每年的4月至7月,对所有营运船舶进行年检审,年检审率达到100%;严格船舶准入关,对“三无”(无船籍、无船名、无船舶证书)的船舶不准进入水运市场。1998年,按照安全管理分级负责的原则,与各旗县区港监所签订《水上交通安全管理责任状》。2000年,开展“水上运输安全管理年”活动。2005年,对全市所有水域进行安全检查,下达《水上交通安全检查意见书》12份,对不具备航行条件或存在安全隐患的船舶下达《停航通知书》3份、《整改通知书》2份。层层落实安全监管责任,赤峰市地方海事局和各旗县区地方海事处,旗县区地方海事处与乡镇苏木政府,乡镇苏木政府与水运企业,水运企业与船员、救生员、安全员逐级签订责任状。2006—2010年,每年在6月至8月开展水上交通安全隐患排查治理专项行动。在旗县级排查的基础上,按照市、旗县两级联动工作方式进行督导检查。重点排查治理水上交通安全监管责任落实情况,安全监管机构、人员、经费、装备配备情况等。对水运企业、码头、船舶、浮动设施、船员的技术状况、作业环境、防控手段、应急措施等进行全面排查治理。进一步健全水运企业(业户)安全生产机制、安全管理组织体系、应急措施等,为水上交通安全提供有效保障。2014年8月,开展水上交通安全隐患专项整治活动，从加强对企业的动态监管、加强客运船舶监管、加强船员教育、加强水上交通安全宣传工作着手，督促企业落实安全生产主体责任，强化企业及水上从业人员的安全责任意识；加强水上交通行业监管基础工作，消除安全隐患；有力打击和治理水上交通存在的违法及违规行为，全面提升监管水平。2009—2014 年，共开展海事巡航 600 多艘次，巡航 1.8 万公里，开展水上交通安全检查 150 多次，发现处理“三无”船舶 27 艘次，下达《停航通知书》11 份。

第七节　交通体制改革

一、行政管理体制改革

1991 年，赤峰市交通局内设 11 个职能部门，下设 7 个直属管理事业单位，下辖赤峰汽车运输公司、赤峰搬运公司 2 家直属企业。1992 年以后，随着赤峰市政治、经济体制改革的发展，市交通局结合赤峰市交通运输事业发展实际，先后多次进行机构调整和改革，使赤峰市交通局行政管理体制与不断发展的市场经济建设新形势相适应。1996 年 1 月，自治区交通厅对交通征稽体制进行改革，将原隶属于各盟市公路养路费征稽机构划归自治区交通厅管理。自治区交通厅下设内蒙古自治区公路养路费征费稽查局，各盟市设分局，人、财、物统一由自治区征稽局管理，赤峰市公路养路费征费稽查处变更为赤峰分局。赤峰市交通局根据职能的变化，将内设机构调整为 7 个职能科室。2002 年，赤峰市交通战备办公室由赤峰市人民防空办公室划归赤峰市交通局。2003 年以后，市交通局随着交通运输事业的发展，不断加强行政体制改革和机构调整。2002—2006 年，市交通局完成赤峰市汽车运输总公司等交通运输企业产权制度改革，实现政企分开，市交通局对交通运输企业进行政策、法规、宏观管理。2010 年 9 月，市交通运输局内设机构调整为 11 个职能机构，下设公路管理处、运输管理处、公路工程质量监督站、路政执法监察支队、地方海事局 5 个直属事业机构，有工作人员 261 人。至 2014 年未变。

二、事业单位改革

2004 年开始，市交通局对下属经营性事业单位进行产权制度改革。2004 年 7 月，赤峰市公路勘察设计院改建为赤峰市中交公路勘察设计有限责任公司，成为民营企业，29 名职工一次性完成身份置换。2004 年 11 月，赤峰市公路工程处改建为赤峰安通路桥有限责任公司，成为独立法人股份制企业，264 名职工一次性置换身份，206 名职工重新入股。2006 年 4 月，赤峰市交通局物资供应站改建为赤峰市交通物资有限责任公司，成为独立法人企业，18 名职工一次性完成身份置换。

三、企业改革

1991 年，市交通局有赤峰运输公司、赤峰搬运公司、赤峰筑路机械厂 3 家企业。1992 年以后，逐渐扩大企业经营自主权。1993 年，赤峰运输公司更名为赤峰汽车运输总公司,赤峰搬运公司更名为赤峰环宇交通工业总公司。2000年12月,赤峰环宇交通工业总公司转制为民营企业,与交通局脱钩,职工一次性完成身份置换,742名退休职工移交给社保局。由于该企业多年严重亏损,2002年8月破产。2001年12月,赤峰市交通局下属国营企业赤峰市汽车运输总公司转制为具有独立法人资格的股份制企业。2000年4月,赤峰天宇公路工程监理事务所成立,是隶属赤峰市交通局的国营企业。2005年3月,赤峰天宇公路工程监理事务所改建为赤峰天宇交通监理有限公司,成为民营企业。2006年12月,赤峰筑路机械厂由于生产经营处于瘫痪状态,实施破产终结。至此,赤峰市交通局企业改革全部完成,实现政企分开。

四、投融资体制改革

1990年以前,赤峰市公路建设资金来源主要是政府财政拨款和收取的公路养路费。1991年以后,市交通局不断加强公路建设投融资体制改革,努力筹措资金,扩大公路修建规模、提高公路建设速度和质量。1996年开始,赤峰市公路建设和养护由公路交通部门行为向政府行为转变,由行业行为向社会行为转变。1997年,市政府印发《赤峰市人民政府关于加快重点公路建设有关政策问题的决定》,进一步放宽公路建设投融资政策。当年,全市公路建设养护总投资2.05亿元,其中地方集资贷款2890万元。1998年,国家提出西部大开发战略,市交通局把加快公路建设作为一个产业来抓,大胆改革投融资体制,公路建设按照市场经济运行规则,不断拓宽筹融资渠道,大力推进公路建设主体和投资主体多元化,形成国家投资、银行贷款、社会集资、招商引资、企业投资、地方筹资多资汇流公路建设的局面。1999年3月,市政府招商引资修建赤峰城南立交桥,总投资8841万元,工程于2000年5月开工,2001年10月竣工交付使用。经自治区政府批准,由投资者收取车辆通行费,经营年限为20年。2001年3月,松山区政府利用银行贷款4480万元,修建国道306线赤峰过境线一级公路10.9公里,实现赤峰市高等级公路零的突破。7月,赤峰富龙热力股份有限公司投资建设赤峰至茅荆坝省道206线一级公路,全长109.4公里,2004年8月竣工通车,总投资10亿元。2003年5月,市交通局联合赤峰草原兴发集团有限责任公司,利用该公司股票上市公司向银行贷款3.5亿元,收购赤峰市8条用建行贷款修建的公路路段,统一由兴发路桥公司续建、管理和经营。通过热线带冷线、增量带存量的方式,把公路建设投融资作为一种产业推向市场,解决旗县政府利用银行贷款修建公路收费还贷难的问题。2005年5月,巴林左旗政府通过招商引资,引进中国对外贸易运输(集团)总公司和辽宁省久益置业投资有限公司共同投资修建巴林左旗至西乌旗白音华煤矿运煤专用公路,公路总里程172.6公里,其中巴林左旗境内115.5公里,总投资2.9亿元,是赤峰市利用工业项目投资公路项目建设的第一家。2006年以后,通过多种方式不断扩大投融资规模,使赤峰市公路建设特别是高等级公路建设高速发展。“十一五”期间,全市新改建各级公路10118公里,其中高速公路311公里,一级公路33公里,二级公路566公里,农村公路9208公里;新增公路里程2257公里,其中高速公路311公里,一级公路8公里,二级公路441公里。2011—2014年,新增公路里程2054公里。

第二篇　城市公共交通运输

第一章　公共汽车运输

第一节　场站设施

1991 年，赤峰市公交公司在中心城区有公交枢纽站 5 处，总面积 2.62 万平方米；有公交首末站 18 处。1992 年以后，随着公共交通事业的发展，不断加强公交场站建设。2014 年，中心城区公交枢纽站增加到 11 处，占地总面积 7.28 万平方米，比 1991 年增长 1.78 倍；公交首末站增加到 28 处，比 1991 年增加 10 处，增长 55.56%。

2014 年赤峰市主要公交枢纽站基本情况一览表

表 7–2–1

名 称	面 积（平方米）	服务线路
红山区站前街公交枢纽站	28000	10 路、36 路、21 路、68 路
赤峰火车站公交枢纽站	3000	1 路、7 路、33 路、35 路、37 路、206 路、机场路
220 医院公交枢纽站	4600	6 路、12 路、108 路
百合花园公交枢纽站	2400	101 路、11 路、18 路、201 路
新城区公交枢纽站	12000	9 路、35 路、21 路，公交总部和调度指挥中心所在地
和美建材城公交枢纽站	3500	37 路、66 路、67 路、K99 路，LNG 加气站所在地

第二节　营运线路

1991 年，赤峰市公交公司有营运线路 15 条，线路里程 592.9 公里。1992 年以后，随着赤峰市城乡经济发展，城市人口数量持续增多，城区面积不断扩大，为满足广大城乡居民出行，公交公司适时开通和延伸公交线路，不断调整优化线路布局。到 2000 年，赤峰市公交总公司公交营运线路发展到 20 条，线路里程达到 680.9 公里。2005 年以后，中心城区面积不断扩大,市公交总公司不断延伸和开拓公交线路。到2010年,有营运线路39条,线路里程789.6公里。2014年,营运线路39条,线路里程931.5公里,其中市区公交线路20条,城乡公交线路20条,郊区线路6条。1991—2014年,新开通公交线路24条,优化调整延伸公交线路80条。

2014年赤峰市中心城区公交线路情况一览表

表7-2-2

线路	线路首末车站
1路	首站火车站,末站远联钢铁公司
2路	首站桥北公交修理厂,末站赤峰学院西门
3路	首站城南立交桥,末站黄金小区
5路	首站城南立交桥,末站赤峰市委党校
6路	首站220医院,末站八家村
7路	首站火车站,末站赤峰二中
9路	首站大地机电城,末站赤峰市公共交通总公司
10路	首站站前西街,末站木兰街东口
12路	首站220医院,末站农畜产业加工园
17路	首站赤峰二中,末站木兰街东口
21路	首站站前西街,末站阳光小区
35路	首站火车站,末站阳光小区
36路	首站站前西街,末站长途汽车站
37路	首站和美建材城公交场站,末站火车站
39路	首站长途汽车站,末站体育中学
66环路	首站和美建材城公交场站,末站和美建材城公交场站
K99路	首站二毛三生活区,末站和美建材城公交场站
K99环路	首站二毛三生活区,末站二毛三生活区
201路	首站百合花园,末站宝峰禅寺

2014 年赤峰市城乡公交线路一览表

表 7-2-3

线路	线路首末车站
4 路	首站回民小学，末站西大碾子小学
15 环路	首站回民小学，末站回民小学
16 路	首站回民小学，末站山嘴
18 路	首站百合花园，末站古都河村
33 路	首站火车站，末站欣欣小区
101 路	首站百合花园，末站红庙子公交场站
102 路	首站回民小学，末站西水地村
103 路	首站红庙子场站，末站东南营子村
111 路	首站回民小学，末站官仓沟村
112 路	首站木兰街东口，末站马架子村
107 路	首站远联钢铁公司，末站郎家营村
206 路	首站火车站，末站木头沟村
108 路	首站 220 医院，末站王家店村
118 路	首站古都河村，末站三岔口村
67 路	首站和美建材城场站，末站陈营子小学
68 路	首站站前西街，末站天虹花卉市场
105 路	首站回民小学，末站二道井子村
110 路	首站文钟镇政府，末站柳条沟医院
11 路	首站百合花园，末站车管所(南山)

第三节　车辆车型

1991 年，赤峰市有运营公交车 70 辆，车型主要是小型公共汽车和铰接式公交车，燃料为汽油和柴油。随着城市建设和公交事业的发展，到 1996 年，公交车发展到 115 辆，其中小型公共汽车 27 辆，铰接车 17 辆，单机 71 辆。1999 年 4 月，20 辆无人售票公交车在 1 路投入运营。到 2000 年，车辆总数达到 146 辆，其中营运车辆 138 辆。2005 年，公交车辆全部装备自动加热装置，使用防冻液。2006—2008 年，新增 60 辆双燃料

1991—2014年赤峰市公共交通运输情况统计表

表7-2-4

年份	线路（条）	运营公交车（辆）	线路长度（公里）	客流量（万人次）	运营里程（万公里）
1991	15	70	592.90	1483.90	262.70
1992	15	76	592.90	1468.90	302.70
1993	15	88	517.80	1204.30	310.70
1994	15	97	517.80	1300.90	341.10
1995	17	101	628.40	1367.30	354.30
1996	17	107	628.40	1280.70	398.80
1997	19	109	658.20	1168.80	431.50
1998	19	106	658.20	1168.00	459.00
1999	19	108	658.50	1144.80	517.60
2000	20	138	680.90	1154.90	539.30
2001	21	138	687.40	949.30	535.60
2002	21	88	687.40	778.10	366.10
2003	21	98	469.80	706.50	361.00
2004	21	118	524.40	1008.60	562.80
2005	20	150	481.60	1515.20	749.30
2006	24	208	506.40	3697.00	1052.50
2007	31	256	601.00	5185.00	1443.60
2008	39	347	754.30	5824.00	2085.00
2009	39	385	760.10	6197.00	2703.50
2010	39	382	789.60	6531.00	2717.00
2011	39	395	848.90	7150.00	2644.80
2012	39	444	866.70	8685.00	2613.00
2013	39	574	914.60	9276.00	2966.00
2014	39	501	931.50	10201.00	3215.00

公交车。2012 年，投入新一代天然气公交车 24 辆。2013 年，投入天然气公交车 190 辆。到 2014 年，赤峰市中心城区有运营公交车辆 501 辆，其中绿色环保天然气公交车 298 辆，占总运营公交车的 59.48%。

第四节　营运服务与管理

一、免费乘车

1992 年开始，赤峰市公交公司实行盲人免费乘坐市内公共汽车；1996 年 3 月开始，实行离休干部免费乘坐市内公交车；2007 年 6 月开始，实行高考学生免费乘坐市内公交车；2007 年 9 月开始，实行省部级以上劳模免费乘坐市内公交车；2009 年 8 月开始，实行伤残军人、现役军人免费乘坐市内公交车；2011 年 10 月开始，实行中心城区的 65 周岁以上老年人免费乘坐市内公交车；2011 年 12 月开始，实行军队离退休干部免费乘坐市内公交车；2012 年 10 月开始，实行残疾人免费乘坐市内公交车；2013 年 7 月开始，经市委组织部认定的 1000 名人才可免费乘坐市内公交车。到 2014 年，免费乘车群体达到 9 类、4.48 万人，全年累计免费乘坐市内公交车 1128 万人次。

二、公交低票价政策

散乘零票　1986 年前，公交散乘零票按里程分级累进票制计价，1~3 站票价为 0.05 元，超过 3 站增加 0.05 元。1988 年 7 月，调为 2 站 0.05 元，4 站 0.10 元。1990 年，取消分进制，改为角进制，实行 4 站为 0.10 元。1993 年 2 月，票价调整为 0.20 元起价，每增加 3 站增加 0.10 元。1995 年 6 月，票价调整为 0.20 元起价，每增加 2 站增加 0.10 元。1996 年 9 月，在 1 路和 3 路公共汽车上实行一票制售票办法，每人次 0.50 元。1999 年 4 月开始，1 路公交车实行无人售票，票价 1 元。

公交月票　1988 年 7 月以前，学生月票 2 元 / 张，职工月票 4 元 / 张。1988 年 7 月开始，学生月票 4 元 / 张，职工月票 6 元 / 张。1991 年 10 月开始，学生月票 6 元 / 张，职工月票 8 元 / 张。1995 年 6 月开始，职工月票由 14 元 / 张涨到 21 元 / 张，学生月票由 8 元 / 张涨到 12 元 / 张。2000 年 10 月，学生月通票由原来的 15 元 / 张调整为 25 元 / 张，职工月通票由原来的 30 元 / 张调整为 40 元 / 张。

公交 IC 卡　2007 年 7 月开始，取消月票，发行公交 IC 卡，刷卡乘车。成人月票卡 60 元 / 张，5.5 折优惠，月乘坐 110 次；学生月票卡 30 元 / 张，2.7 折优惠，月乘坐 110 次；普通卡 9 折优惠。2013 年，成人卡乘坐 974.54 万人次，优惠 439 万元；学生卡乘坐 699.78 万人次，优惠 511 万元；普通卡乘坐 864.13 万人次，优惠 86 万元。全年上述三类卡共优惠 1036 万元。2014 年，成人卡乘坐 1012.90 万人次，优惠 456 万元；学生卡乘坐 728.12 万人次，优惠 532 万元；普通卡乘坐 962.40 万人次，优惠 96 万元。全年上述三类卡共优惠 1084 万元。

三、服务监督

2006年以前,赤峰市公共交通总公司各分公司设有服务投诉电话,受理群众公交服务咨询和投诉。2007年开始,赤峰市公共交通总公司将原有各分公司服务投诉电话统一整合为"5883397",统一受理服务投诉。2011年,启用新升级的服务热线,实行人工服务和自动语音相结合的方式,24小时受理服务,设有专人负责咨询、投诉回访。服务功能进一步强化,形成集线路咨询、求助、投诉及建议为一体的综合服务。受理内容也不再局限于投诉,包括公交线路走向、首末班时刻表、沿途站点换乘信息,还有乘客投诉、表扬、帮助乘客寻找遗失物、听取乘客对公交发展的意见和建议等。

第五节　营运企业

赤峰市公共交通总公司是赤峰地区唯一一家经营城市公共交通运输的营运企业。前身是赤峰市公共汽车站,成立于1965年,1973年更名为赤峰市公共汽车公司。1984年,划归赤峰市城乡建设环境保护局。1991年,赤峰市公共汽车公司下辖汽车一队、汽车二队、市郊队、保修厂4个直属企业,共有员工501人。是以城市客运为主业,兼营车辆维修、旅游包车等业务的中型国有企业。1992年9月,更名为赤峰市公共交通总公司,下设通达一分公司、通达二分公司、远征分公司、保修厂、红峰出租汽车公司、劳动服务公司6个分公司,共有员工536人。2002年10月,该公司进行机构调整,下设通达一分公司、通达二分公司、远征分公司、保修厂、劳动服务公司5个直属企业。到2009年,总公司下属企业增加到14个。2010年,赤峰市公共交通总公司由市住房和城市建设委员会整体移交到市交通运输局管理。2013年4月,将原有14个分公司合并为10个分公司。2014年,赤峰市公共交通总公司有内设职能机构13个,下设10个公交分公司和供应公司、大修厂、点钞中心、IC卡中心共14个基层单位,共有员工1457人。主要业务以城市客运为主,兼营车辆维修、旅游包车等业务,担负着赤峰市中心城区公共交通及由中心城区发往元宝山区平庄镇、元宝山镇,喀旗锦山镇,翁旗桥头镇3个旗县区4个方向50公里范围内城乡居民的客运任务。到2014年,有公交车辆574辆(其中天然气公交车298辆),运营公交车辆501辆,运营线路39条,线路里程931.5公里,运营里程3215万公里,客流量1.02亿人次,营运收入10087万元。

第二章　出租汽车运输

第一节　运输规模

赤峰市的出租汽车起步于1982年,赤峰汽车运输公司成立出租车队,有沈阳金杯小客车 10 辆,100 个客位,每天到火车站接站,往返于汽车站与火车站之间。1991 年,赤峰市有出租汽车 26 辆,车型有拉达、乃兹、菲亚特等。到 1995 年,赤峰市出租汽车发展到 205 辆。1996 年以后,车辆型号不断增多,夏利、羚羊以及富康、捷达等中高档车型进入出租汽车行列。1998 年以后,随着经济体制改革的深入,一部分国有、集体企业下岗职工进入出租汽车行业,出租汽车数量骤增。到 1998 年,赤峰市中心城区出租汽车数量达到 2814 辆。赤峰市中心城区出租汽车发展呈"饱和状"。2004 年,出租汽车管理权移交到交通运输管理部门。为维护行业稳定,对中心城区出租汽车实施总量控制。当年,中心城区出租汽车数量为 3053 辆。2007 年,按照市政府适时淘汰残疾人营运的机动三轮车的要求,将 198 辆残疾人营运车置换为同等数量的出租汽车,中心城区出租汽车数量增至 3251 辆。至 2014 年底,全市有出租汽车 9350 辆,其中中心城区出租汽车 3231 辆。出租汽车车型以夏利、羚羊车为主,以富康、雪铁龙等中档车为辅。按照城市出租汽车数量应为每万人 50 辆的比率计算, 赤峰市中心城区出租汽车数量与城市人口基本平衡。

第二节 营运管理

1990 年 10 月,市运管处管理的 10 辆注册出租汽车和市公共汽车公司出租车队的 5 辆出租汽车移交市城市客运管理办公室管理。1995 年,市政府修订《赤峰市城市客运交通管理暂行办法》,从出租汽车申请办理入户、审批、出租汽车服务设施、专用标志、税费征缴等 11 个方面作出明确规定。市建设局、技术监督局、物价局、公安局、工商局等部门就收费标准、运营定额、从业人员职业培训等方面作出详细规定。1998 年 2 月,建设部、公安部联合发布《城市出租汽车管理办法》。1998 年 12 月,内蒙古自治区人大常委会颁布《内蒙古自治区道路运输管理条例》,规定城市出租汽车由旗县以上交通行政主管部门管理,对出租汽车的客运服务、资质管理、违章处罚作出详细规定。2004 年 7 月,市长办公会议决定,调整城市客运管理体制,全市城市出租汽车行业一律由交通部门管理。11 月,国务院办公厅印发《国务院办公厅关于进一步规范出租汽车行业管理有关问题的通知》,市政府印发《赤峰市人民政府关于加强出租客运行业管理有关问题的意见》, 明确政府各有关部门对出租客运市场管理的职责和经营者应遵守的有关规定,理顺管理体制。2005—2014 年,赤峰市认真贯彻国家、自治区有关要求,不断加强出租汽车营运资质、营运价格、营运秩序等各项管理工作,出租汽车业健康持续发展。

营运资质管理 1991 年, 赤峰市中心城区有 10 辆注册出租汽车和市公共汽车公司出租车队的 5 辆出租汽车从事出租车运输。1992 年 6 月,市政府印发《关于进一步放开城乡客运市场,改善和加强营运管理的通知》,明确从事城市客运经营的各种小轿车、小型面包车按出租汽车对待。1993 年以后,随着城市出租汽车数量逐年增加,市交通局不断加强管理工作。2005年1月,市政府印发《关于严厉打击无证经营出租客运电动三轮车的通告》,成立整治领导小组,组织公安、交通、工商、城管部门开展联合专项整治行动,严厉打击无证经营出租汽车。同年,市交通局下发《赤峰市交通局关于客运出租汽车转户更新暨更换道路经营许可证等有关问题的通知》,对出租车入户、转户、更新、年审、收费标准等作出规定,严格管控出租车无证驾驶、非法营运等行为。2012年,市运输管理处投资60多万元,为中心城区出租汽车无偿安装"电子身份证",为打击非法营运出租汽车、"套牌车"提供技术支持。到2014年,出租车非法营运得到有效治理。

运价管理　20世纪90年代初,赤峰地区出租汽车运价多由驾乘双方商议决定,运价一般为起步价10元、过桥(从市区过东西旱河及英金河诸桥)20元,如果路程更远,则由双方议价。1995年,要求出租汽车经营者必须安装计价器,但因当时的出租汽车多为站点式运营,计价器运用并不广泛。1998年,赤峰地区出租汽车全部按要求安装计价器。市物价局审批出租汽车租价标准:普通轿车1.2元/公里,微型轿车0.8元/公里,8座以下面包车1.1元/公里,吉普车、客货两用车1元/公里。出租汽车的起租里程为3公里,普通轿车起租价5元,其他车辆起租价4元。出租汽车单程运营超过6公里,按每公里租价50%加收空驶费。免费等候时间为10分钟,每超过10分钟加收1公里租价的等候费。出租汽车夜间运营每公里租价由22时至次日5时按车型加收10%的租价。2011年11月5日起,赤峰市中心城区出租汽车运价结束起租价5元的时代,开始执行新运价:起租价6元/3公里;7公里以上增收2元;免费等候时间为5分钟,等候时间超过5分钟按1元计费;过路、过桥费由乘客承担。至2014年未变。旗县区城镇出租汽车运价4~5元/3公里不等。

车容车貌管理　1991—2000年,赤峰市出租汽车没有统一标识,有的出租车上贴有打印的"出租"字样的标识,出租车司机和乘客之间通过询问和招手等方式进行联系。2000年8月,市政府印发《赤峰市出租汽车管理办法》,要求市区内所有出租汽车全部改挂蒙DY专用牌照,出租汽车开始有明确辨识标识。2007年,市运输管理处下发《出租汽车车容车貌规范标准》,建立出租汽车卫生巡检机制,将出租客运卫生管理纳入稽查范围。市运输管理处制定《出租汽车车容车貌规范标准》《出租汽车从业人员仪容规范标准》,要求所有车辆必须达到"六净""三无""三亮"。"六净",即车身净、车厢净、座位净、轮胎净、车牌净、玻璃净;"三无",即仪表盘和后座隔板行李厢内无杂物、车厢及行李箱内无积水、车厢内无异味;"三亮",即车身亮、空驶时空车牌灯亮、夜间出租顶灯亮。规范从业人员仪容仪表。出租车运营服务开始走上标准化、规范化轨道。市运输管理处成立出租汽车卫生巡检稽查组,定期检查出租汽车卫生情况。2008年,市运输管理处为中心城区出租汽车免费更换顶灯。2009年,市运输管理处在行政服务中心窗口设立出租汽车举报电话,在每一辆出租汽车的尾部喷涂服务监督电话号码,便于全社会监督。至2014年未变。

2014 年赤峰市出租汽车经营情况统计表

表 7-2-5

旗县区名称	数量（辆）	经营机构	数量（辆）	经营方式	运价
中心城区	3231	个体出租汽车	3231	自营	6 元 /3 公里
阿鲁科尔沁旗	400	阿旗运输有限责任公司	400	承包	2 元 /1 公里
巴林左旗	544	大江运输有限公司	443	公车公营	5 元 /3 公里
			57	挂靠	5 元 /3 公里
		巴林左旗运通城区小公共汽车有限公司	44	公车公营（公司管理）	1 元
巴林右旗	410	路通客运出租有限责任公司	355	自营(公司管理)	5 元 /3 公里
		安达客运出租有限责任公司	55	自营(公司管理)	5 元 /3 公里
林西县	780	林西县平安出租公司	150	自营(公司管理)	5 元 /3 公里
		个体出租汽车	630	自营	5 元 /3 公里
克什克腾旗	392	个体出租汽车	392	自营	4 元 /3 公里
翁牛特旗	958	个体出租汽车	958	自营	5 元 / 3 公里
喀喇沁旗	378	个体出租汽车	378	自营	4 元 / 3 公里
宁城县	1199	个体出租汽车	1199	自营	5 元 / 3 公里
敖汉旗	505	个体出租汽车	505	自营	5 元 / 3 公里
元宝山区	553	中大公共交通有限公司	237	挂靠	5 元 / 3 公里
		安运汽车有限责任公司	101	挂靠	5 元 / 3 公里
		环宇汽车出租有限公司	150	挂靠	5 元 / 3 公里
		众成出租汽车股份公司	65	挂靠	5 元 / 3 公里
合　计	9350				

第三篇 铁路运输

第一章 铁路设施

第一节 线 路

一、国有铁路

叶赤线 叶赤铁路是锦承(锦州—承德)线的一条支线。南起辽宁省建平县的叶柏寿站,北至赤峰站,全长 147 公里。由宁城县天义站进入赤峰市境内,境内总长 115 公里。1934 年 3 月开始修建,1935 年 12 月建成运营,直达锦州,是当时日本侵略者掠夺赤峰及其腹地资源的主要运输线路。1991—2014 年,叶赤线赤峰境内有车站 10 座。

京通线 京通铁路是沟通关内外的一条铁路干线。西起北京市昌平站,东至内蒙古自治区通辽站,全长 805 公里。途经北京市、河北省和内蒙古自治区。西部由赤峰市松山区五十家子站进入赤峰市境内,东部于敖汉旗四合永站进入通辽市境内。1972 年 10 月开工建设,1977 年 12 月接轨通车,1980 年 5 月正式通车运营。2014 年,京通线赤峰境内总长 254 公里,该线赤峰境内有车站 25 座。

二、地方铁路

集通线 集通铁路是内蒙古自治区政府和铁道部共同投资兴建的第一条地方铁路。西起集二线的赛红车站,东接通霍线的通辽北站,全长 943 公里。途经内蒙古自治区 4 个盟市、13 个旗县,贯穿赤峰市阿鲁科尔沁旗、巴林左旗、巴林右旗、林西县、克什克腾旗 5 个旗县,是连接内蒙古东西部和沟通“三北”(东北、华北、西北)的一条路网干线。由铁道部第二、三设计院和呼铁局、沈阳铁路局勘测设计院设计,铁道部第三、十三、十九工程局和呼铁局工程承包公司施工。1990 年 6 月开工,1995 年交付运营。集通铁路经赤峰市境内区段总里程 460 公里,为单线线路。赤峰境内有车站 33 座、线路所 15 座。

2013 年,开始实施集通铁路扩能改造工程建设。工程线路全长 925.79 公里,赤峰境内 440 公里,途经赤峰市阿鲁科尔沁旗、巴林左旗、巴林右旗、林西县和克什克腾旗。设计运能:货运近期 6000 万吨 / 年,远期 1 亿吨/ 年;客车近期 10 对 / 日,远期 16 对 / 日,远景 30 对 / 日。铁路等级为国铁一级;正线数为双线。赤峰市境内建设 32 座车站,其中技术站 1 座，中间站、会让站 12 座。集通线扩能改造工程在赤峰市境内分为 5 段，其中公主埂至蒙根塔拉段、林西至大板段、大板至林东段、林东至查布嘎段均获得核准，2013 年开工建设，2014 年在建。

赤大白线　赤大白铁路由中国电力投资集团公司投资建设，是白音华煤田北煤南运的主要通道。北起锡林郭勒盟境内的白音华煤田，途经大板东站与集通铁路相连，至大木头沟站与锦赤铁路相接，南止赤峰北站与京通铁路相连，全长 330.76 公里，其中赤峰市境内从赤峰北车站到红卫村车站长 275.97 公里。线路等级为地方铁路一级。全线有 21 座车站，其中赤峰境内有 15 座。2005 年 5 月开工建设，2008 年 12 月 17 日全线贯通。

巴新线　巴彦乌拉—新邱铁路工程是辽宁省阜新市采取市场化运作方式、围绕能源开发规划修建的一条铁路，是贯通内蒙古东部与辽宁西部的铁路大通道，是“十二五”时期国内民营资本参与建设最长的一条地方铁路。巴新铁路起自锡林郭勒盟巴彦乌拉，途经赤峰市林西县、巴林右旗、翁牛特旗、敖汉旗，终点到达辽宁阜新新邱，全长 487 公里，其中赤峰市境内 284 公里。设计运能：近期 2000 万吨 / 年，远期至 2020 年 3500 万吨 / 年，客车 2 对 / 日。铁路等级为国铁二级，预留一级条件；正线数目为单线，预留双线条件。全线共设 25 座车站，其中赤峰境内 12 座。设计初期开通的车站在赤峰市境内有乌兰敖都站、大板北站。该线路在赤峰市境内共有桥梁 43 座，其中特大桥 17 座，大桥 12 座，中桥 5 座；赤峰市境内有隧道 3 座，分别是阿贵庙山隧道 2940 米，巴彦花隧道 780 米，九连庄隧道 685 米。2007 年 11 月，赤峰市境内重点控制性工程阿贵庙山隧道和大坝山隧道开工建设，2009 年 4 月全线开工。由辽宁春成集团控股建设。2014 年 11 月，巴新铁路大板至新邱段铺轨全部完成，大板以北路段正在施工。

林白线　林东—白音诺尔—白音华铁路，起自赤峰市巴林左旗林东镇集通线衙门庙车站，经赤峰市巴林左旗碧流台、白音诺尔等乡镇，至锡盟西乌旗白音华煤田 1 号矿，铁路正线全长 168 公里，赤峰市境内 105 公里。设计运能：近期 1500 万吨 / 年，远期 3400 万吨 / 年。铁路等级为地方铁路一级、国铁二级；正线数目为单线。该项目主要用于加快白音华煤田 1 号矿煤炭开发及外运转化，满足国电集团所属企业用煤需求，服务于白音诺尔铅锌矿等地方厂矿，承担矿石和加工产品的外运任务。林白铁路在赤峰市境内主要有衙门庙、八沟营子、十三敖包、丰水山、南下段、碧流台、白音乌拉、白音诺尔等 8 座车站。沿线设有桥梁 37 座，总长 17514 米。建有隧道 5 座，总长 16910 米。2012 年开工建设，至 2014 年 12 月，赤峰境内累计完成投资 8.39 亿元。

锦赤线　锦州港—赤峰铁路，由中国电力投资集团公司投资修建。起自辽宁省锦州市锦州港，途经赤峰市红山区、松山区、元宝山区和敖汉旗，终点到达赤大白铁路大木头沟站，总长 283 公里，赤峰境内 53 公里。设计运能：近期 2229 万吨 / 年，远期 1.04 亿吨 / 年。远期赤峰至朝阳计划开通 1 对 / 日客车，朝阳至锦州港 2 对 / 日客车。铁路等级为国铁一级；正线数目为单线，预留双线条件。赤峰市境内主要大站有玉皇站和大木头沟站。玉皇站位于元宝山镇境内，距玉皇村西北方向3公里，平行元平公路北侧约150公里，为中间站，元宝山电厂专用线在下行段右侧接入该站。沿线赤峰市境内重点桥梁工程是跨老哈河特大桥，总长5496.7米。锦赤铁路赤峰至朝阳北段工程于2009年6月开工建设。2012年12月，锦赤铁路赤峰至朝阳北段通车，2013—2014年，进行重载试验，同时进行朝阳至锦州段建设。

三、专用铁路

1991年，赤峰市境内有专用铁路3条，总长105.8公里，全部由平庄矿务局管建。其中平庄南站与叶赤线接轨1条，总长46.3公里；元宝山站与叶赤线接轨1条，总长56.7公里；马林站与叶赤线接轨1条，总长2.8公里。2012年，建成白浩铁路，是大唐煤制气项目的运煤铁路，线路全长67公里，赤峰境内31公里。到2014年，赤峰市境内有专用铁路4条，总长136.8公里。

白浩铁路　起自锡桑线白音库伦站，向东南经灰腾河、三间房、绍包特，终点到达克什克腾旗门迪诺尔，线路全长67公里，赤峰境内31公里。白浩铁路于2011年8月开工建设，2012年底建成，开始试运营。白浩铁路赤峰市境内会让站5座，分别是三间房、新八号、绍包特、达仁塔拉、门迪诺尔。铁路等级为工企一级，线下工程参照国铁一级；正线数目为单线。白浩铁路是大唐煤制气项目的运煤铁路，是大唐国际发电股份有限公司为胜利东二号露天矿、克什克腾旗煤制天然气项目、克什克腾旗电厂实施的配套工程。对改善区域交通条件，加速区域资源开发和经济建设起到重要作用。设计运能至2020年2610万吨/年，远景目标4000万吨/年。

四、专用线路

1991年，赤峰市境内有专用线路38条、44.02公里，其中路产专用线1条、4.84公里，非路产专用线37条、39.18公里。1992年以后，随着经济建设的发展和需要的加大，铁路专用线明显加强。从2008年12月至2014年，赤大白铁路共建有铁路专用线8条，全长44.61公里。其中二号矿专用线9257米，三号矿专用线20.31公里，大木头沟卸煤专用线1.29公里，大板电厂专用线6.31公里，大板东联络线2.76公里，大板东储运中心专用线1.76公里，大板东暖库729米，白音华机车车辆停留线2.2公里。

2014年，赤峰工务段管内有专用线路54条，63.29公里。其中路产专用线3条、3.24公里；非路产专用线51条、60.05公里。专用线与正线相连接，形成密集的铁路运输网络，满足了各工矿企业的生产需要，也缓解了铁路站场和站线不足的矛盾。

第二节　桥梁　隧道

一、桥梁

赤峰市境内叶赤线、京通线、集通线、赤大白线和白浩线5条铁路共有桥梁366

座，其中特大桥23座，大桥70座，中桥186座，小桥87座。

京通线桥梁　京通铁路赤峰境内有桥梁137座，总长7580.2米。

老哈河大桥。位于山湾子至小河沿间，为特大桥。建于1973年，全长1394.8米。沉井式基础，混凝土耳墙式桥台，圆端形墩身，孔跨样式，44孔，31.7米预应力钢筋混凝土T形梁，上承板直线桥。荷载为“中—22”，桥高7.5米，桥面设双人行道。

英金河大桥。位于东南营至水地间，为特大桥。建于1973年，全长602.9米。沉井式基础，混凝土耳墙式桥台，圆端形墩身，孔跨样式，24孔，23.8米预应力钢筋混凝土T形梁，上承板。该桥北京方向有9米位于半径为700米的曲径上，其余部分为直线。荷载为“中—22”，桥高22.9米，桥面设双人行道。

锡伯河大桥。位于赤峰西站至赤峰站之间，为大桥。建于1974年，全长432.8米。沉井式基础，片石混凝土耳墙式桥台，圆形墩身，孔跨样式，17孔，23.8米预应力钢筋混凝土简支架直线桥。荷载为“中—22”，桥高21.8米，桥面设双人行道。

孟克河桥。位于敖汉至三义井间，是京通线上的大桥。建于1974年，全长348.7米。沉井基础，混凝土耳墙式桥台，圆形墩身，孔跨样式，11孔，31.7米预应力钢筋混凝土T形梁。荷载为“中—22”，桥高10米，桥面设双人行道。

崩河大桥。位于小河沿至四道湾子间，是京通线上的大桥。建于1974年，全长238米。孔桩基础，混凝土耳墙式桥台，圆形墩身，孔跨样式，10孔，23.8米预应力钢筋混凝土T形梁。荷载为“中—22”，直线桥，高3米，桥面设双人行道。

河东大桥。位于老府至中台子间，是京通线上的大桥。建于1975年，全长141.8米。浆砌片石扩大基础，浆砌片石埋式桥台，矩形墩身，孔跨样式，4孔，31.7米预应力钢筋混凝土简支架。荷载为“中—22”。该桥通辽方向有62米位于半径为600米的曲线上，其余为直线桥。桥高22.3米，桥面设双人行道。

西敖包大桥。位于五十家子至杨家营间，是京通线上的大桥。建于1974年，全长114.9米。采用浆砌片石基础，混凝土耳墙式桥台，矩形墩身，孔跨样式，3孔，31.7米预应力钢筋混凝土T形梁。设计荷载为“中—22”，桥高21米，桥面设双人行道。

头道沟门大桥。位于杨家营至老府间，是京通线上的大桥。建于1974年，全长117.6米。采用浆砌片石基础，浆砌片石埋式桥台，矩形墩身，孔跨样式，3孔，31.7米预应力钢筋混凝土T形梁。设计荷载为“中—22”，桥高24米，桥面设双人行道。

三道沟门大桥。位于杨家营至老府间，是京通线上的大桥。建于1974年，全长105.4米。采用浆砌片石基础，浆砌片石埋式桥台，矩形墩身，孔跨样式，4孔，23.8米预应力钢筋混凝土T形梁。设计荷载为“中—22”，桥高30米，桥面设双人行道。

叶赤线桥梁　叶赤线上有桥梁41座，总长1698.9米。

老哈河大桥。位于天义至二龙间，是叶赤线上的大桥。建于1934年（民国23年），全长480.5米。重型混凝土桥台，圆形墩身，孔跨样式，23孔，其中钢梁上承板20孔，污工梁3孔，污工梁设计荷载“中—22”，钢梁设计荷载“L20”。桥高8.32米，桥面设单人行道。

坤都伦河大桥。位于汐子至乃林间,是叶赤线上的大桥。建于1934年,全长271.9米。重型混凝土桥台,圆形墩身,孔跨样式,13孔,钢梁30米,上板支架,荷载为“L20”。桥高4.47米,桥面设单人行道。

集通线桥梁　集通铁路赤峰境内共有桥梁88座,9226.57延长米,其中小桥13座,中桥50座,大桥24座,特大桥1座。

沙力河特大桥。1992年建成,1995年通车,全长32.6米,高3.5米,8孔,桥梁结构为简支梁桥。

赤大白铁路桥梁　赤大白铁路在赤峰境内有桥梁99座,总长32768.8米,其中特大桥19座,大桥37座,中桥26座,小桥17座。

白浩铁路桥梁　白浩铁路赤峰境内有桥梁1座,为北井子特大桥,位于克什克腾旗浩来呼热乡境内,桥长799.8米,桥宽12米,桥高18米,桥梁结构为简支梁桥。中铁第一勘察设计院集团有限公司设计,中铁十八局集团有限公司施工建设,2012年竣工。

二、隧道

叶赤线、京通线隧道　叶赤线、京通线在赤峰境内有中、短铁路隧道10座,总长82016米。

二道河子隧道。位于京通铁路五十家子至杨家营间,总长2108米,宽4.88米,高6米,拱形结构,1975年建成。是京通线铁路赤峰境内最长的隧道。

集通线隧道　集通线铁路在赤峰市境内共有隧道7座、总长2566米,其中短隧道6座,中长隧道1座,为大坝梁隧道。

大坝梁隧道。位于集通铁路赤峰境内上店站与六地沟站之间,由铁道部第三勘测设计院设计,中铁十三局施工,隧道全长984米,宽4.88米,高6米,拱形结构,1993年竣工。

赤大白铁路隧道　赤大白铁路在赤峰境内有隧道10座,总长8292米,其中大型隧道4座,总长5374米。

煤窑山隧道。位于铁路起点32.27公里处,长2524米、宽4.88米、高6米,拱形结构,2006年竣工。

沙力嘎坝2号隧道。位于铁路起点222.91公里处,长1100米、宽4.88米、高6米,拱形结构,2006年竣工。

阿山隧道。位于铁路起点256.06公里处,长920米、宽4.88米、高6米,拱形结构,2006年竣工。

红卫隧道。位于铁路起点269.20公里处,长830米、宽4.88米、高6米,拱形结构,2006年竣工。

第三节 车 站

1991 年，叶赤线和京通线 2 条铁路在赤峰境内有车站 35 座，乘降所 5 座。叶赤线有车站 11 座，乘降所 2 座，其中二等车站 1 座，三等车站 3 座，四等车站 7 座和四家子、古山子 2 座乘降所。京通线有车站 24 座，乘降所 3 座，其中四等车站 23 座，五等车站 1 座和孟克河桥、老哈河桥、风水沟 3 座乘降所。

1995 年，集通线铁路通车，赤峰境内有 33 座车站，15 座线路所，其中有三等车站 5 座，四等车站 5 座，五等车站 23 座。2008 年，赤大白铁路通车，全线共有 21 座车站，其中赤峰境内有车站 15 座，未定等级。1996 年以后，赤峰地区铁路建设步伐不断加快，先后对叶赤线、京通线铁路车站进行改扩建，叶赤线撤销红庙子车站，新设沙海车站，撤销四家子、古山子 2 座乘降所。京通线先后撤销孟克河桥、老哈河桥、风水沟 3 座乘降所，对各车站都进行了改、扩建，运输能力不断提高。

2014 年，赤峰市 4 条铁路有车站、线路所 98 座。其中二等车站 1 座，三等车站 9 座，四等车站 34 座，五等车站 24 座，未定等级车站 15 座，线路所 15 座。4 条铁路中，叶赤线赤峰境内有车站 11 座，其中二等车站 1 座，三等车站 3 座，四等车站 7 座；京通线赤峰境内有车站 24 座，其中三等车站 1 座，四等车站 22 座，五等车站 1 座；集通线赤峰境内有 33 座车站，15 座线路所，其中三等车站 5 座，四等车站 5 座，五等车站 23 座；赤大白线赤峰境内有车站 15 个，未定等级。

一、二等站

赤峰火车站　位于赤峰市红山区昭乌达路南端。始建于 1935 年。1979 年重建，总建筑面积 6235 平方米，候车室面积 1912 平方米，车站由三等站晋为二等站。1981 年，京通铁路通车后，赤峰站成为京通铁路中转大站。1991 年，有线路 65 条，其中正线 1 条、到发线 13 条、编组线 9 条、专用线 26 条、段管线 16 条，日均有 18 对旅客列车到发。1991 年，车站有员工 488 人，发送货物 61.89 万吨，发送旅客 102.94 万人；客运收入 16010 万元，货运收入 19800 万元。

2007 年，赤峰站再次重建，2008 年 1 月竣工投入运营。新站建筑面积 17612 平方米，比原站扩大 3 倍多。候车大厅可同时容纳 3500 多人，是原候车室的 3.5 倍。

2014 年，赤峰站有线路 115 条，其中正线 1 条、到发线 15 条、编组线 9 条、专用线 43 条、段管线 47 条，日均有 21 对旅客列车到发。2014 年末，赤峰站有员工 429 人，全年完成旅客发送 261 万人，完成货物发送 352 万吨；客运收入 23002 万元，货运收入 20801 万元。

二、三等站

赤峰西火车站　位于松山区穆家营子镇。建于 1977 年，1980 年交付使用。隶属沈阳铁路局赤峰车务段管辖，是京通铁路车站，也是锦赤铁路、赤大白铁路的接轨站。1991年车站等级为四等站，建筑面积1080平方米，线路11条，其中到发线4条、正线1条、货物线3条、专用线3条，年发送旅客1万余人，发送货物48万吨。2013年，由四等站晋升为三等站。2014年，车站线路11条，其中到发线4条、正线1条、货物线3条、专用线3条，发送旅客1.09万人，发送货物47.5万吨。

元宝山火车站　位于元宝山区玉皇村。始建于1935年。1991年，车站等级为三等站，建筑面积1500平方米，线路8条，其中到发线5条、正线1条、货物线1条、调车线1条，年发送旅客0.9万人，发送货物510万吨。2014年，有线路8条，其中到发线5条、正线1条、货物线1条、调车线1条，年发送旅客3.13万人，发送货物611.46万吨。

天义火车站　位于宁城县天义镇。始建于1935年，是叶赤铁路车站。1991年，车站等级为三等站，建筑面积4000平方米，有线路12条，其中正线1条、到发线2条、货物线3条、专用线6条，年发送旅客36万人，发送货物200万吨。2003年，改建候车室，使用面积增加至378平方米，容纳315人。2014年，车站有线路12条，其中到发线2条、正线1条、货物线3条、专用线6条，发送旅客55.24万人，发送货物112.2万吨。

平庄南火车站　位于喀喇沁旗昌盛远乡昌盛远村。始建于1958年，是叶赤铁路车站。1991年为三等站，建筑面积1280平方米，有线路16条，其中到发线6条、正线1条、货物线5条、调车线3条、专用线1条，年发送旅客0.6万人，发送货物548万吨。2014年，该车站有线路15条，其中到发线6条、正线1条、货物线5条、调车线3条，发送旅客8400人，发送货物344.23万吨。

经棚火车站　位于克什克腾旗经棚镇。1995年建成运营，是集通铁路车站，车站等级为三等站。2014年，发送旅客9.43万人，发送货物31274吨。

林西火车站　位于林西县林西镇。1995年建成运营，是集通铁路车站，车站等级为三等站。2014年，发送旅客9.56万人，发送货物139910吨。

大板火车站　位于巴林右旗大板镇。1995年建成运营，是集通铁路车站，车站等级为三等站。2014年，发送旅客11.9万人，发送货物1073200吨。

林东火车站　位于巴林左旗林东镇。1995年建成运营，是集通铁路车站，车站等级为三等站。2014年，发送旅客11.74万人，发送货物610046吨。

查布嘎火车站　位于阿鲁科尔沁旗天山镇。1995年建成运营，是集通铁路车站，车站等级为三等站。2014年，发送旅客15.61万人，发送货物449918吨。

三、四等站

2014年，赤峰境内铁路有四等站34座。其中叶赤线有7座：二龙、马林、乃林、平庄、热水、沙海、汐子站；京通线有22座：安庆沟、敖汉、赤峰东、东南营子、红花沟、老府、牛家营子、三把火、四道湾、羊场、曹家营子、孤山子、莲花山、三义井、山湾子、水地、四分地、五十家子、小河沿、新窝铺、杨家营、中台子站；集通线有5座：好鲁库、蒙根塔拉、宇宙地、宝木吐、沙日乃站。

四、五等站

2014 年，赤峰境内铁路有五等站 24 座。其中京通线有 1 座：北台子站；集通线有 23 座：公主埂、汗苏鲁、白音乌拉、马架子、下坑子、哈达山、上店、六地沟、三地、嘎拉德斯汰、温都和硕、平顶庙、麻斯塔拉、古鲁满汗、沙沁他拉、查干哈达、达日其嘎、衙门庙、刁家段、小兴隆地、福兴地、道德、准沙日乌苏站。

第四节 仓储设施

一、仓库

1991 年，赤峰市境内车站有货物仓库 22 座，总面积 8790 平方米。其中老府站、三把火站、赤峰西站货物仓库各 420 平方米；赤峰站有货物仓库 18 座，面积 7200 平方米；四道湾站货物仓库 330 平方米。2007 年，沈阳铁路局生产力布局调整，赤峰市辖区内老府、三把火站停止办理货运业务，老府、三把火站货物仓库废止。2010 年，赤峰站西货物仓库废止。2014 年，赤峰市辖区内共有货物仓库 2 座，总面积 750 平方米，其中赤峰站货物仓库 420 平方米，四道湾站货物仓库 330 平方米。

二、货场

1991 年，赤峰市境内车站有货场 16 处，总计 10.78 万平方米。其中老府站货场 1760 平方米，牛家营子站货场 1850 平方米，红花沟站货场 2000 平方米，曹家营子站货场 6500 平方米，赤峰西站货场 15000 平方米，赤峰站货场 3 处 45000 平方米，东南营子站货场 1600 平方米，安庆沟站货场 2 处 3200 平方米，小河沿站货场 1600 平方米，四道湾站货场 2 处 15000 平方米，羊场站货场 1800 平方米，敖汉站货场 12500 平方米。2007 年，沈阳铁路局生产力布局调整，赤峰市境内老府、牛家营子、红花沟、三把火、曹家营子、东南营子、小河沿、敖汉站货场废止。2010 年赤峰站西货场废止，2013 年赤峰站东货场废止。2014 年，赤峰市境内有货场 6 处，总面积 3.5 万平方米，其中赤峰西站货场 15000 平方米，安庆沟站 2 处货场 3200 平方米，四道湾站 2 处货场 15000 平方米，羊场站货场 1800 平方米。

第二章 客货运输

第一节 国有铁路运输

1991 年，赤峰境内国有铁路旅客发送 175.7 万人，货物发送 699.6 万吨。到 2000

年,旅客发送209.97万人,货物发送989.3万吨。2010年,旅客发送357.15万人,货物发送1420.5万吨。2014年,旅客发送382万人,比1991年增长117%,比2000年增长82%,比2010年增长7%;货物发送2236.9万吨,比1991年增长219.7%,比2000年增长126%,比2010年增长57%。

1991—2014年部分年份赤峰境内国有铁路客货运输情况统计表

表7-3-1

年 份	旅客运输	货物运输	
	发送旅客(人)	发送货物(万吨)	货物到达(万吨)
1991	1756980	699.60	517.30
1995	1923258	854.00	421.90
2000	2099704	989.30	394.00
2005	2597728	1190.50	395.10
2010	3571518	1420.50	450.70
2014	3820000	2236.90	413.00

第二节　集通与赤大白铁路运输

一、集通铁路运输

集通铁路于1995年全线贯通开始运营。年末,集通铁路赤峰市境内发送货物2.8万吨,到达货物4万吨,发送旅客2301人。1996年以后,集通铁路赤峰市境内客货运输不断发展。2000年,发送货物64.6万吨,到达货物56.6万吨,发送旅客19.3万人。2010年,发送货物336.9万吨,到达货物73.6万吨,旅客发送量增长到51万人。2014年,发送旅客达到61.28万人,比1995年增长305.4倍,比2000年增长2.17倍,比2010年增长20%;发送货物达到217.84万吨,比1995年增长76.8倍,比2000年增长2.37倍,比2010年减少35%;到达货物达到82.09万吨,比1995年增长19.52倍,比2000年增长45%,比2010年增长11.54%。

二、赤大白铁路货物运输

赤大白铁路是一条运煤专用铁路。2009年8月试运行。2009年货运量131.97万吨,2010年货运量573.77万吨,2011年货运量968.87万吨,2012年货运量920.75万吨,2013年货运量1447.12万吨,2014年货运量2003.18万吨,比2010年增长2.5倍。

1995—2014 年集通铁路赤峰段客货运输情况统计表

表 7-3-2

年份	货物运输		旅客运输
	货物发送量（万吨）	货物到达量（万吨）	旅客发送量（万人）
1995	2.80	4.00	0.20
1996	22.50	32.50	6.80
1997	39.10	43.90	11.00
1998	53.50	46.10	12.10
1999	56.20	46.50	15.50
2000	64.60	56.60	19.30
2001	67.50	54.80	20.30
2002	60.80	49.20	20.80
2003	71.70	61.70	17.60
2004	157.30	64.90	20.90
2005	178.40	47.00	19.30
2006	263.20	54.80	25.80
2007	386.10	75.00	32.90
2008	350.30	61.60	41.00
2009	427.00	63.00	47.30
2010	336.90	73.60	51.00
2011	269.80	94.10	48.30
2012	241.00	319.30	54.80
2013	210.17	130.96	59.32
2014	217.84	82.09	61.28

第三章　铁路管理

第一节　管理机构

一、赤峰铁路车务段

赤峰铁路车务段始建于 1980 年 5 月，隶属于锦州铁路局。1982 年 5 月，划归锦州铁路局阜新铁路分局。1986 年 11 月,阜新铁路分局撤销,赤峰铁路车务段划归沈阳铁路局通辽铁路分局,为科级单位。1991 年,有员工 356 人。2003 年 9 月,赤峰站并入赤峰铁路车务段,赤峰铁路车务段升为副处级单位,员工增至 812 人。2005 年 6 月,通辽铁路分局撤销,赤峰铁路车务段划归沈阳铁路局直管,奈曼车务段整建制划归赤峰铁路车务段。2006 年 3 月,原叶柏寿车务段撤销,其管辖叶赤线划归赤峰铁路车务段,赤峰铁路车务段升为正处级单位,有员工 2238 人。2013 年 5 月,赤峰铁路车务段管辖的货运业务划归通辽货运中心,货运业务划出。2014 年,赤峰铁路车务段有员工 1868 人。管辖京通线河洛营站至西六方站、叶赤线马林站至石脑站共 66 个车站,营运里程 681 公里。担负着内蒙古自治区赤峰市、通辽市,辽宁省建平县,河北省围场县和隆化县等区域的铁路旅客运输任务。

二、赤峰铁路工务段

1980 年 5 月成立。1991 年, 赤峰铁路工务段隶属于沈阳铁路局通辽铁路分局管辖,为科级单位,主要担负管内铁路线路、桥梁、隧道、涵洞和道口设备的维修养护任务。2003 年,赤峰站并入赤峰铁路工务段,赤峰铁路工务段升为副处级单位。2005 年 3 月,通辽铁路分局撤销,赤峰铁路工务段划归沈阳铁路局直管。2006 年 3 月,奈曼车务段整建制划归赤峰铁路工务段,赤峰铁路工务段升为正处级单位。2014 年,赤峰铁路工务段管内设置 11 个线路车间、3 个道口车间、3 个桥梁车间和综合机修车间、综合维修车间、运输车间、探伤车间,共有 72 个班组,全段有职工 2089 人。

三、内蒙古集通铁路(集团)有限责任公司大板办事处

1995 年 8 月成立,隶属于内蒙古集通铁路集团公司。下辖大板车务段、机务段、水电段、车辆段、工务段、电务段,查布嘎车务段、工务段。共有员工 103 人。2007 年,大板办事处撤销。大板车务段、机务段、工务段、电务段、水电段、大板护路所等单位直接隶属于内蒙古集通铁路集团公司。

第二节 安全管理

一、赤峰铁路车务段安全管理

1991—2011 年,赤峰铁路车务段建有安全委员会例会制度、安全责任追究制度和安全评估制度。2012 年起,铁路系统引入安全风险管理,将安全管理的所有制度整合为安全风险管理制度,主要包括:安全管理基础机制、安全信息机制、安全分析研判机制、安全专项控制机制、安全检查机制、评价机制、考核机制、保证机制、监督机制和应急处置机制 10 个机制,使安全管理制度更科学、更系统。

赤峰铁路车务段认真落实安全考核奖惩实施办法, 严格日常考核和奖惩工作,对安全生产有突出贡献人员进行表彰奖励。1991 年以后, 进一步加强进站旅客安全检

查，严格控制携带各种危险物品进站上车。到 2014 年，赤峰铁路车务段辖区内没有发生重大安全事故和治安案件，保障了广大旅客人身和财产的安全。

二、赤峰铁路工务段安全管理

1991—2014 年，赤峰铁路工务段认真贯彻“安全第一，预防为主，综合治理”的方针，履行专业管理责任，加强安全生产的组织领导，全面加强道口安全、劳动安全、施工安全、路外安全和基础设施安全管理等工作。建立和完善安全风险管理体系和基本制度，形成有效机制。不断加强道口安全、施工安全、轨道车安全、路外安全、巡道安全、外部侵害检查、调度安全、劳动安全等各项安全管理工作，全面提高安全管理水平，保障铁路运输的安全运行。24 年间，赤峰铁路工务段未发生重大安全事故。

三、集通铁路安全管理

1995 年 8 月，内蒙古集通铁路集团公司大板办事处建立后，按照“安全管理规范化、现场作业标准化、检查整治常态化”要求，把铁路安全工作放在各项工作的首位，常抓不懈。坚持经常开展安全教育，定期组织员工开展安全规章制度、技术标准、重要案例的学习教育，提高广大员工的安全意识。制定安全管理规章制度、技术标准，根据各部门各层级的专业特点，制定相应的安全管理制度，在执行中不断完善。从办事处到基层各班组，层层落实安全生产责任制，明确各单位和各岗位的安全职责。实行安全风险管控绩效考评办法，对现场作业过程检查监督和结果追责考核实行闭环式管理。加强安全风险常态控制，严格落实车站多方向接发列车作业标准及控制措施，严格机车车辆防溜措施落实情况监督检查，实施信号联锁试验多重控制，强化施工安全关键控制，确保施工安全平稳可控。以强化客车安全风险“红线”控制为重点，形成覆盖客运作业全过程的安全管控体系。1995—2014 年，集通铁路赤峰段未发生重大安全事故。

第四篇　民用航空运输

第一章　机场设施

第一节　机　场

一、赤峰民航机场

位于红山区西郊小新地,始建于1958年。1985—1990年,先后进行机场航站楼、跑道、联络道、围栏、停机坪等基础设施建设。1991年,航站楼建筑面积2390.66平方米;混凝土跑道长1800米、宽36米、厚0.24~0.26米;联络道长165米、宽18米、厚0.24米;停机坪6000平方米、厚0.24米;新建混凝土停车场5800平方米;可起降BAe-146型及以下飞机。1992年6月,民航赤峰站北远台开工建设,总投资50万元,年底竣工。1994年,民航局投资258万元,建设跑道双向助航灯光系统,安装跑道边灯、下滑道边灯等257套以及供配电设施。总投资247万元,改建钢围栏6167米,建设泥结石路面巡场道4579米。1995年5月,新建成的北远台投入使用。1996—1998年,新建综合业务用房2000平方米、消防综合楼973平方米,场区内路面硬化面积8000平方米,扩建停车场5687平方米,新建道路150米。到1998年末,赤峰民航机场占地面积82.7万平方米。水泥跑道1800米×36米,联络道165米×18米,停机坪6000平方米。候机楼2390.66平方米,售票处1500平方米。2008年3月20日,赤峰玉龙机场正式启用后,赤峰民航机场关闭。

二、赤峰玉龙机场

2004年,经国务院、中央军委批准,改扩建赤峰机场,与空军赤峰机场实行军民合用。2006年6月开工建设,2008年3月20日,赤峰民航机场转场搬迁,20日零时新机场正式启用。候机楼按照年旅客运输吞吐量27万人次标准建设,面积4921平方米;飞行区按照4C级标准建设,跑道长2500米、宽50米,滑行道长396米、宽18米,停机坪面积17496平方米,配套保障设施齐全、先进,可满足B737-800、A320及以下机型昼夜起降。2013年,总建筑面积3841.6平方米的四层职工倒班宿舍楼、1064平方米的特种车库建成投入使用。2014年,赤峰民航机场公司投资3000万元,对停机坪进行改造,增加 3 个 C 类机位，改造后的停机坪可同时停放 6 架 C 类飞机，新建登机连廊及 3 座登机桥，配套改造停机坪消防、排水、助航灯光等工程，改变了步行登机的历史。

第二节　航线航班

1991 年，赤峰民航机场航线由国航内蒙古分公司运营，执飞呼和浩特—赤峰—呼和浩特航线，班期为每周 3 班，3 月 5 日改为呼和浩特—赤峰—北京；4 月 4 日，增加呼和浩特—赤峰—沈阳航线，班期为每周 2 班。1992 年 1 月 23 日，呼和浩特—赤峰—沈阳航线取消。1 月 25 日，赤峰—北京航线取消，改为呼和浩特—赤峰—呼和浩特航线，班期为每周 3 班。1994 年 10 月 31 日，北京—赤峰—北京航线恢复开通，执飞机型为“运 7”，1995 年 1 月 9 日停飞，3 月 27 日恢复。此后，北京—赤峰—北京航线一直保持运营。1997 年 11 月，BAE-146 型客机开始执飞呼和浩特—赤峰航线。此后，呼和浩特—赤峰航线一直保持运营。1998 年，北方航空公司使用“运 7”型客机开通北京—赤峰—呼和浩特航线，班期为每周 1 班。1999 年，山西航空公司使用“运 7”型客机加盟北京—赤峰航线，班期为每周 2 班。2000 年 6 月 2 日，海南航空公司使用“DOR-328”型客机开通石家庄—呼和浩特—赤峰—沈阳航线，班期为每周 3 班，10 月 27 日该航线取消。2001 年 5 月 1 日，山西航空公司使用“运 7”型客机开通赤峰—呼和浩特—太原航线，班期为每周 4 班，2002 年 3 月 30 日该航线取消。至 2005 年，各条航线稳定运行。2006 年 6 月 17 日，东方航空公司 EMB-145 型客机加盟呼和浩特—赤峰航线，班期为每日 1 班。2008 年 5 月 21 日，中国国际航空公司 B737-300 型客机运营呼和浩特—赤峰航线，班期为每日 1 班；7 月 2 日，开通呼和浩特—赤峰—大连航线，班期为每周 4 班；10 月 15 日，大新华快运航空公司 E190 型客机运营北京—赤峰—呼和浩特航线；11 月 5 日，天津航空公司 EMB-145 型客机和 E190 型客机运营呼和浩特—赤峰—沈阳航线，班期为每周 4 班。2009 年 6 月 18 日，呼和浩特—赤峰—沈阳航线取消；6 月 22 日，东方航空公司使用空客 A320 型客机运营赤峰—天津—上海（浦东）航线，班期为每周 4 班。2010 年 3 月 28 日，中国南方航空公司使用 B737 型客机运营赤峰—呼和浩特—广州航线，班期为每周 4 班，该航线 10 月 27 日取消；4 月 15 日，天津航空公司使用 EMB-145 型客机运营呼和浩特—赤峰—沈阳航线，班期为每日 1 班。2010 年旅客吞吐量达到 27 万人次。2011 年 3 月 29 日，四川航空公司使用 A319 型客机运营赤峰—呼和浩特—成都航线，班期为每周 4 班；12 月 11 日，华夏航空公司使用 CRJ-200 型客机运营赤峰—鄂尔多斯—重庆航线，班期为每周 4 班。2012 年，联合航空公司使用 B737-800 型客机运营赤峰—北京南苑机场航线，班期为每日 1 班；3 月 23 日，赤峰—鄂尔多斯—重庆航线取消。2013 年 3 月 15 日，“呼赤支线快线”启动运营，东方航空公司使用 B737-800 型客机运营昆明—呼和浩特—赤峰航线；3 月 31 日，赤峰民航机场公司将呼和浩特—赤峰—沈阳航线调整为锡林浩特—赤峰—沈阳航线;4月2日,东方航空公司使用A320型客机运营西安—呼和浩特—赤峰航线,每天赤峰到呼和浩特的航班增加到6~8班,每日最多为旅客提供1400个座位;4月7日,赤峰—呼和浩特—成都航线取消;7月24日至8月28日,济南—赤峰定期旅游包机开通;9月29日,将天津航点拓展为天津—赤峰—海拉尔航线;10月27日,将大连—赤峰航线延伸至包头;10月30日,东方航空公司使用A320型客机运营南京—赤峰—哈尔滨航线。2014年3月30日,天津航空公司以包机方式对赤峰—呼和浩特、呼和浩特—赤峰—沈阳和海拉尔—赤峰—天津航线进行运营,保证了呼和浩特—赤峰航线运力的充足;8月30日,南京—赤峰—哈尔滨航线取消;10月8日,赤峰—呼和浩特—西安航线取消;10月26日,赤峰—呼和浩特—广州航线取消,恢复呼和浩特—赤峰—沈阳航线;12月11日,赤峰—北京航线航班由以前的每天3班加密至4班。东方航空公司使用A320机型在7月2日至8月30日、7月14日至8月23日分别运营赤峰—济南、赤峰—青岛旅游包机。赤峰机场通航呼和浩特、北京、上海、天津、大连、广州、西安、海拉尔、包头、南京、哈尔滨等城市。中国国际航空公司、中国东方航空公司、天津航空公司、北京首都航空公司、中国联合航空公司、华夏航空公司6家航空公司参与赤峰地区航空市场运营,建立起以赤峰特色旅游资源为平台,立足华北地区,向东北地区、环渤海经济圈、长三角、珠三角、中西部地区延伸的航线网络。

第二章　民航运输及管理

第一节　客货运输

1991年,赤峰民航机场飞机运输起降725架次,旅客运输出港8755人、进港6564人,旅客运输吞吐量1.53万人;货邮行发运量27.5吨、到达量18.3吨,货邮行运输吞吐量45.8吨。2000年,赤峰民航机场飞机运输起降722架次,旅客运输出港1.14万人、进港1.03万人,旅客运输吞吐量2.17万人;货邮行发运量8.4吨、到达量12.8吨,货邮行运输吞吐量21.2吨。2007年,赤峰民航机场飞机运输起降2052架次,旅客运输出港2.72万人、进港2.75万人,旅客运输吞吐量5.47万人;货邮行发运量24吨、到达量88.5吨,货邮行运输吞吐量112.5吨。2008年,赤峰玉龙机场运营后,航运能力进一步提高。2010年,赤峰玉龙机场飞机运输起降4463架次,旅客运输出港14.32万人、进港12.75万人,旅客运输吞吐量27.07万人;货邮行发运量169.7吨、到达量164.2吨,货邮行运输吞吐量333.9吨。2014年,赤峰玉龙机场飞机运输起降9987架次,旅客运输出港42.85万人、进港45.28万人,旅客吞吐量达到88.13万人次,增长率连续两年位居自治区各机场首位,在全国机场的排名上升到第69名;货邮行发运量605吨、到达量2102.7吨,货邮行运输吞吐量2707.7吨。旅客运输吞吐量比2010年增长2.26

倍,比2007年增长15.11倍,比2000年增长39.6倍,比1991年增长56.52倍;货邮行运输吞吐量比2010年增长7.11倍,比2007年增长23.07倍,比2000年增长126.72倍,比1991年增长58.12倍;飞机运输起降架次比2010年增长1.24倍,比2007年增长3.87倍,比2000年增长12.83倍,比1991年增长12.78倍。

1991—2014年赤峰民航客货运输情况统计表

表7-4-1

年份	旅客运输量(人)			货邮行运输量(吨)			运输起降(架次)
	发送人数	到达人数	吞吐量	发运量	到达量	吞吐量	
1991	8755	6564	15319	27.50	18.30	45.80	725
1992	4701	3939	8640	6.20	7.00	13.20	272
1993	5981	5101	11082	4.80	7.80	12.60	282
1994	6824	5162	11986	5.10	9.40	14.50	336
1995	11304	8711	20015	12.90	10.70	23.60	555
1996	12611	9992	22603	13.90	7.60	21.50	602
1997	9592	8049	17641	8.30	5.90	14.20	496
1998	9844	8250	18094	9.30	8.30	17.60	476
1999	10689	9263	19952	10.90	11.10	22.00	530
2000	11403	10306	21709	8.40	12.80	21.20	722
2001	15941	15696	31637	13.45	24.85	38.30	1058
2002	13059	13231	26290	3.49	18.58	22.07	874
2003	13069	13051	26120	4.66	20.60	25.26	988
2004	14419	14238	28657	3.90	31.40	35.30	1054
2005	14988	14722	29710	10.80	42.70	53.50	1110
2006	17746	17933	35679	7.00	21.60	28.60	1361
2007	27211	27489	54700	24.00	88.50	112.50	2052
2008	42663	39560	82223	28.60	89.50	118.10	2509
2009	89636	75566	165202	98.70	113.80	212.50	3095
2010	143196	127513	270709	169.70	164.20	333.90	4463
2011	161381	143261	304642	127.80	381.50	509.30	4708
2012	198674	196156	394830	390.80	854.00	1244.80	5215
2013	324720	335984	660704	536.50	1265.10	1801.60	7475
2014	428524	452769	881293	605.00	2102.70	2707.70	9987

第二节 专业运输

1991—2014年,赤峰民航机场、赤峰玉龙机场除普通客货运输外,还承担人工增雨、林草飞播、航拍、物探等专业飞行和训练、飞越、调机、包机等其他飞行运输业务。发挥民航空中优势,为赤峰市经济社会发展作出积极贡献。1991年,赤峰机场人工增雨飞行21架次,飞越飞行382架次,其他飞行19架次。1992年以后,专业飞行业务逐渐增多。到1995年,人工增雨飞行50架次,飞播造林飞行50架次,航拍飞行8架次,飞越飞行180架次,其他飞行29架次。1999年,人工增雨飞行34架次,飞播造林飞行398架次,航拍飞行10架次,其他飞行14架次。2002年,人工增雨飞行39架次,飞播造林飞行236架次。2006年,物探飞行124架次,航拍飞行24架次,飞播造林飞行64架次,人工增雨飞行40架次,其他飞行83架次。2008年3月,赤峰玉龙机场运营,当年各种专业飞行73架次,其他飞行40架次。2010年,赤峰玉龙机场物探飞行50架次,人工增雨飞行38架次,其他飞行50架次。2013年7月,赤峰玉龙机场开通济南—赤峰定期旅游包机;2014年7月,开通运营赤峰—济南、赤峰—青岛旅游包机。

第三节 安全管理

1991—2003年,赤峰民航站不断加强机场建设、航空运输和航空安全管理,保证机场设施和航空运输安全。2003年12月,赤峰民航机场公司成立后,进一步加强安全管理工作。不断强化安全管理体系建设,优化组织机构,开展平安机场建设,加强安全学习教育,制定安全预案,开展安全演练,提高安全预警和处置能力,赤峰民航机场安全保障能力大大提高。2012年12月, 赤峰玉龙机场通过内蒙古民航局空管安全管理体系审核。1991—2014年,赤峰民航机场、赤峰玉龙机场未发生过安全事故,保证了广大旅客和国家财产的安全。

第八卷

邮电通信

赤峰通信由辽代设立传递官府文书的驿站开始。清光绪年间，清政府在赤峰设赤峰邮政局、赤峰电报分局，主要办理信函、电报等业务。第一条电报电路直达围场。清宣统三年(1911年)，赤峰邮政局开始办理国内普通汇款，多为商人外地汇款。1912年(民国元年)，赤峰邮政局开办保险(保价)信函业务。1914年，赤峰开办市内电话。由于话费昂贵，电话多为官府、驻军、商号等使用，居民使用电话的很少。1929年，赤峰电报电话局开设长途电话，直通围场，并远达承德、北京等地。1934年，赤峰邮政局始办航空邮件业务。

新中国成立后，赤峰邮电通信服务种类增多，水平提高，先后增办报刊发行、挂号信函、会议电话等业务，并开始有计划地建设邮电设施。1960年，市话用户达2760户，比1950年增长20倍。1970年，电话交换机由1200门扩容到2000门。此后，邮政的邮路、设备增加，机械化程度提高；电信业务种类也不断增加，市话、长话逐步实现自动化。1978年中共十一届三中全会后，赤峰市社会经济发展迅速，对邮电通信的需求与日俱增，赤峰邮电通信业进入快速发展时期。

邮政业。20世纪80年代起，赤峰开始宣传试用邮政编码，并陆续开办邮政储蓄、国内邮政快件等业务。90年代起，邮政营业窗口业务由手工作业方式向计算机处理转变，陆续开办国内邮政电子信函、礼仪信函、混合信函、广告邮递业务。邮电分营后，赤峰邮政转变观念、调整结构、加强管理，以深化改革促业务发展，在传统业务基础上相继开发现代物流、电子邮政、代理保险等新型业务，邮政事业焕发生机活力。2004年，市邮政局开展EMS(特快专递服务)，与全国近70个城市实现次日递。至2005年，全市邮政快件业务量42.3万件，其中特快专递25.41万件。2012年，在红山区桥北建立邮件处理中心，进一步提高邮件的处理速度。2014年，全市有邮政局所、网点297个，比1991年增长14.67%；有邮路96条，总长度12081单程公里，比1991年增长95.52%；有投递线路520条，总长度28671单程公里，比1991年增长26.33%；有邮运汽车211辆，比1991年增长3.9倍。全市邮政局邮政业务总量1.65亿元。

电信业。1985年始，赤峰市鼓励私人或个体户安装电话，并给予优惠条件。1986年，全市电话到户数突破1万户。1990年底，与全国12个省(自治区)、市开通长话电路，直拨到市县级城市达33个，长话业务量为182.7万次。1992年，全市电报进入自动转报网。1994年，全市实现“交换数字程控化”“长途传输数字化”；开通1G模拟蜂窝移动通信系统；开通“126”人工无线寻呼和“127”自动无线寻呼系统并全市联网。1995年，赤峰市C3本地电话网开通并进入全国直拨网，全市电话网号码由6位升7位，成为内蒙古自治区第一批电话号码升7位的城市。1998年后，由于国家政策调整及适应国内外市场变化等因素，电信管理体制先后历经邮电分营、移动剥离、电信重组等重大变革。邮电分营后，赤峰联通、移动、铁通、网通、电信5家电信企业分别发展固话、移动通信技术，其中赤峰联通、移动、电信3家电信企业分别开通数字移动2G网络，全市移动电话用户由5.47万户发展到52.5万户。2000年，全市各乡镇全部开通程控电话，53%的行政村直通电话。2002—2004年，全市固定电话用户由25万户发展到52万户。2005年,全市实现村村通电话,所有乡镇开通宽带。同年,赤峰联通分公司开通“赤峰市党政机关移动办公网”，成为全国实现党政机关移动办公的地级市之一。2008年，赤峰联通、移动、电信3家电信企业全面开通数字移动3G网络。2009年,赤峰移动分公司在赤峰地区第一个3G视频电话拨打成功。赤峰联通、电信分公司积极开展光缆宽带业务,发展宽带用户12万户。2014年,赤峰联通、移动、电信3家电信企业进一步开通数字移动4G网络,全市实有移动电话用户378.83万户、宽带互联网用户41.65万户,全年电信业务总量31.58亿元。

无线电管理。1965年,赤峰市无线电管理领导小组及办公室成立,开始对赤峰地区无线电实行监管。1985年后,其办事机构由军队转归市政府办公厅管理,无线电由以党政机关服务为主转为以经济建设服务为主。伴随全市城市化和信息化的不断推进,无线电通信设备广泛应用于邮电通信、广播电视、交通运输、电力调度、气象预报、教育卫生、金融管理、城市管理、安全保卫等各个领域及社会生活之中。2014年,全市各类无线电设备9076部,比1991年增长79.32倍。

1991—2014年部分年份赤峰市邮政、电信业务情况统计表

表8-0-1

项目 \ 年份		1991	1995	2000	2005	2010	2014
邮电业务总量(万元)		3138	13498	67159	179877	625805	332260
邮政	邮政局所数(个)	259	286	304	289	269	297
	邮路总长度(公里)	6179	6985	7536	7268	9345.6	12081
	报刊期发份数(万份)	58.5	68.24	149.04	33.75	11.8	34.4
	函件(万件)	1291.23	1538.99	1566.22	372.27	27.5	186.87
	包裹(万件)	10.77	78.94	16.42	14.69	11.2	17.3
	特快专递(万件)	0.18	9.43	9.19	25.41	64.2	59.48
电信	长途自动交换机容量(门)	360	4820	7530	1560	960	1000
	局用交换机容量(万门)	4.04	17.94	23.08	16.48	41.35	21.14
	固定电话用户(万户)	2.46	10.46	21	17	62.1	45.04
	移动电话用户(万户)	—	0.22	6.92	81.68	272	378.83
	互联网用户(万户)	—	—	—	4.67	19	41.65
	无线寻呼(户)	273	18884	200000	—	—	—

说明:1995年、2000年固定电话用户数量不包括农村电话用户。

第一篇　邮　政

第一章　邮政设施

第一节　邮政网点

1991 年，全市有邮电局所 259 个，其中邮电局 13 个，邮电支局 87 个，邮电所 116 个，代办所 44 个。设在农村网点 196 个。

1992—1994 年，为更好地服务地方经济，扩大农村邮电服务，全市新增邮电所 12 个、代办所 15 个。至 1995 年，全市邮电局所达到 286 个，其中能开办邮务、金融储蓄、快递等邮电全功能网点 30 个。

1998 年，邮电分营后，市邮政局强化基础管理，从“形象服务标准化”“作业流程规范化”“生产管理信息化”入手，对网点开展全方位管理。全市有邮政局所 298 个，其中邮政局 10 个，邮政支局 122 个，邮政所 103 个，代办所 63 个。设在农村网点 253 个，全功能网点 39 个。至 2000 年，全市邮政局所达到 304 个。

2001 年，赤峰地区实施撤乡并镇改革，赤峰市邮政局根据实际情况对农牧区邮政服务网点进行整合和撤并，全市邮政局所 288 个，其中邮政局 10 个，邮政支局 102 个，邮政所 130 个，代办所 46 个。设在农村网点 233 个，全功能网点发展至 203 个。2005 年，全市邮政局所总数 289 个。

2006 年后，赤峰市实施乡镇苏木机构配套改革，邮政局所有所减少。至 2010 年，全市邮政局所总数 269 个。

2013 年，全市邮政网点实行“划档经营、超收分成”的分配模式，对网点实行规范化管理，有效调动了职工生产积极性。全市邮政局所增至 289 个。

2014 年，全市有邮政网点 297 个，其中邮政支局 139 个，邮政所 53 个，代办所 105 个。设在农村网点 227 个，全功能网点 254 个。所有网点均按国家邮政集团公司要求标准进行装修改造，进一步提高服务水平。

2014年赤峰市邮政网点情况统计表

表8-1-1　　　　单位:个

类别 名称	邮政支局	邮政所	代办所	其中	
				农村网点	全功能网点
阿鲁科尔沁旗邮政局	6	16	6	22	25
克什克腾旗邮政局	8	3	15	22	20
巴林右旗邮政局	4	—	16	16	14
巴林左旗邮政局	11	—	10	19	16
林西县邮政局	8	4	1	8	13
翁牛特旗邮政局	6	3	27	32	28
敖汉旗邮政局	11	11	11	28	25
喀喇沁旗邮政局	7	6	4	14	14
宁城县邮政局	24	3	7	28	30
松山邮政分局	25	7	8	30	40
元宝山区邮政局	9	—	—	4	9
元宝山邮政分局	6	—	—	4	6
市邮区中心局	14	—	—	—	14
合　计	139	53	105	227	254

第二节　邮　路

1991年,全市有邮路107条,没有航空邮路。其中按载运工具分为火车邮路3条,即沈阳—赤峰366/367次、呼和浩特—海拉尔93/94次、锦州—赤峰453/454次,赤峰邮电局进出口邮件由以上3条铁路载运,赤峰邮电局均不派押;有自办汽车邮路4条,即赤峰—乌丹—大板—林西—经棚—林东—天山、赤峰—新惠、赤峰—锦山、赤峰—元宝山;此外还有其他委办汽车、摩托车、自行车等邮路。按管理体制分为市内邮路23条,农村牧区邮路83条,二级邮路1条。邮路总长度6179单程公里,其中市内邮路63单程公里,农村牧区邮路6080单程公里,二级邮路36单程公里。

1994年5月1日,市邮电局开始启用民航班机载运特快邮件(赤峰境内149公里),

发运时间为每周一、五赤峰至呼和浩特发转特快邮件由 CA140 次航班带运，每周一、三、五呼和浩特至赤峰发转特快邮件由当日航班带运。同时，每周七日接转 94 次火车邮车带运到赤峰的特快邮件。

1997 年 8 月，赤峰—北京快速干线自办汽车邮路正式开通，横跨内蒙古自治区、河北省，全长 475 公里，途经赤峰市喀喇沁旗、河北省承德市、北京，是当时国内唯一一条三级中心局对一级中心局的进京邮路。

1998 年，邮电分营后，随着电商物流的兴起、邮政业务量的增加，根据地方政府建设规划，市邮政局增加航空邮路，及时调整二级邮路，并根据业务发展实际，对邮路进行重新规划，有效提升邮件运能。当年，全市有邮路 81 条，其中二级邮路 5 条。邮路总长度 8254 单程公里，其中二级邮路 1579 单程公里。

2000 年，沈阳—赤峰、锦州—赤峰火车邮路改为自办汽车邮路。2007 年，正式开通赤峰至呼和浩特航空邮路，寄往内蒙古西部特快邮件实现了次日递。2008 年，增加锡林浩特到赤峰的委办一级特快邮路一条，接收锡林浩特发内蒙古东部的特快邮件。2010 年，赤峰—北京汽车邮路纳入中国邮政集团干线邮政网，提升为赤峰至北京快速一级干线邮路。全市邮路总长度达 9345.6 单程公里。

2014 年 5 月 20 日，开通赤峰至上海经济航空邮路，线路里程为 1707 公里，发运经上海、杭州、宁波、温州、嘉兴、湖州、绍兴、金华、衢州、南京、台州、徐州、连云港、淮安、盐城、扬州、泰州、南通、镇江、常州、无锡、苏州、江阴、合肥、芜湖、蚌埠、安庆、阜阳、宿州、黄山的经济快递邮件。

至 2014 年末，全市有邮路 96 条，其中航空邮路 2 条，火车邮路 1 条，汽车及其他邮路 93 条；二级邮路 10 条，市内邮路 86 条。邮路总长度 12081 单程公里，其中二级邮路 2737 单程公里，市内邮路 9344 单程公里。有投递人员 164 人，其中市区投递人员 90 人，旗县城镇投递人员 74 人。有农村投递线路 364 条 24672 单程公里，服务范围覆盖全市所有乡镇苏木和村嘎查。全部实现摩托车投递，投递班次明显增加。有投递人员 65 人。

第三节　邮政设备

1991 年，全市邮电部门有邮运汽车 43 辆，其中自治区邮电管理局调拨市与旗县区机要检查车、取送款车、服务流动车等邮运汽车 15 辆，其他邮运汽车 28 辆。有装卸用车 4 辆、投递摩托车 24 辆、自行车 556 辆、邮件升降机 1 台、邮件传送机 2 台、包件分拣机 1 台、包裹收集机 6 台。新购置 YD-87 型多功能电子秤 2 台，用于邮政营业。为分拣封发配备 HTS-1 过戳机 1 台。购置报刊发行计算机 1 台，小型机电设备电子秤、电动日戳、计息器、捆扎机等 63 台（件）。

1998 年，邮电分营后，邮政自动化水平不断提高，包裹分拣机、邮资机、封装机、邮简机、广告和商函制作设备等推广使用,计算机在邮政业务领域广泛应用,逐步实现邮政通信计算机化。1999—2001 年,全市有邮运车 118 辆,计算机 464 台。新增商函制作系统 2 台、ATM 自动柜员机 1 台、邮资机 4 台、给据邮件登单机 15 台、过戳机 15 台。2002—2004 年,更新运钞车 4 辆、防暴枪 10 支。为所有储蓄网点安装 110 联网报警器。2008 年,增加微型车、运钞车、业务检查车等 19 辆,全市所有旗县区邮政局均配备特快揽收投递专用车。2009—2012 年,新增及更新邮运车 99 辆,新增 ATM 自动柜员机 58 台、POS 刷卡机 205 台。为 7 个邮储网点安装排队机和等候椅,为 50 个邮政服务网点安装 LED 显示屏,为 40 个邮政服务网点更新复印机,为市邮政局和旗县区邮政局金库配备 14 个验枪台,为宁城县和敖汉旗两个邮政局更换枪柜,更新防弹衣和防弹头盔 33 套,安装 40 台计算机用于职工远程教育培训。为松山邮政分局 11 个网点、元宝山区邮政局 5 个网点安装监控探头, 为红山区桥北邮件处理中心新购置通勤车 1 辆。2013 年,为 39 个农村金融网点安装地下升降保险柜。为全市城镇以上网点配备计算机,并为 120 个储蓄网点开通无线网络。

至 2014 年,新型邮政厢式邮运汽车、自动柜员机、邮资机、计算机和点钞机等普遍应用于邮政经营管理,全市邮政通信设备自动化水平普遍提高。有邮运车辆 211 辆,装卸用车 5 辆,自行车减少为 74 辆,投递摩托车增至 224 辆,投递电动自行车达 101 辆,新增电动三轮车 63 辆。其他邮政通信设备不断更新和增加,有显示终端 858 台、扫描枪 97 把、邮资机 18 台、服务器 9 台、计算机 551 台、打印机 705 台、点钞机 487 台、ATM 自动柜员机 68 台、POS 刷卡机 857 台,其他小型设备 230 台(件)。

第二章　邮政业务

第一节　函　件

1991 年,全市国内函件业务主要分为信函、明信片、印刷品和盲人读物 4 种。按处理手续和承担责任分为平常函件和给据函件 2 种, 其中给据函件分为包裹挂号函件、特种挂号信函、保价函件和保价印刷品 4 种。开办国际函件业务种类有信函、明信片、印刷品(包括印刷品专用袋)、小包、盲人读物和保价信函 6 类。其中信函、明信片、印刷品、小包、盲人读物分为平常和挂号,挂号函件可通达 113 个直接通邮的国家和地区;保价信函则必须按挂号手续办理,可通达 89 个国家和地区。全年函件业务量 1291.23 万件。

1992 年 1 月,开办邮政贺年(有奖)明信片业务,明信片分为两组图案,一组为卡通系列,一组为剪纸系列,每组 6 张,用户自由选购,开奖公布日期为 2 月 18 日,奖品分为 7 个档次。1993 年 1 月,开办邮政礼仪信函业务,内容分为新婚贺喜、老人祝寿、生日快乐、恭贺喜庆、丧事吊唁五种，可按照平信、挂号信、邮政快件、特快专递邮件交寄。

1995 年 4 月，开办中国邮政礼仪邮资信函业务，是礼仪信函业务的特殊种类，可按平常信函交寄，也可作为特快专递交寄或作为邮政礼仪转送交寄。9 月，开办国内邮政电子信函业务，是邮政速递业务与电信传输手段相结合与互补的通信业务。10 月，与英国、德国、瑞典开办双边国际商业回函业务。国际商业回函业务有两种形式，一种为明信片，另一种是信封封装的信函，此种国际函件回函可用筒箱交寄，也可以在窗口交寄，并一律免收邮资。11 月，市邮电局开始出售国际回信券，每张售价人民币 10 元，可在国外邮局兑换邮票寄信，节省外汇。

1998 年，随着邮政数据库建设的加强，函件业务种类不断丰富，国家邮政局推出普通邮资广告明信片，初期只在普通邮资明信片上搭载广告。随着邮政市场的不断发展，邮资广告明信片的形式不断创新和改进，由普通型发展为副片式、连片式、本片式、信卡式，用途也由原来单一的通信而发展为门票、请柬、优惠券、点歌卡、市场调查问卷、质量跟踪卡等几十种。可根据用户的需要随时制作随时发布，使用方便、形式多样、用途广泛、目标客户针对性强，因其带邮资可以直接邮寄，深受消费者的欢迎。

1999 年，市邮政局首次出版发行《中邮专送》广告，全年发行赤峰版 14 期。2000 年 8 月，开发账单业务，年末，全市制作账单 67.87 万份。《中邮专送》赤峰版发行 33 期，专刊 8 期。至 2000 年，邮政函件增至 1566.22 万件，是函件出口量最多一年。

2003 年，开发邮资封业务，全市邮政共制作邮资封 35 万枚。2004 年，开发企业拜年卡业务，全年制作企业拜年卡 13 万枚。2005 年后，由于电子信息技术发展，全市邮政函件业务呈下降趋势，当年出口函件业务量降至 372.27 万件。

2007 年，市邮政局与中国移动通信集团内蒙古有限公司赤峰分公司、中国平安财产保险股份有限公司赤峰中心支公司、市地税局、中国工商银行股份有限公司赤峰分行等单位达成协议，开发账单制作投递业务，全年制作账单投递 10 万份。开发喀旗亲王府、克旗阿斯哈图石林、新城区海贝尔游乐场邮资明信片电子门票系统，为邮资明信片业务发展奠定基础。

2009 年，市邮政局开发《时尚快递》商函，敖汉旗邮政局和元宝山区邮政局分别开发房产商函。账单种类日趋丰富，开发 9 种金融类和保险类账单。数据库商函种类日趋丰富。2010 年，市邮政局开发《报刊目录便民手册》、松山邮政分局开发《农村生活便民指导手册》，敖汉旗邮政局开发《政风行风便民手册》，巴林左旗邮政局开发《餐饮美食娱乐手册》。全市出口函件业务量 27.5 万件。

2012 年，赤峰邮政系统开发社保对账单和平安财险电销账单、平安财险一袋式理赔账单等，开发种类达到 15 种。克旗邮政局开发《行风手册》，元宝山区邮政局开发《宝山印象手册》。市邮政局借助龙文化专题，自行策划设计《龙行天下》贺卡礼品册，集龙票、龙封、龙片、龙戳于一体，设计元素包含第三轮龙票单枚票 1 枚、四方联 1 枚；以“龙生九子”为题材的九枚日常贺卡信封，配注仁怀平设计的龙戳 9 枚；以“龙生九子”为题材的马踏飞燕9连片邮资明信片一套。使传统文化与邮品达到了完美结合,蕴含壬辰贺岁、九龙送福的美好祝愿。2013年,全市函件业务量增至215.43万件。

至2014年,赤峰邮政函件业务主要包括贴票、商函、账单、中邮专送、报纸广告、商函媒体、贺卡等。出口函件业务量下降为186.87万件。

第二节 包 裹

一、国内包裹

1991年,国内包裹分为民用包裹、纸质包裹和商品包裹三类,包裹的重量、体积都有限制。国内包裹资费实行一区一费制办法,参照行政区划、交通情况划分包裹计费区,按交通部门平均运价和包裹处理费核定资费,起算单位由原100克恢复到500克。民用包裹资费按原资费标准加150%,商品包裹按调整后民用包裹资费加收50%,包裹处理费每件由0.20元提高到0.50元,同时取消地方性附加费。全年出口包裹业务量10.77万件。

1992年5月,经自治区物价局和邮电管理局批准,恢复收取邮政地方性建设费。1993年11月,取消代用户包装邮件费和大件商品包裹搬运费。1994年2月,邮电部根据国家行政区划变化和邮路的调整,将国内包裹处理费每件调整为3元。

1995年11月,邮电部决定对《国内邮件处理规则》进行修订,放宽商品包裹收寄规格标准,扩大区域性邮政业务范围,对区域内互寄的商品包裹超过规定最大尺寸、重量的可作超大包裹收寄,对快递包裹根据重量与运距增收资费。全市出口包裹量增至78.94万件,是全市出口包裹最多一年。

2001年,赤峰市开办国内快递包裹业务,全市各邮政支局、所均可办理。

2010年1月,市邮政局率先在自治区范围内开办快递包裹代收货款业务。4月,举办以“小包裹,大爱心”为主题的全国贫困地区学生包裹捐助行动。爱心包裹品种分为两种,即学生型重量约2.5公斤,捐赠价为100元;学校型重量约15公斤,捐赠价为1000元,受理方式为网点捐赠和网站捐赠。7月,在全市范围内开办安华农业保险股份有限公司赤峰中心支公司同城包裹票据业务。由于民营物流公司、配货站的发展,包裹市场竞争日益激烈,邮政包裹寄递量呈下降趋势。全市出口包裹量降至11.2万件。

2011年5月,在全市旗县区邮政局启动邮件保险销售业务,由于受地方经济条件等多方面原因的限制,收寄量很少。

2014年,普通包裹资费每500克为一个计费单位,按照寄递里程分区核定。全市开办包裹业务种类有普通包裹和保价包裹两种,出口包裹业务量回升至17.3万件,比1991年增加6.53万件。

二、国际及中国港澳台包裹

1991年,出口国际及中国港、澳、台包裹分为普通包裹、航空包裹、脆弱包裹和保价包裹。其规格、尺寸、重量等,均按寄达国家有关规定办理。

1992 年 5 月，经自治区物价局批准，全市对收寄的国际包裹包括商包、民包、纸包每件加收 0.20 元邮政地方建设费。对国际特快专递邮件免收邮政地方建设费。

1993 年 2 月，对国际包裹资费进行调整。同年 7 月，市邮电局开办台湾包裹快件业务，收寄处理时限、处理手续、禁限寄递等按《国际特快专递邮件处理规则》有关规定执行。同时，自治区邮电管理局对邮政地方建设费征收标准进行调整，对国际包裹每件由 0.20 元调整到 0.40 元。9 月，全市开展收寄蒙古人民共和国和柬埔寨航空包裹月活动，寄往蒙古人民共和国的航空包裹每件最高限重 20 公斤，寄往柬埔寨的航空包裹每件最高限重 10 公斤。1994 年 9 月，邮电部对国际及中国港澳台包裹进行调整，即在原有资费的基础上再增加 50%。特别资费调整为包裹保价费，每保 200 元由 2.00 元调整为 3.00 元，保价包裹手续费每件由 2.00 元调整为 3.00 元，破损包裹重封费由 2.00 元调整为 3.00 元，撤回、修改、更正收件人名址申请费每件由 1.50 元调整为 2.20 元，存件领取费每件由 1.00 元调整为 1.50 元，包裹预期保管费由每件每天 1.00 元调整为 1.50 元。1991—1995 年，全市出口国际及中国港澳台包裹最多年为 115 件。1997 年后，全市出口国际及中国港澳台包裹呈上升趋势。2000 年，出口国际及中国港澳台包裹增至 222 件。2001 年，出口国际及中国港澳台包裹 310 件。

2004 年、2005 年，出口国际及中国港澳台包裹分别为 968 件、739 件。2006 年，出口国际及中国港澳台包裹突破 1000 件。2007 年，全市出口国际及中国港澳台包裹快速发展，达到 6.57 万件。2008 年后，随着改革开放的不断深入，民营物流企业快速发展，包裹市场竞争日益激烈，赤峰邮政国际包裹数量明显下降。至 2014 年，国际包裹业务按照包裹性质、处理手续分为普通包裹、快递包裹、过大包裹、代收货价包裹等。按所负赔偿责任分为保价包裹和非保价包裹。按运输方式分为水陆路包裹、航空包裹和空运水陆路包裹。赤峰与美国、澳大利亚及部分欧洲国家开办国际包裹业务，国际包裹资费根据送达国家所在区确定价格，全年出口国际及中国港澳台包裹仅有 0.05 万件。

第三节 汇 兑

一、汇票

1991 年，汇兑分为普通汇兑、小款额汇兑和电报汇兑 3 种。全市出口汇票业务量 36.72 万笔。1993 年 7 月，邮电部、中国人民银行、中国工商银行、中国农业银行联合颁发《邮政汇兑资金清算办法》，规定县（市）以上邮电局由工商银行办理清算改为人民银行开户直接办理汇票清算；对县（市）以下邮电支局（所）资金供应采取由县（市）邮电局向人民银行提取现金后，委托农业银行运送到支局。1994 年 8 月，自治区邮政储汇局明确代领汇票手续，即凭收款人证件、代领人证件由代领人签名或盖章领取。1995 年 10 月，全市邮电局开办邮政计息汇款业务，11 月，开办邮政特快送款业务，同时启用新电汇密码，凡进出口电汇一律换用新电汇卡片。全年出口汇票业务量

43.29万笔。2001—2005年,全市先后开办邮政电子汇兑、国际汇兑、汇款回音卡、实时电子汇款、电子汇兑短信回执业务,开通自治区内2小时电子汇款、省际间2小时电子汇款、网汇通、账户汇款业务。全市实现储蓄和汇兑业务对接。至2014年,汇兑业务种类包括按址汇款、密码汇款、入账汇款、网上汇款、商务汇款等,同时开办附加业务,包括投单回执、回执清单、短信服务和附言等业务,全年出口汇票业务量37.47万笔。

二、汇费

1991年,汇费按汇款交易额1%收取。1992年5月,经自治区物价局批准,全市对部分邮件收取邮政地方建设费。其中30元以下普通汇款每张汇票收取0.10元;30元以上和快件汇款每张汇票收取0.20元。1993年7月,自治区物价局对邮政地方建设费作出新的调整。其中30元以下普通汇款,由每张汇票0.10元调整为0.20元;30元以上汇款,由每张汇票0.20元调整为0.30元;快件汇款,由每张汇票0.20元调整为0.40元。汇费仍按汇款交易额1%收取。2014年,汇费执行新标准,按址汇款和密码汇款按交易金额的1%收取,最低2元,最高50元,交易金额尾数不足1元的按1元计算;入账汇款按交易金额的0.5%收取,最高50元;商务汇款按交易金额的1%收取,最低2元,最高50元;网上汇款按交易金额的5‰收取,最低2元,最高40元,交易金额尾数不足1元的按1元计算。

1991—2014年部分年份赤峰市邮政出口汇票业务量统计表

表8-1-2　　单位:万笔

项目 年份	出口汇票业务量	计 费
1991	36.72	33.35
1995	43.29	38.38
2002	45.13	45.13
2010	47.94	47.94
2014	37.47	37.47

第四节　报刊发行

一、发行种类

1991年,市邮电局接办《赤峰日报》发行任务,年末,发行《赤峰日报》汉文版3.4万份,蒙文版4700份。1999年,取得《红山晚报》发行权。

2004年，市邮政局积极拓展外地报刊发行，取得《中考英语》《世界中学生博览》《英语老师》《知音精华》等68种刊物的全国邮发权。2005年，取得《意林》杂志的全国邮发权。2007年，取得《双语学习报》等62种系列报刊全国邮发权。2009年，接办《环球周刊》等4种邮发全国报刊和《幼儿画报》等11种区域代理报刊，邮发报刊种类达104种。2010年，新接办《卫视周刊》等4种邮发全国报刊和区域代理报刊，邮发报刊种类调整为98种。2011年，新接办报刊6种，邮发报刊种类累计达到100种，其中报纸59种，杂志41种。2012年，对全市邮发报刊市场进行调整，邮发报刊种类减至62种。至2014年，赤峰市邮政发报刊种类69种，邮发报刊种类和数量始终保持全自治区前列，实现邮发报刊收入285万元。

二、报刊订阅

1991年，杂志季刊、双月刊按半年收订，其余杂志按季收订。对错过收订期的报刊仍实行破月、破季订阅办法。全年订销报纸期发份数26.7万份，累计3635.32万份；订销杂志期发份数31.8万份，累计452.32万份；实现报刊流转额832.7万元。

1992年9月，国家邮政总局放宽办理破订报刊的规定，对日报、周六报、期报与足月及杂志半月刊、月刊、双月刊、季刊按破订报刊寄达订单日期表推算。期报破月及杂志中的半月刊、旬刊、周刊破月均在收订批次寄达订单日期基础上，按临近两期出版日期的间隔期推算。破订报刊的推算，日报、周六报及期报，破月按每张单价计算，期报足月按月价计算，杂志均按每册单价计算。1994年10月，赤峰市邮电局改变传统的发行模式，将订阅时间从历年的10月25日提前到10月10日。同时，实行电话预约上门订阅。其后对报刊批次、寄达时限进行多次调整。

1995年后，由于地方党政机关机构改革、行政管理部门压缩经费开支、部队简编等原因，特别是党报党刊取消指令性订阅计划、实行自主订阅，党报党刊发行有所下降。当年，订销报纸期发份数为23.54万份。至2000年，全年订销报纸期发份数达到104.88万份，累计6670.49万份；订销杂志期发份数44.16万份，累计724.82万份；实现报刊流转额3662.77万元，是报刊订销份数最多一年。

2005年，大力发展私费订阅，在城区重点发展学生、个体工商户、中老年人及文化专业阶层订阅，在农村牧区重点开展科技示范户、畜牧户、种植专业户订阅，积极推行上门收订、电话收订、网上收订等多种渠道收订报刊。但随着电子信息网络的快速发展，订阅数量变化较大。全年订销报纸期发份数17.73万份，累计2841.25万份；订销杂志期发份数16.02万份，累计197.32万份；实现报刊流转额2730.64万元。

2014年，进一步拓展校园市场和第三方商务订阅市场，其中校园市场开发成效显著，全市订阅《学院新报》7.2万份，《幼儿新报》《意林·少年版》订阅份数超过6000份，3种报刊订阅数均居自治区第一位。全市报刊发行量逐步提升，共订销报纸期发份数24.8万份，累计4223.85万份；订销杂志期发份数9.6万份，累计214.12万份；实现报刊流转额5293.72万元。

1991—2014 年部分年份赤峰市邮政报刊发行业务量统计表

表 8-1-3

项目 年份	订销报纸期发份数(万份)	订销报纸累计份数(万份)	订销杂志期发份数(万份)	订销杂志累计份数(万份)	报刊流转额(万元)
1991	26.7	3635.32	31.8	452.32	832.7
1995	23.54	4254.16	44.7	342.61	1844.31
2000	104.88	6670.49	44.16	724.82	3662.77
2005	17.73	2841.25	16.02	197.32	2730.64
2010	7.89	3898.15	3.91	234.47	3147.46
2014	24.8	4223.85	9.6	214.12	5293.72

三、报刊零售

1991 年,全市报刊零售采取自办与委办、定点与流动相结合的经营方式,实行经营承包责任制。主要有邮政自办网点销售、委办批销、预约零售和函购四种销售形式,全市零售网点 30 个,其中报刊门市部 1 个,报刊零售亭 24 个,零售车 4 台,零售台 1 个。零售报刊种类达到 279 种,销售人员 35 人,主要分布赤峰市区,实现销售额 66.86 万元。2005 年后,成立赤峰邮政报刊零售公司,实行专业化经营。

2014 年,全市实行委代办报刊零售,共有网点 70 个,其中报刊零售亭 9 个,报刊门市部 1 个,零售台 2 个,其他代售点 58 个。零售报刊种类达到 1200 余种,销售人员 73 人,主要分布赤峰市区及旗县区所在地。销售额达到 507 万元,比 1991 年增长 6.58 倍。

第五节　集　邮

一、组织机构

1983 年,市邮电局邮票公司、市集邮协会相继成立。1991 年,市、旗县区有集邮协会 16 个,会员 2201 人,集邮小组 109 个,集邮爱好者 2564 人。1992 年 5 月,红山区集邮协会、赤峰农牧学校和赤峰针织厂集邮工作委员会相继成立,全市有集邮协会 28 个,集邮小组 110 个,会员 3546 人,集邮爱好者达到 1.3 万人。

1993—1994 年,赤峰冶炼厂集邮工作委员会、赤峰市集邮协会青少年集邮工作委员会、市运输总公司集邮工作委员会先后成立。1995 年 10 月,全市第一个农村集邮组织机构松山区当铺地总校集邮工作委员会成立,全市集邮协会达到 44 个,集邮小组 123 个,会员 4673 人,集邮爱好者 1.62 万人。

2004 年 2 月,市邮票公司从市邮政局剥离,人财物划归内蒙古集邮公司管理。

2014 年,全市有集邮协会 35 个,集邮小组 125 个,会员达到 6315 人,集邮爱好者超过1.5万人。

二、邮品经营

1984年3月,《赤峰集邮》创刊,几年后停刊。1991年2月,《赤峰集邮》复刊。同年,全市集邮业务销售收入达到90万元,各旗县均突破万元大关。1992年,市邮票公司正式开办集邮票品寄信新业务,为集邮爱好者提供公平交易的平台。红山区举办首届集邮展览,全市集邮销售收入突破200万元。

1995年后,全市集邮业务实施分级管理、专业化经营体制。市邮票公司除负责本公司集邮票品经营外,对旗县区集邮业务进行检查指导,形成条块结合、上下协调的集邮经营网络,实行业务、经营、财务管理三位一体的经营方式。全市集邮业务收入完成335万元。1998年,邮电分营后,市邮政局不断加强邮品开发力度,全市实现集邮业务收入1672万元。2000年,以"玉龙"邮票为契机,开发《龙》文物邮票系列邮品,之后又开发《中国巴林石》、保险邮折等主题邮品,全年实现业务收入2132万元,占全市邮政业务收入比重的25.56%。2001年,坚持"以需定量"的发行原则,减少全市集邮产品库存压力,全年集邮业务收入实现1450万元,集邮产品库存较上年减少16%。

2002年7月,赤峰市邮协举行"集邮者之家"挂牌仪式,2009年,在赤峰博物馆举行《赤峰邮政日戳图谱》首发式及赠书活动。组织开展奥运百日营销活动,制作销售《奥运邮票大全册》《为奥运干杯》《火炬传递纪念邮册》等一系列大型奥运邮品。敖汉旗邮政局制作《内蒙古金陶股份有限公司成立十周年》邮册3200册,喀喇沁旗邮政局制作《喀喇沁旗田家炳中学建校50周年》邮册500册,林西县邮政局制作《林西县人民政府百年县庆》邮册5000册。2010年,针对本地节庆市场,市邮政局制作《红山文化节个性化邮品》《林东一中个性化邮册》《翁牛特旗政府个性化邮册》《敖汉长胜镇个性化邮册》等。2012年,围绕社会热点做好邮品销售,实现集邮业务收入1280.24万元,其中龙年生肖金砖等18种热销邮品实现销售收入303.84万元,制作形象年册4500册。2013年,实现收入1721.02万元,其中"生肖贺岁"主题营销邮品实现收入684.97万元,其他专项邮品收入1036.05万元。

2014年,各旗县区均举办邮品展览活动,在79个城镇网点设立销售专柜,邮品销售近400万元。全市实现集邮业务收入1110.58万元,比1991年增长11.34倍。

第六节 速 递

一、业务

1991年,速递业务由市邮电局邮政科管理。1992年10月,市邮电局成立邮政速递科,负责全市邮政快递业务管理。1998年,邮电分营后,成立市邮政局速递公司,对快递业务实行专业化管理。

1991年10月,市邮电局在宁城县、敖汉旗、元宝山区、喀喇沁旗、翁牛特旗、巴林左旗、巴林右旗、林西县、克什克腾旗、阿鲁科尔沁旗邮电局及市内三道街、桥西2个城市支局相继开办特快专递互寄业务,按每件起重200克收取资费7.00元,每续重200克加收资费2.00元,交寄时使用四联单。至年末,邮政快件业务量29.1万件,其中特快专递1837件。

1994年5月,市邮电局开始启用民航班机载运特快邮件。1995年7月,开办国内特快专递邮件保值赔偿业务。全市开办邮政礼仪专递业务,业务种类分为礼仪鲜花、蛋糕、物品、礼品、礼金等。服务范围分为同城礼仪专递和异地礼仪专递。全年邮政快件业务量43.32万件,其中特快专递9.43万件。

2004年8月,市邮政局实施EMS(特快专递服务)全夜航方案,赤峰城区各营业网点12时30分以前收寄的特快邮件可在全国近70个城市实现次日递。根据市场需求,开办中邮物流集散网业务,开办第二代身份证邮政特快专递、机动车号牌及驾驶证速递、银企对账单寄递、省内收件人付费等业务。至2005年,全市邮政快件业务量42.3万件,其中特快专递25.41万件。

2010年,采取邮政派驻、现场办公、送达后收取邮费的方式,在全市范围内开办国内特快专递收件人付费、个人所得税完税证明账单寄递等业务,持续开展邮政速递第二代身份证业务,寄递时限约为10个工作日。当年,全市邮政特快专递64.2万件。2013年4月,开办市医院病历复印件快递业务,寄递时限为7天。5月,开办国内特快专递返单服务业务,适用于标准快递产品和经济快递产品,种类包括电子返单和实物返单。省际返单指导价格:电子返单1元/票,运费另计;实物返单3元/票;个性化返单每增加一份,资费增加1元,运费另计。同时,对省际返单服务实行按票结算制度,按电子返单0.5元/票,实物返单2元/票,由收寄局按实际件数向投递局结算。11月,在具备业务开办条件的便民服务站网点开办文件型和物品型国内标准特快专递业务。全市邮政特快专递69.57万件。

至2014年,全市快递业务量1405.94万件,其中特快专递59.48万件,分别比1991年增加1376.84万件、59.3万件,增长47.31倍和329.44倍。全年邮政速递业务收入1007.15万元。

二、营运企业

2005年后,物流市场更加活跃,全市邮政快件快速增加,社会快递业逐步发展。当年,赤峰市申通快递有限公司成立,有营运车辆106辆。2006年,宅急送快递成立。2007年,赤峰市赤通速递有限公司成立,3家快递公司有营运车辆269辆。2008年12月,赤峰市邮政速递物流公司成立,隶属于内蒙古邮政速递物流公司。2010年后,赤峰市邮政速递物流公司改称中国邮政速递物流有限公司内蒙古赤峰市邮政速递分公司(简称中邮赤峰速递分公司),全市快递业迅速兴起,相继建起多家快递企业。

至2014年末,全市范围内取得快递经营许可的企业15家,其中国有快递企业有中邮赤峰速递分公司1家,民营快递企业有内蒙古顺丰速运有限公司赤峰分公司、宅急送快递、赤峰市申通快递有限公司、赤峰韵达快运有限公司、赤峰中通速递服务有限公司、赤峰市赤通速递有限公司、赤峰市汇一通速递服务有限公司、赤峰国通快递有限公司、赤峰天天快递有限公司、赤峰优速快递服务有限公司、赤峰全峰快递有限公司、赤峰邮畅达快递有限公司、赤峰中远通达速递服务有限公司和快捷快递有限公司 14 家。有速递营运企业设立的旗县区、乡镇分支机构 113 家。各快递公司在市区设置分拣中心和营业网点，有中邮赤峰速递分公司、内蒙古顺丰速运有限公司赤峰分公司、赤峰中通速递服务有限公司、赤峰市赤通速递有限公司 4 家快递企业建成半自动分拣中心。其中国有中邮赤峰速递分公司建筑面积 5400 平方米，其他 3 家民营企业 3705 平方米，总面积 9105 平方米，分拣能力快速提高，日处理量由 3 万件增至 5 万件。快递网络已覆盖全市各旗县区政府所在地和部分较大的乡镇，逐步实现市、旗县区、乡镇三级网运布局。全市快递业从业人员 1454 人，营运车辆 939 辆，其中电动三轮车 641 辆，作业场地面积达 1.53 万平方米。

2005—2014 年赤峰市快递企业情况统计表

表 8-1-4

名称	建立时间	营运车辆（台）	年业务量（万件）			性质
			出口量	进口量	合计	
赤峰市申通快递有限公司	2005.2	106	40.12	189.49	229.61	民营
宅急送快递	2006.11	65	10.69	16.75	27.44	民营
赤峰市赤通速递有限公司	2007.12	98	30.49	134.69	165.18	民营
赤峰中通速递服务有限公司	2008.4	90	10.59	64.19	74.78	民营
快捷快递有限公司	2008.8	18	1.26	1.36	2.62	民营
赤峰国通快递有限公司	2008.11	43	3.83	14.16	17.99	民营
赤峰天天快递有限公司	2009.4	68	7.48	13.12	20.60	民营
赤峰市汇一通速递服务有限公司	2009.6	63	12.05	29.59	41.64	民营
中邮赤峰速递分公司	2010.6	75	212.15	283.34	495.49	国有
赤峰中远通达速递服务有限公司	2010.8	15	2.52	16.13	18.65	民营
内蒙古顺丰速运有限公司赤峰分公司	2012.12	129	53.30	122.72	176.02	民营
赤峰韵达快运有限公司	2013.6	87	15.57	94.35	109.92	民营
赤峰全峰快递有限公司	2013.11	21	1.8	15.5	17.3	民营
赤峰优速快递服务有限公司	2014.4	53	1.23	6.57	7.8	民营
赤峰邮畅达快递有限公司	2014.12	8	0.9	0	0.9	民营

第七节　商函广告及代理业务

一、商函广告

1992 年,市邮电局成立邮政广告邮购公司,主要负责商业信函制作。1998 年,邮电分营以后,成立市邮政局邮政广告公司。1999 年,全市邮政商函广告实行专业化经营。3 月,市邮政局邮政广告公司改称市邮政局广告公司。7 月,市邮政局广告公司改称市邮政局户外广告公司。2014 年,市邮政局户外广告公司改称赤峰市邮政分公司函件局。

1992 年,全市安装购买户外灯箱广告 1176 个,其中征订 361 个。实现收入 87.6 万元。

2000 年,市邮政局户外广告公司进一步加快户外广告媒体建设,市场占有份额不断扩大。当年,全市共拥有路边灯箱广告近 2000 箱,大型楼体广告媒体 4 处,媒体总面积达 1 万多平方米,占赤峰户外广告媒体总数的 50%,业务收入 394.4 万元,同比增长 199.2%。2002 年,由于广告市场竞争日益激烈,加之各地普遍进行城镇改造,一部分灯箱、楼体广告被拆除,户外广告业务下降幅度较大,仅实现业务收入 181.17 万元。2004 年后,邮政广告业务逐渐萎缩,全市邮政通过自有户外媒体或租赁社会媒体进行发展,当年实现收入 120.18 万元。2006 年后,通过开办印刷代理、明信片制作、信函广告制作、账单打印制作等业务,业务量有所增加,至 2014 年,业务收入 531.9 万元。

二、代理业务

代理保险业务　1999 年,市邮政局开办保险代理业务,当年代办保险 1866 户,代理保费 27.5 万元,实现收入 1.33 万元。2000 年,代理保险 10943 户,实现保费收入 3.25 万元。

2005 年 3 月 12 日,市邮政局与中国人寿保险股份有限公司赤峰分公司合作,召开保险产品说明会,现场代理保费 248 万元。各旗县区邮政局陆续开办代理寿险业务,并形成以“鸿丰”“鸿泰”等分红险为重点,以“邮保通”等健康险、意外险为补充的产品组合。同年,选择中华联合财产保险股份有限公司赤峰中心支公司作为合作伙伴,在 10 个旗县区邮政局开始试运营,全市邮政代理保费 1435 万元,其中人寿保险 1405 万元,财产保险 30 万元,实现业务收入 47.97 万元。

2006 年,全市邮政代理保费 2069.2 万元,实现收入 100 万元。与新华人寿保险股份有限公司赤峰中心支公司合作,代理保费 653 万元。

2009 年,采取分片经营的方式,加强与中国人寿保险股份有限公司赤峰分公司、中国人民人寿保险股份有限公司赤峰市分公司、中国大地财险保险股份有限公司赤峰中心支公司、中国人民财险保险股份有限公司赤峰市分公司 4 家保险机构合作,建立双方联合推动机制,强化业务培训,加快产品转型,当年代理保费 1.7 亿元,实现收入 644.13 万元,同比增长 53.98%。

至 2014 年,代理寿险保费 4.1 亿元,代理财险保费 1200 万元。实现业务收入 1320

万元。

代收费业务　1999年，市邮政局代办电信业务，全市9个代办寻呼业务的邮政支局代收服务费280万元，销售及办理入网BP机380部，实现收入9.6万元。2002年6月，与中国联通赤峰分公司签订《虚拟运营联通业务协议》，在全市范围内虚拟运营联通业务。当年，实现业务收入189万元，其中代放号16328个，代收话费1019.35万元。

2009年6月，与中国移动通信集团内蒙古有限公司赤峰分公司签订合作协议，开展"全球通""神州行"代收费及代收欠费业务，并延伸至旗县农村牧区。全市邮政代收费额达到4149万元。2011年9月，开办代收水费业务。市邮政局已逐步建成缴费功能齐全的邮政综合服务平台，服务种类日益丰富。2014年，全市有"缴费一站通"综合服务网点1284个，开办代收通信费、自来水费、电费、有线电视费等业务，实现代收费业务收入597.04万元，同比增长34.2%，比1999年增长61.19倍。

短信知办业务　2007年8月，开办储蓄短信业务，该业务可让用户及时掌握活期账户余额变动情况，当年办理业务用户8.3万户，实现业务收入455.05万元，列全自治区第二名。

2010年11月，在全市范围内开办集邮短信业务，预订取票通知年资费标准10元/户，中途退订不退短信服务费，集邮品推荐、新邮预订通知、新邮预订征订均为免费。当年办理用户2.7万户，实现业务收入27万元。2013年10月，开办交通违章短信提醒告知业务，即交通小秘书短信业务，年资费标准36元/户。至2014年，全市邮政短信业务收入达到1315.62万元，比2007年增长189.12%。

代理票务　2005年8月，市邮政局利用11185客户服务平台开办代售飞机票业务，当年代售机票110张。2012年，开办代售火车票业务。至2014年，全市邮政代理票务13928张，其中机票7341张，火车票6587张，实现业务收入3.1万元。

第三章　邮政体制改革

第一节　邮电分营

1998年，按照信息产业部及自治区邮电管理局统一部署，赤峰市邮电局对邮电经营管理体制进行改革，实行邮电分营。

9月30日，完成12个旗县区邮电局的邮电分营工作，成立元宝山区邮政局、阿鲁科尔沁旗邮政局、巴林左旗邮政局、巴林右旗邮政局、林西县邮政局、克什克腾旗邮政局、翁牛特旗邮政局、喀喇沁旗邮政局、宁城县邮政局、敖汉旗邮政局10个旗县区邮政局。

10月28日，赤峰市邮政局、电信局分别挂牌正式独立运营。

改革后的赤峰市邮政局成为政企合一的通信部门，赤峰邮政总资产为2.35亿元，有职工1363人。

第二节 寻呼与移动分离

1998年9月,为引入市场竞争,打破垄断经营,创造更加公平的竞争环境,按照自治区邮电管理局的统一部署,赤峰市邮电局顺利完成无线寻呼业务的剥离、改制与重组工作。将邮电系统经营的无线寻呼资产进行剥离,按照股份制的要求进行资产重组,组建全国统一的独立经营的专业化无线寻呼集团公司。剥离后的国信寻呼公司资产2000万元,有职工86人。11月12日,内蒙古国信寻呼有限责任公司赤峰分公司挂牌营业,寻呼剥离工作全面结束。

1999年4月,邮电分营后,市电信局认真贯彻《内蒙古自治区电信分营实施方案》,从有利于固定通信和移动通信两大专业当前和长远发展出发,制定《赤峰市电信局分营操作预案》,认真组织实施资产、人员和资源的分离工作,7月,完成赤峰市电信局与内蒙古移动通信公司赤峰市分公司的分营交接工作。9月,赤峰市固定通信和移动通信开始独立运营,实行移动通信分离。赤峰移动分公司总资产2.11亿元,有员工497人。

第三节 主辅分离

20世纪90年代初,赤峰市邮电局开办多种经营企业17个,1998年邮电分营后,多种经营企业的国有股份由市邮政局、电信局两家平分,各占50%。2000年7月,赤峰市电信局改称内蒙古自治区电信公司赤峰市分公司,全部国有股份都划归内蒙古自治区电信公司赤峰市分公司。2002年,内蒙古自治区电信公司赤峰市分公司改称中国网络集团内蒙古自治区通信公司赤峰市分公司(简称赤峰网通分公司)。2002年后,清理“三产”和多种经营企业的工作在赤峰市通信企业全面展开。2002年7月,赤峰网通分公司专门制定“三产”和多种经营企业清理方案,成立多种经营企业及职工股份核查工作小组,对原邮电局投资参股的多种经营企业及职工股份进行全面核查清理。通过调查准备、审计评估和资产处理,至2004年末,企业清理工作全部完成。

第四章 邮政管理

第一节 机构设置

一、市级邮政机构

1991年,赤峰市邮电局机构分为党群部门、职能科室、生产科室三大部分。其中党群部门设党委办公室、宣传科、监察室、武装部、团委、工会、通信学会。职能科室设办公室、供应科、计划经营科、审计科、邮政科、电信科、农话科、人事科、劳动工资科、教育科、东部区职工培训中心、财务科、总务科、老干部科、基建科、微波办公室、程控办公室、局志办、总工程师办公室、公安科20个部门。生产科室设储汇科、长机科、市话营业科、市话一分局、市话二分局、市话三分局、营业科、长话科、电报科、机要科、邮件转运科、分拣封发科、发行投递科、运输科、报刊零售科、电信总调度室16个部门。营业科下设四个支局,分别是昭乌达支局、三道街支局、钢铁街支局和造纸厂支局。赤峰市邮电局共有职工3001人。1998年,邮电分营后,赤峰市邮政局对下属机构进行调整、撤并,内设机构有办公室、人事教育部、计划财务部、党群工作部、经营服务部、运行维护部6个部门,有邮政职工35人;下设赤峰市邮政局速递公司、赤峰市邮政局邮政广告公司;全市邮政职工2285人。2004年,根据自治区邮政局《关于核定盟市邮政局机构设置和管理人员编制的通知》精神,赤峰市邮政局内设机构由6个调整为5个,下设物流配送公司。2012年,成立赤峰市邮政管理局。2014年,赤峰市邮政局改称内蒙古自治区邮政公司赤峰市分公司(简称赤峰市邮政分公司),内设综合办公室、工会、计划财务部、人力资源部、市场经营部、网络运行指挥调度中心、监督检查与安全保障部;下设代理金融业务局、代理保险业务局、包裹业务局、报刊发行投递局、电子商务局、函件局、分销业务局、机要通信分局、邮区中心局、信息技术局10个营业局;公司有邮政职工589人。

二、旗县区邮政机构

1991年,赤峰市邮电局在11个旗县区(红山区除外)下设12个邮电局,其中元宝山区增设平庄矿区邮电局。1998年邮电分营后,除红山区、松山区外,成立10个旗县区邮政局。

至2014年,赤峰市邮政分公司在11个旗县区(红山区除外)下设12个邮政机构,其中有10个旗县区邮政局,在松山区设松山邮政分局,在元宝山区增设元宝山邮政分局。有邮政职工1372人。

第二节 行业管理

一、业务管理

1991年,市邮电局设置邮政视察员,对邮政各项业务实施监督检查,旗县区邮电局设置专(兼)职业务检查员,形成自上而下的检查网络。1998年,邮电分营后,市邮政局成立业务视察室,配备专职检查人员,各旗县区邮政局成立视检室,进一步强化稽查、检查体系。

1991年,市邮电局制定《邮政各类管理人员及邮政班组(工种)工作考核标准》,对每个局邮政工作进行综合考评。1992年,市邮电局制定《邮政专业生产奖考核办法》,按照奖优罚劣、奖勤罚懒的原则,实行生产奖百分考核制。1994年,市邮电局为有针对性开发新业务,开展社会用邮调查活动,并在10月9日世界邮政日开展以"邮政,你最佳的选择"为主题的邮政业务咨询活动。1995年,市邮电局配备专兼职业务推广人员,并重新修订《邮政通信管理岗位、班组(工种)工作考核标准》,对旗县(区)邮电局进行经营效果、资金安全、通信质量、对外服务的考核。1999年,市邮政局对80多个邮政网点进行146次检查,进一步促进邮政业务管理。

2000年,赤峰市邮政局制定《通信综合管理考核办法》《关于违反规章制度的处罚规定》,重新修订《通信建设管理办法》。2001年,组织全市邮政储汇人员大轮岗活动,防范和控制各类资金案件的发生。年末,自治区邮政局对管理岗位和监控岗位履职情况进行检查,赤峰市邮政局名列全区第一。2002年,业务管理以防堵资金案件为重点,严格各项规章制度,强化内控机制建设。设专人对邮件时限、规格质量及资费收取情况进行检查,集中收缴各旗县区邮政局库存的残损货币105万元。

2003—2004年,强化农村牧区分支机构的基础管理,对承包经营和代办所开办的业务种类进行规范,按规定签订代办合同书。在全市邮政开展储汇会计、事后监督人员跨旗县轮岗工作,有26人轮岗。

2006年,赤峰市邮政局制定《储汇资金案件领导责任追究规定》《违反规章制度处理规定》《营业窗口工作规范》等11个管理规定。成立储汇稽查室,对全市邮政储汇业务进行重点检查,全年市邮政局稽查人员下乡检查130多人次,组织互查2次,全市范围内岗位轮换1次,轮岗人员52人;共印发检查情况通报19期,处罚150多人次,其中追究领导责任24人次,共罚款2.1万余元。2007年,按照自治区邮政局专业化经营管理体制改革要求,市邮政局成立储汇、速递、发投、函件、物流、保险和电子商务7个专业局(部),旗县邮政局相应成立7个专业营业部,实行市县一体化管理。市邮政局制定《关于违反规章制度责任追究处理规定》,对管理岗、监控岗工作职责进一步细化。在全自治区业务检查评比中,赤峰市邮政局进入全区邮政优秀行列。2013年,建立监督检查长效机制,全市邮政管理部门共配备专职检查人员37人。

2014年,赤峰市邮政分公司重新修订《通信综合管理考核办法》,建立健全市公司、旗县区局、班组三级管理体系,全年完成邮政业务视检报告书100份、安全检查报告书56份、代理金融业务检查报告书77份,发出违规责任经济处罚通知单17份,有效防范和杜绝各类安全隐患和事故。

二、邮政市场管理

1991年,赤峰市邮电局设有公安科,对邮政集邮、报刊市场进行整顿,规范非法买卖邮品、报刊等不法经营行为。2001年,成立赤峰邮政通信行业执法大队,负责全市行业执法管理。

1998 年邮电分营后，坚决制止各类违法经营邮政业务、生产和销售邮政用品用具等行为，维护邮政企业的专营权。1999 年，市邮政局与工商、公安等部门密切合作，对全市邮政通信市场秩序进行了清理整顿，共清理无协议经营邮票点 50 多处。

2001 年，实行执法责任制、执法公示、行政执法听证、群众举报等制度，逐步推进执法程序的规范化。进一步规范和清理整顿邮政市场，查封无营业执照擅自经营邮发报刊 1 处。并对社会上非法出售邮票的行为和违法使用邮资凭证的行为进行处罚。

2002 年，市邮政局在工商部门的配合下，多次有针对性地对集邮市场和学校周围的文化用品市场进行突击检查，查获邮票 1070 枚、邮资封 139 枚，使非法经营邮票邮品的行为得到整治。2004 年，结合信封生产企业年审换证工作，对全市 4 家信封生产企业进行考评。与工商部门密切配合，重点查处违规出售邮票和低面值出售邮票行为，邮政市场的经营秩序进一步好转。2005 年，统一制作宣传板，深入各大中专院校和中学巡回展出，严禁违规销售通信邮资票品，严禁低资费收寄邮件，严禁跨界揽收邮件，进一步遏制不合规邮资封的流通。与工商部门紧密配合，在红山区打掉黑速递和无照报刊发行点各 1 处，进一步净化速递和报刊发行市场。

2012 年，赤峰市邮政管理局成立后，监督指导当地快递企业到市邮政管理局进行合法备案，到 2014 年，备案快递企业 15 家。

第二篇　电信业

第一章　电信设施

第一节　固定电话设施

一、长途电话设施

1991年,赤峰市长途电话设施以明线载波为唯一传输手段,有长途业务电路478路,长途交换机容量360门。1992年,赤峰至朝阳长途无线数字传输网络、赤峰至通辽光缆长途有线数字传输网建成。南有赤峰至朝阳无线数字传输通路入沈阳、天津、北京;东北有赤峰至通辽有线数字传输光缆入北京、沈阳、哈尔滨全国光缆干线;西北有大板至锡林浩特光缆直达呼和浩特,形成以赤峰为中心四通八达长途数字传输网。实现长途传输和市内电话交换同时运营,赤峰市电话号码也由5位升至6位。1993年,赤峰至呼和浩特电路由原6来6去增至30来30去,赤峰至北京电路由4来4去增至30来30去,赤峰至天津电路由原20条模拟电路改为30条全数字电路。赤峰至通辽光缆干线贯穿赤峰市北部翁牛特旗、巴林左旗、巴林右旗、阿鲁科尔沁旗及哲里木盟(今通辽市)的开鲁县,全长538.5皮长公里,是自治区最长的一条光缆通信干线,可供长途业务电路1920路。平庄—宁城光缆建成使用,使宁城县邮电局的长途传输实现了数字化。全市有长途业务电路2003路,长途交换机容量2740门。全市12个旗县区全部实现"长途传输数字化"。1995年,全市有长途业务电路总数3389路,长途自动交换机容量4820门。1998年,邮电分营后,赤峰市电信局、电信企业继续加强光缆干线建设,至2000年,全市有长途业务电路总数3105路,长途自动交换机容量7530门,逐步实现长途光网与本地光网并网运行。至2014年,长途电话传输已全部实现光纤传输,全市长途电话通信设施建成省际干线728皮长公里、省内干线2265皮长公里。全市有长途业务电路1399路,长途自动交换机容量1000门。

二、市内电话设施

1991年,全市市话设施主要为磁石电话交换机和纵横制自动电话交换机,局用交换机容量4.04万门。

1992 年，平庄矿区邮电局 16000 门 6 位号制的市话交换机增容升位工程开通使用。赤峰市政府和自治区邮电管理局就赤峰北部光缆改造达成协议，光缆途经翁牛特旗、巴林左旗、巴林右旗与阿鲁科尔沁旗。巴林左旗建成林东至赤峰全自动 12 路电话工程，成为自治区第一家进入全国自动电话网的县级邮电局。翁牛特旗邮电局市话交换机由原 800 门扩容为 1000 门。巴林右旗引进市话 2000 门数字程控交换设备。赤峰市 1.6 万门程控电话工程开通。1993 年 8 月，赤峰市邮电局将市内电话改为直拨。年末，局用交换机容量 7.49 万门。1993—1994 年，松山区由 2000 门市内程控扩容为 4000 门。宁城县、翁牛特旗邮电局 4000 门程控电话顺利开通。喀喇沁旗邮电局市话并入赤峰本地网，为赤峰市话 55 分局。林西县邮电局 3000 门纵横制电话交换机割接成功。阿鲁科尔沁旗邮电局 3000 门程控电话正式开通，并相继进入全国网。

至 1994 年末，元宝山区、敖汉旗、克什克腾旗均进入赤峰市本地电话网。全市 12 个旗县区全部实现“交换数字程控化”，局用交换机容量 13.58 万门，实现国内长途直拨。

1995 年 6 月，赤峰市 C3 本地电话网开通并进入全国直拨网，本地电话网号码由 6 位升 7 位，同时全市共用区号 0476，同呼和浩特市、包头市同时成为内蒙古自治区第一批电话号码升 7 位的城市。同年，宁城县、松山区农话自动网开通，不仅填补了自治区现代农话网的空白，又使赤峰市农村自动电话网建设迈上新台阶。全市有 95%的乡镇苏木和 47%的村嘎查直通电话。全市局用交换机容量 17.94 万门。

1998 年，赤峰市邮电分营后，赤峰市电信企业加强本地电话网建设。至 2000 年，局用程控交换机容量 23.08 万门，全市 273 个乡镇苏木电话全部开通。利用光缆设施逐步开通宽带互联网。

2001 年，铁通赤峰分公司建有机房 50 多处，其中包括 1 处中心枢纽机房，3 处支局机房。局用交换机容量达 5 万多门，互联网宽带接入端口 5 万多个。

2002 年，赤峰网通分公司建成分组交换网、无线市话“小灵通”网、数字数据网、智能网、多媒体互联网等通信网络。2005 年，完成村村通电话工程。完成交换网络智能化工程，全市所有乡镇开通宽带。2008 年，“小灵通”（无线市话）设备容量达到 24 万门，一级干线光缆长度 147.22 皮长公里，二级干线长度 2211.53 皮长公里，本地网光缆长度 5579.78 皮长公里，光纤延伸到全市各旗县及乡镇，通信网络覆盖全市 90%以上的地区。

2003 年，赤峰电信分公司新建固话八支局、中心机房、市委、松山二中 4 个模块局，交换机容量 1.12 万门，共有局用交换机容量 4.1 万门。2004 年，加强宽带设施、传输通信设施建设，在 11 个旗县区新增传输设备 20 台，用于承载旗县区语音业务及宽带业务；建立固网语音接入网（MD55001、MD55002），随后陆续完成 12 个旗县区固话用户语音接入。2008 年后，传统固网业务向下一代网络演进，新增中兴、华为交换机。至 2010 年，全市局用交换机总容量达 41.35 万门。

2014年，赤峰联通分公司有固话设施一级干线光缆、二级干线光缆、本地光缆总长度2.1万皮长公里，赤峰电信分公司共有光缆总长度1633皮长公里，铁通赤峰分公司先后建有光缆总长度1210皮长公里，全市共有固话网光缆总长度2.38万皮长公里。随着移动通信的发展，固话设施呈下降趋势，全市有局用交换机容量21.14万门。

第二节　数据与微波通信设备

一、数据通信设备

数字数据网　1994年初，赤峰市邮电局开通数字数据网设备，开通赤峰至呼和浩特中继电路3条，至松山区、元宝山区、阿鲁科尔沁旗、巴林左旗、巴林右旗、林西县、克什克腾旗、翁牛特旗、喀喇沁旗、宁城县、敖汉旗11个旗县区中继电路各2条，均采用传输光缆2M传输。1997年，进行数字数据网扩容，增加88局、842局、赤峰新城区和林东新区4个节点，端口总容量达到648个。1998年11月，赤峰市可视会议系统正式开通使用，全市共设11个旗县区分会场。至2014年，数字数据网并入光纤网。

数据交换网　1995年7月，赤峰市邮电局与中国人民建设银行赤峰市中心支行举办数据通信网开通签字仪式，赤峰市公用分组数据交换网正式启用，有分组交换设备13台，82局、83局和11个旗县区各1台，松山区844局和842局均没有分组交换节点设备，通过微波电路接入分组设备，形成赤峰市本地分组交换网。1997年，分组交换网进行扩容，82局和83局节点机由摩托罗拉6500设备升级为加拿大北电DPN100设备。中继电路端口容量816个。至2014年，随着宽带光纤业务的发展，分组交换设备停用。

宽带接入上网　1998年，邮电分营后，全市电信企业以“传输光纤化、交换程控化”为起点，宽带网络资源不断丰富，为大容量、高速率的固网、移动网传输提供技术保障，数据通信业务也得到快速发展。2014年，全市实现利用光纤接入宽带，数据通信质量显著提升。

二、微波通信设备

1992年12月，赤峰至朝阳无线数字微波工程开通，为自治区邮电“八五”重点工程，全程共建9个微波站，其中赤峰段8个，采用140mb/s微波设备，初期电路480路，终期可达1920路，是全国第三条较大容量的数字微波电路。1998年后，随着光纤通信技术的快速发展，2000—2014年，无线微波通信技术逐渐被光纤通信技术替代。

第三节　电报与无线寻呼设施

一、电报设施

1991年，赤峰电报电路采用有线电路传输，电报设备均为55型机械电传机，全市出口电报电路有到沈阳、呼和浩特2条，各旗县区电报业务均通过电话汇接。同年5月，宁城县、敖汉旗、喀喇沁旗、翁牛特旗、巴林右旗、林西县、元宝山区和平庄矿区邮电局电报正式纳入呼市自动转报网，与进入全国自动转报网的各省市、县局联网，实现自动转报，全市自动转报电路增加到15条，电报设备仍以55型机械电传机为主。

1992年4月，由国家投资93.3万元，赤峰市32/64路电报分集器投产使用，电报交换实现微机程序控制，全市12个旗县区局同时进入自动转报网，使赤峰邮电局成为内蒙古东部区转报中心局，共有自动转报电路17条，电报设备全部更新为浪潮PC机，标志着电报业务在赤峰地区实现了电子化。1995年，程控电话全面发展后，电报业务量开始逐渐萎缩，至2007年，电报电路设备全部停用。

二、无线寻呼设施

1991年，赤峰市有无线寻呼发射机391部。1992年，全市有10个旗县区邮电局建成无线寻呼系统。1994年，市邮电局在全市开通126人工无线寻呼系统。赤峰、元宝山、平庄3个局率先开通127自动无线寻呼系统并全市联网。至1995年末，全市12个旗县区全部开通127自动无线寻呼系统，实现全区、全国联网。

2001年12月，全市建成78个基站、56个铁塔的寻呼网络；建设国网高速寻呼基站及2M传输平台11个，单频高速寻呼网基站25个，卫星传输单收站78个；顺利开通198、199国网高速寻呼网。随着移动通信业务的快速发展，移动手持终端逐步取代了无线寻呼，至2002年，无线寻呼设施在赤峰地区停用。

第四节　移动通信设施

一、邮电分营前移动通信网络

1994年，赤峰市邮电局在全市开通450M无线集群电话系统。赤峰、元宝山、平庄三个局开通900M TACS（1G）模拟蜂窝移动通信系统并实现联网，标志着赤峰地区移动业务正式开通。1995年5月，赤峰市成为内蒙古自治区首批开通移动电话自动漫游的城市，通达北京、天津、上海、黑龙江、辽宁、河北、江苏、浙江、四川、湖南、广东、广西、海南、青海14个省市区。

1997年6月，赤峰市移动通信1G模拟网二期工程竣工，由赤峰市邮电局投资2500万元，设备由瑞典爱立信公司提供，除原建3个基站外，又在敖汉旗、宁城县、林西县、克旗、右旗、左旗、阿旗、翁旗、喀旗9个旗县政府所在地新建基站9个，基站总数达到12个，信道由原40个增至212个。实现8000个“大哥大”手机用户全市范围内联网，全国范围内自动漫游。

1998年8月，全市1G网络共有基站77个、信道624个、载频197个，覆盖全市各旗县城区。同时赤峰地区数字移动通信系统开通，全市新建GSM（2G）基站54个、载频

128个,赤峰市移动通信发展技术从模拟网络进入数字网络时代。

二、邮电分营后移动通信网络

赤峰移动分公司网络　1999年9月,赤峰移动分公司成立后,网络建设经历由1G模拟网到2G、3G、4G数字网的转变。2001年,完成2G转网。2001—2006年,赤峰移动分公司对2G网进行五至十一期扩容工程建设,基站达到384个。2012年9月10日,赤峰移动分公司建设开通2G、3G、无线局域网三网协同小区,实现了36个大型住宅小区近376栋楼宇的深度覆盖。完成3G网络从无到有、从有到精,至2012年末,3G基站总数达到622个,基本实现全市各旗县区主要城区的有效覆盖。2013年,新增3G基站244个,载频1464个。2014年,新建3G基站409个,3G基站总数达1275个,实现全市130个城镇的3G有效覆盖及300个行政村的广度覆盖。2014年末,2G基站总量达2430个,无覆盖和信号覆盖较弱区域减少31处,城区视觉智能网络覆盖率由95.49%提升到96.04%,农村覆盖率由92.59%提升到93.49%。中国移动4G网络在赤峰试用,当年,新建4G基站888个,完成了4G网络的从无到有,实现赤峰市城区、县城和部分大型乡镇的连续覆盖。赤峰移动分公司2G、3G、4G网络基站总数达4593个,移动网光纤2.2万皮长公里。

赤峰联通分公司网络　1999年9月,赤峰联通分公司2G实验网正式投入试运营。2001年,赤峰联通建成2G网络基站51个。2008年,赤峰联通共有2G基站总数487个,用户信息数据库容量达到73万,动态信息数据库容量达到54万,移动信号基本实现乡镇以上行政区域的覆盖,农村及重要公路覆盖能力极大增强。2009年5月,建成覆盖全市12个旗县区的3G通信网络,新建基站144个,是全国首批开通3G网络服务的城市之一。2014年,赤峰联通分公司3G基站达到1008个,实现全市旗县、乡镇覆盖率达90%,行政村覆盖率达63%。2G网进一步提升交通干线、农村地区的覆盖水平,行政村覆盖率达到82%。同时赤峰联通双4G网络正式开通,全市新建基站75个,实现市区及旗县政府所在地网络覆盖。全市共有2G、3G、4G网络基站1570个,有移动网光纤3372.49皮长公里。

赤峰电信分公司网络　2008年10月,将中国联通2G移动通信业务整体划转中国电信,中国电信正式向公众提供2G服务。划转初期,赤峰电信共有基站162个,支持语音和数据上网业务。2009年,赤峰电信2G一期工程完成,新建基站67个,并对移动系统进行扩容、升级和改造,逐步提高了移动网质量;全网开通3G第三代移动通信技术。2010—2013年,赤峰电信先后完成2G二至五期工程,2G、3G基站得到迅速增加,网络覆盖趋于完善,实现城市、乡村、主要交通道路、旅游景点的覆盖。2014年,2G六期工程完成,基站总数达到648个,其中3G基站达到604个,基本实现全市2G、3G网络的全覆盖。同年开展4G网络建设。共有移动网光纤6537.8皮长公里。

至2014年末,全市3家电信企业有2G基站3565个、载频5851个,实现全市2G网络的全覆盖。3G基站2887个,基本实现全市乡镇以上覆盖。建成4G基站963个,全市 4G 网络的从无到有，实现赤峰市城区、县城和部分大型乡镇的连续覆盖。全市共有 2G、3G、4G 基站 7415 个，移动网光纤 3.19 万皮长公里，全市移动通信进入 4G 网络时代。

第二章　电信业务

第一节　固定电话

1991—2000 年，固定电话先后由赤峰市邮电局、市电信局、市电信分公司经营。2002 年，赤峰网通分公司经营固话。2001—2003 年，铁通赤峰分公司、赤峰电信分公司先后经营固话。2008 年，赤峰网通分公司并入赤峰联通分公司，3 家电信企业共营固话。至 2014 年，全市共有固话用户 45.04 万户。

一、长途电话

1991 年，赤峰市长话业务是长市话合一，只有市话交换机，长途是人工转接，属半自动业务。业务类型分为国内长途和国际长途两种，其中国内长途分为普通电话、公务电话、会议电话等。全市长途话务量 223.71 万次。

1994 年，程控电话开通后，长话业务通过长途电话网加冠国内（地区）和国际（地区）间长途区号，即可直接拨打国内、国际长途电话。全市长途话务量 1148 万次，比 1991 年增长 4.13 倍。2000 年，赤峰长话业务能力进一步提高，长途电话业务量 2121 万次。2008 年，全市长途话务量持续增长，达到最高点 3550.5 万次。

2009 年后，随着移动电话资费政策逐步调整而逐年下降，长途电话业务量降至 3214 万次。至 2014 年，长途话务量为 1188.6 万次。

二、城市电话

业务　1991 年，赤峰城市电话（简称市话）分为甲种和乙种电话、公用电话 3 种。甲种电话是指电话安装在个人住宅的用户，乙种电话是指甲种电话以外的其他用户，公用电话是邮电部门设立的对外营业点。全市市话用户 2.46 万户，其中住宅电话 8655 户，公用电话点 125 部。

1995 年，随着人民生活水平的逐步提高，全市市话用户 10.46 万户，其中住宅电话 7.51 万户，公用电话点 1085 部。2000 年，全市市话用户 21 万户，其中住宅电话 17 万户，公用电话点 10049 部。

2001—2003 年，赤峰网通分公司、铁通赤峰分公司、赤峰电信分公司先后发展市话用户近 11 万户。至 2004 年，全市市话用户达到 52 万户，其中住宅电话 42 万户，公用电话点降至 7378 部。2005 年，随着移动通信的不断发展，全市市话用户降至 17 万户，其中住宅电话降至 15 万户。2006 年后，市话业务又有新的发展。至 2010 年，全市市话用户增至38.6万户,其中住宅电话增至27.3万户,公用电话点增至22119部。

至2014年,全市市话用户26.08万户,其中住宅电话12.56万户,有公用电话点13504部。

市话初装费 1991年,全市党政机关、企事业单位电话初装费每部2400元、材料费300元,住宅电话初装费每部2900元、材料费300元,农话初装费每部1900元、材料费300元。1999年,电话初装费进行调整,调整后统一标准每部1380元。2001年,电话初装费取消。

三、乡村电话

1991年,全市有乡村电话用户为3545户。1994年,随着全市"长途传输数字化、交换数字程控化"的实现,乡村电话进入快速发展时期,乡村电话自动点达92处,乡村电话用户达到9550户。

1995年,赤峰联通分公司在宁城县、松山区开通乡村电话自动网,进一步推进乡村电话程控化水平,全市通电话的乡镇达到252个。2000年,全市273个乡镇苏木全部开通程控电话,53%的行政村直通电话。

2006年后,乡村电话发展较快。至2010年,乡村电话用户达23.5万户,其中住宅电话22.5万户。

至2014年,随着移动电话的普及和发展,全市乡村电话用户数减少为18.96万户,其中住宅电话为15.66万户。

第二节　小灵通

2001年5月,赤峰联通分公司启动无线市话"小灵通"业务,在红山区、松山区、元宝山区三个地区同时开通,放号3.5万户。8月,进入试运营。

2003年7月,经扩容网络容量增加至10.26万门,小灵通用户发展到6.8万户,网络覆盖全市12个旗县区政府所在地。2004年3月,小灵通用户突破10万户。

2006年底,小灵通用户达到15.7万户,用户数量达到最高峰。随着移动通信技术的发展,通信体制融合重组,小灵通用户数量开始逐步减少。

2009年2月,根据工业和信息化部的要求,对无线市话进行清频退网,出台小灵通转网等优惠政策。

至2014年10月,全市小灵通网络正式停用。

第三节　数据和互联网业务

1995年7月,中国人民建设银行赤峰市中心支行、市邮电局联合开通分组数据交换网,中国人民建设银行赤峰市中心支行通存通兑电脑网络系统进入试行阶段,有55个网点实现计算机联网及通存通兑。到 1998 年,发展分组交换和数字数据网用户 258 户。

1998 年,邮电分营后,赤峰市电信局开通多媒体数据宽带业务,当年发展宽带互联网用户 186 户,发展多媒体信息网用户 69 户。1999—2000 年,赤峰联通分公司发展数据宽带业务用户 523 户,多媒体业务用户 6499 户。2003 年,赤峰电信分公司积极扩展光纤宽带业务。2005 年,全市宽带互联网用户 4.67 万户。至 2006 年,全市宽带互联网用户 7.03 万户。2008 年, 铁通赤峰分公司与赤峰移动分公司共同开展宽带进小区工程。赤峰移动分公司与赤峰市广播电视局签订协议,共同开展宽带营销业务。2010 年,全市宽带互联网用户 19 万户。

至 2014 年,全市宽带互联网用户达到 41.65 万户。其中广电宽带用户 2821 户,网元(人工智能传输系统)出租业务主要针对党政机关、企事业单位,有网元用户 3079 户。

第四节　卡类业务

1995—2014 年,全市邮电部门和电信企业开展卡类经营业务,为通信用户提供多方位的优质服务,在不同时期为全市通信业发展发挥了积极促进作用。

1995 年,赤峰市邮电局经营卡类业务,先后发行预付费电话卡、充值付费卡等 10 多种。并开始发行 IC 电话卡,主要面值 20 元、30 元、50 元,当年发行 2 万张,总金额 80 万元。2005 年后,IC 卡使用量逐年减少,至 2014 年 IC 卡停售。

1999—2000 年,赤峰联通分公司发行 201 电话卡,面值 20 元、30 元、50 元,当年发行 10 万张,总金额 400 万元;发行 17908 IP 长途电话卡,面值 20 元、30 元、50 元、100 元,当年发行 10 万张,总金额 400 万元。至 2005 年,201 电话卡使用量减少。2006 年,201 电话卡停止发行。2008 年,17908 IP 长途电话卡因销量少停止发行。2009 年后,中国联通为进一步提升服务质量、完善服务功能,推出联通“一卡充”充值业务,此卡全国通用(含香港),能为中国联通的移动电话用户、无线上网用户、固话用户、宽带用户充值,实现全国范围内充值缴费无障碍,不计名,不挂失,面值为 20 元、30 元、50 元、100 元、300 元、500 元 6 种。至 2014 年,“一卡充”发售 450 万张,发售总金额 2.25 亿元。

2002 年, 铁通赤峰分公司发行 17995 IP 电话卡、068 长途电话卡。2003 年, 新增 197300 长途电话卡、197200 本地电话卡业务。至 2014 年,共有 17995 IP 电话卡、军旅卡、国际卡、197300 长途电话卡、197200 本地电话卡 5 种卡类业务。

2004 年后,赤峰电信分公司主要发行 17968 长途通话卡、17969 电话卡、充值电话卡 3 种类型,17968 和 17969 电话卡因销量较少,于 2008 年停售。2008 年后,主要发行充值电话卡,有 1 元、5 元、10 元、20 元、30 元、50 元、100 元、200 元、500 元 9 种面值,至 2014 年,累计发行 24 万张,发售总金额 3300 万元。2007 年后,赤峰移动分公司发行 100 元、50 元、30 元 3 种面值充值卡,至 2014 年,累计发行 300 多万张,发售总金额 1.5 亿元。

第五节　公众信息查询业务

1994 年,赤峰市邮电局开办 160 人工信息台、168 自动声讯信息台。主要业务为考试信息查询、公安局出入境管理局咨询、腾讯 Q 币充值、富龙热力客服热线、点歌等。

1995 年,全市 114 电话查号纳入赤峰邮电局查号台,查号台查询范围增加,查询数据由每月的几万个增加到 10 多万个。随着固话装机量的增加,话务量逐步增加到 50 多万个 / 月。同时加强对话务员的培训,规范服务,提高整体人员的素质,使 114 台整体的服务质量也得到了提升。

2002 年,赤峰网通分公司加强 114 台查号台的电话导航作用,增加 116114 平台,114 与 116114 两台合用,后又新增优先报号、多名称注册、查询转接、话务转接、企业冠名、企业名片、随身号簿、企业总机等增值业务。

2008 年后,赤峰联通分公司因 114 台固话业务需求和 114/116114 的呼叫量略有下降,将 114 台改为电话导航平台,114/116114 平台除可以提供基础查号功能外,陆续增加多种信息服务查询功能,主要包括公益信息查询、交通信息查询、行业信息类查询、预订服务等信息服务业务。公益信息查询主要有天气预报、家政、保洁服务、送水服务、挪车服务、汽车救援、彩票信息、理财顾问、租车服务、医保查询、预约挂号等;交通信息查询主要有火车时刻、航班时刻、公交路线等;行业信息类查询主要有教育导航、法律顾问、健康顾问等;预订服务主要有机票预订、景区门票预订、酒店预订、鲜花预订等。赤峰移动分公司提供集团专线,开展公众信息服务。赤峰电信分公司发展翼支付、天翼对讲、外勤助手等服务。

2010 年,春节和元宵节期间,赤峰联通分公司为用户提供央视春晚和元宵晚会节目查询。2011—2012 年冬季,为方便雪天用户的安全出行,赤峰联通分公司 114/116114 台与市交警支队合作,为用户提供高速公路开通情况查询。2014 年 5 月,增加交通违章查询,当年查询 5484 次。至 2014 年末,提供各类服务查询 540 多万次。

第六节　电报与无线寻呼业务

一、电报业务

赤峰市电报业务先后由市邮电局、电信局、网通公司经营。1991 年,电报业务主要分为天气电报、水情电报、公益电报、新闻电报、普通电报、汇款电报 6 种,全市电报业务量 91.3 万次 / 年。1995 年,新开办鲜花礼仪、祝贺婚礼、祝贺开业庆典、吊唁电报等业务。2000 年后,电报业务简化为普通电报。自 1992 年始,由于程控电话的普及和数据信息业务的开通,全市电报业务量逐年减少。至 2007 年,电报业务停办。

1991—2002年赤峰市电报业务量统计表

表 8-2-1

年份	国内(万次)	国际及中国港澳台地区(次)
1991	91.3	300 ~ 500
1992	80	300 ~ 500
1993	70	300 ~ 500
1994	60	300 ~ 500
1995	50	300 ~ 500
1996	40	300 ~ 500
1997	30	300 ~ 500
1998	20	300 ~ 500
1999	15	300 ~ 500
2000	7	300 ~ 500
2001	3	300 ~ 500
2002	2	300 ~ 500

二、无线寻呼业务

1991—1994年，全市主要开办126人工无线寻呼业务，开通127自动寻呼台，有无线寻呼用户9335户。1995年5月，自治区邮电局126、127、128寻呼台实现联网。1995年末，全市12个旗县区无线寻呼业务实现全区、全国联网，无线寻呼用户由1991年273户发展到1995年18884户。

1998年11月，无线寻呼业务率先从电信业剥离后，内蒙古国信寻呼有限责任公司在全市发展寻呼用户20余万户，服务范围基本覆盖旗县区及乡镇。随着移动业务的快速发展，无线寻呼业务逐渐减少，至2002年，无线寻呼业务停办。

第七节　移动通信业务

1994年，赤峰市邮电局开通第一代900M模拟1G蜂窝式移动通信系统，仅限于提供模拟语音(通话)通信业务。1998年，邮电分营后，赤峰市电信局2G数字移动通信系统开通运营，除进行语音通信外，还支持收发短信和彩信、WAP手机上网等。1999年9月，市电信局与赤峰移动分公司正式分营，不再经营移动业务。

1999年后,赤峰联通分公司和赤峰移动分公司分别开通第二代2G数字移动通信业务,可为用户提供短信、彩信、语音电话、可视电话、手机音乐等多种服务。

2008年,赤峰电信分公司收购中国联通第二代2G数字蜂窝移动通信业务,提供双向语音、移动主叫号码显示、呼叫前转、国内漫游和国际漫游业务。

2009年1月,赤峰移动、联通、电信三家运营企业分别开通能支持3G服务网络并且能够同时传送语音及电子邮件、即时通信等数据信息业务。

至2014年,赤峰联通、电信、移动三家运营企业全面开通4G移动通信业务,4G是3G移动电话速率的50倍。全市共有网上移动电话用户463.95(含双网)万户。剔除双网因素,实有移动电话用户378.83万户。

第三章　电信管理

第一节　电信管理体制改革

1998年,根据国务院体制改革总体方案,赤峰邮电局历经邮电分营、寻呼剥离、移动分营、融合重组、企业改制上市等重大改革。

1998年10月,按照信息产业部及自治区邮电管理局的统一部署,赤峰市邮电局如期完成邮电分营改革,10月28日,赤峰市电信局正式挂牌成立。下设平庄矿区电信局、阿鲁科尔沁旗电信局、巴林左旗电信局、巴林右旗电信局、林西县电信局、克什克腾旗电信局、翁牛特旗电信局、喀喇沁旗电信局、宁城县电信局、敖汉旗电信局10个电信局,有职工1638人。

1999年,随着改革的持续深入,移动业务正式从电信局剥离。同年1月,中国联通赤峰分公司成立,9月,内蒙古移动通信公司赤峰移动分公司正式成立,经营移动通信业务。2000年7月,赤峰市电信局更名为内蒙古自治区电信公司赤峰市分公司,改为电信企业。旗县区电信局随之撤销。2001年8月,成立中国铁通集团有限公司赤峰分公司。

2002年10月,内蒙古自治区电信公司赤峰市分公司正式更名为中国网络集团内蒙古自治区通信公司赤峰市分公司。2003年6月,中国电信赤峰分公司成立,是中国电信集团公司为适应国家电信体制改革,在赤峰地区设立的全资国有通信运营企业。至2003年末,赤峰市形成联通、网通、移动、铁通、电信5家电信企业并存。

2006年,内蒙古移动通信公司赤峰移动分公司更名为中国移动通信集团内蒙古有限公司赤峰分公司。2008年5月,中国铁通集团有限公司赤峰分公司整体并入中国移动通信集团公司,为中国移动通信集团公司全资子公司,独立运营。2008年10月,中国联通赤峰分公司和中国网络集团内蒙古自治区通信公司赤峰市分公司根据国家深化电信体制改革要求，合并成立中国联合网络通信有限公司赤峰市分公司。中国电信赤峰分公司更名为中国电信股份有限公司赤峰分公司。2009—2014 年，赤峰市形成联通、移动、电信 3 家电信企业并存，独立运营。共有职工 4100 人。

第二节 无线电管理

一、机构设置

1991 年，赤峰市设有无线电管理委员会，下设无线电管理委员会办公室（简称无委办），由市政府办公室管理。有工作人员 4 人。

1994 年，根据国务院《关于调整无线电管理办事机构设置的通知》和自治区政府《关于调整无线电管理办事机构设置有关事项的通知》精神，撤销赤峰市无线电管理委员会，赤峰市无线电管理委员会办公室更名为内蒙古自治区无线电管理委员会办公室赤峰市管理处（简称赤峰市无线电管理处），为处级建制，实行自治区无线电管理委员会办公室和市政府双重领导。1995 年 6 月 12 日，内蒙古自治区无线电管理委员会办公室与赤峰市政府办公室正式完成机构交接工作。2002 年 10 月 16 日，成立赤峰市无线电监测站，隶属赤峰市无线电管理处管理，核定事业编制 5 人。至 2014 年，管理和监测机构设置未变。有工作人员 7 人。

二、管理工作

无线电频谱资源　1991 年，全市共有各类型电台 113 部，其中广播电台 45 部，专用通信电台 68 部。

1997 年，市无线电管理处对全市无线电台（站）进行普查，共核查设备 216 部，其中广播电台 56 部，超短波电台 139 部，微波台站 18 部，卫星地球站 3 部。进一步准确掌握各类台站的数量、分布和设置情况，健全了数据台站档案。至 2014 年末，全市各类无线电台设备达到 9076 部，其中广播电台 191 部，超短波电台 2250 部，短波电台 200 部，微波电台 667 部，其他 5768 部。

无线电台（站）管理　1997 年，赤峰市无线电管理处依据《航空无线电导航台站电磁环境要求》，加强对民航部门航空无线电业务使用频率的保护，对无线寻呼台等严格审批。对全市已设的无线寻呼台进行全面检查，下达整改通知书 5 份。随着经济快速发展，各类无线电台（站）数量迅速增加，市无线电管理处按照国家、自治区无线电管理部门的频率规划，严格无线电台审批。2014 年，对全市的调频广播电台干扰民航地空通信进行专项整治，共检测无线电台调频电台 80 部，对存有干扰隐患的 13 部发射电台责令进行整改，有效消除对民航地空通信的干扰隐患。

无线电监测　1991 年，赤峰市无委办利用便携式监测设备，对全市广播调频台站进行检测，确保广电台站发射指标正常。对 30 部广播电台进行监测，形成监测报告 12

份。1997 年,随着寻呼业务的兴起,市无线电管理处加强对寻呼业务的监测和检测,提早发现干扰隐患,检测寻呼电台 6 部,查处非法干扰 1 起。2014 年,开启 2 座固定监测站、2 座小型监测站、2 个移动监测站,全年监测时间累计为 5560 小时。完成国家和自治区布置的各类专项监测任务。2008—2014 年,对每年度的人事、卫生、教育、司法等各类考试进行检查,共查处利用无线电设备作弊人员 38 人。1991—2014 年,查处各类干扰 16 起,违规设台 9 起,保障无线电业务的正常运行。

第四章 电信企业

第一节 赤峰联通分公司

一、机构设置

1999 年 1 月,赤峰联通分公司成立。内设综合部、财务部、市场部、运建部 4 个部门,在全市 12 个旗县区设立营销机构。

2008 年,赤峰网通分公司整体并入。赤峰联通分公司内设 17 个经营管理部门,其中移动网络公司下设网络建设部、运维与网优中心、财务部、综合部 4 个部门,8 个城区营销中心。在全市 12 个旗县区设立分公司,营业网点为 400 多个。至 2014 年,赤峰联通分公司内设经营支撑中心、渠道营销中心、营业中心、农村营销中心、驻地网营销中心等业务中心 14 个,设综合部、集团客户事业部、客户服务部、电子商务部、信息导航与互联网部、人力资源部、财务部等部门 16 个。在 9 个旗县设有分公司,在红山区、松山区、元宝山区设有 3 个营销中心。全市自有营业网点 240 多个,社会服务网点 3200 多个。共有员工 2300 人。

二、主要业务

1999 年,赤峰联通分公司主要开展固话业务。1999 年后,开通 2G 网络,为全市用户提供移动通信业务服务。

2005 年,承建赤峰市和 12 个旗县区政府上网工程,开通“赤峰市党政机关移动办公网”,协助赤峰市成为全国实现党政机关移动办公的地级市之一。

2008 年,赤峰联通、网通融合重组后,赤峰联通分公司业务涵盖固定通信,移动通信,国内、国际通信业务,数据通信与网络技术和各类电信增值业务等。2009 年 5 月,赤峰联通分公司 3G 业务正式投入运营,开通手机可视电话等 12 项业务,“沃”品牌产生一定影响力。

2014 年,赤峰联通分公司正式向全市开展 4G业务,至年末,累计发展用户 2.6 万户。赤峰联通紧紧围绕移动通信技术的发展步伐,积极实施 3G、4G 移动业务一体化战略。移动号段为 130、131、132、155、156、185、186,新增 176 号段为 4G 专属号段,4G 业务在全市逐渐拓展。赤峰联通网上移动用户达到146.1万户。宽带互联网用户32.4万户，宽带网络覆盖人口252万人，通宽带的行政村1349个，覆盖率64.58%，城区及县城90%以上用户达20M宽带接入能力。固话用户38.4万户，分布全市12个旗县区。

第二节　赤峰移动分公司

一、机构设置

1999年9月，赤峰移动分公司成立。内设综合部、财务部、市场经营部、网络部、人力资源与党群工作部5个职能部门，下设13个旗县区分公司，自办营销网点14个。有员工497人。2008年，铁通赤峰分公司整体并入。2009年3月，人力资源与党群工作部分设为人力资源部、党群工作部2个独立部室。

2014年6月，赤峰移动分公司新增集团客户部、工程建设部、联合办公室、客户响应中心、渠道运营中心、集团客户中心，共有职能部门12个。下设旗县区分公司13个，有自营网点40多处，社会合作网点2000多处。共有员工1089人。

二、主要业务

1999年，赤峰移动分公司先后推出全球通、动感地带、神州行三大移动品牌，负责赤峰地区134~139、147、150~152、157~159、178、182、183、184、187、188移动通信业务的经营服务。业务经营范围涉及移动语音基本业务、数据业务、互联网及多媒体业务等，还可提供手机银行卡支付、电子政务、数据专线、手机导航、手机视频、手机报、139邮箱、12580医疗信息查询等数千种信息化服务。

2001年，推出“惠通卡”“基站通”“手机捆绑”“话费打折”“打50赠50”等灵活的营销政策。仅8—12月共发展集团用户628个，放号达6.8万户，占全年新增用户数的82%，市场占有率上升到71%。年末，有移动网上用户16.85万户。

2003年，积极推进品牌整合，增强用户对不同品牌的认知度。出台全球通资费品牌“运通卡”“顺通卡”，重点在学校等目标客户群较为集中的场所多次推广动感地带品牌，并因地制宜调整资费。年末，用户总数达2.9万户。对神州行品牌出台“自由卡”，用户达5893户。年末，有移动网上用户40.11万户。

2006年，大力发展增值业务，短信业务稳中有升，完成4.23亿条，彩信用户7.24万户，彩铃用户达到67.5万户，是年初发展目标的2.7倍。手机上网、无线音乐俱乐部、手机报等增值业务也逐渐被客户认知。积极推广集团客户信息化应用，针对教育、金融、公安、农业、气象行业大力推广“校信通”“银信通”“警务通”“农信通”“气象通”等业务。至2007年，赤峰移动分公司网上用户达150万户。2006—2008年，助力政府电子政务工作，为松山区政府专门开发移动政务自动化系统。“校信通”收费用户达到19.6万户，“农信通”收费用户达到20.6万户，业务收入突破1000万元大关。

2009年4月,赤峰移动分公司在赤峰地区第一个3G视频电话拨打成功。

2011年,扩展便民服务项目,成功开展手机支付电费、水费、有线电视费业务,实现与无线城市平台对接,查询及缴费使用达2万人次。无线城市(高速宽带无线技术覆盖城市行政区域)建设取得突破性进展,全年接入重点应用37项,其中33项被中国移动集团公司达标检查组认可。行业应用17项,全部通过集团公司达标检查。全市无线城市活跃用户数达10.5万户,累计访问量达20多万次。

2011—2012年,推广"校信通"使用学校达762所,收费用户达38.46万户。先后与市机要局、司法部门、中国银行、邮政储蓄、农村信用合作社等近20个行业单位达成合作协议,拓展行业客户专线达797条,累计收入3009.2万元,占全部运营收入的2.28%,位居全区第二名。强化重要集团客户的保有和拓展,全市集团客户达到6674个,法人集团成员数达60.47万人,集团客户占移动通信总户数的17.87%。至2014年,赤峰移动分公司开通4G业务,至年末,全市有网上用户277.85万户(含双网)。

第三节　铁通赤峰分公司

一、机构设置

2001年8月,铁通赤峰分公司成立。隶属中国铁通集团有限公司辽宁分公司,归属铁道部管理。而后在赤峰地区8个旗县区设立分支机构。

2004年,实行属地化管理,划归中国铁通集团有限公司内蒙古分公司,隶属于国资委。内设网运部、市场部、综合部3个职能部门,在赤峰地区下设7个旗县区支局、6个代理基层单位、15个营业部、50个局域网点。其中在红山区设有经营部1个,营业厅2个,有员工149人。2008年,铁通赤峰分公司整体并入中国移动通信集团公司,企业名称、机构设置未变,独立运营。至2014年,有员工170人。

二、主要业务

2001年,铁通赤峰分公司开展固话业务,有固话用户900多户,主要分布在红山区铁路地区、松山区及敖汉旗铁路沿线。

2008年,业务扩展为TD无线固话、IP电话、数据传送、宽带互联网、视讯、卡类、呼叫中心、虚拟专网、网元及电路租赁等增值电信业务。发展固话用户3万多户、宽带互联网用户1万多户。

2014年,新增远程智能监控等业务。在红山区、松山区、元宝山区平庄镇、敖汉旗、宁城县天义镇、翁旗乌丹镇、林西县林西镇、克旗经棚镇共有固话用户4.04万户,远程智能监控近50多处。

第四节　赤峰网通分公司

一、机构设置

2002年10月,赤峰网通分公司成立。内设市场经营部、商务客户服务部、小灵通事业部、公众客户服务一部、公众客户服务二部、公众客户服务三部、公众客户服务四部、服务督查部、网络运维部等部门14个,设大客户中心、网管中心、设备维护中心、增值业务中心、营业中心、公话管理中心、订单管理中心、客户服务中心、宽带营销中心、新城区营销中心等业务中心17个。下设12个旗县区分公司,全市各乡镇苏木营业网点达400多个。至2008年,赤峰网通分公司并入赤峰联通分公司,有员工1800人。

二、主要业务

2002年,赤峰网通分公司在传统固定电话业务的基础上,开通交互式会议电话、电视电话会议、互联网、IC卡公话、IP地址查询、200号小灵通等一系列新业务,极大地丰富了赤峰地区的通信市场,为用户提供更多的通信选择。特别是IC卡电话,以其合理的布局和方便快捷的特点深受广大用户的好评。在全市范围内共安装IC卡电话7000部,有人值守公用电话6392部。

2002年后,随着社会信息化应用水平的不断提高,赤峰网通业务得到快速发展,城乡固定电话日益普及,全市实现村村通电话,先后开展电子商务、远程教育、远程医疗、网上证券、电话信息服务等应用业务。至2008年,赤峰联通、网通重组前固定网用户总数突破40万户,小灵通用户总数突破10万户。赤峰网通分公司与赤峰联通分公司合并后,业务终止。

第五节　赤峰电信分公司

一、机构设置

2003年6月,赤峰电信分公司成立。内设市场部、异网业务部、政企部、网络部、客户服务部、综合部6个部门,市区下设1个自有营业厅。2004年末,全市12个旗县区分公司挂牌运营。至2014年,公司内设办公室、财务部、纪检监察室(党办)、市场部、客户服务部、渠道部、创新部、光宽办公室、网发部、网运部、政企部、校园部12个职能部门,下设红山分公司和12个旗县区级分公司,全市设有17个自有营业厅,社会渠道网点500多个。有员工541人。

二、主要业务

2003年,赤峰电信分公司开始经营固定通信业务、宽带业务。当年开通587、588、589、595、597及旗县58号段,发展固话用户5000户。至2007年,有固话用户5.8万户。2014年,固话用户逐步下降,有用户2.6万户,发展宽带互联网用户9万多户。

2008年,赤峰电信分公司启动2G移动通信业务。2009年,全面启动3G数字蜂窝移动通信业务,主要经营133、153、180、181、189、173、177专属号段的移动通信服务。重点发展天翼对讲、销售管家、工商翼通、税务翼通、无线数字医疗等移动通信及公众信息业务。2010—2012年,自治区翼支付平台建设完成正式上线运营。2014年,开通4G网络。同年,添益宝、翼支付4G上线。至年末,全市有2G、3G、4G网上移动用户40多万户。

第九卷

金融业

1954年，中国人民银行赤峰市（原昭乌达盟）支行成立。此后，市建设银行、市农业银行、市工商银行、市中国银行先后成立。1991—2014年，赤峰市的金融业开始呈现蓬勃发展的新局面，在规模、质量、效益等方面处于全区较为发达的水平。

银行业。1993年12月，国务院颁发《关于金融体制改革的决定》后，赤峰地区开始实施金融体制改革。1994年后，中国人民银行由经营管理向政策监管转变，市工商银行、市农业银行、市建设银行分别由国有专业银行转为国有商业银行。1996年，赤峰市第一家政策性银行——中国农业发展银行赤峰市分行成立。2002年后，国有银行开始向股份制银行转变，城市信用社向地方商业银行转变，农村信用社改变合作性质成为独立经营、自担风险的农村金融机构。2004—2009年，市建设银行、市中国银行、市工商银行、市农业银行陆续完成股份制改造，分别更名为中国建设银行股份有限公司赤峰分行、中国银行股份有限公司赤峰分行、中国工商银行股份有限公司赤峰分行、中国农业银行股份有限公司赤峰分行。2007年，包商银行股份有限公司赤峰分行和赤峰市第一家农村合作银行——元宝山农村合作银行成立。2013年，交通银行股份有限公司赤峰分行成立。2014年，中信银行股份有限公司赤峰分行成立。到2014年末，全市金融机构由1991年的54家增加到156家。以中国人民银行赤峰市中心支行为监管和运行中心，以工商银行、农业银行、中国银行、建设银行四大国有控股商业银行和农村信用合作联社为经营主体，以政策性银行、股份制商业银行、城市商业银行、村镇银行等金融机构为业务补充的银行业金融机构体系稳固形成，功能和作用显著增强。全市银行业金融机构以金融改革为契机，全面落实党和国家金融政策，合理布局营业网点，积极增加存款种类和创新金融产品，拓展电子银行、通存通兑、国际结算等新领域和新业务，全力支持全市优势特色产业、新兴产业、小微企业、城镇化建设等重点建设和产业发展项目，同时改善金融服务，发展绿色信贷，推广普惠金融，全市银行业实现持续、快速、健康发展。到2014年，全市银行业金融机构资产总额1617.39亿元，各项人民币存款余额1366.47亿元，比1991年的21.31亿元增长63.12倍；各项人民币贷款余额1048.07亿元，比1991年的35.15亿元增长28.82倍。银行业不仅发展成为全市第三产业的重要组成部分，而且生长成为搞活全市经济、促进部分社会事业进步的重要杠杆。

保险业。1991年，赤峰市保险机构只有中国人民保险公司赤峰市分公司1家，下设旗县区支公司26家。1996年，中国人民保险公司赤峰市分公司划分为寿险公司和财险公司，财险与寿险业务分营。2003年后，平安财险、国寿财险、大地财险、人寿保险、平安人寿等保险公司先后在赤峰设立分支机构。到2014年，全市有保险公司172家，其中财产保险公司107家，人寿保险公司65家。保险服务网络覆盖全市城乡，基本形成机构健全、网络完善、功能互补的保险市场体系。1991年，全市财产保险主要险种有企业财产险、家庭财产险、机动车险、货运险、工程险等；人寿保险主要险种有养老金保险、子女教育婚嫁保险和人身意外保险等。到2014年，全市财产、人寿保险险种由1991年的几十个发展到740余个，其中财产保险险种600余个，人寿保险险种140余个。保费收入由1991年的2649万元增加到39.25亿元，增加147.17倍，其中财产保险业务保费收入17.13亿元，人寿保险业务保费收入22.12亿元。理赔支出由1991年的1331万元增加到14.78亿元，增长110.04倍，其中财产保险赔款支出9.25亿元，人寿保险赔款支出5.53亿元。

证券业。20世纪90年代初，全国证券市场初步形成，赤峰市证券行业随之启动。1996年7月，内蒙古恒泰证券股份有限公司在赤峰市红山区哈达街设立第一家证券营业部，率先开通沪深两市A、B股证券交易。1997年，内蒙古宏峰、富龙热力、草原兴发、宁城老窖4家股票上市。2002年、2010年、2014年，国泰君安证券股份有限公司、日信证券有限责任公司、长城证券有限责任公司先后在赤峰开设营业部。到2014年末，全市有证券公司4家，开设营业部7家，沪深两市证券交易总额584.48亿元。

信托期货业。20世纪80年代，中国信托业开始逐步发展。1991年，中国工商银行赤峰分行信托投资公司开办信托业务，1996年停办。从2010年起，克什克腾旗农村信用联社、赤峰松山农村商业银行、翁牛特旗农村信用联社3家金融机构开展信托业务。2014年，赤峰地区信托业务全部停办。中国期货市场产生于20世纪80年代。2010年，内蒙古恒泰证券股份有限公司在赤峰设立4个营业部，开展期货中介业务，业务量极少。2011年、2013年，上海中财期货有限公司和北京首创期货有限责任公司先后在赤峰成立营业部。到2014年，全市共有期货经营机构2家，股票交易、结算品种发展至92个，累计成交额760.64亿元，累计实现业务收入178.05万元。

金融监督。1991—2003年，中国人民银行赤峰分行作为全市金融行业唯一监管机构，负责对银行、证券、保险及非银行金融机构的统一监管。2004年，银行业监督管理职能从人行赤峰支行分离，由中国银行业监督管理委员会赤峰监管分局对银行业分支机构实施监管，全市金融业形成分业监管的格局。市人民银行主要负责监管金融机构、金融市场、人民币管理、反洗钱、外汇、支付结算等业务；市银监分局负责监管金融机构其他业务。2005年，市金融工作办公室成立，全面开展小额贷款公司、融资性担保公司的监管工作。三大机构的有效监管，成为赤峰地区银行业发展和金融繁荣稳定的重要保障。

第一篇 银行业

第一章 人民币业务

1990年，中国人民银行下调存贷款利率，扩大货币供应和信贷规模，刺激投资增长。1993年，中国人民银行实行适度从紧的货币政策，大力整顿金融秩序，调高存款利率。1996年，赤峰市金融机构人民币贷款余额突破100亿元。1997年，亚洲金融危机爆发，中国人民银行实行稳健的货币政策。1998年，赤峰市金融机构人民币存款余额突破100亿元。2007年，中国人民银行针对国内较为严峻的通货膨胀形势，实施从紧的货币政策。2008年，国际金融危机爆发后，中国人民银行调整金融宏观调控措施，连续3次下调存款基准利率，两次下调存款准备金率。同年末，中国人民银行实行适度宽松的货币政策，保障经济平稳较快增长。2011—2014年，赤峰市金融机构人民币存款余额年均超过1000亿元。

第一节 存 款

1991年，赤峰市银行业金融机构人民币存款余额21.31亿元。1995年，全市人民币存款余额增至45.92亿元，比1991年增长1.15倍。1998年，全市金融机构人民币存款余额突破100亿元，达到110.02亿元。2002年，全市金融机构实现人民币存款余额179.25亿元。2008年，全市金融机构实现人民币存款余额584.11亿元。2011年，全市金融机构人民币存款余额超过1000亿元，达到1037亿元。至2014年，全市金融机构人民币存款余额1366.47亿元，比1991年增加1345.16亿元，增长63.12倍。

一、储蓄存款

1991年，赤峰市城乡居民储蓄存款余额16.74亿元。其中中国工商银行赤峰市支行（简称市工商银行）7.09亿元、中国农业银行赤峰市支行（简称市农业银行）7.66亿元、中国银行赤峰分行（简称市中国银行）4500万元、中国人民建设银行赤峰市中心支行（简称市建设银行）8000万元、其他金融机构7400万元。1991—1996年，为人民币高通货膨胀时期，为防止储蓄存款滑坡，中国人民银行推行了保值储蓄，赤峰市银行业金融机构相继开办保值储蓄业务。同时,全市各金融机构积极树立“存款立行,存款兴行”的经营理念,科学制定增存吸储计划和责任目标,通过加强储蓄宣传、开辟新储种、推行承诺制度等扩大服务领域,以优质服务赢得更多的储户。1996 年,城乡居民储蓄存款余额增至 60.92 亿元,年均增速 44.9%。1999 年,储蓄存款余额突破 100 亿元,达到 101.5 亿元。2005 年,储蓄存款余额达到 225.53 亿元,此后逐年增长,至 2007 年,储蓄存款余额为 305.21 亿元。2010 年后,受年内二次加息、各种惠农政策的实施以及国家提高农产品收购价格等政策的影响,储蓄来源扩大,储蓄存款持续大幅增长。2011—2013 年,年均增长 100 亿元。至 2014 年末,全市城乡居民储蓄存款余额 931.8 亿元,比 1991 年增长 54.66 倍。其中市工商银行 109.24 亿元、市农业银行 156.52 亿元、市中国银行 60.58 亿元、市建设银行 95.82 亿元、交通银行赤峰分行(简称市交通银行)0.94 亿元、中信银行赤峰分行(简称市中信银行)2.92 亿元、邮储银行赤峰市分行(简称市邮储银行)94.05 亿元、包商银行赤峰分行(简称市包商银行)56.05 亿元、内蒙古农村信用社 187.58 亿元、赤峰农村合作银行 155.34 亿元、赤峰村镇银行 12.75 亿元。

二、财政性存款

1991 年,赤峰市财政性存款余额 1.7 亿元。其中财政存款 0.6 亿元,机关团体存款 1.1 亿元。财政存款中,人行赤峰市中心支行(简称市人民银行)5500 万元、市工商银行 200 万元、市农业银行 300 万元;机关团体存款中,市人民银行 1400 万元、市工商银行 8000 万元、市农业银行 600 万元、市中国银行 400 万元、市建设银行 600 万元。随后两年,城市经济低速徘徊,企业利税下降影响了财政性存款的增长,1993 年,财政性存款降至 1.44 亿元。为此,全市强化对财政收支及资金管理和监督,加大预算资金征管力度,稳定了存款。1994 年,全市财政性存款升至 1.84 亿元,此后逐年上升。1998 年,随着国家经济的“软着陆”,赤峰市经济进入稳步发展期,全市财政性存款平稳增长,当年财政性存款 3.59 亿元。至 2005 年,全市财政性存款 24.06 亿元,比 1998 年增长 5.7 倍。至 2014 年末,全市财政性存款余额 28.13 亿元,较 1991 年增加 26.43 亿元,增长 15.55 倍。其中市人民银行 24.98 亿元、农发行赤峰市分行(简称市农发行)3.08 亿元、市工商银行 200 万元、市农业银行 500 万元。

三、企业存款

1991 年,赤峰市银行业金融机构企业存款余额仅为 4.07 亿元。其中市工商银行 2.33 亿元、市农业银行 6900 万元、市中国银行 2000 万元、市建设银行 8500 万元。随着全市“三资”企业、民营企业的崛起,以及各金融机构加大对公存款管理力度,1996 年,全市企业存款余额达到 10.57 亿元。其中市工商银行 5.64 亿元、市农业银行 1.32 亿元、市中国银行 4200 万元、市建设银行 1.61 亿元、市农发行 1.58 亿元,全年工商企业存款占全市企业存款总额的 53.36%。1997 年以后,金融体制改革不断深化,银行商业化经营日益深入,各银行分别从自身传统业务优势出发,制定实施一系列吸收企业存款的措施，企业存款快速上升。至 2001 年，全市企业存款余额达到 20.03 亿元。2002 年起，全市金融机构企业存款逐年增长。2007 年，全市企业存款余额突破 100 亿元，达到 103.8 亿元。其中市农发行 6.52 亿元、市工商银行 21.41 亿元、市农业银行 30.67 亿元、市中国银行 16.55 亿元、市建设银行 11.32 亿元、城市信用社 15.67 亿元、农村信用社 1.64 亿元。至 2014 年末，全市企业存款余额达到 382.52 亿元，比 1991 年增长 92.99 倍。其中市农发行 20.64 亿元，市工商银行 61.68 亿元，市农业银行 94.67 亿元、市中国银行 34.19 亿元、市建设银行 67.1 亿元、市交通银行 7.23 亿元、市中信银行 13.13 亿元、市邮储银行 12.71 亿元、市包商银行 22.83 亿元、内蒙古农村信用社 28.11 亿元、赤峰农村合作银行 17.81 亿元、村镇银行 2.42 亿元。

四、农业存款

1991 年，赤峰市农业存款余额 2.65 亿元，其中市农业银行 2.63 亿元，占全市农业存款余额的 99.25%。2000 年底，全市农业存款余额 1.4 亿元。此后，开展农业存款的金融机构逐步增多，市工商银行、市建设银行、赤峰农村信用社均开办此项业务，同时农村信用社逐渐占据农业存款的主体地位。2002 年，全市农业存款余额 2.02 亿元。其中赤峰农村信用社 1.83 亿元，占比 90.59%。到 2010 年末，全市农业存款余额 23.22 亿元，其中赤峰农村信用社和农村合作银行共 22.62 亿元，占比 97.42%。此后，全市金融机构不再设农业存款统计科目。

1991—2014 年赤峰市银行业金融机构存款余额统计表

表 9-1-1　　　　单位:亿元

年份	年末各项存款余额	年份	年末各项存款余额
1991	21.31	2003	215.51
1992	25.25	2004	254.27
1993	28.44	2005	319.87
1994	40.26	2006	386.34
1995	45.92	2007	495.36
1996	76.83	2008	584.11
1997	95.66	2009	720.42
1998	110.02	2010	879.42
1999	128.73	2011	1037.00
2000	137.82	2012	1158.62
2001	155.89	2013	1267.64
2002	179.25	2014	1366.47

五、委托存款

1991年,赤峰市委托存款234.2万元。1996—2008年,由于国家金融政策调整,委托存款曾一度出现负增长。2009年,随着国家经济结构调整,委托存款逐步增加,达到5337万元。2014年底,委托存款余额2.88亿元,比1991年、2009年分别增长122倍和4.4倍。

第二节 贷 款

1991年,赤峰市金融机构贷款余额35.15亿元。1993年,全市加快金融体制和投资体制的改革,实行政策性业务和商业性业务分离,主营业务界定范围被打破,出现各银行间业务交叉、相互竞争的局面,全市贷款余额不断增加。1994年,全市金融机构贷款余额77.05亿元,比1991年增长1.19倍。1996年,贷款余额突破100亿元,达到109.56亿元。1997年,亚洲金融危机爆发后,中国人民银行对国有商业银行取消贷款限额控制,逐步实行资产负债比例管理,运用利率等多种货币政策工具调控货币供应量。1999年,贷款余额增至148.94亿元。2000年以后,全市金融机构加大对效益好的上市公司及电力、交通、教育、卫生等领域优质客户的贷款投放力度,重点对涉农企业、基础设施建设及新兴产业等方面给予信贷倾斜。同时,各金融机构均采取审贷分离和授权制度,确保贷款投放的质量。至2002年,贷款余额增至166.73亿元。2004年,国有商业银行进行股份制改造并上市,各行贷款业务有了更广阔的发展空间,社会投资需求增大,贷款业务增长势头强劲。截至2014年末,全市金融机构贷款余额突破1000亿元,达到1048.07亿元,比1991年增加1012.92亿元,增长28.82倍。其中市工商银行150.09亿元、市农业银行112.61亿元、市中国银行115.86亿元、市建设银行90.22亿元、市交通银行8.26亿元、市中信银行13.18亿元、市农发行105.59亿元、市包商银行78.59亿元、市邮储银行38.81亿元、内蒙古农村信用社和赤峰农村商业银行320.79亿元、村镇银行14.07亿元。

一、短期贷款

1991年,赤峰市金融机构短期贷款余额30.09亿元。1995年,短期贷款余额55.35亿元,比1991年增长83.95%。2000年,短期贷款余额99.54亿元,比1995年增长79.84%。2010年,短期贷款余额186.82亿元,比2000年增长87.68%。到2014年末,全市金融机构短期贷款余额增至532.13亿元,比1991年增加502.04亿元,增长16.68倍。

工业贷款　1991年,赤峰市工业贷款余额11.38亿元。至2000年,增长到24.33亿元,增加12.95亿元。此后,受各金融机构调整贷款期限、结构以及降低贷款风险等因素的影响,贷款余额有所下降。2001年,工业贷款余额降至21.98亿元。2001—2006年,因企业转制重组等因素影响，全市工业贷款一直徘徊不前。2007年，工业贷款余额有所增长，达到32.81亿元。2009年，全市工业贷款余额达到41.09亿元。其中市工商银行4.46亿元、市农业银行4.51亿元、市中国银行24亿元、市建设银行6.1亿元、城市信用社2.02亿元。2010年起取消此统计科目。

商业贷款 1991年，赤峰市商业贷款余额14.66亿元。1992年起，国家在商业企业推行承包责任制的基础上，给予信贷倾斜。截至1997年，商业贷款余额36.9亿元，比1991年增加22.24亿元。1998—2006年，因商业企业改革转制等因素，全市商业贷款余额持续下降。2006年，商业贷款余额降至29.61亿元。2007年起，随着金融体制逐步深化，全市金融机构相继进入商业信贷领域，业务由过去的定向分工到业务交叉，商业信贷业务的明确分工逐渐淡化，商业贷款余额平稳增长。2009年，全市商业贷款余额增至42.29亿元。其中市农发行35.81亿元、市农业银行1.18亿元、市建设银行1300万元、城市信用社5.17亿元。2010年起取消此统计科目。

建筑业贷款 1991—1995年，赤峰市建筑业贷款稳步增长，由1991年的5700万元增至1995年的7100万元，增加1400万元。2000年，建筑业贷款与1995年基本持平。2009年，建筑业贷款1.13亿元。其中市工商银行、市农业银行、市中国银行、市建设银行累计贷款9700万元，市包商银行贷款1600万元。2010年起取消此统计科目。

农业贷款 1991年，赤峰市农业贷款余额2.5亿元，全部由市农业银行办理。2000年，农业贷款余额为3.71亿元。2001年，农村信用社开始设立农业贷款科目，全市农业贷款余额18.81亿元。其中市农业银行6.81亿元、农村信用社12亿元。2002—2009年，全市各金融机构相继加大农业贷款投放力度，支持农业产业结构调整、粮食及其他农副产品深加工等项目，农业贷款持续上升。至2009年，农业贷款余额增至69.58亿元。其中市农业银行8500万元、市邮储银行4500万元、农村信用社61.05亿元、农村合作银行6.62亿元、村镇银行6100万元。从2010年起，金融机构取消此统计科目，由涉农贷款取代。截至2014年末，全市涉农贷款余额647.91亿元。

二、中长期贷款

1991年，赤峰市金融机构中长期贷款余额4.85亿元。1995年，中长期贷款余额34.86亿元，比1991年增长6.19倍。2000年，中长期贷款余额80.46亿元。2005年，中长期贷款余额63.79亿元，比2000年减少16.67亿元。2010年，全市金融机构中长期贷款余额273.41亿元，比2000年增长2.4倍。到2014年末增至503.17亿元，比1991年增加498.32亿元，增长102.75倍。

技术改造贷款 1991年，赤峰市金融机构技术改造贷款余额2.17亿元。其中市人民银行6900万元、市工商银行8900万元、市农业银行1600万元、市中国银行1300万元、市建设银行3000万元。1992年起，全市技术改造贷款稳步上升，尤其是1996年市农发行也开办此项业务后，增速加快。至1998年，技术改造贷款余额增至6.59亿元。1999年起，全市办理此项业务的金融机构逐渐减少，贷款额度开始下降。2002年，技术改造贷款余额降至1.32亿元。2009年，全市金融机构技术改造贷款4.24亿元。2010年起金融机构取消此统计科目。

基本建设贷款 1991年，赤峰市金融机构基本建设贷款余额1.56亿元。其中市工商银行0.38亿元、市建设银行1.18亿元。到2009年，基本建设贷款余额69亿元，较1991年增加67.44亿元。其中市工商银行27.37亿元、市中国银行6.66亿元、市建设银行34.94亿元。2010年起取消此统计科目。

个人中长期消费贷款 2001年始，赤峰市金融机构个人中长期消费贷款余额7.43亿元。其中市工商银行3.94亿元、市农业银行0.92亿元、市中国银行0.63亿元、市建设银行1.94亿元。到2009年，全市个人中长期消费贷款余额27.57亿元，较2001年增加20.14亿元，增长2.71倍。其中市工商银行10.23亿元、市农业银行3.64亿元、市中国银行6.92亿元、市建设银行4.64亿元、市邮储银行2800万元、城市信用社1.22亿元、农村信用社6400万元。2010年起取消此统计科目。

项目贷款 全市承办项目贷款业务的银行主要有市工商银行、市农业银行、市建设银行。1991—1995年，市工商银行共支持新开工项目157个，纯增项目贷款2.68亿元。1999年起，将贷款业务主要投向电力、公路、铁路三大板块，同时基本实现新增项目贷款不良率为零的目标。2004—2005年，由于涉入一些大贷项目，贷款额度超常增长。2004年纯增贷款6.78亿元，是1996—2003年纯增贷款的1.67倍。2006年、2007年，每年纯增7亿元以上。至2014年末，市工商银行各项贷款余额141.38亿元。其中单位固定资产贷款余额55.56亿元，单位并购贷款7.08亿元，银团贷款6.96亿元。

20世纪90年代，市农业银行发放贷款优先支持全市实施“七大工程”(300万亩高产畦田建设、农牧综合工程、生态经济沟建设、治沙造林工程、地膜覆盖科技工程、社会化服务体系建设和乡镇企业)，“两大开发”(农业综合开发、贫困地区经济开发)和国家级产粮大县建设，红山、松山、元宝山三区为主体的副食品基地建设。2000年以后，市农业银行围绕“面向三农，服务县域经济”的市场定位，把信贷投向转到重点项目建设、农业产业化龙头企业和小企业。同时向黄岗梁铁矿、内蒙古兴业集团有限公司、赤峰云铜有色金属有限公司等6个产业投放贷款11.4亿元，办理票据融资15.5亿元。至2014年末，市农业银行各项贷款余额112.39亿元，其中单位固定资产贷款余额30.65亿元，银团贷款6.8亿元。

1996—2000年，市建设银行在前期支持诸多重点建设项目的基础上，累计对16个项目发放固定资产贷款2.54亿元，发放配套流动资金贷款2.53亿元，其中大部分是对公路项目发放的贷款。2001年，投向公路项目贷款1.77亿元，配套流动资金贷款3000万元。2004年，市建设银行为元宝山发电厂累计新增贷款4.56亿元，在内蒙古草原兴发股份有限公司授信额度内收回再贷2.35亿元，向赤峰远航水泥有限责任公司等企业投放贷款8200万元。2005年，新增贷款3.82亿元，主要投向土地储备、交通运输、教育投资等项目。2006年，为有色金属、交通运输、土地储备、城市基础设施、房地产等项目新增贷款 8.07 亿元。至 2014 年末，市建设银行各项贷款余额 89.4 亿元，其中单位固定资产贷款余额 27.59 亿元。

三、信托、委托贷款

1991 年，赤峰市银行业金融机构发放信托贷款 69 万元。1995 年，信托贷款达 4420.8 万元，比 1991 年增长 63 倍。1996—1999 年，由于金融政策及自有资金限制，信托贷款逐渐下降。至 1999 年，信托贷款下降至 10 万元。2000 年起，全市银行业金融机构不再办理信托贷款业务。

1991—1998 年，全市金融机构未开展委托贷款业务。1999 年起，全市金融机构发放委托贷款 50.85 亿元。2010 年末，委托贷款 29.9 亿元。至 2014 年，全市金融机构发放委托贷款 73.4 亿元，比 1999 年增加 22.55 亿元，增长 44.35%。

四、票据融资

1997 年，中国人民银行印发《票据管理实施办法》，对票据管理作出具体规定。2001 年，赤峰市金融机构开展票据融资业务，当年融资额 2885 万元。自 2002 年起，全市金融机构融资额开始逐年增加。截至 2008 年，融资额达到 8.7 亿元，比 2001 年增加 8 亿多元。2009—2013 年，全市金融机构融资额保持在 4 ~ 7 亿元之间。至 2014 年末，全市金融机构融资额达 12.78 亿元，比 2001 年增加 12.5 亿元，增长 43 倍。

1991—2014 年赤峰市银行业金融机构贷款余额统计表

表 9-1-2　　单位：亿元

年份	年末各项贷款余额	年份	年末各项贷款余额
1991	35.15	2003	132.28
1992	42.18	2004	147.13
1993	55.85	2005	141.08
1994	77.05	2006	166.86
1995	91.08	2007	203.78
1996	109.56	2008	312.69
1997	136.52	2009	395.53
1998	150.02	2010	465.93
1999	148.94	2011	565.15
2000	147.71	2012	711.75
2001	118.36	2013	860.72
2002	166.73	2014	1048.07

第二章 中间业务

第一节 发展规模

1991 年,赤峰市有市中国银行、市农业银行 2 家银行开展中间业务,业务收入仅为 68 万元。1996 年,农村信用社开展中间业务,收入为 34.4 万元。1999 年,市邮政局开始开展代办保险中间业务,实现收入 1.33 万元。2000 年,市工商银行开始开展中间业务,实现收入 80 万元。2004 年,市农发行开始开展中间业务,实现收入 5 万元。2007 年,各金融机构突破银行业传统业务,中间业务快速发展,中间业务收入突破亿元,达到 1.06 亿元。此后,全市中间业务收入实现稳步提升。到 2014 年,全市银行业金融机构全部开展中间业务,实现业务收入 6.42 亿元,比 1991 年增长 943 倍。其中结算类中间业务收入 2.44 亿元,担保类中间业务收入 0.15 亿元,管理类中间业务收入 1.33 亿元,投资银行类中间业务收入 0.97 亿元,银行卡类中间业务收入 1.53 亿元。

2007—2014 年赤峰市金融机构中间业务收入情况统计表

表 9-1-3　　单位:万元

种类 年份	合计	结算类	管理类	担保类	银行卡类	投资银行类
2007	10592	2789	4064	106	3182	451
2008	13890	3969	3547	309	4257	1808
2009	13724	3973	2574	99	4885	2193
2010	16923	4144	2934	190	6079	3576
2011	39550	15716	6332	1550	7573	8379
2012	35321	14174	6405	489	7832	6421
2013	41974	15196	7817	932	9227	8802
2014	64173	24388	13282	1535	15289	9679

第二节 业务种类

20 世纪 90 年代,赤峰市各金融机构开展的中间业务按照收入来源分,主要有三大类,分别为结算类中间业务,包括对单位、个人提供的国内、国际结算业务;担保类中间业务，包括承诺、保理、保函、银行承兑汇票等业务；管理类中间业务，包括资金托管及企业年金、代收代付、代客资金交易、委托贷款和代销基金、保险、贵金属、债券等业务。2000年后，增加投资银行类中间业务，包括债券承销、证券发行、企业并购重组、财务顾问等；银行卡类中间业务，主要包括客户使用银行卡期间产生的各种中间业务收入。至2014年，全市金融机构开展中间业务有结算类、管理类、担保类、银行卡类、投资银行类五大类200多种。

一、结算类中间业务

1991年，市中国银行、市农业银行开展国内结算业务收入分别为49万元、19万元。1991—1996年，农村信用社办理结算业务34.4万元。2000年，市工商银行办理个人人民币结算80万元。2007—2014年，市农业银行结算类中间业务收入7790万元，市建设银行结算类中间业务收入3754万元，市包商银行结算类中间业务收入2559万元；市工商银行开展人民币基本结算及账户管理业务36个。2010年，市中国银行国际结算业务累计完成进出口结算量3428万美元，实现贸易融资利息收入折合人民币366万元。2014年，市农发行结算类中间业务收入28万元，市中信银行国际结算业务中间业务收入361.8万元。同年，全市金融机构实现结算类中间业务收入2.44亿元。

二、管理类中间业务

1997年，市建设银行设中介业务部开办中介业务。1999年，市邮政局成立赤峰保险业务代办公司，同年发展代办保险1866户，代收保费27.5万元，实现收入1.33万元。2004年，市中国银行扩大代理保险、代发工资、代销基金、银证转账和银券通业务的推广范围，增加了中间业务客户群，其中仅代销基金一项业务的累计交易额达537万美元，人民币理财产品累计销售584.5万元，销售国债500万元。2008年，市邮储银行成立后，开办理财业务，同年销售理财产品2379.57万元，实现收入31.36万元。2011—2013年，市邮储银行开办储蓄式国债业务，销售国债2912.63万元。其间有5个支行开通代理上海黄金交易所贵金属业务，贵金属交易额15.88亿元。2014年，市中信银行贵金属销售169.3万元，保险销售359万元，市农业银行管理类中间业务收入2031万元，市建设银行管理类中间业务收入2177万元，市包商银行管理类中间业务收入3143万元，市农发行管理类中间业务收入67万元。同年，全市金融机构实现管理类中间业务收入1.33亿元。

三、担保类中间业务

全市金融机构开展担保类中间业务较少。2008年，市农发行保函业务收入58万元，通存业务手续费收入16万元，贴现收入1万元。2014年，市农业银行担保类中间业务收入323万元，市建设银行担保类中间业务收入135万元，市包商银行担保类中间业务收入170万元，市工商银行也开始开展担保类业务。同年，全市金融机构开展担保类中间业务收入1535万元。

四、银行卡类中间业务

2007年起,赤峰市金融机构陆续开展银行卡类中间业务。市工商银行开办银行卡类业务26个,市农业银行办理银行卡类中间业务收入4647万元,市建设银行办理银行卡类中间业务收入2483万元,市邮储银行结存借记卡137.65万张,市包商银行办理银行卡类中间业务收入2552万元,农村信用社办理银行卡类中间业务收入400万元。至2014年,全市金融机构实现银行卡类中间业务收入1.53亿元。

五、投资银行类中间业务

2007年起,市农业银行实现投资银行类中间业务收入1061万元,市建设银行投资银行类中间业务收入2414万元,市包商银行投资银行类中间业务收入33万元,赤峰农村信用社投资银行类中间业务收入300万元,市农发行投资银行类中间业务收入508万元,市工商银行开展投资银行业务8种。至2014年,市中信银行投资银行类中间业务收入593.6万元,市包商银行投资银行类中间业务收入33万元,赤峰农村信用社投资银行类中间业务收入300万元。同年,全市金融机构实现投资银行类中间业务收入9679万元。

第三章　外汇业务及管理

第一节　外汇业务

1991年,赤峰市境内仅有市中国银行1家银行开办外汇业务,且种类较单一,主要为外汇存贷款业务,同年各项外汇业务余额196万美元。1994—1996年,市工商银行、市农业银行开始开办外汇业务,并增加外汇业务种类,与海外众多金融机构建立国际结算通道,开展国际结算业务,包括汇入汇款、汇出汇款、进口代收、出口托收、出口信用证、进口信用证、海外代付等。至1996年,各项外汇业务余额增至3559万美元,比1991年增长17.16倍。2004年后,全市多家金融机构相继开展贸易融资业务,开办"国际保理"、进口"汇利达"、出口"融信达"、"协议付款"、"代付达"、"福费廷"、银行承兑汇票质押融资等业务,同年各项外汇业务余额增至2.92亿美元。2005—2014年,市建设银行、市邮储银行、市农业银行、市交通银行陆续开办外汇业务,且外汇业务种类不断增加,各项外汇业务余额逐年上升。至2014年末,赤峰境内共有7家市级银行及55家分支机构网点经营外汇存款、贷款,结汇、售汇,贸易融资和国际结算4种外汇业务,各项外汇业务余额23.12亿美元,比1991年增长1178.59倍。

一、外汇存款、贷款业务

外汇存款　1991年,市中国银行开办外汇存款业务,外汇存款余额55万美元。1994年,市工商银行开办外汇存款业务。1995年,全市2家银行共办理外汇存款余额

1991—2014 年赤峰市外汇业务情况统计表

表 9–1–4　　　　单位：万美元

种类 年份	合计	外汇存款	外汇贷款	结汇售汇	国际结算
1991	196	55	141	—	—
1992	245	132	113	—	—
1993	516	255	261	—	—
1994	1870	237	561	1072	—
1995	3084	266	392	2426	—
1996	3559	337	392	2830	—
1997	3349	448	422	2479	—
1998	5089	591	479	2653	1366
1999	9891	691	407	5033	3760
2000	13141	1095	331	6474	5241
2001	12927	1289	141	6630	4867
2002	12874	1561	27	7430	3856
2003	27512	1655	280	16510	9067
2004	29224	1455	808	14351	12610
2005	34009	1332	177	16076	16424
2006	61683	1320	3272	23594	33497
2007	106095	1071	782	45869	58373
2008	143624	1545	710	56181	85188
2009	166367	2040	7450	46506	110371
2010	108188	1443	5499	42042	58367
2011	139350	3237	1108	54958	80047
2012	216128	3222	10853	49391	138568
2013	293158	3436	8505	68624	171100
2014	231245	6128	6350	56765	116430

266 万美元。1996 年,市农业银行开办外汇存款业务。至 2000 年,全市 3 家银行共办理外汇存款余额突破 1000 万美元,达到 1095 万美元。2005—2008 年,市建设银行、市邮储银行陆续开办外汇存款业务。2009 年,全市 5 家银行共办理外汇存款余额突破 2000 万美元,达到 2040 万美元。2011 年,全市银行外汇存款余额突破 3000 万美元大关,达到 3237 万美元。2013 年,市农发行开办外汇存款业务。2014 年,市交通银行开办外汇存款业务,全市 7 家银行共办理外汇存款余额 6128 万美元,比 1991 年增长 110 倍。其中市中国银行 1728 万美元,市工商银行 1314 万美元,市农业银行 2944 万美元,市建设银行 42 万美元,市交通银行 17 万美元,市农发行 83 万美元。

外汇贷款　1991 年，市中国银行办理外汇贷款业务，外汇贷款余额 141 万美元。1994 年,市工商银行开办外汇贷款业务。1995 年,全市 2 家银行共办理外汇贷款余额 392 万美元。1996 年,市农业银行开办外汇贷款业务。2000 年,全市 3 家银行共办理外汇贷款余额 331 万美元,比 1995 年下降 15.56%。2005 年,市建设银行开办外汇贷款业务。2006 年,全市 4 家银行共办理外汇贷款余额 3272 万美元,比 2000 年增长 8.89 倍。2008 年,市邮储银行开办外汇贷款业务。2010 年,全市 5 家银行共办理外汇贷款余额 5499 万美元,比 2006 年增长 68%。2013—2014 年,市农发行、市交通银行陆续开办外汇贷款业务。至 2014 年末,全市有 7 家银行向 23 家企业发放外汇贷款 6350 万美元,比 1991 年增长 44 倍。其中市中国银行 1845 万美元,市工商银行 725 万美元,市农业银行 2240 万美元,市建设银行 1389 万美元,其他 3 家银行外汇贷款 151 万美元。

二、结汇、售汇业务

1994 年,市中国银行、市工商银行 2 家银行办理结汇、售汇业务,结汇、售汇 1072 万美元。1995 年,结汇、售汇 2426 万美元。1996 年,市农业银行开办结汇、售汇业务。2000 年,全市 3 家银行共办理结汇、售汇 6474 万美元。2003 年,结汇、售汇突破 1 亿美元,达到 1.65 亿美元。2005 年,市建设银行开办结汇、售汇业务,全市 4 家银行共办理结汇、售汇 1.61 亿美元。2008 年,市邮储银行开办结汇、售汇业务,全市 5 家银行共办理结汇、售汇 5.62 亿美元。2013—2014 年,市农发行、市交通银行陆续开办结汇、售汇业务。至 2014 年末,全市 7 家银行共办理结汇、售汇 5.68 亿美元,比 1994 年增长 52 倍。

三、贸易融资业务

2000 年,市中国银行办理全自治区第一笔国内信用证业务。2003 年 5 月,市中国银行开办赤峰辖区内第一笔贸易融资业务。2005 年起,市建设银行、市农发行陆续开办贸易融资业务,同时,全市 3 家银行增加贸易融资种类,先后开办“国际保理”、进口“汇利达”、出口“融信达”、“协议付款”、“代付达”、“福费廷”、银行承兑汇票质押融资等业务。至 2010 年,全市 3 家银行共办理贸易融资 837 万美元。2013—2014 年,市农发行、市交通银行陆续开办贸易融资业务。至 2014 年末,全市 7 家银行共办理贸易融资 4.56 亿美元,比 2010 年增长 53 倍。

四、国际结算业务

1991 年，市中国银行为赤峰市首家外汇外贸专业银行。1993 年，市中国银行率先加入 SWIFT 国际组织（环球同业银行金融电讯协会），拥有先进的 SWIFT 操作系统。1998 年起，市工商银行、市农业银行陆续开办国际结算业务，全市 3 家银行共办理首批国际结算 1366 万美元。2004 年，全市 3 家银行国际结算收付汇额突破 1 亿美元，达到 1.26 亿美元。2005 年起，市建设银行、市邮储银行陆续开办国际结算业务。2009 年，全市 5 家银行共办理国际结算突破 10 亿美元，达到 11.04 亿美元。2013—2014 年，市农发行、市交通银行陆续开办国际结算业务。至 2014 年末，全市 7 家银行共办理国际结算总量 11.64 亿美元，比 1998 年增长 84 倍。其中市中国银行 1.93 亿美元，市工商银行 4.84 亿美元，市农业银行 3.58 亿美元，市建设银行 8300 万美元，市邮储银行 4 万美元，市农发行 4500 万美元，市交通银行 100 万美元。

第二节　外汇管理

1991 年，国家外汇管理局赤峰分局设在市人民银行。国家对外收支仍实施严格管制，境内企业的外汇收入按比例留成后，大部分外汇收入上缴国家，境内企业和居民的一切用汇需经外汇局审批。1994 年，国家对外汇管理体制进行重大改革，规定实行人民币经常项目可兑换，推行银行结售汇制，取消外汇留成和上缴，停止发售外币兑换券并逐步兑回，建立银行间的外汇市场，取消外汇调剂中心业务，实行以市场供求为基础的、单一的、有管理的浮动汇率制度，建立统一、规范的外汇市场，境内禁止外币计价、结算和流通。1994 年 1 月至 1996 年 6 月，贸易和非贸易经营性外汇支付，持规定的有效凭证和有效商业单据直接从其外汇账户支付，或到外汇指定银行兑付，非贸易非经营性及资本项目对外支付，凭外汇管理局核准件办理。1996 年 7 月后，经常项目外汇支付持规定的有效凭证和有效商业单据从其外汇账户支付，或到外汇指定银行兑付，资本项目外汇支出持外汇管理局核准件办理，对外商投资企业实行意愿结汇制度，但其卖出外汇应通过外汇调剂中心卖出，对驻华机构及来华人员、个人外汇实行意愿结汇制度，资本项目外汇未经外汇局批准，不得结汇。1999 年，国家外汇管理局赤峰分局更名为国家外汇管理局赤峰市中心支局。2005 年 7 月 21 日起，国家对人民币汇率形成机制进行重大改革，开始实行以市场供求为基础、参考一揽子货币进行调节、有管理的浮动汇率制度，人民币汇率不再盯住单一美元，形成更富弹性的人民币汇率机制。自 2010 年起，外汇管理大幅度简政放权。2013 年，服务贸易外汇管理将业务审核权限全部放给银行，同时大幅简化单证审核。2014 年，国家外汇管理局印发《关于进一步改进和调整资本项目外汇管理政策的通知》，进一步深化资本项目外汇管理改革，推进简政放权，促进贸易投资便利化。

一、经常项目外汇管理

贸易外汇管理　出口收汇核销管理。1991 年 1 月 1 日起，实施出口收汇核销制度。1995 年，全市创汇总额突破 1000 万美元。2001 年 8 月 1 日，启用中国电子口岸出口收汇系统。2003 年，推广使用新版出口核报系统，完成进口报关单联网核查系统向中国电子口岸的迁移工作，简化进出口收付汇核销流程。2005 年，推出出口收汇核销网上报审系统。2008 年 8 月 4 日起，国家外汇管理局、商务部、海关总署联合对出口收汇实行联网核查管理。赤峰市创汇总额突破 1 亿美元。2010 年，受俄罗斯夏旱杂粮减产影响，赤峰杂粮出口俄罗斯开始升温。2011 年，赤峰“绿色有机杂粮”出口创出历史高点，达到 0.38 亿美元，同比增幅达 165%。同年，全市创汇总额突破 2 亿美元。到 2014 年末，全市创汇总额 2.54 亿美元。1991—2014 年，赤峰市出口额逐年稳步增长，累计出口创汇 17.72 亿美元，年均创汇 0.7 亿美元。全市企业出口收汇率、核销率均在 99%以上。

进口付汇核销管理。1994 年 8 月 1 日，国家实施进口付汇核销管理制度。赤峰市部分企业单位通过调剂外汇额度或现汇，委托专业外贸公司或上级主管部门进口货物 36 笔，总额达 1020 万美元。1995 年，按照《关于严格进口售付汇及核销管理的暂行规定》办理进口付汇，并根据《贸易进口付汇核销监管暂行办法》，对进口企业事前备案和事后到货审核。1997 年 3 月 1 日起，实施贸易进口付汇核销监管，明确进口单位、银行、外汇管理局责任。1999 年，启用报关单联网核查系统，进行贸易真实性审核。同年，赤峰市进口付汇突破 1000 万美元。2002 年 7 月 10 日，国家外汇管理局印发《关于进一步调整进出口核销管理政策有关问题的通知》，进口企业可直接到银行办理付汇手续，外汇指定银行按售汇、付汇管理规定进行审核单证。2003 年 1 月 21 日，国家外汇管理局、海关总署印发《关于对凭进口货物报关单证明联办理售付汇及核销实行分类管理的通知》。2006 年，全市进口付汇突破 1 亿美元。2008 年，全市进口付汇突破 3 亿美元。2010 年 12 月 1 日起，根据《货物贸易进口付汇管理暂行办法》《货物贸易进口付汇管理暂行办法实施细则》要求，合规企业的正常进口付汇业务无须再办理核销手续，取消银行为企业办理进口付汇业务的联网核查手续。2012 年，全市进口付汇突破 6 亿美元。2014 年，全市进口付汇总额 9.85 亿美元。1991—2014 年，全市进口货物付汇总额累计 43.6 亿美元。

非贸易外汇管理　境内居民个人经常项目购汇政策。1996 年，《中华人民共和国外汇管理条例》规定，个人因公用汇，超过规定限额购汇的由外汇局审批。1998 年 9 月 1 日，国家外汇管理局印发《境内居民个人外汇管理暂行办法》。2003 年，国家外汇管理局印发《关于调整境内居民个人经常项目下购汇政策的通知》，个人因私出境购汇的指导性限额由原来的等值 0.2 万美元(港澳地区为等值 0.1 万美元)调整为出境时间在半年以内的，每人每次可向银行购汇等值 0.3 万美元；出境时间在半年以上(含半年)的，每人每次可向银行购汇等值 0.5 万美元。对于缴纳境外国际组织会费、境外邮购和境外直系亲属救助等没有实际出境行为的用汇，其购汇指导性限额统一提高到等值 0.3 万美元。2007 年 1 月，国家外汇管理局印发《个人外汇管理办法实施细则》，对个人结汇和境内个人购汇实行年度总额管理，年度总额分别为每人每年等值 5 万美元。至 2014 年，境内居民个人仍遵照 2007 年国家外汇管理局印发的《个人外汇管理办法实施细则》的规定购汇。

携带外币现钞出入境管理。1996 年 12 月 31 日，国家外汇管理局、海关总署印发《关于对携带外汇进出境管理的规定》，加强对携带外币现钞出入境的管理。2003 年，国家外汇管理局、海关总署印发《携带外币现钞出入境管理暂行办法》，出境人员携带不超过等值 0.5 万美元(含 0.5 万美元)的外币现钞出境的，无须申领“携带证”，海关予以放行；出境人员携带外币现钞金额在等值 0.5 万美元以上至 1 万美元(含 1 万美元)的，应向外汇指定银行申领“携带证”，海关凭“携带证”验放；出境人员原则上不得携带超过等值 1 万美元的外币现钞出境，对人数较多的出境团组等特殊情况的，出境人员可以向外汇局申领“携带证”。2014 年，出境人员仍遵照《携带外币现钞出入境管理暂行办法》的相关规定携带外币现钞出境。

二、资本项目外汇管理

赤峰市资本项目外汇业务起步较晚，种类较少，发展比较缓慢。1991—1997 年，资本项目主要是外商投资业务。1998 年，赤峰市开始接管本辖区的转贷款业务。2002 年，首次发生境外投资业务。2003 年，首次发生直接外债业务。2008 年，首次发生融资性对外担保业务。截至 2014 年末，赤峰市资本项目跨境收支总额 3498 万美元，其中跨境收入 1298 万美元，跨境支出 2200 万美元。在资本项目跨境收入中，外商投资收入 485 万美元，占收入总额的 37.37%；直接外债收入 813 万美元，占收入总额的 62.63%。在资本项目跨境支出中，外商投资支出 95 万美元，占支出总额的 4.32%；境外投资支出 700 万美元，占支出总额的 31.82%；转贷款支出 560 万美元，占支出总额的 25.45%；外债支出 845 万美元，占支出总额的 38.41%。

1991—2014 年，赤峰市资本项目跨境收入累计 4.83 亿美元。其中外商投资收入 2.86 亿美元，外债提款收入 1.12 亿美元，转贷款提款收入 8500 万美元。资本项目跨境支出累计 1.12 亿美元。其中外商投资转股汇出 500 万美元，外债还本支出 6500 万美元，转贷款还本支出 1900 万美元，境外投资汇出 2300 万美元。

外商投资企业外汇管理 1994 年 4 月 5 日，国家外汇管理局印发《关于加强外商投资企业外汇管理若干操作问题的通知》，明确“外商投资企业外汇登记证”签发与使用、外汇账户支付、外汇调剂和人民币利润再投资等问题。1995 年 1 月 13 日，国家外汇管理局印发《外商投资企业外汇年检暂行规定》。1996 年 6 月 28 日，国家外汇管理局印发《外商投资企业外汇登记管理暂行办法》，外商投资企业在获得商务主管部门批准并在工商局注册登记后，到当地外汇局办理外汇登记手续，由外汇局签发“外商投资企业外汇登记证”，批准开立资本金账户，资本金结汇需逐笔审批。2002 年 6 月 17 日，国家外汇管理局印发《关于改革外商投资项下资本金结汇管理方式的通知》。2003 年，取消

“外商投资企业资本金结汇核准”项目。同年,国家外汇管理局印发《关于完善外商直接投资外汇管理工作有关问题的通知》。2005 年,实行网上联合年检。2008 年,完善外商投资企业资本金支付结汇管理。2012 年,国家外汇管理局印发《关于进一步改进和调整直接投资外汇管理政策的通知》,进一步简化外商投资审批程序。1991—2014 年,赤峰市中心支局共办理外商投资企业外汇登记 226 家,实际利用外资累计 2.86 亿美元。

境外投资管理　1990 年 6 月,国家外汇管理局印发《境外投资外汇管理办法实施细则》,外汇局负责境外投资外汇风险和外汇资金来源审查。2002 年,国家外汇管理局印发《关于清理境外投资汇回利润保证金有关问题的通知》要求,取消境外投资汇回利润保证金制度,自同年 11 月 15 日起,外汇局不再收取境外投资汇回利润保证金。2003 年 3 月 19 日,国家外汇管理局印发《关于简化境外投资外汇资金来源审查有关问题的通知》,并与对外贸易经济合作部联合印发《境外投资联合年检暂行办法》。2003 年 4 月 1 日,取消“境内机构境外投资外汇风险审查”项目,进一步简化境外投资外汇资金来源审查手续。2006 年后,先后扩大境内企业境外直接投资外汇来源,取消境外投资购汇额度限制,加大对境外投资企业的融资支持。2009 年,国家外汇管理局印发《关于境内企业境外放款外汇管理有关问题的通知》和《境内机构境外直接投资外汇管理规定》,进一步支持国家境内机构境外直接投资平稳、便利化。2012 年,取消境外投资购付汇核准,进一步放宽境外放款管理。1991—2014 年,赤峰市中心支局办理境外投资外汇资金来源审查和外汇登记的企业 20 家,有实际境外投资的企业 13 家,中方协议投资总额 1.92 亿美元,实际累计汇出 0.23 亿美元。

直接外债管理　1997 年 9 月 24 日,国家外汇管理局印发《外债统计监测实施细则》,国家对外债实行登记管理制度。2003 年,国家外汇管理局印发《外债管理暂行办法》,境内中资企业等机构举借中长期国际商业贷款,须经国家发展计划委员会批准;外商投资企业在审批部门批准的项目总投资和注册资本之间差额以内的,可自行举借外债,并到外汇局办理外债签约登记、提款登记、专用账户开户审批、还本付息购付汇审批手续。同年,赤峰市首次发生外商投资企业直接外债业务。赤峰荣德绒毛制品有限公司借用卢森堡塞非特工业公司外债 38 万美元。2005 年,国家外汇管理局印发《关于完善外债管理有关问题的通知》,将部分延期付款纳入外债登记管理和额度控制,外资比例低于 25%的外商投资企业不享受外债优惠政策。2013 年 5 月,国家外汇管理局印发《外债登记管理办法》,简化外债项下行政审批程序,除外债签约登记外,其他后续业务无须外汇局审批,直接到银行办理。截至 2014 年末,赤峰辖区外商投资企业直接外债存量 8 笔,债务余额 4700 万美元。

转贷款管理　1989 年 11 月 10 日,国家外汇管理局印发《外汇(转)贷款登记管理办法》。2011 年,进行银行转贷款管理方式改革,实行“统一登记、统一结汇、统一购汇”的管理模式。2014 年 1 月 21 日,国家外汇管理局印发《外债转贷款外汇管理规定》,实行转贷款债权人集中登记,取消转贷款开户、结汇、购汇还本付息等核准事项。同年末,赤峰市转贷款项目17个,转贷款余额7100万美元。1991—2014年,赤峰市获得财政转贷款项目9个,转贷款总额3200万美元。全市企业单位通过国内银行获得外国政府转贷款项目9个,转贷款金额6900万美元。

国内外汇贷款管理　1989年,根据国家外汇管理局印发的《外汇(转)贷款登记管理办法》规定,外汇贷款不得结汇使用,只能用于支付进口货款。2003年,根据国家外汇管理局印发的《关于实施国内外汇贷款外汇管理方式改革的通知》,取消"国内外汇贷款债务人登记核准"项目,由贷款银行集中登记。2009年,取消国内外汇贷款账户开立核准。截至2014年末,赤峰市中心支局批准4家银行发放外汇贷款2200万美元。1991—2014年,赤峰市中心支局累计批准4家银行向23家企业发放外汇贷款6100万美元,其中784万美元被银行核销和剥离到资产管理公司。

外汇账户管理　1991—1994年,中资企业实行强制结汇,不得开立外汇账户保留外汇收入,外商投资企业的结算账户和资本项目账户需经外汇局审批。1997年10月7日,根据中国人民银行印发的《境内外汇账户管理规定》,允许部分大型中资企业开立经常项目外汇结算账户,保留一定限额的外汇收入。2001—2002年,连续两次进行外汇账户管理改革,放宽中资企业开立经常项目外汇账户的条件限制,统一中外资企业的管理政策。2006年,取消经常项目外汇账户开户事前审批。2007年,取消经常项目外汇账户限额管理,有进口支付需求的企业还可提前购汇。2009年,国内银行贷款管理方式改革,取消国内外汇贷款账户开立核准。2011年,转贷款管理方式改革,取消转贷款账户开立核准。2012年12月,取消直接投资项下外汇账户开立核准。2013年5月,取消外债账户开立核准。截至2014年末,赤峰市中心支局累计审批企业单位开立外汇账户293户,全市境内机构外汇账户存量593个,账户余额800万美元,其中经常项目外汇账户存量504个,账户余额700万美元;资本项目外汇账户存量77个,账户余额10万美元。

三、结汇、售汇、付汇管理

1991—1994年,企业的外汇收入按比例留成,企业和个人用汇需要经外汇局逐笔审批,首先用自有外汇,没有或不足的可通过外汇局调剂。1994年3月24日,中国人民银行印发《结汇、售汇及付汇管理暂行规定》,境内所有企事业单位、机关和社会团体的各类外汇收入必须及时调回境内,按本规定办理结汇、购汇、开立外汇账户及对外支付。1996年6月20日,中国人民银行印发《结汇、售汇及付汇管理规定》,实现经常项目下可兑换,但资本项下仍需外汇局逐笔审批。2002年,资本金结汇授权给外汇银行审核办理。2009年,取消国内外汇贷款的售汇审批。2011年,取消转贷款的结汇、售汇审批。2013年5月,取消外债结汇、售汇审批。2014年,资本项下结汇审批事项全部下放经营外汇业务的商业银行。1991—2013年,经赤峰市外汇局审批的购汇金额6300万美元。其中外商投资项下购汇金额200万美元,外债还本购汇金额5500万美元,转贷款还本购汇金额600万美元。1994—2001年,经赤峰市外汇局审批的售汇业务113笔,总额100万美元。1994—2014年,全市银行累计结汇19.15亿美元,其中经常项目结汇14.35亿美元,资本项目结汇4.8亿美元。银行累计售汇33.2亿美元,其中经常项目售汇31.94亿美元,资本项目售汇1.26亿美元。

四、国际收支统计申报核查

1996年,国家外汇管理局印发《国际收支统计申报办法》,实行国际收支统计申报制度,有涉外收支的客户通过外汇指定银行进行国际收支间接申报。2003年,国家外汇管理局印发《国际收支统计间接申报核查制度》《国际收支统计申报办法实施细则》。2013年11月9日,国家外汇管理局修订《国际收支统计申报办法》。赤峰市外汇局依据各相关制度和管理办法,对存在的问题及时指出,限期整改。截至2014年,赤峰市外汇局核查涉外收入3.49亿美元,其中经常项目收入占96%,资本项目收入占4%;核查涉外支出8.18亿美元,其中经常项目支出占97.8%,资本项目支出占2.2%。1991—2014年,赤峰市外汇局核查涉外收入总额22.12亿美元,年均收入9000万美元;核查涉外支出40.57亿美元,年均支出1.7亿美元。

第四章　金融资产管理

1991—2014年,赤峰市银行业金融机构按照国家金融政策规定,通过出售、债权转让、资产剥离与核销等方式,加强金融资产管理。同时,全市各金融机构先后设立风险管理部门,制定出台风险管理政策、风险管理制度、风险分析报告制度、信贷风险预警管理办法、法律事务工作制度等一系列风险管理制度和办法,建立和完善不良贷款清收处置机制,健全风险防控体系等,以此提升银行业金融机构防控金融风险能力。至2014年末,全市银行业金融机构资产总额由1991年的62.82亿元增至1617.39亿元,负债总额由1991年的60.47亿元增至1552.38亿元,比1991年分别增长24.75倍和24.67倍。

2003—2005年,赤峰市仅有市中国银行进行以物抵债与债权转让业务,以物抵债金额3341万元;转让债权人民币贷款本金9673万元,利息531万元;转让外币贷款本金26.78万美元。1991—2014年,全市金融机构核销不良贷款28亿元,占不良资产总数的68%。全市金融机构盘活债务及资产收回金额22.66亿元。

第一节　处理不良资产

1991—2014年,赤峰市银行业金融机构对内部经营中产生的少量不良贷款适时自行核销。其中1997年后,由于企业改制、破产等原因集中产生的大量不良贷款,由国家按政策予以核销。1999年,经国务院批准设立中国信达、长城、东方、华融4家资产管理公司分别负责处理中国建设建行、中国农业银行、中国银行、中国工商银行的不良资产。2000 年 11 月,国务院颁发《金融资产管理公司条例》,对不良资产、债务追偿、资产置换、转让与销售作出明确规定。2005 年 11 月,中国银监会、财政部印发《不良资产处置尽职指引》,对其他银行及地方金融机构管理处置金融资产及责任追究提出具体要求。

一、以物抵债与债权转让

2003 年,赤峰市仅有市中国银行进行以物抵债与债权转让业务,当年以物抵债金额 3291 万元,其中变现抵债财产收回 37.3 万元,赤峰市经济适用商品房开发中心抵押房地产抵债 1720 万元。2004 年, 市中国银行抵债金额 50 万元, 拍卖变现 14 万元。2005 年 6 月 13 日,市中国银行同中国东方资产管理公司北京办事处签订 22 户已核销贷款的债权转让协议,转让债权人民币贷款本金 9673 万元,利息 531 万元;转让外币贷款本金 26.78 万美元。

二、资产剥离与核销

不良资产剥离 1998 年 6 月末,市农发行根据中国农业发展银行印发的《关于对粮食企业附营业务占用贷款进行清理确认的通知》要求,清理确认待划转附营业务企业 248 家,占用贷款 4.63 亿元。同年,市农发行完成农业开发和粮食企业附营业务的划转工作,将 6.56 亿元一次性划转到市农业银行,并按规定向市工商银行划转 1.89 亿元。至 2005 年,市农发行完成全部账内剥离工作,其中清理 1998 年 6 月 1 日后财务挂账 4.81 亿元。针对应划未划粮食企业附营业务占用贷款未解决部分, 市农发行分别于 2006 年和 2008 年增加新财务挂账贷款 0.59 亿元和 0.16 亿元。

1999 年,市工商银行剥离不良资产 3.1 亿元。2000 年,市中国银行剥离本外币不良贷款资产 1.2 亿元。2008 年, 市农业银行剥离不良资产 16.06 亿元。2000 年、2014 年,市建设银行分别剥离不良资产 10.6 亿元和 0.67 亿元。1998—2014 年, 全市金融机构累计剥离不良资产 41.36 亿元。

不良资产核销 1991—2014 年,全市金融机构核销不良贷款 28 亿元,占不良资产总数的 68%;核销外币贷款 141.2 万美元。其中 1991—2014 年,农村信用社和农村商业银行共核销不良贷款 12.65 亿元;1997—2008 年,市建设银行核销不良贷款 1.22 亿元;1997—2014 年,市中国银行核销不良贷款 3.76 亿元,核销外币贷款 141.2 万美元;2000—2013 年,市农业银行核销不良贷款 4800 万元;2001—2014 年,市农发行核销不良资产项目 26 个,核销金额 1.05 亿元;2008—2013 年,市工商银行核销不良贷款 8.96 亿元;2013—2014 年,市邮储银行对呆账进行核销,核销金额 200 万元。

第二节 盘活债务

1991—2014 年,全市金融机构盘活债务及资产收回金额 22.66 亿元。其中 2001 年

11 月 30 日,市中国银行通过债务重组方式收回赤峰长城地毯总厂的 4048 万元短期流动资金不良贷款,贷款由新成立的赤峰长城地毯有限责任公司承接;2007—2012 年,市农发行通过现金清收、企业重组清收、协调政府从国有资产中清收、抵押物拍卖、诉讼追偿等方式累计盘活并收回不良贷款 6600 万元,采用以物抵债等其他方式处置不良资产 300 万元;2010—2014 年,市包商银行清收化解遗留不良贷款 6200 万元,化解比重 93.03%,抵债资产化解金额 5700 万元,化解比重 99.65%;1991—2014 年,赤峰农村信用社通过诉讼追偿等方式,收回不良资产共 20.38 亿元。

第五章　金融市场及电子化建设

第一节　金融市场

一、同业拆借市场

1991 年,赤峰市各金融机构之间的同业拆借业务不多,业务量较小,且都是场外拆借,金额不大,当年全市金融机构同业拆入资金余额为 200 万元,同业拆出资金余额为 600 万元。2012 年,红山区农村信用联社、松山农村商业银行、元宝山农村商业银行和喀喇沁旗农村信用联社 4 家地方法人金融机构加入全国银行间同业拆借市场。当年松山农村商业银行共办理资金拆借业务 217 笔,累计拆出资金 107.15 亿元、拆入资金 7.7 亿元,平均利率水平 3.49%,实现利息收入 800 万元。2014 年,赤峰市在同业拆借市场共办理资金拆借业务 184 笔,累计拆出资金 54.45 亿元、拆入资金 36.3 亿元,平均拆出利率 4.06%、平均拆入利率 3.45%,实现利息收入 600 万元、利息支出 200 万元。

二、票据市场

1991 年,赤峰市银行业金融机构票据业务仅有支票业务,业务收入以手续费收入和工本费收入为主,业务量不大。1995 年,市中国银行最早在全市开办银行承兑汇票和银行承兑汇票贴现业务,同年开立银行承兑汇票笔数 13 笔,金额 800 万元。随后,市农业银行也开办银行承兑汇票和银行承兑汇票贴现业务。2000 年末,银行承兑汇票累计签发 5700 万元,贴现余额 4400 万元。2001 年起,随着经济发展和金融机构参与票据市场陆续增加,票据业务发展逐步加快。至 2006 年,全市金融机构累计承兑汇票 22.04 亿元,累计贴现 32.79 亿元。2007—2008 年,由于受到国家相关政策的影响,票据业务量有所下降,此后逐渐缓慢回升。至 2014 年末,全市银行业金融机构票据贴现余额 12.78 亿元,贴现累计发生额 63.86 亿元;银行承兑汇票余额 19.9 亿元,全年银行承兑汇票累计签发 48.43 亿元,累计承兑汇票和贴现分别比 2006 年增长 120%、94.75%。

三、黄金市场

2005 年,市中国银行开始办理纸黄金业务,当年办理纸黄金业务交易量 178 千克,累计交易额 1.28 亿元,实现收入 20 万元。2008 年,市中国银行在全市率先办理实物黄金业务,当年办理实物黄金业务量 3.5 千克,交易额 70 万元,实现收入 8 万元。2010 年,市建设银行和市工商银行开办黄金业务。至 2014 年末,全市 5 家国有商业银行和市中信银行均开办黄金业务,纸黄金交易量 2552.12 千克,金额 4.85 亿元,实物黄金交易量 615.09 千克,金额 1.85 亿元。

四、债券市场

1991—2011 年,赤峰市辖区内没有全国银行间债券市场成员单位和交易业务发生,债券业务仅有各商业银行分支机构办理国债业务。2012 年,松山农村商业银行和元宝山农村商业银行加入全国银行间债券市场,在债券市场发生债券正回购 2.5 亿元,现券买入(逆回购)1500 万元。同年,元宝山农村商业银行、松山农村商业银行均购买了赤峰市 2012 年第一期中小企业集合票据金额 1500 万元。2013 年,松山农村商业银行购买了当年国家开发银行发行的第 33 期政策性金融债券金额 1 亿元。至 2014 年 10 月,2 家商业银行共实现利息收入 1 亿元。同年,全市有 2 家全国银行间债券市场成员单位,在债券市场发生质押式正回购共 73.82 亿元,质押式逆回购共 123.59 亿元。

五、外汇调剂市场

1994 年汇率改革之前,企业创汇的大部分收入必须上缴,同时,可保留一定比例的外汇收入,即外汇留成,企业用汇需要经外汇局逐笔审批,有外汇留成的,首先用自有外汇额度,没有或不足的可通过外汇局进行调剂。此时外汇市场是以各地外汇调剂中心的形式存在的,调节外汇供求关系,调剂外汇余缺。当出口创汇企业的外汇留成额度或现汇及地方政府外汇留成(由赤峰市计划委员会统一管理)在闲置不用时,可以通过外汇调剂中心提供的信息按国家规定的价格调剂给需要外汇的企业单位使用,缓解外汇资金紧张的矛盾,实现余缺调剂。1991—1994 年,全市共调剂外汇额度或现汇 108 笔,总额 1406 万美元。其中 1991 年调剂 17 笔 352 万美元;1992 年调剂 57 笔 764 万美元;1993 年调剂 29 笔 224 万美元;1994 年调剂 5 笔 66 万美元。通过外汇局调剂外汇额度或现汇,以外汇进口先进的机器设备、稀缺的原材料、化肥、石油、小轿车,或偿还国内银行外汇贷款的方式,帮助 33 家企业和单位解决进口用汇难题。1994 年汇率改革后,建立银行间的外汇市场,逐步取代外汇调剂市场。1998 年 12 月 1 日起,在全国范围内取消外商投资企业外汇调剂业务,外商投资企业的外汇买卖纳入银行结汇、售汇体系。

第二节　电子化建设

1991—2014 年,赤峰市金融机构陆续开办电话、网络、手机等电子银行业务。金融结算工具也由过去传统的“三票”(支票、汇票、本票)逐步推广使用银行卡,并逐步发展使用ATM机(自动柜员机)和POS机(刷卡机)等网络化结算工具。同时,市人民银行不断加强科技建设,积极开发金融业务软件、推广各类金融业务应用系统,依托资金清算系统、国库信息处理系统等,扩展横向联网电子缴税覆盖面,提高纳税人签约率和电子缴税占比率,实现金融业务处理自动化、金融服务电子化。

一、电子银行

1992年,市中国银行率先开办电话银行业务,业务种类包括账户查询、转账汇款、临时挂失、投资理财、费用缴付、个人小额结售汇及其他服务。当年发展客户100户,交易金额6万元。2001年,市工商银行开办以网络银行、电话银行、手机银行、自助银行为主的电子银行业务,全年客户244户,交易金额4600万元。其中网络银行客户200户,交易金额4400万元;电话银行客户44户,交易金额200万元。2003年,市农业银行开办以查询、转账、账户管理为主的网上银行业务。2005—2007年,市中国银行、市建设银行、市农业银行开办以查询、转账汇款、跨行现金管理为主的电话银行业务,至2007年,客户60.64万户,交易金额1100万元。2008年,市邮储银行开办手机银行业务,客户3400户,交易金额900万元。2009—2010年,市工商银行、市农业银行、市中国银行开办手机银行业务,客户25.31万户,交易金额10.58亿元。2010年,市包商银行网上银行正式对外运行,客户1900户,交易金额100万元。2013年,市交通银行开通电子银行业务,电话银行客户4300户,交易金额1.05亿元;手机银行客户6500户,交易金额1.5亿元;网上银行客户6000户,交易金额2亿元;自助银行客户7500户,交易金额2.35亿元。2011—2014年,巴林左旗信用联社、松山农村商业银行开通电话银行,客户2.45万户,交易金额200万元。

至2014年,市工商银行、市农业银行、市中国银行、市建设银行、市交通银行、市中信银行、市邮储银行、市包商银行8家银行及农村信用社全部开通电子银行业务,累计客户发展到265.78万户,交易金额9978.86亿元。其中网络银行客户104.58万户,交易金额4845.46亿元;电话银行客户54.21万户,交易金额4117.16亿元;手机银行客户81.04万户,交易金额739.65亿元;自助银行客户25.95万户,交易金额276.59亿元。

二、银行卡

银行卡发放　1989年,赤峰市银行业金融机构开始在全市发放银行卡。1993年,市工商银行牡丹卡、市农业银行金穗卡、市建设银行龙卡、市中国银行长城电子借记卡、市包商银行雄鹰卡、农村信用社金牛卡、市交通银行太平洋卡、市中信银行香卡等银行卡陆续发放。1998年,市中国银行发放长城电子借记卡1800张,交易金额1800万元。同年,市建设银行发行借记卡,发放6000张。21世纪初,各类银行卡发卡量、交易金额逐年增多,成为广大市民和企业便捷的结算工具。2006年,银联商务赤峰业务部在赤峰挂牌成立,为境内首家第三方支付机构。2007年,市包商银行发放雄鹰卡360张,交易金额20万元;市农业银行发放信用卡1.49万张,交易金额900万元。2008年,市包商银行发行贷记卡3610张,交易金额30万元。2008—2009年,农村信用社、农村商业银行发放金牛卡31万张,交易金额411.69亿元。2009年,市邮储银行发放信用卡700张,交易金额43.55亿元。2011—2013年,农村商业银行发行金牛卡,发放2.53万张。2012年,代发工资、代理财政补贴,发放62.28万张,交易金额3.59亿元。2013年,市交通银行发放太平洋卡8200张,交易金额9.48亿元;发放借记卡5400张,交易金额8.36亿元;发放贷记卡2800张,交易金额1.12亿元。同年,市中信银行发放香卡1500张,交易金额9000万元。

至2014年末,市工商银行、市农业银行、市建设银行、市邮储银行、市包商银行、市交通银行、市中信银行、农村商业银行、农村信用社、村镇银行等金融机构发行的银行卡有牡丹卡、金穗卡、长城卡、龙卡、太平洋卡、香卡、绿卡、金牛卡、雄鹰卡、润泽卡等10多种,累计发放1147.6万张,交易金额6526.86亿元。

“一卡通” 2008年,赤峰市开通财政补贴农牧民资金“一卡通”系统之后,市人民银行与市财政部门及金融机构积极协调、密切配合,进一步扩大金融机构银行卡“一卡通”的发放范围。至2014年,补贴资金涉及农业、牧业、林业、商贸流通、教育、卫生、计划生育、建设、社会保障、工资补助10个领域77类101项。其中发放农牧民补贴资金25.25亿元,受益农牧民531.2万人次;发放城镇居民补贴资金2.99亿元,受益城镇居民55万人次。

三、ATM机(自动柜员机)布放

1995年始,赤峰市金融机构逐步拓展结算工具种类,发展使用ATM机。同年,市中国银行布放ATM机2台。1996年,市工商银行布放ATM机1台。2002年、2003年、2006年,市建设银行、市农业银行、市邮储银行分别布放ATM机12台、7台、6台。至2007年,4家银行共布放ATM机138台,其中农村布放5台。2008年,农村信用社首次在城镇布放ATM机6台、农村布放1台。2009年,市包商银行布放ATM机1台。2013年,市交通银行布放ATM机5台。至2014年末,全市金融机构布放ATM机1513台,分别比1995年、2007年增加1511台、1375台。其中市中国银行布放57台;市工商银行布放170台,农村布放125台;市建设银行布放152台;市农业银行布放137台,农村布放113台;市邮储银行布放69台,农村布放29台;农村信用联社布放307台,农村布放262台;市包商银行布放69台;市交通银行布放10台;市中信银行布放13台。同时,全市金融机构在农村共布放529台ATM机,实现了农村牧区网点自动柜员机全覆盖。

四、POS机(刷卡机)应用

1992年始,赤峰市商户数量和POS机布设数量逐年递增,商户涵盖餐娱、民生、公益类等领域。同年,市中国银行布放POS机24台,签约特约商户24个。1993年,市工商银行布放POS机15台,签约特约商户15个。2003年,市建设银行布放POS机3台,

2014年赤峰市金融机构银行卡业务统计表

表9-1-5　　单位:张

机构名称	首发时间	发卡总数	银行卡名称
市工商银行	1993年	1683922	牡丹卡
市农业银行	1994年	1641708	金穗卡
市中国银行	1989年	161693	长城卡
市建设银行	1995年	1011491	龙　卡
市交通银行	2013年	28070	太平洋卡
市中信银行	2013年	9826	香　卡
市邮储银行	1995年	1376556	绿　卡
市包商银行	2007年	569352	雄鹰卡
元宝山农村商业银行	2008年	629933	金牛卡
松山农村商业银行	2008年	448823	金牛卡
宁城农村商业银行	2008年	466035	金牛卡
红山区农村信用联社	2008年	162628	金牛卡
阿鲁科尔沁旗农村信用联社	2008年	260247	金牛卡
巴林左旗农村信用联社	2008年	330000	金牛卡
巴林右旗农村信用联社	2008年	220351	金牛卡
林西县农村信用联社	2009年	222529	金牛卡
克什克腾旗农村信用联社	2008年	298762	金牛卡
翁牛特旗农村信用联社	2008年	407219	金牛卡
喀喇沁旗农村信用联社	2008年	191521	金牛卡
敖汉旗农村信用联社	2008年	321267	金牛卡
宁城包商村镇银行	2014年	1008700	润泽卡
敖汉惠农村镇银行	2011年	2751	金牛卡
松山立农村镇银行	2013年	18875	金牛卡
翁牛特立农村镇银行	2013年	3727	金牛卡

说明:国有股份制商业银行、股份制商业银行、国有银行、城市商业银行、农村商业银行、村镇银行发卡数统计到2014年末,农村信用社发卡数统计到2014年10月。

签约特约商户 3 个。2006 年，市农业银行布放 POS 机 1 台，签约特约商户 1 个。2007 年,银联商务赤峰业务部布放 POS 机 86 台,签约特约商户 84 个。2009 年,市邮储银行布放 POS 机 999 台,签约特约商户 993 个,其中农村布放 2 台、签约 4 个。同年,农村信用合作社布放 POS 机 22 台,签约特约商户 22 个。到 2010 年,全市金融机构布放 POS 机 712 台,签约特约商户 512 个,其中农村布放 216 台、签约 194 个。2013 年,市包商银行布放 POS 机 46 台,签约特约商户 37 个;市交通银行布放 POS 机 123 台;市中信银行布放 POS 机 758 台。至 2014 年,全市金融机构布放 POS 机 21379 台,签约特约商户 17317 个,分别比 1992 年、2009 年增加 POS 机 21355 台、20358 台,增加签约特约商户 17293 个、16302 个。其中市中国银行布放 2380 台,签约商户 1404 个;市工商银行布放 619 台,农村布放 402 台,签约 581 个,农村签约 315 个;市建设银行布放 1051 台,签约商户 773 个;市农业银行布放 981 台,农村布放 634 台,签约商户 718 个,农村签约 520 个;市邮储银行布放 1026 台,农村布放 4 台;农村信用合作社布放 2490 台,农村布放 1543 台,签约商户 1960 个,农村签约 1409 个;市包商银行布放 48 台,签约特约商户 47 个；市交通银行布放 289 台，签约特约商户 19 个；市中信银行签约特约商户 701 个;银联商务赤峰业务部布放 5012 台,签约商户 3645 个,农村签约 1125 个;通联赤峰业务部布放 4900 台,签约特约商户 4100 个。

五、同城票据交换

1991 年,赤峰辖区有 12 家票据交换所,票据交换所设置在人行红山支行,红山区和郊区(今松山区)28 家金融机构参加交换的单位,每天两场交换,各交换单位定时提交磁盘交换票据,实行"先签收后划款"的票据交换方式,使用市计算站开发的赤峰市同城票据交换系统进行交换；市票据交换所全年处理票据 103.28 万笔，金额 2100 万元,日均处理交换票据 2295 张,入账抵用率为 63%。1994 年,市人民银行修订并下发《赤峰红山地区同城票据交换管理办法》《赤峰红山地区同城票据交换奖惩办法》,票据交换清算面扩至红山区、松山区、元宝山区、喀喇沁旗、翁牛特旗,形成赤峰市区域性票据清算中心。同年,市票据交换所全年处理票据 125.78 万笔,金额 15.96 亿元,入账抵用率为 63%。1995 年,全市建立票据交换单位及交换员档案,完善持证上岗制度和对交换软盘的病毒检测制度,同年底,交换单位达 59 家。1998 年,交换系统更新为全区统一的同城票据清算系统,根据业务需要可以实时增加交换场次,入账抵用率为 86%。

2005 年,中国人民银行运行大小额支付系统后,同城票据交换方式以实时清算和"先签收后划款"两种票据交换方式进行。2006 年,赤峰市小额支付系统上线运行,7 月 1 日起,赤峰市同城票据交换系统只用于清算国库资金业务,人民银行会计营业部门、各金融机构之间的同城资金清算业务一律通过支付系统办理,纸票据通过人民银行票据交换所传递。同年,票据交换单位减少到 35 家。2007 年,市票据交换所全年处理票据 17.99 万笔,金额 391.97 亿元,入账抵用率 100%。2013 年,实行由大小额支付系统进行实时清算,赤峰辖区国库税款业务均能通过财税库银横向联网系统办理。同年7月,停止票据交换,12家票据交换所全部撤销,纸质支票等票据的传递通过全国支票影像交换系统或由提出单位开户行直接送交提入单位开户行签收的方式办理。

1991—2012年部分年份赤峰市辖区同城票据交换情况统计表

表9-1-6

项目/年份	提出(入)笔数(万笔)	提出(入)金额(亿元)	抵用率(%)
1991	103.28	0.21	63
1992	114.30	0.31	62
1993	123.67	0.84	63
1994	125.78	15.96	63
1995	143.69	23.53	62
1996	154.52	31.52	63
1997	166.81	52.64	62
1998	187.80	93.75	86
1999	212.64	65.31	90
2000	233.45	78.20	92
2001	234.68	101.03	95
2003	277.59	503.45	98
2004	282.65	635.22	98
2005	235.42	508.86	98
2006	23.37	406.47	99
2007	17.99	391.97	100
2008	17.50	450.11	100
2009	16.38	660.75	100
2010	15.50	795.54	100
2011	15.49	1008.28	100
2012	14.16	872.70	100

六、国库业务电子化

从20世纪80年代中后期至90年代，市人民银行自行开发和引进一些简易计算机应用系统,受当时计算机发展水平的限制,系统功能相对单一,仅能满足部分国库业务需要。这一时期的国库信息化建设主要以减轻工作人员劳动强度为目标，核算方式以模仿手工为主，是国库信息化建设的起步阶段。2000 年，市人民银行在辖区推广运行由中国人民银行组织开发的《国家金库会计核算系统(1.0 版)》，建立了统一、规范的电算化平台。2002 年，市人民银行在辖区推广运行《国家金库会计核算系统(2.0 版)》，使国库会计核算系统与现代化支付系统实现直联，形成新的国库核算体系，真正达到国库由核算型向核算管理型的转变。之后，市人民银行为接入小额支付系统和配合政府收支分类改革又陆续推广运行《国家金库会计核算系统(3.0 版)》《国家金库会计核算系统(4.0 版)》。2005 年 5 月，市人民银行在辖区推广运行《财政集中支付管理系统(地方版)V1.0》，标志着全市财政、人民银行国库部门和商业银行(信用社)横向联网正式开通，财政国库集中支付改革工作开始。

2011—2012 年，市人民银行在辖区陆续推广运行国库信息处理系统暨财税库银横向联网系统、国库管理信息系统、国库会计数据集中系统。至 2014 年末，全市辖区纳税人签约 3.98 万户，签约率达到 99.1%，通过财税库银横向联网系统实现电子缴税业务量占比达到 82.8%。另外，工会经费收入、社会保险基金收入、车辆购置税收入、残疾人就业保障金收入也逐渐纳入横向联网系统，逐步实现电子缴税。全市人民银行系统完成对 33 个商业银行、信用社分支机构的地方国库集中收付代理银行资格评审认定。市、旗县区两级的 1643 个预算单位纳入国库集中支付改革范围，占预算单位的 83.7%；办理集中支付业务 7.34 万笔，支付资金 166.29 亿元，占全年地方一般预算支出总额的 36.4%。随着全国国库体制的确立和发展，国家金库逐步形成了相对独立的运行方式。市人民银行充分利用国库信息化系统，及时准确地收纳、划分、报解各级预算收入和办理库款支拨业务，编报各类国库会计报表。市人民银行各项核算业务量达 109.61 万笔，完成各类报表 26.85 万份，收纳、报解各级预算收入 795.41 亿元，支拨各类预算拨款 765.7 亿元，办理预算收入退库 5.99 亿元，办理预算收入更正 26.62 亿元。

第二篇　保险业

第一章　保险险种

第一节　财产保险

1991—1995年,赤峰市保险由中国人民保险公司赤峰支公司(简称人保赤峰支公司)统一经营财产保险业务。1991年,财险保费收入2242万元。1994年,财险保费收入增至7432万元。1996年4月,财产保险、人寿保险分设,人保财险赤峰市分公司经营财产保险业务,同年末,财险保费收入1.07亿元,首次突破亿元。2003年,人保财险赤峰市分公司实现保费收入1.05亿元。此后,全市相继成立多家国有、股份制财险公司,开展财产保险业务。至2014年末,全市共有17家财产保险公司,主要开办企业财产保险、家庭财产保险、货物运输保险、机动车辆保险、工程险、责任险、交强险、农业保险等600多个险种,实现财险保费收入17.13亿元,比1991年增长75倍。其中人保财险赤峰市分公司财险保费收入6.81亿元,占全市财险保费收入的39.76%。

一、企业财产保险

1991年,人保赤峰支公司开办的企业财产保险有企业财产险、企业财产险附加盗窃险、水暖管道破裂险、供水供暖破裂险、营业利润中断险、自来水管道破裂险和锅炉压力容器保险等。年末,承保1300户,保险金额47.73亿元,保费收入1025万元。1992年,新开办建工险、机损险、产品质量保险、基层金融机构保险等。1996年11月,人保财险赤峰市分公司与市电业局、市农电局联合下发《关于全市电业系统统一办理变压器保险的通知》,年末承保2300户,保险金额114.92亿元,保费收入5009万元。2001年末,承保1326户,保险金额126.42亿元,保费收入4288.52万元,是企业财产保险收入最多的一年。

2003年起,中国平安财产保险股份有限公司赤峰中心支公司(简称平安财险)、中华联合财产保险股份有限公司赤峰中心支公司(简称中华财险)、安邦财产保险股份有限公司赤峰中心支公司(简称安邦财险)、中国大地财产保险股份有限公司赤峰中心支公司(简称大地财险)、安华农业保险股份有限公司赤峰中心支公司(简称安华农险)、中国太平洋财产保险股份有限公司赤峰中心支公司(简称太平洋财险)、都邦财产保险股份有限公司赤峰中心支公司(简称都邦财险)、渤海财产保险股份有限公司赤峰中心支公司(简称渤海财险)、阳光财产保险股份有限公司赤峰中心支公司(简称阳光财险)先后成立,并开展企业财产保险业务。至2008年,9家财险公司共承保248户,保险金额20.03亿元,保费收入390.87万元。2009年10月, 人保财险赤峰市分公司与大唐内蒙古多伦煤化工有限责任公司签订保险合作协议,承担风险责任55.52亿元,保费收入1031万元。

2012年起,先后增设中国人寿财产保险股份有限公司赤峰中心支公司(简称国寿财险)、信达财产保险股份有限公司赤峰中心支公司(简称信达财险)、永诚财产保险股份有限公司赤峰中心支公司(简称永诚财险)、紫金财产保险股份有限公司赤峰中心支公司(简称紫金财险)、英大泰和财产保险股份有限公司赤峰中心支公司(简称英大财险)、永安财产保险股份有限公司赤峰中心支公司(简称永安财险)、中银保险有限公司赤峰中心支公司(简称中银保险)7家公司,并开展企业财产保险业务。2014年,7家财险公司共承保147户,保费收入1607万元。至同年末,全市17家财险公司共承保848户,保费收入6522万元,比1991年增长536.29%。其中人保财险赤峰市分公司企业财产承保277户,保费收入4201.73万元,分别占全市的32.67%、64.42%。

二、家庭财产保险

1991年,人保赤峰支公司开办的险种有家庭财产保险、家庭财产附加盗窃险、家庭财产两全保险、家庭财产两全附加盗窃险、长效还本家财险、集体家财险等。全年承保76179户,保险金额2.76亿元,保费收入79万元。1992年,全面推开长效还本家财险业务,并通过开展创建保险先进旗县区的活动,提高了农村家庭财险的比重。全年承保85.25万户,保险金额11.11亿元,保费收入195万元。1998年,人保财险赤峰市分公司开展个人抵押贷款房屋保险业务。2001年,组织“金锁”家财险保单营销活动,年末承保28887户,保险金额7.59亿元,保费收入317.53万元。

2003年起,平安财险、中华财险、大地财险、安华农险、太平洋财险先后开展家庭财产保险业务。至2008年,5家财险公司共承保2846户,保费收入98.78万元。同年,人保财险赤峰市分公司开展抗震救灾“全员营销献爱心”活动,销售爱心卡10000张,实现保费收入20万元。2012—2014年,国寿财险、信达财险、紫金财险先后开展家庭财产保险业务,承保890户,保费收入84.26万元。

至2014年末, 全市承保42664户, 保费收入1099.2万元, 比1991年增长12.91倍。其中人保财险赤峰市分公司家庭财产保险承保10984户, 保费收入534.44万元, 分别占全市的25.75%、48.62%。

三、机动车辆保险

1991年,人保赤峰支公司开办的运输工具及责任险主要是机动车辆保险,包括汽车、拖拉机、摩托车的全险及三者险。全年承保各类车辆13353台,保险金额4.87亿元,保费收入864万元。1995年3月,将第三者责任险保险金额提高到5万元、10万元两档。2000年,机动车辆保险条款和费率调整,承保各类车辆有所增加。当年,人保财险赤峰市分公司承保各类车辆20010台,保险金额13.68亿元,保费收入4659.21万元。2003年起,平安财险、中华财险、安华农险、安邦财险、太平洋财险、都邦财险、渤海财险7家财险公司先后开展机动车保险业务。同时,全国机动车辆保险改革正式启动,全年人保财险赤峰市分公司承保车辆31253台,保险金额26.14亿元,保费收入6713.93万元。2006年,中国保险行业协会推出包含车辆损失险和商业三者险2个主险种在内的A、B、C三套商业车险行业基本条款,车辆保险发展发生重大变革,车险市场进一步走向规范化,年末保费收入1.53亿元。2007年4月,新版机动车条款开始实施。2010年,全市机动车辆保险保费收入突破6亿元,达6.3亿元。其中人保财险赤峰市分公司突破2亿元,占31.75%。2012—2014年,国寿财险、中银财险、信达财险、永安财险、紫金财险先后开展机动车保险业务,承保各类车辆38138台,保费收入1.53亿元。至2014年末,全市承保各类车辆55.12万台,保费收入11.12亿元。其中人保财险赤峰市分公司承保20.55万台,保费收入2.8亿元,分别占全市的37.27%、25.18%。

四、货物运输保险

1991年,人保赤峰支公司在有铁路的6个旗县区、22个站点开办铁路货运险业务,并在全市12个旗县区开办公路货运险,在红山区恢复开展航运险。全年承保29752笔,保险金额5.49亿元,保费收入248万元。1995年,公路货运险保费297.7万元,铁路货运险保费439.28万元。2003年起,大地财险、平安财险、中华财险、安华农险、太平洋财险、都邦财险先后开展货物运输保险业务。至2008年,6家财险公司共承办749笔,保费收入46.16万元。2012年起,国寿财险、中银财险、信达财险、紫金财险、阳光财险先后开展货物运输保险业务。同年,人保财险赤峰市分公司保费收入531.86万元,是开办货物运输保险以来保费收入最多的一年。全市货物运输保险保费收入4795万元。至2014年末,全市货物运输保险保费收入384万元,比1991年增长54.84%。

五、工程项目保险

2000年,人保财险赤峰市分公司承保松山区阴河大桥建筑安装工程险,实现保费收入24万元。2005年,人保财险赤峰市分公司承保大唐赛罕坝风力发电的安装工程险,实现保费收入23万元。2006年,人保财险赤峰市分公司通过竞标承保赤大白铁路工程、三座店水利枢纽工程、赤峰至通辽高速公路等工程项目保险。全年保费收入251万元。2009—2013年,中华财险累计承保工程险9笔,保费收入94.04万元。

六、责任保险

1991—1999年,全市责任险业务归口为财产保险。主要开办的责任险有雇主责任险、公众责任险、产品责任险等。2000年,责任险作为单独的险种核算,全年承保23625笔,保险金额9.01亿元,保费收入404.87万元。2001年,人保财险赤峰市分公司在推广医疗责任险、餐饮责任险、供电责任险、职业责任险、旅游责任险、物业责任险等方面进行探索，当年承保 31933 笔，保险金额 27.27 亿元，保费收入 578.32 万元。2005 年，人保财险赤峰市分公司大力发展承运人责任险、执法人员责任险、火灾公众责任险等业务，当年承保 3526 笔，保险金额 16.51 亿元，保费收入 209.47 万元。2009 年，中昊运输公司承运人责任险的规模投保，带动承运人责任险同比增长 64.04%。2013 年，大力推动环境污染责任险与信用保证险的业务发展，并签下全市环境污染责任险的第一单，实现零的突破。

到 2014 年末，人保财险赤峰市分公司责任保险保费收入 2161.92 万元。同年，紫金财险承保责任险 35 笔，保险金额 2.75 亿元，保费收入 17.25 万元。全市责任险保费收入 2179.17 万元。

七、交通事故责任强制保险

2006 年，《中华人民共和国道路交通安全法》和《机动车交通事故责任强制保险条例》颁布后，人保财险赤峰市分公司当年实现交强险保费收入 2405.37 万元。2010 年，交强险保费收入突破 1 亿元。2014 年，交强险保费收入 1.3 亿元。

1991—2014 年赤峰市财产保险保费收入统计表

表 9-2-1　　单位：万元

项目／年份	保费收入	项目／年份	保费收入
1991	2242	2003	10527
1992	3906	2004	11187
1993	5651	2005	16118
1994	7432	2006	21988
1995	9011	2007	38852
1996	10667	2008	53668
1997	11578	2009	68561
1998	12697	2010	91171
1999	8620	2011	99109
2000	9400	2012	119877
2001	10083	2013	154517
2002	10197	2014	171342

八、农业保险

1991年,人保赤峰支公司统一经营农业保险业务。1991—2002年,全市商业性农业保险保费收入累计2054万元,赔款支出2192万元,超出保费收入138万元。其中1991年,全市商业性农业保险保费收入26万元,赔款支出42万元。1993年,商业性农保保费收入191万元,赔款支出141万元。1996年,商业性农保保费收入274万元,赔款支出220万元。1998年,商业性农保保费收入586万元,赔款支出712万元。至2002年,全市商业性农保保费收入30万元,赔款60万元,保费收入逐步下降。2006年,全市商业性农业保险业务基本停保。2007年,全市开始实施政策性农业保险,当年农业保险保费收入6478万元,赔款支出4840万元。到2014年,农业保险保费收入4.25亿元,赔款支出1.23亿元,比2007年分别增长5.56倍和1.54倍。

种植业保险　农作物保险。2007年,财政部印发《中央财政农业保险保费补贴试点管理办法》,在内蒙古自治区等6省区开展中央财政农业保险保费补贴试点工作。自治区财政厅印发《内蒙古自治区财政农业保险保费补贴资金管理办法》,自治区农牧业厅和财政厅联合印发《内蒙古自治区农业保险保费补贴试点工作实施方案》,明确由内蒙古农业保险领导小组负责组织协调开展政策性农业保险保费补贴试点工作。试点参保面积为2006年全区小麦、玉米、大豆三大作物播种面积的30%,保费补贴品种为小麦、玉米、大豆三种农作物,保险责任为暴雨、洪水、内涝、雹灾、风灾、旱灾和冰(霜)冻,保险金额确定为玉米每亩保额230元,小麦每亩保额300元,大豆每亩保额170元,保险费率玉米10%、小麦8%、大豆8%,保费补贴比例中央财政承担25%,自治区财政承担50%,盟市、旗县财政和农民共同承担10%,其余部分由相关保险公司承担。当年,按照自治区政府“划片承保”的原则,赤峰市被列入政策性种植业保险试点,全市有12个旗县区的60个乡镇苏木、735个村嘎查参与试点,惠及农户25.52万户。人保财险赤峰市分公司按40%的粮食种植面积承保257.54万亩,实现签单保费5779.24万元。其中玉米承保242.2万亩,保费收入5570.6万元;大豆承保15.34万亩,保费收入208.64万元。2007年,赤峰遭遇重大旱灾。根据农业保险保费补贴试点工作领导小组确定的“当年总体赔款不超过收取的全部保费总额减去运营管理费”的赔付原则,人保财险赤峰市分公司向各受灾旗县区政府支付赔款4623.29万元,受益对象涉及全部参保12个旗县区的58个乡镇苏木、475个村嘎查,受益农户达到43788户,占全部参保农户25.52万户的17.16%。同年,安华农险取得承办政策性种植业保险资格,保费收入699.48万元,赔款支出217.07万元。

2008年,自治区政府办公厅印发《内蒙古自治区2008年农业保险保费补贴实施方案》,扩大种植业保费补贴品种范围,即在原有玉米、小麦、大豆的基础上,增加葵花籽、油菜籽等油料作物;水地玉米、小麦每亩保额为350元,旱地玉米、小麦每亩保额分别为200元和210元,大豆、葵花籽、油菜籽每亩保额分别为180元、190元和150元;调整玉米费率为10%,其他种植业补贴险种为8%;将保费补贴标准调整为财政部补贴

35%，自治区财政安排补贴55%，其中25%由自治区本级以专项资金的方式补贴，其余30%通过一般转移支付下达给旗县，由旗县财政予以补贴，其余10%由农户或者农户与龙头企业等共同承担。保险业务经办机构的选定和承保区域的划分通过公开招标的办法进行，人保财险赤峰市分公司对红山区、松山区、喀喇沁旗、宁城县、敖汉旗5个旗县区的51个乡镇苏木、4个农场、1个牧场、693个村、1个龙头企业进行承保，惠及19.72万户。承保农作物208.46万亩，实现签单保费收入5957.75万元。其中水地玉米123.32万亩，保费收入4316.2万元；旱地玉米72.50万亩，保费收入1450万元；大豆0.54万亩，保费收入7.63万元；葵花12.1万亩，保费收入183.92万元。全年支付赔款4349.22万元，涉及农户59775户。同年4月，中华财险获得阿鲁科尔沁旗、巴林左旗、巴林右旗、林西县、克什克腾旗、翁牛特旗及元宝山区政策性种植业保险承办资格。全年承办农作物保费收入9202.8万元，赔款支出5970.9万元。

2009年，自治区政府办公厅印发《内蒙古自治区2009年农业保险保费补贴实施方案》，将种植业保险保费补贴品种进一步扩大，即在补贴全区的玉米、小麦、大豆、油菜籽、葵花籽等农作物的基础上，在兴安盟、赤峰市、锡林郭勒盟、乌兰察布市4盟市开展马铃薯保险保费补贴试点；马铃薯每亩保额400元，费率6%；保费补贴比例调整为玉米、小麦、大豆、油菜籽、葵花籽种植保险保费中央财政补贴40%，自治区级财政补贴20%，旗县级财政使用2008年自治区下达以后年度仍然要用于种植业和奶牛保险保费补贴的一般性转移支付资金补贴30%，前述一般性转移支付资金数额满足不了2009年旗县级保费补贴需要的，不足部分由旗县级财政承担，其余10%保费由农户或者农户与龙头企业等共同承担；对马铃薯保险保费自治区级财政补贴60%，盟市和旗县财政共同补贴30%，其余10%保费由农户或者农户与龙头企业等共同承担。人保财险赤峰市分公司对5个旗县区的49个乡镇苏木、1个办事处、9个农场、839个村、4个龙头企业进行了承保，惠及34.73万户，承保农作物255.8万亩，实现签单保费6489.01万元。其中水地玉米100.3万亩，保费收入3510.5万元；旱地玉米128.4万亩，保费收入2567.8万元；水地小麦0.2万亩，保费收入5.6万元；大豆4.3万亩，保费收入62.5万元；葵花22.5万亩，保费收入342.6万元。当年，本市再度发生重大旱灾，人保财险赤峰市分公司全年支付赔款4755.9万元，受益农户31.85万户。同年，中华财险承办农作物保费1.05亿元，赔款支出6760.7万元。

2010年，自治区政府办公厅印发《内蒙古自治区2010年农业保险保费补贴实施方案》，将马铃薯纳入全区种植业保费补贴品种范围，并进一步扩大各补贴品种的承保面积，对种植业保险扩展“病、虫、鼠害”责任，调高了有关品种的保险金额，水地玉米、水地小麦、马铃薯每亩400元，葵花每亩250元，旱地玉米和旱地小麦每亩220元，大豆每亩200元，油菜每亩170元；降低保险费率，玉米为9%，小麦为7%，大豆、油菜、葵花为7.5%，马铃薯为6%。同时，分别根据各盟市财政收入状况分地区对保费补贴比例作出新的调整，明确赤峰市及所属旗县承担5%。对玉米、小麦、大豆、油菜、葵花种植保险保费国家财政补贴40%,盟市、旗县承担相应比例,农牧户或者农牧户与龙头企业等共同承担10%的保费,其余部分由自治区级财政负担;对马铃薯保险保费自治区财政补贴60%,盟市和旗县财政补贴30%,其余10%保费由农牧户或者农牧户与龙头企业共同承担。人保财险赤峰市分公司对5个旗县区的53个乡镇苏木、3个办事处、7个农场、847个村、9个龙头企业进行承保,惠及30.94万户,承保农作物271.5万亩,实现签单保费6866.78万元。全年赔款支出2980.77万元,涉及农户14.92万户。

2013年4月26日,将水稻、棉花纳入自治区财政保费补贴范围,每亩保额为400元,费率为5%,各级财政承担比例与种植业其他品种相同,将葵花、油菜的保险费率调整为7%。人保财险赤峰市分公司对4个旗县区的53个乡镇苏木、4个办事处、6个农场、294个村、6个龙头企业进行承保,惠及27.09万户。全年赔款支出5922.13万元,涉及农户18.84万户。同年,安华农险与红山区政府达成合作意向,承保红山区农作物15.01万亩,种植业保费收入378.2万元,赔款支出220.11万元。

2014年4月29日,政策性种植业保险补贴品种和财政资金补贴比例按2013年标准执行,人保财险赤峰市分公司对下辖4个旗县区的54个乡镇苏木、4个办事处、6个农场、735个村、12个龙头企业进行承保,惠及23.21万户,承保农作物425.69万亩,实现签单保费1.15亿元。全年赔款支出8043万元,涉及农户19.73万户。同年,安华农险继续承保红山区种植业农作物13.35万亩,为2个乡镇、14个行政村的7970户农户承保,保费收入388.74万元,赔款支出368.16万元。太平洋财险承保种植业保费63.94万元,赔款支出4.5万元。

温室大棚保险。2011年,自治区政府在通辽市、赤峰市、包头市开展温室大棚保险保费补贴试点工作。根据有关政策规定,温室大棚保险责任为暴雨、洪涝、雹灾、风灾、雪灾造成的损失;保险金额按照温室大棚各构成部件平均建设或购置成本确定,钢架及类似结构温室大棚保险金额每亩13000元,竹木结构保险金额每亩8000元;钢架及类似结构大棚费率为3%,竹木结构大棚为5%;自治区级财政补贴40%,盟市及旗县区财政补贴30%,农牧户与龙头企业等共同承担30%。全年人保财险赤峰市分公司保费收入29.59万元,赔款支出6.34万元。2012年,自治区政府继续在通辽市、赤峰市、包头市开展温室大棚保险及附加内部作物保险保费补贴试点工作。根据有关政策规定,温室大棚附加内部作物保险的保险责任为温室大棚因保险责任范围内发生的损失导致内部农作物的损失;具体保额为温室每亩2万元、大棚每亩1万元,附加温室、大棚内部作物的保险金额分别为每亩1500元和800元两档。当年,全市保费收入8.1万元,赔款支出6.82万元。至2014年末,全市保费收入181.67万元,赔款支出105.47万元。

林木保险。2013年2月28日,自治区政府办公厅印发的《自治区森林保险保费补贴实施方案》规定,保险标的为生长和管理正常的公益林和商品林,保期为一年,一年一投保,一年一签单;保险责任为在保险期内因人力无法抗拒的包括火灾、爆炸、暴风等自然灾害,造成被保险森林流失、掩埋、主干折断、倒伏、烧毁、死亡的损失,保险公司按照保险合同的约定负责赔偿;公益林中的乔木林地保险金额按照再植成本每亩500元计算,灌木林地按照再植成本每亩300元计算,商品林中的乔木林地按照再植成本每亩600元计算;保费补贴按照投保则补、不保不补的原则进行,公益林中央财政补贴50%,自治区财政补贴40%,盟市、旗县财政补贴10%,对森工集团公益林中央财政补贴50%,自治区财政补贴40%,企业承担10%,商品林中央财政补贴30%,自治区财政补贴25%,盟市、旗县财政补贴15%,经营者承担30%。同年,人保财险赤峰市分公司实现保费收入5438.73万元,无赔款支出。至2014年,全市保费收入5443.67万元,赔款支出1600万元。

养殖业保险　能繁母猪保险。2008年,自治区政府办公厅印发《内蒙古自治区2008年农业保险保费补贴实施方案》,明确保险金额参照投保个体生理价值(包括购买价格和饲养成本)确定,能繁母猪每头1000元,保险费率为6%;保费补贴比例为财政部补贴50%,自治区本级财政补贴20%,盟市、旗县级财政各补贴10%,其余10%保费由农户承担,或者由农户与养殖企业共同承担。赤峰市仅有人保财险赤峰市分公司经营政策性养殖业保险业务。同年承保能繁母猪10.82万头,开展业务遍及6个旗县区、1060个村,参保农户达80066户,签单保费671.18万元。全年承保能繁母猪出险3485头,占总承保头数的3.22%,已决头数3201头,已决赔款316.88万元,简单赔付率47.21%。2009年,人保财险赤峰市分公司承保能繁母猪26.2万头,开展业务遍及10个旗县区,参保农户达80618户,签单保费1571.7万元。承保能繁母猪出险8745头,占总承保头数的3.34%,已决头数7820头,已决赔款781.85万元,简单赔付率49.75%。

2010年,自治区政府办公厅印发《内蒙古自治区2010年农业保险保费补贴实施方案》,明确对能繁母猪保险的经办机构和业务区域以旗县区为单位进行划分,人保财险赤峰市分公司下辖元宝山区、松山区、巴林右旗、林西县、克什克腾旗、翁牛特旗、喀喇沁旗、宁城县、敖汉旗支公司开办此业务。全年保险业务遍及3个旗县区,承保能繁母猪38874头,参保农户达13093户,签单保费233.24万元。承保能繁母猪出险4801头,占总承保头数的12.35%, 已决头数4736头, 已决赔款473.42万元, 简单赔付率202.98%。2013年,全市养殖业保险业务遍及4个旗县区,承保能繁母猪21063头,签单保费126.38万元。承保能繁母猪出险143头,占总承保头数的0.68%,已决头数143头,已决赔款14万元,简单赔付率11.08%。至2014年,全市养殖业保险业务遍及5个旗县区,承保能繁母猪4824头,参保农户达90户,签单保费28.94万元。承保能繁母猪出险786头,占总承保头数的16.29%,已决头数786头,已决赔款78.6万元,简单赔付率271.6%。

奶牛保险。2008年,财政部印发《中央财政养殖业保险保费补贴管理办法》,对落实2008年度奶牛保险保费补贴政策作出明确规定。自治区政府办公厅印发《内蒙古自治区2008年农业保险保费补贴实施方案》, 将奶牛保险纳入财政补贴农业保险范围,明确保险金额为每头5000元,保险费率为8%;保费补贴为财政部补贴30%,自治区财政安排补贴 50%，其中 20%由自治区本级以专项资金的方式补贴，30%通过一般转移支付下达给旗县，由旗县财政予以补贴，其余 20%保费由农户或者农户与养殖企业等共同承担。全年人保财险赤峰市分公司承保奶牛 3341 头，签单保费收入 133.64 万元，参保对象涉及 2 个养殖场、5 个养殖小区和 193 户养殖户。赔付奶牛 26 头，已决赔款 12.04 万元。2009 年，自治区政府办公厅印发《内蒙古自治区 2009 年农业保险保费补贴实施方案》规定，按不同品种、年龄、产奶量和市场价格差异，分别按每头奶牛 4000 元、5000 元和 6000 元 3 个档次确定保险金额，具体由奶牛养殖户和保险经办机构协商确定，但保险金额不得超过该品种奶牛市场价格的 70%。全年全市承保奶牛 22159 头，签单保费 886.36 万元，赔付奶牛 394 头，已决赔款 195.8 万元。

2010 年，自治区政府办公厅印发《内蒙古自治区 2010 年农业保险保费补贴实施方案》，根据各盟市财政收入状况分地区对奶牛保险保费补贴比例作了新的调整。明确赤峰市及所属旗县承担 5%，奶牛保险中央财政补贴 30%，盟市、旗县承担相应比例，农牧户或者农牧户与龙头企业等共同承担 15%的保费，其余部分由自治区财政承担，当年，承保奶牛 9066 头，签单保费 394.59 万元，赔付奶牛 2000 头，已决赔款 657.55 万元。2013 年，全市承保奶牛 804 头，签单保费 32.16 万元，赔付奶牛 32 头，已决赔款 15.2 万元。至 2014 年，全市承保奶牛 2123 头，签单保费 99.04 万元，赔付奶牛 55 头，已决赔款 29.2 万元。

育肥猪保险。2012 年，自治区政府将育肥猪纳入补贴范围，保额每头 500 元，费率 6%；保费补贴为中央财政及自治区财政各 10%，其余部分由盟市、旗县区自定，并报自治区农业保险保费补贴小组办公室备案后执行。2013 年 4 月 26 日，自治区农牧业厅、财政厅、保监局联合印发《关于 2013 年农业保险保费补贴工作有关事项的通知》，将育肥猪养殖保险补贴进行调整，中央财政补贴 50%，自治区财政补贴 20%，盟市、旗县区财政各补贴 10%，农牧户或者农牧户与养殖企业共同承担 10%。全年人保财险赤峰市分公司开展养殖业保险业务遍及 4 个旗县区，承保育肥猪 7338 头，签单保费 22.01 万元。承保育肥猪出险 230 头，占总承保头数的 3.13%，已决头数 230 头，已决赔款 11.45 万元，简单赔付率 52.02%。至 2014 年，全市承保育肥猪 52209 头，参保农户达 227 户，签单保费 156.63 万元。承保育肥猪出险 3030 头，占总承保头数的 5.8%，已决头数 3030 头，已决赔款 137.92 万元，简单赔付率 88.05%。

第二节　人寿保险

1991—1995 年，中国人民保险公司赤峰支公司统一经营人寿保险业务。1991 年，人寿保险保费收入 407 万元。至 1995 年，人寿保险保费收入增至 7026 万元。1996 年，实行财险、寿险分营，设中国人民保险(集团)人寿保险有限公司赤峰分公司并专营人寿保险业务，当年，人寿保险保费收入 7814 万元。2003 年，经股份制改造后，中国人寿保险公司赤峰分公司更名为中国人寿保险股份有限公司赤峰分公司(简称人保寿险赤峰分公司)。2004年起,赤峰市相继成立多家国有、股份制寿险公司,开展寿险业务。至2014年,全市有15家寿险公司经营定期寿险、终身寿险、两全寿险、年金保险、分红寿险和万能寿险等140多个寿险险种。全年人寿保险保费收入22.12亿元,比1991年增加22.08亿元,增长542.49倍。其中人保寿险赤峰分公司实现保费收入8.42亿元,占全市保费收入的38.07%。

一、养老金保险

1991年,人保赤峰支公司为企业职工、村干部等主要参保对象办理养老金保险业务。全年承保3320人,保险金额9876万元,保费收入191.48万元。1993年,人保赤峰支公司新增个人养老金保险业务,承保4384人,保险金额3.69亿元,保费收入471.49万元。1994年,根据自治区政府办公厅转发自治区劳动人事厅《关于贯彻执行内蒙古自治区城镇企业职工社会养老保险暂行规定实施意见的通知》要求,由各级人民保险公司经办的集体企业职工养老保险改由各地社会保险事业管理局经办。同年,人保赤峰支公司新开办家庭生活安定保险、家庭人寿保险、家庭人寿还本保险等人寿保险业务,承保4256人,保险金额3.16亿元,保费收入533.68万元。1995年,人保赤峰支公司为扩大商业性养老保险服务范围,为社会养老保险制度的建立提供配套服务,新开办养老金还本保险业务,承保5167人,保险金额2.95亿元,保费收入668.49万元。1997年,人保寿险赤峰分公司开办鸿寿养老年金保险,新条款在形式上更加规范和完备,在内容上责任面有不同程度的放宽,在费率上有所提高。全年承保8126人,保险金额2.61亿元,保费收入818.9万元。1999年,人保寿险赤峰分公司开办国寿松鹤养老保险、国寿松柏养老保险业务,承保6355人,保险金额3.24亿元,保费收入907.2万元。

2003年,人保寿险赤峰分公司开办养老型国寿鸿祥两全保险业务,承保8167人,保险金额2.38亿元,保费收入961.58万元。2007年,开办养老型美满人生年金保险业务,承保9182人,保险金额4.38亿元,保费收入1016万元。同年,合众人寿保险股份有限公司赤峰中心支公司(简称合众人寿)成立,开办合众吉祥人生两全保险、合众睿智人生终身寿险,承保31750人,保险金额2.99亿元,保费收入1629万元。2010年,人保寿险赤峰分公司开办福禄满堂养老金保险业务,承保9687人,保险金额4.32亿元,保费收入1215万元。

2012年,民生人寿保险股份有限公司赤峰中心支公司(简称民生人寿)成立,开办养老型两全保险业务,承保69人,保险金额345万元,保费收入40.04万元。2014年,人保寿险赤峰分公司开办国寿美满人生年金保险,养老金保险险种不断更新,发展为鸿寿养老金保险等40多个养老保险险种。全年承保8236人,保险金额4.63亿元,保费收入1808万元。

二、子女教育婚嫁备用金保险

1991年,人保赤峰支公司开始办理子女婚嫁金保险业务,承保8338人,保险金额

2233.86 万元,保费收入 122.13 万元。1992 年,人保赤峰支公司新开办少儿年金保险,当年承保 32821 人,保险金额 6910.3 万元,保费收入 356.65 万元。1996 年,开办子女婚嫁金保险附加疾病住院医疗保险业务,承保 36187 人,保险金额 7218.66 万元,保费收入 468.56 万元。1997 年,开办 66 鸿运保险(A)型、66 鸿运保险(B)型保险业务,承保 38145 人,保险金额 7634.56 万元,保费收入 504.58 万元。1999 年,人保寿险赤峰分公司开办国寿少儿两全保险、国寿英才少儿保险业务,承保 39122 人,保险金额 5887.45 万元,保费收入 802.16 万元。2002 年,开办国寿鸿运少儿两全保险业务,承保 4328 人,保险金额 6846.58 万元,保费收入 1023.58 万元。2007 年,人保寿险赤峰分公司开办关爱年金保险、国寿金彩明天两全保险业务,承保 4869 人,保险金额 8636.56 万元,保费收入 1218.56 万元。2014 年,人保寿险赤峰分公司开办的子女教育婚嫁备用金保险、独生子女两全保险等 30 多个险种,涵盖投资理财、教育基金、关爱呵护等各方面,在人寿险市场上占据重要地位,促进全市人寿保险业务的快速发展。全年承保 8465 人,保险金额 5.16 亿元,保费收入 2875 万元。

三、分红保险

2001 年,人保寿险赤峰分公司开办国寿千禧理财两全保险业务,承保 12164 人,保险金额 1.82 亿元,保费收入 1838 万元。2002 年,开办国寿鸿福相伴两全保险、国寿鸿盛终身保险、国寿鸿泰两全保险等 12 个分红产品新业务,全年仅鸿寿年金、鸿运少儿、鸿祥两全、千禧理财两全保险 4 个分红型产品承保 26160 人,保险金额 3.92 亿元,保费收入 5187.59 万元。2005 年,人保寿险赤峰分公司开办国寿鸿鑫两全保险业务,承保 7163 人,保险金额 1.29 亿元,保费收入 1146 万元。2007 年,开办国寿祥福等保险业务,承保 8256 人,保险金额 1.4 亿元,保费收入 1568.64 万元。同年,泰康人寿保险股份有限公司赤峰中心支公司(简称泰康人寿)开办卓越财富、健康人生等寿险险种,保费收入 5234 万元。2011 年,人保寿险赤峰分公司增办国寿福禄呈祥两全保险业务,承保 3238 人,保险金额 5504.6 万元,保费收入 647.6 万元。2014 年,人保寿险赤峰分公司分红保险险种发展至 48 个。其中个人两全寿险 35 个,个人终身寿险 2 个,健康保险 1 个,个人年金保险 10 个。全年承保 5631 人,保险金额 1.01 亿元,保费收入 901.6 万元。新华人寿保险股份有限公司赤峰中心支公司(简称新华人寿)开办吉星高照、福寿安康等业务,保费收入 1.3 亿元。百年人寿保险股份有限公司赤峰中心支公司(简称百年人寿)开办福福有余、百年祥瑞等业务,保费收入 3.44 亿元。至同年末,全市分红险保费收入 5.7 亿元。

四、健康保险

1996 年,人保寿险赤峰分公司开办“88 鸿利”终身保险业务,承保 3612 人,保险金额 5418 万元,保费收入 223.07 万元。1997 年,开办“99 鸿福”终身保险业务,承保 4317 人,保额 6475.5 万元,保费收入 412.65 万元。1999 年,人保寿险赤峰分公司开办祥瑞终身保险业务，承保3216人，保额4824万元，保费收入347.33万元。2003年，人保寿险赤峰分公司开办国寿鸿祥两全保险业务，承保12615人，保额1.89亿元，保费收入808.99万元。2007年，开办国寿祥福定期寿险业务，承保8120人，保额1.3亿元，保费收入605.82万元。2008年，中国人民健康保险股份有限公司赤峰中心支公司（简称人保健康）成立，主要开办国家医疗保障政策配套、受政府委托的健康保险业务，保费收入32.6万元。新华人寿开办幸福年年、福如东海、吉利相伴、成长阳光等人身险种业务，承保58820人，保额4.57亿元，保费收入3365万元。2010年，中国太平洋人寿保险股份有限公司赤峰中心支公司（简称太平洋人寿）成立，开办鸿鑫人生、金瑞人生、宝宝安康等人身险种业务，承保1418人，保额1.36亿元，保费收入422.49万元。2012年，人保寿险赤峰分公司开办国寿康宁终身重大疾病保险（2012版）业务，承保9156人，保额1.37亿元，保费收入1648.08万元。同年，华泰人寿保险股份有限公司赤峰中心支公司（简称华泰人寿）成立，开办健康保险业务，承保877人，保费收入263.99万元。2014年，人保寿险赤峰分公司开办的健康保险发展至29个险种，终身保险为12个险种，全年承保21863人，保额4.37亿元，保费收入3935.34万元。至同年末，全市健康险保费收入4412万元。

五、意外伤害保险

1991年，人保赤峰支公司统一经营意外伤害保险业务，有机动车司乘人员人身意外伤害险、人身意外伤害综合险2个险种，全年实现保费收入365.73万元。1996年，人保寿险赤峰分公司开办的意外伤害保险险种增至10多个种类，实现保费收入1716.01万元。2003年，人保寿险赤峰分公司经营的意外伤害保险险种逐渐增多，当年开办个人综合类、计划生育类、基本保障类、幸福家庭类、学生幼儿类、手术安全类、驾乘类、特殊人群类、建筑工程类、指定场所类、旅游娱乐类、出境类等12大类、60多个意外伤害保险险种业务。2004年后，全市有多家保险公司先后经营意外伤害保险业务。至2014年，全市8家保险公司开办国寿团体人身意外伤害保险、建筑工程团体人身意外伤害保险、国寿安乘意外伤害保险、国寿家庭幸福保险、国寿旅客意外伤害保险、国寿个人旅游意外伤害保险、国寿全家福保险等80多个意外伤害保险险种业务。全市保费收入6191万元，比1991年增加5825万元，增长15.93倍。其中人保寿险赤峰分公司保费收入3519.76万元，占全市保费收入的56.85%。

机动车司乘人员保险　1991年，人保赤峰支公司开办机动车司乘人员人身意外伤害保险业务，全市承保28.5万人，保额11.31亿元，保费收入360.47万元。2002年，人保寿险赤峰分公司开办国寿安通机动车驾驶员、乘务员意外伤害保险业务，承保12316人，保额2.46亿元，保费收入123.16万元。2009年，人保寿险赤峰分公司开办驾乘无忧保险业务，承保19517人，保额1.17亿元，保费233.44万元。2014年，人保寿险赤峰分公司开办一路平安保险业务。至同年末，全市机动车司乘人员保险险种增至20多个，承保16187人，保额2.43亿元，保费收入169.96万元。

人身意外伤害保险　1991年，人保赤峰支公司开办人身意外伤害综合保险业务，承保1438人，保额1576.8万元，保费收入5.26万元。1999年，人保寿险赤峰分公司开办国寿团体意外伤害保险业务，承保683人，保额3415万元，保费收入10.25万元。2003年，人保寿险赤峰分公司开办城乡居民意外伤害保险业务，至年末，意外伤害险险种增至60多个，保费收入1970万元。2004年，中国平安人寿保险股份有限公司赤峰中心支公司(简称平安人寿)开办意外伤害保险业务，承保2237人，保费收入266万元。太平人寿保险股份有限公司赤峰中心支公司(简称太平人寿)开办9种短期意外寿险，保费收入2344万元。2007年，合众人寿开办合众意外伤害、合众出行意外伤害、合众交通意外伤害、合众幼儿意外伤害保险业务，承保1065人，保额6471.34万元，保费收入12.75万元。中国人民人寿保险股份有限公司赤峰市分公司(简称人民人寿)开办意外伤害保险业务，承保44人，保额124万元，保费收入3.88万元。2009年，人保寿险赤峰分公司开办国寿执法人员团体人身意外伤害保险业务，承保1382人，保额6910万元，保费收入27.64万元。2013年，民生人寿开办人身意外伤害保险业务，承保40人，保额204万元，保费收入3.51万元。2014年，人保寿险赤峰分公司开办国寿家政服务人员团体意外伤害保险业务，承保1162人，保额232.4万元，保费收入17.43万元。至同年末，全市人身意外伤害保费收入2056.15万元。

全家福和家庭成员平安保险　1997年，人保寿险赤峰分公司开办全家福保险业务，承保5160人，保额8600万元，保费收入28.26万元。1999年，人保寿险赤峰分公司开办家园安泰保险业务，承保6018人，保额7660万元，保费收入16.11万元。2013年，百年人寿开办百年成人意外保障险业务，承保5179人，保费收入53.79万元。2014年，人保寿险赤峰分公司开办国寿e家吉祥送福综合意外伤害保险业务，承保3876人，保额5168万元，保费收入25.84万元。

人身意外附加医疗保险　1994年，人保赤峰支公司开办人身意外伤害保险附加意外医疗保险业务，承保4328人，保额6347.45万元，保费收入17.31万元。1999年，人保寿险赤峰分公司开办附加意外伤害医疗保险业务，承保2837人，保额8511万元，保费收入34.04万元。2004年，人保寿险赤峰分公司开办国寿学生、幼儿平安保险附加意外伤害医疗保险业务，承保学生幼儿29.8万人，保额52.15亿元，保费收入864万元。2009年，人保寿险赤峰分公司开办福顺激活卡保险业务，承保1861人，保额3亿元，保费收入18.61万元。同年，人民健康保险公司赤峰支公司开展人身意外健康保险，保费收入7.9万元。2014年，人保寿险赤峰分公司开办国寿小额意外伤害保险、国寿附加小额意外费用补偿医疗保险业务，承保81113人，保额8.59亿元，保费收入859.08万元。

六、其他保险

1991年，人保赤峰支公司开办简易人身保险业务，承保1867人，保额1080.99万元，保费收入93.35万元。1998年，人保寿险赤峰分公司开办的简易人身保险业务，承保3816人，保额3150.49万元，保费收入131.12万元。2008年，人保寿险赤峰分公司开办国寿肿瘤预防疾病保险业务，承保 2635 人，保额 2.64 亿元，保费收入 790.5 万元。2014 年，华夏人寿保险股份有限公司赤峰中心支公司（简称华夏人寿）、阳光人寿保险股份有限公司赤峰中心支公司（简称阳光人寿）、富德生命人寿保险股份有限公司赤峰中心支公司（简称富德生命人寿）相继开展寿险业务，保费收入 3.63 亿元。同年，人保寿险赤峰分公司开办国寿金账户两全保险业务，承保 4815 人，保额 1.44 亿元，保费收入 1540.8 万元。

1991—2014 年赤峰市人寿保险保费收入统计表

表 9-2-2　　单位：万元

年份＼项目	保费收入	年份＼项目	保费收入
1991	407	2003	38677
1992	620	2004	44204
1993	919	2005	45974
1994	5689	2006	56508
1995	7026	2007	72302
1996	7814	2008	114019
1997	11827	2009	126095
1998	15560	2010	117414
1999	18073	2011	136247
2000	21002	2012	175229
2001	21907	2013	197523
2002	29900	2014	221229

第二章　保险理赔　给付

1991—1995 年，人保赤峰支公司统一开展保险理赔、给付业务。1996 年，财险、寿险分营后，中国人民保险（集团）财产保险赤峰市分公司开展保险理赔、给付业务。2003 年后，赤峰市相继成立多家股份制财险公司开展理赔、给付业务。至 2014 年，全市 17 家财险公司理赔支出 9.25 亿元，15 家寿险公司给付 5.53 亿元。1991—2014 年，全市财险累计理赔 50.26 亿元，寿险累计给付 26.55 亿元。

人保财险赤峰分公司、人保寿险赤峰分公司分别于 2006 年、2008 年成立理赔管理部、监察部，负责保险追偿与诉讼案件。2006—2014 年，全市累计发生诉讼案 4044 起，赔付金额 1.99 亿元。2008—2014 年，全市累计发生保险追诉案件 5393 起，追偿金额 1.62 亿元。

第一节 保险理赔

1991年，人保赤峰支公司支付赔款1170万元。其中企业财产险支付赔款349万元，家庭财产险支付赔款39万元，货物运输保险支付赔款30万元，机动车及第三者责任险支付赔款543万元，农业保险支付赔款42万元，人身险支付赔款167万元。1995年，人保赤峰支公司推出理赔承诺制，全年支付赔款4998万元。其中企业财产险支付赔款2433万元，家庭财产险支付赔款152万元，货物运输保险支付赔款207万元，机动车及第三者责任险支付赔款2058万元，农业保险支付赔款120万元，其他赔款28万元。1998年，针对汽车配件市场价格混乱、修理厂报价偏高的状况，人保财险赤峰市分公司成立定损中心，完善配件报价制度。在赤峰市发生洪水灾害后，本着"洪水退到哪，勘查理赔就到哪"的原则，全市共组成40多个抢险勘查理赔小组，深入到抗洪救灾一线。为及时恢复巴林左旗被洪水毁坏的农电、邮电线路，各预付30万元赔款，核定后又分别赔付155万元和150万元，并对巴林左旗240户参加保险的农民现场赔付36万元。全年支付赔款1.13亿元。其中企业财产险支付赔款7125万元，家庭财产险支付赔款373.1万元，机动车及第三者责任险支付赔款2873.1万元，货物运输保险支付赔款241.3万元，农业保险支付赔款712.5万元。

2000年，中国人民保险公司赤峰市分公司成立业务处理中心，进一步简化理赔手续，实行集中定损或授权处理。同年7月，成立客户服务中心，开通"95518"专线服务电话，实现"一对一"和"人性化"的服务。全年支付赔款6455万元。其中财产保险支付赔款4104万元，机动车险支付赔款2327万元，货物运输保险支付赔款24万元。2005年，与市公安局联合成立案件调查室，制定《人保财险赤峰市分公司"独立调查人"实施办法》，调查、核实结案的疑难案件。全市人保财险赤峰市分公司、平安财险、大地财险、中华财险4个财险公司全年支付赔款6295万元。其中财产保险理赔支出563万元，机动车险理赔支出5337万元，货物运输险理赔支出8万元，人身意外险理赔支出387万元。2008年，人保财险赤峰市分公司、平安财险、大地财险、中华财险、安邦财险、安华农险、太平洋财险、都邦财险、渤海财险9家财险公司赔款支出4.17亿元。其中财产保险支出1212万元，机动车辆保险支出2.77亿元，货物运输保险支出167万元，人身意外险支出1023万元，其他险支出1.16亿元。

2010年，人保财险赤峰市分公司理赔中心成立车险理赔分中心、非车险理赔分中心等，在新泰和修理厂安装远程定损系统，并配备相应的远程定损人员，足不出户就能定损。全年支付赔款1.94亿元，占全市赔款总数的44.08%。2011年，全市10家财险公司理赔支出4.91亿元。其中财产保险支出1959万元，机动车辆保险支出3.56亿元，货物运输保险支出69万元，人身意外险支出750万元，其他险支出1.07亿元。2014年，新增国寿财险、信达财险、永诚财险、中银财险、紫金财险、英大财险、永安财险7家财险公司开展业务。同年末，全市 17 家财险公司理赔支出 9.25 亿元，比 1991 年增长 78.08 倍。其中财产保险支出 4036 万元，机动车辆保险支出 5.66 亿元，货物运输保险支出 109 万元，人身意外险支出 1363 万元，其他险支出 3.04 亿元；人保财险赤峰市分公司理赔支出 3.56 亿元，占全市赔款支出总数的 38.52%。

1991—2014 年赤峰市财产保险理赔业务情况统计表

表 9-2-3　　单位：万元

项目 年份	理赔支出	项目 年份	理赔支出
1991	1170	2003	4674
1992	1637	2004	6265
1993	2439	2005	6295
1994	4246	2006	12693
1995	4998	2007	20206
1996	5498	2008	41660
1997	5865	2009	37537
1998	11325	2010	44116
1999	6877	2011	49138
2000	6455	2012	57997
2001	4599	2013	67441
2002	6950	2014	92522

第二节　保险给付

1991 年，人保赤峰支公司人身保险给付金额 161 万元。其中短期人身保险给付件数 6934 件，给付金额 142 万元；养老保险给付人数 25 人，给付金额 10.1 万元；子女婚嫁保险给付 236 人次，给付金额 9 万元。1993 年夏季，赤峰市部分地区遭受了多年罕见的洪涝灾害，人保赤峰支公司以最快的速度支付给付款 400 多万元，使受害群众和学生及时得到治疗。同年，全市人身保险给付金额 1920 万元。1995 年，人保赤峰支公司捐资 30 多万元修建 6 所保险希望小学。为 13 名见义勇为的英雄人物和 6 名全国劳动模范提供了保险服务。同年，全市人身保险给付金额 2450 万元。其中短期人身险给付件数 10277 件，给付金额 644 万元；养老金给付人数 3845 人，给付金额 177 万元；子女婚嫁保险给付 7361 人次，给付金额 280 万元；简易人身险给付金额 1349 万元。1996 年，全市人身保险给付 4103 万元。其中养老金给付 1006 万元，短期人身险 1008 万元，子女教育婚嫁金582万元,简易人身险1507万元。

2000年,人保寿险赤峰分公司重点加快理赔速度,限时服务,小型案件手续齐全后当日给付,中型案件7个工作日给付,大型案件15个工作日给付,疑难案件需要外地调查核实的1个月内给付。全年人寿保险给付7431万元。其中意外险给付1140万元,寿险满期给付6166万元,健康险给付125万元。2001年,人保寿险赤峰分公司开始办理分红型保险业务。2002年,在保监会严格监督下,第一次大规模的红利分配遵循公平、灵活、长期稳定和可操作原则,进行派发,分红型保险业务累计生息为2.79%。同年,全市人寿保险给付8434万元,其中意外险给付564万元,寿险满期给付6595万元,健康险给付1171万元,分红险给付104万元。2005年,人保寿险赤峰分公司制定《服务质量监督实施办法》等实施细则,进一步完善客户服务工作制度。同年,新增平安人寿开展寿险给付业务。至年末,全市人寿保险给付1.97亿元。其中意外险给付800万元,寿险满期给付1.48亿元,健康险给付2965万元,分红险给付1142万元。

2010年,中国人寿保险股份有限公司下发《保险理赔医学问题指引》,加强理赔专业支持,指导基层寿险分公司处理涉及医学疑难问题的理赔案件。年内,新增人民人寿、合众人寿、泰康人寿、新华人寿、人保健康、华夏人寿、太平人寿、阳光人寿、太平洋

1991—2014年赤峰市保险业人寿保险给付统计表

表9-2-4　　单位:万元

年份\项目	给付金额	年份\项目	给付金额
1991	161	2003	5656
1992	393	2004	9133
1993	1920	2005	19734
1994	932	2006	21561
1995	2450	2007	10195
1996	4103	2008	13096
1997	1874	2009	13753
1998	2582	2010	11780
1999	2896	2011	11866
2000	7431	2012	17163
2001	8913	2013	34180
2002	8434	2014	55295

说明:1991—2000年,给付金额为人身保险给付金额,2001—2014年,给付金额为人寿保险给付金额。

人寿、富德生命人寿10家寿险公司开展寿险给付业务。全年人寿保险给付1.18亿元。其中意外险给付788万元,寿险满期给付5136万元,健康险给付1616万元,分红险给付4240万元。2014年,人保寿险赤峰分公司进一步加强理赔管理工作,提高理赔工作质量,配备德才兼备、具有专业知识、责任心强的管理干部,充实理赔专业岗位。年内,新增民生人寿、华泰人寿、百年人寿3家寿险公司开展寿险业务。至年末,全市共有15家寿险公司开展保险给付,人寿保险给付5.53亿元,比1991年增加5.51亿元,增长342倍。其中意外险给付1591万元,寿险满期给付3.62亿元,健康险给付5921万元,分红险给付1.16亿元。同年,人保寿险赤峰分公司全年给付1.51亿元,占全市人寿保险给付的27.37%。

第三节　保险追偿与诉讼

2006年,人保财险赤峰市分公司成立理赔管理部,负责法律诉讼案件。2010年3月,成立法律合规部,加强诉讼案件管理。2006—2010年,全市累计发生车险诉讼案件998起,赔付金额1850万元,未发生追偿案件。2012年,成立由客户服务部、法律合规部组成的理赔中心,主要负责交强险、第三者责任险、机动车损失险、机动车全车盗抢险、车上人员责任险等车险险种及道路客运承运人责任险、公众责任险、雇主责任险、医疗责任险等非车险险种的财险诉讼案件管理。2011—2014年,全市累计发生诉讼案3046起,赔付金额1.8亿元,累计追偿金额414.53万元,已追回金额25.4万元,追偿率6.13%。其中关于醉酒、无证及故意制造交通事故情形的追偿权因未有明确的法律依据,保险公司基本未启动追偿程序。

2008年,人保寿险赤峰分公司成立监察部,设有专门法律合规岗,并外聘律师共同负责保险追偿与诉讼案件管理,主要应对保险合同纠纷,涉及养老险、重疾险、分红险及营销人员违规操作等类型案件。2008—2014年,共发生保险合同纠纷诉讼案件55起,均为客户起诉保险公司。其中涉及养老保险2起,重大疾病险37起,分红险5起,营销人员违规操作11起。客户要求追偿金额766.4万元,保险公司赔付金额609.3万元,追偿率79.5%。

2014年,平安财险、中华财险、安邦财险、安华农险、太平洋财险、渤海财险、阳光财险、国寿财险、信达财险、中银财险、新华人寿先后发生追诉案件2292起,累计追偿金额1.49亿元,追回金额332.12万元,追偿率2.22%。至同年末,全市累计发生保险诉讼案件5393起,追偿金额1.62亿元。其中财险公司追诉案件5330起,追偿金额1.54亿元,财险公司向客户追偿金额357.52万元,追偿率2.33%;寿险公司追诉案件63起,客户向寿险公司追偿金额822.5万元,赔付609.3万元,追偿率74.08%;客户追偿率高于公司追偿率72个百分点。

第三篇　证券　信托与期货业

第一章　证券业

第一节　证券交易与托管

一、证券机构

1996年7月,内蒙古恒泰证券股份有限公司赤峰哈达街营业部成立,是赤峰市首家证券经营机构,有员工18人。随着证券市场的发展,至2014年末,赤峰市有恒泰证券股份有限公司、国泰君安证券股份有限公司、日信证券有限责任公司、长城证券有限责任公司4家证券公司开设的7家营业部,有员工117人。

2014年,恒泰证券股份有限公司在赤峰市设有4家营业部,开展证券业务。

恒泰证券股份有限公司赤峰哈达街营业部　1996年,赤峰哈达街营业部成立,有员工18人,主要经营股票、债券、基金等证券交易代理业务,实现收入188.14万元,利润-2.1万元。2000年,实现收入1905.9万元,利润1158.92万元。2005年,实现收入868.67万元,利润257.59万元。2010年,实现收入7114.49万元,利润5185.29万元。2014年,有员工42人,实现收入5882.76万元,利润4024.23万元。

恒泰证券股份有限公司元宝山区平庄营业部　1998年,元宝山区平庄营业部成立,有员工7人,主要经营证券经纪业务。1998—2005年,有股民90户,年交易额与收入均并入哈达街营业部。2010年,有股民1524户,年交易额52.27亿元,实现收入1618.39万元。2014年,有员工10人,有股民519户,年交易额65.35亿元,实现收入1518.36万元。

恒泰证券股份有限公司赤峰临潢大街营业部　2000年,赤峰临潢大街营业部成立,有员工8人,主要经营证券经纪业务。至2010年,年交易额与收入均并入哈达街营业部。2014年,有员工5人,年交易额60.69亿元,实现收入1068.96万元。

恒泰证券股份有限公司宁城县大宁路营业部　2002年,宁城县大宁路营业部成立,有员工5人,主要经营证券经纪业务。至2014年,有员工7人,年交易额与收入均并入哈达街营业部。

国泰君安证券股份有限公司赤峰营业部　2002年9月,国泰君安证券股份有限公司赤峰服务部成立。2009 年，升级成为国泰君安证券赤峰营业部。主要经营证券经纪、证券投资咨询、融资融券、证券投资基金代销，为期货公司提供中间介绍业务，代销金融产品。2014 年，国泰君安证券赤峰营业部有员工 11 人。

日信证券有限责任公司赤峰临潢大街证券营业部　2010 年 3 月，日信证券有限责任公司赤峰临潢大街证券营业部成立。2014 年，日信证券赤峰营业部有员工 38 人，开办集合理财、专项理财、融资融券、约定式购回、企业并购、资产重组、中小企业上市、企业财务顾问等业务。

长城证券有限责任公司赤峰兴安街营业部　2014 年 2 月，长城证券有限责任公司赤峰兴安街营业部成立，有员工 4 人，开办销售基金、债券、股票交易等业务。

二、证券交易

1996 年后，恒泰证券股份有限公司 4 家营业部为满足赤峰市广大投资者在资本市场交易需求，提供沪深 A、B 股交易、融资融券、国债代理买卖、基金代销、代理登记证券股票等交易品种，同时代销和承销其他金融机构和本公司发行的各项投资理财产品，实现收入 188.14 万元，利润 –2.1 万元。随着资本市场的快速发展，2000 年，年交易额达 40.29 亿元。2014 年，恒泰证券赤峰营业部开通沪港通业务，使投资者不出家门就可以买卖香港证券交易所上市交易的部分大蓝筹股及国内公司发行的 H 股股票；新三板交易业务也全面开通。年接纳股民 1067 户，年交易额 425.01 亿元，获得佣金和利息收入 8470.08 万元，实现利润 5940.73 万元；总收入比 1996 年增长 44.02 倍，年交易额比 2000 年增长 9.55 倍。

2002 年后，国泰君安证券股份有限公司赤峰营业部先后开办沪深 A、B 股、代办股份、基金、债券、股票承销、债券发行、资金委托管理、理财顾问及融资融券等交易品种。至 2014 年，股民开户数 6198 户，股票年交易额 74.6 亿元，获得利息收入 144.9 万元；年债券、基金交易 2109.72 万元；实现营业收入 930.29 万元。

2010 年，日信证券有限责任公司赤峰临潢大街证券营业部股民开户数 761 户，年交易额 15.05 亿元，获得佣金和利息收入 215.22 万元。至 2014 年，股民开户数 6406 户，年交易额 84.34 亿元，获得佣金和利息收入 1281.73 万元；总收入比 2010 年增长 4.96 倍。

2014 年，长城证券有限责任公司赤峰兴安街营业部年交易额 0.59 亿元，获得佣金 5.7 万元。至同年末，全市证券交易 4 家证券公司的 7 家营业部证券交易额 584.48 亿元，比 2000 年增长 13.6 倍。

三、证券托管

1999 年，恒泰证券股份有限公司开始办理托管业务，当年 4 家营业部托管证券客户 13829 户。2014 年，国泰君安证券股份有限公司赤峰营业部托管证券客户 6198 户，日信证券有限责任公司赤峰临潢大街证券营业部托管证券客户 6406 户，长城证券有限责任公司赤峰兴安街营业部托管证券客户 67 户。至同年末，全市 4 家证券公司的 7

家营业部托管证券客户55433户,托管证券市值为70.93亿元。

1996—2014年恒泰证券股份有限公司业务经营情况统计表

表9-3-1

年份	交易额(万元)	开户数(户)	总收入(万元)	利润(万元)
1996	—	—	188.14	-2.1
1997	—	—	827.06	361.16
1998	—	—	655.07	325.1
1999	—	13829	842.33	434.4
2000	402923.1	—	1905.9	1158.92
2001	237523.03	20952	1206.98	400.79
2002	253301.93	21125	1067.83	239.08
2003	212563.21	21398	809.58	61.48
2004	300646.5	22006	1015.27	260.57
2005	246098.09	22253	868.67	257.59
2006	578960.85	23522	1901.56	1215.05
2007	2976325.4	36446	9540.76	7299.01
2008	2076321.68	39846	6892.31	5210.8
2009	3893674.67	33128	12131.24	9365.12
2010	2959857.89	37180	8732.88	5185.29
2011	1958255.62	38847	5315.35	3345.74
2012	2046327.23	40604	4133.63	1994.36
2013	2274954.63	41695	5375.98	3297.09
2014	4250111.81	42762	8470.08	5940.73

第二节　上市公司

1996年,内蒙古宏峰实业股份有限责任公司在深圳证券交易所(简称深交所)公开发行上市交易。至1998年,赤峰富龙公用(集团)有限责任公司(简称富龙集团)、内蒙古草原兴发股份有限公司(简称草原兴发)、内蒙古宁城老窖生物科技股份有限公司(简称宁城老窖)3家企业陆续通过首次公开募股的方式,登陆中国A股市场。2005—

2007年,由于经营管理、市场转换等原因,内蒙宏峰、富龙集团、草原兴发、宁城老窖4家公司股权分别转让给天津国恒铁路控股股份有限公司、内蒙古兴业矿业股份有限公司、内蒙古平庄能源股份有限公司、北京市大龙伟业房地产开发股份有限公司。2012年,赤峰吉隆黄金矿业股份有限公司借壳上市。

一、内蒙古宏峰实业股份有限责任公司

1996年3月20日,内蒙古宏峰实业股份有限责任公司在深交所挂牌交易,股票简称“内蒙宏峰”,股票代码为000594,首次公开发行人民币普通股5248万股。2005年3月,经国务院国有资产监督管理委员会《关于内蒙古宏峰实业股份有限公司国有股转让有关问题的批复》,同意林西县经济贸易委员会、内蒙古宏峰实业股份有限责任公司分别将持有本公司国家股9906.62万股、5118.32万股转让给深圳市国恒实业发展有限公司。2006年8月30日,公司注册地迁至天津,公司名称由原内蒙古宏峰实业股份有限公司变更为天津宏峰实业股份有限公司。2008年3月24日,公司名称变更为天津国恒铁路控股股份有限公司,股票简称“国恒铁路”。因天津国恒铁路控股股份有限公司于2011年、2012年、2013年连续三个会计年度经审计的净利润为负值,根据《深圳证券交易所股票上市规则》规定,深交所决定公司股票自2014年7月17日起暂停上市。

二、赤峰富龙公用(集团)有限责任公司

1996年8月1日,赤峰富龙热力股份有限责任公司以上网定价方式面向社会公开发行1370万股股票,并于同年8月28日在深交所挂牌交易,股票简称“富龙热力”,股票代码为000426。2004年2月4日,赤峰富龙热力股份有限责任公司更名为赤峰大地基础产业股份有限公司。2007年9月7日,赤峰大地基础产业股份有限公司更名为赤峰富龙热电股份有限公司,为富龙集团全资子公司。2011年12月12日,富龙集团将所持本公司1.14亿股股份转让给内蒙古兴业集团股份有限公司。本次股权过户后,兴业集团持有本公司1.14亿股股份,占本公司总股本的29.95%,为公司的第一大股东,富龙集团持有本公司5770.17万股股份,为公司的第二大股东。同年12月20日,内蒙古兴业集团股份有限公司更名为内蒙古兴业矿业股份有限公司,总部位于赤峰市新城区。股票简称“兴业矿业”,股票代码仍为000426。2013年12月9日,中国证券监督管理委员会《关于核准内蒙古兴业矿业股份有限公司非公开发行股票的批复》,公司向特定投资者非公开发行股份1.15亿股,总股本增加至5.97亿股。

三、内蒙古草原兴发股份有限公司

1993年3月18日,内蒙古草原兴发股份有限公司成立。1997年,在深交所上市,股票简称“草原兴发”,股票代码为000780。草原兴发总股本为4.09亿股,流通股为1.86亿股。向社会公众公开发行境内上市内资股(A股)4000万股。2006年11月7日,草原兴发与平庄煤业(集团)公司签署《资产置换协议》及《新增股份购买资产协议》,以

合法拥有的全部账面资产及除10.9亿元银行负债之外的全部负债，与平庄煤业合法拥有的风水沟、西露天、六家及古山煤矿经营性资产、老公营子在建工程资产及集团本部部分核心辅助经营性资产进行置换，资产置换形成的交易差额由草原兴发向平庄煤业(集团)公司定向发行4亿股有限售期流通股进行支付，并于2007年11月27日实施完毕，公司股本增至10.14亿元。其间，平庄煤业(集团)公司更名为内蒙古平庄能源股份有限公司。该公司股票于2010年10月8日上市流通，股票简称“平庄能源”，股票代码仍为000780。

四、内蒙古宁城老窖生物科技股份有限公司

1997年，内蒙古宁城老窖生物科技股份有限公司，是由内蒙古宁城集团公司采用独家发起、募集设立的股份有限公司。1998年4月28日，内蒙古宁城集团公司以上网定价发行方式向社会公众发行人民币普通股3600万股，向公司职工配售股份400万股，发行后总股本为1.6亿股。同年5月8日，内蒙古宁城集团公司更名为内蒙古宁城老窖股份有限公司。5月26日，内蒙古宁城老窖股份有限公司股票在上海证券交易所挂牌交易，股票简称“宁城老窖”，股票代码为600159。2000年，内蒙古宁城老窖股份有限公司更名为内蒙古宁城老窖生物科技股份有限公司，并于2001年4月25日启用新名称。2005年11月11日，根据中国证券监督管理委员会《关于内蒙古宁城老窖生物科技股份有限公司重大资产重组方案的意见》，宁城老窖的全部资产与北京市顺义大龙城乡建设开发总公司所持有的大龙房地产、顺发建筑、京洋房地产3家公司股权进行等价置换。重组后本公司的主营业务转为房地产开发和建筑施工。2005年，内蒙古宁城老窖生物科技股份有限公司更名为北京市大龙伟业房地产开发股份有限公司，股票简称“大龙地产”，股票代码仍为600159。2007年10月16日，经中国证券监督管理委员会《关于核准北京市大龙伟业房地产开发股份有限公司非公开发行股票的通知》，进行非公开发行股票。公司非公开发行股票前的股本为3.05亿元，非公开发行后的累计股本为4.15亿元。2014年，北京市大龙伟业房地产开发股份有限公司上市公司股东的净利润1.31亿元，每股收益0.16元。

五、赤峰吉隆黄金矿业股份有限公司

赤峰吉隆黄金矿业股份有限公司前身为广州市宝龙特种汽车有限公司(简称东方宝龙)，于1998年6月22日由广东省金安汽车工业制造有限公司与4名自然人共同出资组建，注册资本3988万元。2004年4月14日，东方宝龙在上海证券交易所挂牌上市，股票代码为600988。2010年8月2日，东方宝龙公司更名为广东东方兄弟投资股份有限公司(简称东方兄弟)。2012年11月23日，中国证监会下发《关于核准广东东方兄弟投资股份有限公司重大资产重组及向赵美光等发行股份购买资产的批复》，核准东方兄弟发行人民币普通股(A股)1.83亿股购买8名自然人持有的赤峰吉隆矿业有限责任公司100%的股权资产。变更后公司的注册资本人民币2.83亿元，注册资本股

份总数为2.83亿股。同年12月24日，东方兄弟迁址赤峰市敖汉旗四道湾子镇富民村，并更名为赤峰吉隆黄金矿业股份有限公司。2013年8月30日，中国证监会下发《关于核准赤峰吉隆黄金矿业股份有限公司重大资产重组方案的批复》，核准赤峰吉隆黄金矿业股份有限公司购买辽宁五龙黄金矿业有限公司100%股权的事项。2014年，公司股本总额为5.66亿元。同年5月22日，公司在内蒙古自治区工商局办理工商变更登记，注册资本为5.66亿元人民币。

第二章 信托及期货业务

第一节 信托业务

1991年，赤峰市仅有工商银行赤峰信托投资公司1家信托机构，主要开展信托、租赁、委托、代理等业务。1995年，兑付到期企业债券2100万元；工行赤峰信托投资公司总资产为1.13亿元，发放信托、代理、租赁各项贷款9119万元，实现利润152万元，人均创利4.6万元。1996年5月，根据《中华人民共和国商业银行法》关于除国家另有规定外，商业银行在中国境内不得从事信托投资和证券经营业务，不得向非自用不动产投资或者向非银行金融机构和企业投资的有关规定，工行赤峰信托投资公司业务终止。2010—2013年，克什克腾旗农村信用联社、赤峰松山农村商业银行、翁牛特旗农村信用联社3家金融机构先后购买信托、理财产品4笔，金额3.3亿元，分别于2013年、2014年按期收回。2014年，按照赤峰银监分局避免金融风险的监管要求，3家金融机构陆续停办信托业务。至此，赤峰市没有金融机构开展信托业务。

工商银行赤峰信托投资公司 1987年3月，工行赤峰信托投资公司成立，为独立运营的金融企业。开展信托、租赁、委托、代理等业务。有工作人员7人。1991年，工行赤峰信托投资公司业务发展较快，证券业务增加，业务量增大，全年清收3年以上欠贷款共73万元，占信托贷款的12%。发放信托贷款933.1万元，其中固定资产贷款289.6万元，流动资金贷款643.5万元。通过委托、代理、拆借等途径，累计吸收可用资金4270万元，累计拆入资金2090万元。同年5月，赤峰市筹建冶炼厂，建厂资金因建厂速度慢而闲置，其中协商由信托公司代理发放600万元。同年7月1日，工行赤峰信托投资公司证券业务部成立。业务部代理发行国库券215万元，代理发行企业债券450万元，代理兑付国库券33.89万元，支付利息16.07万元，代理兑付内蒙古电力债券126.44万元，支付利息45.52万元。代保管证券业务24笔，代保管金额49.39万元，累计买入国库券159.93万元，成交金额165.76万元。证券业务收入4.2万元。全年工行赤峰信托投资公司各项存款3517万元，发放信托、代理、租赁各项贷款4257万元，各项收入153万元，各项支出91万元，实现利润62万元。1992年3月，工行赤峰信托投资公司开办单位和个人专项信托业务，共筹集专项信托存款485万元，为23家企业发放专项信托贷款534.6万元。代理发行国库券300万元，比上年增长39.5%。代理发行企业债券1500万元，代理兑付国库券38万元，代理兑付内蒙古电力债券120万元，代理兑付林东化工厂企业债券200万元。1994年3月，工行内蒙古信托投资公司下发《关于防止信托资产风险的几项规定》，决定从同年3月20日起，要求将尚未收回的各项信托贷款、专项信托贷款、房地产贷款和代理集资、临时投资一律改为各种形式的抵押贷款和投资，金融租赁产权不清、手续不完备和没有同时办理抵押的一律补办抵押手续，停止发放信用贷款。完善岗位责任制和贷(租)后检查报告制度。工行赤峰信托投资公司更加注重规避风险，在调整贷款结构上，重点支持经济效益好、见效快、产品适销对路的项目，年内累计发放各项信托贷款7413万元。1996年，工行赤峰信托投资公司业务终止。

第二节　期货业务

2007年4月，中国证券监督管理委员会印发《证券公司为期货公司提供中间介绍业务试行办法》规定，证券公司可按期货公司委托，为期货公司介绍客户参与期货交易服务活动，但不能擅自代理客户进行期货交易、结算或交割。2010年，恒泰证券股份有限公司下设赤峰4家营业部先后开展期货中介IP业务，但业务量极少。2011—2013年，赤峰市先后有上海中财期货有限公司赤峰营业部、北京首创期货有限责任公司赤峰营业部2家期货公司营业部成立，赤峰期货市场开始初步发展。至2014年，全市2家期货公司营业部的期货品种累计发展至92个，成交额760.64亿元，累计实现期货营业收入178.05万元。

一、经营机构

上海中财期货有限公司赤峰营业部　2011年3月，上海中财期货有限公司赤峰营业部(简称中财公司赤峰营业部)成立，内设财务部、市场部，隶属上海中财期货有限公司，由内蒙古证券期货业协会监管，主要经营期货业务。2014年，有员工8人。

北京首创期货有限责任公司赤峰营业部　2013年12月19日，北京首创期货有限责任公司赤峰营业部(简称首创公司赤峰营业部)成立，内设市场部、后台综合服务部，隶属北京首创期货有限责任公司，受中国证券监督管理委员会及中国期货业协会监管，主要经营商品期货经纪和金融期货经纪业务。2014年，有员工8人。

二、期货交易与期货经营

2011年，上海中财公司赤峰营业部成立之初，期货品种有黄金、铜、铝、锌、天然橡胶、螺纹钢、线材、铅、燃料油、黄大豆1号、黄大豆2号、豆粕、豆油、玉米、棕榈油、塑料、焦炭、硬冬小麦、强筋小麦、棉花、白糖、早籼稻、菜油、甲醇等共27个。全年期货品种成交金额为9.11亿元,实现期货经营收入5.8万元。2012年,中财公司赤峰营业部期货品种增至32个,成交额49.89亿元,实现经营收入25.34万元。2013年,中财公司赤峰营业部期货品种37个,成交额216.67亿元,实现经营收入53.59亿元。2014年,中财公司赤峰营业部新增期货品种有动力煤、焦煤、石油沥青、铁矿石、鸡蛋、粳稻、纤维板、胶板、国债期货9个,期货品种达46个。全年期货品种成交金额为384.27亿元,比2011年增长41.18倍;实现期货经营收入62.48万元,比2011年增长9.77倍。同年,北京首创公司赤峰营业部经营商品期货品种44个,经营金融期货品种2个,成交量36.66万手,成交金额376.37亿元,实现期货经营收入30.84万元。至同年末,2家公司累计交易品种92个,成交额760.64亿元,实现期货经营收入178.05万元。

第四篇　金融机构

第一章　监管机构

1991年之后,赤峰市金融业在监管部门有效监督管理下,实现了快速长足发展。其中1991—2003年,市人民银行作为全市金融行业唯一监管机构,负责对银行、证券、保险、黄金及非银行金融机构的统一监管。2004年,银行业监督管理职能从人行赤峰支行分离,由中国银行业监督管理委员会赤峰监管分局(简称市银监分局)对银行业分支机构实施监管。2005年,市金融工作办公室成立,监管全市非银行金融机构。至2014年,全市金融业形成分业监管的格局,市人民银行主要负责监管金融机构、金融市场、人民币管理、反洗钱、外汇、支付结算等业务,市银监分局负责监管金融机构其他业务,市金融办主要监管小额贷款公司、融资性担保公司等。

第一节　中国人民银行赤峰市中心支行

1991年,赤峰市设有中国人民银行赤峰分行,隶属中国人民银行内蒙古自治区分行管理,内设科室21个,下辖红山区、元宝山区、平庄、阿鲁科尔沁旗、巴林左旗、巴林右旗、林西县、克什克腾旗、翁牛特旗、喀喇沁旗、宁城县、敖汉旗12个旗县区镇支行。人行赤峰分行及各支行对所在地区的金融机构行使监督管理、经理国库和管理货币的发行与流通等职能。1998年,中国人民银行组织机构体系改革,强化中央银行垂直领导,跨行政区设立一级分行,撤销省级分行,人行赤峰分行隶属中国人民银行天津分行管辖。1999年1月1日,中国人民银行赤峰分行更名为中国人民银行赤峰市中心支行(简称市人民银行),并陆续将保险、证券、典当等非银行业机构的监管职能从市人民银行中分离出来。同年,人民银行红山区支行并入市人民银行,平庄支行并入元宝山区支行。至年末,市人民银行内设科室23个,下辖10个旗县区支行。2004年,撤销银行监督管理科、农村合作金融监管科,相关职能和人员划转市银监分局。至2014年,市人民银行体制未变。内设科室16个,下辖元宝山区、阿鲁科尔沁旗、巴林左旗、巴林右旗、林西县、克什克腾旗、翁牛特旗、喀喇沁旗、宁城县、敖汉旗10个旗县区支行,全行员工344人。主要履行实施货币政策、维护地区金融稳定和开展金融服务三大职能,负责对金融机构人民币、支付结算、外汇业务及代理国库、存款准备金、金融市场、再贷款、金融统计等业务实施监管。

金融机构监管 1991—1992年，市人民银行对211家金融机构的政策执行情况和业务经营活动进行多形式的稽核检查，完成稽核项目27项，查出违规资金1.43亿元。1995—1997年，对全辖区108个办理结算业务的金融机构限期进行账户归口、整改、换证工作，共清理多头开户1680户，无证开户2077户，一年以上未发生结算业务限期撤销3773户，使多头开户现象得到纠正和遏制。

1998年，严格金融机构市场准入与退出管理，根据市农业银行机构改革需要，批准撤并营业所28个、储蓄所13个。撤销信用社9个，降格信用社19个。对未经人民银行批准，擅自迁址、更名的金融机构依法进行处罚。对国有商业银行、邮政储蓄银行等账外经营例行检查清理。对全市保险市场进行清理整顿，共清理整顿13个保险代办所和9个非法代理机构。加强对彩票市场管理，取缔部分旗县区以有奖销售为名的变相非法彩票销售活动，维护彩票市场秩序。2000年，加强机构市场退出管理，共撤销2家国有商业银行支行及所属17个营业网点，迁址、更名13家金融机构。对718家政策性银行、国有商业银行、邮政储蓄机构，234个城乡信用社法人机构，40家其他非银行业金融机构进行全面年检。同年3月，市人民银行将彩票监管工作移交市财政局管理，将元宝山典当行监管职责移交至市经信委监管。2001—2003年，做好金融机构市场准入、退出和重要事项变更全过程监管，召开金融机构审核委员会议20次，审核通过金融机构高级管理人员任职资格29人，先后审核撤销金融机构营业网点234个，机构升格54个，其他重要变更事项200项。注重加强金融机构合规性监管，加大金融机构相互监督和社会监督力度，对金融机构不严格执行储蓄实名制、红山邮政局高息揽储行为进行严厉处罚，处罚33家机构，罚款43.5万元。加大对金融违法违规行为的处罚力度，处罚违规机构25家，罚款35.5万元。

2004—2006年，加强银行账户管理，组织全市账户管理专项检查，累计审查核准开立银行基本存款账户1220户，预算单位专用存款账户86户，临时存款账户43户。对境内金融机构34个营业网点开展结算账户业务检查。执行银行信贷登记咨询系统各项制度，对银行信贷登记系统应用情况开展4次全面检查。2007—2008年，在做好农村信用社改革试点基础上，全市12家农村信用社全部完成产权组织形式改革工作，其中11家组建为农村信用合作联社（统一法人社），1家组建为全区首家农村合作银行。对164家金融机构及网点进行执法检查工作，发出执法检查通知书156份，其中外汇业务检查6项，查处违规机构5家，处罚3万元。2009—2010年，对市建设银行17家分支机构开展首次综合执法检查工作。继续开展专项检查工作，检查金融机构151家，发出处罚意见告知书146份，处罚违法违规金融机构19家，处罚金额18.9万元。2011—2013年，市人民银行先后成立综合执法检查工作领导小组、金融机构综合评价工作领导小组和金融机构开业管理审查委员会，累计约见金融机构主要负责人谈话46人次。市及旗县区两级银行共审查批准41家新设金融机构加入人民银行金融管理与服务体系。开展综合执法检查和专项执法检查,检查金融机构网点80余个,对36家金融机构处罚30.93万元。全面加强金融机构日常管理,先后累计收到金融机构重大事项报告219份。2014年,按照市政府要求,初步建立影子银行检测体系,与市金融办、市工商局、市商务局、市房管局分别签订《赤峰市影子银行数据信息共享协议书》,设置系统规范的监测指标,开展定期监测活动与不定期主体运行信息交流沟通机制,切实加强影子银行领域风险监测与防范。全年对市中国银行和市农发行开展综合执法检查,发现各类问题34个,其中违规问题2个,处罚6万元。全年收到金融机构重大事项报告70份。继续加强金融机构开业管理,全年审核批复新设金融机构分支机构9家加入人民银行金融管理与服务体系。全市累计查处违规金融机构379家,处罚金额157.73万元,收缴假币金额369.86万元,补缴存款准备金1081.5万元,查处银行卡案件105起,涉案金额1441.89万元。

人民币流通及管理　1991年,市人民银行共设置人民币发行库13个,其中市中心支库1个,旗县区级支库12个。全市年末货币流通量5.6亿元。全市银行业金融机构全年累计现金收入48.82亿元,支出50.86亿元,净投放2.04亿元。同年,市人民银行多次开展市场流通中券别结构和需求情况的调查,加强人民币流通,根据需求调入和投放。1992—1993年,随着全市农副产品放开经营,农畜产品价格上涨,煤炭、电力快速发展,企事业工资等支出增加,现金结算增多,推动市场货币流通量不断增大,全市两年年末货币流通量分别增至7.5亿元、10.5亿元,银行业金融机构现金净投放分别增至6.4亿元、9.1亿元。1996年,市人民银行下发《赤峰市残损人民币兑换与挑剔制度》,加强残损币回收,提高市场流通人民币整洁度。1999年,市人民银行红山支行撤销、平庄支行与元宝山支行合并,随之红山支库和平庄支库撤销。全市人民币发行库减至11个。同年,由于受经济总量增长、工资和物价上涨等因素的影响,货币需求量及大额现金的支取增多,赤峰市银行业金融机构现金收支快速增长,净投放也持续增加,当年为净投放最高年份,现金净投放18.34亿元。2000年5月1日,《中华人民共和国人民币管理条例》实施,市人民银行加强对流通中人民币整洁度管理,开展对金融机构人民币收付业务的检查,对金融机构支付现金整洁度进行监督,实行残损人民币回收任务管理,促进残损人民币回笼。2004年后,全市现金由净投放转变为净回笼,全年净回笼现金6.44亿元。2006—2008年,先后暂停喀喇沁旗、元宝山区、巴林右旗、克什克腾旗、阿鲁科尔沁旗、翁牛特旗、敖汉旗7个县级支库发行业务,实行零库存管理。2007年7月1日,开始组织第三套人民币停止流通币的兑付。至2010年,全市现金收支持续保持净回笼,全年银行业金融机构现金累计收入和支出分别为3093.12亿元和3079.8亿元,净回笼13.32亿元。根据中国人民银行统计制度规定,从2011年开始,不再统计现金收支情况。2013年后,建立小面额人民币长效供应机制,在全市设立16家小面额人民币主办银行、107个小面额人民币主办网点,使用量大的在主办银行预约支付、小量的在主办网点兑换，以满足市场对小面额货币的需求，保证现金供应总量需求、券别结构合理。至2014年，全市现金供应工作由市中心支库、巴林左旗支库、林西县支库、宁城县支库4个发行库承担。

1991—2010年赤峰市银行业金融机构现金收入支出统计表

表9-4-1　　单位:亿元

年份	收入	支出	差额(+净投、-净回)	年份	收入	支出	差额(+净投、-净回)
1991	48.82	50.86	+2.04	2001	739.15	754.09	+14.94
1992	65.96	72.36	+6.40	2002	817.71	827.64	+9.93
1993	97.29	106.39	+9.10	2003	1024.47	1027.51	+3.04
1994	146.21	156.63	+10.42	2004	1228.65	1222.21	-6.44
1995	199.45	211.22	+11.77	2005	1493.65	1483.85	-9.80
1996	231.57	245.47	+13.90	2006	1771.49	1733.81	-37.68
1997	313.60	330.76	+17.16	2007	2402.49	2370.20	-32.29
1998	315.75	332.28	+16.53	2008	2523.85	2497.43	-26.42
1999	541.23	559.57	+18.34	2009	2812.42	2792.54	-19.88
2000	632.15	648.65	+16.50	2010	3093.12	3079.80	-13.32

反假币、反洗钱　赤峰市假人民币的流通一直是由外地贩入。1991年后，全市贩卖假人民币案件增多，12个旗县区均发现假人民币。1991—1995年，全市银行柜台假币收缴和公安机关破获解缴假币8581张，合计44.69万元。1996年8月，市政府建立反假货币联席会议办公室，协助各有关部门开展反假人民币宣传、培训、管理、堵截、侦破等工作，定期召开会议，分析形势，制定反假人民币工作方案和措施，并确定每年8月18日至21日为宣传周。2000年，市人民银行下发《赤峰地区金融机构储蓄、出纳人员持证上岗工作制度》，银行业金融机构储蓄、出纳人员必须经过反假货币知识培训，具备识别假币技能，并考核合格获取“反假货币上岗资格证书”后才能临柜上岗。

2003年始，赤峰市开展反洗钱工作。全市有银行业、保险业、证券业、第三方支付（银联商务、通联支付机构）、期货业（上海中财期货有限公司赤峰营业部）等67家机构参加反洗钱工作。2004—2005年，加强对辖区人民币大额可疑支付交易的监测。研究制定《反洗钱工作应急处理预案》，与公安部门建立起反洗钱工作信息共享、可疑交易线索分析核查合作机制，制定涉嫌洗钱行为的举报制度。同时，赤峰市反假货币联席会议办公室把每年开展的宣传周活动改为每年的5月和10月，宣传重点放在农村牧区和城市居民区、集贸市场、中小学校等场所。2006年，与公安部门联合下发《关于可疑交易线索核查工作的合作办法》,制定《反洗钱宣传活动方案》《中国人民银行赤峰市中心支行受理涉嫌洗钱行为举报制度》。2007 年,协助公安机关破获 3 起案件,涉案金额 2.04 亿元。同时,根据《内蒙古自治区农村牧区反假货币网络建设、城市社区反假货币网络建设实施方案》要求,在全市设立反假货币宣传站 2042 个,其中农村乡镇 2017 个,城市社区 25 个,为群众提供反假货币咨询和假币鉴别服务。2009 年,组织开展打击制贩假币联合行动, 全市银行柜面收缴假人民币 3.83 万张, 金额 276.05 万元。2012—2013 年,市人民银行制定《反洗钱现场巡查管理办法(试行)》,适时对部分银行业、保险业、证券业开展反洗钱现场巡查,有针对性地开展差别监管,并建立日常业务工作联络机制。至 2014 年,全市各金融机构均建立反洗钱组织机构,设立办公室,配备专(兼)职人员负责反洗钱工作,构建一个较为完善的反洗钱组织体系。各金融机构先后制定《客户身份识别操作规程》《反洗钱协查工作规程》《反洗钱信息管理系统管理办法》《反洗钱客户风险等级分类管理办法》等规章制度,使反洗钱工作做到按章操作、规范运行。同年,全市收缴假人民币共 19.4 万张,金额 1749.57 万元。

征信管理　1995 年 11 月,中国人民银行制定《贷款证管理办法》,将贷款证作为一项制度推广至全国。1997 年,赤峰市银行业金融机构开展征信业务,由市人民银行调查统计部门负责征信业务管理,同时开办贷款证业务。2001 年初,与自治区人民银行和中国人民银行中心数据库联网,实现企业信用的电子化管理。2003 年 12 月,征信管理职能写入新修订的《中国人民银行法》。2004 年,市人民银行开展企业信用数据库建设,对企业新办理的贷款卡和原有贷款卡进行年审,并进行信息纠错。2005 年,中国人民银行组织商业银行建设的全国统一个人信用基础数据库在全国范围内推行,市人民银行协助并督促境内商业银行完成接口程序开发并及时上报个人信息数据,实现个人信用信息全国联网。2007—2009 年,开展对非银行信息的采集工作,先后将环保部门的处罚信息、企业拖欠工人工资信息、职工缴存住房公积金信息纳入信用数据库。2008—2009 年,市人民银行为解决小微企业贷款难问题,将赤峰辖区未与金融机构发生信贷关系的 3514 户小微企业信息纳入到企业信用信息基础数据库。商业银行通过数据库里的信息,主动和小微企业联系,提供信贷支持。2010 年,市人民银行在元宝山区探索研发对小微企业的小企业信用评分系统和信用评价增信模式,并逐步在全市推广。2013 年,推行信用风险提示卡制度,明确要求金融机构在客户提出贷款申请时,对每位客户出示并签署相应风险提示卡,逐户逐笔纳入档案管理。同时推广并实施对小微企业的机构信用代码证制度。2014 年,市政府印发《社会信用体系建设指导意见》,取消市人民银行的贷款卡发放和年审业务,社会信用体系建设工作由市人民银行独家负责改为由市发改委和市人民银行共同管理。全市收录 8000 多户企业及自然人信用信息,日平均查询用户 300 多个。同年,市人民银行被中国人民银行确定为小微企业信用体系建设试验区。

第二节　赤峰银监分局

2004年5月，中国银行业监督管理委员会赤峰监管分局成立（简称赤峰银监分局），为中国银监会内蒙古监管局的派出机构，负责全市银行业金融机构的监督管理工作。内设科室6个。下设阿鲁科尔沁旗、巴林左旗、巴林右旗、林西县、克什克腾旗、翁牛特旗、喀喇沁旗、宁城县、敖汉旗、元宝山区10个旗县区监管办事处。分局及监管办事处负责监管的银行业金融机构和资产管理公司共21家。2005年8月，根据国务院办公厅《关于进一步深化农村信用社改革试点的意见》要求，改革信用社管理体制，将信用社的管理交由地方政府负责，赤峰银监分局不再承担全市农村信用社的行业管理职能。2007年3月，赤峰银监分局设立南部监管组和北部监管组，并对所辖10个监管办事处进行资源整合，保留机构和编制，人员全部并入分局机关各部门及新设立的南部监管组和北部监管组统一管理。内设科室增至10个，负责监管的银行业金融机构网点772个。2009年8月，撤销南部监管组和北部监管组，业务及人员全部纳入赤峰银监分局统一管理。至2014年，赤峰银监分局内设科室8个，负责监管的银行业金融机构26家、网点774个。

防范化解金融风险　2004年，赤峰银监分局将贷款集中度风险和关联企业贷款风险作为监管重点，开展对境内银行业金融机构关联方及关联企业授信业务的现场检查，有效遏制贷款集中度过高的现象。同年，发现城市信用社资本金不足、业务发展缓慢，在制度建设和执行、经营管理方面存在诸多问题，风险较为突出，容易引发区域性金融风险。对此，赤峰银监分局约见高级管理人员和股东，提出全面整改意见并限期整改，对城市信用社罚款人民币20万元，在全市银行业金融机构进行通报，及时控制风险。同时，赤峰银监分局下发《关于进一步加强农村信用社监管的紧急通知》，就有关监管问题进行明确规范。对克什克腾旗农村信用联社班子涣散、管理薄弱和部分基层信用社内控失灵、案件频发的情况，责成克什克腾旗农村信用联社对发生案件的基层信用社及违规责任人进行处理，并对联社班子进行调整，风险状况明显改善。2005年，对辖区内银行业金融机构进行风险排查，将资产质量差、内控不严、潜在风险大、容易引发违法违规案件的7家国有商业银行、城市信用社和14家风险评级为C级以下的农村信用社以及全市的邮政储蓄机构列为监管重点，将重点机构比较集中的松山区、红山区、克什克腾旗、巴林右旗、阿鲁科尔沁旗列为重点监管地区，提出具体的分类监管计划和措施，使全市金融风险得以有效控制。2006年，成功处置停业整顿城市信用社市场退出风险，保证5家停业整顿信用社平稳退出市场，提前完成市场退出计划，化解全市城市信用社重组风险。赤峰银监分局指导全市城市信用社选择符合实际的低风险重组途径，成功与包头商业银行合并重组。

2007年，推行差别监管和分类监管，将辖区内银行业金融机构划分为不同的风险类别和良好、一般、较差三个级别,实施差别监管,并制定各类机构的分类监管、差别监管和重点监管实施办法,明确了监管员,负责对重点监管机构的日常监管工作。通过实施差别监管政策,重点监管的机构风险度有明显下降,10 个重点监管的国有商业银行旗县支行,不良贷款由 14.41 亿元降到 10.12 亿元,下降 4.29 亿元。2010 年,以落实《固定资产贷款管理暂行办法》《流动资金贷款管理暂行办法》《个人贷款管理暂行办法》《项目融资业务指引》贷款新规为重点,督导境内银行加强贷款全流程管理,防范操作风险。赤峰银监分局制定《赤峰市农村中小金融机构“三个办法、一个指引”实施推动方案》,督促法人机构制定、完善内部相关管理制度。全年境内银行业根据贷款新规修订信贷制度 84 项 604 条,对业务流程操作、贷款调查内容、贷款发放要求进行重新规定,修订合同文本 140 种 265 款。年末,全市融资平台贷款完成重新分类,贷款形态正常。

2011 年,明确各银行业机构为风险管理的主体,下发《关于落实融资平台贷款工作要求的通知》,要求银行业机构对平台贷款风险管控工作逐项落实并报告情况。制定《赤峰银监分局地方政府融资平台贷款风险监管工作方案》,制定各种监测表,强化日常监控和考核。针对民间融资风险活跃的现状,赤峰银监分局要求各农村信用社保障“三农”信贷资金供给,严禁银行业机构以自然人贷款名义向小额贷款公司提供融资,要求有关农村信用联社对小额贷款公司贷款要到期收回,不再增加,农村信用联社向小额贷款公司发放的 6000 万元贷款全部收回。2014 年,针对经济下行给银行业带来金融风险的状况,赤峰银监分局强化风险研判,按照“底数清、责任明”的工作要求,对房地产业、有色金属行业、民间借贷和影子银行、政府融资平台等重点领域风险状况开展专题调查,形成 8 个专题调研报告。同时,开展不良资产清查认定工作,年末,全市金融机构不良贷款增加 14.81 亿元,比年初增长 79.65%,余额达 33.41 亿元,不良率达到 3.17%,按要求落实责任追究措施。

严防案件风险 2005 年,赤峰银监分局对全市银行业机构开展案件专项治理工作。同时,将农村信用联社作为治理重点,要求各信用联社组成专项治理检查工作组,展开“拉网式”的全面稽核检查,对农村信用联社容易产生案件的内控薄弱环节、重要岗位、高风险业务等深入检查,及时发现隐藏案件。赤峰银监分局抽调各农村信用联社人员 78 人进行换位互查,并组织监管人员 26 人进行复查。针对农村信用社多起案件的产生均与干部交流执行不到位有关的实际,出台强制休假、会计出纳短期换岗交流等措施,使干部交流的范围扩展到各业务岗位,成为防范操作风险的有效手段。在专项治理期间,赤峰银监分局督导各银行业金融机构对 2003 年后发生的 13 起案件进行查处,涉案金额合计 3142.9 万元。共有 66 名直接责任人和负有领导责任的 20 名高管人员或部门负责人受到处理。2006 年,赤峰银监分局下发《关于治理银行业金融机构不正当交易的通知》,整治存款业务中的不正当交易。加强高管人员的行为监管和问责力度,先后对负有案件领导责任的 5 名联社副主任以上干部给予纪律处分。督促指导全市农村信用社全面开展员工交流轮岗工作,12 家农村信用社联社共交流高管人员 150

人,岗位轮换员工 1007 人,落实亲属回避 218 人,全部交流、轮岗人员占应交流、轮岗人数的 95%,占农村信用社员工总数的 44.8%。赤峰市银行业机构发现案件 12 起,全部集中在农村信用社,涉案金额 1675.43 万元,涉案人员移送司法机关 3 人,处理相关责任人 16 人。同时,赤峰银监分局加大安全保卫工作力度,与市公安局联合成立赤峰市银行业金融机构安全保卫管理工作协调组织,建立协调工作机制,完成对全市银行业金融机构所属 752 个营业场所、195 个金库的安防设施评估工作,银行业安防设施硬件达标规划得到有效落实。2008—2010 年,对案发机构进行重点监管。对重点监管的翁旗、红山、松山 3 家联社的 64 个营业网点进行现场检查,查处翁旗头分地信用社 2 名工作人员冒名贷款、内外勾结骗取贷款两起案件,追究 7 名相关责任人的责任。组织农村信用社开展自查、自纠、自首等活动。全市农村信用社共有 3 名员工自首,涉及违规业务 32 笔,金额 37.91 万元,限期追回。开展农村合作金融机构内控制度有效性监管年活动,下发《关于在全市农村合作金融机构开展建立内控监督检查制度,实现内控制度执行有效性工作的通知》,要求各联社学习借鉴林西县农村信用联社的经验,建立内控监督检查制度。全市金融机构发现案件 20 起,涉案金额 2128.36 万元,处理责任人 80 人。其中 4 名涉案人员被公安机关正式拘捕,8 名联社高管人员受到记过直至撤职的纪律处分,高管人员及近亲属违规贷款合计 80 笔、金额 801.8 万元已全部收回。

2013—2014 年,组织全市金融机构开展“案件防控长效机制深化年”“案件防控回查年”活动,对存在风险隐患的 5 类案件严格落实整改责任,及时消除风险隐患;市政府印发《关于防范银行业外部风险传染加强防火墙建设的意见》,初步建立政府主导、各方联动的防范银行业外部风险传染长效机制,赤峰银监分局下发《关于严格落实重要岗位员工轮岗有关要求的通知》,督导银行业对重要岗位员工轮岗情况进行全面自查和整改,突出重点环节抓好案件防控工作。全市累计处理金融机构违规案件 45 起,涉案金额 6946.69 万元,处理责任人 177 人;处理金融机构 12 个,处罚 35 万元;查处违规贷款 112 笔,金额 839.71 万元,并全部追回。

第三节 赤峰市金融工作办公室

2005 年,赤峰市人民政府金融工作办公室成立(简称市金融办),为市政府直属的全额事业单位。内设综合科、金融科 2 个科室,核定事业编制 6 人。2010 年 9 月,市金融办由事业单位改为行政部门,核定行政编制 6 人,行政级别、领导职数和内设机构不变。2014 年 12 月,经机构调整,市金融办并入市政府办公厅,市政府办公厅挂市金融工作办公室的牌子,设立金融服务科和金融管理科 2 个科室,其他未变。履行监管全市小额贷款公司、融资性担保公司等职能。

监管小额贷款公司 2008 年,市金融办在主要做好新设立小额贷款公司初审工作基础上,按照自治区金融办下发的《内蒙古自治区小额贷款公司会计核算暂行办法》,组织收集上报小额贷款公司及与其相关企业信用信息。自2009年1月1日起,在自治区内新设立的小额贷款公司,执行内蒙古自治区《关于新设金融法人机构企业所得税优惠政策的通知》规定,自注册登记之日起5年内免征所得税地方分享部分。2010年,市金融办为已开业小额贷款公司安装业务管理系统,加强非现场监测,建立全市小额贷款公司监管报表定期上报制度。同时,加强对小额贷款公司的责任目标考核、年度审查和外援融资管理。2012—2013年,落实自治区、盟市、旗县区三级监管体系,形成三级监管联动机制。安装内蒙古小额贷款公司动态监测监管系统,实现小额贷款公司综合业务管理系统与自治区、赤峰市和旗县区三级监管平台的对接。根据自治区政府印发的《内蒙古自治区小额贷款公司试点管理暂行办法》《内蒙古自治区小额贷款公司试点管理实施细则》要求,市金融办下发《关于小额贷款公司变更工商营业执照经营范围的通知》,将小额贷款公司经营范围变更为发放小额贷款、与小额贷款业务相关的咨询服务业务以及自治区金融办批准的其他业务,取消中间业务、资产租赁业务、信用担保业务的经营许可。2014年,市金融办组织有意愿接入人民银行征信系统的小额贷款公司向自治区金融办及当地人民银行支行提交申请材料。全市小额贷款公司经过几年试点,涌现出一批经济效益与社会效益双赢的典型企业,其中有2家小额贷款公司获“2010年度内蒙古自治区诚信企业”称号。

监管融资性担保公司　2009年4月,自治区政府办公厅印发《关于进一步加强融资性担保业务监管工作的通知》,明确融资性担保业务监管工作的监管主体及具体工作。2010年9月,市政府转发《内蒙古自治区融资性担保公司监督管理实施细则的通知》及《内蒙古自治区融资性担保机构申报材料参考文本》,担保行业监管制度进一步健全。同年10月,市金融办对8家担保公司进行整顿核查,并对部分公司名称进行变更,由自治区金融办统一颁发融资性担保机构经营许可证。2011年10月,市金融办下发《严防融资性担保机构参与非法集资的若干规定(试行)》,要求各融资性担保机构严格遵守相关工作制度,规范运作,严密防范风险,并按月向两级金融办提供银行对账单,报告资本金使用情况。2012—2013年,市金融办转发《内蒙古自治区融资性担保机构年度审计指导意见(试行)的通知》《关于印发内蒙古自治区融资性担保公司年度考核办法(试行)的通知》《关于规范全区融资性担保机构高管人员任职资格的通知》,进一步完善融资性担保机构监管体系,建立全市融资性担保公司的年审制度和融资性担保机构高管人员任职资格和从业人员资格认证制度;建立境内融资性担保机构客户保证金收取情况按月统计上报制度和客户举报制度;结合实际情况,建立并实施客户保证金第三方存管、托管制度。2014年,市金融办转发《关于进一步做好全区新设融资性担保机构高管人员任职资格核准工作的通知》,建立健全融资性担保机构董事、监事及高级管理人员的任职资格管理及核准程序。

打击非法集资　自2005年起,赤峰市打击非法集资工作一直由公安部门查处。

2010 年，市政府成立赤峰市处置非法集资工作领导小组，并将办公室设在赤峰银监分局。2014 年，市政府办公厅印发《关于调整赤峰市处置非法集资工作领导小组组成人员和办公室的通知》，将领导小组办公室设在市金融办。对市处置非法集资工作领导小组组成人员进行第二次调整，增加部分成员单位。同时，全市所有旗县区均设立处置非法集资工作领导小组。市处置非法集资工作领导小组下发《赤峰市非法集资风险专项排查活动实施方案》，各旗县区政府相继制定实施方案，对境内非法集资风险点进行排查。全年各行业主（监）管部门对所管辖范围内的行业进行非法集资风险排查，对行业内涉嫌非法集资的广告资讯信息进行全面的排查和清理，开展防范和打击非法集资宣传月活动，对重点领域和重点人群进行重点宣传。

第二章　银行机构　信用社

第一节　政策性银行

1996 年 12 月 12 日，中国农业发展银行赤峰市分行成立，是承担农业政策性业务的金融机构，隶属于中国农业发展银行内蒙古自治区分行。内设科室 5 个。下设阿鲁科尔沁旗、巴林左旗、巴林右旗、林西县、克什克腾旗、翁牛特旗、喀喇沁旗、宁城县、敖汉旗、元宝山区、松山区 11 个旗县区支行和 1 个市分行营业部，全行职工 237 人。市农发行按照国家的法律法规和方针政策，以国家信用为基础筹集资金，承担农业政策性金融业务。代理财政支农资金的拨付，为农业和农村经济发展服务。1999 年 7 月，市农发行内设科室 7 个。2010 年 9 月，市农发行内设 9 个部室和 1 个机关服务中心。至 2014 年，市农发行撤销机关服务中心，内设部室 9 个。下设旗县区分支机构 11 个和 1 个市分行营业部，全行职工 242 人。履行政策性金融服务职能，落实国家支农惠农强农政策，业务发展逐步涵盖农林牧副渔等各个领域。

第二节　国有银行

1991 年，赤峰市有市工商银行、市农业银行、市中国银行和市建设银行 4 家国有专业银行。1993 年 12 月，国务院颁发《关于金融体制改革的决定》，提出要深化专业银行改革，改革的目标是逐步把专业银行办成自主经营、自担风险、自负盈亏、自我约束的真正的商业银行。同年，中国人民建设银行赤峰市中心支行更名为中国人民建设银行赤峰中心支行。1995 年，政策性金融与商业性金融分离后，专业银行转变为国有独资银行，实行一级法人体制，增强总行和一级分行的管理、控制能力，减少内部管理层次；实行资产负债比例管理，建立和完善呆账准备和核销制度，健全科学、有效的内控制度和风险控制制度。1996—1997 年,市工商银行、市农业银行、市建设银行陆续更名,并逐步转为国有商业银行。2001 年,根据业务发展战略及业务需求,国有商业银行开始机构调整,对地市分支行适当精简,对旗县区支行及其网点机构适当撤并和调整。

2002 年,国有独资商业银行股份制改革开始,具备条件的国有独资商业银行可以改组为国家控股的股份制商业银行,条件成熟的还可以上市。各银行开始陆续进行整体股份制改革并上市,2004—2009 年,市建设银行、市中国银行、市工商银行、市农业银行陆续更名,成为各商业银行股份有限公司统辖的二级分行。至 2014 年,全市有市建设银行、市中国银行、市工商银行、市农业银行共 4 家国有商业银行。

中国工商银行股份有限公司赤峰分行　1991 年,赤峰市设有中国工商银行赤峰市支行,内设 17 个科室。下设阿鲁科尔沁旗、巴林左旗、巴林右旗、林西县、克什克腾旗、翁牛特旗、喀喇沁旗、宁城县、敖汉旗 9 个旗县支行和红山、元宝山、郊区(今松山区)、平庄 4 个办事处,有营业网点 100 个。全行职工 1694 人。1996 年,按照同城只能设立一个支行的要求,将松山和红山支行合并为市行营业部。1997 年 3 月 25 日,中国工商银行赤峰市支行更名为中国工商银行赤峰分行。1998 年,将营业部分为红山、松山、昭乌达、广场 4 个支行。2000 年,撤销阿鲁科尔沁旗和巴林左旗支行。2004 年起,先后撤销昭乌达支行铁北储蓄所等 48 个网点。

2006 年股份制改革后,中国工商银行赤峰分行更名为中国工商银行股份有限公司赤峰分行。内设部室 11 个,网点减至 59 个,并将原有的分理处和储蓄所根据业务发展情况逐步升格为二级支行。2008 年末,二级支行达到 18 个,全市网点减至 41 个。2009 年,撤销宁城铁西支行、元宝山电厂支行。2012 年,将钢铁西街支行迁址至阿鲁科尔沁旗天山镇,并更名为赤峰阿鲁科尔沁旗支行(二级支行),将钢铁西街支行原址改为赤峰分行,同时在巴林左旗林东镇新建赤峰巴林左旗支行(二级支行)。截至 2014 年末,市工商银行内设部室 11 个。下设巴林右旗、林西县、克什克腾旗、翁牛特旗、喀喇沁旗、宁城县、敖汉旗、红山、元宝山、松山、平庄、广场、昭乌达一级支行 13 个,二级支行 24 个,二级分行 1 个,二级分行营业部 1 个。全行职工 1270 人。

中国农业银行股份有限公司赤峰分行　1991 年,赤峰市设有中国农业银行赤峰市支行,内设科室 18 个及证券转让部、服务公司、营业部。下设阿鲁科尔沁旗、巴林左旗、巴林右旗、林西县、克什克腾旗、翁牛特旗、喀喇沁旗、宁城县、敖汉旗、红山区、元宝山区、郊区(今松山区)12 个旗县区支行,营业所 202 个,储蓄所 92 个,信用社 253 个。全行职工 1958 人。1995 年, 农行赤峰市支行机关内部管理机构重组, 内设科室减至 9 个。1997 年,农行赤峰市支行更名为中国农业银行赤峰市分行。2004 年,中国农业银行赤峰市分行将城区所有网点由红山区支行、松山区支行集中管理。2005 年,中国农业银行赤峰市分行营业部更名为农行赤峰市分行长青支行。2009 年,中国农业银行股份有限公司成立, 中国农业银行赤峰市分行更名为中国农业银行股份有限公司赤峰分行,内设一级部室 15 个,二级部室 2 个,下设旗县区支行 12 个,城区支行 3 个,分理处

43个，二级支行22个。至2014年，市农业银行内设一级部室15个，现金中心、个贷审批中心、资产处置中心二级部室3个。下设旗县区支行15个，分理处77个，全行职工1703人。

中国银行股份有限公司赤峰分行 1985年2月1日，中国银行赤峰支行成立。银行成立之初，只从事外汇外贸业务。1988年，建立储蓄所后，全面开办中国银行业务。1991年5月，中国银行赤峰支行更名为中国银行赤峰分行，内设10个科室。1992年，业务开始向旗县区延伸。同年10月20日，中国银行宁城支行成立。1993年10月，巴林左旗和元宝山区支行相继建立。1994年，根据国家金融体制改革的部署，中国银行由外汇专业银行开始向国有商业银行转型。2003年，中国银行成为国有商业银行股份制改革的首批试点银行。2004年8月26日，中国银行赤峰分行更名为中国银行股份有限公司赤峰分行。至2014年，市中国银行内设部室16个。下设经营性支行27个，其中市区15个(含营业部)，旗县区12个(宁城县3个，巴林左旗2个，元宝山区3个，克什克腾旗、林西县、喀喇沁旗、敖汉旗各1个)。全行职工571人。

中国建设银行股份有限公司赤峰分行 1991年，赤峰市设有中国人民建设银行赤峰市中心支行，内设科室20个。下设阿鲁科尔沁旗、巴林左旗、巴林右旗、林西县、克什克腾旗、翁牛特旗、喀喇沁旗、宁城县、敖汉旗、红山区、元宝山区、郊区(今松山区)、平庄13个旗县区镇支行，营业网点37个，全行职工519人。1993年3月，更名为中国人民建设银行赤峰中心支行。同年6月，建行赤峰中心支行营业部建立，标志着建行由管理型向管理与经营结合型转变。1996年3月，更名为中国建设银行赤峰中心支行。1997年2月，更名为中国建设银行赤峰市分行。1999年6月1日，撤销业务量较小的喀喇沁旗支行及其分支机构。2003年10月，撤销巴林左旗、宁城县、翁牛特旗、敖汉旗支行及其分支机构。2004年1月，股份制改革后，中国建设银行赤峰市分行更名为中国建设银行股份有限公司赤峰分行，成为中国建设银行股份有限公司统辖下的二级分行。至2007年，内设科室15个，分支机构26个。至2014年，市建设银行内设部室19个，下设分支机构29个，全行职工768人。

第三节　股份制商业银行

交通银行股份有限公司赤峰分行 2013年4月17日，交通银行股份有限公司赤峰分行成立。市交通银行是交通银行内蒙古自治区分行在内蒙古地区设立的第五家分行。2014年，市交通银行内设部室6个，全行职工47人。

中信银行股份有限公司赤峰分行 2014年1月22日，中信银行股份有限公司赤峰分行成立，隶属中信银行股份有限公司呼和浩特分行，属二级分行。内设部室6个。下设玉龙支行和松山支行2个筹备组及离行式自助银行网点10个。全行职工51人。

中国邮政储蓄银行股份有限公司赤峰市分行 1986年4月，全国各地邮电局恢复开办邮政储蓄业务。同年8月,赤峰市邮电局在昭乌达路邮电营业厅开办邮政储蓄业务。1990年末,全市有储蓄业务网点53个。1998年,市邮电局进行邮政、电信分营改革,赤峰市邮政局成立,继续拓展邮政储蓄业务,全年邮储网点发展到147个。2004年,市邮政局成立市邮政储汇局,专门负责储汇管理工作。2007年3月,中国邮政储蓄银行有限责任公司成立。2008年3月,中国邮政储蓄银行赤峰市分行成立,内设部室6个。下设红山区昭乌达、三道街、白马、宁城县三座店4个支行和松山区、元宝山区、敖汉旗、喀喇沁旗、宁城县5个旗县区一级支行;自营支行9个;二级支行40个,其中36个二级支行隶属于市邮政局管理;96个代理邮储机构。全行职工267人。

2008—2011年,中国邮政储蓄银行白马支行更名为中国邮政储蓄银行火花路支行,增设邮储银行赤峰市分行营业部、邮储银行赤峰市阿鲁科尔沁旗红星街支行、邮储银行赤峰市林西县金城街支行、邮储银行赤峰市府佑支行,自营支行达14个。2012年1月,中国邮政储蓄银行有限责任公司改制为中国邮政储蓄银行股份有限公司,实现股份制经营,中国邮政储蓄银行赤峰市分行更名为中国邮政储蓄银行股份有限公司赤峰市分行。内设部室11个。下设一级支行14个、二级支行31个、代理网点103个。同年,邮储银行宁城县三座店支行更名为邮储银行赤峰市宁城县大宁路支行,增设邮储银行赤峰市翁牛特旗紫城支行、邮储银行赤峰市巴林左旗林东支行,自营支行达16个。2013年,邮储银行赤峰市巴林右旗大板支行、邮储银行赤峰市克什克腾旗经棚支行成立。至2014年,市邮储银行邮储业务实行邮政企业网点代理制和邮储银行自营制的双重经营机制。市邮储银行内设部室12个。下设一级支行18个、二级支行26个、代理网点108个,自营支行18个。全行职工267人。

包头市商业银行股份有限公司赤峰分行　2007年2月,包头市商业银行股份有限公司在吸收合并赤峰市城市信用社股份有限公司的基础上,成立包头市商业银行股份有限公司赤峰分行,属地方性股份制城市商业银行分支机构。同年5月,包商银行赤峰分行内设部室8个,下设支行21个,全行职工297人。2009—2012年,包商银行赤峰分行翁牛特旗、元宝山区、阿鲁科尔沁旗、巴林右旗大板支行相继成立。

2013年,市包商银行内设部室9个。同年,首批社区金融便利店:兴隆社区便利店、龙山鸿郡社区便利店、松州园社区便利店开业运营。至2014年,市包商银行内设部室9个。下设支行25个、营业部1个、社区金融便利店和小微金融俱乐部31个。除巴林左旗外,在全市8个旗县均设有支行。全行职工767人。

第四节　农村商业银行及村镇银行

2005年11月至2007年11月,赤峰市农村信用社完成产权制度改革。全市11家农村信用联社组建统一的法人社,并将元宝山区农村信用联社改建为赤峰市元宝山农村合作银行。2008年后,先后将元宝山农村合作银行改制为元宝山农村商业银行股份有限公司，松山农村信用联社改制为松山农村商业银行股份有限公司，宁城农村信用联社改制为宁城农村商业银行股份有限公司。至2014年，全市有农村商业银行3家。

一、农村商业银行股份有限公司

元宝山农村商业银行股份有限公司 2007年8月30日，元宝山农村信用联社改制为元宝山农村合作银行，成为内蒙古自治区首家农村合作银行。全年营业网点达到29个，其中支行8个，分理处20个，营业部1个。2012年，元宝山农村商业银行股份有限公司挂牌成立，成为赤峰市首家本土农村商业银行。有营业网点30个，其中支行18个。到2014年末，有营业网点33个，其中支行20个，分理处12个，营业部1个。

松山农村商业银行股份有限公司 2006年7月24日，松山农村信用合作联社挂牌成立，由两级独立法人体制改制为县级联社统一法人机构。2012年12月28日，按照新一轮农村合作金融机构产权改革要求，松山农村商业银行股份有限公司成立。2014年末，有营业网点60个，其中支行33个，分理处26个，营业部1个。

宁城农村商业银行股份有限公司 2007年7月29日，宁城农村信用合作联社挂牌成立。2013年12月18日，宁城农村商业银行筹建。2014年6月，宁城农村商业银行股份有限公司挂牌成立，有营业网点44个，其中支行26个，分理处17个，营业部1个。

二、村镇银行

2008年起，全市先后组建克什克腾农银村镇银行、宁城包商村镇银行、敖汉惠农村镇银行、松山立农村镇银行和翁牛特立农村镇银行，至2014年，全市有村镇银行5家。

克什克腾农银村镇银行 2008年8月18日，克什克腾农银村镇银行成立，是中国农业银行发起的两家村镇银行之一。注册资本1960万元，由中国农业银行出资1000万元，股权占比51.02%，由企业和个人出资960万元，股权占比48.98%。该行主要办理存贷款业务，为县域内农牧民、个体工商户和农牧业组织、企业法人提供金融服务。

宁城包商村镇银行 2010年3月17日，宁城包商村镇银行成立，注册资本5000万元。该行以宁城县产业发展实际为基础，先后创新设立“富农宝”系列农贷产品、“抵好贷”系列小微贷款产品、“保时捷”系列个人信贷产品。

松山立农村镇银行 2013年7月30日，松山立农村镇银行成立，属于一级法人机构。该行以存、贷、汇等传统银行业务为主，主要为县域内农民、农业和农村经济发展提供金融服务。其中社区居民、小微企业及“三农”客户占比达80%。

翁牛特立农村镇银行 2013年9月24日，翁牛特立农村镇银行成立，是由内蒙古托克托农村商业银行发起成立的新型农村金融服务机构。以坚持服务农业、农村、农民为目标，积极支持农业、农村经济发展，逐步扩大经济实力，促进农牧民走向富裕。主要办理存款、贷款和结算等业务。

敖汉惠农村镇银行 2011年4月24日，敖汉惠农村镇银行成立，是由赤峰元宝山农村商业银行发起设立的村镇银行,注册资金3000万元。主要办理存款、贷款,结算,票据承兑和贴现业务;从事同业拆借、银行卡业务;代理兑付、承销政府债券;代理收付款项及保险业务;经银行业监督管理机构批准的其他业务。

第五节 信用社

一、城市信用社

1987—1993年,赤峰市先后在红山区、巴林左旗、敖汉旗、宁城县、翁牛特旗、郊区(今松山区)、阿鲁科尔沁旗、巴林右旗、克什克腾旗、喀喇沁旗、元宝山区建立18个城市信用合作社和赤峰市城市信用合作社管理社。其中红山区红山社由人行赤峰分行组建,后移交红山区财政局代区政府全权管理;郊区银山社、元宝山区平庄社及9个旗县所在地城市信用合作社和赤峰市城市信用合作社管理社由人行赤峰分行直接筹办和管理;元宝山区汇宝社由元宝山区财政局管理,红山区长青街社由北京华普产业集团和赤峰市教育局勤工俭学办公室共同投资兴办;红山区新兴、同兴、华夏社则分别由工行赤峰市支行、农行赤峰市支行、建行赤峰中心支行组建管理。2002年8月,市政府成立赤峰市城市信用社股份有限公司筹建办公室,组织筹建单一法人城市信用社工作。2003年8月26日,赤峰市城市信用社股份有限公司挂牌成立,但由于历史包袱沉重、资金不足、不良资产比例过高和亏损难以弥补等原因,经营始终处于艰难境地。2006年6月10日,赤峰市城市信用社股份有限公司第一届董事会第五次会议通过《赤峰市城市信用社与包头市商业银行合并重组的议案》,并决定对经营不善、资本抵债严重的红山区长青街社、巴林左旗林东社、喀喇沁旗锦山社、元宝山区平庄社和汇宝社5家城市信用社实施停业整顿,并逐一作出市场退出处置。其难以处置资产和损失的资金完全由人行赤峰中心支行再贷款抵充。2007年2月,包头市商业银行赤峰分行正式成立,赤峰市城市信用社业务终结。

二、农村信用社

1986年,全市各旗县区全部建有农村信用联社,并建有基层信用社,由农行赤峰分行管理。1991年,农行赤峰分行进一步加强旗县区联社的建设,联社主任由农业银行旗县区支行行长兼任或配备专职人员担任,同时配备副科级的专职副主任和总稽核。基层信用社由联社直接管理。1996年,农村信用社与农业银行脱离行政隶属关系,旗县区联社负责基层社的业务管理,监督管理由人民银行承担。1997年,赤峰市农村信用社完成与农行赤峰市支行行政隶属关系脱离。同年8月,市人民银行成立赤峰市农村金融体制改革领导小组办公室,负责管理各信用联社组织关系、业务。同时,按照国务院《关于农村金融体制改革的决定》要求,农村信用社恢复理事会、监事会、社员代表大会制度,真正成为由农牧民入股、民主管理、为入股社员服务的合作金融组织。2005年

11 月，赤峰市农村信用社开始进行产权制度改革。全市 11 家农村信用联社组建统一的法人社。至 2014 年，全市有农村信用联社 9 家。

第三章 保险机构

1991 年，赤峰市仅有中国人民保险公司赤峰分公司独家经营保险业务。1996 年 4 月，保险业进行财险、寿险分业经营体制改革，各保险公司分设寿险公司和财险公司。2003 年 6 月，中国人民财产保险公司和中国人寿保险公司分别进行股份制改造，改制为中国人民财产保险股份有限公司和中国人寿保险股份有限公司，成为国家控股的国有股份制保险公司。同年，中国人民财产保险公司赤峰市分公司更名为中国人民财产保险股份有限公司赤峰市分公司，中国人寿保险公司赤峰分公司更名为中国人寿保险股份有限公司赤峰分公司。此后有多家民营股份制保险公司在赤峰相继设立分支机构。至 2014 年，全市有保险业金融机构 32 家，其中财产保险公司 17 家，人寿保险公司 15 家。

第一节 财产保险机构

1996 年 4 月，中国人民保险（集团）财产保险有限公司赤峰市分公司成立，内设机构 8 个，下设 13 个旗县区支公司、1 个营业部，员工 273 人。1999 年，更名为中国人民保险公司赤峰分公司。2003 年 6 月，公司上市后，中国人民保险公司赤峰分公司更名为中国人民财产保险股份有限公司赤峰市分公司，为国有股份制保险公司，隶属于中国人民财产保险股份有限公司内蒙古自治区分公司。同年 7 月，中国平安财产保险股份有限公司赤峰中心支公司成立，属民营股份制保险公司，下设旗县支公司 5 个、旗县区营销服务部 3 个，员工 85 人。2005—2007 年，全市先后有中国大地财产保险股份有限公司赤峰中心支公司、中华联合财产保险股份有限公司赤峰中心支公司、安邦财产保险股份有限公司赤峰市中心支公司、安华农业保险股份有限公司赤峰中心支公司、中国太平洋财产保险股份有限公司赤峰中心支公司 5 家财险机构成立，下设旗县支公司 20 个、旗县区营销服务部 15 个，员工 531 人。其中大地财险属国有股份制保险公司，其余均属民营股份制保险公司。2008 年后，都邦财产保险股份有限公司赤峰中心支公司、渤海财产保险股份有限公司赤峰中心支公司、阳光财产保险股份有限公司赤峰中心支公司 3 家民营股份制财险公司成立，下设旗县支公司 14 个、旗县区营销服务部 2 个，员工 88 人。2012—2013 年，中国人寿财产保险股份有限公司赤峰中心支公司、信达财产保险股份有限公司赤峰中心支公司、永诚财产保险股份有限公司赤峰中心支公司、中银财产保险股份有限公司赤峰中心支公司、紫金财产保险股份有限公司赤峰中心支公司、英大泰和财产保险股份有限公司赤峰中心支公司、永安财产保险股份有限公司赤峰中心支公司7家财险机构成立,下设旗县支公司38个、旗县区及乡镇街道营销服务部74个,员工175人。其中国寿财险、中银财险属国有股份制保险公司,其余均属民营股份制保险公司。

截至2014年,全市共有17家财险公司,下设旗县区支公司90个,旗县区及乡镇街道营销服务部94个,员工1267人。其中国有财险公司4家,员工602人;股份制财险公司13家,员工665人。

2014年赤峰市财产保险机构基本情况一览表

表9-4-2

机构名称	成立时间	员工数量（人）	单位性质	保费收入（万元）	赔付金额（万元）
人民财产保险公司赤峰分公司	1996年4月	388	国有	68134	35644
大地财产保险公司赤峰支公司	2005年5月	91	国有	9016	8617
人寿财产保险公司赤峰支公司	2012年2月	114	国有	12043	5389
中银财产保险公司赤峰支公司	2013年6月	9	国有	1766	498
平安财产保险公司赤峰支公司	2003年7月	85	股份制	14219	9456
中华联合财产保险公司赤峰支公司	2005年6月	298	股份制	39014	18731
安邦财产保险公司赤峰支公司	2006年10月	25	股份制	698	410
安华农业保险公司赤峰支公司	2007年4月	33	股份制	1455	989
太平洋财产保险公司赤峰支公司	2007年8月	84	股份制	11091	6396
都邦财产保险公司赤峰支公司	2008年2月	24	股份制	1729	802
渤海财产保险公司赤峰支公司	2008年8月	8	股份制	1120	554
阳光财产保险公司赤峰支公司	2008年10月	56	股份制	6073	3790
信达财产保险公司赤峰支公司	2012年6月	22	股份制	1644	510
永诚财产保险公司赤峰支公司	2012年12月	14	股份制	838	412
紫金财产保险公司赤峰支公司	2013年11月	4	股份制	1165	161
英大泰和财产保险公司赤峰支公司	2013年12月	8	股份制	298	62
永安财产保险公司赤峰支公司	2013年12月	4	股份制	1039	101
合计		1267		171342	92522

第二节　人寿保险机构

1996 年 4 月，赤峰市保险机构实行分营改革，中国人民保险(集团)人寿保险有限公司赤峰市分公司成立，是经内蒙古自治区人民银行批准，在原中国人民保险公司赤峰支公司进行体制改革后分设的专业公司，是赤峰市首家国有寿险机构。下设旗县区支公司 13 个，有员工 216 人。2003 年后，经股份制改造更名为中国人寿保险股份有限公司赤峰分公司。2004 年 1 月，中国平安人寿保险股份有限公司赤峰中心支公司成立，属民营股份制保险公司，有员工 130 人。2007 年，先后有合众人寿保险股份有限公司赤峰中心支公司、中国人民人寿保险股份有限公司赤峰中心支公司、泰康人寿保险股份有限公司赤峰中心支公司、新华人寿保险股份有限公司赤峰中心支公司共 4 家寿

2014 年赤峰市人寿保险机构基本情况一览表

表 9-4-3

机构名称	成立时间	员工数量(人)	单位性质	保费收入(万元)	给付金额(万元)
人寿保险公司赤峰分公司	1996 年 4 月	274	国有	87698	15133
人民人寿保险公司赤峰支公司	2007 年 11 月	30	国有	14553	8071
人民健康保险公司赤峰支公司	2008 年 8 月	14	国有	5296	5629
太平人寿保险公司赤峰支公司	2010 年 1 月	27	国有	2345	1301
平安人寿保险公司赤峰支公司	2004 年 1 月	130	股份制	19256	8316
合众人寿保险公司赤峰支公司	2007 年 1 月	31	股份制	5645	3478
泰康人寿保险公司赤峰支公司	2007 年 11 月	42	股份制	8234	5049
新华人寿保险公司赤峰支公司	2007 年 12 月	73	股份制	23028	7628
华夏人寿保险公司赤峰支公司	2008 年 12 月	23	股份制	241	216
阳光人寿保险公司赤峰支公司	2010 年 3 月	23	股份制	5913	47
太平洋人寿保险公司赤峰支公司	2010 年 8 月	11	股份制	3730	304
富德生命人寿保险公司赤峰支公司	2011 年 7 月	29	股份制	9303	106
民生人寿保险公司赤峰支公司	2012 年 11 月	11	股份制	562	4
华泰人寿保险公司赤峰支公司	2012 年 12 月	12	股份制	991	2
百年人寿保险公司赤峰支公司	2013 年 2 月	18	股份制	34434	11
合计		748		221229	55295

险机构成立,下设旗县支公司 14 个、旗县营销服务部 11 个,有员工 176 人。其中人民人寿属国有股份制寿险公司，其余均属民营股份制寿险公司。2008—2013 年，先后有中国人民健康保险股份有限公司赤峰中心支公司、华夏人寿保险股份有限公司赤峰中心支公司、太平人寿保险股份有限公司赤峰中心支公司、阳光人寿保险股份有限公司赤峰中心支公司、太平洋人寿保险股份有限公司赤峰中心支公司、富德生命人寿保险股份有限公司赤峰中心支公司、民生人寿保险股份有限公司赤峰中心支公司、华泰人寿保险股份有限公司赤峰中心支公司、百年人寿保险股份有限公司赤峰中心支公司共 9 家寿险机构成立,下设旗县支公司 23 个、旗县区及乡镇街道营销服务部 77 个,有员工 168 人。其中人民健康人寿、太平人寿属国有股份制寿险公司,其余均属民营股份制寿险公司。

至 2014 年,全市有寿险机构 15 家,下设旗县区支公司 50 个,旗县区及乡镇街道营销服务部 88 个,有员工 748 人。其中国有寿险机构 4 家,员工 345 人;股份制寿险机构 11 家,员工 403 人。

第十卷

财政 税务

新中国成立后，特别是改革开放以来，赤峰市各级财税部门按照国家和自治区在不同时期实行的财税政策要求，以培植新兴财源、提高财税收入为立足点，实施财税体制改革，规范财税管理，全市财税收入持续增长，为支持地方经济发展做出了贡献。

财政工作。1991年后，赤峰市实行“定额包干、一定五年”的财政体制。1994年，全面推行分税制财政体制。从2006年始，自治区对市财政管理体制进行调整，地方财政收入基数和税收返还基数以上年收入为基数，确定共享税分享比例。1991—2014年，各级财政不断加大经济建设特别是支农资金投入总量，巩固农业基础地位，逐步建立支农预算资金增长机制。重视社会事业统筹协调发展，支持社会保障、教育、文化、医疗卫生等事业改革与发展。支持重点工程建设，增加对城市基础设施、体育设施建设投入。24年间，全市实现财政收入1102.16亿元，年收入总量由1991年的3.9亿元增加到2014年的212.87亿元，增长53.58倍；全市财政支出2448.16亿元，年支出总量由1991年的6.99亿元增加到2014年的360.44亿元，增长50.57倍。

逐步强化财政管理。1991—1993年，赤峰市财政部门对财政预算任务实行定额管理。1997年，开始推进部门“零基预算”，根据需要和可能测算单位缴费定额。2002年，赤峰市预算内外资金统一编制综合预算。2004年，实行预算资金国库集中支付。2014年，部门预算编制走向科学化、精细化，各级政府的收入和支出全部纳入预算管理。加强会计人员教育培训。1991年，实行会计人员持证上岗制度。2001年，全面推行会计人员从业资格制度。同年，实行会计委派制。2002年，实行代理记账制度。至2014年，全市持证会计人员28225人，其中初、中级会计人员2638人，副高级以上会计人员237人，共有代理记账从业人员210人。财政监督检查工作坚持日常检查和经常性检查相结合，逐步规范化、制度化。1991—1996年，市财政监督检查主要以支农资金与财务、税收、物价三检查为主。2009年后，重点清理检查“小金库”。随着企业市场主体地位的确立，建立健全企业财务外部监督与企业内部约束的监督机制，将企业各项财务活动纳入符合现代企业制度要求的法制化轨道。

税务工作。改革开放后，赤峰市本着“保证税收、简化税制”的原则，进行税收体制改革。1991年，赤峰市税务局实行以流转税、所得税为主体，其他税种共同配合的多税种、多环节、多层次的复合税制，共征收33个税种，工商税收2.86亿元。赤峰市工商税收呈快速增长态势，1993年达到5.18亿元，比1991年增长81.11%。1994年分税制改革后，成立赤峰市国家税务局和赤峰市地方税务局。国税征收范围分为中央税、中央与地方共享税、地方税3类，征收税种为增值税、消费税、企业所得税3种，地税部门负责征收18个税种。1995年后，市地税局为市政府代收社会保险费等7种基金（费）。2014年，国税部门负责征收4个税种，地税部门负责征收13个税种。2014年，全市国税收入44.04亿元，比1994年增长8.83倍；全市地税系统共组织税收收入145.13亿元，比1994年增长59.22倍。在地方税收大幅增长的同时，以社会保险费为主体的各种基金

(费)收入大幅增长。2001—2014年,市地税系统共征收社会保险费277.67亿元,征收额2014年比2001年增长19.7倍。

1991年,赤峰市延续"一员到户、各税统管"的征管模式。1994年,分税制改革后,国税、地税实行征、管、查三分离的征管模式。1996—1997年,进一步深化税收征管改革,纳税人实行分类管理,由专管员"集权管户制"转变为税源责任人"分权管事制"。建立以纳税申报和优化服务为基础,以计算机网络为依托,以集中征收、重点稽查为特点的新征管模式。2001年后,全市推进以"纳税服务"为主要内容的诚信体系建设。2004年,在全市范围内开通"12366"纳税服务电话,提供税务咨询服务。2005—2006年,市国税局全面推行"一站式"服务,实现"前台受理、内部流转、限时办结"的工作模式;市地税局改建110个基层税务所,增设服务窗口,为纳税人提供纳税服务。2009年,全市推行"一窗多能、一岗多职、一机多用"的服务模式。2013年,全市基层税务所全部安装自助办税终端,实现网上办税。2014年,市国税系统建立标准化办税服务厅15个,市地税系统建立现代化税费办理服务厅29个,不断提高税收科学化、精细化水平。

第一篇　财　政

第一章　财政收支

1991年前，赤峰市实行“定额包干、收支自求平衡”财政体制。1991年后，继续实行定额包干体制。1994年，全面推行分税制。分税制财政体制的实施，较好地促进了社会资源优化配置和产业结构合理调整，初步建立较为规范的中央与地方的分配关系。同时明确各级政府的财政收入和支出范围，逐渐调整市县两级共享税收入分配政策，调动各级地方政府发展经济的积极性，促进财政收入快速增长。至2014年，随着财政体制不断完善，地方财政实力明显增强。

第一节　财政收入

财政收入按财政体制划分为中央财政收入、地方财政总收入和地方财政一般预算收入。1994年，实行分税制财政体制后，税收收入中的共享税和中央财政分享的收入为上划中央税收入，主要有增值税75%部分、企业所得税和个人所得税60%部分及国内消费税100%；共享税收入中分成部分，即增值税25%部分、企业所得税、个人所得税40%部分列入地方一般预算收入。按收入类别划分包括税收收入和非税收入两大类。税收收入主要包括工商税收和农牧业税收；非税收入包括专项收入、行政事业性收费收入、罚没收入、国有资本经营收入、国有资源(资产)有偿使用收入及其他收入。1991—2014年，赤峰市累计财政总收入1102.16亿元，税收收入是财政收入的主要来源。“八五”时期，全市税收收入25.41亿元，占同期财政收入的89.41%，非税收入3.01亿元，占10.59%；“九五”时期，全市税收收入53.27亿元，占87.62%，非税收入7.53亿元，占12.38%；“十五”时期，全市税收收入91.07亿元，占90.28%，非税收入9.81亿元，占9.72%；“十一五”时期，全市税收收入299.75亿元，占84.06%，非税收入56.86亿元，占15.94%；2011—2014年，全市税收收入482.77亿元，占86.92%，非税收入72.68亿元，占13.08%。从“十一五”时期后，非税收入占财政收入比重增大。

一、税收收入

1991年后，税收收入主要包括两大类：一是工商税收入类，主要有增值税、营业税、企业所得税、个人所得税、城市维护建设税,其他工商税有资源税、房产税、印花税、城镇土地使用税、土地增值税等;二是农牧业税收入类,主要有农牧业税和耕地占用税。

工商税收入 1994年前,增值税全部在地方财政收入中反映。1994年分税制后,增值税在中央和地方间共享,即中央75%、地方25%。2006年后,增值税地方25%部分,市与自治区共享,即自治区7.5%、赤峰市17.5%。增值税在工商各税收入中占主导地位,其收入规模占各税之首。2014年,增值税留成收入达到6.74亿元,比1994年增长5.86倍。1991年,赤峰市征收营业税9300万元。2006年,与自治区共享后,全市营业税留成收入4.54亿元,比1991年增长3.87倍。2014年,营业税达到24.34亿元,比1991年增长25.17倍。

2005年前,企业所得税和个人所得税规模较小,除2001年企业所得税收入超亿元外,均为亿元以下。2006年后,随着经济发展和个人收入水平不断提高,企业所得税和个人所得税快速增长。1991年,企业所得税收入3968万元,2014年收入6.53亿元,是1991年的16.33倍。1991—1992年,赤峰市未有个人所得税收入。1993年,个人所得税收入20万元,2014年收入2.04亿元,是1993年的1020倍。2001年,国家实施所得税分享体制改革,中央财政与地方财政60%与40%分成;40%部分,自治区与赤峰市10%与30%分成。

随着城市建设快速发展和城镇化水平不断提高,赤峰市城镇土地使用税、土地增值税、契税、房产税收入不断增加。1991年,城镇土地使用税收入269万元,2014年收入5.72亿元,是1991年的212倍。1994年,分税制改革后,开始征收土地增值税。1996年,土地增值税收入仅为2万元,2004年收入100万元,2014年收入达7.86亿元,是2004年的786倍。1991年,契税收入24万元,2000年收入突破1000万元,达到1459万元,2014年收入达到6.14亿元,是1991年的2558倍。1991年,房产税收入990万元,2014年收入2.87亿元,是1991年的29倍。

农牧业税收入 农牧业税收入包括农业税、农业特产税和牧业税,1994年前,农牧业税由财政部门征收。1991年,赤峰市农牧业税收入3168万元,占当年地方财政收入的8.21%。1994年,农牧业税收入6077万元,占当年地方财政收入的16.67%。1994年后,农牧业税由地税部门征收。2002年后,赤峰市按照自治区统一部署,进行农村牧区税费改革,逐步降低税率与取消各类行政事业性收费,农牧业税减少。2005年,农牧业税征收1707万元,占当年地方财政收入的0.85%。从"八五"时期到"十五"时期,农牧业税收入由22702万元增至46736万元,增长1.06倍;分别占地方财政收入的12.21%和7.29%。2006年,全国取消征收农牧业税。

二、非税收入

专项收入 1993年,国家对预算收入进行调整。专项收入主要包括排污费、城市水资源费、矿产资源补偿费,改烧油为烧煤专项收入。至2014年,专项收入除排污费、城市水资源费、矿产资源补偿费收入外,城市基础设施配套费、防空地下室易地建设费、

1991—2014 年赤峰市税收收入情况统计表

表 10-1-1　　单位：万元

年份	增值税			营业税		企业所得税	个人所得税	资源税	城市维护建设税	房产税	印花税	城镇土地使用税	土地增值税	车船税	耕地占用税	契税
	上划中央	上划自治区	地方财政留成	上划自治区	地方财政留成											
1991	–	–	6172	–	9300	3968	–	202	1203	990	125	269	–	125	1283	24
1992	–	–	6762	–	11286	3551	–	198	1414	1071	165	271	–	120	589	43
1993	–	–	18002	–	14797	3836	20	325	1590	1189	236	259	–	128	508	69
1994	29472	–	9824	–	6493	3234	502	889	2059	1233	148	502	–	128	796	96
1995	29913	–	9971	–	7443	5837	1190	1023	2246	1677	202	417	–	204	650	126
1996	33459	–	11153	–	7812	6942	2609	644	2497	1970	204	1418	2	456	534	139
1997	37557	–	12519	–	10417	5963	2934	673	2637	2169	255	1874	12	634	823	160
1998	40158	–	13386	–	12282	5672	3938	598	3109	2462	223	1936	8	717	575	587
1999	39204	–	13068	–	11674	7690	4537	875	3320	2676	278	2345	6	864	400	587
2000	38285	–	12761	–	12894	7490	5155	793	3466	2921	600	1957	14	765	427	1459
2001	38320	–	12774	–	11179	11497	6095	542	3348	3698	562	2055	27	628	316	2370
2002	43759	–	14586	–	17920	5264	3096	507	3868	4407	616	2910	48	708	166	3390
2003	53981	–	17994	–	23687	4201	2720	608	4653	5326	839	2995	67	730	5230	4086
2004	67516	–	22505	–	43367	4765	3486	834	6504	5128	1043	2505	100	709	1217	4792
2005	92414	–	30804	–	53842	7808	4624	3636	8279	5348	1587	2600	382	871	1629	6416
2006	124991	8333	33331	13433	45373	14415	6490	8416	11015	5837	2179	2649	1033	1335	1747	6767
2007	169109	11838	44532	15643	58849	27902	10844	10444	13265	5522	3457	2850	3011	1004	2769	10262
2008	204100	14967	53066	22197	78698	33590	15284	19002	17636	7557	4377	11247	5485	2320	3579	11812
2009	188317	14438	48337	24872	83265	33336	19810	16383	19884	9948	4725	12933	6590	4957	11327	18070
2010	225859	18070	57216	33833	107140	40321	21005	24221	23888	11803	6394	18853	13288	6067	18372	20967
2011	283007	23583	70751	44244	132735	64470	24629	27685	33826	13706	7834	25979	22878	7420	23106	35249
2012	295110	29509	68860	21870	196822	86848	21700	14164	34192	15878	8865	23836	28283	8497	37914	36995
2013	253664	25727	59188	25990	233906	72202	22432	16287	36384	22772	10329	34042	48517	12096	50525	66786
2014	185147	21707	67359	27041	243364	65273	20387	13604	33238	28683	11676	57218	78608	13585	60533	61405

说明：由于统计时间跨度较大，受税制改革和税种变化的影响，本表只反映部分主要税种的收入情况。

防汛费、城市污水处理费收入比照市级专项收入进行管理。“八五”期间,专项收入完成9713万元;到“十一五”时期,专项收入由“九五”时期的1.05亿元增加到10.79亿元,增长9.28倍;2011—2014年,完成15亿元,比“八五”期间增长14.46倍。

行政事业性收费收入　1994年后,按照法律、法规、规章规定,行政机关和事业单位进行登记、注册、审验、仲裁、鉴定、检验、培训、考试、颁发证照等费用支出,确需收费补偿的收取登记费、注册费、审验费、仲裁费、鉴定费、检验费、培训费、考试费、证照费等。至2014年,除上述收费外,对特许使用国家资源、公共资源进行经营性活动的收取特许权使用费;对污染或损害环境的收取环境补偿治理费;对实施其他特定管理或者提供其他特定服务,确需收费补偿的收取管理费。“八五”时期,全市行政事业性收费收入完成151万元;从“九五”时期到“十一五”时期,行政事业性收费收入由9700万元增加到12.23亿元;2011—2014年,完成29.4亿元,比“十一五”时期增长1.4倍。

罚没收入　1993年,财政部规定对各级执罚部门和单位所取得的罚没收入纳入预算管理,应及时上缴国库,任何单位和个人不得拖欠、截留、坐支、挪用、私分。1998年后,国家对预算收入进行调整,规定罚没收入主要包括执法、司法机关对违法违章者实施经济罚款的款项、没收的赃款和赃物变价款。“八五”时期,全市罚没收入2283万元;“十一五”时期,罚没收入由“九五”时期的2.22亿元增加到11.72亿元,增长4.28倍;2011—2014年,完成14.89亿元,比“八五”时期增长63.74倍。

国有资本经营收入　“八五”期间,国有企业上缴利润,作为国家预算收入。从1998年起,为适应国有企业改革需要,政府以国有资产所有者身份,参与资产收益分配,将国有企业上缴利润收入调整为国有资产经营收入,主要包括国有企业上缴利润,从政府参股、控股的股份制企业中分享的股息和红利,国有资产租赁和产权转让收入。2007年后,将国有资本经营收入列入非税收入。“八五”时期,全市国有资本经营收入完成7945万元;从“九五”时期到“十一五”时期,国有资本经营收入由3.07亿元增加到16.35亿元,增长4.33倍;2011—2014年,完成3.84亿元,比“八五”时期增长3.86倍。

国有资源(资产)有偿使用收入　2007年后,将国有资源和资产有偿使用收入列入非税收入,包括国有自然资源有偿使用收入、社会公共资源有偿使用收入和行政事业单位国有资产有偿使用收入。“十一五”时期,全市国有资源(资产)有偿使用收入完成5.65亿元;2011—2014年,完成8.91亿元,比“十一五”时期增长57.70%。

国家预算调节基金收入　国家预算调节基金是指国家为加强宏观调控能力、补充各级财政资金不足、为改革和建设顺利进行创造条件,对国营企事业单位、机关团体、部队与地方政府的各项预算外资金和所有集体企业、私营企业以及个体工商户缴纳所得税后的利润征集的基金。其比例按当年收入的10%计征,采用“按月或按季缴纳,年终根据有关决算资料,实行汇算清缴多退少补”的办法,属于中央单位缴纳的部分,全部归中央财政;属于地方单位缴纳的部分,50%上缴中央财政,50%留归地方财政,可供各级财政统筹安排使用,1996年取消征集。“八五”时期,全市国家预算调节基金收入完成1358万元。

其他收入 “八五”时期，全市完成收入总额8672万元，占同期财政收入的3.06%。“九五”时期，完成收入总额2224万元，占同期财政收入的0.36%。“十五”时期，完成收入总额1657万元，占同期财政收入的0.17%。“十一五”时期，其他收入自2007年开始列入非税收入，其收入主要为捐赠、基本建设等收入，完成收入总额1185万元，占同期财政收入的0.03%。2011—2014年，其他收入主要为捐赠、基本建设等收入，四年完成收入总额6390万元，占同期财政收入的0.12%。

第二节 财政支出

1991年后，赤峰市财政支出按照保工资、保运转、保稳定、促发展的总体要求进行安排，主要分为五大类，即经济建设费支出、社会事业费支出、行政管理费支出、社会保障费支出及其他支出。随着经济社会发展，赤峰市财政支出不断扩大。1991—2014年，全市财政支出总额累计达到2448.16亿元，其中经济建设支出占25.65%，社会事业支出占29.98%，行政管理支出占16.26%，社会保障支出占15.03%。在四类支出中，经济建设和社会事业支出占近60%，其中农业支出和教育支出比重增大，农业支出占16.74%，教育支出占20.81%。

一、经济建设费支出

经济建设费支出主要包括基本建设支出、城市维护费支出、环境保护资金支出、市政建设支出、粮食商业流通建设支出、利用外资支出和支援农业生产支出。1991—2014年，全市累计经济建设费支出627.97亿元。

基本建设支出 1991—2006年，全市基本建设支出63.8亿元。其中“八五”时期，全市基本建设支出6824万元，占同期财政支出的1.61%。从“九五”时期到“十五”时期，全市基本建设支出由5.09亿元增加到43.18亿元，占同期财政支出由5.74%增至17.52%。2006年，全市基本建设支出14.85亿元，占当年财政支出的16.4%。此后，由于统计口径的变化，基本建设支出不做专门统计。

城市维护费支出 1991—2006年，全市城市维护费支出18.37亿元。其中“八五”时期，全市城市维护费支出2.09亿元，占同期财政支出的4.94%。从“九五”时期到“十五”时期，全市城市维护费支出由2.84亿元增加到8.82亿元，占同期财政支出由3.31%增至3.38%。2006年，全市城市维护费支出4.62亿元，占当年财政支出的4.67%。此后，取消城市维护费支出统计。

环境保护资金支出 1991—2014年，全市环境保护资金支出119.97亿元。其中“八五”时期，全市环境保护补助资金支出2367万元，占同期财政总支出的0.57%。1996年，全市环境保护补助资金支出589万元，占当年财政支出的0.46%。1998—2006年，专项支出中的环境保护资金支出取消，改为排污费支出。全市排污费支出1.06亿元，占同期财政支出的0.28%。2007年,排污费支出改为环境保护支出。2007—2010年,全市环境保护支出47.54亿元,占同期财政支出的7.02%。2011—2014年,环境保护支出改为节能环保支出,全市节能环保支出71.07亿元,占同期财政支出的5.44%。

1991—2014年赤峰市环境保护资金支出情况统计表

表10-1-2　　单位:万元

年份	资金名称	金额
1991	环境保护补助资金支出	469
1992	环境保护补助资金支出	390
1993	环境保护补助资金支出	469
1994	环境保护补助资金支出	520
1995	环境保护补助资金支出	519
1996	环境保护补助资金支出	589
1997	—	—
1998	排污费支出	352
1999	排污费支出	823
2000	排污费支出	1116
2001	排污费支出	890
2002	排污费支出	895
2003	排污费支出	936
2004	排污费支出	893
2005	排污费支出	1608
2006	排污费支出	3122
2007	环境保护支出	84085
2008	环境保护支出	106692
2009	环境保护支出	136311
2010	环境保护支出	148332
2011	节能环保支出	165328
2012	节能环保支出	193055
2013	节能环保支出	179493
2014	节能环保支出	172807

市政建设支出 从“十五”时期，赤峰市逐步增加市政建设投资。2002年，机场路建设支出200万元。2005年，宁澜路道路工程支出200万元，红山区三道街、长青街电力线改造支出120万元。2007年，红山区红旗路路面恢复工程支出300万元。2008年始，赤峰市加大对中心城区市政建设的投资力度。2008—2014年，累计支出9.41亿元，占同期财政支出的0.5%。其中中心河道治理支出1.77亿元，老旧小区改造支出1.49亿元，友谊大桥建设支出1.2亿元，德润排水项目支出3.13亿元，机场路建设支出1亿元，自来水管网改造、维修及水厂设备更新支出2220万元，热源建设支出2500万元，新城区幼儿园建设支出2000万元，修建红山区步行街地下通道支出450万元，安排少年宫建设资金500万元，阳光小区经济适用房配套设施200万元。

粮食商业流通建设支出 1991年，赤峰市积极支持粮食商业流通建设，当年支出365万元，1997年达到951.8万元。2003年始，国家相继出台对种粮农民直接补贴（简称“粮食直补”）、农业生产资料综合补贴制度。“十五”时期，累计发放粮食直补资金3.2亿元；“十一五”时期，累计兑付两项惠农资金24.2亿元；2011—2014年，累计兑付两项惠农资金34.6亿元，使得323万农牧民受益。

2005年，中央财政开始实施产粮大县奖励政策，奖励资金可作为财政性转移支付，由旗县区财政统筹安排使用。2008年，中央财政开始实施产油大县奖励政策，奖励资金全部用于旗县扶持粮油生产和产业发展，完善粮油收购、仓储、流通、加工等方面支出。“十五”时期，全市产粮大县奖励资金为4700万元；“十一五”时期，产粮、产油大县两项奖励资金为5.4亿元；“十二五”时期前四年，累计奖励资金8.7亿元。1991—2014年，全市粮油流通建设支出为2.34亿元，占同期财政支出的0.09%。

2008—2013年，为扩大内需、拉动农村牧区消费、刺激家电和摩托车行业发展，国家开始实施家电产品、汽车摩托车下乡补贴政策。6年间共补贴下乡产品109万台（件），补贴金额3.5亿元。1991—2014年，全市商贸流通建设支出为4.5亿元，占同期财政支出的0.18%。

农业支出 “八五”时期，全市农业支出总额6.12亿元，占同期财政支出的14.47%。其中支援农村生产支出2.95亿元，占同期财政支出的6.97%；农林水利气象等部门事业费支出3.17亿元，占同期财政总支出的7.49%。在支援农村生产支出中，小型农田水利和水土保持补助支出8837.5万元，占农业支出总额的14.38%；支援农村合作生产组织支出3330.2万元，占5.39%；农技推广和植保补助支出888.6万元，占1.47%；牧区草场和畜禽保护补助支出3264.3万元，占5.39%；农村造林补助支出2697.3万元，占4.41%；农村水产补助支出111.2万元，占0.16%；农业发展专项资金8021.9万元，占13.07%；发展粮食生产专项资金2339.8万元，占3.76%。

“九五”时期，全市农业支出总额8.57亿元，占同期财政支出的9.10%。其中支援农村生产支出3.21亿元，占同期财政总支出的3.74%；农林水利气象等部门事业费支出5.36亿元，占同期财政支出的6.25%。从1997年开始增加粮食自给工程资金。在支援农村生产支出中，小型农田水利和水土保持补助支出1.34亿元，占农业支出总额的15.64%;支援农村合作生产组织支出9057万元,占10.62%;农技推广和植保补助支出1797万元,占2.1%;牧区草场和畜禽保护补助支出2954万元,占3.5%;农村造林补助支出2906万元,占3.38%;农村水产补助支出205万元,占0.23%;发展粮食生产专项资金492万元,占0.58%;粮食自给工程1330万元,占1.52%。

2001—2002年,农业支出总额5.18亿元,其中支援农业支出1.04亿元,农林水利气象等部门事业费支出4.14亿元。在支援农业支出中,小型农田水利和水土保持补助支出3957万元,支援农村合作生产组织支出3474万元,农技推广和植保补助支出480万元,农林草场和畜禽保护补助支出1559万元,农村造林补助支出734万元,农村水产补助支出60万元，粮食自给工程170万元。2003—2005年，农业支出总额24.76亿元,其中农业支出6.34亿元,林业支出16.52亿元,水利和气象支出1.9亿元。在农业支出中,行业管理支出5.12亿元,自然灾害救助支出720万元,生产资料补贴支出1043万元,农业资源和环境保护支出695万元,土地管理支出1925万元,农业综合开发支出7056万元,其他农业支出722万元。“十五”时期,农业支出总额29.94亿元,占同期财政支出的12.15%。

从2007年开始,农业支出包括农林水事务和环境保护中退耕还林支出,其中农林水事务支出包括农业、林业、水利、扶贫、农业综合开发、农村综合改革、其他农业支出等。“十一五”时期,农业支出总额130.62亿元,占同期财政支出的17.01%。

2011—2014年,农业支出总额234.57亿元,占同期财政支出的17.96%,其中农林水事务支出214.32亿元,环境保护中退耕还林支出20.25亿元。在农林水事务支出中,农业支出65.84亿元,林业支出18.85亿元,水利支出27.65亿元,扶贫支出11.77亿元,农业综合开发支出8.59亿元,农村综合改革支出16.53亿元,引导金融机构支农补助767万元,其他农业支出65.01亿元。

二、社会事业费支出

教育事业费　“八五”时期,教育事业费支出9.58亿元,占同期财政支出的22.65%。“九五”时期到“十一五”时期,教育事业费支出由20.91亿元增加到161亿元,增长6.7倍。2011—2014年,教育事业费支出270.16亿元,占同期财政支出的20.69%,比“八五”时期增长27.2倍。

2007年,对普通高校本专科学生实行新的国家奖学金政策,奖励标准提高到每人每年8000元。同年,普通高校本专科学生实行新的普通高等学校国家助学金政策,资助标准提高到每人每年3000元。2008年,自治区开始实施基础教育标准化示范校工程,2008—2013年,获得自治区专项补助资金5.16亿元。

2009年起,对高校学生实行生源地助学贷款,帮助家庭经济困难学生支付在校学习期间所需的学费、住宿费等。每个贷款人每年贷款额度最高不超过6000元。同年秋季学期起,自治区对牧业旗户籍中职学生进行免学费补助,补助标准为每生每年1800

1991—2014年赤峰市教育事业费支出情况统计表

表10-1-3 单位:万元

年份	教育事业费	年份	教育事业费
1991	12616	2003	86710
1992	15275	2004	113831
1993	17708	2005	138804
1994	24142	2006	173132
1995	26028	2007	256620
1996	29698	2008	321913
1997	39986	2009	392512
1998	33545	2010	465904
1999	50502	2011	583775
2000	55407	2012	668023
2001	59739	2013	733927
2002	78045	2014	715889

元。2011年,自治区进一步扩大补助范围和补助标准,对全区所有具有内蒙古自治区户籍的中等职业学校全日制正式学籍一、二、三年级学生进行“两免”补助,免学费补助标准提高到每生每年2000元,免教科书费补助标准为一二年级每生每年550元,三年级每生每年100元,全市每年有近3万名学生从中受益。

从2011年春季学期始,自治区对普通高中家庭经济困难学生实施“两免”政策,汉语寄宿生生活费补助标准达到小学每生每年1000元,初中每生每年1250元。双语寄宿生生活费补助标准达到小学每生每年1350元,初中每生每年1620元,普通高中每生每年1890元。中职和高中助学金由每生每年1500元提高到2000元。

2012年始,自治区开始对民办幼儿园进行专项补助。2012—2014年,全市共投入民办幼儿园专项资金6948.6万元,其中新建、改扩建园舍资金2513.8万元,租用园舍资金2059.8万元,设备购置资金2375万元。

农村牧区义务教育公用经费补助标准逐年提高。2014年, 普通小学年生均达到600元,初中年生均达到800元。寄宿制学校小学年生均达到720元,初中年生均达到920元。特殊教育学校年生均5000元。取暖费标准提高到年生均215元。该项政策惠及全市37万多名学生。

从2012年秋季学期始,国家对全日制研究生设立国家奖学金,其中博士生奖励标准为每生每年3万元,硕士生奖励标准为每生每年2万元。从2014年秋季学期始,自治区设立研究生奖学金,其中博士生奖励标准为每生每年2万元,硕士生奖励标准为每生每年1万元;实行研究生学业奖学金,博士每年1万元,硕士每年8000元。实行研究生国家助学金,国家资助标准为博士生每生每年1万元,硕士生每生每年6000元;自治区资助标准为博士生每生每年1.2万元,硕士生每生每年8000元。

2014年,实行城乡低保家庭子女升入普通高校新生入学资助政策,低保家庭子女考入本科院校每人资助4万元,考入专科院校每人资助3万元。

科学事业费 “八五”时期,科学事业费支出2542万元,占同期财政支出的0.59%。从“九五”时期到“十一五”时期,科学事业费支出由3119万元增加到2.65亿元,增长7.55倍。2011—2014年,科学事业费支出5.02亿元,占同期财政支出的0.38%,比“八五”时期增长19.08倍。

文化事业费 1991—2014年,文化事业费累计支出总额17.91亿元,占同期财政支出的0.73%。“八五”时期,文化事业费支出3954.6万元,占同期财政支出的0.94%。从“九五”时期到“十一五”时期,文化事业费支出由8205万元增加到5.84亿元,增长6.12倍。2011—2014年,文化事业费支出9.63亿元,占同期财政支出的0.74%,比“八五”时期增长23.08倍。

表10-1-4 **1991—2014年赤峰市文化事业费支出情况统计表** 单位:万元

年份	金额	年份	金额	年份	金额
1991	679.6	1999	1893	2007	6647
1992	768	2000	1804	2008	13206
1993	807	2001	1701	2009	15958
1994	816	2002	2402	2010	18349
1995	884	2003	1273	2011	22434
1996	1011	2004	3115	2012	24134
1997	1841	2005	3717	2013	22782
1998	1656	2006	4267	2014	26943

广播电视事业费 1991—2014年,全市广播电视事业费支出13.65亿元,占同期财政支出的0.56%。“八五”时期,广播电视事业费支出6049.4万元,占同期财政支出的1.42%。从“九五”时期到“十一五”时期,广播电视事业费支出由1.62亿元增加到3.92亿元,增长1.42倍。2011—2014年,广播电视事业费支出6.17亿元,占同期财政支出的0.47%,比“八五”时期增长9.28倍。

1991—2014年赤峰市广播电视事业费支出情况统计表

表10-1-5

单位:万元

年 份	广播电视事业费	年 份	广播电视事业费
1991	927.4	2003	1453
1992	1010	2004	3195
1993	1128	2005	4487
1994	1444	2006	4592
1995	1540	2007	7249
1996	1628	2008	8726
1997	3729	2009	8817
1998	3644	2010	9777
1999	3849	2011	13394
2000	3356	2012	15187
2001	1779	2013	16775
2002	2428	2014	16373

医疗卫生事业费 “八五”时期,医疗卫生事业费支出2.64亿元,占同期财政支出的6.24%。从“九五”时期到“十一五”时期,医疗卫生事业费支出由4.15亿元增加到38.67亿元,增长8.32倍。2011—2014年,医疗卫生事业费支出99.3亿元,占同期财政支出的7.60%,比“八五”时期增长36.61倍。

2009年10月,自治区党委、政府印发《深化医药卫生体制改革实施意见》《关于深化医药卫生体制改革近期重点实施方案(2009—2011年)的通知》,新医改在全区正式启动。按照自治区要求,市政府每年根据上一年常住人口及各级财政的配套标准落实公共卫生服务经费。除中央分担外,自治区本级、盟市、旗县财政按照1∶1∶1比例分担。2009—2010年人均基本公共卫生服务经费标准15元,2011—2012年人均基本公共卫生服务经费标准25元,2013年人均基本公共卫生服务经费标准30元,2014年人均基本公共卫生服务经费标准35元。

2014年,自治区卫计委、财政厅联合印发《关于确定自治区公立医院改革试点城市、旗县(市)和有关工作要求的通知》,巴林左旗、克什克腾旗确定为国家旗县级公立医院综合改革试点旗县,国家补助600万元,用于支出试点旗县加快推进旗县级公立医院综合改革。

计划生育事业费 “八五”时期,计划生育事业费支出4551.7万元,占同期财政支出的1.08%。从“九五”时期到“十一五”时期,计划生育事业费支出由1.54亿元增加到6.87亿元,增长3.46倍。2011—2014年,计划生育事业费支出10.27亿元,占同期财政支出的 0.79%，比“八五”时期增长 21.33 倍。

体育事业费 “八五”时期，体育事业费支出 1554 万元，占同期财政支出的 0.37%。从“九五”时期到“十一五”时期，体育事业费支出由 1925 万元增加到 1.81 亿元，增长 8.53 倍。2011—2014 年，体育事业费支出 5.39 亿元，占同期财政支出的 0.41%，比“八五”时期增长 32.69 倍。

2008 年始，赤峰市实施农村牧区老年人体育工程。至 2013 年底，完成 116 个乡镇苏木扶持任务，共投入资金 620 万元。其中自治区投入资金 95 万元，扶持 19 个乡镇苏木；市本级投入资金 175 万元，扶持 27 个乡镇苏木、80 个典型示范村嘎查；旗县区投入资金 350 万元，扶持 70 个乡镇苏木。

地震、档案事业费 “八五”时期，地震、档案事业费支出 776.1 万元，占同期财政支出的 0.18%。从“九五”时期到“十一五”时期，地震、档案事业费支出由 1425 万元增加到 7212 万元，增长 4.06 倍。2011—2014 年，地震、档案事业费支出 1.23 亿元，占同期财政支出的 0.09%，比“八五”时期增长 14.38 倍。

三、行政管理费支出

1991—2001 年，行政管理费支出主要包括人员经费、公务费、设备购置经费、修缮费、业务费、主要副食品价格补贴、招待费及其他费用。总计支出 22.98 亿元，其中 1991 年行政管理费支出 9601 万元，2001 年行政管理费支出 3.66 亿元，年均增长 27%。

2002—2006 年，行政管理费支出主要包括人员经费支出、日常公用经费支出、对个人和家庭的补助支出及固定资产购置和大修支出四类。总计支出 45.62 亿元，年均增长 22%。其中 2003 年，根据赤峰市人事局《关于增加市直国家机关、事业单位工作人员福利补贴的通知》，从 2003 年 1 月开始，市直属机关、事业单位国家工作人员和离退休人员每人每月增加 100 元福利补贴。

2007—2014 年，各级政府实行收支分类改革后，行政管理费支出更加科学规范，其间行政管理费总计支出 329.55 亿元，年均增长 19%。

四、社会保障事业费支出

1991—2014 年，全市社会保障事业费累计支出 367.97 亿元，占同期财政支出的 15.03%，其中城乡社会救助支出 96.46 亿元，占支出总额的 26.21%。

社会保险基金 企业职工基本养老保险。1998 年 1 月，根据财政部、劳动部、中国人民银行、国家税务总局印发的《企业职工基本养老保险基金实行收支两条线管理规定》，赤峰市将企业职工基本养老保险基金纳入财政专户，实行收支两条线管理。从 2001 年 1 月 1 日起，社会保险费由市地税局负责征收，形成了“税务管征收、财政管资金、社保管核准、银行管发放”的新型社会保障管理运行机制。2009 年，企业职工基本养老保险基金实行省级统筹。2010 年，全市养老保险基金统一纳入市财政局养老保险基金财政专户管理。2005—2014 年，为保障企业退休人员基本生活，赤峰市连续 10 年上调企业退休人员基本养老金水平。2014 年，调整后企业退休人员月人均养老金达到 1870 元，比 2005 年月人均增加 1185 元。

城镇职工基本医疗保险。2000 年，市政府印发《赤峰市城镇职工基本医疗保险办法》《赤峰市城镇职工社会医疗救助保险办法》，确定建立赤峰市城镇职工基本医疗保险制度，各级财政部门对行政机关、事业单位、社会团体按照全年工资总额 6%安排医疗保险经费。2010 年，市政府印发《关于进一步完善城镇基本医疗保险制度的实施意见》，社会医疗救助保险费的缴费标准每人每年增加到 150 元。市本级对财政拨款的行政事业单位在职人员预算安排每人每年 100 元。对行政事业单位退休人员应缴纳余命期医疗保险费列入下一年度财政预算补助，以增强医疗保险基金筹集和保障能力。同年，市人力资源和社会保障局、财政局联合下发《赤峰市本级公务员医疗补助暂行办法》，建立市本级公务员医疗补助制度。市本级财政安排 397 万元医疗经费，用于提高行政事业单位享受医疗保险待遇人员的药费报销比例。2014 年，公务员医疗保险市级财政补助 1000 万元。

新型农村牧区合作医疗。2005 年，敖汉旗被确定为自治区第二批新型农村牧区合作医疗试点地区，财政补助标准每人每年 20 元，各级财政补助资金 739 万元。2006 年，喀喇沁旗、林西县、克什克腾旗被确定为第二批赤峰市试点旗县，各级财政补助资金 2839 万元。2007 年，新型农村牧区合作医疗在赤峰市全面推开，财政补助标准每人每年 40 元，各级财政补助资金 1.19 亿元。2008 年，财政补助标准每人每年增加 40 元，达到 80 元。2010 年，由 80 元提高到 120 元，各级财政累计补助资金 8.85 亿元。2011 年，财政补助标准每人每年增加 80 元，由 120 元提高到 200 元，各级财政补助资金 6.33 亿元。2012—2014 年，财政补助标准每人每年增加 40 元，由 2011 年的 200 元提高到 2014 年的 320 元，各级财政累计补助资金 26.64 亿元。

城镇居民基本医疗保险。从 2007 年起，赤峰市开始实施城镇居民基本医疗保险制度，财政按照人均不低于 40 元的标准给予补助，国家补助 760 万元。2008 年，赤峰市全部实施城镇居民基本医疗保险制度，各级财政补助资金 1982 万元，实现城乡居民医疗保障体系全覆盖。2009—2010 年，财政补助标准每人每年增加 40 元，由 80 元提高到 120 元，各级财政累计补助资金 7443 万元。2011 年，财政补助标准每人每年增加 80 元，由 120 元提高到 200 元，各级财政补助资金 1.05 亿元。2012—2014 年，财政补助标准每人每年增加 40 元，各级财政累计补助资金 4.67 亿元。

下岗再就业和失业保险。1998 年，赤峰市建立国有企业下岗职工基本生活保障和再就业资金制度，国有企业下岗职工进入再就业服务中心领取基本生活费。再就业资金采取“三三制”的办法解决，即财政、企业、社会各负担三分之一。建立包括财政、劳动、税务、工商、监察等部门在内的 15 条筹资渠道，用于筹集再就业资金促进再就业，其中财政补贴下岗再就业资金 2781 万元。1999 年 1 月，国务院颁布《失业保险条例》，开始实行缴纳失业保险金。

2011年,根据赤峰市人力资源和社会保障局、财政局、地方税务局下发的《失业保险基金市级统筹缴拨有关问题的通知》,全市失业保险基金统一纳入市财政局失业保险基金财政专户,实行收支两条线管理。1999—2014年,共征缴失业保险基金11.25亿元,发放失业保险金4.68亿元。

工伤保险和生育保险。1994年始,赤峰市开展工伤保险。1996年12月,开展生育保险。2011—2012年,自治区财政补助1433万元,将国有企业的工伤人员、工亡职工供养亲属全部纳入工伤保险统筹管理。

1998年,工伤保险和生育保险纳入市财政专户,实行收支两条线管理。2006年底,市本级生育保险业务划归到市医保局管理。

2010年,根据自治区人力资源和社会保障厅、财政厅《关于印发内蒙古自治区生育保险试行办法的通知》,市本级财政预算安排165万元,为财政拨款的行政事业单位人员缴纳生育保险,解决行政事业单位女职工的生育保险待遇。

城乡社会救助　城乡居民最低生活保障。1997年,赤峰市建立城镇居民最低生活保障制度,红山区、松山区、元宝山区每人每月补助标准100元;其他9个旗县每人每月补助标准80元。2014年,每人每月补助标准442元。

2006年,赤峰市建立农村牧区最低生活保障制度,每人每年补助标准360元,2007年提高到每人每年438元。2014年,每人每年补助标准2861元,比2006年提高6.95倍。1997—2014年,累计支出低保资金24.68亿元。

城乡医疗救助。2004年,赤峰市农村牧区医疗救助工作启动,上级补助资金260万元。2005年,城市医疗救助工作启动,上级补助资金30万元,在红山区试点。2008—2014年,累计支出财政救助资金4.53亿元。

"五保"供养补助。2010年,农村牧区"五保"(保吃、保穿、保住、保医、保葬)供养人员分散和集中供养最低标准分别为每人每年1961元和2753元。2011年,分别达到每人每年2196元和3083元。2012年,分别达到每人每年2460元和4013元。2013年,分别提高到每人每年2755元和4495元。2014年,分别提高到每人每年3031元和4945元。

城镇"三无"人员生活补助。2011年,城镇"三无"(城市非农业户籍的无劳动能力、无生活来源、无法定赡养和扶养义务人)人员集中供养最低标准每人每月由340元提高到700元,分散供养标准每人每月不低于500元。2014年,分别提高到每人每月784元和560元。

高龄老人津贴补助。2011年起,赤峰市对80~99周岁老人每人每月发放100元高龄老人津贴,100周岁以上老人每人每月发放300元高龄老人津贴。至2014年,累计支出补助资金2.13亿元。

孤儿育养补助。1995年,孤儿育养补助标准每人每月125元。1998年,孤儿育养补助标准提高到每人每月340元。2010年,孤儿集中供养和分散供养最低标准分别提高到每人每月700元和500元。2011年,孤儿集中供养和分散供养最低标准分别提高到每人每月 1100 元和 900 元。2014 年,孤儿集中供养和分散供养最低标准分别提高到每人每月 1232 元和 1008 元。

优抚对象抚恤事业支出。"八五"期间,抚恤事业支出 4566 万元,占同期财政支出的 1.08%。从"九五"时期到"十一五"时期,抚恤事业支出由 8086 万元增加到 4.02 亿元,增长 3.96 倍。2011—2014 年,抚恤事业支出 6.05 亿元,占同期财政支出的 0.46%。抚恤事业支出持续增长,比"八五"时期增长 12.15 倍。

第二章 财政管理

第一节 财政预算管理

1991—1993 年,市财政局对财政预算任务层层承包,实行定额管理,对企业加强财务管理,开展挖潜补漏。财政总决算的编审,按照财政部《关于 1991 年财政决算编审工作的通知》要求,在继续做好清理收支、往来和结转工作基础上,重点抓好保平衡、保质量、保时间、压结转的"三保一压"工作,除基本建设、挖潜改造、科技三项费用、支援农村生产支出、城市建设维护费、抚恤和社会救济事业费等支出项目可结转下年度继续使用外,其余项目一律不得结转,对 1989 年以前的支出项目原则上不得结转。

1999—2001 年,努力建立公共财政基础框架,依据市政府印发的《赤峰市本级综合预算编制办法》,实行"核定收支,定额或者定向补助,超支不补,结余留用"的预算管理办法。做到预算内外资金结合,收支统一安排核定。

2002 年,赤峰市对所有执收单位的预算内外资金收支统一核定、统一编制、统一下达,编制财政综合预算。按照《事业单位财务规则》规定,对事业单位统一实行"核定收支,定额或定向补助,超支不补,结余留用"的预算管理办法。自 2002 年起,行政事业单位未经市编委批准的新增人员,财政部门一律不核拨经费。2003 年,根据自治区财政厅《关于印发 2003 年行政事业单位决算报表的通知》要求,市财政局组织市直属各行政事业单位、各旗县区财政局填报《2003 年行政事业单位决算报表》,强化决算编审各个环节的衔接,保证 2003 年决算编审工作的进度和质量。

2006 年,开展政府收支分类管理,根据财政部《关于政府收支分类改革后财政总预算会计预算外资金财政专户会计核算问题的通知》《关于政府收支分类改革后行政单位会计核算问题的通知》要求,按照新旧两套科目编制 2006 年度总决算,同时按照新科目转换 2005 年财政总决算。

2013 年,稳步推进预决算公开,市政府办公厅制定《赤峰市本级部门预决算、"三公"经费预决算公开方案》,确定 15 个市直部门开展部门预决算公开试点。统一采用本级公共财政预算收入统计、报告和公布本级财政收入,本级财政收入不包括上划中央、自治区税收,并做好财政收入历史数据的调整工作。

2014年,进一步完善政府收支分类体系,按经济分类编制部门预决算和政府预决算。加大"三公"经费公开力度,细化公开内容,除涉密信息外,所有财政资金安排的"三公"经费全部公开,市本级有189家预算单位公开预决算。市财政局制定《赤峰市预算绩效管理办法》,确定5个项目进行预算绩效评价试点工作。

第二节 预算外资金管理

预算外资金管理是指财政部门对各部门、各单位的预算外资金进行综合管理。1995年,成立赤峰市收费管理局,各旗县区相继成立预算外资金管理机构,加强对预算外资金的管理。1997年,赤峰市收费管理局改为赤峰市预算外资金管理局。2001年,撤销赤峰市预算外资金管理局,职能分别移交市、旗县区财政部门。2012年9月,市财政局成立非税收入管理科,加强对预算外资金的管理。

"八五"初期,全市预算外资金管理延续两权不分离的模式,即所有权和使用权归属部门和单位。1993—1994年,财政部先后印发《关于行政性收费、罚没收入实行预算管理的规定》《关于行政性收费纳入预算管理有关问题的通知》,提出行政性收费应按照执收单位的财务隶属关系和各项收费的不同情况,分批次逐步纳入同级财政预算管理。1995年7月,赤峰市收费管理局对市本级各项行政事业性收费实行统一征收管理。"八五"期间,全市行政事业性收费、罚没收入共2434万元,占同期财政收入的0.84%。

1996年,财政部印发《关于预算外资金管理实施办法》后,自治区政府印发《内蒙古自治区预算外资金管理办法》,进一步明确预算外资金必须全额缴入同级财政部门在当地人民银行设立的预算外资金专门账户,实行先收后支即"收支两条线"管理。用自治区财政厅统一印制或监制的票据。各级政府按预算外资金实际收入额的10%至30%,提取经济社会发展基金。同年,市政府办公室印发《赤峰市本级行政事业性收费管理办法》,规定行政事业性收费采取直接收费和委托收费两种办法收缴,对行政事业性收费,财政部门留三成,收费单位留七成。当年,全市共收取预算外资金1031万元。1997年,有96项预算外资金纳入预算内管理,共收取预算外资金8940.7万元,完成委托催缴预算内收费、基金及罚没收入2051万元。

1998年,全市公、检、法、工商部门严格执行罚款决定与罚款收缴相分离的规定,将征收的行政性收费和罚没收入按规定直接缴入国库,加强预算外资金专户存储、票据控制、重点稽查工作,进一步完善"征、管、查"三位一体的管理体系。"九五"期间,预算内收费、基金及罚没收入3.19亿元,比"八五"时期增长12.29倍。2002年,市政府印发《关于加强预算外资金管理实行财政综合预算的通知》,将公安、法院、环保、计划生育等执收部门的预算外收入纳入预算,各执罚单位的罚没收入全额缴入国库,取消收支挂钩。2003年,进一步完善"单位开票、银行代收、财政统管"管理体制。除企业化管理事业单位和原自收自支事业单位执行原管理方式外，其余行政和事业单位预算外资金纳入预算管理。2007年，预算外资金改为非税收入。2011年后，预算外资金管理全部纳入预算管理。2014年1月，市政府印发《赤峰市非税收入管理办法》，非税收入管理正式步入法制化、规范化、制度化轨道。至2014年末，全年非税收入达到22.26亿元，占当年地方财政收入的15.22%，比"八五"时期增长91.75倍。

第三节 国有资产管理

1993年，全市组织开展行政事业单位资产清查工作。2003年，市政府印发《赤峰市国有资产管理办法》，对行政事业单位国有资产、企业国有资产管理作出规定。2006年，财政部颁发《行政单位国有资产管理暂行办法》《事业单位国有资产管理暂行办法》，确立"国家统一所有、政府分级监管、单位占有使用"的行政事业单位资产管理体制。赤峰市积极组织开展行政事业单位资产清查工作。2008年2月，按自治区财政厅部署，开展行政事业单位产权登记工作。市本级单位206个，资产总额33亿元，其中登记固定资产20亿元。

2010年11月，市财政局下发《赤峰市本级行政事业单位国有资产收入管理办法》《赤峰市本级行政事业单位国有资产处置管理办法》《赤峰市本级行政事业单位国有资产使用管理办法》，按照政府非税收入管理规定，行政事业单位国有资产收入实行"收支两条线"管理。2011年5月，自治区政府印发《内蒙古自治区行政事业单位国有资产管理办法》，对行政事业单位国有资产管理职责、资产配置、资产使用、资产处置、资产清查等作出规定。2012年，建立全市行政事业单位国有资产管理信息系统。红山区、松山区、元宝山区和巴林左旗成立国有资产管理运营公司，推进国有资产的保值增值。2013年3月，市政府办公厅印发《关于开展市本级国有资产清查工作的通知》，组织开展市本级行政事业单位国有资产清查，全市251个行政事业单位资产总额93亿元，其中固定资产61亿元。2014年9月，按照自治区财政厅部署，本着"依法依规、明晰权属、数据准确"原则，在全市范围内开展行政事业单位国有资产产权登记与发证工作。

第四节 财务管理

一、工业企业财务管理

1991年，进一步完善企业承包经营责任制，重新核定承包经营上缴财政收入基数指标。市财政局会同企业主管部门和劳动部门对部分工商企业实行经济效益同职工工资挂钩；对实行承包的企业执行核定承包上缴基数和实现利润基数、超基数比例分成的办法；对不实行承包的物资企业进行目标化管理。全市共清理回收财政支工周转金

900万元,发放支工周转金700万元。1995年,市财政局下发《赤峰市支工周转金管理办法》《赤峰市支工周转金会计核算办法》,统一会计核算内容,规范财政支工周转金管理。2001—2002年,参与赤峰羊绒衫厂、赤峰汽车配件厂、赤峰钻机厂破产清算工作,参与赤峰天使集团转制工作。核销市对外经济贸易合作有限责任公司不良资产;核销25家企业财政支工周转金借款;经市政府批准,批复赤峰丹龙中药制药有限责任公司国有股权转让。2003年,批复赤峰市城市基础设施投资开发有限公司国有资产(股权)划转。

2005—2007年,根据财政部《关于国有大中型企业主辅分离辅业改制分流安置富余人员有关财务问题的通知》精神,对元宝山发电厂所属赤峰市实验中学资产、人员、经费等指标进行核实测算,规范国有大中型企业主辅分离辅业改制分流过程中的财务行为,加强改制企业财务管理。为规范和完善中小企业资金管理,市财政局认真贯彻财政部修订后的《企业财务通则》,做好新旧财务制度转换,制定《赤峰市企业财税信息快报评比办法》,从信息快报的报送时间、质量、分析材料等方面制定具体评比标准。

2008—2010年,为规范外贸专项资金管理,市财政局转发《内蒙古自治区保持外贸稳定增长资金管理办法》《内蒙古自治区中小外贸企业融资担保专项资金管理实施细则》,对保持外贸稳定增长资金、中小外贸企业融资担保专项资金管理和使用提出具体要求;为加强财政工交项目资金管理,提高项目前期工作质量和效率,市财政局下发《赤峰市财政工交项目库建设与管理办法》《赤峰市工业交通和支持外经贸发展财政资金项目申报遴选办法》,实行项目遴选和评审制度;下发《赤峰市本级中小企业发展专项资金管理办法》,明确资金支持的范围和方式及项目申报、审核及监督检查等方面要求。

2011年,市财政局转发财政部《淘汰落后产能中央财政奖励资金管理办法》《内蒙古自治区淘汰落后产能财政奖励资金实施细则》《节能技术改造财政奖励资金管理办法》,对淘汰落后产能财政奖励资金、节能技术改造财政奖励资金的管理和使用提出具体要求。2012年,市财政局转发《内蒙古自治区中小企业发展专项资金管理实施办法》。为严格规范国有企业负责人职务消费行为,市财政局会同相关部门下发《国有企业负责人职务消费行为监督管理办法》。

1991—2014年,为支持各类企业发展,赤峰市先后共筹集资金20.02亿元。其中支持中小企业发展专项资金9.28亿元;用于企业节能技术改造、淘汰落后产能、循环经济发展、清洁生产等资金2.83亿元;为元宝山矿、五家矿、大井银铜矿企业转制及政策性破产移交地方补贴资金2.5亿元;拨付平庄煤业(集团)有限责任公司亏损补贴5502万元;拨付国有企业职教、幼教退休教师待遇、养老金补差和破产职工伤残津贴补助资金1.38亿元;拨付企业电价补贴资金6566万元;拨付富龙公用(集团)有限责任公司液化气销售差价、供热价格差价和赤茅公路运营补贴1.92亿元;拨付市公共交通总公司亏损补贴及发展资金9031万元。

二、农牧业财务管理

1991年,为进一步管好用好支农资金,最大限度发挥支农资金使用效益,市财政局下发《赤峰市农业发展资金管理办法》，全市筹集农业发展基金 2698 万元。全年用于粮食、畜牧业、扶贫三方面资金达到 5970 万元，占当年支农资金的 80%以上。完善支农周转金管理，发放支农周转金 1.06 亿元。

1992 年，根据全市财政资金严重短缺的状况，全市实行农财工作目标管理责任制，对各旗县区实行与农财交通工具、奖金、业务费、支农资金“四挂钩”奖惩办法。年末，支农资金支出完成预算 93%，支农周转金回收率 91%，农口企业减亏增盈率 30%。支农周转金工作基本走向正轨，支农周转金达到 1.5 亿元，超过预算内支农资金总额。

1993—1995 年，对支农资金投放进行调整，实行“保重点，压一般，专项推进抓关键”的投资政策。市财政局开设农业发展资金专户，实行单独拨款、单独核算，市、旗县区建立农业发展专项资金存款专户，明确资金使用范围；推行支农资金目标化管理，大力支持科技下乡和农牧业实用技术的推广。

2000—2002 年，为保证资金使用合理合法、专款专用，旗县区财政局在专业银行设立财政支农资金专户，实行专人、专户、专账管理，封闭运行。依据财政部《财政扶贫资金报账制管理办法》，建立财政审核报账制度。

2003—2006 年，根据财政部印发的《关于切实做好支农资金整合工作的通知》《关于进一步推进支农资金整合工作的指导意见》，将支农资金整合为农业支出、林业支出、水利及气象支出三类支出，喀喇沁旗被列为全国首批 26 个财政部支农资金整合试点地区。共整合各类资金 1.38 亿元。其中各级财政专项资金 1290 万元，整合政府部门专项资金 1104 万元，银行贷款 526 万元，企业、项目单位、群众自筹资金 1.09 亿元。

2008 年始，中央财政设立现代农业生产发展专项资金，市财政局积极向上级财政申请资金支持，共获得农牧业补贴政策资金、农牧业产业化资金、现代农牧业生产发展资金、扶贫资金、农口各部门的专项资金等 13.52 亿元。

2010—2013 年，围绕“稳粮保供给，增收惠民生，改革促统筹，强基增后劲”的中心任务，继续增加支农投入，落实和完善农牧业补贴制度和牧民增收政策，大力支持现代农牧业建设。市政府印发《赤峰市高效节水灌溉工程专项资金管理办法》，要求整合财政、林业、水利、国土、扶贫等部门的农田水利建设资金，用于高效节水灌溉工程。根据自治区全面落实国家草原生态保护补助奖励机制，赤峰市实施禁牧补助、草畜平衡奖励、牧民生产资料综合补贴和牧草良种补贴等政策措施，主要覆盖阿鲁科尔沁旗、巴林左旗、巴林右旗、克什克腾旗、翁牛特旗、林西县、敖汉旗 7 个旗县，63 个乡镇苏木，865 个村嘎查，涉及农牧民 31.8 万户、120 万人，补贴资金达 4.31 亿元。补贴资金通过“一卡通”直接发放到户。

2013 年后，按照《内蒙古自治区金融扶贫富民工程实施方案》《内蒙古自治区贷款贴息资金管理暂行办法》《内蒙古自治区扶贫开发办公室与中国农业银行股份有限公司内蒙古分行战略合作框架协议》，全市有 8 个国家级、2 个自治区级贫困旗县与农行合作实施金融扶贫富民工程，利用 5 年时间，每年投入财政扶贫资金 1 亿元，与金融机构合作,通过资金担保扩大10倍、形成10亿元贷款规模,支持农牧民发展扶贫主导产业。至2014年,进一步完善各项资金管理办法,市财政局下发《赤峰市财政关于加强支农专项资金分配管理的通知》,切实加强涉农补贴资金管理。

1991—2007年,为确保农牧业生产稳定发展,赤峰市支农资金累计投入总量76.66亿元。2008—2014年,中央财政设立现代农业生产发展专项资金后,国家、自治区对农业的投入逐年加大,赤峰市通过争取国家、自治区资金支持和各级财政部门的加大投入,累计支农投入总量333.16亿元。

三、机关事业单位财务管理

20世纪90年代初,赤峰市机关事业单位行政政法经费管理基本按照编制或实有人员实行定员定额的管理办法。1997年后,按照"优先供给、保证运转、厉行节约"的原则,进一步强化定员定额管理。至2014年,财政部门安排人员经费根据编制、工资水平,按人核定工资、离退休费和各类津贴补贴,公用经费分别按定额和项目安排预算。

会议费管理 1991年,按照《内蒙古自治区财政厅关于印发〈内蒙古自治区直属机关会议费管理办法〉的通知》,规定会议费每人每天综合定额标准为:一类会议50元,二类会议40元,三类会议30元;有工资收入的人员参会需自交伙食费,标准为每人每天不得低于1元。1992年,赤峰市委办公室印发《赤峰市直属机关会议费管理办法》,将会议费每人每天按照三种类别实行综合定额包干:一类会议35元,二类会议30元,三类会议25元。1995—2014年,每人每天的会议费定额包干标准根据物价等因素逐步调高,一类会议由80元调整为400元,二类会议由70元调整为330元,三类会议由45元调整为260元。

差旅费管理 1991年,差旅费按照《赤峰市财政局转发〈内蒙古自治区关于国家机关事业单位工作人员差旅费开支规定〉的通知》规定执行。1992—1997年,市财政局下发《赤峰市国家机关、事业单位工作人员差旅费开支规定》《赤峰市本级国家机关和事业单位差旅费管理办法》,对出差人员住宿费、市内交通费、伙食补助费实行分项计算、总额包干的办法。分级别、分地区、分情况对行政事业单位工作人员差旅费标准作出明确规定,适当提高行政事业单位工作人员差旅费报销标准。

2014年,市财政局下发《市本级党政机关和事业单位差旅费管理办法》,就出差审批管理、差旅费开支标准、财务报销和监督问责等内容作出进一步规定。再次适当提高差旅费开支标准,根据各地物价水平不同,明确出差不同省份相对应的住宿和伙食补助标准,同时对市内出差的住宿、伙食补助和交通费补助标准也相应进行调整。

职工培训和挂职干部补助 1991年,依据赤峰市人事局、赤峰市财政局、赤峰市委组织部转发《〈关于修改行政、事业单位干部培训伙食补助费标准〉的通知》,规定到单位所在地以外参加旗县以上单位举办的岗位培训班及各类短期培训班学习的行政事业单位干部,学习时间在一个月以内按出差伙食补助费标准回单位报销。学习时间在一个月以上,由工作单位每人每天按照以下标准发给伙食补助费:到自治区外学习2.5

元，自治区内其他盟市2元，旗县所在地1.5元。凡经批准在单位所在地参加各级各类岗位培训班、短期培训班学习期间需在学习班就餐的，其伙食补助费一律按上述标准减半发给。考入高等院校或中等专业学校学历班（含干部专修科）和专业证书班的干部，学习期间一律不发给伙食补助费。企业干部参加岗位培训和各类短训，伙食补助费标准可参照上述规定执行。

2011年始，明确规定职工干部到外地学习、挂职时间在一个月以上，每人每天分别按自治区外30元、自治区其他盟市25元、旗县区及乡镇苏木20元标准发给伙食补助费。2014年，上述标准分别提高至80元、60元和40元。

接待费管理 1998年始，按照自治区财政厅印发的《内蒙古自治区国家机关、事业单位接待费开支的规定》，工作餐标准分别为：司局级干部每人每天50元，其他干部每人每天30元；住宿费标准为：司局级干部每人每天200元，其他干部每人每天80元。同年，依据财政部《行政事业单位业务招待费列支管理规定》，行政事业单位的业务招待费不得超过当年单位预算中"公务费"的2%执行。2014年，继续执行上述规定。

四、金融财务管理

2006年，为做好试点地区农村信用社保值储蓄补贴工作，由财政部审定全市除红山区外的11个旗县区1994—1997年亏损农村信用社保值储蓄财政贴息数额1410万元（全市2006—2008年每年拨付470万元）。全市拨付重点家禽养殖加工企业流动资金贷款中央财政贴息资金915万元。为落实国家下岗失业人员再就业政策，全市拨付小额担保贷款财政贴息资金185万元，安排补充小额贷款担保基金50万元。

2007年，全市拨付重点家禽养殖加工企业流动资金贷款中央、自治区财政贴息资金2309.4万元。全市拨付小额担保贷款财政贴息资金207万元，安排补充小额贷款担保基金144万元。同年，自治区被国家纳入全国政策性农业保险试点地区。作为自治区试点，当年全市拨付政策性农业保险保费财政补贴资金383万元。

2008年，自治区全面开展政策性农业保险工作。2008—2010年，全市累计拨付政策性农业保险保费财政补贴资金4.57亿元。拨付小额担保贷款财政贴息资金2665万元，安排补充小额贷款担保基金1325万元。全市金融机构涉农贷款增量奖励拨付2015万元。完成赤峰市地方政府融资平台公司清理核查工作，全市保留融资平台公司16个，其中市本级3个、旗县区13个。

2011年，自治区为全面推动农村牧区支付环境建设，开始为期3年的在偏远农村牧区推广金融机具购置布放财政补贴工作。至2013年，全市共拨付金融机具购置布放财政补贴资金507.5万元。2011—2013年，全市拨付政策性农业保险保费财政补贴资金6.75亿元。拨付小额担保贷款财政贴息资金1.17亿元，安排补充小额贷款担保基金2051万元，金融机构涉农贷款增量奖励拨付4386万元。2013年，全市开展政策性森林保险工作。2013—2014年，全市拨付政策性森林保险保费财政补贴8725万元。2014年，拨付政策性农业保险保费财政补贴资金3.45亿元，拨付小额担保贷款财政贴息资金

5022万元,安排补充小额贷款担保基金100万元。

五、投资评审工作

2004年4月,市财政局下发《赤峰市财政投资评审管理暂行规定》《关于加强财政投资评审工作的通知》,规定市本级财政投资评审范围包括政府投资的建设项目和维修项目,局内科室年度安排的财政性基本建设投资项目、维修项目,统一由市财政局投资评审中心进行评审。2010年5月,根据市政府的部署,市财政局投资评审中心对中心城区河道治理项目进行结算评审,送审金额5.17亿元,审定金额2.42亿元,审减金额2.75亿元,审减率53.19%。2012年,市财政投资评审中心成立后,至年末,累计评审项目432个,送审金额10.21亿元,审定金额6.51亿元,审减金额3.7亿元,审减率为36.24%。2013年4月,市政府办公厅印发《市本级财政投资评审管理办法》《关于进一步加强市本级政府性投资项目财政投资管理的通知》,规定凡是使用财政性资金的新建、改建、扩建的基本建设项目和其他支出项目,要按规定由市财政投资评审中心进行评审。评审范围从单一的工程结算评审扩大到工程概算评审、工程招标控制价评审、工程结算评审、工程进度款评审、重大项目全程跟踪评审、预算指标评审、政府采购项目评审等多个领域。2013—2014年,市财政投资评审中心对友谊大桥建设工程、赤峰市体育中心建设项目、102人防工程等一批市本级重点建设项目实施全程跟踪评审,重大项目全程跟踪评审机制正式确立。先后评审项目433个,送审金额41.18亿元,审定金额31.63亿元,审减金额9.55亿元,审减率为23.19%。

第五节　会计事务管理

一、会计人员管理

1991年,市财政局会计科负责全市会计事务管理。1996年,市财政局设会计事务管理科。2014年,改设会计科,各旗县区财政局设会计股,全市共有会计管理人员26人。

从1991年始,按照自治区财政厅印发的《会计管理试行办法》,确定会计人员必须持证上岗,当年经培训发放会计证1.36万人。2001年,根据自治区财政厅印发的《内蒙古自治区会计从业资格管理实施办法》实行考试准入制度,证书改称会计从业资格证书,考试科目为财经法规与会计职业道德、会计基础、初级会计电算化或珠算。2011年,全部实行无纸化考试。至2014年底,全市28225人通过从业资格统一考试,取得会计从业资格证书。1998—2014年,依据财政部印发的《会计人员继续教育暂行规定》,全市90%持证人员完成年度继续教育,其中有1.67万人通过内蒙古会计网学习,占总人数的59%。

1991年,全国对会计专业技术资格采用评审制度。1992年3月,财政部、人事部联合印发《会计专业技术资格考试暂行规定》,规定会计专业技术资格实行全国统一考试,不再进行相应的会计专业技术资格评审工作。1993年6月,会计专业技术资格考试工作由市人事部门移交市财政部门管理。1992—2014 年，赤峰市共有 4883 人参加全国会计专业技术资格考试，其中会计员 54 人，助理会计师 1336 人，会计师 3493 人；有 2660 人获得会计专业技术资格，其中会计员 22 人，助理会计师 1044 人，会计师 1594 人。2002—2014 年，经自治区考评有 236 人获得副高级会计师专业技术资格，有 1 人获得正高级会计师专业技术资格。根据 2006 年财政部《关于印发〈颁发会计人员荣誉证书试行规定〉的通知》，自治区明确会计人员从 1988 年开始工作满 25 年可获得荣誉证书，每 2 年办理一次，并给予一次性奖励。1988—2014 年，经自治区财政厅审核批准，全市共有 3000 多人获得会计人员荣誉证书。

1999 年，自治区财政厅印发《内蒙古自治区会计人员委派制试点工作指导意见》。2001 年，赤峰市实施会计委派制试点工作，有 79 个单位纳入试点集中核算。2002 年，增加至 199 个，核算人员 66 人，向 8 家小型企业派出会计主管 8 人。2004 年 9 月，实行国库收付集中管理，取消会计委派制管理制度。至 2013 年底,市直属行政事业单位、各旗县区和全市 132 个乡镇苏木全部实施“零户统管”，进行集中核算。

二、会计师行业管理

1990 年年初，全市陆续成立隶属于财政部门的会计师事务所和隶属于审计部门的审计事务所，为自收自支事业单位。1999 年，根据财政部《会计师(审计)事务所脱钩改制实施意见》的要求，会计师事务所和审计事务所与主管部门脱钩，取消事业编制，成立以自然人出资的社会中介机构，统一称为会计师事务所，由财政部门主管。1991 年，注册会计师实行全国统一考试制度。至 2014 年底，全市共举办 23 次考试，累计获得注册会计师资格 195 人。2005 年后，会计师事务所逐步发展。2005—2014 年，全市会计师事务所由 19个增至 29 个，执业注册会计师由 130 人增至 178 人。会计师事务所遍及全市 12 个旗县区。

2005—2014 年赤峰市会计师事务所情况统计表

表 10-1-6

年 份	事务所数量(个)	从业人员(人)
2005	19	130
2006	23	150
2007	23	157
2008	23	147
2009	27	166
2010	28	163
2011	29	175
2012	29	168
2013	29	183
2014	29	178

第六节 机 构

一、市级财政机构

1991年,赤峰市财政局内设机构9个。同年9月,成立赤峰市国有资产管理局,为隶属于市财政局的准处级行政机构。

1995年11月,成立赤峰市收费管理局,为隶属于市财政局的正处级事业单位。

1996年1月,市政府重新核定市财政局职能机构配置,市财政局内设机构11个,分别为办公室、人事教育科(挂党委办公室的牌子)、预算科、行政事业财务管理科、工业交通财务科、商贸企业财务科、对外经济财务科、农牧业财务科、会计事务管理科、财政监督科(挂市财务、税收、物价大检查办公室的牌子)、综合科(挂市控制社会集团购买力办公室的牌子)。

1997年4月,市财政局核定事业单位8个,分别为赤峰财经学校、赤峰市收费管理局、赤峰市财政科学研究所、赤峰市国债管理委员会办公室、赤峰会计师事务所、赤峰市国债服务中心、赤峰市财政干部教育中心、赤峰市财政局机关事务服务中心。8月,赤峰市收费管理局更名为赤峰市预算外资金管理局,机构规格与单位性质不变。1999年,赤峰会计师事务所改制,与市财政局脱钩。市国债管理委员会办公室改称市政府采购办公室,为市财政局直属科级事业单位。2001年,撤销赤峰市预算外资金管理局。成立市直离休干部公费医疗管理办公室,为市财政局直属科级事业单位。2002年,市政府采购办公室改称市政府采购中心,为市财政局直属科级事业单位。

2002年5月,赤峰市农业综合开发领导小组办公室由赤峰市农牧业办公室划归市财政局,为正处级行政机构。同年,撤销赤峰市国有资产管理局。

2003年,成立赤峰市财政局收费管理中心、赤峰市财政局投资评审中心,为市财政局直属科级事业单位。成立市农业综合开发评审中心,为赤峰市农业综合开发领导小组办公室直属科级事业单位。2004年,撤销赤峰市财政局收费管理中心。成立赤峰市财政局国库收付中心、赤峰市财政局驻北京联络处。市政府采购中心与财政部门脱钩,划归市政府办公厅管理。

2005年9月,赤峰财经学校与赤峰纺织工业学校合并,不再隶属市财政局。2008年12月,成立赤峰市农村牧区综合改革领导小组办公室。2009年5月,市畜牧业现代化建设服务中心划归市财政局管理,为市财政局直属科级事业单位。2012年,市财政局投资评审中心改称赤峰市财政投资评审中心;市财政局国库收付中心改称市财政局国库支付中心。2014年,赤峰市财政局国库支付中心改称赤峰市国库支付中心,为市财政局直属科级事业单位。撤销赤峰市财政局驻北京联络处和赤峰市财政局机关事务服务中心。赤峰市农业综合开发领导小组办公室改为市财政局内设科级行政机构。

至2014年末，赤峰市财政局内设机构24个，分别为办公室、人事教育及老干部管理科（党办、监察室）、综合科、条法税政科、预算科（市财政局预算编审办公室）、国库科、行政政法科、教科文科、经济建设科、经济贸易科、农牧业科、社会保障科、工业交通科、金融外事科、会计科、行政事业单位资产管理科（市财政局清产核资办公室）、非税收入管理科、政府采购管理科、信息管理科、监督检查科、计划财务科、农业项目管理科、基层财政管理科、公共投资科。直属事业单位11个，分别为市国库支付中心、市非税收入管理中心、市直离休干部公费医疗管理办公室、市农村牧区综合改革领导小组办公室、市财政预算编审中心（加挂市财政科学研究中心牌子）、市财政监督检查中心、市道路交通事故社会救助基金管理中心、市财政信息中心、市财政投资评审中心、市农业综合开发评审中心、市畜牧业现代化建设服务中心。赤峰市财政局有工作人员182人，其中行政工作人员72人，事业单位工作人员110人。

二、旗县区财政机构

管理机构　1991年，赤峰市设有12个旗县区财政局，工作人员398人。2014年，12个旗县区财政局设置未变，工作人员1406人，其中行政工作人员508人，事业单位工作人员898人。

基层财政所　20世纪90年代，全市有乡镇苏木财政所236个。1995年后，市城区街道办事处相继建立财政所。至2014年，全市132个乡镇苏木、21个街道办事处全部建立财政所（室），同时加挂财务核算和公共服务中心牌子。乡镇苏木财政所有工作人员778人。

第三章　财政监督

第一节　财务检查

1991年，市财政局设立财政监督监察科，负责全市财政监督检查工作。各旗县区相继设立监察股。1996年，市财政局改设财政监督科。2014年，财政监督科改为监督检查科，成立市财政监督检查中心。全市12个旗县区均成立专职财政监督机构，财政监察专职人员达到37人。

1991年，开展罚没收入专项监察和乡财政监察，查出截留、欠缴罚没收入64.8万元，全部清缴入库。1991—1994年，开展农业“五税”及部分支农资金、乡级财政与税收、财务、物价大检查，累计查出违纪资金6028.58万元，入库4651万元。1995—1996年，全面开展预算外资金清查工作，查出违规收取260万元、违规支用500万元、应缴未缴财政专户7085万元、应缴未缴预算资金347万元、预算内转预算外12万元、“小金库”发生额43万元、不使用规定票据收费214万元，均按规定予以处理。对196个单位1993—

1994年教育费附加征管使用情况进行检查,检查资金2101万元,查出改变专款用途等违纪金额29.1万元,均按原渠道予以归还;查出违纪金额891万元,收缴财政58万元。1999—2005年,全市先后开展财务收支、国债资金使用、偷税漏税和越权减免税、会计信息质量、农村税费改革转移支付资金、非税收入征管质量等检查,累计查出违纪金额1.26亿元。其中财务收支违纪金额672万元,偷税漏税和越权减免税违纪金额2325万元,国债资金使用违纪金额380万元,会计信息质量违纪金额6974万元,农村税费改革转移支付资金违纪金额377万元,非税收入征管质量违纪金额1873万元,均按有关规定进行了严肃处理。2009—2011年,重点开展党政机关、事业单位"小金库"专项治理工作,全市清理清查出"小金库"63个,涉及金额819万元。开展预算单位财务收支监督检查,查出违纪问题单位100个,违纪资金7100万元,收缴入库资金1750万元。开展会计信息质量检查,先后检查单位127个,查出违规资金1336万元;纠正处理886万元,查补财政收入336.5万元,罚款23万元。配合自治区财政厅监督检查局检查23个会计师事务所执业质量情况,发现违规违纪问题资金2142万元,处理处罚单位12个,收缴财政资金29万元,补缴税款61万元,罚款1万元。建立财政监督检查员聘任制度,对旗县区财政监督工作加强指导。2012—2014年,财政监督工作逐步规范化、制度化。市财政局下发《赤峰市财政检查工作规则》,重点开展残疾人就业保障基金、住房公积金归集管理使用、土地出让金收缴专项检查,查出违规违纪资金1094万元,并进行严肃处理;开展对医药生产、流通企业、基层医疗机构和公共交通行业会计监督检查,查出各类违规问题金额6692万元,纠正违规金额1264.5万元;开展2013年度"医疗保险基金"和工会系统帮扶困难职工专项资金检查,针对资金会计核算、资金管理、困难职工档案管理方面存在的问题,向有关单位下达《监督检查建议书》。

第二节　控制社会集团购买力

1991年,赤峰市控制社会集团购买力办公室(简称市控购办)根据国务院《关于从严控制社会集团购买力的决定》精神,要求各单位购买国家规定的33种专项控制商品,由各业务主管部门审核同意后报市控购办审批。按照自治区控购办《关于进一步加强控购管理制止社会集团非生产消费膨胀的紧急通知》精神,市控购办决定对1991年下半年各单位购买非生产性高档专控商品一律不予审批,主要包括小汽车、沙发、地毯、沙发床、空调、录音机等。1994年,市控购办继续贯彻"宏观管住、微观搞活"的方针,正确处理"控制"和"促进"关系。严格控制各级党政机关和事业单位购买小汽车,特别是购买高档进口小汽车。对贫困旗县、赤字旗县及拖欠职工工资地区、亏损企业、经济效益下降企业、欠缴利税及贷款企业、集资企业申请购置小汽车,从严审批或不予审批。

1998—1999年,认真落实中共中央、国务院《关于党政机关厉行节约、制止奢侈浪费行为的若干规定》,严格控制专控商品审批,努力压缩专控商品支出,两年专控商品累计支出总额 6867 万元，比同期减少 1018 万元，下降 13%。2000—2002 年，根据自治区财政厅部署，重点对车辆、移动电话、现代化办公用品等大类商品购置严格把关，遏制社会集团消费过快增长。2002 年 5 月，随着全市机构改革实施，全市控购审批工作停止。

第四章　财政改革

第一节　财政体制改革

1983—1984 年，赤峰市实行“划分收支，定额包干，收入增长分成，一定五年”的财政体制，增长分成比例为上缴自治区 30%，赤峰市留 70%。从 1985 年起，自治区对赤峰市实行“核定收支，定额补助，超收留用，自求平衡，一定五年”的体制，即收入全部留本市，自治区的定额补助，实行每年递增 10%的办法，市对旗县也按照此规定执行。

1994 年，根据自治区政府印发的《关于实施分税制深化财政管理体制改革有关问题的决定》，赤峰市进行首次财政体制改革，即根据事权与财权相结合的原则，按税制改革后的税种设置，划分市和旗县区级财政收入。具体办法是按照企业隶属关系，将财政收入划分为市级财政固定收入、旗县区财政固定收入和共享收入。市级财政固定收入包括在红山区、元宝山区、松山区境内的中直和自治区直属企业、市直属企业缴纳的增值税 25%部分、营业税、城市维护建设税和教育费附加、城镇土地使用税、固定资产投资方向调节税、资源税、房产税、印花税以及上述单位兴办各类经济实体缴纳的税费，市直属企业缴纳的所得税和利润、个人所得税、契税、筵席税、土地增值税、国有土地有偿使用收入、专项收入和其他收入等。旗县区财政固定收入包括在旗县境内的中直和自治区直属企业缴纳的增值税的 25%，旗县区隶属企业范围内的企业营业税、资源税、企业所得税、上缴利润、个人所得税、城镇土地使用税、固定资产投资方向调节税、城市维护建设税（不含三个区）、房产税、车船税、印花税、农牧业税、农林牧产税、耕地占用税、契税、筵席税、土地增值税、国有土地有偿使用收入、专项收入、其他收入等。共享收入有资源税，以 1993 年为基数，对增量部分自治区与盟市各分享 50%，市级对旗县的资源税不再参与分成，但市属以上的企业实现的资源税作为市级固定收入；市集中投资兴建的重点项目建成投产后实现的增值税 25%和营业税，市与旗县区作为共享收入；外省市与市、旗县区共同联办企业的增值税 25%和营业税，市与旗县区作为共享收入。

1995 年起，随着自治区对财政包干体制进行调整，赤峰市进行第二次财政体制改革，改革的核心是适当调整财政包干体制，以解决旗县财政困难。具体办法是对于所需财力高于可用财力的旗县，其缺口由自治区、市和旗县共同解决，具体比例为自治区补助 60%，市级匹配 12%，旗县通过增收节支消化 28%；实行财政收入增长分成，短收不补;上划中央“两税”的增量,自治区返还的15%,其中留市5%、返还旗县区10%;进一步确定地方财政收入的增长分成比例,其中对红山区、元宝山区、松山区、阿鲁科尔沁旗财政收入增长部分实行三七分成,对巴林右旗、宁城县财政收入增长部分实行二八分成,对巴林左旗、林西县、喀喇沁旗财政收入增长部分实行一九分成,对克什克腾旗、翁牛特旗、敖汉旗财政收入增长部分自1995年起至1997年三年内市不参与分成,自1998年起实行一九分成。市所得的财政收入增长分成部分,主要用于市本级的宏观调控和奖励在摆脱财政困境方面成效显著地区。

2000年,赤峰市进行第三次分税制财政体制改革,改革的核心是适当调整对市与旗县区共享税范围。即不再按区域隶属关系确定收入级次,将与经济发展相关度高、增长稳定的税种作为市与旗县区共享收入,将税源分散、适宜旗县区征管的税种作为旗县区固定收入;市与旗县区共享收入有增值税留地方的25%、营业税、企业所得税、企业所得税退税和个人所得税。旗县区固定税种包括资源税、投资方向调节税、城市维护建设税(不含三个区)、房产税、印花税、城镇土地使用税、土地增值税、车船税、屠宰税、筵席税和农牧业“五税”,国有企业经营收益、企业亏损退税、行政事业性收费和罚没收入、专项收入(不含三个区境内的教育费附加收入)、基金收入按行政隶属关系划分,三个区境内的城市维护建设税先由市集中收取,然后按一定比例返还,三个区境内的教育费附加按1998年各区实际入库的增值税、营业税、消费税占属地实现的增值税、营业税、消费税的比例分别入库。

2002年,赤峰市按照《内蒙古自治区人民政府转发国务院关于印发所得税收入分享改革方案的通知》,开始实施所得税分享政策,实行中央和地方按比例分享,企业、个人所得税分享比例为中央50%、地方50%。2003年,企业、个人所得税分享比例为中央60%、地方40%。

2004年,赤峰市进行第四次财政体制改革。赤峰市财政局下发《关于调整市与旗县区各项税范围的通知》,对市和旗县区共享税范围进行适当调整,主要是扩大共享税范围,包括除农业税、农业特产税、牧业税以外的所有税种。国有资产经营收益、行政事业性收费、罚没收入、专项收入、基金等非税收入按现行体制划分;共享税收入按照同一比例分成,改变三个区城市维护建设税先入市本级库,然后再返还的做法,分享比例按照2002年收入返还数确定;共享税税款上解入库按赤峰市政府《关于印发分税制财政体制改革实施方案的通知》执行,即市政府在红山区和元宝山区境内的共享税按共享比例缴入市级金库,在松山区、旗县境内的共享税缴入旗县区金库,年终通过财政结算上解市财政;新城区规划范围内的税收和其他非税收入属市本级财政收入,缴入市本级金库;以后新开征的税种,市与旗县按比例共享。由于国家取消筵席税和屠宰税,以后年度清理的筵席税和屠宰税欠税收入属旗县区收入。

2006年后,自治区政府继续进行财政体制调整,进一步规范共享税收入分享比例。2006年,根据自治区政府《关于进一步完善自治区与盟市财政体制的通知》精神,自治区财政重新明确自治区本级固定收入、自治区与盟市共享收入和盟市固定收入。以此为契机，为增强市政府宏观调控能力，缓解困难旗县财政状况，市政府办公厅印发《赤峰市财政体制调整方案的通知》，进一步调整完善市、旗县区财政管理体制。此次调整后，市财政与红山区、元宝山区的分享比例分别提高到60%，其他旗县区的分享比例统一提高到20%。三个区境内的城市维护建设税和教育费附加不纳入此次调整体制之内，市内分享比例继续执行原规定。新城区税收仍属于市本级固定收入。

2012年，自治区与盟市共享税收入比例再次进行调整，营业税自治区级10%，盟市级90%；企业所得税、个人所得税中央级60%不变，其余40%部分自治区级10%、盟市级30%；资源税自治区级65%，盟市级35%。

2013年8月1日起，按照自治区《关于营业税改增值税试点有关预算管理问题的通知》精神，在全区范围开展交通运输业和部分现代服务业营业税改增值税试点，试点期间收入归属保持不变，改征增值税后，自治区与赤峰市按照现行财政体制规定的10∶90的比例分享。

2014年8月，自治区印发《关于严格执行自治区财政体制政策规定进一步规范收入管理的通知》，对自治区与盟市（含旗县）共享税收入按照规定分享比例进行适当调整，同时对共享非税收入作出明确规定。

共享税收入中增值税的25%按自治区、盟市30∶70比例分享，营业税按照自治区、盟市10∶90比例分享，企业所得税和个人所得税的40%按照自治区、盟市25∶75比例分享，资源税按自治区、盟市65∶35比例分享。

共享非税收入中探矿权、采矿权价款收入按中央、自治区、盟市20∶40∶40比例分享；矿产资源补偿费收入按中央、自治区、盟市、旗县40∶15∶15∶30比例分享；排污费按中央、地方10∶90比例分享；防空地下室易地建设费按自治区、盟市10∶90比例分享；水资源费按中央、地方10∶90比例分享；煤炭价格调节基金按自治区、盟市70∶30比例分享；地方教育费附加按自治区、盟市70∶30比例分享；新增建设用地有偿使用费按中央、自治区70∶30比例分享；新型墙体材料专项基金收入按自治区、盟市20∶80比例分享；育林基金收入按自治区、盟市、旗县10∶10∶80比例分享；彩票公益金收入按中央、自治区50∶50比例分享。其他为盟市固定收入。

第二节 财政管理改革

一、部门预算改革

1995年，《中华人民共和国预算法》颁布实施。1997年，市财政局结合预算外资金管理开始推进“零基预算”。即打破原有支出基数，重新核定单位人员编制，根据需要与可能测算单位经费定额，规范财政供养范围，建立与全市经济发展水平相适应的财政支出标准。

2002年,根据市委、市政府《关于改革预算管理制度推进依法科学理财的决定》,按照早编预算、细编预算、实行部门预算、全面推进"零基预算"、建立综合财政预算的要求,市政府印发《赤峰市本级财政综合预算实施暂行办法》,编制财政综合预算。财政综合预算包括收入预算和支出预算两部分。预算内收入预算由财政部门根据全市经济发展规模和水平测算编制;预算外收入预算根据各单位前三年实际收入的平均数和政策变化情况测算编制,并对预算外资金实行收支脱钩管理。

2007—2008年,按照部门预算的编制原则,测算确定各单位的财政综合定额,预算内外支出统一核定、统一下达,继续深化部门预算改革,完善财政支出定额和人员基础信息库。根据自治区财政厅《关于改革苏木乡镇财政管理方式实行"乡财县管"的实施意见》,在资金所有权、使用权和财务审批权不变的前提下,开展乡镇苏木财政体制管理改革。2010年,按照财政部《关于将按预算外资金管理的收入纳入预算管理的通知》,将除教育收费外的所有非税收入全部纳入预算管理,增强财政预算的完整性。2012年后,进一步深化预算改革,逐步提高预算编制科学化、精细化管理水平,至2014年,市本级实行以部门预算为主导的复式预算管理模式,制定规范的政府预算编制"二上二下"工作流程,建立和完善预算上报、审核、批复机制。

二、国库集中支付制度改革

2004年,为推进国库集中支付制度改革,市财政局成立国库收付中心,专门从事非税收入征管、财政资金的审核、拨付、会计核算和监督检查工作。2012年,市财政局国库收付中心改为市财政局国库支付中心。2014年,市财政局国库支付中心改称赤峰市国库支付中心,推行全市国库集中支付。

2004年,按照自治区国库管理制度改革的要求,市政府办公厅印发《赤峰市财政国库管理制度改革方案》。市财政局在人民银行开设国库单一账户,在国有商业银行开设财政零余额账户,建立规范的国库单一账户体系。将定额补助单位、垂直管理单位和企业的资金拨付实行国库集中支付,赤峰市本级选择市水利局等11个部门22个预算单位作为首批国库集中支付制度改革试点单位。2006年1月,赤峰市本级175个预算单位全部纳入改革范围,市本级国库集中支付制度改革全面铺开。同年,旗县区的国库集中支付制度改革试点工作正式启动。2012—2014年,市本级和旗县区全部实行国库集中支付,全市纳入改革范围的预算单位1394个,占预算单位总数的96%。

三、公务卡结算制度

2009年,自治区财政厅、中国人民银行呼和浩特中心支行印发《关于预算单位实行公务卡制度的通知》后,市财政局下发《关于预算单位实行公务卡结算制度的通知》《赤峰市本级预算单位公务卡管理暂行办法》,本着"先试点,后推开"的原则,选择市统计局等4个单位作为公务卡改革试点单位,赤峰市公务卡管理改革试点工作正式启动。2010年5月,市财政局选择60个预q算单位作为第二批公务卡管理改革试点单位。

2011 年 11 月，市本级预算单位累计办理单位公务卡 180 多张，累计办理个人公务卡 1400 多张，基本实现市本级预算单位公务卡全覆盖，市本级累计实现公务卡公务消费 750 多万元。同时，市财政局在旗县区推广公务卡结算制度，公务卡管理改革在全市范围内全面推开。2012 年，市本级所有预算单位全部启用公务卡，办理个人公务卡 3200 张，消费 1100 多万元。至 2014 年，全市 1817 个预算单位办理公务卡 2.3 万张。

四、政府采购改革

1998 年，赤峰市试行政府采购制度，成立赤峰市政府采购工作领导小组。1999 年 4 月，市财政局成立市政府采购办公室，负责政府采购日常工作。2004 年 5 月，市政府采购中心与财政部门脱钩，划归市政府办公厅管理。2014 年，全市 12 个旗县区全部成立政府采购领导小组，组建政府集中采购机构。

表 10-1-7

1998—2014 年赤峰市政府采购情况统计表

单位：万元

年 份	采购预算	采购规模	节约资金	资金节约率（%）
1998	707.37	604.96	102.41	14.48
1999	3425.34	2934.11	491.23	14.34
2000	6277.9	5069.5	1208.4	19.25
2001	6064.26	5339.79	724.47	11.95
2002	12003	9778.23	2224.77	18.54
2003	19379.82	16990.36	2389.46	12.33
2004	29191.65	25033.34	4158.31	14.24
2005	34926.47	30398.05	4528.42	12.97
2006	46521.19	40710.12	5811.07	12.49
2007	63442.73	54821.15	8621.58	13.59
2008	95475	82896	12579	13.18
2009	149838	127577	22261	14.86
2010	248805.94	222730.03	26075.91	10.48
2011	528515.81	491518.93	36996.88	7.00
2012	297567.47	262194.07	35373.4	11.89
2013	371900.04	331537.12	40362.92	10.85
2014	453228.87	372645.32	80583.55	17.78
合计	2367270.77	2082778.04	284492.78	12.02

1998—2014年，赤峰市先后印发《赤峰市市直行政事业单位政府采购管理办法》《赤峰市市直行政事业单位办公用品政府采购管理办法》《赤峰市市直行政事业单位车辆采购管理办法》《赤峰市农业综合开发政府采购资金管理办法》《赤峰市政府采购资金管理办法》《关于进一步加强政府采购管理工作的实施意见》等规范性文件,全市政府采购从无到有、从小到大、逐步推开,政府采购规模不断扩大。1998年,全市政府采购规模为604.96万元,2014年达到37.26亿元,是1998年的616倍。节约资金由1998年102.41万元达到2014年8.06亿元。

1998—2014年,通过逐步完善政府采购预算编制管理和科学制定集中采购目录及限额标准,扩大政府采购项目实施范围和采购品种,政府采购从初期单纯的汽车、电脑等日常办公类采购,逐步发展到货物、工程、服务三大类105项内容。全市累计执行政府采购预算236.73亿元,实际采购累计208.28亿元,共节约资金28.45亿元,资金节约率12.02%。

五、农村牧区税费改革

2000年3月,中共中央、国务院颁发《关于进行农村税费改革试点工作的通知》,农村税费改革正式启动。2001年,按照自治区的统一部署,赤峰市在巴林右旗推行农村牧区税费改革试点。改革的内容为"四个取消""三个调整""一项改革",即取消乡镇苏木统筹费,原由统筹费开支的义务教育、计划生育、优抚、民兵训练和乡村道路建设资金由各级政府通过预算安排;取消农村牧区教育集资等专门面向农牧民征收的行政事业性收费、政府性基金和各类集资,教育集资取消后,农村牧区中小学危房改造资金由财政预算安排;取消屠宰税;逐步取消统一规定的劳动积累工和义务工。调整农业税政策,全市实行地区差别比例税率,原则为6%、最高6.5%,国有农牧场按4%征收农业税,计税土地面积按二轮土地承包合同面积为依据确定;调整农业特产税政策,按照农业税和农业特产税不交叉征收、减少征收环节和税率略高于农业税税率的原则,适当调整农业特产税;调整牧业税政策,实行从量定额征收。改革村嘎查提留征收使用办法,村嘎查(组)干部报酬、五保户供养、办公费等开支,采用新的农业税、农业特产税、牧业税附加方式统一收取,农业税附加比率不超过40%,农业特产税、牧业税附加比率按20%确定。国有农牧场不征收农业税、农业特产税、牧业税附加。上述改革2002年在全市全面推开。

通过农村牧区税费改革,全市农牧民负担明显减轻。2003年,全市农牧民负担"三税"(农业税、农业特产税、牧业税)及附加总额为20284万元,比改革前的37938万元减少17654万元,减负率46.53%。乡镇苏木和村嘎查两级正常运转经费,特别是乡镇苏木得到保障并有所提高。农村牧区义务教育经费正常投入并略有增加。

2004年,财政部等三部委印发《关于2004年降低农业税税率和在部分粮食主产区进行免征农业税改革试点有关问题的通知》,全市(红山区除外)取消除烟叶外的农业特产税和牧业税及附加,农业税税率降低3个百分点。政策调整后,自治区为全市增加转移支付补助资金10872万元，其中降低农业税税率补助7624万元，取消农业特产税补助953万元，取消牧业税补助2295万元，农牧民负担进一步降低。红山区全部取消农牧业税及附加。2004—2005年，随着农业税正税税率的降低、取消，农牧民减负率为100%。

2005年，按照自治区的统一要求，全面取消农业税、农业特产税、牧业税；历时六年的农村牧区税费改革圆满结束。2006年，全国取消农牧业“三税”。

六、农村牧区财政补贴改革

“一卡通”补贴资金改革　2007年11月，松山区被自治区财政厅确定为“一卡通”改革试点地区。改革的内容为构建“乡镇苏木管底册、业务部门管审核、财政部门管资金、金融机构管发放、通信公司管短信、监察审计管监督”的资金发放运行机制。2009年6月，在全市12个旗县区全面实现财政补贴农牧民资金“一卡通”方式发放。松山区政府在全区率先开展财政补贴资金“一卡通”发放延伸试点工作，“一卡通”发放领域向城镇居民扩展，工作方式向使用电子签章方面深化。2010年6月，赤峰市全面完成财政补贴“一卡通”无纸化电子签章办公和城镇居民补贴资金“一卡通”发放改革工作，分别比自治区计划提前3个月和1年。10月，赤峰市在全区率先建立财政补贴资金“一卡通”发放查询“一电明”短信平台。至2014年底，全市财政补贴资金“一卡通”涉及财政、民政等18个部门的“种粮农民直接补贴、种粮农民农资综合补贴、农村牧区最低

2008—2014年赤峰市财政补贴资金“一卡通”发放情况统计表

表10-1-8　　单位：万元

地区＼年份	合　计	2008	2009	2010	2011	2012	2013	2014
合　计	1920512	15921	89931	219279	312187	340603	452312	490279
红山区	47951	—	264	3976	8366	9459	11968	13918
松山区	215501	15915	22741	28971	29133	33690	41722	43329
元宝山区	90136	4	2705	4408	10393	20446	24174	28006
阿鲁科尔沁旗	202762	2	13468	17951	35583	39206	44466	52086
巴林左旗	161557	—	9036	22810	24626	25733	37839	41513
巴林右旗	145327	—	4816	12258	20082	36870	33717	37584
林西县	148303	—	5342	20624	21646	30733	31692	38266
克什克腾旗	199680	—	5917	15565	36708	39568	53449	48473
翁牛特旗	242912	—	16106	32067	42138	41635	56048	54918
喀喇沁旗	104081	—	3516	10955	14812	20191	23369	31238
宁城县	140730	—	5212	21356	28137	—	41592	44433
敖汉旗	221572	—	808	28339	40563	43072	52275	56515

生活保障补助、城市居民最低生活保障补助”等90大类149小项。2008—2014年,累计发放补贴资金192.05亿元，发放资金由2008年1.59亿元增加到2014年49.03亿元，增长29.84倍。

一事一议财政奖补工作　2008年,敖汉旗被自治区财政厅确定为全区三个村嘎查级公益事业建设一事一议财政奖补工作试点旗县之一。2009年9月,自治区政府在全区全面推行村嘎查级公益事业建设一事一议财政奖补工作。同年,敖汉旗、喀喇沁旗被自治区财政厅确定为全区一事一议财政奖补工作重点推进旗县,获得自治区奖励资金1300万元,占全区总数的16.3%。全市共建设一事一议财政奖补项目361个。

2010年,全市共建设一事一议财政奖补项目739个。2011年7月,市财政局下发《赤峰市嘎查村级公益事业建设一事一议财政奖补工作规范》,率先在全区开展一事一议财政奖补规范化管理工作,敖汉旗、喀喇沁旗、红山区、松山区、元宝山区、翁牛特旗、林西县7个旗县区被自治区财政厅列为全区一事一议财政奖补工作重点推进旗县,获得奖励资金3500万元,占全区总数的17.5%。

2010—2011年,红山区东南营子、三道井子等27个村嘎查被自治区财政厅评为全区一事一议财政奖补工作先进村,获得奖励资金1722万元,占全区总数的21%。2011年,全市共建设一事一议财政奖补项目1225个。2012年,全市12个旗县区均被自治区财政厅列入全区重点推进旗县,获得奖励资金6000万元,占全区总数的20%。自治区财政厅授予赤峰市一事一议财政奖补工作重点推进盟市,获得奖励资金3000万元,全区12个盟市唯赤峰市获此殊荣。2014年,市财政局下发《美丽乡村建设试点工作指导意见》,全市重点开展美丽乡村建设,经自治区财政厅综改办综合评定,全市12个旗县区全部达标,其中敖汉旗位列全区第二名。喀喇沁旗、红山区、元宝山区被自治区确定为美丽乡村建设重点推进旗县,获得定额奖补资金6000万元,全市建设一事一议财政奖补项目达到1397个。

第二篇 税 务

第一章 国家税务

第一节 税款征收

1991 年,全市税收计划以国民经济计划为依据,计划编制分为年度计划和季度执行计划。1994 年,分税制改革后,市国税局税收计划包括计划编制、分配落实、计划执行情况检查分析和考核、税收预测以及经济税源调查、税源监控等各个环节。税收会统为

1994—2014 年赤峰市国税收入情况统计表

表 10-2-1

年份	税收收入(万元)	比同期 ± 额(万元)	比同期(± %)
1994	44795	–7033	–13.57
1995	46077	1282	2.86
1996	51697	5620	12.20
1997	55788	4091	7.91
1998	61042	5254	9.42
1999	58886	–2156	–3.53
2000	61930	3044	5.17
2001	62921	991	1.60
2002	70152	7231	11.49
2003	82840	12688	18.09
2004	105944	23104	27.89
2005	146127	40183	37.93
2006	205962	59835	40.95

续表

年份	税收收入(万元)	比同期±额(万元)	比同期(±%)
2007	307024	101062	49.07
2008	362209	55185	17.97
2009	334767	-27442	-7.58
2010	415088	80321	23.99
2011	542336	127248	30.66
2012	588534	46198	8.52
2013	534487	-54047	-9.18
2014	440438	-94049	-17.60

税务机关核算、监督和反映税收收入的重要手段。1999年1月,全市国税部门执行新的《税收会计核算办法》。2000年12月,全市国税部门严格执行自治区国税局《欠缴税金核算管理暂行办法》,对欠缴税金户进行分类核算。2005年4月,加强减免税管理,征前减免和退库减免全部纳入税收会统核算。2010年后,市国税局建立起科学的税收计划新机制,将税收计划编制细化为税源调查、数据采集、数据处理、因素分析、报告整理、分析成果运用等环节。2014年,全市税收会统核算包括税收征管的申报、征收、入库、退库全过程,已全部被计算机所替代,实现税收管理科学化、精细化,有力促进税款征收工作。

1991年,赤峰市税务局统一征收的工商税种33种。1994年,税制实现结构性调整,市国税局负责征收增值税、消费税和企业所得税3种。1999—2008年,征收储蓄存款个人所得税。2005年起,开征车辆购置税。2014年,市国税局负责征收增值税、消费税、企业所得税和车辆购置税4种。1994年,全市国税收入4.48亿元,2014年,全市国税收入44.04亿元,比1994年增长8.83倍。

一、流转税

增值税　1984年10月1日起,开征增值税。1991年,全市增值税占工商税收23.43%。1993年12月,国务院、财政部先后颁布《中华人民共和国增值税暂行条例》《中华人民共和国增值税暂行条例实施细则》后,全国自1994年1月1日起统一征收新增值税。1994年,全市征收新增值税9824万元,占全市工商税收43.76%。2006年起,除中央共享税外,又增加与自治区共享税收入,增值税占工商税收比例逐步降低,降至23.44%。2014年,增值税收入6.74亿元,占工商税收8.89%。

1991—2014 年赤峰市增值税税收情况统计表

表 10-2-2

项目 年份	增值税 （万元）	占工商税收比例 （%）	项目 年份	增值税 （万元）	占工商税收比例 （%）
1991	6172	21.57	2003	17994	28.19
1992	6762	21.55	2004	22505	24.75
1993	18002	34.73	2005	30804	25.71
1994	9824	43.76	2006	33331	23.44
1995	9971	38.25	2007	44532	22.51
1996	11153	35.84	2008	53066	19.98
1997	12519	33.30	2009	48337	16.59
1998	13386	31.37	2010	57216	15.40
1999	13068	29.73	2011	70751	14.37
2000	12761	28.39	2012	68860	11.73
2001	12774	30.02	2013	59188	8.56
2002	14586	37.87	2014	67359	8.89

消费税　1993 年 12 月，国务院颁布《中华人民共和国消费税暂行条例》，1994 年 1 月 1 日起，赤峰市开征消费税。范围包括烟、酒、化妆品、护肤护发品、贵重首饰、鞭炮、汽油、柴油、汽车轮胎、摩托车、小汽车 11 种消费品。2009 年 1 月 1 日起，消费税税目调整为 14 种，增加高档手表、木制筷子、实木地板等，消费税收入 100%上缴中央。2014 年，全市征收消费税 2.14 亿元，比 1994 年增长 3.20 倍。

营业税　1984 年 10 月，赤峰市恢复征收营业税。1991—1993 年，营业税由市税务局征收，累计征收 3.54 亿元。1994 年 1 月 1 日起，执行国务院颁发的《中华人民共和国营业税暂行条例》，交通运输业、建筑业、邮电通信业、文化体育业适用 3%税率；娱乐业适用 5%～20%税率；金融保险、服务业、转让无形资产、销售不动产适用 5%税率。营业税由市地税局征收。

二、所得税

企业所得税　1984—1985 年，赤峰市开始征收国有企业所得税、集体企业所得税、私营企业所得税。1991—1993 年，全市 3 个税目企业所得税由市税务局征收，累计征收企业所得税 7804 万元。1994 年 1 月 1 日起，按照《中华人民共和国所得税暂行条例》规定，原按所有制性质征收的 3 个所得税税种征收办法停止执行。同年，国税、地税部门划分所得税征收范围，国税部门征收中央固定收入的中央企业所得税，地税部门征收地方企业(包括国有、集体、私营)所得税。随着经济发展,各种税目的中外合资企业所得税、外国企业所得税、国有企业所得税、集体企业所得税、私营企业所得税、外商投资企业所得税、内资企业所得税等先后进行调整合并,从2008年1月1日起,《中华人民共和国企业所得税法》颁布施行,统一缴纳企业所得税,企业所得税的法定税率为25%。非居民企业来源于中国境内的所得缴纳企业所得税,适用税率为20%,减按10%的税率征收企业所得税。符合条件的小型微利企业,减按20%的税率征收企业所得税。国家需要重点扶持的高新技术企业,减按15%的税率征收企业所得税。1995年,市国税局征收企业所得税201万元。2011—2013年,征收企业所得税超过10亿元,占税收比例增大。2014年,征收企业所得税8.45亿元。

1995—2014年赤峰市企业所得税收入情况统计表

表10-2-3

年份＼项目	企业所得税(万元)	占国税税收(%)	年份＼项目	企业所得税(万元)	占国税税收(%)
1995	201	0.44	2005	4714	3.23
1996	485	0.94	2006	15508	7.53
1997	350	0.63	2007	50235	16.36
1998	497	0.81	2008	56684	15.65
1999	256	0.43	2009	46235	13.81
2000	661	1.07	2010	61983	14.93
2001	651	1.03	2011	102342	18.87
2002	2278	3.25	2012	116027	19.71
2003	2120	2.56	2013	108639	20.33
2004	3748	3.54	2014	84473	19.18

个人所得税　1991—1993年,全市征收个人所得税20万元。1993年后,依据重新修订的《中华人民共和国个人所得税法》,将个人收入调节税和城乡个体工商业户所得税并入个人所得税。工资、薪金所得,适用超额累进税率,税率为5%~45%。劳务报酬所得,特许权使用费所得,利息、股息、红利所得,财产租赁所得和其他所得,适用比例税率,税率为20%。1994年9月起,个人所得税由市地税部门征管。1999年11月1日起,根据国家税务总局《对储蓄存款所得征收个人所得税实施办法》,对储蓄存款利息所得征收个人所得税,适用20%比例税率,税款入中央库,由国税部门征收管理,各金融储蓄机关代扣代缴。2007年8月15日以后,对储蓄存款利息所得征收个人所得税,减按5%的比例税率执行。自2008年10月9日起,国务院决定对储蓄存款利息所得暂免征收个人所得税。但对2008年前的储蓄存款在支取时仍需征收个人所得税。1999—

2014 年,全市先后累计征收储蓄存款利息个人所得税 4.66 亿元。其中 1999 年征收 12 万元,2007 年征收 7574 万元,2008 年停征后降至 5165 万元,2009—2014 年征收 3253 万元。

三、资源税、盐税

1984 年 10 月,赤峰市开征资源税、盐税。资源税征税范围为原油、天然气、煤炭、其他非金属矿原矿、黑色金属矿原矿、有色金属矿原矿。1991 年,全市统配煤矿资源税定额每吨征收 0.20 元,非统配煤矿资源税按吨煤 0.50 元征收。1994 年,新的工商税制实施后,生产原盐的盐场,盐业运销单位,减免盐税改变用途单位,均为盐税纳税人。盐税一律在出场环节征收。内蒙古精制盐税按每吨 120 元征收。赤峰地区没有盐场,盐税收入主要是工业用盐,因此没有固定税源。1991—1993 年,全市累计征收资源税 725 万元。1994 年后,盐税并入资源税,由地税部门负责征收。

四、财产行为税

城市维护建设税　1985 年 2 月,按照《中华人民共和国城市维护建设税暂行条例》规定,赤峰市开始征收城市维护建设税。凡缴纳产品税、增值税、营业税的单位和个人为城建税纳税义务人。1994 年,全市实行分税制改革后,产品税被消费税取代,城市维护建设税纳税人为缴纳增值税、消费税、营业税的单位和个人,由地税部门征收。1991—1993 年,全市征收城市维护建设税 4207 万元。

印花税　1988 年 10 月,按照《中华人民共和国印花税暂行条例》规定,赤峰市开始恢复征收印花税。1991—1993 年, 全市执行自治区税务局《关于印花税管理的具体规定》,实行纳税人"三自缴纳",即纳税义务人在法定的纳税期内,按照税法规定自行计算应纳税款,自行填写缴款书,自行向当地代理国家金库的银行缴纳税款。印花税票由国家税务局监制,票面金额分为 1 角、2 角、5 角、1 元、5 元、10 元、50 元、100 元、500 元 9 种。应纳税额超过 500 元的,填写缴款书和完税证,将其中一联粘贴在凭证上或由税务机关加注完税标记,代替贴花。1991—1993 年,全市征收印花税 526 万元。1994 年后,印花税由地税部门征收。

城镇土地使用税　1988 年 11 月 1 日起,赤峰市开始征收城镇土地使用税。1991 年后,执行国务院颁发的《中华人民共和国城镇土地使用税暂行条例》规定,采用按国家规定最低限额又降 30%的标准征收,土地使用税每平方米税额定为:大城市 0.35 ~ 0.5 元;中等城市 0.28 ~ 0.4 元;小城市 0.21 ~ 0.3 元;县城、建制镇、工矿区 0.14 ~ 0.2 元。1991—1993 年, 全市征收城镇土地使用税 799 万元。1994 年后, 城镇土地使用税由地税部门征收。

车辆购置税　2000 年 10 月颁布的《中华人民共和国车辆购置税暂行条例》规定,从 2001 年 1 月 1 日开征车辆购置税,取代车辆购置附加费。2001—2004 年,车辆购置税由市交通管理部门负责征收管理。2005 年 9 月,车辆购置税由市国税部门负责征收,所得收入归中央政府所有。车辆购置税的征收范围包括汽车、摩托车、电车、挂车、农用运输车。纳税人在向公安机关车辆管理机构办理车辆登记注册前缴纳车辆购置税。车辆购置税实行从价定率的办法计算应纳税额,税率为10%。实行一次征收制度。2005年,全市征收车辆购置税8204万元。2014年,征收车辆购置税5.95亿元,比2005年增长6.26倍。

2005—2014年赤峰市车辆购置税税收情况统计表

表10-2-4

项目 年份	车辆购置税(万元)	项目 年份	车辆购置税(万元)
2005	8204	2010	34739
2006	11094	2011	41837
2007	16675	2012	56448
2008	20342	2013	62135
2009	22473	2014	59534

第二节　征收管理

一、征管方式

1991年,全市税务系统开展征管改革,改变"一员到户,各税统管"的做法,全面推行"征管与检查"两分离的税收征管模式。1992年,根据自治区税务局要求,对税款征收采取查定征收、查验征收、定期定额征收、代征等方式,管理形式有驻厂管理、行业管理、分片管理和巡回管理等。大型企业实行驻厂管理,税款由企业自核、自缴入库;市区的一般企业实行行业管理,采取自报核缴方式纳税;县、区实行分片管理,会计制度健全的实行查定征收;对私营企业实行查验征收;其他个体企业一律实行定期定额征收。同年,《中华人民共和国税收征收管理法》颁布,市税务局对营业额难以准确计算的小型工商户的征收方式进行改革。对税款征收范围作出明确规定,市以上企业由市直属分局集中征收,城区企业和个体纳税户分别由城区局及旗县分局集中征收,其他企业由各税务所征收,农村个体户由农村税务所集中征收,所有集贸市场和零散税收由税务所巡回征收。

1994年,分税制改革后,税收征管逐步实现三个转变,即由粗放管理向重点稽查转变,由税务机关"单一管理"向申报、代理、稽查相结合的全方位管理转变,由手工操作为主向运用现代化手段为主转变。继续推行和完善征收、管理、检查三分离的税收征管模式,完善税务机关的内部制约机制。1995年7月,自治区国税局印发《关于强化税收征管实现税收工作重心向征管转移的实施意见》,调整"征、管、查"内部职责范围,理顺和完善各系统分工。1996—1997年,全市重新调整专管员职责,推进专管员由管户向管事转变,由专管员集权管户制转变为税源责任人"分权管事制"。加快个体征管计算化步伐,实行定额公开,统一使用自治区国税局开发的个体征管软件。全市国税系统基本完成新旧征管模式的转换，并按新模式正常通畅运转，使全市税收征管改革有了突破性进展。1998—2000年，全市执行《内蒙古自治区国税局税源管理暂行办法》，建立了税源监控体系框架，对纳税额达到500万元以上企业实行驻厂监管。全市建立重点企业税源监控数据库，进一步强化税源管理。

2001年，全市国税系统启动新一轮税收征管改革。2003年8月，全市重组个体税收征管业务，优化征管模式，初步构建“分片管理，统一核实定额，多元化申报纳税，人机结合监控”的个体征管格局。2005年2月，实现自治区级数据集中和自治区、市、旗县区、税务所四级网络联通。全市建立起全面灵活的监控体系，对纳税人的应征税款、入库税款、欠税、罚款、滞纳金等数据实行计算机全程监控。10月，实现了个体纳税评估软件与综合征管软件的数据共享，加快个体税收征管信息化建设进程。2008年3月，全市有3.8万个体定期定额户全部通过个体定额系统产生定额，定额核定的科学性得到提高。2012年3月，全市开展税源专业化管理试点工作，初步形成“资源信息共享，任务统一下达，各级分层履责，纵横联动顺畅”的税源专业化管理运行机制。2014年7月，全市国税系统税款征收管理实现以财税库银横向联网为主、POS机等方式为补充的多元化征收方式。

二、税务登记

1991年，根据财政部、国家税务总局《关于办理税务登记的通告》和《内蒙古自治区工商税收征收管理试行办法》的规定，一切企事业单位和个人不分经济性质、不分企业规模大小，在开业时都必须到当地税务机关办理税务登记；企业和个人在领取营业执照一个月后，到税务机关领取税务登记证，税务机关根据工商行政管理部门发放的营业执照登记发证，同时税务部门分行业按月、季、年进行统计，逐级上报。至年末，全市登记纳税总户数29924户，其中国营企业1683户，集体企业4436户，私营企业38户，个体经营23767户。1993年，全市进行换发税务登记证工作，启用新的税务登记证，新证分为：税务登记证正副本、个体工商业户税务登记证正副本、注册税务登记表正副本、临时税务登记证四种，由自治区税务局统一印制。1994年，工商税制改革后，市国税局依据其经营范围、项目及应缴纳税种，征管各类纳税户17587户。

1996年，全市换发新的全国组织机构统一代码证书，并统一纳税识别号。1998年，全市开展税务登记证验证工作。1999年3月，全市纳税人实行统一代码，分别登记、分别管理，税务登记证件每年审验一次。2000年，自治区国税局对个体工商户税务登记管理作出规定，对虽未办理工商营业执照但有固定经营场所且经营期限超过3个月纳税人纳入正常管理。2002年，全市对持有再就业优惠证的下岗失业人员从事个体经营免收税务登记证工本费。2003年7月，自治区国税局规定，对遗失税务登记证件的纳税人应当自遗失15日内在指定报刊登记声明，凭声明向主管国税机关补办税务登记证件。2014年12月，国家税务总局修改《税务登记管理办法》。至2014年底，全市有国税纳税户91432户，比1994年增长4.2倍，其中纳税企业20544户，个体工商户70888

户,年均递增16%。

三、纳税申报

1991年1月,市税务局明确规定,乡镇集体企业和私营企业、城乡个体工商业户必须向当地税务机关进行纳税申报,并由纳税人自行如实填写纳税申报表。1992年2月,根据自治区税务局《关于进一步深化征管改革的意见》,对旗县城镇所在地以上有证纳税户一律实行主动到税务机关申报纳税制度,对农村牧区纳税实行定时定点申报纳税、税务机关巡回征收办法。1994年,分税制改革后,市国税局推行纳税申报制度。到1995年,全市国税系统推行集中申报制度,全市纳税户纳税申报率达到90%,其中城镇纳税申报率达到97%,纳税申报步入规范化。1998年11月,根据自治区国税局修改后的《纳税申报管理暂行办法》,纳税人未按期办理纳税申报,税务机关应立即开具限期改正通知书,同时开具税务处理决定书通知纳税人,限期不超过15天,并处以罚款,罚款最低为迟申报一天,最少不得低于50元或最低为应纳税额的5%,最高不超过2000元。

2001年1月,全市所有定期定额的"双定户"全部试行申报完税一体化。业户申报纳税不再另行填报申报表。对不易控管和偏远地区的零散税收实行巡征和委托代征。2002年5月,全市1.46万户"双定户"实行税银一体化申报纳税方式,占总户数的95%。2003年,国家税务总局重新修订增值税一般纳税人申报办法,实行电子申报,打印报送纸质报表替代手工报表;在全市范围内推行增值税一般纳税人"一窗式"申报管理模式,实现信息化支持下的票表机器稽核,逐步向网络申报方向发展。对个体"双定户"实行简易申报,取消纸质申报表,以完税证代替申报表。2012年8月,全市有1771户纳税人实现网上办税,申报成功率达到90%。至2014年底,网上办税19804户,占应开通网上办税户数的46.95%。全市纳入网上申报的纳税人14386户,占应办户数的86.11%。

四、发票管理

1991年,市税务局设立计会科,对全市发票进行管理。1998年,赤峰市国税局设票证管理科,旗县区国税局设票证管理股,负责全市票证管理工作。2000年,市国税局撤销票证管理科,改设事业机构发票管理所。2005年,将发票管理所改设票证中心,票证管理更加规范化。

1991年,全市统一使用由自治区税务局、物价局印制的专用发票。1993年,全市更换印有全国统一发票监制章的新版发票。根据财政部、国家税务总局发布《中华人民共和国发票管理办法》《增值税专用发票使用规定》,进一步完善全国的发票管理制度。市税务局通过完善销售、领用、保管等手续,杜绝私印、私售、丢失、转借、涂改、白条入账等问题。

1994年,分税制改革后,增值税专用发票开始启用。1996年,全市推行增值税专用发票防伪税控系统,规定凡一次开具其销售额达到百万元以上的,均纳入防伪税控系统,开具电脑版发票。1997年3月,全市严格执行发票保证金退还制度,用票单位和个人按期缴销发票的退还保证金，否则以保证金代缴罚款。1998—1999 年，全市开展统一销毁 1994 年版增值税专用发票，自治区国税局派员进行监销。全市对未实行查账征收的纳税人一律领购限额发票，对成交额超过税务机关代开金额时，均按票面收入缴纳税款。对当期发票所载金额累计高于原定额的，调整定额。商业发票停止使用自印销售单，改用盖有发票监制的零售发票或卷筒式发票。

1999 年 1 月，全国统一机动车销售发票启用，原销售机动车使用的发票一律停止使用。2001 年 6 月，实行发票集中发售，并执行发票验旧售新制度，规范对企业发票的管理，实现了以票控税、以票管税。2002 年 12 月，推行增值税防伪的电脑版专用发票，同时废止手工专用发票。对普通发票进行全面换版，变更部分发票防伪标识。2003 年，全市一般纳税人全部纳入防伪税控开票系统。

2011 年 1 月，全国统一使用新版普通发票，这是国税系统范围最大、影响最深的普通发票改革，分为平推式机打发票、卷式机打发票、裁剪式手工发票三大类。新版发票更能充分发挥在税源监控中的作用，通过简并票种、压缩手工发票，推广机打发票和网络在线开票，全面提高普通发票管理水平和数据应用水平。2012 年，全面推行个体定额发票，取消手工版发票的使用，实现发票内部管理和外部税控有效提升。对全市 13 个基层局库存燃油税专用凭证进行了清理登记销毁。2013 年 4 月，推行网络版普通发票，通过信息化手段的应用和管理机制的完善，以票控税和信息管税的实际效用成倍增加。至 2014 年 12 月末，全市网络发票推广率达到 97.82%。

第三节　税务稽查

1991 年以前，全市税务稽查工作以日常检查、专项检查为主，主要实行专管员责任制度。税务专管员集征、管、查职能于一身，在实施检查前先由基层领导组织立案，立案后再交有关人员对所涉及的单位和个人进行查账检查。1991 年后，延续“一员到户，各税统管”的管理模式。

1994 年，分税制改革后，全市不断强化税务检查工作，实行税务稽查专业化管理。1995 年，市国税局被自治区国税局选定为申报、代理、稽查“三位一体”征管模式的试点单位，配备稽查人员，人数占征收一线人员的 40%。按照自治区国税局的统一部署，组织对全市供电企业的专项检查。1997 年，对北部 6 个旗县的梧桐花铅锌矿、乌丹酒厂、塔布花煤矿、温都花煤矿、白音诺尔铅锌矿、天山酒厂、黄岗梁铁矿、青稞酒厂进行专项检查。

2006—2009 年，对全市招商引资商贸企业及小型生产加工企业、矿产品生产及运销企业、食品及药品生产加工企业、农产品为主要原料的生产加工企业、废旧回收及用废企业、赤（峰）大（板）白（音花）铁路企业、房地产开发企业、保险公司、建筑安装业、办理出口退（免）税业务的企业、大型连锁超市等各类型企业进行专项检查。

2010—2014年,对药品经销行业、房地产业及建筑安装企业、交通运输企业、资本交易项目、办理电子和服装类产品出口退(免)税企业、重点税源企业、成品油批发零售企业、地方商业银行、高污染和高能耗及产能过剩企业等各类型企业开展专项检查。

1995—2014年,全市专项检查纳税户1377户,查补税款16.81亿元;查处发票违法企业255户,查处非法发票3740份,查补税款收入3.01亿元;稽查日常检查纳税人1239户,查补税款在100万~1000万元之间35户,查补税款收入3.07亿元,依法向公安机关移送涉税案件5起,全市税收治理环境明显改善。

第四节　涉外税收和出口退税

一、涉外税收

1998年,市国税局涉外管理分局成立,全面负责涉外税收管理工作。2003年后,涉外税收分局撤销,业务归属所得税管理科。

1991年4月,《中华人民共和国外商投资和外国企业所得税法》颁布,要求加强涉外税收管理工作。1992年4月,自治区政府印发《关于进一步扩大对外开放加快经济发展若干问题的决定》后,外商投资凡符合国家产业政策的,从事生产、经营所得和其他所得,享受优于沿海开放区外商投资企业的所得税率和其他优惠,免征地方所得税;外商投资者将其从企业分得的利润汇出境外时,免缴汇出额的所得税。1994年,分税制改革后,全市有涉外企业51户,涉外税收259万元。

2008年后,内外资企业所得税合并,涉外企业所得税税收政策按《中华人民共和国企业所得税法》执行。市国税局强化涉外企业日常征收管理,积极做好涉外企业联合年检、税收协定和国际税收情报交换工作,坚持依法治税,为招商引资工作创造良好的税收环境。至2014年底,全市办理税务登记的涉外企业35户,涉及矿产、风电、纺织等10个行业。全市涉外税收实现1.17亿元,比1994年增长38倍。

二、出口退税

1994年1月,国家税务总局出台以增值税、消费税制度为基础的出口货物退(免)税制度。全市出口业务为绒毛和制药,退税款952万元。1995年后,随着赤峰市经济的快速发展,以绒毛制品行业、制药行业、生物科技行业等为主的出口企业得到迅速发展。至2014年,赤峰市有出口退(免)税企业133户,其中外贸企业20户,有进出口经营权的内资生产企业90户,外资生产企业19户,其他企业4户。赤峰制药股份有限公司、赤峰东黎绒毛制品有限公司、赤峰维信羊剪绒制品有限公司、赤峰东深羊绒制品有限公司、内蒙古伊品生物科技有限公司5户企业出口退(免)税额均在500万元以上,出口企业逐步做大做强。赤峰市出口退(免)税额达到6880万元,比1994年增长6.23倍。

1994—2014 年赤峰市出口退税情况统计表

表 10-2-5 单位:万元

年份＼项目	出口退税	免抵调库	出口退税合计
1994	952	—	952
1995	800	—	800
1996	1277	—	1277
1997	561	—	561
1998	158	1048	1206
1999	855	748	1603
2000	663	1116	1779
2001	2718	1576	4294
2002	2203	1173	3376
2003	4782	1500	6282
2004	1321	1999	3320
2005	1148	2600	3748
2006	1663	2600	4263
2007	1311	3400	4711
2008	41151	3936	45087
2009	17610	4235	21845
2010	3400	5137	8537
2011	4699	5006	9705
2012	4179	4170	8349
2013	3890	3280	7170
2014	3754	3126	6880

第五节 减免税

1991 年,市税务局对赤峰地区部分大中型企业生产的新产品和一些有潜力的大中型企业按税法规定给予减免税照顾。主要企业有赤峰钢铁厂、赤峰制药厂、赤峰地毯厂、赤峰皮毛总厂、赤峰第二毛纺厂等,全年平均减免税金 1000 万元以上。此外,还通过以税还贷方式支持大中型企业,用技改项目新增效益应缴的产品税、增值税和所得税归还技改贷款,以促进赤峰地区经济发展,进一步涵养税源。同年,宁城县八里罕酒厂、宁城县糖厂、赤峰制酒厂、赤峰雪原羊毛衫厂、林西啤酒厂、乃林纺织厂等企业以税还贷454.4万元。

1994年后,市国税局负责全市增值税、消费税、企业所得税和车辆购置税税收减免工作。全市国税系统严格执行相关规定,对从事粮食购销、批发和零售种子、种苗、化肥、农药、农机,蔬菜批发零售,县及县以下新华书店和农村供销社在本地销售的出版物执行免征增值税政策;对出口应税消费品免征消费税;对购置公共汽车车辆执行免征车辆购置税政策。

小微企业和个体工商户税收优惠政策　2011年11月1日起,个体工商户增值税起征点由原来的月销售额2000~5000元提高至5000~20000元,实际执行中,全市均从高选择2万元的上限。2013年8月1日,个体工商户享有的起征点优惠政策扩大至小微企业,增值税小规模纳税人月销售额不超过2万元的企业或非企业性单位,暂免征收增值税。2014年10月1日起,小微企业增值税起征点再次提高至3万元,优惠力度进一步加大。

企业所得税优惠政策　2008年,市国税局严格遵照《中华人民共和国企业所得税法》,对小型微利企业执行减按20%的税率征收企业所得税,比正常税率低5个百分点。2010年起,小型微利企业所得税减半征收政策生效,年应纳税所得额低于3万元(含3万元)的小型微利企业,其所得减按50%计入应纳税所得额,按20%的税率缴纳所得税。2012年起,减半征收的年应纳税所得额提高至6万元。2014年,小微企业税收优惠幅度进一步提高,减半征收的年应纳税所得额调高至10万元,并将核定征收企业纳入优惠范围。

1991—2014年,全市通过直接减免、即征即退、减半征收、先征后退等方式落实各项结构性减税和普惠性税收优惠政策,累计减免税款51.53亿元。其中2005—2014年,全市减免税额突破40亿元,有7.83万户企业和纳税人享受到税收优惠政策,涉及农林牧渔资源综合利用、风电、粮食购销、饲料、农业合作社、环境保护、节能节水、残疾人就业、图书批发零售、邮政、高新技术、公共交通、基础设施等49个行业。

第二章　地方税务

第一节　税款征收

一、征收税种

1994—2006年,全市先后改征、停征税种10种。1994年,工商税制改革后,私营企业所得税改征企业所得税,城乡个体工商户所得税改征个人所得税,集体企业所得税改征内资企业所得税。2008年1月,内资企业所得税改征企业所得税。2000年1月,停征固定资产投资方向调节税。2001年1月,自治区停征筵席税和屠宰税。2006年1月,全国停征农业税、牧业税、农业特产税。

至2014年,赤峰市地税系统负责征收税种为营业税(不含铁路部门、各银行总行、各保险公司集中缴纳的营业税，自2013年8月1日起交通运输业和部分现代服务业营业税改征增值税，自2014年1月1日起铁路运输业和邮政业纳入营改增范围,自2014年6月1日起电信业纳入营改增范围)、企业所得税、个人所得税、资源税、城镇土地使用税、城市维护建设税、印花税、土地增值税、房产税、车船税、烟叶税、耕地占用税、契税13个税种和7种基金(费)。

营业税 营业税是地方税收的第一税种和地方财政收入主要来源之一。1994年1月1日起,营业税由国税部门划归地税部门征收,实行比例税率。交通运输业:陆路运输、水路运输、航空运输、管道运输、装卸搬运3%;建筑业:建筑、安装、修缮、装饰及其他工程作业3%;金融保险业:金融、保险5%;邮电通信业:邮政、电信3%;文化体育业:文化、体育3%;娱乐业:歌厅、舞厅、卡拉OK歌舞厅、音乐茶座、台球、高尔夫球、保龄球、游艺5%~20%;服务业:代理业、旅店业、饮食业、旅游业、仓储业、租赁业、广告业及其他服务业5%;转让无形资产:转让土地使用权、专利权、非专利技术、商标权、著作权、商誉5%;销售不动产:销售建筑物及其他土地附着物5%。另外特殊规定政策性银行减按3%。

1994年,全市征收营业税6461万元,此后逐年稳步增长。1997年达到1.04亿元,2003年达到2.49亿元,2004—2009年由4.44亿元增至10.81亿元。2014年,全市征收营业税27.04亿元,比1994年增长40.6倍。

企业所得税 企业所得税是市地税局征收的三大主体税种之一。1994年1月起,对纳税人在年度内来源于中国境内、境外生产经营所得和其他所得征收企业所得税,实行比例税率33%,对纳税人年应纳税所得额在3万元以下(含3万元)的,可减按18%税率征收;年应纳税所得额在3万元至10万元(含10万元)之间的,可减按27%税率征收;年应纳税所得额超过10万元的一律按33%税率征收。2002年起,企业所得税实行中央和地方按比例共享,凡在工商行政部门办理开业登记的企业和在其他行政管理部门新注册领取许可证的事业单位、社会团体、律师事务所、医院、学校等其他组织的企业所得税由市国税局负责征收管理。市地税局只负责2002年以前成立企业的所得税管理。企业所得税呈快速增长态势,2001年,全市地税系统征收企业所得税1.14亿元。2008年后,按《中华人民共和国企业所得税法》规定,企业所得税的税率为25%,非居民企业税率为20%。2009年起,企业所得税属于中央收入的企业和在国税局缴纳增值税的企业,银行(信用社)、保险公司的企业所得税由国税局管理,其他应缴纳营业税的各类金融企业的所得税由地税局管理。2008年底之前国税局、地税局各自管理的企业所得税纳税人不变。1994年，全市地税系统共征收企业所得税3227万元。2014年,全市地税系统征收企业所得税13.53亿元,比1994年增长41.28倍。

个人所得税 个人所得税是市地税局征收的三大主体税种之一。1994年，税制改革后,个人所得税、城乡个体工商户所得税、个人收入调节税合并为个人所得税,由地税部门征收,实行累进税率。2006年1月1日,《中华人民共和国个人所得税法》正式施行,个人所得税的计算和征收采用总额征收制和分项征收制相结合的办法,对不同的列举项目规定了不同的税率。工资、薪金所得,适用超额累进税率,税率为3%~45%;个体工商户的生产、经营所得和对企事业单位的承包经营、承租经营所得,适用5%~35%的超额累进税率;稿酬所得,适用比例税率,税率为20%,并按应纳税额减征30%;劳务报酬所得,适用比例税率,税率为20%,对劳务报酬所得一次收入畸高的,可以实行加成征收;特许权使用费所得,利息、股息、红利所得,财产租赁所得,财产转让所得,偶然所得和其他所得,适用比例税率,税率为20%。1994年,全市征收个人所得税373万元,1996年达到2151万元,2005年达到1.16亿元。2014年,全市征收个人所得税6.8亿元,比1994年增长169倍。

资源税 根据国务院颁布的《中华人民共和国资源税暂行条例》有关规定,1994年1月1日起,市地税局按照"普遍征收、差级调节"的办法征收资源税。1994年,全市征收资源税890万元。2006年,征收资源税达到1.05亿元。2014年,全市征收资源税达到3.89亿元,比1994年增长42.22倍。

房产税 1986年10月1日,按国务院颁布《中华人民共和国房产税暂行条例》规定,房产税以城市、县城、建制镇和工矿区的房屋产权人为纳税人,采用房产余值计税和按房租收入计税两种办法。1994年分税制后,由市地税局征收。税率按房产余值计征的,年税率为1.2%;按房产出租的租金收入计征的,税率为12%。对个人按市场价格出租的居民住房,用于居住的,可暂减按4%的税率征收房产税。1994年,全市征收房产税1206万元。2014年,全市征收房产税2.87亿元,比1994年增长22.92倍。

城市维护建设税 1985年2月8日,国务院颁布的《中华人民共和国城市维护建设税暂行条例》。1994年税制改革后,城市维护建设税转由市地税局征收。城市维护建设税的税率为:纳税人所在地在市区的,税率为7%;纳税人所在地在县城、建制镇的,税率为5%;纳税人所在地不在市区、县城或建制镇的,税率为1%。1994年,全市征收城市维护建设税2019万元。此后,其收入规模随着经济增长逐年增大。2014年,全市征收城市维护建设税3.32亿元,比1994年增长15.6倍。

城镇土地使用税 1988年11月1日起,国务院颁布的《中华人民共和国城镇土地使用税暂行条例》施行。1994年,全市城镇土地使用税由市地税局征收。赤峰市城镇土地使用税税额为:赤峰市区和各旗县区政府所在地2元/平方米;建制镇和工矿区1元/平方米。

2007年1月1日,新修订的《中华人民共和国城镇土地使用税暂行条例》颁布后,赤峰市一等土地每平方米税额为8元,二等土地每平方米税额6元,三等土地每平方米税额5元,四等土地每平方米税额4元,五等土地每平方米税额3元。1994年,全市征收城镇土地使用税490万元。2014年,全市征收城镇土地使用税5.72亿元,比1994

年增长113.4倍。

土地增值税 1993年12月31日,国务院颁布的《中华人民共和国土地增值税暂行条例》实施后,全市土地增值税由市地税局征收。实行四级超率累进税率,增值额未超过扣除项目金额50%的部分,税率为30%;超过50%未超过100%的部分,税率为40%;超过100%未超过200%的部分,税率为50%;超过200%的部分,税率为60%。1996年,全市仅征收土地增值税2万元。2004年,征收土地增值税100万元。2006年,达到1035万元。2014年,全市征收土地增值税达到7.86亿元,呈快速增长趋势。

车船使用税 1986年9月15日,国务院颁布的《中华人民共和国车船使用税暂行条例》实施后,车船使用税主要以拥有使用车船的单位和个人、租赁车船的使用人和无租使用车船的使用人作为征收对象。1994年,市地税局开征车船使用税和车船使用牌照税。2007年1月1日起,改征车船使用税。车船使用税采用定额税率,即对征税的车船规定单位固定税额。载客汽车,5座以下年税额120元;6~10座年税额140元;11~30座年税额150元;31~50座年税额200元;50座以上年税额240元。载货汽车,按净吨位每吨48元;载货汽车挂车,按净吨位每吨33元;拖拉机配套挂车,按净吨位每吨24元。摩托车二轮每辆48元、三轮每辆60元。人力平板车、客货三轮车每辆9元;畜力胶车每辆8元。2007年8月17日,依据自治区政府印发的《内蒙古自治区车船使用税实施办法》规定,载客汽车,大型载客汽车(包括电车)每辆600元,中型载客汽车每辆540元,小型载客汽车每辆420元,微型载客汽车每辆360元;载货汽车(包括半挂牵引车、挂车、专项作业车、轮式专用机械车),按自重每吨84元;三轮汽车、低速货车(包括二轮、三轮),按自重每吨60元;摩托车每辆80元;机动船,净吨位小于或等于200吨3元,净吨位201吨至2000吨4元,净吨位2001吨至10000吨5元,10001吨以上6元(拖船和非机动驳船分别按机动船舶税额的50%计算)。

2013年1月23日,自治区政府印发《内蒙古自治区实施〈中华人民共和国车船使用税法〉办法》,自2013年3月1日起施行新的车船使用税征收税目。1994年,全市征收车船使用税127万元。2014年,全市征收车船使用税1.36亿元,比1994年增长135倍。

印花税 1994年后,印花税由国税部门改为地税部门征收。印花税的税率采用比例税率和定额税率两种。

比例税率。税率共分为四档,分别为1‰、0.5‰、0.3‰、0.05‰。适用1‰税率为“财产租赁合同”“仓储保管合同”“财产保险合同”税目。适用0.5‰税率为“加工承揽合同”“建设工程勘察设计合同”“货物运输合同”“产权转移数据”税目和“营业账簿”税目中的记载资金的账簿。适用0.3‰税率为“购销合同”“建筑安装工程承包合同”“技术合同”税目。适用0.05‰税率的是“借款合同”税目。

定额税率。适用定额税率的为“权利许可证照”税目,税目中的其他账簿部分,税额均为每件5元。

2013年内蒙古自治区车船使用税税目税额表

表 10-2-6

税目		计税单位	年税额(元)	备注
乘用车按发动机气缸容量(排气量)分档	1.0升(含)以下的	每辆	300	核定载客人数9人(含)以下
	1.0升以上至1.6升(含)的		360	
	1.6升以上至2.0升(含)的		420	
	2.0升以上至2.5升(含)的		900	
	2.5升以上至3.0升(含)的		1800	
	3.0升以上至4.0升(含)的		3000	
	4.0升以上的		4500	
商用车	客车	每辆	核定载客人数大于9人小于20人,每辆720元;核定载客人数20人以上(含)的,每辆900元	核定载客人数9人以上,包括电车
	货车	整备质量每吨	84	包括半挂牵引车、三轮汽车和低速载货汽车等
挂车		整备质量每吨	42	
其他车辆	专用作业车	整备质量每吨	84	不包括拖拉机
	轮式专用机械车		84	
摩托车		每辆	36	
船舶	机动船舶	净吨位每吨	1.净吨位不超过200吨的,每吨3元;2.净吨位超过200吨但不超过2000吨的,每吨4元;3. 净吨位超过2000吨但不超过10000吨的,每吨5元;4.净吨位超过10000吨的,每吨6元。拖船按照发动机功率每1千瓦折合净吨位0.67吨计算征收车船税	
	游艇	艇身长度每米	1.艇身长度不超过10米的,每米600元;2.艇身长度超过10米但不超过18米的,每米900元;3. 艇身长度超过18米但不超过30米的,每米1300元;4.艇身长度超过30米的,每米2000元;5.辅助动力帆船,每米600元	

1994年,全市征收印花税142万元。2014年,全市征收印花税1.17亿元,比1994年增长116倍。

烟叶税 1994年1月,国务院颁发《关于对农业特产收入征收农业税的规定》,烟叶在农业特产税中征收,烟叶农业特产税税率为31%。1999年,将烟叶农业特产税下调为20%。2004年6月,财政部、国家税务总局印发《关于取消除烟叶外的农业特产税有关问题的通知》,除对烟叶暂保留征收农业特产税外,取消对其他农业特产品征收农业特产税。2006年4月28日,国务院颁布《中华人民共和国烟叶税暂行条例》后,赤峰市开征烟叶税,实行比例税率,税率为20%,由地税部门征收。同年,全市征收烟叶税1600万元。2014年,全市征收烟叶税2707万元,比2006年增长69.19%。

农牧业"五税" 农牧业"五税"包括耕地占用税、契税、农业税、牧业税和农业特产税。其中农业税实行平均税率和纳税人适用税率,2000年税费改革前,赤峰地区平均税率为11.88%;农业税的地方附加适用税率为纳税人应纳农业税税额的15%,最高不超过30%,赤峰地区执行纳税人应纳农业税税额的12%。牧业税采取按牲畜种类实行差别定额税率,1996年前,内蒙古地区每头(匹)大牲畜每年税额为牛5元、马5元、骆驼2元,小牲畜每年每只税额为山羊1.5元、绵羊1元;1996年后,每头(匹)大牲畜每年税额为牛25元、马10元、骆驼2元,小牲畜每年每只税额为山羊3.5元、绵羊3元。农业特产税是农业税附加税种,税率按实际销售收入计税,税率按销售种类为5%~6%。1991—1993年,全市共征收农牧业"五税"13266万元。

1994年税制改革后,农牧业"五税"由市地税局征收。2006年1月1日起,全国停征农业税、牧业税和农业特产税,只保留征收耕地占用税和契税。1994年,全市征收农牧业"五税"8451万元。2006年,全市征收农牧业"五税"8510万元。

耕地占用税 耕地占用税实行地区差别税额,以旗县区为单位按人均耕地(按人口和现有耕地计算)的多少规定税额。1996年前,赤峰市耕地占用税税率为红山区、元宝山区、松山区穆家营子镇、各旗县人民政府所在地的镇,其耕地占用税征收标准为每平方米5元,其他地区按人均耕地面积每平方米分别为4~2元。1996年1月1日起,赤峰市耕地占用税平均税额为每平方米6.25元。2008年7月1日起,根据《内蒙古自治区耕地占用税实施办法》的规定,赤峰市耕地占用税平均税额为每平方米31元。2014年11月7日后,根据修改后的《内蒙古自治区耕地占用税实施办法的决定》,经济开发区耕地占用税在每平方米45~20元适用税额基础上提高50%。

1991年,全市征收耕地占用税1283万元,2009年征收1.13亿元,2011年达到2.31亿元。2014年,全市征收耕地占用税6.05亿元,比1991年增长45.54倍。

契税 1997年10月1日后,按国务院颁布的《中华人民共和国契税暂行条例》规定,赤峰市征收契税实行幅度比例税率,税率幅度为3%~5%。1998年10月1日后,按自治区政府印发的《内蒙古自治区契税实施办法(暂行)》规定,赤峰市征收契税税率为3%。1991年,全市征收契税24万元,2007年征收1.03亿元,2011年达到3.52亿元。

2014 年,全市征收契税 6.14 亿元,比 1991 年增长 3069 倍。

二、基金(费)

社会保险费　2001 年始,赤峰市社会保险费由地税部门负责征收。征收的费种包括基本养老保险、基本医疗保险、工伤保险、失业保险、生育保险 5 种。2011 年始,赤峰市新型农村牧区社会养老保险费由地税负责征收,新型农村牧区社会养老保险缴费标准,依据自治区政府印发的《关于印发自治区新型农村牧区社会养老保险试点办法的通知》规定执行,具体为:个人缴费标准分 100 ~ 500 元 5 个档,政府补贴标准分 30 ~ 50 元 5 个档。2013 年,市地税局开始征收城镇居民医疗保险费,城镇居民医疗保险费缴费标准,具体为:个人缴费分 100 ~ 1000 元 10 个档,政府补贴标准分 30 ~ 75 元 10 个档。2001 年, 全市征收社会保险费 2.61 亿元。2014 年, 全市征收社会保险费 54.02 亿元,比 2001 年增长 19.70 倍。

2001—2014 年赤峰市社会保险费收入情况统计表

表 10-2-7　　单位:万元

项目＼年份	2001	2002	2003	2004	2005	2006	2007	2008	2009	2010	2011	2012	2013	2014
社会保险费收入合计	26087	32651	35539	42360	56481	81077	111105	157710	184343	231718	357645	417738	502026	540173
1.基本养老保险费	18885	22156	23219	28711	37625	54508	76785	111604	121181	149999	252297	273540	319467	339736
2.基本医疗保险费	4208	6634	8311	9555	14230	21501	28482	36842	50920	64866	82884	95371	124060	143499
3.失业保险费	2527	3183	3200	3280	3228	2859	3254	4458	6471	8648	10021	12873	14343	18567
4.工伤保险费	255	374	540	543	1109	1817	2067	4011	4718	6668	8673	10942	13444	15949
5.生育保险费	212	304	269	271	289	392	517	795	1053	1537	2295	3183	3924	5281
6. 新型农村牧区社会养老保险费	—	—	—	—	—	—	—	—	—	—	1475	21829	26771	16700
7. 城镇居民医疗保险费	—	—	—	—	—	—	—	—	—	—	—	—	17	441

行政性收费　1995—2014 年, 赤峰市地税局先后征收教育费附加和地方教育费附加、文化事业建设费、工会经费、残疾人保障金、水利建设基金、煤炭价格调节基金行政性收费 6 种。1995 年,全市行政性收费 261 万元。2006 年,行政性收费超亿元,达到 1.15 亿元。2014 年,全市行政性收费 5.10 亿元,比 1995 年增长 169 倍。

教育费附加和地方教育费附加。1995 年 9 月,开征教育费附加,教育费附加征收率为

1%。2005 年 10 月 1 日起，教育费附加征收率提高到 3%。1996 年，开征地方教育费附加，地方教育费附加按部分基本建设项目和缴费额分别征收，基本建设项目按不同类别每平方米 10～30 元计征，缴费额按不同类别分别为 5%～4%计征。1995 年，全市征收教育费附加 261 万元。1996 年，征收地方教育费附加 131 万元。2014 年，分别征收教育费附加、地方教育费附加 17172 万元和 8870 万元，教育费附加比 1995 年增长 64.79 倍，地方教育费附加比 1996 年增长 66.71 倍。

文化事业建设费。1997 年 1 月，全市开征文化事业建设费。征收对象为各种营业性的歌厅、舞厅、卡拉 OK 歌舞厅、音乐茶座、高尔夫球、台球、保龄球以及其他娱乐场所，广播电视台、报纸刊物等广告媒体单位及户外广告经营单位和个人。文化事业建设费的费率为 3%。1997 年，全市征收文化事业建设费 6 万元。2014 年，征收 58 万元，比 1997 年增长 8.67 倍。

工会经费。2005 年，全市开征工会经费。征收标准以建立工会组织的企事业单位每月全部职工工资总额的 2%的 60%部分代征工会经费；未建立工会组织的单位，按单位全部职工工资总额的 2%按月代征工会筹备金。自 2013 年 1 月 1 日起，已建立工会组织的企事业单位按本单位每月全部职工工资总额的 2%代征工会经费；未建立工会组织的企事业单位，自开办或设立满 6 个月的次月起，按本单位每月全部职工工资总额的 2%代征工会筹备金。2005 年，全市征收工会经费 106 万元。2014 年，征收 1.11 亿元，比 2005 年增长 110 倍。

残疾人保障金。2005 年，全市开征残疾人保障金。征收对象为凡在内蒙古自治区行政区域内的机关、团体、企业、事业组织、城乡经济组织和民办非企业单位等各类用人单位，按照不低于本单位在职职工总数的 1.5%的比例安排残疾人就业，对未安置或安置残疾人就业未达到规定比例的用人单位，都要按规定缴纳残疾人就业保障金。2005 年，全市征收残疾人保障金 677 万元。2014 年，征收残疾人保障金 3272 万元，比 2005 年增长 3.83 倍。

水利建设基金。2005 年，全市开征水利建设基金，征收范围和标准为从地方收取的政府性基金（收费、附加）中提取 3%作为水利建设基金；自治区各级财政从年度新增收入中，剔除列收列支、政策性先征后返及按规定上解后，提取 5%的资金作为水利建设基金；凡有销售收入或营业收入的企事业单位及个体经营者，均是水利建设基金的缴费人，按上月销售收入或营业收入的 1‰计征，其中银行（含信用社）按上年利息收入的 0.6‰计征；保险公司一年期以上返还本利的人身保险业务免征地方水利建设基金，其他按上年保费收入的 0.6‰计征；各类信托投资公司、财务公司等非银行金融机构按上年业务收入的 1‰计征。2005 年，全市征收水利建设基金 273 万元。2014 年，征收 9689 万元，比 2005 年增长 34.49 倍。

煤炭价格调节基金。2009 年，全市开征煤炭价格调节基金。征收对象为凡在内蒙古自治区行政区域内开采原煤的企业，按照原煤产量缴纳煤炭价格调节基金。征收标准为褐煤每吨 8 元,无烟煤每吨 20 元,其他煤种每吨 15 元。2014 年 9 月,自治区政府调整煤炭价格调节基金征收标准,褐煤每吨下调为 6 元,无烟煤每吨价格维持不变,其他煤种每吨下调为 12 元。2014 年 12 月,煤炭价格调节基金停止征收。2009 年,全市征收煤炭价格调节基金 6432 万元。2014 年,因煤炭价格调节基金征收标准下调,征收 490 万元。

三、征收方式

1994 年开始,市地税局税款征收方式主要有查账征收、查定征收、查验征收、定期定额征收、自行申报、核定定额、简并征期和简易申报、代扣代缴和代收代缴、委托代征 9 种。

2000 年 3 月,对未办理税务登记的单位、组织、个人从事装饰修缮、房屋租赁取得的应税收入,农村居民建房占用耕地发生的应税行为,个人拥有的自行车和农牧民拥有的其他应税车辆等零散税源实行委托代征。

2012 年,市财政、银行、地税等部门建立财税库银横向联网电子缴税系统,进行网上征税申报试点,推广支票、银行卡、电子结算等方式缴纳税款。

2014 年,市地税局计算机核定税款的户数 12041 户,推行纳税人储蓄预存、税务局批量划缴的户数 23459 户,推行简并征期户数 16409 户。

四、税费收入

全市地税系统坚持依法治税、强化征管改革、优化纳税服务,促进税收工作的开展,连年超额完成收入任务。1994 年,国税、地税机构分设后,市地税局税收收入由工商税收、农牧业税收等构成。1995 年,增加新开征的教育费附加收入;1996 年,增加新开征的地方教育费附加收入;1997 年,增加新开征的文化事业建设费收入。1999 年开始,市地税局税收总收入由工商税收收入、农牧业税收、教育费附加和地方教育费附加、文化事业建设费、地税部门其他罚没收入(2000 年开征)构成。2001 年,社会保险费列入地税税收总收入。1994—1999 年, 地税收入中只有文化事业建设费收入的预算级次为自治区级,其他各项收入的预算级次均属于市或旗县区级。1999—2005 年,地税收入中的非银行金融保险机构营业税、城市维护建设税、教育费附加收入和文化事业建设费收入的预算级次为自治区级。2002 年,企业所得税、个人所得税收入的预算级次由全部市或旗县区级改为中央级 50%、市或旗县区级 50%。从 2003 年开始,企业所得税、个人所得税收入的预算级次由中央级 50%、市或旗县区级 50%,改为中央级 60%、市或旗县区级 40%。从 2005 年 10 月起, 地方教育费附加收入的预算级次由全部市级改为自治区级 70%、市级 30%。从 2005 年起,水利建设基金预算级次均属于自治区级;残疾人保障金和工会经费预算级次属于市或旗县区级。除上述收入外的其他各项收入的预算级次均属于市或旗县区级。

2006—2011 年,按照《关于自治区与盟市财政体制完善后有关预算管理问题的通知》要求,全部营业税收入的预算级次为自治区级 20%、市或旗县区级 80%;企业所得税、个人所得税收入的预算级次为中央级60%、自治区级8%、市或旗县区级32%;资源税收入的预算级次为自治区级20%、市或旗县区级80%;文化事业建设费收入、水利建设基金收入的预算级次为自治区级; 地方教育费附加收入的预算级次为自治区级70%、市级30%。除上述收入以外的其他各项收入的预算级次均属于市或旗县区级。

2012—2013年, 全部营业税收入的预算级次为自治区级10%、市或旗县区级90%;企业所得税、个人所得税收入的预算级次为中央级60%、自治区级10%、市或旗县区级30%;资源税收入的预算级次为自治区级65%、市或旗县区级35%。2012年,地税部门的税收总收入包括工商税收收入、教育费附加和地方教育费附加、税务部门罚没收入。文化事业建设费收入、水利建设基金收入的预算级次为自治区级;地方教育费附加收入的预算级次为自治区级70%、市级30%;煤炭价格调节基金收入的预算级次是自治区级70%、盟市级15%、旗县区级15%。除上述收入以外的其他各项收入的预算级次均属于市或旗县区级。2014年,税收收入口径不变,将教育费附加和地方教育费附加、税务部门罚没收入、文化事业建设费、工会经费、残疾人保障金、水利建设基金和煤炭价格调节基金列入其他收入。

1994年,全市地税系统完成税费收入2.41亿元;1995年后,随着行政性收费项目的增加,"九五"时期(1996—2000年)全市地税系统累计完成税费收入25.88亿元,年均增长13.74%,占同期财政收入的比重为42.56%,占地方财政收入的比重为64.85%;"十五"时期(2001—2005年)全市地税系统累计完成各项税费收入55.23亿元,年均增长27.09%, 其中税收总收入41.51亿元, 年均增长15.91%, 占同期财政收入的比重为41.15%,占地方财政收入的比重为64.20%; "十一五"时期(2006—2010年)全市地税系统累计完成税费收入229.96亿元,年均增长31.80%,其中税收总收入146.47亿元,年均增长31.48%, 占同期财政总收入的比重为41.07%, 占地方财政收入的比重为76.63%;2011—2014年,全市地税系统累计完成税费收入501.62亿元,年均增长17.52%,其中税收总收入306.14亿元,年均增长18.83%,占同期财政总收入的比重为55.11%,占地方财政收入的比重为94.04%。2014年,全市地税系统完成税费收入145.13亿元,比"九五"期间增长4.61倍,比1994年增长59.22倍。

第二节 征收管理

一、税务登记

根据《中华人民共和国税收征收管理法》《税务登记管理办法》的有关规定,纳税人在申报办理税务登记时, 应根据不同情况提供工商营业执照或其他核准执业证件、组织机构统一代码证书、税务机关要求提供的其他有关证件、资料,填写税务登记表,符合要求税务机关发放税务登记证件。1994年, 市地税局登记户数12337户。1996年12月,市地税局与工商部门联合办公,为经营者和纳税人办理证照。2004年6月,按照国家税务总局、国家工商行政管理总局《关于工商登记信息和税务登记信息共享问题的通知》,市国税局、地税局、工商行政管理局实现信息交换和共享。

2008年4月,克什克腾旗地税局与国税局按照国家税务总局印发的《税务登记管理办法》,实行国税局、地税局联合办理税务登记,并免收税务登记费的试点工作。2009年,联合登记在赤峰市各旗县区逐步推广。同年,按照自治区地方税务局《关于暂免收取税务登记证工本费的通知》规定,3年内免收纳税人新办、变更税务登记证工本费。2011年2月1日,按照财政部、国家发展改革委《关于取消部分涉企行政事业性收费的通知》规定,取消税务登记证工本费。2014年,赤峰市地税局登记户数为12.12万户,比1994年增长8.85倍。

二、纳税申报

1994年,纳税申报方式主要包括直接申报、邮寄申报、数据电文申报和代理申报4种。同时要求从事生产、经营的纳税人自领取营业执照或者发生纳税义务之日起15日内按照国家有关规定设置账簿。1998年,市地税局直属征收管理分局和翁牛特旗地税局乌丹地税所推进银行税务一体化管理的申报纳税制度改革。2005年,市地税局对纳税人办理涉税事项所需提供的资料和标准,实行"一次性"告知、"一次性"办结。2006年,市地税局启用短信催报催缴系统,对纳税人申报纳税事项进行提醒,促进税款及时入库。市地税局直属征收管理分局开通网上申报业务。至2014年,全市地税系统仍然采取多元化的申报方式。

自2003年始,市地税局联合市国税局分别在2003年、2006年、2008年、2010年、2012年、2014年连续6次对全市企业纳税人开展纳税信用等级评定工作,有243户纳税人被授予A级信用纳税人。

三、发票管理

1994年开始,市地税局依据1993年国务院颁发的《中华人民共和国发票管理办法》及实施细则实施发票管理。以推广使用有奖定额发票和机打发票为主,不断推进发票改革。1998年1月1日,按照自治区地方税务局印发的《内蒙古自治区金融保险业发票管理暂行办法》,启用套印全国统一监制章的手续费发票、出售凭证发票、贷款利息发票、保险费发票等金融保险业普通发票。同年6月,经自治区地方税务局批准,赤峰市启用饮食业统一定额发票,发票票面金额100元。同年10月1日起,启用饮食业、娱乐业定额专用发票,面额为5元、10元、50元、100元4种。将文化、体育、娱乐、旅游、医疗保健及其他服务业纳入发票管理范围。1999年2月25日,对征收营业税的行政事业性收费票据统一使用地税发票。2000年,对饮食娱乐业纳税人实行划类管理,查实与定率征收相结合,开展以票管税和发票有奖查询。2002—2003年,合并启用邮政业、运输业等15种新版发票。市地税局与国税部门联合开展普通发票抽奖活动,对饮食业、出租汽车、建筑安装业、销售不动产、公路运输客运发票实行电话抽奖。按照国家税务总局印发的《关于加强货物运输业税收管理及运输发票增值税抵扣管理的公告》，提供货物运输劳务的纳税人必须经主管地税局认定方可开具货物运输业发票。2004年，推行机打发票、定额发票。市地税局窗口代开发票全面使用机打票，取消手工填制发票，边远税务所和城区税务所不再设立代开发票窗口。启用赤峰市服务业、娱乐业、文化体育业定额发票等57种新版发票。2005年后，按照自治区地方税务局、邮政局联合印发的《关于加强全区邮资明信片门票管理工作的通知》规定，邮资明信片门票由国家邮政局指定的厂家进行印制，印制邮资明信片门票必须套印发票监制章。统一运输、建筑安装、销售不动产、金融保险、邮政通信、过路过桥收费等行业发票的样式和使用规范。2011年1月1日，按照国家税务总局要求，统一使用新版普通发票，启用全国统一样式的发票专用章。将原68种地税发票简并为10种，其中国家税务总局统一规格、样式的8种，自治区地方税务局统一规格、样式的2种。压缩定额发票，全面推广机打发票。2012年，按照国家税务总局要求，免收小型微型企业税务发票工本费。全面启用自治区统一的新版地税发票，免收个体工商业户发票工本费。

2013—2014年，按照国家税务总局印发的《关于取消发票工本费有关问题的通知》，取消税务发票工本费。自治区取消发票领用环节的审批程序，为纳税人按需供应发票。启用不带布奖样式的新版通用定额发票。代开发票适用范围包括销售不动产、建筑业、地税机关管辖的其他业务，实行“先完税，后开票”（免税除外）。依据自治区国家税务局、地方税务局印发的《关于营业税改征增值税有关普通发票事项的公告》《关于电信业营业税改征增值税试点有关普通发票事项的公告》规定，交通运输业和部分现代服务业、电信业“营改增”试点纳税人可以向国税机关申请领购、开具和必须使用国税机关监制的发票；地税机关监制的发票停止使用。

1994—2014年，市地税局、国税局、公安局按照国家税务总局、公安部印发的《关于开展打击伪造发票犯罪活动的联合通知》，联合开展打击整治发票违法犯罪专项行动，对伪造、非法印制发票，利用手机短信、互联网、传真、邮递等交易方式兜售假发票，非法代开发票、专门发送发票违法信息和专门从事代开发票的团伙进行集中重点整治。打掉非法制售发票团伙4个，抓获犯罪嫌疑人21人，收缴假发票缴款书完税证3465份，定额发票1424本。与公安机关配合破获倒卖假发票案件4起，抓获犯罪嫌疑人9人；缴获假发票2万余份、1400余本。全市地税系统共检查使用地税发票的纳税人11.14万户次，查补税款、罚款298.63万元。

第三节 税务稽查

1994—2002年，市地税局税务稽查局先后检查工业、商业、矿山、建筑业、房地产开发业、金融保险业、邮政通信业、养殖业等行业重点户3000户，其中有问题的2500户，查补入库税款1亿元，罚款500万元，补缴滞纳金1680万元。

2003—2011年，先后检查工业、商业、矿山、建筑业、房地产开发业、金融保险业、邮政通信业、养殖业等行业重点户 430 户,其中有问题的 334 户,查补入库税款 1.5 亿元,罚款 1900 万元,补缴滞纳金 900 万元。

2012—2014 年,检查工业、商业、矿山、建筑业、房地产开发业、金融保险业、邮政通信业、养殖业等行业重点户 131 户,其中有问题的 128 户,查补入库税款 3132 万元,罚款 461 万元,补缴滞纳金 406 万元。

第四节 税收减免

一、营业税减免

第三产业营业税减免 1993 年 12 月 13 日,国务院颁布《中华人民共和国营业税暂行条例》后,为鼓励、促进文化企业投资主体多元化,全市地税系统对各类投资主体经政府主管部门批准在纪念馆、博物馆、文化馆、美术馆、展览馆、书(画)院、图书馆、青少年宫、少年儿童活动中心、工人文化宫、文物保护单位举办的文化活动,属于“文化体育业”税目征税范围的第一道门票收入免征营业税,从 1993 年 12 月 13 日至 2014 年底累计减免营业税 2600 万元。

2009 年,国务院对《中华人民共和国营业税暂行条例》进行修订。按照自治区政府及自治区地税局的要求,2009 年 4 月 1 日起, 赤峰市将营业税起征点由 3500 元调整为 5000 元。2009—2010 年,营业税减免达到 2 万多户,累计减免营业税 1.2 亿多元。2011 年 1 月 1 日起, 将营业税起征点提高到 1 万元,2011 年 1—11 月营业税减免达到 2.6 万多户, 累计减免营业税 2.4 亿多元。2011 年 12 月 1 日, 将起征点提高到 2 万元,2012 年 1 月至 2014 年 9 月, 全市享受到营业税减免的个体工商户达到 6 万多户, 免税比例达到 96.5%,累计减免营业税 9 亿多元,大幅度降低第三产业纳税人的税负。

文化事业和文化产业营业税减免 2003 年后,全市地税系统对经营性文化事业单位创意文化产业基地、困难文化企业等给予营业税减免照顾,其中对在农村取得的电影放映收入免征营业税。2003—2014 年, 累计减免营业税 760 万元。2003—2010 年期间,对广播电视运营服务企业按规定收取的有线数字电视基本收视维护费免征营业税 1400 万元。依据 2009 年财政部、海关总署、国家税务总局印发的《关于支持文化企业发展若干税收政策问题的通知》规定,对文化企业在境外演出从境外取得的收入免征营业税,2009—2013 年免征营业税 78 万元。根据 2009 年财政部、国家税务总局印发的《关于扶持动漫产业发展有关税收政策问题的通知》规定,对动漫企业为开发动漫产品提供的动漫脚本编撰、形象设计、背景设计、动画设计、分镜、动画制作、摄制、描线、上色、画面合成、配音、配乐、音效合成、剪辑、字幕制作、压缩转码(面向网络动漫、手机动漫格式适配)劳务,在 2010 年 12 月 31 日前暂减按 3%税率征收营业税;2010 年,全年减免营业税 130 万元。

节能降耗营业税减免 2004 年,根据国家税务总局《关于污水处理费不征收营业税的批复》规定，单位和个人提供的污水处理劳务不属于营业税应税劳务，其处理污水取得的污水处理费，不征收营业税。2005—2014 年，免征营业税 523 万元。

安置残疾人就业营业税减免 2007 年，根据财政部、国家税务总局印发的《关于促进残疾人就业税收优惠政策的通知》规定，对安置残疾人的中小企业（包括福利企业、盲人按摩机构、工疗机构和其他单位），提供“服务业”税目（广告业除外）取得的收入占增值税业务和营业税业务收入之和达到 50%，按实际安置的残疾人人数，实行限额减征营业税，从 2007 年 7 月至 2008 年底，减征营业税 64 万元。

科技企业营业税减免 2009 年，根据国务院修订的《中华人民共和国营业税暂行条例》有关规定，全市地税系统积极扶持地方企业科技发展和研发，对国家及省级认定的高新技术创业服务中心、大学科技园、软件园、留学生创业园等科技企业孵化器，对向孵化企业出租场地、房屋以及提供孵化服务的收入免征营业税。2009—2010 年，免征营业税 52 万元。

中小企业营业税减免 2009 年，按照财政部、国家税务总局印发的《关于企业重组业务企业所得税处理若干问题的通知》精神，对中小企业在合并、分立、兼并过程中发生的土地使用权、不动产所有权的转移行为，不征收营业税。2009—2014 年，减免税款 400 多万元。对中小企业以不动产或者无形资产投资入股，参与接受投资方的利润分配、共同承担投资风险的行为，不征收营业税。对中小企业股权转让不征收营业税。2009 年 5 月至 2013 年底，减免营业税 670 万元。

二、个人所得税减免

2010 年，根据财政部、国家税务总局印发的《关于支持和促进就业有关税收政策的通知》规定，对持有就业失业登记证（注明“自主创业税收政策”或附着《高校毕业生自主创业证》）人员从事个体经营（建筑业、娱乐业以及销售不动产、转让土地使用权、广告业、房屋中介、桑拿、按摩、网吧、氧吧除外），在 3 年内按每户每年 8000 元为限额依次扣减其当年实际应缴纳的营业税、城市维护建设税、教育费附加和个人所得税。此项政策主要惠及国有企业下岗失业人员及待业人员。自 2011 年 1 月 1 日起，包括个人、个体工商户、小微企业在内的纳税人个人所得税起征点提高到 1 万元。2011—2014 年，减免个人所得税 700 多万元。

三、契税减免

2000 年，根据财政部、国家税务总局印发的《关于公有制单位职工首次购买住房免征契税的通知》规定，对各类公有制单位为解决职工住房而采取集资建房方式建成的普通住房或由单位购买的普通商品住房，经当地县级以上政府房改部门批准，按照国家房改政策出售给本单位职工，并且属职工首次购买住房，免征契税。自 2000 年 11 月 29 日起执行，至 2014 年末，全市有 2 万多户受益，减免契税 1000 多万元，对全市公房改革工作的开展起到推动作用。2001 年，根据财政部、国家税务总局印发的《关于社会力量办学契税政策问题的通知》规定，对县级以上政府教育行政主管部门或劳动行政主管部门批准并核发“社会力量办学许可证”,由企业事业组织、社会团体及其他社会组织和公民个人利用非国家财政性教育经费面向社会举办的教育机构，其承受的土地、房屋权属用于教学的,免征契税。自 2001 年 10 月 1 日施行。至 2014 年末,全市 643 所民办学校受益,减免契税 4141.69 万元,有力推进了民办教育事业发展。2008 年,根据财政部、国家税务总局印发的《关于调整房地产交易环节税收政策的通知》规定,为适当减轻个人住房交易的税收负担,支持居民首次购买普通住房,对个人首次购买 90 平方米及以下普通住房的,契税税率暂统一下调到 1%。首次购房由住房所在地县(区)住房建设主管部门出具证明,对个人销售或购买住房暂免征收印花税,对个人销售住房暂免征收土地增值税,于 2008 年 11 月 1 日施行。至 2014 年末,全市 24.33 万户受益,减免契税、印花税、土地增值税 6.91 亿元。2012 年,根据财政部、国家税务总局印发的《关于企业事业单位改制重组契税政策的通知》规定,对企业股份制改制、公司合并、分立、出售、破产、资产划转等有关契税实行减免政策,执行期限为 2012 年 1 月 1 日至 2014 年 12 月 31 日，全市共有 8 家企业享受减免税政策，减免契税 434 万元。2013 年,根据财政部、国家税务总局印发的《关于棚户区改造有关税收政策的通知》规定,于 2013 年 7 月 4 日开始,对棚户区改造过程中涉及的契税、印花税、土地使用税、土地增值税进行税收优惠。至 2014 年末,1500 户家庭、98 家企业受益，减免税款分别为 310 万元、423 万元。

四、耕地占用税减免

2012 年,根据财政部、国家税务总局《关于技工院校占用耕地免征耕地占用税的通知》规定,自 2012 年 3 月 22 日起,对经过省级人力资源和社会保障部门批准成立的技工学校占用的耕地免征耕地占用税。至 2014 年末,对 4 所学校减免耕地占用税 460 万元。

五、房产税、土地使用税减免

1991 年,根据国家税务总局印发的《关于林业系统免征土地使用税问题的通知》规定,自 1991 年 11 月 1 日起,对林区的有林地、运材道、防火道、防火设施用地,林业系统的森林公园、自然保护区,免征土地使用税。至 2014 年末,对 45 家林业企业进行土地使用税减免,减免税款 50.4 万元。2000 年,根据财政部、国家税务总局印发的《关于医疗卫生机构有关税收政策的通知》规定,自 2000 年 7 月 10 日起,对非营利性医疗机构自用的房产、土地、车船免征房产税、城镇土地使用税和车船使用税。至 2014 年末,对 48 个医疗机构减免房产税、城镇土地使用税和车船使用税 1.45 亿元。2011 年,根据财政部、国家税务总局印发的《关于继续执行供热企业增值税、房产税、城镇土地使用税优惠政策的通知》规定,自 2011 年 7 月 1 日至 2015 年 12 月 31 日,对向居民供热而收取采暖费的供热企业,为居民供热所使用的厂房及土地继续免征房产税、城镇土地使用税。至 2014 年末,对全市 29 户供热企业减免税款 3148.5 万元。2012 年,根据财政部、国家税务总局印发的《关于物流企业大宗商品仓储设施用地城镇土地使用税政策的通知》规定，自 2012 年 1 月 1 日至 2014 年 12 月 31 日止，对物流企业自有的（包括自用和出租）大宗商品仓储设施用地，减按所属土地等级适用税额标准的 50% 计征城镇土地使用税。至 2014 年末，全市 3 户物流企业减免土地使用税 33.78 万元。根据财政部、国家税务总局印发的《关于农产品批发市场、农贸市场房产税、城镇土地使用税政策的通知》规定，自 2013 年 1 月 1 日至 2015 年 12 月 31 日，对依法登记注册的专门经营农产品的农产品批发市场、农贸市场使用拥有的房产、土地免征收房产税和城镇土地使用税。至 2014 年末，全市对各类农产品批发市场减免房产税、土地使用税 539 万元。2013 年，根据财政部、国家税务总局印发的《关于部分国家储备商品库有关税收政策的通知》规定，自 2013 年 1 月 1 日至 2015 年 12 月 31 日，对全市国有储备直属库涉及的房产税、土地使用税等施行税收优惠政策。至 2014 年末，全市 14 家国有储备直属库受益，减免税款 1036.9 万元。

六、印花税减免

2003 年，根据财政部、国家税务总局印发的《关于企业改制过程中有关印花税政策的通知》规定，自 2003 年 12 月 8 日起，对企业在改制过程中所涉及的印花税实行税收优惠政策。至 2014 年末，全市 6 家改制企业减免印花税 5 万元。

2011 年，根据财政部、国家税务总局印发的《关于金融机构与小型微型企业签订借款合同免征印花税的通知》规定，自 2011 年 11 月 1 日至 2014 年 12 月 31 日，对小型微型企业和金融机构签订的借款合同免征印花税。至 2014 年末，减免印花税 22.7 万元。

七、车船使用税减免

2012 年 1 月 1 日，新修订的《中华人民共和国车船使用税法》正式施行，规定对节约能源、使用新能源的车船可以减征或者免征车船使用税。至 2014 年末，全市对 3732 辆节约能源、使用新能源的车船实行减征和免征车船使用税，累计减免车船使用税 84.8 万元。

第三章　税务体制改革

第一节　税收体制改革

1991—2014 年，税收体制经历统一税政、分税制改革、营业税改增值税、税种改革等。

一、统一税政

为使税收制度适应新形势，国务院从 1991—1993 年对工商税制进行若干修订。修订工商所得税，对国营企业按照产品销售收入，依据税率只征收工商税，集体企业与个体经营者按超额累进税率征收工商所得税和部分工商税，对大中型企业征收国营企业所得税;修订特定税目,对部分国营大中型企业征收国营企业工资调节税,集体企业、事业单位征收奖金税、城市维护建设税和集体企业所得税;试行征收增值税,对机器、机械和农机、农具等行业试行征收增值税,对纺织、日用电器、搪瓷制品和暖水瓶产品征收增值税,对轻工业品、建材和有色金属产品试行征收增值税;开征城乡个体工商业户所得税,开征固定资产投资方向调节税代替建筑税;简并税种,中外合资经营企业所得税、外国企业所得税并入外商投资企业和外国企业所得税征收。

二、分税制改革

1993年1月1日,《中华人民共和国税收征收管理法》正式施行。同年12月,国务院颁布《关于实行分税制财政管理体制的决定》,根据事权和财权相结合的原则,分别建立征收中央税的国家税务局系统和征收地方税的地方税务局系统,以稳定中央和地方的分配关系。同时,国务院相继颁布中华人民共和国增值税、消费税、营业税、企业所得税、资源税、土地增值税6个暂行条例。1994年1月1日后,在全国实行分税制财政体制,改革主要内容为中央与地方事权和支出的划分。根据事权与财权相结合的原则,按税种划分中央与地方的税收收入。将维护国家权益、实施宏观调控所必需的税种划为中央税;将同经济发展直接相关的主要税种划为中央与地方共享税;将适合地方征管的税种划为地方税,并充实税种,增加地方税收入。同年,国务院取消集市交易税、牲畜交易税、烧油特别税、奖金税、工资调节税,将屠宰税、筵席税下放给地方管理,经过这次改革,税制结构趋于合理。

三、营改增改革

2011—2014年,实施营业税改增值税改革试点,是继1994年分税制改革后,又一次重大税制改革。2011年,财政部、国家税务总局印发《营业税改增值税试点方案》,对国民经济行业中运输和部分现代服务业开展营业税改增值税改革试点。2012年8月1日起至年底,国务院将营改增试点扩大到8省市;2013年8月1日,营改增范围扩大到全国试行。2014年1月,全市营改增逐步推开。营改增试点范围扩大到"3+7"模式,"3"为交通运输业、邮政业和电信业,交通运输业包括陆路运输服务(含铁路运输服务和其他陆路运输服务)、水路运输服务、航空运输服务和管道运输服务;邮政业包括邮政普通服务、邮政特殊服务和其他邮政服务;电信业包括基础电信服务和增值电信服务。"7"为部分现代服务业的7个行业,包括研发和技术服务、信息技术服务、文化创意服务、物流辅助服务、有形动产租赁服务、鉴证咨询服务和广播影视服务。2014年1月1日,市地税局将35户邮政服务业及6户铁路运输业营业税改征增值税企业移交市国税部门。2014年6月1日,市地税局将52户电信业营业税改征增值税企业移交市国税部门。

四、征收税种改革

20世纪80年代前,国家始终统一征收工商税。20世纪80年代始,实施两次利改税改革，开征国营企业所得税，改变国营企业向国家上缴利润形式。在流转税方面，将工商税按其性质分解为产品税、增值税、营业税、盐税，开征资源税、城市维护建设税，恢复征收房产税、土地使用税、车船使用税。改进国营企业所得税和国营企业调节税征收制度。1985—1991 年，开征集体企业、私营企业、城乡个体工商业户所得税和个人收入调节税、奖金税（包括国营、集体企业和事业单位）、国营企业工资调节税、固定资产投资方向调节税、特别消费税、印花税等，工商税收共有 33 个税种。经过改革，使原来适应产品经济的单一税制，转向以流转税、所得税为主体，其他税种共同配合的多税种、多环节、多层次的复合税制，征收税种逐渐简并减少。

1994 年，分税制改革后，按税收征管范围把税种分为中央税、中央与地方共享税、地方税 3 类。其中国税系统征收管理的税种有增值税，消费税，铁道部门、各银行总行、各保险公司集中缴纳的营业税、所得税，金融、保险企业缴纳的营业税中高于 5%的部分，中央企业缴纳的所得税，中央与地方所属企业、事业单位组成的联营企业、股份制企业缴纳的所得税，地方银行、非银行金融企业缴纳的所得税，海洋石油企业缴纳的所得税。分税制进一步深化对产品税、增值税、营业税的改革，实行比较规范的以增值税为主体，消费税、营业税并行，内外资企业统一适用的流转税制，并取消工商统一税，停止征收烟、酒专项收入。实行新的所得税制，将过去对外商投资企业和外国企业、国有企业、集体企业、私营企业分别征收的多种所得税合并，统一适用于所有内资企业，按 33%的比例税率征收。同时还规定 27%和 18%两个低档照顾税率和税前列支项目、标准，改税前还贷为税后还贷，企业亏损可用下年利润弥补。此外取消国有企业调节税和对国有企业征收的国家能源交通重点建设基金以及国家预算调节基金。统一个人所得税制，执行新颁布的《中华人民共和国个人所得税法》，取消盐税、奖金税、工资调节税等税种，特别消费税并入新的消费税。改革后，形成以增值税为第一主体税种、所得税为第二税种的税制结构。

1994 年 8 月，国税、地税分设后，市国税局负责征收增值税、消费税、企业所得税 3 种。市地税局负责征收营业税、城市维护建设税、房产税、城镇土地使用税、车船使用税和车船使用牌照税、印花税、资源税、个人所得税、企业所得税、土地增值税、筵席税、固定资产投资方向调节税、耕地占用税、契税、农业税、牧业税、农业特产税、屠宰税 18 种。

2000 年 10 月 22 日，国务院颁布《中华人民共和国车辆购置税暂行条例》，规定从 2001 年 1 月 1 日起全国开征车辆购置税（简称车购税）取代车辆购置附加费，由国家税务局负责征收管理。2005 年 9 月，市国税局负责征收车购税。征收税种由 3 种增至 4 种。2006 年，市地税局开征烟叶税，征收税种由 18 种增至 19 种。

2002 年、2009 年，实施所得税收入分享改革。2002 年 1 月，国务院决定实施所得税收入分享改革，将新办企业所得税管理权限划归国家税务局。2009 年，新办企业所得税管理权限按流转税主体税种划分。新增企业所得税纳税人中，应缴纳增值税的企业，其企业所得税由国家税务局管理；应缴纳营业税的企业，其企业所得税由地方税务局管理。2014 年，市国税局征收 4 个税种，随着部分税种调整，市地税局征收 13 个税种。

第二节　基金(费)征收改革

一、社会保险费征收

2001年始,根据《内蒙古自治区社会保险费税务征缴暂行办法》的规定,赤峰市社会保险费由地税部门负责征收。费种包括基本养老保险、基本医疗保险、工伤保险、失业保险、生育保险5种。根据自治区政府《关于研究鄂尔多斯市新型农村牧区社会养老保险费征缴体制问题专题会议纪要》精神,2011年始,赤峰市新型农村牧区社会养老保险费由地税部门负责征收。根据自治区政府办公厅《关于开展城镇和农村牧区居民社会养老保险试点实施意见的通知》,城镇居民社会养老保险与新型农村牧区社会养老保险合并实施。2013年,市地税局开始征收城镇居民医疗保险费。

二、行政性收费征收

1995—2014年,市地税局先后征收教育费附加和地方教育费附加、文化事业建设费、工会经费、残疾人保障金、煤炭价格调节基金、水利建设基金6种行政性基金(费)。1995年9月1日始,根据教育部制定的《中国教育改革与发展纲要》要求,自治区地税部门在征收城市教育费附加时一并征收地方教育费附加。1997年1月1日开始,根据国务院《关于进一步完善文化经济政策的若干规定》和财政部、国家税务总局《关于印发文化事业建设费征收管理暂行办法的通知》,在全国范围内开征文化事业建设费。2005年始,依据内蒙古自治区地方税务局、自治区总工会联合印发的《关于委托自治区地方税务局代征工会经费的通知》,工会经费由地税部门征收;依据《内蒙古自治区地方税务机关征收残疾人就业保障金管理(暂行)办法》《赤峰市地方税务机关征收残疾人就业保障金实施(试行)办法》规定,开征残疾人保障金;根据自治区政府《关于印发自治区水利建设基金筹集和使用管理实施细则的通知》,对各级电力企业征收的地方水利建设基金,驻区的中央直属企业、事业单位征收的地方水利建设基金,委托自治区地税局征收,对除电力企业外的其他各类企业、事业单位及个体经营者征收的地方水利建设基金,委托盟市地方税务部门征收。2009年始,依据《内蒙古自治区煤炭价格调节基金征收使用管理办法》要求,煤炭价格调节基金由地税部门负责征收。2014年12月1日始,实施煤炭资源税从价计征改革,煤炭价格基金停止征收。

第三节　管理体制改革

一、管理体制

分税制改革前的税收管理体制　1994年分税制改革前,根据国务院颁布的《关于税收管理体制的规定》,在“统一领导,分级管理”的原则下,对税收管理权限进一步划分为国务院、财政部、省市自治区三级。明确凡属国家税收政策的改变,税法的颁布和实施,税种的开征、停征,税目的增减,税率调整都由国务院统一规定。在省、市、自治区范围内停征或者开征某一税种,对某种产品或者某个行业进行减税免税,对工商税中卷烟、酒、糖、手表4种产品需减税、免税及盐税的调整,需要报财政部批准。省、市、自治区掌握审批8种情况下的定期减免税。尤其对民族自治地区的少数民族聚居地区的税收,可以根据国家税法规定制定税收办法,报国务院备案。

1991年,根据自治区政府有关文件精神,全市严格控制减税免税,对假集体、假校办、假知青和假冒新产品骗取的减免税进行清理整顿。1992年7月,为实现自治区"两带一区"(沿边开放带、铁路沿线经济技术开发带,资源开发区)战略,使税收工作更好地服务、服从于改革,自治区税务局简化减免税审批程序,由各盟市税务局审批。审批范围包括民政部门、街道、乡镇举办的当年安置"四残人员"(盲、聋、哑及肢体残疾)达到规定比例的福利生产单位;当年安置待业人员超过企业人员总数60%的新办城镇劳动就业服务企业;自筹资金开展资源综合利用、生产属于《资源综合利用目录》范围内产品的企业;供销社、物资系统独立核算的再生资源企业以及自筹资金开展再生资源加工利用、加工生产属于《再生资源加工利用目录》范围内产品的国营企业;生产销售列入自治区税务局"新产品减免税名单"的新产品的企业;生产销售除烟、酒、鞭炮、焚化品、盐、原木以外其他产品的新办乡村、集体企业。1993年8月,自治区政府规定,停止执行下放的减免税审批权限,对自治区下放的部分税收减免权限的有关文件,各地一律停止执行。

分税制改革后的管理体制　1994年,全国实行工商税制改革。国税系统实行国家税务总局垂直领导的管理体制。新的税收体制以彻底实行分税制为基础,规定中央税和全国统一实行的地方税立法权集中在中央,除税法规定的减免税项目外,各级政府及各部门都无权减免税。同时,新的税收管理体制也赋予地方政府特别是民族自治地区较大的权限。

1996年2月,根据国务院办公厅转发《国家税务总局关于调整国家税务局、地方税务局税收征管范围的意见》,自治区政府提出税收征管补充意见包括:个体工商户增值税、消费税由国税局负责征收管理,关于涉外税收的增值税、消费税、外商投资企业和外国企业所得税由国税局负责征收,中央与地方所属企业、事业单位组成的联营企业、股份制企业的所得税由当地国税局负责征收管理,证券交易税由国税局征收,其他工商各税仍按原规定执行。同年,自治区国家税务局《关于中央企业所得税减免管理审批办法》规定,凡减免企业所得税额在50万元以下的,由各盟市国税局批准,在50万元以上和100万元以下的,上报自治区国家税务局,分别由自治区国家税务局和国家税务总局批准。2000年,自治区政府印发《关于进一步简化涉企行政审批和检查工作的通知》,要求各部门放宽权限、简化手续,提高办事效率,搞好服务。自治区国家税务局作出决定,对国家税务总局规定可以下放至基层国税部门的企业所得税税前扣除审批权限一律下放。2001年,依据国家税务总局对汇总(合并)纳税企业实行“统一计算、分级管理、就地预交、集中清算”的征收办法,市国税局对市级企业执行就地预交年度所得额20%,旗县级企业执行就地预交年度所得额15%。同年,国家实施西部大开发战略,规定设在西部地区国家鼓励类产业的内资企业和外商投资企业,在2001—2010年期间,减按15%的税率征收企业所得税。2011年,国家明确新一轮西部大开发税收优惠政策,对设在西部地区以《西部地区鼓励类产业目录》中规定的产业项目为主营业务,且主营业务收入占企业收入总额70%以上的企业减按15%的税率征收企业所得税。至2014年底,全市有6户内资企业、5户外商投资企业确认享受西部大开发所得税优惠政策,减免企业所得税4000万元。主要涉及羊绒、风电、节水设备等行业。

二、管理机构

国税管理机构　市级管理机构。1991年,市税务局内设机构9个。1994年8月,市国税局成立。从2000—2009年,市国税局先后进行3次机构改革,内设机构由8个调整为11个。2014年,市国税局内设机构15个,分别为办公室、政策法规科、货物和劳务税科、所得税管理科、收入核算科、纳税服务科、征收管理科、财务管理科、人事科、巡视办、监察室、机关党委办公室、离退休干部科、系统工会、税务学会;直属机构3个,为稽查局、直属征收分局、车辆购置税征收管理分局;事业单位4个,为自治区国税局赤峰培训中心、计算机信息中心、机关服务中心、票证中心。有工作人员180人。

旗县区管理机构。1991年,市税务局下设9个旗县税务局。1994年,9个旗县税务局改称国税局。至2014年底,市国税局下设12个旗县区国税局和赤峰经济开发区国税局。有12个稽查局,16个税务分局,37个税务所,15个办税服务厅。有工作人员1615人。

地税管理机构　市级管理机构。1994年8月,赤峰市地税局成立,内设机构11个。1995年,市地税局成立税务稽查局。2009年10月,成立赤峰红山经济开发区地税局。2014年,市地税局内设机构11个,分别为办公室、人事教育科、法制科、税政管理一科、税政管理二科、税收管理和科技发展科、纳税服务科、计划会计统计征收科、政府规费和基金管理科、财务装备科、监察室。下设派出机构4个,为市地税局直属征收管理分局、市地税局税务稽查局、市地税局社会保险费征收管理分局、市地税局赤峰经济开发区分局。有工作人员294人。

旗县区管理机构。1994年,12个旗县区地税局先后成立。1995年,各旗县区地税局下设稽查局。至2014年底,市地税局下设12个旗县区地税局和赤峰经济开发区分局,有稽查局12个,基层税务所130个,共有工作人员1082人。

第十一卷

城乡建设　环境保护

赤峰于清乾隆三十九年(1774 年)建城。从建城至新中国成立的 175 年间,“九街三市”的格局长期未变,发展缓慢。1949 年,赤峰市区面积仅 2.1 平方公里,人口约 5 万。20 世纪 50 年代开始到 20 世纪末,赤峰市用于城市基础设施建设的投资逐年加大,与生产、生活密切相关的城市道路、交通、供水、供电、供气等大批工程相继建成,全市城镇建设发生了翻天覆地的变化。2000 年,赤峰中心城区建成区面积达到 43 平方公里、人口 50 万,分别是 1949 年的 20.5 倍、10 倍。全市城关镇 9 个,建成区面积平均达到 6 平方公里,入住人口平均达到 3.5 万人。小城镇从无到有,达到 76 个,城镇化率由 6%提高到 27%。

1991—2014 年,赤峰市共编制 4 版《赤峰市城市总体规划》,分别是 1989 版城市总体规划、1994 版城市总体规划、2002 版城市总体规划、2012 版城市总体规划。规划城市人口由 50 万人提高到 150 万人, 规划城市建设用地规模由 73 平方公里扩大到 207 平方公里,城市规划区面积由 112.5 平方公里扩大到 3706 平方公里。

为拉大城市框架,缓解老城区人口、交通等方面压力,2003 年,赤峰市在老城区西部启动了规划面积 35 平方公里、规划人口 26 万的新城区建设。经过 10 余年的建设,新城区建成区面积达到 22 平方公里、人口 11 万,市党政机关多数迁入新城区,成为赤峰市政治、文化中心,也是内蒙古城市建设的亮点。2009 年开始,红山区启动了规划面积 29 平方公里、规划人口 10 万的桥北新区建设,松山区启动了规划面积 11 平方公里、规划人口 11 万的松北新城建设,截至 2014 年均已形成一定规模。在新城区建设的同时,赤峰市老城区改造同步推进。2003—2014 年,累计完成投资 100 多亿元,实施了河道治理、小街小巷治理、城市绿化美化亮化、污水处理等一批重点工程,完成 200 万平方米的老旧小区改造, 城市整体环境有了很大改善。赤峰中心城区建成区面积达到 105 平方公里, 人口 100.11 万。

在加快推进城镇化的过程中, 全市 9 个旗县城关镇全部完成规划编制, 总规划面积 417 平方公里。锦山、新惠、天山、大板、林西、经棚等城关镇新区建设均形成了一定规模,林东、乌丹、天义也启动了新区建设。城关镇建成区面积达 135.6 平方公里,入住人口 134.1 万。同时还培育形成了克什克腾旗热水、宁城县汐子、敖汉旗四家子、喀喇沁旗王爷府等一批工贸结合型、交通枢纽型、商品集散型、文化旅游型特色小城镇。

1991—2014 年,是赤峰城市建设投入最多、发展最快、市容市貌变化最大的时期。市区道路面积由 626 万平方米增至 4749.8 万平方米; 排水管道总长由 200 公里增至 1477.08 公里;自来水供水能力由 5543 万吨增至 16141.25 万吨;城镇房屋总面积由 1546 万平方米增至 9230.6 万平方米, 城镇居民人均住宅面积由 7.63 平方米增至 30.06 平方米;建筑业总产值由 1.93 亿元增至 181.32 亿元;园林绿地面积由 847 公顷增至 7435.05 公顷。2000—2014 年,全市城镇建成区面积由 115 平方公里扩大到 300 平方公里,城镇化率由 27%提高到 46%。

20 世纪 80 年代起,赤峰市进入迅速推进工业化和城市化的发展阶段,城市规模扩大,人口密度加大。由于经济增长主要靠高投入、高消耗的传统方式,污染物排放量不断增加,环境污染逐年加重,超过环境自然净化能力。市区河道水质以及市区大气环境和声环境质量在一定阶段呈下降趋势。

1984 年,环境保护被确定为基本国策。此后市委、市政府不断建立完善环境保护规划和管理体系、管理机制,制定和印发保护水、气、声环境的地方环境保护法规,较早建立建设项目"环保三同时"(环境保护设施与主体工程同时设计、同时施工、同时投入运行)、排污收费等以政府环境保护目标责任制为主体的多项环境管理基本制度。同时,建立健全环境保护执法监督机制。各级人大、政协加强对环境保护执法的检查、监督,新闻媒体曝光环境污染问题,公众对环境问题的信访和举报,都有力地促进了环境保护执法工作的开展。

1994 年 6 月,市政府印发《赤峰市大气污染防治暂行管理办法》。1996 年,市政府提出实施"蓝天碧水"工程,把保护生态环境与城镇建设及管理有机结合、与整个环境保护有机结合。1997 年,市委、市政府印发《关于加强环境保护工作的意见》。2001 年,市政府提出 "污染防治与生态保护并举""生态保护与生态建设并重""城市环境与农村环境并抓"方针,严格执行建设项目"环保第一审批权"和验收制度。2007 年 5 月,市委、市政府印发《关于落实科学发展观,加强环境保护工作的意见》,围绕意见的贯彻落实,强化环境保护执法力度,完善监管体制,建立长效机制。2011 年,市政府全面落实减排目标责任制,实行严格的问责制和"一票否决"制。2012 年,市政府印发《赤峰城区大气环境综合整治实施方案》,进一步加强污染物减排、大气污染防治、水污染防治、重金属污染防治等环境治理工作。

1991 年,全市加强"三废"(废水、废气、固体废弃物)治理。1996 年,开展"一控双达标" 环境治理, 实施污染物总量控制。2001 年, 建设项目环境影响评价制度执行率为 99.8%;烟尘控制区、噪声控制区面积分别达到 38.4 平方公里、39.6 平方公里。2002 年,在自治区率先开展油烟净化一条街活动。2007 年,全市审批建设项目 756 个,"环保三同时"执行率 100%。2011 年,市政府研究确定"十二五"期间主要污染物减排项目 179 个。截至 2014 年,市政府实施重点行业脱硫脱硝除尘改造项目 80 个,取缔一大批燃煤锅炉、燃煤炉灶、"黄标车"和老旧车,淘汰工业落后产能;改造城市污水处理厂 7 个,辽河流域水污染治理项目竣工 12 个。全市废水、废气、固体废弃物等污染物排放得到有效治理,废水排放比 1996 年减少 1393 万吨,减少 24%;中心城区环境空气质量属于二级(良好),可吸入颗粒物浓度由 2011 年的 107 微克 / 立方米降至 88 微克 / 立方米。通过实施"蓝天工程""碧水工程""清静工程""生态工程"等重大环境建设,极大地提高了城市环境品位,全市大气、声环境质量总体趋于稳定,局部水环境质量显著改善。赤峰市先后被评为"国家卫生城市""国家森林城市"。

第一篇　城乡建设

第一章　城市规划

第一节　规划编制

一、城市总体规划

1991—2014年，赤峰市共编制、执行4版《赤峰市城市总体规划》，分别是1989年版、1994年版、2002年版、2012年版城市总体规划。

《赤峰市城市总体规划(1989—2020)》　1983年10月，国务院批准昭乌达盟改为赤峰市，1984年2月，市政府成立规划领导小组，重新修编《赤峰市城市总体规划》(简称《总体规划》)。1985年编制《总体规划》方案，1989年完成规划编制，1990年自治区政府批准实施。新的《总体规划》中，规划期限：1989—2020年，其中近期1989—2010年，远期2011—2020年。城市人口规模规划：中心城区2010年36万人，2020年50万人；元宝山城区2010年6.5万人，2020年9.5万人；平庄镇2010年7.5万人，2020年10.5万人。城市规划区：中心城区86.5平方公里，元宝山城区17平方公里，平庄镇9平方公里。新《总体规划》中还包括城市性质、城市职能、城市土地利用、市域城镇体系、城市交通等方面的规划。

《赤峰市城市总体规划(1994—2010)》　1994年，赤峰市再次修编《赤峰市城市总体规划》，由于行政区划原因，该版城市总体规划经赤峰市人大常委会审议后未报自治区人民政府审批。规划期限：1994—2010年，其中近期1994—2000年，远期2001—2010年，远景2011年以后。城市化水平：2000年，全市城镇人口达120万人，城市化水平达25%；2010年，全市城镇人口达180万人，城市化水平达35%。人口规模：中心城区人口规模2000年43万人，2010年60万人。用地规模：中心城区人均用地126平方米，2010年建设用地75平方公里。新的《赤峰市城市总体规划》还包括城市性质、城镇发展总体目标、城镇结构、市域综合交通规划、公用设施等规划内容。

《赤峰市城市总体规划(2002—2020)》　2001年，市政府决定修编城市总体规划。2002年2月，市政府委托中国城市规划设计研究院修编新一轮城市总体规划。2002年

10月，赤峰市第四届人民代表大会常务委员会第七次会议审议通过2002版《赤峰市城市总体规划(2002—2020)》,2003年4月,自治区政府批准实施。规划期限:2002—2020年,其中近期2002—2005年,中期2006—2010年,远期2011—2020年。市域人口和城镇化率:2005年全市人口450万人,城镇化率30%;2010年全市人口460万人,城镇化率40%;2020年全市人口470万人,城镇化率50%。城市人口规模:2005年72万人(中心城区50万人、平庄城区16万人、元宝山城区6万人),2010年82万人(中心城区58万人、平庄城区17万人、元宝山城区7万人),2020年95万人(中心城区68万人、平庄城区18.5万人、元宝山城区8.5万人)。规划区面积:赤峰市城市规划区的面积为620平方公里,其中中心城区360平方公里,平庄城区120平方公里,元宝山城区80平方公里,三座店水库及重大基础设施控制区60平方公里,形成一市三区的分散组团的空间结构。城市建设用地规模:2005年为76.04平方公里(中心城区50平方公里、平庄城区15.62平方公里、元宝山城区10.42平方公里),2010年为90平方公里(中心城区60平方公里、平庄城区18.15平方公里、元宝山城区11.85平方公里),2020年为106.96平方公里(中心城区74平方公里、平庄城区20.23平方公里、元宝山城区12.73平方公里)。市域城镇空间结构为"一主轴、两副轴"为骨架的点轴发展模式。一主轴:沿赤大公路、未来赤大铁路和叶赤线的城镇发展主轴,即北起大板,南至天义,沿线包括乌丹、赤峰、平庄、天义等。两副轴:沿北部集通铁路线和303国道以及内蒙古北部的东西大通道的城镇发展副轴以及南部沿京通线为主的城镇发展副轴，带动周边城镇发展。北部城镇轴线包括北部几个旗县政府所在地城镇,重点发展旅游业、特色加工业等有当地特色的主导产业;南部城镇轴线包括中南部几个主要城镇,重点发挥农业基础和矿产资源优势,完善城镇自身发展机制,增强城镇的集聚辐射功能。该规划还包括市域城镇发展战略、城市性质、城市主要职能、城市总体布局、城市道路交通规划、环境保护规划、综合防灾规划、近期建设规划等。该版规划获建设部科技设计三等奖、自治区规划设计一等奖。

《赤峰市城市总体规划(2012—2030)》 2009年2月,赤峰市第五届人民代表大会第三次会议工作报告中提出编修新一轮城市总体规划。8月，市政府委托中国城市规划设计研究院进行总体规划修编工作。2011年12月，赤峰市第五届人大常委会第三十二次会议审议通过《赤峰市城市总体规划》方案。2013年5月,自治区城乡规划局批准《赤峰市城市总体规划》。2014年1月,自治区政府批准实施。

新的《总体规划》中,规划期限为2012—2030年(近中期为2012—2020年、远期为2021—2030年)。该规划由市域城镇体系规划、规划区统筹发展规划、中心城市规划、中心城区规划、平庄城区规划指引、元宝山城区规划指引六部分组成。

市域城镇体系规划。规划范围为市域行政辖区范围,总面积90021平方公里。市域人口规模:2015年，市域总人口达到470万人,2020年达到475万人,2030年达到480万人。城镇化发展目标:2015年市域城镇化水平达到50%左右,2020年城镇化水平达到56%左右，2030年城镇化水平达到67%左右。城镇空间布局结构为“一轴两带，主副三心”。“一轴”指沿303国道、赤大高速、叶赤铁路以及规划的京沈铁路赤峰—凌源联络线等交通干线形成市域城镇发展的主轴，该发展轴由南向北串联天义、平庄、中心城区、乌丹、大板、林西、经棚等主要城镇，沟通市域南北，向西通过二连浩特口岸联系外蒙和俄罗斯，是市域产业和城镇发展的骨干。“两带”中“一带”指北部沿集通铁路和省际大通道形成的北部城镇发展带，串联经棚镇、林西镇、大板镇、林东镇和天山镇5个北部旗县的城关镇；另“一带”为南部沿京通铁路、赤承高速、赤通高速形成南部城镇发展带，串联锦山镇、中心城区和新惠镇等城镇。“主副三心”包括一个市域中心即赤峰中心城市，两个市域副中心即北部大板镇和南部天义镇，形成市域一主两副协同驱动的城镇空间格局。城镇规模结构分为特大城市、中等城市、小城市、小城镇四个等级。其中特大城市为赤峰中心城市，人口规模大于100万人；中等城市为天义镇、林东镇，人口规模20万～50万人；小城市为锦山镇、新惠镇、乌丹镇、经棚镇、林西镇、大板镇和天山镇，人口规模10万～20万人；小城镇73个，其中美丽河镇、五家镇、绍根镇、桥头镇、下洼镇、汐子镇等6个城镇人口规模2万～10万人，其他城镇人口规模在2万人以下。市域城镇体系规划中，还包括城镇职能结构、城乡建设用地标准、市域生态功能区划、市域历史文化遗产保护规划、市域旅游发展规划等内容。

规划区统筹发展规划。规划区范围为市辖三区各街道办事处，以及松山区的初头朗镇、当铺地满族乡、穆家营子镇、夏家店乡、安庆镇，红山区的文钟镇、红庙子镇，元宝山区的风水沟镇、元宝山镇、美丽河镇、平庄镇、五家镇，喀喇沁旗的牛家营子镇东部地区与锦山镇所辖地域，总面积约3706平方公里。规划区空间结构:规划区形成“一核、两城、多点”的城镇空间结构。“一核”指中心城区，承担区域中心服务职能；“两城”指平庄城区和锦山城区，平庄城区是规划区东南部地区具有综合功能的城区，锦山城区为规划区西南部以商贸、旅游、农畜产品加工为特色的城区；“多点”指中心城区周边的多个特色城镇组团，包括元宝山城区、当铺地乡、安庆沟镇、初头朗镇、牛家营子镇、夏家店乡、风水沟镇、五家镇等。规划区统筹发展规划中，还包括规划区城镇组团功能分工、规划区产业布局等规划内容。

中心城市规划。中心城市范围为中心城区、平庄城区和元宝山城区集中连片建设地区及其周边控制范围。城市人口规模：规划赤峰中心城市人口2015年100万人，2020年125万人，2030年150万人。其中中心城区人口规模2015年72万人、2020年93万人、2030年110万人，平庄城区人口规模2015年22万人、2020年25万人、2030年32万人，元宝山城区人口规模2015年6万人、2020年7万人、2030年8万人。城市建设用地规模:中心城市建设用地规模2015年132平方公里，2020年控制在158平方公里，2030年控制在208平方公里。其中中心城区城市建设用地规模2015年控制在95平方公里、2020年控制在115平方公里、2030年控制在151.2平方公里，人均建设用地控制在140平方米以内；平庄城区城市建设用地规模2015年控制在27平方公里、2020年控制在32平方公里、2030年控制在44.5平方公里，人均建设用地控制在140平方米以内；元宝山城区城市建设用地规模2015年控制在10平方公里、2020年控制在11平方公里、2030年控制在12平方公里,人均建设用地按照150平方米控制。中心城市规划中,还包括城市性质、城市主要职能等。

中心城区规划。中心城区范围:红山城区、松山城区及陈营子组团。中心城区空间增长边界:西以玉龙机场为界,北以昭苏河为界,东以元宝山煤矿采空区和赤锦铁路为界,南以环城高速为界,控制区域面积共计约398.7平方公里。中心城区城市空间发展方向:中心城区以向北发展为主,向东、向南发展为辅。其中向北重点发展松山北片区、北洼子片区和桥北片区;向东拓展红山经济开发区;向南重点发展小新地片区、玉龙机场以北地区和农畜产品产业园区。中心城区空间布局结构:中心城区构筑"中部六片区,外围三组团,滨水多中心"的组团式空间结构。"中部六片区"在城市中部沿锡伯河两岸形成6个城市核心功能片区,即红山片区、松山片区、八家片区、小新地片区、桥北片区和北洼子片区。规划至2030年,中心城区建设用地共计151.19平方公里,人均用地面积137.45平方米。中心城区规划中,还包括公共设施用地规划、住房保障与居住用地规划、工业用地规划、物流仓储用地规划、对外交通规划、道路交通组织规划、绿地系统规划、城市景观系统规划、环境保护规划以及供排水工程、供电工程、通信工程、燃气工程、供热工程、环卫工程、公共安全与城市防灾规划等规划内容。

平庄城区规划。城市发展方向:近期平庄城区以向东发展为主,向西发展为辅。空间结构与功能布局:形成"一园四片"的组团式空间布局结构。"一园"即位于城区东部的平庄工业园区,规划建设用地面积8.84平方公里。"四片"即沿旱河及楼子店河规划4个城市片区,中心片区以老城区为主体,是城市的中心服务片区,在整治改造同时向东部和东南部适度拓展,改善居住环境,完善商业、文化等综合服务职能,规划建设用地面积21.09平方公里,居住人口20万人;西部片区为建设中的城市新区,重点发展行政办公、文化、居住和生活服务职能,规划建设用地面积5.91平方公里,居住人口4.5万人;西露天片区为生活服务片区,对西露天煤矿生活区进行改造,规划建设用地面积4.72平方公里，居住人口5万人；河南片区为楼子店河南侧相对独立的居住片区,规划建设用地面积3.92平方公里,居住人口2.5万人。城市建设用地:规划至2030年,平庄城区建设用地44.48平方公里,人均用地面积139.01平方米。

元宝山城区规划。城市发展方向:城区各组团在整合现状用地基础上,规模适度扩张。空间结构与功能布局:规划形成"环心三片,外围一园"的布局结构。"心"指城区中部花果山城市绿心,以花果山山体为基础,加强绿化,完善游憩设施,成为城区核心绿色休闲空间;"三片"指环绕城市绿心布局的云杉路片区、建昌营片区和元宝山片区,云杉路片区承担城区的公共服务及元宝山电厂的配套服务功能,元宝山片区和建昌营片区为居住功能为主的片区,配套服务城区西部的赤峰市资源型城市经济转型开发试验区和城区北部矿区,规划两片区空间适度拓展;"外围一园"指城区西部的赤峰市资源型城市经济转型开发试验区，是赤峰市重要的化工产业基地。城市建设用地：规划至2030年，元宝山城区建设用地面积11.94平方公里，人均用地面积149.2平方米。

二、分区规划

为落实城市总体规划具体要求，进一步控制和确定不同地段土地用途、范围和容量，协调各项基础设施和公共设施的建设，赤峰市根据城市建设和发展需要，通过编制分区规划解决城市发展建设中存在的突出问题。2002—2014年，赤峰市在执行《赤峰市城市总体规划》过程中先后编制《赤峰市新城区八家组团分区规划》《赤峰东部工业区分区规划》《红山区桥北危旧房区分区规划》《红山区农畜产品产业园分区规划》等8个区域分区规划。

《赤峰市新城区八家组团分区规划》 2002年，赤峰市成立新城区建设指挥部，下设新区规划建设工作组，负责新区规划建设工作。《赤峰市城市总体规划（2002—2020）》经自治区建设厅组织专家评审通过后，市政府委托中国城市规划设计研究院继续编制《赤峰市西部新区（八家组团）分区规划》；2003年，赤峰市第四届人民代表大会第46次常委扩大会议审议通过。规划范围：西起西山风景区边缘的外环路、东至京通铁路、北起巴林大街、南至锡伯河，总面积17平方公里，其中建设用地13平方公里。规划人口规模：近期2005年3万～5万人，中期2010年8万人，远期2020年12万人。规划用地规模：近期2005年3平方公里，中期2010年8.1平方公里，远期2020年13.03平方公里，人均城市建设用地109平方米。新城区八家组团功能定位：是赤峰市级行政中心、文化和商业中心，以生活居住和公共服务为主的现代化城市新区。规划布局为“一核、一带、两轴、六片”，“一核”即位于八家组团中心地段玉龙大街两侧的市级行政办公、文化娱乐、商业金融业；“一带”即沿半支箭河两侧规划的城市绿化公园；“两轴”即垂直于半支箭河的公建绿化轴和垂直于锡伯河的人文绿化轴，构成“T”字形轴线；“六片”指环绕在核心区周围的5个相对完整集聚的居住片区和1个仓储物流功能区。该分区规划获自治区2005年规划设计二等奖。

《赤峰东部工业区分区规划》 2005年，红山区委托沈阳市城市规划设计研究院编制《赤峰东部工业区分区规划》，2006年，赤峰市城乡规划委员会批准《赤峰东部工业区分区规划》。该规划范围西至清河路，北至英金河，南至南山风景区，东至郎家营子村，总用地面积43.2平方公里。规划形成“一心、四廊、七团”的规划结构。“一心”即在红庙子镇北规划园区产业服务中心；“四廊”即利用道路、自然河流等条件在规划区内部形成四条绿化廊道，将不同功能的产业组团及生活组团分割，是该地区生态化重要体现；“七团”即依据现状情况及产业发展设想，规划区内设置7个组团，分别是老工业组团、轻工业组团、医药化工产业组团、农畜产业组团、2个基础产业组团和1个远景发展组团。

《红山区桥北危旧房区分区规划》 2008年10月，红山区政府委托沈阳市城市规划设计研究院编制《红山区桥北危旧房区分区规划》。2009年4月，市规划委员会批准该规划。该规划期限近期到2010年，远期到2020年，远景为2020年以后。规划范围为红山区桥北镇的行政辖区，东起铁路专运线，西到阴河，南起英金河，北到桥北镇的行政界限，总面积约28.67平方公里。规划人口规模12.5万人，建设用地规模18.21平方公里，人均建设用地约为145平方米。该分区规划获建设部科技设计三等奖、辽宁省规划设计二等奖。

《内蒙古松山物流园区分区规划》 2008年，松山区委托沈阳市城市规划设计研究院编制《内蒙古松山物流园区分区规划》，2008年5月，赤峰市城乡规划委员会审批通过该园区首期2平方公里控制性详细规划，2013年4月，市政府专题会议通过该园区6平方公里控制性详细规划。规划用地布局以“一横两纵”的主路网为骨架，形成“两带三区”的空间结构。“一横”是指沿商贸大道形成的区域发展轴；“两纵”是指沿农研路松一街形成的服务景观轴；“两带”即绿化景观带、商贸服务带；“三区”即商贸区、居住区、教育科研区。

《省道206线至机场段分区规划》 2008年，市规划局委托内蒙古城市规划设计研究院编制《省道206线至机场段分区规划》，2009年8月，赤峰市城乡规划委员会批准该规划。规划地段功能定位：赤峰市综合性居住生活区和集贸物流功能区。规划区东起赤峰市2002版总体规划确定的西外环路，西至玉龙机场西500米，南起锡伯河南侧山体脚下，北至锡伯河北岸山体脚下，规划总面积约38平方公里，景观设计路段为206省道西外环路—玉龙机场段两侧500米范围。形成“一心、三轴、五片区”的功能布局结构。“一心”指规划区行政服务中心，位于整个规划区中部；“三轴”即规划形成机场路景观轴、滨水绿化景观轴和公共服务设施景观轴；“五片区”即规划区根据功能布局划分为居住生活片区、市场片区、机场片区、村庄及耕地片区和空港服务片区共5个片区。

《红山区农畜产品产业园分区规划》 2010年，红山区政府委托中国城市规划设计研究院编制《红山区农畜产品产业园分区规划》。规划范围北至赤朝高速公路，南至焦家店村南部306国道至赤峰机场联系线，西至黑沟门西部丘陵地山坡坡脊，东至黑沟门排洪沟和二十里铺村东，总用地面积11平方公里。规划将红山区农畜产品产业园建设成为蒙东地区重要的农畜产品生产基地和交易中心、赤峰市农畜产品加工示范基地和面向京津冀地区的特色农畜产品加工供应基地和环境优美的现代化、生态型园区。规划园区形成“一园四区十二片，三横三纵绿廊穿”的组团式空间结构。“一园四区十二片”指规划区是一个功能相对完整的产业园区；该园区划分为四大发展分区，其中北区为工业与物流发展功能区，东北区为居住功能区，中区为综合服务功能区，西南区为工业发展区；4个发展分区被沟岔、铁路、高速公路等又细分为12个片区，其中5个工业片区，2个居住片区，2个仓储物流片区，1个管理服务片区，1个办公研发片区和1个生态农业示范片区。

《松山信息科技产业园分区规划》 2011年，松山区委托新加坡邦城规划顾问有限公司编制《松山信息科技产业园分区规划》，2012年2月，赤峰市城乡规划委员会批准该规划。松山信息科技产业园位于306国道西、赤大高速公路东、半支箭河北范围，规划用地9.3平方公里。规划空间结构为“一心一带两轴三区”。“一心”是以中央景观带打造片区公共服务中心；“一带”是建立贯穿基地南北生态系统的中央景观带；“两轴”即沿纬五路自西向东形成一条产业发展轴，串联工业及科技研发园区，借助纬十路、公共服务中心及中央公园打造科技园区城市发展轴；“三区”即工业片区、研发片区和居住片区。

《赤峰商贸物流城分区规划》 2011年，松山区委托北京大学、北京北达城乡规划设计院编制《赤峰商贸物流城分区规划》，2012年2月，赤峰市城乡规划委员会审批通过。规划范围：北至当铺地满族乡南平房村，南至赤通高速，西至赤大高速，东至赤大白铁路，规划面积41平方公里。规划形成“一体两翼、主副双心、两轴三带、六区”的主体结构，构筑生态化、组团化、自平衡的城市体系。“一体”即以松州路、英金路为骨架形成中央城市功能服务区，“两翼”即河东河西两大产业板块；“主副双心”即以昭苏河为界形成南部生产性服务中心，北部生活性服务中心；“两轴三带”即赤峰高速公路构建的两条交通发展轴，东西向构建的三条百米宽生态绿化带；“六区”即规划形成产业协调区、仓储物流区、生活配套服务区、专业市场区、综合区、产业承接区六大功能板块；远景形成集信息物流聚集区、钢铁加工区、国际商贸城、农副产品加工及冷链物流区，是集电子、物流配送、电子商务、专业市场服务、金融保险及中介服务、商贸服务业、陆港保税加工为一体的综合性商贸物流城。

三、专项规划

2003—2014年，赤峰市共编制中心城区加油加气站、中心城区燃气和供热、中心城区景观系统、环境卫生、城市绿地系统、综合交通体系、城市照明等12类专项规划。

《赤峰市中心城区供热专项规划》 2003—2012年，赤峰市共编制三版中心城区供热规划。2003年，市住建委委托中国城市建设研究院编制第一版《赤峰市中心城区热力工程规划(2002—2020)》。该规划对中心城区的热力管网进行综合规划，指导中心城区热力设施建设。2005年，市住建委委托辽宁省城乡建设规划设计院编制第二版《赤峰市中心城区供热规划(2005—2020)》。规划扩建赤峰热电厂、富龙热电厂，新建小新地热电厂、红庙子热源厂。2012年，市住建委委托辽宁省城乡建设规划设计院对上版供热规划进行修编，编制第三版《赤峰市中心城区供热规划(2012—2030)》。该规划主要包括热源规划和热网规划，对赤峰热电厂、京能热电厂、小新地热电厂、西南热源厂的运行、改扩建、供热能力、供热机组、热水炉、出口主干线网以及清洁能源等都作出明确规划。

《赤峰市中心城区加油加气站专项规划》 2012年5月，市规划局委托赤峰宏图测绘规划设计院编制《赤峰市中心城区加油加气站专项规划(2012—2030)》。2013年12月，编制完成并经市规划委员会审查通过。规划期限为2012—2030年。规划区内共规划92座加油加气站，其中中心城区68座，平庄城区14座，元宝山城区10座。

《赤峰市中心城区公共交通专项规划》 2005年9月，市住建委委托赤峰市恒远规划设计公司编制《赤峰市中心城区公共交通专项规划》。该规划强化“大公交”概念,有效处理新老城区的联系, 合理增加老城区北部地区和南部地区与新城区直达公交线路。同时考虑配合东部工业园区的建设,对公交站场的选址和布局提出具体的要求。

《赤峰市中心城区消防专项规划》 2005 年 4 月,市消防支队委托赤峰市政规划设计院编制《赤峰市中心城区消防专项规划》。规划期限为 2006—2020 年,分为近期、远期两个阶段。规划内容:依据城市总体规划对中心城区的消防设施、消防站等进行布局安排,核定赤峰市中心城区消防重点单位,对加油站、储气站等易燃易爆危险品仓库提出具体防范措施。

《赤峰市商业网点专项规划》 2006 年,市商务局组织编制《赤峰市商业网点专项规划》。规划主要内容:规划建设红山区步行街—哈达街和松山区英金路—振兴大街中心商务区,主要以经营业态和结构调整为主,提高商品档次和服务水平,鼓励发展专业店、专卖店,强调精品化、中高档化,增加新的经营服务领域,使其成为购物、旅游、文化、休闲等服务功能齐全的现代城市商业中心;把新城区商业圈建设作为重点,大力推进;现代物流业主要有 2 个物流园区,即把松山物流园区建成以仓储、加工、配送、公铁联运、集装箱运输等现代物流服务手段为支撑,以专业批发为主,以农资和农产品、木材、钢材、矿产品等生产生活资料为经营特色的现代物流园区,把红山物流园区建成以汽车贸易为主的现代物流园区。

《赤峰市中心城区燃气专项规划》 2008 年,编制第一版《赤峰市中心城区燃气专项规划(2008—2020)》。该规划内容包括:天然气用量,天然气主干管网布置,压缩天然气减压站、门站设置,中低压管道设置,储气调峰能力。该规划气源以赤峰太平地天然气为主气源,近、中期(2008—2015)以压缩天然气调峰为主;远期(2016—2020 年)以距太平地气田约 60 公里高压长输管道储气调峰为主,以压缩天然气调峰为辅。规划工程内容包括:建设一座有过滤、计量、调压、加臭功能及紧急切断系统、放空系统的赤峰接收门站,门站设指挥控制中心,通过设置 SCADA 系统压缩天然气主站对全市天然气输配系统宏观指挥调度;建设城市管网系统(含储气调峰高压管道和中压主干管网);建设压缩天然气汽车加气子站;建设监控系统;近期在规划门站内建设压缩天然气减压站,远期建设赤峰到太平地气田 60 公里长输管线。

2014 年,编制第二版《赤峰市中心城区天然气专项规划(2014—2030)》。该规划编制范围包括:中心城区、平庄城区和元宝山城区集中连片建设地区及之间控制范围。规划编制期限为 2014—2030 年,分为近期、中期、远期三个阶段。主要规划包括行政区域内天然气场站及输配系统,具体包括:规划近期、中期、远期供气对象及各类用户用气量预测、气源规划、供气方案、调峰储气方案、供气场站规划、输配管线规划、天然气置换规划、管理系统、组织机构规划、规划投资估算、主要燃气设施等。

《赤峰市中心城区综合交通体系专项规划》 2012 年 12 月, 赤峰市住房和城乡建设委员会委托上海同济城市规划设计研究院编制《赤峰市中心城区综合交通体系专项规划》。规划范围以中心城区为主，拓展至市域及周边地市。规划期限为2015—2030年，分为近期、中期、远期三个阶段。规划主要内容有现状交通及发展趋势分析、国内外案例经验借鉴、城市交通发展战略、区域交通衔接规划、中心城区道路系统规划、公交系统规划、步行和自行车系统规划、中心城区停车系统规划、老城交通改善规划、中心城区交通管理及信息化规划。

《赤峰市中心城区停车系统专项规划》 2012年10月，赤峰市住房和城乡建设委员会委托上海同济城市规划设计研究院编制《赤峰市中心城区停车系统专项规划》。规划范围在《赤峰市城市总体规划》远期规划用地的基础上，结合陈营子组团和物流商贸城组团2处远景发展规划用地范围进行的规划。规划期限为2012—2030年，分为近期、中期、远期三个阶段。规划内容主要有城市交通发展现状、停车现状调查与分析、停车发展战略、停车需求与供给、公共停车设施布局规划、建筑物配建、停车标准研究、停车管理规划、政策法规与实施保障。

《赤峰市城市环境卫生专项规划》 2012年11月，赤峰市住房和城乡建设委员会委托内蒙古华地方圆设计研究有限责任公司编制《赤峰市城市环境卫生专项规划》。规划范围为《赤峰市城市总体规划(2012—2030)》确定的城市建设用地范围，包括中心城区、平庄城区、元宝山城区。规划年限为2012—2030年，分为近期、中期、远期三个阶段。规划主要项目有城市生活垃圾规划、公厕与粪便清运处理规划、建筑垃圾收运处理规划、工业垃圾收运处理规划、特种垃圾收运处理规划、餐厨垃圾收运处理规划、城区清扫保洁及环卫工作场所规划、环卫科技、信息管理与产业化规划、城乡一体化规划、近期建设规划、宏观体制与保障规划。

《赤峰市中心城区景观系统规划(2014—2030)》 2013年，市规划局委托北京清华同衡规划设计研究院编制《赤峰市中心城区景观系统规划》。规划范围：依据《赤峰市城市总体规划(2012—2030)》确定的中心城区范围，总面积400平方公里。通过《赤峰市中心城区景观系统规划》，使赤峰中心城区达到绿水青山、绿廊穿城、农牧交错、现代宜居、功能齐全的多元化目标，将赤峰城区打造成生态和谐之城、健康可持续发展之城，构建独具特色的赤峰景观，保护和弘扬传统优秀赤峰文化，延续赤峰历史文脉。

《赤峰市中心城区城市照明专项规划》 2013年1月，赤峰市住房和城乡建设委员会委托中国城市建设研究院编制《赤峰市中心城区城市照明专项规划》。规划范围为《赤峰市城市总体规划(2012—2030)》确定的中心城区城市建设用地范围。规划年限为2015—2030年，分为中期、远期两个阶段。主要内容为规划范围内公共地段可见的照明设施，包括城市功能照明、景观照明、节能规划、分期建设规划和管理措施等。

四、村镇规划

赤峰市村镇规划范围是中心城市(中心城区、平庄城区、元宝山城区)以外的村镇，包括9个城关镇，76个建制镇，19个苏木，28个乡，1809个行政村，10196个自然村。1991—2014年，赤峰市9个旗县先后编制和执行28个城关镇总体规划和84个建制镇建设总体规划。经过24年的规划建设,各旗县区城镇建设发生巨大变化,城市化水平显著提高。各旗县区根据各自特点,积极开展村庄规划和新农村规划及建设,使农村道路、环境卫生、绿化美化、广播电视、水电等各种基础设施大为改善,城乡差距不断缩小,城市化水平不断提高。

1983—1992年,松山区乡镇规划完成100%;阿旗天山镇、左旗林东镇、右旗大板镇、克旗经棚镇、喀旗锦山镇、敖汉旗新惠镇完成第一轮总体规划,但编制深度未达到规划要求。1993年,赤峰市编制《赤峰市城镇体系规划(1993—2010)》,对各旗县区的村镇规划具有指导作用。松山区在1998年展开第二轮乡镇总体规划编制,乡镇政府所在地80%总体规划编制完成,但没有进行评审、报批。阿旗天山镇、左旗林东镇、右旗大板镇、克旗经棚镇、翁旗乌丹镇、喀旗锦山镇、敖汉旗新惠镇进行第二轮总体规划修编。

2001—2009年,旗县完成第三轮城关镇城市总体规划修编工作。2009年,阿鲁科尔沁旗、巴林左旗、巴林右旗、克什克腾旗、翁牛特旗、喀喇沁旗、宁城县、敖汉旗聘请中国城市规划设计院研究编制第四轮总体规划,林西县第四轮城市总体规划也聘请北京市规划设计单位编制。2009年, 市政府在全市69个建制镇中确定34个重点小城镇,为这些城镇制定明确的城镇规模、城镇人口、城镇基础设施等发展目标。到2012年,旗县全部城关镇、34个重点镇、89%的建制镇、47%的苏木、23%的乡编制总体规划和建设规划,全部由甲级资质的设计院编制。各旗县城关镇控制性详细规划覆盖率达30%左右,成片开发的新住宅小区都编制修建性详细规划。松山区的初头朗镇、安庆镇、哈拉道口镇、太平地镇编制控制性详细规划。

2008—2012年,松山区和9个旗县完成村镇体系规划编制工作,均获得自治区建设厅奖励性补贴20万元。小城镇建设工作实现跨越式发展,9个旗县城关镇建成区面积成倍扩大,城市功能日臻完善,城市综合承载能力不断加强,小城镇建设取得显著成绩。2010年,市规划局争取自治区建设厅小城镇规划补助经费80万元,对敖汉旗四家子、贝子府,克什克腾旗乌兰布统,翁牛特旗梧桐花、桥头,阿鲁科尔沁旗绍根,松山区当铺地、太平地8个小城镇的规划工作给予补贴,有力地推动这些小城镇总体规划的编制工作。

2013—2014年,松山区编制了王府镇、夏家店乡建制镇核心区控制性详细规划。元宝山区五家镇,林西县统部镇,巴林右旗查干木伦苏木,敖汉旗金厂沟梁镇、四道湾子镇、敖润苏莫苏木、丰收乡、木头营子乡,宁城县大明镇都编制或重新修订了总体规划。

第二节　规划管理

一、管理机构

市级管理机构　1991年初,赤峰市建设局下设城市规划办公室,负责全市规划管理工作。1991年12月,赤峰市城市规划办公室更名为赤峰市城市规划管理处,有工作人员18人。2001年12月，赤峰市规划局成立，是市政府城乡规划的主管部门。赤峰市规划局设规划科、重点项目规划管理科、用地规划管理科、村镇规划管理科、规划监察科等9个职能机构，有在编人员22人；下辖城市规划监察支队、城乡规划档案馆。2014年，赤峰市规划局设办公室、规划科、重点项目规划管理科、用地规划管理科、建设工程规划管理科、村镇规划管理科、市政工程规划管理科、规划监察科、城镇化办公室9个内设机构，有工作人员46人。

旗县区管理机构　1991—2005年，赤峰市各旗县区规划管理工作由当地政府城建部门内设规划职能机构管理。2006年8月，赤峰市规划局红山分局成立，挂赤峰市规划局红山规划监察大队牌子。2006年，赤峰市规划局松山分局成立，挂赤峰市规划局松山规划监察大队牌子，与松山区城市管理行政执法局合署办公。2007年，赤峰市规划局元宝山分局成立。2008年9月，赤峰市规划局红山分局规划监察大队成立，为分局所属股级全额事业单位。2011年，喀喇沁旗规划局成立，为科级事业单位。2012年，林西县规划局、敖汉旗城乡规划局成立，为科级事业单位。2013年，翁牛特旗规划局成立，为科级事业单位。2014年，巴林左旗城乡规划局、宁城县规划局成立，为科级事业单位。到2014年底，全市12个旗县区有巴林左旗、林西县、翁牛特旗、喀喇沁旗、敖汉旗、宁城县6个旗县成立规划局，红山区、松山区、元宝山区成立赤峰市规划局分局，阿鲁科尔沁旗、巴林右旗、克什克腾旗3个旗在住房与城乡建设局下设股室负责城乡规划管理工作。

二、规划监察

20世纪90年代以后，赤峰市及各旗县区规划机构认真贯彻《中华人民共和国城乡规划法》，不断加强规划监察工作。赤峰市先后出台《赤峰市城市建筑间距管理规定》《赤峰市城市建筑退离道路红线管理规定》《赤峰市停车场(库)建设管理规定》《赤峰市市区居民个人建房管理规定》等一系列法规规章，为全市规划监察工作提供有力的法规依据。各级规划管理部门积极开展规划监察。2001年，赤峰市规划局成立以后，进一步加强规划管理工作。全市各规划监察部门认真贯彻落实《中华人民共和国城乡规划法》和城乡规划建设法规、规章，深入开展调查、检查，严厉查处私搭乱建、无证建筑、超标建筑等违规建设行为。1991—2000年，全市发现违规建筑643起，查处643起。2001—2014年，全市发现违规建筑5009起，查处5009起。

第二章　市政建设

第一节　道　路

1991—2000年，中心城区道路建设以维修、拓宽、改造为主，部分街路进行延伸建设。到 2002 年末,中心城区道路总长 265 公里,人均道路面积 7.75 平方米。2003 年新城区建设开始,城市道路建设加速。到 2009 年,新城区路网基本形成,中心城区道路总长 353 公里,道路面积 744 万平方米,人均道路面积 8.84 平方米。2010—2014 年,小新地组团、桥北组团、松山北城、松山商贸城建设相继启动,城市道路步伐进一步加快。到 2014 年底,新城区、红山区、松山区、元宝山区共有城市主干道 34 条,总长 144.6 公里;有城市次干道 86 条,总长 138.88 公里。

一、新城区城市道路建设

2003 年 6 月,新城区启动“四横四纵”骨干道路建设,到 2005 年基本完成。“四横”即玉龙大街、巴林大街、王府大街、临潢大街,“四纵”即天义路、宝山路、锦山路、新惠路。2006 年以后,按照新城区道路规划,新城区道路建设步伐加快。到 2009 年,新城区路网基本形成。2014 年,新城区完成“七横七纵”路网建设。“七横”即玉龙大街、巴林大街、王府大街、临潢大街、铁南大街、全宁街、富河街 7 条横向大街,“七纵”即天义路、宝山路、平双路、锦山路、新惠路、中环路、外环路 7 条纵向道路,道路总长 58.04 公里。

主要横向(东西方向)道路　玉龙大街。东起京通铁路,西至外环路,长 4752 米,道路红线宽 90 米,机动车道宽 29 米,非机动车道宽 2×6 米,人行道 2×8 米,绿化隔离带 2×4 米,景观带 2×12.5 米,断块形式为 4 板块。玉龙大街是新城区最早建成的城市主干路,2003 年开工建设,2005 年建成。由赤峰市中交公路勘察设计有限公司设计,赤峰安通路桥有限责任公司施工,赤峰天宇交通监理有限公司监理。

巴林大街。东起平双路,西至新惠路,长 1870 米,道路红线宽 50 米,机动车道宽 23 米,非机动车道宽 2×4.5 米,人行道 2×6 米,隔离带 2×3 米,断块形式为 3 板块。2003 年开工建设,2005 年建成。

临潢大街。东起平双路,西至外环路,长 4870 米,道路红线宽 50 米,机动车道宽 23 米,非机动车道宽 2×4.5 米,人行道 2×6 米,隔离带 2×3 米,断块形式为 3 板块。2003 年开工建设,2005 年建成。

王府大街。东起平双路,西至大板路,长 2836 米,道路红线宽 40 米,机动车道宽 15 米,非机动车道宽 2×4.5 米,人行道 2×5 米,隔离带 2×3 米,断块形式为 3 板块。2003 年开工建设,2005 年建成。

全宁街。东起林西路,西至大板路,长 2177 米,道路红线宽 32 米,主路面宽 22 米,人行道、隔离带 2×5 米,断块形式为 1 板块。2005 年开工建设,2009 年建成。

富河街。东起宝山路,西至大板路,长 1788 米,道路红线宽 32 米,主路面宽 22 米,人行道、隔离带 2×5 米,断块形式为 1 板块。2005 年开工建设,2009 年建成。

铁南大街。东起宝山路,西至大板路,长 865 米,道路红线宽 50 米,断块形式为 4 板块。2005 年开工建设,2009 年建成。

主要纵向(南北方向)道路　天义路。北起南三街,南至富河街,长 4197 米,道路红线宽 40 米,机动车道宽 15 米,非机动车道宽 2×4.5 米,人行道 2×5 米,隔离带 2×3

米，断块形式为 3 板块。2003 年开工建设，2005 年建成。

宝山路。北起南三街，南至小新地组团南端铁路，长 7557 米，道路红线宽 50 米，机动车道宽 23 米，非机动车道宽 2×4.5 米，人行道 2×6 米，隔离带 2×3 米，断块形式为 3 板块。2003 年开工建设，2005 年建成。

锦山路。北起南四街，南至富河街，长 3491 米，道路红线宽 32 米，主路面宽 22 米，人行道、隔离带 2×5 米，断块形式为 1 板块。2003 年开工建设，2005 年建成。

新惠路 北起南四街，南至富河街，长 4004 米，道路红线宽 32 米，主路面宽 22 米，人行道、隔离带 2×5 米，断块形式为 1 板块。2003 年开工建设，2005 年建成。

平双路。北起巴林大街，南至学院北街，长 4162 米，道路红线宽 60 米，机动车道宽 2×11.5 米，非机动车道宽 2×5 米，人行道 2×5 米，隔离带 2×5+6 米，断块形式为 4 板块。2005 年开工建设，2009 年建成。

外环路。北起巴林大街，南至锡伯河，长 4766 米，道路红线宽 50 米，机动车道宽 2×11.5 米，非机动车道宽 2×5 米，人行道 2×3 米，隔离带 2×4+33 米，断块形式为 4 板块。2005 年开工建设，2009 年建成。

中环路。中心城区中环路途经新区，包括大板路、巴林大街、铁南大街 3 段道路，总长 10700 米，2009 年开工建设，至 2014 年，建成道路 6 公里。

二、红山区城市道路建设

1991 年，红山区有昭乌达路、园林路、清河路、哈达街、钢铁街和三道街等城市街路 182 条，总长 168 公里。1992 年以后，市、区两级政府不断加强红山区城市街路建设，以改扩建为主，积极开展城市道路拓宽改造，重新铺装路面，对钢铁西街、昭乌达路、长青街、东城大街、解放街等道路进行改扩建，新建赤锡路、清河路北段等街路，城市道路不断加宽、延长，质量不断提高。到 2014 年，红山区城区有城市街路 210 条，总长 226 公里。其中主干道 14 条，总长 43.95 公里；次干道 77 条，总长 113.35 公里；其他街巷 119 条，总长 68.7 公里。

主干道 1990 年，红山城区有主干道 13 条。1991 年以后，市、区两级政府不断加强城市道路建设，结合城市建设发展，大力开展主干道拓宽、延伸，改造升级和新建主干道路，道路质量不断提高，交通进一步通畅。到 2014 年，红山区有主干道 14 条，总长达到 43.95 公里。

昭乌达路。北起昭乌达桥，南至火车站，长 2640 米，道路红线宽 30 米，主路面宽 23 米，人行道、隔离带 4×3.5 米，断块形式为 1 板块。1942 年始建，1991 年以后，多次进行改造和建设。2006 年，市政府投资 3280 万元，对红山区昭乌达路进行全面改造，新建排水主干管，路面进行罩面，当年完成改造工程。

园林路。北起西大桥南端，南至站前西街，长 2040 米，道路红线宽 30 米，主路面宽 18 米，人行道、隔离带 2×6 米，断块形式为 1 板块。1961 年建成，20 世纪 70 年代改造为砂石路面，80 年代改造为水泥路面。1991 年以后，对该路进行扩宽改造，路面加宽，将水泥路面改建为沥青混凝土路面。2011 年,进行路面提档升级,将原沥青混凝土路面全部进行罩面。

新华路。北起一道街,南至站前街,长 2860 米,宽 6~30 米,水泥柏油路面。1961—1974 年陆续建成。1998 年开始,实施新华路步行街改造工程,2002 年完成。新华步行街北起一道街,南至哈达街,全长 775 米,红线宽 30 米,花岗岩路面。

红星路。北起长青街,南至站前街,长 1410 米,宽 21~25 米。1983 年开辟成路,1991 年以后多次进行维修改造,2006 年进行大型维修改造, 将原宽不足 20 米道路拓宽为 21 米。

火花路。北起英金河南岸,南至站前街,长 3000 米,宽 21~25 米,柏油路面。20 世纪 80 年代建成,1991 年以后,在火花路小商品一条街建设中,对该路进行拓宽改造,重新铺装路面。2011 年,对火花路进行路面提档升级,重新铺装路面和人行横道。

清河路。北起英金河南岸,南至钢铁街,长 2200 米,宽 30 米,柏油路面。20 世纪 80 年代初建成,1991 年以后,多次进行维修改造,2001 年将清河路主车道由 14 米拓宽为 21 米。2009 年, 实施清河路北段建设工程, 开通清河路北段中昊街至商贸城道路,长 1250 米,宽 10 米,沥青混凝土路面,2010 年建成。

三道街。西起园林路,东至东旱河,长 2600 米,宽 18 米。清乾隆初年建成,1998 年,对三东街东城大街进行大修, 铺装柏油路面。2005 年, 对三中街西段进行拓宽改造。2010 年,对三道街步行街—火花路段进行路面提档升级改造。

哈达街。东起赤(峰)平(庄)公路,西至西旱河,长 5400 米,宽 20.5 米。2000 年,对哈达街进行拓宽改造。2005 年,哈达西街园林路至赤平公路段开通建设,新开通道路 3700 米,路宽 37 米。

长青街。东起赤平公路,西至园林路,长 3440 米,宽 30 米。1974 年开街,1993 年、1999 年先后对长青街进行维修改造。2006—2007 年、2010 年先后对长青街东西两段进行改造升级,路面拓宽、重新装修,重新铺装人行道。

钢铁街。东起清河路,西至园林路,长 4902 米,1972 年开拓成街。1993 年,钢铁街西段东起园林路、西至平双公路建设段工程开工,1994 年 9 月建成通车, 长 2552 米,宽 60 米,水泥路面。1999 年、2000 年、2006 年、2007 年,先后对钢铁街进行多次路面改造。2012 年对钢铁街与园林路十字路口进行改造,2013 年对钢铁街进行全路面提档升级改造,重新铺装路面、人行道。

解放街。东起红星路,西至迎宾桥,长 1860 米,道路红线宽 30 米,主路面宽 18 米,人行道、隔离带 2×6 米,断块形式为 1 板块。1977—1983 年陆续建成。2005 年进行全面维修改造,2013 年进行东起园林路、西至罗锅桥路面改造。2014 年,宁澜路至 306 国道段进行拓宽改造。

站前街。东起卫星路,西至园林路,长 3300 米,道路红线宽 20 米,主路面宽 16 米,人行道、隔离带 4×2 米, 断块形式为 1 板块。1960 年后建成,1995 年、2005 年、2006

2014年红山区老城区次干道基本情况一览表

表11-1-1　　单位:米

道路名称	道路位置	长	宽	改造建设
一道街	东起清河路,西至新华路	1300	8	1975年、1995年维修改造
二道街	东起清河路,西至昭乌达路	1063	9	1976年、1991年、1995年、2006年进行维修改造
四道街	东起太平街,西至松州巷	764	9	1977年、1991年、2002年进行拓宽改造
五道街	东起天合阳光城,西至同裕胡同	1069	9	1977年、2002年、2005年先后进行路面改造
兴隆街	北起北环路,南至头道街	285	9	1991年后数次进行路面改造
双桥街	北起头道街,南至三道街	225	12	1991年后数次进行路面改造
卫星路	北起东园街,南至站前街	1765	12	1983年铺装水泥路面,1991年后数次进行路面改造
建材路	北起长青街,南至站前街	429	14	
红旗路	北起北环路,南至长青街	1832	8	1991年以后多次进行维修改造,2004年进行大型维修改造
红峰路	北起红山公园,南至站前街	1113	8~12	
铁南大街	东起城南立交桥,西至306国道	6691	47	1992年、2004年、2007年先后进行维修拓宽改造
迎宾路(机场路)	东起解放街,西至赤峰民航站	2000	8	1998年、2002年进行拓宽改造
北环路	东起赤峰地震台,西至新北大桥南端,接园林路	3666	8~24	1991年以后数次维修改造,2005年进行大型维修改造
红山路	南起北环路,北至红山公园	1600	4	
东园街	东起电缆厂家属院,西至卫星路	994	7	
宁澜路	北起钢铁街,南至铁南大街	2000	17	
中立交路	北起站前街,南至赤峰建材厂	321	12	1991年后进行数次改造
远联大街	远联钢铁至三道街	440	12	
马架子路	远联钢铁厂至马架子村	9500	7	
煤矸石电厂路	红烨大街至煤矸石电厂	1000	18	
总计		38057		

年、2007年多次进行道路拓宽改造。2011年，对站前街东旱河桥至长青街段进行基础补强和重新铺装路面。

红烨大街。亦称东城大街，东起赤峰东高速口，西至造纸厂桥，长7000米，道路红线宽30米，主路面宽23米，人行道、隔离带4×3.5米，断块形式为1板块。20世纪30至40年代陆续建成，是赤峰城区通往平庄、元宝山及辽宁等地的主要出口。1991年以后，不断加强路面改造。2007年，对红烨大街进行全面拓宽改造，提档升级。2012年，结合供水管线铺设工程，对南侧路面进行改造。

桥北大街。西起彩虹桥，东至清河北端，长1300米，道路红线宽30米，主路面宽23米，人行道、隔离带4×3.5米，断块形式为1板块。20世纪90年代建成，2000年进行路面扩宽改造，2010年实施桥北大街延伸工程，2012年建成通车，长960米，宽23米。

次干道　1990年，红山区有次干道及以下道路169条。1991年以后，随着城市建设的发展，城市道路建设不断加强。特别是2005年以后，红山区不断加大旧城改造、棚户区改造建设力度，开发建设桥北新区、红山经济开发区、红山区农畜产业园区，新建路不断增多，对原来道路进行拓宽改造，提档升级，道路数量不断增加，道路质量不断提高。到2014年，红山区次干道及以下道路增加到196条，总长182.05公里，其中次干道77条，总长113.35公里(包括老城区次干道38.06公里)。

三、松山区城市道路建设

1991年，松山区有木兰街、松山大街等道路。1992年以后，松山区不断加强道路拓宽改造，特别是2003年赤峰新城区建设开始以后，松山区街路建设快速发展。先后实施松山大街西段改造工程、松山大街东段建设工程、英金路建设与改造工程、木兰街等道路建设与改造工程。到2014年，松山区主要有松山大街、木兰街、松山北城友谊大街、松山一街、西拉木伦大街、英金路、松州路、广场路、银河路等城市街路。

四、元宝山区城市道路建设

1991年，元宝山区城区主要道路有元昌街、平丰路、云杉路、白杨街、兴元路、宝昌路等主要道路，共约15公里。1993年，元宝山区政府驻地迁址平庄镇，此后市区两级政府不断加强平庄城区道路建设，以新建为主，适时拓宽扩建，新建有内环北路、哈河街、内环南路、宝山路等。2005年开始，元宝山区新建西城区，新建道路内环南路、金山路、松山路等，延伸建设了辽河街、银河街等主干道路。1991—2014年，元宝山区建成主次干道15条，道路总长46公里。

主干道　1991—2014年，元宝山区建成主干道6条，总长20649米。其中横向道路3条，总长13801米；纵向道路3条，总长6848米。

主要横向道路：内环北路。西起金山路，东至小孤山，全长6706米，道路红线40米，机动车道14米宽。

哈河街。西起金山路，东至滦河街，全长 4968 米，道路红线 40 米，机动车道 14 米宽。

内环南路。西起金山路，东至宝山路，全长 2127 米，道路红线 40 米，机动车道 14 米宽。

主要纵向道路：内环西路。北起凌河街，南至内环南路，全长 2558 米，道路红线 40 米，机动车道 14 米宽。

宝山路。北起凌河街，南至内环南路，全长 2500 米，道路红线 40 米，机动车道 14 米宽。

红山路。北起凌河街，南至英河街，全长 1790 米，道路红线 30 米，机动车道 14 米宽。

次干道　1991—2014 年，元宝山区建成次干道 9 条，总长 25525 米。

2014 年元宝山区城市道路次干道基本情况一览表

表 11-1-2　　单位：米

道路名称	道路位置	总 长	红线宽
凌河街	内环北路—内环西路	6081	40
黄河街	金山路—宝山路	2262	30
银河街	西外环路—红山路	4258	30
辽河街	金山路—宝山路	2400	30
金山路	内环北路—辽河街	2341	30
泰山路	内环北路—内环南路	1940	30
松山路	内环北路—内环南路	1940	30
锦山路	内环北路—内环南路	1969	30
天山路	凌河街—内环南路	2334	30

五、城市出入口道路建设

1991—2000 年，全市各地城市出入口建设缺乏统一规划。2000 年后，开始有计划进行建设。2012 年，中心城区实施 306 国道北出口改造，改造友谊大街—北八家收费站段，长 3.9 公里，原路宽 23 米，按红线 60 米改造，至 2014 年，完成部分主路面的改造。赤峰市城投公司实施赤峰学院北街南段的改造，原路宽 23 米，按红线 60 米改造，2013 年完成主路面的改造。2013 年，松山区投资 3000 万元，实施省道 205 线北出口 1.2 公里的道路改造，红线宽 50 米，机动车道宽 24 米。2014 年 5 月，开工建设机场快速路，起点新城区应昌街海苏沟桥中心，终点玉龙机场，道路全长 9.8 公里，全线建小桥 6 座、涵洞 5 道，绿化总面积 32 万平方米，地下排水管道总长 1.16 万米，项目总投资 4.5 亿元，2014 年 8 月通车。

2013年,按照内蒙古自治区政府《自治区城市出入口道路交通及环境综合整治实施方案》要求,赤峰市在全市范围内开展城市出入口综合整治工作。

第二节 桥 梁

1991年,赤峰市中心城区有大小桥梁21座,较大桥梁有西大桥、北大桥、昭乌达桥,另有东、西旱河等小型桥梁。1991—2000年,桥梁建设以维修加固为主。2001年以后,随着城市建设的发展,桥梁建设步伐加快。特别是2003年以后,中心城区西移北扩,城市建设快速发展,城市桥梁不断增多。到2014年,中心城区有大小桥梁30座,其中大中型桥梁15座,小型桥梁15座。

一、新城区桥梁

2003年开始,在赤峰新城区建设中,先后建成王府桥、宝山桥、临潢桥、巴林桥、大板桥等城市桥梁。到2014年,建成主要桥梁7座,总长968.68米。

王府桥　位于新城区王府大街,跨半支箭河,桥长120米,6孔,桥宽25.6米。2006年建成通车,由赤峰安通路桥有限责任公司建设。

宝山桥　位于锡伯河,连接八家组团与小新地组团,桥长256米,7孔,桥宽45米,其中机动车道23米,人行横道2×5米,非机动车道2×4.5米,隔离带2×1.5米。2003年建成通车,由北京市政设计研究院设计,唐山远大交通工程有限公司建设。

临潢桥　位于新城区临潢大街,跨半支箭河,桥长129米,6孔,桥宽33米。2004年建成通车,由赤峰安通路桥有限责任公司建设。

巴林桥　位于新城区巴林大街,跨半支箭河,桥长120米,6孔,桥宽33米。2004年开工建设,2011年建成通车,由赤峰安通路桥有限责任公司建设。

大板桥　位于大板路南段,跨锡伯河,是连接新城区八家组团和小新地组团的重要交通枢纽,总长240米,宽50米,7孔。2011年9月开工建设,2014年8月通车,由赤峰安通路桥有限责任公司施工建设。

玉龙桥　位于新城区王府大街,跨半支箭河,桥长83.68米,4孔,桥宽58米。2003年开工建设,2004年建成通车。

海苏沟桥　位于新城区临潢大街,跨半支箭河,桥长20米,1孔,桥宽39米。2007年开工建设,2008年建成通车,由大连市市政设计研究院有限责任公司承建。

二、红山区桥梁

1991年,红山区有西大桥、北大桥、昭乌达桥3座跨英金河桥梁和跨东、西旱河桥梁。2001年建成城南立交桥,2002年建成松州桥,2010年建成清河大桥,2013年完成新华桥主体建设。2014年清河大桥拆除。至年末,红山区共有桥梁15座,总长3165米。其中跨英金河桥梁6座,总长2420.2米;立交桥1座,长580.8米;跨东、西旱河桥梁8座,总长164米。

西大桥　位于红山区园林路北端,跨英金河通往松山区,桥长225.6米,10孔,桥宽12米。始建于1969年,桥长249米,宽14.5米。2000年加固改造,2006年重新铺设沥青路面,2009年鉴定为危桥,2014年拆除准备重建。

北大桥　北起桥北龙头山,跨英金河南至兴隆街北口,桥长330米,14孔,桥宽18米。始建于1969年,2011年实施北大桥危桥改造,拆除原桥7×40米双曲拱桥,改建为11孔×30米预应力钢筋混凝土连续箱梁桥,桥梁宽为18米,桥面净宽15米,两边各设置1.5米人行道。由赤峰宝田路桥有限责任公司施工。

昭乌达桥　位于昭乌达路北端,跨英金河,桥长306米,11孔,桥宽26米。始建于1990年,桥长306米,宽19米,2013年对该桥拓宽改造为26米,双向各增加一车道。

松州桥　位于松州路北端,跨英金河连接红山老城和松山老城,桥长270米,14孔,桥宽32米。2001年开工建设,2002年建成通车,由沈阳市政集团承建。

清河大桥　位于清河路北端,跨英金河连接红山区和桥北新区,桥长341.6米,6孔,桥宽23米,为现浇预应力连续箱梁桥。2009年开工建设,2010年建成通车,由北京建工路桥工程建设有限责任公司施工建设。

新华桥　南起头道街,北至龙头山广场,跨英金河连接红山老城和桥北组团,桥长947米,21孔,桥宽28米。2012年开工建设,2013年完成河道主体建设,由太原市市政工程总公司承建,至2014年,由于拆迁原因,两侧引道未建。

城南立交桥　位于红山区城南省道205线,桥长580.8米,桥宽24米,2001年建成通车。

煤气公司桥　位于东旱河北端,煤气公司西侧。桥长30米,2孔,桥宽22米。

造纸厂桥　亦称一号桥,位于三东街,跨东旱河。桥长20米,1孔,桥宽12.8米。

针织厂桥　亦称二号桥,位于哈达东街,跨东旱河。桥长20米,1孔,桥宽12.8米。

三号桥　位于长青东街,跨东旱河。桥长20米,1孔,桥宽12.8米。

四号桥　位于钢铁东街,跨东旱河。桥长28米,1孔,桥宽16.6米。

贾营子桥　位于哈达西街,跨西旱河。桥长17米,1孔,桥宽23.7米。

西城桥　位于钢铁西街跨,西旱河。桥长16米,1孔,桥宽40米。

罗锅桥　位于解放西街跨,西旱河。桥长13米,1孔,桥宽25米。

三、松山区桥梁

松山区于2001年建成彩虹桥、友谊大街公铁立交桥。2014年建成友谊大桥、英金大桥。2014年末,松山区有大桥4座,总长1955米。

银河大桥　银河大桥又称彩虹桥,跨阴河连接松山老城和桥北组团,桥长321米,桥宽24.5米,加宽部分28.5米,为中承式无铰拱桥。2001年建成通车,2014年经鉴定为四类危桥,采取限行措施。

友谊大桥　西起松山北城银河路,东至桥北组团赤锡路,跨阴河连接松山北城和桥北组团。总长1283米，主桥长度295米，桥宽48米，7孔，结构形式为V形墩现浇连续箱梁，为多次超静定结构。还有通道桥两座，分别为东侧跨滨河路跨度25米分离立交桥，西侧跨度8米通道桥，连接坝顶道路。2011年11月开工建设，2014年12月建成通车，由沈阳市政集团有限公司施工建设。

友谊大街公铁立交桥　位于友谊大街与铁路交叉口处，穿京通铁路，桥长115米，宽62米，净高5米。2012年开工建设，2013年10月建成通车。

英金大桥　跨阴河连接松山北城和商贸物流城，桥长236米，桥宽45.5米，为预应力混凝土现浇箱梁结构，单孔最大跨径40米。2013年开工建设，2014年完成桥梁主体工程。

四、元宝山区桥梁

1995—2014年，元宝山区在平庄城区先后新建哈河街桥、内环南路桥、银河街桥、内环北路大桥4座桥梁，总长136.04米。

哈河街桥　跨旱河连接哈河街东西段，桥长32米，宽28米，1995年建成，由赤峰市金川市政建设工程有限公司施工建设。

内环南路桥　跨旱河连接内环南路东西段，桥长38米，宽28米，2001年建成，由赤峰宝昌建筑工程有限公司施工建设。

银河街桥　跨旱河连接银河街东西段，桥长30米，宽26米，2004年建成，由元宝山区交通运输局建设。

内环北路大桥　位于平庄城区内环北路，桥梁长36.04米，宽28.5米，净高3.22米，装配式预应力连续空心板桥，柱式墩，钻孔灌注桩基础，2014年开工并建成通车，由元宝山区交通局建设。

第三节　广场　雕塑

一、广场

1991年，中心城区主要有红山区文化广场、红山区站前广场、平庄西城市民广场等。最大的广场是红山区文化广场，总面积1.26万平方米。1997年和2004年，红山区先后两次对文化广场扩建，总面积达到8.7万平方米。2004年，建成新城区玉龙广场，总面积15.8万平方米。同年，元宝山区将平庄烈士陵园改建为银河广场，总面积3.6万平方米。2005年，松山区辽瓷广场建成，总面积4096平方米。2006年，红山区政府广场建成，总面积1.2万平方米。2007年，红山区红山广场建成。2009年，红山区北馨花园广场建成，总面积1.5万平方米。2014年，红山区行政中心广场建成，总占地面积20.3万平方米。到2014年，中心城区有广场9个，总面积73.25万平方米。

玉龙广场　位于新城区党政机关办公大楼南侧。天津园林规划设计院设计，北京同人园林绿化公司施工，2004 年 3 月开工建设，2006 年 8 月建成，工程造价 3149 万元。广场总面积 15.8 万平方米，分南北两部分，南广场占地 6 万平方米，是面向市民开放的休闲娱乐广场，可容纳 2 万人露天观看演出；北广场占地 9 万平方米，核心景观为“飞龙在天”雕塑。自北广场至锡伯河全长 1500 米、宽 4 米、深 0.8 米的龙行谷贯穿整个玉龙广场，广场段水中摆放 999 块刻有不同时代、不同书体、不同民族的“龙”字玉石。中国历代龙纹浮雕位于下沉南广场水幕石壁，是中华龙文化的集中展示。

文化广场　位于红山区新华步行街南部。1987 年，将工人文化宫前广场扩建成文化广场。1997 年，对文化广场进行扩建，总面积 3.6 万平方米。2003—2004 年，红山区投资 2100 万元，再次对文化广场进行扩建，总面积扩大到 8.7 万平方米。文化广场栽植有景观树木、绿地等。

红山区政府广场　位于钢铁街与昭乌达路交会处东南侧。2006 年，红山区政府在办公楼前空地建设广场，称红山区政府广场。总投资 500 万元，建有绿地，栽植有景观树木，总面积 1.2 万平方米。

红山广场　位于红山区东城大街东段路南。2007 年，红山区投资 1290 万元建设，总面积 4.1 万平方米，广场内建有草坪、绿地等。

北馨花园广场　位于红山区钢铁西街北侧北馨花园小区内。2009 年建成，总面积 1.5 万平方米，广场内建有草坪、绿地、健身路径等。

红山区行政中心广场　位于桥北组团红山区行政中心以南，2014 年建设完成，总面积 20.3 万平方米。该广场建有绿地面积 11.5 万平方米，硬化地面 8.8 万平方米。广场由行政广场绿地、市民广场绿地、休闲广场三大区块组成，具有集会、健身、休闲活动等多种功能。

辽瓷广场　位于松山大街，2005 年建成，总面积 4096 平方米。栽植乔木 300 多株，灌木丛 500 多平方米。广场内建有健身路径、健身设施、娱乐设施等。

银河广场　位于平庄老城区中心。2004 年，在平庄烈士陵园基础上改造扩建而成，总面积 3.6 万平方米。广场绿化面积 1.15 万平方米，内设有旱地喷泉、灯饰、文化柱、健身器材等。该广场保留有 50 年以上树龄的大树 116 株，有油松、白蜡、紫椴等树种。扩建改造中又增加了云杉、金叶榆、丹桧球、龙爪槐、金丝垂柳等 30 多个景观树种。

市民广场　2009 年，元宝山区启动平庄西城市民广场建设，该广场分南北两个广场，主要设施有音乐喷泉、25 米高杆灯及其他景观灯、健身器材等。2010 年投资 3160 万元实施广场绿化景观工程，2011 年完成工程建设。总面积 17.64 万平方米，其中绿化面积 9.2 万平方米。有常绿乔木 8 个品种、780 株，落叶乔木 36 个品种、3780 株，花灌木 14 个品种、6650 株；地被植物 14 个品种、23 万株；花卉 13 个品种，面积 1.51 万平方米。

二、雕塑

赤峰市雕塑在历史上主要是宗教寺庙雕塑。中华人民共和国成立后特别是改革开放以后，随着城市建设的发展，城市雕塑作品不断增加。雕塑分布从寺庙雕塑发展到园林、广场、街头等。雕塑题材从宗教雕塑扩大到历史文化、民族文化、历史人物、荣誉表彰、地理标志、现代生活等。雕塑材质从石雕、泥塑发展到不锈钢、铜铸、汉白玉、钢筋水泥等。雕塑技艺更加先进。赤峰中心城区著名雕塑有新城区的飞龙在天雕塑、中国历代龙纹浮雕、蒙古源流雕塑园、马踏飞燕雕塑，红山区的红山魂组雕、白马雕塑、双拥碑雕塑等。

飞龙在天雕塑　位于新城区玉龙广场中心，由清华大学工艺美术学院设计、监制，2005 年建成。雕塑“飞龙在天”由四部分组成：第一部分是主雕塑，以红山文化“C”形玉龙叠加造型而成，表达了玉龙腾飞的瞬间情景，动感十足，富有活力，象征着赤峰是龙的故乡，也预示着赤峰的美好未来；第二部分是雕塑底座，呈圆形，底座下有九层台阶选用象征红山的红色花岗岩铺装，与主雕塑相呼应；第三部分是以“红山文化·文明曙光”为题，全面反映红山文化的四组汉白玉浮雕；第四部分是灯光配置。“飞龙在天”主雕塑的所有尺寸都和“9”有关系，主雕塑高 18 米，由 27 层鳞片组成；底座 9 层，直径为 30.6 米；四组浮雕长为 9 米，宽为 3.6 米。“9”在中国传统文化中是最大的数字，象征着久远、吉祥。“飞龙在天”雕塑，远看似凤，有龙飞凤舞、龙凤和鸣、龙凤呈祥的文化意蕴。

蒙古源流雕塑园　位于赤峰市新城区玉龙广场东西两侧，全长 1600 米，宽 20 ~ 30 米，总面积 35000 平方米。雕塑园分为 3 个段落、5 个篇章、11 个主题。5 个篇章分别为创业、拓疆、兴国、盛世、壮歌；11 个主题分别为斡难河水、策马横戈、铁骑弯刀、逐鹿中原、拓展驿道、科技兴国、兴办农桑、开凿运河、盛世欢歌、元制等级、应昌残照。蒙古源流雕塑园与玉龙广场相呼应，将赤峰蒙古族历史、文化、经济、人物、民族风情等内容全面生动地展示在人们面前。2005 年 9 月建成，由青岛园林绿化有限公司设计并施工，被中国风景园林学会授予全国优秀园林工程奖。

青史放歌艺术碑廊　用雕石、锻铜、嵌玉手法制作，《青史放歌》全诗分为初辟鸿蒙、碧野游踪、冶铁融山、蒙古肇兴、雄风万里、盛世欢歌、应昌残照、溯漠屏藩、塞上春晓九章，反映蒙古民族和北方少数民族发展历史。由中央美术学院张大生设计创作，赤峰市新城区建设指挥部、赤峰市城市基础设施建设投资开发有限公司建设，2006 年 5 月建成。

富饶草原组雕　用雕石手法制作，反映蒙古民族套马场景，寓意草原富饶美丽。由北京陈萧汀雕塑艺术工作室设计创作，2006 年 5 月建成。

和平草原组雕　用雕石、铸铜手法制作，反映蒙古民族呼麦高歌的场景，寓意呼唤和平。由赤峰美术家王世华设计创作，北京陈萧汀雕塑艺术工作室制作，2006 年 5 月建成。

欢乐草原组雕　用雕石、铸铜手法制作，反映蒙古民族那达慕场景，寓意草原欢乐、兴旺。由北京陈萧汀雕塑艺术工作室设计、制作，2006 年 5 月建成。

车伯尔铜像雕塑　坐落于赤峰新城区车伯尔民俗园。赤峰市美术家王世华设计创作，山东临朐华艺雕塑艺术有限公司制作，2006年7月落成。车伯尔是赤峰人，是元世祖忽必烈的皇后，是中国历史上一位杰出政治家。她还是蒙古民族服饰的创始人。

马踏飞燕雕塑　坐落于赤峰新城区玉龙大街西端高速公路出口。2011年5月落成，是赤峰市获中国优秀旅游城市的标志性雕塑。

中国历代龙纹浮雕　位于赤峰新城区玉龙南广场水幕石壁，浮雕有从红山文化C形玉龙到明清舞龙、团龙乃至中华民国铜币团龙等中华龙的纹样图像的展示，是中华龙文化的另一种集中表达。2005年建成。

红山魂组雕　坐落于红山区站前广场，组雕主体由3座4米高樱红色花岗岩体环抱12根不锈钢柱组成，柱体高25米，耸立于60厘米高的台基上，四周为绿地。总占地面积为1300平方米。1992年10月1日建成，后因火车站改建而拆除。

"阿吉奈"白马雕塑　坐落于红山区昭乌达路与哈达街交叉路口绿岛上。1987年7月31日落成。银马高4米，长5米；五角形基座高14米，粉白色大理石贴面。"阿吉奈"银马雕塑是自治区政府为表彰赤峰市自1981年以后连续获得卫生"阿吉奈"奖而建造的。2000年，红山区对哈达街进行拓宽改造，绿岛拆除，银马雕塑迁移他处。

玉龙组雕　坐落于红山区原红旗广场，主体雕塑高15米，托举4.2米长的玉龙。组雕除玉龙外，还包括奋发有为的建设者，青春焕发的女教师，马路天使般的清扫工三座雕像。1987年建成，2010年工人文化宫拆除后，该雕塑同时也被拆除。

双拥模范城纪念碑雕塑　坐落于红山区钢铁街西段与园林路交会处。1994年11月，市委、市政府为纪念赤峰市被命名为"双拥模范城"而建造。整个雕塑由碑体和碑座两部分组成，全高6.96米，宽8.5米，碑座采用黑色大理石贴面，正面镌刻邓小平"双拥模范城"题词，背面铭文"赤峰市双拥模范城纪念"碑文。2002年8月，为适应城市道路建设需要，"双拥碑"由钢铁街西段迁至哈达街东转盘中心处。

第四节　城市排水

一、排水设施

赤峰市中心城区从20世纪70年代起建设地下排水设施。1991年，中心城区有排水管线120多公里，管径多为300～1000毫米，有泵站及抽水站7座。1992年以后，不断加强排水设施建设。1996年以后，提升排水管线建设标准，管径加大，管网改造速度加快。到2002年，中心城区共有排水管网230公里，大多数为雨污合流制。2003年以后，随着新城区建设发展，排水系统逐步完善和扩大，部分主干道路开始双侧敷设排水管，建设截流主干管。2009年以后，加大中心城区排水管线建设和改造力度，实施雨污分流改造。到2014年，建成地下排水管道620公里，建成排水泵站12座，形成较完善的污水收集、排放系统。

红山区排水系统　1991年，红山城区有排水站2座、抽水站5座，排水管道总长度

99公里。1993年,建设小北街泵站,收水范围为小北街居民平房区范围。2005年,建设新城2号泵站,位于钢铁西街西出口与306国道交会处,收水范围为西拉木伦大街和小新地组团。东立交泵站、中立交泵站和西立交泵站收水范围均为立交桥附近区域。2010年,建设新华步行街地下通道泵站,收集通道内污水、雨水。2014年,红山区有排水管线283公里,检查井1.3万个,排水泵站9座。

松山区排水系统 1997年,建成松山区一号泵站,位于临河路水上公园假山东侧,收水范围为松山大街以南、铁路桥以东范围内,2013年,投资2900万元进行改造。2010年,建设松山区二号泵站,位于银河大桥北侧,收水范围为松山大街以北及广场路北段,木兰街—西站大街。2005年5月,建成宝山泵站,位于新城区宝山桥北侧石博园,占地面积近2000平方米,2011年,实施应急扩建工程,2012年5月投入使用,收水范围为新城区八家组团。在建泵站为银河路南段和友谊大街南段雨水泵站,占地面积1万平方米,总建筑面积2153.6平方米,全长600米,2014年开工建设,收集松山北城范围内雨水。2014年,松山区有排水管线27公里,排水泵站3座,在建泵站2座。

元宝山区排水系统 1991年,元宝山区有排水管线20公里,自流排至老哈河。到1996年,排水管线数量增加至30公里。2002年以后,排水管线数量不断增加,建设标准不断提高,部分管线采取雨污分流。2014年,元宝山区有排水管线65公里。

截流主干管建设 2007年, 在锡伯河北岸防洪堤坝迎水面内修建截流主干管,起点为306国道平双公路桥下,终点为松山二号泵站,全长3680米。2013年,启动松山北城—污水处理厂截流主干管工程,走向为松山区一号泵站—彩虹桥—桥北组团—污水处理厂,总长6.7公里。

雨污分流排水管网建设 1991—2002年,中心城市的排水管网大多数为雨污合流管网。2003年以后,中心城市先后开发建设八家组团、小新地组团、桥北组团和松山北城,污水排放量逐年增加,汛期极易形成内涝。2009年后,各新建组团排水管网均按雨污分流制建设,对已有排水管线根据道路改造情况安排雨污分流改造。

二、污水处理设施

1995年前,赤峰市没有污水集中处理设施。1995年5月,赤峰市中心城区污水处理厂开始建设,总投资2.56亿元,建设规模为日处理污水10万吨。2000年10月建成投入运行,日处理污水能力5万吨,设计出水水质达到农田灌溉水质标准。二期工程2002年4月施工,2003年9月竣工,日处理污水能力5万吨,采用世界先进的厌氧+交互式生物处理池工艺,与一期工程的强化一级出水一起进行二级处理。

2002年,元宝山区开始建设污水处理厂,设计处理规模5万吨/日,当年竣工并投入使用。2004年后,赤峰市各旗县城关镇陆续开始建设污水处理厂,进行污水集中处理。到2010年,全市除巴林左旗外,其余各旗县区均建有污水处理厂。全市污水年排放量9561万吨,排水管道长度910公里,日处理能力44.5万吨,污水处理率81.78%。其中中心城区年排放量6983万吨,排水管道长度469公里,日处理能力21万吨,污水集中处理率 82.33%。

2012 年，全市建成污水处理厂 12 座，各旗县区政府所在地均建有污水处理厂。中心城区污水处理厂先后实施日处理污水 6 万吨三期扩建工程和日处理能力 2.5 万吨红庙子分厂一期建设工程。到 2012 年，中心城区（包括红庙子分厂）建成污水收集管网 450 公里，形成日处理污水 18.5 万吨、日产中水 5 万吨的生产能力。

2014 年，全市建有污水处理厂 14 座，处理能力 47.1 万吨 / 日，全年处理污水 1.4 亿吨，污水集中处理率 88.33%。其中中心城区污水处理厂 5 座，全年处理污水 8284 万吨，污水集中处理率 89%。

第五节　城市照明

一、道路照明

1991 年，中心城区有路灯 4500 盏，主要街道和部分小巷都已安装路灯，主要为高压汞灯和钠灯，有少量白炽灯。1992 年以后，对红山区城区主要街路及大部小巷都安装了路灯。1996 年，中心城区有路灯 6200 盏，路灯品种开始多样化，景观效果明显。2002 年，中心城区路灯增加到 7800 盏，主要为钠灯。2003 年，新城区建设启动，中心城区道路照明设施数量进一步增加。2011 年，市政府投资 420 万元，在新城区至玉龙机场路段安装风光互补路灯 142 盏。2012—2013 年，红山区、松山区和元宝山区投资 3470 万元，对主要街路和重要节点的高耗能钠灯改造为节能、寿命长的发光二极管灯或无极灯。2014 年，机场快速路安装路灯 544 盏；红山区友谊东街、桥北大街、赤锡路、北大桥路、钓鱼台路、锡伯河大街、英金河大街、贡格尔大街、滨河路、昭苏河大街、北大桥路北段、龙头山路、老哈河大街、解放西街安装路灯 1000 多盏；松山区友谊大街、广场路中段等安装路灯 200 多盏。至年末，中心城区道路照明灯达到 3.01 万盏，主要采用钠灯、发光二极管灯和无极灯，装灯总功率 3778 千瓦，亮灯率达到 99%以上。

二、景观照明

1991 年以后，随着城市建设的发展，市政府不断加大市区庭院、楼体等建筑设施的灯光亮化建设。2002 年，在中心城区实施以夜景照明和楼体粉刷为主的亮美工程，完成昭乌达路、钢铁街、哈达街、新华路等街路 50 多座楼房的亮化，形成站前广场、市政府及钟楼、赤峰商厦、文化广场四大光区，形成点线结合的亮化夜景。2003 年以后，为提升城市品位，中心城市各主要街路和公园内均安装造型各异的景观灯，不断提升城区亮化水平。2010 年，市政府以自治区“两个文明”现场会在赤峰召开为契机，在中心城市实施夜景照明工程，完成新城区玉龙大街沿街 22 个单位的楼体亮化以及昭乌达路、钢铁街、三道街、哈达街、新华路等街路的亮化，形成以玉龙大街、玉龙广场为轴线的新城区亮化夜景和以站前广场、钟楼、赤峰商厦为核心的老城区亮化夜景。2011 年春节期间,投资740万元,实施春节亮化工程,对中心城区的主要街路、广场、重要节点和重点居住小区出入口等进行亮化。2012年春节期间,市政府投资390万元,在玉龙大街等10条街路以及石博园安装“流星雨、火树银花、龙凤呈祥、三星宫、灯光隧道”等造型各异的发光二极管串灯、树挂灯以及灯杆造型灯。红山区投资180万元,在火车站广场、区政府广场、昭乌达路及主要路口安装彩灯8000余盏。2013年春节期间,市政府投资对新城区“一河两场两园四路六街”进行亮化,“吉祥如意贺新春”大型灯箱、“美丽赤峰”巨型花篮灯箱在玉龙南广场安装完毕;在玉龙大街等10条街路和石博园安装各类串灯、树挂灯以及灯杆造型灯。2014年春节期间,对新城区玉龙广场和主要街路进行亮化美化,在玉龙北广场安装巨型花篮2个,在玉龙南广场安装以民间剪纸艺术为创意的“新春快乐”灯饰制品,对玉龙大街等6条街路景观灯进行修复和更新。

第三章　公用事业

第一节　城市供水

一、供水设施

1991年,全市有自来水厂12座,自来水管道总长度800公里。其中赤峰中心城区2座水厂,隶属于赤峰市自来水公司。供水管道总长度129公里,日供水量4万吨,年售水1182.6万吨,用水人口15.84万人,自来水普及率为54.7%。第一水厂位于红山区大三家村,有水源井5眼,日供水能力1.5万吨,主要供应红山区机关企事业单位和人民生活用水。第二水厂位于松山区阴河、锡伯河交汇处,松山区鸭子河村东,有水源井11眼,日供水能力2.5万吨,主要供应松山区机关企事业单位和居民生活用水。部分大型企业建有自备水源井,用于企业生产。1992年以后,赤峰市不断加强供水设施建设,保障人民生活和生产的需要。1995年,实施红山区二期给水工程建设,新建水源井8眼。2003年以后,随着新城区建设的发展,中心城区用水量不断增长。2003年11月,赤峰九天建化集团公司投资,在新城区建设自来水厂,修建自来水管道。2004年11月,建成自来水厂和部分供水管道,12月成立赤峰九龙供水有限责任公司,负责新城区供水设施建设和城市供水。到2005年,赤峰九龙供水有限责任公司水厂建成水源井7眼。到2007年,赤峰市自来水公司有水厂2座,水源井24眼,供水管道总长256公里,日供水能力10万吨,平均日供水量4.72万吨。用水人口31万人,自来水普及率72%。其中第一水厂有水源井9眼,日供水能力2.5万吨;第二水厂有水源井15眼,日供水能力7.5万吨。2010年,赤峰市自来水总公司和赤峰九龙供水有限责任公司2家供水企业,在中心城区有水源井31眼,赤峰铁路车务段和机务段、赤峰华源毛业有限公司等10家单位参与城市公共供水,还有包括赤峰制药集团等10家大企业用户在内的

311 家自备水源用户。中心城区供水普及率 79.9%。

到 2014 年，赤峰中心城区有赤峰市自来水总公司和赤峰九龙供水有限责任公司 2 家供水企业，有水厂 3 座，水源井 41 眼。其中赤峰市自来水总公司有水厂 2 座，水源井 24 眼；赤峰九龙供水有限责任公司有水厂 1 座，水源井 17 眼（实际使用 11 眼），清水池 2 座，日供水能力 4.6 万吨。供水普及率 96%。

二、供水价格

1991 年，赤峰市用水价格为工业生产用水每吨 0.15 元，商业、服务业、基建用水每吨 0.30 元，居民生活用水每吨 0.10 元。1992 年以后，赤峰市根据国家有关政策逐步提高用水价格。到 2000 年，赤峰市用水价格为居民生活用水 0.75 元 / 吨，工业用水 0.90 元 / 吨，行政事业单位用水 1.00 元 / 吨，商业用水 1.50 元 / 吨。

2003 年 9 月开始，赤峰市调整自来水价格，调整后，居民生活用水实行阶梯式水价，基础水量定为每月 6 吨／户，居民生活用水量每户每月在 6 吨及以下的（每户以 3 人计算，户人口数超过 3 人的，超出人数每人每月按增加 2 吨水量核定），价格由 0.75 元／吨调整为 0.95 元／吨，用水量每月超过基础水量部分，按基本水价的 1.5 倍收取，价格为 1.45 元／吨；工业用水由 0.90 元／吨调整为 1.30 元／吨；行政事业单位用水由 1.00 元／吨调整为 1.50 元／吨；商业用水由 1.50 元／吨调整为 2.30 元／吨。

2011 年 4 月，赤峰市再次调整用水价格，居民生活用水实行阶梯式水价。第一阶梯为每户月用水量 10 吨及以下 1.80 元 / 吨；第二阶梯 10 吨以上 2.70 元 / 吨。每户每增加 1 口人，增加基础水量 3.3 吨。工商企业、饮食服务、行政事业单位用水 4.00 元 / 吨；绿化、教育单位用水 1.80 元 / 吨；大工业、行政事业单位用水 3.00 元 / 吨；特种行业用水 10.00 元 / 吨。

第二节　燃气供应

赤峰市从 20 世纪 70 年代后期开始发展液化石油气供应，由赤峰富龙燃气有限公司独家经营。1991 年，赤峰市中心城区有储气场 2 处，液化石油气储量 1450 立方米；有供气站 2 处。1992 年，赤峰富龙燃气有限公司新建 650 立方米储气罐，储气能力增加到 2100 立方米。1999—2002 年，赤峰富龙燃气有限公司在红山区开发建设 7 个小区管道供气工程。2003 年 12 月，赤峰新城富龙管道燃气有限公司成立，2004 年 7 月开始在新城区开展管道燃气工程建设。2010 年 7 月，赤峰华润燃气有限公司成立，在红山区、松山区经营管道燃气，管道燃气用户不断增加。到 2014 年，赤峰新城富龙管道燃气有限公司在新城区敷设中压管线 37.6 公里、庭院管线 87.2 公里，中心城区发展管道燃气用户 4 万多户。全市有燃气供应企业 35 家，其中液化石油气供应企业 33 家，管道燃气供应企业 2 家，液化石油气换瓶站、连锁站 90 多个。

赤峰富龙燃气有限责任公司　成立于 1976 年，称赤峰市煤气公司，主要经营煤气供应。1981 年,赤峰市煤气公司改为赤峰市煤气热力公司,开始经营城市集中供热。1994 年,组建赤峰市煤气热力经营总公司。1997 年,改建为赤峰富龙公用(集团)有限责任公司。1998 年,组建富龙集团。2004 年 11 月,成立赤峰富龙燃气有限责任公司,隶属于富龙集团,经营赤峰市中心城区主要是红山区的煤气、天然气供应。到 2014 年,赤峰富龙燃气有限责任公司有燃气经营网点 80 余家,有钢瓶配送人员 60 人,每天 12 小时提供送瓶服务。

赤峰华润燃气有限公司　2010 年 7 月成立。主要经营范围:管道燃气销售,燃气设备、器具的销售和维修,液化天然气管线安装、维修,液化气储备站设计、建筑、安装、调试,汽车加气等(分支机构经营)。2010 年末,建成汽车燃气加气站 1 座。2014 年,该公司建有赤峰市红山储备站 1 座,建有 4 个 150 立方米储罐,天然气储气能力 36 万立方米;建成元宝山储备站 1 座,建有 1 个 150 立方米储罐,天然气储气能力 9 万立方米;建成平庄加气站 1 座、新城区公交加气站 1 座。在红山区、松山区、元宝山区敷设中压管网总长度 94.5 公里。在红山区桥北组团及松山区松北新城有 1 万余户居民通气点火。截至 2014 年,该公司营业总额 6823 万元,上缴利税 30 万元。

第三节　集中供热

赤峰市中心城区于 1981 年开始集中供热。1991 年,有赤峰富龙热力公司 1 家集中供热经营企业,有供热管网主干线 9 公里、支干线 48 公里,供热面积 160 万平方米。为提高能源利用效率、改善大气环境、提高居民生活质量,赤峰市大力推行热电联产供热机组,不断扩大集中供热面积,经过多年发展,供热规模和服务水平逐年提升。2014 年,中心城区有赤峰富龙热力有限责任公司、赤峰新城富龙热力有限责任公司、赤峰桥北富龙热力有限责任公司、赤峰热电厂 4 家热网企业;有赤峰富龙热电厂、赤峰热电厂、赤峰制药股份有限公司热电厂、京能(赤峰)能源发展有限公司、赤峰通达热力有限公司 5 家热源企业;有供热主管网 176.7 公里、支线管网 670.6 公里,集中供热总面积 3003 万平方米。

一、供热设施

新城区供热设施　热力生产设施。2003 年新城区建设启动后,将位于松山区的赤峰富龙热电厂热源引入新城区供热。2012 年 10 月,新城富龙热力公司接管喀喇沁旗通达热力公司的 2 台 58 兆瓦热水锅炉向新城区供热。2013 年,又扩建 2 台 58 兆瓦热水锅炉,总供热能力达到 400 万平方米,供热区域为新城区八家组团和喀喇沁旗和美工贸园区。2014 年,中电投新城热电厂 2 台 300 兆瓦热电机组项目开工建设,设计供热能力 1200 万平方米。

热力管网设施。2003 年,赤峰新城富龙热力公司成立后,积极开展新城区集中供热管网建设。到 2005 年，建设主干输热管线 14.5 公里、支干输热管线 8 公里，供热面积 40 万平方米。随着城市建设的发展，集中供热建设不断加强。到 2014 年，建成主干输热管线 39.7 公里、支干输热管线 27.6 公里，集中供热面积 803 万平方米。

红山区供热设施　热力生产设施。1990 年，中心城区有赤峰热电厂、赤峰制药厂（电力车间）热电生产企业 2 家，有发电机组 6 台、锅炉 6 台，供热能力 350 万平方米。1991 年，赤峰制药厂热电机组并入城区热力管网开始为附近居民供热。2008 年，京能（赤峰）能源发展有限公司热电厂建成 2 台 150 兆瓦热电联产机组，2009 年 10 月并网供热。2013 年 1 月，赤峰金剑铜业有限公司建设安装 2 台 29 兆瓦燃气热水锅炉，利用生产过程中产生的余热进行供热，向红山区小新地组团供热。到 2014 年，红山区热电生产企业发展到 4 家，有发电机组 12 台、锅炉 15 台，供热能力 1917 万平方米。

供热管网设施。1990 年，赤峰富龙热力公司在红山区建设有热网中继泵站 53 座，实现微机监控；有主干输热管线 19.5 公里，支干输热管线 58 公里，供热面积 447 万平方米。1991 年以后，赤峰富龙热力公司不断加强供热管网建设，扩大供热能力。到 2000 年，红山区集中供热热力站增加到 65 座，其中换热站 20 座；主干输热管线增加到 27 公里，支干输热管线增加到 78 公里，供热面积扩大到 297 万平方米。到 2014 年，红山区集中供热热力站增加到 153 座，其中换热站 90 座，热网中继泵站 1 座；主干输热管线增加到 91 公里，支干输热管线增加到 429 公里，供热面积扩大到包括老城区、桥北新区、小新地组团共 1540 万平方米。

松山区供热设施　热力生产设施。1996 年，赤峰富龙热电厂在松山区建成，有 2 台 29 兆瓦循环流化床热水锅炉投入运行。1999 年，安装 2 台 75 蒸吨循环流化床蒸汽锅炉投入运行。2000 年，安装 1 台 12 兆瓦汽轮发电机组。2001 年，建成 2 台 90 蒸吨循环流化床蒸汽锅炉。2002 年，建成 2 台 12 兆瓦汽轮发电机组。2008 年，建成 1 台 116 蒸吨循环流化床热水锅炉。2012 年，建成 2 台 29 蒸吨燃气热水锅炉。到 2014 年，赤峰富龙热电厂共有 3 台 12 兆瓦汽轮发电机组、2 台 75 蒸吨循环流化床蒸汽锅炉、2 台 90 蒸吨循环流化床蒸汽锅炉、2 台 29 蒸吨燃气热水锅炉，总供热能力达到 700 万平方米，向新城区供热。

供热管网设施。1991 年以后，松山区不断加强集中供热设施建设。到 2000 年，松山区有热力站 10 座，有主干输热管线 6 公里，支干输热管线 54 公里，供热面积扩大到 180 万平方米。到 2014 年，松山区集中供热热力站增加到 57 座，其中换热站 55 座，主干输热管线增加到 46 公里，支干输热管线增加到 214 公里，供热面积达到 660 万平方米。

二、供热价格

1991 年，赤峰市居民住宅、学校、机关团体、企事业单位集中供热价格为建筑面积每平方米每月 1.46 元。1993 年，赤峰市居民住宅、学校、机关团体、企事业单位集中供热价格由建筑面积每平方米每月 1.46 元调整至 2.63 元。1998 年，按照自治区物价局

《关于赤峰市城区供热价格的批复》规定,赤峰市中心城区集中供热价格由每平方米每月 2.63 元调整为 3.60 元。2000 年下调到 3.50 元。2002 年, 民用供热价格下调到 3.35 元,所降价格由财政补贴,由政府和供热企业各承担一部分。2006 年,民用供热价格仍按每平方米每月 3.35 元执行,公用热价调整至 4.20 元。2009 年,赤峰市中心城区居民集中供热价格由 3.35 元恢复为 3.60 元,非经营性单位热价调整为 4.50 元,经营性单位热价调整为 4.80 元,至 2014 年未变。

三、管理与服务

1991 年,赤峰市集中供热主要由市政府及城市建设等部门管理,制定城市集中供热发展建设规划、收费价格、热力生产及输送等方面的规范和办法,监管供热企业搞好服务。1992 年以后,市政府及有关部门本着"优先发展热电联产机组,强化运行监管,切实做好供热服务"的原则,不断加强各项管理工作,积极推进热源热网建设,加快城市供热节能发展步伐,使集中供热管理不断规范,供热规模和服务水平逐年提升。2009 年,赤峰市集中供热管理办公室成立。同年,为解决城市基础设施建设资金不足问题,加大对城市基础设施的投入力度,市政府印发《赤峰市中心城区市政公用设施建设配套费征收管理规定》, 赤峰市中心城区城市市政公用设施建设配套费征收按建筑面积每平方米征收 100 元, 其中每平方米 50 元用于城市供热管网建设和改造。2011 年,《内蒙古自治区城镇供热条例》印发后,赤峰市加大行业管理力度,印发《赤峰市城镇集中供热企业评价标准》等规范性文件,加强对供热企业的管理。各供热企业不断探寻城市集中供热的新方法、新技术、新模式,赤峰市热网建设应用的集中供热管网无补偿冷安装、直埋铺设等先进技术达到全国领先水平;调度中心和热力网站点全部安装远程控制系统,采用数字化技术实现供热管理的自动化,服务效率和服务质量明显提高。到 2014 年,各供热企业建立了投诉接访中心,99%以上投诉事件得到及时解决。市住建委设立 12319 城建热线, 供热办设立专门的投诉电话,24 小时受理用户投诉, 并派专人负责受理,设置了信访接待室,妥善处理群众来访事件。1991—2014 年,赤峰富龙热力公司在每年冬季取暖期到来之前,进行管网检查维修,保障供热管网的正常运行。在每个居民小区都有供热管网维修保障队伍,24 小时值班,不分昼夜,发现供热管网出现问题及时维修处理,保障了广大居民正常取暖。

四、供热企业

赤峰热电厂　1981 年,赤峰电厂利用循环水向市区集中供热。当年铺设供热管线 17.5 公里, 开始向长青街两侧楼房和部分平房供热。1985 年, 加装 2 台发电机组和 3 台蒸发量为 130 吨 / 小时的中压燃煤锅炉,供热能力进一步扩大。同年,赤峰电厂改称为赤峰热电厂。至 1990 年,赤峰热电厂有发电机组 6 台,锅炉 6 台,供热能力达到 350 万平方米。1997 年, 增建 1 台 130 吨 / 小时的中压燃煤锅炉和 1 台 25 兆瓦汽轮发电机,同时关停 1、2、3 号机组。2002 年,赤峰热电厂安装 2 台 35 吨 / 小时锅炉,总供热能力达到450万平方米。2005—2007年，赤峰热电厂B厂安装2台135兆瓦热电联产机组先后并网发电、供热，该厂供热能力达到470.71兆瓦，供热区域为红山区西部和松山区南部，同时为21家企业供应工业蒸汽。2011年，赤峰热电厂在B厂2号机组的循环水出口处，安装4台单机容量为30兆瓦的蒸汽驱动型溴化锂吸收式热泵，利用吸收式热泵技术将循环水中的热量进行收集，总供热能力为52兆瓦，增加供热面积100万平方米。2014年，赤峰热电厂对B厂2号机组实施凝汽器循环水低真空供热改造，增加供热能力210万平方米。到年末，赤峰热电厂有发电机组6台，锅炉8台，总供热能力350兆瓦，为红山区和松山区西部部分地区供热，供热面积982万平方米。

赤峰制药股份有限公司热电厂　1991年，赤峰制药厂发电车间发电机组利用发电产生热水向附近居民供热。1994年，赤峰制药股份有限公司热电厂成立，该厂一期工程2台发电机、3台锅炉热电机组安装完工并网发电、供热，供热面积60万平方米。2003年，赤峰制药股份有限公司热电厂二期工程建设完成，为四炉四机运行，总供热能力达到85万平方米，供热区域为红山区二道街两侧。到2014年，赤峰制药股份有限公司热电厂有热电机组4台，总供热能力达到85万平方米。

京能（赤峰）能源发展有限公司热电厂　成立于2006年11月，2008年底建成2台150兆瓦热电联产机组，2009年10月并网供热。到2014年，京能（赤峰）能源发展有限公司热电厂有2台150兆瓦发电机组、2台480蒸吨供热锅炉，供热能力850万平方米，供热区域为赤峰市中心城区、桥北新区及赤峰东部城区、红山高新技术产业园区。

赤峰金剑铜业有限公司　2010年7月，赤峰和然节能技术服务公司与清华大学节能研究中心合作，利用赤峰金剑铜业工业企业在生产过程中产生的余热及废热进行供热，配套建设2台29兆瓦燃气热水锅炉，供热能力280万平方米，一期工程于2013年1月完工，向红山区小新地组团供热100万平方米。

第四章　公园　绿化

1991年，赤峰市中心城区有5个公园，总面积不足100万平方米，建成区绿化覆盖率为26.4%，人均公园绿地面积2.7平方米。1992—1996年，街路绿化快速发展，但公园建设较慢。到1996年，建成区绿化覆盖率为29.5%，人均公园绿地面积4.68平方米。此后，随着城市道路建设和居住区面积扩大，城市绿化量显著增加。到2000年底，建成区绿地率30.96%，建成区绿化覆盖率34.86%，人均公园绿地面积6.56平方米。2003年以后，随着新城区建设，相继建成一批品位高、设施齐全的城市公园，城市绿化水平显著提高。2012年，市政府提出和实施“创建园林城市”决策，城市园林绿化水平进一步提高。2013年，赤峰市被自治区住房和城乡建设厅授予园林城市称号。2014年，中心城区有城市公园35个，总面积528.1万平方米，人均公园绿地面积18.21平方米；道路绿化 90%以上,绿地率 35.8%,绿化覆盖率 38.9%。

第一节 公 园

1991 年,中心城区有长青公园、红山公园、东西旱河带状公园、元宝山电厂公园和平庄矿区公园等 5 个公园。1992 年以后,市委、市政府不断加强城市公园建设,公园数量、规模、档次不断提高。2003 年以后,在新城区开发建设中,公园建设水平进一步提高。到 2014 年,中心城区建成公园达到 35 个,总面积 528.1 万平方米,人均公园绿地面积 18.21 平方米。

兴安南麓植物园 位于王府大街南、玉龙大街北、林西路东、半支箭河西侧。由北京林业大学林学院设计,天津市园林绿化公司施工,2004 年开工建设,2005 年 9 月建成,工程造价 873 万元,总面积 18.4 万平方米。园内主要集中展示大兴安岭南麓原生植物,共有植物 165 种,约 3 万株,按乔木、灌木、花草进行布置,通过园林艺术创造和园艺技术手段,建造新颖的园林景观。植物园融科普教育、环境教育、市民游览观光于一体,诠释了人与自然和谐发展的主题,为市民提供了一个高质量的户外活动空间。

石博园 位于临潢大街南、林西路西南侧、锡伯河与半支箭河交汇处西北。由北京建筑设计研究院设计施工,2004 年开工建设,2005 年 9 月建成, 总面积 24 万平方米,工程造价 2000 多万元。石博园是展示赤峰区域内的石文化, 再现赤峰地区独特的冰臼、冰石林、冰石台、角峰等冰川遗迹的石自然博物园。园内还展示了赤峰地区从远古到现代使用石头的历史文脉。

车伯尔民俗园 位于玉龙大街南、临潢大街北、林西路东、半支箭河西侧。由赤峰北京京华园林设计所设计, 北京同人园林绿化公司施工,2004 年开工建设,2006 年建成,总面积 12 万平方米,工程造价 1110 万元。是一座风情浓郁、特色鲜明、环境优美、内容丰富的现代化休闲观赏性主题公园。

海贝尔游乐园 位于巴林大街南、王府大街北、宝山路东、半支箭河西。由西安同乐娱乐公司设计, 北京安鑫园林绿化工程公司施工,2004 年初开工建设,2004 年 10 月建成运营,总面积 8.3 万平方米,工程造价为 600 万元。“海贝尔”是英语 happy 的译音,蒙古语意为“春天”的意思。该园采取市场化运作形式对游乐设备进行投资建设。园中设有大型游乐设备 20 台,如过山车、摩天轮、天旋地转、激流勇进、豪华转马、小蹦极等许多让青少年喜爱的娱乐设施。

红山国家森林公园 位于红山城区东部。1991 年经林业部批准建立, 总面积 4300 公顷。1996 年以后,红山区不断加强该园道路、绿化、景区、景点等开发建设,形成红山揽胜区、碑廊亭榭区、佛事活动区、鸿雁观景区、森林活动区、红山先民村落、红山遗址群 7 大景区、57 个景点。

南山生态园 位于红山区城区南山，占地800万平方米。2001—2014年，红山区每年都投入大量资金，组织机关、学校、企事业单位职工到南山植树造林，造林整地400多万平方米，栽植各类树木100多万株，修建道路数十公里，完成观光采摘园、文化综合展示区、森林休闲娱乐区、花卉观赏区等十大风景区，成为人们健身、娱乐、旅游、观光重要园林场所。

红山公园 又名紫屏园，位于红山城区东北红山脚下，占地面积32公顷。1980年开发建设，1984年建成，园内建设有月牙湖、湖心岛、玉带桥、荷花池、紫屏园等景点20多处。2010年，红山区政府投入800万元对红山公园进行改造，同年10月免费向游人开放。

植物园 位于红山城区东部。1998年，由红山区林业局开发建设，1999年建成，总面积26.67公顷。2010年10月1日起免费向游人开放。到2014年，植物园建有树木专类区、儿童娱乐区、花卉观赏区、珍稀植物区、水上乐园区、森林功能区、盆景观赏区等16个景区，有树种44科、94属、245种，还有200多种花卉盆景，植物达500余种，是一处集科普、观光、游乐于一体的北方植物大观园。2002年8月，赤峰植物园被评为国家AA级景区。

长青公园 位于红山区哈达街中段，始建于1959年，占地面积6.3公顷。园内有景点十多处。整个园路贯通，各类植物近百种，为市民提供一处环境优雅的休闲娱乐场所。2013年，红山区政府投资1300万元，对长青公园进行通透改造，2014年开始免费向游人开放。

水上公园 位于松山区，20世纪90年代初期建成向游人开放，总面积约2万平方米。园内有人工湖、湖心岛、游船等。2010年，改扩建后改称松州公园。总占地面积22万平方米，园内有假山、人工湖、娱乐及健身设施、景观树、花坛、草坪等。

平庄公园 位于元宝山区平庄城区西北部，2007年开始建设，2010年建成向游人开放。占地15.3万平方米，其中绿化面积8.7万平方米，人工湖面积8240平方米，道路面积1.1万平方米，广场面积3万平方米，其他建筑面积3800平方米。园内栽植有常绿乔木8个品种、940株，落叶乔木29个品种、4891株，花灌木14个品种、4652株；地被植物14个品种、19万株；花卉13个品种、29.6万株，面积12053平方米，栽植草坪69300平方米。园内建有人工湖，有园林小品、健身器材、老年活动中心、水系、趣味雕塑等。

平庄乐园 位于元宝山区平庄旱河西侧新老城区交界处，2005年开工建设。全长2290米，总面积26.5万平方米。2014年，平庄乐园工程基本完工。园内建设人工湖，水体面积50600平方米。园内栽植52个植物品种，有乔木5137株，花灌木3111株，绿篱2.56万平方米，地被草坪6.95万平方米，绿地覆盖率79%。园内建设有台地式小广场和篮球、排球、网球等运动场地。

第二节 道路绿化

一、新城区道路绿化

2003年开始,赤峰市在新城区建设中积极开展道路绿化建设,在主要街路实施绿化带、景观带建设。到2010年,新城区建成道路景观带、绿化带13条,总长45.35公里,绿化面积35.8万平方米。到2014年,新城区已建成的道路绿化率100%。

2010年赤峰新城区主要街路绿化情况统计表

表11-1-3

道路名称	道路总长(米)	绿化带宽(米)	绿化带总面积(万平方米)	建成时间(年)
玉龙大街绿化带	4888	12.5	6.10	2005
临潢大街景观带	4870	6	1.67	2005
巴林大街绿化带	1870	6	1.12	2005
王府大街绿化带	2836	6	1.70	2005
全宁街绿化带	2177	10	2.18	2005
铁南大街绿化带	865	6	0.52	2010
富河街绿化带	1788	10	1.79	2010
宝山路景观带	7557	6	4.50	2010
天义路景观带	4197	6	2.50	2010
平双路绿化带	4162	10	4.16	2010
新惠路景观带	1881	20	1.30	2010
锦山路绿化带	3491	10	3.49	2010
外环路绿化带	4766	10	4.77	2010
总 计	45348		35.8	

二、红山区道路绿化

1991—1995年,红山区城市道路绿化主要采取一条路两行树、乔灌混杂的单一绿化方式,绿化街路40多条,绿化面积60多万平方米。1996年以后,道路绿化水平不断提高,绿化面积不断增加。2002年,红山区政府投资1000多万元,启动钢铁西街绿化工程,对钢铁西街绿地进行整体绿化改造,新开辟2条长2700米、宽2米的行道树绿化带,新增绿地面积1万平方米,道路绿化总面积达到4.8万平方米。保留原有的糖槭、国槐等高大乔木,新增十几种观赏树种。同年,红山区政府投资1213万元,实施清河路北段绿化工程，对清河北路以东、铁路沿线以西、老哈河大街以南、滨河街以北进行全面绿化，总绿化面积10.81万平方米。到2002年末，城市道路绿化面积增加到80多万平方米。2003年以后，红山区进一步加强道路绿化建设，道路绿化面积快速增加。

2014年，红山区政府实施解放西街道路绿化工程、桥北组团街路绿化工程，投资203万元，当年完成解放西街宁澜路以西至306国道段道路绿化，绿化品种以紫叶稠李、高接榆叶梅、金叶榆、小叶丁香等乔灌木为主，总绿化面积1万平方米；投资近2亿元，年内完成桥北组团桥北大街、昭苏河街、老哈河街、贡格尔街、西二路、赤锡路东侧、纬六街、西五街、西一路、五号路等道路绿化。至2014年末，红山区城市道路绿化总里程170公里，绿化总面积100多万平方米，道路绿化率90%以上。

三、松山区、元宝山区道路绿化

1991—2014年，松山区、元宝山区不断加强城市道路绿化建设。到2014年，松山区道路绿化总长度达到42公里，绿化总面积达到49.5万平方米；元宝山区道路绿化总长度达到44公里，绿化总面积达到53.25万平方米。

第三节　重大园林绿化工程

玉龙广场绿化工程　玉龙广场位于新城区党政机关办公大楼南侧，绿地面积6万平方米，以栽植高大树木和草坪为主，在广场两侧栽植有大面积的小叶黄杨，广场两侧栽植油松、五角枫等乔木十几个树种600多株，栽植丁香等灌木和绿篱1.5万平方米；南广场区绿地面积3.3万平方米，栽植常绿乔木137株、落叶乔木255株、灌木1176株、绿篱3000平方米、草坪1.2万平方米，以密林为基调，配置适当的油松等常绿树木，靠近玉龙大街一侧栽植彩叶花灌木。绿化工程于2014年3月开工建设，10月建成。

锡伯河河道景观绿化工程　位于新城区锡伯河段，总长7.8公里。2007年，开始治理中心城区河道锡伯河段，2008年在堤顶、迎水坡及平台进行绿化，绿化面积20.8万平方米；2009—2010年，进行大树移植；2011—2012年，对锡伯河部分主河槽两侧进行绿化和河道景观建设，绿化面积约25万平方米。

西拉木伦大街生态林地建设工程　建设区域包括西拉木伦大街与锡伯河南岸防洪堤之间，大板路至宝山路范围内。总面积11.8万平方米，栽植油松、樟子松、新疆杨、白桦等大树2000多株。在绿地内建设有漫步道、儿童游乐场、健身器材等。2014年5月开工建设，8月竣工。

红山区桥北园林绿化工程　从2011年开始，红山区启动桥北新区园林绿化建设工程。2011年7月，开始滨河景观带建设，景观带从阴河以东至滨河路以西、南起松树园路、北至友谊大街，全长4.5公里，占地面积约37万平方米，总投资约7600万元，绿化率达到77%。

红山区政府广场景观绿化工程　位于桥北红山区政府办公楼前，西邻赤锡路，东依新北大桥路，绿化总面积约为49600平方米，其中绿地面积约2.36万平方米。2014年开工建设,当年完成。

桥北大街景观绿化带工程　位于桥北大街两侧,西起滨河路,横跨龙头山路、赤锡路、新北大桥路、钓鱼台路,止于清河北路。总面积约8万平方米,其中绿化面积约6.65万平方米。总投资约2000万元。桥北大街南侧景观带宽50米,北侧宽15米。2013年开工建设。

第五章　环境卫生

第一节　机构　队伍

一、机构

1991年,红山区、松山区、元宝山区城建局设有环境卫生管理处,负责环卫管理工作。各区卫生管理处均设有清扫大队,负责道路清扫、垃圾清运等环境卫生工作。2007年,市政府印发《赤峰市市区环卫体制改革实施意见》,提出环卫作业市场化、运营企业化、服务社会化、发展产业化,合理配置并充分利用现有资源,建立管理与作业分离的体制,加快环卫作业市场化步伐,改革运行机制,提高城区环境质量和保洁效率。各区环卫作业从城建局分离,作业经费实行定额包干管理。城建局负责制定环卫作业标准,审核拨付作业经费,工程招投标,对各环卫作业实体进行检查、监督、考核。同年,新城区采取公开招投标方式,确定赤峰鑫雅泰保洁绿化服务有限公司和赤峰拂辉卫生保洁有限公司负责新城区的道路清扫保洁、垃圾清运工作。2007—2014年，红山区环卫作业单位有6个,即环卫清洁一大队、环卫清洁二大队、环卫清洁三大队、环卫清洁四大队、赤峰中心城区垃圾处理中心和红山区粪便无害化处理中心。松山区、元宝山区均设有环卫清洁大队等工作机构。

二、队伍

1991—2005年,中心城区环卫工作人员除少数在职职工外,主要是临时工人。2005年,临时工人平均月工资271元。2006年,红山区对连续工作15年(含15年)以上、达到退休年龄的环卫工人,单位为其缴纳足额养老保险。从2007年1月起,红山区、松山区、元宝山区为环卫工人投保个人人身意外伤害保险,落实职工养老保险;临时工月平均工资标准提高到420元,2008年提高到460元。2013年4月，赤峰市开展环卫行业调查,市区共有环卫职工2685人,其中在编职工191人,编制外合同制职工97人,临时工2397人,超过法定年龄务工人数706人。年龄主要集中在50岁以上人群,女性工人居多。红山区环卫职工总人数1438人,临时工1286人,超过法定年龄务工人数314人,临时工工资1100元;松山区环卫职工总人数761人,临时工685人,超过法定年龄务工人数 271 人，临时工工资 1100 元；元宝山区环卫职工总人数 506 人，临时工 426 人，超过法定年龄务工人数 121 人，临时工工资 980 元。2013 年，红山区政府专门下发文件，每年为环卫工人增加工资 15%。2014 年，在原有工资 1265 元的基础上增加至 1455 元，增薪涉及清扫、保洁、清运、协管等各工种作业人员。

第二节 环卫设施

1991 年，中心城区有南山垃圾场 1 处；城区内有垃圾楼 4 座，垃圾点 30 多个；有公厕 144 处，其中水冲式公厕 9 处。1993 年，在红山区曲家沟新建南山生活垃圾处理场。2008 年启动生活垃圾无害化处理工程，2009 年 8 月建成投入使用。到 2014 年，中心城区相继建成红山区南山生活垃圾无害化处理场、元宝山区生活垃圾无害化处理场、红山区建筑垃圾处理场、医疗垃圾处理场、粪便无害化处理场；建成垃圾转运站 105 座，其中垃圾压缩站 16 座；市区公共厕所 205 个，其中水冲式公厕的比例约占半数以上。

一、垃圾处理场

红山区南山生活垃圾无害化处理场 位于红山区城郊曲家沟村，前身为红山区南山生活垃圾处理场，1993 年建成投入使用。2008 年，市区两级政府在该场实施生活垃圾无害化处理工程，总投资 5583.55 万元，其中国债 3158 万元，国债转贷 550 万元，地方自筹 1875.55 万元。占地 13.2 万平方米，库容 260 万立方米，日处理能力 500 吨，采用卫生填埋法处理工艺，设计使用年限 16 年。2009 年 8 月建成投入使用，日处理垃圾 550 吨。

元宝山区生活垃圾无害化处理场 位于元宝山区骆驼营子村，2009 年竣工投入使用。总投资 2800 万元，其中中央下达资金 1342 万元。占地面积 10 万平方米，库容 74 万立方米，处理工艺采用卫生填埋法，日处理能力 150 吨，设计使用年限 15 年。

建筑垃圾处理场 位于红山区文钟镇玉皇庙村，距红山城区 6 公里。2005 年，红山区环保部门租赁该处荒山沟作为市区建筑垃圾处理场，可处理建筑垃圾 15 万立方米，处理方式为种植土覆盖。

医疗垃圾处理场 位于红山区曲家沟村，占地 1.6 公顷，有 2 座热解焚烧锅炉，采用热解焚烧工艺，日处理能力 5 吨。主要负责红山区、松山区、元宝山区、喀喇沁旗、宁城县和敖汉旗范围内的医疗垃圾处理。2007 年由红山区住建局启动建设，2010 年建成后移交红山区环保局管理运行。总投资 1228 万元。2014 年，该场日处理医疗垃圾 5 吨。

粪便无害化处理场 位于红山区曲家沟村，占地 2400 平方米，对红山区产生的粪便进行无害化处理，日处理粪便能力 200 吨。2009 年开工建设，2011 年 6 月建成投入使用。2014 年，日处理粪便 100 吨。

垃圾转运站 1991 年，中心城区主要垃圾点 30 多个，主要为地坑式和槽式，有 4 座垃圾楼。1996 年，中心城区垃圾楼增加到 17 座。1997 年以后，加强封闭式垃圾转运站建设。到 2012 年，红山区建设地坑式垃圾转运站 5 座，松山区改造 4 座。到 2014 年，中心城区共有垃圾转运站105座,其中垃圾压缩站16座,其他为楼式和地坑式。

二、公共厕所

1991年,中心城区有公厕144处,其中水冲式公厕9处。1996年,共有公共厕所212处,其中水冲式厕所47处。2012年,红山区建设水冲厕所12座,改造2座;松山区建设水冲厕所4座。到2014年,市区公共厕所共有205个,其中水冲式公厕的比例约占半数以上。2014年自治区第十三届运动会期间,购置了若干移动式公厕,设于体育中心周边。

第三节　环卫作业

1991年,中心城区有环卫设备近70台(套),总功率5000千瓦,主要设备有吸粪车、铲车、拖拉机、洒水车、叉车、手推车等,具有一定机械作业能力。街区路面卫生主要采取人工清扫的方式,主要街路和广场90%以上每天清扫。1992年以后,不断增加环卫机械设备,提高机械化作业水平。到1996年,中心城区环卫机械增加到103台,街路清扫面积391.3万平方米。2006年,元宝山区和红山区分别购置机械化清扫车,提高道路机械化清扫率。到2009年,中心城区清扫保洁面积1097万平方米,其中机械化清扫108万平方米,年垃圾清运量达到25万吨。2010年以后,机械化作业水平进一步提高,环卫工人工作环境明显改善,劳动强度减轻。2012年,松山区投资2141万元,购置高压清洗车、吸粪车等环卫车辆33台(套);红山区购置清扫车4台,投资168万元。到2014年,市区垃圾压缩车、摇臂车、垃圾清运车、吸粪车、垃圾清扫车等环卫专用车辆增加到143台(套),机械作业水平大大提高。道路清扫面积1515万平方米,机械化道路清扫面积561万平方米,道路清扫机械化程度达到37%。

第六章　旗县城关镇建设

第一节　天山镇

一、道路桥梁

1991年,天山镇有主要街路20多条,主要为砂石路面、沥青路面和土路面。2014年,天山镇内有街6条,路12条,巷13条,胡同60条,道路面积88.8万平方米。

二、园林绿化

1991年,城区主要街路基本完成绿化,有行道树6463株,园林绿地总面积67公顷,其中公共绿地5公顷,人均公共绿地1.8平方米,绿化覆盖率12.5%。1995年建查布嘎火车站站前广场,2005年建市政广场,2008年建文化广场,2010年建天山镇老城区体育公园，镇区园林绿化率不断提高。到2014年，天山镇绿地面积295公顷，绿化覆盖面积314.7公顷，人均公园绿地面积14.67平方米，绿地率19.66%，绿地覆盖率20.98%。

三、公用事业

供水　1991年，天山镇供水量60万吨。1992年以后，用水人口不断增加。2003年，裕源自来水公司成立，建设自来水厂1座。2011年，建成第二水厂，日供水量4500吨。2014年，建新区配水厂1座。到2014年底，老城区管网总长178公里，其中主干管网长45公里，分支管网长133公里；新城区管网总长63公里，其中主干管网长45公里，分支管网长18公里，年供水量335万吨。

供热　天山镇集中供热始于2002年，由东暖热力公司负责辖区内生产生活用热供应，建设供热管线长45公里，换热站10座，供热总面积140万平方米。2013年10月，长城热力有限责任公司开始供热。2014年，有供热站2座、锅炉6台、换热站13座，供热主支管线60公里，供热能力180万平方米。

燃气　1991年，天山镇液化气站营业。1998年，阿鲁科尔沁旗富龙燃气有限责任公司成立。2004年5月，天山液化气有限责任公司成立，设置换瓶站十几处。2012年6月，赤峰富龙能源建设有限责任公司天山分公司成立。至2014年，建设中压管线16.9公里，庭院管网10.5公里。

污水处理　2005年建设天山镇污水处理厂，2013年开始进行提标改造，2014年进水调试，日处理污水2万吨，出水水质达一级A标准。

四、环境卫生

1991年，天山镇环境卫生管理所管理环境卫生工作，日清扫保洁面积10万平方米。2014年，建设垃圾压缩中转站1座、地坑式垃圾池57座，设置地坑式垃圾箱89个，配套果皮箱903个，压缩车专用收集桶210个。到年底，天山镇城区共有公厕35座、各类设备17台(套)，有日处理100吨垃圾无害化处理场1座。

第二节　林东镇

一、道路桥梁

1991年，林东镇有主次干道和小巷近50条，铺设沥青、渣油路面的有9条。1992年以后，不断加强城区道路建设与改造。到2014年，城区道路总长度达到80.8公里，面积273.2万平方米。

二、园林绿化

1991年，林东镇有公园1个，绿地面积约50公顷，绿化覆盖率10%以上。1992年以后，不断加强街路绿化建设。2008年以后，相继建成振兴广场、时代广场、契丹广场、麓山公园等园林、广场。到2014年，城镇绿化覆盖面积438.8公顷，绿化覆盖率35.1%，绿地率为34.3%。

三、公用事业

供水 1991年,城区日供水能力3000吨,主干管20公里。2014年底,有供水厂2座,供水管道365.5公里,日供水能力1.7万吨,年供水量420万吨,用水人口8万人。

供热 2002年以后,林东镇先后建立供热企业2家,为巴林左旗新城热力公司和赤峰市富龙巴林左旗分公司。2014年,供热管网总长95公里,供热能力660万平方米,已供热总面积401万平方米。

燃气 1991年,林东镇有液化气站1座。1993年,巴林左旗农电局建液化气站1座。2014年,民禾天然气公司建成投入运行,铺设天然气管道7公里。到年末,林东镇有3家液化气企业,年储量485立方米,年供气总量800立方米。

污水处理 2005年开工建设污水处理厂,2007年建成,日处理能力1万吨。2012年,实施污水处理提标改造与中水回用工程,出水水质达到一级A标准。2014年,污水管道长度达到47.9公里,雨水管道16.5公里,雨污合流管道13公里。

四、环境卫生

1991年,林东镇有公厕13座,有环卫设备8台,日清扫道路面积11万平方米。2014年,城区共有环卫作业车辆19台,公厕38座,简易垃圾转运站56座,日生活垃圾清运量达到160吨。

第三节 大板镇

一、道路桥梁

1991年,大板镇内道路18公里。1992年以后,不断加强城镇道路建设和改造。到2014年,大板镇区有道路31公里,总面积61万平方米。

二、园林绿化

1991年,镇区有公共绿地163万平方米,人均公共绿地面积2平方米。1992年以后,不断加强园林绿化建设。2014年底,镇区绿化覆盖面积524万平方米,绿化覆盖率35.4%,人均公共绿地面积7.6平方米。

三、公用事业

供水 1991年,镇区年供水83万吨。2001年,实施二期给水扩建工程,日供水能力提高到7500吨。2014年,城区共有水源井6眼,水厂1座,供水管道74公里,日供水能力8000吨,供水普及率81%。

供热 1993年9月,巴林右旗供热公司成立。1995年4月,供热设施投入运行,当年城区供热面积8万平方米。1998年，巴林右旗大板热电有限责任公司二期扩建工程开始建设，2003年5月并网发电、供热。到2014年，供热管网总长度133.6公里，供热总面积317万平方米，供热普及率82.2%。

燃气　2004年，东泰液化石油气有限责任公司成立，年供气能力600吨。2014年，镇区有燃气企业2家，液化石油气储气能力185吨，燃气管道长度11.4公里，有供气站4座，年供气650吨，燃气普及率94%。

污水处理　2004年，巴林右旗大板镇污水处理厂筹备建设。2007年8月，建成运营。2013年8月，更名为巴林右旗大板镇昊泽污水处理厂，进行提标改造、中水回用及污泥处置工程建设。2014年底试运行，日处理污水3万吨，中水回用规模2万吨。

四、环境卫生

1991年，城区街路清扫面积9万平方米，有公共厕所16座，机械设备9台。1992年以后，不断加强环境卫生建设。2013年，开工建设大板镇生活垃圾无害化处理场1座、垃圾转运站5座，日填埋处理生活垃圾90吨。到2014年底，城区清扫保洁面积82万平方米。

第四节　林西镇

一、道路桥梁

1991年，镇区有街路22条，总长23公里，少数道路铺设沥青、渣油路面。1996年以后，加强道路改造和建设，路面铺装标准提高。2014年，林西镇有城镇道路71公里。

二、园林绿化

1991—1996年，以道路绿化为主。1996年，绿化覆盖率31.2%，人均公共绿地面积3平方米，以后道路绿化不断加强。2008年，提出“建设公园式森林城市”目标，进一步加强绿化建设。2013年，启动西山公园建设。2014年，完成4条游园路、停车场、篮球场、休闲广场、观光亭等项目建设。到年末，建成公园广场面积47.2公顷。

三、公用事业

供水　1991年，镇区年供水量63万吨，1996年供水量100万吨。2002年，在嘎斯汰河南岸建成金鼎水厂，打深水井11眼，新建1000立方米清水池2座。2014年，有输水管线105公里，年供水量395万吨，用水人口6.8万人，供水普及率95%。

供热　林西县集中供热开始于1998年。2000年，镇区有6家供热企业，供热面积约300万平方米。2011年启动城区集中供热项目，2012年5月开工建设，至2014年，新建91兆瓦循环流化床热水锅炉3台、75吨蒸汽锅炉1台、9000千瓦发电机组1台，新建和改建换热站16座，铺设供热主管网31公里，供热面积达320万平方米。

燃气　1988年10月，林西镇第一家液化气站建成投入使用。1993年建立第二家石油液化气站,年供气量750吨。2010年7月,开始管道天然气工程建设,2014年5月建成,共铺设主管网11.3公里。

污水处理　2008年10月,林西县污水处理厂投入运行,日处理污水3万吨。2012年9月,污水处理提标改造及污泥无害化处理工程开工建设。到2014年末,污水收集管网覆盖林西镇主干街道,雨污合流管网长度达到76.9公里。

四、环境卫生

1991年,镇区街路清扫面积为11万平方米,公厕51座。到1996年,公厕数量增加到64座。1997年,林西镇清洁队成立。2014年,有垃圾无害化处理厂1座,各类设备27台,镇区半封闭垃圾点180个,地坑式垃圾中转站31座,清扫保洁面积达到145.3万平方米,日清理垃圾150吨。

第五节　经棚镇

一、道路桥梁

1991年,经棚镇有主要街路20条,面积27万平方米。1992年以后,不断加强道路建设。2014年,经棚镇有道路21条,共37公里,总面积95万平方米。

二、园林绿化

1991年,经棚镇以街路绿化为主,共有绿地200公顷,公共绿地面积不足20公顷。1996年以后,建成经棚公园广场、政府广场、体育公园、滨河路带状公园等园林广场。2013年,被授予自治区园林县城称号。2014年,经棚镇城区绿化率和绿化覆盖率分别达到32.9%和37%,人均公园绿地面积达到16.8平方米。

三、公用事业

供水　1991年,有供水管道41公里,年供水32万吨。1996年,供水管道67公里,供水量44万吨。2014年,有水厂1座,供水管道190公里。

供热　2002年,经棚镇建设集中供热站5处,开始集中供热。2005年,集中供热面积85万平方米。2009年,新建集中供热站2处,增加集中供热面积12万平方米。2014年,集中供热面积增加到285万平方米。

燃气　1996年,经棚镇开始有燃气供应。到2002年,燃气储气能力75吨,基本为液化石油气。2012年,开始发展管道天然气。2014年,燃气管道长8公里,汽车加气站1座,年供天然气8000立方米,液化石油气供气量2220吨。

污水处理　2005年,开工建设日处理能力1.5万吨的污水处理厂,2008年9月竣工,铺设污水管网26.4公里。2013年,开始污水处理厂提标改造工程建设。2014年9月开始调试进水投入使用。

四、环境卫生

1991 年，镇区清扫面积 9 万多平方米，清运垃圾 3 万吨，有垃圾点 145 处，公共厕所 58 座，机械化作业水平较低。1992 年以后，不断加强环境卫生设施建设。2014 年，街路清扫面积 50 万平方米，其中机械化清扫 15 万平方米，有公厕 57 座、清运车 11 辆，日清运垃圾 120 吨。

第六节　乌丹镇

一、道路桥梁

1991 年，乌丹镇道路总长 14 公里，面积 18 万平方米。1992 年以后，不断加强城区道路建设。2014 年，乌丹镇有道路 34 条，共 74 公里，总面积 240 万平方米。

二、园林绿化

1991 年，乌丹镇有绿地 158 公顷，绿化覆盖率 12%，人均公园绿地面积 0.3 平方米。1992—2014 年，建成清泉路景观带、红山路绿化带、海拉苏大街西段绿化隔离带 3 条园林绿化精品街道，绿地面积 30 万平方米；栽植各类行道树 2.36 万株。2014 年，绿化覆盖率达 43.4%，绿地率 36.8%，人均公园绿地面积 19.7 平方米。

三、公用事业

供水　1991 年，乌丹镇区有水厂 1 座，年供水 66 万吨。1996 年，供水量 95 万吨。2014 年，有水厂 2 座，机电井 11 眼，给水主干管网 75 公里，年供水量 223.3 万吨。

供热　乌丹镇区从 2002 年开始集中供热，当年供热面积 12 万平方米。2009 年，乌丹镇区有三兴、向阳和西城 3 家供热公司分片区集中供热，供热面积 180 万平方米。2014 年，共有供热管网 25 公里，换热站 26 座，供热面积 320 万平方米。

燃气　1991—2000 年，乌丹镇区使用燃气的用户很少。2001 年以后逐渐增加。2014 年，镇区有 5 家燃气经营企业，有储配站 3 处，换瓶站点 71 处，年供气量 2020 吨。2010 年，锡林浩特民禾天然气发展有限责任公司与旗政府签订特许经营协议。到 2014 年，中压管道建设完成 5.5 公里，小区燃气管道铺设 2.8 公里。

污水处理　2007 年，污水处理厂一期 1.5 万吨工程投入运行。2009 年二期工程投入运行，日处理污水能力达到 3 万吨。到 2014 年，乌丹西区新建城市排水主干管 26.8 公里，部分实现雨污分流。

四、环境卫生

1991 年，乌丹镇区街路日清扫面积 10 万平方米。2009 年，开工建设生活垃圾无害化处理厂，2010 年 12 月建成投入使用。2012 年，建成医疗垃圾焚烧炉 1 座。2013 年，建成餐厨垃圾处理系统 1 套，日处理餐厨垃圾 1 吨。2014 年，共有环卫工人 280 人，清扫保洁面积286万平方米,年清运垃圾6.3万吨。城区有垃圾中转站2座,地坑式垃圾池43座,有公厕45座,其中水冲厕所22座,配有各类设备108台(套)。

第七节 锦山镇

一、道路桥梁

1991年,锦山镇有道路15公里,面积14万平方米。1992年以后,加强城镇道路建设和改扩建。到2014年,锦山城区新建及改造主干道7条、次干道9条,累计硬化中小街道及胡同22个。锦山镇道路总长度达到63公里,面积226万平方米。

二、园林绿化

1991年,锦山镇绿化覆盖率30.2%,人均公共绿地5平方米。1991—2003年,主要以街路绿化为主。2004年以后,建成南山心连心艺术团纪念林基地、小型园林苗圃,城区道路、园林绿化水平不断提高。2013年,锦山镇被自治区住房和城乡建设厅授予园林县城称号。2014年,锦山城区绿地面积增至269.54万平方米,建成区绿地率达到34.6%,绿化覆盖率达到37.8%,人均公园绿地面积为14.6平方米。

三、公用事业

供水 锦山镇从1983年开始自来水供应。1991年有水厂1座。2007年10月,新建二次加压泵站一处,新增日供水能力1万吨。2014年,供水管网总长40.7公里,供水总户数2.7万户,供水普及率89%。

供热 1991—2002年,城区由小锅炉供热。2003年,赤峰金峰热力有限责任公司成立。2004年,城区全部实现集中供热,有35吨蒸汽锅炉2台、65吨蒸汽锅炉1台,供热能力为200万平方米。2009年10月,赤峰合生阳光热力有限公司成立,建成14兆瓦循环流化床锅炉2台、29兆瓦循环流化床锅炉2台,供热能力120万平方米。到2014年,2家企业供热面积达到3208万平方米。

燃气 2007年,喀喇沁旗富龙燃气有限公司成立,储气能力14吨,年销售燃气2300吨;2007年3月,喀喇沁旗鑫泰源液化气经营有限公司成立,储气能力60吨,年销售燃气2300吨。2014年,喀喇沁旗有燃气经营企业3家,液化气换瓶站31处,用气人口约29万人,燃气普及率为91%。

污水处理 1991年后,喀喇沁旗不断加强锦山镇排水及污水处理设施建设,排水及污水处理能力不断提高。2005年9月,锦山污水处理厂建成,日处理污水能力2万吨。2008年6月,建成配套污水管网29.8公里。2014年,日处理污水2.4万吨,污水处理率85%;有排水管网50.7公里,其中雨水管网6.2公里。

四、环境卫生

1991年,锦山镇街路清扫面积8万平方米。2014年,城区清扫保洁面积增至95.8

万平方米。城区有箱式地坑垃圾点34处，有水冲厕所9座，有生活垃圾无害化处理厂1座，占地7.4公顷，库容73.7万立方米。

第八节 天义镇

一、道路桥梁

1991年，天义镇有道路20公里，部分铺设沥青路面。2002年，道路总长50公里。2014年，道路总长增加到63公里，面积226万平方米。2004年，建设东小河桥，长13米，跨径13米，桥梁引道8米。

二、园林绿化

1991年，天义镇绿化覆盖率31%，人均公共绿地面积2.6平方米，主要以街路绿化为主。1996年以后，加强园林、广场、绿地建设，建设街心公园、水上公园、义山公园、中京广场、滨河带状游园、哈河大街带状游园和街路绿地，新增面积9万平方米。2014年，镇区绿地面积296.85万平方米，绿化覆盖率22.6%，人均公园绿地面积5.73平方米。

三、公用事业

供水 1991年，天义镇有供水干管46公里，年供水210万吨。1996年，日供水能力7000吨。2008年，建设第四水厂，打供水井3眼。到2014年，天义镇有供水厂4座，日供水能力2万吨，供水主管线42条，总长度56公里。

供热 1992年，昊丰热力公司成立，2002年供热能力180万平方米。2001年6月，光大热力公司成立，供热面积143.2万平方米。天义镇集中供热总面积400万平方米。2003年7月，广联热力有限责任公司成立，总供热能力140万平方米。2014年，镇区供热总面积460万平方米。

燃气 1991年，天义镇有1个液化石油气站，用户3000多户。2000年吉瑞液化气有限公司成立，2002年中泰液化气有限公司成立，储供气能力不断提高。2011年，赤峰宁洁燃气有限责任公司成立，开始管道燃气建设。2014年6月，富龙天义液化气有限公司成立，到年末，天义镇储气能力达到280万吨，供气总量200万吨，用户达到3万多户；铺设燃气管道中压管网7.1公里，日供气能力2.4万吨。

污水处理 1992年，建成污水处理厂，日处理污水500吨。2007年，新建日处理污水4万吨的污水处理厂开始运行。2011年9月，建成日处理污水2万吨再生水厂1座，中水回用管网13公里。2014年，天义城区建设排水管网70.7公里，有污水处理厂3座，日处理污水能力6.5万吨。

四、环境卫生

1991年，镇区清扫保洁面积11万平方米。1999年，建成蚂蚁山垃圾处理场。2014年，建成生活垃圾无害化处理场，总库容108.62万立方米，日处理生活垃圾150吨。

2014年末,镇区有环卫工人326人,清扫保洁总面积220万平方米,日清运垃圾150吨。有地坑式垃圾池42座,简易垃圾池217座,公厕54座。

第九节 新惠镇

一、道路桥梁

1991年,新惠镇有城市道路11.4公里,面积11.2万平方米。2014年,全镇有街路43条,长79.6公里,面积155.3万平方米,人均道路面积12.4平方米;有桥梁11座。

二、园林绿化

1991年,镇区绿地面积80公顷,绿化覆盖率8%,以街路绿化为主。1992年以后,建成惠文广场、绿珠生态广场,完成银河公园景观工程、新州生态园林综合治理工程、石羊石虎山及架子山升级改造工程建设。2014年,镇区有公园2处、广场2处、在建公园1处、街旁绿地6处,人均公园绿地面积13.55平方米,绿地率37.21%,绿化覆盖率40.05%。2014年,该镇被评为自治区级园林县城。

三、公用事业

供水 1991年,新惠镇有水厂1座,年供水量72万吨。1992年以后,新建3座水厂,因水源枯竭停用1座。2014年,镇区有水厂3座,有供水干管57公里,年供水能力135万吨,供水普及率95%。

供热 1995年,敖汉旗热力公司成立,建设热源厂1座,供热管网4公里,供热面积10万平方米。2013—2014年,建新热源厂1座,供热能力500万平方米。2010年,鳌能热力公司成立,供热能力60万平方米。2014年,镇内有供热管线138.82公里,换热站58座,供热面积393万平方米,集中供热普及率82%。

燃气 2004年,敖汉液化石油气供应公司成立,年销液化石油气900余吨,用气家庭4万多户,供气普及率92%。2011年,储气能力12万吨。2014年,供气普及率98%以上。

污水处理 2008年,建成城区污水处理厂,日处理污水3万吨。2010年,建再生水厂1座,日处理污水1万吨。2014年,新惠镇有排水管道约8公里,日处理污水约10万吨。

四、环境卫生

1991年,新惠镇卫生清洁队有环卫工人65人,垃圾清运车辆4台,保洁面积65万平方米。镇内有旱厕28座,生活垃圾点80处,简易垃圾填埋场1座。2006年开始建设地下封闭式垃圾箱,2008年开始建设高标准水冲公厕,2012年建成生活垃圾无害化处理场。2014年,新惠镇有垃圾处理场1座,日处理生活垃圾120吨;小巷垃圾点220个,年清运处理垃圾4.3万吨;各类设备21台(套);有水冲公厕19座、旱厕27座;有环卫工人221人,保洁面积240万平方米。

第七章 房地产业

1991 年以前，赤峰市城市职工实行公有住房制度，由机关单位筹资建房分配给职工居住，收取一定住房租金。由于资金不足，公有住房远不能满足职工需求。1992 年开始，赤峰市根据国家有关政策实施住房制度改革，将公房出售给职工，职工住房逐渐实现商品化，房屋建设逐步实现市场化。为保障城市职工、居民能够买得起房，不断改善住房条件，赤峰市先后实施住房公积金制度、廉租住房制度、经济适用住房制度等住房保障制度，不断加强危旧房和棚户区改造，城市居民住房条件不断改善。随着住房制度改革的深入，商品房开发建设快速发展。房屋开发企业不断增多，建设技术水平不断提高，房屋质量越来越好，设施完善、功能齐全的住宅小区日益增多，住房环境不断改善。到 2014 年，全市城镇常住人口人均住房面积达到 30.06 平方米，比 1991 年的人均 6.24 平方米增加 22.73 平方米，增长近 2.94 倍；办公用房、商业用房、公共用房等建设快速发展，中心城区标志性建筑不断增多；随着商品房建设的发展，房屋交易市场日益发展和完善。1991—2014 年，赤峰市不断加强房屋开发及建设、房地产市场、住房保障等各项管理工作，保障房地产业健康快速发展。

第一节 住房制度改革

1992 年 3 月，赤峰市根据国家有关政策，出台和实施《赤峰市城镇住房制度改革方案》，开始调整公房租金，出售公有住房，实行新房新制度。1994 年起，根据国务院《关于深化城镇住房制度改革的决定》，赤峰市开始全面推行住房公积金制度，为职工购买住房提供一定的资金保障。1998 年，根据国务院提出的“建立以经济适用住房为主的多层次住房供应体系”要求，赤峰市开始加强经济适用房建设，为一般中低收入职工和居民提供一批既经济又适用的住房。2006 年以后，根据国家和自治区关于住房保障体系建设的相关要求，赤峰市开始建立和实施廉租住房保障制度。2006—2007 年，赤峰市的住房保障工作主要采取发放廉租住房补贴的形式进行。从 2008 年起，全面启动实施保障性安居工程建设，经济适用住房制度正式确立，市政府相继出台《赤峰市经济适用住房建设实施方案》和经济适用住房监督管理、价格成本控制、建筑装修、销售管理等一系列实施细则，规范了经济适用住房建设、价格、销售等方面的管理。2010 年，根据住房和城乡建设部等七部委印发的《关于加快发展公共租赁住房的指导意见》，赤峰市开始加大公共租赁住房建设力度。同年，根据住房和城乡建设部《关于推进城市和国有工矿棚户区改造工作的指导意见》，赤峰市开始全面启动各类棚户区改造工作。市政府与自治区政府开始逐年签订《保障性安居工程建设工作目标责任书》，不断完善廉租住房、经济适用住房、公共租赁住房管理等各项政策,大力创新体制机制,逐步形成以棚户区改造为重点、公共租赁住房建设为核心的住房保障体系。

2008—2014年,全市发放廉租住房补贴4.83万户、5710.78万元,投入保障性安居工程建设资金265亿元,建设、改造保障性安居工程1497万平方米、20.05万套(户),解决24.88万户低收入住房困难家庭的住房问题。其中新增廉租住房62.5万平方米、1.49万套,经济适用住房59.1万平方米、9385套,公共租赁住房37.2万平方米、7159套;实施城市棚户区改造458.4万平方米、4.98万户,国有林业棚户区改造45.7万平方米、6523户,国有垦区危房改造44万平方米、7348户,农村牧区危房改造790.1万平方米、10.53万户。赤峰市住房保障政策覆盖范围不断扩大,基本形成适合各类低收入人群的住房保障体系,全市低收入家庭住房条件得到较大改善。

一、公租房提租与补贴

公租房提租　1991年,赤峰市区公房每平方米租金0.10～0.20元。1992年3月,赤峰市开始实施城镇住房制度改革,推行公有住房出售,逐步提高公有住房租金标准,积极开展商品房市场建设,推进住房商品化、社会化。1993年4月,市区公房租金调整为每平方米0.24～0.41元。1997年9月,将租金比例提高到占双职工家庭年平均工资15%,每平方米租金提高到1.45元。1999年以后,随着公有住房出售,实行住房商品化,再未进行租金调整。

发放补贴　1991年,市政府印发《赤峰市城镇住房补贴支出试行办法》,要求住房租金提高到两项因素计租水平时,给予补贴,补贴额为1990年职工标准工资的3%～5%;租金提高到三项因素计租水平时,补贴额为1990年职工标准工资的11%～14%;租金提高到五项因素计租水平时,补贴额为1990年职工标准工资的22%～25%。

1992年3月,市政府印发《赤峰市城镇离休职工公房补贴暂行办法》,逐步开始对低收入离休职工进行住房补贴,首先对红军及抗战、解放战争时期参加革命的离休老干部发放住房补贴。此后逐步扩大补贴范围。

2010年5月,市政府印发《赤峰市直属机关、企事业单位离休干部住房补贴实施方案》,对2010年仍健在的市直机关、企事业单位离休职工发放住房补贴。到2010年底,共为全市离休老干部4608人发放住房补贴1.11亿元,其中市直离休老干部1217人,发放补贴2335万元。

二、公房出售

1992年,赤峰市住房制度改革开始后,市政府出台一系列优惠政策,将原来分配给职工的福利住房向职工和居民个人出售。1993年,市政府批转市建委《关于进一步鼓励职工购买公有旧住房的通知》,在机关、企事业单位加强公房出售工作。当年全市批准出售旧公房129.2万平方米,实际售出87.5万平方米,回收资金6208万元,其中市直机关单位批准出售102万平方米,实际售出60.2万平方米,购房户享有部分产权。

1994年，国务院印发《关于深化城镇住房制度改革的决定》。1997年9月，赤峰市房改办下发《赤峰市贯彻〈国务院关于深化城镇住房制度改革的决定〉实施方案》，规定市区公房出售按照成本价出售，享有全部产权。1999年，全市审批出售公有住房9万平方米，公有住房出售率达到95%。2003年，自治区政府印发《关于进一步搞活并规范住房二级市场的意见》，要求抓紧处理公有住房遗留问题。2004年，全市出售公有住房300多套，约2万平方米。2012—2014年，全市出售公房84套、4139.2平方米。至2014年末，全市公有住房出售率达到98%，公房出售工作基本完成。

三、住房公积金制度

住房公积金是职工按规定存储起来的专项用于住房消费支出的个人住房专储积金，由住房公积金管理中心存入银行开设的专户内，实行专户管理。赤峰市从1992年开始实行住房公积金制度。到2014年，全市有5006家单位、27.58万人办理公积金缴交手续，累计归集金额141.21亿元，归集余额97.72亿元，全市累计发放公积金贷款24.03亿元。

管理机构　1993年10月，赤峰市住房资金管理中心成立，隶属于市建委，与市房改办合署办公，为正科级自收自支事业单位，对住房资金实行统一管理。2004年，按照国务院和自治区政府关于调整住房公积金管理机构的要求，建立赤峰市住房公积金管理中心（简称市管理中心），隶属市人民政府，为副处级全额拨款事业单位。2006年，赤峰市在各旗县区及平煤集团建立住房公积金制度，下设13个管理部。2011年，赤峰市住房公积金管理中心元宝山区管理部与平煤管理部合并为赤峰市住房公积金管理中心元宝山区管理部。2014年，市住房公积金管理中心共设置12个旗县区管理部，有在编人员153人。

缴存对象和范围　按照国务院《住房公积金管理条例》规定，住房公积金缴存对象和范围为：国家机关、事业单位、国有企业、城镇集体企业、外商投资企业、城镇私营企业及其他城镇企业、民办非企业单位、社会团体在职职工。

缴存基数　按照国务院《住房公积金管理条例》规定，职工住房公积金的月缴存额为职工本人上年度月平均工资乘以职工住房公积金缴存比例，单位为职工缴存的住房公积金的月缴存额为职工本人上年度月平均工资乘以单位住房公积金缴存比例。新参加工作的职工从参加工作的第二个月开始缴存住房公积金，月缴存额为职工本人当月工资乘以职工住房公积金缴存比例。2005年，建设部、财政部、中国人民银行印发《关于住房公积金管理若干具体问题的指导意见》，要求职工和单位住房公积金的缴存比例均不得低于职工上年度月平均工资的5%，有条件的城市可以适当提高缴存比例，原则上不高于12%。1993年，赤峰市住房公积金缴存比例为职工月工资总额的3%，1994年调整到5%，2007—2014年，公积金缴存比例为6%～12%。

住房公积金归集　1993年，全市有93家机关和企事业单位、3816名职工向赤峰市住房公积金管理中心缴交住房公积金。1994年以后，缴存单位和职工逐年增多，缴存金额不断增长。到1999年,全市归集住房公积金累计突破1亿元。2006年12月,全市有1962家单位、18.6万人办理公积金缴交手续,全市归集住房公积金累计突破10亿元。2011年末达到51.67亿元。2014年末,全市有5006家单位、27.58万人办理公积金缴交手续,住房公积金累计归集总额达到141.21亿元,归集余额达到97.72亿元。

住房公积金提取和使用　按照国务院《住房公积金管理条例》规定,职工有下列情形之一的,可以提取职工住房公积金账户内的存储余额:购买、建造、翻建、大修自住住房的;离休、退休的;完全丧失劳动能力,并与单位终止劳动关系的;出境定居的;偿还购房贷款本息的;房租超出家庭工资收入规定比例的。

赤峰市除离退休人员、户口迁移人员正常提取职工住房公积金账户内的存储余额外,主要为个人购建房贷款提取公积金。1996年以后,个人住房贷款总额快速上升。2010年,全市按政策发放公积金贷款13.77亿元;2011年,发放贷款14.38亿元;2012年,发放贷款15.90亿元,呈现贷款增长率连续平稳上升趋势。2013年,受全国房地产形势影响,公积金贷款迅猛增长,当年累计发放贷款29.55亿元,同比增长85.85%。2014年,随着全国经济形势的发展变化,赤峰房地产市场亦受到冲击,公积金贷款出现下降态势,全市累计发放公积金贷款24.03亿元,同比下降18.68%。

2005—2014年赤峰市住房公积金贷款发放情况统计表

表11-1-4

年份	发放贷款数额（亿元）	同比增长(下降)比例(%)	年份	发放贷款数额（亿元）	同比增长(下降)比例(%)
2005	6.14	—	2010	13.77	47.27
2006	2.50	-59.28	2011	14.38	4.43
2007	3.93	57.2	2012	15.90	10.57
2008	4.30	9.41	2013	29.55	85.85
2009	9.35	117.44	2014	24.03	-18.68

四、集资建房

1990年,自治区住房改革领导小组提出“采取多种形式,大力开展集资建房、合作建房,坚持国家、集体、个人三者共同负担”的原则,积极鼓励发展城镇集资合作建房。当年,全市城镇个人集资建房6.2万平方米,单位集资建房18.53万平方米。1991年,全市集资建房合作社发展到15个,社员906人,合作建房开工面积5.61万平方米,总投资1939万元,其中个人投资占60%以上;集资建房12.46万平方米,总投资4300万元,其中个人投资占45.6%。1992年,赤峰市房改办下发《赤峰市城镇住房制度改革方案》,明确发展集资合作建房坚持国家、集体、个人共同负担的原则,提倡公建民助、民建公助集资合作建房形式。1993年,全市集资合作建房开工面积25.26万平方米,总投资 1.03 亿元,其中职工个人投资占 76%。1997 年,市政府印发《赤峰市贯彻〈国务院关于深化城镇住房制度改革的决定〉实施方案》,要求各地继续发展住房合作社,鼓励集资合作建房。2003 年,根据内蒙古自治区政府相关文件要求,赤峰市城乡建设委员会下发《关于办理集资建房、经济适用住房交易、产权手续有关问题的通知》,明确从 2000 年 1 月 1 日以后,不允许集资建房,如有集资,需全额集资。2004—2007 年,批复集资建房单位 26 个,集资建房面积 45.32 万平方米,解决一部分职工住房问题,缓解了房地产市场供需矛盾。到 2004 年底,赤峰市停止职工集资建房。

五、经济适用住房

从 2008 年开始,赤峰市实施经济适用住房制度。对已经列入国家和自治区建设计划的,由政府组织房地产开发企业或者集资建房单位建设,以微利价格向城镇中低收入家庭出售住房。赤峰市最早实施的保障性住房是经济适用住房,早期的经济适用住房是在房地产市场尚未形成时,通过集资和合作建房、安居工程等方式建设的既经济又适用住房。按照住建部等部委印发的《经济适用住房管理办法》要求,市政府相继印发《赤峰市经济适用住房建设实施方案》和经济适用住房监督管理等一系列实施细则,明确经济适用住房建设、运营、管理等工作由各旗县区政府具体负责组织实施。供应对象为城市低收入住房困难家庭,每套建筑面积控制在 60 平方米左右。装修标准,参照 2002 年住建部《关于印发商品住宅装修一次到位实施导则的通知》要求,向入住居民提供成品房源;销售实行政府定价、定向销售,重点解决全市城镇低收入家庭的住房问题;税费减免给予政策性支持,有效控制经济适用住房建筑成本;严格实施价格公示制度,规定经济适用住房价格比同地段普通商品住房低 15%~20%,房价上涨较快和房价较高的地区,应比同地段同档次的普通商品住房价格低 20%以上。

到 2012 年末,全市建设经济适用住房 59.1 万平方米、9385 套,全部竣工入住,解决了 2.4 万人口的住房问题。2012 年及以后, 基于经济适用住房在准入审核标准方面较难掌握、后续管理难度大、未能充分体现住房需求以及国家相关住房保障政策变化等方面的原因,赤峰市取消经济适用住房建设。

六、廉租住房

2008 年,赤峰市廉租住房建设开始全面启动,市政府将廉租住房政策落实工作纳入到市政府当年"为百姓解决十件实事"中,印发《赤峰市城镇廉租住房实施方案》,多渠道、多方式筹措资金,建立健全保障机制,加强组织领导,完善供应体系,将符合条件的城镇低收入住房困难家庭尽可能纳入保障范围。

2010 年,自治区政府印发《关于进一步加强和改进城镇廉租住房保障工作的通知》,赤峰市从实际情况出发,扩大廉租住房保障范围,将各旗县区人均住房建筑面积不足 15 平方米的低保家庭纳入住房保障,将低保以外人均住房建筑面积不足 13 平方米的低收入家庭逐步纳入住房保障。同时,进一步完善廉租住房保障实施办法,明确廉租住房工作实行属地管理,由各旗县区政府负责统筹实施,各旗县区住房保障部门负责建立完善保障机制、加强项目建设管理、落实各项优惠政策、加大资金筹集力度等工作。当年,覆盖全市的廉租住房保障制度基本建立。

赤峰市廉租住房保障方式实行货币补贴和实物配租相结合,货币补贴是指各旗县区政府向申请廉租住房保障的城市低收入住房困难家庭发放租赁住房补贴,由其自行承租住房。实物配租是指各旗县区政府向申请廉租住房保障的城市低收入住房困难家庭提供住房,按照规定标准收取租金。2008—2014 年,全市发放廉租住房补贴 4.83 万套、5710.78 万元,通过新建、购买、改建和租赁等多种方式筹措廉租住房 62.5 万平方米、1.49 万套,竣工 1.35 万套,分配入住 1.3 万套,其中中心城区共新增 4894 套,竣工 4786 套,分配入住 4711 套。

2014 年,根据住房和城乡建设部、财政部、国家发改委《关于公共租赁住房和廉租住房并轨运行的通知》,赤峰市廉租住房和公共租赁住房实现并轨建设、并轨运营、并轨管理,以后统称公共租赁住房。

七、公共租赁住房

1991 年以后,随着赤峰市廉租住房、经济适用住房建设和各类棚户区改造力度的逐步加大,城市低收入家庭的住房条件得到较大改善。由于商品住房价格较高、低租金出租的小户型住房不足等原因,一些中等偏下收入住房困难家庭无力租赁或购买住房的问题比较突出。同时,随着全市城镇化的快速推进和新职工的阶段性住房支付能力不足等原因,外来务工人员居住条件也亟需改善。2010 年起,赤峰市建立和实施公共租赁住房制度。公共租赁住房供应对象主要是城区内中等偏下收入住房困难家庭,有条件的旗县区可以将新就业职工和有稳定职业并在城区内居住一定年限的外来务工人员纳入到供应范围。

2013 年,赤峰市根据自治区政府《关于进一步加强和完善城镇保障性住房建设和管理的意见》要求,公共租赁住房建设以 50 平方米以下的小户型为主,适度建设少量中户型住房,最大不超过 80 平方米,高层扩大到 90 平方米以内,中户型严格控制在总量的 15%以内,项目内平均面积控制在 60 平方米左右。提供简约、环保的基本装修,具备入住条件。2014 年,廉租住房与公共租赁住房并轨,全市保障性住房只剩下公共租赁住房一类。2010—2014 年,全市新增公共租赁住房 37.2 万平方米、7159 套,竣工 5537 套,分配入住 4076 套,其中中心城区新增 3292 套,竣工 2362 套,分配入住 1708 套。

第二节　房地产开发

一、房屋建设

1991 年,全市城镇实有房屋总面积 1546 万平方米,其中住宅 735 万平方米,办公、商业用房 811 万平方米。1996 年，全市城镇实有房屋总面积 2060 万平方米，其中住宅 1130 万平方米，办公、商业用房 930 万平方米。到 1999 年末，全市城镇实有房屋建筑面积 2349 万平方米，除住宅外，有办公、商业等用房 1022 万平方米。2005 年末，实有房屋建筑面积 3864.58 万平方米，除住宅外，有办公、商业等用房 1499.58 万平方米。2010 年末，实有房屋建筑面积 7030.89 万平方米，除住宅外，有办公、商业等用房 2285.86 万平方米。2014 年末，全市城镇实有房屋建筑面积 9230.59 万平方米，除住宅外，有办公、商业等用房 3013.58 万平方米。

二、住宅建设

住宅面积　1991 年，全市计划建住宅 32 万平方米，实际开工 41.95 万平方米，年末竣工住宅 35.96 万平方米。当年，商品房建设投入 4900 多万元，人均居住面积达到 6.24 平方米。1992 年，全市住宅建设计划 42 万平方米，实际开工 64.58 万平方米，竣工 48.33 万平方米，市辖三区新增住宅 30 万平方米，集资投入建设资金 7800 多万元，人均居住面积达 6.8 平方米。1993 年，住宅建设开工 87 万平方米，竣工 60 万平方米，集资建设投资达 1 亿元，人均居住面积达 7.08 平方米。1994 年，市区有 8 个小区在建，各旗县城镇都有 1 至 2 个小区开建，到年末，竣工 55 万平方米，人均居住面积达 7.39 平方米。1995 年是“八五”计划的最后一年，开工住宅 80 万平方米，竣工 55 万平方米，超过年计划的 12%，人均居住面积 7.7 平方米，各小区的配套建设及道路、绿化、排水、公厕等设施逐步完善。“八五”之初计划新增住宅 232 万平方米，年均增 47 万平方米，5 年实际新增住宅 370 万平方米，年均增 74 万平方米。1996 年是“九五”计划的第一年，住宅建设仍保持快速发展势头，当年竣工 65 万平方米，人均居住面积增至 7.86 平方米。到 1998 年，全市城镇住宅面积达到 1281 万平方米，人均居住面积增加到 8.54 平方米，提前实现“九五”计划中到 2000 年达到人均居住面积 8 平方米的目标。2000 年，完成住宅建设投资 6 亿元，开工面积 118 万平方米，人均居住面积达 9.2 平方米。2005 年，完成住宅建设投资 42 亿元，开工面积 270.23 万平方米，人均居住面积达 22.50 平方米。2010 年，完成住宅建设投资 128 亿元，开工面积 512 万平方米，人均居住面积达 27.93 平方米。2014 年，完成住宅建设投资 125.8 亿元，开工面积 557.25 万平方米，人均居住面积达 30.59 平方米。

小区建设　旧城区住宅小区。1989 年，市区两级政府开始对红山区兴隆小区实施综合开发建设，总建筑面积达 34.4 万平方米，容纳居民 5403 户。1991 年以后，市委、市政府坚持“统一规划，合理布局，因地制宜，综合开发，配套建设”的方针，相继对红山区的长青小区、清河小区、新华小区、昭乌达小区、松州园小区和松山区的向阳小区、木兰小区等小区进行改造规划和开发建设。通过对小区的改造、开发建设，改变了小区脏乱差的局面，许多老旧房屋拆迁重建，新建楼房集中连片，小区道路、给排水、供电、供暖、照明等市政设施以及小区文化、体育活动设施及绿化美化都不断得到完善，小区物业、卫生、服务水平进一步提高，小区居民生活环境、居住条件显著提高。市区以综合开发、合作建房为主，住宅建设飞速发展，极大地调动了国家、地方、单位、私人建房的积极性,各方面资金纷纷投入住宅建设。到2014年,在建和已建成具有一定规模的居住小区达到271个。

新城区住宅小区。2003年,新城区建设全面启动,规划总面积为17.03平方公里,规划人口规模12万人。随着新城区的开发建设,赤峰市的房地产业得到长足发展。2008年,中心城区房屋开发面积230.4万平方米,其中50%属于新城区建设,陆续建成锦绣花园、王府花园、玉龙家园等住宅小区。2012年,赤峰市新城区荣获2012年度内蒙古自治区人居环境范例奖。同年,累计完成投资340多亿元,建成区面积达到20平方公里,建设住宅小区46个,其中高层住宅小区25个。2014年,赤峰市新城区已完成开发面积22平方公里,住宅小区达到48个,其中高层住宅小区25个。

三、住宅小区简介

昭乌达小区　位于红山区。1986年开发,该小区原来主要是平房,有楼房14栋。经规划新建楼房55栋,14万多平方米,总投资469万元。到1990年末,已建房11万平方米,其中住宅10.4万平方米,入住1750户、7000多人。居委会、派出所、小区管委会、粮店、液化气站、储蓄所、医院、理发照相、自行车棚、门球场等管理服务组织机构和配套设施俱全,绿化、道路、给排水同时建设,有道路5条、总长1400米,庭院地面硬化9800多平方米,绿化6000多平方米。小区内建有一处游园——梅园,占地3800平方米,梅园围墙为黄色琉璃瓦顶的寒梅透花景墙,园内建有亭台、石桌、石凳、花木、假山,为居民小憩创造了幽雅的环境。1991—2014年,该小区进行了多次更新和改造。

兴隆小区　位于红山区。1989年,赤峰市对旧城区——兴隆小区进行综合开发、改造。该小区改造后,总建筑面积达到34.4万平方米,比原来增加2.21倍;可容纳居民5403户,比原来增加1.2倍;人均居住面积可达7.36平方米,比原来每人增加3.16平方米,道路、园林设施配套。1990年完成投资890万元,竣工房屋2.66万平方米。1991—2014年,该小区进行了多次更新和改造。

锦绣花园　位于新城区。东至锦山路,西至天义路,南临全宁街,北靠王府大街。占地面积15.59万平方米,建筑面积18.06万平方米,规划多层住宅楼38栋,住户1256户,绿化率43.85%,容积率1.29,建筑密度29%。一期开发6万平方米,2004年4月11日开工,10月末竣工;二期开发6万平方米,2004年8月开工,2005年6月竣工;三期开发6万平方米,2005年6月开工,2006年竣工。

王府花园　位于新城区。东至宝山路,西临锦山路,南临全宁大街,北靠王府大街。占地面积134115平方米,建筑面积178370平方米,规划多层住宅楼38栋,住户1328户,绿化率35%,容积率1.13,建筑密度30%。一期开发7万平方米,2000年4月1日开工,10月末竣工;二期开发11.5万平方米,2004年10月开工,2005年末全部竣工。

吉祥家园　位于新城区。东至林西路,西至宝山路,南临全宁大街,北靠王府大街。占地面积117167平方米,建筑面积114996平方米,规划多层住宅楼24栋,别墅21栋,住户642户,绿化率33%,容积率0.95,建筑密度25%。一期开发6.2万平方米,

2004年7月开工；二期开发5万平方米，2004年10月开工，2005年底全部竣工。

天骄西苑　位于新城区。东至林西路，西至宝山路，南临大明街，北靠全宁街。占地面积79846平方米，建筑面积64000平方米，规划别墅50栋，住户300户，绿化率38%。一期开发3.2万平方米，2004年8月1日开工；二期开发3.2万平方米，2005年5月开工，2005年末全部竣工。

玉龙家园　位于新城区。位于天义路西、新惠路东、王府大街南、全宁街北，占地13.12万平方米，建筑面积14.52万平方米，规划多层住宅32栋，住户1700户，绿化率39%。2005年5月开工15栋、10万平方米；二期2005年8月开工，开发10栋、8万平方米；三期2006年4月开工，2007年全部竣工。

馨风雅居　位于新城区。位于锦山路西、天义路东、罕山街南、王府大街北，占地14.8万平方米，建筑面积18.5万平方米，建筑密度27.6%，绿化率35.2%，规划多层住宅36栋，1728套，2005年开工23栋、12万平方米，2006年竣工。

皇家帝苑　位于新城区。一期位于玉龙大街南、临潢大街北、林西路西、宝山路东，占地14.22万平方米，建筑面积1.8万平方米，绿化率35%，规划多层住宅26栋，商厅一栋，写字楼5栋，由赤峰鹏昊房地产开发公司投资建设，2005年8月11日开工，2006年9月1日竣工。二期位于临潢大街以南、林西路以西、宝山路以东、宝山桥以北，占地11.72万平方米，建筑面积14.73万平方米，建多层住宅28栋，绿化率35%，2006年开工建设，2007年竣工。

四、商业街区建设

传统商业区改造　20世纪90年代后期，赤峰市加强传统商业区改造，调整经营业态，促进商贸业提档升级，开展新华路商业步行街建设。2000年10月，新华路商业步行街建成，成为中心城区最繁华的商业中心。2001年以后，中心城区进一步加强旧城区商业区改造与建设。到2014年，形成红山区新华路、松山区木兰街、元宝山区宝山路城市商业中心。

红山区新华路商业步行街。位于赤峰城区中心地段，主街南起哈达街，北至头道街，全长775米，道路宽30米，面积3.92万平方米。1999年，开发建设新华路商业步行街，2000年10月建成。步行街内有红旗大厦、紫旋大厦、赤峰购物城、同济购物广场和华兴名品广场等17家较大的综合类百货商厦，总营业面积8万平方米。

红山区新华路商业中心。以新华路和哈达街“十”字为核心区向外延伸，北至一道街，南至长青街，西至昭乌达路，东至火花路，是赤峰市主要商业中心，辐射全市及周边地区。2010年以后，在商业中心区域内还建设有印象红山城市广场、维多利商务广场等大型商业项目。维多利商务广场总建筑面积10万平方米，2012年11月开业运营。2013年，印象红山城市广场开工建设，该广场地处昭乌达路和哈达街交会处，总建筑面积约23万平方米，包括购物、餐饮、休闲、娱乐等商业业态。商业中心还建有赤峰商厦、海达电器、奔腾电器等大型商场，总面积26万平方米。

松山区英金路商业步行街。以松山区英金路为中心,西至康平巷,北至临潢大街,东至西大桥,南到锡伯河,总占地面积 21.6 公顷。2008 年开工建设,2009 年建成运营。松山区城市商业中心就此形成。

松山区木兰街商业中心。位于松山区市政广场南侧。该商业中心的东方永业城市广场项目占地 8.2 公顷,建筑面积 14.9 万平方米,是集购物中心、超市和酒店于一体的综合性建筑,2014 年建成运营。

元宝山区宝山路商业中心。位于元宝山区平庄镇,以宝山路、银河街所在街区为中心区域,初步形成包括一个中心区、六大特色区的商业布局,相继建设富尔沃平庄新天地商务区、平庄城乡中央商务区、平庄商场西商务区、皇朝故里商贸区、奔腾电器城等项目,成为元宝山区平庄镇繁华商业中心。

新开发商业项目　2003 年后,在新城区开发建设中,按照八家组团、小新地组团规划,结合新区发展需要,陆续建设一批商业地产项目。至 2014 年,在新城区玉龙大街以南,西起新惠路、东至宝山路建成玉龙大街商业中心,中心区域内建设有众联广场、金钰大都会(冠东百货)、上海城、会展中心、九天国际酒店等商贸服务设施。

新天地商业广场。位于长途汽车站南侧,是集购物中心、超市、快捷式酒店和电影城于一体的综合性建筑,附近形成新天地广场商业中心。

赤峰万达广场。位于小新地组团锡伯河南、西拉木伦大街北、宝山路西、平双路东。2012 年,万达广场开工建设,占地 34.23 公顷,建筑面积近百万平方米,包括大型购物中心 17 万平方米,星级酒店 4.7 万平方米,甲级写字楼两栋 10 万平方米,室外商业步行街 8.6 万平方米,商务酒店 1.72 万平方米,高级住宅 48.4 万平方米,SOHO 写字楼 7 万平方米。该项目由大连万达商业地产股份有限公司投资建设,项目总投资约 42 亿元。2014 年项目基本建成,大型购物中心、万达嘉华酒店开始营业,形成万达广场商业中心。

五、开发企业

1990 年,全市有房地产开发公司 13 家。1991 年以后,赤峰市由福利分房向商品房制度过渡,房地产开发企业数量迅速增加。到 1999 年,全市有开发企业 32 家,其中国有企业 14 家,集体企业 3 家,私营经济和其他投资企业 15 家。2001 年以后,赤峰市房地产企业进入快速发展期,开发企业实力明显增强,开发面积较快增长,年平均增幅达到 5%,最高年增幅达到 20%。到 2005 年末,赤峰市房地产开发企业发展到 86 家,从业人员 5000 余人。2008 年, 根据自治区建设厅的要求和赤峰市房地产开发企业实际状况,赤峰市提高开发企业建立条件,将注册资金提高到 500 万元。到 2009 年,全市有房地产开发企业 135 家,其中一、二、三级企业 49 家,占全市房地产企业数的 25%以上,其他为四级和暂定资质等级企业。当年,全市实施房地产开发项目 31 个。到 2014 年,赤峰市开发企业达到 228 家,其中一级资质企业 2 家,二级资质企业 16 家,三级资质企业 52 家,其余为四级和暂定资质企业,从业人员 1 万余人。

第三节　城镇住房改造

一、棚户区改造

2009年,赤峰市开始全面启动棚户区改造工作。全市棚户区总量为13.4万户,其中城市棚户区10.9万户,国有林场棚户区6523户,国有垦区危房1.19万户,城市规划区以外国有工矿棚户区6458户。中心城区有各类棚户区总数6.6万户，其中红山区3.23万户,松山区1.89万户,元宝山区1.47万户;国有林场棚户区268户,其中红山区25户,松山区119户,元宝山区124户;城市规划区以外国有工矿棚户区831户。城市棚户区占棚户区总数的81.3%,是全市棚户区改造工作的重点和难点。

2010年6月,赤峰市按照自治区政府《关于加快推进保障性安居工程建设的通知》,对棚户区改造项目一律免收城市房屋拆迁管理费、城市市政公用设施配套费、散装水泥专项基金、新型墙体材料专项基金、城市教育附加费、地方教育费附加、城镇公用事业附加费等行政事业性收费和政府性基金。2013年5月,市政府印发《关于扶持中心城区组团开发棚户区改造和有关园区建设的意见》,进一步明确中心城区城市棚户区改造相关的税费减免、土地出让、基础设施建设等政策,对于中心城区棚户区改造中的新建回迁安置房项目,减半收取土地交易手续费、房屋交易手续费、建筑垃圾处理费、建筑桩基检测费、环评费和施工图审查费等经营服务性收费,棚户区改造项目所得土地出让金和土地收益部分,按收支两条线管理,用于棚户区改造的基础设施和配套设施建设。

2013年10月，赤峰市结合城乡发展规划和各旗县区实际情况，编制《赤峰市2013—2017年城市棚户区改造规划》。2014年6月,对《赤峰市2013—2017年城市棚户区改造规划》重新进行修订编制。2014年4月,市政府印发《关于成立重大基础设施建设、棚户区改造、招商引资、行政审批工作等四个领导小组的通知》,各级政府均成立以政府主要领导为组长的棚户区改造工作领导小组,负责棚户区改造的组织、推进和综合协调等日常工作。

赤峰市严格落实自治区《保障性安居工程建设工作按月统计通报制度》和《保障性安居工程实施情况考核办法》,对全市棚户区改造项目明确责任主体,制定具体措施。市政府与各旗县区政府在每年年初均签订保障性安居工程建设工作目标责任书，将年度改造任务及时分解下达。严格执行"按月督查,按月通报"制度,在开工高峰期,组织相关部门对全市项目进展情况进行联合检查,配合住建部巡察员、自治区住房和城乡建设厅巡察组进行督查,加快棚户区改造工程建设进度。各旗县区也通过争取国家项目、银行贷款、财政投入和政策支持减免等多种方式、多种渠道进行融资,确保棚改资金足额到位,保证项目顺利实施。2010—2014年,中央和自治区财政共计下达城市棚户区改造资金9.81亿元,其中中央下达补助和基础设施配套资金9.44亿元,自治区下达补助和基础设施配套资金0.37亿元。通过国家开发银行、农业发展银行、国有商业银行、兴业银行发行企业债券等途径融入棚户区改造资金41亿元，有力推动全市棚改进程。到2014年,全市累计完成各类棚户区改造6.37万户,完成投资154.6亿元。其中城市棚户区改造完成4.98万户,完成投资146.7亿元;国有林场棚户区改造完成6523户,完成投资4.9亿元;国有垦区危房改造完成7348户,完成投资3亿元。中心城区累计完成各类棚户区改造2.71万户,其中城市棚户区2.69万户,国有林场棚户区268户。

二、危旧房改造(既有居住建筑节能改造)

赤峰市既有居住建筑供热计量及节能改造起步于2008年。2007—2008年,财政部印发《关于北方采暖区既有居住建筑供热计量及节能改造资金管理暂行办法》,住房和城乡建设部、财政部印发《关于推进北方采暖地区既有居住建筑供热计量及节能改造工作的实施意见》,自治区政府办公厅印发《关于做好我区既有居住建筑节能改造工作的通知》,自治区住房和城乡建设厅、财政厅转发住房和城乡建设部《关于推进北方采暖地区既有居住建筑供热计量及节能改造工作的实施意见》等文件。2009年,赤峰市开始实施既有居住建筑节能改造。

既有居住建筑节能改造主要包括室内供热系统计量及温度调控改造、热源及供热管网热平衡改造、建筑围护结构节能改造等内容。2009—2010年，全市既有居住建筑节能改造项目由赤峰市建筑行业服务中心组织实施。2009年,该项目由赤峰中泽物业有限责任公司、赤峰学院、赤峰交通职业技术学院、宁城热水旅游度假区管委会、敖汉旗绿海新州城市基础设施投资开发有限公司分别实施，当年完成55万平方米。2010年,项目由赤峰富龙热力节能网络服务有限责任公司实施,当年完成13万平方米。

2011—2012年,中心城区改造项目由赤峰市房管局和红山区、松山区政府负责实施,旗县区项目由旗县区政府组织实施。市政府要求,2011—2013年,红山区、松山区每年改造老旧小区100万平方米,按照每平方米50元标准,从城市基础设施配套费中支出专项资金用于项目补贴。2011年6月，赤峰市被确定为全国10个既有居住建筑供热计量及节能改造重点城市之一,要求3年内中心城区至少完成既有居住建筑供热计量及节能改造任务361万平方米。2011—2012年,全市完成改造89个老旧小区、398万平方米，惠及居民5万户、17万人，其中中心城区改造完成47个老旧小区532栋楼,总面积207万平方米,惠及居民2.5万户、10万人。

2013年起,所有改造任务均由赤峰市建筑节能与科技管理办公室监管,由相关旗县区政府组织实施。2013—2014年，全市完成既有居住建筑供热计量及节能改造420万平方米,改造213个小区996栋楼,5.2万户、18.4万人受益。到2014年,全市完成既有居住建筑节能改造886万平方米,12个旗县区11万户、38万人受益。

第四节　房地产市场

一、市场建设

1991年,赤峰市没有固定的房地产交易市场。1992年11月,市政府印发《关于加强房地产交易市场管理有关问题的通知》,批准成立赤峰市房地产市场交易管理所,隶属于市城乡建设委员会,初步建立有形的房地产交易市场,固定交易场所面积只有30多平方米。此后,各旗县区也先后建立房地产交易市场。1997年,市房地产交易管理所自筹资金100多万元,购置400多平方米的房地产交易大厅,成立赤峰市房地产交易中心,初步解决赤峰市中心城区房地产有市无场的问题。

2000年5月,市房地产交易管理所重新购置1500多平方米的交易大厅作为市直固定的房地产交易市场,各旗县区也都建成面积不等的固定房地产交易市场。2002年,由市房地产交易中心出资,市建委在建设办公大楼时建设800多平方米的交易服务大厅。2006年,市区有2处固定房地产交易市场,总计建筑面积约2000平方米。到2014年,全市各旗县区均有固定的房地产交易市场,当年各类房屋交易19.27万件,登记建筑面积3058.46万平方米。

二、房地产交易

商品房交易　1991年以前,赤峰市实行住房分配制度,私有房屋交易不多。1992年以后,随着经济建设的快速发展和住房制度改革的实施,赤峰市房地产开发建设速度不断加快,商品房交易市场日趋活跃,交易量逐年增加。到2005年,全市商品房交易建筑面积130.12万平方米,交易金额18.2亿元。到2010年,全市商品房交易建筑面积435.83万平方米,交易金额149.66亿元。到2013年,全市商品房交易建筑面积345.58万平方米,交易金额159.34亿元。2014年,受市场经济下滑影响,房地产市场出现低迷不景气,当年全市商品房交易建筑面积340.13万平方米,交易金额174.96亿元。

1991年,全市商品房交易价格每平方米约500元。1992年以后,随着商品房市场的放开,价格逐渐提高。1999年,全市商品住房平均价格900元/平方米,市中心城区商品住房平均价格1200元/平方米。2000年以后,随着人们生活水平的提高,住房需求增长,商品住房价格不断提高。到2005年,全市商品住房平均价格增加到1000元/平方米左右,市中心城区商品住房平均价格1500元/平方米左右。到2010年,全市商品住房平均价格增加到2800~3000元/平方米,市中心城区商品住房平均价格4650元/平方米。到2014年,全市商品住房平均价格增加到3850元/平方米,市中心城区商品住房平均价格为5400元/平方米。

二手房交易　1991年,赤峰市房产交易很少,基本上没有二手房交易。随着住房制度改革不断推进,二手房交易逐渐发展。1999年,全市二手住宅交易121.2万平方米,

平均交易价格660元/平方米。2005年，全市二手住宅交易106.36万平方米，平均交易价格接近700元/平方米。此后，全市二手住房市场成交面积、成交套数、成交金额呈逐年增长态势。2013年增幅较大，全市二手住宅交易成交3.19万套，建筑面积276.5万平方米。2014年，全市二手住宅交易成交1.61万套，建筑面积138.2万平方米，平均交易价格3350元/平方米。

三、房屋租赁

1991年以后，赤峰市房屋租赁市场发展较为缓慢，房屋租赁方式大多为房地产经纪机构兼营或由租赁双方自行寻找租赁房源。2008年开始，赤峰市大力发展廉租房建设，用于解决生活困难居民住房问题。到2014年，全市建设完成廉租房1.49万套，已分配入住1.21万套。

四、房地产中介

1994年以前，赤峰市没有专门房地产交易中介机构，一般由单位或个人协商，到房地产管理部门办理过户手续即可。1995年、1997年，市房地产交易管理所先后成立赤峰市房地产评估事务所、赤峰市房地产中介事务所。2000年以后，民营房地产中介机构逐渐增加。2002年，按照国家鉴证类经济机构脱钩转制有关规定，赤峰市机关事业单位的房地产中介机构全部脱钩转制，退出政府机构管理序列。2005年，全市有房地产价格评估机构11家，从业人员130多人。到2014年，全市有房地产价格评估机构16家，其中一级资质分支机构1家，其余均为二级和三级资质，有注册房地产估价师近百人。随着房地产二、三级市场的日趋成熟，房地产中介服务业也逐步成长壮大，2008年末，全市有房地产经纪服务机构10多家，在房管部门备案的4家。2013年，赤峰市成立赤峰市信达住房置业担保有限公司，具体负责市区存量房屋交易结算资金监管工作。到2014年末，全市房地产经纪服务机构发展到150家，在房管部门备案的18家，从业人员近千人，其中房地产经纪人129人，经纪人协理32人。

第五节　房地产管理

一、房地产管理机构

1991—2001年，赤峰市城乡建设委员会下设房地产管理处，管理市直公有住房和产权产籍，推动住宅体制改革和房地产开发等工作。2002年，赤峰市房地产管理处撤销，成立房产科，作为市建委一个科室，负责行业管理工作；成立赤峰市城镇房屋产权登记发放中心，负责产权产籍管理。2006年9月，成立赤峰市房产管理局，内设办公室、开发建设管理科、物业管理科、市场管理科、法规监察科(赤峰市房产监察大队)、经济适用房办公室6个科室；下设赤峰市房屋交易产权管理中心和赤峰市房屋拆迁管理办公室2个二级事业单位，至2014年未变。

1991 年，各旗县区设房产管理处，为科级事业单位，隶属于旗县区建设局。内设机构有办公室、产权登记办公室、房屋拆迁安置办公室、住房制度改革领导小组办公室、房地产交易所等。2006 年以后，旗县区房产管理处变更为房产管理局，隶属当地政府管理。内设机构有办公室、财务科、物业管理办公室、住房保障办公室、监察队、经济适用房和廉租房建设办公室、拆迁管理办公室等。

二、产权产籍管理

1986 年，赤峰市城镇房地产产权登记领导小组成立，下设办公室。1987 年 7 月，开始进行市区房屋所有权总登记工作。至 1991 年，市区共完成房屋登记 3.13 万件，登记房屋建筑面积 910.29 万平方米，发证 2.65 万个，占应登记发证总量的 98.3%，赤峰市城区房屋总登记工作基本完成。为保证房屋权属登记工作的连续性、准确性，巩固总登记工作成果，全市 12 个旗县区都设立了产权登记管理机构。到 1994 年，全市城镇全部完成产权产籍登记发证任务，进入动态管理阶段。

1998 年，按照建设部《关于制作颁发全国统一房屋权属证书的通知》要求，赤峰市启动验换核发全国统一房屋权属证书工作，中心城区房屋登记发证工作实行由赤峰市房产管理处统一管理、委托三区分级发证的管理体制，全年共完成登记业务 11595 件。

2002 年，根据建设部《房地产交易与权属登记规范化管理考核标准》和《房地产交易与权属登记规范化管理考核办法》等相关文件要求，市区启用网络化房屋登记系统软件，实现产权交易“一体化”管理、“一站式”办公、“一条龙”服务。市区约 18 万卷房屋权属登记档案完成微机录入，档案管理全部实现电子化、数字化。

2006 年 9 月，市委、市政府对市区房管体制进行调整，上划红山区、松山区房屋权属登记机构，将赤峰市城镇房屋产权登记发证中心和赤峰市房地产交易管理中心合并，组建赤峰市房屋交易产权管理中心（简称市房管中心），实行房屋产权登记发证一级管理。市房管中心在红山区、新城区分别设有 2 个办证服务大厅，承担市区范围内房地产交易与权属登记及房屋产权产籍档案管理等职责。当年，办理各类登记业务 2.74 万件。2009 年 6 月，根据自治区住建厅要求，统一使用自治区住建厅房地产信息系统，提升登记效率，当年办理各类登记业务 5.31 万件。至 2014 年底，累计办理各类房屋登记业务 55 万件，发证 42 万多个，建立房屋登记档案 51 万卷，为社会各界提供档案利用服务 50 多万卷次。

由于中心城区很多早期开发的楼盘管理和监督欠缺，特别是有些房地产开发企业不诚实守信，导致部分居民一直不能办理房产证。2007 年初，为妥善解决中心城区房屋登记历史遗留问题，市房管中心成立专项推进工作小组，设立专门窗口，调配政策水平较高、业务能力过硬的工作人员专项推进此项工作。当年，为中心城区 148 户居民解决了登记难题。2011 年 10 月，市政府印发《关于解决中心城区房屋登记历史遗留问题意见》，加快房屋登记历史遗留问题的解决进度，全年完成解遗登记 440 户。至 2014 年，累计完成 3500 多件解遗登记业务，推动了历史遗留问题房屋的上市交易，切实维护了群众的合法权益。

三、房屋拆迁管理

1991 年,赤峰市动迁安置办公室更名为赤峰市城市房屋拆迁管理办公室,12 月成立赤峰市城市房屋拆迁大队,与市拆迁办合署办公,负责市区重点工程的拆迁管理及安置补偿等具体实施工作。同年,市政府印发《赤峰市实施〈城市房屋拆迁管理条例〉有关问题暂行规定》等配套政策,采用产权调换、货币补偿两种形式,解决被拆迁人超期安置的情况,保障被拆迁人的切实利益。1995 年,赤峰市进一步加强拆迁管理,明确赤峰市城市房屋拆迁管理办公室主管全市城市房屋拆迁工作, 市区其他拆迁部门为拆迁实施单位。1996 年,自治区建设厅、自治区工商局印发《关于印发内蒙古自治区城市房屋拆迁单位资质管理办法的通知》。1997 年 8 月, 由市城市房屋拆迁管理办公室进行资质初审,经自治区审批,全市成立 11 家城市房屋拆迁有限责任公司,实行管理与具体实施拆迁分离,改变房屋拆迁主管部门既当“裁判员”又当“运动员”的管理体制,赤峰市拆迁管理工作逐步走上法制化、规范化的轨道。2001 年 12 月,撤销赤峰市城市房屋拆迁管理办公室,相关职能归市建委拆迁科。2006 年,赤峰市城市房屋拆迁管理办公室机构恢复,主管全市房屋拆迁工作。2011 年,市拆迁办更名为赤峰市房屋征收管理办公室, 各旗县区也逐步明确由房屋征收部门负责组织实施本区域房屋征收与补偿工作。拆迁公司不能再从事房屋征收与补偿的具体工作,拆迁公司撤销,相关从业人员分流。

1991—1999 年,市区重点实施昭乌达路、钢铁西街、松州路、哈西街开通,长青东街、清河路、三道街、火花路、东城大街、六西街拓宽,兴隆小学、红山区第三小学扩建,昭乌达小区、新华小区、民族小区、兴隆小区、怡安小区等住宅小区建设以及赤峰商厦、宝峰商厦、税务银行、财政大厦等办公场所建设所涉及房屋拆迁工作,共核发拆迁许可证 269 件,拆迁面积 56 万平方米,其中 95%以上为回迁房屋安置,其他为货币补偿。

2000 年以后,随着旧城改造、新城区和小城镇建设工作有序开展,赤峰市拆迁规模不断扩大,拆迁量逐年增长。赤峰市逐步将安置补偿方式完全市场化,产权调换和货币补偿都需经房地产价格评估机构对被拆迁房屋进行市场价格评估。对住房困难、生活困难的群众,实行最小产权调换面积不得低于 50 平方米的最低补偿保障等制度。

2008 年,赤峰市严格落实“拆迁工作项目手册”填报工作,建立规范、标准的拆迁调解裁决厅,依法保障拆迁工作顺利进行。2000—2010 年,市区共核发拆迁许可证 432 件,拆迁面积约 265 万平方米,被拆迁人 2.56 万户,顺利完成红山区桥北棚户区(危旧房区)、松北棚户区、松山区向阳小区六组团城中村、新城区八家组团、小新地组团、大三家城中村等危旧房改造项目,新城区综合开发,平庄矿区采煤沉陷区综合治理、红山区站前广场改造、赤锡路综合整治、清河路桥梁引道建设等市政重点项目的拆迁,保障各旗县区的棚户区改造和道路改造项目按计划顺利推进。

2011 年,国务院《国有土地上房屋征收与补偿条例》颁布实施,自治区《关于贯彻落实国务院〈国有土地上房屋征收与补偿条例〉有关事宜的通知》随后印发。2011—2014年,赤峰市完成从房屋拆迁制度向房屋征收制度的转变。全市决定征收的项目55个,被征收面积5334.5万平方米,被征收户数1.29万户。

四、物业管理

1994年以前,赤峰市城镇住房多数是社会福利性分房,政府用行政手段完全统管住房建设和分配,物业管理由房管部门下设的房管所、房管股负责,通过收取低租金进行维修维护。政府在住房建设上只有投入没有产出,包袱越背越重,建房投资收不回来,日常管理和维修难以维持,房屋失养失修严重。

1994年,随着国家住房制度改革的推行,城镇公有住房向城镇职工进行出售,商品房供应体系建立,物业管理体制由单位建设、分配、维修、管理体制逐步向社会化、专业化运行转变。1994年,赤峰市城乡建设委员会出台《赤峰市住宅小区管理实施细则》《赤峰市物业管理公司资质管理规定》。从1995年开始,赤峰市物业管理公司、赤峰红山物业管理公司、赤峰松山物业管理公司等社会化的物业公司相继成立,业务范围不断拓宽,综合服务能力不断增强。1997年,市政府印发《赤峰市住宅小区物业管理暂行办法》,明确物业管理公司是对住宅小区实行统一综合管理的专业公司,是具有独立法人资格的经济实体,遵循经营自主、有偿服务、自负盈亏的原则,逐步推行社会化、专业化的管理模式。物业管理公司应配备建筑、水电、绿化、环卫、财务、管理等专业技术人员,按规定取得"物业管理资质证书"。在赤峰市物业管理尚未步入正轨时期,住宅小区公共卫生清洁、公共设施的维修保养和绿化等公共性服务收费基本标准控制在每平方米(建筑面积)每月0.30元以内。

2000年,随着城镇住房商品化全面推进,赤峰市的物业管理公司基本实现企业化,其组建形式主要有三类:一是房管所改制;二是有自管房的单位行政后勤部门改制;三是房地产开发企业自己组建有限责任公司。物业管理市场化程度不高,竞争机制不健全,物业管理内容只局限在卫生保洁、房屋维修、绿化养护三个方面,各住宅小区物业收费几乎为一个标准。同年,为加强城市居民住宅小区物业管理,提高城市管理水平,市政府对《赤峰市住宅小区物业管理暂行办法》进行了修改,增加物业管理招投标、组建住宅小区业主管理委员会等内容,就物业管理公司的权利和义务、物业管理内容及标准、物业管理费等提出明确要求。

2003年,随着赤峰市新城区的开发建设,城市商品房供应逐年增多,住宅小区建设规模增大,配套设施、服务设施不断完善,物业管理开始向精细化、专业化发展,民营化物业管理公司开始增多,物业管理市场化格局逐渐形成。2006年,市发展和改革委员会和赤峰市建设委员会联合下发《赤峰市普通住宅小区物业管理类别标准及物业服务收费标准的通知》,普通住宅物业服务收费标准开始按照物业管理类别实行政府指导价格。物业管理公司的服务范围开始从住宅物业拓展到向商业、办公、工业等非住宅提供物业服务,服务内容也从卫生清洁、设施的维修维护、绿化养护、秩序维护等公共性服务向家政服务和特约服务等多元化发展。

2007年,市政府印发《关于进一步加强物业管理工作的通知》,要求加快物业管理体制改革,理顺全市物业管理体制,按照条块结合、以块为主的原则,建立市、旗县区、街道办事处、居委会和业主委员会职责清晰、分工明确、各负其责、齐抓共管的五级物业管理体制,物业管理事业发展速度加快。至2009年,全市有物业服务企业58家,从业人员3000余人。

2012年,市政府印发《赤峰市物业管理办法》,赤峰市住房和城乡建设委员会制定赤峰市物业企业检查考核、动态监管、物业服务履约保证、物业管理招投标等配套制度,使全市物业管理工作呈良性健康发展。2013年,赤峰市住房和城乡建设委员会成立赤峰市物业监管办公室,增加物业管理人员编制,专门负责全市物业管理工作,各旗县区也成立相应机构,加强物业管理工作。2014年,市政府印发《进一步加强物业管理工作意见》,继续推进物业管理体制建设,加强监督维护物业管理市场秩序,完善相关配套制度,解决物业管理主要问题,加强政策扶持,为物业管理提供良好环境。市住建委下发《赤峰市住宅物业等级评分标准》《赤峰市住宅物业服务等级标准》《赤峰市住宅物业服务达标创优实施方案》《赤峰市建设行业不良行为黑名单记录管理办法(试行)》《关于组建物业纠纷人民调解委员会的意见》。随着多项物业管理制度的出台,形成涵盖物业行业全部内容的制度体系,为实现规范化物业提供了制度保障。

到2014年末,赤峰市物业服务企业达到165家,其中二级资质13家、三级资质135家、四级资质17家,物业服务从业人员8105人,物业管理面积3949万平方米。全市有国家级物业管理优秀住宅小区3个,自治区级物业管理示范项目11个,自治区级物业管理优秀项目56个,市级园林居住小区82个,有16家物业企业获得自治区物业服务优秀企业称号。

第八章　建筑业

第一节　经济效益

1991年,全市建筑业总产值1.93亿元,利润总额285万元。1992年以后,全市建筑业主动调整经营结构,向市场化经济体制转变,建筑业经济效益不断提高。2000年,全市建筑业总产值19.8亿元,利润总额5235.2万元。2001年以后,全市建筑业企业以产权结构民营化改革为基点,加快赤峰市的建筑业骨干龙头企业发展,增强赤峰市建筑业企业的市场竞争力,建筑业经济效益进一步提高。到2010年,全市建筑业总产值133.07亿元,利润总额6.52亿元。2011年以后,赤峰市进一步加强建筑市场、工程质量、施工安全等管理,全市建筑业持续、健康、快速发展,产业结构不断升级,企业规模、建筑技术水平、经济效益都有显著提高。2014 年，全市建筑业总产值 181.32 亿元，比 1991 年增长 92.89 倍，比 2000 年增长 8.16 倍；利润总额 8.94 亿元，比 1991 年增长 312.66 倍，比 2000 年增长 16.08 倍。经过 24 年的发展，赤峰市建筑业已经成为全市国民经济的支柱产业。

1991—2014 年赤峰市建筑业经济效益情况统计表

表 11-1-5　　单位:万元

年　份	建筑业总产值	利润总额	年　份	建筑业总产值	利润总额
1991	19312.00	285.00	2003	286379.00	7630.00
1992	34369.00	581.00	2004	276862.50	11667.50
1993	54058.00	2032.60	2005	310247.40	12413.10
1994	63968.00	1723.70	2006	458472.00	17299.90
1995	71498.80	1711.10	2007	1215888.20	55886.10
1996	129751.70	4425.70	2008	1020845.20	38836.50
1997	140478.00	2242.30	2009	1200419.20	62047.80
1998	147858.50	5948.50	2010	1330709.80	65164.40
1999	181573.20	7483.10	2011	1632380.60	78036.40
2000	198023.30	5235.20	2012	1632380.60	70652.70
2001	276905.20	6568.30	2013	1892373.40	90788.80
2002	251781.00	6612.00	2014	1813166.90	89394.60

第二节　建筑队伍

一、土木工程与房屋建筑企业

1991 年，全市有土木工程与房屋建筑企业 26 多家，从业人员 1.6 万人，房屋建筑开工面积 55.7 万平方米，竣工面积 28 万平方米。1992 年以后，随着市场经济的发展，民营建筑企业开始出现，房屋建筑业不断发展。到 1995 年，全市有土木工程与房屋建筑企业 52 家，从业人员 3.2 万人，其中房屋建筑企业有 44 家，职工 2.61 万人。全市房屋建筑开工面积 112.4 万平方米，竣工面积 67.9 万平方米。到 2000 年，全市有土木工程与房屋建筑企业 165 家，从业人员 6.13 万人，其中房屋建筑企业有 134 家，从业人员 5.64 万人。全市土木工程与房屋建筑业当年开工面积 290.5 万平方米，竣工面积 215.1 万平方米。2001 年以后，特别是 2003 年赤峰新城区建设开始后，赤峰市房屋与土木工程建设进入高速发展时期。到 2010 年，全市有土木工程与房屋建筑企业 134 家,从业人员 7.44 万人,其中房屋建筑企业 73 家,从业人员 6.15 万人。当年全市房屋建筑开工面积 1131.95 万平方米,竣工面积 781.55 万平方米。到 2014 年,全市有土木工程与房屋建筑企业 132 家，从业人员 6.87 万人，其中房屋建筑企业有 84 家，从业人员 7.33 万人。全市土木工程与房屋建筑业当年房屋建筑施工面积 1238.70 万平方米。

二、建筑安装企业

1991 年,赤峰市没有专门建筑安装企业。1995 年,全市有线路管道安装企业 1 家,从业人员 273 人,全年完成竣工项目 9 个,总产值 604.6 万元。到 2000 年,全市有线路管道安装企业 7 家,从业人员 1196 人,完成施工工程 116 个,总产值 7776 万元。2003 年以后,赤峰市中心城区西移北扩,全市城镇建设步伐进一步加快,建筑安装业发展速度进一步加快。到 2014 年,全市有建筑安装企业 15 家,从业人员 1879 人,施工面积 6.84 万平方米,总产值 1.84 亿元。

三、建筑装饰企业

2002 年以前,赤峰市没有专门建筑装饰企业。2003 年以后,全市城镇建设步伐进一步加快,建筑装饰业开始发展。到 2005 年,全市有建筑装饰企业 2 家,从业人员 77 人,总产值 320 万元。到 2014 年,全市有建筑装饰企业 11 家,从业人员 203 人,总产值 1487.8 万元。

第三节　建筑管理

一、资质资格管理

1986 年,赤峰市对全市建筑市场进行第一次全面整顿,重点进行建筑施工企业资质审查工作。1991 年,开展第二次全面整顿,保障建筑市场健康发展。1992 年以后,坚持每年资质审查一次,向社会公布各企业的资质等级。1995 年,赤峰市开始加强外埠到赤峰施工企业的管理,市政府印发《赤峰市外埠进赤施工企业管理规定》,市建委下发《赤峰市建筑施工企业项目班子资格认证管理办法》,加强外埠进赤施工企业和建筑施工企业项目班子资格认证管理。1999 年,建设部颁布《建筑工程施工许可证管理办法》,赤峰市进一步加强建筑工程施工许可证管理。2006 年,建设部《建设工程勘察设计资质管理规定》《注册建造师、注册造价师、注册监理工程师管理规定》实施后,赤峰市建筑工程项目全面实施建筑工程项目注册人员管理负责制。2012 年,市住建委下发《关于加强房屋建筑工程和市政公用工程项目标后监管的通知》,组织实施赤峰市工程建设中挂靠及借用资质投标、违规出借资质问题专项清理工作,有效地净化建筑市场秩序。2014 年,赤峰市住建委制定《赤峰市建设行业不良行为黑名单记录管理办法(试行)》,建立建筑市场诚信平台,健全建筑行业诚信体系。

二、工程造价管理

1985年，赤峰市建筑工程管理处设立建筑工程定额管理站，对全市工程造价工作进行监管。1991年，建筑工程定额管理站购进第一台286型号电脑，代替手工操作，运用软件进行工程量计算和套用定额。1993年，赤峰市开始参与全区工程预算定额（又称计价依据）编制工作，到2014年，共参与修编4届新版预算定额。2001年，规范全市工程造价管理，确定地方性计价基础，由市建筑工程定额管理站定期发布市场材料价格，结束以往投标乱报价、预结算无依据的混乱格局，逐步实现工程前期阶段的工程造价控制。2003年，建设部颁布《建设工程工程量清单计价规范》，工程价款管理实行全过程精细化管理。同年，赤峰市新城区建设全面展开，所有公建项目，从工程招标投标到寻价组价、专家论证，均按规范要求进行，实现前期、中期、后期的全过程造价监控。2005年，市建委决定，实行全市统一的工程造价管理模式，规范旗县区造价管理工作，将旗县区材料价格一并融入定期发布的市场材料价格中，使各旗县原本无序的投标报价有章可循。2007年，正式运用网络技术，在全市范围内对造价行业进行动态管理，用户通过互联网浏览工程造价有关的规章、依据，简单方便，自此，工程造价领域的发展逐步进入网络化、信息化。2010—2013年，全市造价管理走向规范化、科学化。到2014年底，全市建筑业初中级造价员3800多人，造价工程师200多人，直接或间接从事工程造价行业的人员近1.5万人。

三、工程质量管理

1991年，赤峰市建委组织建筑行业开展“质量、品质、效益年”活动，赤峰市建委强化监督管理职能，狠抓住宅工程质量。当年创自治区级“双十佳”（十项公建、十项住宅）样板工程8项，创市级优质工程38项，其中甲级优质工程11项，乙级优质工程27项。

1992年，市建工处成立建设工程质量检测试验中心，强化监督检测手段。1992—1995年，市建委出台《赤峰市装饰工程质量监督管理办法》《施工现场综合考评管理办法》《治理质量通病措施》等管理办法，开展“住宅质量年”活动。全市每年创自治区级样板工程10多项，1993年、1995年，创建设部样板工程4项。

1996年，赤峰市开始实施工程监理制度，当年成立监理企业1家，有监理人员十几人，主要是房屋建筑工程监理人员。1996年，全市建筑工程监理项目338个，创国家级鲁班奖工程1项，创建设部样板工程1项，创自治区级样板工程6项、自治区级优秀施工工程1项，创市级优质工程39项。1999年，取消住宅楼使用大于3.6米的预制板，改为现浇板，推广冷轧扭钢筋新工艺，施工现场综合考评工作全面铺开。2000年，国务院颁布《建筑工程质量管理条例》后，赤峰市认真贯彻执行上述法规、规章，建设工程质量管理步入规范化、法制化轨道。1997年施工的文化广场改造工程、2000年施工的新华路步行街改造工程分别被评为市级和自治区级优质工程。

2002年开始，实行施工图设计文件审查制度。成立赤峰市安泰施工图审查中心，负责对全市的施工图设计文件进行技术审查。通过施工图设计文件审查制度的落实,促进国家工程建设强制性标准贯彻执行,同时强化了勘察设计质量的监管,规范了勘察设计市场主体的行为。

2003年,全市组织开展市级建筑业新技术应用示范工程评审工作。2004年,实行在建工程项目安全评价工作,加强在建工程的安全管理。2005年4月开始,加强民用建筑工程项目建筑节能审查,市直、红山区、松山区、元宝山区新开工建设的民用建筑工程项目及其他旗县建筑面积在4500平方米以上、民用建筑工程项目或建筑面积在2万平方米以上住宅小区,一律按建筑节能50%进行设计、施工。到2007年底,全市所有民用建筑工程全部按照建筑节能50%进行建设。

2007年,市建委下发《赤峰市建设工程质量控制措施汇编》《提高建筑工程质量的有关规定》《住宅工程分户验收管理办法实施指南》等文件,同时研发配套软件,加强对住宅工程质量的监管。自2007年5月1日起,在市三区试行住宅工程分户验收和加强住宅主体工程质量验收监督管理办法,对全市监督人员和施工单位、监理单位部分人员进行法律、法规、规范、技能方面的培训和考试,年均培训1500多人。

2008年,建设部颁布《建筑节能工程施工质量验收规范》《住宅工程分户验收管理办法》,赤峰市对所有新建公共建筑全面执行65%的节能标准,制定《赤峰市住宅主体工程质量专门验收管理办法》《赤峰市住宅工程质量分户验收管理办法》。到2009年,监理企业发展到15家,监理人员增加到1686人,其中注册监理工程师182人,监理项目涵盖房屋建筑工程、市政公用工程、水利水电等8个类别,共37项,对施工全过程质量、安全进行控制。

2003—2009年,新城区建设全面铺开,市直建筑工程平均每年由市质量监督站直接监督项目400个,建筑面积270万平方米。2010年,市建委制定《赤峰市加强建筑施工和监理企业质量保证体系建设的有关规定》,要求中心城区所有建筑工程禁止使用黏土实心砖,推广使用新型墙体材料;下发《关于加强太阳能热水系统推广应用和管理的通知》,推动太阳能热水系统在房屋建筑中规模化应用;下发《赤峰市勘察设计变更管理实施意见》,规范工程勘察设计变更管理工作。在全市范围内安装建设工程质量检测试验自动化管理系统和网络监控系统,在检测试验单位和预拌混凝土企业实验室实行检测软件管理和数据自动采集,保证检测试验数据的科学、准确、真实、可靠,确保建设工程质量。

2012年,在全市开展提高住宅工程质量攻关活动。针对商品住宅毛坯房装修质量,制定《赤峰市商品住宅室内毛坯装修质量标准》。2013年,市住建委下发《关于开展提高住宅工程质量攻关活动实施方案》,并组织有关技术人员对住宅工程质量存在的突出问题进行广泛调研,进而下发《赤峰市住宅工程质量突出问题治理技术措施》《关于加强赤峰市建设工程项目造价管理工作的通知》,解决住宅工程质量存在的“防水渗漏、管道渗漏、楼板及填充墙裂缝,门窗、水暖、电气等有关使用功能不完善”等突出问题。2013年,自治区住建厅开始实施房屋建筑和市政工程施工现场远程监管工作,赤峰市启动施工现场远程视频建设工作，监控施工现场。2014 年，全市建筑工程监督项目 1146 个，建筑面积 1697 万平方米。其中市直建筑工程直接监督项目 332 个，建筑面积 497 万平方米，报监工程监督覆盖率 100%；市直监督市政工程 13 项，监督覆盖率 100%；监督混凝土生产厂家 4 家。2010—2014 年，全市先后编印 5 版《住宅工程质量突出问题治理技术措施》，对全市住宅工程存在的质量通病治理起到重要作用。

1991—2014 年，市建设工程质量监管部门先后制定和完善各种监督措施、办法、规范及执行标准 80 多个，完成上级单位委托的各种规范、标准的编撰 30 多个。全市建筑工程项目创建国家级鲁班奖工程 8 个，创建部级优质样板工程 8 个，创建自治区级样板工程 269 个，自治区“草原杯”优质工程 34 个，创建市级优质工程、结构优质工程 1591 个。

四、工程安全管理

1991 年，赤峰市建委成立建工处，将建筑安全管理纳入工作范畴。1991—1996 年，安全生产事故时有发生，建筑安全生产形势十分严峻。1996 年，市建工处设立资质安全科，负责建筑安全监管工作。1996—2001 年，市建委认真贯彻落实建设部《建筑施工安全检查标准》（JZJ59—1999），全市建筑安全监管工作逐步进入正轨，建筑安全生产形势逐年好转。2002 年，撤销市建工处，成立赤峰市建筑安全监督站，负责市直建筑工程项目施工现场安全监督，对旗县区建筑施工安全监管工作进行业务指导，对全市建筑企业安全管理人员进行安全生产教育培训。赤峰建筑安全监督站制定《监督安全管理手册》，规范监管制度和行为。2004 年，市建委对赤峰市建筑业企业实行安全许可制度，企业实行安全生产考核制度，建筑工程安全保障水平得到切实提升。2005—2009 年，市建委制定《建筑施工现场安全隐患通病治理》《建筑施工安全生产约谈制度》等一系列安全管理制度，建筑安全监管工作日渐完善。2009 年，市建委增设安全生产管理科，加强建筑施工安全管理。2009 年以后，市建委认真贯彻落实国务院《关于进一步加强企业安全生产工作的通知》，严格落实安全生产责任制，建立健全建筑安全管理长效机制。2012 年，市住建委建立旗县区建筑业行政主管部门主要领导、分管领导安全生产月检制度。每年开展至少两次全市建筑施工安全生产大检查和各类专项督查；下发《关于全面开展集中治理建筑施工“三违行为”专项行动的通知》，帮助旗县区建筑管理部门和企业查找安全管理中存在的问题和施工现场存在的安全隐患；不断加大对企业安全管理人员的培训，年均培训 3000 人次，连续 5 年每年都召开建筑施工安全生产现场观摩会，推动建筑施工现场提标准、上档次，全市建筑工地安全标准化水平得到稳步提升。2009—2014 年，全市有 10 个工地被中国建筑业协会评为 AAA 级安全文明标准化工地，103 个工地被评为自治区建筑施工安全标准化示范工地，239 项工程被评为赤峰市级建筑施工安全标准化示范工程。

五、工程招投标管理

1991 年，赤峰市严格执行施工企业的资质审查和程序管理，严格按资质等级管理施工企业及项目。1992 年，适度下放管理权限，对 1000 万元以下生产性建设项目、500

万元以下非生产性建设项目,初步设计由企业自行组织,报市建委备案,200万元以下项目施工许可证由旗县区核发。1993—1994年,全面实行工程报建制度,建设单位在工程开工前,按要求向市建委报送建设项目、资金落实、工程招标方式等情况。

1995年,赤峰市建设工程招投标管理办公室成立,开始实行建设工程招投标制度。同年5月,市建委下发《赤峰市建设工程施工招标投标管理试行办法》,规定凡建筑面积1500平方米以上、投资100万元以上、工程设备安装造价20万元以上的项目,一律实行招标投标制。1997年,《中华人民共和国建筑法》颁布后,市政府印发《赤峰市工程建设施工招投标管理办法》,对建筑工程招投标管理进一步规范。1998年,成立赤峰市建设工程招投标交易中心,与赤峰市建设工程招投标管理办公室(简称市招标办)合署办公,全面推行建设工程招投标制度。1998年,赤峰市以整顿和规范建筑市场作为重点,开展全市执法监察工作,除日常监督检查外,每年还和纪检监察部门组织两次全市规模的建筑市场综合检查,制止和纠正建筑市场招投标中存在的不良行为,规范建筑市场各方责任主体的从业行为。2000年,市建委下发《关于印发赤峰市工程建设施工招标开标综合评分法百分制指导意见》,规范建筑工程招标、评标办法。2002年,市招标办撤销,由市建委工程管理科负责对建设工程招标投标实施监督管理,赤峰市的建筑工程管理逐步步入规范化、法制化轨道。2002年,根据建设部《建筑施工与承发包计价管理办法》,赤峰市开始推行建筑施工合同审查备案制度,甲乙双方合同签订后,建设行政主管部门根据国家法律法规对合同有关条款进行审查,凡违背国家法律法规的、合同约定不齐的,责成双方协商修改,合同审查备案是办领施工许可证的必备要件之一。同年,开始施行竣工验收备案制度。

2004年,市建委下发《赤峰市建设工程招标评标专家库和评委管理办法(暂行)》,加强评标专家和评标委员会管理工作,推行评标专家负责制。修订2004版《赤峰市建设工程施工招标综合评分法评标指导意见》,进一步规范全市建筑工程招标投标工作。2009年5月,市建委下发《关于进一步简化审批程序下放审批权限明确工程建设管理职责的通知》,在依法行政的前提下,简化审批程序,非国家法律法规必备要件和手续一律取消。同年,市建委下发《赤峰市建设工程招标代理机构考核办法(试行)》《工程造价咨询企业考核管理办法》《赤峰市房屋建筑工程项目串通投标行为认定办法(试行)》《赤峰市建设工程招标投标评委工作准则及考核办法》等管理办法,招投标管理进一步加强。

2010年,市建委下发《赤峰市建设工程施工招标综合评分法评标办法与评分标准》《关于进一步规范全市房屋建筑工程施工承发包活动管理工作的通知》,进一步规范全市房屋建筑工程施工承发包活动,加强工程施工分包管理工作,防止在工程承发包中利用标段划分肢解工程、以不合理资质条件排斥潜在投标人、转包和违法分包工程等违法、违规行为。2012年,市住建委下发《关于加强房屋建筑工程和市政公用工程项目标后监管的通知》,对《赤峰市建设工程施工招标综合评分法评标办法与评分标准(暂行)》部分条款进行修订,对工程建设中挂靠借用资质投标、违规出借资质的施工队伍进行清理。2013 年，市住建委下发《赤峰市房屋建筑工程和市政基础设施工程违法发包、违法分包、转包、挂靠行为认定办法（暂行）》，遏制建筑市场违法行为。同年，撤销赤峰市建设工程招投标交易中心，成立赤峰市公共资源交易中心，进一步加强招投标管理工作。1991—2014 年，赤峰市不断完善各项建设工程招投标的规章、制度，加强对建设工程交易活动的监督管理，避免幕后交易和暗箱操作，增强工程交易透明度，预防工程建设领域腐败行为，对保证工程质量起到积极作用。

第四节　勘察 设计

一、勘察

1991 年，赤峰市有勘察设计单位 11 家。其中有专门开展勘察工作的单位 2 家，即赤峰市高达工程设计有限公司、赤峰恒安地质工程有限责任公司；有同时开展勘察和设计工作的单位 9 家。到 2010 年，全市勘察设计单位增加到 19 家，从业人员 1049 人，其中高级职称专业技术人员 315 人，中级职称专业技术人员 329 人。到 2014 年，全市有勘察设计单位 85 家，主要有赤峰市建筑设计院、赤峰煤气热力设计研究所、平庄矿务局设计研究院、内蒙古自治区水文地质工程勘查院 101 地质勘查队、赤峰市水利勘测设计院、赤峰华辰电力勘察设计有限责任公司等。有各类专业技术人员 988 人，其中高级职称专业技术人员 88 人、中级职称专业技术人员 358 人、初级职称人员 530 人、技术员 12 人。

1991—2014 年，各勘察机构积极开展各项勘察工作，为赤峰市城建、交通、能源、水利、重大工程等建设提供了大量科学、系统的水文地质资料和基础性依据。

二、设计

1991 年，赤峰市有设计单位 9 家。其中有市直设计单位 7 家，主要有赤峰市市政规划设计院、赤峰华辰电力勘察设计有限责任公司、赤峰市中交公路勘察设计有限责任公司、赤峰市建亚建筑设计有限公司、赤峰市水利设计院、赤峰市建筑设计研究院、赤峰富龙燃气设计研究所；旗县区有设计单位 2 家，即赤峰市高达工程设计有限公司、宁城宏博建筑设计有限责任公司；其他设计单位 1 家，即赤峰恒安地质工程有限责任公司。1992 年以后，赤峰市的规划设计部门通过转变职能、撤销、合并、转制等方式走向市场经济发展的道路。到 2000 年，全市有规划设计机构 6 家。2001 年 12 月，成立赤峰市规划局，负责全市规划设计单位管理工作。到 2014 年，赤峰市有规划设计机构 8 家。其中甲级规划资质单位有 1 家，为赤峰华地方圆设计研究有限公司；乙级规划资质单位 2 家，是北方时代建筑设计研究有限责任公司和赤峰宏图测绘规划设计院；丙级规划资质单位 5 家，分别是赤峰赛格建筑规划设计有限公司、宁城建业市政工程规划设计所、内蒙古维特工程咨询有限公司、敖汉旗惠嘉城市规划设计所、赤峰市松山区越泽规划设计有限公司。全市从事规划设计从业人员共 197 人,其中高级职称 50 人、中级职称 100 人、初级职称 35 人、技术人员 12 人;城市规划专业 49 人、园林绿化专业 16 人、建筑学专业 47 人、道路交通专业 20 人、给排水专业 16 人、环境保护专业 4 人、电气设计专业 6 人。共有注册城市规划师 34 人。

1991—2014 年,全市各设计单位和设计技术人员不断提高设计水平,编制完成大量城市规划设计,房屋建筑、道路交通、市政园林等设计项目取得优异设计成果,许多设计成果获得市级以上有关部门奖励。2001—2014 年,赤峰市获得自治区住房和城乡建设厅等部门授予的勘察设计成果奖 32 项,其中一等奖 4 项,二等奖 13 项,三等奖 14 项,优质奖 1 项。

三、测绘

测绘机构　1991 年,赤峰市有测绘机构 9 家,从业人员 100 多人。其中市直测绘机构 5 家,主要有赤峰市建筑设计院、赤峰市规划市政设计院、赤峰水利勘测设计院等;旗县区测绘机构 3 家;其他测绘机构 1 家。赤峰市城建局测绘管理办公室负责全市测绘管理工作。到 2000 年,全市有测绘机构 17 家,从业人员 300 多人。其中市直测绘机构 9 家,主要有赤峰宏图测绘规划设计所、赤峰维衡房地产测绘大队、赤峰仁达房地产价格评估有限责任公司等;旗县区测绘机构 5 家;其他测绘机构 3 家。2002 年,测绘行政管理职能划归赤峰市国土资源局。到 2014 年,全市共有测绘机构 76 家,其中乙级测绘资质机构 14 家、丙级测绘资质机构 33 家、丁级测绘资质机构 29 家。专业技术人员 791 人,其中高级工程师 38 人、工程师 258 人、助理工程师 495 人。拥有水准仪、全站仪、测距仪等测绘仪器。

测绘成果　1991—2014 年,自治区测绘局、赤峰市规划局、赤峰市土地局等单位先后编制出版《赤峰市交通旅游图》《赤峰市地图》《赤峰市中心城区街路图》《赤峰市影像地图集》。1993 年,自治区测绘局综合队、市政府编制出版《赤峰市交通旅游图》。1994 年,自治区测绘局出版发行《赤峰市地图》(1∶690000);自治区测绘局、赤峰市城市规划管理处编制出版《赤峰市中心城区街路图》(1∶10000)。2004—2008 年,自治区测绘局在赤峰市全境内施测 1∶10000 地形图共 3910 幅, 赤峰市在全自治区率先实现 1∶10000 地形图全覆盖。2006 年,自治区测绘院完成赤峰市高精度三维(GPS)空间控制网及似大地水准面精化,建立赤峰地区厘米级精度似大地水准面,布测高精度控制点 65 个,应用高精度似大地水准面成果,大大提高基础地理信息数据的质量和更新速度,缩短“数字赤峰”建设周期,对区域信息化建设具有极大的推动作用,改变了赤峰市低等级高程控制作业模式。在城市测量工作中, 常规的水准测量被高精度似大地水准面取代。2007 年 6 月,由自治区测绘局、赤峰市国土资源局编制的《赤峰市影像地图集》出版发行。该图集是一部以卫星遥感影像及航空影像为内容的新型地图集,是赤峰市国土资源科技管理新成果。2011 年,自治区测绘院施测完成赤峰中心城区正射影像图(1∶8000),施测完成赤峰中心城区 1∶5000 地形图。2000 年以后, 赤峰市规划、国土部门测制了赤峰市区大比例尺(1∶2000、1∶1000、1∶500)地形图及部分旗县所在地城镇的大比例尺地形图。2011年,"数字赤峰"获国家测绘地理信息局批准立项,内蒙古自治区测绘事业局在赤峰市建立全球导航卫星(GNSS)连续运行参考站16个。2012年,赤峰市国土资源局编制完成《赤峰市基础测绘规划(2011—2020)》,范围包括赤峰市全部国土面积。2014年,阿鲁科尔沁旗新农村建设测绘项目通过自治区审批,巴林右旗县级数字城市建设获得自治区立项。

第五节 企业选介

一、勘察设计企业

北方时代建筑设计集团股份有限公司 前身为1991年成立的赤峰市建筑勘察设计研究院,甲级资质单位;2006年12月,改为中城建北方建筑勘察设计研究院有限公司;2013年2月,改为北方时代建筑设计集团股份有限公司。2014年,有在职员工170人,其中专业技术设计人员150人,中高级职称以上60人,持有执业注册资格人员20人。有建筑工程设计甲级、工程地质勘查甲级、市政工程设计乙级、城乡规划乙级、测绘工程丙级资质。2012年9月,北方时代建筑设计集团股份有限公司编制的《EPS模块系列技术规程》被批准为内蒙古自治区工程建设地方标准,并作为中华人民共和国工程建设地方标准备案。

内蒙古华地方圆设计研究有限责任公司 前身是赤峰市规划市政设计院,2001年改制为股份制企业,更名为赤峰恒远规划市政设计有限责任公司,2007年与红山建筑勘查设计院合并重组为内蒙古华地方圆设计研究有限责任公司。该公司是集城市规划设计、市政工程设计、建筑工程设计、风景园林设计以及地质勘查、测量工程、工程咨询等多项专业为一体的专业设计公司。有规划设计甲级资质,市政、建筑设计乙级资质及地勘、测绘、咨询等资质。2009年,该公司设计的《赤峰市松州公园景观规划》《赤峰市元宝山行政中心城市规划》获自治区城市规划编制优秀成果二等奖。2014年,获自治区2013年度优秀城市规划编制三等奖2项。

赤峰恒安地质工程有限责任公司 1991年称内蒙古自治区101水文地质工程地质队,2002年改制为赤峰恒安地质工程有限责任公司。主要业务有水文地质、工程地质、环境地质勘查和测量等。该公司有岩土工程勘查、咨询、监理,水文地质勘查甲级、岩土工程设计、工程测量乙级、国土资源测绘乙级、地质灾害勘查甲级、区域地质勘查甲级、固体矿产勘查甲级等多项资质。该公司先后获自治区勘查成果一等奖3项、二等奖6项、三等奖5项、表扬奖2项。

二、监理企业

内蒙古金鹏建设监理有限公司 成立于1997年,原名为赤峰金鹏建设监理有限公司,2009年改为内蒙古金鹏建设监理有限公司。该公司有房屋建筑工程监理甲级、市政公用工程监理甲级、矿山工程监理甲级、电力工程监理甲级资质,公路、桥梁、隧道工程监理甲级资质,控股乙级试验检测资质,人防工程监理丙级资质。2014年,该公司有全国注册监理工程师41人,注册造价工程师3人,注册一级建造师9人,高级专业人员87人。该公司监理的赤峰市医院门诊紧急救援中心、赤峰市医院病房楼、赤峰博物馆、通辽蒙东胶建商贸中心建设工程获中国建筑工程鲁班奖,赤峰市松州园住宅小区建设工程获国家优质工程银质奖,大唐通辽北沙拉风电场、大唐林西风电场建设工程获电力行业优质工程,赤峰敖仑花矿业多金属矿建设工程获冶金行业优质工程。该公司先后获内蒙古自治区"草原杯"及内蒙古自治区优质样板等各项优质工程65项。2010年,被建设部授予先进工程监理企业称号,连续9年被赤峰市住建委授予先进监理单位称号。

内蒙古天虹建设监理有限责任公司　成立于1997年,具有房屋建筑工程监理甲级、市政公用工程监理甲级资质。到2014年,该公司工程技术人员172人,其中有国家注册监理工程师35人、自治区级注册监理工程师122人、注册造价师4人、一级建造师10人、高级经济师1人。该公司监理的赤峰市电业局调度综合楼、赤峰市环保局环境监测监察综合指挥中心办公楼、中国移动赤峰分公司第二移动通信生产楼等工程获内蒙古自治区"草原杯"奖,赤峰学院附属医院影像中心及病房楼、武警赤峰市支队综合办公楼等10项工程获内蒙古自治区优质样板工程奖。

三、施工企业

赤峰正翔建筑工程股份有限公司　前身是赤峰西城建筑工程公司。2010年,与赤峰宁城明达建筑公司联合组建赤峰正翔建筑工程股份有限公司,有一级建筑资质和6项增项资质。有各类机械设备1500多台件,年吸纳就业3000多人,完成建筑面积30多万平方米,产值3亿元,利润2000多万元。该公司先后承建赤峰市委党校综合楼、赤峰学院附属医院内科病房楼、部分住宅小区等大型建设工程。1991—2014年,获"国家AAA级文明标准化诚信工地"奖10项,自治区"建筑施工安全标准化示范工地"奖68项,自治区"草原杯"、优质样板工程奖43项,赤峰市"玉龙杯"主体结构优质奖82项。有5项工法被评为内蒙古自治区级工法,其中"光电玻璃幕锚固无缝安装施工工法"获国家级工法。先后获得全国建筑业先进企业、全国工程建设质量管理优秀企业等8项国家级奖项,内蒙古自治区"五一"劳动奖状等70多项自治区级奖项。

赤峰鑫盛隆建筑工程有限责任公司　1993年成立,称赤峰警安建筑工程公司,2002年更名为赤峰鑫盛隆建筑工程有限责任公司。具有主项房屋建筑工程施工总承包一级资质,增项建筑装饰装修专业二级、建筑幕墙工程专业二级等多项资质。1993—2014年,承建79个工程项目,总建筑面积165万平方米,其中有47个工程项目分别被评为国家级、内蒙古自治区级、赤峰市级优质工程;先后5次获中国建设工程鲁班奖;该公司自主开发的松州园小区项目被授予2005年度国家优质工程银质奖;22项工程被授予内蒙古自治区"草原杯"工程质量奖,有27个施工工地被评为自治区级建筑施工安全文明示范工地，连续3年被中国建筑业协会授予全国建筑业AAA级信用企业，被中国施工企业管理协会多次评为全国优秀施工企业；2007年、2012年，先后被中国建筑业协会授予鲁班奖工程特别荣誉企业称号；连续5年被中国建筑业协会评为全国建筑业先进企业、全国工程建设质量管理优秀企业、“十一五”全国建筑业科技进步与技术创新先进企业。

内蒙古平源建工集团有限公司　成立于1972年，有国家一级房屋建筑施工总承包资质以及机电安装、市政、消防、钢结构等多项专业工程施工资质。2014年，有从业员工2000多人，其中专业技术人员307人，一、二级注册建造师51人，产值4亿元。1991—2014年，先后创内蒙古自治区“草原杯”优质工程和自治区级优质样板工程4项、赤峰市优质工程和“玉龙杯”工程18项，创国家AAA级文明工地1项、自治区及赤峰市安全标准化工地15项，被内蒙古自治区建设厅授予自治区优秀建筑企业称号。

赤峰宏远建筑（集团）有限责任公司　成立于1992年，称赤峰宏远建筑公司，1997年改建为赤峰宏远建筑（集团）有限责任公司，具有房屋建筑总承包一级资质。1997年以后，先后获得全国建筑企业先进集体、全国优秀施工企业、开拓外埠市场先进企业等称号，11个建筑项目获得自治区级奖，100多个建筑项目获市级奖。2010—2014年，年均施工能力80万平方米，年产值8亿多元。

赤峰宏基建筑（集团）有限公司　前身是赤峰松山区第一建筑公司，成立于1978年，2002年改建为赤峰宏基建筑（集团）有限公司。2008年，晋升为施工总承包一级资质，年施工能力500万平方米。下属子公司和分公司11家，有高、中级专业技术人员500多人，固定员工2万多人，业务范围辐射北京、天津及辽宁省、河北省、山东省等省区30多个大中城市。2002年，承建高质量项目490多个，竣工面积达5170万平方米，工程质量合格率100%，优质率65%以上。2008—2014年，获市级以上优质工程、示范工程、样板工程286项，获市级以上质量、安全、管理等各种奖项655项。

内蒙古辽河工程局股份有限公司　前身是内蒙古自治区辽河工程局。2008年，改建为内蒙古辽河工程局股份有限公司。具有水利水电工程施工总承包一级、钻井技术一级、房屋建筑工程施工总承包二级等6项资质，有大型弧形闸门、平板门、压力钢管及启闭机生产、安装许可，电力行业许可等资质。1991—2014年，该公司承建的绰勒水利枢纽工程、红花尔基水利枢纽工程获中国水利工程优质（大禹）奖，西山湾水利枢纽工程、高勒罕水库工程、绰勒水利枢纽工程、红花尔基水利枢纽工程获内蒙古自治区建筑业“草原杯”奖，海拉苏水利枢纽工程等3项工程获内蒙古自治区优质样板工程奖，台河口水利枢纽工程等12项工程获自治区水利厅优质工程奖，被中国施工企业管理协会评为2010年全国优秀施工企业、全国用户满意施工企业；2007—2013年，连续7年被中华全国总工会、国家安全生产监督管理局评为全国“安康杯”竞赛优胜企业；2013年，被中华全国总工会授予全国“五一”劳动奖状。

第六节　标志性建筑

赤峰博物馆建筑群　位于赤峰新城区锦山路与富河街交会处西侧,占地面积4.67公顷,总建筑面积3万平方米。2007年末启动建设,2010年8月建成投入使用,建设总投资2亿元。整个建筑包括市博物馆、市图书馆、市群艺馆(后迁出)、市文旅局机关办公楼。博物馆群建筑吸收中国唐代、辽代的建筑特色,借鉴我国传统宫殿建筑中轴对称、主从有序,形成古朴典雅、博大雄浑、具有赤峰独特历史文化特征的建筑风格。博物馆大楼建筑面积1.1万平方米,高27米,主体三层,地下一层,展陈面积4000平方米,是一座集收藏、研究、展示于一体的多功能现代化博物馆。馆内设有4个文物专题展厅,2个临时展厅,1个多功能会议厅,1个配套服务区。

赤峰市体育中心　位于赤峰新城区小新地组团,锡伯河南岸,赤峰学院西侧,东临宝山路,南临赤峰体育中学。整个体育中心工程总占地面积22.31公顷,总建筑面积9万多平方米,由可容纳3.2万人的椭圆形体育场、可容纳7077人的圆形体育馆、地下车库和中心平台及室外体育练习场地组成。赤峰市体育中心功能齐全,能够举办国际标准的篮球、足球、田径、体操、排球、乒乓球等各项体育比赛,还设有室外练习场及大量的商业用房,可用于商业、会展及全民健身活动。体育馆的训练馆设有升降舞台,配套演出灯光、音响,可以满足大型文艺演出。在设计上极具地方特色和民族特色。体育场的金属罩棚采用蓝色铝合金蜂窝装饰面板,与体育馆顶部相连,呈波浪起伏状,从远方望去就如一条蓝色的哈达飘动在赤峰大地;承载金属罩棚的钢结构桁架之间相互交叉的檩条,寓意赤峰人张开赤诚的怀抱欢迎八方宾朋。体育中心总投资15.8亿元,由中国建筑设计研究院设计,北京城建第九建筑工程有限公司承建,于2010年9月开工建设,2014年7月交付使用。

赤峰国际会展中心　位于赤峰新城区玉龙大街与宝山路交会处西南侧,总占地面积5.18万平方米,建筑面积8.95万平方米,其中会议中心建筑面积1.1万平方米,展览中心建筑面积3.2万平方米,四星级酒店建筑面积4.65万平方米,工程总投资2.7亿元。整个建筑呈蝴蝶形。2005年10月开工建设,2008年7月投入运营。会展中心配备国际先进数字灯光系统、扩声系统、LED高清显示屏、伸缩舞台等专业舞美配套设施,是赤峰市唯一大型多功能厅。会展中心室外广场面积2.8万平方米,设有音乐喷泉、停车场、绿化景观带等附属设施,可举办大型室外会展活动。

赤峰市党政机关综合楼　位于新城区八家组团核心地段,是市委、市人大、市政府、市政协机关及近30个委办局的办公场所。该办公楼占地面积4公顷,建筑面积8.32万平方米,主要建筑由A、B、C、D座楼及高架路等五部分组成,建筑类别为二类建筑。主楼采用钢筋混凝土框架剪力墙结构,群房及多功能厅采用框架结构;主楼建筑长270米,高45米,共12层,其中地下1层,地上11层。工程总投资2亿元。2003年8月开始施工，2004 年 12 月竣工交付使用。综合楼工程以办公为主，还有部分服务设施，如食堂、宿舍、邮政、电信、银行、超市等。大楼无论是俯视还是平视均呈现出一个偌大的“山”字。10 根方柱威严大气，体现了“庄重、俭朴、开放、亲民”的建筑内涵。在设计理念上体现了文化底蕴与现代气息的有机相融。

赤峰美术馆　为赤峰博物馆旧址，由赤峰建筑设计院设计，赤峰第一建筑工程公司承建。由全国人大常委会原副委员长布赫题写“赤峰博物馆”馆名。2011 年 10 月，赤峰博物馆迁址新城区后，改建为赤峰美术馆。该馆坐落于红山文化广场中心，建筑面积 6880 平方米，高 48 米，7 层，钢筋混凝土结构。墙体为淡黄色，楼顶为橘黄色琉璃瓦，台阶四周为仿汉白玉栏杆，是一座重檐四角攒尖顶式仿古建筑，典雅庄重，既有我国传统民族风格，又有现代建筑的时代特色。

第九章　城乡建设管理

第一节　管理机构

一、市级管理机构

1991 年，赤峰市城乡建设环境保护局内设有办公室、建工处、城建处、规划处、环保处、房产处、城市建设管理办公室。1991 年 12 月，赤峰市城乡建设环境保护局更名为赤峰市城乡建设委员会，有在编人员 41 人。1996 年 3 月，赤峰市环境保护局成立，市建委环保处人员及职能划归环境保护局。2001 年 12 月，赤峰市规划局成立，市建委所属规划处及规划监察职能划归市规划局。2010 年 9 月，赤峰市城乡建设委员会更名为赤峰市住房与城乡建设委员会，下设办公室、建工处、城建处、房产处、城市管理监察支队 5 个职能部门，共有在编人员 41 人，其中公务员 38 人，工勤人员 3 人。主要职能是开展城乡建设、房产、建工建材、市容市貌等管理工作。至 2014 年未变。

二、旗县区管理机构

1991 年，赤峰市各旗县区均设有城乡建设环境保护管理局。1996 年以后，各旗县区成立环境保护局、规划局，环境保护、规划管理等工作从城乡建设环境保护局中分出。旗县区城乡建设环境保护局相继更名为城乡建设局。2010 年以后，又相继更名为住房与城乡建设局。至 2014 年未变。

第二节　市容市貌管理

一、管理机构

市级管理机构　1991 年，赤峰市城乡建设委员会城市管理处与城市管理监察大队合署办公,负责全市市容市貌管理,市区城市管理队伍有80多人。1993年12月,将红山区城管监察中队划归赤峰市城市管理处,实行垂直领导,市城管监察大队下设红山城管监察中队、松山城管监察中队、元宝山城管监察中队3个中队。1997年4月,将赤峰市城市管理处直管的3个市容监察中队及市容管理职能分别下放到三区政府。2001年12月,赤峰市城市管理处更名为赤峰市城建监察支队,2003年7月,更名为赤峰市城市管理监察支队,至2014年未变。

旗县区管理机构 1991年,旗县区城建局负责市容市貌管理,红山区、宁城县、敖汉旗城建局设有专门城市监察队伍。1993年,红山区城管监察中队上划市城管监察支队。1997年,市辖3个区市容监察中队下放各区管辖。2001年以后,各旗县加强城市管理工作,先后成立县级政府直属的城市管理部门。2001年5月,林西县成立城镇管理局;2002年7月,翁牛特旗成立城镇管理局;2002年10月,敖汉旗在原城建监察队伍的基础上组建敖汉旗城镇综合管理监察大队;2003年3月,阿鲁科尔沁旗成立城镇管理局;2003年5月,喀喇沁旗成立城镇管理局;2003年9月,巴林右旗成立城镇管理局;2004年6月,宁城县成立城市管理行政执法局;2004年6月,巴林左旗成立城管局;2006年1月,克什克腾旗成立城管局;2006年3月,敖汉旗成立城镇管理局;2006年4月,红山区成立城市市容环境管理局;2008年12月,松山区成立城市管理局。至2010年,全市各旗县区成立城市(镇)管理局11个,成立城市管理监察大队1个。到2014年,赤峰市中心城区城管工作队伍达到500多人;全市有旗县区城市(镇)管理局9个、城市管理中心1个、城市管理监察大队2个,旗县城管工作队伍达到400多人。

二、管理工作

1991年以后,市、区两级城市管理队伍不断加大城市管理工作力度,改善市容市貌、提升城市形象和品位。在创建国家卫生城市、中国优秀旅游城市、全国文明城市、国家园林城市中,进一步完善城市管理长效机制,提高执法水平,改进工作作风,增强服务意识,严格履行市容市貌监察职责,构建干净整洁、和谐有序的城市市容环境。

1991—2000年,市容市貌管理工作主要实行市区一体化管理,城区市容市貌管理主要采取常规的管理方式,通过执法人员日常巡查和阶段性的集中整治,查处各类市容市貌违法、违规问题,累计查处各类市容市貌问题5万多件。

2001年以后,不断完善赤峰市城市管理办法和规章制度。2006年,出台《赤峰市户外广告设置管理暂行规定》《赤峰市牌匾标识设置管理暂行规定》。2007年,出台《赤峰市城市管理暂行办法》,推动赤峰市城市管理事业向规范化、标准化和法制化方向发展。

在市容市貌监管方面,建立包街路巡查机制,逐步建立和完善定人、定岗、定责的包街路巡查制度,实现由集中整治向长效管理转变,有效遏制各类脏、乱、差问题的发生。突出重点,集中力量在“净化、美化、亮化”上下功夫,大力开展市容环境综合整治。2003年,市区投资800万元实施城区亮化工程,在临街建(构)筑物上设置夜景亮化设施。2006年,开展户外广告和牌匾标识专项整治行动,拆除各类违规设置、超期设置的户外广告1627块、约6万平方米；规范整治不合格牌匾标识2万多块；拆除城区主次干道两侧设置的127个临建商亭。2007年，开展“街路治乱、社区治脏、设施治差”三治行动，通过抓重点，集中开展街路治乱，努力解决市民反响大、意见多的热点难点问题。其中签订“共建共享”责任书6000余份，取缔马路市场12处，拆除主要街路吊筐、吊篮1.2万个，拆除户外广告69处，拆除彩虹门、条幅、展示台、演出台330个，取缔露天烧烤摊点41处，拆除违章建筑42处，在22条街路设置停车位8210个，清理涂鸦1.8万处。2010年开始，开展电子显示屏专项整治，清理拆除擅自不规范设置和存在光污染、噪声污染的电子显示屏386块，规范电子显示屏912块。2008年开始，每年元旦、春节期间均开展节日市容环境集中整治。2014年，为迎接内蒙古自治区第十三届运动会在赤峰市召开和做好创建“全国文明城市”迎检，开展赤峰市区街(路)、巷道市容环境综合整治。

2010年，根据“数字赤峰”建设要求，结合住建部《数字化城市管理模式建设导则(试行)》，赤峰市启动数字化城市管理系统项目建设。2012年11月，赤峰市数字化城市管理系统通过住建部专家组验收，投入运行。到2014年，通过信息采集员上报和12319城管热线电话共受理事件、问题6.54万条，结案6.21万条，核查930条，结案率为95%。随着数字化城市管理进程的推进，数字化城市管理事件、问题结案率稳步提升，从2010年建设之初的40%左右提高到2014年的90%以上。

第三节　环境卫生管理

1991—1995年，赤峰市中心城区城市环境管理工作主要由各区环境卫生管理处负责。城市建成区面积小，城市环境卫生管理采取常规的管理方式，以街路和沿街环境卫生为主，环卫设施比较简陋。各级党委、政府积极开展卫生城市创建工作，不断加强环卫工作的领导，城市环卫设施设备不断完善，管理水平不断提高，城市环境卫生状况明显改善。1995年12月，全国爱卫会命名赤峰市为国家卫生城市；1999年，通过国家卫生城市复审。

2000年以后，城市环境卫生管理水平逐年提升。城市主要街路和部分居住区实行垃圾分类收集。2006年、2011年，赤峰市通过国家卫生城市复审，国家卫生城市得到重新命名。2012年4月，红山区城市管理综合行政执法局成立，为环境卫生主管部门；松山区和元宝山区进一步加强环境卫生管理，城市环卫事业进一步发展。2013年，红山区实行环卫城乡一体化管理，将环卫设施和环卫管理进一步向周边红庙子镇、文钟镇和桥北街道办事处延伸。

2010—2014年，针对房地产开工量持续加大等状况，各级环卫部门进一步强化施工工地管理，要求施工工地设置符合规定标准的围挡，按规定进行硬化，设有洗车设施、设备，驶出车辆清洗后方可上路。施工所用灰、砂、土、石料等散体物料一律进行苫盖或者围挡。拆迁作业采取洒水降尘措施,拆迁工地周边的废弃土要及时清理。拆迁完毕后暂时尚未进行建设的,要及时进行临时绿化或者围挡。工地要杜绝施工扬尘,要配备临时公厕和密闭式垃圾收集容器,出入工地的运输车辆要避免撒漏现象。

2014 年 4 月,为迎接内蒙古自治区第十三届运动会,赤峰市集中开展城乡环境卫生专项治理活动,通过“拆、除、遮、疏”等措施,对居民区、大街小巷的环境进行集中整治。在专项治理工作中,红山区制止和拆除违规建筑、私搭乱建 16 处,拆除临时搭建塑料棚房 20 多处,清理城市“牛皮癣”1 万多处,遮盖非法喷涂 3000 多处;清除各类垃圾杂物 5000 多吨;完成城市排水管网、明沟及河道清淤 250 多吨,清理平整堤坝 8 公里;取缔不合规灯箱、牌匾 500 多个;制止店外经营 2000 多次;城市主干道、出入口、居民小区及城中村全部实现垃圾日产日清。松山区投入 4000 多人次清理穆家营子镇各村村民聚居区、春城社区西侧、玉龙大街南侧、阳光小区西侧、蒙中西侧等数十处建筑垃圾和生活垃圾,查处违法建筑 5351 平方米,拆除违法建筑 10 处,面积为 1851 平方米。松山区相关部门还加强对马路市场和商家户外灯箱牌匾的管理,清理整顿店外经营、占道经营等违规行为 300 多处,拆除违章牌匾 30 块,清理违规落地广告灯箱 150 多个,清除乱贴乱画 580 多处。元宝山区围绕垃圾杂物、违章占道、私搭乱建、非法广告等九个方面,组织住建、交通、公安、规划、工商等部门,配合各乡镇街道加大工作力度,开展为期一个半月的全区城乡环境卫生集中治理行动。

旗县城关镇环境卫生管理不断加强, 除宁城县未设立城管局由住建局管理外,其他旗县均由城管局管理。2003 年,喀喇沁旗实行环卫作业市场化外包。2008 年以后,各旗县均开始建设生活垃圾无害化处理场,改变原有的简易填埋方式。到 2014 年,有 9 座生活垃圾无害化处理场建成投入使用。2012 年 6 月, 翁牛特旗按照城乡一体化要求,将整个城区环境卫生及监督管理交由城管局负责,改变了城管局、乌丹镇两级管理的环境卫生管理体制。2013 年,巴林左旗开展存量垃圾治理。2014 年,阿鲁科尔沁旗完成垃圾堆体改造 3 万多立方米,新覆盖黄土 2000 多车、2 万多立方米,有效控制垃圾飞散和蚊蝇聚集。

第四节　市政设施管理

一、管理机构

1991 年 12 月,赤峰市市政工程管理处更名为赤峰市城市建设处;各旗县区均设有市政工程管理处。2001 年, 赤峰市城市建设处更名为赤峰市市政公用事业服务中心,负责城市建设和公用事业建设及管理协调、技术咨询服务。2002 年,赤峰市中心城区河道堤防管理办公室人员和职能划入赤峰市市政公用事业服务中心。2011 年 3 月,赤峰市市政公用事业服务中心更名为赤峰市市政公用事业监管办公室。2014 年 12

月，加挂赤峰市城市排污费征缴办公室和赤峰市集中供热管理办公室牌子，负责全市市政、供热、燃气、给排水、污水处理、城市防汛的日常运行和安全管理。

二、管理工作

1991—2004年，赤峰市中心城区市政设施管理坚持统一规划、配套建设、协调发展和建设、养护、管理并重的原则。2004年以前，市政设施是市建区管。2004年后，市级管理部门逐渐放开建设权，各区项目由区建区管。到2014年，基本形成以行政区域为主体的市政设施管理体制和方式，市级市政管理部门对各区市政设施情况进行检查和指导，督促各区市政设施的正常运行和管理。各区市政管理部门积极对城区道路、桥涵、城市排水、路灯照明等市政设施进行养护、维修与管理，保障各种市政设施良好运行。

红山区城管局市政排水管网管理所负责红山区城区范围内的排水主管网的养护维修任务。在20世纪90年代初，设立市民及单位举报电话，对排水管网故障及时进行维修。2003年，建立排水管网管理所所长、副所长、驾驶员责任制和保管员、掏泥工、维修工及相关人员的责任制。2012年，增加通过城管局110指挥中心获取排水管网故障信息的方式，在最短的时间内进行维修处理。

红山区城管局市政排水泵站管理所主要负责红山区中心城区市政管网污水抽排和汛期抽排雨水。到2014年，红山区中心城区建有四条排水主干管网。其中一条主干排水管网雨、污水主要由昭乌达泵站抽排；二条主干排水管网是自流式；三条主干排水管网雨、污水主要由红旗泵站抽排；四条主干排水管网雨、污水主要由四主干泵站抽排。昭乌达泵站总排水能力为16000吨／小时，红旗泵站总排水能力为5200吨／小时，四主干泵站总排水能力为4000吨／小时。截至2014年，泵站管理所共有泵站11座，除以上3个泵站外，还有东立交泵站、中立交泵站、西立交泵站、步行街地下通道泵站、小北街泵站、解放西街泵站、新城区二号泵站、清河桥桥北三号泵站等8个泵站，共11个泵站。

红山区城管局路灯管理所负责红山区范围内9920盏（东至红庙子，南至城南村，西至文钟镇，北至赤通高速北，包括物流园区、农畜产业园区）路灯的养护维修管理任务。2004年，建立所长岗位责任制、副所长岗位责任制、高空作业车司机岗位责任制、监控中心管理制度、路灯电工岗位责任制、路灯管理所安全制度、路灯管理所处罚规定、路灯管理所工作纪律、统计保管员岗位责任制等规章制度。2010年1月，完成红山区范围内路灯远程监控系统，大面积安装配电箱远程监控终端，实现对路灯开关灯的智能管理。2012—2014年，红山区城区内全部更换为LED灯，完成节能改造工程。1991—2014年，更换路灯74200余盏。

松山区住建局是松山新老城区市政设施主管部门，1995年，建立松山区市政工程管理处，有职工56人，负责市政基础设施日常维修维护。具体负责松山城区44条街路，33条巷道，9座桥梁，3座泵站，200多万平方米道路，21000盏路灯，126公里排水管网，7000多个检查井、雨水井的维修维护工作。1997年，松山区政府下发《赤峰市松山区市政工程设施管理办法》，明确松山区市政工程管理包含道路设施管理、桥涵管理、排水设施管理、防洪设施管理、照明设施管理，明确管理方向，为进一步做好市政设施管理提供了有力的制度保障。松山区市政处严格执行城区巡查岗位责任制及考核办法，工作人员以组为单位，分片按路段划分责任区进行管理。管护人员根据划分的维修范围，定期完成每天巡修的任务，做好记录；接到群众报修电话，在两个工作日内处理完毕；如果市政设施存在安全隐患(如路灯漏电，外露线头没有包好)则必须及时处理；管护人员按时按质完成各片区巡修工作，有详细的维修记录。单位严格执行安全生产责任制，每月开展安全生产工作检查，将检查结果记录，纳入考核。

1991—2005 年，元宝山区由园林市政环卫管理站负责城市园林绿化、环境卫生、市政设施、燃气市场、城区防汛的管理和维护。2005 年，元宝山区园林市政环卫管理站改为公用事业管理站，负责辖区内的市政设施管理工作。2013 年，元宝山区住建局成立环境卫生办公室，负责元宝山区(含平庄镇)城区道路、道路设施、城市桥涵、桥涵设施的监督管理；负责城市下水道、城市排水设施的检查管理；负责城市路灯照明设施及其附属设施的养护与管理；负责排水许可证的审核发放。同年，元宝山区住建局环境卫生办公室通过与民营企业签订合同，明确企业市政设施维修养护目录，形成企业维护保养、环卫办监督管理的管理方式。2014 年，辖区内共有路灯 3724 盏，道路 30 条，桥梁有南环桥、银河桥、哈河桥、北环桥、毛纺小桥等。

第五节　城市绿化管理

1991 年以后，赤峰市不断加强城市绿化管理，提高城市绿化水平。1994 年，市政府印发《赤峰市实施〈城市绿化条例〉暂行规定》，2011 年，市住建委下发《赤峰市城市园林绿化管理办法》。2012 年，市住建委下发《赤峰市城市园林绿化养护管理标准》，对园林养护标准进一步明确。2013 年，市住建委下发《赤峰市建设项目绿色图章管理制度》，对建设项目配套绿化工程规划方案进行严格审核，对工程竣工进行验收；下发《赤峰市城市绿线管理办法》，对城市规划区绿线划定、监督和管理进一步明确。

2010 年，赤峰市启动国家园林城市创建工作，积极开展以“爱绿、护绿、营造绿色家园”为主题的宣传活动，增强广大市民及沿街商户珍惜绿色环境、爱护绿化成果意识；开展“园林式居住区”和“园林式单位”评选活动。红山区、松山区、元宝山区不断加大绿化设施维护投入，成立专业的绿化监察和绿化管护队伍，加强公共绿地的巡查养护。实行绿化管护竞争上岗和分片承包负责制、主干道和公园绿地养护管理招标制度，提高管护质量。2013 年，新城区等 5 个片区被评为自治区人居环境范例奖。2014 年，车伯尔民俗园等 4 个公园被命名为自治区重点公园。

第二篇　环境保护

第一章　环境质量

第一节　水环境

一、污染物排放

“八五”期间(1991—1995 年),全市工业废水排放 2.21 亿吨,其中重点污染源工业废水排放量 8998.6 万吨,占全市废水排放量的 40.71%。红山区、松山区、元宝山区 22 家医院废水排放 341.08 万吨,排放化学需氧量 2194.72 吨、生化需氧量 967.97 吨,其中市医院排放量最大。城市生活污水排放量由 1991 年的 619 万吨增加到 1170.1 万吨,排放的主要污染物化学需氧量 1486.4 吨、生化需氧量 764.5 吨。全市各类水污染源平均达标率为 50%,城镇污水无集中处理设施,直接排入河流,对地表水体造成污染。

1996 年,全市废水排放量 5797 万吨,2000 年为 3802 万吨,比 1996 年减少 1995万吨。“九五”期间(1996—2000 年),全市工业废水排放 1.79 亿吨,比“八五”期间减少 19%。其中重点污染源工业废水排放量 1.08 亿吨,占全市废水排放量的 65.74%。市属 23 家规模较大的医院排放污水 329.95 万吨,其中市医院、平庄矿务局总医院和市第三医院排放量较大。城市生活污水量由 1996 年的 1181.9 万吨增加到 2000 年的 1223.2 万吨,增长率为 3.49%。在此期间,全市仅有中心城区污水处理厂和元宝山污水处理厂,其他旗县区城市污水处理厂建设刚刚启动,尚未运行,废水排放对全市地表水体造成较大污染。

2005 年,全市废水排放 6474 万吨,比 2000 年增加 2672 万吨。“十五”期间(2001—2005 年),全市工业废水排放总量为 1.07 亿吨,比“九五”期间减少 40.22%。废水排放量较大行业是电力、热力的生产和供应业、农副产品加工业。5 年工业废水排放达标率在 82.47% ~ 85.11%之间。18 家医院共排放污水 266.79 万吨,其中市医院、平庄矿务局总医院和市第四医院排放量较大。城市生活污水量由 2001 年的 1569.5 万吨增加到 2005 年的 1722.8 万吨,增长率为 9.8%。

2010 年，全市废水排放 5067 万吨，比 2005 年减少 1407 万吨。“十一五”期间(2006—2010 年),工业废水排放总量 1.14 亿吨,工业废水排放量较大行业是医药制造行业、电力、热力的生产和供应业。全市 19 家规模较大的医院污水 5 年排放总量为 214.47 万吨，污水排放量较大的医院有赤峰市医院、220 医院、赤峰学院附属医院。2010 年,城市生活污水量达到 2344.87 万吨,汇入城镇污水处理厂经有效处理后排放。

2014 年,全市废水排放 4404 万吨,比 1996 年减少 1393 万吨,减少 24%;比 2005 年减少 2070 万吨,减少 32%。

二、地表水水质

1991 年以后，根据内蒙古自治区水环境中心赤峰分中心对地表水的 11 个常规断面监测,老哈河干流局部河段的水质开始受到污染,兴隆坡监测断面化学耗氧量有超标现象;受污染严重的是英金河,2000—2010 年实测,最大值超标倍数:化学耗氧量超标 7.5 倍,碳酸氢根离子超标 7.2 倍,六价铬超标 1.6 倍。

赤峰市的地表水化学类型,外流河均属于重碳酸盐类水,以碳酸钙为主,其中西拉木伦河南部支流及老哈河(太平庄以外)为重碳酸钙二型水,西辽河其他支流均为重碳酸钙一型水。河水矿化度为 200 ~ 900 毫克 / 升。西辽河一带总硬度大于 100 毫克 / 升,英金河六大份、八家段平均总硬度为 360 毫克 / 升,总硬度与矿化度的地区分布趋势相同。pH 值多年平均在 6.4 ~ 8.6 之间。

赤峰市境内英金河赤峰市中心城区以下河段、孟克河新惠镇以下河段、沙里河林东镇以下河段、乌力吉木仁河与沙里河汇合口以下河段、查干木伦河大板镇以下河段、木石匣河林西镇以下河段、碧流河经棚镇以下河段、锡伯河锦山镇以下河段、东小河天义镇以下河段、老哈河东小河汇合口至大北海河段、少冷河乌丹镇以下河段等水质较差,主要是城镇污水及沿途污染流入河流,河流自净能力较差,造成下游河流水质超标。水质超标河段占全部功能区河段的 11.4%,主要污染物为高锰酸盐、化学需氧量、溶解氧、氨氮等。

三、地下水水质

由于工业“三废”(废物、废水、废气)、生活污水排放,农业生产施用的农药和化肥等进入河流或渗入地下，导致地表水和地下水的污染。2010 年 4 月、9 月对全市 36 处地下水进行两次水化学分析,全市二类水占 66.7%,三类水占 33.3%。地下水阳离子以正 2 价钙离子为主,阴离子以碳酸氢根为主。赤峰市地下水检测项目中主要为氟化物、总硬度、氨氮、亚硝酸盐氮、总铁、总锰等指标超标。氟化物主要污染区为松山区东部和北部,翁牛特旗北部、东部和东南部,红山区南部,巴林右旗东部,巴林左旗南部等地区;总硬度、氨氮、亚硝酸盐氮主要污染区为喀喇沁旗中部、宁城县中部、元宝山区中部、克什克腾旗西部、林西县中部和北部等地区;总铁、总锰主要污染区为阿鲁科尔沁旗中部、敖汉旗中部和东部等地区。

第二节　大气环境

一、污染物排放

1991 年，全市燃煤量 460.94 万吨 / 年。1995 年，增加到 664 万吨 / 年。年燃煤量大于 2000 吨的企业有 40 家，燃煤量较大的企业有元宝山发电厂、赤峰热电厂、赤峰第二毛纺织厂、赤峰制药厂热电分厂、元宝山热电厂。地区主要能源消耗量较大的是元宝山区、红山区、松山区、宁城县，最小的是克什克腾旗。燃煤量最大的元宝山发电厂，1995 年烟尘排放量 1.14 万吨，二氧化硫排放量 5.19 万吨，氮氧化物排放量 1.25 万吨。

1996—2000 年，燃煤量与"八五"时期变化不大。工业主要耗煤地区是元宝山区，耗煤 418.6 万吨，占全市工业耗煤总量的 64.2%。随着赤峰市第三产业的迅速发展，生活污染源急剧增加，到 2000 年，全市燃煤茶炉、浴炉、饮食大灶达 4450 多个。仅红山区就有 1200 多个，年燃煤 3.3 万吨，排放二氧化硫 980 多吨，均为低空排放源，多处于市中心，稀释扩散条件差，对城区环境质量影响较大。通过对工业废气污染源和生活污染源的治理，排污量大幅度削减。

2001—2005 年，能源消耗仍以煤炭为主。2001 年，燃煤 666 万吨，2005 年增加到 968 万吨，占能源消耗的 90%以上。主要耗煤的行业是电力、蒸汽、热力生产和供应业，工业耗煤量最大地区是元宝山区。2000 年，赤峰市城区机动车保有量达到 4.2 万辆，到 2005 年底达 16.3 万辆，比 2000 年增长 3 倍。到 2005 年，全市机动车(包括汽车、摩托车、农用车)达 43.94 万辆，汽车数量的迅速增加，排放的废气总量也随之增加，对大气污染越来越大。

2006—2010 年，赤峰市工业经济高速发展，能源消耗量增加，能源结构仍以煤炭为主。燃煤量由 2006 年的 1056 万吨增加到 2010 年的 1058 万吨。元宝山区是工业耗煤量最大地区，占全市工业耗煤总量的 65.26%。电力、热力生产和供应业是主要耗煤行业，占全市耗煤总量的 93.76%。元宝山发电有限责任公司、赤峰热电厂、赤峰富龙热电厂、京能(赤峰)能源发展有限公司、赤峰宝山能源(集团)热电有限责任公司 5 家电力行业等标污染负荷比达 52.2%。

2001—2014 年，赤峰市工业污染物排放及燃煤小锅炉、城市扬尘(道路、建筑)、机动车尾气、秸秆和垃圾焚烧等排放的污染物给大气环境造成很大污染，对赤峰市环境空气质量造成明显的影响。

二、大气环境质量

1991—1995 年，赤峰市大气环境质量除 1995 年为轻污染外，其他各年均为中度污染，按季节评价，冬季为重污染，春秋季为中度污染，夏季为轻污染。主要污染物为总悬浮微粒、二氧化硫。

1991—2014年赤峰市大气污染物排放情况统计表

表11-2-1

年份	工业废气排放总量（亿立方米）	工业二氧化硫排放量(吨)	工业烟尘排放量（吨）	工业粉尘排放量（吨）
1991	253.44	67077.00	26262.00	8830.00
1992	339.60	85058.00	38085.00	14207.00
1993	311.19	76655.62	39658.85	16427.18
1994	324.51	91637.33	39301.00	15228.14
1995	328.08	86256.78	34500.50	19328.34
1996	390.38	88366.68	34964.45	14967.67
1997	477.68	108528.81	90662.42	55311.38
1998	393.67	102841.00	77218.00	44282.00
1999	285.40	82269.60	61788.16	25428.54
2000	412.00	115871.00	40152.00	34377.00
2001	456.00	87526.00	42414.00	42971.00
2002	487.00	102602.00	28287.00	26999.00
2003	506.00	115425.00	30469.00	27509.00
2004	626.00	226009.00	32365.00	31560.00
2005	689.00	201028.00	32355.00	30470.00
2006	945.00	192117.00	40967.00	23255.00
2007	998.00	200917.00	30262.00	17058.00
2008	1185.00	198573.00	35337.00	17471.00
2009	1267.00	185212.00	10660.00	2296.00
2010	1966.00	150719.00	10882.00	1826.10
2011	1567.62	128438.51	—	16850.00
2012	1632.06	126136.89	—	22471.85
2013	1731.06	123084.89	—	25365.77
2014	2379.20	120094.42	—	69153.31

1996—2000 年，城区空气环境质量比“八五”期间有所改善。二氧化硫 5 年平均浓度为 0.04 毫克 / 立方米，比“八五”期间的 0.084 毫克 / 立方米降低 52.38%；总悬浮微粒 5 年平均值为 0.384 毫克 / 立方米，比“八五”均值下降 20.53%；只有氮氧化物一项，“九五”期间均值为 0.044 毫克 / 立方米，比“八五”期间均值上升 15.79%；城区环境空气污染程度为中度污染。赤峰市中心城区及旗县政府所在地的环境空气主要污染物均为总悬浮微粒。受生态环境的影响，赤峰市南部新惠镇、天义镇、锦山镇 3 个旗县政府所在地空气质量好于北部旗县政府所在地；城镇空气质量除经棚镇、新惠镇为尚清洁，其他均为中污染。“九五”期间，由于机动车辆数量的急剧增加，城区氮氧化物呈逐年上升趋势。低空面源污染对城区空气质量的影响越来越大。随着“一控双达标”、生态保护和建设以及“蓝天”工程等重大环保举措的进一步深入实施，结合对低空面源、流动污染源的管理和治理，赤峰市城区空气环境质量逐步改善。

2001—2005 年，赤峰市城区空气环境质量有明显好转。2005 年，空气质量好于或等于二级的天数达到 261 天，比 2001 年增加 100 天。5 年平均污染指数为 97，级别为二级，主要污染物为可吸入颗粒物。可吸入颗粒物：中心城区 5 年总均值为 0.15 毫克 / 立方米，超过《环境空气质量标准》（GB3095-1996）二级标准 49%。各年份均有一、二级沙尘天气出现，每年 3 ~ 6 天，2004 年沙尘天气强度最大。二氧化硫：城区 5 年总均值 0.088 毫克 / 立方米，超过《环境空气质量标准》（GB3095-1996）二级标准 45%，2003 年上升为城区主要污染物。二氧化氮：城区 5 年总均值为 0.034 毫克 / 立方米，不超标。各旗县政府所在地环境空气主要污染物均为总悬浮微粒物。除红山区、松山区之外的 10 个城镇中，锦山镇和经棚镇空气质量为清洁，林西镇和林东镇环境空气质量为尚清洁，其他城镇均为中污染。

2006—2010 年，赤峰市中心城区空气环境质量属于二级（良好），二级以上天数由 2006 年的 264 天增加至 2010 年的 323 天。环境空气各污染物浓度总体呈下降趋势。可吸入颗粒物年均值由 2006 年的 0.134 毫克 / 立方米下降至 2010 年的 0.093 毫克 / 立方米，二氧化硫年均值由 2006 年的 0.082 毫克 / 立方米下降至 2010 年的 0.048 毫克 / 立方米，二氧化氮年均值由 2006 年的 0.023 毫克 / 立方米下降至 2010 年的 0.021 毫克/立方米。中心城区环境空气综合污染指数明显下降，污染程度由 2006 年的“中污染”改善为 2010 年的“尚清洁”。污染物结构基本稳定，首要污染物仍为可吸入颗粒物，与“十五”期间相比，可吸入颗粒物的污染贡献率有所上升，二氧化硫的贡献率有轻微下降，二氧化氮无明显变化。“十一五”期间，赤峰市沙尘天气共出现 23 次，沙尘天气年发生次数和强度逐渐减少，沙尘天气监测到的颗粒物最高浓度值显著下降，2010 年赤峰市仅发生 2 次浮尘天气。

2011—2014 年，赤峰市中心城区空气环境质量属于二级（良好）。与 2011 年相比，2014 年可吸入颗粒物浓度由 107 微克 / 立方米下降至 88 微克 / 立方米，二氧化硫浓度由 47 微克 / 立方米上升至 49 微克 / 立方米，二氧化氮浓度由 27 微克 / 立方米下降

1991—2014年赤峰市中心城区环境空气质量监测情况一览表

表11-2-2　　　　单位:毫克/立方米

年份	总悬浮颗粒物（可吸入颗粒物）	二氧化硫	氮氧化物（二氧化氮）	污染程度
1991	0.37	0.10	0.05	中度污染
1992	0.64	0.06	0.04	中度污染
1993	0.44	0.07	0.03	中度污染
1994	0.696	0.12	0.03	中度污染
1995	0.27	0.07	0.04	轻度污染
1996	0.39	0.04	0.04	轻度污染
1997	0.43	0.04	0.04	轻度污染
1998	0.42	0.03	0.05	轻度污染
1999	0.34	0.03	0.05	轻度污染
2000	0.34	0.06	0.04	良好
2001	0.19	0.07	0.04	良好
2002	0.18	0.10	0.04	良好
2003	0.13	0.09	0.04	良好
2004	0.13	0.09	0.03	良好
2005	0.12	0.09	0.02	良好
2006	0.14	0.08	0.02	良好
2007	0.11	0.08	0.02	良好
2008	0.09	0.05	0.02	良好
2009	0.09	0.05	0.02	良好
2010	0.09	0.05	0.02	良好
2011	0.11	0.05	0.03	良好
2012	0.09	0.04	0.021	良好
2013	0.08	0.05	0.02	良好
2014	0.11	0.06	0.03	良好

至 25 微克 / 立方米。细颗粒物浓度由 2011 年的 32 微克 / 立方米上升至 41 微克 / 立方米，一氧化碳浓度由 2011 年的 0.93 毫克 / 立方米增加至 1.014 毫克 / 立方米，臭氧浓度由 2013 年的 66 微克 / 立方米下降至 61 微克 / 立方米。2011—2014 年，赤峰市中心城区环境空气综合污染指数呈明显下降趋势。

大气中酸性物质　“八五”期间（1991—1995 年），赤峰市区酸雨频率为 0，pH 范围值为 6.43 ~ 8.4，平均值为 7.24，略显碱性。“九五”期间（1996—2000 年），城区降水 pH 平均值为 7.45，酸雨出现频率为 0。“十五”期间（2001—2005 年），降水 pH 年均值范围在 7.24 ~ 7.44 之间，5 年降水 pH 均值为 7.33，酸雨出现频率为 0。“十一五”期间（2006—2010 年），降水 pH 均值范围在 6.36 ~ 8.7 之间，硫酸盐仍是赤峰市降水中的主要酸性物质，硝酸根离子浓度显著增长。2011—2014 年，降水 pH 范围在 5.64 ~ 7.98 之间，酸雨检出率为零，硫酸盐仍是赤峰市降雨中主要致酸物质。

大气降尘　赤峰市中心城区降尘年均值为 15.92 吨 / 平方公里·月。1991 年降尘量 24.94 吨 / 平方公里·月，超标 35%。1995 年降尘量降至 11.82 吨 / 平方公里·月，不超标。“九五”期间（1996—2000 年），降尘均值为 12.2 吨 / 平方公里·月，比“八五”均值下降 23.4%。“十一五”期间（2006—2010 年），中心城区降尘浓度呈波动状态，以 2007 年均值最高，2009 年均值最低；5 年均值为 6.58 吨 / 平方公里·月，比“十五”期间降低 24.8 个百分点；中心城区硫酸盐化速率浓度总体呈下降趋势，比“十五”期间下降 36.5 个百分点。2011—2014 年，中心城区降尘浓度范围为 4.33 吨 / 平方公里·月至 7.38 吨 / 平方公里·月，年均值为 5.21 吨 / 平方公里·月，比“十一五”期间降低 20.8 个百分点。

第三节　声环境

1991—1995 年，赤峰市中心城区环境 5 年平均声级值为 59.1 分贝；道路交通平均声值为 70 分贝；居民文教区平均声级值白天为 56.1 分贝，夜间为 49.9 分贝；混合区平均声级值白天为 62.4 分贝，夜间为 52.6 分贝；工业集中区平均声级值白天为 60 分贝，夜间为 53.1 分贝；交通干线道路两侧平均声级值白天为 67.4 分贝，夜间为 58.1 分贝。

1996 年以后，随着城市建设、交通运输、工商各业的发展，噪声污染一直比较严重。“九五”期间，中心城区区域环境 5 年均值为 61.9 分贝。“十五”期间，5 年均值为 58.8 分贝。“十一五”期间，5 年均值为 53.5 分贝，总体上噪声均值和超标率呈下降趋势，但是随着中心城区人口的急剧增加，处于噪声超标区域的人口数量也随着增加。2011—2014 年，赤峰市中心城区环境 4 年平均声级值为 55.5 分贝；道路交通平均声级值为 66.5 分贝；1 类区平均声级值白天为 55.1 分贝，夜间为 43.6 分贝；2 类区平均声级值白天为 57.2 分贝，夜间为 48.4 分贝；3 类区平均声级值白天为 58.1 分贝，夜间为 48.6 分贝；4 类区平均声级值白天为 65 分贝，夜间为 51.9 分贝。

1991—2014年赤峰市中心城区环境噪声监测情况统计表

表11-2-3 单位：分贝

年份	区域环境平均声值	道路交通平均声值	1类声环境功能区		2类声环境功能区		3类声环境功能区		4类声环境功能区	
1991	61.9	72.8	62.1	56.8	62.9	53.7	64.0	54.3	70.0	54.3
1992	59.9	69.9	54.7	52.6	63.8	54.0	62.8	59.4	67.0	62.6
1993	57.7	70.3	54.0	47.4	59.6	51.3	55.0	47.5	65.4	56.5
1994	57.6	68.5	60.8	52.5	61.9	51.8	58.3	52.4	65.4	56.8
1995	58.3	68.7	49.0	40.3	64.0	52.1	59.9	51.8	69.0	59.9
1996	61.3	68.0	52.1	43.5	60.6	50.7	58.4	48.7	67.4	58.2
1997	62.1	69.6	52.5	43.6	62.4	53.3	57.7	53.1	60.8	48.0
1998	62.0	71.3	55.3	45.2	59.6	44.3	60.3	50.2	70.3	61.6
1999	62.4	70.3	62.4	53.5	59.6	46.2	61.5	55.9	69.4	64.8
2000	61.8	70.8	52.0	46.0	59.3	52.9	61.2	53.1	69.1	65.3
2001	60.9	66.5	56.8	51.6	58.5	57.8	54.8	58.9	64.9	69.9
2002	60.9	67.3	58.2	53.0	59.2	53.9	50.8	58.9	64.8	70.0
2003	59.3	67.7	54.2	50.2	53.7	54.0	55.7	54.1	67.2	63.1
2004	57.8	67.8	58.3	52.8	57.6	55.1	58.4	57.6	66.6	65.7
2005	54.9	66.1	55.6	44.2	56.8	43.7	58.4	51.2	64.6	63.3
2006	52.5	66.2	51.9	45.3	56.4	46.4	55.5	50.9	60.2	53.0
2007	53.8	67.9	54.0	43.8	58.6	46.3	56.7	50.9	63.4	52.4
2008	53.8	65.9	52.8	43.0	55.2	47.5	58.2	50.1	62.6	54.5
2009	52.7	65.9	51.9	43.2	55.3	47.5	56.7	49.6	61.3	52.7
2010	54.6	64.8	52.3	43.4	54.8	47.0	57.9	50.3	62.1	53.3
2011	55.9	65.4	54.2	45.2	56.4	48.7	57.9	48.9	66.4	53.3
2012	56.5	65.6	53.3	44.4	56.3	48.2	57.7	48.5	66.3	53.3
2013	55.3	67.7	59.4	40.9	58.8	48.2	58.3	48.7	58.4	48.5
2014	54.5	67.2	53.4	43.7	57.1	48.4	58.4	48.4	67.1	52.4

第四节　生态环境

1998 年，赤峰市环境监测中心站通过生态环境现状遥感监测，全市受损森林总面积为 62.3 平方公里，占森林总面积的 0.43%；受损草原面积为 1.31 万平方公里，占草原总面积的 35%；受损农业面积为 8504.3 平方公里。湿地普遍受损，河流型湿地受损导致河道变窄，蓄水抗洪、调节水流、保护河岸的功能丧失，沼泽型湿地受损导致大量珍稀野生动植物栖息地减少，生态环境遭到不可逆转的破坏，湖泊型湿地受损导致水环境质量下降。全市生态环境恶劣区主要分布在克什克腾旗和翁牛特旗，面积为 4518.7 平方公里和 4198.1 平方公里，分别占全市生态环境恶劣区的 32.8%和 30.5%；其次为阿鲁科尔沁旗，占 20.2%；再次为巴林右旗，占 10.6%；敖汉旗和林西县分别占 4.9%和 1.1%。

赤峰市森林面积保持相对稳定，但森林质量较差，阔叶林、针阔混交林等砍伐后形成大面积的灌丛，灌丛占森林面积的 63.4%，阔叶林大部分均为砍伐后的次生林。次生阔叶林、灌丛等的水土保持、水源涵养、生物多样性等功能都大大降低，保护生态环境的功能减弱。草原面积在逐年缩小，草原区土地开垦、超载过牧，导致草原沙化、退化严重。农业面积增长过快，坡耕地大量增加，致使植被破坏、水土流失严重，田林混合面积占全市农业面积的 21.3%。湿地面积逐渐缩小，湖泊水库面积均有不同程度的缩小，使沼泽型湿地面积减少；农业开发大量挤占河道，赤峰市四大水系绝大多数河流均有不同程度的变窄，湿地的蓄水抗洪功能不断降低。人工林建设成绩显著，但人工林树种单一，纯林多，混交林少。

2001—2005 年，赤峰市生态环境恶化的趋势得到初步遏制，草原生态系统局部恢复，天然林生态系统的功能得到改善，国有林地面积增加，土地利用结构基本适应干旱半干旱区域农林牧业发展的需要。2006—2014 年，赤峰市继续加大生态环境保护、治理力度，生态环境质量有一定改善，受自然、地理及城市建设、工农业生产等多方面因素影响，不同地域生态环境质量状况有很大差异。生态环境质量保持在“一般”以上水平。宁城县、巴林右旗、喀喇沁旗、巴林左旗、克什克腾旗、阿鲁科尔沁旗 6 个旗县生态环境状况等级为“良”，占全市总面积的 47.85%；中心城区、林西县、敖汉旗和翁牛特旗生态环境状况等级为“一般”。土地利用结构基本稳定，基本适应干旱半干旱区域农林牧业发展的生态需要。生态保护形势呈“总体遏制，局部好转”趋势，林地、草地、耕地是赤峰市主要的土地利用类型，天然林生态系统的功能得到改善，有林地面积增加。土壤各项监测指标达到《土壤环境质量标准》（GB15618-1995）中一级标准，土壤 pH 值偏高。生态环境质量保持稳定。受降水量影响，主要植被类型草地局部地区覆盖度有所下降，对空气环境、地表水环境和地下水环境的调节作用减弱。

第二章　环境监测

第一节　监测机构

一、市级监测机构

1991年,赤峰市环境监测机构有赤峰市环境监测中心站,与赤峰市环境科学研究所合署办公,隶属于赤峰市城乡建设环境保护局。内设水质监测室、大气监测室、生态监测室、技术综合室、污染源监测管理室、质控室、站长办公室7个职能部门,共有工作人员53人。1996年3月,市环境监测中心站隶属于市环保局。2006年9月,赤峰市环境科学研究所更名为赤峰市环境科学研究院。2008年12月,赤峰市环境监测中心站加挂赤峰市污染物在线监控中心牌子。2009年6月,市环境监测中心站、市环境科学研究院分为2个独立法人单位。2012年2月,赤峰市污染物在线监控中心从监测站划出。2014年12月,赤峰市环境监测中心站共有全额事业编制70人,实际在岗人员90人,研究生学历10人,专业技术人员68人,其中中级以上职称27人,助理工程师41人。

二、旗县区监测机构

1991年,赤峰市各旗县区均设有环境监测站,多数是监测站与环保办合署办公,隶属各地的城乡建设环境保护局。1997年以后,各旗县区相继成立环保局,各地环境监测站成为环保局的二级单位。到2014年,全市旗县环境监测站共有工作人员268人,其中专业技术人员246人。

第二节　常规监测

一、监测设备

水监测设备　1991年,赤峰市环境监测部门水环境监测设备仅有分光光度计、测汞仪、红外测油仪等简单常规理化分析仪器。2000年以后,逐步增加原子吸收、原子荧光等水质金属监测设备和离子色谱仪等水质阴阳离子监测设备。到2014年,配备有水中有机污染物的气相色谱质谱仪、固相萃取仪、高效液相色谱仪、飞行时间质谱仪等监测设备,能够满足地表水、地下水、废水等水环境监测与分析的要求。

大气监测设备　1991年,监测机构中大气监测设备只有大气采样器、大气采样泵等基本设备;工作人员手工监测项目有:TSP、二氧化硫、二氧化氮。2002年,松山一中监测子站、红山区环保监测子站安装了大西比—东宇1000系列空气质量自动监测系统。2008年,天义路监测子站使用空气质量自动监测系统。2010年,松山区子站、红山区环保监测子站的监测设备更新为空气质量自动监测系统。2013 年，4 个子站的仪器均使用升级、更新后的空气质量自动监测系统，监测项目有颗粒物、二氧化碳、二氧化氮、一氧化碳、臭氧。2009 年，9 个旗县级监测网站陆续配备空气质量自动监测设备。到 2014 年，旗县政府所在地全部安装自动监测设备。

噪声及其他监测设备　1991 年，赤峰市环境噪声及其他监测设备较少，型号不多。1992 年以后，各级环保机构不断加强监测设备换代升级。到 2014 年，各种品牌与型号的单通道及多通道全自动噪声监测仪基本配备齐全，对社会生活环境噪声、区域环境噪声、功能区噪声、道路交通噪声、建筑施工场界噪声、工业企业厂界噪声、铁路边界噪声、机场周围飞机噪声等环境噪声监测能力显著提高。应急监测设备有便携式气相色谱质谱仪、生物综合毒性测试仪、便携式爆炸和有毒有害气体检测仪等；专项监测设备有用于生态监测的卫星遥感解译设备和用于沙尘暴监测的 SC-I 型全自动沙尘暴采样器；为有效防控赤峰地区重金属污染，配备了便携式水质重金属监测仪、ICP-MS 等重金属监测设备，监测能力进一步提高。

二、水质监测

地表水监测　1991—2014 年，全市共设 19 个地表水监测断面、21 个监测点，每年每个断面进行 1～12 次例行监测，监测频次逐年提升。依据《地表水环境质量评价办法》评价河流、湖泊水质状况。1991 年，全市 2 条河流、11 个断面水质达标率平均为 0；1995 年，11 个断面水质达标率平均为 0；2000 年，13 个断面水质达标率平均为 7.7%；2005 年，11 个断面水质达标率平均为 9.1%；2010 年，9 个断面水质达标率平均为 77.8%；2014 年，辽河水系赤峰段主要河流断面水质类别以四类为主，占 80%，三类为 10%，劣五类为 10%。老哈河、阴河、西拉木伦河及锡伯河水质类别为四类，水质状况为轻度污染；英金河水质类别为劣五类，重度污染。

地下水监测　1982 年 12 月，昭乌达盟环境保护监测站首次开展市区地下水监测。1991—1995 年，对赤峰市城区水厂水源地进行监测，饮用水源水质良好，各项指标均符合饮用水卫生标准。对城区重点工业污染源附近的 6 眼浅水井监测，皮革厂附近的地下水质较好且比较稳定，其他几眼井总硬度、大肠菌群、硝酸盐氮及硫酸盐均有超标现象，以四季春饭店水质最差。

1996—2000 年监测，赤峰市城区饮用水源地水质良好，各项指标均符合国家饮用水卫生标准；城镇饮用水源地水质除宁城县天义镇水源井氨氮超标外，其他城镇水源地水质良好；城区浅层地下水受到生产活动的影响，地下水总硬度、硝酸盐氮、细菌学指标均有超标；个别城镇浅层地下水也受到污染，均为氨氮一项超标；赤峰热电厂储灰场对附近地下水造成污染；元宝山露天煤矿疏干水对该地区水环境亦有较大影响。

2001—2005 年监测，赤峰市城区地下水容积储量约为 24.6 亿立方米，允许开采量为 2.67 亿立方米，地下水补给量为 3.02 亿立方米。赤峰市城区饮用水源地水厂水质良好，各项指标均达到国家《地下水质量标准》(GB/T14848-93)的三类标准。城区浅层地下水硝酸盐氮、总硬度、硫酸盐、氟化物和总大肠菌群均有超标现象。巴林右旗浅层地下水总硬度、氨氮和硝酸盐氮有超标现象,其他各旗县地下水水质良好,自来水水源地水质各项指标均符合国家《生活饮用水卫生标准》。

2006—2010年监测,地下水是赤峰市城区唯一供水水源,地下水水位呈总体下降趋势,2010年监测地下水位平均下降1.06米。市自来水公司第一水厂、第二水厂、第三水厂及龙源供水有限责任公司、九龙供水有限责任公司5家饮用水源地水质均达到良好(一类)标准,各项指标均达到《地下水质量标准》(GB/T14848-93)的三类标准。城区部分区域浅层地下水受到人类活动的影响,主要污染因素有硝酸盐氮、总硬度、高锰酸盐指数、氨氮和总大肠菌群。旗县区政府所在地地下水达标率87.9%,除巴林右旗外,其他各旗县潜水、浅层水水质均达到《地下水质量标准》(GB/T14848-93)的三类标准。

2011—2014年监测,赤峰市城区集中饮用水源地有赤峰市第一水厂、赤峰市第二水厂、赤峰九龙供水有限责任公司等5家,23项常规水质指标均达到国家《地下水质量标准》(GB/T14848-93)的三类标准,水质达标率100%,赤峰市城区集中饮用水源地水质稳定保持良好(一类)。赤峰市9个旗县区监测地下水集中饮用水源地11处,饮用水源井19眼,23项常规水质指标均符合《地下水质量标准》(GB/T14848-93)的三类标准,水质达标率100%,水质状况稳定均保持良好(一类)。

三、大气监测

监测站设置　赤峰市环境监测中心站。1991年,赤峰市设有环境监测中心站,对辖区二氧化硫、氮氧化物、总悬浮微粒三项指标进行监测,采用5日手工监测法。1994年10月,建立大气连续监测系统,1995年1月1日开始运行,手工监测同时进行。2002年,赤峰市环境监测中心站大气自动室成立,开始对城区空气质量自动监测。当年,建成松山一中子站、红山区环保监测子站。2008年,建成宁城天义路子站。2009年,红山区环保局子站更名为哈达街子站。2012年,松山路子站开始监测。2014年,赤峰市环境监测中心站设有大气自动监测室和4个大气自动监测子站。

旗县区空气质量监测站。1991—2002年,红山区设有环保局空气质量监测站,松山区设有松山一中空气质量监测站,进行空气质量监测。2002年,松山一中空气质量监测站、红山区环保局空气质量监测站改建为赤峰市空气质量监测中心自动监测子站。2008年,林西县建成空气质量自动站。2013年,喀喇沁旗、翁牛特旗、克什克腾旗3个旗相继建成空气质量自动站。2014年,阿鲁科尔沁旗建成空气质量自动站。年末,全市有5个空气质量监测站具备空气质量自动监测能力;红山区、松山区、元宝山区采用赤峰市环境监测中心站的数据。

监测项目　大气环境质量监测。1991—2014年,赤峰市环境监测中心站和旗县区监测站大气环境监测项目:二氧化硫、氮氧化物、总悬浮微粒监测。2002年开始的自动监测仍为上述3项内容。2013年,环境空气质量监测由原来的3参数增加到6参数,增加了细颗粒物、臭氧、一氧化碳的监测,另外还增加能见度及气象参数的监测。

大气中酸性物质的降水监测。1991—2014 年,在赤峰市区布设 2 个监测点,主要监测酸雨频度、降水 pH 值等。

大气降尘和硫酸盐化速率监测。1991—2014 年,主要监测中心城区降尘量及硫酸盐化速率浓度。

监测频次 1991—2001 年,赤峰市空气质量监测采用 5 日手工监测法。2002 年,建立空气质量自动监测站以后,大气自动室每日中午 11 时开始调取子站数据、整理数据、制作上传文件;在每日 11:30 以前分别给内蒙古气象局、赤峰市环保局网站、赤峰市环境监测中心站网站发送日报数据;12:00 后向国家监测总站和内蒙古监测中心站信息室报送环境空气质量日报和预报,向内蒙古气象局上报环境空气质量预报文件,数据传输通过宽带及电话拨号等方式。

2008 年,赤峰市选择天义路子站作为全国联网监测点位,实现全国空气质量监测的联网。

2010 年,4 个子站的监测仪器均为环境空气质量自动监测系统,监测数据实现实时传输,24 小时连续工作,测得的监测数据通过软件上传到赤峰市环境监测中心站终端,再经服务器上传到环保部及自治区环保厅。

2014 年 1 月起,子站所有的监测数据均达到与自治区环保厅、环保部实时传输,监测数据经国家监测总站确认后发布在国家总站监测数据平台上。

四、噪声监测

监测网点 1991 年,赤峰市中心城区声环境质量监测共设置区域环境噪声监测点 213 个,交通噪声监测点 72 个,功能区噪声监测点 4 个。声环境监测网络基本每 5 年优化设置 1 次。2014 年,声环境监测网络共设置区域环境噪声监测点 284 个,交通噪声监测点 143 个,功能区噪声监测点 4 个。

监测项目 赤峰市从 1991 年开始进行城市噪声监测。1991—2014 年,监测项目主要有道路声值、居民文教区声值、商业区声值、工业集中区声值等项目。

监测频次 1991—2000 年,功能区噪声监测频次为 2 次 / 年,区域环境噪声、交通噪声监测频次为 1 次 / 年;2000 年起,功能区噪声监测频次调整为 4 次 / 年,区域环境噪声、交通噪声监测频次为 1 次 / 年。

五、生态监测

监测机构 赤峰市 1990 年以前设立赤峰市环境监测站生物监测室,开展生态监测工作。1991 年,市监测站将生物监测室更名为生态监测室。1993 年,生态监测室又更名为生物室。2000 年,将仪器分析室与环境监测室合并为生态监测室,至 2014 年未变。

监测工作 1990 年以前,生态监测主要是每年开展生态遥感监测和进行实地核查,对全市生态环境质量状况进行综合评价,参与各自然保护区的考察工作等。1991 年,增加对土壤、植物的监测,如土壤中的农药残留监测等。1993 年,对全市植被类型进行全面调查。1998年开始,赤峰市环境监测中心站进行全市生态环境现状遥感监测工作,以景观生态学理论为基础,以现代遥感技术和地理信息系统为分析手段,通过对陆地资源卫星图像的解译,结合现状调查验证,编绘出全市各种景观生态类型图,建立全市生态环境现状演示系统和信息查询系统,基本摸清全市生态环境质量状况。2000年以后,主要是对自然保护区进行生态监测与调查,为自然保护区建设提供技术依据,生态环境质量状况被纳入环境质量报告书中。2003年开始,运用遥感、地理信息系统、全球定位系统融合技术,对阿鲁科尔沁旗自然保护区进行生态解释,编制规划图件。2003—2014年,利用环境监测站全球定位系统开展生态监测,进行环境状况、环境影响评价,向社会提供服务。

第三章　污染治理

第一节　水污染治理

一、工业及医疗单位废水污染治理

工业废水污染治理　赤峰市从20世纪80年代开始对污染严重工业企业进行废水污染治理。1991年以后,不断扩大治理范围。1996年开始,市环保部门对全市169家超标工业废水污染源进行“一控双达标”(环境污染和生态破坏加剧趋势得到基本控制,城市环境空气、水环境质量分别达到国家规定标准)治理工作。通过对工业污染源达标治理,工业废水污染物排放量明显削减:1997年,全市工业废水污染物排放3.41万吨;到2000年,全市工业废水污染物排放降为2.16万吨,削减1.24万吨,削减率36.4%。

2001—2005年,赤峰燕京啤酒集团公司、赤峰兴发集团公司、赤峰帅威啤酒集团、大板铁路机务段等企业先后实施污水治理工程。全市工业废水污染源企业由2001年的65家减少到2005年的53家,排污口减少13个,其中重点污染源企业由2001年的54家单位63个排污口减少到2005年的34家单位41个排污口。全市工业废水达标排放率为81.61%。2005年,全市工业废水污染物排放4692吨,比2000年减少16908吨,削减率78.28%。

2006—2010年,全市通过大力淘汰落后产能,推动结构减排,关停13家高污染、高耗能企业。加强源头控制,严格执行环境准入和产业政策,坚决管住新增污染物排放量;推进强制性清洁生产审核,通过使用清洁能源、加强过程控制、改进生产工艺,减少污染物排放。2010年,由于国家和自治区对工业的统计口径、化学需氧量排放系数和核算方法进行调整,工业化学需氧量排放量5885吨,比2005年增加1193吨,增长率为25.4%。同年,工业氨氮排放量为65吨,比2005年减少76吨,削减率为54%。

2011—2014年,全市新建污水处理厂3座。其中2座是工业园区污水处理厂,分别是赤峰市德润排水有限责任公司红庙子分公司，污水处理规模 2.5 万吨 / 日，赤峰市资源型城市经济转型开发试验区污水处理厂，污水处理规模 5 万吨 / 日；1 座是城镇生活污水处理厂，为元宝山镇污水处理厂，污水处理规模 3 万吨 / 日。全市建成 14 座污水处理厂，污水处理规模由 44.5 万吨 / 日提高到 55 万吨 / 日。先后对 9 家污水处理厂实施提标改造工程，出水水质由原来的《城镇污水处理厂污染物排放标准》二级标准提高至一级 A 标准。新建管网 310 公里，污水收集管网长度由 2010 年的 790 公里增加到 1100 公里，实际日处理水量由 25.75 万吨提高到 35.91 万吨，污水处理厂平均运转负荷由 57.9%提高到 65.3%。新建城镇污水处理厂中水回用工程 8 个，中水处理规模达到 24 万吨 / 日。

2011—2014 年，实施水污染物重点减排工程 58 个，其中淘汰落后产能项目 25 个，关停巴林左旗三洋食品有限责任公司、巴林左旗辽都酒业酿制有限责任公司等企业。累计削减化学需氧量 13650.2 吨、氨氮 1481.46 吨。2014 年，燕京啤酒（中京）有限责任公司、内蒙古塞飞亚农业科技发展股份有限公司、赤峰万利丰鹅业有限公司、林西冷山糖业有限责任公司进行工业污水治理，每年可处理废水 99.28 万吨。

医疗单位废水污染治理　赤峰市从 1985 年开始对重点医院进行医疗废水污染治理工作，用液氯、次氯酸治理医疗废水，使大肠杆菌及其他有害物质大幅下降。1991 年以后，对医疗废水污染治理工作不断加强，逐步扩大到各旗县区级医院。1991—2014 年，赤峰市各大医院通过建立污水处理站，采用“生化加二氧化氯消毒”等先进处理工艺，使外排污染物浓度及排放量比以前大幅降低。

二、城乡饮用水源保护

河道、水域环境治理　1991 年以后，全市不断加强城区河道、水域环境治理，河道防洪、绿化、生态环境不断改善，河道、湖泊、水库水质污染状况得到有效遏制。2003 年以后，赤峰市在开展新城区建设的同时，开展中心城区河道高标准规划建设，不断加强对城区周边的锡伯河、阴河和英金河的治理。2014 年，建成锡伯河、半支箭河、阴河和英金河景观河道。不断加强对河流、水库、湖泊的水环境管理和整治，禁止在河道中挖沙、取土以及乱搭、乱建、乱堆、乱放、乱排垃圾和废水，保障河流通畅，减少河道、水域污染。各级水利、环保管理机构不断加强治理工作力度，河道、水域生态环境不断改善，水质不断提高。

水源地保护　1991 年以后，赤峰市不断加强水源地保护工作，禁止在水源地开办养殖场和工业企业，进行违章建筑和乱堆乱放，保障水源地的环境安全。2009 年，市政府办公厅提出要加强城市饮用水水源保护区和备用水源地的建设与管理。2010 年开始，市环保局开展水源地保护区划分工作。到 2013 年，中心城区划定 4 个城市水源地保护区，旗县区划定 16 个城关镇水源地保护区、86 个乡镇水源地保护区、114 个嘎查村水源地保护区，水源地保护区总面积 789 平方公里，其中一级保护区 23 平方公里，二级保护区 766 平方公里，准保护区 5.4 平方公里。

2012 年开始，赤峰市环保部门每年都对中心城区水源地污染隐患进行地毯式排查，开展污染源整治。2013 年 6 月，市政府办公厅印发《中心城区饮用水水源地整治工作实施方案》，进一步加强中心城区水源地环境整治工作。2013—2014 年，市环境保护局清除违章建筑 1.84 万平方米，查封 2 家污染严重工业企业，对 15 家违法排污企业进行行政处罚，对 3 家企业予以停产整顿。

三、污水处理厂建设

赤峰市从 1995 年开始实施中心城区污水处理厂项目建设，2000 年建成投入使用，日处理污水能力 5 万吨。2001—2005 年，全市投资 4.14 亿元，完成市中心城区污水处理厂扩建项目和元宝山城区污水处理项目，日处理能力分别达到 10 万吨和 5 万吨。其他 9 个旗县城关镇污水处理项目全面启动。2005—2008 年，全市共投入 7.2 亿元，建成 10 座旗县区城镇污水处理厂，投入运行，日处理污水能力 33.5 万吨。2009 年，投入 1.53 亿元，实施赤峰市中心城区污水处理厂日处理污水能力 6 万吨的三期扩建工程。2009—2010 年，投入 3.12 亿元，开工建设 2 个工业园区污水处理厂、1 个乡镇污水处理厂工程，2011 年建成投入运行。

2011—2014 年，全市投资 14.4 亿元，实施 10 个污水处理厂提标改造工程，将排放标准从原来的城镇污水处理厂污染物排放二级标准提高到一级标准，2014 年底基本建成；推动污水处理厂再生水工程建设，完成赤峰市德润排水有限责任公司二期再生水工程，日生产再生水能力 15 万吨；完成宁城县天义城区污水处理厂、敖汉旗新惠城区污水处理厂、阿鲁科尔沁旗天山镇污水处理厂、巴林左旗清源污水处理厂、巴林右旗大板镇污水处理厂再生水工程建设，全市再生水生产能力达到 24 万吨 / 日。

第二节　大气污染治理

1991 年以后，赤峰市不断加大废气治理工作力度。1996 年以后，随着“一控双达标”等环保重大举措的顺利实施，工业污染源的污染物排放量得到大幅度削减。到 2000 年末，全市 708 家工业污染源企业中，有 552 家企业治理达标，156 家企业依法关停。在 8 家省级重点污染源企业中，治理达标企业 6 家，依法停产、关闭企业 2 家。在 26 家市级重点污染源企业中，有 20 家企业治理达标，6 家企业依法停产、关闭。

2001—2005 年，全市取缔、关停、并转污染严重企业 86 家，完成限期治理项目 698 个，淘汰一批技术落后、浪费资源、污染环境和不符合安全生产条件的小钢铁、小水泥、小冶炼等高耗能、高污染企业，有效削减了污染物的排放总量。城区最大的大气污染源企业远航水泥厂整体搬迁，拆除 3 座机立窑；元宝山发电厂、赤峰热电厂、富龙热电厂等一批重点污染源进行脱硫、除尘改造，引进褐煤煤气发生炉取代 1 吨以下锅炉。“十五”期间，大气污染改造、治理资金共投入 3.94 亿元，烟尘、工业粉尘、工业废水和工业固体废物等 4 项主要污染物的排放量比“九五”期末下降 8.3% ~ 48.6%。各旗县区对城镇原煤散烧大灶进行全面治理。市区内的餐饮大灶全部使用柴油或石油液化气并安装油烟净化装置，洗浴炉全部改用型煤或电能源。到 2005 年底，中心城区取缔燃煤大灶 1415 眼、洗浴锅炉 120 台。

2006—2010 年，开展减排专项工作，全市环境保护累计投资达 19.17 亿元，用于污染集中控制与点源治理。取缔、关停、并转污染严重的企业 13 家，继续淘汰技术落后、浪费资源、污染环境的小钢铁、小水泥、小冶炼等高耗能的污染企业，大幅度降低二氧化硫的排放量。加强工程减排，全市投资 2.48 亿元用于二氧化硫减排工程，建成元宝山发电有限责任公司 1、2、3 号机组等 11 台和总装机容量 157 万千瓦的发电机组脱硫设施，实现全市所有发电机组全部安装脱硫设施，稳定运行。积极开展结构减排，全市共关停赤峰双龙水泥有限公司等 13 家高污染、高耗能企业，淘汰落后水泥产能 28 万吨 / 年、合成氨产能 9221 吨 / 年、碳酸氢铵产能 23774 吨 / 年，有效削减废气污染物的排放。加强建设项目减排管理，对 119 个建设项目推行强制性清洁生产审核工作。"十一五"期间，对内蒙古双赢化工有限公司等 18 家"双超双有"("双超"指产生和排放超过国家污染物排放标准或者污染物排放总量超过国家或地方人民政府核定的控制指标；"双有"指使用有毒、有害原料进行生产或者在生产中排放有毒、有害物质)排污单位进行清洁生产审核，取得实效。加强生活污染源治理，"十一五"期间，全市完成 87 家 1 吨及以下原煤散烧锅炉的改造，取缔 545 家原煤散烧炉灶，拆除 1302 家反弹原煤散烧炉灶，对 325 家反弹原煤散烧浴池经营户进行处罚。到 2010 年，全市 3508 家餐饮业有 3038 家改用清洁燃料。

2011—2014 年，在电力、钢铁、水泥等重点行业实施污染治理。全市各电力企业累计投入 14.5 亿元对脱硫脱硝及除尘设施进行改造。至 2014 年底，全市累计完成脱硫技改工程 338 万千瓦，占全市火电装机容量的 83.7%，完成脱硝工程 395.9 万千瓦，占总装机容量的 98%。实施水泥行业脱硝工程，从 2013 年开始，全市累计投入 2500 万元，完成 5 条日产 2000 吨以上水泥熟料生产线的脱硝设施建设。赤峰远联钢铁有限责任公司投入 5400 万元，完成 3 台烧结机脱硫工程建设，总面积 372 平方米。加强淘汰落后产能及进行集中供热替代燃煤锅炉工作，关停元宝山发电有限责任公司 30 万千瓦机组，关停赤峰华源毛业有限公司 400 万米精粗纺间歇式染色设备，关停赤峰九天建材化工(集团)有限责任公司 3 台共 7000 千伏安矿热炉，淘汰落后铅冶炼生产线 2 条，关停水泥立窑生产线 8 条。通过建设集中供热替代燃煤锅炉 320 台，加强冶炼烟气提标改造工程建设，赤峰云铜有色金属有限公司、内蒙古兴安银铅冶炼有限公司通过技术改造，提高冶炼烟气污染物排放标准。

第三节　噪声污染治理

1991 年以后，赤峰市不断加强城市噪声污染防治管理工作。1992 年，市政府印发

《赤峰市环境噪声污染管理办法》,规定在昭乌达路、哈达街等主要街道禁鸣喇叭,不同类型的车辆限路限速行驶。在城市规划中,充分考虑建设项目和区域开发、建设中所产生的噪声对周围生产、生活环境的影响,科学统筹地进行城乡建设规划,明确土地使用功能分区,合理安排城市功能区和建设布局,最大限度地防止和减轻噪声对环境的污染。在道路规划建设中,从减少交通噪声的角度,新建道路要求高标准、高规格,同时设置绿化带,划定大型货车、载货汽车禁行道路,减少对道路两侧居民噪声干扰。新建、改建、扩建项目,环境噪声污染防治设施应当与主体工程同时设计、同时施工、同时投产使用,不得擅自拆除或者闲置。

1996年10月,《中华人民共和国环境噪声污染防治法》实施后,赤峰市进一步加强噪声污染治理力度,对工业噪声进行定期监测、严格管理。2005年以后,逐步将工业企业迁驻工业园区,城市工业噪声污染显著减少。不断加强交通噪声污染治理。2010年以后,认真落实环保部《地面交通噪声污染防治技术》要求,加强道路建设,改善路况;在敏感区域设禁鸣区和限速区,修建降噪绿化林带;加强机动车管理,合理分配各交通干道的车流量;控制机动车辆噪声指标,对噪声超标的旧车,要求其安装降噪装置,必要时淘汰、更新噪声超标旧车。加强建筑业噪声污染治理。严格建设项目审批,严格执行建筑施工申报制度;建筑单位开工前要修建隔声墙,采用低噪声新技术和低噪声施工机械,采用吸声、隔声、隔振降噪技术;敏感区域敏感时间禁止建筑施工。2010—2014年,赤峰市各有关部门不断加大监管力度,畅通群众监督渠道。在市区设立环保“12369”、公安“110”、城市管理“12319”24小时举报热线和微信网络举报平台等,及时受理群众来信来访和举报投诉,第一时间调查处理噪声污染案件,各类噪声污染得到有效治理。

第四节　固体废弃物处置

1991年以后,随着经济建设的发展,全市固体废弃物不断增加,赤峰市不断加大固体废弃物管理处置,减轻废弃物对环境的污染,主要采取填埋、堆肥、制砖及综合利用等方法。中心城区按照生活垃圾、建筑垃圾和工业垃圾分门别类处置,建有2处生活垃圾填埋场、1处粪便综合处理厂和1处工业垃圾填埋场。元宝山发电厂和赤峰热电厂有专门储灰场并进行封闭、覆土和绿化。1991—1995年,全市累计处置生活垃圾200.16万吨、建筑垃圾40万吨、粪便248万吨、工业垃圾1216.73万吨。综合利用固体废弃物1044.18万吨,占总产生量的47.65%。其中粪便、垃圾利用370.18万吨,工业固体废物煤矸石、炉渣、粉煤灰利用分别为277.92万吨、108.82万吨、31.56万吨。

1996—2000年,全市共利用固体废弃物2466.31万吨,其中粪便、垃圾利用1478.08万吨;工业固体废弃物中煤矸石、炉渣、粉煤灰利用量分别为273.01万吨、134.47万吨和182.81万吨。累计处置生活垃圾247.55万吨、粪便133.03万吨。

2001—2005年,全市共回收利用工业固体废弃物669万吨,利用率逐年递增,利用量较大的为粉煤灰、煤矸石、炉渣，分别为 194.13 万吨、191.86 万吨、147.66 万吨，利用率最高的是冶炼废渣，利用率为 86.3%，其他依次为煤矸石和炉渣。全市固体废物排放量最大的是尾矿，产生量为 702.96 万吨，回收利用 34.81 万吨，利用率仅为 5%。生活垃圾和粪便的无害化处理率亦逐年提高，全市生活垃圾无害化率从 2001 年的 15.19%提高到 2005 年的 45.98%，粪便无害化处理率从 2001 年的 7.07%提高到 2005 年的 43.55%。城区内生活垃圾无害化处理率为 73.77%，粪便无害化处理率达到 100%。全市建有 4 个生活垃圾处理场，生活垃圾均运至各垃圾处理场进行卫生填埋。9 个旗县城镇均建起生活垃圾简易填埋场。此后，将危险废物的处置提上日程。2014 年，红山区城郊乡曲家沟医疗废物集中处置焚烧场开工建设。

2006—2010 年，赤峰市认真贯彻《中华人民共和国固体废物污染环境防治法》，强化监督管理，推进综合利用，生活垃圾无害化处理率逐步提高。2006 年，红山区城郊乡曲家沟村绿源垃圾处理场附近的医疗废物集中处置焚烧场建成，处理能力达 2400 吨 / 年，全市医疗废物安全处理处置率达到 100%。2010 年 4 月，市环保局成立赤峰市固体废物产业促进发展中心，加强固体废物利用工作。“十一五”期间，全市工业固体废物综合利用量达 2177.57 万吨，综合利用率为 38.96%，尾矿综合利用率为 18.1%。部分镇村建设生活垃圾收集清运设施，一些农村的生活垃圾污染问题得到治理。加大对危险废物处置的监督管理力度，严格实行危险废物申报登记制度、转移联单管理制度及危险废物经营许可证制度，认真落实危险废物污染防治措施。5 年间，全市危险废物产生量 34.51 万吨，危险废物基本得到综合利用或处置。其中综合利用量 1.03 万吨，占危险废物总量的 2.98%；处置量 14.95 万吨，占总量的 43.32%；贮存 18.53 万吨，占总量的 53.69%。

2011—2014 年，赤峰市进一步加强监督管理，推进综合利用，固体废弃物无害化处理率进一步提高。全市工业固体废物综合利用量 1872.16 万吨，综合利用率 23.44%，尾矿综合利用率 3%。市环保部门在各生产企业陆续完善危险废物转移联单制度。2013 年，全市有 14 家经环境保护行政主管部门审批颁发危险废物经营许可证的企业，全市有危险废物再利用项目 7 个。到 2014 年，有色金属冶炼行业每年产生含重金属成分的冶炼废渣 11.7 万吨，其中有 6 万吨被再利用，用于进一步提取合金产品，其他废物暂存。

第五节　重金属污染治理

1991—2000 年，赤峰市不断加强重金属污染防治工作，取得一定成果。2001 年以后，进一步加强矿山开采企业重金属排放污染治理，对尾矿库场进行截渗，对尾矿砂由湿排改为干排，尾矿废水全部利用；尾矿库干滩抑尘方式由人工洒水改为自控喷水抑尘或多管放矿，降低扬尘污染；更新矿山老化的除尘设备，提高粉尘收集率；对重点矿山污染源安装监控系统，实施全天候 24 小时监控，治理成效不断提高。2010 年以后，市环保部门多措并举，采取干排、坝下截渗措施对矿山企业尾矿废水进行治理，实现废水零排放;对矿山企业破碎、筛分工段除尘设备进行升级改造,提高除尘效率,减少污染物排放;采取多管放矿及喷水抑尘措施,治理尾矿库干滩扬尘;对尾矿砂进行循环利用,回收其中有价金属,降低环境风险;开展强制性清洁生产,实现生产全过程减污增效。到 2014 年,总投资近 4 亿元,完成 14 个污染源综合治理项目、2 个技术示范项目,淘汰落后生产线 5 条,3 个污染源综合治理项目在建。实施 40 家次重点防控矿山企业强制性清洁生产审核。赤峰市饮用水水源地重金属污染物达标率 100%,流域断面重金属污染物达标率 100%,重点区域水和大气环境质量达标率 100%。

第六节　放射源监管

1991 年以后,赤峰市环保部门不断加强放射源污染源管理。2008 年,市环保局成立赤峰市核与辐射环境监测站,有工作人员 2 人,对核与辐射环境进行监测管理。2010 年,市环保局购置现场监测设备十多台(套),自治区环保局为市环保局配送现场监测车 1 台,电离、电磁现场管理监测能力显著增强。2013 年 8 月,市核与辐射环境监测站升格为局属副处级事业单位。对辖区内环境和污染源的放射性、电磁辐射进行监测,对工业生产和科研、医疗单位在使用放射性同位素与射线装置工作中产生的放射性进行监测, 以及使用工作中产生的放射性废渣、放射性废弃物及退役放射源进行监测。到 2014 年,该站有工作人员 14 人。2014 年,市环保局全面开展城区辐射环境质量监测工作,科学设置监测网点,定期监测,监测人员严格按照监测规范进行作业,出具科学、准确监测报告。当年,市核与辐射环境监测站共完成委托监测项目 51 项,其中电离项目 20 项、电磁项目 31 项。

第四章　环境管理

第一节　管理机构

一、市级管理机构

1990 年,赤峰市城乡建设环境保护局下设环境保护办公室。1991 年 12 月,赤峰市环境保护办公室更名为赤峰市环境保护处,内设综合计划科、开发监督科、宣传教育科、污染源管理科、办公室 5 个职能部门,有工作人员 90 人;下设赤峰市环境监测站、赤峰市环境科学研究所、赤峰市环境监理站 3 个二级单位。1993 年 11 月,更名为赤峰市环境保护办公室,由赤峰市建委代管。1996 年 3 月,撤销赤峰市环境保护办公室,成立赤峰市环境保护局,为市政府直属部门。市环保局内设办公室、综合计划科、法规科技科、监督管理科、自然保护科 5 个职能部门,机关行政编制 20 人。2010 年 9 月,内设机构调整为8个，分别为办公室、规划财务科、法规科技科、污染物排放总量控制科、污染控制科、环境影响评价科、监督管理科和自然保护科。2014年，赤峰市环保局机关共有工作人员61人，其中在编人员54人；下设赤峰市环境监测中心站、赤峰市环境监察支队、赤峰市环境科学研究院、赤峰市核与辐射环境监测站、赤峰市固体废物管理中心、赤峰市环境在线监控中心、赤峰市环境保护宣传教育中心、赤峰市机动车污染物防治中心8个二级单位。

二、旗县区管理机构

1991年，赤峰市各旗县区均设有环境保护办公室，隶属于当地城乡建设环境保护局。1997—1999年，各旗县区相继成立环境保护局，为旗县区政府环境保护行政主管部门。各旗县区均设环境监测站和环境监察大队，是当地环保局的二级单位。2002年，全市12个旗县区环保局都完成机构改革，9个旗县环保局由原来的事业局转变为行政局，红山区、松山区、元宝山区环保局为市环保局直属分局。2007—2010年，除巴林左旗环境监察大队外，其他11个旗县区环境监察大队陆续完成参照公务员法管理，至2014年未变。

第二节　环境监管

一、建设项目监管

1991年以后，市环保部门不断加强各类建设项目环保监察管理。1996—2004年，环境监察部门主要以建筑工地和企业排污收费为主。2005年开始，市环保局加大各类建设项目环境监察管理工作力度，每年都组织各旗县区环保局开展专项执法检查行动，采取监测、监察联动，夜间与节假日突击检查等方式对全市各类企业实施一系列联动执法检查。2005—2014年，全市共查处建筑工地环境违法行为589起，督促136家企业限期完成建设项目环保竣工验收。

二、工业企业监管

1991年以后，赤峰市不断加强工业企业环保管理工作，积极开展工业企业环境监测，不断加大企业在生产中产生的废渣、废水、废气等污染治理力度，努力降低企业生产对环境造成的污染。1996年，国务院颁布《关于加强环境保护若干问题的决定》，明令取缔关停的15种重污染小企业，以及原国家经贸委、国家发改委限期淘汰和关闭的破坏资源、污染环境、产品质量低劣、技术装备落后、不符合安全生产条件企业（简称“十五小”企业）。1999年，中共十五届四中全会就如何推进国有企业战略性改组明确强调：对浪费资源、技术落后、质量低劣、污染严重的小煤矿、小炼油、小水泥、小玻璃、小火电企业（简称“新五小”企业）要坚决实行破产关闭。赤峰市从2000年开始，加强对“十五小”企业、“新五小”企业关停工作，到2014年，依法取缔关停“十五小”“新五小”企业82家。

三、排污费征管

1982 年 2 月,国务院颁布《排污费征收暂行办法》。2003 年,国务院颁布《排污费征收使用管理条例》,国家计委、财政部、国家环保总局、国家经贸委颁布《排污费征收标准管理办法》《排污费资金收缴使用管理办法》,国家环保总局印发《关于排污费征收核定有关工作的通知》,排污收费法规制度不断完善。

赤峰市从 1990 年以前开始排污收费。1991—2007 年,赤峰市环境监察支队对辖区内所有排放废水、废气、废渣和超标噪声依法征收排污费和超标排污费。主要针对市直重点排污企业进行排污申报登记、排污量核定并征收排污费。按照属地征收的原则,各旗县区范围内的排污企业、小型"三产"(餐饮、洗浴、宾馆)等企业由旗县区本级环保部门负责征收,装机容量 30 万千瓦以上的电力企业二氧化硫排污费由自治区级环保部门征收。2008 年以后,赤峰市环境监察支队转变工作重点,把大多数企业排污费征收权限下放至旗县区。到 2014 年,市级主要对元宝山发电有限责任公司、赤峰热电厂、京能(赤峰)能源发展有限公司、富龙热电厂、内蒙古大板发电有限责任公司、内蒙古平庄煤业(集团)有限责任公司、内蒙古大唐国际克什克腾煤制天然气有限责任公司等 13 家企业进行排污申报、排污量核定及排污费征收。

随着环境污染问题的日益凸显,减排力度的加大,国家和内蒙古自治区关于排污费的征收标准逐步提高。2003—2006 年,二氧化硫排污费征收标准每公斤 0.63 元;2008 年 7 月调整为每公斤 0.95 元;2009 年 1 月起,二氧化硫排污费征收标准调整为每公斤 1.26 元。

1990 年,全市排污申报登记企业 116 家,征收排污费 213 万元。此后,随着征收面的扩大、费源企业的逐步增加,2003 年 7 月《排污费征收使用管理条例》及相关配套法规正式实施后,环境监测监察等执法措施不断加强。到 2000 年,全市征收排污费 340.93 万元;2005 年,全市收缴排污费 631.73 万元;2010 年增加到 2311.17 万元。2014 年,全市排污申报登记企业 1600 多家,排污费征收额增加到 3257 万元。

排污收费严格实行"收支两条线、专款专用",坚持环保开票、银行代收、财政统管的原则,排污费作为环境保护专项资金,专款专用,全部纳入财政预算管理。主要用于重点污染源防治、区域性污染综合治理、企业环境污染防治和污染防治技术开发应用等,少量用于环保部门环境管理经费的补助。

四、重点污染源治理

1991 年,赤峰市环境保护办公室下发《赤峰市污染源限期治理管理办法》。1991—1995 年,完成平庄古山矿三井锅炉烟尘、赤峰第一水泥厂粉尘、赤峰面粉厂和赤峰中药厂锅炉烟尘等限期治理项目 38 个。1996—2000 年,完成限期治理项目 147 个。2001—2005 年,完成限期治理项目 698 个,淘汰一批技术落后、浪费资源、污染环境和不符合安全生产条件的小钢铁、小水泥、小冶炼等高耗能、高污染企业,大量削减了老污染源的排污量,空气质量得到控制或改善。2006—2010 年,完成 87 家企业和单位的

1吨及以下原煤散烧锅炉改造，取缔545个原煤散烧炉灶，拆除1302个原煤散烧反弹炉灶，处罚325家原煤散烧反弹浴池业户。至2010年，全市3508家餐饮业中有3038家改用清洁燃料。2011—2014年，淘汰中心城市10蒸吨及以下燃煤锅炉471台，完成重点行业污染治理156个脱硫项目、34个脱硝项目、188个除尘项目，完成电厂超低排放改造3台机组，完成46家重点污染源企业、320个无组织排放源治理，治理堆场125处，取缔白灰窑58座，清理煤矸石堆场123处、储(洗)煤厂127处，完成4座油库、274座加油站、65台油罐车回收，淘汰黄标车5.3万辆。

五、重大污染事故处理

1991年以后，赤峰市环境保护部门不断加强环境污染监察工作，严肃、认真、妥善处理各类污染事故。1991—2014年，全市发生重大环境污染事故12起，均得到及时妥善处理。

赤峰红烨锌冶炼有限责任公司废水污染事故 1996年1月至3月，该企业废水处理系统发生故障，废水未经处理直接外排，部分废水进入城郊林场林地内，导致林场512棵树木死亡，废水所到之处土壤被严重污染，局部生态环境遭到重大破坏。事故发生后，环保部门和林业部门对事故进行调查处理，责令冶炼厂赔偿林场经济损失60万元，罚款30万元，对冶炼厂管理不严予以通报批评。

喀喇沁旗金峰铜业有限责任公司二氧化硫污染事故 1998年6月6日至8日，逢阴雨天气，该企业的脱硫设施未正常运行，粗铜冶炼尾气中二氧化硫严重超标排放，形成酸雨，致周围149.6公顷农作物受到不同程度的污染，铜冶炼厂被迫于6月8日停产。经市环保局及有关部门调查处理，金峰铜业有限责任公司向农民赔偿损失总金额13.2万元。2001年，该企业投入资金620万元治理污染，新上静电除尘器和石灰石湿式脱硫装置。

林西冶炼厂污染事故 2000年2月，林西冶炼厂附近村庄先后出现牲畜发病死亡现象。经环保部门调查，系林西冶炼厂排放污水污染所致。1999年1月至2000年5月，林西冶炼厂周围6个自然村、11.25平方公里的土地和植被遭受不同程度的污染，造成马骡驴猪等620头匹牲畜死亡。林西冶炼厂累计向农民赔偿损失35万元，该企业也因环境问题而倒闭。

松山区三眼井乡文钟村地下水砷污染事故 2001年2月，松山区三眼井乡文钟村村民饮用该村新打水井的水20天后，有10户村民出现浮肿、脱皮现象。经赤峰市环境监测中心站取水化验，此井地下水中的砷超过饮用水标准68倍。经过对周边污染源的调查，金剑铜业有限责任公司是导致此次污染事故的直接责任者。该厂硫酸车间的含酸污水中的砷高达4919.5毫克/升。2001年春节期间，值班工人没有按照要求添加污酸中和剂，导致高浓度含砷废水直接排放，因排污管道年久失修，部分废水渗漏导致文钟村地下水污染。此污染事故经过环保部门的多方协调，金剑公司为村民安装自来水，赔偿村民药费和部分误工补偿费。

赤峰和飞创业生物科技有限公司地下水污染事故　赤峰和飞创业生物科技有限公司主要从事万寿菊种子繁育、菊花颗粒加工、叶黄素提取。2003年9月2日投产，生产期间，发酵工段产生高浓度有机废水约1400吨，未经处理直接排入附近的渗坑。2003年10月中旬，厂区东北方向的居民发现手压井出现异味、混浊及变色，持续数天不退，并有不断加重现象。2003年10月30日及2004年3月11日，喀喇沁旗环境监测站对其周边地下水进行两次监测，监测结果：高锰酸盐指数、氨氮等项目超过国家标准，化学耗氧量最高值达436毫克/升，完全不能饮用。喀喇沁旗环境监测站对赤峰和飞创业生物科技有限公司所排废水进行监测，废水中化学耗氧量高达49700毫克/升，超过国家标准330倍。该旗政府与和飞创业生物科技有限公司共同为地下水污染区域的村民安装自来水，为村中的养鱼专业户赔偿6万元损失，进行污染源的治理工作，使废水达到零排放。

巴林右旗敖尔盖铜矿尾矿库溃坝事故　巴林右旗敖尔盖铜矿始建于1993年10月，该矿没有按照主管部门批准的《环境影响报告书》的要求建设尾矿库，仅在选厂南侧违章临时建设一个处理能力仅够使用2年的尾矿库。2005年6月2日，尾矿库发生决口，约有10000立方米尾矿砂顺着泄洪沟向东涌入敖尔盖河，下泄约12公里，进入幸福之路苏木查干勿苏嘎查的农田里，过水农田约4.67公顷。事故发生后，市环保局和右旗环保局对事故进行及时处理，通过拦截、引流等方式，避免尾矿砂进入下游的草原水库；要求敖尔盖铜矿对在用尾矿库进行加固处理，并限期按照环评报告书的要求修建尾矿库。

喀喇沁旗蒙粤化工有限责任公司苯胺污染地下水事故　喀喇沁旗蒙粤化工有限责任公司成立于2003年8月，生产苯胺类生物染料。该公司没有按照批准的《环境影响报告书》的要求，在没有建成防治污染设施之前，于2003年12月违法投入生产，生产不到一个月，所排放的高浓度苯胺类废水对附近村庄的地下水造成污染。经检测，距离最近的北山根村村民饮用水井的苯胺超过清洁标准325倍，超过地表水三类水体标准880倍（地下水没有此项标准），继续饮用将直接威胁村民的健康并会导致生命危险。市环保局对此事件进行严肃处理，进行长达一年多的跟踪监测。蒙粤化工有限责任公司为北山根村300多户村民安装了自来水，后由于该企业治理污染方面没有取得成功，企业被迫关闭。

赤峰市新城区水源污染事故　2009年7月23日，赤峰市城区及周边降40年不遇的大雨，一次降水量达83.9毫米，导致新城区供电线路发生故障，临潢立交桥北侧新城区排污水泵房停止运行，城市污水外溢到地表，灌入附近九龙供水公司正在供水的9号水源井，造成新城区居民饮用水及供水管网污染。7月26日，新城区8个居民小区陆续有多位居民到医院就诊，主要症状为腹泻、呕吐、头痛、发烧等，新城区报告病例231例。到8月3日，患病人数达4300多人。水污染事件发生后，市委、市政府立即启动突发公共事件应急预案，确定新城区玉龙小区医疗诊所、市医院等8个定点医疗机构对所有因此次水污染致病的患者进行免费诊治，并责成市建委、市环保局、九龙供水公司等多部门对事故展开调查，在各主要媒体上通报事故调查情况。市环境监测中心站对九龙供水公司的水源井进行跟踪取样化验。市消防部门调配消防水车，定时定点向新城区居民小区供应老城区洁净生活用水。同时组织有关部门对新城区供水系统进行全面清洗消毒。8 月 9 日，新城区自来水恢复了正常饮用。

赤峰市制药股份有限公司液氨泄漏事故 2009 年 8 月，赤峰市制药股份有限公司 30 吨液态氨罐装车在卸载液态氨过程中，金属软导管突然发生破裂，液氨泄漏，事故共造成 21 人住院治疗，88 人有刺激性反应。根据调查确定了事故原因：一是液氨罐车自带卸车金属软导管存在质量问题；二是罐体的紧急切断阀失灵，没能及时切断泄漏源；三是液氨罐车存在超核定载重充装现象。由于液氨泄漏时产生大量氨气以及约 200 吨液氨消防冲洗水进入英金河，赤峰市环境监测中心站对制药厂周边大气环境和英金河进行实时监控，水质主要监测 pH 值、氨氮，大气主要监测氨气。采取跟踪监测污染水团、使用盐酸中和等应急措施，及时监控污染物扩散，调配充足的应急处置物质，通过稀释中和，减轻和消除污染，及时通报有关可能被危害的对象，避免造成可能发生的污染。

赤峰盛森硅业科技发展有限公司原料储罐爆裂事故 2010 年 4 月，赤峰盛森硅业科技发展有限公司四氯化硅储罐区的第 29 号储罐超压爆裂，使罐体与罐顶整体分离，造成 2 人死亡、1 人轻伤。由于爆裂储罐内原料汽化，形成白雾（氯化氢），为保证周边村民健康，对 200 户居民近 700 人及时进行疏散。市安监局、消防支队、市环保局等有关部门和企业相关技术人员进行现场勘察研究，采用“水泥中和压筑”的抢险方案进行处理。

巴林左旗林白线硫酸罐车翻车事故 2010 年 10 月，巴林左旗境内林白线白音乌拉苏木南 5 公里处 1 辆装载 26 吨硫酸（浓度为 93%）的大货车侧翻路边，经调查，因道路狭窄躲避对面的车辆，导致车辆侧翻，硫酸由罐体的顶端放气孔渗出，由于事故现场远离村庄，未造成人员伤亡。

国电赤峰化工有限公司综合罐区内粗酚储罐起火事故 2014 年 3 月 18 日 16 时 15 分，国电赤峰化工有限公司综合罐区内粗酚储罐不明原因起火，引发附近石脑油储罐、中油储罐燃烧。赤峰市环境保护局得知相关情况后立即启动应急预案，同时赶赴现场参与应急处置。此次突发环境事件应急处置及时，措施得当，有效防止了二次污染的发生。

第三节 生态文明示范区建设

2000 年，国家环保总局在全国开展创建生态示范区活动。2011 年开始，全市各级党委、政府和环保部门积极开展生态文明示范区创建活动，进一步加强生态治理，大力开展植树种草、绿化美化，生态环境不断改善。2007 年，克什克腾旗经棚镇、喀喇沁旗锦山镇、阿鲁科尔沁旗天山街道办事处被国家环保总局命名为全国优美乡镇。2008 年，敖汉旗、阿鲁科尔沁旗、宁城县被环保部命名为国家级生态示范区，红山区桥北镇六大份村被命名为国家级生态村，红山区红庙子镇聂胡地村被命名为自治区级生态村。2010 年,克什克腾旗被自治区环保厅确定为创建国家级生态旗试点,该旗经过多年创建,于 2014 年 8 月通过环保部技术评估。

第十二卷

综合经济管理

1991年后，随着改革开放的深入和经济社会的发展，市委、市政府对宏观经济管理的举措不断增强。通过综合经济主管部门的不懈努力，全市发展计划、统计、工商行政、质量技术监督、物价、食品药品监督、国土资源、审计和安全生产管理工作均取得显著成效。

发展计划管理方面。先后完成5轮全市经济社会发展中长期综合性计划（规划），即赤峰市国民经济和社会发展"八五"（1991—1995年）至"十二五"（2011—2015年）计划（规划）；同步编制2个长远规划，即《赤峰市国民经济和社会发展十年规划》《赤峰市国民经济和社会发展2010年远景目标纲要》；分3个时期，编制了实施国家西部大开发战略、工业及其重点行业中长期发展、生态及小康社会建设等专项规划。全力争取自治区和国家政策性项目（资金），主动加强与发达地区的经济技术合作，为全市经济建设和社会事业发展争取和引进大量资金（项目）。

统计管理方面。全面完成全市综合统计、专项统计和各项统计调查、普查工作。市统计局及时发布各个年度的《赤峰市国民经济和社会发展统计公报》，编发《赤峰统计月报》等几种相对固定的统计产品，逐年进行11项专项统计。按照上级要求，相继完成全国人口、经济、农业、工业、第三产业和基本单位6项定期普查，同时完成4项抽样调查。到2014年，累计出版发行《赤峰统计年鉴》23册，上报下发《赤峰统计月报》288期，形成大量统计调研、统计分析成果。

工商行政管理方面。全市工商部门不断加强企业登记注册、集贸市场管理、个体私营经济发展和经济合同、商标、广告管理，全力维护消费者权益。在此基础上，积极主动为各类市场主体服务，依法依规加强以农资和消费市场为重点的各类市场违法违规行为的整治，促进全市经济持续健康快速发展。企业登记注册结果显示，1991年，全市共有各类企业1.35万家，到2010年，全市各类市场主体达到14.8万家。全市个体工商户和私营企业分别由1992年的4.63万家、180家，发展到2014年的19.06万家、2.12万家。

质量技术监督管理方面。全市质监部门主动适应社会主义市场经济和赤峰市"质量强市"需要，全面加强计量管理、标准化管理、认证许可、质量管理和特种设备安全监察工作。计量监督检查、商品条形码实施、各种检验检测开展和监督管理、"质量月"活动、标准化生产与建设等方面普遍卓有成效。

物价管理方面。全面实施和加强行政事业性和经营性收费、工业品和农产品以及房地产价格管理，积极开展价格鉴证和投诉工作，严格进行价格收费监督检查，在控制行政事业性收费和清理整顿乱收费上成效显著。从1992年开始，相继取消一大批收费项目，免征和降低收费标准。到2014年，全市行政事业性收费项目减少到81项，其中涉企行政事业性收费项目减少到32项。

食品药品监督管理方面。全市各级政府通过加强组织领导、制度和机制建设、重点工作推进等措施，为食品安全工作提供坚强保障。市和旗县区食药监、工商等部门在各司其职的基础上加强协作，全面开展食品生产经营的监督检查和专项整治，全市食品市场安全平稳。药品监管部门通过加强零售药店审批、"药品零售企业经营许可证"发放、处方药与非处方药分类管理、规范执业药师的执业行为等措施,全力开展药品市场监督管理,重点打击出售假药劣药行为,广大人民群众安全方便购药得到可靠保证。

国土资源管理方面。全面加强土地和矿产资源的调查登记和发证管理,积极开展土地和矿产资源使用制度改革和市场整顿,强化耕地保护、土地整理与复垦、土地规划与测绘、矿产资源管理与保护、土地和矿产资源执法工作,不断提高国土资源管理和开发利用的科学化、集约化、法制化水平。到 2014 年,全市农村牧区集体土地使用权登记发证率超过 70 %;完成废弃地复垦调整利用 2350.62 公顷。到 2008 年,完成全市所有国土面积的 1∶1 万基础测绘和大量水文地质调查、普查和详查工作。到 2014 年,恢复矿山地质环境治理面积 3536.81 公顷,完成并验收地质遗迹保护项目 20 个。

审计管理方面。1991 年,重点开展企业承包经营责任、财政收支预算执行情况和决算、国家金融机构信贷执行情况、国家重点投入的支农资金和固定资产投资项目审计。1995 年,《中华人民共和国审计法》实施后,重点加强行政事业单位财务收支及预算外资金审计。2003 年,开始加强住房公积金发放、医疗机构收费项目、退耕还林资金使用等专项资金审计。2007 年后,按照"全面审计,突出重点"的方针,继续加强下级政府财政预决算审计,重点突出支农、科技、教育、医疗卫生等方面的专项资金审计。1991—2014 年,全市审计部门共审计各类单位(项目)1.84 万个,查出违纪金额 49.7 亿元,上缴财政 4.58 亿元。

安全生产管理方面。1991 年后,全市狠抓安全生产的基层基础建设和责任制落实,全面加强各行业各领域的安全生产监管。2004 年,市县两级设立安全生产监督管理局。2010 年,全市开始落实并不断夯实各级党委政府"一岗双责"的监督责任、企业的主体责任、安全生产主管部门和行业主管部门的监管责任。全市煤矿、非煤矿矿山等重点行业安全生产总体形势不断趋稳向好。各类安全事故死亡人数由 2004 年的 418 人下降到 2014 年的 202 人。2009—2014 年,连续 6 年没有发生重特大安全事故。

第一篇 发展计划管理

第一章 计划编制

赤峰市的国民经济和社会发展计划(规划)有短期计划、中期计划(规划)、长期计划(规划),另外还有专项计划等。各类计划互相衔接、协调一致,构成全市整个国民经济和社会发展完整的计划体系。短期计划主要是年度计划和季度计划,是国民经济和社会发展的具体行动计划。1991年之后,赤峰市国民经济和社会发展年度计划的编制工作,每年由市发改委(市计委)编制成计划草案,先印发给各旗县区和市各委办局,并要求据此安排年度工作。正式计划待市人代会审议通过后,再行下达。

第一节 中长期计划

中期计划主要指五年计划。1991—2014年,赤峰市共编制5个五年计划(从"十一五"开始称规划),还有与之配套的重点专项规划。长期计划是远景设想,指十年或十年以上的计划,主要是提出宏观的经济预测,是关于经济发展、科学技术和社会事业战略部署的一种纲领性文件。赤峰市根据自治区的要求和赤峰所处的战略地位,在1991年编制了《赤峰市国民经济和社会发展十年规划》,1996年编制了《赤峰市国民经济和社会发展2010年远景目标纲要》。

一、"八五"计划

赤峰市国民经济和社会发展第八个五年计划(1991—1995)的编制工作,从1989年8月开始筹划和部署。同年9月,市政府成立编制赤峰市"八五"计划领导小组,协调解决编制工作中的问题。1991年2月,市委常委会会议专题听取了市计委关于"八五"计划修改草案的汇报。同年4月至5月,市计委编制完成《赤峰市国民经济和社会发展十年规划及第八个五年计划的建议》,市委常委会会议讨论了该建议,并由市委二届二次全委(扩大)会议审议通过;市二届人大一次会议审议批准了《赤峰市国民经济和社会发展十年规划及第八个五年计划纲要(草案)》。1992年4月,市计委向市委、市政府提交修改《赤峰市"八五"计划和十年规划奋斗目标》的报告。同年12月,市政府常务会议研究调整建议。1993年1月,市委二届五次全委(扩大)会议审议通过调整建议;同年3月,市二届人大三次会议审议批准了调整修订的赤峰市“八五”计划和十年规划。

二、“九五”计划

赤峰市国民经济和社会发展第九个五年计划(1996—2000)的编制工作,从1995年3月开始。同年4月,市政府成立计划工作协调领导小组。1996年1月,形成《赤峰市国民经济和社会发展“九五”计划和2010年远景目标纲要》讨论稿,并在市委三届二次全委(扩大)会议上原则通过;同年4月,市三届人大一次会议审议通过《赤峰市国民经济和社会发展“九五”计划和2010年远景目标纲要(草案)》。

三、“十五”计划

赤峰市国民经济和社会发展第十个五年计划(2001—2005)的编制工作,从2000年下半年开始启动,历时一年多。先后经历课题研究及编制计划思路、计划建议和计划纲要几个阶段,到年末形成“计划纲要”征求意见稿。2001年4月,将征求意见稿报送市委、市人大常委会、市政府、市政协、市直各部门、各旗县区征求意见。根据各方面的意见,市计委对“计划纲要”作了进一步修改。同年10月,市四届人大一次会议审议通过《赤峰市国民经济和社会发展第十个五年计划纲要(草案)》。

四、“十一五”规划

赤峰市国民经济和社会发展第十一个五年规划(2006—2010)的编制工作,于2004年7月启动。市委、市政府成立由主要领导担任组长、市直有关部门负责人为成员的规划编制工作领导小组。由市发改委牵头成立规划起草小组,确定规划思路,提交领导小组成员会议进行专题讨论。2005年8月,市政协召开常委会会议对讨论稿专题进行集中讨论,提出大量建设性意见和建议。同年9月,市政府召开常务会议对规划思路进行审议。会后,起草小组根据各方面的修改意见和建议,对“规划思路”进行反复修改完善。同年12月,市委四届十一次全委会会议审议通过《关于制定国民经济和社会发展第十一个五年规划的建议》。2006年1月上旬,市政府在北京举行专家评审会,对“规划”进行高层次的论证,共征求到各方面修改意见150多条。同年4月,市四届人大六次会议审议通过《赤峰市国民经济和社会发展第十一个五年规划纲要(草案)》。

五、“十二五”规划

赤峰市国民经济和社会发展第十二个五年规划(2011—2015)的编制工作,于2009年8月全面启动,历时一年多。2010年10月下旬,形成“规划纲要”征求意见稿。同年11月初,报送市委、市人大常委会、市政府、市政协和市直各部门、各旗县区征求意见。2011年1月,市政府分别在呼和浩特和北京召开规划评审会,邀请国家和自治区发改委的专家和在赤峰工作过的领导提出意见;之后,又分别征求市人大常委会和市政协的意见。根据各方面的意见,市发改委对“规划纲要”作了进一步修改。同年2月,市五届人大五次会议审议通过《赤峰市国民经济和社会发展第十二个五年规划纲要(草案)》。

第二节　专项规划

一、“八五”“九五”时期

“八五”“九五”时期，市计委编制《赤峰市市场体系建设规划》《赤峰市国土总体规划》《赤峰市中心经济区域发展规划》《赤峰市实施自治区沿边经济发展战略方案》《赤峰市实施西部大开发战略总体思路》《赤峰市参与辽西经济区联合体发展规划》《西辽河流域综合治理规划》等规划。组织全市有关部门和旗县区编制生态治理规划，会同有关部门编制农村电网改造、以工代赈、水毁工程重建、城市污水治理等一批专项规划。

二、“十五”“十一五”时期

“十五”“十一五”时期，市发改委（市计委）编制《2003—2010 年以工代赈规划》《2003—2010 年生态建设和保护规划》《全面建设小康社会规划纲要》《赤峰市工业中长期发展规划》《赤峰市食品工业规划》《赤峰市黄金工业发展规划》《赤峰市铅锌工业发展规划》《赤峰市 2004—2010 年第三产业发展规划纲要》《赤峰市 2004—2010 年林木种苗发展规划》；修改完善《赤峰市实施西部大开发战略规划纲要》《赤峰市煤炭行业发展规划》；编报《赤峰市农村能源建设规划》《赤峰市异地扶贫搬迁工程规划》《赤峰市农村小城镇发展示范项目规划》。2007 年，编制了《赤峰市 2007 年至 2020 年热电联产发展规划》《赤峰市“十一五”及 2020 年风电发展规划》。2006—2010 年，编制《2007—2015 年现代物流产业发展规划》《赤峰市 200 万千瓦风电场工程规划》《有色金属发展规划》《煤化工发展规划》《医药发展规划》；编制医疗卫生、计划生育、社区服务、广播电视、高新技术、旅游、教育、文化、体育、民政 10 个行业专项规划。

三、2011—2014 年

2011—2014 年，市发改委先后编制赤峰市能源煤化工“双千双百”工程、赤峰地区电力外送、千万头现代生猪产业、两千万吨优质牧草产业、耕地集约化保护与利用、京津风沙源治理二期、生物医药产业链、非公有制经济发展等重点规划；编制赤峰市城乡统筹发展意见和农村牧区“十个全覆盖”实施方案，编制加快推进农牧业主导产业、京蒙对口帮扶合作、循环经济发展等专项规划。

第二章　计划管理

第一节　管理体制改革

从 20 世纪 80 年代后期开始，按照国家和自治区的要求，市计委逐步缩小指令性计划范围，从偏重于控制型计划管理转到侧重协调服务型计划管理，实行指令性计划、指导性计划和市场调节相结合的计划管理体制。1992—1993 年，国家在计划、投资体制方面实施了重大改革。市政府印发《鼓励外商投资优惠办法》和《赤峰市利用外资管理暂行规定》;市计委下发《赤峰市基本建设投资管理暂行规定》《赤峰市计划体制改革方案》,提出“计划引导市场和服务于市场,解决市场难以解决的问题”的指导思想。1996 年,市计委贯彻落实中共十四届五中全会精神,转变观念,发挥计划的总体指导和综合协调作用。

2001 年,市计委按照国家、自治区总体方向和市委、市政府的总体要求,落实和推进计划、投资体制改革,发挥计划工作的宏观调控、指导、协调和约束作用。测算提出五年规划目标、年度计划指标,在原有预期性指标和经济指标的基础上,新增 16 项约束性指标和节能减排、资源节约、生态环境、社会事业、民生保障 5 大类指标;推动实施固定资产投资分析、重点项目定期调度、重大项目专项推进、固定资产投资项目节能评估审查等制度。2006 年 2 月,市发改委转发《内蒙古自治区外商投资项目核准暂行管理办法》。根据“管理办法”,总投资 5000 万美元以下的鼓励类、允许类外商投资项目由市发改委核准。2009 年 2 月至 3 月,市财政局、市发改委联合转发自治区财政厅、自治区发改委两个“通知”,分别公布取消和停止自治区设立的征收 108 项收费项目、取消和停止国家设立的征收 100 项行政事业性收费项目。

2011 年 8 月,根据市委、市政府的要求,市发改委下发《加快转变经济发展方式监督检查实施方案》,确定年度工作计划。2013 年,按照上级发展改革部门和市委、市政府关于“精简行政审批事项、规范审批服务流程”的要求,市发改委下发《赤峰市人民政府核准的投资项目目录(2013 年本)》等 5 个投资管理文件。调整下放投资审批权限,简化审批手续,优化审批流程。对核准的供水、桥梁、道路、供热、供气等投资项目,按建设规模划分下放权限;其他城建项目及社会事业项目,总投资 1 亿元(社会事业 5000 万元)以下项目,由旗县区政府投资主管部门核准;对备案的投资项目,除国务院及有关部委明确规定由自治区政府投资主管部门备案的项目外,1 亿元及以上项目由市政府投资主管部门备案,其余项目由旗县区政府投资主管部门备案。

第二节　经济社会发展计划管理

一、经济社会发展计划

1991—2014 年,市发改委(市计委)加强经济运行监测分析,坚持按月掌握运行情况、按季分析经济形势，及时向市政府汇报全市经济运行形势分析和预测报告。1992 年,市计委按照国务院批转国家计委《关于试编两年滚动计划暂行办法的通知》要求,试编两年滚动计划,对“八五”期间固定资产投资计划进行修订;首次将第三产业作为主要指标,纳入中长期计划。同年,市计委对各旗县区计划工作实行目标化管理,严格执行投资许可证制度,逐步规范和完善投资的风险与责任约束机制。1993 年,市计委重新确定计划管理工作职能，即“研究战略、制定规划、综合平衡、培育市场、重点建设、宏观调控、协调服务”。对年度计划方法进行改革，主要侧重于对宏观经济的分析预测；基本建设的审批程序和手续，由原来的 7 个部门减为 4 个部门；把第三产业增加值指标列入年度计划；编制《九十年代食物结构发展目标》和相关措施；把工业总产值作为一般统计指标，不作为考核评价依据，引导工业企业注重产业结构调整和产品结构优化。

2002—2003 年，按照市委、市政府关于举全市之力推进农牧业产业化经营的决定，市发展计划委员会理清产业化发展思路，确定实施“6421”工程，即大力发展禽兔、牛羊猪、蔬菜食用菌、山羊绒、玉米深加工、优质杂粮杂豆等六大主导产业，加快发展甜菜、牧草、桑蚕、烤烟等四个优势产业，培育壮大草原兴发集团、塞飞亚集团等二十家龙头企业，相应建设十大商品生产基地。编制《农牧业产业化专项推进方案》，市委以正式文件印发。全市通过各种渠道争取国家和自治区资金 2.5 亿元，协调金融机构投放信贷资金 10 亿元，用于农牧业产业化基地和龙头企业建设。2006—2010 年，市发改委围绕市委、市政府提出的发展目标，深入开展规划编制和调查研究工作。五年间，研究制定有色金属、煤化工、热电联产、风电、物流、铁路建设、粮食增产工程、校舍安全工程等 50 多个重点行业和项目规划；每年在工业、农牧业、服务业、基础设施、社会事业等领域都形成一批有分量的调研报告；每年年初科学编制国民经济和社会发展年度计划，年中、年末综合分析国民经济和社会发展计划执行情况，按季度分析经济运行情况，做好经济监测预警工作，及时向市委、市政府汇报。

2011—2014 年，市发改委加强对涉及赤峰市长远发展重大战略问题的研究，先后向市委、市政府上报赤峰市融入“环渤海经济圈”、融入“京津冀一体化”、建设“锡赤经济合作示范区”、打造“锡赤通朝锦万亿元产业发展带”以及共建“中蒙国际海陆经济合作示范区”等发展思路和工作建议。

二、投融资与招商引资

2001—2005 年，市发改委（市计委）以项目为支撑，抓住国家继续扩大内需和实施西部大开发的战略机遇，进一步加强与国家和自治区发改部门的沟通与联系，并与国际间非政府组织在可持续发展等方面开展合作，争取发展建设资金。同时通过专题招商、以商招商、项目招商等多种形式招商引资。五年共争取国债资金、中央和自治区预算内资金及配套银行贷款 56.12 亿元，全市共引进国内区外资金 248.93 亿元。2006—2010 年，市发改委围绕上级投资方向和重点，加强项目谋划、论证，积极争取上级对赤峰市的资金支持；加强与金融部门的沟通对接，通过召开银企、银地座谈会、联席会等方式，向金融机构推介重点企业和重点项目，推动融资工作。五年共争取国家及自治区各类建设资金 77.12 亿元，比“十五”期间增长 37.42%，其中农牧林水 39.45 亿元，交通、能源 12.46 亿元，工业 3.53 亿元。五年实施招商引资项目 1600 多个，引进资金 1400 多亿元。截至 2010 年末，赤峰市列入国家国外政府贷款规划项目

6个,前期工作项目4个,利用国外政府贷款金额约合人民币10亿元。

2011—2014年,市发改委利用国家西部大开发、振兴东北老工业基地、扩大内需和支持内蒙古又好又快发展、北京市重点帮扶赤峰等机遇,积极与国家、自治区和北京市有关部门保持密切联系,及时准确地把握国家产业政策和投资方向,加强项目谋划储备和论证报批,争取上级对赤峰市的资金项目支持。四年累计从上级发改系统争取各类建设资金107.12亿元,比"十一五"期间增长38.89%。全市列入国家国外政府贷款规划项目4个,贷款金额8650万美元。协调国家发改委核准红山区保障性住房融资申请,项目融资额6亿元人民币;赤峰市城投公司8亿元城投债券、元宝山区国有资产经营公司10亿元企业债券先后获得国家发改委批准,并顺利发行。分别在北京、天津、沈阳、大连、唐山、上海、深圳、香港等地举办赤峰大型引资合作与重点项目推介会;有效承接发达地区产业转移,一批区内外知名的大企业、大集团相继落户赤峰,沃尔玛、义乌小商品城、星美国际影院等分别入驻赤峰;同时参加市和自治区以外的大型招商引资和区域合作活动。深入推进北京对口帮扶合作,围绕设施农牧业、农贸市场、通村公路、社会事业等领域,积极争取对口帮扶资金;就赤峰融入首都经济圈问题与北京市进行专题对接。四年全市引进国内区外资金3307.5亿元。

2011—2014年赤峰市发改委争取国家及自治区资金情况一览表

表12-1-1　　　　单位:亿元

项目＼年份	合计	2011	2012	2013	2014
争取资金总额	107.12	20.64	26.73	26.42	33.33
农、林、牧、渔业	48.37	10.75	13.80	10.41	13.41
工业	7.34	0.40	2.25	3.61	1.08
服务业及商贸流通业	2.90	0.29	0.43	1.02	1.16
基础设施	20.88	2.48	5.19	2.99	10.22
政权建设	5.04	1.18	1.41	1.89	0.56
社会事业	10.21	2.42	1.59	3.21	2.99
民生工程	11.63	2.42	2.06	3.24	3.91
西部大开发及京蒙对口帮扶	0.75	0.70	—	0.05	—

第三节 固定资产投资管理

一、项目前期工作与项目库建设

1991—2000 年，市计委坚持谋划长远，结合实际，策划储备重大项目，并把项目前期工作目标分解落实到有关地区和部门。在项目库建设上，坚持动态管理，对项目不定期更新。到 2000 年，全市项目库储备项目达到 334 个。在项目报批上，每年上级批准建设项目均达到 40 个以上，主要包括锦茅一级公路、111 国道二级公路、松山区等 4 个旗县区的商品粮和糖料基地、右旗白绒山羊和翁旗水稻种子基地等重大项目。市计委协同相关部门和地区，积极向国家、自治区汇报争取，在此期间筹集资金近 16 亿元。

2001—2005 年，市发改委认真研究全市重点产业发展方向，特别是对国家有关钢铁、能源、化工等领域的产业政策、重大项目的核准要求，为全市相关项目提供有效指导。相继提出以农牧业产业化带动食品加工业，北部旗县重点发展煤化工、南部旗县重点发展有色金属深加工，发展非资源及非金属产业等产业布局思路；围绕赤大白铁路、巴新铁路沿线，利用周边地区的煤炭资源和全市水利资源、交通运输条件和区位优势，发展赤峰煤化工产业的思路。2002 年，提出前期项目 16 个，赤朝高速公路、民航机场搬迁及扩建工程、三座店水库等重大项目前期工作进展顺利。2004 年，下发《赤峰市发改委系统项目库管理办法》。2005 年，继续推动重点项目的核准、审批工作，全年获得国家、自治区发改委核准批复的项目共 86 个，其中国家核准 2 个。大板电厂、阿鲁科尔沁旗绍根煤田、赤峰军民合用机场、赤朝高速公路、克什克腾旗煤电化等项目前期工作取得阶段性进展。五年间，市发改委录入市级项目库的各类项目共 419 个，总投资 1692 亿元，其中工业类项目投资 915 亿元，超亿元的项目有 250 个，超 10 亿元的项目有 38 个。2006—2010 年，赤峰市获得国家和自治区批复、核准、备案的项目共 619 个，其中重点项目有煤矸石电厂热电联产工程、赛罕坝和东山风电场、赤峰中心城区集中供热等 38 个。市发改委共审批、核准、备案项目 1031 个。截至 2010 年末，市发改委项目库共储备项目 4740 个，预计总投资 1.15 万亿元。

2011—2013 年，市发改委研究提出市级重大储备项目 26 个，预计总投资 2097 亿元；筛选确定市级专项推进重大项目 27 个，总投资 1252 亿元。2014 年，围绕有色金属、清洁能源、现代煤化工、农畜产品加工、文化旅游“五大基地”和现代服务业、劳动密集型产业、高新技术产业“三个薄弱领域”，提出市级重大前期项目 55 个，预计总投资 3675 亿元；研究提出 2015—2018 年重大储备项目 86 个，预计总投资 3773 亿元；谋划提出“十三五”重大工业项目 86 个，预计总投资 2000 亿元。2011—2014 年，获得国家和自治区批复、核准、备案的项目 1882 个，总投资 2336.3 亿元。重点项目有克什克腾旗骆驼台子 30 万千瓦风电项目、赤峰国际陆港、丹锡高速公路经棚至锡林浩特段等 17 个。

二、重点项目建设

1991—2000年,市计委每年确定一批重点建设项目,实行专项推进,落实相关部门和地区责任,实施责任制管理。加强协调和督促检查,每年推动一批项目开工建设、一批项目竣工投产。推进的重大项目主要有:赤峰冶炼厂、黄岗铁矿一期、赤峰热电气三联产工程、红山区给水扩建工程、赤峰果菜粮批发市场、赤峰彩电中心、白音诺尔铅锌矿二期扩建等。

2001—2005年,市发改委采取措施,及时帮助协调解决项目建设中存在的问题,不断推动重点项目建设。2006—2010年,每年年初筛选确定投资规模3000万元以上的项目,采取定期通报、实地督促检查、动态管理等措施强力推进。五年间,全市实施重点项目1649个,总投资额5474亿元,累计完成投资1640亿元,其中开工建设投资5亿元以上重大项目84个,有30个竣工投产或投入使用。工业实施投资5亿元以上的大项目57个,包括大唐国际40亿立方米煤制天然气、国电集团30万吨合成氨和52万吨尿素、九联焦炭、远联钢铁、金峰铜业、中色库博红烨、敖仑花铜钼矿、兴安银铅冶炼、富邦铜业、元宝山电厂4号机组、赤峰热电四期、大板电厂一期2×60万千瓦、远航水泥、燕京啤酒扩建等;交通实施投资5亿元以上的大项目10个,即赤大、赤通、赤朝、赤承4条高速公路和林西县省际通道至林西镇一级公路及赤大白、巴新、林白、白浩4条铁路与赤峰玉龙机场;城建实施投资1亿元以上的大项目38个,包括中心城区河道治理、中心城区污水处理厂扩建、新城区集中供热、红山区桥北棚户区道路改造、松山区北城棚户区改造等;农牧业实施投资1亿元以上的大项目39个,包括京津风沙源治理工程、退耕还林工程、三座店水利枢纽、德日苏宝冷水库、克什克腾旗大石门子水电站、饮水安全工程、肉牛产业化、肉羊产业化、奶牛产业化等;商贸流通实施投资1亿元以上的大项目30个,包括红山物流园区、松山物流园区、喀喇沁旗和美工贸园区、红山区天丰蔬菜批发市场、赤峰蒙东农机市场、国际会展中心、金钰大都会、众联广场商城等;社会事业实施投资5000万元以上的大项目29个,包括校舍安全工程、文博大厦、巴林石文化创意产业园、赤峰市医院病房楼、喀喇沁旗美林谷滑雪场、敖汉旗热水温泉开发等。

2011—2014年,全市重点项目动、开工2790个,完成投资3293.8亿元。其中5亿元至10亿元项目199个,完成投资410.4亿元;10亿元以上项目211个,完成投资1399.7亿元。建成完工的重大项目有中色锌冶炼四期、远联钢铁三期、省道205线赤峰北大桥危桥改造、赤朝高速公路、蒙东云计算产业孵化园、万达城市综合体等34个。

三、重点项目监督管理

2002年,市计委下发《赤峰市国债项目及资金管理办法》,对1998—2001年国债项目的投资、资金来源、建设内容等逐一进行登记和审核。2003—2005年,对以工代赈项目、京津风沙源治理工程、种苗工程、人畜饮水工程、防氟改水工程、生态移民和异地移民等农牧业建设项目以及国债项目、公检法项目、农电网工程等,进行自查、稽查和专项检查。对检查中发现的问题,向项目单位提出整改意见。

2006—2010 年,市发改委配合国家、自治区及有关方面,对重点项目实施稽查、抽查,纠正和处理违规项目 23 个,下发整改通知项目 106 个。组织市直部门和旗县区,通过了自治区清理高耗能、高污染行业专项大检查;会同市直有关部门,配合自治区纪委、发改委、财政厅、国土厅、建设厅、审计厅等,对党政办公楼建设进行全面检查;按自治区要求,对国家投资的城建、公检法项目及新开工超亿元固定资产投资项目进行自查;对京津风沙源治理工程、易地扶贫搬迁、以工代赈、污水处理、粮食烘干塔、库区移民等项目进行验收。对固定资产投资完成情况,按季度进行分析;会同有关部门从产业政策、土地使用、环境评估等方面对重点项目进行细致核查,提出相应整改措施并监督执行,保证项目规范运作。

2011—2014 年,市发改委全面开展重大项目社会稳定风险评估,建立规范化项目评审机制;着手开展招标事项核准工作,加强工程项目招标管理,规范项目建设程序。按年度下达项目投资计划和建设任务,组织编制项目建设方案或实施方案。严格执行国家、自治区有关规定,重点对国债和预算内资金项目实施监督稽查。组织有关部门对风沙源治理、农田水利、环境资源、京蒙对口帮扶、棚户区改造、城镇基础设施建设等项目实施检查和稽查,对旗县区粮食增产、农村牧区饮水安全、小流域综合治理、巩固退耕还林成果、以工代赈示范、城区再生水利用、战略性新兴产业等项目进行评估和验收。按照自治区要求,认真检查和清理政府性楼堂馆所项目,对违规工程进行整改。认真做好库区移民身份审核、直补资金发放、政策咨询、信息系统更新、项目建设管理等工作,全面开展大中型水库移民后期扶持政策落实监测评估。

第三章 管理机构

第一节 市级管理机构

1991 年,市计划委员会内设机构共 10 个科室,分别是人秘科、工业科、财贸科、交通能源科、固定资产投资科、前期项目科、社会发展科、矿产资源开发委员会办公室、农牧科和综合科。1997 年 2 月, 市编委明确市经济信息中心是隶属于市计委的事业单位。2002 年 4 月,按照机构改革要求,市物价局划归市计委。市计委更名为市发展计划委员会,内设 15 个职能科室和赤峰市实施西部大开发战略领导小组办公室,承担赤峰市农牧业产业化领导小组办公室工作。15 个科室分别是办公室、国民经济综合科、固定资产投资科、农村牧区经济科、工业经济科、基础产业科、财贸外经科、地区经济科、社会科技科、价格管理科、收费管理科、稽查办公室、产业化规划信息科、产业化基地建设科、产业化龙头企业科。2004 年 4 月,市发展计划委员会更名为市发展和改革委员会，划出、划入各一项职能，内设科室仍为15个和市实施西部大开发战略领导小组办公室。撤销产业化规划信息科、产业化基地建设科、产业化龙头企业科，新设经济体制改革科、产业规划科(兼重点项目办)和经济技术协作科。2006年9月，调整内设机构，撤销产业规划科、财贸外经科，设置经济贸易科、国外资金利用科。2008年5月，市编委批复市经济信息中心更名为"赤峰市发展研究中心"，同时挂"赤峰市经济信息中心"的牌子。同年8月，撤销基础产业科、经济体制改革科、西部大开发战略领导小组办公室，设置能源科、交通科、经济体制改革与西部开发办公室。同年成立赤峰市铁路重点项目协调领导小组办公室，2009年成立赤峰市对外开放办公室，均为隶属于市发改委的事业单位。

2010年9月，市发改委划出、划入各一项职能，行政科室增加到21个，分别是办公室、国民经济综合科、固定资产投资科、农村牧区经济科、产业协调科、基础产业科、能源科、经济贸易与高新技术产业科、地区经济科、资源节约与环境保护科、社会发展科、价格管理科、收费管理科、财政金融科、重大项目稽查科、西部开发科、经济体制综合改革科、东部振兴科、外资科、移民科、经济合作科；另设党委办公室和纪检监察室。2013年10月，市编委批复市对外开放办公室更名为赤峰市投资促进局。2014年，内设机构未变。

第二节　旗县区级管理机构

1991年，全市各旗县区设有计划委员会，内设机构包括人秘股、综合股、农牧股、工交股、财贸股、重点项目股、区划股、外经外协股等。1993年，各旗县区计划委员会与经济委员会合并成立计划与经济局，内设机构相应调整。1996年，各旗县区计划与经济局分设，分别成立计划委员会和经济贸易委员会，内设机构相应调整。2002年，红山区、松山区、元宝山区计划委员会与区物价局合并成立发展计划局，价格监督检查职能相应划入；其他9个旗县计划委员会更名为发展计划局，物价检查所仍保留在工商局，内设机构相应调整。2004年，各旗县区发展计划局更名为发展和改革局，原体改委部分职能并入，内设机构相应调整。2010年6月，9个旗县的工商行政管理的物价管理职能，连同机构和人员编制一同划归发展和改革局。2014年，根据实际情况，各旗县区发展和改革局内设机构包括办公室、综合股、农牧股、基础产业股、投资股、稽查股、社会股、地区经济股、工业股、西部开发办、信息中心、价格股、收费股、价格监督检查所、价格认证中心等，下设对外开放办公室、能源办公室、项目库建设管理办公室、生态办公室、移民办公室等。

第二篇　统计管理

第一章　统计调查

第一节　经济与社会发展统计

一、综合统计

1991年后，市统计局每年按月编辑整理《赤峰统计月报》；年度发布《赤峰市国民经济和社会发展统计公报》，对宏观经济进行分析和预判，编辑整理各类综合统计资料，为市委、市政府和社会公众提供统计咨询服务。到2014年，相对固定的统计产品有《赤峰统计年鉴》《统计手册》《百家旗县主要经济指标》《毗邻地区主要经济指标》等。

《赤峰统计年鉴》　1992年，开始编印《赤峰统计年鉴》，内容包括行政、自然、人口、经济、城建、社会事业、人民生活等15项；2000年，增加“旗县区篇”和“企业篇”的内容；2014年，内容调整增加到17项。1992—2014年，共出版发行23卷。

《赤峰统计月报》　1991年，开始编印《赤峰统计月报》，内容包括地区生产总值、财政金融、旗县区主要经济指标、盟市主要经济指标等12项。截至2014年末，共编印288期。

《统计手册》　2006年，开始编印《统计手册》，包含基本市情、全市主要经济指标、分旗县区主要经济指标、分盟市主要经济指标、自治区主要经济指标、全国主要经济指标、赤峰市经济社会发展主要预期目标和主要统计指标解释8项内容。到2014年，共编印9卷。

《统计公报》　1991—2014年，每年都编印发布《赤峰市国民经济和社会发展统计公报》，内容涵盖一、二、三产业和环境保护、社会事业、人民生活等诸方面的数据与完成情况。

《毗邻地区主要经济指标》　2006年，开始编印《毗邻地区主要经济指标》，涉及赤峰毗邻的辽西、冀北、蒙东地区13个城市。经济指标包括地区生产总值、固定资产投资、公共财政预算收入等7项内容，供市委、市政府研究决策赤峰市经济和社会发展时参考借鉴。

《全面建设小康社会统计监测》 2008年6月,国家统计局正式印发《全面建设小康社会统计监测方案》。按照方案要求,市统计局监测的指标体系由经济发展、社会和谐、生活质量、民主法制、文化教育、资源环境等六个方面23项指标组成。2010年,按照自治区统计局部署,对2000—2009年全市全面建设小康社会情况实施统计监测。2013年,根据国家统计局重新修订的监测指标体系,从经济发展、民主法制、文化建设、人民生活、资源环境等五个方面39项指标进行监测。

二、专项统计

1991—2014年,市统计局进行农牧业、工业、建筑业、固定资产投资、房地产开发、服务业、贸易、能源、社会与科技、人口与就业、基本单位等11项专项统计。每项统计,都通过年报、季报、月报提供翔实的统计内容和数据。

农牧业统计 1991年,主要负责全市粮食产量、牲畜头数、耕地及播种面积的调查和农业产值的计算。2006年,农牧业统计工作移交给国家统计局赤峰调查队。从2010年开始,市统计局逐步恢复农牧业全面统计。2013年,按自治区统计局部署,开展农畜产品加工企业季度调查,统计范围是年主营业务收入在100万元以上以农畜产品为原料的加工企业及个体户。2014年,按自治区统计局部署,《农业统计月报》有"十个全覆盖"工程建设情况统计报表;一次性报表有经济作物生长情况季节报表、农业生产经营单位农作物播种面积数据。

工业统计 1991年,工业统计包含乡及乡以上工业企业单位数和产值情况、主要工业产品产量等11项内容。1998年,国家统计局将工业统计范围划分为规模以上和规模以下两部分。1998—2006年,"规模以上工业企业"是指全部国有和年主营业务收入500万元及以上的非国有企业;2007—2010年,统计范围调整为年主营业务收入500万元及以上的工业企业;2011—2014年,统计范围为年主营业务收入2000万元及以上的工业企业。

固定资产投资统计 1991年,固定资产投资统计内容包括城镇、农村固定资产投资建设项目;统计范围为城镇和农村各种登记注册类型的企业、事业、行政单位,以及城镇个体户进行的计划总投资50万元及以上的建设项目(不含农户投资和军工、国防项目)。具体包含全社会固定资产投资额、分行业固定资产投资额等9项内容。1996年,固定资产投资统计有所改变,减少为6项内容。自2014年12月起,固定资产投资统计范围调整为城乡500万元及以上项目完成的固定资产投资情况。

贸易统计 1991年,贸易统计称为"商业和对外贸易统计",包含社会商品零售总额和商业零售业、饮食业、服务业机构及人员数等13项内容。1993年,贸易统计更名为"批发零售业统计";1995年,更名为"国内贸易";1998年,改为"限额以上批发零售贸易业统计"。

第二节 定期普查

一、全国人口普查

全国人口普查每10年进行一次。1990年,全市开展第四次全国人口普查。普查登记的标准时间为1990年7月1日零时,登记工作的时间为当年7月1日至10日。2000年,全市开展第五次全国人口普查。普查登记的标准时间为2000年11月1日零时,登记工作的时间为当年11月1日至10日。2010年,全市开展第六次全国人口普查。普查登记的标准时间为2010年11月1日零时,登记工作的时间为当年11月1日至10日。

二、全国经济普查

全国经济普查每5年进行一次,除第一次经济普查在2004年实施外,之后均在逢3、逢8的年份实施。2004年,全市开展第一次全国经济普查。普查的标准时点是2004年12月31日,时期资料为2004年度。2005年1月至5月,对全市8900个法人单位、1.6万个产业活动单位和11.15万家个体经营户进行普查登记。2008年,全市开展第二次全国经济普查。普查的标准时点是2008年12月31日,时期资料为2008年度。2009年1月至5月,对全市1.53万个法人单位、2.38万个产业活动单位和18.87万家个体经营户进行普查登记。2013年,全市开展第三次全国经济普查。普查的标准时点是2013年12月31日,时期资料为2013年度。2014年1月至3月进行普查登记。全市8000多名普查员到企业、单位、个体经营户进行PDA拍照和数据采集登记工作。共采集上传单位数3.20万个,其中法人单位2.38万个,上传个体经营户17.93万家。赤峰市统计局被评为第三次全国经济普查先进集体。

三、全国三次产业普查

全国农业普查　农业普查每10年进行一次。1996年,全市开展第一次全国农业普查。普查的标准时点是1996年12月31日,时期资料为1996年度。1997年1月进行普查登记和复查。2006年,全市开展第二次全国农业普查。普查的标准时点是2006年12月31日,时期资料为2006年度。2007年1月进行普查登记,赤峰市完成约占自治区三分之一工作量的普查任务。

全国工业普查　1995年下半年,全市进行第三次全国工业普查准备。市统计局完成机构组建、宣传发动、经费落实和业务培训等工作。普查的时点为1995年12月31日,调查资料为1995年数据。1996年一季度实施工业企业普查登记。

全国第三产业普查　1993年,全市开展全国第三产业普查。对1992年末8534个独立核算单位、8362个单独核算单位(法人活动单位)和3.78万家个体工商户进行普查登记,摸清了赤峰市第三产业发展规模、行业结构。

四、全国基本单位普查

1996 年,全市开展第一次全国基本单位普查。普查的标准时点为 1996 年 12 月 31 日。普查后建立翔实可靠的基本单位名录库。2001 年,全市开展第二次全国基本单位普查。普查的标准时点为 2001 年 12 月 31 日,普查资料的调查年度为 2001 年。

第三节 抽样调查

一、人口变动情况抽样调查

自 2011 年开始,国家统计局每年均开展人口变动情况抽样调查,了解 2010 年之后中国人口在数量、素质、结构、分布以及居住等方面的变化情况。当年,市政府办公厅印发《关于开展人口变动抽样调查工作的通知》,由市统计局制定抽样调查方案及工作细则,并负责调查的组织实施。调查以户为单位进行,既调查家庭户,也调查集体户。国家和自治区统计局在赤峰市共抽选 90 个左右样本调查小区。市统计局在国家、自治区样本的基础上,扩大调查样本,以全市为总体、旗县区为次总体,采用分层、整群、概率比例抽样方法进行样本设计,选取 420 个左右样本调查小区,进行抽样调查。调查表分为"全国 1%人口抽样调查表"和"全国 1%人口抽样调查死亡人口调查表"两种,根据调查结果,推算各旗县区常住人口主要数据。2012 年,市统计局推算并公布上年度分旗县区常住人口数据。2013 年,调查数据中增加了城镇人口指标数据。2014 年,调查数据中增加了人口出生率、死亡率指标。

二、粮食产量调查

1991—2014 年,市统计局每年均开展粮食产量调查。国家统计局内蒙古调查总队以及各市县调查队按国家统计局工作分工要求,负责全区粮食作物调查统计。包括自治区、各盟市、旗县粮食播种面积和产量全面统计,以自治区为总体的粮食产量抽样调查,产粮大县粮食产量抽样调查。赤峰市抽样有元宝山区、松山区、阿鲁科尔沁旗、巴林左旗、林西县、克什克腾旗、翁牛特旗、喀喇沁旗、宁城县和敖汉旗等 10 个地区,内容包括从抽样调查点取得的各季农作物播种面积、实测产量等各项资料。2014 年,赤峰市主要农作物播种面积超过 10 万公顷的旗县区有 6 个地区,分别是松山区、阿鲁科尔沁旗、巴林左旗、翁牛特旗、宁城县和敖汉旗;有 4 个地区粮食产量超过 70 万吨,分别是松山区、翁牛特旗、宁城县和敖汉旗。

三、旅游业调查

2006 年,自治区旅游局和统计局共同部署,市统计局组织实施、市旅游局配合调查旅馆业及旅游相关产业,采取全面调查和规模较小的个体旅馆业实行抽样调查相结合的形式进行。到 2014 年,市统计局、旅游局和有关旗县区共组织 9 次调查,调查中填报"旅馆业年报""旅馆业季报""农、牧家乐旅游年报"。

四、居民消费与商品零售价格调查

1991—2014 年，市统计局每年每月均进行居民消费价格调查、商品零售价格调查。了解价格变动的基本情况，分析研究价格变动对社会经济和居民生活的影响，满足各级政府制定政策计划、进行宏观调控的需要。

第二章　统计服务与监督

第一节　统计服务

1991—1995 年，市统计局采取分期发布公报、按月下发《赤峰统计月报》和公布工业经济效益综合指数、按季发布综合经济效益指标的方式，缩短统计资料发放周期，不断提高统计资料的时效性。加强统计分析研究，围绕工业经济效益、农牧业自然灾害、小康建设进程、第三产业发展等热点问题，积极开展统计调查和分析研究。年均撰写统计分析文章 80 余篇，有多篇统计分析被党政领导批示，并获全区优秀统计分析奖和统计科技论文奖。1996—2000 年，加强统计资料开发应用，将年度主要统计指标编印成《赤峰统计提要》。建立统计信息查询系统，现场为市人代会、政协会代表和委员提供查询服务；及时为党政领导、有关部门整理提供既有进度数据、年度数据，又有全国、全区和毗邻地区数据的统计信息。不断扩大统计服务领域，组织开展领导干部实绩考核、小康监测和农村目标管理等统计指标监测工作。

2001 年之后，市统计局除及时发布和编辑出版《国民经济和社会发展统计公报》《赤峰统计年鉴》等常规统计资料外，还不断丰富统计资料品种，整理编印《赤峰市第五次人口普查资料汇编》《辉煌二十年》《常用经济知识手册》《赤峰统计月报季度增刊》等统计资料。及时为市委、市政府和有关部门提供统计信息，年均对外发布统计信息 600 余篇。2006—2014 年，采取统计信息网络、工作简报、手机短信等多种服务手段，及时为各级党委、政府及有关部门整理提供统计信息。加强对统计数据的分析及解读，强化对经济形势的分析，提高统计监测水平和预警能力。围绕决策需求，特别是经济发展中的重点、热点、难点问题，有针对性地开展专题调查研究，年均撰写统计分析 120 篇左右，专题分析和调研报告比重逐年上升，年均对外提供、发布统计信息 1200 余篇。市统计局连续七年被市委、市政府评为信息工作先进单位。

第二节　统计监督检查

一、统计指标检查与审核

1991—1995 年，市统计局采取旗县区间互查、重点旗县复查、入户核实等措施，加大对人口、劳动力、牲畜头数、城乡居民收入及企业经济效益等统计指标的检查和审核力度。扩充农村牧区和城镇抽样调查网络,扩大抽样调查样本数量,保证城乡居民收入、物价指数等统计数据的可靠性。1996—2000年,市县两级统计部门组建统计年报领导小组,形成主要领导负总责、分管领导分头把关的工作机制。严格贯彻统计制度,认真学习和研究统计制度出现的新变化,熟知统计报表制度,并在工作中严格执行。加强数据质量评估,完善专业数据质量控制办法,建立统计数据每月审核制度。

2001年后,市统计局进一步明确统计口径、统计范围和调查方法,加强对重点企业、重点项目的调查研究。实行"下管一级"和"下算一级"制度,对地区生产总值、农业、工业、建筑业、固定资产投资和批发零售、住宿餐饮等专项主要指标,实行上级统计部门统一核定反馈制度。加强项目建设和园区监管,与市计委、建委等部门保持沟通联系,按月对新开工项目进行梳理,建立园区入驻企业月度统计报表。2006—2014年,从地区生产总值构成入手,加强对重点行业、重点企业、重点项目统计数据的调度和监管。按照"即报即审即验"的原则,加强联网直报企业数据质量的审核评估。加强调查单位名录库管理,做到不重不漏、真实完整。通过用电量、货运量、贷款增量、税收等相关指标,加强宏观关联性评估。开展规模以上工业企业定期摸底调查、外埠建筑业企业施工情况调查、限额以上贸易企业核查。加强对重点投资项目的监控和第三产业基础指标的调度。健全完善数据查询和质量评估制度,严把统计数据的采集、审核、评估等关口。市政府印发《关于加强完善服务业统计工作的通知》,建立"政府领导、统计牵头、部门支持、企业配合"的运行机制;市统计局下发《赤峰市服务业部门统计报表制度》,加大服务业行业主管部门基础数据调度力度,加强对重点服务业企业的核查,进一步规范和理顺数据来源渠道,全面提高服务业数据质量。

二、依法监督

1991—1995年,市统计局通过举办统计法律法规知识竞赛和统计法律法规电视讲座、印发统计普法教材等形式,广泛进行统计法律法规宣传;结合专项统计检查、六月末牲畜普查、统计执法大检查等活动,不断加大统计执法检查力度,市和旗县区统计部门年均检查500余家单位;通过举办统计法制检查员培训班等形式,加强统计法制业务培训,年均培训100余人;通过与工商、税务等部门的沟通协作,加强统计登记证核发工作。1996—2000年,市统计局利用电视、广播、报刊等新闻媒体,采取多种形式开展"宣传月""法律进百家""文明执法树形象"等活动,加强统计法制宣传;向社会公布《统计行政执法责任制度》《统计执法过错责任追究制度》,增加统计执法的透明度。累计检查1058个单位,依法处理307起统计违法案件。

2001—2005年,市统计局通过设立宣传站、发放宣传单、开展宣传月等形式,深入开展"四五"统计普法宣传活动;组织开展《中华人民共和国统计法》执行情况大检查、统计数据质量大检查等统计执法检查活动,共检查企事业单位和个体工商户1.3万家,累计查处统计违法案件187起;严格执行统计调查项目审批备案制度,继续推行持证上岗和统计普法合格证制度;加强法制队伍建设,全市有 7 个旗县区成立统计执法大队。2006—2014 年,组织实施“五五”和“六五”统计普法规划。先后进行大型普查、新“统计法”实施、企业“一套表”统计改革和统计数据质量大检查等活动。市和旗县区两级统计局通过新闻媒体、统计专刊、街头宣传、参加行风热线采访等多种形式,广泛深入地宣传“统计法”和《统计违法违纪行为处分规定》等统计法律法规。加强统计法制队伍建设,规范统计执法行为。组织旗县区、乡镇苏木及部门统计工作人员参加统计检查员培训班。建立健全统计行政执法责任制和重要统计违法案件报告、备案等制度,规范统计法制工作。转变执法理念,创新执法方式,多种形式开展统计执法检查活动,推进全员执法。

第三章 管理机构

第一节 市级管理机构

1991 年,市统计局有 8 个内设机构,分别是人秘科、报表科、综合平衡科、法制法规科、农业科、工业基建物资科、财贸社会科、培训科;下属计算站、农村牧区社会经济调查队 2 个事业单位。1993 年,对内部机构进行相应调整,取消工业基建物资科、财贸社会科,职能并入报表科,内设机构变为 6 个。1994 年,报表科更名为城市经济统计科,综合平衡科更名为综合社会统计科,农业科更名为农村经济统计科。1995 年,内设机构仍为 6 个,分别是办公室、综合科、法规科、第一产业统计科、第二产业统计科、第三产业统计科。1996 年,国家统计局赤峰市企业调查队成立,为市统计局所属副处级单位。1997 年,市编委批复,市统计局所属 3 个科级事业单位为市农村牧区社会经济调查队、市计算站和市统计培训中心。1998 年,国家统计局赤峰市农村社会经济调查队成立,为市统计局所属副处级单位。

2002 年,进行机构改革,市统计局内设机构仍为 6 个,除办公室外,其他 5 个均更改了名称,分别是国民经济综合核算科、统计设计法规科、工业投资统计科、财贸科、社会科技科。2005 年,市统计培训中心撤销,成立市统计普查中心,为隶属于市统计局科级事业单位。同年,国家统计局赤峰市农村社会经济调查队、国家统计局赤峰市城市社会经济调查队、国家统计局赤峰市企业调查队撤销,组建国家统计局赤峰调查队,为隶属于国家统计局垂直管理处级单位。2007 年,市农村牧区社会经济调查队撤销,成立赤峰市统计调查中心,为隶属于市统计局副处级事业单位。2008 年,工业投资统计科、财贸科、社会科技科分别更名为工业交通统计科、贸易外经统计科、固定资产投资统计科;市计算站更名为市统计计算中心。2010 年,市统计局内设机构由原来的 6 个增加到 8 个,增加了国民经济综合统计科、人口和就业统计科。2013 年,将市统计普查中心并入市统计调查中心,市统计计算中心更名为市统计数据管理中心。2014年,市统计局的内设机构8个,分别是办公室、国民经济综合核算科、统计设计法规科、工业交通统计科、贸易外经统计科、固定资产投资统计科、国民经济综合统计科、人口和就业统计科;所属事业单位未变。

第二节　旗县区级管理机构

1991年后,赤峰市12个旗县区均设有统计局。根据各旗县区的实际情况,一般内设机构设4~6个,主要有综合股、农业股、工业股、财贸股、办公室。各旗县区先后成立农村社会经济调查队(简称农调队)和城市社会经济调查队(简称城调队),有的成立企业调查队。进入21世纪之后,各旗县区先后将农调队、城调队和企业调查队合并为城乡社会经济调查队,其中巴林左旗、巴林右旗、林西县、翁牛特旗、宁城县、敖汉旗的调查队为国家统计局直属调查队。2014年,各旗县区统计局一般内设机构6个左右,主要有办公室、国民经济核算股(综合股)、第一产业股(农业股)、第二产业股(工交股)、第三产业股(社会财贸股)、法规股;设有城乡社会经济调查队。

第三篇 工商行政管理

第一章 企业登记管理

第一节 登记注册

一、内资企业

1991年,市工商局下发《关于进一步放宽政策促进经济发展若干意见》,对企业实行临时登记政策,适当扩大兼营范围。到年底,全市共有各类企业1.35万家,同比增长9.8%;从业人员39.4万人,推行租赁制的企业690家。1994—1995年,《中华人民共和国公司登记管理条例》施行。市工商局制定企业登记注册"一审一核"制试行办法,并在宁城县和市直属分局进行试点。2000年,市工商局推行并完善"一厅式登记、一条龙服务"和政务公开制度。进一步加强企业档案管理,对各类市场主体全面推行工商所辖区"经济户口"制度。2004年,贯彻落实《内蒙古自治区加快发展第三产业若干政策的规定》,市工商局在第三产业市场主体登记注册中实施放宽公司制企业注册资本金限制等"五放宽"政策,加速第三产业市场主体扩张。到年底,全市新登记注册第三产业市场主体9505家,总量达到8.3万家。全市有各类法人企业3929家,其中公司制企业1442家。2006年,市工商局简化审批环节,推行"即审即核"制,下放企业名称预先核准权,委托旗县工商局和红山区、松山区、元宝山区工商分局核准冠以"赤峰市""赤峰"行政区划的企业名称。同年,市工商局下发《推行个体工商户分层分类登记管理,提高基层工商所监管执法能力的实施意见》,明确个体工商户登记权限、分类办法等内容。

2010年,市工商局新登记国有、集体及公司制内资企业224家和私营企业2298家、个体工商户2567家,全市市场主体总量达到14.8万家,同比增长11.1%。2012年,按照自治区发改委的通知要求,市工商局从11月1日起免收企业注册登记费(包括变更登记费),减收企业登记档案查询费。2014年2月,国务院颁发《关于注册资本登记制度改革方案的通知》;同年3月1日起执行全国人大常委会新修订的《中华人民共和国公司法》。市工商局按照新公司法和国务院的通知要求,在企业登记注册工作中进一步放松对市场主体准入的管制,降低准入门槛,优化营商环境。进行"先照后证""三证合一"和央企分支机构变法人等工商登记制度改革。启用新版营业执照,在执照上首次打印二维码。

二、外商及中国港澳台商投资企业

1991年,市工商局登记注册外商及中国港澳台商合资企业6家,注册资金2471.9万元。1999年6月,国家工商总局决定授权赤峰市工商局代国家工商总局行使外商投资企业核准登记权。2003年,全市共有外商及中国港澳台商投资企业65家,投资总额1.71亿美元,注册资本1.16亿美元。2008年,风力发电、有色金属矿产及冶炼业资源型优势特色产业成为外商及中国港澳台商到赤峰市投资的热点。

2011年,全市共有外商及港澳台商投资企业628家,其中法人企业47家,分支机构581家,投资总额17.22亿美元,注册资本6.14亿美元。截至2014年末,全市登记注册外商及港澳台商投资企业425家,其中法人企业46家,分支机构379家;注册资本7.18亿美元,投资总额18.72亿美元。

第二节 企业监督管理

1991年,市工商局制定《企业日常监督管理程序》,对全市4478家企业进行年检,并对30%的企业进行抽查。1994年,共查处经营者违法违章行为1000余起,清理假集体企业1287家和“三无”(无厂名和厂址、无生产日期、无联系电话)企业664家。1997年,认真执行新修订的《企业法人年度检验办法》,加大年检工作力度。参加年检的内资企业13613家,年检换照率为94.6%;办理注销登记和吊销执照的企业2937家。参加年检的外商投资企业57家,年检率为98%。

2002年,市工商局根据国家工商总局、公安部《关于整顿规范公司出资行为的通知》要求,结合企业年检,会同市公安、审计等部门,共检查企业406家,发现违规企业43家,其中责令限期办理产权转移手续、补足注册资本39家,吊销营业执照4家,收缴罚没款1.8万元;查处出租、出借营业执照行为154起,查处擅自变更登记事项231家。2007年,深入开展公司制企业“两虚一逃”(企业虚报注册资本、虚假出资和抽逃出资)专项整治行动,规范市场主体经营行为。共查处“两虚一逃”违法案件30件,案值1961.5万元。2008—2009年,建立由市工商局牵头,市公安、卫生、食品药品监督管理等部门配合的无照经营查处取缔联合执法机制,查处范围涵盖餐饮、娱乐场所、药品和医疗器械、网吧、矿产资源开发、建筑、房地产、危险化学品等十几个行业。开展废旧回收站专项整治、食品生产(经营)市场主体专项整治和饲料、饲料添加剂生产(销售)市场主体专项整治。根据企业的信用信息情况,在全市实行A、B、C、D四级管理,其中A级实行远距离监管,B级近距离监管,C级零距离监管,将严重失信企业及其法定代表人列入“黑名单”。

2010年,市政府办公厅印发《建立查处取缔无证无照经营行为长效工作机制的方案》,建立政府统一领导、28个相关职能部门共同参与的无照经营查处取缔机制。建立联席会议制度、信息通报制度、案件移送制度、联合执法制度,并将此项工作纳入社会治安综合治理的范畴。2012—2014 年,市工商局全面实行“两书一函一账”机制进行年检,即《出资管理规定告知书》《出资催缴通知书》《企业逾期出资询问函》《全市企业监管台账》。通过实施此项机制,加强出资行为的日常监管,促进企业注册资本按期到位,保护社会各方利益,维护市场秩序。

第二章 市场管理

第一节 集贸市场管理

1991 年,全市有集贸市场 278 处,市场成交额达 4.06 亿万元,初步形成集农副产品集散、商品交流为一体的集贸市场体系。1992 年,市场管理政策进一步放宽。同年 1 月,全市放开除三项粮油收购和国家重点管理的中药材以外的农畜产品;10 月,全部放开粮油收购计划价格和市场;除烟草、食盐以外,其他所有消费品进入市场调节轨道。全市工商部门加强市场管理,清理马路市场,维护市场秩序。当年,涌现出国家级文明市场 1 处、自治区级文明市场 12 处、市级文明市场 13 处,喀喇沁旗牛家营子中药材市场被列为全国八大药材市场之一。1997 年,市工商局在全市开展争创“文明市场”和“五好市管员”竞赛活动,开展规范化市场达标和“商品质量信得过市场”评比活动。复检市级以上“文明市场”34 处;上报自治区级“文明市场”11 处,有 7 处通过验收。

2006 年,市工商局集中对节日市场进行专项整治。共查处并集中销毁 15 大类 120 余个品种、市场标值 80 余万元的假冒伪劣商品。2008 年,国务院颁发关于停征集贸市场管理费的决定后,全市工商管理机关的市场管理职能完全实现转型,主要是加强市场巡查执法,整顿和规范市场秩序。2009—2010 年,市工商局下发《商品交易市场信用建设指引》,全面实施商品交易市场信用监管;评选出市级“市场信用分类监管示范市场”2 处,推荐上报自治区级“诚信市场”1 处。

2011 年,全市工商部门共查处无证无照经营 2156 起,规范办理营业执照企业 1231 家,依法取缔 612 处。市工商局在全市工商系统开展诚信市场创建活动,共评选市级“创建诚信市场活动先进单位”7 个,有 2 处市场被评为自治区级“创建诚信市场活动先进单位”。2013 年,全市各级工商管理部门按照市政府办公厅《关于建立查处取缔无证无照经营行为长效工作机制方案》的要求,重点加大对写字楼、城市改造区、学校周边的无照经营行为查处取缔力度,共查处无证无照经营者 2537 处。2014 年,全市共查办各类市场违法违章案件 1826 件,其中一般程序案件 524 件,违法违章涉案金额 7.5 亿元。

第二节 农资市场管理

1991 年之后,市工商局完善农资市场准入备案制度,及时采集农资商品市场准入信息,做好农资商品的动态管理,确保对经营者和经营品种备案及公示的全覆盖。逐步完善大要案件督办协办和区域执法协作、上下联动协调机制,集中人力深入开展农资市场专项整治。1998年,集中开展“春季打假百日行动”“肥料打假专项行动”“农机打假整治行动”等专项整治行动,严防假劣农资商品坑农害农行为的发生。1999年,市工商局在全市开展“红盾护农”执法行动。突出重点监管商品,严厉查处生产经营假劣种子、无照经营等违法行为;严厉打击销售高毒农药、伪劣农药及禁限使用农药等违法行为;严查复混肥、配方肥等有效成分不足及未经登记等违法行为;着力清查“三无”农机具及零配件,坚决打击制售假劣农机及零配件等违法行为。规范农资经营渠道,落实化肥经营网点;实行化肥经营许可证和农资经营信用卡制度。全市共核发许可证373个、信用卡100多万张。在打假护农行动中,全市检查2752家农资、农机经营单位和50家集贸市场,查处非主渠道经营的化肥38268吨;查扣“三无”(无产品生产地、生产日期、生产厂家)播种机20台、假化肥52吨、劣质种子5618公斤,取缔非法经营户79家。

2005年,在“红盾护农行动”中,对农资经营大户进行集体签约承诺;对全市1789户农资经营者的13大类、209个品种的重要农资商品信息进行备案登记;依托“红盾护农协作检测室”检验农资商品质量,对检测不合格的产品及时在新闻媒体上曝光。多方聘请“红盾护农”联络员和农资质量监督员,及时掌握农资市场违法经营信息。不断加大农资市场巡查监管力度,全市依法查处农资经营违法违章案件85件,案值150多万元。2009年,共查缴假劣种子1.4万公斤、化肥3.55万公斤、农药430公斤,涉案物品总值114万元,为农民挽回或避免经济损失650万元。

2010—2011年,继续深入开展“红盾护农行动”。召开全市动员大会,建立农资市场监管网、“红盾护农”联络网,聘请400多名“红盾护农”联络员和农资质量监督员,形成全社会共同参与的农资市场监督格局。全市立案查处农资违法案件479件,案值1019.9万元;培植建立农资连锁经营门店950家,参与连锁经营的农资经营户达到60%以上。2013—2014年,全市工商管理部门认真落实《赤峰市农资经营者信用管理办法》,积极推进农资市场信用分类监管制度。对信誉好的市场主体给予扶持和鼓励;对失信和具有不良记录的市场主体予以警示或限期整改,并列为重点监测检查对象;对严重失信企业列入“黑名单”并及时曝光,对违法情节严重的依法严肃查处。

第三章　合同 商标 广告管理

第一节　经济合同管理

1991—1998年,市工商局下发《关于加强合同监管工作的若干意见》,先后举办《中华人民共和国经济合同法》《中华人民共和国担保法》培训班42期。会同市纪委、监察局、建委、检察院、计委等部门对全市143家建设单位和建筑企业的经济合同进行检查,共规范建筑合同539份,为企业办理抵押物登记288件,抵押金额8.15亿元;帮助企业完善合同条款避免损失633万元,为企业争取银行贷款5.64亿元。2000年,开展房地产、金融、物流、医疗、电信、旅游等领域合同执法专项整治,共查获各类合同违法案件45件,推行发放各类合同示范文本6.52万套。2013—2014年,开展与百姓息息相关的供水、供电、通信服务等24个重点行业和领域合同监管工作,全面整治利用合同格式条款侵害消费者合法权益的行为。

第二节 商标管理

一、商标注册

赤峰市从1986年3月开始,对企业、事业单位和个体工商业者申请办理商标注册,实行二级核转制度,即由旗县区工商局初审后,报自治区工商局核转国家工商总局商标局。1991年,全市申请商标注册181件,核准141件,累计注册商标545件。有223种注册商标的产品获国优、部优和自治区优质产品。同年,市工商局在全市范围内开展商标使用情况检查。主要检查商标名称、文字、图形及组合使用情况,商标注册人名义、地址有无变更,使用注册商标的范围和商标在国外注册使用情况等。检查中发现一些企业擅自改变注册人名义和商标图形,商标档案管理不善,商标制度不健全,注册证损坏、丢失等问题,并予以纠正。1995年,成立赤峰市第一家商标代理机构,即赤峰市商标事务所。截至1996年末,全市共有有效注册商标991件,五年时间增长82%,使用注册商标企业及个体工商户561家。1997—2003年,由于企业改制、破产、转产、重组等原因,部分企业商标出现闲置、注销等情况,致使全市商标发展缓慢。

2004年,市政府印发《关于进一步实施商标战略促进地方经济发展的意见》。市工商局对全市商标注册企业及商标使用情况、农畜产品商标注册情况进行调查摸底,建立特色农畜产品登记和商标使用档案,重点发展农畜产品商标、原产地证明商标、集体商标等特色产品和服务商标。到年末,全市注册商标总数达到1134件。2007年,市工商局下发《赤峰市2007年商标发展规划》,有针对性地对"农、绿、特"等地方特色产品生产经营进行指导,引导帮助企业、行业协会、农村牧区注册商标80余件,其中农副产品商标26件。巴林左旗注册"敖包"笤帚苗商标后,其产品迅速打入北京、上海、中国台湾、韩国、日本等国内外市场。翁牛特旗工商局推出的"公司+协会+经纪人+基地+商标"发展模式,帮助内蒙古蒙都羊业食品有限公司发展养殖户4000多户,受益人达到5.8万人,成为内蒙古最大的有机羊养殖基地。2009年,市工商局下发《赤峰市商标发展战略三年规划》,在工商所全面开展"一所一标"助推商标发展活动,加大商标扶持发展力度。

2011年,市政府印发《关于进一步加快"十二五"期间商标发展的意见》,结合"品牌强企工程""商标富农工程""品牌基地建设工程"的实施,确立培育发展主线和整体规划。市工商局建立并推行“三书、一表、一卡”(“商标注册建议书”“商标策略提示书”“商标法律告知书”,“注册商标调查表”,“跟踪服务联系卡”)商标行政指导制度。2012年,组织召开全市“推进商标战略,服务地方经济发展”动员大会,市政府印发《赤峰市知名商标认定和保护办法》;新成立了赤峰市商标协会和知名商标评审认定委员会,推动商标战略实现认知、目标和组织“三个提升”;以旗县区为单位建立商标信息储备库和《重点商标培育发展名录》,重点培育发展农畜产品“绿色品牌”、有色金属深加工“金色品牌”和旅游、餐饮、服务“文化品牌”三大品牌。打造出一批具有赤峰特色的“经济名片”,形成以注册商标为基础、知名商标为动力、著名商标为骨架、驰名商标为龙头的商标发展新格局。2014年,强化对商标专用权保护力度,积极开展商标市场专项整治。确定家用电器、服装、装饰装修材料、农资、食品、汽车配件等几大重点,在全市范围内对商标侵权、假冒他人注册商标、制售假冒伪劣商品等行为开展专项整治。同年,全市有效注册商标5876件,其中驰名商标7件,著名商标47件,知名商标190件,集体商标11件,地理标志证明商标5件;全市有商标代理机构5家。

二、商标认定保护

1991—1992年,根据《中华人民共和国商标法》及其实施细则,市工商局制定赤峰市知名商标认定和保护规定。开展赤峰市首届知名商标评选活动,发放选票3万张。根据消费者投票情况及有关部门意见,评选出“寧诚”“向阳”等50件知名商标,其中有17件商标当年被评为自治区著名商标,有7件商标参加中国驰名商标的评选。1998年,组织赤峰市商标法规有奖知识竞赛活动,引导企业全面实施名牌战略。经推荐,“宁城老窖”等12家企业的12件商标被认定为自治区著名商标。

2002年,内蒙古草原兴发股份有限公司的“草原兴发”商标被认定为中国驰名商标。2004年,市政府印发《关于进一步实施商标战略促进地方经济发展的意见》,要求企业积极争创驰名、著名、知名商标。在市工商局直接指导下,内蒙古塞飞亚集团有限责任公司被国家工商总局商标局认定为中国驰名商标。2011年,市工商局下发《驰名、著名、知名商标管理办法》《知名商标认定和保护办法》,同时加大商标法律法规及争创驰名、著名、知名商标的宣传力度。利用新闻媒体加以引导,并组织商标法规有奖知识竞赛活动,引导企业全面实施名牌战略。截至2013年末,全市共有中国驰名商标7件、自治区著名商标46件、赤峰市知名商标170件。2014年,申报待认定著名商标20件,新认定赤峰市知名商标20件,全市知名商标总数达190件。

三、查处商标违法案件

1991年,市工商局对假冒伪劣商品和隐匿厂名、厂址等违法违规行为进行专项整治。查处商标侵权、假冒案件4件,收缴商标标识5392套。1996年,查处假冒商标案3件、商标侵权案3件、非法印制商标案2件,查处一般商标违章案51件,收缴商标标识2.3万套。2003年,继续查处商标侵权案件,销毁侵权的“草原老酒”“八里罕纯粮酒”

6000余瓶。2005年，相继开展打击侵犯农资商标专用权，打击食品、药品、化妆品和特殊行业商标违法行为等保护注册商标专用权行动，共查处商标违法案件46件，没收商标标识1万套，没收、销毁侵权商品1900多件，捣毁制假售假窝点6个，责令34家不符合条件的专卖店进行限期整改。

2011年，市工商局深入开展打击侵犯知识产权和制售假冒伪劣商品专项行动，查处商标侵权案件27件，查扣侵权假冒"水井坊""国窖""茅台""长城干红""宁城老窖"等名酒近1.2万瓶。2012年，开展"三星""茅台""蓝星"等注册商标的专项保护工作。对昭乌达电脑城5家未经授权使用"三星"标志的经营户下达责令整改通知书；查获假冒"茅台"酒25瓶，假冒"蓝星"各型号防冻液143桶，案值3万元。2013—2014年，查办侵犯"凯撒"服装、"蓝带"啤酒、"五粮液"白酒等知名品牌产品商标专用权的违法案件17件。

2014年赤峰市获中国驰名商标名录

表12-3-1

商标名称	注册单位	使用商品范围
草原兴发	内蒙古草原兴发股份有限公司（内蒙古草原兴发食品有限公司）	肉制品
塞飞亚（包括图形）	内蒙古塞飞亚集团有限责任公司（内蒙古塞飞亚农业科技发展股份有限公司）	鸭肉
BALINSHI	巴林石协会(巴林石矿业公司）	印章、印台、文具
寧诚	内蒙古顺鑫宁城老窖酒业有限公司	白酒
蒙都	内蒙古蒙都羊业食品有限公司	肉片、干菜、猪肉食品、猪肉、蛋、食用菌、罐装水果
健元鹿业	内蒙古健元鹿业有限责任公司	茶、茶叶代用品、非医用营养液、非医用营养膏、非医用营养粉、非医用营养胶囊、饺子、醋
塞飞亚草原鸭	内蒙古塞飞亚农业科技发展股份有限公司	鸭肉、火腿、腌肉、肉罐头、肉汁、板鸭、肉脯、肉糜

2014年赤峰市获内蒙古自治区著名商标名录

表12-3-2

商标名称	注册单位	商标名称	注册单位
寧诚	内蒙古顺鑫宁城老窖酒业有限公司	蒙	内蒙古蒙酒酒业有限公司
赤波	敖汉健源饮品有限公司	惠香园	敖汉旗惠香园食品厂
丰田	赤峰市松山区种子公司	东方万旗	内蒙古东方万旗肉牛产业有限公司
松鹤	赤峰松鹤调味品有限公司	赤烽	内蒙古赤峰陈曲酒业有限公司
套马杆	赤峰套马杆酒业有限公司	蒙森	赤峰市蒙森农产品开发有限公司
蒙都	内蒙古蒙都羊业食品有限公司	塔理山	阿鲁科尔沁旗塔山食品有限公司
达里湖	克什克腾旗达来诺日渔场	裕井	赤峰市裕井烧坊酒厂
施达	宁城县施达化肥有限公司	敖翔	敖汉旗敖翔粮油商贸有限公司
八里罕	内蒙古八里罕酒业有限公司	蒙野	赤峰市弘坤蒙野酒业有限公司
丹龙	赤峰丹龙药业有限公司	星斗	敖汉旗星斗香油有限公司
独伊佳	内蒙古赤峰独伊佳食品有限公司	元力	宁城元力保健酒业有限公司
华海	内蒙古敖汉华海酒业有限公司	塞飞亚	内蒙古塞飞亚农业科技发展股份有限公司
健元鹿业	内蒙古健元鹿业有限责任公司	图形	赤峰大中高科技饲料有限公司
赤山	阿鲁科尔沁旗塔山食品有限公司	多维尔	赤峰多维尔生物工程有限公司
雪原	赤峰雪原绒业发展有限公司	蒙赤天泽	赤峰天泽生物科技有限公司
乾御兴	燕京啤酒(赤峰)有限公司	刘僧	赤峰市刘僧米业有限公司
蒙田	赤峰市蒙天粮油购销有限公司	牧原	赤峰牧原绒毛制品有限公司
爱丽雅	赤峰爱丽雅涂料有限公司	契丹	巴林左旗大辽王府粮贸有限公司
罕露	巴林右旗罕露矿泉水有限公司	辽中京	内蒙古辽中京化工有限公司
帅旗	赤峰市帅旗农药有限公司	食乐康	内蒙古食乐康食品有限公司
大牧场	内蒙古大牧场食品有限公司	43°9	内蒙古四十三度九餐饮有限公司
沙漠之花	内蒙古沙漠之花饮料有限公司	冷山	林西冷山糖业有限公司
赤谷	赤峰神农工贸有限公司	环康	翁牛特旗黑鱼泡子有机农牧业产业开发有限公司

第三节 广告管理

一、广告经营单位管理

1991年，全市有广告经营单位36家，临时性广告经营单位15家，广告营业额170多万元。市工商局采取先登记审核、后张贴刊播的办法，对广告经营单位进行管理。开展广告管理及广告制作评比竞赛活动，评选表奖优秀广告作品15篇。1992年，全市广告经营单位增加到57家，广告从业人员301人。全市有户外路牌广告、灯箱广告、霓虹灯广告150个（块），有橱窗广告400个；开辟了电子显示屏、公共汽车车体和客运火车车厢等新的户外广告载体。1995年，市政府批转市工商局《关于赤峰市广告审查办法》，全面推行广告先审制，使广告市场的管理纳入规范化轨道。市工商局对81个广告经营单位的负责人和412名从业人员进行全员培训；采取自检与实地检验相结合的办法，加强广告经营单位年检管理。1996—1997年，对广告经营单位实行“一证一照”（经营许可证、营业执照）制度；将合伙联营广告、致富信息广告、技术商品信息广告纳入审查范围；开展户外广告登记及整顿建档工作，开展印刷品广告审查登记及专项检查。1998年，开展印刷品广告专项检查、店堂广告登记检查和户外广告登记管理工作。全市广告经营单位121家，广告经营额1274万元，共发布公益广告329条，广告经营单位年检合格率为91.26%。

2006—2007年，市工商局对全市100余家户外广告、牌匾标识制作单位负责人及部分直接从事户外广告监管工作的执法人员，进行广告法律法规培训。建立广告信息联络制、广告监测情况通报制、违法广告公告制、广告分析例会制、联席会议制、违法广告惩处制和诚信教育培训制等广告监管七项制度，逐步提高广告监管工作的制度化、规范化和科学化水平。2009年，全市共监测媒体广告近10万条，重点加强节日期间广告市场、重点地区户外广告、印刷品广告和“家电下乡”广告的日常监管。截至2014年末，全市广告经营单位540家，其中广告经营企业384家、个体经营户136家、媒体单位20家，广告从业人员2012人；广告营业额1.42亿元，其中广告经营企业8527.3万元，个体经营户1240.3万元，媒体单位4451.4万元。

二、广告内容管理

1991年后，市工商局依据《中华人民共和国广告法》《广告管理条例》和国家工商总局相继制定发布的《酒类广告管理办法》《烟草广告管理办法》《药品广告管理办法》《医疗广告管理办法》《医疗器械广告管理办法》等相关法规，深入开展广告市场、广告内容等专项整治。1995年，认真贯彻执行《赤峰市广告审查办法》，加强对各类广告发布前广告内容的审查，当年审查各类广告980条，有效制止一些内容违法广告的发布。1998年，对广播、电视、报纸、印刷品等广告内容实行人工监测，监测各类广告8738

条,审查广告5963条,纠正违法广告276条,驳回135条。

2005年,市工商局开展以“打虚假树诚信”和“整治虚假违法广告”为主题的广告市场专项整治行动,集中监测报纸、广播电台、电视台等26家新闻媒体发布的广告4860多条。2007年,购置先进的数字化媒体广告监测设备,成立广告监测中心,创新监管手段,提高了广告信息化监管水平。按照“专人负责,分类监测,定期分析,综合评定”的原则,对市直11家报纸、电视、广播广告内容进行全天候跟踪监测。当年,共监测各类广告21.8万条,对发现的400多条违法广告分别采取警告、责令改正、责令停止发布、立案查处等方式进行处理。

2010年,市工商局开展“创建绿色和谐广告市场环境”行动,与广告制作、发布和经营单位签订“不发布虚假违法广告承诺书”。2012年,以食品、药品、化妆品、医疗、保健品、电子产品等关系人民生命健康的虚假违法广告内容为重点,加大整治力度。监测各类广告13万余条,下达“责令整改通知书”30份,约谈告诫相关单位20余次,广告市场秩序明显好转。2013年,全年市直各媒体公益广告刊播量达24200条,共监测媒体广告19万条,其中医疗药品广告4.42万条,房地产广告1.45万条,生活用品广告4.42万条,酒类广告1.89万条,公益广告2.42万条。

三、查处违法广告

1995年,市和旗县区工商局对全市75家广告经营单位发布的2万多条广告和400多块户外广告进行全面检查,制止违法广告207条,查处虚假广告5条。1998年,开展印刷品广告、店堂广告专项治理工作。收缴未经审批擅自发布的印刷品广告30余万份,检查登记店堂广告1328条,查处广告违法案件48件。

2002年,收缴各类违法印刷品广告35万余份,查处违法广告案件242件,收缴罚没款15.2万元。2006年,全市共查办广告违法案件45件,对130多条不同程度违法违规广告进行行政告诫,责令停止发布和进行处罚。监测农资广告380多条次,责令停止发布20多条,查处未经登记擅自发布农资广告、利用包装物虚假宣传的广告案件4件;联合卫生行政等部门没收虚假违法医疗广告宣传单2万余份;拆除非法户外广告和不规范企业牌匾40多块。2012年,立案查处虚假违法广告案件32件。2014年,共立案查处各类虚假违法广告案件43件,责令整改、停止发布虚假违法广告363条,处理消费者投诉举报案件22件,向有关部门移送涉嫌违法案件2件。

第四章 个体私营经济管理

第一节 个体私营企业管理

1989年末,市工商局下发《个体工商户管理程序》,在全市范围内对个体工商户实行规范的程序化管理。1991年，全市12个旗县区工商局的个体工商户程序化管理工作均已通过市工商局的验收。这一工作得到国家工商总局的肯定。1992年，全市个体私营经济进入高速发展时期。到年末，全市个体工商户发展到4.63万家，注册资金2.19亿元；私营企业发展到180家，注册资金2279万元。1996年，在城镇个体私营经济组织中开展“无欺诈销售竞赛”活动和“店店无假货、户户讲道德”活动，引导个体私营经营者守法经营。

2001年，市工商局在各工商所对辖区内个体工商户和私营企业建立“经济户口”档案，实现对市场主体的差别监管。2005年，全市共清理利用再就业优惠证弄虚作假、骗取优惠政策的个体工商户1821家。到年末，全市私营企业达到5459家，个体工商户达到7.89万家，同比分别增长11.5%和4.3%。2007年，在个体私营经济中深入开展整顿和规范市场经济秩序活动，实现监督管理方式、领域、质量“三突破”；同时开展“文明诚信个体私营企业”创建活动。2010年，市政府办公厅印发《建立查处取缔无证无照经营行为长效工作机制的方案》，建立政府统一领导、28个相关职能部门相互配合的管理机制。

2011年，市工商局下发《赤峰市工商系统个体工商户注册登记工作规范》，做到全市个体工商户登记程序、工作标准、审查要求、公示内容“四统一”。到年末，个体私营企业达到全市市场主体的95%以上。2014年，结合注册资本登记制度改革，进一步放宽个体私营经济市场准入经营范围、投资领域、住所条件，促进个体私营经济快速发展；同时，开展对个体工商户、私营企业从事非金融中介活动的专项整治，规范其守法经营。到年底，全市个体工商户达到19.06万家，从业人员82.13万人，资金数额97.45亿元；全市私营企业达到2.12万家，从业人员14.9万人，资金数额584.6亿元。

第二节　扶持个体私营经济

1996年，市委、市政府印发《贯彻落实自治区党委、人民政府〈关于进一步加快个体私营经济发展的决定〉的意见》，建立个体私营经济发展基金，设立个体私营经济发展试验区。制定赤峰市“九五”期间个体私营经济发展规划和各年度发展计划，引导个体私营经营者向“一乡一业”“一村一品”的专业化方向发展。1998年，市政府印发《关于进一步鼓励个体私营经济发展的决定》，为个体私营经济发展提出很多优惠政策。

2002—2004年，市工商局下发《改善经济发展环境实施细则》，推行政务公开、服务承诺、急事急办、特事特办和首办责任制，继续培育发展个体私营经济专业村（园区）；下发《关于进一步促进下岗失业人员再就业的实施意见》，明确16条具体扶持再就业措施，为1.04万名符合国家政策规定的再就业人员办理个体工商户登记，减免行政性收费606.47万元；建立诚信企业联系制度，把规模较大、效益好的私营企业与个体大户作为诚信户重点扶持和培育。2005年，市工商局下发《关于支持和鼓励个体私营等非公有制经济发展具体意见》,对注册资金(本)实行分期缴付制,经营范围实行大项核准制,经营期限实行自主选择制,经营场所实行后置审核制,缺少一般要件实行特事特办制,放宽准入条件。2007年,市工商局与市个体私营企业协会和市农业发展银行合作,实施个体私营企业信贷帮扶工程。全年累计发放贷款10余亿元,280家涉农涉牧个体私营企业直接受益。2009年4月,在全市范围内开展"千户企业(个体工商户)大走访"活动,积极帮助企业破解发展难题。全年走访企业3763家,召开座谈会156次,为1500余家企业解决问题。

2011年,市工商局实施市场主体准入"六个专项推进"(推进拓宽筹融资渠道、就业再就业、振兴老字号工程、非公党建工作、非公企业产品展销和光彩事业)工程,出台14条意见,优化准入环境,构建非公有制市场主体快速准入的"绿色通道"。2013年,市工商局下发《关于促进全市非公有制经济发展的意见》,进一步放宽非公有制市场主体准入条件,扩大民间投资,拓宽非公有制经济融资渠道。针对个体工商户市场竞争能力弱的问题,采取直通服务、一对一贴身服务、政策咨询指导服务等举措,推动个体工商户转型升级。全市637家个体工商户转型升级为私营企业。

第三节　个体私营企业协会

1984年5月,赤峰市个体劳动者协会(简称市个体协会)成立。1990年,赤峰市私营企业协会成立。1993年10月,市私营企业协会和市个体协会两个组织合署办公,成立赤峰市个体劳动者私营企业协会(简称市个私协会)。截至2014年末,全市有12个旗县区个私协会、68个基层分会,协会工作人员有99人;全市有个体劳动者会员16.64万户,私营企业会员1.81万户。

1992年,市个体协会在全市会员中评选出"文明经营户"2427户、"信得过户"4210户、"五好"会员9246人。2000年,全市各级个私协会配合有关部门在广大个私从业者中开展以"户户讲道德、店店无假货"为主要内容的职业道德教育活动。2004年,市个私协会下发《关于在个体私营企业中开展诚信自律的实施意见》,引导全市个私企业开展诚信经营活动。在全国开展的"百城万店无假货"活动中,市区内最大的商业步行街被中宣部、中央精神文明建设委员会授予"无假冒伪劣一条街"称号。2011年后,在全市个体私营企业中开展以"光彩之星""户户讲道德、店店无假货""文明诚信单位""青年文明号"为载体的精神文明创建活动,每年评选出100家"文明诚信个体私营企业"。2014年,全市个私会员中,"守合同重信用"单位有国家级10户、自治区级52户、市级65户;"3·15诚信单位"有自治区级19户、市级35户;"青年文明号"有自治区级31户、市级105户。

第五章　消费者权益保护

第一节　受理消费者投诉

2006年初，根据国家工商总局《关于大力推进“12315”行政执法体系建设工作的意见》，市工商局决定组建赤峰市“12315”消费者申诉举报指挥中心。当年9月，指挥中心投入运行，初步形成“相对集中受理、分工协作办理、应急指挥调度、信息汇总分析、进行消费提示”五种功能相结合的行政执法监管体系，形成从市工商局到旗县区工商局（分局）以及工商所三级纵向贯通、横向联结的全市“12315”消费者申诉举报信息化网络指挥系统。当年共受理消费者咨询申诉举报902件，其中咨询516件，申诉273件，举报111件，建议2件。2010年，根据国家工商总局《关于加强“12315”行政执法体系“四个平台”建设的通知》要求，市工商局对市“12315”消费者申诉举报中心进行扩容、升级、改造，同时开通红盾信息网申诉举报平台、互联网电子信箱申诉举报平台、短信申诉举报平台和信函、传真申诉举报受理平台，多渠道、多角度、多形式地受理消费者申诉举报，切实保障了诉求渠道的畅通。截至同年末，全市“12315”消费者申诉举报指挥系统通过电话、来函、来访、互联网以及短信平台共受理消费者咨询、申诉、举报信息1.76万条，其中咨询1.59万条，申诉1154条，举报524条，建议57条；咨询答复率均为100%；申诉实际受理784件，调解成功609件，调解成功率77.68%；举报属实186件，立案处理63件，办结47件，案值134.19万元，罚没金额5.45万元；建议落实率100%。共为消费者挽回经济损失260余万元。

2011年，市工商局开辟互联网在线即时问答，满足了广大网友诉求。市“12315”消费者申诉举报指挥中心在新浪、搜狐、腾讯等网站上开通官方微博，搭建了人民政府与公众交流互动的“新桥梁”。2012年，大力推进“12315”“五进”（进商场、进超市、进市场、进企业、进学校）规范化建设，方便城乡消费者就近解决消费纠纷，努力将消费纠纷化解在企业、解决在基层，制定《“五进”规范化建设工作规则》，使“12315”消费维权服务站建设有序运行。2014年，在受理消费者申诉举报渠道上，市“12315”消费者申诉举报指挥中心开通官方微信，重点加强申诉分析工作，为预防只调不处探索新机制。同年，根据市政府改革要求，市工商局、市质监局、市食药监局整合成立赤峰市市场监督管理委员会，确定市“12315”消费者申诉举报中心为工商、质监、食药监统一投诉、受理平台。

2006—2014年，全市“12315”消费者申诉举报平台受理申诉举报信息平均每年1万余条，纠纷解决率达到97.5%，立案查处近千起，为消费者挽回了经济损失，受到消费者的认可与好评。赤峰市“12315”消费者申诉举报指挥中心先后多次被自治区工商局、国家工商总局表彰为文明窗口、道德模范先进集体、全区工商系统“12315”的标杆单位、全国工商系统先进集体;两次被国家工商总局评为基础工作较好、工作有创新的全国100个直报信息点之一和工作成绩突出的全国70个联系点之一。

第二节 消费者协会

一、组织机构

1990年7月,赤峰市消费者协会(简称市消协)成立。1991年,市消协在市区各大中型商业企业建立消费者投诉站30个。1996年,12个旗县区全部设立消费者协会,由工商局派驻干部主持工作,各级消费者协会工作人员达到40人;在基层设立分会117个,有工作人员234人,聘请监督员718人;在企业和乡镇设立投诉站156个。

二、"3·15"纪念日活动

1991年,市消协在"3·15"国际消费者权益纪念日的宣传活动中,配合工商、计量、卫生等部门,在市区昭乌达路繁华地段进行假冒伪劣商品展示,向现场群众讲解真假商品辨别知识。2000年后,"3·15"纪念日活动每年突出一个主题。2006年,以"消费与环境"为主题,举办声势浩大的"3·15"纪念日活动。全市14家诚信单位和8家相关行政执法部门1.5万人参加宣传活动,公布了赤峰市2005年十大典型维权案例和赤峰市十大不公平条款;授予23个单位"一星级诚信单位"荣誉称号;协同有关部门集中销毁查获的儿童食品、饮料、酒等12大类150多个品种的假冒伪劣商品。2014年3月,以"消费与民生"为主题,举办"3·15"维权晚会,主要揭露"黑心板材"、"苹果箱里灌水泥"、购买商品房遭遇"潜规则"、老年消费者被骗等侵权现象,并请法律专家进行专业点评。

三、对商品和服务的社会监督

1991年,市消协深入开展对商品和服务的社会监督工作,共受理消费者投诉110件,为消费者挽回经济损失9.8万元。1995年,市消协积极配合有关执法部门开展打假治劣专项治理工作。各级消协组织共抽调100多名工作人员对全市零售市场进行检查,敦促相关执法单位对不法商户进行行政处罚,没收问题商品18万余元;集中销毁13大类100多个品种、价值达25万元的假冒伪劣商品。2000年,全市各级消协组织受理消费者投诉2700多件,案件解决率达98%。市消协从社会上聘请一大批老干部、退休职工等担任义务监督员,形成一支2000多人专兼职的社会监督力量。2010年5月,市消协与餐饮行业协会协商并达成意向,在会员单位首先停止"禁止自带酒水"霸王条款。2013年,由8位法律专家和24位行业志愿者组建的专业团队,在开展消费咨询活动或消费维权时提供无偿的援助。2014年,全市各级消协组织投诉信息系统登记受理消费者投诉184件,解答消费咨询720人次,为消费者挽回直接经济损失99.73万元,其中加倍赔偿5件,增加赔偿金额7900元。

第六章　管理机构

第一节　市级管理机构

1991 年，赤峰市工商局内设行政机构 10 个，分别是行政办公室、人事科、财务装备科、党委办公室、企业注册管理科、经济检查科、市场规范管理科、商标广告管理科、个体私营经济管理科、经济检查大队；有所属事业单位 3 个，分别是市消费者协会、市个体劳动者协会、市培训中心。1999 年末，市工商行政管理机关统一上划至自治区工商局，由属地分级管理改为省(自治区)以下垂直管理。同年，市工商局内设行政机构变为 11 个，撤销了经济检查大队，增设纪检监察室、法制科。另外设置直属分局。所属事业单位增加 2 个，分别是广告事务所、商标事务所。

2002 年，市工商局内设行政机构变为 10 个，撤销了党委办公室、经济检查科、个体私营经济管理科，增设机关党委、公平交易与消费者权益保护科。增加信息中心。2006 年，设立赤峰市"12315"消费者申诉举报指挥中心，所属事业单位变为 7 个。2008 年，内设行政机构为 11 个，增加外资科。所属事业单位变为 6 个，撤销了商标事务所。2010 年，增设赤峰经济开发区分局，为局派出机构。

2012 年，市工商局内设行政机构变为 13 个，增设食品流通管理科和基层指导科；另增设专业市场管理分局，为局派出机构；所属事业单位变为 5 个，撤销了培训中心。2014 年，自治区以下工商部门垂直管理体制改为地方政府分级管理体制。同年 8 月，市工商系统机构编制人员全部移交市政府属地管理。同时，撤销市工商局赤峰经济开发区分局，并入红山区工商分局；撤销市工商局专业市场管理分局，并入市工商局；撤销食品流通管理科，业务划入市食药监部门。同年，市工商局内设行政机构 12 个，分别是办公室、人事科、财务装备科、机关党委、纪检监察室、企业注册管理科、公平交易与消费者权益保护科、法制科、市场规范管理科、商标广告管理科、外资科、基层指导科；所属事业单位仍为 5 个，分别是市消费者协会、市个体劳动者协会、信息中心、"12315"服务中心、广告事务所。同年 12 月，市政府决定将市工商局、市食药监局、市质监局监管职能和队伍进行调整组合，成立市市场监督管理委员会。

第二节　旗县区级管理机构

1991 年，全市各旗县区均建有工商行政管理局，内设股室均为 9 个；工商所为旗县区工商局派出机构。1994 年，红山区、松山区、元宝山区工商局更名为工商分局，由"三区"属地管理改为市工商局直接管理。1999 年，实行工商管理体制改革，其他 9 个旗县工商局均由市工商局垂直领导。同年,全市有工商所150个。1994—2009年,各旗县区陆续撤销物价局,将价格管理职能划归工商局。2002年之后,红山区、松山区、元宝山区将价格管理职能由工商行政管理局划归发展和改革局。同年,机构改革,压缩工商所机构,全市工商所保留64个。2009年,减少3个工商所,旗县区工商局下设61个工商所,其中城镇工商所25个,农村牧区工商所36个。2010年后,“三区”以外的9个旗县陆续将价格管理职能由工商行政管理局划归发展和改革局。2013年,经自治区工商局批复,新成立6个工商所。2014年10月,根据市政府统一安排,12个旗县区工商行政管理部门移交旗县区人民政府管理,实行属地分级管理体制。同年,全市12个旗县区工商局(分局)内设机构均为11个(股室),另设党务工作办公室和纪检监察室;全市有工商所67个。

第四篇 质量技术监督管理

第一章 计量管理

第一节 计量监督检查

1991年，市技监局依据《中华人民共和国计量法》规定，对用于贸易结算、安全防护、医疗卫生、环境监测、资源保护、法定评价、公正计量方面，并列入《中华人民共和国法制管理的计量器具目录》的计量器具，实施计量检定。当年共检定各种计量器具8.06万台(件)，商贸用计量器具周检率达到98%(除市场外)，强检计量器具受检率为60%。同年，市技监局重点对水泥市场进行计量检查，查处13家水泥生产、销售企业，罚款5.23万元，挽回经济损失46万元。1993—1994年，对市区33家石油经销门市计量行为进行统一检查，对发现的违法行为进行了查处；针对群众反映强烈的瓶装液化石油气含量不足问题，市技监局对市煤气公司进行调查，对发现的计量违法行为依法进行了处理，罚款1.9万元；全市查处计量违法案件147起，没收不合格计量器具1628台(件)。1997年，全市商品交易中杆秤基本被淘汰，被电子秤、度盘秤替代。

2001年，市质监局下发《赤峰市定量包装商品计量监督和执法检查实施方案》，重点对面粉、大米、食品、茶叶等与百姓生活密切相关的定量包装商品进行计量监督检查。全市共对94家企业生产销售的139批次的定量包装商品进行抽查。对问题严重的3家企业给予了处罚，并通过媒体予以公布。对120多家加油站加油机检定、铅封情况及相应的计量管理制度等进行监督检查，为560台加油机安装税控装置。2007年，市质监局建立重点用能企业能源计量档案21份；与21家重点耗能企业签订共同推进节能降耗增效工作责任书。2009年，全市共监督检查医疗卫生机构84家，检查医用计量器具389台（件），检查眼镜制配场所37家，检查眼镜店所使用的强检计量器具64台(件)。

2012年，全市查处各类计量违法案件68起；抽查种子、化肥、农药、地膜等农用定量包装商品196批次，合格率为98%。2014年，市质监局分别部署开展医用计量器具和民用“四表”专项监督检查工作。全市共检查医疗单位80余家，检查医用计量器具

2000余台(件);检查供水企业13家、供电企业12家,检查在用水表450块、在用电能表450块;在秋季,对收购粮食、蔬菜、水果、畜产品使用的计量器具和全市各类煤炭经营者计量器具进行专项监督检查,纠正了一些不规范的计量现象。同年,组织全市列入"万家企业节能低碳行动"名单的42家企业,进行能源计量自查和审查工作。由专业技术人员组成审查组,对26家企业进行现场审查,对发现的问题,督促企业及时整改。

第二节 计量授权

1995年,依据《中华人民共和国计量法》及其实施细则的规定,自治区技监局和市技监局根据需要,采取法律规定的形式,授权其他单位计量检定机构和技术机构,在规定的范围内执行强制检定和其他检定、测试任务。到年末,全市计量授权单位有6家,其中有自治区技监局考核授权的内蒙古煤矿安全计量二站,其所属企业为平庄矿务局,检定项目3项;市技监局考核授权的赤峰铁路工务段等5个单位,检定项目共有9项。到2005年末,全市授权计量检定机构增加到25家,其中自治区质监局考核授权的2家,分别是内蒙古煤矿安全计量二站和赤峰电业局电能计量中心;市质监局授权的23家,分别是:12个旗县区农电局电能计量所,市自来水总公司和10个旗县区自来水公司(红山区、松山区除外)。授权检定项目有7项、12种计量器具。

到2014年末,全市共有授权计量检定机构34家,在2005年底的基础上,新增赤峰红烨锌业有限公司、赤峰制药(集团)有限责任公司、燕京啤酒(赤峰)有限责任公司、内蒙古伊泰丹龙药业有限公司、赤峰富龙热电股份有限公司、平煤水电热力公司、松山区自来水公司、平庄煤业计量检定测试站、赤峰九龙自来水有限责任公司9家单位,授权检定项目为7项、13种计量器具。

第二章 标准化管理

第一节 工业标准化

一、标准制(修)订

1991年,全市有定型产品、批量生产的工业企业,基本做到有标准生产。1995年,市和旗县区两级技监部门对全市1301家企业的2972种产品进行普查。其中执行国家标准的产品有1647种,执行行业标准的产品有663种,执行国际标准和国外先进标准的产品有20种。全年共受理企业标准备案201项。2000年,全市消灭无标生产工作任务全面完成,其中有2个旗县通过国家质检总局验收,10个旗县区通过自治区质监局验收。2003年2月,国家标准化管理委员会在海南召开的全国消灭无标生产总结表彰大会上，赤峰市质监局被授予“全国消灭无标生产工作先进单位”荣誉称号。2009年，市质监局对全市在有效期内的495项食品企业标准和288项一般工业产品企业标准进行清理和复审。2012年，市质监局与巴林石集团有限公司完成地方标准《巴林石》的修订和地方标准《巴林石鉴定》的编制工作。

二、采用国际标准

1991年，赤峰市开始采用国际标准和国外先进标准（简称采标）。1995年，全市首批20家采标企业完成20项采标工作，获准使用采标标志。1997—1999年，市技监局对于管理基础好的企业，积极引导其采标。其间，全市共有37家企业39种产品通过采标验收，获准使用采标标志。1999年，内蒙古宁城老窖集团、赤峰啤酒集团、平庄矿务局第一水泥厂、赤峰松山区医疗器械有限责任公司4家企业采标工作获自治区“采用国际标准先进单位”称号。2000年末，全市已有70家采标企业累计采标92项。2002—2003年，赤峰制药（集团）有限责任公司生产的盐酸土霉素和赤峰艾克制药科技股份有限公司等6家企业生产的麻黄碱、伪麻黄碱等8种产品采标成功，并获得采用国际标准标志证书。2006—2014年，市质监局未再落实具体企业开展采标工作，但对有关企业自行采用国际标准和国外先进标准仍提供必要的技术指导。

第二节　农业标准化

1991年1月，宁城县被命名为“内蒙古自治区农业标准化示范县”；同年被国家技术监督局授予“全国农业标准化示范县工作先进单位”称号。1995—1997年，市技监局会同有关部门落实国家技术监督局确立的“松山区畜牧业综合标准化示范区”项目。1999—2001年，“翁牛特旗日光温室蔬菜种植标准化”项目，通过自治区质监局组织的验收；建成国家质检总局立项的“元宝山区猪鸡配套饲养及加工综合标准化示范区”；敖汉旗“林业标准化示范县”建设项目，通过自治区质监局、林业厅验收。

2002—2004年，建成第三批全国农业标准化示范项目——巴林左旗紫花苜蓿标准化示范区，建成自治区农业标准化重点示范项目——喀喇沁旗优质烤烟农业标准化示范区；市质监局结合全市农牧业产业化六大主导产业和四大优势产业发展目标，编制《赤峰市农业地方标准三年（2004—2006）发展计划》，制定33项赤峰市农业地方标准。2007年8月，赤峰市第五批全国农业标准化示范项目——宁城县无公害肉鸭养殖及加工标准化示范区、敖汉旗沙棘营造标准化示范区、喀喇沁旗中蒙药材种植及加工标准化示范区和山葡萄栽植及加工标准化示范区，相继建成并取得良好经济效益、生态效益和社会效益，顺利通过国家验收。2008—2010年，翁牛特旗育肥肉牛养殖及加工标准化示范区被国家标准委批准为第六批全国农业标准化示范项目，并通过考核验收。

2011—2013年，赤峰市第七批全国农业标准化示范项目——松山区楚东有机蔬菜生产标准化示范区和克什克腾旗昭乌达肉羊养殖标准化示范区建成并通过验收。翁牛特旗凌志马铃薯科技股份有限公司的马铃薯种植加工基地成功申报为第八批全国农业标准化示范区。2014年,喀喇沁旗谷子标准化建设示范区和百合无公害蔬菜标准化建设示范区,被批准为自治区级农业标准化示范区。

第三节 地理标志产品保护

2005年7月,国家质检总局的《地理标志产品保护规定》正式公布施行。2006年,市质监局向自治区质监局提交巴林石为地理标志保护产品的申请报告,随后自治区质监局向国家质检总局呈送推荐函和申报材料。国家质检总局经审查合格,于2007年11月正式公告批准对巴林石实施地理标志产品保护。2009—2012年,市质监局查处冒用巴林石地理标志保护产品案件8起,涉及产品货值80万元。

2007年10月,国家标准委批准克什克腾旗为“国家生态旅游服务标准化试点旗”。自治区、市、旗三级质监部门与有关部门相互配合,帮助示范区建立健全从服务设施、标志、环境、管理到服务质量及评价全过程的标准体系。2009年,示范区主体构成要素阿斯哈图石林主景区通过了ISO9000质量体系认证。2010年8月,克什克腾旗被国家标准委授予“国家生态旅游服务标准化示范旗”称号,成为中国第一个县级旅游标准化示范点。2013年4月,敖汉小米通过国家地理标志产品保护技术审查。同年5月,敖汉小米被国家质检总局批准为地理标志保护产品。

第四节 机构代码和商品条码管理

一、组织机构代码管理

1993年5月,市技监局开始在各旗县区开展代码(技监部门给每个机关、企事业单位、社会团体颁发一个法定代码标识,是组织机构的“身份证”)标识制度试点工作,随后逐步推开。到1995年底,全市共为20810个(家)组织机构办理代码证书,其中企业13701家,事业单位4770家,行政单位2244个,社会团体95个,办证覆盖率基本达到100%。2009年,全市共办理组织机构代码证及IC卡8245套,年检证书5719套,年检率达90%。全市各办证点为公安、工商等相关部门和公众提供代码基本信息查询服务达1000余次。2012年3月,自治区实行组织机构代码工作改革,赤峰市组织机构代码工作移交自治区标准化院统一管理。

二、商品条码管理

1996年,市技监局开始开展商品条形码(简称条码,是一种产品代码,由一组宽窄且间隔不等的平行线条及相应的数字组成)工作。1997年,全市有6家企业加入全国物品条码网络，有 24 种产品使用了条码。2001 年，全市质监系统组织开展 GB12904—1998《商品条形码》国家强制性标准执行情况监督检查，共检查生产和销售企业 50 余家。同年，全市共有 20 家企业申办商品条码，17 家企业完成商品条码复审。2004—2006 年，全市完成商品条码注册企业 115 家。2008 年，质监部门继续在全市范围内开展商品条码执法检查，共检验印有商品条码的各类商品 2 万余批次，查处违规使用条码的商品 600 余种，并对违法生产、销售的企业进行了处罚。2009—2011 年，全市有 132 家企业新注册商品条码。截至 2014 年末，全市有效的商品条码系统成员企业达 535 家，涉及食品、药品、化工、日用品、服装等多个领域。

第三章　认证许可工作

第一节　计量认证

1990 年，市技监局开始计量认证工作。到 1995 年末，全市通过计量认证的单位达 69 个，主要包括市、旗县区两级产品质量监督检验机构以及卫生防疫、环保监测、种子公司和建筑工程质量监督检测机构。至 2004 年末，全市持有效计量认证证书的单位 96 个。

自 2007 年起，新申请和通过复查、验收的计量认证机构改为资质认定机构。受自治区质监局委托，市质监局对全市 98 个资质认定机构开展工作情况进行检查。至 2014 年末，全市共有有效资质认定机构 123 个，涉及产品质量监督检验、建筑工程质量检测、建材检测、公路工程试验检测、地质矿产勘查、水利勘察设计、疾病防控、水质检验、环境保护监测、机动车检测、药品检验、林木种苗质量监督检验、兽药检验、粮油质量检测、饲料质量监督检验、节能监察、消防安全检测、煤质检测、农业检测、特种设备检验和核辐与辐射环境监测等 21 个行业和领域。

第二节　生产许可

一、工业产品生产许可

2005 年 9 月，《工业产品生产许可证管理条例》开始实施。2006 年，赤峰市 90 余家建筑外窗、硫酸、验配眼镜、水泥等申证生产企业通过国家质检总局全国工业产品生产许可证现场审查。2007 年，全市共有生产细木工板、压缩气体、危险化学品、复混肥、水泥、验配眼镜等 28 家企业，成功申办生产许可证。2010 年，全市新增生产许可证 51 张；有 36 家获证企业的 41 张许可证到期被注销。同年 8 月，国家质检总局下发《关于不再对建筑外窗、工业用香料实施工业产品许可证制度管理有关问题的通知》，此后,市质监局不再对建筑外窗实施工业产品许可证制度管理。2012 年 10 月,国务院发布《关于第六批取消和调整行政审批项目的决定》,明确规定取消“验配眼镜生产许可证核发”。按此决定,全市质监部门停止对验配眼镜实施生产许可证制度管理。2014 年,全市有 12 家企业的 12 个产品获工业产品生产许可证。年底,全市除建筑外窗、验配眼镜行业外,共有获证工业产品生产企业 103 家,证书 113 张。

二、食品生产许可

1989 年,自治区标准计量局和物价局制定颁发《内蒙古自治区食品标签设计、印制和使用监督管理办法》,同年 3 月,市标准计量局按此办法审批第一个食品标签。至 1991 年末,全市累计审批食品标签 1591 个。自 2005 年 10 月起,按照自治区质监局要求,市质监局停止食品标签的审批工作。

2003 年开始,市质监局首先在大米、小麦粉、食用植物油、酱油、食醋 5 类食品中实行食品质量安全市场准入制度,主要包括生产许可证制度、强制检验制度、质量安全市场准入标志。到年末,全市有 31 家企业 39 个单元的 5 类食品取得食品质量安全市场准入许可证。2005 年下半年,实行市场准入的食品扩大到肉制品、乳制品、饮料、调味品(糖、味精)、方便面、饼干、罐头、冷冻饮品、速冻米面食品、膨化食品等 10 类食品。自 2007 年初起,糖果制品、茶叶、葡萄酒及果酒、啤酒、黄酒、酱腌菜、蜜饯、炒货食品、蛋制品、可可制品、焙炒咖啡、水产加工品、淀粉及淀粉制品等 13 类食品也全部实施市场准入。全市已有 133 家食品生产企业 151 个产品获得食品生产许可证。2012 年 2 月,自治区质监局印发《食品加工小作坊审查登记及监督管理暂行办法》,根据此办法,全市质监部门开展食品生产加工小作坊审查登记工作。到 2013 年末,全市共有 627 家食品加工小作坊取得审查登记证,基本实现食品加工小作坊生产管理全覆盖;全市获得食品生产许可企业总数达 554 家,食品生产许可证总数达 648 张。

第三节　质量体系认证

2000 年,市质监局开始开展 ISO 9000 质量管理和质量保证体系国际标准认证工作。当年宁城老窖集团、赤峰啤酒厂、草原兴发集团、赤峰第一水泥厂等 18 家企业通过 ISO 9000 质量体系认证,有 4 种产品通过国家产品认证。2004—2007 年,赤峰松鹤调味品有限公司等 35 家企业申请 ISO 9000 质量体系认证并取得认证证书。至 2014 年末,全市持有效 ISO 9000 质量体系认证的企业达到 200 家,基本涵盖所有生产领域。

2014 年赤峰市通过质量体系认证企业数量统计表

表 12-4-1　　单位:家

地区	持证企业数	地区	持证企业数
市直	32	林西县	4
红山区	45	克什克腾旗	3
松山区	24	翁牛特旗	9
元宝山区	31	喀喇沁旗	9
阿鲁科尔沁旗	6	宁城县	14
巴林左旗	15	敖汉旗	5
巴林右旗	3	合计	200

第四章　质量管理

第一节　质量监督管理

一、产品质量监督抽查

1991 年,全市技监部门共抽查 1480 家企业的 2382 批次产品,经检查 1850 批次的产品合格,合格率为 77.67%,比上年提高 3.78 个百分点。1997 年,重点抽查可能危及人身安全、健康的产品和用户与消费者反映质量问题较多的产品及重要的生活资料、工业生产资料、农业生产资料。全年共对 2331 家企业的 9 大类、45 种、2888 批次的产品进行监督抽查。抽查产品批次合格率为 78.95%,比上年提高 3.41 个百分点,是赤峰市自 1981 年开展质量监督抽查工作以来合格率最高的一年。2003 年,对国家、自治区和赤峰市三级质监机构产品质量监督抽查不合格的 210 余家企业进行了后期处理,复查合格率达到 100%。从 2004 年起,市质监局按照从源头抓质量的要求,将产品质量监督抽查工作放在可能危及人体健康和人身财产安全的产品及实施生产许可证和强制性产品认证的产品上,实施重点监督。2008—2010 年,市质监局按照自治区产品质量监督抽查计划,严格执行抽检分离制度,强化产品质量检验机构约束机制,保证产品质量监督抽查结果的真实有效。3 年中,全市共组织抽查生产企业产品 1072 批次,合格 925 批次。

二、执法打假

1991 年,市技监局根据自治区技监局下达的工作计划,开展打假治劣行动,查处

1991—2014年部分年份赤峰市产品质量监督抽查情况统计表

表12-4-2

年份	抽查企业数(家)	合格企业数(家)	合格率(%)	抽查产品(批次)	产品合格(批次)	产品批次合格率(%)
1991	1480	1025	69.26	2382	1850	77.67
1995	1742	1065	61.14	2281	1405	61.60
2000	1280	1036	80.94	1850	1489	80.49
2005	35	26	74.29	164	105	64.02
2010	477	421	88.26	510	451	88.43
2011	166	151	90.96	180	162	90
2014	133	118	88.72	200	174	87

15类伪劣商品、212种无证产品、3大类167种明令淘汰产品，销毁劣质鱼粉6吨，为消费者挽回经济损失27.48万元。1995年，全市技监部门突出对“两品三料”的执法监督，即对涉及人身安全健康的产品、用户和消费者反映质量问题较多的产品，主要生活资料、工业生产资料和农业生产资料的检查，共检查生产和流通企业3507家，检查产(商)品3721种。1997年，全市技术监督部门按上级部门统一部署，开展以打假治劣为重点的行政执法工作和“查大案、端窝点、整市场”三大战役，共检查商品企业6789家，查处违法案件803件。其中罚没款在1万元以上的大案要案12件，没收销毁假冒伪劣产品总标值33.13万元，捣毁制假窝点21个。1998年春节期间，针对震惊全国的“山西朔州假酒案”，市技监局及时开展历时一个多月的查缴假酒专项执法行动，共查获由朔州流入赤峰市的假酒福寿酒、贾府酒等共28个品牌438件；同时查获河北易县、青县等地生产的各类假冒伪劣瓶装白酒100多个品牌、1万余瓶；封存外地散白酒6.5吨，对这些假劣白酒集中进行销毁。

2000年10月，市政府办公厅印发《开展打假联合行动实施方案》，成立由质监、工商、公安、烟草、监察、卫生、医药、盐务等部门组成的打假工作领导小组，打假办公室设在市质监局，负责日常工作。2004年5月，针对导致婴幼儿致病、致死的“阜阳劣质奶粉事件”，市质监局在全市开展以乳制品市场为主的专项整治行动，对市内的4家奶粉生产企业、209家批发企业、445家零售企业进行专项检查，查出不合格奶粉25批次905袋。2008年9月，以三鹿牌婴幼儿奶粉受有毒物质三聚氰胺严重污染为代表的中国毒奶粉事件被公开曝光后，市质监局按照国家质检总局和自治区质监局的紧急部署，立即组织各旗县区质监局开展乳制品专项整治行动。到2009年3月，共完成奶制品“三聚氰胺”检验589批次，覆盖全市所有奶制品生产企业。2008—2011年，市质监局在继续深入开展农资打假护农行动的同时，进一步加大对建材、CCC认证产品特别是家电下乡产品、絮棉制品、妇女儿童用品等涉及民生领域产品专项整治力度，查处违法案件2400余件，其中立案810余件，查获违法产品货值超过260余万元。2014年，全市质监部门继续深入开展质监“利剑”行动和农资打假、建材市场秩序专项整治行动，重点对农资、建材、食品、危化品、毛绒纤维等产品开展执法检查。

1991—2014年部分年份赤峰市质监系统执法打假情况统计表

表12-4-3

年份	检查企业数（家次）	检查产品货值（万元）	查处违法案件（件）	其中立案查处案件数（件）	没收销毁伪劣产品货值（万元）	罚没款金额（万元）
1991	1535	3000	201	68	9.7	19.3
1995	3507	14592	279	166	151.4	57.9
2000	8214	31200	2971	793	57.26	133.49
2006	5882	28787	1 897	723	262.28	166.6
2010	2131	12230	481	176	26.5	32.61
2011	2099	18552	493	122	18.8	251.7
2014	2862	14220	176	103	35.68	28.51

三、“质量月”活动

1991年，经市政府同意，市技监局下发《关于在全市流通领域开展商品质量信得过单位活动的通知》，并出台配套的管理办法和评审细则。全年验收“商品质量信得过”单位52家，其中被评为市级信得过单位3家，旗县级信得过单位49家。1992年，市技监局围绕打假扶优、规范市场、引导消费、服务企业等方面开展“中国质量万里行”活动。在打击“假冒伪劣”方面，通过新闻媒体揭露曝光一大批制假售假案件，扶持一大批品牌企业和名优产品。1996年12月，国务院颁布《质量振兴纲要（1996—2010年）》，提出要继续开展“质量月”活动。自1997年起，全市技术监督部门在“质量月”活动中，持续组织开展“五查一访”（查质量的意识、水平、体系、管理、损失和访问用户）和专项监督检查及打假活动，宣传名牌产品，展示名牌战略成果，表彰质量效益型企业，努力营造良好的质量环境和氛围。2005年，在“质量月”活动中，组织内蒙古塞飞亚股份有限公司、赤峰远航水泥有限责任公司等30多家企业负责人召开“质量、品牌”专题座谈会。2013年“质量月”，开展企业质量诚信承诺活动，市质监局和各旗县区质监局分别与辖区内企业签订质量诚信承诺书。

四、机动车安检机构资格许可

2005年4月，根据国家质检总局等有关部委文件精神，机动车安全技术检验机构资格及监督管理工作由公安机关移交质量技术监督部门。同年，市质监局组织并完成对市内2家机动车安全技术检验机构的调查摸底工作。2006年，取得机动车安全技术检验资格许可的企业有2家，分别是赤峰安通机动车辆检测站、赤峰华邦汽车工业贸易有限责任公司安全技术检测站。2009—2012年，全市有翁牛特旗政通机动车检测有限责任公司等7家企业先后获得机动车安检资格许可。2014年，市质监局对已开展检验业务的机动车安检机构进行专项监督检查，并分类监管定级。对检查中发现的计量器具未检定、检验报告不规范、人员未经培训即上岗、管理制度未落实等方面的问题，要求安检机构立即整改。到年末，全市共有机动车安全技术检验机构15家。

第二节　优质产品评定

一、免检产品

1991年，市技监局开展产品免检工作，对连续几年监督检查合格的产品，在一定时期内免于监督检查。1993年8月中旬，市技监局召开新闻发布会，通报当年全市产品质量监督情况，宣布18家产品免检企业名单。1995年3月，市政府作出对赤峰第二毛纺厂等66家企业授予“赤峰市产品质量监督免检企业荣誉称号”的决定，并在全市技术监督工作会议上颁发牌匾和证书。1996年7月，市技监局下发《赤峰市生产企业产品质量监督免检暂行办法》;同年10月，市政府印发《关于对宁城老窖酒厂等73家企业授予赤峰市产品质量监督免检企业荣誉称号的决定》。1997年6月，自治区技术监督局印发通知，公布自治区第三批质量免检产品名单。宁城老窖集团的宁城老窖白酒、赤峰天元塑料制品有限公司的聚乙烯薄膜、赤峰砖瓦厂的烧结普通砖和宁城老窖集团白酒厂的宁城醇白酒获自治区级免检产品。1999—2000年，市质监局对全市156家企业的产品实行市级以上质量免检，对已获得免检称号的企业进行表彰。2001年12月，国家质检总局颁发新的《产品免于质量监督检查管理办法》，对产品免检制度作了严格规定和限制。此后，市质监局再未实行企业产品免检。

二、名牌产品

内蒙古名牌产品评选活动始于2003年，评为内蒙古名牌产品有效期3年。2004年，市质监局确认内蒙古草原兴发股份有限公司等10家企业的14个产品可申报内蒙古名牌产品。经自治区质监局评审，10家申报企业各有一个产品被评为内蒙古名牌产品。2005—2008年，全市质监部门立足赤峰市能源、化工、金属冶炼、食品、制药等优势特色产业，引导企业走质量效益型发展道路，成功培育赤峰远航水泥有限责任公司42.5R普通硅酸盐水泥、赤峰华源毛业有限公司精纺呢绒等14家企业的17个内蒙古名牌产品。2014年，市质监局依据申报企业的行业分布，确定现场评审组成员由质监、农牧业、经信、食药监部门的专家组成，进一步提高评审工作的权威性和公正性。经严格初评，对符合条件的9家企业11个产品形成推荐意见上报自治区质监局。

第三节　特种设备安全监察

1999 年 8 月，由市劳动局负责的全市特种设备的安全监督管理工作移交市技术监督局。

一、审批审查

2000 年至 2003 年 5 月，市质监局共审批锅炉安装、修理、改造方案 575 份，验收锅炉 521 台；审批起重机械安装方案 921 份，验收起重机械 898 台。2003 年 6 月，《特种设备安全监察条例》开始施行，根据该“条例”及相关配套规定，市质监局不再对特种设备安装、修理、改造方案进行审批，而是接收特种设备安装、修理、改造告知并对其进行审查备案。2003—2005 年，市质监局共接收锅炉安装、修理、改造告知 319 份，参与验收锅炉 286 台；接收电梯、起重机械安装、修理、改造告知 570 份，参与验收 521 台（次）。2011—2014 年，市质监局特种设备安全监察机构共接收 3893 台（套）锅炉、压力容器、压力管道和 5238 台电梯、起重机械安装修理改造告知，进行审查备案。

二、注册登记

2001 年 4 月，市质监局根据国家质检总局印发的《特种设备注册登记与使用管理规则》，下发《关于在全市开展锅炉压力容器压力管道特种设备普查登记的通知》。根据普查结果，到当年 10 月末，全市在用锅炉 1569 台（常压热水锅炉 442 台），在用固定式压力容器 1984 台，在用气瓶 24.19 万只，在用起重机械、电梯、场内机动车辆、游乐设施共计 1176 台（件），各类气体充装站 32 家，罐车 29 台。2003 年，按照国家质检总局的要求，市质监局从 4 月开始在全市开展气瓶普查整治工作。到 2004 年末，全市约有 24 万只气瓶完成由气瓶充装单位托管或将产权转移至气瓶充装单位，并健全气瓶登记台账和档案。截至 2014 年末，全市特种设备保有量为 1.7 万台（套）。其中锅炉 2074 台，压力容器 7124 台，电梯 4272 台，起重机械 3323 台，大型游乐设施 32 台（套），客运索道 3 条，场（厂）内专用机动车辆 188 辆；有气瓶 29.22 万只，压力管道 47.55 万米。

表 12-4-4

2001—2014 年部分年份赤峰市特种设备数量统计表

年份	合计（台、套、条）	其中							压力管道（千米）	气瓶（只）
		锅炉（台）	压力容器（台）	电梯（台）	起重机械（台）	大型游乐设施（台、套）	客运索道（条）	专用机动车辆（台）		
2001	4729	1569	1984	174	876	4	—	122	—	241933
2005	5104	1190	2171	227	1226	12	—	278	7	269322
2010	9427	2421	4260	1127	1522	44	3	50	44.3	261056
2011	10668	2386	4755	1631	1775	35	3	83	52.3	266230
2014	17016	2074	7124	4272	3323	32	3	188	475.5	292168

三、定期检验

2000年,全市质监部门开始对特种设备进行定期检验。当年共检验锅炉444台、压力容器507台、起重机械381台,检验石油液化气瓶2.78万只、无缝气瓶2468只、乙炔气瓶559只、其他气瓶423只,气瓶检验率达到90%以上。2006年,全市共定检锅炉517台,驻厂监检锅炉压力容器157台,安全阀校验2218只,压力容器定检493台,气瓶定检4.46万只,起重机械定检264台(件),电梯定检267台。2012年,全市共完成电梯检验2195台,自动扶梯检验325台,起重设备检验2576台,工业锅炉定检476台,电站锅炉检验53台,锅炉验收91台,完成压力容器定检344台、监检801台,完成压力管道检验3.87万米,完成气瓶检验4.4万只,检验安全阀2484只。

四、人员培训

2000年,市质监局以市特种设备检验所为主要培训基地,以有条件的企业自行培训为补充,有针对性和实用性地组织开展全市特种设备作业人员培训工作,并严格考核发证管理,保障作业人员依法持证上岗。全市共培训各类特种设备专业人员2367人。其中司炉工914人,压力容器操作工337人,气焊、气割操作工127人,锅炉水质化验员173人,液化石油气汽车槽车驾驶员、押运员23人,锅炉压力容器焊工20人,电梯、起重机械等特种设备作业人员495人,气瓶充装工48人,其他人员230人。到2004年末,全市特种设备作业在岗人员约5000人,持证人员约4200人,持证上岗率84%。

2012年,按照国家质检总局要求启用“全国特种设备作业人员数据库及人员公示系统”,市质监局完成了辖区内特种设备作业人员信息数据填报工作。全市组织特种设备作业人员考核发证5200人次。截至2014年末,全市共有持证特种设备作业人员2.03万人。其中锅炉作业6073人,压力容器作业3721人,气瓶作业378人,压力管道作业639人,电梯作业1013人,起重机械作业4338人,客运索道作业17人,大型游乐设施作业40人,场(厂)内专用机动车辆作业808人,特种设备焊接作业366人,安全阀校验8人,特种设备相关管理人员2934人。

五、安全监察

2000年,市质监局组织开展冬夏两季安全大检查,重点检查小型锅炉、气瓶和施工在用起重设备,共发出“特种设备安全监察指令书”210份,查封土锅炉167台,停用不合格起重机械15台。2002—2004年,全市质监系统以“杜绝特大事故,遏制重大事故,减少一般事故”为安全监察工作目标,加大执法监察力度,共检查锅炉使用单位1764家,发现存在事故隐患单位267家,下达安全监察意见书(指令书)234份,责令180家单位限期改正,责令83家单位停止使用存在严重事故隐患的锅炉,现场监督销毁土锅炉169台;总计检查压力容器使用单位430家,发现存在事故隐患单位107家,下达安全监察意见书(指令书)72份,责令32家单位限期改正;检查气瓶充装单位、换瓶点801家,发现存在事故隐患单位244家,下达安全监察意见书(指令书)183份,责令12

家充装单位限期改正;查出超期充装的液化石油气钢瓶等气瓶1.05万只,查获并监督销毁报废气瓶2200余只;共检查电梯及起重机械使用单位661家,发现存在事故隐患单位185家,下达安全监察意见书(指令书)141份,责令86家单位限期改正,责令52家单位停止使用存在严重事故隐患的电梯或起重机械。2009—2011年,根据国家质检总局和自治区质监局安排部署,市质监局以重点行业领域特种设备安全隐患排查治理、保障国家重要活动期间及重要节假日特种设备安全为主要内容,采取专项整治和日常安全监察相结合的工作措施,对全市特种设备进行"拉网式"巡回监督检查。2014年,市质监局组织开展车站、商场电梯专项检查,气瓶充装、移动式压力容器充装单位年度监督检查,共检查单位1743家,检查设备4398台,下达安全监察意见书(指令书)483份,消除事故隐患1452处。

第五章 管理机构

第一节 市级管理机构

1990年9月,市标准计量局更名为市技术监督局,内设计量管理科、质量监督科、标准化科、人秘科、情报资料室5个机构;下设市产品质量检验所(水泥质量监督检验站)、市计量测试所(市节能技术服务中心)、市技术监督检查所、市计量试验场4个二级事业单位。1995年3月,内设机构增设法规科、科技宣传科。1999年6月,自治区政府印发的《内蒙古自治区质量技术监督管理体制改革方案》规定,盟市质监局为自治区质监局的直属机构,旗县(区)质监局(分局)为上一级质监局的直属机构。同年11月,赤峰市向自治区质监局移交市级技监局1个、旗县(区)技监局12个,移交技术监督稽查队1个、技术机构27个。实施垂直管理后,市技监局更名为市质量技术监督局,内设机构仍为7个,人秘科改为办公室,计量管理科改为计量科,撤销情报资料室,增设锅炉压力容器安全监察科。2001年10月,内设机构仍为7个,法规科、科技宣传科合并为人事教育科,质量监督科改为质量科,设立质量技术监督稽查队;自治区质监局派驻机构1个,即纪检监察室。2002年3月,在原市产品质量监督检验所、市计量测试所和市衡器检定修配所的基础上合并组建赤峰市产品质量计量检测所。2004年,锅炉压力容器安全监察科更名为特种设备安全监察科。2005年,设立赤峰市质量技术监督局经济开发区分局。

2011年7月,内设机构变为9个,新增执法督查局和食品生产监管科。2014年4月,按照上级要求,市质监局将承担的全市生产环节食品安全监督管理职责划归市食品药品监督管理局,撤销食品生产监管科。同年8月,根据上级意见,除赤峰市特种设备检验所仍由自治区质监局管理外,自治区质监局将赤峰市质监系统其他机构人员编制一并移交赤峰市人民政府管理。管理体制调整后,市质监局内设机构为8个,分别是办公室、计量科、标准化科、锅炉压力容器安全监察科、质量科、人事教育科、执法督查局、质量技术监督稽查队;撤销赤峰市质量技术监督局经济开发区分局。同年12月,市工商局、市食药监局、市质监局合并,成立赤峰市市场监督管理委员会。

第二节　旗县区级管理机构

1991年,赤峰市各旗县区标准计量局更名为技术监督局后,陆续实行管理、执法机构与检定、检验机构的分设,即技术监督局下设计量所和产品质量检验所(红山区、松山区未设产品质量检验所)。敖汉旗技监局等还成立了执法队。1994年,根据上级规定,旗县区技术监督部门改为事业单位,同时挂局的牌子,继续行使政府管理职能。1999年,12个旗县区技术监督所(局)上划市技术监督局。实行垂直管理后,红山区、松山区和元宝山区3个地区的质监部门分别为市质监局派出机构,旗县质监局原来所属计量所和产品质量检验所合并,成立产品质量计量检测所。2011年7月,按照自治区质监局要求,将红山区、松山区和元宝山区3个质监分局改为市质监局直属机构,名称不变。2014年10月,市政府将12个旗县区质监局(分局)机构、编制、人员和资产移交当地旗县区政府管理。

第五篇　物价管理

第一章　价格管理

第一节　行政事业性收费管理

1992—1994年，市物价局在全市范围内对自1988年之后发放的“收费许可证”和“收费员证”进行年检审验。对教育等热点难点问题进行专项治理。会同市纪检、监察、教育等部门组成联合调查组，对社会反映强烈的红山地区三所学校和一所幼儿园收费进行重点检查，责令其将违反规定多收取的30.78万元全部退还给学生；在全市中小学普遍推行学生收费卡制度，并制定合理的中学自习收费标准。1997年，结合“收费许可证”年检，开展行政、事业性收费清理整顿工作。全年共审验各类“收费许可证”4021个，其中行政性688个，事业性2158个，经营性1175个；审验“收费员证”10300个，收回“收费许可证”9个，扣留待查12个。1998年，共清理有关收费文件831个，涉及收费项目594个，收费标准2300个，分三批废止92个收费文件。

2001年，根据《内蒙古自治区驾驶员培训收费管理办法》，市物价局对各类驾驶员学校的收费标准进行重新核定，下达赤峰市非职业机动车驾驶员培训收费标准。2002年，按照自治区发展计划委员会印发的《关于内蒙古自治区涉及农牧民价格和收费公示制度实施办法》的要求，各级物价部门在全市236个乡镇苏木建立公示栏或公示牌，公示率达到100%；2583个村嘎查以不同方式落实公示制度，公示率达到98%。同年，市发展计划委员会编印《赤峰市行政事业性收费目录》。2004年，结合贯彻《中华人民共和国行政许可法》，市发改委对行政许可收费项目进行清理，取消不属于行政许可收费项目35个，每年减轻企业和群众负担400万元。

2008—2013年，国家和自治区取消、免征和降低收费标准项目700余项，涉及赤峰市155项(取消131项、免征22项、降低收费标准2项)，涉及工商、教育、卫生、公安、住房和城乡建设、交通、民政、农牧等32个部门。通过多年的取消和清理，截至2014年，赤峰市还有行政事业性一级收费项目81项，涉及22个部门，年度收费额在16亿元左右，其中涉企行政事业性收费项目32项。

第二节　经营性收费价格管理

一、公路交通收费价格管理

1992年,市物价局根据国家和自治区的统一部署,相继调整公路客运票价、公路装卸起重费等商品价格和收费。1997年,经过调查研究和反复论证,规范出租车行业收费秩序,降低了出租车起租价格标准。1999年,对赤承公路赤峰至锦山段、306国道赤峰过境线一级公路收费站收费标准提出调整意见;对市公共汽车公司开通的1路无人售票车零票、月票价格进行批复。2000年,市物价局再次调整出租车价格。2005—2006年,根据自治区发改委等有关部门的通知要求,市发改委对道路旅客运输价格进行调整,及时向社会公布涉及城市客运出租汽车收费项目和收费标准,并通知各有关执收单位进行收费许可证变更登记。

二、电信收费价格管理

1991年11月,市物价局、市邮电管理局依照自治区物价局、自治区邮电管理局《关于收取移动通信和选用特殊号码有关费用的通知》精神,确定移动电话各项收费标准为:用户机售价每部1.5万元,初装费每部4000元,开户费每号收费200元;同时对通话费、更改电话号码收费等作出明确规定。1994年,明确移动电话机的售价按成本加适当利润如实核定,不得多收,其中利润率不得突破8%。2001年2月,对国内长途电话费、国际及港澳台电话资费、出租电路资费、固定本地电话资费、公用电话资费、因特网业务资费进行调整,明确对现行所有电信业务基本资费上的附加费一律取消。2005年8月,按照信息产业部、国家发改委《关于调整部分电信业务资费管理方式的通知》要求,市发改委对国内长途电话通话费、国际长途电话及港澳台地区通话费、移动电话国内漫游费和固定电话本地网营业区间通话费实行资费上限管理。2009年之后,市发改委进一步放宽对固定本地电话等业务资费的管理。对固定本地电话业务的基本月租费和本地网营业区内通话费,以及本地网无线接入电话业务基本月租费和本地网通话费的资费水平实行上限管理。电信企业可以根据市场情况和用户需求制定其他资费方案,自主确定资费结构、计费单位和资费标准。

第三节　工业品价格管理

一、轻工业品价格管理

1992年,根据国家和自治区统一部署,市物价局相继调整啤酒、白酒、酱油、食醋、石油、石油液化气等商品价格。修订下发《赤峰市医药行业价格管理试行办法》。在全市范围内开展对地产药品的审价工作,建立地产药品的价格台账。1994年,根据国务院

《关于加强对居民基本生活必需品和服务价格监审的通知》精神，市物价局下发《关于加强居民基本生活必需品和服务价格监审的十条措施》，通过实行临时最高限价、差率控制、提价申报制度等措施，有效地缓解居民基本生活必需品价格的涨势。1997年，继续实行和完善居民生活必需品和服务价格提价申报及备案制度，严格监督企业遵照执行。全面落实国家计委发布的《药品价格管理办法》及其配套文件精神，举办全市范围内的药品价格管理培训班。对赤峰天奇中药厂、丹龙中药厂的中成药价格进行调整，并下发《关于中蒙成药计价费用定额的通知》。2000年，市物价局审核制药及药品经营企业成本近400个品种、规格，有效规范药品价格行为。同时，配合市纪检委对药品市场进行专项整顿，确保国家计委、自治区计委先后降低的120种和98种药品销售价格的方案得到贯彻落实。

2002年11月，针对58种政府定价药品，市发展计划委员会制定赤峰市医疗机构集中招标采购药品的零售价格，比招标采购前的零售价平均降幅达15%以上，年让利患者700多万元。2003年，面对非典型肺炎疫情，市发展计划委员会及时下发6份强化价格管理的文件，公布部分与防治“非典”相关的政府定价药品价格，建立提价申报制度。同年，对制药企业生产的280种药品价格进行审核上报，平均降价15%。2005年，依照自治区发改委《转发关于国家碘盐基金停止征收后有关价格政策的通知》，食盐出厂价格上调，食盐销售批发价格和零售价格保持原有水平不变。2011年4月，市发改委转发自治区发改委《转发国家发展改革委关于部分抗微生物类和循环系统类药品最高零售价格的通知》，要求药品经营企业和医疗机构认真贯彻执行。

二、农业生产资料价格管理

1991—1992年，市物价局强化对农业生产资料特别是化肥、农药、农膜价格的管理，进一步完善综合价管理办法。测算下达农膜、化肥、农药的综合平均价。明确与粮食、蔬菜等重要农产品挂钩的农业生产资料不涨价，实行综合价的农业生产资料严格按照上级规定的原则制定销售价格。1993年，市物价局制定当年全市重要农业生产资料综合销售价格，其中标准品磷酸二铵每吨1520元，尿素每吨1130元；地产地膜综合销售最高限价每吨不得突破8300元，农膜和大棚膜每吨不得突破8150元。1999年，按照国务院的有关规定，放开化肥的零售价格，对出厂价格实行政府指导价。同年，市物价局会同市农业局下发《关于1999年农作物种子收购价格及作价办法的通知》，明确规定赤峰市玉米、高粱杂交种子的收购价格。

2003年，市发展计划委员会下发《赤峰市2003年种子收购价格及作价办法》。2005年，针对市内化肥、农药、农地膜、种子等主要农业生产资料价格上涨幅度较大的问题，市发改委按照自治区发改委的要求，会同市财政、农业、商务、国税等部门联合下发《关于做好化肥生产供应工作加强价格监管的通知》，对化肥价格实行差率控制，并在新闻媒体上进行公示。2008年，依照自治区发改委《关于加强化肥价格监管保持价格稳定的通知》要求，确定化肥出厂价格继续实行政府指导价。继续对化肥生产用电实行优惠，继续减免征收尿素产品增值税，继续对化肥铁路运输免收铁路建设基金。2009年2月,市发改委、市财政局依照自治区发改委、财政厅《转发国家发改委、财政部关于改革化肥价格形成机制的通知》要求,确定尿素、碳铵、磷酸二铵出厂价格和进口磷酸二铵港口交货价格由政府指导价改为市场调节价,取消化肥流通环节的价格差率控制措施。

三、能源价格管理

电力价格管理 1991年之后,市物价局继续加强对全市农村用电价格管理,对农电价格“乱收费”等问题进行清理整顿,对部分地区推行农村分类综合电价,进一步理顺农村电价秩序。1997年初,市物价局下发《关于搞好1997年度议价电管理的通知》,规定议价电综合加价。当年,对元宝山热电厂、克旗小水电站、敖汉旗小水电站等单位的上网电价进行微调和定价。1999年,由市物价局牵头,会同市农电局对12个旗县区农网改造电价调整方案进行反复测算和核实,上报自治区6个旗县,最后克什克腾旗、林西县、喀喇沁旗获批为全国第一批500个“两改一同价”(改革农村电力管理体制、改造农村电网,实现城乡用电同网同价)试点旗县,3个旗县审批资金1.14亿元。通过这次审查,旗县所在地电价恢复到1998年清理整顿前水平。2000年,市物价局组织各旗县区对农电农网改造资金还本付息电价进行大量测算,其中第一批农网改造资金初见成效,农村牧区电价普遍降低每千瓦时0.01元左右。2004年6月,根据国家和自治区发改委《关于疏导内蒙古东部电网电价矛盾的通知》要求,赤峰市调整蒙东地区电网目录电价。当年12月,根据自治区发改委《转发国家发展改革委关于蒙东电网居民电价调整和厂网分离价格的通知》要求,赤峰市(不含旗县及以下)居民生活用电(含税)在当时电价基础上每千瓦时提高0.025元。

热力价格管理 1993年，市物价局适度调整循环水供热收费等热力服务相关价格。1998年,市物价局向市政府报送《关于调整市区集中供热价格的报告》,经市政府常务会议研究和向社会各界征求意见后,请示自治区物价局同意,将赤峰市区集中供热价格由建筑面积每平方米每月2.63元调整为3.60元。2001年,根据《关于内蒙古自治区计委和有关部门管理的政府指导价、政府定价目录》的规定,市计委对有集中供热的旗县区所在地的供热价格进行规范,旗县区锅炉集中供热价格原则上控制在建筑面积每平方米每月2.5元左右。根据自治区发展计划委员会《关于停止征收供热建设集资款的函》,经市政府常务会议研究同意,取消城市集中供热部门征收的供热建设集资款。2006年,根据国家发改委通知精神,市中心城区调整非居民供热价格,12个旗县区中有4个旗县区所在地调整供热价格。2008年,市发改委批复7个旗县政府所在地的集中供热价格调整。2010年10月,根据上级文件精神,市发改委、市住建委下发《关于对集中供热试行两部制热价的通知》,从2010—2011年取暖期开始,市中心城区通过供热计量验收的新建居住建筑试行供热计量收费。供热价格实行基本热价和计量热价相结合的两部制热价,基本热费为按建筑面积每平方米10.8元,计量热费为0.075元/千瓦时。

供水价格管理　1993 年，市物价局本着平衡、协调的原则，制定全市自来水指导价格，并适时开展价格跟踪调查。1999 年 5 月，在调查测算、充分听取社会各界意见的基础上，调整城区自来水价格，其中居民用水每吨 0.75 元。2000 年，经市政府常务会议审议通过，确定市污水处理费标准为居民用水每吨收取 0.25 元，非居民用水每吨收取 0.45 元，并报自治区计委批准后从当年 10 月执行。2003 年，市发展计划委员会实行市区居民生活用水阶梯式水价。2005—2006 年，市发改委批复市中心城区和 8 个旗县区供水价格调整。2011 年 4 月，市发改委依照自治区发改委《关于赤峰市中心城区自来水价格的通知》要求，调整赤峰市城区自来水价格。居民生活用水实行阶梯式水价，基础水量定为每月 10 吨 / 户，价格由 0.95 元 / 吨调整为 1.80 元 / 吨。学校用水、社会福利事业用水、绿化用水、消防用水执行调整后的居民用水基础水价。2013 年，市政府印发《赤峰市中心城区再生水价格补贴管理暂行办法》。

成品油价格管理　1994 年 6 月，市中心城区市场和旗县市场一律执行自治区物价局下达的成品油销售价格；同年 9 月，按照自治区物价局的要求，对旗县以上市场汽油、柴油销售价实行临时下浮，批零差率统一定为 6%，批发起点定为 3 吨。1997 年，市物价局经过测算，对北五旗县的石油价格提出调整意见。2000—2014 年，每年国家都要对成品油的销售价格进行调整，最多一年调整 18 次，最少调整 2 次。每次调价时（特别是降价时），市各级价格主管部门都组织力量对中石油、中石化及社会加油站点进行检查，保证成品油调价政策落实到位。

2001—2014 年部分年份赤峰市成品油价格调整情况一览表

表 12-5-1　　　　单位：元 / 吨

年　份	调整日期	调整价格		备　注
		汽油 90#	柴油 0#	
2001（调整 11 次）	6 月 5 日	3785	3160	当年最高价
	11 月 24 日	2945	2610	当年最低价
2005（调整 5 次）	5 月 23 日	4425	3940	当年最低价
	7 月 23 日	4925	4340	当年最高价
2008（调整 2 次）	6 月 19 日	6955	6490	当年最高价
	12 月 19 日	6350	5740	当年最低价
2011（调整 3 次）	2 月 20 日	8850	8100	当年最低价
	4 月 7 日	9350	8500	当年最高价
2014（调整 18 次）	6 月 23 日	9460	8625	当年最高价
	12 月 26 日	7255	6270	当年最低价

石油液化气、天然气价格管理　1992年，市物价局调整石油液化气等商品价格和收费。2000年6月，调整石油液化气的销售价格，由39元/瓶(15公斤)调整为52元/瓶(15公斤)，提价幅度为33%。2004年9月，由于石油液化气气源购进价格持续攀升，经对管道石油液化气销售成本的核实测算，市发改委确定管道石油液化气销售价格由8.5元/立方米调整为10元/立方米。红山区、松山区境内石油液化气市场零售价格(不含送瓶费)调整为65元/瓶(14.5公斤)。2005年，市发改委改革市中心城区石油液化气价格管理办法，由市发改委确定市区石油液化气销售价格，改为市发改委制定差率控制作价，市区各石油液化气经营企业按差率控制要求，自己制定销售价格，并到市发改委审核备案。2010年，市发改委下发《关于加强石油液化气价格管理的通知》，市区石油液化气价格管理由原来的备案制改为审批制。液化气价格仍实行限定进销差率管理，进价在4300元/吨以下的(含增值税和进气地至储配站的运杂费)综合运营差率控制在12%以内。管道液化气价格按每公斤折2.5立方米计算。2011年4月，市发改委下发《关于调整市区瓶装液化石油气价格的通知》，市区瓶装液化石油气销售价格由6.6元/公斤调整为7.15元/公斤，即93元/瓶(13公斤)，不含送瓶费。2014年1月，国家发改委明确放开液化天然气、煤制气等气源价格。市政府召开市长办公会议，专题听取市发改委关于非居民天然气价格情况的汇报，研究通过具体调整方案，3月下达企业执行。

第四节　农产品价格管理

1991年，市物价局明确规定定量供应的粮油要严格执行国家定价，加强对粮油议购议销的管理，粮食部门经营的议价粮油的利润率全年按5%以内掌握。同年，规定生猪收购的指导价格按照1∶5.5的猪粮比价掌握；进行牛、羊肉经营体制改革，牛羊肉每公斤收购价格分别上升1.20元和0.80元，同时保持城市居民牛、羊肉供应和价格稳定。1992年，从10月1日起，全面放开粮食购销价格，实行市场调节，多年使用的票证全部取消。1994年，针对市区粮油、蔬菜类商品价格居高不下的实际，经市政府批准，市物价局会同工商局、粮食局、商业局等有关部门下发《关于对红山区市场粮油实行临时最高限价的通告》《关于对红山区市场肉蛋实行临时最高限价的通告》《关于红山区市场蔬菜价格暂行管理办法的通知》，明确规定对红山区市场(含桥西市场)销售的粮油、肉蛋等商品一律实行最高限价和明码标价；对叶类菜在批发价基础上顺加批零差率40%，果类菜顺加批零差率30%~40%，并及时在各大市场和主要销售点挂牌公布。

1995年元旦期间，市物价局会同市粮食局、工商局联合下发《关于元旦、春节期间对粮油实行最高限价的通告》，并成立联合检查组，划分责任区，进行节日市场跟踪管理与检查。同年6月，市物价局下发《关于加强蔬菜市场价格管理的通告》，对市场蔬菜价格实行控制批零差率的管理办法，并坚持每天采价、制价，在主要市场挂牌公布。同年，先后投入资金 1000 多万元，对粮、油、菜进行价格补贴，稳住居民生活必需品的价格。1998 年，按照自治区物价局《关于上报小麦、玉米生产成本及收购价格安排意见的通知》精神，市物价局经调查测算，及时上报赤峰市玉米生产成本及定购价格、保护价格的意见，并于每月 5 日、15 日、25 日向自治区物价部门报告当日的粮食价格。1999 年，市物价局下达专储小麦和玉米的收购价格。2002 年，根据自治区发展计划委员会、粮食局《关于 2002 年秋粮收购保护价格及有关问题的通知》，赤峰市的玉米继续列入保护价收购范围。

第五节　房地产价格管理

1992 年，市物价局积极进入房地产市场，参与房地产价格管理，并着手制定房地产交易价格管理办法，逐步建立起包括房地产价格评估、审定、调控、监测在内的价格管理体制。1994 年，市直以上各房产开发公司销售的居民住宅商品房一律由物价部门测算审批销售价格；会同有关部门首次对市区居民住宅楼的楼层差价作出统一规定。1997 年，共审定房价约 8 万平方米，通过反复测算，确定 1996 年安居工程价格为建筑面积 832 元 / 平方米；与有关部门共同研究下发了《赤峰市中心城区基准地价暂定标准》《赤峰市城区 1997 年各类房屋拆迁重置价格的通知》《关于调整商品住宅楼楼层差价系数的通知》，规范和促进房地产业发展。1999 年，市物价局根据国家的有关规定和赤峰市房地产发展现状，报请市政府同意，放开了商品房价格。同时，与市建设局联合下发《关于加强经济适用住房价格管理的通知》，严格经济适用房价格监管。

2000 年，市物价局审批 98236 平方米经济适用住房价格，建筑面积每平方米控制在 1250 ~1300 元之间。2002 年 6 月，自治区发展计划委员会印发《内蒙古自治区经济适用住房价格管理办法》，市发展计划委员会转发并贯彻执行。2011 年 5 月，市发改委根据国家发改委发布的《商品房销售明码标价规定》和自治区发改委制定的《实施细则》，在第一时间与房产管理部门和工商行政管理部门核对赤峰中心城区范围内房地产开发企业名单，把在建的企业登记造册，了解企业动态，掌握第一手材料。2013—2014 年，全市各级物价部门加强对商品房销售明码标价监管，构建“申报、审核、备案、规范、监管”五位一体的商品房销售明码标价管理体系。

第六节　价格鉴证

1992 年，自治区物价局、高级人民法院、高级人民检察院、公安厅、工商局联合印发《关于委托物价部门对查没赃物和赔偿物资进行核价的通知》，规定凡涉及对查没赃物和赔偿物资的核价业务，统一由同级物价部门核价。1995 年，市物价局为有关部门开展赃物评估定价工作 40 余件，核定价总金额 300 多万元。1996 年，自治区物价局等 10

部门联合印发《内蒙古自治区关于罚没物、抵押物、纠纷物、拍卖物、过期无主物、赔偿物等财产物品价格认定管理办法》，明确自治区各级物价部门是所辖行政区域内这6种财产物品价格认定的主管部门，各级物价部门设立的价格事务所是指定的财产物品价格认定机构。1997年9月，市价格事务所成立后，不断扩大工作领域，全年共评估案件668件，评估金额达1060万元，其中市本级评估案件15件，评估金额120余万元。

2000年10月，自治区政府颁布实施《内蒙古自治区价格鉴证管理办法》，规定自治区、盟市、旗县各级价格鉴证机构在各自规定的范围内从事价格鉴证工作。赤峰市各级价格事务所认真贯彻"管理办法"，规范价格鉴证工作。2002年，市价格认证中心与自治区价格认证中心合作，完成全市12个旗县区农村电网改造后上划资产价格认证工作。2003年，市价格认证中心受理各类案件1985件，金额4661万元。2004年，价格认证工作拓展到海关、外贸、保险、拆迁等领域。2014年，市价格认证中心共受理各类案件126件，金额达650.03万元。其中刑事案件21件，金额为366.56万元；行政案件105件，金额为283.47万元。

第二章　物价监督检查

第一节　价格投诉

1991年之后，赤峰市各级价格机构重视价格举报工作，建立了价格举报中心，设置举报电话、网络投诉站、举报箱，同时接受群众来信来访。1994年，市物价局配合卫生管理部门对个体行医进行整顿，解决群众举报问题59件次。1997—1999年，先后对群众反映的赤峰第十中学、红山区公安分局、红山区交警队、昭乌达派出所等单位的收费问题进行专项治理；解决了站前广场重复收取工商行政管理费、电话亭占地费、出租车停车费等收费不合理问题；对群众举报的红山区爱卫会收取下岗职工摊位管理费问题、松山区上官地镇中学乱收费问题、喀喇沁旗教育局收取招考费问题，责成当地物价局及时查处。市价格举报中心累计受理各类群众来信、来访和电话举报案件138件，并把处理结果及时向群众和有关部门反馈。

2001年，开通赤峰市"12358"举报电话，设专人值守，建立举报案件落实制度，做到有举必查，有查必复，件件有落实，事事有回音。2003年，抗击非典型肺炎期间，全市价格检查人员实行24小时值班工作制度，接到群众投诉举报及时到位查处，有效打击了哄抬物价、变相涨价、价格欺诈等违法行为。同年，全市共接到价格举报14821次，立案查处265件，实行经济制裁总金额88.5万元，其中退还用户50.6万元，没收违法所得28.4万元，罚款9.5万元。2012年，全市"12358"举报电话共接受群众价格政策咨询270人次，受理价格(收费)投诉举报27件，其中市本级查处13件，转发下级查处14件。

第二节　价格收费监督

一、价格监督检查

1991年，市物价局在搞好节日市场物价检查和经常性的人民生活用品价格检查的同时，重点进行农村牧区电价检查和农业生产资料价格检查、粮食调价后相关商品价格跟踪检查、成品油等工业品价格检查等专项物价检查，共查处各类价格违法行为和案件1500件，查处非法所得金额107.38万元，实行经济制裁总额104.18万元，严厉打击乱涨价、变相涨价等损害消费者利益和扰乱经济秩序的不法行为。1994年，根据国家和自治区的统一部署，先后在上半年和下半年开展2次物价大检查。市物价局会同红山区和松山区人民政府及市工商、粮食、商业、技术监督等部门，根据各项稳定物价措施的出台，结合中秋、国庆等节日市场进行检查。与此同时还配合自治区物价检查所对石油、邮电等中直、区直单位和部门进行检查，两次检查实行经济制裁总金额344.98万元。1998年，全市各级物价检查机构共查处违纪案件596件，查处违法所得201.42万元，对违法者实行经济制裁，金额达149.49万元，其中上缴财政130.43万元，退还用户19.06万元。

2003年，市发展计划委员会开展农业生产性费用、教育、煤炭价格专项大检查，同时与城建、房地产、铁路等部门进行其他价格检查。共查处价格违法案件603件，查处违法金额782.7万元，实行经济制裁482.18万元，其中退还用户269.11万元，没收违法所得163.67万元，罚款49.4万元。2004年，开展医疗服务和药品价格重点检查，共检查5家药品生产企业、28家药品经营企业、102家医疗机构，查处多收价款144.25万元。2007—2008年，市发改委贯彻落实《内蒙古自治区对部分重要商品及服务实行临时价格干预措施的实施办法》，对市区各个液化气经营站的价格进行检查，对列入干预监管的百柳商场、京香购物广场、赤峰市果菜粮批发市场等单位进行每日巡查；对12个旗县区的农电局及赤峰电业局下属的3个供电局进行重点检查；对扩大范围收取城市附加费的行为进行查处，收缴罚没款20余万元。

2012年，按照自治区发改委转发国家发改委有关价格专项检查通知精神，全市各级价格主管部门结合实际，先后开展涉农价格和收费、医疗服务收费及药品价格专项检查。2014年，全市价格监督检查工作形成以国家价格主管部门监督为主，社会监督、企业内部监督和舆论监督为辅的全社会价格监督网络；逐步构筑起以《中华人民共和国价格法》为基础，以《价格违法行为行政处罚规定》为主体，以行政法规、地方性法规为配套的价格监督检查法规体系。全市价格监督检查工作人员从最初的42人发展到128人。全市各级价格监督检查部门共查处各类价格违法案件23件，实行经济制裁金额85万元。

二、行政事业性收费监督检查

1991年，全市物价管理部门结合治理“三乱”（乱收费、乱罚款、乱摊派），全面开展收费检查,保护了群众和企业的合法权益。1993年,市物价局暂时取消市本级25项不合法收费项目。开展以交通、城建、电业、医疗、教育、公安等部门为重点的收费检查。1998年,全市各级物价检查所先后开展劳动系统和税务部门的收费检查以及公安系统收取城镇人口增容费的专门检查。

2001年,市物价局会同市纪委、监察局、畜牧局组成调查组,深入农(牧)户对农村牧区群众反映强烈的收费问题进行专项检查,重点是农村中小学收费、农村医疗收费、计划生育收费、婚姻登记收费、农民建房收费等,并写出专题调查报告。同年7月,市物价局对药品市场和医疗服务收费进行专项检查,检查覆盖面达到95%,立案查处案件75件,查处违纪金额65.26万元,退还用户6.42万元,上缴财政21万元。2006年,市发改委对农业、教育、国土、交通、水务等5个行业72个单位进行检查,查处违纪金额50万余元,退还用户20万余元。2009年,开展惠农价格收费检查,重点检查不利于农民工流动的收费问题;按照《关于公布取消和停止征收100项行政事业性收费项目的通知》规定,检查取消和停止征收义务教育借读费、暂住证工本费、劳动合同鉴证费等费用的落实情况。2014年,市发改委重点开展商业银行收费检查,按照自治区发改委的统一部署,配合自治区检查组完成对赤峰工商银行收费专项检查;组成4个联合检查组对全市商业银行收费进行专项检查,督促银行取消不合理收费,降低企业和个人融资门槛。

第三节 价格听证会制度

2002年,针对集中供热成本上升情况,赤峰市部分旗县提出调整供热价格。市发展计划委员会及时组织相关旗县召开价格听证会,对供热公司前三个年度的供热成本进行核实、测算,合理确定有关旗县的供热价格,并由此形成价格听证会制度。2003年5月,自治区发展计划委员会印发《内蒙古自治区价格听证目录》,主要听证项目有居民生活用水(含污水处理)、管道煤气和天然气、集中供暖、用电、医疗服务5项价格和义务教育阶段中小学学杂费、垃圾处理收费、有线电视收视维护费3项收费标准。同年,市发展计划委员会对宁城县天义污水处理厂和翁牛特旗乌丹污水处理厂的污水处理收费标准召开价格听证会,经反复测算,并吸收听证代表意见,批复了收费价格。2005年,市发改委协助自治区发改委召开蒙东地区居民电价听证会。通过该听证会,煤电价格联动方案在5月1日顺利实施。

2008年10月,国家发改委公布新的《政府制定价格听证办法》,明确规定制定关系群众切身利益的公用事业价格、公益性服务价格和自然垄断经营商品价格等政府指导价、政府定价,应当实行定价听证。2008—2013年,市发改委先后组织或参与了市中心城区供水价格调整听证会、蒙东阶梯电价听证会,以及部分旗县区供热、供水价格调整听证会7次。

第六篇 食品 药品监督管理

第一章 药品监督管理

第一节 行政审批

1991—2000年,由市卫生部门对“药品零售企业经营许可”实施管理。2001年,赤峰市药监局成立后,立即着手规范行政审批工作,完善审批程序。本着减少数量、提高素质、整顿秩序、促进分类的原则,对全市290家药品零售企业换发新的“药品零售企业经营许可证”。同时,进一步推进全市处方药与非处方药分类管理工作,使实行初步分类管理的零售药店的比例达到100%。2002年,以制度建设年为契机,建立首问责任制,把药监部门的行政审批事项、工作时限及行政审批结果向社会公开。设立市药监局网站,在网站上试行政务公开。同年10月,根据市政府要求,红山区开办药品零售企业和医疗器械经营资格初审、一次性医疗器械销售登记及麻醉药品销售办理等工作,一律进驻市政府行政服务中心,实行“一站式”办理。同年,市药监局下发《赤峰市零售药店管理办法》,规定零售药店的申办条件、程序及审批时限等事宜,规范零售药店管理。2003—2005年,市食药监局把零售药店的行政审批工作与推动农村牧区药品供应网络建设结合起来。适时修订《赤峰市开办零售药店管理办法》,坚持条件准入,并向农村牧区倾斜,向连锁药店倾斜。在零售药店的设置上取消关于距离的限制规定,对由城镇变更到乡村的药店或申请在乡村开办零售药店的,优先受理、优先审批、优先验收、优先发证。全市零售药店总数达到1150余家,平均每4000人拥有一个药店。其中经营地址在乡镇及以下的750家,占开办药店总数的65%,加上卫生系统的2932家村级卫生室,卫生医疗机构和药店已覆盖全市98.4%的行政村。2006年,将自治区食药监局委托盟市办理的医疗器械经营许可事项纳入市政府行政服务中心;下发《赤峰市零售药店兼营医疗器械审批办法》,减掉了现场验收程序。当年,市政府行政服务中心“药监行政审批服务窗口”连续两年被评为“红旗窗口”。

2010年,市食药监局下发《赤峰市规范药品零售企业药学技术人员在职在岗行为专项整治行动实施方案》,解决药师执业缺位、服务不规范和技术落后的问题,收到明显成效。市食药监局行政审批服务窗口连续7年保持“红旗窗口”荣誉。2012年1月,按照自治区卫生厅和自治区食药监局《关于做好卫生食药监行政部门食品安全等监管职能交接工作的通知》要求,市食药监局将食品安全管理办公室承担的综合监督等职能划归卫生部门,将卫生部门承担的餐饮服务和保健食品、化妆品的行政许可以及监管职能划归市食药监局。同年,市食药监局下发《赤峰市药品零售企业退出管理办法》和《赤峰市药品零售企业开办与变更管理办法》等规范性文件。2014 年,清理药械行政审批事项 16 项,对审批流程进行重新审定。

第二节 监督管理

一、市场监管

2001 年,市政府将药品、医疗器械打假作为全市治理整顿经济秩序的重点工作之一。从 9 月开始,出动各类检查人员,对全市各类药品和医疗器械经营、使用单位进行集中检查,对 57 家涉及"麻、精、毒、放"(麻醉、精神、毒性、放射性)特殊药品的生产、经营、使用单位进行专项检查,对全市医疗机构制剂室进行监督检查。检查药品、医疗器械经营使用单位 1168 家,查处违法案件 69 件,没收各类不合格药品、医疗器械 718 种,取缔无证经营户 86 家,取缔非法经营的同兴药品集贸市场。2002 年,市药监局会同工商等有关部门开展了打击"三非"(非法经营使用药品、非法行医、非法制作药品医疗广告)专项治理行动,查获一批要案。当年,全市共查处案件 1979 件,涉及假劣药品、医疗器械 1766 件,无证经营 213 件。2003 年,市药监局制定《防治非典型肺炎应急方案》,加大对防控非典型肺炎药品生产、经营和使用单位的检查力度。2006 年,按照国家食药监局的部署,积极开展查扣齐齐哈尔第二制药厂和安徽华源"欣弗"假药专项行动,全系统共查扣"齐二药"药品 10.1 万支、安徽华源"欣弗"药品 22193 瓶,上报不良反应疑似病例 23 例;同时查获涉及 4 个省(区)共 7 个批号案值 70 余万元的销售假药"脉络宁"案。2008 年,市食药监局加大对生产工艺和处方的核查力度,协助自治区食药监局对 3 家注射剂生产企业 65 个品种的生产工艺和处方进行核查,对 6 家麻黄碱生产经营企业和 10 家麻黄碱使用企业进行突击检查,对 12 家制剂室进行专项检查。下发《赤峰市药品经营企业、使用单位药品购进渠道管理办法》;同旗县区分局签订《兴奋剂专项治理责任书》,同药品生产经营企业签订《反兴奋剂承诺书》。

2011 年,市食药监局下发《赤峰市药品医疗器械安全信用分类管理办法》《赤峰市医疗机构药品质量监督管理办法》等 4 个规范性文件。全市建立市、旗县区、乡镇苏木三级药品安全工作领导组织,构建各级人民政府负总责、监管部门各负其责、企业是第一责任人的药品安全责任体系。在全市开展以非药品冒充药品、挂靠经营、互联网违法宣传和非法邮寄销售药品等专项整治行动,共查获违法案件 505 件,向公安机关移送涉嫌违法犯罪案件 13 件,向工商部门移送违法广告条目 114 条。2014 年,对使用空心胶囊生产药品的企业、药品类易制毒化学品生产企业和含麻醉复方制剂生产企业进行专项检查;对医疗用毒性药品经营企业、罂粟壳经营企业、第二类精神药品经营企业进行重点检查。利用特殊药品监控信息网络系统,对“麻、精”等特殊药品实施动态监管,监控到一针一片。年内,全市检查药械生产、经营、使用单位 6527 家,查处案件 647 件,罚没款 169.77 万元; 向工商部门移送各类违法广告 4108 条次; 上报药品不良反应报告 7736 例,平均百万人口报告 1678 例。

二、质量认证

2001 年,赤峰永巨制药厂大输液车间、内蒙古大板制药厂、维康生化制药公司通过 GMP(产品生产质量管理规范的英文缩写)认证。2002 年,全市有 5 家企业的 8 个车间通过国家 GMP 认证。市药监局制定 GSP(药品经营质量管理规范的英文缩写)认证规划。宁城医药公司、大盛堂连锁店通过国家 GSP 验收小组的验收;34 家零售药店通过国家 GSP 认证中心验收。2004 年,全市 12 家药品生产企业全部通过药品 GMP 认证;全市 145 家药品经营企业通过 GSP 认证,其中批发企业 22 家,零售连锁企业 16 家,药品零售企业 107 家。2007—2010 年, 市食药监局不断对一些药品生产企业通过 GMP 认证和生产许可进行现场检查,一些药品经营企业通过了 GSP 认证;对一些药品生产企业、医疗机构制剂室和一些药品经营企业实施 GMP 和 GSP 跟踪检查。2011 年,市食药监局对 382 家药品零售企业进行 GSP 认证;对全市 19 家药品生产企业进行 GMP 认证跟踪检查, 对 14 家药品批发企业、4 家连锁企业总部和 615 家药品零售企业进行 GSP 认证跟踪检查。2014 年,对 675 家零售企业进行 GSP 认证现场检查,协助自治区食药监局完成 30 个药品批发企业、13 家连锁企业总部 GSP 认证现场检查。

三、三级药品监管网络建设

2002 年,全市药监部门针对假劣药品从城市向城乡接合部和农村牧区转移的新特点,在查源头的同时,通过借助基层防保站人员、聘任协管员等方式,构建旗县区、乡镇苏木、村嘎查三级药品监管网络。2004 年,各旗县区、乡镇苏木利用“两网”(计划生育网络、卫生防保网络)聘请 886 名乡村干部担任药品监管员、信息员、协管员,初步构建覆盖全市的三级药品监管网络。2007 年,积极推动“两网”建设与“新农合”(新农村合作医疗)相结合,利用监管网络加强对纳入“新农合”范围相对人的监管。将确定为“新农合”定点药房纳入药品供应网络,开展“规范药房”创建活动,扩大农村牧区药品供应网点。协调当地的“新农合”办公室,把经营规范的药店纳入“新农合”的定点报销药品供应点。2014 年,市、旗县区、乡镇苏木三级药品监管网络更加健全完善。市食药监局在坚持市场调节的同时,发挥行政审批与政策引导的调控作用,继续鼓励药品连锁企业向农村延伸网点,大力支持社会力量到农村牧区开办药店。

四、药品抽样检查

2001—2009 年,市食药监局(市药监局)持续不断地进行药品抽样检查,最多年份完成各类检品 1417 件,最少年份完成各类检品 779 件。

2001—2009 年赤峰市药品抽样检查情况表

表 12-6-1

年份	检查各类药品(件)	查处不合格检品(件)	不合格率(%)
2001	1027	126	12.3
2002	1414	284	20.1
2003	1417	295	20.8
2004	1230	266	21.6
2005	779	178	22.8
2006	786	205	26.1
2007	902	280	31.0
2008	1010	313	31.0
2009	952	322	33.8

2010—2011 年，市食药监局两年累计完成基本药物抽检 450 个品种、1536 个批次。2014 年，共完成药品监督抽检 1737 批次，其中基本药物监督抽检 1010 批次，其他药品抽检 727 批次。

第二章　食品监督管理

第一节　食品安全监督检查

2002 年，国务院赋予全国工商行政管理机关行使“流通领域的食品安全监管”职能，市工商局开始开展此项工作。2003 年，市工商局进行节日市场食品安全专项整顿，全市共查扣注水肉 2000 多公斤、病死畜肉 1000 多公斤、不洁动物血液制品 500 多公斤、近万元的假冒伪劣儿童食品和保健品。2004 年 9 月，市食药监局开始行使食品、保健品、化妆品安全管理和对食品安全的综合监督、组织协调及依法组织查处重大事故等职能。市政府决定成立市食品安全委员会，由市政府一名副市长任委员会主任，市食药监局、卫生局等 14 个部门分管领导为成员。市食品安全委员会办公室(简称市食安委办)设在市食药监局。市政府印发《关于切实加强食品安全工作的通知》，进一步明确食品安全管理的重点环节、主要任务和各部门的职责。

2006 年，赤峰市被国家食药监局确定为全国禽类制品安全保证体系试点城市。市食药监局制定了实施方案和《赤峰市禽类制品安全保证体系技术规范文本》，确定草原兴发、宁城塞飞亚、赤峰市畜研所种鸡场、惠丰种禽有限责任公司作为试点企业，按照方案有效地组织实施。国家食药监局两次派员到赤峰调研指导试点工作，并在赤峰召开全国食品安全保证体系试点工作座谈会。2007年，市工商局下发《流通环节产品质量和食品安全专项整治行动方案》，集中开展重点品种、重点区域、重大节日食品市场和重点食品经营企业四项专项执法检查。全市共检查食品经营主体2.64万家(次)，检查食品批发市场、集贸市场等各类市场166家，检测食品25个品种、410批次；立案查处食品违法案件640件，案值334.7万元；取缔无照经营425家，端掉无证照制售劣质食品黑窝点56个，查缴注水和未经检疫上市的猪肉、禽畜肉1206公斤，假冒伪劣食品1.69万公斤，假冒伪劣白酒7210件，市场总标价210余万元；受理和处理消费者有关食品安全申诉和举报143件，为消费者挽回经济损失51.12万元。2009年6月，《中华人民共和国食品安全法》颁布实施，市食安委办组织开展食品安全重点整治行动。整治的重点品种有儿童食品、奶制品、蔬菜农药残留、注水肉、地沟油等十几种，整治的重点区域是农贸批发市场、农村牧区和城乡接合部、食品加工的小作坊、“黑窝点”、畜禽屠宰场、餐饮业、学校及幼儿园食堂等，严厉打击违法添加非食用物质和滥用食品添加剂行为。

2010年，全市工商部门集中开展五项专项执法行动，即奶制品市场专项执法检查，打击流通环节违法添加非食用物质和滥用食品添加剂专项执法检查，重点食品及季节性、节日性、突发性食品专项执法检查，农村食品市场专项执法检查，非法加工、销售、使用地沟油、餐厨废弃物及销售不合格一次性筷子专项执法检查。全市共立案查处食品安全案件64件，查扣假冒伪劣食品4461公斤、问题奶酒2933瓶，取缔“地沟油”窝点2处，有效维护了食品市场秩序。同年，市工商局下发《2010年流通领域食品安全抽样检验计划》，全面开展流通环节食品安全抽检工作。全年共抽检食品28类、289个样品，检测出不合格样品26个，全部依法进行了处理。各旗县区工商局(分局)开展食品快速检测8000多个批次。2011年，市食安委办协调组织开展食品添加剂排查处置工作；继续开展乳制品、地沟油、含苏丹红辣椒及其制品、“瘦肉精”等专项整治。赤峰市的食品安全专项整治工作，得到国家考核组的充分肯定。2014年，先后开展农村牧区食品市场专项整治行动和冷库专项检查、“上海福喜”事件(上海福喜食品向麦当劳、肯德基等多家知名快餐连锁店供应过期变质肉类原料)涉及的企业专项检查。

第二节　食品生产流通许可证发放

2005年，市质监部门完成15类食品的市场准入工作，有74家86个产品获得食品生产许可证，将28类食品全部纳入食品质量安全市场准入管理。2009年，全面启动食品流通许可证发放工作。市工商局下发《食品流通许可证申请条件及现场核查参考标准表》,确定食品流通许可证发放工作流程是:工商所咨询服务、现场核查,旗县区工商局食品流通许可机构受理、审查,局长核准发放,确保发放工作的制度化和规范化。

2010 年,全市共有食品流通单位 2.17 万家,其中个体工商户 2.11 万家,其他性质企业 667 家,拥有从业人员 3.10 万人。已累计发放、换发食品流通许可证共 2.01 万家,其中预包装食品经营户 5654 家,散装食品经营户 632 家,预包装食品兼营散装食品经营户 1.38 万家。2014 年,全市工商部门培训食品经营户达到 2.23 万家;对全市 3.10 万家食品流通企业和个体工商户全面进行现场核查,全市累计换发到期许可证的企业 3653 家,对 1.22 万家乳制品经营户经营资格进行重新标注。

第三章　管理机构

第一节　市级管理机构

1991—2001 年,市医药管理局与赤峰医药公司为一个机构、两块牌子,属政企合一单位。市医药管理局没有专门编制,人员为企业员工。2001 年 9 月,根据自治区政府《关于药品监督管理体制改革实施方案》和《盟市、旗县(市、区)药品监督管理局(分局)机构改革意见》,赤峰市撤销市医药管理局,重新组建市药品监督管理局,正处级建制,并受自治区药品监督管理局垂直领导。市药监局内设机构有办公室、人事教育科、注册安监科、市场科、稽查队 5 个部门。赤峰市药品检验所由市卫生局整体划归市药监局,为局属事业单位,正科级建制。2004 年 9 月,根据自治区机构编制委员会《关于各级食品药品监督管理机构设置的批复》精神,市药监局更名为市食品药品监督管理局。

2010 年 9 月,自治区政府将盟市、旗县食品药品监督管理体制下放到地方政府,实行分级管理,市食药监局列为市政府工作部门。内设机构增加到 8 个,新增器械科、食品安全协调科和纪检监察室 3 个机构。市食品安全委员会办公室移交市卫生局。2013 年 4 月,建立赤峰市食品化妆品监督所、红山区食品化妆品监督所、松山区食品化妆品监督所和赤峰市药品不良反应监测中心,作为市食药监局直属事业单位。2014 年 4月,市政府根据自治区政府《关于改革完善盟市旗县食品药品监督管理体制实施意见的通知》精神,将全市卫生部门承担的餐饮环节监管职能、工商部门承担的食品流通环节监管职能和质监部门承担的食品生产加工环节监管职能,划入食品药品监管部门,相关行政许可和审批事项也相应划入;市食品安全委员会办公室同时由市卫生局移交至市食药监局。市食药监局内设机构变为 9 个,分别是:办公室、人事教育科、纪检监察室、注册安监科、市场科、稽查科、保化科、餐饮服务监管科、器械科。同年 12 月,市政府决定将市食药监局、市工商局、市质监局监管职能和队伍进行调整组合,成立赤峰市市场监督管理委员会。

第二节　旗县区级管理机构

1991—2001 年,全市旗县区医药管理局与医药公司是一个机构、两块牌子,没有人员编制,人员为公司员工。2002 年,各旗县区撤销医药管理局,除红山区外,其他 11 个旗县区陆续组建药品监管分局,内设机构为办公室、监管室两个部门。2004 年 9 月,各旗县区分局统一更名为食品药品监督管理分局。

2010 年 9 月,组建市食药监局红山区分局,正科级建制,同松山区分局、元宝山区分局作为市食药监局派出机构,实行市局垂直管理。同月,市政府将旗县食品药品监督管理分局下划至旗县政府管理,更名为旗县食品药品监督管理局,保留正科级建制。2014 年 10 月,红山区、松山区、元宝山区食品药品监督管理分局和其所属的食品化妆品监督所下划至“三区”政府,实行属地管理。全市 12 个旗县区食品药品监管局内设机构为 7 个,分别是办公室、药械监管股、保化监管股、餐饮服务监管股、纪检监察室和食品流通股、食品生产监管股。

第七篇　国土资源管理

第一章　地籍管理

第一节　土地资源调查

一、地籍调查与地籍建档

1992年,市土地管理部门组织开展城镇、村庄地籍调查、登记发证工作。1993年6月,全市各旗县区全部完成土地详查工作。经市级汇总统计,全市共有93.47万宗地,完成92.86万宗地权属调查、面积丈量、地图绘制,占总宗地数的99.35%;发证54.26万个,占总数的58.1%;建档43.18万宗地(卷),完成46.2%,解决了多年来未能解决的邻里之间权属纠纷8664起。1998年,全市城镇地籍调查除巴林右旗、喀喇沁旗未验收外,其余旗县区全部完成,并通过自治区验收;红山区、松山区、元宝山区土地分等定级工作完成,通过验收;12个旗县区的46个乡镇苏木建立土地统计台账,7个旗县区土地利用总体规划全部完成;乡镇苏木土地利用总体规划完成148个,占乡镇苏木总数的56%。完成基本农田保护区划区定界83.3万公顷,基本草牧场保护区划区定界149万公顷,两项工作均通过自治区验收;完成12个旗县区所在地及12个建制镇的基准地价评估工作;同时完成天元羊绒衫厂、黄金集团、啤酒集团等10余家企业改制以及兴发集团、宁城老窖集团、富龙公司等股票上市企业的地价评估和审核工作。

2003年,市政府印发《赤峰市村庄地籍图测绘办法》,完成全市近94万宗城镇、村庄地籍调查,建立健全地籍档案;完成"国有土地使用证""集体土地建设用地使用证""集体土地所有证"的发放工作,同时完善了地籍档案,对地籍资料进行分类整理、归档。2009年,结合第二次土地调查,进一步强化地籍管理,在各旗县区开展权属及城镇地籍调查工作。2013年,对乡镇苏木政府所在地的城镇村庄地籍进行调查,并及时进行变更登记;全面开展批而未供土地清理,不断提升供地率。2014年,完成了上年度土地变更调查工作,并通过了国土资源部和自治区国土资源厅的检查复核。

二、土地资源利用调查

从1986年6月到1993年6月,全市开展第一次土地资源利用现状大调查,历时7

年。这次土地详查主要工作任务是查清各类土地面积、分布、利用状况和土地权属。调查采用最新的航空摄影资料和大比例尺影像图与地形图为基础资料，经野外测绘、补测、统计汇总等工作环节，形成了各种图件和资料。主要成果有：野外调绘 1∶1 万影像图 500 幅，1∶1 万地形图 351 幅及相应的航摄像片 940 张，1∶5 万地形图 354 幅及相应的航摄像片 8664 张；签订土地权属界线认可书 1.28 万份；市、县、乡、村数据汇总册 2462 册；编绘 1∶1 万、1∶5 万、1∶2.5 万比例尺分幅土地利用现状图 1239 幅，权属界线图 1239 幅，市、县级土地利用现状彩色挂图 13 套；编写乡级土地调查说明书 271 份，市、县级土地利用现状调查报告 13 份；查清了全市 90021 平方公里土地的土地权属界线、四至面积，解决了土地资源实底不清、权属紊乱的问题。市级、旗县区级详查工作均通过自治区的验收，其中宁城县、敖汉旗、翁牛特旗、喀喇沁旗、巴林左旗、克什克腾旗的土地利用现状调查工作分别获得国家土地管理局优秀成果奖。从 2007 年 7 月到 2009 年 10 月，开展第二次全市土地资源利用现状调查工作。

第二节　土地登记

一、土地登记发证

2003 年 12 月，市土地登记中心成立后，开始全市土地使用权初始登记和变更登记、土地使用证遗失补发登记及土地使用权抵押登记等工作。

二、农村牧区集体土地所有权与使用权确权登记发证

全市农村牧区集体土地所有权确权登记发证工作自 2011 年 7 月 1 日开始，至 2012 年 12 月 31 日结束。全市调查集体土地所有权 7.25 万宗，面积 777.53 万公顷，全部进行权属审核，并转入系统宗地。集体所有权宗地权属、界线清晰，明确无纠纷。经审核公告，报旗县区人民政府审批，最终登记发证确权审批 6.17 万宗，面积 680.93 万公顷，占调查总面积的 87.58%；权属争议协调解决无果后暂时设置为争议地 1.08 万宗，争议面积为 96.60 万公顷，占所有权总面积的 12.42%。

全市农村牧区集体土地使用权确权登记发证工作从 2013 年开始。市政府成立了农村牧区集体土地使用权确权登记发证工作质量检查领导小组，提出“测量准确、四邻签字真实、权属来源合法、登记信息真实、数据库能够应用”的登记发证工作总体要求，全面开展此项工作。当年全市农村牧区集体土地使用权确权登记发证 105 万宗。2014 年，继续推进此项工作，截至年底，登记发证率超过 70%。

三、国有农牧场土地确权

2002 年，赤峰市在全市 14 个国有农牧场中选 2 个进行国有农牧场土地确权试点工作。2003—2004 年，推广试点经验，在所有国有农牧场中逐步开展土地确权工作。2005 年，市农牧场服务中心将农垦企业亏损补贴资金共 35 万元全部用于确权工作。

各地国土资源部门抽调专业人员,集中时间,利用原有资料,对图件和权属材料不全的及时进行补测。当年,全市14个国有农牧场土地确权工作全面完成,并通过自治区验收。赤峰市此项工作在全自治区名列第一。

2002—2014年赤峰市土地登记发证情况统计表

表12-7-1 单位:宗

年份	性质			总计
	国有土地		集体土地	
	初始、变更	抵押		
2002	534	44	—	578
2003	358	72	27	457
2004	382	55	27	464
2005	352	54	17	423
2006	283	48	17	348
2007	324	73	40	437
2008	190	85	—	275
2009	248	125	—	373
2010	412	162	—	574
2011	483	160	—	643
2012	422	145	—	567
2013	333	118	—	451
2014	443	57	—	500

第三节　土地开发利用

一、建设用地

1991年,元宝山露天矿、集通铁路等重点建设项目征地动迁工作开始,市土地局坚持建设用地计划管理,杜绝超计划用地现象;同时配合自治区完成乡镇企业用地定额指标调查。1993年,国家下达用地计划1093.33公顷,其中耕地346.67公顷,全市按法律规定审批占用土地804.88公顷,其中耕地173.38公顷。市土地局打破定期审批惯例,对符合规定、手续健全的用地项目,随报随例会审批;对重点建设项目采用征地

“包干”办法，加快征地速度。对乡镇企业和农贸市场用地实施政策倾斜，简化审批手续，减免收费约5万元。1998年，自治区下达给赤峰市非农业建设用地指标为717.89公顷，其中耕地228.6公顷；实际用地427.7公顷，其中耕地134.16公顷。市土地局加强建设用地规范化建设，开展元宝山区、敖汉旗和林西县三个建设用地模式化试点工作，并通过自治区验收。市区建立起规范地产档案，补办年租赁手续178份，发放国有土地有偿使用证1986个。1999—2000年，市土地局严格执行非农业建设用地计划和耕地“冻结令”，强化建设用地审批管理，坚持集约用地、规范管理、依法审批的原则，强化土地的用途管制。新的《中华人民共和国土地管理法》实施后，市土地局严格执行新法的规定，把原来的分级限额审批方式转变到用途管制方式上来。对中心城区的供地方式进行改革，统一中心城区的土地管理权，对经营性用地一律由土地管理部门以招标拍卖方式出让。

2005年，全市完成农用地转为建设用地2292公顷，完成对赤大白铁路和赤大、赤通高速公路等重点建设项目的土地勘测和征地补偿等前期工作，并通过国家和自治区的预审，预审用地面积5358公顷。2007年，认真贯彻落实《国务院关于加强土地调控有关问题的通知》精神，坚持节约集约用地，有保有压，保证重点项目、重点工程的用地需求。全年全市共报批农用地转用及土地征收63宗，报批总面积934.9公顷，土地收益达4.74亿元。对内蒙古大唐国际克什克腾发电厂等20个重点建设项目进行了预审审查，预审用地面积1692.83公顷。2010年5月，《赤峰市土地利用总体规划（2006—2020）》经自治区政府批复实施。

2011年，通过布局调整和结构优化，全市有效增加建设用地空间2.4万公顷，有力保障了全市经济社会发展用地需求。2014年，全市共上报申请使用新增建设用地指标2128.1公顷，经国务院和自治区批准建设用地总面积2487.55公顷，项目建设用地做到应保尽保；全市实际供应建设用地1383.1公顷，获取土地出让金64.92亿元。同年7月，启动国有建设用地使用权网上挂牌出让，全市成功出让国有土地使用权8宗，成交价款3.91亿元。

二、土地市场整顿

1993年，市土地局与红山区土地局联合在红山区率先进行土地隐形市场的治理整顿工作。调查809宗地，面积10.11万平方米；补办出让手续262宗地，面积1.98万平方米，收缴出让金29.7万元。继红山区之后，松山区、敖汉旗、喀喇沁旗、宁城县、巴林右旗等地制定治理整顿土地市场实施方案，进行调查摸底工作，为全面治理整顿土地市场奠定了基础。

2003年，市国土资源局根据国家、自治区治理整顿土地市场秩序的工作部署，组成3个工作组深入到各旗县区进行督查，对11个园区建设土地使用情况进行严格的检查、整治，使全市园区建设得到规范。经营性用地招标拍卖挂牌出让工作进一步加强，违法案件和违法行为得到严肃处理。同年11月，自治区检查组通过综合评定，对赤峰市土地市场秩序给予较高评价。2004年,重点治理整顿9个经济开发区(园区),按照“减少数量、缩小规模、合并功能、调整布局”的要求,撤销4个开发区,保留5个开发区(园区),对撤销的开发区退回原使用的土地。保留的5个开发区(园区)经批准的规划面积2002.56公顷,实际占地面积424.53公顷。2005年,全面推行土地招标、拍卖的竞价供地方式。经营性用地全部进入市场以招标、拍卖、挂牌方式出让。2010年,全市以“招拍挂”出让方式供地288宗,面积610.34公顷,收取土地出让金29.92亿元。

三、土地使用制度改革

1992年,开始土地使用制度改革。市土地局起草城镇国有土地使用制度改革和农村牧区居民宅基地有偿使用的两个规定。同年9月,市政府印发《赤峰市城镇国有土地使用权出让和转让实施办法》,建立有偿、有期、有流动的使用制度,促进土地资源的合理利用和优化配置,推动土地要素市场的形成。1993年,市土地局统一印制“五荒”(荒山、荒沟、荒滩、荒沙、荒水)拍卖合同书和集体土地使用证,使全市的“五荒”拍卖工作纳入规范化管理。自治区土地局和市土地局在翁牛特旗进行“五荒”拍卖试点,取得了经验。1994年,在企业改革中,以确保国有土地资产保值增值为重点,采取灵活方式和有效措施,妥善规范和处置土地资产。完成内蒙古宏峰、赤峰富龙热力两家上市公司的地价评估;参与赤峰市医药集团等10多家公司的土地资产处置;对赤峰水泵厂、赤峰第二食品厂、赤峰市五交化总公司等16家改制企业的土地资产进行评估和处置;对赤峰农牧业机械厂、赤峰陶瓷厂、赤峰丝绸厂、赤峰轴承厂等破产企业土地资产,严格按市政府文件规定处置。在土地出让方式上,增加拍卖方式所占的比重。市土地局对原划拨用地,凡改变用途或发生权属转移的,首先进行调查摸底,再逐宗地办理年租赁手续。对100余家已发放出租许可证的单位进行年检,收取年地租152.85万元。

2001年,市土地局推行土地招标拍卖方法,形成竞价出让土地的用地机制,年内以招标、拍卖方式供地21宗。推行小城镇土地使用制度改革,全市各小城镇规划区内应以有偿方式用地的,一律以招标、拍卖出让方式供地。2004年,积极推行征地制度改革。在新区征地工作中,兼顾国家、集体和群众的利益,制定一次性征地分期实施的征地方案,改革以往单一货币补偿的方式,创造性地提出“以土地换保障”的征地安置办法。具体办法:一是将被征地村组的农业人口整建制地转为城市居民,享受城市居民待遇,参加多种形式的养老保险;二是预留150亩市场建设用地,解决村民就业问题;三是为各村被占地的施工企业每年提供500万元左右的工程量。这一做法,得到了国土资源部和自治区政府的充分肯定。国土资源部将赤峰市列为征地制度改革试点城市。

四、土地整理与复垦

1999年,市土地局加大土地整理和复垦力度,按照“占多少、垦多少”的原则,认真落实补偿方案,对土地复垦情况适时进行督促检查。全市共完成土地复垦180多公顷,确保全市耕地总量动态平衡目标的实现。2002年, 市国土资源局进一步加强土地复垦、开发整理工作。建立土地整理项目库,以整理出的耕地作为耕地被占用补充的预留，如有新的建设用地项目，可直接用已整理的耕地折抵补充地。到年底，全市上报国家和自治区的土地整理项目 26 个，列为国家投资项目 6 个，国家共投资 1020 万元，其中元宝山区风水沟镇土地复垦项目被评为自治区的“样板工程”。至 2004 年，全市通过废弃地复垦、迁村返田、引洪淤灌、宜农土地开发等各种形式进行土地整理，增加耕地 3 万多亩。

2005 年，抓住国家加强生态环境建设和实施环京津地区风沙源治理的有利时机，深入开展土地整理工作。当年共上报国家、自治区土地开发整理项目 11 个，国家下达项目 5 个，投资 440 万元，有 3 个项目进入国家项目库；对上年的 6 个整理项目进行督查，配合自治区完成其中 5 个项目的审查验收，自治区检查组对全市整理项目实施和资金使用情况给予充分肯定。2010 年，全市新立项的土地整理项目 16 个，投资总额 1.97 亿元，建设规模 1.11 万公顷，新增耕地 720 公顷；通过验收的土地整理项目 12 个，新增耕地 1563 公顷。宁城县、喀喇沁旗、阿鲁科尔沁旗三个土地置换项目全部竣工并通过自治区验收，新增耕地（折抵用地指标）786 公顷。

2013 年，实施废弃居民点和工矿废弃地复垦调整利用工作。全市废弃地复垦利用规模为 2351 公顷，并于 12 月通过自治区国土资源厅组织的评审。全市共上报废弃地复垦调整利用使用集体土地建新区项目 59 个，经自治区批准 57 个，涉及用地总面积 1379 公顷。编制下发《赤峰市农村土地整治项目管理手册》，进一步明确农村土地整治项目的实施办法和要求。全市通过土地整理增加耕地 3267 公顷，有效地改善全市的生态环境，保护了耕地，提高了集约用地水平。截至 2014 年年末，全市土地整治项目 191 个，总规模 10.87 万公顷，总投资 18.94 亿元，验收完成 86 个。全市完成废弃地复垦调整利用 2350.62 公顷，有 8 个旗县区完成 100 公顷以上复垦任务。

五、土地收购储备

2002 年，市国土资源局下发《赤峰市土地储备实施办法》，按照新城区建设融资需求，完成《新城区八家组团征用储备项目的可行性报告》，并通过国家建设银行、国家开发银行的短贷材料评审。当年，开始办理建设银行对市土地储备中心授信 3 个亿和开发银行 10 个亿的长贷。新城区一期项目 6.78 平方公里的征地工作基本完成，征地费用已全部支付给被征地农民。2005 年，在全市各旗县区积极推行土地储备制度，阿鲁科尔沁旗、宁城县、元宝山区等 10 个旗县区已初步实行土地储备，成立土地储备中心。

2006 年，根据市政府《关于加强中心城区土地储备工作的通知》精神，市国土资源局建立完善土地储备制度和土地储备机构。在新城区土地储备的基础上，启动老城区土地储备。市本级在建设银行贷款 3.7 亿元，元宝山区贷款 6000 万元。2007 年，市国土资源局加强对老城区闲置土地的收储力度，收储富龙铸业闲置土地 25.27 公顷、交通职业技术学院闲置土地 2.47 公顷。截至 2014 年年末，全市收储土地 466.2 公顷，完成融资批复 55.3 亿元，其中到位项目资金 25.9 亿元，土地储备融资工作形成上下一体、多层合作的新格局。

第二章　土地规划与测绘

第一节　土地规划

1995年,市政府成立市土地利用总体规划编制领导小组,市土地局成立编制办公室,采取统一指挥、承包课题的办法,开展编制市级土地利用总体规划。1996年,完成以土地利用现状分析、土地适宜性评价、土地需求量预测为主要内容的土地利用总体规划。在市土地局统一安排和指导下,宁城县土地利用总体规划当年通过自治区验收;敖汉旗、克什克腾旗等部分旗县区土地利用总体规划工作取得一定的进展。2000年,对部分旗县区、乡镇土地利用总体规划进行修改和完善,将土地分为农用地、建设用地和未利用土地,依照规划严格实行用途管制。全年完成10个旗县区规划上报审批及备案归档工作;完成113个乡级规划修编工作,并通过自治区土地局验收。

2001年初,市政府印发《赤峰市土地利用总体规划实施方案》,各旗县区结合自己的实际制定具体的实施方案和措施。市土地局配合国家和自治区在巴林左旗和敖汉旗开展旗县级土地利用总体规划实施试点工作。2002年,市国土资源局编报土地利用年度计划,建立计划执行台账。提前修编土地利用总体规划,为城市扩容提供了发展空间,新城区建设的农用地转用和土地征用方案因此顺利通过自治区审批。根据实际情况,划定出全市基本农田和基本草牧场保护区。2004年,全市土地开发整理规划通过自治区的审批;矿产资源总体规划委托地勘十院编制完成,同年11月通过自治区的验收。

2006年,根据国家和自治区统一安排部署,赤峰市土地利用总体规划修编前期工作全面启动。按照自治区国土资源厅的要求,市国土资源局上报了一些专题工作报告和土地利用总体规划修编前期工作报告,并通过自治区规划修编领导小组的审定,受到自治区国土资源厅的好评。2009年,继续开展全市土地利用总体规划修编前期工作。为保证修改后的规划与全市经济建设合理衔接,申请市政府及自治区政府依法调整部分旗县区乡级土地利用总体规划。同年,按照自治区的安排部署,开展了全市第二轮矿产资源总体规划的编制工作。2011年8月,全市除红山区外的11个旗县区土地利用总体规划(2009—2020)经自治区政府批复实施;2012年6月,各乡镇土地利用总体规划(2009—2020)经市政府批复实施。当年,全面完成旗县区和乡镇土地利用总体规划评估修改。2014年,全市12个旗县区土地利用总体规划经自治区批准实施。

第二节　土地资源测绘

2002年,市国土资源局在部分旗县区开展基础测绘工作,建立了全市范围内统一的测绘基准和测量系统。2003—2007 年，在自治区国土资源厅的支持下，开展 1∶1 万基础测绘工作。国家、自治区投资约 3800 万元，占总测绘项目的 75%；市、县两级政府累计配套投入 800 余万元。经过五年多的努力，全市基础测绘工作完成测绘面积 8 万平方公里，覆盖全市国土面积的 89%，走在自治区各盟市的前列。2004 年，翁牛特旗、喀喇沁旗、宁城县及红山区、松山区、元宝山区在 2.5 万平方公里范围实施基础测绘工作。市政府与自治区国土资源厅签订《赤峰测区基础测绘协议》，完成 2.5 万平方公里 1∶1 万比例尺地形图的航空摄影工作。2005 年，在阿鲁科尔沁旗、喀喇沁旗、敖汉旗、宁城县近 3 万平方公里的范围开展 1∶1 万基础图测绘工作，全市落实匹配资金 189万元。同时为赤大、赤通高速公路等重点工程提供测绘服务，在全市 6 个旗县区近 30 个乡镇开展测绘工作，测绘土地总面积达 1772.4 公顷。2007 年，为建立和完善全市城关镇基础地理信息资料，市国土资源局在 9 个旗县城关镇 150 平方公里开展 1∶1000 大比例尺地形图测绘工作。至年末，投入资金 168 万元，完成了航拍摄影及外业调绘工作。同时编制完成赤峰市"十一五"测绘发展规划和基础测绘规划。赤峰市国土资源局被授予"全国测绘系统行政执法先进集体"称号。

2008 年，继续开展全市 1∶1 万基础图测绘工作，市、旗县区两级人民政府累计投入 800 余万元，完成测绘面积 8 万平方公里。至年末，全市 1∶1 万基础测绘面积达 9 万平方公里，覆盖率 100%。同年，市财政投入资金 173 万元，自治区匹配 100 万元，市国土资源局全面完成在 9 个旗县城关镇 150 平方公里开展的 1∶1000 大比例尺地形图测绘工作。同年，市国土资源局受自治区国土资源厅委托，开展乙、丙、丁级测绘资质单位年度注册工作。

第三章 矿产资源管理与保护

第一节 矿产资源管理

一、矿产资源勘查

矿产资源勘查与调查 2003 年后，市国土资源局与中科院、中国地质大学、中国地质科学院等 10 多个科研院所建立了地质科研合作关系，对赤峰市矿产资源情况进行广泛深入的调查、研究和论证。中科院在调研报告中，建议国家依托内蒙古东部大兴安岭地区丰富的有色金属资源，构建国家级有色金属资源战略接续基地，得到国家领导人的高度重视，赤峰被列为国家重点找矿区域。2006 年，市国土资源局整合科研院所、地勘单位和矿山企业等各方面的人力资源优势，对有前景的一些勘查区进行详细勘探。全市 1∶5 万商业性区域地质矿产调查工作面积 1.46 万平方公里，形成勘测图 39 幅，累计投资达 2930 万元。2007 年，市国土资源局利用遥感三维管理系统、矿产资源

数据系统以及航探测绘图纸、国家地质资料馆相关资料，历时6个月，对全市主要矿产资源潜力进行评价，对矿产的成矿规律、成矿远景进行有益的探索，提出了具体的指导意见，该做法在全国地市级矿政管理部门尚属首例。到年末，完成自治区专项地质勘查资金安排的1：5万矿产调查36个图幅，调查面积1.21万平方公里，占赤峰市总面积的13%；完成市政府安排的1：5万商业性矿调项目37个图幅，完成调查面积1.25万平方公里，占赤峰市总面积的13.8%；完成国家地质大调查项目19幅（布敦花—水泉1：5万区域地质矿产调查项目）中的4幅，位于阿鲁科尔沁旗境内，调查面积1300平方公里。2012年，根据老矿山深部和外围找矿计划项目实施方案的相关要求，市内多个老矿山积极投入自有资金探矿增储。全市累计勘查投入资金10亿余元，完成钻探30万余米，探槽12万余立方米，井探3万余米。2014年，全面引导和鼓励民间资本进入地质勘查领域，逐步形成以市场为导向，国家、地方、社会共同参与的多元化投资格局。全市国土资源系统共引进矿业开发资金7.8亿元，开展工作项目580个。同时吸引外地地勘企业到赤峰参与矿产勘查开发。在赤峰市从事地勘的队伍有中国有色建设集团股份公司、福建紫金矿业公司、云南铜业公司、铜陵有色公司、中钢集团、中铁集团、山东黄金公司、湖南有色公司、东北特钢公司、西部矿业公司等25支，勘查资金投入3.6亿元，勘查面积达6300平方公里。

水文地质调查与地热勘查　2007年，全市国土资源系统全面完成1：100万、1：50万水文地质调查，基本完成1：20万水文地质普查，开展1：5万城市供水水文地质详查；在查明水文地质条件的基础上，进行了地下水资源的计算和评价，论证了地下水资源保证程度；完成部分地区的1：10万农牧业供水水文地质普查和详查，基本查清了这些地区的水文地质条件，计算了地下水的资源量，解决了部分农牧业生产供水问题；开展敖汉旗至翁牛特旗缺水区1：10万水文地质调查，完成调查面积6986平方公里，并开展地下水开发利用示范研究。2012年开始，全市国土资源系统实施了地热勘查项目。至2014年，已发现并开发利用较为成熟的地热资源共有3处，即克什克腾世界地质公园热水园区、宁城热水温泉和敖汉旗“华夏第一村”温泉度假村；具有资源潜力或有地热异常报告的地区有阿鲁科尔沁旗、林西县、翁牛特旗和喀喇沁旗。

二、矿政管理

矿业秩序整顿　1996年，市及各旗县区相继建立矿产资源管理机构，全市矿政管理工作得到加强，一些地区出现的违法建矿、违法采矿、乱采乱挖现象开始扭转。1997—1999年，完成已建矿山的储量占用登记和地质监测工作。依据地质部门提交的地质勘查报告，首先完成63家国有矿山企业（甲类矿山56家，乙类矿山4家，地热、矿泉水3家）的储量占用登记工作。2000—2002年，根据国务院和自治区政府关于矿产资源管理秩序治理整顿的指示精神，全市实施了矿业秩序根本好转三年规划。在换发采矿许可证时，严把入口关和质量关，对不具备起码条件的采矿申请坚决不予受理。同时运用行政、经济、法律等手段解决了历史遗留问题。取缔无证勘查、开采行为，保护了

矿业权人的合法权益。2004年，根据国土资源部关于整顿和规范矿产资源管理秩序的通知精神和自治区国土资源厅安排部署，市国土资源局在全市开展矿产资源管理秩序“回头看”工作。全市查处无证采矿、无证勘查、越界开采等各类矿产资源勘查开发违法案件39件，炸毁非法矿井3眼，罚款8.15万元。重点处理和纠正红花沟镇等部分镇、村采用招标承包经营的方式非法出让采矿权行为。全市957个矿山依法全部办理采矿许可证。年内共完成矿山储量登记756份，完成非金属储量评审备案56份。2007年，市国土资源局根据国务院、自治区的有关要求，以“治乱、治小、治散”为重点，按照“分散采、定点选、集中炼、深加工”的总体思路，对全市矿产资源开发秩序进行整顿和规范。当年，全市共关闭非法矿山150家，整改不合格矿山30家，停产整顿和限期整改矿山32家；关闭非法和整改不合格的选矿厂20家，停产整顿选矿厂68家；吊销采矿许可证5个，注销勘查许可证26个，注销采矿许可证90个，对违法行为罚款156.80万元。当年11月末，整顿和规范工作通过了自治区检查组的检查验收。2010年，按照国土资源部的统一部署，全面调查钨、锡、锑、钼、萤石矿区的资源开发利用情况，对不按照勘查方案施工、实际开采矿种与采矿许可证登记的矿种不符、超层越界开采、超生产能力生产以及破坏性开采等多种情况进行全面清理。全年颁发采矿许可证32个、勘查许可证62个。2014年，市国土资源局进一步加强各类矿山企业采矿许可证的发放、占用储量的登记发证、矿产资源勘查开发区整合、地质环境管理、矿山企业储量套改等各项工作，实现矿山储量管理与国际惯例接轨。

矿产资源整合 2007年，市国土资源局大力推进矿产资源整合工作。整合的范围是：国家规定的15个矿种及其他对地方经济发展有较大影响的矿种，影响大矿统一规划开采的小矿，一矿多开和小矿小开矿区，小矿密集区及位于地质环境脆弱区的矿区。全市共划分25个矿产整合区，白音诺尔铅锌矿区、金厂沟梁金矿区等20个矿区完成整合工作。全市矿山总数减少362个，采矿权数比上一年减少36.75%；探矿权人减少180个，比上一年减少35.52%。通过整合，全市已形成日采选3000吨以上的矿区5个，日采选1000吨以上的矿区8个。编制完成矿产资源整合规划及实施方案，并通过自治区政府的评审备案。2010—2011年，全市开展矿产资源整合“回头看”工作，推进矿产资源常态化管理。在矿产资源节约和综合利用方面，积极争取国家和自治区矿产资源节约与综合利用专项资金，两年争取专项资金1.09亿元。鼓励矿山企业持续进行低品位矿利用、尾矿残矿回收利用、共伴生多金属矿资源综合利用，不断提高开采回采率、选冶回收率。2012—2014年，全市划定26个矿产资源整合规划区，进一步加强矿山整合工作的监督检查。对发现的问题进行梳理分类，制定整改措施，并与安监、环保等部门联合执法，关闭严重破坏环境、存在严重安全隐患的矿山企业；对存在一定环境污染和安全隐患的矿山企业，实施停业整顿、限期整改。

三、矿业权市场建设

进入21世纪，市国土资源局把培育和加强矿业权市场建设作为矿产资源管理的一项重要工作来抓。2004年,对翁牛特旗霍家沟铅锌矿探矿权实行挂牌出让,成交价款66.34万元。2005年2月至4月,全面停止市本级发证权限内的采矿权行政审批工作。同年6月,所有市本级发证权限内的采矿权,凡符合竞争性出让条件的,全部进入市场,采取招标、拍卖、挂牌方式出让;对无偿占有国家出资勘查,形成矿产地的采矿权,实行有偿延续、变更。全市已协议出让采矿权80宗,出让价款72.9万元;自治区委托挂牌出让探矿权3宗,实现价款142.34万元;另有13个矿区上报自治区国土资源厅申请挂牌出让。同年8月,受自治区国土资源厅委托,对黄岗梁矿区V、VI、VII区采矿权进行公开拍卖,实现竞拍价款3410万元。2007年,继续推行矿业权有偿出让制度。市本级发证权限内的采矿权,全部进入市场实行"招、拍、挂"。全年累计挂牌出让探矿权51宗、采矿权35宗,收取价款5493万元,比上年增长42%。

2013年,市国土资源局受自治区国土资源厅委托,进行全市境内的探矿权"招、拍、挂"交易。开展探矿权第一、二批挂牌工作,设置探矿权12宗,出让价款1562万元。2014年,为进一步规范矿业权市场秩序,市国土资源局投资76万元,建立了矿业权网上"招、拍、挂"交易平台。

第二节　矿产资源保护

一、矿山地质环境保护

1991—2014年,全市矿山开采累计占用、损坏土地面积1.79万公顷,累计恢复治理面积3536.81公顷,累计投入矿山地质环境治理资金7.76亿元,其中中央财政3.09亿元,地方财政1.34亿元,矿山企业投入3.34亿元。

国家和自治区投资为主的治理项目　2003—2014年,国家和自治区投资的矿山地质环境治理恢复项目共35个,项目资金总计5.15亿元,其中国家和自治区项目资金4.5亿元,地方配套和企业自筹6457万元。完成并通过自治区验收项目21个,投资1.43亿元,完成治理面积16.9平方公里,受益人口15.2万。主要有:平庄煤业(集团)公司实施的元宝山煤矿三井地面塌陷恢复治理项目,古山煤矿北地面塌陷恢复治理项目,古山煤矿二井地面塌陷区地质环境恢复治理项目,平庄煤业(集团)公司西露天矿太平地排土场地质环境恢复治理项目,元宝山煤矿三井地面塌陷、利用露天煤矿剥离物恢复治理项目,喀喇沁旗小牛群珍珠岩矿地质环境恢复治理项目。

矿山地质环境保证金制度　从2008年开始,市国土资源局坚持"预防为主、防治结合、谁开发谁保护、谁破坏谁治理"的原则,全面落实矿山地质环境保证金制度。2010年,全市有854家矿山企业缴存矿山地质环境保证金,存储额达1.34亿元。2014年末,全市编制并评审《矿山地质环境保护与恢复治理及土地复垦方案》927份,《矿山地质环境分期治理及土地复垦方案》232份,全市矿山企业存储矿山地质环境保证金共计4.29亿元。元宝山露天煤矿在排土场治理中,利用保证金完成786.67公顷的排土场绿

化任务，基本达到防风、固沙、控制边坡下滑的目的。

矿山地质公园和地质遗迹保护 从2003年开始，全市共实施和准备实施的地质遗迹保护项目19个，总共投入保护资金8300万元，其中国家财政资金4660万元，自治区财政资金2860万元，地方自筹资金780万元。2006年，对宁城县道虎沟、土门石沟的古化石和巴林右旗巴林石进行保护，对松山区石人沟金矿矿山实施环境恢复治理。同年2月，完成克什克腾国家地质公园晋升世界地质公园工作；同年7月，巴林右旗矿山地质公园晋升国家级地质公园，通过专家组的评审验收。2009年，通过自治区验收的地质遗迹保护项目3个，保护资金1340万元。申报并获国家和自治区批准的项目8个，其中地质遗迹保护项目4个，保护资金2330万元。完成宁城国家地质公园和翁牛特自治区级地质公园的申报工作，并分别获得国土资源部和自治区国土资源厅批准。同年8月，通过了联合国教科文组织对克什克腾世界地质公园中期评估，完成了巴林石国家矿山公园的揭牌开园工作。至2014年，全市共有地质遗迹保护项目37个，有20个项目完成验收工作。

二、地质灾害防治

2003年，市国土资源局编制《汛期地质灾害防灾预案》，完善了全市地质灾害重点地段、重点隐患点的群测群防体系。根据《内蒙古自治区地质遗迹保护规划》的要求，加强了对遗迹核心区、缓冲区的保护，全市建立各类地质遗迹保护区10余处。2005年，市和各旗县区国土资源部门在汛期前制定了一整套地质灾害预案和防治措施，以各旗县区行政区域为单位，对辖区地质灾害危险点和隐患点进行排查。将“明白卡”发放到地质灾害监测负责单位、负责人和受灾害威胁的群众手中。建立主要地质灾害及易发区、危险区地质灾害档案；建立地质灾害监测预报和群测群防体系，把地质灾害预测的内容和责任落实到人头。在巴林左旗、巴林右旗、宁城县等地质遗迹建立了保护区。2007年，市国土资源局编制完成《赤峰市地质环境保护与地质灾害防治规划》。

2010年，全市国土资源系统共检查地质灾害隐患点3856点次，成功排除地质灾害隐患36起，有效地保护了当地群众的生命财产安全。全市共落实地质环境治理资金1.48亿元，其中国家与自治区补助资金1.16亿元，地方匹配资金3180万元，共安排地质遗迹保护项目4个，矿山地质环境恢复治理项目4个。2014年，全面落实地质灾害防治措施，上报中央财政特大型地质灾害防治专项资金项目2个，申请资金9724万元。采取措施，对元宝山区建昌营子煤矿地下采煤造成松山区良种场地面塌陷和房屋开裂进行了妥善处理。组织各旗县区编制了地质灾害防治方案，做好地质灾害防治知识宣传和应急避险演练，所有采矿区、城镇、学校、景区等人口密集区和重要设施周边，均开展了地质灾害隐患排查工作。市和各旗县区国土资源局与同级气象局建立了地质灾害预警机制。

第四章 执法监察

第一节 执法检查

1991年,市土地局对12个旗县区的土地监察工作进行巡回检查,并对39个建设用地项目进行跟踪监测。1992年,根据国家、自治区土地部门通知精神,在全市范围内开展"三无"乡镇(无违法批地,无违法管地,无违法用地)达标活动。经各旗县区按标准检查验收,达标84个。1993年,市土地局与市财政、农业、监察等部门共同组成检查组,对巴林左旗、翁牛特旗、元宝山区和松山区贯彻《中华人民共和国土地管理法》情况进行抽查,向市政府写出专题报告。1995年,继续开展"三无"乡镇活动,全市"三无"乡镇已达118个。松山区王府乡、敖汉旗四家子镇的"三无"乡镇工作,受到国家土地管理局表彰。1999年,市土地局加强土地执法巡回检查,发现违法用地苗头,及时制止或处罚,并充分发挥市、县、乡、村四级土地监察网络的作用,做到信息灵通、反应快捷。对北部旗县出现的乱开荒现象进行查处,保持草牧场面积的相对稳定。同时在翁牛特旗开展创建土地执法模范县试点工作。

2000年,根据新的《中华人民共和国土地管理法》的要求,市土地局加大巡回检查力度,每月在市区内检查2次,从批准土地用途、面积、供地方式、利用情况进行全程监督检查。同时专门检查清理有些开发商以建设经济适用房、职工集资住宅、安居工程等名义开发商品房,而造成土地资产隐形流失的问题。共查处房地产开发公司用地78宗,应补缴土地出让金160万元。重点推进开展创建土地执法模范县试点工作,推广翁牛特旗的试点经验和做法,开展克什克腾旗创建模范旗县活动。到年底,圆满地完成试点工作任务,并通过自治区的验收。2001年,在林西县、巴林左旗开展土地执法模范县创建活动。2007年9月,市国土资源局按照国土资源部的部署,开展以清理查处"以租代征""未批先用"违规违法占地为主要内容的土地执法百日行动,对2005年至2007年的违法违规占地问题进行认真清查清理。

2010年,按照国土资源部、自治区国土资源厅的工作部署,市国土资源局协调松山区、红山区、元宝山区政府开展卫片(卫星遥感监测可疑图斑)执法检查工作。对涉及的237个卫星遥感监测可疑图斑实地逐一核查,最终确定违法图斑21个,面积96.34公顷。对以上违法用地依据政策和法律规定,分别给予相应处理。卫片执法检查工作通过了国土资源部、自治区国土资源厅的验收。2014年,按照国土资源部《关于开展2014年度土地矿产卫片执法监督检查工作的通知》和自治区国土资源厅的通知要求,市国土资源局开展卫片执法监督检查工作。全市2014年度土地变更调查图斑3901个,面积4250.44公顷,其中耕地1134.24公顷;已认定新增建设用地图斑673个,面积

1028.12公顷,其中耕地382.01公顷;最终确定违法图斑124个,面积57.73公顷,其中耕地9.82公顷。对以上违法用地均依据政策和法律规定,分别给予相应处理。赤峰市卫片执法监督检查工作通过国土资源部和自治区国土资源厅的验收。

第二节 案件查处

1992年,全市共接待有关土地问题的群众来信来访790人次,立案204件,结案183件,结案率90%。1993年,加强违法占地案件依法查处工作,共立案459件,结案440件;依法拆除违法建筑物4370平方米,罚款5.75万元;收回土地22.92公顷,复耕5.75公顷。1997年,市土地局开展全市土地大清查,共查处土地违法案件千余件。其中查处的阿鲁科尔沁旗炼油厂闲置土地案被自治区列为重大违法案件,当年结案;相继查处红山区钢铁西街及西城菜市场违法用地、松山区向阳小区二组团违法用地等较典型的违法用地案。

2001年,全市共查处土地违法案件185件,结案184件,结案率99%,其中查处国土资源部、自治区国土资源厅、市委、市政府批转案件16件,全部结案。2004年,在全市范围内开展国土资源巡回检查380余次,查处国土资源违法案件182件,结案170件,结案率93.4%。受理群众信访66件,接待群众来访230人次,做到件件有着落。2007年,在"土地执法百日行动"中,针对发现的问题,依据法律和相关政策,按照"属地管理,分级负责"的原则,各级国土资源管理部门积极协调监察、公安、法院等部门开展联合执法,认真查处违法案件,做到清查、查处、整改、纠正四到位。截至年末,全市共清查出"以租代征"占地77件,面积495.65公顷,自行纠正4件,其余73件已全部立案查处,结案26件。清查"未批先用"占地58件,面积3684.53公顷,其中的13件为已经通过国家用地预审的基础设施建设项目用地,待补办用地手续;其余45件多数为矿山用地,自行纠正19件,自行纠正以外的26件全部立案,结案22件。市国土资源局除配合自治区国土资源厅在全市公开查处2起案件外,自行公开查处4起违法占地案件,并已全部结案。"百日行动"期间,市国土资源局向法院申请强制拆除违建3件。

2010年,通过实施市、旗县区两级联动和机关各科室联合办案的信访工作办法,实现"国土资源零进京上访"目标。全市全年共办理行政复议、行政应诉应复案件86件,全部办结。2014年,全市共办理上级交办信访复查复核案件77件,办结55件;市本级接待信访案件179件,办结115件。全年查处土地和矿产违法案件342件,收缴罚没款2029万元,没收建筑物35.22万平方米,拆除违建6000平方米,没收矿产品2.17万吨;提出党纪政纪处分建议31人。在动态巡查中,有效遏制了全市范围内以设施农业名义进行小产权房开发的违法违规现象。

第五章　管理机构

第一节　市级管理机构

1988年前,全市土地管理工作先后由市农业局、规划办、计划委员会、建设委员会和征地拆迁办公室负责。1988年,赤峰市土地局成立。1996年,市地矿局成立。2002年,市土地局与市地矿局合并,组建市国土资源局,内设机构9个,分别是办公室、计财科、用地科、规划科、耕保科、地籍科、矿管科、地质科、监察科。直属事业单位5个,分别是市土地监察支队、市矿产资源交易中心、市国土资源信息中心、市国土资源行政服务中心、市国土资源规划院。

1999年,成立市土地整理中心;2002年,成立市土地储备中心;2003年,成立市土地登记中心,均为市国土资源局的事业单位。2003年2月,市土地监察支队更名为市国土资源监察支队。2006年,根据自治区政府《关于国土资源管理体制改革的实施意见》,进行全市国土资源管理体制改革,实行逐级上划垂直管理。国土资源部门同时接受上级国土资源部门和本级政府的双重领导。改革后,市国土资源局内设职能科室13个,增设人事科、党办、纪检监察室、储量科、测绘科,撤销监察科,其他科室未变;直属事业单位8个,分别是市国土资源监察支队、市土地储备交易中心、市土地整理中心、市土地登记中心、市矿产资源交易中心、市国土资源信息中心、市国土资源行政服务中心、市国土资源规划院。

2014年,市国土资源局内设职能科室仍为13个,分别是办公室、人事科、党办、纪检监察室、计财科、用地科、规划科、耕保科、地籍科、矿管科、地质科、储量科、测绘科;直属事业单位个数与名称未变。

第二节　旗县区级管理机构

1988年后,赤峰市各旗县区相继成立土地管理局。此前,各旗县区土地管理工作先后由农业、规划、计划、建设等部门负责。1996年后,各旗县区相继成立地矿局。2002年,按照机构改革要求,旗县区土地局和地矿局合并成立国土资源局。2007年,红山区、松山区国土资源局更名为市国土资源局红山区分局、松山区分局,为市国土资源局派出机构。2014年,全市共有12个旗县区级国土资源局(分局),内设机构分别是办公室、地籍管理股、土地利用管理股、执法监察股、耕地保护股、规划股、矿产开发管理股。

基层国土资源所是旗县区国土资源局的派出机构,行使管辖区域内土地和矿产资源规划、管理、保护与合理利用职能。1990年,全市建立乡镇苏木土地管理领导小组

206 个和乡镇苏木土地管理站 2 个，有专职土地管理人员 240 人。此后，逐步在所有乡镇苏木设立土地管理所。2002 年，机构改革时，将原由乡镇苏木政府管理的土地管理所上划旗县区国土资源部门垂直管理，并改为按区域设置基层国土资源所。至 2014 年底，全市共有基层国土资源所 88 个。

第八篇　审计

第一章　国家审计

第一节　财政审计

一、财政决算审计

1991 年,市审计局完成对红山区、翁牛特旗和敖汉旗的财政、税务部门的审计,查出各项违纪违规金额 240 万元，审计后增加财政收入 94 万元。旗县区审计机关对 30 个乡级财政决算进行审计,查出违纪违规金额 66 万元。1992—1993 年,市审计局完成对克什克腾旗、林西县、宁城县、元宝山区 4 个旗县区的财政、税务审计,查出并纠正违纪违规金额 198 万元,指出县级财政管理存在的问题,提出完善预算管理、加强税收征管的审计建议。完成对喀喇沁旗、阿鲁科尔沁旗、巴林左旗和巴林右旗 1992 年财政收支和税收政策执行情况的审计,查出违纪资金 479.6 万元。旗县区审计机关完成 28 个乡级财政的审计，查出违纪违规金额 42 万元。1995—1996 年，市审计局完成对敖汉旗、林西县、红山区 3 个旗县区 1994 年度财政决算审计,审计后直接增加地方财政收入 163 万元。12 个旗县区审计局完成 74 个乡级财政决算审计,查出隐瞒截留收入、挪用财政周转金等违纪问题金额 339 万元。纠正违纪资金 503 万元,并对有关责任人分别移交司法、纪检监察部门进行处理。1997—2001 年，认真开展县乡两级财政决算审计。市审计局先后累计完成全市各旗县区 30 次财政决算审计，查出各类违纪资金 1458 万元,增加财政收入 363.1 万元。旗县区审计机关完成 271 个单位审计,查出违规资金 8474 万元。

2002 年,全市两级审计机关完成 63 个单位的决算审计,查出违规金额 7394 万元,其中市审计局完成阿鲁科尔沁旗、克什克腾旗和红山区等 8 个旗县区财政决算审计,旗县区审计机关完成 55 个乡级财政决算审计。2003 年,全市两级审计机关完成 67 个单位的决算审计,其中市审计局完成红山区、巴林右旗等 5 个旗县区财政决算审计,旗县区审计机关完成 62 个乡级财政决算审计，两项审计查出违规金额 1.27 亿元。2004—2006 年,全市两级审计机关完成 208 个下级政府的决算审计,其中市审计局完成喀喇沁旗、阿鲁科尔沁旗、红山区、宁城县、松山区等旗县区政府决算审计18次，旗县区审计机关审计乡镇苏木164个。本着"全面审计，重点突出"的原则，市审计局延伸审计26个单位，查出违规金额7851万元。2007—2010年，全市两级审计机关完成213个下级政府的决算审计，其中旗县区政府决算累计审计24个，查出违纪金额2.76亿元，管理不规范金额1亿元，针对发现的问题进行了处罚。2011年，市审计局对12个旗县区地方政府性债务情况进行全面审计，从改进管理机制、完善管理和监督体制、加强财政运行管理、防范和化解财政风险等方面提出意见和建议。同年，全市两级审计机关完成41个下级政府的决算审计，其中旗县区政府决算审计5个，查出违规金额543万元，管理不规范金额1471万元。2013—2014年，全市两级审计机关完成87个下级政府的决算审计，其中旗县区政府决算累计审计12个，查出有问题资金1.10亿元。对全市12个旗县区政府和139个乡镇苏木政府2006年至2013年6月的政府性债务进行全面审计。向市政府提出加强政府性债务管理、有效防范和化解潜在债务风险、保障全市财政经济运行安全的意见和建议。1991—2014年，市、旗县区两级审计机关对全市旗县区和乡镇苏木政府的财政决算进行审计，先后审计单位1054个，查出并纠正各项问题资金11.22亿元，增加财政收入1.51亿元。

二、预算执行审计

1995年，依据《中华人民共和国审计法》规定，市、旗县区两级审计机关开展对本级财政预算执行情况的审计，累计促进增收节支2124.3万元。1998年，全市两级审计机关完成1997年度本级财政预算执行情况的审计，并选择民政、教育、公安等26个使用大宗财政资金的一级预算执行单位进行审计和延伸审计，查出违规金额4674万元，增加财政收入1289万元。1999—2000年，全市两级审计机关对222个预算执行单位进行审计，除对财政、税务和国库的审计外，其中对144个预算执行单位审计中，查出违规金额9797万元，上缴财政资金1078万元。并对隐瞒预算收入及预算执行单位乱设账外资金、乱收费、不执行收支两条线等违规问题依法进行纠正和处理。2001—2005年，全市两级审计机关先后对622个单位的预算执行情况进行审计，查出违规资金1.28亿元。提出增强资金分配透明度、合理确定预算执行单位预算外收入、严化和细化预算的审计建议，对促进财政改革、加强财政管理工作起到积极作用。2006年，全市两级审计机关完成108个单位预算执行情况审计，查出违规金额1.16亿元，管理不规范金额1.12亿元。2007—2011年，按照"全面审计，突出重点"的审计工作方针，全市两级审计机关先后完成705个单位预算执行情况审计，其中以支农、科技、教育、医疗卫生等专项资金为审计重点，查出违规金额2.98亿元，管理不规范金额3.34亿元、损失浪费金额35万元，审计机关责成相关单位认真整改。2013—2014年，全市两级审计机关完成295个单位预算执行情况审计，查出主要问题资金1.56亿元，依法定程序进行处理。1995—2014年，全市两级审计机关对全市两级政府财政预算执行情况进行审计，共审计单位1870个，查出并纠正违纪违规资金9.98亿元，增加财政收入6797.3万元。

第二节 行政事业审计

一、财务收支审计

1991—1994年,市、旗县区两级审计机关先后对全市教育、民政、公安、工商、土地、法院系统等746个行政事业单位实施审计,审计总金额5.1亿元。审计中共查出违纪违规金额2354万元,审计后已收缴财政334万元,追还挪用的专项资金100万元,对违纪单位处以罚款27.6万元。1996年,全市两级审计机关对全市质量技术监督系统等107个政府部门的财务收支情况进行审计,查出各类违纪金额990万元,收缴罚款100.1万元,追回挪占资金392万元,促进部门增收节支211万元。2003年,开展对全市公安机关2002年度财务收支审计,审计市公安局及旗县区公安局(分局)13个单位,并延伸审计53个派出所。查出部分公安机关在财务管理及行政执法中存在乱收费、隐瞒收入、虚列支出、应缴未缴国库资金等问题。市审计局对赤峰卫校、赤峰民族师范高等专科学校、赤峰教育学院等5所院校开展财务收支审计,查出部分院校存在坐支应缴财政专户款、乱收费、乱发补贴、违规集资等问题。2005年,对全市工商系统和食品药品监督管理行业财政财务收支情况进行审计。2006年, 对全市质量技术监督系统2005年度预算执行及其他财务收支情况进行审计,审计资金总额2799万元,查出违规资金753万元,决定上缴财政资金3万元。2013年,对全市卫生系统等312个单位进行审计和审计调查,查出主要问题金额9094万元。对全市法院系统财务收支进行审计,查出违规资金3432万元, 审计后归还原资金渠道1126万元, 收缴财政5.86万元。1991—2013年,市、旗县区两级审计机关对全市1259个行政事业单位的财务收支进行审计,查出违纪违规资金1.75亿元,上缴财政433万元。

二、专项资金审计

1996年,全市两级审计机关开展教育费附加征收、管理和使用情况审计,审计两级财政、税务等征收管理部门58个,审计各中小学等资金使用单位96个,审计教育费附加总额3017万元。经审计,对存在征收和管理不严、使用不当问题的单位提出整改意见。对市直农机系统、粮食系统等65个行政事业单位预算外资金进行专项审计和审计调查。针对部分部门和单位存在预算外资金管理、使用混乱等问题,及时提出整改意见。1997年,开展普教经费审计,全市审计和调查财政、教育等部门和中小学234个,查出违纪金额986万元。对市本级及11个旗县区计生局和152个乡镇计生办进行审计,查出违纪资金1014万元,清理制止15项违规收费。开展对公安机关罚没收入与收费和公安交通管理经费审计,审计全市公安、交警及所属单位47个,抽查审计118个基层派出所,查出各类违纪金额1035万元。同时完成一级预算单位银行开户情况审计调查,调查全市单位650个,调查面达到86%。1998—1999年,审计191个单位,查出违规金额 4602 万元，审计后追回被挤占挪用专项资金 3008 万元。审计法院和检察院单位 23 个，查出“小金库”金额 872 万元。2000 年，对国家安排和地方配套的义务教育工程专项资金进行审计。抽审项目学校 237 所，抽审金额 1 亿元，审计查出部分单位挤占挪用项目资金，追还到位资金 67 万元。同年，对 11 个旗县区工商行政管理局行政性收费、罚没收入情况进行审计，并延伸审计 33 个工商所，针对审计查出的违规提成、私设“小金库”、乱收费等问题依法作出处罚。

2001 年，开展普教经费审计，审计全市中小学 685 所。重点审计中小学乱收费、乱集资、乱代收情况，查出乱收费 631.8 万元，乱集资 219.2 万元，乱代收 128.4 万元，挤占挪用资金 286.8 万元，“小金库”43.3 万元，公款私存 119.3 万元。2004 年，对教育系统二期义务教育专项资金进行审计，审计 67 个单位。查出挤占挪用资金 302 万元，账外资产 659 万元，应缴未缴预算收入 87 万元。2007—2008 年，全市两级审计机关对全市工商系统、教育系统等 176 个单位进行审计和审计调查，查出违规金额 2813 万元，管理不规范金额 3011 万元。通过对解决拖欠农村牧区中小学教师国标工资审计，为市财政节约资金 1780 万元。在自治区审计厅的统一部署下，重点查处教育系统乱收费、套取国家助学金、坐收坐支等问题。审计全市 194 个单位，查出违规资金 2256 万元，管理不规范资金 4076 万元。2009 年，全市两级审计机关对全市教育系统、财政系统等 302 个单位进行审计和审计调查，查出违规金额 5845 万元，管理不规范金额 2387 万元。全市两级审计机关配合两级纪检委和财政局组成联合检查组开展“小金库”专项治理工作，收缴财政 920 万元。2010 年，全市两级审计机关对市体育局、市人防办等 251 个单位进行审计和审计调查，查出违规金额 4905 万元，管理不规范金额 899 万元。为进一步加强对“校安工程”资金管理和使用情况的审计监督，市审计局组织开展 2009 年至 2010 年 6 月底中小学校舍安全工程专项资金审计。审计查出一些地方存在工程资金被挤占挪用、资金管理不规范、工程进展缓慢、未严格履行建设程序、影响专项资金使用效益的问题。

2014 年，对全市 214 个单位进行审计和审计调查，查出主要问题金额 8182 万元。市审计局对市直、红山区、松山区 2012 年秋季至 2013 年秋季中等职业学校国家助学金和免学费补助等专项资金进行审计，查出多得上级补助的助学金和免学费补助资金 6494 万元，已经全部收缴财政。根据财政部、审计署统一部署，市审计局对赤峰市贯彻执行中央八项规定严肃财经纪律和“小金库”专项治理工作进行专项检查，重点检查市住房和城乡建设委员会等 4 个单位，查出应缴未缴财政资金 289 万元、转入下属单位挂账违规资金 108 万元，两项合计 397 万元全额收缴财政。对市住建委下属全额拨款事业单位用事业费为所属公司注册资本金 210 万元，进行清退。1996—2014 年，市、旗县区两级审计机关对全市行政事业单位使用各类专项资金情况进行审计，共审计单位 3129 个，查出违纪违规资金 2.91 亿元，上缴财政 8498 万元。

第三节　金融　外资审计

一、金融审计

银行、保险机构审计　1991—1992年,市、旗县区两级审计机关对中国工商银行赤峰分行系统1990年度财务收支、利率政策执行情况和流动资金贷款投向进行审计,并对自有资金来源、管理和使用及联行结算情况进行审计调查。查出各项违纪违规金额327万元,其中审计决定上缴财政95万元。市审计局对5个旗县区工商支行1991年度信贷资金和利率政策的执行情况进行审计,审计总金额2.08亿元,查出违纪金额100万元,上缴财政72万元,对违反规定多收利息问题作了收缴处理;完成中国银行赤峰市分行1991年度财务收支的审计,审计总金额1012万元,查出违纪金额69万元,上缴财政2万元。1993—1998年,对中国建设银行赤峰分行、中国农业银行赤峰分行、中国人民保险公司赤峰市分公司、中保人寿保险有限公司赤峰分公司及下属金融保险机构277个进行审计,查出违规金额8258万元。主要为违反贷款政策多收利息、用信贷资金和保险准备金认购上级行和保险公司股份、多收保费、坐扣保费、以赔顶保等问题,均提出审计建议。1999—2011年,对中国工商银行赤峰分行及16个分支机构、中国农业发展银行赤峰分行及12个分支机构、中国邮政储蓄银行赤峰市分行等金融机构进行审计,查出违规金额2375万元。主要为私设"小金库"、漏缴税金、公款私存等问题,均以法定程序进行处理。

信用社审计　1999—2000年,对12个旗县区的12个内蒙古农村信用社分社和141个基层农村信用社1999年度资产、负债、损益情况进行审计,审计查出153个信用社存在不良贷款7.15亿元,占贷款总额的68%,有高风险信用社96个,资不抵债25个,有22个信用社不良贷款占比超过90%以上,全市153个信用社累计亏损5749万元。查出违规吸储、违规放贷、私设"小金库"、违规购置固定资产、变相提高利率等问题。有77个农村信用社违规行为金额7000余万元,收缴罚款105万元,移送违法案件1起。2002年,对红山区城市信用社进行审计;2003年,对赤峰城市信用社、红山区新兴城市信用社、红山区同兴城市信用社、华夏城市信用社4个城市信用社资产、负债、损益情况进行审计。发现5个信用社存在信贷资产质量低、不良贷款比例高、信贷风险突出的现状,查出财务和信贷管理中存在私设"小金库"11个,金额157万元,多计多收贷款利息160万元,以及违规放贷造成损失和风险等一系列问题。2012—2013年,完成对宁城县农村信用合作联社2011年度资产、负债、损益的审计调查。对赤峰松山农村商业银行股份有限公司2010—2012年度资产、负债和损益情况进行审计,审计后向自治区审计厅报送审计报告。1991—2013年,全市两级审计机关根据上级审计机关的部署,对国有金融机构和非银行金融机构进行审计,审计468个单位,查出并纠正主要问题资金 2.55 亿元，上缴财政 664.3 万元。

二、外资审计

1993 年，对赤峰市利用外资师资培训项目、农村改水、农村信贷项目进行审计。1994—1995 年，对 10 个利用世界银行贷款项目进行审计，审计总金额 2931 万元。对赤峰市利用世界银行贷款用于粮食流通、师范教育、农村改水等项目资金进行审计，审计 14 个项目执行单位，审计投资金额 625 万元，查出并纠正挤占挪用配套资金等违纪金额 24 万元。1996 年，完成对 18 个单位的世行贷款项目和中外合资企业的审计，查出违纪金额 252 万元，配套资金不落实 724 万元。市审计局编发审计信息被中央办公厅采用。1997—1998 年，完成对妇幼卫生、师范教育发展、改善粮食流通市场、在职教师培训、贫困与少数民族地区基础教育项目及西部扶贫项目等 11 个世行贷款项目 29 个用款单位的审计，审计资金总额 1.01 亿元，依法处理查出的违规金额 398 万元，出具 13 份审计报告，有针对性地提出改进意见和建议。对中外合资企业进行审计调查，全市共审计调查企业 73 家，对规范赤峰市合资企业管理起到积极促进作用。

1999—2001 年，对 20 个世行贷款项目、6 个国际金融组织贷款项目、1 个亚行贷款项目资金进行审计，审计用款单位 43 个，查出配套资金不到位、挤占挪用项目资金 1920 万元。2002 年，对世界银行妇幼卫生保健、农村改水、西部扶贫、粮食流通、德援造林、亚行水毁重建项目等外资资金进行审计和审计调查，查出违规金额 498 万元。2003 年，开展外资项目审计，审计 27 个单位和项目，查出挤占挪用资金 704 万元，项目资金不落实 1198 万元。2004—2005 年，完成世行雪灾重建、三期供水、西部扶贫、结核病防治、德援雪灾重建、德援造林、粮食流通项目的经营效益审计，审计 39 个单位和项目，审计查出配套资金不到位、滞留项目回补资金、挤占和挪用项目资金、虚列支出、债务未落实等违规金额 2829 万元。审计后依法督促配套资金和滞留项目回补资金到位 770 万元，追回被挤占、挪用项目资金 456 万元。2006 年，全市两级审计机关加大对利用外资项目的审计监督力度，审计外资项目单位 33 个，查出违规金额 280 万元，管理不规范金额 994 万元。2007 年，全市两级审计机关完成对财政部门的政府外债管理情况、世行西部扶贫项目、世行结核病防治项目、德援造林项目等审计，查出配套资金不到位、滞留项目回补资金、挤占和挪用项目资金、虚列支出、债务未落实等违规资金 580 万元，管理不规范金额 960 万元。依法收缴违规资金 240 万元；督促配套资金和滞留项目回补资金到位 230 万元；追回被挤占、挪用项目资金 730 万元；对违法人员移交司法机关处理 1 人。2009 年，对扶贫和救灾性质的德国援助造林等涉农项目进行审计，通过审计督促有关部门发放劳务费、浇水费、整地费 130 万元，切实维护农民的利益。

2010—2012 年，对本级财政部门管理的外债项目专户资金及相关费用收支情况进行审计，加强外债项目专户资金监督。根据内蒙古自治区审计厅《关于德国复兴银行援助内蒙古造林项目审计安排意见》及德国复兴银行电传意见，完成对赤峰市中德合作造林 5 个项目情况审计，提高利用外资的质量和水平。根据自治区审计厅的授权，完成对松山区、敖汉旗利用德国促进贷款进行城市发展环境改善项目的审计。2013年,完成赤峰市西部扶贫、农村改水三期、粮食流通和结核病防治等9个使用世行贷款项目和水毁重建、赤峰二毛精纺生产线2个使用亚行贷款项目及1个使用国际农发基金项目共12个外资利用项目调查,向市政府反馈全市外债偿债准备金不足的问题,为政府加强外债管理和正确决策提供可靠依据。根据自治区审计厅授权,对赤峰华新城市基础设施投资有限公司和敖汉旗绿海新州城市基础投资开发有限公司2012年10月至2013年9月利用德国促进贷款进行城市发展环境改善项目执行情况进行审计,审计利用外资金额2470.76万欧元。2014年,对赤峰市2012—2013年国外贷款项目620万元管理费的申请、拨付和管理使用情况进行审计。积极配合自治区审计厅审计组,对赤峰富龙热力公司利用亚洲开发银行贷款进行内蒙古环境改善(二期)项目进行审计。1993—2014年,对世界银行贷款项目、德国援款项目等外资项目进行审计,共审计330个单位和项目,查出并纠正违规资金8539.6万元。

第四节　经济责任审计

1999—2014年,全市两级审计机关对各级领导干部任期和企事业单位法定代表人经济责任情况进行审计,累计审计单位2592个,审计领导干部和经济责任人2906人,查出违纪违规资金7.82亿元,移送纪检、司法机关10人。其中旗县区主要负责人任期审计31个单位,审计主要负责人31人。

一、党政领导干部任期经济责任审计

1999年,中央办公厅、国务院办公厅印发《县级以下党政领导干部任期经济责任审计暂行规定》《国有企业及国有控股企业领导人员任期经济责任审计暂行规定》,全市经济责任审计工作起步。成立赤峰市经济责任审计领导小组,市纪检委、市检察院、市委组织部、市人事局、市监察局、市审计局等部门为成员单位,建立经济责任审计联席会议制度。2001年,市审计局成立经济责任审计科。有10个旗县区成立经济责任审计领导小组,有5个旗县成立经济责任专职审计机构,有9个旗县区建立经济责任审计联席会议制度,专职从事经济责任审计人员12人。全市12个旗县区已全部开展经济责任审计工作。元宝山区、喀喇沁旗、松山区、阿鲁科尔沁旗政府制定审计实施办法。同年,全市两级审计机关对112个单位、125名领导干部开展任期经济责任审计,查出违规金额3381万元,其中主管责任2768万元。依据审计结果平调92人、晋升职务4人、撤职4人、免职2人。2002年,围绕机构改革、单位撤并、人员交流,对市直及旗县区部分领导干部开展经济责任审计,审计单位241个,审计主要责任人246人,其中旗县区主要领导干部22人。挽回国有资产流失474万元,移送有关部门立案查处1人。2004年,对190个单位的196名科级以上领导干部进行经济责任审计。其中市审计局对16个单位处级领导进行经济责任审计,审计主要责任人16人;旗县区完成对174个单位

180 名科级干部的经济责任审计，共查出违规金额 4119 万元，其中负有主管责任 3843 万元，直接责任 276 万元，查出管理不规范资金 411 万元。有 1 人被移送司法机关，平调 87 人，晋升 3 人，免职 3 人。同年，市委、市政府印发《赤峰市党政领导干部任期经济责任审计实施办法》，全市 12 个旗县区下发《科级领导干部任期经济责任审计办法》，进一步规范领导干部任期审计。2007 年，市审计局直接审计 11 个单位，审计主要责任人 12 人，其中旗县区委书记 2 人、旗县区长 1 人，市直部门负责人 7 人，县处级事业单位负责人 2 人。审计查出并纠正违纪违规金额 3572 万元，其中主管责任金额 2893 万元，直接责任金额 679 万元，查出管理不规范金额 1069 万元。2012—2013 年，受市委组织部和旗县区政府的委托，市审计局直接审计单位 28 个，审计主要责任人 28 人，其中旗县区委书记 3 人、旗县区长 3 人，市直党政部门负责人 12 人，县处级事业单位负责人 6 人，旗县区审计局长 4 人。全市查出并纠正违纪违规资金 1.55 亿元，并分别作出审计决定予以纠正和处理。2014 年，受市委组织部的委托，市审计局完成对市委党校、市统计局、市经信委、市社保局、市科协、元宝山区法院等部门的主要负责人经济责任审计。经审计查出预算执行不规范、国有资产收益未及时上缴财政、资产管理有待加强、内部控制制度不健全和个别单位欠缴税金等问题，审计后进行了纠正和处理。

二、企事业单位法定代表人经济责任审计

2000 年，全市两级审计机关开展企事业单位法定代表人经济责任审计 68 个、68 人，查处违规资金 2428 万元，其中直接责任 435 万元，主管责任 1920 万元。经审计受党纪处分 1 人，移交纪检监察机关 2 人，移送司法机关 2 人。2003 年，市审计局及部分旗县区下发《经济责任审计暂行办法》。当年审计企事业单位 95 个，审计 111 名经济责任人，查出违规金额 2463 万元，其中主管责任 2014 万元，直接责任 449 万元。审计后移交司法机关 1 人，移送纪检监察机关 2 人。逐步改变离任后审计的做法，宁城县开展 13 个单位经济责任审计，有 7 个为任中审计。2005—2006 年，对 403 个企事业单位、453 名经济责任人进行审计，查出违规金额 6201 万元，其中主管责任 4667 万元，直接责任 1534 万元；查出管理不规范资金 240 万元，其中主管责任 122 万元，直接责任 118 万元，移送纪检监察机关 1 人。市审计局直接审计 30 个单位，查出并纠正违纪违规金额 3572 万元，其中主管责任金额 2893 万元，直接责任金额 679 万元；查出管理不规范金额 1069 万元。2007—2010 年，审计企事业单位 798 个，审计经济责任人 846 人，全市查出并纠正违纪违规资金 2.79 亿元，其中市审计局直接审计单位 34 个，审计经济责任人 34 人，查出并纠正违纪违规金额 1991.2 万元。经审计大部分部门和单位违反财经法规的现象逐年减少，但仍有少数部门和单位存在挤占挪用专项资金、违规收费、漏缴税金等违反财经法规的现象和问题。2011—2014 年，全市经济责任审计 641 个单位，审计经济责任人 641 人，其间查出并纠正违纪违规资金 8574 万元，全市两级审计机关已分别作出审计决定予以纠正和处理。

第五节　企业审计

一、经营责任审计

1991—1996年,主要围绕企业承包经营责任进行审计,共审计各级企业675家。1991年,重点对赤峰市钢铁厂、赤峰市长城地毯厂等企业承包经营者进行经济责任审计,审计企业240家,其中承包经营责任审计186家,查出并纠正违纪违规金额631万元。1992年,共审计市、旗县区所属重点企业194家,其中承包经营责任审计145家,审计总金额18.5亿元,查出并纠正违纪违规金额800万元,上缴财政48万元。1994年,对赤峰梧桐花铅锌矿、赤峰市北方联合制药厂等88家国有企业进行审计,审计资金总额14.2亿元,查出违纪金额1925万元,上缴财政67万元,提出审计建议90多条,促进企业提高经济效益557万元。为配合企业转换经营机制,全市两级审计机关抽调审计干部73人赴企业开展资产评估,核实企业家底,为企业转制服务。1995—1996年,对赤峰市长城地毯厂、赤峰市第一建筑公司等256家国有企业进行审计,审计查出122家企业存在损益收支不实的问题,占已审计企业数的47.66%。虚增利润1593万元,虚减利润496万元,促进企业提高增收节支和提高经济效益693万元。对217家工业、农林水企业进行审计,查出资产不实102家,金额1.46亿元;负债不实83家,金额1.46亿元;损益不实158家,金额5670万元;国有资产流失1465万元。纠正各类违纪4214万元,其中收缴罚款364万元。促进增收节支873万元。1997年,市审计局完成厂长(经理)离任审计22家;林西县等5个旗县完成68家转制企业产权界定工作;市审计局对赤峰第二毛纺织厂现代企业制度进行审计调查,完成赤峰啤酒集团公司3家旗县啤酒厂和市医药集团公司13家成员单位的审计。为配合企业转制工作,全市完成对93家企业单位的审计,为企业转制提供了依据。市审计局参与6家企业破产清算,巴林右旗审计局参与43家企业转制工作。对全市农机、石油部门进行行业审计,审计36家企业,针对企业管理上的漏洞,提出改进管理的审计建议。1999—2000年,市审计局和旗县区审计局结合本地实际,选择赤峰电子集团公司、赤峰市电线电缆厂、宁城老窖集团公司等5家重点工业企业(上市公司2家,脱困企业1家,改制企业2家)和化工、机械、食品等行业89家企业进行审计,针对企业在经营管理中存在资产不实、管理粗放、费用开支随意性大、法律意识淡薄等影响企业效益的问题提出审计建议。

2001—2003年,全市两级审计机关对76家企业进行审计和审计调查,查出资产、负债、损益不真实单位32家,不实数额在10%以上的6家。2004—2005年,对医药、食品等行业14家企业进行审计和审计调查,查出违纪金额430万元,提出有针对性的审计意见。2006—2008年,对东电茂霖风能发电有限责任公司和赤峰电业局进行审计,查出违规金额1.47亿元,上缴税费124万元。对内蒙古草原兴发集团的资产状况、林西大井银铜矿的生产经营现状、内蒙古宏峰实业股份有限公司股权出售收入资金的使用情况、赤峰市城市基础设施投资开发有限公司资金使用及管理情况等进行审计。完成对内蒙古黄岗矿业有限责任公司、内蒙古有色地质矿业(集团)有限责任公司108队的审计,共查出违规金额1347万元,管理不规范金额456万元;以审计调查为主要方式,对全市14家矿山企业税费征缴情况进行审计调查,查出少缴、少征矿山资源补偿费、水利建设资金、社会保险费等问题金额568万元,对发现的问题及时纠正和处理。2009—2010年,完成对赤峰市自来水公司等180家企业的审计和审计调查,查出违规金额5798万元,管理不规范金额8800万元。对全市2007—2009年144家使用财政资金的非国有企业进行审计调查,占规模以上工业企业的25.71%,涉及专项资金1.58亿元。依据自治区审计厅的授权,市审计局对内蒙古银都矿业有限责任公司进行审计,查出欠缴矿产资源补偿费3675万元,并予以纠正;完成市政府交办对赤峰富龙热力集团公司及所属企业的审计调查。

2011—2012年,全市两级审计机关对使用科技资金的内蒙古东方万旗肉牛有限公司、敖汉旗沙漠之花饮品有限公司、克什克腾旗天利科技开发有限公司等51家企业进行专项审计调查。查出企业未按合同要求配套自筹资金2.11亿元，占计划投资的35%;地方政府未配套资金1290万元,占配套资金的79%;企业使用科技资金所涉及的74项科技项目，未达到使用效益的36项，占48.65%；未缴纳社会保险费的职工1944人,占在职职工人数的22%。对全市利用环保资金的巴林左旗兴达养猪场、赤峰喀喇沁旗维通生物科技有限公司、内蒙古双赢化工有限公司等18家非国有企业进行审计调查,有4家企业达到项目预期效益,有8家基本达到,6家未达到预期效益。部分企业履行社会责任不到位,有5家企业漏缴矿产资源补偿费11.39万元。市审计局对全市矿山企业2008—2010年税费征缴情况进行专项审计调查,在已经完成的36家企业调查中,发现企业漏缴资源税等4353万元,针对审计发现的问题,提出纠正和整改意见。2013—2014年，全市两级审计机关完成对15家国有企业的审计和审计调查,查出主要问题金额8586万元。市审计局对赤峰市自来水公司2011—2012年资产、负债、损益情况进行审计,查出违规资金1732万元,并对水资源费流失等问题提出针对性的审计建议,企业认真落实审计意见和建议,改进管理。根据自治区审计厅的授权,市审计局对自治区在赤峰市境内的内蒙古拜仁矿业有限公司2011—2012年资产、负债、损益情况进行审计,查出该企业少缴税费208万余元,依法作出处理;完成对赤峰富龙路桥投资经营有限公司和赤峰市能源开发经理部的资产负债损益情况的审计,发现两公司存在未缴国有资本收益、固定资产账目不实、违规拆借资金等问题,提出有针对性的整改意见。1991—2014年，全市共审计各类企业1538家，查出主要问题金额4.81亿元,上缴财政7535.3万元。

二、财务收支审计

1993年,为进一步促进企业转换经营机制,改善内部经营管理,提高经济效益,市、旗县区两级审计机关分别对赤峰市4家糖厂、红花沟金矿等一批市和旗县区所属重点企业的财务收支情况进行审计。1994年,对赤峰粮油贸易公司、赤峰东郊国家粮库和赤峰市饲料公司等265家独立核算粮食企业进行全面审计,审计发现粮食企业仍存在包袱过重、流动资金不足、经营管理水平较低、漏洞较多、经营机制不完善、部分企业资金被个人占用等问题,查出违纪金额1810.8万元,其中收缴153万元,抵补粮油经营亏损37.8万元,调账处理1620万元;实现减亏增盈和提高经济效益472万元。1995—1998年,对全市粮食行业1994年度消化财务挂账和新增财务挂账情况及市农业生产资料公司进行审计,全面反映出赤峰市粮食企业亏损挂账情况,为贯彻实施国家对粮食企业停息挂贷政策提供依据。2002年,对15家粮食企业财务收支进行审计,审计查出部分粮食企业存在成本不实、账外经营问题,其中林西县3个粮食收储企业2001年账外经营额达2160万元。审计机关有针对性地提出规范成本核算和调整会计账目的审计意见。2003—2004年,完成对医药、食品等行业14家企业财务收支审计和审计调查,查出违纪金额430万元。2009年,对内蒙古自治区烟草公司赤峰市公司2008年度财务收支情况进行审计,查出企业承担个人名下楼房款、买车款及折旧,造成资产不实等问题。2012年,完成内蒙古红山国家粮食储备库、赤峰北疆粮油购销有限公司、赤峰东城国家粮食储备库和赤峰军供粮站4家国有粮食企业2010年至2011年度资产负债损益的审计,重点掌握企业资产状况及经营现状,并对企业财务收支中不合理问题提出审计建议。1993—2012年,全市两级审计机关对各类企业进行财务收支审计,共审计企业447家,查出主要问题金额2.92亿元,上缴财政5653.8万元。

第六节　固定资产投资审计

1991—1992年,根据国家控制固定资产投资规模、规范固定资产投资管理、提高固定资产投资效益的政策和要求,开展自筹基本建设技术改造项目资金来源事前和开工前审计,并对重点项目竣工决算进行审计。市、旗县区两级审计机关共审计项目354个,审计投资额1.97亿元,核减投资47万元。市审计局对平双公路内蒙古区段的竣工决算进行审计,审计总金额1.18亿元,查出违纪违规金额273万元,其中违纪金额189.8万元,上缴财政51.4万元,节省国家投资126.2万元。1993年,全市两级审计机关重点加强对基本建设投资来源的审计监督,对118个建设项目开工前资金来源进行审计,其中生产性项目7个,非生产性项目111个。审计投资总额1.97亿元,经审计压缩项目2个,压缩投资950万元。市审计局对1991年、1992年的14个技术改造项目投资来源、建设周期情况进行审计调查,有6个项目基本按期完成,其余8个处于停建半停建状态。针对部分项目未按规定履行开工前审批手续、可行性研究不充分、资金落实不到位、项目上马仓促、自有资金比例过低等问题,审计机关有针对性地提出审计建议。1994年,全市两级审计机关全面开展固定资产投资的事前、事中和事后审计,全年审计自筹基建技改项目 177 个，其中开工前审计 110 个，在建项目审计 2 个，竣工决算项目审计 65 个。审计总金额 2.90 亿元，查出挤占挪用基建资金 96 万元。在审计中，逐步将审计重点从事前审计向事后审计转移，对已竣工的 65 个项目进行决算审计，核减高估冒算金额 1768 万元，核减率为 14%。

1995 年，重点加强对项目竣工决算的审计监督，切实纠正基本建设项目高估冒算等问题。全市审计 44 个竣工决算项目，核减高估冒算金额 1559.7 万元。市审计局审计红山区钢铁西街开通工程和安居工程等 4 个竣工决算项目，核减高估冒算工程资金 177.92 万元，其中钢铁西街开通工程项目在建设银行已审查核减 158.4 万元的基础上，审计后又核减 78.46 万元。同年 7 月，根据国务院和自治区政府严格控制国有固定资产投资规模的指示精神，全市两级审计机关对高档房地产开发项目和楼堂馆所项目，全部停止对资金来源的审计批复，有效控制固定资产投资规模。1996—1997 年，全市两级审计机关共完成 1992 年后竣工决算审计项目 112 个，查出超规模投资 546 万元，超标准投资 1098 万元。通过审计核减工程预决算 4056 万元，归还原资金渠道 41 万元，收缴、罚款 507.6 万元，减少财政拨款和补贴 441 万元。同时还加强投资项目的资金来源和开工前审计，市审计局审计项目 191 个，审计投资总额 4.86 亿元，资金到位率为 92%，经审计压缩不合理项目 5 个，压缩投资 1648 万元。通过对元宝山露天矿、赤峰冶炼厂、市政府办公楼、园林路和长青街改造 5 项审计，共为国家增收节支 1019 万元。全市两级审计机关还完成对建筑施工企业和安居工程审计与调查，完成商品房价格、市医院新病房楼进展情况的调查。

1998 年，全市共完成基建竣工决算项目审计 39 个，审计项目投资总额 2.93 亿元，经审计核减工程投资 1919 万元。市审计局对市区南环路和赤峰富龙热力集团公司营业楼项目审计，核减工程投资 299 万元，核减率为 20%，减少对建设单位财政拨款 56 万元。对以工代赈项目进行审计，全市审计项目 7 个，核减高估冒算 232 万元，纠正各类违规资金 129 万元。市审计局完成基建项目开工前资金来源审计 145 个，压缩投资项目 4 个，减少投资 1760 万元；根据国家审计署的授权，完成元宝山电厂的审计；根据自治区审计厅授权，完成全市新华书店的审计和调查。1999 年，全市两级审计机关加强重点基础设施建设资金审计。完成第一批城乡电网建设改造专项资金、基础设施竣工决算、303 和 306 国道建设资金、10 个旗县区西辽河流域 8 个治理工程项目的审计。共审计 61 个工程项目和单位，查出违规资金 6707 万元，其中收缴财政 388 万元，核减工程结算 2538 万元。同时，市审计局还完成自筹资金开工前项目审计 110 个。2000 年，全市两级审计机关以基础设施建设资金为重点，开展固定资产决算审计。审计工程建设单位 30 个、施工企业 5 个，核减工程造价 857 万元。市审计局开展对国道 306 线宁城段等公路建设 3 个项目的追踪审计。

2001—2002 年，全市重点对交通、基础设施等固定资产投资项目进行审计，审计项目总金额 7.16 亿元，核减工程造价 2591 万元，核减率 3.62%。2003 年，市审计局对中心城区污水处理厂和松州路工程建设资金进行审计,旗县区审计机关围绕公路、城区基础设施项目开展审计。全市两级审计机关审计51个单位和项目,审计投资额2.80亿元。查出基建工程中挪用侵占工程资金319万元、虚结工程款189万元、超规模建设625万元等问题,核减工程款1504万元,为国家节约大量建设资金。2004年,全市两级审计机关对24个单位和项目进行审计,审计投资总额2.06亿元,核减工程款2071万元。2005年,全市两级审计机关完成80个单位的投资审计,审计投资总额3.43亿元,核减工程款3949万元,核减率11.51%。市审计局对新城区市政、园林、道路工程项目跟踪审计,累计核减工程款1800万元;根据市政府安排,完成对内蒙古平庄煤业(集团)有限责任公司元宝山露天煤矿建设项目收尾工程投资完成情况的审计,查出已决未完工程资金621.68万元、虚列维简工程30万元、占用生产性资金搞非生产性建设110.34万元、不合规发票列支373万元的违规问题,依据审计决定作出调整账目处理。对赤峰市一、二期农网改造工程竣工决算进行审计。市审计局直接审计市农电局及巴林左旗、巴林右旗农网改造工程竣工决算,对其余10个旗县区进行复查,审计发现违规金额5007万元,其中核减工程造价205万元,设计费、拆旧物资未作收入564万元,账外资产170万元,套取电建资金120万元。2006—2007年,全市两级审计机关完成固定资产投资项目审计183个,审计投资总额5.94亿元,核减投资总额9598万元,核减率16.16%。2008—2009年,全市两级审计机关对302个单位和项目进行审计,审计投资总额15.23亿元,核减投资总额1.89亿元,核减率为12.41%。市审计局完成对新城区工程决算项目审计11个,核减投资额187万元;对赤峰市中心城区松州路北通道路工程、赤峰至元宝山公路郎家营子至元宝山开发区段工程、赤峰至元宝山公路新安立交桥至郎家营子段公路建设工程进行竣工决算审计,审计投资总额2.39亿元,核减工程价款1621万元,核减率为6.78%。

2010—2011年,全市完成固定资产投资审计项目377个,审计投资总额28.56亿元,核减投资总额3.91亿元,核减率13.69%。市审计局重点对赤峰市医院综合病房楼工程进行竣工决算审计,为政府节约投资4713万元;对市体育中心一期工程造价进行审计,在社会审计组织已经审核的基础上,再次核减工程造价2021万元。2013年,全市两级审计机关共审计赤峰市污水处理厂、省道205线乌丹至巴林桥公路建设等工程项目146个,审计核减基本建设资金3.09亿元。市审计局共完成固定资产投资审计项目16个,核减基本建设投资1.06亿元。其中对德润排水有限公司中水回用一期工程竣工决算审计,核减政府投资4884万元;公路建设项目审计,核减工程投资917万元;对新城区建设工程实施结算跟踪审计,审计单项工程58个,核减工程建设资金4800万元。2014年,全市审计省道304线灯笼河子至乌兰布统公路建设、宁城县王营子至西窝铺公路建设等工程项目142个,审计核减基本建设资金2.07亿元。市审计局继续对新城区建设项目资金结算进行跟踪审计,全年审计项目6个。对公路建设项目竣工决算进行审计。1991—2014年,全市两级审计机关对全市固定资产投资进行审计,先后审计单位 492 个、工程项目 2506 个，审计总金额 76.92 亿元，查出主要问题金额 1.03 亿元,核减投资 14.05 亿元,核减率 18.27%。

第七节 专项资金审计

一、扶贫资金审计

1994 年,市、旗县区两级审计机关对阿鲁科尔沁旗、巴林左旗、巴林右旗、翁牛特旗、敖汉旗、克什克腾旗 6 个国家级重点贫困旗县 1991—1993 年各类扶贫资金管理、使用及效益情况和 10 个旗县区的以工代赈资金进行审计,审计 212 个单位和项目,审计资金总额 1.03 亿元,查出违纪金额 1409 万元。主要是资金管理不能及时足额到位,两项资金不到位总额为 1038 万元,应配套资金 371 万元;同时存在资金被挤占挪用的问题,审计查出挤占挪用资金 411 万元。1997 年,根据市扶贫开发领导小组要求,全市两级审计机关对 10 个贫困旗县区(红山区、元宝山区除外)扶贫资金到位和北京市捐赠资金情况进行审计。在审计中采取边审计边纠正的办法,促使资金到位 1750 万元。1998 年,先后对 10 个贫困旗县区 1997 年扶贫资金进行审计,审计 18 个单位,审计资金总额 4.66 亿元,查出并纠正各类违规金额 1606 万元,其中收缴财政 68 万元,追回被侵占挪用资金 1393 万元。1999—2000 年,全市两级审计机关对贫困旗县区扶贫资金进行审计和调查，共审计 13 个单位和项目。市审计局 2 次对全市 10 个贫困旗县区 1999 年度扶贫资金到位及使用管理情况进行审计，经审计促进扶贫资金到位 1325 万元,查出并纠正挤占挪用扶贫资金 300 多万元。对部分资金管理单位层层滞留扶贫资金、扶贫资金到位不及时、扶贫贷款不扶贫、扶贫资金监管不力、扶贫攻坚重点不突出等影响扶贫效果的问题,提出整改意见及管理措施。

2013 年,对巴林左旗、阿鲁科尔沁旗等旗县区的 40 个单位扶贫项目进行审计和审计调查,查出主要问题资金 4816 万元。对 10 个旗县区(自治区审计厅直接审计克什克腾旗、敖汉旗 2 个旗)2011 年至 2012 年扶贫水利专项资金进行审计,发现在扶贫水利资金管理使用中存在的主要问题为:部分项目配套资金未落实 1.68 亿元、财政部门滞留扶贫水利资金 1.30 亿元、虚列支出 49 万元、套取财政补贴 34.59 万元、挪用扶贫水利资金 165 万元、部分项目未实行政府采购和招投标合计金额 1717 万元,扶贫和水利项目管理中存在擅自调整项目建设内容、部分龙头企业的扶贫带动作用发挥不够充分、扶贫资金投向不合理、项目未能真正惠及全部贫困户等问题。1994—2013 年,全市两级审计机关先后对扶贫资金进行审计,审计项目和单位 278 个,查出违规资金 8542 万元,纠正挪用或占用扶贫资金 4019 万元。

二、农牧业专项资金审计

1991 年,对农业发展专项资金、发展粮食专项资金进行审计,共审计市农牧办、市粮食局等主管部门141个,查出各项违纪违规金额61万元,审计后收缴财政2万元,追还挪用的专项资金18万元。1992年,对全市第一期农业开发资金和商品粮基地建设资金等农业专项资金进行审计,共审计156个单位和项目,查出并纠正违纪违规金额107万元,审计后收缴财政46万元,归还原资金渠道16万元。1993年,对阿鲁科尔沁旗、巴林左旗、敖汉旗、松山区等7个旗县区1991年、1992年农业总体投入进行全面审计,审计农业主管部门28个、资金使用单位106个。查出由于财政困难、赤字增加,7个旗县区用于平衡预算挪用农业资金1343万元;查出部分主管部门和使用单位存在违反财经纪律问题,查出挤占挪用等各项违纪金额144.65万元。审计机关提出加强农业资金管理的审计建议。

1995—1996年,全市两级审计机关对赤峰市二期农业综合开发资金管理和使用情况进行审计,审计资金管理部门和项目单位85个,查出挤占挪用开发资金326万元。市审计局重点对国家政策落实情况进行调查,经审计,1994—1995年上级农业银行给松山区下达1900万元的产粮大县贷款规模,由于乡企和工商贷款规模挤占,国家给予扶持产粮大县的优惠政策未能得到落实。1997年,完成全市10个旗县区(红山区、喀喇沁旗除外)三期农业综合开发资金审计,审计21个主管部门及32个乡镇,查出违纪金额1638万元。市审计局对宁城县、敖汉旗、林西县、松山区、元宝山区和克什克腾旗6个旗县区进行重点抽查审计,其中对克什克腾旗草原牧业项目办公室违反财经纪律问题进行通报,并将有关责任人移送司法机关处理。1999年,对赤峰市四期农业综合开发资金、环保资金进行审计和调查,审计52个单位和项目,查出违规金额1311万元,其中挤占挪用开发资金485万元。市政府全文批转四期农业综合开发资金审计综合报告,使问题及时得到纠正,促进资金到位1000多万元,追还挪用资金300多万元。

2000—2001年,全市两级审计机关开展农业综合开发资金审计,先期审计48个单位和项目,查出违规金额607万元,其中挤占挪用开发资金292万元。后期审计47个单位和项目,查出违规金额481万元,查出部分乡镇节水灌溉设施安装不及时、机电井不配套、骨架工程没有达到国家建设标准等问题。林西县采取边审计边纠正的方式,将欠拨四期农业综合开发资金209.5万元全部拨付到位。2006年,对2004—2005年95个农业综合开发项目资金进行审计,查出财务支出方面存在虚列支出、挤占挪用资金、财政违规抵扣农业发展周转金等问题。2008年,对农牧业资金进行审计,审计43个单位和项目,查出主要问题金额1187万元。1991—2008年,全市两级审计机关先后对农牧业专项资金进行审计,审计项目和单位807个,查出违规资金6580万元,纠正挪用或占用农牧业专项资金1103万元。

三、生态建设资金审计

2000年,对京津周边地区风沙源治理工程资金进行审计,查出8个旗县区财政滞留专项治理项目资金311万元,其中有5个旗县区对风沙源治理资金未实行“三专一封闭”管理,出现项目资金被挤占挪用、与单位经费混用、白条抵账、结算不及时等问题。2002年,市审计局直接审计巴林左旗、宁城县、喀喇沁旗、敖汉旗4个旗县,并抽查审计巴林右旗、松山区2个旗区的2001年京津风沙源工程资金的管理和使用情况,其他6个旗县区由当地审计局组织审计,共查出违纪金额1859万元,查出部分旗县区项目建设存在虚列支出、套取资金、挤占挪用建设资金、违规加价和提取费用、工程项目及大宗物资采购未实行政府统一采购、税务代开发票管理不严等问题。2003年,重点开展退耕还林资金审计,退耕还林资金涉及阿鲁科尔沁旗、巴林左旗、宁城县、松山区等7个旗县区,至2003年6月末,上级拨入赤峰市退耕还林种苗补助费4590万元,粮食补助资金6426万元,退耕生活补助资金918万元。经审计查出少数旗县区虚开发票套取资金45.8万元,挤占挪用29万元。根据审计建议,阿鲁科尔沁旗完善专项资金管理办法,实行政府采购,仅围栏桩一项节约资金51万元。2004年,全市两级审计机关对全市生态建设资金使用情况进行审计,审计65个单位,审计资金总额6.67亿元,查出挤占挪用专项资金478万元,虚列支出415万元,促进资金到位365万元。2005年,完成克什克腾旗、市国土资源局等31个单位的农业与环保资金审计。市审计局对克什克腾旗2004年生态建设资金管理、使用情况进行审计,审计查出旗财政滞留禁牧舍饲资金1234万元;旗农牧局变相挪用生态建设资金72万元,自行采购的围栏桩等物资浪费资金33万元;政府采购部门采购的生态建设物资价格高,多支付生态建设资金58万元,均依据审计法规进行处理。2007年,全市两级审计机关对126个单位和生态建设项目进行审计和审计调查,审计总金额1.68亿元,查出违纪金额620万元,应归还原资金渠道560万元,审计后均落实整改。2009年,完成对全市农业综合开发项目资金、生态建设工程项目资金、全市饮水安全项目资金和抗击特大旱灾经费的审计和审计调查,审计8个旗县区、29个单位和项目,审计总金额2.09亿元,查出违规资金620万元。经审计查出存在多头投入和重复投资、部分支出严重失真、虚列套取国家资金、部分项目资金投向不符合国家政策、项目效益低下等问题,均依法予以纠正。2010年,对赤峰市国土资源局、巴林左旗国土资源局、宁城县国土资源局等71个单位和生态建设项目进行审计和审计调查,查出主要问题金额8104万元。针对审计发现的问题,依法进行纠正。

2011—2012年,对57个单位退耕还林、生态建设等项目进行审计和审计调查,查出违规资金5113万元。审计后向相关旗县区政府和国土、水利等部门提出整改意见和建议,进一步完善监督制约机制。2014年,市审计局对敖汉旗、克什克腾旗两个旗的生态建设资金进行审计,查出敖汉旗滞留生态建设资金1.27亿元,挪用资金106万元,不规范发放国家补贴资金59万元;查出克什克腾旗滞留生态建设资金1.07亿元,虚列支出23万元,违规使用生态资金205万元,不规范发放国家补贴资金57万元。2000—2014年,市、旗县区两级审计机关先后对生态建设资金进行审计,审计项目和单位507个,查出违规资金4.18亿元。

四、社会保障专项资金审计

社会保险资金审计　1995年,市、旗县区两级审计机关对待业保险基金和养老保险基金进行审计,查出违纪金额60.6万元,主要是主管部门挤占挪用社保资金建设办公楼和培训楼、购买小轿车等,部分企业主管机关截留挪用所属企业退休统筹金等问题,审计机关均依法进行纠正。1996年,对市社保局、市就业局、红山区社保局等24个单位的养老和失业保险基金进行审计,查出挪占资金1322万元,欠缴基金2226万元。市审计局对红山区、敖汉旗、翁牛特旗等6个旗县区进行抽查,至年末已将挪占资金全部追回。1998年,全市两级审计机关对失业保险、养老保险基金进行审计和审计调查,共审计191个单位和项目,查出违规金额4868万元,其中挤占挪用专项资金3008万元,审计后全部追回被侵占挪用资金。1999—2000年,全市两级审计机关对职工养老保险基金进行审计,查出挤占挪用养老保险基金1498万元,企业欠缴养老金6506万元,以资产抵顶养老保险基金难以变现,存在潜在损失等问题。市政府及部分旗县政府要求有关部门认真落实审计决定和审计意见,保障养老保险基金的征收、清理和发放。市审计局开展基本养老保险扩大覆盖面和养老保险基金收支预测的审计调查,共调查43家未参保企业,对扩面征缴难的原因进行分析,对2000年收支进行预测,为市政府宏观决策解决养老保险参保难、基金收缴难的问题提供了依据。

2001—2002年,市审计局开展企业职工基本养老保险基金收支管理情况的审计。查出少计基金利息收入22.6万元,15家破产企业抵顶职工养老金的资产价值低于应缴养老金166.5万元,企业欠缴养老保险基金1526万元,挪用养老保险基金535万元。根据审计结果,市政府提出明确的处理意见。全市两级审计机关完成对市本级和12个旗县区养老保险基金的审计和审计调查,查出养老保险基金存在挤占挪用、虚列支出等问题。经审计纠正银行系统少计养老金利息的问题,直接增加基金180万元。2004年,全市两级审计机关对国有企业下岗职工基本生活保障资金及失业保险基金进行审计。市审计局对元宝山区进行直接审计,审计资金总额6187万元,查出挪用再就业资金182.5万元、挪用失业保险资金24.3万元、自行出借再就业扶持金14.8万元、少付失业人员医疗和取暖补助11.7万元。提出尽快制定和完善社会保险金财政专户核算办法的审计建议,及时编发审计信息3篇,被市政府和自治区审计厅采纳。2005年,市审计局对市本级1998年至2005年6月末残疾人就业保障资金管理和使用情况进行审计,审计资金总额1070.7万元,查出违规金额789.8万元。市残联针对审计提出的支出监管不严、职工欠款较多等违规问题及时进行整改,对残疾人就业保障金已实行专户管理,大部分职工欠款已清理,并有针对性完善内控制度。2006年,对全市2005年度再就业资金及失业保险基金征缴和使用管理情况进行审计。其中对市劳务输出办、市民政局、平庄煤业(集团)有限责任公司等13个单位进行审计,查出违规金额2850万元,管理不规范资金9230万元。审计查出管理单位转出、挪用上级财政再就业补助资金864万元,不合理使用再就业资金1987万元,已归还750万元。对失业保险基金和社保基金专户的审计,查出管理不规范金额9230.2万元,分别作出审计处理。2007年,对全市2006年度城镇职工基本养老、基本医疗、工伤、生育及失业5项保险基金进行审计，审计资金总额12.6亿元，查出违规资金总额1.82亿元，其中查出挪占社保基金2646万元，社会保险费征缴力度不够、已欠费总额1.3亿元。经审计提出健全内控制度、严格养老金发放审核审批制度和责任追究制度等审计建议。2008—2009年，对45个单位进行审计和审计调查，并对部分缴纳基金数额较大、退休人员较多的企业及开户银行进行延伸审计。审计资金总额11.83亿元，查出挪占社保基金、出借保险基金、欠缴社会保险费、少计基金存款利息等违规资金总额1.44亿元，审计后已及时纠正违规违纪问题。2012年，全市两级审计机关对全市社会保障资金进行审计，提出将新农合与城镇居民基本医疗保险并轨运行等审计建议。红山区和林西县在审计后完善规范社会保障制度，追回银行少计基金利息520万元，补缴社会保险费416.2万元，归还挪用及追回被骗取的多支付基金58.4万元，促进符合条件的应保对象参保2615人，清理社保基金账户11个，归集资金1.89亿元，社会效果显著。1995—2012年，全市两级审计机关开展社会保险资金的审计，审计273个单位和项目，查出违规资金5.50亿元，追回侵占挪用资金2.17亿元，减少损失990万元。

救灾资金审计　1998年，先后两次配合自治区监察厅、审计厅对重灾旗县救灾资金使用情况进行抽查。市审计局先后向市政府和自治区审计厅报送救灾审计专题报告3篇，信息5篇，提出救灾资金、物资接收、分配和管理中的问题，建议进一步规范救灾款物管理。1999年，对救灾资金、赈灾彩票资金进行审计和调查。2003年，开展对"非典"和抗震救灾专项资金和物资的跟踪审计。在防治"非典"资金审计中，全市共派出审计干部80余人次，查出并纠正在分配捐赠款物中出现的手续不完备、资金未缴财政专户等问题，提出多条整改意见。对抗震救灾专项资金物资的跟踪审计2次，并向市政府报送专题报告。2004年10月，市审计局对阿鲁科尔沁旗和巴林左旗的救灾资金进行审计，审计资金总额2.47亿元，查出挪用救灾资金、虚列支出、不按规定项目使用救灾资金、救灾资金多头管理等问题。对全市抗震救灾资金管理使用情况向市政府作出专题汇报。

低保资金审计　2003年，采取审前公示的做法对低保资金进行审计，共审计管理低保资金有关单位26个，查出主要问题金额232.8万元。其中市审计局对红山区低保资金进行审计，入户调查前将低保户的家庭收入、享受低保金标准、低保户名单及低保政策等内容的审计通告在各街道、社区公示，接受群众的监督和举报。审计期间调查低保户和贫困户166户，纠正不应享受低保和超标准享受低保金家庭10户，应享受未享受或未足额享受的11户，经审计及时进行处理。2010年，全市两级审计机关对全市社会保障部门、民政部门等25个社会保障资金管理单位进行审计和审计调查，查出主要问题金额287万元。对全市2009年度农村牧区最低生活保障资金收支、管理和使用情况进行审计，查出有些地方未将符合条件的农村贫困人口全部纳入保障范围，多数地区存在"应保未保"、降低发放标准等问题。2003年、2010年先后审计单位51个，查出主要问题金额519.8万元。市审计局向市委、市政府和自治区审计厅作出专题报告，市政府要求有关部门认真采纳审计建议，尽快解决存在的问题。

其他专项资金审计　1997年,全市两级审计机关开展对医药、医院行业审计,共审计制药、医药公司和两级医院29个,对药品生产、经营、销售过程中的回扣、让利、价格和“小金库”等问题进行重点审计,在审计中除对违纪资金查处外,对社会反映较大的药品价格高的问题进行剖析,先后编发7篇审计信息。市政府要求卫生部门针对存在问题提出整改方案。2002年,完成对市本级和12个旗县区住房资金的审计和审计调查。经审计住房资金存在挤占挪用、虚列支出、违规发放住房贷款、违规设立担保公司收取担保费等问题,其中松山区政府采取有效措施,查清责任,进行纠正,并制定《松山区住房共用部分和共用基础设施维修基金管理办法》。2003年,对13个住房管理中心管理的住房公积金进行审计监督。查出违规发放公积金贷款3518.3万元,挤占挪用住房公积金1446.5万元,违规发放售房资金贷款1343.6万元。市纪检委对2名责任人进行立案检查,同时对赤峰市住房制度改革领导小组办公室进行通报批评。2004年,全市两级审计机关对赤峰市区和旗县政府所在地15所医院的部分医疗收费项目和药品价格进行重点抽查。查出提高标准多收费、隐瞒药品收入、虚列支出、账外资金、违规支付各种提成、违规集资等违规资金5390万元。有8所医院为建设病房楼和购置医疗设备向职工乱集资3110万元,账外固定资产753万元;有4所医院违规给医生提成50万元;抽查10所医院药品平均进销差率为36%,远远高于国家规定。经审计医疗主管部门对乱集资、乱加价、账外资金、违规提成等严重违规问题认真落实整改。同年,市审计局对赤峰市中心城区住宅维修资金进行审计和审计调查,审计市城乡建设委员会、延伸调查11家房地产开发企业和3家物业管理公司,审计资金总额3680万元,查出违规金额1810万元,收回住房维修资金132万元。提出全面清缴房地产公司和物业公司代收代管维修基金及改进维修基金管理体制等审计建议。2005年,市审计局对市本级体彩公益金管理情况进行审计,并对市老年体协、市体育服务中心、市体校等3个单位进行延伸审计,审计资金总额2439.4万元,查出体彩公益金管理部门多扣彩民个人所得税、扩大开支范围、违反收支两条线规定、私存私放、财务管理不规范等违规问题,查出违规资金总额160.3万元。市体育局根据审计结果及时完善管理措施。根据自治区审计厅的部署,市审计局组织开展全市国有土地出让金审计。市审计局审计市国土资源局2003—2004年土地出让金征收情况,延伸审计红山区国土资源局和松山区国土资源局,查出5家企业少缴土地出让金6673万元、不符合经济适用房政策少缴土地出让金775万元、弄虚作假少缴土地出让金283.3万元、企业转制造成国有土地资产流失1296万元、房地产公司非法圈地从中谋利160万元等问题。市审计局向市政府上报综合审计报告,促使有关部门落实整改。

2011年,全市两级审计机关开展廉租住房保障资金专项审计和调查,抽查廉租住房补贴户581户、低保家庭和低收入家庭202户,审计资金总额7.19亿元,查出挪用廉租住房建设资金等违规资金1.55亿元。提出改善以租赁补贴为主的廉租住房制度、增加实物配租比例等审计建议。市住建委修改完善《赤峰市廉租住房补贴发放方案》,

建立了严格的廉租住房申请、审批和退出机制，社会效果较好。2013 年，全市两级审计机关开展全市基本公共卫生服务资金审计，查出基本公共卫生服务资金配套资金不到位 1482.42 万元、超范围支出 116.64 万元和人员经费支出所占比重过大等问题。向市政府提出加大政府投入，推动以乡镇、社区为主体的基本公共卫生制度建设，加强基层医疗机构基础设施建设等审计建议。2012—2014 年，全市两级审计机关对全市“十二五”期间城镇保障性安居工程的投资、建设、分配、运营等情况进行跟踪审计。重点审计市本级和 12 个旗县区政府所属住建局、发展改革局、财政局、国土资源局、规划局、民政局、林业局等有关部门，延伸审计 32 个保障性安居工程项目融资、建设、勘察、设计、施工等有关单位和 26 个乡镇街道办事处、44 个村居委会、567 户家庭；并对 31 个保障性安居工程项目的开工情况、35 个项目的基本建成情况和 23 个项目的工程建设与质量管理情况进行审计调查。查出部分地区保障性住房补贴未及时足额发放或错发、部分保障性住房建成后闲置、保障性住房退出管理机制不完善、部分项目建设管理不规范、部分旗县区保障性安居工程任务目标未按规定完成等问题。1997—2014 年，两级审计机关开展对保障房、廉租房、公共卫生服务资金、维修资金等专项资金的审计，先后审计 248 个单位和项目，查出违规资金 4.26 亿元，纠正或挽回经济损失 5000 多万元。

第二章　内部审计与社会审计

第一节　内部审计

1991—1993 年，全市内审机构先后累计审计单位 1574 个，查出并纠正违纪违规金额 957 万元，促进增收节支 184 万元。1994—1995 年，累计审计单位 999 个，查出并纠正违纪违规金额 962 万元，促进增收节支 174 万元。市外贸局审计科对全系统企业经理、厂长进行经济责任审计，对亏损大户进行经济效益审计。市交通局审计科开展公路路费使用管理、汽车养路费征收手续审计，审计单位 42 个，查出违规金额 797 万元，予以纠正处理。1996—1997 年，累计审计单位 2818 个，查出并纠正违纪违规金额 9363 万元，促进增收节支 1248 万元。市商务局对所属的 28 个企业开展经济效益审计。1998—1999 年，累计审计单位 3892 个，查出并纠正违纪违规金额 3.58 亿元，促进增收节支 2907 万元。市交通局对 2 个所属单位进行离任审计。市公安局对全市公安系统罚缴分离制度执行情况进行审计，取消无证收费、白条子收费 2.8 万元。2000—2002 年，累计审计单位 4568 个，查出并纠正违纪违规金额 8177 万元，促进增收节支 2041 万元。2003 年后，赤峰市内部审计师协会成立，依据《中华人民共和国审计法》《审计署关于内部审计工作的规定》《赤峰市内部审计师协会章程》开展审计工作。至 2014 年，内审人员全部获得内部审计岗位资格证书。坚持内部审计人员持证上岗制度，先后进行年度审核 1832 人次；切实做好内审人员继续教育工作，赤峰市内部审计师协会组织内部审计人员参加内外部培训42次，参训人员达1320余人次；促进内审人员工作技能的全面提高。全市完成审计项目6535个，查出损失浪费金额1.14亿元，促进增收节支1.68亿元。

第二节　社会审计

1991年后，全市两级审计机关设有审计事务所，为市、旗县区审计局下属事业单位，依法开展社会审计工作。1991—1993年，全市社会审计机构接受委托各种查证、审计、咨询事项3570项，提高经济效益92万元。接受国家机关、企事业单位和个人委托事项4647项，通过审计核减基建预算金额38万元，为委托单位追回损失128万元，提高经济效益108万元。1994—1998年，全市社会审计机构累计接受国家机关、企事业单位和个人委托事项累计2.14万项，通过审计核减基建预算金额1.20亿元，为委托单位追回损失1055万元，提高经济效益445万元。1999年，全市审计事务所全部改制，与审计机关脱钩，独立开展审计工作。

第三章　审计机构

第一节　行政管理机构

一、市级管理机构

1991年，市审计局内设机构8个，分别是人秘科、财政金融审计科、行政事业审计科、工交审计科、基建审计科、商业贸易审计科、综合科、监察科。下设事业单位市审计事务所。1993—1998年，市审计局部分内设机构进行调整，增设审计业务综合审理科、农牧业专项资金审计科，监察科改为人事教育科，人秘科改为办公室，将财政金融审计科分设为财政审计科和金融审计科，增设监察室。1999年，市审计事务所改制，与市审计局脱钩。2002年，市审计局部分内设机构发生变化，撤销综合科、人事教育科，将工交审计科和商业贸易审计科合并成立经贸审计科，增设外资审计科、经济责任审计办公室、社会保障审计科、法制科，将基建审计科更名为固定资产投资审计科，农牧业专项资金审计科更名为农业与资源环保审计科。2014年，市审计局内设机构12个，分别是办公室、监察室、财政审计科、金融审计科、行政事业审计科、社会保障审计科、经贸审计科、农业与资源环保审计科、固定资产投资审计科、经济责任审计办公室、外资审计科、法制科。

二、旗县区级管理机构

1991年，全市设有12个旗县区审计局。下设事业单位审计事务所(宁城县审计局除外)11 个。1992 年 5 月,宁城县审计局成立审计事务所,全市旗县区审计局下设审计事务所 12 个。1999 年,根据财政部关于印发《会计师(审计)审计事务所脱钩改制实施意见》的通知精神,全市 12 个旗县区审计局下设审计事务所全部改制,与所属审计局脱钩。2014 年,全市有 12 个旗县区审计局,下设事业机构 12 个,分别为翁牛特旗、元宝山区审计局下设经济责任审计办公室;阿鲁科尔沁旗、喀喇沁旗审计局下设固定资产投资审计办公室;巴林左旗审计局下设经济责任审计办公室和政府投资项目审计办公室;林西县审计局下设经济责任审计局和经济责任审计办公室;克什克腾旗审计局下设农村牧区经济审计所;宁城县审计局下设审计事务中心;敖汉旗审计局下设审计服务中心;红山区审计局下设集体经济审计局。

第二节　审计事务所

1991 年,市、旗县区审计局有审计事务所 12 个,其中市审计事务所 1 个,旗县区审计事务所 11 个。从业人员 117 人。1992 年,市、旗县区审计局有审计事务所 13 个,其中市审计事务所 1 个,旗县区审计事务所 12 个。从业人员 121 人。1998 年,市、旗县区审计局有审计事务所 13 个,从业人员 108 人。全市审计事务所是经内蒙古自治区审计机关批准,在当地工商行政管理部门登记,依法独立承办审计、查证、咨询服务,属全民所有制事业单位。审计事务所实行企业化管理,自收自支,独立核算,依法纳税。市、旗县区审计事务所分别接受当地审计机关的管理和业务指导。1999 年,审计事务所机构与市、旗县区审计局脱钩,成为自主经营的社会中介机构。

1991—1998 年赤峰市审计事务所一览表

表 12-8-1

项目 年份	机构(个)			从业人员(人)	其中审计师、会计师、注册审计师(人)
	市级机构	县级机构	合计		
1991	1	11	12	117	63
1992	1	12	13	121	68
1993	1	12	13	122	72
1994	1	12	13	125	77
1995	1	12	13	130	77
1996	1	12	13	111	63
1997	1	12	13	108	63
1998	1	12	13	108	63

第九篇　安全生产管理

第一章　安全生产监督管理

第一节　煤矿安全生产

一、安全生产专项治理整顿

1991年,市煤炭工业管理局(简称市煤炭局)对乡镇煤矿实行"五消灭"(消灭独眼井、自然通风、明火照明、明电放炮、明刀闸开关)措施,进行治理整顿。共投入资金315万元,对第一批9家6万吨以上的煤矿实施技改工程。同年,市政府印发了《赤峰市乡镇煤矿开办审批管理办法》。根据办法规定,市煤炭局查封和取缔52家乱采滥挖非法开采的小煤窑。1999年,按照国务院和自治区政府的有关文件精神,赤峰市开展了煤炭行业关井压产工作。成立市关井压产工作协调领导小组,把自治区下达的关井压产任务分解到旗县区,2次召开全市关井压产工作会议,进行具体部署。市煤炭局组成督查组,抽调专业骨干,对全市4个重点产煤旗县区进行督查、检查、验收。全市共关闭矿井101座,压产222万吨;关闭非法和不合理矿井77座。当年,国家督查组4次到赤峰市进行督查,全市关井压产工作得到国家、自治区督查组认可。2000年,市政府3次召开全市关井压产、整顿煤炭经营秩序工作会议,贯彻自治区安监、煤炭、地矿三部门联合下发的《关于抓好当前煤矿安全生产及关井压产工作的紧急通知》精神,落实关井压产任务措施。分管副市长代表市政府与重点产煤旗县区政府的一把手和分管领导签订责任状,并依法进行了公证。截至年末,全市共关闭矿井31座,其中元宝山区15座,喀喇沁旗11座,宁城县2座,松山区3座,完成了自治区下达的关井任务。通过实施关井压产,使小煤矿随意布点、超层越界、乱采滥挖现象得到进一步遏制。

2004年,市安监局开展了煤矿安全生产专项整治工作,关闭未达到安全生产基本条件的小煤矿5家;对119家煤矿进行安全评价,从管理和技术角度指出危险因素和整改措施,提升了企业安全生产水平。2005年,赤峰市被国家和自治区确定为安全专项整治的重点地区。市安监局采取四项整治措施:一是重点整治瓦斯事故隐患。平煤集团各矿配备和更新监测监控系统,全面更新瓦斯检查设备,加强瓦斯日常检查,有效治理重大事故隐患。二是对地方煤矿实施整顿关闭。全市在关闭10家煤矿的基础上，对124家煤矿进行停产整顿。三是解决煤矿因超出能力生产导致重大事故问题。在全自治区率先进行煤矿生产能力核定工作，为112座矿井核定生产能力。四是加强煤矿日常监管工作。市和旗县区两级安监部门围绕煤矿存在的突出问题进行专项大检查，对查出的隐患跟踪整改。2006年，全市有地方煤矿106家，市安监局对70家实施关闭。经自治区检查组验收全部合格，并被自治区政府评为优秀等级。对33家煤矿进行停产整顿，经逐一验收全部合格。2014年，开展煤矿隐患排查治理。按照“一矿一组、一矿一案、一矿一策”要求，自治区、市、旗县区三级成立42个隐患排查小组，采取驻矿的形式，对生产全过程实施动态检查，治理隐患193处。

二、发放生产许可证

2000年，市煤炭局对符合条件的矿井办理生产许可证，并把发证与整顿、验收有机结合起来。对整顿后仍达不到验收标准的矿井，限期停产整顿；对持有生产许可证的矿井，按照生产许可证管理办法严格把关，进行年审。当年，全市地方煤矿共持有生产许可证141个。同年8月，开始组织行业管理人员对煤矿进行生产许可证年检。年检前，依据《煤炭生产许可证管理办法》，结合赤峰市实际，确定年检原则，制定统一标准。全年共抽检煤矿28家，其中合格煤矿4家，基本合格23家，不合格1家。对不合格煤矿，依法停产整顿和限期整改。

三、安全质量标准化建设

2006年，市安监局集中力量开展安全质量标准化建设。在各矿井建立完善煤矿双回路供电系统、瓦斯抽放系统、瓦斯监测监控系统，建设煤矿安全远程监控系统。继续加大日常监管工作力度，全市查出事故隐患421处，由各旗县区安监局负责监督改进落实；年内对150家煤炭经营企业和41家煤炭生产企业进行了年检。2008年，全面开展煤矿安全质量标准化达标工作。对24家煤矿进行验收，其中一级矿井9座，二级矿井3座，三级矿井12座，全市煤矿安全质量标准化达标率55.8%；全力推进煤矿技改工作，对10家煤矿和14座单井进行整合技改，其中3家煤矿和5座单井通过验收；建成煤矿安全生产远程监控系统，平煤集团7家井工矿和33家地方井工矿实现安全生产联网集中监控。

2011年，全市43家生产系统安全质量标准化煤矿，有37家达到三级以上；强制推行先进适用技术装备，全市生产煤矿建设完成监测监控、供水施救、压风自救、人员定位、通讯联络五大系统；有序进行煤炭企业兼并重组，确定7个兼并主体；加快煤田火区治理，全市9个煤田火区治理项目有6个完成剥离工程，进入回填治理阶段。市安监、煤监部门先后9次进行联合检查，排查治理安全隐患535条。2014年，全市对16家煤矿重新进行等级评定，10座矿井被评为一级，6座矿井被评为二级。

第二节　非煤矿矿山安全生产

2004年后,针对全市非煤矿矿山行业"小、散、乱、差"的现状,市安监局聘请专家、组织力量,充分利用资源整合、整顿关闭、打非治违和淘汰落后生产技术、工艺、设备等手段,在不同时间段开展各种专项整治,全市金属非金属行业开采秩序得到逐步好转。

一、安全生产许可与矿山整顿关闭

2004年,国家安监局《非煤矿矿山企业安全生产许可证实施办法》和《非煤矿矿山建设项目安全设施设计审查与竣工验收办法》公布实施。市安监局依据这两个办法,履行非煤矿矿山"安全生产许可证"许可程序,对符合条件的矿井申办生产许可证,并严格把关、进行年审。2005年,全市认真开展安全生产许可证发放工作。首先由各旗县区安监局对所有非煤矿矿山企业进行安全评估,把安全生产状况分为A、B、C、D四个级别;然后对评为A、B级别的企业由具有资质的中介机构进行安全评价;对通过安全评价的企业,按照《安全生产许可证条例》及自治区安监局要求,自主申办安全生产许可证;通过专家组综合评审的企业上报自治区安监局,符合条件的发放安全生产许可证,不符合条件的限期整改。截至年末,全市非煤矿矿山企业进行安全评估的662家,评估率达100%;进行安全评价的323家,评价率48.8%;发放安全生产许可证的291家,发证率43.9%。2010年,采取严格延期换证措施,全力解决历史遗留问题,有165家非煤矿矿山企业给予延期换证。

2007—2014年,市安监局会同相关部门分2次进行非煤矿矿山整顿关闭工作。第一次是2007—2008年,依法取缔关闭矿山企业415家;第二次是2013—2014年,依法取缔关闭矿山企业167家。整顿取缔关闭的重点是:存在非法违法开采行为的矿山;限期停产整改后,仍不具备安全生产条件的矿山;工艺、技术、装备落后,破坏资源,污染环境的矿山;不符合产业发展政策,达不到最低生产规模的矿山。通过整顿关闭工作,使矿山企业安全保障能力进一步加强,浪费破坏矿产资源、严重污染环境等行为得到有效遏制。

二、尾矿库专项治理行动

2013—2014年,按照自治区安监局等六部门印发的《深入开展尾矿库综合治理行动方案的通知》要求,市安监局会同市环保局、国土资源局、发改委、经信委、财政局联合下发《赤峰市深入开展尾矿库综合治理行动方案》,在全市范围内集中开展治理行动,共排查尾矿库137座(独立尾矿库36座),其中三等库11座,四等库21座,五等库105座。对所有尾矿库进行了安全度确认,重点排查"危、险、病"库、"三边库"(江边、湖边、河边)、"头顶库"情况。8座"病"库经整改达到正常库标准;7座"头顶库"完成升级加固改造,按设计上限加固坝体,完善排洪设施;11座三等尾矿库全部安装了"在线监测”系统并投入使用。

三、日常安全生产监管

2004年后，市和旗县区安监部门每年针对季节特点和矿山行业实际，对汛期防洪物资储备、机械通风、应急演练等重点内容和重要设施进行专项检查，对存在的问题和安全隐患及时责令整改。做到隐患不消除不放过，薄弱环节不整改到位不放过。通过专项行动，消除了安全隐患和薄弱环节，完善了安全管理制度和应急预案。2010年，市安监局抽调各旗县区非煤矿矿山专业技术人员开展“百日互检”行动，共抽查企业40家，责令停产整顿10家，要求限期整改9家，消除了一些安全隐患。同年，市安监局按照国家安监总局制定的《金属非金属矿山禁止使用的设备及工艺目录(第一批)》规定，开展淘汰不符合国家有关法律法规规定、安全性能低下、危及安全生产的落后设备和工艺工作，明确“淘汰”内容和时限。截至2014年末，按规定要求，全市非煤矿矿山已完成非定型竖井罐笼、非矿用局部通风机、横撑支柱采矿法等21项落后生产技术、工艺、设备的淘汰工作。

2011年，市安监局根据国家安监总局《关于进一步加强非煤矿矿山安全生产标准化建设工作的通知》要求，开展安全生产标准化创建工作。按照经济性质、矿山种类、生产规模、开采工艺等进行分类，本着先易后难的原则，有步骤地推进。截至2014年末，全市所有非煤矿矿山全部达到安全生产三级以上标准化，其中一级标准化矿山企业1家，二级标准化矿山企业8家，三级标准化矿山企业377家。

第三节 其他行业安全生产

一、危险化学品、烟花爆竹的安全生产

2009年，全市有危险化学品生产企业45家，危险化学品经营企业531家(加油站473家)；烟花爆竹生产企业42家，批发企业45家；冶金有色企业46家；剧毒用品经营企业3家，经营品种全部为氰化钠；其他经营企业55家。2014年，全市有危险化学品生产企业40家，危险化学品使用企业3家，危险化学品经营企业611家(加油站510家)。其中涉及重点监管危险化工工艺企业14家，涉及重点监管危险化学品生产企业16家，构成危险化学品重大危险源企业28家。有烟花爆竹批发企业48家，有天然气长输管道2条。全市涉及的危险化学品有硫酸、盐酸、磷酸等30多种。

生产经营企业发证 2004年，市安监局在全市开展危险化学品安全生产许可证和危险化学品经营许可证审核发放的前期工作，通过试点后，全面展开。首先对重大危险源进行普查、登记、评价，建立重大危险源档案，实现对重大危险源的分级管理，逐步建立起重大危险源监控体系和应急救援体系。2005年，全市全面开展安全生产许可证发放工作。20家危险化学品生产企业已有18家颁发安全生产许可证，颁证率90%；438

家危险化学品经营、储存、使用单位,已颁发甲、乙两种经营许可证34家;137家烟花爆竹生产企业中,符合安全生产条件的79家,已全部颁发安全生产许可证,其余58家通过关、并、转的方式予以取缔;38家烟花爆竹批发企业中,已颁发经营许可证22家;1380家烟花爆竹零售企业中,已颁发销售许可证654家。2009年,全市危险化学品和烟花爆竹生产经营企业的安全许可证绝大部分到了换证期,市安监局严格按照规定要求,切实做好安全许可证换发工作,把好审查关。对安全评价中发现的问题,监督企业落实整改,延期换证。2010年,对56家危险化学品生产及经营企业和5家烟花爆竹生产企业、25家烟花爆竹批发企业给予延期换证。

安全生产检查与专项整治　2004—2005年,全市开展危险化学品和烟花爆竹安全生产综合大检查和专项整治工作,摸清了危险化学品从业单位的底数,监管开始向规范化方向发展。对重大危险源的监控建立数据库,并制定针对重大危险源的应急救援预案;进行危险化学品生产、储存、经营、运输、使用和废弃处置等各个环节的安全检查工作;组织全面开展烟花爆竹安全大检查,排查烟花爆竹生产经营企业的安全隐患,加大对非法生产、储存、运输、销售烟花爆竹的打击力度。2008年,市安监局下发《关于危险化学品和烟花爆竹企业安全生产隐患排查治理工作安排的意见》。全市危险化学品和烟花爆竹企业中有114家申报并登记企业基本资料,制定制度,落实责任。全市开展了剧毒化学品专项大检查和涉氨涉氯等重点危险化学品企业大检查等六次专项大检查,共排查企业50余家,查出隐患150余条,并全部得到整改。2010年7月至9月,市安监局组织开展了为期两个半月的互检互查活动,共检查12个旗县区、36家危险化学品企业。检查出非法建设、非法生产经营企业5家,排查出安全隐患138条,全部责令企业进行当即整改和限期整改。2014年,开展油气输送管线专项整治,摸清油气输送管线基本情况,深入开展隐患排查治理,督促企业全方位夯实制度、科技、培训、管理、设备、现场等各项安全生产基础,构建长效机制。

强化日常监管　2004年后,市安监局加强对危险化学品和烟花爆竹生产经营企业安全的日常监管工作。对生产经营单位实施安全许可后,搞好动态管理,规范日常监管程序,督促企业把安全生产主体责任落到实处。全力推进"新、改、扩"建设项目的"三同时"审验,把好安全生产的入口关,从根本上提高准入门槛;全面开展并完成了危险化学品生产、储存企业以及使用剧毒化学品和数量构成重大危险源的其他危险化学品单位的登记工作;大力推进"一书一签"(安全技术说明书和安全标签)制度,没有"一书一签"的危险化学品禁止出厂和储存、运输、经营及使用。2009年,借全市开展"安全生产年"活动之机,根据市政府印发的《烟花爆竹产业规划》,关闭烟花爆竹生产企业8家,共拆除小工作房926间,清理价值1180余万元的成品半成品;制定了周密的人员安置方案,安排370余万元专项经费,进行妥善处理,未出现大的群体性事件。2011年,市安监局认真落实危险化学品企业安全生产主体责任及领导干部和管理工作人员现场带班制度;加强危险化学品企业应急救援物资库(柜)建设;以危险工艺、危险部位为重点，积极推进企业自动化控制改造工作进程，进一步深入开展安全标准化工作。2013年，市政府印发了《赤峰市烟花爆竹生产企业退出市场工作实施方案》，市安监局按照方案的要求，督促相关旗县区做好烟花爆竹生产企业退出市场的资产评估、原材料和半成品销毁、维稳和打击非法生产等工作。全市烟花爆竹生产企业有成品的销毁工作全部完成。2014年，加强烟花爆竹批发零售监管工作，确保批发企业库区“四防”（防爆、防火、防雷、防静电）设施完好；严格执行流向登记、买卖合同制度；严查批发企业库外储存或出租出借库房等非法违规行为；防止零售点集中连片，严格控制零售点数量和存放烟花爆竹数量。批发企业全部实现标准化达标。

二、工贸六行业安全生产

赤峰市工贸六行业包括建材、机械、轻工、纺织、商贸和烟草，其特点是规模以上企业较少，小微企业较多。到2014年末，全市有建材等六行业企业4000余家（无烟草加工企业）。规模以上企业178家，其中轻工企业88家，机械加工企业28家，商贸企业2家，建材企业44家，纺织企业16家。

开展安全生产专项检查 2004—2014年，市安监局对六行业定期开展安全生产专项大检查。以隐患排查为重点，纠正违章作业、违章指挥和违反劳动纪律的“三违”行为。对排查中发现的问题逐一建档、落实整改措施。对存在安全隐患的企业发现一起、监督整改一起。对存在重大隐患的单位责令停产停业整顿，对拒不接受整改指令的依法从严、从重、从快处理。督促企业加大安全投入，按规定足额提取安全生产费用，扎实推进安全科学技术改造，提高安全保障水平。强化岗位安全技能培训，全面提高从业人员安全生产技术水平。

加强安全质量标准化工作 2009年1月，国家安监总局颁发《关于开展安全质量标准化活动的指导意见》，市安监局按照该指导意见，积极推进建材、机械、轻工等工贸企业开展安全质量标准化达标工作。认真总结推广安全生产标准化建设示范地区和典型企业的经验和做法，在摸清企业底数的前提下，不断加快企业标准化达标步伐。到2014年，全市共有40家“六行业”工贸企业完成安全标准化三级达标工作。

涉氨制冷企业液氨使用专项治理 2013年9月，市安监局按照国务院安委会《关于深入开展涉氨制冷企业液氨使用专项治理的通知》和自治区安委办《专项治理实施方案》，在全市范围内开展涉氨制冷企业液氨使用专项治理工作。全市组织执法人员开展实地督查检查、协调指导。全市涉氨制冷企业投入资金1710万元，整改各类安全隐患1375条，无害化处理液氨63.5吨。经过一年多的治理，到2014年末，有60家企业被取缔，在保留的51家涉氨制冷企业中有45家企业完成整改工作。

第四节 应急预案与救援

1992年至2004年4月，由市经贸委履行全市安全生产应急管理工作职责。2004年

4月至2014年,由市安监局履行其职责。2008—2009年,市政府办公厅印发《赤峰市危险化学品生产安全事故应急预案》《赤峰市生产安全事故灾难应急预案》《赤峰市石油天然气开采事故灾难应急预案》《赤峰市矿山事故灾难应急预案》《赤峰市天然气储运事故应急预案》。2011年4月,市安全生产委员会下发《赤峰市冶金事故灾难应急预案》。2013年,全市煤矿、非煤矿矿山、烟花爆竹、危险化学品、冶金企业应急预案备案率达到100%,地质勘探、建筑施工单位应急预案备案工作全面展开。同年10月,市安监局牵头对《赤峰市危险化学品生产安全事故应急预案》进行修订,由市政府办公厅重新印发。全市每年组织煤矿、非煤矿矿山、冶金、大型商场、学校等行业,分别举行"生产安全事故应急预案"演练,逐年增加演练项目,扩大演练范围。截至2014年末,每年平均演练项目70余个,演练内容200余项,参演人员2万余人。

依据2004年7月施行的《国务院对确需保留的行政审批项目设定行政许可的决定》中的资质认定许可,确认全市四级以上资质矿山救护队4个,即区域矿山应急救援平庄队——内蒙古平庄煤业(集团)有限责任公司救护大队、赤峰市白音诺尔铅锌矿救护中队、敖汉旗矿山救护队、宁城四龙矿业有限责任公司救护队。2014年,赤峰市把4个"四级"以上资质矿山救护队统称专职矿山救护队,共有指战员283人,各类应急救援车辆36辆。1991—2014年,4个专职矿山救护队共处理各类事故3432起(包括邻近盟市和邻近省份),抢救出遇险人员827人,抢运出遇难人员379人,恢复巷道约5.80万米,恢复可采煤量约3500多万吨。

区域矿山应急救援平庄队 始建于1956年,1979年正式成为平庄矿务局救护大队。2004年11月,更名为内蒙古平庄煤业(集团)有限责任公司救护大队。2005年3月,被国家救援指挥中心确定为国家矿山应急救援平庄基地。2010年7月,依托内蒙古平庄煤业(集团)有限责任公司,建成国家级区域矿山应急救援平庄队。所属4个中队,员工185人,其中救护队员103人。主要服务范围:内蒙古中、东部,与国家队共同承担服务区域内重特大、复杂矿山事故及相关灾害的应急救援任务。平时负责宁城县、喀喇沁旗、翁牛特旗、元宝山区、松山区、红山区矿山企业救护协议签订,并负责对所签订协议企业开展预防性安全检查。内蒙古平庄煤业(集团)有限责任公司每年投入不低于200万元,对救护队常规装备进行更新补充。2013年,国家安监总局投入2112万元,购进一批先进的救援装备和通信指挥系统。2014年,大队有各种救援车辆38辆。

赤峰市白音诺尔铅锌矿救护中队 始建于2004年11月,属兼职救护队,隶属赤峰中色白音诺尔矿业有限公司。2007年6月,通过自治区安监局资质认定,确定为矿山救护三级资质。2008年,自治区安监局配发134万元的装备,赤峰中色白音诺尔矿业有限公司投入340多万元用于救护中队建设。2013年3月,被自治区安监局认定为三级质量标准化资质。该中队险时参加应急救援工作,平时负责阿鲁科尔沁旗、巴林右旗、巴林左旗、克什克腾旗、林西县矿山企业救护协议签订,并负责对所签订协议企业开展预防性安全检查。2014年,公司投入32万元,新增一批装备及配件。同年,通过了自治区

安监局专家组考核，评定为三级救护队资质。该中队设3个小队，有员工35人。

敖汉旗矿山救护队 2008年8月，经敖汉旗政府批准组建，由内蒙古金陶股份有限公司负责日常运行管理，救护队的日常运转经费列入金陶公司的生产成本。主要服务范围：敖汉旗境内矿山事故应急救援；平时承担敖汉旗境内矿山救护协议签订，并负责对所签订协议企业开展预防性安全检查。同年，自治区安监局投资60万元，为该救护队购置应急救援车辆和设备。2009年9月，取得自治区安监局颁发的救护队三级资质，有效期限为三年。同年，市安监局投资80万元，为该救护队购置一批防护、检测、排水装备。2012年7月，资质延期申请获得批准，有效期至2015年9月。内蒙古金陶股份有限公司逐年投资，为救护队购置排水设备、发电机组、装备车等应急救援装备。该救护队设3个小队，有员工34人。

宁城四龙矿业有限责任公司救护队 成立于1968年，当时为内蒙古宁城四龙煤矿救护队。2000年，企业进行产权制度改革，成立宁城四龙矿业有限责任公司，救护队随之更名为宁城四龙矿业有限责任公司救护队。2005年，投资120万元，安装煤炭科学研究院抚顺分院组装的KJF-2000矿井安全生产监测监控系统。2006年，公司自筹资金49.65万元，购置更新一批救护器材和设备。2007年7月，该救护队取得四级救护资质证书，准许为本企业服务，核定人数为21人。2014年1月，矿井安全避险"六大系统"，经市安监局、赤峰煤矿安全监察分局验收合格，投入正常使用。

第五节 事故查处

一、生产安全事故基本情况

2003—2014年，全市共发生各类生产伤亡事故20624起，死亡3565人。其中2003年发生各类生产伤亡事故4226起，死亡430人，是发生事故和死亡人数最多的一年；2012年发生各类生产安全事故815起，死亡219人，是发生事故最少的一年；2014年发生各类生产安全事故1483起，死亡202人，是死亡人数最少的一年。"十一五"（2006—2010）期间，全市在工业经济快速发展的过程中，整体上保持了安全生产的平稳态势。与2005年相比，2009年事故总量和死亡人数分别下降18.8%和38.8%，较大事故起数和死亡人数分别下降29.4%和20.9%，亿元国内生产总值生产安全事故死亡率下降76.8%，工矿商贸从业人员十万人生产安全事故死亡率下降75.9%，煤矿百万吨死亡率下降91.3%，安全生产"十一五"规划目标提前实现。

2007—2014年，全市共发生重大和较大生产安全责任事故16起，死亡87人。分别是：2007年，敖汉旗保兴花炮厂"8·28"烟花爆竹爆炸事故，死亡5人；松山区碾子沟钼矿"6·24"事故，死亡3人。2008年，敖汉旗四家子鑫鑫花炮厂"8·30"烟花爆竹爆炸重大事故，死亡17人；赤峰安通路桥"5·18"事故，死亡7人。2009年，林西县琥珀南沟萤石

2003—2014年赤峰市生产安全事故情况统计表

表 12-9-1

年份	伤亡事故		其中						备注
			工矿商贸企业事故		火灾事故		道路交通事故		
	事故起数(起)	死亡人数(人)	事故起数(起)	死亡人数(人)	事故起数(起)	死亡人数(人)	事故起数(起)	死亡人数(人)	
2003	4226	430	63	75	480	2	3683	353	发生重大事故2起,死亡8人
2004	1693	418	48	65	454	1	1191	352	发生重大事故8起,死亡33人
2005	1785	420	47	73	725	3	1013	344	发生重大事故17起,死亡67人
2006	1854	360	47	55	1053	3	754	302	发生重大事故9起,死亡34人
2007	1731	329	62	75	1076	8	593	246	发生重大事故14起,死亡52人
2008	1594	290	54	79	1100	0	440	211	发生重大事故1起,死亡17人
2009	1452	257	52	65	1073	7	327	185	发生较大事故12起,死亡53人
2010	1165	220	57	71	857	2	251	147	发生较大事故7起,死亡31人
2011	1401	214	50	56	1152	0	199	158	发生较大事故10起,死亡36人
2012	815	219	56	62	552	0	207	157	发生较大事故3起,死亡14人
2013	1414	205	39	46	1171	6	204	153	发生较大事故4起,死亡18人
2014	1483	202	43	47	1283	4	157	151	全市未发生较大伤亡事故

说明:2003—2008年统计口径:一次死亡3人以上为重大生产伤亡事故。2008年以后统计口径:一次死亡3至9人为较大生产伤亡事故。

矿“7·23”事故,死亡3人;温州通业建设工程有限公司林西县大井镇小北沟银多金属探矿工程项目部“9·25”事故,死亡5人;赤峰中昊运输有限责任公司客运一分公司“2·1”旅客运输道路交通事故,死亡9人;赤峰中昊运输有限责任公司宁城分公司“2·3”旅客运输道路交通事故,死亡7人。2010年,赤峰电力设施“4·10”倒塌事故,死亡3人;克什克腾旗郝氏矿业有限责任公司“10·3”中毒事故,死亡3人;锦赤铁路ZH-04标段敖汉旗烧锅地隧道“10·18”坍塌事故，死亡7人。2011年，翁牛特旗兴阳供热有限公司“7·10”坍塌事故，死亡4人；赤峰大通建筑工程有限公司“11·16”物体打击事故，死亡3人。2012年，通辽市交通工程局赤承高速公路第一合同段“7·31”坍塌事故，死亡3人。2013年，滕州市建筑安装工程集团公司承建内蒙古伊品生物科技有限公司热电联产项目烟囱工程“6·29”高处坠落事故，死亡3人；红山区桥北唯美品格小区“11·22”火灾较大事故，死亡5人。

二、事故调查处理

2004年，市安监局对全市非煤矿矿山及工商企业发生的死亡事故，直接进行调查处理。查清了事故原因、事故责任、事故性质，下达了整改、停产整顿指令书，并进行跟踪监控，整改和防范措施不落实的一律不准恢复生产。依法对事故责任人和事故单位进行了处罚。2007年，国务院《生产安全事故报告和调查处理条例》颁布后，为适应新的安全生产形势，加强安全生产的社会监督，市政府印发《赤峰市生产安全事故举报奖励办法》，对举报生产安全事故行为进行奖励，预防谎报或瞒报生产安全事故违法行为的发生。

2010年，以自治区六部门开展重特大生产安全事故责任追究情况专项检查为契机，市政府要求各旗县区和各有关部门，对辖区内2006年5月之后发生的一般生产安全责任事故责任追究情况认真开展自查自纠工作；对较大、重特大生产安全责任事故，由市纪检监察机关会同市直有关部门，通过查阅案卷及被追究责任人的个人档案进行检查。对查找出的问题，制定整改措施，确保责任追究落到实处。2012年，市政府印发《赤峰市一般生产安全事故挂牌督办办法》，全年共挂牌督办一般生产安全责任事故19起。2014年，按照自治区安委办要求，市安委会对12起一般生产安全责任事故进行挂牌督办，督办率35.3%；旗县区政府调查处理一般生产安全事故38起。

2007—2014年，对全市发生的16起死亡87人的重大和较大生产安全责任事故进行了严厉查处。有关责任人员55人受到纪律处分，移交公安机关立案侦查的22人，被追究刑事责任的21人。

第二章　监管体系与教育培训

第一节　监管体系建设

1991年之后，市政府高度重视安全生产监管体系建设，努力构建纵向到底、横向到边的安全生产责任体系。1996年，成立由市政府领导和有关部门负责人组成的煤炭管理委员会，加大对煤炭行业的宏观指导；4个重点产煤旗县和15个重点产煤乡镇组建和完善了煤炭安全生产管理机构。2004年之后，市安监局督导建材、机械、纺织和商贸等行业企业，健全和完善安全生产责任体系。2010年，市政府开始在市直安全生产监管任务较重的有关部门设立安全生产专门机构。当年，在机构改革中，市经信、农牧业、水利、住建、国土、交通等部门设立了安全监管科，主抓行业安全生产工作。同时，不断加强乡镇、苏木、街道安全监管体系建设。到2014年末，全市137个乡镇、苏木、街道绝大部分设置安监站，配备专(兼)职监管人员。在煤矿、危险化学品、烟花爆竹行业实行驻厂(矿)安监员制度，对企业实施全时空监管。在产煤量较大的元宝山区设置市、区两级煤矿监控中心，采取远程监控的方式，加大对煤矿生产安全的监管力度。在全市范围内赋予乡镇、苏木、街道安监站部分行政执法权，进一步使监管关口前移。市、旗县区、乡镇苏木街道、村嘎查居委会四级监管网络基本完善。

第二节　目标责任制管理

1991年之后，市政府印发《赤峰市地方煤矿安全管理办法》，进一步明确各级行政一把手的安全第一责任者责任。每年初将安全控制指标和年度安全生产目标及时下达到各局、矿，各矿也层层分解，形成了队保井、井保矿、矿保局的连锁包保形式。市煤炭局和旗县区煤炭局签订安全指标协议书，制定安全管理措施和办法，在评优、评先、奖金分配等方面实行安全一票否决。1996年，市煤炭局强化安全生产责任落实，坚持春秋两季安全大检查；旗县区煤炭局坚持每季进行一次大检查，各矿每月进行一次检查，班队则每周进行一次检查。2004年，根据多数行业无主管部门的特点，明确和落实企业决策层主要负责人、分管负责人、各职能部门的安全生产分级管理责任，层层签订安全生产责任状，并确保各项安全生产责任制落到实处。进一步完善目标管理考核指标体系，做到定量与定性有机结合。

2010年，按照国务院《关于进一步加强企业安全生产工作的通知》和自治区党委、政府《关于切实加强安全生产工作健全和完善“一岗双责”的通知》要求，在完善全市安全生产监管体系、建立并实施“一岗双责”制度方面，重点做了五项工作：一是旗县区党委、政府建立党政领导班子安全生产责任制，各级政府把安全生产纳入本地区经济社会发展规划，纳入重要议事日程，主要领导亲自研究部署；二是各级党委、政府确保安全生产机构、人员、经费“三到位”，充分发挥安监部门的监管职能；三是进一步明确各行业、部门安全生产监管责任，加大安全生产考核的权重；四是切实把企业安全生产主体责任落实到位；五是建立安全生产长效机制。各有关部门围绕10个重点行业和领域(煤矿、非煤矿矿山、危险化学品、烟花爆竹、消防火灾、道路交通、铁路运输、建筑施工、民用爆炸物品、冶金)落实企业的安全生产主体责任和行业监管责任。市安监局深入开展安全质量标准化达标工作，全市49个煤炭系统有44个通过达标验收，其中一级13个、二级3个、三级28个，达标率为89.8%。2011年，市安监局在全市深入开展“安全生产年”活动。实施安全生产宣传教育、安全生产执法、安全生产治理“三项行动”，切实加强安全生产管理机制、安全生产保障能力、安全生产监管队伍“三项建设”，着力建立安全生产长效机制。通过实施“安全生产年”活动，有效治理安全生产隐患。2012 年，全市有 248 家企业按规定签订了安全生产承诺书。市安监局直接监管的行业，60%企业班组安全建设通过验收达标，企业安全责任制在基层班组得到落实。

第三节 教育培训

2004—2014 年，市、旗县区两级安监部门积极开展“安康杯”“安全生产隐患排查治理”“职业健康”“落实企业安全生产主体责任”知识竞赛及“青年安全生产示范岗”“安全生产知识有奖问答”等活动，不断加强对职工的安全生产教育，推动各地区、各部门、各企业牢固树立安全发展理念，全面落实安全生产责任。市安监局在国家安监总局和中华全国总工会组织的“安康杯”竞赛中多次被评为“组织工作优秀单位”。

2006—2012 年，国家安监总局先后颁发《生产经营单位安全培训规定》《特种作业人员安全技术培训考核管理规定》《安全生产培训管理办法》等安全培训法规。市安监局严格按照国家安监总局和自治区安监局要求，做好高危企业生产经营单位负责人、安全管理人员及特种作业人员的培训工作。依法组织指导并监督特种作业人员（煤矿特种作业人员、特种设备作业人员除外）的考核工作和工矿商贸生产经营单位主要负责人、安全生产管理人员的安全资格考核工作（煤矿矿长安全资格除外）。每年组织全市本系统内市、旗县区、乡镇苏木三级的安全监管人员和系统外安全监管人员参加自治区安监局组织的专项执法培训。2014 年，全市共培训高危作业负责人和安全管理人员 7615 人，培训特种作业人员 3386 人。

第三章 管理机构

第一节 市级管理机构

1991—2001 年，赤峰市安全生产监督管理职能由市劳动局承担，市安全生产委员会办公室同时设在市劳动局。市劳动局内设劳动保护监察科、矿山安全监察科、锅炉监察科 3 个机构。2002 年，市劳动局劳动保护监察科和矿山安全监察科并入市经贸委的安全科和煤炭科；锅炉监察科并入市质监局。2004 年初，赤峰市安全生产监督管理局成立，为市经贸委所属二级行政单位。同年 4 月，市安监局单独组建，主管全市安全生产工作，内设综合科（纪检监察室）、安全生产监督管理一科和二科、煤炭管理科 4 个职能科室。

2005 年，成立赤峰市安全生产监察支队，为市安监局所属科级事业单位。2008 年，调整行政机构,内设7个科室,分别是办公室(纪检监察室)、非煤矿矿山监督管理科、危险化学品监督管理科、煤炭管理科、综合监督管理科、职业安全健康监督管理科、安全生产应急救援指挥办公室;1个事业单位:安全生产监察支队。2010年,内设机构变为8个,增设政策法规与规划科技科。2014年,内设机构未变。

第二节　旗县区级管理机构

1991—2003年,各旗县区的安全生产监督管理职能由劳动局或经贸委承担。2004年,随着市安监局成立,各旗县区安监局相继单独组建。一般内设3个机构,即办公室、矿山监管股、危险化学品监管股。2005年后,相继成立安全生产监察大队。2014年,各旗县区内设机构6—8个,主要有办公室、综合监管股、矿山监管股(煤矿监管股和非煤矿监管股)、危险化学品监管股、职业卫生监管股、应急救援指挥中心(应急救援办公室)、安全生产监察大队。

第十三卷

中国共产党地方组织

1983 年 10 月 10 日，国务院批准撤销昭乌达盟，设立赤峰市。1985 年 1 月 27 日至 30 日，中共赤峰市第一次党员代表大会召开，选举产生了中共赤峰市第一届委员会和纪律检查委员会。至 2014 年，先后召开了赤峰市第二次、第三次、第四次、第五次、第六次党代会，选举产生 5 届中共赤峰市委员会和纪律检查委员会。1991—2014 年，是全国深化改革、扩大开放的重要时期，也是赤峰市加快发展的重要机遇期。这一时期，市委以解放思想为先导，以经济建设为中心，以深化改革和扩大开放为动力，解放思想，抓住机遇，迎接挑战，及时推出全市改革发展的现实性、长远性、战略性决策，带领全市各级党政组织（部门）、党员干部和各族群众全面加强和推进全市政治、经济、文化、法治、精神文明和党风廉政建设，推动全市经济社会又好又快发展。

从 1990 年到 2014 年，市委共召开全委会及其扩大会议 42 次。从 1991 年到 2014 年，共召开常委会会议 364 次。先后作出加强党的建设、完善人民民主专政制度、加强精神文明建设、进行社会治安综合治理、深化经济体制改革、扩大对外开放、加快经济发展、繁荣社会事业、推动城镇化建设、实施扶贫攻坚计划等推动全市政治文明、物质文明、精神文明建设进程的重大决策，提出并落实一系列事关全市在全自治区跨越赶超的目标任务及具体措施。1991 年 5 月，市委二届二次全委会（扩大）会议提出“八五”期间要集中力量抓好“六大战略重点”、“六大支柱工业”和“五个基地”建设。1996 年，市委、市政府印发《赤峰市“九五”期间社会主义精神文明建设总体规划》，提出“到 2000 年，把赤峰市建成人民生活富裕、社会安定团结、道德风尚良好、科学文化发展、环境整洁优美的文明城市”。2000 年，市委确定实施生态立市、工业强市、科教兴市、开放带动四大战略，构建多种所有制经济共同发展、全方位开放、各具特色的县域经济、城乡一体化“四个格局”。2003 年 12 月，市委四届八次全委会（扩大）会议提出“利用 21 世纪初前 10 年左右时间，争取把赤峰市建设成为辐射周边地区的农畜产品生产加工基地、东北与华北地区重要能源基地、国家矿产资源战略接替基地、草原文化旅游胜地、京津与辽沈地区重要生态屏障、百万人口的区域性中心城市和内蒙古自治区最便捷的出海通道”。2011 年 8 月，赤峰市第六次党代会提出“在未来五年，要把赤峰市建成国家有色金属生产加工基地、能源基地、新型化工基地和绿色农畜产品生产加工基地，建成蒙东冀北辽西区域性商贸物流中心、国家历史文化名城、京津与辽沈地区重要生态安全屏障，建成经济繁荣、功能完善、环境优美、宜居宜业的百万人口区域性中心城市”。2012 年，市委确定赤峰市创建全国文明城市的主要任务是：建设廉洁高效的政务环境、民主公正的法治环境、公平诚信的市场环境、健康向上的人文环境、舒适便利的生活环境、安全稳定的社会环境和可持续发展的生态环境。

认真学习贯彻中共十四大、十五大、十六大、十七大、十八大精神，积极开展国内外形势教育、爱国主义教育、民族团结进步教育，认真落实和开展中共中央和自治区党委部署的以“讲学习、讲政治、讲正气”为主要内容的党性党风教育活动、“三个代表”重要思想学习教育活动、保持共产党员先进性教育活动、深入学习实践科学发展观活动、

"创先争优"活动和以"为民、务实、清廉"为主要内容的党的群众路线教育实践活动,并取得"党员干部受教育,人民群众得实惠"的效果。全市干部群众的思想觉悟在宣传教育工作和精神文明建设中持续提高,"赤诚勤勉、开放包容、崇文重教、勇攀高峰"的"赤峰精神"不断发扬光大。2011 年 12 月,赤峰市被中央文明委命名为"全国文明城市提名资格城市"。

按照党要管党、从严治党的方针,狠抓以领导干部廉洁自律、惩治和预防腐败制度建设、反腐倡廉宣传教育为主要内容的党风廉政建设;以查办案件为主要武器,以专项执法监察为主要手段,狠治各种消极腐败现象及问题;以专项整治为突破口,以标本兼治、综合治理为主要措施,狠刹部门和行业不正之风。全市逐步形成较为完善的预防和惩治腐败体系,党风廉政建设成效显著。

坚持严格党员标准,积极发展新党员,全市党员总数由 1990 年 15 万人发展到2014 年 23.06 万人。全面加强党员的教育管理,切实加强党组织和干部队伍建设,有效提升各级党组织和党员领导干部科学执政、民主执政、依法执政水平,市、旗县区、乡镇苏木三级党委的领导核心作用充分发挥,各级党组织的战斗堡垒作用和党员的先锋模范作用不断增强。

推进多党合作与政治协商的制度化、规范化、程序化,支持民主党派及工商联在全市发展稳定中发挥参政议政、民主监督作用,在对外统战工作中发挥协调关系、沟通联谊作用。党外人士、民族宗教、海外联谊、经济领域统战工作都取得丰硕成果。

第一篇　党员和党代表大会

第一章　党员和党员代表

第一节　党　员

一、党员发展

1992年,全市各级党组织根据自治区党委组织部对党员发展的要求,制定发展党员工作规划,采取基层党支部提出名单、基层党委安排计划、旗县区委综合平衡、市委总量控制的办法,制定年度党员发展计划,并加强对积极分子的培养教育和考察工作,严把党员入口关。当年,全市有入党积极分子50879人。1993年,市委组织部制定《关于推荐优秀团员作为党的发展对象的工作意见》,注重在优秀团员中培养发展党员。1995年,加大在农村牧区、企业生产一线和青年中发展党员的工作力度。采取共青团和妇联的"双推荐"等积极措施,壮大入党积极分子队伍。全市一线入党积极分子占78%。当年,全市共发展党员6807人。其中发展妇女党员1584人,占发展党员总数的23.27%;发展少数民族党员1732人,占发展党员总数的25.44%;发展具有高中以上文化水平的党员4839人,占发展党员总数的71.09%;发展专业技术人员党员1418人,占发展党员总数的20.83%;发展工人党员1415人,占发展党员总数的20.79%;发展农牧民党员2126人,占发展党员总数的31.23%;发展企业、农村生产一线党员3541人,占发展党员总数的52.02%。1997年,各级党组织着力加强发展党员迟缓的村嘎查党支部、空白村民组、无党员的乡镇企业发展党员工作。同年,在全市中学生中普遍开展党的基本知识教育活动,全市中学生入党积极分子达2427人,新发展中学生党员118人。

2003—2004年,市委组织部下发《关于解决农牧民党员队伍年龄老化工作的意见》,提出到2005年农村牧区基层组织建设"五年规划"期内,每个村嘎查至少发展2名35岁以下青年农牧民党员,使45岁以下农牧民党员数量达到农牧民党员总数的50%以上;村嘎查每年培养入党积极分子数量不低于党员数量的50%,35岁以下的入党积极分子不少于5人。进一步落实发展党员工作领导责任制和目标责任制。强化对青年的教育措施,全市青年入党积极分子队伍不断壮大。全市有入党积极分子59955人。按照“坚持标准、保证质量、改善结构、慎重发展”的方针,全面做好生产一线和高知识群体、青年农牧民中发展党员工作,推行和完善发展党员公示制度,探索发展党员责任追究制、票决制,确保发展党员质量。2006年,有2万多人向党组织递交入党申请书。

2010—2011年,制定和落实《改进和加强发展农村牧区青年党员工作的指导意见》,对年度内没有发展党员、没有35岁以下党员和党员平均年龄在60岁以上的村嘎查实行重点管理,推动农村牧区党员队伍结构进一步优化。同时对党员队伍结构不合理的辖区内企事业单位和非公有制经济及社会组织党员偏少的社区、发展党员工作相对落后的乡镇苏木(街道)也实行重点管理,建立健全“发展党员民主机制和发展党员工作责任机制”两项制度。2014年,全市发展党员3778人。其中女党员1396人,占37.0%;少数民族党员1229人,占32.5%;35岁以下党员2700人,占71.5%;本科以上学历的党员1061人,占28.1%;农牧民党员1191人,占31.5%。

1992—2014年部分年份赤峰市发展党员情况统计表

表13-1-1

年份	发展党员总人数(人)	发展生产一线党员人数		发展35岁以下党员人数	
		发展人数(人)	所占比例(%)	发展人数(人)	所占比例(%)
1992	6022	3651	60.6	3012	50
1996	6706	3927	58.6	4264	63.6
2002	6390	3877	60.7	4512	70.6
2007	5047	4077	80.8	3451	68.4
2009	4550	3705	81.4	2954	64.9
2010	6445	5213	80.9	4312	66.9
2012	5934	3359	56.6	4339	73.1
2014	3778	2045	54.1	2700	71.5

二、党员数量及构成

1990年,赤峰市共有中共党员150046人。1995年,发展至176127人。其中女党员29187人,占总数的16.6%;少数民族党员34136人,占总数的19.4%;大专及以上文化程度的党员21467人,占总数的12.2%。2005年,发展至202531人。其中女党员39193人,占总数的19.4%;少数民族党员44880人,占总数的22.2%;大专及以上文化程度的党员51792人,占总数的25.6%。2014年,发展至230595人。其中女党员55391人,占总数的24.0%;少数民族党员58935人,占总数的25.6%;大专及以上文化程度的党员91357人,占总数的39.6%。

1990—2014 年部分年份赤峰市党员按行业分布情况表

表 13-1-2　　单位：人

年份	党员总数	公有制单位	非公有制单位	农牧民	离退休人员	其他职业
1990	150046	68376	2748	62125	12340	4457
1995	176127	83133	3629	65404	18241	5720
2000	197028	89968	2639	73566	24945	5910
2005	202531	75304	5436	84620	27271	9900
2010	210126	73217	8025	91122	25757	12005
2014	230595	78522	9949	96193	30234	15697

1990—2000 年部分年份赤峰市党员文化程度情况表

表 13-1-3　　单位：人

年份	党员总数	大专及以上	中专	高中	初中	小学	文盲
1990	150046	11945	13350	22642	45130	43084	13895
1995	176127	21467	20077	34111	51100	39273	10099
2000	197028	34651	26995	40689	55542	32286	6865

2005—2014 年部分年份赤峰市党员文化程度情况表

表 13-1-4　　单位：人

年份	党员总数	研究生	大学本科	大学专科	中专	高中(技校)	初中及以下
2005	202531	354	18767	32671	25464	39565	85710
2010	210126	844	34896	35537	16809	37955	84085
2014	230595	1957	47298	42102	16792	42460	79986

1990—2014 年部分年份赤峰市党员年龄情况表

表 13-1-5　　单位：人

年份	党员总数	35 岁及以下	36～45 岁	46～55 岁	56～60 岁	60 岁及以上
1990	150046	36013	42104	33389	14425	24115
1995	176127	38460	54755	36558	16868	29486
2000	197028	40814	59228	43612	17019	36355
2005	202531	39649	54943	49876	19576	38487
2010	210126	36816	51201	51276	24409	46424
2014	230595	46953	47838	53476	27372	54956

第二节　党员代表

一、市党代表的产生

1990年3月至2011年8月，历经中共赤峰市第二次代表大会到第六次代表大会。每次代表大会根据中共中央组织部的有关规定和自治区党委对党代表大会代表名额的要求，经市委确定并经自治区党委批准，确定代表名额。每届市委均印发《关于做好市党代表大会代表选举工作的通知》，各旗县区、市直机关党工委和有关党委根据通知精神，组织所属党组织和党员，自上而下地进行民主协商分配代表名额，推荐代表候选人预备名单。在考察了解、广泛征求代表候选人所在单位党内外人士意见的基础上，召开党委或常委扩大会议，确定代表候选人预备名单。全市各选举单位，按照代表候选人的差额应多于应选名额20%的比例要求，提出代表候选人预备名单人数。代表候选人预备名单经市委原则同意后，各选举单位分别召开党代表大会或党代表会议或党员大会，采取候选人数多于应选人数的直接差额选举办法和无记名投票方式，选举产生党代会代表。

二、市党代表构成

1990年3月，共选出中共赤峰市第二次代表大会代表315人。其中各级干部代表213人(县级以上干部145人、机关干部32人、乡镇苏木和其他干部36人)，占代表总数的67.62%；各类专业技术人员代表55人(经济战线的15人)，占代表总数的17.46%；各条战线先进模范人物代表39人(工人代表19人、农牧民代表16人、政法干部代表4人)，占代表总数的12.38%；解放军、武警部队代表8人，占代表总数的2.54%。少数民族代表104人，占代表总数的33.02%。年龄50岁及以下的代表211人，占代表总数的66.98%。具有大专及以上文化程度的代表142人，占代表总数的45.08%；中专文化程度的代表54人，占代表总数的17.14%；中学文化程度的代表107人，占代表总数的33.97%。抗日战争、解放战争时期以及中华人民共和国成立之后，各个时期入党的党员都有一定数量的比例。

1995年6月，共选出中共赤峰市第三次代表大会代表351人。其中各级干部代表242人，占代表总数的68.95%；各类专业技术人员代表56人，占代表总数的15.95%；各条战线先进模范人物代表46人，占代表总数的13.11%；解放军、武警部队代表7人，占代表总数的1.99%。妇女代表72人，占代表总数的20.51%。少数民族代表111人，占代表总数的31.62%。年龄50岁及以下的代表253人，占代表总数的72.08%。具有大专及以上文化程度的代表235人，占代表总数的66.95%；中专文化程度的代表54人，占代表总数的15.38%；中学文化程度的代表60人，占代表总数的17.09%；小学文化程度的代表2人，占代表总数的0.57%。

2000年6月，共选出中共赤峰市第四次代表大会代表383人。其中各级干部代表259人，占代表总数的67.62%；各类专业技术人员代表67人，占代表总数的17.49%；各条战线先进模范人物代表50人，占代表总数的13.06%；解放军、武警部队代表7人，占代表总数的1.83%。妇女代表81人，占代表总数的21.15%。少数民族代表127人，占代表总数的33.16%。年龄50岁及以下的代表298人，占代表总数的77.81%。具有大专及以上文化程度的代表303人，占代表总数的79.11%；中专（高中）文化程度的代表73人，占代表总数的19.06%；初中及以下文化程度的代表7人，占代表总数的1.83%。

2006年2月，共选出中共赤峰市第五次代表大会代表398人。其中各级干部代表251人，占代表总数的63.07%；各类专业技术人员代表81人，占代表总数的20.35%；各条战线先进模范人物代表59人，占代表总数的14.82%；解放军、武警部队代表7人，占代表总数的1.76%。妇女代表81人，占代表总数的20.35%。少数民族代表122人，占代表总数的30.65%。年龄50岁及以下的代表306人，占代表总数的76.88%。具有大专及以上文化程度的代表358人，占代表总数的89.95%；中专（高中）文化程度的代表32人，占代表总数的8.04%；初中及以下文化程度的代表8人，占代表总数的2.01%。

2011年8月，共选出中共赤峰市第六次代表大会代表409人。其中各级干部代表257人，占代表总数的62.84%；各类专业技术人员代表84人，占代表总数的20.54%；各条战线先进模范人物代表61人，占代表总数的14.91%；解放军、武警部队代表7人，占代表总数的1.71%。妇女代表89人，占代表总数的21.76%。少数民族代表141人，占代表总数的34.47%。年龄50岁及以下的代表301人，占代表总数的73.59%。具有大专及以上文化程度的代表385人，占代表总数的94.13%；中专（高中）文化程度的代表21人，占代表总数的5.13%；初中及以下文化程度的代表3人，占代表总数的0.73%。

三、出席上级党代会代表

全国党代表

中共十四大代表：刘云山

中共十五大代表：许久勋、高溥泽

中共十六大代表：罗啸天

中共十七大代表：杭桂林、荆向斌

中共十八大代表：王中和、李红艳、李志明

自治区党代表

出席中共内蒙古自治区第五次代表大会代表候选人：王铎、王凤岐、王凤祥、王晓松、乌力更、巴图、巴国强、巴特尔、石梅、白俊卿、冯顺、冯兆明、刘玉祥、刘福成、孙哲、孙贺、李兰、李其远、苏亚拉、吴守元、宋志民、宋振国、张丁华、武克平、周建富、庞文生、赵玉新、赵维元、姚祥、姚顺学、徐定华、郭占英、曹旺、董洪业、鲍玺、赛西亚拉图、石艳华、史名岫、丛桂芬、白振远、任喜元、孙成珠、杨良林、吴桂珠、陈计中、胡维国、赵国德、赵国富、栾传义、郭俊侠、梁士铭、韩淑琴、吕桂芳、孙明礼、杜国文、李树范、杨洪德、赵树连、徐惠兰、道义宁布。

出席中共内蒙古自治区第六次代表大会代表候选人:于兴隆、王文国、王庆惠、王英夫、王洪勋、王政选、乌热歌、尹士武、全波勒、刘珍、刘树涛、刘景海、许慧、许久勋、许兆峰、芒来、回登勤、李文敏、李向荣、李秀峰、李其远、杨国森、杨紫珍、吴香馥、汪雅轩、沈淑济、宋志民、宋振国、苏尼来、国有林、张立华、张成利、赵兴、赵福山、秦显、殷轶、高连元、郭秀云、黄凌云、曹旺、崔凤谦、鲍旭东、管九臻、马国瑞、马建武、王继柏、毛长青、史晓军、白音尔、乔凤岐、李文志、杨福建、张振林、肖亚萍、肖建华、罗汉臣、阎秀英、景树森、程建林、籍凤鸣、王素兰、日木德、付万鹏、李占山、李贵仁、张凤祥、徐太、黄金才。

出席中共内蒙古自治区第七次代表大会代表:王凤岐、王凤朝、王文国、王玉成、王艾华、王春艳、白音巴特尔、白景武、乌力吉、宁汉金、朱景田、刘经国、刘国荣、刘瑞玲、刘瑞琴、汝俊杰、孙玉杰、孙显谦、闫秀英、李亚凡、李玉春、李永学、李志勋、吴力吉、邱富、宋占华、宋志民、张子军、张志安、张利平、张国华、张学云、张俊卿、张振武、张素英、陈玉华、张耀堂、陈肇基、青格勒、呼尔查、罗啸天、唐国志、郑贵胜、孟根其其格、郝秀山、赵知文、钱荣旭、钱海峰、高延青、高溥泽、曹景山、梁万龙、萧圣赞、隋连生、谭丽萍、翟丽艳、梁淑琴、董连珍、景树森、鲍新民。

出席中共内蒙古自治区第八次代表大会代表:于红侠、马金良、王勇、王凤朝、王玉成、王玉珍、王世远、王艾华、王秀琴、王国江、王振友、云秀梅、乌兰、勾建斌、东日布、史建军、包振玉、冯任飞、吉玉龙、朱景田、刘亚东、刘春华、刘景锋、严秀英、孙和、李延庆、李欣华、杨兰英、杨远新、辛广昌、张臣、张子军、张文树、张会永、张庆富、陈光林、邵秀莲、杭桂林、尚庆华、罗啸天、岳玲、郑克、郑贵胜、郑洪学、郑德学、赵兴、赵富、赵淑芬、荆向斌、洪建军、宫传兴、高连元、高振安、高淑茁、韩铭、赫娟、嘎瓦、德杰、魏瑞。

出席中共内蒙古自治区第九次代表大会代表:于晓丽、王中和、王凤朝、王玉成、王玉树、王秀琴、王振友、云秀梅、巴特尔、左慧忠、丛培钊、包满达、边中悦、吉玉龙、朱景田、刘力山、刘春华、关耀忠、许建忠、孙志红、李亚凡、李廷玉、李延庆、李红艳、李欣华、李振中、李雪岩、杨志敏、杨远新、邹德华、宋亮、张析哲、张春健、陈杰、陈玉学、陈光林、罗庆华、罗啸天、岳志君、孟昭均、赵辉、赵富、赵连陟、郝玉杰、姜宏、姜俐欣、娜日苏、袁文英、聂彦卿、高连元、高金祥、郭玉峰、郭树发、陶梦虹、逯秀然、董连珍、程俊孝、鲍金龙、赛汉其其格、德杰、薛玉峰、魏瑞。

第二章　党代表大会

第一节　中共赤峰市第二次代表大会

中共赤峰市第二次代表大会于1990年3月31日至4月4日在赤峰召开,出席大会的代表315人。会议听取、讨论并审议通过宋志民代表中共赤峰市第一届委员会作的题为《坚持党的基本路线，加强党的领导，为建设团结、富裕、文明的赤峰市而努力奋斗》的工作报告，审查批准中共赤峰市第一届纪律检查委员会的工作报告。

大会选举产生中共赤峰市第二届委员会和中共赤峰市第二届纪律检查委员会。选举中共赤峰市第二届委员会委员33人、候补委员5人，选举中共赤峰市第二届纪律检查委员会委员27人。

第二节　中共赤峰市第三次代表大会

中共赤峰市第三次代表大会于1995年6月21日至26日在赤峰召开，出席大会的代表351人。会议听取、讨论并审议通过许久勋代表中共赤峰市第二届委员会作的题为《抓住机遇，加快发展，为实现全市跨入二十一世纪的目标而奋斗》的工作报告，审查批准中共赤峰市第二届纪律检查委员会的工作报告。

大会选举产生中共赤峰市第三届委员会和中共赤峰市第三届纪律检查委员会。选举中共赤峰市第三届委员会委员39人、候补委员7人，选举中共赤峰市第三届纪律检查委员会委员29人。

第三节　中共赤峰市第四次代表大会

中共赤峰市第四次代表大会于2000年6月13日至17日在赤峰召开，出席大会的代表383人。会议听取、讨论并审议通过刘玉祥代表中共赤峰市第三届委员会作的题为《抓住机遇，加快发展，为赤峰的繁荣、富裕、文明而努力奋斗》的工作报告，审查批准中共赤峰市第三届纪律检查委员会的工作报告。

大会选举产生中共赤峰市第四届委员会和中共赤峰市第四届纪律检查委员会。选举中共赤峰市第四届委员会委员39人、候补委员7人，选举中共赤峰市第四届纪律检查委员会委员29人。

第四节　中共赤峰市第五次代表大会

中共赤峰市第五次代表大会于2006年2月25日至28日在赤峰召开，出席大会的代表398人。会议听取、讨论并审议通过杭桂林代表中共赤峰市第四届委员会作的题为《团结奋进，加快发展，努力开创全面建设小康社会新局面》的工作报告，审查批准中共赤峰市第四届纪律检查委员会的工作报告。

大会选举产生中共赤峰市第五届委员会和中共赤峰市第五届纪律检查委员会。选举中共赤峰市第五届委员会委员 51 人、候补委员 9 人,选举中共赤峰市第五届纪律检查委员会委员 29 人。

第五节　中共赤峰市第六次代表大会

中共赤峰市第六次代表大会于 2011 年 8 月 26 日至 30 日在赤峰召开，出席大会的代表 409 人。会议听取、讨论并审议通过王中和代表中共赤峰市第五届委员会作的题为《加快科学发展步伐,为实现富民强市目标而努力奋斗》的工作报告,审查批准中共赤峰市第五届纪律检查委员会的工作报告。

大会选举产生中共赤峰市第六届委员会和中共赤峰市第六届纪律检查委员会。选举中共赤峰市第六届委员会委员 53 人、候补委员 10 人,选举中共赤峰市第六届纪律检查委员会委员 29 人。

第二篇　组织机构

第一章　中共赤峰市委员会

1990—2014 年，中共赤峰市委的领导机构成员在第二届、第三届、第四届、第五届、第六届委员会都有一些增补和调整。

第一节　历任书记

1990—2014 年，市委共有 9 位书记更迭，有 26 位副书记更迭。

1990—2014 年历任赤峰市委书记、副书记、秘书长更迭表

表 13-2-1

职务	姓名	民族	任职时间
书记	宋志民	汉族	1990.1—1991.10
	刘云山	汉族	1991.10—1993.5
	高连元	蒙古族	1993.5—1995.6
	许久勋	汉族	1995.6—1998.5
	刘玉祥	汉族	1998.5—2001.9
	罗啸天	汉族	2001.9—2005.1
	杭桂林	蒙古族	2005.1—2011.1
	王中和	汉族	2011.1—2013.8
	王程熙	汉族	2013.8—2014.12 在职
副书记	高连元	蒙古族	1990.1—1993.5
	许久勋	汉族	1992.6—1995.6
	郑焕如	汉族	1990.1—1993.5

续表

职务	姓 名	民 族	任职时间
副书记	鲍鹏飞	蒙古族	1990.1—1995.6
	姚顺学	汉族	1993.10—1994.6
	吴守元	汉族	1993.11—2000.4
	云德奎	蒙古族	1995.6—1998.4
	宋振国	汉族	1995.6—1997.7
	照那斯图	蒙古族	1995.6—2002.4
	石 梅(女)	蒙古族	1995.6—2001.9
	罗啸天	汉族	1998.3—2001.9
	高延青	蒙古族	1998.5—2001.9
	呼尔查	蒙古族	2001.9—2003.4
	赵 兴	汉族	2001.9—2007.12
	高溥泽	汉族	2001.9—2004.6
	斯日古楞	蒙古族	2002.6—2006.2
	杭桂林	蒙古族	2003.3—2005.1
	张国华	汉族	2004.6—2006.1
	王 波	汉族	2005.3—2006.9
	王中和	汉族	2008.1—2011.1
	毕力夫	蒙古族	2010.7—2011.1
	包满达	蒙古族	2011.1—2012.12
	宋 亮	汉族	2011.8—2014.4
秘书长	姚顺学	汉族	1992.6—1994.3
	梁铁城	蒙古族	1994.3—2000.4
	王 波	汉族	2000.4—2001.10
	李学玉	汉族	2001.10—2003.11
	朱景田	汉族	2003.11—2006.2
	秦 义	汉族	2006.2—2010.9
	郑洪学	汉族	2010.9—2011.8
	杨远新	汉族	2011.8—2014.12 在职

说明：此表由中共赤峰市委组织部提供。

第二节　历届常委会委员

1990年4月，市委二届一次全委会会议共选举产生常委会委员11人，其中书记1人，副书记3人；1995年6月，市委三届一次全委会会议选举产生常委会委员13人，其中书记1人，副书记5人；2000年6月，市委四届一次全委会会议选举产生常委会委员13人，其中书记1人，副书记5人；2006年2月，市委五届一次全委会会议选举产生常委会委员13人，其中书记1人，副书记3人；2011年8月，市委六届一次全委会会议选举产生常委会委员13人，其中书记1人，副书记2人。

1990—2014年赤峰市委常委会委员更迭表

表13-2-2

届　次	姓名	民族	任职时间
第二届（1990.4—1995.6）	宋志民	汉族	1990.4—1991.10
	高连元	蒙古族	1990.4—1995.6
	郑焕如	汉族	1990.4—1993.5
	鲍鹏飞	蒙古族	1990.4—1995.6
	赵维元	汉族	1990.4—1990.6
	李茂林	汉族	1990.4—1993.1
	姚顺学	汉族	1990.4—1994.6
	赵育新	汉族	1990.4—1992.6
	巴特尔	蒙古族	1990.4—1995.6
	刘玉祥	汉族	1990.4—1990.8
	吴守元	汉族	1990.11—1995.6
	刘云山	汉族	1991.10—1993.5
	许久勋	汉族	1992.6—1995.6
	曹　旺	汉族	1992.10—1995.6
	李双临	蒙古族	1992.10—1993.10
	陈荣德	汉族	1993.1—1995.6
	宋振国	汉族	1993.10—1995.6

续表

届 次	姓名	民族	任职时间
第三届 (1995.6—2000.6)	许久勋	汉族	1995.6—1998.5
	云德奎	蒙古族	1995.6—1998.4
	吴守元	汉族	1995.6—2000.4
	宋振国	汉族	1995.6—1997.7
	照那斯图	蒙古族	1995.6—2000.6
	石 梅(女)	蒙古族	1995.6—2000.6
	曹 旺	汉族	1995.6—1998.12
	陈荣德	汉族	1995.6—1996.5
	王洪勋	汉族	1995.6—2000.6
	张立华	满族	1995.6—2000.4
	梁铁城	蒙古族	1995.6—2000.4
	敖日泽	蒙古族	1995.6—2000.4
	赵 兴	汉族	1995.6—2000.6
	胡书龙	汉族	1996.5—1999.10
	罗啸天	汉族	1998.3—2000.6
	高延青	蒙古族	1998.5—2000.6
	刘玉祥	汉族	1998.5—2000.6
	桑杰扎布	蒙古族	1999.10—2000.6
	高溥泽	汉族	1999.10—2000.6
	杨宝忠	汉族	2000.3—2000.6
	王 波	汉族	2000.3—2000.6
	扎 那	蒙古族	2000.4—2000.6

续表

届 次	姓名	民族	任职时间
第四届（2000.6—2006.2）	刘玉祥	汉族	2000.6—2001.9
	高延青	蒙古族	2000.6—2001.9
	照那斯图	蒙古族	2000.6—2002.4
	石 梅(女)	蒙古族	2000.6—2001.9
	罗啸天	汉族	2000.6—2005.1
	赵 兴	汉族	2000.6—2006.2
	高溥泽	汉族	2000.6—2004.6
	桑杰扎布	蒙古族	2000.6—2003.11
	扎 那	蒙古族	2000.6—2001.9
	王 波	汉族	2000.6—2006.2
	杨宝忠	汉族	2000.6— 2005.12
	张国华	汉族	2000.9—2006.1
	呼尔查	蒙古族	2001.9—2003.4
	李学玉	汉族	2001.9—2006.2
	斯日古楞	蒙古族	2001.9—2006.2
	钱荣旭	蒙古族	2002.6—2006.2
	杭桂林	蒙古族	2003.3—2006.2
	朱景田	汉族	2003.11—2006.2
	句建奇	汉族	2003.11—2006.2
	马爱国	汉族	2003.1—2005.10
	吴力吉	蒙古族	2005.3—2006.2
第五届（2006.2—2011.8）	杭桂林	蒙古族	2006.2—2011.1
	赵 兴	汉族	2006.2—2007.12
	王 波	汉族	2006.2—2006.9
	李学玉	汉族	2006.2—2011.8
	钱荣旭	蒙古族	2006.2—2011.8
	朱景田	汉族	2006.2—2011.8
	句建奇	汉族	2006.2—2008.7

续表

届 次	姓名	民族	任职时间
第五届（2006.2—2011.8）	吴力吉	蒙古族	2006.2—2006.10
	秦　义	汉族	2006.2—2010.9
	包振玉	蒙古族	2006.2—2011.8
	刘万华	蒙古族	2006.10—2009.1
	白玉刚	蒙古族	2007.11—2010.12
	张利平	汉族	2007.12—2010.10
	王中和	汉族	2008.1—2011.1
	姜光玉	汉族	2008.7—2011.8
	姜　宏(女)	汉族	2009.1—2011.8
	毕力夫	蒙古族	2010.7—2011.1
	佟国清	蒙古族	2010.9—2011.8
	郑洪学	汉族	2010.9—2011.8
	岳志君	汉族	2010.12—2011.8
	洪　波	汉族	2010.12—2011.8
	包满达	蒙古族	2011.1—2011.8
第六届（2011.8—2014.12）	王中和	汉族	2011.8—2013.8
	包满达	蒙古族	2011.8—2014.12 在职
	宋　亮	汉族	2011.8—2014.4
	岳志君	汉族	2011.8—2014.12 在职
	姜　宏(女)	汉族	2011.8—2014.12 在职
	郑洪学	汉族	2011.8—2014.12 在职
	邹德华	汉族	2011.8—2014.12 在职
	朱景田	汉族	2011.8—2012.5
	杨远新	汉族	2011.8—2014.12 在职
	杨俊旺	汉族	2011.8—2011.11
	包振玉	蒙古族	2011.8—2012.12
	洪　波	汉族	2011.8—2013.2
	姜光玉	汉族	2011.8—2012.5

续表

届 次	姓名	民族	任职时间
第六届（2011.8—2014.12）	佟国清	蒙古族	2011.8—2014.12 在职
	德　杰	蒙古族	2011.9—2014.12 在职
	孙卫国	汉族	2011.11—2014.12 在职
	郑东波	汉族	2012.5—2014.12 在职
	张恩惠	汉族	2012.12—2014.5
	刘春成	汉族	2013.2—2014.5
	王程熙	汉族	2013.8—2014.12 在职
	杨万涛	汉族	2013.12—2014.12 在职
	王玉树	汉族	2014.12—2014.12 在职

说明：此表由中共赤峰市委组织部提供。

第三节　工作机构

一、机构沿革

1991 年，市委常设机构有：市委办公室、组织部、宣传部、统战部、政法委、政策研究室（简称政研室）、中共赤峰市直属机关工作委员会（简称市直工委）、老干部局。市委讲师团归口市委宣传部管理；市委台湾工作办公室、市人民政府台湾事务办公室一个机构、两块牌子，归口市委统战部管理；市委综合治理委员会办公室与市委政法委合署办公。1995 年 11 月，市委老干部局归市委组织部管理。1996 年 1 月，市精神文明建设委员会办公室与市委宣传部合署办公。2001 年 8 月，市委办公室更名为市委办公厅；市委保密委员会办公室与市保密局合署办公，归口市委办公厅管理；市机构编制委员会办公室（简称市编办）列为党委序列。2004 年 10 月，成立市委维护稳定办公室，与市政法委合署办公。2011 年 12 月，成立市委农村牧区工作部（简称农工部）。2014 年，市委常设机构有：市委办公厅、组织部、宣传部、统战部、政法委、政研室、编办、老干部局、农工部、市直工委。

2014 年，市委直属事业机构有：市委党校（行政学院）、赤峰日报社。

市委办公厅（室）　1991 年，市委办公室内设 5 个职能机构和 1 个所属事业单位，即综合科、秘书科、信息督查科、行政科、保密局和市委党史资料征集研究委员会办公室（简称市党史办）。1994—1995 年，设置人事保卫科，成立市委机关事务服务中心。1999 年，成立市委市政府参事室，归口市委办公室管理；同时增加 3 个内设机构，分别为经济综合科、党建综合科、文档管理科。2001 年 8 月，市委办公室更名为市委办公厅;市委保密委员会办公室(市保密局),由市委办公厅管理,不再为市委办公厅的内设机构。2003 年 5 月, 成立赤峰市接待办公室, 为市委办公厅所属事业单位。2007 年 11 月,组建赤峰市直属机关事务管理局,撤销市委机关事务服务中心;市委办公厅机关成立行政科、离退休干部管理科。2011 年,成立赤峰市涉密载体销毁中心,为市委保密委员会办公室(市保密局)所属事业单位;成立市委信息中心,为市委办公厅所属事业单位。2014 年,市委办公厅共有 12 个内设机构,即秘书科、常委会办公室、会务接待科、综合科、综合二科、信息调研室、督促检查室、人事科(党办)、行政科、秘书二科、财务科、离退休干部管理科;1 个所属行政单位是市委保密委员会办公室(市保密局);5 个所属事业单位,分别是市接待办公室、市党史办、市委信息中心、市涉密载体销毁中心、市专用通信局。

市委组织部　1991 年,市委组织部内设机构 9 个,即办公室、组织员办公室(党员管理教育科)、组织建设科、干部一科(干部综合调配科)、干部二科(干部教育审查科)、干部三科(旗县干部科)、干部四科(市直干部科)、干部五科(企事业干部科)、人才科学研究所(调研室)。1996 年 6 月,将人才科学研究所更名为市党员电化教育中心,为市委组织部下属的事业单位单设。2000 年 12 月,对内设机构进行调整,撤销调研室,其职能并入办公室;增设青年干部科;组织建设科更名为组织一科,组织员办公室更名为组织二科。2006 年 9 月,将干部教育监督科,分设为干部教育科和干部监督科。2008 年 12 月,成立市党员教育中心,为市委组织部下属的事业单位。2009 年 10 月,设立市党代会代表联络工作办公室, 增设人才科, 将市电教中心更名为市委组织部信息管理中心。2014 年,市委组织部内设机构 13 个,即办公室(研究室)、干部综合调配科、干部教育科、人才科、干部监督科、青年干部科、旗县干部科、市直干部科、企事业干部科、干部实绩考核科、组织一科、组织二科、党代会代表联络工作办公室;所属事业单位 2 个,分别是信息管理中心、党员教育中心。

市委宣传部　1991 年,市委宣传部内设机构 13 个,即办公室、人秘科、新闻科、“五讲四美三热爱”办公室、对外宣传科、党员教育科、文明办综合科、文明办创建科、文明办宣传教育活动科、市对外宣传领导小组办公室(简称市外宣办)、市新闻工作者协会、市社科联、市委讲师团。1992 年 4 月,恢复设立干部科。1996 年 1 月,市精神文明办公室(简称市文明办)由正科级升格为正处级,受市委、市政府双重领导,归口市委宣传部管理。2002 年 4 月,机构改革,市委宣传部挂市文明办、市外宣办牌子。2009 年 11 月,市新闻工作者协会隶属市委宣传部管理。2011 年, 成立未成年人思想道德建设科、新闻发布科;成立市互联网信息办公室、市精神文明建设指导中心,为市委宣传部所属事业单位。2014 年,市委宣传部内设科室 11 个,即办公室、干部科、宣传科、理论科、新闻出版科、文艺科、精神文明建设综合科、精神文明建设创建科、未成年人思想道德建设科、对外宣传科、新闻发布科;所属事业单位 2 个,分别是互联网信息办公室、精神文明建设指导中心。

市委统战部　1991年，市委统战部内设3个科室，即办公室、人物科、民族宗教科，代市委管理的市委台湾工作办公室。1995年11月，增设党派科。2002年6月，机构改革，内设机构个数不变，名称有所改变。2011年，增设统战理论研究室。2014年，市委统战部内设科室5个，即办公室、人事党派科、民族宗教科、经济联络科、统战理论研究室，代市委管理的市委台湾工作办公室。

市委政法委　1984年3月，市委政法小组改称政法委员会（简称政法委）。1991年，市委政法委内设机构2个，即办公室、调研室。同年4月，市委决定成立市社会治安综合治理办公室（简称综治办），与政法委合署办公。1995年12月，市委进一步明确市委政法委与市综治办合署办公，内设机构5个，即办公室、政治处、执法督查室、调研室、综治办。2004年4月，成立赤峰市委维护社会稳定工作领导小组办公室（简称维稳办），与市委政法委合署办公。2006年9月，成立赤峰市法学会，为市委政法委所属事业单位。2011年7月，增设宣传科，政治处更名为政治部。2014年，市委政法委内设机构4个，即办公室、政治部、执法督查室、宣传科；所属事业单位有法学会。综治办、维稳办与政法委合署办公，其中综治办下设5个室，维稳办下设2个室。

市委政研室　1991年，市委政研室内设机构4个，即综合科、城市科、农牧科、政文科。2002年，机构改革，市经济体制改革委员会改革职能并入市委政研室，增设体改科；同年，市委决定全市农村牧区领导小组办公室设在市委政研室。2004年，全市机构职能调整，市委政研室改革职能划归市发展与改革委员会，体改科撤销。2012年，市委成立农工部，全市农村牧区领导小组办公室职能转到市委农工部。2014年，市委全面深化改革领导小组办公室设在市委政研室，实行一个机构、两块牌子。市委政研室内设机构6个，即人秘科、综合科、城市科、农牧科、政文科、党刊室。

市编办　1991年，市编办与市人事局合署办公，内部未设置机构。2001年，市编办单独设置，列为党委序列，内设3个机构，即综合科（机构编制监察科）、机构编制管理科、事业单位登记管理科。2006年，增设机构编制监察科，机构编制管理科分设为机关机构编制科和事业机构编制科。2011年，增设政务和公益域名注册管理科。2014年，市编办内设机构6个，即综合科、机关机构编制科、事业机构编制科、机构编制监察科、事业单位登记管理科、政务和公益域名注册管理科。

市委老干部局　1991年，市委老干部局内设机构2个，即管理科、办公室。1995年11月，机构改革中，明确市委老干部局归市委组织部管理。2002年8月，成立中共赤峰市委老干部局系统委员会，内设党委办公室。2014年，市委老干部局内设机构3个，即行政办公室、党委办公室、管理科；所属事业单位3个，分别是市老干部活动中心、市干休所、市关工委办公室。

市直工委　1989年6月，中共赤峰市直属机关委员会改为市直属机关工作委员会（简称市直工委），为市委的派出机构。1991年，市直工委内设机构5个，即办公室、组织部、宣传部、纪工委、团工委。2002年5月，成立市直妇女工作委员会。2012年4月，成立市直机关工会工作委员会。2014 年，市直工委内设机构 7 个，即办公室、组织部、宣传部、纪工委（市直监察分局）、团工委、工会工委、妇工委。

市委党校　1991 年，赤峰市委党校内设 11 个科室，即办公室、哲学教研室、政治经济学教研室、科学社会主义教研室、党史党建教研室、文史教研室、经济管理教研室、图书资料室、组教科、行政科、伙食科。2005 年，市委对全市干部教育培训资源进行整合，将原市委党校、行政学院合并，同时吸纳红山区、松山区、元宝山区委党校，组建新的赤峰市委党校，并加挂赤峰市行政学院、赤峰市社会主义学院和内蒙古东部地区党员干部培训中心牌子。2009 年，内设机构实行行政与教学分设。2014 年，市委党校共设置 10 个行政科室，即办公室、组织人事科、党群工作科、纪检室、工会、离退休干部管理科、学员工作科、行政科、财务审计科、安全保卫科；同时设置 18 个教学教辅科室。

二、机构负责人更迭

表 13-2-3

1991—2014 年赤峰市委工作机构主要负责人更迭表

单位名称	职务	姓名	民族	任职时间
市委办公厅（办公室）	主任	姚顺学（兼）	汉族	1992.6—1994.3
		梁铁城（兼）	蒙古族	1994.3—1999.10
		张子军	汉族	1999.10—2001.12
		李学玉（兼）	汉族	2001.12—2003. 11
		邹德华	汉族	2003.12—2005.5
		朱景田（兼）	汉族	2005.5—2006.1
		秦　义（兼）	汉族	2006.1—2007.9
		王国江	汉族	2007.9—2008.1
		秦　义（兼）	汉族	2008.1—2010.9
		郑洪学（兼）	汉族	2010.9—2011.5
		霍天祥	蒙古族	2011.5—2013.12
市委组织部	部长	吴守元	汉族	1991.1—1993.11
		宋振国	汉族	1993.11--1995.6
		张立华	满族	1995.6—2000.4
		张国华	汉族	2000.9—2005.4
		白玉刚	蒙古族	2007.12—2010.12
		岳志君	汉族	2010.12—2014.12 在职

续表

单位名称	职务	姓名	民族	任职时间
市委宣传部	部长	巴特尔	蒙古族	1991.1—1995.5
		敖日泽	蒙古族	1995.6—2000.4
		扎　那	蒙古族	2000.4—2001.9
		钱荣旭	蒙古族	2005.4—2011.9
		佟国清	蒙古族	2011.9—2014.12 在职
市委统战部	部长	白云清	蒙古族	1991.1—1995.5
		布　和	蒙古族	1995.5—2001.9
		斯日古楞	蒙古族	2001.9—2002.6
		钱荣旭	蒙古族	2002.6—2005.3
		吴力吉	蒙古族	2005.3—2006.10
		刘万华	汉族	2006.10—2009.1
		姜　宏(女)	汉族	2009.1—2010.9
		佟国清	蒙古族	2010.9—2011.8
		德　杰	蒙古族	2011.8—2014.12 在职
市委政法委	书记	宋万林	汉族	1991.1—1993.1
		布仁乌力吉	蒙古族	1993.2—1995.6
		赵　兴	汉族	1995.6—2001.9
		杨宝忠	汉族	2001.9—2005.11
		邹德华	汉族	2011.8—2014.12 在职
市委政研室	主任	李秀峰	汉族	1991.1—1997.7
		陈　广	汉族	1997.7—1998.10
		朱文昌	汉族	1998.10—2001.10
		刘万华	汉族	2001.12—2003.12
		娄万武	汉族	2003.12—2008.7
		巴特尔	蒙古族	2008.7—2010.1
		张国庆	汉族	2010.1—2011.11
		曲国光	汉族	2011.11—2014.12 在职

续表

单位名称	职务	姓名	民族	任职时间
市编办	主任	李　荣	汉族	2001.2—2005.4
		董少华	汉族	2005.4—2012.11
		吴卫东	满族	2012.11—2014.12 在职
市委老干部局	局长	钟万生	汉族	1991.1—1991.7
		潘锡恩	汉族	1991.10—1993.8
		布　和	蒙古族	1993.8—1995.8
		杨志民	汉族	1995.8—1999.10
		朱文祥	汉族	1999.10—2005.5
		曹明武	汉族	2005.5—2010.1
		梁耀先	蒙古族	2010.1—2013.12
市委农工部	部长	王世华	汉族	2011.11—2014.12 在职
市直工委	常务副书记	王志儒	汉族	1991.1—1992.6
		宋开贵	汉族	1992.6—2002.1
		苗春雨	汉族	2002.1—2006.1
		邓子彬	蒙古族	2006.1—2013.12
		李德荣	蒙古族	2013.12—2014.12 在职

说明：此表由中共赤峰市委组织部提供。

第二章　中共赤峰市纪律检查委员会

第一节　机构设置

一、常设机构

1991 年，中共赤峰市纪律检查委员会（简称市纪委）内设机构 5 个，即办公室、检查室、审理室、信访室、教育室。1993 年 6 月，市纪委与市监察局合署办公，内设机构 12 个（准处级），即办公室、监察综合室、研究室、市直纪检监察室、企事业纪检监察室、旗县区纪检监察室、宣传教育室、案件审理室、信访室（含举报中心）、干部管理室、党风廉政建设室（纠风办）、执法监察室。2014 年 7 月，市纪委监察局对机关内设机构进行调整，撤销干部管理室（派驻机构工作办公室）、宣传教育室、执法和效能监督室（市行政效能投诉中心）、监察综合室，设立组织部、宣传部、第四纪检监察室、纪检监察干部监督室、案件监督管理室、党风政风监督室，保留第一至第三纪检监察室、案件审理室、信访室，办公室更名为办公厅（加挂政策法规研究室牌子），内设机构为12个。办公厅下设秘书科、行政科。成立赤峰市纪检监察网络管理中心，为全额事业单位。

二、派出机构

1989年6月，根据市委的决定，将中共赤峰市直属机关纪律检查委员会改为中共赤峰市直属机关纪律检查工作委员会（简称市直纪工委），作为市纪委的派出机构，受市纪委和市直工委的双重领导。2002年，进行机构改革，增设市直监察分局（与市直纪工委合署办公），为市纪委监察局派出机构，受市纪委监察局和市直工委双重领导。2008年，市纪委监察局对派驻（出）市直各部门纪检监察机构实行双派驻（纪检、监察）和单派驻（纪检）管理体制。2014年，市纪委监察局共派驻机构28个。其中双派驻（出）机构有：派出市直纪工委监察分局，派驻市政府办公厅纪检监察组、市发改委纪检监察组等22个市政府部门纪检监察组；单派驻机构有：市人民检察院纪检组、市中级人民法院纪检组2个；归口派驻纪检监察组3个。

第二节　领导更迭

1990—2014年，中共赤峰市第二届到第六届纪律检查委员会，选举书记1人、副书记3人；选举产生第二届纪委常委7人，第三届纪委常委8人，第四届到第六届纪委常委各9人。第二届任期内1名书记离任，增补1人；新增副书记3人。第四届任期内1名书记离任，增补1人。第五届任期内1名副书记离任，增补1人。第六届任期内1名书记离任，增补1人；2名副书记离任，增补2人。

1990—2014年中共赤峰市纪律检查委员会书记、副书记更迭表

表13-2-4

届次	职务	姓名	民族	任职时间
第二届（1990.4—1995.6）	书记	赵育新	汉族	1990.4—1992.10
		曹　旺	汉族	1992.10—1995.6
	副书记	刘廷赞	汉族	1990.4—1995.6
		孙振海	汉族	1990.4—1995.6
		邵　布	蒙古族	1990.4—1995.6
		巴特尔	蒙古族	1993.6—1995.1
		牛喜明	汉族	1995.1—1995.6
		单继学	蒙古族	1995.1—1995.6

续表

届 次	职务	姓名	民族	任职时间
第三届（1995.6—2000.6）	书记	王洪勋	汉族	1995.6—2000.6
	副书记	邵 布	蒙古族	1995.6—2000.6
		牛喜明	汉族	1995.6—2000.6
		单继学	蒙古族	1995.6—2000.6
第四届（2000.6—2006.2）	书记	高溥泽	汉族	2000.6—2004.6
		张国华	汉族	2004.6—2006.1
	副书记	牛喜明	汉族	2000.6—2006.2
		孟和白音	蒙古族	2000.6—2006.2
		杨素洁(女)	汉族	2000.6—2006.2
第五届（2006.2—2011.8）	书记	朱景田	汉族	2006.2—2011.8
	副书记	牛喜明	汉族	2006.2—2006.12
		陈文阁	汉族	2006.2—2011.8
		敖日格乐	蒙古族	2006.2—2011.8
		梁淑琴(女)	汉族	2007.1—2007.12
第六届（2011.8—2014.12）	书记	朱景田	汉族	2011.8—2012.5
		郑东波	汉族	2012.5—2014.12 在职
	副书记	陈文阁	汉族	2011.8—2013.3
		武希坡	汉族	2011.8—2013.4
		董瑞芳	汉族	2011.8—2014.12 在职
		潘存国	汉族	2013.3—2014.12 在职
		黄 鹏(女)	蒙古族	2013.4—2014.12 在职

说明：此表由中共赤峰市委组织部提供。

第三章 地方组织与基层组织

第一节 旗县区党委

1991—2014年，赤峰市有中共地方委员会12个。其中市属区委3个(红山区、松山区、元宝山区)，旗委7个(阿鲁科尔沁旗、巴林左旗、巴林右旗、克什克腾旗、翁牛特旗、喀喇沁旗、敖汉旗)，县委2个(林西县、宁城县)。

一、旗县区委书记

1991—2014 年，由于工作调整或任期届满，各旗县区委书记多次变动更迭，最多的更迭 10 人，最少的更迭 5 人，全市共更迭旗县区委书记 92 人。

1991—2014 年赤峰市各旗县区委书记更迭表

表 13-2-5

职务	姓名	民族	任职时间
红山区区委书记	姚顺学	汉族	1991.1—1992.6
	张全栋	汉族	1992.6—1994.4
	黄凌云	蒙古族	1994.5—1995.5
	孙　哲	汉族	1995.5—2000.5
	杨宝忠	汉族	2000.5—2001.12
	张利平	汉族	2001.12—2003.12
	董歧福	蒙古族	2003.12—2006.1
	包振玉	蒙古族	2006.1—2010.9
	姜　宏(女)	汉族	2010.9—2014.12 在职
松山区区委书记	宋振国	汉族	1991.1—1993.10
	回登勤	回族	1993.10—1995.5
	徐瑞祥	汉族	1995.5—2000.11
	赵知文	汉族	2000.11—2006.6
	郑洪学	汉族	2008.6—2010.10
	邹德华	汉族	2010.10—2011.11
	张　华	汉族	2011.11—2014.12在职
元宝山区区委书记	吴香馥	汉族	1991.1—1995.5
	高溥泽	汉族	1995.11—2000.5
	梁万龙	汉族	2000.5—2005.5
	辛广昌	汉族	2005.5—2008.7
	李廷玉	汉族	2008.7—2014.12 在职
阿鲁科尔沁旗旗委书记	李双临	蒙古族	1991.1—1993.10
	刘　珍	汉族	1993.10—1997.9
	朱景田	汉族	1997.9—2002.1
	长　寿	蒙古族	2002.1—2003.12
	王国江	汉族	2003.12—2007.9
	邹德华	汉族	2007.9—2010.10
	于伟东	汉族	2014.10—2014.12 在职

续表

职务	姓名	民族	任职时间
巴林左旗旗委书记	冯　顺	汉族	1991.1—1994.7
	王英夫	汉族	1994.7—1998.4
	汝俊杰	汉族	1998.4—2003.12
	杨立刚	汉族	2003.12—2006.7
	韩　铭	汉族	2006.7—2008.7
	王玉树	汉族	2008.7—2014.12 在职
巴林右旗旗委书记	布仁乌力吉	蒙古族	1991.1—1993.2
	芒　来	蒙古族	1993.2—1998.4
	双　喜	蒙古族	1998.4—1998.12
	德　杰	蒙古族	2006.1—2011.11
	黄彦峰	汉族	2014.12—2014.12 在职
林西县县委书记	曹　旺	汉族	1991.1—1992.11
	李向荣	汉族	1992.11—1996.6
	王中和	汉族	1996.6—1998.4
	张利平	汉族	2000.3—2002.1
	陈　宏	汉族	2002.1—2005.4
	李延庆	汉族	2005.4—2008.7
	程俊孝	汉族	2008.7—2014.12 在职
克什克腾旗旗委书记	王洪勋	汉族	1991.1—1995.6
	呼格吉图	蒙古族	1995.6—2000.5
	白音巴特尔	蒙古族	2000.5—2003.1
	秦　义	汉族	2003.1—2003.12
	刘万华	汉族	2003.12—2006.1
	李欣华	蒙古族	2006.1—2008.7
	边中悦	蒙古族	2008.7—2014.12 在职
翁牛特旗旗委书记	巴　图	蒙古族	1991.1—1993.9
	秦　显	汉族	1993.9—1997.9
	斯日古楞	蒙古族	1997.9—2000.4
	钱荣旭	蒙古族	2000.4—2003.12
	韩会申	蒙古族	2003.12—2006.7
	郑洪学	汉族	2006.7—2008.6
	杨远新	汉族	2008.6—2011.11
	汪国森	蒙古族	2011.11—2013.1
	格日勒图	蒙古族	2013.1—2014.12 在职

续表

职务	姓名	民族	任职时间
喀喇沁旗旗委书记	刘福成	汉族	1991.1—1992.7
	许兆峰	汉族	1992.7—1998.3
	吴力吉	蒙古族	1998.3—1998.11
	于永泉	汉族	1998.11—2000.3
	张志安	汉族	2000.3—2001.10
	包振玉	蒙古族	2001.10—2003.9
	冯任飞	汉族	2005.9—2010.9
	郭玉峰	蒙古族	2010.9—2013.1
	汪国森	蒙古族	2013.1—2014.12 在职
宁城县县委书记	门振芳	汉族	1991.1—1993.2
	张　玉	蒙古族	1993.2—1993.10
	赵　兴	汉族	1993.11—1995.7
	吴永新	蒙古族	1995.7—1997.6
	杨宝忠	汉族	1997.8—2000.5
	钱海峰	蒙古族	2000.5—2003.12
	张文树	汉族	2003.12—2006.1
	赵　富	蒙古族	2006.1—2013.1
	刘万虎	汉族	2013.1—2014.12 在职
敖汉旗旗委书记	张立华	满族	1991.1—1995.6
	鲍海明	蒙古族	1995.6—1996.6
	张　智	蒙古族	1996.6—2000.11
	白景武	蒙古族	2000.11—2002.8
	吉玉龙	蒙古族	2002.8—2011.11
	邱文博	蒙古族	2011.11—2014.12 在职

二、旗县区委工作部门

1991 年,各旗县区委工作部门一般设 9 个,即办公室、组织部、宣传部、统战部、政法委、政研室、老干部局、机关党委、文明办。红山区、松山区、阿鲁科尔沁旗将人武部设为工作部门;元宝山区、巴林左旗、巴林右旗、翁牛特旗、敖汉旗、林西县、宁城县将党校设为工作部门;松山区、巴林左旗、巴林右旗、翁牛特旗将机要科(局)设为工作部门;阿鲁科尔沁旗、翁牛特旗未单设文明办。

1992—2014 年,各旗县区调整了一些机构,党委工作部门也发生很大变化。2014 年,各旗县区委工作部门一般调整为 6 个,即办公室、组织部、宣传部、统战部、政法委、编办;老干部局归组织部管理。元宝山区、巴林左旗、翁牛特旗、林西县、宁城县增设了农村工作部。

第二节　市直属单位党委 党组

一、党委

1991年,市直属单位共设置党委46个。其中市政府所属机构共设置党委18个,分别是:中共赤峰市人民政府办公室系统委员会(简称"党委")、市公安局系统党委、市国家安全局党委、市民政局系统党委、市财政局系统党委、市交通局系统党委、市教育局系统党委、市林业局系统党委、市粮食管理局系统党委、市物资局系统党委、市建材局系统党委、市畜牧局系统党委、市对外经济贸易局系统党委、市经济贸易委员会系统党委、市工业局系统党委、市文化局系统党委、市商业局系统党委、市供销社系统党委。另外,企业共设置党委15个,事业单位设置党委13个。

2014年,市直属单位共设置党委34个。其中市委所属机构设置党委1个:市委办公厅系统党委;市政府所属机构共设置党委18个,分别是:市政府办公厅系统党委、市公安局系统党委、市老干部局系统党委、市教育局系统党委、市经信委系统党委、市民政局系统党委、市司法局系统党委、市财政局系统党委、市人社局系统党委、市住建委系统党委、市交通局系统党委、市水利局系统党委、市农牧业局系统党委、市林业局系统党委、市文广局系统党委、市卫计委系统党委、市粮食局系统党委、市供销社系统党委。另外,群团组织设置党委1个,事业单位设置党委12个,企业设置党委2个。

二、党组

1991年,市直属单位共设置党组75个。其中市人大常委会、市政府、市政协、市中级人民法院、市人民检察院分别设党组;市政府所属机构共有63个单位设党组。另外,群团组织有6个单位设党组,金融机构有1个单位设党组。

2014年,市直属单位党组设置变为46个。其中市人大常委会、市政府、市政协、市中级人民法院、市人民检察院分别设党组;市委所属机构设置党组的单位1个,即市编办;市政府所属机构设置党组的单位33个,分别是:市发展和改革委员会、市教育局、市科技局、市经信委、市民委、市民政局、市司法局、市财政局、市人社局、市住建委、市规划局、市环保局、市交通局、市水利局、市农牧业局、市林业局、市商务局、市文广局、市卫计委、市审计局、市市场监管委、市体育局、市安监局、市统计局、市旅游局、市粮食局、市人防办、市扶贫办、市信访局、市国土局、市地震局、市供销社、市档案局;群团组织设置党组的单位7个,分别是:市总工会、团市委、市妇联、市科协、市文联、市工商联、市残联。

第三篇　重要会议与重大决策

第一章　重要会议

第一节　市委全委会会议

1990年4月至2014年1月，赤峰市委共召开全委会会议及全委（扩大）会议42次。每一届的市委第一次全委会会议都选举产生新的市委领导班子；一般每年第一季度召开市委全委会（扩大）会议，总结上一年的工作，安排部署本年度的工作；在每次市委换届前召开一次全委会会议，讨论研究换届选举有关事宜；在自治区召开党代会之前，市委要召开全委会会议，审查通过赤峰市出席自治区党代会代表候选人预备人选名单；有时召开市委全委会会议，表决通过赤峰市推荐出席全国党代会代表候选人初步人选名单。

一、第二届全委会会议

1990年4月至1995年6月，赤峰市委二届全委会会议共召开8次（含扩大会议，下同）。

第一次会议　1990年4月4日召开。会议选举产生市二届委员会常务委员会委员和书记、副书记，通过市纪律检查委员会第一次全体会议关于选举结果的报告。

第二次会议　1991年5月19日至21日召开。会议听取并审议通过市委书记宋志民代表市委常委会作的工作报告。会议明确，赤峰市今后十年经济社会发展的战略指导思想是：以经济建设为中心，以科技教育为先导，以优化结构和提高效益为重点，深化改革，扩大开放，发挥资源优势，强化农牧业基础，改善生态环境，大力发展乡镇企业，加强基础工业和基础设施建设，搞活商品流通，严格控制人口增长，加快兴市富民步伐，确保实现第二步战略目标。会议确定了全市“八五”期间及未来十年的主要奋斗目标。

第三次会议　1992年1月21日至22日召开。会议听取并审议通过自治区党委常委、赤峰市委书记刘云山作的工作报告，重点研究全市农牧业发展问题。会议明确，认真贯彻中共十三届八中全会精神，进一步开创全市农村牧区工作新局面；讨论通过市委《关于贯彻〈中共中央关于进一步加强农业和农村工作的决定〉的意见》。

第四次会议 1992年5月召开。推选赤峰市出席中共内蒙古自治区代表会议的代表。

第五次会议 1993年1月12日至16日召开。会议听取并审议通过自治区党委副书记、赤峰市委书记刘云山代表市委常委会作的工作报告。会议确定,认真贯彻党的十四大精神,推动全市国民经济更好更快地跨上两个新台阶。即第一个台阶,到"八五"期末,国民生产总值达到73亿元,平均每年增长12%,比1980年翻两番以上,提前五年实现第二步战略目标;第二个台阶,到"九五"期末,国民生产总值达到150亿元,平均每年增长15.5%,比1980年翻三番以上。

第六次会议 1994年1月18日至19日召开。会议听取并审议通过市委书记高连元代表市委常委会作的工作报告。会议确定,全面贯彻党的十四届三中全会精神,加快全市改革开放和经济发展步伐;讨论通过市委、市政府《关于贯彻中共中央〈关于建立社会主义市场经济体制若干问题的决定〉的意见》。

第七次会议 1994年11月3日至4日召开。推选赤峰市出席中共内蒙古自治区第六次代表大会代表。

第八次会议 1995年6月19日召开。会议听取市委换届选举人事安排的说明,酝酿新的一届市委委员、市纪委委员、市委候补委员的候选人预备人选名单;讨论研究换届选举有关事宜,讨论修改市第二届委员会向第三次党代表大会作的工作报告(讨论稿)。

二、第三届全委会会议

1995年6月至1999年8月,赤峰市委三届全委会会议共召开6次。

第一次会议 1995年6月26日召开。会议选举产生市三届委员会常务委员会委员和书记、副书记,通过市纪律检查委员会第一次全体会议关于选举结果的报告。

第二次会议 1996年1月23日至24日召开。会议听取并审议通过市委书记许久勋代表市委常委会作的工作报告。会议强调,"九五"时期全市经济社会发展要以农业为基础,巩固发展国有经济,大力发展乡镇企业和个体私营经济,加速资源转换,对县域经济加大扶持力度,促进经济社会快速、协调、健康发展。会议审议通过《赤峰市国民经济和社会发展"九五"计划和2010年远景目标纲要的建议》。

第三次会议 1996年12月30日至1997年1月4日召开。会议听取并审议通过市委书记许久勋代表市委常委会作的工作报告。研究确定,1997年全市经济社会发展要抓住强化农牧业基础、搞活搞好国有企业、大力发展乡镇企业和个体私营经济三个重点,突出深化改革、扩大开放、科技进步三项措施,努力促进全市国民经济持续、快速、健康发展和社会进步。

第四次会议 1997年12月15日至17日召开。会议听取并审议通过市委书记许久勋代表市委常委会作的工作报告。会议研究确定,1998年要深入贯彻中共十五大精神，围绕实现“两个转变、两个提高”的奋斗目标，不断推进全市国民经济和社会发展。

第五次会议　1998 年 11 月 16 日至 17 日召开。会议听取并审议通过市委书记刘玉祥代表市委常委会作的工作报告，会议主要研究农村牧区经济和社会发展问题。明确要认真贯彻落实党的十五届三中全会精神，把全市农村牧区改革与发展全面推向二十一世纪。

第六次会议　1999 年 8 月 16 日至 17 日召开。会议听取并审议通过市委书记刘玉祥代表市委常委会作的工作报告。会议对 1999 年全市的各项工作进行了全面部署，主要是推动经济增长方式尽快由资源数量扩张型向资源质量效益型转变，把产业结构调整作为经济工作的工作重点。农牧业经济的结构调整，要围绕市场调整产业和产品布局，加大科技兴农兴牧力度，积极推进农牧业产业化进程；工业经济的结构调整，要充分利用资源优势和现有工业基础，构筑优势产业，发展地方名牌产品和高科技产品；第三产业的结构调整，要在加强传统产业的同时，积极兴办新兴产业。会议审议并通过市委《关于积极推进农牧业经济发展，切实增加农牧民收入的意见》。

三、第四届全委会会议

2000 年 6 月至 2006 年 2 月，赤峰市委四届全委会会议共召开 12 次。

第一次会议　2000 年 6 月 17 日召开。选举产生市四届委员会常务委员会委员和书记、副书记，通过市纪律检查委员会第一次全体会议关于选举结果的报告。

第二次会议　2000 年 9 月 11 日召开。审议通过中共赤峰市委《关于进一步加强抗灾救灾工作的决定》。会议明确把抗灾救灾作为压倒一切的中心任务，千方百计解决好受灾群众的吃饭、饮水以及牲畜越冬和农村牧区稳定等问题，确保受灾群众的基本生活和灾区的生产生活有序进行。

第三次会议　2000 年 11 月 21 日至 22 日召开。审议通过市委《关于制定国民经济和社会发展第十个五年计划的建议》。会议确定，“十五”时期全市经济社会发展要重点实施“生态立市、工业强市、科教兴市”三大战略，构筑多种所有制经济共同发展、全方位开放、各具特色的县域经济和城乡一体化“四个格局”，大力推进精神文明和民主法制建设，实现国民经济持续、快速、健康发展和社会全面进步。

第四次会议　2001 年 9 月 20 日召开。推选赤峰市出席中共内蒙古自治区第七次代表大会代表；就进一步加强和改进新时期党的建设进行专门部署。

第五次会议　2001 年 11 月 5 日召开。重点研究党的作风建设问题。会议明确，切实把党的作风建设各项任务落到实处，积极谋求经济更好更快发展，大力营造奋发有为的发展氛围。

第六次会议　2003 年 1 月 5 日至 6 日召开。听取并审议通过市委书记罗啸天代表市委常委会作的工作报告。会议明确，要全力以赴加快经济发展，坚持速度与结构、质量、效益相统一。大力调整农牧业经济结构，促进农牧业增效和农牧民增收；扎实推进重点项目和工业园区建设，积极培育特色主导产业，做大做强工业经济；不断改造提高传统服务业,积极发展现代服务业和旅游业,切实提高第三产业在国民经济中的比重;加强生态建设和能源、水利、交通等基础设施建设,新上一批重点项目,建设一批精品工程;加大城镇建设力度,全面推进城镇化建设。

第七次会议 2003年7月31日召开。主要是贯彻中共内蒙古自治区七届四次全委会会议精神,对学习贯彻“三个代表”重要思想工作作出部署。

第八次会议 2003年12月30日召开。听取并审议通过市委书记罗啸天代表市委常委会作的工作报告。明确了赤峰市经济发展的战略定位。要利用21世纪初前10年左右时间,争取把赤峰市建设成为辐射周边地区的农畜产品生产加工基地、东北与华北地区重要能源基地、国家矿产资源战略接替基地、草原文化旅游胜地、京津与辽沈地区重要生态屏障、百万人口的区域中心城市和内蒙古自治区最便捷的出海通道。

第九次会议 2004年7月22日召开。听取并审议通过市委书记罗啸天代表市委常委会作的工作报告。对贯彻落实科学发展观工作作出部署。会议强调,要以科学发展观为指导,努力使赤峰市的发展符合规律性、体现科学性。要以建设老哈河沿岸农牧业产业带、大兴安岭中南段矿业经济带、集通铁路沿线能源经济带、红山高科技园及其周边医药产业集群、元宝山化工产业集群为重点,培育壮大优势主导产业,尽快形成产业集群,提升产业层次,增强核心竞争力。

第十次会议 2005年1月31日召开。听取并审议通过市委书记杭桂林代表市委常委会作的工作报告。会议确定2005年要着力推进农牧业产业化、工业化、城镇化进程,加强生态和基础设施建设,积极培育特色优势主导产业,进一步做大经济总量,提高经济运行质量,促进经济社会全面协调可持续发展。

第十一次会议 2005年12月12日召开。审议通过市委《关于制定国民经济和社会发展第十一个五年规划的建议》。会议确定“十一五”时期全市经济社会发展的主要预期目标是:全市生产总值年均增长20%,到2010年人均生产总值比2005年翻一番以上,力争财政收入达到100亿元,力争市区人口达到100万人;城镇居民人均可支配收入、农牧民人均纯收入有较大幅度增长。

第十二次会议 2006年2月20日召开。确定市第五次党代会时间。

四、第五届全委会会议

2006年2月至2011年8月,赤峰市委五届全委会会议共召开12次。

第一次会议 2006年2月28日召开。会议选举产生市五届委员会常务委员会委员和书记、副书记,通过市纪律检查委员会第一次全体会议关于选举结果的报告。

第二次会议 2006年12月22日召开。表决通过赤峰市推荐中共十七大代表候选人初步人选名单。

第四次会议 2008年8月4日召开。听取并审议通过市委书记杭桂林代表市委常委会作的工作报告。会议认真贯彻落实中共内蒙古自治区八届七次全委会会议精神;总结回顾2008年全市上半年工作,安排部署下半年任务;审议通过《中共赤峰市委全委会工作规则(试行)》。

第五次会议　2009年1月5日召开。会议听取并审议通过市委书记杭桂林代表市委常委会作的工作报告。会议确定,2009年全市工作的总体要求是:全面贯彻中共十七大、十七届三中全会和中共中央经济工作会议、内蒙古自治区经济工作会议精神,以保持经济平稳较快增长为首要任务,突出抓好工业经济、项目建设、招商引资工作,努力争取主要经济指标增幅达到全区平均水平。

第六次会议　2009年7月20日召开。会议听取并审议通过市委书记杭桂林代表市委常委会作的工作报告。主要是贯彻落实中共内蒙古自治区八届九次全委会会议精神,总结2009年上半年工作,安排部署下半年任务。强调要千方百计实现保增长目标,下大力保障和改善民生,加大民生投入力度,完善社会保障体系,做好扶贫开发工作,办好惠民实事。

第七次会议　2010年1月5日召开。会议听取并审议通过市委书记杭桂林代表市委常委会作的工作报告。明确全面完成"十一五"规划,确保全市地区生产总值过千亿,力争地方财政总收入过百亿。

第八次会议　2010年12月18日召开。会议听取并审议通过市委书记杭桂林代表市委常委会作的工作报告,审议通过市委《关于制定国民经济和社会发展第十二个五年规划的建议》。会议提出赤峰市"十二五"期末奋斗目标是:地区生产总值实现超过2000亿元,地方财政总收入突破200亿元,城乡居民收入翻一番,建成百万人口区域性中心城市。

第九次会议　2011年2月21日至22日召开。市委书记王中和在会上讲话。会议强调,要积极调整优化经济结构,加快推进工业化、城镇化和农牧业现代化;坚持富民与强市并重,着力保障和改善民生,维护社会和谐稳定;加强精神文明建设和民主法治建设,深入推进党的建设新的伟大工程,努力实现"十二五"良好开局,以优异成绩迎接中国共产党成立90周年。

第十次会议　2011年7月12日召开。会议主要是贯彻落实中共内蒙古自治区八届十五次全委(扩大)会议精神,研究落实国务院《关于进一步促进内蒙古经济社会又好又快发展的若干意见》;会议认真汲取锡盟两起刑事案件引发部分地区群体性聚集事件的经验教训,认真查找赤峰市发展中存在的差距和不足;总结2011年上半年工作,安排部署下半年任务。

第十一次会议　2011年7月24日召开。会议讨论研究市委领导班子换届事宜。主要是对市委领导班子及成员进行民主测评、民主评议,对新一届市委书记、副书记和纪委书记、副书记等领导班子成员进行全额定向推荐。

第十二次会议　2011年8月24日召开。会议主要是讨论研究召开市第六次党代会的有关事宜,讨论修改即将提交市第六次党代会的市委常委会工作报告。

五、第六届全委会会议

2011 年 8 月至 2014 年 1 月,赤峰市六届全委会会议共召开 5 次。

第一次会议 2011 年 8 月 30 日召开。会议选举产生市六届委员会常务委员会委员和书记、副书记,通过市纪律检查委员会第一次全体会议关于选举结果的报告。

第二次会议 2012 年 1 月 13 日召开。会议重点从六个方面安排 2012 年工作:一是大力调整优化产业结构,加快构建多元发展的现代产业体系;二是大力发展现代农牧业,深入推进农牧业产业化经营;三是着力增投资、上项目,不断增强经济发展后劲;四是进一步提升商贸服务业发展层次,加快综合性现代化物流园区建设;五是全方位扩大对外开放,深入推进京蒙对口帮扶合作;六是切实保障和改善民生,努力提高基本公共服务水平,加强扶贫开发工作。

第三次会议 2012 年 12 月 11 日召开。会议主要是深入学习贯彻中共十八大精神,讨论通过市委《关于深入学习宣传贯彻党的十八大精神的意见》。

第四次会议 2013 年 1 月 4 日召开。会议听取并审议通过市委书记王中和代表市委常委会作的工作报告。明确市委要充分发挥总揽全局、协调各方的领导核心作用,紧紧扭住经济建设这个中心,集中精力议大事、抓大事,定期研究经济发展的重大问题,定期分析调度经济运行情况,把握好经济发展的方向,形成抓经济发展的合力。

第五次会议 2014 年 1 月 6 日召开。市委书记王程熙在会上讲话。会议确定,2014 年重点完成好五个方面工作:一是继续加大力度推进新型工业化,集中力量确保项目落地和转型发展;二是积极推进农牧业现代化和生态文明建设,努力探索农牧业增效、农牧民增收、赤峰增绿的新路子;三是继续加大力度推进新型城镇化,坚定不移地推进城乡统筹发展;四是大力发展各项社会事业,努力提供公平有效的基本公共服务;五是着力保障和改善民生,进一步提高人民群众生活质量。

第二节 市委常委会会议

赤峰市委常委会会议是市委常委会对重大问题和重要事项通过集体讨论、实施科学决策的重要形式。常委会会议实行例会制度,一般每月召开 2 次。如有急需讨论决定的重大问题,随时召开。1991—2014 年,市委常委会共召开 364 次常委会会议。

1991 年,共召开会议 13 次。主要内容:传达贯彻自治区会议精神,研究进一步抓好赤峰市社会治安综合治理问题;讨论《赤峰市国民经济和社会发展十年规划及第八个五年计划的建议》;贯彻落实中央领导讲话和中央、自治区两级会议精神,讨论研究做好全市计划生育工作的措施;研究有关民主党派工作;学习贯彻中共十三届八中全会精神。

1992 年,共召开会议 22 次。主要内容:学习自治区党委主要领导在听取中共赤峰市委工作汇报后的讲话,研究贯彻讲话精神、进一步做好全市各项工作的意见;听取研究专项推进工作、全市旗县区综合配套改革试点工作与市驻外办事处、市有关部门和企业机构设置等问题。

1993年，共召开会议18次。主要内容：听取研究推进城市经济发展和城市经济改革问题；听取研究旗县区换届选举工作；传达贯彻中央农村工作会议精神，研究部署全市农牧业生产和农村牧区经济工作；宣传贯彻在赤峰市召开的全国防沙治沙工程建设工作会议精神；听取、研究纪检监察工作。

1994年，共召开会议23次。主要内容：传达贯彻自治区经济体制改革、计划、金融、外经贸、工业经济工作会议精神；传达全区宣传思想工作会议精神和自治区党委关于维护稳定指示精神，研究部署贯彻落实意见；听取研究全市深化企业改革工作；审议通过《关于召开赤峰市党的代表会议的决议》；研究讨论市纠房领导小组《关于纠正住房、买房、建房不正之风工作的实施意见》。

1995年，共召开会议20次。主要内容：传达全区体改工作会议精神，研究全市贯彻意见；传达学习自治区党委常委会《关于研究稳定工作的会议纪要》，听取市直有关部门关于稳定工作情况汇报；讨论审定市第三次党代会工作报告，研究党代会筹备工作具体事宜。

1996年，共召开会议13次。主要内容：研究有关机构级别和新设立党委问题；研究建立赤峰市产权交易市场和赤峰市证券监督管理委员会事宜；研究赤峰市上市公司领导班子任命、选举和聘任问题；研究有关企业管理归属问题。

1997年，共召开会议16次。主要内容：研究各旗县区公安局长、政委（副处级）任免程序问题；研究市委、市政府督查室和旗县区委督查机构人员配备问题；研究有关经济管理部门撤局建公司事宜。

1998年，共召开会议15次。主要内容：听取市直拟破产企业运作情况汇报，研究部署下步工作；传达学习国务院总理朱镕基视察赤峰时所作的重要指示，研究具体落实意见；研究部署国有企业下岗职工基本生活保障和再就业工作；学习中共十五届三中全会精神，安排部署下步学习宣传和贯彻落实工作；研究讨论并通过《关于深化农村牧区改革的实施意见》和《关于加快小城镇建设、推进乡村城市化的意见》；对开展“讲学习、讲政治、讲正气”教育活动进行安排部署。

1999年，共召开会议18次。主要内容：研究讨论并通过“三讲”教育实施方案；研究讨论进一步打好工业经济攻坚战的有关问题；研究讨论如何解决牧民人均收入增长缓慢问题；学习自治区党委《关于贯彻〈中共中央关于国有企业改革和发展若干重大问题的决定〉的意见》，研究如何贯彻落实；研究维护社会稳定问题；研究讨论并通过《赤峰市党政机关、事业单位工作人员轮岗、招商引资和领办、创办实业的实施方案》。

2000年，共召开会议15次。主要内容：听取市计委关于赤峰市西部大开发战略的总体思路和近期安排；听取研究抗旱救灾工作；讨论审议并通过市委《关于制定国民经济和社会发展第十个五年计划的建议》。

2001年,共召开会议13次。主要内容:传达全区社会治安工作会议、全区整顿和规范市场经济秩序工作会议、全区人口资源环境座谈会议和全区深化国有企业改革会议精神,研究贯彻落实意见;研究赤峰市机构改革方案;听取研究宏峰股份有限公司有关问题。

2003年,共召开会议14次。主要内容:传达自治区经济工作会议和自治区政法工作会议精神,研究讨论贯彻意见;审议并通过市委四届七次全委会会议议程和市委在会上的工作报告;听取并原则通过赤峰西部新区分区规划、控制性详细规划方案;听取市防治"非典型肺炎"工作指挥部工作情况汇报,安排部署下一步防治措施;讨论通过《关于加快新区建设的决定》;研究讨论并原则同意《关于赤峰市人民政府机构改革方案》《关于全市旗县区人民政府机构改革意见》;研究旗县区人大、政府、政协换届选举工作。

2004年,共召开会议9次。主要内容:总结2003年工作,研究部署2004年重点工作;研究市委常委关于加强自身廉政建设的公开承诺等事宜;研究市委党校和行政学院等干部培训机构合并等事宜;听取市人大常委会、市政府、市政协2004年工作汇报,研究部署全市2005年工作。

2005年,共召开会议17次。主要内容:研究讨论市委四届十一次全委会会议报告;听取市四届人大六次会议和市政协四届五次会议筹备工作情况的汇报;研究全市开展保持共产党员先进性教育工作;听取研究中心城区城市建设工作、重点项目建设工作;传达自治区苏木乡镇机构改革工作会议精神,研究讨论扩大全市苏木乡镇机构改革试点范围的意见;研究讨论松山区文钟镇、喀喇沁旗马蹄营子乡进行区划调整事宜;讨论研究市委办公厅、市政府办公厅《关于进一步改进工作作风的意见》等规范性文件;研究建立赤峰市东部工业区与军民合建机场等事项;研究讨论并通过市委《关于制定国民经济和社会发展第十一个五年规划的建议》。

2006年,共召开会议11次。主要内容:研究讨论新一届市委常委班子建设、市委常委工作分工和市四届人大七次会议、市政协四届六次会议筹备工作及2006年市级领导重点项目专项推进等事项;讨论并通过《赤峰市国民经济和社会发展第十一个五年规划纲要(送审稿)》和《政府工作报告(送审稿)》;听取2005年全市县处级领导班子和领导干部实绩考核情况的汇报;听取全市信访工作、维护稳定工作、"五五"普法工作、新城区建设有关情况汇报;研究讨论并通过市委、市政府《关于推进社会主义新农村新牧区建设的实施意见》。

2007年,共召开会议16次。主要内容:听取2006年度全市县处级领导班子和领导干部实绩考核情况及2007年新城区重点工作安排意见;研究讨论并通过《关于进一步加强工会工作的意见》《市直破产转制国有企业未解除劳动关系的领导人员安置意见》;传达全区换届选举工作座谈会精神,研究讨论并通过《赤峰市旗县区人大、政府、政协换届选举工作方案(讨论稿)》;研究推荐赤峰市出席自治区第十一届人民代表大会代表候选人选和自治区政协委员、常委人选事宜；听取市五届人大一次会议和市政协五届一次会议筹备工作情况的汇报。

2008 年，共召开会议 15 次。主要内容：研究讨论并通过市委《关于赤峰市开展对党政领导干部用公款赠送礼金问题的整改情况报告（送审稿）》；听取市人大常委会党组、市政府党组、市政协党组、市纪委上半年工作情况汇报，听取市总工会党组、团市委党组、市妇联党组工作情况汇报；研究讨论并通过《中共赤峰市委全委会工作规则（试行）》《中共赤峰市委常务委员会议事决策规则（试行）》；研究讨论并通过《中共赤峰市代表大会代表任期制实施办法（试行）》《关于进一步加强村嘎查级党组织建设的若干意见》《赤峰市贯彻落实中央〈建立健全惩治和预防腐败体系 2008—2012 年工作规划〉实施细则》等文件。

2009 年，共召开会议 16 次。主要内容：研究讨论并通过市委《关于全市开展学习实践科学发展观活动的实施方案》《关于开展市直机关千名干部“进百乡、促发展、惠民生、抓落实”活动实施方案》《关于在全市开展廉政风险防范管理工作的意见》《关于全面深化集体林权制度改革的意见》等文件；听取红山区桥北组团开发建设工作进展情况的汇报；研究讨论并通过《中共赤峰市委常委会学习实践科学发展观活动整改落实方案》；听取新城区水源污染事件情况汇报；研究市政府机构改革方案和旗县区政府机构设置意见；讨论并通过《赤峰市落实党风廉政建设责任制情况考核评价暂行办法》。

2010 年，共召开会议 18 次。主要内容：讨论并通过市委全委会工作报告和《政府工作报告》（送审稿）；研究落实党风廉政建设责任制，推进惩治和预防腐败体系建设工作；研究加强基层党建、加强综治维稳工作，推进政法机关公正廉洁执法等事宜；听取市人大常委会、市政府、市政协、市纪委上半年工作进展情况和下半年工作安排意见的汇报；听取全市开展创先争优活动、推进社会矛盾化解、争创全国双拥模范城“七连冠”等工作进展情况，并对上述工作进行再部署；研究部署全市文化体制改革工作；研究讨论并通过市委《关于制定国民经济和社会发展第十二个五年规划的建议》。

2011 年，共召开会议 23 次。主要内容：研究讨论并通过《关于召开中共赤峰市第六次代表大会的决议（草案）》；研究表彰“一先两优”（先进基层党组织、优秀共产党员和优秀党务工作者）活动；讨论并通过《2011—2030 年赤峰市总体规划》；研究确定出席自治区第九次党代会代表候选人预备人选，讨论并通过民主推荐“两委”（市委委员、市纪委委员）组成人员工作方案及召开市第六次党代会筹备工作；研究贯彻落实《国务院关于进一步促进内蒙古经济社会又好又快发展的若干意见》工作；研究加强信访工作。

2012 年，共召开会议 15 次。主要内容：听取民主党派换届工作情况；听取推荐赤峰市出席中共十八大代表候选人初步人选工作情况；研究新区管理体制问题；研究讨论并通过《关于对全市重大事项决策、重要干部任免、重大项目安排和大额度资金使用监督管理的暂行规定（讨论稿）》；听取创建全国文明城市工作进展情况及下步工作安排的汇报；听取农牧业、服务业重点项目安排和进展情况汇报，分析一季度经济形势；研究全区第十三届运动会场馆建设及筹备工作,研究红山文化和辽文化申报世界文化遗产工作;研究市和旗县区人大、政府、政协换届工作;听取推荐赤峰市出席全国十二届人民代表大会代表候选人初步人选情况汇报。

2013 年,共召开会议 10 次。主要内容:研究改进工作作风、密切联系群众问题;研究 2013 年中心城区建设管理重点工作和加快非公有制经济发展问题; 研究 “赤峰精神”表述语;听取关于精简行政审批事项和规范审批流程及 2013 年市本级财政预算安排情况汇报;研究并通过《市级领导干部联系贫困乡镇苏木、县级领导干部联系贫困村嘎查工作实施方案》《全市集中开展严肃工作纪律整顿工作作风专项活动实施方案》《赤峰市重点区域造林绿化工作实施方案》3 个文件;研究创建全国文明城市、建市 30 周年庆祝活动和信访工作。

2014 年,共召开会议 14 次。主要内容:听取 2013 年全市主要经济指标完成情况,研究讨论 2014 年安排意见; 研究部署全市党的群众路线教育实践活动; 研究并通过《关于推进“平安赤峰建设工程”的意见》;研究讨论市委常委班子参加党的群众路线教育实践活动对照检查材料,听取市委常委个人查找“四风”问题情况的汇报;研究并通过《赤峰市人民政府职能转变和机构改革方案》;研究讨论并通过《中共赤峰市委履行党风廉政建设主体责任工作方案》《中共赤峰市委常委会党的群众路线教育实践活动整改方案》《中共赤峰市委开展“四风”突出问题专项整治工作方案》《中共赤峰市委改进作风加强制度建设计划》等文件;学习贯彻中共中央总书记习近平在党的群众路线教育实践活动总结大会上的讲话精神; 总结全市开展党的群众路线教育实践活动工作;研究并通过市委《关于自治区党委巡视二组巡视赤峰市反馈意见的整改方案》;研究并通过《赤峰市深化文化体制改革实施方案》和《关于推进“平安赤峰建设工程”的意见》;学习贯彻中共十八届中央纪委第四次全会精神和《中共中央关于湖南衡阳破坏选举案处理情况及其教训警示的通报》。

第二章 重大决策

1991—2014 年,赤峰市委通过召开常委会会议和全委会会议及扩大会议、制定全市经济社会发展规划、出台重要文件等形式,先后推出一系列事关全市战略性或长远性、现实性或阶段性发展稳定的重大决策。通过这些决策的落实或实施,全面推动全市政治、经济、生态文明、社会事业等各项建设,促进全市经济和社会事业快速发展、社会和谐稳定、人民生活水平不断提高。

第一节　政治建设决策

一、加强党的建设

1991—2014 年，市委把加强党的建设作为贯彻党中央路线方针政策、保证全市团结和统一、引领全市繁荣发展的根本，相继提出并实施一系列加强党的建设的重大决策。主要为两大方面：一是根据中共中央和自治区党委精神和赤峰市实际而开展的全市性党建工作或活动；二是严格按照中共中央和自治区党委要求并结合赤峰市实际落实的从中央到地方普遍开展的党建活动。通过加强党的建设，全面提升全市各级党组织和党员领导干部的思想感召力、政治凝聚力、作风影响力、纪律约束力。

1991 年 5 月，市委二届二次全委会（扩大）会议确定全面加强全市各级党组织的思想理论建设、领导班子建设、基层组织建设和党风廉政建设。1993 年 10 月，市委批转市纪委、市监察局《关于贯彻落实中央、自治区近期反腐败斗争工作部署的实施意见》，提出 1993 年底前赤峰市反腐败斗争要达到的目标任务。1998 年 4 月，市委制定并印发《赤峰市 1998—2000 年农村牧区基层组织建设规划》，明确全市农村牧区基层组织建设的指导思想、总体目标、主要任务和保障措施。2002 年，市委、市政府决定在全市范围内开展以“转变机关作风，服务赤峰发展”为主题的机关建设年活动，以活动开展推进“廉洁、勤政、务实、高效”的党政机关建设。2005 年 10 月，市委制定并印发《关于贯彻落实〈建立健全教育、制度、监督并重的惩治和预防腐败体系实施纲要〉的意见（试行）》，通过建立完善的惩治和预防腐败制度体系，逐步形成以思想道德教育、权力运行监控等方面为主要内容的反腐倡廉长效机制。2014 年 11 月，市委根据“关于改进工作作风、密切联系群众”的中央八项规定、自治区 28 条配套规定和市委 44 条具体规定，制定并印发《赤峰市贯彻落实〈建立健全惩治和预防腐败体系 2013—2017 年工作规划〉的实施方案》，坚持“老虎”“苍蝇”一齐打，加强党风廉政教育和文化教育，强化权力运行制约和监督，深入推进政府职能转变，科学预防腐败，坚决惩治腐败。

1998—2014 年，按照中共中央和自治区党委部署，市委开展加强全市党的建设活动 6 次。1998—1999 年，开展“讲学习、讲政治、讲正气”为内容的党性党风教育活动。2001—2002 年，在全市各级党组织中深入开展“三个代表”重要思想学习教育活动。2005—2006 年，分三个批次在全市各级党组织和广大党员中开展以实践“三个代表”重要思想为主要内容的保持共产党员先进性教育活动，此项活动解决了一大批基层干部群众关心的热点、难点问题和党员队伍建设中存在的突出问题。2008—2009 年，按照“党员干部受教育、科学发展上水平、人民群众得实惠”的总体要求，采取先行试点到全面铺开的方法，在全市开展深入学习实践科学发展观活动，取得良好效果。赤峰市的学习实践科学发展观活动得到中央指导检查组和自治区有关部门的充分肯定。2010 年，在全市党的基层组织和党员中深入开展创先争优活动。全市各级党组织特别是基层党组织以活动为动力,在推动发展、保障民生、维护稳定等方面做出积极努力,深受群众欢迎。2012 年,在全市广大干部中开展“下基层、办实事、转作风”活动,以此提升干部素质和能力,密切党群干群关系。2014 年,在全市深入开展以“为民务实清廉”为主要内容的党的群众路线教育实践活动。在活动过程中,全市各地按照中共中央“照镜子、正衣冠、洗洗澡、治治病”的总体要求,坚持以整风精神从严要求,以务实作风推进各项工作,一些“四风”(形式主义、官僚主义、享乐主义和奢靡之风)问题,尤其是涉及群众切身利益的问题得到有效解决。

二、加强民主政治建设

1991 年后,市委按照党中央和自治区党委的总体要求和工作部署,紧密结合赤峰实际,全面加强以人民代表大会制度和人民政协制度为核心的民主政治建设。

1991 年 5 月,市委二届二次全委会(扩大)会议强调,要更好地发挥市县两级人大、政协以及人大代表、政协委员、各民主党派和无党派爱国人士的作用,不断完善人民代表大会制度、中国共产党领导的多党合作和政治协商制度,巩固和发展最广泛的爱国统一战线。1992 年 12 月,市委印发《关于加强人大工作的意见》。要求全市各级党委要抓好同级人大及其常委会组织建设,各级政府和有关方面要支持同级人大依法行使职权;同时要求各级人大及其常委会要自觉服从和服务经济建设这个中心,更好地发挥人大组织和人民代表作用,更好地为全市经济社会发展贡献力量。1995 年 11 月,市委印发《关于进一步加强人民政协工作的意见》。要求各级党委政府要支持政协组织和政协委员充分发挥政治协商、民主监督、参政议政的作用;人民政协要切实搞好自身建设,切实履职尽责,更好地为全市的发展稳定建言献策。1997 年,市委印发《关于同民主党派、无党派人士民主协商进一步制度化、规范化意见》,建立重大问题事前协商和事后通报制度。市委主要领导主持召开座谈会和协商会,就全市经济和社会发展中的重大问题与各民主党派、工商联和无党派人士进行协商,听取意见和建议。

2001 年 8 月,根据自治区党委《关于贯彻〈中共中央关于加强统一战线工作的决定〉的意见》精神,市委印发《关于加强统一战线工作的意见》。“意见”就强化统一战线的地位和作用、各级党委贯彻落实党在统一战线各个领域的方针政策、进一步加强和改善党对统一战线工作的领导、充分发挥统一战线组织作用等方面提出具体措施和要求。2006 年 5 月,市委印发《关于进一步加强人大工作的决定》。“决定”特别强调,要进一步改进党对人大工作的领导,支持和保证人大及其常委会依法行使职权,充分发挥市县两级人大在重要人事任免、重大事项决定和对“一府两院”监督方面的重要作用。同年同月,根据中共中央《关于加强人民政协工作的意见》和自治区党委《关于进一步加强政协工作的决定》,市委印发《关于进一步加强中国共产党领导的多党合作和政治协商制度建设的实施意见》。“意见” 明确提出要通过各种渠道发挥政协委员在全市政治、经济、社会中的作用,进一步完善民主协商政治制度,提高人民政协工作制度化、规范化、程序化水平。

1991—2014 年，每年市“两会”召开之前，市委常委会会议都听取市人大常委会党组、市政协党组“两会”筹备情况汇报，对开好会议提出指导性意见，并征询市人大、市政协需要解决的问题；每逢市人大、政协换届选举，市委常委会会议都认真研究讨论换届人选；处级领导干部调整，市委都事前征求人大、政协的意见；市委还不定期听取市人大常委会党组、市政协党组工作情况汇报，不断加强和改善新形势下市委对人大和政协工作的领导，同时为人大、政协工作提供坚强的政治保障。

三、加强精神文明建设

1991—2014 年，市委提出的精神文明建设决策，主要着眼点为提高全市公民思想道德水准、提升全市文明程度、提振全市人民的奋进精神，主要着力点为开展精神文明宣传教育、制定精神文明规划、开展精神文明活动、培育赤峰精神。

1991 年 5 月，市委二届二次全委会（扩大）会议强调，加强社会主义精神文明建设，要通过各种形式的教育和健康的文化活动，陶冶人们的情操，提高人民群众的文明水平；要深入开展学雷锋、学焦裕禄及各条战线的先进人物活动，倡导高尚的社会主义公德，弘扬社会主义正气；要从职业道德教育入手，教育广大干部职工树立文明从政、文明经商、文明执法的文明服务意识，不断提高服务质量和服务水平。1995 年 6 月，市第三次党代会强调，要大力加强思想道德、职业道德和社会公德教育，弘扬奋发向上、艰苦奋斗、勤俭建国、励精图治、无私奉献的精神，努力形成团结互助、舍己为人、见义勇为的社会风尚；要认真贯彻《爱国主义教育实施纲要》，把加强新形势下的爱国主义教育作为社会主义精神文明建设的基础性工程，坚持不懈地抓紧抓好。1996 年 3 月，市委、市政府召开全市精神文明建设工作会议，安排部署全市“九五”期间社会主义精神文明建设工作任务。会后，市委、市政府印发《赤峰市“九五”期间社会主义精神文明建设总体规划》。总体目标是：努力塑造面向 21 世纪的赤峰人形象和赤峰市形象，到 2000 年，把赤峰市建成人民生活富裕、社会安定团结、道德风尚良好、科学文化发展、环境整洁优美的文明城市。1998 年 4 月，市委、市政府印发《赤峰市文明城市（城镇）建设纲要》。确定全市文明城市（城镇）建设要积极参与自治区开展的星级文明城镇竞赛活动和全国文明城市创建活动，力争在全区处于领先水平，用 3 年左右时间，把全市中心城市（城镇）建设成三星级以上的文明城市（城镇）。

2000 年 3 月，市委印发《关于在全市深入开展“讲文明、树新风”活动的实施方案》。提出整治文明言行、环境卫生、服务质量、交通秩序四个方面的突出问题，重点抓好“一点”“一线”“一面”（“一点”是以倡导文明新风、共建美好家园为主题，突出抓好文明社区创建活动、“双创双树”活动和“绿美亮”工程；“一线”是以国道 306 线、303 线、111 线和集通、叶赤、京通铁路等主要交通干线为骨架，继续抓好“文明长廊”建设；“一面”是以加快农牧民“创文明、达小康”步伐为目标，抓农牧户、抓街路，进一步提高创建文明村镇的水平）。活动以提高广大公民文明素质、城乡文明水平、人民生活质量为根本目标,努力建设社会安定团结、道德风尚良好、人民安居乐业、环境整洁优美的文明赤峰。2002 年 1 月,市委印发《关于贯彻落实〈公民道德建设实施纲要〉的意见》。确定提高公民道德素质,要以为人民服务为核心,以集体主义为原则,以“五爱”(爱祖国、爱人民、爱劳动、爱科学、爱社会主义)为基本要求,以“三德”(社会公德、职业道德、家庭美德)为着力点,围绕培养社会主义“四有”新人,建立“平等、团结、友爱、互助”新型人际关系,引导广大公民在遵守基本道德规范的基础上,不断追求更高层次的道德目标。

2011 年 3 月,按照市委要求,市文明委在全市启动以“培养弘扬新时期赤峰精神,凝心聚力谋发展促发展”为主题的“赤峰精神”大讨论活动。2012 年初,市委办公厅印发《关于继续深入开展新时期“赤峰精神”大讨论活动的通知》,要求活动要紧扣主题、注重教育、力促发展。经过征集选拔和市委常委会会议讨论决定,将“赤诚勤勉、开放包容、崇文重教、勇攀高峰”作为“赤峰精神”表述语。2013 年 6 月,召开“赤峰精神”发布会。同年 7 月,市委办公厅印发《关于在全市开展“赤峰精神”学习宣传实践活动的实施意见》,要求全市上下要大力宣传、广泛实践“赤峰精神”,形成加快科学发展、推进富民强市的强大精神力量。

四、加强社会治安综合治理

1991—2014 年,市委按照全国和自治区社会治安综合治理的总体要求,紧密结合赤峰实际,及时、准确、科学地提出全市社会治安综合治理的重大决策。通过这些决策的实施,切实有效地促进全市社会稳定和人民安居乐业。

1991 年,市委认真贯彻落实中共中央、国务院和全国人大常委会《关于加强社会治安综合治理的决定》。明确全市社会治安综合治理一年内跨入自治区先进盟市行列,争取三年内达到全国先进地区标准的目标。同年 5 月,市委、市政府印发《赤峰市社会治安综合治理暂行规定》。明确“谁主管,谁负责”“抓系统,系统抓”“条块结合,以块为主”的工作方针,全市社会治安综合治理由此进入既有责任主体、又有责任领导,既有主抓、又有配合,既有“条”上纵深、又有“面”上铺开的无缝隙、无死角的工作局面。1995 年,市委确定全市社会治安综合治理工作继续坚持“保金牌,上台阶,创一流”的目标,以落实领导责任制为保证,以基层基础建设为依托,以“严打”和重点治理为突破口,以群防群治为载体,实施重点突破、城乡联动、整体推进,切实维护政治稳定和社会安定。

2002 年 3 月, 市委、市政府印发《关于进一步加强社会治安综合治理工作的意见》。明确各级党委、政府要积极构建“打、防、控”工作体系,重点加强综合治理基层组织建设,特别是乡镇街道综治机构建设;进一步发挥综合治理成员单位的职能作用,巩固齐抓共管的格局;严格执行领导责任制,确保社会治安综合治理措施落实。2006 年 1 月,市委、市政府印发《关于开展创建安全稳定地区、建设平安赤峰活动的决定》。明确以正确处置各种社会矛盾为重点,以实行部门联动、综合治理为手段,构建大太平、大稳定的工作格局,建立维护稳定的长效工作机制,建设平安赤峰。通过活动的开展,争创“全国综治先进”五连冠。

2011年，市委把社会管理创新作为综治工作的重点，积极推进社会管理创新试点，确定红山区、松山区、宁城县、阿鲁科尔沁旗分别为城市、农村、牧区社会建设和社会管理创新试点地区。建立领导责任制，实施社会管理创新“一把手”工程，着力构建“党委领导、政府负责、社会协同、公众参与”的社会管理工作格局。2014年1月，市委六届五次全委会会议明确各级党组织要善于运用法治思维和法治方式创新社会治理机制，改进社会管理方式。深入推进平安创建工程，继续做好社会矛盾排查化解工作，及时解决群众合理利益诉求。全面推进平安赤峰建设，努力创造人民群众安居乐业、社会安定有序的良好环境。

第二节 经济和社会发展决策

1991年后，市委根据国内外形势，结合赤峰实际，提出很多以经济建设为中心、经济社会发展统筹协调促进的重大决策。以这些决策为推动，全市经济社会发展进入又好又快的跨越期。

一、国民经济发展

1991—2014年，市委按照中共中央以经济建设为中心的指导思想，在全市国民经济发展上提出相对于其他方面更多的决策，其中重大决策有近20项。

1991年5月，根据中共十三届七中全会精神，市委召开二届二次全委会（扩大）会议，确定全市为期十年的经济社会发展指导思想和主要奋斗目标。明确全市“八五”期间（1991—1995年）要集中力量抓好“六大战略重点”（农牧业综合开发和贫困地区经济开发、能源和原材料工业、工业企业技术改造、乡镇企业、科技教育、交通通信等基础设施建设），“六大支柱工业”（能源、冶金、化学、建材、纺织、食品），“五个基地”（商品粮、畜牧业、能源、有色金属及贵重金属、农畜产品加工）建设。1993年，市委确定以建设“一区”（以市区为中心的若干经济技术开发区），“两带”（以京通、叶赤铁路和主要公路干线为轴线的南部资源开发带，以集通铁路和主要公路干线为轴线的北部资源开发带）为龙头，推动全市国民经济更好更快地跨上两个新台阶（第一个台阶：到“八五”期末，国民生产总值达到73亿元，平均每年增长12%，比1980年翻两番以上，提前五年实现第二步战略目标；第二个台阶：到“九五”期末，国民生产总值达到150亿元，平均每年增长15.5%，比1980年翻三番以上）。同年4月，市委、市政府印发《关于加快全市第三产业发展的意见》，推动第三产业发展。以第三产业发展改善全市的经济结构、吸纳城乡就业，并提出尽快让第三产业发展速度超过一、二产业发展速度，第三产业及其就业人数在全市地区生产总值和就业总数中的比重尽快达到全国平均水平。1994年，市委、市政府召开全市农村牧区经济工作会议，印发《关于进一步加快农牧业和农村牧区经济发展的意见》。“意见”包括推进农牧业产业化、商品化、现代化进程，把农牧业和农村牧区经济提高到一个新的水平的战略目标、阶段任务、保障措施等内容，并成为全市农村牧区发展的重要遵循。

1995年，市委确立到2000年全市工业总产值高于同期国民生产总值增长速度的总体发展目标。同年8月，市委、市政府印发《关于加快发展乡镇企业的决定》。明确全市乡镇企业要坚定不移地走资源转化、科技进步、集中连片开发、经济结构多元化、内引外联、城乡结合"六条路子"。1998年3月，市委、市政府印发《关于进一步加快个体私营经济发展的决定》。以此进一步放活发展个体私营经济政策，完善和优化有利于个体私营经济发展的社会环境。1999年7月，市委、市政府印发《关于实施乡镇企业"二次创业"的意见》。重点推动乡镇企业发展的"四个结合"(与推进农牧业产业化相结合、与加快小城镇建设相结合、与深化国有企业改革相结合、与市场建设相结合)。2000年，市委确定重点实施"生态立市、工业强市、科教兴市"三大战略，构筑多种所有制经济共同发展、全方位开放、各具特色的县域经济及城乡一体化"四个格局"。2001年1月，市委、市政府召开全市工业经济工作会议，强调全市工业经济的战略重点是"发展六大产业，调整四个结构，推进三项创新，实现两个突破"，简称为"6432"工程。即大力发展煤炭电力为主的基础产业，稳定提高黄金有色产业，重点发展食品饮料、医药化工、纺织和建材产业，努力构建具有地方特色的支柱产业和产业群体；调整所有制结构、实施国有企业战略性改组，调整区域经济结构、培育和发展特色经济，调整产品结构、提高企业市场竞争能力，调整企业组织结构、推进企业存量资产重组；积极推进技术创新、制度创新、管理创新；努力实现产权结构调整的新突破、外引内联的新突破。

2003年3月，市委、市政府印发《关于加快推进农牧业产业化经营的意见》。确定赤峰市农牧业产业化的总体目标是：通过做大做强主导产业、培育发展优势产业、培育龙头企业、强化基地建设，到2005年初步建立起以主导产业为骨干、优势产业和特色产业为补充的产业产品体系，培育一大批在国内市场具有知名度、突出草原特色和绿色品牌的龙头企业群体，开发建设一批规模化、专业化生产基地，初步形成覆盖面广、带动能力强、组织化程度高、能够适应国内外市场需求的新型农牧业生产经营体系。2004年7—9月，市委、市政府印发《关于加快发展第三产业的意见》，召开第三产业工作会议，制定《赤峰市2004—2010年第三产业发展规划纲要》。明确第三产业发展重点是：加快发展交通运输、商贸流通、餐饮娱乐业，打造"三省通衢"的快捷高效物流通道；建设草原文化旅游胜地，确立旅游业在第三产业中的支柱地位；积极发展房地产、市政公用事业、社区服务业；大力发展农牧业综合服务和劳务产业；全面发展金融、债券、保险、信息等现代服务业，不断提高第三产业的整体发展水平。2007年10月，市委、市政府印发《关于加快设施农业发展的意见》。"意见"确定，按照因地制宜、鼓励发展的原则，全市设施农业总体布局以南部(西拉木伦河以南)7个旗县区为主，北部5个旗县可以此为指导进行试验示范；主要目标为"力争到2013年建成百万亩设施农业生产基地"。

2011年6月，市委、市政府印发《关于实施双千双百亿工程的通知》。按照打造大产业、培育大企业、建设大园区的思路，实施“双千双百亿工程”，即培育销售收入超千亿元产业（冶金产业）、园区（赤峰经济开发区）各1个，培育销售收入超百亿元园区和企业2个以上，进一步做大做强工业经济。2014年1月，市委六届五次全委会会议确定全市经济社会发展的主要目标和措施为：继续加大力度推进新型工业化，集中力量抓好项目落地和转型发展；积极推进农牧业现代化和生态文明建设，努力探索农牧业增效、农牧民增收、赤峰增绿的新路子；围绕货畅其流、增加就业岗位、增强消费能力，加快现代服务业发展步伐；推动旅游业与文化产业融合发展，深度挖掘旅游业的文化内涵，提升旅游业发展层次。

二、经济体制改革

1991年后，市委提出有关全市经济体制改革的决策主要侧重宏观，兼顾微观。具体包括农村牧区经济体制改革、工业经营体制及企业改革、商贸流通体制及企业改革。1991年5月，市委二届二次全委会（扩大）会议确定“八五”期间全市经济体制改革的主要任务是：农村牧区要进一步稳定和完善以家庭联产承包为主的责任制，健全统分结合的双层经营体制，建立完善社会化服务体系；企业要建立和完善承包责任制和厂长（经理）负责制，进一步完善企业内部人事制度、用工制度、分配制度等管理体制改革；围绕建立统一开放、平等竞争、规则健全的市场体系，进行流通领域改革。1993—1994年，市委、市政府印发《关于深化国有中小型工业企业改革的意见》，召开企业转换经营机制工作会议。确定以股份（合作）制为突破口，转换经营机制，探索建立新的产权制度，加快国有中小企业改革步伐。1993年，市委、市政府印发《关于加快流通体制改革，大力发展社会主义市场经济若干问题的决定》和流通企业股份（合作）制、租赁、拍卖、兼并、破产等实施办法，共7个规范性文件。提出和明确加大商贸经济改革力度，培育发展市场体系，转换国有集体企业经营机制，完善社会保障制度，用三到五年时间构建起新的经济体制的基本框架。

1996年1月，市委、市政府印发《关于进一步巩固和完善草场有偿承包使用的意见》，以巩固完善草场有偿承包使用制度，进一步强化家庭承包经营的使用权和经营权。1997年7月，市委、市政府批转《关于进一步深化市直中小企业改革的实施方案》，确定全市在3年内要抓好“六个一批”市直属中小企业改革和发展（规范破产一批，兼并转属一批，扶持壮大一批，产权转制一批，资产重组一批，挂靠嫁接一批）。1999年2月，市委、市政府印发《关于深化农村牧区改革的实施意见》。明确全市农村牧区要在进一步稳定家庭承包经营责任制、完善统分结合双层经营体制的基础上，放开放活集体资源资产产权，大力发展农村牧区个体私营经济，建立健全农畜产品市场体系和社会化服务体系。

从2002年开始，市委逐步探索进行林业产权制度改革。在《关于进一步加快林业生态建设步伐的决定》中，明确各种经济成分的林业经营主体在政策上一律平等、公平竞争，可以通过拍卖、租赁、承包、股份合作、无偿划拨等方式依法获得林地、荒山、荒沙的使用权和经营权,使用和经营期限可为50年至70年。2009年4月,市委、市政府印发《关于全面深化集体林权制度改革的意见》。明确集体林权制度改革的范围为商品林、公益林、宜林地;改革的时间从2009年起,计划用3年时间基本完成明晰集体林产权和承包到户的改革任务。

2011年,市委明确要深化农村牧区综合改革,推动土地和草牧场合法有序流转,积极发展各种形式的适度规模经营;加快集体林权制度配套改革。2014年1月,市委六届五次全委会会议明确,要把经济体制改革作为全面深化改革的重点,处理好政府与市场的关系,发挥市场在资源配置中的决定性作用;继续转变政府职能,强化服务意识,精简审批事项,推动权力下放;企业要完善现代企业制度,加快产权结构、产品结构调整,有条件的企业要积极进行混合所有制改革,进一步增强企业活力,促进企业做大做强。

三、扩大对外开放

进入20世纪90年代,市委更加重视对外开放。从1991年提出搞好经济技术联合与协作,到2000年提出全面实施对外开放战略,逐步加大对外开放的决策及实施力度,决策的侧重点主要在加大开放的广度与深度上。从2000年作为赤峰对外开放年到2014年,市委进一步提高对外开放的积极性、主动性,更加注重对外开放实施的针对性和实效性,决策的侧重点主要在开放的措施与成效上。

1991年,市委要求积极搞好经济技术联合与协作,扩大对外开放。具体措施包括:运用更加灵活的政策和更加有效的方法,引进资金、技术,增加出口创汇产品的生产;依靠同经济发达地区联合和从大专院校和科研单位引进信息和技术,提高企业创新能力,开发新产品;努力优化投资环境,吸引外来资金,开发赤峰市的地下资源和地上资源;千方百计发展"三资"企业,特别是通过老企业"嫁接"的形式引进外资,引进先进技术,改造赤峰市的传统工业。1996—1998年,市委、市政府先后印发《关于进一步扩大对外开放和横向联合的意见》和《关于改善城镇投资环境的意见》。提出走"大开放、大开发、大经贸,提高效益"的路子,充分利用资源、地缘、政策等方面的优势,吸引国内外客商来投资兴业,推动对外开放向高层次、宽领域、纵深化发展;明确改善投资环境的六个方面任务,即加快城镇建设步伐,加强城市交通建设,强化市容市貌管理,加快文化场所场地建设,创造良好的行政环境,形成开放的社会环境。

2000年7月,市委、市政府印发《全面实施开放带动战略的决定》。确定2000年为"赤峰市对外开放年",全面实施开放带动战略,借助外部能量,激发内部活力,从根本上解决经济社会发展资金投入不足、后续发展乏力的问题。2004—2006年,市委、市政府连续三年印发《关于进一步改善经济发展环境的意见》。提出改善经济发展环境必须做到:政府职能不断转变,行政行为有效规范,工作效能切实提高,服务质量明显改善,文明诚信深入人心,发展环境更加和谐。2008年2月,市委、市政府印发《关于进一步加强招商引资工作的决定》。明确招商引资要以环渤海、长三角、珠三角等经济发展水平较高、资本输出能力较强的地区为重点，抓住各地区大型企业向内地转移的机遇，搞好产业和项目对接；抓好与周边地区的合作；充分利用赤峰市区位、人才、资源、交通等优势，积极引进世界500强企业、国内500强企业及市外大企业、大集团，推动其在赤峰市设立地区总部、研发中心、营销中心和采购中心；积极引进装备制造业和现代服务业。

2011年，市委强调提高对外开放水平，采取更加灵活开放的政策和积极可行的措施，进一步优化投资环境，扩大区域合作领域，提升区域合作水平。2014年，市委要求不断加快对外开放步伐，按照国家和自治区"向北开放"战略部署，组织申报"向北开放"重大项目；同时进一步加强"京蒙合作"，切实搞好与北京各方面的合作交流，促进全市经济社会发展。

四、社会事业发展

1991年后，市委相继提出科技、教育、文化、卫生等方面的一些重大决策。

1991年，市委提出进一步发展科技、教育事业。科学技术工作要以经济建设为主战场，以科学决策、科学管理、科技培训、科技成果推广和应用、科技进步为主要内容，让科技人员在经济建设的各个领域充分发挥聪明才智。教育工作重点是加强基础教育、中等专业技术教育、职业教育和民族教育，积极改善中小学特别是农村牧区中小学的办学条件，努力推进普及九年制义务教育的实施。要加强医疗卫生保健工作，重点加快农村牧区医疗网络建设，切实改变农村牧区缺医少药的状况。要不断丰富人民群众的文化生活，重点加快农村牧区图书室、文化站、电影放映队等建设。要严格执行计划生育法规，大力提倡鼓励晚婚、晚育和一对夫妇只生一个孩子，杜绝超计划生育。1995年12月下旬，市委、市政府召开首届全市科学技术大会并提出实施科教兴市战略。会议强调，建立有效促进科技发展的激励机制，不断提高劳动者素质，增强全市的科技实力。

1996年3月，市委、市政府印发《赤峰市关于〈中国教育改革和发展纲要〉的实施意见》。确定到2000年全市教育发展目标为：在实现基本普及初等义务教育的基础上，稳步发展高中阶段教育，城市适龄人口毛入学率达到80%，农村达到25%左右；大力发展职业教育，高标准扫除文盲。1998年2月，市委、市政府印发《关于卫生改革与发展的决定》。提出全市卫生工作的奋斗目标是：到2000年，初步建立起具有地区和民族特色包括卫生服务、医疗保健、卫生执法监督的卫生体系，基本实现初级卫生保健；到2010年，基本建立起适应社会主义市场经济体制、与全市经济发展及人民健康需求相适应的卫生体系，人民健康主要指标达到自治区先进水平。

2000年1月，市委、市政府印发《关于加强技术创新进一步推进科教兴市战略的实施意见》，对赤峰市进入新世纪的科技教育工作进行全面部署。同年6月，市委、市政府印发《贯彻〈中共中央国务院关于深化教育改革全面推进素质教育的决定〉的意见》。确定到2005年，"两基"人口覆盖率达到100%，青壮年非文盲率稳定在97%以上，完成初中四年制改制工作，全市初中毕业升学率达到75%，高等教育入学率达到13%。2006年,市委在第五次党代会上明确加快发展社会事业,促进社会全面进步;发挥科学技术是第一生产力的作用,建立以企业为主体的科技创新体系,提高科技进步对经济增长的贡献率;大力发展基础教育,全面完成“两基”达标任务,逐步推行农村牧区免费义务教育;深化文化体制改革,加快培育文化产业、建设文化大市、打造文化名城;大力实施广播电视“村村通”工程,扩大广播电视覆盖面。

2010年4月,市委、市政府印发《关于加快文化产业发展的意见》。明确到“十二五”期末,文化消费在全市城乡居民生活支出的比重要有较大提高,文化产业平均增长速度要高于全市GDP增长速度,尽快形成多种所有制文化企业共同发展的新格局。同年12月,市委、市政府印发《赤峰市深化医药卫生体制改革实施意见》。全市要坚持公共医疗卫生的公益性质,坚持预防为主、以农村牧区为重点、蒙中西医并重的方针,建立覆盖城乡的基本医疗卫生制度,保障医药卫生体系有效规范运转。

2011年4月,市委、市政府召开全市教育工作会议。要求全市各级党委、政府一定要从富民强市的大局出发,进一步把教育摆在优先发展的战略地位,着力推动各类教育全面协调发展。2014年,市委提出,要大力发展各项社会事业,努力提供公平有效的基本公共服务;要重视发展教育事业,深化医药卫生体制改革,促进文化事业发展繁荣,组织承办好内蒙古自治区第十三届体育运动会。

五、城镇化建设

1999年1月,市委、市政府印发《关于加快小城镇建设推进乡村城镇化的意见》。确定到2010年全市小城镇建设的基本目标是:完善城关镇,发展中心小城镇,拓展沿路小城镇,形成以旗县城关镇为中心,以中心镇为骨干,以集通、京通、叶赤线等铁路和国道111线、双平线、赤锡线等干线公路为纽带的“点—轴”型城镇体系。加快集镇向建制镇发展。建设1个乡村城镇化示范区、10个文明建设示范镇。全市城镇化水平达到43%,实现与全国同步发展。

2004年10月,市委、市政府印发《关于加快城镇化进程的意见》。明确赤峰市城镇化建设要以市域中心城市、次中心城市、旗县政府所在镇和重点小城镇为重点,加强基础设施建设;重点发展能源、食品、医药、有色金属等优势工业,加快发展服务业,形成推进城镇化建设强有力的产业支撑,促进农村牧区劳动力转移。把历史文化悠久的赤峰建设成为融旅游商贸、现代轻工业和能源工业为一体的北方生态园林城市,建设成内蒙古自治区东部具有较强辐射带动作用的区域性中心城市。

2014年1月,在市委六届五次全委会会议上,市委明确提出继续加大力度推进新型城镇化建设。一是做好城乡一体化规划,统筹考虑城乡建设、产业发展和基础设施规划以及教育、文化、卫生等社会事业的发展,推进城乡资源双向流动、优势互补。二是加快新型城镇化建设步伐,同步推进百万人口区域性中心城市、县城和小城镇建设,推动各类生产要素向城镇聚集;促进农村牧区人口向城镇和非农业人口转移,尽快把大部分人口聚集到以旗县政府所在地和重点集镇为主的城镇体系内。要从体制机制入手，创新举措，完善政策，重点解决农牧民转移进城后居住、教育、医疗、社保等方面的问题。

六、实施扶贫攻坚

1991 年，市委强调把扶贫工作作为攻坚战，一定打好打胜。确定全市在“八五”期间，确保尚未解决温饱问题的贫困户切实实现温饱。1994 年 11 月，市委、市政府印发《关于认真组织实施全市“六七”扶贫攻坚计划的决定》。“六七”扶贫攻坚计划的目标是：力争在 20 世纪的最后 7 年内，基本解决全市 60 万人的脱贫问题。2005 年，市委确定在全市实施“整村推进直接扶贫到户”工程。要求县乡两级党委政府对实施此项工程的重点村，都要建立健全领导干部联系扶贫、单位定点帮扶、项目户有党员干部结对包扶的工作责任制和扶贫项目管理责任人制度。

2013 年 5 月，市委印发《市级领导干部联系贫困苏木乡镇、县级领导干部联系贫困嘎查村工作实施方案》。要求到 2017 年，努力实现贫困农牧民“两不愁”（不愁吃、不愁穿）、“三保障”（保障义务教育、基本医疗和住房，基本公共服务达到本旗县区平均水平）目标。2014 年 1 月，在市委六届五次全委会会议上，市委提出要把扶贫攻坚作为当前和今后最大的民生工程。强调切实转变扶贫方式，把点上的扶贫与面上的扶贫结合起来，把解决一村一户的贫困与解决一乡一县的落后结合起来，把解决农村牧区问题与解决整个区域的问题结合起来。利用好京蒙对口帮扶的机遇，以产业扶贫、项目扶贫、教育扶贫为抓手，不断增强贫困地区自我发展的能力。

第四篇　纪律检查与监察

第一章　党风廉政建设

第一节　领导干部廉洁自律

一、党规与党风党纪教育

1991年初，市委批转市纪委《关于在全市各级党组织和全体党员中开展党规党纪党章学习教育活动意见的报告》，各级党组织立即开展此项教育活动。市纪委组织力量编印《纪检工作条规选编》，购进、编印党规教材和教育录像片；各级党组织举办党规党纪培训班和党规党纪知识测验、竞赛，召开案例分析会、公开处理大会等，对党员进行党规党纪教育。1996年，市纪委开展对中共十四大精神、建设有中国特色的社会主义理论和党的基本路线宣传教育，探索出"平时抓预防教育、查案中抓个别教育、结案后抓案例教育、处分后抓回访教育"的"一条龙"教育法，得到中纪委的肯定，并在全区纪检监察系统推广。到1999年，市纪委总结宣传先进集体和个人110个，剖析违法违纪案例90件。

2004年，全市各级纪委开展学习贯彻《纪律处分条例》《党内监督条例(试行)》系列活动，组织1176名专职纪检监察干部参加以"两个条例"为主要内容的党内法规和专业知识测试活动。2006年之后，全市各级纪委普遍开展学习党章和荣辱观教育活动。在中纪委开展的"红船杯全国党员学党章暨党的知识竞赛"活动中，共组织全市2000余名党员干部参加答题活动，形成各类调研文章25篇。通过深入开展"三讲"教育、"三个代表"重要思想和保持共产党员先进性教育活动，有效解决了党员干部党性党风党纪方面存在的突出问题。2008年，开展领导干部收送礼金专项治理活动，市纪委领导班子成员分头对收送礼金的领导干部进行诫勉谈话，发放《党员领导干部廉洁从政手册》。

2011年，全市各级纪委通过组织广大党员干部学习先进人物的模范事迹、参观教育基地、展示典型案例等方式开展示范教育、警示教育和岗位教育。2014年，市纪委主要领导运用赤峰干部论坛，为全市处级以上党员领导干部300余人进行"党风廉政建设”专题讲座。召开全市党员领导干部警示教育电视电话会议，市纪委主要领导集中剖析发生在赤峰市的4起党员领导干部违纪违法典型案例，以案明纪，警钟长鸣，全市1700多名党员干部接受教育。配合党的群众路线教育实践活动，组织全市党员干部到市警示教育基地、市检察院预防职务犯罪警示教育基地参观接受教育。

二、自查自纠与专项清理工作

1992年，全市各级纪委配合有关部门重点开展清理干部建私房和农村财务清理工作。全市共清理出违纪建私房问题839条，立案查处违纪案件48件，有26人受到党政纪处分。各基层纪委会同有关部门对1529个村嘎查的财务进行清理，共清理出违纪资金1200多万元，整顿村级领导班子693个，查处贪污受贿、以权谋私等案件75件，为集体挽回经济损失150余万元。1993年，按照中共中央、自治区党委的有关部署，全市党政机关有地级干部35名、处级干部787名进行自查自纠，对自查的7类问题区别不同情况进行纠正。1995年之后，全市科级以上领导班子和领导干部定期召开班子廉洁自律自查自纠专题民主生活会，市、旗县区两级纪委均派员参加，进行监督检查。

2000年，党风廉政建设责任制特别是责任追究制度得到进一步落实，全市有23名党员干部被问责。各级纪委对重点问题进行专项清理。全市控制新建、改建、扩建办公楼项目7项，清理违反规定配备通信工具1071部，控制会议和庆典活动115次，制止公款出国（境）13批（次），共节约资金2759.6万元。2006年之后，加强对廉洁自律规定落实情况的监督检查，抓住突出问题开展专项清理。到2010年，有7520名领导干部就收受礼金、有价证券问题进行自查；开展了领导干部因私办理出国护照的清理；审查登记公务用车1753辆；有103名县处级干部申报从业情况，为732名处级领导干部建立廉政档案。

第二节　预防腐败监督与制度建设

一、预防腐败监督

1998年，全市纪检监察机关通过有效监督，使公务活动接待费用有所下降。当年全市党政机关累计支出招待费1428.8万元，比上年降低10%。1999年12月，市纪委监察局组织召开“全市落实党风廉政建设责任制工作现场会”，推广巴林左旗等试点单位的经验。有3个旗县区和2个区直单位开展责任考核工作，全市有23名党员干部受到责任追究。2006年之后，各级纪检监察机关认真贯彻执行《中国共产党党员领导干部廉洁从政若干准则（试行）》和中共中央、国务院《关于党政机关厉行节约制止奢侈浪费行为的若干规定》，努力使各项规定落到实处。全市各级纪检监察机关通过查找风险点、建立重点防控机制和廉政预警机制、健全领导干部廉政档案、完善处级后备干部廉政考核制度等一系列措施，以廉洁自律促政风好转的效果初步显现。建筑市场秩序整顿、土地管理法律法规落实、矿产资源使用权出让、城市发展规划执行等重点领域和关键环节的监督得到明显加强。一些创新性做法多次受到国家和自治区表彰,廉政风险防范管理工作获全区纪检监察系统工作创新一等奖。

2012年,市和旗县区两级纪委负责人同下级党政主要负责人谈话308人次,开展领导干部任前廉政谈话591人、诫勉谈话62人。2013年,市纪委监察局组织召开廉政风险防控工作推进会3次,大力推行"科技+制度"模式,积极探索制权、限权、控权新机制和动态化、常态化防控管理新模式。自治区纪委监察局在赤峰市宁城县召开全区廉政风险防控工作现场观摩会,推广了宁城县的经验。2014年11月,市委印发《赤峰市贯彻落实〈建立健全惩治和预防腐败体系2013—2017年工作规划〉的实施方案》。各级党组织严格执行中央八项规定、自治区28条配套规定和市委44条具体规定;同时确定实施党风廉政制度建设、政务服务体系建设、"三公"经费(公务出国经费、公务用车购置及运行费、公务接待费用)公开、农村牧区促廉保廉、反腐倡廉建设信息化等五项重点工作。同年,市、旗县区纪委负责人同下级党政主要负责人谈话371人次,领导干部任前廉政谈话240人次,诫勉谈话113人次,述职述廉5849人次,函询134人次。

二、预防腐败制度建设

1999年,市委、市政府印发《关于贯彻落实中共中央、国务院〈关于实行党风廉政建设责任制的规定〉的实施办法》。全市12个旗县区和市直80多个单位分别制定具体的责任制实施办法、考核办法和责任追究制度。2005年1月,中共中央颁布《建立健全教育、制度、监督并重的惩治和预防腐败体系实施纲要》,市纪委认真研究贯彻落实的意见,印发《关于2005年落实党风廉政建设责任制和领导干部廉洁自律工作的实施意见》《2005年党风廉政建设和反腐败工作责任分解》《重要情况通报和重大事项报告的规定》等制度,进一步规范领导干部从政行为。2012年,市委、市政府印发《关于对全市重大决策事项、重要干部任免、重大项目安排和大额资金使用监督管理的暂行规定》,推动廉政风险防控规范化、制度化、常态化建设。

2014年,市委印发《关于落实党风廉政建设党委履行主体责任工作方案》《关于2014年党风廉政建设和反腐败工作任务分解意见》,将党风廉政建设和反腐败工作任务进行分解,强化对下级党委(党组)落实党风廉政建设责任制的检查考核。市纪委印发《关于落实党风廉政建设纪委履行监督责任工作方案》《关于党风廉政建设责任约谈规定》《赤峰市共产党员及公职人员办理婚丧喜庆事宜若干规定(试行)》,强化了纪委的监督职责。

第三节　反腐倡廉宣传教育

1992年,市纪委以回访教育为主要内容组织拍摄的《党旗的呼唤》电视录像片,播出后反响强烈,并在全区党风党纪教育工作座谈会议电教片观摩中被评为优秀党风党纪电教片。1996年,市纪委和平庄矿务局纪委拍摄的2部党纪教育片,在中纪委电教片评比中获奖。1997 年，创办了《明镜》杂志。

2001—2003 年，市纪委开展以党风廉政建设和反腐败斗争为主要内容，以改善投资环境为主题的宣传周、宣传月活动。与有关部门和单位联合举办“优化发展环境”有奖征文活动，组织廉洁从政知识测试，创办《纪检监察》刊物，编印《廉政知识汇编》；利用反面典型案例制作电教片，对全市党员干部开展案例剖析警示教育活动。市纪委拍摄的《清清木石峡河》电教片，获得中纪委“卫士”三等奖，同时获得全区纪检监察“电化教育”专项工作奖。2005 年，组织《建立健全教育、制度、监督并重的惩治和预防腐败体系实施纲要》知识竞答活动，全市党员干部参加测试率达 98%。2006—2009 年，市纪委开展“树荣辱观、唱正气歌”主题演唱活动，大力宣传社会主义荣辱观；举办全市“清风颂”大型廉政歌曲大联唱活动，共举办各类演唱会 48 场；与市妇联共同开展廉政文化进家庭活动，举办了“家庭助廉教育知识竞赛”；组织宣传一批作风优秀的基层领导干部先进典型，同时观看一组警示教育片，有近万人参加；深入开展廉政文化“五进”（进学校、进企业、进社区、进家庭、进农村）活动，将反腐倡廉教育延伸到最基层；在林西县召开全市廉政文化现场会；编辑印制《廉政文化在赤峰》一书，召开赤峰市第四届廉政文化建设现场会，举办全市第二届“莲花杯”书画展；利用徐国元案件查办的原地、原物、原始资料，建立赤峰市反腐倡廉警示教育基地。

2010—2013 年，共有 28 批次、1242 人次到赤峰市反腐倡廉警示教育基地参观接受教育。教育基地被自治区纪委评为首批廉政教育基地；举办第五届到第八届廉政文化建设现场会；开展第一届、第二届“玉龙杯”反腐倡廉建设专题片评选展播活动；命名赤峰市三批廉政教育基地和廉政文化建设示范点；参与中纪委举办的廉政公益广告活动，其中 3 部廉政短片被中纪委评为优秀奖，在市电视台和市委组织部远程教育网上进行展播；市纪委拍摄制作的电视片《守望家园》获得全国反腐倡廉优秀电教片二等奖，市纪委获得全区反腐倡廉宣传教育工作先进单位；市纪委组织开展的第四届“莲花杯”《“清风和韵”摄影艺术大赛》活动和开展的以“钱与廉”为主题的廉政文化宣传活动，获得全区反腐倡廉宣传教育专项工作优秀奖；开展廉政文化优秀作品征集推选活动，向自治区纪委宣教室选送优秀作品 54 件（套）；参加中纪委组织的第七届“党风廉政建设好新闻奖”评选活动和征集远程教育节目活动，《我们的仆人》一片被中纪委远程教育节目选用；在中纪委电教工作表彰会上，赤峰市获“反腐倡廉优秀电教片推荐评选活动”二等奖；编辑出版《党纪政纪典型案例警示录》《改进工作作风与廉洁文化塑造》《让思想插上腾飞的翅膀》3 部书籍，丰富了教育资源。

2014 年，全市在各类媒体刊发反腐倡廉文章 4126 篇；市纪委在敖汉旗举办第九届廉政文化建设现场会；开展创建廉政教育基地和廉政文化建设示范点活动，命名授牌廉政教育基地 6 个、廉政文化建设示范点 12 个；开通“赤峰纪检监察”专网，登载信息、图片等 1512 条（幅）。赤峰市反腐倡廉宣传教育工作累计获中纪委表彰的有 21 项，获自治区纪委表彰的有 55 项。

第二章　纠正部门和行业不正之风

第一节　减轻农牧民负担

1995年,进一步开展减轻农牧民负担工作,全市共发放农牧民负担监督卡48万份。从解决管理问题入手,消除农牧民隐形负担。1999年,全市纪检监察机关认真清理废止、修改涉及农牧民负担的文件,全面推行农牧民负担预决算、发放监督卡和专项审计工作,进一步开展向农牧民乱收费、乱集资、乱摊派的“三乱”治理工作,取消不合理收费11项,共减轻农牧民不合理负担款项5400余万元。全市开展农牧民负担情况监督检查26次,检查乡镇苏木143个、村嘎查903个,走访农牧户4924户。各级纪检监察机关对121起因农牧民负担而引发的上访事件进行调查,查处结案109件,共处分乡村干部56人。2002年之后,认真落实减轻农牧民负担的政策和规定,通过税费改革和对农村“三乱”进行专项治理,有效地减轻了农牧民各项负担。

第二节　制止“三乱”与减轻企业负担

1995年,市纪委组织有关部门治理公路“三乱”,撤销16个自设站卡,对经自治区有关部门批准设置的站卡,进一步建立完善规章制度;对103所小学乱收费进行全面清理,对清理出的239.7万元乱收费款,退还169.3万元,立案查处2人;针对企业的“三乱”问题,市纪委监察局设立收费监督台,对企业实施挂牌保护,有效地杜绝了向企业乱收费问题。2000年,对公路“三乱”问题进行专项清理,全市共拆除违反规定设置的收费站、检查站50个;清理中小学乱收费809万元;对已经取消的涉企收费项目进行跟踪调查,在全市推行收费许可证和企业缴费制度,继续对重点企业实行“挂牌保护”工作。2002年,清理纠正中小学乱收费,立案查处违纪案件88件,给予党政纪处分54人;通过实行企业缴费登记制度,对已取消收费项目的加强监督检查,清理取消涉企收费项目218项,降低收费标准11项,为各类企业减负2764.5万元。2007年,市纪委监察局组织开展教育收费情况检查,重点抽查4个旗县区收费情况,查处教育乱收费案件4件,1名校长受到政纪处分;对公路“三乱”问题,组织明察暗访3次,处理群众举报案件18件,撤销私自上路乱设卡4处。

第三节　整顿药品经营秩序

1999年,在全市推行药品集中采购和招标采购,严格规范价格和价格折扣行为。由市纪委监察局牵头，市医药管理局、卫生局、工商局等单位联合开展整顿药品市场工作。2000 年，在纠正医药购销不正之风工作中，取缔赤峰城区两个非法集贸市场，端掉制售假药窝点 15 处，取缔非法经营户 286 户，清理整顿药品经营企业 560 家；整顿县级以上综合医院和专科医院 39 所、乡镇苏木医院 265 所、其他诊所（站）1757 个（取缔 107 个），打击游医药贩 436 人（次）；纠正部分医疗机构乱引进、乱挂靠、乱协作、乱招聘等行为，查处假冒伪劣药品、倒卖证照及药品虚高定价等违规违法案件 131 件，涉及金额 201.12 万元；清理并销毁假冒伪劣、过期失效药品 1557 种，总金额达 143.27 万元；对 240 种药品虚假广告进行清理和处罚，实行药价公开，保证了国家、自治区规定的 310 种降价药品价格的执行。2007 年，纠正医疗购销和医疗服务中的不正之风。市和旗县区纪委监察局监督全市 33 家二级以上非营利性医疗机构，全部参加药品集中招标采购；对全市 16 所综合医院进行纠风专项治理；全面检查医德医风建设、医药价格和收费政策执行情况，向被检查单位提出整改意见 90 余条，下发整改通知书 2 份。

第四节　综合治理

1994 年，市纪委监察局采取专项治理、步步推进、重点突破的办法纠正部门和行业不正之风。对乱收费、公款出国（境）旅游、违纪购买小汽车、党政机关经商办企业、占欠公款、无偿调用企业资金物资以及在住房、买房、建房等方面的不正之风，进行专项治理。1995 年，进一步加强对一些部门不正之风的治理，全市共废止文件 105 个；处理违纪车辆 86 辆，收缴罚款 54.5 万元；清理公费出国出境旅游 20 人，按规定退回出国费用近 2 万元；清理党政机关所办各类经济实体 350 个，清理回收干部职工所欠公款800 万元，清理党政机关及其工作人员占用调用企业资金 491 万元。全市各地区从实际出发，对公费安装住宅电话、公费购买摩托车归个人使用、挥霍公款大吃大喝、婚丧嫁娶大操大办等问题进行认真清理。2000 年，清理党政机关违反规定配备小汽车 114 辆，清理“小金库”资金 8730 万元。

2001 年，全市各级纪委监察局按照“纠、评、建”相结合的思路和“谁主管、谁负责”的原则，深入开展民主评议行风、整顿行业作风、推行社会服务承诺、建立行风热线、创建文明窗口等活动，加强行业作风建设。同时，把群众反映强烈、影响经济发展和社会稳定的突出问题，作为纠风治乱的重点进行专项治理。2005 年，全市纪检监察机关对群众反映较为强烈的 6 个问题进行重点治理。即教育乱收费，乱办班；药价高，医生开单提成收红包；党政机关乱办班、乱收费、乱发证；征地拆迁中损害群众利益；领导干部婚丧嫁娶大操大办，借机敛财；挤占、挪用、克扣专项资金等。涉及行政执法部门乱罚款、行政不作为、行业特权、吃拿卡要等问题得到查处。

2011 年，全市各级纪检监察机关会同有关部门开展教育收费、医药购销、校安工程、移民补贴、高考移民、保障性住房建设、征地拆迁补偿、食品药品安全、公路“三乱”、救灾资金和专项资金管理使用等一系列维护群众利益的专项治理行动,对存在失职渎职行为的党员干部进行严肃追究。2013 年,市纪委监察局将全部纠风工作内容分解为 15 大项 68 小项,逐项确定任务目标,明确责任单位和责任人,进一步加强了机制和制度建设。以“改进工作作风,优化发展环境”为主题,以媒体问政为主要模式,组织 12 个旗县区长走进电台、电视台直播间,上《行风热线》《民生热线》,倾听群众呼声、回应群众诉求,自查问题 50 个,公开承诺 53 项,接受热线电话提问 43 个。以“民主评议、百姓参与、改进作风、优化环境”为主题,深入开展民主评议政风行风工作。对群众和社会关注度较高的 8 个类别 115 个参评对象,采取问卷调查、明察暗访等方式进行民主评议,并借助媒体发布问卷测评表,公开接受社会监督。围绕群众反映强烈的突出问题,进行认真整改。

2014 年,市纪委监察局印发《关于开展民生领域五个突出问题专项治理工作的意见》,着力整治暑期教师乱补课办班、城乡低保资金管理和使用、保障性住房建设和分配、草原生态补助奖励资金政策落实、土地房屋征收补偿款发放等民生领域突出问题。全市共查处侵占惠农惠牧资金、教育乱收费、食品安全等方面案件 77 件,涉及资金 92.3 万元,函询约谈 14 人,给予党政纪处分 45 人,移送司法机关 1 人。全市各级纪检监察机关采取网上评议、问卷调查和现场评议相结合的方式,对政风行风评议结果进行通报,对评议存在问题的单位进行督促整改。

第三章　执法监察

第一节　案件查办

1991 年,全市各级纪委认真贯彻《案件检查工作条例》和《案件审理工作条例》,严格按照“事实清楚、证据确凿、定性准确、处理恰当、手续完备”的基本要求,查处一批贪污受贿、以权谋私、失职渎职、腐化堕落、严重违反财经纪律等案件。全市共立案查处党内违纪案件 1988 件,处分违纪党员 1611 人,其中开除党籍 330 人,留党察看 404 人,撤销党内职务 38 人,党内严重警告和警告 839 人,移交司法机关处理 150 人。在受处分的党员中,共处分党员干部 225 人,其中县处级党员干部 25 人。1995 年,全市纪检监察机关共受理群众信访举报 3400 件(次),比上年下降 19%。

2000 年,全市各级纪检监察机关坚持查处大案要案。全市共初核案件 6012 件,立案 1312 件,结案 1278 件。给予党政纪处分 1450 人,其中开除党籍 277 人,开除公职 46 人。在受处分党员干部中县处级干部 33 人,科级干部 263 人,并为国家和集体挽回经济损失 2400 余万元。2006 年,以查办党政领导机关、行政执法机关、司法机关、经济管理部门的工作人员特别是领导干部的违纪违法案件为重点,严肃查处贪污贿赂、徇私枉法、违反财经纪律、严重失职渎职等方面的案件。加大对房地产、建筑工程等领域以及违反政治纪律、组织人事纪律等方面案件的查处力度。共受理群众信访举报 15911 件(次),经过筛查,给予党政纪处分 1637 人,为国家和集体挽回经济损失 2566 万元,为 763 名干部澄清了问题。

2011 年,全市各级纪检监察机关不断完善查办案件领导体制,加大组织协调力度,加强信访举报筛查,强化办案措施,保持了严惩腐败的良好态势。在"2·1""2·3"旅客运输重大交通事故中,给予 14 名党政干部和国家工作人员党政纪处分;在新城区"7·23"水污染事件中, 有 6 人被移交司法机关、5 名党政领导干部被免职、6 名国家工作人员受到党政纪处分;在"高考移民"专项治理行动中,有 11 名责任人受到党政纪处分。市纪委监察局获得"全区信访举报目标化管理工作先进单位"称号。2012—2013 年,继续加大查办案件的组织领导,实行案件主办人和案件线索集中排查等多项制度,整合办案资源,形成办案合力。

2014 年,各级纪检监察机关建立并实施问题线索统一管理、集中排查、集体把关制度。全市共召开线索排查会议 215 次,排查问题线索 2336 件,市和旗县区纪委常委会共研究初核案件 887 件。市纪委监察局印发《赤峰市纪检监察机关案件检查综合绩效考核办法(试行)》等 8 项制度,积极探索以办案积分制为核心的查办案件绩效考核办法。加强查办案件规范化建设,修订完善信访举报、案件检查和案件审理工作制度 20 余项,新建改建标准谈话室 26 个,做到办案安全零事故。年内共受理来信来访 3730 件(次),初步核实问题线索 2863 件,立案 640 件,给予党政纪处分 518 人;市本级初步核实违纪线索 127 件,立案 21 件,给予党政纪处分 16 人,其中立案调查副处级以上领导干部 10 人,给予党政纪处分 6 人。全市开展 3 轮查处基层腐败"拍苍蝇"行动,给予党政纪处分 127 人,移送司法机关 22 人。全市各级纪检监察机关共提出纪律检查和行政监察建议 128 件,发挥了查办案件的震慑作用。

第二节 专项执法监察

一、专项监察与查处

1991 年, 市监察局重点对 1990 年全市各种农用专项资金管理和使用情况进行执法监察,共查出违法违纪金额 58 万元。全市监察机关共受理信访举报 1573 件(次),其中属于监察范围的 1239 件,案前初查 330 件,立案 77 件,处分和建议处分干部 74 人。通过调查核实, 全市有 3052 名干部超面积住公房,529 名干部多占住房 584 套,5134 名干部建私房。市监察局根据上级规定,代市委、市政府起草清房工作"实施细则"等两个文件,下发各地区各单位执行。1994 年,市纪委监察局先后对全市扶贫资金的发放、管理和使用,减轻农牧民负担,计划生育罚没款的收支,统计法执行情况,"农转非"等重点项目,进行了执法监察。1998 年,市和旗县区两级纪检监察机关对非正常亏损企业及国有企业产权制度改革、建设工程项目、执行金融法规、农牧民负担、重大责任事故等事项开展专项检查。共查出违法违规资金 1139 万元,挽回经济损失 234 万元,避免经济损失 569 万元;发现违规线索 31 件,立案查处 26 件,给予党政纪处分 28 人;发放监察建议书 7 份。

2001 年,全市各级纪检监察机关开展以减轻农牧民负担、清理纠正中小学乱收费、纠正医药购销中不正之风等为重点的执法监察。2004 年,开展对国债资金管理使用的执法监察,检查项目 187 个,查处违规使用国债专项资金案件 12 件,有 12 名直接责任人员受到责任追究;规范招投标行为,对全市 511 个建设工程项目进行全程跟踪监督,查处违法用地案件 94 件,给予行政处罚 85 件,有 4 人受到党政纪处分;加强安全生产监督检查,立案查处安全生产责任事故 14 起,移送司法机关 5 人,给予党政纪处分 18 人;对违法发包矿山、毁林开矿等问题的 12 名责任人员进行责任追究,3 人受到党政纪处分。2005—2007 年,清理新开工项目,对 5 个不符合国家产业政策的项目责令停建;加大对矿产资源开发秩序的整顿和规范,依法关闭 70 家存在隐患的小煤矿;积极开展环境执法监察,严肃查处 16 起环境违法案件;严格对土地审批和管理的监督,备案审查出让土地 120 余宗。在工程建设领域突出问题专项治理中,整改纠正问题 1473 个,中央和自治区检查组三次到赤峰市检查,对此项工作给予较高评价。市纪委监察局对新城区建设、赤通和赤大高速公路、三座店水库、新机场建设等重大在建项目,从立项审批、征地拆迁、工程招标发包到资金使用,派员全程监督,保证了建设项目工程的顺利进行。针对群众反映强烈的环境污染问题,加强执法监察,协调有关部门打掉 23 个污染严重的加工黑窝点;会同有关部门对全市 12 家工业企业节能减排情况进行重点检查, 对 8 家问题较多的企业提出限期整改意见。

2012 年,全市各级纪检监察机关着力加强城市规划、工程建设、矿产资源开发、生态环境保护等重点领域的专项监督检查。共提出建议 35 项, 纠正违法违规问题 276 个,清缴违规资金 2945 万元;受理工程建设领域案件线索 31 件,立案调查 9 件,给予党政纪处分 12 人。2013—2014 年,重点开展了城市规划执行、安全生产、食品药品安全、生态建设、环境保护、矿产资源开发、节能减排专项资金管理使用、规范和节约用地、重点水利工程项目建设等方面的监督检查;组织开展全市党政机关楼堂馆所建设和矿山地质环境项目建设情况立项监察。

二、对经济发展环境的执法监察

1991 年,市监察局对打破地区市场封锁、搞活商品流通情况进行专项检查,配合市纪委取消、撤掉各类检查站 30 余个。1995 年,市纪委监察局对企业实施挂牌保护,设立收费监督台,有效地减轻了企业负担。2001 年,加大对经济发展环境的执法监察和行政效能监察力度。市纪委监察局召开全市优化经济发展环境动员大会,印发《进一步优化赤峰经济发展环境的意见》及与之相配套的 8 个方面的制度,组织市直 34 个单位开展服务承诺;印发《赤峰市行政效能监察责任追究办法》和“实施意见”,查处有法不依、执法不严以及行政不作为、乱作为问题228件。2007年,围绕优化经济发展环境,深入开展机关作风建设年等项活动。加强对服务窗口单位和工作人员的监督,在新闻媒体发布《赤峰市人民政府行政效能投诉有关问题的通告》,积极开展行政效能监察。市行政效能投诉中心共受理群众举报80件。

2012年,市纪委监察局进一步加大经济发展环境治理力度。以机关效能和干部作风建设为重点,对35个行政执法和行政服务窗口单位进行暗访,对6个窗口单位进行了通报批评,累计办结群众投诉30件。2013年,全市发布工程建设领域项目信息和信用信息数量,位居自治区首位。在全市范围设立100个优化经济发展环境监测点,及时发现和解决破坏经济发展环境相关问题。进一步精简行政审批事项,对应进未进行政审批服务中心的单位,逐一督促,落实进驻。2014年,认真开展行政审批制度改革和政务服务体系建设专项工作督查,针对督查中发现的问题提出整改意见和建议。经过两次清理,累计取消下放审批项目301项,市本级保留行政审批事项104项。

第五篇　党务工作

第一章　组织工作

第一节　党员教育管理

一、党员培训教育与管理

1991—1993 年,市委组织部积极探索党员目标管理与民主评议党员相结合的运行机制。按照党员标准,科学制定目标,客观评价党员,加强教育管理;坚持从严要求,妥善处理不合格党员。召开全市党员管理工作经验交流会,加强党员培训,特别注重发挥电化教学在党员教育工作中的重要作用,全市 271 个乡镇苏木有 257 个配备电教设备。进一步完善党员目标管理与民主评议党员相结合的工作制度,开展农牧民党员“双带”(带头致富和带领群众共同致富)活动。1995 年,市委组织部下发《全市村嘎查党员电教设备三年发展规划》,全年共培训党员 16 万多人。

2000—2002 年,全市各级党组织通过学习中共十六大精神、学习法律经济科技知识、学习工作方法,开展批评和自我批评,集中整顿基层干部思想作风和相对落后村嘎查党组织。全市共培训基层党员干部 9.02 万人次,培训农牧民党员 21.57 万人次。2003 年,市委组织部下发《赤峰市农村牧区党员基层干部实用技术和市场经济知识三年培训规划》。借助农广校、农函大的办学优势,集中培训农村牧区党员 9.7 万人次,使全市 5 万多名党员掌握 2~3 门实用技术,2200 多人达到农民技术员水平,有 7600 名党员获得“绿色证书”。2005 年,在全区各盟市中率先开通农村牧区党员干部现代远程教育网,覆盖全市所有旗县区、乡镇苏木和 92%的村嘎查,为农牧民脱贫致富和提高党员素质搭建新的平台。2007 年,市委组织部下发《全市城镇基层党员教育培训工作实施意见》,并采取报告会、参观考察、研讨会、知识竞赛等形式,培训城镇基层党员和党务工作者 2 万多人次;面向非公有制企业和新社会组织党员,采取间断培训、累计计时、统一考试的方式,以考促学,增强学习效果。

2010 年,市委组织部下发《2010—2013 年党员教育培训工作实施意见》,实施农村牧区党组织书记、社区党组织书记、“两新”组织党组织负责人、大学生村干部党员、新党员、流动党员和党员创业就业技能等七项重点培训工程。全年举办740多期培训班，培训党员8.8万多人次。2014年，坚持基层党员轮训制度，全面落实培训村嘎查（社区）党组织书记、大学生村干部党员、农村牧区能人党员、“两新”组织党组织负责人等计划，按照“1+4”（党校+高等学校、科研院所、社会培训机构、科技示范基地）培训模式，切实加强对基层党员的教育培训，年内培训党员8万人次以上。

二、发挥党员作用

1993年，市委组织部以农村牧区小康建设为主题，制作以反映村嘎查党支部如何发挥战斗堡垒作用、带领农牧民群众奔小康为主要内容的《小康之魂》4部系列专题片，发到各乡镇苏木播放。1995年，在全市农村牧区党员中开展“四个一”活动，即每名党员学习掌握一门科学实用技术，帮助一户农牧民脱贫致富，培养一名入党积极分子，实施一个致富项目。

2002年，编印《模范基层干部——戴成钧》一书并拍摄专题片，在全市范围内开展向戴成钧学习活动。同时结合市直机关作风建设年活动，组织广大党员对照戴成钧、廷·巴特尔、旺其格尼玛、张耀堂等先进事迹，照镜子、找差距、深反思，争做“三个代表”重要思想忠实实践者。2006—2007年，组织开展旗县区和乡镇苏木干部大下乡活动，建起县乡村三级干部服务链。通过“四到村、四到户、四帮扶”等措施，为农牧民增收提供信息、技术、资金、项目等方面的服务。全市1.2万名干部与1.6万户农牧户结成帮扶对子，帮助农牧民新上增收项目1.4万个，为群众办实事办好事2万多件，较好地实现了党建工作和经济工作的对接。广泛开展社区党员“双助促双带”、捐资助学等活动，努力消除“零就业家庭”，防止贫困学生失学，解决孤寡病残人员生活困难。

2013—2014年，推行农村牧区党员积分挂牌管理，通过量化积分和评比挂牌的形式，将党员日常履行义务、发挥作用等情况公开，激发内在动力；鼓励能人党员帮带困难党员和群众，发挥党员作用，提高党组织威信。全市累计有3万多名能人党员帮带近13万贫困党员或贫困户。

三、流动党员管理

2001—2003年，市委组织部积极探索加强流动党员教育管理和服务的新办法，努力构建多功能、全覆盖的流动党员管理网络。确定宁城县为实施“党员证”制度的试点，对党员进行重新核查登记，逐人颁发“党员证”，详细记载党员的基本情况、过组织生活及交纳党费情况；党员在流动过程中可凭“党员证”跨地区、跨行业参加党的组织生活、交纳党费，接受党组织的教育、管理和监督。其他旗县区也在流动党员管理上探索实施行之有效的办法。2005—2006年，市委组织部下发《关于切实加强流动党员教育管理的实施意见》，实行流动党员“双联双推”管理，即党支部联系所在地常住党员、常住党员联系外出党员，推动外出党员管理规范有序、推动外出党员与常住党员和党支部的联系交流。林西县在外埠设立临时党组织，加强流动党员教育管理的做法，得到中共中央和自治区党委先进性教育活动督导检查组的一致认可。2007 年,全市各级党组织对摸底排查出的 1719 个流动党员党支部、8144 名流动党员进行登记造册, 并集中发放"流动党员证";在乡镇苏木街道政务服务中心建立流动党员服务中心 121 个,在村(嘎查、居委会)委会便民服务室建立流动党员服务站点 2340 个。

第二节 基层组织建设

一、农村牧区基层党组织建设

1992 年初,市委组织部组织实施创建市级达小康标准党支部和奔小康先进党支部活动,把农村牧区党的基层组织建设和达小康竞赛活动融为一体。从 1995 年开始,根据中共中央的要求,市委组织部用 3 年时间对处于软弱涣散和瘫痪状态的农村牧区基层组织进行集中整顿工作。经过整顿,一类党支部占总数的比例由年初的 35.1%上升为 41.9%,三类党支部的比例由原来的 16.9%下降为 7.7%。2001 年,市委按照自治区党委的要求,印发《赤峰市 2001—2005 年农村牧区基层组织建设规划》,明确工作目标和实施措施。

乡镇(苏木)级党组织建设 2002 年,赤峰市在自治区率先探索开展服务型乡镇苏木党委、政府建设,初步积累了经验,得到自治区领导肯定。2003—2004 年,市委办公厅、市政府办公厅转发市委组织部、市人事局《关于转变政府职能转变干部作风转变工作方法建设服务型乡镇苏木政府的意见》,选择宁城县和喀喇沁旗进行试点,先后在这两个旗县组织召开全市服务型乡镇苏木政府建设工作现场会。全市 236 个乡镇苏木全面推行"一站式"办公(服务大厅)、便民服务电话、干群联系卡、联系群众日、服务承诺、政务公开、民情日记、监督考评等制度,逐步形成一整套规范的建设服务型乡镇苏木政府的工作机制和监督机制。2009 年, 全市所有乡镇苏木政府全部建立便民服务大厅,实行"一站式"办公,为群众办事提供"一条龙"服务。2010 年,市委组织部认真开展中组部确定的喀喇沁旗乡镇苏木"双服务"试点工作,下发《赤峰市开展创建服务型乡镇苏木党委政府和落实乡镇苏木干部服务责任制工作的意见》,建立服务大厅、民情接待站、服务代办点等服务平台,在全市推进"双服务"创建活动。2012 年,全市分类推进服务型乡镇苏木党委政府规范化建设和落实乡镇苏木干部服务责任制契约化管理,推行政策咨询、业务审批、技术服务、综治维稳、法律维权、纠纷调处、信访接待、督查投诉等"八进大厅、一站服务",初步形成服务运行、服务需求收集、合力解题、工作运行和服务考评等五项为民服务机制。全市累计设置便民服务中心 447 个,创建群众满意窗口、优质服务品牌和党员示范岗 17097 个, 规范各类行政审批和事业性收费项目 685 项,提高了服务效率和质量。2014 年,各级党委进一步完善"343"乡镇苏木"双服务"工作模式。全市累计建乡镇苏木服务大厅 118 个、村嘎查综合服务站点 2059 个。

村(嘎查)级党组织建设 2003 年,市委组织部下发《关于进一步加强村嘎查级组织规范化建设的意见》，抓好农牧民宣传教育、“两委”换届选举、村嘎查干部和后备干部的培训教育三个环节，建立完善村嘎查级决策办事程序、干部目标责任制和民主评议制度、村务管理制度及监督约束机制。2007—2008 年，下发《关于进一步调整和完善全市农村牧区基层党组织设置的意见》，并召开经验交流会，指导各地对农村牧区党的组织设置方式、运行方式、管理方式和功能发挥等进行调整和规范。通过建立产业党组织、行业协会党组织、合作经济组织党组织等 9 种方式，进一步健全以乡镇苏木、村嘎查党组织为主体，以产业链条、龙头企业、合作经济组织和行业协会等领域党组织为骨干的农村牧区基层党组织体系。全市共调整和完善农村牧区各类基层党组织 1014 个。赤峰市的做法得到了中组部、自治区党委组织部的肯定。2010 年，市委组织部下发《全面推行村嘎查级村务契约化管理的实施意见》，全市所有村嘎查对确定事项实行契约化管理，由乡镇司法所牵头，实行监督；进一步健全“两委”工作机制和协调机制；推行基层党组织党务公开，规范公开的内容、程序和时限。2011 年，不断完善村嘎查级事务“契约化管理”模式，将村嘎查级事务“契约化管理”与村嘎查党务公开、村务公开、财务公开有效对接，使村民自治制度落地生根。自治区在赤峰市阿鲁科尔沁旗召开全区深化村务公开、民主管理及难点村治理工作会议，推广该旗契约化管理工作经验。2012 年，按照全国基层组织建设年的要求，对全市村嘎查级党组织进行分类定级。具体分类是，全市一类基层党组织 853 个，二类 996 个，三类 203 个，对三类党组织进行了整顿转化。自治区在赤峰市召开全区农村牧区基层组织建设工作现场会，推广赤峰市的经验。市委组织部下发《关于对全市村嘎查级党组织实行星级管理的意见》《赤峰市开展基层党建“示范群体创建”活动实施方案》，通过设星立标、评星定级、分类推进等步骤，促进村嘎查党组织晋位升级。市里选拔树立 110 个基层党组织、12 名基层党组织负责人作为开展创建工作典型。2014 年，下发《关于推行“1 + 3”党组织引领发展模式，进一步加强农村牧区合作组织党建的实施意见》。在偏远牧区推广“党员中心户 + 协会”的做法，在居住相对集中的农区和牧区推广“村嘎查党组织 + 农村牧区合作经济组织党支部、产业基地党小组、农牧民党员”的“1+3”党组织设置形式。全市创建自治区级“基层服务型党组织”示范点 10 个，示范带头人 1 人。全市 203 个后进村嘎查党组织完成转化升级 164 个。

开展“三级联创”活动　2004 年，根据中共中央和自治区党委的要求，市委印发《关于深入开展农村牧区党的建设“三级联创”活动的意见》。主要是以“双增一建”（增强村嘎查级党组织服务功能、增强带领农牧民致富能力，建设高标准小康村嘎查）为载体的“三级联创”活动，即在农村牧区开展创“农村牧区基层组织建设先进旗县区”“五个好乡镇苏木党委”“五个好村嘎查党组织”活动。2008 年，市委印发《关于进一步加强村嘎查级党组织建设的若干意见》。确定加强村嘎查级党组织建设的 17 项重点任务、5 个保障机制，将中央提出的农村基层组织建设“五个好”标准细化、实化、具体化为“四强、三化、双提高、一稳定”的具体目标（“四强”为书记强、班子强、队伍强、集体收入实力

强;“三化”为产业发展规模化、民主管理制度化、基础建设规范化;“双提高”为农牧民人均纯收入逐年提高,群众满意度逐年提高;“一稳定”为农村牧区社会和谐稳定)。2010—2011年,以“三级联创”推动嘎查活动场所建设。全市投入资金4800多万元,建设315个村嘎查活动场所。推行村嘎查活动场所“一室多用、综合利用”的做法,引导各地区统筹实施卫生、计生、文化、科技、体育、警务、专业合作社等“七进”活动场所,发挥办公议事、党员活动、教育培训、便民服务、文体娱乐等服务功能,打造一批综合服务示范阵地。2014年,按照活动场所85%以上的面积用于服务群众的要求,充分发挥其办公、议事、培训、服务、娱乐等综合功能。

村嘎查“两委”换届　1992—2000年,赤峰市农村牧区经历了第二次到第四次村(嘎查)民委员会换届选举。1999年,市委组织部结合农村牧区基层组织集中学习教育整顿活动,调整了村嘎查领导班子。全市共调整村嘎查领导班子201个,调整村嘎查党支部书记105人、村委会主任(嘎查达)71人,调整村嘎查班子成员394人。2001年,按照自治区党委组织部的意见要求,在全市村嘎查党支部换届选举中试行以“党员推荐、群众推荐,党内选举”为主要内容的“两推一选”办法,在培养造就村嘎查干部队伍、理顺“两委”关系等方面取得了成效。2003年2—9月,全市进行第五次村(嘎查)民委员会换届选举。市委组织部等有关部门以中共中央办公厅、国务院办公厅《关于进一步做好村民委员会换届选举工作的通知》为指导,超前谋划选举工作。首先选择4个旗县区的4个乡镇苏木的29个村嘎查先行试点,通过“两推一选”充实调整村嘎查党组织领导班子和配套组织,同时对新当选的村(嘎查)委会成员进行集中培训。2012年,全市进行第八次村(嘎查)民委员会换届选举。市委组织部等有关部门及时提出村嘎查换届工作指导意见,对一些重点村嘎查、难点村嘎查制定紧急预案。通过“两推一选”“公推直选”等方式,把培养成熟的村嘎查农牧民专业合作组织负责人选进村嘎查“两委”班子;鼓励党员能人积极参加村(嘎查)委会主任选举,切实提高村(嘎查)委会党员主任比重。换届后,全市村嘎查党支部书记、村(嘎查)委会主任“一肩挑”达到160多人;致富带头人、外出务工返乡人员、复转退伍军人、离岗和退休干部、回乡高校毕业生担任“两委”正职3259人,占80%。2014年,全面推行村嘎查班子任期责任目标、年度创业承诺和“一定两评三公开”考核办法,充分调动村嘎查干部工作积极性。

二、城市基层党组织建设

城市街道社区党建工作　2001—2002年,市委组织部以贯彻落实自治区党委组织部《关于进一步加强街道、社区党的建设工作的意见》为指导,组织开展创建“五个有”街道党工委和“四个有”居委会党支部活动,即有一个政治坚定、全心全意为人民服务、团结协作、廉洁务实的领导班子;有一支开拓进取、勤奋拼搏、精干高效的干部队伍;有一条符合社会主义市场经济规律要求发展各地区经济的好路子;有一套促进学习、体现民主集中制原则、规范和活跃党内生活、加强党员教育和管理的工作制度;有一个良好的社区环境,形成积极进取、文明向上的社区精神。全市有11个街道建立党工委,并全部实现“五个有”的要求；全市有 255 个居民委员会，建立党支部的 208 个，有办公场所的 213 个，实现“四个有”的居委会党支部达到 173 个。2004 年，继续深入开展“双帮双带”活动，即街道社区党组织帮助下岗职工党员，党员干部特别是领导干部帮助下岗职工党员；下岗职工党员带头再就业，带动下岗失业人员再就业。全市有 26908 名下岗失业人员包括 1509 名下岗职工党员实现再就业。2010 年，市委组织部下发全市城镇区域化党建和社区建设专项推进工作项目，明确了 46 项重点工作、责任单位及完成时限。围绕强化城镇社区组织体系建设，下发《关于加强“党建带群团，群团促党建”工作的意见》《赤峰市城镇区域化党建工作实施意见》等文件，指导各旗县区探索建立区域性党组织，强化区域性党组织和社区党组织管理服务功能。2014 年，以深入开展党的群众路线教育实践活动为主线，不断加强街道社区服务型党组织建设。同年 11 月，在全区社区党建工作推进会上，赤峰市委组织部领导在会上发言交流经验。同年，街道建立“联合工委”比例达到 87.8%，城市社区建立“联合党委”比例达到 70.7%，参与社区共驻共建活动的单位达到 1521 家。

国有企业党建工作 1994—1995 年，市委组织部召开国有大中型企业负责人参加的学习贯彻中共十四届四中全会通过的《中共中央关于加强党的建设若干重大问题的决定》座谈会，研究分析企业党建工作的现状及存在的问题，对加强和改进城市党建工作提出意见和建议；认真贯彻执行中组部《关于加强股份制企业党的工作几点意见》和自治区党委《关于进一步加强国有企业党的建设若干问题的暂行规定》，切实加强企业党建工作，充分发挥国有企业党组织的政治核心作用。1997—1998 年，各企业党组织认真贯彻中共中央《关于进一步加强和改进国有企业党的建设工作的通知》，紧紧围绕建立现代企业制度，发挥企业党组织的政治核心作用，落实企业党建工作责任制。按照干部管理权限，全市派出 85 个考核组，对市直和旗县区重点国有企业领导班子进行认真考核，并相应调整一些领导班子，全市企业一类党委达到 53%，三类党委减少到 18%以下。市委组织部下发《关于在国有企业转制过程中加强党组织建设的意见》，绝大部分转制企业建立了党组织；有些企业根据党员人数、企业规模、组织结构，调整了党组织。2002 年，市委组织部下发《关于贯彻落实自治区“改制重组、停产关闭破产和生产经营困难企业党建工作座谈会”精神的意见》，积极为这些企业党建工作创造良好环境。积极探索以企业文化建设为载体、发挥党组织政治核心作用的新途径。2012 年，下发《赤峰市国有企业建设学习型领导班子实施意见》，广泛开展“四强党组织”（政治引领力强、推动发展力强、改革创新力强、凝聚保障力强）创建活动，使企业党组织真正成为“党员之家”“人才之家”。深入开展结对共建活动，193 个国有企业党组织全部与村嘎查、社区开展结对帮扶，为基层和贫困地区办实事 723 件。同年，在包头市召开的全区国企党建工作座谈会上，赤峰市作交流发言。2013—2014 年，全市各企业党组织认真贯彻落实自治区党委组织部、自治区国资委党委《关于推进“六个建设”，实现“两个提升”进一步加强和改进全区国有企业党建工作的意见》，努力建设政治引领力强、推动发展力强、维护稳定力强、改革创新力强、凝聚保障力强的“五强”国有企业基层党组织，建设一支道德品行优、岗位技能优、工作业绩优、表率作用优、群众评价优的“五优”国有企业党员队伍，建设一支政治强、业务精、作风好、肯奉献的复合型国有企业党务工作者队伍，不断推进国有企业党建工作科学发展。

非公有制经济组织和社会组织党建工作　2002—2003年，市委组织部认真贯彻落实中组部《关于在个体和私营等非公有制经济组织中加强党的建设工作的意见（试行）》，集中力量抓组建，扩大全市非公有制经济组织党建工作的覆盖面。在16家规模较大、基础较好的非公有制企业建立联系点，开展企业文化建设试点工作。实施非公有制企业党建动力工程、再就业工程等，使非公有制企业党建工作的影响力不断扩大、凝聚力不断增强。2005—2006年，按照自治区党委组织部《向非公有制经济组织选派党建工作指导员工作暂行办法》，开始向非公有制经济组织选派党建工作指导员。下发《关于加强和改进“两新”组织党建工作的意见(试行)》，通过落实“三抓三促”(抓组建，促进党组织覆盖面扩大；抓规范，促进党组织作用发挥；抓示范，促进党建工作水平提升)举措，推动非公有制经济组织和社会组织党建工作取得新成效。2010年3月，市委组织部组织召开市非公有制经济组织和新社会组织党工委成立大会，下发《关于加强非公有制经济组织和新社会组织党组织规范化建设的实施意见》《关于进一步加强全市个体私营经济组织党建工作的意见》等文件，指导各旗县区开展非公有制经济组织和社会组织党建示范点创建活动，当年创建示范点30个。2011—2013年，下发《关于加强工业园区党的建设工作的意见》。召开全市园区党建工作推进会议，总结、推广非公有制企业党建“十同”工作法，即党建工作与经营管理工作同谋划、同部署、同开展、同汇报、同考评、同表奖，党务班子与经营管理班子同组建，党务干部与业务干部同配备，党务人才与经营管理人才同培养，党务制度与企业经营制度同建立。从源头上破解非公有制企业党建工作开展难、作用发挥难的“瓶颈”问题。2014年，坚持以园区党建为统领，深化推广“十同”工作法，开展党的群众路线教育实践活动，加大工作创新和推进力度，在扩大“两个覆盖”、发挥“两个作用”、建设“两支队伍”上取得新突破。同年，全市12个旗县区建立各类园区党组织27个，其中园区党委9个，园区党组织覆盖率达到96%；规模以上非公有制企业单独新建党组织9个，应建尽建率达到99%；规模以下非公有制企业单独新建党组织15个；社会组织单独新建党组织15个。

机关党建工作　1994年，市委组织部召开市直属机关党政负责人参加的学习贯彻中共十四届四中全会通过的《中共中央关于加强党的建设若干重大问题的决定》座谈会，举办学习研讨班。1999年，配合自治区党委组织部对部分市直属机关、旗县区党组织落实机关、街道党建工作规划情况进行检查。2003—2004年，在市直属机关中开展“大学习、大解放、大服务、大发展，创建人民满意机关”活动，建立健全“密切联系群众、民主公开办公、加强监督保障”三项长效机制，切实使机关党建走在前头。2005—2006年，在市直属机关开展保持共产党员先进性教育活动、“服务赤峰发展，创建人民满意机关”活动以及创建标准化党支部活动，使机关服务机制进一步完善。2009年，市委组织部认真指导市、旗县区机关抓好学习实践科学发展观活动，总结成功经验，建立长效机制。2010年，在市直属机关开展“结对共建”活动。市委组织部召开专门会议，市委办公厅、市政府办公厅印发专门通知，市直工委组织106个市直、中区直单位与市中心城区的72个社区结成共建对子，取得了社区建设和机关建设“双赢”效果。2011—2012年，深入开展以机关党组织与村嘎查党组织结对帮扶、与社区党组织结对共建、与非公有制经济组织和社会组织党组织结对联建，服务科学发展、服务城乡基层、服务人民群众为主要内容的“三结对三服务”主题活动，取得了较好效果。2014年，机关党组织以“为民、务实、清廉”为主线，深入开展党的群众路线教育实践活动。市委组织部下发《关于深入开展在职党员到社区报到为群众服务工作的实施方案》，形成居民点单、支部下单、党员接单的“三单”服务模式。党群干群关系进一步密切，党员干部为民服务能力进一步提升。

第三节　干部队伍建设

一、领导班子与干部队伍建设

领导班子思想作风建设　1991年，市委组织部在全市各级领导干部中开展“学习焦裕禄，争当优秀领导干部”活动。同时，市、旗县区两级党委和组织部门分别建立《领导班子思想建设责任制度》《领导干部谈话制度》等多项制度，推进了领导班子思想作风建设的正规化、制度化和经常化。1998—1999年，在全市县处级以上领导班子和领导干部中开展以“讲学习、讲政治、讲正气”为主要内容的学习教育活动，使全市县处级领导班子和领导干部思想觉悟和工作能力普遍增强。2001—2002年，在全市领导干部中进行中共十六大精神和“三个代表”重要思想学习教育活动。全市共有5万多名干部与农民同吃、同住、同劳动，为农牧民办实事、好事2.6万余件。2009年，按照中共中央、自治区党委有关文件精神，市委办公厅转发《市委组织部关于进一步加强和改进领导班子思想政治建设工作的实施意见》，从教育培训、制度建设、日常考察和年度综合考评、作风建设等方面，进一步加强党政领导班子思想政治建设，提高了班子的领导能力。2010—2014年，在全市各级领导班子和领导干部中深入开展“创先争优”活动；认真学习习近平总书记系列讲话，积极落实中共中央八项规定，扎实推进党的群众路线教育实践活动。坚持把思想政治建设、党性教育、作风建设等作为加强领导班子建设的首要任务，有力促进各级班子领导核心作用的发挥。

优化领导班子结构　1987年，全市旗县区班子换届后的党政领导班子“四化”水平进一步提高，整个班子中45岁以下的中青年干部占81.7%，大专以上文化程度的占64.2%，成为这一届领导班子的主体。1992年，加强领导班子的调整配备和干部交流工作。全年共考核县处级班子94个，任免县处级干部115人，交流县处级干部42人，旗县区交流科级干部1248人；在旗县区班子中增设科技副旗县区长。1995年，结合民主评议党员和民主测评领导干部工作,加强领导班子考核、调整、充实工作。对市直部委办局领导班子 281 名领导干部普遍进行一次年度考核;结合旗县区党政领导班子换届,对旗县区班子近 200 名领导干部进行考核,把考核结果运用到班子调整充实中。全年调整市直部委办局班子 55 个,涉及干部 122 人;调整旗县区党政班子 24 个,涉及干部 26 人。全年共交流县处级党政领导干部 90 人;提拔使用优秀年轻干部担任副处级以上领导职务 63 人,其中担任正职 34 人,35 岁以下的 10 人。2006 年,按照中共中央的要求和部署,在旗县区委换届中大幅度减少副书记职数,实现常委分工负责制。2011 年,开展并完成市、旗县区和乡镇苏木三级党委换届工作,选举产生新一届旗县区党委委员 461 人、纪委委员 210 人。新一届旗县区党委领导班子成员共 132 人。新一届旗县区党委书记的平均年龄为 48.1 岁,旗县区长的平均年龄为 46.1 岁,形成以 45 岁至 50 岁的干部为主体的梯次配备。2012 年,开展并完成旗县区人大、政府、政协换届工作,旗县区班子结构更趋合理,较好地实现了优化组合、优势互补。2014 年,全市 12 个旗县区共有处级领导干部职数 384 名,实际配备 376 人,其中女干部 52 人,少数民族干部 112 人,非中共党员干部 42 人,本科和研究生学历 323 人,35 岁及以下 11 人;旗县区党委班子职数 132 名,实际配备 129 人,平均年龄 46.8 岁,其中少数民族干部占 29.5%,女干部占 10.9%,35 岁及以下干部占 5.4%;旗县区政府班子职数 84 名,实际配备 83 人,平均年龄 45.7 岁,其中少数民族干部占 32.5%,女干部占 14.5%,党外干部占 14.5%,35 岁及以下干部占 4.8%;在旗县区党政正职中研究生学历 8 人,本科学历 15 人,平均年龄 49.3 岁。

干部教育培训　1987 年,市委成立干部教育工作领导小组,建立干部培训目标责任制。1991 年,市委组织部制定干部“八五”培训规划,以党校为主阵地,分层次、分类别举办各类培训班。同年,全市 113 名县处级干部参加自治区党校和市委党校的集中培训,系统学习马克思主义理论和业务知识。1995 年,在全市县处级以上领导干部和组织人事干部中开展“人才、领导班子建设和社会主义市场经济”学习和讨论活动。举办县处级党员领导干部读书班、科级党员干部进修班、非中共党员干部培训班、县处级后备干部培训班、大中型国有企业厂长(经理)培训班,同时采取选派干部到经济发达地区“国内留学”、对口挂职、下派锻炼、赴高校学习等形式开展干部教育培训。2000 年之后,市委组织部每年举办培训班 20 期左右,培训干部 1000 人次以上。2003—2004 年,下发《关于进一步加强干部教育培训工作的意见》等制度,教育培训工作进一步规范化、制度化。2007—2008 年,举办“赤峰干部论坛”,请市外专家学者围绕经济社会发展、社会治理、传统文化等方面内容作专题讲座;下发《2008—2012 年大规模培训干部工作的实施意见》,建立健全干部教育培训考核机制,完善干部教育培训电子档案。2012 年之后,以中共十八大和十八届三中、四中、五中全会精神及习近平总书记系列讲话精神为重点,大力开展干部理想信念教育、党性党风党纪教育和工作能力培训。截至 2014 年末,共举办“赤峰干部论坛”46 期,邀请 43 位国家部委、著名高校和科研机构的知名专家学者来赤峰讲学，培训干部3.6万余人次。

后备干部队伍建设　1991年，市委组织部下发《关于进一步加强后备干部工作的意见》，对后备干部队伍的调整充实、培养教育、实践锻炼制定规划。全年共调整后备干部67人，新补充91人，截至年末，全市共有县处级后备干部320人。1993年，市委认真贯彻中共中央《关于抓紧培养教育青年干部的决定》，重点加强后备干部的选拔和培养工作。全市有3500人列入推荐行列，共推荐887名优秀青年干部。市委组织部下发《关于加强中青年干部实践锻炼的意见》。举办一期有48名县处级后备干部参加的中青年干部培训班，组织35名县处级后备干部到市外、国外学习考察；召开"全市中青年干部锻炼成长经验交流会"。1998年，市委组织部择优选定包括少数民族干部、妇女干部和党外干部在内的优秀年轻干部100人，进入县级后备干部队伍，并集中在市委党校进行培训；选派8名中青年后备干部到北京、辽宁等地进行"挂职"，接受异地岗位培训。2002年之后，35岁以下的妇女干部、少数民族干部、非中共党员干部的比例逐步增加。2008年，公开选拔30名35岁以下全日制本科以上县处级副职后备干部，公开选拔120名30岁以下全日制本科以上优秀年轻干部。2010年之后，下发《2010—2020年全市党政领导班子后备干部队伍建设规划》，建立后备干部库。到2013年，共有92名选调生调入市直属部门，公务员队伍结构得到不断优化。

二、干部制度改革

干部制度综合配套改革试点　1999—2000年，赤峰市进行了县处级领导干部选拔任用公示试点，市委组织部在元宝山区和喀喇沁旗开展党政机关工作人员轮岗试点工作。2001年，在阿鲁科尔沁旗和宁城县推行旗（县）委常委会讨论决定干部任免票决制度试点，到2006年，市、旗县区两级党委常委会、全委会涉及干部任免的事项全部实施票决制。2006年，在林西县新城子镇和喀喇沁旗西桥镇开展乡镇党委书记公推直选，并逐步将试点经验拓展到全市乡镇苏木、村嘎查、街道社区、机关、企事业单位。2007年，喀喇沁旗被确定为中组部深化和拓展"科学规范和有效监督县（市）委书记用人行为"调研试点单位，市委将翁牛特旗、林西县作为全市的调研试点单位，同步开展试点工作。2010年，在林西县、喀喇沁旗开展干部制度综合配套改革试点，推行从基层一线选干部、乡科级领导班子成员公推直选、差额票决选任干部、组织部门列席下级党委讨论决定干部会议、干部选任工作责任界定与追究等5项改革措施。

选拔任用干部工作制度改革　1993年，市委组织部下发《关于对新提拔干部实行试用期制度的暂行规定》，对所提拔的县处级领导干部实行试用期制度，试用期一年。同年，全市有12名干部走上试用期岗位。对市直机关新补充工作人员实行"一推双考"办法，即采取民主推荐与考试、考核相结合的公开考录办法。1996年，采取"一推双考"的办法，公开选拔6名县处级领导干部。1997年，市委组织部在全市范围内采取"三推双考"（组织推荐、群众推荐、自我推荐和考试、考核）的方法，公开选拔优秀年轻干部100人列入后备干部队伍，进行重点培养。在录用人员中，有农牧民32人、工人20人、待业青年21人。到2000年末，对新提任的副处级领导干部，除按有关法规、章程选举和人大常委会依法任命的干部外，全部实行试用期制。2001年，市委组织部下发《赤峰市公开选拔领导干部暂行办法》《关于赤峰市党政机关中层干部竞争上岗的意见》，进一步加大公开选拔和竞争上岗工作力度。2003年，结合旗县区人大、政协换届工作，公开选拔8名旗县区政府副职。2005—2006年，下发《党政领导干部选拔任用工作任前报告制度》等多项制度，使干部选拔任用制度更加健全完善；结合旗县区党委换届，公开选拔12名35岁以下副处级领导干部。2009—2010年，连续两年共公开选拔20名全日制本科以上学历年轻副处级领导干部，使处级领导班子结构进一步优化。2011年之后，先后下发《干部选任推荐提名暂行办法》《进一步从严管理干部的规定》等多项制度，有效提升了干部选拔任用工作水平。

推进党政领导干部实绩考核制度改革　1996年，根据自治区党委《关于加强和完善党政领导班子和领导干部工作实绩考核的决定》精神，在全市党政领导班子和领导干部中实行实绩目标考核制度。1999年，完成1998年度市直部委办局、旗县区党政领导班子和领导干部实绩考核工作。依据考核结果，副处级以上领导干部中有4人被重用、2人被提拔、3人被免除原任领导职务。2002—2003年，旗县区党政班子指标制定分别采用“15+X”和“10+X”体系。2008年，建立“三重双推”(对市委、市政府确定的重点工作及其相关市直属重点部门进行重点考核，目的是对市委、市政府确定的重点工作强力推进、对市直属重点部门的工作强力推进)考核体系和考核方法，对“节能减排”工作目标实行“一票否决”。2009年，按照中组部的要求，市委组织部下发《全市重点工作日常考察实施办法》《县处级党政领导班子和领导干部日常考察办法》，变年度实绩考核为综合考核，将日常考核结果纳入年度考核。2013年，下发《赤峰市党政领导班子和领导干部年度综合考核评价办法》，开展对部分旗县区领导干部多方面考核工作调研，形成《关于领导干部多方面考核问题研究》的调研报告。

三、干部监督管理

制度监督　1997年，全市各级领导班子坚持和完善集体领导和个人分工负责相结合的制度，认真贯彻落实《中国共产党地方委员会工作条例(试行)》和《关于提高县以上党和国家机关党员领导干部民主生活会质量的意见》，进一步严格党内生活，加强对干部的管理与监督。1999年，市委组织部围绕干部选拔任用工作中的热点、难点问题，积极组织力量开展调查研究，下发《关于贯彻落实〈条例〉监督检查意见》，进一步推动干部选拔任用工作的科学化、民主化、制度化。2003—2004年，市委组织部下发《党政领导干部选拔任用工作报告制度》，市委办公厅、市政府办公厅印发《赤峰市党政领导干部任期经济责任审计实施办法(试行)》。2006—2007年，市委办公厅印发《赤峰市干部监督工作联席会议制度》《赤峰市党政领导班子和领导干部日常考察工作暂行办法》《赤峰市党政领导干部任职试用期制度》等三项制度；市委办公厅转发市纪委、市委组织部《关于对党员领导干部进行诫勉谈话和函询的实施办法》《关于党员领导干部述职述廉的实施办法》。2010 年，围绕年初中组部颁发的干部选拔任用"四项监督制度"，市委组织部配套下发《赤峰市旗县区委书记、市直机关党组（党委）书记履行干部选拔任用工作职责离任检查实施细则》《赤峰市干部选拔任用工作全程纪实制度》等实施细则和监督制度；市委办公厅印发《关于进一步健全和落实领导干部谈心谈话制度的暂行规定》。2013 年，市委办公厅、市政府办公厅印发《关于进一步加强领导干部因私出国（境）审批管理工作的通知》。2014 年，市委组织部下发《随机抽查核实工作实施方案》，全面开展县处级以上领导干部报告个人有关事项统计汇总和抽查核实工作；深入开展领导干部因公（私）出国（境）审查、干部"四审"（干部身份审核，干部学历、工作经历审核，干部年龄、工龄、党龄审核，干部档案终审）和新中国成立前干部工龄、党龄认定等工作。

多渠道监督　2004 年，市委组织部开通"12380"举报电话。重视并认真处理群众来信来访，加强对干部监督信息的收集、整理、分析和运用，对干部选拔任用工作实施有效监督。2006 年，市委办公厅印发《赤峰市干部监督工作联席会议制度》，不断加强组织部门与执纪执法部门的联系。坚持不定期召开联席会议，通报有关情况。组织部门在干部考察和领导班子、领导干部实绩考核中，都吸收纪检监察机关的人员参加；每次调整干部，都提前征求纪检监察机关的意见；作出任用决定后，都要由纪检监察机关的领导对干部进行廉政谈话。强化领导干部经济责任审计结果运用，把审计结果作为对干部使用的重要依据。积极支持人大及其常委会加强对"一府两院"及其组成人员的监督，主动征求党外民主人士对提拔使用干部的意见。2009 年之后，市委组织部在赤峰党建网开设网上举报信箱，实时接收、定期查看"12380"网络邮箱举报信息，参照专用举报电话办理程序规范运行。对信访举报线索清楚的积极协调，组织有关部门逐条逐项调查核实，反映情况属实的及时提出处理建议，做到"件件有回音，事事有结果"。逐步完善信件、电话、网络、短信"四位一体"的举报受理平台，受理群众来信来访和举报的问题更加及时，信息监督作用更加明显。

督查整改　2002 年之后，《党政领导干部选拔任用工作条例》颁布实施，市委更加重视干部监督工作。在年初的全委会会议、组织工作会议上对干部监督工作进行重点安排部署，并定期召开纪检监察、组织、人事、审计等部门负责人参加的联席会议，互通情况，征求各方面的意见和建议，加大联合监督的力度；定期对各地区、各部门干部选拔任用工作，特别是贯彻执行《干部任用条例》情况，进行自查、抽查或集中检查；通过座谈、个别谈话、查阅会议记录等方式，全面掌握各地区、各部门干部选拔任用工作情况，发现问题及时解决。2014 年，由市委组织部牵头，会同编制、人事、民政部门组成联合调研督查组，对旗县区、市直属部门党委（党组）贯彻执行《干部任用条例》情况及选人用人问题和专项整治工作情况进行专题调研督查；并围绕违反干部任用标准程序、跑官要官、"三超两乱"（超职数配备干部，超机构规格提拔干部，超审批权限设置机构；乱提高干部职级待遇，乱设置职务名称）、干部档案造假、"吃空饷"等严重问题，集中开展专项整治。

第四节 老干部工作

1992年,全市共有离休干部6137人,人数达到历史最高峰,其中市直属单位1486人,旗县区4651人。2005年,全市有离休干部3462人(老红军2人、抗日战争时期90人、解放战争时期3370人),其中市直属单位1026人,旗县区2436人。至2014年末,全市有离休干部1753人,其中市直属单位543人,旗县区和平煤投资公司1210人。2006年和2011年,市委老干部局先后两次被中组部授予“全国老干部工作先进集体”称号。

一、老干部管理

1986年11月,市委、市政府印发《关于老干部工作若干问题的规定》,就离休干部的安置管理、政治待遇、生活待遇和经费标准等7个方面作出具体规定。1991年6月,市委组成“老有所为报告团”,赴12个旗县区作报告,有6位老有所为、事迹突出的老干部典型作报告;同时放映反映赤峰市老干部工作录像片《伟大的事业,光荣的职责》。1992年,市委办公室、市政府办公室印发《关于组织离退休干部在经济建设中发挥作用的暂行规定》;把市级五大班子(市委、市人大常委会、市政府、市政协、市纪委)退下来且身体好的24名老干部组织起来,成立市级老干部咨询团,为赤峰市的发展提供信息,引进资金和项目。1995年,市委、市政府印发《关于退休干部管理暂行规定》,对退休干部的政治待遇、生活待遇、经费使用等作出具体规定。1999年3月,市委老干部局组织市直属单位部分老干部围绕“企业改革攻坚”建言献策,13名老干部撰写调研文章12篇;组织25名老干部参加《政府工作报告》征求意见会,老干部提出修改意见30多条。

2003—2004年,市委老干部局拍摄老干部工作5集专题片《丰功铸红山》,以纪实的手法,记录赤峰地区离休干部在中国革命和建设各个历史时期作出的重大贡献;编辑出版《赤峰市离休干部名录》,全书共分14卷,收录全市离休干部近8000人,成为一部记载全市老干部革命生涯的珍贵历史资料。2006年4月,赤峰市、红山区老干部社会化服务“四位一体”(老干部工作部门、老干部原单位、社区、家庭)网络建设试点工作在红山区松州园小区启动。2007年,市委办公厅、市政府办公厅印发《关于在全市开展“四位一体”老干部服务网络建设工作的实施意见》。此项建设使老干部能够“就近参加学习、参加活动、得到照顾、发挥作用”,得到自治区党委老干部局的充分肯定。同年,市委老干部局与市委组织部、市党史办、赤峰电视台联合拍摄反映赤峰市老干部丰功伟绩的三集电视纪录片《红色足迹》。2008年,市委老干部局编撰出版《赤峰老干部看改革开放30年》一书,全市有224名离退休干部参与撰稿。2009年,自治区在赤峰市召开“四位一体”服务老干部工作现场会,推广了赤峰市经验。

2011年,开展创建“离退休干部社区服务示范点”实践活动,实施“网格化管理,组团式服务”，达到“四化”目标，即基础工作规范化，工作力量社会化，服务形式多样化，开展活动经常化。积极推进社区“非建制性”离退休干部党组织建设。全市成立“非建制性”离退休干部党委1个、党支部88个。截至2014年末，全市共建立老干部系统党委7个，党总支3个，党支部533个。

二、老干部待遇

政治待遇 1991年之后，市委、市政府认真落实离退休老干部的政治待遇，重大事项、重要会议都能邀请老干部代表参加；每年市政府都召开老干部代表座谈会，征求对《政府工作报告》意见；市党政领导每年为离退休干部通报两次经济社会发展情况，已形成制度，并得到很好地坚持。按规定为离休干部订阅报刊，保障了县处级以下“一报一刊”，县处级以上“两报一刊”。1997年，在迎接香港回归、自治区成立50周年和中共十五大召开期间，组织老干部开展各种形式、丰富多彩的庆祝活动。同年7月末，市委、市政府隆重举行仪式，为市直属单位老红军、盟市级和享受盟市级待遇的老干部颁发纪念章。全年共举办各类老干部学习班18期，有近千名老干部参加学习。1999年，市委组织部、市委老干部局、市人事局联合下发《关于进一步加强退(离)休干部思想政治工作的意见》，市委老干部局领导走访慰问市直50多名离休干部英模功臣。市委、市政府召开“庆祝中华人民共和国成立五十周年慰问市直老干部大会”，市委老干部局举办“老干部英模事迹展”。2005年，市委老干部局开展“送学上门”活动，为市直百余名常年足不出户的离休干部党员送学习材料，征求意见；坚持走访慰问、情况通报等制度。2007年，在纪念内蒙古自治区成立60周年之际，市委老干部局分组走访慰问900多名市直属单位离休干部，代表市委、市政府送去自治区60年大庆中央慰问团赠送的纪念品、学习材料和慰问品。2011—2014年，市委老干部局召开“七一”座谈会，组织离退休老干部畅谈中国共产党成立90年来的光辉历程；组织老干部参加中组部开展的征文活动，有13篇征文获奖；市和旗县区老干部局都组织离退休干部参观重点工农业生产项目；采取集中学习文件、参加报告会、举办培训班等形式，组织离退休干部深入学习贯彻中共十八大精神，同心共筑中国梦；坚持离退休干部阅读文件、听报告、生日祝寿、临终送别、参加重大会议和重大活动等制度。

生活待遇 1993年，市委老干部局印制老干部工资、生活补贴查遗补漏表册，基本上做到老干部人手一份。在两次全市老干部局长会议上，把落实亏损微利企业离休老干部待遇，作为重点问题解决。1995年，市政府印发《赤峰市城镇离休干部职工住公房补贴的暂行规定》，在房改中对离休干部实行优惠政策。1997—1998年，市委办公厅转发市老干部工作领导小组《关于保障离休干部离休费和医疗费的规定》《关于解决企业离休干部生活待遇有关问题的通知》。市委老干部局加强清兑拖欠离休干部“两费”工作，全市共清兑拖欠“两费”1000多万元，历史累计拖欠大户得到较好解决。将市直属单位企业684名离休干部全部比照行政人员套改离休费，并由财政和社保两家共同负担，保障了破产转制企业离休干部离休费发放问题。2005年，不断巩固完善“两费”保障的“三个机制”(离休费保障机制、医药费保障机制、财政支持机制),继续提升财政支持能力和改进医药费管理体制,基本保证离休干部医药费在规定范围内实报实销。2010—2011年,全市建立离休干部特困帮扶机制,帮助特困离休干部解决生活上的困难,为市直700多名离休干部进行健康体检。2014年,市委老干部局进一步完善“三个机制”和“一卡通”做法,提高离休干部生活待遇和医疗待遇水平,确保“两费”不拖欠。

三、老干部活动中心

1991年之后,市老干部活动中心主要负责组织市直属单位离休干部和副处级以上退休干部开展文化、体育、健身等娱乐活动和政策学习、阅读文件及工作经验研讨交流活动。1995年,市老干部活动中心会同市老年体协举办赤峰市首届老干部运动会。在全区老干部活动中心经验交流会上,红山区、喀喇沁旗老干部活动中心受到表彰。1999年,市老干部活动中心会同市老年体协举办全市老年健身操辅导员培训班;组织“夕阳红”合唱团、老年时装队等参加红山区组织的迎国庆文艺会演。

2007年,在全市开展“标准化活动中心创建”活动,对10个旗县区老干部活动中心进行验收评比并命名挂牌。市老干部活动中心开展四项活动,即“七一”期间在赤峰博物馆举办赤峰市老干部暨市老年大学学员书画展;与红山晚报社等单位联合开展老年人才艺大赛;组织参与第二届红山文化节与自治区成立60周年的庆祝活动;配合市老年体协做好全区老年人体育运动会的相关工作。2009年1月,新建的赤峰市老干部活动中心投入使用。

2011年,市老干部活动中心努力办好老年大学,探索“三坚持、三满足”(坚持因需设课,满足老年学员不同喜好的需要;坚持区域化办学,满足老年学员就近入学的需要;坚持择优选聘教师,满足老年学员对师资队伍的需要)工作思路。同年9月,自治区老干部活动中心和老年大学在赤峰召开经验交流会,市委老干部局作了经验介绍。截至2014年末,全市共建老干部活动场所面积13.9万平方米,基本上满足了离休干部需求,达到了自治区的要求标准;全市共建各级老年大学49所,其中市老年大学开设14个专业、26个班次,保障了离退休干部文化养老需求。

四、关心下一代工作

1990年5月,赤峰市关心下一代工作委员会(简称关工委)成立。到2014年末,全市有关工委组织3955个,参与关心下一代工作的“五老”(老干部、老战士、老专家、老教师、老劳模)达40647人;全市有1261名“五老”担任网吧义务监督员。

1994年,全市各级关工委大力实施推进希望工程建设,到2002年末,由关工委参与建成的希望小学工程达170余所,累计筹款2100万元,救助失辍学青少年和贫困大学生1.4万人。2003—2004年,全市各级关工委开展为时两年的“创建示范关工委”活动。经验收,宁城县、喀喇沁旗、克什克腾旗、翁牛特旗4个旗县,67个乡级单位,400个村嘎查、学校被自治区关工委授予“示范关工委”称号。

进入21世纪后，全市各级关工委坚持开展“学雷锋”系列主题教育活动，使学雷锋活动常态化、制度化。全市各旗县区关工委协调社会各界整合资源，建立爱国主义教育基地631处、德育教育基地235处、法制教育基地14处；为规模较大的中小学校聘任法制副校长813人，12个旗县区都建有青少年法制教育平台和“平安校园”园地。各级关工委主动协作，积极配合文化、公安、工商等部门参与网吧治理，净化社会文化环境。2005—2010年，在全市开展创建“六好、五帮、五无”先进单位活动(“六好”是班子队伍建设好，部门合力配合好，教育阵地建设好，活动经常坚持好，各项制度执行好，办公条件解决好；“五帮”是帮思想，帮学习，帮复读，帮致富，帮转变；“五无”是无失辍学，无刑事犯罪，无游手好闲，无忤逆不孝，无极贫特困)。五年中有2570个单位被评为市级先进单位，有10个旗县区受到自治区关工委的表彰。2007—2014年，市关工委会同市文联、教育局连续7年在全市中小学中开展“小作家杯·放飞中国梦”作文、绘画大赛，每年都有10多万名中小学生参与其中。

2010—2013年，按照上级关工委的部署，市关工委在全市开展创建“五好”关工委活动。三年中，全市共创建“五好”基层关工委2643个，占基层关工委总数的67.3%；受国家关工委表彰的“五好”基层关工委3个，受自治区表彰的“五好”基层关工委32个；评选出市级“五好”标兵关工委90个，市级“五老”标兵170名；有2个单位被国家关工委授予创建“五好”基层关工委优秀组织奖，有3个单位被自治区关工委授予创建“五好”基层关工委优秀组织奖。2014年，按照上级关工委的部署，市关工委下发《赤峰市开展第二轮创建“五好”基层关工委活动实施方案》。到2014年末，全市累计创建“五好”基层关工委3125个，占基层关工委总数的79.6%。

第二章 宣传工作

第一节 理论学习

一、党委理论中心组学习

1991年，市委印发《关于加强马克思主义理论工作的意见》，市委宣传部、组织部联合下发《关于县(处)级干部理论学习中心组的有关规定(试行)》，推动中心组学习制度化、规范化建设。1994年4月，市委印发《关于进一步改进和加强县处级干部理论中心组学习的意见》，要求理论中心组学习要实现制度化、规范化、常态化。同年12月，市委宣传部召开全市县处级理论中心组学习经验交流会和县处级干部“学市场经济理论，谈改革发展思路”研讨会。

2003—2005年，市委理论中心组举办创新与发展学习研讨会和推进城镇化专题研讨活动，出台加快全市城镇化建设的指导性文件；开展民营经济、第三产业发展以及提高执政能力专题学习研讨活动;市委印发《关于进一步改进和加强市委中心组学习的意见》,对中心组在学习原则、学习计划、学习制度、学习内容等方面提出明确要求。2009年,市委理论中心组采取专家讲座、专题研讨及二者结合的方式,先后进行7次集体学习。

2012年11月,市委宣传部下发《全市各级党委(党组)中心组集中学习党的十八大精神实施方案》,并赴北京举办负责中心组学习的工作人员和基层宣讲骨干培训班。2013年,全市县处级党委(党组)理论中心组重点学习中共十八大、十八届三中全会精神,中共中央总书记习近平系列讲话精神,中共中央、自治区党委关于改进工作作风、密切联系群众的各项规定,参加学习的科级以上党员干部近万人。同年,在全市深入开展以加强各级党委(党组)理论中心组学习为重点带动学习型党组织建设的"三带三创"活动,努力创建学习型党组织示范基地、创建优秀示范大讲堂、争创学习型先进个人。2014年,市委宣传部修订完善市委和县处级党委(党组)中心组理论学习制度。全年重点围绕学习贯彻中共十八大和十八届三中、四中全会精神及中共中央总书记习近平系列重要讲话精神,特别是习近平视察内蒙古重要讲话精神以及党的群众路线教育等内容,下发《党的群众路线教育实践活动"大学习"行动实施方案》。同年11月,市委宣传部召开工作会议,推出市级中心组学习、学习型党组织创建、示范大讲堂和先进宣讲个人等典型50个。全年全市县处级以上党委(党组)中心组学习882次,其中市委中心组集体学习14次。

二、开展大学习大讨论活动

1995年2月,市委印发《关于在全市范围内深入开展社会主义市场经济理论大学习大讨论活动的意见》,市委宣传部下发"实施方案"。采取实地督查,召开工作会、汇报会、座谈会等形式,推动活动深入开展。1996年,分县处级干部、工矿企业、农村牧区、党政机关、科教文卫政法五个层次,实施分类指导,把大学习大讨论活动开展情况纳入领导班子和领导干部工作实绩考核之中。同时与市委组织部联合在全市村嘎查开展"学理论、找差距、创五好、奔小康"活动。赤峰市大学习大讨论活动的新探索、新举措,受到自治区党委领导的肯定。1997—1999年,深入开展大学习大讨论活动,进一步深化邓小平理论的学习。到2000年末,全市理论工作的重点,由社会主义市场经济理论大学习大讨论转移到组织开展邓小平党建理论和江泽民"三个代表"重要思想大学习大讨论上来。

三、组织干部理论学习

1991年,在全市广大干部中深入开展社会主义思想教育活动。市委宣传部编印《关于社会主义若干问题学习纲要》2.2万册、《社会主义理论学习60题》1.8万册,下发供广大干部学习。到年末,市、县、乡三级共举办理论骨干培训班2231期,培训骨干21万多人次。1994年10月,市委宣传部下发《赤峰市党员干部学习〈邓小平文选〉第三卷和中共十四届四中全会〈决定〉的安排意见》,全市有8万多名党员干部参加学习。

2001 年，市委宣传部紧紧围绕学习贯彻“三个代表”重要思想，从全市党员干部的思想实际和所关心的重点、难点、热点问题出发，采取请进来与走出去相结合的方式，举办专题讲座和学习研讨班。2007—2009 年，全市理论工作突出抓好中共十七大和十七届三中、四中全会精神的学习贯彻及开展深入学习实践科学发展观活动。市委宣传部组织 300 多名领导干部、党务工作者和理论骨干参加中共中央党校、北京大学、自治区党委宣传部举办的中共十七大精神培训班；市委印发《关于在全市开展以“破解发展难题，推动科学发展”为主题的解放思想学习讨论活动的实施意见》，以思想大解放推动全市经济社会又好又快发展。

2011 年，市委宣传部从抓重点内容、重点对象、关键环节、活动载体、舆论宣传、工作成效六个方面扎实推进学习型党组织建设。赤峰市这方面的工作经验，被收入到中共中央建设学习型党组织工作协调小组编辑的《学习型党组织建设典型经验选编》一书中，并在全区学习型党组织建设工作经验交流会上进行交流。2013 年 9 月，市委宣传部下发《关于深入学习贯彻习近平总书记一系列重要讲话精神的通知》，举办内蒙古发展的新思路新定位新路径、赤峰市发展思路、产业升级与转方式调结构、习近平总书记系列重要讲话专题学习会及“中国梦·我的梦·尽责圆梦”主题宣讲报告会。市委宣传部向自治区党委宣传部推荐上报 4 个理论中心组典型、4 个学习型党组织建设示范基地、2 个基层大讲堂建设优秀组织单位、5 个自治区示范讲堂、4 名优秀宣讲员。2014 年，市委宣传部在全市党员干部中开展了党的群众路线论文征集奖评活动，共收到论文 120 篇，上报自治区 30 篇，获一、二等奖各 1 篇。在自治区媒体上，总结宣传中共宁城县委中心组、元宝山区教育系统学习型党组织创建和阿鲁科尔沁旗先锋乡基层大讲堂建设等 30 个单位典型经验；编印《习近平总书记系列重要讲话宣讲提纲》5000 册。组织市、旗县区两级宣传部门组建宣讲团，成立 408 支宣讲小分队，深入基层巡回宣讲，听众 150 余万人次。

第二节　宣传教育

一、形势政策宣传教育

1991 年，全市宣传部门结合干部下基层活动，对广大干部群众进行形势教育。全市组成宣讲团 226 个，分赴农村牧区、城市街道、机关和企事业单位进行宣讲。2007 年，市委宣传部结合庆祝自治区成立 60 周年和中国人民解放军建军 80 周年，制定全市形势任务教育活动方案，通过大型图片展、标语、条幅、街头公益广告、宣传图板、宣传橱窗等形式，集中展示自治区成立 60 年来，赤峰市在政治、经济、社会、文化建设上取得的辉煌成就。以“双拥（拥军优属、拥政爱民）共建”为主要内容，地方和驻赤峰部队以及武警部队同台演出大型文艺节目。

2012—2014 年，全市各级宣传部门把宣传社会主义核心价值体系作为形势政策教育的首要任务,有机地融入基层宣讲之中,纳入党员、干部和高校师生的日常学习、培训之中。市委宣传部下发《关于尽责圆梦·共筑中国梦主题宣传工作行动计划》《在全市职工群众中开展"爱岗敬业·实干圆梦"主题实践活动》《组织推动培育和践行社会主义核心价值观实施意见》等文件。各级宣传部门依托各种宣传教育阵地,结合重大节庆日、纪念日,采取集中学习、专家讲座、征文演讲、知识竞赛、标语板报等方式,传播社会主流价值观和正能量。各级各类新闻媒体、网络媒体和各种宣传阵地对此进行广泛宣传。

二、爱国主义宣传教育

1994年8月,中共中央发布《爱国主义教育实施纲要》。1995年之后,市委宣传部根据"实施纲要"和自治区党委的相关要求,下发爱国主义教育"实施意见""实施细则""年度计划""三年规划"。在全市成立各级爱国主义教育领导组织,确立以唱爱国主义主旋律歌曲为全市精神文明建设和宣传思想工作的主题,狠抓爱国主义宣传教育各项任务的落实。确定青少年为爱国主义教育的重点,各中小学校为爱国主义教育的主阵地。市委宣传部与市教育局组织编写爱国主义教育乡土教材《可爱的赤峰》。各级工会、团委、妇联组织和各中小学校,举办以精神文明建设和爱国主义教育为主要内容的各类培训班400余期次。

2008年,清明节期间,组织机关干部、学生和各界群众3000余人参加南山烈士陵园祭扫活动。新中国成立纪念日期间,在红山区文化广场、新城区玉龙广场举行"纪念改革开放30周年暨迎国庆万人升国旗仪式"。2010年,全市城镇利用"百日消夏"平台,展映多部爱国主义教育影片。市委宣传部等部门加强爱国主义教育基地的建设、管理和使用,注重在巩固完善、挖掘内涵、形成网络、提高质量上下功夫,充分发挥全市基地的教育引导功能。

2013—2014年,命名第四批市级爱国主义教育基地12个,全市爱国主义教育基地达到143个,其中市级44个。

三、民族团结进步宣传教育

1991年后,市委宣传部在全市广大干部群众中组织开展学习、宣传、贯彻《中华人民共和国民族区域自治法》活动。1997年,围绕庆祝内蒙古自治区成立50周年,组织各级领导干部和理论工作者撰写文章,总结五十年来坚持民族政策的成功经验,探索民族地区繁荣发展的规律;采取多种形式,加大促进民族团结先进事迹、典型事例的宣传力度。会同市有关部门开展民族团结进步有奖知识竞赛活动,有1万多人参赛。1999年,围绕庆祝中华人民共和国成立50周年,市委宣传部大力宣传党的民族政策,宣传全区各民族平等、团结、互助、共同繁荣进步的大好形势和发展成就。进入21世纪,全市各级宣传部门紧紧围绕"团结、进步、发展"这一主题,在全市组织开展加强马克思主义民族观、党的民族政策的学习宣传教育,深入开展"民族团结进步活动月"宣传活动。全方位、多渠道开展以《中华人民共和国民族区域自治法》为主要内容的民族法律法规和党的民族政策的宣传教育。

四、思想政治工作

农村牧区思想政治工作 1990年,市委宣传部向市委呈送《关于农村牧区社会主义思想教育的调查与思考》的报告,总结分析阿鲁科尔沁旗农村牧区开展社会主义教育的做法和经验。1991—1992年,在全市推广阿鲁科尔沁旗的经验。市、旗县区、乡镇苏木共抽调近万名机关干部和大中专院校教师组成12个工作团、224个工作队、1072个工作组,在全市221个乡镇苏木、1051个村嘎查和1209个乡直机关开展大规模的社会主义思想教育活动,受教育面占全市村嘎查总数的40.7%。2000年,敖汉旗委在全区思想政治工作经验交流会上作了题为《生命线撑起绿色希望》的典型发言。敖汉旗以思想政治工作促进生态建设的经验被自治区确定为建党80周年重点宣传典型,自治区各主流媒体均进行深度报道。2003年,市委宣传部的《赤峰市农村牧区思想政治工作调研报告》在自治区农村牧区思想政治工作座谈会上进行经验交流。2012年之后,全市各级宣传部门充分利用已有的活动阵地和载体,积极开辟农村牧区思想政治工作新的宣传教育途径,充分发挥群众性文化活动的教育功能和引领作用,开展理论大下乡活动和群众性精神文明创建活动,运用典型的力量增强示范性和辐射性,切实增强农村牧区思想政治工作的针对性和实效性。

城镇社区思想政治工作 1991年之后,市委宣传部重点做好从社会管理、公共服务等领域分离人员的思想政治工作,维护城镇改革、发展、稳定的大局,确保社区思想政治工作在加强城镇管理、服务市民生活、促进社会进步等方面发挥重要作用。2001年,全市城镇社区思想政治工作着重做好国有企业下岗职工、非公有制企业从业人员、进城务工人员、机关事业单位分流人员等群体的思想教育。大力宣传在全市两个文明建设中涌现出来的王卫东、旺其格尼玛、李红艳、孟令春等思想政治工作先进典型。2003年,市委宣传部开展社区思想政治工作专题调研,总结经验,查找不足,推出一批调研成果。元宝山区委宣传部的《平庄社区思想政治工作调研报告》在自治区社区思想政治工作研讨会上进行经验交流。2012年之后,全市各级宣传部门通过进一步加强城镇思想政治工作,把居民的思想引导到以经济建设为中心的和谐社会建设中来。各城镇街道办事处、居委会把《核心价值体系学习读本》、“中国梦”、“核心价值观”的学习融入社区宣讲之中,不断扩大学习宣传的社会覆盖面。

企业思想政治工作 1991年,全市企业思想政治工作突出工人阶级主人翁意识和民主管理教育,把企业精神作为企业思想政治工作的支撑点。1994年,为适应社会主义市场经济体制,企业思想政治工作坚持以企业文化建设为重点,遵循“以改进求加强,以创新求发展”的思路,加大自身改革力度,推动企业文化建设进入一个由点到面、由低到高、由浅入深的新的发展阶段。2001年8月,全区企业思想政治工作研讨会在赤峰市草原兴发集团召开。市委宣传部以此为契机,不断探索企业思想政治工作的方法、途径和载体。下发《关于进一步加强企业文化建设的意见》,开展企业文化建设征文,举办"全市企业文化建设高级讲习班",让企业文化建设为企业思想政治工作不断注入新的内容和活力。2008 年,围绕企业文化建设,市委宣传部组织开展全市范围内企业文化建设专项调研活动,调研报告《赤峰市企业文化与和谐企业建设的调查与思考》入选内蒙古企业文化建设协会 2008 年重点调研选题。同年 11 月,在全区企业文化建设座谈会上,赤峰市有 5 家企业进行典型发言。2012—2013 年,市委宣传部表彰 39 家最具社会责任感企业; 全市有 12 家企业文化建设先进单位参加全区企业文化建设暨企业社会责任感论坛表彰会议;联合九部门开展赤峰市首届"百姓心目中最喜爱的'名品'"评选活动,全市有 16 种产品被评为赤峰"名品";开展赤峰市首届十佳"诚信企业、诚信企业家、诚信品牌"评选活动。2014 年 9 月,在赤峰市召开全区东部盟市推进企业界主题实践活动现场观摩经验交流会,赤峰市在会上作交流发言。

学校思想政治工作　进入 20 世纪 90 年代后,针对 1989 年北京春夏之交的政治风波和东欧、苏联巨变造成的不利影响,全市各学校采取有效措施,不断加强学校的思想政治工作。通过政治理论课、德育教育课、专题报告会等形式,对学生普遍进行党的基本路线和方针政策教育,进一步澄清思想模糊认识,提高政治思想觉悟,培养高尚的道德情操。1996 年,市委宣传部会同市委组织部、市教委组成联合调查组,分别深入 8 个旗县区的 40 多所中小学和市直 13 所中等专业学校,对各校内部管理体制改革及德育工作情况进行调查,并形成专题报告呈送市委、市政府。进入 21 世纪,全市以未成年人思想道德建设和大学生思想政治教育为重点,在中小学生中不断深化"做一个有道德的人"主题实践活动,注重行为养成,塑造健康人格;在大学生中开展"立志成才,服务社会"教育活动,使政治理论、形势教育进课堂,帮助大学生树立正确的人生观和价值观,激发大学生报效祖国、奉献社会的时代使命感。2012 年,赤峰学院加强大学生思想政治教育的经验做法上报自治区并广受好评。

第三节　对外宣传

一、重大对外宣传活动

1991—1993 年, 市委宣传部制作的反映赤峰市悠久历史文化的两部电视专题片《辽代塔林》和《赤峰雅乐》,经自治区党委宣传部协助,在外国驻华使馆播出;《中国年鉴》刊登反映赤峰市经济建设成就的稿件和图片;在香港举办的"中旅 92 展销会"上,市委宣传部发放宣传赤峰市投资环境、优惠政策及协作项目等资料近万份;在《澳门日报》《广交会特刊》推出赤峰专版,刊发稿件 6 篇、图片 25 幅;赤峰市举办首届中国北方文化国际学术研讨会,美国华文版《世界时报》用五个版面对研讨会盛况及红山文化进行详细介绍和专题报道。1995 年,中央电视台播放 4 部反映赤峰市两个文明建设成就的电视专题片。1997—1998 年,香港《中华城乡》杂志出版《赤峰专辑》;香港《经济导报》刊载《让世界了解赤峰,让赤峰走向世界》的图文稿件;在赤峰市举办的第二届中国北方文化国际学术研讨会上形成的一些重要研究成果在《中国日报》《大公报》《欧洲时报》上发表。

2003年，在抗击非典型肺炎疫情宣传中，《赤峰传染病院“非典”病房里的临时党支部》新闻和《唤起民众同心干》专题，在中央人民广播电台播出；在阿鲁科尔沁旗和巴林左旗发生5.3级地震的抗震救灾对外宣传中，新华社、《人民日报》、中央电视台等56家媒体、168名记者参与报道，发稿数超过1200篇(条)；在赤峰市建市20周年对外宣传中，内蒙古电视台制作播出五集系列专题片《这一方热土》，《经济日报》连续刊文重点报道赤峰建市20年来的亮点工作，《内蒙古日报》头版头条刊发《乘得东风好行船》新闻通讯。2004—2005年，赤峰市邀请中央电视台“心连心”艺术团到赤峰市慰问演出；北京电视台、赤峰电视台对“鲁能杯”中国乒乓球俱乐部超级联赛、全国少年女子乒乓球联赛赛况进行现场直播，新华社、中央电视台体育频道等媒体播发比赛消息。2007年，在“赤峰有色金属产业发展论坛”专题报道中，《赤峰打造有色金属工业体系》等一批重头稿件在国家和自治区主流媒体刊发。2008年，新华社、中央电视台、《人民日报》、北京电视台、北京奥组委官方网站等主要媒体130多名记者宣传报道北京奥运火炬赤峰站传递活动。

2011年4月，在“内蒙古·香港经贸合作活动周”上，《大公报》《文汇报》《澳门日报》等媒体刊发赤峰市经济社会发展稿件20多篇(条)。同年8月28日，《人民日报》头版头条刊发《开发金山银山，留住绿水青山，赤峰美丽与发展双赢》长篇通讯，实现新中国成立以来赤峰市在《人民日报》头版头条刊发稿件零的突破。同年8—12月，新华网刊播《玉龙故乡，魅力赤峰——新华网记者走进赤峰》专题。2012年，“2012内蒙古·香港经贸合作活动周”期间，《大公报》、凤凰卫视、《澳门日报》等媒体重点报道赤峰市区位、资源、政策等优势；新华社、《人民日报》、中央电视台和内蒙古自治区主流媒体相继报道赤峰市“小希望”捐献器官挽救他人生命的新闻；在中共十八大专题宣传中，《人民日报》图文专版报道赤峰历史文化和旅游资源；第三届“乌兰巴托·中国内蒙古文化周”举办“中国·红山文化展”。2013年，全国人代会、政协会期间，中央电视台《新闻联播》播出赤峰市市长包满达代表关于促进农牧民增收的讨论发言，中央人民广播电台播出对包满达代表的专访；《中国改革报》《中国企业报》专版报道赤峰市发展县域经济、创新优化农牧业发展模式等方面的经验做法。内蒙古·广东科技合作活动周和蒙港澳经贸合作活动周期间，新华社、广东电视台、《大公报》、凤凰卫视等媒体刊播赤峰经济成就类稿件68篇(条、幅)；《人民日报》《内蒙古日报》刊发专版，展示赤峰市30年经济社会发展取得的成就；新华社、中新社等媒体从不同角度对赤峰30年的发展变化进行宣传报道。2014年3月，全国“两会”期间，《人民日报》刊发专访稿《内蒙古赤峰市市长包满达代表：沙化地区要改造低产林》。

二、外宣品制作

1992—1994年，市委宣传部编辑出版系列丛书《赤峰》及《赤峰旅游》；拍摄制作电视专题片《龙的故乡——赤峰》和《赤峰揽胜》;与市邮票公司联合设计,推出反映赤峰市悠久历史文化的三套15枚特种邮票。1995—1997年,市委宣传部编写《赤峰文物大观》,全面展示赤峰市各个历史文化时期的代表文物;协助市邮电局制作中英文对照的“红山文化”和“契丹文化”两套邮折;制作向自治区成立五十周年献礼的四种外宣品:一是大型画册《今日赤峰》,二是系列折页《赤峰市情》《赤峰风情》《赤峰名优特》,三是图书《今日内蒙古·赤峰分册》,四是一部电视专题片《今日赤峰》。

2000年3月,“中华第一龙”——红山C型碧玉龙作为6枚龙文物特种邮票中的首枚在全国公开发行。2003—2005年,市委宣传部制作展示赤峰历史文化、自然风光、民族风情和发展优势的外宣精品画册《中国赤峰》和电视片《锦绣赤峰》;在中央电视台推出“中华龙的故乡,北方文明的摇篮,世界地质奇观,距北京最近的草原——中国·赤峰”形象推介片;制作中央电视台“心连心”艺术团赴赤峰慰问演出《吉祥草原》光盘、《正大综艺·赤峰专辑》光盘、《走遍中国·赤峰》和《探索·发现——赤峰五千年的文明》光盘1万张;印制《“心连心”——吉祥草原》挂历3000册、明信片5000份。2008—2010年,印制《圣火耀赤峰——奥运火炬接力赤峰传递新闻背景资料手册》;拍摄制作形象宣传片《赤峰——崛起新世纪》,在赤峰市召开的全区第六次精神文明建设经验交流会上播放和展示;出版赤峰市原创歌曲精品选辑《红山情》和大型画册《赤峰神韵》。

2011—2013年,市委宣传部配合市旅游局制作旅游形象宣传推介片《神奇草原,美丽赤峰》,在中央电视台播出;拍摄制作宣传片——《玉龙故乡,魅力赤峰》,在呼和浩特新华广场等公共场所LED播放;编辑制作大型画册《赤峰》和图书《赤峰三十年》,为赤峰建市三十年献礼。2014年8月,拍摄制作“激情十三运,腾飞新赤峰”专题宣传片和“十三运”主题歌MTV,制作“十三运”集锦画册和《印象赤峰》书刊。

第四节　新闻宣传

一、专项宣传

全国党代会精神宣传　1992—2012年,全国党代会召开期间,赤峰市各新闻媒体都开辟专栏,全面宣传报道全市各地、各部门学习贯彻党代表大会精神的行动和成效。2002年,《赤峰日报》刊发学习贯彻中共十六大精神稿件120多篇,赤峰电视台播发稿件141条,赤峰人民广播电台发稿468篇。2007年,《赤峰日报》对中共十七大代表、平煤集团职工荆向斌进行事迹专访,对中共十七大开幕盛况和报告内容进行连续报道;赤峰电视台开办“迎接十七大,喜看新变化”等专栏,展示发展成就,报道先进典型。2012年,中共十八大闭幕后,赤峰市各媒体深入解读中共十八大报告,推出系列评论文章和理论文章,及时报道全市各地、各部门学习贯彻中共十八大精神的部署和进展情况,深入报道全市各级党委、政府落实中共十八大精神的新思路、新举措、新进展。

市党代会精神宣传　1990—2011年，中共赤峰市委共组织召开五次党员代表大会。市委宣传部每次都把贯彻落实党代会精神作为新闻宣传工作的重点，组织新闻媒体进行广泛深入的宣传报道。2006年，各媒体集中宣传市第五次党代会精神。《赤峰日报》共刊发消息、通讯、言论、侧记、特写、专访等文字稿件52篇、图片33幅；赤峰人民广播电台大力宣传全市经济、政治、文化建设和改革开放取得的巨大成就；赤峰电视台播发稿件48条。2011年，市第六次党代会召开前，市直媒体推出系列综合性报道。会议期间，利用侧记、花絮、图片新闻、嘉宾访谈等形式，及时刊播会议开闭幕消息，并配发社论、评论。会后，宣传全市各地、各部门学习贯彻市第六次党代会精神，谋划抓大项目、好项目的思路和做法。

全市"两会"宣传　1991—2014年，赤峰市每年都举行人民代表大会和政治协商会议。每年的"两会"，市委宣传部都组织新闻媒体进行全方位的宣传报道。2006年，《赤峰日报》开辟"两会走笔""两会花絮""两会侧记""基层代表委员之声"等多个栏目，共刊发各类新闻稿件89篇、新闻图片28幅；赤峰电视台"直通两会""记者会眼"专栏，多形式解读《政府工作报告》。2009年，"两会"报道体现贴近国家大政方针、贴近代表委员、贴近百姓民生特色。赤峰人民广播电台播发报道100多篇，采访代表委员近200人次；赤峰电视台四档新闻栏目共开设11个专栏，发稿192条。

国有企业改革与发展宣传　1992—1996年，市委宣传部组织市直新闻媒体，围绕国有企业改革与发展，以"国企雄风"为主题，进行突出宣传。对企业转换经营机制起步较早的双马集团，以《双马与改革同行》为题，全面反映该公司的改革进程和成功经验并拍摄专题片；连续报道宁城老窖集团、赤峰宏峰公司等国企典型。各媒体普遍开设"来自一线的报道"专题、专栏，60余名记者深入一线采访，累计刊播稿件1500余篇。1998—2000年，市委宣传部组织市直新闻媒体开展"工业经济攻坚战"宣传，对市直国有企业改革与发展进行高密度大容量报道。

实施农牧业产业化战略宣传　2002年，市直新闻媒体开辟专栏，对全市实施农牧业产业化战略进行广泛深入的宣传。《赤峰日报》推出专版20个，刊发稿件70多篇、照片30余幅，全方位宣传报道赤峰市推进农牧业产业化的重大举措和经验成效；赤峰电视台开辟"强力推进农牧业产业化"专栏，播发稿件56条；赤峰人民广播电台开设"赤峰大地产业化见闻录""推进产业化，唱响丰收歌"等专栏，对全市各地推进农牧业产业化工作进行深入报道，共播发稿件298篇、系列报道52组。

"工业强市"战略宣传　2002年，全市各新闻媒体对全市重点工业项目进行立体化宣传。《赤峰日报》推出"工业强市"专版11个，发稿20余篇、图片10余幅；赤峰电视台开辟"来自重点工程的报道"等专栏，播发稿件34条；赤峰人民广播电台开设"工业强市"专栏，发稿171篇。2006—2008年，《赤峰日报》推出"项目篇""产业篇""园区篇""招商篇"四组有关"工业强市"战略系列报道，全面展示全市工业发展的成效；赤峰人民广播电台播出全面深入反映全市工业经济进展和成就的广播稿56篇组；赤峰电视台对全市十七个重点项目建设进展情况进行阶段性采访报道。

专题学习教育活动宣传　1998—2000年,赤峰市新闻媒体对全市“三讲”教育活动进行重点宣传报道。刊播对“三讲”教育有指导意义的评论文章和领导干部参加“三讲”教育的体会文章及典型经验。2003年,各媒体把学习贯彻“三个代表”重要思想作为贯穿全年各项宣传报道的重点,发挥各自优势,先后开设“践行‘三个代表’,加快赤峰发展”等20个专栏、专题,广泛深入地宣传报道全市各地、各部门学习动态和先进典型,刊播新闻700多篇(条)、专题100余个。2008—2009年,市各新闻媒体对全市学习实践科学发展观教育活动进行重点宣传报道。市委宣传部专门下发《学习实践科学发展观新闻宣传方案》,各媒体开设专栏。《赤峰日报》对市委确定的60多个活动试点单位跟踪报道,刊发稿件230多篇;赤峰人民广播电台开设“科学发展,共建和谐”等专栏,播发稿件350多篇;赤峰电视台播发全市学习实践科学发展观活动进展情况、成功经验、先进典型、理论成果和实际效果的新闻和其他稿件294篇(条)。2010—2012年,全市各级党组织自上而下广泛深入开展创先争优活动,市委宣传部组织各新闻媒体对此进行重点宣传报道。各媒体通过“创先争优进行时”“先锋颂”“大家谈”三个专栏,开展“贴民心、亮承诺、比践行”系列访谈活动。2014年,市各新闻媒体对全市党的群众路线教育实践活动进展情况、经验做法、典型人物和事迹进行重点宣传报道。特别是对中央政治局常委、国务院总理李克强两次到赤峰及翁牛特旗视察活动,进行突出报道。同时,紧紧把握领导视察时间节点,开设专栏、专题、专版,对领导关注的重点领域、重点工作进行深入的宣传报道,集中推出一批新闻稿件。

红山文化节宣传　2006—2012年,赤峰市每年举办一次红山文化节。市委宣传部组织新闻媒体对历届红山文化节进行专题宣传。2006年,首届红山文化节期间,《赤峰日报》共发稿80余篇,图片50余幅,专版3块;赤峰人民广播电台邀请市文化局局长、央视《鉴宝》节目总导演及著名演唱家等嘉宾做客直播间,进行直接访谈;赤峰电视台开办10个专栏,播发新闻194条,制作专题片11部,录制大型文艺演出4场。2008—2009年,“内蒙古第五届国际草原文化节暨赤峰市第三届红山文化节”“内蒙古首届马头琴节暨赤峰市第四届红山文化节”期间,《赤峰日报》以消息、通讯、言论、图片等形式宣传报道文化节盛况及各项活动内容。2012—2013年,在第七届、第八届红山文化节暨两届“中国·印城文化节”举办期间,各媒体对文化节开幕式大型文艺演出及群众性广场文艺演出、文化交流与研讨活动、经贸活动进行系列宣传报道。

“中国梦”宣传　2013年之后,市各新闻媒体普遍开设“中国梦”专栏专题,以理论文章、言论评论、对话访谈等形式,多角度不间断地宣传“中国梦”的丰富内涵。围绕自治区“尽责圆梦”主题教育实践活动,推出一批立足本职岗位、实现心中梦想的典型人物。

二、重点报道

处置突发事件报道　2003年春,各新闻媒体对全市抗击非典型肺炎进行及时报道。市直各新闻媒体共刊播抗击"非典"稿件 2200 篇(条),图片 150 余幅,专版 46 块,专题 100 多组,专题片 53 部,知识讲座 115 集。2009 年,赤峰市发生水污染事件和氨气泄漏事件,市委宣传部组织各新闻媒体积极应对、主动引导。《赤峰日报》连续在头版刊发稿件 30 余篇、新闻图片 7 幅;赤峰人民广播电台直播市委、市政府每次召开的新闻发布会;赤峰电视台各档新闻栏目快速准确报道两起事件起因、事件进展和市委、市政府采取的处置措施,累计播发新闻 162 条,播放滚动字幕近 200 次。

庆祝内蒙古自治区成立六十周年宣传报道　2007 年,《赤峰日报》头版开设"发展足迹——庆祝自治区成立 60 周年"专栏,重点展示全市各行各业、各条战线取得的辉煌成就。赤峰人民广播电台汉语新闻节目推出"沿着历史的足迹"系列报道,播发稿件 38 篇;同时策划推出"我看辉煌 60 年"人物系列访谈,从各层面反映 60 年来赤峰市的发展变化。赤峰电视台开设动态类、成就类、庆典类六十年大庆专栏,推出上百篇报道。

北京奥运会火炬传递报道　2008 年 7 月 10 日北京奥运会圣火在赤峰市传递。《赤峰日报》逐一报道赤峰市参加奥运火炬传递的 58 名选手的事迹。奥运火炬在赤峰传递当天,推出《奥运火炬传递》专刊。赤峰人民广播电台汉语综合广播与中央人民广播电台联合播出长达 4 小时的大型直播节目《玉龙狂舞,草原燃情》。赤峰电视台《赤峰新闻》《直播生活》合拍制作《圣火耀赤峰》特别节目,全程记录奥运圣火传递盛况。

庆祝中华人民共和国成立 60 周年宣传报道　2009 年,《赤峰日报》头版开设"辉煌 60 年"专栏,发稿 13 篇;开设"小城故事"栏目,刊发稿件 41 篇。赤峰人民广播电台推出 70 组节目。赤峰电视台《赤峰新闻》推出"辉煌 60 年,魅力新赤峰"大型系列报道,播出 37 组共 111 条消息;《直播生活》播出"见证赤峰 60 年"系列报道,共播发 10 个系列。

内蒙古自治区精神文明建设经验交流会宣传报道　2010 年 3 月,赤峰市各新闻媒体及时全面报道"迎会"筹备工作和各项活动开展情况。以《文明花开别样红——全市两个文明建设协调发展系列报道》为题,各媒体同步启动全市两个文明建设成就报道,同时报道全区精神文明建设经验交流会盛况。《赤峰日报》刊发稿件 20 篇,赤峰人民广播电台播发稿件 415 篇。

纪念中国共产党成立 90 周年宣传报道　2011 年,市直各新闻媒体统一开设"党旗飘飘·纪念建党 90 周年""党旗飘飘·先锋颂""党旗飘飘·历程"三个专栏,各有侧重地宣传报道全市各地以纪念中国共产党成立 90 周年为主题开展的领导慰问、座谈会、报告会、知识竞赛、征文等纪念和宣传教育活动。

创建全国文明城市宣传报道　2012 年,市委宣传部组织各新闻媒体宣传报道赤峰市创建全国文明城市工作的目标、要求以及进展、经验和成效。各媒体大密度刊播"讲文明、树新风"公益广告,适当曝光不文明行为。2014 年 11 月,在中央文明办到赤峰检查前夕,各新闻媒体对创建全国文明城市工作进行集中报道,为创建全国文明城市工作营造良好的舆论氛围。

建市 30 周年宣传报道　2013 年,在赤峰市建市 30 周年之际,市委宣传部组织各新闻媒体对赤峰30年来取得的巨大成就进行重点宣传报道。各媒体以消息、通讯、综述、评论、图片等形式,全面反映全市各方面天翻地覆的发展变化,对庆祝赤峰建市30周年大会、全市民族团结进步表彰大会、30周年成就展、群众性文体活动进行集中报道。

第五节 文化与网络宣传

一、“五个一”工程

1992年,中共中央宣传部组织实施精神文明建设“五个一”工程评选活动,之后每年评选一次。活动主要是评选五个方面的精品佳作,即一部好的戏剧作品,一部好的电视剧作品,一部好的电影作品,一本好的图书(仅限社会科学方面),一篇好的理论文章(仅限社会科学方面)。1995年,将一首好歌和一部好的广播剧也列入评选范围。市委宣传部根据中共中央宣传部、自治区党委宣传部的安排部署,认真组织开展这项活动。1993—2014年,全市广大文艺工作者辛勤耕耘,创作出一大批富有鲜明时代精神和浓郁生活气息、思想性与艺术性完美结合、为群众所喜闻乐见的文艺精品佳作。在自治区党委宣传部组织的一至十二届全区“五个一”工程评选活动中,赤峰市共有72件作品获奖。

二、网络宣传

2004年8月,内蒙古新闻网赤峰频道开通。赤峰新闻网设新闻、政务、支柱产业、文化等11个栏目,准确及时发布地区新闻和具有浓郁文化特色的信息,展现赤峰市经济社会发展各方面取得的成就。2009年,赤峰新闻网开设“赤峰市深入学习实践科学发展观”“净化社会文化环境促进未成年人健康成长”等网络宣传专题。同年9月,为庆祝中华人民共和国成立六十周年,赤峰新闻网推出《赤峰60年变革图强记忆》大型网络摄影图片展,展出近300幅珍贵照片,其中大部分照片为首度公开。同年12月,“新华网·赤峰”频道正式开通。2010年3月,赤峰新闻网开通“赤峰新闻联播”视频栏目,公众可随时点播观看赤峰电视台播出过的赤峰新闻节目。开设“全区第六次精神文明建设经验交流会专题报道”“文明行车 文明乘车”“创先争优”等专题和专栏;与赤峰市社科联合作开设“赤峰市社会科学知识百题问答”栏目;完成“两个文明访谈录”网络视频制作。

2012年,市互联网信息办公室编发互联网信息专刊192期,其中市委、市政府主要领导批示21次。赤峰新闻网开设“2012年赤峰市两会专题”“小希望生命的延续”“赤峰市首届金融博览会”“第九届内蒙古草原文化节”等网络专题宣传。2014年,市委宣传部下发《关于组织推动“活力内蒙古”网上主题宣传活动实施方案》,开设“党的群众路线教育实践活动”“内蒙古自治区第十三届运动会”“创建全国文明城市” 等专题,进行广泛宣传。

第三章　精神文明建设

第一节　建设历程

赤峰市精神文明建设工作起步较早，曾作为内蒙古自治区的典型代表，先后参加在蚌埠、三明、沙市、烟台、张家港等地召开的全国精神文明建设工作会议并交流经验。自治区于1992年、1996年、2010年三次在赤峰市召开全区精神文明建设现场会或经验交流会。2011年12月，赤峰市被中央文明委命名为“全国文明城市提名资格城市”。赤峰市精神文明建设大体经历四个发展阶段。

一、起步阶段

1983—1986年为精神文明建设起步阶段。重点以治理“脏、乱、差”为主要内容，即搞好环境卫生，解决一个“脏”字；整顿公共秩序，解决一个“乱”字；提高服务质量，解决一个“差”字。以“五讲四美三热爱”（讲文明、讲礼貌、讲卫生、讲秩序、讲道德，心灵美、语言美、行为美、环境美，热爱共产党、热爱祖国、热爱社会主义）活动为中心环节，以创建文明村镇、文明单位为基本抓手，开展精神文明建设。成立赤峰市“五讲四美三热爱”活动委员会，下设“五四三”办公室，具体负责全市的精神文明建设工作。

二、发展阶段

1987—1996年为精神文明建设发展阶段。按照市委印发的《赤峰市“八五”时期精神文明建设规划》，继续治理环境“脏、乱、差”，开展“讲文明，树新风”活动。以“岗位学雷锋，行业树新风”为主题，开展行业“文明杯”“公仆杯”“优质服务杯”评比竞赛活动及“六十佳”评选表彰活动，大力加强公民思想道德建设，为全市经济社会发展提供思想保证和精神支持。以创建文明村镇、开展“十星级文明户”评比竞赛活动为抓手，深入开展农村牧区精神文明建设。

三、深化阶段

1997—2006年为精神文明建设深化阶段。市文明委下发《赤峰市“九五”期间社会主义精神文明建设总体规划》《关于加强精神文明建设的决定》等一系列文件。认真贯彻落实《公民道德建设实施纲要》，开展“学纲要、讲文明、提素质、树形象”主题宣传教育活动；在市中心城区实施“绿化、亮化、美化”工程，使创建文明城市的硬件建设实现重大突破；开展创建星级文明城镇竞赛活动，解决了在精神文明建设中存在的文明言行、环境卫生、服务质量、交通秩序等方面的突出问题。开展评选表彰“道德模范”“感动赤峰人物”等公民道德实践活动和群众性精神文明创建活动，推动精神文明建设工作向纵深发展。

四、提升阶段

2007—2014年为精神文明建设提升阶段。围绕提升公民文明素质和社会文明程度,大力实施"以会促创、典型示范"精神文明建设重点突破推进战略。全市精神文明建设工作以创建全国文明城市为切入点,把社会主义核心价值体系贯穿于精神文明建设全过程,进一步开展"讲文明,树新风"、志愿服务、道德模范评选表彰等活动;开展以"培育弘扬新时期赤峰精神,凝心聚力谋发展促发展"为主题的赤峰精神大讨论活动;加强未成年人思想道德建设,深化群众性精神文明创建活动,市民文明素质和社会文明程度显著提高。

第二节　文明创建

一、创建文明行业和单位

自1984年开始,赤峰市在各级党政机关、企事业单位和各行各业开展创建文明单位活动。1991年之后,在全市开展文明行业创建活动,各有关部门从"窗口"单位和基层站、所抓起,以条为主,条块结合,齐抓共管,深入开展创建文明行业和文明单位活动。1993年,全市评出市级文明单位563个。1995年,市文明委组织开展以"岗位学雷锋,行业树新风"为主题的行业"文明杯"竞赛活动,全市宾馆(饭店、招待所)、商场(店)、医院等14个行业参加竞赛。1997年,市文明委下发《赤峰市1997—1998年开展"文明杯"竞赛,创建文明行业活动实施方案》,全市12个"窗口"行业全部实行社会服务承诺制,27个执法执纪部门推行政务公开制,当年命名表彰首批文明行业示范点28个。1998年,全市有14个"窗口"单位被命名为自治区创建文明行业示范点。

2005年,全市有13个单位受到中央文明委的表彰;有4个单位被自治区命名为文明单位标兵,16个单位进入自治区文明单位行列。2007年, 有130个单位被评为市级文明单位标兵和市级文明单位。2011年,全市有8个单位被自治区命名为文明单位标兵,19个单位进入自治区文明单位行列。2014年,市文明委在全市"窗口"行业(系统)开展"创建全国文明城市,建文明示范窗口暨第四届'文明杯'竞赛评选"活动,40个优胜单位和40名服务标兵受到表彰。赤峰市国税局、赤峰市地税局、敖汉旗人民检察院被中央文明办授予全国文明单位称号。

二、创建文明城市

1995年,市文明委按照中央文明委和自治区文明委的总体部署,从提高市民文明素质和城市文明程度入手,扎实开展文明城市创建活动。1998年4月,市委、市政府印发《赤峰市文明城市(城镇)建设纲要》,对创建文明城市工作做出安排部署。2001年,市文明委下发《赤峰市创建全国文明城市活动方案》,从思想道德建设、优美环境、优良秩序、文化建设、文明社区创建、星级文明城市创建六大方面着手,全面推进文明城市创建工作。2011 年，赤峰市重新启动创建全国文明城市工作（简称“创城”工作），市第六次党代会明确提出要把赤峰市建设成全国文明城市的奋斗目标。同年 7 月，赤峰市顺利通过中央文明办委托自治区文明办对创建全国文明城市工作的考核测评；同年 12 月，赤峰市被中央文明办命名为“创建全国文明城市提名资格城市”。

2012—2014 年，赤峰市“创城”工作进入第一个周期阶段。坚持“创建为民、创建惠民、创建育民”的“创城”工作指导思想，分年度明确工作步骤和任务。市委、市政府印发《赤峰市创建全国文明城市工作实施方案》，把“创城”任务逐条分解落实到红山区、松山区、元宝山区和 78 个市直及中区直相关部门，实现“创城”任务全覆盖。2013 年 8 月，市人大常委会、市政协组织人大代表、政协委员对“三区”和市直相关责任单位“创城”工作进行督查，并将督查结果和建议提交市委、市政府。中央文明办委托国家城调队对赤峰市 2013 年城市文明程度指数进行测评，测评成绩位列全国 61 个地级提名资格城市第 24 位，较 2012 年上升 13 位。2014 年，赤峰市的“创城”工作进入冲刺阶段。成立以市党政主要领导任总指挥的“赤峰市创建全国文明城市工作指挥部”，实施“创城”工作“一把手”工程。对“三区”及市直 78 个“创城”责任单位的“创城”任务进行再细化、再部署、再落实。

三、创建星级文明城镇竞赛活动

1995 年，按照自治区党委《全区星级文明城镇和文明杯竞赛活动实施方案》的安排部署，赤峰市在 12 个旗县区所在地开展星级文明城镇竞赛活动，红山区、元宝山区为甲组（地级市的市区），由自治区文明委考核验收命名；其他 10 个旗县区为丙组（城镇组），由各盟市组织验收命名，每两年评比一次。第一届竞赛活动以创建优美环境、优良秩序、优质服务为目标，以解决文明言行、环境卫生、服务质量、交通秩序四个方面存在的突出问题为重点，分 13 个方面内容进行检查验收。1996 年，在第一届竞赛评比活动中，红山区、元宝山区被自治区文明委评为三星级文明城区；松山区穆家营子镇、敖汉旗新惠镇、巴林右旗大板镇、翁牛特旗乌丹镇被市委、市政府命名为三星级文明镇；喀喇沁旗锦山镇、克什克腾旗经棚镇、林西县林西镇、宁城县天义镇、巴林左旗林东镇、阿鲁科尔沁旗天山镇被市委、市政府命名为二星级文明镇。

2001 年，按照自治区文明委《关于在全区开展创建星级文明城市（区）、文明旗县、文明镇（乡苏木）、文明村（嘎查）系列竞赛评比活动的通知》精神，在全市开展创建星级文明城区、文明旗县、文明镇（乡苏木）、文明村（嘎查）系列竞赛评比活动。星级文明系列竞赛评比活动设十星级，以千分制评定（各城镇原星赛成绩不变），每两年评比一次。2007 年，赤峰市被自治区文明委授予星级文明称号的有：红山区、元宝山区被授予八星级文明城区，松山区被授予七星级文明城区；翁牛特旗、敖汉旗、巴林左旗、喀喇沁旗被授予八星级文明旗县，阿鲁科尔沁旗、宁城县、巴林右旗、林西县、克什克腾旗被授予七星级文明旗县；全市被授予五星级文明镇（乡苏木）5 个、四星级文明镇（乡苏木）20 个、三星级文明镇（乡苏木）24 个、二星级文明镇（乡苏木）17 个、一星级文明镇（乡苏木)11个。

四、召开全市精神文明建设经验交流会

2002年8月28日至29日,市委、市政府在赤峰宾馆召开全市精神文明建设大会。会议决定从2003年起,在全市实施“以会促创、以会促建、典型示范”战略。每年选择一个旗县区承办全市精神文明建设经验交流会,由市委、市政府主办。当年9月第一次会议在巴林左旗林东镇召开,第二次于2004年8月在喀喇沁旗锦山镇召开,第三次于2005年8月在元宝山区平庄镇召开,第四次于2006年9月在敖汉旗新惠镇召开,第五次于2007年8月在红山区、松山区召开,第六次于2008年8月在赤峰召开,第七次于2009年8月在克什克腾旗经棚镇召开,第八次于2012年9月在阿鲁科尔沁旗天山镇召开,第九次于2013年9月在翁牛特旗乌丹镇召开,第十次于2014年9月在宁城县天义镇召开。以会促创取得明显成效,示范带动全市精神文明建设不断开创新局面。

五、农村牧区精神文明建设

创建文明村镇　进入20世纪90年代,赤峰市以提高农牧民素质、致富奔小康为目标,坚持从抓户、抓村、抓小城镇入手,多形式开展创评文明户、文明村、文明小城镇、文明一条街等文明村镇创建活动。1997—1998年,在全市农村牧区创建“文明一条街”1214条,其中乡(苏木镇)级“文明一条街”248条,村(嘎查)级“文明一条街”966条。1999年,赤峰市被中央文明委命名为“全国创建文明村镇工作先进市”;敖汉旗二道湾子村、元宝山区山前村被中央文明委分别命名为全国文明村镇示范点和全国创建文明村镇工作先进单位。2005—2013年,全市各地按照上级要求,参加中央文明委在全国进行的文明村镇评比活动。先后被评为全国文明村镇的是:2005年元宝山区前进村、宁城县热水镇,2008年敖汉旗长胜镇、喀喇沁旗王爷府镇,2011年元宝山区建昌营村、敖汉旗贝子府镇。2011年,喀喇沁旗被评为全国文明县城。2008年,敖汉旗、阿鲁科尔沁旗被评为全区文明旗县城;元宝山区元宝山镇、松山区穆家营镇、元宝山区元宝山镇南荒村、喀喇沁旗十家满族乡三道营子村、宁城县汐子镇二十家子村、敖汉旗新惠镇扎赛营子村被评为全区文明村镇。其间全市共评选出市级文明村镇72个。2014年,农村牧区精神文明建设工作全面加强,文明村镇创建水平进一步提高。宁城县汐子镇、元宝山区元宝山镇南荒村、翁牛特旗乌丹镇赛沁塔拉嘎查晋级全国文明村镇行列;翁牛特旗“孝心村”建设在全区甚至全国产生广泛影响;宁城县着力打造20多个孝老爱亲示范村(社区);巴林右旗各文明单位与村嘎查结对帮扶,推动村嘎查经济、文化、人居环境得到较大提升。

“十星级文明户”评比竞赛活动　1991年后,在全市农村牧区广泛开展创建“十星级文明小康户”评比竞赛活动(“十星”为五爱星、致富星、科技星、文教星、法制星、计生星、新风星、团结星、诚信星、卫生星)。1996年,市委、市政府印发《全市农村牧区开展达小康竞赛活动实施方案》,市文明委下发《文明小康户评比标准》,各地认真组织实

施。到 1997 年末，全市 85 万农牧户中参加创建活动的达到 72.2 万户，参赛率达到 85%。其中有 21.6 万户被评为“十星级文明小康户”，占参赛总户数的 30%以上；“五星级”以上文明小康户挂牌率达 95%以上。2010 年之后，市文明委在创建“十星级文明户”活动中增加做“文明农牧民”活动，评选条件为爱国、爱党、爱集体、爱家乡，履行公民义务等。对“十星级文明户”实行动态管理，对达标的及时晋“星”，对创建滑坡、违反标准的及时降“星”。截至 2014 年 12 月，全市共评出自治区级“十星级文明户”62 户，“文明农牧民”77 人；评出市级“十星级文明户”150 户，“文明农牧民”130 人。

文明长廊建设　1992—2000 年，市文明委在全市主要交通沿线的 89 个乡镇苏木、443 个村嘎查、12 个旗县区所在地实施文明长廊建设工程。围绕文明长廊建设，市文明委每年确定一项重点工作，实行专项推进。1994 年 7 月，在宁城县召开全市文明长廊建设现场会。与会人员实地参观宁城县集贸市场、乡村企业、学校、公路道班和农户等文明长廊建设情况。到 2000 年，全市文明长廊建设取得显著成绩，以交通沿线和小城镇建设为依托、以路边经济开发为重点、以两个文明建设同步发展为目标的文明长廊框架基本形成；城镇基础设施建设、公路建设、乡镇企业、农牧业基础设施建设、文明村镇以及十星级文明户创建、绿化美化建设等取得明显突破。

创建“千里文明大通道”　2004—2008 年，市委、市政府印发《创建“千里文明大通道”活动实施方案》。创建范围以各旗县区城关镇为重点，以国道、省道沿线特别是旅游道路沿线的乡镇苏木、村嘎查为主干线，逐步向市、旗县区公路沿线延伸。市文明委把此项工作作为加强农村牧区精神文明建设的重要载体，在每年年初召开的文明办主任会议上进行专题部署。2006—2008 年，选择 3 个村进行文明生态村试点，与国家、自治区新农村新牧区试点结合，多元投入，齐抓共建。通过活动，把公路沿线打造成诚信大通道、整洁大通道、生态大通道、文化大通道、平安大通道。

第三节　思想道德教育

一、公民道德建设

1991 年后，全市公民道德建设继续开展“五讲四美三热爱”活动。1997 年，市文明办根据中共十四届六中全会通过的《关于加强社会主义精神文明建设若干重要问题的决议》精神，突出重点行业、重点人群，有针对性地开展社会公德、职业道德、家庭美德宣传教育，创办市民文明学校，编印《文明市民必读》和《赤峰市精神文明建设法规选编》等教材，组织开展“向不文明告别，争做文明市民”万人签名活动，倡导市民“讲文明话、办文明事、做文明人”。

2001 年 9 月，中共中央颁布《公民道德建设实施纲要》。市委、市政府印发《关于贯彻〈公民道德建设实施纲要〉实施意见》，市文明办编印《公民道德建设学习读本》和《公民道德教育读本》17000册,为干部群众提供通俗易懂的学习教材。2002年之后,全市上下普遍开展“学纲要、讲文明、提素质、树形象”主题宣传教育活动,围绕建设“诚信赤峰”这一主题,广泛开展诚信企业、诚信产品、诚信单位、诚信个人评比表彰活动;举办以“道德与诚信”为主要内容的“公民道德论坛”;开展公民道德先进典型评选活动。2006年,在全市开展社会主义荣辱观教育,依托“知荣辱、树新风、促和谐”主题实践活动,引领社会文明风尚。2008—2009年,围绕改革开放30周年、中华人民共和国成立60周年,市文明办举办“我看改革开放30年”主题演讲和“爱国歌曲大家唱”等活动。

2011年7月,围绕中国共产党成立90周年,市委宣传部、市文明办在新城区玉龙广场举办“激情红歌,唱响赤峰”大型广场红歌演唱会,有近万人参加。2012—2013年,市文明办下发《赤峰市“道德讲堂”建设实施方案》,建立赤峰市“道德讲堂”总堂。市级以上文明单位及百人以上食品、药品企业和窗口单位全部建立“道德讲堂”,全市共有各类道德讲堂239个。2014年,按照上级要求,市文明办下发《关于在全市开展“善行义举榜”建设的实施方案》,在全市各领域广泛开展以“仁、义、诚、敬、孝”为主要内容的“善行义举榜”建设工程,并参加中宣部“善行义举榜”网上测评工作。

二、未成年人思想道德建设

2004年,中共中央、国务院颁布《关于进一步加强和改进未成年人思想道德建设的若干意见》,市委、市政府印发《关于加强和改进未成年人思想道德建设的实施意见》。市文明委对目标任务进行分工,明确各地各相关责任单位的工作任务、目标要求和保障措施,并把此项工作列入精神文明建设年度考核内容。2012年,市文明办把未成年人思想道德建设工作作为创建全国文明城市的前置条件,对照《全国未成年人思想道德建设工作测评体系》进行细化和分工,提出目标要求。

净化社会文化环境 2007—2008年,市文明委召开全市净化社会文化环境工作会议,与相关部门联合下发《优化未成年人成长环境集中整治网吧实施方案》,重点进行网吧治理。2011年,全市开展净化社会文化环境“百日集中整治”行动,严厉打击出售盗版书籍的违法行为,坚决取缔黑网吧。截至2013年末,全市各级文化市场综合执法机构累计出动执法人员13.5万余人次,检查网吧9万余家次,查处接纳未成年人网吧6000余家次,取缔无证经营黑网吧280余家;检查出版物市场经营单位12万余家次,销毁各种非法书刊、音像制品合计82.2万册(张);从社会“五老”人员中招募800名网吧义务监督员。

主题教育实践活动 2005—2007年,市文明办与市教育局组织全市中小学生参与全区未成年人思想道德建设知识竞赛和纪念抗日战争暨世界反法西斯战争胜利60周年知识竞赛活动,获自治区“组织工作奖”;与市妇联共同开展“争做合格父母,培养合格人才”活动,依托家长学校,发挥家庭教育的基础作用;在全市中小学校组织开展以“共享阳光”为主题的未成年人思想道德建设教育实践活动;红山区第三小学“135育人行动”入选中央文明办创新案例“六十佳”。2008—2009年,市文明办组织全市中小

学生参与“做一个有道德的人”网上签名活动和“抗震救灾英雄少年”网上评选投票活动；开展“文明规范伴我成长”活动，重点实施“学校育人”“家庭育人”“环境育人”工程。2010年，元宝山区五家镇中心校被中央文明办确立为全国“做一个有道德的人”主题实践活动联系点。2011年，开展“中华经典诵读”、“童心向党”歌咏、“优秀童谣”征集传唱等活动，有5首优秀童谣被中央文明办采用。2012年，开展“网上祭英烈”“向国旗敬礼、做一个有道德的人”网上签名寄语活动；克什克腾旗红山子总校、红山区回民实验小学获得全区“经典诵读特色学校”称号，5名学生获“经典诵读小明星”称号；开展第三届全市“美德少年”评选活动，评选出40名“赤峰市美德少年”，有4人被评为“内蒙古自治区美德少年”。2014年，参与“网上祭英烈”和“向国旗敬礼”活动的人数分别达到55万和103万，均位于自治区各盟市前列。

三、“赤峰精神”大讨论活动

1996年4月，市文明办在全市组织开展塑造“赤峰精神”活动。通过广泛征集、研究讨论、高度凝练，初步形成“同心同德、自奋自强、开拓开放、争优争先”的“赤峰精神”表述语。1997年，继续举行“赤峰精神”征集活动，经过两年的征集、提炼，把“赤峰精神”基本概括为“团结、开拓、务实、争先”。2011年3月，按照市委要求，市文明委在全市启动以“培育弘扬新时期赤峰精神，凝心聚力谋发展促发展”为主题的“赤峰精神”大讨论活动。2012年初，市委办公厅印发《关于继续深入开展新时期赤峰精神大讨论活动的通知》。活动坚持紧扣主题、注重教育、力促发展的原则，分宣传发动、组织讨论、概括提炼、弘扬推广四个阶段进行。全市共组织各级各类讨论会60多场（次）；《赤峰日报》刊出新时期“赤峰精神”大家谈专版30期、大讨论专栏14期，赤峰电视台播出“赤峰精神”赤峰人系列访谈12期；共征集来自市内外新时期“赤峰精神”表述语834条、理论文章130篇。专家学者从中遴选拟定5条表述语，在新闻媒体公布，接受市民投票评选，共有109403人参与投票。在充分吸纳群众智慧和专家意见的基础上，经市委常委会会议讨论决定，将“赤诚勤勉，开放包容，崇文重教，勇攀高峰”定为“赤峰精神”表述语。2013年6月，市文明委召开“赤峰精神”发布会，市委办公厅印发《关于在全市开展“赤峰精神”学习宣传实践活动的实施意见》，宣传实践“赤峰精神”活动在全市展开。

四、道德先进典型评树活动

1993—2001年，在公民道德建设和实践中，赤峰市充分发挥先进典型的示范引领作用，推出一批体现民族精神和时代精神的道德典型。市文明委在全市范围内组织开展十佳公务员、十佳模范员工、十佳小康带头人、十佳科教工作者、十佳服务标兵、十佳执法标兵评选活动，涌现出一大批道德先进典型人物。开展此项活动，赤峰市在自治区尚属首家，其经验做法在全区推广。2005—2007年，连续3年开展“感动赤峰人物”评选表彰活动。2007—2013年，中央文明办、自治区文明办分别开展四届全国道德模范、四届全区道德模范评选表彰活动。赤峰市李国芬、柴兴恩、王晓菲、卞文明4人获全国道德模范提名奖,11人被评为自治区道德模范。

2008—2013年,赤峰市开展三届全市道德模范评选表彰活动,共评选出孝老爱亲、敬业奉献、助人为乐、诚实守信、见义勇为五类90名道德模范,57人获道德模范提名奖,并举办两届道德模范颁奖典礼。从2008年开始,组织开展"我推荐、我评议身边好人"活动。挖掘、推介身边具有社会主义思想道德水准的先进典型,在全社会树立"好人有好报"的价值导向。2012年,开展首届"赤峰好人"评选活动,共评选出30名"赤峰好人",同时把"赤峰好人"的先进事迹汇编成《身边的感动》一书。2013—2014年,继续开展"赤峰好人"评选活动,两年共评选出110名"赤峰好人"。2013年,市文明办将6名"赤峰好人"推荐到中国好人榜,其中坚持义务献血多年的郑海东入选7月的中国好人榜。在2014年"中国好人"年度评选中,自治区共入选17人,其中赤峰市入选7人,有2人进入中国文明网"好人365"封面人物事迹展播。

第四节　树立社会新风

一、"讲文明树新风"活动

1991—1995年,在"学雷锋树新风"活动中,市文明办联合团市委、市商业局、市交通局等部门开展"文明服务、传播新风"竞赛活动,评选出一批优质服务示范单位和先进个人;在窗口行业开展以"岗位学雷锋、行业树新风""为人民服务、树行业新风"为主题的"文明杯"竞赛活动。1996年5月,赤峰火车站把"文明杯"竞赛活动与塑造铁路企业和员工形象紧密结合,努力培育"甘露精神",《人民日报》对其经验和做法予以报道。1997—1999年,市文明委按照中央文明委的要求,下发《关于开展"讲文明树新风"活动的实施意见》,重点解决好文明言行、环境卫生、服务质量、交通秩序四个方面存在的突出问题;在各级党政机关开展"整顿机关作风、树立公仆形象"教育活动;在全社会重点开展"保护生态环境、倡导文明新风"活动,动员社会各界美化居住环境,创建文明社区。

2000年3月,市委、市政府印发《关于在全市深入开展"讲文明树新风"活动的实施方案》。市文明办、市直工委、市总工会、团市委、市妇联共同组织开展"倡导文明新风、争当文明市民"主题活动,并发出倡议。2002—2003年,市文明办会同有关部门开展科教、文体、法律、卫生"四进社区"活动,为创建文明社区注入新的内容;结合非典型肺炎防治,组织开展以讲卫生、讲科学、讲文明、树新风为主要内容的"三讲一树"活动,努力改变城乡卫生环境和群众卫生习惯。2007—2009年,围绕庆祝内蒙古自治区成立60周年、北京奥运会和庆祝中华人民共和国成立60周年等重大活动,市文明办举行了评议"十大不文明行为"与"文明赤峰、和谐赤峰"主题演讲比赛和以"迎奥运、迎盛会、讲文明、树新风"为主题的全市文明礼仪知识电视大赛。赤峰市获得自治区文明礼仪知识电视竞赛第一名,并代表自治区赴郑州参加全国比赛。

2007—2014 年赤峰市获市级以上道德模范奖人员一览表

表 13-5-1

级别	届别	类别	姓名	单位及职业（职务）
全国道德模范（提名奖）			李国芬	巴林左旗十三敖包镇丰水山村村民
			柴兴恩	喀喇沁旗龙山初中教师
			卞文明	赤峰市人川大药房连锁有限公司董事长
			王晓菲	红山区哈达街道办事处万源德社区工作人员
内蒙古自治区道德模范	第一届		杨建民	敖汉旗安居密封服务有限责任公司董事长
			徐亚云	赤峰博爱托老院院长
			都达古拉	阿鲁科尔沁旗天山办事处新城社区居民
	第二届		黄瑞军	林西县欣兴糖酒公司总经理
			柴兴恩	喀喇沁旗龙山初中教师
	第三届		卞文明	赤峰市人川大药房连锁有限公司董事长
			王晓菲	红山区哈达街道办事处万源德社区工作人员
	第四届		张少春	赤峰市瓜子张食品有限责任公司总经理
			周艳梅	宁城县宁城职业中学学生
			修　坤	赤峰市经委离休干部
			孙晓光	赤峰市公安消防支队特勤中队二班副班长
赤峰市道德模范	第一届	助人为乐模范	张起云	红山区南新街街道办事处新华社区离休干部
			孙月光	赤峰回音聋儿康复乐园校长
			贡瑞平	喀喇沁旗楼子店乡邮政支局投递员
			谢公利	巴林左旗光明眼镜行经理
			宝音特古斯	克什克腾旗关工委副主任
			刘　存	敖汉兴乐有限责任公司总经理
			郭万有	敖汉旗古鲁板蒿乡万有大酒店经理
			许凤娇	元宝山区五家镇北台子小学学生
		孝老爱亲模范	徐亚云	赤峰博爱托老院院长
			都达古拉	阿鲁科尔沁旗天山办事处新城社区居民
			陈淑云	松山区向阳小区退休干部
			赵云芳	巴林左旗碧流台镇南杨营子村村民
			袁凤银	克什克腾旗宇宙地镇农民
			萨如拉	宁城县天义蒙古族中学教师
			刘桂芝	敖汉旗新州街道办事处蒙中街社区居民
			周　辉	红山区二中街社区居民
			王淑英	元宝山区美丽河镇谢家营子村村民

续表

级别	届别	类别	姓名	单位及职业(职务)
赤峰市道德模范	第一届	见义勇为模范	庞晓达	阿鲁科尔沁旗先锋乡新地村农民
			张海军	林西县个体出租车司机
			李子辉	敖汉旗长胜镇小学教师
		诚实守信模范	范文军	四化净水器赤峰(内蒙古)总代理处总经理
			杨建民	敖汉旗安居密封服务有限责任公司董事长
			李　肖	巴林左旗金海家电有限公司经理
			李成国	艺美巴林石雕艺公司总经理、巴林右旗工商联副会长
			刘雪梅	克什克腾旗农电局电力客户服务中心主任
			赵春光	赤峰零起点电脑学校校长
		敬业奉献模范	彭继华	阿鲁科尔沁旗罕山林场工人
			王世军	巴林左旗医院眼科主任
			宋喜友	红山区城管局环卫清洁二大队工人
			苏日格	巴林左旗看守所民警
			张学伟	克什克腾旗红山子乡农业技术推广站技术员
			朱金梅	林西县板石房子寄宿制小学教师
			崔东浩	翁牛特旗公安局刑侦大队二中队副中队长
			张庆功	喀喇沁旗农电局检修试验员
			翟玉峰	内蒙古金陶股份有限公司生产技术部工程师
			王国安	燕京啤酒(赤峰)有限责任公司设备处处长
		新农村新牧区建设模范	翟志英	阿鲁科尔沁旗双胜镇小新庙村党支部书记
			丛国柱	巴林左旗隆昌镇隆昌村委会主任
			王爱忠	喀喇沁旗黑山沟村党支部书记
			王敏太	元宝山区元宝山镇南荒村党总支书记
	第二届		王英会	松山区地税小区居民
			李彩霞	赤峰市内蒙古蒙都羊业食品有限公司总经理
			胥　申	内蒙古敖汉沙漠之花饮料有限责任公司董事长
			王慧智	赤峰元宝山农村合作银行董事长
			张国红	阿鲁科尔沁旗金帝化妆品店经理
			陈拥军	沈阳铁路局通辽车辆段赤峰运用车间站工人
			冯　勇	大板车务段林东站调车长
			杜永刚	大板车务段哲里木站值班站长

续表

级别	届别	类别	姓名	单位及职业(职务)
赤峰市道德模范	第二届		薛凤军	巴林左旗扶贫开发办公室驾驶员
			温海全	宁城县京东学校董事长
			陈士庆	赤峰独伊佳食品有限公司经理
			单秀梅	克什克腾旗新城宾馆总经理
			唐八十	翁牛特旗乌丹镇查干希热嘎查牧民
			郎清林	元宝山区向阳社区居民
			孟繁荣	敖汉旗畜牧局高级畜牧师
			霍耀明	林西县公安局科员
			扈广义	赤峰市八〇二转播台技术部主任
			张素敏	松山区红旗中学教师
			李丰年	宁城县社会福利院院长
			赵冉冉	红山区昭乌达小学教师
			赵兴杰	宁城县三座店乡马市营子村大学生
			闫立新	巴林左旗碧流台镇大营子村村民
			王桂芬	喀旗小牛群镇新地村村民
			阿拉坦花	巴林右旗宝日勿苏嘎查二组牧民
			隋　英	阿鲁科尔沁旗先锋乡全胜村村民
	第三届		温都日娜	巴林右旗大板镇浩饶沁嘎查牧民
			王洪学	翁牛特旗筑鑫商贸有限公司董事长
			王　辛	元宝山区如意婚纱影楼经理
			郑海东	中国联通赤峰松山分公司员工
			殷　辉	赤峰市工商局红山区分局员工
			刘国利	巴林左旗哈拉哈达镇政府司机
			项海鹏	喀喇沁旗河北街道平安小区党支部书记
			赵长安	敖汉旗木头营子乡羊场村沙敖组村民
			徐桂霞	克什克腾旗天雨集团董事长
			刘　才	赤峰市神久农业科技发展有限公司董事长
			王子柱	敖汉旗古鲁板蒿乡个体工商户
			张少春	赤峰市瓜子张食品有限责任公司总经理
			王丽敏	松山区铁东办事处龙王庙居委会出租车司机
			高国兴	赤峰市公安局交警支队红山大队民警

续表

级别	届别	类别	姓名	单位及职业(职务)
赤峰市道德模范	第三届		卢润峰	红山区新安养护管理所所长
			杨晓伟	松山区市政工程管理处维修队队长
			刘欣欣	林西县房管局职工
			张艳春	翁牛特旗全宁街道新华社区居民
			周艳梅	宁城县宁城职业中学学生
			夏玉兰	红山区城管局环卫清洁三大队工人
			刘艳伟	元宝山区平庄镇山嘴子村村民
			宋佳斌	65657 部队 71 分队政治指导员

2010—2011 年,市文明办在全市集中开展以“做文明市民,创礼仪赤峰”为主题的文明礼仪宣传教育实践活动,参与人数达 2 万多人。2013—2014 年,组织开展“讲文明树新风”公益广告传播活动。市内各主要新闻媒体和网站定期、定量刊播公益广告通稿。在市内各广场、建筑物、公共场所等广告位、各类电子显示屏制作和悬挂“讲文明树新风”公益广告。

二、志愿服务

1993—1998 年,赤峰市广泛开展以“学雷锋树新风”为主题的志愿服务活动。2003 年,喀喇沁旗、巴林右旗被确立为首批“大学生志愿服务西部计划”项目实施基地。2004—2013 年,围绕红山文化节、全市两个文明建设经验交流会、创建全国文明城市及市委、市政府重大活动,开展志愿服务活动,展现志愿者服务他人、奉献社会的精神和风采。

2012 年 3 月,根据中央文明委《关于深入开展志愿服务活动的意见》要求,成立赤峰市志愿者联合会,下设 3 个志愿者协会和 9 个志愿服务队(团),负责全市志愿者的组织协调、招募、注册、培训工作;在赤峰文明网建立全市志愿者招募注册管理系统并开设“志愿服务”专栏。按照中央文明办开展的“关爱他人、关爱社会、关爱自然”主题志愿服务活动要求,市文明办下发实施方案,对“三关爱”活动进行统一部署。各地各单位组织开展的主题志愿服务活动主要有:“弘扬雷锋精神,开展志愿服务”活动,“关爱他人、敬老爱老”活动,“关爱自然、义务植树”活动,“学雷锋,孝老爱亲在行动”活动,“文明交通行动,志愿服务红山”活动等。2013 年,赤峰市上报的京津风沙源治理和保护辽河志愿服务项目,被中央文明办确定为全国 100 个关爱山川河流志愿服务重点项目之一,并举办“关爱自然保护山川河流——内蒙古自治区京津风沙源治理志愿服务活动”启动仪式。市志愿者联合会成立党员、文明单位、社区和老年互助学雷锋志愿服务队;依托社区、物业公司,在全市 92 个社区建立志愿服务工作站;协调团市委在市内主要街道路口设立 10 个便民服务站。2014 年,市文明委下发《关于推进志愿服务制度化的实施意见》等指导性文件,突出社区志愿服务,重点打造 86 个社区志愿服务站点,开展系列便民利民的志愿服务活动。全市志愿者注册人数达到12.1万人。

2012—2014年，市文明委组织开展全市优秀志愿者和优秀志愿服务组织评选工作，市委、市政府隆重表彰20名优秀志愿者和5个优秀志愿服务组织。在自治区组织的全区优秀志愿者和优秀志愿服务组织评选活动中，赤峰市有4人获得全区学雷锋优秀志愿者荣誉称号，敖汉旗青年科技专家志愿服务团被评为全区优秀志愿服务组织，赤峰市"爱心家园"被评为全区学雷锋优秀志愿服务品牌，并在全区第八次精神文明建设经验交流会上作典型发言。元宝山区"一元钱敬老活动"志愿服务品牌，被评为全区宣传思想文化工作创新奖。在中央文明办依托中国文明网开展的万名五星志愿者推荐展示活动中，赤峰市有17人上榜。

第四章　统一战线工作

第一节　民主党派与工商联工作

一、民主党派工作

1985年之后，民革、民盟、民建、民进、农工党、九三学社等6个民主党派在赤峰建立组织。民革于2001年成立内蒙古自治区委员会赤峰市总支；1991—2005年，九三学社、农工党、民盟、民建、民进5个民主党派陆续成立赤峰市委员会。各民主党派均设立办事机构。到2014年，全市共有民主党派基层组织38个，成员946人。这些成员，主要由中、高级知识分子组成，中级及以上职称的占80%，平均年龄47岁。

组织民主党派参政议政　1991年之后，市委统战部坚持和完善中国共产党领导的多党合作和政治协商制度，积极为民主党派参政议政提供条件。1997年，市委印发《关于同民主党派、无党派人士民主协商进一步制度化、规范化的意见》，坚持重大问题事前协商和事后通报制度。市委主要领导主持召开座谈会和协商会，就全市经济和社会发展中的重大问题与各民主党派、工商联和无党派人士进行协商，听取意见和建议。市委统战部召开红山区、松山区、元宝山区统战部部长和6个民主党派负责人会议，讨论制定《关于三区民主党派工作的意见》。2000年，市委转发统战部提出的《关于民主党派工商联调研工作实施办法》。2002年，市委、市政府印发《关于进一步加强政府部门与民主党派对口联系制度》。同年9月，市委统战部召开各民主党派、工商联负责人参加的情况通报会，通报全市经济社会发展情况。2006年，市委印发《关于进一步加强中国共产党领导的多党合作和政治协商制度建设的意见》。各民主党派成员积极参政议政，在市"两会"上认真负责地提出议案、建议、提案，全年共形成议案、建议、提案和平时通过调研形成的专题报告达115件，其中26件提案被评为优秀提案。民进赤峰市委关于《少数民族地区中、小学教育现状》的调研报告得到国家教委的高度重视，民进赤

峰市委被民进中央授予社会服务工作先进集体称号。市纪检委、市质监局、市人民检察院等部门聘请36名民主党派和无党派人士担任特邀监督员，进一步拓宽民主党派监督渠道。2009年,市委印发《关于进一步规范市委同民主党派、无党派人士政治协商的意见》,不断为民主党派参政议政构建平台。市委统战部举办统一战线“同心促发展”主题论坛,进一步提高各民主党派的工作热情和参政水平。2014年末,全市各民主党派成员当选全国人大代表1人,自治区人大代表、政协委员7人,当选市人大代表、政协委员68人。这些人大代表、政协委员提出的议案、建议、提案大部分受到市委、市政府以及有关部门的重视和采纳。

引导民主党派开展思想教育工作　1997年,市委统战部引导民主党派负责人坚持学习制度、谈心制度。召开6次座谈会,重点学习邓小平理论和社会主义市场经济理论。2000年,市委、市政府主要领导主持召开各民主党派负责人和无党派代表人士座谈会6次,进一步加强中国共产党与民主党派人士的合作共事。2005—2007年,市委统战部召开各民主党派、工商联和无党派代表人士学习座谈会,认真学习贯彻《中共中央关于进一步加强中国共产党领导的多党合作和政治协商制度建设的意见》。2009年,市委统战部组织民主党派举办座谈会,开展系列迎庆活动,进一步夯实团结合作的政治基础。2014年，组织各民主党派继续开展深化中国特色社会主义学习教育活动,进一步强化社会主义核心价值体系教育,指导和协助各民主党派建立学习教育长效机制。

为民主党派开展工作创造条件　2005—2014年,市委转发市委统战部提出的《赤峰市各民主党派换届工作的意见》,同时做好民主党派班子成员考核工作。市委、市政府召开民主党派和无党派人士参加的协商会、座谈会、通报会17次,安排民主党派、无党派人士视察、考察、调研6次,市有关部门召开通报情况、征求意见会议9次。市委统战部积极协助各民主党派开展工作及社会服务活动。协助民盟赤峰市委承办民盟华北地区盟务工作扩大会议,协助民革赤峰市总支做好接待台湾杰出青年赴大陆参访团工作等;举办民主党派干部培训班、研讨班9期,派民主党派成员参加中共中央和内蒙古自治区社会主义学院学习50多人次。落实民主党派调研经费,改善民主党派的办公条件,较好地解决了民主党派干部的政治待遇和物质待遇问题。

二、对工商联的指导

在市委统战部的主持下,市工商联于1985年恢复,逐步开展活动。1991年,中共中央颁发《关于批转中央统战部〈关于工商联若干问题的请示〉的通知》后,市委统战部帮助市工商联进一步明确新时期工商联工作的性质、任务、对象和职能。市、旗县区两级统战部不断加强对工商联工作的指导,帮助完成市、旗县区两级工商联组织的换届。经常听取工商联工作汇报,协调解决问题,共同组织开展非公有制经济人士参加的新农村建设等活动。2000—2004年,赤峰市鞋帽总商会、赤峰家电总商会、赤峰五交化行业商会、赤峰市塑钢门窗行业商会和赤峰市首家异地商会“赤峰市工商联安徽商会”先后成立。2004—2005年，在市委统战部的指导下，成立中共赤峰市工商联系统委员会，并配合上级党组织开展非公有制企业党组织“保持共产党员先进性”教育活动。到2014年，全市工商联系统所属行业商会总数达到113个（市级23个），覆盖行业50个，商会会员总数达到3300多人。市委统战部和市工商联通过全面督促检查，确认全市各旗县区工商联全部达到标准要求。

第二节　党外人士工作

1991年后，市委对党外人士高度重视，不断完善组织领导体制、联席会议制度、实践锻炼机制、联谊交友机制、合作共事机制、监督管理机制，把党外代表人士队伍建设纳入工作考核的重要内容。主要领导经常到民主党派机关、工商联机关、宗教场所、非公有制企业走访调研，听取意见。坚持就重大问题与党外人士进行民主协商，定期召开党外代表人士座谈会、情况通报会，充分发挥党外代表人士的参政议政作用。市委统战部定期邀请著名专家、学者在党校讲学授课，经常组织党外代表人士、民营企业家外出参观考察，开展培训活动，不断加强对党外代表人士的教育引导。1997年，赤峰市党外人士当选自治区人大代表和政协委员的26人，当选市人大代表和政协委员的179人，当选旗县区人大代表和政协委员的1010人。截至2014年底，全市重点掌握党外人士2000多人。其中党外知识分子800人，党外干部300人，宗教界人士50人，新社会阶层人士50人，民主党派成员800多人。

一、党外干部选拔任用与培养

1991年之后，市委认真研究解决党外干部选拔任用问题，建立“培训中物色、活动中交友、工作中培养、成熟后推荐”选人用人机制，坚持把党外干部后备队伍建设工作纳入全市人才和干部队伍建设的总体规划。1997年，全市党外干部担任副处级及以上实职的210人，担任科级实职的417人；有科级党外后备干部500多人、处级党外后备干部50多人；向自治区党委组织部推荐4名处级党外干部，参加公开选拔担任副厅级职务的考试；市委统战部与市委组织部、市委党校共同举办首期全市党外科级干部培训班，培训人员36人。2000年，市委统战部与市委组织部联合下发《关于进一步加强党外干部工作的意见》。根据考核和掌握的情况，市委统战部两次向市委推荐可担任县处级职务的党外干部人选14人，旗县区委统战部向各旗县区委推荐科级党外干部67人；市直单位提拔使用副处级党外干部4人，全市选拔任用科级党外干部21人。2006年下半年，市委统战部会同市委组织部对党外干部进行公开考试选拔录用工作，从报名的94名年轻党外干部中选拔出10名优秀党外干部充实到旗县挂职锻炼。

2011年，全市旗县区人大、政协换届，共有12名党外干部担任旗县区人大常委会副主任,12 名担任政府副旗县区长,19 名担任政协副主席。2012 年,1 名党外干部任市检察院副检察长,结束了全市法、检两院领导班子没有党外干部的历史。2013 年,在市人大常委会 33 名常委中,党外人士占 4 人;在市政协 57 名常委中,党外人士占 37 人;在 412 名市人大代表中,党外人士占 140 人;在 340 名市政协委员中,党外人士占 209 人。截至 2014 年末,全市有 74 名党外人士走上副处级及以上领导岗位。其中市人民政府组成部门 16 人,市检察院副检察长 1 人,市有关人民团体领导班子中 3 人,赤峰学院副院长 1 人,女干部 27 人。

二、党外知识分子工作

1997 年,市委统战部本着"尊重知识、尊重人才"的原则,把党外知识分子工作作为统一战线的一项基础性工作来抓。进一步建立党外知识分子联系网络,确定 36 个重点联系单位、125 个重点联系对象;推荐 14 人为自治区党委统战部重点联系对象。2007 年 6 月,市委统战部对市区中介机构有关情况和自由择业党外知识分子从业情况进行调查摸底,掌握了基本情况。对 116 名自由择业党外知识分子进行登记,建立档案。2008 年,在全球金融危机期间,市委统战部在全市党外知识分子中开展"为经济发展献一策"活动,共收到全市各界党外知识分子关于应对金融危机,加快经济发展的建议对策论文 20 余篇,及时将其归纳整理形成论文集,上报给市委、市政府及有关部门,供领导决策时参考。2010 年 12 月,成立赤峰市党外知识分子联谊会,首批吸收会员 113 人,43 名理事均为政府机关、司法部门、高等院校、科研院所、国有企业和"两新"组织等各个部门、各个行业的专家学者。

2011 年 9 月,市党外知识分子联谊会协调自治区党外知识分子联谊会"同心高级专家团"到赤峰,开展医务人员帮扶培训工作。"专家团"成员由内蒙古医学院及相关医院医务专家组成,培训费用全部由自治区党委统战部承担。2014 年,市委统战部建立健全全市知名党外知识分子人才库。通过调查摸底,掌握了全市党外知识分子代表人士 800 余人,主要分布在大中专院校、中小学、科研单位、医疗卫生系统和企事业单位,其中市直 335 人,旗县区 470 人。掌握了一批重点联系的 45 岁以下的无党派知识分子代表人士 30 人。

第三节　民族宗教工作

一、宣传贯彻党的民族宗教政策

1991 年之后,市委统战部继续开展马克思主义民族观、党的民族政策和民族团结宣传教育活动。1997 年,下发《关于利用冬春农闲季节开展党的宗教政策宣传教育的通知》,编写《党的宗教政策宣传教育提纲》,印发各种宣传材料 15000 多份;会同市委宣传部、市民委、赤峰日报社等单位,开展民族团结进步有奖知识竞赛活动,有 1 万多人参赛。1999 年起，结合“四五”“五五”“六五”普法工作，先后用蒙汉两种文字编印《中华人民共和国民族区域自治法》《内蒙古自治区蒙古语言文字工作条例》等民族宗教、蒙古语文法律法规，并进行广泛宣传。2004 年，编印《民族宗教工作政策法规选编》，为各级领导干部和民族工作者学习民族宗教、蒙古语文政策和法律法规提供较为翔实的参考。2012 年开始，把每年 6 月定为开展宗教政策法规学习月，加强对宗教工作干部和宗教界人士的教育，依法加强对宗教事务的管理。

二、民族团结进步表彰与创建活动

1991 年 1 月，市委、市政府召开第二次民族团结进步暨学习使用蒙古语文表彰大会，表彰民族团结进步模范集体 71 个、模范个人 94 人，表彰学习使用蒙古语文先进集体 22 个、先进个人 116 人。之后，在 1993 年 9 月、1996 年 10 月、2001 年 3 月、2006 年 6 月，分别召开第三次到第六次民族团结进步暨学习使用蒙古语文表彰大会。2009 年，市委统战部和市民委认真贯彻落实中央宣传部、统战部和国家民委《关于进一步开展民族团结进步创建活动的意见》，以机关、企业、社区、乡镇、学校等为民族团结进步创建活动的主阵地，创新开展民族团结进步月活动。2013 年 8 月，市委、市政府召开第七次民族团结进步暨学习使用蒙古语文表彰大会，表彰民族团结进步模范集体 40 个、模范个人 50 人，表彰学习使用蒙古语文先进集体 40 个、先进个人 50 人。截至 2014 年，共召开 7 次民族团结进步暨学习使用蒙古语文表彰大会，共表彰民族团结进步模范集体 206 个、模范个人 430 人，表彰学习使用蒙古语文先进集体 153 个、先进个人 373 人。

1988—2009 年，赤峰市有 12 个单位被国务院授予“全国民族团结进步模范集体”称号，有 15 人被国务院授予“全国民族团结进步模范个人”称号；2005 年，赤峰市人民政府被国务院授予“全国民族团结进步模范集体”称号；1988—2012 年，全市共有 132 个单位被自治区党委、政府授予“全区民族团结进步模范集体”称号，有 164 人被授予“全区民族团结进步模范个人”称号。

三、发展民族经济和民族文化教育

赤峰市高度重视少数民族聚居地区经济社会发展。1993 年 3 月，市委、市政府印发《贯彻落实自治区民族工作会议精神的意见》，明确要加快少数民族和民族地区的经济发展步伐，大力发展民族地区的科技教育文化事业，推进民族地区社会进步。1998 年之后，市委、市政府陆续出台一系列政策措施，把少数民族聚居地区的发展纳入经济社会发展总体规划，大力培养、选拔和使用少数民族干部。重点实施少数民族聚居地区“四项工程”，即扶持少数民族贫困嘎查的“一保三通工程”（一保指保温饱，三通指通水、通电、通路），支持民族教育的“三语教学工程”（蒙语、汉语和外语），健全农牧业科技服务体系的“电脑农牧业（草原读书室）信息网络工程”，加快少数民族聚居嘎查村发展的“少数民族扶贫工程”。

2006—2014 年，赤峰市共争取落实少数民族发展资金 8453 万元，集中用于少数民族聚居地区“四项工程”建设,取得较好的经济和社会效益。市委、市政府先后两次印发《关于加强民族教育工作的意见》,优先在全市各民族学校实施“薄弱学校改造工程”“寄宿制学校建设工程”“学校安全工程”等,切实改善全市民族学校的办学条件和水平,解决了少数民族群众受教育方面存在的问题。截至2014年,全市有民族普通中小学112所,在校生7.41万人,蒙语授课在校生2.41万人;有民族幼儿园33所,在园幼儿5657人。全市建成民族艺术演出团体、博物馆、图书馆、文化馆(站)等各类民族文化机构58个;全市200余个嘎查建起文化室,基本满足全市少数民族群众文化需求。

四、宗教事务管理

1991年后,市委、市政府不断加强对全市宗教工作的领导,先后印发《关于进一步加强对宗教事务管理的意见》《赤峰市宗教活动场所管理办法》等文件;坚持开展宗教工作党政领导干部、宗教工作行政干部和宗教界人士“三支队伍”的教育培训,使之把握宗教工作特征和规律;坚持宗教界定期学习制度,提高宗教界人士爱国爱教意识。1997年,市委统战部共召开宗教工作联席会议5次,及时通报情况,研究解决全市宗教中的焦点难点问题。集中力量督查宁城县、红山区、松山区、林西县等几个重点旗县区对中共中央办公厅、国务院办公厅《关于制止乱建庙宇和露天佛像的意见》贯彻落实情况。1999年,市政府印发《关于基层组织宗教工作职责范围的意见》,从旗县区、乡镇苏木、街道办事处到村嘎查、居委会等基层组织都明确了宗教工作的职责范围。积极协助宗教团体和活动场所完善制度建设。在全市112处宗教活动场所内部,普遍建立教务管理组织。2000年,在寺庙和教职人员中开展创建文明宗教活动场所和做文明教职人员活动,评选出22个文明宗教活动场所和6名文明教职人员。2008年之后,在全市宗教界组织开展“和谐寺观教堂”创建活动,营造宗教与社会和谐的社会氛围。

2011年,市委、市政府印发《关于贯彻落实〈中共内蒙古自治区委、自治区人民政府关于加强新形势下宗教工作的若干意见〉的实施意见》,并就贯彻落实情况进行专项督查。2013—2014年,印发《赤峰市涉及宗教问题群体性事件应急预案》,将宗教问题处置端口前移,把工作重心从治标转向治本、从事后救急转向源头治理。全市范围内全面推行“三级宗教工作网络两级责任制”建设,做到旗县区有管理中心,乡镇苏木街道设工作室,村嘎查社区建联络站。全市有116个乡镇苏木配备民族宗教工作专兼职干部,2049个村嘎查配备民族宗教工作联络员。

第四节　经济领域统战工作

一、非公有制经济统战工作

1996年,市委统战部和市工商联联合举办为期10天的“非公有制经济代表人士学习班”,共组织40多名民营企业家参加学习。同年,市委办公室、市政府办公室批转市委统战部、市工商联《关于组织开展光彩事业活动的意见》。到1999年末，全市实施光彩事业项目19个，到位资金4625万元，安排就业人员1088人，救助脱贫人数达860人。2000年，市委统战部、市工商联在非公有制经济中开展“致富思源、富而思进”教育活动，多次召开座谈会，组织非公有制经济代表人士到贫困地区参观18次，捐款133.38万元。2003年8月，在赤峰投资贸易洽谈会期间，市工商联组织50名民营企业家听取全国工商联研究室主任所作的“民营经济发展论坛”专题讲座。2006年，市光彩事业促进会（简称光促会）得到中国光促会的支持，帮助赤峰中牧草业科技公司、敖汉山仔肉牛繁育公司立项，获贴息贷款7000多万元。2007年，市委统战部、市工商联与市有关部门共同举办“中国赤峰商业格局推动城市经济发展高峰论坛”和“赤峰民营经济发展论坛”等多种论坛、讲座。同时组织民营企业家参加自治区举办的各种培训活动。2009年，市委统战部和市光促会开展“光彩事业助力新农村”活动，把光彩事业作为以城带乡、以工促农、村企结合、共促发展的有效平台。

2012年，全市有107名非公有制经济人士担任名誉村主任和村主任助理。新建光彩事业示范村10个，共实施项目12个，投入资金1217万元，资助贫困学生3072人，安排剩余劳动力就业5305人。开展“千家民企感恩帮扶”活动，全市269名“三老”（老革命、老党员、老模范）人员和165名少数民族进城务工贫困人员得到帮扶。到2014年末，全市共实施光彩事业项目103个，投入资金5.42亿元，培训各类人才5300多人，捐助社会公益事业建设资金累计1200多万元，安排下岗职工再就业18380人。在农村牧区建立光彩事业示范村（嘎查）28个，投入资金2314万元，资助学生4500多人，安排剩余劳动力5000多人。

二、国有企业统战与招商引资工作

1991年之后，市委统战部认真贯彻中共中央、自治区党委加强国有企业统战工作会议精神，以各种形式开展企业统战工作。确定赤峰制药厂、草原兴发集团、平煤集团为国企统战工作联系点。1997年，在召开的第六次国有大中型企业统战工作会议上，平庄矿务局、红花沟金矿分别介绍做好统战工作的经验。1999年，组织部分企业参加全国大中型企业统战工作会议，赤峰制药厂介绍开展统战工作的典型经验和做法。2000年，根据自治区党委统战部《关于开展企业统战工作试点工作意见》，赤峰市重新调整确定平庄矿务局、赤峰制药厂、赤峰热电厂3家企业为内蒙古大中型企业统战工作试点单位。市委统战部对全市企业统战工作进行调研，完成调研报告1篇并在《内蒙古统战理论研究》上发表。

市委统战部坚持把促进经济发展作为统战工作重要任务，根据自身特点，广泛开展招商引资工作。1997年，市委统战部和市海联会邀请台湾企业界人士专程到赤峰市进行商贸投资考察活动，签订1000吨的白酒出口协议和增加膨润土项目投资额度的协议。各旗县区委统战部通过台胞、华侨联系，投资260多万元建成12个生产项目。2004年，市委统战部确定2004年为“经济统战年”，动员和整合市工商联、光促会、海联会、侨联、民主党派、无党派各界人士力量,通过走出去、引进来的办法开展招商引资工作。市委统战部和有关部门共同组织4次具有一定规模的洽谈会、项目推介会;先后组织有关旗县到广州、温州、泉州和港澳等地区进行招商引资。通过多方努力,全市统战系统共引进工业、农牧业、商贸和旅游等项目20多个,落地资金8.8亿元。2005—2006年,市委统战部通过中央统战部苏州培训中心联系苏州工业园区专家,协助红山区完成红山经济开发区规划;邀请大连、沈阳、呼市等地知名企业家到赤峰考察,促成金旭隆金银开发等项目在开发区落户。两年全市统战系统完成签约项目72个,总投资19.1亿元,完成投资4.9亿元。2007年,在发展"一对一"友好商会关系的同时,市委统战部、市工商联积极努力联系加入辽西地区工商联会长联席会,签署"辽冀蒙"三省七市工商联经济合作协议;组织发起内蒙古"东部四盟市"工商联组织联谊会;与香港中华总商会、新加坡中华总商会建立联系。2010年,全市统战系统共招商引资落地资金1.3亿元,促成维多利购物商城、五金机电城、五金机电汽配城等项目。2011年,台湾顶新集团投资600万元人民币,将"德克士"快餐落户赤峰。2013年,1名台商在巴林左旗十三敖包镇投资240多万美元,建笤帚制品深加工项目,注册成立赤峰家安清洁用品有限公司。2014年,市委统战部协助相关部门积极做好全国知名企业家赤峰行活动的联络接待工作,组织2个座谈会,全国工商联1名副主席参加并听取赤峰市非公有制经济统战工作汇报。同年,红山区引进台湾顶新集团投资400万美元,在农畜产品产业园区建立康师傅矿物质水厂。全市累计引进港、澳、台商投资项目21个,投资金额1300万美元。

第五节　联谊与服务

1991年,市委设有台湾工作办公室(简称市台办),由市委统战部代管。1996年1月,赤峰市海外联谊会(简称市海联会)成立,聘请7名港澳台同胞和海外侨胞担任荣誉理事,共吸收发展会员200多人。到2004年末,赤峰市有台属5200多人,常住台胞4人,去台人员近300人,归侨侨眷5000人。

1997年,市委、市政府转发市委统战部提出的《赤峰市台胞接待工作暂行规定》。当年,市委统战部和市台办共接待台胞33人次,其中进行商务活动9人次。通过市海联会成员牵线搭桥,提供有价值的经济信息6条,联系海外朋友30人,寄送信件、贺卡、项目书、赤峰招商优惠政策等200多份。2000年8月,市委统战部和市台办利用中秋节举办市区台属、台胞、归侨、侨眷代表40余人参加的联谊活动;在市台办与有关部门的支持下,台湾摄影家吴绍同《鹤的世界》摄影作品大陆巡回展首展在赤峰博物馆展出。2004年7月,市委统战部和市台办接待台湾宗教文化暨经贸投资考察团;中国北方古代文化第三届国际学术研讨会在赤峰召开期间,接待台湾红山文化学术交流考察团，围绕红山文化与中国文明起源等专题进行学术研讨和交流。同年 8 月，市台办接待台湾中小企业暨不动产考察团；接待台湾新竹师范学院教授、著名的蒙古族诗人席慕蓉到克什克腾旗观光采风，并为市青少年文学爱好者举办文学讲座。2008 年，接待台湾蒙藏委员会委员、蒙藏基金会秘书长钱世英一行。此后，接待台湾凯利事业股份公司董事长马汝贤、台湾蒙藏委员会原秘书长杨德林、联合国驻日内瓦办事处前中文科长马宏祥（台胞）、美国环宇高科公司总裁兼首席执行官林忠（台胞）等知名人士。

2010 年 8 月，市委统战部联合自治区侨联举办“2010 侨商草原行”活动，来自江苏省、辽宁省、唐山市、莆田市等 7 个省市的侨联领导和侨界企业家及美国、加拿大等 8 个国家和地区的侨界企业家 50 多人到赤峰考察。同年 9 月，赤峰首发赴台湾旅游团，当年赤峰市赴台旅游观光人员达 100 多人次。随着两岸关系密切，赤峰市赴台探亲奔丧、旅游观光以及从事各种交流活动的公民逐年增加。2013 年，由赤峰市文化局、赤峰市摄影艺术学会在台湾举办《美丽富饶的昭乌达》摄影展、白续智书法展。2014 年，赤峰市赴台旅游观光、交流探亲人员达到近千人次。市委统战部、市台办累计接待到赤峰市探亲访友、旅游观光、进行文化交流和从事商贸活动的台湾同胞 3800 多人次，累计接待台胞台属来信来访 700 多人（件）次。将农村牧区贫困台属的扶贫救济工作纳入当地政府扶贫总体规划，将城镇贫困台属列入城镇最低生活保障范围；对于台胞台属及其子女在升学、就业等方面的事情，在政策允许的情况下给予优先照顾；对于台属出境探亲、定居等权益，依照法律办事，给予保障。

第五章　其他党务工作

第一节　政策研究

1991—2014 年，市委政研室围绕市委、市政府的工作中心，开展政策研究、工作研究和战略研究，为市委、市政府正确决策和决策的贯彻执行提供综合研究服务。创办集政策性、指导性、理论性、研究性于一体的赤峰市委机关刊物《赤峰通讯》，及时传播市委的重大决策部署，发挥党委舆论主渠道作用。

1991—1995 年，市委政研室紧紧围绕市委、市政府工作重点，就深化农村改革、增强国营企业活力和商贸流通体制改革等开展调研，形成一系列调研成果。在农牧经济方面，形成《全市农村土地调整情况汇报提纲》，为市、旗县区两级党委提出完善土地调整政策的建议；探索农民致富路子，调查总结 100 多个致富的典型；归纳设计和编印《农牧民致富模式》一书，发放到全市各村嘎查；对农牧结合、发展集体经济、搞活农畜产品流通等问题进行调查研究，并向市委提出《关于抓好农牧结合的几点建议》《发展壮大村级集体经济的路子》《农畜产品购销市场放开后，需要认真研究解决的几个问题》等专题调研报告。在城市经济方面，形成一系列调研报告，其中《郊区供销社为农服务、兴社富民调查》在自治区党委召开的盟市委书记会议上作为典型材料印发。

1996—2000年，围绕市委、市政府有关全市改革、发展大局中的重点难点问题深入开展调查研究，形成一批有价值的调研报告。

2001—2005年，重点研究实施西部大开发战略给赤峰市带来的发展机遇。对加快农牧业产业化、工业化和城镇化，促进结构调整、生态建设、基础设施建设等进行调查研究。多次深入农村基层、工矿企业，形成一批既有情况分析又有对策建议的调研成果，为市委、市政府决策提供了参考依据。

2006—2010年，主要就以下几个方面开展调查研究：加强新农村新牧区建设，构建和谐社会；发展优势特色产业，促进经济结构优化；加强生态环保和基础设施建设，增强可持续发展能力；扩大中心城市框架，提高城镇化水平；促进社会事业进步，改善民生状况等。撰写一系列有针对性、指导性、实用性的调研报告。其中《右旗实施整村推进、加快肉牛产业发展的做法应当在全市推广》《关于赤峰市县域金融服务体系建设情况的调查报告》等9篇文稿引起市委主要领导的高度重视并分别作出批示；《翁旗承接产业转移的经验做法》引起自治区党委政研室的重视，在《决策研究》上刊发，并呈送自治区几大班子和各盟市领导，使翁牛特旗的经验得到宣传和推广。

2011—2014年，就提高农牧业生产能力、扶贫、新农村新牧区建设、生态建设、工业发展方式转变、金融服务、加强社会管理、促进社会事业发展等方面开展调研，形成很多调研报告。其中《红山区铁南街道办事处社会管理调研报告》被中共中央办公厅秘书局采用；《松山区发展设施农业的成效、经验与启示》在自治区党委政研室《决策研究》上刊发；《赤峰市500万亩膜下滴灌工程调研报告》《赤峰市农牧民专业合作组织发展情况》在《内蒙古工作》上刊发；《赤峰市实施“1571”农牧业增产增收工程调查》，通过自治区农办《专报参阅件》报自治区党委领导作出批示；市委、市政府主要领导就《元宝山区长胜村新农村建设调查报告》《翁旗发展优质肉牛产业的做法值得借鉴推广》等5篇调查报告，分别作出重要批示。

第二节　机关党建

一、党的思想建设

1991年，市直工委以各理论中心组、业余党校和党员活动室为阵地，开展党员教育工作。建立基层业余党校113所，业余党校专兼职教师达1500人，年内组织各类培训班、学习班400余期，党员培训率达95%以上。“七一”期间，集中开展“忆传统、做贡献、为党旗增光辉”大型系列教育活动。1997年，市直工委召开第一届全市机关党建工作年会，到2013年已连续召开17届。利用这个平台，组织旗县区工委和市直党组织，就党组织和党员在服务中心工作中如何发挥作用这个议题进行研讨，对优秀论文进行评选表彰，及时培养、发现、总结、交流和推广党建工作的好经验、好做法。1999年，市直工委举办国有企业党委委员培训班；召开市直属单位思想政治工作暨下岗职工再就业先进典型报告会。2003—2012年，在中共十六届三中、四中、六中全会和中共十七大、十七届三中、四中全会及中共十八大胜利召开之后，市直工委组织市直党务干部在北京等地举办7期学习党的代表大会和党的中央全会报告培训班；邀请中央党校、中国人民大学、中国青年政治学院等专家、学者到赤峰举办5场专题报告会。2003年，市委、市政府在市直企事业单位开展“讲诚信，创效益，为赤峰发展做贡献”主题教育活动，并确定由市直工委主抓此项工作，每年都组织具体活动。2004年，由市直工委主办的信息简报《机关动态》创刊，及时反映市直机关党建的情况和信息。

2011年，市直工委举办“我为窗口添光彩，构建和谐新赤峰”演讲比赛，共有50个窗口单位、55名选手参加。同年开展“知党、爱党、兴党”党性教育活动，拍摄《塞上风云》《火种》《血战》《燎原》等12集党史纪录片，全面反映赤峰市各族人民在中国共产党的领导下，开创历史新纪元的历程。2012年10月，市直工委承办自治区机关党的建设研讨会，来自自治区部分厅局机关党委和各盟市机关工委、自治区机关党建研究会理事单位以及红山区、松山区机关工委50多人参加研讨。2014年，市直工委举办“学习贯彻习近平关于机关党建重要论述”专题讲座、学习贯彻党的十八届四中全会专题报告会，市直机关400多名专兼职党务干部听取讲座和报告。

二、党的组织建设

基层党组织建设　1994年，市直属单位共有党委113个、党总支125个、党支部1405个。市直工委开展“先进企业党支部、先进企业党委”评选活动，共评出先进企业党委14个、先进企业党支部100个。1995—1999年，市直工委在市直党政机关企事业单位开展创建“五好党支部（总支）”活动，两次命名288个“五好党支部（总支）”。2005—2008年，市直工委开展“标准化党支部”创建活动。经过考核验收，市直单位有131个党支部达到“标准化”创建标准，占市直属单位党支部总数的66%。2014年，市直工委进一步建立健全市直党建工作考核的科学评价机制，加大日常考核监督力度。市直属单位各级党组织严格按照“考评方案”的要求，安排好本单位党务工作，在日常工作中做实功、求实效。

发展新党员　1992年，市直工委组织部下发《入党积极分子队伍建设规范化指导方案》，提出对入党积极分子培养教育及管理的具体要求。当年，市直共发展新党员732人，其中生产一线的315人，占新党员数的44%。2008年，落实发展党员公示制和票决制，对入党积极分子加强教育、培养和考察。举办入党积极分子培训班2期，280人参加培训，新发展党员290人。2014年，市直单位发展新党员330人。

表彰活动　1991年，市直工委举行庆“七一”表彰活动。之后不定期地利用庆祝“七一”中国共产党生日之际，举行表彰活动。2011年6月下旬，市直工委召开市直机关纪

念中国共产党成立90周年暨"一先两优"表彰大会，表彰103个先进基层党组织、123名优秀共产党员和94名优秀党务工作者。

三、党风廉政建设

党风廉政教育 1991年，市直纪工委组织开展党规党纪学习活动，市直属各单位党委、纪委共举办学习班162场次，参加人员10812人次。同时组织市直属单位副处级以上领导干部、市直属单位专兼职纪检干部和党员参加党规党纪考试。1998年，组织市直党政干部2000余人参加中纪委、监察部举办的《行政监察法》知识竞赛，获得三等奖1名、纪念奖1名。2006年，市直属各单位通过采取专题讲座、学习讨论、知识学习竞答等方式开展廉政文化活动，有效地推动中共中央关于《建立健全教育、制度、监督并重的惩治和预防腐败体系实施纲要》的贯彻实施。2009年，市直工委开展"打造服务品牌，创建高效机关，深入开展好机关作风建设年"活动。2013年，市直纪工委以"单位组织、集中报送"的方式，在市直属机关、企事业单位、中区直驻赤单位开展学习贯彻中央"八项规定"和"党风廉政建设责任制规定"的测试活动，共下发1万份答题测试卷，试卷回收率达98%。

制度建设与案件查办 1991年，市直纪工委认真查处违纪案件，全年共查处市直单位各类违纪案件64起，立案查处23起，处分违纪党员23人。1993年，市直工委、纪工委认真贯彻中纪委二次全会和全市党风廉政建设工作会议精神，针对当时存在的公费旅游、公款吃喝以及婚丧嫁娶大操大办等违纪问题，开展领导干部自查自纠工作。当年10月，市直属单位有477名副处级以上干部进行自查自纠，占应查干部的97.3%。2005年，市直机关各纪委共受理信访件118件次，其中市直纪工委、监察分局直接受理6件次，初核2件。2011年，重点查办违反政治纪律的案件，查办以权谋私、商业贿赂、滥用职权、贪污受贿、腐化堕落、违反财经纪律的案件，一年中，市直纪工委、监察分局共接受群众来信来访12件次，初核3件次，结案2件，给予党纪处分1人。2013年6月，市直纪工委按照中纪委有关文件精神，开展纪检干部清退会员卡工作。市直属单位共有43个单位的93名纪检监察干部进行清退，其中正处级干部4人，副处级干部27人，科级及以下干部职工62人。1991—2014年，市直纪工委共收到来信来访3839件次，处分违纪党员167人，其中行政处分13人。

第三节 编制工作

1991年，市编办对1983年以来各级党政群机关和事业单位的机构编制及领导职数进行全面检查清理，摸清现状、厘清问题。1994年，市编委下发《关于机构改革期间机构编制管理几项具体意见的通知》，实施严格的机构编制冻结政策，对统配人员实行严格的编制使用计划管理。1997年1月，市编委下发《关于加强事业单位机构编制宏观管理的意见》,对市直和旗县区事业编制总额进行分别核定,按总量控制的原则进行管理;对旗县区副科级以上事业单位的规格和领导职数进行统一批复。全市选取 43 个单位开展事业单位布局调整试点工作,撤销 394 个教学点;开始全面实施"机构编制管理证"制度。

2000 年,市编办实行空编增人报批制度。市直属行政事业单位增人实行新的管理办法,由管理人头变为管理控编数。2003 年,市委办公厅、市政府办公厅印发《关于进一步加强机构编制管理工作的通知》,进一步明确机构编制的管理原则、管理权限、审批程序。2005 年 9 月,市编办开通"12310"机构编制统一举报电话,专门用于受理有关机构编制方面的投诉和举报。2006 年 6 月,全面推行编制实名制管理制度,切实在体制上杜绝擅自增设机构、增加编制、超编进人、超职数配备领导干部等问题。

2013 年,修订下发《赤峰市机构编制委员会工作规则》,对机构编制管理权限、管理程序进行明确规定。对市直属事业单位开始全面进行深入调整规范工作,完成市直承担行政职能事业单位重新认定工作。2014 年,全市集中开展并完成机构和人员编制核查工作,进一步厘清机关事业单位自设机构、超职数配备干部、人员混编混岗等突出问题,为强化实名制管理、确保财政供养人员只减不增奠定了基础;对事业单位"零空编"动态管理、各类编制使用计划管理、机构编制审批备案管理三项制度进行明确和细化,进一步健全机构编制管理制度。市直属事业单位实行分类管理,深入调整规范工作基本完成。

第四节　党校教育

一、党政干部培训

1991 年,根据市委的安排,市委党校加强干部培训工作。全校共举办中共十三届七中全会、中共中央总书记江泽民"七一"讲话、毛泽东思想、党史党建理论、普法知识,以及高级知识分子哲学、社会主义理论和县处级岗位培训短期研讨班、培训班、进修班等 12 个班次的教学,共培训学员 1115 人,其中县处级干部 246 人,科级干部 485 人,一般干部 384 人,全年校内授课数 1085 课时。1995 年,办班数量、培训学员及讲课时数均有所提高,校内共完成计划内班次 21 期,培训学员 1874 人;完成计划外班次 4 期,培训学员 227 人。应市直有关单位和旗县区党校等邀请,多人次去讲授中共十四大和十四届四中全会精神等专题课。1997 年,中共十五大闭幕后,在校内开办 6 个班次学习中共十五大文件的课程;教员应邀到市内 13 个单位进行宣讲和辅导,授课 207 课时。同时,加强领导干部计算机培训,举办计算机培训班 4 期,共培训 200 人;加强中青年干部的培训,全年共举办 2 期中青年干部培训班。1999 年,市委党校承担市四大班子(市委、市人大常委会、市政府、市政协)"三讲"教育学习活动及学习中共十五届四中全会精神研讨会的服务工作。

2001—2002年,市委党校完成干部培训计划内班次25期(包括3个培训时间为3个月的中青年干部培训班),完成教学专题147个,其中包括1个蒙语教学的培训班,共计培训学员1363人;计划外班次1期,培训学员105人。同时承担市委及有关部门组织的到旗县宣讲的任务,承担市内各行业、部门和单位的讲课任务。2007年,全年共举办主体班次20期,培训干部1075人。其中举办任职培训班5期、县处级轮训班2期、苏木乡镇副职培训班2期、中青年干部培训班1期,另有事业单位领导、党外干部等10种培训班各1期。2009—2012年,围绕市委、市政府中心工作,举办近30个特色班,包括嘎查村级事务契约化管理、农民专业合作组织发展对策研究、"两新"组织党建研究、学习型党组织建设、领导科学、危机管理、压力管理与心理调适、创新社会管理、媒体沟通与情景模拟、依法行政等。2014年,完成主体班次22期。其中市委组织部培训班次13期(包括县处级专题培训班和县处级干部党性教育专题培训班各1期),市人社局公务员初任培训2期。同时协助克什克腾旗委组织部举办培训班3期,协助元宝山区、松山区、敖汉旗委组织部党校举办培训班各1期,总共培训学员2770人。此外,还举办其他计划外培训班38期,培训学员近8000人。

二、函授教育与专修教育

1991年,市委党校完成1989级、1990级的本科、大专函授教育,三个年级全年共开设48门课,授课1613课时;完成1989级乡镇企业管理中专专修班和旗县党校政工专业中专专修班教学任务,共计有381名学员参加学习并毕业;同时进行1991年中专专修班的招生工作。1994年,市委党校承担中央党校函授学院的函授工作,新招学员873人,招收中专续读班函授学员870人。1998年,市委党校新办2个蒙授大专班,共招生126人。1999年,函授招生1585人,在校学员总人数4535人。2001年,承办计划外班次4期,培训学员384人。2004年,函授招生1668人,仍保持较高的水平。

第五节　保密工作

一、保密法制宣传教育

1991年,市保密局成立之后,广泛开展《中华人民共和国保守国家秘密法》宣传教育活动。通过采取经验交流、保密知识测试与竞赛、召开座谈会、专业培训等形式,开展对保密干部和重点涉密人员的教育。1993—1994年,将保密教育纳入市委党校教学内容,市保密局负责人在县处级领导干部、科级干部、国有企业厂长(经理)培训班上讲述保密工作的性质、地位、作用和新时期保密工作面临的形势、特点、任务;市保密局在平庄矿务局召开赤峰市大型国有企业保密工作现场座谈会,市直和驻赤中直、区直37家大中型企业分管保密工作的负责人参加。2002年之后,将保密法律知识纳入初任公务员培训的内容。全市各级机要保密部门以全国法制宣传日为契机,以贯彻执行"保密法”为主要内容，通过板报、广播电视、保密教育录像片、宣传标语等形式，深入开展社会性的保密法制宣传教育活动。2010 年，全市各级保密部门广泛组织学习宣传新修订的“保密法”，通过保密法律“六进”（进机关、进乡村、进社区、进学校、进企业、进单位）活动，在全民中宣传、普及保密法。2014 年，市保密局通过保密委员会主任讲保密专题党课的形式开展宣传教育活动，全市听课人数 1794 人。

二、保密工作检查

1996 年 9 月，市保密局对全市副处级以上领导干部保密工作情况进行检查。1998 年之后，每年都组织开展全市党政机关保密检查。重点检查计算机系统、移动存储介质、办公网络使用管理情况，同时检查涉密载体清理和相关制度建立情况。2001 年 8 月，市保密局会同市公安局、市国家安全局对市直属机关计算机系统进行保密检查。2007 年 7 月，在全市党政军机关和国防军工科研生产单位开展计算机信息系统保密检查。2012 年，对全市各旗县区、市直属党政机关承担涉密科研项目情况进行检查；开展网络清理检查，重点检查电子政务外网、门户网站和社会网站是否刊载国家秘密和不宜公开的资料。2013 年，成立赤峰市保密检查分队，进行政府信息公开保密审查专项检查和档案数字化工作专项保密检查。2014 年，市保密局联合市国家安全局、市委机要局开展全市保密联合检查。重点检查涉密中共中央文件、涉密载体销毁、计算机和密码电报等管理及相关制度建设情况。

第六节　督查与信息工作

一、督查工作

1991—1995 年，市委督查室围绕中共中央、自治区党委、市委的重大决策、重要工作部署进行督查，共办理中共中央、自治区党委、市委领导批示事项 70 余件，开展市本级决策督查事项 35 次；办理政协委员提案 82 件，办结率始终保持 100%；上报《督查专报》500 余期。1999 年，共完成自治区党委和自治区党委督查室交办的决策落实情况报告 9 件，上报《督查专报》149 期，其中被自治区采用 61 期，采用率 41%。

2002 年，市委印发《关于进一步加强督查工作的意见》。市委督查室组织编撰《督查工作读本》，完善全市督查考核办法，形成督查工作流程图；对全市重点项目进展、抗旱备耕春耕、劳务输出、家畜家禽饲养、机构改革、公民道德建设、退耕还林还草等工作进行督查。编发《赤峰督查专报》31 期，被自治区采用 17 期，居全区第一。2008 年，组织召开全市督查工作会议，进一步形成督查工作合力。全年共组织承办自治区决策督查活动 1 次，组织开展全市督查调研活动 8 次，承办市委领导批示件 9 件，得到上级和本级领导肯定性批示 7 次；全年上报《赤峰督查专报》44 期，被自治区采用 30 期，采用量和采用率均在 12 个盟市中位居前列。

2011年,市委督查室增加网民留言办理工作,全年共办理网友留言72件;办理各级党委领导批示件59件,为历年来最多。在对国务院颁发《关于进一步促进内蒙古经济社会又好又快发展的若干意见》文件落实情况的督查报告上,市委主要领导作出批示,推动了工作开展;通过对重点项目建设、林权制度改革、社会矛盾化解、校安工程、居民增收、民政工作、工会工作的督查,促进了这些工作的进展和一些问题的解决。2014年,市委督查室共承办、组织、协调、开展各级各类决策督查调研工作60项;办理各级领导批示件22件,办理政协委员提案20件,办理自治区交办的人民网网友留言57件;上报自治区《赤峰督查专报》25期,被《内蒙古督查》采用17期;形成《决策督查报告》7期。

二、信息工作

1991年,市委办公室信息科主要负责全市党委系统信息反馈工作,编发的信息刊物有《赤峰信息》《信息快报》《信息摘编》《领导阅件》,全年处理信息总量为4210条。1996年,市委办公室创办《赤峰动态》。

2002—2003年,市委办公厅创办《要情快报》《决策参阅》《赤峰抗旱救灾专报》《网上信息参阅》《信息摘报》《领导参阅》等信息刊物。到2014年,市委办公厅编发的信息刊物有《赤峰信息》《领导参阅》《要情快报》《信息摘报》《基层反映(专刊)》《信息调研工作情况通报》《每日信息》7种。当年发刊790期,处理信息8642条(篇),其中自组稿件3100余条(篇)。

第十四卷

地方人民代表大会

1983年10月10日，国务院批准撤销昭乌达盟，设立赤峰市。同年11月，成立市人民代表大会常务委员会筹备委员会，指导旗县区和基层依法换届选举工作，筹备召开市人民代表大会。1985年1月，召开赤峰市首届人民代表大会第一次会议，选举产生市首届人民代表大会常务委员会。1991—2014年，为市第二届至第六届人大常委会的任期。在此期间，市人大常委会围绕全市改革、发展和稳定大局以及人民群众普遍关心的热点难点问题，不断加强对市人民政府、市中级人民法院和市人民检察院（简称“一府两院”）进行法律及工作监督。持续加强对决议、决定贯彻实施进行监督检查，更好地行使对全市经济发展重大事项的执法立法权、决定权，努力体现坚持党的领导、人民当家作主和依法治国的有机统一，保证宪法、法律、法规和各级人民代表大会及其常务委员会决议、决定的遵守和执行。

1991—2014年，赤峰市共选举5届（第二届至第六届）人民代表大会代表2039人。每届市人民代表大会换届选举时，市人大常委会都认真研究代表的构成，确定不同方面代表的合理比例，注重提高代表的文化素质，优化代表年龄结构，体现并增强人民代表的广泛性和代表性。赤峰市第二届到第六届人民代表大会期间，共举行市人民代表大会27次，除2次会议专门选举赤峰市出席内蒙古自治区人民代表大会代表外，其余25次会议为每年例会。会议的主要任务是听取审议市政府工作报告、国民经济和社会发展计划报告、财政预决算报告以及市人大常委会、市中级人民法院和市人民检察院的工作报告。在25次例会中，有5次会议为换届会议，选举产生新一届市人大常委会和市政府领导班子，选举市中级人民法院院长和市人民检察院检察长。其间，内蒙古自治区人民代表大会共选举产生赤峰市出席全国第八届到第十二届人民代表大会代表25人；市人民代表大会共选举产生赤峰市出席自治区第八届到第十二届人民代表大会代表共352人。

赤峰市第二届到第六届人民代表大会期间，共举行市人大常委会会议167次，向“一府两院”交办议案32件、建议2503件，共批准和修改全市地方性法规6件，制定、修改和废止市人大常委会自身性法规21件。认真履行人事任免职责，任命531人次，决定任命328人次，批准任命69人次，批准免职23人次，决定撤职2人次。

广泛深入地开展全市发展计划与财政预算、城市建设和管理、环境资源保护、社会事业发展、审判、检察等方面的监督工作，积极开展促进全市发展稳定的地方性法规的制定修改工作。在圆满完成第二届至第六届市人民代表大会换届选举的同时，成功指导各旗县区历届人民代表大会换届选举工作。这些工作成果，不仅得到市委高度重视、“一府两院”全力支持、人民代表以及社会各界的良好评价，而且成为全市经济社会发展不可或缺的积极促进因素。

第一篇　人大代表与代表大会

第一章　代 表

第一节　代表选举

一、市人大代表

根据内蒙古自治区第七届人大常委会第五次会议作出相关决定,赤峰市第二届人民代表大会代表名额为399人。市人大常委会根据各旗县区和解放军驻赤部队、武警部队的人口数,按照当时《中华人民共和国选举法》的规定,按每位代表所代表的城乡人口数1∶3的比例,将394名市人大代表名额(留存5个名额备用)分配到12个旗县区和解放军驻赤部队、武警部队进行选举。自1991年3月,12个旗县区和解放军驻赤部队、武警部队相继召开人民代表大会和军人代表大会,共选出赤峰市第二届人民代表大会代表394人。1995年11月,自治区第八届人大常委会第十七次会议作出相关决定,确定赤峰市第三届人民代表大会代表名额为413人。按照1995年2月修改的《中华人民共和国选举法》关于地方各级人民代表大会代表总名额经确定后不再变动的规定,413名代表名额数至2013年赤峰市第六届人民代表大会一直未变动。市第三届、第四届、第五届人民代表大会代表的选举方法与第二届相同。市人大常委会将411名市人大代表名额(留存2个名额备用)分配到12个旗县区和解放军驻赤部队、武警部队进行选举。市第六届人民代表大会代表选举工作,根据2013年3月修改的《中华人民共和国选举法》关于代表名额"按照每一位代表所代表的城乡人口数相同的原则,以及保证各地区、各民族、各方面都有适当数量代表的要求进行分配"的规定和全国人大常委会办公厅《关于做好地方各级人大代表名额分配工作的指导意见》进行。市人大常委会根据各旗县区人口数及相关比例要求,将412名市人大代表名额(留存1个名额备用)分配到12个旗县区和解放军驻赤部队、武警部队进行选举。

赤峰市人民代表大会代表构成一览表

表 14–1–1

项目		第二届		第三届		第四届		第五届		第六届	
		人数（人）	占比（%）	人数（人）	占比（%）	人数（人）	占比（%）	人数（人）	占比（%）	人数（人）	占比（%）
界别	工人	69	17.5	73	17.8	67	16.3	67	16.3	68	16.5
	农牧民	114	28.9	116	28.2	110	26.8	110	26.8	115	27.9
	干部	105	26.6	114	27.7	110	26.8	111	27.0	101	24.5
	知识分子	80	20.3	80	19.5	87	21.2	88	21.4	93	22.6
	民主党派、无党派人士	15	3.8	19	4.6	26	6.3	24	5.8	24	5.8
	解放军、武警	9	2.3	7	1.7	9	2.2	9	2.2	9	2.2
	归侨台胞	2	0.5	2	0.5	2	0.5	2	0.5	2	0.5
类别	中共党员	263	66.8	268	65.2	275	66.9	284	69.1	272	66.0
	少数民族	164	41.6	159	38.7	148	36.0	152	37.0	150	36.4
	妇女	88	22.3	99	24.1	96	23.4	102	24.8	101	24.5
文化程度	大专及以上	120	30.5	190	46.2	247	60.1	288	70.1	309	75.0
	中专(中学)	247	62.7	207	50.4	160	38.9	122	29.7	103	25.0
	小学	27	6.8	14	3.4	4	1.0	1	0.2	—	—
年龄	30 岁及以下	20	5.0	19	4.6	13	3.2	12	2.9	17	4.1
	31~55 岁	319	81.0	362	88.1	361	87.8	384	93.4	372	90.3
	56 岁及以上	55	14	30	7.3	37	9.0	15	3.7	23	5.6

赤峰市人民代表大会代表分布一览表

表 14-1-2　　单位:人

分　布	第二届	第三届	第四届	第五届	第六届
总数	394	411	411	411	412
红山区	43	43	44	47	41
松山区	40	39	41	39	45
元宝山区	36	39	38	39	33
阿鲁科尔沁旗	25	27	27	27	27
巴林左旗	29	30	30	29	31
巴林右旗	20	22	22	22	22
林西县	22	24	24	23	24
克什克腾旗	24	26	26	26	25
翁牛特旗	36	39	37	37	38
喀喇沁旗	30	31	30	29	30
宁城县	42	44	44	44	45
敖汉旗	41	43	42	43	45
解放军	6	4	6	6	6

二、出席上级人代会代表

全国人大代表　第八届全国人民代表大会代表:卢振远、张凤、徐术明(女)、高连元(蒙古族)、桑杰毛伦(蒙古族)。

第九届全国人民代表大会代表:马德海、云德奎(蒙古族)、赵慧(女)、高桂珍(女)、斯尔吉嘎瓦(蒙古族)。

第十届全国人民代表大会代表:李秉和、李素梅(女　满族)、张振武、呼尔查(蒙古族)、赵慧(女)。

第十一届全国人民代表大会代表:王中和、王凤朝、王秀芝(女　蒙古族)、李秉和、郭丽虹(女)。

第十二届全国人民代表大会代表:王凤朝、包满达(蒙古族)、汪耳琪(女　满族)、郭丽虹(女)、薛志国。

自治区人大代表　内蒙古自治区第八届人民代表大会代表:王立仁、巴达拉呼(蒙古族)、刘世忠、杨锡麟、李全喜(回族)、宋志民、阿都沁夫(蒙古族)、娜仁(女　蒙古族)、鲍晓英(蒙古族)、王素芬(女)、白云普(满族)、左中杰、刘云山、许久勋、许克正、李春玉（女 蒙古族）、李素梅（女 满族）、沙尔夫（蒙古族）、张全栋、周恩福、费荣中、郭丽虹（女）、鲍鹏飞（蒙古族）、王会新、双喜（蒙古族）、宁汉坤、陆洪霞（女）、扎拉嘎白音（蒙古族）、那晓军（蒙古族）、宋魁元、岳金枝（女 蒙古族）、白金花（女 蒙古族）、杜秀才、哈斯巴根（蒙古族）、恩 和（蒙古族）、西力（女 蒙古族）、单久民、徐瑞祥、高瑞霞（女）、王如山（回族）、王洪勋、吉日嘎拉（蒙古族）、孟克其其格（女 蒙古族）、巴图（蒙古族）、安锦文、秦广瑞（蒙古族）、崔素珍（女）、王成、许兆峰、姚绍峰、梁文英（女 蒙古族）、王凤海、李秉和、张玉（蒙古族）、周凤榕（女）、赵相荣（女 蒙古族）、王希华（女）、白玉山（蒙古族）、任国志、辛凤林、鲍海杰（蒙古族）、沙桂珍（女 回族）、郭小荣、曹树林、王瑞军、吴文会、张长林、孟兆泰（蒙古族）、崔秀琴（女）、王瑞祥、白东奎、汪素花（女 蒙古族）、张跃堂、金凤祥、滕永平。自治区八届人大一次会议后，赤峰市选举的自治区八届人大代表刘云山、王素芬、鲍晓英先后调离内蒙古自治区，李全喜逝世。1994 年 3 月，市二届人大常委会第十九次会议补选勾清文为自治区八届人大代表；1995 年 3 月，市二届人大常委会第二十五次会议补选高连元、刘佩勇为自治区八届人大代表；1996 年 1 月，市二届人大常委会第三十一次会议补选马林为自治区八届人大代表。

内蒙古自治区第九届人民代表大会代表：万继生、马林、乌兰（女 蒙古族）、杨仁选、李斌（回族）、李文刚、吴凤德（蒙古族）、辛永福（满族）、侯先志、费颂林、陶作义（满族）、云德奎（蒙古族）、曲文祥、曲志义、许久勋、李其远、李青山（朝鲜族）、李雪波（女）、尚庆华、贾维军、徐景芳、郭丽虹（女）、郭殿武、高连元（蒙古族）、鲍鹏飞（蒙古族）、褚爱光（女 满族）、赛音（蒙古族）、马云艳（女）、王德民、东日布（蒙古族）、王英夫、张殿武、陈国荣（女）、呼日勒巴特尔（蒙古族）、郑丽华（女）、孟和吉日嘎拉（蒙古族）、恩和（蒙古族）、王震山、包海杰（女 蒙古族）、陈刚、乌仁其其格（女 蒙古族）、刘子文、道尔吉（蒙古族）、师传发、秦广瑞（蒙古族）、袁玉玲（女）、斯日古楞（蒙古族）、吴力吉（蒙古族）、徐相成、梁文英（女 蒙古族）、蒋玉林、杨宝忠、杨桂云（女 满族）、杨景花（女）、王金令、王国联、辛凤林、鲍凤英（女 蒙古族）、林军（蒙古族）、赵玉珍（女 回族）、郭淑华（女）、王瑞霞（女 蒙古族）、冯琳、李富林、徐瑞祥、王波、王福生、包国（蒙古族）、张凤英（女）。自治区九届人大一次会议后，赤峰市选举的自治区九届人大代表郭殿武调离内蒙古自治区，陶作义逝世。2001 年 2 月，市三届人大常委会第三十次会议补选刘玉祥为自治区九届人大代表；同年 10 月，市第四届人民代表大会第一次会议选举储波、岳福洪、郄国严、韦弦为自治区九届人大代表。

内蒙古自治区第十届人民代表大会代表：王凤岐（蒙古族）、韦弦（蒙古族）、邓振武、张国龙（蒙古族）、张树逊、林瑞（女 蒙古族）、旺其嘎（蒙古族）、季炳林、胡忠、牛忠良、刘杰、刘锦、刘玉祥、李亚凡、李红艳（女）、李建华、佟冬丽（女 满族）、张立敏、呼尔查（蒙古族）、罗啸天、高娃（女 蒙古族）、崔其福、景树森、照那斯图（蒙古族）、廉冬（女）、王国江、孙秀华（女）、满都拉（蒙古族）、何振祥、陈国荣（女）、贾文龙（蒙古族）、董文生（蒙古族）、阿拉坦其木格（女 蒙古族）、昭日格图（蒙古族）、彭玉仓、刘彩虹（女 回族)、林树国、赵富(蒙古族)、白桂敏(女 蒙古族)、秦义、唐臣、毛树涵、乌云(女 蒙古族)、张朝贵、秦广瑞(蒙古族)、乔月芹(女 蒙古族)、韩志军(蒙古族)、霍敏(女 蒙古族)、张文树、张彩芬(女)、周振波(蒙古族)、韩桂清(女 满族)、冯任飞、张玉文、赵永利(蒙古族)、鲍桂芝(女 蒙古族)、赵玉珍(女 回族)、郭小荣、董歧福(蒙古族)、宁汉金(满族)、李国文、郝春霞(女)、常柏林、王淑英(女 蒙古族)、尹大群、杨立刚。自治区十届人大二次会议后,赤峰市选举的自治区十届人大代表林瑞、刘玉祥逝世。2004 年 12 月,市四届人大常委会第二十五次会议补选陈羽为自治区十届人大代表;2005 年 12 月,市四届人大常委会第三十三次会议补选乔明凌、杭桂林为自治区十届人大代表。

内蒙古自治区第十一届人民代表大会代表:王志人(满族)、邢云、肖立华(女 蒙古族)、何祖侃(满族)、张国治、陈羽(女 蒙古族)、侯清民、徐翔(女)、赛革(鄂伦春族)、文龙、牛忠良、乌志颜(蒙古族)、勾建斌、孙国建、杨立宏(女)、佟冬丽(女 满族)、张宝生、杭桂林(蒙古族)、房爱珍(女)、斯日古楞(蒙古族)、蒙会珠(女)、廉冬(女)、孙秀华(女)、郭玉峰(蒙古族)、额尔敦仓(蒙古族)、王艾华、孙树才、邱文博(蒙古族)、林艳华(女 蒙古族)、额尔敦其其格(女 蒙古族)、杨桂荣(女 回族)、赵国栋、焦清华、乌兰(女 蒙古族)、葛桂平(蒙古族)、李福清、汪怀根、汪国森(蒙古族)、曹德木旺吉拉(蒙古族)、巴特尔(蒙古族)、李晓艳(女 蒙古族)、张占森、王丽萍(女 蒙古族)、刘洪军(蒙古族)、李亮、李自学、李春祥、冯云亭、关秀珍(女 蒙古族)、张金环、赵永利(蒙古族)、白春虹(女 回族)、孙建华、李信、张全(满族)、于志杰(女 满族)、王凤君(女 蒙古族)、吴振军、孟昭均、石凤华(女)、何映礼、姚长战。自治区十一届人大一次会议后,赤峰市选举的自治区十一届人大代表王艾华申请辞去代表职务。2008 年 12 月,市五届人大常委会第九次会议补选王中和为自治区十一届人大代表。自治区十一届人大三次会议后,代表孙国建、汪怀根调离内蒙古自治区,代表李福清逝世。2010 年 12 月,市五届人大常委会第二十五次会议补选陈哲、卫庆国为自治区十一届人大代表。

内蒙古自治区第十二届人民代表大会代表:马明、巴特尔(蒙古族)、伊克苏苏(蒙古族)、江维、孟庆民、徐凤君、王中和、勾建斌、乌志颜(蒙古族)、包满达(蒙古族)、刘翔、杨薇(女)、杨立宏(女)、李亚凡、李艳茹(女)、宋亮、张志、陈宏宇(女 蒙古族)、顾宇、岳志君、钱荣旭(蒙古族)、郭卫红(女)、郭向虹(女 满族)、高金祥、吴坤(女)、周光宇、敖日格勒(蒙古族)、王军(蒙古族)、马丽慧(女)、呼达古拉(女 蒙古族)、赵国新、哈斯格日乐(女 蒙古族)、赵士杰(蒙古族)、王明军、刘吉国、杨桂荣(女 回族)、王玉成、宝音图(蒙古族)、新其其格(女 蒙古族)、王洪学、闫洪志、汪国森(蒙古族)、金花(女 蒙古族)、杨连红(女)、马丫(女 蒙古族)、李浩楠、荆晓明(满族)、韩智(蒙古族)、刘万虎、吴红艳(女 蒙古族)、张财、赵文玲(女 蒙古族)、隋晓杰、李树强、杜艳霞(女 蒙古族)、张凤波(女)、张占升、邱文博(蒙古族)、王国利(满族)、白玲(女 回族)、林杨、姜俐欣、温荔清(女)、王俊祥(蒙古族)、安彩英(女 满族)、张华、高波、焦素敏(女)、王敏太、刘立中、岳国军、赵广叡。

第二节 代表工作

1991年,为进一步拓宽市人大常委会联系市人大代表渠道,市二届人大常委会第六次主任会议制定《赤峰市人大常委会主任接待代表日制度》,确定每月初的第一个星期三为市人大常委会主任(副主任)接待市人大代表日。当年,市第二届人大常委会主任接待代表日共接待代表14人次,认真听取代表对市级国家机关及其工作人员履行职责、依法行政、公正司法等方面的意见。1992年4月,《中华人民共和国代表法》颁布实施后,市人大常委会进一步丰富代表视察内容、改进视察方式,使代表视察工作取得更好实效。同年5月,在市二届人大二次会议上,市人大常委会作出决定,在市人大代表中开展"两带一创"活动,即把党的路线、方针、政策和人大的决议、决定精神带下去向群众宣传,把群众的意见、建议带上来向国家机关反映;积极参加管理国家和社会事务,创建社会主义物质文明和精神文明的新成绩。为指导和推动此项活动的开展,1992年9月和1993年8月,市人大常委会两次组织在履行代表职责上取得优异成绩的10名市人大代表参加的先进事迹报告团,先后赴7个旗县区及部分乡镇苏木作11场报告,在与会的基层人大代表、干部群众中引起较大反响。1995年11月,市人大常委会召开全市人大代表开展"两带一创"活动经验交流会。会上12名代表作典型发言,30名在此项活动中做出突出成绩的代表受到市人大常委会的表彰和奖励。1999年,市人大常委会先后召开全市人大代表联络暨信访工作座谈会、代表建议办理工作座谈会,总结交流代表工作经验。

2000年10月,市三届人大常委会第二十八次会议审议通过《市人大常委会代表工作办法》,对市人大常委会联系代表、代表视察、代表建议办理等方面工作作出规定,使代表工作更加规范化、制度化。2003—2004年,市四届人大常委会第十五次会议审议通过《市人民代表大会常务委员会组成人员联系代表办法》,规定市人大常委会组成人员建立代表联系点,每年都要结合实际工作开展调研活动;组织市人大代表开展集中联系群众活动。代表结合自己的生产、工作实际,走访农牧民、企事业单位职工、城镇居民;代表小组安排一次进田头、车间、社区活动。通过问卷调查、召开座谈会等方式,了解民情,体察民意,反映民声,向市人大常委会提出相关意见、建议,为市人大常委会民主决策提供参考。2008年6月,市人大常委会执法检查组邀请代表参加,对赤峰市6个旗县区执行《中华人民共和国代表法》和《内蒙古自治区实施代表法办法》情况进行执法检查。通过检查,代表们掌握了法律法规的执行情况,提出执法中存在的问题,同时提出进一步畅通代表知情渠道、完善代表培训工作、加大代表建议督办力度等方面的建议。市人大常委会认真做好代表履职服务工作,坚持每年向人大代表通报全市经济社会发展情况,为代表寄发《人大代表法律常识手册》《人大代表履职手册》《赤峰市人民代表大会会刊》《工作通讯》,为代表订阅《中国人大》《内蒙古人大》《人民代表报》等报刊资料,拓宽代表知情知政渠道,为代表更好地履行职责创造条件。2009年,市五届人大常委会创办《代表通讯》,及时向代表通报应知情况。坚持每年开展一次代表培训工作,请专业人员讲解人民代表大会制度、人大代表履行职责、计划和财政预算的审查等基本知识,不断提高代表的素质和履职能力。

2012年7月,市人大常委会召开全市人大代表履职服务保障工作座谈会,交流市人大常委会代表工作机构建设、服务代表工作制度建设、代表活动的物质保障等方面的经验。2013年4月,市六届人大常委会第一次会议审议通过《赤峰市人民代表大会代表守则》,依据有关法律,对代表在人民代表大会会议期间的工作和闭会期间的活动进行了规范。2014年11月,市六届人大常委会第二十六次主任会议审议通过《关于市人大代表向原选举单位报告履职情况的意见》,要求市人大代表通过口头或书面形式向原选举单位报告履职情况,接受原选举单位的监督。审定《市人大常委会组成人员联系本级基层人大代表工作方案》,规定每位常委会组成人员固定联系5至6名基层人大代表,不再局限每年一次的集中联系代表形式,进一步改进和加强代表联系工作。按照自治区人大常委会的部署,市人大常委会在全市开展"人大代表之家"建设活动,印发《关于进一步加强代表之家建设工作的意见》。全市以乡镇苏木、街道办事处为重点,建设"人大代表之家"173处,为人代会闭会期间开展代表活动搭建载体和平台。市人大常委会于年底召开全市"人大代表之家"建设工作座谈会,总结交流经验,进一步推动代表活动规范化、经常化。

第二章　人大会议

第一节 人民代表大会全体会议

一、赤峰市第二届人民代表大会

第一次会议　市二届人大一次会议于1991年5月25日至31日在赤峰举行。代表总数394人,出席会议373人。会议听取和审议市政府市长高连元作的《赤峰市政府工作报告》,听取和审议市政府《关于赤峰市1990年国民经济和社会发展计划执行情况与1991年国民经济和社会发展计划草案的报告》(简称计划报告),听取和审议市政府《关于赤峰市1990年财政决算和1991年财政预算草案的报告》(简称财政报告),听取和审议市人大常委会主任陈起祥作的《赤峰市人民代表大会常务委员会工作报告》,听取和审议《赤峰市中级人民法院工作报告》(简称法院报告)和《赤峰市人民检察院工作报告》(简称检察院报告);会议通过了关于各项报告的决议,审查并批准《赤峰市国民经济和社会发展十年规划及第八个五年计划纲要》。会议选举市人大常委会和市政府新的领导班子,选举市中级人民法院院长和市人民检察院检察长。会议期间,一个代表团或者代表10人以上联名,向大会提出议案31件,代表提出建议、批评和意见182件。

第二次会议 市二届人大二次会议于1992年5月25日至29日在赤峰举行。代表总数397人,出席会议350人。会议听取和审议市政府市长高连元作的《赤峰市政府工作报告》,听取和审议市政府计划报告和财政报告,听取和审议市人大常委会主任鲍鹏飞作的《赤峰市人民代表大会常务委员会工作报告》,听取和审议法院报告和检察院报告;会议通过了关于各项报告的决议。会议补选市人大常委会副主任1人。会议期间,向大会提交议案10件,代表提出建议、批评和意见157件。

第三次会议 市二届人大三次会议于1993年3月11日至15日在赤峰举行。代表总数399人,出席会议352人。会议听取和审议市政府市长高连元作的《赤峰市政府工作报告》,听取和审议市政府计划报告和财政报告,听取和审议市人大常委会主任鲍鹏飞作的《赤峰市人民代表大会常务委员会工作报告》,听取和审议法院报告和检察院报告;会议通过了关于各项报告的决议,审议通过了市政府关于调整《赤峰市国民经济和社会发展十年规划及第八个五年计划纲要》的意见。会议选举赤峰市出席内蒙古自治区第八届人民代表大会代表76人。会议期间,向大会提交议案5件,代表提出建议、批评和意见85件。

第四次会议 市二届人大四次会议于1994年3月29日至4月2日在赤峰举行。代表总数398人,出席会议348人。会议听取和审议市政府代理市长许久勋作的《赤峰市政府工作报告》,听取和审议市政府计划报告和财政报告,听取和审议市人大常委会副主任勾清文作的《赤峰市人民代表大会常务委员会工作报告》,听取和审议法院报告和检察院报告;会议通过了关于各项报告的决议。会议补选市人大常委会副主任1人;补选市政府市长1人。会议期间,向大会提交议案16件,代表提出建议、批评和意见110件。

第五次会议 市二届人大五次会议于1995年5月19日至23日在赤峰举行。代表总数399人,出席会议347人。会议听取和审议市政府代理市长云德奎作的《赤峰市政府工作报告》,听取和审议市政府计划报告和财政报告,听取和审议市人大常委会主任鲍鹏飞作的《赤峰市人民代表大会常务委员会工作报告》,听取和审议法院报告和检察院报告;会议通过了关于各项报告的决议。会议补选市人大常委会副主任3人;补选市政府市长1人、副市长3人。会议期间,向大会提交议案11件,代表提出建议、批评和意见76件。

二、赤峰市第三届人民代表大会

第一次会议 市三届人大一次会议于1996年4月22日至26日在赤峰举行。代表总数411人,出席会议394人。会议听取和审议市政府市长云德奎作的《赤峰市政府工作报告》,听取和审议市政府计划报告和财政报告,听取和审议市人大常委会主任鲍鹏飞作的《赤峰市人民代表大会常务委员会工作报告》,听取和审议法院报告和检察院报告;会议通过了关于各项报告的决议,审查并批准《赤峰市国民经济和社会发展第九个五年计划及 2010 年远景目标纲要》,作出《关于全市人民"义务植树日"的决定》和《关于加快山丘区水利建设及河滩区农业开发的决定》。会议选举市人大常委会和市政府新的领导班子,选举市中级人民法院院长和市人民检察院检察长。会议期间,向大会提交议案 15 件,代表提出建议、批评和意见 56 件。

第二次会议 市三届人大二次会议于 1997 年 2 月 26 日至 3 月 2 日在赤峰举行。代表总数 408 人,出席会议 368 人。会议听取和审议市政府副市长曹旺作的《赤峰市政府工作报告》,听取和审议市政府计划报告和财政报告,听取和审议市人大常委会主任鲍鹏飞作的《赤峰市人民代表大会常务委员会工作报告》,听取和审议法院报告和检察院报告;会议通过了关于各项报告的决议,通过《赤峰市人民代表大会议事规则》。会议期间,向大会提交议案 9 件,代表提出建议、批评和意见 42 件。

第三次会议 市三届人大三次会议于 1997 年 11 月 27 日至 28 日在赤峰举行。代表总数 408 人,出席会议 361 人。会议的主要议题是选举赤峰市出席内蒙古自治区第九届人民代表大会代表,共选出代表 69 人。

第四次会议 市三届人大四次会议于 1998 年 3 月 26 日至 30 日在赤峰举行。代表总数 412 人,出席会议 365 人。会议听取和审议市政府市长云德奎作的《赤峰市政府工作报告》,听取和审议市政府计划报告和财政报告,听取和审议市人大常委会主任鲍鹏飞作的《赤峰市人民代表大会常务委员会工作报告》,听取和审议法院报告和检察院报告;会议通过了关于各项报告的决议。会议补选市人大常委会副主任 2 人,补选市政府副市长 3 人。会议期间,向大会提交议案 9 件,代表提出建议、批评和意见 48 件。

第五次会议 市三届人大五次会议于 1999 年 4 月 8 日至 12 日在赤峰举行。代表总数 412 人,出席会议 356 人。会议听取和审议市政府代理市长高延青作的《赤峰市政府工作报告》,听取和审议市政府计划报告和财政报告,听取和审议市人大常委会主任鲍鹏飞作的《赤峰市人民代表大会常务委员会工作报告》,听取和审议法院报告和检察院报告;会议通过了关于各项报告的决议。会议补选市政府市长 1 人。会议期间,向大会提交议案 13 件,代表提出建议、批评和意见 54 件。

第六次会议 市三届人大六次会议于 2000 年 4 月 19 日至 23 日在赤峰举行。代表总数 410 人,出席会议 360 人。会议听取和审议市政府市长高延青作的《赤峰市政府工作报告》,听取和审议市政府计划报告和财政报告,听取和审议市人大常委会代理主任李向荣作的《赤峰市人民代表大会常务委员会工作报告》,听取和审议法院报告和检察院报告;会议通过了关于各项报告的决议。会议补选市人大常委会主任 1 人、副主任 3 人。会议期间,向大会提交议案 13 件,代表提出建议、批评和意见 59 件。

三、赤峰市第四届人民代表大会

第一次会议 市四届人大一次会议于 2001 年 10 月 17 日至 21 日在赤峰举行。代表总数 411 人，出席会议 394 人。会议听取和审议市政府代理市长呼尔查作的《赤峰市政府工作报告》，听取和审议市政府计划报告和财政报告，听取和审议市人大常委会代理主任敖日泽作的《赤峰市人民代表大会常务委员会工作报告》，听取和审议法院报告和检察院报告；会议通过了关于各项报告的决议，审查并批准《赤峰市国民经济和社会发展第十个五年计划纲要》，通过《赤峰市人民代表大会质询办法》，作出关于设立赤峰市第四届人民代表大会专门委员会的决定。会议选举市人大常委会和市政府新的领导班子，选举市中级人民法院院长和市人民检察院检察长；补选赤峰市出席内蒙古自治区第九届人民代表大会代表 4 人。会议期间，向大会提交议案 32 件，代表提出建议、批评和意见 45 件。

第二次会议　市四届人大二次会议于 2002 年 4 月 23 日至 28 日在赤峰举行。代表总数 410 人，出席会议 366 人。会议听取和审议市政府市长呼尔查作的《赤峰市政府工作报告》，听取和审议市政府计划报告和财政报告，听取和审议市人大常委会代理主任敖日泽作的《赤峰市人民代表大会常务委员会工作报告》，听取和审议法院报告和检察院报告；会议通过了关于各项报告的决议。会议补选市人大常委会主任 1 人。会议期间，向大会提交议案 21 件，代表提出建议、批评和意见 41 件。

第三次会议　市四届人大三次会议于 2002 年 12 月 10 日至 11 日在赤峰举行。代表总数 407 人，出席会议 345 人。会议的主要议题是选举赤峰市出席内蒙古自治区第十届人民代表大会代表，共选出代表 67 人。

第四次会议　市四届人大四次会议于 2003 年 3 月 25 日至 28 日在赤峰举行。代表总数 408 人，出席会议 334 人。会议听取和审议市政府市长呼尔查作的《赤峰市政府工作报告》，听取和审议市政府计划报告和财政报告，听取和审议市人大常委会主任照那斯图作的《赤峰市人民代表大会常务委员会工作报告》，听取和审议法院报告和检察院报告；会议通过了关于各项报告的决议。会议期间，向大会提交议案 26 件，代表提出建议、批评和意见 73 件。

第五次会议　市四届人大五次会议于 2004 年 3 月 16 日至 20 日在赤峰举行。代表总数 409 人，出席会议 370 人。会议听取和审议市政府代理市长杭桂林作的《赤峰市政府工作报告》，听取和审议市政府计划报告和财政报告，听取和审议市人大常委会主任照那斯图作的《赤峰市人民代表大会常务委员会工作报告》，听取和审议法院报告和检察院报告；会议通过了关于各项报告的决议，通过《赤峰市人民代表大会及其常务委员会审查监督市本级预算办法》。会议补选市人大常委会副主任 1 人，补选市政府市长 1 人。会议期间，向大会提交议案 25 件，代表提出建议、批评和意见 86 件。

第六次会议　市四届人大六次会议于 2005 年 4 月 19 日至 23 日在赤峰举行。代表总数 411 人，出席会议 374 人。会议听取和审议《赤峰市政府工作报告》，听取和审议市政府计划报告和财政报告，听取和审议市人大常委会主任照那斯图作的《赤峰市人民代表大会常务委员会工作报告》，听取和审议法院报告和检察院报告；会议通过了关于各项报告的决议。会议补选市人大常委会副主任1人,补选市政府市长1人。会议期间,向大会提交议案18件,代表提出建议、批评和意见100件。

第七次会议　市四届人大七次会议于2006年3月28日至4月1日在赤峰举行。代表总数412人,出席会议351人。会议听取和审议《赤峰市政府工作报告》,听取和审议市政府计划报告和财政报告,听取和审议市人大常委会主任照那斯图作的《赤峰市人民代表大会常务委员会工作报告》,听取和审议法院报告和检察院报告;会议通过了关于各项报告的决议,审查并批准《赤峰市国民经济和社会发展第十一个五年规划纲要》。会议补选市人大常委会主任1人、副主任1人。会议期间,向大会提交议案9件,代表提出建议、批评和意见98件。

第八次会议　市四届人大八次会议于2007年2月5日至9日在赤峰举行。代表总数412人,出席会议374人。会议听取和审议《赤峰市政府工作报告》,审查市政府计划报告和财政报告,听取和审议市人大常委会主任斯日古楞作的《赤峰市人民代表大会常务委员会工作报告》,听取和审议法院报告和检察院报告;会议通过了关于各项报告的决议。会议期间,向大会提交议案8件,代表提出建议、批评和意见79件。

四、赤峰市第五届人民代表大会

第一次会议　市五届人大一次会议于2007年12月15日至19日在赤峰举行。代表总数411人,出席会议403人。会议听取和审议《赤峰市政府工作报告》,听取和审议市人大常委会主任斯日古楞作的《赤峰市人民代表大会常务委员会工作报告》,听取和审议法院报告和检察院报告;会议通过了关于各项报告的决议,作出关于设立赤峰市第五届人民代表大会专门委员会的决定。会议选举市人大常委会和市政府新的领导班子,选举市中级人民法院院长和市人民检察院检察长;选出赤峰市出席内蒙古自治区第十一届人民代表大会代表66人。会议期间,向大会提交议案13件,代表提出建议、批评和意见105件。

第二次会议　市五届人大二次会议于2008年2月28日至3月3日在赤峰举行。代表总数411人,出席会议393人。会议听取和审议市政府副市长王中和作的《赤峰市政府工作报告》,审查市政府计划报告和财政报告,听取和审议市人大常委会主任斯日古楞作的《赤峰市人民代表大会常务委员会工作报告》,听取和审议法院报告和检察院报告;会议通过了关于各项报告的决议。会议作出关于罢免徐国元赤峰市人民政府市长职务的决定,补选市政府市长1人。会议期间,向大会提交议案4件,代表提出建议、批评和意见35件。

第三次会议　市五届人大三次会议于2009年2月24日至28日在赤峰举行。代表总数411人,出席会议372人。会议听取和审议市政府市长王中和作的《赤峰市政府工作报告》,审查市政府计划报告和财政报告,听取和审议市人大常委会主任斯日古楞作的《赤峰市人民代表大会常务委员会工作报告》,听取和审议法院报告和检察院报告;会议通过了关于各项报告的决议。会议补选市人大常委会副主任1人。会议期间,向大会提交议案17件，代表提出建议、批评和意见103件。

第四次会议　市五届人大四次会议于2010年1月12日至15日在赤峰举行。代表总数409人，出席会议389人。会议听取和审议市政府市长王中和作的《赤峰市政府工作报告》，审查市政府计划报告和财政报告，听取和审议市人大常委会主任斯日古楞作的《赤峰市人民代表大会常务委员会工作报告》，听取和审议法院报告和检察院报告；会议通过了关于各项报告的决议。会议期间，向大会提交议案15件，代表提出建议、批评和意见112件。

第五次会议　市五届人大五次会议于2011年2月25日至28日在赤峰举行。代表总数409人，出席会议380人。会议听取和审议市政府代理市长包满达作的《赤峰市政府工作报告》，审查市政府计划报告和财政报告，听取和审议市人大常委会主任斯日古楞作的《赤峰市人民代表大会常务委员会工作报告》，听取和审议法院报告和检察院报告；会议通过了关于各项报告的决议，审查并批准《赤峰市国民经济和社会发展第十二个五年规划纲要》。会议补选市政府市长1人。会议期间，向大会提交议案9件，代表提出建议、批评和意见97件。

第六次会议　市五届人大六次会议于2012年2月26日至29日在赤峰举行。代表总数409人，出席会议370人。会议听取和审议市政府市长包满达作的《赤峰市政府工作报告》，审查市政府计划报告和财政报告，听取和审议市人大常委会主任斯日古楞作的《赤峰市人民代表大会常务委员会工作报告》，听取和审议法院报告和检察院报告；会议通过了关于各项报告的决议。会议补选钱荣旭为市人大常委会主任。会议期间，向大会提交议案10件，代表提出建议、批评和意见99件。

五、赤峰市第六届人民代表大会

第一次会议　市六届人大一次会议于2013年1月7日至11日在赤峰举行。代表总数412人，出席会议400人。会议听取和审议市政府市长包满达作的《赤峰市政府工作报告》，审查市政府计划报告和财政报告，听取和审议市人大常委会主任钱荣旭作的《赤峰市人民代表大会常务委员会工作报告》，听取和审议法院报告和检察院报告；会议通过了关于各项报告的决议，作出关于赤峰市第六届人民代表大会常务委员会组成人员名额的决定，关于设立赤峰市第六届人民代表大会专门委员会的决定。会议选举市人大常委会和市政府新的领导班子，选举市中级人民法院院长和市人民检察院检察长；选出赤峰市出席内蒙古自治区第十二届人民代表大会代表74人。会议期间，向大会提交议案7件，代表提出建议、批评和意见80件。

第二次会议　市六届人大二次会议于2014年2月21日至23日在赤峰举行。代表总数409人，出席会议389人。会议听取和审议市政府市长包满达作的《赤峰市政府工作报告》，审查市政府计划报告和财政报告，听取和审议市人大常委会副主任东日布作的《赤峰市人民代表大会常务委员会工作报告》，听取和审议法院报告和检察院报告；会议通过了关于各项报告的决议。补选市中级人民法院院长。会议期间，向大会提交议案13件,代表提出建议、批评和意见154件。

第二节　人大常务委员会会议

按照《中华人民共和国宪法》和《中华人民共和国地方组织法》规定,市人大常委会会议每两个月要举行一次。会议的主要议程是:听取和审议市人民政府、市中级人民法院和市人民检察院的专项工作报告,讨论、决定赤峰市政治、经济、科学、教育、文化、卫生、环境和资源保护、民政、民族等工作的重大事项,决定全市国民经济和社会发展计划、财政预算的部分变更,审查和批准财政决算。1991—2014年,市人大常委会共举行167次常委会会议,其中第二届33次、第三届34次、第四届47次、第五届39次、第六届至2014年14次。

1991年,从6月开始召开会议4次。审议通过的主要事项:听取和审议市政府关于"二五"普法、义务教育、扶贫开发等10项报告,听取和审议市法院一项工作报告;通过关于实施法制宣传教育"二五"规划的决议,通过关于批准《赤峰市1990—2000年义务教育规划》的决议,通过关于进一步搞好扶贫开发工作的决议,通过《赤峰市人大常委会组成人员守则》,通过关于禁毒的决议,通过关于停止执行《赤峰市城镇建设动迁安置暂行办法》的决定;通过关于进一步宣传贯彻《中华人民共和国土地管理法》,加强土地管理工作的决议;审议批准《赤峰市城镇公共卫生管理暂行办法》;任免国家工作人员。

1992年,召开会议6次。审议通过的主要事项:听取和审议市政府关于农牧业、国有企业、教育等15项报告,听取和审议市法院2项工作报告;通过市二届人大常委会代表资格审查委员会组成人员名单,通过关于召开市二届人大二次会议的决定;通过关于加强人民法院执行工作的决议,通过深入开展依法治市工作的决议,通过《赤峰市人民代表大会常务委员会监督司法工作办法》;任免国家工作人员。

1993年,召开会议7次。审议通过的主要事项:听取和审议市政府关于减轻农牧民负担、企业法贯彻实施情况、经济运行情况等14项报告,听取和审议市法院2项工作报告;审议通过《赤峰市生态经济沟建设纲要》,审议通过关于召开市二届人大三次会议的决定;审议通过关于接受高连元辞去市政府市长职务的决定,审议通过关于许久勋代理市长职务的决定,任免其他国家工作人员。

1994年,召开会议6次。审议通过的主要事项:听取和审议关于全市旗县区和乡镇苏木换届选举工作情况的报告,听取和审议关于市二届人大四次会议代表建议、批评和意见办理情况的报告,听取和审议市政府关于企业改革、防沙治沙、水土保持法实施情况、社会治安综合治理、修订《赤峰市中心区城市总体规划》等13项报告,听取和审议市人民检察院2项工作报告。审议通过市人大常委会1994年工作要点,审议通过关于召开市二届人大四次会议的决定;通过关于深入贯彻实施《中华人民共和国水土保持法》,加强水土保持工作的决议;审议通过关于批准《赤峰市草原野生植物药材资源管理暂行办法》的决定;通过关于修订《赤峰市中心区城市总体规划》报告的决议;补选赤峰市出席内蒙古自治区第八届人民代表大会代表;任免国家工作人员。

1995年,召开会议7次。审议通过的主要事项:听取和审议市政府关于对外经济贸易、财政、劳动法实施情况、文化市场管理等13项报告,听取和审议市法院、市检察院各一项工作报告;审议通过关于召开市二届人大五次会议的决定;补选赤峰市出席内蒙古自治区第八届人民代表大会代表;审议通过关于接受许久勋辞去市政府市长职务的决定,审议通过关于云德奎代理市长职务的决定,任免其他国家工作人员。

1996年,召开会议7次。审议通过的主要事项:听取和审议市政府关于物价、审计、普法工作等12项报告,听取和审议市检察院一项工作报告;审议《赤峰市人民代表大会议事规则(草案)》;补选赤峰市出席内蒙古自治区第八届人民代表大会代表;审议通过关于召开市三届人大一次会议的决定,审议通过关于继续开展法制宣传教育的决议,审议通过关于批准《赤峰市防氟改水工程建设管理暂行办法》的决定,审议通过《赤峰市人民代表大会常务委员会述职评议暂行办法》,审议通过关于批准赤峰市市歌的决定;审议通过关于许可对1名市人大代表逮捕的决定;任免国家工作人员。

1997年,召开会议7次。审议通过的主要事项:听取和审议市政府关于义务教育规划、财政决算、水法执行情况、实施矿产资源法等16项报告,听取和审议市法院、市检察院各一项工作报告;审议通过关于召开市三届人大二次会议的决定,通过批准《关于〈调整赤峰市1990—2000年义务教育规划〉的报告》的决议,通过关于批准赤峰市本级1996年财政决算的决议,审议通过《赤峰市人民代表大会专门委员会工作规则(试行)》,审议通过《关于批准赤峰市预算外资金管理暂行办法》的决定,审议通过市人大常委会《关于对部分国家工作人员进行述职评议的实施方案》;通过关于深入贯彻实施《中华人民共和国矿产资源法》,加强矿产资源管理的决议;听取和评议市政府一个工作部门主要负责人和市法院一名副院长的述职报告;任免国家工作人员。

1998年,召开会议6次。审议通过的主要事项:听取和审议市政府关于环境保护法和森林法贯彻实施情况、城市建设、财政审计、依法治市等13项报告;审议通过关于召开市三届人大四次会议的决定;审议通过关于接受云德奎辞去市政府市长职务的决定,审议通过关于高延青代理市长职务的决定;通过关于进一步实施依法治市的决议,通过关于批准赤峰市本级1997年财政决算的决议;听取和评议市政府2个工作部门主要负责人的述职报告;任免国家工作人员。

1999年,召开会议6次。审议通过的主要事项:听取和审议市政府关于草原开垦情况、贯彻实施电力法情况、降低集中供热价格等17项报告;审议通过关于召开市三届人大五次会议的决定,通过关于增补市三届人大常委会委员的决定,通过市人大常委会1999年工作要点;通过关于批准赤峰市本级1998年财政决算的决议,审议通过关于修改《赤峰市结核病防治暂行办法》的决定,通过关于解决灾区粮料地和重新调整草牧场议案和关于降低集中供热价格议案的决议;通过关于许可暂停 1 人执行市三届人大代表职务的决定,通过关于许可逮捕 1 名市人大代表的决定;任免国家工作人员。

2000 年,召开会议 6 次。审议通过的主要事项:听取和审议市政府关于抗震救灾工作、公司法贯彻实施情况、加强生态环境保护、民族宗教工作、预防保健工作等 14 项报告,听取和审议市法院一项工作报告,听取和审议关于组织三级人大代表视察市中级人民法院和部分旗县区人民法院审判庭及人民法庭建设情况的报告;审议通过关于召开市三届人大六次会议的决定,审议通过《赤峰市人民代表大会常务委员会监督司法工作办法》,审议通过关于加大审计执法力度维护财经秩序的决议,审议通过《赤峰市人民代表大会常务委员会代表工作办法》,通过加强赤峰市北部地区生态环境保护和建设工作的决议,通过进一步加强人民法院执行工作的决议;审议通过关于接受鲍鹏飞辞去市人大常委会主任职务的决定,审议通过关于李向荣代理市人大常委会主任职务的决定,任免国家工作人员。

2001 年,召开会议 7 次。审议通过的主要事项:听取和审议市政府关于普法工作、企业技术创新、住房资金管理等 6 项报告,听取和审议关于市三届人大期间开展防氟改水专项监督工作的报告;审议通过关于继续深入开展法制宣传教育的决议,审议通过关于召开市四届人大一次会议的决定;补选赤峰市出席内蒙古自治区第九届人民代表大会代表;审议通过关于接受高延青辞去市政府市长职务的决定,审议通过关于呼尔查代理市长职务的决定,审议通过关于敖日泽代理市人大常委会主任职务的决定,任免其他国家工作人员。

2002 年,召开会议 7 次。审议通过的主要事项:听取和审议市政府关于重点工业项目、修编《赤峰市城市总体规划》、教育工作、集中供热问题等 18 项报告,听取和审议市检察院一项工作报告,听取和审议关于市人大常委会检查组检查《中华人民共和国矿山安全法》《中华人民共和国消费者权益保护法》《中华人民共和国环境保护法》《中华人民共和国种子法》《内蒙古自治区农作物种子条例》实施情况的报告;通过关于修编《赤峰市城市总体规划》的报告的决议,审议通过关于深挖东部工业区潜能加快赤峰城区经济发展议案的决议,审议通过关于批准赤峰市生态建设与保护规划的决议,审议通过关于集中供热问题议案的决议,审议通过关于召开市四届人大二次会议的决定,审议通过《赤峰市人大常委会人事任免办法》,审议通过《赤峰市人民代表大会常务委员会述职评议办法》;听取和评议市政府 4 个工作部门主要负责人和市法院一名副院长、市检察院一名副检察长的述职报告;任免国家工作人员。

2003 年,召开会议 9 次。审议通过的主要事项:听取和审议市政府关于非典型肺炎防治工作、实施文物保护法、旅游工作、行政监察法贯彻执行情况、科学技术普及工作等 22 项报告,听取和审议关于《中华人民共和国村民委员会组织法》和《内蒙古自治区实施村民委员会组织法办法》贯彻执行情况的报告,听取和审议市人大常委会检查组关于检查《中华人民共和国文物保护法》实施及市人大常委会关于赤峰市古代历史文化资源保护和利用问题议案的决议落实情况的报告，关于检查《民族乡行政工作条例》实施情况的报告，听取和审议关于宗教工作情况的调查报告、关于赤峰市城镇化问题的调查报告；审议通过关于召开市四届人大四次会议的决定，审议通过关于批准《赤峰市城区养犬管理暂行办法》的决定；审议通过关于修改市人大常委会《议事规则》的决定，关于修改市人大常委会《工作条例》的决定，关于修改《赤峰市人大常委会、人民政府、中级人民法院、人民检察院工作联系暂行办法》的决定，关于修改市人大常委会《人事任免办法》的决定，关于修改市人大常委会《监督司法工作办法》的决定，关于修改《赤峰市人民代表大会专门委员会工作规则》的决定；审议通过《市人民代表大会常务委员会组成人员联系代表办法》和市人大常委会《代表议案处理工作办法》，审议通过市人大常委会《讨论决定重大事项的规定》；审议通过关于接受呼尔查辞去赤峰市人民政府市长职务的决定，审议通过关于杭桂林代理市长职务的决定；听取和评议市人民政府 3 个工作部门主要负责人的述职报告；任免国家工作人员。

2004 年，召开会议 7 次。审议通过的主要事项：听取和审议市政府关于近期建设规划、刑事诉讼法执行情况、人才工作等 14 项报告，听取和审议市法院一项工作报告，听取和审议市人大常委会检查组关于检查《中华人民共和国动物防疫法》和《内蒙古自治区动物防疫条例》执行情况的报告；审议通过市人大常委会 2004 年工作要点和关于召开市四届人大五次会议的决定，审议通过关于进一步加强贯彻执行《中华人民共和国种子法》的决议，审议通过关于监督事项实行责任制的决议，审议通过关于贡格尔河季节性断流不容忽视的议案的决议；听取和评议市政府 2 个工作部门主要负责人的述职报告；补选赤峰市出席内蒙古自治区第十届人民代表大会代表；任免国家工作人员。

2005 年，召开会议 8 次。审议通过的主要事项：听取和审议市政府关于防沙治沙法贯彻执行情况、“四五”普法工作、重点工业项目建设等 11 项报告，听取和审议市四届人大常委会关于加大对中小工业企业扶持力度，充分发挥其在“工业强市”战略中的重要作用的议案的决议落实情况的报告；审议通过关于召开市四届人大六次会议的决定，通过关于进一步加强贯彻执行《中华人民共和国防沙治沙法》的决议，通过关于合理开发、利用、节约和保护水资源的决议，审议通过关于加强公共卫生和农村牧区卫生服务体系建设的决议；听取市政府一名副市长、市法院 3 名副院长、市检察院 2 名副检察长和市政府 15 个工作部门主要负责人的述职报告，对一名副市长、一名法院副院长述职情况进行测评；审议通过关于接受杭桂林辞去市政府市长职务的决定，审议通过代理市长职务的决定；补选赤峰市出席内蒙古自治区第十届人民代表大会代表；任免国家工作人员。

2006 年，召开会议 7 次。审议通过的主要事项：听取和审议市政府关于消费者权益保护法执行情况、普法工作、城镇化建设工作等 13 项报告，听取和审议市法院、市检察院各一项工作报告，听取和审议市人大常委会检查组关于检查《中华人民共和国农村土地承包法》实施情况的报告；审议通过关于召开市四届人大七次会议的决定，审议通过关于加强法制宣传教育的决议。

2007年,召开会议7次。审议通过的主要事项:听取和审议市政府关于第三产业发展、农村土地承包法和职业教育法贯彻实施情况、社会救助工作等9项报告,听取和审议市法院、市检察院各一项工作报告;审议通过市人大常委会2007年工作要点;审议通过关于召开市五届人大一次会议的决定,通过关于批准2006年赤峰市本级财政决算的决议,审议通过关于废止《赤峰市人民代表大会常务委员会述职评议办法》的决定;任免国家工作人员。

2008年,召开会议9次。审议通过的主要事项:听取和审议市政府关于体育法及全民健身纲要执行情况、新农村新牧区建设、妇女权益保障法贯彻实施情况等13项报告,听取和审议市中级人民法院、市人民检察院各一项工作报告;审议通过关于召开市五届人大二次会议的决定;补选赤峰市出席内蒙古自治区第十一届人民代表大会代表;听取和审议市五届人大常委会代表资格审查委员会关于徐国元代表资格终止的审查报告,通过关于不予确认徐国元自治区人大代表资格的决定;任免国家工作人员。

2009年,召开会议8次。审议通过的主要事项:听取和审议市政府关于学校安全工作、道路交通安全法和公路法执行情况、科学技术普及法贯彻实施情况等13项报告,听取和审议市法院、市检察院各一项工作报告,听取和审议市人大常委会执法检查组关于检查《中华人民共和国防空法》实施情况的报告;审议通过关于召开市五届人大三次会议的决定;审议通过市人大常委会2009年工作要点;任免国家工作人员。

2010年,召开会议8次。审议通过的主要事项:听取和审议市政府关于旅游业发展、药品管理法执行情况、中小工业企业发展、保障性住房制度落实情况、“双拥”工作等13项报告,听取和审议市中级人民法院、市人民检察院各一项工作报告,听取和审议市人大财政经济委员会关于2009年赤峰市及市本级财政决算的审查报告,听取和审议市人大农牧业委员会关于水资源议案审议结果的报告;通过关于批准2009年市本级决算的决议,审议通过关于召开市五届人大四次会议的决定,审议通过《赤峰市人大常委会处理质询案办法》;补选赤峰市出席内蒙古自治区第十一届人民代表大会代表;任免国家工作人员。

2011年,召开会议7次。审议通过的主要事项:听取和审议市政府关于就业工作、水资源管理开发利用保护情况、建设工程质量法律法规执行情况、文化工作等14项报告,听取和审议市中级人民法院一项工作报告;审议通过关于召开市五届人大五次会议的决定;审议通过关于接受王中和辞去市政府市长职务的决定,审议通过关于包满达代理市长职务的决定;任免国家工作人员。

2012年,召开会议7次。审议通过的主要事项:听取和审议市政府关于扶贫开发工作、消防工作、基层医疗卫生服务体系建设、防震减灾法和消费者权益保护法贯彻实施情况等12项报告;审议通过关于召开市五届人大六次会议的决定,审议通过关于《赤峰市人民代表大会换届选举工作方案》,审议通过关于召开市六届人大一次会议的决定;任免国家工作人员。

2013 年,召开会议 5 次。审议通过的主要事项:听取和审议市政府关于农业技术推广法和防洪法执行情况、社会治安防控体系建设、教师队伍建设、物业管理条例执行情况等 16 项报告,听取和审议市中级人民法院、市人民检察院各一项工作报告;审议通过《赤峰市人民代表大会代表守则》和《赤峰市人大常委会组成人员守则》;审议通过关于许可对 2 名市人大代表采取强制措施的决定;任免国家工作人员。

2014 年,召开会议 9 次。审议通过的主要事项:听取和审议市政府关于森林法和旅游法执行情况、赤峰市近期建设规划(2014—2020 年)编制情况、公共文化服务体系建设、养老服务工作情况等 14 项报告,听取和审议市中级人民法院一项工作报告;审议通过关于召开市六届人大二次会议的决定,审议通过关于在全市开展“人大代表之家”建设工作的意见,审议通过《赤峰市人大常委会关于代表建议批评和意见处理办法》,审议通过《赤峰市人大常委会专题询问办法》;审议通过关于许可对 2 名市人大代表采取强制措施的决定,审议通过关于许可对 1 名市人大代表采取拘留措施的决定;任免国家工作人员。

第二篇　人大常委会

第一章　组织机构

第一节　领导机构

1991—2014年，赤峰市人大常委会领导机构历经第二届到第六届常委会的更选。市人大常委会共有6名主任更迭，其中跨届任职的3人。在每届常委会期间，根据工作需要，市人大常委会领导机构成员都有一些调整。

一、市人大常委会主任、副主任、秘书长

1991—2014年赤峰市人大常委会主任、副主任、秘书长更迭表

表14-2-1

届次	职务	姓名	民族	任职时间
第二届 (1991.5—1996.4)	主任	鲍鹏飞	蒙古族	1991.5—1996.4
	副主任	勾清文	汉族	1991.5—1996.4
		龚彩霞(女)	回族	1991.5—1993.11
		卢振远	汉族	1991.5—1996.4
		白云峰	蒙古族	1991.5—1996.4
		白凤祥	蒙古族	1991.5—1996.4
		包力德	蒙古族	1991.5—1996.4
		宋万林	汉族	1991.5—1995.7
		李凤阁	汉族	1991.5—1991.9
		郑瑞童	汉族	1992.5—1996.4
		张全栋	汉族	1994.4—1995.5
		吴香馥	汉族	1995.5—1996.4

续表

届 次	职 务	姓 名	民 族	任职时间
第二届（1991.5—1996.4）	副主任	布仁乌力吉	蒙古族	1995.5—1996.4
		孙广明	汉族	1995.5—1996.4
	秘书长	巴国强	汉族	1991.5—1994.3
		张全栋(兼)	汉族	1994.4—1995.5
		白振高	蒙古族	1995.5—1996.4
第三届（1996.4—2001.10）	主 任	鲍鹏飞	蒙古族	1996.4—2000.4
		刘玉祥	汉族	2000.4—2001.10
	副主任	白云峰	蒙古族	1996.4—2000.4
		吴香馥	汉族	1996.4—2000.4
		布仁乌力吉	蒙古族	1996.4—2000.4
		李向荣	汉族	1996.4—2001.10
		李景新	汉族	1996.4—2001.10
		郭松樵	汉族	1996.4—2001.10
		高景隆	汉族	1998.3—2001.10
		李秀峰	汉族	1998.3—2001.10
		敖日泽	蒙古族	2000.4—2001.10
		芒 来	蒙古族	2000.4—2001.10
		宝敬群(女)	蒙古族	2000.4—2001.10
	秘书长	向文儒	汉族	1996.4—2001.10
第四届（2001.10—2007.12）	主 任	罗啸天	汉族	2001.10—2002.4
		照那斯图	蒙古族	2002.4—2006.4
		斯日古楞	蒙古族	2006.4—2007.12
	副主任	敖日泽	蒙古族	2001.10—2004.3
		赵 慧(女)	汉族	2001.10—2007.12
		芒 来	蒙古族	2001.10—2005.4
		宝敬群(女)	蒙古族	2001.10—2007.12

续表

届 次	职 务	姓 名	民 族	任职时间
第四届（2001.10—2007.12）	副主任	刘廷赞	汉族	2001.10—2006.3
		许兆峰	汉族	2001.10—2007.12
		汝俊杰	汉族	2004.3—2007.12
		梁万龙	汉族	2005.4—2007.12
		李志勋	满族	2006.4—2007.12
	秘书长	朱文昌	汉族	2001.10—2007.2
第五届（2007.12—2013.1）	主 任	斯日古楞	蒙古族	2007.12—2012.2
		钱荣旭	蒙古族	2012.2—2013.1
	副主任	梁万龙	汉族	2007.12—2013.1
		李雪波(女)	汉族	2007.12—2013.1
		李志勋	满族	2007.12—2013.1
		白音巴特尔	蒙古族	2007.12—2013.1
		张志安	汉族	2007.12—2013.1
		董歧福	蒙古族	2007.12—2009.2
		东日布	蒙古族	2009.2—2013.1
	秘书长	汪耳河	满族	2007.12—2013.1
第六届（2013.1—2014.12）	主 任	钱荣旭	蒙古族	2013.1—2014.12 在职
	副主任	东日布	蒙古族	2013.1—2014.12 在职
		李雪波(女)	汉族	2013.1—2014.12 在职
		白音巴特尔	蒙古族	2013.1—2014.12 在职
		宁国涛	汉族	2013.1—2014.12 在职
		赵 富	蒙古族	2013.1—2014.12 在职
		贾永民	汉族	2013.1—2014.12 在职
	秘书长	汪耳河	满族	2013.1—2014.1
		马鹏飞	汉族	2014.2—2014.12 在职

说明：此表由市人大常委会办公厅提供。

二、市人大常委会委员

1991—2014 年赤峰市历届人大常委会委员一览表

表 14-2-2

届　次	委 员 名 单
第二届（1991.5—1996.4）	丁玉洁（女）、乌仁娜（女　蒙古族）、布和（蒙古族）、包金英（蒙古族）、关其格（蒙古族）、苏志国、李秀峰、李富雄（朝鲜族）、李瑰峰、何镇关（满族）、张明、张星林、陈洪生、苗竹、范艳玲（女）、和什格图（蒙古族）、周黎明（蒙古族）、单振福、赵爱民、常柏林、潘国连（蒙古族）
第三届（1996.4—2001.10）	丁致海、王永廷（蒙古族）、王纪元、王燃、乌仁娜（女　蒙古族）、尹士武、石艳华（女）、田雪梅（女）、包金英（蒙古族）、色旺（蒙古族）、刘二龙、苏志国、宋开贵、宋英达（蒙古族）、张顺（回族）、陈晓平、周俊秋、周清明、宝敬群（女　蒙古族）、赵爱民、钱海峰（蒙古族）、郭向志、郭丽虹（女）、郭殿武
第四届（2001.10—2007.12）	王金山（蒙古族）、王燃、牛忠良、石艳华（女）、田雪梅（女）、色旺（蒙古族）、苏堤、何雨霖、宋英达（蒙古族）、张顺（回族）、张峻、张聪、陈晓平、苗春雨、尚庆华、周俊秋、孟和（蒙古族）、项广林、项秋光（女）、赵国臣（蒙古族）、赵健民、袁华昆、曹俊英（蒙古族）、梁淑琴（女）、韩国刚（蒙古族）
第五届（2007.12—2013.1）	丁明秀（朝鲜族）、于晓丽（女）、王国利（满族）、王振祥、王福仁、牛忠良、邓子彬、丛树峰、曲文成（满族）、刘力山（蒙古族）、孙广宇、李亚凡、李志明、杨广祥、杨忠昌、邹清波（女）、张志、张顺（回族）、张富（蒙古族）、张士权、张吉国、张金东、陈文廷、范殿全、赵明宇、洪建军（女　蒙古族）、郭云霞（女　蒙古族）、特古斯（蒙古族）、崔景英（女）、谭玉范
第六届（2013.1—2014.12）	丁明秀（朝鲜族）、马海（回族）、王文龙、王振友、王慧智（蒙古族）、邓子彬、吕燕枚（女）、朱玉民、刘文欣（女）、关显峰（满族）、孙义、孙仁、李亚凡、李志明、杨忠昌、宋臣（蒙古族）、张吉国、张志、张斌、张富（蒙古族）、陈广云（女）、陈文廷、周向义、屈伟（回族）、赵明宇、袁文英（女　蒙古族）、莫锋、特古斯（蒙古族）、郭云霞（女　蒙古族）、梅国一、隗春华（女　蒙古族）、富翠萍（女　蒙古族）、薛彬文（蒙古族）

说明：此表由市人大常委会办公厅提供。

第二节　工作机构

1991 年，市人大常委会设 6 个机构，即办公室、民族委员会、法制委员会、农牧经济委员会、财政经济委员会、教科文卫委员会。1996 年 3 月，根据机构改革要求，市人大常委会增设组织人事处、代表联络处，与办公室一起，规格为正处级。1997 年 3 月，赤峰市第三届人民代表大会第二次会议通过各专门委员会的组成人员，产生市人大 5 个专门委员会，即赤峰市第三届人民代表大会民族委员会、法制委员会、农牧经济委员会、财政经济委员会、教科文卫委员会。

2001 年 10 月，市四届人大一次会议根据《中华人民共和国地方各级人民代表大会和地方各级人民政府组织法》的规定，撤销组织人事处和代表联络处，增设城乡建设环境资源委员会、选举任免代表联络委员会，专门委员会由 5 个增加到 7 个。2002 年 7 月，按照市委印发的《赤峰市人大常委会机关机构改革方案》，市人民代表大会设 7 个处级专门委员会,同时增挂市人大常委会工作委员会的牌子。市人大及其常委会共设置8个正处级办事机构和工作机构,即办公室、内务司法(工作)委员会、财政经济(工作)委员会、教育科学文化卫生(工作)委员会、城乡建设环境资源(工作)委员会、民族宗教外事侨务(工作)委员会、农牧业(工作)委员会、选举任免代表联络(工作)委员会。市人大常委会办公室是常委会的综合办事机构,下设秘书科、人事科(党办)、财务科、宣传信息科、行政接待科、信访科、离退休干部管理科7个科级机构。7个工作委员会各下设一个科级办公室。

2009年9月,市人大常委会办公室更名为市人大常委会办公厅;市人大常委会办公厅信访科更名为信访处,原级别不变。截至2014年末,市人大及其常委会机构未变。

1991—2014年赤峰市人大及其常委会工作机构主要负责人更迭表

表14-2-3

职　务	姓　名	民　族	任职时间
办公厅(办公室)主任	赵爱民	汉　族	1996.5—1997.4
	向文儒(兼)	汉　族	1997.4—1999.4
	王洪福	汉　族	1999.4—2001.10
	朱文昌(兼)	汉　族	2001.10—2007.1
	汪耳河	满　族	2007.1—2007.12
	汪耳河(兼)	满　族	2007.12—2012.12
	马鹏飞	汉　族	2012.12—2014.2
	马鹏飞(兼)	汉　族	2014.2—2014.12在职
内务司法(工作)委员会(法制委员会)主任	陈洪生	汉　族	1995.9—1996.5
	郭向志	汉　族	1996.5—2000.4
	关其格	蒙古族	2000.4—2001.10
	张　聪	汉　族	2001.10—2007.2
	杨广祥	汉　族	2007.11—2013.1
	屈　伟	回　族	2013.1—2014.12在职
财政经济(工作)委员会主任	巴国强	汉　族	1991.1—1991.5
	丁致海	汉　族	1994.3—2000.4
	项秋光(女)	汉　族	2000.4—2007.2
	孙广宇	汉　族	2007.12—2013.1
	刘文欣(女)	汉　族	2013.1—2014.12在职

续表

职　务	姓　名	民　族	任职时间
教育科学文化卫生(工作)委员会主任	和什格图	蒙古族	1991.1—1996.5
	宋英达	蒙古族	1996.5—2006.1
	陈文廷	汉　族	2006.1—2014.2
	梅国一	汉　族	2014.2—2014.12 在职
城乡建设环境资源(工作)委员会主任	曹俊英	汉　族	2001.10—2006.1
	邹清波(女)	汉　族	2006.1—2009.2
	周向义	汉　族	2010.2—2014.2
	蒙玉清(女)	满　族	2014.2—2014.12 在职
民族宗教外事侨务(工作)委员会(民族委员会)主任	色　旺	蒙古族	1996.1—2006.1
	特古斯	蒙古族	2006.1—2014.12 在职
农牧业(工作)委员会(农牧经济委员会)主任	苏志国	汉　族	1993.3—2001.10
	袁华昆	汉　族	2001.10—2007.12
	王福仁	汉　族	2007.12—2013.1
	陈广云(女)	汉　族	2013.1—2014.12 在职
选举任免代表联络(工作)委员会主任	张　峻	汉　族	2001.10—2002.12
	张士权	汉　族	2002.12—2013.1
	张　斌	汉　族	2013.1—2014.12 在职
组织人事处处长	曹俊英	蒙古族	1996.5—2001.10
代表联络处处长	王洪福	汉　族	1996.5—1997.4
	那达那	蒙古族	1997.4—2001.10

说明:此表由市人大常委会办公厅提供。

第二章　主要工作

第一节　执法立法决定

1991—2014年,市人大常委会共听取和审议市人民政府对112部(次)国家法律、条例等法律法规的贯彻执行情况。其中市二届人大常委会听取和审议《中华人民共和国土地管理法》《中华人民共和国环境保护法》《中华人民共和国民族区域自治法》等13部(次)法律法规贯彻执行情况;市三届人大常委会听取和审议《中华人民共和国义务教育法》《中华人民共和国水法》《内蒙古自治区实施〈水法〉办法》《中华人民共和国乡镇企业法》《中华人民共和国矿产资源法》《中华人民共和国森林法》《中华人民共和国农业技术推广法》等24部(次)法律法规贯彻执行情况;市四届人大常委会听取和审议《中华人民共和国种子法》《内蒙古自治区农作物种子条例》《中华人民共和国消费者权益保护法》《中华人民共和国行政监察法》《中华人民共和国传染病防治法》《国务院突发公共卫生事件应急条例》《中华人民共和国体育法》《全民健身计划纲要》《中华人民共和国刑事诉讼法》《中华人民共和国农村土地承包法》《中华人民共和国防沙治沙法》《内蒙古自治区实施〈防沙治沙法〉办法》等44部(次)法律法规贯彻执行情况;市五届人大常委会听取和审议《中华人民共和国科学技术普及法》《内蒙古自治区科学技术普及条例》《中华人民共和国公路法》《中华人民共和国妇女权益保障法》《内蒙古自治区实施〈妇女权益保障法〉补充规定》《中华人民共和国药品管理法》等20部(次)法律法规贯彻执行情况;到2014年末,市六届人大常委会听取和审议《中华人民共和国防洪法》《内蒙古自治区实施〈防洪法〉办法》《中华人民共和国矿山安全法》《国务院物业管理条例》等11部(次)法律法规贯彻执行情况。有5部国家法律听取审议后形成了决议,分别是1991年,市二届人大常委会第三次会议通过关于进一步宣传贯彻《中华人民共和国土地管理法》,加强土地管理工作的决议;1994年,市二届人大常委会第二十二次会议通过深入贯彻实施《中华人民共和国水土保持法》,加强水土保持工作的决议;1997年,市三届人大常委会第十次会议通过关于深入贯彻实施《中华人民共和国矿产资源法》,加强矿产资源管理的决议;2004年,市四届人大常委会第二十二次会议通过进一步加强贯彻执行《中华人民共和国种子法》的决议;2005年,市四届人大常委会第二十九次会议通过进一步加强贯彻执行《中华人民共和国防沙治沙法》的决议。

1991—2014年,市人大常委会批准制定(修改)地方性法规6件,由市人民政府发布实施。分别是:1991年,市二届人大常委会第四次会议,审议通过关于批准《赤峰市城镇公共卫生管理暂行办法》的决定;1994年,市二届人大常委会第十八次会议,审议通过关于批准《赤峰市草原野生植物药材资源管理暂行办法》的决定;1996年,市三届人大常委会第二次会议,审议通过关于批准《赤峰市防氟改水工程建设管理暂行办法》的决定;1997年,市三届人大常委会第九次会议,审议通过关于批准《赤峰市预算外资金管理暂行办法》的决定;1999年,市三届人大常委会第二十次会议,审议通过关于修改《赤峰市结核病防治暂行办法》的决定;2003年,市四届人大常委会第十四次会议,审议通过关于批准《赤峰市城区养犬管理暂行办法》的决定。市人大常委会同时作出废止地方法规的决定。1991年,市二届人大常委会第二次会议,通过关于停止执行《赤峰市城镇建设动迁安置暂行办法》的决定。

1991—2014年,市人大常委会就自身工作制定(修改、废止)地方性法规21件。其中市二届人大常委会制定2件，即1991年，通过《市人大常委会组成人员守则》；1992年，通过市人大常委会《监督司法工作办法》。市三届人大常委会制定2件，即1997年，审议通过《市人民代表大会专门委员会工作规则（试行）》；2000年，审议通过市人大常委会《代表工作办法》。市四届人大常委会制定（修改、废止）12件，即2002年，审议通过市人大常委会《人事任免办法》，审议通过市人大常委会《述职评议办法》；2003年，审议通过关于修改市人大常委会《议事规则》的决定，关于修改市人大常委会《工作条例》的决定，关于修改《市人大常委会、市人民政府、市中级人民法院、市人民检察院工作联系暂行办法》的决定，关于修改市人大常委会《人事任免办法》的决定，关于修改市人大常委会《监督司法工作办法》的决定，关于修改市人大常委会《工作规则》的决定，审议通过《市人民代表大会常务委员会组成人员联系代表办法》、市人大常委会《代表议案处理工作办法》、市人大常委会《讨论决定重大事项的规定》；2007年，审议通过关于废止市人大常委会《述职评议办法》的决定。市五届人大常委会制定1件，即2010年，审议通过市人大常委会《处理质询案办法》。市六届人大常委会制定4件，即2013年，审议通过赤峰市人民代表大会《代表守则》和《市人大常委会组成人员守则》；2014年，审议通过市人大常委会《关于代表建议批评和意见处理办法》，审议通过市人大常委会《专题询问办法》。

第二节　监督工作

一、发展计划与财政预算监督

对国民经济和社会发展计划的审查监督　1991—2014年，市人民代表大会先后审查批准赤峰市“九五”“十五”“十一五”“十二五”国民经济和社会发展计划（规划）和年度计划。在市人民代表大会审查之前，市人大常委会组织人大有关委员会就全市经济社会发展和主要经济指标完成情况进行深入调查研究，对市发改部门提交的计划（规划）草案进行初审。着重审查计划（规划）目标、指标、措施的可行性和科学性，以保证通过的计划（规划）更加符合国家宏观政策和赤峰市的发展实际，更加符合广大人民群众的根本利益。市政府高度重视市人大常委会的建议，对计划（规划）进行修改完善。一般情况下，每年8月举行的市人大常委会会议听取和审议全市国民经济和社会发展年度计划上半年执行情况的报告，并提出审议意见。市政府认真落实审议意见，推动计划的有效实施。根据“加大经济结构调整力度”的建议，市政府积极调整所有制结构和产业、产品结构。经过多年的努力，全市经济保持了平稳健康发展的态势。根据“富民与强市并重，尽快建立和完善居民收入与地区生产总值协调增长的分配机制，力争使城乡居民收入接近或达到自治区平均水平”的建议，市政府对城乡居民实施“增收、减税、补贴、让利于民”政策，全市城乡居民收入实现持续稳定增长。2011年，全市城镇居民人均可支配收入和农牧民人均纯收入增速居自治区第一位和第二位。

对财政预算的审查监督　在预决算审查监督工作中,市人大常委会主要加强事前的决策性监督、事中的参与性监督和事后的跟踪性监督。1991—2014年,市人大常委会要求市政府从每年9月份开始,即着手布置下年度的部门预算编制工作,使各预算编制部门有了较宽裕的时间充分酝酿和周密考虑,制定出较为准确的预算支出方案。在每次市人代会上,市政府都要作“上年度财政决算和本年度财政预算草案的报告”。会议之前,市人大常委会按照中央、自治区经济工作的方针政策,分析研判全市经济增减变动因素及对财政收入的影响,认真了解全市预算编制情况及主要指标的安排意见,组织市人大财经委员会委员、专家组成员对预算草案进行初审。主要审查预算草案是否体现统筹兼顾、全面安排、保证重点、兼顾一般的原则,是否体现量入为出、勤俭节约的原则等,并就有关问题向政府财政部门及时提出修改建议,把市人大的意见体现在预算编制之中。市人代会期间,在综合吸纳代表意见基础上,结合初审意见,召开专题会议进一步审查,提出财政预算草案的审查报告,为人代会审查批准预算提供依据。同时把部门预算作为预算审查监督的重点内容,自2004年起,市本级每年确定15个单位的部门预算在人代会期间作为重点审查对象,并且每年选取其中2个部门预算单位进行重点审查。2004年3月,市四届人大五次会议通过《赤峰市人民代表大会及其常务委员会审查监督市本级预算办法》,进一步明确政府及财政部门在预算编制、初审、审批及预算调整、决算和人大常委会在审查、批准、执行监督中的职权和义务,规范了监督内容、程序和方式,增强政府及财政、税务、审计等部门接受人大及其常委会监督的主动性和自觉性。一般情况下,每年6月举行的常委会会议,听取、审议和批准上年度财政决算,重点审查决算的编制是否与人代会批准的预算相一致;同时听取和审议市政府关于财政预算执行情况及其他财政收入情况的审计工作报告,并提出审议意见。每年8月举行的常委会会议,听取和审议关于赤峰市及市本级本年度财政预算上半年执行情况的报告,发挥“事后跟踪性监督”的作用。

二、城乡建设与社会事业发展监督

对城市建设和管理的监督　1994年11月,市二届人大常委会第二十三次会议听取和审议关于修订《赤峰市中心区城市总体规划》的报告,通过了此报告并形成决议。2001年10月召开的市四届人大一次会议上,代表们提出“关于市区集中供热打破垄断,实行网源合一划片经营的议案”和“关于解决赤峰市余热价格过高的议案”。对此,市人大常委会组成调研组,进行充分的调查研究,于2002年4月市四届人大常委会第四次会议上,作出关于城市集中供热问题的决议。2004年6月,市四届人大常委会第二十二次会议,听取和审议关于《城市房屋拆迁管理条例》贯彻执行情况的报告,要求政府健全管理机构,规范拆迁行为,加大对拆迁企业、房地产评估机构的监管,确保拆迁工作依法进行。2007年,市人大常委会组织部分全国、自治区、市三级人大代表对城市规划情况、城市基础设施建设情况、公用事业发展情况、城市管理情况和自然保护区进行视察。2011年12月,市五届人大常委会第三十二次会议听取和审议关于《赤峰市城市总体规划(2011—2030)》修编情况的报告,提出修编城市中长期总体规划,要统筹城市功能布局,明确并留足基础建设用地,重视水资源保护,增加对城市特色的研究,做好与其他规划的对接工作,依法依规进行城市建设开发。2013年10月,市六届人大常委会第四次会议听取和审议关于《物业管理条例》执行情况的报告,要求政府规范物业企业经营行为,加强对物业企业的扶持,规范住宅专项维修资金的管理和使用。

对生态环境保护的监督　1993年1月,在市二届人大常委会第十一次会议上,审议通过市政府《关于赤峰市生态经济沟建设纲要》。同年11月,在市二届人大常委会第十七次会议上,听取和审议市政府关于《中华人民共和国环境保护法》实施情况的报告,之前市人大常委会组成人员对此法的实施情况进行调研。2000年10月,市三届人大常委会第二十八次会议上,听取和审议市政府关于自治区政府《关于严禁乱开滥垦加强生态环境保护与建设的命令》贯彻执行情况的报告。2002年4月,市二届人大二次会议上,代表提出"关于合理开发、依法管理、加强水源和湿地保护"的议案。2003年2月,在市四届人大常委会第十次会议上,听取和审议市人大有关专门委员会关于该议案审议结果的报告,强调市政府有关部门要明确目标和责任,把湿地保护工作纳入生态保护规划,并作为一项长期的基础性工作抓紧抓好。2006年10月,在市四届人大常委会第三十九次会议上,听取和审议市人民政府关于贯彻执行《国务院自然保护区条例》和《内蒙古自治区〈自然保护区条例〉实施办法》及市人大常委会执法检查意见落实情况的视察报告。2013年6月,在市六届人大常委会第二次会议上,听取和审议市政府关于矿山环境污染治理工作情况的报告,强调编制矿山环境污染治理规划,从源头上防治矿山环境污染和生态破坏,尽快做好生态恢复工作。

对社会事业发展的监督　1991年6月,在市二届人大常委会第一次会议上,听取和审议市政府《关于赤峰市义务教育规划(草案)》,通过关于批准《赤峰市1990—2000年义务教育规划》的决议。1992年4月,市人大常委会组成执法检查组,对市区部分学校的布局和建设问题进行检查和现场督办,解决了一些实际问题。1995年9月,市二届人大常委会第二十八次会议听取和审议关于科技工作情况的报告后,市政府于1996年召开全市科技大会,具体部署落实人大常委会审议意见,着力解决实施科教兴市战略中的具体问题。2004年5月,市人大常委会组成检查组到部分旗县,对《中华人民共和国文物保护法》执行情况进行检查;在市四届人大常委会第二十三次会议上,听取和审议关于此次检查情况及市人大常委会关于赤峰市古代历史文化资源保护和利用问题议案的决议落实情况的报告。2005年3月,市四届人大常委会第二十七次会议作出关于加强公共卫生和农村牧区卫生服务体系建设的决议。在同年4月召开的市四届人大六次会议上,代表提出关于合作医疗、疾病防控、公共卫生、防氟改水、卫生院建设的5件议案,反映了卫生事业改革和发展的紧迫性,市人大常委会对此进行专门调研和审议。为了监督和促进全市基本扫除文盲、基本实现9年义务教育达标工作,市三届和四届人大常委会连续10年分别对10个旗县区"两基"达标进展情况进行专题视察,至2009年,全市12个旗县区全部实现“两基”达标。2008—2012年,市五届人大常委会有5次会议,听取和审议市政府关于学校安全工作情况的报告,听取和审议关于《中华人民共和国科学技术普及法》和《内蒙古自治区科学技术普及条例》执行情况的报告,听取和审议关于科技工作、文化工作、基层医疗卫生服务体系建设情况的报告。2013—2014年,市六届人大常委会有4次会议,听取和审议市政府关于教师队伍建设、文化产业发展、公共卫生服务体系建设和公共文化服务体系建设情况的报告;组织部分市人大常委会组成人员专项视察全区第十三届运动会筹备情况及场馆建设情况,督促市政府加快体育事业发展。

三、执法检查与司法监督

执法检查　1991—2014年,市人大常委会开展对法律、法规实施情况的执法检查82次。1994年,市人大常委会组成检查组到喀喇沁旗、松山区,对《内蒙古自治区计划生育条例》和《赤峰市禁止痴呆傻人生育暂行办法》贯彻执行情况进行检查;同时到克什克腾旗、喀喇沁旗等9个旗县区、6个企事业单位、2个民族乡,对《中华人民共和国民族区域自治法》贯彻执行情况进行检查,在市二届人大常委会第二十一次会议上,听取和审议此次检查情况的报告。1997年,市人大常委会组成检查组,检查《赤峰市防氟改水工程建设管理暂行办法》贯彻执行情况,在市三届人大常委会第十一次会议上,听取和审议关于此次检查情况的报告。2002年,市人大常委会组成检查组,分别对《中华人民共和国民族区域自治法》《中华人民共和国种子法》《内蒙古自治区农作物种子条例》《中华人民共和国矿山安全法》《中华人民共和国消费者权益保护法》《中华人民共和国环境保护法》的实施情况进行检查,在市四届人大常委会第六、七、九次会议上,分别听取和审议检查情况的报告。2004—2006年,市人大常委会组成检查组,分别对《中华人民共和国农村土地承包法》《中华人民共和国文物保护法》《中华人民共和国动物防疫法》《内蒙古自治区动物防疫条例》《国务院物业管理条例》《内蒙古自治区物业管理条例》《城市民族工作条例》等法律法规实施情况进行检查,在市四届人大常委会会议上,听取和审议检查情况的报告。2008年7月,市人大常委会组成检查组到北部旗县,对《中华人民共和国草原法》和《内蒙古自治区草原管理条例》贯彻实施情况进行检查;同时组成检查组到部分旗和红山区及市直有关部门,对《内蒙古自治区蒙古语言文字工作条例》贯彻实施情况进行检查。

对“普法”工作的监督　1991—2014年,正值“二五”普法到“六五”普法时期,市人大常委会有6次会议听取和审议普法工作,其中4次形成决议。市二届人大常委会第一次会议,听取和审议关于实施“二五”普法规划意见的报告,通过关于实施法制宣传教育“二五”规划的决议;市二届人大常委会第二十二次会议,听取和审议关于“二五”普法工作进展情况的报告;市三届人大常委会第二次会议,听取和审议关于“二五”普法决议执行情况与“三五”普法工作安排意见的报告,通过关于继续开展法制宣传教育的决议;市四届人大常委会第二次会议,听取和审议关于“三五”普法开展情况和“四五”普法规划实施意见的报告，通过关于继续深入开展法制宣传教育的决议；市四届人大常委会第三十八次会议，听取和审议关于“四五”普法工作情况和“五五”普法规划的说明，通过关于加强法制宣传教育的决议；市六届人大常委会第五次会议，听取和审议关于“六五”普法中期工作情况的报告。

对审判工作的监督　1992年11月，市二届人大常委会第十次会议审议制定《赤峰市人民代表大会常务委员会监督司法工作办法》，对常委会监督司法机关的主要内容、监督方式和当事人不服司法机关的判决、裁定或对处理决定的申诉等问题，作出明确规定。在市三届人大常委会期间，常委会共调卷督办各类申诉案件44起，其中纠正18起。2008年8月，市五届人大常委会第八次会议听取和审议全市法院民商事审判工作情况的报告，要求各级人民法院牢固树立现代司法理念，努力做好民商事审判工作。2011年12月，市五届人大常委会第三十二次会议听取和审议人民法院行政审判工作情况的报告，促进全市各级人民法院完善行政审判监督机制，进一步提高行政审判工作水平和行政裁决执行力。2014年4月，市六届人大常委会第九次会议听取和审议全市人民法院刑事审判工作情况的报告，要求人民法院加大刑事审判工作宣传力度，使人民群众逐步感受到刑事审判的透明和公正。

对检察机关的监督　1994年11月，市二届人大常委会第二十三次会议听取和审议市人民检察院关于反贪污贿赂斗争开展情况的报告，分析全市反腐败斗争形势，指出存在的问题，对严厉打击各类贪腐犯罪活动提出要求。1997年10月，市三届人大常委会第十次会议听取和审议市人民检察院关于1996年度法纪检察案件复查情况的报告，强调检察机关要充分发挥职能作用，为促进全市改革开放和经济建设健康发展创造良好环境。2006年8月，市四届人大常委会第三十八次会议听取和审议市人民检察院关于监所检察工作情况的报告，督促刑罚执行和监管机关健全完善制度，加大监所检察规范力度，切实解决监管工作中执法不严、执法不公问题。2009年6月，市五届人大常委会第十四次会议听取和审议关于全市检察机关队伍建设情况的报告，着力推动全市检察机关队伍建设，积极帮助解决检察机关存在的自身难以解决的问题。2013年6月，市六届人大常委会第二次会议听取和审议关于全市检察机关民事行政检察工作情况的报告，认为在全市扩大了民事行政检察工作社会知晓度，人员素质进一步提升，工作规范化水平不断提高。

第三节　人事任免

一、干部任免

依据《中华人民共和国地方各级人民代表大会和地方各级人民政府组织法》的相关规定，1991—2014年，在市人民代表大会闭会期间，市人大常委会任免工作的职责是：对市人大常委会组成人员、市中级人民法院和市人民检察院人员实行免职，决定免职市人民政府组成人员;接受自治区人代会代表、市人大常委会组成人员、市人民政府组成人员、市人民检察院和市中级人民法院人员辞职;推选市人大常委会代理主任,决定代理市人民政府市长、市人民检察院检察长和市中级人民法院院长;任命市人大常委会组成人员、市中级人民法院和市人民检察院人员,决定任命市人民政府组成人员;批准任免和决定撤职旗县区人民检察院检察人员。

1991 年 5 月至 1996 年 4 月,市第二届人大常委会期间,免职 24 人次(市人大常委会 4 人次、市中级人民法院 13 人次、市人民检察院 7 人次),决定免职 34 人次(均为市人民政府组成人员);接受辞职 18 人次(市人大常委会 9 人次、市人民政府 9 人次);决定代理市人民政府市长 2 人次;任命 157 人次(市人大常委会 8 人次、市中级人民法院 79 人次、市人民检察院 70 人次),决定任命 83 人次(均为市人民政府组成人员);批准任命 13 人次(均为旗县区人民检察院检察长),批准免职 5 人次(均为旗县区人民检察院检察长),决定撤职 1 人次(市人民检察院检察员)。

1996 年 4 月至 2001 年 10 月,市第三届人大常委会期间,免职 50 人次(市人大常委会 14 人次、市中级人民法院 28 人次、市人民检察院 8 人次),决定免职 21 人次(均为市人民政府组成人员);接受辞职 15 人次(市人大常委会 7 人次、市人民政府 8 人次);决定代理市人民政府市长 2 人次,推选市人大常委会代理主任 1 人次;任命 122 人次(市人大常委会 19 人次、市中级人民法院 75 人次、市人民检察院 28 人次),决定任命 69 人次(均为市人民政府组成人员);批准任命 16 人次(均为旗县区人民检察院检察长),批准免职 4 人次(均为旗县区人民检察院检察长),决定撤职 1 人次(市人民检察院检察员)。

2001 年 10 月至 2007 年 12 月,市第四届人大常委会期间,免职 81 人次(市人大常委会 12 人次、市中级人民法院 60 人次、市人民检察院 9 人次),决定免职 18 人次(均为市人民政府组成人员);接受辞职 19 人次(市人大常委会 8 人次、市人民政府 10 人次、市人民检察院 1 人次);决定代理 3 人次(市人民政府市长 2 人次、市人民检察院检察长 1 人次),推选市人大常委会代理主任 1 人次;任命 126 人次(市人大常委会 31 人次、市中级人民法院 86 人次、市人民检察院 9 人次),决定任命 63 人次(均为市人民政府组成人员);批准任命 38 人次(均为旗县区人民检察院检察长),批准免职 12 人次(均为旗县区人民检察院检察长)。

2007 年 12 月至 2013 年 1 月,市第五届人大常委会期间,免职 67 人次(市人大常委会 4 人次、市中级人民法院 46 人次、市人民检察院 17 人次),决定免职 24 人次(均为市人民政府组成人员);接受辞职 16 人次(自治区第十一届人代会代表 1 人次、市人大常委会 10 人次、市人民政府 5 人次);决定代理市人民政府市长 2 人次;任命 83 人次(市人大常委会 8 人次、市中级人民法院 45 人次、市人民检察院 30 人次),决定任命 67 人次(均为市人民政府组成人员);批准任命 2 人次(均为旗县区人民检察院检察长),批准免职 2 人次(均为旗县区人民检察院检察长)。

2013 年 1 月至 2014 年 12 月，市第六届人大常委会两年间，免职 28 人次（市人大常委会 5 人次、市中级人民法院 6 人次、市人民检察院 17 人次），决定免职 7 人次（均为市人民政府组成人员）；接受辞职 7 人次（市人大常委会 5 人次、市人民政府 1 人次、市中级人民法院 1 人次）；决定代理市中级人民法院院长 1 人次；任命 43 人次（市人大常委会 8 人次、市中级人民法院 20 人次、市人民检察院 15 人次），决定任命 46 人次（均为市人民政府组成人员）。

二、评议工作

1996 年 11 月，在学习借鉴外地先进经验的基础上，市三届人大常委会第四次会议通过《赤峰市人大常委会述职评议暂行办法》；1997 年，市三届人大常委会第十次会议对市教委主任和市中级人民法院 1 名副院长进行述职评议；1998 年，市三届人大常委会第十六次会议对市审计局、市土地管理局局长进行述职评议；2002 年，市四届人大常委会第七次会议对市科学技术局、市环境保护局局长进行述职评议；同年，市四届人大常委会第九次会议对市交通局、市农业局局长和市中级人民法院 1 名副院长、市人民检察院 1 名副检察长进行述职评议；2003 年，市四届人大常委会第十八次会议对市广播电视局、市国土资源局局长进行述职评议；2004 年，市四届人大常委会第二十五次会议对市人事局、市旅游局局长进行述职评议；2005 年，市四届人大常委会第三十一次会议对市公安局、市审计局局长进行述职评议；同年，市四届人大常委会第三十二次会议对市政府 1 名副市长、市中级人民法院 3 名副院长、市人民检察院 2 名副检察长和市民政局、司法局、统计局、教育局、文化局、卫生局、体育局、规划局、监察局、商务局、农牧业局局长及市建委、民委主任进行述职评议，对 1 名副市长、1 名法院副院长述职情况进行测评；2007 年，《中华人民共和国各级人民代表大会常务委员会监督法》颁布，该法没有对述职评议作出规定，此后市人大常委会没有再进行述职评议工作。

第四节　议案与建议办理

市第二届到第六届人民代表大会期间，共向大会提交议案 359 件，提出建议 2176 件。在每次市人民代表大会召开前，市人大常委会要求各旗县区人大常委会做好代表议案、建议的准备工作，争取提出高质量的代表议案、建议。大会闭会后，及时将代表议案、建议交市人大各专门委员会研究，提出需要重点办理的代表议案、建议的意见。经市人大常委会主任会议研究，确定重点办理的代表议案、建议。之后，连同其他代表议案、建议，交市政府及有关单位、组织办理。在市政府及有关单位、组织办理代表议案、建议工作过程中，市人大常委会每年都组织代表对议案、建议办理工作进行视察，及时听取审议并投票表决市政府关于代表对议案、建议办理情况的报告，并形成审议意见，要求市政府落实；制定实施市直部门领导班子办理代表议案、建议工作考核办法，强化对办理工作的监督。

一、市二届人代会议案与建议办理

1991年5月至1996年4月,市第二届人民代表大会共召开五次会议。会议期间,一个代表团或者代表10人以上联名,向大会提交议案73件,其中7件经大会主席团决定列为议案,其余作为建议处理。市人大常委会将“解决旗县间边界争议”等6件议案交市政府办理,市政府办理后,分别向市人大常委会作了书面报告。将“制定赤峰市草原野生药材资源管理办法”列入市人大常委会议程。1994年,市二届人大常委会第十八次会议决定,批准《赤峰市草原野生药材资源管理暂行办法》,由市政府公布施行。

市第二届人民代表大会期间,交办建议676件,市人大常委会选择部分群众普遍关心的建议及答复意见在《赤峰日报》上刊发。1992—1994年,在市二届人大常委会第十次、第十六次、第二十一次会议上,听取和审议市政府关于市二届人大二次会议、三次会议、四次会议代表议案、建议、批评和意见办理情况的报告。

二、市三届人代会议案与建议办理

1996年4月至2001年10月,市第三届人民代表大会共召开六次会议。会议期间,向大会提交议案59件,其中8件经大会主席团决定列为议案,其余作为建议处理。将“规定全市人民义务植树日”“加快山丘区水利建设和河滩区农业开发”2件议案列入大会议程,交付大会审议表决,并作出决定;将“降低集中供热价格”“加快赤峰市北部地区生态保护和建设”等6件议案交市人大专门委员会审议,提出意见,由市人大常委会研究决定。1999年,市三届人大常委会第二十一次会议通过“关于修改赤峰市住宅小区物业管理暂行办法议案的决议”“关于降低集中供热价格议案的决议”“关于明确白音诺尔铅锌矿所有权议案的决议”。市三届人大常委会第二十二次会议通过“关于解决灾区粮料地和重新调整草牧场议案的决议”。2000年,市三届人大常委会第二十九次会议通过“关于加强赤峰市北部地区生态环境保护与建设的决议”。

市第三届人民代表大会期间,交办建议310件,市人大常委会对办理成效较差的代表建议办理工作,组织代表进行专题视察。1996—1999年,在市三届人大常委会第四次、第十六次、第二十二次会议上,听取和审议市政府关于市三届人大一次会议、四次会议、五次会议代表议案、建议、批评和意见办理情况的报告。

三、市四届人代会议案与建议办理

2001年10月至2007年12月,市第四届人民代表大会共召开八次会议。会议期间,向大会提交议案139件,经大会主席团决定,其中16件列为议案,其余作为建议处理。将“关于市区集中供热打破垄断,实行网源合一划片经营”“加强水资源管理”等16件议案交市人大专门委员会审议,提出意见,由市人大常委会研究决定。2002年,市四届人大常委会第四次会议通过“关于集中供热问题议案的决议”和“关于深挖东部工业区潜能加快振兴赤峰城区经济议案的决议”。2003年,市四届人大常委会第十次会议

1991—2014 年赤峰市人大代表议案和建议办理情况一览表

表 14-2-4　　　　单位:件

会议届次＼项目		总数	议案		建议		建议办理情况		
			提出	立案	议案改建议	提出	已经解决或基本解决	正在解决或逐步解决	暂时无法解决
第二届	一次	213	31	5	26	182	76	97	35
	二次	167	10	1	9	157	57	84	25
	三次	90	5	1	4	85	31	46	12
	四次	126	16	—	16	110	43	61	22
	五次	87	11	—	11	76	23	47	17
第三届	一次	71	15	2	13	56	19	23	27
	二次	51	9	—	9	42	17	20	14
	四次	57	9	—	9	48	22	26	9
	五次	67	13	5	8	54	18	25	19
	六次	72	13	1	12	59	28	29	14
第四届	一次	77	32	4	28	45	25	37	11
	二次	62	21	4	17	41	26	20	12
	四次	99	26	1	25	73	47	36	15
	五次	111	25	6	19	86	55	35	15
	六次	118	18	1	17	100	33	46	38
	七次	107	9	—	9	98	23	54	30
	八次	87	8	—	8	79	26	41	20
第五届	一次	118	13	—	13	105	33	60	64
	二次	39	4	—	4	35			
	三次	120	17	—	17	103	41	52	27
	四次	127	15	1	14	112	45	56	25
	五次	106	9	—	9	97	28	65	13
	六次	109	10	—	10	99	30	63	16
第六届	一次	87	7	—	7	80	26	51	10
	二次	167	13	—	13	154	49	89	29
合计		2535	359	32	327	2176	821	1163	519

说明:市三届人大三次会议、四届人大三次会议内容是选举出席内蒙古自治区第十届、第十一届人民代表大会代表,无提交议案和建议相关内容;市五届人大一次会议与五届人大二次会议召开的时间相隔较短,故两次会议代表提出的建议一并办理。

通过"关于赤峰市古代历史文化资源保护和利用问题议案的决议"。同年,在市四届人大常委会第十六次会议上,审议通过《赤峰市人民代表大会常务委员会代表议案处理工作办法》。2004年,市四届人大常委会第二十五次会议通过"关于贡格尔河季节性断流不容忽视的议案的决议"。2005年,市四届人大常委会第三十二次会议通过"关于合理开发、利用、节约和保护水资源的决议"。

市第四届人民代表大会期间,交办建议645件,市人大常委会每年对重点代表建议,特别是办理成效较差的代表建议办理工作,组织专题视察。2002—2007年,在市四届人大常委会第三次、第十六次、第二十四次、第三十一次、第三十九次、第四十四次会议上,听取和审议市政府关于市四届人大一次会议、四次会议、五次会议、六次会议、七次会议、八次会议代表议案、建议、批评和意见办理情况的报告。

四、市五届人代会议案与建议办理

2007年12月至2013年1月,市第五届人民代表大会共召开六次会议。会议期间,向大会提交议案68件。经大会主席团决定,其中"加强水资源管理,促进全市经济社会可持续发展"1件议案交市人大专门委员会审议,提出意见,由市人大常委会研究决定,其余作为建议处理。

市第五届人民代表大会期间,交办建议618件,市人大常委会加强对提出建议代表的联系沟通,认真听取代表的意见,加强对热点难点建议重点督办。2008年,在市五届人大常委会第八次会议上,听取和审议市政府关于市五届人大一次会议、二次会议代表建议、批评和意见办理情况的报告。2009—2012年,在市五届人大常委会第十五次、第二十五次、第三十八次会议上,听取和审议市政府关于市五届人大三次会议、四次会议、六次会议代表议案、建议、批评和意见办理情况的报告。

五、市六届人代会议案与建议办理

2013年1月至2014年12月,市第六届人民代表大会第一次会议至第二次会议期间,向大会提交议案20件。经大会主席团决定,均作为建议处理,两次会议共交办建议254件。市人大常委会加强对办理工作的监督,促使玉米膜下滴灌、西大桥大修等多项关系经济社会发展重要议题的建议,得到有效办理。为进一步规范代表建议办理工作,市六届人大常委会第十四次会议审议通过《赤峰市人大常委会关于代表建议、批评和意见处理办法》。2013—2014年,在市六届人大常委会第四次、第十二次会议上,听取和审议市政府关于市六届人大一次会议、二次会议代表议案、建议、批评和意见办理情况的报告。

第五节　换届选举工作

一、市级换届选举

1991—2013年,市人大常委会主持了市第二届、第三届、第四届、第五届、第六届人民代表大会换届选举工作。按照《中华人民共和国地方组织法》规定，换届选举工作的主要程序是：在本届人代会任期届满之前，市人大常委会党组向市委提出“下一届市人民代表大会换届选举工作方案的报告”，市委予以批准。在市人大常委会的主持下，各选举单位按照方案规定的时间和分配的代表名额及结构要求，完成下一届市人大代表的选举。在下一届市人大一次会议召开之前，市委报自治区党委批准，提出新一届市国家机关领导人员人选。市本届人大常委会根据《中华人民共和国地方组织法》，拟定下一届人民代表大会第一次会议《选举办法》，提请下一届人大一次会议审议通过。按照《选举办法》，市委推荐、大会主席团提名的候选人和市人大代表十人以上联合提名的候选人，经全体代表充分酝酿讨论后，主席团确定正式候选人名单。大会分别采取等额、差额选举和无记名投票方式，选出下一届市人大常委会、市人民政府新的领导班子，选出市中级人民法院院长、市人民检察院检察长。

市第二届人代会换届选举　市首届人民代表大会至 1990 年 2 月任期届满，经自治区党委和自治区人大常委会同意，赤峰市第二届人民代表大会的换届选举工作于 1991 年上半年进行。按照工作程序，各选举单位于当年 3 月末完成市第二届人大代表的选举工作。1991 年 5 月 31 日，在市二届人大一次会议上，选出市二届人大常委会主任 1 人、副主任 8 人、秘书长 1 人、委员 21 人，选出市人民政府市长 1 人、副市长 5 人，选出市中级人民法院院长 1 人、市人民检察院检察长 1 人。

市第三届人代会换届选举　市第二届人民代表大会至 1996 年 5 月任期届满，1995 年 9 月，市第三届人民代表大会的换届选举工作着手准备。按照工作程序，各选举单位于 1996 年 3 月末完成市第三届人大代表的选举工作。1996 年 4 月 26 日，在市三届人大一次会议上，选出市三届人大常委会主任 1 人、副主任 6 人、秘书长 1 人、委员 25 人，选出市人民政府市长 1 人、副市长 7 人，选出市中级人民法院院长 1 人、市人民检察院检察长 1 人。

市第四届人代会换届选举　市第三届人民代表大会至 2001 年 4 月任期届满，市第四届人民代表大会换届选举工作于 2000 年 10 月开始准备。根据自治区党委的意见，市人民代表大会换届选举工作于 2001 年 10 月进行。按照工作程序，各选举单位于 2001 年 3 月至 8 月末完成市第四届人大代表的选举工作。2001 年 10 月 21 日，在市四届人大一次会议上，选出市四届人大常委会主任 1 人、副主任 6 人、秘书长 1 人、委员 25 人，选出市人民政府市长 1 人、副市长 7 人，选出市中级人民法院院长 1 人、市人民检察院检察长 1 人。

市第五届人代会换届选举　市第四届人民代表大会应于 2006 年 10 月任期届满。根据 2006 年 1 月自治区十届人大常委会第二十次会议《关于调整自治区设区的市人民代表大会换届选举时间的决定》，市第四届人民代表大会于 2007 年底前换届。2007 年 8 月初，市人大常委会开始准备市第五届人民代表大会换届选举工作。按照工作程序，各选举单位自 10 月初至 11 月末完成市第五届人大代表的选举工作。2007 年 12 月

19日,在市五届人大一次会议上,选出市五届人大常委会主任1人、副主任6人、秘书长1人、委员31人,选出市人民政府市长1人、副市长7人,选出市中级人民法院院长1人、市人民检察院检察长1人。

市第六届人代会换届选举　市第五届人民代表大会于2012年12月任期届满。根据自治区人大常委会《关于全区旗县(市、区)和设区的市人民代表大会换届选举时间的决定》,市人大常委会于2012年10月开始换届选举工作。按照工作程序,各选举单位自11月下旬至12月中旬完成市第六届人大代表的选举工作。2013年1月11日,在市六届人大一次会议上,选出市六届人大常委会主任1人、副主任6人、秘书长1人、委员33人,选出市人民政府市长1人、副市长8人,选出市中级人民法院院长1人、市人民检察院检察长1人。

二、指导旗县区换届选举

1991—2014年,赤峰市旗县区人民代表大会共进行6次换届选举。1993年第八届全国人大一次会议修改《中华人民共和国宪法》,规定县级人大每届任期为5年(以前每届任期3年)。按照《中华人民共和国选举法》的规定,赤峰市旗县级人民代表大会代表的具体名额,由自治区人大常委会依法确定。第六次换届选举是新"选举法"颁布实施后,城乡按相同人口比例选举人大代表,是第一次县级人大代表直接选举。市人大常委会指导本行政区域内旗县级及以下人大的换届选举工作。在历次旗县区人大换届选举之前,市人大常委会党组依据法律法规和上级有关要求,就换届选举工作的指导思想、时间安排、方法步骤等提出具体意见,报市委批转执行。同时在组织发动、选区划分、选民登记、推荐代表候选人、投票选举及召开人代会等各个阶段,加强具体指导。

第一次换届选举工作于1990年10月初开始,至1991年3月下旬结束,全市各旗县区完成直接选举代表的任务。12个旗县区共划分选区1681个，参加投票选举的选民260.06万人,差额选举产生旗县区人大代表2595人。代表选出后,各旗县区相继举行新一届人民代表大会第一次会议,共选出旗县区人大常委会组成人员234人,其中常委会主任12人、副主任49人、委员173人;选出旗县区人民政府领导人员81人,其中旗县区长12人、副旗县区长69人。

第二次换届选举工作于1993年10月中旬开始,至1994年3月上旬结束。全市12个旗县区共划分选区1685个，参加投票选举的选民266.46万人，差额选举产生旗县区人大代表2610人。在随即举行的新一届旗县区人民代表大会第一次会议上,共选出旗县区人大常委会组成人员246人，其中常委会主任12人、副主任63人、委员171人;选出旗县区人民政府领导人员97人,其中旗县区长12人、副旗县区长85人。

第三次换届选举工作于1998年10月上旬开始,至1999年2月上旬结束。全市12个旗县区共划分选区1575个，参加投票选举的选民276.19万人，差额选举产生旗县区人大代表2395人。在随即举行的新一届旗县区人民代表大会第一次会议上,共选出旗县区人大常委会组成人员244人，其中常委会主任12人、副主任54人、委员178

人;选出旗县区人民政府领导人员 87 人,其中旗县区长 12 人、副旗县区长 75 人。

第四次换届选举工作于 2003 年 10 月初开始, 至 2004 年 1 月下旬结束。全市 12 个旗县区共划分 1545 个选区, 参加投票选举的选民 284.19 万人, 差额选举产生旗县区人大代表 2384 人。在随即举行的新一届旗县区人民代表大会第一次会议上,共选出旗县区人大常委会组成人员 262 人, 其中常委会主任 12 人、副主任 52 人、委员 198 人;选出旗县区人民政府领导人员 85 人,其中旗县区长 12 人、副旗县区长 73 人。

第五次换届选举工作于 2007 年 9 月初开始,至 11 月中旬结束。全市 12 个旗县区共划分选区 1494 个, 参加投票选举的选民 295.88 万人, 差额选举产生旗县区人大代表 2381 人。在随即举行的新一届旗县区人民代表大会第一次会议上,共选出旗县区人大常委会组成人员 297 人,其中常委会主任 12 人、副主任 49 人、委员 236 人;选出旗县区人民政府领导人员 82 人,其中旗县区长 12 人、副旗县区长 70 人。

第六次换届选举工作于 2012 年 10 月初开始, 至 11 月底结束。各旗县区按照新"选举法"关于城乡按相同人口比例选举人大代表的规定,分配代表名额。12 个旗县区共划分选区 1487 个, 参加投票选举的选民 308.40 万人, 差额选举产生旗县区人大代表 2383 人。在随即举行的新一届旗县区人民代表大会第一次会议上,共选出旗县区人大常委会组成人员 303 人,其中常委会主任 12 人、副主任 48 人、委员 243 人;选出旗县区人民政府领导人员 93 人,其中旗县区长 12 人、副旗县区长 81 人。

第六节　信访工作

1991 年,市人大常委会认真处理和接待人民群众来信来访,全年共受理人民群众来信 234 件,接待来访 122 人次。按照分工负责、归口办理的原则,分别转交有关部门处理。对影响较大、反映强烈、存有争议的申诉案件,经市人大常委会主任会议决定,进行调查了解或阅卷审查,然后提出意见,交有关部门处理。1994—1995 年,共受理人民群众来信 350 件,接待来访 410 人次。市人大常委会领导亲自接待上访群众,批阅上访信件,使群众来信来访问题得到妥善解决。市人大常委会信访接待室对信访案件及时进行转办或交办。对一些重要上访案件,与有关部门联系,听取情况汇报,提出妥善处理问题的建议。市人大常委会办公室制定了信访工作试行办法。

1999 年 11 月,《内蒙古自治区各级人民代表大会常务委员会信访工作条例》颁布实施。市人大常委会在严格执行条例的基础上,结合赤峰市的具体情况,相应地对信访工作程序和方法作了一些制度上的规定。2000 年,市人大常委会办公室印发《信访工作办法》。市人大常委会信访工作部门对人民群众来信,认真阅读并逐件登记、慎重办理。有的转市政府、市法院、市检察院处理;有的转旗县区人大常委会或人民政府处理,有部分信访件直接向旗县区或部门交办。在接待人民群众来访中,坚持对每一位来访者都做到因事讲法,就事说理,耐心解释;还向来访群众宣传党的方针政策,普及法律知识,做好消除矛盾、息诉罢访工作。同时不断加强信访督办工作,把重要信访件和群众上访反映的社会普遍关心的热点难点问题以及上级交办、领导批办的信访件作为重点,认真督促,及时解决,按时反馈。在督办方式上,根据不同情况采取催办、派员督查、电话询问等形式,促使信访问题尽快得到解决;实行限期办结制,凡是转办、交办的信访件,同时提出办结时限;注重督办质量,对承办单位处理不妥的信访案件,重新发回承办单位继续办理。2006 年 8 月,《中华人民共和国各级人民代表大会常务委员会监督法》颁布实施,市人大信访工作取消个案监督,转而以转办、交办、督办等形式为主。

2008 年,经市人大常委会主任会议研究通过,印发《赤峰市人大常委会机关转办、交办信访事项暂行办法》。2001—2014 年, 市人大常委会信访工作部门每年受理人民群众来信 300 件左右,很多重要信访件,市人大常委会领导亲自阅批;每年接待人民群众来访 150 人次左右。人民群众反映的信访事项主要有涉法涉诉问题、"三农"问题、村民委员会换届选举问题、村级财务问题、农村土地承包问题、拆迁补偿问题、执法人员徇私枉法和渎职侵权问题、司法部门与行政机关不作为和乱作为问题等。信访工作部门认真搞好信访信息的收集、整理和反馈工作,定期对群众来信来访内容进行分析整理归纳,包括信访工作基本情况、群众反映的主要问题以及信访活动特点、重要信访案件内容、办理情况等。随时向领导通报信访信息,使领导及时了解群众反映的突出问题和解决的情况。认真办理上级人大交办的信访事项,信访接待室在接到上级人大交办的信访案件后,及时将上访人提出的申诉进行整理归纳,提出处理意见,经分管领导批示,向有关承办单位交办并限期办理上报结果,及时反馈。每年上级人大交办的涉及赤峰市及旗县区信访案件,都全部办结并上报。

第十五卷

地方人民政府

1983年10月10日,国务院批准撤销昭乌达盟,设立赤峰市。1985年1月,赤峰市首届人民代表大会第一次会议选举产生了第一届市人民政府。至2014年,先后召开了第二届、第三届、第四届、第五届、第六届市人民代表大会,选举产生5届市人民政府。1991—2014年,赤峰市第二届至第六届人民政府在市委的领导下,在市人大、市政协依法监督和民主监督下,团结带领市政府各部门和旗县区人民政府及全市各族人民,坚持以经济建设为中心,坚持深化改革和扩大开放,坚持解放思想、求真务实,通过深化农村牧区改革、企业改革、行政审批制度改革,实施科技兴农兴牧战略、工业强市战略、开放带动战略等各种举措,全市经济实现跨越发展,城乡面貌发生巨大变化,社会事业全面进步,人民生活得到极大改善。

第二届至第六届市人民政府共组织召开全体会议40次。落实各年市委全委会(扩大)会议和人代会精神,部署全市经济社会发展的主要任务,分析研究全市经济社会发展运行情况,确保市委提出的重大决策和市人代会提出的主要目标任务落到实处。共召开政府常务会议234次,除研究确定市政府当年工作要点和讨论通过提交市人大及市政协商讨的《赤峰市政府工作报告(征求意见稿)》等常规议题外,还以制定长远性、阶段性经济社会发展规划、计划和方案等形式,形成若干政府工作层面的重大决策;以规范性和法规性文件等形式,出台一系列全市发展经济、城乡建设、社会管理、改善民生等方面的重大政策,推动全市经济社会发展,维护和促进社会和谐稳定。

采取稳定家庭联产承包制、拍卖农村"五荒"、推行牧区草场有偿承包制、实施农业综合开发、推广现代农牧业科技、发展设施农业等措施,全面提高农牧业生产能力,推进农牧业产业化经营,全市"三农三牧"事业欣欣向荣,主要农牧业产品产量及产值成倍增长,农牧民人均纯收入显著提高。

通过巩固提高冶金、能源、化工、纺织等传统产业,培植和发展医药、绿色农畜产品加工、装备制造业等新兴产业,广泛招商引资和招才引智,全力扶植推动企业技术革新和技术改造,大力建设工业园区。工业经济在全市三次产业中的比重由1991年的三分之一上升到2014年的近一半,成为全市经济增长和地方财政收入的主导力量。

按照"建设大市场、发展大贸易、搞活大流通"的指导思想,全力实施国有集体商贸体制改革,积极引导和扶持非公有制商贸经济发展,狠抓商贸基础设施及市场建设,大批专业批发市场、农村集贸市场、大型商场(超市)、物流园区投入运营;众多个体、私营、股份制等商户和企业相继诞生。全面开发优势旅游资源,争创"全国优秀旅游城市",旅游业总收入由1991年的280万元迅速增长到2014年的180亿元。以商贸服务业和旅游业为重点的第三产业快速增长,整个第三产业在全市三次产业中的比重由1991年的28.39%上升到2014年的36.23%,成为全市经济增长的重要力量。

实施中心城区"西移北扩"战略,高起点高标准实施并完成赤峰新城区建设;支持鼓励旗县区政府所在地的城镇建设和重点乡镇苏木的小城镇建设,全面加强道路交通、给水排水、环境卫生等基础设施建设,实施"蓝天碧水"工程,创建"国家森林城市",

不断加强城市管理,全市城乡绿化、亮化、净化、美化水平呈现跨越式改善,城镇化率显著提高。

不断强化“科教兴市”“人才强市”的战略地位,科技投入、科技培训及推广、科技实体创建、科技创新成果丰硕。农村牧区教育综合改革、九年义务教育、中小学布局调整、校安工程和标准化校舍建设等均取得显著成效,基础教育、职业教育、民族教育、成人教育全面发展,教育教学质量长期走在全自治区前列。强化文化体制改革和管理,全力提高广播电视信号覆盖率和有线电视入户率,广泛深入地开展群众性和专业性文化体育活动,多方面多层次开发以广播电视和文化体育活动为主要载体的精神文化产品,文化广播电视体育事业全面发展。以创建国家卫生城市为抓手的爱国卫生运动和公共卫生工作、以乡村联合办医和村嘎查卫生室建设为基础的基层医疗卫生普及工作、以提高人民群众健康水平为核心的疾病诊疗和防控工作成效显著,以市县乡级医疗卫生机构为重点的医疗体制改革不断推进,全市医疗卫生事业进一步发展。

以推进就业和再就业、加强社会保障、实施扶贫济困和抗灾救灾为重点,全力关注、保障和改善民生。以企业下岗失业人员、农村牧区剩余劳动力和大中专毕业生为重点对象,采取多种措施,多渠道、多层次地推动劳动者就业,全市就业率始终保持较高水平。全面实施城乡最低生活保障和城乡居民基本养老保险、医疗保险、失业保险、生育保险、工伤保险制度,全面推行农村牧区合作医疗,社会保障和保险覆盖面逐步扩大、标准逐步提高。全面实施农村牧区扶贫开发,贫困人口数量大幅度减少。建立和不断完善灾害救济机制,各种灾害做到逢灾必救,所有受灾群众的生产生活均得到保障。

不断强化全心全意为人民服务的理念,行政审批制度改革、依法行政、政务公开、政务督查、应急管理、政府法制、信访、外事、侨务等政务工作全面开展,勤政、务实、廉洁、高效的政府建设取得明显成效。

第一篇 组织机构

第一章 赤峰市人民政府

第一节 领导更迭

赤峰市政府领导成员中的市长、副市长由市人民代表大会依法选举产生，秘书长由市人大常委会决定任免。在市人代会闭会期间，副市长调整增补由市人大常委会任命。1991—2014 年，赤峰市第二届至第六届人民代表大会共选举产生五届市人民政府领导成员。

1991—2014 年赤峰市政府市长、副市长、秘书长更迭表

表 15-1-1

届次	职务	姓名	民族	任职时间
第二届（1991.5 — 1996.4）	市 长	高连元	蒙古族	1991.5—1993.6
		许久勋	汉族	1993.6—1994.3（代）
				1994.3—1995.5
		云德奎	蒙古族	1995.5—1996.4
	副市长	王文早	汉族	1991.5—1995.7
		臧学仲	汉族	1991.5—1994.1
		照那斯图	蒙古族	1991.5—1995.7
		刘玉祥	汉族	1991.5—1993.1
		石 梅（女）	蒙古族	1992.9—1995.7
		李双临	蒙古族	1993.11—1996.4
		高景隆	汉族	1994.1—1996.4
		张子野	汉族	1994.7—1996.4
		曹 旺	汉族	1995.5—1996.4
		张全栋	汉族	1995.5—1996.4
		刘树涛	汉族	1995.5—1995.11
		汪雅轩（女）	蒙古族	1995.5—1996.4

续表

届次	职务	姓名	民族	任职时间
	秘书长	张全栋	汉族	1991.5—1992.7
		李景阳	汉族	1992.7—1995.5
		于永泉	蒙古族	1995.5—1996.4
第三届（1996.4 — 2001.10）	市　长	云德奎	蒙古族	1996.4—1998.4
		高延青	蒙古族	1998.5—1999.4（代）
				1999.4—2001.9
		呼尔查	蒙古族	2001.9—2001.10（代）
	副市长	李双临	蒙古族	1996.4—2000.4
		高景隆	汉族	1996.4—1998.4
		张子野	汉族	1996.4—1998.4
		曹　旺	汉族	1996.4—1998.12
		张全栋	汉族	1996.4—2000.4
		汪雅轩（女）	蒙古族	1996.4—1998.8
		范　勇	汉族	1996.4—2001.10
		王洪杰	汉族	1996—1997（挂职）
		刘国良	汉族	1996—1997（挂职）
		罗啸天	汉族	1998.3—2001.9
		史青晓	汉族	1998.3—2001.10
		赵　慧（女）	汉族	1998.3—2001.10
		麻树昌	汉族	1999.10—2001.9
		斯日古楞	蒙古族	2000.4—2001.10
	秘书长	于永泉	蒙古族	1996.4—1998.11
		王　波	汉族	1998.11—2000.4
		刘　达	汉族	2000.4—2001.10
第四届（2001.10 — 2007.12）	市　长	呼尔查	蒙古族	2001.10—2003.4
		杭桂林	蒙古族	2003.4—2004.3（代）
				2004.3—2005.1
	副市长	范　勇	汉族	2001.10—2003.6
		史青晓	汉族	2001.10—2003.11
		麻树昌	汉族	2001.10—2007.12
		王　波	汉族	2001.10—2005.4
		扎　那	蒙古族	2001.10—2006.10

续表

届次	职务	姓名	民族	任职时间
第四届（2001.10 — 2007.12）	副市长	姚云峰	蒙古族	2001.10—2007.12
		杨百瑾（女）	汉族	2001—2003（挂职）
		李雪波（女）	汉族	2001.10—2006.10
		白玉刚	蒙古族	2002.9—2007.11
		张利平	汉族	2003.11—2007.10
		李学玉	汉族	2003.11—2007.12
		李春光	汉族	2003—2005（挂职）
		马爱国	汉族	2003—2005（挂职）
		相恒义	汉族	2006—2007（挂职）
		吴力吉	蒙古族	2006.10—2007.12
	秘书长	刘　达	汉族	2001.10—2001.12
		朱景田	汉族	2001.12—2003.11
		包振玉	蒙古族	2003.12—2006.1
		刘万华	蒙古族	2006.1—2006.10
		董连珍	汉族	2006.10—2007.12
第五届（2007.12 — 2013.1）	市　长	王中和	汉族	2008.3—2011.1
		包满达	蒙古族	2011.1—2011.2（代）
				2011.2—2013.1
	副市长	麻树昌	汉族	2007.12—2010.9
		姚云峰	蒙古族	2007.12—2010.9
		张利平	汉族	2007.12—2010.10
		李学玉	汉族	2007.12—2011.8
		吴力吉	蒙古族	2007.12—2013.1
		梁淑琴（女）	汉族	2007.12—2013.1
		陈晓东	汉族	2009—2012（挂职）
		王中和	汉族	2008.1—2008.3
		包振玉	蒙古族	2010.9—2012.12
		张恩惠	汉族	2010.9—2013.1
		洪　波	汉族	2010—2012（挂职）
		郑洪学	汉族	2011.9—2013.1
		葛　勇	汉族	2012.8—2013.1

续表

届次	职务	姓名	民族	任职时间
	秘书长	董连珍	汉族	2007.12—2013.1
第六届(2013.1—2014.12)	市长	包满达	蒙古族	2013.1—2014.12 在职
	副市长	梁淑琴(女)	汉族	2013.1—2014.12 在职
		张恩惠	汉族	2013.1—2014.12 在职
		郑洪学	汉族	2013.1—2014.12 在职
		葛勇	汉族	2013.1—2014.12 在职
		刘春成	汉族	2013—2014(挂职)
		董连珍	汉族	2013.1—2014.12 在职
		郭玉峰	蒙古族	2013.1—2014.12 在职
		杨万涛	汉族	2014.1—2014.12 在职
	秘书长	孟昭均	汉族	2013.1—2014.12 在职

说明:此表由中共赤峰市委组织部提供。

第二节　机构设置

一、市政府所属机构

1991年,市政府的工作部门共有52个,即市政府办公室、市计划委员会、市经济委员会、市科学技术委员会、市体制改革委员会、市民族事务委员会、市计划生育委员会、市体育运动委员会、市民政局、市公安局、市国家安全局、市司法局、市人事局、市监察局、市劳动局、市农业局、市畜牧局、市林业局、市水利水产局、市农机局、市国营农牧场管理局、市乡镇企业管理局、市土地管理局、市气象局、市工业局、市轻工业局、市煤炭工业管理局、市建材局、市交通局、市邮电局、市电业局、市技术监督局、市城乡建设环境保护局、市财政局、市税务局、市审计局、市商业局、市粮食局、市外贸局、市物资局、市物价局、市工商行政管理局、市统计局、市教育局、市文化局、市卫生局、市广播电视局、市档案局、市地震局、市对外经济协作办公室、市畜牧业现代化建设办公室、市外事办公室。

1994—1995年,全市开展党政机构改革工作。市政府所属机构进行了一些调整变更,即撤销市经济委员会,组建市经济贸易委员会;撤销市城乡建设环境保护局,组建市建设局、市环境保护局;撤销市商业局,组建市商务局;市财政局增挂国有资产管理局的牌子;市教育局更名为市教育委员会;市民族事务委员会增挂市宗教局和蒙古语文工作委员会牌子;市工业局更名为市冶金机械工业局;市轻工业局更名为市轻化纺织工业局;市粮食局更名为市粮食管理局;市对外经济协作办公室改为事业单位;撤销市外贸局，成立赤峰市对外经济贸易总公司；撤销市煤炭工业管理局，成立赤峰市煤炭工业（集团）总公司；撤销市建材局，成立赤峰市建材（集团）总公司，行政职能交市建设局；撤销市物资局，成立赤峰市物资（集团）总公司，行政职能交市商务局；市畜牧业现代化建设办公室改为市畜牧业现代化建设服务中心，为事业单位；市国营农牧场管理局改为市农牧场服务中心，为事业单位；市档案局与档案馆合并，改为事业单位，挂市档案局牌子；市黄金公司不再挂市黄金局牌子，行政职能划归市冶金机械工业局；市经济发展研究中心与市委政策研究室合并；市地震局改为事业单位；组建市地方税务局。

2001—2002 年，实施新一轮党政机构改革。市政府所属机构进行了一些调整变更，有 8 个机构更改名称，即市政府办公室更名为市政府办公厅，市计划委员会更名为市发展计划委员会，市教育委员会更名为市教育局，市科学技术委员会更名为市科学技术局，市建设局更名为市建设委员会，市畜牧局更名为市畜牧业局，市体育运动委员会更名为市体育局，市粮食管理局更名为市粮食局。撤销、组建一些机构，即撤销市冶金机械工业局、市轻化纺织工业局、市商务局，所承担行政职能交相关部门；撤销市农机局，并入市农业局，市乡镇企业局由市农业局管理；撤销市劳动局，组建市劳动和社会保障局；撤销市土地局、地矿局，组建市国土资源局；组建市旅游局、市规划局、市对外经济贸易局；撤销市体制改革委员会，将其职能并入市委政研室；市党委政府信访局改为市信访工作领导小组办公室；组建市扶贫开发领导小组办公室，为议事协调机构的办事机构；市物价局并入市发展计划委员会；市国资局、预算外资金管理局并入市财政局；赤峰市煤炭工业总公司、赤峰市建材工业总公司、赤峰市物资有限公司所属行政职能交市经济贸易委员会；撤销市农牧业经济领导小组办公室、市对外经济协作办公室，行政职能交相关部门。

2003—2004 年，进行深化政府机构改革和行政管理体制改革工作。市政府所属机构调整变更情况为：市委政研室的体制改革职能并入市发展计划委员会，市发展计划委员会更名为市发展和改革委员会；市计生委更名为市人口和计划生育委员会；组建市经济委员会（挂安全生产监督管理局牌子）；组建市农牧业局，不再保留市农业局、市畜牧业局；组建市商务局；市乡镇企业局更名为市推进农牧业产业化办公室，仍由市农牧业局管理。

2009—2010 年，按照中共十七大和十七届二中全会关于深化行政管理体制改革的总体部署，继续开展政府机构改革工作。具体调整变更情况为：组建市经济和信息化委员会，挂市中小企业局牌子，不再保留市经济委员会；组建市人力资源和社会保障局，不再保留市人事局、市劳动和社会保障局；组建市住房和城乡建设委员会，不再保留市建设委员会；市扶贫开发领导小组办公室更名为市扶贫开发办公室，列为政府工作部门；市党委政府信访局更名为市信访局，列为政府工作部门；市人民防空办公室列为政府工作部门，挂市民防局牌子；市推进农牧业产业化办公室并入市农牧业局；市政府办公厅更名为市政府办公室，挂市法制办公室牌子，同时组建市金融工作办公室，由市政府办公室管理；市交通局更名为市交通运输局；市广播电视局更名为市广播电影电视局；市食品药品监督管理局改为分级管理后，列为政府工作部门，由市卫生局管理。

2013—2014年,根据中共中央、国务院颁发的《关于地方政府职能转变和机构改革的意见》,进一步推进深化政府职能转变和机构改革工作。具体调整变更情况为:组建市卫生和计划生育委员会,不再保留市卫生局、市人口和计划生育委员会;将市工商行政管理局、市质量技术监督局、市食品药品监督管理局的职责整合组建市市场监督管理委员会,挂市食品安全委员会办公室牌子;市政府办公室挂市金融工作办公室牌子,不再保留市金融工作办公室;市经济和信息化委员会挂市国有资产监督管理局牌子,不再挂中小企业局牌子;市文化局与市广播电影电视局合并,成立市文化新闻出版广电局,挂市文物局牌子,不再挂市新闻出版局牌子。

截至2014年末,市政府的工作部门共有32个,即市政府办公室、市发展和改革委员会、市经济和信息化委员会、市住房和城乡建设委员会、市民族事务委员会、市教育局、市科学技术局、市公安局、市监察局、市民政局、市司法局、市财政局、市人力资源和社会保障局、市国土资源局、市规划局、市环境保护局、市交通运输局、市水利局、市农牧业局、市林业局、市商务局、市文化新闻出版广电局、市卫生和计划生育委员会、市审计局、市市场监督管理委员会、市安全生产监督管理局、市体育局、市统计局、市旅游局、市粮食局、市人民防空办公室、市扶贫开发办公室、市信访局。其中市监察局与纪律检查委员会机关合署办公,列入政府工作部门序列,不计入政府机构个数。

1991—2014年赤峰市政府各委办局主任、局长更迭表

表15-1-2

单位名称	职务	姓名	民族	任职时间
市政府办公厅(办公室)	主任	李景阳(兼)	汉族	1993.3—1995.5
		于永泉(兼)	蒙古族	1995.5—1997.8
		刘　达	汉族	1997.8—2000.4
		刘达(兼)	汉族	2000.4—2001.12
		朱景田(兼)	汉族	2001.12—2003.11
		李宪章	汉族	2003.12—2006.1
		董连珍(兼)	汉族	2006.10—2011.5
		闫清卿	汉族	2011.5—2013.4
		李彦彬	汉族	2013.4—2014.12在职
市发展和改革委员会(市计委、市发展计划委员会)	主任	孙广明	汉族	1991.1—1995.4
		赵子阳	汉族	1995.4—1999.4
		邱　富	汉族	1999.4—2003
		秦　义	汉族	2004—2006.1
		张文树	汉族	2006.1—2013.1
		夏国华	汉族	2013.1—2014.12在职

续表

单位名称	职 务	姓 名	民族	任职时间
市经济和信息化委员会（市经委、市经贸委）	主任	李景新	汉族	1991.6—1996.4
		李树坤	汉族	1996.5—1997.12
		李志勋	满族	1998.1—2005.6
		杨远新	汉族	2005.6—2007.9
		郑德学	汉族	2008.2—2014.12 在职
市民族事务委员会	主任	白振高	蒙古族	1991.1—1995.4
		朝　鲁	蒙古族	1995.4— 1997
		芒　来	蒙古族	1998—2000.4
		呼格吉图	蒙古族	2000.4—2001.12
		阿希达	蒙古族	2001.12—2014.12
		斯　钦	蒙古族	2014.12—2014.12 在职
市人口与计划生育委员会(市计生委)	主任	李克敏	汉族	1991.1—1992.2
		陆万臣	汉族	1992.2—1995.11
		白音那	蒙古族	1995.11—2003.12
		长　寿	蒙古族	2003.12—2014.12 在职
市民政局	局长	铁　钢	蒙古族	1991.1—1993.3
		苏景峰	汉族	1993.3—2000.11
		鲍新民	蒙古族	2000.11—2008.2
		闫清卿	汉族	2013.4—2014.12 在职
市公安局	局长	罗振奎	汉族	1991.1—1995.7
		周黎明	蒙古族	1995.8—1997
		郑贵胜	汉族	1998—2009.2
		董歧福	蒙古族	2009.2—2011.3
		葛　勇	汉族	2011.7—2014.12 在职
市司法局	局长	郭向志	汉族	1991.1—1996.2
		贾志远	汉族	1996.2—2000
		单继学	蒙古族	2001—2006.1
		贾永民	汉族	2006.1—2013.1
		宋力夫	蒙古族	2013.4—2014.12 在职

续表

单位名称	职 务	姓 名	民族	任职时间
市人事局	局长	李树润	汉族	1991.1—1991.6
		郭松樵	汉族	1991.6—1996.5
		李学玉	汉族	1996.5—2001.12
		张志安	汉族	2001.12—2008.1
		赵会鹏	汉族	2008.2—2009.8
市劳动与社会保障局(市劳动局)	局长	张士信	汉族	1991.1—1994.5
		宝 泉	蒙古族	1994.6—2001.12
		温玉峰	汉族	2001.12—2005.4
		戈树奎	满 族	2005.5—2008.7
		李欣华	蒙古族	2008.7—2009.8
市人力资源和社会保障局	局长	李欣华	蒙古族	2009.8—2013.4
		张子明	汉族	2013.4—2014.12 在职
市监察局	局长	巴特尔	蒙古族	1991.1—1995.6
		绍 布	蒙古族	1995.6—2001.12
		牛喜明	汉族	2001.12—2006.6
		梁淑琴(女)	汉族	2007.1—2007.12
		敖日格勒	蒙古族	2008.1—2008.7
		陈文阁	汉族	2008.8—2013.3
		潘存国	汉族	2013.3—2014.12 在职
市农业局	局长	彭会龄	汉族	1991.1—1995.7
		王文仲	回 族	1995.7—1998.4
		娄万武	汉族	1998.4—2003
市畜牧局	局长	博 彦	蒙古族	1991.1—1991.10
		那达木德	蒙古族	1991.10—1998
		白景武	汉族	1999—2000.10
		东日布	蒙古族	2000.10—2003
市农牧业局	局长	东日布	蒙古族	2004—2009.2
		李自学	汉族	2009.3—2014.12 在职
市林业局	局长	刘培书	汉族	1991.1—1991.6
		钟万生	汉族	1991.7—1995.6
		李法普	汉族	1995.7—2001.12

续表

单位名称	职 务	姓 名	民族	任职时间
市林业局	局长	崔玉堂	汉族	2001.12—2002
		白音巴特尔	蒙古族	2003—2008.6
		王国江	汉族	2008.6—2012
		韩　铭	汉族	2012—2014.12 在职
市水利局（市水利水产局）	局长	邢思浩	汉族	1991.1—1994.3
		邱　富	汉族	1994.3—1999.4
		董连珍	汉族	1999.10—2006.11
		李廷玉	汉族	2007.1—2008.6
		李延庆	汉族	2008.6—2014.12
		郭玉强	汉族	2014.12—2014.12 在职
市国土资源局（市土地管理局）	局长	王庆余	汉族	1991.1—1992.7
		满都拉	蒙古族	1992.7—1996.5
		鲍海明	蒙古族	1996.6—2001.12
		姜万德	汉族	2008.4—2010.1
		张　辉	汉族	2010.1—2014.12 在职
市交通运输局（市交通局）	局长	徐纪纲	汉族	1991.1—1992.6
		麻树昌	汉族	1996—1999
		王文国	汉族	2000—2008.7
市住房和城乡建设委员会（市城乡建设环境保护局、市建设局、市建委）	主任（局长）	汝俊良	汉族	1991.1—1996.2
		鞠福祝	汉族	1996.2—1997
		许兆峰	汉族	1998—2001.10
		郭明达	汉族	2001.12—2009.8
		姜俐欣	汉族	2009.8—2011.12
		毕国臣	汉族	2011.12—2013.3
		高子林	汉族	2013.4—2014.12 在职
市规划局	局长	毕国臣	汉族	2008.7—2011.12
		张金东	汉族	2011.12—2014.12 在职
市环境保护局	局长	王宝思	满 族	1995.10—2000.5
		王国联	汉族	2000.5—2008
		黄国文	汉族	2009—2012
		童慧泉	满族	2012—2014.12 在职

续表

单位名称	职 务	姓 名	民族	任职时间
市财政局	局长	乌振玉	蒙古族	1991.1—1994.1
		胡 奎	蒙古族	1994.1—2000.12
		吴力吉	蒙古族	2000.12—2005.4
		黄国文	汉族	2012—2014.12 在职
市审计局	局长	谭希才	汉族	1991.1—1995.7
		崔 铎	汉族	1995.7—2001.12
		徐连生	汉族	2001.12—2009.1
		牛喜明	汉族	2009.1—2014.12 在职
市商务局（市商业局）	局长	侯 珍	汉族	1991.1—1995.5
		高国芳	蒙古族	1995.8—2003.11
		达瓦敖斯	蒙古族	2003.12—2006.1
		王国良	蒙古族	2006.1—2014.12
		高玉波	蒙古族	2014.12—2014.12 在职
市旅游局	局长	黄金延	汉族	1999—2001.12
		娜日苏（女）	蒙古族	2001.12—2012
		闫 辉（女）	汉族	2013—2014.12 在职
市粮食局（市粮食管理局）	局长	阎 福	汉族	1991.1—1991.5
		范树恩	汉族	1991.5—1992.9
		李树坤	汉族	1992.9—1996.5
		尚 范	汉族	1996.5—2005.5
		王敬国	蒙古族	2005.5—2012.11
		杨宗仁	汉族	2012.11—2014.12 在职
市安全生产监督管理局	局长	韩文举	汉族	2004.1—2006.1
		李宪章	汉族	2006.1—2011.11
		孙 勇	汉族	2011.11—2014.12 在职
市统计局	局长	李 强	汉族	1991.1—1996.5
		白音巴特尔	蒙古族	1996.5—1999.5
		韩国军	汉族	1999.5—2006.1
		尹洪山	汉族	2006.1—2014.12 在职
市科技局（市科委）	局长（主任）	孙洪生	汉族	1991.1—1991.7
		任力生	汉族	1991.7—1999
		姚云起	汉族	2000—2005.5
		尚庆华	汉族	2005.6—2008
		史学文	汉族	2009—2014.12 在职

续表

单位名称	职 务	姓 名	民族	任职时间
市教育局(市教育委员会)	局长（主任）	赛西雅拉图	蒙古族	1991.1—1995.7
		朱彤升	满族	1995.7—2001.12
		张子军	汉族	2001.12—2012
		韩立中	汉族	2012—2014.12 在职
市文化局	局长	李凤阁	汉族	1991.1—1991.5
		乌国政	蒙古族	1991.5—1994.11
		巴　图	蒙古族	1994.11—1996.1
		李瑰峰	汉族	1996.1—2001.12
		于建设	汉族	2001.12—2008.2
		张金东	汉族	2008.2—2011.11
		于凤先	蒙古族	2011.11—2013.7
市体育局(市体委)	局长（主任）	殷　轶	汉族	1991.1—1991.10
		刘　芳	汉族	1991.10—1993.10
		斯钦图	蒙古族	1993.10—1997
		鲍满堂	蒙古族	1998—2006.1
		于凤先	蒙古族	2006.1—2011.11
		侯东辉	汉族	2011.11—2014.12 在职
市广播电视局	局长	根　顺	蒙古族	1991.1—1991.6
		贾国志	汉族	1991.6—2001.12
		昭日格图	蒙古族	2001.12—2013
市文化新闻出版广电局	局长	于凤先	蒙古族	2013.7—2014.12 在职
市卫生局	局长	刘树涛	汉族	1991.1—1995.6
		何长松	汉族	1995.8—1995.12
		焦万彬	汉族	1996.2—2001.12
		杨淑敏(女)	汉族	2001.12—2008.7
		孟昭均	汉族	2008.7—2013.1
		斯钦德力格尔	蒙古族	2013.1—2014.12 在职
市信访局(市信访办)	局长（主任）	董歧福	蒙古族	1999—2002
		宁国涛	汉族	2002—2005.4
		崔广学	汉族	2005.4—2010.1
		田向存	汉族	2010.1—2012
		郭玉强	蒙古族	2013.1—2014.12

续表

单位名称	职务	姓名	民族	任职时间
市扶贫开发办公室	主任	于兆印(兼)	汉族	2001—2002
		马继文	汉族	2003—2010.1
		崔广学	汉族	2010.1—2014.12 在职
市人民防空办公室	主任	汝俊良	汉族	1991.1—1991.10
		王柏川	汉族	1991.10—1993.1
		李玉春	汉族	1993.1—2005.4
		宁国涛	汉族	2005.4—2012
		关显峰	满族	2013—2014.12 在职

说明:此表由中共赤峰市委组织部提供。

二、双重管理机构

1991 年,市税务局由自治区税务机关和市政府双重领导,以自治区税务机关管理为主。自治区税务局对市税务局实行机构、编制、人员、经费垂直管理。1994 年, 国务院实行分税制财政体制改革,国税、地税机构分设,赤峰市国家税务局和地方税务局成立,分别隶属自治区国家税务局和地方税务局。

1998 年 11 月,按照国务院批转《国家工商行政管理局工商行政管理体制改革方案的通知》要求,市工商行政管理局上划至自治区工商局,实行垂直管理。

1999 年 6 月,根据自治区政府印发的《内蒙古自治区质量技术监督管理体制改革方案》规定,市技术监督局上划自治区质量技术监督管理局,实行垂直管理,同时更名为赤峰市质量技术监督局。

2001 年 9 月,根据自治区政府《关于药品监督管理体制改革实施方案》和《盟市、旗县(市、区)药品监督管理局(分局)机构改革意见》,撤销赤峰市医药管理局,组建赤峰市药品监督管理局,受自治区药品监督管理局垂直领导。2004 年 9 月,根据自治区机构编制委员会《关于各级食品药品监督管理机构设置的批复》,赤峰市药品监督管理局更名为赤峰市食品药品监督管理局。2010 年 9 月,自治区政府将盟市、旗县食品药品监督管理机构划归地方政府管理。

2014 年 8 月,自治区政府将各盟市、旗县质量技术监督局、工商局划归地方政府管理。同年 12 月,市政府将市工商局、市食品药品监督管理局、市质量技术监督局合并,成立赤峰市市场监督管理委员会,挂市食品安全委员会办公室牌子。

第二章 旗县区人民政府

第一节 机构设置

1991年,赤峰市旗县区政府常设机构一般设置43个,即政府办公室、劳动局、人事局、民政局、监察局、统计局、物价局、财政局、税务局、工商行政管理局、审计局、土地管理局、技术监督局、商业局、粮食局、物资局、供销社、农业局、林业局、畜牧局、水利局、农机局、农电局、二轻工业局、乡镇企业局、交通局、城乡建设环境保护局、公安局、司法局、教育局、文化局、卫生局、广播电视局、档案局、计划委员会、经济委员会、科学技术委员会、体育运动委员会、民族事务委员会、计划生育委员会、对外经济协作办公室、经济体制改革办公室、信访办公室。各旗县区政府机构设置有所不同,红山区将“农、牧、林、水”4个局合并为农牧林水利局,将“计委、经委”合并为计经委,未设粮食局、商业局,设有市容办;阿鲁科尔沁旗、巴林左旗、克什克腾旗、翁牛特旗、宁城县设有农业综合开发办(农业扶贫开发办);阿鲁科尔沁旗、巴林右旗、翁牛特旗、敖汉旗、元宝山区未设二轻工业局;松山区、元宝山区、宁城县设有煤炭局,巴林左旗、克什克腾旗设有矿产局,松山区增设黄金局;翁牛特旗设有农牧办、财贸办、工业办;红山区、宁城县单设爱卫办;有的旗县区还设有邮电局、气象局等。

24年间,旗县区政府机构不断调整,截至2014年工作机构总体设置24个,即政府办公室、发展和改革局、经济和信息化局、教育局、民族宗教事务局、公安局(“三区”为公安分局)、民政局、人力资源和社会保障局、司法局、财政局、住房和城乡建设局、环境保护局、交通和运输局、人口和计划生育局、卫生局、农牧业局、林业局、水利局、文化体育广播电影电视局、审计局、安全生产监督管理局、统计局、国土资源局、监察局。红山区、松山区、阿鲁科尔沁旗、巴林左旗、喀喇沁旗、敖汉旗单设科技局,其他旗县区在教育局内增挂科技局的牌子;松山区、元宝山区单设商务局,红山区单设商务旅游局,其他旗县在经济和信息化局内增挂商务局的牌子;红山区、元宝山区、巴林右旗、克什克腾旗单设市场监督管理局,阿鲁科尔沁旗、巴林左旗、翁牛特旗、敖汉旗、宁城县单设食品和药品监督管理局;红山区未设水利局,增设城市管理综合行政执法局;克什克腾旗单设旅游局。

第二节 人员更迭

1991—2014年,由于工作调整或任期届满,各旗县区长多次变动更迭。其中红山区9人,松山区8人,元宝山区9人,阿鲁科尔沁旗9人,巴林左旗7人,巴林右旗8人,林西县 11 人,克什克腾旗 8 人,翁牛特旗 8 人,喀喇沁旗 9 人,宁城县 9 人,敖汉旗 7 人。

1991—2014 年赤峰市各旗县区长更迭表

表 15-1-3

职务	姓名	民族	任职时间
红山区区长	黄凌云	蒙古族	1991.1—1991.3(代)
			1991.3—1994.8
	刘廷赞	汉族	1994.8—1995.3(代)
			1995.3—1998.11
	董歧福	蒙古族	2002.1—2003.12
	韩　铭	汉族	2003.12—2006.6
	毕国臣	汉族	2006.6—2007.1 (代)
			2007.1—2008.7
	张　华	汉族	2008.8—2009.1(代)
			2009.1—2011.11
	姜俐欣	汉族	2011.11—2012.1 (代)
			2012.1—2014.9
	林晶华	汉族	2014.10—2014.12(代)在职
松山区区长	回登勤	回族	1991.3—1993.10
	李学玉	汉族	1993.10—1994.3(代)
			1994.3—1996.5
	郑喜春	汉族	1996.6—1997.3(代)
			1997.3—2001.9
	戈树奎	满族	2001.9—2001.9(代)
			2001.9—2005.5
	孟昭均	汉族	2006.6—2007.1(代)
			2007.1—2008.7
	夏国华	汉族	2008.7—2009.2(代)
			2009.2—2013.1
	田向存	汉族	2013.1—2013.3(代)
			2013.3—2014.12 在职

续表

职务	姓名	民族	任职时间
元宝山区区长	王瑞祥	汉族	1991.1—1991.3(代)
			1991.3—1995.5
	王　波	汉族	1995.5—1996.1(代)
			1996.1—1998.11
	梁万龙	汉族	1998.12—1999.1(代)
			1999.1—2000.3
	杨立刚	汉族	2000.3—2001.6(代)
			2001.6—2003.12
	辛广昌	汉族	2003.12—2004.1(代)
			2004.1—2005.5
	邹德华	汉族	2005.5—2006.2(代)
			2006.2—2007.9
	杨远新	汉族	2007.9—2007.11(代)
			2007.11—2008.6
	张子明	汉族	2008.6—2009.2(代)
			2009.2—2013.1
	刘万东	汉族	2013.1—2013.3(代)
			2013.3—2014.12 在职
阿鲁科尔沁旗旗长	特古斯	蒙古族	1991.1—1992.3
	双　喜	蒙古族	1992.3—1993.2(代)
			1993.2—1996.12
	东日布	蒙古族	1996.12—1997.3(代)
			1997.3—2000.11
	长　寿	蒙古族	2000.11—2001.2(代)
			2001.2—2002.1
	王国江	蒙古族	2002.1—2002.3(代)
			2002.3—2003.12
	郭玉峰	蒙古族	2007.9—2007.11(代)
			2007.11—2008.7

续表

职务	姓名	民族	任职时间
阿鲁科尔沁旗旗长	敖日格勒	蒙古族	2008.7—2009.1(代)
			2009.1—2013.1
	孟晓冰	蒙古族	2013.1—2013.3(代)
			2013.3—2014.12 在职
巴林左旗旗长	鲍海明	蒙古族	1991.1—1993.11
	白音那	蒙古族	1993.11—1994.3(代)
			1994.3—1995.11
	鲍新民	蒙古族	1995.11—1996.3(代)
			1996.3—2000.11
	徐德林	蒙古族	2000.11—2001.2(代)
			2001.2—2003.2
	王国良	蒙古族	2003.2—2003.3(代)
			2003.3—2006.1
	邱文博	蒙古族	2006.1—2006.3(代)
			2006.3—2011.11
	高希华	蒙古族	2011.11—2012.2(代)
			2012.2—2014.12 在职
巴林右旗旗长	芒　来	蒙古族	1991.1—1993.2
	那顺孟和	蒙古族	1993.2—1996.12
	双　喜	蒙古族	1996.12—1997.3(代)
			1997.3—1998.4
	阿希达	蒙古族	1998.11—1999.1(代)
			1999.1—2002.1
	德　杰	蒙古族	2002.1—2002.3(代)
			2002.3—2006.2
	浩毕斯嘎拉图	蒙古族	2011.11—2014.12 在职
林西县县长	李向荣	汉族	1991.1—1992.11
	徐瑞祥	汉族	1992.11—1993.3(代)
			1993.3—1995.6
	王和平	汉族	1998.4—1998.11(代)
	张利平	汉族	1998.11—1999.1(代)
			1999.1—2000.5
	陈　宏	蒙古族	2000.5—2001.4(代)
			2001.4—2002.1
	赵　富	蒙古族	2002.1—2002.3(代)
			2002.3—2003.12

续表

职务	姓名	民族	任职时间
林西县县长	李延庆	汉族	2003.12—2004.1(代)
			2004.1—2005.5
	关显峰	满族	2005.5—2006.2(代)
			2006.2—2008.7
	王世华	汉族	2008.7—2009.3(代)
			2009.3—2011.10
	张　恒	汉族	2011.10—2012.2(代)
			2012.2—2014.12 在职
克什克腾旗旗长	高国芳	蒙古族	1991.1—1995.5
	张彦斌	蒙古族	1995.5—1996.1(代)
			1996.1—1999.1
	白音巴特尔	蒙古族	1999.5—2000.1(代)
			2000.1—2000.5
	秦　义	汉族	2000.5—2001.3(代)
			2001.3—2003.1
	李欣华	蒙古族	2003.1—2003.2(代)
			2003.2—2006.1
	于伟东	汉族	2010.10—2011.1(代)
			2011.1—2014.10
	潘存国	汉族	2014.10—2014.12(代)在职
翁牛特旗旗长	布　和	蒙古族	1991.1—1992.7
	斯日古楞	蒙古族	1992.7—1993.3(代)
			1993.3—1997.10
	钱荣旭	蒙古族	1997.10—1998.3(代)
			1998.3—2000.5
	韩会申	蒙古族	2000.5—2001.3(代)
			2001.3—2002.8
	董少华	汉　族	2002.8—2003.2(代)
			2003.2—2003.12
	郑洪学	汉　族	2003.12—2004.1(代)
			2004.1—2006.7

续表

职务	姓名	民族	任职时间
翁牛特旗旗长	汪国森	蒙古族	2006.7—2007.1(代)
			2007.1—2011.11
	南振虎	汉 族	2011.11—2012.1(代)
			2012.1—2014.12 在职
喀喇沁旗旗长	陈景才	蒙古族	1991.1—1992.7
	张 智	蒙古族	1992.7—1993.2(代)
			1993.2—1996.6
	吴力吉	蒙古族	1996.6—1997.1(代)
			1997.1—1998.4
	张志安	汉 族	1998.4—1999.1(代)
			1999.1—2000.5
	包振玉	蒙古族	2000.5—2002.1
	巴特尔	蒙古族	2003.12—2004.1(代)
			2004.1—2008.7
	郭玉峰	蒙古族	2008.7—2009.2(代)
			2009.2—2010.10
	李浩楠	汉 族	2010.10—2011.2(代)
			2011.2—2014.12 在职
宁城县县长	张 玉	蒙古族	1991.1—1993.10
	吴永新	蒙古族	1993.10—1994.3(代)
			1994.3—1995.7
	杨宝忠	汉 族	1995.7—1996.3(代)
			1996.3—1997.8
	钱海峰	蒙古族	1997.8—1998.2(代)
			1998.2—2000.6
	张文树	汉 族	2000.6—2001.3(代)
			2001.3—2003.12
	赵 富	蒙古族	2003.12—2004.1(代)
			2004.1—2006.1
	李自学	汉 族	2006.1—2006.3(代)
			2006.3—2009.3
	刘万虎	汉 族	2009.3—2010.1(代)
			2010.1—2013.1
	马占国	蒙古族	2013.1—2013.2(代)
			2013.2—2014.12 在职

续表

职务	姓名	民族	任职时间
敖汉旗旗长	宝　泉	蒙古族	1991.1—1991.3(代)
			1991.3—1993.10
	鲍海明	蒙古族	1993.10—1994.3(代)
			1994.3—1995.7
	王国联	汉　族	1995.7—1996.3(代)
			1996.3—2000.5
	于建设	汉　族	2000.5—2001.5(代)
			2001.5—2002.1
	冯任飞	汉　族	2002.1—2002.3(代)
			2002.3—2005.5
	黄国文	汉　族	2005.5—2006.3(代)
			2006.3—2009.3
	黄彦峰	汉　族	2009.3—2010.1(代)
			2010.1—2014.12 在职

第三节　基层政权

1991 年，全市共设 271 个乡镇苏木人民政府，每个乡镇苏木三年召开一次人民代表大会，选举产生乡镇长（苏木达）1 人、副乡镇长（副苏木达）2～3 人。乡镇苏木政府设立办公室，内设秘书 1 人；同时设农业（牧业）、乡镇企业、统计、科技、财政、民政、司法、文教、卫生环保、计划生育、乡村建设、人民武装等助理若干人，辅助乡镇长（苏木达）、副乡镇长（副苏木达）管理全乡镇苏木行政事务。

2001—2002 年，乡镇苏木政府内设机构由助理制改为综合性办公室制，设置 5 个综合办公室，即党政办公室（挂人民武装部牌子）、社会发展办公室（挂计划生育办公室牌子）、乡镇建设办公室、财经办公室（挂财政所牌子）、综合治理办公室（挂司法所牌子）。乡镇苏木事业单位机构设置为：财税所、农牧业技术服务中心、文化服务中心、乡村建设服务中心、计划生育服务站、农经站和企业服务站。

2005—2006 年，按照自治区党委办公厅、自治区政府办公厅印发的《关于配套推进全区苏木乡镇机构改革试点工作的若干具体意见》，赤峰市采取先行试点、后全面推开的步骤，以确定中心乡镇苏木为重点，科学合理地制定乡镇苏木布局调整规划，深入进行乡镇苏木机构改革。全市各乡镇苏木行政机构由 5 个减至 3 个，即党政综合办公室、经济发展办公室、社会事务办公室。乡镇苏木事业机构 3 个，即农牧业综合服务中心、文化广电服务中心、计划生育服务中心。城关镇和中心镇将文化广电与计划生育中心合并,设为一个服务中心;另设劳动社会保障事务所。

2014年,全市共设132个乡镇苏木人民政府,其中镇人民政府85个,乡人民政府28个,苏木人民政府19个。具体设置情况是:红山区有2个,均为镇;松山区有14个,其中镇9个、乡5个;元宝山区有6个,其中镇5个、乡1个;阿鲁科尔沁旗有14个,其中镇7个、乡3个、苏木4个;巴林左旗有11个,其中镇7个、乡2个、苏木2个;巴林右旗有9个,其中镇5个、苏木4个;林西县有9个,其中镇7个、乡2个;克什克腾旗有13个,其中镇7个、乡2个、苏木4个;翁牛特旗有14个,其中镇8个、乡2个、苏木4个;喀喇沁旗有9个,其中镇7个、乡2个;宁城县有15个,其中镇13个、乡2个;敖汉旗有16个,其中镇8个、乡7个、苏木1个。乡镇苏木人民政府的行政机构和事业机构未变。

第二篇　重要会议与施政纪略

第一章　重要会议

第一节　市政府全体会议

一、第二届市政府全体会议

1991 年 7 月至 1995 年 6 月，市政府共召开 6 次全体会议，市长在会上讲话。1991 年召开 1 次会议，主要是安排部署新一届政府的主要工作。1992 年召开 1 次会议，主要是讨论提交市二届人大二次会议的《赤峰市政府工作报告》。1993 年召开 1 次会议，研究落实市二届人大三次会议通过的《赤峰市政府工作报告》提出的各项任务。1994 年召开 1 次会议，讨论提交市二届人大四次会议的《赤峰市政府工作报告》，研究部署市政府的主要工作。1995 年召开 2 次会议，第一次会议听取各位副市长和市直有关部门负责人汇报当年的工作思路和措施，市长讲话，作统一部署。第二次会议分析当时的经济形势，部署落实市二届人大五次会议通过的《赤峰市政府工作报告》的各项任务。

二、第三届市政府全体会议

1996 年 4 月至 2000 年 4 月，市政府共召开 5 次全体会议，主要是研究如何落实当年市人代会通过的《政府工作报告》的各项任务，市长在会上讲话。1996 年召开 1 次会议，安排部署市人民政府当年要抓好的 90 件要事。1997 年召开 1 次会议，通报当年 1—7 月份政府各项主要工作目标和 68 件要事完成情况，安排部署后 4 个月工作。1998 年召开 1 次会议，讨论提交市三届人大四次会议的《赤峰市政府工作报告》。1999 年召开 1 次会议，安排部署市政府的全面工作。2000 年召开一次会议，分析当时赤峰市经济发展的内外部环境，为落实市三届人大六次会议通过的《赤峰市政府工作报告》各项任务提供依据。

三、第四届市政府全体会议

2001 年 10 月至 2007 年 12 月，市政府共召开 20 次全体会议，每年都讨论提交市四届人大历次会议的《赤峰市政府工作报告》，市长在会上讲话。2001 年召开 1 次会议，安排部署当年第四季度工作。2002 年召开 4 次会议。第一次会议主要是部署2002 年市政府主要工作,听取市政府各位副市长就各自分管战线工作的安排意见;第二次会议通报2002年一季度市政府工作情况;第三次会议通报2002年上半年市政府主要工作进展情况,安排下半年工作;第四次会议通报2002年前三个季度全市主要工作进展情况,分析当时面临的经济形势,安排后两个月的工作。2003年召开5次会议。第一次会议主要是安排部署2003年各条战线重点项目;第三次会议通报市政府第一季度主要工作进展情况,安排部署下一阶段全市工作;第四次会议总结分析全市上半年经济和社会发展及重点项目的进展情况,安排部署下半年工作;第五次会议总结全年全市经济和社会发展情况,安排部署2004年全市各项工作,明确市政府领导班子调整后的领导成员工作分工。2004年召开2次会议。第二次会议贯彻落实市委四届九次全委会(扩大)会议精神,总结上半年工作,分析全市经济和社会发展形势,安排部署下半年全市各项工作任务。2005年召开3次会议。第一次会议安排部署第一季度工作;第三次会议通报全市上半年经济和社会发展运行情况,分析全市经济发展态势,安排部署下半年各项工作。2006年召开2次会议。第一次会议总结2005年市政府各项工作,安排部署2006年各项任务;第二次会议总结分析上半年全市经济和社会发展运行情况,部署下半年工作任务,安排市委、市政府《关于优化经济发展环境的意见》的落实工作。2007年召开3次会议。第一次会议讨论《赤峰市政府工作报告》;第二次会议安排部署市四届人大八次会议通过的《赤峰市政府工作报告》各项任务的落实工作。

四、第五届市政府全体会议

2008年2月至2012年12月,市政府共召开6次全体会议。这6次会议内容均讨论提交市五届人大二次到六次会议和市六届人大一次会议的《赤峰市政府工作报告》,市长在会上讲话。

五、第六届市政府全体会议

2013年4月至2014年5月,市政府共召开3次全体会议,市长在会上讲话。2013年召开1次会议,讨论修订《赤峰市政府工作规则》,研究新一届政府如何抓好工作落实和自身建设事宜。2014年召开2次会议。第一次会议讨论《赤峰市政府工作报告》;第二次会议贯彻落实国务院总理李克强视察赤峰重要指示精神和关注事项,讨论《赤峰市经济体制和生态文明体制改革专项小组2014年工作要点分工方案》。

第二节 市政府常务会议

市政府常务会议是市政府对事关经济社会发展、城乡建设、民生改善等重要问题和事项,通过集体讨论,进行议政决策的主要形式之一。出席会议的人员为市长、副市长(市长助理)、市政府秘书长;列席会议的为市政府副秘书长,办公厅(办公室)主任、副主任,与会议内容相关的市政府部门负责人及旗县区政府负责人。会议一般由市长主持。1991—2014 年,市政府共召开常务会议 234 次。

1991 年,共召开会议 7 次。研究讨论提交市二届人大一次会议的《赤峰市政府工作报告》;关于加强农村牧区抽样调查和城市社会经济抽样调查工作;关于牧区苏木(镇)卫生院五年建设规划;讨论市政府《关于进一步解放思想、放手发展乡镇企业的决定》《赤峰市实施〈城市房屋拆迁管理条例〉有关问题暂行规定》;关于加强商业网点建设,搞活流通领域工作;讨论赤峰市国民经济和社会发展计划主要指标。

1992 年,共召开会议 6 次。研究关于赤峰市经济社会发展战略,赤峰市"八五"计划和十年规划调整建议;关于财政收支计划安排意见;关于赤峰市中心城区抗震防灾规划;讨论《赤峰市环境噪声污染防治管理办法》《赤峰市水资源管理办法》;关于推进全市农牧结合的几项政策;关于加强城市商业网点建设管理问题;关于放开搞活房地产市场问题。

1993 年,共召开会议 11 次。研究关于 1993 年市政府工作要点,1993 年赤峰市国民经济和社会发展主要指标;关于"全国十佳卫生城市"表奖问题;传达贯彻全区农业、扶贫、乡镇企业会议精神;贯彻《中华人民共和国企业法》及其配套法规,转换企业经营机制问题;关于国有企业深化改革问题,讨论企业兼并暂行规定;研究参加自治区第八届运动会问题;关于搞好城镇集体企业意见;关于城市教育综合改革问题;关于分税制财政体制改革问题。

1994 年,共召开 11 次会议。研究讨论提交市二届人大四次会议的《赤峰市政府工作报告》;讨论《赤峰市矿产资源管理暂行办法》《赤峰市文化市场管理暂行办法》《赤峰市实施〈城市绿化条例〉暂行规定和赤峰市大气污染防治管理办法》;关于创建国家卫生城市环保问题;讨论赤峰市 1995 年国民经济和社会发展计划指标;听取市卫生局、教育局、文化局、广播局、体委等部门工作基本情况、基本思路和存在问题。

1995 年,共召开会议 15 次。研究关于落实市二届人大四次会议通过的《赤峰市政府工作报告》任务;关于全市防治荒漠化改革试验区工作意见;讨论《关于推行农牧业和农村牧区经济产业化的决定》;贯彻全区物价工作会议、土地制度改革会议、工商工作会议精神;关于创建国家卫生城工作有关问题;关于赤峰市财政体制调整问题;贯彻国务院《优化城镇住房制度改革决定》的实施方案;关于第三次工业普查有关问题;关于抗震救灾工作的意见;传达全区深化养老保险制度改革会议精神,提出本市贯彻意见;关于本年度物价执行情况及物价工作安排意见。

1996 年,共召开会议 15 次。研究关于 1996 年赤峰市国民经济和社会发展计划;传达全区扶贫开发工作会议精神,提出本市贯彻意见;关于繁荣科技事业、加速科技进步的决定和 1996 年科技兴市实施方案; 关于进一步扩大横向经济联合的优惠政策和鼓励外商投资优惠政策;关于个体私营经济发展"九五"计划和贯彻落实自治区党委、政府《关于进一步加快个体私营经济发展的决定》的意见;讨论赤峰市国民经济和社会发展"九五"计划和 2010 年远景目标纲要(草案);关于市三届人大一次会议通过的《赤峰市政府工作报告》的落实意见，明确新一届政府市长分工；讨论《赤峰市公路建设养护暂行办法》《赤峰市职工社会医疗保险办法（试行）》《赤峰市城市集中供热管理办法》《赤峰市农业承包合同管理暂行办法》《赤峰市旅游行业管理暂行办法》；讨论赤峰市1996—2000年对外开放发展规划纲要。

1997年，共召开会议13次。研究关于市政府1996年工作总结和1997年工作要点；讨论关于1997年国民经济和社会发展主要指标和1997年全市有关部门责任指标分解意见；讨论《关于优化资本结构，企业破产实施暂行办法》《关于赤峰市预算外资金管理暂行办法》《关于赤峰市住宅小区物业管理暂行办法》；关于旗县区小企业改革工作的意见；关于1997年国民经济运行情况预测和1998年计划安排的意见；关于元旦春节期间特困企业职工生活安排意见；关于市直中小企业改革情况的汇报和下一步工作意见。

1998年，共召开会议11次。研究关于赤峰市1998年扶贫攻坚实施意见；关于1998年推进农业产业化工作意见；关于改善城镇投资环境的若干意见；讨论《关于进一步加强个体私营经济发展的决定》；关于表奖1997年农业经济、发展乡镇企业、计划生育工作、信访工作先进单位和先进个人有关事项；关于治理"三乱"问题的意见；关于加快赤峰市职业教育改革和发展的意见；关于赤峰城区企业下岗职工再就业的问题。

1999年，共召开会议13次。研究关于劳动再就业有关问题的意见；关于实施"乡改村"工作的意见；关于表彰科学、技术、管理人员的意见；关于全市国民经济发展战略纲要的调整意见；关于开展第五次全国人口普查有关问题；听取全市旅游工作情况汇报、对外开放工作情况汇报、全市工商行政管理体制改革工作汇报；听取乡镇企业工作情况汇报，研究《关于乡镇企业二次创业实施意见》；讨论《关于大力推进小型水利工程产权制度改革的暂行规定》《关于进一步加快市直国有中小工业企业转制有关问题的暂行办法》。

2000年，共召开会议8次。研究关于进一步扩大对外开放、改善本市投资环境几个问题的意见；讨论《关于赤峰市住宅小区物业管理暂行办法》《关于赤峰市城镇国有土地开发利用管理办法》《关于赤峰市城市客运出租汽车管理办法》《关于赤峰市城区户外广告管理办法》；讨论《关于赤峰市大力加强人才培养引进和使用工作的决定》《关于加快公路建设若干问题的决定》；关于赤峰市"十五"公路建设发展规划；关于进一步加强安全生产工作的意见。

2001年，共召开会议8次。研究赤峰市国民经济和社会发展第十个五年计划纲要；关于加强土地储备管理，深化国有土地使用制度改革的意见；讨论《关于赤峰市中心城区污水管理收费暂行办法》《赤峰市技术市场管理办法》《赤峰市按比例安排残疾人就业规定》《关于加快企业技术创新和高新技术产业化的决定》；关于赤峰市合并乡镇苏木工作方案；讨论研究市政府市长、副市长、助理巡视员、市长助理工作分工，市政府工作规则，新一届市政府班子建设和当前的几项重点工作。

2002 年，共召开会议 12 次。研究关于市政府 2002 年工作要点和主要计划指标的意见；讨论提交市四届人大二次会议的《赤峰市政府工作报告》、计划报告、财政报告；关于赤峰经济开发区有关问题的意见；关于城市新区规划建设问题的意见；关于赤峰市生态建设与保护规划；讨论《关于进一步加强生态建设步伐的决定》《关于改善赤峰市投资环境的决定》；听取关于赤峰市城市总体规划修编成果的汇报，原则同意《赤峰市城市总体规划(2002—2020)》。

2003 年，共召开会议 12 次。研究关于清理行政审批事项的意见；关于赤峰市人才工程实施纲要；听取市预防控制非典型肺炎工作情况汇报，研究非典型肺炎防治工作；讨论《关于赤峰市发展民营科技企业暂行规定》《关于赤峰市科学技术奖励办法》《关于赤峰市国有资产管理办法》《关于赤峰市烟花爆竹安全管理规定》《关于赤峰市大气污染防治管理办法》；关于调整副市长、市长助理工作分工的意见；关于内蒙古赤峰国家农业科技园区有关问题的意见；关于 2003 年度全市退役士兵安置工作意见。

2004 年，共召开会议 9 次。研究确定关于进一步深化粮食流通体制改革的意见；关于赤峰市财政国库管理制度改革方案；关于 2004 年赤峰市重点项目建设、固定资产投资和招商引资工作安排意见；关于中心城区供热管网经营体制改革方案；关于进一步推进赤峰城区殡葬改革的实施意见；关于下一步全市安全生产工作的安排意见；关于进一步做好抗旱救灾工作的意见；关于做好全市劳务输出的意见；讨论关于赤峰市对外开放若干政策措施和《赤峰市招商引资奖励办法》。

2005 年，共召开会议 9 次。研究赤峰市国民经济和社会发展“十一五”规划思路；关于 2005 年全市及市本级财政收支情况的安排意见；关于赤峰市突发公共事件总体应急预案；关于全市土地资源管理体制改革的实施意见；关于整顿和规范矿产资源开发秩序的意见；讨论《赤峰市非煤矿矿山安全生产监督管理暂行规定》《赤峰市土地储备交易管理办法》《赤峰市直属事业单位改企转制若干规定》；关于全市煤矿整顿关闭工作实施方案；关于赤峰市 2006 年经济社会发展主要预期指标的安排意见。

2006 年，共召开会议 7 次。研究赤峰市国民经济和社会发展第十一个五年规划纲要；传达全区农村牧区工作会议精神，安排部署 2006 年农牧业经济和农村牧区工作；传达全区工业经济暨安全生产工作会议精神，安排部署 2006 年工业经济和安全生产工作；关于进一步优化经济发展环境的意见；关于进一步加强民族教育工作的意见；讨论《赤峰市城市房屋拆迁管理办法(试行)》《赤峰市企业国有资产监督管理办法(试行)》；关于全市农村牧区综合改革工作；关于进一步加强就业再就业工作的实施意见，促进残疾人就业的实施意见；讨论确保完成《赤峰市政府工作报告》提出的工作目标。

2007 年，共召开会议 6 次。研究讨论提交市四届人大七次会议的《赤峰市政府工作报告》、计划报告和财政报告；讨论《赤峰市行政执法责任追究实施办法》《赤峰市城市管理暂行办法》《关于加快有色金属工业发展的决定》；讨论赤峰东部工业区规划；关于重点实施 12 项民生工程的意见；关于赤峰市中心城区(红山、松山)物流产业园区建设的意见;关于加快发展职业教育的意见;确定新一届市政府领导班子成员的分工。

2008年,共召开会议8次。研究关于廉租房和经济适用房建设问题;听取2008年第一季度经济运行情况和2008年重点项目情况;听取2008年1—5月份安全生产情况,对下一步安全生产工作进行部署;听取关于"三聚氰胺"污染奶粉事件应急处置有关情况的汇报,就下一步工作进行安排部署;关于敖汉旗四家子鑫鑫花炮厂"8·30"烟花爆炸事故处理的有关问题;关于赤峰市"城中村"改造工作;调度分析2008年前三季度经济运行情况,研究下一步工作措施。

2009年,共召开会议12次。研究关于红山区桥北危旧房改造及松山组团北区开发建设问题;关于新城区2009年建设项目计划和小新地组团拟启动开发的意见,讨论《赤峰市新城区投资开发及产业发展若干优惠政策的规定》;2009年全市及市本级财政收支安排意见;关于征收城市供热管网建设改造费及供热管网改造问题;关于全面深化集体林权制度改革的意见;关于创建国家森林城市工作;关于贯彻落实自治区政府《关于进一步促进中小企业发展的意见》的实施意见及关于承接产业转移若干政策意见;关于申办2014年第十三届全区运动会问题;讨论提交市五届人大四次会议审议的《赤峰市政府工作报告》、计划报告和财政报告。

2010年,共召开会议6次。研究赤峰市森林城市建设总体规划和关于创建国家森林城市的实施意见;关于进一步加快旅游业发展的意见;关于加快文化产业发展若干政策;关于赤峰市承接发达地区产业转移实施方案,促进全市工业园区加快发展的指导意见;关于制定国民经济和社会发展第十二个五年规划的意见;决定从2011年起在全市推广基层医药卫生体制综合改革。

2011年,共召开会议8次。研究《赤峰市城市总体规划(2011—2030年)》;听取关于全市矿山企业治理整顿情况汇报,决定制定非煤矿矿山企业整合重组规范性意见;关于深入实施西部大开发战略的实施意见;讨论《关于赤峰市促进投资合作若干优惠政策规定》《赤峰市招商引资奖励办法》《赤峰市荣誉市民称号授予办法》;研究制定环境风险控制管理办法;听取各位副市长关于2011年工作情况汇报和2012年工作安排意见;对理顺新城区管理体制方案提出修改意见。

2012年,共召开会议8次。研究关于2012年度工业交通重点项目计划安排意见;关于2012年度第一产业、第三产业、社会事业和能源等基础设施重点项目计划安排意见;关于推进金融业加快发展的意见;关于红山区农畜产品加工产业园区享受有关优惠政策的意见;关于赤峰市贯彻落实国务院、内蒙古自治区促进小型微型企业健康发展意见的实施意见;关于赤峰市扶持工业企业应对经济下行的若干意见;讨论《赤峰市物业管理办法》;讨论提交市六届人大一次会议审议的《赤峰市政府工作报告》。

2013年,共召开会议7次。研究市长、副市长、市长助理工作分工,对新一届政府做好全面工作进行安排部署;关于精简行政审批事项、规范完善审批流程问题;关于培育和发展战略性新兴产业的实施意见;讨论《关于赤峰市公共资源交易监督管理办法》

《关于赤峰市中心城区大气环境综合整治方案(2013—2017年)》;关于赤峰市创建自治区级创业型城市工作实施方案;关于市政府党风廉政建设工作;关于金属非金属矿产资源开发整合工作意见;关于2014年“惠民实事”安排意见;关于机场路建设、新区部分地块处置、加强城乡规划和推进重点区域绿化等事宜。

2014年,共召开会议12次。研究市六届人大二次会议通过的《赤峰市政府工作报告》重点任务分解和2014年“十件民生实事”落实工作,讨论2014年重点建设项目;听取市本级行政审批事项清理情况,确定本次取消下放审批项目150项,累计取消下放审批项目293项;讨论《赤峰市户外广告和牌匾标识设置管理办法》《赤峰市地下水资源保护管理办法(草案)》《关于加强民族教育的决定》;关于赤峰市突发公共事件应急管理委员会工作规则;关于创新机制,加快学前教育发展的意见;关于在中心城区加强排水许可与污水处理费征收管理,加快再生水利用的意见;听取前三季度经济运行及重点任务完成情况,就做好年底前重点工作进行部署。

第二章 施政纪略

第一节 强化“三农三牧”工作

1991—2014年,赤峰市各级政府按照市委的统一决策部署,始终把“三农三牧”工作摆在全市经济社会发展的突出位置,不断优化调整农牧业和农村牧区经济结构,深入推进农牧业产业化经营,大力实施科技兴农兴牧战略,农牧业经济得到健康快速发展,农村牧区面貌发生翻天覆地的变化,农牧民生活水平实现跨越式提升。2014年,全市农牧业生产总值和粮食产量及肉类、鲜奶产量分别比1991年增长几倍甚至十几倍。

一、深化农村牧区经济体制改革

20世纪90年代初,赤峰市政府在农村牧区继续巩固和完善家庭联产承包责任制及统分结合的双层经营体制,逐步健全社会化服务体系,积极稳妥地落实土地有偿承包使用制度。在牧区“畜草双承包”的基础上,普遍建立草场“双权一制”(即所有权、使用权和有偿使用制),在农村牧区实施拍卖“五荒”(荒山、荒沟、荒滩、荒沙、荒水)使用权。到2000年末,基本完成二轮土地延包(30年不变)和牧区草场延包工作,全市95.5%的耕地和94.8%的可利用草场落实到户。2002年后,市政府出台土地使用权流转制度,允许在坚持土地集体所有权和不改变用途的前提下,对承包土地进行转包、转让、互换和入股等;在牧区开始实施草牧场使用流转制度,对牧民承包或有偿使用的放牧场、打草场,允许在坚持草牧场所有权和不改变用途的前提下,可以出租、转让、交换、继承,也可以转股、入股、联合经营等。同时,市、旗县区建立土地流转和草牧场流转服务体系,强化对土地流转和草牧场流转的监督、指导和服务。到2010年,全市有2个旗县

10个乡镇建立土地流转服务中心。到2014年,全市农村土地使用权流转面积26.01万公顷,占家庭承包经营耕地总面积的27.7%;全市牧区草牧场使用权流转面积33.05万公顷,占草牧场承包总面积的15.8%。

20世纪90年代,认真贯彻落实国务院《关于切实减轻农民负担的通知》,全面实行"三提五统"(三提:公积金、公益金、管理费三项村级提留款;五统:教育附加、计划生育费、民兵训练费、民政优抚费、民办交通费五项乡镇统筹款)和农牧民负担一定三年不变政策。2000年,全面启动全市农村牧区税费改革。主要是改革"三提五统",即改革嘎查村收取"三提"的征收方式和使用管理办法;取消乡镇苏木面向农牧民征收的"五统"费用。2004年,市政府印发《关于认真做好第二步农村牧区税费改革试点工作的通知》,正式推出"两减免三补贴"改革措施,即降低或免征农业税,免征除烟叶以外农业特产税;对农民实行粮食生产直接补贴、购买良种补贴和农机具购置补贴。2006年,国家正式废除农业税法,即废止《中华人民共和国农业税条例》,至此,全市农牧民不再缴纳农牧业税。同年,在原来"三补贴"的基础上增加农业生产资料综合补贴,以"四补贴"为支撑的国家对农业、农民支持保护制度基本确立。

二、提高农牧业综合生产能力

1991—2014年,全市各级政府通过加强农牧业基础设施建设、推进农牧结合和农牧业产业化经营等措施,全面提高农牧业综合生产能力。在农村,1991年后,坚持政府投资(水利、以工代赈、扶贫开发、一事一议财政奖补等专项资金)和组织群众投工投劳,大力开展农田水利基本建设,使全市绝大多数山坡地变成梯田,所有平地和部分山地得到有效灌溉。在牧区,通过人工种草、飞播种草、草地围栏、配套小草库伦、禁牧休牧等措施,注重草畜平衡,实施畜牧业现代化建设项目,畜牧业生产能力显著提高。

1992年,赤峰市第一期农业综合开发项目通过自治区和国家两级验收,宁城县、敖汉旗、松山区等7个旗县区进入第二期农业综合开发行列。1995—1997年,元宝山区、克什克腾旗(草原建设开发项目)、喀喇沁旗进入农业综合开发行列。到2012年,全市12个旗县区全部成为全国农业综合开发重点地区。1992—2014年,先后实施一大批中低产田改造、高标准农田建设和产业化经营及部门农业综合开发项目。到2014年,全市累计完成农业综合开发土地治理36万多公顷,草原生态治理74万多公顷;农业产业化和部门农业综合开发等项目产生很大的经济和社会效益。

1996年,市委、市政府印发《关于加大工作力度推进农牧结合的几点意见》和《关于大力推行农牧业和农村牧区经济产业化的决定》。此后,全市各级政府和有关部门逐步加强人工种草基地、农区饲料基地、暖棚暖圈、饲料加工厂(点)、农牧业产业化龙头企业等建设。通过农牧互促,特别是公司加农(牧)户和产加销一体化的带动,农牧业综合生产能力显著提高。到2014年,全市肉牛、肉羊、肉鸡、肉兔、肉鸭、奶牛、蔬菜、饲草、优质杂粮杂豆等产量显著增加。

2011—2012年,全市分别实施500万亩玉米膜下滴灌工程、百万亩设施农业建设工程、百万头优质肉牛产业工程，通过采取政策驱动、典型带动、工作推动等措施，大力开展设施农业建设。到2014年，全市设施农业面积近6.8万公顷，以设施蔬菜为重点的农产品生产能力，特别是反季节蔬菜的产出效益成倍增长。

三、实施科技兴农兴牧战略

1991年后，全市各级政府组织相关部门大力推广配方施肥、模式化栽培、暖棚接羔、疫病防治、机械开沟造林、节能节水、机械化作业等实用技术。1994年，全市共组织2500多名科技人员深入农牧业生产一线，开展农牧业实用技术推广和农牧民培训。在此基础上，陆续实施温饱致富工程、农业“1122”工程、“种子工程”（包括畜牧业种子工程）、“农业增效”工程，重点推广农牧业优质新品种、设施农业、种子包衣、地膜覆盖、立体种植、病虫草害综合防治、配方施肥、节水增效和黄牛改良、绵羊改良、猪的“四良四改”等高产优质高效农牧业实用新技术。1999年，按照市委、市政府印发的《关于进一步实施科技兴农兴牧战略的意见》精神，进一步加大科技推广力度，提高农牧业生产的科技含量。当年，市直农牧业主管部门重点开展“种子工程”（含肉牛、肉羊产业开发的种子工程）和新技术、新成果的引进、示范、推广工作。先后引进农作物新品种400余个，推广面积173.33万公顷，增加粮食16亿公斤；农机作业面积达到59万公顷，其中机播面积38.27万公顷，培训农民60万人次以上；同步实施“百乡千村科技兴农示范工程”。到2002年底，全市建成农业科技示范园区26个，农区的每个乡镇普遍建有综合示范场（点），每个村都培树有科技示范户，全市村级科技示范户总数达到1.8万户，肉牛、肉羊的良种率明显提高，初步形成从市到村嘎查的农牧业科技示范推广网络。

2007年10月，市委、市政府印发《关于加快设施农业发展的意见》。随后，市和旗县区政府及有关部门根据设施农业发展需要，重点推广农作物新品种、工厂化育苗、病虫害绿色防控、标准化生产等现代农业技术；在畜牧业生产中主要推广标准化饲养、疫病综合防治等技术。到2014年，全市国家和自治区级标准化示范种植基地和养殖场大量涌现，农牧业生产的现代化水平、农作物病虫害和畜禽疫病防治水平均显著提高。

第二节　实施“工业强市”战略

1991—2014年，市政府按照市委的统一部署，不断强化工业经济的主导地位，全面推进各项工业经济工作，全市工业取得长足发展。1991—1995年，狠抓市委二届二次全委会（扩大）会议提出的“六大支柱”工业生产建设。赤峰冶炼厂、赤峰白水泥厂等一批重点项目相继投产，赤峰市工业进入较快发展阶段。到1995年，全市基本形成煤炭、电力、食品、有色金属、制药、纺织、建材等具有地方特色的工业体系。2000年，市委、市政府作出实施“工业强市”战略的决定。市政府相继印发《赤峰市2000—2005年调整经济结构，实施“工业强”市战略指导意见》《2000—2005年工业产品结构调整指导意见》,指导和引导全市工业经济发展。能源、有色金属、医药、食品饮料、纺织、建材六大产业进一步发展壮大,全市工业经济焕发出新的活力,由恢复性增长步入快速增长阶段。2001 年后, 市政府重点调整和优化全市工业经济布局。2002 年, 启动工业园区建设。到 2005 年,全市建成工业园区 13 个。从 2011 年开始,在全市分别构筑中部核心工业集聚区、北部重化工集聚区、南部贵金属及轻工食品工业集聚区,打造沿路(铁路、省际公路、高速公路)、沿河(西拉木伦河、老哈河)、沿重点流域等金属资源开发、制造业、绿色食品加工业、风电四大优势产业带,建设分布在中心城区和工业经济重点旗县区的现代工业、铜加工、煤电化工、承接产业转移、食品及新材料五个板块。到 2014 年,“三区”“四带”“五板块”基本形成,工业经济成为全市经济构成的主要成分、承接劳动力就业的主要力量、地方财政收入的主要来源。

一、推进工业企业改革

1991 年 6 月,市委、市政府召开全市经济体制改革工作会议,印发《关于进一步搞活国营企业的若干意见》,继续完善企业承包经营责任制,对承包到期的企业开展第二轮承包。当年,全市旗县区以上企业有 638 家续签第二轮承包合同,占到期应签合同企业的 94.9%。1992 年,全市各级政府指导企业在转换经营机制中重点进行劳动、人事、工资制度改革。当年,全市国营预算内工业企业有 80 家实行“三项制度”改革,占预算内工业企业的 52%。1997 年 7 月,市委、市政府印发《关于进一步深化市直中小企业改革的实施方案》,推动市直中小企业规范破产、兼并转属、产权转制、资产重组、挂靠嫁接等分类改革工作。当年,全市共有 472 家中小企业实施股份制、股份合作制、产权出售和转让、兼并、租赁、破产及破产重组等形式的产权制度改革,占中小企业总数的 47%。

进入 21 世纪,各级政府本着“分类指导、一企一策”的原则,分别制定转制方案,分门别类地进行改革攻坚。2000 年,全市 237 家乡级及以上地方独立核算国有工业企业有 206 家(占 86.92%)完成转制;有 80%的职工退出国有职工序列。2002 年,全市 49 家地方国有企业中,改制为有限责任公司的 21 家,改制为股份有限公司的 4 家。到“十一五”(2006—2010 年)时期,全市工业企业改革全面完成,现代企业制度普遍建立并趋于完善。

二、强力推动工业经济发展

1991 年,市政府在全市开展“产品、质量、效益年”活动,狠抓技术改造和技术创新。当年,全市投资 1.24 亿元,实施技术改造项目 100 个,竣工投产 54 个;开发市级以上新产品、新技术 141 种。同年,开展企业升级和“双增双节”(增产节约、增收节支)活动;全市有 4 家企业晋升为国家二级企业,有 29 家企业晋升为自治区先进企业。1995 年,按照市委、市政府印发的《关于加快工业经济发展的若干意见》,各级政府本着“抓好大的、放活小的”原则,采取“分类指导抓重点,梯次推进搞突破,支柱产业扶龙头,小型企业找靠山”的措施，实施名牌战略，抓好技术改造，促使企业不断提高产品档次和质量。当年，全市工业总产值实现两位数的增长。

2001 年 4 月，市委、市政府印发《关于加快企业技术创新和高新技术产业化的决定》，扶持和推动企业技术创新，加快高新技术引进及产业化步伐。当年，全市有 5 家重点企业建立自治区级技术研发机构，科研型企业达到 12 家，科技作为第一生产力的作用凸显。2006 年 7 月，经自治区政府批准，“赤峰市资源型城市经济转型开发试验区”在元宝山区设立。同年，大唐(赤峰)新能源有限公司赤峰风电项目投产发电，赤峰煤矸石电厂新建工程在红山高新技术工业园区开工建设。2007 年，全市积极发展优势特色产业，有色金属、能源、食品、医药等产业增加值达到 163 亿元，占规模以上工业增加值的 81.5%，成为推动工业经济增长的主导力量。2010 年，市政府制定园区发展规划，建立高效管理服务机构，加强基础设施建设，拓宽融资渠道，同时突出产业特色和核心项目，推动工业园区又好又快发展。园区产业集群基本形成。

2011 年 6 月，市委、市政府实施“双千双百亿”工程，即培育销售收入超千亿元产业(冶金产业)、园区(赤峰经济开发区)各 1 个，培育多个销售收入超百亿元的园区和企业。自 2012 年起，市本级财政每年安排专项资金 1000 万元，重点支持企业技术改造、品牌培育、技术创新和企业技术中心、重点实验室建设及园区基础设施建设。同年 12 月，市委、市政府印发《关于扎实推进西部大开发工作的意见》，提出到 2015 年把赤峰建成国家重要的有色金属生产加工基地、能源基地、新型化工基地、绿色农畜产品生产加工基地。2014 年，全市稳固形成能源、冶金、食品、化工、建材、医药、纺织、机械加工制造业等八大支柱产业。八大支柱产业增速 10.6%，对规模以上工业的贡献率达到 94.4%，拉动规模以上工业增长 10.1 个百分点。

第三节 加快发展第三产业

1991—2014 年，按照“大流通、大商业、大市场”的思路和目标，市政府动员全社会力量，大力发展第三产业。经过 24 年的不懈努力，全市商贸服务业和旅游业等第三产业发展迅猛，活力不断增强。2014 年，全市第三产业增加值比 1991 年增长 45 倍。

一、全面深化流通体制和企业改革

1991 年，全市各级政府继续推行流通企业承包责任制工作，大部分流通企业落实了第二轮承包合同。1992—1993 年，市政府印发《关于加快流通体制改革建立和完善市场体系的意见》《赤峰市流通企业股份制暂行办法》等 7 个规范性文件。随后，全市商业购销体制、粮食购销与储备体制、物资管理体制、供销体制改革全面开始，商业、粮食、物资、供销系统企业改革陆续进行。所有经营管理体制由“统”向“分”、由“僵”向“活”、由“管”向“放”转变；商贸流通企业改革由“两权”分离向明晰产权关系、推进国有民营向民有民营为主转变。2004 年,全面完成全市商业系统企业转制工作,所有商业企业全部退出国有序列,置换安置职工 2.06 万人。2007 年,全面完成国有粮食经营管理体制和企业产权制度改革任务。全市商贸流通体制及企业改革随之全部完成,除粮食系统保留少数国有独资或控股的粮食企业外,全部变为统一经营前的非国有集体性质。改革后,全市混合所有制、民有民营商贸企业和个体商户蓬勃发展,商贸流通业的生机与活力不断增强。

二、推进商贸服务业发展

从 1991 年开始,市政府以“把赤峰建成区域性物流中心和综合服务中心”为目标,在加强对流通领域宏观调控的同时,加强商贸服务基础设施建设,积极培育商贸服务业经营实体,全面促进商贸服务业发展。1991 年,按照大中小相结合、城市和农村相连接思路,开始全面加强全市商贸网络建设,加大以服务业为重点的个体私营商贸经济的发展力度。1992 年,逐步加强商场、集贸市场、专业批发市场、超级市场和商业街区建设,为商贸流通发展提供足够的载体。1993 年,新改建大中型商业网点 17 家,新扩建市场 133 处。从 1996 年开始,引导市场向专业化、规模化发展,重点培育年交易额超亿元的专业市场。从 2000 年开始,支持鼓励超级市场建设。从 2006 年开始,累计投资 400 多亿元,进行物流园区建设,先后建成内蒙古红山、松山等物流园区。到 2011 年,全市标准化农家店累计 2463 家,覆盖全市 100%乡镇苏木和 91%的村嘎查。到 2014 年,商场、市场(集贸市场、专业批发市场、超级市场)遍布城乡。全市有商业网点 5 万多个,其中 5000 平方米以上的大型商场 58 家,各类商品交易市场 400 多个。先后涌现出红山区、新城区、元宝山区等影响较大的商业街;共建成物流园区 12 个,入驻企业 1551 家,各物流园区实现销售收入 390 多亿元,利税近 11 亿元。全市个体商户由 1991 年的 1.45 万家增加到 2014 年的 12 万家。全市各类商贸网点布局更加合理,各类商贸市场更加活跃,整个商贸服务业成为全市经济的重要成分和增长点。全市三次产业次序由 1991 年的农、工、商变成 2014 年的工、商、农。

三、大力发展旅游业

1991 年,市委、市政府决定市旅游局与市外事办合署办公。各旗县区普遍成立外事旅游局或招商旅游局,行使旅游行政职能,旅游业开始纳入市县两级党委和政府的重要议事日程。全市旅游业开始从自发的自然经济状态逐步向产业化方向迈进。1998 年后,市县两级政府本着“适度超前,加快发展”的原则,以建设旅游文化城市为动力,以发展国内旅游为重点,继续加大旅游工作力度,研究制定全市旅游业发展计划和规划。

2000 年,市政府将旅游业纳入全市国民经济和社会发展计划。2004 年,市委、市政府提出创建中国优秀旅游城市的战略决策,印发《关于创建中国优秀旅游城市加快旅游业发展的决定》,全市旅游业进入科学规划、打造精品、保护环境、全方位开放时期。此后,旅游业的经济效益、社会效益不断提高。2005 年和 2006 年,赤峰市先后被评为

“中国优秀旅游城市”“中国最佳旅游胜地”“中国最具民族特色的旅游目的地”“中国旅游竞争力百强城市”。2007 年，赤峰市与承德市、朝阳市、锡林郭勒盟达成加强旅游区域合作协议。同年，再次进入“中国魅力城市 200 强”行列。赤峰已拥有从自然风光(森林、草原、沙漠、湖泊等)、民俗风情、历史文化、温泉养生到运动休闲(滑雪)等多种特色的旅游产品;2014 年，全市年接待游客 1139 万人次，实现旅游收入 180 亿元，占地区生产总值的 10%。旅游业从无到有，已成为全市经济发展新的增长点。

第四节 实施“开放带动”战略

20 世纪 80 年代，赤峰市实行对外开放。进入 90 年代，市政府按照市委“搞好经济技术联合与协作，扩大对外开放”的总体要求，坚持外引内联并举、开放开发并重，加快对外开放步伐。1996—1998 年，市委、市政府印发《关于进一步扩大对外开放和横向联合的意见》《关于改善城镇投资环境的意见》，不断加大对外开放和对外联合力度。2000 年，市委、市政府印发《全面实施“开放带动”战略的决定》，确定以“赤峰市 2000 对外开放年”为标志，全面实施“开放带动”战略。进入 21 世纪，市政府全面深入落实“开放带动”战略，招商引资和区域经济技术合作连续迈上新台阶，并成为推动全市经济社会发展的重要力量。

一、招商引资

20 世纪 90 年代初，市政府制定鼓励外商投资的优惠政策，大力发展以“三资”企业(中外合资经营企业、中外合作经营企业、外商独资经营企业)为带动的外向型经济。1992 年，全市“三资”企业 31 家。1997—1998 年，市政府印发《赤峰市对外开放“九五”发展规划》《关于鼓励外商投资的规定》等文件，引导和推动招商引资。组织力量赴大连集中开展招商活动，相继参加广交会、内蒙古自治区香港招商引资洽谈会和北京招商引资会议。全市完成横向联合项目 390 个，引进国内区外资金 9.3 亿元，实际利用外资 720.9 万美元。2000 年，市政府印发《赤峰市招商引资奖励办法》《关于改善投资环境的若干规定》等文件，进一步推动招商引资。

2003 年，全面落实市委、市政府印发的《关于进一步改善经济发展环境的意见》，大力开展以治理法治环境、政策环境、市场环境、服务环境为主要内容的改善经济发展环境工作。到 2005 年，全市共引进国内资金 123 亿元。2006 年，市政府制定《对外开放若干政策规定》《关于进一步优化经济发展环境的意见》，鼓励在赤峰境内投资兴办、购买兼并企业，开展经济技术合作。2008 年，市委、市政府根据市内外发展形势，继续加大“开放带动”战略的实施力度，印发《关于进一步加强招商引资工作的决定》，市政府督导有关部门和旗县区政府积极进行产业和项目对接。2009 年和 2010 年，市政府抢抓发展机遇，着重在产业升级中发挥比较优势，分别印发《关于承接产业转移若干政策的意见》《赤峰市承接发达地区产业转移的实施方案》,推动招商引资向纵深发展。

2010年,赤峰市跻身"中国十佳投资创业城市"。"十一五"期间,市政府多次在北京、沈阳、大连等多个大中城市成功举办投资合作洽谈及重点项目推介活动,累计引进项目1721个。与大唐国际、京能集团等大企业的合作不断深化,国电集团、云南铜业等一批外埠大企业与本土企业实现重组,新疆金风、华润集团等行业领军企业入驻赤峰。2011年4月,参加内蒙古·香港经贸合作活动周活动,与香港地区企业签约项目5个。同年,市政府在北京召开"推进京蒙合作,对口帮扶及承接转移"项目推介会,达成建设项目合作框架协议8个。2014年,市政府按照国家和自治区"向北开放"的战略部署,筹划申报向北开放重大项目,组织本土企业参加蒙古国投资贸易合作洽谈会等活动。新办境外投资企业6家;引进国内市外500万元以上项目资金516亿元,同比增长11.7%。

二、区域合作

1991年后,市政府和有关部门围绕推进"开放带动"战略,全面加强与周边和发达地区的经济技术合作,逐步推动区域合作向常态化和机制化方向发展。到2010年,赤峰市先后成为"环渤海区域合作市长联席会议"、"九市一盟"(赤峰市、通辽市、朝阳市、锦州市、葫芦岛市、阜新市、承德市、唐山市、张家口市、锡林郭勒盟)、"辽西蒙东经济区联合体"等区域合作组织成员,与长三角、珠三角、京津唐、环渤海、港澳台等地的区域合作不断加强,合作共赢不断扩大。同年4月,参加自治区与东北三省的"东北四省区区域合作行政首长联席会议"。在内蒙古·辽宁经济交流合作座谈会暨合作项目签约仪式上,赤峰市与辽宁省有关企业签约项目4个,签约金额78.4亿元人民币。同年9月,赤峰市作为特邀成员参加"环渤海区域合作市长联席会议"沈阳会议。同年,与"九市一盟"区域合作组织、辽西蒙东经济区联合体等组织加深合作;推动松山区与大连市中山区建立友好区域经济合作关系。

2011年5月,参加环渤海区域合作市长联席会议第十五次市长会议,并作主题发言。同年10月,参加辽西蒙东经济区联合体第十七届理事会暨"九市一盟"区域合作峰会,签署《加强辽蒙冀区域合作的锦州倡议》。2012年,分别参加2012环渤海区域合作市长联席会议特派员第一次会议、"九市一盟"区域合作(2012)峰会、辽西蒙东经济区联合体年会等区域合作会议,签署《进一步深化"九市一盟"区域合作框架协议》;与50余个成员市(盟)探讨资源互补、产业互接、共同发展,并达成许多共识。同年,主持召开2012年环渤海区域银地、银企对接活动暨第二次市长特派员集中办公会议,邀请环渤海区域合作市长联席会议40个成员市的代表、知名金融机构和企业代表近200人参加会议,全市各旗县区50余家企业与金融机构进行专项对接。同年,派员分别赴长三角、珠三角、环渤海等地区10余个产业聚集城市开展专项洽谈活动,促进与相关地区的产业和项目合作。

第五节　提升城镇建设与管理水平

1991年后,市政府在市委的统一领导下,坚持以提高全市城镇化水平为总体目标,以建设生态城市、旅游城市、商贸城市、文明城市为具体目标,不断加强城镇规划、加强城镇建设、完善城镇管理,全市城市规模不断扩大,城市功能不断完善,城市环境不断优化,城市品位不断提升。以赤峰中心城区和旗县区政府所在地的城市建设为带动,全市小城镇建设成效明显。到2014年,全市城镇建设与管理水平实现跨越式发展,城乡面貌发生重大变化。

一、加强城镇建设规划工作

1990年9月,自治区政府批准《赤峰市城市总体规划》,市政府于1991年11月公布施行;同年,市政府印发《赤峰市城市规划管理办法》,强化规划及其执行的法定性和权威性。1993年,编制《赤峰市总体规划(1994—2010年)》。市政府及有关部门完成市区总体规划修订、补充、完善工作,细化市区供热、绿化、环卫、公交、燃气和抗震等专业规划。1999年开始,实施全市范围的“绿色行动”,提高城市绿化水平,改善城市环境。同年5月,市政府印发《赤峰市村镇规划建设管理暂行办法》,推动村镇规划工作。

2002年,完成《赤峰市城市总体规划(2002—2020)》编制工作。2003年4月,自治区政府批准实施。2009年2月,赤峰市第五届人民代表大会第三次会议上,《赤峰市政府工作报告》提出修编新一轮城市总体规划。年底,委托中国城市规划设计研究院开展总体规划的修编工作。2011年9月,《赤峰市城市总体规划(2010—2030)纲要》通过专家评审。2014年初,《赤峰市城市总体规划(2012—2030)》经自治区政府批准实施。

二、加强城镇建设

1991年,市政府重点推进城市道路、城市供水和排水、煤气热力和园林绿化等基础设施建设。1992年后,市政府支持并指导旗县区政府逐步加强旗县区政府所在地的城关镇建设。1996年后, 旗县区政府所在地的城关镇建设陆续进入快速发展阶段。2008年,喀喇沁旗锦山镇被列为自治区小城镇建设示范镇。到2014年,所有旗县区政府所在地的建制镇城区面积均明显扩大、基础设施明显改观、城市功能明显改善、城市品位明显提升。

1999年,市委、市政府印发《关于加快小城镇建设推进乡村城镇化的意见》。以“二三产业发达、基础设施配套、功能齐全、各具特色的区域政治经济文化中心”为目标的小城镇建设在全市展开。到2001年,旗县区以下的建制镇88个,建成区面积7335公顷;乡苏木政府所在地的集镇148个,建成区面积7267公顷。2004年,翁牛特旗乌敦套海镇、元宝山区建昌营镇等9个镇被建设部等六部委列为国家重点镇。2008年,喀喇沁旗王爷府镇被建设部和国家文物局列为第四批中国历史文化名镇。到2014年,全市建制镇和农村集镇承载非农(牧)产业发展、促进农村牧区剩余劳动力就业、繁荣农村牧区文化教育卫生等社会事业的功能进一步增强,作用更加明显。

2001年,市委、市政府提出赤峰城区建设的"西移北扩"战略。2003年4月,赤峰新城区开工建设。2007年,市政府继续加强百万人口区域性中心城市建设,中心城市综合承载能力进一步增强。2011年,市政府及主管部门在中心城区重点实施"改老城、扩新城、修环路、保安居"四项工程。通过实施百万平方米老旧小区改造工程,使18个小区、5万多居民受益。2014年,中心城市建成区面积达到105平方公里,人口达到百万。全市城镇化率达到49.79%,城镇面貌、功能、品位乃至产生的作用均达到较高水准。

三、加强城市管理

进入20世纪90年代,市政府进一步加强城市市容市貌管理,继续治理"六乱"(乱堆、乱挂、乱贴、乱画、乱停、乱放)现象,同时集中力量做好"全国十佳卫生城市"的迎检和复评工作。1994年,市政府围绕创建国家卫生城,强化市政、园林绿化、市容环境卫生的监督。1997年,重点开展建筑工地监督检查、临时建筑违章建筑拆除、不合格广告牌匾清理和中心城区马路工厂清理等工作。2002年,市政府开展"城市建设管理年"活动。在中心城区加强市容管理,整顿步行街、文化广场、站前广场等"窗口"地段秩序;进行广告牌匾专项整治,规范占街占路等经营行为。

2011年,市政府及职能部门稳步推进城市管理信息化建设,完成"城管通"扩容工程。加强市容管理,全市累计规范商业户外广告11588平方米,设置城市管理及爱国卫生知识公益广告1500平方米,规范建筑施工工地围挡广告45处。2014年,深入开展"城市建设管理年"活动和市容环境综合整治行动。集中开展拆违(违章建筑)拆临(临时建筑)、垃圾清理、打击黑车、马路市场和露天烧烤整治等专项行动,认真清理店外经营、占道经营和流动摊点;加大建筑工地周边环境巡查力度,有效控制扬尘污染。共清运各类建筑垃圾和生活垃圾9100多吨,生活垃圾实行日产日清;清理城市"牛皮癣"(乱贴乱画)和小广告等5万余处。

四、实施"蓝天碧水"工程

1991年,市政府开始在全市严格执行工程建设环境影响评价和"三同时"(环保设施同时设计、同时施工、同时投入使用)制度。1994年6月,市政府印发《赤峰市大气污染防治暂行管理办法》。1996年,市政府提出实施"蓝天碧水"工程,把保护生态环境与城镇建设及管理有机结合,与整个环境保护有机结合。1997年,市委、市政府印发《关于加强环境保护工作的意见》。2001年,市政府提出"污染防治与生态保护并举""生态保护与生态建设并重""城市环境与农村环境并抓"方针,严格执行建设项目"环保第一审批权"和验收制度。2007年5月,市委、市政府印发《关于落实科学发展观加强环境保护工作的意见》。市政府围绕意见的贯彻落实,强化环境法治,完善监管体制,建立长效机制。2011年,市政府全面落实减排目标责任制,实行严格的问责制和"一票否决"制。

1991 年，市政府开始在全市加强“三废”（废水、废气、固体废弃物）治理。1994 年，市政府制定大气污染治理方案，以目标责任书形式向旗县区和有关部门下达限期治理任务。2001 年，加强工业污染源达标治理工作。2002 年，在自治区率先开展油烟净化一条街活动。2007 年，继续开展“整治违法排污企业，保障群众健康”环保专项行动，共检查企业 512 家，查处违法企业 45 家。2011 年，市政府研究确定“十二五”期间主要污染物减排项目 179 个。2012 年，市政府印发《赤峰城区大气环境综合整治实施方案》。2014 年，市政府继续加强污染物减排、大气污染防治、水污染防治、重金属污染防治等环境治理工作。实施重点行业脱硫脱硝除尘改造项目 80 个，取缔一大批燃煤锅炉、燃煤炉灶、“黄标车”和老旧车，淘汰工业落后产能；改造城市污水处理厂 7 个，辽河流域水污染治理项目竣工 12 个。

1994 年，市中心城区双控区（烟尘、噪声控制）建设覆盖率达到 100%。2001 年，建设项目环境影响评价制度执行率为 99.8%，城区环境质量明显改善；烟尘控制区、噪声控制区面积分别达到 38.4 平方公里、39.6 平方公里。2002 年底，全市 1043 家饮食企业改用清洁能源，282 家饮食企业安装油烟净化装置。2007 年，全市审批建设项目 756 个，“三同时”执行率 100%。从 2000 年开始到 2014 年，中心城区空气质量一直保持良好。

1996 年和 1998 年，市、旗县区环境保护局成立，环境保护的行政执法工作分别开始并逐步加强。1997 年，开始实施“蓝天工程”“碧水工程”“清静工程”“生态工程”（简称“四项工程”）。2009 年，市政府办公厅提出加强城市饮用水源保护和备用水源保护与管理。2011 年，检查企业 1056 家，依法处罚环境违法的 84 家。2014 年，赤峰城区和 10 个旗县区地下集中饮用水监测达标率均为 100%。

五、创建“国家森林城市”

1991 年，市政府以“三北”防护林、平原绿化两大工程体系建设为重点，加强造林绿化、森林资源管护工作。同年，赤峰市被全国绿化委员会、林业部、人事部评为“全国造林绿化先进单位”，被林业部授予“绿色长城奖”。到 1998 年，全市森林覆盖率提高到 23.54%。1999 年，按照增绿量、上水平、出精品的总体要求，实施“绿色行动”，调整绿化树种及其品种结构，提高绿化水平，改善城市环境。2002 年，市委、市政府印发《关于进一步加快林业生态建设步伐的决定》，同时加强自然保护区、风景名胜区和生态旅游区管理工作。到 2005 年，全市建成自然保护区 28 个，其中国家级 6 个，自治区级 7 个，国家级自然保护区拥有量列全国第一。

2009 年 5 月，市委、市政府印发《关于创建“国家森林城市”的决定》。2010 年，市委、市政府进一步完善创建“国家森林城市”的政策措施，印发《关于创建“国家森林城市”的实施意见》。2013 年 9 月，赤峰市被评为“国家森林城市”。2014 年，市政府编制完成《赤峰市重点区域绿化总体规划（2013—2020）》，并通过国家林业局专家评审论证。全市打造出五大重点示范工程，完成重点区域绿化 24 万公顷，涌现出一批重点区域绿化精品工程。全市森林覆盖率35.4%。全市有森林公园14处,其中国家级6处,自治区级7处,市级1处。

第六节 发展社会事业

1991—2014年,市委、市政府不断加大社会事业的重视程度。市政府在市委的统一领导下,通过加大财政投入、提供政策支持、强化行政推进等措施,不断加快科技、教育、文化、卫生等各项事业发展,从而不断满足广大人民群众日益增长的精神文化生活需要,促进全市经济发展。

一、科技事业

1995年,市委、市政府召开首届全市科技大会后,市政府按照既定的科技事业发展的指导思想和方针政策,全面推动全市科技进步。1996年,市委、市政府印发《关于繁荣科技事业加速科技进步的决定》,全市各级政府不断增加科技投入,建立激励机制,加速科技成果向现实生产力转化。2000年,市委、市政府印发《关于加强技术创新进一步推进"科教兴市"战略的实施意见》,在全面加强科技工作的同时,重点推动科技事业向强化农村牧区技术推广、加速传统产业的技术升级和高新技术产业化、加强科技管理体系创新转变。2008年12月,市委、市政府印发《关于进一步加强科技工作的意见》,大力实施科教兴市和人才强市战略,不断提高自主创新能力,建立健全较为完善的科技创新体系。

从1991年开始,市政府积极推进全市科技成果引进、推广、研发和应用,促进全市科技进步。1991年,全市完成通过市级以上鉴定的科技成果45项,其中获得自治区科技进步奖10项。1993年,完成科技攻关项目7项、科技推广项目9项、星火计划7项、通过市级以上鉴定的科技成果58项。1996—1997年,全市推广新技术100项,开展农牧民实用技术培训76万人次。到2014年,全市累计推广农牧业科技318项。

1991年,全市沿用1987年的科技进步奖励办法。2003年3月,市政府重新印发《赤峰市科学进步奖励办法》,加大科技进步的奖励力度,激励科技研发机构,特别是科技人员科技创新的积极性。同年9月,共评出优秀科技成果50项,其中一等奖3项,二等奖21项,三等奖26项。1991—2014年,全市共获得国家级科技进步奖2项、自治区级173项,评选市级科技进步奖768项。

从2001年到2014年,连续举办农(牧)业新品种、新技术或科技成果展会,推动农牧业科技成果的商品化、市场化。到2014年,该展会升格为"2014赤峰·中国北方农业科技成果博览会暨全国农高会新丝绸之路创新品牌展览会",参展商扩大到国内18个省、市、自治区和美国、荷兰等5个国家。

2001年,市政府组织市直有关部门和各旗县区政府进行全国科技进步先进市、县创建活动。2002年,开展高新技术产业园区创建和高科技企业培育工作。2014年,全市有国家级高新技术企业22家;新增国家级科技企业孵化器2家;新认定自治区重点实验室4家,总数达到6家;有国家级可持续发展实验区2家,自治区级可持续发展实验区3家。到同年底,有10个旗县区进入全国科技进步先进县行列,赤峰市4次获得全国科技进步先进市称号。

二、教育事业

1991—2014年,全市各级政府持续加大教育改革发展和投入力度,全面推进基础教育、学前教育、民族教育、职业教育、高等教育发展。全市教育事业发展始终位于自治区前列。

1993年,全市深入贯彻《中华人民共和国义务教育法》,继续促进全市教育全面发展。1996年3月,市委、市政府印发《赤峰市关于〈中国教育改革纲要〉的实施意见》,全方位多角度落实教育优先发展的主导地位。2008年, 全市城乡义务教育全面普及。到2011年,全市小学和初中阶段巩固率分别达到99%和95%以上;青壮年非文盲巩固率在98%以上;高中阶段毛入学率88.4%;普通高等学校全国统一招生考试本科上线率51.49%,高于全区平均水平10.3个百分点。2014年,市政府印发《赤峰市基础教育创新管理2014—2017年行动纲要》,推动全市教育向高层次、高水平发展。全市小学、初中辍学率分别控制在2.26%和1.19%。

1993年, 深化教育体制改革, 进一步完善基础教育分级办学、分乡管理的体制。1996年,市政府印发《赤峰市中小学布局调整意见》,采取一乡一校、一村一校、联办学校、隔年招生、取消复式班等办法调整小学布局。2002年,在农村牧区实行"以县为主"的义务教育办学体制,全面实施义务教育阶段"五三"学制向"六三"学制过渡;通过重点加强义务教育阶段中小学生的"防流控辍"工作,全市中小学生辍学率有所下降。2006年,市政府印发《关于深化农村牧区义务教育管理体制改革工作实施意见》。全市"两基"达标顺利通过国家评估验收,红山区、松山区、元宝山区实现普及高中教育目标。

1991年后,市委、市政府进一步重视民族教育发展,逐步调整民族中小学布局,全力提高少数民族学生特别是蒙语授课学生的入学率和教育质量。2001年,市政府印发《赤峰市民族教育"十五"辅助规划》,加大民族教育的支持扶持力度。2014年,市政府印发《关于加强发展民族教育的决定》《民族教育人才培养模式改革实施方案(2014—2020)》,继续从战略高度和长远角度促进民族教育发展。同年,全市民族教育办学水平明显提升,蒙语授课本科升学率由2000年的28.3%上升到92.5%。

从1991年开始,市县两级政府采取加大投入、支持民办幼儿园发展等措施,全力解决幼儿教育特别是农村牧区幼儿教育严重匮乏问题。从1993年开始,市委、市政府按照中共中央和国务院精神,大力支持民办教育发展。2012年,全市民办教育注册资金505亿元,吸引民间投资10亿元,民办教育机构发展到871个。到2014年,全市有民办学校669所,民办教育成为全市公办教育的重要补充。全市幼儿教育形成以公办幼儿园为骨干、以民办幼儿园为主体的发展格局。2014年,幼儿入园率达到90%。

1996年后,市政府采取整合教育资源、优化教育资源配置、强化规模化和集约化办学等措施,统筹推进中等专业教育、职业技术教育、高等教育,全市各级各类教育全面发展,并成为向全市乃至全国输送人才的主阵地和主渠道。

三、文化广播电视体育事业

从1991年开始,市政府加强城乡文化场馆(所)、专业文化艺术队伍、群众文化团体建设,全市文学艺术创作、文化艺术活动不断繁荣发展。在全市试行《赤峰市农村牧区文化事业达小康标准》,逐步加大财政投入,持续加强以乡镇苏木文化站和村嘎查文化室为重点的文化艺术机构建设。1997年,完成乡级文化站改扩建134个。2000年后,全市各级政府在城乡建设中更加注重群众文化活动场馆(所)建设。2007—2014年,分四批建成村嘎查草原书屋2040个。2010年,完成市群艺馆和市民族歌舞剧院的新建及搬迁。到2014年,全市各级文化艺术机构健全完善,58%的村嘎查有文化室,97%的村嘎查有草原书屋。从中心城区到村嘎查的文化活动场地成倍增长,市县两级专业文化机构和团体开展的公益性文化活动丰富多彩,群众文化团体或群众自发开展的文化活动如雨后春笋。一大批文艺作品先后获国家和自治区"五个一"工程奖。

20世纪90年代后,市政府一方面加大文物和非物质文化遗产的发掘与保护力度,另一方面更加注重发挥文化软实力的作用。1992—2012年,市政府公布四批赤峰市重点文物保护单位。通过加大保护力度、完善保护措施等行之有效的工作,1996—2014年,全市先后有四批和三批历史文化遗址分别列入全国和自治区重点文物保护单位,一大批非物质文化遗产得到挖掘和保护。1998年8月,中国古代北方文化第二届国际学术研讨会在赤峰召开。2006年至2014年举办的红山文化节、巴林石节、王府文化旅游节、辽中京文化节等文化节庆活动,均成为展示赤峰的重要载体和名片。

2010年,市委、市政府印发《关于加快文化产业发展的意见》,提出2010年至"十二五"期末全市文化产业平均增长速度高于GDP增长速度、力争文化产业走在自治区前列的总体目标任务;市政府印发《关于加快文化产业发展的若干政策意见》。同时加强两个文件精神落实工作的督导,推动文化产业发展。到2014年,全市文化产业发展初见成效。

1991年后,市政府逐步加大广播电视投入和基础设施建设力度。1993年,新建电视转播台17座,卫星地面站约100个,电视人口覆盖率达到81%。从1998年开始,市和旗县区政府积极争取国家和自治区的专项资金支持,先后实施"村村通"、无线覆盖、"户户通"、"村村响"、微波数字化改造、高山台站建设、电视数字化等广播电视工程。到2014年,除电视数字化工程正在实施外,其余工程全部完成并投入使用,全市广播电视覆盖率大幅度提高、播出质量明显改善,全市城乡居民普遍受益。

1991年后,市委、市政府更加重视体育事业发展。市政府采取加大体育事业投入、加强体育设施建设、培育民间体育社团、开展重大体育赛事等措施,推动体育事业发展。1991—2014 年，市政府投入大量资金建设体育场馆，同时组织督导旗县区政府和支持鼓励社会投资建设体育设施。到 2014 年，全市公益性体育设施数量明显增加、种类明显增多、功能明显增强，成为城乡居民健身休闲的主要场所；民办商用体育设施从无到有、从少到多，成为公益体育设施和体育活动的重要补充。各旗县区和乡镇苏木政府在实施村级公益事业一事一议财政奖补等项目中，建成大批小型村民健身广场并配备相关设施。市县两级政府在推动竞技体育和学校体育发展的同时，还注重以推动全民健身运动为中心的群众体育事业发展。全市乒乓球、羽毛球、篮球、台球、武术等群众性体育社团遍布城乡，有组织和群众自发的比赛接连不断。广场健身舞和赤峰对调成为部分城乡居民日常生活的重要内容之一。到 2014 年，全市有多个旗县区、乡镇苏木和街道社区被评为全国和自治区体育先进县（旗、区）、乡（镇）社区，多项国家和自治区体育赛事在赤峰举办。

四、卫生事业

1991—2014 年，市政府采取多种措施，促进以医疗、疾病预防控制、妇幼保健、公共卫生等为重点的卫生事业发展。

从 1991 年开始，市和旗县区政府逐步加强以乡镇苏木卫生院和村嘎查卫生室为重点的市县乡村四级医疗卫生机构建设；同时通过改善各级医疗机构基础设施、更新和购置先进诊疗设备、加大医护人员培训和选送外培力度、开展与市外高等级医疗机构联合协作等措施，全面提高各级各类公办医疗机构诊疗水平。1992 年，实行医疗机构分级管理，推动市内医院“达标上等”。2002 年，在全市普遍开展“实施县级以上医疗机构‘十室’建设、加强医护质量监管、改善服务态度”专项行动。到 2014 年，市和旗县区医院、乡镇卫生院的医疗条件和医疗水平得到明显改善，诊疗水平大幅度提高，旗县区综合医院普遍达到二等乙级以上。全市各地基本做到小病不出村（嘎查），常见病、多发病不出乡镇苏木，大病不出旗县区或市，疑难病不出或少出市。

1991 年，全市各级政府开始加强村级卫生组织整顿，支持引导集资办医。1998 年，市委、市政府印发《关于赤峰市卫生改革与发展的决定》，继续推行卫生系统院（站、所）长负责制，全面推行乡村联合办医一体化管理。当年，乡村联合办医覆盖率达到 8%。1999 年，实行城镇医疗机构分类管理、病人选择医生、二三级医疗机构双向转诊等改革措施，加快城镇医疗机构的发展步伐。2005 年，全市农村牧区卫生院除林西县、元宝山区外，其余全部实行“县办县管”；有 43%的卫生院长实行公开选聘；乡村卫生一体化覆盖率达到 85%以上。2014 年，推进县级公立医院改革，克什克腾旗、巴林左旗被确定为国家试点地区，阿鲁科尔沁旗、翁牛特旗被确定为自治区试点地区。通过改革，各级公办机构特别是县级以下公办医疗机构的活力得到增强，公立性质得到充分发挥。

1991 年后，市政府进一步加强卫生监督机构建设，全面加强生活饮用水、食品等公共卫生安全检查监测的督导工作。逐步建立健全公共卫生安全突发事件的应急反应和处置机制。到 2014 年，全市一直保持无大的公共卫生安全事件发生。

1991年后,市政府不断加强妇幼保健机构和队伍建设,全市妇幼保健机构基础设施条件显著改善、工作队伍明显壮大、人员素质和保健能力大幅提升。2001年,市政府印发《2001—2010年赤峰市妇女儿童发展规划纲要》,到2014年,各项保健工作卓有成效。

1991年,继续弘扬大搞爱国卫生运动的光荣传统。同年,赤峰市被评为全国地市级"十佳卫生城市"。1994年,按照市委、市政府印发的《关于创建国家卫生城市的决定》精神,深入开展爱国卫生运动,全市公共卫生设施、环境卫生大为改观。1995年12月,赤峰市被全国爱卫会命名为"国家卫生城市"。2011年,全市建立健全公共卫生工作长效管理机制,开展城乡环境卫生综合整治行动并取得可喜成果。同年11月,赤峰市被全国爱卫会重新命名为"国家卫生城市"。

1992年,市政府印发《赤峰市儿童计划免疫补偿办法》,实行计划免疫有效管理。1994年,在全市两级卫生防疫站组建慢性病科,配备专职工作人员。2003年4月至6月,市委、市政府印发《抗击非典型肺炎紧急通知》,各级政府组织全市全力开展预防工作,全市实现无继发感染、无医护人员感染的目标。市委、市政府等9个单位被自治区党委、自治区政府评为抗击"非典"先进集体。2008年后,全市计划免疫执行《扩大国家免疫规划实施方案》。2013年,全市计划免疫分别接受国家督导评估和自治区专家组督导验收。1991—2014年,全市传染病和地方病防控严密、科学、有效,各种传染病均无流行,一些多年存在的地方病达到消除或防控标准。

第七节　关注和改善民生

1991—2014年,社会主义市场经济体制改革不断深入,面对国有集体企业职工大量下岗失业、大中专毕业生就业困难等问题,市委、市政府更加关注和改善民生。通过普惠性和特惠性民生政策、措施的落实,全市弱势群体的生活得到可靠保障,各族群众不断共享到全市乃至国家改革发展的成果。

一、推进就业再就业

1991年,全面贯彻落实国家计划招工、集体组织就业、自谋职业"三结合"的就业方针,全年共安置城镇待业人员就业1.53万人,完成就业前技术培训8000人。1993年,在市就业服务局成立赤峰市劳动力市场,促进包括下岗职工在内的劳动力就业。1997年3月,市政府印发《关于实施再就业工程若干政策的通知》,市直有关部门和部分旗县区及大中企业组建再就业服务中心,广开就业门路,全市新增就业1.1万人,再就业1.5万人。1999年4月,市委、市政府印发《赤峰市1999年国有企业下岗职工基本生活保障和再就业工作实施意见》等8个政策性文件。当年建立下岗职工四级管理机制,举办大型劳务洽谈会13次,提供就业岗位近万个,完成就业培训1.3万人;多渠道分流安置下岗职工3.2万人,下岗职工再就业率达到59.7%。

2000年，市政府办公厅印发《关于大力开展社区就业服务工作实施意见的通知》，全市城镇社区普遍加强就业服务工作。2002年，市政府进一步加强社区就业服务工作和劳动力市场建设。全市新建社区就业实体305家、再就业基地14处；举办劳务洽谈会100余次，交流成功1.8万人，其中下岗职工4750人。当年城镇登记失业率控制在3.4%以内。2003年，中心城区街道、居委会和旗县区政府所在镇、街道及居委会按照市政府的要求，设立劳动保障工作机构。同年，制定《赤峰市下岗失业人员小额担保贷款实施细则》，向下岗失业人员、未就业大中专毕业生提供财政贴息贷款，扶助其创业和带动就业。2006年，全市开展创建充分就业社区工作。2006—2010年，全市累计新增城镇就业13.3万人，城镇登记失业率控制在4.2%以内，全市成功实现"零就业家庭"至少一人就业的目标；劳务输出保持在每年100万人次以上。到2012年末，全市充分就业社区达到150个，自治区级"充分就业星级社区"11个，红山区昭乌达社区获得国家级"充分就业社区"称号。2014年，全市城镇新增就业3.17万人，城镇登记失业率控制在4%以内；共有1.66万名高校毕业生实现就业或落实就业去向，公益性岗位安置就业困难人员4481人，农牧民转移就业总人数达到70万人；城镇创业培训5336人，农牧民从业转移技能培训2.1万人。

二、加强社会保障

1991年后，市政府先后实施社会保险、城乡最低生活保障、五保户供养、新型农村合作医疗等社会保障制度，以此实现或促进全市人民老有所养、病有所医、困有所扶、住有所居、学有所教。

1991年，市政府在国有企业实施职工失业保险、养老保险的基础上，开展企业退休金社会统筹工作，全市统筹面达到100%。1993年，失业保险扩大到所有企业及机关事业单位的合同制工人。1994年9月，市政府印发《赤峰市城镇企业职工社会养老保险暂行规定》《赤峰市城镇企业职工工伤保险暂行规定》，规范城镇企业职工养老保险，启动城镇企业职工工伤保险。1995年，养老保险扩大到集体企业职工。1996年，实施生育保险。1997年3月，市政府印发《赤峰市行政事业单位职工社会医疗保险实施细则》，机关事业单位公费医疗过渡为医疗保险。1999年，养老保险扩面到私营企业职工和个体劳动者。2003年和2006年，灵活就业人员和未参加农村牧区合作医疗的农牧民先后纳入医疗保险范围。至此，社会保险（五险）实现全市全覆盖。

1991年，喀喇沁旗进入全国农村贫困县合作医疗试点县行列。2004年，市政府成立新型农村（牧区）合作医疗协调领导小组。2005年，喀喇沁旗、克什克腾旗、林西县作为第二批新型农村（牧区）合作医疗试点旗县。2007年，全市所有旗县区全部实行新型农村（牧区）合作医疗。到2014年，参合率提高到96.25%，参合农牧民医疗费报销最高额度由2005年的8000元提高到30万元，农牧民因病致贫或返贫问题基本得到解决。

1991年，市政府继续实行"五保户"集中或分散供养。1997年和2006年，分别实施城镇和农村（牧区）最低生活保障。2006年，实施各级各类学校家庭经济困难学生的教育资助。自开始实施到2014年,全市县乡两级政府和有关部门按照市政府要求,努力扩面提标,做到应保尽保、该助则助。

2008年,市政府开始实施保障性安居工程,解决城镇经济困难家庭住房问题。当年,实施经济适用房工程。2010年,实施廉租房和公共租赁房工程。到2014年,全市近9万户经济困难家庭受益。

三、扶贫济困与抗灾救灾

1991年,市委、市政府制定并实施全市“八五”扶贫开发规划,扶持贫困户12.96万户,其中巩固解决温饱8.8万户。1994年,集中使用各类扶贫资金,重点实施57个贫困乡镇苏木、352个特困村嘎查的脱贫攻坚。到1996年,共有8个贫困乡镇苏木、100个贫困村嘎查、16.2万贫困人口稳定解决温饱问题。2001—2010年,市政府通过争取国家、自治区扶贫项目资金,广泛动员社会扶贫,用好北京等对口帮扶优势资源,深入推进扶贫开发,全市共投入扶贫开发资金24.37亿元,解决绝对贫困人口温饱65.5万人。市政府先后实施第二至第六期移民扩镇扶贫开发建设项目,10个旗县区、31个乡镇苏木、51个村嘎查的3151户1.1万贫困人口受益。2002年,市政府实施自治区政府部署的“千村扶贫开发工程”,全市投入各类扶贫资金2.5亿元,扶持贫困人口31万多人,解决温饱11.3万人,巩固解决温饱14.5万人。2011年,全市各级政府实施整村推进、产业化扶贫、集中连片开发扶贫、移民扩镇扶贫、“雨露计划”、革命老区建设、科技扶贫等7类项目,共投入各类扶贫资金2.42亿元,扶持贫困人口9.04万人,其中6.35万人实现稳定脱贫。2011—2012年,投入财政扶贫资金7.2亿元,扶持813个贫困村嘎查(组)的贫困人口31.04万人,有21.15万贫困人口实现稳定脱贫。2014年,市政府按照上级党委政府和市委的部署和“大扶贫”“精准扶贫”的总体要求,整合专项扶贫、行业扶贫、社会扶贫等资源,集中多方面力量进行全力攻坚,全年共投入扶贫资金30亿元,其中自治区专项资金4.2亿元,旗县区财政配套资金1亿元,整合部门资金6亿元,投入社会扶贫资金2543万元,帮助14万人实现稳定脱贫。

1991—2014年,赤峰市多数年份都发生自然灾害,发生较重自然灾害的年份占一半以上,部分年份冰雪、干旱、病虫害、风雹、洪涝等多种自然灾害并发,其中受灾人口超过200万人的年份有2个。每次自然灾害,市政府都按照逢灾必救的原则,通过市政府领导深入实地和靠前指挥、召开电话电视会议、启动救灾应急预案、下拨救灾资金、动用救灾物资储备、实施受灾群众救济、加强灾区防疫等措施,在第一时间进行救灾,确保受灾群众特别是受灾群众中“五保户”和贫困户的生产生活不受太大影响。24年间,全市发生的历次自然灾害均未出现受灾群众挨饿、受冻、无家可归和疫病流行等情况。

四、加强社区建设

1991年,市政府就城镇社区服务工作在红山区3个街道办事处先行试点。2001年,市政府印发《关于进一步加强城市社区建设的实施意见》,加大城市社区建设力度。到2000年,全市社区居委会达到历年最多的270个。2004年,市委、市政府印发《关于进一步加强城市社区建设的决定》,提出“以社区党的组织和社区自治组织建设为重点,加强社区基础建设,强化社区功能,扩大基层民主,开展社区服务,努力建设生活便利、治安良好、环境优美、人际关系和谐的新型社区”的目标任务。2007 年,市委、市政府对全市城镇社区建设工作实施专项推进,并提出“从 2008 年起,用 3 年时间,把全市社区建成组织保障、管理有序、服务完善、治安良好、环境优美、文明祥和的新型和谐社区”新的目标任务。2011 年,全市投入社区基础设施建设资金 3000 多万元,改建扩建社区办公和活动场所。办公服务用房和活动场所面积超过 300 平方米的社区达到总数的 80%,新增自治区级和谐社区 8 个。到 2014 年,全市城镇社区整合到 246 个,社区服务设施进一步增加,服务功能日趋完善,服务队伍不断壮大。全市城镇社区组织成为延伸街道党政组织触角、加强社区事务管理、确保社区和谐稳定的重要力量。

第三篇 政务工作

第一章 综合政务管理

第一节 工作机构

1991年,市政府办公室内设机构11个,即综合科、秘书科、联络科、人事监察科、翻译室、市政府法制办公室、车辆编制管理办公室、行政科、保卫科、人事科、信访办公室。1992年10月,撤销人事监察科,设置人事科;撤销联络科,增设市长公开电话办公室和督查科。1995年,成立信息和目标化管理办公室。1996年,成立机关事务服务中心。1998年11月,撤销信访办公室,单独成立市党委政府信访局。1999年9月,增设政务一科、政务二科、政务三科和市政府新闻发言人办公室。2000年,信息和目标化管理办公室更名为信息科;设置接待科。2002年,根据自治区关于赤峰市机构改革方案要求,市政府办公室更名为市政府办公厅,同时挂市政府外事办公室的牌子;市政府法制办公室分设法制一科、二科;增设农牧科、信息行业管理科、网络技术科。2004年,增设侨务科。2006年,增设市政府应急管理办公室;撤销法制一科、二科,设置执法监督科、复议应诉科、依法行政指导科;撤销网络技术科,设置电子政务科;撤销信息科、信息行业管理科,设置信息办公室;接待科更名为接待联络科;市政府办公厅更名为市政府办公室(对外仍沿用办公厅名称)。2007年,撤销机关事务服务中心、行政科、保卫科,成立市直属机关事务管理局。

2010年,市政府办公厅撤销农牧科,增设政务四、五、六科;增设文件审核科、老干部管理科。2011年6月,市政府新闻发言人办公室划归市委宣传部门。2014年,市政府办公厅增挂市金融办公室牌子(内设金融服务科、金融管理科),增设政务七科、政务八科;撤销接待联络科、车辆编制管理办公室。内设机构为25个,即秘书科、综合科、政务一科至政务八科、督查室、文件审核科、市长公开电话办公室、执法监督科、复议应诉科、依法行政指导科、信息办公室、电子政务科、外事办公室、侨务办公室、蒙文翻译科、人事科、金融服务科、金融管理科、老干部管理科。

第二节　行政审批制度改革

一、审批方式改革

20世纪90年代,市政府各部门的审批范围广、事项多、环节复杂、手续繁琐,而且存在重审批、轻监管的现象,严重影响了政府的工作效能和在人民群众中的形象。进入21世纪,市政府不断深化行政审批制度改革。着重进行审批方式的改革,由部门单独审批变为政府组织各部门集中审批,实行"一个中心受理,多个窗口承办"的一站式服务。2002年5月,赤峰市行政审批服务中心成立。当年,有涉及审批项目的22个部门进驻服务中心。市行政审批服务中心成立之后,实行六种服务方式:一是承诺办理。公示审批事项、办事程序、提交材料、办理时限、收费项目及标准、责任人等事项。二是"六件"办理。对各类事项明确分类标准,按即办件、补办件、承诺件、联办件、上报件、退回件等六项进行办理。三是窗口收费。市财政部门在大厅内设专门收费窗口,凡在大厅审批过程中需缴纳的各项费用,按物价部门核准的收费项目和标准统一收缴,按收支两条线制度管理。四是"一条龙"服务。大厅对申请办理的事项实行全程服务,客户将相关材料递入受理窗口后,原则上所有审批手续均由各部门内部协调配合,按流程分头办理,限时办结。五是自动化办公,提供快速、高效的服务。六是事后补救。当年,市行政审批服务中心综合大厅全年办理事项38200件,统一收费窗口收费额600万元。2010年,市行政审批服务中心综合大厅全年办理事项111361件, 统一收费11174万元。2012年,市行政审批服务中心推行"两集中、两到位",即要求全市各部门的审批事项向本部门的一个科室集中,成立审批科或审批办公室,各个部门的审批科室向市行政审批服务大厅集中;各部门审批科室工作人员必须到位、审批授权必须到位。2014年8月,赤峰市行政审批服务中心更名为赤峰市政务服务中心。市本级保留审批权限的36个部门有35个进驻市政务服务中心,进驻部门达到97%。保留的104项行政审批事项有100项进驻,达到96%;保留的115项行政服务事项有114项进驻,达到99%。市政务服务中心综合大厅全年办理事项144046件, 比2010年增加32685件; 统一收费达到50977万元,比2010年增收39803万元;接受来人及电话咨询6800多次。各类市场主体和群众"一事多跑"的问题得到有效解决。

二、审批行为管理监督

2002年,市行政审批服务中心成立时,市监察局派驻投诉机构,负责日常监督和行政审批效能投诉案件的处理。市行政审批服务中心加强内部管理,先后制定《行政审批服务中心工作人员守则》《窗口工作人员考勤制度》《行政审批服务中心例会制度》《窗口单位及工作人员年度考核办法》等14项规章制度,并组织实施。2013年,市行政审批服务中心修改完善了《审批事项管理办法》,重点实行以下四项制度:一是统一受理制。由市行政审批服务中心设立统一受理平台,实行统一受理、跟踪督办、限时办结。二是首席代表制。由首席代表负责本部门进驻事项的审批。三是联审联批制。由两个或两个以上部门办理的行政审批事项, 市行政审批服务中心组织相关部门进行联合审批。四是审批绿色通道制。投资规模达到一定数额的项目进入审批绿色通道,简化审批程序,缩短审批时限,做到特事特办。2014 年,市政务服务中心修订完善《审批事项管理办法》《审批事项登记管理规定》等审批管理制度,对统一受理制、首席代表制、联审联批制、绿色通道制等办法细化、量化、规范化,增强操作性。同时抓好各项制度落实,实行人脸识别考勤,每日对服务大厅进行定时或不定时巡查和督查;不定期召开窗口负责人会议,加强沟通协调,确保服务大厅良好的工作秩序。

第三节　依法行政

1991 年,市政府针对部分执法部门有法不依、执法不严的问题,对有关部门的执法人员进行系统培训,重点学习与本部门直接有关的法律、法规,促进依法行政,提高执法水平。《中华人民共和国行政诉讼法》于 1990 年 10 月起执行,全市各级政府和各部门举办培训班 549 期, 培训人员近 63700 人; 市政府及所属部门共有 5821 人参加学习。1992 年 9 月,市人大常委会通过《关于深入开展依法治市的决议》。全市各级政府按照决议要求,全面加强法治建设,依法规范各种经济活动;规范政府行为,转变政府职能,做到依法行政。1996—2000 年,市政府把依法治市作为一项整体工程,纳入赤峰市国民经济和社会发展“九五”计划目标中,印发《依法行政实施方案》。各旗县区、市直各执法部门分别出台依法治理规划,引领依法治理向深层次推进。在执法部门和行业依法治理工作上,各级行政、司法部门在实行执法责任制的基础上,实施执法公示制、“两错”(错捕、错判)责任追究制和国家赔偿制。以办事高效、行为规范、文明执法为目标,开展有针对性的专项治理,取得了许多实效,依法办事、依法行政、依法经营管理水平明显提高,公民的法律意识和法治观念也随着依法治理的推进明显增强。2001 年 11 月 6 日,市委、市政府召开全市依法治市工作会议,印发《关于继续深入开展法治宣传教育的决议》,确立党委领导、人大监督、“一府两院”实施、司法行政部门组织协调、全社会参与的依法治市领导体制和工作机制。2004 年,按照国务院颁发的《全面推进依法行政实施纲要》,全市各级政府及各部门以“推进依法行政,建设法治政府”为目标,依法规范政府行政行为。各部门认真落实执法责任制、执法公示制、执法过错和错案责任追究制, 推进依法行政和公正司法。2006—2007 年, 市和旗县区采取分级负责的办法,对行政执法人员进行集中培训,不断提高整体素质;开展行业依法治理检查活动,对市工商局等 16 个市直行政执法部门进行行业依法治理检查。

2011 年 9 月,市人大常委会作出《关于进一步加强法治宣传教育推进法治赤峰建设的决议》,“法治赤峰”建设正式启动。至 2014 年,市政府把依法行政作为政府工作的基本准则，坚持用制度管权、按制度办事、靠制度管人，严格按照法定权限和程序行使权力，自觉接受人大的法律监督、工作监督和政协的民主监督；将领导干部的学法用法纳入年度实绩考核内容之中，形成涵盖领导干部任前考法、理论中心组学法、参加法治讲座、重大事项及决策先进行法律咨询等多方面学法用法制度；同时加强公务员和行政执法人员的法治教育。

第四节　政务公开

一、实行“电子政务”

2001年，市政府办公室以构建“电子政务”为重点，进一步加强市政府网站建设，推进政务公开。2006年，在市政府重要决策制定时，市政府办公厅原则上都征求各方面的意见。2009年，市政府办公厅组织开展《政府信息公开条例》颁布一周年宣传日活动，举办全市政务信息公开培训班；制定相关工作制度6项，编印《政务公开工作文件汇编》。2011年，市政府办公厅进一步推动政务公开，在市政府重要决策制定后，及时通过网站和新闻媒体向社会公布。继续组织开展《中华人民共和国行政许可法》《中华人民共和国公务员法》学习培训活动，深入推行行政执法责任制和行政执法公示制。2012年，市政府办公厅依托政府门户网站，全面加强政务公开、在线办事、公共参与等工作，适宜公开的决策、事项和文件全部向社会公开。在网站开设市长信箱、在线办事反馈窗口，加大政务公开和在线办事力度。2014年，按照《政府信息公开条例》，市政府办公厅对所有应公开的市政府决策、文件和事项全部在第一时间在网上公开。市政府办公厅牵头开展全市财政资金信息分级公开工作，确保社会各界知情权；市政府常务会议相关内容向新闻媒体开放，实现决策过程全公开。

二、工程建设招投标

1997年，市建筑工程施工招标投标管理办公室（简称市建筑工程招标办）和赤峰建设工程交易中心建立后，全面加强建筑（设）工程公开招标投标工作。建筑（设）工程发包从无形变有形、从无序变有序、从隐蔽变公开，实现了工程建设市场主体规范化、政府管理法制化。当年完成进场房屋建筑工程施工招投标53项，建筑面积约45万平方米，投资3.15亿元。2001年1月，《中华人民共和国招标投标法》正式实施，市建筑工程招标办依据这部法律下发《赤峰市工程建设监理招标投标管理办法（试行）》。全年进入赤峰建设工程交易中心交易项目施工招标97项，监理招标12项，总建筑面积128.20万平方米，总投资9.41亿元。2003年，市委、市政府决定开发建设新城区。首批市政街路“四横四纵”工程进场招标发包，老城区的昭乌达路、长青街的改造均进场招标，招标范围均面向全国。2006年，市中心城区房地产市场发展到一个小高峰期，大批房地产开发商竞相“摘牌拿地”，申请立项，招投标项目增加。2008年，市建委管理的经济适用房、市政公用工程均采取公开招标方式优选设计单位。2010—2012年,全市招标发包工程项目627项,其中市政工程项目127项,房屋建筑面积946万平方米,总投资额150.94亿元。

三、政府采购

2002年6月,赤峰市政府采购中心成立,主要承担列入政府采购计划的采购业务的组织实施。同年12月,市政府采购中心制定工作规则、廉政准则、运行程序及流程图、开标程序、评标程序和公开招标、竞争性谈判等采购方式标准文件范本和格式,并全部刊登在"赤峰市政府采购中心"网站上。2011年,市政府采购中心按照"依法采购、科学管理、规范操作、优质服务"的总体思路,规定所有采购文件与采购公告同时在网上发布,自觉接受社会各界监督,真正做到公开、公平、公正。同时向到政府采购中心参加政府采购活动的采购人和供应商发放《赤峰市政府采购中心工作及人员行为反馈表》,对市政府采购中心执行《中华人民共和国政府采购法》及相关规定、工作人员服务质量及廉洁自律、采购人和中标人履约等方面内容,进行署名或匿名评价,进一步规范政府采购行为。市财政局和市纪委对采购单位与供应商进行无记名问卷调查的统计结果显示,采购单位和供应商对市政府采购中心的满意度达到99%。

2002—2012年赤峰市政府采购中心业务情况统计表

表15-3-1

年份	采购操作数(批次)	财政批准的采购预算(万元)	最终中标成交金额(万元)	为政府节约金额(万元)
2002	30	3138	2184	954
2003	53	4247	3860	387
2004	87	9805	8802	1003
2005	95	9534	8420	1114
2006	81	8597	7960	637
2007	104	7376	6834	542
2008	153	15819	13533	2286
2009	86	19400	16421	2979
2010	121	64245	61597	2648
2011	115	243338	239313	4025
2012	153	32482	27609	4873
合计	1078	417981	396533	21448

四、公共资源交易管理

2012年,赤峰市公共资源交易管理委员会办公室成立,与赤峰公共资源交易中心合署办公;同时撤销赤峰市政府采购中心和赤峰市建设工程招投标服务交易中心,其职能并入市公共资源交易管理委员会办公室与赤峰公共资源交易中心。2013年,赤峰公共资源交易中心建立健全交易场所、程序规则、信息发布、资格审查、专家评审、开标评标、结果公示、监督管理等规章制度,完成起草修订交易管理办法、交易流程等工作。中心工作人员的行为、交易市场的运行秩序、业务办理初步达到规范化、公开化,实现了进场业务一个窗口进、一个窗口出的闭合管理新模式。当年末,赤峰公共资源交易中心完成预算交易额105.37亿元,实现交易总金额101.12亿元,节约资金4.25亿元。2014年,继续加强规章制度建设,将原有的55个管理办法、管理制度和交易流程,修订、取消、合并为40个,并实行项目负责人制。全年完成各类交易项目1352个,交易金额109.67亿元,节约金额4.88亿元。

第五节　应急管理

2006年,市政府办公厅成立应急管理办公室(简称市应急办),强化了政府应急管理的职能。市政府印发《关于抓紧完成各类应急预案编制修订工作的通知》,明确了应急管理工作的任务和程序。当年,完成市突发公共事件专项应急预案15件,突发公共事件部门应急预案20件。2009年,赤峰市先后发生4起特大交通事故,发生“7·26”城市供水污染事故、“8·7”有毒液体泄漏事故和“9·25”矿难事故。对此,市应急办协助市政府领导迅速反应,果断行动,积极应对。同时坚持正面舆论引导,降低负面影响,最大限度减少损失。2010年,市应急办协助市政府领导成功处置3起重特大交通事故和“4·4”元宝山盛森硅业原料储罐爆炸事故、“10·18”锦赤铁路在建隧道塌方事故,处置“7·28”强降雨村民被困和翁牛特旗洪涝灾害事件等特大事件。当年制发《应急动态》20期、《应急快报》18期、《应急转报》10期、《值班快报》150期。

2012年,强化应急管理指挥职能,健全完善应急管理机构、应急管理体系和应急协调处置机制,加强应急演练,提高政府应急救援指挥能力。全市有各级各领域应急管理专兼职机构达到258个。加强各级各部门应急管理制度建设,举办全市基层应急管理干部培训班;建立多部门协调联动的应急处置机制和由赤峰军分区、119旅共同参与的应急协同机制。2014年,加强应急预案编制、应急体制机制建设、应急演练等基层基础工作。启动并完成市应急联动指挥平台建设,与国家、自治区和各盟市实现互联互通。紧急应对和及时牵头处置了“1·6”涉婴事件、马航失联航班赤峰籍乘客家属安抚保障、“3·18”元宝山国电化工火灾、“5·6”富龙燃气管线泄漏等50余起重大突发事件,最大限度地降低了突发事件的损失和影响。

第六节 市长公开电话与政务督查

一、市长公开电话

1992年,市政府设立为民服务的市长公开电话,并成立市长公开电话办公室(简称市长电话办)。1993年之后,市长电话办发扬敢于负责、“马上就办”的作风,及时为人民群众解决实际问题,努力把市长公开电话办成政府与人民群众的“连心桥”,办成改善发展环境的“催化剂”。对一些难点问题,协调配合有关部门深入实地现场研究,限期解决,特别是解决了一些个别部门几年顶、拖不办的问题,受到广大群众和社会各界的好评。当年,市长公开电话共受理群众和基层单位来电来信1828件,直接答复和协调处理的1665件,占来电来信总数的91%。1998年,市长电话办与6家新闻单位举办20期节目;全年深入7个行业、15个单位进行调查研究,现场办公11次,促进了群众关注的社会热点、难点问题及时解决。同年,全市12个旗县区长公开电话全部开通。2001年,市长公开电话认真受理群众和基层单位来电,抓住热点问题,深入现场调查研究、解决问题,为群众排忧解难。全年共受理群众和基层单位来电4566次,编发《市长电话简报》13期。2009年,对影响面大、政策性强、容易反复的问题,进行深入调查研究,为领导第一时间提供有价值的信息。全年共受理群众和基层单位来电4501次,其中直接转交部门办理1121次;用市长电话承办单等形式,向市政府领导报送后签批部门转办和解决的202件。2014年,市长电话办认真办理给市长的电话、来信及人民网地方领导留言,编发《市长电话简报》151期,答复人民网留言22条,办理给市长的来信156件,多数群众反映的热点难点问题得到及时妥善解决。

二、政务督查

1991年,市政府办公室认真开展督查工作,重点抓好市政府各项重大决策和重要部署的落实。1993年,修订《赤峰市人民政府办公室督查工作制度》,加强督查队伍建设,全市督查工作基本做到领导、机构、人员“三落实”。重点督查市政府常务会议、市政府工作会议、市长集体办公会议、现场办公会议研究决定事项的办理情况;强化重大问题的现场督查。在此基础上,加强对旗县区政府办公室督查工作的指导。市和旗县区政府办公室全年共接办领导批件1696件,办结1624件;办结人大代表议案、建议和意见1145件,办结政协委员提案1138件。1997年,市政府办公室全年完成自治区政府交办的督查事项7件,完成市政府领导交办的督查事项96件。按时汇总市政府各月的工作重点,月底或月初及时对重点工作完成情况进行综合反馈。全年共办理市人大代表建议51件、政协委员提案192件,全部办结答复。

2001年,市政府办公室紧紧抓住分解任务、跟踪督查、定期通报三个环节,对市政府重要会议、重要文件确定的各项工作任务进行督查落实,强化市四届人大一次会议批准的《政府工作报告》提出的各项任务的督查落实。将2002年及“十五”期间的重点工作、重点项目编成“两册一录”，为下一年抓落实打好基础。通过实地调查、综合协调、发挥各督查网络单位作用等方式，集中时间、集中力量，认真办理领导批示件和交办件，一些难点、热点问题得到及时妥善处理。全年承办自治区政府交办的事项13件，完成市领导批示件、交办件21件，承办市人大代表、政协委员提出的建议、议案、提案282件。2009年，成立全市经济运行和重点项目建设督查办公室，每10天对全市规模以上企业恢复生产、重点项目建设、重要季节的农牧业生产情况督查调度一次，每月对经济指标完成情况督查调度一次，及时向市领导反馈经济运行情况。同时多次组织人员到有关部门和地区督查市政府所办“10件实事”落实情况，并起到重要推动作用。

2010年，市政府办公厅按照“紧扣中心、突出重点、抓住关键、实事求是”的思路，围绕市政府的重大决策和重要工作部署，重点对保障性安居工程、林权制度改革和10件惠民实事强化督促，推动落实。全年完成自治区督促任务3项，开展市本级督促活动18项，编发各类督促材料36篇；办理自治区人大代表建议9件，办理市人大代表建议和政协委员提案333件（全部办复）。2014年，市政府办公厅实行“长短线督查”相结合、全员抓督办的工作制度，采取市政府重大决策部署专项督查、会议议定事项定期督办、领导批示件即转即督、重点难点问题长期督和跟踪督的督查工作方法。全年配合自治区实施重点任务督查10次；开展经济运行、重大项目等重点工作专项督查35次；梳理督办市政府常务会议、市长办公会议、专题会议议定事项52项，督办领导批示件460件；编发《督查报告》《督查快报》等内部督查简报58期，上报自治区《督查专报》17期，促进了市政府重点任务的落实。

第七节 后勤保障

一、后勤服务与接待工作

1993年，市政府办公室开展新办公楼建设工作，同时对办公室机关部分破旧办公设备进行分期更新。1997年，圆满完成中央代表团到赤峰慰问、全国政协现场办理提案会议和自治区人大代表、政协委员到赤峰市考察的接待工作；承办自治区以上的大型会议8次。1998年，完成国务院总理朱镕基一行到赤峰视察等大型接待任务。全年共组织接待上级领导及国内外来宾5000多人次。

2002年，共接待党和国家领导人6人次，接待部级领导78人次、地级领导185人次。2004年，重点做好市党政机关迁往新城区工作，周密制定办公用房分配方案和搬迁方案，并精心组织实施。同年12月，市党政机关和市直有关单位全部入驻新址。2009年，完成国务院总理温家宝到赤峰视察灾情和各级领导到赤峰考察调研等接待任务；完成了上级检查组和相关地区考察组在赤峰活动的接待工作。2014年，市直属机关事务管理局认真履行内蒙古自治区第十三届运动会筹委会办公室的职能，积极协助有关部门和地区做好体育中心主场馆建设、运动会开幕、服务保障等各项工作,加强统筹策划和督促调度,为“十三运”圆满举办提供了重要保障。

二、机关行政管理

1991年后,市政府办公室不断加强机关的安全保卫工作,进行机关社会治安综合治理。制定安全措施,开展安全教育,消除不安全因素,做到有备无患。积极筹措资金,保证机关正常开支。1993年,修订《赤峰市人民政府招待费管理制度》,加强财务管理。汽车队保证市政府和办公室领导随时用车,全年安全行车32万公里。机关食堂努力调制饭菜品种,不断提高就餐干部职工的满意度。1997年,在保证机关正常供水、供电和供暖的同时,对机关食堂重新装修改造,为职工就餐提供良好的条件。2001年,市政府办公室机关事务服务中心实行物品集中采购制度,全年为机关节约经费5万元;改革车队管理制度,对司机加强安全和文明教育,注重车辆管理养护,全年安全行车55万公里;加强机关社会治安综合治理,做好机关安全保卫工作。2004年,不断完善资金管理制度,改善经费管理方式,制定节支措施,全面推行政府采购制度。2010年,市直属机关事务管理局认真执行《财务管理制度》,坚持厉行节约、杜绝浪费,严把财务支出关;修订《车辆管理规章制度》和《司机工作纪律》等制度,强化安全责任意识,确保车况良好和安全行车。2014年,市直属机关事务管理局下发《办公室差旅费管理办法实施细则》,全面推行公务卡结算和支出定期公示制度,办公厅“三公经费”比上年下降47.2%。

第二章　政府法制

第一节　规范性文件管理

1985年,市政府法制办公室(简称市法制办)成立,主要工作为审查规范性文件制发。1997年,清理文件3001件。1998年,对1985—1996年市政府规范性文件进行清理,废止规范性文件14件。全年审核市直各部门上报的规范性文件送审稿44件,其中经审核修改、提交市政府常务会议讨论通过并印发执行的10件。2001年,市法制办共审核规范性文件及有关政策性文件20件,下发《赤峰市技术市场管理办法》等规范性文件10件。2002年,机构改革,设立文件审核科,负责市政府及办公厅、市政府工作部门及旗县区政府规范性文件制定的规划、指导工作;负责审查、修改、制发、清理市政府规范性文件;负责市直部门及旗县区政府规范性文件的备案审查和监督管理工作。2009年,共审查、修改、完善规范性文件10余件。

2010年,对1985—2009年市政府的规范性文件进行全面清理,废止规范性文件125件,宣布失效规范性文件22件,修改1件,保留继续有效规范性文件84件。2013年,废止和宣布失效规范性文件31件,修订35件,保留继续有效规范性文件62件。

2014年,对1991—2013年市政府及办公厅(室)发布的规范性文件近400件,以及市政府所属部门数以千计的规范性文件进行合法性审查;并对市政府及办公厅(室)下发的其他政治、经济、社会等各方面文件进行合法性审查。同年,共草拟、审查市政府颁发的规范性文件和涉法文件76件,报自治区政府法制办备案6件。

第二节 行政执法监督

一、培训执法人员与持证执法

1998年,市法制办共举办《中华人民共和国水法》《中华人民共和国统计法》《中华人民共和国乡镇企业法》《内蒙古自治区减轻农牧民负担管理条例》培训班117期,培训考试合格的行政执法人员12602人。2000年之后,按照国务院关于加强法治政府建设的意见,组织市直属机关执法人员参加通用法律知识培训、专门法律知识轮训和新法规专题培训。2010年11月,对行政执法在岗人员进行考试,参考率达到95%以上,合格率100%。同年,根据《内蒙古自治区行政执法证件管理办法》规定,市法制办承担全市行政执法人员资格认证、档案管理和行政执法证件管理工作,贯彻落实行政执法人员持证执法制度。对全市12个旗县区和市直属50多个行政执法部门的执法人员进行全面清理和确认。审核确认在岗合格执法人员11030人,清理不合格行政执法人员近3100人;审核在岗合格执法监督人员284人,清理不合格执法监督人员320人。至2014年,共为市直属机关1700余名行政执法人员换发执法证件;经岗前通用法律知识培训考试合格,为1300余名新上岗执法人员办理"行政执法证",保障了行政执法人员资格制度的落实。共举办法律培训班200余期,培训执法人员23000余人次,并经考试合格记入执法人员档案。

二、确认行政执法机构

2005年,市政府办公厅转发自治区政府办公厅《关于开展全区行政执法机构清理工作的通知》。市法制办对上报市政府的具有行政处罚权的44个行政执法机关、15个行政执法授权组织和22个受委托的行政执法机构的执法依据进行审核认定。2011年,市政府办公厅印发《关于公布第一批市本级行政执法机构的通告》,市法制办确认具有行政执法权的行政机关51个,法律法规授权行使执法权的执法机构17个,受行政机关合法委托行使执法权的执法机构26个。同年,市政府办公厅印发《关于公布第一批市本级行政执法机构行政执法依据的通知》,市法制办确认48个行政机关和2个依据法律法规授权行使执法权的执法机构各类具体行政行为5212项;各行政执法机构执行的法律、法规、规章1316部。至2012年,市法制办分两批次审查确认市直属部门的行政执法主体资格,确认公布法定行政机关51个,法律法规授权组织18个,受行政机关合法委托组织32个。

三、行政审批事项清理

2011 年 10 月至 11 月，根据自治区政府发布的《关于取消和调整部分行政许可项目的决定》，市法制办下发《关于清理行政审批事项的通知》，开始对市本级行政审批事项进行清理。2012 年，共核实 43 个单位上报许可类行政审批事项 210 项、非许可类行政审批事项 121 项。经严格依法审查，确定取消许可类行政审批事项 69 项，保留 141 项；取消非许可类行政审批事项 37 项，保留 84 项。2014 年，国务院取消和下放行政审批事项共 3 批次、403 项，其中下放到盟市级 3 项；自治区政府取消、下放行政审批项目 103 项，涉及市本级行政审批项目共 85 项。经严格审查，市本级保留 12 项，下放到旗县区 7 项，转变为行政服务事项 1 项，合并 65 项，并已全部依法分级落实到位。同年 4 月，市政府印发《关于公布市本级行政审批事项的通知》。市法制办共审核市本级行政审批事项 262 项(市级原有审批事项 172 项，新增 5 项，自治区政府下放审批事项 85 项)。清理后保留 104 项，下放 36 项，转变为行政服务事项 26 项，合并 80 项，取消 16 项。

四、重大行政处罚备案审查

2000—2014 年，市法制办接收各部门报备重大行政处罚案件 259 件，经备案审查，确认合法 231 件，撤销 15 件，责令自行纠正 13 件。同时加强事后监督，促进行政机关依法行政。2012—2013 年，市本级各行政执法机关作出重大行政处罚 117 件，全部进行备案。其中市林业局 5 件，市环保局 13 件，市国税稽查局 6 件，市规划局 6 件，市公安局 39 件，市工商局 36 件，市食药监局 11 件，市文化局 1 件。市法制办编制《赤峰市 2012—2013 年度重大行政处罚案件备案目录》，如期上报备案审查结果。市法制办还下发《赤峰市规范行政处罚裁量权若干规定》，集中力量推进细化、量化行政处罚裁量权基准工作。截至 2013 年末，市直 40 个行政机关完成细化、量化行政处罚裁量权工作，其中独立完成此项工作的执法单位 19 个。在执法机关上报的 3736 项裁量权项目中，罚款行政处罚裁量权 2761 项，行政处罚种类裁量权 975 项，审查合格后全部上网公布。

第三节　行政复议与应诉

一、依法受理审理复议案件

1991 年 1 月，《行政复议条例》施行，复议制度正式确立。条例施行之初，由于普法力度不大，群众法律意识和依法维权意识不强，公民、法人和其他组织通过行政复议程序寻求法律援助的案件年均不到 5 件。1997 年，市法制办受理、审理行政复议案件 5 件，承办行政应诉案件 2 件。1999 年 10 月 1 日，《中华人民共和国行政复议法》施行后，行政复议制度更加完善，市政府加大宣传力度，复议案件数量逐年上升。2001 年，市政府充分发挥复议功能，以行政争议化解在初发阶段、化解在行政机关内部为工作目标，积极受理复议申请。全市各级行政机关受理各类行政复议案件 194 件，其中新收

170 件，决定受理 162 件。经审理，决定维持行政机关原具体行政行为的 99 件。2007 年，由自治区政府审理的以赤峰市政府为被申请人的行政复议案件 5 件，均属于因自然资源权属而引发的行政争议案件。2009 年，全年共收到复议申请 87 件，受理 82 件。经过依法审理，维持原具体行政行为的 32 件，撤销 7 件，经协调申请人撤回申请终止复议 6 件。同年，市政府法制办公室被评为全国 20 家“行政复议先进单位”之一。

2010—2014 年，随着土地的增值、群众法律意识的提高，跨旗县区资源权属争议不断出现，在市国土资源局、市林业局等市政府工作部门代市政府作出确权决定后，当事人不服确权决定，向自治区政府申请复议的 3 件。市政府组织相关部门参加复议，及时提交答复及有关证据、依据，确权决定均被维持。2014 年，市政府本级受理案件 214 件。

二、行政诉讼

2001 年，全市各级行政机关应诉案件 62 件，经法院判决维持行政机关原具体行政行为的 32 件，占应诉案件数量的 51%。2005 年，以市政府为被告的行政应诉案件 10 件，其中 2 件经法院一审终审结案，8 件经市法院两审结案，10 件全部胜诉。2010 年，市政府有行政应诉案件 10 件，全部因复议当事人不服市政府作出的行政复议决定而起诉。经法院一、二审判决维持复议决定的 7 件，撤销 1 件，准许撤诉 2 件。2013 年，以市政府为被告的行政应诉案件 6 件，均为土地类案件，其中维持原具体行政行为 4 件，撤销原具体行政行为、责令重新作出具体行政行为 2 件。

第四节 仲裁工作

1997 年，市政府设立赤峰仲裁委员会。当年，受理案件 8 起，结案 8 起。1998 年，通过加强宣传，引起各方重视，全年受理案件 18 起，结案 18 起，标的额 170 万元。2002—2003 年，随着宣传工作的进一步深入和公众对仲裁认知度的不断提升，赤峰市仲裁工作取得可喜成果。两年共受理案件 669 起，标的额 2.49 亿元，受理案件数量在全国 185 家仲裁机构中位居前列。

2004—2014 年，按照仲裁工作有关规范要求，赤峰仲裁委员会进一步完善各项规章制度，同时针对仲裁工作既不同于行政和司法，又密切关联到行政与司法的特点，加强与市县两级司法部门和法院等单位的工作往来，主动协调各方关系，争取各方支持，扩大仲裁委的影响面，得到了社会各界的认同和支持，增强了仲裁工作在化解矛盾、维护稳定中的作用。10 年间，共受理案件 2583 起，涉案标的额共计 8.63 亿元，平均结案期限为 27 天。案件范围涵盖加工、销售、房地产、收购、保险、委托、租赁、合伙经营等各个领域。2004 年 10 月，《内蒙古日报》报道赤峰仲裁委的典型案例。截至 2014 年末，累计编写各类文字宣传材料 100 余万字，编发各类稿件 500 余篇次，出版《仲裁天地》100 余期，发放宣传材料 8 万余份。

第三章 信访

第一节 工作机构

1982年3月,市信访办公室(简称市信访办)成立,为市政府办公室内设机构。1998年11月,成立市党委政府信访局,内设综合科、办信科、办案科、来访接待科4个机构。2002年4月,更名为市信访工作领导小组办公室。2008年1月,重新恢复市党委政府信访局名称,内设机构改办案科为督查督办科,增加网络信息科。2009年11月,更名为市信访局,列为政府工作部门,督查督办科划分为督查一科、督查二科,增设信访接待中心(科级事业单位)。2010年7月,市党委政府联合接访中心正式运行,进驻市直属部门单位18个。截至2014年末,市信访局内设机构6个,即办公室、办信科、网络信息科、督查一科、督查二科、联合接访中心。

第二节 信访工作制度

1998年后,市信访局不断健全完善各项信访工作制度,信访工作逐步实现制度化、规范化。同年,市委办公室、市政府办公室印发《市委、市人民政府领导协调处理信访问题例会制度》。2000年,进一步实施《旗县区、市直单位党政领导信访工作责任制》,继续对旗县区、市直属单位信访工作实行目标化管理。

2004—2005年,市委办公厅、市政府办公厅印发《关于建立赤峰市处理信访突出问题及群体性事件联席会议制度的通知》《重大信访案件包案责任制》《关于进一步加强信访工作建立信访工作长效机制的意见》。2008—2009年,市委办公厅、市政府办公厅印发《赤峰市旗县区委书记大接访活动方案》《关于组织市直机关干部下访工作实施方案》《赤峰市信访事项督查暂行办法》《赤峰市信访事项办理及复查复核职责范围暂行规定》《赤峰市市长信箱、网上信访工作暂行办法》等文件,将信访工作纳入市委、市政府主要日程安排,建立联席会议制度;将各旗县区领导干部接待来访群众、领导包案、矛盾排查化解、督查督办等工作纳入党政领导干部实绩考核范围。2010年,市委办公厅、市政府办公厅印发《关于进一步加强新时期信访工作的实施意见》和《关于加强联合接访机制建设的意见》。赤峰市被确定为全自治区联合接访机制建设盟市层面第一批试点单位。市政府召开市长办公会议,解决联合接访工作的办公用房等问题。会议确定有权处理和解决信访事项的部门直接参与信访接待、受理和答复有关问题。

2012年,市信访局下发《市信访局领导班子议事规则》《廉政建设制度》《信访信息制度》等一系列规章制度,进一步加强机关纪律作风建设,提高机关运转质量和工作效率。2014 年，市委办公厅、市政府办公厅印发《关于进一步加强和改进信访工作的通知》和《处置异常集体上访工作方案》等文件，进一步明确党政主要领导、联席会议召集人、分管领导和包案领导的信访工作责任，提高信访工作制度化、规范化水平。

第三节 人民来信来访

1991 年，市信访部门转变职能，从尽可能满足职工合理愿望的角度，努力做好企业上访职工的思想工作，化消极因素为积极因素。1993 年，全市信访部门共受理群众来信来访 11536 件次，其中接待来访 929 人次。1999 年，全市信访部门共受理群众来信来访 48863 件次，同比上升 15.8%。其中来信 4673 件，同比下降 1.0%；来访 44190 人次，同比上升 26.8%。来访中集体访 1531 批、38517 人次，群体访 940 批、2617 人次。来信来访中向党政机关提出批评建议的 1051 件次，占总数的 2.2%；揭发控告有关机关工作人员违法乱纪行为的 6119 件次，占总数的 12.5%；对有关机关处理不服进行申诉的 1504 件次，占总数的 3.1%；要求党委政府帮助解决生产生活困难问题的 37891 件次，占总数的 77.5%；反映其他问题的 2298 件次，占总数的 4.7%。

2001 年，全市信访部门加强信访信息搜集和《信访隐患排查制度》《重大信访案件领导包案责任制》的落实工作，充分发挥信访协调作用，努力消除和减少越级上访隐患，保证重大政治活动期间的社会稳定。2005 年，市信访办受理的信访总量 8823 件次，占全市信访总量的 21.2%，同比下降 42.4%。其中来信 1356 件，同比下降 4.8%；来访 7467 人次，同比下降 46.2%。立案交办案件 88 件。其中国家信访局交办 2 件，办结 2 件；自治区信访局交办 83 件，办结 80 件，未到期 3 件；自办案件 3 件，办结 3 件。市领导批示信件 826 件。其中需要上报办理结果的 217 件，办结 175 件，未到期 42 件；自治区交办信函件 29 件，办结 26 件，未到期 3 件；自办信函件 19 件，办结 16 件，未到期 3 件。

2014 年，市联合接访中心共接待群众来访 2201 批次，办理国家、自治区和“市长信箱”群众来信及网上信访 2649 件次。深入开展领导干部大接访、大走访活动。市委、市政府 16 名市级领导共接待来访群众 61 批、389 人次，涉及相关利益群体 12600 人；各旗县区党政领导累计 794 人次参与接访，共接待来访群众 6278 批、114750 人次。

第四节 信访处理

1991 年，全市信访部门深入查处一些影响较大的信访案件；集中处理集体上访问题，从预防入手，积极做好集体上访人员的疏导工作，及时调查了解和处理上访人的诉求；对一些上访老户，根据不同情况采取相应措施，防止意外事故发生。1998 年之后，市信访局下发《信访隐患排查制度》，各级各部门按照“属地管理、分级负责，谁主管、谁

1998—2014年赤峰市办理群众信访情况统计表

表15-3-2

年份	信访总量			
	来信(含网上信访)(件)	来访总量(人次)	其中集体访(批次/人次)	办结率(%)
1998	4712	37495	1006/30794	96.4
1999	4673	44190	1531/38517	98.9
2000	3597	50024	1804/44735	93.6
2001	3029	54747	1872/50170	96.2
2002	4456	45578	1568/41669	97.3
2003	4037	34366	1261/29752	97.6
2004	3506	47370	1467/41989	98.2
2005	3062	38572	1589/31658	98.5
2006	3391	41211	1587/34926	98.0
2007	1784	38820	1574/32288	98.0
2008	1482	37262	1550/30741	98.3
2009	1164	42341	1855/35703	97.9
2010	937	49264	1861/41380	98.4
2011	1236	21010	984/16803	96.8
2012	1595	20682	980/17036	99.0
2013	2367	13399	565/11122	97.8
2014	2799	8688	426/6982	96.3

负责”的原则,依法、及时、就地解决问题。每月开展一次定期排查,每次重大活动前夕都全面开展一次集中排查。2000年,根据信访总量居高不下、集体越级上访急剧上升的严峻形势,市信访局采取有力措施,妥善处理大量群众集体越级上访反映的问题,及时化解社会矛盾。各地区、各部门加大工作力度,认真处理苗头性、倾向性问题,大量信访问题在当地、基层得到妥善处理,集体异常上访得到有效控制。市委、市政府先后两次对51件信访案件实行领导包案处理。各包案领导深入到案件所在地和部门进行现场办公,一些久拖不决、棘手难缠的信访案件及时得到解决。

2005年,全市各旗县区和各专项工作组按照中央联席会议办公室提出的"发现得早,化解得了,控制得住,处理得好"原则,把每月的定期排查和集中排查、专项排查结合起来,深入开展隐患排查工作。全市各级信访部门共排查信访隐患386件次,对其中84件重大信访隐患和非正常越级上访案件,落实了市、旗县区两级党政领导包案处理责任。根据自治区的统一部署,从2008年起,每年都开展信访积案化解专项行动,相继下发《集中开展重信重访案件专项治理工作实施意见》《赤峰市信访事项督查暂行办法》,对全市各类存量信访事项进行全面、细致的排查梳理。建立并实行信访储备金制度,积极争取上级化解特殊疑难信访事项专项补助资金,着力化解可以通过经济手段解决的信访问题。2010年,根据自治区的统一部署,从4月份开始,在全市开展社会矛盾化解专项行动。在深入排查梳理的基础上,对列入中央、自治区、市三级社会矛盾化解工作台账和各旗县区自行排查梳理出的矛盾突出问题,逐一落实责任单位、包案领导和具体责任人,明确化解期限。截至12月末,共化解各类矛盾纠纷和信访案件1549件,总化解率达99.1%。中央和自治区交办案件化解率达到100%,市本级交办案件化解率达到93.17%,旗县区自行排查的矛盾化解率达到99.79%。

2011年,在全市开展信访积案化解"百日攻坚"专项行动。中央、自治区交办和市本级及各旗县区自行排查的信访积案616件,全部结案。对22件符合"三级终结"认定备案条件的信访事项,依法按程序逐级向自治区联席办、中央联席办申报认定终结。按照自治区要求,使用第二批化解特殊疑难复杂信访问题专项资金660.6万元,协助解决84件特殊疑难复杂信访问题,并实现全部"息诉罢访"。2013年,市信访局向各旗县区、各部门和重点企业集中交办重点领域信访事项145件,要求各地、各部门逐案明确包案领导、责任单位、化解措施和化解时限。建立集中清理化解信访积案工作台账,对其中的重要信访事项实行挂牌督办。2014年,市、旗县区两级累计投入信访储备金1.5亿元,解决了多批无责任主体、责任主体不明确或责任主体无支付能力的信访案件。同年,市信访局进一步加大对矛盾纠纷排查化解工作力度,完善以市信访局为中心,旗县区、乡镇苏木、村嘎查、村民小组四级矛盾纠纷排查化解工作网络体系。重新建立矛盾纠纷和信访隐患排查化解工作台账,对各类矛盾纠纷和信访隐患进行逐案、逐人、逐项登记,逐件落实化解责任和化解措施。

第四章 外事 侨务 港澳台事务

第一节 外 事

一、工作机构

1988年8月,市政府外事办公室(简称市外事办)恢复外事工作职能,并代行旅游局职能,内设人秘科和涉外科 2 个机构。1991 年 1 月,挂市旅游局牌子。1995 年 11 月,按照机构改革要求,市外事办内设机构为 3 个,即人秘科、外事科和旅游科。2002 年 4 月,全市机构改革,市外事办并入市政府办公厅(挂外事办公室牌子),科级建制。至 2014 年,机构未变。

二、主要工作

外事接待　1986 年后,国务院批准赤峰市为甲级开放城市,到赤峰市的外国人日益增多。1991—2014 年,赤峰市先后接待蒙古国布尔根省第一副省长策巴特、蒙古国驻华大使奥勒兹沃伊、俄罗斯驻华大使馆高级参赞陶米亨、卢森堡大公国驻华大使温鲲豪、前日本驻华大使阿南惟茂、蒙古国驻呼和浩特总领事恩赫阿木古楞、乌克兰驻华大使尤里·科斯坚科、蒙古国后杭盖省省长德·巴特额尔德尼、蒙古国后杭盖省公民代表大会主席车·孟和巴图等重要外宾,到赤峰市洽谈贸易、参观考察、友好访问。在外事接待中,实行统一领导、集中管理、分级负责、协调配合的工作机制。1991—2006 年,全市累计接待外宾 11600 人次,其中 2000 年全市共接待 20 多个国家和地区的来访者 56 批次、512 人次。2014 年,为 8 批、17 人次应邀到赤峰考察访问的外国人办理了到华手续。

因公出国(境)管理　1991 年之后,市外事办认真贯彻执行国家和自治区有关因公出国(境)管理规定,严格按因公出国(境)政策和审批程序审核办理赤峰市因公出国(境)手续。对符合条件的团组实行急事急办、特事特办。加强因公出国(境)人员外事纪律教育,杜绝异地办照和没有实质任务的派出办照。2000 年,共办理因公出国(境)手续 109 份、253 人次。2005 年,共办理因公出国(境)团组手续 81 批、296 人次。这些人员主要前往美国、德国、法国、英国、日本等 20 多个国家和地区进行友好访问、考察培训和商务洽谈等。2010 年,为 5 位市级领导率团或随团出访美国、南非、德国、澳大利亚等国家办理相关出国手续。1991—2014 年,累计办理因公出国(境)手续 5854 人次。

友好交往　1989 年 5 月,赤峰市与日本爱知县稻泽市缔结为友好城市。1991—2014 年,两市在经济、文化、教育、体育、农业等领域进行交流与合作。赤峰市领导人先后率领农业、经济、文化等代表团赴稻泽市访问。农业代表团在稻泽市考察水稻生产、大地绿化、水利设施建设与管理等项目;经济代表团与稻泽市商工组合协会和农业组合协会进行洽谈,同时考察日本企业的经营运行机制和稻泽市政府的工作体制,进行经济合作交流;文化代表团与日方进行书画交流活动。与此同时,稻泽市政府、议会、商工会代表团也多次对赤峰市进行友好访问,两市签订了开展文化交流、市民来赤峰旅游、水稻栽培等合作内容的意向书。以青少年为主,两市人民在教育、文化、体育、旅游等领域开展交流活动。赤峰市的部分小学与稻泽市的部分小学长期开展交流活动,双方互寄学生书画作品进行交流;赤峰市教委组织小学生赴稻泽市进行友好访问;两市多次共同组队参加在北京举办的中日友好城市成年组、高中生组、初中生组、小学生组乒乓球比赛;稻泽市民间友好团体“稻泽市中国赤峰市好友会”和“稻泽市国际友好协会”多次组织市民团到赤峰市自费观光旅游；稻泽市民间友好团体和个人多次为赤峰市的教育事业捐款捐物；赤峰市先后授予稻泽市加藤光男先生、伊藤节雄先生、博仁特古斯先生以及服部幸道市长为赤峰市“荣誉市民”称号。2014 年，赤峰市积极发展与其他国家的友好关系。年初，赤峰市与黑山尼克希奇市通过互换文本形式，签署两市建立友好关系意向书，到同年 8 月，完成了国内报批手续。同年 3 月，蒙古国后杭盖省省长率团访问赤峰市，双方签订建立友好关系意向书；同年 7 月，赤峰市市长率团对后杭盖省进行回访，双方围绕经贸、文化、教育、体育、旅游、城市建设等方面达成一系列交流合作意向，到同年 11 月，完成了国内报批手续。

第二节 侨务 港澳台事务

据侨情普查统计，2014 年，赤峰市共有海内外侨务和港澳台事务对象 5698 人，其中归侨 96 人，侨眷侨属 3068 人，海外华侨华人、港澳台同胞 2534 人。归侨侨眷主要由两部分组成，一部分是蒙古国、朝鲜归侨侨眷，这部分人主要是农牧民，占全市侨务对象总数的 50%以上。还有一部分是历年支边人员中的侨务对象和新移民眷属，主要是知识分子和国家工作人员。海外侨务对象分布在世界五大洲 26 个国家和地区。

一、侨务服务

1991 年之后，市政府侨务办公室（简称市侨办）按照党的“一视同仁，不得歧视，根据特点，适当照顾”侨务方针政策，在落实归侨侨眷的政治待遇、提供优惠政策、帮助脱贫致富、处理来信来访等方面做了大量的工作，努力保护归侨侨眷的合法权益，为归侨侨眷办实事。将散居在农村牧区贫困归侨侨眷纳入当地政府扶贫总体规划中，将城镇户口的贫困归侨侨眷优先列入低保范围。截至 2014 年末，全市扶贫解困归侨侨眷 480 户、986 人，投入各类扶贫救灾款 398 万元，为 72 名贫困归侨侨眷办理城镇居民最低生活保障，为 48 名归侨侨眷子女优先安排就业，将 2 名因患重病无人照顾的归侨子女安置到福利院。此外，对华侨华人和归侨侨眷在子女升学、医疗住房、创业办企等方面都相应地制定并落实了优惠政策。

二、涉侨、涉港澳台同胞往来

1989 年，原日本东京华侨总会会长、旅日华侨博仁特古斯投资人民币 60 余万元，与元宝山区合作兴办赤峰草原兴发集团股份有限公司；为赤峰市与日本稻泽市缔结友好城市牵线搭桥。20 世纪 90 年代，旅日华侨杜万龄投资人民币 200 万元，与红山区教育房地产公司成立中日合资赤峰万龄房地产开发公司。进入 21 世纪，市侨办进一步加强与海外侨胞、归侨侨眷、港澳台同胞的联系。通过举办不同形式的联谊会、座谈会，宣传赤峰经济建设和招商引资优惠政策，激发海外侨胞和归侨侨眷参与赤峰经济建设的热情。2003—2004 年，通过“侨爱工程——助学圆梦”活动，香港应善良福利基金会捐资人民币10万元,为翁牛特旗朝格温都苏木扩建“庆恩”小学;美国欣欣教育基金会为翁牛特旗山嘴子乡中心小学捐资及物品折合人民币20万元,用于教学条件的改善和校园扩建。此外,不少归侨侨眷积极主动地与海外亲属联络,寄送赤峰市招商引资有关资料,宣传赤峰的优势和特点,对提高赤峰在国际上的知名度、促进海外华侨和外商到赤峰投资兴业起到积极作用。至2014年,赤峰市有港澳台资和侨资企业20家,其中侨资企业4家,港资企业14家,台资企业2家,主要从事矿产冶炼、绒毛纺织、食品加工等行业,总投资43444.5万美元。

三、侨法宣传

自1990年11月《中华人民共和国归侨侨眷权益保护法》(简称“侨法”)颁布实施后,侨务工作进入依法行政、依法护侨的新时期。2000年11月,市侨办与市侨联联合召开纪念“侨法”实施10周年暨全国人大常委会修订“侨法”座谈会,畅谈“侨法”实施十年来取得的成果和修改“侨法”的重要意义。之后,各级政府及侨务部门将宣传工作作为实施“侨法”及相关法律法规的基础性工作,积极开展“侨法宣传月”“侨法宣传周”和“侨法进社区、进侨乡、进侨企”主题宣传教育活动。2009年,市侨办与市人大民族宗教外事侨务委员会一起,开展贯彻落实“侨法”以及“实施办法”检查工作。2010年,在“侨法”颁布20周年之际,集中组织开展“侨法”宣传活动。全市共印制发放“侨法”和两个“实施办法”宣传册2000册,宣传单4.5万份,召开多场座谈会,使“侨法”和两个“实施办法”更加深入人心。2014年,市侨办在开展社区侨务宣传工作上有所突破。先后在元宝山区平庄街道向阳社区和松山区振兴街道木兰社区设立“侨法宣传角”。通过积极有效指导,松山区振兴街道木兰社区获评“全国社区侨务工作示范单位”。积极向社会各界和社区居民宣传“侨法”,营造知侨、爱侨、护侨的良好氛围。

第十六卷

地方人民政协

1983年10月10日，国务院批准撤销昭乌达盟，设立赤峰市。1985年1月，赤峰市政协首届委员会会议召开，选举产生市政协第一届委员会常务委员会。1991—2014年，市政协历经第二届至第六届委员会，共产生市政协委员1576人。1991年后的第二届至第六届市政协，高举团结、民主两大旗帜，紧紧围绕市委、市政府的中心工作和人民群众普遍关心的重大问题，通过委员会全体会议、常委会会议、组织委员视察、开展调查研究、反映社情民意、强化提案工作等途径，全面履行政治协商、民主监督、参政议政职能，积极主动地为全市经济社会发展和社会和谐稳定献计出力、凝聚力量。

1991—2014年累计召开全体会议25次。除审议市政协常委会工作报告和提案工作情况报告、进行市政协选举等议程和完成提案集中征集等任务外，每次会议均听取和审议《赤峰市政府工作报告》和其他报告。从1991年5月到2014年3月，共举行政协委员大会发言22次。从听取和审议《赤峰市政府工作报告》及其他报告到委员的大会发言，均对全市经济社会发展和人民群众关心关注的问题提出意见建议，绝大部分意见建议被市委、市政府和市政府有关部门采纳。累计召开常委会会议103次。这些会议，除研究决定市政协重大事项、履行人事任免等议题外，每年均协商讨论《赤峰市政府工作报告(征求意见稿)》，听取市政府关于全市经济社会发展运行情况通报；针对全市经济社会发展的重点事项或热点难点问题，有针对性地听取市政府或有关部门的专题报告，并提出意见建议，所提意见建议均被市委、市政府和有关部门采纳。

1991—2014年累计开展各类专题视察18次。视察内容涉及全市经济社会发展各个方面，所提的意见建议均被市委、市政府和有关部门采纳。开展专题调研60次。每次开展调查研究都形成既有情况分析，又有建设性意见的调研报告，所形成的调研报告有46篇被市委、市政府采纳。累计向全国政协和自治区政协上报《赤峰政协信息》762期，大部分信息被全国政协和自治区政协采用，部分信息由中共中央办公厅和国务院办公厅报中共中央和国务院，并被党和国家领导批示交有关部门落实。累计形成主席会议和常委会会议建议案21件。这些建议案均事关全市经济社会发展全局，有些涉及市委、市政府的重大政策或重要决策，部分建议在全自治区或全国具有普遍性或全局性意义，受到市委、市政府甚至自治区和国家层面的重视。累计办理委员提案5350件。把征集和办理提案作为政协履行职能最直接、最有效的方式，采取广泛征集、及时提交、制度约束、强化办理、表彰奖励等措施，有效发挥政协提案的功能。以提案办理工作为推动，一些人民群众最关心最直接最现实的问题得到解决。累计编辑出版文史资料13辑(部)。这些文史资料成为挖掘赤峰地区历史文化和记录全市发展变化的重要载体以及以史为镜的重要财富。

第一篇　政协委员与政协会议

第一章　政协委员

第一节 委员组成

1991—2014年,赤峰市共选举五届(第二届至第六届)政协委员1576人。每届委员的产生,都经过酝酿准备、制定方案、推荐人选、民主协商、审议决定等程序,由各党派、团体、各界别民主推荐,经过反复协商、组织考察,经市政协主席会议通过后,提请市政协常委会会议协商决定,并由新闻媒体向社会公布。市政协委员由各党派、人民团体、无党派代表人士和各族各界代表人士及政协各专门委员会成员、特别邀请的代表人士组成。

1991年5月10日,市政协一届第三十二次常委会会议,协商通过政协赤峰市第二届委员会(1991年5月至1996年4月)委员名单298人,由21个界别组成。保留一届委员85人,占28.52%;二届新安排213人,占71.48%。

1996年4月9日至10日,市政协二届第二十二次常委会会议,协商通过政协赤峰市第三届委员会(1996年4月至2001年10月)委员名单305人(暂空2人,界别人数按303人计算),由21个界别组成。

2001年9月25日至26日,市政协三届第二十二次常委会会议,协商通过政协赤峰市第四届委员会(2001年10月至2007年11月)委员名单305人(暂空3人,界别人数按302人计算),由21个界别组成。

2007年11月27日,市政协四届第二十八次常委会会议,协商通过政协赤峰市第五届委员会(2007年11月至2012年12月)委员名单340人(暂空7人,界别人数按333人计算),由22个界别组成。

2012年12月26日,市政协五届第二十四次常委会会议,协商通过政协赤峰市第六届委员会委员名单340人,由23个界别组成。五届政协委员保留148人,占委员总数的43.53%;新委员192人,占委员总数的56.47%。委员平均年龄46岁。委员中充实了一批经济、科技、教育、文化、社会等领域的中青年知识分子代表人士和非公有制经济代表人士。

1991—2014年赤峰市政协第二届至第六届委员构成一览表

表16-1-1 单位:人

项目	届次	第二届	第三届	第四届	第五届	第六届
委员人数		298	303	302	333	340
界别	中国共产党	11	12	13	18	11
	民主党派工商联	15	20	28	—	—
	民主党派	—	—	—	17	15
	工商联	—	—	—	20	25
	工会	9	7	6	6	6
	共青团青联	8	8	9	9	8
	妇女联合会	10	13	10	10	12
	无党派代表人士	—	—	14	20	17
	农牧民	9	9	18	24	26
	科学技术协会	10	12	7	7	8
	农牧林科技	27	23	—	—	—
	工程科技	30	26	—	—	—
	科学技术	—	—	25	25	24
	财贸金融	12	13	—	—	—
	经济企业	—	—	26	29	37
	社会科学	15	13	11	12	17
	教育	20	18	19	21	25
	体育	4	4	4	3	5
	文化艺术	13	10	10	11	13
	新闻出版	5	5	8	7	7
	医药卫生	16	16	17	19	21
	社会福利和社会保障	—	—	—	—	8
	少数民族	15	20	20	21	22
	归侨侨眷	7	7	6	6	6
	台属	9	9	5	3	4
	宗教	12	13	12	11	11
	特别邀请	41	45	34	34	12
党派	中共党员	119	122	120	133	131
	民主党派人士	26	29	41	56	65
	无党派人士	153	152	141	144	144

续表

项目 \ 届次		第二届	第三届	第四届	第五届	第六届
归属	市直单位	137	125	146	165	168
	中直、区直单位	16	19	—	—	—
	旗县区	145	159	156	168	172
年龄	35岁及以下	39	43	39	32	35
	36—45岁	56	87	124	139	138
	46—55岁	153	116	117	155	146
	56岁及以上	50	57	22	7	21
类别	妇女	54	64	81	86	96
	少数民族	121	129	123	136	136
	大专及以上文化和中级以上职称	212	237	270	303	320

说明:第四届起,取消农牧林科技界、财贸金融界,新增无党派代表人士界、经济企业界;第五届起,将民主党派工商联界分为民主党派界和工商联界;第六届新增社会福利和社会保障界;第四届起,归属类不再分市直、中直、区直单位,统一归为市直单位。

第二节　出席上级政协会议委员

一、全国政协委员

在政协第七届全国委员会上,苏赫以蒙古族身份被推荐为少数民族界别委员,胡洪凯以农业专家身份被推荐为农林界别委员;在政协第八届全国委员会上,苏赫、胡洪凯继续担任少数民族和农林界别委员,苏赫同时担任政协第八届全国委员会常委;在政协第九届全国委员会上,胡洪凯被推荐为农林界别委员。

二、自治区政协委员

政协内蒙古自治区第六届委员会驻赤峰市委员:王栋、王文兰(女　回族)、乌力吉(蒙古族)、扎拉僧(蒙古族)、巴斯朝克图(蒙古族)、白云清(蒙古族)、石盛宝、冯靖寰、孙祝宾、朱抚生、李骏、李文昌(满族)、李中华、李伯君(回族)、陈瑞兰(女　回族)、旺吉乐(蒙古族)、吴相国、杨永山、张德胜、旺钦道尔吉(蒙古族)、胡洪凯、昭日格图(蒙古族)、柴海明(蒙古族)、袁生华、秦效颇、诺·博迪(蒙古族)、葛华山、郭翠英(女)、韩秀英(女)、鲍音图(蒙古族)、额尔灯朝格拉(蒙古族)、戴自力。常委:旺吉乐(蒙古族)、葛华山。

政协内蒙古自治区第七届委员会驻赤峰市委员:卜昭鹏、马国元、尹玉华(女)、孔繁文、白云清(蒙古族)、白应哲、卢振远、布和朝鲁(蒙古族)、布仁满都呼(蒙古族)、冯靖寰、朱抚生、辛军(蒙古族)、何振关(满族)、李文昌(满族)、李若男(女)、张德胜、杨永山、杨传宇、周俊秋、旺吉乐(蒙古族)、旺钦道尔吉(蒙古族)、姜云亭、格格吉日夫(蒙古族)、诺·博迪(蒙古族)、秦效颇、高云华(回族)、钱柏林(蒙古族)、朝伦(蒙古族)、韩秀英(女)、蔡淑珍(女　蒙古族)、嘎拉僧拉布杰(蒙古族)、戴自力。常委:卢振远、旺吉乐(蒙古族)、戴自力。

政协内蒙古自治区第八届委员会驻赤峰市委员:于伟光(满族)、巴特尔(蒙古族)、王永恒、王呈义、白洪波(蒙古族)、布和(蒙古族)、布和朝鲁(蒙古族)、卢家华(蒙古族)、江海红(女)、刘兴志、刘志慧、李文昌(满族)、李化中、李会军(回族)、李若男(女)、李淑侠(女)、余德星、阿希达(蒙古族)、宋锡波、国庆、张珉(蒙古族)、旺吉乐(蒙古族)、周俊秋、苗清华、宝音达来(蒙古族)、高云华(回族)、曹国海、诺·博迪(蒙古族)、翟培恩、戴自力。常委:布和朝鲁(蒙古族)、旺吉乐(蒙古族)、戴自力、高云华(回族)。

政协内蒙古自治区第九届委员会驻赤峰市委员:于伟光(满族)、王冰、王维峰、车立志、卢世翔(蒙古族)、白洪波(蒙古族)、布和朝鲁(蒙古族)、刘士和、刘万华、刘志慧、刘俊林、孙国玉(满族)、李文昌(满族)、李化中、李西亚、张珉(蒙古族)、张立华(满族)、李瑰峰、吴力吉(蒙古族)、宋锡波、杨宝忠、杨淑岚(女)、周俊秋、宝音达来(蒙古族)、孟晓冰(蒙古族)、赵艳萍(女　回族)、郭卫红(女)、曹玉海、常振杰、钱荣旭(蒙古族)、薄志慧(女　蒙古族)。常委:布和朝鲁(蒙古族)、张珉(蒙古族)。

政协内蒙古自治区第十届委员会驻赤峰市委员:赵兴、杨宝忠、刘万华、车立志、冯全、杨淑岚(女)、包英志(蒙古族)、张传武(满族)、刘丽华(女　蒙古族)、何明江、王慧德、张珉(蒙古族)、宋泽清、刘志慧、李勇毅、魏景兴、王维峰、宝希强(女　蒙古族)、宋锡波、王冰、张国华、李春鹏、布和朝鲁(蒙古族)、吴彦峥(达斡尔族)、马天烈(回族)、郭卫红(女)、常振杰、宝音达来(蒙古族)。常委:布和朝鲁(蒙古族)、张珉(蒙古族)。

政协内蒙古自治区第十一届委员会驻赤峰市委员:朱景田、赵兴、德杰(蒙古族)、包英杰(蒙古族)、王冰、张锁林、张光伟、王国相、陈金明、刘彦华(女)、张珉(蒙古族)、宋泽清、贾洪榛、魏景兴、王维峰、王毅刚、刘晓明(蒙古族)、布和朝鲁(蒙古族)、张国华、刘文奇、乌敦木其尔(女　蒙古族)、孟和乌力吉(蒙古族)、叶风国、徐志寰、巴力吉(蒙古族)、曹国海、王晓辉(女　蒙古族)、于治源(蒙古族)、牛忠良。常委:布和朝鲁(蒙古族)、张珉(蒙古族)。

第二章　政协会议

第一节　委员会全体会议

一、赤峰市政协第二届委员会全体会议

市政协二届委员会第一次全体会议于 1991 年 5 月 23 日至 29 日在赤峰举行。本

届委员会共有委员298人,出席会议272人。会议听取和审议主席团常务主席钱柏林所作的《市政协一届常委会工作报告》;听取和审议《关于市政协一届委员会提案工作情况的报告》;列席市二届人大一次会议,听取并讨论《赤峰市政府工作报告》和其他报告;会议讨论通过了本次会议各项决议和《提案审查情况的报告》;21人作大会发言。会议期间,全体委员和列席人员学习中共中央《关于统一战线工作的通知》《关于坚持和完善中国共产党领导的多党合作和政治协商制度的意见》,传达内蒙古自治区政协六届四次会议精神;会议选举市政协第二届委员会主席1人、副主席7人、秘书长1人和常务委员48人。

市政协二届委员会第二次全体会议于1992年5月11日至14日在赤峰举行,出席会议委员257人。会议听取和审议《市政协二届常委会工作报告》和《关于市政协二届一次会议以来提案工作情况的报告》;听取和讨论《赤峰市政府工作报告(征求意见稿)》;会议讨论通过了本次会议各项决议和《提案审查情况的报告》;表彰优秀提案人20人和承办提案先进单位3个;13人作大会发言;会议增补市政协常务委员1人。

市政协二届委员会第三次全体会议于1993年3月9日至12日在赤峰举行,出席会议委员257人。会议听取和审议《市政协二届常委会工作报告》和《关于市政协二届二次会议以来提案工作情况的报告》;列席市二届人大三次会议,听取并讨论《赤峰市政府工作报告》和其他报告;会议审议和通过了本次会议各项决议和《提案审查情况的报告》;会议表彰优秀委员21人、优秀提案人14人和承办提案先进单位4个;12人作大会发言;会议增补市政协常务委员3人。

市政协二届委员会第四次全体会议于1994年3月28日至4月1日在赤峰举行,出席会议委员266人。会议听取和审议市政协主席钱柏林所作的《市政协二届常委会工作报告》,听取和审议《关于市政协二届三次会议以来提案工作情况的报告》;列席市二届人大四次会议,听取并讨论《赤峰市政府工作报告》和其他报告;会议讨论通过了本次会议各项决议和《提案审查情况的报告》;9人作大会发言;会议增补市政协常务委员3人。

市政协二届委员会第五次全体会议于1995年5月18日至21日在赤峰举行,出席会议委员263人。会议听取和审议《市政协二届常委会工作报告》和《关于市政协二届四次会议以来提案工作情况的报告》;列席市二届人大五次会议,听取并讨论《赤峰市政府工作报告》和其他报告;会议审议并通过了本次会议各项决议和《提案审查情况的报告》;会议表彰优秀政协委员37人、优秀提案15件、承办提案先进单位6个和承办提案先进个人6人;10人作大会发言;会议选举巴特尔为市政协第二届委员会主席,选举副主席和秘书长各1人,增补常务委员1人。

二、赤峰市政协第三届委员会全体会议

市政协三届委员会第一次全体会议于1996年4月21日至24日在赤峰举行。本届委员会共有委员303人,出席会议委员282人。会议听取和审议大会主席团常务主

席巴特尔所作的《市政协二届常委会工作报告》，听取和审议《关于市政协二届一次会议以来提案工作情况的报告》；列席市三届人大一次会议，听取并讨论《赤峰市政府工作报告》和其他报告；会议审议并通过了本次会议各项决议和《提案审查情况的报告》；15 人作大会发言；会议选举市政协第三届委员会主席 1 人、副主席 8 人、秘书长 1 人、常务委员 49 人。

市政协三届委员会第二次全体会议于 1997 年 2 月 25 日至 28 日在赤峰举行，出席会议委员 258 人。会议听取和审议《市政协三届常委会工作报告》和《关于市政协三届一次会议以来提案工作情况的报告》；列席市三届人大二次会议，听取并讨论《赤峰市政府工作报告》和其他报告；会议讨论通过了本次会议各项决议和《提案审查情况的报告》；13 人作大会发言；会议表彰优秀提案 19 件、承办提案先进单位 5 个。

市政协三届委员会第三次全体会议于 1998 年 3 月 25 日至 28 日在赤峰举行，出席会议委员 277 人。会议听取和审议《市政协三届常委会工作报告》和《关于市政协三届二次会议以来提案工作情况的报告》；列席市三届人大四次会议，听取并讨论《赤峰市政府工作报告》和其他报告；会议讨论通过了本次会议各项决议和《提案审查情况的报告》；9 人作大会发言；会议表彰委员奉献活动先进个人 21 人；会议补选市政协副主席 1 人，增补常务委员 7 人。

市政协三届委员会第四次全体会议于 1999 年 4 月 7 日至 10 日在赤峰举行，出席会议委员 269 人。会议听取和审议《市政协三届常委会工作报告》和《关于市政协三届三次会议以来提案工作情况的报告》；列席市三届人大五次会议，听取并讨论《赤峰市政府工作报告》和其他报告；会议讨论通过了本次会议各项决议和《提案审查情况的报告》；13 人作大会发言；会议表彰优秀提案 30 件、提案办理先进单位 6 个、提案承办先进个人 6 人；会议补选市政协秘书长 1 人，增补常务委员 10 人。

市政协三届委员会第五次全体会议于 2000 年 4 月 18 日至 21 日在赤峰举行，出席会议委员 252 人。会议听取和审议《市政协三届常委会工作报告》和《关于市政协三届四次会议以来提案工作情况的报告》；列席市三届人大六次会议，听取并讨论《赤峰市政府工作报告》和其他报告；会议讨论通过了本次会议各项决议和《提案审查情况的报告》；12 人作大会发言；会议补选市政协第三届委员会主席 1 人、副主席 5 人，增补常务委员 1 人。

三、赤峰市政协第四届委员会全体会议

市政协四届委员会第一次全体会议于 2001 年 10 月 16 日至 20 日在赤峰举行。本届委员会共有委员 302 人，出席会议委员 286 人。会议听取和审议主席团常务主席张立华所作的《市政协三届常委会工作报告》，听取和审议《关于市政协三届一次会议以来提案工作情况的报告》；列席市四届人大一次会议，听取并讨论《赤峰市政府工作报告》和其他报告；会议讨论通过了本次会议各项决议和《提案审查情况的报告》；13 人作大会发言；会议选举市政协第四届委员会主席 1 人、副主席 8 人、秘书长 1 人、常务

委员51人。

市政协四届委员会第二次全体会议于2002年4月23日至27日在赤峰举行,出席会议委员262人。会议听取和审议《市政协四届常委会工作报告》和《关于市政协四届一次会议以来提案工作情况的报告》;列席市四届人大二次会议,听取并讨论《赤峰市政府工作报告》和其他报告;会议讨论通过了本次会议各项决议和《提案审查情况的报告》;8人作大会发言;会议增补市政协常务委员8人。

市政协四届委员会第三次全体会议于2003年3月24日至28日在赤峰举行,出席会议委员271人。会议听取和审议《市政协四届常委会工作报告》和《关于市政协四届二次会议以来提案工作情况的报告》;列席市四届人大四次会议,听取并讨论《赤峰市政府工作报告》和其他报告;会议讨论通过了本次会议各项决议和《提案审查情况的报告》;13人作大会发言;会议增补市政协常务委员1人。

市政协四届委员会第四次全体会议于2004年3月15日至19日在赤峰举行,出席会议委员267人。会议听取和审议《市政协四届常委会工作报告》和《关于市政协四届三次会议以来提案工作情况的报告》;列席市四届人大五次会议,听取并讨论《赤峰市政府工作报告》和其他报告;会议讨论通过了本次会议各项决议和《提案审查情况的报告》;13人作大会发言;会议补选市政协副主席3人,增补常务委员4人。

市政协四届委员会第五次全体会议于2005年4月18日至22日在赤峰举行,出席会议委员279人。会议听取和审议市政协主席张立华所作的《市政协四届常委会工作报告》,听取和审议《关于市政协四届四次会议以来提案工作情况的报告》;列席市四届人大六次会议,听取并讨论《赤峰市政府工作报告》和其他报告;会议讨论通过了本次会议各项决议和《提案审查情况的报告》;12人作大会发言;会议表彰优秀提案、提案承办先进单位和先进个人;会议补选市政协第四届委员会主席1人、副主席1人,增补常务委员3人。

市政协四届委员会第六次全体会议于2006年3月27日至31日在赤峰举行,出席会议委员256人。会议听取和审议市政协主席杨宝忠所作的《市政协四届常委会工作报告》,听取和审议《关于市政协四届五次会议以来提案工作情况的报告》;列席市四届人大七次会议,听取并讨论《赤峰市政府工作报告》和其他报告;会议讨论通过了本次会议各项决议和《提案审查情况的报告》;10人作大会发言;会议表彰2005年度优秀提案11件;会议补选市政协副主席1人,增补常务委员1人。

市政协四届委员会第七次全体会议于2007年2月4日至8日在赤峰举行,出席会议委员242人。会议听取和审议市政协主席杨宝忠所作的《市政协四届常委会工作报告》,听取和审议《关于市政协四届六次会议以来提案工作情况的报告》;列席市四届人大八次会议,听取并讨论了《赤峰市政府工作报告》和其他报告;会议讨论通过了本次会议各项决议和《提案审查情况的报告》;11人作大会发言;会议补选市政协副主席1人,增补常务委员1人。

四、赤峰市政协第五届委员会全体会议

市政协五届委员会第一次全体会议于2007年12月14日至18日在赤峰举行。本届委员会共有委员333人，出席会议委员316人。会议听取和审议主席团常务主席所作的《市政协四届常委会工作报告》，听取和审议《关于市政协四届一次会议以来提案工作情况的报告》；列席市五届人大一次会议，听取并讨论《赤峰市政府工作报告》和其他报告；会议讨论通过了本次会议各项决议和《提案审查情况的报告》；10人作大会发言；会议选举市政协第五届委员会主席1人、副主席9人、秘书长1人、常务委员56人。

市政协五届委员会第二次全体会议于2008年2月28日至3月2日在赤峰举行。共有委员340人，出席会议318人。会议听取和审议市政协主席赵兴所作的《市政协五届常委会工作报告》；列席市五届人大二次会议，听取并讨论《赤峰市政府工作报告》和其他报告；会议讨论通过了本次会议各项决议。

市政协五届委员会第三次全体会议于2009年2月23日至27日在赤峰举行。共有委员346人，出席会议335人。会议听取和审议《市政协五届常委会工作报告》和《关于市政协五届一次、二次会议以来提案工作情况的报告》；列席市五届人大三次会议，听取并讨论《赤峰市政府工作报告》和其他报告；会议讨论通过了本次会议各项决议和《提案审查情况的报告》；11人作大会发言。

市政协五届委员会第四次全体会议于2010年1月11日至15日，在赤峰举行。共有委员357人，出席会议323人。会议听取和审议《市政协五届常委会工作报告》和《关于市政协五届三次会议以来提案工作情况的报告》；列席市五届人大四次会议，听取并讨论《赤峰市政府工作报告》和其他报告；会议讨论通过了本次会议各项决议和《提案审查情况的报告》；11人作大会发言。

市政协五届委员会第五次全体会议于2011年2月24日至28日在赤峰举行。共有委员397人，出席会议372人。会议听取和审议市政协主席赵兴所作的《市政协五届常委会工作报告》，听取和审议《关于市政协五届四次会议以来提案工作情况的报告》；列席市五届人大五次会议，听取并讨论《赤峰市政府工作报告》和其他报告；会议讨论通过了本次会议各项决议和《提案审查情况的报告》；12人作大会发言；会议补选市政协副主席1人，增补常务委员2人。

市政协五届委员会第六次全体会议于2012年2月25日至29日在赤峰举行。共有委员408人，出席会议361人。会议听取和审议《市政协五届常委会工作报告》和《关于市政协五届五次会议以来提案工作情况的报告》；列席市五届人大六次会议，听取并讨论《赤峰市政府工作报告》和其他报告；讨论通过了本次会议各项决议和《提案审查情况的报告》；10人作大会发言；会议补选市政协第五届委员会主席1人。

五、赤峰市政协第六届委员会全体会议

市政协六届委员会第一次全体会议于2013年1月6日至10日在赤峰举行。本届

委员会共有委员340人,出席会议335人。会议听取和审议主席团常务主席所作的《市政协五届常委会工作报告》,听取和审议《关于市政协五届一次会议以来提案工作情况的报告》;列席市六届人大一次会议,听取并讨论《赤峰市政府工作报告》和其他报告;会议讨论通过了本次会议各项决议和《提案审查情况的报告》;会议选举市政协第六届委员会主席1人、副主席9人、秘书长1人、常务委员57人。

市政协六届委员会第二次全体会议于2014年2月20日至22日在赤峰举行。共有委员342人,出席会议323人。会议听取和审议市政协主席朱景田所作的《市政协六届常委会工作报告》,听取和审议了《关于市政协六届一次会议以来提案工作情况的报告》;列席市六届人大二次会议,听取并讨论《赤峰市政府工作报告》和其他报告;会议讨论通过了本次会议各项决议和《提案审查情况的报告》;会议增补市政协常务委员4人。

第二节 常务委员会会议

市政协常务委员会会议每年2~3个月举行一次。会议由政协主席召集并主持,特殊情况主席委托副主席主持。会议主要内容有:研究确定召开市政协全体会议,协商讨论《赤峰市政府工作报告(征求意见稿)》,听取市政府关于全市经济社会发展情况的通报;研究实施政协章程和全国政协及自治区政协所作的决议,执行市政协全体会议决议;审议通过提交市政府办理的重要建议案,安排市政协的调研、视察活动,决定市政协工作机构的设置和变动等。1991—2014年,市政协常委会共召开103次会议,其中第二届22次,第三届22次,第四届28次,第五届24次,第六届到2014年7次。

1991年,共召开会议2次。通过市政协第二届委员会机构设置和组成人员名单;通过《政协赤峰市委员会常务委员会工作规划》《政协赤峰市委员会各专门委员会组织通则》《政协赤峰市委员会提案工作条例》。

1992年,共召开会议5次。传达全国政协七届七十次常委会会议精神和自治区政协六届十五次常委会会议精神;研究召开市政协二届二次全体会议的有关事宜;通过市政协《关于学习贯彻中共十四大精神,围绕经济建设做好人民政协工作的决议》。

1993年,共召开会议5次。研究召开市政协二届三次全体会议有关事宜;听取市工商部门关于全市市场建设和培育情况的汇报,就如何进一步加强全市市场建设问题向市委、市人民政府呈送建议报告;学习讨论中共中央《关于建立社会主义市场经济体制若干问题的决定》。

1994年,共召开会议5次。研究召开市政协二届四次全体会议有关事宜;讨论通过《关于加快赤峰市个体私营经济发展步伐的建议案》;学习讨论《中共中央关于加强党的建设几个重大问题的决定》;听取市政府关于全市1994年社会经济发展情况的通报。

1995年，共召开会议3次。研究召开市政协二届五次全体会议有关事宜；听取市物价部门关于全市物价情况汇报，提出许多建设性意见。

1996年，共召开会议5次。讨论通过《市政协1996年工作要点》和《提案工作条例》；协商讨论《赤峰市政府工作报告（征求意见稿）》；研究召开市政协三届一次全体会议有关事宜；通过有关人事任免事项，通过市政协三届委员会主席、副主席工作分工，协商决定市政协第三届委员会机构设置和各专门委员会组成人员；审议通过《常务委员会会议制度》，通过《政协赤峰市委员会关于加强信息工作的意见》；传达中共十四届六中全会和十一省区政协提案会议精神。

1997年，共召开会议5次。协商讨论《赤峰市政府工作报告（征求意见稿）》；研究召开市政协三届二次全体会议有关事宜；决定将市政协祖国统一联谊委员会改称为市政协民族宗教三胞联谊委员会；听取市政府关于上半年经济运行情况的通报，听取各旗县区政协关于异地视察小企业改革情况的汇报；传达中共十五大精神及自治区党委六届六次全委（扩大）会议精神。

1998年，共召开会议4次。研究召开市政协三届三次全体会议有关事宜；听取市综合治理办公室关于全市社会治安综合治理情况的汇报，听取市政府关于国有企业下岗职工基本生活保障和再就业工作情况的通报；传达六省区十八市盟政协横向联系会第十二次会议精神。

1999年，共召开会议4次。研究召开市政协三届四次全体会议有关事宜；协商讨论《赤峰市政府工作报告（征求意见稿）》；听取市政协关于赤峰市牧民生产生活情况调查的通报；审议通过市政协《关于政治协商、民主监督、参政议政的实施细则》、市政协常委会《工作规则》、市政协《专门委员会通则》；听取市政府关于国有企业下岗职工再就业和生活保障情况的通报及市政协组织部分委员视察此项工作情况的汇报。

2000年，共召开会议5次。研究召开市政协三届五次全体会议有关事宜及增补委员事项；通过增选主席、副主席等重要人事任免的建议名单；听取和讨论市政协经济科技委员会关于赤峰市生态保护和建设情况的视察报告，形成常委会建议案；协商讨论《赤峰市政府工作报告（征求意见稿）》。

2001年，共召开会议2次。协商讨论《赤峰市政府工作报告（征求意见稿）》；研究召开市政协四届一次全体会议有关事宜；决定市四届政协机关组织建设、机构设置和干部任免。

2002年，共召开会议6次。传达全国地方政协工作经验座谈会议及自治区政协八届五次会议精神；研究召开市政协四届二次全体会议有关事宜及增补调整委员事项；听取市政府关于全市国民经济运行情况和生态立市、工业强市战略实施情况的通报；传达中共十六大会议精神。

2003年，共召开会议4次。研究召开市政协四届三次全体会议有关事宜；审议通过《关于进一步做好禁牧舍饲工作的建议案》，审议通过《关于优化赤峰市开放环境的建议案》;通过人事任免事项。

2004年,共召开会议4次。研究召开市政协四届四次全体会议有关事宜及增补委员事项;学习讨论《中国人民政治协商会议章程》;传达中共十六届四中全会精神;听取市政府关于重点项目建设情况的通报;听取市政府关于对市政协四届四次全体会议上委员提案办理情况的通报。

2005年,共召开会议4次。研究召开市政协四届五次全体会议有关事宜,通过补选主席、副主席等重要人事任免的建议名单;讨论《赤峰市国民经济和社会发展"十一五"规划》思路;审议并通过市政协各项规章制度;传达中共十六届五中全会精神;审议通过《关于进一步推动赤峰市奶牛产业发展的建议案》。

2006年,共召开会议4次。审议通过关于延长本届委员会任期的决定,研究召开市政协四届六次全体会议有关事宜;审议通过《关于进一步加强赤峰市生态保护与建设的建议案》;听取市政府关于2006年全市经济社会发展情况的通报。

2007年,共召开会议6次。贯彻落实中共中央《关于加强人民政协工作的意见》和自治区党委《关于进一步加强政协工作的决定》;协商讨论《赤峰市政府工作报告(征求意见稿)》;协商决定市政协第五届委员会委员名单和召开市政协五届一次全体会议的有关事宜,决定市五届政协机关机构设置和干部任免。

2008年,共召开会议5次。研究召开市政协五届二次全体会议有关事宜及增补委员事项;听取市政府关于市政协五届一次会议以来提案办理情况的通报,听取市政府关于招商引资和重大项目建设情况的通报;审议通过《政协赤峰市委员会委员管理办法》。

2009年,共召开会议5次。研究召开市政协五届三次全体会议有关事宜及增补委员事项;听取市政府关于2009年上半年全市经济运行情况的通报,听取市国土资源局和市食品药品监督管理局的有关汇报。

2010年,共召开会议4次。研究召开市政协五届四次全体会议有关事宜;听取市公安局、市经信委、市工商局、市国税局和市发改委有关工作情况的汇报;传达全区政协工作会议精神。

2011年,共召开会议4次。研究召开市政协五届五次全体会议有关事宜;听取市政府关于全市经济运行情况的通报,听取市农牧业局、市质量技术监督局、市住建委、市教育局有关工作情况的汇报。

2012年,共召开会议5次。听取市发改委、市商务局有关工作情况的汇报;协商决定市政协第六届委员会委员名单和召开市政协六届一次会议的有关事宜。

2013年,共召开会议3次。审议通过《政协赤峰市委员会委员学习培训办法》,决定市六届政协机关机构设置和干部任免;听取市发改委、市创城办、市住建委、市商务局、市文化局有关工作情况的汇报;审议通过《政协赤峰市委员会提案工作条例》,审议通过《赤峰市政协委员履职服务和管理办法》;围绕发展生态农牧业进行专题议政,以城市建设为议题进行专题议政。

2014年，共召开会议4次。研究召开市政协六届二次全体会议有关事宜及委员调整增补事项；围绕“提高中心城区可持续发展能力，发展以人为核心的新型城镇化”进行专题议政，围绕“农村牧区医疗体系建设、清洁能源基地建设和依靠大数据打造智慧城市”进行专题议政。

第二篇　政协常务委员会

第一章　组织机构

第一节　领导机构

1991—2014 年,政协赤峰市第二届至第六届常委会期间,共有 6 位主席更迭,其中跨届任职的 3 人。根据工作需要,市政协常委会领导机构部分成员有所调整。

一、主席、副主席、秘书长

1991—2014 年政协赤峰市委员会主席、副主席、秘书长更迭表

表 16-2-1

届次	职务	姓名	民族	任职时间
第二届(1991.5—1996.4)	主 席	钱柏林	蒙古族	1991.5—1995.5
		巴特尔	蒙古族	1995.5—1996.4
	副主席	苏 赫	蒙古族	1991.5—1996.4
		庞文生	汉族	1991.5—1996.4
		白云清	蒙古族	1991.5—1996.4
		李 兰(女)	汉族	1991.5—1996.4
		丛振荣	汉族	1991.5—1996.4
		冯靖寰	汉族	1991.5—1996.4
		王之璞	汉族	1991.5—1996.4
		冯 顺	汉族	1994.3—1996.4
		黄凌云	蒙古族	1995.5—1996.4
	秘书长	朝 鲁	蒙古族	1991.5—1995.5
		回登勤	回族	1995.5—1996.4

续表

届次	职务	姓名	民族	任职时间
第三届（1996.4—2001.10）	主 席	巴特尔	蒙古族	1996.4—2000.4
		张立华	满族	2000.4—2001.10
	副主席	苏　赫	蒙古族	1996.4—1999.1
		冯靖寰	汉族	1996.4—2000.4
		黄凌云	蒙古族	1996.4—2001.10
		卢振远	汉族	1996.4—2000.4
		白振高	蒙古族	1996.4—2001.2
		布　和	蒙古族	1996.4—2001.10
		赵　慧(女)	汉族	1996.4—1998.7
		胡洪凯	汉族	1996.4—2001.10
		哈　森(女)	蒙古族	1998.3—2001.10
		孙　哲	汉族	2000.4—2001.10
		胡　奎	汉族	2000.4—2001.10
		李法普	汉族	2000.4—2001.10
		李雪波(女)	汉族	2000.4—2001.10
		哈斯巴根	蒙古族	2000.4—2001.10
	秘书长	回登勤	回族	1996.4—1999.4
		刘　珍	汉族	1999.4—2001.10
第四届（2001.10—2007.12）	主 席	张立华	满族	2001.10—2005.4
		杨宝忠	汉族	2005.4—2007.12
	副主席	布　和	蒙古族	2001.10—2004.3
		孙　哲	汉族	2001.10—2004.3
		哈斯巴根	蒙古族	2001.10—2007.12
		刘　珍	汉族	2001.10—2007.12
		李雪波(女)	汉族	2001.10—2007.12
		呼格吉图	蒙古族	2001.10—2007.10
		郑喜春	汉族	2001.10—2005.4
		郭丽虹(女)	汉族	2001.10—2007.12
		林澄宇	汉族	2001.10—2007.12
		邱　富	汉族	2004.3—2007.12

续表

届次	职务	姓名	民族	任职时间
第四届（2001.10—2007.12）	副主席	白音那	蒙古族	2004.3—2007.12
		布和朝鲁	蒙古族	2004.3—2007.12
		李玉春	汉族	2005.4—2007.12
		王文国	汉族	2006.3—2007.12
	秘书长	周兴海	汉族	2001.10—2007.12
第五届（2007.12—2013.1）	主席	赵　兴	汉族	2007.12—2012.2
		朱景田	汉族	2012.2—2013.1
	副主席	王文国	汉族	2007.12—2011.2
		哈斯巴根	蒙古族	2007.12—2013.1
		郭丽虹(女)	汉族	2007.12—2013.1
		林澄宇	汉族	2007.12—2009.2
		布和朝鲁	蒙古族	2007.12—2013.1
		赵知文	汉族	2007.12—2013.1
		陈　宏	汉族	2007.12—2013.1
		韩会申	蒙古族	2007.12—2013.1
		张文革	汉族	2007.12—2013.1
		王国联	汉族	2009.2—2013.1
		吉玉龙	汉族	2011.2—2013.1
	秘书长	达瓦敖斯	蒙古族	2007.12—2013.1
第六届（2013.1—2014.12）	主席	朱景田	汉族	2013.1—2014.12 在职
	副主席	陈　宏	汉族	2013.1—2014.12 在职
		哈斯巴根	蒙古族	2013.1—2014.12 在职
		郭丽虹(女)	汉族	2013.1—2014.12 在职
		布和朝鲁	蒙古族	2013.1—2014.12 在职
		张文革	汉族	2013.1—2014.12 在职
		吉玉龙	汉族	2013.1—2014.12 在职
		娜日苏(女)	蒙古族	2013.1—2014.12 在职
		陈文阁	汉族	2013.1—2014.12 在职
	秘书长	昭日格图	蒙古族	2013.1—2014.12 在职

说明：此表由市政协办公厅提供。

二、常委会委员

1991—2014年政协赤峰市历届常务委员会委员一览表

表16-2-2

届 次	委 员 名 单
第二届（1991.5—1996.4）	卫士杰、马宏图、马国元、马海清、王晓堂、王敬国（蒙古族）、毛文岭、左中杰、白东奎、白振高（蒙古族）、田汉滨、史静平、布和朝鲁（蒙古族）、许广、孙九如、刘天昌、刘春玉、吉木彦、朱抚生、朱问渔、邢维燕（女）、杜玉森、李廷志、李伯君（回族）、李雪波（女）、汪雅轩（女 蒙古族）、林大强、旺吉乐（蒙古族）、张冰琳（女）、张德臣、周俊秋、宝敬群（女 蒙古族）、哈森（女 蒙古族）、侯占军、赵亚光（满族）、钦德木尼（蒙古族）、高云华（回族）、贾长荣、徐连生、栗志军、敖斯尔（蒙古族）、陶尊光、诺·博迪（蒙古族）、海德亮（回族）、崔铎、宿铁贞（女 蒙古族）、霍剑峰、戴自力
第三届（1996.4—2001.10）	卫士杰、于宝德、于建设、马国元、毛文岭、王 莉（女）、王乃庚、王之璞、王万禄、王晓堂、左中杰、布和朝鲁（蒙古族）、白永顺（蒙古族）、卢家华（蒙古族）、史静平、许广、刘为民、刘鸿印、刘善国、刘敬一（回族）、朱问渔、任起辉、邢维燕（女）、李仕斌、李权忠、李宝恒、李淑霞（女）、李雪波（女）、张占军、张学兰（女）、张珉（蒙古族）、汪成海、杜梦骧、何镇关（满族）、宋锡波、林大强、旺吉乐（蒙古族）、赵东儒、侯占军、贾长荣、高云华（回族）、徐世明（蒙古族）、诺·博迪（蒙古族）、崔淑珍（女）、朝鲁（蒙古族）、葛肇溪、嘎拉僧拉布杰（蒙古族）、戴自力
第四届（2001.10—2007.12）	于伟光（满族）、于治源（蒙古族）、马再林、王莉（女）、王永恒、王维峰、元旦（蒙古族）、乌云台（蒙古族）、布和朝鲁（蒙古族）、冯晓玲（女）、史建军、孙玉国、刘杰、刘为民、刘志慧（满族）、刘彦华（女）、刘鸿印、张珉（蒙古族）、张凤伦、张学兰（女）、张国华、张郁达（蒙古族）、李文华、李会军（回族）、李明玉、李宝恒、李淑侠（女）、李鸿鸣（回族）、宋泽清、宋雪明、宋锡波、吴银成、邢树、杜树成、何明江、那顺巴雅尔（蒙古族）、周健、林大强、侯广辉、侯少平、昭日格图（蒙古族）、赵富（蒙古族）、胡家奇（蒙古族）、洪建军（女 蒙古族）、高岳宇、郭卫红（女）、曹丽（女）、解长林、褚继华（女 蒙古族）、潘一青（女）
第五届（2007.12—2013.1）	于占军、于治源（蒙古族）、马海（回族）、马景林、乌拉（蒙古族）、乌敦木其尔（女 蒙古族）、毛长存、王莉（女）、王仕平、王宪民（回族）、冯晓玲（女）、冯晓明（女）、卢世翔（蒙古族）、叶凤国、白振林（蒙古族）、那顺巴雅尔（蒙古族）、刘召春、刘志慧（满族）、刘林阁、刘晓明（蒙古族）、孙卫东（蒙古族）、孙玉国、邢树、何明江、吴宣付、吴银成（蒙古族）、宋臣（蒙古族）、宋天翔（蒙古族）、宋泽清、张珉（蒙古族）、张正旭（女 蒙古族）、张亚荣（女）、张国、张国力、张郁达（蒙古族）、李文智、李志刚、李明玉、李海瑞、李瑰峰、周正、周健、周俊秋、侯少平、贾洪榛、高钧、高云飞、高玉霞、高晓刚、剪绍民、黄伟（女）、阎清卿、塔日吉德（蒙古族）、董春海、解长林、蔡富廷（满族）
第六届（2013.1—2014.12）	于东升、于占军（蒙古族）、马晓东（蒙古族）、王立恩、王建霞（女 蒙古族）、车方焱、牛忠良、方黎明、布和朝格图（蒙古族）、卢世翔（蒙古族）、旦却坚赞（蒙古族）、白树森、丛树峰、丛雅丽（女）、邢树、吕广信、任林（女）、刘志慧（满族）、刘国会、刘学军、江红（女）、李文敏（女 蒙古族）、李志刚（满族）、李明玉、李彦华（女 蒙古族）、吴柏军、吴宣付、吴海鹰（女 蒙古族）、何明江、宋泽清、张珉（蒙古族）、张顺（回族）、张书理（蒙古族）、张立雄（蒙古族）、张郁达（蒙古族）、张振江、张喜柱、其木格（女 蒙古族）、欧秀兰（女）、呼和巴拉（蒙古族）、岳健、金满都、周金琴（女）、周俊秋、赵云花（女）、赵玉敏、赵秀春（女 蒙古族）、敖敦其木格（女 蒙古族）、贾洪榛、夏海波、高晓刚、高德昌、剪绍民、董岩（蒙古族）、韩颖（女 蒙古族）、蔡富廷（满族）

说明：此表由市政协办公厅提供。

第二节　工作机构

1991年5月，市政协内设机构为：办公室、提案委员会、经济科技委员会、文教卫生委员会、文史资料委员会、祖国统一联谊委员会。1996年6月，市政协被全国政协确定为信息联系点，经市委常委会批准增设信息联络处。1997年5月，祖国统一联谊委员会更名为民族宗教三胞（台湾同胞、港澳同胞、海外侨胞）联谊委员会。同年，成立市政协机关后勤服务中心，为科级全额事业单位。

2000年1月，办公室更名为办公厅。2002年7月，按照机构改革方案，办公厅又更名为办公室。同年12月，提案委员会更名为提案法制委员会，文教卫生委员会更名为文教卫体委员会，文史资料委员会更名为文史学习委员会，信息联络处更名为信息联络委员会。经济科技委员会、民族宗教三胞联谊委员会名称未变。6个委员会均下设办公室。2007年11月，撤销市政协机关后勤服务中心，成立财务科。市政协办公室下设秘书科、组织人事科、行政科、财务科和老干部管理科。至2014年，市政协工作机构未变。

1991—2014年赤峰市政协各委办主任更迭表

表16-2-3

职务	姓名	民族	任职时间
办公厅（办公室）主任	朝　鲁（兼）	蒙古族	1991.5—1995.5
	回登勤（兼）	回族	1995.5—1999.4
	刘　珍（兼）	汉族	1999.4—2001.10
	周兴海（兼）	汉族	2001.10—2008.12
	达瓦敖斯（兼）	蒙古族	2008.12—2012.11
	昭日格图（兼）	蒙古族	2012.11—2014.12 在职
提案法制委员会（提案委员会）主任	巴特尔	蒙古族	1995.9—1996.4
	白永顺	蒙古族	1996.4—2001.10
	侯少平	汉族	2001.10—2009.1
	李志刚	汉族	2009.1—2013.12
	李艳茹（女）	汉族	2013.12—2014.12 在职
经济科技委员会主任	王汝昌	汉族	1991.5—1996.4
	王乃庚	汉族	1996.4—1999.4
	邵广林	汉族	1999.4—2001.10

续表

职务	姓名	民族	任职时间
经济科技委员会主任	杜树成	汉族	2001.10—2006.1
	高云飞	汉族	2006.3—2012.11
	吴柏军	汉族	2012.11—2014.12 在职
文教卫体委员会（文教卫生委员会）主任	王万禄	汉族	1994.7—2001.10
	冯晓玲（女）	汉族	2001.10—2012.11
	张立雄	蒙古族	2012.11—2014.12 在职
文史学习委员会（文史资料委员会）主任	徐世明	汉族	1992.5—2001.10
	高岳宇	汉族	2001.10—2006.9
	宋天翔	蒙古族	2006.9—2012.11
	方黎明	汉族	2012.11—2014.12 在职
民族宗教三胞联谊委员会（祖国统一联谊委员会）主任	于宝德	回族	1996.4—1999.4
	周清明	汉族	1999.4—2001
	布和朝鲁	蒙古族	2001—2004
	王亚光	汉族	2004—2008
	那顺巴雅尔	蒙古族	2008—2012.11
	刘国会	汉族	2012.11—2014.12 在职
信息联络委员会主任	孙向民	汉族	2002.12—2009.1
	王国相	汉族	2009.1—2014.12 在职

说明：此表由市政协办公厅提供。

第二章　主要工作

第一节　政治协商

一、政府工作报告协商

在每年的“两会”召开前，市政协常委会都组织政协委员协商讨论《赤峰市政府工作报告（征求意见稿）》；“两会”期间，政协委员听取《赤峰市政府工作报告》后，再次提出意见和建议。

1992 年,在市政协二届二次全体会议上,对报告中提到的转换企业经营机制、科技兴农、民主法治建设和教育、文化、卫生等事业的指标、措施,提出 32 条修改补充意见。

2000 年,在市政协三届十八次常委会会议和三届五次全体会议上,政协委员就进一步加快改革开放步伐、积极参与西部大开发、提高国企改革成效、加速推进产业结构调整、加强生态建设和环境保护、强化城市管理、推进科技教育发展、完善社会保障体系、依法行政、反腐倡廉、保持社会稳定、加强精神文明建设和民主法治建设等事关全局的重大问题,提出意见和建议。

2003 年,在市政协四届三次全体会议上,政协委员就深入实施生态立市、工业强市、科教兴市三大战略,积极推进经济结构调整和农牧业产业化经营,加快生态建设和基础设施建设步伐,加快新城区建设和提高城市管理水平,壮大工业经济,大力发展民营经济,改善对外开放投资环境,提高城乡人民生活水平,关注弱势群体,扩大就业和再就业,完善社会保障体系,加强精神文明建设和民主法治建设等问题,提出意见和建议。

2006 年,在市政协四届二十次常委会会议和四届六次全体会议上,政协委员就建设和谐赤峰,解决群众看病难、看病贵问题,用足用好用活振兴东北老工业基地政策,加强企业家队伍建设,积极做好撤乡并镇后的人员安置、债权债务处理工作,加强精神文明建设等问题,提出意见和建议。

2010 年,在市政协五届四次全体会议上,政协委员就建立和完善社会保障体系,继续加强食品安全管理,新老城区的建设和改造要平衡发展,鼓励和支持劳务创业,为再就业制定好的政策、创造好的条件,继续加强民族宗教工作等问题,提出意见和建议。

2013 年,在市政协六届一次全体会议上,政协委员就工业项目建设、招商引资、农牧民增产增收、农村牧区财政体制改革和税费改革、水资源保护和利用、各级各类学校建设、文化产业发展、旅游环境资源保护、社区管理、大病医疗等问题,提出意见和建议。

二、经济建设与社会发展问题协商

赤峰市国民经济和社会发展五年计划(规划) 1995 年 10 月,市政协组织召开《赤峰市国民经济和社会发展第九个五年计划纲要(草案)》论证会,就“九五”计划的指导思想、各项经济指标和实施措施提出了 32 条意见和建议。2010 年 12 月,市政协五届十五次常委会会议就《赤峰市国民经济和社会发展第十二个五年规划纲要(草案)》进行协商讨论。提出在“十二五”期间应加快完善非公有制企业自主创新的配套政策、发展特色产业集群、发展中小企业、进一步扩大社会就业等具体建议;同时提出一些涉及河流综合治理、工贸园区建设、文化遗址保护等建设项目,应纳入“十二五”规划。委员们的意见和建议,基本都被吸收到修订后的“十二五”规划中。

经济发展 1994 年,由市政协牵头,会同市委政研室、市计委等有关部门和各新闻媒体联合召开“振兴赤峰城市经济研讨会”,从不同角度论证发展城市经济的重要性, 提出很多发展城市经济的良策。2013 年 8 月, 市政协六届二次常委会会议围绕“建设百万人口区域性中心城市、蒙东冀北辽西地区商贸物流枢纽城市、全国文明城市和国家历史文化名城”进行专题协商。委员们提出一些建议,如应彻底放开户籍门槛、加快赤峰商贸业和物流业的建设、打造历史文化名城等,这些建议均被市政府采纳。

新型城镇化建设 2014 年 7 月,市政协六届六次常委会会议围绕“提高中心城区可持续发展能力,发展以人为核心的新型城镇化”这一议题,进行政治协商。会议建议,在推进新型城镇化建设中,强化中心城区的发展和引领作用,把推动区域经济协调发展作为支撑,对未来的发展方向提早谋划,实现环境、人与城市和谐发展。之前,进行近 3 个月的深入调研,形成《完善地下管线建设,打造城市良心工程》《推进新型城镇化建设,提升新城区承载力和吸引力》等 6 份调研报告。市委、市政府主要领导高度重视政协会议形成的建议和 6 份调研报告,批示市政府分管领导和红山区、松山区、元宝山区以及市直有关部门认真研究落实。

第二节 民主监督

一、委员视察

1991—2014 年,市政协共组织开展 18 次视察活动,内容涵盖经济、文化、教育、卫生、体育等方面。

1991 年 7 月,市政协对市直和红山区、松山区环境卫生及食品卫生情况进行视察,向市政府提出存在的问题和建议。市政府分管副市长及时召开卫生、商业、建设等部门负责人会议,认真研究,落实责任,提出限期改正措施,推动了卫生城建设工作。1999 年 6 月,市政协文教卫生委员会组织部分委员到喀喇沁旗、宁城县、巴林左旗对馆藏文物保护、开发、利用情况进行视察,形成《关于对赤峰市文物保护开发利用情况的视察报告》。

2004 年 6 月,市政协组成视察组,先后对克什克腾旗、翁牛特旗、阿鲁科尔沁旗普及九年义务教育及“两基”攻坚进展情况进行视察,形成《关于赤峰市全面普及九年义务教育及“两基”攻坚进展情况的报告》。视察报告报送市委、市政府后,分管领导批转有关部门研究解决。2006 年 10 月, 市政协组织部分政协委员深入到 4 个旗县的 8 个景点,对旅游景区进行实地视察,对发展旅游业提出 4 个方面的建议,形成视察报告,受到市党政领导和有关部门的重视,被纳入全市旅游发展规划之中。

2013 年 8 月,部分政协委员和部分人大代表组成三个联合视察组,对红山区、松山区和元宝山区的创建全国文明城市情况进行视察,提出一些存在的问题和建议。委员们的建议,引起了市政府和“三区”政府的重视,有些建议被采纳。

二、反映社情民意

1996 年 4 月,赤峰市政协被全国政协确定为信息联系点。主要任务是向全国政协信息中心报送反映地方改革开放和经济建设中存在的困难和问题、重大灾情和需要引起中共中央、国务院领导重视的社情民意。1997 年,市政协上报全国政协信息中心《赤峰政协信息》24 期,采用 6 期,其中《强化流动人口计划生育管理的建议》信息,由国务院分管领导批转国家计生委研究办理, 国家计生委反馈采纳建议。1998—2000 年,市政协上报全国政协、自治区政协《赤峰政协信息》120 期,其中全国政协采用 34 期,中央办公厅采用 2 期,国务院采用 7 期。1998 年,上报的《恳请国家拯救“世界之最”沙地红皮云杉原始森林》信息被全国政协采用后,全国政协提案委员会、林业部、国家环保局会同有关专家到克什克腾旗考察并现场办公,确定克什克腾旗沙地红皮云杉林为国家级自然保护区;《在土地调整中因国家法律和党的政策规定不一致而引发的矛盾应引起重视》信息,被中央办公厅采用。1999 年,上报的《建议中央和国家应进一步调整关于少数民族地区发展政策》等 3 条信息,全国政协采用后报送中共中央、国务院分别采用。2000 年,上报的《建议把赤峰市浑善达克、科尔沁沙地列入全国防沙治沙规划》信息,其建议内容列入国家防治规划;《基层政协委员建议尽快将红山军马场移交克什克腾旗人民政府管理》信息,由中央军委责成北京军区联勤部与克什克腾旗人民政府协商妥善解决。

2001—2005 年,市政协上报全国政协、自治区政协《赤峰政协信息》176 期。2002 年,全国政协采用 9 期,自治区党委采用 7 期。其中《退耕还草是西部大开发生态建设的最佳选择》信息,全国政协专报国务院,分管领导作出批示,国务院提出在草原地区实行退牧还草补偿政策的意见;《辽上京遗址保护问题迫在眉睫》《改进种子包衣剂保护野生鸟类》信息,专报自治区人民政府。2003 年,全国政协采用 12 期。其中《贫困地区广大农民强烈要求调整农村信贷政策,改革农村信贷方式》信息,全国政协专报国务院,分管领导批转中国银监会,中国银监会向国务院作出《关于农村信用社业务经营与信贷支农有关情况的报告》;《建议进一步修改补充完善〈中华人民共和国村民委员会组织法〉》信息,全国政协专报全国人大常委会。2004 年,全国政协采用 12 期。其中《关于改善劳动模范(先进工作者)生活待遇的意见和建议》信息,全国政协专报全国人大常委会,分管领导批示全国总工会,要高度重视地方政协委员的意见;《基层人民群众对中国行政区划改革意向反映强烈》信息,全国政协主席签阅,一名副主席作出批示,转送中央编制委员会;《基层对“2131”工程的建议》信息,全国政协转国务院,分管领导作出“调整和完善‘2131’工程”的批示。2005 年,全国政协采用 11 期。其中《建议制定促进草产业健康发展的产业政策》信息,专报国务院,分管领导作出批示。

2006—2010 年,市政协上报全国政协、自治区政协《赤峰政协信息》195 期。2006 年,全国政协采用 10 期,自治区政协采用 16 期。2007 年,全国政协采用《关于进一步加强殡葬制度改革，切实减轻农民负担的建议》等多条信息；《人民政协报》全文刊载《在牧区实行季节性区域性轮牧》信息内容；《加强偏远少数民族地区文化工作》信息获自治区政协好信息奖。2009 年，《加大红山文化世界文化遗产申报力度，为建设文化强市服务》《节约用水和制止污染是城区工业企业亟待解决的两大问题》《应进一步完善政府采购制度》等信息，市党政主要领导和分管领导 9 人次作出批示。2010 年，《关于建立农村低保边缘群体救助机制的建议》信息，自治区人民政府领导作出批示。

2011—2014 年，市政协上报全国政协、自治区政协《赤峰政协信息》247 期，全国政协采用 30 期，自治区政协采用 98 期。2011 年，《加强农村土地管理，综合开发土地资源》信息，国家领导人作出批示；《关于中央转移支付资金管理存在的问题及建议》信息，自治区政府分管领导作出批示。2013 年，自治区党委采用《关于在矿产资源开发中建设"绿色矿山"的建议》等信息 11 期；将《关于推进廉租房规范化建设和管理的建议》等 5 期信息报中央办公厅；自治区政府领导对《关于将契丹辽文化上升为国家文化发展战略的建议》作出批示。2014 年，《关注内蒙古森工集团棚改中的困境》信息，国家领导人作出批示；《惠民项目重建轻管，成果巩固亟待跟进》《莫让"新农保"成为"新包袱"》等 10 期信息，自治区政府、政协领导作出批示。

第三节　参政议政

一、委员大会发言

委员大会发言是人民政协履行政治协商、民主监督、参政议政职能的重要形式，也是界别委员个人或代表本界别履行职责、行使民主权利的具体体现。市政协各参加单位和委员通过大会发言，就全市改革开放和经济社会发展中的相关问题建言献策。对委员大会发言内容，一般会前 3~5 个月进行准备。市政协召开各参加单位和专门委员会负责人会议，要求自选课题，深入调查研究，精心准备材料，限时报送市政协办公室（厅）审查。市政协将委员大会发言材料装订成册，发给委员，并向新闻媒体等单位推荐委员大会发言稿供采用。1991 年 5 月至 2014 年 3 月，市政协共举行大会发言 22 次，先后有 261 人次在大会上发言。委员在发言中所提的建议或意见均被有关部门采纳。

二、专题调研

市政协把专题调研作为履行参政议政职能的有效形式。市政协组织的专题调研，一般经过筛选课题、组织调研、集中讨论、形成报告等四个环节。1991—2014 年，市政协共开展调研 60 余次，形成调研报告 60 篇，其中有 46 篇专题调研报告被市委、市政府采纳。有的以正式文件批转，变为指导性文件，有的变为决策依据和参考。

1995 年 8 月，市政协就近郊蔬菜生产情况进行调查，形成《赤峰市近郊蔬菜生产情况的调查及今后发展前景的思考和对策的报告》。1998—1999 年，市政协就落实市委、市政府《关于大力推进农牧业和农村牧区经济产业化的决定》情况，组成调查组，深入7个旗县区和1个市直单位进行实地调查，提出一些实际问题和解决问题的建议，形成《关于赤峰市牧民生产生活情况的调查报告》。该调研报告被自治区政协评为优秀调研报告。

2002年，为协助市委、市政府贯彻落实朱镕基总理视察赤峰时指出的“要把赤峰建设成全国的优秀旅游城市”重要指示精神，市政协与市有关部门一起组成调查组，深入各旗县区，就旅游业发展情况进行专题调研，形成《关于赤峰市旅游业发展问题的调研报告》，针对存在的问题提出六个方面的建议。对此建议，市委、市政府领导批转有关部门进行办理。2004年5月，市政协《关于赤峰市农村牧区剩余劳动力转移情况的调查报告》，在自治区政协常委会会议上作重点发言，并被自治区政协评为优秀调研报告一等奖。

2013年12月，市政协六届三次常委会选取生态农牧业这一课题，开展专题议政。常委们分成6个调研小组，深入旗县区开展调研，最终形成6篇调研报告、7篇论文。就生态农牧业建设问题，提出五个方面的建议，市委、市政府在相关决策中采纳了这些建议。2014年8月,市政协围绕“基层医疗卫生领域存在问题和对策”选取课题,组织调研组,采取实地走访、召开座谈会等形式进行深入调查,形成调研报告。

三、建议案

政协建议案，是市政协就全市政治、经济和社会生活等事关全局、影响较大的问题，经过深入调研，由主席会议审查立案、常委会会议进行讨论通过，以政协委员会、常务委员会名义向市委、市政府提出的建议。1991—2014年，先后形成主席会议建议案和常委会会议建议案21件。

1994年7月，市政协二届常委会第十五次会议就加快赤峰市个体私营经济发展问题，提出二十二条建议的调研报告。二届常委会第十六次会议对此调研报告进行充分论证，形成市政协常委会会议《关于加快赤峰市个体私营经济发展步伐的建议案》。此建议案市委、市政府主要领导作出批示，市委印发了《关于加快个体私营经济发展的补充决定》。1997年4月，市政协常委会就全市计划生育工作进行专题调研，并形成《关于加强计划生育工作的建议案》，市委、市政府认真采纳。建议案中“关于加强流动人口计划生育管理的建议”，被全国政协采用并报送国务院。国务院有关领导批示国家计生委要重视和采纳赤峰市政协提出的建议，认真研究控制新生儿性别比例严重失调问题。此建议案还被自治区《内蒙古内参》采用。

2003年7月，市政协组织有关委员对赤峰市实施禁牧舍饲情况进行调研，并形成《关于进一步做好禁牧舍饲工作的建议案》。市政府分管领导在政协常委会会议上，就建议案中所提出的问题和建议逐条进行答复。2006年9月，市政协四届常委会第二十二次会议，审议通过《关于进一步加强赤峰市生态保护与建设的建议案》。之前，市政协经济科技委员会组织部分委员深入7个旗县进行调查，形成调研报告，交主席会议研究后提交常委会会议审议通过。对此建议案，市政府分管领导批示有关部门认真研究办理。

第四节　提案工作

一、提案工作的制度建设

1991年9月，市政协二届二次常委会会议通过《政协赤峰市委员会提案工作条例》，进一步明确提案委员会的工作职责和提案的提出、审查、办理等规定。1997年，市政府印发《关于进一步加强人大代表建议、批评、意见和政协委员提案办理工作的通知》，规范了政协提案的办理、答复、落实等程序。2001年，市政协提出委员提案率、立案率、办结率、满意率、采纳率、落实率六项指标，并用来衡量提案工作质量。同年，实行政协主席、副主席督办重点提案制度。2003—2005年，市委办公厅、市政府办公厅转发市政协办公室《关于办理政协提案意见的通知》，形成市政府每年定期向市政协常委会会议通报提案办理情况制度，市政协常委会对《政协赤峰市委员会提案工作条例》进行第二次修订、补充和完善。2006年，市委在《2006年度旗县区党政领导班子和市直部门领导班子实绩考核内容的通知》中，将提案办理工作纳入党政领导班子和市直部门领导班子实绩考核内容之一。2013年11月，市政协常委会第三次修订《政协赤峰市委员会提案工作条例》，进一步明晰政协提案征集、审查、立案、交办、督查、落实等过程的全部内容。

二、提案征集与办理

1991—2014年，市政协委员、各民主党派、政协各参加单位充分利用提案形式，为赤峰市经济社会发展积极建言献策。市政协共收到委员提案5552件，提案率为70.6%；立案5350件，立案率为96.4%；提案办理5294件，办复率为99%。在办理的提案中，委员满意率为85%，采纳率为90%，落实率为70%。

2001年之后，市政协实行重点提案督办制度，以《重点提案摘报》为载体，实行市政协领导、市政府领导对重点提案进行批示的提案办理机制。每年市政协提案法制委员会向市政协主席会议提交重要提案初选意见，经主席会议讨论确立为重点提案。如：市政协四届三次会议立案的227件提案中，确立“关于开展‘诚信赤峰’活动，进一步改善经济发展环境的建议”等14件提案为重点提案；市政协五届一次会议立案的209件提案中，确立“关于切实减轻全市小学生课业负担的建议”等9件提案为重点提案；市政协六届一次会议立案的191件提案中，确立“加强草原生态建设与保护，防止生态二次破坏”等6件提案为重点提案。重点提案确立后，由市政协、市政府领导批示，督查部门督办。通过现场办案、联合办案、集中办案、跟踪办案或调研、视察等多种方式，把重点提案落到实处。

1991—2014年政协赤峰市委员会提案征集与办理情况一览表

表16-2-4 单位:件

全会届次		提案数	立案数	立案分类			办复数	办复率%
				经济建设	社会发展	统战 社保 民族 宗教		
第二届	一次	225	225	100	56	69	217	96.4
	二次	240	238	146	53	39	236	99.2
	三次	170	164	92	42	30	161	98.2
	四次	227	218	99	72	47	216	99.1
	五次	171	159	69	47	43	156	98.1
第三届	一次	272	262	182	36	44	255	97.3
	二次	279	271	178	58	35	269	99.3
	三次	280	271	131	86	54	271	100
	四次	244	243	126	61	56	240	98.8
	五次	312	300	149	86	65	295	98.3
第四届	一次	232	232	147	51	34	229	98.7
	二次	216	207	99	72	36	198	95.7
	三次	233	227	121	70	36	227	100
	四次	229	218	123	39	56	218	100
	五次	182	170	129	23	18	170	100
	六次	163	151	60	39	52	151	100
	七次	141	139	61	39	39	139	100
第五届	一次	217	209	70	57	82	209	100
	二次	135	122	40	35	47	122	100
	三次	238	229	93	74	62	229	100
	四次	221	221	89	67	65	221	100
	五次	227	222	103	69	50	222	100
	六次	235	235	105	68	62	235	100
第六届	一次	208	191	84	54	53	191	100
	二次	255	226	37	119	70	226	100
合计		5552	5350	2633	1473	1244	5294	99

三、优秀提案表彰

1991 年之后，市政协开展评选表彰优秀提案和提案办理先进单位、先进个人活动。每届政协任期内，表彰 2~3 次。1991—2014 年，共表彰优秀提案 165 件。每次表彰活动，按提案质量、办理质量、服务质量的要求，评选一批对赤峰市经济和社会发展产生效果的委员提案，以及办理提案的先进单位和先进个人，经市政协主席会议审定，市政协常委会会议通过，在政协全体会议上进行表彰和奖励。

第五节　文史编研

1990 年之后，市政协坚持“存史、资政、团结、育人”的方针，收集、整理、出版一批具有历史价值的文史资料。截至 2014 年，市政协共编辑出版 13 辑（部）选辑、专辑和专著，约 503 万字。

1990 年 7 月，市政协与北五旗县协作出版赤峰市文史资料第五辑《和子章与蒙骑四师》，记述解放初期蒙骑四师及师长和子章等爱国人士走上革命道路的战斗历程。1991 年 8 月，市政协出版《昭乌达风情》，比较全面地介绍赤峰市的历史沿革、民习民俗、山川景物、风土人情。1992 年 8 月，市政协出版《内蒙古自治学院》，全书选用的稿件是赤峰蒙古族中学为庆祝建校四十周年（1946—1986 年）征集和整理。1994 年 7 月，市政协出版《校注蒙古纪闻》，该书是喀喇沁旗汪国钧先生的遗著，所记风土人情均为亲见亲闻，对研究原昭乌达盟地区社会历史具有较高价值。1997 年，为庆祝内蒙古自治区成立 50 周年，市政协出版《赤峰人物》系列丛书，该书包括总古代卷、近代卷、总现代卷，共 230 万字。2007 年 8 月，市政协出版《罗布桑车珠尔传略》，该书是当代蒙古史学者札奇斯钦先生（赤峰市喀喇沁旗人）为其父亲写的传记。2008 年 3 月，市政协出版《赤峰市政协志》，全面、系统、客观地记述昭乌达盟和赤峰市政协的成立、发展过程。2010 年 9 月，市政协出版《赤峰满族》史料专辑，从源流、政治、军事、文化、宗教、语言、生活等 12 个篇目，系统反映赤峰地区满族起源、生产、生活及人文发展。2013 年 8 月，市政协出版《图文 30 年赤峰史料》，该书是为庆祝赤峰建市 30 周年而编纂出版的一部史料书籍。全书约 50 万字，插配照片 600 余幅。

为了收藏、保存文史资料，2013 年，市政协建立文史资料馆，馆库存书籍达 3000 余册、图片 5 万余幅。

第六节　三胞联谊

一、宣传学习活动

1991 年 9 月，市政协与宋庆龄基金会联合举办《中华人民共和国名誉主席宋庆龄同志生平展览》,共展出图片200幅、实物49件。1997年7月,庆祝香港回归祖国,市政协会同市委统战部、市委宣传部、市侨联、市侨办、赤峰日报社等有关部门,开展《香港回归祖国百题知识竞赛》活动。1999年12月,市政协通过座谈会、茶话会等形式,举办迎接澳门回归祖国活动。

2004年8月,组织驻市区的台属、归侨侨眷和各民主党派负责人及红山区、松山区政协委员,观看《关于台湾形势和台湾问题走向》的录像,使与会人员对海峡两岸形势有了更进一步的了解。2005年3月,全国人大十届三次会议审议通过《反分裂国家法》后,市政协民族宗教三胞联谊委员会邀请赤峰民盟、民革负责人和台属界的政协委员进行了学习讨论。2011年5月,在全区政协港澳台侨联络和外事工作座谈会上,市政协作题为《充分发挥专委会基础作用,积极建言献策,调查研究》的大会发言。

二、联谊接待工作

1991—2000年,每逢中秋节,市政协会同市侨联、市侨办、市台办联合召开"中秋佳节联谊会""中秋茶话会"或游园活动,邀请驻市直的台属、归侨、侨眷欢聚一堂,畅谈祖国发展的大好形势,增进感情,同时宣传党的方针政策。1993年,市政协先后接待台胞范增平先生、台湾林修澈教授、台湾政治大学谢敏聪博士、台湾影视演员张冰玉女士、台胞马宏基先生、侨胞马宏祥先生等。谢敏聪博士返台后,在《牛顿》杂志上发表题为《赤峰是中国北方文化的摇篮》的文章和图片,扩大了赤峰市在海外的影响。2002年2月,接待香港集成亚洲实业有限公司的专家到赤峰考察防沙治沙项目。2009年,接待"第一届台湾杰出青年暑假研习营"一行12人到赤峰观光考察。2010年,接待台湾地区"海峡两岸艺术家红山文化草原风情笔会"访问团到赤峰进行艺术交流。2012年4月,接待香港大学中国发展研究硕士参观考察团一行18人。

第十七卷

民主党派　人民团体

赤峰市的民主党派组织均成立于20世纪80年代。到2014年,全市民主党派组织保持成立时的6个,即民革赤峰市总支部委员会和民盟、民建、民进、农工党、九三学社赤峰市委员会。其基层组织发展到35个,成员总数由成立时的32人发展到946人。在此期间,各民主党派组织不断加强自身建设,更好地发挥参政议政、民主监督、服务社会等作用。一些民主党派成员以各级人大代表和政协委员身份,通过提出建议和提案、参加视察调研活动等途径,为本地区经济社会发展献智献力;很多民主党派成员加强与知识界、企业界的有机联系,积极主动参加招商引资、招才引智、扶贫济困等活动,为全市经济社会发展作出积极贡献。

1991—2014年,赤峰市总工会、团委、妇联、工商联、科协、文联、社科联、侨联、残联、红十字会等人民团体紧紧依靠市委和所在地区党委的领导,紧跟全市改革开放和经济社会发展步伐,根据自身不同的职能和优势,充分发挥各自的"成员之家"、桥梁纽带等作用,积极开展多种多样的适应时代特征的活动和工作,主动为全市的发展稳定作贡献。市总工会带领各基层工会和工会成员在参与企业民主管理、维护好职工合法权益的同时,经常开展职工教育、劳动竞赛、技术创新等活动,促进企业发展。团市委牢牢抓住青少年成长成才这一核心和思想政治教育这一根本,不断提高组织、引导、服务青少年的能力和水平,通过创造性地开展丰富多彩、富有成效的活动,为培养"有理想、有道德、有文化、有纪律"的青少年作出不懈努力。市妇联坚持"服务大局、服务妇女、服务基层"的工作方针,以建设"坚强阵地"和"温暖之家"为目标,以"巾帼建功""巾帼维权""巾帼关爱"为重点,以农村、社区"妇女之家"为主阵地,全面开展各项妇女工作,全力促进妇女事业发展。市工商联依托自身的统战性、经济性和民间性的特点和优势,充分发挥市委、市政府联系非公有制经济人士的桥梁和纽带作用,多方为全市经济社会发展特别是非公有制经济发展建言献策,主动为个体、私营等非公有制经济实体排忧解难,积极引导非公有制企业扶助弱势群体、捐助公益事业。市科协在科普宣传教育、科技培训、技术推广、学术交流、青少年科技教育等方面做了大量工作,为提高全市民众科学文化素质、推动全市经济社会发展发挥出重要作用。市文联充分发挥联络、协调、服务职能,带领全市广大文艺工作者,通过不断地繁荣文艺创作、开展文艺活动和培育文艺新人,全力促进全市文化事业发展。市社科联通过组织会员开展社会科学研究、社会科学普及和学术交流活动,为促进全市社会科学事业发展和提升广大民众人文素养做出积极努力。市侨联积极维护侨务对象的合法权益,帮助解决生产、生活中的困难,不断加强对外联谊,引导侨联委员参政议政、服务社会,为赤峰市经济和社会发展贡献力量。市残联以残疾人保障和服务体系建设为核心,以残疾人康复训练、教育培训、就业、扶贫、社会保障、信访维权等工作为重点,全力为残疾人生产生活服务,成为名副其实的"残疾人之家"。市红十字会发扬"红十字"和人道主义精神,积极开展募捐、救灾、救助、救护等工作和活动,成为全市扶贫帮困、应急救危事业中的重要力量。

第一篇 民主党派

第一章 民革赤峰市总支部委员会

第一节 组织机构

1986年11月，中国国民党革命委员会(简称民革)赤峰市小组成立，有党员3人。1988年3月，民革赤峰市支部第一届委员会成立，有党员6人。1997年6月，民革赤峰市支部第二届委员会成立，下设办公室和市直小组、红山区小组、松山区小组、元宝山区小组4个基层组织。2001年，民革赤峰市总支部第一届委员会成立，有党员33人。2005年12月，元宝山区支部成立。2006年4月，市直属一支部、市直属二支部成立。2007年12月，红山区支部、松山区支部成立。2014年，民革赤峰市总支部下设办公室和市直属一、市直属二、红山区、松山区、元宝山区5个支部，共有党员72人。

第二节 代表大会

一、民革赤峰市支部

民革赤峰市支部第一次代表大会于1988年3月15日召开，参加大会的党员6人。民革赤峰市支部委员会主任委员左中杰在会上作支部筹建工作报告；会议选举产生民革赤峰市支部第一届委员会，选举左中杰为主任委员，同时选举组织委员、宣传委员各1人。

民革赤峰市支部第二次代表大会于1997年6月12日召开，参加大会的党员17人。民革赤峰市支部委员会主任委员左中杰在会上作支部工作报告；会议选举产生民革赤峰市支部第二届委员会，选举卢家华为主任委员，同时选举名誉主任委员1人、副主任委员1人、委员3人。

二、民革赤峰市总支部

民革赤峰市总支部第一次代表大会于2001年11月30日召开，参加大会的党员22人。民革赤峰市支部委员会副主任委员贾怀义在会上作总支部筹建工作报告；会议选举产生民革赤峰市总支部第一届委员会，选举胡家奇为主任委员，同时选举副主任委员 2 人、委员 2 人。

民革赤峰市总支部第二次代表大会于 2007 年 1 月 18 日召开，参加大会的党员 38 人。民革赤峰市总支部委员会主任委员胡家奇代表总支部第一届委员会在会上作工作报告；会议选举产生民革赤峰市总支部第二届委员会，选举何明江为主任委员，同时选举副主任委员 2 人、委员 2 人。

民革赤峰市总支部第三次代表大会于 2013 年 4 月 20 日召开，参加大会的党员 48 人。民革赤峰市总支部委员会主任委员何明江代表总支部第二届委员会在会上作工作报告；会议选举产生民革赤峰市总支部第三届委员会，选举主任委员 1 人、副主任委员 2 人、委员 5 人。

第三节　主要工作

一、参政议政

议案、建议、提案　1989—2014 年的 26 年间，市民革党员在自治区、赤峰市及红山区、松山区、元宝山区人代会、政协会上共提出议案、建议、提案 243 件。1997 年，市民革党员提交的《充分合理节能用水，合理利用赤峰水文资源》提案，获市政协提案一等奖；在市政协三届二次会议上，市民革党员所作的《抓大放小，搞好国企》大会发言，受到市政府领导和大会的好评。2002—2004 年，在市政协四届二次到五次会议上，市民革党员作的三次大会发言受到市政府重视；在市四届人大四次、五次会议上，市民革党员提交的三项建议和议案被市政府采纳。2009—2012 年，在市政协五届三次到六次会议上，市民革党员提交的《关注城市贫困人口，加快小康建设步伐的建议》等 8 件提案，被列为市政协重点提案，有的评为优秀提案，均得到市政府及有关部门的高度重视；在自治区十届政协会议上，赤峰市民革党员提交委员大会书面发言 3 篇，提交提案 10 件，其中《关于稳定农村牧区基层医疗卫生队伍》提案被评为自治区政协十届四次会议优秀提案。2013—2014 年，在市政协六届一次、二次会议上，市民革党员提交的《缓解赤峰市红山区交通拥堵的建议》等 4 件提案被列为重点提案办理。到 2014 年末，民革赤峰市总支部党员中，担任自治区人大代表 1 人、自治区政协委员 1 人；担任市政协常委 2 人、市政协委员 9 人；担任旗县区人大代表 2 人，担任旗县区政协常委 4 人、政协委员 7 人。

调查研究　2008 年，民革赤峰市总支部提交的《赤峰市有色金属产业发展调研报告》和《发展中药材优势产业，应对国际金融危机影响》2 份调研报告在市委统战部组织的“同心促发展”活动中分别获得一、二等奖，并被编入《报告汇编》。2010—2011 年，提交的《关于赤峰市基层卫生院建设发展现状调研报告》被市委统战部评为统一战线优秀调研成果二等奖；《关于发展赤峰市学前教育的几点构想》和《赤峰市农田水利建设与管理创新》的调研报告,为中共赤峰市委、市政府的决策提供了参考。2014 年,民革赤峰市总支部共完成《赤峰市设施农业发展情况的调研报告》和《关于赤峰市人口老龄化和养老服务情况的调研报告》等 8 篇调研报告,是参加调研活动最多的一年。

二、民主监督

民革赤峰市总支部不仅积极参政议政,而且注重发挥民主党派的民主监督作用。1991 年后,多名民革党员被聘为市直和"三区"执法执纪部门的监督员。到 2014 年,赤峰市民革党员中 1 人被聘为市纪委特约监察员,1 人被聘为市公安局民主监督员;1 人被聘为红山区文化局特约监督员,1 人被聘为中共元宝山区委政法委执法监督员,1 人被聘为元宝山区人民检察院人民监督员,1 人担任元宝山区第一届光彩事业促进会理事。有多名民革党员中的人大代表、政协委员被邀请参加市公安局和红山区、松山区、元宝山区的政法部门、税务部门、电业部门等执法部门及窗口单位组织的民主评议工作和行风监督。

三、服务社会

社会服务工作　2001 年 12 月,民革赤峰市总支部与民革内蒙古自治区委、中共赤峰市委统战部共同主办"迎接 21 世纪——团结进步书画展",共展出全市书画作品 100 余幅。2010 年 4 月,积极配合中国医学基金会、民革中央社会服务部向敖汉旗基层卫生院捐赠从美国、韩国进口的价值 500 余万元人民币的医疗设备。同年 7 月,又推荐翁牛特旗医院、阿鲁科尔沁旗同济医院作为中国医学基金会定点帮扶医院,两次捐赠价值 1500 余万元人民币的医疗设备。2013 年,协调配合中华慈善总会向赤峰监狱捐助 4 种医疗设备,价值 130 多万元人民币。2014 年,积极争取民革北京市委为喀喇沁旗图书馆捐赠图书,价值 40 万元;助推"百县千乡万村居民健康促进工程"项目的试点工作落户喀喇沁旗,有关机构两次到实地考察,确定捐助价值 2044 万元的医疗设备。

扶贫捐款　1996 年,市民革党员向贫困地区捐赠衣物折合人民币 1500 元。2003 年,向巴林左旗、阿鲁科尔沁旗地震灾区捐款 2600 元。同年,在"三下乡"(科技、医疗、文化)活动中,捐款捐物折合人民币 3300 元。2008 年,在"5·12"四川汶川大地震中,市民革党员捐款总额为 4.2 万元。2014 年,开展"民革基层组织牵手困难群众"活动,共为贫困学生捐款 1.25 万元。

四、海外、台胞联谊

1991 年之后,民革赤峰市支部在每年中秋节都召集民革党员中的台属召开"中秋台属联谊会"。2009 年 8 月,民革赤峰市总支部接待由民革中央组织的"第一届台湾杰出青年暑期研习营"。2012 年,邀请台湾高标企业有限公司老总 2 次到赤峰参观考察,推广台湾先进的农业生产技术和农业生产资料。到 2014 年,民革赤峰市支部、总支部先后接待由台湾和海外来的亲人和友人 30 余人。

第二章　民盟赤峰市委员会

第一节　组织机构

1985 年 7 月，中国民主同盟（简称民盟）赤峰市小组成立，有盟员 7 人。1986 年 10 月，民盟赤峰市支部委员会成立，有盟员 18 人。1993 年 4 月，民盟赤峰市委员会成立，有盟员 87 人。1996 年，民盟赤峰市委设赤峰师专、赤峰中等教育、赤峰文化、赤峰铁路、平庄煤矿、赤峰煤炭交通 6 个支部，共有盟员 94 人。1997—1998 年，成立元宝山区支部和红山区支部，所属支部增加到 8 个。2000 年 1 月，成立参政议政委员会。2001 年 1 月，调整合并支部为 6 个，即赤峰师专支部、市直属支部、红山区支部、元宝山区支部、赤峰铁路支部、平庄煤矿支部，共有盟员 124 人。2003 年 12 月，成立民盟赤峰学院总支委员会，下设 3 个支部。2006 年 9 月，成立民盟松山区支部。2011 年 9 月，市直属支部与赤铁支部合并为市直属支部。截至 2014 年末，民盟赤峰市委所属支部（总支）仍为 6 个，共有盟员 224 人。

第二节　代表大会

一、第一次代表大会

民盟赤峰市第一次代表大会于 1993 年 4 月 2 日召开，参加会议代表（全体盟员）87 人。大会审议并通过民盟赤峰市委筹委会主任委员李俊所作的工作报告。大会选举产生民盟赤峰市第一届委员会，由 5 名委员组成；选举冯靖寰为主任委员，同时选举副主任委员 2 人。

二、第二次代表大会

民盟赤峰市第二次代表大会于 1997 年 10 月 28 日召开，参加会议代表 70 人。大会审议并通过民盟赤峰市主任委员冯靖寰代表第一届委员会所作的工作报告。会议选举产生民盟赤峰市第二届委员会，由 7 名委员组成；选举郭丽虹为主任委员，同时选举名誉主任委员 1 人、副主任委员 2 人。

三、第三次代表大会

民盟赤峰市第三次代表大会于 2001 年 12 月 17 日召开，参加会议代表 72 人。大会审议并通过民盟赤峰市主任委员郭丽虹代表第二届委员会所作的工作报告。会议选举产生民盟赤峰市第三届委员会，由 9 名委员组成；选举郭丽虹为主任委员，同时选举副主任委员 3 人。

四、第四次代表大会

民盟赤峰市第四次代表大会于2007年1月16日召开,参加会议代表69人。大会审议并通过民盟赤峰市主任委员郭丽虹代表第三届委员会所作的工作报告。会议选举产生民盟赤峰市第四届委员会,由9名委员组成;选举郭丽虹为主任委员,同时选举副主任委员3人。

五、第五次代表大会

民盟赤峰市第五次代表大会于2011年12月23日召开,参加会议代表73人。大会审议并通过民盟赤峰市主任委员郭丽虹代表第四届委员会所作的工作报告。会议选举产生民盟赤峰市第五届委员会,由8名委员组成;选举郭丽虹为主任委员,同时选举副主任委员4人。

第三节　主要工作

一、参政议政

1993年,民盟赤峰市委成立之后,在每年的赤峰市政协全体会议上,都作大会书面发言;民盟赤峰市委集体提案至少2件以上,有的提案被《赤峰日报》《红山晚报》选登,有的提案被评为优秀提案,内容涉及城建、环保、文化、卫生、教育、法律、金融等。民盟赤峰市第一届委员会共有自治区、市、三区(红山区、松山区、元宝山区)三级人大代表和政协委员11人,提出议案、建议、提案20多件。1998年,民盟赤峰市委提出集体提案8件。《加强赤峰市生态环境保护和建设》等4件提案获得市政协优秀提案奖,民盟赤峰市委被评为市政协优秀提案单位。

2002—2006年,民盟赤峰市第三届委员会共有各级人大代表和政协委员24人;共提出议案、建议11件及提案85件,其中民盟赤峰市委集体提案14件。2005年,民盟赤峰市委集体提案《关于科学规划赤峰市历史文化旅游资源的建议》被评为市政协优秀提案。2007—2011年,民盟赤峰市第四届委员会政协委员共提出提案132件,其中民盟赤峰市委集体提案《关于又快又好发展赤峰市第三产业的建议》等16件。2010年,民盟赤峰市委被民盟内蒙古自治区委评为参政议政工作先进单位。2012—2014年,民盟赤峰市委完成8个调研课题,提出《加强赤峰市无偿献血工作的建议》等8件集体提案。

二、对外交流

2009年8月,由民盟赤峰市委承办的"2009民盟华北地区盟务工作(扩大)会议"在赤峰召开。2011年8月,民盟赤峰市委承办了在赤峰召开的"中国民主同盟第三次北方生态论坛暨民盟西部省(区、市)第十一次盟务工作会议"。2014年为民盟中央确定的"基层组织建设年",同年6月,民盟内蒙古自治区委副主委与民盟包头市委、民盟呼和浩特市委、民盟鄂尔多斯市东胜区总支领导人，到赤峰市开展基层组织调研工作，民盟赤峰市委组织召开基层组织工作座谈会，互相进行工作交流。同年10月，民盟赤峰市委和民盟赤峰学院总支派人参加民盟北京市委、民盟北京工业大学委员会主办的“第四届首都产学研论坛”，参观北京工业大学的国家级重点激光实验室，与北京工业大学的盟员一起座谈交流。

三、服务社会

1998—1999年，民盟赤峰市委组织盟员参加科技、医疗、文化“三下乡”和文化、医疗、法律“三下乡”活动，赴松山区大碾子乡和当铺地乡，向农民讲授大棚种植、家畜饲养等知识；义诊400多人次，做4例小型眼科手术，捐赠16套牙科小型医疗器械；进行法律咨询30多人次；观看演出群众600余人，受益群众1300多人。

2003—2004年，民盟赤峰市委利用教师节，2次为翁牛特旗头分地镇官仓小学送去面粉、衣服、图书和桌椅等办公用品，总价值7万余元；为全校145名学生做体检，为当地农牧民义诊。2007年5月，在市中心血站组织无偿献血活动。之后，连续7年组织市区盟员90余人次到血站无偿献血，共献血22800毫升。

2010—2011年，民盟赤峰市委在赤峰南山创建“中国民主同盟北方生态园赤峰碳汇研究实验林”，每年组织市区盟员到实验林进行义务植树，并就生态保护进行社会宣传。民盟赤峰市委与民盟北京市委联合开展义诊活动，连续两年到翁牛特旗和巴林右旗送医、送药，2次累计免费发放药品价值8万余元，受益群众千余人。民盟赤峰市委被民盟中央评为社会服务工作先进集体。2014年，资助贫困大学生5人，每人1万元。

第三章 民建赤峰市委员会

第一节 组织机构

1986年4月，中国民主建国会(简称民建)赤峰市小组成立，有会员7人。1987年3月，民建赤峰市支部委员会成立，有会员12人。1992年9月，民建赤峰市支部有会员25人，下设机关、企业、松山区3个小组。1993年3月，民建赤峰市总支委员会成立，有会员26人；同时成立市直属支部和松山区支部。2001年，民建赤峰市委员会成立，有会员53人；同时成立红山区支部和元宝山区支部。2014年，民建赤峰市委员会下设组织部、宣传部、社会服务部、办公室；下属市直属、红山区、松山区、元宝山区4个支部，共有会员106人。

第二节 代表大会

一、第一次代表大会

民建赤峰市第一次代表大会于2001年11月29日召开，参加会议代表33人。大会审议并通过主任委员牛忠良代表民建赤峰市委筹备委员会所作的工作报告。大会选举产生民建赤峰市第一届委员会,由7名委员组成;选举牛忠良为主任委员,同时选举副主任委员1人。

二、第二次代表大会

民建赤峰市第二次代表大会于2006年12月6日召开,参加会议代表51人。大会审议并通过主任委员牛忠良代表民建赤峰市第一届委员会所作的工作报告。大会选举产生民建赤峰市第二届委员会,由7名委员组成;选举牛忠良为主任委员,同时选举副主任委员2人。

三、第三次代表大会

民建赤峰市第三次代表大会于2011年12月18日召开，参加会议代表46人。大会审议并通过主任委员牛忠良代表民建赤峰市第二届委员会所作的工作报告。大会选举产生民建赤峰市第三届委员会,由9名委员组成;选举牛忠良为主任委员,同时选举副主任委员2人。

第三节 主要工作

一、参政议政

调查研究 2001年之后，民建赤峰市委每年都召开专题会议研究部署调研工作，根据会员工作的行业特点及自身优势,安排专人进行深入、细致的调查研究,并形成调研成果。2005年,民建赤峰市委报送的《支持农牧业产业化项目中的金融风险应予以重视》建议,被选送民建中央,列为2005年秋季调研参选成果。2008年,组织有关人员到旗县进行走访调研,形成《关于对〈内蒙古自治区农村牧区公路管理办法〉个别条款的建议》等调研报告。2011年,关于《加大非公有制经济的政策保障,助推地方非公有制经济健康发展》的调研报告,收入由中国民主建国会中央委员会、工业和信息化部主办的《2011年中国非公有制经济发展论坛论文集》,并荣获优秀论文二等奖。民建赤峰市委多项调研报告和论文,均被民建内蒙古自治区委评为2011—2012年参政议政优秀成果三等奖。

议案、建议、提案 2007—2014年,市人代会、政协会期间,民建赤峰市委及会员中的各级人大代表、政协委员，通过多种途径共提出议案、建议和提案400余件。民建赤峰市委《树立科学发展观，建设赤峰市良好金融生态环境》等多篇调研报告作为政协大会发言，得到与会人员的好评。由民建赤峰市委提交的《关于加强水资源管理的几点建议》等多件提案，被自治区、赤峰市两级政协评为优秀提案。同时被民建内蒙古自治区委作为专题报告或社情民意信息报送民建中央、中共内蒙古自治区委统战部、自治区政协，被列为重点专题调研报告。

二、服务社会

1994年，民建赤峰市直属支部一会员从香港引进资金2000多万元，承建了赤峰润峰大厦。1998年，民建赤峰市总支主委和市经济协作办公室联合运作，与四川希望集团达成协议，建成“希望集团赤峰永行饲料公司”。2003年4月，在赤峰市抗击“非典型肺炎”过程中，民建赤峰市委组织会员及会员所办企业踊跃捐款捐物，折合人民币21900多元。同年8月，赤峰市北部发生地震灾害，民建会员主动捐款捐物，折合人民币4700多元。2007年4月，民建赤峰市委组织会员中法律、农技方面的专家和部分企业家组成服务队，到喀喇沁旗开展送科技、法律、医药“三下乡”活动，为当地群众带去农技资料、法律服务，并向当地农民无偿捐赠3吨化肥和7800元药品。2008年，在“5·12”四川汶川特大地震抗震救灾中，民建赤峰市委36名会员共捐款11.28万元，捐献物资价值16.19万元，交特殊会费3900多元，共合计27.86万元，其中捐款达万元的会员有4人。2012—2013年，民建赤峰市委开展会员企业捐资助教活动。一名会员为克什克腾旗一小学捐赠书桌、电视等学习设备共计3万余元；另一名会员为赤峰市民族特殊教育学校捐款2.5万元，并组织其所创办的企业成立爱心帮扶志愿者团队，义务帮助有困难的职工。2014年4月，民建赤峰市委组织会员30余人到松山区当铺地乡焦家营子村山地开展义务植树活动，共植树苗500余棵，在此建立“民建赤峰市委员会义务植树基地”。

三、对外交流

2001年10月25日，民建内蒙古自治区二届五次全委会议在赤峰召开，与会人员参观了宁城老窖集团、塞亚飞集团、红武集团等。2007年6月，民建中央委员会领导率“非公有制企业的税费负担状况及分析”调研组到赤峰市调研，与赤峰市部分非公有制企业负责人进行座谈。2008年7月，民建呼和浩特市委员会考察团一行到赤峰进行考察，与民建赤峰市委进行座谈交流。2009年8月，民建赤峰市委组织市委委员及各支部主委，到兴安盟与该盟总支进行工作交流。实地考察阿尔山旅游区，并写出《阿尔山旅游资源分析与借鉴》调研报告。

2011年9月上旬，民建中央委员会领导和民建内蒙古自治区委员会领导到赤峰视察。先后视察赤峰市民建会员企业内蒙古赤峰奔腾实业（集团）有限公司和内蒙古昭乌达律师事务所，听取民建赤峰市委的工作汇报。2014年7月，民建烟台市委员会考察团一行到赤峰进行交流考察，并向赤峰市克什克腾旗达里镇实验小学贫困学生和贫困家庭捐款3万余元。

第四章　民进赤峰市委员会

第一节　组织机构

1988年8月,中国民主促进会(简称民进)赤峰市支部委员会成立,有会员7人。1996年12月,民进赤峰市总支委员会成立,有会员29人。同年成立红山区支部和松山区支部;1998年12月,成立市直属支部;2000年8月,成立元宝山区支部。2005年5月,民进赤峰市委员会成立,有会员63人。2011年8月,成立赤峰高校支部。2014年,民进赤峰市委设参政议政部、组织部、宣传部、社会服务部、研究室和办公室,下属5个支部和企业家联谊会,共有会员104人。

第二节　代表大会

一、第一次代表大会

民进赤峰市第一次代表大会于2005年5月18日召开,参加会议代表53人。大会审议并通过主任委员周俊秋代表民进赤峰市总支委员会所作的工作报告。会议选举产生民进赤峰市第一届委员会,由10名委员组成;选举张珉为主任委员,同时选举副主任委员3人。

二、第二次代表大会

民进赤峰市第二次代表大会于2011年11月11日召开,参加会议代表52人。大会审议并通过主任委员张珉代表民进赤峰市第一届委员会所作的工作报告。会议选举产生民进赤峰市第二届委员会,由10名委员组成;选举张珉为主任委员,同时选举副主任委员3人。

第三节　主要工作

一、参政议政

2005年,民进赤峰市委在会员中开展“献一言”(每位会员都要向组织提一条建议,基层支部至少要提一件提案)活动。同时设立参政议政部,创立“围绕中心选题,深入调查研题,集中力量解题”的议政调研工作思路,积极建言献策。民进赤峰市委被民进内蒙古自治区委评为2003—2007年度、2008—2013年度参政议政工作先进单位。

议案、建议、提案　2005年之后，在每年市人代会、政协会之前，民进赤峰市委都要召开主委扩大会议，专门研究讨论确定提交“两会”的大会发言和议案、建议、提案，培训参加“两会”的人大代表和政协委员。2005—2014年，民进赤峰市委共向内蒙古自治区和赤峰市“两会”提交团体和个人议案、建议、提案200多件，涉及赤峰市经济社会发展、工农业重点工程建设，以及廉政、环保、教育、文化、卫生和青少年健康成长等多项议题，其中向市政协会议提交提案107件，最多的是2011年，提交提案18件。提案《关于对建筑拆除工程进行规范化管理，提高企业安全生产水平的建议》，得到市政府及有关部门的高度重视，制定了改进措施。民进赤峰市委人大代表在2011年召开的市人代会上提交的《关于红山文化遗址申报世界文化遗产的建议》，被纳入全市文物保护的长远规划之中。2014年，会员提交的提案《关于综合治理赤峰市中心城区（老城区）交通拥堵的建议》，市政府十分重视，被列为重点提案专门督办；提案《关于增设新城区公办幼儿园的建议》，市发改委、规划局、教育局分别给予答复，并在年内开工建设一个大型示范性幼儿园。在2006—2013年的市政协会议上，民进赤峰市委委员作了5次大会发言，内容涉及解决农村牧区一些学生辍学、发展中等职业教育、金融服务“三农”、遵守规则依法办事等诸多问题，提出了相关建议。

专题调研　2005年，民进赤峰市委承担由民进中央安排的、旨在为全国人大常委会修改《中华人民共和国义务教育法》提供资料的“少数民族义务教育发展研究”的调研课题。专门组成调研组，历时3个月，走访3个旗、9个苏木、49所学校，对民族地区教育现状进行调查研究。在调研报告中提出六个方面问题，得到民进中央的高度重视，并获得优秀奖。2007年，民进赤峰市委参加民进中央与中央教科所、北京师范大学联合组织的《西部少数民族地区义务教育阶段教师培训与发展研究》的调研，该课题的调研在敖汉旗进行。民进中央对民进赤峰市委提出的关于中小学教师培训中所遇到的难点和问题以及解决的建议，给予高度评价。2010年，对幼儿教育发展情况进行调研，也得到民进中央的重视，推动了国家有关政策的出台。2013—2014年，根据民进中央的要求，对赤峰市义务教育均衡发展情况展开调研；还先后就赤峰市养老院建设情况、敖汉旗敖润苏莫苏木蒙古族中心校的发展情况进行调研，并分别形成调研报告。

二、外引内联

2006年，促成民进中央领导到赤峰考察调研。同年，将敖汉旗赤波饮料推介给辽宁副食集团，为该产品拓展了东北市场。2009年，促成民进上海市委和民进山东省委到赤峰考察调研。2011年，促成民进北京市委到翁牛特旗的投资发展项目和支教帮扶项目，促成民进辽宁省委向赤峰市5所农村小学捐赠10台联想品牌电脑，促成民进天津市委和天津市劳动局的领导到赤峰与有关部门就劳务输出、职业技术培训等问题的洽谈事宜。2014年，协助民进内蒙古自治区委举办“民进华北五省主委联席会议”和调研工作。联系民进财政部支部为赤峰实验二中捐赠图书共1000余册，价值近2万元。

三、服务社会

民进赤峰市委充分调动会员“立足本职、奉献社会”的主动性,积极开展“送教下乡”以及捐资助学等社会服务活动。2006年,赤峰民进会员通过宋庆龄基金会,争取到为赤峰市2名聋儿免费植入人工耳蜗。2007—2008年,2次组织赤峰市农村小学教师代表20人到山东济南进行为期10天全免费的学习考察。2008年四川汶川特大地震和2010年青海玉树大地震发生后,民进赤峰市委号召全体会员通过各种途径捐款捐物支援灾区,累计捐款捐物折合人民币3万余元。2011年,向红山区中小学捐赠图书5000余册。2012年,组织捐款近3万元,为克什克腾旗土城子中心校购买教学设备,为喀喇沁旗争取幼儿教师扶贫资金13万元。2013年,为红山区文钟镇养老院的配套设施引入资金50万元。同年,为敖汉旗敖润苏莫苏木蒙古族中心校筹集资金60万元,扶助其进行校园基本建设,同时会员个人捐款为该校捐赠图书1700余册,价值近5万元。

第五章　农工党赤峰市委员会

第一节　组织机构

1986年3月,中国农工民主党(简称农工党)赤峰市小组成立,有党员4人。1987年9月,农工党赤峰市支部委员会成立,有党员30人。1991年6月,农工党赤峰市委员会成立,有党员66人。1993年,成立松山区支部、市直属工程技术支部;1994年1月,成立市直属文教支部;1996年,成立市直属医药卫生支部、红山区支部;1997年11月,成立元宝山区卫生支部;2002年12月,成立平煤(集团)公司支部;2006年,成立赤峰学院支部、元宝山区科技支部。2007年5月,成立元宝山区总支委员会,下辖卫生、科技和平煤(集团)公司3个支部。2014年,农工党赤峰市委员会内设参政议政工作委员会、妇女工作委员会、老龄工作委员会、组织部、宣传部、社会服务部、办公室;下辖1个总支委员会和6个支部委员会,共有党员210人。

第二节　代表大会

一、第一次代表大会

农工党赤峰市第一次代表大会于1991年6月25日召开,参加会议代表50人。大会审议并通过主任委员何镇关代表农工党赤峰市委筹备委员会所作的工作报告。会议选举产生农工党赤峰市第一届委员会,由4名委员组成;选举何镇关为主任委员,同时选举副主任委员 1 人。

二、第二次代表大会

农工党赤峰市第二次代表大会于 1996 年 12 月 2 日至 3 日召开,参加会议代表 58 人。大会审议并通过主任委员何镇关代表农工党赤峰市第一届委员会所作的工作报告。会议选举产生农工党赤峰市第二届委员会,由 7 名委员组成;选举何镇关为主任委员,同时选举副主任委员 1 人。

三、第三次代表大会

农工党赤峰市第三次代表大会于 2001 年 12 月 10 日至 11 日召开,参加会议代表 73 人。大会审议并通过于伟光代表农工党赤峰市第二届委员会所作的工作报告。会议选举产生农工党赤峰市第三届委员会,由 9 名委员组成;选举于伟光为主任委员,同时选举副主任委员 3 人。

四、第四次代表大会

农工党赤峰市第四次代表大会于 2007 年 1 月 6 日至 7 日召开, 参加会议代表 84 人。大会审议并通过主任委员于伟光代表农工党赤峰市第三届委员会所作的工作报告。会议选举产生农工党赤峰市第四届委员会,由 13 名委员组成;选举宋泽清为主任委员,同时选举副主任委员 4 人。

五、第五次代表大会

农工党赤峰市第五次代表大会于 2011 年 12 月 12 日至 13 日召开,参加会议代表 93 人。大会审议并通过主任委员宋泽清代表农工党赤峰市第四届委员会所作的工作报告。会议选举产生农工党赤峰市第五届委员会,由 12 名委员组成;选举宋泽清为主任委员,同时选举副主任委员 4 人。

第三节　主要工作

一、参政议政

议案、建议、提案　1991 年后,在每年内蒙古自治区和赤峰市人代会、政协会召开前夕,农工党赤峰市委都召开会议,要求农工党的人大代表、政协委员积极发挥作用,针对社会热点和难点问题建言献策、参政议政。到 2014 年,农工党代表在“两会”上提出议案、建议、提案 300 多件,每年集体提案 3~4 件,许多提案被中共赤峰市委、市政府采纳。2004 年,提交的《花大力气,下大决心,整治环境秩序,确保工业强市、科技兴市、生态立市目标的实现》提案获得市政协一号优秀提案奖。2005 年,提交的《关于对赤峰市大力发展循环经济,构建资源节约型经济发展模式》提案获内蒙古自治区政协优秀提案奖。2010 年,提出的《建议发挥本地专家在城市规划建设中咨询作用》的建议,列入市人大重点建议给予办理。2014 年,提交的《农村土地整治项目工作中存在的问题及建议》,得到自治区和市两级政府有关部门的高度重视。

专题调研 2008 年, 由农工党赤峰市委部分政协委员和人大代表组成的调研组,对全市 12 个旗县区的中蒙医院进行走访调研,并撰写《理顺和健全中蒙医(药)管理制度,加大中蒙医(药)的扶持力度,促进中蒙医(药)事业发展》的调研报告。此报告获得市统一战线优秀调研成果一等奖, 并被选为市政协大会发言材料。2012—2013 年,农工党赤峰市委组成调研组,对赤峰松北新城的开发建设及土地使用和居民房屋拆迁中诸多问题作了详细调查,形成调研报告,并作为 2012 年自治区、市两级政协会议的发言材料,得到与会代表的高度评价;通过对松山区 5 个乡镇部分小学、巴林右旗两个苏木镇小学和 150 多名农牧民的走访,发放 500 份调查问卷,形成了调研报告,并被选为 2013 年市政协大会发言材料。

二、服务社会

送医送药 1991 年之后,农工党赤峰市委每年都组织由专家、教授组成的医疗队,到缺医少药的贫困地区进行医疗咨询、助学、扶贫、义诊献爱心活动。先后深入翁牛特旗乌敦套海镇、四道杖房乡,喀喇沁旗马鞍山乡,元宝山区小五家乡,松山区王府乡、猴头沟乡、碾坊乡、安庆镇等地开展送医送药活动,免费做 B 超,为贫困地区群众解除病痛。2003 年,在抗击“非典”疫情期间,农工党赤峰市委及时组织党员捐款 3800 元,第一时间送入抗击“非典”指挥部;同时从农工党中央争取到价值 10 万元的呼吸机和药品,捐给巴林右旗蒙医院;还向社会发放 1000 多份防“非典”小册子。2009 年,通过农工党赤峰市委积极联系,农工党中央中国初级卫生保健基金会将松山区和红山区 5 家中心卫生院及红山区中医院、阿鲁科尔沁旗同济医院确定为基金会“爱心医院”,争取到价值 200 多万元的药品及设备。同时中国初级卫生保健基金会“乙肝防治救助项目”在阿鲁科尔沁旗、巴林右旗、松山区、红山区开展普查工作,投入普查资金 153 万元,共普查 1.28 万人;免费在医院化验室检测乙肝五项 5443 人,免费治疗救助乙肝患者 4322 人,发放价值 110.7 万元救助药物。

重点帮扶 1991 年,农工党赤峰市委将翁牛特旗梧桐花镇作为扶贫联系点,从农工党中央为该镇引进资金 40 万元,用于发展养牛业。1996 年,从农工党中央社会服务部申请项目,建起喀喇沁旗王爷府镇兴隆村合作医疗点;农工党赤峰市委捐赠了医疗器械。2004—2005 年,为喀喇沁旗马鞍山乡筹集资金 8 万元,改造乡小学部分教室和学生宿舍。2006—2008 年,从农工党中央社会服务部申请到帮扶乡镇卫生院的项目,争取到折合人民币 58 万元的药品,又从其他多个渠道筹集资金 55 万元,完成松山区碾坊卫生院的扩改建工程;从自治区卫生厅争取到医院改建项目,自治区卫生厅拨款加上地方的配套资金共计 55 万元,帮扶松山区城子卫生院完成扩改建工程;为克什克腾旗红山子卫生院争取“农工党中央中国初级卫生保健基金会爱心医院”和“农工党内蒙古自治区委重点帮扶卫生院”两个项目,获得价值 160 万元的设备和药品。

奉献爱心　2007年6月1日，由农工党赤峰学院支部组织附属医院儿科、外科专家到赤峰市儿童福利院开展慰问活动，为残疾儿童每人建立起一份健康档案，并确定每年"六一"儿童节给孩子们进行免费体检。2008年，四川汶川发生特大地震，农工党赤峰市委党员捐款近万元汇往灾区。2010年春节期间，农工党赤峰市委组织党员捐款，为市儿童福利院送去价值4000多元的食品、药品和慰问金。2013年，从内蒙古扶贫促进会争取到"雨润项目"13万元，捐给喀喇沁旗人民政府幼儿园。2014年，农工党赤峰市委"赤峰南山生态园绿化基地"已成规模。

第六章　九三学社赤峰市委员会

第一节　组织机构

1986年7月，九三学社赤峰市小组成立，有社员4人。1991年6月，九三学社赤峰市委员会成立，有社员47人。随后，陆续成立财贸支社（后改为农牧环境支社）、市直属支社（后改为高教支社）、平庄矿务局支社（后改为元宝山区支社）、地质支社（后改为企业支社）、卫生支社（后分为医药卫生一、二支社）；1998年5月，成立红山区支社；2001年6月，成立松山区支社。2014年，九三学社赤峰市委员会内设办公室、组织部、宣传部，同时下设8个专门委员会；下属红山区、松山区、元宝山区、医药卫生一、医药卫生二、农牧环境、高教、企业8个支社，共有社员230人。

第二节　代表大会

一、第一次代表大会

九三学社赤峰市第一次代表大会于1991年6月11日召开，参加会议代表（全体社员）47人。大会审议并通过主任委员马国元代表九三学社赤峰市委筹备委员会所作的工作报告；会议选举产生九三学社赤峰市第一届委员会，由7名委员组成；选举马国元为主任委员，同时选举副主任委员1人。

二、第二次代表大会

九三学社赤峰市第二次代表大会于1996年12月9日召开，参加会议代表（全体社员）95人。大会审议并通过主任委员马国元代表九三学社赤峰市第一届委员会所作的工作报告；会议选举产生九三学社赤峰市第二届委员会，由9名委员组成；选举马国元为主任委员，同时选举副主任委员2人。

三、第三次代表大会

九三学社赤峰市第三次代表大会于2001年11月21日召开,参加会议代表(全体社员)138人。大会审议并通过主任委员林大强代表九三学社赤峰市第二届委员会所作的工作报告;会议选举产生九三学社赤峰市第三届委员会,由11名委员组成;选举林大强为主任委员,同时选举副主任委员3人。

四、第四次代表大会

九三学社赤峰市第四次代表大会于2007年1月20日召开,参加会议代表89人。大会审议并通过主任委员刘志慧代表九三学社赤峰市第三届委员会所作的工作报告;会议选举产生九三学社赤峰市第四届委员会,由12名委员组成;选举刘志慧为主任委员,同时选举副主任委员4人。

五、第五次代表大会

九三学社赤峰市第五次代表大会于2011年12月16日召开,参加会议代表93人。大会审议并通过主任委员贾洪榛代表九三学社赤峰市第四届委员会所作的工作报告;会议选举产生九三学社赤峰市第五届委员会,由13名委员组成;选举贾洪榛为主任委员,同时选举副主任委员4人。

第三节　主要工作

一、参政议政

1991—2014年,在每年的赤峰市人代会、政协会召开之前,九三学社赤峰市委都召开专门会议,研究讨论社员委员在政协全体会议上的大会发言和代表建议、委员提案内容。首先在社员中广泛征集建议、提案素材,确定集体议案、提案题目,然后组织专门小组开展调研。九三学社赤峰市委的提案多次受到市政协的表彰和奖励。

2004年3月,在市四届人大五次会议上,九三学社赤峰市委代表联名提出《贡格尔河季节性断流不容忽视》的议案。大会主席团决定,由市人大农牧委员会、城乡建设环境资源委员会(简称“两委”)对此议案进行审议和办理。同年8月,市人大“两委”听取各有关部门的情况汇报,同时赴克什克腾旗对贡格尔河流域进行实地调研,提出了对该议案的审议报告。同年12月,在市四届人大常委会第二十五次会议上,审议通过《关于贡格尔河季节性断流不容忽视的议案的决议》。2007—2008年,九三学社赤峰市委确定关于红山文化的调研课题,组织部分社员就红山区红山文化遗址群发掘、保护、利用情况进行调研,形成《关于红山文化遗址群发掘保护情况的调研报告》,分别报送中共赤峰市委和九三学社内蒙古自治区委。在市政协五届二次会议上,九三学社赤峰市委以红山文化保护、利用为内容,作了大会发言。

2010年8月,九三学社赤峰市委对地处红山区二道井子夏家店下层文化遗址及魏家窝铺红山文化聚落遗址发掘、保护情况进行调研，提出将两处遗址保护利用纳入“十二五”规划的建议，得到市政府的采纳。2011 年 9 月，九三学社赤峰市委组织担任政协委员的社员，对中心城区 14 家工业企业节水情况开展调研，并形成调研报告，在市政协五届五次会议上，以此调研报告为内容作了大会发言。2012 年，在市政协五届六次会议上，九三学社赤峰市委提交 4 件集体提案，其中《关于加快赤峰中水工程二期建设步伐，节约使用地下水的建议》作为市政协大会发言，被市政协列为主席督办重点提案。截至 2014 年，九三学社赤峰市委社员中担任自治区人大代表 1 人、自治区政协委员 1 人；担任市人大常委 1 人、市人大代表 1 人、市政协委员 21 人（常委 4 人）；担任市辖三区政协委员 3 人（常委 2 人）。

二、服务社会

1993 年春，九三学社赤峰市委参与争取台湾企业家捐资助学款 2 万元，同时争取有关单位匹配资金 8 万元，为喀喇沁旗王爷府镇大庙村建成一所小学。1995 年初，经九三学社赤峰市委牵线搭桥，中国国际钢铁投资总公司投资 450 万元人民币，在巴林右旗建立天蒙沐沦畜牧业有限公司，并由卢森堡无偿捐赠 50 万美元，提供优良品种肉牛。1996 年后，九三学社赤峰市委集中精力开展扶贫点的科技扶贫工作。1999—2000 年，争取投资 4 万元，为松山区姜家营子乡实施水利工程项目，规划治理面积 6.7 平方公里；在抗旱救灾活动中，发动社员为该乡捐助衣物 300 件、新棉被 25 床。2002 年 7 月，九三学社赤峰市委员会被九三学社中央委员会授予科技服务支边扶贫工作先进集体称号。2003—2004 年，为松山区当铺地镇大兴隆庄村争取到投资 30 万元的水土保持项目，并先后 2 次组织社员到项目工地参加义务劳动，保证项目按时完工。2004 年 4 月，九三学社赤峰市委组织社员到红山国家森林公园和松山区水上公园参加义务植树，并建立九三学社造林基地 2 处。2006 年，九三学社赤峰市委为阿鲁科尔沁旗引进扶贫开发资金 200 多万元；为巴林左旗引进人畜饮水资金 100 万元，协助该旗进行小型农村水利产权制度及灌区管理体制改革。

2010 年，九三学社赤峰市委为红山区中医院及 3 所乡镇卫生院无偿引进价值 200 多万元的医疗设备。同年，为赤峰市申请“九三学社亮康行动”，免费进行白内障复明手术 200 例，并争取到“九三学社亮康行动内蒙古基地”落户赤峰市。2013—2014 年，九三学社赤峰市委在“世界自闭症日”，连续 2 年组织赤峰“关注自闭症儿童”大型活动。举办公益演出和歌舞表演，参加活动的志愿者达 700 多人；组织部分社员到赤峰市星之路自闭症儿童康复中心，与部分自闭症孩子家长座谈，并为困难家庭送去了米和面。2014 年，九三学社赤峰市委开展对敖汉旗中蒙医院对口帮扶活动，提高了该医院 3 个科室的医疗水平。同年，“九三学社亮康行动”在赤峰市完成手术治疗任务 200 例。

第二篇　人民团体

第一章　赤峰市总工会

第一节　组织机构

一、机构沿革

1983年10月,昭乌达盟总工会更名为赤峰市总工会。1985年8月,召开市总工会第一次代表大会。1991年,市总工会有内设机构9个,即办公室、财务部、组织部、宣传部、生产技术部、女工部、劳动保护部、法律咨询办、工人文化宫。2002年,内设机构调整为11个,即办公室、组宣部、法律保护保障工作部、经济技术部、女职工部、财务部、经费审查委员会办公室、劳动保护部、调研室、机关服务中心、工人文化宫。2011年,组建4个直属工会,即市直属企事业工会、市建筑建材公路运输工会、市财贸轻纺烟草工会、市教科文卫工会。2014年,市总工会内设机构仍为11个。撤销了机关服务中心、工人文化宫,新增了困难职工帮扶中心、工资集体协商指导中心,其他机构和直属工会未变。

二、基层组织建设

1991年,全市有旗县区总工会12个。市和旗县区总工会深入开展"抓班组、建小家"活动,加强基层建设,搞活小组工作。通过开展创"模范职工之家"竞赛活动,全市涌现出连续三年"模范职工之家"583个、一年"模范职工之家"1047个、优秀职工之家606个。1992年,赤峰市总工会被中华全国总工会授予"全国工会基层工作先进市"称号。1995年,市总工会加强系统工会建设,市直属单位建系统工会20个,旗县区全部设置系统工会并配备系统工会主席。

2002年,按照市委要求,市总工会重点加大市直属党政机关、非公有制企业工会的组建力度。2004年,市和旗县区总工会以清除组建盲区和死角为重点,把工会领导体制进一步向乡镇、街道、社区延伸,探索非固定职工、非正规就业职工入会的途径和办法。2006年,开展"农民工入会百日攻坚"活动,推进工会组建工作再上新台阶,当年,全市农民工入会4.7万人。2008年,继续加强"党工共建"(党组织、工会组织)工作,深入开展"三进三创”（三进：工会组织进私企，进社区，进村嘎查；三创：创建规范化工会，创建和谐职工小家，创建工会工作特色品牌）活动，一大批农牧民工、社区下岗职工、私营企业从业人员加入工会组织。

2013 年 6 月，市总工会下发《关于确保全面完成三年规划任务开展建会攻坚行动的通知》，按照“发展、巩固、规范、提高”的原则，坚持开展党工共建、创先争优活动与推动企业普遍建立工会组织相结合，重点抓好“两新”组织（新经济组织、新社会组织）的建会工作。截至 2014 年末，全市基层工会达到 8125 个，涵盖法人单位 1.09 万个，会员 100.4 万人。

第二节　代表大会

一、第二次代表大会

赤峰市总工会第二次代表大会于 1990 年 9 月 19 日至 21 日召开，出席大会代表 234 人。大会听取并审议通过潘国莲代表市总工会第一届委员会所作的工作报告。会议选举产生市总工会第二届委员会和常务委员会，选举委员 41 人、常委 13 人；选举潘国莲为主席，同时选举副主席 2 人。

二、第三次代表大会

赤峰市总工会第三次代表大会于 1994 年 10 月 11 日至 12 日召开，出席大会代表 220 人。大会听取并审议通过潘国莲代表市总工会第二届委员会所作的工作报告。会议选举产生市总工会第三届委员会、常务委员会和经费审查委员会，选举委员 47 人、常委 11 人、经费审查委员会委员 5 人；选举潘国莲为主席，同时选举副主席 2 人、经费审查委员会主任 1 人。

三、第四次代表大会

赤峰市总工会第四次代表大会于 2005 年 9 月 20 日至 21 日召开，出席大会代表 199 人。大会听取并审议通过宝敬群代表市总工会第三届委员会所作的工作报告。会议选举产生市总工会第四届委员会、常务委员会和经费审查委员会，选举委员 45 人、常委 15 人、经费审查委员会委员 7 人；选举宝敬群为主席，同时选举副主席 3 人、经费审查委员会主任 1 人。

四、第五次代表大会

赤峰市总工会第五次代表大会于 2010 年 9 月 27 日至 28 日召开，出席大会代表 219 人。大会听取并审议通过白音巴特尔代表市总工会第四届委员会所作的工作报告。会议选举产生市总工会第五届委员会、常务委员会和经费审查委员会，选举委员 47 人、常委 23 人、经费审查委员会委员 9 人；选举白音巴特尔为主席，同时选举副主席 3 人、经费审查委员会主任 1 人。

第三节　主要工作

一、劳动竞赛

"双增双节"竞赛活动　1991年初,市总工会在职工中开展"双增双节"(增产节约、增收节支)竞赛活动,下发竞赛方案。全市职工共实现增收5006.8万元,节支4400.6万元。2007年,紧紧围绕全市"十一五"规划,以构建集约型、节约型、生态型发展模式为目标,组织和动员广大职工开展职工技术大比武活动。全市开展劳动竞赛单位4570家,参赛职工达到66万人次。2012年,举办职工劳动技能大赛,全市近10万名职工参加,成为规模最大、涉及工种最多、社会影响最广的一次比赛。2013年,在大型骨干企业和重点工业园区建设项目中,深入开展以"六比一创"(比工程质量、比建设工期、比安全生产、比技术创新、比科学管理、比文明施工,创和谐团队)为内容的劳动竞赛活动。截至2014年末,全市开展劳动竞赛活动的建会企事业单位达到6886家,参赛职工71.9万人,竞赛企事业单位覆盖面和职工参与率均达到85%以上。

技术创新活动　1991年5月,市总工会承办赤峰市第二届职工技术比赛,历时三个月,参赛职工达11万人。经过层层角逐,共评选出16名工种状元、30名技术能手、76名优秀选手;进行100项技术改造,总计开发新产品188个,新创部优产品6个、区优产品46个,产品质量稳定提高率达到83.5%。2002年,成立市"经济技术创新"工程领导小组,在全市确定23家"创新"工程示范企业,上报"创新"成果78项,向自治区申报33项。至2004年,全市有3人参加全国技术比赛,受到国家奖励,有1人被授予"全国职工创新能手"称号。2007年,开展技能比赛的企事业单位3010家,参加岗位练兵、技术培训、技能比赛等活动的职工达到15万人次,由此创造和节约资金近6000万元。2013年,举办五项技能大赛,全市有1个单位获全国职工技术创新成果优秀奖,有72个单位获自治区职工技术创新成果一至三等奖和优秀奖。

二、民主管理

发挥职代会作用　1991年,全市开始第二轮大面积企业经济责任制承包。各级工会全面落实职代会职权,积极参与承包、参与管理、参与活动。1993年,全市有1967家企事业单位建立职工代表大会制度,占应建数的97%。职代会代表提出合理化建议67万条,被采纳2.81万条,实施1.59万条。1997年,市总工会与有关单位联合下发了《关于职工代表大会民主评议企业领导干部暂行办法》等3个文件,在敖汉旗召开全市民主评议企业领导干部现场经验交流会。2003年,全市有336家公有制占主体的企事业单位建立职代会制度,占企事业单位总数的95%。2007年,在小型、非公有制企业集中的地区和行业,推行区域性、行业性职代会制度和基层联合职代会制度。2011年,在部分企业开展了非公有制企业工会主席直选试点工作。截至2014年末,全市建工会组织的

国有企业、100人以上的非公有制企业，建立职代会制度、实行厂务公开的分别达到100%、90%。

参与企业改革 1992年，市总工会下发《关于在企业改革中发挥工会组织作用的意见的通知》，两次召开会议，制定落实措施。1998年6月，在林西县召开“全市工会参与企业改革工作现场经验交流会”，林西县总工会的经验得到自治区总工会和全国总工会的充分肯定。2007年，全市各级工会加强了国有、集体企业转换企业经营机制过程中的职工民主管理，要求坚持企业改制方案和职工安置方案，必须经职代会审议通过，落实职工群众知情权、参与权、表达权和监督权。

推进厂务公开 2003年，市总工会提出厂务公开的安排意见，落实具体措施。赤峰市电业局、红山区第三小学被全国总工会和全国教育系统工会评为厂(校)务公开先进单位。2006年，进一步加强厂务公开工作。在各旗县区、市直属企业中确定20个企业作为重点，进行调研和指导，对工作进展情况进行定期通报，互相交流、互相督促。2009年，全市468家企事业单位建立了厂务公开制度，国有及其控股企业和集体企业厂务公开实现全覆盖。2011年，全市各级工会重点推动对国有企业重大决策、分配制度方案等重要事项和非公有制企业中涉及职工切身利益的重大事项进行公开，进一步健全完善厂务公开责任制。2013年，在全市开展以“公开解难题、民主促发展”为主题的调研活动，继续加强推进厂务公开工作。

三、维护职工合法权益

劳动法律监督 1991年，全市各级工会培训法律工作干部2060余人。1994年，《中华人民共和国劳动法》颁布以后，全市各级工会组织深入开展宣传贯彻工作。1997年，市总工会下发《关于全面推进工会劳动法律监督实施意见》，从维权的角度展示工会作用的发挥。2006年，市总工会和市司法局联合成立法律援助中心(设在司法局)，开展职工法律援助工作。2008年，市总工会法律援助工作站与司法局法律援助中心合署办公，有4名律师免费为困难职工、农民工提供法律援助，共受理案件40起，成功帮助受援助者打赢了官司。2011年，赤峰市总工会被中华全国总工会评为“全国工会职工法律援助维权服务示范单位”。2014年末，全市从事该法律援助的专兼职法律工作干部达到4875人。

职工工资集体协商 1997年之后，全市各级工会从源头上维护职工合法权益，推行“平等协商签订集体合同”制度。1998年，市总工会被授予“全国集体合同建制先进单位”称号。2002年，市总工会在新经济组织中进行职工工资集体协商工作试点。2004—2006年，市总工会把非公有制企业集体合同签订率、履约率、职工认可率和劳动关系的和谐稳定，纳入规范化工会竞赛百分制评比实施细则之中；先在元宝山区、松山区、巴林右旗、翁牛特旗、红山区推行工资集体协商试点，然后逐步向小型私营企业比较集中的地区推行。2009年初，市委办公厅、市政府办公厅转发市总工会《关于全面推进企业工资集体协商制度的实施意见》。2011年，市委、市政府将推进企业工资集体协商制度以及建立企业职工工资正常增长机制、支付保障机制纳入“十二五”规划目标任务；市总工会在第一季度组织全市各级工会开展工资集体协商“要约行动季”(职工和企业任何一方以书面形式提出工资集体协商要约)活动，发出要约书2700份，应约企业2300家。截至2014年末，全市建工会企业集体合同签订率达到91.13%，工资集体合同签订率达到90%；全市建立工会的非公有制企业签订集体合同和工资专项集体合同4894份。

劳动争议调解 1994年，市总工会、红山区总工会及相关部门通过大量艰苦工作，圆满处理红山区一企业侵犯职工合法权益、致使45名职工集体上访案件。2002年初，市总工会下发《关于进一步加强企业劳动争议调解工作的意见》，坚持“预防为主，基层为主，调解为主”工作方针，将大量争议调解在基层。2005年，市总工会通过“12351”职工维权热线、开展法律监督等形式，加强与司法、劳动、社保等部门的沟通协调，并借助劳动仲裁力量做好职工维权工作。2012年之后，全市各级工会重点推动规模以上企业建立职工诉求中心，并建立劳动关系矛盾监测预警和应急处置机制，配合有关部门保障农牧民工、劳务派遣工和出租车司机等特殊劳动群体的合法权益，避免群体性事件的发生。

劳动保护 1991年，市总工会进一步完善“专管成线，群管成网”的劳动保护体系和网络，加强企业中工会、职工代表、一线职工的三项监督工作；培训劳动保护“三员”(劳动保护监督检查委员会委员、劳动保护监督检查员、工会劳动保护小组检查员)4600余人。当年，赤峰市有3个单位的工会组织被自治区总工会授予“劳动保护工作先进集体”称号，11人被评为“劳动保护先进工作者”。1997年，市总工会荣获“全国劳动保护先进单位”称号。2002年，全市工会劳动保护组织达707家，有劳动保护“三员”5.13万人。深入开展“安康杯”竞赛活动，取得明显成效，全市有4家企业获全国“安康杯”竞赛先进单位，12家企业获自治区“安康杯”竞赛先进单位，市总工会获自治区优秀组织奖。2006年，市总工会与市建委、卫生、安监等部门联合下发文件，在全市开展“关爱农民工生命、安全与健康”特别行动。下发调查问卷1000份，深入50多家企业检查和调研，并将调查情况以建议、提案方式提交市人大、政协两会。截至2014年末，全市有基层工会劳动保护监督检查委员会1875家，有劳动保护监督检查员5765人，累计签订劳动安全卫生专项集体合同195份。

四、困难职工帮扶

从20世纪90年代开始，全市各级工会组织实施扶贫帮困、送温暖、再就业“三大工程”。1991年11月，市总工会在阿鲁科尔沁旗召开扶贫工作经验交流会，总结推广阿旗总工会等5个单位的经验，并就进一步加强职工扶贫工作提出具体意见。1995—1996年，全市各级工会筹资384万元，向特困职工送温暖、行帮扶。2002年，重点抓蔬菜大棚再就业基地建设和劳务输出工作，培训下岗职工1989人，实现再就业1162人。2004年，各级工会培训下岗失业人员700人次。市总工会被全国总工会授予“全国工会促进再就业行动先进单位”称号。2008年，全国总工会确定的SYB创业培训项目试点工作在赤峰市全面展开，旗县级再就业培训基地建设完成15个，帮助下岗失业人员再就业1373人，其中扶持创业带头人128人，带动就业178人。2014年，全市各级工会举办就业培训班110期次，完成技能培训任务1.4万人次，培训机构与用人单位签订用工协议2860余份，劳务输出3000人次。

五、女职工工作

组织建设 1991年，全市各级工会女职工委员会通过建章立制，做到活动规范化。1992年，全市12个旗县区总工会配备女性副主席。当年3月，市总工会女职工委员会被全国总工会评为“全国女职工工作先进集体”。1999年，全市女职工组织发展到1522个。2002年，市总工会下发《关于进一步加强女职工工作的实施意见》。“三八”国际劳动妇女节期间，市总工会表彰了在“双文明建功立业”活动中表现突出的先进女职工集体22个、女职工先进个人19人、先进女职工工作者15人。截至2014年末，全市建会女职工组织累计1320个，独立签订女职工专项合同累计4646份，建立三级单亲特困女职工档案5160份。

保障女职工权益 1991年，全市各级工会女职工委员会开展有关女职工权益维护情况调查活动，为女职工维权掌握大量第一手材料；同时积极推动女职工生育保障制度改革，保障女职工的特殊利益，实现了女职工上岗率100%和妇科病普查普治费用100%报销。1992年后，全市各级工会女职工委员会深入学习、宣传、普及《中华人民共和国妇女权益保障法》《女职工劳动保护条例》等法律法规，及时转发、协调落实《关于女职工保健费的规定》和一年一度的妇女病普查工作。1996年后，重点开展扶持下岗女工再就业工作。到2000年，全市共安置再就业女工4800余人。2011年，市总工会联合市妇幼保健院为红山区、松山区及市直部分单位的1000名困难女职工免费进行乳腺癌、宫颈癌疾病的筛查。

六、职工教育

20世纪90年代，全市各级工会加强职工思想教育工作，深入开展“双基”（基本国情和基本路线）、“四职”（职业道德、职业责任、职业纪律、职业技能）、“三热爱”（爱祖国、爱中国共产党、爱社会主义）主题系列教育活动，有3名个人和1个集体被自治区总工会命名为“职工教育先进个人”和“职工教育工作先进集体”。2002年，市总工会开展创建学习型班组、读书自学和学习竞赛三项活动，以此推动全市有306人攻读MBA硕士研究生，近2000人取得大专以上学历。2007年，市总工会与市委宣传部、市文明办联合开展“职工道德建设双十佳”活动，全市评选出“十佳标兵”、“十佳单位”和23个红旗班组。2012年，全市各级工会充分发挥工会“大学校”作用，深入开展社会主义核心价值体系主题教育活动，并与开展创建学习型组织、争做知识型职工等精神文明创建活动结合起来，与搞好职业技能培训和创业培训结合起来，努力造就知识型、技术型、创新型职工。截至2014年末，全市各级工会建立职工书屋1273个，累计组织76万人次参加读书自学活动。

第二章　共青团赤峰市委员会

第一节　组织机构

一、机构沿革

1983年10月,共青团昭乌达盟委员会更名为共青团赤峰市委员会(简称团市委)。1985年8月,召开共青团赤峰市第一次代表大会。1991年,团市委内设机构5个,即组织部、宣传部、青工农牧部、学少部、办公室。1995年11月,增设希望工程办公室。至2014年,团市委内设机构未变。

二、基层组织建设

1992年,全市有基层团委579个、团总支1199个、团支部1.06万个;有共青团员18.56万人,其中少数民族团员4.4万人,团员入党人数1947人。2004—2005年,全市各级团组织加大对团干部培养力度,市、旗县区两级团委共举办培训班32次,培训团干部3000多人次。继续将新经济组织和新社会组织(简称"两新"组织)作为团建重点,两年内有129个"两新"组织建立团组织,进一步扩大了共青团的覆盖面。2008年,开展团建创新试点工作,进行基层团委书记(副书记)直选试点,有力推进"两新"组织团建和社会共青团工作,当年,全市40%的"两新"组织建立团组织。2010年,团市委下发《2010年全市企业团建工作实施方案》,重点对"两新"组织中的非公有制企业团建提出明确要求和具体意见,新建"两新"组织共青团组织221个。全市发展新团员1.6万余人,600余名团员青年通过团组织推优入党。2011年6月,团市委依托赤峰驻京办事处和望京保安、左旗涂料、林西绿化等知名劳务品牌,建立市、县两级驻京团工委3个。2014年,团市委建立非公有制企业青年联络中心,加强对非公有制企业青年的联系和服务。全年共建非公有制企业团组织75个、社会组织团组织8个、农村牧区专业合作社团组织19个、行业协会团组织3个。截至2014年末,全市有基层团委742个、团总支1165个,有共青团员25.76万人、少先队员26万人。

第二节　代表大会

一、第二次代表大会

共青团赤峰市第二次代表大会于1990年9月21日至24日召开,出席会议代表256人。大会听取并审议通过周黎明代表共青团赤峰市第一届委员会所作的工作报告。大会选举产生共青团赤峰市第二届委员会,由35名委员组成;选举周黎明为书记,同时选举副书记2人、常务委员9人。

二、第三次代表大会

共青团赤峰市第三次代表大会于1995年9月24日至27日召开，出席会议代表242人。大会听取并审议通过共青团赤峰市第二届委员会工作报告。大会选举产生共青团赤峰市第三届委员会，由35名委员组成；选举书记1人，选举副书记1人、常委委员9人。

三、第四次代表大会

共青团赤峰市第四次代表大会于2005年9月29日召开，出席会议代表238人。大会听取并审议通过郭玉峰代表共青团赤峰市第三届委员会所作的工作报告。大会选举产生共青团赤峰市第四届委员会，由44名委员组成；选举郭玉峰为书记，同时选举副书记3人、常务委员11人。

四、第五次代表大会

共青团赤峰市第五次代表大会于2010年10月28日召开，出席会议代表240人。大会听取并审议通过崔景英代表共青团赤峰市第四届委员会所作的工作报告。大会选举产生共青团赤峰市第五届委员会，由39名委员组成；选举崔景英为书记，同时选举副书记2人、常务委员10人。

第三节　主要工作

一、思想道德教育

1991年后，团市委通过多种形式对广大青少年进行爱国主义、集体主义、社会主义和革命传统教育，增强青少年民族自尊心、自信心和自豪感。1994—1998年，全市各级团组织积极组织引导广大团员青年学习中共十四大、十五大精神，学习邓小平建设有中国特色社会主义理论，引导青少年树立正确的人生观、世界观和价值观。2001年7月，团市委举办"党在我心中"大型演讲比赛，对全市广大青少年加强爱国主义教育。2004年12月，成立赤峰市青少年思想教育研究会。2005年8月，团市委下发《赤峰地区增强共青团员意识主题教育活动实施方案》，广泛开展"举团旗、唱团歌、学团章、知团史、戴团徽、过团日"活动，增强广大团员的责任感、使命感和自豪感。2007年4月，在赤峰南山烈士陵园举行"继承先烈志，永远跟党走"大型主题团日活动，2000余名团员青年郑重宣誓：继承先烈遗志，争做时代先锋。2011年，举办以"永远跟党走"为主题的纪念活动，开展《公民道德建设实施纲要》学习宣传活动。同年5月，开展赤峰市青年认建认养认管青年林和"绿色、低碳、环保"主题宣传实践活动，组织青少年和社会公众植树1.6万余株。2014年，在全市广大团员和青少年中广泛开展"学习习近平系列讲话精神，践行社会主义核心价值观"和"我的中国梦——奋斗的青春最美丽"等活动。

二、青少年权益维护

1991年后，团市委认真贯彻和实施《中华人民共和国未成年人保护法》《中华人民共和国预防未成年人犯罪法》《内蒙古自治区未成年人保护条例》,建立健全青少年维权服务网络,深化创建“青少年维权岗”活动。1996年,团市委联合市邮政局、赤峰教育学院开通“青少年心理咨询”热线电话。2005年,组织开展“两法一条例”贯彻执行情况的监督检查,对学校配备的法制副校长进行培训,初中以上学校全部建立法制教育室。2007年,实施“青少年平安自护工程”,发放《青少年自护手册》3万余册;组织“拒绝诱惑,远离毒品”万人签名活动;开通“12355”青少年维权和心理咨询热线。2011年,吸纳社区党员、居民骨干、优秀青少年代表、专业人士等,组成关爱留守儿童和预防青少年犯罪工作信息员队伍、宣传队伍,并进行培训;搭建青少年维权咨询处、青少年心理咨询室、青少年法律援助点等服务平台。2014年,由团市委、市委防范办、市教育局倡议发起,在全市青少年中开展“崇尚科学,反对邪教”活动;团市委成立“赤峰市青少年社会工作服务中心”,为青少年提供心理咨询、法律咨询、成长辅导等专业化帮助;联合市综治办、市公安局开展“青春自护·平安赤峰”青少年自护教育活动。

三、推进青年就业创业

1991年,市政府印发由团市委会同有关部门制定的《赤峰市青年职工岗位成才暂行规定》《关于鼓励和扶持青年农牧民争当“星火带头人”的意见》。1995年,采取“厂村挂钩”“村企挂钩”方式,为农村牧区有志青年提供有效扶持。这一做法得到团中央和自治区团委好评,并作为先进经验典型在全区范围内推广。1999年,成立青年星火带头人协会,敖汉旗青年吴悦强被命名为“全国十大杰出青年星火带头人”。同年6月,成立共青团拓展培训学校,完成1980名下岗青年工人的组织培训工作,学员被输送到北京、天津等地就业。2003年,团市委培训中心累计为首都公安机关所属31家保安公司输送合格保安人员200多人。2005年,青年星火带头人新领办项目26项;团市委创办的肉羊繁育基地辐射周边4个旗县区,发展农户126户,为农民增加收入100多万元;团市委联合有关部门评选表彰第三届“赤峰市十大杰出(优秀)青年”、全市“十佳外出务工青年”、全市“十佳农村牧区青年致富带头人”。2009年,组织实施“赤峰市青年创业行动帮扶工程”,在内蒙古纺校、开源国际IT学校等建立17处青年就业创业定点培训机构,共组织培训青年7724人,新增就业600人,帮扶青年就业创业160人。全年共创建青年就业创业见习基地13个,其中国家级3个、自治区级3个、市级7个,组织青年见习257人,实现见习基地就业89人。2011年2月,团市委下发《赤峰市青年劳动力转移就业创业“东西互助”行动工作方案》,在3所学校建立“内蒙古东西互助行动赤峰市青年培训输出基地”。2014年,团市委联合市人力资源和社会保障局成立赤峰市青年就业创业孵化中心,有8家企业入驻,为青年搭建了创业平台;举办第二届赤峰青年创业大赛,共200余支队伍报名参赛,择优推荐20名创业青年参加自治区青年创新创业大赛,全年共培训青年1.45万人;发放青年创业小额贷款1.07亿元,贷款人数1807人,带动就业5115人;新建青年就业创业见习基地22个,见习岗位510个,上岗见习人数3215人,实现就业322人。

四、“青年文明号”创建活动

2005年，团市委先后组织开展“青年文明号信用建设示范行动”“百城万店青年文明号系列活动”“青年文明号一号助一户”等活动，并对全市各级“青年文明号”进行复查。全市涌现出国家级“青年文明号”1个，自治区级“青年文明号”3个。2007年，把“青年文明号”的创建工作与企业的发展相结合，努力提高青年工人的劳动效率和技能。对46个“青年文明号”进行表彰，并表彰首届“赤峰杰出青年文明号负责人”。2010年之后，以“展青春风采，树文明形象”为主题，进一步推进“青年文明号”创建活动。各“青年文明号”集体结合行业特点开展形式多样的志愿服务、“百团、百号帮百户”、青年文明号“一助一”扶贫济困、“爱心工程”等活动。

五、青年志愿者服务活动

1994年，团市委组织开展“我为卫生城做贡献”大型活动，市区近万名青年志愿者参加。2001年，团市委组织2000余名中小学志愿者到红山国家森林公园植树5000余株；组织雏鹰志愿者同北京西城区银河小学师生代表与当地学生1200余人，在翁牛特旗朝格温都苏木沙地种下友谊树，建起雏鹰小志愿者林。2004年7月至10月，在中央电视台“心连心”艺术团来赤峰演出、全国优秀旅游城市创建等大型活动中，团市委组织2000名青年志愿者参与服务。2010年，广东爱心团队为赤峰市捐款30万元，建立自治区首家志愿服务基金；在全区第六次精神文明建设经验交流会和全市第五届红山文化节期间，招募、选拔、培养200名青年志愿者，优质完成志愿服务盛会任务；成立“赤峰市青年志愿者协会”，确定关爱助残、社区服务、赛会服务、绿色环保、文明交通、抢险救灾、医疗卫生、普法维权等10余个重点志愿服务种类；团市委、市青年志愿者协会、《红山晚报》社联合举办关爱农民工子女结对活动，100余名青年志愿者与200名农民工子女参加活动。2012年3月，表彰赤峰市杰出志愿服务集体和杰出志愿者，启动“创建全国文明城市——青年志愿者在行动”活动。同年8月，在赤峰市举办全国青少年“未来之星”阳光体育节期间，组织300多名青年志愿者圆满完成为赛会提供的多项志愿服务工作。2014年8月，为迎接自治区第十三届运动会在赤峰市举办，团市委面向全社会从2万多名报名者中择优选拔2014名志愿者，邀请北京专家对志愿者进行培训，圆满完成了“十三运”的各项志愿服务任务。截至年末，市青年志愿者协会拥有注册志愿者服务队200余支，注册青年志愿者4万余人。

六、其他活动

文体活动　1992年“五四”青年节期间，全市各级团组织举办各类体育比赛80余场（次），各种文艺演出60场（次）。1999年，团市委以“五四”运动80周年、新中国成立50周年、少先队建队50周年以及澳门回归等重大纪念日为契机，组织各级团组织开展主题明确、内容丰富的文化教育活动50余场。2005年8月，以“繁荣乡村文化，服务青年发展”为主题，成功承办“内蒙古自治区暨赤峰市第七届乡村青年文化节”。2008—

2010年，举办赤峰青年群英会，新中国成立以来各时期64位青年英模代表以及各族各界青年代表共200人参加大会；举行“光荣的共青团”大型文艺演出，表彰获得“赤峰青年五四奖章”的先进集体和个人。2012年8月，团市委联合市体育局、教育局承办全国青少年“未来之星”阳光体育节，全国31个省、自治区、直辖市和新疆生产建设兵团的700多名青少年学生运动员参加比赛，李宁、谢军等8名奥运冠军出席活动。2014年，为纪念红军长征80周年，团市委在全市中学生、中职学生中全面启动“三年跑完长征路”活动，3000余名学生参与。

对外交流　2004年，全市各级团组织与外地缔结友好团委18个，引进各种资金和物资折合人民币100余万元。2006年9月，团市委与有关部门共同举办京冀辽蒙四省八市青年企业家赤峰经贸洽谈活动，共有50多位外埠企业家参会，达成合作意向7个，协议金额1.8亿元。2010年8月，团市委邀请唐山、天津、北京等地200余名青年企业家参加市委、市政府举办的投资合作对接洽谈暨重点项目推介会。同年12月，为落实《北京市·内蒙古自治区经济社会发展区域合作框架协议》，北京市团委副书记带领北京青年商会企业家到赤峰考察投资。2011年2月，团市委与承德、唐山、锦州、朝阳、锡盟等市(盟)团委签订“五市一盟”青年区域合作框架协议，积极开展招商引资和对外交流活动。同年12月，北京市团委向赤峰市青少年宫捐款50万元。2012年5月，在北京建立共青团赤峰市委驻北京市工作委员会，敖汉旗团委和巴林左旗团委也分别建立驻京团工委；赤峰市团委与北京市丰台区团委签署《关于建立赤峰在京流动团员青年和驻京团工委双向共管机制框架协议》。2014年，团市委联合市工商联协调广东省团委、广东青年商会、福建青年商会组织40名全国知名企业家走进赤峰，与旗县区政府领导面对面座谈，达成矿产开发、煤化工生产等合作意向。截至2014年底，团市委连续六年承办宋庆龄国际青少年交流营，接待来自世界各国青少年1500人次，到赤峰市进行文化交流。

推进“希望工程”　1991年4月，团市委响应团中央、中国青少年发展基金会的号召，开始在全市实施“希望工程”。2001—2003年，团市委同《红山晚报》《赤峰日报》等媒体共同发起“救助孤儿特别行动”，仅一个月时间为126名孤儿找到了“家”；举办3次助学义演晚会，募集捐款60多万元，救助失学儿童900多人；引进资金80多万元，新建希望小学4所。2006—2007年，开展“希望工程大学生圆梦行动”，有491名大学生通过团组织救助实现了上大学的梦想；全市新募集希望工程资金110万元，新建希望小学5所；通过多方联络，获得捐赠中小学图书12万册；通过“红城会亲”等活动，募集捐款140多万元，2352名中小学生得到资助。2014年，举办“百社千校书香童年——走进赤峰”活动，邀请知名儿童文学作家到赤峰市4所希望小学举办专题讲座，捐赠图书共计40万册；通过“爱在红山·圆梦大学”活动累计筹集捐款200万元；争取“北京—赤峰希望之星1+1奖学金”(助学金)等8个项目近400万元，资助贫困学生1500人。

七、少先队工作

1989年10月，中国少年先锋队赤峰市工作委员会(简称“市少工委”)成立。1991

年，全市少先队组织在共青团组织的带领下，广泛开展“跨世纪中国少年雏鹰行动”。1994—1997年，团市委和市少工委创办《雏鹰》和《花季校园》，多次举行以爱国主义教育为主题的知识竞赛，广泛开展“人人争戴新风尚小红花”活动；利用暑假举办少年军校，在军事训练和富有特色的活动中培养少年儿童的独立生活能力和集体荣誉感。

2002年，团市委组织评选出十佳少先队员10人、优秀辅导员10人，为少年成长和少先队工作树立榜样。2006—2008年，团市委、市少工委举行全市第二次少先队工作现场推进会，通过经验介绍和现场观摩推动了少先队工作的开展；和《红山晚报》联合承办团中央中国少年先锋队红领巾艺术团在赤峰的大型慰问演出，取得圆满成功；开展红领巾提案征集活动，举办“我为文明加分”少先队雏鹰论坛和少先队活动成果图片展览，创建红领巾体验教育基地，表彰全市少先队工作先进集体和优秀个人。

2012年10月，由团市委和市少工委承办的全国首届少先队辅导员新媒体素养（内蒙古）培训班在赤峰市委党校开班，来自全市12个旗县区的团委学少部部长、总辅导员和150余名乡镇苏木少先队大、中队辅导员参加培训。2014年10月，团市委举行庆祝少先队建队65周年暨“树核心价值观做四有好少年”全市创建红领巾读书角捐赠启动仪式。到年末，全市各旗县区全部完成少工委组建和干部配备工作，少先队建队率和入队率为100%；各地学校选配优秀的教师担任大（中）队专职辅导员，全市大（总）队辅导员的培训率为80%以上。

第三章　赤峰市妇女联合会

第一节　组织机构

一、机构沿革

1983年10月，昭乌达盟妇女联合会更名为赤峰市妇女联合会。1985年9月，召开赤峰市第一次妇女代表大会。1991年，赤峰市妇联内设6个部室，即办公室、发展部、权益部、组宣部、儿童工作部和妇女儿童工作委员会办公室。2002年机构改革后，市妇联内设5个部室，儿童工作部与妇女儿童工作委员会办公室合并。2008年，儿童工作部单设，内设机构仍为6个部室，同时建立赤峰市妇女发展促进会、赤峰市昭乌达妇女可持续发展协会、赤峰市女村干部发展促进会、赤峰市家庭教育研究会。2014年，内设机构未变。

二、基层组织建设

1991年，全市农村牧区2730个村嘎查全部建立妇代会，一类妇代会占总数的67.8%。1996年，市妇联下发《赤峰市基层妇联组织三年规划》，并把规划实施的第一年作为“基层组织建设年”。1999年，全市240名妇联干部得到培训，全市一类妇代会比例达到86.1%。2002年，全市旗县区、乡镇苏木妇联主席配备巩固率达100%，村妇代会主任配备率达 85%以上。2003 年，市妇联协调市直工委建立市直妇女工作委员会，并由市直工委将妇工委的工作目标纳入市直各党政机关、企事业单位党建工作目标管理系统。2012 年，在第八次村嘎查“两委”(支委会、村委会)换届中，妇代会主任进“两委”比例达到 96%，妇女进“两委”比例达到 97.8%。市妇联连续 3 年累计为市级示范点拨付“妇女工作经费”130 万元，用于“妇女之家”建设。同时积极推动在“两新”组织中建立“妇女之家”。2014 年，全市共建村嘎查、社区和“两新”组织“妇女之家”2289 个，其中有自治区级示范点 13 个，市级示范点 44 个，旗县区级示范点 292 个。全市“两新”组织妇委会(妇女小组)371 个，组建率 47%。市、旗县区两级符合建立妇女组织的党政机关、企事业单位全部建立妇委会或妇女小组。到年末，全市共有各级妇女组织 3043 个，其中市、旗县区妇联 13 个，乡镇、苏木、街道妇联 153 个，村嘎查、社区妇委会 2378 个，市、旗县区党政机关、企事业单位妇委会 499 个。

第二节　代表大会

一、第二次代表大会

赤峰市第二次妇女代表大会于 1990 年 9 月 18 日至 20 日召开，出席会议代表 278 人，列席代表 20 人。大会听取并审议通过李兰代表赤峰市妇联第一届委员会所作的工作报告。会议选举产生赤峰市妇联第二届委员会，由 32 名委员组成；选举李兰为市妇联主任，同时选举副主任 2 人。

二、第三次代表大会

赤峰市第三次妇女代表大会于 1996 年 7 月 28 日至 31 日召开，出席会议代表 208 人，特邀代表 15 人，列席代表 25 人。大会听取并审议通过哈森代表赤峰市妇联第二届委员会所作的工作报告。会议选举产生赤峰市妇联第三届委员会，由 44 名委员组成；选举哈森为市妇联主任，同时选举副主任 2 人。

三、第四次代表大会

赤峰市第四次妇女代表大会于 2005 年 9 月 26 日至 27 日召开，出席会议代表 255 人，特邀代表 15 人，列席代表 12 人。大会听取并审议通过洪建军代表赤峰市妇联第三届委员会所作的工作报告。会议选举产生赤峰市妇联第四届委员会，由 47 名委员组成；选举洪建军为市妇联主任，同时选举副主任 2 人。

第三节　主要工作

一、农村牧区妇女工作

“双学双比”竞赛　1989 年，市妇联在全市农村牧区妇女中开展“双学双比”(学文化、学技术，比成绩、比贡献）竞赛活动。到1996年，全市参赛妇女达76万人次，参赛率达到95%。培训妇女108万人次，有65万人掌握一至两门实用技术。开发庭院经济达标户24万户，累计创利2.4亿元。组织动员妇女植树造林120万亩，其中“三八”有权林14万亩。抓农牧结合户3.5万户，每户年纯收入提高1000元以上。4处“三八”绿色工程被评为全国“三八”优质工程和样板工程，2人获得全国“三八”绿色奖章。市妇联先后四次受到国家级奖励。1999—2002年，全市建立旗县区、乡镇苏木、村嘎查三级妇女科技培训网络，培训妇女39.2万人次，其中90%掌握一至两门实用技术。有2万余名妇女获得“绿色证书”，2700名妇女获得农牧民技术员证书，2100名妇女参加农广校、农函大学习，保证1个村嘎查至少有1名女农牧民技术员。全市共扶持女性示范大户1256个，建示范小区和基地273处，全国“三八”绿色工程2处。2005年，赤峰市妇联被全国妇联命名为“双学双比”先进集体，喀喇沁旗被树立为全国“双学双比”示范基地。2008—2012年，实施“巾帼科技万户行”妇女骨干培训项目，侧重妇女骨干、女能手、女经纪人、妇女互助组组长等重点人群，开展妇女科技培训工作。共培训妇女骨干1万余人，延伸培训妇女10万余人，使一大批农牧民妇女更新了实用科学技术，成为推动产业化发展的本土人才。2014年，市妇联下发《全市妇女技术技能培训实施方案》，建立多个培训基地，开展系列技能培训，满足妇女不同行业、不同层次的技术技能学习需求。全市妇联组织共举办妇女科技培训班3000余期，培训妇女13万人次，培养各类妇女骨干3600余人，掌握一至两门实用技术的妇女达30万人。

巾帼扶贫行动　1991年，市妇联组织动员农业、林业、畜牧、卫生、教育、司法等部门的高级女知识分子深入贫困地区，发挥各自专长开展科技扶贫活动。1996年之后，各级妇联组织女干部、女专业户、女能手等与贫困妇女“手拉手”“一助一”结对扶贫，每年有扶贫对子3000对，帮助1万人脱贫。1997年，争取到由联合国开发计划署援助的“内蒙古扶贫与妇女参与发展项目”，该项目历经三年完成，取得较好的扶贫效果。2001年，继续实施“可持续的小额信贷扶贫项目”，成立赤峰市昭乌达妇女可持续发展协会，负责管理小额信贷工作。2003年，争取到联合国教科文组织支持的“贫困妇女援助项目”，依托项目资金，市妇联在北京建立“赤峰市妇联打工者之家”，在赤峰建立“贫困妇女能力建设培训中心”和“打工妹活动中心”。到2006年，全市各级妇联组织共输出女劳务人员1万余人。2011年，市妇联积极与就业、财政部门沟通协商，推动妇女小额贴息贷款政策的落实。2014年，依托赤峰市昭乌达妇女可持续发展协会，全市累计发放贷款2.1亿元，有2.7万户、11万人受益。2001—2014年，赤峰市得到中国妇女发展基金会“大地之爱·母亲水窖”项目629.5万元、“新农村新牧区建设小额循环基金试点项目”260万元、“母亲小额循环扶贫基金”200万元的无偿援助；得到香港回归扶贫基金210万元的无偿援助；为农村牧区妇女争取到电动羊毛剪、母亲健康快车、“贫困母亲两癌救助专项基金”、“关爱中国女性健康专项基金”、留守流动儿童“爱心家园”和“三孤”救助等多个项目，改善了妇女生产生活条件；争取到中国妇女发展基金会“母亲邮包”项目,项目期获得1700万元的“母亲邮包”捐赠,14万名贫困母亲受益。

“巾帼示范村”创建 2010年,市妇联通过倾斜项目资金等措施,在全市农村牧区开展“巾帼示范村”创建活动,引领妇女参与新农村新牧区建设。2011—2012年,全市妇联组织带动妇女参与主导产业,巩固和建设各类“妇字号”基地小区260个;各级妇联用于“巾帼示范村”建设资金达3200余万元,创建旗县区级以上“巾帼示范村”400个。2014年,积极引导妇女参与生态文明建设,投入15万元在克什克腾旗、巴林右旗、巴林左旗开展“巾帼牧人之家”“巾帼农家乐”示范项目。同时在旅游旺季开展系列展示和竞赛活动,使示范户妇女成为传承草原生态文明的重要力量。

实施“春蕾计划” 1994年,市妇联开始实施以救助失辍学和面临失辍学贫困女童为目标的“春蕾计划”,积极争取上级有关部门和国内外有关组织机构对失辍学贫困女童的救助。1998年,喀喇沁旗小牛群乡“春蕾”小学的1名学生被评为“全国十佳春蕾女童”,2000年,该校校长被评为“全国十佳春蕾园丁”。从2001年开始,在《赤峰日报》上开辟“春蕾桥”,让更多的女童得到社会各界的救助。截至2005年,全市先后筹集资金583万元,建“春蕾学校”5所、“春蕾女童班”9个,使1万余名失辍学女童得到救助。2014年,市妇联争取并实施“春蕾女童”高中班资助项目,每人每学年获得1200元的学习生活补助,连续三年资助巴林右旗50名春蕾高中女生完成学业。

二、城镇妇女工作

“巾帼建功”活动 1991年,市妇联在全市城镇妇女中开展做“四有”(有理想、有道德、有文化、有纪律)、“四自”(自尊、自信、自立、自强)女性“巾帼建功”活动,当年参加活动的女职工占总数的90%以上。1997年,在窗口行业开展以“创一流成绩,创一流服务,提高经济效益”为主要内容的“巾帼文明示范岗”创建活动。1999年,市妇联被全国妇联评为全国“巾帼建功”先进集体。2001年,赤峰宾馆、赤峰安定医院获全国“巾帼文明示范岗”称号。2004年,全市评选出旗县区级“巾帼文明示范岗”120个、“巾帼建功”先进个人350人,市级“巾帼文明示范岗”5个;全市有全国“巾帼文明示范岗”5个,全国“巾帼建功标兵”1人。2010年,在女职工较集中的行业开展岗位实践、技术竞赛、观摩交流等活动。截至2012年末,市妇联树立和表彰了100名“巾帼建功标兵”和100个“巾帼文明示范岗”。2014年,全市各级妇联组织在城镇妇女中开展“爱岗敬业·实干圆梦”主题实践活动和“一个窗口一面旗,一个岗位一颗星”等活动。全市共创建旗县区级以上“巾帼文明示范岗”86个,表彰“巾帼建功标兵”90人。

下岗女职工再就业 1999年之后,针对企业改制大批下岗女职工需要再就业的问题,市妇联采取措施,积极做好女职工再就业工作。2001年,市妇联职业介绍所帮助171人上岗,其中女职工103人。全市妇联组织共安置下岗女职工335人,协调有关部门培训下岗女职工1774人,培训后有978人再就业。2006—2008年,依托妇女发展创业基地和职介所,安置下岗待业女青年、女出租车司机、军嫂213人;积极争取项目支持,在红山区、松山区建立“打工妹真爱家园”,有1000余名“打工妹”和2000余名“打工妹”子女受益;“赤峰市妇女劳务输出培训综合示范基地建设项目”投资40万元,建设示范基地12个,培训3000多名妇女掌握一技之长。2011年,培训家政服务员2334人;全市各级妇联共安置下岗失业妇女2120人。2014年,全市确定24个有民族特色、带动妇女灵活就业的基地,培训妇女居家灵活就业人员2000余人,涉及刺绣、剪纸、民族服饰、手工制品制作、工艺雕刻制品等种类。市妇联与市人社局共同举办“赤峰市首届女大学生就业专场招聘会”,有2400名女大学生参加此次招聘,会上达成就业意向的有760人。

三、妇女权益维护

1991年之后，市妇联每年都对土地承包中妇女的土地承包权和女职工劳动保护、老年人权益保护、离婚妇女权益保护等妇女维权中的热点进行监督和调研,并积极向市人大、政协提交议案和提案。1991—1995年,市妇联积极与市人大常委会法制委员会等有关部门配合,加强维权检查和执法监督,确保《中华人民共和国妇女权益保障法》《中华人民共和国未成年人保护法》《内蒙古自治区妇女儿童保护条例》的贯彻落实。2000—2005年,着力构建妇女社会化维权格局。全市开通“12348”妇女维权法律服务热线,市及旗县区建成妇女法律援助工作站、赤峰市妇女儿童家庭暴力伤情鉴定委托受理中心,开通集教育、调解、预防、打击、保护为一体的“反家暴绿色通道”;建立特邀陪审员制度和维护妇女儿童合法权益联席会议制度。2010—2011年,市妇联协调市司法、综治等部门下发《赤峰市妇女儿童维权站建设工作方案》,160个妇女儿童维权站挂牌并发挥作用;成立了由52名各方人士组成的妇女儿童维权志愿者服务团。2014年,16个妇女维权合议庭对妇女被侵权案件做到优先受理、优先审理、优先执行。

市妇联积极培养推荐女干部。1995年,市妇联、市委组织部和市委党校联合建立“赤峰市女干部培训中心”,对科级和科级后备女干部分期分批进行培训;同时积极向组织部门推荐优秀妇女干部,使一大批女性人才走上了领导岗位。2001年,认真开展调研活动,形成了《关于赤峰市各级领导班子女干部配备情况的调查与思考》《关于培养和选拔女干部情况的调查》等调查报告,及时为党委和组织人事部门提供决策依据。2003年,市妇联与市委组织部先后联合下发《关于开展优秀中青年女干部推荐工作的通知》和《关于进一步加强女干部培养工作的意见》。2009年,在全市村嘎查换届选举中,有27名妇女当选为村嘎查主任。

四、家庭教育

创建“五好文明家庭” 1991年,市妇联把传统的“五好家庭”活动逐步引向深入,普遍开展“提高人的素质,优化社会细胞”、“敬老好儿女”、“特色家庭”评比等活动,倡导科学文明的生活方式。1993年,巴林右旗女牧民萨仁托雅一家被评为“全国美好家庭”。1997年后,全市各级妇联组织开展了创建“五好文明家庭”活动。2002年后,围绕《公民道德建设实施纲要》的贯彻落实,开展了以“爱国守法、尊老敬老、教育子女、勤劳致富、热心公益、勤俭持家、学习进取、爱岗敬业、移风易俗、相互关爱”为内容的“五好文明家庭”评比、表彰和宣传活动。2005年,全市评选“五好文明家庭”34.97万户,占总

户数的27.7%。开展创建“争做合格父母,培养合格人才”的“双合格”家庭教育实践活动,全市建有家庭教育指导机构110个,建立社区家长学校65所。同年,市妇联被评为全国“双合格”工作先进集体。

创建“和谐家庭” 2006年之后,全市各级妇联组织以创建“和谐家庭”为主题,统筹“五好文明家庭”“平安家庭”“廉政家庭”“学习型家庭”“绿色家庭”“节约型家庭”等各类家庭创建活动。市妇联与市纪检委联合开展以领导干部家属为重点的“家庭助廉教育知识竞赛”和“家庭助廉读书活动”,同时举办“和谐家庭创建年暨节能减排家庭社区行动”活动。2009年,市妇联与市文明办等单位联合开展六类“十佳家庭”评选表彰活动。2013年,市妇联协调市文明办将“和谐家庭”创建活动纳入全市精神文明建设总体规划。下发《2013—2014年全市“和谐家庭”创建活动实施方案》,大力倡导“男女平等、夫妻和睦、尊老爱幼、邻里互助”和“互爱、诚信、宽容、勤俭、和睦”的家庭道德观念,打造“和谐家庭”品牌。2014年,市妇联与市委宣传部、市文明办、市双拥办联合下发《开展“文明赤峰·幸福家庭”主题实践活动实施方案》,把开展寻找“最美家庭”活动纳入赤峰市创建全国文明城市的总体规划。全市共评选旗县区级“最美家庭”429户、市级“最美家庭”22户;28户家庭受内蒙古自治区妇联表彰,3户家庭受全国妇联表彰。同年11月,在自治区寻找“最美家庭”工作电视电话会议上,赤峰市妇联介绍了经验。

留守儿童家庭教育 2006年,市、旗县区两级妇联围绕留守儿童家庭教育开展有针对性的调查研究,形成《赤峰市留守儿童家庭教育现状调查报告》及项目建议书。2008年,市妇联开展“三个一批”(建一批留守儿童爱心志愿者队伍,建一批留守儿童家长学校,建一批留守儿童快乐家园)关爱留守儿童工作。2011年7月,在全国人大、政协赴内蒙古自治区进行留守妇女儿童权益调研的座谈会上,赤峰市妇联代表基层作了专题发言。截至2012年末,全市建立5000余人的爱心志愿者队伍、301所留守儿童家长学校和80个留守儿童快乐家园。2013年,市妇联下发《关爱留守流动儿童家园示范点项目建设工作方案》,规划新建5个市级示范点;争取新建2个自治区级“关爱留守流动儿童家园”。到2014年末,全市各级妇联组织共建立留守流动儿童快乐家园88所,其中自治区和市级15所。

第四章　赤峰市工商业联合会

第一节　组织机构

一、机构沿革

1985年6月,赤峰市工商业联合会(简称市工商联)重新恢复。同年,召开首次会员代表大会。1991年,市工商联内设办公室;1995年,增设会员部;2011年,增设经济部。同年12月,成立赤峰市非公有制经济服务中心,为市工商联所属的事业单位。2014年,市工商联的内设机构3个,即办公室、会员部和经济部;事业单位1个。

二、基层组织建设

1996年7月，赤峰市工商联加挂赤峰市总商会的牌子，履行商会职能。2000年3月至4月，赤峰市鞋帽总商会和赤峰市家电总商会先后成立；2001年8月，赤峰市五交化行业商会成立；2002年4月，赤峰市塑钢门窗行业商会成立；2004年4月，赤峰市首家异地商会“赤峰市工商联安徽商会”成立。到2014年，全市工商联系统所属行业商会总数达到113个，其中市级行业商会23个，旗县区级行业商会90个；覆盖行业50个，商会会员总数3300多人。

第二节　代表大会

一、第二次代表大会

市工商联第二次代表大会于1991年8月6日召开，参加大会的代表98人。会议听取并审议通过市工商联首届执委会工作报告。会议选举产生市工商联第二届执行委员会，由29名委员组成；选举卢振远为主任委员，同时选举副主任委员2人、常委9人。

二、第三次代表大会

市工商联第三次代表大会于1996年7月25日至26日召开，参加大会的代表110人。大会听取并审议通过市工商联第二届执委会工作报告。大会根据全国工商联“会章”中关于“中国工商业联合会是中国工商业界组织的人民团体和民间商会”的规定，举行了赤峰市总商会的揭牌仪式，同时宣布赤峰市工商业联合会和赤峰市总商会为一个机构、两块牌子。大会选举产生市工商联第三届执行委员会，由33名委员组成；选举卢振远为主任委员，同时选举副主任委员6人、常委13人。

三、第四次代表大会

市工商联第四次代表大会于2002年8月28日至29日召开，参加大会的代表130人。大会听取并审议通过市工商联第三届执委会工作报告。大会选举产生市工商联第四届执行委员会，由65名委员组成；选举李瑰峰为主任委员，同时选举副主任委员10人、常委35人。

四、第五次代表大会

市工商联第五次代表大会于2007年1月20日至21日召开，参加大会的代表194人。大会听取并审议通过主任委员李瑰峰代表市工商联第四届执委会所作的工作报告。大会选举产生市工商联第五届执行委员会，由119名委员组成；选举张文革为主任委员，同时选举驻会副主任委员3人、非驻会副主任委员15人、常委65人。

五、第六次代表大会

市工商联第六次代表大会于2012年4月19日至20日召开，参加大会的代表305

人。大会听取并审议通过市政协副主席、工商联主席张文革代表市工商联第五届执委会所作的工作报告。大会选举产生市工商联第六届执行委员会,由 187 名委员组成;选举张文革为主席,同时选举副主席 3 人、兼职副主席 26 人、常委 88 人;大会选举市总商会副会长 13 人。

第三节 主要工作

一、参政议政

议案、建议、提案 1991 年之后,市工商联注重发挥民营企业家中人大代表和政协委员在参加人代会、政协会中的参政议政作用。1996 年,在赤峰市第三届人大代表、第三届政协委员中,有非公有制经济代表人士 23 人,到第六届上升到 90 人,工商联组织的参政议政能力不断增强。2003 年,市工商联参加"两会"的代表和委员,共提出议案、建议、提案 21 件,其中《加快实用科技在个体私营企业中推广应用的建议》等引起有关领导和部门的重视。市工商联主委的提案,被推荐为自治区政协九届一次大会发言材料。2007 年,市工商联撰写的《大力发展羊绒产业,打造赤峰新的特色支柱产业》提案,作为重点提案在市政协五届一次会议上宣读。2011 年,市工商联提交议案、建议、提案数量达到 32 件,有些提案被市政协列为重点提案办理。

调查研究 1991 年 8 月, 市工商联与红山区工商联共同对红山区 12 家私营企业大户进行了调查研究。1993 年 7 月,市工商联向市委、市政府呈送《对赤峰市个体私营经济发展状况的调查》专题报告,市政府督察室根据这个调查报告召集有关部门座谈,探讨大力发展个体私营经济的重要意义和举措。2004 年,市工商联就赤峰地区个体私营经济发展状况进行调研,在全市组织百家民营企业抽样调查,完成了 240 家企业问卷调查; 配合全国和自治区人大代表对全市个体私营经济发展情况进行专题调研,形成《赤峰市民营经济发展状况调查报告》。2007 年之后,全市各级工商联陆续开展一系列调查研究工作,主要有行业商会发展分析、羊绒产业发展现状分析、旗县区工商联组织建设情况调查、全市餐饮行业调查、规模以上民营企业调查、会员企业履行社会责任情况调查等,形成一批有价值的研究成果。其中赤峰市羊绒产业发展调研报告在全国工商联网站刊登。2010 年,市工商联开展了赤峰市民营企业在保障和改善民生中如何发挥作用、会员企业党组织建设情况和赤峰市非公有制经济发展情况等 3 个主题调研,均形成有价值的调研报告。

召开座谈会 1997 年,市工商联召开三届二次会议,组织与会执委围绕赤峰市个体私营经济发展中存在的问题进行集中座谈讨论,形成《关于进一步加快发展赤峰市个体私营经济的意见和建议》, 上报后得到市委、市政府及有关部门的重视。2002—2003 年,市工商联就促进非公有制经济发展问题,召开全市民营重点企业座谈会;就优化民营经济发展环境问题，召开部分民营企业家和商会负责人座谈会。针对市委、市政府准备出台《加快民营经济发展的决定》政策性文件，市工商联通过走访企业、发放问卷、召开民营企业家代表座谈会等方式，把民营企业家的意见和要求集中起来，提供给市委、市政府在起草决定时参考。2008 年后，市工商联根据工作安排，多次组织民营企业家代表参加市委、市政府召开的重大问题协商会和座谈会。民营企业家代表对市委即将出台的有关重要文件和市政府工作报告以及制定的五年发展规划，促进非公有制经济发展、应对国际金融危机、促进中小企业发展等一系列重大问题提出建议，许多意见和建议得到了市委、市政府的重视与采纳。

二、服务经济

对外联络　1991 年 3 月，市工商联组织宁城八里罕酒厂等 6 家企业会员单位，参加在西安举办的“1991 年全国名优特新产品展销会”，赤峰市在会上成交额 44 万元。2005—2006 年，组织 10 多名民营企业家前往中央党校参加“全国第 62 期民营经济理论与实务高级培训班”；组织赤峰市餐饮商会 20 多家企业赴山东考察学习。2007 年后，市工商联与发达地区工商联建立的友好商会，由原来的 12 个增加到 21 个，初步形成以“环渤海经济圈”“长三角”“珠三角”为核心的友好商会组织网络。重点加强与北京市工商联的联系、交流与合作，落实了北京市工商联对赤峰市工商联的对口帮扶活动。在发展“一对一”友好商会关系的同时，加入辽西地区工商联会长联席会，签署了“辽冀蒙”三省七市工商联经济合作协议；组织发起内蒙古“东部四盟市”工商联组织联谊会；与香港中华总商会、新加坡中华总商会建立联系。参加“环渤海经贸洽谈会”“中部地区经济博览会”“全国地级工商联联谊会”“西部创业之光招商引资洽谈会”等大型经贸洽谈会，向全国各地的企业家宣传赤峰，推介赤峰市的重点招商项目。2010 年 6 月，市工商联领导率队去山东临沂学习考察。

招商引资　2003 年 4 月，市工商联与市发改委从 2003 年市政府最新项目册中筛选出 33 个重点项目发放到全国工商联信息中心，陆续搭建全市重点建设项目与外地客商之间的联络平台。同年 12 月，市工商联主委随同自治区工商联领导一道赴港澳地区开展招商引资工作。2004 年，在自治区“两会”期间，市工商联参与承办由自治区党委统战部、自治区工商联主办的“赤峰·通辽招商引资项目推介会”；辽宁省朝阳市政协领导和工商联领导率领民营企业家 16 人到赤峰进行项目考察；由赤峰市委统战部、市对外开放办、市工商联三家联合承办的“2004 内蒙古民营企业项目合作暨赤峰市投资贸易洽谈会”在赤峰召开，香港和北京等 10 余个省市区和地区的相关负责人及知名企业家共 150 人参加。会议期间，签约项目总数达到 94 个，项目总投资 89.88 亿元。通过市工商联牵线搭桥，全国知名家居品牌“居然之家”和美建材城、维多利商贸中心、内蒙古台州商会萤石开发、富邦化工等一批超亿元投资项目落户赤峰。2011 年，全市工商联系统共组织和接待 152 位企业家进行投资考察，达成 16 个投资、合作开发项目协议，协议金额 7.3 亿元。2014 年 6 月，市工商联承办全国知名企业家赤峰行活动，来自香港和北京、天津、福建、辽宁等17个省市区和地区的企业家300多人赴赤峰投资考察，在生物医药、光伏发电、食品加工等产业领域签约近180亿元。2004—2010年，市工商联三次被市政府表彰为“招商引资先进单位”。

“光彩事业” 1996年1月，市委办公室、市政府办公室批转市委统战部、市工商联《关于组织开展光彩事业活动的意见》。同年3月，经市工商联主委牵线，由北京市工商联率北京正源公司总经理等民营企业家一行8人，前往赤峰市克什克腾旗、翁牛特旗等地考察开发大型农牧场等光彩事业项目。1997年，经市工商联联络，由北京市工商联常务副会长为团长的北京市光彩事业项目考察团一行15人到赤峰，先后考察了在松山区捐建光彩中学、喀喇沁旗生产多元复合肥、翁牛特旗水稻栽培等项目；北京优龙物业集团总裁李春明先生向松山区大六份乡捐资50万元，建立“北京春明光彩中学”。1998年7月，经市工商联联系，由中央统战部、全国工商联、北京市工商联率19名民营企业家组成的北京市“光促会”考察团到赤峰考察。在赤峰召开“经济协作项目恳谈会”，对巴林左旗的农副产品收购加工和合资兴建马鹿场两个项目达成意向协议；并出席北京春明光彩中学教学楼落成仪式，李春明再次为光彩中学捐助10万元教育基金。到1999年末，全市实施光彩事业项目19个，到位资金4625万元，安排人员就业1088人，救助脱贫人数达860人。2000年1月，成立赤峰市光彩事业促进会。2009年，市委统战部与市工商联共同组织召开“鼓励支持民营企业参与社会主义新农村建设动员大会”，下发《关于动员、组织、支持民营企业参与社会主义新农村建设的实施意见》。到2014年，全市民营企业家到农村投资基础设施建设、农产品深加工、农村物流业等方面的项目达到24个，投资总额达到1600多万元。市工商联被自治区工商联评为“推进社会主义新农村建设先进单位”。

三、服务社会

1998年，全市各级工商联组织带领广大个体私营企业主踊跃参加当年的抗洪救灾活动，捐款捐物金额达50万元。2003年，市工商联及时组织民营企业家为抗击“非典”捐款及捐物价值109万元，为抗震救灾捐款及捐物价值40多万元。2005—2006年，市工商联与市电视台、《红山晚报》等多家单位共同主办“捐助特困大学生入学”活动，市工商联先后有近10名副主委、常委积极主动地进行捐献。2009年，全市工商联系统会员企业扶贫济困、捐资助学等捐款及捐物价值230多万元。2010—2011年，全市各级工商联会员企业通过各种形式回报社会，捐赠总额达到413万元。2012年，市工商联组织实施光彩事业感恩帮扶行动项目12个，投资1217万元，其中资助贫困学生3072人。2014年，市工商联组织担任副主席职务的企业家和部分行业商会，与敖汉旗牛古吐乡大学生40人结成“一对一”帮扶关系，现场捐款40万元。

第五章　赤峰市科学技术协会

第一节　组织机构

一、机构沿革

1983年10月,昭乌达盟科学技术协会更名为赤峰市科学技术协会(简称市科协)。1985年8月,召开市科协第一次代表大会。1991年,市科协内设办公室、科学技术普及工作部、学会工作部。2014年,内设机构未变,所属事业单位为青少年科技中心、科学技术普及服务站(少数民族科普工作队)。

二、基层组织建设

1991年,市科协对市直属机关学会进行清理整顿,全市共保留市直属机关学会49个。1993—1994年,统一印制并换发学会会员证书3000余份;配合市民政局对市直属机关学会进行重新注册和年检。1998年,在“讲理想、比贡献”活动中,赤峰电业局科协被国家经贸委和中国科协评为先进集体。1998—1999年,按照中国科协实施的“千厂千会协作行动”计划,市科协发展“厂会协作”活动4对,其中市农机学会与喀喇沁旗修造厂的协作成果喜人,设计出3种不同型号和功能的农用机械产品,深受农民欢迎;市黄金学会与喀喇沁旗金蟾山金矿的协作项目受到中国科协和国家经贸委的表彰。2005年,市科协被自治区科协和自治区政府工业办评为“厂会协作”优秀组织单位。2006年,市科协配合市民政局对市直属机关学会进行重新登记注册,确认学会25个。2012年,赤峰市农业技术员协会成立,拥有50家会员单位,通过引进推广新产品、新技术,开展技术咨询,为全市各旗县区试点农户提供优质服务。截至2014年,市直属机关学会共31个。

第二节　代表大会

一、第二次代表大会

赤峰市科协第二次代表大会于1990年9月26日至27日召开，出席会议代表48人,特邀代表10人。会议听取并审议通过苏志国代表市科协第一届委员会所作的工作报告。会议选举产生市科协第二届委员会,由53名委员组成;选举苏志国为主席,同时选举副主席3人、常委18人。

二、第三次代表大会

赤峰市科协第三次代表大会于1996年8月1日至2日召开，出席会议代表197人。会议听取并审议通过姚云起代表市科协第二届委员会所作的工作报告。会议选举产生市科协第三届委员会，由53名委员组成；选举姚云起为主席，同时选举副主席2人、常委19人。

三、第四次代表大会

赤峰市科协第四次代表大会于2002年5月27日至29日召开，出席会议代表220人。会议听取并审议通过苏堤代表市科协第三届委员会所作的工作报告。会议选举产生市科协第四届委员会，由53名委员组成；选举苏堤为主席，同时选举专职副主席2人、兼职副主席5人、常委21人。

四、第五次代表大会

赤峰市科协第五次代表大会于2007年12月21日至23日召开，出席会议代表220人。会议听取并审议通过张富代表市科协第四届委员会所作的工作报告。会议选举产生市科协第五届委员会，由53名委员组成；选举张富为主席，同时选举副主席3人、常委21人。

五、第六次代表大会

赤峰市科协第六次代表大会于2013年8月9日召开，出席会议代表220人。会议听取并审议通过张富代表市科协第五届委员会所作的工作报告。会议选举产生市科协第六届委员会，由53名委员组成；选举张富为主席，同时选举副主席2人、常委21人。

第三节　主要工作

一、科技服务

1991年，中国农村致富技术函授大学（简称农函大）赤峰分校成立，共开办15个专业，当年招收学员900人，28个教学班。1992年，市科协在全市开展农牧民技术职称评定工作，共有1.75万名农牧民取得初级技术职称，1000名农牧民取得中级技术职称。1996年4月，举办第一届科普宣传周活动，召开科普工作座谈会，举办大型科普展览；市医学会等8个学会开展街头科技咨询活动，3天内共为各界群众提供咨询服务1000多人次。同年，市科协会同有关部门，依托各类科技学校、夜校、农函大等培训机构，结合农牧民职称资格培训，广泛开展农牧民科技培训，全年参加培训的人员总数达42万人次。1999年，全市招收农函大学员2213人，创历史最高纪录。

2001年，国务院批准每年5月第三周为“科技活动周”。2002年6月，《中华人民共和国科学技术普及法》正式颁布实施；同年12月，《内蒙古自治区科学技术普及条例》发布，市科协及时组织宣传贯彻。2003年，开展了抗击非典型肺炎的科普宣传活动。2004年，中国科协为边远地区配发科普大篷车，市科协利用科普大篷车带着30件车载展品和50多块科普展板，到多个旗县区的乡镇、社区、学校进行巡回展出，参观展览的中小学生、社区居民和农牧民群众达5万人。从2005年开始，中国科协决定在每年

9月份的第三周公休日举办全国“科普日”活动。2007年9月，在“科普日”活动中，全市出动宣传车，发放科普宣传品，举办各类讲座、报告会等，进行科普宣传，受益群众达12万人次。2009—2014年，每年5月的“科技活动周”和9月的“科普日”，市科协都要选择一个旗县区作为主会场举办启动仪式，并组织多种形式的宣传活动，并成为常态化。

二、科学普及

农村牧区科普工作 赤峰市的农村专业技术协会（简称农技协）兴起于20世纪80年代末，到90年代已初具规模。1991年，翁牛特旗养鸡协会、松山区西瓜种植协会、红山区小房村养牛协会、宁城县甜菜和养蜂协会等已初具规模。1993年，市科协邀请中国北方食用杏研究会技术人员，先后在5个乡镇现场传授大扁杏栽培技术，参加培训的农民达300多人。1996年，全市农技协已经发展到189个，涉及粮食作物、瓜果、蔬菜、食用菌以及家禽、家畜养殖等多个专业。

2001年后，各旗县区引进、试验、示范、推广的新品种、新技术每年都在几十项到上百项。2005年8月，自治区农技协工作现场交流培训会议在赤峰召开，与会人员实地参观了元宝山区古山镇蔬菜协会、蒙东肉羊协会和翁牛特旗养鸡协会等典型农技协组织。2006年，全市各类农技协已发展到311个，拥有会员2.7万人。克什克腾旗金峰肉羊协会获得中国科协、财政部“科普惠农兴村计划”奖励资金20万元。2008—2009年，自治区科协批准赤峰市建立16个星级农技协和科普示范基地。2011年8月，市科协在林西县召开“全市基层科协组织及能力建设工作会议”，考察参观了林西县乡镇科协工作和农技协工作。截至2014年末，全市有24个农村专业技术协会、12个科普示范基地、17个农村科普带头人、3个科普示范社区获得中国科协、财政部“科普惠农兴村计划”奖励；另有4个农村专业技术协会、2个科普示范基地、1个科普示范社区获得自治区科协、财政厅的奖励，累计总奖金额935万元。

城镇科普工作 市科协重点在红山区、松山区、元宝山区街道社区开展科普工作。2001—2002年，红山区被自治区科协命名为科普示范城区；站前街道办事处成为第一批创建自治区级科普文明社区的街道。2003年，在三个区的24个社区和各旗县政府所在地开展争创科普文明社区活动。2006年，全市28个街道办事处均设立科普工作领导小组，发展科普志愿者2500人。2010年，在松山区王府社区创办第一所社区科普大学，此后，又先后在红山区、松山区一些社区开办社区科普大学分校。先后开设疾病防治、心理与健康、营养与健康、中国传统教育、声乐与养生等课程，受到社区居民尤其是中老年居民的欢迎。2011—2012年，全市有4个街道办事处被自治区科协命名为“科普文明街道（办事处）”，18个社区被自治区科协命名为“科普文明社区（居委会）”。截至2014年末，松山区和红山区的社区科普大学累计招收学员500人。

科普示范体系建设 1998—2000年，中国科协在全国科协系统开展科普示范体系建设。宁城县被批准进入创建国家级科普示范县行列；市科协在全市范围内大力开展科普示范乡镇和科普示范基地创建工作，确定红山区桥北镇、元宝山区五家镇和建昌

营镇、松山区木头沟乡等17个乡镇为首批市级科普示范乡镇;组织召开全市创建科普示范乡镇工作现场会。2001年,市科协命名喀喇沁旗牛家营子镇中药材栽培示范基地等10处基地为市级科普示范基地;松山区当铺地镇西山高效设施农业示范基地被自治区科协命名为自治区级科普示范基地。2001—2002年,宁城县被中国科协命名为国家级科普示范县;红山区、喀喇沁旗分别被命名为自治区级科普示范城区和科普示范旗。2005年,松山区进入创建国家级科普示范县行列。2011年4月,松山区、喀喇沁旗成为“国家级科普示范县”。2014年,全市已创建国家级科普示范县3个,创建自治区级科普示范县1个、自治区级科普示范城区1个,创建自治区级星级农技协16个、科普示范基地11个、科普文明街道(办事处)4个、科普文明社区(居委会)5个、科普教育基地5个。

三、青少年科技教育

科技辅导员队伍建设　1995年,市科协在元宝山区举办科技辅导员培训班,30名科技辅导员参加了业务培训。2000年12月,市青少年科技教育(辅导员)协会第二届代表大会召开。会上表彰10个科技活动先进集体、20名优秀科技辅导员、20名优秀组织工作者,同时命名10所科技活动示范学校。2005年,结合“大手拉小手,科技大传播”活动,分别在北部5个旗县和松山区的31所中小学举办科技创新讲座,有近7万名中小学生和科技辅导员接受规范的科技教育。截至2006年末,全市的专兼职青少年科技辅导员达到600余人。2008年后,市科协青少年科技中心每年都选派学校科技辅导员参加全国和全自治区科技教师培训,多次聘请全国知名专家到赤峰讲学,组织参与历届全国科技辅导员论文征集和科教创新活动,组织观摩历届全国青少年科技创新大赛。2014年,市科协青少年科技中心举办由红山区、松山区、宁城县部分学校科技教师参加的培训班,并选派教师参加全国骨干教师培训。截至年末,市青少年科技教育协会有全国青辅协会员54人;自治区级青少年科技教育示范学校增加到7所;市科协青少年科技中心自行举办培训班,累计培训科技辅导员约2000人次。

青少年科技教育系列活动　1992年,市科协青少年科技中心及青少年科技辅导员协会组织赤峰市中学生参加全国“生物百项竞赛”并获一等奖1项、组织奖和活动奖各1项。1994年,全市有488名学生参加当年全国数学、物理竞赛,46名学生获奖,其中2名中学生获得数学、物理竞赛一等奖,被清华大学免试录取。同年,市科协青少年科技中心利用暑假组织了2期中小学生夏令营活动,26名学生参加天文观测、参观煤矿、农田体验等活动。2006年6月,由中国科协主办的“大手拉小手科普报告万里行——2006草原行”活动在赤峰举办,来自中国科学院的10位科学家作了17场精彩的科普报告。2008年后,市科协联合市教育局等单位,开展“青少年科学调查体验活动”“科技小制作”“科普大篷车进校园”等多项活动,使学生们开阔了视野,增长了知识。2014年,市科协投资100余万元,分别在4个旗县区建设4所校园科技馆,全市校园科技馆总数达到5个。

青少年科技创新大赛　“全国青少年发明创造比赛和科学讨论会”开始于1982年,

2000 年更名为“全国青少年科技创新大赛”，每年举办一次。市科协青少年科技中心组织参加了该赛事的历次竞赛，并取得优异成绩，竞赛获奖项目及获奖人数一直名列自治区前三名。1998 年，全市有 2000 多名中小学生参加“全国第九届青少年科技发明创造比赛和科学讨论会”，共收集作品 117 件，获全国二等奖 2 件、三等奖 1 件，获自治区一等奖 2 件，优秀论文 1 篇。2007—2014 年，市科协连续举办青少年科技创新大赛，全市共有 126 所中小学校的 1.55 万名中小学生参加竞赛，有 475 名中小学生获得自治区级奖励，有 138 名高中生获得高考加分的奖励。赤峰市多次获得中国科协颁发的青少年科技创新大赛基层赛事优秀组织奖。

第六章　赤峰市文学艺术界联合会

第一节　组织机构

一、机构沿革

1983 年 10 月，昭乌达盟文学艺术界联合会更名为赤峰市文学艺术界联合会（简称市文联）。1991 年，市文联设有办公室、创研室和《百柳》编辑部、《西拉沐沦》编辑部。2002 年，市文联下设 4 个部室，即办公室、组联部、汉文工作部、蒙文工作部。2014 年，内设机构未变。

二、基层组织建设

1991—2014 年，赤峰市文联会员组织逐步扩大，会员人数不断增加。到 2014 年，市文联所属一级文学艺术协会有 10 个，即作家、美术家、书法家、音乐家、舞蹈家、摄影家、影视家、戏剧曲艺家、民间文艺家和文艺评论家协会；在社团登记部门独立注册的二级文学艺术协会或社团组织 11 个；市文联指导 12 个旗县区文联、平庄煤矿文联、市教育系统文联、市公安系统文联、市检察官文联等行业文联和相关协会组织开展工作。全市有国家级文学艺术会员 100 余人、自治区级会员 600 余人、市级会员 3000 余人；有国家级工艺美术大师 3 人、自治区级工艺美术大师 9 人，有中国玉石雕刻大师、自治区民间工艺美术大师、自治区民间艺术大师、自治区级杰出民间艺术传承人等 30 多人。

第二节　代表大会

一、第一次代表大会

赤峰市文联第一次代表大会于 1994 年 5 月召开。会议听取并审议通过市文联主席王栋所作的工作报告，通过修改后的《赤峰市文学艺术界联合会章程》。会议选举产生市文联第一届委员会,由 53 名委员组成;选举勒·敖斯尔为主席,同时选举副主席 5 人(其中兼职副主席 3 人)。

二、第二次代表大会

赤峰市文联第二次代表大会于 2005 年 11 月 22 日召开,出席会议的代表 224 人。会议听取并审议通过高晓力代表市文联第一届委员会所作的工作报告,会议审议并通过新修改的市文联"章程"。会议选举产生了市文联第二届委员会,由 56 名委员组成;选举高晓力为主席,同时选举副主席 6 人(其中兼职副主席 4 人);会议聘请名誉主席 4 人、名誉副主席 12 人。

第三节　主要工作

一、文艺创作

20 世纪 90 年代,市文联启动文学创作"丛书出版"项目,10 年间共出版"文丛"7 套,长篇小说、散文、诗歌集近百部。2009 年,组织完成大型系列长篇历史小说《消失的草原帝国》创作出版。到 2014 年,市文联组织完成市政府重点文化项目——大型文献图书《赤峰历史文化书系》编纂工作,全书共分文学卷、影视卷、书画卷、非遗瑰宝卷、戏曲卷、工艺美术卷、摄影卷、音乐舞蹈卷、赤峰历史卷 9 卷 12 部,由光明日报出版社陆续出版发行。

文学界　1991—2014 年,赤峰市作家创作的长短篇小说、散文、诗歌等文学精品不断推出,市文联组织出版了一大批文学精品丛书。2002 年,在全国第七届少数民族文学"骏马奖"评奖中,赤峰市作家希儒嘉措、李晓峰、韩静慧等作品榜上有名。2013 年,荆永鸣小说《外乡人在北京》获"老舍文学奖";左永民长篇小说《塞上风云》获内蒙古自治区"五个一工程"奖,张雅琴、王晖、敖·朝洛蒙等人的文学作品获全区文学创作"索龙嘎"奖。

戏曲界　1991 年,郭玉琴获全国京剧中青年大奖赛优秀表演奖,马广忠获全国戏曲评比演出一等奖。1996 年,由张梅创作的剧目《红山石》获自治区艺术创作"萨日纳"奖。1998 年,市戏曲家协会创作演出大型舞剧《太阳契丹》;创作演出大型历史新编京剧《萧观音》,并获全国优秀剧目奖、自治区"五个一工程"奖。2002—2014 年,王秀琴创作的小品《扶贫》获中国"曹禺戏剧奖";话剧《小村总理》获中国话剧"金狮奖"新剧目奖、编剧奖,主演祁宏业获表演奖,同时获自治区"五个一工程"奖、艺术创作"萨日纳"奖;话剧《好人就在身边》获中国话剧"金狮奖"新剧目奖、编剧奖,主演朱建华获表演奖。

影视界　1992 年,陈计中创作的电视剧《月照细柳湾》《田野热风》均在华北地区获奖;由陈计中等编剧制作的四集广播剧《普通人家》获全国"五个一工程"奖。1993—2001 年,赤峰市获内蒙古自治区"五个一工程"奖的影视作品有大型电视艺术片《红山文化》和《西拉木伦》、电视艺术片《角落》、电视专题片《播撒绿色的敖汉人》和《开学的

1995—2014年部分年份赤峰市文联组织出版文学精品丛书统计表

表17-2-1 单位:册

年份	丛书名称	丛书册数	出版社
1995	《塞外文丛》	15	内蒙古人民出版社
1999	《金驼铃文丛》	12	中国文联出版社
2001	《金翅鸟文丛》	10	中国文联出版社
2002	《鼎新文丛》	12	内蒙古人民出版社
2003	《原上草文丛》	12	新华出版社
2005	《龙凤文化丛书》	12	内蒙古人民出版社
2007	《厚土文化丛书》	12	远方出版社
2010	《草根文学丛书》	10	光明日报出版社
2011	《阡陌文化丛书》	12	内蒙古人民出版社
2012	《清风文学丛书》	10	内蒙古人民出版社
2014	《通衢文学丛书》	10	光明日报出版社

日子》。2000年,由李凯峰等创作的电视纪录片《华夏瑰宝—草原巴林石》获全国首届电视纪录片一等奖。2002年,马长文等创作的一组《龙乡情韵》节目获第九届全国“骏马奖”。2003—2004年,崔建军等创作的纪录片《长河落日》和姚选忱等创作的纪录片《天上的风》获全国“骏马奖”。2007年,由李凯峰撰稿的七集电视系列片《沙海筑起绿长城》获中国广播电视政府奖。

摄影界 1991—2014年,赤峰市摄影家多幅作品在国外35个国家展出,200余幅作品在国际和全国各类摄影赛中获奖。1998年,安鹤杰的《冷暖相依》获“佳能杯”亚洲风采摄影大赛奖,邹宝良《冬季套马》获亚洲风采摄影大赛二等奖;1999年,冷柏、赵志强的《课间的较量》获中国第九届国际摄影艺术展银牌奖;2000年,杨义被内蒙古摄影家协会授予“内蒙古二十世纪摄影功臣”;2003年,董建龄摄影作品《天光云影》获第十届国际艺术摄影大奖;2005年,张树文摄影作品获全国农民摄影大赛金奖;2008年,王君才摄影作品获“克什克腾四季风光”全国大赛收藏珍品一等奖。2010年之后,赤峰市摄影家协会连续5年被评为全区优秀协会。

音乐界 1996年7月,王燃作词、呼格吉夫作曲的《草原上有一座美丽的城》经赤峰市人大常委会决定,确立为赤峰市“市歌”。2005年,呼格吉夫创作的儿童组合歌曲《朋友,请到草原来》获内蒙古自治区“五个一工程”奖;白立平作词、李志祥作曲的《内蒙古礼赞》获中国广播电视协会文艺广播研究会2005年度歌曲创作一等奖。2013年,由市音乐家协会主编的赤峰原创歌曲集《放歌赤峰》出版发行,收录赤峰市原创蒙汉语歌曲287首。

舞蹈界 1996年,在文化部举办的全国第六届"群星奖"舞蹈大赛中,巴达玛创作的双人舞《玉龙神韵》获创作、表演银奖。1998—1999年,巴达玛创作的儿童舞蹈《草原小伙伴》和三人舞《生命》分别获内蒙古自治区"五个一工程"奖。2000年,刘玉润创作的《牛娃》、陈玉华创作的《雏雁》获全国第二届小荷风采儿童舞蹈大赛银奖。2001—2010年,高娃创作的群舞《绣荷包》、萨仁高娃创作的《巴林蒙古女性》《心中的圣光》分别获内蒙古自治区"五个一工程"奖。2002年,巴达玛、珠日嘎编创的幼儿舞蹈《海青鸟·契丹娃》参加全国少儿舞蹈大赛获一等奖;陈玉华创作的儿童舞蹈《草原女孩》参加全国"新苗杯"少儿舞蹈大赛获创作、表演金奖。2012年,刘玉润编导的舞蹈《冲、杀、嘿》获首届中国少儿舞蹈金奖。

美术界 2001—2014年,赤峰市画家作品入选全国美术作品展览70余次,入选自治区美术作品展览200余次。2004年,李喜成油画作品《茶香》获第二届全国少数民族美术作品展金奖。2010年,鲍凤林的美术作品《娜仁花》获第四届全国少数民族美术作品展金奖;傅智勇、张松柏共同创作的巨幅浮雕《契丹王朝》获全国壁画大展佳作奖。2011年,在全国中国画展览中,鲍凤林《高原情》获优秀奖(最高奖)。2014年,鲍凤林作品《酒歌》、李喜成油画作品《蜘蛛人系列之一》入选第十二届全国美术作品展览;吴立伟国画作品《盼牧归》在中国美协、中国少数民族美术促进会主办的第八届民族百花奖——全国中国画作品展中获优秀作品奖;傅向宏作品《马背上的民族》在中国美协主办的2014年全国中国画作品展中获优秀作品奖。

书法界 2002年,宁广瑞作品入选首届中国书法"兰亭奖"作品展,张树昌书法作品入选全国第三届正书展,崔连魁篆刻作品入选"西泠印社第三届国际书法篆刻展""西泠印社国际印学社团精品大展"。2003年,杨少辉、贾永昕、汪子林书法作品入选全国第八届书法篆刻作品展。2009年,赤峰市书法家协会获中国书法家协会"书法进万家"先进集体奖,吴银成、崔连魁获先进个人奖。2010年,石月晨书法作品入选中国书法"兰亭奖"作品展,张广元篆刻作品入选西泠印社国际篆刻选拔赛暨第七届篆刻艺术展。2011年,刘广新书法作品入选第十届全国书法篆刻展。2012年,白旭丰、刘广新书法作品获第四届中国书法"兰亭奖"。1991—2014年,赤峰市书法家共入选内蒙古书法家协会举办的展览200余人次。

工艺美术与民间艺术界 2003年,在第二届中国玉石雕刻作品"天工奖"评选活动中,刘林阁的巴林石雕《天鹅壶》、包英志的巴林石微雕作品《唐宋八大家名篇》获银奖;李健、屈伟广雕艺作品获国家轻工部"百花奖"。2004年,刘林阁被中国宝玉石协会首批授予"中国玉石雕刻大师"称号。2005年,赤峰市工艺美术和民间文艺家协会成立,在巴林石雕艺、青铜器镂空雕艺、金银器雕艺、根雕、木雕、民族服饰、刺绣、剪纸、皮影、布艺、草柳编、高仿辽瓷、微雕及民间文学、民间艺术等方面进行深入挖掘整理和创新发展。当年,中国宝玉石协会授予李矛矛"中国玉石雕刻大师"称号。2006年,刘林阁、包英志被授予“中国工艺美术大师”称号。2008年，中国宝玉石协会授予刘国兰“中国玉石雕刻大师”称号。2011年，屈伟广巴林石雕艺作品《家园》获中国工艺美术大师作品大赛金奖。2012年，刘林阁巴林石雕刻作品参加国家非物质文化遗产生产性保护成果大展，受到文化部表彰，并发行巴林石雕刻系列纪念邮票1套。同年，王国利被授予“中国工艺美术大师”称号。2014年，萨仁剪纸作品在自治区剪纸艺术大展中夺得金奖；高云、任廷丽、王黎明、于和平被授予“自治区民间艺术大师”称号。

二、文艺活动

文艺交流　1995—2014年，市文联连续举办20届“文苑杯”校园文学大赛，参赛学生累计超过100万人次。2007—2014年，连续举办8届“朝聚杯”小学生写作大赛，参赛小学生累计40多万人次。2011—2014年，相继举办赤峰女子文学沙龙作品研讨会、蓝太阳诗社作品研讨会、《文苑报》创刊20年研讨会、平煤集团《黑海潮》创刊10周年研讨会，连续举办7届“读书分享会”。1998年，市文联承办华北和辽宁、吉林“七省市文学理论年会”；邀请3名中国著名作家到赤峰讲学。1999年6月，赤峰市12名书画界艺术家赴日本稻泽市举办“中国·赤峰书画作品展”，庆祝赤峰市和稻泽市建立友好城市10周年。2002年，市文联承办中国蒙古语文“巴林风情笔会”；邀请“中国作家采风团”到赤峰讲学和开展文学交流活动。2005年8月，由赤峰市文联倡议，与辽宁省朝阳市、锦州市、阜新市、葫芦岛市、盘锦市，在赤峰博物馆举办辽蒙六市美术、书法、摄影作品艺术交流展；同时举办六市艺术家笔会、讲座、采风等活动。2007年，市文联与财政部、经济科学出版社共同举办“玉龙杯”全国摄影大赛，共征集全国各地作品3000余幅，在赤峰博物馆展出大赛优秀作品200余幅，其中赤峰作者82幅作品入展获奖。展览结束后，出版发行大型图片专著《中国·赤峰》。2011年8月，市文联组织30余名中青年作家开展“西拉木伦千里行”采风活动，并与外埠作家共同推出一批文学作品，编辑出版《百柳采风专号》。2012年8月，市文联承办中国文联主办的全国文联工作理论研讨会，中国文联及全国30个省市和部分地市文联领导等150多人参加会议；同年，承办自治区文联在赤峰举办的全区第五届“草原文化论坛”，会议表彰奖励一批优秀文艺理论作品。2013—2014年，市文联与市委宣传部连续两年联合邀请北京市艺术家，到赤峰开展“共建京蒙情”文化惠民活动；邀请北京市文联70多位艺术家到赤峰市农村牧区和社区开展文艺惠民演出，举办书画笔会。

文艺展演　1997—2004年，市文联举办5届摄影展，共展出摄影作品1000余幅。2004年3月，举办首届“赤峰文化艺术品博览会”，以文化艺术作品、工艺美术产品为主，进行文化商贸交流。2005—2014年，市文联举办5届赤峰市书法精品展和赤峰青年书法展、赤峰中国画学术展。2011—2014年，举办3届赤峰油画年展。2013年，举办迎内蒙古自治区“十三运”赤峰书画精品展；举办“庆祝赤峰市撤盟建市30年优秀摄影书画作品展”；同时举办“建市30周年新歌征集展演”活动，推出歌颂赤峰原创歌曲37首。2014年，开展“放歌赤峰、书写百姓”主题文化实践活动；组织文艺家进农村牧区，进校园,进社区,进企业,开展文艺惠民活动。2001—2014年,市文联年年组织书法家开展送书法、送春联到农家活动;组织美术家开展到农村、到社区捐赠美术作品活动;组织书画家、民间艺术家到校园、到社区开展义务教学辅导活动;组织音乐、舞蹈、戏曲家协会志愿者到农村牧区、到企业及社区培训、演出。2014年12月,市文联文艺志愿者服务中心成立,并成立文学、书法、美术、音乐、舞蹈、摄影、影视、戏曲、工艺美术、民间艺术10个志愿分队,招募文艺志愿者400多人,文艺志愿活动逐步走向规范化、常态化。

三、文学期刊

市文联主办的文学期刊《百柳》(双月刊)和《西拉沐沦》(双月刊),创刊于20世纪80年代,国内公开发行。1993年,《百柳》与《西拉沐沦》同时获全国少数民族期刊“园丁”奖。2013年,创办大型文化门户网站“赤峰文艺网”。截至2014年末,《百柳》《西拉沐沦》已分别出版发行215期;两刊共举办文学创作笔会40余次,出版两刊笔会专号30余期。针对提升青少年写作水平出版的《百柳·简妙作文》(半月刊)单期发行量已突破10万份。

第七章　赤峰市社会科学联合会

第一节　组织机构

一、机构沿革

赤峰市社会科学联合会始建于1981年12月,原名“昭乌达盟哲学社会科学学会联合会”。1983年10月,更名为“赤峰市哲学社会科学学会联合会”。1986年7月,召开第一次代表大会。2010年8月,更名为“赤峰市社会科学联合会”(简称市社科联)。1991年,市社科联内设办公室和学会部。2014年,内设机构未变。

二、基层组织建设

1991年4月,市委宣传部、市民政局联合下发文件,明确市社科联为赤峰地区社会科学团体业务主管部门。1997年,市级社科类社团有31个,个人会员总数5000多人。社团学科门类齐全,不仅涵盖文学、史学、考古学、政治学、经济学、金融学、财政学、税务学、法学、教育学、心理学、管理学、艺术学等学科,还涉及文化学、妇女学等综合类学科。2011年11月,建立赤峰市社会科学专家库,51名专家成为第一批入选专家。2012年5月,市社科联下发《赤峰市社会科学联合会社团管理办法(试行)》,在社团中坚持开展“三个一”活动,即一项重点科研课题、一项科普活动、一项学术交流活动。2010—2014年,市金融会计学会、市金融学会、市收藏家学会、市教育学会、市法学会、市国际税收研究会、昭乌达妇女可持续发展协会、市财政学会8个社团被评为“全国先进社科组织”。截至2014年末，有市级社科类社团64个，共有个人会员1万余人，其中直属社团24个，会员社团40个。会员中有中高级职称的500多人。

第二节 代表大会

一、第二次代表大会

赤峰市社科联第二次代表大会于1991年12月22日至23日召开，出席会议代表110人。会议听取并审议通过全国政协常委、市社科联副主席苏赫所作的工作报告。会议选举产生赤峰市社科联第二届委员会，由42名委员组成；选举鲍鹏飞为主席，同时选举副主席7人、常务委员18人。

二、第三次代表大会

赤峰市社科联第三次代表大会于2010年5月21日召开，出席会议代表120人。会议听取并审议通过市社科联副主席王宏坚代表市社科联第二届委员会所作的工作报告。会议审议并通过新修改的《赤峰市社会科学联合会章程》。会议选举产生赤峰市社科联第三届委员会，由30名委员组成；选举钱荣旭为主席，同时选举专职副主席2人、兼职副主席4人。

第三节 主要工作

一、社会科学研究

学术交流研讨 1991年10月，市社科联和赤峰日报社、赤峰人民广播电台、赤峰钢铁厂联合举办“赤钢杯”学哲学用哲学征文活动，有53篇论文获奖，其中一等奖7篇。1992—1993年，市社科联召开“赤峰市市场经济理论研讨会”，会议入选论文53篇；与市委宣传部、市文化局联合组织筹办“中国古代北方文化国际学术研讨会”，来自美国、德国、韩国、日本等国家和中国台湾、中国香港地区近100人参加会议。1998年9—10月，与市委宣传部联合举办“纪念中共十一届三中全会20周年”市直社科理论界座谈会和理论研讨会。2011年，组织召开社科界“赤峰精神”研讨座谈会；与市委宣传部联合组织召开“纪念中国共产党成立90周年”理论研讨会，会上对优秀论文进行了表奖。2012年12月，与市委宣传部联合组织召开“社科理论界学习中共十八大精神”座谈会。2014年，与市委宣传部联合召开“党的群众路线教育实践活动”理论研讨会，在《赤峰日报》理论版整版刊登发言摘登。

专项课题研究及专著出版 1991年5月，由市社科联承担的自治区社会科学“七五”规划项目《牧区经济发展》一书出版发行。同年6月，由市社科联组织编写的《赤峰史》一书出版发行。2010—2011年，市社科联承担自治区社科联委托的科研课题《赤峰

市文化产业发展战略与对策研究》。由市社科联牵头，赤峰学院、市文化局相关人员组成课题组，深入进行调查研究，借鉴国内外发展文化产业的成功做法，科学地提出赤峰文化产业发展的思路与对策，形成研究报告。该课题被自治区社科联评为优秀课题，在赤峰市第二届社会科学优秀成果政府奖评选中被评为一等奖。2011—2014 年，与市委宣传部连续四年开展赤峰市社会科学课题研究工作，共收到申请立项的课题 793 项。经审定，批准立项 243 项。批准立项的课题多数是与赤峰市经济社会发展和市委、市政府中心工作紧密相关的应用对策研究，基础理论研究主要侧重赤峰历史文化、民族文化和教育教学。通过评审，评出优秀课题 20 项、良好课题 31 项，并给予奖励，优秀课题在《松州学刊》上发表。

二、社会科学普及

进入 21 世纪之后，按照自治区党委宣传部和自治区社科联的统一部署，每年 6 月初的第一个星期六，市社科联在全市举行科普周活动，每年一个主题。2010—2014 年，5 年间举办 5 次科普周活动，共举办各类社科普及宣传活动 206 项；举办社科普及讲座、报告会和研讨会 136 场；制作社科知识普及图板 1800 余块，分发各类宣传资料 18 万余份；组织各类培训班 249 期，培训 4.6 万人次；组织社科普及知识“五进”(进机关、进学校、进企业、进农村、进社区)活动 178 场；社科普及知识咨询服务 266 场，参与工作人员 2980 人，受益群众达 15 万余人。2012 年 6 月，赤峰市社科联被自治区党委宣传部、自治区社科联评为“全区社会科学普及活动周先进单位”。2011—2014 年，市社科联与市委宣传部命名赤峰市级社科普及基地 5 处，分别是赤峰博物馆、市图书馆、喀喇沁旗王府博物馆、赤峰学院、内蒙古交通职业技术学院。2013 年、2014 年，赤峰学院和市图书馆先后被自治区党委宣传部、自治区社科联命名为“全区社会科学普及基地”。

三、社会科学成果评选和奖励

自治区奖　1986—2003 年，市社科联组织参加自治区社科联第二届至第七届哲学社会科学优秀成果奖评奖活动，共有 78 项成果获奖，其中二等奖 13 项，三等奖 65 项。2006—2012 年，在第一届至第四届自治区哲学社会科学优秀成果政府奖评选中，赤峰市有 50 项成果获奖。其中一等奖 1 项，为专著《西辽河文化红山文化青铜文化研究》(三卷)；二等奖 10 项，主要是专著《赤峰历史文化丛书》(六册)、论文《非公有制经济在我国经济发展中的作用》等；三等奖 39 项。

市政府奖　2011 年 1 月，市政府印发《关于开展赤峰市社会科学优秀成果评选和奖励工作的通知》，规定每两年评选表彰一次。同年 5 月，开展首届政府奖评选和奖励工作，共评出一等奖 5 项、二等奖 16 项、三等奖 41 项。5 项一等奖分别是专著《道义文章》(上中下)、专著《喀喇沁乌梁海部落史》、专著《满蒙关系史料比较研究》(蒙文)、专著《论大学生道德信仰》、调研报告《翁牛特旗承接产业转移情况调研报告》。2013 年 7 月，开展第二届政府奖评选和奖励工作，共评出一等奖 4 项、二等奖 16 项、三等奖 38

项。4 项一等奖分别是专著《辽朝史稿》、教材《蒙古族历史三字经》(蒙文)、课题研究《赤峰市文化产业发展战略与对策研究》、调研报告《关于赤峰市中心城区工业企业节水情况调研报告》。

第八章　赤峰市归国华侨联合会

第一节 组织机构与代表大会

一、组织机构

赤峰市归国华侨联合会(简称市侨联)成立于 1981 年 6 月。2002 年,市侨联从市民政局整建制划出,归市委统战部代管。阿鲁科尔沁旗、巴林右旗、红山区、松山区、元宝山区和宁城县 6 个旗县区侨联为市侨联下属团体会员。市侨联机关内设办公室和联络部 2 个机构。2014 年,内设机构未变。

二、代表大会

1993 年 7 月,赤峰市侨联第三次代表大会召开,出席会议代表 73 人。会议听取并审议通过李权忠代表市侨联第二届委员会所作的工作报告。会议选举产生市侨联第三届委员会,由 17 名委员组成;选举马宏树为主席,同时选举副主席 1 人。

2009 年 11 月 10 日,赤峰市侨联第四次代表大会召开,出席会议代表 93 人。会议听取并审议通过卢世翔代表市侨联第三届委员会所作的工作报告。会议选举产生市侨联第四届委员会,由 25 名委员组成;选举卢世翔为主席,同时选举副主席 5 人;聘请名誉主席 3 人、海外特约顾问 8 人。

第二节 主要工作

一、参政议政

1994 年,市侨联在全体委员中开展了为地方经济建设办一件实事、引进一个项目、引进一笔资金、提供一条好信息的“四个一”活动。进入 21 世纪之后,市侨联努力做好市和旗县区两级侨界人大代表和政协委员的推荐工作。主动与侨界人大代表和政协委员联系沟通,并为他们参加人大、政协组织的调研、视察和各项活动提供服务,为他们了解广大侨界群众的呼声提供素材。支持和鼓励侨界人大代表、政协委员在每年市“两会”期间,就归侨侨眷关心的热点、难点问题提出建议、提案,就赤峰市的经济社会发展建言献策。2014 年,赤峰市侨界有市、旗县区两级人大代表和政协委员 31 人。侨界市级人大代表提出建议 2 件,政协委员提出提案 7 件。侨界政协委员参加市政协委员视察调研活动累计12人次。

二、维权、帮扶

1991年,市侨联认真落实侨务政策,经与有关部门协商,解决了2名归侨的住房问题和1名华侨继子就业问题。1992年,市侨联、侨办联合开展全市侨情调查。到年末,全市有侨务对象1146户、3540人。其中国内侨务对象660户、2530人(其中归侨72户、96人),分布在12个旗县区;华侨、华人、港澳同胞486户、1010人,分布在25个国家和地区。1995年中秋节,市侨联联合有关部门在红山国家森林公园举办"三胞"大型游园联谊会,招待市区归侨、侨眷、台属和回国探亲的侨胞、台胞。2005年,市侨联开展"送温暖、献爱心"活动。在元旦、春节期间走访慰问重点困难侨户7户,发放慰问金3400元;全年共接待侨务对象200多人次。2009年8月,市侨联在松山区振兴街道木兰社区创建"侨眷之家",以此为平台,走访慰问困难归侨侨眷,组织归侨侨眷参加文体活动;为50岁以上的归侨侨眷建立健康档案、免费体检和白内障筛查等。2010年7月,自治区侨联在赤峰市召开社区侨联工作现场会,学习推广木兰社区经验。2011年春节期间,市侨联与有关部门一起深入到市区、乡村,走访看望孤寡、残疾、特困和离退休、生病的归侨侨眷108户,向他们发放3.2万元慰问金和6000多元的慰问品。2013年,市侨联获全国侨联系统先进组织称号。1991—2014年,市侨联走访慰问归侨侨眷1700多户(次),28名归侨侨眷子女在升学中得到加分照顾,扶持128户特困归侨侨眷,协调民政、工会等对侨界困难群众临时救助800多户;接待侨界群众来信来访200多人次。积极配合有关执法部门的执法检查,督促和支持有关部门查处涉侨侵权行为11人(次)。

三、服务社会

2003—2011年,市侨联通过全国侨联经济文化基金会,联系台湾财团法人爱心文教基金会捐款60万元人民币,在赤峰市建起3所侨(爱)心工程学校;侨胞捐款21万元,为松山区小庙子村小学建立多媒体教室;浙江新华教育基金会在赤峰市第二实验中学连续8年设立"珍珠班"(按照家庭特困、学业特优的要求,实施的"捡回珍珠计划"),全市有400名家庭特困、学习成绩优异的高中生得到救助,有250名"珍珠生"全部考上二本以上院校。2008年,四川汶川特大地震后,市侨联组织募捐救灾,全市归侨侨眷捐款、捐物价值达21.6万多元。2011年9月,市侨联联系的由澳洲华人公益基金组织支持的澳大利亚"光明之行"到赤峰市开展救助活动,为170名贫困白内障患者免费实施了手术。2014年,中国侨联文教基金会联合北京链家房地产有限公司,为喀喇沁旗大牛群寄宿制小学捐赠价值3万多元的图书4500多册和一些体育器材,建成"链家爱心图书室"。

四、联谊活动

1991年,经市侨联牵线搭桥,促成赤峰市蒙文印刷厂与蒙古国苏赫巴托印刷厂在老蒙文字模上的开发与合作,促进了中蒙双方文化技术交流。2005年,市侨联与北京市西城区侨联、河北省石家庄市侨联和邯郸市侨联建立友好关系;与呼和浩特市、包头市、通辽市、巴彦淖尔市和锡林郭勒盟侨联进行工作交流。经市侨联牵线搭桥，招商引资 210 万元。2007 年和 2010 年，市侨联两次举办“侨商——赤峰草原行”暨投资合作推介洽谈会，来自江苏省、辽宁省等 7 个省区市的侨联领导和侨界企业家，以及来自美国、加拿大等 8 个国家和地区的侨商参加会议。2011 年，市侨联联系香港侨商投资 1.92 亿元，建立克什克腾旗金辉矿业公司；联系浙江尖山光电股份有限公司总经理（侨商）与赤峰市大唐公司合作，在阿鲁科尔沁旗建设风光互补太阳能发电项目。2013—2014 年，市侨联选送归侨侨眷摄影优秀作品 18 幅和 5 名优秀书画家作品，参加“亲情中华——世界华侨华人摄影展”和“第二届世界华侨华人美术书法展”。1991—2014 年，市侨联共接待来自世界 50 多个国家的华侨华人和港澳台同胞以及全国各级侨联组织的参观团 1000 多人次，向海内外侨商发放招商引资项目书 2000 多份。

第九章　赤峰市残疾人联合会

第一节　组织机构

一、机构沿革

1989 年 6 月，成立赤峰市残疾人联合会（简称市残联）。1991 年，市残联内设康复部、教育就业部、组宣部、基金部、办公室 5 个部室，下辖残疾人康复培训中心和残疾人辅助器具服务中心两个事业单位。2014 年，内设机构未变。

二、基层组织建设

1991 年后，市残联不断加强基层残疾人组织建设，使基层残疾人工作经费、人员待遇、服务场所、残疾人生活保障、政治权益保障等不断落实。2010 年，全市 137 个乡镇苏木、街道均建立残联组织，配备了专（兼）职残联理事长；2904 个村嘎查、居委会均建立残疾人协会组织，配备专（兼）职委员。2014 年，全市 12 个旗县区均设有残联组织。

第二节　代表大会

一、第一次代表大会

赤峰市残联第一次代表大会于 1990 年 3 月 7 日召开，出席会议代表 74 人。会议听取并审议通过刘志代表赤峰市残联筹备小组所作的筹备工作情况的报告。会议选举产生市残联第一届执行理事会，由 32 名理事组成；选举刘志为理事长，同时选举副理事长 1 人、常务理事 12 人。

二、第二次代表大会

赤峰市残联第二次代表大会于1994年12月21日召开，出席会议代表80人。会议听取并审议通过王凤云代表市残联第一届理事会所作的工作报告。会议选举产生市残联第二届执行理事会，由35名理事组成；选举王凤云为理事长，同时选举副理事长1人、常务理事12人。

三、第三次代表大会

赤峰市残联第三次代表大会于1998年6月30日召开，出席会议代表102人。会议听取并审议通过王凤云代表市残联第二届理事会所作的工作报告。会议选举产生市残联第三届执行理事会，由40名理事组成；选举王凤云为理事长，同时选举副理事长3人、常务理事13人。

四、第四次代表大会

赤峰市残联第四次代表大会于2003年8月5日召开，出席会议代表103人。会议听取并审议通过王凤云代表市残联第三届理事会所作的工作报告。会议选举产生市残联第四届执行理事会，由40名理事组成；选举王凤云为理事长，同时选举副理事长3人、常务理事13人。

五、第五次代表大会

赤峰市残联第五次代表大会于2007年4月15日召开，出席会议代表105人。会议听取并审议通过田守三代表市残联第四届理事会所作的工作报告。会议选举产生市残联第五届执行理事会，由42名理事组成；选举田守三为理事长，同时选举副理事长4人、常务理事13人。

六、第六次代表大会

赤峰市残联第六次代表大会于2013年6月8日召开，出席会议代表115人。会议听取并审议通过师传江代表市残联第五届理事会所作的工作报告。会议选举产生市残联第六届执行理事会，由45名理事组成；选举师传江为理事长，同时选举副理事长4人、常务理事13人。

第三节　主要工作

一、就业与培训

1992年，市直属企业按比例安排残疾人就业1000多人，旗县区安排2000人，全市新增残疾人就业3000多人。1993年，全市残联组织对城镇有就业意愿和劳动能力的1万多名残疾人进行职业技能培训，对农村牧区9000多名残疾人进行实用技术培训；补助残疾人培训和就业资金400多万元。1997年，全市新建农村牧区残疾人就业扶贫基地

110 处，安置近 1500 名残疾人就业。2000 年，市财政为残疾人贷款贴息 300 多万元，补贴资金 900 多万元。市残联通过各种途径，扶持 4 万多名贫困残疾人增收。2009 年，市残联将这一年确定为残疾人培训年。全市共培训实用技术 4790 人次，培训职业技能 1565 人次。

2014 年，市残联开展残疾人就业咨询、失业登记、职业介绍、就业安置等工作。通过按比例安排残疾人就业、扶持自主创业、集中安排就业和有针对性地开展就业培训等多种渠道，实现新增残疾人就业 1287 人；残疾人就业基地达到 10 个，其中自主创业就业基地 5 个，累计安排残疾人 2612 人。

二、帮扶与康复

1990 年 12 月，全国七届人大常委会第十七次会议审议通过《中华人民共和国残疾人保障法》。该法规定"每年 5 月第三个星期日为全国助残日"。1991 年 5 月，市和旗县区残联开展了第一个"全国助残日"活动。至 2014 年，全市每年都进行助残日活动，每次助残日活动的主题，都是依据当年残疾人事业发展的重点工作确立。活动中，分别围绕"宣传残疾人保障法""一助一，送温暖""走进每一个残疾人家庭""志愿者助残"等主题，为残疾人办好事、办实事，帮助残疾人解决实际困难，努力为残疾人提供各种具体的服务与帮助。

1991 年，市残联建立康复指导站，全市完成白内障手术 961 例。1993 年，训练康复肢体残疾人 251 人，为残疾人提供用品用具 231 件，举办各类康复技术培训 3 次，培训技术骨干 2003 人。2002 年，全市为残疾人进行危房改造 8000 多户；对享受低保的重度残疾、多重残疾、一户多残、老残一体的贫困残疾人发放生活困难补贴，全市共为 933 名城镇残疾人、7623 名农村牧区残疾人发放生活补贴资金 313 万元。同年，全市完成白内障手术 1198 例。2004 年，为 500 名严重肢体残疾人赠送轮椅；通过扶残助学"春雨行动"，对 73 名残疾儿童进行救助。2006 年，对农村牧区残疾儿童实施"两免一补"（免学费、免书本费，补助生活费）政策，全市有 898 名残疾儿童得到资助，残疾儿童入学率达到 85%。2011 年，市残联组织开展助学活动，帮助学前教育残疾儿童、义务教育阶段残疾学生、在校高中残疾学生、残疾大学生近 1500 人入学，资助资金 200 多万元。

截至 2014 年，市残联争取实施国家残疾儿童康复救助"七彩梦行动计划"项目 6项，补助资金 2000 多万元，主要为 200 多名聋儿进行人工耳蜗手术，为 100 多名聋儿验配助听器及进行康复训练，为 180 多名肢体残疾儿童实施矫治手术，为 200 多名脑瘫残疾儿童装配矫形器，为 400 多名自闭症儿童到训练机构进行康复训练，为残疾儿童适配辅助器具 1000 多件（例）；实施国家残疾人事业专项"彩票公益金"康复项目 30 多项，补助资金 1000 多万元。实施的社会慈善项目有赤峰九三学社中央亮康行动、中国扶贫基金会流动服务车贫困复明手术、朝聚慈善光明行动，免费为贫困白内障患者 1 万多人进行了复明手术；通过与香港李嘉诚基金会联系资助，对 300 多名肢残儿童实施矫形手术，为 500 多名肢体残疾人安装普及型假肢，免费发放各类辅助器具 5 万多件。

1991—2014 年，春节期间，市、旗县区两级残联组织对因灾、因病、供学等原因致贫的残疾人家庭进行重点走访和慰问,发放米、面、油等生活用品及慰问金;市残联向市财政申请下拨支持残疾人春耕生产资金,帮助部分残疾人开展春耕生产。截至2014年,市有关部门为9627名一级和1.26万名二级重度残疾人发放护理补贴资金900万元,为890名残疾人发放"阳光家园"居家托养补贴资金49万元。

三、合法权益保障

1991年之后,市残联注重为残疾人提供法律服务,对来信来访残疾人建立档案登记,对反映的问题妥善解决,切实保护残疾人的合法权益。到2000年末,全市共有26个律师事务所、14个公证处、13个法律援助中心为残疾人提供法律援助服务。2002年,市和红山区残联组织260个单位、1.8万人参加《中华人民共和国残疾人保障法》颁布10周年纪念活动。2007年,市残联通过会议辅导和上街设立宣传点等形式,认真做好新修订的《中华人民共和国残疾人保障法》《残疾人就业条例》和中共中央、国务院《关于促进残疾人事业发展的意见》等法律法规政策的宣传工作。市残联成立信访工作领导小组和维权工作站,建立健全信访接待制度。2010年,全市残联组织共接待残疾人来信来访1000多件(次),确保事事有回音、件件有落实,全年无群体越级上访事件发生。2014年,市残联积极做好法律援助工作,年内共协调解决81例法律援助案件,为残疾人免代理费24.6万元;接待残疾人来信来访614人次,并逐件进行答复和协助解决处理。

第十章　赤峰市红十字会

第一节　组织机构

1987年11月,赤峰市红十字会成立,隶属于市卫生局。1998年1月,市红十字会从市卫生局划出,成为独立的正处级事业单位,内设办公室、赈济救护培训部2个机构。2013年,成立赤峰市红十字志愿者联合会。2014年,赤峰市红十字会内设机构未变,下属红十字志愿者联合会、学校红十字工作委员会。

截至2014年末,全市共有各级红十字会组织2218个。其中市和旗县区红十字会13个;乡镇苏木、街道办事处红十字会150个,建会率98%;村嘎查、社区红十字会1612个,建会率67.79%;大中小学红十字会443个,建会率93%。全市拥有团体会员706个,个人会员13.5万人。

第二节　代表大会

一、第一次代表大会

赤峰市红十字会第一次代表大会于1991年3月30日召开,出席会议代表66人。

会议听取并审议通过刘树涛代表市红十字会所作的工作报告。会议选举产生市红十字会第一届理事会，由 44 名理事组成；选举照那斯图为会长，同时选举副会长 5 人、常务理事 15 人；会议聘请王枫为名誉会长。

二、第二次代表大会

赤峰市红十字会第二次代表大会于 2006 年 10 月 29 日召开，出席会议代表 124 人。会议听取并审议通过卞涌馨代表市红十字会第一届理事会所作的工作报告。会议选举产生市红十字会第二届理事会，由 77 名理事组成；选举姚云峰为会长、卞涌馨为常务副会长，同时选举副会长 2 人、常务理事 34 人。

三、第三次代表大会

赤峰市红十字会第三次代表大会于 2012 年 6 月 5 日召开，出席会议代表 249 人。会议听取并审议通过孟晓冰代表市红十字会第二届理事会所作的工作报告。会议选举产生市红十字会第三届理事会，由 91 名理事组成；选举梁淑琴为会长、孟晓冰为常务副会长，同时选举副会长 15 人、常务理事 33 人；会议聘请包满达为名誉会长。

第三节　主要工作

一、募集善款

1991 年后，市红十字会通过多种方式募集善款，救助贫困群众。2006 年后，按照自治区政府的政策和自治区红十字会的要求，市红十字会在全市范围内开展了“博爱一日捐”筹资工作。到 2014 年末，通过“博爱一日捐”，全市共募集善款近 9000 万元。

在开展“博爱一日捐”募集善款的同时，还开拓专项筹资等新的筹资渠道。2011 年 6 月，与市经信委、市工商联、赤峰日报社、赤峰广播电视台、红山晚报社等六部门联合发起成立赤峰市红十字博爱基金。当年从爱心企业中筹集专项资金 450 余万元，筹集物资折合人民币 200 余万元。到 2014 年，共筹资 1020 万元(包括物资折款)。

2006—2014 年赤峰市红十字会开展“博爱一日捐”募集善款情况统计表

表 17-2-2　　单位：万元

年份	募集善款数额	年份	募集善款数额
2006	200	2011	1447
2007	323.4	2012	1524
2008	329	2013	1548
2009	900	2014	1280
2010	1337	总计	8888.4

二、救灾、救助、救护

救灾 1991年,赤峰市部分旗县区遭受旱灾、洪涝、虫害、冰雹等自然灾害,市红十字会向灾区派出医疗队和救灾队近20个,共200多人,救助群众4278人次。1998年,市红十字会共筹捐款51.14万元,自治区红十字会下拨赈灾物资折合人民币132.88万元、衣物折合人民币44.66万元,全部发放到遭受洪灾的阿鲁科尔沁旗等6个旗县。全市各级红十字会系统共组织6个医疗队,出动152人,救助治疗灾民1200人次。2003年,全市抗击非典型肺炎期间,市红十字会接收捐赠款物折合人民币30余万元,及时下拨到感染地区。同年8月,阿鲁科尔沁旗和巴林左旗交界处发生5.9级地震,市红十字会组建"地震灾区医疗救援队",深入灾区为受灾群众义诊800多人次,投放药品折合人民币10万余元;收到社会各界捐赠救灾款物折合人民币237万元,全部拨付灾区。2004年,市红十字会筹措资金97万元,用于地震破坏严重的阿鲁科尔沁旗乌兰哈达小学、先锋乡卫生院和巴林左旗林东镇太平地小学、隆昌镇中学的灾后重建。2008年,四川汶川发生"5·12"特大地震,全市红十字会系统累计接收捐款2014万元,全部汇往灾区。赤峰市红十字会被自治区红十字会授予"抗震救灾优秀组织奖"。2010年初,阿鲁科尔沁旗和克什克腾旗发生强降雪,市旗两级红十字会共投入救灾物资价值44.5万元。同年4月,市红十字会为青海玉树地震灾区募集善款338.52万元。2011—2012年,自治区和全市红十字会为救灾投入物资价值约240万元,受益者约15万人。2013年初,自治区、市两级红十字会向赤峰市北部旗县发生暴雪的灾区,发放捐赠的价值55万元救灾款物。同年4月,全市红十字会系统共为四川雅安地震灾区捐款154.34万元。

救助 1991年之后,市红十字会一直有针对性地开展各种救助活动,形成了"红十字博爱送万家""红十字助你上大学""红十字爱心井""红十字博爱卫生站""红十字书屋""红十字博爱家园""红十字天使计划""红十字白内障复明工程""红十字圆梦行动""红十字博爱超市""红十字救助自闭症儿童"等一系列富有红十字特色的救助工作品牌。到2014年,全市共开办"红十字博爱超市"28家,建成红十字"博爱卫生站"47个、"红十字书屋"119个、"红十字博爱家园"6处,打凿"红十字爱心井"5眼。1993年,为孤寡老人、社会残疾人义诊342人次。1999年,自治区红十字会使用社会捐助资金,为赤峰市援助建设3所"红十字学校",为394户重灾居民建设住房。2006年1月,市红十字会在全市范围内开展"共同关爱零就业家庭"主题活动,共筹集款物15万余元,慰问零就业家庭107户,提供就业岗位14个。2009年,市、旗县区两级红十字会共筹款150多万元,并争取自治区红十字会捐赠面粉28吨,通过基层红十字会、爱心超市和市直有关部门,将救灾物资及救助金发放给困难群体,受益人口达2.7万人次。2010年8月,市红十字会全面启动"博爱一日捐,助你上大学"活动,共为全市1013名贫困大学生发放助学金167万元。元旦和春节期间,为12个旗县区的特困家庭开展圆梦行动,市和旗县区两级红十字会共为近1万户贫困家庭发放价值104万元的慰问金、慰问品。2012年，挪威红十字会减灾项目落户敖汉旗。项目总投资60余万元人民币，打井4眼并安装配套设施，建30平方米以上的暖棚暖圈20个，此项目使905人受益。2014年，在“博爱送万家”活动中，全市红十字会系统共投入款物198.53万元，使1.98万人得到救助；发放129.88万元，救助贫困学生848人；发放418.25万元，救助大病患者2945人。同年，自治区、市、旗三级红十字会共同出资55.01万元，在喀喇沁旗美林镇新店村实施“博爱家园—饮水工程”项目；由中国红十字基金会、广州合生元生物制品有限公司、北京军区总医院共同出资200万元，对赤峰市32名患儿进行免费手术。

救护 1998—2014年，市红十字会在不同行业中开展了初级卫生救护师资培训工作，累计举办培训班620期，培训人数达3.1万人；普及初级卫生救护知识，培训青少年学生30万人次，培训各界群众18万人次。1991年，举办9期应急救护培训班，共培训330人，并为其中的大部分配备卫生救护箱（包）。1997年，市红十字会与赤峰市交警支队合作，举办30期培训班，共培训驾驶员1.54万人。2004年，启动“备灾防灾及卫生救护知识普及”工作，确定市红十字会及阿鲁科尔沁旗、翁牛特旗红十字会为3个试点单位，重点培训农牧民。市红十字会在松山区6个乡镇的19个村、两所学校和两家工矿企业中，共办培训班29期，培训1822人。2010年，在铁路、民航、学校、工矿企业、社区、消防等多部门、多行业中，培训2.31万人次。2014年10月，先后对全市700余名骨干教师、校医及安全员进行培训。

三、组织捐献活动

1991年后，市红十字会组织开展“三献”工作，即无偿献血、捐献造血干细胞和捐献遗体器官。1991—2014年，市红十字会每年都与市中心血站联系，组织开展无偿献血活动，并一直参与无偿献血的宣传工作。1999年，市政府授予市红十字会“无偿献血促进奖”。2013年，市红十字会组织无偿捐献全血4.04万人次，其中一次捐献全血400毫升的3.55万人次。

2004年，市红十字会开始开展造血干细胞血样采集工作。当年8月21日，举行赤峰市首批造血干细胞捐献者捐献仪式，有100多名捐献者采集血样。同年11月，赤峰学院附属医院主治医师王海峰，成功捐献了造血干细胞，成为自治区首例全国血液病医生成功捐献造血干细胞的第一人，是全国第176例非血缘捐献造血干细胞志愿者。自治区红十字会授予王海峰“中国造血干细胞捐献者资料库内蒙古分库爱心大使”称号。2006—2007年，全市报名捐献造血干细胞的志愿者为960人，采集血样643人。2012—2013年，实现捐献造血干细胞3例。2014年，市红十字会和市中心血站共同建立干细胞血样采集工作站。当年入库捐献造血干细胞志愿者达到400人份，实现捐献2例。截至年末，全市共采集入库造血干细胞血样2985份，实现捐献6例。

2010年，赤峰市首例眼角膜捐献者尹海英捐献成功。2012年2月，赤峰市被列为全国人体器官捐献试点城市。当年成功捐献遗体器官2例，捐献眼角膜1例。在市红十字会和爱心人士的帮助下，小姑娘“小希望”遗体器官捐献成功，这是内蒙古地区年龄最小的器官捐献者。截至2014年末，全市累计登记遗体器官捐献志愿者70余人，实现遗体捐献1例、器官3例、眼角膜4例。

四、志愿服务

1992—1994年，全市红十字会系统开展“5·8”世界红十字日纪念活动，进行健康咨询1.83万人次，为孤寡老人、社会残疾人义诊服务1220人次，开展便民服务9230人次。2000年，全市各级红十字会人员利用世界红十字日等纪念日，组织医务人员为市民义诊，1.6万多人从中受益。2003年，市红十字会组建“赴地震灾区医疗队”，深入巴林左旗的两个重灾区为受灾群众义诊，共投放10多万元的药品，义诊800多人。2009年10月，市红十字会举办志愿工作者培训班，120余名志愿者参加培训。2011年5月，向社会募集资金近3万元，建成赤峰市红十字“爱心林”。组织近1000名志愿者开展“爱心林”营护活动。2012年，贯彻《中国红十字志愿服务管理办法》，加强志愿者队伍建设，筹备建立赤峰市志愿者联合会，进一步规范红十字志愿者组织。2014年，新招募红十字志愿者1806人。开展“红十字爱老行动”，共招募爱老志愿者188人，其中红十字医护志愿者117人，社会爱心志愿者71人。在松山区松州街道兴华社区和玉龙街道王府社区2个社区进行试点，为20位被帮扶老人与医护志愿者、农商行爱心志愿者和社区志愿者结对。

赤峰市志

1991—2014

下册

赤峰市地方志编纂委员会

方志出版社

目 录

（下册）

卷十八 政 法

卷十九 军 事

卷二十 民政 人事 劳动与社会保障

卷二十一 教育 科技

卷二十二 文 化

卷二十三　卫生 体育

卷二十四 宗教 民俗 方言

卷二十五　人 物

附 录

索 引

编修始末

第十八卷

政法

1946—1956年,昭乌达盟(今赤峰市)行政委员会公安处、昭乌达盟人民法院、昭乌达盟人民检察院等人民民主专政的政法机关相继建立。在此期间,政法机关在城乡开展清匪肃特,取缔反动会道门,镇压反革命,禁毒、禁赌、禁娼。在全面加快社会主义建设时期,政法机关工作重点转移到保卫经济建设、加强对基本建设工程和企事业单位的安全保卫工作上,继续打击反革命分子和其他刑事犯罪活动。

"文化大革命"期间,政法机关一度瘫痪。1967—1971年,盟公、检、法机关由中国人民解放军昭乌达盟公安机关军事管制委员会实行军管。1973—1978年,昭盟中级人民法院、昭盟公安局、昭盟人民检察院陆续恢复和重建。1991年起,赤峰市政法机关围绕改革开放和经济建设,履行宪法和法律赋予的职责,发挥政法机关整体效能,严厉打击犯罪活动,强化社会治安综合治理,推进司法改革,加强政法队伍建设,维护社会政治稳定,营造良好的治安秩序和法制环境,促进赤峰市的改革发展。

加强社会治安综合治理。1991年3月,赤峰市成立社会治安综合治理办公室,社会治安综合治理工作逐步走上规范化轨道。1994年开始,全面推行社会治安综合治理目标管理责任制和领导责任制,明确各级党委、政府和各部门党政领导的政治责任,全市以各级党政组织和机关企事业单位目标化管理责任制、社会治安综合治理"一票否决"制为主要内容的"大维稳"机制,以防控打一体化推进的社会治安"大防控"机制,以市县乡村四级网络为基础的社会矛盾"大调处"机制,以市和旗县区政法委和公检法等机关(部门)协调配合的信访工作"大接访"机制逐步完善,形成了齐抓共管的局面,促进社会治安综合治理各项措施的落实。同时,注重基层基础工作,加强乡镇苏木、街道、村嘎查综治机构建设,发挥基层社会治安"第一道防线"的作用。建立以社会治安应急处置机制、"草原110"和保安进农村为主要内容的治安防控体系,实行村级事务契约化管理、城乡网格化管理、建立治安保险机制、建立平安协会,在自治区率先开展"平安赤峰"创建活动。在推行巡警制度、开展内部单位防范、楼群住宅防范设施建设的基础上,加强"设防城市"建设,精心编织数字预警防控网、卡口堵控网、科技监控防范网,防范的范围逐步扩大。至2014年,全市已构筑起人防、物防、技防结合,点、线、面相连的社会治安防控体系,赤峰市的社会治安总体水平位居全区前列。1992—2005年连续4次被中央综治委授予"全国社会治安综合治理优秀城市"称号。

严厉打击刑事犯罪活动。全市公安、检察、法院等政法机关和部门,根据中央和自治区的总体部署及全市政法工作的总体要求,坚持依法从重从快打击刑事犯罪,严厉打击严重经济犯罪,预防打击职务犯罪,建立并不断完善"严打"斗争的长效机制。1983—1986年,连续三次开展集中打击严重刑事犯罪活动的战役,从重从快判处一批刑事犯罪分子。1991—2014年,在深入持久开展"严打"斗争的基础上,有计划、有目标、有针对性地开展"清枪、治爆、反盗、打痞、除霸、扫黑"和扫除"黄、赌、毒"等专项行动。始终保持对刑事犯罪的高压态势,实现了破案、打击处理数上升,刑事发案数下降的"两升一降"总目标,全市人民群众对社会治安满意度始终保持在97.5%以上。

推进司法制度改革。坚持“公开、公正、高效”原则，逐步完善严格公正执法机制。公安机关从1997年开始，以落实破案责任制为重点，进行刑侦工作改革，把刑侦体制延伸到派出所，建立覆盖社会面的刑侦中队。1999年，完成“侦审合一”体制改革，预审部门成建制并入刑侦部门。检察机关在2000年开始推行主诉检察官办案责任制。2001年，推行主办检察官办案责任制。2002年，对贪污贿赂和渎职侵权案件实施侦查一体化办案制度。2003年，设立实施人民监督员制度。2014年，实施检务公开和专家组咨询制度。审判机关从1996年开始，刑事审判、民事审判、行政审判三大体系得以建立，审判工作程序从“立审合一”发展为立案、审判、监督、执行四个环节。1999年开始以公开审判为重心，实施强化庭审功能的庭审制度改革，提高公开开庭率和当庭宣判率。2000年开始以审判长和独任审判员选任制为重心，推行审判组织改革。司法行政机关在2003年开始稳步推行律师、公证机构改革工作，实行律师、公证管理由司法行政机关管理与行业管理相结合的模式。1999年开始进行国资律师事务所和公证处的改革，到2014年末，全市13家国资律师事务所和5家公证处完成脱钩改制。

法制宣传教育。1991—2014年，市委、市政府在开展全民普法的基础上，先后组织实施了5个“五年普法规划”，通过全方位、全覆盖地普及宪法和基本法，有所侧重地普及不同领域的专业法律知识，全市各个层面的社会主义民主法治意识普遍提高。各级领导干部和广大公职人员依法执政、依法行政的能力和自觉性明显提高，公民知法、懂法、守法、用法的素养明显增强，法律普及成为依法治市的坚实基础，改善了全市的法治环境。市普法依法治市工作领导小组办公室在“三五”“四五”“五五”普法工作中，被中宣部、司法部授予“全国先进普法依法治理办公室”称号。

加强政法队伍建设。按照“内强素质、外树形象”要求，以政治思想、业务能力、纪律作风、职业操守为内容，以集中学习、岗位练兵、外出培训为主要形式，全面加强政法队伍建设，全市政法队伍综合素质得到整体提升，执法水平全面提高，政法干警的战斗力和公信力持续增强，先后涌现出二级英模刘虎、戴成钧等一批先进典型和先进模范。

第一篇　社会治安综合治理

第一章　组织机构与管理机制

第一节　组织机构

一、市级组织机构

1984 年 10 月,赤峰市社会治安综合治理领导小组成立,组长由市政府副市长兼任,下设法制宣传办公室(设在市司法局)、青年职工教育办公室(设在市总工会)、社会青少年教育办公室(设在团市委)、学校青少年教育办公室(设在市教育局)。1991 年 3 月,成立市社会治安综合治理领导小组办公室,同市委政法委合署办公。办公室主任由政法委书记兼任,配备工作人员 5 人。同年 10 月,市社会治安综合治理领导小组改为市社会治安综合治理委员会,作为市委、市政府领导全市社会治安综合治理工作的议事协调机构,原领导小组组长改为委员会主任,主任由市委副书记兼任,市公安局、市人民检察院、市中级人民法院、市司法局、市民政局、市教育局、团市委、市妇联、市总工会等 20 多个部门为成员单位。市社会治安综合治理委员会办公室主任由市委政法委书记兼任。1993 年 1 月,市综治委办公室主任由市委政法委副书记兼任。1996 年,市综治委主任由市长兼任,市委政法委书记兼任办公室主任,市委组织部、市委宣传部、市委纪检委、市委统战部、市监察局、市人事局、市劳动局、市公安局、市人民检察院、市中级人民法院、市司法局、市国家安全局、市总工会、市妇联、团市委、市民政局、市工商局、市建委、市教育局、市文化局、市广电局等 40 多个单位的负责人为市综治委委员。1998 年,市综治委办公室设协调室、基层指导室。1999 年 3 月以后,市综治委办公室主任由市委政法委副书记兼任。2012 年 5 月,市社会治安综合治理委员会更名为市社会管理综合治理委员会,主任由市长兼任。办公室更名为社会管理综合治理委员会办公室,市委政法委副书记兼任办公室主任。内设科室由 2 个增加到 5 个。

2014 年 11 月,市社会管理综合治理委员会恢复为市社会治安综合治理委员会。市综治委主任仍由市长兼任,副主任由市委副书记、市委政法委书记、市人大常委会副主任、市政协副主席、副市长及市中级人民法院院长、市检察院检察长、市公安局局长兼任,市综治委成员单位增加到85个。市社会管理综合治理委员会办公室仍恢复为市社会治安综合治理委员会办公室,市委政法委副书记兼任办公室主任。

1991年3月,中共中央、国务院和全国人大常委会《关于加强社会治安综合治理的决定》颁布后,市综治委建立专门工作领导小组,推动社会治安综合治理工作的落实。主要有:"严打"整治领导小组,办公室设在市公安局;流动人口管理领导小组,办公室设在市公安局;预防青少年违法犯罪领导小组,办公室设在市司法局;刑满释放、解除劳教人员帮教安置领导小组,办公室设在市司法局;法制宣传教育领导小组,办公室设在市司法局;铁路护路领导小组,办公室设在市综治办;校园周边环境治理整顿领导小组,办公室设在市教育局;依法处理信访活动中违法犯罪行为领导小组,办公室设在市综治办;民间矛盾纠纷排查与调处领导小组,办公室设在市司法局;防范精神疾病肇事肇祸领导小组,办公室设在市卫计局;寄递渠道安全管理工作领导小组,办公室设在市综治办。

二、旗县区级组织机构

1991年,市和12个旗县区相继建立社会治安综合治理委员会及其办公室,为常设机构,同政法委合署办公。

2004年,市和12个旗县区相继成立维护社会稳定工作领导小组办公室,配备工作人员2~3人,领导小组组长由旗县区委书记兼任,办公室主任由旗县区委政法委副书记兼任。至2014年未变。

三、基层综治组织

1991年前,全市村嘎查、居委会、机关、学校、企业单位均建立了社会治安保卫委员会(简称治保会)和人民调解委员会(简称调委会)。

1991年,在4066个内部单位,271个乡镇、苏木、街道,2850个村、嘎查、居委会建立了社会治安综合治理领导组织,有办事机构584个,工作人员1140人。全市配备治安保卫干部22752人、调解干部24623人,建立青少年教育委员会5661个,从事青少年教育工作人员27414人。

1994年,阿鲁科尔沁旗、巴林左旗等地为解决社会治安综合治理工作在基层有人抓、有人管"的问题,在千人以上的大村设立专职治保会主任,达到"六有"(有房子、有牌子、有桌子、有公章、有档案、有工作记录)。林西县在城镇4个居委会设专门负责综治工作的副书记,聘请有丰富政法工作经验的离退休干部担任。巴林左旗、翁牛特旗等地为加强基层政法组织建设,将派出所、司法所、人民法庭、综治办等办公地点集中在一起,建立乡镇政法大院,并组建政法系统党支部,各部门互相配合、统一调动,变过去各自为战为联合作战。1995年,市综治委要求村嘎查治保会主任、调委会主任享受村副主任报酬待遇,并在阿鲁科尔沁旗、巴林左旗、松山区、喀喇沁旗等地开展试点。同年8月,在阿旗召开全市农村牧区治保会建设经验交流暨表彰会议,推广阿旗农村牧区治保会建设和喀喇沁旗治安联防工作与治保会建设互相促进、共同发展的经验,以及松山区建设规范化治保会、加强治安管理工作的经验。此次会议还明确提出，在经济较发达的地区及铁路、公路沿线地区治保会要达到“八有”，即有办公室、有门牌、有办公桌、有公章、有图板、有治保工作手册、有必要的交通工具、有必要的通信设备；在经济发展处于中等水平的地区、农村牧区集贸市场所在地、流动人口和暂住人口较多的地区治保会要达到“六有”，即有办公室、有门牌、有办公桌、有公章、有图板、有治保工作手册；在经济较困难、交通不便利的地区治保会要达到“四有”，即有办公室、有门牌、有公章、有治保工作手册。至年底，全市农村牧区有治保会组织 2549 个、2715 人。1996 年 6 月，全市城镇建立专职治安联防队 774 支，治安员 39289 人，护厂护矿队伍 641 支，治安协管员达到 6 万余人。1997 年，全市推进旗县区、乡镇苏木、村嘎查三级综治办规范化建设。全市 283 个乡镇苏木街道办事处全部配齐负责综治工作的党政副职，称乡镇街道办事处政法书记。并设立专门办事机构。全市共建立乡镇苏木规范化综治办 169 个，村嘎查规范化综治办 1100 个，分别占乡镇苏木和村嘎查总数的 59%和 45%。全市共投资 1000 余万元，建成政法大院 96 个，约占乡镇总数的三分之一。村嘎查综治办建设重点围绕以党支部为核心的基层组织配套建设进行，即选好一名村党支部书记为第一治安责任人；配好一名治安村副主任对综治工作具体负责；聘好一名村警；建好一个治安警务室；抓好一支治安联防队，强化了重点地区治安防范网络化建设。

1999 年，全市在继续加强“两所一庭”（派出所、司法所，人民法庭）建设的同时，侧重抓了基层规范化综治办建设，乡镇综治办达到机构、人员、编制、报酬四落实，村嘎查综治办大多数达到“六有”标准要求。全市有 198 个乡镇苏木街道、2566 个村嘎查综治办达到市级规范化建设标准。同年，全市以整顿后进党支部为重点，加强基层组织建设，各村嘎查党支部书记担任综治领导小组组长，多数村嘎查配备了治安村主任和专职治保会主任，在村级设综治办，协调指导“三会”（治保会、调委会、青少年教育委员会）和群防群治工作。在城区相对集中的住宅封闭楼院，挑选一些文化素质较高、身体强壮的青年为驻街警，执勤、巡逻，加强城区的防范能力；在大中型企业和金融单位等钱物集中场所建立经警队;在治安复杂的村建警务室，使派出所的工作下移，增强了快速反应能力；在农村牧区建立护村、护秋、护林一体的治安联防队，采取以劳养队、误工补工等办法解决报酬问题。当年，全市共有各类群防群治人员约 15 万人。

2000 年，加强以派出所为龙头的基层政法综治组织建设。派出所实行一区一警、一警多能、责任到人、一包到底的警务模式，逐步把工作重点调整到管理和防范上来。2003 年底，全市 256 个乡镇苏木都建立了综治办，配备 630 名工作人员。按照市综治办、市公安局联合制定的《关于进一步加强农村牧区群防群治工作的意见》，采取不同形式，合理解决群防群治人员配置和报酬问题。至年底，全市建立群防群治组织 7000 多个，队员 3.5 万余人。

2004 年，全市推进警力向基层倾斜，将防范的重点放在基层，健全组织机构，合理配置人员。全市 253 个乡镇苏木（街道）全部建立综治办，共配备 711 名工作人员。整合基层政法组织力量，全市共建成政法大院123个。全市共组建各类群防群治组织3527个，城镇和农村牧区覆盖面分别为98.9%和94.5%。同年，市委常委会专题研究群防群治经费问题，决定红山区、松山区、元宝山区按每人0.5元列入本级财政预算，其他旗县按每人0.3元列入本级财政预算，缓解群防群治经费不足问题。全市共拨付综治专项经费389.8万元。2009年，全市推广建立综治工作中心146个、综治工作站2163个。

2010年，全市加强了综治工作中心(站)规范化建设。在乡镇苏木(街道)由综治办牵头，整合公安、司法行政、武装、民政、信访、工商、城管、土地、禁毒、流动人口服务管理、安全生产等部门工作力量，建立综治工作中心。建立并落实集中办公、工作例会、首问责任、情况报告、检查考核、应急处置、分流督办等工作制度，实现社会治安联合防控、矛盾纠纷联合调解、重点工作联勤联动、突出问题联合治理、基层平安联合共建。在村嘎查(社区)推广建立综治工作站(室)，确保基层综治工作有人抓、有人管。

2011年，全市大力推行警务机制改革，实现警务前移、警力下沉。以“110”指挥中心为核心，采取点线面相结合，车巡、步巡、卡口查巡相统一的巡逻方式，基本形成以交警巡警为主力控制线、以社区警民联防为载体控制面、以治安卡口为依托控制点的巡防控制工作格局。大力加强以城市视频监控系统为核心的技防网络建设，全市12个旗县区公安局(分局)全部在中心城区安装视频监控系统。同年，在市公安局完成市社会应急联动指挥中心建设。各乡镇苏木(街道)全部建立了社会治安综合治理工作中心，村(居委会)一级建立综治、警务、治保、调解、外来人口管理、防范邪教“六位一体”的综治工作站。旗县区政府所在地全部成立城区专职治安巡逻队伍。

2012年，全市建成标准化警务室497个。市级视频共享平台投入应用，视频监控网建设重点转向偏远地区和农牧区，完成对133个乡镇苏木主要区域的全覆盖。在治安卡口网络建设上，进京方向检查站全部实现了网上核查。在虚拟社会防控网络建设上，构建巡查处置、侦查打击、管理控制、舆情引导为一体的网上综合防控体系，有效提升了对网络违法犯罪案件的侦办能力和各类突发网络舆情的控制能力。

2014年，全市在基层基础建设上，各乡镇苏木(街道)将基层各相关职能部门统筹规范到综治工作中心，实现合署办公、资源共享。全市各乡镇苏木均建立健全了“三所两办一庭一室”(派出所、司法所、法律服务所，综治办、信访办，人民法庭，检察室)工作机构，基层政法单位装备水平和服务能力明显提高。建立治保队伍2300余支，成员11500余人。全市群防群治队伍参与巡逻防控工作达15万余人，形成了抓防范、促稳定的合力。

2014年，稳步推进社区警务“见效年”工程。先后建成新型警务室517个，配置专职社区民警572人，聘用辅警1341人；配备信息采集记录仪1052部；搭建社区警务视频监控平台452处。总结推广克什克腾旗蒙古包警务室、巴林右旗蒙汉双语警务室等一批优秀典型警务工作模式。

第二节 管理机制

1991年,按照中共中央、国务院《关于进一步加强社会治安综合治理的意见》要求,市、旗县区、乡镇苏木(街道)和各企业单位逐级实行了社会治安综合治理目标管理责任制、领导责任制和社会治安综合治理一票否决权制。由市综治办、市委组织部、市纪检委、市监察局、市人事局五部门建立联席会议制度,对综治工作重大部署、领导责任查究、一票否决等重大事项作出决定。从1992年开始,全市自上而下层层签订社会治安综合治理责任状。市综治委定期或不定期对各旗县区和市直单位进行督查、检查和考评,考评结果纳入组织部门对党政班子的实绩考评中,逐年对成绩突出的地区、单位和个人予以表彰奖励。1993年,市综治委对本市发生的11起重特大刑事案件进行通报。对发生重特大刑事案件的市保险公司、赤峰皮革厂、市供销社、红山区园林商场,实行社会治安综合治理一票否决。1997年,全市健全完善了社会治安综合治理实绩目标考核细则,市综治办会同组织、人事、纪检、监察等部门,对30多个市综治委成员单位、77个市直单位落实综治责任目标情况进行考核验收。全市被一票否决的地区和单位9个,黄牌警告的地区和单位26个。1998年5月,市综治委对25个地区和单位实行一票否决。同年11月7日,敖汉旗克力代中学校园内发生侵害女学生恶性案件,市、旗综治委对克力代乡党委、政府一票否决,对敖汉旗教育局和克力代乡派出所黄牌警告,有关责任人由纪委监察局查处。2001年,喀喇沁旗马蹄营子村烟花鞭炮私人作坊发生爆炸,致6人死亡,市综治委对喀喇沁旗实施社会治安综合治理一票否决,对旗委、旗政府主要领导给予当年不得晋升职务、推迟一年晋升工资档次、在整改结束之前取消本人评优受奖资格的处罚。喀喇沁旗综治委对马蹄营子乡实施社会治安综合治理一票否决,并查究主要领导和直接领导责任。2006年后,全市各级受到一票否决的地区和部门,不仅要否决其评选综合性荣誉称号资格,否决其主要领导、主管领导和治安责任人评优受奖、晋职晋级的资格;而且对责任重大的给予党纪、政纪处分,情节特别严重的追究刑事责任。2012年11月22日,红山区桥北组团唯美品格居民住宅楼建筑工地地下室发生火灾,红山区党政主要领导被自治区综治委领导约谈。1991—2014年,全市共对50多个发生社会治安重特大案(事)件的地区和单位实行社会治安综合治理一票否决,对发生严重危害社会稳定重大问题的地区和单位实行领导责任查究制度。

第二章 维护稳定

第一节 维护社会政治稳定

1991年后,随着改革开放和经济社会的发展,大量社会矛盾不断涌现。全市各级党委、政府及政法各部门把维护社会稳定工作列为首要任务,全力化解社会矛盾,减少不安定因素。

1992—1995 年,全市各级政法机关积极排解疏导社会各方面不安定因素,不断强化对境内外敌对势力、黑恶组织和非法宗教活动的查控。认真贯彻执行《中华人民共和国国家安全法》《中华人民共和国社会治安管理处罚条例》,加强对重点地区、重点单位、重点人员的管理,依法处置影响国家安全和社会稳定的各种问题。1996—1998 年,全市政法机关依法取缔非法宗教活动场所,有效制止邪教滋生蔓延。高度重视和正确处理人民内部矛盾,依法解决群众反映强烈的热点、难点问题。

2001 年,严厉打击非法宗教活动和利用宗教名义进行的渗透和破坏活动。认真解决群众的困难和问题,从源头上预防和减少社会矛盾。2004 年,市委成立了维护社会稳定工作领导小组办公室,落实了维稳领导责任制、目标实绩考核和责任查究制。建立信访储备金,用于解决各类信访突出问题和特困信访群众的生活救济。2010 年,成立了全市深入推进社会矛盾化解领导小组。针对影响社会稳定的七大类突出问题,成立了 7 个专项工作小组,负责具体问题的解决。市和旗县区分别建立“社会矛盾化解工作专项资金”。2011 年,市委重新调整了维护社会稳定工作领导小组,组长由市委书记担任。市政府主要领导与 12 个旗县区的党委书记分别签订了维护社会稳定工作责任状,强化了领导责任制和责任查究制的落实。2012 年,确定 39 个单位为市维护稳定工作领导小组成员单位,并要求各单位确定本单位分管维护稳定工作的领导及联络员。建立健全了市、旗县区、乡镇苏木(街道)、村嘎查(居委会)四级维稳工作机构,并落实了机构编制和工作经费。2013 年,建立了市、旗县区、乡镇苏木(街道)、村嘎查(社区)四级维稳信访工作网络体系,将 147 个部门单位的维稳工作情况列入市维稳办日常监控考评范围。对涉稳隐患的排查化解,实行市级领导包旗县区,处级领导包乡镇苏木、学校、重点企业,科级领导包村嘎查制度。2014 年,按照《内蒙古自治区维护稳定工作责任制暂行规定》,坚持“属地管理分级负责”和“谁主管谁负责”的工作原则,实行一级抓一级、一级对一级负责的责任机制。

第二节　社会矛盾化解

1996 年,组织开展全市社会矛盾、民间纠纷集中排查调处活动。共排查出各类纠纷 9722 件,调解 9537 件,调解成功 9466 件。2002 年,全市以旗县区为单位,以乡镇苏木为重点,以村嘎查为基础,先后 2 次进行拉网式的矛盾纠纷大排查,共排查出各类矛盾纠纷 3655 件,调处 3106 件,解决重点信访隐患 30 个。全市共建立民间纠纷调解组织 3779 个,信息员 17.07 万人。2003 年,全市共调处各类矛盾纠纷 11503 件,调解率达到 98%以上。2004—2005 年,围绕企业转制、新区建设、农村牧区草场土地纠纷等热点问题,积极开展矛盾纠纷排查调处工作,对 84 件重大疑难案件全部落实领导包案责任制,及时解决了一批久拖未决的信访案件。全市共调处各类纠纷 17408 件,调处成功率为 99.7%,其中防止民转刑案件 89 件,防止群体性上访 152 件,制止群体性械斗 54 件,有效维护了基层的社会稳定。

2010 年,全市共组织 1 万多名各级干部进行大走访、大排查、大梳理,完成了社会矛盾排查摸底工作。排查出的问题逐件进行登记建档、汇编成册,发放到旗县区、市直相关部门和市级领导包联工作组,逐一调处解决。同年,完成了市委、市政府联合接访中心接待大厅的建设工作,进一步疏通了民意诉求表达渠道。全市机关干部"进百乡、促发展、惠民生、抓落实"活动工作组积极履行社会矛盾化解职能,由 33 名市级领导带队、1600 余名市直机关干部参与的包联工作队,分赴 12 个旗县区,深入乡镇苏木(街道)督导和协助开展社会矛盾化解工作。同时成立考核督导组,对矛盾化解工作实行问责制。2011 年,集中力量解决了部分历史遗留信访问题,使部分困难企业退休军转干部医疗保险和采暖补贴问题、被辞退民办教师要求补偿问题、部分师范毕业生就业等历史遗留问题得到妥善或部分解决。2012 年 3 月,市委办公厅、市政府办公厅联合印发了《关于建立重大事项社会稳定风险评估机制的实施意见》,市级成立了重大事项社会稳定风险评估工作领导小组,市、旗县区相继建立并实施重大事项社会稳定风险评估机制。市住建部门在城镇拆迁中率先进行社会稳定风险评估,将拆迁风险评估作为发放拆迁许可证的前置条件,做到应评尽评,凡是未进行评估的,一律不发放拆迁许可证,有效预防了社会矛盾的发生。市交通部门在调整出租车营运费、发放燃油补贴等事项中,组织相关部门和人员召开论证会和听证会进行风险评估,及早制定风险预防或应对措施。市中级人民法院下发并实施了《赤峰市中级人民法院案件信访评估制度》,从源头上预防和控制涉法涉诉信访案件发生。

2013 年 5 月,市委维稳办下发《关于进一步强化落实重大事项社会稳定风险评估机制的通知》,全年共进行重大事项社会稳定风险评估 138 件,其中准予实施 116 件,暂缓实施 17 件,不予实施 5 件。市委维稳办对赤峰市三座店水利枢纽中心城区引水工程、灯笼河风电基地 40 万千瓦风电工程、内蒙古赤峰大板电厂 500 千伏输出工程等重大项目进行了社会稳定风险评估。同年,全市认真落实领导包案责任制度,全市共派出各级干部 3321 人深入村嘎查、学校、企业开展社会矛盾排查化解工作,集中排查出重点矛盾纠纷 179 件,化解 168 件。深入开展了领导干部大接访活动,共接待群众来访 4923 批 14550 人次,化解信访问题 15735 件,落实领导包案 2629 件。市委、市政府印发《关于建立全市社会矛盾纠纷"大调解"工作体系的实施意见》,通过人民调解、行政调解、司法调解的衔接和联动,有效化解一大批社会矛盾和纠纷。2014 年,市委维稳办下发《关于规范重大事项社会稳定风险评估工作的通知》《关于印发重大事项社会稳定风险评估工作流程图和相关表格的通知》,全面规范社会稳定风险评估工作。全年共排查调处化解各类矛盾纠纷 55233 件次,调处率 98.7%。各旗县区建立了医疗纠纷、道路交通赔偿纠纷、物业纠纷专业调解委员会。全市共建立各级各类人民调解委员会 2486 个,其中行业性和专业性调解组织共调解矛盾纠纷 1728件,调解成功率 98.2%。行政调解对接案件 1271 件,化解率 96%;诉讼调解对接案件 1349 件,化解率 96%。

第三章 专项治理

第一节 专项行动

1983 年 7 月,中共中央召开全国政法工作会议,作出严厉打击严重刑事犯罪活动的重大部署,决定从 1983 年至 1986 年开展为期 3 年的严厉打击严重危害社会治安犯罪分子的斗争。8 月 19 日至 8 月 22 日, 赤峰地区政法各部门干警统一行动。同年 9 月,全国人大常委会通过《关于严惩严重危害社会治安的犯罪分子的决定》,进一步重申依法“从重从快,一网打尽”,加重对杀人、放火、抢劫、强奸、爆炸、重大盗窃和其他严重现行犯罪分子惩处。至 1987 年 6 月,在三年“严打”战役中,全市共收捕各类违法犯罪人员 9137 人,其中依法判处 4743 人,劳教、少管 939 人,缴获赃款赃物折款 88 万多元。1991 年 9 月,市委、市政府组织全市开展以反内盗为中心的内部单位综合治理战役。对重点内部单位开展了以查防范意识、查防范措施、查漏洞、查隐患和查内盗为内容的“五查”工作,破获了一批内部单位盗窃案件,对查出的问题落实了限期整改措施。1994 年,组织了 4 次全市集中“严打”行动。1—3 月,以“打流窜、追逃犯、除六害”为重点,以公安部门为主,其他部门配合,围绕元旦、春节期间安全保卫工作进行。4—6 月,开展以反盗窃为重点的专项斗争。从 7 月开始,市综治委组织开展了以“禁毒”“扫黄”为重点的除“六害”专项行动。自 10 月开始,以公安机关为主开展了“破大案,打团伙,追逃犯”为重点的破案攻坚战役,及时侦破一批难度较大的刑事案件。1996 年 4 月,按照全国统一部署,全市开展以破案追逃、惩恶除霸为主要内容的 3 次集中统一行动,攻克了一批大案、捕获了一批逃犯、打掉了一批团伙、铲除了一批横行乡里的痞霸。摧毁了红山区以李世财为首的带有黑社会性质的犯罪团伙。在政策的感召和强大攻势下,有 232 名在逃和“两劳”逃脱人员主动投案自首。市、旗县区两级人民法院召开 4 次集中统一公判大会,依法对 60 名犯罪分子判处重罚。1997 年,在全市先后组织开展 4 次集中“严打”斗争。继 5 月“破案月”活动后,6 月初到 7 月末,组织开展以“破大案、追逃犯、清枪爆、除火患、禁毒品、抓防范”为重点的 60 天集中统一行动;开展打击盗掘古墓、走私文物犯罪的专项斗争。9 月,开展以快速侦破重特大刑事积案为内容的集中统一行动,遏制了重大刑事案上升的势头。1999 年,在全市先后组织开展了“二月行动”“百日战役”“追逃”统一行动,开展了以打击盗抢机动车犯罪、清枪治爆和“扫黄打非”为主要内容的治安秩序整治活动。市委政法委积极协调政法各部门,突出整体作战优势,保证了全市治安秩序的平稳。2000 年,开展了“打痞除霸”“打拐”“清枪治爆”等集中统一行动，开展了对电子游戏市场、公共娱乐场所、书报刊和音像市场清理整治活动。市委政法委充分发挥职能作用，组织协调政法各部门互相配合、整体作战，确保了“严打”斗争的实效性。2001年，全国统一开展为期两年的“严打”整治斗争。全市政法机关严厉打击有组织犯罪、带有黑社会性质的团伙犯罪和流氓恶势力犯罪；打击爆炸、杀人、抢劫、绑架等严重暴力犯罪；打击盗窃、抢夺多发性犯罪等三类严重刑事犯罪，对摸排出的治安突出问题和治安混乱地区进行了集中整治。先后组织开展了治爆缉枪、校园安全治理、交通秩序整顿、消防安全专项整治和娱乐场所整顿等专项集中统一行动。在“严打”整治斗争中，公安机关建立了破案追逃奖励基金，打破警种界限，落实破案追逃责任制，取得了明显效果。两级审判、检察机关充分发挥职能作用，严格坚持“依法从重从快”的“严打”方针，努力加快办案进度，在法定时限内快捕、快诉、快审、快判，达到了法律效果和社会效果的统一。2002年，全市深入开展“严打”整治斗争，市财政拨付“严打”整治专项经费100万元。市综治委、市严打整治斗争指挥部将“严打”整治斗争任务分解，从10个方面入手，成立10个专项推进小组全力攻坚。制发了《全市2002年“严打”整治斗争方案》，使全市的“严打”整治斗争快速有序地开展起来。确定的4个治安重点地区，刑事、治安案件发案数均有所下降，98个乡镇苏木的治安面貌得到明显改观。全市政法机关先后集中组织召开了2次公判大会，设分会场17个，对一批犯罪分子进行了公开宣判，一批严重刑事犯罪分子被执行死刑。2006年，全市政法机关开展了“打黑除恶”、“命案侦破”、打击“两抢一盗”、集中追逃等专项行动。全市共排查涉恶线索29条，打掉涉恶团伙7个。集中整治治安热点和难点问题，切实加大危爆物品的管理力度。集中开展整治爆炸物品、枪支弹药、管制刀具专项行动，防止各类涉危涉爆问题的发生。集中开展“扫黄打非”和禁赌禁娼专项行动，有力地净化了社会风气。进一步加强公共信息安全监察工作，加大对网吧等公共场所整顿力度，规范全市互联网信息服务经营活动。同时，全市集中组织以党政机关及事关国计民生的金融、水、电、油、气等要害单位为重点的“四防”安全检查，确保重点要害部位的安全。全面加强交通秩序管理和消防安全监督工作。2008年，全市开展了“打黑除恶”、命案侦破、打盗抢抓逃犯、打击经济犯罪、“保奥运、禁毒品、严管控”等专项行动。政法各部门在打击刑事犯罪工作上的协调配合能力进一步加强，坚持严打和整治并举，深入整治治安热点和难点问题，全力开展以遏制重特大事故为主要内容的奥运交通安全和消防安全攻坚战，火灾事故发生起数与上年同期持平，交通事故发生起数与上年同期相比下降25.93%。2011年，全市开展了“打黑除恶”“命案侦破”“春季攻势”“夏季攻势”等专项行动。对社会治安重点地区进行排查整治，重点解决城乡接合部、城中村、治安复杂的村嘎查等地方的社会治安难点问题。加强社会治安防范体系建设，开展技防“三进”（进单位、进社区、进农村）活动，提高技防的覆盖面。2012年，开展了“风暴系列”行动、“打黑除恶”和“打盗抢、保民安”专项行动。刑事案件总量同比下降8.4%，治安案件同比下降21.5%，街面可防性案件同比下降27%。在“打黑除恶”专项行动中，全市共打掉“恶势力”团伙60个,打击处理435人,打掉了以周某某、郭某某为首的带有黑社会性质的2个犯罪团伙,团伙成员100多人受到法律惩处。2013—2014年,全市从群众反映强烈的重点地区、部位、场所和突出治安问题入手,深入开展了“打四黑、除四害”、“打击黄赌”、打击“两抢一盗”、打击经济犯罪、整治治安乱点等专项行动,共部署180多次对重点地区的排查工作,加大对突出治安问题的集中整治力度,刑事案件同比下降33%。同时,开展防范和处置非法集资专项行动、打击防范网络电信诈骗宣传活动,利用各类媒体进行广泛宣传,引导群众充分认识非法集资、电信诈骗的社会危害性。公安部门及时介入调查,严厉打击非法集资、电信诈骗、网络诈骗违法犯罪活动。

第二节　专项整治

一、学校及校园周边治安秩序整治

2001年,市公安局同有关部门在全市开展了严厉打击侵害教师学生安全和扰乱正常教学秩序、整治校园及周边地区治安秩序的专项行动。全市共建立驻校治安办公室360个,设立专职保卫人员405人。共检查校园周边各种娱乐场所750家,清理校园周边违章摊点291个,对60处校园内存在的安全隐患责令当场整改。全市共查处治安案件39起,涉案30人,其中劳动教养5人,行政拘留7人,其他治安处罚18人。通过整顿和治理,至2006年,全市各类学校及周边的治安秩序明显好转,全市学生违法犯罪人数逐渐减少,当年,全市批捕学生犯罪人数为37人,比上年下降46%。

2010年,市委办公厅、市政府办公厅印发《关于进一步加强中小学校社会治安综合治理的意见》,公安机关与有关单位联合开展了对学校、幼儿园周边环境重点整治行动。各中小学普遍配备了保安人员,学生上学、放学期间,交警、治安警到学校门前维护秩序、疏导交通,确保了各类学校、幼儿园的安全稳定。

2011年,全市1509所各类学校配备专职安全管理人员4800余人,聘用专职保安员4500余人,907所学校配置了安全防护设备,275所学校安装了红外线报警设备,并实行了封闭式管理。

2012—2013年,按照自治区公安厅《全区公安机关开展“护校安园”暨整治校园及周边治安秩序专项行动方案》的要求,各级公安机关以校园警务室为依托,以驻校警员为主导,全力开展了“护校安园”专项工作。

2014年,市公安局下发《2014年全市中小学幼儿园“护校安园”行动工作方案》,加强了对校园及周边安全的专项治理,全年共取缔违章经营的“黑网吧”5家、杂货摊点236个、不洁饮食摊点369个。

二、重点整治

1991年,赤峰南部旗县区已禁绝多年的私种罂粟、贩卖鸦片、吸食毒品案件有抬头之势。为此,市委、市政府成立了禁毒领导小组,组织有关部门集中时间开展禁烟戒毒专项斗争。确定红山区、郊区(今松山区)、元宝山区、宁城县的53个乡镇苏木、228个村为重点,坚持严打治理并重,当年,53个乡镇苏木发案率同比下降。同年5月,按照中央、自治区综治委的部署,全市开展了打击拐卖妇女儿童犯罪专项行动,集中解救被拐卖的妇女儿童,摧毁了一批犯罪窝点,抓获了一批犯罪分子,使拐卖妇女儿童犯罪明显减少。1992年3月,全市对治安问题突出、群众反映强烈的重点地区地段进行集中整治。确定治理旗县区4个、乡镇苏木(街道)66个、村嘎查(居委会)652个、内部单位660个,派出工作组845个、3540余人,其间共收到群众举报线索126条,从中破获刑事案件89起,破获盗窃自行车案件833起,破获内部单位盗窃案件48起,摧毁盗窃犯罪团伙96个,抓获成员421人,缴获赃款赃物216万余元。同年,认真贯彻全国人大常委会《关于禁毒的通告》,开展了集中铲除罂粟统一行动。全市共铲除罂粟52522株,打击处理888人。同时开展缉毒行动,严惩贩毒分子,当年破获案件32起,打击处理毒品犯罪分子37人,收缴鸦片5322.5克。通过开展以禁毒为中心的除"六害"战役,私种罂粟数由1991年的29万余株减少到24万余株,种植户由1991年的2338户减少到877户,吸扎毒品人员戒除率达到85%。1993年,市人大、市委政法委、市综治办等部门组成工作组,重点对敖汉旗、宁城县、喀喇沁旗、松山区4个烟毒地区进行检查督查。全市举办各级戒毒班163期,对4913名烟民进行强制戒毒。同年,在全市开展了"打拐禁娼"专项行动,扫除各种丑恶现象,遏制了卖淫嫖娼等违法犯罪活动。全市确定重点治理地区77个、重点治理单位162个,派工作组108个、754人。全市在重点治理地区破获各类刑事案件137起,重大案件23起,针对内部单位被盗案件突出的情况,市综治办对部分地区、内部单位发生的11起重特大案件进行了通报。1994年7月,全市开始集中整治农村社会治安,市综治委分南北两片,分别召开集中整治农村社会治安工作会议。确定宁城县、松山区、林西县、巴林左旗为重点整治地区,由市政法各部门分片承包,各旗县区确定重点整治乡镇苏木113个、村嘎查628个。先后派出常年工作队113支,集中时间,集中力量,针对影响本地社会治安突出的问题开展重点治理。至1995年,全市集中整治农村牧区社会治安取得实效:一是农村牧区社会治安更加趋于稳定,农牧民安全感增强。与上年同期相比,发生在农村牧区的刑事案件发案总数由781起减少到652起,刑事案件下降5.6%,公安机关1月至9月查获的农民重大作案成员509人,比上年同期减少170人。二是突出的犯罪活动得到了及时有力的打击,一些横行乡里的村痞村霸受到惩治。三是一些地方治安混乱状况得到迅速扭转。全市确定的4个重点治理旗县,2个旗县发案率与上年同期持平,2个旗县呈明显下降趋势,其中宁城县全部案件下降23.5%,重大案件下降15.6%;全市确定的142个重点治理乡镇,90%以上都有不同程度好转。

1998年,在全市开展了"打抢清枪治爆"和打击走私、盗窃、抢劫机动车专项斗争。在"打抢清枪治爆"斗争中,共破获各类刑事案件816起,抓获犯罪嫌疑人877人。1999年,全市开展了打击刑事犯罪专项斗争。1—3月,开展了以"破大案、抓防范、压事故、追逃犯”为主要内容的“二月行动”。5月,开展了“反扒窃、流氓滋扰”等专项斗争,对街痞、村霸300多人依法予以劳动教养,增强了人民群众的安全感。7—9月,在“全国追逃统一行动”中,全市共抓获各类在逃人员558人。2000年,开展了“打痞除霸”专项斗争,共打击各类痞霸914人。开展了“网上打拐”专项斗争,共破获拐卖妇女儿童案件76起,抓获人贩子97人,解救妇女65人、儿童10人。

2004年,全市坚持集中打击与经常打击相结合,北部旗县以打击盗抢牲畜为重点的反盗抢专项行动、南部旗县区以打击盗抢机动车和侵害出租车司机为重点的专项行动、“百日会战”专项行动等专项斗争,均取得较好效果。同年,开展了打击金融犯罪、假币犯罪、证券犯罪、涉税犯罪、制假售假犯罪系列专项整治行动,有力地维护了正常的市场经济秩序。2005年,全市深入开展专项治理和统一行动,确立重点整治的50个地区、128个部门和165个场所的治安状况均明显改观。2012年,全市针对城中村、城乡接合部等重点地区,党政机关、重点企事业单位、医院、重点文物保护单位及煤、气、水、电、油等重点部位,深入细致地开展治安隐患排查整治,下发整改通知书394份,排查整治率均达到100%。同年,针对贩毒、运毒、非法持有毒品和容留他人吸毒等涉毒犯罪案件呈逐年上升态势,在市禁毒委的统一部署下,全市开展了打击毒品违法犯罪活动。全年两级法院共审结毒品犯罪案件79件,判处被告人197人,其中判处无期徒刑、死刑36人,判处拘役至15年以下有期徒刑161人。

第四章　预防犯罪

第一节　刑释解教人员安置帮教

1985年后,刑释解教人员大量陆续返回社会,市综治委组织旗县区和各部门加强安置帮教工作,一方面在劳动就业安置上作出硬性规定,有单位的由原单位负责接收,不得推向社会;无单位的由劳动部门、所在街道、家长单位共同负责,提供就业门路;农村牧区的帮助解决生活出路问题。另一方面由所在地区、街道、单位负责接茬帮教,积极预防重新犯罪。自1986年至1991年全市共接收安置“两劳”释解人员1920人,建立帮教组织1404个。由于接茬安置帮教工作的有效进行,“两劳”人员重新犯罪率始终控制在6%以内。红山区南新街街道办事处干部积极奔走,与各有关单位反复协商,先后安置释解人员72人,鼓励和支持自谋职业的25人。平庄矿务局红庙煤矿新招青年工人2000余人。在接茬帮教刑释解教人员的同时,全市全面推广了红山区、宁城县与赤峰第四监狱联管联教的做法,并把这项工作由旗县区向乡镇、内部单位延伸。各级党团组织纷纷通过不同形式送温暖、送关怀,协助做好犯人家属工作,配合监狱劳教部门做好犯人、劳教人员的思想改造工作。该做法受到司法部的肯定,被誉为具有赤峰特点的

“向心吸引模式”。1993年,中央综治委等六部门《关于进一步加强刑满释放解除劳教人员安置帮教工作的意见》实施后,12个旗县区司法局建立了刑释解教人员安置帮教办公室。乡镇苏木(街道)建立相应机构,加强对刑释解教人员的安置帮教工作,使刑释解教人员重新违法犯罪率始终控制在5%以内。1996年,在当地政府的扶持下,林西县民营企业幸福锅炉工贸公司,累计接纳刑释解教人员80余人就业。1998年,市综治委下发《关于进一步加强刑满释放解除劳教人员安置帮教工作实施意见》,要求旗县区建立刑释解教人员安置帮教基地。2011年,红山区综治委在民营企业瓜子张有限公司建立刑释解教人员安置帮教站。2012年,市委、市政府印发《关于进一步加强刑满释放解除劳教人员安置帮教工作的意见》,全市上下认真落实,安置帮教工作进一步规范化。2014年,按照自治区综治委、政法委的要求,市、旗县区积极协调有关部门,将刑满释放人员先纳入旗县区低保,解决生活出路,再帮助其就业。

第二节 特殊人群服务管理

1995年,随着改革开放的深入,流动人口增加,各级综治委把流动人口管理作为重点,市、旗县区综治委建立流动人口管理领导小组,采取多种形式堵塞漏洞,教育疏导,强化管理。乡镇苏木(街道)层层建立流动人口管理办公室,加强出租房屋的管控,与城建、工商、计生委、妇联、团委等部门密切配合,强化流动人口的服务和管理。2010年,全市依托社区,实行专门机关管理和社会统一管理、综合服务管理有机结合,着力解决流动人口就业、居住、就医、子女就学等问题。以社区为单位,建立由综治部门牵头,公安、计生、劳动保障、房管等部门为主体的流动人口综合服务管理体系。实行微机联网管理,努力创新“以证管人、以房管人、以业管人”的服务管理新模式。加强刑释解教人员的安置和帮教,由司法行政机关牵头,人民法院、检察院、公安部门配合,全力推进社区矫正工作。建立监管场所与家庭、单位、社区联合管理机制,积极解决刑释解教人员在就业、生活、家庭方面的实际困难。深入开展“未成年人零犯罪社区”“为了明天——预防青少年违法犯罪”等创建活动,全面实施对问题青少年、违法犯罪青少年的教育挽救工程。2012年, 市公安机关启动了流动人口基础信息库和综合服务管理平台建设。城市社区警务室覆盖率达到87.5%,农村警务室覆盖率达到66.3%,出租房屋登记备案率达到100%。健全完善违法犯罪青少年帮教措施,违法犯罪青少年登记率、帮教率均达到100%。加强吸毒人员管控工作和社区戒毒、社区康复工作,出台了《赤峰市社区戒毒和社区康复工作实施方案》。加强肇事肇祸精神病人的服务管理工作,对严重性精神病人实行建档管理,管控率100%。全市在流动人口服务管理方面,形成了以公安机关为主,人社、工商、教育、民政、房管、人口计生为辅的部门联动、齐抓共管的一体化管理格局。2013年,市综治委组织卫生、民政等部门在全市开展精神疾病流行病学调查。经专家论证,《赤峰市精神障碍流行病学调查报告》通过评审,为各级党委政府针对弱势群体开展社会服务管理提供了科学依据。同年,市禁毒委在全市深入开展吸毒人员排查登记和管控工作,市劳动教养管理所改为隔离戒毒所,对吸毒人员采取收戒治疗和帮扶救助等措施,使吸毒违法犯罪得到控制。2014 年,市公安局先后下发《流动人口协管员工作职责》《暂住人口管理流程》《房屋出租户管理流程》, 市综治办和市公安局联合下发《关于进一步加强和规范流动人口服务管理工作的通知》,将流动人口服务管理工作纳入综治年度考评,确保流入人口与常住人口享有平等权益。松山区松州街道推行流动人口服务管理新模式,由计生、公安、司法、民政、劳动、卫生、妇联、教育 8 个部门联动配合,在 8 个社区开展了优生优育、居住诚信、法律援助、关怀关爱、劳动就业、健康相伴、春风“六送”、成长快乐、文化宣传和教育公平“十项”真情服务,由街道全面推进,全面覆盖,消除管理盲区,让流动人口真正融入社区居民之中。

第五章　治安防控体系建设

第一节　治安防控

1991 年以后,市综治委组织公安、建委等部门引导、规范物业公司增强服务意识和安全意识,建立规范化的保安队伍,全力负责社区的治安巡逻守卫工作。各旗县区综治委与当地劳动和社会保障局安排综治协管员公益性岗位,选拔责任心强、素质高的下岗人员到社区担任公益性协管员,负责社区基础性工作。部分旗县区在社区选派 1~2 名年龄在 50 岁左右的离退休政法干部作为综治特派员, 协助社区综治组织宣传政策法律法规,反馈治安信息,协助治安员、治安信息员和社区民警的工作。红山区协调赤峰学院、红山区武装部和赤峰人保财险公司,选聘 200 名预备役人员和在校大学生作为治安志愿者,配合民警在节假日对街面进行治安巡逻,增强社会面巡防力量。2012 年,市综治委下发《关于进一步加强群防群治队伍建设的指导意见》。全市共组建专职治安巡逻队 260 支、2689 人,有专职保安员 1737 人,治安信息员 22842 人,治安志愿者 12.31 万人, 抓获现行违法犯罪分子 1429 人。全市共建立专职街面巡逻队伍 13 支,民警 316 人,协警 480 人。全市新建立重点单位内部保卫组织 917 个,内保组织总数达到 3685 个;新配备专兼职保卫人员 2675 人,专兼职保卫人员达 9282 人;建立健全重点单位执勤室、警务室 341 个。全市视频探头开始由标清向高清过渡,交通、治安卡口总数达到 151 个。各旗县区根据人口密度、治安状况和地理位置、重点要害部位等因素,科学划分巡逻区域,优化防控力量布局,加强武装巡逻,快速反应,高效处置,全面提升社会动态控制能力。2013—2014 年, 全市大力推进了立体化治安防控体系。启动了全市社会面“三级巡控”常态化警务新机制,强化了街面巡逻防控网建设。至

2014 年，全市“零发案”社区 123 个，同比增加 20.6%；可防性案件发案 3905 起，同比下降 20.3%。夯实完善了城乡社区村庄防控网，合理配置基层警力，全市 204 个公安派出所配备民警 2270 人，占旗县区公安机关总警力的 51.72%。完善单位和行业场所防控网，全市建立各级重点单位内部保卫组织 1098 个，企事业单位重点要害部位防入侵报警系统安装率 100%，单位内部可防性案件呈逐年下降趋势。全市视频监控探头达到 38 万个，公安机关利用视频图侦手段破案 6754 起，抓获犯罪嫌疑人 1705 人。

第二节　公共安全应急处置

为健全社会安全事件应急处置机制，市综治委、市委政法委积极协调综治各成员单位，加强公共安全应急预案的动态管理，推进应急预案进社区、进农村、进企业、进学校，提高了主动发现、控制、处置能力。2013 年，全市强化对消防、道路交通、生产、食品药品、危爆物品等重点领域的安全管理，全力消除各类公共安全隐患，实现了全年未发生有重大影响的公共安全事件的工作目标。根据实际情况变化，及时修订完善公共安全应急预案，建立了由公安机关牵头的应急指挥平台和预警预报信息系统，加快信息传递处理速度。组织开展公共安全应急演练 38 场次，进一步提高了应急实战化能力。

第三节　建立“草原 110”巡防队

2006 年，阿鲁科尔沁旗借鉴外地经验在全旗农村牧区开展“草原 110”巡防队建设，把嘎查（村）牧民的私家车车体上统一标识“草原 110”巡逻车，车主（牧民）选聘为治安协管员，并统一着装。全旗共选聘“草原 110”巡防人员 300 多人，车辆 300 余台。各苏木乡镇综治办负责对“草原 110”巡逻队伍的监督管理，辖区派出所负责指导、教育培训和日常管理。“草原 110”队员担负着综治协管员、治安巡逻员、维稳信息员、法律宣传员、纠纷调解员、消防队员的多项职责，并按绩效发给补贴。2012 年，阿旗综治委制定“草原 110”巡逻队管理相关办法，同时在边远放牧点建立“敖特尔”（蒙古语，意为流动牧场）报警点。由旗财政拨款，统一为“草原 110”巡防治安协管员每人每月发放报酬和补贴。克旗、右旗、翁旗在牧区也积极推广这一做法，为牧区维护社会治安稳定发挥了积极作用。2013 年，阿旗综治委整顿调整“草原 110”巡防队人员，保留 100 人，车辆 70 台，“敖特尔” 报警点 11 个。2013—2014 年，阿旗牧区发生的可防性刑事案件 51 起，同比下降 40.6%，“草原 110”巡防队伍组织治安防范宣传 120 余次，开展集中行动 78 次，报送各类信息 1223 条，排查矛盾纠纷 365 件，调处 152 件，协助公安机关查破治安案件 66 起、一般刑事案件 27 起。阿旗“草原 110”巡防队先后被新华网、《人民日报》、内蒙古电视台等多家新闻媒体宣传报道。巴林右旗在农村牧区嘎查（村）建立了

“草原110”摩托车巡逻队,由当地派出所和综治办统一管理,统一着装,成为一支便于集结、便于行动、履行治安防范和便民利民服务的应急队伍。

第六章　平安创建

第一节　基层安全创建活动

1997年,全市积极开展了群众性的基层安全创建活动,在抓典型、积累经验的基础上,市综治委制定了《关于开展安全文明创建活动的实施意见》,并把创安活动纳入年度社会治安综合治理目标考核之中,制定了安全小区(楼院)和场所的标准。5月下旬,召开全市创安活动座谈会,现场观摩了红山区、元宝山区、松山区的创安典型。各旗县区共投入创安活动经费2203万元,在人口密集的城镇采取封闭、半封闭和开放式三种形式,创建多功能的安全文明小区。全年共创建由市及旗县区综治委命名的安全小区41个,安全村嘎查居委会455个,安全公共场所53个,安全住宅楼院132个,其中市综治委命名的安全示范小区10个,安全示范村嘎查(居委会)24个。1998年,全市已创建各级安全小区168个,安全村嘎查1480个,安全楼院510个,安全单位106个,城市创安覆盖面达到60%以上,农村创安覆盖面达到50%以上。11月23日至26日,自治区综治委召开全区社会治安综合治理工作赤峰现场经验交流会,全面推广了赤峰市的做法。1999年,市综治委把治安问题多、基础工作薄弱、工作难度大的地区作为重点,进行创安工作重点攻关。同时建立了市综治成员单位联系点制度,市直单位直接联系43个重点乡镇苏木开展创安活动。2001年,全市在创安活动上以治安问题多、治安难度大的地区和单位为重点,以城市安全社区建设和农村牧区“联户互保细胞工程”为突破口,提高创建质量。年底,全市安全小区和安全村嘎查的创安覆盖率均达到85%以上,安全社区创建覆盖率达到80%以上。2002年,在城镇安全小区建设上向安全社区提升,并确定红山区、松山区、元宝山区15个安全社区创建试点,每个旗县区确定10~15处试点。开展以创建“六无”社区(无可防性重大刑事案件、无治安灾害事故、无吸食毒品、无邪教、无青少年犯罪、无群体性事件)为主要内容的创建活动,全年有10个安全社区初具规模,城镇和农村牧区创安面达到92%以上。2003年,在城区重点开展“六无”社区创建活动。全市在社区建立警务工作室64个,配备社区民警123人;全市共创建“六无”安全社区69个。在突如其来的“非典”疫情面前,组织公安、交通、卫生、防疫、城建等部门对出租房屋、建筑工地、旅店、集贸市场、餐饮娱乐场所进行检查,对城乡居民社区进行封闭管理,出入登记,有效地阻断了传染源,防止了盗窃等可防性案件的发生,在抗击“非典”疫情中充分体现了综治工作的优势。2004年底,全市创建“六无”安全社区91个,创建“三无”(无刑事案件、无治安案件、无矛盾纠纷激化案件)

村 2028 个，创建安全联户 76342 个。2005 年，全市共创建“六无”社区 89 个，“四联创安”创建面达到 80%以上，创建平安工业园区 31 个、平安旅游区 43 个、平安种植养殖区 232 个。在省际大通道、国家一、二级公路和铁路沿线 5 公里内相关的旗县、乡镇、街道、单位、村落开展安全长廊创建活动。2006 年，市委、市政府印发《关于开展创建安全稳定地区，建设平安赤峰活动的决定》，转发了市委政法委、市综治委《关于创建安全稳定地区，建设平安赤峰的实施意见》，在中心城区和城关镇积极推行网格化巡逻机制，提高街面见警率，实现步巡、车巡、卡口查巡有机结合，不断提升城区治安防控能力。年底，全市共创平安社区 144 个，占 78%。把农村牧区“四联创安”工作由点向面延伸，由农村向牧区延伸，由经济发达地区向欠发达地区延伸，创建面达到 80%以上。以“草原 110”建设为主线，实施牧区创平安工程。以平安协会建设为依托，实施企业创平安工程。红山区步行街平安协会共有会员单位 22 个，在餐饮业、旅店业、出租车行业、网吧业等行业分别建立平安协会分会，探索出一条非公有制经济组织参与平安建设、开展社会治安综合治理的有效途径，取得很好的社会效果。全年共创建平安工业园区 27 个，平安种植养殖小区 389 个，平安旅游区 45 个。各级各类学校及周边治安秩序通过整治明显好转，全市学生违法犯罪人数逐步减少。2007 年，市和旗县区两级共投入平安建设经费 5328.8 万元，在全市 134 个乡镇苏木（街道）建立了综合治理工作中心，并配备专门工作用房 387 间，工作人员 968 人，城镇社区和较大的村共组建综治特派员队伍 375 人。在城区大力推进城市视频监控系统网络建设，有 10 个旗县区的视频监控系统投入使用。全面开展“警务进农村、技防进农村、保安进农村、法治进农村”活动，在经济富裕地区逐步建立技防村嘎查，强村带弱村，联管保平安。巩固“草原 110”建设成果，防范牲畜被盗的报警装置安进牧户家中。2008—2010 年，全市 12 个旗县区视频监控系统和技防建设投入资金 2 亿多元，提高了社会治安科技防范能力和水平。通过 3 年的努力，全市平安乡镇苏木（街道）、平安村嘎查、平安单位（企业）创建率达到 97%，平安学校、平安家庭创建率达到 98%，平安社区创建率达到 96%，平安旅游区、平安铁路和公路创建覆盖面达到 100%。全面推进治安保险进万家，治安保险投保率达到 80%以上。在 1100 个行政村开展平安互助网络建设，开通“12316”农业热线网、村级农业信息网和村级平安互助网，370 个村建立规范统一的平安信息服务站。2011 年，为纪念中共中央、国务院《关于加强社会治安综合治理的决定》实施 20 周年，全市评出 1000 名平安建设志愿者和 100 名综治工作先进工作者，其中 100 名平安建设志愿者、10 名综治工作先进工作者受到自治区综治委的表彰奖励。2013 年，全市平安乡镇苏木（街道）、平安嘎查村、平安单位（企业）、平安社区、平安家庭、平安学校、平安铁路和公路、平安旅游区创建率均达到 96%以上。2014 年，市委、市政府印发《关于推进平安赤峰建设的意见》，明确了平安建设的目标和任务，全市平安乡镇苏木（街道）、平安村嘎查、平安单位（企业）、平安社区、平安家庭、平安学校创建率保持 96%以上，平安铁路、公路创建覆盖面和平安旅游区创建率达到 90%。2009 年、2013 年红山区两次被中央综治委评为“全国平安建设先进区”。2006—2014年,赤峰市12个旗县区、40多个学校、企业和单位被自治区综治委评为平安建设活动“长安杯”单位。2014年,赤峰市被自治区综治委评为“全区社会治安(平安建设)先进地区”,名列全区第一。

第二节 建立治安保险机制

2009年,市综治委与市人保财险公司合作,按照“社会参与、市场化运作、职业化发展、规范化管理”的思路,在全市农村牧区推行了治安保险进万家工程。采取村缴、企助、民纳等形式,合理合法筹集保费,每户居民一年缴纳治安保险费10~20元。治安损失在1万元以内,由保险公司理赔。保费提取10元用于雇用治安员。首先在敖汉旗、巴林左旗试点,并在全市推广。通过出险后及时理赔,调动了群众投保的积极性,提高了群众对治安保险的认可度。松山区于2012年3月召开理赔大会,公开理赔13户,赔付额10万余元。克什克腾旗政府统一由财政拨款170万元,为全旗8万户居民购置了家庭治安保险。2014年,克什克腾旗理赔盗窃案件213起,赔付款177万元;洪水灾害理赔407起,理赔款324.5万元;火灾案理赔110起,理赔款88.5万元。全年全市60%的行政村(嘎查)村民参与投保,保险公司受理保险理赔案件3000多起,理赔金额1000多万元。

第三节 村级事务契约化管理

随着改革开放的深入,农村牧区因土地承包、村级班子换届选举、征地拆迁、企业经营等引发的矛盾纠纷不断增多。2010年,阿鲁科尔沁旗开始探索实行村级事务契约化管理,村委会与村民之间搭建起了民主平等、公开透明、双向制约的平台。在社会事务管理中,涉及治安防范、纠纷调处、扶贫援助等群众利益的事项和难点,都通过契约化管理形式予以约束解决。契约化管理内容包括:村建立以“四议三提两签一报告”为内容的决策执行和监督机制,以签订协议的形式进行管理。“四议”,即党组织提议、“两委”会商议、党员大会审议、村民代表会或村民会议决议。“三提”,即村“两委”依据“四议”决策结果提出契约文本,先交由党员提出修改意见,然后交由村民提出修改意见。“两签”,即凡涉及集体资产管理、经济项目建设、公益事业管理、社会事务管理等具体事务,由村委会与村民或其他组织及个人签订契约;涉及基层组织建设、党员设岗定责管理等事项,由党支部与党员或有关组织签订契约。“一报告”,即对重大事项须乡镇苏木协调的事务,由党支部提前报乡镇苏木党委审核,并在契约签订后上报备案。通过以上程序,使村嘎查事务真正做到从决策到契约签订、契约履行和实施结果全程公开,解决了村委会干部不廉不公等问题,对预防社会矛盾起到了第一道防线作用,促进了农村牧区经济发展，维护了社会稳定。2012 年，契约化管理机制在全市农村牧区推广。自治区在阿旗召开现场会，向全自治区进行推广。

第四节 城乡网格化管理

2007 年，巴林左旗在林东城镇社区率先实行网格化管理，每个社区按人口划分为多个网格责任区，每个网格责任区设一名区长(治安员)，每个网格分为多个网站，网站设立站长和 3~4 名网格联络员(治安员)，形成了层次分明、纵横交错、沟通便捷、区域防控的平安网络。2011 年，红山区在中心城区划分六大网格的基础上，细化网格单元，将城区划分为 72 个网格，在公安局 110 指挥中心内设置民生事务受理指挥中心，使用云计算技术首先在二中街社区、长青社区、昭乌达社区将每 300~500 户划分为一个网格，选聘网格长，下设网格员。社区微机安装数字化管理软件，建立服务管理中心、一站式服务大厅。将计生、劳动、公安、民政、综治等信息整合利用，把社区流动人口、特殊人群、网格人员、党团员、志愿者、群防群治人员、低保户、残疾人、离退休人员、失业人员、公益性岗位人员等进行分类登记。将矛盾纠纷排查调处、排查整治治安重点、廉租房补贴、大病救助、就业失业、离退休人员管理、低保救助、城镇居民医疗保险、党员组织建设等多种情况录入微机，加强服务管理，方便了群众。2012 年，松山区、宁城县、林西县等地在城镇社区按 150~200 户划分网格，建立社区综合服务中心、一站式服务大厅，同时建有党员活动室、阅览室、文体活动室，提供计划生育、社区治安、社会保障、文化体育、扶贫助困等基础服务。开通热线电话，畅通信息报送和民意反馈渠道。喀喇沁旗专门建立了喀喇沁旗社区网站，通过互联网服务指导社区平安建设。同年，松山区兴安街道办事处在皇家帝苑社区开展“宜居 235”服务平台活动，即为居民提供方便、快捷、高效的 20 分钟生活圈、3 分钟文体娱乐圈、5 分钟餐饮购物圈服务。建成 50 平方米一站式服务大厅，对劳动就业、社会保障、生活救助、法律服务、文化娱乐、流动人口管理、医疗卫生、计划生育、社会治安等政府公共服务事项实现了社区全覆盖。社区志愿者互助服务蓬勃开展，超市、餐饮等生活保障性商业网点配套，家政服务、物业管理、养老托幼、食品配送、修理服务等便民利民服务项目逐步进入社区。通过政府购买服务、建立项目基金、开展项目补贴等方式，引导社会组织、企事业单位、居民参与社区管理和服务活动，增强了社区服务的活力和社会组织的服务能力。社区服务队伍不断壮大，不仅有依法选举产生的居委会成员，也有面向社会公开招聘的专职社区工作人员。2014 年，全市全面实施平安赤峰建设工程，全力推进城乡网格化管理。宁城县、松山区、喀喇沁旗、林西县、巴林右旗全力推进城乡网格化管理。敖汉旗在城镇、农村全面推行了“四级网格化管理”工作模式，243 个中心村配备网格员 518 人，组建基层网格 1793 个，配备网格员 3120 人；每年按 1000 元标准为村级网格员发放误工补贴。全市实现网格化管理的乡镇苏木达到 145 个，覆盖率达到 95%，实现网格化管理的村嘎查(社区)2079

个,覆盖率达到89%,提升了基层嘎查村(社区)的服务水平和治安管理能力。

第五节　建立平安协会

2005年,红山区综治委平安协会成立,城区选聘200多名出租车司机加入协会,车顶印有“义务治安巡逻车”字样,并由保险公司为出租车司机购买意外伤害险,实行“自我管理、自我服务、自我参与、自我监督”。此后,红山区先后成立了步行街商户平安协会、赤平路社区平安协会、餐饮业平安协会、三中街网吧行业平安协会、物流园区平安协会、经济开发区平安协会,以协会形式推动平安创建活动。巴林右旗由巴林石个体经营者协会成立了巴林石平安协会,加强经营场所的治安防范,维护公平有序的巴林石市场秩序。翁牛特旗、宁城县、敖汉旗等旗县区交通局、公安局和出租车行业,以“自我管理、自我保护、义务巡逻、发现信息、提供线索”为宗旨,组建出租车平安协会,充分发挥出租车司机信息灵敏、接触面广和走街串巷的优势,为平安建设注入了新动力。2012年8月1日,市综治委成立了赤峰市平安协会,入会企业160余家。松山区五三平安协会成立, 吸纳了松山物流园区和松山区科技信息产业园区等大小商业网点共200多家。此后,林西县、宁城县、敖汉旗、喀喇沁旗等地,在社区街道和不同行业建立了平安协会。平安协会促进了社会治安综合治理各项措施落实到各个领域,推动了平安建设活动的开展。

第二篇　公　安

第一章　机构队伍

第一节　机　构

一、赤峰市公安局

1991 年，赤峰市公安局内设政治处、纪检组、办公室、党办、团委、一科、二科、三科、四科、五科、八科、十科、户政科、通信科、法制科、装备科、交警支队。下属赤峰公安警察干部中等专业学校 1 个事业单位。1995 年 8 月，四科更名为赤峰市公安局刑警支队。1996 年机构改革后，赤峰市公安局内设指挥部、政治部、纪检监察处、后勤处、政治经济保卫支队、治安警察支队、巡逻防暴警察支队、刑事警察支队、法制预审警察支队、技术侦查警察支队、交通警察支队。有警卫处、消防支队 2 个现役机构。1999 年 8 月，红山区公安分局交警大队上划市公安局交警支队。

2002 年，在行政机关机构改革中，赤峰市公安局内设纪委监察处、警务督察室、政治部、办公室、国内安全保卫警察支队、治安警察支队、刑事侦查警察支队、禁毒警察支队、经济案件侦查警察支队、行动技术警察支队、监管警察支队、交通警察支队、法制警察支队。有警卫处、消防支队 2 个现役机构。2003 年 10 月，撤销赤峰市公安警察干部中等专业学校，组建赤峰市公安教育培训支队。2004 年 12 月，组建赤峰市公安局新城分局，内设交巡警大队、治安户政大队、刑警大队，为市公安局派出机构。2006 年 9 月，国内安全保卫警察支队三大队更名为出入境管理处，警务督察室更名为警务督察支队。2007 年 6 月，组建赤峰市公安局特警支队。2008 年 8 月，组建地方铁路警察分局，后更名为赤峰市公安局运输治安支队。2009 年 8 月，组建公共信息网络安全监察支队。同年 10 月，组建赤峰市公安局指挥中心、科技信息处、交警支队高速公路大队，特警支队更名为反恐怖支队。同年 12 月，刑警支队增设侦查大队。

2010 年，政治部增设离退休管理科；反恐怖支队增设一大队、二大队、三大队；指挥中心增设应急指挥科、情报信息科、技术综合科。2011 年 11 月，成立赤峰市公安局情报中心，撤销指挥中心情报信息科；新城分局成立党政综合楼派出所、玉龙派出所、兴安派出所、全宁派出所。同年12月,撤销赤峰市公安局计财装备科,组建警务保障处。2013年2月,出入境管理处更名为出入境管理局;网络安全保卫支队增设四大队、五大队、互联网信息监控中心;经侦支队增设情报技术大队;国保支队增设三大队、四大队;交警支队增设特勤大队;行动技术支队增设四大队、五大队。

2014年,赤峰市公安局实有人员568人。内设办公室、政治部、纪委、警务督察支队、教育培训支队、指挥中心、国保支队、经侦支队、治安支队、刑警支队、网安支队、交警支队、反恐怖支队、出入境管理局、技术侦查支队、监管支队、法制支队、禁毒支队、警务保障处、科技信息处、机关党委、情报中心、交通运输治安分局、直属新城公安分局24个机构。有消防支队、警卫处2个现役机构。有警察协会、公安文联2个群团组织。

二、旗县区公安局(分局)及基层派出所

1991年,全市共有12个旗县区公安局(分局)。分别为:阿鲁科尔沁旗、巴林左旗、巴林右旗、克什克腾旗、林西县、翁牛特旗、喀喇沁旗、宁城县、敖汉旗公安局,红山区、郊区(今松山区)、元宝山区公安分局。内设机构主要有:政工科、纪检科、政保科、治安科、户政科、交警队、刑侦大队、法制科、看守所等。全市共设290个基层派出所,实有干警1099人。

1993年,郊区公安分局更名为松山区分局。1999年,成立赤峰市公安局平庄分局、赤峰市公安局绍根分局、赤峰市公安局云杉分局,均隶属赤峰市公安局。2004年12月,撤销平庄公安分局,人员划归元宝山区公安分局。2007年6月,撤销赤峰市公安局绍根分局和赤峰市公安局云杉分局。2010年,全市共设基层派出所189个,实有干警1631人。

截至2014年底,全市公安机关共有12个旗县区公安局(分局)。各旗县区公安局(分局)内设机构17~26个不等,主要有:政治处、督察大队、指挥中心、国保大队、交警大队、刑警大队、治安大队、经侦大队、网安大队、巡特警大队、法制大队、警务保障室、情报中心、出入境管理大队、禁毒大队、看守所等。2014年,全市共设基层派出所212个,实有干警1662人。

1991—2014年,全市公安机关有5个旗县区公安局(分局)先后10次被评为"全国优秀公安局",其中阿鲁科尔沁旗公安局连续5年被评为"全国优秀公安局",松山区公安分局被评为"全国规范执法示范单位",林西县公安局被评为"全国公安文化建设先进单位";有7个单位被评为"全国优秀基层单位";有5个单位荣立集体一等功,63个单位荣立集体二等功;480个单位受到市政府以上奖励。

第二节 队 伍

一、基本情况

1991年,全市公安机关共有人员2922人。其中大专以上学历399人,中专、高中学

历2037人，初中以下学历486人；30岁以下1201人，31~50周岁1495人，51岁以上226人；女性196人。1992年10月，全市公安机关共有人民警察1869人。根据《中华人民共和国人民警察警衔条例》规定，由公安部授予三级警监1人，一级警督77人、二级警督205人、三级警督276人。由内蒙古自治区公安厅授予一级警司95人、二级警司818人、三级警司240人，一级警员76人、二级警员81人。截至2014年底，全市公安机关实有人员5091人。其中30周岁以下1120人，31~40周岁1290人，41~50周岁1612人，51周岁以上1069人；大专以上学历4775人，中专以下316人。有二级警监1人、三级警监11人，一级警督742人、二级警督1283人、三级警督861人，一级警司595人、二级警司310人、三级警司351人。专业技术警衔共33人，其中一级警督26人、二级警督2人、三级警督3人，一级警司2人。

二、思想教育

1991年以后，赤峰市公安局面对新形势、新任务对公安队伍提出了新要求，从政治建警入手，加强干警队伍的理论学习和政治思想教育，保持坚定的政治方向，努力践行为人民服务的宗旨，为全市的社会稳定和经济发展保驾护航。

1991—1999年，认真组织干警学习贯彻邓小平同志视察南方重要讲话和中共十四大文件精神，围绕经济建设这个中心，解放思想，更新观念，认真履行公安工作职责，全力维护社会安全稳定。开展了教育整顿活动，通过开展“我为警徽添光彩”和“有困难找警察”等便民利民活动，加强干警队伍职业道德、职业纪律和为人民服务宗旨教育，提高干警为人民服务的自觉性。开展了以深入学习济南交警经验为主线的“讲文明，树新风，落实社会服务承诺制”活动，增强干警的执法意识和服务意识。按照赤峰市委的统一部署，市公安局在副处级以上干部中开展了“三讲”教育，通过开展批评与自我批评，实事求是地查找存在的问题，并广泛征求群众意见，制定整改措施，提高了领导班子的战斗力和凝聚力。

2001—2014年，市公安局在领导班子中结合“三个代表”重要思想的学习，全面落实党风廉政建设责任制和领导干部责任追究制，加大反腐力度，有效地规范了领导干部的从政行为。根据赤峰市委的统一部署，市公安局利用4个月时间，组织开展了“保持共产党员先进性教育”，促使党员增强党性意识和在群众中发挥模范带头作用。开展了“加强队伍管理、确保队伍稳定”和“大学习、大探讨”等一系列教育整顿活动，使干警队伍的纪律作风、敬业精神都有了新的改观和提高。根据赤峰市委的统一部署，市公安局开展了“群众路线教育实践”活动。市公安局出台了《改进工作作风，密切联系群众的30条规定》，通过整改，在人民群众中重塑公安队伍的整体形象。

三、从严治警

1991年，为加强公安机关内部执法监督，各级公安机关坚持有法必依、执法必严、违法必究的原则，不断加大执法监督力度，对干警在执行警务工作中的违法违纪行为及时查处。

1994—2000 年,开展了教育整顿活动,对联系群众广泛的窗口单位和“热点”岗位,建立了岗位轮换制度。1997 年,开展了纠风和警务督察活动,全市共纠正违法违纪问题 150 个,查处违法违纪干警 13 人。2000 年,市公安局党委重新修订了“十条禁令”。全市共查处民警违法违纪案件 7 起,共 7 人。

2005—2014 年,市公安局为进一步加强队伍管理,局党委对“十条禁令”再次进行修订,进一步加大了从严治警力度。至 2014 年,先后辞退违法违纪民警 90 余人。在“十条禁令”之后,又出台了《追究领导连带责任规定》《领导干部廉洁从政十条禁令》《赤峰市公安机关受案、立案工作八项规定》等规章制度。由于各级公安机关领导自觉并带头执行纪律和“禁令”,有力地带动了全市公安干警遵纪守法、严格执法。

四、素质强警

1993—1999 年,全市公安系统把学法用法活动和岗位练兵、岗位培训相结合,集体组织学习和执法实践相结合,通过以案释法、法律知识竞赛等多种形式,使干警的专业素质得到提升。为巩固公安干警岗位练兵成果,1997 年 7 月,举办了全市公安系统首次阅警式。通过合成演练和分科目演示,推动了公安队伍的军事化、正规化建设。全市公安系统广泛开展了多种形式的岗位练兵活动,并对全市三分之一的干警进行了分期分批培训。对全体民警进行了体能测试,使广大民警在实战中强身健体、增长才干。

2004—2008 年,根据公安部的统一部署,全市各级公安机关坚持“干什么,练什么,缺什么,补什么”的原则,按照“全警参与,重在基层,立足岗位,注重实效”的要求,广泛深入地开展了大练兵活动。2007 年,在自治区公安厅组织的练兵比武活动中,赤峰市获得治安系统团体第二名、交警系统团体第三名,治安支队被评为“全区治安部门苦练基本功标兵单位”。2008 年,市公安局特警支队代表市公安局参加自治区公安厅散打比赛,获得团体尚武精神奖和不同组别的个人名次奖。在全区各盟市公安局中排名第一。

2011—2014 年,市公安局组织开展了全市人民警察基本执法资格考试,使干警执法能力进一步提升。全市各级公安机关不断加大教育培训力度,实现了基层和一线民警每年实战训练不少于 15 天、市局每 3 年将全体警员轮训一遍的目标。

五、从优待警

1991—2000 年,全市公安机关建立了政治上信任、执法上支持、生活上厚待的全方位爱警机制。

2004 年,市公安局自筹资金为干警投保因公伤亡责任保险。年内,10 名民警获理赔款共计 16 万元。2005 年,市委、市政府印发《关于加强和改进公安工作的意见》,明确了全市公安机关干部高配、任免等问题。2007 年,市委办公厅、市政府办公厅印发《关于进一步加强全市公安基层基础工作的通知》,要求各地全面落实民警公用经费保障标准，为在派出所连续工作满15年和25年的民警解决相应待遇，将基层派出所民警的艰苦地区补贴和特殊岗位津贴分别提高到100元、200元。先后为714名基层一线民警解决了领导职务和非领导职务。对162名民警的职务按规定进行了高配。在市委、市政府的大力支持下，赤峰市成为全自治区第一家全部落实县级公安机关经费保障标准的地区，也是全国四个先进地区之一。全市各级公安机关普遍实行了民警绩效考核，保证了民警的补贴、津贴及时兑现，多数公安机关建立了大病救助基金会，通过多种渠道解决广大民警的实际问题。

六、争先创优

1997年，全市公安机关开展了学习济南交警、牢记为人民服务宗旨、树公安新风的“形象工程”活动。1999年，全市公安系统开展了争当人民满意民警活动和“服务创一流，行风站排头”活动。2005年，市公安系统开展了“我为党旗增光辉”和“向爱岗敬业的好民警于得洋学习”活动。2008年，市公安系统开展了“向金海、宫传兴等先进典型学习”活动，并在媒体上发表宣传稿件2065篇。

1991—2014年，全市公安机关共有36人次荣立个人一等功，320人次荣立个人二等功，720人次受到市政府以上奖励，其中2人被评为全国先进工作者，7人被公安部授予二级英模称号。24年间，全市公安机关共有39人因公牺牲在工作岗位上，其中松山区公安分局刘虎、宁城县公安局戴国生、红山区公安分局郭涛3人被评为革命烈士。

第二章 案件侦查

第一节 刑事案件侦查

一、案件侦查

1983年8月至1986年10月，按照全国开展严厉打击刑事犯罪活动斗争(简称“严打”)部署，全市各级公安机关坚持“坚决打击，一网打尽”的方针，与检察院、法院共同行动，先后发起3个战役，在全市开展了严厉打击严重刑事犯罪活动斗争。集中打击流氓团伙、流窜犯、杀人、纵火、盗窃、抢劫、拐卖妇女儿童等七个方面的犯罪分子。1983年末，共破获各种案件1700余起，其中重大案件50余起，特大案件1起。查破各种犯罪团伙72个。经过严厉打击，刑事案件发案率大幅度下降，1984年比1983年下降32.3%，1985年比1984年下降34.4%，1986年比1985年下降7.7%。社会治安趋向稳定。

1988—1990年，刑事犯罪呈现新特点，暴力犯罪、抢劫犯罪和盗窃犯罪日益突出，案件数量大幅度上升，尤其是重特大案件居高不下。全市公安部门加大打击刑事犯罪的力度，坚持打现行、挖团伙、破积案、追逃犯，开展区域性的“严打”专项斗争和破案会战行动。1990 年,侦破刑事案件 1661 起,破案率 83.3%。

1991 年,市公安机关与交通部门联合开展集中打击车匪路霸行动。先后破获刑事案件 19 起,打击处理刑事犯罪分子 25 人,查获被通缉、协查的在逃和流窜作案分子 128 人。1993 年,共发生刑事案件 2115 起,破获 1715 起,破案率为 81%。侦破了一批重特大刑事案件,主要有红山区城郊乡敲诈巨款案、松山区“5·14”绑架案、红山区特大盗窃案等。1994 年,全市发生刑事案件 2286 起、破获 1893 起,其中重大案件发生 1040 起、破获 895 起,特大案件发生 68 起、破获 63 起。通过侦查破案,共打击处理各类刑事犯罪分子 2242 人,摧毁犯罪团伙 207 个、成员 777 人,挽回经济损失累计 411 万元。1997 年,按照自治区党委的统一部署,开展严打整治“百日活动”。共破获各类刑事案件 1674 起,打掉 2 个黑社会性质犯罪团伙,侦破全区第一起涉外贩毒案和首例利用期货交易诈骗巨款案。1998 年,全市立刑事案件 2093 起,破案 1919 起,破案率为 91.7%。其中重大案件立案 978 起,破案 918 起,破案率为 93.9%;特大案件立案 67 起,破案 55 起,破案率为 82.1%。抓获犯罪嫌疑人 1970 人,缴获赃款赃物折合人民币 720.6 万元。1999 年 1—3 月,开展全国追逃统一行动,抓获各类在逃人员 558 人。其间,公安部督捕逃犯张某某和潜逃达 3 年之久的自治区公安厅督捕逃犯李某某被缉拿归案。

2003 年,开展集中打击危害人民群众生命财产安全的各类违法犯罪活动,全年共立案 7020 起,破案 3724 起,抓获处理各类犯罪嫌疑人 2885 人,抓获网上逃犯 251 人。2004 年,全市共立刑事案件 6974 起,其中侦破现行案件 4093 起,共抓获各类犯罪嫌疑人 2929 人。“3·10”翁旗特大绑架杀人案、敖汉旗“2·24”杀人碎尸案、喀旗“3·6”特大杀人焚尸案等影响恶劣的大案相继告破。2005 年,全市各级公安机关围绕“命案必破”这一目标,开展命案侦破专项斗争。全市共侦破各类命案 125 起,其中现行命案 101 起,破案率达到 91%,有 6 个旗县现行命案全部侦破,抓获网上命案逃犯 27 人,其中公安厅督捕杀人犯 5 人。2008 年,立刑事案件 10186 起,破案 6675 起,抓获刑事犯罪嫌疑人 4111 人,抓获网上逃犯 1537 人。在命案侦破行动中,现行案件破案率达到 97.8%。新城区“2·27”雇凶杀人案、敖汉旗“1·23”持枪抢劫案等重大命案相继告破。

2011 年,全市各类刑事案件立案 12939 起,破案 7292 起。至 12 月 15 日,全市公安机关累计抓获“清网行动”前网上逃犯 814 人。抓获、劝投 10 年以上逃犯 88 人,338 名网上逃犯主动到公安机关投案自首,占已抓获数的 41.52%;抓获公安部督捕命案逃犯 2 人、公安厅督捕命案逃犯 5 人,实现“清网行动”结束前抓获网上在逃人员达到 80% 以上的工作目标。

2012 年,全市各级公安机关坚持“打防结合、预防为主,标本兼治、重在治本”的方针,先后开展“打黑除恶”“命案侦破”“打击‘两抢一盗’”等专项行动。全市共打掉恶势力团伙 37 个。在“命案侦破”行动中,全市立命案 59 起,破案 57 起,破案率为 96.6%,抓获故意杀人网上在逃人员 32 人。在“打击‘两抢一盗’”专项行动中,全市共破获盗窃案件 5710 起,打掉团伙 55 个,破获外地案件 934 起,批捕犯罪嫌疑人 466 人,收缴赃

1991—2014 年赤峰市刑事案件侦查情况统计表

表 18-2-1

年份＼项目	立案(起)	破案(起)	抓获犯罪嫌疑人(人)
1991	3189	3126	2684
1992	1827	1546	1978
1993	2115	1715	2152
1994	2286	1893	2242
1995	2430	1941	2065
1996	2039	1700	2165
1997	2007	1674	1990
1998	2093	1919	1970
1999	3473	2221	2173
2000	7492	3893	3112
2001	8269	4204	3118
2002	7347	4117	2907
2003	7020	3724	2885
2004	6974	4093	2929
2005	7306	4462	2799
2006	7433	4875	3132
2007	8689	5687	3435
2008	10186	6675	4111
2009	11163	7003	4298
2010	11499	6626	4062
2011	12939	7292	4270
2012	18092	12777	10921
2013	16564	14599	12556
2014	11091	7380	—

款赃物折合人民币 540 余万元；破获盗抢机动车案件 664 起，打掉团伙 7 个，批捕犯罪嫌疑人 72 人，收缴赃款赃物折合人民币 119 万元。破获街头两抢案件 276 起，打掉团伙 10 个，破获系列案件 68 起，批捕犯罪嫌疑人 112 人，收缴赃款赃物折合人民币 10 余万元。全市各类刑事案件立案 18092 起，破案 12777 起。在打击毒品犯罪中，全市破

获毒品案件370起,其中刑事案件151起,治安行政案件219起,抓获犯罪嫌疑人177人。开展互联网“净网灭枪”、打击经济犯罪“破案会战”、打击网络违法犯罪专项行动等一系列专项斗争,侦办违法犯罪案件552起,抓获违法犯罪人员699人。2013年,开展“打盗抢、保民安”专项行动,共立各类刑事案件16564起,破案14599起,市公安局刑侦工作在全区公安系统绩效考评中排名第一。2014年,开展打击严重暴力犯罪、黑恶势力犯罪、“两抢一盗”等刑事犯罪活动,全年各类刑事案件立案11091起,破案7380起。

二、刑侦技术应用

1991年,市公安局设痕迹专业部门,负责足迹检验鉴定、步法追踪、指纹、掌纹及工具痕迹检验鉴定。1994年,设法医专业部门,负责损伤、死因及伤残评定。1996年,设理化检验、枪弹检验、照相检验、文检鉴定专业部门。2000年,设心理测试专业部门。2003年,设模拟画像专业部门。2009年,设DNA检验专业部门。2012—2014年,市公安局投入1000余万元,加强了痕迹、理化检验、DNA三个专业实验室建设。各旗县区先后投入3000余万元,按照公安部刑事科学技术室标准建立刑事技术室。其中松山区建成一级示范标准刑事技术室;红山区、元宝山区、巴林左旗、林西县、翁牛特旗、喀喇沁旗、宁城县、敖汉旗建成一级刑事技术室;克什克腾旗、巴林右旗、阿鲁科尔沁旗建立二级刑事技术室。

1991—2000年,全市公安机关共立刑事案件29941起,破案21629起,其中刑事技术部门共出现场勘查案件18134起,提取痕迹物证24059件。出具检验鉴定书30983份,出具检验报告8970份。利用警犬追踪鉴别直接破案91起,利用痕迹物证直接破案150起,利用技术手段直接破案1186起。

2001—2010年,公安机关共立刑事案件85886起,破案51466起,其中刑事技术部门共出现场勘查案件40770起,提取痕迹物证30464件;出具检验鉴定书30010份,出具检验报告13901份;利用模拟画像直接破案34起,利用警犬追踪鉴别直接破案149起,利用DNA比对直接破案1起,利用心理测试认定破案23起,利用指纹系统直接破案445起。

2011—2014年,公安机关共立刑事案件58686起,破案42048起,其中刑事技术部门共出现场勘查案件29606起,提取痕迹物证20735件;出具检验鉴定书21649份,出具检验报告706份;利用模拟画像直接破案11起,利用警犬追踪鉴别直接破案107起,利用DNA比对直接破案9起,利用各类生物检材直接破案1263起,利用心理测试认定破案22起,利用指纹系统直接破案1280起。

第二节　经济案件侦查

1996年11月,赤峰市公安局组建刑事警察支队二大队,专职负责经济犯罪案件侦查。2002年4月,经济犯罪侦查支队成立,下设经济案件侦查、金融财经案件侦查、合同诈骗犯罪案件侦查3个大队。2003年，全市公安经济犯罪侦查部门与农村信用社系统联合开展打击整治贷款诈骗、恶意逃废银行债务等破坏信用秩序违法行为集中行动，梳理排查出涉嫌贷款诈骗、恶意逃废银行债务等案件线索8327条，涉案总金额5.84亿元。重点查办恶意逃废银行债务案件线索931条，涉案金额5175.27万元，追缴贷款3911.78万元，落实债权1720.2万元。

1999—2014年赤峰市经济案件侦查情况统计表

表18-2-2

年 份	立案(起)	破案(起)	破案率(%)	挽回经济损失(万元)
1999	43	27	62.8	1047.72
2000	89	81	91.1	1235.77
2001	150	145	96.7	2473.15
2002	135	118	87.4	4442.56
2003	135	102	75.6	6331.93
2004	103	83	80.6	4433.35
2005	81	66	81.5	3294.45
2006	112	97	86.6	3726.01
2007	115	106	92.2	2689.24
2008	141	129	91.5	2601.39
2009	328	309	94.2	8682.37
2010	600	575	95.8	9931.4
2011	1043	968	92.8	41791.02
2012	2990	2465	82.4	50200
2013	1338	1274	95.2	63076.3
2014	1174	1040	88.6	98030

2004年，组织开展打击金融票证违法犯罪专项行动，全市经侦部门受理案件47起，立案23起，破案20起，涉案金额1170.42万元，挽回经济损失816.88万元，打击处理违法犯罪人员21人。2005年，全年侦办涉税案件11起，追缴税款1850余万元。2009年，开展打击整治发票违法犯罪专项行动。全市公安经侦部门立案侦查假发票案件37起，破案31起，移送起诉案件10起、30人，捣毁假发票犯罪窝点3个，打掉犯罪团伙6个，缴获各类假发票86576份。同年，公安部部署开展为期10个月的打击假币犯罪“09行动”，全市受理假币违法犯罪案件15起，立案侦查8起，破案8起，抓获违法犯罪嫌

疑人28人,公安机关收缴假币共178.1万元。

2010—2011年,全市公安经侦部门依托“亮剑”专项行动,针对农资、通信设备、烟酒、服装、食品药品等社会各个领域侵犯知识产权和制售假冒伪劣商品犯罪行为全方位开展打击活动。全市公安机关破获侵犯知识产权和制售假冒伪劣商品犯罪案件120余起,其中侦破公安部挂牌督办案件6起,自治区公安厅挂牌督办案件15起。在打击侵犯知识产权和制售假冒伪劣商品犯罪“亮剑”专项行动中,赤峰市公安局被自治区公安厅评为“专项行动绩效考核突出单位”。

2012年,在开展严厉打击经济犯罪“破案会战”期间,全市公安机关共立各类经济犯罪案件2990起,破案2465起,处理犯罪嫌疑人7000余人,成功破获全区唯一一起公安部挂牌督办的特大假币案,抓获河南籍犯罪嫌疑人4人,收缴假人民币200万元。

2013年,开展打击非法传销、虚开发票、制售假冒伪劣产品等集中行动。共立案1338起,破案1274起,挽回经济损失63076.3万元,其中破获公安部督办案件9起,自治区公安厅督办案件62起。市公安局经侦支队被公安部授予“全国打假行动成绩突出先进集体”。2014年,全市共立案1174起,破案1040起,挽回经济损失98030万元。

第三章　治安管理

第一节　公共安全秩序管理

1991年,针对敖汉旗、阿鲁科尔沁旗、宁城县、林西县、巴林右旗等5个旗县治安问题突出的情况,市和当地公安机关对其中9个乡镇开展了重点治理,稳定了这些地区的治安秩序。

1992—1994年,针对少数地区和单位社会治安问题较为突出的情况,全市开始发展保安服务事业,试行巡警巡逻体制,形成了多方位的治安防范网络。至1994年,全市形成了由治保会、治安联防队、治安员、治安巡逻队组成的治安防范体系。在城乡共建立治安联防队160支,成员1182人;兼职联防队1587支,成员30025人;农村牧区季节性治安巡逻队4020支。群众性治安组织在发现犯罪、提供犯罪线索及协助侦查破案等工作中发挥了积极作用。

1995—1997年,全市公安机关加大了社会治安秩序管控力度。红山区、松山区、元宝山区专职巡逻大队昼夜在市区、城镇繁华地段、主要街路和易发案部位巡查执勤,处置紧急治安事件,增强了人民群众的安全感。集中开展“双查”(查重点人口和暂住人口)行动。清查治安复杂场所10068处,清理出租房屋28741间,清除治安隐患196处,清理登记暂住人口、流动人口48847人,收容审查有违法嫌疑的“三无”人员556人,遣送 127 人,破获案件 138 起,打击处理 247 人。

1998—2000 年,联合有关部门对 60 余起集体上访事件进行了妥善处置。清理暂住人口 43822 人、流动人口 38445 人,为追逃提供线索 1468 条,抓获各类逃犯 86 人。

2001—2003 年,清查各类复杂场所 680 余家,清查流动人口 19800 余人、暂住人口 19300 人,促进了流动人口、暂住人口和出租屋的规范管理。以治理城市交通秩序、噪音、豢养宠物、乱涂乱画、非法广告、马路市场等为重点,开展了中心城区秩序整顿活动。共纠正噪音扰民问题 231 起,清理整顿马路市场 130 余处、占用道路摊点 116 处。

2004—2006 年,以城区为重点,集中开展了整治私自架设网络服务器专项行动,共检查网吧 300 余家、互联网接入单位 30 余家、网站信息服务提供单位 100 余家,检查接入互联网的宾馆、电子阅览室 50 余家。下发整改通知书 200 余份,打击处理违规经营单位 45 家,进一步规范了全市的互联网信息服务经营活动。市公安局治安支队被自治区公安厅评为"全区公安机关公共信息网络安全督查先进集体"。

2007—2010 年,开展了自行车被盗问题专项整治行动,共破获自行车被盗案件 631 起,打掉团伙 17 个,摧毁非法窝点 32 处,收缴被盗自行车 2419 辆。开展了劳动力市场整顿专项行动,市公安局治安支队被公安部等四部门授予"全国清理整顿劳动力市场专项行动先进单位"称号。

2011—2013 年, 开展了 "打四黑除四害"(打击整治制售假劣食品药品的 "黑作坊"、制售假劣生产生活资料的"黑工厂"、收赃销赃的"黑市场"和涉黄涉赌涉毒的"黑窝点")专项行动,立案查处各类"四黑四害"治安案件 750 起,处理 3108 人。为中心城区公安机关配发警车 80 辆,加强了城市巡逻工作。

2014 年,全市 12 个旗县区和新城公安局(分局)全部建立专职的巡逻队伍。进一步完善了街面巡逻体制,本着"全面覆盖、重点突出、屯警于街、以快制动、有效控制、高效处置"的原则,制定了全市公安机关社会面"三级巡控"常态化工作机制,并全面启动。

第二节 特种行业管理

1991 年,对全市 543 家废旧物品收购点、780 家旅店进行清理整顿,查处 10 家废旧物品收购点,取缔 20 家;查处卖淫嫖娼案件 76 起、卖淫团伙 12 个,处罚嫖娼人员 85 人。同时进一步完善了各项管理措施。

1994 年后,在全市开展 "扫黄""打非""除六害"(卖淫嫖娼,制作贩卖传播淫秽物品,拐卖妇女儿童,私种吸食贩运毒品,聚众赌博,利用封建迷信骗财害人,简称"六害")集中统一行动。共查处违法案件 1684 起,打击处理违法犯罪人员 7274 人,摧毁犯罪团伙 123 个,成员 816 人。

1996 年,根据公安部颁布的《废旧金属收购业治安管理办法》有关规定,对铁路、公路沿线、矿山周边地区的非法收购废旧金属活动进行清查整顿。共取缔非法收购点

88处,对从事违法收购经营的40家单位吊销了特种行业许可证,对审批手续不全、不符合开办条件的32家单位注销了特种行业许可证。

1998年,全市公安机关对公共场所和特种行业进行了一次全面的清理整顿。本着“放有度、活有序、管有法”的原则,制发了《关于改革和加强特种行业娱乐饮食服务场所治安管理工作的通知》,并将其纳入治安民警责任中进行管理。

1998—2000年,对废旧金属收购业和旅馆业进行了清理和整顿。在废旧金属收购业的清理整顿中,依法取缔96家,吊销许可证64家,停业整顿69家。截至2000年,查处各类违反废旧金属收购管理规定的治安案件137起,抓获盗窃、销赃、窝赃等违法犯罪分子176人。查处违反旅馆业治安管理条例的案件374起,处理违法人员1172人。检查各类娱乐场所2175个,查处违法案件684起。查处黄赌毒案件2138起,共11108人,净化了社会风气。

2001年,自治区公安厅印发《整顿和规范歌舞娱乐服务场所秩序专项行动方案》后,市公安局对全市2063个歌舞娱乐服务场所进行了清查,取缔了124个,吊销执照14个,限期整改534个,抓获违法人员146人。同年,市公安局下发了《关于清理整顿生产性废旧金属收购站点的通知》,全年查处违法贩运生产性废旧金属案7起,涉案人员8人,依法进行了治安处罚,强化了废旧金属收购业的管理力度。

2003—2004年,以公共娱乐场所和复杂场所为重点,加大了对“六害”案件的查处力度。查处卖淫嫖娼案件477起,赌博案件2655起,涉赌人员7433人。

2005—2006年,开展了“禁赌、禁娼”活动。查处赌博案件1365起,涉赌人员8464人。查处卖淫嫖娼案件430起,共971人。

2009—2010年,开展了“扫黄打非”和整顿规范娱乐场所专项行动。集中整治了电玩城赌博机等问题,收缴销毁赌博机1119台。查处赌博案件1040起,查处7220人。查处卖淫嫖娼案件459起,查处1056人。检查出版物市场651个、书报摊点206个,查办案件19起,收缴非法出版物238册、淫秽色情出版物210册。

2011—2013年,开展了“打四黑、除四害”专项行动。检查出版物市场、摊点3860家,印刷业企业942家,查处行政案件127起,收缴非法出版物1781册。查处涉黄、涉赌案件628起,打击处理2217人。

2014年,全市公安机关先后5次开展对旅馆业集中清理整治专项行动。共检查旅店2910家、留宿洗浴场所115家,破获刑事案件10起,查处治安案件296起,查处违法犯罪人员807人。

第三节　危险物品管理

1991年,对全市各类枪支进行了全面清理整顿,对应配枪支登记造册,完善了管理措施。收缴散失在社会上的枪支18支、子弹137发。对全市172家生产、储存、销售、使用爆炸物品的单位进行了安全大检查,收缴炸药 85 公斤、雷管 71 枚。对全市 12 家烟花爆竹生产厂家进行了整顿,取缔 4 家。

1994—1998 年,配合“严打”斗争,开展了“清枪治爆”专项行动。5 年中,全市共收缴各类枪支 11865 支、子弹 6755 发,收缴炸药 10267 公斤,收缴雷管 28646 枚、导火索 13626 米,收缴管制刀具 2668 把。检查涉枪涉爆单位 552 家、民用爆炸物品使用单位 338 家,取缔非法生产和销售危险爆炸品窝点 209 个。对收缴的 7226 支民用枪支和 75 支库存淘汰军用枪支进行集中销毁。

2001 年,开展了“治爆缉枪”行动,全市公安民警带头主动上缴枪支 220 支、子弹 10609 发。依法收缴社会各类枪支 3354 支、子弹 39770 发、炸药 54192 公斤、雷管 41087 枚、导火索 17927 米、剧毒物品 4700 公斤。共查处涉枪涉爆案件 30 起,打击处理各类违法犯罪人员 446 人,公开销毁各类枪支 4906 支。市公安局治安支队被公安部授予“治爆缉枪先进集体”荣誉称号。

2003—2005 年,为巩固“治爆缉枪”战果,在全市开展了民用爆炸物品和危险化学品专项整治工作。为加强对毒鼠强的整治,检查市场 50 个、农资经营门市 88 家,取缔非法经营摊点 50 家,收缴毒鼠强系列鼠药 1045 袋。对 558 家从事经营化学物品的单位和 49 家放射源使用、储存单位进行检查,对 31 家存在隐患的单位下发了整改通知书,限期整改。对 493 家涉爆单位进行检查,下发整改通知书 186 份,取缔经营资格 3 家。3 年期间,全市共收缴各类枪支 970 支、子弹 2201 发、炸药 119.3 吨、雷管 4625 枚、导火索 1800 米,收缴剧毒物品 21.8 公斤。

2006—2008 年,开展了整治爆炸品、枪支弹药、危险化学品专项行动。3 年期间,共收缴炸药 9339 公斤、雷管 49165 枚、导火索 32293 米,收缴管制刀具 4359 把,收缴各类枪支 1522 支、子弹 26066 发。2007 年,市公安局治安支队被公安部评为“全国防爆炸、防枪击、防破坏、防滋事、防事故专项行动有突出贡献集体”。

2009—2010 年,继续开展了“治爆缉枪”专项行动。2 年间,全市共收缴各类非法持有的枪支 125 支、仿真枪 476 支、子弹 2264 发、防雹炮弹 62 枚、工业炸药 4610 公斤、黑火药 11.2 公斤、雷管 35640 枚、导火索 1990 米。查处涉枪案件 12 起、19 人。

2011—2014 年,继续开展了“治爆缉枪”专项行动。查获公安厅交办网上买卖枪支案 1 起、1 人。收缴非法军用枪支 2 支、各类民用枪支 667 支、子弹 55830 发、仿真枪 4169 支、管制刀具 11675 把,收缴雷管 133565 枚、炸药 16188.1 公斤、导火索 2552 米。破获涉枪刑事案件 19 起,采取刑事强制措施 11 人;破获涉爆刑事案件 20 起,采取刑事强制措施 9 人;破获涉枪涉爆治安案件 37 起,治安处罚 15 人。

第四节 禁毒工作

1990 年,全国人大常委会颁布《关于禁毒的决定》后,赤峰市政府印发了《关于禁毒的通告》,并拨出专款,在烟毒重灾区设立戒烟所,教育改造吸扎毒品者。全年共查处吸扎毒品者 4082 人,其中男 3289 人,女 793 人。

1991 年,全市有吸扎毒品人员 4083 人,其中吸扎成瘾的 2568 人。年内,各级公安机关组织了两次集中统一行动,彻底铲除罂粟,强制吸扎毒品人员进行戒毒。共办戒毒班 96 期,有 2853 名吸毒人员进班戒毒,有 1006 名瘫痪、患严重疾病和严重传染病的吸扎毒品者落实了家庭戒毒措施,戒毒人员占吸扎毒品人员总数的 94.5%。全市共查破贩卖毒品案件 301 起,抓获贩卖毒品人员 543 人,打掉贩毒团伙 49 个,成员 159 人,缴获鸦片 69.64 公斤、贩毒款 3.26 万元。

1992—1993 年,全市开展了禁毒专项斗争,铲除罂粟 5 万余株,破获贩毒案件 44 起,打击处理毒品犯罪人员 48 人,收缴鸦片 5 公斤。通过举办戒毒班,有 3582 人戒除了烟毒。

1997 年,在全市开展的严打整治"百日行动"中,市公安机关侦破了自治区第一起涉外贩毒案。当年,市公安局禁毒工作由治安部门移交刑侦部门。

2000 年,全市共破获毒品刑事案件 24 起,抓获犯罪嫌疑人 39 人,其中判刑 19 人,劳教 9 人,治安处罚 11 人,有力地打击了毒品犯罪活动。全年共查处吸毒人员 138 人,对新发现的 34 人强制戒毒,复吸毒品的 39 人劳教戒毒,65 人限期戒毒。对全市 1900 名吸扎毒品人员全部进行了规范化的建档立卡,同时还将 1996 年以来有吸扎毒品行为的人列入重点人口管理。

1991—2014 年赤峰市破获毒品案件情况统计表

表 18-2-3

年份	破案(起)	在册吸毒人数(人)	年份	破案(起)	在册吸毒人数(人)
1991	301	4083	2003	4	1120
1992	37	4009	2004	38	1249
1993	7	3810	2005	11	994
1994	5	3620	2006	3	970
1995	8	2476	2007	5	947
1996	11	2140	2008	7	891
1997	9	2103	2009	29	867
1998	13	2010	2010	47	810
1999	18	1984	2011	69	786
2000	24	1900	2012	93	888
2001	12	1426	2013	122	1335
2002	7	1240	2014	240	1819

2002 年，市公安局禁毒警察支队成立，结束了赤峰市无禁毒专业队伍的历史。全年共破获涉毒违法犯罪案件 7 起，缴获鸦片 1922 克、麻黄素针剂 500 支、易制毒化学品 116 公斤。全市创建“无毒社区”168 个。

2004 年，全市开展了“扫毒行动”和“遏制毒源”专项斗争，共破获各类毒品案件 38 起。其中刑事案件 13 起，抓获犯罪嫌疑人 17 人；治安案件 25 起，查处 43 人，缴获鸦片 35.75 克、摇头丸 50 粒、K 粉 20 克、杜冷丁 827 支。共铲除罂粟 6806 株。各地结合禁毒信息数据的录入工作，对辖区内的毒情进行了摸底调查，重新排查登记在册吸毒人员 1249 人，新发现吸毒人员 12 人，复吸 22 人，强制戒毒 26 人，劳动教养 8 人。

2008 年，开展“保奥运、禁毒品、严管控”专项行动，全年共破获毒品案件 7 起。市公安局禁毒支队被自治区公安厅评为“全区开展禁毒人民战争成绩突出单位”。2009 年，被自治区禁毒办评为“禁毒工作成绩突出单位”。

2011 年，全市共破获毒品案件 69 起，抓获违法犯罪嫌疑人 185 人，其中刑拘 94 人，治安处罚 91 人。缴获冰毒 232.17 克、鸦片 739.94 克。打掉贩毒团伙 4 个，查获吸毒人员 86 人，抓获网上涉毒逃犯 6 人。

2012 年，各级禁毒部门始终保持对毒品违法犯罪的严打高压态势，开展禁毒宣传教育“流动课堂”和“无毒社区”创建等活动。同时加大易制毒化学品管理力度，全市共办理易制毒化学品运输许可证 172 份、易制毒化学品购买备案证明 1057 份、易制毒化学品运输备案证明 420 份。全年共破获毒品案件 93 起，缴获海洛因 129.5 克、鸦片 1143.08 克、冰毒 1920.34 克，收缴枪支 2 支、子弹 5 发、毒资 54 万元、运毒车 4 辆，打掉贩毒团伙 4 个，捣毁制毒窝点 1 处，切断贩毒通道 3 条。

2013 年，加强了专业禁毒队伍的建设，各旗县区公安机关均设立了禁毒大队，全市专职禁毒民警 98 人。全年查处吸毒人员 459 人，其中强制隔离戒毒 54 人，社区戒毒 140 人。破获毒品案件 122 起，铲除罂粟 8922 株，抓获犯罪嫌疑人 30 人。

2014 年，开展了“扫毒害保平安”、全国“百城禁毒会战”严打整治行动，共破获毒品案件 240 起，抓获犯罪嫌疑人 294 人，缴获各类毒品 7.1 公斤，扣押麻黄草 101.5 吨，封存麻黄草 1314.5 吨，查处吸毒人员 689 人，抓获网上逃犯 15 人。

第五节 治安案件查处

1991 年，全市公安机关治安部门重点查处了发生在车站、旅店、舞厅、商店、公园等公共复杂场所的案件。全年共受理治安案件 4912 起，查处 4814 起，查处各类违法人员 7296 人，其中治安处罚 6928 人。

1992—1995 年，在城区重点打击了盗窃、抢劫、流氓滋扰学校和黄赌毒犯罪，在农牧区重点打击了盗窃牲畜犯罪。4 年中共受理治安案件 16252 起，查处 18325 起（含积存案件），查处违法犯罪人员 31751 人。

1996—1999 年,重点加强了对“六害”、涉枪涉爆、特种行业、公共复杂场所治安案件的查处。共受理治安案件 19447 起,查处 19331 起,查处违法犯罪人员 42293 人。

2000—2005 年,重点加强了对涉枪涉爆、卖淫嫖娼、赌博和特种行业治安案件的查处。共受理治安案件 53265 起,查处 48407 起,查处违法犯罪人员 102869 人。

2006—2010 年,重点加强了对涉黄涉赌涉枪涉爆案件,非法收购、非法出版物案件,手机短信诈骗案件的打击力度。共受理治安案件 64698 起,查处 60993 起,查处违法犯罪人员 73617 人。

2011—2013 年,加强了对涉黄涉赌案件、制假售假案件和群众反映强烈的治安案件的查处力度。共受理治安案件 73774 起,查处 69785 起,查处违法犯罪人员 50083 人。

2014 年,重点打击发生在社区棋牌室和电玩城的赌博违法犯罪,以及发生在娱乐场所的涉黄违法犯罪。全年共受理治安案件 17652 起,查处 16050 起,查处违法犯罪人员 13330 人。

1991—2014 年赤峰市治安案件查处情况统计表

表 18-2-4

年 份	受 理(起)	查 处(起)	查处违法人员(人)	年 份	受 理(起)	查 处(起)	查处违法人员(人)
1991	4912	4814	7296	2003	8804	8076	18082
1992	1732	4638	6405	2004	8411	7612	14735
1993	4102	3967	7263	2005	8004	7113	13109
1994	4966	4647	8256	2006	8903	8438	13941
1995	5452	5073	9827	2007	12312	11437	14931
1996	5500	5438	10824	2008	13857	13173	14627
1997	4641	4616	10661	2009	14660	13698	16006
1998	4583	4575	9777	2010	14966	14247	14112
1999	4723	4702	11031	2011	16655	15907	13908
2000	9116	8013	18679	2012	31951	30184	19173
2001	9785	9090	19792	2013	25168	23694	17002
2002	9145	8503	18472	2014	17652	16050	13330

第六节　“110”指挥中心

一、机构设置

1997 年,赤峰市公安局办公室下设“110”指挥中心,为副科级建制。同年,各旗县区公安局(分局)也相继建立了“110”报警服务台,全市共建立 13 个“110”报警服务机构。2004 年,市公安局新城公安分局下设“110”接警台。2009 年,市公安局“110”指挥中心单独设立,为正科级单位,下设情报信息科、应急指挥科、技术综合科。2011 年,市公安局将情报信息科从“110”指挥中心分离，成立情报中心。

2014 年底，全市共有 14 个“110”指挥中心，即市公安局指挥中心、12 个旗县区和新城公安分局各 1 个“110”指挥中心。全市“110”指挥中心系统共有民警 85 人，聘用人员 178 人。

二、接警与处警

赤峰市“110”指挥中心自 1997 年成立以后，始终坚持“有警必接，有险必救，有难必帮，快速反应”的方针，实行全天候 24 小时执勤制度。工作中使用规范接警用语，装备佩戴整齐，取证做好记录。

2004 年，全市“110”指挥中心接处警工作实行了微机系统管理，根据旗县区“110”指挥中心提供的信息，可以随时作出相关的接处警统计分析；为市公安局领导全面了解全市各地治安状况、及时作出决策提供了重要的信息参考。

2012 年，全市公安机关开通了“12110”短信报警业务。

2014 年，全市两级指挥中心以“打造城区 360 秒出警圈、农牧区快速处警网”为重点，构建“报警精确化、指挥扁平化、出警多元化、执法规范化、服务社会化”接处警格局。12 个旗县区公安局（分局）指挥中心使用市局自主研发的接处警系统直接接听“110”“122”报警电话，实现了“动态布警，巡处合一；就近调警，警种合作；先期处置，及时移交；可视指挥，全程跟踪”工作机制，接处警工作水平明显提升。2004—2014 年，共接警 411.23 万次，其中警情 71.17 万次，求助 50.67 万次，其他 289.4 万次。出动警力

2004—2014 年赤峰市公安局“110”接处警情况统计表

表 18-2-5

项目 年份	接警				处警				
	小计（万次）	警情（万次）	求助（万次）	其他（万次）	出动警力（万人次）	出动车辆（万台次）	破获案件（起）	抓获犯罪嫌疑人（人）	救助群众（人）
2004	15.98	3.23	0.80	11.95	10.16	4.42	2409	1338	4896
2005	18.59	3.35	0.87	14.37	10.24	4.03	2835	1023	2958
2006	25.32	4.26	0.95	20.11	14.18	5.52	2149	1203	4459
2007	38.89	7.36	3.61	27.92	18.94	8.56	2142	1638	4163
2008	40.71	5.85	5.06	29.8	21.94	9.85	2299	1322	3703
2009	41.23	6.63	5.55	29.05	21.89	10.02	1705	1194	3041
2010	41.06	5.79	5.94	29.33	26.13	20.89	3632	1157	2459
2011	47.34	6.64	7.22	33.48	31.34	11.29	1800	1231	1666
2012	51.20	7.94	7.57	35.69	33.56	12.69	2260	1811	1281
2013	43.67	10.18	6.38	27.11	42.92	13.83	3151	1739	2073
2014	47.24	9.94	6.72	30.58	40.54	15.22	2576	1840	1608

271.84 万人次,出动车辆 116.32 万台次。破获案件 26958 起,抓获犯罪嫌疑人 15496 人,救助群众 32307 人次。

三、"110"联动

2010 年以后,市"110"指挥中心与"120"、"119"、城管、市政、银行、加油站等部门单位沟通衔接,会同相关联动单位落实组织、装备、值班等事项,立足本职,全局联动,提升了指挥调度工作效能。

2012 年 3 月,针对红山区站前广场出租车乱停乱放现象屡禁不止问题,公安机关联合运管部门开展了为期 10 天的专项整治行动。同年底,市公安局与消防支队、赤峰市医院、红山区医院、驻军 220 医院急救中心、市气象局等部门制定出台了"给生命让道(120、119、122)联动机制"。

2013 年 2 月 26 日,市公安局出动警力,协调省际大通道赤峰辖区各收费站,协助呼和浩特市公安局完成了 200 名戒毒人员转押车队途经赤峰境内沿线道路交通安保工作,确保押运车队通行安全有序。

2014 年 6 月开始,赤峰市公安局、呼和浩特铁路公安局、锡林浩特铁路公安处联合下发《关于建立赤峰市北部旗县火车站反恐防范工作联勤联动协作机制的通知》,铁路与地方配合、联勤联动,全面加强火车站的治安管控力度,着力提升群众的安全感和满意度。同年,全市公安机关在全区率先开通了"96110"咨询服务台,与"110"报警服务台合署办公,12 个旗县区公安局(分局)和新城公安分局共有 26 部"96110"专线电话,全天候接听群众来电,有效剥离非警情类报警。

第四章　安全保卫

第一节　组织机构

1991 年,赤峰市公安局内设保卫科,负责内部保卫工作,实有人员 7 人。1994 年,赤峰市公安局内设二科,负责内部保卫工作。公安专项编制 15 人,实有人员 11 人。2002 年,市公安局内设国内安全保卫警察支队,下设 3 个大队,实有人员 19 人。2014 年,市公安局国内安全保卫警察支队下设情报大队、民族宗教大队、维稳大队、反邪教大队 4 个大队,实有人员 20 人。

第二节　保卫工作

一、重大会议、重大活动安全保卫

1991 年,市公安局安全保卫部门共承担各类警卫和安全保卫任务 15 次。1997 年,共完成各类警卫和安全保卫任务15次。其中国家二级警卫任务2次,自治区党政领导和国家省部级领导到赤峰视察工作警卫任务3次,全国性会议1次,全区性会议3次,外宾和其他警卫任务6次,确保了领导人和会议的安全。1998年,共完成警卫任务13次。其中国家一级警卫任务1次、三级警卫任务1次,自治区党政主要领导到赤峰市视察警卫任务2次,全国性会议1次,自治区会议2次,外宾团体会议2次,其他4次。

2000年,完成了国家领导人到赤峰视察期间的保卫工作。2003年,完成了中共中央、自治区领导到赤峰视察期间和重要会议的安全保卫任务。2004年,完成了中央电视台"心连心"艺术团到赤峰慰问演出和国家领导人到赤峰视察等56次警卫任务,确保了各次任务的安全与顺利。2007年,在自治区成立60周年之际,完成了中央代表团、艺术团在赤峰活动期间的安全保卫工作。2008年,完成了奥运火炬在赤峰传递和有18个国家代表参加的"世界草地与草原大会"赴赤峰考察团在赤峰市活动期间的安全保卫任务。2009年,完成了国家领导人到赤峰市视察、全国"两会"、内蒙古自治区第七届农牧业科技成果展览会等重大活动的安全保卫工作。全年共有59个单位、80名个人被公安部及自治区党委、政府、公安厅和赤峰市委、市政府表彰奖励。2014年3月27日和5月22日,分别完成了国家领导人到赤峰视察的警卫任务。同年,完成了内蒙古自治区第十三届运动会在赤峰市召开期间的安全保卫工作。

二、重大节假日安全保卫

2003年,完成了赤峰市撤盟建市20周年庆典等重大活动期间的安全保卫工作。2007年,为确保自治区成立60周年大庆期间各项庆祝活动顺利进行,全市公安机关提前部署,措施得力,保证了各项庆典活动的顺利进行。2009年,在新中国成立60周年之际,全市公安机关积极落实上级公安机关和赤峰市委、市政府的总体部署,建立了安全保卫机制,不仅确保了本市的政治稳定和社会安全,而且为北京市的周边安全稳定营造了良好的外围环境。

1991—2014年,每逢国庆节、元旦、春节等重大节日,全市各级公安机关都进行提前部署,严密组织实施,未发生任何重大安全事故,确保了重大节日期间的安全稳定。

三、网络信息安全监察

机构设置 赤峰市公安局公共信息网络安全监察支队成立于2009年8月,下设网络安全监察管理、案件侦查、互联网信息监控3个大队。2013年2月,支队更名为网络安全保卫支队,下设电子数据检验鉴定等5个大队和1个中心。

2012年6月,赤峰市公安局网安支队电子证据检验鉴定实验室建成并投入使用。2012—2014年,连续3次通过了全国公安机关网安部门实验室能力验证。自2014年10月1日起,网安支队电子证据检验鉴定实验室正式列入赤峰市公安司法鉴定中心,并开展检验鉴定工作,有12名民警获得公安鉴定人资格证书。

主要工作 2009—2014年,先后开展了"打击互联网传播淫秽色情信息""网络缉枪治爆""打击整治网络违法犯罪""打击'伪基站'""打击黑客攻击""打击整治网络谣言"

等专项行动。先后侦破了"'汇丰在线'开设网络赌场案""破坏计算机信息系统案""非法获取计算机信息系统数据案"等一批违法犯罪案件。赤峰市公安局网安部门共配合业务警种侦办案件3000余起,抓获各类网上在逃人员1721人,有效打击了涉网违法犯罪。

截至2014年,全市共有网民150多万人,涉及本市QQ群近4万个,有网吧447家,上网终端4.2万个,公安部门全部落实网络安全保护技术措施。全市有非营业性上网服务场所800多家,其中落实网络安全保护技术措施795家,终端设备在线率达到75%。全市有网站1200个,公安部门与相关责任人签订了安全责任书,并定期开展网络安全检查工作。全市建立了互联网安全应急预警指挥中心,对全市重点网站实行全天候监测,发现安全隐患及时报警,并提供相关技术服务。全市共有市级互联网运营企业5个,旗县级38个,均被纳入安全监管范围,定期检查、督导做好网络安全防护工作。

第五章　户政管理

1991年,赤峰市公安局内设七科(户政科),负责户政管理工作。同年,各旗县区公安局(分局)先后设立户政科(股),配备3~5名干警,专门负责户政管理工作,全市的户政管理工作走上了规范化管理轨道。2002—2014年,市公安局治安警察支队二大队负责户政管理工作。在户籍管理工作上,市公安局按照1998年公安部印发的《办理户口、居民身份证工作规范》和2003年公安部印发的《公安部三十项便民利民措施》有关规定,结合赤峰市的实际制定了一系列管理制度,规范户籍管理工作。为了方便人民群众办理户政业务,各级公安机关分别设立了户政业务大厅。在常住人口管理上,结合全国第五次人口普查和二代居民身份证换发工作,对常住人口准确登记,纠正了过去存在的一些差错。1998年,实施了人口信息微机化管理,并收录了人像信息和指纹信息。在流动人口管理上,每年开展一次重点人口、流动人口、出租房屋(简称"两口一屋")的清理和整顿,掌握和管理暂住人口。在居民身份证管理上,1991年完成了一代居民身份证的发放工作,2004年开始第二代居民身份证的换发工作。

第一节　常住人口管理

1991—1996年,全市对人口流动和户口迁移执行计划指标控制,按国家、自治区政府有关政策规定,严格"农转非""城迁城""农迁农"户口审批,从严管理常住人口。1997年,在国务院批转公安部《小城镇户籍管理制度改革试点方案》和《关于完善农村户籍管理制度意见》后,打破计划经济时期对人口流动和户口迁移的束缚,实行以居住地划分城镇人口和农村人口、以职业划分农业人口和非农业人口，凡具备在小城镇已有合法稳定的非农职业或者已有稳定的生活来源、有合法固定住所、居住已满两年等三个基本条件的农业人口，均可在小城镇落户。赤峰市的小城镇户籍管理制度改革工作在2001年启动，全市小城镇户籍管理全部放开。全年共办理小城镇户口24355人，共换发新式户口簿98万本。

2004—2005年，以换发第二代居民身份证为契机，开展了人口信息采集和纠错工作，共核查重户、重口48682人，漏户、漏口21254人，发现人户分离33465人，常住人口待定5920人，户口登记项目差错15432人，公民身份证号码重号15687人、错误35856人，全部进行了纠正。常住人口信息入库率100%。

2009年，开展了户口整顿专项工作。共清查出生未报8922人，死亡未销10824人，参军未销852人，迁移未落户1889人，一人多户口1965人，共纠正户口登记项目差错11011人。抓获违法犯罪嫌疑人41人，其中逃犯13人，破获各类案件103起。

2010年，配合全国第六次人口普查，共入户核对161.28万户，登记人户分离人口502685人，登记常住人口待定人员9469人、持证未落户2592人。同年，各旗县区公安局（分局）均设立了户口办证大厅，基层派出所设立了户籍室。

2011年，市公安机关按照《内蒙古自治区集体户口管理工作规范（试行）》的要求，在全市范围内开展集体户口清理整顿工作。重新核对集体户口99人，清理与实际地址不符的集体户口62人。同年，开展了“同名同号”户口清理核对工作，共清理人口信息数据346万条，纠正错误数据3086条，复核各类户口卷宗12940卷。2012年，经过严格审查，纠正年龄错误和民族错误467人，确保了人口数据库的准确。

2013年，市公安局先后制定了《关于进一步深化全市户籍管理制度改革的实施意见》等六项制度，进一步规范全市户籍管理工作。2014年，按照市公安局下发的《关于进一步简化户籍业务办理四项程序的通知》规定，凡市内符合政策的户口迁入业务，由派出所直接办理；除补录户籍业务外，其他户籍业务取消社区民警签字审批程序；变更姓名户籍业务，下放至派出所；市内“人户分离”人员迁入业务，由派出所社区民警代办。

第二节 暂住人口管理

1990年，市公安机关按公安部印发的《关于城镇暂住人口管理的暂行规定》，对暂住人口进行管理。暂住时间较长的发放“寄住证”，填报《寄住人口登记表》。

1992年，全市有暂住人口6万余人，各级公安机关对暂住人口的管理采取三种办法：一是对暂住人口调查摸底、逐户登记，健全管理制度，核发“暂住证”。二是分层次管理，对随父母、配偶、子女或其他亲属共同生活及探亲、治病或从事正当劳动经营活动的，作为一般管理；对无正当理由暂住、身份来历不明或劳动改造和劳动教养（简称“两劳”）保外人员，作为重点管理。三是进行经常性法制宣传教育，提高暂住人口的法制观念。

1995 年,对暂住人口的管理,采取“谁用工谁负责,谁留住谁负责”的原则,同用工单位和出租房主签订治安承包责任书,充分发挥房主对房客、单位对临时工的制约作用,掌握和控制暂住人口的违法犯罪活动。通过加强对暂住人口的管理,破获刑事案件 50 余起,查处治安案件 92 起,查处违法犯罪人员 113 人。

1999 年,开展了以出租房屋为重点的清理整顿工作,共清理整顿暂住人口 43822 人、流动人口 38445 人,为“追逃”专项斗争提供线索 1468 条,抓获各类逃犯 86 人。

2001 年,开展了“两口一屋”清理行动。清查流动人口 19800 余人、暂住人口 19330 人,登记出租房屋 10670 户。通过清理整顿,促进了流动人口和暂住人口的规范化管理。2004 年,加强对流动人口的日常监督管理,共登记流动人口 36289 人,领证 11658 人,发放流动人口调查函 21458 份。2008 年,登记暂住人口 48680 人,与出租人、承租人签订责任状 20542 份。

2011 年,按照自治区公安厅印发的《关于进一步加强流动人口管理的意见》要求,为 22.61 万名流动人口办理“暂住证”,与出租房主和承租人签订《租赁房屋治安责任保证书》55283 份。2013 年,市公安局出台《关于进一步深化全市户籍管理制度改革的实施意见》,建立并完善了流动人口、出租房屋管理机制。

2014 年,按照自治区公安厅印发的《关于推广应用全区流动人口和出租房屋信息服务管理系统的通知》要求,市公安局全面启用了流动人口和出租房屋信息服务管理系统,通过科技手段管理流动人口。

第三节 居民身份证管理

1985 年,《中华人民共和国居民身份证条例》颁布实施后,全市从旗县区到乡镇苏木层层建立居民身份证管理机构,抽调专门人员负责此项工作。居民身份证的登记项目有:姓名、性别、民族、出生日期、住址、有效期限。在蒙古族聚集地区使用蒙汉两种文字填写,其余使用汉文填写。实行全国统一编号,每个持证公民具有唯一编码,编号包括行政区划代码、出生日期和分配顺序号,由 15 位阿拉伯数字组成。身份证的有效期分为 10 年、20 年和长期三种。年满 16 周岁至 25 周岁的公民发给有效期为 10 年的居民身份证;26 周岁至 45 周岁的公民发给有效期为 20 年的居民身份证;45 周岁以上的公民发给长期有效的居民身份证。截至 1990 年,全市共发放居民身份证 2579016 人。其中红山区、元宝山区、郊区(今松山区)发证率达 98%,蒙汉两种文字的身份证发放率达 90%。1989 年,根据公安部颁发的《临时身份证管理暂行规定》,各旗县区公安机关核发了部分临时身份证,有效期一年。至 1990 年,全市共发放临时身份证 5000 余人。

全市集中颁发居民身份证工作于 1991 年结束,发证率达 94.79%。1991—1994 年,全市共颁发临时居民身份证61177份。1994年6月起，居民身份证启用新标准相片。1995年7月12日开始，市公安机关集中换发有效期为10年的居民身份证。1999年，全市居民身份证证号由原来的15位升至18位。2001年，市公安局开展军队和武警部队人员公民身份证号码编制工作。2003年，在全市范围内正式实行居民身份证网络制证工作。

第一代居民身份证采用印刷和照相翻拍技术塑封而成，只有视读信息，证件的科技含量低，安全防伪、安全使用性能较差。2004年，全国开始集中换发第二代居民身份证（简称二代证）工作试点，集中换发二代证工作由公安机关具体实施。第二代居民身份证采用非接触式IC卡，将公民个人信息录入身份证芯片，具有视读和机读信息，安全防伪、安全使用性能比第一代居民身份证有较大提高。同年，市公安局制定了《全市换发第二代居民身份证工作实施方案》。2005年，在全市全面推开换发第二代居民身份证工作。2013年，全国启动居民身份证登记指纹信息工作。全市各级公安机关在全市185个户籍派出所全面启动了身份证指纹信息采集工作。2014年，完成疑似重复户口数据的核查清理工作，共删除注销重复户口7013个，处理漏报数据、相片错误等信息9597条。

第六章　出入境管理

1991年，市公安局内设出入境管理科。2006年，更名为赤峰市公安局出入境管理处。2013年，更名为赤峰市公安局出入境管理局。同年，全市各旗县区公安局（分局）均设立了出入境管理大队。1996年后，赤峰市公民因私出国、出境人员主要是探亲、访友，旅游观光，留学就业等；外国人、中国港澳台同胞进入赤峰市境内观光旅游、文化交流、经贸洽谈、提供技术服务等。公安机关出入境管理部门对出入境外人员的管理工作日益繁重。

第一节　境外人员管理

1991—2000年，赤峰市公安局出入境管理部门依据国务院颁布的《中华人民共和国外国人入境出境管理法》《中华人民共和国外国人入境出境管理法实施细则》《中国公民因私事往来香港地区或者澳门地区的暂行管理办法》《中国公民往来台湾地区管理办法》等相关法律法规规定，对入境本市的境外人员进行管理。境外人员入境后须在规定期限内（城市24小时内，农村48小时内，交通不便地区72小时内）进行住宿登记，由境外人员本人、留宿人或留宿单位上报居住地派出所，居住地派出所核对住宿信息无误后，上报辖区的出入境管理部门。办理人员数量由1991年17人增加到2000年20人。

1991—2014年赤峰市境外人员管理情况统计表

表18-2-6

年份\项目	受理境外人员（人次）	其中		常住(人)	受理审批签证（件）	签发居留许可证(件)
		外国人(人)	中国港澳台居民(人)			
1991	17	17	0	0	17	0
1992	19	19	0	0	19	0
1993	11	11	0	0	11	0
1994	21	21	0	0	21	0
1995	13	13	0	0	13	0
1996	25	25	0	0	25	0
1997	22	22	0	0	22	0
1998	28	28	0	0	28	0
1999	27	27	0	0	27	0
2000	20	20	0	0	20	0
2001	29	29	0	0	29	0
2002	14	14	0	0	14	0
2003	8	8	0	1	7	1
2004	12	11	1	1	11	1
2005	105	100	5	3	102	3
2006	69	66	3	5	64	5
2007	47	40	7	5	42	5
2008	66	66	0	5	61	5
2009	77	74	3	5	72	5
2010	50	47	3	7	43	7
2011	63	58	5	12	51	12
2012	109	106	3	99	10	99
2013	194	192	2	152	42	152
2014	247	244	3	196	51	196

2001年起，为了有效避免公安机关出入境管理部门掌握的境外人员住宿信息缺乏时效性这一问题，赤峰市公安局出入境管理科开始使用社会信息采集平台对境外人员住宿信息进行科学监控和管理。同时定期将境外人员办理签证、居留许可信息分发给各旗县区公安局出入境管理部门，要求将常住境外人员纳入实有人口管理，及时走访，

随时掌握其动态。

2013 年 7 月 1 日《中华人民共和国出境入境管理法》实施后，赤峰市出入境管理部门按照该法实施细则的规定，定期查验外国人证件，办理居留证件、旅行证件等；宣传、教育其遵守中国的政策、法律；协助有关部门解决一些事务性问题。2014 年底，有常住境外人员 196 人。1991—2014 年，赤峰市公安局出入境管理局共受理到赤峰市的境外人员 1293 人次，其中外国人 1258 人，中国港澳台居民 35 人。受理审批签证 802 件，签发居留许可证 491 件。

第二节　中国公民出入国（境）管理

一、出国（境）管理

1991 年，居住在赤峰市的公民因私事出国需向公安机关出入境管理部门提出申请，经审核上报自治区公安厅批准后，发给中华人民共和国公民护照。

1998 年 7 月 1 日起，报备案制度实施。全年受理审批公民因私出国申请 179 件，办理护照 179 件。1999 年 7 月 1 日起，对因私出国（境）人员进行政审核查。全年受理审批公民因私出国申请 270 件，办理护照 270 件。

2002 年 2 月 1 日起，公民申请出国免交境外邀请函，并对《中华人民共和国普通护照审批、签发管理规范》作了相应修改。除国家公职人员必须严格按干部管理权限出具单位意见外，凡符合出国（境）条件的免交单位或派出所意见。审批权限由盟市公安局批准。全年受理审批公民因私出国申请 2340 件，办理护照 1842 件。

2003 年 12 月 10 日，赤峰市通过公安部验收，被确定为全国按需申领护照的城市之一。全年受理审批公民因私出国申请 3800 件，办理护照 1917 件。

2007 年 1 月 1 日，《中华人民共和国护照法》正式颁布实施。2012 年 1 月 30 日，公安部印发的《中华人民共和国电子普通护照签发管理工作规范》实施后，赤峰市出入境管理部门启动了电子护照的办理工作。2012 年 6 月 30 日后，根据《中华人民共和国出境入境管理法》规定，有下列情形之一的，公安机关出入境管理机构不予批准出境：1.不具有中华人民共和国国籍的；2.无法证明身份的；3.在申请过程中弄虚作假的；4.被判处刑罚正在服刑的；5.人民法院通知有未了结民事案件不能出境的；6.属于刑事案件被告人或者犯罪嫌疑人的；7.国务院有关主管部门认为出境后将对国家安全造成危害或者对国家利益造成重大损失的。其他公民因前往外国定居、探亲、学习、就业、旅行、从事商务活动等非公务原因出国的，由本人向其户籍所在地的县级以上地方人民政府公安机关出入境管理机构申请普通护照。国家工作人员还应按照国家规定提交相关证明材料。为防止法定不批准出境的“七种人”办理出境手续，市公安局出入境管理局按照中共中央纪委、中共中央组织部等 8 个部门联合印发的《关于进一步加强党员干部出国(境)管理的通知》精神和《法定不准出境通报备案制度》,严格把关,从严审查。1991—2014年,全市共受理审批公民因私出国申请45.6万件,办理护照13.18万件。

1991—2014年赤峰市公民出国、出境发证情况统计表

表18-2-7　　单位:件

项目 年份	受理审批公民因私出国申请	办理护照	办理往来港澳台通行证	办理赴港澳签证	办理因公赴台签证	办理因私赴台签证
1991	45	45	—	—	—	—
1992	90	90	—	—	—	—
1993	74	74	—	—	—	—
1994	81	81	—	—	—	—
1995	75	75	—	—	—	—
1996	105	105	—	—	—	—
1997	121	121	—	—	—	—
1998	179	179	—	—	—	—
1999	270	270	—	—	—	—
2000	586	586	—	—	—	—
2001	716	716	—	—	—	—
2002	2340	1842	172	317	1	8
2003	3800	1917	624	1242	3	14
2004	10079	2707	2388	4979	0	5
2005	13535	4551	2826	6158	0	0
2006	14135	5207	2774	6142	3	9
2007	17970	8421	2960	6569	4	16
2008	22211	9524	3889	8772	5	21
2009	19881	7897	3618	8270	16	80
2010	34677	10708	7377	15993	78	521
2011	53265	14239	12295	25060	25	1646
2012	79445	17446	19306	40507	27	2159
2013	83511	20577	18943	41659	56	2276
2014	98840	24448	23152	48404	40	2796

二、往来中国香港、澳门地区管理

1986 年 2 月,公安部颁发了《中国公民因私事往来香港地区或澳门地区的暂行管理办法》,对大陆居民因私事前往中国香港、澳门实行定额审批办法。1997 年 4 月,公安部出入境管理局印发了《内地居民赴港澳地区定居审批管理工作规范》。2002 年 3 月 14 日,为进一步方便中国公民往来港澳地区,公安部出入境管理局制定了《中华人民共和国往来港澳通行证签发审批、签发管理工作规范》。1991—2014 年,赤峰市公安局出入境管理局共办理往来港澳通行证 10.03 万件,办理赴港澳签证 21.41 万件。

三、往来中国台湾地区管理

1991 年 12 月 17 日,国务院颁布《中国公民往来台湾地区管理办法》,对中国公民往来台湾的手续作出规定。2004 年 4 月 1 日,公安部出入境管理局印发的《大陆居民往来台湾通行证、签注审批签发管理工作规范》正式实施。全年办理因私赴台签证 5 件。2008 年 7 月 18 日起,全国大部分省市正式启动大陆居民赴台湾地区旅游。全年办理因公赴台签证 5 件,办理因私赴台签证 21 件。2010 年 7 月 20 日,公安部印发《关于扩大大陆居民赴台湾旅游开放区域》通知,赤峰市开放了前往台湾地区团队旅游。全年办理因公赴台签证 78 件,办理因私赴台签证 521 件。1991—2014 年,赤峰市公安局出入境管理局共办理因公赴台签证 258 件,办理因私赴台签证 9551 件。

第七章　道路交通管理

第一节　管理机构

1987 年,赤峰市公安交通警察支队成立,各旗县区公安局也相继成立了公安交通警察大队。2014 年,市交警支队有交通民警 175 人,交通协管员 527 人。内设办公室、事故对策指导大队、交通秩序管理大队、车辆和驾驶人管理所、机动车驾驶人监测大队、交通安全宣传大队、高速公路管理大队、特勤大队、红山大队。全市各旗县区共有公安交通警察大队 13 个,有交通民警 886 人,交通协管员 1664 人。有交警中队 190 个,其中公路巡逻中队 78 个,岗勤中队 34 个,高速公路管理中队 7 个,城区岗勤中队 71 个。

第二节　交通安全管理

一、交通设施建设

1991 年,红山区更新了城区全部交通标志。其他各旗县区也分别安装了交通标志,施划了交通标线,设置了交通岗亭、信号灯等设施,交通管理工作逐步走向正规化。

2000 年,市公安交警支队配合有关部门开展拓宽和改造中心城区道路工作,完善各类道路交通安全基础设施。撤掉旧交通标志 300 块,新安装 160 块,施划交通标线 4400 延长米,拆除旧交通岗亭 5 处,新建和改造交通岗亭 4 处。

2006—2007 年,全市投入 500 万元购买巡逻车、车载测速仪等设备。共施划停车泊位 7528 个、非机动车停车位 1970 个。完善禁左、禁行、单行交通标志 521 块。在主要路段增设出租车乘降点 309 个,安装减速带 6 条,安装黄闪灯 8 个,制作交通安全宣传警示牌 200 块。增设了 20 多处电子警察路口,在 4 个旗县区政府所在地城镇设置了监控系统。

2008—2009 年,全市新增设交通标志 2455 块,其中 LED 发光标志 58 块。重新施划交通标线 24.6 万延长米, 新增机动车临时停车泊位 11946 个、出租车临时乘降点 161 个。新增设信号灯 254 组、移动电子警察 7 个、减速带 200 条,调整信号灯 12 处。在新城区的主要街道设置了公交车专用车道。购置 LED 装置 48 个、雷达测速仪 13 台、酒精检测仪 16 台。

2010—2013 年,全市交警部门投入资金 6000 余万元,在主要路口设立 74 块提示牌,设立"文明交通示范公路"(街路)公告牌 57 块。增设交通标志 5579 个,重新施划交通标线 187 万延长米,设立机动车隔离护栏 40530 米,施划停车泊位 16268 个。新增信号灯 148 个、黄闪灯 415 个、LED 显示标志 15 个、雷达测速仪 26 台、电子警察 159 个。全面提升了全市道路交通安全科技化管理水平。

2014 年, 全市 13 个交警大队建成 8 个智能交通指挥中心。交警支队红山大队在 32 处主要路口进行光纤布线,安装数字高清监控设备 32 套。全市共安装机动车隔离护栏 8950 米,施划交通标线 14.4 万延长米,施划停车泊位 8600 余个,实施路牙无障碍处理 3.7 公里。增设信号灯路口 22 处,增设爆闪灯 150 个、交通标志 764 块、电子警察 33 个,新增区间测速设备 4 台、流动测速设备 6 台。

二、交通安全秩序管理

1991 年,市交警支队制定了《赤峰市交通安全责任制》,层层分解目标,做到责任到人,定标、定奖、定罚到人,充分调动干警工作积极性。

1992—1995 年,撤销了全市所有公路检查站。宁城县甸子、喀喇沁旗旺业甸两个进京检查站改为市交通警察中队。各旗县区交通警察大队的路检队改为巡逻队。新建宁城小城子等 5 个交警中队,全市共设 19 个公路巡逻中队。1995 年,全市交警部门开展了学习济南交警活动。全市交警以规范化的交通指挥动作上岗执勤,各交通岗都设置了便民服务箱、监督台、政务公开栏等,悬挂了"有困难找警察"等宣传条幅。

2000 年,市政府印发了《赤峰市"畅通工程"实施方案》,全市交警部门积极贯彻执行,提高了城区道路的畅通水平。

2004 年 5 月 1 日,《中华人民共和国道路交通安全法》实施后,市交警部门依法加强道路交通安全管理。同年,市政府建立了由公安、安监、交通等 16 个相关职能部门参加的道路交通安全联席会议制度，落实各职能部门责任，有效保障全市道路交通安全。

2005 年，敖汉旗公安局打破警种界限、在偏远农牧区委托派出所参与交通安全管理、进一步扩大管理覆盖面的做法得到了自治区公安厅的充分肯定，并在全自治区予以推广。

2007 年，全市新建交警中队 21 个。2008—2009 年，全市新建交警中队 5 个，新增交通民警 45 人、交通协管员 112 人。完成自治区首届马头琴艺术节暨第四届红山文化节、国家领导人视察赤峰等各种重大交通安全保卫任务。

2010 年，全市共查处各类交通违法行为 72.53 万起，查处机动车超速 20.18 万起，查处酒后驾驶 1056 起、货车超载 7349 起、无证驾驶 9429 起，行政拘留 6981 人。

2013 年，市交警支队新建异地交通违法行为处理大厅，负责办理异地交通违法业务。全年共查处无证驾驶 7763 起，酒后驾驶 1988 起，机动车超速 21 万起，客车超员 1351 起，行政拘留 5161 人，吊销驾驶证 418 本。

2014 年，全市交管部门先后组织开展了春运安保、“两会”安保、农牧区交通违法集中整治、公路隧道危险品运输安全专项整治、大中型客货车逾期未检专项整治、酒后驾驶专项整治等 29 个交通秩序专项整治行动。实现了全市范围内交通违法行为异地处理。同时，市交警支队与建设银行赤峰市分行联合开通了交通违法罚款电子缴费系统，为群众提供省时省力、足不出户的便民服务。

第三节　驾驶员管理

1987 年，交通监理部门划归公安机关后，驾驶员管理工作移交公安部门。

1990 年，赤峰市公安交通警察支队在红山区桥北建立驾驶员培训中心，对驾驶员集中培训。考试科目分为交通法规及安全驾驶常识、机械常识、道路驾驶等。每年培训驾驶员 2500 人。旗县区公安交通警察大队负责对驾驶员年度审检，主要审检驾驶员一年内安全行车、违章肇事等情况。对有违章或肇事记录的驾驶员，进行不同科目的考试和测试，不合格者注销其驾驶证。当年，全市有机动车辆驾驶员 34964 人。

1991 年，全市共举办驾驶员培训班 6 期，培训新驾驶员 2000 余人。1992 年，全市 3 所驾驶员培训班（学校）通过自治区公安厅交警总队验收，全年共复训违章肇事驾驶员 480 人。1993 年，市交警支队在红山区城郊乡曲家沟村设立交警支队车辆管理所 1 处。1994 年，全市所有汽车、摩托车及驾驶员档案全部输入计算机，基本实现了车辆、驾驶员的微机化管理。建立了驾驶员适应性检测站，切实提高驾驶员队伍的整体素质，减少和避免了不适应驾驶车辆而导致的交通事故。1996 年，人体检测站累计完成 27500 人次的驾驶员人体检测任务。

2000 年 1 月，市交警支队车驾管业务管理系统软件正式应用。2007 年，市交警支队车管所投资 550 多万元对原有的驾驶员考试设施进行改造。全市 12 个旗县区交警大队共投入资金350多万元,对12个车管分所的“科目一”实现了无纸化考试,部分大队在“科目二”考场安装了电子监控桩考仪。全市12个旗县区交警大队中有5个大队建成了高标准的车管分所办证大厅。

2008年,市交警支队出资120余万元,为各旗县区交警大队、支队车管所、人体检测站等窗口单位安装20套触摸屏违法信息自动查询系统,方便了群众。2009年,市交警支队投资近1000万元,先后改造扩建了停车场,新建“科目二”场地路考仪,新建“科目二”“科目三”近3000平方米的候考大厅,购置了16辆考试车,建立起了规范化的服务机制和公平的办事环境,群众满意度进一步提升。

2010年,内蒙古交通职业技术学院投资900万元建成的北山考场投入使用。2011年,市交警支队在各科目考场设置了全方位的电子监控系统,投资500余万元研发了“科目三”电子评判系统,实现考试全程自动化电子评判。

2013年,市交警支队下放车驾管业务权限,全市所有旗县区交警大队车管所均能够办理小型机动车注册登记,辖区内转移登记,驾驶证、行驶证、车辆号牌补领、换领等业务。对7个旗县区交警大队车管所下放驾驶人“科目一”考试权限。

2014年,在新城区设立“流动车管所”1个,集车驾管业务办理、违章查询、交通安全宣传、车驾管业务咨询等项目于一体,方便了新城区市民办理业务。当年,全市共有机动车驾驶员105.3万人。

2010年,市公安局交警支队车管所被公安部评为“二等车管所”。翁牛特旗车管所和敖汉旗车管所被公安部评为“全国优秀县级车辆管理所”,松山区、元宝山区、巴林左旗车管所被评为“二等县级车管所”。

第四节 车辆管理

1991年,全市共有机动车14758台。1992年5月,赤峰市机动车检测站建成并投入使用,红山区、郊区(今松山区)、元宝山区的机动车全部上线检验检测,提高了车辆安全技术状况检验的科学性和可靠性。

1994年,全市共新增机动车9479台。车辆检测工作步入正轨,全市所有汽车上线检测,车辆安全技术状况检验的科学性、可靠性进一步提高。1995年,开展了“92式”机动车牌照换发工作。截至1996年末,全市共换发汽车牌照98873副。

2000年末,全市共有机动车26.83万台。其中大型汽车15733台,小型汽车27357台,挂车2248台,农机车辆34967台,“五小”车辆18.8万台。2005年,全市74340台农用车和55993名农用车驾驶员档案纳入机动车管理序列,并将“五小”车辆管理权限下放至旗县区交警大队。

2008年10月1日,公安部颁布的《机动车登记规定》正式实施,其中对备受社会关注的机动车自选号牌问题作出了明确规定。市交警支队组织车管所对全体民警和工作人员进行业务培训,更换微机,调整岗位,合并窗口,简化程序,顺利实施了这一工作。当年,全市共有机动车69.06万台,有机动车驾驶人74.18万人。全年共审验机动车40941台,鉴定检验交通肇事车辆149台次,提交驾驶人体检报告13.68万份。

2010年,市交警支队采用“市场化运作、第三方监管”的管理模式,投资1400万元建设了全市客运车辆GPS监控中心,免费为全市2100台客运车辆安装了GPS监控设备,对车辆超员、超速、越境、恶意逃避监管等交通违法行为进行24小时实时监控。赤峰市的客运车辆安装GPS监控系统工作模式在自治区属首家。

2012年,市交警支队新建了赤峰市机动车安全技术检验远程监控中心,并完成了机动车安全技术检验机构与交管部门联网工作,实现了车辆外观远程查验、检验合格标志远程核发。

2013年,全市共建成10个机动车检测站,方便群众就近办理机动车审验。至2014年,全市有机动车104.3万台。

第五节 交通事故处理

1991年9月22日,国务院颁布《中华人民共和国道路交通事故处理办法》。1991年至2004年4月30日,赤峰地区发生交通事故后,交警部门进行现场处理、认定责任、处罚交通违法行为及损害赔偿的标准执行上述规定。1991年,全市发生交通事故180起,死亡60人,受伤98人,造成直接经济损失17.6万元。2004年,交通事故1192起,比1991年增加5.62倍;死亡352人,比1991年增加4.87倍;受伤1199人,比1991年增加11.23倍;造成直接经济损失322.58万元,比1991年增加17.33倍。

2004年5月1日,《中华人民共和国道路交通安全法》实施后,市交通警察对交通事故现场进行勘验、检查、收集证据,委托检验、鉴定,按上述规定执行。机动车发生交通事故造成人身伤亡、财产损失的,由保险公司在机动车第三者责任强制保险责任限额范围内予以赔偿。医疗机构对交通事故中的受伤人员应当及时抢救,不得因抢救费用未及时支付而拖延救治。肇事车辆参加机动车第三者责任强制保险的,由保险公司在责任限额范围内支付抢救费用;抢救费用超过责任限额的,未参加机动车第三者责任强制保险或者肇事后逃逸的,由道路交通事故社会救助基金先行垫付部分或者全部抢救费用,道路交通事故社会救助基金管理机构有权向交通事故责任人追偿。2005年,交通事故1013起,死亡344人,受伤1012人,造成直接经济损失319.3万元。2009年,交通事故327起,死亡185人,受伤385人,造成直接经济损失118.18万元。

2010年1月1日起,《道路交通事故社会救助基金管理试行办法》和《内蒙古自治区道路交通事故社会救助基金管理试行办法》实施。2010年,交通事故193起,死亡128人,受伤182人,造成直接经济损失83.42万元。2014年,交通事故157起,死亡151人,受伤67人,造成直接经济损失39.3万元。

1991—2014年赤峰市交通事故情况统计表

表18-2-8

项目 年份	交通事故 （起）	死亡人数 （人）	受伤人数 （人）	直接经济损失 （万元）
1991	180	60	98	17.6
1992	115	56	69	9.3
1993	106	73	51	34.87
1994	128	75	66	31.5
1995	165	205	220	74.02
1996	421	178	187	121.4
1997	401	156	187	120.7
1998	337	138	164	84.86
1999	409	211	198	92.86
2000	3519	334	2482	443.68
2001	3845	345	2709	340.71
2002	3723	347	2748	374.63
2003	3683	353	2946	355.58
2004	1192	352	1199	322.58
2005	1013	344	1012	319.3
2006	754	302	741	209.3
2007	593	246	643	112.24
2008	405	197	470	98
2009	327	185	385	118.18
2010	193	128	182	83.42
2011	152	114	108	38.15
2012	149	105	148	61.46
2013	204	153	165	75.62
2014	157	151	67	39.3

1991—2014年，全市共发生交通事故22171起，死亡4808人，受伤17245人，直接经济损失3579.26万元。2004—2014年，全市交通警察部门共侦破交通肇事逃逸案件321起。

第八章 消防管理

第一节 “119”调度指挥中心

1996 年 7 月，赤峰市公安消防支队成立调度指挥室，负责车辆和警力调度，各辖区消防大队实行分散接警。

2001—2014 年赤峰市“119”调度指挥中心接处警情况统计表

表 18-2-9

项目 / 年份	接警				处警	
	接警总数（次）	火警（次）	抢险救援（次）	紧急救援（次）	出动警力（人）	出动车辆（台）
2001	524	521	2	1	809	160
2002	564	557	7	0	5671	1062
2003	444	439	4	1	4138	857
2004	394	390	4	0	3492	747
2005	714	691	15	8	6580	1295
2006	994	950	24	20	8956	1672
2007	1239	1107	78	54	10226	1816
2008	1201	1089	101	11	9231	1883
2009	1200	1074	107	19	8281	1770
2010	1007	857	137	13	7650	1543
2011	1339	1141	146	52	8721	1814
2012	712	561	134	17	5275	1021
2013	1382	1169	173	40	9726	1873
2014	1466	1279	162	25	10701	2083
合计	13180	11825	1094	261	99457	19596

2005 年，市公安消防支队办公楼在新城区建成后，成立“119”调度指挥中心，主要负责市区的红山区、松山区、新城区的“119”接处警。其他旗县区消防大队下设指挥室和中队通讯室，负责本辖区“119”接处警。

2013 年 3 月,市公安消防支队“119”调度指挥中心投资 600 余万元,按照公安部一体化灭火救援指挥平台标准进行了升级改造,2014 年 1 月正式投入运行。基本实现了“指挥控制实时化,通信手段多样化,情报信息多元化,指挥终端智能化,勤务管理可视化,办公管理自动化”的目标,全面提高了全市消防部队的快速反应和灭火救援的指挥能力。2001—2014 年,全市消防部队共接警 13180 次,其中火警 11825 次,抢险救援 1094 次,紧急救援 261 次;出动警力 99457 人,出动车辆 19596 台。

第二节　消防设施

1991—1996 年,消防支队购置破拆车和登高车,建立消防通讯指挥中心。各中队积极争取资金更新老旧消防车辆,并按 1∶1 配备器材。

1997—2001 年,消防支队不断加大对装备建设的投入,共下拨各类经费 247 万元,新建消防栓 288 个,购置消防车 6 台。

2003—2010 年,消防支队购置消防车 6 台,增加器材装备 500 多件。配合总队完成二级网络建设,为干部配备了 CDMA 手机,提高消防部队信息化指挥决策水平和快速反应及应战能力。2004 年,全市消防部队新购消防车 11 台,购置消防监督检查车 5 台,更新个人防护装备 130 余套。消防支队完成消防三级网络建设,实现中队、大队、支队和总队网络互通。2005 年,全市消防部队共投入资金 100 余万元,购置消防器材装备、个人防护装备和防火检查、勘察仪器。按照消防队站建设标准,配齐配全基层消防中队器材装备和基层官兵的个人防护装备。购置火场后援车 3 台、防火勘察车 3 台。2007 年,购进 4 台大吨位水罐消防车、1 台抢险救援车、1 台曲臂登高车、5 台防火检查车。一线官兵配齐个人防护装备及其他常规器材。2008 年,购置 53 米登高车、17 吨位水罐车、通讯指挥车、地震抢险救援车、后勤保障车等执勤车 19 台,购置器材装备 3800 余件套。2009 年,投入资金 945 万元,购置泡沫干粉消防车、大型水罐车、抢险救援车等执勤车辆 13 台。2010 年,投入资金 100 余万元,购置各类器材共计 756 件套。

2011—2014 年,全市投入装备资金 2459.88 万元,购置业务车辆、执勤车辆 25 台,购置器材装备 12421 件套,增强部队的防火、灭火和抢险救援能力。截至 2013 年,全支队累计购置消防专用车辆由 1983 年的 20 台增加到 160 台(含已退役的消防车)。其中普通水罐消防车 85 台,举高消防车 12 台,重型水罐消防车 4 台,泡沫消防车 10 台,干粉消防车 12 台,抢险救援消防车 13 台,防化洗消消防车 1 台,通讯指挥车 1 台,其他消防车 10 台。累计配备空气呼吸器 729 部,灭火防护服 957 套,消防员呼救器 485 个,防化服 313 套,隔热服 374 套。全市消防车辆装备实现由常规型向功能型转变,个人防护装备实现由粗放型向精细化转变,特勤装备实现由低效能型向高效能型转变,为灭火救援工作开展提供了强有力的保障。2014 年,购置 4 台水罐车、1 台泡沫干粉车、1 台 54 米举高车、1 台 60 米高喷车,购置各类器材装备 7791 件套。

第三节 火灾预防

1991—2014 年,赤峰市消防部门十分重视火灾的预防工作,不断强化消防宣传在预防火灾中的先导作用,在全市形成了“党委政府统一领导,相关部门强力推进,社会各界共同参与”的良好局面。在赤峰市委、市政府的统一部署下,每年都开展《中华人民共和国消防法》和“119 消防宣传周”等专项宣传活动。在《赤峰日报》、《红山晚报》、赤峰电视台和赤峰广播电台开设消防宣传专栏,宣传消防法规,刊播消防安全知识,集中曝光重大火灾隐患,提高企事业单位和全民消防意识。全市通过举办培训班等多种途径,对相关社会单位特别是重点单位的消防安全责任人和消防安全管理人员进行消防安全培训。组织企业开展消防演练活动,企业员工现场学习常用消防器材的使用方法,以口头讲解和实际操作相结合的方式, 使其熟悉掌握基本消防常识和逃生自救常识。对于重大会议、重大活动采取提前介入的方式,周密组织开展消防安全保卫工作,确保各类大型活动期间的消防安全。

公安消防部队针对不同阶段经济发展的需要,积极开展消防安全整治,严肃查处消防违法犯罪行为。持续开展了对公众聚集、人员密集、易燃易爆场所的消防安全专项治理。1991—2014 年,全市共检查单位 27.4 万家,整顿隐患 182.2 万处,取缔因消防设施不健全单位 212 家,查封 8373 家,停业整顿 5372 家,落实整改经费 6250 万元,公共消防安全环境显著改观。全市召开消防隐患整顿现场会 48 次, 发现各类火灾隐患 27850 处,查处社会单位 160 家,查处率达到 100%。全市集中开展娱乐公共场所专项整治 40 次,易燃易爆场所专项整治 41 次,粮食存储等单位专项整治 25 次,发现火灾隐患 38975 处,当场发放整改通知书 26570 份,发放限期整改通知书 12110 份,取缔单位 35 家,停产停业整顿 784 家,限期整顿 12110 家,落实整顿经费 1420 万元。

为强化监督,市公安消防支队对所有执法环节全部实行网上运行,限时办结。实行廉洁执法回执回访制度, 向当事人发放回执卡, 由纪检部门即时回访处理。设立“96119”群众举报投诉热线,定期组织召开社会单位代表参加的座谈会,每年开展 1 次评警活动,广泛征求对消防执法工作的意见和建议,使全市消防监督机制逐步健全。

第四节 火灾扑救

1991—2000 年,全市各级消防部队狠抓战术训练和大练兵、大比武活动,适时举行大型灭火演习和火灾扑救研讨会,有力推动了消防部队训练工作的开展。

2001 年以后,深化执勤训练改革,逐步构建了灭火救援区域协同作战体系。针对城区高层建筑增多和抢险救灾紧急任务增多的实际,2011 年以后, 投入大量资金购置了特种灭火车辆和装备,并有针对性地开展了消防特勤训练,不断增强全市消防部队整体作战水平，部队灭火救援综合作战能力明显提高。1991—2014 年，全市共发生火灾 14425 起，死亡 88 人，受伤 75 人，直接经济损失 4393.39 万元。全市公安消防部队在历次灭火救援任务中，共抢救被困人员 2682 人，疏散被困人员 15138 人，抢救财产价值 72087.79 万元。成功处置了巴林左旗飞机失事、敖汉旗烟花厂爆炸、赤峰制药厂氨气泄漏、深井

1991—2014 年赤峰市火灾情况统计表

表 18-2-10

项目 年份	火灾(起)	死亡(人)	受伤(人)	火灾损失(万元)
1991	96	7	5	48.12
1992	67	3	2	56.08
1993	61	5	1	50.57
1994	61	14	2	82.03
1995	49	5	8	66.69
1996	49	7	7	152.62
1997	291	1	2	56.6
1998	323	0	2	118.79
1999	188	2	14	60.79
2000	60	2	6	77.48
2001	524	1	1	27.59
2002	564	4	2	40.16
2003	444	2	3	86.97
2004	394	1	2	62.38
2005	714	3	4	73.04
2006	994	3	6	165.23
2007	1239	8	2	333.85
2008	1201	1	0	269.76
2009	1200	7	0	223.04
2010	1007	2	0	124.11
2011	1339	0	0	329.44
2012	712	0	0	506.71
2013	1382	6	5	358.21
2014	1466	4	1	1023.13

塌方、赤峰市环峰化工厂火灾、“3·18”元宝山国电化工爆炸燃烧等事故。

附：重大火灾事故选录

赤峰制药厂氨气泄漏火灾扑救 2009年8月5日9时3分，市消防指挥中心接到报警，位于红山区中心城区的赤峰制药厂一辆载有30吨液氨的槽罐车发生泄漏，随时可能酿成重大火灾。指挥中心迅速命令市区的4个消防中队，21台消防车、99名官兵立即出动。同时调集在新城区执行送水任务的旗县区消防中队11台消防车、12名官兵紧急增援。市政府和市公安局领导也赶到现场，同时调集了13台救护车，308名公安干警赶赴现场参与处置。对泄漏现场1.5公里范围内实行了封闭，将危险区域内人员全部转移。9时24分，指挥部命令使用7台水罐车、11支水枪、1门水炮，以强大的水流对泄漏点的氨气实施压制，槽罐车押运员在两名士兵的护卫下冲向槽罐车，成功将阀门关闭，险情彻底排除，此次事故未酿成大患，救援行动取得成功。

“3·18”元宝山国电化工爆炸事故抢险 2014年3月18日16时13分，元宝山区国电化工有限公司一个440立方米的油储罐发生泄漏爆炸，旁边一个粗酚储罐处于燃烧状态，罐区还密布着8个石油化工产品储罐，总储量达1500多吨，火势正在向中心油储罐蔓延。接到报警，辖区元宝山消防大队立即调派特勤中队、元宝山中队的7台消防车、31名消防官兵赶赴现场，并立即利用高喷车对罐区进行冷却，扑救流淌火，冷却液氨储罐。赤峰市消防支队启动了重特大灾害事故应急处置预案，全市21支消防队、48台消防车、220名消防官兵紧急调集赶赴现场。市政府组织公安、安监、化工等部门的协同救援力量，相继赶赴火场。经过6个小时的奋力扑救，大火终于在22时被扑灭，扑救过程中，有4名官兵被灼伤。

第九章 监所管理

第一节 看守所

1981年，根据国务院颁发的《关于将强制劳动和收容审查两项措施统一于劳动教养的通知》，赤峰市各旗县区公安机关先后设立了收容审查站，负责对需要收容审查的人员进行羁押及审查。由于需要查明被收容审查者的身份及作案事实等，羁押时间最长可达3个月。1997年1月1日修改后的《中华人民共和国刑事诉讼法》颁布实施后，收容审查工作全面取消。

1991年，全市共有11个看守所，其中市级看守所1个，负责红山区和松山区犯罪嫌疑人的收押工作；7旗、2县和元宝山区各1个。1999年，红山区看守所成立。2001年，市级看守所撤销，松山区看守所成立。截至2014年，全市共有12个看守所，其中一级所3个，二级所9个。

第二节　监所教育与管理

一、劳动教养审批

1991年,劳动教养审批工作由市公安局的法制科负责,全年劳动教养114人。1992—1995年,平均每年劳动教养120人。劳动教养人员主要包括:流氓、卖淫、盗窃、诈骗等违法犯罪行为,屡教不改,不够刑事处分的;聚众斗殴、寻衅滋事、煽动闹事等扰乱社会治安,不够刑事处分的。1996年,配合人民法院、检察院等政法机关对一些不够刑事处分的犯罪分子进行了劳动教养,全年共劳教596人。1997—2005年,全市劳动教养平均每年140人。2006年后改革劳动教养审批方式,成立劳动教养管理委员会,推行律师代理制度。2009年,全市劳动教养人数718人。2010年,全市劳动教养人数543人。2012年,劳动教养人数减为290人。2013年12月28日,全国人大常委会《关于废止有关劳动教养法律规定的决定》颁布后,实施了50多年的劳动教养制度废止。

二、监所教育和日常管理

全市各监所的教育内容主要包括政策法律教育、道德规范教育、形势前途教育和监规纪律教育。看守所通过开展"三长"(检察院检察长、法院院长、公安局局长)讲话,宣传法律法规,促使在押人员坦白检举、深挖余罪等工作。收容教育所对学员开展"幸福从劳动中来"的道德观、人生观教育。各监所对新入所人员要求熟记监规,对照监规约束行为,培养令行禁止、整齐划一的习惯。1991—1996年,监所教育的日常形式主要有集体教育、个别教育、社会教育和自我教育。1997年后,各监所增加生活卫生教育、心理健康教育和技能培训等内容,同时营造监区文化氛围,进行心理咨询。1998年,根据公安部《看守所在押人员行为规范》,市看守所在生活、学习、文明礼貌和劳动等方面规定在押人员在看守所羁押期间应当遵循的准则。2000年后,监所教育工作向社会延伸,邀请劳动模范、离退休干部以及靠辛勤劳动致富的典型人物宣讲,对在押人员进行教育;同时挑选个别表现较好的留所服刑人员,在自愿的情况下到中小学现身说法;利用监所这一特殊场所对社会进行警示教育。2005年后,市监管部门建成教育管理和安全防范两大科技系统,包括应急报警系统、违禁物品检测系统、监区门禁系统、监控系统、信息管理系统、电化教育系统、会见管理系统等。2006年以后,监所通过印制在押人员权利义务告知书、公开有关办事程序和监督方式、邀请人大代表和政协委员视察和召开在押人员家属座谈会等教育感化措施,提高在押人员接受改造的主动性,促使其找回改过自新、重新做人的勇气和信心。2001—2014年,全市监管场所连续14年安全无事故。

三、深挖犯罪

1990年后,监所深挖犯罪工作取得一定效果。市监管部门主要采取以下方式深挖犯罪：一是根据治安形势和现实斗争的需要，集中一段时间，组织一定警力，采取发布公告、公检法“三长”动员、召开宽严大会、政策兑现等多种形式，在监所在押人员中开展有组织、有声势的集中教育。充分利用刑事法律政策的震慑力和感召力，促使在押人员主动交代余罪、检举揭发他人违法犯罪线索，从而破获一批案件、抓获在逃人员。二是通过对在押人员的日常管理、谈话教育、监控等措施，获取线索，转相关部门查证破案。三是协助案件侦查部门，对特定关押对象开展实施监控和政策攻心，获取线索和证据。1991—2000 年，共获取 2601 条破案线索，其中有效线索 1658 条。2001—2010 年，共获取线索 4800 多条，有效线索 2950 条。2011— 2014 年，共获得线索 5400 条，有效线索 4850 条。

第三篇　检　察

第一章　组织机构

第一节　赤峰市人民检察院

赤峰市检察院的前身为昭乌达盟检察院,成立于1954年。1991年,赤峰市检察院内设审查批捕科、审查起诉科、法纪检察科、贪污贿赂侦查局、监所检察科、控告申诉检察科、民事行政检察科、刑事侦查技术科、政治处、监察科、法律政策研究室、办公室。实有人员95人。

1992年,刑事侦查技术科更名为检察技术处。1995年,贪污贿赂侦查局更名为反贪污贿赂局,监察科更名为监察处;同年,设立刑事赔偿工作办公室(与控告申诉检察处合署办公),设立机关党委。1998年,法纪检察处更名为渎职侵权侦查处。2001年,设立职务犯罪预防处。2002年,机构改革,市检察院内设机构14个:办公室、政治部(含机关党委、警务处)、侦查监督处、公诉处、渎职侵权侦查处、反贪污贿赂局、监所检察处、控告申诉检察处(与举报中心、刑事赔偿办公室一个机构,3块牌子)、民事行政检察处、检察技术处、职务犯罪预防处、法律政策研究室、计划财务装备处、监察处。2007年6月,渎职侵权侦查处更名为反渎职侵权局。增设司法警察支队(为内设科级机构),撤销警务处。2011年7月8日,设立人民监督员办公室;12月22日,成立赤峰市检察院派驻赤峰监狱检察室、派驻赤峰劳教所检察室。2013年2月26日,增设案件管理处,信息化建设管理处,政治部人事处,宣教基层建设处,反贪污贿赂局侦查一处、二处、三处、综合指导处,机关事务服务中心(科级事业单位)。

2014年,市检察院内设机构为:办公室、政治部(内设人事处、宣教基层建设处)、侦查监督处、公诉处、反渎职侵权局、反贪污贿赂局(内设侦查一处、侦查二处、侦查三处、综合指导处)、监所检察处、控告申诉检察处、民事行政检察处、检察技术处、职务犯罪预防处、法律政策研究室、计划财务装备处、监察处、司法警察支队、人民监督员办公室、案件管理处、信息化建设管理处、机关事务服务中心、机关党委。实有人员131人。

1991—2014 年赤峰市人民检察院检察长更迭表

表 18-3-1

职 务	姓 名	性 别	民 族	任职时间
检察长	德力得	男	蒙古族	1990.6—1991.3
检察长	韩学东	男	汉族	1991.6—1996.6
检察长	李景阳	男	汉族	1996.6—2001.6
检察长	徐瑞祥	男	汉族	2001.10—2007.11
检察长	张秀峰	男	汉族	2007.12—2014.12 在职

2000—2014 年部分年份赤峰市人民检察院检察官情况统计表

表 18-3-2 单位:人

年份	检察官总数	其中									
		二级高级检察官	三级高级检察官	四级高级检察官	一级检察官	二级检察官	三级检察官	四级检察官	五级检察官	未定级检察官	女检察官
2000	95	1	—	23	24	16	23	8	—	—	22
2005	77	—	1	23	24	26	2	1	—	—	14
2010	82	1	13	25	30	6	2	4	1	—	17
2014	87	2	5	38	11	7	3	7	3	11	28

第二节 基层人民检察院

1991 年,市检察院下辖 12 个基层检察院,实有 548 人,其中女性 83 人,蒙古族 172 人。2014 年,实有 666 人,其中女性 204 人,蒙古族 245 人。

2000 年后,开展基层检察室规范化建设达标创建活动。至 2014 年末,全市 12 个基层检察院共设置检察室 41 个,其中派驻检察室 26 个,巡回检察室 15 个。

1991—2014年部分年份赤峰市基层人民检察院人员情况统计表

表 18-3-3　　单位:人

单位＼年份	1991	1995	2000	2005	2010	2014
红山区检察院	54	62	56	52	55	61
松山区检察院	50	63	63	51	60	64
元宝山区检察院	49	60	48	42	55	62
阿鲁科尔沁旗检察院	38	42	35	29	43	47
巴林左旗检察院	45	48	48	35	51	50
巴林右旗检察院	29	38	31	30	37	46
林西县检察院	36	44	41	33	44	47
克什克腾旗检察院	44	41	38	30	44	49
翁牛特旗检察院	47	49	48	39	51	56
喀喇沁旗检察院	45	51	54	47	56	58
宁城县检察院	58	52	60	47	56	64
敖汉旗检察院	53	50	56	49	56	62

2014年赤峰市基层人民检察院检察官情况统计表

表 18-3-4　　单位:人

单位＼项目	检察官总数	其中								
		三级高级检察官	四级高级检察官	一级检察官	二级检察官	三级检察官	四级检察官	五级检察官	未定级检察官	女检察官
红山区检察院	54	2	13	22	1	2	2	6	6	20
松山区检察院	51	2	16	19	—	1	6	2	5	16
元宝山区检察院	44	—	10	23	—	—	3	2	6	13
阿旗检察院	36	—	12	9	1	1	—	4	9	11
左旗检察院	30	—	10	12	1	1	1	2	3	7
右旗检察院	33	—	10	5	2	2	8	—	6	13
林西县检察院	32	—	14	9	2	—	2	—	5	5
克旗检察院	31	—	6	10	1	4	—	3	7	12
翁旗检察院	36	—	16	11	3	—	3	3	—	4
喀旗检察院	41	—	12	15	1	2	3	5	3	10
宁城县检察院	49	—	19	15	—	1	1	3	10	14
敖汉旗检察院	43	—	13	11	1	2	2	5	9	11

1991年、2014年赤峰市基层人民检察院内设机构一览表

表18-3-5

单　位	1991年	2014年
红山区检察院	审查批捕科、审查起诉科、法纪检察科、贪污贿赂侦查局、监所检察科、控告申诉检察科、法律政策研究室、办公室、政工科、调研室	办公室、政工科、侦查监督科、公诉科、反渎职侵权局、反贪污贿赂局、监所检察科、控告申诉检察科、民事行政检察科、检察技术科、职务犯罪预防科、法律政策研究室、案件管理办公室、监察室、司法警察大队、机关事务服务中心
松山区检察院	审查批捕科、审查起诉科、法纪检察科、贪污贿赂侦查局、监所检察科、控告申诉检察科、刑事侦查技术科、办公室、政工科	办公室、政工科、侦查监督科、公诉科、反渎职侵权局、反贪污贿赂局、监所检察科、控告申诉检察科、民事行政检察科、检察技术科、职务犯罪预防局、法律政策研究室、案件管理办公室、司法警察大队、监察室
元宝山区检察院	审查批捕科、审查起诉科、法纪检察科、贪污贿赂侦查局、监所检察科、控告申诉检察科、办公室、政工科	办公室、政工科、侦查监督科、公诉科、反渎职侵权局、反贪污贿赂局、刑事执行检察局、控告申诉检察科、民事行政检察科、检察技术科、职务犯罪预防局、法律政策研究室、监察室、司法警察大队、案件管理中心
阿鲁科尔沁旗检察院	审查批捕科、审查起诉科、法纪检察科、贪污贿赂侦查局、监所检察科、控告申诉检察科、办公室	办公室、政工科、侦查监督科、公诉科、反渎职侵权局、反贪污贿赂局、监所检察科、控告申诉检察科、民事行政检察科、检察技术科、职务犯罪预防科、法律政策研究室、案件管理中心、监察室、司法警察大队
巴林左旗检察院	审查批捕科、审查起诉科、法纪检察科、贪污贿赂侦查局、监所检察科、控告申诉检察科、办公室、政工科	办公室、政工科、侦查监督科、公诉科、反渎职侵权局、反贪污贿赂局、监所检察科、控告申诉检察科、民事行政检察科、检察技术科、职务犯罪预防科、法律政策研究室、案件管理办公室、监察室、司法警察大队
巴林右旗检察院	审查批捕科、审查起诉科、法纪检察科、经济检察科、监所检察科、控告申诉检察科、办公室	办公室、政工科、侦查监督科、公诉科、反渎职侵权局、反贪污贿赂局、监所检察科、控告申诉检察科、民事行政检察科、检察技术科、职务犯罪预防局、法律政策研究室、案件管理办公室、监察室、司法警察大队、机关事务服务中心
林西县检察院	审查批捕科、审查起诉科、法纪检察科、贪污贿赂侦查局、监所检察科、控告申诉检察科、办公室、政工科	办公室、政工科、侦查监督科、公诉科、反渎职侵权局、反贪污贿赂局、监所检察科、控告申诉检察科、民事行政检察科、检察技术科、职务犯罪预防科、法律政策研究室、案件管理办公室、监察室、司法警察大队
克什克腾旗检察院	审查批捕科、审查起诉科、法纪检察科、贪污贿赂侦查局、监所检察科、控告申诉检察科、民事行政检察科、办公室、政工科、法警队	办公室、政工科、侦查监督科、公诉科、反渎职侵权局、反贪污贿赂局、监所检察科、控告申诉检察科、民事行政检察科、检察技术科、职务犯罪预防科、法律政策研究室、案件管理中心、纪检监察科、司法警察大队

续表

单 位	1991 年	2014 年
翁牛特旗检察院	审查批捕科、审查起诉科、法纪检察科、经济检察科、监所检察科、控告申诉检察科、法律政策研究室、办公室、政工科	办公室、政工科、侦查监督科、公诉科、反渎职侵权局、反贪污贿赂局、监所检察科、控告申诉检察科、民事行政检察科、检察技术科、职务犯罪预防科、法律政策研究室、案件管理办公室、监察室、司法警察大队
喀喇沁旗检察院	审查批捕科、审查起诉科、法纪检察科、经济检察科、监所检察科、控告申诉检察科、办公室、政工科	办公室、政工科、侦查监督科、公诉科、反渎职侵权局、反贪污贿赂局、监所检察科、控告申诉检察科、民事行政检察科、检察技术科、职务犯罪预防科、法律政策研究室、案件管理中心、纪检监察科、司法警察大队
宁城县检察院	审查批捕科、审查起诉科、法纪检察科、经济检察科、监所检察科、控告申诉检察科、办公室、政工科	办公室、政工科、侦查监督科、公诉科、反渎职侵权局、反贪污贿赂局、监所检察科、控告申诉检察科、民事行政检察科、检察技术科、职务犯罪预防科、法律政策研究室、监察室、司法警察大队、案件管理中心
敖汉旗检察院	审查批捕科、审查起诉科、法纪检察科、经济检察科、监所检察科、控告申诉检察科、办公室、政工科	办公室、政工科、侦查监督科、公诉科、反渎职侵权局、反贪污贿赂局、监所检察科、控告申诉检察科、民事行政检察科、检察技术科、职务犯罪预防科、法律政策研究室、案件管理室、纪检监察室、司法警察大队、机关事务服务中心

第二章　检察制度改革

第一节　检察官制度

一、主诉检察官

1999 年 11 月,市检察院按照自治区检察院在赤峰市检察机关实施主诉检察官试点工作的指示精神,根据《中华人民共和国刑法》《中华人民共和国人民检察院组织法》《中华人民共和国检察官法》及自治区检察院《关于审查起诉部门试行主诉检察官办案责任制暂行规定》,确定市检察院和宁城县、林西县、敖汉旗、松山区 4 个旗县区检察院为试点单位。市检察院制定《赤峰市人民检察院主诉检察官办案责任制暂行规定(试行)》和《赤峰市人民检察院主诉检察官惩免办法》,对主诉检察官的选任条件、职权、责任、案件质量、考核标准及奖惩提出具体要求。2000 年,主诉检察官办案责任制在全市检察机关全面推行。两级检察院共选拔任命主诉检察官 39 人。

二、主办检察官

2001 年,市检察院根据《中华人民共和国刑事诉讼法》《中华人民共和国检察官法》,

在宁城县检察院和巴林右旗检察院进行主办检察官办案责任制改革试点。

2002年，市检察院根据最高人民检察院（简称最高检）《关于检察机关侦查部门开展主办检察官办案责任制试点工作的意见》和《内蒙古自治区人民检察院在反贪污贿赂部门实施主办检察官办案责任制的暂行规定》，制定《赤峰市检察机关反贪侦查部门开展主办检察官办案责任制实施方案》，同时制定《赤峰市检察机关反贪侦查部门主办检察官办案责任制度》，对主办检察官的选任条件及产生、职责及监督、考核与奖惩等予以明确。同年，主办检察官制度在全市反贪侦查部门推行。

2003年，市检察院进行控告申诉案件首办责任制试点。

2004年，市检察院渎侦部门根据《赤峰市检察机关反贪渎侦部门主侦检察官办案责任制度（试行）》，推行在检察长和检察委员会的领导下，以主侦检察官为直接责任人，全权决定职责范围内一切事项的主侦检察官办案责任制度。2006年，在控告申诉检察部门推行以"首办责任制"为主要内容的主办检察官办案责任制。

第二节 人民监督员制度

2003年9月2日，最高人民检察院第十届检察委员会第九次会议通过设立人民监督员制度。监督范围为：检察机关直接受理侦查的职务犯罪案件，拟撤案、拟不起诉和犯罪嫌疑人不服逮捕决定的案件（简称"三类案件"）。同年，最高检在内蒙古等10省、自治区、直辖市检察机关开展试点工作。同年10月15日，最高检颁发《关于人民检察院直接受理侦查案件实行人民监督员制度的规定（试行）》后，市检察院决定以市检察院、红山区检察院和敖汉旗检察院作为第一批试点院，共选任出人民监督员20人，进行法律知识培训并颁发证书。2004年5月，新增10个旗县区检察院为第二批试点院，至此，人民监督员制度在全市检察机关全面试行。全市两级检察院共选任人民监督员97人。至2009年，全市检察机关共选任人民监督员112人；共监督案件36件38人，人民监督员不同意检察机关原拟定处理决定的12件，检察机关采纳12件。2011年，根据最高检《关于实行人民监督员制度的规定》及自治区检察院《内蒙古自治区检察机关人民监督员选任办法》的规定，市检察院重新选任人民监督员，并在《赤峰日报》进行公示；6月30日，为新选任的人民监督员25人颁发了证书；7月，市检察院设立人民监督员办公室。同年，人民监督员共监督案件3件。2013年，市检察院制定《赤峰市检察机关人民监督员意见建议督办回复暂行办法》。

2014年7月，市检察院被自治区检察院确定为全区检察机关人民监督员选任管理方式试点院，市检察院出台《赤峰市人民检察院深化人民监督员制度改革试点实施方案》。同年，市委政法委、市司法局相继下发《关于成立赤峰市人民监督员选任委员会和管理委员会的决定》《赤峰市检察系统人民监督员选任管理实施方案》《赤峰市检察系统人民监督员选任管理办法》。同年，人民监督员监督案件7件。

第三节　专家组咨询制度

2014年5月，市检察院下发《赤峰市人民检察院民行检察业务专家咨询组工作办法》，明确了专家的选任条件、职责、任期、领导组织、办事机构及工作方式等。专家咨询组组长由市检察院副检察长担任，副组长由市司法局副局长担任。办公室设在市检察院民行处，负责日常工作，办公室主任由市检察院民行处处长担任，副主任由市司法局公律科科长担任。同年7月，市检察院民行处对于某某等52户村民因财产损害赔偿纠纷不服赤峰市中级人民法院民事判决一案，向赤峰市人民检察院申请监督。市检察院民行处针对此案人数众多、案情复杂的情况，组织召开双方当事人及部分村民代表和有关单位参加的听证会，并邀请专家组专家3人参与听证，3名专家根据本案的事实和法律依据提出意见和建议，并成为检察机关对本案作出正确结论的重要参考。

第四节　检务公开制度

2014年5月，市检察院根据最高检《关于在全国检察机关实行"检务公开"的决定》《关于进一步深化人民检察院"检务公开"的意见》和自治区检察院关于深化检务公开制度的具体要求，制定下发《赤峰市人民检察院深化检务公开制度改革方案》，明确检务公开的基本原则、目标任务，公开方式、时间、内容、载体，工作机制和组织保障的相关内容。同年8月，市检察院制定下发《赤峰市人民检察院全面推进检务公开专项工作实施方案》，进一步确定推进检务公开工作的时间节点，细化公开的内容和责任部门，制定具体措施、工作制度，并建立了保障机制。9月底，网络和新媒体平台开通。同年末，在市检察院门户网站公开院领导简介、机构职能、业务流程、工作报告、法律法规等内容300余条，发布重要案件信息41条。在"赤峰检察"官方微信上开通赤检动态、基层动态、赤检风采、新闻说法、以案普法和互动便民等栏目，以检务公开为出发点，及时回应社会关切的焦点问题。

第三章　刑事检察

第一节　审查批捕

一、审查批准逮捕

1991年，两级检察机关共受理侦查机关提请批准逮捕的各类刑事案件1369件2148人，经审查，批捕1208件1857人。共受理检察机关立案侦查案件50件68人，其中决定逮捕 44 件 58 人。

1992—1996 年，赤峰地区故意杀人、伤害、强奸等刑事案件呈上升趋势，农民、青少年犯罪比例增大。特别是 1994 年刑事案件呈“两多一高”（审查批捕案件多，先行拘留案件多；交通肇事案件高发）趋势。1996 年，强奸、毒品、危害公共安全、妨碍社会管理秩序、重特大盗窃等犯罪上升幅度较大。1992—1996 年，全市两级人民检察院积极配合政法机关开展“严打”整治斗争，贯彻依法从重从快方针，突出打击重点，严把批捕关，5 年间共受理案件 6080 件，审查批准（决定）逮捕 5248 件。

1998 年，市检察院先后制定《两人承办案件共同对案件事实负责制度》《案件跟踪监督制度》《备案审查制度》《请示报告制度》等，进一步规范审查批捕工作。1999 年，市检察院制定《赤峰市检察机关审查逮捕工作实施细则（试行）》，强化证据观念，正确处理“从重、从快”与“搞准”的关系。2001 年，市检察院进行审查批捕工作方式改革，将审查逮捕报告与逮捕案件审批表合二为一，强化逮捕案件审查报告的作用。同年，进行主办检察官办案责任制改革试点，提高办案效率。2003 年，市检察院制定下发《加大工作力度，提高执法水平和办案质量的几点意见》，确保检察机关审查批捕案件质量。1997—2004 年，全市两级人民检察院共受理案件 10483 件，审查批准（决定）逮捕 9123 件。

2005 年，市检察院与团市委联合下发《关于在全市检察系统开展青少年维权岗评比活动的通知》，在全市开展“优秀青少年维权岗”评比活动。2006 年，敖汉旗检察院、巴林右旗检察院侦查监督科被评为自治区级“优秀青少年维权岗”。全年批捕未成年人犯罪 99 人，同比下降 10%。2011 年，市检察院建立健全案件审查制度、审查报告说理机制、以证据分析为核心工作机制、不捕双向说理机制、案件定期评查机制、听取委托律师意见机制等措施，提高审查逮捕案件质量。2012 年，市检察院制定《赤峰市人民检察院侦查监督处开展捕前听取意见试点工作实施方案》。同年 9 月，元宝山区、翁牛特旗 2 个试点检察院分别制定具体的实施办法和规定，进一步规范了提审工作。2013 年，市检察院与公安机关联合下发《关于适用逮捕措施有关问题的意见》，并在元宝山区检察院、翁牛特旗检察院进行试点，随后出台《捕后羁押必要性审查实施细则（试行）》。2005—2014 年，全市两级人民检察院共受理案件 17265 件，审查批准（决定）逮捕 14832 件。

二、不批准逮捕

对于侦查机关、检察机关侦查部门提请批捕的犯罪嫌疑人，经审查，凡不符合《中华人民共和国刑事诉讼法》规定逮捕条件的，均作出不（不予）批准逮捕的决定。1991—2014 年，全市两级人民检察院共受理侦查机关、检察机关侦查部门提请批捕的案件 35197 件，经审查，作出不（不予）批准逮捕案件 4396 件。

三、补充侦查

1991 年，全市两级人民检察院共退回侦查机关补充侦查案件 52 件 86 人。在自侦部门移送决定逮捕的人犯中,对不符合逮捕条件的 5 人依法作出不批捕决定,对 2 起事实不清、证据不足的案件退回自侦部门补充侦查,从而促使自侦部门慎重立案、周密侦查和准确定性,减少“以捕代侦”和错案发生。至 2014 年,全市两级人民检察院累计退回侦查机关提请批准逮捕案件因事实不清、证据不足、需要补充侦查的案件 1183 件。

1991—2014 年赤峰市检察机关审查批捕情况统计表

表 18-3-6　　单位:件

项目 年份	受理案件	批准逮捕	不批准逮捕	退回公安补充侦查
1991	1369	1208	112	52
1992	1087	932	102	53
1993	1031	899	81	71
1994	1364	1190	126	73
1995	1227	1048	119	76
1996	1371	1179	143	55
1997	1075	909	161	3
1998	1098	870	220	66
1999	1488	1288	186	56
2000	1430	1157	278	82
2001	1500	1318	177	83
2002	1245	1163	77	32
2003	1278	1165	112	45
2004	1369	1253	116	55
2005	1396	1305	90	37
2006	1419	1293	126	25
2007	1503	1332	171	43
2008	1791	1603	186	46
2009	1756	1583	173	49
2010	1726	1507	218	47
2011	1842	1613	229	54
2012	1816	1573	242	80
2013	1981	1532	446	—
2014	2035	1491	505	—

四、立案监督

1997年,修改后的《中华人民共和国刑事诉讼法》颁布,全市检察机关根据法律规定,把刑事立案监督工作列为审查批捕工作重点,市检察院制定《赤峰市检察机关内部立案监督试行办法》,并与市公安局联合制定《开展刑事立案监督试行办法》,规定每月对刑侦部门发、破、立案情况审查一次;每季会同公安部门对取保候审、在逃人员、另案处理的案件进行审查;每半年会同法制部门对各股、所、队治安案件处理情况进行审查。至2000年,全市两级人民检察院共受理立案监督案件线索150件。在公安机关应立案而未立案案件中,要求公安机关说明不立案理由135件;公安机关主动立案71件;通知公安机关立案48件;公安机关执行通知立案46件。

1997—2014年赤峰市检察机关立案监督情况统计表

表18-3-7　　单位:件

项目 / 年份	受理立案监督案件线索	公安机关应当立案而未立案				公安机关不应当立案而立案		对自侦部门立案监督	
		要求公安机关说明不立案理由	公安机关主动立案	通知公安机关立案	公安机关执行通知立案	提出纠正	已纠正	建议报请立案	立案
1997	13	11	5	6	6	—	—	—	—
1998	33	20	4	16	14	—	—	—	—
1999	35	35	18	14	14	—	—	—	—
2000	69	69	44	12	12	—	—	—	—
2001	92	92	68	17	13	3	—	—	—
2002	79	79	74	4	4	1	1	—	—
2003	88	76	71	5	5	12	12	—	—
2004	89	85	81	4	4	4	4	—	—
2005	94	90	82	8	8	4	4	3	3
2006	104	95	85	10	10	9	9	2	2
2007	87	82	82	—	—	5	5	4	4
2008	101	92	90	2	2	9	9	1	1
2009	105	96	89	7	7	9	9	2	2
2010	84	77	77	—	—	7	7	—	—
2011	82	72	70	2	2	10	10	1	1
2012	73	59	59	—	—	14	13	1	1
2013	126	93	87	6	6	33	33	14	14
2014	102	55	39	4	4	37	33	6	1

2001年后,全市检察机关认真贯彻落实最高检、公安部《关于刑事立案监督有关问题的规定(试行)》,围绕最高检开展的"打黑除恶立案监督专项斗争""关于开展经济犯罪立案监督""打击制假售假、侵犯知识产权""制售假冒伪劣商品""对行政执法机关移送涉嫌犯罪案件进行监督""刑拘后未报捕专项检查""危害民生刑事犯罪立案监督""破坏环境资源和危害食品药品安全犯罪专项立案监督"等专项活动,全面开展立案监督工作。至2013年,全市两级人民检察院共受理立案监督案件线索1204件。在公安机关应立案而未立案案件中要求公安机关说明不立案理由1088件;公安机关主动立案1015件;通知公安机关立案65件;公安机关执行通知立案61件。在公安机关不应当立案而立案案件中提出纠正案件120件,纠正116件。对自侦部门立案监督过程中,建议报请立案14件,立案14件。

2014年,强化对侦查机关有案不立、有罪不究、违法动用刑事手段插手经济纠纷的监督。以对公安派出所刑事执法情况专项检查为创优项目,以开展"破坏环境资源和危害食品药品安全犯罪专项立案监督"活动为创新项目开展专项行动,加大监督力度,变被动监督为主动监督。全年两级人民检察院共受理立案监督案件线索102件。在公安机关应立案而未立案案件中要求公安机关说明不立案理由55件;公安机关主动立案39件;通知公安机关立案4件;公安机关执行通知立案4件。在公安机关不应当立案而立案案件中提出纠正案件37件,纠正33件。对自侦部门立案监督过程中,建议报请立案6件,立案1件。

第二节　审查起诉

一、起诉

1991—1997年,全市检察机关根据上级检察机关和赤峰市委的统一部署,紧紧围绕全市中心工作,突出"严打"和反贪污贿赂斗争的同时,根据这一时间段大要案件持续上升,团伙犯罪、杀人犯罪、重大盗窃犯罪突出,且新出现绑架人质、组织妇女卖淫、拐卖妇女儿童、贩运伪造国家货币等犯罪,认真履行职能,从快从严起诉刑事犯罪分子。7年期间,全市检察机关共受理公安机关、检察机关自侦部门移送的审查起诉案件共9781件,提起公诉的案件7723件。

1998年后,全市检察机关受理的刑事案件主要有金融犯罪案件,拐卖妇女儿童犯罪案件,交通肇事案件,家庭矛盾引发的恶性案件,生产和销售伪劣产品犯罪案件,重特大刑事犯罪和贪污贿赂案件。2001年4月至2003年4月"严打"期间,全市检察机关把打击锋芒指向黑社会性质组织和流氓恶势力犯罪;爆炸、杀人、放火、抢劫、强奸、绑架等暴力犯罪;盗窃、抢夺等严重影响群众安全的多发性犯罪"三类重点"犯罪。至2003年,全市检察机关共受理公安机关移送的审查起诉案件10579件,提起公诉的案件8481件。

2004 年后，检察机关继续加大对严重刑事犯罪的打击力度，要求一般案件在 15 日内审结，疑难复杂案件在 30 日内审结。全市检察机关起诉案件的平均办案时间为 18 天。把提高和保证办理职务犯罪案件质量作为重中之重，严格坚持"一要坚决，二要慎重，务必搞准"的原则，对案件证据严格审查，严把事实关、证据关、法律适用关。全市提起公诉的自侦案件，有罪判决率为 100%。2008 年，全市检察机关共受理侦查机关（部门）移送的各类刑事案件 2650 件 4087 人。2010 年，重点打击严重危害国家经济安全、严重破坏市场经济秩序、严重危害人民群众利益和生命财产安全的犯罪。共受理破坏市场经济秩序犯罪案 103 件 174 人，经审查提起公诉 62 件 106 人。至 2010 年，全市检察机关共受理侦查机关移送的审查起诉案件 16126 件，提起公诉的案件 13659 件。

2011 年，全市检察机关共办理"三类重点"犯罪案件 984 件 1436 人，占办案总件数的 30%。市检察院办理的周某某团伙和郭某某团伙涉黑案，是全市这一时期办理的涉及罪名最多、犯罪嫌疑人最多、社会影响最大的两起涉黑案件。2012 年，为了确保公诉案件质量，防止出现无罪案件和质量不高的问题，市检察院制定六条硬性规定。2013 年，全市检察机关共受理侦查机关（部门）移送的各类刑事案件 3656 件，同比下降 6.4%。向法院提起公诉 2860 件，同比下降 1.2%。2014 年，全市两级检察院高度重视开展量刑规范化工作，共提出量刑建议 3222 件，法院采纳 3103 件。全市检察机关共受理移送起诉的各类刑事案件 3683 件，同比上升 0.7%。向法院提起公诉案件 3256 件，同比上升 13.8%，起诉率为 92.8%。

二、免予起诉

1991—1997 年，全市检察机关根据《中华人民共和国刑事诉讼法》和最高人民检察院《关于贪污受贿案件免予起诉工作的暂行规定》，对已构成犯罪，但依照法律不需要判处刑罚或者免除刑罚的被告人，免予起诉；对移送审查起诉的各类案件，在查清全部犯罪事实后，其行为虽已触犯刑律，构成犯罪，但情节轻微，认罪态度较好，可以不判处刑罚的，作免予起诉处理。7 年间，全市检察机关共受理侦查机关移送的审查起诉案件 9781 件，共 15001 人。依法免予起诉 955 件，共 1573 人。

三、不起诉

全市检察机关根据《中华人民共和国刑事诉讼法》有关规定，对以下情形作出不起诉决定：情节显著轻微，危害不大，不认为是犯罪的；犯罪已过追诉时效期限的；经特赦令免除刑罚的；依照刑法告诉才处理的犯罪，没有告诉或者撤回告诉的；犯罪嫌疑人、被告人死亡的；其他法律规定免予追究刑事责任的不追究刑事责任，已经追究的，撤销案件，或者不起诉，或者终止审理，或者宣告无罪；对于二次补充侦查的案件，人民检察院仍然认为证据不足，不符合起诉条件的。依据"刑法"规定，凡法律不认为是犯罪的行为，不应追究刑事责任的，作不起诉决定。1991—2014 年，全市检察机关共受理侦查机关移送的审查起诉案件 50995 件，共 64518 人，经审查，决定不起诉 2420 件，共 2594 人。

1991—2014年赤峰市检察机关起诉案件情况统计表

表18-3-8

项目 年份	受理案件		起诉		不起诉	
	(件)	(人)	(件)	(人)	(件)	(人)
1991	1540	2434	1252	1813	3	5
1992	1224	1869	992	1476	4	12
1993	1105	1634	866	1208	2	6
1994	1549	2369	1198	1776	3	6
1995	1397	2189	1128	1716	1	6
1996	1804	2857	1386	2107	3	11
1997	1162	1649	901	1248	57	90
1998	1204	1623	990	1318	72	109
1999	1889	2605	1461	1941	65	88
2000	1689	2493	1367	1944	81	130
2001	1929	2779	1539	2175	122	173
2002	2019	2857	1583	2200	151	199
2003	1849	2559	1541	2111	109	145
2004	1937	2683	1675	2258	100	141
2005	2060	2852	1758	2323	46	68
2006	2233	3248	1909	2687	58	97
2007	2230	3143	1914	2633	78	113
2008	2650	4087	2274	3407	74	105
2009	2546	3825	2116	3183	126	165
2010	2470	3792	2013	3033	162	218
2011	3263	4770	2596	3667	276	353
2012	3907	6201	2907	3941	288	354
2013	3656	—	2860	—	296	—
2014	3683	—	3256	—	243	—

四、出庭支持公诉

一审出庭 全市检察机关根据《中华人民共和国刑事诉讼法》的有关规定，对提起公诉的案件，除法律另有规定外，全部出庭支持公诉。

1991—1996 年，全市检察机关共派员参加一审出庭 4930 件。

1997 年，市检察院制定《赤峰市检察机关公诉人达标创优活动实施意见》，总体目标是：利用三年半时间实现全市检察机关 90%起诉干警达到合格公诉人的标准。1998 年，市检察院确定林西县检察院、宁城县检察院、红山区检察院为检察机关公诉人达标试点单位。1999 年，确定市检察院和宁城县、林西县、松山区、敖汉旗 4 个旗县区检察院为主诉检察官办案责任制试点单位。市检察院先后制定《赤峰市人民检察院主诉检察官实施方案》《赤峰市人民检察院主诉检察官办案责任制暂行规定》《赤峰市人民检察院主诉检察官惩免办法》，作为试行主诉检察官责任制的主要规范性文件。2000 年，全市检察机关全面推行主诉检察官办案责任制，全市各检察院共任命主诉检察官 39 人。2002 年 10 月，市检察院组织开展市级优秀公诉人评选活动，评选出市级优秀公诉人 12 人，其中 3 人被评为自治区级优秀公诉人。2003 年，全市各检察院新任命主诉检察官 35 人。1997—2003 年，全市检察机关共派员参加一审出庭 6249 件。

2004 年 7 月，市检察院组织全市检察机关公诉部门岗位技能竞赛，推动全市公诉水平的提高，评选出优胜单位 3 个、十佳辩手 10 人。2005 年，全市各检察院有 10 人取得主诉检察官资格。2007 年，为进一步贯彻宽严相济刑事司法政策，落实最高人民检察院《关于依法快速办理轻微刑事案件的意见》，全市检察机关在建立和完善轻微刑事案件快速办理机制方面进行探索。2010 年，在自治区检察院开展的首届全区十佳公诉人暨第六届全区优秀公诉人评选活动中，1 人荣获“全区十佳公诉人”称号，3 人荣获“全区优秀公诉人”称号；1 人获“全国优秀公诉人提名奖”。2004—2010 年，全市检察机关共派员参加一审出庭 7816 件。

2012 年，市检察院与市中级人民法院、市公安局联合出台《关于刑事案件证人、侦查人员、鉴定人及其他具有专门知识的人出庭作证的意见》，确定敖汉旗检察院、元宝山区检察院作为刑事诉讼证人出庭试点单位。2013 年，为贯彻落实公诉工作新要求，进一步提高公诉人员整体素质和执法水平，市检察院分南、北片区开展“观摩庭”活动。在第五届全国十佳公诉人暨全国优秀公诉人业务竞赛上，市检察院公诉处选派的 1 名检察官成绩优异，获得“全国优秀公诉人”称号。在第二届全区十佳公诉人暨第七届全区优秀公诉人评选活动中，市检察院公诉处 1 名检察官被评为“全区十佳公诉人”，同时获得“优秀办案奖”和“优秀论辩奖”；1 名检察官被评为“全区优秀公诉人”。2014 年，全市检察机关公诉部门经常利用调查核实证据和出庭公诉的机会，对诉讼参与人和旁听群众以案释法，开展法制宣传。2011—2014 年，全市检察机关共派员参加一审出庭 9361 件。

1991—2014 年赤峰市检察机关一审案件出庭情况统计表

表 18-3-9

项目 年份	出庭案件（件）	一审出庭案件（件）	发表公诉词（篇）
1991	1137	856	859
1992	810	668	668
1993	773	622	623
1994	1073	877	877
1995	1021	836	838
1996	1290	1071	1071
1997	895	853	856
1998	669	661	663
1999	1032	1026	1028
2000	1021	1014	1016
2001	987	982	985
2002	885	876	883
2003	837	837	837
2004	974	966	968
2005	1010	1003	1003
2006	1073	1062	1065
2007	1081	1074	1079
2008	1428	1420	1425
2009	1206	1202	1206
2010	1094	1089	1092
2011	1423	1421	1422
2012	1271	1263	1271
2013	2621	2570	2570
2014	4167	4107	4167
合 计	29778	28356	28472

二审出庭　全市检察机关根据《中华人民共和国刑事诉讼法》的有关规定，对提出抗诉的案件或者第二审人民法院开庭审理的公诉案件，派员出席法庭。1991—2014年，市检察院共出席二审法庭190件，其中上诉案件128件，抗诉案件62件。

第三节　侦查和审判监督

根据《中华人民共和国刑事诉讼法》的有关规定，各级检察院依法对侦查机关（部门）的侦查活动和对人民法院的审判活动是否合法实行监督。

侦查监督　检察机关审查起诉环节的侦查监督主要采取阅卷、复核证据、提前介入等方法，对公安机关在侦查活动中的违法现象提出纠正意见。对事实不清、证据不足，检察机关不能解决的案件，退回公安机关补充侦查。1991—2014年，检察机关在刑事侦查活动监督工作中，共退回侦查机关补充侦查案件9280件；建议撤案948件；追诉漏犯829人；追诉漏罪759条；提出纠正违法意见135次；纠正以罚代刑4件；改变案件性质31件；提出检察建议484件。

1991—2014年部分年份赤峰市检察机关侦查监督情况统计表

表18-3-10

项目 年份	退回补充侦查（件）	建议撤案（件）	追诉漏犯（人）	追诉漏罪（条）	提出纠正违法意见（次）	提出检察建议(件)
1991	154	15	5	132	1	—
1992	157	10	20	14	1	—
1994	214	14	4	40	27	—
1995	228	17	6	50	—	—
1997	176	4	9	10	1	—
1998	254	19	10	20	—	—
2000	389	18	23	14	—	—
2002	349	39	22	39	1	—
2003	297	29	23	103	2	31
2004	285	28	31	19	—	12
2005	422	20	37	8	1	17
2006	419	35	29	5	8	40
2007	334	19	51	22	13	29
2010	380	22	84	60	3	80
2011	462	77	89	51	5	59
2012	690	92	79	101	3	20
2014	1292	360	54	29	27	28

审判监督　检察机关对刑事审判监督主要采取调查,审查卷宗、判决裁定书副本,受理控诉、控告等方式,监督审判活动是否合法。1991—2014 年,全市检察机关对人民法院刑事判决和裁定提出抗诉 184 件;对审判监督程序提起抗诉 29 件;提请自治区检察院抗诉 3 件;法院改判 24 件;发回重审 15 件;纠正人民法院违法 83 件;提出量刑建议 5917 件,法院采纳 5704 件;列席审判委员会 820 次。

表 18-3-11

1991—2014 年部分年份赤峰市检察机关审判监督情况统计表

项目 年份	提出抗诉	法院改判		发回重审
	(件)	(件)	(人)	(件)
1991	6	1	1	—
1992	2	1	1	—
1993	20	3	3	—
1994	4	1	1	—
1996	10	4	4	—
1999	12	1	1	—
2000	13	2	3	—
2001	12	2	2	—
2004	11	3	3	—
2007	4	2	—	2
2010	7	1	2	4
2011	2	1	1	—
2014	20	2	2	4

第四章　惩治和预防职务犯罪

第一节　反贪污贿赂

1991 年,全市有 11 个旗县区检察院设立反贪污贿赂侦查机构。同年,全市两级检察院在 3 个亏损严重的国营大中型企业和 3 个乡镇企业立案 22 件 45 人,为国家挽回经济损失 87 万元;在金融系统和商业系统立案 37 件。1992 年,在金融、工业等重点行业立案49件。1993年，查办的贪污大案所占比重明显增大，27件大要案件中有贪污大案24件。1994年，查处发生在“三机关一部门”犯罪案件43件。1995年，坚持“严格执法，狠抓办案”的工作方针，重点查处“三机关一部门”中的犯罪案件，共查办37件；查处税制改革过程中出现的偷税抗税犯罪案件22件。1991—1996年，全市检察机关共受理贪污贿赂案件1320件，立案769件898人，其中大案81件，要案8人；挽回经济损失1813.7万元。

1997年，市检察院立案查处县处级领导干部犯罪要案3件，查处发生在金融、建筑、物资、粮食等部门贪污贿赂案件54件，查处发生在乡镇站所和农村基层组织的犯罪案件41件，查处窝案、串案46件，查处偷税抗税案件27件，共为国家和集体挽回经济损失541.07万元。1998年，重点查处大要案58件，立案查办群众反映强烈、影响社会稳定犯罪案件32件。1999年，共立案查处国有企业人员涉嫌贪污、贿赂、挪用公款犯罪63人；查办多起“窝案”“串案”，立案44件53人。2000年，查处国有企业人员涉嫌犯罪增多，立案80件；查办“窝案”“串案”比重加大，立案56件；查办“三机关一部门”案件15件15人。2001年，查办大要案件以及发生在“三机关一部门”的职务犯罪案件27件；查办金融系统犯罪案件12件；查办乡村干部犯罪案件14件；深挖“窝案”“串案”，立案52件。2002年，按照最高检提出的建立职务犯罪侦查工作新机制六项改革措施要求，先后开展主办检察官试点，强化侦查指挥中心建设，推行整体作战的侦查方式，探索符合侦查工作特点的办案责任制；开展“百日办案竞赛活动”，百日内共立案45件。1997—2003年，全市检察机关共受理贪污贿赂案件1320件，立案773件877人，其中大案210件；挽回经济损失3312.95万元。

2004年，市检察院制定《查办贪污贿赂大案要案工作暂行规定》，强化大要案件的查办工作。同年，大案比例明显提高，达到30件34人，有4件在立案时案值超过百万元。2005年5月31日，市检察院召开全市反贪办案工作调度会议，下发《贯彻全区反贪办案工作调度会议精神，加强反贪工作的意见》。会后，当月立案10件10人，其中大案3件3人。2006年，查办商业贿赂案件，立案17件。2007年，组织2次全市集中侦查行动，侦破案件10件；开展治理商业贿赂专项工作，立案13件，行贿案件2件；加大追逃、追赃工作力度，共抓捕贪污案件嫌疑人5人，追回赃款23万元。2008年，查办窝串案人数达65人。2009年，查办涉农职务犯罪案件，立案29件51人，涉案金额450余万元；查办商业贿赂案件，立案22件22人；查办工程建设领域职务犯罪案件，立案6件6人，涉案金额达150余万元。2004—2009年，全市检察机关共受理贪污贿赂案件542件，立案428件534人，其中大案162件，要案9人；挽回经济损失3689.98万元。

2010年后，充分运用侦查一体化办案优势，集中办案，重点查办发生在农村基础建设、支农惠农政策落实等领域和环节的贪污贿赂犯罪案件，立案18件30人；查办工程建设等领域商业贿赂犯罪案件，立案40件46人。2012年，重点查办涉农惠农领域腐败案件，立案26件49人。2013年，市检察院组织各基层检察院交叉办案，查办建设系统收受保险公司贿赂款案件,共立案 27 件 49 人。2014 年,查办发生在群众身边、损害群众利益的职务犯罪案件,立案 37 件 85 人。2010—2014 年,共受理贪污贿赂案件 394 件,立案 338 件 545 人,其中大案 236 件,要案 16 人;挽回经济损失 8428.81 万元。

1991—2014 年赤峰市检察机关查办贪污贿赂案件情况统计表

表 18-3-12

项目 年份	受理(件)	立案		结案		移送起诉		不起诉		撤案		挽回经济损失(万元)
		(件)	(人)	(件)	(人)	(件)	(人)	(件)	(人)	(件)	(人)	
1991	162	111	136	117	143	67	85	44	52	6	6	127.2
1992	178	108	117	102	112	58	65	37	38	7	9	204.7
1993	162	85	98	79	99	44	58	24	26	11	15	173.16
1994	285	166	188	155	181	107	130	41	43	7	8	532.40
1995	260	161	195	141	163	69	80	67	77	5	6	264.62
1996	273	138	164	165	199	53	59	96	123	16	17	511.62
1997	281	144	177	118	146	59	69	37	44	22	33	541.07
1998	183	106	119	118	134	72	80	19	23	27	31	641.99
1999	215	100	114	96	108	76	86	13	14	7	8	482.53
2000	204	114	129	109	123	99	113	7	7	3	3	497.29
2001	163	116	132	109	125	92	106	—	—	3	1	600
2002	173	111	121	115	121	102	108	—	—	—	—	336.5
2003	101	82	85	83	88	80	85	—	—	3	3	213.57
2004	104	82	91	81	90	81	90	—	—	—	—	393.6
2005	93	73	86	70	82	69	81	—	—	1	1	368.3
2006	101	78	90	78	90	77	89	—	—	1	1	395.81
2007	91	74	80	76	82	75	80	—	—	1	2	268.65
2008	84	57	90	67	101	65	99	1	1	1	1	1673.33
2009	69	64	97	65	98	64	97	1	1	—	—	590.29
2010	71	55	92	55	92	54	91	—	—	1	1	854.76
2011	77	69	95	67	93	67	93	—	—	—	—	2388.44
2012	65	63	99	65	101	65	101	—	—	—	—	1088.35
2013	84	84	128	83	126	83	126	—	—	—	—	2227.07
2014	97	67	131	61	126	60	124	—	—	1	2	1870.19

第二节 反渎职侵权

1991年,全市两级检察机关法纪检察部门共受理法纪案件93件,立案查处43件55人,重特大案件2件。同年,市检察院被最高检授予全国检察系统“法纪检察先进集体”荣誉称号。

1992年后,检察机关重点查处刑讯逼供、非法拘禁、玩忽职守、重大责任事故、徇私舞弊(简称“五类案件”),特别是公安司法人员不严格执法的犯罪案件,年均立案约60件。1993年,全市检察院检察长亲自办理重特大案件,共参与办理法纪案件38件,占立案总数的65%。1995年,全市12个旗县区检察院全部立案查处法纪案件,立案数是建院以来最多的一年。1996年,全市两级检察院坚持“一要坚决,二要慎重,务必搞准”的原则,在各环节上落实办案责任制和错案责任追究制。5年间,全市检察机关共立案查处渎职侵权犯罪405人。其中刑讯逼供案9人,非法拘禁案104人,非法搜查案4人,非法侵入他人住宅案16人,诬告陷害案5人,伪证隐匿罪证案18人,玩忽职守案78人,重大责任事故案119人,其他案件52人。

1997年后,检察机关坚持“严格执法,狠抓办案”的工作方针,重点查办“五类案件”。1999年,认真贯彻落实全国检察机关预防职务犯罪会议精神和最高检《关于加强预防职务犯罪工作的意见》,坚持打击和预防“两手抓”的办案方针。市检察院下发《关于各检察职能部门发现、提供渎职、侵权案件线索的通知》,全市检察机关法纪部门注意从批捕、起诉、反贪、监所等有关部门中发现案件线索。2000年,市检察院成立渎职侵权案件侦查指挥中心,充分发挥侦查指挥和侦查协作机制作用,增强突破大要案件的能力。至2002年,全市检察机关共立案查处渎职侵权犯罪189人。其中刑讯逼供案9人,非法拘禁案27人,非法搜查案2人,非法侵入他人住宅案6人,诬告陷害案2人,伪证隐匿罪证案1人,玩忽职守案54人,重大责任事故案17人,滥用职权案19人,其他案件52人。

2003年后,市检察院制定《赤峰市检察机关办理渎职侵权案件规则(试行)》《赤峰市检察机关反贪渎侦部门主侦检察官办案责任制度(试行)》。全市两级检察院普遍推行主侦检察官办案责任制改革,通过落实责任制和强化以案件质量作为重点的办案工作,提高初查成案率、侦查终结率、起诉率、有罪判决率,杜绝违法办案。同期,开展查办危害能源资源和生态环境渎职犯罪专项工作。2008年,市检察院反渎职侵权局被最高检评为“查办危害能源资源和生态环境渎职犯罪专项工作先进集体”。至2009年,全市检察机关共立案查处渎职侵权犯罪206人。其中刑讯逼供案3人,非法拘禁案6人,非法搜查案1人,玩忽职守案133人,滥用职权案36人,其他案件27人。

2010—2013年,全市两级检察院集中开展邀请人大代表、政协委员视察反渎职侵权工作(简称“反渎工作”)活动。当年市检察院邀请市人大代表和政协委员13人视察反渎工作。同期，开展严肃查办危害民生民利渎职侵权犯罪专项工作。认真落实《2011—2013年全国检察机关职务犯罪侦查装备建设指导意见(试行)》,坚持科技强侦战略,转变侦查办案模式,从“审查、核查”式办案和过分依赖口供,向主动发现犯罪,充分运用侦查技术、法律手段和措施,全面收集证据揭露犯罪、证实犯罪的方向转变。

1991—2014年,全市检察机关共立案查处渎职侵权犯罪1052人。其中刑讯逼供案25人,非法拘禁案140人,非法搜查案13人,非法侵入他人住宅案25人,诬告陷害案9人,伪证隐匿罪证案23人,玩忽职守案419人,重大责任事故案152人,滥用职权案73人,其他案件173人;共起诉663人、免予起诉274人、撤销案件56人、不起诉20人。

第三节　预防职务犯罪

1998年5月,“赤峰市预防职务犯罪领导小组”成立,领导小组办公室设在市检察院,负责日常工作。同年,赤峰市委转发市检察院《预防职务犯罪工作方案》。1999年,市检察院制定《预防职务犯罪工作实施意见》。同年底,全市12个旗县区全部成立相应的预防职务犯罪工作领导小组。2001年,全市检察机关预防工作全面启动,两级检察院共选拔工作人员33人从事此项工作。2002年4月，市检察院设立职务犯罪预防处,基层检察院预防工作由反贪或渎侦部门负责。全市建立预防职务犯罪工作联系点260个,全面覆盖金融、证券等八大行业和领域及自治区检察院确定的五个重点部门,并延伸到乡镇(苏木)和村(嘎查)。

2003年,全市检察机关严格执行最高检《关于检察机关内设机构预防职务犯罪工作职责分工的规定》,坚持“打击与预防并举,监督与预防同步”的工作方针。全市两级检察院采取上法制课、借助新闻媒体、建立法制警示教育基地等方式和途径,广泛开展法制宣传。编印《前车之鉴》预防职务犯罪教育读本,发放到联席会议各成员单位的国家工作人员手中,从而达到预防和教育的目的。抓源头预防,加强对建设工程重点项目专项预防,实施跟踪监督。市检察院与有关单位联合制订《赤峰市检察院在生态工程建设项目中开展预防职务犯罪的工作意见》和《赤峰市工程建设市场廉政准入规定(试行)》,印发全市执行。市交通局在“赤峰至通辽高速公路工程”招投标活动中,先后三次邀请检察机关进行现场监督。市卫生系统在“市医院门诊综合楼工程”“市传染病医院住院楼工程”“2004年赤峰市医疗机构药品集中采购”招投标中,主动邀请检察机关监督。市检察院分别在《赤峰日报》、赤峰广播电台开辟“法制看台”和“法制早班车”栏目,宣传报道预防工作。同年,两级检察院建立预防协调组织66个,建立专项预防协调组织38个。

2005年,全市检察机关以中共中央印发的《建立健全教育、制度、监督并重的惩治和预防腐败体系实施纲要》为指针,进一步完善预防机制和社会预防网络建设。市检察院下发《关于开展预防职务犯罪警示教育的实施意见》，督促各联席会议成员单位开展预防工作。在赤峰监狱建立"赤峰市预防职务犯罪警示教育基地"。9月15日开通"赤峰市职务犯罪预防网"。市检察院制定《赤峰市检察机关关于落实预防项目备案、报告制度的意见》《关于开展预防职务犯罪警示教育的实施意见》等有关文件，指导预防职务犯罪工作。

2007年，两级检察机关认真贯彻最高检颁发的《人民检察院预防职务犯罪工作规则（试行）》精神，仅市检察院就为有关单位进行法制讲座达10余次。2008年，根据最高检预防厅《关于认真学习贯彻最高检领导对预防工作重要批示的通知》和自治区检察院《关于认真学习贯彻最高检领导对强化预防工作重要批示的意见》，市检察院下发《关于贯彻最高检领导对预防工作重要批示的实施意见》和《关于进一步加强预防职务犯罪工作的意见》，强化法制教育和预防工作指导。2009年，全市两级检察院认真贯彻自治区检察院、自治区发改委、自治区财政厅、自治区审计厅联合印发的《关于加强重大项目建设中职务犯罪预防工作保障政府投资安全的意见》《全区检察机关开展重点建设领域突出问题专项治理工作方案》，加大对重点建设项目的预防力度。市检察院对总投资240亿元的"内蒙古大唐国际克什克腾日产1200立方米煤制气及配套输气管线项目"开展专项预防，市检察院领导亲赴现场，督导检查预防职务犯罪工作，并会签《"内蒙古大唐克什克腾旗煤制气项目"专项预防工作实施方案》，落实对该项目的专项预防工作。

2010—2012年，市检察院组织开展以"法治和责任"为主题的全国检察机关"惩治和预防渎职侵权犯罪展览"活动，共展出112场。市检察院还通过在赤峰电视台黄金时段播出教育宣传短片《门》，扩大预防宣传面。市检察院对市工商局、药监局、质监局、农牧业局、卫生局等食品药品监管单位的职务犯罪情况及食品安全现状进行调研，针对存在的安全隐患及职务犯罪风险点和预防措施等，形成专题调研报告，并反馈到各有关单位及时进行整改。市检察院制定《"无职务犯罪单位创建活动"实施方案》，并对创建单位给予具体指导。

2013年，根据最高检《全国检察机关查办和预防发生在群众身边、损害群众利益职务犯罪专项工作实施方案》，全市两级检察院对8个重点工程建设项目采取分片包干的方法，深入工程建设单位协助制定预防措施，扎实有效地开展预防工作。

2014年，进一步落实《建立健全惩治和预防腐败体系2013—2017年工作规划》，全市两级检察院共组织开展宣传活动290次，44201人接受警示教育。全市检察机关共开展专项预防项目214个。

第五章 监所检察

1991年底，最高人民检察院和自治区检察院领导视察赤峰市监所检察工作，对赤峰的监所检察工作给予肯定,并确定为最高检监所检察工作联系点。1992 年,市检察院制定《监所检察工作制度》,加强对监管改造场所的法律监督。1995 年,全市检察机关 14 个派驻检察室中,有 5 个被自治区检察院评为"三化"建设优秀单位,9 个被评为"三化"建设合格单位。1997 年,市检察院监所检察科更名为监所检察处。1998—2001 年,认真贯彻落实自治区检察院《关于认真做好罪犯交付执行、减刑、假释、暂予监外执行工作的通知》,强化监督力度。全市检察机关监所检察工作重点是清理纠正超期羁押问题。市检察院制定派驻检察人员一日工作制度和《监所检察干警派驻检察工作量化管理考核办法》,强化对罪犯减刑、假释、保外就医的监督,建立逐案逐人监督制度。2003 年,市检察院监所检察处与公安机关联合下发《关于加快看守所信息系统与驻所检察管理信息系统联网建设推进监所网络化管理和动态监督工作的通知》,加强对看守所的网络化管理和动态监督。

2006—2008 年,市检察院开展争创等级检察室活动。认真贯彻落实最高检《关于加强和改进监所检察工作的决定》和自治区检察院《关于加强监所检察工作的意见》,市检察院制定《驻所检察人员岗位责任制》《案件线索管理制度》《监所检察年终考核考评办法》,明确监所检察工作任务和责任。

2009 年,市检察院与赤峰监狱召开联席会议,并形成《赤峰市人民检察院、赤峰监狱关于服刑罪犯死亡处理工作联席会议纪要》,为减少罪犯死亡和善后处理及检察监督进行规范。在全国检察机关第二届争创规范化检察室等级达标活动中,全市 14 个派驻检察室全部达标,其中一级 2 个,二级 7 个,三级 5 个。2011 年,最高检开展第三届规范化检察室评定活动,全市 14 个派驻检察室中,2 个被评为一级检察室,9 个被评为二级检察室,3 个被评为三级检察室。2014 年,市检察院制定《强制医疗执行巡回检察办法(试行)》,并协调市中级人民法院、市公安局会签《关于明确我市强制医疗机构的请示》,指定赤峰市安定医院为强制医疗执行机构。

截至 2014 年,全市两级检察机关提出检察建议 2154 次,纠正监管活动违法 2091 件,纠正超期羁押 338 人,纠正不符合减刑假释 424 件,纠正不符合保外就医 203 件,对在押犯教育 7964 次,开展预防职务犯罪教育 529 次,对监管场所安全检察 1501 次,受理被监管人举报 1465 件,排除安全隐患 1106 处。

第一节 劳动改造检察

1991 年,纠正不符合保外就医案件 3 件,纠正监管活动违法 213 件,提出检察建议 213 次,对监管场所安全检查 237 次,排除安全隐患 13 处。对监外执行罪犯因违法行为收监执行 7 人。1992 年,针对监狱犯人伙食不达标情况,驻监狱检察室及时向监狱领导提出纠正意见,犯人的伙食标准得以保证。纠正减刑裁定不当 2 件。纠正应收监而未收监执行 3 人。

1995—1999 年，市检察院与市中级人民法院及赤峰监狱协商，办理减刑、假释、保外就医案件必须事先征求检察机关的意见，将事后监督变为事前监督，累计审查刑事裁定书 630 份，审核 533 名罪犯减刑假释案卷，向赤峰监狱提出检察建议 60 件(次)，纠正减刑假释不当案件 29 件，纠正保外就医不当案件 37 件，纠正违法案件 13 件(次)。对 17 名监外执行罪犯、28 名罪犯保外就医条件消失的罪犯予以收监。

1999—2000 年，对群众反映强烈、社会影响大的减刑、假释、保外就医等问题进行重点监督，采取深入监区走访和赴罪犯居住地考察相结合，了解罪犯的改造表现，并将能够行走的保外就医罪犯全部收监，由检察机关和监狱共同组织到指定医院重新复查，严防弄虚作假，通过此举共收监保外就医条件消失罪犯 17 人。

2001—2002 年，市检察院会同市中级人民法院、赤峰监狱召开 2 次“罪犯减刑假释保外就医案件公开审理听证会”，同时邀请市人大、市委政法委、市新闻单位和罪犯家属代表出席旁听，收到较好社会效果。2 年共纠正提请减刑假释不当案件 21 件、保外就医不当案件 28 件；分别收监执行保外就医罪犯 28 人、监外执行情形消失罪犯 11 人。

2003—2006 年，对不符合条件的 72 件提请减刑假释案件予以纠正，分别收监执行保外就医罪犯 56 人、监外执行情形消失罪犯 4 人。对发现脱管的 9 名罪犯实施网上追逃，针对赤峰监狱死亡事故逐年增多的问题，与监狱召开联席会议，制定《罪犯死亡处理办法》。

2007—2008 年，市检察院对全市监外执行的罪犯 1782 人进行拉网式核查，发现脱管漏管监外执行罪犯 73 人，核查纠正 47 人；分别纠正保外就医罪犯不当 6 人、监外执行罪犯不当 29 人。

2009—2011 年，根据自治区检察院、法院、司法厅、公安厅关于《办理减刑案件的规定》和《办理假释案件的规定》，在变更刑罚执行监督方面，实施同步监督，市检察院制定《赤峰市人民检察院办理减刑、假释案件工作流程》，成立审查小组，与市中级法院、赤峰监狱召开联席会议，并以“会议纪要”的形式印发各单位执行。为解决赤峰监狱在押人犯死亡居高不下的问题，市检察院与赤峰监狱召开保外就医工作联席会议，制定《关于保外就医工作程序的规定》和《关于解决患严重疾病罪犯问题的意见》。分别纠正保外就医不当 32 人、监外执行罪犯不当 31 人，共纠正脱管、漏管罪犯 183 人。

2012 年，开展了监管场所安全整治专项检察，职务犯罪、罪犯减刑、假释及保外就医专项检察和老病残罪犯刑罚执行情况专项检察等活动。通过专项检察活动，消除监狱劳动现场刀刃工具管理不规范等安全隐患 5 处，对老病残罪犯的减假保问题统一了认识，加大对老病残罪犯的减刑假释保外就医力度，相对减轻了监狱对罪犯的管理压力。对发生监外执行罪犯脱管、漏管的监管执法机关发出纠正意见 16 份。

2013 年，根据新修订的《刑事诉讼规则》有关监所检察业务的规定，修订《赤峰市人民检察院、赤峰监狱关于罪犯保外就医工作程序的规定》《赤峰市人民检察院减刑假释检察工作流程(试行)》等制度。共参加死刑执行临场监督 12 次,依法对 15 名死刑罪犯执行进行临场监督。纠正脱管、漏管罪犯 36 人。

2014 年,开展减刑、假释、暂予监外执行专项检察活动,对 50 名“三类罪犯”(减刑、假释、保外就医)进行逐人逐案调卷审查,并登记建档。制定并试行《罪犯计分考核奖惩检察办法》。共完成羁押必要性审查案件 104 件,办案机关采纳并依法变更强制措施 103 人。检察中发现公安机关对 11 名剥夺政治权利罪犯存在脱管、漏管现象,社区矫正机构对 17 名罪犯存在未依法宣告解除社区矫正问题,向有关部门发出纠正意见。共派员参加人民法院开庭审理减刑、假释案件 30 件。共纠正提请减刑假释不当案件 159 件、保外就医不当 5 件,纠正监管活动违法 233 件,开展相关人员职务犯罪预防教育 40 次,排除安全隐患 90 处。分别收监执行保外就医、监外执行情形消失罪犯 28 人、11 人。

第二节　看守所检察

1991—1994 年,市检察院制定《驻所检察工作规范化方案》,通过实施“目标化管理”和开展“优秀驻所检察室”评比活动,加强看守所检察工作经常化、制度化、规范化建设。4 年共纠正超期羁押案件 117 人。

1995—1998 年,相继建立案件督办制度、羁押犯罪嫌疑人登记制度、定期召开联席会议制度、请示报告制度、检查评比制度等,规范驻看守所检察工作,推动超期羁押纠正工作的开展。4 年共纠正罪犯留所服刑不当 30 人,纠正超期羁押案件 89 人。

1999—2001 年,按照自治区检察院要求,全市检察机关把清理超期羁押问题作为看守所检察工作的重点,与市中级人民法院、市公安局联合下发《关于对犯罪嫌疑人、被告人在诉讼期间必须履行换押手续坚决纠正超期羁押的通知》,进一步明确换押的时间、程序以及责任追究办法等。3 年共纠正超期羁押案件 113 人。巴林左旗检察院和敖汉旗检察院连续 10 年无超期羁押。

2002 年,为加强对看守所留所服刑的检察监督,市检察院与市公安局联合下发《关于对罪犯留所服刑有关问题的通知》,规定对余刑二年以上三年以下的罪犯因特殊需要留所服刑的,必须先经当地公安、检察机关签署意见后,报市检察院审批。2003 年,采取有效措施,加大纠正超期羁押力度,全年实现无超期羁押案件发生。2004 年,为保证罪犯依法交付监狱执行,市检察院与公安机关联合下发《关于对罪犯留所服刑有关问题的通知》。在自治区检察院《关于在看守所开展清理不符合留所服刑条件罪犯专项活动的实施方案》下发后,市检察院立即开展调查摸底,共清理不符合留所服刑条件罪犯 14 人。

2005—2009 年,加大清理纠正超期羁押监督的力度,建立与完善防止超期羁押的长效机制。一是建立告知制度,向在押人员发放办案期限告知卡;二是建立超期羁押预防机制，通过与监管单位联网进行监控和预警；三是建立提前催办和责任追究制度;四是建立报告监督制度。对看守所在押未决人员的羁押期限实行每季度向当地政法委、本级检察长报告一次,向本级检察院聘请的人民监督员通报一次,主动接受外部监督。

2010—2013 年,根据中央综治办、最高检等 9 部门联合印发的《关于综合治理看守所安全管理工作的意见》和《全国看守所安全管理大检查专项活动方案》,市检察院制定《赤峰市人民检察院对旗县区监管场所开展巡视检察工作实施方案》,对全市看守所执法情况进行检察。发现个别看守所存在混关混押、投监不及时、未决犯出监室劳动等违法问题,对存在的安全隐患及时进行纠正,并提出整改措施。

2014 年,共发现并纠正监管场所收押凭证不齐全、混关混押、不及时投监等严重执法违法问题 233 件次。经审查对逮捕后不需要继续羁押的犯罪嫌疑人 94 人,向办案机关提出变更强制措施建议,办案机关采纳并依法变更强制措施 93 件。

第三节 劳动教养检察

1992 年 8 月,驻市劳教检察室配合有关部门,对全市 72 名所外执行人员的情况进行调查、考核及跟踪教育,稳定社会治安秩序。

1993—2000 年,针对劳教所干警对劳教人员的打骂行为,及时提出纠正意见,对违纪干警提出行政处分意见;共审核收容解教、所外执行、所外就医法律手续 342 件,纠正不符合法律规定和法律手续的 16 件；提出纠正违法14 件，提出检察建议 40 件(次)。

2001—2005 年,重点检察纠正决定劳教不交付执行和违法加期、提前解教、所外执行、所外就医、请病事假长期不归等问题。市检察院与市劳教所制定联席会议制度,建立监管动态管理和检察动态监督工作机制。对劳教人员应当办理所外就医和所外执行手续不全的 8 人,提出书面纠正意见并纠正,对所外执行条件消失的 1 人,及时进行纠正。

2006—2012 年,共审查劳教所呈报所外执行、所外就医案件 48 件,经审查符合所外执行、所外就医条件的 47 件,对于不符合所外就医条件的 1 件,提出书面纠正意见予以纠正,纠正法律文书不全 7 人。

2013 年 7 月,赤峰市劳教所被依法撤销。同年 11 月 15 日,根据《中共中央关于全面深化改革若干重大问题的决定》,废止劳动教养制度,人民检察院对劳教场所检察的职能终止。

1991—2014年部分年份赤峰市检察机关监所检察情况统计表

表18-3-13

年份＼项目	提出检察建议（次）	纠正监管活动违法案件（件）	纠正超期羁押（人）	纠正不符合减刑假释案件（件）	纠正不符合保外就医案件（件）	受理被监管人举报（件）	排除安全隐患（处）
1991	213	213	15	—	3	33	13
1992	175	163	12	2	—	36	12
1994	241	237	23	—	4	122	74
1995	272	338	37	8	14	—	86
1997	196	250	11	17	7	34	101
1998	199	139	25	4	5	—	87
1999	128	27	54	10	8	39	35
2000	141	62	36	16	17	196	38
2001	76	—	23	8	12	376	
2002	181	24	9	13	16	—	67
2004	—	23	8	29	14	232	61
2006	—	16	—	12	3	112	63
2008	—	22	1	5	6	—	53
2010	—	23	—	9	10	—	8
2013	—	35	—	39	2	—	88
2014	—	233	—	159	5	—	90

第四节　查办案件

全市两级检察院根据《人民检察院刑事诉讼规则(试行)》和最高人民检察院《关于调整人民检察院直接受理案件侦查分工的通知》，监所检察部门负责监管场所发生的贪污贿赂、渎职侵权案件及被监管改造人员又犯罪案件的侦查。全市两级检察院认真履行检察职能,积极查办监管场所犯罪案件,维护法律尊严和监管改造秩序。

1991—2014年,共办理被监管改造人员又犯罪案件73件89人;查办监管干警职务犯罪案件49件70人。

1991—2014年部分年份赤峰市检察机关办理监所案件情况统计表

表18-3-14

项目 年份	办理被监管改造人员又犯罪案件		办理监管干警职务犯罪案件	
	（件）	（人）	（件）	（人）
1991	3	3	5	5
1994	3	4	3	6
1995	1	4	2	4
1996	6	8	4	4
1997	8	12	4	7
1998	5	5	—	—
1999	10	10	1	1
2000	12	12	3	3
2001	9	12	3	5
2011	5	5	2	2
2012	8	8	1	1
2014	—	—	1	2

第六章 控告申诉检察

第一节 受理控告申诉

1991年，全市检察机关共受理人民群众来信来访888件（次），受理控告申诉案件线索813件，查办刑事申诉案件24件。

1992年，市检察院实施检察长挂牌接待日制度，强化受理控告申诉工作。1995年，根据最高检颁发的《人民检察院复查刑事申诉案件的规定》和《复查刑事申诉案件法律文书格式》的要求，结合本地区实际制定各种办案制度和工作细则。同年，《中华人民共和国国家赔偿法》颁布实施，市检察院设立刑事赔偿工作办公室（与控告申诉检察部门合署办公），建立和完善办案责任制和错案追究制度。1996年，加强和完善文明接待室建设，建立信访案件反馈、回访接待制度。1997年，市检察院针对控申举报工作中存在的问题，下发《关于进一步加强控申举报工作的意见》。1992—1997年，全市检察机关共受理控告申诉案件线索5865件，查办刑事申诉案件234件，办理刑事赔偿案件4件。

1998年，市检察院制定《赤峰市人民检察院控告申诉举报信件督办制度》。1999—

2003 年,全市两级检察院检察长分别在各地和属地挂牌接访,集中开展接待活动,受理群众控告、申诉和举报。2004 年,针对来信来访和接待工作中容易出现的问题,市检察院采取以下措施加以强化:一是加强值班制度,严格落实岗位责任;二是积极推行《人民检察院控告申诉检察首办责任制实施办法》,妥善处理初信初访,从根本上解决重复上访、越级上访和积案不办的问题;三是认真落实领导信访工作责任制,对疑难信访案件,检察长亲自接待处理。1998—2005 年,全市检察机关共受理控告申诉案件线索 9284 件,查办刑事申诉案件 176 件,办理刑事赔偿案件 47 件。

2006 年后,全市检察机关严格执行人民检察院信访接待制度,依程序按管辖认真处理来信来访,并做好答复反馈工作。严格执行《中华人民共和国国家赔偿法》和《人民检察院刑事赔偿工作规定》,认真办理管辖内的刑事赔偿案件。2010 年,市检察院制定《全市检察机关落实深入推进社会矛盾化解专项行动实施方案》。全市检察机关控告申诉部门除受理控告申诉案件线索外,还救助遭受犯罪行为侵害、生活陷入严重困境而又无法通过正当途径获得赔偿的被害人近亲属。2006—2010 年,全市检察机关共受理控告申诉案件线索 2165 件,查办刑事申诉案件 51 件,办理刑事赔偿案件 11 件,受理刑事被害人救助案件 1 件。

2011 年后,全市两级检察院认真贯彻落实自治区检察院《关于进一步加强信访工作最大限度降低信访总量的意见》《全区检察机关集中开展清理越级访重复访专项活动的实施方案》,加大受理刑事申诉案件、刑事赔偿案件和办理刑事被害人救助案件的力度。2014 年,市检察院新建 120 平方米的来访群众等候大厅,改建听证室、检察长接待室、心理疏导室和候谈室,设置咨询台和各种便民设施,新建 40 平方米的远程视频接访室,畅通"12309"举报电话,搭建了"信访网电"四位一体综合受理平台,为群众表达诉求提供便利。2011—2014 年,全市检察机关共受理控告申诉案件线索 2596 件,查办刑事申诉案件 146 件,办理刑事赔偿案件 10 件,受理刑事被害人救助案件 23 件。

第二节　受理举报

1991 年,市检察院下发《关于认真贯彻落实全区控申举报工作会议精神的通知》,全年共受理举报线索 205 件,初查举报线索 32 件,移送立案 11 件。

1992—1996 年,重点加强要案线索的移送、备案工作,查处殴打报复举报人案件,保护举报人合法权益,奖励举报有功人员。

1998—2000 年,每年开展一次"举报宣传月、宣传周"活动,对受理举报线索进行清理。3 年间,共受理举报线索 2472 件,初查举报线索 319 件,移送立案 38 件。2001 年,加强对举报线索的统一管理,推广使用举报电话自动受理系统,完善举报方式,全年共受理举报线索 762 件,初查举报线索 225 件,移送立案 48 件。

2002—2005 年,每年开展集中举报宣传周活动,宣传中共中央关于"标本兼治,从源头上治理腐败”的方针,激发群众的举报热情,举报案件线索回升,署名举报和单位举报增多。

2006—2009 年,开展主题为“反腐倡廉保民生,公平正义促和谐”的举报宣传周活动。着重宣传修订后的《人民检察院举报工作规定》和“12309”检察机关受理职务犯罪举报电话的主要功能、使用方法等。4 年间,全市受理举报线索 1067 件,初查举报线索 242 件,移送立案 40 件。

2010—2013 年,以扎实开展“举报宣传周”为平台,切实开展举报宣传和初查工作,突出初查重点,加强举报线索的统一管理和不立案线索审查工作。4 年间,全市共受理举报线索 1270 件,初查举报线索 442 件,移送立案 51 件。

2014 年,全市两级检察院继续开展“举报宣传周”活动,发放宣传材料 16710 余份,在宣传点设立宣传图板 83 块,现场接受法律咨询 738 人次。全年全市两级检察院检察长率业务部门负责人接待来访群众 68 人次。共受理举报线索 518 件,初查举报线索 76 件,移送立案 6 件。

1991—2014 年部分年份赤峰市检察机关控告申诉案件受理情况统计表

表 18-3-15　　单位:件

项目 年份	受理控告申诉			受理举报		
	受理控告申诉案件线索	查办刑事申诉案件	办理刑事赔偿案件	受理举报线索	初查举报线索	移送立案
1991	813	24		205	32	11
1997	1336	0	4	792	21	3
1998	1498	32	4	767	67	9
1999	1754	36	11	879	96	14
2000	1607	29	11	826	156	15
2001	1357	23	5	762	225	48
2002	1276	17	11	713	233	38
2003	1306	23	5	830	275	15
2007	758	8	1	415	83	18
2008	424	6	4	107	13	
2009	530	12	2		146	22
2010	453	25	1	268	109	14
2011	475	41	5	332	116	5
2012	421	50	2	233	93	18
2013	627	16	3	437	124	14
2014	1073	39	0	518	76	6

第七章 民事行政检察

第一节 提请(出)抗诉

1991年,市检察院设立民事行政检察科,红山区、元宝山区、敖汉旗、巴林左旗、克什克腾旗等检察院设立民事行政检察科,未设立单独机构的地区分别由法纪或控申部门兼管。同年4月,《中华人民共和国民事诉讼法》颁布施行,全市两级检察院依法对行政诉讼、民事审判活动实行监督,全年共受理民事行政申诉案件14件。

1992—1993年,全市两级检察院坚持"积极、认真、稳妥"的方针,依法履行对民事审判活动和行政诉讼活动的法律监督。市检察院制定并下发《办理民事、经济、行政审判监督程序抗诉案件规则》《民行检察接待工作制度》,规范民事行政检察工作。2年间,全市两级检察机关共受理民事行政申诉案件35件,立案35件,向法院提请抗诉4件。

1994年,认真贯彻落实自治区检察院印发的《关于民事审判监督程序抗诉工作暂行规定实施细则》,坚持"严格执法,狠抓办案"的工作方针,全年共受理民事行政申诉案件48件,立案48件,向法院提出抗诉7件,法院改判1件。

1995—1997年,共受理民事、经济、行政申诉案件81件,立案81件,向法院提出(提请)抗诉30件,法院再审改判3件。

1998—2000年,认真贯彻"敢抗、会抗、抗准"的办案原则,坚持依法办案,严格提请抗诉或提出抗诉案件条件,保证办案质量。共受理民事、经济、行政申诉案件936件,立案审查491件,提出(提请)抗诉251件,法院再审改判29件。

2001年,全市两级检察院重点办理涉及人民群众重大利益的、国家集体利益遭受损失的、社会影响较大的案件,全年共受理民事行政申诉案件453件,立案审查297件,提请抗诉189件,法院裁定再审34件,法院再审改判33件。2002年,共受理民事行政申诉案件370件,立案审查204件,提请抗诉101件,提出抗诉49件,法院再审改判44件,改判率达89.80%。

2003—2004年,市检察院制定《赤峰市检察机关办理民事行政抗诉案件规则》《赤峰市检察机关民事行政抗诉案件办案流程制度》《档案管理、案卷装订及法律文书制作管理制度》《赤峰市检察机关民事行政申诉指南》等规范性文件,以提高案件质量和办案效率为核心,提高抗诉案件改判率和检察建议采纳率。2年间,共受理民事行政申诉案件768件,立案审查450件,提请抗诉117件,提出抗诉70件,其中办理国有资产流失案件9件,法官枉法裁判案件5件。法院再审改判16件。

2005年,市检察院制定《民事行政案件集中监督实施意见》,规定在立案、抗诉环节中均应及时通知双方当事人，认真听取双方当事人意见，防止暗箱操作。全市共受理民事行政申诉案件 316 件，立案审查 159 件，提请抗诉 20 件，提出抗诉 2 件，法院再审改判 5 件。

2006—2009 年，全市检察机关注重民事行政检察监督的法律效果和社会效果，加大抗诉力度，提高民事行政法律监督能力。4 年间，共受理民事行政申诉案件 1005 件，立案审查 792 件，提请抗诉 160 件，提出抗诉 80 件，法院再审改判 48 件。

2010—2013 年，全市检察机关围绕化解社会矛盾、社会管理创新、公正廉洁执法三项重点工作，加大抗诉力度，充分发挥民事行政检察职能作用。4 年间，共受理民事行政申诉案件 1056 件，立案审查 948 件，提请抗诉 176 件，提出抗诉 67 件，法院再审改判 63 件。

2014 年，随着修改后的《中华人民共和国民事诉讼法》的实施，全市检察机关对不服生效判决、裁定和调解的案件主要以二审生效为主，呈现提请抗诉案件增加、提出抗诉案件减少情况。全年共受理民事行政申请监督案件 493 件，立案审查 493 件，提请抗诉 77 件，提出抗诉 3 件，抗诉案件法院再审后改判 6 件。

第二节 检察建议

1991—1997 年，民事行政检察工作处于起步阶段，每年受理的民事行政申诉案件在 14~48 件之间，数量较少，两级检察机关提出的再审检察建议也相对较少，7 年间，共提出检察建议 6 件。

1998—2007 年，全市两级检察机关坚持以提高案件质量和办案效率为核心，提高抗诉案件改判率和检察建议采纳率，10 年间，共提出再审检察建议 159 件，法院采纳 123 件，采纳率达 77.4%。

2008—2014 年，两级检察机关共提出再审检察建议 64 件，法院采纳 46 件，采纳率达 71.9%。

第四篇　审　判

第一章　审判机构与审判组织

第一节　审判机构

一、赤峰市中级人民法院

赤峰市中级人民法院的前身是昭乌达盟法院,成立于1949年。1953年,改为昭乌达盟中级人民法院。1991年,市中级人民法院内设刑事审判庭、民事审判庭、行政审判庭、执行庭、告诉申诉庭、研究室、政治处、机关党委、办公室、监察室、法医技术室和法院干部业余法律大学赤峰分部。共有在编干警114人,其中女干警24人,蒙古族干警19人。1993年4月,成立司法警察大队。同年12月,组建刑事二庭。1995年1月20日,成立立案处。同年3月,成立国家赔偿委员会。1996年11月,司法警察大队更名为司法警察支队。1997年12月,民事审判庭分设为民事审判第一庭和第二庭;成立审监庭,经济审判第一庭、第二庭;立案处更名为立案庭,政治处更名为政治部;后勤服务职能从办公室分离,成立司法装备处;告诉申诉审判庭和法院干部业余法律大学赤峰分部撤销。2000年6月30日,执行庭更名为执行局。2002年6月,成立民事审判第三庭、司法鉴定技术处,撤销经济审判第一庭、第二庭和法医技术室。2006年5月,成立执行裁判庭。同年6月16日,立案庭分为立案一庭和立案二庭。2009年4月,成立司法技术辅助工作办公室,撤销司法鉴定技术处。同年8月,撤销执行裁判庭。2011年9月,成立审判管理办公室。2013年2月,成立机关事务服务中心。2014年,市中级人民法院下辖12个基层人民法院、65个人民法庭;机关内设立案一庭、立案二庭、刑事审判第一庭、刑事审判第二庭、民事审判第一庭、民事审判第二庭、民事审判第三庭、行政审判庭(与国家赔偿委员会办公室合署办公)、审判监督庭、执行局、研究室、政治部(与机关党委合署办公)、监察室、办公室、司法装备处、司法辅助办公室、审判管理办公室、法警支队、机关事务服务中心。共有在编干警232人。

1991—2014 年赤峰市中级人民法院院长更迭表

表 18-4-1

职 务	姓 名	性 别	民 族	任职时间
院长	桃格图	男	蒙古族	1980.10—1991.5
院长	苏亚拉	男	蒙古族	1991.6—1996.3
院长	赛西雅拉图	男	蒙古族	1996.4—2001.9
院长	张 智	男	蒙古族	2001.10—2007.11
院长	金 柱	男	蒙古族	2007.12—2013.6
院长	潘永如	男	蒙古族	2014.2—2014.12 在职

二、基层人民法院

1991 年，全市共有 12 个基层人民法院，内设机构分别为刑事庭、民事庭、经济庭、行政庭、告诉申诉庭、执行庭、政工科、办公室；共有干警 787 人，其中女干警 116 人，蒙古族干警 232 人。2014 年，12 个基层人民法院内设机构分别为立案庭、刑事庭、民事庭、行政庭、审监庭、执行局、政工科、监察室、研究室、办公室、法警大队及派出的人民法庭等，其中刑事庭和民事庭根据各院工作需要设置 1~3 个不等；共有干警 1388 人，其中女干警 425 人，蒙古族干警 493 人。

1991 年，全市共设 101 个人民法庭，有干警 340 人，每个法庭最少配备 2 人，最多的 8 人。法庭自有办公用房 40 间，摩托车 51 台，自行车 37 台，电话 19 部。人民法庭实行驻庭办案与巡回办案相结合的方式，方便群众诉讼。1995 年 9 月，为适应审判工作需要，阿鲁科尔沁旗人民法院增设罕苏木人民法庭，将道德人民法庭更名为绍根人民法庭，将巴彦花人民法庭更名为新民人民法庭；敖汉旗人民法院设立下洼人民法庭；红山区人民法院设立站前人民法庭；松山区人民法院恢复设立哈拉道口人民法庭。1999 年8 月 6 日，林西县人民法院撤销新城子、十二吐、冬不冷人民法庭，设立双井中心人民法庭。2003 年 5 月 13 日，林西县人民法院设立新林镇人民法庭。2005 年底，全市两级人民法院共设基层人民法庭 71 个。2006 年撤乡并镇后，按照“坚持标准、科学设置、合理布局、整合资源、降低成本、发挥功能”的建设思路，市中级人民法院会同市发改委制定全市人民法庭建设三年规划，将人民法庭撤并为 60 个，配备干警 325 人。随后，全市各人民法庭陆续得到新建、改建、扩建。2007 年，人民法庭共配有电脑 178 台，传真机 11 台，打印机 59 台，碎纸机 11 台，复印机 16 台，照相机 11 台，录音机(笔)17 台(支)，电视机 23 台，档案柜 30 组，扫描仪 17 台，装订机 12 台，工作用车 56 辆，巡回审判法庭用车 11 辆。2008—2012 年，全市两级人民法院按照最高人民法院规定的标准，建成 51 个“标准化法庭”，单位建筑面积从 500 平方米至 800 平方米不等，共使用国债资金 2275.7 万元，自筹配套资金 1293.8 万元，地方配套资金 545 万元。标准化法庭全部具备立案、开庭、审判、调解、合议等审判人员工作用房，车库、仓库等附属用房，宿舍、食堂等生活用

1991年、2014年赤峰市基层人民法院内设机构表

表18-4-2

单位	1991年	2014年
红山区人民法院	刑事庭、民事庭、经济庭、行政庭、执行庭、告申庭、办公室、人民接待室、人事监察科	立案庭、刑事庭、民一庭、民二庭、民三庭、民四庭、行政庭、审监庭、执行局、审管办、办公室、政工科、研究室、监察科、技术室、信访科、机关事务管理中心、法警队
松山区人民法院	刑事庭、民事庭、经济庭、行政庭、执行庭、告申庭、办公室	立案庭、刑一庭、刑二庭、民一庭、民二庭、民三庭、行政庭、审监庭、执行局、审管办、办公室、政治处、研究室、监察科、司法辅助办公室、机关服务中心、法警队
元宝山区人民法院	刑事庭、民事一庭、民事二庭、经济一庭、经济二庭、行政庭、执行庭、告申庭、办公室、研究室、政工科、监察室、法警队	立案庭、刑事庭、民一庭、民二庭、民三庭、行政庭、审监庭、执行局、审管办、办公室、政工科、研究室、监察科、法警队
阿鲁科尔沁旗人民法院	刑事庭、民事庭、经济庭、行政庭、执行庭、告申庭、政工办、办公室	立案庭、刑事庭、民一庭、民二庭、民三庭、民四庭、行政庭、审判监督庭、执行局、审管办、办公室、政工科、研究室、监察科、司法辅助办公室、司法鉴定技术室、网络管理办公室、法警队
巴林左旗人民法院	刑事庭、民事庭、经济庭、行政庭、执行庭、告申庭、政工科、办公室	立案庭、刑事庭、民一庭、民二庭、民三庭、行政庭、审判监督庭、执行局、审管办、办公室、政工科、研究室、监察室、司法辅助办公室、联动指挥中心、法警队
巴林右旗人民法院	立案庭、刑事庭、经济庭、行政庭、审判监督庭、执行局、办公室	立案庭、刑事庭、民一庭、民二庭、民三庭、行政庭、审判监督庭、执行局、审管办、办公室、政工科、监察室、研究室、司鉴科、法警队
林西县人民法院	刑事庭、民事庭、经济庭、行政庭、审判监督庭、告申庭、执行庭、政工科、办公室	立案庭、刑事庭、民一庭、民二庭、行政庭、审判监督庭、执行局、审管办、办公室、政工科、监察室、研究室、技术室、法警队
克什克腾旗人民法院	刑事庭、民事庭、经济庭、行政庭、执行庭、办公室、告申庭	立案庭、刑事庭、民一庭、民二庭、民三庭、行政庭、审判监督庭、执行局、办公室、政工科、监察科、研究室、速裁庭、法警队
翁牛特旗人民法院	刑事庭、民事庭、经济庭、行政庭、执行庭、告申庭、办公室	立案庭、刑事庭、民一庭、民二庭、民三庭、行政庭、审判监督庭、执行局、办公室、政工科、监察室、研究室、审管办、司装科、法警队
喀喇沁旗人民法院	刑事庭、民事庭、经济庭、行政庭、执行庭、告申庭、办公室、政工科	立案庭、刑事庭、民一庭、民二庭、民三庭、行政庭、审监庭、执行局、审管办、办公室、政工科、研究室、监察科、司法辅助办公室、法警队
宁城县人民法院	刑事庭、民事庭、经济庭、行政庭、执行庭、告申庭、政工科、办公室	立案庭、刑事庭、民一庭、民二庭、民三庭、民四庭、行政庭、审判监督庭、执行局、审管办、办公室、政治处、研究室、监察科、司法辅助办公室、法警队
敖汉旗人民法院	刑事庭、民事庭、经济庭、行政庭、执行庭、告申庭、办公室	立案庭、刑事庭、民一庭、民二庭、民三庭、民四庭、行政庭、审判监督庭、执行局、审管办、办公室、政工科、研究室、监察科、信访室、速裁庭、技术室、法警队

2014年赤峰市各旗县区人民法庭分布表

表18-4-3

基层人民法院	人民法庭
红山区人民法院	南新街法庭、永巨法庭、城郊乡法庭
松山区人民法院	穆家营子法庭、安庆中心法庭、初头朗法庭、老府法庭、上官地法庭
元宝山区人民法院	元宝山法庭、马蹄营子法庭、美丽河法庭、平庄一法庭、平庄二法庭
阿鲁科尔沁旗人民法院	新民法庭、天山口法庭、双胜法庭、坤都法庭、道德法庭、乌兰哈达法庭、万合永法庭
巴林左旗人民法院	富河法庭、城关法庭、隆昌法庭、碧流台法庭、十三敖包法庭
巴林右旗人民法院	大板法庭、宝日勿苏法庭、巴彦塔拉法庭、巴彦琥硕法庭、索博日嘎法庭
林西县人民法院	官地法庭、统部法庭、新城子法庭、新林法庭、五十家子法庭、林西法庭
克什克腾旗人民法院	经棚法庭、土城子法庭、达来诺日法庭、热水法庭、红山子法庭、芝瑞法庭、乌兰布统法庭、同兴法庭
翁牛特旗人民法院	五分地法庭、新苏莫法庭、桥头法庭、海拉苏法庭、广德公法庭、乌敦套海法庭、大兴法庭
喀喇沁旗人民法院	牛家营子法庭、乃林法庭、小牛群法庭、楼子店法庭、王爷府法庭
宁城县人民法院	大双庙法庭、天义法庭、热水法庭、瓦房法庭
敖汉旗人民法院	四道湾子法庭、四家子法庭、贝子府法庭、下洼法庭、长胜法庭

房。2014年，全市人民法庭增加到65个，全部达到标准化法庭要求。共有干警293人（含聘任制书记员、法警），占基层人民法院干警总数的22.4%；共有审判员134人，占基层人民法院审判员的22%；助理审判员18人，占28.13%；法官助理39人，占36.8%；书记员57人，占32.6%；法警40人，占16.5%。全市人民法庭庭长均由各基层人民法院业务骨干担任，人民法庭干警具备研究生学历的10人，占人民法庭人员的3.4%；本科学历的238人，占81.2%；大专学历的38人，占13%；大专以下学历的7人，占2.4%。

第二节 审判组织

赤峰市两级人民法院根据《中华人民共和国民事诉讼法》《中华人民共和国刑事诉讼法》《中华人民共和国行政诉讼法》《人民法院组织法》的规定，将人民法院审判组织形式分为独任制和合议制两种。

独任制。是指由审判员1人独自对案件进行审判，并对案件负责的审判制度，仅限于基层人民法院适用简易程序审判的案件。此类案件案情比较简单，情节比较轻微，由审判员1人进行审判，既可以保证办案质量，又可以节省司法资源，便于人民法院集中力量处理比较重大、复杂的案件。审判员依法独任审判时，行使与合议庭审判长同样的职权,并执行回避、辩护、上诉等各项审判制度,切实保障当事人和其他诉讼参与人的诉讼权利。

合议制。是由单数的几名法官或者人民陪审员组成合议庭,实行集体审判的一种制度。合议制有利于发挥集体的智慧,防止主观片面、个人专断和徇私舞弊。各基层人民法院和市中级人民法院审判第一审案件,由审判员3人或审判员和人民陪审员共3人组成合议庭进行。合议庭由院长或庭长指定审判员1人担任审判长,院长或庭长参加案件审理时,自己担任审判长。合议庭成员为单数,讨论案件实行少数服从多数原则。

全市两级人民法院均设有审判委员会,审判委员会委员由资深审判员担任,经院长提请本级人民代表大会常务委员会任免。审判委员会的任务是总结审判经验,讨论重大、复杂或疑难的案件,讨论其他有关审判工作的问题。

第二章　审判方式改革

第一节　刑事审判方式改革

1996年以前,因受传统司法观念和习惯的影响,审理刑事案件采用的是纠问式审判方式,法官在审理过程中要积极寻找被告人的犯罪证据,不但影响中立性,而且弱化控方的举证责任,限制被告人的诉讼权利,容易造成控辩双方难以公平地进行辩论。1996年,《中华人民共和国刑事诉讼法》修改,将审判方式由纠问式改为控辩式。控辩式的审判方式要求完全由检察官承担举证责任,并确立非法证据排除原则,凡经查证确实属于采用刑讯逼供或者威胁、引诱、欺骗等非法手段取得的证人证言、被害人陈述、被告人供述,不能作为定案的根据,以此充分保证被告人的辩护权利以及法官处于居中裁判的中立地位。1998年9月,最高人民法院颁发《关于执行〈中华人民共和国刑事诉讼法〉若干问题的解释》;2001年12月,最高人民法院颁发《关于刑事再审案件开庭审理程序的具体规定》;2003年3月,最高人民法院等联合颁发《关于适用普通程序审理"被告人认罪案件"的若干意见(试行)》;2006年,最高人民法院、最高人民检察院联合颁发《关于死刑第二审案件开庭审理程序若干问题的规定(试行)》;2007年,最高人民法院颁发《关于复核死刑案件若干问题的规定》等。这些规定共同构成各级法院刑事审判方式的基本框架。此后,全市两级审判机关对被告人认罪的刑事案件开始实行普通程序的简化审理。控辩双方对无异议的证据,可以仅就证据的名称及所证明的事项作出说明;将量刑纳入庭审程序,并就量刑问题进行辩论;引入刑事和解机制,对于刑事自诉案件,被告人认罪悔过,愿意赔偿被害人损失,取得被害人谅解,从而达成和解协议的,可以由自诉人撤回起诉或对被告人依法从轻或免予刑事处罚。

第二节 民事审判方式改革

1991—1993 年,全市两级人民法院积极推进以公开审判为中心,以强调当事人举证、强化合议庭功能为核心的民事审判方式改革,特别注重平等保护民事主体合法权益,认真贯彻诚实信用等价有偿的原则。1994 年 7 月,市中级人民法院结合全市民事审判工作的实际情况,制定《关于改进民事审判方式的意见(试行)》,明确民事办案规范和案件质量评定标准,提出强化民事法官的服务意识、程序及实体并重意识和效率意识。1995 年,继续推动民事审判方式改革,进一步强调注重当事人的举证责任,充分发挥庭审中的质证、认证功能,保障当事人的诉讼权利,把审判权向合议庭和审判员下放。1996 年,民事审判方式改革继续深入,市中级人民法院制定《民事(经济)诉讼举证、质证、认证规则》和《民事(经济)案件审理规则》,在全市两级人民法院施行,促使庭审活动更加规范、庭审功能发挥更加充分。2001 年,全市两级人民法院开展新的民事审判方式庭审观摩竞赛活动,着重追求快捷、简便的办案方式,缩短审理时间,提高审判效率。2003 年,两级人民法院贯彻执行最高人民法院制定的《民事诉讼证据若干规定》,明确当事人举证时限,进一步强化和规范当事人举证责任。2005 年,开始倡导民事案件尽量按照"调解优先,调判结合"的原则调解结案。全市两级人民法院不断强化调解意识,明确调解思路,拓展化解纠纷的渠道,进而形成党委政府齐动、两级人民法院联动、人民法庭和当事人互动的调解氛围。

随着民事案件数量的不断攀升,2009 年,全市两级人民法院开始构建诉调对接的大调解格局,把审判工作向诉前和案外调解延伸,动员广泛的社会力量来化解矛盾。2010 年,两级人民法院分别制定《人民调解与司法调解对接的实施方案》,此后,一些单靠人民法院力量难以彻底解决的纠纷及部分缠访、闹访案件得到有效化解。

第三章 刑事案件审判

第一节 案件受理

1991—1995 年,全市两级人民法院依据《中华人民共和国刑事诉讼法》的有关规定受理刑事案件。基层人民法院管辖一审普通刑事案件;市中级人民法院管辖一普通审刑事案件,包括:危害国家安全、恐怖活动案件,可能判处无期徒刑、死刑的案件。

1991—1994 年,市中级人民法院刑事案件立案受理工作,分别由各审判庭自行负责。1995 年 1 月 20 日,市中级人民法院成立立案处,专门负责登记审查立案、排期开庭、流程管理、申诉和申请再审案件的审查工作。至 2014 年,刑事案件的审判程序是:

属刑事一审案件，由公诉机关送达相关审判庭，审判庭审查认为符合受理条件的，转立案庭进行立案登记、编案号；属刑事二审案件，由基层人民法院移送到市中级人民法院立案庭，进行立案登记、编案号、转相关审判庭。

第二节 案件审判

1991 年，全市两级人民法院受理一审刑事案件 1488 件，结案 1476 件；受理二审刑事案件 140 件，全部审结；受理刑事申诉案件 113 件，审结 111 件。

1992—1995 年，全市两级人民法院积极配合政法机关开展“严打”和专项打击活动，共受理一审刑事案件 6148 件，审结 6134 件，审结率为 99.77%。受理和审结的刑事案件特点为：一是杀人、重伤、抢劫、强奸、爆炸等恶性、暴力型犯罪案件突出；二是民间矛盾激化导致杀人、重伤等；三是重大盗窃活动猖獗；四是毒品犯罪活动严重；五是破坏电力设备、捕杀野生动物资源犯罪活动突出；六是经济犯罪案件大幅度上升。

在 2001 年开展的“严打”活动中，全市两级人民法院审结大批刑事案件，处决一批罪大恶极的犯罪分子。对涉黑犯罪团伙首犯李某某及其他 3 名死刑犯公开宣判，并执

1991—2014 年赤峰市两级法院刑事案件收结情况统计表

表 18-4-4　　　　单位：件

年份	收案	旧存案件	结案	年份	收案	旧存案件	结案
1991	1628	31	1616	2003	2130	138	2152
1992	1399	47	1424	2004	2156	110	2207
1993	1339	30	1327	2005	2195	58	2225
1994	1711	32	1686	2006	2259	28	2272
1995	1699	55	1697	2007	2250	30	2243
1996	2061	58	2063	2008	2553	37	2511
1997	1445	59	1450	2009	2428	76	2481
1998	1630	53	1540	2010	2396	24	2400
1999	2220	64	2048	2011	2899	20	2838
2000	2188	73	2046	2012	3474	81	3441
2001	2231	134	2301	2013	3107	114	3026
2002	2210	224	2397	2014	3432	195	3428

说明：结案数含上年转结案数。

行死刑。2002 年,市中级人民法院被评为“全区严打整治斗争先进集体”。截至 2003 年,全市两级人民法院共受理一审刑事案件 14054 件,审结 13934 件,审结率为 99.15%。受理和审结的刑事犯罪案件的主要特点是:杀人、抢劫、强奸、重伤、盗窃、非法集资、信贷诈骗、盗伐林木、偷税和经济犯罪等案件较多。

进入 21 世纪，随着车辆的增多，基层人民法院受理的交通肇事刑事案件逐年上升,成为除故意伤害、抢劫、盗窃案件以外的又一高发类型案件。仅 2004—2007 年,基层人民法院共审结交通肇事案件 985 件,判处被告人 1008 人。交通肇事案件呈现出以下特点:一是肇事者以农牧民居多,约占 70%;二是无证驾驶和酒后驾驶肇事居多,约占 50%;三是肇事车辆多为摩托车、农用车和货车,约占 70%;四是超载、超速、疲劳驾驶现象比较多。

2009—2013 年,全市两级人民法院共审理犯罪未成年人 746 人,占刑事犯罪总人数的 4.25%。未成年人犯罪呈现出以下特点:一是涉财犯罪居多,暴力犯罪突出。除盗窃、抢劫、故意伤害等传统型犯罪外,绑架、贩毒等类型案件也有所涉及;二是结伙作案、共同犯罪的案件多;三是未成年人犯罪呈低龄化趋势;四是务农、进城务工、无业未成年人犯罪居多。全市两级人民法院对未成年人犯罪案件遵循特殊的审理方法。定罪量刑时,坚持“教育为主,惩罚为辅”的原则,对罪行轻微的未成年人,尽量适用非监禁刑。截至 2014 年,全市两级人民法院共受理刑事案件 53040 件,审结 52819 件,审结率 99.58%。

第四章 民事 经济案件审判

第一节 民事案件审判

一、案件受理

1991—2014 年,全市两级人民法院依据《中华人民共和国民事诉讼法》对民事案件进行立案。基层人民法院管辖第一审民事案件。市中级人民法院管辖下列第一审民事案件:一是重大涉外案件;二是在本辖区有重大影响的案件;三是最高人民法院确定由中级人民法院管辖的案件。1991—1994 年,市中级人民法院民事案件的受理工作由民事庭自行负责。1995 年 1 月 20 日,市中级人民法院成立立案处后,民事案件的受理由立案处专门负责。至 2014 年,民事案件立案的基本程序主要是:审查起诉、上诉案件是否符合立案条件。对符合立案条件的,进行登记、收取诉讼费、编案号后转审判庭;对不符合立案条件的,裁定或告知当事人不予受理,或退回原审人民法院。

二、案件审判

1991 年,全市两级人民法院受理民事案件 11900 件,结案 11840 件。此后,民事案件持续上升,2006 年突破 2 万件,2007 年突破 3 万件,2009 年突破 4 万件,2013 年受理 58253 件,2014 年达到 64173 件。民事案件数量的增多有七个方面的原因:一是农业社会向工业社会转变导致矛盾纠纷多发。二是诉讼成本降低推动民事案件数量上升。三是民间化解矛盾机制不健全,纠纷集中到人民法院。四是融资渠道不畅,民间借贷案件增多。2006 年全市两级人民法院共受理一审民间借贷类案件 2962 件,2007 年受理 3678 件,2008 年受理 4933 件,到 2014 年上升到 15954 件。五是建筑市场经营恶化,纠纷增多。六是城市化进程中纠纷多发,许多土地、房屋被征占、拆迁,引发大量纠纷。七是人口流动性增加,致使离婚案件大幅度增长。2002 年全市两级人民法院审理离婚案件 5470 件,2005 年审理 6025 件,2008 年审理 7559 件,2011 年审理 9571 件,2013 年审理 10025 件,2014 年审理 9583 件。

1991—2014 年赤峰市两级法院民事案件收结情况统计表

表 18-4-5　　单位:件

年份	收案	旧存案件	结案	年份	收案	旧存案件	结案
1991	11900	455	11840	2003	24262	1568	23880
1992	13250	509	13239	2004	27559	1914	28372
1993	15049	495	14846	2005	28307	1118	29938
1994	17412	651	17564	2006	27994	912	27928
1995	19310	623	19040	2007	31754	957	30819
1996	22693	760	22047	2008	38916	1891	37422
1997	22736	760	22391	2009	41484	3385	43155
1998	25518	1328	23014	2010	49401	1694	49782
1999	28088	2514	26519	2011	51910	1313	49347
2000	27900	1345	26911	2012	48898	3876	48935
2001	28705	1985	29400	2013	58253	3834	54333
2002	27290	2272	29350	2014	64173	7754	67063

第二节　经济案件审判

1991 年,全市两级人民法院经济案件审判工作的重点是为国营大中型企业提供法律服务和保障。市中级人民法院采取多种方式和企业加强联系,在企业设立联络员,对企业相关人员进行法律培训。在经济案件审判活动中,把严格依法办事和有效服务统一起来,对情况特殊的案件特事特办。对一审经济案件,要求尽可能把审理期限压缩一半,力争在 3 个月内审结。为使一些简易经济纠纷得到及时、有效的解决,积极开展经济纠纷的诉外调解工作。1993 年,市中级人民法院成立经济纠纷案件调解中心,调解简易经济纠纷,手续简便,结案快,执行快,效果好。1997 年 12 月,市中级人民法院机构改革,经济纠纷调解中心改为经济审判第二庭,负责二审经济案件的审理。1998 年,市中级人民法院依据《中华人民共和国企业破产法(试行)》《中华人民共和国民事诉讼法》,以及最高人民法院《关于当前人民法院审理企业破产案件应当注意的几个问题的通知》《关于审理企业破产案件若干问题的规定》等有关司法解释,审理 26 起企业破产案件。1999 年,《中华人民共和国合同法》颁布后,自治区高级人民法院制定《内蒙古自治区人民法院审理企业破产案件操作规程》, 成为赤峰地区审理企业破产案件的重要依据。2002 年 6 月,中级人民法院机构改革,经济审判庭撤销,原有职能并入民事审判庭。

第三节 知识产权案件审判

1991 年,市中级人民法院的知识产权案件除著作权案件由民事庭审理外,其他类型的知识产权案件均由经济审判庭审理。1994 年,最高人民法院印发《关于进一步加强知识产权司法保护的通知》,赤峰市由于此类案件极少,没有设立知识产权审判庭。2002—2005 年,市中级人民法院知识产权案件由民事审判第一庭审理,共审理各类知识产权案件 22 件,案由涉及商标权纠纷、著作权纠纷、技术合同纠纷等几类。2006 年,市中级人民法院成立民事审判第三庭,涉及知识产权的民事案件转由该庭审理,当年审理知识产权案件 21 件。涉及知识产权的刑事案件和行政案件,分别由刑事审判庭和行政审判庭审理。2009 年 9 月,市中级人民法院下发《关于开展知识产权案件“三审合一”试点工作的实施细则》,组建知识产权合议庭,涉及知识产权的刑事、民事、行政案件均由该合议庭审理。为加强对知识产权保护的宣传,赤峰市两级法院从 2011 年起,每年在“4·26”世界知识产权日开展宣传活动。2014 年 4 月 25 日,为配合知识产权保护宣传活动,市中级人民法院公开销毁 4000 箱假冒伪劣白酒,案值近 18 万元。

第五章 行政案件审判

第一节 案件受理

1991—2014 年,全市两级人民法院依据 1989 年颁布实施的《中华人民共和国行政诉讼法》有关规定,受理行政案件。基层人民法院管辖第一审行政案件。市中级人民法院管辖下列第一审行政案件:一是对国务院部门或县级以上地方人民政府所作的行政行为提起诉讼的案件;二是海关处理的案件;三是本辖区内重大、复杂的案件;四是其他法律规定由中级人民法院管辖的案件。行政案件的受理程序是:经审查符合立案条件的,1991—1994 年由行政庭自行受理,1995—2014 年由立案庭受理后转行政审判庭。不符合立案条件的,由行政庭或立案庭答复当事人。

第二节 案件审判

1991 年,全市两级人民法院受理行政案件 84 件,结案 91 件(含上年积存案件)。1996 年, 全市两级人民法院受理行政案件 214 件,2000 年达到 521 件,2008 年上升到 670 件,2014 年达到为 824 件。针对行政诉讼案件不断攀升,全市两级人民法院在行政案件审判工作中采取五项措施,建立四项机制,确保案件质量和效率。五项措施包括:一是推行案件评查制度。通过抽查与互查相结合的方式,对审判中存在的问题及时发现、及时处理。2009 年全市行政案件的发改率为 18.48%,2014 年为 9.27%。二是交流经验,研讨疑难问题。2010 年,市中级人民法院召开重点地区、重点法院工作座谈会,通报有关情况,对行政审判工作进行全面总结。此后每年都召开此类行政审判工作会议。三是提升效率,缩短办案时间。2009 年,全市行政案件的结案率为 88.7%,其中一审案件平均用时 45 天,二审案件平均用时 40 天,无一超审限案件。2010 年,全市行政案件的结案率为 94.1%,同比上升 5.4%,其中一审案件平均用时 34 天,比上一年平均少 11天,

1991—2014 年赤峰市两级法院行政案件收结情况统计表

表 18-4-6　　单位:件

年份	收案	旧存案件	结案	年份	收案	旧存案件	结案
1991	84	—	91	2003	259	38	270
1992	23	—	23	2004	320	19	329
1993	73	—	73	2005	447	10	443
1994	80	—	74	2006	549	14	556
1995	181	10	191	2007	607	8	579
1996	214	19	214	2008	670	36	605
1997	193	0	177	2009	601	101	629
1998	223	16	220	2010	595	68	628
1999	336	3	327	2011	620	35	621
2000	521	9	507	2012	431	36	420
2001	387	14	388	2013	443	46	460
2002	281	0	288	2014	824	29	800

说明:结案数含上年结转案数。

二审案件平均用时34天，比上一年平均少6天，无一超审限案件。四是坚持“保护与监督并重”原则。严格执行“行政诉讼法”及其司法解释和相关规定，对符合法定立案条件的案件及时受理，保障行政相对人的诉讼权利。对行政案件存在违法情形的，依法撤销或变更。同时，重视非诉讼行政案件执行，支持和监督依法行政。对于计划生育、城建、拆迁类的非诉讼执行案件力争当年全部结案。五是多元化解“官”“民”纠纷。全市两级法院在“案结事了”上狠下功夫，首先考虑是否有调解可能，通过在庭前与当事人接触、交流、沟通，如果发现有达成谅解的可能，则多做劝说工作，促使当事人达成一致意见。2010年全市协调撤诉率为30.3%，2014年为28.34%。1991—2014年，累计受理行政诉讼案件8962件，结案8913件。

1996年，共受理国家赔偿案件2件。1997—2001年，每年受理1~5件。2002—2007年，上升到每年24~35件。2008—2014年，下降为每年5~16件。截至2014年，全市共受理国家赔偿案件261件，全部结案。

1996—2014年赤峰市两级法院国家赔偿案件收结情况统计表

表18-4-7 单位：件

年份	收案	结案	年份	收案	结案
1996	2	2	2006	31	31
1997	1	1	2007	24	24
1998	3	3	2008	12	12
1999	4	4	2009	8	8
2000	1	1	2010	5	5
2001	5	5	2011	6	6
2002	25	25	2012	8	8
2003	35	35	2013	12	12
2004	29	29	2014	16	16
2005	34	34	合计	261	261

第六章 审判监督

审判监督是指对人民法院已经发生法律效力的判决、裁定，发现在认定事实上或者在适用法律上确有错误，依法再次进行审理的程序，也叫再审程序。通过审判监督程序纠正错案是维护法律的严肃性和人民群众合法权益的重要举措。再审的案件须由3名审判员另行组成合议庭，对原判决、裁定认定的事实和适用的法律进行全面审理，原来是一审的案件,仍按一审程序审理,当事人对再审判决、裁定如果不服,可以提出上诉;原来按二审程序审结的或者是上级法院提审的案件,按照二审程序审判,作出的判决、裁定是终审判决、裁定。

第一节　审理抗诉 申诉案件

一、抗诉

最高人民检察院认为各级人民法院作出的判决、裁定确有错误,或者上级人民检察院认为下级人民法院作出的判决、裁定确有错误,依照法定程序提请人民法院重新审理。

2002—2014年,全市两级人民法院共审理再审抗诉案件508件,其中维持原判120件,发回重审及改判76件,撤回抗诉36件,其他方式结案276件。

2002—2014年赤峰市两级法院抗诉案件收结情况统计表

表18-4-8　　单位:件

年 份	收案	结案			
		维持原判	发回重审及改判	撤回抗诉	其他方式结案
2002	90	7	18	2	63
2003	79	28	8	21	22
2004	64	24	7	3	30
2005	27	10	7	3	7
2006	10	3	3	2	2
2007	33	14	9	—	10
2008	73	11	4	2	56
2009	49	3	6	—	40
2010	17	2	1	—	14
2011	12	2	3	—	7
2012	26	3	5	—	18
2013	18	5	4	3	6
2014	10	8	1	—	1
合 计	508	120	76	36	276

二、申诉

当事人及其法定代理人认为已经生效的判决、裁定确有错误，可向人民法院提出重新审理。1991 年以后，市中级人民法院在审理申诉案件的司法实践中，依法遵循“两年期限”原则，即当事人提出申诉必须在裁判生效后两年内提出，否则就超出法定申诉期限。对申诉案件提起再审的条件是：案件审理违反程序、认定事实错误、证据不充分、出现新证据、适用法律错误、法官枉法裁判等几种情况。申诉符合上述再审条件的，人民法院应制作再审裁定书，并向申请人送达；不符合再审条件的，应说服申请人撤回申请，仍坚持申请再审的，应书面通知驳回。2000 年，按照最高人民法院的要求，申诉和申请再审案件实行立审分离、审监分离，统一由立案庭负责审查。对申诉和申请再审案件的审查，实行合议庭制。对案情复杂或可能提起再审的案件，由合议庭进行听证。对符合再审条件的，裁定或决定提起再审；不符合再审条件的，通知驳回申请。

2002—2014 年，市中级人民法院共审理申诉案 5240 件，进入再审的 3512 件，其中维持原判 1122 件，发回重审及改判 1268 件，其他方式结案 1122 件。

2002—2014 年赤峰市中级人民法院申诉案件收结情况统计表

表 18-4-9　　单位：件

年份	收案	进入再审	其中		
			维持原判	发回重审及改判	其他方式结案
2002	406	271	32	118	121
2003	440	264	92	86	86
2004	346	205	60	74	71
2005	516	301	89	152	60
2006	608	254	87	92	75
2007	781	552	224	199	129
2008	619	343	137	85	121
2009	194	287	55	88	144
2010	207	283	100	100	83
2011	188	215	49	66	100
2012	201	152	49	55	48
2013	346	172	46	86	40
2014	388	213	102	67	44
合计	5240	3512	1122	1268	1122

说明：进入再审程序数含上年结转案数。

第二节 信访接待

1991年,赤峰市中级人民法院的信访工作由告诉申诉庭承担。同年,全市两级人民法院共处理群众来信1521件,接待来访1万余人次。1995年1月,市中级人民法院成立立案处,信访工作交由立案处负责。1999年,市中级人民法院制定《院长接待制度》,确定每周四上午为院长接待日,信访工作人员负责做好院长接待登记和记录工作,并负责院长交办和催办的来信来访案件。2002年,市中级人民法院制定《信访工作暂行规定》,提出信访工作的原则是:严格执行领导负责制;化解矛盾,促进稳定;有信必复,有访必答,认真处理;联合协调解决;严格依法处理并注重社会效果。2003年以后,全市两级人民法院对上访老户实行“四定四包”制度,即定领导、定人员、定措施、定期限;包复查、包息诉、包稳定、包善后,全力做好信访工作,并且建立上访老户档案,逐一走访,宣传法律法规,息诉解纷。2005年,市中级人民法院制定《信访工作实施方案》,要求信访干部做到:实事求是,不脱离实际;雷厉风行,不拖拉推诿;热情耐心,不冷漠蛮横;调查研究,不偏听偏信;不屈畏权势,严肃认真,不马虎草率。2007年,两级人民法院进一步建立健全涉诉信访工作机制,构建“大信访”工作格局,全力以赴保稳定。一方面着重强化信访问题的源头治理,进一步提高案件质量和效率,探索建立涉诉矛盾纠

1991—2014年赤峰市两级法院来信来访情况统计表

表18-4-10

年份	来信(件)	来访(人次)	年份	来信(件)	来访(人次)
1991	1521	10000	2003	1287	13345
1992	1259	9159	2004	1394	16596
1993	912	8079	2005	1670	18490
1994	1360	10283	2006	1436	19265
1995	2640	18051	2007	1728	19070
1996	1428	9673	2008	1659	17482
1997	590	12956	2009	1737	19985
1998	1025	11326	2010	1628	18820
1999	936	13245	2011	1824	16184
2000	1154	17860	2012	1632	19448
2001	1083	16523	2013	1344	16080
2002	1246	10820	2014	1274	17720

说明:1993年和1997年,最高人民法院对信访统计标准进行了修改。

纷排查和社会稳定风险评估机制;另一方面进一步完善信访工作制度,全面落实“属地管理、分级负责”原则,形成上下联动、全员参与、责任明确的信访工作机制。结合集中清理涉诉信访积案活动、“领导干部大接访”活动、涉诉信访“百日攻坚专项行动”等,在排查、化解、稳控环节上下功夫。2008 年,市中级人民法院立案二庭被自治区高级人民法院授予“全区法院系统涉诉信访工作先进集体”。1991—2014 年,全市两级人民法院共处理群众来信 33767 件,接待来访 36.05 万人次。

第七章 执行工作

第一节 案件受理

1991—2014 年,全市两级人民法院依据《中华人民共和国民事诉讼法》和最高人民法院《关于人民法院执行工作若干问题的规定(试行)》,受理执行案件。

受理范围主要包括:已发生法律效力的民事判决、裁定,一方拒绝履行的,对方当事人在二年内向人民法院申请执行的案件。法院自收到申请执行书之日起超过六个月未执行的,申请执行人可以向上一级法院申请执行。在执行中,允许双方当事人自行和解达成协议,由执行员将协议内容记入笔录;也允许被执行人提供担保,经申请执行人同意的,法院可以暂缓执行。执行完毕后,如因执行的判决、裁定和其他法律文书确有错误,被法院撤销的,法院则责令取得财产的人返还。对仲裁机构的裁决和公证机关依法赋予强制执行效力的债权文书,一方当事人不履行的,对方当事人可以向有管辖权的人民法院申请执行。法院执行部门有权查封、扣押、冻结、划拨被执行人的财产,有权扣留、提取被执行人的收入,有权发出搜查令,有权对被执行人限制出境,有权对被执行人采取罚款、拘留等强制措施。

第二节 案件执行

一、工作机制

执行工作内部机制 1991—1992 年期间,市中级人民法院执行机构主要负责汇总案件统计报表、宏观上督促和指导下级人民法院执行机构办案,协调下级人民法院执行机构之间的矛盾,不参与具体案件的执行。1993 年,市中级人民法院针对执行积案迅速增多、“执行难”问题日益突出的情况,在全市范围内组织开展执行会战。采取基层人民法院之间交叉执行办案、市中级人民法院提级执行案件或抽调各基层法院执行力量集中执行等多种办法,使执行工作效率有了很大的提高。是年,市中级人民法院对执行工作内部机制进行改革。一是市中级人民法院执行局直接领导各基层人民法院执行局,形成全市两级人民法院执行局统一管理、统一指挥、统一协调的工作体制。二是执行裁决权和执行实施权分离,裁决人不负责执行;承办人与评估拍卖分离,由专门的委托机构负责;承办人与执行案款分离,执行回来的款项全部交由内勤保管;承办人与执行收费、支付相分离,承办人在整个执行过程中与申请人不发生钱物交接。三是推行执行风险告知、债权凭证、远程查询等方式,更好地保护申请执行人的合法权益。四是为回避当地存在的阻力,法院之间交换案件相互“交叉执行”;在网上公布失信被执行人名单迫使其偿还债务;对提供被执行人有价值信息的人进行物质奖励;对执行标的有异议的案件进行听证;明确执行期限,未能执结的案件更换人员执行等,全力提高执结率和执行标的到位率。

执行工作外部机制　一是建立执行工作领导协调机制。继 2007 年中共赤峰市委成立赤峰市解决人民法院执行难工作协调领导小组后,2008 年 12 月, 中共赤峰市委又根据集中清理执行积案活动的需要,成立赤峰市集中清理执行积案活动领导小组,为解决“执行难”提供强有力的组织保障。二是建立执行工作协助协作机制。2009 年,中共赤峰市委转发市中级人民法院党组《关于建立执行工作协助协作机制的实施意见》,明确各有关部门、成员单位在人民法院采取各种执行措施时的协助责任,保证积案清理顺畅进行。三是建立执行威慑机制。2009 年 5 月,市直 29 家党政机关、相关部门会签《关于建立全市执行工作威慑联动机制的通知》并下发全市。采取限制被执行人出国出境及高额消费,停止为被执行人办理产权变更、立项审批、贷款等手续,在媒体上对被执行人曝光,实行悬赏执行、审计执行等措施。在当年的清理执行积案活动中,媒体曝光被执行人共 313 人。执行威慑机制的建立和运行,对清理执行积案起到积极推动作用。

二、执行工作

1991 年, 全市两级人民法院共受理执行案件 3401 件, 执结 2899 件, 执结率 85.2%。1993 年 3 月,全市两级人民法院首次开展大规模的集中清理执行积案行动,市中级人民法院抽调本院和红山区、松山区、元宝山区人民法院部分执行干警,集中时间,采取交叉编组、分片办案的方式,集中清理执行市中级人民法院和三区人民法院的重点执行案件,共执结案件 247 件,执行标的额 160 余万元。1999 年,全市两级人民法院共受理执行案件 10630 件,首次突破一万件,执结 9081 件。2008—2009 年,根据中央政法委和最高人民法院统一部署,赤峰市开展全市“清理执行积案”活动。全市两级人民法院抓住这次历史性机遇,层层明确责任,制定活动方案,共清理出历年执行积案 9860 件。其中有财产可供执行案件 1604 件,执结 1603 件;清理出六类“重点案件”525 件,执结 522 件。无财产可供执行的案件 8256 件,通过公告曝光、对被执行人财产进行清查以及经申请执行人同意终结执行等方式执结 3702 件。其余案件在用尽执行措施后,按照中央政法委和最高人民法院的清积结案标准予以结案。活动期间共对 69 人罚款,拘留 343 人,追究刑事责任 5 人,限制出境 1 人。全市两级法院召开新闻发布会 16 场次,在媒体曝光被执行人 295 人。2014 年,全市两级人民法院共受理执行案件 26745

件，首次突破 2 万件，执结 26221 件，其中市中级人民法院受理执行案件 123 件，执结 121 件。

1991—2014 年赤峰市两级法院执行案件收结情况统计表

表 18-4-11　　单位：件

年 份	收案	旧存案件	结案	年 份	收案	旧存案件	结案
1991	3401	—	2899	2003	9762	710	9682
1992	1806	—	1745	2004	9613	790	9943
1993	4687	—	4535	2005	10084	460	10269
1994	2738	—	2920	2006	9444	276	9241
1995	3089	—	3181	2007	9039	467	8952
1996	3753	—	3375	2008	9532	554	8545
1997	4832	—	4517	2009	10667	1542	10913
1998	8415	—	6912	2010	13100	1296	13880
1999	10630	—	9081	2011	13922	516	13897
2000	12714	—	11605	2012	11965	541	11971
2001	11911	—	12679	2013	13666	535	12800
2002	11002	—	11857	2014	26745	1403	26221

第五篇　司法行政

第一章　机　构

第一节　赤峰市司法局

1991年,赤峰市司法局内设办公室、政治处、法制宣传教育科、基层工作管理科、公证律师工作管理科、劳教工作管理科、法制科、公证处8个科室,行政编制48个。1995年,内设机构增加为9个,其他原有科室保留,原公证律师工作管理科分设为公证工作管理科、律师工作管理科。2002年,设办公室、政治处(内设党务工作科、人事警务科、纪检监察科)、法制宣传教育科(内设普法依法治市领导小组办公室)、基层工作管理科、律师公证工作管理科(内设司法考试办公室)、政策法规科(内设司法鉴定办公室)、法律援助科、计财装备科(内设审计办公室)、劳教工作管理科等科室。同时,市司法局新增组织实施国家司法考试工作职能。公证处退出行政序列。2005年,增加了法律援助的职能和管理司法鉴定的职能。2010年, 市司法局机关内设机构10个: 办公室、法制宣传教育科(依法治市领导小组办公室)、律师公证工作管理科(司法考试办公室)、基层工作管理科(社区矫正办公室)、法律援助工作科、法制科、劳动教养工作管理科、计划财务装备科(审计办公室)、司法鉴定科、政治警务处。2013年,内设机构调整,劳动教养管理科更名为社区矫正(戒毒)工作管理科,基层工作管理科不再挂社区矫正办公室牌子。撤销计划财务装备科(审计办公室),将其职能并入办公室。设置国家司法考试工作管理科,律师公证工作管理科不再挂司法考试办公室牌子。2014年,市司法局内设机构10个:办公室、政治警务处、法制宣传教育科、律师公证工作管理科、基层工作管理科、法律援助工作科、法制科、社区矫正(戒毒)工作管理科、国家司法考试工作管理科、司法鉴定科,其中法制宣传教育科加挂依法治市领导小组办公室牌子。

第二节　基层司法机构

一、旗县区司法局

1991年,全市12个旗县区司法局实有273人。内设机构主要有办公室,法制宣传教育股，基层工作股，公证处。阿鲁科尔沁旗和宁城县未设法制股，红山区设律师股、政工股和政策法规股，克什克腾旗和元宝山区设法律顾问处，林西县设律师事务所。

2014 年，全市 12 个旗县区司法局实有 681 人。内设机构主要有办公室、基层工作管理股、政工股、法制宣传教育股、律师公证管理股、社区矫正股、法律援助指导股或法律援助中心、法制股、人民调解指挥中心、计财装备审计股、纪检监察室。

二、基层司法所

1991 年，全市共建有基层司法所 11 个，其中巴林左旗 9 个，红山区 2 个。1996 年 7 月，赤峰市政府印发《关于加强基层司法行政组织和队伍建设的通知》，1996—1997 年，全市 282 个乡镇苏木（街道）全部建立司法所。2002 年，全市乡镇机构改革后，乡镇苏木（街道）由 282 个合并为 252 个，司法所随之合并优化为 252 个。2006 年，全市共设立乡镇苏木（街道）再次改革合并为 149 个，司法所也随之合并为 149 个。到 2014 年底，全市共设立司法所 180 个，共有工作人员 348 人。

第二章 法制宣传教育

第一节 法制宣传

1992 年 4 月，赤峰市人大常委会审议通过了《关于深入开展依法治市的决议》，全市 12 个旗县区也相继出台依法治旗县区的规范性文件，依法治市工作走向规范化和法制化的轨道。

1996—2000 年，全市的法制宣传教育工作以全面推进依法治市为主要目标。赤峰市委、市人大、市政府把依法治市纳入到赤峰市国民经济和社会事业发展“九五”计划目标中，市委重新修订《深入开展依法治市的决定》。市三届人大常委会第四次会议审议通过《进一步实施依法治市的决定》，市政府印发《依法行政实施方案》。市检察院、市中级人民法院分别制定了依法治院规划，各旗县区、市直各执法部门分别出台了依法治理规划，全市依法治市工作向深层次推进。基层依法治理向规范村务活动、经济活动、民主管理等全方位、深层次延伸，通过开展“依法治村示范村”活动，进一步提高依法治村的质量和村民的民主法制意识。

2001 年 11 月 6 日，赤峰市委、市政府召开全市依法治市工作会议，作出《关于继续深入开展法制宣传教育的决议》，确立了“党委领导、人大监督”、“一府两院”实施、司法行政部门组织协调、全社会参与的依法治市领导体制和工作机制。整个法制宣传教育工作变属地管理为市县乡分级负责，变司法行政部门主抓为地区、部门（行业）、单位协调互动、合力推进，变一般性检查指导为抓典型、以点带面。与此同时，采取上下联动、批次推进、整体提高的方法，在全市范围内开展了以领导干部学法用法为重点的依法治市示范带动活动。这一做法在“全国依法治理经验交流会”上作典型经验介绍。

2006—2010 年,全市法制宣传教育工作通过开展“法律六进”活动(法律进机关、进乡村、进社区、进学校、进企业、进单位),宣传法律法规,全面推进依法治市工作。各普治成员单位结合行业特点,广泛开展面向社会的法制宣传教育。为了突出和指导重点对象的法制宣传教育,连续 4 年分别组织公务员、企业经营管理人员、农牧民、中小学生法律知识考试和竞赛。

2011 年 9 月,市人大常委会作出了《关于进一步加强法制宣传教育推进法治赤峰建设的决议》,“法治赤峰”建设正式启动。以此为契机,全市法制宣传教育工作开始步入新阶段。围绕建设“法治赤峰”目标,主要开展五个方面的法制宣传教育工作:一是领导干部的法制教育。将领导干部的学法用法纳入年度实绩考核内容中,形成了涵盖领导干部任前考法、理论中心组学法、法制讲座、重大事项及决策先进行法律咨询等多方面学法用法制度。二是公务员和行政执法人员的法制教育。通过举办全市公务员法律知识大赛,激发公务员学法用法热情,提高公职人员依法行政、依法办事的能力和水平。三是开展青少年法制宣传教育。2012 年 5 月,市司法局、市普法办联合出台《关于加强青少年法制教育工作的实施意见》,组织开展优秀法制副校长评选活动,筹建赤峰市青少年法制教育基地,推进了青少年法制宣传教育的深入开展。四是开展农牧民的法制宣传教育。把“法律进农村牧区”活动同新农村新牧区建设紧密结合,并取得明显成效。五是创新法制宣传形式。为适应新时期法制宣传的需要,积极探索法制宣传新途径。2013 年举办了全市首届普法栏目剧大赛,2014 年举办了年度法治人物、法治事件颁奖典礼。

第二节　普法教育

一、“二五”普法

“二五”普法起止时间为 1991—1995 年。普法对象是县、团级以上各级领导干部和各类执法干部。内容以宣传宪法为核心,以专业法为重点,普法活动向学用结合、依法治理的轨道发展。1992 年 1 月 14 日,赤峰市普法办制定并下发《赤峰市“二五”普法实施工作安排意见》,要求各地区、各单位分别结合本地区、本单位实际,出台“二五”普法规划和实施意见,“二五”普法工作开始启动。在 5 年的普法教育活动中,全市 12 个旗县区、252 个乡镇苏木、1527 个村嘎查、37 个大中型企业、三分之一的行政执法部门开展了依法治理的实践活动。1996 年 5 月 28 日,阿鲁科尔沁旗人民政府被中宣部、司法部授予“全国‘二五’普法先进县”。

二、“三五”普法

“三五”普法起止时间为 1996—2000 年。普法对象是县处级以上领导干部、司法和行政执法人员、企业经营管理人员、青少年。通过以宪法、基本法律和社会主义市场经济法律知识为主要内容的宣传教育，不断提高各级干部依法办事、依法管理的水平和能力。各地区、各部门在普法工作中，通过实施干部学法制度和普法合格证制度、公务员任职前法律考试等制度，带动和促进全民普法的开展。在基层依法治理方面，通过开展“依法治村示范村”和“学法用法示范户”活动，进一步提高依法治村的质量和村民民主法制意识。在行业（部门）依法治理工作上，各级行政、司法部门在实行执法责任制的基础上，实施了执法公示制和国家赔偿制。2001 年 5 月 23 日，赤峰市普法依法治市工作领导小组办公室被中宣部、司法部授予“全国先进普法依法治理办公室”称号。

三、“四五”普法

“四五”普法起止时间为 2001—2005 年。普法对象是各级领导干部、司法和行政执法人员、青少年、企业经营管理人员。2001 年 11 月 6 日，市委、市政府召开全市依法治市工作会议，明确了“四五”普法工作的指导思想和目标任务。2002 年后，在全市范围内开展以领导干部学法用法为重点的普法依法治市示范带动活动，经过 3 年的努力，示范带动活动覆盖了全市所有的旗县区、政府部门和基层单位。2003 年 9 月，自治区司法厅、民政厅在赤峰市召开了全区基层民主法治建设经验交流会，推广赤峰市“基层民主法治示范村”创建活动的经验。

四、“五五”普法

“五五”普法起止时间为 2006—2010 年。普法对象是领导干部、公务员、青少年、企业经营管理人员和农民。“五五”普法期间，建立健全了市委理论中心组学法制度、法律知识培训和自学制度、领导干部任职前法律知识考试制度和履职督查制度，修订《全市“五五”普法普治成员单位责任制》，普法依法治理工作机制进一步强化。至 2010 年，全市有 45%以上的村嘎查达到了市级“民主法治村”创建标准，全市涌现出五三村、巴里营子村、前进村、土庙子村、孤山子村五个“全国法治示范村”。2010 年 1 月 13 日，赤峰市普法依法治市工作领导小组办公室被中宣部、司法部授予“先国先进普法依法治理办公室”称号，敖汉旗被授予“全国五五普法先进县”称号。

五、“六五”普法

“六五”普法起止时间为 2011—2015 年。普法对象是领导干部、公务员、青少年、企事业单位经营管理人员和农牧民，其中领导干部和青少年是重点。通过开展法律进机关、进农村牧区、进社区、进学校、进企业、进单位等活动，全面落实“条块结合、以块为主”的属地管理责任制和“谁主管、谁负责”的执法责任制，进一步做好法治创建工作，强化基层依法治理，落实“四民主两公开”制度，深入推进嘎查村级事务契约化管理制度。2013 年，阿鲁科尔沁旗被中宣部、司法部授予“全国依法治县创建活动先进单位”，喀喇沁旗三道营子村被授予“全国民主法治示范村”。

第三章 律 师

第一节 律师机构

一、律师事务所

1991年,全市有注册律师事务所14个,其中市直2个,12个旗县区各1个,全部为国资所。共有注册律师144人,其中专职71人,兼职73人。2014年末,全市共有律师事务所43个,其中合伙律师事务所41个,个人律师事务所1个,国有律师事务所1个。共有注册律师680人,其中专职661人,兼职19人。

二、律师管理

1991—2002年,律师机构由市司法局管理。2002年市律师协会成立后,由市司法局负责行政管理,律师协会负责行业管理。行政监管主要是按照《中华人民共和国律师法》《律师事务所管理办法》《律师执业管理办法》等相关法律法规规定实施管理。其中每年均按照《律师事务所年度检查考核办法》的规定,对律师事务所的队伍建设、业务活动、执业情况、内部管理等七项内容进行年度检查考核,评出合格和不合格两个等次。行业管理由各律师事务所和律师协会依据《律师执业年度考核规则》,对律师进行年度执业考核,并评出称职、基本称职和不称职三个等次。通过考核,全市律师事务所管理进一步规范,律师事务所自律管理意识增强。先后涌现出内蒙古大川律师事务所、内蒙古兴合律师事务所、内蒙古红城律师事务所等专业化、品牌化律师事务所。

第二节 律师业务

1991年,全市律师服务业共开展刑事辩护代理706件,代理行政、经济、民事案件1764件;代理非诉讼案件375件;担任法律顾问357家。1996年5月15日,《中华人民共和国律师法》颁布实施后,赤峰市律师工作以贯彻落实“律师法”为主线,坚持管理与服务并举、规范与发展并重,依法规范律师执业行为,积极拓展律师服务领域,服务项目由过去的五大项扩展到七大项。2000年,全市律师服务业共开展刑事辩护代理749件,代理行政、经济、民事案件3198件;代理非诉讼案件878件;担任法律顾问498家。2010年,全市律师服务业共开展刑事辩护代理933件,代理行政、经济、民事案件7830件;代理非诉讼案件560件;担任法律顾问429家。2014年,全市律师服务业共开展刑事辩护代理707件,代理行政、经济、民事案件4822件;代理非诉讼案件578件;担任法律顾问413家。1991—2014年,全市律师服务业共开展刑事辩护代理17353件,代理行政、经济、民事案件88902件;代理非诉讼案件17373件。

1991—2014年赤峰市律师机构、人员统计表

表 18-5-1

项目 年份	律师事务所（个）	律师（人）		
		合计	专职	兼职
1991	14	144	71	73
1992	15	132	66	66
1993	16	155	66	89
1994	23	201	83	118
1995	23	218	84	134
1996	23	223	84	130
1997	24	236	110	126
1998	24	195	124	71
1999	25	196	124	72
2000	25	196	124	72
2001	31	—	—	—
2002	29	203	—	—
2003	30	227	208	19
2004	29	247	228	19
2005	30	276	257	19
2006	28	313	295	18
2007	27	320	305	15
2008	27	340	329	11
2009	31	357	347	10
2010	31	417	406	11
2011	33	491	481	10
2012	37	562	551	11
2013	38	640	629	11
2014	43	680	661	19

1991—2014年赤峰市律师业务统计表

表18-5-2

项目 年份	刑事辩护代理(件)	行政、经济、民事案件代理(件)	非诉讼案件代理(件)	担任法律顾问(家)
1991	706	1764	375	357
1992	700	1935	486	427
1993	615	2446	648	462
1994	734	2674	685	495
1995	684	2271	1098	533
1996	626	2486	1123	487
1997	662	3124	778	512
1998	540	2820	610	532
1999	677	2868	786	521
2000	749	3198	878	498
2001	814	5310	842	628
2002	—	—	—	—
2003	610	3045	2956	586
2004	714	3753	531	428
2005	872	4557	406	545
2006	665	3731	421	470
2007	1014	4718	450	425
2008	1090	1787	423	438
2009	1214	5713	568	427
2010	933	7830	560	429
2011	748	6513	947	470
2012	658	5562	562	398
2013	621	5975	662	439
2014	707	4822	578	413

第四章 公 证

第一节 公证机构

一、公证处

1991 年,全市有公证处 13 家,其中行政单位管理体制 7 家,事业单位管理体制 6 家。1999 年,市司法局推进公证处体制改革,对赤峰市公证处实行“一处两制”的管理体制,成立“赤峰市公证处一分处”,为自收自支的事业体制。2002 年 6 月,将原赤峰市公证处及其一分处、红山区公证处合并为赤峰市公证处,为自收自支的事业单位。2009 年 12 月,松山区公证处并入赤峰市公证处,合并后的公证处隶属赤峰市司法局管理。元宝山区公证处整体移交赤峰市司法局管理。2014 年 10 月后, 赤峰市公证处转为企业化管理、社会化运营的事业单位。全市有 11 家公证处,其中市级公证处 2 家,旗县级公证处 9 家;自收自支事业单位 5 家,全额拨款事业单位 4 家,差额拨款事业单位 1 家,行政单位 1 家。有执业公证员 47 人,公证辅助人员 33 人。

二、公证管理

1991—2002 年,公证机构由市司法局内设公证律师管理科实施行政管理。2002 年,市公证协会成立后,由市司法局和赤峰市公证协会分别实行行政与行业管理。2003 年,赤峰市司法局下发了《关于全市公证工作管理的意见》,就改革和完善公证工作的监管方式、加强公证员队伍建设、提高公证员队伍整体素质、完善公证处内部管理机制等方面提出了具体的意见。在完善公证处内部管理机制的基础上,制定了岗位责任制、社会服务承诺制、公证质量管理办法、财务管理办法、奖惩办法、医疗保险制度等一系列规章制度。对证据保全、现场监督、合同(协议)等三类公证书采用了要素式公证书。2005 年 8 月 28 日,《中华人民共和国公证法》颁布实施以后,赤峰市司法局严格按照《公证机构年度考核办法(试行)》《内蒙古自治区公证机构负责人年度考核办法(试行)》《内蒙古自治区公证员执业年度考核办法(试行)》的要求,从公证处的内部管理、业务质量和队伍建设等方面加强对公证处、公证员的年度考核,公证工作进一步规范。

第二节 公证业务

1991 年,全市公证处共办理公证 15026 件,其中办理涉外公证 64 件。1993 年后,公证业务开始涉入到金融、城市房地产拆迁领域,先后办理了贷款合同公证、财产抵押借款合同公证、拆迁安置补偿协议公证。2000 年,全市公证处共办理公证 21585 件,其中办理涉外公证 706 件。

2005年8月28日,《中华人民共和国公证法》实施,此后,公证工作紧紧围绕改革开放和经济建设,努力拓展公证业务领域。具体包括:为企业、事业单位担任常年公证法律顾问;为政府采购、国有土地拍卖、建设工程招标进行审查、监督;为国有企业转制、公司设立、农村牧区"五荒"使用权转让和个体私营经济提供法律服务;为安居工程贷款、住房贷款、个人消费贷款、粮食贷款和财产关系、证据保全、婚前财产、房屋买卖、继承权、产权、收养、赠与、遗嘱、抚养协议等办理公证。此外办理涉外民事、经济公证和涉港、澳、台公证业务。2010年,全市公证处共办理公证13752件,其中办理涉外公证2304件。2014年,全市公证处共办理公证19526件,其中办理涉外公证1398件。

1991—2014年,全市11个公证处共办理公证37.14万件,其中办理涉外公证28674件。

2014年赤峰市公证处一览表

表18-5-3

公证处名称	所在旗县区	机构性质
赤峰市公证处	红山区	事业
赤峰市宝山公证处	元宝山区	事业
阿鲁科尔沁旗公证处	阿鲁科尔沁旗	事业
巴林左旗公证处	巴林左旗	事业
巴林右旗公证处	巴林右旗	事业
林西县公证处	林西县	事业
克什克腾旗公证处	克什克腾旗	事业
翁牛特旗公证处	翁牛特旗	事业
喀喇沁旗公证处	喀喇沁旗	事业
宁城县公证处	宁城县	事业
敖汉旗公证处	敖汉旗	行政

1991—2014 年赤峰市公证业务统计表

表 18-5-4

项目 年份	办证总数（件）	其中		公证人员（人）	其中	
		涉外公证（件）	涉港澳台公证（件）		公证员（人）	辅助人员（人）
1991	15026	64	—	64	29	35
1992	18411	83	—	63	32	31
1993	19651	120	—	60	43	17
1994	21263	124	—	59	37	22
1995	13797	140	—	52	34	18
1996	16018	171	20	55	34	21
1997	19100	227	30	54	36	18
1998	14528	355	13	60	41	19
1999	29011	343	19	65	45	20
2000	21585	706	9	65	41	24
2001	21369	981	62	90	45	45
2002	14636	1022	52	67	47	20
2003	10846	1859	33	63	41	22
2004	8127	982	34	67	49	18
2005	7685	1104	25	82	48	34
2006	7150	1283	13	66	48	18
2007	8857	2090	22	61	44	17
2008	9277	2658	56	60	44	16
2009	11548	4562	72	71	45	26
2010	13752	2304	—	70	46	25
2011	14420	1928	—	76	48	28
2012	14218	2010	41	80	50	30
2013	21553	2160	—	82	49	33
2014	19526	1398	—	89	50	39

第五章　人民调解

第一节　组织机构

1991 年,全市共建立人民调解组织 3166 个,有调解员 25278 人。1996 年,赤峰市司法局重点抓了人民调解组织网络建设,形成了乡镇苏木(街道)有人民调解领导小组,村(嘎查)有调委会,村民组有调解小组,完善了三级调解网络。1998 年,市司法局根据自治区司法厅《关于加强接边地区人民调解工作的指导意见》,与毗邻地区河北省承德市司法局、辽宁省朝阳市司法局建立了联合调解组织并签署了协议,制定了实施方案。2003 年 8 月 21 日,赤峰市委办公厅、市政府办公厅转发《关于加强新时期人民调解工作的意见》,要求进一步加强人民调解委员会建设,严密调解工作的程序,规范调解协议书格式和内容。2008 年,赤峰市政府印发《关于组建旗县区级人民调解协调指挥中心的意见》,在全市 12 个旗县区组建了人民调解协调指挥中心,负责社会矛盾纠纷排查调处协调指挥工作。2009 年 7 月,市政府印发《关于进一步加强人民调解工作的意见》,提出健全人民调解经费保障机制。2011 年 5 月,市司法局下发《关于开展村级人民调解委员会建设调查摸底的通知》。至 2014 年,全市共有人民调解组织 2702 个,有专兼职调解员 13193 人。

第二节　调解工作

一、调解机制

2012 年,市政府印发《赤峰市关于建立全市社会矛盾纠纷"大调解"工作体系的实施意见》,要求在市委、市政府的统一领导下,由政法综治部门牵头,协调职能部门共同参与,将人民调解、行政调解、司法调解等各种调解资源整合在一起,建立和完善人民调解、行政调解、司法调解"三调联动、多调对接"的社会矛盾纠纷"大调解"工作格局和工作机制。同年 8 月,"赤峰市医疗纠纷人民调解委员会"成立。此后,12 个旗县区陆续成立了医疗纠纷人民调解委员会。2014 年 10 月, 赤峰市司法局与赤峰市住房和城乡建设委员会联合下发《关于组建物业纠纷人民调解委员会的意见》,要求建立市、旗县区、乡镇苏木(街道)、社区四级物业管理纠纷指导和调解组织体系。全市共建立物业纠纷调解委员会 15 个,物业纠纷调解室 8 个,同年 11 月,赤峰市司法局会同市公安局、赤峰市保险行业协会联合下发《关于组建道路交通事故民事损害赔偿纠纷人民调解委员会的意见》,完善了保险理赔制度,人民调解委员会调解涉及保险赔偿的案件时,保险机构可以派员以第三人的身份参加调解,在人民调解委员会主持下达成的人民调解协议,可以作为保险理赔的依据。全市共建立道路交通事故民事损害赔偿纠纷人民调解委员会 23 个、调解室 6 个。

二、矛盾纠纷排查与调处

1991 年,人民调解工作主要是调解家庭和邻里之间的矛盾和纠纷。随着改革开放的深入,社会矛盾和纠纷不断增多,单独靠人民调解组织已经不能适应形势发展的需要。为此,市县乡三级党委政府和司法等相关部门积极探索新形势下社会矛盾纠纷调解办法和途径。1993 年,克什克腾旗新庙乡和翁牛特旗梧桐花镇党委、政府,统一组织政府各有关职能部门组成联合调解工作队逐村调解基层的社会矛盾和纠纷,调解成功率高,化解矛盾较为彻底,市司法局将这一做法在全市进行推广。1994 年,敖汉旗委、旗政府在全旗率先开展了民间纠纷和社会矛盾集中排查与调处工作,收到了很好的社会效果,并得到了市委政法委的肯定。1995 年后,全市开展民间纠纷和社会矛盾的集中排查与调处工作。1997 年 7 月,自治区人民政府在赤峰市召开了"全区矛盾纠纷大排查现场会",向全区推广了赤峰市的做法。2002 年 9 月,赤峰市司法局被司法部授予"全国司法行政系统人民调解先进单位"荣誉称号。2011 年 6 月,市司法局下发《关于组织开展矛盾纠纷不稳定因素集中排查工作的通知》,共排查出各类矛盾纠纷和不稳

2003—2014 年赤峰市人民调解工作情况统计表

表 18-5-5

项目/年份	调解纠纷总数(件)	调解成功数(件)	调解成功率(%)	防止民事纠纷转刑事案件		防止群体性上访数		防止群众性械斗件数(件)	开展矛盾纠纷专项治理次数(次)
				件数(件)	人数(人)	件数(件)	人数(人)		
2003	11503	11255	97.8	70	129	111	2135	57	—
2004	20219	19835	98.1	66	152	303	3861	83	449
2005	17408	17356	99.7	89	317	152	1216	54	812
2006	18125	17582	97	66	420	—	251	70	—
2007	15619	15097	97	75	389	—	195	45	—
2008	17303	16894	98	60	163	—	304	88	—
2009	21275	20807	97.8	61	152	11	226	—	913
2010	60642	59013	97.3	120	227	—	298	90	900
2011	61782	59880	96.9	475	1624	976	22310	191	306
2012	56875	55802	98.1	121	532	511	13148	29	275
2013	51876	51039	98.4	87	219	460	9625	12	129
2014	36363	35429	97.4	56	226	272	6147	10	—

定因素2078件,化解1551件。2012年3月19日,市司法局下发《关于开展矛盾纠纷"大排查、大调解"专项活动的实施方案的通知》,要求各地区切实把矛盾纠纷排查调处工作抓实、抓好、抓到位。1991—2014年,全市各类调解组织共调解纠纷和社会矛盾60.36万件,调解成功58.87万件,调解成功率97.5%。其中防止民事纠纷案件转刑事案件1989件,防止群体性上访2844件,防止群众性械斗729件,开展矛盾纠纷专项治理3784次。

第六章 法律服务 法律援助

第一节 法律服务

一、基层法律服务所

1991年,全市共建立基层法律服务所147个,注册基层法律工作者254人。1996年,全市基层法律服务所与司法所合署办公,一个机构、两块牌子。1997年,全市所有的乡镇、苏木、街道办事处依托基层司法所建立了282个基层法律服务所,有法律工作者393人。2014年,全市有注册法律服务所106个,其中城镇所16个,乡镇苏木所90个。有法律服务工作者280人。

二、基层法律服务管理

1991—1995年,基层法律服务所在业务上接受基层人民法庭的指导。1996年7月,赤峰市政府印发《关于加强基层司法所行政组织和队伍建设的通知》后,基层法律服务所和法律服务工作者每年年检注册一次,法律服务工作者凭"法律工作者证"执证上岗。2000年,司法部颁布《基层法律服务所管理办法》。2001年,赤峰市司法局下发《全市司法行政工作"十五"计划纲要》,大力推进基层法律服务所脱钩改制工作。2002年,内蒙古自治区基层法律服务工作者协会赤峰分会成立。自2003年起,赤峰市基层法律服务工作者实行执业诚信档案管理和执业风险金制度、执业培训登记制度,规范了基层法律服务工作者的执业纪律,促使全市基层法律服务行业健康发展。2009年,市司法局下发《赤峰市基层法律服务工作规范(试行)》,推进全市基层法律服务工作规范化管理。

三、基层法律服务业务

基层法律服务工作依据司法部颁发的《基层法律服务所管理办法》《基层法律服务工作者管理办法》《乡镇法律服务业务工作细则》《中华人民共和国民事诉讼法》有关规定,开展诉讼代理业务。能够采取非诉讼手段化解的案件,积极调解;调解不成的案件,为当事人进行诉讼代理。1991—2014年,全市基层法律服务所,协办公证11.84万件,代理民事案件83941件,代写法律文书15.61万份。

1991—2014年赤峰市法律服务情况统计表

表18-5-6

项目 年份	法律服务所（个）	法律工作者（人）	担任法律顾问（家）	协办公证（件）	民事代理（件）	代写法律文书(份)
1991	147	254	408	7568	1322	3114
1992	137	415	395	10752	1751	4120
1993	147	395	946	9771	2215	4641
1994	154	393	672	11765	3179	7795
1995	154	393	552	10081	3749	8077
1996	154	393	555	10062	3728	7827
1997	282	393	997	11852	3717	7135
1998	282	458	1176	13385	4036	7074
1999	282	447	1193	9425	3527	6879
2000	282	453	1362	7408	3012	5835
2001	114	450	1423	5990	3019	5974
2002	114	459	1317	5362	3845	6526
2003	108	395	1231	5023	3987	6692
2004	131	376	1038	0	3852	6458
2005	128	375	994	0	3795	6502
2006	128	309	927	0	3549	6613
2007	104	287	893	0	3501	5921
2008	104	482	986	0	3924	6986
2009	140	492	861	0	3857	7053
2010	105	342	725	0	4013	6854
2011	102	303	706	0	3992	7126
2012	103	281	693	0	4018	6891
2013	108	284	695	0	4155	7014
2014	106	280	690	0	4198	7003

第二节　法律援助

一、机构

1996年,赤峰市法律援助中心成立,无编制和专职人员。2002年,市法律援助中心撤销,市司法局内设法律援助科,同时挂"148"法律服务中心牌子,其主要职责是指导全市法律援助和"148"法律服务中心工作,协调组织律师、公证和基层法律服务工作者开展法律援助工作,指派代理市直法律援助案件。2005年4月18日,恢复赤峰市法律援助中心,为全额拨款事业单位。编制20个,其中参照公务员法管理16人,全额事业编4人。同年,全市12个旗县区法律援助中心相继建立,其中红山区有专职法律援助工作人员4人,林西县有专职法律援助工作人员3人,为事业单位编制;其他旗县区由司法局内设股室人员兼职开展法律援助工作。2014年,全市共设立法律援助机构13个,其中市级1个,旗县区12个。13个法律援助机构中,7个机构为司法局内设行政股室,6个为全额拨款事业单位。作为政府法律援助机构的补充,全市在各级工会、残联、妇联等单位设立工作站338个(依托基层司法所建立148个),在村组、社区均建立了法律援助联络点,初步形成了以政府法律援助机构为主导、以社会法律援助站点为补充的法律援助组织网络。

二、法律援助业务

赤峰市法律援助中心成立以后,所有法律援助业务均由中心统一受理,法律援助案件按当事人的地域管辖,指派不同地区的法律援助中心或律师事务所承办。市、旗县区两级司法行政机关采取得力措施,积极稳妥地推进法律援助的各项工作。一是扩大困难群众知晓面,使困难群众了解法律援助制度,增强依法维权意识。二是不断降低法律援助门槛,积极扩大法律援助覆盖面。三是建立法律援助便民服务窗口,完善便民措施,使困难群众就近、及时得到便捷周到的法律服务。四是降低群众维权成本,对农牧民、残疾人、未成年人和下岗职工等特殊群体的法律援助案件建立"绿色通道",选择最有利于受援人的服务方式,特事特办。五是建立和完善法律援助受理、审批、指派、承办各个环节的工作程序、工作制度和服务标准,提高规范化水平。六是建立健全法律援助公示制度、质量跟踪检查制度、投诉处理制度,提高办案质量。七是推行限时办结制度,提高工作效率。八是加强信息资源的整合与开发利用,建立司法行政法律援助工作平台,充分发挥律师、公证、司法鉴定和人民调解的职能作用,全面服务困难群众。九是强化队伍建设,加强法律援助工作人员的培训,逐步提升其专业素质和服务水平。

2007—2014年,全市两级法律援助机构累计接待来电来访人员62631人次;办理各类法律援助案件15387件,其中民事案件14082件,刑事案件1175件,行政案件130件。受援人数17375人,为当事人挽回经济损失13123.41万元。

2007—2014 年赤峰市法律援助情况统计表

表 18-5-7

项目 年份	接待来电来访人数（人次）	办理法律援助案件(件)				受援人数（人）	为当事人挽回经济损失（万元）
		小计（件）	民事案件（件）	刑事案件（件）	行政案件（件）		
2007	9594	912	786	125	1	931	706.3
2008	12075	1235	1074	154	7	1340	925.8
2009	10890	988	862	90	36	1083	582.52
2010	4946	1609	1500	106	3	1656	2455.89
2011	3497	1604	1465	126	13	1759	2145.94
2012	4474	1748	1549	197	2	2849	2198.4
2013	11521	3225	3008	186	31	3266	2355.5
2014	5634	4066	3838	191	37	4491	1753.06

第七章 劳动教养和强制戒毒管理

第一节 劳动教养管理

一、劳动教养所

1990 年，赤峰市劳教所由科级单位升格为准处级事业单位，核定编制 66 个。1991 年，内设政工科、秘书科、管理科、教育科、生活卫生科、生产科、财务科、劳教一大队、劳教二大队。1997 年，原秘书科更名为办公室。2003 年，市劳教所由事业单位正式转制为行政单位，内设办公室、政治处、管理科、警戒科、教育科、生活卫生科、生产经营科、第一、第二、第三劳教大队。2008 年，赤峰市劳教所加挂强制隔离戒毒所牌子。2014 年 5 月 4 日，赤峰市劳动教养管理所整体转制为赤峰市强制隔离戒毒所，内设办公室、政治处、管理科、警戒科、教育科、生活卫生科、生产经营科和第一、第二、第三戒毒大队，职能科室（大队）10 个。

二、劳动教养

1991—1996 年，市劳教所一方面加强干警管理，另一方面对劳教人员实行“百分考核制”“三固定”“四季三包”等管理措施与制度。1991 年 10 月，经自治区劳动教养管理委员会验收合格，市劳教所建成自治区级劳动教养学校。1997—2003 年，以探索劳教人员管理模式、实现规范化管理为阶段性工作目标，不断提高民警队伍政治业务素质和规范化管理水平。对劳教人员实行封闭式、半开放式和开放式管理模式,教育内容以政治教育为核心、以技术教育为重点、以文化教育为辅助,全面提升管理水平。1998 年 12 月,经自治区司法厅批准,市劳教所晋升为自治区级优秀劳动教养学校。2004—2009 年,以创建自治区级现代化文明劳教所为目标,以全面加强基础设施建设、民警职工队伍建设、实行精细化管理为切入点,实施大教育工程,民警队伍的执法水平有了新的提高,教育转化质量进一步提升,90%的劳教人员被改造成为遵纪守法的劳动者,重新违法犯罪率低于 10%。2006 年末,赤峰市劳教所新建项目完成投资近 1200 万元。建成民警办公楼 3220 平方米、劳教宿舍教学楼 4352 平方米、会见楼 1780 平方米、劳教人员餐厅和习艺车间 1060 平方米,彻底改善了民警的办公条件和劳教人员的居住条件。2007 年,根据自治区劳教管理局制定印发的《2007—2009 年全区劳教系统三年教育工程建设实施方案》,结合场所实际,制定赤峰市劳教所教育工程实施方案,严格实行《劳教人员计分考核奖罚办法》。依据《内蒙古自治区劳动教养人民警察绩效考核试行办法》,制定《赤峰市劳教所民警职工绩效考核实施细则(试行)》,初步形成规范化、系统化和标准化的制度体系和以制度管人管事的考核工作机制。同年,赤峰市劳教所被自治区司法厅评为"自治区级现代化文明劳教所"。2009 年,被司法部劳教管理局批准命名为"部级优秀劳动教养学校"。2010 年 1 月,被司法部劳教管理局评为"全国劳教系统生活卫生达标工作优秀单位"。

2011 年,市劳教所认真贯彻自治区劳教管理局提出的无脱逃、无非正常死亡、无重大所内发案、无重大疫情、无重特大安全事故、无所内吸毒工作目标。2012 年,开展了以"忠诚、为民、公正、廉洁"为核心内容的政法干警核心价值观教育实践活动、基层基础建设年活动。2013 年,开展了肃纪整风、民警"大比武"等活动,狠抓廉政制度建设的落实,庸、懒、散、奢"四风"得到扭转,机关工作作风进一步转变,干警队伍建设进一步加强。同年 12 月,全国人大常委会关于废止有关劳动教养法律规定的决定颁布,实施 50 多年的劳教制度依法废止,赤峰市劳教(戒毒)所根据自治区司法厅《关于妥善做好废止劳动教养制度后相关工作的通知》要求,原赤峰市劳动教养所整体转制为赤峰市强制隔离戒毒所。

第二节　强制戒毒管理

2014 年上半年,赤峰市强制隔离戒毒所共收治赤峰籍戒毒人员 5 人。2013 年 11 月 27 日和 2014 年 11 月 20 日,自治区司法厅、戒毒管理局先后分两批向赤峰市强制隔离戒毒所移交 250 名来自呼市及其周边地区的强制隔离戒毒人员。赤峰市强制隔离戒毒所筹资 100 余万元完成场所改造,更新完善办公设备,购置医疗设备,更新戒毒人员生活设施;加强医疗救治,突出了人性化管理,全力避免戒毒人员所内死亡。通过加强管理，使戒毒人员戒除毒瘾，回归正常生活。

第八章　安置帮教 社区矫正

第一节　安置帮教

一、安置帮教组织

1998 年，赤峰市司法局根据市综治委有关文件要求，在市和旗县区建立安置帮教协调领导小组，在乡镇苏木、街道建立安置帮教站，在村嘎查居委会建立安置帮教小组，全市上下健全了四级帮教组织网络，全面开展安置帮教工作。2000 年，全市共建立安置帮教站 284 个，安置帮教小组 7055 个。2014 年，全市共建立安置帮教站 180 个，安置帮教小组 8288 个。

二、安置帮教工作

1999 年 7 月 20 日，市司法局依据市综治委出台的《关于进一步做好服刑在教人员刑满释放、解除劳教时衔接工作的几点意见》，结合全市安置帮教工作实际，就做好服刑人员安置帮教衔接工作积极探索。2000 年 3 月 25 日，市司法局依据市综治委下发的《关于 2000 年赤峰市刑释解教人员安置帮教工作安排意见》要求，认真开展安置帮教工作。2009 年，市司法局与赤峰监狱联合下发《关于进一步做好罪犯教育改造社会化工作的意见》，加强了司法所与监狱、看守所和劳教所的联系。2010 年，全市安置帮教工作管理软件启用，加大对安置帮教人员的信息化管理力度。2013 年，市司法局根据自治区和赤峰市委政法委下发的《关于建立刑满释放人员最低生活保障金制度的通知》，要求全市各级司法行政部门积极协调民政、财政、公安、人力资源和社会保障等部门，落实刑满释放人员的最低生活保障金制度，争取做到“三保”，即确保资金足额到位、确保及时准确发放、确保专款专用。

2014 年，市司法局会同公安、检察院、法院、民政、监狱等 7 部门下发《关于进一步加强社区矫正和安置帮教工作的意见》，落实刑满释放人员社会保障，推动安置帮教工作规范开展。

2000—2014 年，全市共接收刑释解教人员 24746 人，其中刑满释放人员 20628 人，解除劳教人员 4118 人，帮教率 93.9%。安置 19118 人，安置率 77.3%。重新违法犯罪率 0.08%。

表 18-5-8

2000—2014 年赤峰市刑释解教人员安置帮教情况统计表

项目 年份	刑释解教人员				安置人数(人)	安置率(%)	重新违法犯罪率(%)
	小计(人)	刑满释放(人)	解除劳教(人)	帮教率(%)			
2000	1529	1253	276	91.5	1105	72.3	0
2001	1656	1339	317	92.4	1277	77.1	0
2002	1609	1333	276	93.5	1199	74.5	0
2003	1583	1271	312	92.8	1129	71.3	0
2004	1525	1274	251	95.4	1208	79.2	0
2005	1493	1191	302	94.3	1091	73.1	0
2006	1652	1367	285	94.8	1257	76.1	0
2007	1548	1281	267	93.6	1322	85.4	0
2008	1707	1364	343	92.1	1200	70.3	0
2009	1856	1604	252	93.2	1110	60	0.07
2010	1903	1597	306	96.9	1729	90.9	0.1
2011	1433	1089	344	92.5	1250	87.2	0.06
2012	1667	1334	333	89.7	1544	92.6	0
2013	1581	1327	254	96.6	1111	70.3	0
2014	2004	2004	0	99.9	1586	79.1	0

第二节　社区矫正

赤峰市社区矫正工作始于 2008 年。当年，市司法局为启动社区矫正工作，组织相关人员赴山东省泰安市学习经验。2009 年，接收了少量的社区服刑人员，摸索积累经验。2010 年，逐步完善了各项矫正工作制度，建立了与相关部门的衔接机制。一是完善社区矫正工作领导组织和工作机构，加强以司法所工作人员为主体的社区矫正工作者队伍，以离退休法官、检察官、政府公务员、教师、村(居)委会成员等热衷社会公益事业的社会志愿者队伍建设。二是实行分级管理、分类矫正。对社区矫正人员分“严管、普管、宽管”三个等级进行管理，增强管理教育的针对性。2011 年，全市开始批量接收社区服刑人员。同年，全市共接收社区服刑人员 3486 人，解除社区服刑人员 1925 人。2012 年，市司法局在全市范围内推行建立实时定位跟踪系统，加强电子围栏建设，推进社区矫正工作信息化管理和考核进程。年底，12 个旗县区及司法所全部投入运行。全年共接收社区服刑人员 4791 人，解除社区服刑人员 2877 人。

2013 年，市司法局与市中级人民法院、市检察院、市公安局和赤峰监狱共同起草了《赤峰市社区矫正工作职责》，并由市综治委转发各旗县区政法部门。明确政法各部门在社区矫正工作各个环节上的职责；制定《赤峰市社区矫正工作流程》，明确调查评估、交付接收、矫正实施、矫正解除四个环节中每个环节必须做好的工作及程序，规范矫正工作的开展；制定和下发了《社区矫正实用手册》《监控指挥中心工作职责》《监控指挥中心工作制度》等工作规范制度。全年共接收社区服刑人员 5949 人，解除社区服刑人员 3994 人。

2014 年 1 月，为了完善社区矫正工作的衔接机制，市司法局与市中级人民法院、市检察院、市公安局、市民政局、市综治办、赤峰监狱等部门共同出台了《关于进一步加强社区矫正和安置帮教工作的意见》，解决社区服刑人员交接、脱管人员查找、撤销缓刑、假释及暂予监外执行收监送押等问题，形成各司其职、各负其责的工作格局。全年全市共接收社区服刑人员 7272 人，累计解除社区服刑人员 5139 人。

第九章　司法鉴定　司法考试

第一节　司法鉴定

一、司法鉴定机构

机构　2006 年，赤峰市司法局成立司法鉴定办公室，负责司法鉴定工作。截至 2010 年底，全市建立司法鉴定机构 5 家，分别是：安定医院司法鉴定所、赤峰学院附属医院司法鉴定中心、宁城县医院司法鉴定所、内蒙古宏达益同司法会计鉴定所、内蒙古松正司法会计鉴定所。2014 年 12 月，设立赤峰市医院司法鉴定所。至此，全市共建立司法鉴定机构 6 个。

人员　2011 年，完成赤峰学院附属医院司法鉴定中心和宁城县医院司法鉴定所年检注册工作，注销执业证书 8 人，转所 2 人。2012 年，安定医院司法鉴定所新增 3 名法医精神病鉴定人员，宁城县医院司法鉴定所新增 2 名酒精检测人员，赤峰学院附属医院司法鉴定中心新增 2 名法医病理鉴定人员。2013 年，完成 2 家司法会计鉴定所的年检注册工作，宏达益同司法会计鉴定所注销司法鉴定人员 13 人，保留 9 人，新增司法鉴定人员 8 人；松正司法会计鉴定所原有 13 名司法鉴定人员不变；安定医院司法鉴定所变更了机构负责人，增加 3 名司法鉴定人员；宁城县医院司法鉴定所增加 1 名酒精检测人员。2014 年，全市有司法鉴定人员 73 人。

管理与培训　2007 年，市司法局组织参加由司法部举办的司法鉴定管理人员培训班。2008 年，组织参加司法部举办的专业培训班。2009 年，组织参加司法部举办的司法鉴定资质认定班的专业培训。2011 年 6 月、11 月,分两次组织法医类司法鉴定人员参加自治区司法厅举办的法医临床司法鉴定人转岗培训班。同年 9 月,组织参加司法部举办的《法医精神病鉴定文书书写规范与技巧》培训班。2013 年 6 月,组织参加自治区司法厅举办的司法鉴定人出庭质证培训班。同年 10 月,赤峰学院附属医院 1 名司法鉴定人参加司法部举办的《人体损伤程度鉴定标准》师资培训班。2014 年 4 月,市司法局组织开展《人体损伤程度鉴定标准》专项培训,分两期对 3 家法医鉴定机构的 45 名鉴定人员进行了全员培训。通过各类培训,司法鉴定人员和管理人员的专业素质得到提升。

二、司法鉴定业务

2006—2010 年,全市各司法鉴定机构先后开展了法医临床、法医病理、法医毒物、法医物证、文书鉴定、痕迹鉴定、声像资料鉴定等业务。2011 年,新增法医毒物司法鉴定业务,并在赤峰学院附属医院司法鉴定中心、宁城县医院司法鉴定所开展鉴定工作,新增酒精测试鉴定业务。2014 年,根据司法部有关文件要求,经司法厅司法鉴定管理局批准,新增了精神障碍医学鉴定业务,并在赤峰市安定医院司法鉴定所开展。2008—2014 年,全市各司法鉴定机构共开展司法鉴定业务 14724 件,其中法医类 12609 件,物证类 2099 件,会计类 16 件。

2008—2014 年赤峰市司法鉴定情况统计表

表 18-5-9

项目 年份	司法鉴定机构(家)	司法鉴定人员(人)	开展司法鉴定业务数(件)				投诉案件(件)
			小计	法医类	物证类	会计类	受理
2008	5	71	820	692	116	14	—
2009	5	69	999	883	116	—	—
2010	5	70	1356	1256	98	2	—
2011	5	71	2843	2556	287	—	5
2012	5	68	2632	2127	505	—	—
2013	5	68	2860	2375	485	—	2
2014	6	73	3212	2720	492	—	—

第二节　司法考试

赤峰市司法考试管理工作主要负责组织全市司法考试的报名、考务工作;负责“法律职业资格证书”的审核、呈报、发放工作;承担对取得法律职业资格证书人员的管理工作;指导、规范全市有关司法考试的培训工作。

2002—2014 年，赤峰市司法考试工作每年都按照“平稳、安全、顺利、有效”的工作要求，精心组织，周密部署。考试前，制定《国家司法考试赤峰考区考务工作实施方案》和《赤峰市国家司法考试突发事件应急预案》，召开司法考试领导小组会议，协调公安、武警部队、无线电管理处、保密局等单位，成立安保应急工作领导小组，明确各自工作职责，形成合力，确保考试安全。选择交通便利、便于集中管理、硬件设施齐全、社会声誉好的学校作为考场。组成司法干警加教师的监考队伍，并进行严格的培训。每年考试时，每个考场设置电子干扰设备 1 台，预防无线电作弊。每个考场由 1 名司法干警加 1 名教师监考，同时设有流动监考人员。发现无线电作弊的人员，立即由公安警察采取措施，及时进行调查取证，并报告上级机关作出处理。

2002—2014 年，赤峰市参加司法考试的报名人数为 10868 人，其中获得 A 证 710 人，B 证 59 人，C 证 1379 人。根据获证情况，为赤峰市中级人民法院、检察院、司法行政机关建立了可供聘任的人才储备库。在法律职业资格证书的管理上，每年都指定专人负责资格证书的申领和备案储存。

第三节 法学教育

一、法学教育机构

1985 年 8 月，成立赤峰市法律电大工作站，隶属市司法局领导，业务上归内蒙古赤峰市电大分校指导。为科级单位，核定全额事业编 8 个。1988 年 10 月，中华全国律师函授中心大专部移交市司法局管理，并由赤峰市法律电大工作站承办函授辅导等工作。同年，律师函授赤峰辅导站成立。2003 年 7 月，赤峰市法律电大工作站更名为赤峰市法学教育培训中心。2004 年 12 月，赤峰市法学教育培训中心更名为赤峰市法律援助中心（挂赤峰市司法考试中心、赤峰市法学教育基地牌子），承担法律援助、国家司法考试和法学教育等职责。2009 年 9 月 23 日，全部人员实行参照公务员法管理。法学教育基地具体负责法学学历教育工作，业务上受中国政法大学继续教育学院和赤峰电大分校指导。其教学任务是立足政法系统、面向社会，为国家、社会培养不同层次的复合型的法律人才。教学对象为在职司法干部，行政机关、人民团体、企事业单位干部职工，个体工商户及城市待业青年等。

二、法学教育工作

1994 年，赤峰市法律电大工作站与中国政法大学协作，在赤峰市招收法律本科学员 778 人，办学形式为函授。1997 年，赤峰市法律电大工作站借助律函辽宁省朝阳市辅导站开考法律专业本科，共 1 届 50 人，办学形式为自学考试，2002 年全部毕业。2002 年，清华大学成教学院通过律函赤峰辅导站招收法律本科学员，共 1 届 60 人，办学形式为远程教育，2005 年毕业 43 人。2006—2009 年，共招收法学函授专升本学员

101 人,2010 年全部毕业。1991—2014 年,全市共招生 4205 人,毕业 4104 人。毕业生中大多数人员就业于全市各级政法机关，缓解了政法机关亟需法律专业人才的现状。2000 年,赤峰律函辅导站被全国律函中心授予“全国先进辅导站”荣誉称号。

第十九卷

军事

赤峰市(昭乌达盟)是祖国首都北京的“北大门”,是东北、华北平原通往内蒙古的重要走廊和通道,素为战略要地。抗日战争胜利后,中国共产党曾在赤峰地区设冀察热辽分局。新中国成立后,为了维护北部边境地区稳定,赤峰地区驻有中国人民解放军陆军、空军部队,建立了军分区、人武部等组织机构。20 世纪 80 年代后,随着国家工作重心的转移, 赤峰市军事组织积极开展调整改革工作。1985—1990 年, 根据中央军委指示,按照“精兵、合成、平战结合、提高效能”的原则,赤峰驻军进行精简整编,缩减了员额。1991—1998 年,赤峰驻军再次整编,师以上指挥机关全部撤销。其间,武警驻赤峰部队相继成立。

赤峰军分区自 1950 年成立以来,认真履行党委军事部门的职能,发挥了民兵一线指挥部的作用。特别是中共十八大以后,军分区党委以习近平新时期军队建设思想为指导,深刻领会走有中国特色的精兵之路的重大意义,牢固树立强化官兵思想政治建设的首位意识,注重打牢思想政治建设的根基。机关全体官兵始终坚持听党的话、跟党走,与党中央、中央军委保持思想和行动上的绝对一致。驻赤部队全面落实中央军委“政治合格、军事过硬、作风优良、纪律严明、保障有力”的总要求,坚持实施科技强军战略方针,加快部队现代化建设步伐,部队教育训练、作战指挥、后勤保障、武器管理等科技含量明显提高,部队的战斗力显著增强。人武部正规化建设和管理水平也不断提高。

赤峰市兵役机关为赤峰军分区和各旗县区人民武装部。1984 年,新修订的《中华人民共和国兵役法》颁布后,赤峰市开始实施义务兵与志愿兵相结合、民兵与预备役相结合的兵役制度。在历年征兵工作中,各地区积极探索新形势下征兵工作的特点规律,做到领导到位、宣传到位、措施到位、协调到位、优抚到位,形成依法征兵有效机制。2010 年,赤峰市政府被国防部评为全国征兵工作先进单位。

1952 年,赤峰地区基本实现了普遍民兵制度。20 世纪 90 年代后,形成了以行政村为基础,以乡镇、企业为重点,以其他实体为补充的民兵编组新格局。成立了民兵通信分队和部分专业技术分队。民兵的军事训练工作也由过去的分散训练、分片训练、周期训练、集中训练发展到基地训练,训练质量不断提高。民兵通信分队、地炮分队、高炮分队等专业技术分队在内蒙古军区组织的军事技能考核比武中多次取得好成绩。赤峰民兵创建的“民兵号工程”享誉东北、华北地区。

赤峰军分区、驻赤部队和武警赤峰市支队在致力于部队现代化建设的同时,继承和发扬拥政爱民的优良传统,积极参加兴修水利、抢险救灾、植树造林、维护社会治安等活动,为赤峰经济建设和社会发展作出贡献。驻军与驻地有关单位建立共建点,开展精神文明建设活动。特别是在抢险救灾中,驻赤部队和武警官兵发挥突击队作用,为保卫国家和人民生命财产立下功勋,军民之间结下了鱼水之情。1993—2014 年,赤峰市连续 7 次被民政部、解放军总政治部评为全国双拥模范城市。

赤峰是国家重点人民防空城市之一。市委、市政府和赤峰军分区坚持“长期准备,重点建设,平战结合”的方针,建立健全各级人防组织机构,加大人防工程建设力度,开展防空演习和人防宣传教育,增强广大干部群众的防空意识,提高各级组织的防空指挥能力和群众的防空能力。赤峰市人民防空工作一直是华北地区人防战线的一面旗帜。2000 年、2005 年,2 次被国家人民防空委员会评为全国人民防空先进城市。

第一篇 军事组织

第一章 赤峰军分区

第一节 机构沿革

赤峰军分区(简称军分区)成立于1950年,是本地区的最高军事指挥机关,正师级单位。隶属内蒙古军区,受内蒙古军区和赤峰市委的双重领导,是赤峰市委的军事工作部门和市政府的兵役机构,负责赤峰地区的军事、民兵、兵役和城市警备任务。1991年,赤峰军分区下辖司令部、政治部、后勤部,无科级建制,各部根据业务工作设业务组。直属单位有士兵队、教导队、民兵军械修理所、卫生所、民兵装备仓库、干休所。12个旗县区人民武装部(简称人武部)归地方建制。1996年4月,旗县区人武部收归军队建制,赤峰市所属12个旗县区人武部改归军分区直接领导。1997年5月24日,军分区机关恢复科级建制。直属单位有勤务排、教导队、卫生所、干休所、民兵军械修理所、民兵装备仓库。2004年9月30日,军分区机关进行整编,取消科级建制。直属单位有勤务排、教导队、卫生所、干休所、民兵装备仓库。

第二节 领导更迭

赤峰军分区司令员、政治委员由中央军委任免,军分区副职及正团职领导由北京军区任免。

1991—2014年赤峰军分区主要领导更迭表

表19-1-1

职务	姓名	民族	任职时间
司令员	李茂林	汉族	1988.8—1992.10
	陈荣德	满族	1992.10—1996.3
	桑杰扎布	蒙古族	1996.3—2003.11

续表

职务	姓名	民族	任职时间
司令员	张　忠	汉族	2003.11—2005.11
	崇先锋	蒙古族	2005.11—2009.12
	杨俊旺	汉族	2009.12—2011.10
	孙卫国	汉族	2011.10—2014.12 在职
政治委员	朱家铭	汉族	1990.8—1992.1
	胡书龙	汉族	1992.1—1999.8
	秦少波	汉族	1999.8—2001.11
	句建奇	汉族	2001.11—2008.8
	姜光玉	汉族	2008.8—2012.4
	杨吉雷	汉族	2012.4—2014.10
	李国军	汉族	2014.10—2014.12 在职
副司令员	王宝良	汉族	1998.1—2006.9
	王卫东	汉族	2000.5—
	薛彬文	汉族	2008.5—2014.12 在职
副政治委员	王玉林	汉族	1995.10—2006.12

第三节　人民武装部

一、旗县区人民武装部

赤峰军分区所属旗县区级人武部为正团级单位，是同级地方党委的军事部门，兼同级政府的兵役机关，接受军分区党委和同级地方党委、政府的双重领导，旗县区委书记兼任人民武装部党委第一书记。人武部主要负责本地区的民兵、兵役等工作。

1986年4月19日，为适应部队精简整编的需要，全市旗县区人武部退出中国人民解放军序列，改归地方建制，接受旗县区党委、政府和军分区的双重领导，武装部的机构等级降为副团级单位。人武部配部长、政治委员各1人。机关下设军事科、政工科、办公室，为正科级。1992年以后，配副部长或副政治委员1人(级别为正科级)。1995年12月，中共中央、国务院、中央军委作出决定，将人民武装部收归军队建制。1996年4月，全市旗县区人武部收归军队建制，隶属赤峰军分区，为正团级单位，机关干部为现役军官，机关职工为地方人员。人武部配部长、政治委员、副部长各1人。部长、政治委员由北京军区任免，副部长由内蒙古军区任免。机关下设军事、政工、后勤3个科，均为正营级。截至2014年，没有变化。

二、基层人民武装部

各旗县区乡镇苏木、街道办事处都建有武装部，配备专职武装干部。有的旗县区还在行业系统和大型企业建有武装部，配备专武干部。专武干部不是现役军人，为地方和企业干部。着全国统一制式专武干部服装。截至2014年，全市共建有乡镇苏木、街道办事处武装部183个，行业系统武装部3个，企业武装部16个，机关工委武装部1个，学院武装部1个，国有农牧场武装部1个，配备专武干部219人。

第二章 驻赤部队

中华人民共和国成立后，为了维护国家北部边境地区稳定，赤峰市境内驻有中国人民解放军陆军、空军部队，建立有军分区、人武部等组织机构。1985—1990年，按中央军委的指示，驻赤部队进行精简整编，缩减了员额。1991—1998年，驻赤部队再次整编，师以上指挥机关全部撤销。

第一节 陆 军

一、中国人民解放军赤峰守备区

中国人民解放军赤峰守备区于1981年9月22日成立，归沈阳军区领导，设司令部、政治部、后勤部、纪律检查委员会办公室。1991年4月，赤峰守备区进行精简调整，设司令部、政治部、后勤部。所属部队也改变建制，缩减员额。1992年，赤峰守备区机关和所属部队全部撤销。

二、中国人民解放军81595部队

该部原是广州军区某部所属支队，1977年8月改称为中国人民解放军81595部队。其所属81597部队驻林西县官地镇，81599部队驻克什克腾旗经棚镇，81601部队驻林西县大营子乡，81603部队驻林西县林西镇北门外，81605部队驻林西县林西镇。1981年11月，该部转隶赤峰守备区领导。1985年，与原陆军某师合并，隶属关系未变。1991年4月，精简整编，指挥机构降格。1992年10月，81595部队及所辖部(分)队全部撤销。

三、中国人民解放军81573部队

1969年8月24日，该部由辽宁省宽甸移驻赤峰，担负着大板、林东地区坚守防御

作战任务，指挥机关驻大板镇。1981 年 9 月 22 日，赤峰守备区组建以后，该部调归赤峰守备区建制。其所属 81575 部队驻巴林左旗林东镇，81577 部队驻巴林右旗巴彦琥硕镇，81579 部队驻巴林右旗幸福之路苏木，81581 部队驻巴林右旗沙巴尔台苏木，81522 部队驻巴林右旗大板镇内。1985 年 7 月 4 日，该部进行精简整编。1991 年，该部再一次简编，指挥机构降格。1992 年 10 月，81573 部队及所属部(分)队全部撤销。

四、中国人民解放军 81580 部队

1981 年 3 月 5 日，中国人民解放军辽宁省军区 81580 部队在赤峰组建，该部由铁道兵某师以及沈阳部队部分工程兵、炮兵、装甲部队合编而成。其所属 81583 部队驻松山区水地乡，81585 部队驻松山区初头朗镇，81587 部队驻松山区木头沟乡，81589 部队驻松山区王家店乡，81591 部队驻松山区五三乡。1992 年 10 月，81580 部队及所属部(分)队全部撤销。

五、中国人民解放军 81820 部队

1992 年 10 月，该部从辽宁省朝阳市移驻赤峰，驻赤峰东大营。其所属 81215 部队驻松山区十五里铺(后移驻松山区木头沟乡)，81217 部队驻宁城县天义镇(后移驻辽宁省朝阳市)，81219 部队驻松山区王家店乡。1996 年 10 月，该部所属部(分)队改编重组，1998 年进行简编，指挥机构降格。2002 年 12 月，该部所属 65657 部队在松山区王家店乡组建，后改称中国人民解放军 65655 部队。

六、中国人民解放军 81643 部队

1970 年 10 月，中国人民解放军吉林省军区所属 81643 部队驻防阿鲁科尔沁旗。司令部机关驻罕苏木巴彦浩硕，连队分驻于巴彦温都尔苏木和罕苏木。1992 年 10 月，该部撤销。

七、中国人民解放军 713 部队

1974 年 6 月 26 日，该部在赤峰县(今松山区)穆家营子镇组建，隶属基建工程兵水文地质指挥部领导。1982 年 12 月 23 日，改编为给水工程团，隶属沈阳军区司令部领导。1992 年 10 月转隶于某集团军后，驻地移驻松山区王家店乡。1998 年 10 月，移驻辽宁省朝阳市。

八、中国人民解放军 65065 部队

该部于 1993 年在松山区穆家营子镇组建，隶属于沈阳军区司令部军训和兵种部。至 2014 年未有变化。

九、中国人民解放军 65163 部队

1967 年，沈阳军区 513 部队进驻赤峰，驻市区二道街天主教堂，后迁至市区东郊红山脚下，后改称 65163 部队。至 2014 年未有变化。

第二节 空 军

一、中国人民解放军 93398 部队

1967 年,中国人民解放军 93398 部队进驻喀喇沁旗牛家营子镇土城子。至 2014 年未有变化。

二、中国人民解放军 93088 部队

1967 年,中国人民解放军 93088 部队进驻喀喇沁旗牛家营子镇土城子。至 2014 年未有变化。

第三章 武装警察部队

自 20 世纪 80 年代,赤峰地区武装警察、森林警察、消防警察部队相继组建支队,均为正团级单位,接受地方党委和武警部队的双重领导。遂行看押看守、城市巡逻、反恐、森林草原防火、公安消防等工作。

第一节 武警赤峰市支队

1983 年 1 月,中国人民武装警察部队昭乌达盟支队正式成立,为正团级机构。支队机关设司令部、政治处、后勤处、消防科 4 个部门,军分区独立连移交给武警支队。1985 年 2 月, 支队将隶属其建制的消防科和消防中队划归市公安局领导。1991 年 4 月 15 日,支队升为甲级支队,支队机关设司令部、政治处、后勤处,各部门下设若干个股。辖 1 个直属大队、1 个教导队和 18 个中队,主要担负看押、看守、守护和城市武装巡逻任务,支队机关驻赤峰市红山区迎宾路西段。2005 年 5 月,支队定编为三类支队,机关和基层编制未变,支队机关迁移到赤峰市新城区玉龙大街。2014 年 1 月,支队编制调整改革,机关设司令部、政治处、后勤处,辖 1 个教导队、2 个大队和 17 个建制中队,原担负老哈河铁路大桥守护任务的第 5 中队撤编。

第二节 武警赤峰市公安消防支队

1987 年,武警赤峰市消防支队正式组建,支队机关内设秘书科、政治处、后勤科、防火科、战训科、企管科,下设直属第 1 中队、第 2 中队和 6 个旗县消防中队。1990 年,武警赤峰市消防支队划归内蒙古消防总队和赤峰市公安局双重领导,各旗县区消防中

队受赤峰市消防支队和当地公安机关双重领导。全市共有消防官兵 272 人。1996 年 7 月,按照公安部命令,武警赤峰市公安消防支队实行新编制,机关设办公室、政治处、后勤处、防火处 4 个部门。9 个旗县均成立消防大队。2003 年,红山区消防科改为红山区公安消防大队,由正营级单位升格为副团级单位。原支队直属第 1 中队、第 2 中队隶属红山区公安消防大队。2006 年,松山区、元宝山区公安消防科分别改为公安消防大队。2007 年,新城区公安消防大队、消防中队成立。2008 年,支队机关司令部设秘书科、警训科,后勤处设财务科、供给装备科,防火处设指导科、宣传法制科,均为正营级。2014 年,支队机关下设司令部、政治处、后勤处和防火监督处 4 个部门,下辖 14 个大队、16 个中队。共有消防官兵 411 人,合同制消防员 5 人,文职雇员 85 人,企业消防队 86 人。全市各消防部队有各类消防执勤车 97 辆。

第三节 武警赤峰市森林支队

1981 年 9 月 1 日,根据自治区政府批准,赤峰市(原昭乌达盟)森林警察直属中队正式组建。1982 年 11 月 1 日,改称赤峰市武装森林警察直属大队,为正营级单位。1991 年 5 月 19 日,赤峰市森警直属大队改称为森警支队,为正团级。机关下辖司令部、政治部、后勤处。1999 年,赤峰市森警支队改称为武警赤峰市森林支队。2014 年,支队机关设有司令部、政治处、后勤处 3 个部门,下辖 6 个中队。

第二篇 部队建设

第一章 政治工作

第一节 组织建设

按照中央文件规定，省军区和地区（市）级军分区的党委第一书记，均由省委书记和地区（市）党委书记兼任。赤峰军分区党委第一书记由赤峰市委书记兼任，由内蒙古军区党委任免。党委书记由军分区政治委员担任，副书记由军分区司令员担任，党委常委由军分区副职和司令部、政治部、后勤部正职领导担任，均由内蒙古军区任免。2014年12月，军分区共建有师级党委1个，团级党委13个，党支部15个。

1991—2014年赤峰军分区党委主要领导更迭表

表19-2-1

职 务	姓 名	民族	任职时间
第一书记	宋志民	汉族	1988.11-1992.1
	刘云山	汉族	1992.1-1993.6
	高连元	蒙古族	1993.6-1995.5
	许久勋	汉族	1995.5-1999.1
	刘玉祥	汉族	1999.1-2001.10
	罗啸天	汉族	2001.10-2005.1
	杭桂林	蒙古族	2005.1-2011.1
	王中和	汉族	2011.1-2013.8
	王程熙	汉族	2013.8-2014.12 在职
党委书记	朱家铭	汉族	1990.8-1992.1
	胡书龙	汉族	1992.1-1999.8

续表

职 务	姓 名	民族	任职时间
党委书记	秦少波	汉族	1999.8-2001.11
	句建奇	汉族	2001.11-2008.8
	姜光玉	汉族	2008.8-2012.4
	杨吉雷	汉族	2012.4-2014.10
	李国军	汉族	2014.10-2014.12 在职
党委副书记	李茂林	汉族	1988.8-1992.10
	陈荣德	满族	1992.10-1996.3
	桑杰扎布	蒙古族	1996.3-2003.7
	张 忠	汉族	2003.7-2005.11
	崇先锋	蒙古族	2005.11-2009.12
	杨俊旺	汉族	2009.12-2011.10
	孙卫国	汉族	2011.11-2014.12 在职

第二节 思想政治教育

一、军分区

1991—2000 年，按照中央军委关于“必须高度重视思想政治建设，必须把思想政治建设摆在首位”的重要指示，军分区机关和人武部分五个专题系统学习社会主义市场经济理论。突出抓了以坚定社会主义信念为重点的党在社会主义初级阶段基本路线的教育。1993 年 10 月，军分区机关干部战士参加“党的基本路线教育”考核，参考率为 90%，成绩均在良好以上。1995 年 3 月，根据内蒙古军区党委的统一部署，军分区机关集中进行了人生观、价值观教育。观看《时代颂歌》《笑声中的回忆》等正反两方面的录像。军分区领导分别从正确对待名利地位、艰苦奋斗、爱国奉献三个方面进行辅导讲课。内蒙古军区政治部向全区部队推广了赤峰军分区开展革命人生观教育的经验做法。

1997 年，军分区机关和人武部集中开展以“重事业、淡名利、争先创优、做好本职工作”为主要内容的共产党员事业观教育。1998 年，军分区党委按照上级的统一要求，在官兵中进行“一振三戒”(振奋革命精神，戒浮、戒惰、戒奢)教育。1999 年，在团以上领导班子和领导干部中深入进行“三讲”(讲学习、讲政治、讲正气)教育。

2001—2010 年，军分区团以上党委和机关开展“四个正确对待”(正确对待自己、正确对待事业、正确对待调整、正确对待走留）教育和保持共产党员先进性教育。2002年，军分区和人武部机关参加《战友报》社举办的“新理论、新伟业、新辉煌”百题知识答卷。2004年，根据军分区的统一部署，开展“学习实践‘三个代表’重要思想，投身中国特色军事变革”教育实践活动。基层官兵以《“三个代表”重要思想基层读本》和内蒙古军区编印的《基层官兵“三个代表”重要思想应知会用基本观点》为教材，进行系统的学习。2006年，按照上级统一部署，军分区部队先后组织开展“树立和贯彻落实科学发展观”“履行新使命”“社会主义荣辱观”“增强干部事业心责任感”等4个专题教育。2007年，在抓经常性思想教育中，采取灵活多样的方法，先后开展“话家乡变化，砺卫国斗志”读书演讲、“看驻地变迁，悟科学发展”主题征文、“赞颂家乡新变化，喜迎党的十七大”新闻摄影展等各种活动，使经常性思想政治教育不断深入官兵的生活和工作中。2009年，依据上级《思想政治教育大纲》，积极拓展师级党委抓教育的职能，采取“统一筹划、择优备课、网上施教、统分结合”的方法，狠抓“大力培育当代革命军人核心价值观”主题教育活动。

2011—2014年，坚持把思想政治建设摆在首位，持续抓好中国特色社会主义理论体系武装。2011年6月，组织一期干部理论集训。2012年，围绕中国特色社会主义理论体系等主要内容，开展“赞颂科学发展成就，忠实履行历史使命”主题教育活动，采取网上集中上大课，组织辅导授课7次，按计划分步骤高标准完成5个专题学习。2013年，持续开展培育当代革命军人核心价值观、“坚定信念、铸牢军魂”主题教育活动，围绕“忠诚可靠、能打胜仗、作风优良、履职尽责”四个方面深入查找问题，有针对性地组织授课辅导。2014年，围绕学习习近平主席系列重要讲话特别是视察内蒙古军区时的重要讲话、党的十八届四中全会、全军政治工作会议精神等内容，先后组织了5个专题的理论学习，全员参加两级军区干部理论集训。年内落实52个学习日。

二、驻赤部队

1991—2000年，中共中央转发《全军政治工作会议纪要》，要求军队针对国际国内情况的新变化，加强政治建设，解决好政治上永远合格问题。1992年，驻赤81215部队对官兵开展“社会主义信念”主题教育，并采取集中授课与分散辅导相结合、重点讲解与答疑解难相结合、班排讨论与举办演讲会和辩论会相结合等方式进行教育。组织35名战士作特色理论巡回报告，召开学习理论座谈会，有12个单位和个人介绍学习经验。1995年，各部队严格按照总政治部《关于加强和改进基层思想政治教育的若干规定》落实教育制度，采取指导员备课、集中授课和班（排）组织讨论，突出干部教育这个重点。

2001—2005年，驻赤部队开展共产党员先进性教育活动，具体内容有“三有”“五关心”“党员挂牌”。“三有”：周围有镜子，身上有牌子，胸中有尺子；“五关心”：上级关心下级，领导关心部属，机关关心分队，干部关心战士，党员关心群众；“党员挂牌”：党员统一佩戴印有“为人民服务”的党员标志。中共十六大召开以后，部队各级党委、支部通过组织官兵利用座谈、讨论、体会交流等形式,引导广大官兵深刻领会中共十六大报告中明确的“举什么旗,走什么路,实现什么目标”等重大问题,确保官兵思想始终凝聚在十六大精神上。

2006—2010 年,着眼“两个环境”给官兵思想带来的影响,重点进行“忠实履行新世纪新阶段我军历史使命”主题教育活动。各级政治机关坚持经常深入基层检查指导,为官兵排忧解难,坚决防止插手基层热点敏感问题,为部队做出样子。2008 年,高标准完成集团军赋予的中国特色社会主义理论体系宣传普及试点任务, 经验做法被军区转发。以弘扬“旋风精神”和“草原狼”精神为载体,深入开展优良传统教育,投资 12 万元为全部队制作“草原狼”臂章,为全体退伍老兵统一制作水晶纪念碑。

2011—2014 年,通过成立军魂教育办公室、建立常委联系点等形式,持续开展铸魂工程,组织团以上领导干部深入一线巡回宣讲,同步参加集团军网上理论培训,集中组织基层理论骨干进行理论轮训。结合纪念建党 90 周年,广泛开展党史军史知识竞赛和主题实践活动,夯实官兵爱党信党跟党走的坚定信念。坚持围绕中心,强化创先争优意识,持续开展“练兵场上党旗红”实践活动。党的十八大召开以后,邀请军区宣讲团和赤峰市十八大代表来部队宣讲,集中 3 天时间把基层理论骨干普遍轮训一遍,分批组织领导和机关干部下连当兵锻炼,摸实情、解难题,倾听基层官兵心声和反映,进一步改进领导机关作风。

三、武警部队

1991—1999 年,以武警总部下发的《坚持党对武警部队绝对领导》一书为基本教材,深入开展专题教育。1993 年,支队党委狠抓经常性思想工作的针对性和有效性,坚持把经常性的思想工作渗透到各项工作的各个环节中。广泛开展谈心谈话和尊干爱兵活动,建立个别人的思想档案,对后进战士实行帮教责任制,促进后进战士的转化。1995 年,按照总部、总队两级党委指示,重点学习《邓小平文选》1 ~ 3 卷和《邓小平同志建设有中国特色社会主义理论学习纲要》。1997 年, 开展以做党和人民忠诚卫士为主题的“四个教育”(爱国奉献、革命人生观、尊干爱兵、艰苦奋斗),以反对拜金主义、享乐主义和极端个人主义为重点的思想教育。1999 年,围绕新中国成立 50 周年,开展以“爱党、爱国、爱武警”为主要内容的爱国主义教育。支队先后参加总队和地方各级政府组织的以颂扬新中国成立 50 年辉煌成就为主题的歌咏演唱会、文艺会演、调演、知识竞赛等活动。

2000—2009 年,广泛深入开展以“做党和人民忠诚卫士”为主题的群众性自我教育,在全支队初步形成“人人是教员、事事是教材、处处是课堂、时时受教育”的良好局面。2008 年,在思想政治教育中以“做卫士铸警魂,尽职责保奥运”为主线,围绕“坚定理想信念,忠实履行使命”,结合开展“我为奥运增光彩、我为祖国作贡献”活动,引导官兵从正在做的事情抓起,从点滴做起,以实际行动争做忠诚卫士。

2010—2014 年,支队集中开展七个专题的系列安全警示教育,党委成员、业务骨干先后进行辅导授课。积极研究探索新时期、新任务中政治工作的特点规律，摸索不同任务、不同环境、不同阶段思想工作的具体做法。2013 年，组织开展红歌演唱赛、红色故事会、红色影视展、主题征文演讲活动，编印《红色故事集》《励志格言集》《先进事迹集》等。结合贯彻十八大精神，深入开展“抓理论武装、铸忠诚之魂、练过硬本领、展优良作风、促廉洁勤政、履卫士职责、圆强警梦想”主题教育活动。2014 年，支队按照统一内容、统一进度、统一检查的方式，采取“每一专题党委成员串讲、各个课题政工领导主讲、课后辅导基层干部细讲”的方法，扎实开展政治教育。

第二章　军事训练和执勤

第一节　军事训练

1991—1996 年，军分区首长、机关干部的训练内容主要是贯彻《中国人民解放军军事训练条例》的基本精神，学习总参谋部新颁发的《陆军步兵师旅战术教材》中的防御战术理论。结合战时快速动员任务，围绕战术指挥特点，掌握组织协同和保障的内容、方法。军分区首长、机关干部为 40 个训练日，其中包括训练中的政治思想教育 2 天。训练时间分别于 2 月至 4 月、6 月至 7 月、8 月至 10 月，分阶段安排时间组织进行。1993 年，军分区机关的训练内容又增加高科技知识的学习和高技术条件下作战问题理论研究，主要侧重美军编制装备、作战理论、作战手段、高技术兵器的使用。内蒙古军区年终对军分区机关进行年度军事考核，军分区机关手枪射击在东部 4 个军分区中成绩第一，战术想定作业在内地军分区中成绩第一。1996 年，军分区机关在内蒙古军区组织的年终军事训练考核中取得 3 项第一。

1997—1999 年，认真贯彻落实中央军委关于深入学习现代科技特别是高科技知识的指示精神，根据总部、北京军区和内蒙古军区的安排，全面系统地开展高科技知识的学习教育和普及提高工作，改善干部的知识结构，提高军事素质和组织指挥能力，适应军队建设的“两个根本性转变”。军分区制定《赤峰军分区干部学习高科技知识三年规划》，组织机关干部分层次进行高科技知识应用内容的学习，熟悉高科技知识在军事领域的应用和敌我主要高科技武器装备的战术技术性能。积极开展会计算机操作、会摄像照相、会战场外语会话、会航空图片判读、会通信器材使用、会车辆驾驶“新六会”的训练。军分区和红山区、松山区、巴林右旗、敖汉旗人武部领导、机关干部在参加内蒙古军区年终军事训练考核中，取得总评分数优秀的成绩，军分区被总参谋部表彰为“军事训练先进单位”。

2000—2004 年，军分区按照总部首长提出的“四个创新”（理论创新、内容创新、方法创新、制度创新）要求，认真研究大中城市防空、战争动员和科技参战支前保障等问题,突出干部"四新"(新知识、新技能、新装备、新战法)和新"三打三防"(打隐形飞机、打巡航导弹、打武装直升机,防电子干扰、防精确打击、防侦察监视)研究和训练。2002年12月,军分区带领元宝山区人武部机关全体人员参加内蒙古军区的军事考核,考核成绩均在良好以上。2004年,为提高军事训练的质量标准,适应现代高技术战争的需要,军分区研制开发的兵员快速动员数据库、野战自动化指挥系统等4个软件,获全军科技进步三等奖。军分区连续5年分别被内蒙古军区、北京军区表彰为"信息化建设先进单位"。

2005年9月,军分区组织12个旗县区人武部进行以"城市防空作战"为课题的网上对抗演习。南部由红山区、松山区、元宝山区、喀喇沁旗、宁城县、敖汉旗人武部组成,北部由阿鲁科尔沁旗、巴林左旗、巴林右旗、林西县、克什克腾旗、翁牛特旗人武部组成。对抗演习突出练谋略、练战术、练协同,演习既提高了人武部机关组织指挥能力,熟悉防空袭作战组织指挥的内容、程序和方法,又检验每个人武部平时的训练成效。对抗演习的方式方法受到内蒙古军区督导组的肯定。同年末,全市12个旗县区人武部全部跨入"一级军事训练单位"行列。2007年,按照内蒙古军区印发的《全区参谋比武强化训练计划》,军分区司令部抽调14名参谋集中到分区教导队进行强化训练。在内蒙古军区组织的比武过程中,14名参加比武人员获得总分第六名。同年5月,军分区机关和部分人武部参加内蒙古军区组织的"边境地区连锁反应作战"网上战役集训。围绕内蒙古军区赋予的"城市反恐维稳"演练课题,着眼未来属地可能面临的复杂情况,结合作战行动预案,采取上导下演、自导自演、网上作业、室内推演等形式,完成军分区和人武部首长机关布置的以非战争行动为主要内容的战术作业演习。2008年2月,军分区开展以"从实战出发、从实践出发、从实效出发"的军事训练教学责任制为重点的教学法集训。分区首长机关和旗县区人武部各有1名主官和军事科参谋共46人参加集训,军分区首长与旗县区人武部主官签订年度《军事训练教学责任状》。2009年5月,军分区首长带领机关干部和市人防办有关人员参加内蒙古军区组织的网上战役集训演练。在演练过程中,军分区完成32份想定作业,参加城市防护、信息作战、城市防空、城市防卫、反恐维稳五个课题的研究,完成"城市反恐问题研究"理论文章的撰写。年底,内蒙古军区综合工作组对军分区机关干部的体能、技能、理论等7项内容进行考核,赤峰军分区考核成绩在内地军分区为第二名,人武部考核成绩为第三名。军分区司令部被北京军区表彰为"先进司令部"。2010年6月,在内蒙古军区组织的全能尖子、参谋军官比武选拔中,敖汉旗人武部获得第六名。在人武部成建制比武中,松山区人武部获得全区第三名。

2011—2014年,以落实训练教学责任制为重点,广泛开展"学研练考评"活动,集中组织参谋和专武干部技能培训,研究制定并落实"周训、月考、季讲评"制度,该做法被内蒙古军区转发。军分区举办全市第三届基础训练岗位技能比武,巴林左旗、喀喇沁旗、元宝山区人武部名列前茅。2012年,军分区首长机关和2个人武部参加内蒙古军区一体化指挥平台操作比武考核,25 人成绩优秀。2013 年, 以红山区民兵高炮分队为主组队参加内蒙古军区实弹比武考核取得射击第三名。喀喇沁旗人武部在内蒙古军区组织的成建制比武中获第三名。24 名人武部主官在内蒙古军区 102 个人武部考核中有 6 人进入前 10 名,分区成绩总评为全区第三名。2014 年,军分区司令部根据年度军事训练计划安排,按照“仗怎么打兵就怎么练”的要求,把冬季适应性训练和推进未来防卫作战准备结合起来,将机关全部拉入陌生地域,进行集结机动、防敌卫星侦察、道路抢修、指挥所开设、野战生存等科目训练演练,全面熟悉复杂战场环境,提高训练的针对性和实效性。年末,采取单位指定与随机抽点相结合的方法,对首长机关及 12 个人武部担负重点教学任务的 72 名教练员进行试讲考评比武竞赛。喀喇沁旗、红山区人武部分别参加内蒙古军区半年和年终军事考核,军分区首长机关和巴林左旗民兵应急连代表内蒙古军区参加北京军区抽考,均取得较好成绩。

第二节 执 勤

1991—1999 年,武警支队坚持强化安全执勤意识,从提高科学执勤、文明执勤、依法执勤能力着手,本着“规范统一、先进实用、着眼未来、贴近实战”的原则,做到“站哨一分钟,警惕六十秒”。要求官兵熟记执勤制度、执勤职责、执勤纪律、执勤方案及情况处置原则,把各项执勤制度落到实处。针对支队执勤状况,多次进行勤务整顿和对执勤设施的维修和普查,完好率始终保持在 95%以上。积极开展“三共”(与目标单位共建、共管、共保安全)活动,以“三个一遍”(对所有执勤目标检查鉴定一遍,到目标单位及其上级主管部门走访一遍,将执勤形势分析一遍)为契机,以新的《执勤规定》《正规化执勤检查验收标准》为依据,对执勤中的重点、难点问题进行整顿和治理,完善 5 个中队的执勤设施建设。

2000—2010 年,落实自治区召开的武警部队执勤和建设会议精神和《重要目标执勤设施建设标准与管理办法》《武警防暴小分队建设实施办法》, 规范和制定支队重要目标执勤设施建设以及旗县区防暴小分队建设的标准、管理、使用原则。支队从完善执勤设施入手,改善执勤“五大系统”(外围控制系统、照明系统、报警系统、监控系统、指挥通信系统),完成由“内看”向“外看”的转变。看押、看守中队达到“外围封闭、照明配套、报警灵敏”的要求。同时加大执勤正规化管理的力度,坚持定期分析、定期检查、定期讲评,严格落实三级查勤制度。采取驻市区中队实地查、周边中队随机查、偏远中队网络查的方法,保证对执勤工作的全程控制。2004 年,成功参与阿鲁科尔沁旗公安局解救人质事件。2006 年 4 月 29 日, 担负老哈河铁路大桥守护任务的第 5 中队哨兵姬尚飞、黄世鸿,在巡逻中及时发现险情并果断处置,避免了火车倾覆的严重后果,受到目标单位通辽铁路分局的高度评价。2008 年,担负赤峰市“12·26”专案约谈对象看护、“世界草地与草原大会”外宾警卫、奥运火炬接力赤峰站传递安全保卫、“第五届内蒙古国际草原文化节暨第三届红山文化节”安全保卫等多项重大临时勤务,受到国家奥组委、赤峰市委、市政府肯定和人民群众的好评。2009年,成功处置劫持人质和向监区投掷包裹事件。

2011—2014年,圆满完成烈士公祭仪式、火车站春运执勤、中国北方农业博览会、红山文化节、自治区全运会、中共十八届三中全会和四中全会期间城市武装巡逻、武装押解等临时执勤任务。

第三章　拥政爱民　军民共建

第一节　拥政爱民

一、抢险救灾

1993年7月,赤峰市部分地区遭受严重的洪涝灾害。8月18日,赤峰军分区政治部、市民政局、市双拥办联合召开支援地方(救灾)会议。军分区机关官兵同驻赤部队积极响应政府的号召,共向灾区捐款6.46万元,衣物5000多件。

1994年7月,赤峰地区连降大到暴雨,降雨量达124毫米,锡伯河、阴河、英金河出现几十年未遇的大洪水,城区几十万人民群众的生命财产受到严重威胁。赤峰军分区、红山区人武部组织城区4000多名民兵与驻赤部队1000多名官兵参加抗洪抢险。军民连续奋战10天,保住了英金河十里长堤。

1997—1999年,军分区及所属人武部多次参加地方夏季抗洪救灾,共组织发动279个民兵连队35472名民兵抗洪抢险,投入指挥车和运输车1068台次,行程10.7万公里,投入财力17.5万多元。

2000年,克什克腾旗遭遇特大雪灾,军分区和人武部组织1000多名民兵在十多条公路、方圆数百里的地区展开抗雪救灾,打开数条通路,及时将救灾物资送到灾民家里。同年7月27日下午,由于英金河上游连降大雨,暴发洪水,第一次洪峰自上游涌至市区北侧时,造成西水地村西山头附近一处堤坝决口,100多户村民的生命财产受到威胁。红山区人武部得到报告后,立即带领机关人员赶到现场,组织400名民兵和人民群众抗洪抢险。经过数小时奋战,决口被堵住。

2001年初,克什克腾旗、林西县、巴林左旗、阿鲁科尔沁旗、巴林右旗40多个苏木、50多万人和200多万头只牲畜遭受雪灾,赤峰军分区和所属人武部组织32个民兵连队3000多名民兵,清理积雪30多万立方米,清除道路积雪75000多米,接送学生3500余人,抢救牲畜1万多头只。军分区和各人武部共捐款3万多元,大米、面粉8000公斤。同时主动向上级首长和友邻部队通报灾情,争取外援。北京军区向灾区捐款82万元、捐衣物5000件,广州军区捐赠10万元的物资。

2003 年,“非典”疫情蔓延到赤峰。赤峰军分区在市委、市政府的统一领导下,成立防治“非典”工作领导小组,构建军分区、旗县区人武部、乡镇苏木武装部、村嘎查民兵连四级联动机制。先后组织出动民兵 6 万多人,组建 800 多个民兵巡逻班,进行“防非”宣传、布控、环境整治和管控隔离等工作,开通 100 多部预防“非典”值班电话。松山区人武部被内蒙古军区评为“非典”防治工作先进单位。同年 8 月 16 日,阿鲁科尔沁旗和巴林左旗部分地区发生里氏 5.9 级地震。军分区迅速成立了抗震救灾指挥部,军分区领导连夜赶赴灾区,指挥抗震救灾工作。救灾期间,共组织出动民兵 3.8 万人,动用车辆 80 多台次,运输赈灾物资 8500 多吨,搭设救灾帐篷 12000 顶、简易窝棚 8000 多间,转移安置灾民 5000 多人。同时捐助价值 2 万多元的救灾急需品。

二、扶贫帮困

1991—1998 年,军分区投入扶贫资金 62 万多元,捐助粮食、化肥等农用物资 50 多吨,为农牧民打机电井 28 眼。各人武部累计投入扶贫资金 40 多万元,捐助各类扶贫物资约 50 吨,援建机电井 113 眼。

1999—2000 年,军分区对林西县五十家子镇石门子村进行定点帮扶。针对当地生产实际,确定了“抓种带养、以农促商”的发展思路,两年间为该村投入资金 30 多万元,帮助村民打挖配套机电井 9 眼,使该村 133.33 公顷旱地变成了水浇地,年增加收入 10 多万元。引导村民调整种植结构,发展大棚蔬菜及农副业生产,使村民年增收 3000 元,两年就实现脱贫。军分区协助北京和内蒙古军区,实施五十家子镇石门子村希望小学建设,投入资金 58 万元,其中军分区投入专项资金 5 万元,建起一所占地 1.47 公顷、教学楼面积达 748 平方米、各种配套设施齐全、可容纳 210 名学生就读的“‘八一’希望小学”。为改善学校教学设施, 军分区为该小学赠送了 1 台电脑、2 台电视机、1 台 VCD、1 套音响、150 个书包、500 册图书等教学用品。

2001—2003 年,根据赤峰市委、市政府印发《市直单位定点包村和干部包扶工作实施方案》,对定点帮扶对象进行重新调整,确定军分区定点帮扶克什克腾旗书声乡龙潭沟村。在市扶贫办和军分区帮助下,为该村争取到“自治区千村扶贫开发工程”重点村的扶持项目。工作组发动 136 户民兵示范户带头发展畜牧业和种植业,协调当地政府投入扶持资金 48 万元,从山东省购买小尾寒羊 748 只,136 个民兵示范户每户修建 24 平方米统一规格的暖棚羊舍和青贮窖(池);军分区投入 2 万元,为该村购买了 600 公斤进口草籽。3 年间, 该村人均收入由不足 600 元增加到 1800 元。军分区党委围绕地方党委、政府扶贫工作的总体部署,研究制定《2001—2010 年扶贫开发工作规划》,确定着力抓好“四个工程”,即生态治理工程、定点扶贫工程、助学兴教工程、信息服务工程。启动“资助百名失学儿童就学工程”,军分区团以上干部以及机关、人武部每个科室资助一名贫困儿童,并专门建立“失学儿童救助档案”,做到按编定人、接力助学、一包到底,直至完成九年义务教育。2003 年,赤峰市委办公厅、市政府办公厅、军分区政治部联合印发《关于驻赤部队开展包村包户扶贫工作的通知》。通知要求驻赤部队副团级以上单位要包扶一个贫困嘎查村,每个营要包扶一个独贵龙(组),每个连包扶3个贫困户。同时对包扶的单位、达到的标准和要求做出明确规定。年内,军分区及人武部机关共捐款12.8万元,资助贫困学生102人。协调香港恒丰集团捐资20万元,在喀喇沁旗昌盛远乡甸子村修建“八一恒丰希望小学”,解决当地学生上学难问题。至2007年,军分区机关先后两次组织官兵开展捐助扶贫活动,向贫困地区和贫困儿童捐款共8万元,捐各类衣物100多件。向扶贫点小学捐赠图书486册、文化体育用品20件套,并专门拿出5000元现金慰问5户特困儿童家庭。

2008年,内蒙古军区党委决定在全区团以上单位开展帮扶一个贫困村嘎查、建设一片生态林、共建一所希望学校、团以上干部每人资助一名贫困学生的“四个一”活动。为落实好军区党委的部署要求,结合赤峰市“十一五”期间经济社会发展的战略目标,军分区成立由政治部主任担任组长、机关各部门有关同志参加的参建帮扶工作领导小组,办公室设在军分区政治部,制定《军分区开展“四个一”活动实施方案》,指导各人武部确立帮扶村、建设生态林、共建学校工作,并规定团以上干部每人资助1名贫困学生,全分区共资助学生48人,并建立详细的“1+1”帮扶情况档案资料。军分区首长机关团以上干部每人落实500元的资助资金,军分区和各人武部总计捐资2万多元。按市政府统一安排,军分区将克什克腾旗经棚镇合义村确定为帮扶村,政治部先后两次派人到合义村,指导该村打井、拉线、修渠、铺水管。协调赤峰市扶贫办为合义村争取到20万元扶贫资金。2009年,军分区司令部、政治部领导带领军分区工作组到帮扶联系点经棚镇合义村小学,将军分区首长和副团职以上机关干部捐赠的6500元助学款送到贫困学生手中,并鼓励孩子们好好学习、立志成才、回报社会。年内,军分区首长为克什克腾旗煤电气转化项目协调400多公顷用地;为红山物流园区建设协调解决交通运输问题;协调电力部门为林西县扩容发电量问题;协调解决巴林左旗第五中学和人民医院占用军事用地问题。争取资金14万元,为帮扶点合义村配套机电井1眼。2012年,军分区投资10万元与克什克腾旗同兴镇四义号村签订“军民共建育肥牛小区”协议,扶持退伍军人发展肉牛育肥项目。2013年,军分区党委启动新一轮“四个一”活动,协调北京军区给水工程团来赤峰援建打井。同年,军分区和人武部机关结对帮扶13个贫困村,接力资助54名贫困生。2014年,按照军分区开展扶贫帮建“四个一”活动的总体安排,军分区机关到松山区哈拉道口镇开展捐资助学活动,向该校捐赠价值2万多元的文体器材,为16名贫困小学生发放了资助金。

三、捐资助学

1994年7月,赤峰市大部分地区出现连续降雨,局部地区多次降大到暴雨,喀喇沁旗驼店乡田家营子小学校舍房顶透风漏雨,在校就读的90多名小学生被迫停学。驻军81820部队得知后,开展了“向孩子们献上一片爱心”捐款活动,不到两天的时间就捐款2万元。当部队了解到田家营子村附近购买不到红砖时,部队领导决定,停建干部家属院的小库房,把材料用在建该校校舍上。1997年,81215部队为当地村小学捐助5000

元体育器材，团以上领导每人每年捐出 200 元扶助 6 名贫困学生就读。81219 部队团、营职以上 16 名干部每人每年捐出 200 元救助特困学生。

截至 2004 年，驻赤部队为贫困地区教育捐资 71 万元，援建希望小学 4 所，捐赠计算机、电视机 40 台，教学器材 1000 多套，各类文化用具万余件，图书 7000 册，资助贫困学生 219 人，帮助 200 多名辍学儿童重返校园。

2006 年 8 月，65655 部队在乌敦套海镇红山水库驻训期间，为乌敦套海镇中学 7 名贫困学生每人捐助 500 元，并为驻地 2 个中学美化校园，整修桌椅门窗 200 余件，买砖 4 万多块，平整操场 5000 余平方米，除草铺路 6 公里，先后出动车辆 100 多台次，人员 3000 多人次，受到了驻地政府和群众的一致好评。

2008 年，65655 部队派出学雷锋活动小组 23 次，义务为群众理发、看病、照顾孤寡老人 100 余次，修理摩托车、自行车 200 多辆，宣讲党的政策和法律知识 17 次，受到了驻地群众的赞誉。

2012 年 5 月，65655 部队赴翁牛特旗乌敦套海镇、阿什罕苏木附近地域野外驻训，其间了解到个别群众家庭因经济困难，子女无法正常完成学业，党委随即责成政治部进行走访，对部分困难群众家庭进行实物和现金救助。7 月 31 日，部队 8 名常委集中赴驻地学校，现场向 13 名贫困学生捐助钱物，赠送助学金 13000 元，发放学习文具、生活用品总价值 3200 多元，受到群众好评。10 月，部队党委决定将捐助活动进一步向首长机关和营、连主官辐射。在翁牛特旗教育局协助下，迅速搜集掌握了 50 名贫困儿童基本信息，并发动 54 名党员干部结成 50 个帮扶对子，随后在乌敦套海镇训练场进行现场捐助，共向贫困学生赠送助学金 25000 元，发放学习文具、生活用品总价值 8000 余元。

第二节　军民共建

一、市政工程建设

1991 年，市政府决定改造红山区二道街。由于工程巨大、人力不足，开挖管道工程进度受阻。6 月 13 日，赤峰守备区某部得知情况主动请战，出动近千名官兵昼夜突击奋战，仅用三天时间就完成了 1.2 万多立方米的土方挖掘任务，使二道街改造项目如期完成。

1992 年 6 月 12 日，赤峰守备区直属分队出动官兵千余人、运输车 13 台，参加昭乌达路两侧人行道改造工程的义务劳动，仅一天时间就清理拉运废水泥块 73 车。同年 7 月，赤峰守备区部队参加松山区水上公园建设任务，2300 名官兵经过五昼夜奋战，挖运土石方 1.47 万多立方米，提前 7 天完成挖掘任务。

2000 年 5 月，驻市区 65655 部队出动 1300 多名官兵，参加赤峰市区文化广场建设,参加施工的官兵奋战3天,挖掘土石方10000多立方米,保证步行街施工按期完工。

2001年,65655部队出动2500名官兵,历时三个月完成了两条(通辽—乌兰浩特,赤峰—乌丹)500多公里的光缆施工任务。同年,该部队参加赤峰市“集中整治城市环境”和“三横三竖”(哈达街、钢铁街、三道街,清河路、火花路、园林路)道路建设,挖土石方40000多立方米,清理外运垃圾3000多吨。

2002—2004年,为支援地方重点工程建设,65655部队义务投放劳动日29700多个,出动兵力6000多人次,车辆800多台次。

2005年,65655部队参加赤峰市城区道路绿化建设等重大工程,累计植树16万多株,绿化林网23条7000多米,种草20多公顷,挖树坑1.5万个,整地373.33公顷,挖沟筑堰3.7万延长米,修路2000米,爆破石质路面2万多立方米,平地15000平方米。

二、参加生态建设

1994年4月,81219部队官兵在参加松山区王家店乡干沟村万亩生态经济沟的建设中,连续奋战15天,栽种山杏、果树、油松40多万棵。在当地干旱缺水的情况下,出动车辆30多台次,往返100多公里,抢运树苗,拉水浇灌,保障了700株云杉的成活率。同时出动680多名官兵,与地方干部群众组成1500多人的会战队伍,修整高标准梯田和水平沟66.67公顷。

1996年,驻赤86209部队、87158部队、81215部队、81219部队在松山区五三乡龙潭山林业综合开发示范工程建设中,出动兵力3500多人,挖水平沟440公顷,筑塘坝6座,累计投工21万个。

1997年7月,81219部队在参加松山区王家店乡平房村共建双万亩生态经济沟的会战中,先后出动官兵近万人次、几十台运输车,官兵们中午不下山,同驻地干部群众一同会战在工地上,植树造林380公顷,修环山作业路18公里,治理荒山近667公顷。

1999年8月,65655部队出动官兵1000多人、车辆100多台,帮助元宝山区五家镇望甘池村完成万亩生态经济沟建设。

2000年4月,65655部队出动官兵1200余人,参加“千里绿色通道”生态建设行动。植树43700多棵,平整林地5万多平方米,挖沟取土2350多立方米。

2001年夏季和秋季,65655部队分三次共出动官兵3000多人、车辆150多台,参加市区南山生态园区建设,共植树10000多株,挖树坑12000多个,平整土石方7000多立方米,修梯田26.67公顷。

2002年4月,65655部队出动官兵500人,对赤朝公路元宝山段进行绿化,共挖树坑近万个,平整路面两侧植树用地10500平方米,挖绿色篱笆2500多立方米。同年,出动800多名官兵分别在松山区木头沟乡、当铺地镇、关家营满族乡、五三镇参加四期农业综合开发及公路沿线绿化工程。累计完成公路植树15.5万棵,梯田筑堰24000米,完成村网植树带6条、11000米,修石质路1000米,爆破12000立方米,挖山整地

333.33 公顷,修整绿化林带 17 条,植树 20 万株,绿化公路沿线 7000 米。

2011 年,65655 部队参加赤峰市新城区、克什克腾旗驻训点及松山区当铺地满族乡新井村的义务植树活动,累计出动 1000 多人、车辆 80 多台次,植树 106.67 公顷,挖树坑 14 万多个。

第三篇　兵役 国防动员

第一章　兵　役

第一节　兵役登记

根据《中华人民共和国兵役法》规定,赤峰军分区和所属旗县区人武部是全市兵役登记机关。1998 年,按照上级要求,各旗县区恢复兵役登记工作。按照规定,当年 12 月 31 日前年满 18 岁的男性公民,应当持本人身份证、户口簿和学历证明及其他有关证件,到户口所在地的兵役登记机构进行兵役登记。当年年满 17 周岁的应届高中(含相当于高中学历)毕业生,本人自愿或者根据需要也可以进行兵役登记。每年的 7 月 1 日至 9 月 30 日为集中兵役登记时间。达到服役年龄的男性公民,应当按照旗县区兵役机关的通知进行兵役登记。接到通知后,本人因特殊原因不能亲自前往登记的,可以书面委托亲属或者所在单位代为登记。机关、团体、企事业单位和乡镇苏木政府以及街道办事处,根据旗县区兵役机关的安排,负责组织本单位和本地区的适龄男性公民进行兵役登记,填写“兵役登记表”,依法确定应服兵役、免服兵役和不得服兵役的人员,并报旗县区兵役机关批准。经兵役登记和初步审查合格的,称应征公民。机关、团体、企事业单位和乡镇苏木政府以及街道办事处,按照旗县区兵役机关的安排和要求,对本单位和本地区的应征公民进行体格目测、病史调查和政治、文化初步审查,选定政治思想好、身体好、文化程度高的应征公民为当年预定征集的对象,并通知本人。2000 年,自治区政府颁布“征兵工作规范”,同时对城镇(非农业)入伍的新兵在入伍时向其发放“安置登记表”。军分区建立“征兵工作管理系统”数据库,加强对预征对象的动态管理。

第二节　兵役征集

兵员征集工作,一般分为组织准备、宣传发动、体格检查、政治审查、择优定兵、新兵交接等阶段。

1991—2014 年,赤峰市征兵工作由市征兵工作领导小组组织实施。市征兵工作领导小组组成单位由军分区司令部、政治部、后勤部机关和市委、市政府宣传、公安、卫生、教育、交通、财政、民政等部门组成。领导小组组长由市政府分管武装工作的副市长担任，副组长由军分区领导担任。领导小组下设征兵工作办公室，办公室主任由军分区参谋长担任，办公地点在军分区司令部。旗县区也设征兵工作领导小组并下设办公室，具体负责本地区的征兵工作。领导小组组长由旗县区政府分管武装工作的领导担任，办公室主任由武装部部长担任，办公地点在武装部机关。办公室设征集、政审、体检和后勤保障等组。基层各乡镇苏木、街道办事处在征兵工作期间也建立相应的领导组织。

兵役征集通常按照如下程序进行：（一）调整本年度的征兵工作领导机构；（二）召开全市征兵工作会议布置征集工作；（三）进行宣传发动；（四）基层（乡镇苏木、街道办事处）人武部初检、初审；（五）旗县区征兵办公室体检、政审；（六）初定合格人员；（七）接兵部队走访调查；（八）征兵办公室整理体检、政审档案；（九）对初定新兵复查抽检；（十）征兵领导小组终审定兵；（十一）发放服装；（十二）人武部与接兵部队交接新兵和档案；（十三）召开欢送新兵大会和座谈会；（十四）新兵起程；（十五）征兵办公室总结上报本年度征集工作。

1990 年后，赤峰市征兵办公室开始采用国防部新制发的《应征公民入伍批准书》，控制城镇和农村兵员征集比例，停止实行“安置卡片”。1993 年，市政府印发《关于在征兵工作中加强廉政建设的通知》，对全市征兵工作提出具体要求，要求各地不得突破征集比例，不得制定与征兵命令相违背的地方政策，要把为部队建设输送合格兵员作为征兵工作的第一标准。1995 年，按照内蒙古自治区政府要求，全市征集高中毕业生以上文化的适龄青年，年龄放宽到 21 岁。坚持体检、政审、审批定兵“三榜”（体检合格人员名单、政审合格人员名单、定兵人员名单）公布制度。1997 年，全市开始执行内蒙古自治区政府印发的《征兵工作责任制》，逐级签订征兵工作责任状，明确奖惩规定。同年，巴林右旗人武部再一次被国防部表彰为“征兵工作先进单位”。

1998 年，新修改的“兵役法”颁布以后，全市开始征集大专以上毕业生入伍，年龄放宽到 22 岁。2002 年，赤峰市政府印发《义务兵优待金标准和发放办法》，义务兵优待金标准提高。2003 年，市及各旗县区征兵办公室开始使用全国统一“征兵工作管理系统”软件。全市推行“阳光征集”。2004 年，赤峰市委建立党委书记征兵工作责任制，明确规定把征兵工作作为任期内主要工作抓好落实。各旗县区人武部党委第一书记亲自参加征兵工作会议，安排部署征兵任务，并与各乡镇苏木、街道办事处党委第一书记签订责任状，明确规定凡完不成任务的单位，书记不能提拔使用，专武干部撤职离岗。在新兵征集过程中，市征兵办公室集中力量抓了“三个严格”：严格体检标准。征兵工作准备阶段，专门利用两天时间，组织各旗县区征兵主检医生和业务人员进行集中培训，进一步统一征兵体检的标准和程序，并提出具体要求；体检过程中，全市征接兵工作人员实行挂牌上岗，纪检监察部门全程参与，实施跟踪检查，发现问题及时纠正；为防止体检医生出现照顾个别人、降低标准的现象发生，实行“封闭式”体检，有警卫人员执勤维护秩序,应征体检人员体检前实行编号“盲检”,一人一表一号,体检表只见号码,不见姓名和家庭住址,体检场所开通手机信号屏蔽器,体检医生实行一次性签字确定,涂改无效,确保体检标准的真实性。严格政审标准。充分发挥市和旗县两级公安部门、教育部门的作用,严格按照公安部、总参谋部、总政治部2004年10月颁布的《征兵政治审查规定》,认真组织征兵政治审查,真正摸清适龄青年的现实表现,严防将政治不合格甚至有劣迹的青年征入部队。严格审批定兵程序。市征兵办对审批定兵程序进行了严格规范,要求各旗县区审批定兵会议必须吸纳公安、教育、民政、卫生、纪检监察等部门和接兵部队人员参加;坚持做到有疑义、有争议和没有上会研究的兵坚决不定,保证集体定兵的严肃性。同年,松山区征兵办公室被国防部评为全国征兵工作先进单位。

自2005年开始,松山区、红山区等单位开始执行由人武部机关前往部队送兵任务,部队不再派接兵人员。2008年,根据总参谋部、总政治部、教育部、公安部、民政部联合印发的《关于做好征集2008年度各级各类院校应届毕业生工作的通知》精神,全市把征集对象主体从农村初中生、城镇待业青年调整到各级各类院校应届毕业生上来。各旗县区人武部紧紧围绕征集应届毕业生这个重点,会同教育部门和具体院校认真进行思想发动,摸清预征对象底数,加强对预征对象管理,择优确定预征对象。根据国防部征兵办公室的规定,在体检、政审合格的非农业户口青年中,大专毕业以上文化程度的青年未全部批准入伍前,不得批准高中文化程度青年入伍。在体检、政审合格的农业户口青年中,高中毕业以上文化程度的青年未全部批准入伍前,不得批准初中文化程度青年入伍。军分区派出工作组,按照总部《关于做好征集2008年度各级各类院校应届毕业生工作的通知》中规定的比例,进行专项检查,随时纠正存在的问题;开辟高学历青年入伍的“绿色通道”,让高学历青年优先报名、优先体检、优先政审、优先安排入伍。同年,内蒙古自治区政府、内蒙古军区将赤峰市确定为从非军事部门具有专业技能的公民中招收士官工作的试点单位。根据上级要求,军分区和旗县区人武部进行了认真的部署,从6月1日开始至8月10日,通过宣传发动、体格检查、政治审查等阶段,全面完成在全市非军事部门具有专业技能的公民中招收士官工作。全市共招收若干名具有专业技术的公民入伍。

2008年,按照国防部征兵办公室关于认真做好应征青年学历审核工作的通知要求,加大学历审查力度,确保应征青年学历真实可靠。为确保兵员政治合格,对人户分离、长期外出的应征青年,实行户口所在地和现住地派出所“两头政审”;针对长期在一地生活的应征青年,实行旗县区、乡镇街道、村嘎查居委会“三级联审”;针对社会、家庭关系比较复杂的应征青年,对现实表现、思想品质、有无违法乱纪、是否参与邪教组织等进行“四个严审”。坚持“基层初审、联合会审”制度,实行“谁政审、谁调查、谁签字、谁负责”。同年,赤峰市第一次面向全社会征集女兵,全市共有500多名女适龄青年咨询报名,参加初检初审,部分正式参加自治区征兵办体检。市征兵办按照国防部的统一要求,通过报名登记、查验证件、目测初检、综合评分、体格检查、面试考核、政治审查、审定新兵、公示名单的步骤，共征集若干女青年入伍。2010 年，赤峰市政府被国防部评为全国征兵工作先进单位。

2011—2014 年，市政府统一提高城乡入伍义务兵退伍补助金标准，按规定 2 年退伍后，优待金可达 10 万多元。敖汉旗明确大专以上学历应征对象经人事局考核带编入伍政策，松山区对“211”“985”院校毕业的退伍战士进行全额事业编安置。2013 年，国防部将冬季征兵调整为夏季。2014 年，军分区和各人武部各项准备充分，组织实施严密，坚持阳光征集，全程监督检查，圆满完成任务，实现“零退兵”的目标。同年，巴林右旗人武部实现连续 45 年无责任退兵。

第二章　国防动员

第一节　组织机构

1994 年 11 月，赤峰市成立国防动员委员会，并展开工作。

1997 年 4 月 29 日，赤峰市政府和赤峰军分区联合印发《关于成立赤峰市国防动员委员会的通知》，明确了国防动员委员会的人员组成。国防动员委员会第一主任由赤峰市委书记担任，主任由赤峰市政府市长担任，副主任分别由赤峰军分区司令员、政治委员、副政治委员、市委副书记、政府副市长担任。委员由赤峰军分区参谋长、赤峰军分区政治部主任、赤峰军分区后勤部长、赤峰军分区副参谋长、赤峰军分区政治部副主任、市委副秘书长、市政府副秘书长、市计委主任、市经委主任、市公安局局长、市财政局局长、市民政局局长、市建设局局长、市交通局局长、市邮电局局长、市商务局局长、市卫生局局长、市人防办主任、市总工会主席、团市委副书记、市妇联主席、赤峰火车站站长、赤峰民航站站长等领导组成。

2002 年 9 月 5 日，赤峰市国防动员委员会印发《关于国防动员建设有关问题的通知》，对国防动员委员会成员和办事机构进行调整，将设在军分区司令部的秘书组改为综合办公室，主任由军分区参谋长担任，副主任由市政府秘书长、副秘书长担任。国防动员委员会主要领导成员增设常务副主任，由军分区司令员担任。军分区副政治委员、司令部副参谋长、政治部副主任不再担任副主任和委员。委员增加了赤峰网通分公司经理、市粮食局局长、通辽铁路分局驻赤峰地区办事处主任、赤峰车务段段长等领导。国防动员委员会及各办公室根据工作情况，每年召开一次或数次会议，传达上级文件、总结部署工作、研究解决相关问题、组织演习训练等。

截至 2014 年，赤峰市国防动员委员会下设综合办公室、人民武装动员办公室、国民经济动员办公室、人民防空办公室、交通战备工作办公室等机构。

第二节　国防教育

一、组织领导

1990年,赤峰市委、军分区根据党中央、国务院、中央军委关于抓好国防教育的指示和内蒙古自治区党委、政府和内蒙古军区的要求,将1989年成立的赤峰市全民国防教育领导小组更名为赤峰市全民国防教育委员会,下设国防教育办公室。赤峰市国防教育办公室(简称市国教办)由市宣传、财政、民政、教育、文化、广电和军事部门等组成,并按照专兼职的要求对办公室人员进行了选配,办公室设在军分区政治部。各旗县区按照市级的组织构成均成立国防教育委员会和国防教育办公室,办公地点设在各旗县区人武部。截至2014年,全市国防教育领导机构没有发生变化,每年只根据工作需要调整委员会和办公室组成人员。

二、教育形式和内容

1991—2014年,赤峰市全民国防教育开展的主要形式有:组织国防知识竞赛;组织国防教育书画、摄影展;在广播电台、电视台、报纸开办专题栏目;建立国防教育展厅(室);利用互联网开办国防教育网站;建设国防教育主题广场、长廊、街道等。

国防教育主要突出爱国主义、维护国家统一、维护各民族团结的教育。各级国防教育委员会根据不同的教育对象有侧重地进行。除根据形势和任务的要求进行专题教育外,常规教育主要有四个方面的内容:

爱国主义教育。主要包括:宣传祖国新面貌和建设成就。宣传英雄人物、先进集体的模范事迹。宣传祖国的壮丽河山、名胜古迹。宣传重大历史事件和著名历史人物以及各族人民对祖国的历史贡献。宣传侨居国外的爱国人士和世界各国的著名爱国者的行为等。

国防义务与权利教育。主要包括:履行兵役义务,支持军队改革和建设。支持民兵、预备役建设,支前参战,拥军优属。维护军事设施,参加军警民联防。保守国家军事秘密,维护国家尊严,发展生产、增强国家经济实力等。

国防常识教育。主要包括:国家防卫知识,如领土、领空、领海的基本概念,防卫的重要意义及基本原则等。战争方面的知识,如现代高技术局部战争的特点、规模、手段。战争动员及对公民的要求,常规武器和部分高技术武器的主要技术性能,“三防”的基本要求和方法。人民防空、战地自救互救常识等。我国武装力量常识,如武装力量的组成、职责、任务、军兵种知识等。现代军事科技知识,国防科普知识以及国旗、国歌、国徽、军旗、军歌等。

国防法规教育。主要包括:国家颁布的法律,如宪法、国防法、兵役法、防空法、军事设施保护法等。国务院、中央军委依据国家法律制定规范国防建设方面的有关条例、条令,如民兵工作条例、征兵工作条例等。各省(自治区、直辖市)人民代表大会依据国家法律、法规,结合本地实际制定的地方性法规等,以及其他规范性文件等。

三、教育活动

1991 年,军分区政治部、红山区人武部和红山晚报社联合组织“玉龙杯”国防知识竞赛,参加竞赛的有领导干部、民兵、学生、职工和离退休老同志。军分区机关还举办“爱我中华,固我国防”书画摄影展览,征集稿件 1500 件,展出 300 件,6000 多人参观了展览。此展览被北京军区调展。同年,赤峰市被内蒙古自治区评为国防教育先进单位。1992 年,贯彻自治区《全民国防教育暂行规定》,依法施教的社会环境初步形成。各旗县区中,有 6 个单位配备专职工作人员,创办《国防教育通讯》,各级领导和武装干部撰写 30 多篇理论研讨文章。加强阵地建设, 全市新建 10 个国防教育展厅和资料中心。1995 年,国防教育工作本着“长期有效”的原则和“打基础、抓活动、重效果”的工作思路,充分发挥领导组织和办事机构的职能作用,形成统分结合的工作格局;着眼长远,建造网络化教育阵地体系,为经常性开展教育活动提供硬件保障,全市 12 个旗县区充实完善国防教育展厅,300 个乡镇苏木建立了国防教育橱窗展板, 为开展教育提供必要的阵地;广泛开展以爱国主义和国防意识为主旨的专题教育,不断扩大教育面,增强各级干部和人民群众的国防观念;开展形式多样的教育活动,在国防教育活动月开展活动,利用新闻媒体广泛开展教育,组织领导干部过“军事日”,开展中小学生军事夏令营,举办国防知识竞赛和拥军支训活动等,进一步增强教育效果。1997 年,继续在加深国防教育上进行探索,摸索总结国防教育向分层施教发展,由一年集中抓几次教育向经常性教育拓展。各旗县区的国防教育展厅被当地列为爱国主义教育基地,每年接待参观人数达 2 万多人次,其中红山区国防教育展厅被命名为内蒙古自治区爱国主义教育基地。加大“国防法”的宣传教育,利用重大节日、征兵、整组、训练等时机进行教育。2001 年,结合建军 74 周年,在中小学生中开展“唱百首歌,做百件事,答百道题,看百部爱国主义影片”活动。军分区与市委宣传部在赤峰电视台开办专题栏目《塞外兵歌》,成为地市级电视台首家推出的专题军事栏目。市人防办在赤峰市人民广播电台组织为期 20 天的“人防杯”有奖答题活动,社会各阶层近 2000 人参加此次活动。

2002 年,根据自治区有关规定,赤峰市将人民防空教育纳入市行政学院、市委党校和赤峰学院的教育体系。2004 年,市国教办、军分区政治部在全市范围内组织进行万人国防观念大调查活动,12 个旗县区有近 30 万人参与此项活动,有 10 万多人参加国防知识答卷,其中地市级领导干部 7 人,县处级领导干部 109 人,民兵 56798 人,学生 34330 人,其他人员 48765 人。同年,军分区和各旗县区人武部组织机关单位和民众参加内蒙古自治区国教办组织的 2 次国防知识竞赛,有 2 个单位获得组织奖,10 名个人获得自治区的奖励。2005 年,市国教办组织全市机关公务员、民兵预备役人员、大中院校学生、企业职工以及农牧民约 2 万人,参加内蒙古自治区国教办举办的全区“国防知识进万家”知识竞赛。市国教办协调各旗县区人武部统一制作大型国防教育巡回展板 4 组,每组 10 块,利用集市、集会的时机开展国防教育。军分区政治部在互联网上开通

“赤峰国防教育网”,日点击率达千人次。2006 年,市国教办在国防教育工作中坚持“五个结合”,即把国防教育与党政干部和职工的政治教育相结合,与学校教育相结合,与双拥共建活动相结合,与民兵预备役工作相结合,与重大节日、重大活动相结合。年初,市国教办在全市范围内组织国防教育“进机关、进社区、进学校、进农村牧区、进企业”系列活动。根据自治区国教办的通知要求和部署,同年 5 月 21 日至 6 月 3 日,市国教办专门成立执法检查小组,对全市国防教育开展情况进行执法检查。市财政局把每年 3 万元市国防教育经费列入财政预算。全市有自治区命名的国防教育基地 2 处,县级命名的国防教育基地 45 处。2007 年, 市国教办组织民兵和人民群众参加上级和本级举办的“国防知识进万家”“国防在我心中”“纪念建军 80 周年”“爱中华、奔小康、强国防”等国防知识竞赛。2008 年,军分区政治部录制 3 部国防教育宣讲录像片,被自治区国教办收录到全区国防教育宣讲教材,下发到全区各盟市。年内,全市有 6 个人武部建立国防教育展厅。2009 年,市国教办协调赤峰人民广播电台开设“国防之声”专栏。在第九个全民国防教育日期间,开展大张旗鼓地宣传活动,在全市张贴宣传标语 1000 余条,悬挂宣传条幅 200 多幅,散发宣传单 2 万多份。整合南山生态园抗战遗址和各旗县区历史文化遗迹,报请内蒙古自治区国教办审批为国防教育基地。

2010 年,规范市国教办成员单位的职责,在军分区政工网开辟专题主页,在《赤峰日报》、赤峰人民广播电台创办“国防鸽哨”和“国防随身听”栏目。2011 年,结合纪念“国防教育法”颁布十周年,在赤峰博物馆和内蒙古军区北疆书画院举办“《孙子兵法》百米长卷展”,动员全市 5000 多人参加北京军区“太行杯”国防知识竞赛,与市双拥办联合组织“劲旅杯”双拥国防知识竞赛。2012 年,协调相关单位成立市、旗(县区)两级国防教育讲师团,深入党政机关、企事业单位和农村社区宣讲国防知识。成功举办全市“爱我中华、固我国防”主题书画展。2014 年,松山区人武部依托驻地中小学率先开办 3 所“少年军校”,敖汉旗人武部为 3 所学校的 8000 多名师生上国防教育课,创新国防教育形式。

第四篇　国防后备力量建设

第一章　民　兵

第一节　组织建设

一、参加民兵条件

年龄条件　按照总参谋部、总政治部1981年颁发的《关于调整民兵组织问题的报告》规定，赤峰地区参加民兵的年龄为年满18~35岁，其中基干民兵的年龄为年满18~28岁；北部牧区民兵年龄可以适当延长，但最大不得超过40岁；28岁以下的复员退伍军人，只要符合条件，能重返前线，都编入基干民兵。专业技术人员的年龄可延长到35岁。自2000年起，赤峰市根据城市民兵工作调整改革的需要，放宽了部分基干民兵、普通民兵和专业技术兵的年龄。至2014年，民兵的年龄条件仍按上述规定执行。

政治条件和身体条件　自1990年起，按上级有关规定，把每年征兵的政治条件规定作为参加民兵组织的政治条件，全市各级武装部门都严格按照此标准审查参加民兵组织的人员。根据民兵平时和战时所担负的任务确定，要求参加民兵组织的人员必须身体健康，没有残疾和明显慢性病。

二、民兵编组

民兵组织按照便于领导、便于活动、便于执行任务的原则进行编组。农村一般以行政村为单位编民兵连或者营，城市一般以企业事业单位、街道为单位编民兵排、连、营。基干民兵单独编组，根据民兵人数分别编班、排、连、营。

1990年开始，全市民兵编组工作在农村以行政村建民兵连，凡生产稳定、基干民兵够编一个排的乡村企业全部建立民兵组织。在牧区，只编普通民兵一种，以旗为单位，落实的民兵不少于总人口的6%~8%。在城镇的国营厂矿企业单位，凡民兵够编一个排的，都建立民兵组织。随着农村经济形势的发展变化，青年外出打工的人员不断增多，各单位也不断改进民兵编组办法。在地区上，尤其是农村牧区经济条件好的，以乡镇村企业为主、行政村为辅进行编组；经济条件差的，以行政村为主、乡镇村企业为辅进行编组。在人员上，采取跟踪编组和固定编组的方法。对外出半年以上的民兵，在其所到之地或单位编入民兵组织,实行属地管理,参加民兵活动;对在乡在岗民兵进行固定编组。

1999年,针对城乡兵员流动性增大的特点,实行"三转移五多编"的编组办法,即基干民兵的编组,城市向生产稳定、效益好的企业转移,农村向乡镇企业转移,牧区向人口相对集中的苏木嘎查转移;兵员编成上,生产岗位相对稳定的多编,生活场所相对固定的多编,交通干线两侧多编,重点方向和重点目标区域多编,科技含量较高的单位多编。红山区人武部在城市民兵编组上采取"抓大放小"的办法,实行属地管理,建立城区民兵跟踪管理机制,实行"流动的兵员固定的编,动态的民兵稳定的官"的编组方式。宁城县人武部实行"按行政组织编组,按生产组织编组,按区域编组,按技术专业对口编组,按就近联片编组,按兵员编组"的农村民兵编组办法。

2001年,全市民兵编组工作认真落实《赤峰市2001—2003年民兵基层建设规划》,重点进行基干民兵组织布局和结构调整工作,严格掌握基干民兵的政治条件,扩大退伍军人的比例,控制出入转队数量,形成梯次年龄结构。城市民兵组织建设以民兵担负的任务为牵引,本着"编为用、建为战"的原则,改善编组结构。在组织布局上,改进以国有大中型企业为主体编组民兵的做法,调整压缩濒临倒闭破产的国有企业中的民兵组织。对生产经营比较困难的中小型企业,缩小基干民兵的建制和编组数量,向非公有制企业拓展民兵组建范围。原则上凡生产经营稳定、组织管理健全、适龄人员较多的企业均建立民兵组织。对规模小、人员较少、不具备单独组建民兵组织的企业,以街道、社区、行业系统或企业管理部门为单位编组基干民兵。形成以企业为基础、以国有控股企业为骨干、以街道社区为依托的城市民兵组织布局。在组织结构上,扩大专业技术分队特别是战勤保障分队的比例,控制应急分队的规模,减少步兵分队的数量,建立和完善以专业技术分队为主体,以防空分队、应急分队为重点,种类齐全、技术含量较高的城市基干民兵组织体系。在编组方法上,把基干民兵编配在主要方向、重点目标、重点地区和主要交通沿线。从2003年起,城市民兵专业技术分队增加到40%以上,对口专业分队增加到30%以上,步兵分队压缩30%以下,并组建民兵电子对抗分队、民兵信息分队。

2005年,按照"布局合理、分类规范、结构优化、编组科学、制度落实、管理有效"的要求,城市基干民兵重点向国有大中型企业、行业系统、效益较好的民营企业、国有控股企业、党组织健全的民营企业转移,其他地区的基干民兵向旗县区政府所在地、重点乡镇、重点方向和铁路、公路沿线调整。基干民兵统一按照扩大专业技术分队比例、控制应急分队规模、减少步兵分队数量的要求,按照步兵分队、应急分队、专业技术分队、对口专业分队四大类进行编组。

2013—2014年,赤峰军分区积极推进民兵转型发展,全市民兵组织调整为应急、支援、储备三大类。

三、民兵组织整顿

民兵组织整顿(简称“整组”)每年进行一次,以基层武装部为主组织实施,旗县区人武部组织验收,军分区、军区进行抽检。民兵组织整顿的内容包括:宣传教育、调查摸底、编组配干、民兵出入转队、健全制度、集合点验、总结工作等。

1991—2000 年,全市民兵整组工作普遍纳入各级党委、政府的工作日程,统一安排部署,统一抓落实。多数基层单位都以党委的名义下发整组通知,提出具体要求,并把整组工作列为下乡干部的一项工作内容。在民兵整组期间,各基层单位也都成立以分管武装工作的书记牵头的“民兵整组工作领导小组”,保证整组中的人员、时间、经费“三落实”。全市民兵整组原则是“便于领导、便于活动、便于执行任务”。整组工作中,本着退伍军人优先、党团员优先、经过训练的优先、文化程度高的优先、身体素质好的优先“五优先”原则,选拔基干民兵,进行出入转队。对民兵干部的选拔,采取支部推荐、基层党委任命、旗县区武装部把关的方法进行。符合条件的民兵干部进入同级村委会(支部),以专为主,专兼结合,报酬兑现。

2001—2003 年,军分区认真贯彻和落实《赤峰市 2001—2003 年民兵基层建设三年规划》和全国城市民兵工作会议精神以及《内蒙古党委、政府、军区关于加强和改进城市民兵工作的意见》,围绕军事斗争准备,不断深化城市民兵工作改革,调整民兵组织布局和结构,规范民兵专业技术分队的分类,进一步扩大专业技术分队比例。在全市 24 个社区、40 家国有企业、4 家民营企业、3 所大中专院校、5 个科研单位建立民兵组织。全市共完成 2922 个民兵营、连的组织整顿。2004 年,围绕解决制约民兵基层建设发展的现实问题,军分区以城市民兵工作调整改革为牵引,坚持随着兵员流向调整布局,形成以新兴企业为基础、以大中型国有企业为骨干、以街道社区为依托的民兵组织建设格局。2005 年,民兵组织整顿按照“以实战需要为牵引、与平战任务相适应”的原则,重新调整步兵分队、专业技术分队、对口专业分队数量,形成以防空作战力量、抢险抢修力量、应急维稳力量为重点和其他力量相结合的民兵组织结构。民兵组织开始向“三资”企业、股份制企业、民营企业等新兴企业,大专院校、科研机构及街道、行业系统拓展,实行“四个转移”,即民兵组织由亏损国有企业向新兴企业转移;由效益差的行业向效益好的行业转移;由分散组建向街道社区、乡镇就近联片组建转移;由人力密集型单位向科技密集型单位转移, 逐步形成以人口和产业集中的旗县区政府所在地为中心、以乡镇所在地为重点,以企事业单位和行业系统为基础、以街道社区和农村为依托的民兵编组新格局。2006 年,按照上级扩大城市民兵专业技术分队特别是担负军兵种战斗、勤务保障分队的比例要求,建立和完善以民兵应急分队、专业技术分队、对口专业分队为主体,以城市防空、信息作战、应急维稳为重点的民兵组织结构。年内,全市民兵专业技术兵比例由过去的 20%增加到 38%。

2007—2008 年,全市民兵组织整顿工作主要是加强作战队伍、应急队伍、勤务保障队伍的组织建设。在作战队伍建设上,合理整合原有的民兵防空力量,科学编组。在应急队伍建设上，配齐配强分队人员，健全规章制度和应急方案，建立有效的人员管控措施和收拢办法，配齐配全装备器材，确保遇有情况能够拉得出、用得上、起作用。在勤务保障队伍建设上，按照高技术条件下对台作战准备的需要，根据实际情况，对过去编组的分队进行认真梳理，及时调整。全市民兵组织布局逐步实现由农村牧区向城市转移，由偏远地区向重要交通沿线转移，由普通企业向新兴经济主体转移，由低技术单位向高科技单位转移。红山区、松山区、宁城县和翁牛特旗人武部，接受了内蒙古军区整组检查验收。至2008年，全市共编组民兵作战分队15个，勤务保障分队324个，应急分队282个，其他队伍173个。

2009—2014年，坚持以《内蒙古自治区民兵整组检查验收实施细则》为依据，以出成果、见成效和能够遂行多样化任务为目标，赤峰军分区与市政府联合印发《关于做好民兵整组工作》的通知，统一部署民兵整组工作任务。按照"编得对口、建在身边、抓在手中、用在关键"的原则，对民兵组织布局进行了调整。整组过程中，坚持把应急力量建设作为整组工作的重中之重，重点突出应急维稳、应急救援和应急保障力量建设，优先编实应急分队人员。采取政府出资购买与签订征用协议相结合的办法，全面配齐、配套装备器材。结合各地区近20年易发的各类突发性事件，明确各单位组建承担抢险救援的应急力量，有计划、有重点地加强高炮、通信、防化等专业技术分队建设。结合每个分队担负的任务，制定应急行动方案和各种配套计划，依据既定方案进行演练。2010年，在内蒙古军区人武部正规化建设暨民兵组织整顿考核验收中，军分区总评成绩全区第一。积极探索军民融合式发展路子，按照模块建设、按需组合的原则，创造性地采取军地联合巡检的方式，探索军地合力推进民兵整组工作落实的有效方法。军分区和市政府联合对各旗县区人武部全面建设和民兵整组工作进行巡检考核，松山区全宁街道办事处武装部被北京军区评为"先进基层武装部"，红山区人武部被人力资源和社会保障部、解放军四总部联合表彰为"全国民兵工作先进单位"。2014年7月，赤峰市组织各旗县区领导、人武部部长和部分职能部门负责人在巴林左旗人武部召开赤峰市人武部规范化建设观摩会，参观该旗综合救援分队和旗应急指挥组带民兵应急分队全员全装实兵拉动和应急救援装备器材展示。

第二节 政治教育

一、教育内容

1991—2014年，按照《民兵工作条例》规定，全市民兵政治教育以党的基本路线和国防教育为重点，进行民兵性质任务、优良传统、爱国主义、革命英雄主义、形势战备和政策法规等教育。每年对基干民兵进行"四课"教育，普通民兵进行"两课"教育。通常采用集中的教育方法，在民兵组织整顿、军事训练、战备执勤、参加地方组织的集中活动时进行。

二、教育的组织实施

1991—1999年，全市已建成的“兵青妇之家”2045处，有图书15万册，民兵政治教育有了稳固的阵地依托，达到有组织、有场地、有设备、有制度、有活动的要求。1995年，军分区政治部在民兵政治教育中实施“双三三工程”，即以三年为周期，以旗县区为单位，每年重点抓好三分之一民兵连队的政治教育，滚动推进；以三年为限，在全体基干民兵中，每年由全市统一组织三分之一的人员，进行普及民兵国防知识答卷活动。答卷由军分区政治部出题印卷，答题和判卷由旗县区人武部组织实施。1997年，全市有1000多个民兵连队由乡镇苏木（单位）武装部统一组织按材施教，年终旗县区人武部逐连进行验收，重点连队“四课”教育均达32小时以上，受教育面达95%以上。

2000—2008年，军分区政治部根据形势任务和民兵思想变化特点，确立大教育观念，实行“三个统一”，即把民兵政治教育与全民国防教育统一起来，把民兵思想政治建设与社会主义精神文明建设统一起来，把继承传统与改革创新统一起来。构建信息化教育平台，拓宽民兵教育渠道，重点围绕教育内容、教育形式和教育方法进行改革，探索符合时代特色的民兵政治教育方式、手段和载体。到2005年，全市先后在258个民兵营连建立了民兵政治教育局域网，军分区和人武部针对民兵干部、基干民兵和普通民兵三个层次进行“分级授课”。除党的路线方针政策、形势任务、国防建设和法律法规教育外，对普通民兵进行党的性质、任务、宗旨等优良传统教育，对基干民兵进行世界观、价值观和人生观教育，对民兵干部主要进行马列主义、毛泽东思想、邓小平理论和“三个代表”重要思想的学习教育，着重从理论上解决一些思想深处的问题。2007年，军分区认真贯彻落实党中央、国务院和中央军委联合印发的《关于加强和改进民兵预备役政治工作的意见》和北京军区民兵预备役政治工作会议精神，注重民兵政治教育的规范化和基层理论学习的落实。在民兵政治教育过程中，突出兵员集中、科技含量较高的企事业单位的民兵教育。要求所有在民兵组织中兼职的地方党政领导，都给本单位的民兵组织上一堂时事政治课，上一堂国际形势、台海局势课，上一堂“国防法”“民兵工作条例”教育课。对参加集中训练的民兵围绕“为什么打仗、可能打什么仗、怎样打仗”这个重大课题，深入进行战斗精神的教育，增强民兵预备役人员真打真备和敢打必胜的信心，广泛开展争当“爱军习武标兵”“后备军训练之星”竞赛活动。注重民兵组织整顿期间的政治教育，重点进行党的创新理论、职能任务、光荣传统、爱国主义和社会主义荣辱观等教育。结合冬季征兵宣传活动，对民兵进行“国防法”“兵役法”等法律法规教育，动员号召广大民兵积极响应祖国的召唤，应征入伍，保家卫国。2008年，继续加强民兵连队教育阵地建设，不断完善教育设施，总结推广“青年民兵之家”规范化建设经验。

2009—2014年，认真落实《民兵政治工作规定》，积极探索部队主题教育活动向民兵队伍延伸拓展的方法路子，巩固当代革命军人核心价值观教育成果，编印下发“筑牢当代革命军人核心价值观，履行保卫祖国、建设祖国历史使命”主题教育教案和课件，结合民兵应急分队轮训，组织集中授课。结合每年的应急分队训练和拉动演练，重点对民兵应急分队和专业技术分队进行人民军队历史使命、理想信念、战斗精神和社会主义荣辱观教育。

第三节　民兵训练

1991—1997年,民兵军事训练按照总参谋部颁发的《民兵军事训练大纲》和内蒙古军区年度民兵训练工作指示组织实施。1998—2007年,按总参谋部颁布的新一代《民兵军事训练大纲》和《民兵军事训练成绩评定标准》组织训练。2008—2014年,依据2007年5月22日总参谋部新修订的《民兵军事训练大纲》组织实施。

一、训练任务和时间

民兵的训练任务由内蒙古军区司令部在民兵训练工作指示中明确。训练时间根据民兵分队的任务,按总参谋部颁发的《民兵训练大纲》规定执行。训练期间,军分区党委常委召开专题会议,听取训练情况,分析训练形势,给予多方面保障。军分区及各部门领导下基层时,都把民兵军事训练作为一个重点内容进行检查指导。旗县区党委、政府和人武部把训练工作摆上重要位置,普遍实行责任制。各参训单位在组织民兵军事训练中,采取定教员、定科目、定时间、定质量的"四定"训练要求。

二、训练的组织实施

1991—1999年,旗县区民兵训练采取分散和集中相结合的方法进行,军分区根据民兵分队不同的训练任务,制定下发《民兵军事训练达标标准》,规范全市民兵军事训练工作,军分区司令部按此标准对旗县区民兵训练情况进行考核。1994年始,敖汉旗人武部率先在全市实现民兵军事训练任务全部集中在民兵训练基地完成,基地训练率达到100%。其他旗县区也加大基地集中训练比例。军分区要求各旗县区的民兵训练要有60%以上必须在训练基地集中完成,坚持规范化训练;同时加大民兵干部、专业技术兵和应急分队训练的比重,人数训练总人数的80%。1995年,军分区制定下发《民兵训练基地检查验收标准》,规范民兵训练基地建设标准。民兵军事训练在开训前,各旗县区组织教员学习研究训练大纲、教材和成绩评定标准,编写教案、备课、试讲、试教。训练中,采取"四步三练习法","四步"即研究教学法基本理论、编写教案、备课试讲、考核验收,"三练习"即技术动作基本练习、高难动作分解练习、战术动作综合练习。此种训练方法落实后,民兵训练质量明显提高。1998年,军分区进行军事教学法、武器常识、基本操作、射击基础知识、射击准备和射击实施等内容的教学法训练。1999年,全市各级人武部门叫响"科技大练兵,一切为打赢"的口号,开展以劣胜优"三两招"和"小研究、小改革、小发明"活动。军分区成立科技兴训领导小组和科技兴训攻关小组,全面负责民兵干部和基干民兵"三能"(智能、技能、体能)训练。

2000—2004年,民兵军事训练中以对台军事斗争准备为牵引,以质量建设为核心,以应用科目为基础，以新“三打三防”和高技术知识为训练内容。按照“训用一致、突出重点、分类施训、严格规范”的原则，加强训练组织领导，统筹安排训练工作。军事训练结合赤峰要塞实际，积极探索“一打二防”（打武装直升机，防侦察监视、防空袭）和科技参战、科技支前、科技保障的新路子。2001 年，军分区在市民兵训练基地举办全市专武干部暨民兵教练员集训。在内容设置上、训练手段上、训练的组织上进行了创新，集训达到预期目的。同年赤峰市国防动员委员会、赤峰军分区组织以“城市防空袭”为课题的综合性研究训练。红山区人武部带领民兵防化分队、民兵道路抢修分队、民兵高炮分队、民兵应急分队、民兵通信分队、民兵医疗救护分队等参加演练，演练动用各型车辆680 多辆次、双 37 高炮等民兵武器 108 件（门），起飞航模 80 多架次。2002 年 7 月，北京军区组织华北五省（市、区）民兵实弹射击考核比武活动。红山区民兵双 37 高炮分队，被北京军区通报表彰，圆满完成代表内蒙古军区参加北京军区考核比武任务。2004年，内蒙古军区在呼和浩特市举办以“培养千名、评选百名、推出十佳”为主题的民兵预备役部队优秀教练员评选暨通信分队比武竞赛活动，赤峰军分区选派的 44 名参赛民兵教练员、2 个通信分队，共获得 2 名十佳、12 名百佳、通信分队第二名的成绩，团体总分列全区各参赛代表队第二名。军分区获得优秀组织奖，被内蒙古自治区政府、内蒙古军区通报表彰。

2005—2009 年，全市民兵军事训练工作坚持以《民兵军事训练大纲》《民兵军事训练成绩评定标准》为依据，应急分队训练本着从实案、实战的要求出发，除按大纲规定完成共同训练、单兵训练、班（组）战术训练和连（排）战术训练外，突出以非战斗行动为主要内容的训练，完成由共同科目为主向实战应用为主的转变，提高整体应付突发事件和维护社会稳定的能力。军分区加强对应急分队训练指导力度，2005 年，先后 3 次组织红山区民兵应急分队、松山区民兵应急分队进行拉动演练。同年 8 月，内蒙古军区对所属各盟市所在地的民兵应急连进行一次全装全员的拉动演练考核，红山区人武部在实际拉动演练中，携带装备齐全、人员集结速度快，在全自治区 12 个盟市所在地的民兵应急连中，获得考核总分第一名。军分区司令部依托松山区民兵训练基地，组织全市工兵、防化、通信等专业技术民兵骨干进行集中训练。松山区迫击炮分队、克什克腾旗骑兵分队、翁牛特旗桥梁架设分队、元宝山区应急救援分队、喀喇沁旗路桥分队、阿鲁科尔沁旗防汛分队、敖汉旗道路抢修分队都加大专业训练力度。对口专业分队在抓好本行业装备与技术训练的基础上，主要进行综合演练，提高遂行应急保障任务的能力。内蒙古军区组织全区民兵应急分队和部分专武干部及预任专武干部进行比武竞赛，赤峰市 3 名应急分队民兵和 2 名专武干部参加了此次比武竞赛，取得了总评第五名的成绩。2007 年，民兵的军事训练按作战队伍、应急队伍、勤务保障队伍和其他队伍四种类型组织训练。其中作战队伍的训练主要有防空作战、信息作战；勤务保障队伍的训练主要有交通运输、卫生勤务、装备维修；应急队伍的训练主要有森林防火、消防灭火、电力设施、燃气和供热抢修及处置突发事件；其他队伍包括步兵分队和重要目标警戒分队,也按要求完成训练任务。按照军分区年度工作安排,在各单位自下而上组织比武选拔的基础上,军分区组织全市民兵基础训练岗位技能比武,比武内容有26个科目,全市12个旗县区和军分区机关直属队共150人参加比武。2009年,认真贯彻《内蒙古自治区民兵军事训练管理规定(试行)》,坚持依法治训,严格按纲施训。根据训练要求,各人武部都建立健全训练领导组织,制定周密的训练计划,完善各种训练登记统计,积极探索新时期组织民兵规范化训练的方法和手段。经考核,全市参训民兵个人综合训练成绩均在及格以上,单位单科目训练总成绩在良好以上,单位综合训练成绩在及格以上。

2010—2014年,军分区司令部按照"突出训骨干、重点练专业、适时搞演练、实践验成效"的基本思路,不断提升民兵军事训练的层次和水平。2010年4月,在驻军开展专业训练期间,驻地人武部先后组织120多名民兵骨干,与现役部队同吃、同住、同训练,培养一批训练带头人,既拓宽训练路子,又提高训练质量。针对城市民兵工训矛盾突出的问题,根据编兵单位的性质,注重把培训民兵平时的岗位技能与战时打赢能力相结合,把训练任务融入到民兵岗位工作任务之中,大力开展"两个本领一体训"活动。围绕对口专业分队训练,各人武部在年初分别给各编兵单位下达训练指示,对岗位练兵的内容、标准、时间、要求逐一进行明确,并坚持跟踪检查指导,做好考评、登记和讲评,切实在组织领导上提高岗位练兵落实的力度,既为编兵单位培养业务能手,又保证训练任务的有效落实,训练出现编兵单位愿意训、主动抓的局面。2011年5月,军分区举办全市第三届基础训练岗位技能比武,巴林左旗、喀喇沁旗、元宝山区人武部名列前茅。同年6月,组织参加内蒙古军区民兵预备役人员岗位技能比武,取得了3银4铜、总评全区第三名的好成绩。2014年,本着"把应急力量训全训实训强"的思想,重点加强应急分队的训练。元宝山区人武部依托平庄煤业(集团)有限责任公司组建的矿难救援分队,在自治区消防救援比武中获得团体第三名;克什克腾旗人武部接受内蒙古军区应急力量巡检总评,获得全区第二名;以红山区民兵高炮分队为主组队参加内蒙古军区实弹比武考核,取得射击比赛第三名;有4个人武部圆满完成制作反恐维稳、抗震救灾、森林灭火、抗洪抢险应急行动教学片的任务。年内,军分区司令部先后对12支民兵应急连进行2轮拉动普考,有效提升应急力量建设水平。

第四节 民兵组织活动

一、生产建设

参与生态环境建设 20世纪90年代,赤峰市委、市政府提出"生态立市"的战略决策后,军分区党委积极响应,及时发动广大民兵预备役人员投身到当地生态建设中。1991—1993年,全市共投入550个民兵建制连,植树76666.67公顷,种草8666.67公顷，成活率均达90%以上。宁城县人武部在组织植树造林会战中，出动建制民兵连90多个，除营造国有林1488.47公顷外，还义务植树26.76万株。敖汉旗共出动民兵22400人，营造“民兵林”1234公顷。阿鲁科尔沁旗新民乡广大民兵率先推出鱼鳞坑移土种树的办法，解决在石质山地植树难题，而且保证成活率。林西县人武部组织民兵投入56040个劳动工日，植树26666.67公顷，该县的下场乡武装部受到三北防护林总指挥部的表彰。在组织发动民兵参加农田草原基本建设会战中，采取大兵团作战、群体攻坚等形式，充分发挥民兵队伍的骨干突击作用。喀喇沁旗人武部组织2万多名民兵参加1993年秋季的农田基本建设大会战，主体工程和重点工程都由民兵承担，保质保量地完成任务。宁城县人武部在农田水利基本建设大会战中，组织广大民兵承担急难险重任务，修水平梯田293.33公顷，畦田738.67公顷，改造生态经济沟1573.33公顷，新打机电井73眼。在全市开展的“学科学、用科学、脱贫致富达小康”活动中，广大民兵踊跃参加，涌现出双文明户68000多个、科技示范户53000多个。

1998年，敖汉旗的生态建设进入攻坚阶段，人武部向旗委提出了“以民兵为主力，实施百连攻坚大战”的建议，得到旗委旗政府的肯定。工程展开后，人武部干部职工全员上阵，分片负责，组织带领107个连队的2万多名民兵和当地群众在9333.33公顷的荒山峻岭上展开全线作战，仅用60天就完成了小流域综合治理任务，成为全市生态建设史上规模最大、时间最短、效率最高的一次会战。松山区双塔山、宁城县老鹰山的生态建设，在民兵大兵团会战下都取得明显效果。截至2000年，全市共组织民兵参加生态建设大会战1200多次，植树种草98666.67公顷。

2006年，旗县区人武部组织发动民兵及预备役人员20多万人次，出动车辆近5000台次，共完成植树造林6466.67公顷，防沙15666.67公顷，治沙5800公顷，水土保持工程2266.67公顷，种草1133.33公顷，义务植树40公顷。

2009年，各人武部发动民兵及预备役人员13.7万多人次，出动车辆近3500多台，共完成治沙植树造林1266.67公顷，种植树木108万多株，防沙治沙2066.67公顷，水土保持工程1666.67公顷。累计投入资金达20多万元，超额完成年度生态建设任务。

2010年，全市动员民兵13.8万多人次，出动车辆3600多台次，累计投入资金25万多元，完成植树造林1066.67公顷。喀喇沁旗人武部成建制组织民兵400多人参加驻地创建森林城市“大会战”。

创建“民兵号”工程　从1991年开始，全市各级武装部门在农村牧区民兵组织中开展创建“民兵号”工程活动。全市“民兵号”工程项目类型主要有：促进农牧业增产增收的“民兵号”高产田、“民兵号”草场和“民兵号”水利设施等工程；以治沙治山、植树种草为主的“民兵号”生态经济沟、“民兵号”综合治理小流域等工程；以防洪治水为目的的“民兵号”防洪堤、“民兵号”防洪坝等工程。各旗县区和基层民兵组织根据当地的自然环境和农牧业生产实际需要，自行选定具体项目，实施不同类型的“民兵号”工程建设。在沙化较严重的阿鲁科尔沁旗、巴林右旗、翁牛特旗等地，以治沙育草为重点，创建“民兵号"治沙工程160多处,治理总面积达53333.33公顷。喀喇沁旗、克什克腾旗、林西县等地以治山改土营造生态小环境为主,建设"民兵号"生态经济小流域工程近200处。以产粮区为主的宁城县、松山区、巴林左旗等地,建设"民兵号"水利防护工程和脱贫致富工程80多处。军分区按照"控制数量、保证质量、注重实效、不搞平衡"的原则,制定出"民兵号"工程标准。各旗县区人武部精心安排、统筹规划、合理布局,建设一处成形一处。全市先后创立各类"民兵号"工程448处,治沙面积2000公顷以上工程36处,生产作业全部采取集中民兵建制大兵团作战形式。宁城县小城子镇"民兵号"稻田防护堤建设,连续三年集中抽调18个民兵连,修筑防护堤7000延长米、丁字坝229道。敖汉旗人武部调集萨力巴乡全体民兵,奋战两个月,营造"民兵号"农田防护林1113.8公顷。2008—2014年,全市在农牧区共创建市级治沙面积666公顷以上"民兵号"工程28处,旗县区级67~333公顷规模的"民兵号"工程100多处。

1994年,军分区要求各旗县区争创市级命名的"民兵号"单位,并制定市级"民兵号"单位的基本标准:按民兵组织形式编组,建制完整,民兵工作达到"三落实",连续三年被旗县区人武部评为先进单位或受到军分区两次以上表彰,在本单位是生产上的标杆单位和精神文明建设上的典型,受到省部级以上表彰。达到上述标准,可评为市级"民兵号"单位。1995—2000年,全市各级共创建350多个"民兵号"单位,涌现出赤峰二毛动力分厂"民兵号"锅炉班、赤峰钢铁厂"民兵号"电炉班、赤峰市邮电局"民兵号"长话班、赤峰铁路机务段4007"民兵号"机车组等10多个受国家有关部委表彰的先进集体和受北京军区、内蒙古军区表彰的先进典型。赤峰市委、市政府和赤峰军分区先后三次命名9个市级"民兵号"单位作为样板,带动全市"民兵号"建设上规模、上水平。

二、抢险救灾

抢险、抗震救灾　1990年7月,赤峰地区连降暴雨,全市有193个乡镇苏木、24万多户、101万多人口受灾。倒塌和被损房屋51343间,12000人无家可归,直接经济损失达2亿元以上。148处堤坝、88座桥涵被冲毁,县级以上公路被毁20余条,赤峰至林西、克什克腾旗、阿鲁科尔沁旗、巴林左旗、敖汉旗等重灾区的交通全部中断。灾情发生后,赤峰军分区及各旗县区人武部在各级党委政府和防汛部门的领导下,组织民兵抗洪抢险。在灾情较严重的阿鲁科尔沁旗巴彦包特乡一队,人武部领导组织民兵挨家挨户做疏散工作,在洪水淹没村庄前,全村267户、1078人全部安全撤离。7月17日下午,林西县嘎斯汰河上游山洪暴发,洪水迅速溢出河道,对嘎斯汰河大桥构成严重威胁。县人武部领导组织带领民兵应急分队赶赴救灾第一线,400多名民兵连续在水中奋战5个小时,保住大桥及其东南6个村庄、1900多口人、133.33公顷耕地、400公顷林木。

1992年7月27日,特大暴雨袭击翁牛特旗解放营乡,冲毁大坝3处。为保证解放营联合坝和黄家店工程的安全,乡武装部组织1200多名民兵抢险护坝。7月10日至8月2日,阿鲁科尔沁旗连降暴雨,大批农田、村庄被淹被毁,受灾农牧民13946户,倒塌房屋2192间,有731户、2972人无家可归。旗人武部组织民兵抢险突击队,先后出动车辆 800 多辆次，完成土石方 70 多万立方米，修复防洪堤 35124 延长米，完成河水改道工程 300 多延长米，抢救物资 62 吨。8 月 1 日，位于巴林左旗林东镇东北 3 公里处的防洪大坝被洪水冲垮 80 米，直接威胁着镇区和上千户居民的安全。旗人武部接到险情报告后，冒雨组织林东镇和粮油厂的民兵 70 多人赶赴现场，经过 5 个小时的艰苦奋战，向水中投放沙袋一万多个，大树近百棵，修复加固防洪大坝，保证了镇区的安全。

1994 年夏季，赤峰地区进入主汛期后，老哈河、英金河、锡伯河、阴河等相继发生洪水灾害。7 月 13 日，全市有 6 个旗县区人武部动员民兵成建制参加抗洪抢险战斗。锡伯河、阴河松山段，分别在赤峰城西铁路桥段决口两处，决口宽 50 多米，乙炔厂以东出现严重险段 300 米。松山区人武部在穆家营子镇动员民兵 500 多人，与驻军一道堵住决口，排除了险情。喀喇沁旗人武部动员民兵 550 多人，开赴老哈河喀喇沁段、锡伯河锦山段抗洪。敖汉旗人武部动员 30 个民兵连 2800 多名民兵，在老哈河四道湾子镇、康家营子乡两处决口村庄抢险救灾。元宝山区人武部带领 300 名民兵转移受灾群众。红山区人武部组织 400 多名民兵上坝堵决口，并参与市区抗洪护坝的组织指挥，调动城区 4000 多人奋战 9 个昼夜，保住护城大坝。翁牛特旗人武部在红山水库下游组织民兵在白音套海、高力布等一线进行抗洪，有效地阻止了洪水给人民群众生命和财产造成的经济损失。

1998 年，军分区和各人武部都成立防洪指挥组织，从上到下形成完整的指挥系统，人武部的领导均担任地方抗洪指挥部的指挥或副指挥。全市共组织近万名民兵奋战在防洪第一线。翁牛特旗人武部组织百余名民兵奋战半个月，保质保量地完成修筑防洪坝任务。敖汉旗人武部组织 240 名民兵加固海日苏、小河沿、老哈河防洪坝。部领导带领民兵值班 20 多天，保证了 2666.67 公顷水稻免遭洪灾。

2000 年，克什克腾旗遭遇特大雪灾，军分区和人武部组织 1000 多名民兵在十多条公路、方圆数百里的地区展开抗雪救灾工作。

2002 年，阿鲁科尔沁旗罕乌拉自然保护区发生森林火灾，数万亩原始森林和数百种珍稀野生动植物受到严重威胁。接到火警后，旗人武部在当地防火指挥部的统一指挥下，迅速启动应急预案，紧急组织 1500 名民兵火速赶到火场，将大火扑灭。

2003 年 8 月 16 日，巴林左旗和阿鲁科尔沁旗发生 5.9 级地震，军分区成立抗震救灾指挥部。巴林左旗、阿鲁科尔沁旗人武部先后动员投入 38000 多名民兵预备役人员，搭建帐篷 12000 顶、简易窝棚 8000 多间，转移安置特重灾民 5000 多人，运输赈灾物资 8500 多吨，保护人民群众的生命财产。地震过后，灾区民兵又带头参加重建家园的行动。

2008 年，在巴林右旗德日苏宝冷水库和阿鲁科尔沁旗沙坝水库溃堤抢险、宁城县黑里河林场森林扑火等突发事件的处置中，所在旗县区人武部先后组织民兵应急分队计 3400 多人，圆满完成各项任务。

抗击“非典” 2003 年，在抗击“非典”中，各级人武部门共组织 6 万多民兵，参加地方的环境整治、防“非典”宣传和管控隔离等工作。松山区人武部与各乡镇武装部组织民兵预备役人员8244人次，建立护村队、护厂队、护校队、维稳队、封堵设卡联防队700多个，向群众发送传单5000份、告全区民兵书1500份，封堵外来人员4654人，车辆2867辆次，发挥了民兵在抗击“非典”中的主力军、突击队、战斗队的作用。松山区人武部被内蒙古军区表彰为抗击“非典”先进单位。老府镇人武部部长被总参谋部、总政治部表彰为抗击“非典”先进个人。敖汉旗31个乡镇苏木武装部组织万名民兵成立“卫生治理突击队”，深入城乡各个公共场所进行卫生大扫除，疏通下水管道，喷洒消毒液，帮助农村居民改建修缮房屋门窗、牲畜棚圈和厕所，积极向群众宣传疾病防治知识，发放各类防病宣传资料，并在车站、市场等人口密集和人员流动较大的场所，设置近百个环境卫生监督岗和流动哨，加强对环境卫生的治理和监控。巴林左旗人武部、克什克腾旗人武部在控制“非典”疫情中，组织民兵一兵包一户、一连带一村，对群众进行防治“非典”和个人、公共卫生知识宣传。

第二章　预备役

第一节　预备役登记

赤峰市预备役登记和统计工作，每年年初先由乡镇苏木、街道办事处基层武装部统计后，报旗县区人武部汇总核实，再报军分区综合，最后上报内蒙古军区。编入民兵组织的预备役人员，每年在民兵组织整顿时，由乡镇苏木、街道办事处武装部登记统计造册上报。

退伍军人预备役登记和统计，以当年6月30日为准，对经过登记确定服预备役的退伍军人变动情况核对一次。设有武装部的由武装部负责办理，未设武装部的由单位领导指定一个部门负责办理。核对时主要做好以下工作：

一、已登记服预备役的退伍军人调出本旗县区的或被逮捕、被判处徒刑、被剥夺政治权利的，注销登记。超过服预备役年龄的，因身体条件变化不适合服役的，以及死亡的，消除登记。注销登记和消除登记人员的卡片报旗县区人民武装部。

二、已登记服预备役的退伍军人，在旗县区范围内调动的，调出单位应在其“退伍军人预备役登记卡片”上注明调往何单位，并将登记卡片报旗县区人民武装部转给调往单位。

三、从外地调入的适合服预备役的退伍军人，由新单位根据本人档案中“退伍军人登记表”，填写两份“退伍军人预备役登记卡片”，本单位保存一份，报旗县区人民武装部一份。

1980年后，按照国务院、中央军委的规定：退伍军人依照法律在被逮捕、被判处徒刑、被剥夺政治权利期间，不进行预备役登记。

旗县区人武部结合每年退伍军人接收安置工作，对部队确定服预备役的退伍军人填写“退伍军人预备役登记卡片”，并在《退伍军人证明书》上盖“服预备役”专用章。对部队确定免服预备役的退伍军人，在《退伍军人证明书》上盖“免服预备役”专用章。旗县区人武部每年根据各基层单位核对的结果，按照全军统一制定的《退伍军人预备役统计表》统计一次，上报军分区。

1992 年 3 月 28 日，中组部等六部门联合发出通知，要求从 1992 年起在全国开展军队转业干部预备役登记工作。凡 1988 年 9 月 1 日以后由军队和武警部队转业到地方工作的干部，政治上表现好、身体健康、年龄在规定范围内的，均应进行转服预备役登记。1999 年，总政治部统一配置了预备役登记、统计工作计算机软件，各旗县区人武部通过计算机对预备役人员数量进行统计后，上报军分区，军分区核对后上报内蒙古军区。至 2005 年，全市登记退伍军人服预备役约 9600 人。2007 年，旗县区人武部按照上级统一下发的制式表格，完成退伍军人登记统计。2014 年，全市登记退伍军人服预备役人员共 12051 人。

第二节　预备役军官和士兵管理

一、预备役军官

1996 年 1 月 1 日颁布的《中华人民共和国预备役军官法》规定，预备役军官从下列人员中选拔：退出现役的军官和文职干部；退出现役的士兵；专职人民武装干部和民兵干部；非军事的高等学校毕业学生；符合预备役军官基本条件的其他公民。赤峰军分区和旗县区人武部在确定预备役军官时，严格按上级要求的条件执行，基本条件是：忠于祖国，遵守宪法和法律、法规；服从命令，听从指挥；符合预备役军官规定的年龄；退出现役或者接受过军事专业培训并经考核合格，具有与其职务相应的科学文化知识、组织指挥能力或者专业技能；身体健康。

退出现役转入预备役的军官，退出现役确定服预备役的士兵以及确定服军官预备役的高等院校毕业学生，在到达工作单位或者居住地以后的 30 天内，必须到当地旗县区人武部办理预备役登记。适合担任军官职务的专职人民武装干部、民兵干部、非军事部门的干部和专业技术人员，由旗县区人武部进行登记，报请军分区批准，服军官预备役。预备役军官按照规定服预备役已满最高年龄的，要退出预备役。

1996 年，全市开始对部队干部转业后服预备役的军官授预备役军衔。赤峰军分区在红山区人武部进行了对预备役军官授预备役军衔的试点工作。同年 8 月，全市旗县区人武部开始对预备役军官授预备役军衔工作，当年共授上校预备役军官 28 人。

二、预备役士兵

《中华人民共和国兵役法》规定：士兵退出现役时，符合预备役条件的，由部队确定服士兵预备役。退出现役的士兵，由部队确定服预备役的，在回到本人居住地以后的

30天内,到当地旗县区人武部办理预备役登记。经过兵役登记的应征公民,未被征集服现役的,服士兵预备役。士兵预备役的年龄为18~35岁。

士兵预备役分为两类。第一类士兵预备役包括:编入基干民兵组织的人员;在不建立民兵组织的单位,经过预备役登记的28岁以下的退出现役的士兵;经过预备役登记的28岁以下的专业技术人员。第二类士兵预备役包括:编入普通民兵组织的人员;在不建立民兵组织的单位,经过预备役登记的29~35岁的退出现役的士兵以及其他符合士兵预备役条件的男性公民。第一类预备役士兵29岁转入第二类预备役;第二类预备役士兵35岁退出预备役。预备役军士分一、二类,第一类为退出现役的士兵,第二类为年满18~40岁的男性公民及同等年龄并有专业技术特长的女性公民。

第三章 学生军训

第一节 组织机构

赤峰地区的学生军训工作始于1955年,当时统一纳入民兵训练计划中,没有专门的领导机构,由教育主管部门协调军分区和人武部与学校共同组织,当地驻军协助。20世纪60年代至70年代末一度停止。1985年后,根据教育部、劳动人事部、财政部和解放军三总部《关于高等院校、高级中学进行军事训练试点的通知》精神,恢复了学生军事训练。赤峰市蒙古族中学被确定为内蒙古自治区学生军训试点学校。

1991—2014年,为保证学生军训工作的顺利实施,赤峰市政府成立由教育局、计委、财政局和军分区司令部、政治部、后勤部机关领导组成的学生军训领导小组,统一领导、协调督促指导全市学生军训工作。领导小组由赤峰市政府领导担任组长,军分区司令部领导、市政府分管副秘书长、市教育局局长担任副组长。领导小组下设学生军训办公室,办公室设在军分区司令部,办公室主任由军分区参谋长担任。办公室主要任务是拟制全市学生军训组织计划;确定军训学校;安排军训时间;选拔、抽调、培训军训教员;组织协调各种保障;按计划落实学生军训任务。各旗县区也按上级要求成立学生军训领导小组和办公室,负责本旗县区的学生军训工作,办公室通常设在人武部。

第二节 训练内容

一、训练方式

赤峰地区学生军训有两种形式,一种形式是学生军训办公室派出教员在学校校区组织训练(有时学校也根据军训情况,自行聘请驻军部队教员组织训练);另一种形式是在民兵训练基地组织训练。学生军训时间在每年秋季新生入学后。初、高中学生训练时间为15～20天,大学生为1个月。

自20世纪90年代开始,学生军事训练主要内容有:国防基础知识;内务、队列、纪律三大条令;“三防”常识及城市防空知识;轻武器射击训练;手榴弹投掷;爆破常识;单兵战斗动作;战场救护等。大学生在完成高中生训练内容的基础上,增加部分军事理论、现代军事科学知识、连排战术及初级指挥等。《普通高等学校学生军事课教学大纲》和《高级中学学生军事训练教学大纲》颁布后,学生军训内容全市统一。

二、训练保障

经费保障　学生军训所需经费,由学生所在学校从教育事业费中解决,伙食费、服装费由学生个人承担。2003年,依据国务院和自治区政府的有关规定,市军训办积极协调旗县区政府,筹集资金45万多元,用于学生的伙食补助、购置服装及部分教材器材等训练所需。2005年,市、旗县区两级财政拨款24万元,学校自筹训练经费51万元,购买服装13098套、训练教材器材1200件(册),保障了训练需要。

器材、场地保障　学生军训一般在各学校校区内进行,没有操场的民办学校或训练场地小、参训学生数量多的学校,一般在各旗县区民兵训练基地或驻军、武警部队训练场地进行。学校军训所需的教材、教具、武器和消耗的弹药,由军分区和各旗县区人武部从民兵训练器材和武器弹药中调整解决,据实核销。自1990年起,内蒙古军区开始为学生军训统一分配训练使用弹药。训练用车辆、医疗及学生训练期间统一使用的被装等,主要由军训学生所在学校保障。

2002年,赤峰军分区司令部积极与上级业务部门、有关军事院校、预备役部队和驻赤各部队联系,采取请领、借阅、购置的办法,为全市各学校共配发训练教材器材1.5万余件(册),保障了室内理论学习和室外基础技能的训练。2003年,针对市区个别学校军训科目有防核化和生物武器袭击等训练、需要较为规范的野外训练场地的实际情况,军分区及人武部把民兵训练基地专门作为学生军训的射击训练场,无偿提供使用,保障学生军训工作顺利实施。

教员保障　学生军训所需教员,由军训办公室从驻军和武警部队抽调军事素质较好的班、排、连长,或从武装部门抽调年轻的人武、专武干部担任。开训前,要集中两周时间,由各旗县区人武部或军训办公室组织军事教员进行训练,统一教学科目、动作、标准,研究掌握学生的心理特点,与校领导、班主任沟通,做好充分准备后,再组织训练。1986年,为保证市学生军训试点学校的教学需要,军分区请示上级批准,将赤峰市蒙古族中学兼职的军事教员(在编体育老师)保送到中国人民解放军石家庄陆军学院学习三个月军事基础知识。1991年,再次将该校教员送到石家庄陆军学院学习两年。1991—2005年,全市共抽调学生军训教员(驻赤部队官兵、武警官兵、人武干部)5797人次,平均每年380多人。2006—2014年,全市共抽调学生军训教员(驻赤部队官兵、消警、武警、森警官兵、人武干部、专武干部等)7560人次,平均每年750多人。

第三节 组织实施

自1991年开始，全市已有21所普通中学、6所职业中学组织开展学生军事训练。1993年,巴林左旗、红山区人武部在民兵训练基地办起少年军校,在暑期安排部分小学生进行军事训练。1995年开始,全市高中一年级学生入学,都必须进行10~15天军事训练。个别学校也组织初中一年级新入学的学生进行军训。1996年4月,内蒙古自治区学生军训领导小组制定颁发全区“九五”期间学生军训规划,规定每个旗县区要指定一所高中作为学生军训重点学校。此后,赤峰地区学生军训工作形成了试点学校、重点学校、一般学校3个层面。至2000年,全市共有36所大中学校组织了学生军训,其中大专院校2所,中等专业学校10所,中学24所。平均落实15~20个训练日。完成了条令、队列、光荣传统和国防知识等科目训练,个别学校进行了轻武器实弹射击。

2003年,军分区和旗县区人武部在组织指导学生军训中,始终围绕贯彻“三个到位”的指导思想,即落实大纲到位,把内容训全,时间训足;检查指导到位,市、旗县区分管领导和学校领导及时进行现场检查指导,现场研究解决问题;跟班帮教到位,帮训教员和兼职老师跟班作业,逐个学生逐个训练内容地抓落实。由于旗县区驻军相对较少,军训学校多,军训时间又比较集中,选派军事教员有一定的困难。市军训办在保证不影响部队大项活动的前提下,协调驻军单位,争取帮助和支持。驻军65655部队根据学生军训办和各军训学校的请求,精心挑选军事素质好、作风硬、有一定组织管理和任教能力的教员461人到学校组织学生军训,其中干部83人,战士378人。在开训前,部队组织军训教员进行封闭式集训,达到“四会”要求,施训中做到上级满意、学校师生满意、学生家长满意。全市69所高级中学和大专院校(包括技校、民办中学),有59所开展了学生军训工作,占应训高校的85%。全市有4所学校、5名个人被自治区政府表彰为学生军训先进单位和先进个人。为落实教育部、总参谋部、总政治部联合印发的《2003年—2005年全国学生军训发展规划》的要求,根据军区规定和赤峰市学生军训工作的实际,军分区为学生军训办配套计算机、数码相机、打印机等办公设备。

2004年,军训办公室与军训学校教研室从科目内容的确定、教案的编写到授课实施,都进行严格的规范。各军训学校在授课前都要求教员进行试讲试教,采取由易到难、由简到繁、循序渐进的训练方法,确保教学质量。训练中,依据部队的条令条例,建立严格正规的一日生活秩序,从起床、晚点名到熄灯就寝,全部实施封闭式管理,过连队生活,培养学生教养一致、言行一致和令行禁止的作风。军训结束后,依照《民兵军事训练成绩评定标准》,由科目教员会同军训办成员和学校领导,对所训内容逐个科目逐个学生进行严格考核,确保了学生军训的质量。各军训学校普遍开展阅兵式、队列会操、歌咏比赛、内务卫生和作风纪律“流动红旗”、争当军训标兵等评比竞赛活动,极大地调动了学生争当先进、赶超先进的积极性,使学生在军训中从体能、智能、技能等方面都有明显的进步,达到训练目的和要求。

2005 年,市学生军训领导小组根据自治区教育厅、内蒙古军区司令部《2005 年全区学生军训工作指示》,紧密结合实际,统筹安排,科学规划,加强组织领导,共组织 69 所高级中学和大专院校(包括技校、民办中学)开展学生军训工作,完成了条令、队列、光荣传统和国防教育等科目的训练。

2007 年,认真贯彻教育部、总参谋部、总政治部《学生军事训练工作规定》的通知精神和内蒙古自治区教育厅、内蒙古军区司令部《关于做好 2007 年全区学生军训工作的通知》要求,本着加强领导、结合实际、统筹安排、搞好协调、充分保障的原则,组织指导年度学生军训工作。同年 9 月,赤峰学院、赤峰蒙中、红旗中学等 9 所学校,集中组织了第三届“我们是初升的太阳”学生军训汇报表演。市政府、赤峰军分区、市教委有关负责人及军训办工作人员观看了汇报表演。

2008 年 5 月,协助自治区教育厅和军区大学生军训办公室,完成在赤峰市进行的全区 180 多名军事教员的培训工作。及时调整赤峰市学生军训领导小组成员,划分高校的学生军训帮训部队。

2009—2014 年,学生军训工作步入常态化,全市大中学校每年都组织军训。赤峰学院通常由军分区协调驻赤部队抽调教员协助训练,旗县区高中和各类职业技术院校由人武部协调当地武警、森警、消警和专武干部组织训练。

第五篇 人民防空

第一章 组织机构

赤峰市人民防空工作受同级人民政府、军事部门的双重领导,负责全市平时防空设施建设管理和战时防空的具体工作。组织机构包括领导机构和工作机构。领导机构称国防动员委员会,由赤峰市委、市政府、赤峰军分区主要领导和有关部门领导组成。工作机构称人民防空办公室,负责承办日常工作。

第一节 领导机构

自1986年6月30日,赤峰市人民防空委员会和交通战备领导小组合并,称赤峰市人民防空委员会暨交通战备领导小组。领导小组主任由赤峰市政府市长担任,副主任由赤峰市政府副市长、驻赤部队领导和军分区司令员担任。成员由赤峰市委、市政府有关部门主要领导,军分区机关及相关部门领导,红山区、松山区、元宝山区政府主要领导及赤峰铁路、民航站、赤峰武警支队领导组成。各单位、各部门主要领导发生变动时,领导小组成员随之进行调整。

1997年4月,赤峰市国防动员委员会成立,下设人民武装动员办公室、国民经济动员办公室、人民防空办公室、交通战备办公室、综合办公室。赤峰市人防工作由市国防动员委员会指挥领导。

第二节 工作机构

一、赤峰市人民防空办公室

赤峰市人民防空办公室是主管全市人民防空工作的常设机构。1990年,赤峰市人防办内设秘书科、工程科、指挥科、财务科、交通战备科和通信站、平战结合管理站、设计室3个事业单位。1998年,支前后建工程全部移交给当地政府,人防部门不再承担支前后建工作。2002年4月4日,为适应防空防灾一体化建设需要,市政府批准人民防空办公室挂民防局牌子，将交通战备行政管理职能划归市交通局。人防办公室内设人秘综合科、指挥宣传科、工程管理科、财务管理科，交通战备科撤销。

2010 年 9 月 20 日，赤峰市人民政府办公厅印发《赤峰市人民防空办公室主要职责、内设机构和人员编制规定》，明确人防办公室为赤峰市人民政府工作部门，挂赤峰市民防局牌子，内设综合科、人事科、指挥宣传科、工程科、财务科和党委办公室 5 个科室。至 2014 年未变。

二、市人防办下属机构

1997 年 5 月 28 日，人防办所属事业单位有通信站、设计科研所、平战结合管理站、资金管理处、重点工程开发管理站、机关服务中心。2003 年 8 月 16 日，成立赤峰市民防应急救援中心。2009 年 10 月，成立赤峰市人民防空办公室驻元宝山区办事处。2011 年 4 月，市人防重点工程开发管理站更名为赤峰市人防行政执法监察支队。2014 年 5 月，赤峰市机构编制委员会批准《赤峰人民防空办公室所属事业单位调整规范方案》。赤峰市人防指挥信息保障中心与赤峰市民防应急救援中心合并，组建赤峰市人民防空指挥信息救援保障中心；赤峰市人防建设资金管理处、赤峰市人民防空办公室驻元宝山办事处和赤峰市人防平战结合管理站合并，组建赤峰市人民防空工程设施管理中心；赤峰市人防工程质量监督站更名为赤峰市人民防空工程质量监督站；撤销赤峰市人防机关服务中心，组建赤峰市人民防空宣传教育管理中心；保留赤峰市人民防空行政执法监察支队。调整规范后，赤峰市人防办所属事业单位由原来的 8 个减少至 5 个，相当于科级事业单位，经费来源于财政全额拨款。

第二章　人防工程

第一节　工程建设

一、工程规划

1989 年，市人防办制定《赤峰市人防建设与城市建设相结合规划》。2006 年，内蒙古自治区人民防空办公室、自治区建设厅联合印发《关于在赤峰市开展人防工程规划试点的通知》，要求赤峰市人防办在人防工程规划编制上先行试点。2007 年 1 月 1 日，赤峰市人防工程规划编制工作正式启动。人防工程规划由总参谋部工程兵第四设计研究院负责编制，规划年限为 2007—2020 年，规划城市总人口 100 万人，城市用地规模为 107.03 平方公里，战时人口疏散 40%。2007 年 10 月 18 日，《赤峰市城市人民防空工程规划》通过专家评审。同年 11 月 14 日，赤峰市人民政府印发《关于同意〈赤峰市城市人民防空工程规划〉的批复》。《赤峰市城市人民防空工程规划》作为《赤峰市城市总体规划 2002—2020》的人民防空工程专项规划，填补了赤峰城市总体规划的一项空白。

二、工程建设

自建工程　1990年以前,赤峰市的人防工程大部分由国家投资建设,统称自建工程。产权归国家所有,维护管理由人防部门负责。

1992年3月2日,自治区政府批转自治区人防委、计委、经委、财政厅、建设厅等10个部门《关于落实政策拓宽人防建设资金渠道的报告的通知》规定:应建地下室的必须修建防空地下室,其产权、使用权归建设单位所有,战时由人防部门统一调配使用。因地质等原因不能建防空地下室的建设单位,要按应建防空地下室面积缴纳防空地下室易地建设费。缴纳标准每平方米1500元,其他永久性民用建筑(个人集资建住房部分除外),按建筑投资预算的百分之三收取。所缴纳和收取的资金由人防部门按城市"结建规划"修建防空地下室,其产权、使用权归人防部门所有。同年5月26日,赤峰市政府转发《关于落实政策拓宽人防资金渠道及实施管理办法报告的通知》,明确规定了收取人防建设资金的办法,并对人防建设资金管理提出了具体要求。市人防办认真落实文件精神,在全区率先开展人防建设资金及易地建设费收缴工作,资金主要用于人防工程建设。

1992年开始,赤峰市利用筹措的人防易地建设费建成10余处人防工程,总面积26604平方米,其中大部分工程依据平战结合的原则被开发利用。

红山预备指挥所是人防部门自建的重点人防工程之一。1999年8月,经内蒙古自治区人防办和北京军区人防办批准立项,代号为"998"工程。2000年4月开工建设,由辽河工程局和地勘十院共同承担建设任务,2002年底完成。

结建工程　结建人防工程是指结合民用建筑修建的防空地下室。赤峰市结建人防工程建设主要分为两个发展阶段。

1992年,由于人防工程造价相对较高,加之人们对人民防空工作缺乏足够的重视,全市结建人防工程较少。赤峰市区第一个结建人防工程是赤峰裕隆商厦防空地下室,该工程于1992年开工建设。1997年1月1日《中华人民共和国防空法》和1999年9月24日《内蒙古自治区实施〈人民防空法〉办法》颁布实施后,对人防工程建设提出了具体的建设比例和建设条件,赤峰市人防结建工程建设步伐开始加快。到2002年底,全市人防结建工程达20604平方米。

2003年,国家国防动员委员会、国家发展计划委员会、建设部、财政部联合印发《人民防空工程建设管理规定的通知》。同年,市人防办向市政府呈报《关于在赤峰新城区开发中同步建设人防工程的报告》,提出要将人防工程建设纳入城市总体规划、城市基础设施要兼顾人民防空要求、要依法建设人防工程的建议。此后人防部门坚持以建为主、以收促建的原则,严把"结建"审批关口,人防工程结建工程建设速度每年都以近万平方米的速度递增。截至2014年建成的结建人防工程占全市工程总量的72.8%,是2002年以前工程总量的2.67倍。2007年,赤峰市人防办被国家人防办评为"全国人防工程建设先进单位"。

第二节 维护管理

人民防空工程维护管理是指对人民防空工程的行政、技术管理和经常性的维护保养检修工作。

赤峰市人防工程维护管理工作主要有四种方法：一是中早期建设的单位人防工程，由各单位实施维护管理；二是平战结合工程，由承包单位和个人进行维护管理；三是公共工程、疏散干道、坑道，由市人防办维护管理；四是结建工程，由建设单位和使用单位维护管理。

为保证人防工程始终处于良好的战备状态，自 1991 年始，市人防办制定维护管理、维修程序、检查报告、拆除报废制度。工程管理人员每年都有计划地对人防工程进行检查维护。2004 年 3 月、2007 年 5 月、2013 年 5 月，市人防办对全市人防工程分别进行三次大规模的普查，通过普查对人防工程的质量情况进行评估，制定维修维护计划，对已经不具备防护功能的按照有关规定进行封堵和报废。2008 年，市人防办对人防工程原有档案进行重新整理分类编号，按照指挥工程、人员隐蔽工程、专业队工程、物资库工程等进行逐一登记，档案实行集中管理、专人负责，并做到标准化、规范化。截至 2014 年底，已建立人防工程档案 7 类 367 卷。

第三节 开发利用

1991 年，赤峰市人防办提出“转轨换型，向工程要效益”的工作思路，决定以建设窗口工程为突破口，大力开发利用人防工程，从根本上扭转人防工程使用的被动局面。

1994 年，市人防办利用市房产处人防工程开办的赤峰市第一个地下高档餐饮娱乐场所——星河娱乐宫投入使用，年创利税 46 万元。1995 年，利用赤峰商厦人防工程开办了“西拉沐沦美食城”。1997 年 4 月，利用百货大楼人防工程经营旱冰场。在人防工程的开发利用过程中，市人防办不断总结经验和改革。在投资方式上，改变由人防部门单独投资形式，面向社会招商引资，采取独资、合资、合作等多种形式共同开发利用人防工程。在经营项目上，打破单一经营餐饮业的局面，逐步向多元化发展。“伊斯兰不夜城”由人防部门投入改造资金 50 万元、承包经营单位和经营者投资购置设备，以合资经营形式于 1996 年建成。“天长地久婚纱投影部”、蒙中“京香连锁店”分别由承包单位独资开发经营。到 1998 年底，赤峰中心城区开发利用人防工程达到 11 处。2000 年以后，随着房地产业的兴起，地上的商业店铺明显增多，赤峰市的服务业迅速发展，地下人防工程的优势逐渐减退。市人防办采取很多措施和办法，把部分工程收回，选派一些懂经营的干部职工到各开发利用点负责经营管理。2003 年 10 月至 2004 年 5 月，市人防办成立人防工程普查小组，对使用中的人防工程进行全面普查，通过普查进行评估分类,逐步对部分中早期低、矮、窄和失去利用价值的人防工程进行封堵;对有使用价值的老旧工程整体出售或出售使用权;对于一些优良资产进行保留,公开向社会出租,确保人防效益的最大化。为了实现人防资产转换增值,“十一五”以来,人防部门还逐步将收益率较低的上千平方米的地下室以置换的方式逐步向地上转换,扩大地上资产的拥有量,既实现人防工程保值增值,又增加平战结合收益率。到2014年底,置换到地上的商用资产28处3957.4平方米,开发利用人防工程69处,工程利用率达到41%,年收取工程使用费455万元。

第三章　通信 警报

第一节　通　信

一、有线电通信

1991年,市人防办已有400门纵横制自动电话交换机,市区内铺设人防专用通信电缆37公里,架设电话线路25公里,安装电话单机160部。人防总机除保证人防部门与市党政军机关主要领导、部队首长的专线通信外,还根据国务院、中央军委“关于人防通信要实行平战结合,利用现有通信设施为党政军机关服务、为社会服务”的要求,逐步向社会扩展,对外服务。1991年底,市人防办对外安装电话达到106部。

1994年10月,纵横制自动电话交换机被MD110型程控数字交换机所替代,将脉冲拨号改为出入合用的双音频拨号,同时与上级人防部门、市委、市政府、赤峰军分区、驻赤部队、红山区委、区政府和重要人防基地都建立了专线,人防专用有线电通信网络基本形成。

2002年10月,赤峰网通公司投资20万元,对人防MD110电话交换机进行升级扩容,由原来模拟中继改为光纤中继,由314线扩容到512线,实现DID+DOD方式互联,所有用户号码升为7位, 与公网用户等位直拨。2003年10月, 赤峰电信公司投入20万元,安装214线ADSL宽带网络设备,为人防信息化建设奠定基础。2004年,赤峰移动公司提供光缆、光端机等设备,与人防电话交换机互联,建立人防手机集团网,实现有线通信与手机互通,通信联络更加便捷。2006年,市人防办搬迁到新城区后,利用市电信公司租用办公楼的便利条件,与市电信公司达成协议,人防办不再安装电话交换机,由电信公司无偿提供的智能话务台,实现人防有线通信联络。2007年,电信公司又无偿提供红山区人防指挥所到赤峰军分区、新城区人防应急指挥中心到赤峰军分区的光纤线路,建立人防应急指挥中心与军分区间的音视频会议传输网,实现双向会议音视频传输和军网在线功能,保证军分区应急指挥的需要。

二、无线电通信

1991年以前，人防办只有1台单边带电台，通过人工报话每天定时与自治区人防电台和其他盟市人防电台进行联络。1994年，自治区人防办为各盟市人防办统一配备了数传终端机、电子计算机、打印机等通信数据传输设备，人防机密文件和重要信息通过短波数据传输网进行传递。2003年，赤峰军分区调配给市人防办一台指挥通信车，内有短波电台、小型发电机等通信设备，人防移动通信建设开始起步。2004年，购置了IC-710、IC-700PRO150瓦自适应短波单边带电台和FC980-B智能终端、LINK-A有无线转接器、DIAL-A拨号选呼器等设备，对无线通信设备进行了统一更新，提升了应急通信保障能力和抗干扰能力。

2008年，国家人防办和自治区人防办相继作出了《关于进一步加快人民防空应急准备工作的指示》，市人防办根据上级要求，与市辖9个旗县建立无线电短波电台通信网，在全区人防系统首家实现区、市、县三级无线电短波电台联网，形成对上对下电台同时指挥联络体系。同时，加大移动通信建设力度，投资260万元装备机动应急卫星通信指挥车，安装卫星通信地面站，指挥车内安装有卫星通信设备、微波双向通信设备、北斗通信设备、卫星电话、CDMA通信设备、短波、超短波电台、GPS定位设备、有线程控数字交换机、图像采集系统、广播、照明设备、便携式微波机和8000瓦发电机等辅助设备，形成集指挥、通信、调度于一体的机动指挥通信保障平台。

2010年，市、县两级人防三网合一（语音、数据、视频）视频会议系统建成。为保证传输质量，人防办租用赤峰联通公司2M光纤专线，按统一要求配备视频会议终端，成功组建自治区、赤峰市、各旗县三级视频会议系统网络。2012年5月，人防通信指挥信息系统与市公安局信息中心实现互联互通，参与全市安全通信保障工作。

第二节 警 报

警报通信主要是由各种通信设施和音响警报器组成的空情报知系统，包括空情传递、音响警报两个方面。

一、警报网建设

1971年12月，市人防办成立了空情无线接收台，由两名报务员担负战备值勤任务，全时守听沈阳军区空军空情信息，一旦发现敌情，立即发出空情警报信号。1980年1月，空情信号改由空军雷达第46团提供。1981年12月，按照内蒙古自治区人民防空办公室《关于全区人防通信警报系统恢复使用原报务制度的通知》要求，警报台、空情台暂停守听和接收，转入“一专多能”专业技术训练。2009年，为了适应人防应急准备需要，人防办投资26万元，购置安装自动空情接收系统，守听人员平时以专业训练为主，进入等级战备状态时，立即开机接收沈阳战区雷达部队空情信息，及时进行空情通报。2014 年,未有变化。

二、警报信号及鸣放

从 1969 年安装第一台警报器到 2002 年底,市中心城区只有 15 台电动警报器,主要集中在红山区,警报器全部由人工控制鸣响。每到试鸣日,人防办把通信人员分布到各个警报点,在统一时间按响警报器,发放警报信号。2003 年,通信警报建设速度加快,警报器的数量和设备的质量逐步提升,并开始向区、县发展,松山区、元宝山区和其他 9 个旗县都相继设立了人防警报点,安装了警报器,而且数量逐年增加,较先进的电声警报器所占比例不断增长。同年,市人防办投资 10 余万元购置 JZYK 警报中央控制器,同时对警报器终端控制器进行升级改造。

2010—2012 年,警报器由手动控制变为自动接收鸣响,解决了警报信号发放不同步问题,为全市警报信号发放实现统一控制奠定了基础。平庄、元宝山和 9 个旗县分别建立了警报信号发放中间站。赤峰市是自治区人防系统第一个实现警报信号发放统一控制的盟市。到 2014 年底,全市共安装警报器 129 台,其中固定警报器 118 台,车载警报器 11 台,已经形成布局合理、覆盖面广、控制手段先进的现代化通信警报网络。

人防通信警报承担着平时和战时的应急报知任务,为确保遇有空情、灾情及时发放警报信号,根据自治区人防办统一规定,每年都要进行全市警报试鸣。2004 年以前每年的 8 月 15 日为人防警报试鸣日,2005 年以后警报试鸣日改为 9 月 18 日。人防警报试鸣从未发生事故,警报鸣响率 100%,市县中心城区音响覆盖率达到 95%以上。

第四章　宣传教育

第一节　学校“三防”教育

1991 年 7 月,为落实自治区人防办和自治区教育厅关于城市初级中学“三防”知识教育工作规划,提高“三防”知识教育师资水平,市人防办和红山区教育局联合举办“三防”知识教育师资培训班。培训分两期,有 15 所中学 83 名教师参加培训。同时,成立红山区“三防”教学研究小组,每个学校确定一名“三防”知识教育工作联络员。此后,各学校不仅有“三防”知识教学骨干,还逐步把“三防”知识教育渗透到物理、化学、生物、体育课教学内容,市人防办也积极主动向各学校提供《三防知识》教材及配套的幻灯、挂图、录像等教具,学校“三防”教育课开展得有声有色,每年接受“三防”教育学生达到 4000 人以上。1993 年,市人防办与红山区国教办制定《将“三防”教育纳入国防教育实施办法》,红山区各学校率先将人民防空教育纳入国防教育体系。1997 年初,市人防办与市教育委员会联合下发《关于进一步抓好城市中学防空知识教育的通知》,对红山区、松山区、元宝山区初级中学“三防”教育再次提出明确要求,要求各区教育局要有一名分管领导具体负责人防宣传教育工作，各初级中学要将人防教育列入年度教学计划，在初二年级开展“三防”知识教育，授课时间不少于16课时，此后上述3个区初级中学受教育人数大幅增加。

2002年，根据《“十五”期间自治区人防重点城市初级中学和大专院校人民防空教育规划》，人民防空知识教育开始从中学向大中专院校扩展，教育内容在防空知识教育的基础上增加平时防灾基本知识和防护技能教育。市党校和行政干校作为教育试点单位，在中青年干部和处级领导干部培训课程中增设人民防空教育内容。市人防办采取人防知识讲座、发放人民防空教育读本、观看录像片等形式进行防空防灾知识教育，并逐步形成制度化。2005年7月，依据“人民防空法”，市辖9个旗县政府所在地初级中学纳入人民防空教育范围。2008年，四川省汶川地震引起国家对防灾应急教育的重视，人民防空教育也根据平战结合的原则，把防灾知识和基本防护技能融入学校人防教育内容。人防办重新编印《城市中学民防应急知识读本》，下发到开展人民防空教育的市县初级中学，对学生进行防空防灾一体化教育。2011年5月12日，是第三个“全国防灾减灾日”，赤峰市教育局、人防办、地震局、消防支队联合举办“全国防灾减灾日”宣传周活动，启动仪式在市第六小学举行。启动仪式上，学校组织师生进行了地震防护紧急疏散演练，市人防办特种应急救援车和卫星通信车为师生做了功能展示，同时展出防灾救援图板20块，发放《城市学生应急手册》1000余册。同年，全市有90所中小学和1所大学开展了人防宣传教育工作，7所初级中学进行应急疏散演练。

2014年11月10日，赤峰市人防办、赤峰市教育局、赤峰市国防教育办公室依据自治区有关要求，联合下发《关于进一步加强全市大中小学校防空防灾教育工作的通知》，要求各学校要将防空防灾教育纳入国防教育和安全教育课程。大学、高中结合军训安排教育课时，初中七年级、八年级不少于8个课时，小学四、五年级不少于4个课时。各学校要将防空防灾知识教育列入教育计划，配备专职或兼职教师，各级教育部门要将其列入学校年度考核。1991—2014年，全市接受人民防空教育学生共有19万人。

第二节 社区人防教育

2007年3月，“赤峰人防”网站正式公开。“赤峰人防”网站是内蒙古自治区第一个实行独立域名门户网站，网站设政务公开、人防动态、基层人防、政策法规、人防知识、军事百科、艺苑天地等9个板块，截至2014年底，点击量达到31000余次，成为赤峰人防对外宣传的窗口。

2010年，国家人防办提出人民防空宣传教育“进机关、进学校、进社区、进企业、进网络”的要求，以此拓展人防社会宣传教育渠道和方法。为落实“五进”工作，自治区人防办把赤峰市确定为“民防进社区”试点单位。人防办参照先进地区的典型经验，分别在克什克腾旗经棚镇新村社区、巴林右旗大板镇阿穆尔社区、红山区昭乌达社区、元宝山区星光社区、松山区吉祥社区进行试点。通过试点,对社区如何开展人防工作进行了有益的探索。2011 年 8 月 15 日,赤峰市"人防进社区"建设现场会在巴林右旗召开。全市各社区借鉴试点经验成立人民防空组织,组建志愿者队伍,开展防空防灾知识教育,积极组织居民进行自救互救演练。社区人民防空工作的开展,使广大居民的安全防范意识和应急避险能力明显提高。2014 年 6 月,市人防办成立"赤峰市人防知识教育宣讲队",队员由 6 名志愿者组成。主要任务是深入到社区、企业、学校宣讲人民防空知识,传授防空防灾技能。截至 2014 年底,全市开展人防工作的社区 15 个,人防宣传教育示范社区 116 个。

第三节　人防宣传教育基地建设

1995 年,市人防办对 1986 年建成的人防教育展厅进行改造和重建。新建成的人防教育展厅共有 28 个版面,分为爱国主义教育、国际形势分析、现代战争特点、"三防"知识简介、人民防空作用、赤峰人防现状六大部分。整个展览内容丰富、资料翔实、声电结合,成为全市进行人民防空教育的主要场所。参观对象主要是各级党政军领导、机关干部、学校师生和驻军部队官兵。2006 年,市人防办搬迁到新城区后,人民防空展览厅关闭。

2013 年 5 月,赤峰市被自治区确定为首家人民防空宣传教育基地建设试点单位,为落实试点任务,经过调研,市人防办党组决定把原桥北人防储调中心改建成人民防空宣传教育基地。2014 年 3 月,"赤峰市人民防空宣传教育基地"开工建设,同年 8 月竣工。基地由人民防空宣传教育馆和人民防空博物馆两部分组成。人民防空宣传教育馆占地面积 1000 余平方米,由"人民防空发展历程""赤峰人防业务展示""人民防空宣教知识""应急防灾基本技能"四部分和一个 4D 电教馆组成,利用图片、文字、实物、场景、体验、幻影成像及多媒体等形式,完整生动地展示人民防空的发展历程和职能任务。人民防空博物馆占地面积 400 多平方米,由"文史资料""装备展览""生产生活""历史荣誉"四个厅组成,该馆以翔实的资料、众多的实物反映赤峰人防的发展足迹,记录赤峰人防的光荣历程。2014 年 8 月 28 日,内蒙古自治区首家人防宣传教育基地举行揭牌仪式,正式对外开放。截至 2014 年底,基地共接待区内外参观团体 40 多批次 1500 多人。

第五章　机关"两化"建设

第一节　"防空防灾一体化"建设

1999 年 4 月,自治区政府办公厅、内蒙古军区司令部印发《关于在赤峰市开展人民防空与应急救援一体化试点工作的通知》，决定在赤峰市开展人民防空与应急救援一体化建设试点工作。同年5月，赤峰市人防办向自治区人防办报送《赤峰市人民防空与应急救援一体化试点实施方案》，对指导思想、试点内容、方法步骤、保障措施做出安排。

一、建立领导指挥机构

2002年4月，市政府批准市人防办增挂"赤峰市民防局"牌子。同年12月20日，赤峰市委、市政府印发《关于成立市民防指挥部的通知》，总指挥由市长担任，副总指挥由市委、市政府副职领导和军分区领导担任。成员由党政军机关领导、相关委办局主要领导、各大企业主要领导、各新闻媒体主要领导共38人组成。指挥部下设应急办公室，为市委、市政府主管应急救援工作的常设部门，办公室设在市人防办。

2003年8月16日，赤峰市机构编制委员会下发《关于成立赤峰市民防应急救援中心的批复》，赤峰市民防应急救援中心在市人防办正式成立。中心为科级差额补贴事业单位，核定人员编制6人。主要任务是战时承担消除空袭后果的应急救援，平时参与市政府组织的社会公共突发事件的应急救援行动。同年10月13日，"赤峰市民防应急救援中心"正式挂牌成立。

二、应急救援指挥中心建设

2002年4月，市人防办投资100多万元，在机关综合办公楼建设赤峰市应急救援指挥中心。赤峰市应急救援指挥中心内设应急救援值班室和人防通信值班室，安装有MD110型512门程控交换机、CWYK型人防警报系统、JZYK中央控制器。

2003年5月，根据民防建设和市民防指挥部组织抢险救灾的需要，按国家人防办下达的《指挥自动化硬件建设标准》安装6台电脑，增设监控系统、指挥系统、网络服务系统、视频服务系统、文电传输系统、综合传输系统、音视频接受系统，开通了与市公安局"110"指挥中心、消防"119"指挥中心、"122"交通事故处理指挥中心和市医院"120"急救中心的专线电话，进而保障救灾指挥部全天候的通信联络和实时传递救灾现场的音像信号。同年9月1日，民防应急救援专用接警电话"96195"经自治区批准面向社会正式启用。从本年度起，市应急救援能力基本形成，并开始尝试承担接警工作。

三、人员培训

应急救援中心平均每年训练时间为30个训练日，训练内容以各类设备器材的操作使用为主，以理论学习为辅。根据实际救援的做法和需要，应急救援中心从"严、准、快、细"四个方面进行训练。严：严守规章制度，严守操作规程；准：准确判断救援程序，准确使用相应设备；快：快速出警，快速救援；细：细心观察救援环境变化，细心操作手中器材，严防发生意外。在坚持"四字"训练法的基础上，学习一些防毒、防化、电源、气泵等各类设备结构、工作原理以及安全防事故等理论知识。应急救援中心主动到驻赤65655部队防化分队学习各种情况下的防化技能，到市消防中队学习火场应急救援。

先后三次到救援设备工厂参加业务培训,学习救援设备构造、工作原理、操作使用、注意事项等。指挥人员两次参加上级组织的应急管理指挥干部培训班,学习了解掌握突发公共事件的含义和特征、突发公共事件与政府的应急管理、突发公共事件应急预案、突发公共事件处置的一般方法、应对突发公共事件的相关法律等。

2003 年 11 月 1 日至 2009 年 8 月 5 日, 市民防应急救援中心实施交通事故救援 26 次,救出伤亡人员 39 人。2009 年底,该项工作停止,改由政府其他部门负责。

第二节 "准军事化"建设

2001 年 9 月,为落实中共中央、国务院、中央军委关于各级人防部门要建设"政治坚定、业务精湛、纪律严明、作风过硬、廉政高效"的"准军事化"机关的要求,北京军区在赤峰开展了人防机关"准军事化"建设试点工作。人防办按照上级要求的标准,结合机关建设的实际,认真筹划,精心组织,对照标准,查找差距,全力推动。经过上下共同努力,人防机关"准军事化"建设试点工作取得明显成效,带动全面工作又上了一个台阶。2003 年 8 月 21 日,北京军区在赤峰召开华北地区人防机关"准军事化"建设现场观摩会,对赤峰人防机关"准军事化"建设经验进行推广,同年 9 月,市人防办被评为全国人防机关"准军事化"建设先进单位。此后,人防办机关按照"准军事化"建设标准,逐年进行改进提高。

一、目标化管理

自 1984 年起,人防工作实行办公室、科室、责任人三级目标化管理。

在"准军事化"建设试点开展后,市人防办党组对工作目标又进行了细化,使其更科学合理,便于量化考核。主要做法是将上级业务部门和市政府下达的各项工作任务进行分解,按照业务对口的原则下达到各科室和旗县并签订年度工作责任状。各科室再将所承担的工作任务目标分解细化,落实到个人,每项工作都有具体标准和完成时限。各级承担的工作任务目标都要求制成图表上墙,人防办领导依据总体工作目标图表统一协调工作,定期对各个岗位的干部职工进行检查督导、考核评比,年终按制度奖惩。

到 2014 年,人防办机关工作目标化管理工作虽然随着形势和工作任务、目标责任人、奖惩办法在不断变化,但人防工作任务目标化管理一直在坚持和延续。

二、干部职工队伍建设

20 世纪 90 年代, 市人防办党组在干部职工队伍建设上主要采取环节干部队伍、党员队伍、群众职工队伍区别对待、各有侧重的管理办法。在思想政治建设、业务学习、工作表现等方面要求干部要走在党员前面,党员要走在群众前面,普通群众要向党员、干部看齐,党员、干部要处处起模范带头作用。坚持每年对干部、党员进行评议,按照优良、合格、不合格档次评定,激发干部、党员的模范带头作用。

2001 年,接受"准军事化"建设试点任务后,人防办党组坚持以干部职工队伍思想和精神上的军事化带动促进机关建设的军事化。在管理实践中总结出"五种育人办法",即用科学的理论引导人,用文化知识和专业知识武装人,用高尚的精神塑造人,用严格的制度约束人,用为干部职工办实事感召人。此后,逐渐发展为"五个坚持,五个培养",即坚持进行业务培训,培训新型专业人才;坚持用制度管人,培养严格的组织纪律性;坚持开展"军事周"活动,培养军人作风;坚持目标化管理,培养争先创优意识;坚持在实际工作中磨炼,培养顽强的意志品质。与此同时,充分利用人防工作双重领导的优势,采取"走出去""请进来"的办法,长期坚持向当地驻军学习。

第三节 防空演习

2001 年 9 月 25 日至 26 日,经赤峰市国防动员委员会批准,由赤峰军分区司令部、市人防办、红山区人武部联合组织了综合性防空袭演习。市人防指挥部成员单位有关负责人全程参加演习。赤峰市国防动员委员会下设的人民防空、武装动员、经济动员、交通战备 4 个办公室全部参加了演习。市属的抢险抢修、医疗救护、消防、防化、通信、运输、治安 7 个防空袭专业分队演练了室外科目。此次演习涉及市直和红山区 28 个单位,共 1800 多人。

2002 年 8 月,赤峰军分区和市人防办共同参加了内蒙古军区在呼和浩特市组织的城市防空袭演习。军分区主要领导及参谋人员、市人防办主任及指挥宣传科长参加了演习。2003 年 9 月,市人防办参加了赤峰市国防动员委员会组织的代号为"红峰—2002"的城市防空袭演习。市人防办领导和指挥、工程人员演练了组织指挥程序和组织人员疏散、隐蔽的行动方案,通信、救援人员参加了敌空袭时的通信保障和应急救援演练。2004 年 9 月,赤峰军分区和市人防办联合组织了代号为"红峰—2003"的城市防空袭作战研究性网上演习。市人防办科以上干部和部分业务骨干参加了演习,市人防办指挥、通信、工程、救援人员进行了网上作业。2006 年 8 月,市人防办与石油公司共同组织了以油库遭敌空袭、油罐起火,消防专业队现场扑灭油罐大火的演练。2007 年 10 月 18 日至 24 日,自治区人防办组织各盟市人防办进行网上城市防空袭研究性演练。此次演练历时 7 天,市人防办副科级以上干部、有关科室的业务骨干 30 多人参加了演练。2009 年 6 月 11 日至 12 日,市人防办组织了代号"CFZT-09"的城市人民防空袭指挥与通信协同作战演练。市人防办科以上干部及指挥科、通信站、救援中心全员近 50 人参加。2010 年 9 月 16 日至 18 日,自治区人防办举行全区人防机关室内网上人民防空战备等级转换、城市人口紧急疏散与隐蔽演练。此次演练采取上导下演、异地同步的办法进行。2014 年 9 月 11 日至 12 日,市人防办在市新城区富龙管道燃气公司为"全区人民宣传教育工作现场会"演练了液化石油气管道燃气泄漏起火的应急救援。参演单位有新城区消防大队、新城区富龙管道燃气公司、市人防办指挥科、市人防办指挥信息救援保障中心,共有40多人参加演练。演练内容主要有:发现火险、报警、出警、人员疏散、现场救援、管道修复等。市人防办领导、机关各科科长及有关工作人员90多人观看了演练。

第二十卷

民政　人事　劳动与社会保障

1991—2014年，赤峰市民政工作坚持求真务实、开拓创新和城乡并重、整体推进原则，各项工作均取得新的进展。在调节社会利益、化解社会矛盾、排解社会困难、促进社会公平、维护社会稳定、增强社会和谐等方面发挥了重要作用。随着改革开放和现代化建设的不断深入，赤峰市着力抓住改革和人才两大主题，逐步把计划经济体制下的人事劳动管理体制转移到与市场经济相适应的体制上来，把单纯的行政管理转移到管理服务上来，相继出台实施干部人事制度改革、机构改革、专业技术职称评定、工资制度改革等一系列重大举措。人事劳动与社会保障事业全面稳步发展，并且成为全市发展稳定的重要力量。

民政工作。加强基层组织建设，完成7届嘎查村委会换届选举。以村(牧)民自我管理、自我教育、自我服务为目标，以乡镇苏木街道及村嘎查为载体的村(牧)民自治示范单位创建活动获得民政部和自治区民政厅表奖。社区组织机构、设施建设扎实推进。

深入开展拥军优属活动。累计发放优抚资金12.2亿元，安置复员军人就业14695人，发放复员军人自谋职业金1.8亿多元，安置军队离退休干部及其遗属171人和43人。赤峰市连续7次被命名为“全国双拥模范城”。

完善体制机制，发展救灾救济事业。全市投入近4亿元救灾资金和大量人力、物力实施灾害救济，实现受灾群众生活有保障、大灾之后无大疫。从2008年开始，投入5亿多元资金实施医疗救助，176万城乡居民得到救助。从2006年开始，投入26.47亿元(其中含助学贷款7.18亿元)资金实施教育救助，实现240多万人次的贫困学生学有所教。1997年和2006年，分别投入26.24亿元和24.86亿元资金实施城乡最低生活保障，使113万城镇居民和213万农牧民得到应保尽保。针对最弱势群体，实施有“家”可归式保障。全市累计收养孤残儿童3229人，集中或分散供养城镇“三无”人员8000多人。各福利企业累计安置残疾人就业52595人。

加强社会事务管理。加强婚姻登记服务管理，提高婚姻登记和服务质量。推行以火葬为核心的殡葬改革，加强殡葬用品及服务的市场监管。严格收养登记管理，推进规范收养。规范民间组织登记管理，引导民间组织有序健康发展。

人事 劳动与社会保障工作。从1994年开始，国家公务员制度在全市逐步推行，公务员录用(考录)、考核、任免、奖励、惩戒等各项政策法规全面落实，国家公务员队伍结构不断优化、素质明显提升。事业单位改革持续进行，事业单位生机与活力明显增强。专业技术人员队伍明显扩大，学历层次大幅提升，中高级专业技术人员分别呈现几倍和十倍以上的增加，中专以下专业技术人员明显下降。采取按计划分配、用人单位和毕业生双向选择、毕业生自主择业三结合的方式，全力促进大中专毕业生就业。军转干部、离退休干部政策全面贯彻执行。有突出贡献的中青年专家管理、享受国务院政府特殊津贴人员管理、院士专家工作站管理、人才智力市场建设全部纳入重要工作日程，取得较大成效。

推行以国家公务员职级工资制和事业单位岗位绩效工资制为核心的工资制度改

革,通过5次普调和多次正常晋升,行政事业单位的薪资水平明显提高,所有津贴补贴全部兑现。全市企业职工工资始终高于社会平均工资标准,企业职工的津贴补贴和福利政策依法得到保护。

实施就业扶助和以创业促就业,建立旗县区党委政府劳动力转移就业责任制,就业和再就业成效显著。累计新增城镇就业42.97万人、下岗人员再就业10.79万人。2002—2014年,累计完成农村牧区劳动力转移就业877.18万人。加强人才交流组织机构、人才市场建设,全市人才交流超过66万人次,人才储备工作取得较大成效。强化劳动执法,预防、调解和裁决各类劳动纠纷,定期不定期地开展以劳动法为核心的执法检查,成功追讨以农(牧)民工为重点的劳动者工资及相关权益近9亿元。

自1991年开始,国有企业职工养老保险、失业保险继续实施。1992年,农村牧区居民养老保险启动。1995年后,集体企业职工、自收自支事业单位职工、个体工商户和城镇居民等人员逐步纳入养老保险。1994年、1996年、2000年,工伤保险、生育保险、医疗保险分别启动。到2014年,全市社会保险体系更加完善,并且成为广大民众老有所养、病有所医、困有所助、伤有所扶、难有所解的重要保障。

第一篇　民　政

第一章　基层民主建设

自 1991 年开始,全市以村民自治和社区建设为内容的基层建设全面进行。到 2014 年,嘎查村委会换届选举、村(牧)民自治示范单位创建和社会组织机构建设、基础设施建设、服务组织建设均取得预期成效。

第一节　村民自治

全市村民自治包括“海推直选”的嘎查村(牧)民委员会换届选举(称“换届选举”或“嘎查村换届选举”)和村(牧)民自治苏木乡镇街道及嘎查村创建示范活动(简称“示范单位创建”)两大内容。1992 年,进行嘎查村第二届换届选举。1992—2014 年,全市进行第二届至第八届共 7 次嘎查村换届选举,除第二届、第三届之间为 5 年外,其余间隔时间均为 3 年;每个嘎查村选出委员会主任 1 人、副主任和委员 3~4 人;累计有 15548 个嘎查村按期完成,829 个嘎查村未按期完成换届选举任务; 如期完成选举任务的嘎查村在 75%~100%之间不等;第八届换届选举在 2012 年进行。示范单位创建从 1991 年开始到 1996 年结束, 示范面由全市 2 个镇、34 个村扩大到 41%的乡镇苏木街道、17.82%的嘎查村。

一、换届选举

1991 年,全市开展以学习贯彻《村民委员会组织法》、总结推广宁城县村民委员会“海选”经验、整顿瘫痪半瘫痪村级组织为内容的换届选举准备工作。1992 年,全市 271 个乡镇苏木的 2609 个嘎查村全部完成第二届换届选举。1997 年, 全市第三届嘎查村换届选举完成后,全面推行嘎查村委会主任持证上岗制度和上岗培训,共培训嘎查村委会主任 1920 人次。2000 年 4 月至 9 月底, 在第四届嘎查村换届选举的同时,同步建立健全治保、调解、计划生育和村民小组等相关或所属组织,制定嘎查村民会议制度和嘎查村规民约,进一步推进村(牧)民自治。2003 年和 2006 年进行的全市第五届和第六届嘎查村换届选举,一大批有知识、懂经营、会管理的受群众拥护的致富带头人被选进嘎查村委会。第六届和第七届嘎查村换届选举，分别有155个和506个村未按期完成相应任务。2012年，全市有57个嘎查村未按期完成第八届换届选举。通过派驻工作组，成熟一个选举一个，到2013年，新增10个嘎查村完成换届选举。

1992—2012年赤峰市历届嘎查村民委员会选举情况统计表

表20-1-1

年份	届次	行政村(个)	选举完成情况			当选人数		
			完成(个)	未完成(个)	当年完成率(%)	总人数(人)	主任(人)	副主任、委员(人)
1992	第二届	2609	2609	–	100	11671	2609	9062
1997	第三届	2638	2638	–	100	10325	2638	7687
2000	第四届	2638	2551	87	96.7	11727	2345	9382
2003	第五届	2177	2153	24	98.9	9765	1953	7812
2006	第六届	2177	2022	155	92.88	9180	1836	7344
2009	第七届	2046	1540	506	75.27	9198	1840	7358
2012	第八届	2092	2035	57	97.28	6625	2035	4590

二、示范单位创建

1990年9月26日，民政部印发《关于在全国农村开展村民自治示范活动的通知》。1991—1996年，全市由点及面地开展村(牧)民自治示范单位创建活动。1991年，结合村民委员会换届选举前期工作，开始示范单位创建；全市确立宁城县二龙镇和元宝山区五家镇2个示范镇和分布于各旗县区的34个示范村。1994—1996年，示范单位创建扩大到全市282个苏木乡镇街道办事处2610个嘎查村中的116个苏木乡镇465个嘎查村；在此期间，市民政部门组织示范乡镇、街道及嘎查村参加全国村民自治示范“乡镇之星”“街道之星”“模范村委会”“优秀村委会主任”评选活动；共有3个旗县区、17个苏木乡镇(街道)和24个嘎查村(居委会)受到自治区表彰奖励，有1个镇、1个街道、1个村委会和1个村委会主任受到民政部表彰奖励。1997—2014年，示范单位创建转为村民自治常规性工作。

第二节　社区建设

全市社区建设以强化社会服务功能为核心，以建立健全组织机构、加强基础设施和服务网点建设为内容，由市政府所在地红山区起步，逐步向市辖区、旗县政府所在地和农村牧区建制镇扩展。1999年，红山区把社区服务列入区委十项专项推进之一。

2001 年,市政府印发《关于进一步加强城市社区建设的实施意见》,2004 年,市委、市政府印发《关于进一步加强城市社区建设的决定》,全市社区建设力度加大、步伐加快。2005 年,红山区实施党建、基础、服务、健康、便民、环境、安宁、扶助等社区建设“八大工程”。2011 年,全市有 8 个社区被自治区党委、政府命名为“全区和谐社区”。2014 年,全市有 3 个社区被民政部评为“全国和谐社区”。

一、组织机构建设

1991 年后，全市社区居民委员会普遍建立，社区民主管理及服务组织应运而生。1991—2014 年，社区居民委员会建成的数量持续增加，最少的年份为 1991 年的 170 个，最多的年份为 1999 年和 2000 年的 270 个。2014 年，全市社区居民委员会整合为 246 个。2001 年,市委、市政府及民政部门在元宝山区试点;元宝山区委、区政府重新划定城镇社区,建立社区党支部、社区居民委员会,成立社区居民代表大会、社区议事会等社区组织管理机构。2003 年,红山区社区建设内容拓展到社区组织、服务、卫生、文化、环境、治安等 6 个方面,全区社区居民委员会由 98 个整合到 67 个。同年,全市组建社区建设志愿者协会 293 个,志愿者人数 18317 人。2004 年,市民政局组织红山区、松山区、元宝山区政府分管领导和民政局长赴福州、青岛考察学习。考察学习结束后,红山区、松山区、元宝山区合理划分社区,建立以社区党组织为核心,社区居民代表大会、

1991—2014 年赤峰市社区居民委员会情况统计表

表 20-1-2

年份	居委会(个)	年份	居委会(个)
1991	170	2003	218
1992	187	2004	210
1993	194	2005	220
1994	201	2006	215
1995	207	2007	240
1996	209	2008	244
1997	246	2009	236
1998	258	2010	248
1999	270	2011	233
2000	270	2012	230
2001	228	2013	246
2002	228	2014	246

社区居民委员会、社区联席会议相结合的“三位一体”组织管理服务体系,拓展社区服务。2005年,巴林左旗成立街道办事处2个,将社区居民委员会由12个整合为6个。2011年,全市组建社区民间组织405个;组建社区志愿者队伍597支,参与志愿服务的人数2.4万人。2014年,全市246个社区普遍建立党组织、社区居民代表大会、社区居民委员会等组织机构和社区服务中心等服务组织。

二、基础设施建设

1991—2014年,全市社区基础设施建设呈现重点突破和整体推进两个阶段。1991—2010年,全市社区基础设施建设按市辖区、经济状况较好旗县到全市所有旗县的次序不同程度地向前推进。1991年,红山区建成社区活动场所3处。1993年,全市建成老年人活动中心13处,老年人婚姻介绍所1处。2001年,元宝山区社区居委会办公设施达到“办公用房不少于300平方米,电话1部,办公经费不少于3000元”的标准。2005年,红山区财政拨专款140万元,用于社区居委会办公用房和其他基础设施建设。2011年,根据市委、市政府办公厅印发的《关于加强和改进城镇社区居民委员会建设工作的意见》,市财政每年安排600万元预算资金,采取以奖代补形式支持社区居民委员会基础设施建设,全市社区基础设施建设进入整体推进阶段。2011年,全市建成“一站式”服务大厅118处,社区爱心超市56处;有54个社区建成社区信息化管理平台;办公用房和活动场所面积超过300平方米的社区达到178个,占社区总数的77.4%;社区办公经费普遍达到2万元以上。2013年,全市投入资金2742万元,新改扩建社区办公活动场所32处;建成“一站式”服务大厅165处、文化服务站134处、卫生服务站197处;建成信息化管理平台的社区达到184个,实现县乡居委会三级信息化管理平台联网的社区188个。2014年,全市新增社区办公活动场所61处,其中整合新建38处,改扩续建19处,腾退调剂4处;建成社区服务中心175处,卫生服务站166处,爱心慈善超市56处,儿童之家36处;建成“12349”社区公共服务综合信息服务平台10处,入网用户35862户,开展服务项目59项,综合信息服务实现全市城镇社区全覆盖。

三、服务组织建设

从1991年开始,全市社区服务网点建设实现从点上起步到面上推开。1991年,市民政部门在红山区永巨、南新街、西屯街道办事处进行社区服务试点,3个街道办事处成立社区服务小组315个,服务网点124个;面向老年人、残疾人、幼儿、优抚对象开展娱乐、饮食、康复医疗、安全保卫等服务。1993年,全市旗县政府所在地成立社区服务协调机构8个、老人承包组52个、服务中心3个、劳务服务站2个、便民服务点331个,能够开展社区服务系列化街道达到3个。1998年,红山区成立社区服务协调委员会,街道办事处成立社区服务工作委员会,居委会成立社区服务工作站,区民政局建立多功能社区服务中心;社区服务内容基本覆盖城市居民生活各个领域。同年,宁城县天义镇成立鑫安服务中心等服务组织。1999年,红山区成立百帮公司,安置下岗职工再就业;建立社区服务中心10个,开展上百类社区服务。2003年,全市建成以养老、便民服务为重点的社区服务中心71个,服务站167个,各类延伸服务网点11247个。2006年,全市建立社区服务中心69个,服务站248个,各类延伸服务网点11585个,从事社区服务人员21206人,社区服务志愿者16263人,社区服务涵盖社会保障、家政服务、养老托幼、计划生育、卫生保健、就业培训等方面。2014年,全市建成社区服务站166个,社区服务网点3906个,从业人员22595人,安置下岗人员13476人。

第二章　拥军　优抚　安置

1991年后,市委、市政府多次调整充实拥军优属领导组织,建立工作机构,完善相关政策,推动拥军、优抚和安置事业发展。在此基础上,克服财政困难,最大限度地保证优抚安置资金投入和拥军工作经费。优待、抚恤、复员军人和军队离退休干部安置、烈士褒扬富有成效,稳步发展。1991—2014年,全市累计发放优待金20745.4万元,抚恤金35523.78万元,在乡复员军人定期补助65732.26万元;安置复员军人就业14695人;发放复员军人自谋职业金18337万元;安置军队离退休干部及其遗属171人和43人。从1992年到2012年,赤峰市连续七次被全国双拥工作领导小组、民政部、解放军总政治部命名为"双拥模范城"。

第一节　创建双拥模范城

1991年,市委、市政府印发《赤峰市创建双拥模范城及旗县区标准(试行)》《关于深入开展创建双拥模范城和双拥模范旗县区的安排意见》,创建全国双拥模范城活动就此启动。1992年3月,市委、市政府召开双拥工作领导小组全体成员会议,明确创建全国双拥模范城的目标。1993年1月、1994年7月、1997年1月、2000年1月、2003年12月、2007年12月、2012年2月,赤峰市连续七次被全国双拥工作领导小组、民政部、解放军总政治部命名为"双拥模范城"。1994年10月,"双拥模范城纪念碑"在市政府所在地红山区钢铁西街落成。到2011年8月,翁牛特旗、林西县、松山区、红山区、元宝山区、巴林左旗、巴林右旗、克什克腾旗、宁城县、敖汉旗10个旗县区被自治区评为"双拥模范城"。2010年5月,市人大常委会组成调研组,赴巴林左旗、巴林右旗、宁城县、松山区、赤峰军分区、驻赤65655部队进行双拥工作调研和再动员。同年,市五届人大常委会第二十一次会议全票通过市政府《关于全市双拥工作情况的报告》。

一、机构

赤峰市创建双拥模范城常设工作机构在双拥工作领导小组基础上建立。1991年,市政府办公厅印发《关于成立创建双拥模范城领导小组的通知》,领导小组办公室设在市民政局。各旗县区随即成立双拥工作领导小组和办公室。1995年8月,市政府召开常务会议,决定市双拥办公室为正科级常设机构,办公地点在赤峰军分区,确定人员编制3人,办公经费从1996年开始列入市财政预算。同年,各旗县区普遍成立创建双拥模范城常设工作机构。

二、慰问活动

赤峰市军地往来频繁密切,军民关系亲密融洽。从1991年到2014年,市本级军地之间慰问活动19次,其中军队慰问地方3次,地方慰问军队16次。

军队慰问地方　1991年1月30日,沈阳军区赤峰守备区政治委员高殿成一行8人,到呼和浩特走访自治区党政领导,受到自治区党委书记王群、自治区政府主席布赫等领导接见。1996年2月6日,沈阳军区四十集团军杨福臣少将、彭晓枫少将等到赤峰慰问,受到市党政领导、人民武装部及驻地军队领导欢迎。2012年1月11日,65631部队彭勃少将一行到赤峰市走访慰问,市委、市政府主要领导会见到访官兵,双方就军地共建等问题进行座谈。

地方慰问部队　1995年1月24日,市党政领导慰问驻赤81211部队。同年7月25日至29日,市级领导班子成员慰问驻赤部队、武警赤峰支队、军分区干休所等14个军界单位。1999年7月27日,市委、市人大、市政府、市政协领导及有关部门的负责人慰问驻赤各部队。2004年9月5日至7日,市委、市政府组成慰问团,赴大连市慰问部队官兵,市歌舞团为官兵进行慰问演出。2007年2月1日,市党政代表团到锦州市慰问部队官兵。2009年7月29日,市委、市政府党政慰问团走访慰问驻赤部队和优抚对象,向市公安消防支队赠送电脑10台。2010年,春节、“八一”等节日期间,市党政慰问团走访慰问驻赤部队,向部队赠送慰问金20万元。同年12月31日,自治区党政慰问团来赤峰,慰问驻赤部队官兵,并赠送慰问金。2011年春节前夕,市党政慰问团先后到驻赤部队、森警支队走访慰问,赠送慰问品和慰问金。同年6月16日至24日,市政府慰问团到福建省慰问赴闽执行轮战任务的驻赤空军部队,赠送慰问金20万元。2012年1月13日,自治区党政慰问团慰问驻赤部队。同年9月,市党政慰问团到驻赤部队,慰问赴演习基地参加实兵演习的部队官兵。2013年春节前夕,市党政慰问团慰问驻赤部队。2014年春节前夕,市党政慰问团到驻赤各部队开展慰问活动。

三、互助共建活动

1991—2014年期间,全市建成军民共建单位90多个,经常开展规模较大的军民共建活动,多次受到上级党政军机关表彰奖励。

军队支援地方活动　1991—1995年,驻赤部队共出动官兵近3万余人次,车辆机械1.4万余台次,植树20多万株,绿化荒山近万亩,多次开展捐资助学和参加抢险救灾等活动。2000年7月,北京军区援建的林西县五十家子镇“八一”希望小学举行落成典礼，北京军区、内蒙古军区发电祝贺。2009 年 7 月至 8 月，新城区发生水源污染事件，市消防支队抽调 40 余名官兵、18 辆消防车为新城区 5.8 万居民送水 7563 吨。同年 8 月 5 日，赤峰制药厂氨气运输车辆发生泄漏事故，市消防支队营救遇险人员 170 余人，疏散被困人员 6480 人。同年，驻赤部队在赤峰市创建国家森林城市活动中，出动官兵 1120 人次，挖树坑 5 万个，栽植树木 1.5 万株。2011 年 7 月，赤峰市局部地区发生持续强降雨，集通铁路大板和林东之间八孔大桥被洪水冲垮，6854 次、6853 次列车停运，滞留旅客 487 人，货运中断；驻赤部队官兵 600 人以急行军速度抵达现场，参加并完成抢修。

地方拥军活动　1998 年 10 月，驻赤峰给水团移防朝阳，2 万多名群众及党政军领导欢送子弟兵。2001 年 8 月，赤峰市参加全国双拥工作领导小组和中国社会报社联合举办的"首届全国双拥工作成果展"。2009 年 8 月，市委召开议军会议并印发《中共赤峰市委议军会议纪要》，决定为部队建设和双拥工作办九件实事。同年 12 月，市委第 57 次常委会议专题研究双拥工作。2009 年 9 月 8 日，市政府给予赤峰市公安消防支队记集体一等功。2011 年 8 月，市双拥办公室组织开展全市第一届"劲旅杯"双拥知识竞赛活动。2012 年 2 月，市双拥办公室组织开展全市第二届"卫士杯"双拥知识竞赛活动。

军地融合活动　1999 年 9 月，由驻赤部队和阿鲁科尔沁旗政府负责援建的巴彦包勒格"蓝天希望小学"举行落成典礼，巴彦包勒格苏木干部、牧民身穿节日盛装，组成马队，以草原的最高礼节到 10 里之外迎接参加希望小学落成典礼的军队代表。

军地共建受奖情况　1996 年 8 月，市森警支队被自治区人民政府授予"护林爱民模范支队"称号。1997 年 7 月，赤峰市邮电局、81820 部队被民政部、解放军总政治部分别评为"拥军优属先进单位"、"拥政爱民先进单位"；81219 部队和驻地王家店乡被中宣部、解放军总政治部评为"军民共建社会主义精神文明先进单位"。1999 年 12 月，全国双拥工作领导小组、民政部联合印发《关于表彰"爱心献功臣行动"先进单位和先进个人的决定》，全市 12 个旗县区全部受到表彰。2007 年 12 月，解放军 220 医院被全国双拥工作领导小组、民政部、解放军总政治部评为"全国拥政爱民模范单位"。2011 年 8 月，军地双方有 9 个单位和 10 名个人被评为爱国拥军、拥政爱民模范单位和模范个人。

第二节　优待　抚恤

1991 年后，全市在贯彻执行国家和自治区优抚政策的同时，还通过制定地方政策、改革优抚制度、完善优抚措施等途径，提高优抚保障水平。1995 年，市政府印发《赤峰市拥军优属暂行办法》。1996 年，以元宝山区、敖汉旗、宁城县和松山区为试点单位，进行以统筹优待金和建立拥军优属保障基金为内容的优抚改革；同年 11 月，增加翁牛特旗、巴林右旗两个试点单位。1997 年，全市 12 个旗县区有 11 个实现优待金统筹，统筹优待金600万元，筹集拥军优属保障基金120万元。1998年，全市统筹优待金920万元,筹集拥军优属保障基金70万元。2003年,在全市普遍推行优抚事业费由旗县区财政统一专户管理、民政部门统一发放、专款专用的管理制度;全市优抚资金呈现大幅度增长,当年市财政下拨优抚经费1551万元,旗县区配套847.8万元,两项合计2398.8万元,是1995年全市各级财政筹集资金670万元的3.58倍。2004年,市财政下拨优抚经费1752万元,旗县区配套2599.28万元,乡级财政列支140多万元,统筹优待金483万元,四项合计4974.28万元。2005年和2006年,全市分别发放优抚经费3849万元和5887.6万元。2008年，落实优抚对象补助标准自然增长机制，足额兑现优抚经费4523.5万元。2009年,针对部分旗县区优抚标准增幅偏低的问题,市民政局、财政局下发《关于进一步落实重点优抚对象补助标准自然增长机制的通知》,明确旗县区增幅标准。到2012年,全市优抚对象达到20875人,重点优抚对象抚恤补助的地方财政自然增长部分达到960万元,平均提高18%。2001年,全市新建翁牛特旗、松山区、克什克腾旗光荣院,维修喀喇沁旗、敖汉旗、林西县光荣院。2005年,建成阿鲁科尔沁旗、宁城县光荣院。2001年,开展重点优抚对象和优抚事业单位普查(普查结果:全市有重点优抚对象19945人,优抚事业单位12个),建立完善信息管理系统,提高优抚定补标准,全市所有老复员军人全部列入最低生活保障对象，减免农村优抚对象承担的村提留、乡统筹、劳动积累工等资金劳务负担。2008年,将重点优抚对象分类纳入新型农村合作医疗和城镇职工居民基本医疗保障；民政和财政部门统一安装优抚业务软件系统,建立重点优抚对象数据库,提高优抚管理的信息化、科学化水平。2010年,建成优抚对象医疗保障“一站式”结算服务网络平台,并推广实施。

一、优待金发放

优待金发放对象主要是军属,兼有其他优待对象。1991—1994年,发放范围和标准参照国家及自治区规定执行。1995年后,发放范围和标准逐渐扩大和提高。1995年,按照《赤峰市拥军优属暂行办法》,对现役战士家属户户发放,其他优待对象视困难程度发放,优待面为94.41%。1999年,优待面提高到100%,并一直保持到2014年。优待金发放标准有所区别，军属高于其他优待对象：除个别年份外，军属优待金逐年提高，1991年最低,为人均954元;2011年最高,为人均2611元;2014年,人均2060元。其他优待对象为人均133元~660元不等。1991—2014年,全市累计发放优待金20700.4万元,其中军属优待金14472万元,在乡复员军人6228.4万元。

二、抚恤

1991—2014年,全市有抚恤对象82708人,累计发放抚恤金35523.78万元。

牺牲病故抚恤　1991年后,全市按照民政部、财政部和自治区民政厅、财政厅关于烈属、牺牲军人家属、病故军人家属(简称“三属”)抚恤政策和标准,持续提高“三属”抚恤补助水平。补助标准由1991年人均400元提高到2014年人均12691元。1991—2014年,全市累计发放“三属”抚恤金25457人,发放金额15272.36万元。

1991—2014年赤峰市优待金发放情况统计表

表20-1-3

年份	军属			其他优待对象		
	人数(人)	优待金（万元）	人均(元)	人数(人)	优待金（万元）	人均(元)
1991	6620	631.3	954	9421	380.6	404
1992	6541	637.6	975	8859	363.3	410
1993	6430	641.8	998	8201	305.8	373
1994	6365	642.5	1009	7433	190	256
1995	6210	744	1198	8122	215	265
1996	6074	738.1	1215	7081	208	294
1997	5800	762.2	1314	6596	181	274
1998	5740	758.7	1322	6673	189	283
1999	5700	695	1219	6710	110	164
2000	4466	467	1046	7491	100	133
2001	4960	503	1014	8098	143	177
2002	4632	617.6	1333	6956	128	184
2003	5902	666.8	1130	9701	308	317
2004	4081	240.5	589	6243	342.8	549
2005	2478	255.4	1031	7201	550.7	765
2006	2684	431.8	1609	5813	383.7	660
2007	3198	427	1335	5253	301	573
2008	2615	503.8	1927	5405	265.4	491
2009	2262	648.5	2867	4816	80.5	167
2010	2403	662.7	2758	5721	268.6	469
2011	2559	668.1	2611	7412	388.1	524
2012	2842	675	2375	6849	268.5	392
2013	3322	720	2167	7351	281.3	383
2014	3561	733.6	2060	6543	276.1	422
合计	107445	14472	—	169949	6228.4	—

1991—2014年赤峰市"三属"抚恤金发放情况统计表

表 20-1-4

年份	人数(人)	金额(万元)	年人均(元)
1991	1439	57.56	400
1992	1201	96	799
1993	1898	189.8	1000
1994	1386	221	1595
1995	1379	289	2096
1996	1371	383	2793
1997	1368	437	3194
1998	1302	520	3993
1999	1196	681	5694
2000	1232	751	6096
2001	988	711	7196
2002	921	764	8295
2003	916	796	8690
2004	916	851	9290
2005	919	882	9597
2006	951	931	9790
2007	947	965	10190
2008	843	876	10391
2009	851	902	10599
2010	834	909	10899
2011	771	871	11297
2012	765	895	11699
2013	788	945	11992
2014	275	349	12691
合计	25457	15272.36	—

伤残抚恤 在乡伤残军人抚恤政策、情形与牺牲病故抚恤基本相同，补助标准相应降低。1991年，在乡伤残军人每人补助366元，比牺牲病故抚恤降低8.5%；2014年，在乡伤残军人每人补助10800元，比牺牲病故抚恤低14.9%。1991—2014年，全市累计发放在乡伤残军人定期保健金57251人，发放金额20251.42万元。

三、定期补助

定期补助的优抚对象为在乡复员军人。补助标准参照优待和抚恤确定，略高于优待、略低于伤残抚恤。受地方财政强弱和年度财力状况影响，部分年份补助标准较低。1993年，人均补助标准降到193元。1995年，市长办公会议决定在乡老复员军人定补标准由每人每月40元提高到60元，纳入年度财政预算，该年全市共投入定期补助资金1009.51万元，实际补助标准为每人每年503元，即每人每月42元。此后，除2003年补助标准降到人均670元外，其余年度均逐渐上升，达到或略低于伤残抚恤的标准要求。1991—2014年，全市共有35.76万在乡复员军人享受定期补助，补助金额65732.26万元。

四、解决优抚对象“三难”问题

针对优待、抚恤实施后，部分优抚对象特别是老复员军人仍然存在生活难、住房难、看病难（简称“三难”）问题，市和各旗县区政府及民政部门共同克服困难，想方设法进行解决。

1993年，民政部门把解决在乡老复员军人“三难”问题作为优抚工作重点。当年筹集资金75.06万元，救治患病老复员军人3992人；筹集资金173.89万元，维修和新建房屋1476间，解决危房和无房户的476户老复员军人住房问题。1995年，全市筹集资金427万元，用于解决老复员军人“三难”问题。1997年，全市减免优抚对象医疗费100多万元。1998年，敖汉旗实行减免优抚对象部分医疗费和解决“三难”问题协议书制度。1999年，启动“千户安居工程”，解决优抚对象住房难；当年，全市筹集资金890多万元，新建房3625间，共解决1450户重点优抚对象住房难题。同年，由各旗县区财政设立专项经费，减免在乡老复员军人、三等伤残军人在本地医院就医的部分注射费、检验费、床费。2001年，全市投入建房资金40多万元，为老复员军人建房280间。至此，全市老复员军人住房困难基本解决。同年，各旗县区财政共下拨专项经费60多万元，用于解决老复员军人治病难。2003年，市民政局下拨解决“三难”专项经费70万元，旗县区财政拨付资金150万元，解决重点优抚对象治病难；从拥军优属保障基金支出43万元，用于给付优抚对象中危重病人的医药费；投入130.5万元（含物资折款）专项资金及物资，用于解决优抚对象生活困难；投入资金65万元，修缮优抚对象房屋。2005年，各旗县区将优抚对象327人优先纳入医疗保险和医疗救助。2008年，全市重点优抚对象全部纳入新型农村合作医疗、城镇职工基本医疗保险。同年，筹集优抚对象医疗保障资金2270万元，为重点优抚对象发放优抚医疗门诊补助580万元，住院医疗补助690万元；全市所有旗县区民政局均与优抚定点医院联网，联网医院达到128家，住院

1991—2014年赤峰市在乡伤残军人保健金、在乡复员军人定期补助发放情况统计表

表20-1-5

项目 年份	伤残军人保健金定期补助			在乡复员军人定期补助		
	人数(人)	金额(万元)	人均(元)	人数(人)	金额(万元)	人均(元)
1991	2596	95	366	21762	2785.53	1280
1992	2632	107	407	20761	3051.86	1470
1993	2645	119.02	450	20586	397.09	193
1994	2620	144.9	553	20444	869.8	425
1995	2594	147.5	569	20050	1009.51	503
1996	2569	169	658	19639	1141.02	581
1997	2548	181	710	19489	1258.9	646
1998	2370	205	865	19132	1329.67	695
1999	2206	205.5	932	19132	1377.5	720
2000	2173	262	1206	19132	1737.18	908
2001	2078	284.4	1369	16879	1789.17	1060
2002	2033	318.4	1566	13853	1662.36	1200
2003	2007	364.9	1818	13384	897.25	670
2004	1988	361.9	1820	13303	1798.4	1352
2005	2169	538.2	2481	13457	2428.8	1805
2006	2572	1309.5	5091	13299	3647.1	2742
2007	3260	2265.9	6951	13354	4182.72	3132
2008	2916	2043.6	7008	11749	4019.7	3421
2009	2570	1807.7	7034	11667	3078.4	2639
2010	2914	2240.8	7690	11119	6627.7	5961
2011	2451	1996.5	8146	9770	7911.2	8097
2012	2200	1909	8677	9510	7823.4	8226
2013	1567	1475.9	9419	3760	2807	7465
2014	1573	1698.8	10800	2359	2101	8906
合计	57251	20251.42	—	357590	65732.26	—

和门诊医疗实现即时报销，住院医疗报销比例达到85%以上。2009年，根据《内蒙古自治区优抚对象医疗保障实施意见》，市民政局下发《关于加快优抚对象医疗保障工作的通知》。同年3月，市民政局联合财政、劳动和社会保障、卫生三部门出台《赤峰市优抚对象医疗保障实施暂行办法》。2010年，全市共筹集资金2170万元，用于优抚对象医疗保障。2011年，全市优抚对象医疗费平均报销比例为83%，高于自治区规定8个百分点。2012年，全市各旗县区投入资金518万元，维修改造房屋1132间，新建房屋310间，分别解决455户优抚对象和106户重点优抚对象的住房困难问题；以购置住房方式解决31户优抚对象住房困难，以租购廉租房、保障房方式解决11户优抚对象住房困难。2014年，全市共投入资金401万元，维修改造房屋832间，新建房屋161间，同时通过购房及租购廉租房、保障房方式，分别解决355户、98户、27户、11户重点优抚对象住房困难问题。

五、其他优抚方式

针对优抚标准不高与优抚对象面临困难较大的矛盾，市本级和旗县区分别探索和实施多种方式的优抚措施。1993年，全市安排1085人优抚对象及子女就业。1995年，免除农村优待对象村提留款292.9万元；优待土地折款275.2万元；优待牲畜折款185.7万元；免除义务工、建勤工折款1008万元。同年，投入扶助资金57万元，扶持1940户优抚对象发展生产。1998年，元宝山区尝试为现役军人一次性投保养老保险每人100元~400元。2001年，全市农村老复员军人全部列为农村最低生活保障对象。2005年，全市有973人被纳入城镇最低生活保障。2011年至2012年初，按照自治区民政厅包头会议精神，市民政局分两个批次完成60周岁农村牧区退役军人1587人享受老年生活补助的审核复核、登记录入、上报审批工作。

第三节　接受安置

1991年后，市政府按照国家兵役政策，多渠道、多形式地安置军队退役士官、士兵。同年，修订《驻赤峰部队干部随军随调家属安置工作暂行规定》，明确随军干部子女和烈士子女在本市内升高中时由原来优惠10分改为增加基础分30分，全市事业单位以公开考试方式聘任工作人员给予烈士子女笔试成绩加5分。1991—2014年，全市共接收退役士兵40806人，其中安置就业14695人，安置务农21821人，自谋职业4290人，发放自谋职业金18337万元；累计接收并安置军队离退休干部170人，新增并安置军队离退休干部遗属43人。

一、复员军人安置

1991年，农村牧区退役士兵按“从哪里来回哪里去”原则，回到原籍安置。参军前，原有的耕地、林地、草场一律予以保留；对于建房有困难的给予适当经济、物资支持；对

1991—2014年赤峰市转业士官、退役士兵安置情况统计表

表20-1-6

年份	接收总数（人）	安置情况			
		安置务农（人）	安置就业（人）	自谋职业	
				人数(人)	发放自谋职业金(万元)
1991	1915	505	1410	—	—
1992	2013	863	1150	—	—
1993	2602	1324	1278	—	—
1994	1825	912	913	—	—
1995	2374	893	1481	—	—
1996	2049	928	1121	—	—
1997	1862	1134	728	—	—
1998	1528	718	810	—	—
1999	2407	1371	987	49	52
2000	1586	811	717	58	64
2001	1649	979	592	78	89
2002	1640	1002	547	91	97
2003	1620	620	916	84	86
2004	1886	1345	451	90	96
2005	1351	914	161	276	447
2006	1446	1023	182	241	624
2007	1246	816	162	268	682
2008	1423	1010	147	266	712
2009	1397	1060	78	259	1084
2010	1341	910	102	329	1226
2011	1457	992	119	346	1328
2012	1405	833	222	350	1397
2013	1377	858	236	283	1053
2014	1407	0	185	1222	9300
合计	40806	21821	14695	4290	18337

于自主创业的给予一定的政策支持。1992 年，落实自治区开始实行的为应征入伍的城镇青年发放“安置卡”政策。1998 年，按照《中华人民共和国兵役法》有关规定，城镇退伍军人自谋职业的，由当地人民政府给予一次性经济补助，并给予政策上优惠，全市开始为选择自谋职业的退伍军人发放一次性自谋职业金，志愿兵每人发放一次性自谋职业金 1.5 万元，义务兵每人发放一次性自谋职业金 0.5 万元。1991—1999 年，全市共接收退役士兵 18575 人，安置 9927 人。

自 2001 年起，全市退伍军人安置坚持以政府安置为主导，以社会化、市场化为方向，积极探索自谋职业、扶持就业、经济补偿等新路子，采取政府调控与市场调节相结合的方法，逐步实现安置方式多元化，确保退伍军人一次性就业。对自谋职业的转业士官和军龄 2~3 年的义务兵分别给予 3 万元和 0.8 万 ~1.2 万元的一次性经济补助；对持有机动车驾驶证自愿办理出租车营运手续的士官和义务兵分别给予免交和只交 1 万元有偿营运费的优惠政策；退役士兵待分配期间，发放生活费。2003 年，市政府印发《赤峰市城镇退役士兵自谋职业试行办法》。2005 年，退役士兵安置逐步从安置就业向技能培训、扶持就业、自谋职业转变，退役士兵安置难基本解决。2007 年，城镇退役士兵自谋职业金提高到 2.35 万元。2009 年，市委、市政府召开议军会议，决定将服现役满 12 年以上的转业士官等重点安置对象全部安置到事业单位工作，自谋职业金提高到 3.5 万元。2000—2009 年，全市共接收退役士兵 15244 人，安置 5664 人。2011 年，《退役士兵安置条例》颁布实施后，全市各地区采取“以扶持就业为主，自主就业、安排工作、退休、供养等多种方式相结合”的方式安置退役士兵。2012 年，市政府印发《赤峰市征兵工作办法（试行）》，按照城乡一体、同役同酬的原则，对退役时选择自主择业的农村和城镇士兵，均按不低于上年度当地在岗职工平均工资 1.5 倍的标准发放退役补助金。2010—2014 年，全市共接收退役士兵 6987 人，安置 864 人，自主就业 2530 人。

二、军队离退休干部安置

1991 年，全市有赤峰市军队离退休干部休养所、宁城县军队离退休干部服务站 2 个军队离退休服务机构，共有军队离退休人员 66 人。2001 年，红山区军队离退休军人服务站成立。至 2014 年，全市共有军休服务机构 3 个。赤峰市军队离退休干部休养所成立于 1985 年，位于赤峰市红山区哈达街东大营社区，所内建有住宅楼 4 栋，综合办公楼 1 栋。宁城县军队离退休干部服务站成立于 1984 年，位于宁城县天义镇。红山区军队离退休军人服务站位于红山区长青街。

1993—1999 年，全市共接收军队复员干部 61 人。2010 年，按照自治区民政厅、财政厅《关于 1993 年至 1999 年军队复员干部发放生活困难补助问题的通知》精神，市民政局和财政局全部兑现 61 人的养老、医疗保险等待遇，具体包括每人每年医疗保险 3094 元、养老保险 7736 元、生活补贴 9840 元、采暖补贴 480 元。同年，对生活有特殊困难的军队复员干部给予救助。

2012 年，市军队离退休干部休养所根据“基本政治待遇不变，生活待遇略为从优”

的“两个待遇”要求,将分散在没有管理机构的各旗县区军队离退休干部13人纳入统一管理。同年,市民政局新建总造价1400万元,具有健身、娱乐、康复功能的6733平方米的军队离退休干部综合楼(2014年底交付使用)。到2014年,全市共有军队离退休干部170人,新增军队离退休干部遗属43人,分别给予安置和办理遗属生活困难补助。

1991—2014年部分年份赤峰市接收安置军队离退休干部情况统计表

表20-1-7

年份	安置退休干部(人)	新增军队干部遗属(人)	年份	安置退休干部(人)	新增军队干部遗属(人)
1991	10	3	2005	—	4
1995	—	1	2006	1	—
1997	1	3	2007	15	2
1998	—	2	2008	32	—
1999	—	3	2009	34	3
2000	7	5	2010	13	1
2001	—	3	2011	3	3
2002	2	—	2012	17	5
2003	5	—	2013	5	3
2004	6	1	2014	19	1

第四节 烈士褒扬

1992年,市委、市政府决定在市政府所在地红山区南山建设赤峰烈士陵园,成立赤峰烈士陵园建设协调领导小组。红山区、元宝山区分别成立由民政局牵头、相关部门组成的赤峰烈士陵园建设捐款组织机构。同年7月,赤峰烈士陵园破土动工,10月底竣工。陵园占地4350平方米,萧克将军为陵园题写园名。1998年和2001年清明节前夕,由市民政局负责,对赤峰烈士陵园进行两次修缮。2005年,市民政局组织第三次修缮,修缮的内容主要包括美化陵园环境,翻新有关设施,增强教育功能。修缮后的赤峰烈士陵园面貌焕然一新。2010年,成立赤峰烈士陵园管理机构,隶属市民政局,人员编制、经费同步落实。

2011年3月,按民政部及自治区民政厅要求,市民政局在克什克腾旗召开的全市优抚工作业务培训会议上,安排部署烈士纪念设施普查和零散烈士纪念设施集中建设管理工作。2012年,全市共有零散烈士纪念设施205处,烈士墓地142处,烈士墓1118座,安葬烈士1590人;零散烈士纪念碑、亭、塔、骨灰堂座63座(处)。到2014年8月,全市零散烈士纪念设施抢救保护工作全面完成，共整合烈士墓地95处，安葬烈士989人，迁入县级以上烈士陵园265人，移交烈士亲属管理的烈士墓42座，维修保护零散烈士纪念碑、亭、塔、骨灰堂共59座(处)，零散烈士墓地由原来的142处整合为49处。截至2014年底，全市共有烈士陵园60处，烈士纪念碑69座，烈士遗物陈列馆1个。

1991—2014年赤峰市烈士陵园情况统计表

表20-1-8

年份	烈士陵园(处)	烈士纪念碑(座)	烈士遗物陈列馆(个)	年份	烈士陵园(处)	烈士纪念碑(座)	烈士遗物陈列馆(座)
1991	71	71	1	2003	71	71	1
1992	71	71	1	2004	71	71	1
1993	71	71	1	2005	71	71	1
1994	71	71	1	2006	71	71	1
1995	71	71	1	2007	71	71	1
1996	71	71	1	2008	71	71	1
1997	71	71	1	2009	71	71	1
1998	71	71	1	2010	71	71	1
1999	71	71	1	2011	71	71	1
2000	71	71	1	2012	60	69	1
2001	71	71	1	2013	60	69	1
2002	71	71	1	2014	60	69	1

第三章　救灾救济

20世纪80年代，全市计划经济时代的救灾救济体制尚未完全改变。1991年后，分级管理和分级负责的救灾体制、五保供养、医疗救助、教育救助、城乡最低生活保障等救济制度先后实行。1991—2014年，全市累计向受灾群众发放各类救灾资金近4亿元，发放多批次的大量救灾物资。医疗救助自2008年实施，到2014年，累计投入救助资金50686.42万元，救助城乡居民175.69万人。教育救助自2006年实施，到2014年，累计投入救助资金26.47亿元，救助贫困大学生240.83万人次。城镇最低生活保障于1997年实施，累计投入资金26.24亿元，救助城镇居民112.74万人；农村牧区最低生活保障于2006年实施，累计投入资金24.86亿元，救助农村牧区居民212.77万人。城乡最低生活保障累计投入达到51.1亿元，救助城乡居民325.51万人。全市开展多次捐赠活动,援助救灾救济。

第一节　灾害救济

1991—2014 年,全市有 15 个年份发生干旱、洪涝、冰雹、病虫害、早霜、地震等自然灾害。市、旗县区和苏木乡镇(街道)三级党委政府和民政部门均组织生产自救,发放救灾资金和物资,开展社会募捐和捐助。有 2 次灾害受到自治区应急响应,有 1 次灾害受到中华慈善总会资助。

1991 年,全市部分地区发生严重冰雹、洪涝、洪水和干旱等自然灾害。全市共组织 33.4 万多人参加生产自救,下拨救灾款 659 万元,下拨救灾单被 7300 床,棉被 2100 床,鞋 3500 双。

1993 年,全市发生风灾、旱灾、洪涝、冰雹等自然灾害,阿鲁科尔沁旗、巴林左旗、巴林右旗、翁牛特旗受灾最重。全市出动 4.2 万人、800 多台次车辆支援固堤筑坝;发放救灾资金 1180 万元,新建房屋 7112 间,3014 户受灾群众搬进新居。

1994 年,全市北旱南涝,旱灾、洪灾严重。市政府下拨救灾资金 864 万元和衣被、帐篷等救灾物资多个批次。全市抗洪抢险累计 82 万人次,投入抢险物资折合人民币 1118.5 万元。

1995 年,全市发生严重旱灾和低温、大风、冰雹、病虫、早霜等灾害。全市下拨救灾资金 1185 万元,救灾衣被、鞋近万件双;组织劳务输出 73 万人。

1998 年,发生历史上罕见的洪涝灾害,全市 12 个旗县区普遍受灾,阿鲁科尔沁旗、巴林左旗、巴林右旗、林西县、克什克腾旗、翁牛特旗为重灾区。全市紧急抢救被洪水围困和倒塌房屋的群众 9.2 万人,筹集救灾资金 240 万元,捐粮 113 万公斤,通过互助互济、粮食部门开仓放粮等措施向受灾群众提供粮食 850 万公斤,捐赠并发放衣物 150 多万件,所有受灾群众均未出现挨饿受冻等问题;市卫生局派出医疗队 50 支,防疫灭病,实现大灾无大疫;中华慈善总会、自治区政府、自治区直属机关拨出和捐献专项救灾款和捐赠款 901 万元;全市新建救灾新村 29 个,有 8.76 万受灾群众迁入新居。

1999 年,全市发生较大面积旱灾,市政府下拨救灾资金 930 万元。

2000 年,全市发生旱灾,部分地区受灾严重,市政府下拨救灾资金 1905 万元。

2002 年,全市发生旱灾和严重的风雹灾害,市政府下拨救灾资金 2236 万元。

2003 年,赤峰北部地区发生“8·16”地震,阿鲁科尔沁旗、巴林左旗、巴林右旗、林西县、翁牛特旗等 5 个旗县受灾,12 个旗县区发生旱灾。全市捐款及接受社会捐款 1569 万元,捐物折款 340 万元,下拨救灾资金 11409 万元;新建房屋 2.85 万间,其中主房 1.16 万间,附房 1.69 万间;维修加固房屋 17.59 万间,其中主房 14.65 万间,附房 2.94 万间;新建移民新村 8 个,搬迁 963 户,维修加固牲畜棚圈 71.5 万平方米。

2007 年,全市发生持续重旱和洪涝灾害,全市发放救灾资金 1845 万元。

2009年，全市发生旱灾、风雹、洪涝、病虫害等灾害，共投入抗旱人力88.91万人、资金26679万元，开动机电井19657眼、泵站40处、机动抗旱设备1952套、机动用水车辆3270辆，抗旱用电13220万千瓦时，抗旱用油264.39吨。

2011年，全市发生旱灾、风雹、洪涝、病虫害等灾害，全市下拨救灾资金3600万元；同年，7月29日，自治区民政厅对赤峰市启动自然灾害Ⅳ级应急响应，下拨救灾资金850万元、救灾衣被5000套；民政部拨付救灾衣被5600套、救灾帐篷1170顶。

2012年，全市发生风雹、洪涝、低温、冷冻、病虫害等多种自然灾害，市政府下拨救灾资金4920万元、救灾粮食329吨、衣被6万套。

2013年，全市发生风雹、洪涝、病虫害、旱灾等自然灾害，市政府下拨救灾款4666万元。

2014年，全市发生旱灾、风雹、洪涝、病虫害等自然灾害。7月30日，自治区减灾委员会、民政厅启动自然灾害Ⅳ级应急响应；8月5日，调增至Ⅲ级响应；自治区民政厅派出由救灾处长带队的工作组赴赤峰查验灾情、指导救灾。全市发放救灾款5020万元。

第二节 社会救济

社会救济的对象为无生活来源、无劳动能力、无法定赡养人或无扶养人等人群。救济措施有“五保户”供养、医疗与教育救助、城乡最低生活保障、社会捐助、收容救助。1991—2014年，全市累计新改扩建敬老院223所，整合敬老院119所，累计供养“五保户”30多万人，其中集中供养超10万人，分散供养20多万人。

一、“五保户”供养

1991年后，全市“五保户”供养采取敬老院集中供养与嘎查村分散供养两种方式。基本生活难以保障的“五保户”由嘎查村送交苏木乡镇敬老院集中供养；生存能力相对较强的“五保户”采取由嘎查村组织农牧民互济互助、发放上级民政(财政)下拨的救济款等办法分散供养。1991—2005年，“五保户”集中供养的经济来源以农牧民统一交纳的嘎查村提留款和苏木乡镇统筹款为主，以民政部门提供的补助为辅，少数有创收的敬老院采取不同程度的“以收补供”。从2006年开始，全市“五保户”供养实现以财政保障为主，集中供养的由财政向敬老院拨付供养资金，分散供养的由民政部门发放补贴。1991—2014年，全市“五保户”供养的保障面为应保尽保，保障水平随时间推移和阶段转换逐渐提高。

敬老院建设　1991年，全市共有敬老院245所。从1993年开始，全市逐步进行减数扩容提质的敬老院改造，当年减至243所。1995年，第二次全市“五保户”普查时，减至243所。1997年，新建5所，整合减少9所，总数为238所。1999—2006年，全市集中

1991—2014年部分年份赤峰市"五保户"供养情况统计表

表 20-1-9

年 份	敬老院总数（所）	供养人数(人)		
		小计	敬老院集中供养	分散供养
1991	245	8103	4123	3980
1992	242	9082	4223	4859
1993	243	9811	4266	5545
1994	241	10334	4440	5894
1995	243	10184	4534	5650
1996	243	10154	4564	5590
1997	238	13802	4678	9124
1998	239	13401	4741	8660
1999	239	4606	4606	—
2000	237	4660	4660	—
2001	214	9667	4298	5369
2003	205	10154	3891	6263
2004	206	13564	4253	9311
2005	199	13620	4194	9426
2006	140	16116	3635	12481
2007	146	17920	4494	13426
2008	161	19311	5327	13984
2009	142	17975	4875	13100
2010	143	19092	5595	13497
2011	140	20034	5951	14083
2012	80	16320	3288	13032
2013	137	19465	6310	13155
2014	136	19970	5959	14011
合计	—	307345	106905	200440

新改扩建敬老院175所。到2014年，全市敬老院整合至136所。

1991—2000年，部分敬老院因地制宜创办实体，增加经济收入。1993年，全市敬老院创收115万元。1996年和1997年，分别增至280万元和419万元。1999年，全市敬老院创收480.5万元。

1992年5月，自治区敬老院经验交流会在赤峰市召开。会议期间，与会人员实地参观红山区、郊区（今松山区）、元宝山区、喀喇沁旗等旗县区的6所敬老院。同年，全市有15所敬老院被自治区民政厅授予文明敬老院称号。1996年，巴林左旗丰水山乡敬老院被民政部授予全国模范敬老院称号。1996年9月10日，市政府以丰水山乡全国模范敬老院挂匾仪式为契机，召开全市敬老工作现场会。1997年，全市有24所敬老院被自治区民政厅命名为文明敬老院。

“五保户”集中与分散供养 1991年，全市“五保户”8103人，集中供养4123人，分散供养3980人。1995年，全市“五保户”普查，总数10184人，集中供养4534人，分散供养5650人。2006年，总数增至16116人，集中供养3635人，分散供养12481人。2010年，总数为19092人，集中供养5595人，分散供养13032人。2014年，总数达到19970人，集中供养5959人，分散供养14011人。供养标准以财政保障前后为分水岭：财政保障前，集中供养标准因各地经济发展水平不同而存在较大差异，分散供养以保障供养对象温饱为标准；财政保障后，供养标准依据国家政策规定和地方财政状况好转逐步提高。2006年，农村牧区五保供养人员集中供养、分散供养标准分别达到每人每年1141元和783元。到2010年，集中供养和分散供养标准分别增至2753元和1961元，并逐年提升。2011年，分别为3083元和2196元。2012年，分别为4013元和2460元。2013年，分别为4495元和2755元。2014年，分别达到4945元和3031元。

二、医疗救助

2004年，赤峰市启动农村牧区医疗救助，上级财政补助医疗救助资金260万元。2005年，启动城市医疗救助工作，以红山区为试点，上级财政补助医疗救助资金30万元。享受医疗救助的人员范围包括无劳动能力、无法定扶养人、无生活来源的“三无”人员，因自然灾害导致伤病的农村牧区受灾群众，参加基本医疗保险但个人负担医疗费用有困难的城市贫困人员，享受城市居民最低生活保障待遇家庭中丧失劳动能力的伤病无业人员，60周岁以上的伤病无业老人和16周岁以下的伤病未成年人，伤残军人、孤老复员军人及孤老烈属等重点优抚对象，其他经各种救助仍有困难自付医疗费用的特困人员。2006年，市政府印发《赤峰市医疗救助实施办法》。同年，各旗县区相继启动医疗救助工作，成立专门工作机构或指定民政部门的内设机构负责，制定《城乡医疗救助实施办法》，全面开展医疗救助。救助的重点是城镇低保户、农村“五保户”、重点优抚对象等贫困民众；救助方式为报销新型农村牧区合作医疗或城镇医疗保险以外的医药费、资助参加新型农村牧区合作医疗及参加城镇医疗保险。2007年，医疗救助在全市农村牧区全面推开，在城市社区有序推行。2008年，医疗救助在全市实现制度化、规范化、全覆盖;该年,全市列入医疗救助对象45.8万人,其中城镇12.3万人,农村牧区33.5万人,投放城乡医疗救助金2843.84万元,实际救助人数为13.4万人。此后,部分旗县区探索并实行定额医药卡救助(向救助对象发放存有一定数额资金的医药卡,救助对象持卡到定点医院或药店就医购药)、重大疾病救助(民政部门为救助对象投保商业保险,商业保险单位向救助对象兑现约定的保险赔偿后,民政部门再次报销未被新型农村牧区合作医疗或城镇医疗保险报销的医疗费)。2013年,喀喇沁旗等旗县区建成"一站式"医疗救助服务平台,民政部门与市内各家医疗机构建成计算机结算联网系统,救助对象可在医疗单位窗口随时报销医疗费。2008—2014年,全市累计投入救助资金50686.42万元,救助175.69万人。

2008—2014年赤峰市医疗救助情况统计表

表20-1-10

年份	救助人数(人)	救助金额(万元)	年份	救助人数(人)	救助金额(万元)
2008	134058	2843.84	2012	342300	8182.00
2009	88700	3264.02	2013	461100	10475.16
2010	140000	5166.00	2014	404700	12300.00
2011	186000	8455.40	合计	1756858	50686.42

三、教育资助

普通高校家庭经济困难学生资助 此项资助包括生源地信用助学贷款、中央彩票公益金、城乡低保家庭子女新生入学资助三项政策性资助和社会资助。2008—2014年,累计资助13.9万人。

生源地信用助学贷款由国家开发银行发放、学生入学前户籍所在地的学生资助管理中心协助办理,每个学生每年申请的贷款额度原则上最高不超过6000元,贷款期限原则上按全日制本、专科学制加10年确定,最长不超过14年。2008—2014年,全市累计发放助学贷款71805万元,资助贫困大学生131381人。

中央彩票公益金资助国家和自治区扶贫开发重点旗县的普通高校家庭经济困难新生,资助标准为区内高校每人每年500元,区外高校每人每年1000元;从2012年启动到2014年,全市累计资助学生4429人,资助金额309.75万元。

城乡低保家庭子女新生入学资助,资助标准为录取到普通高校本科类新生一次性资助40000元;录取到普通高校专科或高职高专类新生一次性资助30000元;自2013年开始,全市共资助享受城乡低保的赤峰户籍学生3185人,其中本科1704人,专科1481人,资助金额11259万元。

在开展经济困难家庭学生政策性资助的同时,社会资助一并展开,海嘉诺赤峰制药股份有限公司出资设立"海嘉诺赤峰制药助学金"500万元,从2010年开始,每年资助家庭经济困难大学新生 100 人,每人一次性资助人民币 5000 元,至 2014 年,共资助大学新生 500 人,资助资金 250 万元;红山区慈善总会·常宏慈善基金出资 25 万元,资助新生 125 人;赤峰温州商会资助考入清华、北大的新生 15 人在校期间全部学费。

2008—2014 年赤峰市普通高校家庭经济困难学生资助情况统计表

表 20-1-11

年份	生源地信用助学贷款		中央彩票公益金			
			人数(人)			金额(万元)
	人数(人)	金额(万元)	合计	区内	区外	
2008	21	11	—	—	—	—
2009	9617	4950	—	—	—	—
2010	18046	9582	—	—	—	—
2011	24080	13025	—	—	—	—
2012	24930	13655	1791	1030	761	127.5
2013	26430	14661	1383	816	567	97.5
2014	28257	15921	1255	815	440	84.75
合计	131381	71805	4429	2661	1768	309.75

中等职业学校学生资助　此项资助包括中等职业学校国家助学金、中等职业学校“两免”资助、中等职业学校寄宿生住宿费资助。

中等职业学校国家助学金的资助对象为中等职业学校正式学籍的一、二年级家庭经济困难学生;资助面为中等职业学校在校生的 90%,资助标准每人每年 1500 元;从 2007 年实施到 2014 年,全市共资助学生 437795 人,资助金额 29973.3 万元。

中等职业学校“两免”资助,自 2009 年秋季学期开始,对涉农涉牧专业、农村和城市家庭经济困难学生免学费,2011 年春季学期开始,扩大到正式学籍在校生,由“一免”改为免学费和教科书费的“两免”,免交教科书费的标准为一、二年级每人每年 550 元,三年级每人每年 100 元。到 2014 年,全市“两免”累计资助免学费学生 378267 人,资助金额 36303.8 万元;免教科书费学生 279706 人,资助金额 4185.1 万元。

中等职业学校寄宿生住宿费资助,从 2012 年秋季学期开始,按自治区统一要求,全市具有内蒙古自治区户籍的所有中等职业学校(含民办)全日制一至三年级寄宿生均补助住宿费,补助标准为每人每年补助 500 元。到 2014 年,全市累计资助中等职业学校学生 56505 人,资助金额 2999.2 万元。

普通高中家庭经济困难学生资助　此项资助包括国家助学金资助、“两免”资助、蒙古语(朝鲜语)授课寄宿生生活费补助资助(简称“蒙授生寄宿补助”)、中央专项彩票公益金资助。

普通高中国家助学金资助,从2010年秋季学期起,按在校生总数30%的资助面和平均每人每年1500元的标准,资助贫困家庭学生。到2014年,全市累计资助学生200373人,资助金额21987.3万元。

普通高中“两免”资助,执行自治区统一政策规定,自2011年春季学期开始,免收蒙古语和朝鲜语授课学生、家庭经济困难学生学费、教科书费。从2012年起,“两免”政策扩大到普通高中全部学生。到2014年,全市累计资助学生880305人,其中免学费400277人,免教科书费480028人;资助金额80719.8万元,其中免学费72409.8万元,免教科书费8310万元。

蒙授生寄宿补助,从2012年秋季学期开始,补助对象为实行双语授课的寄宿生,补助标准为每人每天7元,每年补助270天。到2014年,全市累计资助学生18735人,资助金额2952.1万元。

中央专项彩票公益金资助的对象为旗县区所办的普通高中家庭经济特别困难的在校一至三年级学生,资助标准为每人每学年1000元,起止时间为2007—2008到2010—2011的四个学年,资助学生数量分别为3164人、4911人、4777人、4770人,资助金额分别为316.4万元、491.1万元、477.7万元、477万元,累计资助学生17622人,资助金额1762.2万元。

学前教育资助　2013年,按自治区政策要求,全市开始实施蒙古语授课幼儿免费教育。当年面向经济困难幼儿家庭发放学前教育幼儿资助资金440万元。

四、最低生活保障

城镇农村最低生活保障分别于1997年和2006年实施。到2014年,分别救助城乡居民112.74万人和212.77万人,分别投入救助资金26.24亿元和24.86亿元。

城乡低保制度　1997年,国务院颁发《关于在全国建立城市居民最低生活保障制度的通知》。同年7月,市政府印发《关于实施城市居民最低生活保障制度的通知》,城镇居民最低生活保障制度在全市建立。享受城镇最低生活保障的对象为城镇无生活来源、无劳动能力、无法定扶养义务人或法定扶养义务人丧失劳动能力而无力扶养的人员(简称“三无”人员)。当年全市享受城镇最低生活保障人员共6121人。红山区、松山区、元宝山区(简称“三区”)每人每月补助标准100元;阿鲁科尔沁旗、巴林左旗等其他9个旗县每人每月补助标准80元,当年共发放保障资金109.4万元。1998年2月,城镇最低生活保障面扩大到包括城镇下岗职工在内的所有社会成员,当年享受城镇居民最低生活保障的人数达到10313人,全年发放保障金206.1万元。到2002年,全市享受城镇居民最低生活保障的人数接近5万人,基本实现应保尽保。2005年,根据自治区政府《关于印发城市居民最低生活保障工作规程的通知》精神,全市城镇保障标准确定为旗县每人每月114元,“三区”每人每月140元,全市共有保障对象6.66万人,全年发放保障资金6596万元。

2006年1月,自治区政府印发《关于建立农村牧区最低生活保障制度的通知》,自治区政府办公厅转发民政厅《关于农村牧区居民最低生活保障制度实施意见》，全市农村牧区最低生活保障启动。当年，按照低标准起步、逐步拓展的原则，按农区人均纯收入 625 元以下、牧区人均纯收入 825 元以下的标准，将特困群众 99962 人纳入农村牧区最低生活保障范围，每人每年补助标准为 360 元，全年共发放保障资金 3606.4 万元；城镇保障标准提高到旗县每人每月 125 元，“三区”每人每月 153 元，保障人数 7.39 万人，发放保障资金 7911.8 万元。2007 年，按自治区提标扩面的要求，全市农村牧区最低生活保障补助水平提高 20%，农区每人每年 438 元，牧区每人每年 500 元，全市保障人数 18.43 万人，当年发放保障资金 7384.5 万元；城镇保障标准提高到旗县每人每月 145 元，“三区”每人每月 173 元，全市保障人数 8.12 万人，发放保障资金 1.06 亿元。

从 2008 年开始，全市农村牧区和城镇最低生活保障标准逐年提高，农村低保实现应保尽保。2010 年，城镇低保实现应保尽保。2014 年，全市城镇最低生活保障人数为 8.99 万人，保障标准为每人每月 442 元，共发放保障资金近 4 亿元；农村牧区最低生活保障人数为 30.22 万人，保障标准为每人每年 2861 元，共发放保障资金 4.96 亿元。1997—2014 年，全市累计 112.74 万人享受城镇最低生活保障，发放保障资金 26.24 亿元；2006—2014 年，全市累计 212.77 万人享受农村牧区最低生活保障，发放保障资金 24.86 亿元。

规范化建设　从 2007 年开始，按民政部要求，全市开始基层低保工作规范化建设。2008 年，市民政局、市档案局联合下发《关于加强最低生活保障档案管理的通知》，推广“红山区城市最低生活保障规范化管理八项工作制度”。2009 年，全市 12 个旗县区全部完成城乡最低生活保障档案核查增补，一户一档，规范管理；城镇最低生活保障家庭收入入户核实、三榜公示、资金管理、社会化发放、检查监督等制度逐步建立并完善；保障对象全部做到分类施保、动态管理；最低生活保障金实现社会化发放。2010 年，赤峰市列为自治区按标施保工作试点地区之一；市政府办公厅印发《全市城乡低保按标施保工作实施方案的通知》，市民政局下发《赤峰市城镇低保家庭收入入户核算指导办法》。2011 年，全市旗县区及乡镇苏木普遍开展低保户入户核查工作，不符合条件的低保对象全部清出低保范围。2012 年，开展非按标施保清理整顿，完成城乡低保数据信息网上录入，城镇低保实现网上审批。2013 年，市政府召开全市社会救助家庭经济状况核对工作推进会议，印发《赤峰市社会救助家庭经济状况核对办法》，建成社会救助家庭经济状况核对电子平台系统，增加 14 个专职事业编制用于社会救助家庭经济状况核对工作。同年，市和旗县区民政部门与公安、房管、工商部门联合开展手工信息核对，再次将不符合条件的 5862 人清出城乡低保。2014 年 1 月，市和旗县区民政部门通过与公安户籍、车辆管理、住房公积金、工商部门微机专线联网，实现最低生活保障对象的基础信息共享，并以此为依据完成低保数据的清理核对。同年 2 月，国务院颁发《社会救助暂行办法》，市政府随即印发贯彻落实《社会救助暂行办法》的实施意见及城乡社会保障体系制度化建设和规范化管理的 4 个相关配套制度。同年，市民政局召开

全市城乡低保家庭经济状况综合评定工作会议，组织开展并完成低保对象重新认定和低保经办人员、嘎查村(居)委会工作人员及其近亲属享受低保情况的备案登记工作，做到旗县区民政局和乡镇苏木街道民政办两级同时备案。2014 年，全市城乡最低生活保障规范化管理实现无遗漏、无缝隙、无死角。

1997—2014 年赤峰市城乡最低生活保障金发放情况统计表

表 20-1-12

年份	城镇最低生活保障		农村最低生活保障	
	人数(人)	金额(万元)	人数(人)	金额(万元)
1997	6121	109.4	—	—
1998	10313	206.1	—	—
1999	13081	482	—	—
2000	13704	887.6	—	—
2001	36076	1184.6	—	—
2002	49331	2677.49	—	—
2003	56799	3867	—	—
2004	60816	4394.15	—	—
2005	66555	6596	—	—
2006	73869	7911.8	99962	3606.4
2007	81172	10600	184335	7384.5
2008	91104	17391.69	225461	14223.5
2009	95950	24985.86	231644	20371.9
2010	94996	29245.77	236444	27276.54
2011	94772	32200.92	249069	34267.4
2012	97217	38968.45	294569	43681.6
2013	95666	40735.16	304020	48251.4
2014	89855	39962.78	302196	49565.43
合 计	1127397	262406.77	2127700	248628.67

第三节　收容救助

1991—2003 年，全市收容救助以市和旗县区民政局为主管部门，由隶属市和旗县区民政局的赤峰市收容遣送站和旗县区收容遣送所负责实施。收容救助对象为生活无着、沿街乞讨、无家可归、露宿街头的人，到城市打工上当受骗而无力返回家园的人，被诱骗或拐卖的妇女儿童，被家庭虐待和遗弃的痴呆傻和精神病人，因躲避计划生育而逃离本地的人，无合法证件、无固定住所、无稳定收入的流动人员。收容对象被收容后，根据其具体情况，区别对待：对有家可归和生活有着落的人员进行教育劝导，帮其返回原籍；对无家可归、有劳动能力而原户口所在地安置确实有困难的人员，由旗县区民政部门经市民政部门报自治区民政厅批准后送安置农场安置；对城市户籍无家可归、无劳动能力的人员，送城市社会福利事业单位安置，其中外埠人员需经其户口所在地县级以上民政部门同意；对农村户籍无家可归、无劳动能力的人员，送农村敬老院安置或者分散安置，给予“五保户”待遇，其中外埠人员需经其户口所在地县级以上人民政府批准。2003 年 6 月，国务院关于《城市生活无着的流浪乞讨人员救助管理办法》颁布后，民政部随后颁布《城市生活无着的流浪乞讨人员救助管理办法实施细则》。2004 年 9 月，赤峰市收容遣送站更名为赤峰市救助管理站，职能职责由过去带有强制性的以收容遣送为主转变为人性化的救助管理；工作方式相应地由站内被动接收救助对象转变为主动搜集救助对象实施救助。各旗县区收容遣送所随后陆续改为救助管理所，工作方式方法效仿市救助管理站实施转型。2011 年 12 月，经市政府批准，赤峰市救助管理站加挂“赤峰市流浪未成年人救助保护中心”牌子。2012 年，赤峰市救助管理站被救助人员入站登记由人工录入改为电脑录入，建成赤峰救助管理系统，并与全国救助管理系统联网。同年，赤峰市救助管理站与铁路、公路运输部门签订合作协议，对被救助人员给予优先购票；与市医院协作，开展流浪乞讨被救助人员中的精神病人、传染病人、危重病人救治工作。至 2014 年，累计救治 1055 人次。同年，赤峰市救助管理站被民政部授予国家二级救助管理机构。

2013 年 12 月，由市妇联牵头、市民政局协助，在赤峰市救助管理站成立“赤峰市反家庭暴力妇女庇护所”，赤峰市救助管理站协助市妇联及有关部门开展遭受家庭暴力妇女的保护工作。同年，市政府成立以分管副市长为组长，民政、教育、公安、财政、人力资源与社会保障、住建、交通、卫生、编办、铁路车务段等相关部门负责人为成员的赤峰市流浪乞讨人员救助工作领导小组。领导小组动员市本级和旗县区各方面力量相继开展“传递爱心，关爱救助”主题宣传月活动、巡查式流动救助活动和“寒冬送温暖”、“接送流浪孩子回家”等专项行动。至 2014 年，全市收容救助已经形成政府主导、民政主管、部门联动、社会参与的常态化格局。1991—2014 年，全市累计救助流浪乞讨人员近 28000 人。

第四章　社会福利

20世纪90年代前后,孤残儿童、城镇“三无”人员、孤寡老人构成的特殊人群养育问题仍是全市社会稳定的重要方面。经过全市上下共同努力,由孤残儿童养育、城镇“三无”人员收养、城镇孤寡老人收养构成的特殊人群福利事业健康发展,福利生产有序进行,福利彩票发行迅速增长,社会福利持续稳定健康发展。1991—2014年,全市以集中收养、送养、分散收养方式收养孤残儿童3229人;收养城镇“三无”人员8000人以上;全市社会办福利企业累计安置残疾人就业35262人。

第一节　特殊人群福利

一、孤残儿童福利

全市孤残儿童福利由赤峰市儿童福利院独家提供。

赤峰市儿童福利院　1987年,市民政局牵头成立赤峰市儿童福利班,由市民政局负责业务指导,市妇联六一幼儿园直接管理。1995年9月4日,市机构编制委员会批准成立赤峰市儿童福利院,为全额拨款科级事业单位,隶属市民政局,人员编制28人,床位60张。由六一幼儿园管理的儿童福利班划归赤峰市儿童福利院。1997年9月,赤峰市儿童福利院获得民政部、自治区民政厅和市政府共同支持,总投资280万元,开工兴建建筑面积2600平方米的儿童福利楼。1998年12月,赤峰市儿童福利院被自治区民政厅评为一级社会福利院。1999年,儿童福利楼投入使用。2000年7月,成立内部卫生所,调任儿科主任医师1人,护士1人。2005年5月,购置和接收捐赠价值30多万元康复器材,组建康复训练室。2007年,建成250平方米的康复训练室。2011年9月8日,市儿童福利院被民政部“明天计划”办公室授予“脑瘫康复训练示范基地”。同年,新建市儿童福利院大楼项目列入国家“明天计划”,并开工建设。2012年9月,市儿童福利院大楼投入使用;该楼总投资1792.2万元,占地面积16181平方米,使用面积7168平方米,床位300张;每个房间均设有独立的卫生间、淋浴间,空调、单人床、床头柜、多功能桌椅、衣柜一应俱全。同年10月,建成儿童脑瘫康复中心,设有医疗用房4200平方米,床位100张,有业务科室8个,专业技术人员35人,其中具有中高级职称人员6人。中心以现代与传统康复相结合的方法开展康复治疗工作。2014年6月,市儿童福利院被国家民政部授予“残疾孤儿手术康复明天计划先进集体”。

孤残儿童收养　1987年,赤峰市儿童福利班开始收养孤残儿童,当年收养35人。1995年,市儿童福利院收养孤残儿童43人。2014年,收养114人。1987—2014年,赤峰市儿童福利班和福利院共集中收养孤残儿童1624人。1995—2014年,集中收养1589

人。1995年，市儿童福利院集中收养的标准为每人每月125元，到2014年提高到每人每月1232元。2003年3月，市儿童福利院选择残疾儿童14人输送到6个家庭寄（收）养；到2014年，累计送养26人。2003年6月，首次输送2名儿童到国外家庭寄（收）养；到2014年，累计送往国外寄（收）养24人，送养地包括美国、荷兰、加拿大、丹麦、意大利等国家。2012年，市儿童福利院根据需要收养的孤残儿童明显增多的情况，开始采取提供一定数额抚养费的方法，推荐其中的部分儿童到有收养意愿的家庭进行分散收养。2012年，分散收养668人，收养标准为每人每月1038元。2014年，分散收养922人，收养标准为每人每月1008元。

1995—2014年部分年份赤峰市儿童福利院收养孤残儿童情况统计表

表20-1-13

年份	儿童福利院收养（人）	收养标准（元）	输送国内家庭收养（人）	输送国外家庭收养（人）	成年后就业（人）
1995	43	125	—	—	—
1997	78	200	—	—	—
1998	50	—	—	—	—
1999	87	340	—	—	—
2003	98	—	1	2	—
2004	101	—	2	—	—
2005	103	700	—	3	1
2006	110	—	3	4	2
2007	106	—	2	8	1
2008	108	—	2	3	1
2009	108	—	5	—	5
2010	122	—	4	1	2
2011	117	1060	—	1	2
2012	122	1238	2	—	1
2013	122	—	3	1	3
2014	114	1232	2	1	1
合计	1589	—	26	24	19

2001年10月,市儿童福利院确立以优教为中心的办院指导思想,根据儿童年龄、智商、身体状况划分启蒙、学前、康复、课外辅导教育四个管理层次,实施分类教育。2005年,开始引导式教育。2007年,根据不同儿童身体状况的需要,购进300多种器材,进行残障儿童康复训练,当年有60%的残疾儿童健康状况因此出现不同程度好转。2011年,市政府办公厅转发市民政局《关于加强孤儿保障工作的实施意见》,进一步健全和完善孤儿基本生活、教育、就业、医疗、住房等保障制度,推进孤残儿童养育规范、快速、健康发展。

2005年,市儿童福利院开始安置已成年儿童就业。到2014年,共有19人实现就业。

2012年7月7日,"韩红爱心百人援蒙公益行动"走进赤峰市儿童福利院,捐赠价值30万元的儿童脑瘫康复器材及学习用品。

二、"三无"人员福利

1989年,市民政局在红山区桥北镇建设社会福利院,作为全市城镇"三无"人员的收养场所。1990年前,全市无社会福利专门机构。1990年,市机构编制委员会批准成立赤峰市社会福利院。同年,市社会福利院开工建设各种基础设施。2009年,全市大多数旗县区开始建设社会福利中心。到2014年,除赤峰市社会福利院之外,全市共建成旗县区福利中心10个。1991—2014年,全市累计集中供养城镇"三无"人员1169人。

福利机构　赤峰市社会福利院。1990年,赤峰市社会福利院成立,隶属市民政局。同年,服务用房及各种设施建成并投入使用,共有平房2栋,建筑面积300平方米,设置床位30张。2002年,实施扩建工程,占地面积1.3万平方米,建筑面积8900平方米,新建综合服务楼6000平方米,设置床位200张。2004年6月,扩建改造工程竣工,综合楼投入使用,内部设施配套齐全,新增员工48人,形成医疗保健、生活护理、饮食供应、文化娱乐等全方位服务和生活保障能力。2013年,市民政局决定,原市光荣院综合楼(建筑面积8500平方米,使用面积2500平方米)调配给市社会福利院使用,由此新增床位200张和餐饮、健身、娱乐、康复设施若干件套,并入员工40人。

旗县区综合福利中心。2009年,市民政局启动旗县区综合福利中心项目建设两年规划。2010年,宁城县、敖汉旗、巴林左旗、巴林右旗、克什克腾旗的综合福利中心项目主体工程完工。同年,翁牛特旗、元宝山区、林西县综合福利中心开工建设。2013年,喀喇沁旗、红山区综合福利中心动工兴建。到2014年,除松山区、阿鲁科尔沁旗外,全市其他10个旗县区全部建成建筑面积2400平方米以上、床位100张以上的综合福利中心。

"三无"人员收养　1991年,赤峰市社会福利院收养"三无"人员17人。2014年,收养38人。1991—2014年,该院累计收养776人,供养标准由1995年的每人每月125元提高到2014年的每人每月952元。

2011年,分散的"三无"人员纳入供养范围,标准为每人每月500元。2012年,分散供养标准提高到每人每月638元,供养人数为3684人。2014年,分散供养标准达到每人每月728元,人数3195人。

2014年,各旗县区综合福利中心开始集中供养城镇“三无”人员,供养人数为393人。

1991—2014年赤峰市社会福利院收养“三无”人员情况统计表

表20-1-14

年份	人数(人)	人均月标准(元)	年份	人数(人)	人均月标准(元)
1991	17	—	2003	49	125
1992	18	—	2004	43	125
1993	19	—	2005	37	125
1994	17	—	2006	43	125
1995	20	125	2007	43	125
1996	19	125	2008	45	340
1997	23	125	2009	42	340
1998	23	125	2010	42	340
1999	22	125	2011	39	700
2000	21	125	2012	37	838
2001	35	125	2013	35	—
2002	49	125	2014	38	952

三、养老福利

2009年,旗县区综合福利中心投入使用后,除提供城镇“三无”人员供养外,还提供部分养老服务。同年,各旗县区分别启动城镇社区老年人日间照料中心建设,为老年人提供日间养老服务。到2012年,全市建成社区老年人日间照料中心68处。按照国家有关政策,每床每月给予100元补贴;根据公办养老机构不足的实际,鼓励社会兴办养老服务机构;当年全市兴办民办养老服务机构19个,床位2559张,入住老年人1885人。到2014年,全市共有福利中心、老年养护院等公办养老机构18个,床位2780张,共兴办民办养老机构29个,床位4993张。2012—2014年,全市共收养和入住老年人10890人。

第二节 福利生产

1990年9月15日,民政部、国家计委、财政部、劳动部、物资部、国家工商行政管理局、中国残疾人联合会发布《社会福利企业管理暂行办法》。1991年后,全市依此监督管理社会福利企业安排残疾职工情况,逐步规范福利企业申报程序、执照年检、残疾职工待遇等事宜,在保证社会福利企业享受国家和地方政府优惠政策的同时,保障残疾职工的合法权益。1991年,全市有福利企业79家,安置残疾人就业1066人,年利润260.7万元。1993年,市民政局、市税务局下发《赤峰市社会福利企业管理暂行办法》,规范福利企业经营及管理。1993—1998年,全市福利企业全部转换经营机制。市民政局所属的福利总厂转制为自主经营、自负盈亏、独立核算的股份合作制企业;宁城县民政局所属的2家福利企业实行民有民营;其他旗县区的福利企业相继转制。1998年,全市有社会办福利企业148家,安置残疾人就业1760人。1999年,减为95家,安置残疾人就业1105人。同年,市民政局制定《1999—2003年赤峰市民政福利事业5年规划(草案)》,强化社会办福利企业的监督与管理,全市共清理注销不合格福利企业35家,新办福利企业16家。2010年,全市有社会办福利企业28家,安置残疾人就业1875人。

2011—2014年,新认定福利企业3家,注销年检不合格社会福利企业5家。2014年,全市共有社会办福利企业43家,安置残疾人就业2331人。

1991—2014年赤峰市社会办福利企业安置残疾人就业情况统计表

表20-1-15

年份	企业总数(家)	安置残疾人(人)	年份	企业总数(家)	安置残疾人(人)
1991	79	1066	2003	60	1447
1992	76	922	2004	56	1508
1993	87	1093	2005	55	1763
1994	104	1213	2006	47	960
1995	100	1130	2007	41	788
1996	172	1612	2008	38	2777
1997	134	1771	2009	32	1805
1998	148	1760	2010	28	1804
1999	95	1105	2011	32	1875
2000	64	928	2012	45	2221
2001	55	972	2013	47	2428
2002	54	1049	2014	43	2331

第三节　慈善事业

一、慈善机构

1991—2001 年，赤峰市无专门慈善组织机构。2002 年 6 月，赤峰市慈善总会（简称“市慈善总会”）成立，隶属市民政局。2009 年 5 月，市慈善总会由社会团体被批准为准处级事业单位，内设机构有办公室、业务部。到 2014 年，组织机构、内设机构均未发生变化。

2011 年，市民政局成立赤峰市社会捐助接收工作站，主要负责市救灾储备库和社区社会捐助接收点管理。

二、慈善募捐

1991—2008 年，全市多次开展有组织的规模较大的募捐活动。1991 年，全市为南方洪灾捐款 182.52 万元。1995 年 10 月，市直机关和各旗县区分别组织干部职工捐款救灾，市直机关干部职工捐款 147.7 万元，捐衣物 3.1 万件和 17.3 万元的灾区急需物资；各旗县区捐款 150 多万元。1996 年，市直机关为包头地震灾区开展捐助活动，捐款 40 万元，捐赠物资折款 40 多万元。同年秋，全市开展“扶贫济困送温暖”活动，共捐赠衣物 18.7 万件、现金 15.49 万元。1998 年 8 月 1 日，市直机关以动员大会方式组织捐赠，200 多家企事业单位的 6.5 万人参加捐赠，共捐款 266 万元，捐衣物 6.11 万件和一批物资；12 个旗县区和社会各界捐款 742.9 万元，捐衣被 26.3 万件。2001 年 11 月，全市开展救灾捐助活动，共捐款 238.33 万元，捐赠各类物资折款 81.5 万元。2006 年，全市向地震灾区捐赠现金 275 万元、衣物 4.5 万件、粮食 2.6 万斤。2008 年，市民政部门向“5·12”汶川地震灾区紧急调运帐篷 2000 顶；全市捐款 2554 万元，捐衣被 2 万件，其他物品折款 32 万元。

1995 年 10 月，接收自治区直属机关捐款 153 万元，接收中国人民保险公司内蒙古自治区公司赤峰支公司捐款 70 万元。1996 年，接收北京市朝阳区捐款 25 万元、衣物 15 万件。2001 年 11 月，接收市外捐款 605.49 万元，各类捐赠物资折款 782.45 万元。

2009—2014 年，市慈善总会先后向中华慈善总会、自治区慈善总会等机构争取到“中华慈善总会格列卫患者援助项目”、“微笑列车唇腭裂修复慈善项目”、中华慈善总会“春立阳光计划”项目、“全区贫困家庭儿童重大疾病救助老牛专项基金”、内蒙古自治区重特大疾病慈善医疗救助项目、中央专项彩票公益金教育助学项目、柏年基金图书捐赠等救助项目。先后到福建厦门、天津等地，争取到厦门南普陀寺慈善基金会、天津市佛教慈善功德基金会支持，5 年从两地佛教慈善基金会募集善款 197 万元。2012—2014 年，北京市慈善总会连续三年援助赤峰市慈善总会，捐赠 170 万元，用于助学、助教等救助项目。

到2014年,赤峰市社会捐助接收工作站共接收市民捐赠衣物1200余件,企业捐赠羽绒服200件,北京捐助中心捐赠衣物65000余件。

三、慈善救助

2009—2014年,市慈善总会先后为市内部分学校的贫困学生和教师发放贫困资助补贴,赠送电脑、桌椅、衣物、文具、面粉等学习生活用品;相继举办"慈善朝聚光明行动""慈心电脑教室""彩虹助学""慈善助学爱心永恒" 等慈善捐赠活动。2011年5月,市慈善总会、赤峰朝聚眼科医院、赤峰电视台联合举办"光明点亮贫困母亲的希望"大型公益活动,为五保户、贫困户、民政优抚对象、城乡低保户中的300名贫困母亲成功实施复明手术。同年8月,中华慈善总会、深圳慈善总会·首彩爱心慈善基金、北京阜外心血管病医院联合主办的"心连心"少数民族地区贫困家庭先心病儿童救助项目落户赤峰,有30名先天性心脏病患儿获此救助。2012—2014年,市慈善总会争取到中央专项彩票公益金教育助学项目,获得救助资金2545万元,全市8个贫困旗县的6163名贫困教师和学生受益。

2008年,四川汶川"5·12"特大地震发生后,市慈善总会、红山区慈善总会和红山区工商联筹集价值100多万元的灾区急需物资,及时送到中华慈善总会;市慈善总会与市委宣传部共同举办"中华同心"赈灾义演,通过设置固定地点、到机关企事业单位动员等形式组织捐赠。市慈善总会带领由25名义工组成的服务队和医疗队赶赴四川灾区抗震救灾,是全国第一支去汶川救灾的慈善队伍。

第四节　福利彩票

1989年5月25日,市政府成立赤峰市社会福利有奖募捐委员会,办公室设在市民政局。1990年,市机构编制委员会批准市社会福利有奖募捐委员会办公室为科级事业单位,隶属市民政局,核定事业编制4人,经费来源为自收自支,主要职能为福利彩票销售管理。2004年8月,市社会福利有奖募捐委员会办公室更名为赤峰市福利彩票发行管理中心,人员编制4人。

1991年,全市销售即开型福利彩票41万元。1996年,增至5000万元,居各盟市首位,自治区社会福利有奖募捐委员会办公室奖励赤峰市社会福利有奖募捐委员会办公室桑塔纳轿车1辆。2001年,电脑福利彩票上市,当年销售1160万元。2005年,销量首次突破亿元。2006年11月,"中福在线"视频彩票开通销售。2007年,彩票销售1.5亿元,电脑福利彩票单项销售量居自治区首位。2008年,"刮刮乐"彩票上市,全年销售2.46亿元。2008—2012年,全市福利彩票年销量稳定保持2亿元以上。2014年,全市电脑福利彩票销售站点从2001年的120个发展到530个,年销售量达到4.81亿元,筹集公益金1.37亿元。资助社会福利院、农村敬老院、救助管理站、精神病院、光荣院、流浪未成年人保护中心、孤儿学校和社区老年之家等社会福利项目200多个。

第五章　社会事务管理

1991 年后的赤峰地区社会事务，与市场经济环境下人的思想观念相关联，与改革开放的总体形势相适应，同时与加强社会管理的需要相依存。在此期间的社会事务管理，充分体现这些时代特征和发展要求。根据加强管理的形势需要和搞好服务的社会需求，婚姻登记方式由分散登记向集中登记转变，逐步形成集婚姻登记、婚姻服务、婚姻管理为一体的整体推进格局。针对土葬抬头、丧葬铺张、殡葬市场混乱等问题，殡葬管理以落实国务院《殡葬管理条例》和赤峰地方规章为依托，以推行火葬为核心，以加强殡葬用品及服务的市场监管、实施殡葬设施建设、开展殡葬公益性和经营性服务为手段，兼顾殡葬实际和群众需求，促进移风易俗，推进殡葬事业健康发展。收养管理全面落实国家法律法规，严格收养登记管理，妥善认真清理事实收养，做到规范收养。民间组织管理围绕适应市场经济体制形势、满足社会转型需要、发挥民间组织作用、繁荣社会事业的目标进行。

第一节　婚姻登记管理

1991 年及以前，全市婚姻登记均在城乡居民所在地乡镇苏木政府或街道办事处办理。1992 年，国务院颁发《婚姻登记管理条例》，民政部和自治区民政厅相继发出婚姻登记机构设置、婚姻登记机构体制改革的文件。全市婚姻登记依此改革，即登记机关由乡镇苏木（街道）政府改为旗县区民政局，登记方式由分散登记改为集中登记。同年 10 月，红山区成立婚姻登记处。1993 年，元宝山区、敖汉旗、喀喇沁旗、巴林右旗成立婚姻登记处。2006 年，自治区民政厅印发《关于赤峰市设立婚姻登记处的批复》，批准赤峰市建立 12 个婚姻登记处，即每个旗县区各有 1 个婚姻登记处。此后，所有婚姻登记全部到旗县区民政局婚姻登记处集中办理。2011 年，民政部印发《关于开展婚姻登记机关等级评定工作的通知》，在全国范围内开展婚姻登记机关等级评定工作，红山区民政局婚姻登记处被评定为 AAAA 级婚姻登记机关。2012 年 8 月 8 日，民政部公布《中国边民与毗邻国边民婚姻登记办法》，随后全市相关人员参加自治区民政厅统一要求和组织的婚姻登记培训，52 人获得颁证员资格。同年，市民政局被民政部授予“2012 年全国婚姻登记机关等级评定工作贡献突出单位”称号。2013 年初，市民政局下发《关于做好 2013 年婚姻登记机关等级评定工作的通知》《关于进一步加强婚姻登记工作的通知》，制定婚姻登记机关升级三年规划。同年，元宝山区民政局婚姻登记处通过国家 AAAA 级婚姻登记机关标准验收。

一、国内婚姻登记

结婚登记　按照国务院颁布的《婚姻登记管理条例》等法律规定，申请结婚的男女双方必须本人到另一方户口所在地婚姻登记机关申请登记。登记时须持有男女双方个人身份证及户口本、所在单位或嘎查村(居)民委员会出具的写明本人出生年月日和婚姻状况(未婚、离婚、丧偶)的证明。婚姻状况证明为市民政局统一印发的制式样本。机关、团体、企事业单位职工由劳动人事部门盖章；婚姻登记改由旗县区民政局集中登记后，苏木乡镇(街道)企业职工还须由乡镇苏木政府(办事处)盖章。市区和旗县区政府所在地申请结婚的男女双方，还须持有卫生部门指定医院出具的婚前体检证明，证明内容主要是有无麻风病、性病及治愈情况(年龄在45岁以上及复婚者可以免检)。结婚登记申请人不在同一地区，要求共同到一方父母户口所在地或原籍旅行结婚并办理登记的，可在一方父母户口所在地或原籍的婚姻登记机关办理登记。登记时除须持有相关证明外，还须持有父母单位或原籍所在地的嘎查村(居)民委员会出具的证明。婚姻登记申请机关首先审查男女双方的结婚申请，查明双方是否完全自愿、是否达到法定婚龄、是否符合一夫一妻、有无禁止结婚的血亲关系和医学上认为不应结婚的疾病等情况。婚姻登记申请人必须如实提供婚姻登记机关询问了解的情况。经审查，符合《中华人民共和国婚姻法》《婚姻登记办法》规定并且手续齐全的，给予登记，并发给结婚证，照片(需符合婚姻登记规格要求的)上加盖钢印的婚姻登记专用章。不符合《中华人民共和国婚姻法》和《婚姻登记办法》规定的，不予登记，并向婚姻登记申请人说明理由；未到法定婚龄、非自愿、属于直系血亲或三代之内旁系血亲、患麻风病或性病未治愈的，均禁止结婚，不予登记。手续不全的，暂缓登记。现役军人申请结婚登记，须持有部队团以上政治机关证明。超期服役战士和志愿兵在探亲期间，来不及到原部队开具证明而申请结婚的，须持原居住地旗县区人民武装部出具的结婚证明。2003年，国务院重新颁布《婚姻登记条例》，民政部随后印发《婚姻登记工作暂行规范》；全市随之取消办理婚姻登记需由单位或村(居)民委员会出具证明，取消婚前医学检查强制性要求。2014年，全市结婚登记37931对，比1991年的29806对增加8125对，增长0.27倍。1991—2014年，累计办理结婚登记690505对。

离婚登记　按照国务院颁布的《婚姻登记管理条例》等法律规定，男女双方离婚，须持个人申请、单位或嘎查村(居)民委员会证明、居民身份证或户口簿、结婚证，双方亲自到一方户口所在地的婚姻登记机关申请离婚登记。婚姻登记机关对提出离婚申请的双方先做耐心细致的调解工作，力争申请离婚双方消除隔阂，互相谅解，重新和好。婚姻登记机关对离婚申请均做认真审查，审查内容主要有双方是否均自愿离婚、所提理由是否正当、有无和好可能、有关问题(子女抚养、财产、生活等)是否处理妥当。婚姻登记机关经过审查，证明申请离婚的双方确属感情破裂，并对有关问题已达成书面协议，则给予离婚登记，发给离婚证，收回结婚证。男女一方要求离婚或双方要求离婚但子女抚养或财产处理未达成协议的，不受理离婚登记。现役军人要求离婚登记

1991—2014年赤峰市婚姻登记情况统计表

表 20-1-16

年份	结婚登记(对)	离婚登记(对)	离婚率(%)	涉外婚姻登记(对)
1991	29806	429	1.44	4
1992	32766	475	1.45	1
1993	33573	595	1.77	—
1994	30339	536	1.77	5
1995	31000	1500	4.84	9
1996	34047	906	2.65	9
1997	32338	955	2.95	12
1998	31389	1081	3.44	13
1999	28965	1003	3.46	13
2000	29045	1237	4.26	—
2001	21000	1560	7.43	—
2002	22580	1842	8.16	—
2003	23500	1820	7.74	—
2004	23276	2514	10.80	—
2005	23150	2289	9.89	—
2006	23127	2235	9.66	—
2007	21334	2687	12.59	—
2008	31150	3216	10.32	—
2009	26982	4242	15.72	—
2010	28281	5424	19.18	19
2011	25026	5521	22.06	28
2012	34915	7373	21.12	26
2013	34985	8867	25.35	21
2014	37931	11365	29.96	25
合计	690505	69672	10.09	185

的须持有部队团以上政治机关出具的证明,办理程序和手续与地方人员相同。男女双方领取结婚证后,未曾同居而要求撤销婚姻登记者,按离婚手续办理。2014 年,全市离婚登记 11365 对,比 1991 年的 429 对增加 10936 对,增长 25.49 倍。离婚率由 1992 年的 1.44%上升到 2014 年的 29.96%。1991—2014 年,累计办理离婚登记 69672 对。

二、涉外婚姻登记

赤峰市涉外婚姻登记自 1984 年开始,由市民政局统一办理全市 12 个旗县区的涉外婚姻登记。2014 年 11 月 15 日,经自治区民政厅批准,全市 12 个旗县区的涉外婚姻登记工作移交红山区民政局婚姻登记处办理。

1990 年前,全市共办理涉外婚姻登记 5 对。1991—2014 年,累计办理涉外婚姻登记 185 对。

第二节　收养登记管理

1992 年 4 月,《中华人民共和国收养法》实施, 全市收养登记纳入依法管理。1998 年,修订的《中华人民共和国收养法》放宽收养条件后,民间收养数量呈上升趋势。根据保障被收养儿童合法权益的需要,1999 年,市和旗县区两级政府及民政、公安、计划生育等有关部门一方面加强收养登记管理, 另一方面集中处理业已形成的事实收养问题。依据市政府印发的《关于解决事实收养儿童户口问题的通知》规定,对《中华人民共和国收养法》实施时(1992 年 4 月 1 日)年龄不满 14 周岁、到 1999 年已超过 14 周岁的被收养人,给予解决户口;对先领养后生育和先生育后领养的事实收养家庭,由街道办事处、乡镇苏木政府根据《内蒙古自治区计划生育条例》,征收计划外生育费;年龄相距不足 40 周岁的未曾生育子女的单身异性收养, 凭旗县区计生部门审批的二胎生育指标而领养子女的,免征计划外生育费;对事实收养儿童,由收养家庭提出申请,经居委会、嘎查村委会证明,街道或乡镇苏木计划生育办公室初审,街道办事处或乡镇苏木政府和旗县区计生部门先后审核同意,旗县区民政局审批并备案后,收养当事人凭有关材料到当地公安部门申报户口。对《中华人民共和国收养法》修改时(1999 年 4 月 1 日),年龄不满 14 周岁的事实收养儿童,给予解决户口。到 1999 年,全市共有申报户口的民间事实收养儿童 352 人。2000—2014 年,严格按修订的收养法管理收养事务。

第三节　殡葬管理

1987 年,市政府印发《赤峰市殡葬管理办法》。1991—1993 年,全市殡葬管理继续执行该办法。1994 年,市政府重新修订《赤峰市殡葬管理办法》后,全市普遍推行以火化及公墓集中安葬为核心的殡葬改革,实行火化目标化管理,加强殡葬用品市场的集中统一监管。2003 年,市政府批转市民政局《关于进一步推进赤峰市城区殡葬改革的实施意见》。2012 年 3 月，市政府印发《赤峰市惠民殡葬政策实施方案》，在自治区率先推行惠民殡葬政策。2013 年，中共中央办公厅、国务院办公厅印发《关于党员干部带头推动殡葬改革的意见》（简称“意见”）。2014 年 5 月，市委办公厅、市政府办公厅印发通知，要求全市贯彻落实“意见”和全国第四次殡葬工作会议精神，推动殡葬改革向纵深发展。1997 年，全市民政部门推行殡葬用品经营许可证制度，规范殡葬用品经营行为。到 1999 年，全市累计清理整顿殡葬用品销售点 298 个。2003 年，取缔红山区、松山区、元宝山区的医院太平间和殡葬用品经营场所，各建 1 处遗体存放、接运、整容、告别、火化和殡葬用品经营的综合性殡仪服务中心，开展殡葬服务。同年，市和旗县区民政部门组织建立殡仪服务行业协会，引导殡仪用品市场的行业管理。从 2007 年开始，市和旗县区纠风部门与民政部门联合开展殡葬行业行风建设，治理整顿殡葬管理不规范问题；开展文明丧葬、厚养薄葬宣传教育活动。2011 年，市和旗县区民政部门落实城乡最低生活保障对象、城镇“三无”人员、农村牧区“五保户”的殡葬救助政策。同年，市民政局借鉴先进地区经验，开展蒙古族殡葬文化挖掘研究工作。

一、火葬

1969 年，火葬在盟行政公署所在地的城区开始。1973 年，各旗县开始推广火葬，主要在旗县政府所在地进行。20 世纪 80 年代，农村火葬在市辖区率先开始。1991 年后，随着殡葬改革的推行，火葬方式在全市城乡逐渐推开。1991—2014 年，市区和旗县区政府所在地的火化率基本保持在 100%。

推行火化的成果主要体现在农村。1992 年，元宝山区全面推行火葬，到 1995 年，全区 8 个乡镇和 3 个办事处全部实现火葬。1994 年，宁城县实行一步到位的推行办法，全县火化量达到 1900 具。1995 年，全市火化 7000 具以上。1997 年，全市民政部门以国务院《殡葬管理条例》发布为契机，开展火化后进地区推动工作。1997—1999 年，松山区划定 6 个乡镇为火化区，宁城县火化超过 3000 具，敖汉旗火化达到 1973 具，1999 年，全市火化量 2.26 万具。2001—2005 年，全市城镇火化量达到 3.79 万具，农村火化量达到 4.49 万具。2007—2010 年，因社会舆论压力不断增大，强制火化的力度逐渐减弱，火化数量下降，全市城镇火化量 2.52 万具，农村火化量 3.83 万具。2012 年 11 月 9 日，国务院重新修订的《殡葬管理条例》规定，应当火化的遗体土葬或者在公墓和农村的公益性墓地以外的其他地方埋葬遗体、建造坟墓的，由民政部门责令限期改正，不再强制执行。2013 年，强制推行火葬的力度继续减弱，火化主要靠政策的导向作用和城乡居民的理性接受而进行。2014 年，全市城镇和农村火化量分别为 6938 具和 8048 具。

二、墓葬管理

1992—1995 年，全市各旗县区移坟 1.5 万座；1997—1999 年，完成主要交通沿线（500 米以内）移坟计划，数量 10.2 万座；2001—2005 年，完成“三沿”（沿公路、铁路、河流主干道）、六区（农林经营区、风景名胜区、自然保护区、文物保护区、经济开发区、水源保护区）的移坟工作。

2012年9月,市民政局在赤峰静园公墓试行公益性安葬,即面向全市因公牺牲的公安武警战士、烈士、见义勇为英雄、器官和遗体捐献者提供免费安葬;面向家庭贫困人员提供树葬、花葬、草坪葬等低成本安葬。静园公墓总投资800万元,隶属红山区民政局,公益区占地9990平方米,建有骨灰穴位1050个。

三、公墓与殡葬设施

公墓设施　1991年,全市共有建成和在建公墓5处,分别是红山区赤峰南山公墓、元宝山区青山陵园、巴林右旗长青公墓、克什克腾旗龙凤山公墓、敖汉旗西梁山公墓。1992年,元宝山区建成青山陵园。1993年,喀喇沁旗开工建设锦南公墓。1996年,巴林左旗筹建望京山公墓。2000年,阿鲁科尔沁旗建成天龙山公墓,林西县建成神龙山公墓,翁牛特旗建成乌丹公墓,全市公办经营性公墓达到11家。2001年,宁城县建成"宁城县公墓"。2003年,元宝山区建成玉皇陵园和怡泉公墓。2005年,红山区建成静园公墓。2006年,巴林左旗建成北山公墓。至2014年,全市有公办公墓16家,墓地总数50处,其中生态墓地2处。

殡葬设施　1991年,市属12个旗县区各有1家殡仪馆,总建筑面积10715.8平方米。各殡仪馆均建有停尸间、告别厅、骨灰寄存室、火化间等设施;全市有火化炉20台,其中燃煤炉17台,燃油炉3台。到2000年,全市有殡葬服务机构23家,员工282人。其中12个旗县区各有公办殡仪馆1家,共有员工217人;有国家三级殡仪馆2家;全市殡葬设施总建筑面积增至16728平方米,火化炉增至25台,其中燃煤炉21台,燃油炉4台。到2014年,全市殡葬服务机构达到28家,员工达到467人。其中12个旗县区公办殡仪馆保持12家,员工363人,建筑面积增至62738平方米,除停尸间、告别厅、骨灰寄存室、火化间、休息室等设施规模有不同程度的扩大外,均有新建的冷藏间;火化炉增至33台,其中平板炉22台,捡灰炉11台;有17台火化炉安装尾气处理装置;国家三级殡仪馆达到6家。

1991年,开展殡仪馆达标活动,全市投资27万元维修改建殡仪馆。1997—2010年,全市多次投入资金,更新、改造和改善殡仪设施,绿化美化公墓环境;1997—1999年,投资612.1万元;2003年,投资442.3万元;2007—2010年,投资1648万元。

赤峰南山公墓。1991年始建,位于红山区的赤峰南山、赤平公路北,距赤峰城区8公里,占地面积350亩,以安葬骨灰为主,属经营性公墓。1993年,建成仿古建筑400平方米和墓地园林;园林绿化面积达到80%以上,除墓穴安葬外,能够承办海葬、树葬、花坛葬和草坪葬等节地环保安葬业务。1997年,被自治区民政厅评定为自治区一级公墓。2012年,成为中国殡葬协会常务理事单位;具备劳动和社会保障部在自治区设立的民政行业特有工种职业技能鉴定站资格。先后被评为市级文明单位、中国殡葬行业公益事业典范单位。2014年,墓穴数量2万座。

赤峰市殡仪馆。始建于1969年,位于红山区东郊。1992年,迁址红山区赤平公路南5公里处,新建遗体告别厅1处、骨灰寄存楼1栋及办公、车库、仓库等设施,购置遗体

1991—2014 年赤峰市火化情况统计表

表 20-1-17　　单位:具

年份	城镇火化数	农村火化数	年份	城镇火化数	农村火化数
1991	3286	1658	2004	7034	8908
1992	3530	2076	2005	6698	8786
1993	3696	2304	2006	6154	9662
1994	3966	2424	2007	6196	9322
1995	4226	3188	2008	6440	9810
1996	5412	4434	2009	6268	9378
1997	7986	7050	2010	6340	9800
1998	10638	10300	2011	6738	9292
1999	10242	12358	2012	6790	9230
2000	11272	11622	2013	6890	8708
2001	9712	10150	2014	6938	8048
2002	7122	8144	合计	160918	185580
2003	7344	8928			

1991—2014 年赤峰市殡葬场所情况统计表

表 20-1-18

年份	殡仪馆(座)	公共墓地(处)	生态墓地(处)	年份	殡仪馆(座)	公共墓地(处)	生态墓地(处)
1991	12	5	—	2003	13	16	—
1992	12	5	—	2004	13	20	—
1993	12	6	—	2005	14	27	—
1994	12	7	—	2006	14	31	—
1995	12	7	—	2007	14	31	—
1996	12	10	—	2008	14	33	—
1997	12	10	—	2009	14	36	—
1998	12	11	—	2010	14	37	1
1999	12	11	—	2011	14	38	1
2000	13	11	—	2012	14	39	1
2001	13	12	—	2013	13	43	2
2002	13	14	—	2014	13	50	2

接运车3辆,新建燃煤火化炉2台,有员工12人。1997年,被评为国家三级殡仪馆。2006年10月,赤峰殡仪服务中心建成并投入使用,购置不同服务档次遗体接运车6辆、火化炉6台。从始建到2011年,赤峰殡仪馆隶属红山区民政局。2012年,赤峰殡仪馆改为赤峰市殡仪馆,隶属市民政局。2014年,赤峰市殡仪馆建筑面积24000平方米,员工数量116人,火化量2280具。

第四节　老龄工作

一、机构

1989年,赤峰市老龄问题委员会办公室由市人事局划归市民政局,为常设机构,办公室主任由市民政局长兼任。2001年,更名为赤峰市老龄工作委员会(简称“市老龄委”)。

二、主要工作

1991—1994年,市老龄委办公室进行全市老年人口基本情况调查摸底。截至1994年,全市60周岁以上(含60周岁)老年人有25.53万人,占全市433万人口总数的5.9%。1996年,《中华人民共和国老年人权益保障法》《中国老龄事业发展“十五”计划纲要》颁布和印发,市老龄委以此为契机组织全市开展“敬老、爱老、助老”主题教育活动。2010年,市老龄委办公室结合全国第四届“敬老、爱老、助老”主题教育评选活动,联合红山晚报等新闻媒体,在全市开展“十大孝星”评选活动,并向自治区推荐,全市有562人在自治区敬老“孝星”评选活动中被评选为敬老“孝星”。同年10月,全市开展以“关爱老人,构建和谐”为主题的“敬老月”活动,并对80岁以上和空巢老人家庭情况进行调查摸底。2014年10月2日,在全国第二个法定老年节之际,市老龄委协调赤峰电视台制作弘扬敬老文化的电视专题片向全市播放。2008年,巴林左旗风水山乡风水山村李国芬被全国爱老敬老助老活动组委会授予“全国孝亲敬老楷模”称号,全市有10个单位被授予全国敬老模范单位,36人被授予全国孝亲敬老之星。2012年,市老龄委办公室、松山区民政局被自治区老龄工作委员会、自治区人力资源和社会保障厅评为全区老龄工作先进集体。2013年,全市涉老部门、服务组织、公共服务窗口行业参与全国“敬老文明号”创建活动。同年,赤峰市社会福利院、红山区老年活动中心、松山区穆家营子镇八家村委会获得第一届全国“敬老文明号”称号;松山区穆家营子镇八家村成为全国两个“孝心村”之一;市公交总公司等13家单位获得自治区第一届“敬老文明号”称号。2014年,市老龄委办公室被国家老龄委办公室、民政部、共青团中央、全国妇联、中国关心下一代工作委员会、中国老龄事业发展基金会授予“全国敬老模范单位”称号。全市共有2248人被自治区老龄委授予全区敬老“孝星”称号。

三、尊老敬老

1999 年，全市免费为 2.32 万老人进行体检；市和旗县区以不同形式举办活动，庆祝“国际老年人日”。2011 年 8 月，市政府印发《赤峰市老年人优惠优待暂行规定》，惠及全市 72 万老年人。同年，发放《赤峰市老年人优待证》50 万本。自 2013 年开始，全市医疗机构实行老年人就医免收挂号费、优先就诊、优先交款取药；65 岁以上老人免费乘坐市内公交车；全市所有旅游景点免费对老年人（含外埠来赤峰旅游观光的老年人）开放；按 80 至 99 周岁每人每月 100 元、100 周岁以上每人每月 300 元的标准，以“一卡通”形式，为 80 周岁以上低收入老年人发放高龄津贴。同年 10 月 25 日，赤峰阳光泌尿专科医院在市老龄委等单位的指导下，为本地 55~70 岁男性老年人免费进行前列腺疾病筛查活动。2014 年，全市 60 周岁以上的老年人 72.04 万人，占全市人口的 15.47%。享受自治区高龄津贴总人数 4.99 万人，发放总金额 5995.6 万元。

四、老年文体活动

1991—2014 年，市本级有 4 个年度 5 次举办、承办或参加自治区文体活动；全市成立老年大学 3 所。1992 年，市老龄委举办全市首届老年书画赛，参赛作品 100 余幅，评选出优秀作品 15 幅，并参加自治区第三届“松鹤杯”老年书画赛，其中 2 幅作品获一等奖。同年 10 月 5 日，市民政局举办赤峰市首届“民政杯”老年门球邀请赛，有老年人 380 人参赛。1998 年，赤峰市承办自治区第六届“松鹤杯”老年书画邀请赛，赤峰组取得本赛事团体第一名。2005 年，自治区老龄委举办“松鹤杯”老年人书画联赛，全市有 35 件作品参赛，有 10 件获奖。2010 年，市老龄委组织本市老年书法、绘画爱好者参加自治区第十二届“松鹤杯”书画联赛。2002 年 5 月，赤峰市老年大学成立，相继开设书法、美术、音乐、舞蹈、摄影、太极拳等文化艺术和体育健身班或专业。全市 3 所老年大学办学条件持续改善，毕业学员成为市区和所在地社区文化活动的骨干力量。2014 年，在校学员 664 人。

第五节　民间组织管理

1989 年 10 月 25 日，国务院颁布《社会团体登记管理条例》，赋予县级以上民政部门登记管理社会团体职能。1990 年，按自治区要求，市民政局组织开展全市社会团体调查摸底。1991 年，开始社会团体规范和登记工作。1998 年 10 月 25 日，国务院颁布新修订的《社会团体登记管理条例》《民办非企业单位登记管理暂行条例》（简称“条例”）。2001 年，市民政局开始民办非企业单位登记管理工作。2012 年 4 月，全市有 3 家社会组织获得中央财政社会组织发展专项资金支持。同年 12 月，开展新申请成立的民办非企业单位评估工作。2013 年，市民政局牵头成立赤峰市社会组织评估委员会。同年 10 月，市民政局、教育局、人力资源和社会保障局联合组织召开社会组织评估工作会议，部署市本级民办学校评估工作,研究探讨社会组织备案登记(对不完全具备登记条件的社会组织采取备案登记方式),以促进社会团体的发展。2014 年 1 月,执行自治区民政厅印发的《内蒙古自治区社会组织直接登记办法(试行)》关于“市民间组织登记管理机关可以受理并直接登记商会类、科技类、公益慈善类、城乡社区服务类四类社会组织”的规定。同年 3 月,落实自治区民政厅《关于取消部分社会组织行政审批项目和下放管理层级的通知》精神,异地商会的审批层级由自治区和市下放到旗县区登记管理机关审批;基金会的审批层级由自治区下放到市和旗县区登记管理机关审批。同年 9 月,自治区党委办公厅、政府办公厅印发《关于清理规范全区党政机关干部兼任社会组织职务的通知》,全市清理规范工作由市委组织部、人力资源和社会保障局、民政局联合进行,全市属于清理规范范围的有 820 人,有 704 人自动辞职,其余 116 人强制退出。2012 年 7 月, 社会组织管理工作人员参加自治区民政厅社会组织人员培训班,7 人获得结业证书。到 2014 年底,全市累计成立社会团体 1239 个,成立民办非企业单位 1096 个。

一、社会团体登记管理

登记 成立登记。成立社会团体(简称“社团”)应当经其业务主管部门(单位)审查同意,由发起人(具有中国国籍的中国公民或企事业单位)向登记管理机关申请。其条件为有 50 个以上的个人会员或者 30 个以上的单位会员,个人会员、单位会员混合组成的,会员总数不得少于 50 个;有规范名称和相应组织机构;有固定住所;有与其业务活动相适应专职工作人员;有合法资产和经费来源;有独立承担民事责任能力。社会团体名称应符合法律法规的规定,与其业务范围、成员分布、活动地域相一致,准确反映其特征;不得违背社会道德风尚;不得冠以“中国”“全国”“中华”等字样。1991—2014 年,全市共办理社团成立登记 1239 个,其中市本级 447 个,旗县区 792 个。

变更登记。社团变更登记事项分为社团办公场所变更,社团法定代表人变更,社团注册资金变更,社团业务主管单位变更,社团名称变更,社团宗旨、业务范围和活动地域变更等。办理社团变更登记须向登记管理机关提供申请变更事项的报告、社团理事会或常务理事会通过的会议纪要、业务主管单位的批复、社团变更登记表。社团法定代表人变更登记还须提供财务审计报告; 社团业务主管单位变更登记还须提供原业务主管单位同意的文件和新业务主管单位同意的文件; 社团办公场所变更登记还须提供新住所的产权证明或使用证明材料; 社团注册资金变更登记还须提供社会审计机构出具的验资报告;社团名称、社团宗旨、业务范围和活动地域的变更登记,还须提供理事会或常务理事会通过的新修改的章程草案。1991—2014 年,全市共办理社团变更登记 661 个,其中市本级 98 个,旗县区 563 个;按变更事项分,法定代表人变更 70 个,办公场所变更 203 个,社团名称变更 57 个,其他事项变更 331 个。

注销登记。社团向登记管理机关申请注销登记、注销备案应符合以下情形:完成社会团体章程规定宗旨的;社会团体自行解散的;社会团体分立、合并的;社会团体出于其他原因终止的。社团办理注销登记时应当经业务主管单位审查同意,并在业务主

1991—2014 年赤峰市社会团体登记情况统计表

表 20-1-19　　　　　　　　　　　　　　　　　　　　　单位：个

年份	登记总数	成立登记			变更登记			注销登记		
		小计	市本级	旗县区	小计	市本级	旗县区	小计	市本级	旗县区
1991	670	345	111	234	—	—	—	325	60	265
1992	15	14	7	7	1	1	—	—	—	—
1993	20	20	8	12	—	—	—	—	—	—
1994	31	28	28	—	3	—	3	—	—	—
1995	41	20	10	10	1	1	—	20	10	10
1996	3	3	2	1	—	—	—	—	—	—
1997	8	6	6	—	2	1	1	—	—	—
1998	19	19	17	2	—	—	—	—	—	—
1999	31	8	2	6	5	1	4	18	2	16
2000	177	37	7	30	—	—	—	140	54	86
2001	52	42	12	30	10	1	9	—	—	—
2002	26	17	7	10	9	2	7	—	—	—
2003	80	56	15	41	15	1	14	9	1	8
2004	36	18	6	12	15	2	13	3	—	3
2005	60	29	19	10	17	2	15	14	—	14
2006	121	72	19	53	29	4	25	20	2	18
2007	113	63	12	51	32	7	25	18	6	12
2008	85	24	17	7	26	6	20	35	10	25
2009	139	69	9	60	60	5	55	10	5	5
2010	146	50	9	41	92	13	79	4	—	4
2011	124	39	3	36	81	12	69	4	—	4
2012	164	74	63	11	77	8	69	13	4	9
2013	208	117	30	87	89	14	75	2	2	—
2014	174	69	28	41	97	17	80	8	2	6
合计	2543	1239	447	792	661	98	563	643	158	485

管单位和其他有关机关指导下,成立清算组织,完成清算工作。清算期间,社会团体不得开展清算以外的活动。社会团体自清算结束之日起15日内向登记管理机关办理注销登记,并提交法定代表人签署的注销登记申请书、业务主管单位的审查文件和清算报告书。登记管理机关准予社团注销登记的,发给注销登记证明文件,并收缴其登记证书、印章等相关凭证(物件)。1991—2014年,共办理社团注销登记643个,其中市本级158个,旗县区485个。

清理整顿 1990年调查摸底后,全市共有各类社团670个。1991年,结合登记工作,进行清理整顿,全市共依法撤销64个,合并29个,全年注册登记345个,其中市本级111个,旗县区234个。1992年,市民政局制定社团管理十项制度。1993年,按自治区民政厅要求,进一步开展社团调查清理整顿工作。清理整顿工作主要内容是:对于反对四项基本原则、宣扬资产阶级自由化、造成恶劣影响的,坚决取缔;对于以营利为目的或从事违反社团章程活动的,视情形延缓登记或撤销;对重复设置不具备基本活动条件的,予以撤并;对于擅自成立的社团不予承认,令其解散;对符合条例规定的社团,依法补办登记手续,确认其合法权益。在此基础上,进一步明确社团与其业务主管部门的关系、与主管部门的被监管及监管关系。同年,全市有各类社团409个。其中市本级116个,共有团体会员1908个,个人会员6000人;旗县区293个,共有团体会员7404个,个人会员12150人。同年11月,市社会团体清理整顿领导小组讨论审定市属379个社团准予登记,11个因无业务主管单位而不予登记,10个暂缓登记,7个责令解散,另有2个社团自动解散。1994年12月,市民政局依法对407个社团(新批准成立社团28个)办理登记注册手续,并发给社团登记证书,其中市本级123个,旗县区284个;按社团性质分人民群众团体180个,自然科学类社团40个,社会科学类社团38个,文化艺术社团64个,体育社团5个,行业性社团10个,联谊性社团70个。1999年,全市气功类、易经类、香功类社团全部予以注销或撤销。2000年,重新核发社团证书,市本级133个社团保留并发证79个,注销2个,撤销52个,新登记成立7个;旗县区社团292个,保留并发证206个,注销5个,撤销81个,新成立30个。

2008年,民间组织管理工作纳入社会组织党建工作调查,市和旗县区民政部门协助组织部门对全市851个民间组织党建工作调查摸底;同时加大规范民间组织行政执法力度,推行行政告诫和行政约谈制度,清理规范社团评比、授牌、收费行为。2011年5月,组织协调34家业务主管部门完成113个市本级社团“小金库”自查自纠工作。同年7月,市民政局根据自治区民政厅要求,经市政府同意,在全市开展社团清理整顿复查登记工作,市和各旗县区分别成立社团清理领导小组和社团登记管理机构。市民政局、公安局、财政局、物价局分别制定社团印章刻制使用、社团银行账户、社团办学及培训、社团票据领用、请示报告等制度。经全面清理整顿,社团管理工作走上规范化轨道。同年8月,联合纪检、监察、财政、审计等部门对其中7家社会团体进行重点检查。

1998—2002 年，采取“分级登记，分级管理”原则，完成全市各旗县区社团的清理和登记发证工作。清理整顿、登记发证社团 281 个，批准成立社团 123 个，其中学术性社团 14 个，行业性社团 10 个，专业性社团 11 个，联合性社团 88 个。

年审年检 1995 年，开始实施全市社团年检。社团于每年 3 月底前向业务主管单位报送上年度工作报告，其业务主管单位初审同意后，于 5 月底前报送登记管理机关，接受年度检查。当年，全市共有 404 个社团参加年检，其中市本级 123 个，旗县区 281 个；合格 384 个，合格率 95%，其中市直 123 个，合格率 100%，旗县区 261 个，合格率 93%；注销 20 个，其中市本级和旗县区各 10 个。2003 年，全市参加年检的社团 270 个，年检合格的 250 个，合格率 93%，其中市本级 118 个，合格率 91%，旗县区 132 个，合格率 94%；依法撤销年检不合格的 9 个；年检合格的全部换发新证。2007 年，全市参加年检社团 503 个，合格率 90%，其中市本级 156 个，合格率 83%，旗县区 297 个，合格率 94%；依法撤销社团 18 个。2011 年，通过年检，全市依法给予警告的社团 28 个、撤销社团 4 个。到 2014 年，全市累计进行社团年检 8353 个次，年检合格率在 83%~100%之间。

重点社会团体登记管理 自 2005 年开始，市委、市政府和民政等部门开展并逐步加强农村牧区专业经济协会、行业协会培育和登记管理工作。

农村牧区专业经济协会。2003 年 10 月 29 日，民政部颁发《关于加强农村专业经济协会培育发展和登记管理工作的指导意见》。按自治区民政厅要求，市民政局协调市农业局、畜牧局、工商局等部门开展农村专业协会宣传引导工作。同年底，全市登记注册农村牧区专业经济协会 144 个，其中市本级 2 个，旗县区 142 个；按专业性质分，种植业的 54 个，畜牧业及养殖业的 59 个，农畜产品加工的 29 个；入会会员 9015 人。2004 年，全市累计培育农村牧区专业经济协会 156 个，其中市本级 2 个，旗县区 154 个；按专业性质分，种植业的 60 个，畜牧业及养殖业的 65 个，农畜产品加工的 29 个；全部入会会员 1.3 万人。2005 年，召开全市农村牧区专业经济协会经验交流会，明确今后一个时期专业经济协会登记管理工作思路，加大培育发展工作力度。当年，全市农村牧区专业经济协会 172 个，巴林左旗十三敖包乡笤帚苗产业协会为当地农牧民增收 1.2 亿元，成为全市农村牧区专业经济协会的典型。2008 年，全市农村牧区专业经济协会达到 300 个，其中农村 197 个，牧区 103 个；在农村专业经济协会中，种植业的 84 个，养殖业的 79 个，农产品加工的 34 个；在牧区专业经济协会中，畜牧业生产的 88 个，畜产品加工的 15 个。至 2014 年，全市登记注册或备案的农村牧区专业经济协会共 817 个，其中备案登记 403 个。登记注册农村牧区专业经济协会涵盖全市农村牧区各类主导产业。

行业协会。2010 年，针对全市行业协会数量少、发展慢、规模小的实际，市工商业联合会与市民政局等单位开展相关调研，随后制定《赤峰市行业协会发展指导意见》《赤峰市行业协会登记管理暂行办法》。当年底，全市有行业协会 55 个，其中市本级 19 个。至 2014 年底，全市共有行业协会 89 个，其中市本级 30 个，旗县区 59 个。

1995—2014年赤峰市社会团体年检情况统计表

表20-1-20

年份	参加年检			年检合格					注销		
	合计	市本级(个)	旗县区(个)	小计	市本级		旗县区		小计	市本级	旗县区
					数量(个)	合格率(%)	数量(个)	合格率(%)			
1995	404	123	281	384	123	100	261	93	20	10	10
1996	258	56	202	252	52	93	200	99	—	—	—
1997	244	64	180	240	63	98	177	98	—	—	—
1998	188	66	122	183	61	92	122	100	—	—	—
1999	245	80	165	245	80	100	165	100	18	2	16
2000	285	79	206	281	78	98	203	99	4	1	3
2001	309	108	201	298	104	96	194	97	—	—	—
2002	280	115	165	273	113	98	160	97	—	—	—
2003	270	129	141	250	118	91	132	94	9	1	8
2004	298	140	158	282	133	95	149	94	3	—	3
2005	409	155	254	403	155	100	248	98	14	—	14
2006	400	161	239	389	159	99	230	96	20	2	18
2007	503	188	315	453	156	83	297	94	18	6	12
2008	500	200	300	490	200	100	290	97	35	10	25
2009	466	205	261	458	198	97	260	99	10	5	5
2010	579	215	364	572	210	98	362	99	4	—	4
2011	588	217	371	581	215	99	366	99	4	—	4
2012	667	229	438	659	229	100	430	98	13	4	9
2013	669	257	412	660	256	99	404	98	2	2	—
2014	791	280	511	782	280	100	502	98	8	2	6
合计	8353	3067	5286	8135	2983	96	5152	97	182	45	137

二、民办非企业单位登记管理

登记 2001年，全市办理民办非企业单位成立登记70个，其中市本级20个，旗县区50个。2002年，自治区民政厅印发《关于做好民办非企业单位复查登记收尾工作的通知》。按此要求，全市民办非企业单位复查登记工作进入收官阶段。截至同年6月底，共复查登记民办非企业单位115个，其中市直25个，旗县区90个。同年，开始办理民办非企业单位注销登记，当年办理4个。2003年，开始办理民办非企业单位变更登记，当年办理5个，其中法人变更登记2个，场所变更登记2个，名称变更登记1个。到2014年，全市累计办理民办非企业单位登记1639个，其中成立登记1096个，变更登记283个，注销登记260个。

2001—2014年赤峰市民办非企业单位登记情况统计表

表20-1-21　　单位:个

年份	登记总数	成立登记			变更登记			注销登记		
		合计	市本级	旗县区	合计	市本级	旗县区	合计	市本级	旗县区
2001	70	70	20	50	—	—	—	—	—	—
2002	44	40	25	15	—	—	—	4	1	3
2003	55	50	2	48	5	1	4	—	—	—
2004	59	30	5	25	7	2	5	22	2	20
2005	34	15	4	11	8	—	8	11	6	5
2006	47	19	14	5	12	—	12	16	2	14
2007	68	48	11	37	16	1	15	4	—	4
2008	198	64	17	47	23	1	22	111	3	108
2009	190	92	25	67	76	6	70	22	1	21
2010	114	84	18	66	26	4	22	4	—	4
2011	95	62	15	47	27	6	21	6	—	6
2012	110	74	22	52	26	3	23	10	2	8
2013	310	248	25	223	27	6	21	35	1	34
2014	245	200	15	185	30	4	26	15	2	13
合计	1639	1096	218	878	283	34	249	260	20	240

年检　民办非企业单位年检工作从2003年开始,当年参加年检的128家,合格的115家,年检合格率90%。2011年,给予警告18家。到2014年,全市共完成年检3758家,年检合格率在70%~100%不等。

2003—2014年赤峰市民办非企业单位年检情况统计表

表20-1-22

年份	参加年检			年检合格					注销		
	合计	市本级(个)	旗县区(个)	合计	市本级		旗县区		合计	市本级	旗县区
					数量(个)	合格率(%)	数量(个)	合格率(%)			
2003	128	70	58	115	70	70	45	77	—	—	—
2004	155	79	76	153	77	97	76	100	22	2	20
2005	226	105	121	223	103	98	120	99	11	6	5
2006	200	92	108	190	90	99	100	93	16	2	14
2007	245	109	136	226	105	96	121	89	4	—	4
2008	255	112	143	247	109	97	138	97	111	3	108
2009	211	123	88	207	119	97	88	100	22	1	21
2010	291	130	161	286	130	100	156	97	4	—	4
2011	358	137	221	355	136	99	219	99	6	—	6
2012	401	154	247	393	154	100	239	97	10	2	8
2013	647	162	485	638	161	99	477	98	35	1	34
2014	641	181	460	637	180	99	457	99	15	2	13
合计	3758	1454	2304	3670	1434	99	2236	97	256	19	237

第六章　区划地名管理

1991年后,随着农村牧区经济稳步快速发展,农牧民对土地、草场需求加大,边界纠纷时而发生,行政区域界线管理随着形势需要而加强,经全市各个层面努力和自治区政府及有关部门支持,到2001年,全市勘界工作全部完成。从2002年到2014年,边界纠纷随勘界完成而有所减弱,随着调处工作继续进行,边界隐患排查和管理机制逐步建立,边界管理成效进一步彰显。地名命名更名、地名标志设置、地名资料整理、地名服务有序进行,逐步推开。2007年6月,市民政局被评为"全国行政区域界线管理工作先进集体",市民政局区划地名科科长被评为"全国行政区域界线管理工作先进个人"。

第一节　行政区域界线管理

一、勘界

赤峰市周边行政区域界线有辽宁、河北省界和通辽、锡林郭勒盟市界各 2 条，其中蒙辽线赤（峰）朝（阳）段 570 公里，蒙冀线赤（峰）承（德）段 523.2 公里；赤（峰）通（辽）线 511.42 公里，赤（峰）锡（林浩特）线 742 公里。市内行政区域界线有旗县区界线 24 条 2074 公里、苏木乡镇界线 514 条 8668 公里。勘界工作自 1992 年陆续开始。1996 年，市政府调整充实勘界工作领导小组，召开全市勘界工作会议，分管领导与各旗县区政府主要领导签订勘界工作责任书，全面启动市内行政区域勘界工作。到 2001 年，全市境内及周边勘界工作全面完成。2002—2014 年，进入勘界工作成果维护阶段。

市内勘界　1994 年，市政府派出勘界工作组，实地勘察喀喇沁旗、元宝山区、宁城县、阿鲁科尔沁旗、巴林右旗 5 个旗县区边界争议地段，并协调解决划界问题。经工作组协调，5 个旗县区的边界争议地段全部达成划界协议。宁城县与喀喇沁旗边界争议 3 段 103.4 公里；喀喇沁旗与元宝山区边界争议 3 段；阿鲁科尔沁旗与巴林右旗边界争议地段 63 公里。

1996—2001 年，市政府开展集中性勘界工作，勘定市内旗县边界 24 条 2074 公里、苏木乡镇之间边界 514 条 8668 公里，埋设县级界桩 267 棵、苏木乡镇界桩 2024 棵。2001 年 9 月 19 日至 22 日，全市各旗县区全部达成划界协议。同年 12 月 6 日，自治区政府批准赤峰市旗县区行政区域界线勘界协议书。至此，市内行政区域界线全部确定，成为法定界线。

周边勘界　1992 年，经自治区政府工作组实地踏查，自治区政府印发《关于赤峰市克什克腾旗等地与锡林郭勒盟西乌珠穆沁旗边界纠纷的批复》，裁定克什克腾旗、巴林右旗、巴林左旗、阿鲁科尔沁旗与锡林郭勒盟西乌珠穆沁旗之间 350 公里的行政区域界线。1997—2001 年，在自治区工作组协调指导下，相继完成省界、盟市界勘界工作。1997 年，完成与通辽市之间 511.42 公里划界。1998 年，完成蒙辽线赤朝段 570 公里划界和赤锡线 742 公里划界。1999 年，完成蒙冀线赤承段 523.2 公里省际行政区域划界前期工作。2000 年，完成省际蒙冀线赤承段 523.2 公里划界。到 2001 年，全市周边省际界线 2 条 1093.2 公里、盟市界线 2 条 1253.42 公里勘界全部完成，分别埋设省际界桩 15 棵（蒙冀线界桩 7 棵、蒙辽线界桩 8 棵），盟市界桩 148 棵。

勘界成果维护　全市勘界完成后，勘界工作主要放在勘界成果维护和边界稳定上。2001 年，完成省界、盟市界勘界成果档案整理、归档和向自治区民政厅上报审批工作。2002 年，完成旗县区 24 条行政区域界线划界资料立卷、整理和建档；编写完成《赤峰市旗县区勘界纪实》和《赤锡勘界纪实》。2004 年，市政府印发《赤峰市行政区域界线管理办法》，作为建立边界管理长效机制、保持边界长期稳定的地方规章。同年，市民政局在自治区民政厅的指导协助下,组织旗县区民政局、协调周边地区民政局启动省界、盟市界和市内旗县区边界联检工作。

市内边界联检。2004年、2007年、2010年,分别完成第一轮、第二轮、第三轮旗县区边界联检。2013年,按照自治区民政厅《关于开展盟市、旗(县、市、区)行政区域界线第四轮联合检查工作的通知》要求,完成21条旗县区边界联检。

盟市边界联检。2004—2013年,分别完成赤(峰)通(辽)、赤(峰)锡(林浩特)边界第一、第二、第三、第四次联检;2010年,赤峰、通辽两市第三次边界联检时,双方就共创平安边界活动达成协议。2013年,完成赤通边界联检工作后,在边界联检会议上讨论通过《赤峰市与通辽市行政区域界线联合检查工作报告》,6个分管勘界工作的民政局领导代表各自旗县在《5个旗县共建平安边界协议》上签字。

省际边界联检。2006年,完成蒙冀线赤承段省际边界联检。2011年,完成省际29个乡镇75个村530公里边界外业联检任务,起草《代两省区政府起草上报国务院的联检工作报告》。

二、边界纠纷调处

1991—2014年,全市有17个年份发生边界纠纷,累计发生183起。其中市本级以上调处的114起(市内旗县区边界的85起,涉及锡林郭勒盟、通辽市边界的16起,涉及辽宁、河北省界的13起);旗县区调处的乡镇边界纠纷69起。纠纷调处率均为100%,纠纷平息率接近100%。1993年,调处旗县区边界争议7起;旗县区调处乡镇间边界争议24起。1995年,调处边界争议19起,其中涉及外省2起、外盟市5起,市内旗县区之间12起;调查清楚并提出处理意见的9起,达成协议或同意由当地政府协商解决的10起。在此基础上,解决争议较大地段的划界问题3件(处)20公里;全年接待因边界争议的群众上访28件120人次,处理上访信件36件。同年,各旗县区调处乡镇之间的边界争议45起。

2001年,调处平息翁牛特旗与通辽市奈曼旗发生于龙门花地段的土地使用争议;成功解决克什克腾旗与西乌旗白音查干地段划界后8户牧民去留问题。2003年,配合民政部和自治区民政厅调处平息蒙辽线敖(汉旗)建(平县)段土地使用争议、蒙冀线喀(喇沁旗)围(场县)段围场侧越界建房纠纷各1起;调处平息市内越界开发资源纠纷15起。2007年,调处平息翁牛特旗与克什克腾旗、翁牛特旗与松山区、元宝山区与喀喇沁旗边界争议各1起;调处平息翁牛特旗亿合公镇与松山区岗子乡高峰村地段土地争议、翁牛特旗与克什克腾旗灯笼河马场地段越界建设风力发电机塔争议、元宝山区五家镇与喀喇沁旗十家满族乡之间北台子边界争议各1起;调处平息红山区与元宝山区马架子地段林地争议等边界争议5起。2009年,实地调处克什克腾旗宇宙地镇刘营子村与林西县十二吐乡莫力沟村边界开荒种地、克什克腾旗土城子镇五台山村与翁牛特旗五分地镇烧锅村界河上打井植树及修建永久性设施、克什克腾旗新开地乡新开地村与翁牛特旗亿合公镇庙子村越界开荒及阻挡风力发电工程建设纠纷各1起;处理红山区文钟镇与喀喇沁旗牛家营子镇地段资源纠纷1起。2011年,市民政局协调通辽市民政局实地踏查赤通边界翁牛特旗与奈曼旗边界土地争议地段,并形成书面材料逐级上报到自治区政府,申请确定该地段土地权属。2013年,经自治区民政厅协调,调处平息蒙辽线赤朝段1号界桩处河北省平泉县越界开矿纠纷、赤锡边界西乌珠穆沁旗与林西县大水菠萝地段草牧场管理使用纠纷、阿鲁科尔沁旗白音温都苏木查干敖包嘎查与扎鲁特旗格日朝鲁苏木查干敖包嘎查压界打井纠纷、赤通边界翁牛特旗与奈曼旗48顷边界土地纠纷各1起；成功解决巴林左旗林东镇村民代表上访要求认定界线走向问题。2014年,全面排查省际、盟市际、旗县区际边界地区潜在争议问题,共排查省界争议隐患4处、盟市界争议隐患11处、市内旗县区边界争议隐患14处,并提出相应预防措施。同年8月7日,市政府办公厅印发《赤峰市边界纠纷应急处置预案》。

1991—2013年部分年份赤峰市调处边界纠纷情况统计表

表20-1-23 单位:起

年份	市级调处纠纷				旗县区调处纠纷
	合计	市内	外盟市	外省	
1991	3	3	—	—	—
1992	3	3	—	—	—
1993	7	7	—	—	24
1995	19	12	5	2	45
1997	1	—	—	1	—
2000	1	—	—	1	—
2001	2	—	2	—	—
2002	12	7	3	2	—
2003	17	15	—	2	—
2004	11	8	2	1	—
2005	5	3	1	1	—
2006	4	2	—	2	—
2007	12	12	—	—	—
2008	4	4	—	—	—
2009	4	4	—	—	—
2010	4	4	—	—	—
2013	5	1	3	1	—
合计	114	85	16	13	69

第二节 地名管理

1991年后,全市地名管理继续执行1989年赤峰地名管理委员会印发的《赤峰市地名管理办法》。2004年,市政府印发《赤峰市地名管理办法》,推进全市地名标准化、规范化,加强地名命名更名管理,进行地名标志设置、地名资料编制工作。2010年,完成赤峰市地名文化普查工作任务。2011年,市政府办公厅印发《关于加强地名命名更名管理工作的通知》,进一步加强地名的命名和更名管理。同年,全市开始实施《标准名使用证》制度。

一、地名标志设置

1996年,市民政局、交通局、公安局、建设局联合下发《关于在县级以上公路两侧设置地名标志的通知》,同时制定村镇地名标志技术规定,开始县级以上道路两侧村镇地名标志设置工作;当年,全市设置地名标志牌1570块,竖立678块。1997年,完成国道两侧和村嘎查地名标志设置,设置地名标志牌1814块,完成率100%。2002年,完成全市县道以上公路两侧及村嘎查全部地名标志设置,共设置地名标志牌2355块,其中国道两侧206块、区道两侧153块、县道两侧499块、嘎查村委会驻地964块、城镇街路533块,完成率100%。2004年,完成中心城区49条街237块和49条路232块、旗县区政府所在地320块标志牌设置。2005年,启动中心城区楼户牌设置工作。2007年,在中心城区水榭花都小区开始钉挂楼门牌和单元牌工作试点。2008年,全市旗县区政府驻地全部完成街路标志设置,完成率100%;116个乡镇苏木有68个完成地名标志设置,完成率59%;2046个嘎查村委会有817个完成地名标志设置,完成率40%。2011年,市政府办公厅印发《赤峰市编排楼门牌号码暂行规定》,全市落实《标准名使用证》制度,推动沿街、沿路钉挂单位牌、商户牌工作。2012年,市政府办公厅印发《关于设置城区街路两侧单位牌商户牌的通知》,在中心城区49条街、58条路、91条胡同(巷)两侧共钉挂单位牌和小区门牌6322块、商户牌25.99万块、胡同(巷)牌262块。同年9月11日,市政府办公厅印发《赤峰市编排设置楼门牌号码实施方案》,红山区、松山区、元宝山区和喀喇沁旗按方案要求率先开始,随后在全市其他旗县展开。到该年底,红山区钉挂1条街和1条路两侧单位牌和商户牌1162块; 松山区钉挂5条街和6条路两侧单位牌和商户牌3057块;元宝山区钉挂14条街和17条路两侧单位牌和商户牌4218块。

二、地名资料编制

1989年,全市标准地名成果分别存入市和旗县区地名机构档案,并收录各类地名工具书中。同年,市本级出版发行《赤峰市地名志》《赤峰市地名图集》,全市12个旗县区分别出版地名志书、地名图集、地名录等地名书籍。1992—1993年,各旗县区分别完成民政部下达的《县情大全》编写任务。1993年5月,市民政局编辑出版1:60万《赤峰市行政地名图》。2005年,编辑出版《赤峰市中心城区地名图》。2006年,初步完成市级地名数据库建设,编辑出版发行《赤峰市行政区划图》《赤峰市中心城区地名图》《红山区城区地名图》,制作完成赤峰市电子地图。2007年,完成市本级和12个旗县区地名数据库属性数据录入,共录入地名信息8000条。2008年,市本级地名数据库录入全市各地上报数据9170条;编辑出版正版《赤峰市交通旅游地名图》《城区地名图》和红山区、松山区、元宝山区的各自《行政区划图》《城区地名图》。2009年,录入市本级和12个旗县区地名数据库属性数据1.53万条;完成全市374幅1∶10000地形图(矢量化工作)图形数据库建库工作。2010年,录入市本级和12个旗县区地名数据库属性数据1.85万条;编辑出版《赤峰市接待工作用图集》。2014年,在内蒙古地图制印院协助下,全市民政部门完成全市居民地25万数据库更新调绘表的修改上报工作;统计核实全市旗县区、乡镇苏木街道、嘎查村(居)委会的大地(地理)坐标,确保编制《赤峰市行政区划图》相关数据的准确性。

三、地名服务

2005年,市政府办公厅印发《关于成立赤峰市地名公共服务工程领导小组的通知》,启动地名服务工程。同年,开通蒙汉两种文字的《赤峰区划地名网》;引进"地名管理资讯系统",建立市级地名数据库,开展地名信息服务;市民政局区划地名科科长被民政部评为全国城市地名设标工作先进个人。2006年,完成赤峰市问路电话软件制作。同年,赤峰市被民政部推荐为第二批全国"数字地名"服务示范城市。2008年,市政府办公厅印发《关于调整赤峰市地名服务工程领导小组的通知》,建成并开通赤峰区划地名网。同年4月,赤峰市区划地名网开通。2011年11月,赤峰市被民政部授予全国地名公共服务示范市。2012年,通过招标方式,开发成功"赤峰市地名信息触摸屏"。

四、地名普查

2014年5月19日,市政府办公厅印发《关于成立全市第二次地名普查工作领导小组的通知》;领导小组办公室设在市民政局。10月29日,市地名普查领导小组印发《赤峰市第二次全国地名普查实施方案》,明确全市普查的目标任务,启动全市地名普查工作;开通赤峰区划地名网站,增设赤峰市第二次全国地名普查网页,助力第二次全国地名普查工作。

第七章 机 构

第一节 管理机构

一、市级管理机构

1991年,赤峰市民政局有人秘科(办公室)、优抚科、计财科、社会事务科、基层政权建设科,退伍军人和军队离退休干部安置办公室、行政区划边界办公室、社会福利有奖募捐委员会办公室、老龄委员会办公室、侨务办公室,共 10 个内设科室;行政编制 39 人。1995 年,增设双拥办公室、救灾救济科(农村牧区养老保险办公室),内设科室增至 12 个,行政编制 45 人。2002 年,农村牧区社会养老保险职能交由市劳动和社会保障局承担,增设民间组织管理科和城乡居民最低生活保障科,内设科室增至 14 个;行政编制减至 28 人。2010 年, 内设科室 14 个, 部分科室职能与名称有所调整, 原人秘科(办公室)改为办公室(含党办职能);救灾救济科分为救灾救济科(含市减灾委员会办公室职能)、社会救助科; 社会福利有奖募捐委员会办公室改为社会福利与慈善促进科;双拥办公室改为双拥科(含市双拥工作领导小组办公室职能);基层政权建设科改为基层政权和社区建设科;行政区划边界办公室改为区划与地名科;老龄委员会办公室改为老龄工作办公室;增设民间组织管理科、监察室;增设规划科,与计财科合并为规划财务科;优抚科、社会事务科、退伍军人和军队离退休干部安置办公室保持不变。2014 年,内设科室与 2010 年相同,行政编制增至 31 人。

二、旗县区级管理机构

1991 年,全市 12 个旗县区均设有民政局,每个局内设机构为 5~7 个不等,主要有办公室、计财股、安置办、社会事务股、优抚股。编制总数为 198 个,其中行政编 187 个,事业编 11 个。2014 年,旗县区民政局内设机构为 7~15 个不等,主要有办公室、计财股、救灾救济股、双拥优抚安置股、城乡低保股、社会事务股、行政区划地名办公室、医疗救助股、基层政权和社区建设股等。编制总数为 399 个,其中行政编 254 个,参照公务员法管理 11 个,事业编 134 个。

第二节　直属事业单位

一、市民政局直属事业单位

1991 年,全市共有市民政局直属事业单位 6 个,即赤峰复员军人精神病医院、赤峰市光荣院、赤峰市军队离退休干部休养所、赤峰市复员军人疗养院、赤峰市收容遣送站、赤峰市社会福利院。2014 年,市级民政直属事业单位共有赤峰市复员军人精神病医院(市安定医院)、赤峰市儿童福利院、赤峰市社会福利院、赤峰市光荣院、赤峰市军队离退休干部休养所、赤峰市救助管理站、赤峰市福利彩票发行管理中心、赤峰市慈善总会、赤峰市社会救助中心、赤峰市烈士陵园管理处、赤峰市社会捐助接收站 11 个。其中参照公务员法管理事业单位 1 个,全额拨款事业单位 8 个,差额拨款事业单位 1 个,自收自支事业单位 1 个;编制总数 355 人,实有职工总数 637 人,在编职工 282 人。

二、旗县区民政局直属事业单位

1991 年,旗县区民政局事业单位一般均有光荣院、收容遣送站、殡仪馆。2014 年,旗县区民政局事业单位一般有光荣院、社会福利院、婚姻登记处、社会救助管理站、社会救助中心等。

第二篇　人事　劳动与社会保障

第一章　人事制度改革

第一节　实施国家公务员制度

1991年前，全市人事制度尚未改变计划经济时期长期积累而形成的干部身份界限不明确、管理制度不健全、干部终身制和薪酬“大锅饭”等问题。改革陈旧、僵化的干部管理体制，形成分类合理、管理严密、运转科学、权责明确的激励和约束并重的人事制度成为全市改革开放和加快发展的迫切需要。1993年，国务院《国家公务员暂行条例》（简称“条例”）颁布实施。人事部、自治区政府及人事部门制定的相关政策法规陆续发布和实施。全市积极和全面落实国家公务员录用、考核、奖惩、任免等制度，公务员管理逐步走上制度化、规范化、法制化、科学化轨道，不同于事业单位的国家机关人事管理制度由此确立，“职务能上能下、队伍能进能出”的公务员管理机制逐步形成。

一、录用制度

1994年，人事部和自治区人事厅先后印发《国家公务员录用暂行规定》和《内蒙古自治区国家公务员录用暂行办法》，市和旗县区人事部门在组织全市学习贯彻的同时，开始考试录用公务员准备工作。1996年，考试录用公务员在全市实施。2000年，国务院颁布《国家公务员录用暂行规定》。2001年，人事部印发《国家公务员录用面试暂行办法》。2007年11月6日，人事部印发《公务员录用规定（试行）》。2010年，人力资源和社会保障部颁布《公务员录用体检通用标准（试行）》。2013年，自治区党委组织部、人力资源和社会保障厅印发《内蒙古自治区公务员公开遴选实施细则》后，截至2014年，全市公务员录用工作严格执行上述规章和办法。

二、任免、升降、定级制度

1997年，人事部和自治区人事厅分别印发《关于新录用国家公务员任职定级的暂行规定》和《关于国家公务员任职定级有关问题的补充通知》，全市新录用公务员的职务、级别确定照此执行。2002年，市委组织部、市人事局下发《赤峰市市直科级领导干部选拔任用工作办法》，明确市直机关科级公务员的选拔任用必须严格贯彻公开、平等、竞争、择优原则,推行竞争上岗和轮岗,严格空缺职位管理,严密任免的工作程序。2004 年,市政府重新制定并印发《赤峰市市直科级领导干部选拔任用工作办法》规定。市政府所属机关科级领导干部选拔任用一律实行民主推荐、公开竞争。2008 年 2 月 29 日,中共中央组织部(简称“中组部”)、人事部印发《公务员职务任免和职务升降规定(试行)》和《公务员调任规定(试行)》。同年 5 月 14 日,中组部、人事部印发《新录用公务员任职定级规定》,1997 年 3 月 28 日印发的《关于新录用国家公务员任职定级的暂行规定》同时废止。截至 2014 年,全市公务员任免、升降、定级严格执行上述规定。

三、考核、奖惩制度

1994 年,按照自治区人事厅部署,全市开始执行公务员考核制度。1996 年 9 月 12 日,人事部印发《关于国家公务员纪律惩戒有关问题的通知》后,全市公务员考核及平时管理的纪律惩戒工作依此进行。2003 年,市委组织部、市人事局下发《关于在公务员年度考核中直接确定为基本称职和不称职等次的若干规定(试行)》,明确公务员基本称职和不称职的各种表现、情形把握和执行规范等事宜,解决公务员考核基本称职、不称职不易操作问题。2007 年,中组部、人事部印发《公务员考核规定(试行)》后,全市公务员考核执行该规定。2008 年 1 月 4 日,中组部、人事部印发《公务员奖励规定(试行)》后,全市开始依此进行公务员奖励。2011 年,市人力资源和社会保障局依据自治区人力资源和社会保障厅印发的《关于进一步加强全区公务员考核工作联系点建设的通知》,下发《关于加强公务员考核联系点工作的指导意见》,全市开始建立公务员考核联系点制度,开展相应工作。2013 年,市人力资源和社会保障局下发《关于进一步加强我市公务员、参照公务员法管理单位工作人员平时考核工作的意见》,整治公务员队伍存在的“庸懒散”“奢私贪”“蛮横硬”等不良行为和作风。

四、辞职辞退、培训制度

1995 年,全市执行人事部、自治区人事厅先后印发的《国家公务员辞职辞退暂行规定》和《内蒙古自治区国家公务员辞职辞退办法》。1997 年,人事部办公厅印发《关于建立国家公务员申诉备案制度的通知》后,全市开始建立公务员申诉备案制度。2008 年 5 月 14 日,中组部、人力资源和社会保障部印发《公务员申诉规定(试行)》,人力资源和社会保障部印发《公务员培训规定(试行)》,公务员申诉和培训工作做到有规可依,全市公务员申诉和培训工作规范进行。截至 2014 年,全市公务员辞职、辞退、培训仍执行上述规定和办法。

第二节　事业单位综合配套改革

全市事业单位综合配套改革,从 1991 年事业单位的“精兵简政”开始。1994 年,市机构编制委员会按照政事分开的原则和事业单位社会化的方向,制定《赤峰市事业单位机构改革设想意见》，形成全市事业单位机构改革的目标、任务、政策和制度的总体框架。2000年，市人事局出台《赤峰市事业单位人事制度改革试点方案》《赤峰市事业单位实行聘用制试行办法》《赤峰市事业单位聘用合同鉴证办法》《赤峰市事业单位分配制度改革实施意见》《赤峰市事业单位未聘人员安置暂行办法》等5个指导性文件。2004年，市机构编制委员会制定《关于赤峰市直属事业单位改革试点工作意见》和《赤峰市直属事业单位转企改制若干规定》。2005年，市人事局下发《赤峰市事业单位人事制度改革意见》。至此，事业单位改革的内容、实施步骤、政策措施、具体要求进一步明确，改革的各项工作有序进行。到2014年，全市陆续完成事业单位机构改革、人事制度改革、分配制度改革三项主要改革任务，以激励竞争机制为重点的与市场经济体制相适应的事业单位人事管理制度全面形成。

一、事业单位机构改革

实体分流与机构"五定" 1991年，市直事业单位开展"精兵简政"，通过兴办经营实体分流人员。到1993年，此项改革结束，市直事业单位创办事业性质的实体10个、企业性质的实体280个，分流事业单位人员1400人。

1994年，市人事局协同市机构编制委员会办公室组织实施全市事业单位机构规格、内设机构、人员编制、人员结构、经费来源的"五定"工作。到1997年，完成中小学校以外的市直事业单位"五定"工作，市直事业单位共有301个，实有在职人员9157人，核定编制9897个。同年，全市实行《机构编制管理证》制度。2002年，市机构编制部门制定《赤峰市全日制普通中小学机构编制核定及对其加强管理实施意见》。2003年，完成全市中小学教育职工编制重新核定工作，核定市直和农牧场全日制中小学校职工编制1465个。至2003年末，市直事业机构277个，事业编制总数10189个，实有在职人员9101人。2005年和2006年，市人事局配合有关部门进行并完成全市乡镇苏木事业单位工作人员定岗、分流的指导和验收工作。至此，全市事业单位的机构"五定"工作全部完成。

转换体制机制 2002—2003年，按照全国和自治区党政机构改革总体要求，经市委、市政府同意，市机构编制委员会将市直21个事业单位所承担的行政职能全部收归其行政主管部门，并根据不同单位的性质作用提出转换职能或撤并意见。从2004年开始，市人事局会同有关部门进行事业单位管理体制的理顺工作。到2007年，完成市民族歌舞剧院、内蒙古纺织工业学校、赤峰市农牧学校和市直文化系统全额事业单位的管理机制改革。到2012年，完成规划、房产、广播电视、科学研究、机关后勤、资源交易等机构的管理体制的理顺工作。全市事业单位转换体制机制工作至此全面完成。

改制转企 2004年，市人事局会同有关部门开始部分事业单位改制转企工作。同年，指导市交通局、文化局开展并完成赤峰公路勘察设计院、赤峰公路工程处、昭乌达剧场3家事业单位改制转企。2007年，会同教育、财政和编制等部门完成赤峰宾馆和赤峰市人大招待所改制转企。到2012年，陆续完成市煤炭工业总公司、市煤炭物资供应站、市畜牧兽医药械供应站、市交通物资站、市拆迁大队、市物资公司、赤峰二轻集体手工业联社等单位改制转企。至此,改制转企全面完成,市直事业单位净减少 87 个;收回编制 1227 个,其中全额 97 个,差额 60 个,自收自支 1070 个。到 2012 年末,市直事业单位共有 269 个,编制 14099 个,实有人员 11475 人。

综合调整 2013—2014 年,按照精简、效能、优化和总量控制、只减不增的原则,进行事业单位的综合调整,对职能相近、设置分散和规模过小的单位进行撤并整合;对职能弱化、工作量不饱和的单位进行减编裁员;对事关发展全局、中心工作、民生保障方面的机构则保证编制配备,以促进公益事业发展。通过综合调整,分 3 个批次,共完成 43 个系统、226 个事业单位的调整规范工作,其中撤销 9 个,整合 22 个,退出事业单位序列 4 个;调整职能 560 余项;调剂使用事业编制 451 个,收回事业编制 691 个。对调整规范后的 203 个事业单位全部按“五定”要求重新制定相关制度,实行规范管理。至 2014 年末,市本级共有事业单位 260 个,其中全额拨款 225 个,差额 19 个,自收自支 16 个;共有事业编制 14247 个,其中全额 8665 个,差额 4924 个,自收自支 658 个;实有人员 12088 人,其中全额 8114 人,差额 3371 人,自收自支 603 人。

二、事业单位人事制度改革

1997 年,市人事局向自治区人事厅呈报《赤峰市事业单位人事制度改革有关问题的调查报告》,并确定 4 个试点单位,进行全市事业单位人事制度改革试点工作。同年,自治区人事厅印发《内蒙古自治区事业单位人事制度改革实施意见》。市人事局根据以上两个文件精神,派出工作组,到试点单位进行政策指导和调查研究,帮助试点单位解决改革遇到的问题。2001 年,市政府成立赤峰市事业单位人事制度改革领导小组,加强事业单位综合配套改革的组织领导和综合协调。市人事局在总结 56 个试点单位经验的基础上,全面推进事业单位聘用合同制、人事代理制等改革,建立政事职责分开、单位自主用人、人员自主择业、政府依法管理的事业单位用人机制;打破单一委任制形式,开展事业单位领导干部选聘试点。2003 年,市人事局会同市机构编制委员会办公室下发《关于对全市事业单位基本情况和机构人员编制情况进行调查的通知》,全市相关部门和单位分别进行所属事业单位类别、隶属关系、经费渠道、人员编制、职能职责、存在的问题等方面的详细调查。调查结束后,市人事局与机构编制委员会办公室对各旗县区和市本级 29 个系统上报的情况进行抽查,而后进行分析研究,提出事业单位人事制度改革的思路、目标、任务、措施,进而实施具体的改革措施。

岗位聘任 2008 年,市人事局制定《赤峰市事业单位岗位设置管理实施意见》《关于事业单位岗位设置管理工作有关问题的处理意见(试行)》,全面推开岗位设置和聘用工作。到 2010 年,全市有 2045 个事业单位完成岗位设置,共设置岗位 99403 个。2011 年,开始岗位设置完善和人员聘用工作。到 2013 年,全市 2368 个事业单位全面完成岗位设置,共设置岗位 11.8 万个,公开招聘事业单位工作人员 3433 人。

公开考试招聘 2014 年,全市事业单位用人普遍推行“逢进必考”的公开考试招聘制度。同年,市机构编制委员会下达事业单位公开考录编制计划 375 个,其中政府系列 361

个，其他系列14个。至该年底，通过笔试、面试、考核等环节，全部完成公开招聘计划。

三、事业单位分配制度改革

工资总额管理　从2000年开始，根据自治区党委办公厅、政府办公厅《关于进一步加强人才培养、使用和引进工作的意见》，结合全市实际，全市事业单位改革逐步推行事业单位工资总额包干的宏观管理制度。对实行工资总额包干的事业单位，其符合国家规定比例的“空编”人员工资仍然核定在工资总额之内；对承担国家和自治区重大经济社会发展项目或为国家和自治区经济社会发展作出突出贡献的单位，在工资总额之外给予适当倾斜。上述政策执行至2014年未发生变化。

扩大分配自主权　从1993年开始，确立事业单位的分配自主权。允许事业单位在国家核定的工资总额内推行以岗位工资为主体的多种分配制度。在工资主管部门核定的工资总额之内，事业单位有权结合本行业、本单位的特点，自主确定单位内部的工资项目、工资档次、工资标准和工资分配形式。事业单位在确定工作人员工资时，主要以岗位确定工作人员工资待遇，允许专业技术职务高评低聘、低评高聘，实行“任什么职务、在什么岗位、作什么贡献、拿什么工资”的办法，不按资格、资历定工资；有权将国家和自治区规定的特殊岗位津贴、特殊行业人员工资补贴和地方性津(补)贴及其他自主收入捆在一起，用于搞活事业单位内部分配制度。到2000年，以岗位工资为主的分配制度在全市事业单位全面推开。至2014年未发生变化。

第二章　干部人事管理

第一节　干部队伍

1991年，赤峰市干部队伍构成包括机关(含党委机关所属的群团组织)非工勤人员、事业单位非工勤人员、国有企业从事管理工作和专业技术岗位具有干部身份的人员(厂矿长、经理等企业领导干部统计到机关干部中，其余从事管理和专业技术岗位的统计到事业单位干部中；企业改革结束后，此类人员或转调机关事业单位工作，或解除干[illegible]份)。同年，全市干部总数为60745人，其中机关干部17568人，事业单位干部4[illegible]7人。1996年后，干部队伍分公务员和专业技术人员。2014年，全市干部总数为[illegible]811人，其中公务员系列24064人(公务员19143人，参照公务员法管理人员4921[illegible])，专业技术人员110747人。1991—2014年，大学及以上学历的公务员不断增加，中专、高中及以下公务员在逐步减少；少数民族和女性公务员比重稳中有升，年龄结构更趋合理，专业技术人员增长近1.6倍。

一、公务员队伍

公务员(干部)总数　1991年，全市有机关(含党务、群团)干部17568人。1996年，

1991—2014年赤峰市公务员(含参公人员)情况统计表

表20-2-1　　　　　　　　　　　　　　　　　　　　　　　　　　单位:人

年份	公务员	参公人员	其中							
			女性	少数民族	研究生	大学本科	大学专科	中专	高中及以下
1991	17568	—	2756	4813	—	1298	4494	5703	6073
1992	16756	—	2653	4604	—	1342	4792	5594	5028
1993	15972	—	2451	4502	—	1333	4904	5370	4365
1994	16350	—	2523	4675	—	1348	5057	5578	4367
1995	13818	—	2142	3940	10	1249	4187	5094	3288
1996	12562	—	1902	3591	13	1312	4340	4497	2400
1997	13370	—	2256	3780	11	1439	4887	4543	2490
1998	13389	—	2312	3894	17	1591	5371	4229	2181
1999	11704	—	2064	3473	18	1577	4836	3650	1623
2000	10341	—	1818	3268	4	1229	4300	3521	1287
2001	11943	—	2191	3744	35	2045	5197	3414	1252
2002	15872	—	2978	5223	120	4268	7784	2925	775
2003	16296	—	3107	5443	110	5027	7815	2673	671
2004	16460	—	3168	5542	117	6109	7565	2132	537
2005	16499	—	3255	5601	106	6970	7469	1548	406
2006	16281	—	3237	5532	126	8268	6545	1031	311
2007	16433	—	3218	5545	109	8898	6266	895	265
2008	—	810	301	249	9	488	290	17	6
	17919	—	3420	5902	140	9290	6478	1056	185
2009	—	2969	1159	993	37	1505	1228	153	46
	17144	—	3423	6031	197	9882	5988	854	223
2010	—	3453	1318	1137	44	1872	1348	143	46
	17609	—	3531	6207	254	10424	5889	761	281
2011	—	3938	1538	1351	50	2242	1453	121	72
	17861	—	3569	6372	328	10909	5673	842	109
2012	—	5113	1912	1769	68	2823	1968	145	108
	17910	—	3579	6377	395	11083	5538	734	160
2013	—	5067	1912	1769	95	2832	1898	162	80
	18180	—	3726	6623	460	11339	5536	621	224
2014	—	4921	1875	1727	116	2841	1784	127	53
	19143	—	4152	7045	513	12110	5684	565	271

全市有公务员12562人，其中市本级1349人，旗县区6402人，乡镇苏木街道4811人。2001年，机构改革后，全市有国家公务员11943人，比1991年减少5625人。2008年，全市有参照公务员法管理的事业单位人员810人。2014年，全市有公务员系列人员24064人，其中国家机关公务员19143人（中国共产党机关1934人，人大常委会机关418人，行政机关14484人，政协机关251人，审判机关1253人，检察机关776人，各民主党派和工商联机关27人），参照公务员法管理人员4921人。

少数民族公务员　1991年，全市共有少数民族国家机关干部4813人，占国家机关干部总数的27.4%。2014年，全市有少数民族公务员7045人，占国家公务员总数的36.8%；参照公务员法管理的少数民族人员1727人，占参公管理人员总数的35.09%；公务员系列中少数民族人员8772人，占公务员系列人员总数的36.45%。

女性公务员　1991年，全市有女性国家机关干部2756人，占国家机关干部总数的15.69%。2014年，全市有女性国家公务员4152人，占国家公务员总数的21.69%；有女性参公管理人员1875人，占参公管理人员总数的38.1%；女性公务员系列人员6027人，占公务员系列人员总数的25.05%。

公务员文化结构　1996年后，通过公开考录国家公务员，公务员队伍的文化结构持续明显改善。有研究生学历的公务员从1995年的10人增加到2014年的513人，增加50.3倍；本科学历的从1991年的1298人增加到2014年的12110人，增加8.3倍；大学专科学历的从1991年的4494人增加到2014年的5684人，增加26.48%；中专学历的从1991年的5703人减少到2014年的565人，减少90.09%；高中及以下学历的从1991年的6703人减少到2014年的271人，减少95.96%。

公务员年龄结构　1991年，全市机关干部总数17568人。其中35岁以下4719人，36~40岁3097人，41~45岁2198人，46~50岁1774人，51~54岁3524人，55~59岁2256人。2014年底，全市公务员总数19143人。其中35岁以下3094人，36~40岁2047人，41~45岁3532人，46~50岁4331人，51~54岁3400人，55~59岁2739人。

公务员层级分布　2014年，全市有公务员19143人，按行政区划层级分，市直机关2430人，旗县区13593人，乡镇苏木3120人；按职务层级分，厅局级38人（正职7人、副职31人），县处级928人（正职286人、副职642人），科级10039人（正职4721人、副职5318人），科员及试用期人员5319人；警长及警员2819人。

参照公务员法管理事业单位人员　2008年，全市参照公务员法管理事业单位人员810人。2014年末，全市参照公务员法管理事业单位人员总数为4921人，其中市直机关1060人，旗县区3861人。

二、事业单位干部队伍

干部总数　1991年，全市事业单位干部人数43177人。2014年，事业单位干部人数110747人，较1991年增长近1.56倍。

年龄结构　1991年，全市事业单位不同年龄段干部人数分别为：35岁以下22189

1991—2014年赤峰市事业单位干部情况统计表

表20-2-2　　　　单位:人

年份	总人数	35岁及以下	36~40岁	41~45岁	46~50岁	51~54岁	55~59岁
1991	43177	22189	5490	4723	5034	3861	1880
1992	47948	24762	7017	5198	5021	3779	2171
1993	50147	25900	7913	5293	5273	3666	2102
1994	52866	26728	8547	5849	5543	3911	2288
1995	56273	28109	9186	6858	5784	4025	2311
1996	59433	29882	9147	7398	5875	4326	2805
1997	62558	31303	9541	8561	5979	4355	2819
1998	65867	32664	10961	10284	6120	3900	1938
1999	70387	33511	11230	10598	7153	5310	2585
2000	74471	34335	12890	12849	7267	5149	1981
2001	78591	36812	12910	13446	7703	5703	2017
2002	80782	36737	13250	14216	7899	6419	2261
2003	96854	42067	20870	14041	12203	5149	2524
2004	96043	37896	19841	16025	13321	5942	3018
2005	107779	43119	19560	19034	15737	6894	3435
2006	109385	41430	20425	19445	16243	7951	3891
2007	108227	39965	20455	19369	15841	8611	3986
2008	107768	35107	22774	20764	14880	9701	4542
2009	96156	30474	20269	18912	13849	8231	4421
2010	106455	33669	21401	20751	16296	9154	5184
2011	110156	33562	22248	22158	17118	9240	5830
2012	124804	35986	23518	25632	20590	11294	7784
2013	126256	36694	22912	25770	20541	12000	8339
2014	110747	31469	18720	21550	18002	12394	8612

1991—2014年赤峰市事业单位专业技术人员职称结构情况统计表

表 20-2-3　　　　单位:人

年份	总数	高级	中级	初级
1991	37787	851	8345	28591
1992	45571	856	9432	35283
1993	47226	845	9843	36538
1994	41832	981	9642	31209
1995	42724	958	9863	31903
1996	51862	1191	12602	38069
1997	54412	1306	13874	39232
1998	57631	1373	15067	41191
1999	62017	1487	16600	43930
2000	66957	1677	18221	47059
2001	69181	1911	18868	48402
2002	72462	2673	24190	45599
2003	85690	3180	29675	52835
2004	84404	3258	31294	49852
2005	88931	4997	36947	46987
2006	90926	5747	38564	46615
2007	92387	6469	39938	45980
2008	93441	8709	40350	44382
2009	82183	8581	35533	38069
2010	94349	9324	37572	47453
2011	99436	11246	39975	48215
2012	98046	11345	39971	46730
2013	99628	12064	41182	46382
2014	90764	12533	38231	40000

人,36~40 岁 5490 人,41~45 岁 4723 人,46~50 岁 5034 人,51~54 岁 3861 人,55~59 岁 1880 人。2014 年,全市事业单位不同年龄段干部人数分别为:35 岁以下 31469 人,36~40 岁 18720 人,41~45 岁 21550 人,46~50 岁 18002 人,51~54 岁 12394 人,55~59 岁 8612 人。

文化结构 1991 年,全市事业单位无研究生学历人员,大学本科学历 5596 人,大学专科 9333 人,中专 18625 人,高中以下 9623 人。2014 年底,全市事业单位有研究生以上学历人员 2425 人,大学本科学历 52885 人,大学专科 35407 人,中专 10324 人,高中以下 9706 人。

专业技术人员 1991 年,全市事业单位专业技术人员 37787 人,其中高级职称的 851 人,中级 8345 人,初级 28591 人。2014 年,全市事业单位专业技术人员 90764 人,其中高级 12533 人,中级 38231 人,初级 40000 人。

第二节 干部任免 调配 录用

一、干部任免

1991 年和 1993 年,市委下放行政机关和企事业单位干部任免权限。1991—2003 年,市政府党组和市人事部门党组分别履行市直准处级企事业单位、行政机关科级等干部任免职责。2004 年后,市政府党组和市人事部门党组不再具备干部任免职能。

任免权限 1990 年,市直机关企事业单位干部任免按市委 1986 年和 1989 年印发的有关文件规定办理,即市直属党政群机关、企事业单位的正副职负责人和总工程师、总会计师、总经济师(简称"三总师"),市直属党政群机关(不含人大常委会机关和政协机关)和法院、检察院正副科级干部由市委管理;其他机关和企事业单位的科级干部由各自所在的党组管理。1991 年 3 月,市委根据干部管理体制改革要求,调整干部任免权限,将 59 个市直准处级企事业单位正副职负责人、党委(总支)正副书记、纪委书记、"三总师"、工会主席(与企业副职级别相同)和市直准处级行政机关副职改由市政府党组管理;市政府委办局及所属科级事业单位的科级干部,委托市人事局党组管理;市政府委办局所属处级、准处级事业单位的环节干部,委托其主管部门党组管理。1992 年 3 月,市委决定由市政府党组和市人事局党组管理的市文化局、广播局所属准处级企事业单位、科级事业单位的领导干部、局机关的科级干部移交市委宣传部管理。同年 7 月,将准处级国营集体企业领导班子(含党委领导班子)的正职交由市政府党组任免,副职、"三总师"、工会主席由市政府党组委托市人事局党组任免。1995 年,市委决定对市直属企业领导干部进行分类管理,一类企业第二梯队(含党务)正职领导干部由市人事局党组会同主管部门党组推荐,报市政府党组任免;副职经主管部门党组同意后由企业直接任免,报市人事局备案。以上干部任免权限持续到 2003 年。2004 年及以后,市直国家机关和企事业单位科级领导干部(含非领导职务)任免由各部门自行负责,报市委组织部备案;市直准处级企事业单位领导干部和准处级行政机关副职改由市委统一任免。

任免程序　1991年前,全市政府机关、企事业单位干部任免的一般程序是本机关(单位)民主推荐、人事部门考核,考核结果按管理权限分别提交对应的党组任免。1991年4月,市人事局根据干部管理权限,制定《市政府机关及所属企事业单位干部任免程序暂行规定》。此后至2003年,全市政府机关、企事业单位干部任免程序依此进行。

准处级行政机关副职任免。1991—2003年,准处级行政机关副职任免由市人事局提出拟任免职意见,并对拟任免职对象进行考核,写出任免职理由和考核材料,提交市政府常务会或党组会研究通过后,市政府下达任免职通知,其中任职的再填发市长签署的任命书。

准处级事业单位正副职任免。除增加由主管局党组报市人事局党组审核环节外,其余程序与行政机关副职任免相同。

市政府机关科级干部任免。1991—2003年,市政府机关科级干部(包括正副科长、系统专职妇女工作委员会主任、团委书记、纪律检查委员会副书记、党办主任、机关党委副书记)任职,由本机关党组公布职位空缺情况和任职条件,在群众推荐的基础上,提出拟任职人选,填写任免呈报表,撰写任职请示和考核材料,连同干部档案报市人事局,市人事局党组对以上各项内容审核后进行复核性考核,根据考核情况决定任职。免职由主管局党组提出意见,填写有关材料,报市人事局党组审批。

科级事业单位领导干部任免。1991—2003年,科级事业单位领导干部任免由业务主管部门党组提出拟任免职人选,并进行考核,填写有关材料,连同拟任免职干部的档案报市人事局。市人事局进行复核性考核,局党组会议决定任免,并下达任免通知。

市直属企业干部任免。1991—2003年,非招标承包企业厂(矿)长、经理任免由企业主管部门党组提出拟任免名单(副职先由正职提名),提交职工代表大会征求意见,职工大会通过后进行考核,考核合格后将有关材料连同干部档案报市人事局。市人事局进行复核性考核,局党组提出任免初步意见,提交市政府党组会议决定任免,任职的填发由市长签署的任命书。企业厂(矿)长、经理的任职人选从企业内部产生的,须征求企业职代会意见,职代会意见连同任免材料一并报市政府党组;市政府党组决定交职代会选举的,按选举程序办理。

招标承包的企业厂(矿)长、经理任免(聘任或解聘)。按招标承包程序确定中标者后,企业主管部门党组按干部管理权限将招标承包情况和招聘人员呈报表报市人事局党组,市人事局党组审核后报市政府党组审定,然后办理任职手续。

企业党委(总支)书记、副书记、纪委书记任免。其人选经市政府党组审查同意,选举产生,选举结果报市政府党组批复。

企业副职及"三总师"任免。由厂(矿)长、经理提名,企业党委会议讨论,职代会评议,征求主管部门党组意见后,以厂(矿)长、经理名义提请市人事局聘任或解聘,市人事局会同其主管部门共同考核,由市人事局批准任免。

企业党群领导干部正职初任。需经选举产生,正职调整和副职直接任免。党组织正职初任和届内调整,均由企业主管部门党组确定人选并征求市直党工委意见,市人事局党组考核,市政府党组同意后选举,选举结果报市政府党组批复;届内调整按相同程序直接决定任免。党组织副职初任与届内调整的程序与正职相同,选举及其结果由市人事局党组批复;副职的届内调整由党委(总支)扩大会议确定人选。

工会主席初任。由企业党组织确定候选人并征求其主管部门党组和市总工会意见,经市人事局党组审查同意后选举,选举结果报市人事局党组;届内调整,由企业党委(总支)扩大会议确定人选,征求主管部门党组和市总工会意见,报市人事局党组批准。

任免情况 1991—2003 年,累计任免市直企事业单位干部 3180 人。

市政府党组任免市直企事业单位准处级领导干部。1991 年,任命企业领导干部 39 人;任免事业单位领导干部 2 人。1998 年和 1999 年,分别任免企事业单位领导干部 24 人和 21 人。2002 年,任免事业单位领导干部 16 人。2003 年,任免准处级企事业单位领导干部 9 人。1991—2003 年期间,累计任免市直准处级领导干部 111 人。

市政府提请任免。1998 年和 1999 年,市政府分别向市人大常委会提请任免职 16 人和 10 人,两年共提请任免 26 人。

市人事局履行程序任免。1998 年和 1999 年,市人事局履行行政程序(代市政府印发文件)分别任免职准处级企事业单位领导干部 150 人,两年共任免 300 人。

市人事局党组任免。1991—1995 年,市人事局党组任免市直各委办局科级干部及所属事业单位领导干部 1710 人,其中 1991 年任免 119 人,1992 年任免 651 人,1993 年任免 302 人,1994 年任免 288 人,1995 年任免 350 人。1997 年,任免准处级事业单位科级干部 9 人。1998 年,任免市直委办局科级干部 523 人,任命科级事业单位领导干部 135 人。1999 年,任免市直各委办局科级干部及所属事业单位领导干部 148 人。2002 年,任免市直事业单位科级干部 38 人。2003 年,任免市直各委办局科级干部及所属事业单位领导干部 180 人。1991—2003 年,市人事局党组累计任免市直委办局科级干部及所属事业单位领导干部 2743 人。

二、干部调配

1989 年,市政府批转市人事局《关于加强干部统一管理的报告》,进一步明确干部调动审批权限。1991—2014 年,市和旗县区人事部门负责不属市和旗县区两级党委管理的干部的调配工作。市直机关、企事业单位从非在赤单位调入干部,按隶属关系,经市主管部门审查后,报市人事局审批办理。市内干部调出赤峰,由所在单位及主管部门分别签署意见,报市人事局审批;调入地同意后,市人事局与调入地人事部门协调办理。各旗县区之间的干部调动由双方人事局协商办理。各旗县区干部调入市直机关单位由市人事局直接办理。各旗县区内的干部调动由当地人事部门审批办理。有空余编制的行政机关所需干部原则上从同级机关调剂解决，有空余编制的事业单位所需干部原则上从同级机关及同级事业单位调剂解决，行政机关和事业单位一般都不从企业和基层单位调入干部。在干部调配工作中，把从外地引进急需人才、军队转业干部安置、大学生分配、照顾夫妻分居等情况放在优先位置。

旗县区干部人事调动与市级机关单位人事调动的权限、方式、程序等基本相同。

1991—2003 年，市人事局办理干部调动手续 1420 人，其中调入市直机关单位 838 人，调出到市外 292 人，市直机关单位调整 169 人，其他调动 121 人。翁牛特旗共办理干部调动 656 人。2004—2014 年，由于市和旗县区两级国家机关公务员和事业单位人员编制的限制，很少有人员调动。

三、干部录用

行政机关干部和公务员录用　1991 年后，全市机关工作人员和公务员均采用考试录用方式。1991—2014 年，全市共录用机关工作人员和公务员 5838 人。

行政机关干部录用。1991 年，根据中组部、人事部和自治区党委组织部、自治区人事厅有关文件精神，市委、市政府决定市和旗县区国家机关补充工作人员一律实行考试考核、择优录用。同年 5 月，市人事局改变以往直接调配补充机关工作人员的做法，实施考录补充 24 个行政机关工作人员。考录分公共科目笔试、专业加试、面试、考核和身体检查五个步骤。至 10 月考录结束，共有 487 人报名，367 人参加考试，51 人被录用，考录比例为 7∶1。同年，有 9 个旗县区实行考录补充行政机关人员，参加考试 247 人，录取 85 人，考录比例为 3∶1。至 1995 年，全市共录用行政机关干部 3065 人。

公务员录用。1996 年 6 月，经市政府批准，市人事局开始考试录用全市行政机关主任科员以下公务员。考录原则是“公开、平等、竞争、择优”，坚持德才兼备标准。考录方法是考试与考核相结合，公开报名，统一考试，择优录用。考录程序包括发布公告、公开报名、资格审查、笔试、面试、公布考分、体检、全面考核、确定人选、审批录用、公布结果等环节。考试分笔试和面试两部分，笔试成绩一般占 60%，面试成绩占 40%。笔试

1996—2014 年部分年份赤峰市录用国家公务员统计表

表 20-2-4　　单位：人

年份	录用人数	年份	录用人数
1996	252	2009	207
1997	395	2010	376
2002	37	2011	119
2003	277	2012	423
2007	204	2014	362
2008	121	合 计	2773

科目为《公共基础知识》《行政能力测试》《申论》;面试主要考察应考人员的口头表达、反应与应变、综合分析、自我控制、人际交往等能力,测试应考人员的专业知识、工作经验、对待工作的态度(责任心)、兴趣爱好,观察应考人员的仪表风度;具体内容随时间变化而有所调整。报考资格除政治合格外,学历要求一般为全日制大学本科,少数放宽到专科。从2004年开始,公务员考录实行从自治区到乡镇街道的"四级机关联考",由自治区公务员管理部门统一组织实施。1996—2014年,全市考试录用公务员2773人。

事业单位干部录用　全市事业单位干部录用主要依据国家和自治区关于人才使用及引进、大学生就业等有关政策,结合事业单位的编制、工作岗位、临时工(合同工)在工作岗位上的能力及表现等实际情况进行。1991—2002年,全市先后有乡镇文化站临时工、旗县乌兰牧骑临时工、民办教师、非高等院校毕业的具有高等教育学历人员"转干"和高校毕业生直接录用。2002年,全市开始建立事业单位用人择优竞争和考试录用大中专毕业生制度。2003年后,事业单位直接进人的录用方式基本取消,"逢进必考"的公开招聘方式全面推行,考录对象全部为大学专科以上学历的高校毕业生。1991—2014年,全市事业单位录用各类人员11572人,其中市直和旗县区事业单位录用11497人,受驻赤单位委托录用75人。

在岗临时工录用。1991年,市人事局、市文化局共同进行文化系统临时工转"正"录用工作,录用乡镇文化站临时工67人、旗县乌兰牧骑临时工10人。1993年,录用乡镇文化站临时工35人。

民办教师录用。1992年,市人事局、市教育局等部门根据自治区计委、自治区人事厅、自治区教育厅通知精神,结合全市民办教师整顿工作,从全市优秀民办教师中录用公办教师898人。录用对象为1971年底前参加教学工作(教龄满20年)的;获得中学一级、小学高级教师职称的;取得中师以上学历或教师专业合格证书的;受到市政府及以上奖励的。具备上述条件之一,可录用为公办教师。1993—1997年,录用工作持续进行。到1998年,全市所有合格的民办教师全部转为公办教师,累计转"正"民办教师6332人。

在职"五大"毕业生录用。从1989年开始,市人事局根据国家和自治区有关规定,分期分批将"五大"(电视大学、函授大学、业余大学、夜大学和职工大学)毕业生和通过高等教育自学考试取得相应学历的全民所有制单位工人身份的人员转为国家干部。1992年,根据干部条件,录用已在机关事业单位工作的在职"五大"毕业生为国家干部934人。录用条件是:1991年底前取得国家教委承认"五大"学历的;在行政事业单位干部岗位工作并列入编制定员之内的全民所有制工人(含全民合同制工人);旗县区以上组织人事部门批准的乡镇苏木选聘的合同制干部。1993—1995年,录用具有城镇户口、在乡镇企业工作的"五大"毕业生为国家干部213人,其中1993年录用82人,1994年录用99人,1995年录用32人。1992—1995年,累计录用"五大"毕业生1147人。

高校毕业生录用。1991年后，市委、市政府根据扩大人才队伍、促进高校毕业生就业的需要，决定录用高校自费生、委培生等高校毕业生到机关和事业单位工作。1991—1992年，全市录用高等院校计划内自费毕业生242人。1992年，录用1985年、1986年参加全国普通高考并由自治区招生办公室在国家计划内招收的委托代培毕业生79人。1994年，录用普通高校毕业生25人。三年合计录用高校毕业生346人。

其他人员录用。1991年，实施全市森林警察录用工作，共录用61人；受中国工商银行赤峰支行、中国银行赤峰支行委托，录用36名代办员为“正式”人员。1992年，受银行系统委托，录用33名代办员为其“正式”人员。两年合计录用130人。

考试录用。1995年，市人事局为满洲里海关驻赤峰办事处考试录用工作人员6人。从2002年开始，全市事业单位录用干部全面采取公开考录方式。考录工作由市人事部门统一组织实施。笔试科目为《公共基础知识》《行政能力测试》，面试、考核等规范要求与公务员考录相同。当年，有21个事业单位考试录用工作人员，录用人数66人。2012年，放宽学历和专业限制以及年龄条件；专门拿出部分岗位用于考录蒙语授课毕业生。同年，减免2010年以后毕业和贫困生的考录费用。2011—2012年，考试录用全市事业单位工作人员3024人，其中市直事业单位941人，旗县区事业单位2083人。2013年，考试录用市直事业单位工作人员409人。2002—2013年，全市累计考录事业单位工作人员3499人。2014年，市机构编制委员会下达事业单位考录编制计划375个，其中政府系列361个，其他方面14个。

第三节　军转干部安置

赤峰市严格执行国家和自治区军转干部安置政策，同时结合实际，创造条件，安置随军家属，实施军转干部培训，保证军转干部适应地方工作。1991—2014年，全市共接收军转干部1811人，安置1553人，军转干部自主择业258人，安置随军家属135人。

一、政策与安置

1991—2000年，军转干部安置政策核心是双向选择和指令性安置相结合。按照“分散安置、机关优先、充实基层”的原则，市转业军官安置工作小组在每年安置前制定军转干部分配方案。预接收单位和军转干部依照方案进行双向选择，达成去留意见。在部队期间作出突出贡献和通过双向选择未能落实接收单位的军转干部，由组织、人事部门在征求转业干部本人意见的基础上进行指令性派遣安置。10年间，累计安置军转干部920人，安置随军家属102人，随迁子女按期转入市内各类学校49人。

2001—2005年，军转干部安置政策核心是计划分配安置和军转干部自主择业相结合。2001年1月19日，中共中央、国务院、中央军委颁发的《军队转业干部安置暂行办法》规定，担任团级、营级职务且军龄满20年的军队转业干部，可以选择计划分配或者自主择业的方式进行安置。市军转干部安置部门按此规定要求，本着妥善安置、合理使用、人尽其才、各得其所的原则,在军转干部自主选择的基础上,采取考试考核相结合的方法,按计划安置军转干部。5 年间,累计安置军转干部 225 人,军转干部自主择业 141 人,安置随军家属 15 人。

2006—2012 年,军转干部安置政策核心是在保证军转干部按国家和自治区政策安置的基础上,以量化考核的办法,提高安置的规范化、科学化、公正化水平。2006 年后,按照市政府印发的《赤峰市市直单位军队转业干部安置办法》规定,军转干部安置部门根据军转干部的服役年限和地区、职务、受奖(惩)、从事的专业岗位等情况,制定考核标准,依据标准进行量化考核和文化考试,依据考核与文化考试的综合成绩,结合军转干部个人志愿和接收单位用人指标,由高分到低分依次"录取",此举达到军队、地方和军转干部三满意。至 2012 年,累计安置军转干部 322 人,军转干部自主择业 102 人,安置随军家属 14 人。

2013 年,市军队转业干部安置工作小组制定《赤峰市 2013 年度计划分配营职以下及专业技术干部安置工作方案》, 以双向选择与指令性分配相结合的方式安置军转干部。军转干部和接收单位达成安置意向的,由接收单位出具加盖单位公章的接收函,到市军转干部安置办公室登记备案,然后按干部管理工作程序进行安置。对双向选择未落实安置单位的军转干部,通过考试考核进行指令性分配安置。全年安置军转干部 35 人,军转干部自主择业 10 人,安置随军家属 1 人。

2014 年,依据《内蒙古自治区中直、区直单位采取考核量化赋分安置军队团职以下计划分配转业干部实施办法(试行)》的有关规定,市军队转业干部安置工作小组制定《赤峰市 2014 年度计划安置军队转业干部考核量化赋分工作办法(试行)》。按此办法规定,根据军转干部的服役年限、职务等级、军衔、服役地区边远艰苦程度、所受奖惩和特殊岗位工作等要素,附加执行重大任务情况进行赋分。依据赋分结果,按由高到低的次序,由军转干部在接收单位中自选一个工作单位,军转干部安置部门以军转干部的自选结果为准进行指令性分配。当年安置军转干部 51 人,军转干部自主择业 5 人,安置随军家属 3 人。

二、军转干部培训

1992 年 5 月,市人事局成立赤峰市军转干部培训中心,负责军转干部培训工作。该中心由市军转干部办公室与赤峰市干部中等专业学校联合组成,市军转干部办公室主要负责学员的考核与管理,学校负责授课。主要开设政治经济学、公文写作、法学基础、行政管理学、领导科学等课程;培训时长不低于 1 个月。培训结束后,进行结业考试,考试合格者发给结业证书, 考试成绩通知军转干部所在单位并装入本人档案。1992—2007 年,全市举办军转干部培训班 14 期,累计培训军转干部 931 人。2008 年,自治区军转干部办公室根据军队转业干部逐年减少的实际,决定东部盟市的军转干部培训由自治区统一负责。

1991—2014年赤峰市军队转业干部接收安置情况统计表

表 20-2-5　　单位：人

年份	接收数量	军转干部职级				安置数量	安置岗位			自主择业	安置及自主择业属地		安置随军家属
		团职	营职	连排职	技术干部		行政	事业	企业		市区中直	旗县区	
1991	45	7	12	19	7	45	32	—	13	—	29	16	8
1992	57	8	17	22	10	57	40	1	16	—	36	21	8
1993	225	19	92	79	35	225	94	54	77	—	104	121	22
1994	72	12	32	17	11	72	47	11	14	—	38	34	15
1995	52	8	19	19	6	52	24	12	16	—	35	17	4
1996	53	3	24	17	9	53	26	10	17	—	30	23	16
1997	81	15	26	26	14	81	39	32	10	—	50	31	9
1998	65	4	28	20	13	65	32	24	9	—	33	32	4
1999	169	17	70	59	23	169	114	42	13	—	92	77	9
2000	101	13	38	36	14	101	49	46	6	—	54	47	7
2001	61	11	26	17	7	47	31	16	—	14	36	25	2
2002	41	8	17	12	4	19	7	12	—	22	15	26	2
2003	58	6	29	17	6	35	22	13	—	23	15	43	—
2004	100	16	51	19	14	52	31	21	—	48	44	56	6
2005	106	8	53	31	14	72	47	25	—	34	39	67	5
2006	114	6	46	40	22	82	56	26	—	32	50	64	4
2007	63	7	30	19	7	56	38	18	—	7	37	26	1
2008	52	10	23	11	8	34	24	10	—	18	24	28	—
2009	37	11	13	5	8	22	17	5	—	15	19	18	2
2010	37	10	14	3	10	27	23	4	—	10	28	9	2
2011	63	10	34	9	10	52	12	40	—	11	49	14	3
2012	58	10	35	1	12	49	10	39	—	9	52	6	2
2013	45	13	25	—	7	35	24	11	—	10	33	12	1
2014	56	18	23	6	9	51	39	12	—	5	39	17	3
合计	1811	250	777	504	280	1553	878	484	191	258	981	830	135

第四节　大中专毕业生就业

1991 年后,市委、市政府和有关部门根据国家和自治区大中专毕业生就业政策的调整,及时制定本市配套政策及相应措施,促进大中专毕业生就业。1991—1999 年,全市按计划分配普通高校大专以上毕业生 5650 人,中专毕业生 10906 人。1992 年,全市有非在职“五大”毕业生 2063 人,安排就业 1879 人。2009—2014 年,全市连续完成人才储备 2579 人,实施就业见习 3250 人,未就业实名登记 21936 人。在实名登记的未就业毕业生中实现就业的 13603 人,占总人数的 62.01%;始终未就业的 8333 人,占总人数的 37.99%。1991—2014 年,全市大中专毕业生总体就业率保持在 80%~95%之间。

一、就业政策

全市大中专毕业生就业政策经过统一分配、双向选择与自主择业结合、完全自主择业三个阶段。

1991—1992 年,全市大中专毕业生继续执行“包分配”的就业政策。1993 年,国家取消大中专毕业生统一分配政策;同年,市政府印发《关于 1993 年大中专院校毕业生就业工作的通知》,明确大中专毕业生由统一分配改为毕业生与用人单位按分配计划双向选择的派遣分配办法,该政策保持至 1999 年。1995 年 5 月,自治区政府批转自治区计划委员会等五部门关于《1995 年大中专院校毕业生就业工作报告的通知》,规定“硕士、博士毕业生只要专业对口、用人单位需要,可不受进人计划限制”。1998 年,根据人事部《关于国家不包分配中专以上毕业生择业暂行办法》和自治区人事厅有关规定,市人事局制定《赤峰市国家不包分配中专以上毕业生交流择业暂行办法》,规定“中专以上学历国家不负责分配工作的毕业生,本着学用结合、发挥专长的原则全部纳入人才市场,实行双向选择,自主择业”。2000 年,自治区政府批转自治区计划委员会等五部门《关于做好 2000 年大中专院校毕业生就业工作意见的通知》,规定应届普通高等院校毕业生按照“学校推荐、学生和用人单位双向选择”的方式就业。2009 年 8 月,市政府印发《关于促进普通高校毕业生就业工作的意见》,全面规范和完善大中专毕业生就业政策。至 2014 年,大中专毕业生就业政策未发生其他调整和变化。

二、就业措施

1991 年,赤峰市大中专毕业生就业问题纳入各级政府和人事、教育、发展改革等部门重要议事日程。1993 年,市政府成立全市大中专毕业生就业工作领导小组,加强大中专毕业生就业的组织领导和统筹协调。1993 年 3 月 27 日,赤峰市人才智力市场开业。同年 8 月,市人事局在人才智力市场召开“1993 年部分高校毕业生双向选择就业暨赤峰首届人才智力交流大会”。1994 年后,市人事部门及人才交流市场每年均举办毕业生就业交流大会、毕业生就业专场、新春人才招聘服务月、就业服务进校园、阳光就业行动等活动。2002—2007 年，市直属事业单位接收非师范类大中专毕业生就业，采取考试录用的办法进行。2007 年 6 月，市人事局下发《关于人事部门与企业建立高校毕业生就业联系制度的通知》，市和旗县区人事部门通过加强与企业的制度化、常态化联系，加强高校毕业生就业的协调与服务。2009 年后，市政府决定在全市开展高校毕业生到中小企业和非公有制企业参加人才储备、就业见习工作，以此作为高校毕业生的就业“缓冲期”、企业人才的“储备期”。到 2014 年，全市基本形成相互配套的人才市场体系、就业促进体系、就业保障体系。

第五节　离退休干部管理

一、退休干部管理

退休条件　1991—1992 年，全市退休执行 1978 年国务院颁布的《关于安置老弱病残干部的暂行办法》，符合下列条件之一的都可以退休：1.男年满六十周岁，女年满五十五周岁，参加革命工作年限满十年的；2.男年满五十周岁，女年满四十五周岁，参加革命工作年限满十年的，经过医院证明完全丧失工作能力的；3.因公致残，经过医院证明完全丧失工作能力的。

按《国家公务员暂行条例》和《公务员法》的有关规定，符合下列条件之一的国家公务员，本人自愿申请，经任免机关批准，可以提前退休：1.工作年限满三十年的；2.距国家规定的退休年龄不足五年，且工作年限满二十年的；3.符合国家规定的可以提前退休的其他情形的。

党政机关、群众团体县处级女干部退休，执行中组部、人事部的有关规定，凡能坚持正常工作，本人自愿，其退休年龄可到 60 周岁。

事业单位工作人员延长退休条件为副教授、副研究员以及相当该职称的高级专家，可以适当延长退休年龄，最长不超过 65 周岁；教授、研究员以及相当该职称的高级专家，可以延长退休年龄，最长不超过 70 周岁；女性高级专家，凡身体能坚持正常工作，本人自愿，可到 60 周岁退休，由本人所在单位掌握执行。1986 年开始职称改革及实行专业技术职务聘任制后取得副高级以上专业技术职务的女性高级专家，应根据本人身体状况、工作需要，在 60 周岁前由所在单位继续聘用；未被聘用的，应在解聘后即办理退休手续。

退休待遇　退休待遇包括退休费和艰苦边远地区津贴。机关工作人员退休费包括退休前的职务工资和级别工资，事业单位人员退休费包括退休前的岗位工资和薪级工资。

截至 2014 年，机关人员的退休费按不同工作年限和退休前工资的不同比例计发。工作年限满 35 年的发 90%，满 30 年不满 35 年的发 85%，满 20 年不满 30 年的发 80%，满 10 年不满 20 年的发 70%，不满 10 年的发 50%。艰苦边远地区津贴按在职时的85%计发。事业单位人员退休费和艰苦边远地区津贴与行政机关人员计发方法及比例相同。提高退休费比例的人员包括:退休时仍保持荣誉的全国劳动模范,自治区政府认为在新民主主义革命和社会主义革命、社会主义建设的各条战线上有特殊贡献的干部,因公伤残且经昭乌达盟或赤峰市以上政府医务劳动鉴定委员会评定为1~4级伤残等级的人员,其中饮食起居需要人扶助的退休费在国家规定的标准上提高10%,饮食起居不需要人扶助的退休费在国家规定的标准上提高5%。“文化大革命”中因冤、假、错案致残的人员,按全残和基残两种情形对待:定为全残的,按因公致残完全丧失工作能力且饮食起居需要人扶助的人员对待;定为基残的,按因公致残完全丧失工作能力且饮食起居不需要人扶助的人员对待。

二、离休干部管理

离休干部情况　1992年,全市共有离休干部6137人,为历史最高峰,其中市直机关企事业单位1486人,旗县区4651人。2005年,全市有离休干部3462人(老红军2人,抗日战争时期90人,解放战争时期3370人),其中市直机关企事业单位1026人,旗县区2436人。至2014年末,全市有离休干部1753人,其中市直机关企事业单位543人,旗县区1210人。

离休待遇　离休干部的待遇按政治待遇不变、生活待遇从优的原则确定。离休干部除原工资照发外,以下时间参加革命工作的每年增发1~2个月的工资,作为生活补贴:1937年7月6日以前参加革命工作的每年增发2个月工资;1937年7月7日到1942年12月31日参加革命工作的增发1.5个月工资;1943年1月1日到1945年9月2日参加革命工作的老干部,增发1个月工资。

政治待遇。1991年后,离休干部政治待遇主要有以市和旗县区政府召开座谈会的形式听取对《政府工作报告》意见;听取市和旗县区党政领导关于当地经济社会发展情况的通报;享受免费订阅报刊,县处级以下“一报一刊”,县处级以上“两报一刊”。1997年,为市直机关的老红军、盟市级和享受盟市级待遇的离休老干部颁发纪念章;不定期地参加市和旗县区组织的政治和文体活动。到2014年,全市共建设老干部活动场所面积13.9万平方米,建成老年大学49所,丰富和适应离退休干部文化养老需求;市老年大学每学期开设14个专业26个班次。

生活待遇。1995年,市政府参照外地做法,在住房改革中给予离休干部优惠。1997—1998年,连续清理兑现拖欠离休干部“两费”(离休费、医药费)工作,全市共清理兑现拖欠离休干部“两费”1000多万元;由财政和社保部门共同负担,比照行政单位人员套改市直企业684名离休干部的离休费。2005年,巩固完善“两费”保障的“三个机制”(离休费保障机制、医药费保障机制、财政支持机制),保证离休费不拖欠,基本保证离休干部医药费在规定范围内实报实销。2010—2011年,全市普遍建立离休干部特困帮扶机制,帮助特困离休干部解决生活困难;免费为市直700多名离休干部进行健康体检。“两费”保障的“三个机制”和特困离休干部的帮扶机制保持至2014年未发生改变。

第三章　公务员及专业技术人员管理

第一节　公务员管理

国家公务员制度实施前的1991—1992年，全市机关干部按既定的干部人事制度管理。1993年，《公务员暂行条例》实施后，逐步开展公务员登记考核、任免、奖惩等管理工作。

一、公务员登记

从1993年开始，全市人事部门进行国家公务员过渡考试及相关事宜准备工作。1996年，开始国家公务员过渡考试，全市参加考试的国家机关354个，其中市直机关45个，旗县区机关309个，参加过渡考试的人员共有9600人；考试合格且符合过渡条件并办理过渡手续的7499人，其中市本级1222人，旗县区6277人；不符合过渡条件未办理过渡手续的535人，其中市本级107人，旗县区428人。同年，全市283个乡镇苏木国家机关推行公务员制度，进行公务员过渡考试，考试合格且符合过渡条件并办理过渡手续的共有3285人，不符合过渡条件未进入公务员队伍的329人。至同年底，全市国家公务员过渡任务全面完成。

2006年，市本级和旗县区人事、机构编制部门共同开展公务员登记工作。全市政府机关行政编制总数11857个，准予登记在职公务员11512人，其中市本级行政编制1426个，准予登记在职公务员1421人；旗县区行政编制6531个，准予登记在职公务员6373人；苏木乡镇街道编制3900个，准予登记在职公务员3718人。至同年底，全市公务员登记全面完成。

二、考核奖惩

1994年，按照自治区统一安排，市和旗县区人事部门开始实施全市公务员年度考核。考核的内容为德、能、勤、绩，重点考核工作实绩；年度考核的结果分为优秀、称职、不称职三个等次；评优比例按实际参加考核总人数的15%掌握。2006年，依照公务员法，考核内容增加为德、能、勤、绩、廉；考核结果分为优秀、称职、基本称职、不称职四个等次；评优比例不变。2011年，开始落实公务员考核联系点制度，全市确定试点单位26个。同年，评优比例提高到17%。1997—2014年，全市累计考核公务员24.37万人次，其中考核为优秀的32549人次，称职的21.09万人次，不称职的289人次；获得一等功的6人次，二等功的2812人次，三等功的24086人次，嘉奖的37036人次。申请辞职的1人。

从1995年开始，市本级和旗县区同步开展公务员先进集体和个人、人民满意的公务员集体和人民满意的公务员评选活动。1995—2014年，全市累计推荐自治区公务员先进集体36个、先进个人189人；推荐自治区人民满意的公务员集体3个、人民满意的公务员 12 人。1997—2014 年,全市推荐国家公务员先进集体 15 个、先进个人 58 人。

1998 年，全市有 2 人被授予自治区优秀公务员称号。2005 年，翁牛特旗信访局 1 人获得自治区第三届人民满意的公务员称号。2009 年,巴林左旗公安局林东镇派出所 1 名民警获全国第七届人民满意的公务员称号。同年,宁城县信访局 1 人获自治区第四届人民满意的公务员称号,赤峰市林业局获得自治区第四届人民满意的公务员集体称号。2014 年,敖汉旗宝国吐乡 1 人、喀喇沁旗农牧业局 1 人被评为自治区第五届人民满意的公务员。

1997—2014 年赤峰市国家公务员考核奖励情况统计表

表 20-2-6　　单位:人

年份	参加考核	优秀	称职	其中				不称职
				一等功	二等功	三等功	嘉奖	
1997	14073	1993	12039	—	208	1360	1567	41
1998	14320	1854	12456	6	210	1373	1519	10
1999	16678	2123	14544	—	372	1893	1928	11
2000	14458	1815	12636	—	394	1166	1270	7
2001	14302	1715	12570	—	349	1168	1403	17
2002	11826	1503	10308	—	333	2569	1554	15
2003	12349	1680	10654	—	389	1289	1651	15
2004	13040	1757	11258	—	334	1246	1497	25
2005	11881	1657	10208	—	223	1264	2111	16
2006	13327	1832	11482	—	—	1356	2536	13
2007	14032	1821	12197	—	—	1237	2723	14
2008	13993	1824	12154	—	—	1171	2711	15
2009	12203	1488	10703	—	—	1020	2201	12
2010	12287	1461	10812	—	—	1456	2475	14
2011	11997	1787	10197	—	—	1235	2372	13
2012	14506	2107	12382	—	—	1136	2463	17
2013	14255	2077	12162	—	—	1018	2810	16
2014	14162	2055	12089	—	—	1129	2245	18
合计	243689	32549	210851	6	2812	24086	37036	289

1994—2014 年，全市累计惩处公务员 108 人，其中开除 10 人，其他处分 98 人。

三、竞争上岗

1998 年，市人事局在市统计局开展公务员竞争上岗试点工作。从 2003 年开始，市直政府机关科级领导干部选拔任用一律实行民主推荐、公开竞争。2004 年，市人事局与市委组织部联合开展部分市直机关和各旗县区公务员竞争上岗的指导工作。2005—2014 年，公务员竞争上岗在市直和旗县区部分行政机关的重要岗位进行。

四、公务员公开遴选

2014 年，全市首次遴选政府机关公务员。经发布公告、网上报名、笔试、面试、体检、考察等程序，为市公安局等 6 个部门遴选公务员 9 人。

五、参照公务员法管理

2006 年 8 月 20 日，中组部、人事部印发《关于事业单位参照公务员法管理工作有关问题的意见》。同年 11 月 17 日，自治区人事厅印发《内蒙古自治区事业单位参照公务员法管理实施意见》。2007 年，市和旗县区人事局开始全市事业单位参照公务员法管理（简称“参公”）工作；符合参公条件的事业单位自愿申请，各旗县区事业单位的参公申请由其人事部门统一申报，市人事部门受理并审核（市直事业单位参公申请由市人事部门直接受理），自治区公务员管理部门审批。到 2012 年，全市参公结束，共有 364 个单位 5113 人参照公务员法管理。

第二节 专业技术人员管理

1991 年 1 月，全市专业技术人员（当时称科技干部）管理由市和旗县区科技部门划归人事部门。此后，市和旗县区人事部门不断完善专业技术人员职务评聘、有突出贡献的中青年专家管理、深入生产一线有突出贡献的科技人员管理、享受国务院特殊津贴人员管理、院士专家工作站管理、人才和智力引进管理，开展相应工作。

一、专业技术职务评聘

1992 年 6 月，经市政府批准，市职称改革领导小组撤销市直部分委办局建立的各系统中级专业技术职务评审委员会，收回中小学职称限额指标下达权和评审权。1995 年，根据国家和自治区加强职称改革统一管理的要求，市政府决定全市职称改革及专业技术职务评聘工作由市和旗县区人事部门负责，统一管理。2000 年，市人事局制定出台《赤峰市专业技术职称评审计划》，其核心是根据全额和差额事业单位专业技术岗位设置情况和专业技术人员队伍现状，测算出专业技术职务控制数，依据控制数按计划进行专业技术职务评聘。此后，人事部门不再直接向全额和差额拨款事业单位下达专业技术职务数额，转而按控制数调控及管理全额和差额事业单位专业技术职务。2001 年，全市所有专业技术职务全部实行评聘分开。2004 年，市人事局下发《赤峰市专业技术资格认定工作试行办法》和《赤峰市非公有制经济单位专业技术资格评审试行办法》,对引进的高学历人才、在实际工作中脱颖而出的优秀人才职称实行考核认定。2011 年 3 月，内蒙古自治区人力资源和社会保障厅确定赤峰市为中小学教师高级专业技术资格评审改革试点地区，符合申报条件的教师先参加水平能力考试和量化评审,合格者方可申报高级专业技术资格评审。

专业技术职务评审 1992—2014 年,市人事局 6 次调整组建全市专业技术职务评审组织。1992 年 10 月,按照自治区职称改革领导小组建立动态评审组织的要求,市人事局重新组建 19 个中级专业技术职务评审委员会。1994 年,市人事局撤销 19 个中级评委会中经济、统计、自然科学研究 3 个中级评审委员会,按学科(专业)重新组建 21 个动态中级评审委员会。1997 年,根据自治区内职改字〔1993〕16 号文件精神,市人事局再次调整 21 个中级专业技术资格评审委员会,新建档案、文博、律师(公证)3 个系列(专业)中级评审委员会。1998 年,市人事局调整和组建 24 个系列(专业)中级专业技术资格评审委员会。同年,市人事局批准组建 12 个专业的初级专业技术资格评审委员会。2001 年，撤销市直原有的 11 个部门初评委员会，重新审批各旗县区 96 个初评委员会和市直卫生系列初评委员会。同年,补充完善全市专业技术人员评审委员会后备评委库,中级职称评委储备达到 449 人。

1992 年,市职称改革领导小组下发《全民所有制企业破格评审中级专业技术职务条件》和《旗县区全民所有制事业单位破格评审中级专业技术职务条件》,比照自治区职称改革办公室农业系列破格条件,制定赤峰市《卫生系列破格评审初级专业技术职务条件》。当年,破格评审中级专业技术资格 625 人,其中企业 104 人,事业单位 521 人；破格评审卫生系列初级专业技术资格 574 人。2012 年，自治区人力资源和社会保障厅在赤峰市组织开展中学高级专业技术资格评审工作,全市有 1705 人参加评审,有 913 人通过评审。1992—2014 年，全市累计评审专业技术职务 174.99 万人，其中高级 11.36 万人,中级 61.58 万人,初级 102.05 万人。到 2014 年,全市专业技术人员总数达到 90764 人,比 1991 年增长 1.42 倍。其中高级 12533 人,比 1991 年增长 13.73 倍;中级 38231 人,比 1991 年增长 3.58 倍;初级 40000 人,比 1991 年增长 39.90%。

专业技术及执业资格考试 1990 年,国家人事部决定,统计、计算机软件专业技术职务评审实行考试制度。1992 年 6 月,市机构编制委员会批准成立赤峰市专业技术职务任职资格考试办公室,与市职称改革办公室合署办公,负责全市专业技术职务任职资格考试的组织实施。1993 年 2 月,该办公室撤销,成立赤峰市专业技术资格考试中心,核定编制 6 人,为正科级事业单位,隶属市人事局。2005 年 6 月,更名为赤峰市人事考试中心。2014 年,赤峰市人事考试中心核定事业编制 15 人,实有人员 14 人。

1992—2005 年,市专业技术资格考试办公室(中心)共组织专业技术资格和执业资格考试 127030 人次。1992 年,进行计算机软件、统计、经济、审计、会计 5 个系列专业技术资格考试,共有 22342 人参加考试。其中中级资格 2897 人,初级资格 19445 人;有

2801 人考试合格，其中中级资格 207 人，初级资格 2594 人。1993 年，进行统计、审计、经济、计算机软件 4 个系列专业技术资格和全国法律顾问执业资格考试，共有 3680 人参加考试。1996—2000 年，进行经济、计算机软件、国际商务、统计、审计 5 个系列专业技术资格和注册资产评估师、房地产评估师、执业药师、执业中药师、注册税务师、造价工程师、企业法律顾问、监理工程师、注册城市规划师等 10 个系列执业资格考试，有 25281 人参加考试。2001—2005 年，进行 12 个专业技术资格、执业资格以及与职称相关的考试，有 75727 人参加考试。

2006—2014 年，市人事考试中心共组织进行 328735 人次的专业技术资格、执业资格、公务员录用考试以及其他社会化考试。2006—2010 年，进行 14 个专业技术资格、执业资格和与职称相关的考试，参加考试人数 123494 人。2011—2013 年，进行 16 个专业技术资格、执业资格、公务员录用等考试，参加考试人数 128846 人。2014 年，进行国家、自治区、市本级及旗县区委托考试 22 项，参加考试人数 76395 人。

专业技术考试结果作为专业技术职务评审的基本条件，考试合格具备相应职称的评审资格，不合格者则失去相应资格。

专业技术职务聘任　1991—2000 年，全市事业单位和国有企业通过专业技术职务评审(获得职称)的人员即获得相应的专业技术职务；乡镇集体企业、私营企业专业技术职务聘任由企业自行处理。2001 年以后，专业技术职务评聘分开，事业单位和国有企业专业技术职务聘任由单位或企业根据专业技术岗位，在具有任职资格的专业技术人员中聘任。截至 2014 年，全市事业单位专业技术职务岗位聘任率已接近 100%。

执业资格制度　1993 年，全市开始按国家规定推行律师(法律顾问)、会计(注册会计师)、医生(执业医师)等执业资格制度。到 2014 年，全市有 14200 人取得 32 种执业资格。

二、有突出贡献的中青年专家管理

1984 年 1 月，中组部、中宣部、劳动人事部、财政部印发《优先提高有突出贡献的中青年科学、技术、管理专家生活待遇的通知》。此后，约两年进行一次有突出贡献的中青年专家评选活动。被批准的国家级有突出贡献的中青年专家，自批准之月起，在本人职务工资标准内奖励晋升 1 级至 2 级职务工资。1987 年 3 月，市人事局开始组织全市国家级有突出贡献的中青年专家选拔推荐工作。当年，全市有胡洪凯、张凤 2 人被国务院批准为有突出贡献的中青年专家。

1988 年，市人事局开始选拔推荐自治区级有突出贡献的中青年专家。1992 年 2 月，市政府印发《关于选拔有突出贡献的中青年科学技术管理人员暂行办法》，市级有突出贡献的中青年科学、技术、管理人员由人事局在全市科技、管理工作者中组织评选，经专家评审委员会评审，由市委、市政府批准；自治区级和国家级有突出贡献的中青年专家在全市有突出贡献的中青年科学、技术、管理人员中产生，向自治区主管部门申报。市级有突出贡献的中青年科学、技术、管理人员和自治区级、国家级有突出贡献的中青年专家由市委、市政府表彰奖励。当年全市共选拔出有突出贡献的中青年科学、技术、管理人员的参评人选38人,经专家评审委员会评审,市委、市政府决定于文深等13人为全市有突出贡献的中青年科学、技术、管理人员。

1993年,全市共评选出有突出贡献的中青年科学、技术、管理人员67人;获得自治区级有突出贡献中青年专家9人,获得国家级有突出贡献中青年专家2人。2005年,全市被批准为有突出贡献的中青年科学、技术、管理人员7人,被批准为自治区级有突出贡献的中青年专家4人。2008年,向自治区推荐有突出贡献的中青年专家人选7人。2009年,向自治区推荐有突出贡献的中青年专家人选9人,被批准5人(自治区颁发荣誉证书和奖金)。2012年,全市被批准为有突出贡献的中青年科学、技术、管理人员8人。

1991—2014年,全市被国务院批准为国家级有突出贡献的中青年专家2人;被批准为自治区级有突出贡献的中青年专家18人;被批准为有突出贡献的中青年科学、技术、管理人员95人。

三、深入生产第一线有突出贡献的科技人员管理

1992年2月,根据自治区党委、政府安排部署,市委办公室、市政府办公室印发《赤峰市评选表彰深入生产第一线有突出贡献的科技人员暂行办法》,明确市和自治区两级深入生产第一线有突出贡献的科技人员的评选范围、入选条件、评选方法和表彰奖励等事宜;评选从1993年开始,每两年进行一次。1993年,全市推荐深入生产第一线有突出贡献的科技人员参评人选48人,经市人事局、市委组织部联席会议审议,市委、市政府批准35人为全市深入生产第一线有突出贡献的科技人员,并推荐其中的部分人员为自治区深入生产第一线有突出贡献的科技人员候选人。2005年,向自治区推荐深入生产第一线作出突出贡献的科技人员8人,入选6人。2008年,入选自治区深入生产第一线作出突出贡献的科技人员6人。2013年,推荐自治区深入生产第一线作出突出贡献的科技人选9人,入选5人。

四、享受国务院特殊津贴人员管理

1990年,中共中央、国务院决定给予全国作出突出贡献的专家、学者和技术人员发放政府特殊津贴。该津贴由国务院最终批准,称国务院特殊津贴。同年,市人事局开始在全市专业技术人员中选拔推荐享受国务院特殊津贴人员。选拔范围为:除符合拥护中国共产党领导、热爱祖国、遵纪守法、爱岗敬业、具有良好的职业操守等政治条件外,主要选拔全市科学研究、科技推广、工农(牧)业生产、教育、卫生等工作一线的科技成就突出者、贡献卓著者,获得全国技术能手、全国劳动模范、全国五一劳动奖章等荣誉称号人员,在本职工作、本职岗位业绩突出、影响广泛的专业技术人才、高技能人才。

选拔程序为:基层单位按隶属关系逐级推荐,旗县区人事局和市直企事业单位主管部门审核汇总后,将推荐人选列出先后次序,报市人事局;市人事局按照自治区人事厅下达的享受政府特殊津贴人选控制指标数,组织同行专家对被推荐人选进行评审,

经市政府批准后，上报自治区人事厅，最后由人事部报送国务院批准。

享受国务院特殊津贴人员的待遇为：1994 年前，给予每人每月津贴 100 元，直至终身；1995—2000 年，给予每人一次性发放津贴 5000 元，免征个人所得税；2001—2002 年，给予每人一次性发放津贴 1 万元；2004 年起，给予每人一次性发放津贴 2 万元。

1991 年，全市被批准享受国务院特殊津贴的人员 5 人。1992 年 6 月，全市推荐 38 人，被批准享受国务院特殊津贴的人员 20 人。1993 年，被批准享受国务院特殊津贴的人员 6 人。2005 年，被批准享受国务院特殊津贴的人员 2 人。2007 年，自治区批准申报赤峰市享受国务院特殊津贴人员 2 人，被批准 1 人。2008 年，向自治区推荐享受国务院特殊津贴人选 6 人，被批准 1 人。2010 年，向自治区推荐享受国务院特殊津贴人选 7 人，被批准 1 人。2012 年，向自治区推荐享受国务院特殊津贴人选 8 人，被批准 4 人。2014 年，向自治区推荐享受国务院特殊津贴人选 8 人，被批准 1 人。1990—2014 年，全市共有享受国务院特殊津贴人员 66 人，其中 1991 年到 2014 年共有 49 人。

五、院士专家工作站管理

院士专家工作站是中国科协总结发达地区典型经验，旨在提高国家和地方自主创新能力、建设创新型国家、落实《国家中长期人才发展纲要（2012—2020 年）》、推进产学研结合、服务企事业单位技术创新和地方经济社会发展的一项战略举措。2012 年，市医院与中国工程院邱贵兴院士合作，建立赤峰市医院麻醉与骨科院士工作站，成为全市第一家院士专家工作站（自治区级院士专家工作站）。市人事劳动与社会保障局作为主管部门，具体负责院士专家工作站的院士专家进站、课题（项目）选择、课题跟踪、评估、结题、出站等环节的沟通协调、管理、服务等工作，保障院士专家应有的科研、工作、生活条件，确保院士专家顺利开展工作。同年，市政府制定《赤峰市院士专家工作站管理办法》，推进院士专家工作站制度化、规范化管理，优化院士专家工作站的发展环境。2014 年，建成自治区级院士专家工作站 3 个，即赤峰赛林泰药业有限公司中国工程院甄永苏院士工作站、内蒙古沐禾金土地节水工程设备有限公司中国工程院瞿金平院士工作站、宁城县中心医院中国科学院汪忠镐院士工作站。同年，市委组织部、市科技局、市科协联合开展市级院士专家工作站创建工作，建成市级院士专家工作站 7 个，院士专家工作站所在单位分别是赤峰市农牧科学研究院、赤峰市医院肿瘤内科、内蒙古沐禾金土地节水工程设备有限公司、赤峰和润农业高新科技产业开发有限公司、宁城县中心医院、赛罕乌拉国家级自然保护区管理局、赤峰赛林泰药业有限公司。截至 2014 年底，全市共有院士专家工作站 11 个，其中自治区级 4 个，市级 7 个。

六、人才和智力引进

1991 年，赤峰市人才交流服务中心成立，与市人事局干部调配科联合办公。1992 年 1 月，市人才交流服务中心从干部调配科中分离，核定事业编制 5 个，专门负责全市人才、智力引进和人才交流工作。2000 年 10 月，市委办公室、市政府办公室印发《关于进一步加强人才培养引进和使用工作的意见》,决定设立人才开发基金,市财政每年拨付资金50万元作为人才开发基金的基础资金并列入预算,基金管理委员会办公室设在市人才交流服务中心。

国内人才智力引进　赤峰市国内人才智力引进从1992年开始。当年,市人才交流服务中心协助有关单位招聘各类人才341人。2003—2007年,全市共招聘引进急需大专以上毕业生1606人。

国外智力引进　2003年,根据自治区政府办公厅《关于调整自治区引进国外智力机构隶属和职能关系的通知》精神,市政府决定引进国外智力职能由市外事办划归市人事局。2005年,各旗县区按市政府要求将引进国外智力的职能调整到人事部门。同年,市政府办公厅印发《关于调整赤峰市引进国外智力工作领导小组的通知》,进一步加强引进国外智力工作的组织领导和综合协调工作。2006年,市政府印发《关于进一步加强引进国外智力工作的意见》,通过优化外部环境、加强政策引导,促进引进国外智力工作。2010年,市政府办公厅印发《赤峰市人力资源和社会保障局主要职责内设机构和人员编制规定》,其中明确成立引进国外智力办公室,作为市人力资源和社会保障局的内设机构,专门负责引进国外智力的具体工作。

2004年,国家外国专家局、自治区外国专家局批准赤峰市引智项目5个,分别是赤峰奥贝思医药科技有限责任公司"符合USP级左氧氟沙星的合成开发项目",赤峰市农牧科学研究院"向日葵、高粱新品种引进与示范推广项目""牛羊营养补剂引智项目",大唐国际克什克腾煤制天然气有限责任公司"空分一拖二空压机组调试项目",赤峰学院"肺癌模型EGFR分子的活体研究项目"。到2014年,国家外国专家局、自治区外国专家局分别批准赤峰市引进国外智力项目29个,涉及医药、农业、畜牧、化工、纺织、林业、高等教育等领域。同年,赤峰市农牧科学研究院被自治区人事厅命名为"自治区引进国外智力设施蔬菜新成果示范基地"。

2012年12月,全市16家单位获得聘请外国专家资格。至2014年,全市共聘请外国专家技术指导、讲学170人次;获得国家"友谊奖"的外国专家有1人,获自治区政府"骏马奖"的外国专家有7人。

2011年、2012年,翁牛特旗举办"爱德基金会"暑期中小学英语教师培训班,美国、芬兰的外籍教师从英语口语表达能力、听力技能、语音语调和多向思维、创新意识等方面对翁旗200多名中小学英语教师进行全方位培训。2012年,市人力资源和社会保障局执行国家外国专家局批准的赴德国社保基金监督管理培训项目,市和旗县区两级人力资源和社会保障机构共16人参加培训。2013年,市就业服务局执行赴美国就业服务体系建设培训项目。

第四章　工资　福利

第一节　机关事业单位人员工资福利

一、工资

工资制度改革　1991 年，全市机关事业单位人员继续执行中共中央、国务院 1985 年 7 月 1 日印发的《关于国家机关和事业单位工作人员工资制度改革的通知》规定的结构工资制，工资构成包括基础工资、职务工资、工龄津贴和奖金。1993 年 10 月，落实国务院部署的全国第三次工资制度改革，机关工作人员实行以职务和级别为主的职级工资制；事业单位人员与国家机关的工资制度脱钩，实行具有不同行业特点的分类工资制度，即专业技术职务等级工资制、专业技术职务岗位工资制、艺术结构工资制、体育津贴与奖金制、工人工资制。1994 年，落实自治区政府印发的《贯彻国务院关于机关和事业单位工作人员工资制度改革问题的通知》，机关工作人员（工勤人员除外）实行职务级别工资制度，由基础工资、级别工资、职务工资、工龄工资四部分组成；事业单位人员实行岗位绩效工资制度，由岗位工资、薪级工资、绩效工资和津贴补贴四部分组成，岗位工资和薪级工资为基本工资，执行国家统一的政策和标准。

2006 年 7 月，落实全国第四次工资改革。国家公务员的基本工资由 1994 年的四项调整为职务工资、级别工资两项；国家机关中的技术工人仍实行岗位技术等级工资制，基本工资构成由岗位工资、技术等级工资、奖金三项调整为岗位工资和技术等级工资两项，普通工人仍实行岗位工资制，基本工资构成由岗位工资、奖金两项调整为岗位工资一项。事业单位人员实行岗位绩效工资制，岗位绩效工资由岗位工资、薪级工资、绩效工资和津贴补贴四部分组成，其中岗位工资、薪级工资为基本工资，执行国家统一政策和标准；岗位工资根据岗位设置等级，专业技术岗位设 13 个等级，管理岗位设 10 个等级，工勤技能岗位设 5 个等级，普通工人岗位不设等级；不同等级岗位对应不同的工资标准。2009 年，全市义务教育学校实施岗位绩效工资。2010 年，全市公共卫生、基层医疗卫生事业单位实施岗位绩效工资。2011 年，其他事业单位实施岗位绩效工资。

工资调整　1990 年，全市机关和事业单位工作人员年人均工资分别为 1760 元和 1826 元。1991—2014 年，全市共进行 5 次工资普调和多轮次的工资正常晋升。到 2014 年，全市机关和事业单位人均工资分别达到 59690 元和 61539 元。

普调。1993 年，普调工资基数。参加普调工资基数的在职人员 122710 人，其中市直机关事业单位 12578 人，旗县区 110132 人，人均月增资 82.98 元；参加普调离退休费的离退休人员 14791 人，其中离休 4057 人，退休 10734 人，平均月增加离退休费 139.18 元。

1997 年 7 月，普调在职人员工资标准。机关工作人员基础工资由 90 元调增到 110

元;事业单位人员调整职务工资标准,人均月增资20元。

1999年,普调在职人员工资标准和离退休人员离退休费。全市机关和事业单位在职人员人均月增资135.45元。其中机关工作人员基础工资由110元调整到180元,级别工资作相应调整;离退休人员人均月增离退休费119.85元。

2001年,普调机关事业单位在职人员工资标准,相应增加离退休人员的离退休费;实施机关事业单位年终一次性奖金制度,建立艰苦边远地区津贴。全市机关事业单位人均月增资303.63元;离退休人员人均月增离退休费253.85元。机关事业单位工作人员年终一次性奖金从2004年开始执行,在下年度的1月份兑现。

2006年,根据国务院《关于改革公务员工资制度的通知》和人事部、财政部印发的《关于公务员工资制度改革实施办法的通知》,全市开始执行全国第四轮工资制度改革。全市涉及工资调整的在职人员共有10566人。机关工作人员人均月增资272元,每月增加艰苦边远地区津贴78.7元;事业单位人均月增资311元,每月增加艰苦边远地区津贴75.4元;涉及增加离退休费的离退休人员4359人,其中离休人员人均月增加离休费504元、艰苦边远地区津贴93元,退休人员人均月增加退休费342元、艰苦边远地区津贴68元。

正常晋升。1993年工资改革后,根据机关事业单位特点,市和旗县区人事部门按照国家和自治区有关规定,建立依据考核结果正常晋升工资档次和职务工资级别的工资管理机制。

正常晋升工资档次。机关事业单位工作人员连续2年考核为称职(合格)以上的,可在本职务工资标准内晋升1个工资档次(被称为“大年”晋升),从下一考核年度的第一个月起兑现;离退休人员相应增加离退休费。至2014年,全市共有10次正常晋升工资档次。从1993年到2006年6月30日,事业单位工作人员每年有3%的人员提前晋升职务工资档次。

正常晋升工资级别。从2006年7月起,年度考核连续5年为称职并达到级别工资套改(表)规定年限及以上或连续3年优秀的公务员可晋升1个级别工资,级别工资的数额就近就高套入晋升后的级别标准内(从晋升后下一个月执行)。至2014年,全市共有4次正常晋升公务员工资级别。

正常晋升薪级与职务工资。从2006年7月起,事业单位年度考核结果为合格及以上的工作人员,每年增加一级薪级工资;到2014年,全市共有8次晋升事业单位人员薪级工资。

特殊情形工资待遇　根据国家和自治区政府及有关部门的规定,机关事业单位人员试用期间及受到奖励或处分、军队转业干部等特殊情况和特殊人员的工资待遇,按具体情况具体对待。这些特殊情况下的特殊人员,除军转干部自2006年开始外,均从1991年执行至2014年。

公务员试用期工资待遇。新录用的公务员试用期满合格后,按所任职务和级别执行相应的工资标准。直接从各类学校毕业生中录用的公务员，其职务工资执行与职务对应的标准：初中、高中和中专毕业生按办事员待遇；大学专科、大学本科、获得双学士学位的大学本科毕业生（含学制为六年以上的大学本科毕业生）、研究生班毕业和未获得硕士学位的研究生按科员待遇；获得硕士学位的研究生按副主任科员待遇；获得博士学位的研究生按主任科员待遇。级别工资按对应档次确定。

军队转业干部工资待遇。2006年后，分配到机关的军队转业干部，比照与军队职务等级相对应的地方同等条件人员确定基本工资。

受处分事业单位工作人员工资待遇。事业单位工作人员受警告处分的，不降低岗位工资、薪级工资和津贴补贴，绩效工资按本单位有关规定发放。受处分期间符合正常增加薪级工资条件的，从次年1月1日起增加薪级工资；受降职或者撤职处分的，从作出处分决定的次月起，岗位工资、绩效工资、津贴补贴按新聘（任）岗位确定，薪级工资按每降低一个岗位等级相应降低两级薪级工资确定，最低降至新聘（任）岗位的起点薪级。

受奖励人员的工资待遇。被授予省部级及以上劳动模范、先进工作者荣誉称号，且1993年工资制度改革后按国家规定高定工资档次的人员，在原工资套改的基础上再高定1个或2个级别工资档次：原高定1档职务工资的，其级别工资高定1个档次；原高定2档及以上职务工资的，其级别工资高定2个档次。全国劳动模范、先进工作者及其他享受全国劳动模范待遇的人员，每人每月发给100元劳动模范荣誉津贴；省部级劳动模范、先进工作者及其他享受省部级劳动模范待遇的人员，每人每月发给80元劳动模范荣誉津贴；由市政府命名的（含原昭乌达盟委、盟公署）历届全市劳动模范大会评选表彰的在职和离退休的市级劳动模范和先进工作者，每人每月发给60元劳动模范荣誉津贴；以上荣誉津贴终生享受，随工资发放。

二、津贴补贴

20世纪90年代末，赤峰市津贴补贴项目很少。具有中专、大学专科、大学本科学历的机关事业单位人员每人每月享有8元、15元、20元的知识分子补贴；在内蒙古自治区工作满25年的干部每人每月享有25元的边疆补贴。1995年，全市机关事业单位执行自治区统一的每人每月43元的福利补贴。1996年，市直机关事业单位在职和离退休人员每人每月增加17元的粮价补贴。2001—2014年，先后执行全自治区统一的艰苦边远地区津贴，规范机关事业单位在职和离退休人员津贴补贴，实施全国统一的话费、取暖费、误餐费补贴和交通费补贴。到2014年，全市机关事业单位在职和离退休人员的津贴补贴有艰苦边远地区津贴，工作性津贴，生活性补贴，话费、取暖费、误餐费补贴，交通费补贴。特殊岗位人员执行个别性的津贴补贴。

津贴　艰苦边远地区津贴。从2001年开始，根据自治区人事厅《关于实施艰苦边远地区津贴的通知》精神，全市普遍实施艰苦边远地区津贴。实施范围为：机关事业单位在职人员和离退休人员，离休人员按当地同职务在职人员标准增加离休费；退休人员以当地同职务在职人员标准为基数，按本人退休费计发比例增加退休费。该津贴实施后，除2007年随工资调高标准外，根据自治区政府《关于调整艰苦边远地区津贴的通知》和人力资源和社会保障部精神，全市分别于2006年、2011年、2012年调高标准，执行时间均从当年的7月1日开始。2011年，根据自治区人力资源和社会保障厅、财政厅《关于调整艰苦边远地区津贴一至三类区标准的通知》精神，从该年7月1日起，调整市直机关事业单位在职人员艰苦边远地区津贴，参加调整的共有16169人，人均月提高55.98元。2013年，根据自治区人力资源和社会保障厅、财政厅《关于调整艰苦边远地区津贴标准的通知》精神，调整市直机关事业单位在职及离退休人员艰苦边远地区津贴，参加调整的共有15532人，人均月提高28.8元。

规范公务员津贴补贴。2007年，根据自治区纪律检查委员会、组织部、监察厅、人事厅、财政厅、审计厅印发的《关于规范公务员津贴补贴的通知》精神，市和旗县区两级人事、财政等部门进行公务员系列人员津贴补贴规范工作。规范的内容为：取消公务员系列人员以前享受的所有津贴补贴，重新确立符合边疆少数民族地区公务员待遇要求及特点的津贴补贴标准。规范后的补贴从2007年1月1日执行。规范的人员范围包括已完成公务员登记并按公务员工资制度套改工资的公务员、机关工勤人员和离退休人员，经公务员主管部门批准参照公务员法管理的已完成公务员登记并按公务员工资制度套改工资的在职工作人员(包括行政工勤人员)和离退休人员。规范的方法是将公务员系列人员的津贴补贴划分为工作性津贴和生活性补贴两部分，两部分合计为公务员系列人员津贴补贴全部。整个规范工作延续至2010年。规范工作完成后，市本级和各旗县区同级别在职公务员和离退休人员的执行标准有所不同。2012年，市人力资源和社会保障局、财政局等部门进行并完成全市工作性津贴和生活性补贴统一工作。2013年，市财政局、市人力资源和社会保障局下发《关于行政事业单位第三阶段调增津贴补贴有关事宜的通知》，调增公务员及参照公务员法管理事业单位在职及离退休人员规范后的津贴补贴。2014年，全市规范后的津贴补贴无变化。

规范事业单位津贴补贴。2008年，市本级和旗县区人事、财政、教育等部门开展全市事业单位人员津贴补贴规范工作。到2010年，市本级和旗县区全部完成。2013年，市人力资源和社会保障局、财政局等部门完成全市事业单位人员津贴补贴标准的统一工作，统一后，全市事业单位人员津贴补贴总体水平略低于公务员。加上绩效工资，与公务员津贴补贴基本持平。

岗位性津贴补贴。岗位性津贴补贴指专门用于机关事业单位人员中特殊岗位的津贴补贴。根据人事部(人力资源和社会保障部)、财政部文件精神，1991—2014年，全市共执行13类人员的岗位性津贴补贴。

1.审计人员岗位津贴。1987年，对基层审计人员外勤工作开始给予补贴。2014年，继续执行。

2.纪检人员岗位津贴。1992年，对纪检、监察部门办案人员开始实行外出办案补贴。2014年，继续执行。

3.党外人士生活补贴。1992 年,实行党外人士生活费补贴。

4.人民检察院办案人员岗位津贴。1992 年起,人民检察院干警开始实行岗位津贴。2014 年,继续执行。2011—2014 年,地方各级人民检察院办案人员(检察官、书记员及其他辅助办案人员)发放同岗位津贴。

5.人民法院办案人员岗位津贴。人民法院干警岗位津贴执行的人员范围(法官、书记员、其他辅助办案人员)、级别划分(一级大法官至五级法官)、执行标准及时间与人民检察院办案人员完全相同。

6.人民警察津贴(补贴)。具体包括警衔津贴、执勤岗位津贴和加班补贴。1995 年,实施人民警察警衔津贴,2000 年、2002 年、2004 年, 先后 3 次调整警衔津贴标准。2014 年,继续执行。

7.卫生防疫岗位津贴。2004 年 1 月 1 日开始发放。2014 年,继续执行。

8.司法助理员岗位津贴。2010 年 1 月 1 日开始发放。2014 年,继续执行。

9.纪检监察办案人员补贴。2011 年 1 月 1 日开始发放。2014 年,继续执行。

10.信访工作人员岗位津贴。2010 年 1 月 1 日开始发放。2014 年,继续执行。

11.密码人员岗位津贴。2012 年 1 月 1 日开始发放。2014 年,继续执行。

12.税务征收岗位津贴。2012 年 1 月 1 日开始发放。2014 年,继续执行。

13.安全生产监管监察岗位津贴。2012 年 7 月 1 日开始发放。2014 年,继续执行。

补贴　1991—2014 年,全市先后实施 5 类 7 种补贴。

职工住宅取暖费补贴。1991 年,按照赤峰市物价局《关于集中供热取暖收费标准的通知》,规定取暖费以建筑面积计算,每月每平方米收费 0.25 元,其余由职工所在单位补贴。1993 年,根据赤峰市物价局、财政局、城乡建设委员会《关于集中供热取暖收费标准的批复》规定,将每月每平方米收费标准由 0.25 元调整为 0.45 元。从 1994 年开始,职工住房按国家规定职级住房标准,取暖费实行财政和职工个人共同负担,具体标准为:科级及以下干部和人员每户建筑面积 56 平方米;处级干部、1983 年前中级职称人员和 1983 年后被聘任的中级专业技术职务人员每户建筑面积 76 平方米; 厅级干部、1983 年前高级职称人员和 1983 年后被聘任的高级专业技术职务人员每户建筑面积 100 平方米。对以上标准内的按实际居住面积由个人每平方米负担 0.45 元,对超标准面积在 15 平方米以内(含 15 平方米)的部分由个人每平方米负担 1 元,此后逐步过渡到超标准面积由个人全部自理;对超标准面积在 15 平方米以外的部分,全部由个人自理。1996 年,市政府印发《赤峰市市直集中供热取暖费补贴办法的通知》,行政机关事业单位实行全额补贴。1999 年,市政府《关于印发〈赤峰市市直职工取暖费补贴办法〉的通知》规定,厅级干部、高级专业技术职务人员,每人每年补贴 984 元;处级干部、中级专业技术职务人员,每人每年补贴 720 元;科级及以下干部职工,每人每年补贴 522 元;配偶一直未参加工作并共同生活的离休干部,在享受相应补贴标准的基础上,每人每年增加补贴 400 元;高级技工、遗属户按科级干部标准补贴。2000 年,市财政局下发《市直职工取暖费补贴有关事项补充通知》，对离退休人员取暖补贴标准做出规定。2014年,职工住宅取暖费补贴并入工资中的津贴补贴项目。

43元福利补贴。1995年,市政府决定从1995年7月开始发放1994年自治区统一出台的机关事业单位职工每人每月43元福利补贴。2007年,该补贴取消。

粮价补贴。1996年，市财政局下发《关于实施市直机关单位粮价补贴的通知》,从1996年7月1日起,市本级机关事业单位工作人员每人每月补贴17元。2007年,该补贴取消。

话费、取暖费、误餐补贴。从2011年1月1日起,全市机关事业单位在职及离退休人员开始执行话费、取暖费及误餐补贴;补贴标准依公务员级别和技术工人的技术等级确定。

离休、退休、退职人员话费、误餐补贴。分别按当地同职务在职人员标准的90%、70%、50%执行;离退休人员取暖费按同职务在职人员标准执行。话费、取暖费补贴到2014年继续执行;误餐补贴到2012年7月1日取消。

交通补贴。自2012年7月1日起,全市机关事业单位在职人员发放交通补贴,离退休和退职人员按当地同职务在职人员标准的90%、70%、50%执行。公务员的补贴标准分别为厅级500元、处级450元、科级及技师以上工人400元、科员及以下和高级工以下工人350元;事业单位人员二至四级专业技术岗位500元、五至七级专业技术岗位450元、八至十级专业技术岗位和七至八级管理岗位及技师以上工人400元、十一至十三级专业技术岗位和九至十级管理岗位及高级工以下工人350元。

三、福利

根据国家和自治区有关规定,1991年，全市机关事业单位人员福利主要有公费医疗、各种假期、伤残抚恤、养老、丧葬抚恤、遗属生活困难补助。到2014年,除恢复福利费、增加一次性抚恤金外,其余福利种类与1991年相同。

福利费制度　1995年,全市机关工作人员福利费按每人每月10元提取;事业单位工作人员按工资总额的2.5%提取。2001—2014年,调整为机关事业单位工作人员统一按工资总额的2.5%提取。

年休假制度　1991年7月，国务院决定恢复机关事业单位工作人员年休假制度。2008年1月1日,国务院《职工带薪年休假条例》施行;同年,人事部《机关事业单位工作人员带薪年休假实施办法》施行。从年休假制度实施开始到2014年,全市机关事业单位普遍结合实际参照执行,多数机关单位的年休假天数未达到规定标准。

婚假、丧假待遇　1991—2014年,本人结婚或者直系亲属(父母、配偶和子女)死亡时,可根据具体情况由本单位行政领导批准,酌情给予1~3天的婚丧假,属于晚婚的增加婚假15天;婚丧假可根据路程远近,另给予路程假。

探亲假待遇　1991—2014年,探望配偶的,每年给予一方探亲假一次,假期为30天。未婚职工探望父母,原则上每年给假一次,假期为20天,因工作需要,当年不能给予探亲假或职工自愿两年探亲一次的,可两年给假一次,假期为 48 天;已婚者探望父母的,每四年给假一次,假期为 20 天。在规定的探亲假和路程假期内,本人的工资和各种津贴补贴照发;探望配偶和未婚职工探望父母的往返路费,由所在单位负担;已婚职工探望父母的往返路费,在本人月标准工资 10%以内的由本人自理,超过部分由所在单位负担。

产假待遇 按 1995 年 1 月 1 日施行的《中华人民共和国劳动法》规定,女职工产假为 90 天,其中产前休假 15 天,难产的增加产假 15 天;多胞胎生育的每多生育 1 个婴儿,增加产假 15 天。至 2014 年,全市机关事业单位产假一直照此执行。

病假待遇 1991—1999 年,执行国家和自治区有关规定。2000 年 1 月后,执行自治区人事厅 1999 年印发的《关于内蒙古自治区机关全额事业单位病假期间生活待遇的通知》,病假在 2 个月以内的原工资照发;超过 2 个月不足 6 个月的,从第 3 个月起按工作年限计发工资,10 年及以下的按天计发本人基本工资的 90%,11 年及以上的原工资照发;病假超过 6 个月的,从第 7 个月起发本人基本工资的 70%~90%,工作年限 10 年及以下的发 70%,工作年限 11~20 年的发 80%,工作年限 21 年及以上的发给本人基本工资的 90%。享受省部级及以上劳动模范待遇的人员,其病假在 6 个月以内原工资照发;超过 6 个月的,从第 7 个月起,其病假期间工资可在相应工作年限病假工资基础上提高 10%~15%,但最多不得超过本人原工资数额。以上规定均包括公休节假日。

事假待遇 自 2000 年 1 月起,全市机关全额事业单位工作人员事假及事假期间工资待遇为:全年事假累计未超过 20 天或一次性事假未超过 15 天原工资照发;全年事假累计超过 20 天或一次性事假超过 15 天,其超过天数的工资按本人基本工资的 70%计发;全年事假累计超过 30 天的,其超过天数的工资按本人基本工资的 50%计发;全年事假累计超过 60 天的,按超过天数停发本人全部工资;未经请假擅自离开工作岗位,或者假满未经续假而逾期不归的,按旷工论处,旷工 6 天及以下的扣除本人旷工天数的基本工资;旷工 7 天以上的停发本人当月全部工资。至 2014 年未变。

一次性抚恤金 从 1994 年起,一次性抚恤金执行人事部(人薪发〔1994〕48 号)文件规定,抚恤对象为机关事业单位工作人员及离退休人员,抚恤金数额按死者生前最后一个月的基本工资计发:批准为革命烈士的 40 个月、因公死亡的 20 个月、一般病故的 10 个月;"文化大革命"期间受迫害致"全残""基残"人员同时执行自治区(内党落字〔1990〕4 号)文件,死亡按因公对待。从 2004 年 10 月 1 日起,一次性抚恤金标准上调,烈士、因公牺牲、病故分别按 80 个月、40 个月、20 个月计发。从 2011 年 8 月 1 日起,其标准再次上调:烈士和因公牺牲的为上一年度全国城镇居民人均可支配收入的 20 倍加本人生前 40 个月基本工资或基本离退休费;病故的为上一年度全国城镇居民人均可支配收入的 2 倍加本人生前 40 个月基本工资或基本离退休费。

丧葬费 从 2004 年 7 月开始,丧葬费按上年度 4 个月的全市月平均工资计发。2004 年 7 月至 2014 年,全市上年度月平均工资和丧葬费数额分别为:2004 年 799 元和 3196 元,2005 年 907 元和 3628 元,2006 年 1051 元和 4204 元,2007 年 1249 元和

4996 元,2008 年 1522 元和 6088 元,2009 年 1843 元和 7372 元,2010 年 2285 元和 9140 元,2011 年 2610 元和 10440 元,2012 年 3223 元和 12892 元,2013 年 3711 元和 14844 元,2014 年 3979 元和 15916 元。

遗属生活困难补贴 遗属生活困难补助的对象为依靠机关事业单位死者生前直接供养的亲属，主要包括年满 60 周岁或不满 60 周岁但完全丧失劳动能力的父夫、年满 50 周岁或不满 50 周岁但完全丧失劳动能力的母妻和年未满 16 周岁或满 16 周岁尚在普通中学学习或完全丧失劳动能力的子女、弟妹。

1990 年,赤峰市遗属生活困难补助标准为城镇居民每人每月 40 元,郊区和牧区居民 33 元，农村居民 32 元。1993 年 9 月，三类居民每人每月标准分别调高到 50 元、43 元、42 元。1997 年 1 月,调整离休干部遗属补助(每人每月)标准,有子女的由 100 元提高到 120 元,无子女的由 120 元提高到 150 元。1997 年 10 月,普调遗属生活每人每月补助标准,因公死亡的 120 元,非因公死亡的 20 元,居住在城镇的 80 元,居住在农村的 60 元,孤身一人的可在上述标准上增加 20 元。

2002 年,自治区政府印发《关于调整遗属生活困难补助标准的通知》,遗属生活补助标准按当地上年度职工月平均工资的一定比例确定：在职及退休职工因公死亡遗属、离休干部遗属、符合原劳动人事部《关于建国前参加工作退休老工人待遇的通知》规定领取 100%退休费的工人遗属(简称“100%退休费的工人遗属”)按当地上年度职工月平均工资的 35%补助,孤身一人的按 40%补助;在职及退休职工非因公死亡遗属按当地上年度职工月平均工资的 25%补助，孤身一人的按 30%补助。2004 年 7 月至 2014 年,在职及退休职工因公死亡遗属、离休干部遗属和 100%退休费的工人遗属补助(每人每月)由 280 元提高到 1393 元,孤身一人的由 320 元提高到 1592 元;在职及退休职工非因公死亡遗属补助(每人每月)由 200 元提高到 995 元,孤身一人的由 240 元提高到 1194 元。

第二节 企业职工工资福利

1991 年后,企业用人与分配自主权进一步扩大,全市企业职工工资和福利由计划经济时期的“管理高度集中、政府统一审批”逐步向“劳动市场调节、企业自主分配、职工民主参与、国家监控指导”转变。市和旗县区两级政府及劳动等部门积极落实国家和自治区有关政策,加强企业工资和福利分配及兑现情况的监管,企业职工利益得到应有保障。1991—2014 年，企业职工工资政策和相关制度全面落实，工资水平始终高于社会平均工资标准。

一、工资

工资制度 改革开放前，全市企业职工工资制度主要是 1952 年和 1956 年两次全国性的工资改革中建立起来的。1985 年 1 月,执行国家企业职工工资制度第三次重大改革，即实行企业职工工资总额同经济效益挂钩的分配制度，工资总额随企业经济效益高低按比例浮动，同时实行企业工资分级管理体制。到1991年，全市国营和集体所有制企业工资全部采取与经济效益挂钩的办法，实行浮动、计件、承包等多种工资形式。1991年后，企业改革持续推进，企业用人和分配自主权继续扩大。市和旗县区两级政府和劳动社会保障部门根据国家和自治区有关政策法规，先后落实和实施多项既有利于企业生产经营、又能够保障职工利益的工资管理制度。至2014年末，全市企业职工工资制度建设逐步完善，长效机制基本形成。

工效挂钩制度。1992年，全市国有集体企业开始实行具有工效挂钩性质的岗位技能工资制。同年，自治区劳动厅开始对盟市企业劳动工资计划按相关经济指标和一定比例进行弹性调控。1994年，市和旗县区劳动部门通过《工资基金管理手册》和《工资总额手册》，开始对全市国有集体企业工资总额进行动态弹性调控。企业按照“两个低于”（工资总额低于国内生产总值的增长，平均工资低于劳动生产率的增长）的原则，采取工资总额和职工工资“双控”办法，自主编制工资计划、制定工资标准，并抄送劳动部门备查。到1997年，全市共有1075家国有企业和649家集体企业使用《工资基金管理手册》和《工资总额手册》，使用比例占企业总数90.7%。2003年后，全市国有集体企业转制结束，工效挂钩制度继续在私营、股份合作等企业中执行。

劳动力市场工资指导价位制度。1999年10月25日，劳动和社会保障部印发《关于建立劳动力市场工资指导价位制度的通知》，要求全国所有地级以上中心城市在2001年前全部建立工资指导价位制度。同年，自治区劳动和社会保障厅印发《关于建立劳动力市场工资指导价位制度和人工成本预测预警体系试点工作的通知》，市政府决定由市劳动局等部门负责在全市试点并逐步推开劳动力市场工资指导价位和人工成本预测预警工作。2000年，市劳动局下发《赤峰市劳动力市场工资指导价位试点工作实施方案》，开始向社会公布60个职位的工资指导价位。工资指导价位的样本从不同行业生产经营正常、劳动工资分配管理较为规范的企业职工工资价位中选取。根据自治区劳动和社会保障厅提供的工资指导价位基数，按照国家职业分类大典和劳动力市场职业分类与代码确定的职业（工种），对提供正常劳动的职工年工资水平进行调查、分析、汇总、整理，测算出当年的职位工资指导价位，经市政府批准，向社会公布。用人单位根据职位工资指导价位合理确定本单位职工工资标准。2003年，市劳动和社会保障局公布100个职位的工资指导价位，此后每两年调查和发布一次，并定期或不定期地进行劳动力市场工资指导价位落实情况的督促检查。2005年，向社会公布190个职位的工资指导价位。2006年，通过对全市各类企业220个工种工资指导价位的调查统计分析，向全社会公布205个不同职位的工资指导价位。2013年，向社会公布173个工种的工资指导价位。

最低工资保障制度。1995年，自治区劳动厅制定并在全自治区实施最低工资保障制度，市劳动局综合企业职工工资现状、企业经营状况、物价、全市社会平均工资等多种因素,向全市企业推出并督促执行职工最低工资标准和最低工资保障制度,定期不定期进行企业落实职工最低工资保障制度的监督检查。当年,全市所有企业的职工工资均超过最低工资标准,其中城镇在岗职工平均工资高于二类区最低工资标准170元,高出幅度为106%;高于三类区最低工资标准190元,高出幅度为136%。到2014年,全市所有企业的职工工资均未出现低于最低工资标准现象。同年,城镇在岗职工平均工资高于二类区最低工资标准2357元,高出幅度为168%;高于三类区最低工资标准2457元,高出幅度为189%;高于四类区最低工资标准2557元,高出幅度为213%。

工资集体协商制度。2001年,劳动和社会保障部发布《工资集体协商试行办法》,建立和完善企业职工工资产生和增长机制。2005年,市劳动和社会保障局进行企业职工工资集体协商试点。2006年,在全市推广。到2014年,全市实行工资集体协商的非国有和国有控股企业达到5433个,占应协商企业总数的90%。

工资收入监督检查制度。2000年,市劳动局协调指导市内各类企业开展年薪制、岗位工资制、职工入股等企业工资收入的监督检查,监督企业确保最低工资标准,维护企业职工的合法权益。此后,市和旗县区劳动部门依据劳动法、工会法等法律法规,建立并落实企业职工工资收入监督检查制度;每年均开展企业职工工资的检查或抽查,接受企业职工来信来访。

工资调整 工资基数调整。1991年,根据自治区劳动厅转发《劳动部关于调整企业职工工资标准的通知》精神,全市企业职工工资标准每人每月提高工资6元;新参加工作的企业职工按学历高低确定工资。1994年,根据自治区劳动厅、财政厅、经委《关于深化企业工资改革适当解决企业工资问题的意见的通知》精神,全市以1993年底企业在册职工人数为准,按人均每月50元的标准增加企业职工工资。2000年,根据自治区劳动和社会保障厅《关于企业职工工资调整和管理工作中有关问题指导意见的通知》,市劳动局履行并完成市直31家企业近5000名职工增资审批手续。

最低工资标准调整。1995年,自治区劳动厅在自治区国有集体企业中执行最低工资标准制度,具体标准不定期进行调整,未调整年度执行上年度最低工资标准。同年,赤峰市城镇在岗职工年平均工资3694元;最低工资标准调整为每人每月160元,部分旗县区为140元。1999年,根据自治区政府办公厅转发《自治区劳动厅、财政厅、民政厅关于做好提高三条社会保障线水平等有关工作实施意见的通知》精神,全市企业职工最低工资标准调整为市本级及红山区、松山区、元宝山区每人每月270元,各旗县每人每月220元。2006年,全市城镇在岗职工年平均工资14196,企业职工工资标准上调45%,最低工资标准调整为市本级及红山区、松山区、元宝山区每人每月520元,各旗县每人每月460元。2013年,全市企业最低工资标准在上年度基础上上调15%,市本级达到每人每月1250元,部分旗县区达到每人每月1150元。2014年,全市再次调整企业职工最低工资标准,市本级每人每月1400元,部分旗县区每人每月1300元。

工资类区执行调整。1997年,市劳动局下发《关于改行内蒙古自治区国有企业职

1991—2014年赤峰市职工最低工资标准一览表

表20-2-7　　单位:元

年份	社会平均工资	城镇在岗职工年平均工资	最低月工资标准		
			二类区	三类区	四类区
1991	1909	2159	—	—	—
1992	2217	2350	—	—	—
1993	2707	—	—	—	—
1994	3352	—	—	—	—
1995	3807	3964	160	140	—
1996	4315	4393	—	—	—
1997	4881	5064	190	170	—
1998	4697	5134	—	—	—
1999	5285	5883	247	221	—
2000	5741	5931	—	—	—
2001	7109	6699	—	—	—
2002	8400	7301	310	290	—
2003	9307	7944	—	—	—
2004	10348	9205	400	380	—
2005	12087	11505	—	—	—
2006	14365	14196	520	460	400
2007	18261	16325	620	560	500
2008	22107	20876	—	—	—
2009	27415	24200	—	—	—
2010	31321	27218	820	750	680
2011	38680	32764	980	900	820
2012	44531	38098	1100	1000	900
2013	47751	39911	1250	1150	1050
2014	52152	45087	1400	1300	1200

说明:二类区为市本级及红山区、松山区、元宝山区;三类区为敖汉旗以外的其他旗县;四类区为敖汉旗。

1991—2014 年赤峰市城镇非私营单位从业人员工资总额和工资水平一览表

表 20-2-8

年份	工资总额（万元）	年平均工资（元）	增长率(%)	年份	工资总额（万元）	年平均工资（元）	增长率(%)
1991	74069	1909	7.0	2003	295239	9307	10.8
1992	88222	2217	16.1	2004	345875	10348	11.2
1993	109298	2707	22.1	2005	389963	12087	16.8
1994	141341	3352	23.8	2006	469538	14365	18.8
1995	161742	3807	13.6	2007	578332	18223	26.9
1996	182647	4315	13.3	2008	678469	22025	20.9
1997	203320	4881	13.1	2009	855089	27309	24.0
1998	188070	4697	-3.8	2010	992171	31238	14.4
1999	200182	5285	12.5	2011	1238787	38546	23.4
2000	205356	5741	8.6	2012	1456726	44381	15.1
2001	244388	7109	23.8	2013	1858393	47292	6.6
2002	268864	8400	18.2	2014	1925820	51504	8.6

工参考工资标准的通知》，红山区、松山区、元宝山区执行七类地区工资标准；各旗县执行六类地区工资标准。

工资总额与工资水平　1991 年后，随着全市经济持续发展、企业效益增加，尤其工资制度及保障措施的落实，企业职工工资水平逐年提高。1991—2014 年，全市城镇非私营企业工资总额由 1991 年的 7.4 亿元增加到 2014 年的 192.6 亿元，增加 185.2 亿元，增长 25 倍；职工年平均工资由 1991 年的 1909 元增加到 2014 年的 51504 元，增加 49595 元，增长 26 倍；各年度增长率在 -3.8%～26.9%不等，除 1998 年 1 个年份为负增长、1991 年为 7%、2000 年为 8.6%、2013 年为 6.6%、2014 年为 8.6%的增长外，其余年份均为 10%以上的增长。

二、津贴补贴及福利

卫生补贴　1992 年 6 月，根据自治区劳动厅规定，企业女职工每月发给 5 元的卫生补贴。该补贴发放至 2010 年 12 月。

取暖和蔬菜补贴　1992 年，根据自治区劳动厅印发的《关于按月发放职工冬季取暖补贴和蔬菜补贴的通知》精神，每年一次性 42 元的冬季取暖补贴和 30 元的蔬菜补贴改为按月随工资发放，取暖补贴每人每月 3.5 元，蔬菜补贴每人每月 2.5 元。企业改革结束时取消。

安全津贴 1994年，自治区劳动厅规定“井下作业的生产工人、学徒、跟班作业的技术人员和管理人员均享受井下津贴”。同年，市劳动局开始建立并执行井下津贴制度，煤炭井下工人按最高不超过工资15%的标准发放岗位津贴，其他非金属矿山井下人员根据不同的劳动条件分别按每天0.2元、0.25元、0.35元发放安全津贴。到2010年，宁城县改为每人每次井下工作1.5元，并保持至2014年。

生活补贴 2011年，人力资源和社会保障部、财政部印发《关于提高建国前参加工作的老工人生活补贴标准和扩大发放范围的通知》。自治区人力资源和社会保障厅、财政厅决定对1937年7月6日前参加工作的老工人增发生活补贴，补贴标准为由原来每人每年2个月基本退休费增加到3个月的基本退休费。全市自2011年开始执行，2014年延续。

高温津贴 2013年10月，自治区人力资源和社会保障厅、卫生厅、安全生产监督管理局、总工会转发国家安全生产监督管理总局等部门《关于印发防暑降温措施管理办法的通知》规定，自治区行政区域内企业、事业单位和个体经济组织等用人单位安排劳动者在33℃（含33℃）以上高温天气从事室外作业连续6小时（含6小时）以上和在-25℃（含-25℃）以下高寒天气从事室外作业连续4小时（含4小时）以上享受高温高寒岗位津贴；高温高寒岗位津贴按月发放，高温岗位津贴每人每月180元，高寒岗位津贴每人每月230元；发放月数以自治区气象部门提供的数据为准。根据赤峰市的气候情况，全市均不能发放高寒津贴。高温津贴发放的时间分别为市区（红山区、松山区、元宝山区）、宁城县、巴林右旗、阿鲁科尔沁旗3个月（6—8月），巴林左旗、翁牛特旗、敖汉旗2个月（6—7月），林西县、克什克腾旗、喀喇沁旗1个月（7月）。

带薪休假 2007年，国务院颁布《职工带薪年休假条例》。机关、团体、企业、事业单位、民办非企业单位、有雇工的个体工商户等单位的职工连续工作1年以上的，享受带薪年休假。全市自2008年起依法推行职工带薪年休假制度。2008—2014年，市劳动部门坚持定期、不定期监督企业落实职工带薪年休假制度。

第五章 劳动就业

第一节 职工队伍

一、在岗职工

1991年，全市企业在岗职工396189人，其中国有企业313753人，占79.19%；集体企业82436人，占20.81%。1998年，国有集体企业改革全面实施，国有集体企业职工数量下降，非公有制企业职工数量上升。全市企业在岗职工359250人，其中国有企业职工下降到289727人，比重为80.65%；集体企业职工下降到48774人，比重为

1991—2014年赤峰市在岗职工人数统计表

表20-2-9

年份	年末职工总数(人)	国有企业		集体企业		非公有制企业	
		人数(人)	所占比重(%)	人数(人)	所占比重(%)	人数(人)	所占比重(%)
1991	396189	313753	79.19	82436	20.81	—	—
1992	409973	323719	78.96	86254	21.04	—	—
1993	407879	331922	81.38	74602	18.29	1355	0.33
1994	424412	332600	78.37	81050	19.1	10762	2.54
1995	432830	346216	79.99	79306	18.32	7308	1.69
1996	434223	350252	80.66	77662	17.89	6309	1.45
1997	426737	345800	81.03	72135	16.9	8802	2.06
1998	359250	289727	80.65	48774	13.58	20749	5.78
1999	288927	227087	78.6	38229	13.23	23611	8.17
2000	326353	266680	81.72	33449	10.25	26224	8.04
2001	313579	258059	82.29	27618	8.81	27902	8.90
2002	309327	245076	79.23	28051	9.07	36200	11.70
2003	308958	209780	67.90	25508	8.26	73670	23.84
2004	301546	209484	69.47	15294	5.07	76768	25.46
2005	295874	204600	69.15	14690	4.96	76584	25.89
2006	296782	196305	66.14	14452	4.87	86025	28.99
2007	312901	197867	63.24	14157	4.52	100877	32.24
2008	304064	198321	65.22	13060	4.30	92683	30.48
2009	298551	194009	64.98	10898	3.65	93644	31.37
2010	303286	197164	65.01	11145	3.67	94977	31.32
2011	305535	197229	64.55	11478	3.76	96828	31.69
2012	318648	201939	63.37	11914	3.74	104795	32.89
2013	357073	199844	55.97	10538	2.95	146691	41.08
2014	348893	196860	56.42	10032	2.88	142001	40.70

1991—2014年赤峰市在岗职工行业结构统计表

表 20-2-10　　　　单位:人

年份	农牧林业	工业行业	交通邮电业	金融保险业	商贸餐饮物流仓储业	建筑业	科研技术	社会服务	其他
1991	32983	159033	13472	7167	59020	18967	2281	—	103266
1992	32373	163108	13624	7492	60390	25046	2445	390	105105
1993	29504	90798	8919	8135	56749	26387	2355	—	185032
1994	31905	92564	13018	8326	58569	24453	2376	—	193201
1995	30481	176300	12650	7916	59778	28524	2216	—	114965
1996	29646	100659	12825	8869	57668	27580	1956	—	195020
1997	28626	91751	13118	9036	53813	29067	2159	7233	191934
1998	25596	59163	12629	9305	35689	17689	2089	7236	189854
1999	24505	51912	12098	8347	29315	15113	2180	6921	138536
2000	24148	46541	11696	8617	24337	14057	2013	7058	187886
2001	24154	41219	10589	8719	17463	12286	1967	7762	189420
2002	24297	36747	9526	8470	15666	13990	1821	6955	191855
2003	23347	40436	9172	8090	15041	14128	3149	7082	188513
2004	21850	35669	8328	8742	14254	9990	3580	4660	194473
2005	22482	34607	8676	8890	11997	10427	3596	481	194718
2006	19276	33850	8204	8886	12428	19807	3148	481	190702
2007	20963	35598	8509	9543	11835	31200	3354	787	191112
2008	21317	35046	8604	9745	9341	23586	3768	616	192041
2009	19684	36736	9094	10265	9377	16614	3678	638	192465
2010	19522	36427	8900	10758	9453	17696	3969	706	195855
2011	19700	39458	8661	11304	2162	16633	4489	7817	195311
2012	17515	43052	8706	11826	2382	21698	4785	7352	201332
2013	17303	50744	14610	11472	4075	37655	5025	12144	204045
2014	14683	49574	11486	11521	11596	35534	4757	7429	202313

13.58%;非公有制企业职工增加到20749人,比重为5.78%。到2007年,国有集体企业职工数量下降的势头不减,非公有制企业职工数量上升的势头增强。全市企业在岗职工312901人,其中国有企业197867人,占63.24%;集体企业14157人,占4.52%;非公有制企业100877人,占32.24%。到2014年,全市企业在岗职工348893人,其中国有企业196860人,占56.42%;集体企业10032人,占2.88%;非公有制企业142001人,占40.70%。

二、行业结构

1991年,全市企业在岗职工396189人,其中农牧林业32983人,占8.3%;工业159033人,占40.14%;交通邮电业13472人,占3.4%;金融保险业7167人,占1.8%;建筑业18967人,占4.79%;商贸餐饮物流仓储业59020人,占14.9%;科研技术人员2281人,占0.6%;其他行业103266人,占26.06%。1998年,全市企业在岗职工359250人,其中农牧林业25596人,占7.1%;工业59163人,占16.47%;交通邮电业12629人,占3.51%;金融保险业9305人,占2.59%;商贸餐饮物流仓储业35689人,占9.93%;建筑业17689人,占4.92%;科研技术人员2089人,占0.58%;社会服务业7236人,占2.01%;其他行业189854人,占52.85%。2006年,全市产业结构优化升级,职工队伍继续随经济结构变化而变化。全市企业在岗职工296782人,其中农牧林业19276人,占6.5%;工业33850人,占11.41%;交通邮电业8204人,占2.76%;金融保险业8886人,占2.99%;商贸餐饮物流仓储业12428人,占4.19%;建筑业19807人,占6.67%;科研技术人员3148人,占1.06%;社会服务业481人,占0.16%;其他行业190702人,占64.26%。2010年,全市企业在岗职工303286人,其中农牧林业19522人,占6.44%;工业36427人,占12.01%;交通邮电业8900人,占2.93%;金融保险业10758人,占3.55%;商贸餐饮物流仓储业9453人,占3.12%;建筑业17696人,占5.83%;科研技术人员3969人,占1.31%;社会服务业706人,占0.23%;其他行业195855人,占64.58%。2014年,全市企业在岗职工继续恢复性上升,总数348893人,其中农牧林业14683人,占4.2%;工业49574人,占14.21%;交通邮电业11486人,占3.29%;金融保险业11521人,占3.3%;商贸餐饮物流仓储业11596人,占3.32%;建筑业35534人,占10.18%;科研技术人员4757人,占1.36%;社会服务业7429人,占2.13%;其他行业202313人,占57.99%。

第二节　就　业

1991年后,全市职工就业进入由计划向市场、由安置就业向自主择业的转换时期,解决失业人员就业问题成为全市的重点工作之一。1996年后,市委、市政府和劳动就业等有关部门按照“就业是民生之本,促进就业是安国之策”的指导思想,积极落实国家和自治区的就业工作方针政策,制定、完善和实施全市的就业政策,建立健全就业工作协调机制和就业目标责任制，全市逐步形成以劳动就业政策为导向、以市场调节就业为基础、以政府促进就业为动力、以劳动者自主择业为主导的就业保障机制。1991—2014 年，全市累计新增城镇就业 42.97 万人，城镇登记失业率始终控制在 4.2%以内。

一、就业安置

1991 年，市劳动局在 1990 年“清岗腾位”的基础上，继续清理整顿企事业单位的临时工和计划外用工，全年清退来自农村的顶岗农民工 2000 多人，加上企业自然减员腾出的岗位，全市全年安置城镇待业人员 15296 人。同年，尚有登记失业人员 14125 人，失业率为 3.43%。

1992 年 7 月 23 日，国务院颁发《全民所有制工业企业转换经营机制条例》，赋予企业用人自主权，国家不再下达用人计划，企业用工与职工就业全部进入市场。全市城镇待业人员就业方式向推荐就业和双向选择转变，私营企业和从事个体经营成为就业主渠道。同年，全市新增城镇待业人员就业 14074 人。到 1995 年，全市年新增就业均超过 1 万人；登记失业超过 2 万人，达到 23891 人；登记失业人员数量明显大于新增就业数量，失业率为 3.12%。

1996 年，市政府印发《关于做好全市城镇待业人员就业工作的决定》，倡导国有企业利用设备、场地、技术、资金等方面优势，兴办集体企业，安置待业人员；鼓励行政事业单位兴办政企分开、独立核算、自负盈亏的集体企业，安置本部门、本单位、本行业的子女就业；引导劳动服务企业扩大生产经营规模，改善经营管理，吸纳更多的人员就业；鼓励待业人员走创业式就业道路。同年，全市新增城镇就业 11616 人，登记失业人员 26666 人，失业率为 3.24%。到 1999 年，全市年新增城镇就业 12094 人，登记失业人员下降到 15497 人，失业率为 3%。

2000 年，市政府办公厅印发《关于大力开展社区就业服务工作实施意见的通知》《赤峰市发展社区就业实施方案》，全市普遍开展社区就业服务工作。2001 年 4 月，赤峰市被劳动和社会保障部确定为全国 100 个社区就业工作重点联系城市之一。到 2005 年，全市新增城镇就业由 2000 年的 12100 人增加到 14023 人，城镇登记失业人员由 15300 人上升到 21000 人，失业率由 2.9%上升到 4.2%，新增就业速度仍然低于失业速度。

2006 年，全市开始创建充分就业社区工作，当年有 22 个社区达到自治区创建标准。2007 年 8 月 30 日，《中华人民共和国就业促进法》颁布后，市和各旗县区积极发展劳动密集型产业和服务业，大力扶持中小企业，主动支持引导非公有制经济发展，多渠道增加就业岗位和扩大就业。2011 年 7 月，市就业服务局成立创业指导中心，开展城乡创业培训、创业指导和创业服务工作，推动以创业带就业。2013 年 9 月，市就业服务局组织成立赤峰市创业者协会。截至 2012 年末，全市充分就业社区达到 150 个，自治区“充分就业星级社区”11 个，红山区昭乌达社区获得“全国充分就业社区”称号。2014 年，全市新增城镇就业 31696 人，登记失业 28176 人，失业率降到 3.96%。

1991—2014年赤峰市城镇就业、失业情况统计表

表20-2-11

年份	新增就业数(人)	尚有登记失业人员(人)	失业率(%)	年份	新增就业数(人)	尚有登记失业人员(人)	失业率(%)
1991	15296	14125	3.43	2003	14037	19996	4.00
1992	14074	13051	3.12	2004	12590	19925	4.20
1993	11302	17457	2.96	2005	14023	21000	4.20
1994	11097	26360	3.11	2006	23027	21476	4.18
1995	10075	23891	3.25	2007	30935	22450	4.14
1996	11616	26666	3.24	2008	28841	23600	4.14
1997	11036	16630	3.20	2009	20537	24130	4.17
1998	12562	13124	2.61	2010	23032	25050	4.20
1999	12094	15497	3.00	2011	23631	26000	4.17
2000	12100	15300	2.90	2012	27150	25128	3.88
2001	14007	15876	3.10	2013	29973	26256	3.87
2002	14960	17266	3.30	2014	31696	28176	3.96

二、就业扶持

从2003年开始,市委、市政府根据缓解全市就业与失业尖锐矛盾的需要,在充分运用国家和自治区专项资金的基础上,尽最大努力配套地方财政资金,开展就业和创业服务,扶持城镇失业人员就业或以创业带就业。

小额担保贷款　2003年,根据中共中央、国务院《关于进一步做好下岗失业人员再就业工作的通知》精神,经市委、市政府同意,市机构编制委员会批准,市和旗县区就业服务局相继成立扶持下岗失业人员创业的小额担保贷款中心。从该年开始,全市采取小额担保贷款中心审批、财政贴息、信贷部门(商业银行)放贷的办法,向有创业意愿、创业能力和创业资金不足的尚未就业的大中专毕业生、下岗或失业人员提供创业贷款。贷款主要条件是:属于就业或再就业扶持对象;办有创业性质的经济实体(个体工商户或小微企业);有符合担保及征信条件要求的担保人;贷款额度一般为10万元,最高的为20万元;贷款期限多为3年。贷款应当提供的材料有:小额贷款申请书;户口本复印件;身份证复印件;租房协议或自有房产证明复印件;工商营业执照副本、卫生许可证、生产许可证复印件;税务登记副本复印件;再就业优惠证复印件(以上材料均一式三份);贷款银行要求提供的其他材料。贷款利息由从中央到旗县区的四级财政负担。2004年,中国人民银行印发《关于进一步推进下岗失业人员小额担保贷款工作的

通知》,鼓励商业银行对符合贷款条件的劳动密集型小企业给予信贷支持,以增强其吸纳就业能力;全市劳动密集型小企业小额担保贷款工作随即启动。2008 年,自治区政府印发《关于鼓励全民创业促进以创业带动就业的意见》,全市小额担保贷款额度放宽。2012 年,针对小额担保贷款的资金额度小、使用期限短等问题,自治区政府办公厅印发《关于进一步做好以创业带动就业工作的通知》,再度放宽小额担保贷款的条件。2003—2014 年,全市累计发放小额担保贷款 30714 笔 13.6 亿元,其中发放给创业者 12.69 亿元,发放给小企业 0.91 亿元;累计扶持创业 30714 人,带动就业 79957 人;贷款到期还款率在 99.6%以上。

失业人员生活和就业服务资金扶持　2004 年,全市开始实施失业人员生活和就业服务资金扶持。扶持的项目主要有:社会保障补贴、岗位补贴、培训补贴(用于补贴培训机构,确保有接受培训意愿的失业人员能够参加免费培训)、职业介绍补贴。资金来源为中央财政转移支付,自治区、市本级和旗县区财政配套。2004—2014 年,全市累计支付就业扶持资金 114998 万元,其中社保补贴 49522 万元,岗位补贴 14367 万元,培训补贴 13416 万元,职业介绍补贴 1370 万元,其他费用 36323 万元。累计开展创业培训班 1625 期,培训 43476 人,培训后成功创业 36757 人。

2003—2014 年赤峰市小额担保贷款及其扶持创业就业情况统计表

表 20-2-12

年份	贷款数额(万元)			贴息数额(万元)	扶持创业(人)	带动就业(人)
	合计	发放给创业者	发放给小企业			
2003	154.00	154.00	—	—	82	77
2004	1873.25	1873.25	—	29.24	1375	2432
2005	1771.10	1771.10	—	103.19	1308	2544
2006	2208.85	2086.35	122.5	218.3	1354	3093
2007	2670.70	2670.70	—	316.19	1619	3614
2008	3674.20	3674.20	—	410.9	1643	4248
2009	12519.59	9506.59	3013	602.47	2897	10797
2010	14170.68	11713.68	2457	1682.31	3101	9064
2011	27700.10	27700.10	—	2100.44	4876	13159
2012	24910.00	21742.5	3167.5	4024.06	4270	12327
2013	26478.00	26278	200	3678	4723	11477
2014	17903.00	17703	200	3095	3466	7125
合计	136033.47	126873.47	9160	16260.10	30714	79957

2004—2014年赤峰市就业扶持资金使用情况统计表

表 20-2-13　　单位:万元

年份	合计	社保补贴	岗位补贴	培训补贴	职业介绍补贴	其他
2004	2338	654	405	284	106	889
2005	8179	2215	514	339	152	4959
2006	9526	2799	248	828	169	5482
2007	9253	3362	227	1032	345	4287
2008	8634	3924	206	1236	176	3092
2009	9799	5338	772	1857	164	1668
2010	10898	6548	1009	1998	99	1244
2011	11930	6675	1247	1723	105	2180
2012	15617	7469	2488	2140	38	3482
2013	14390	5022	3158	1714	16	4480
2014	14434	5516	4093	265	0	4560
合计	114998	49522	14367	13416	1370	36323

第三节　再就业

1995年7月,针对企业下岗职工逐渐增多的实际,市政府成立再就业工作领导小组。同年,市政府办公室转发《市劳动局关于赤峰市再就业工程实施方案的报告》,就下岗职工再就业工作向各旗县区政府和市政府有关部门提出具体要求,下岗职工再就业纳入全市重要议事和工作日程。

1996年8月,市劳动局、人事局、工商局全面整顿民办就业训练、职业介绍机构,合格或整顿后合格者颁发从业资格证和经营许可证。

1997年6月,市委、市政府召开全市国有企业下岗职工基本生活保障和再就业工作会议,安排部署下岗职工基本生活保障和再就业工作;市政府印发《关于实施再就业工程若干政策的通知》,以优惠政策引导非公有制企业吸纳下岗职工再就业,扶持下岗职工以创业带就业和多渠道就业。同年10月,根据国家和自治区有关政策,结合全市再就业工作实际,市政府制定《赤峰市优化资本结构加快下岗职工再就业实施方案》,加大行政、政策推进力度,促进下岗职工再就业。

1998年,全市有65家国有企业处于停产半停产状态,下岗职工达到6.7万人。同年7月,市政府印发《赤峰市国有企业下岗职工管理暂行办法》,就国有企业下岗职工分流安置、基本生活保障、再就业渠道开辟、企业和社会应当承担的责任等方面做出具体规定;筹集下岗职工基本生活保障金8965万元,向下岗职工发放基本生活费8238.6

万元，为下岗职工交纳社会保险 727 万元。同年，针对全市下岗职工多且择业观念旧、安置渠道窄等实际，市委、市政府组织和引导多方面力量建立再就业服务和职业介绍机构。全市共建成再就业服务中心 705 个，劳动部门开设职业介绍机构 13 个，经劳动部门批准建立的民办职业介绍机构 20 个，建成街道劳动服务站 248 个，初步形成市和旗县区及城镇街道相衔接、企业（行业）政府相贯通的再就业服务网络。市和旗县区两级政府及有关部门采取兴办第三产业、开发农牧业、鼓励发展个体私营经济、开展社区服务、安排公益性岗位等多种形式，全年安置下岗职工 24488 人。

2001 年 8 月，市政府印发《赤峰市再就业援助行动实施方案》，加大下岗职工和失业人员的再就业援助力度，帮助尚未实现再就业的下岗职工就业。同年，安置下岗职工 14030 人，发放下岗职工生活费 6249 万元，支付下岗职工三项保险费 1613 万元。同年末，全市企业改制基本完成，下岗职工总人数累计达到 108093 人。到 2003 年，全市累计发放下岗职工生活费 35205 万元，支付下岗职工三项保险费 6812 万元；全市 100718 名下岗职工全部实现再就业；没有再就业的一律得到妥善安置。此后，全市下岗职工再就业工作进入巩固提高时期。

2003 年 6 月，市政府办公厅转发自治区政府办公厅《关于加快推进再就业工作的通知》，围绕落实通知精神，巩固下岗职工再就业成果，市本级和旗县区建立再就业工作联席会议制度，随时解决下岗职工再就业和失业人员需要解决的相关问题。同年，市和旗县区就业服务局分别开始“再就业优惠证”发放工作。至 2008 年，发放工作全部结束，累计发放“再就业优惠证”10 万多个。2004 年 9 月，市政府印发《关于鼓励支持下岗失业人员灵活就业有关问题的通知》，明确市和旗县区有关部门支持下岗失业人员灵活就业的相关责任、灵活就业人员应该享有的优惠政策、给予灵活就业人员社会保障补贴等有关问题。

2006 年 3 月 9 日，自治区劳动和社会保障厅等 18 个部门转发劳动和社会保障部等 18 个部门《关于贯彻落实国务院进一步加强就业再就业工作若干问题的意见》的通知，要求各地区鼓励下岗失业人员自谋职业和自主创业，鼓励企业吸纳就业并对就业困难人员给予就业援助。市劳动和社会保障局等 18 个对应部门在第一时间予以转发并及时落实通知提出的各项具体要求。此后，全市再就业工作与就业工作完全接轨。

2012 年，赤峰市列为国家失业动态监测城市之一，市就业服务局在全市选取 60 家企业进行失业动态监测工作。至 2014 年底，监测企业扩大到 160 家。

2003—2014 年，全市实现再就业的下岗人员累计 107932 人，其中公益性岗位安置 3 万余人。

第四节　劳务输出

赤峰市劳务输出主要针对全市农村牧区剩余劳力较多的实际提出，根据农牧民非农牧业就业需要而实施。1991—2001年,全市农村牧区劳务输出处于无组织、自发式状态。此时输出的劳务多为重体力、季节性,劳动者所从事的工作和所获得的收入均不稳定。

2002年11月,市委、市政府印发《关于加强劳务输出工作的意见》《赤峰市劳务输出工作考核细则》,把劳务输出提到"拉动经济增长、增加农牧民收入、实现兴市富民"的战略高度,把劳务输出工作列入旗县区党政领导班子及领导干部的年度考核之中。同年,市和旗县区分别开始大规模的有针对性的农牧民技能培训。

2003年,市委、市政府成立劳务输出领导小组,下设劳务输出办公室,办公室在市就业服务局;各旗县区按市委、市政府要求相继成立劳务输出组织领导机构。同年,全市有组织的劳务输出达到8万多人。到2005年,全市初步形成市、旗县区、乡镇、村四级劳务输出组织管理体系和以各级各类职业技术院校为主体、以各类民营技能培训学校为补充的农牧民职业技能培训体系。全市劳务输出实现由自发式向有组织、由体能型向技能型、由季节性向稳定性转变。同年,全市有组织的劳务输出增至23万多人。

2005年,市委、市政府提出"5年培训25万蓝领技工"工程,市就业服务、劳动等有关部门和各旗县区党委、政府积极落实市委、市政府的具体要求。到2009年,已稳定形成"望京保安""上京涂料人""敖汉架线工""上京笤帚艺工""巴林民族歌手""喀旗进京月嫂"等劳务品牌,"望京保安""上京涂料人"被评为全国优秀劳务品牌;多名农民工被国务院农民工工作联席会议办公室授予全国优秀农民工称号;赤峰市劳务输出办公室被评为全国农民工工作先进集体。同年,全市大量农民工因"亚洲金融危机"返乡,市劳务输出领导小组先后下发《关于赤峰市特别职业培训计划任务的通知》《关于认真做好春节后农牧民工就业调查统计工作和完善工作预案的通知》等规范性文件,推出近20项配套保障措施,全市劳务输出继续保持增长势头。

2011年,市人力资源和社会保障局下发《赤峰市关于建立重点建设项目促进就业联动机制的通知》《赤峰市重点建设项目就业服务计划和产业承接转移就业服务计划实施方案》《赤峰市发展家庭服务业促进就业实施方案》,以此推进农牧民转移就业向纵深发展,同时引导和推动农牧民工就地就近转移就业和返乡创业。同年10月,市劳务输出领导小组改为农村牧区劳动力转移就业工作领导小组。到2012年,全市农牧民年转移就业71.66万人,其中就近就地转移就业31.63万人;培训农牧民工28万人,劳务收入72.48亿元,占全市农牧民人均收入的34.46%;返乡创业的农牧民13404人,完成目标任务的103%;创办各类经济实体7492个,带动就业67081人。

2013年,市就业服务局制定《家庭服务业品牌建设实施方案》,全面实施"发展家庭服务业促进就业计划"。通过落实扶持政策、提供免费职业指导、实施家政服务员、养老护理员、病患陪护员、家庭服务员定向培训等措施,发展家庭服务业,进而促进就业,全市农牧民转移就业、劳务收入均创历年最好水平。

2014年,市就业服务局组织各旗县区建立旗(县、区)、乡(镇、苏木)、村(嘎查)三级联动机制,引导重点工程项目优先使用本地劳动力,促进农牧民工就近就地转移就业，全市农牧民就近就地就业达到 33.53 万人。

2002—2014 年，全市累计实现农牧民转移就业 877.18 万人，有组织输出 399.84 万人，培训农民工 253.51 万人，劳务收入 604.75 亿元。

2005 年，敖汉旗被劳动和社会保障部评为全国（首批）劳务输出示范县，巴林右旗被劳动和社会保障部列为第二批全国劳务输出示范县；2008 年，市劳务输出办公室被国务院评为全国农民工工作先进集体，市就业服务局被自治区政府评为全区人力资源和社会保障系统先进集体；2009 年，赤峰市被自治区政府评为农牧民转移就业先进盟市；2010 年，市职业介绍中心被人力资源和社会保障部评为国家优质服务窗口；2012 年，市人力资源和社会保障局被国务院评为全国就业工作先进集体，市就业服务局被自治区政府评为全区就业创业工作先进集体。

2002—2014 年赤峰市劳务输出情况统计表

表 20-2-14

年份	转移就业（万人）	有组织输出（万人）	培训农牧民（万人）	就地就近转移（万人）	返乡创业（万人）	劳务收入（亿元）
2002	60.63	—	—	—	—	13.9
2003	62.69	8.30	—	—	—	16.11
2004	62.45	15.44	11.49	—	—	20.9
2005	62.15	23.13	15.49	—	—	25.33
2006	67.60	26.80	18.40	—	—	33.10
2007	68.24	31.03	20.86	—	—	42.16
2008	69.36	36.54	25.84	—	—	47.00
2009	70.37	37.03	26.23	—	0.67	49.10
2010	69.07	41.94	27.92	—	1.05	53.30
2011	70.79	43.79	27.55	29.31	1.22	61.99
2012	71.66	45.57	28.00	31.63	1.34	72.48
2013	72.10	46.78	27.84	36.20	1.85	85.80
2014	70.07	43.49	23.89	33.53	1.61	83.58
合计	877.18	399.84	253.51	130.67	7.74	604.75

第六章　人才与劳动力市场

第一节　人才市场

1991年后,赤峰市按照“服务人才,促进就业”的理念开始人才与劳动力市场建设。到20世纪90年代末期,全市基本形成以市人才市场为轴心、以南北部人才市场为两翼、辐射12个旗县区和大多数乡镇苏木的三级人才服务网络。进入21世纪后,全市人才市场更加活跃,人才交流活动频繁,人才市场和人才交流成为企业获得人才和人才实现就业的主要渠道。

一、人才市场体系建设

1991年,全市人才交流、大中专毕业生接收及就业介绍、人才招聘等工作分别由市和旗县区人才交流服务中心负责。1993年,市委、市政府根据人才交流日益增多、大中专毕业生就业安置压力不断增大等情况,全面开展人才市场体系建设。1996年6月,市人事局建立赤峰市人才市场信息员队伍,全年发展信息员191人。同年10月,市政府制定《赤峰市“九五”期间人才市场发展规划》,进一步明确全市人才市场的目标任务和政策措施。1997年11月,内蒙古东部人才市场推出会员制,人才市场对会员单位可简化办事手续;会员单位可享受优先、便捷、重点服务。

机构沿革　1993年初,市机构编制委员会批准成立赤峰市人才市场,隶属市人事局,与市人才交流服务中心合署办公。同年3月27日,市人才市场定名为“赤峰市人才智力市场”并挂牌营业,是全自治区首家盟市级人才市场。1995年12月,自治区人事厅印发《关于组建内蒙古自治区东部人才市场的通知》,自治区人事厅和市政府共同组建内蒙古自治区东部人才市场,赤峰市人才市场并入内蒙古自治区东部人才市场。该市场受自治区人事厅和市政府双重领导,与市人才交流服务中心为一个机构、两块牌子,为全额拨款正处级事业单位,共有人才交流、人才考评、人才培训、流动人才社会化管理、人才流动争议仲裁、信息咨询发布等7个内设机构。此后,各旗县区陆续建设各自的人才市场。1996年,市人事局确定元宝山区、巴林右旗人才市场为赤峰市南部人才市场、北部人才市场。2014年5月,市人才交流服务中心(内蒙古自治区东部人才市场)与赤峰市职业介绍服务中心合并,组建赤峰市人力资源公共服务中心,加挂内蒙古东部人才市场管理委员会办公室牌子;核定编制20人,实有人员19人,其中领导职数3人。同年,各旗县区人才市场共有编制79人,实有在职人员78人;内蒙古东部人才市场成为组织体系完善、规章制度完备、市场交流活跃的地区性人才市场,覆盖范围达到内蒙古自治区东部、辽宁西部、河北北部及京津地区。

2014 年赤峰市旗县区人才市场基本情况一览表

表 20-2-15

机构名称	所在地区	编制（人）	实有人员（人）	办公面积（平方米）	市场面积(平方米)
赤峰市红山区人才市场	红山区	5	3	80	—
赤峰市松山区人才市场	松山区	4	5	30	—
元宝山区人才市场	平庄镇	5	5	39	75
阿鲁科尔沁旗人才市场	天山镇	10	10	—	100
巴林左旗人才市场	林东镇	6	6	22	—
巴林右旗人才市场	大板镇	5	3	20	—
林西县人才市场	林西镇	3	2	20	100
克什克腾旗人才市场	经棚镇	4	2	20	—
翁牛特旗人才市场	乌丹镇	14	14	50	220
喀喇沁旗人才市场	锦山镇	14	14	105	60
宁城县人才市场	天义镇	6	12	60	255
敖汉旗人才市场	新惠镇	3	2	20	—

组织建设　1993 年 7 月，市政府成立人才市场工作领导小组，领导小组办公室设在市人事局。同年，市人才市场成立市人才流动争议仲裁委员会。1995 年 8 月 28 日，市政府成立人才市场管理委员会。同年 12 月，市政府成立内蒙古自治区东部人才市场管理委员会。1996—2014 年，人才市场组织领导体系未发生变化。

制度建设　1993 年 1 月，市人事局出台《赤峰市人才流动管理暂行办法》《赤峰市流动人员登记办法》《赤峰市人才招聘、推荐服务办法》《赤峰市外商投资企业中方管理人员和专业技术人员管理暂行规定》。同年 2 月，市人事局出台《赤峰市人才智力市场管理暂行规定》。1995 年 12 月，内蒙古自治区东部人才市场管理委员会出台本会《章程》和《内蒙古自治区东部人才市场章程》。1996 年 3 月，市人才交流服务中心制定《赤峰市人才市场信息网络章程》。同年 11 月，市人才交流服务中心制定内蒙古自治区东部人才市场赤峰市人才交流服务中心《主任办公会议制度》《常务会议制度》《工作运行规则》。至此，市人才市场制度体系基本形成，并保持到 2014 年。2002 年 3 月，市政府印发《赤峰市行政审批清理方案》，取消市人事局“人才招聘广告审批”管理职责。

二、人才交流活动

不定期交流活动　1992 年 7 月，市人才交流中心召开赤峰人才智力供求信息发布会，全市 12 个旗县区人才交流中心和 300 多家企业参会，当场发布人才、技术、项目信息 1700 余条。1993 年 3 月 27 日,赤峰市人才智力市场举行“赤峰市人才智力市场开业暨部分企业人才招聘专场会”,有 9 家企业入市招聘,有 410 人进行登记,31 人应聘成功。同年 8 月,市人才智力市场举办“1993 年部分高校毕业生双向选择就业暨赤峰首届人才智力交流大会”,有 31 人实现就业。1995 年 12 月 23 日,内蒙古东部人才市场举行成立暨首届东部盟市人才交流大会。1996 年 8 月,内蒙古东部人才市场召开第二届人才智力交流大会,有 81 家用人单位参会,700 余人入场择业,有 170 名高校毕业生交流成功。2000 年 10 月,内蒙古东部人才交流市场举办企业经营管理者人才招聘专场,会上有 21 家单位招聘 32 个部门经理以上经营管理人才岗位,参会经营管理人才 450 余人,达成意向 136 人。

定期交流活动 1998 年,内蒙古东部人才市场根据人才交流的迫切需要,开始实行并逐步加强定期交流活动。同年 4 月,确定每月 25 日为人才集日,当年,举办定期人才集市 6 次。2000 年 4 月,改为每月 2 次。2003 年 1 月,改为每周一次(星期六)。到 2010 年,市人才市场每年举办定期人才集市 70 多场,人才交流大会超过 10 次。有 1.5 万多家用人单位入市招聘,10 多万人次入市求职,签订就业协议或达成就业意向 7 万多人次。从 2014 年 1 月开始,内蒙古东部人才市场每周逢五、逢六均举办人才招聘会。

网络交流活动 2010 年,市人力资源和社会保障局及人才交流服务中心建成“赤峰人力资源”网站,开始利用互联网进行人才交流和网上招聘人才活动。到 2012 年,网站访问量达到 10 万余人次,以网聘人的单位 400 家,发展网上会员单位 144 家,发布招聘职位 1500 余条,网上求职人数 5000 人,网站人才库入库数量 6022 人。2013 年 8 月,市人才交流服务中心组织 221 家招聘单位参加人力资源和社会保障部“2013 年全国高校毕业生夏季网络招聘月”活动;同年 11 月,组织 102 家招聘单位参加“2013 年内蒙古自治区高校毕业生就业服务周”网络招聘会。从网络招聘月到招聘周,招聘单位共提供就业岗位 2461 个,收到简历投递 460 份,达成就业意向 83 人。同年,新增网上会员单位 49 家,总数达到 172 家;网站“人才库”新增入库人才 15437 人,总数达到 27074 人,录入可供远程查询的人才名录及档案 36800 人份;网站年度浏览量 54.3 万次,累计浏览量 96.29 万次;“赤峰人力资源网”成为人力资源和社会保障部向全国推介的公共就业和人才服务重点网站。2014 年,举办“才聚红城”网络招聘会和第二届部分大中城市高校毕业生联合网络招聘会,“才聚红城”参会招聘单位 113 家,提供岗位 1382 个,网络应聘人员 1500 余人次;第二届部分大中城市高校毕业生联合网络招聘会吸纳赤峰地区参会单位 17 家,提供就业岗位 113 个,网络应聘人员 600 余人。同年,网站人才库新增入库人员 11000 人,累计达到 4 万余人;赤峰人力资源网年浏览量 60.91 万次;独立 IP 访问量 12.52 万次,登录访问的地域遍及国内各省市自治区和加拿大、日本等国。

大型交流活动 2010 年,市人才市场(内蒙古东部人才市场)开始组织大型人才交流活动,至 2014 年共进行 4 次。2010 年 4 月,内蒙古东部人才市场在赤峰国际会展中

1998—2014 年赤峰市人才交流情况统计表

表 20-2-16

年份	举办交流会和定期交流(次)	入市单位(个次)	参会人数(人次)
1998	8	351	8656
1999	12	828	13500
2000	20	1097	14100
2001	24	1283	11500
2002	24	1058	13800
2003	44	1510	13400
2004	62	1685	14000
2005	67	1802	15000
2006	68	1950	16500
2007	67	2132	17500
2008	69	2180	18200
2009	67	2370	15680
2010	75	5280	44600
2011	80	9350	98000
2012	86	10056	121000
2013	66	8941	101200
2014	82	9431	129450
合计	921	61304	666086

心举办“2010 年春季内蒙古东部地区及‘三市一盟’高校毕业生就业洽谈暨人才交流大会”,有 8 个省市自治区的 320 家单位参会招聘,共提供就业岗位 8000 多个;入会交流的高校毕业生及各类人才 2 万多人次，签订就业协议或达成明确就业意向 6000 多人。2011 年 8 月 8 日,“全区促进就业暨内蒙古与北京市跨区域促进就业招聘会”在市人才市场(内蒙古东部人才市场)举行。该招聘会设招聘“摊位”140 个,参加招聘的单位 166 个,提供就业岗位近 6000 个;上会交流的高校毕业生、下岗失业人员、农(牧)民工 5000 多人。自治区人大常委会副主任、自治区总工会、北京市总工会、自治区人力资源和社会保障厅、自治区就业服务局、中华全国总工会保障部、市人大、市政府领导出席招聘会开幕式。2012 年 12 月 1 日至 31 日，市政府与自治区人力资源和社会保障厅共同举办赤峰市“2012 年‘千企万岗’促进高校毕业生就业服务月”活动,12 月 5 日,在

赤峰国际会展中心举行启动仪式,自治区东部各盟市和承德市、朝阳市人力资源和社会保障部门组织当地企业参会,自治区就业服务局主要领导、市政协联系人事工作的领导出席启动仪式。启动仪式后的招聘活动在市人才市场(内蒙古东部人才市场)进行;活动期间,共举办招聘会27场,参加招聘会的企业有2000多家,其中外地企事业单位41家;共提供就业岗位1.3万个,入市求职的大中专毕业生、各类专业技术人员、管理人员1.5万余人,达成就业意向或签订协议的8000余人。2013年7月6日,内蒙古东部人才市场在赤峰国际会展中心举办"赤峰市首届就业创业博览会暨大型人才招聘会",共有210家企业参会,提供就业岗位6000余个,达成就业意向5090人次。2014年7月12日至14日,内蒙古东部人才市场承办"赤峰市第二届就业创业博览会暨大型人才招聘会",中国北方人才市场(天津)、中国南方人才市场(广州)、中国沈阳人才市场、中国高新技术人才市场(包头)等四家国家级人才市场参会招聘;辽宁省人才服务局主要领导带队参会;参会招聘人才的企业280家,提供岗位数量22000余个;参会应聘人员35000余人次,达成就业意向8300余人。

三、人才储备

2003—2014年期间,市和旗县区人事部门以落实国家和自治区人才工程、"服务基层项目人员"("三支一扶"志愿服务人员、社区民生服务人员、基层公益性岗位服务人员,统称为"服务基层项目人员")政策和市政府高校毕业生到中小企业就业见习制度为途径,开展人才储备工作。

高层次人才储备 从2003年开始,市人事部门高层次人才储备工作。到2014年,全市共储备高层次人才532人。

"新世纪十百千学术技术带头人"评选申报推荐。"新世纪十百千学术技术带头人"评选活动由人事部"新世纪百千万人才工程"而派生。2005年,市人事局开始自治区"新世纪十百千学术技术带头人"评选。当年,评选出全市"新世纪十百千学术技术带头人"56人。2009年,向自治区申报"新世纪十百千学术技术带头人"104人,其中推荐国家级人选2人。

"新世纪321人才工程"人选申报。2003年,自治区党委办公厅、政府办公厅印发《2003—2010年内蒙古自治区高层次专业技术人才队伍建设规划》,同年,自治区人事厅印发《内蒙古自治区"新世纪321人才工程"人选选拔培养管理办法》。2009年、2010年、2012年,市人事(人力资源和社会保障)局分别向自治区人事(人力资源和社会保障)厅申报"新世纪321人才工程"人选8人、8人、12人。

"511人才培养工程"人选申报。"511人才培养工程"是自治区人事厅根据自治区党委政府"草原英才"计划提出的高层次人才队伍建设的重要组成部分。培养途径主要包括国外培训和国内培训两个部分。市人事(人力资源和社会保障)局从2009年开始向自治区申报,2009年和2010年,各申报出国留学培训1人、赴内蒙古医学院进修4人。2012年,申报培训人选5人。2014年,申报国外培训人选11人、区内院校培训2人。

其他高层次人才培训评奖申报选送。2009年，市人事局向自治区人事厅申报内蒙古杰出人才奖人选2人、留学人员科技活动项目择优资助经费人选1人。同年,分两批选送参加县级医院影像人员到北京军队医院培训共10人。2014年，市人力资源和社会保障局向自治区人力资源和社会保障厅申报少数民族专业技术人才特殊培训人选8人、高层次人才培训2人。同年,向自治区申报自治区人才开发基金人选5人,获得自治区人才开发基金3人(9万元);推荐申报全国专业技术人才先进集体1个。

中小企业人才储备　2009年，市和旗县区人事部门根据市政府同年8月印发的《关于促进普通高校毕业生就业工作的意见》,在全市全面实施高校毕业生到中小企业就业见习制度。到中小企业就业见习的高校毕业生称为"中小企业人才储备生",其见习期为6个月,市和旗县区财政负责向被储备人员提供生活补贴,补贴标准为每人每月500元。2012年7月,市人力资源和社会保障局举办"2012年赤峰市高校毕业生就业暨人才储备就业见习招募大会"，有154家企业提供3400多个就业岗位参会招聘，有3300名高校毕业生参会择企就业或见习，到大会结束时有2034人达成就业意向，其中有840人当场签约。从2009年到2014年,全市响应人才储备的企业达到131家，其中市直企业47家，旗县区企业84家。2014年9月，召开全市高校毕业生人才储备就业见习工作经验交流暨表彰会，会议表彰高校毕业生人才储备就业见习先进单位10家、先进个人10人。

"服务基层项目人员"人才储备　2006年、2009年、2013年,根据自治区人事厅统一要求,市人事局分别开始招募赤峰市高校和全国高校赤峰籍毕业生为"服务基层项目人员",到基层开展志愿服务,进行人才储备,同时缓解高校毕业生的就业困难。到2014年,累计招募(储备)"服务基层项目人员"6948人。

从2006年开始,招募"三支一扶"(到乡镇苏木支教、支农、支医和扶贫,简称"三支一扶")人员。招募方式为考试选拔;服务期为2年;服务期间发放一定数量的生活和交通补贴,统一免费办理社会保险;服务期满后享受公务员或事业编考录加分或定向招录的优惠政策。2006—2014年,全市共招募(储备)"三支一扶"人员1867人,其中服务期满1493人。

从2009年开始，招募高校毕业生以志愿者的身份到基层社区劳动保障平台从事与就业、社会保障等民生类相关的社区服务工作。从事社区民生志愿服务人员的范围、服务期限、待遇、相关政策与"三支一扶"人员相同。2009—2014年,全市共招募(储备)社区民生志愿服务人员3181人,其中服务期满2395人。

2013年,招募高校毕业生到基层公益性岗位开展志愿服务。招募的人员范围、服务期限、待遇、相关政策与"三支一扶"和社区民生相同。当年,全市招募(储备)基层公益性岗位志愿者1900人。

2006—2014年赤峰市服务基层项目高校毕业生人数统计表

表20-2-17　　单位:人

年份	合计	三支一扶	社区民生	公益性岗位
2006	57	57	—	—
2007	62	62	—	—
2008	118	118	—	—
2009	406	200	206	—
2010	523	200	323	—
2011	1032	330	702	—
2012	950	300	650	—
2013	2850	300	650	1900
2014	950	300	650	—
合计	6948	1867	3181	1900

第二节　劳动力市场建设

赤峰市最早的劳动力市场是1987年红山区建立的红山区劳务市场，是自治区第一家劳务市场。1993年，市就业服务局建立赤峰市劳动力中心市场，下设职业指导、职业介绍、就业登记、举报投诉等服务窗口。1998年7月，国务院总理朱镕基视察市劳动力市场，充分肯定赤峰市劳动力市场建设及其作用。2003年，市劳动力中心市场注册成立赤峰市职业介绍代理服务中心，分别在9个旗县的劳动力市场设立办事处，专门负责全市范围的市内外劳务派遣业务。赤峰市职业介绍代理服务中心成立后，随即为中国电信赤峰分公司、中国银行赤峰分行、赤峰热电厂等单位招用、培训业务人员1600多人，并协调双方全部签订劳动合同。2005年，市劳动力市场增设劳动事务代理业务。同年，全市13家劳动力市场在基础建设、劳动力市场信息网络建设、市场管理、机制建设等方面全部达到"科学化、规范化、现代化"的基本要求，成为劳动力市场"三化"建设达标单位。2010年，赤峰市劳动力市场被人力资源和社会保障部授予全国人力资源和社会保障系统2008—2010年度优质服务窗口称号。2012年，赤峰市劳动力市场被市委、市政府命名为"树立优质服务品牌，创建高效和谐机关优质服务窗口"称号。至2013年底，全市共有劳动力市场14个，事业编制132人，实有工作人员164人。2014年5月4日，根据自治区党委、政府关于分类推进事业单位改革的实施意见，市职业介绍代理服务中心与市人才交流服务中心合并，组建赤峰市人力资源公共服务中心。

2008年，根据自治区金保工程网络建设要求，市就业服务局建成赤峰市公共就业服务信息网络系统。该系统以中心城区计算机系统为数据中心，以职业介绍、失业保险、就业失业管理、劳务输出、劳动事务代理、职业培训、劳务派遣等功能为主要模块，形成向上连接自治区网络中心、向下覆盖全市 12 个旗县区的广域信息网络，实现劳动力市场信息发布、公众就业服务、失业保险办理的全程信息化。

第七章　培训与职业技术技能鉴定

第一节　人事教育培训

1990 年前，人事教育培训由人事和科技部门分别负责。机关干部（公务员）培训由市和旗县区人事部门负责；科技干部（专业技术人员）培训由市科学技术委员会科技干部培训中心负责。1990 年，市科技干部培训中心划归人事部门。1991 年后，机关干部（公务员）和科技干部（专业技术人员）培训由人事部门统一负责管理。1991—2014 年，全市累计培训行政机关干部（公务员）10 万多人次，培训科技干部（专业技术人员）40 多万人次。

一、公务员培训

公务员培训的前身为行政机关干部培训。1993 年，国家公务员制度实施后为完全意义的公务员培训。

培训机构　1964 年，昭乌达盟行政干部学校成立。1987 年，昭乌达盟行政干部学校更名为赤峰市干部中等专业学校。1992 年，加挂赤峰市转业军官培训中心牌子。1996 年，加挂赤峰市国家公务员培训中心牌子。1998 年，更名为赤峰市行政学院。2005 年，赤峰市行政学院与赤峰市委党校合并。

1991—2000 年，旗县区机关干部和公务员培训由当地人事部门委托旗县区委党校进行。2001 年，经自治区党委组织部和人事厅考核并批准，全市 12 个旗县区各设 1 家公务员培训机构，均设在旗县区委党校。

培训制度　1991 年 2 月，市政府印发《关于对国家行政机关工作人员开展岗位培训的通知》，明确全市国家行政机关工作人员岗位培训的目标任务、步骤、方法和相关要求。1992 年，市人事局下发《全市国家行政机关工作人员培训实施计划管理的意见》，完善行政机关工作人员岗位培训的组织实施、培训内容、培训时间、学籍管理、培训纪律等具体事宜。2001 年，市人事局下发《关于进一步加强国家公务员培训工作的意见》，完善公务员培训管理。2004 年，市政府印发《“十五”期间赤峰市国家公务员培训和专业技术人员继续教育规划纲要》，明确 2006—2010 年全市公务员培训和专业技术人员继续教育的目标、任务和具体要求。2011 年，市委组织部、市人力资源和社会保障局共同制定《赤峰市“十二五”公务员培训规划》，提出“力争在 5 年内将全市公务员普遍轮训一遍”的培训目标及相关要求。

培训内容及形式 1991—2014年,全市公务员培训主要内容有公务员“四类”法定培训(初任培训、任职培训、专门业务培训、在职培训);计算机知识与技能、电子政务、普通话、社会主义市场经济知识、WTO知识、涉外事务、公务员更新知识培训等知识技能培训;《邓小平理论》等政治理论培训;《中华人民共和国公务员法》《中华人民共和国应急法》等法律知识培训。

1991—2010年,公务员培训形式全部采用脱产课堂培训。2011年,根据自治区人力资源和社会保障厅公务员局《关于在全区开展公务员在线学习的通知》和《赤峰市“十二五”公务员培训规划》要求,市人力资源和社会保障局制定《赤峰市公务员在线学习管理办法》,推广公务员培训的网上在线学习。当年,推广公务员在线学习试点单位26个,参加在线学习的公务员417人;经学习成果测试,通过率达到100%。2013年,在线学习试点单位增加到242个,注册学习的公务员增加到3769人。2011—2014年,全市公务员在线培训试点单位达到914个,接受在线培训的公务员达到1.57万人。

培训数量 1991年,组织不同级别和形式的公务员培训班17期,共培训公务员2031人次。其中处级培训班1期41人次,科级培训班12期461人次,一般工作人员脱产培训班3期147人次,业余自学班1期1382人次。到2014年,全市累计举办培训班597期,培训公务员10.05万人次。其中处级5期210人次,科级64期3385人次,其他级别528期9.69万人次。按培训内容分,公务员任职培训13期910人次,公务员晋升培训24期1470人次,公务员专门业务培训6期387人次,电子政务培训50期2800人次,标准话培训7期169人次,公务员新录用、更新知识、涉外经济管理、计算机知识与技能、依法行政骨干等培训276期3.73万人次,其他内容的培训221期5.74万人次。

参照公务员法管理工作开始后,共举办事业单位人员参公考前培训班3期。

二、专业技术人员培训

全市专业技术人员培训无专门培训机构,由市人事部门统一组织管理,市和旗县区人事部门分别实施。

培训制度 1991—1994年,全市专业技术人员培训执行市人事局制定的相关制度。1995年11月1日,人事部印发《全国专业技术人员继续教育暂行规定》,自治区人事厅随后印发《内蒙古自治区专业技术人员继续教育实施办法》。从1996年开始,全市专业技术人员培训与继续教育接轨。2004年,专业技术人员培训执行市政府《“十五”期间赤峰市国家公务员培训和专业技术人员继续教育规划纲要》有关专业技术人员培训和继续教育的规定和要求。2007年,根据自治区人事厅要求,实行专业技术人员“继续教育证书”制度。同年,执行人事部、教育部、科学技术部、财政部2007年6月30日印发的《关于加强专业技术人员继续教育工作的意见》。2012—2014年,全市专业技术人员继续教育贯彻执行自治区人力资源和社会保障厅在各自年份印发的《内蒙古自治区专业技术人员继续教育工作安排意见》。

培训内容及形式　1991—1994 年，全市专业技术人员培训内容由人事部门组织授课专家根据实际商定。1996 年，实行继续教育后，培训内容以国家指定的继续教育内容为准。

1991—2010 年，全市专业技术人员培训采取集中面授与个人自学相结合形式。2011 年后，国家人才培训网建立网络培训课堂，全市专业技术人员培训（继续教育）主要采取网络在线培训形式。

2013 年，人力资源和社会保障部、国家人才网授予赤峰市全国继续教育公共课网络培训工作先进单位称号。

培训成果　专业（系统）科目培训。1991 年，市人事局聘请 11 名经济研究和管理部门的高级专业技术人员组成 4 个讲师团，使用《经济信息概述》《经济师职责与素养》等自编教材，培训经济师和助理经济师 1862 人次。1992 年，全市举办专业技术人员岗位培训业余自学班 2 期，参加培训的分别为 2000 人次和 3000 人次。2004—2006 年，连续举办全市卫生和农牧业系统业务培训班，共培训 1.1 万人次。

知识技能培训。1997—2000 年，举办计算机培训班 31 期，培训 1104 人；举办当代高新技术讲座 2 万余人次。

2001—2009 年，全市共组织专业技术人员更新知识培训 10.72 万人次，其中 2001—2003 年，3.92 万人次；2004—2006 年，3.18 万人次；2007—2009 年，3.62 万人次。

公共科目培训。2001—2009 年，全市共组织专业技术人员公共科目培训 18.84 万人次，其中 2001—2003 年，6.15 万人次；2004—2006 年，4.89 万人次；2007—2009 年，7.8 万人次。2011 年和 2013 年，全市专业技术人员分别参加公共课网络培训 3.2 万人次和 3.6 万人次。

培训管理　2007 年，开始专业技术人员“继续教育证书”审核、周期检证和汇总工作。到 2014 年，全市有 5.84 万人完成周期总学时数并通过证书审核。2011 年，开始专业技术人员公共科目培训登记、证书审验工作。到 2014 年，共有 6.4 万人通过证书审验。

第二节　就业前培训

1991 年后，随着改革开放不断深入，大中专毕业生就业困难逐步加重，城镇失业人员和企业下岗职工大量增加；同时一些行业（领域、岗位）的急需人才、适用技术人才、经营管理人才明显不足。缓解人力资源结构性矛盾、促进大批失业群体就业的就业前培训成为全市发展稳定的迫切需要，全市就业前培训由此起步。就业前培训的对象由 1990 年前的城镇待业青年扩展到城镇和下岗失业人员、大中专毕业生、农村牧区青壮年剩余劳动力；培训的管理主体由劳动部门逐步扩展到整个人事劳动社会保障部门；培训的实施主体逐步扩展到各级各类学校和社会培训机构。1991—2014 年，通过技能和创业培训，全市实现成功创业的3.42 万人，带动就业 13.7 万人，培养技术工人 1.07

万人,向企业输送技工人才 8.96 万人次。

一、职业技能培训

培训机构　1991—1997 年,培训机构为市劳动就业培训中心。1998 年,全市 12 个旗县区普遍建立职业技术教育中心。2005 年,培训机构扩展到高等职业院校和民办培训机构。到 2014 年,全市经过资质认定的社会培训机构达到 58 个。

政策支持　1991—2004 年,由市和旗县区两级财政筹集资金,支持劳动就业培训部门向培训对象提供免费培训。2005 年后,国家鼓励创业带动就业的一系列优惠政策相继出台。2005—2014 年, 市和旗县区财政主要以国家专项资金转移支付, 支持社会培训机构提供免费培训。

培训对象　1991—1998 年,职业技能培训的主要对象为城镇失业人员,其次是农村牧区劳务输出群体中的农(牧)民工(短期培训);1999 年及以后,培训对象扩展到国有集体企业转制产生的下岗职工、企业富余职工(再就业转岗培训)。2005 年后,根据国家支持鼓励创业和带动就业的政策要求,培训对象进一步扩展到农村转移就业劳动者、高校毕业生、城乡未继续升学的应届初高中毕业生、退役军人等群体。

培训内容　1991 年,培训内容有初中高级餐饮服务业的烹饪、面点、客房服务,汽车维修与驾驶,美容美发,计算机操作,车床与数控技术等专业技术。2005 年后,培训内容随着社会培训机构的介入而细分和扩展。内蒙古民族交通职业技术学院主要开展

1991—2014 年赤峰市职业技能培训情况统计表

表 20-2-18

年份	期数(期)	人数(人)	年份	期数(期)	人数(人)
1991	177	8836	2003	347	17353
1992	182	9105	2004	401	20070
1993	183	9180	2005	405	20267
1994	125	6243	2006	470	23493
1995	127	6356	2007	401	20069
1996	166	8310	2008	358	17875
1997	241	12067	2009	395	19764
1998	266	13320	2010	271	13656
1999	307	15339	2011	244	12188
2000	269	13462	2012	207	10357
2001	171	8566	2013	205	10235
2002	296	14780	2014	208	10400

汽车和道路工程技术培训；赤峰工业职业技师学院主要开展焊接、数控技术培训；赤峰农牧学校主要开展果树栽培、农牧业生产技术培训。民办培训机构（职业技术学校）主要开展家政服务、电焊、电工、针灸、按摩、月嫂、护理、管道工等技术培训。到 2014 年，全市的职业技能培训内容已经涉及标准化种植、标准化养殖、食用菌栽培、农畜产品加工、机械加工、电子设备加工、化工、挖掘机（勾机、装载机）等大型工程机械操作与维修、计算机网络建设、摄影摄像等全市经济建设和居民生活服务的各个领域。

培训数量　1991 年，全市举办职业技能培训班 177 期，培训 8836 人次。2014 年，全市举办职业技能培训班 208 期，培训 1.04 万人次。1991—2014 年，全市共举办职业技能培训班 6422 期，培训 32.13 万人次。

二、创业培训

2009 年 7 月，根据自治区人事厅、劳动厅、教育厅印发的《关于做好 2009 年高校毕业生创业培训工作的通知》精神，市人才交流服务中心开始实施市本级的创业培训，当年共培训高校毕业生 80 人次。同年，各旗县区普遍开始高校毕业生创业培训工作。2010 年，自治区人力资源和社会保障厅批准市人才交流服务中心为赤峰市高校毕业生创业培训管理中心。2011 年 3 月，市人力资源和社会保障局授予各旗县区人才交流中心为各自的高校毕业生创业培训管理中心；赤峰学院等 6 所院校为市直高校毕业生创业培训定点单位。2013 年，自治区人力资源和社会保障厅、财政厅印发《关于进一步做好高校毕业生创业培训的通知》，市人力资源和社会保障局、市财政局依此规范全市高校毕业生创业培训的内容、方式、补贴标准、培训机构及管理等事宜。到 2014 年，全市共有创业培训基地 18 个，其中市本级 6 个，旗县区 12 个；当年培训人数 615 人次。2009—2014 年，全市累计培训高校毕业生 2700 人次，其中市本级培训 1131 人次，旗县区培训 1569 人次。

第三节　职业技能鉴定

1992 年，自治区劳动厅制定《工人考核实施办法》和《工人技师考评办法（暂行）》，重申劳动部《工人考核条例》（1990 年颁布）有关工人录用、技师任职等考核要求，规定技工学校、职业学校（高中）及就业训练中心（班）的毕业生、结业生，实行“毕业（结业）证书”和“技术等级证书”的“双证”制度。

1995 年，自治区劳动厅制定《内蒙古自治区职业技能鉴定暂行办法》，职业技能鉴定实行政府指导下的社会化管理体制；劳动行政部门负责综合管理，社会鉴定服务机构负责鉴定的具体实施。1996 年，自治区劳动厅组织实施劳动部首批公布的 50 个工种技能鉴定以及技工学校毕业生学历证书和职业技术等级证书的“双证”制度。同年，赤峰市技工学校成立职业技能鉴定所，市劳动局组织实施 50 个工种的劳动技能鉴定和“双证”考核，赤峰市技工学校有 1322 名毕业生获得“双证”。2000 年 3 月 16 日，劳动和社会保障部发布“自2000年7月1日起施行《招用技术工种从业人员规定》”令，用人单位招用从事技术复杂、涉及国家财产和人民生命安全以及消费者利益的工种(职业)(简称“三类”工种)的劳动者必须从取得职业资格证书的人员中录用;持职业资格证书就业的工种(职业)由1995年劳动部规定的50个扩大到90个。同年,市劳动和社会保障局组织开展“三类”工种的培训工作。2013年,全市旗县区成立初级职业技能鉴定所7个,职业技能鉴定机构总数达到28个,共有考评员783人,其中高级考评员157人,质量督导员75人。

第八章　劳动执法

第一节　劳动保障监察

一、机构

1991年,劳动监察业务由市劳动局劳动争议仲裁科负责。1996年,市劳动局成立劳动监察科。2002年,劳动监察科改为劳动和社会保障监察科。2003年7月,成立市劳动和社会保障局劳动和社会保障监察支队，为内设科级全额拨款事业单位。2009年6月,红山区、松山区劳动和社会保障监察大队划归市劳动和社会保障监察支队,与劳动和社会保障监察科合署办公,升格为准处级事业单位,内设综合办公室、综合业务室、法制科、受理科及6个监察执法大队,直接负责市直和红山区、松山区用人单位的劳动监察;指导全市劳动保障监察。到2014年,市本级劳动和社会保障监察机构未发生变化。

自2005年开始,各旗县区先后成立劳动和社会保障监察大队。2009年,红山区、松山区劳动和社会保障监察大队上划到市劳动和社会保障监察支队。到2014年,各旗县区劳动和社会保障监察机构未发生变化。

二、制度建设

1991年,全市依据《中华人民共和国合同法》及其他相关法律法规开展劳动保障监察业务。1993年及以后,先后执行《劳动监察规定》(劳动部1993年8月4日发布)、《中华人民共和国劳动法》(1994年7月5日全国人大常委会通过、1995年1月1日生效)、《劳动行政处罚若干规定》(劳动部1996年9月27日发布)、《劳动保障监察条例》(2004年11月1日国务院颁布)、《内蒙古自治区劳动保障监察条例》(2010年3月25日自治区第十一届人大常委会第十三次会议通过)。2014年6月16日，市政府印发《关于建立农牧民工工资支付工作长效机制的意见》,明确劳动和社会保障监察机构及其主管部门保障农牧民工工资的职责和具体要求。

从1991年到2014年，全市劳动保障监察部门根据国家和自治区的法律法规,建立健全劳动保障监察的监察员资格、监察管辖、监察程序、诚信评价、书面审查、案件受理、目标责任和主办监察员等一系列规章制度，逐步形成一整套完整的劳动和社会保障监察制度体系。

三、监督执法

专题执法大检查　1997 年，劳动部推行劳动保障年检制度。从该年开始，市和旗县区劳动保障监察机构对全市所有用人单位遵守劳动法律法规情况进行年度全面检查。年检的内容包括单位劳动用工、劳动工资发放、职工社会保险缴纳等情况。

1997—2002 年，针对劳动者最关心、最直接、最迫切以及涉及劳动保障的社会热点、难点问题，市和旗县区劳动保障监察机构独立或联合有关部门（单位）开展多项执法大检查。先后开展“社会保险费征缴执法大检查”、“拖欠农民工工资大检查”、“妇女儿童权益保护情况大检查”（市妇联组织）、“禁止使用童工情况大检查”、“建筑施工企业大检查”、“民办职业中介机构大检查”。到 2002 年，累计检查用人单位 12000 个，涉及劳动用工 25 万人次，接待群众来访咨询 9658 人次，受理并查处群众举报案件 315 件。

从 2003 年开始，由市劳动和社会保障局主持、市劳动和社会保障监察支队具体实施、旗县区劳动和社会保障部门共同参与，每年开展至少 1 次的全市劳动法执行情况综合大检查。检查内容包括劳动关系建立、劳动合同签订、招工用工、职业介绍、劳动风险抵押金收取、劳动工资支付、最低工资保障、劳动工时、休息休假、女职工及未成年工劳动权益保障等情况。到 2014 年，累计检查用人单位 26528 个，涉及劳动用工 53.99 万人次，接待群众来访 12.44 万人次，受理并查处举报案件 8269 件次。2008—2014 年，累计检查用人单位 9528 个，其中市直用人单位 3782 个，旗县区用人单位 5746 个；涉及劳动用工 24.69 万人次，其中市直 12.85 万人次，旗县区 11.84 万人次；接待群众来访 9.76 万人次，其中市直 6.69 万人次，旗县区 3.07 万人次；受理并查处举报案件 7485 件，其中市直 5499 件，旗县区 1986 件；解决拖欠农牧民工工资案件 7485 件，成功追讨 46351 人工资 4.78 亿元；补签劳动合同 95358 份，补缴社会保险费 3105 万元。

专项执法检查　2008—2009 年，市和旗县区劳动和社会保障监察机构以《中华人民共和国劳动合同法》实施为契机，开展以劳动合同制度执行为重点的全市用人单位遵守劳动合同法执法检查。市劳动和社会保障监察支队负责市直和红山区、松山区、元宝山区用人单位的执法检查，同时指导 9 个旗县的执法检查。全市累计检查用人单位 1732 个（家），督促用人单位补签劳动合同 39975 人份、补办劳动合同鉴证 25000 人次；成功追讨企业拖欠的农民工工资 281.02 万元；返还农民工工资保障金 161.2 万元；接待群众来访 20800 人次；受理群众投诉举报案件 767 件；清退童工 25 人。

2010—2011 年，市和旗县区劳动和社会保障监察机构开展不同内容的专项执法检查 8 次，检查用人单位 5575 家；向违反劳动保障法规的用人单位下达责令整改书 818 份；补签劳动合同 12700 人份；补缴社会保险费 560 万元；责令用人单位补发劳动者工资 13068 人 7317.7 万元、清退违规押金 16.7 万元；清退童工 9 人；接待劳动者来访咨询 63000 人次；受理群众投诉举报案件 2551 件。

2012—2013年,市和旗县区劳动和社会保障监察机构开展清理整顿人力资源市场秩序、用人单位遵守劳动用工和社会保险法律法规、保障农民工工资支付专项执法检查8次,累计巡查用人企业3671家,下达责令改正指令书196份;补签劳动合同3.48万人份;补缴社会保险费2323万元;成功追讨企业拖欠的劳动者工资2.82亿元;责令企业清退劳动风险抵押金74人6.85万元;清退童工10人;查处并依法取缔未经许可从事职业中介活动企业1家;查处以拖欠劳动者工资为重点的重大劳动保障违法案件13起,移送司法机关刑事拘留案件嫌疑人8人。

2014年,市人力资源和社会保障局与市公安局、工商局联合开展清理整顿人力资源市场秩序专项执法活动。对民办职业中介机构和使用外来务工人员较多的用人单位进行集中检查,检查职业中介机构49家、用人单位156家,查处并依法取缔未经登记许可擅自从事职业中介活动的机构5家;责令退赔劳动者中介服务费、押金等金额11.6万元;向公安机关移送涉嫌拒不支付劳动报酬案件19件,公安机关立案19件,抓获犯罪嫌疑人7人,网上通缉1人。

第二节　劳动争议调解仲裁

1987年,全市恢复劳动争议处理制度。1989年8月,市劳动局设劳动争议仲裁科。1991年后,全市逐步建立健全劳动争议调解仲裁组织,开展相应工作。

一、调解仲裁组织

1991年7月21日,市劳动局、总工会、经济贸易委员会、工商局成立赤峰市劳动争议仲裁委员会,办公室设在市劳动局劳动争议仲裁科。2007年11月29日,市劳动争议仲裁委员会改为赤峰市劳动争议仲裁院,与市劳动争议仲裁科合署办公。2009年9月,市劳动和社会保障局与市人事局合并为人力资源和社会保障局,内设调解仲裁管理科。2011年6月27日,市政府决定市劳动争议仲裁委员会与市人事争议仲裁委员会整合为赤峰市劳动人事争议仲裁委员会,办公室设在市人力资源和社会保障局调解仲裁管理科。2012年8月,市机构编制委员会批准成立赤峰市劳动人事争议仲裁院,为科级全额事业单位,核定编制12个。

从1991年开始,全市12个旗县区相继建立劳动争议仲裁委员会。2014年,巴林左旗、宁城县分别建成劳动人事争议仲裁院。

2012年11月,根据人力资源和社会保障部印发的《企业劳动争议协商调解规定》和自治区人力资源和社会保障厅印发的《内蒙古自治区劳动人事争议调解组织建设工作方案》,市人力资源和社会保障局下发《赤峰市劳动人事争议调解组织建设工作方案》。各旗县区相继组建基层劳动争议调解组织。乡镇苏木街道依托人力资源和社会保障服务中心(站)、企业依托本企业工会组织,分别建立劳动争议基层调解委员会。到2014年,全市共建立基层劳动争议调解委员会1340个,其中乡镇苏木街道建立的180个,企业建立的 1160 个;有专兼职调解员 4002 人,其中专职的 463 人,兼职的 3539 人。

到 2014 年,全市累计有 233 名劳动争议仲裁人员参加自治区和国家主管部门培训及考核,有 68 人取得仲裁员资格。

二、劳动争议预防

1992 年,劳动部颁发《劳动合同鉴证实施办法》,全市劳动部门依此建立并实施劳动合同鉴证制度。1997 年,根据劳动部《关于实行劳动合同制度若干问题的通知》《关于企业职工流动若干问题的通知》精神,市劳动局下发《关于实行终止解除劳动合同证明书制度的通知》,开始实行终止解除劳动合同证明书制度,通过审查解除终止劳动合同行为的合法性,降低劳动争议的发生率。2014 年 8 月,市人力资源和社会保障局下发《关于取消劳动合同鉴证和解除终止劳动合同证明书鉴证两项行政服务项目的函》,取消“劳动合同鉴证”和“解除终止劳动合同证明书鉴证”两项行政服务项目。1998—2014 年,全市累计鉴证劳动合同 52.83 万份,累计办理解除终止劳动合同证明书 29.45 万份。

三、劳动争议案件处理

2000—2014 年赤峰市劳动争议案件办理情况统计表

表 20-2-19

年份	合计(件)	市本级(件)	旗县区(件)	涉及人数(人)
2000	186	24	162	186
2001	248	25	223	248
2002	179	27	152	179
2003	147	55	92	147
2004	346	45	301	346
2005	515	102	413	515
2006	468	92	376	468
2007	472	115	357	472
2008	973	510	463	973
2009	884	265	619	884
2010	810	342	468	810
2011	825	315	510	825
2012	712	147	565	1138
2013	1271	403	868	1998
2014	1389	125	1264	1699
合计	9425	2592	6833	10888

全市劳动争议仲裁组织机构建立后,主要依据《中华人民共和国企业劳动争议处理条例》(1993 年 8 月 1 日施行)和《中华人民共和国劳动争议调解仲裁法》(2008 年 5 月 1 日施行)开展劳动争议仲裁业务。在劳动仲裁案件处理过程中,在公平公正、及时高效的原则基础上,坚持"先调解,后仲裁"。2000—2014 年,全市累计处理劳动争议案件 9425 件,涉及人数 10888 人。

第九章 社会保险

第一节 养老保险

1953 年,赤峰市开始实行企业职工养老、伤残、疾病、生育等保障制度。1986 年 7 月,实行劳动合同制后,全市退休养老逐步实行社会统筹。到 1990 年,全市有 2685 家企业参加企业退休工人养老保险统筹。同年,全市国有企业职工养老保险统筹工作开始启动。1995 年后,陆续启动城镇集体企业职工、自收自支事业单位职工和个体工商户等人员养老保险。1992 年,开始实施农村牧区养老保险。2009 年,根据国务院实施新型农村养老保险的决定,全市逐步完善农村牧区养老保险。2011 年,全市实施城乡居民养老保险。

一、城镇职工养老保险

实施概况 1991 年、1994 年和 2000 年,市政府先后印发《赤峰市国有企业退休基金社会统筹管理暂行办法》《赤峰市城镇职工社会养老保险暂行规定》《关于城镇私营企业职工和个体劳动者养老保险有关问题的通知》,全市城镇职工基本养老保险范围涵盖国有企业、集体企业、私营企业和个体从业人员,缴费、基金管理、待遇等相关政策基本完善。2000 年 9 月,市劳动局下发《基本养老保险市级调剂金调剂暂行办法》,建立和实施市级基本养老保险调剂基金。2001 年,市政府印发《关于破产改制企业自谋职业人员缴纳养老保险费有关问题的通知》,2004 年,市政府办公厅印发《赤峰市农垦企业基本养老保险实施意见》,当年全市城镇企业职工基本养老保险基本实现全覆盖。2007 年,市劳动和社会保障局下发《赤峰市基本养老保险市级统筹实施办法》,全市基本养老保险实现市级统筹。2012 年,市人力资源和社会保障局下发《关于农垦企业职工基本养老保险与城镇企业职工基本养老保险并轨后有关问题的处理意见》,农垦企业职工养老保险与城镇企业职工养老保险并轨运行。2013 年,市委办公厅印发《赤峰市直属事业单位新进人员管理暂行办法》,城镇职工养老保险由企业扩大到市直事业单位。

参保人员 1991 年,城镇职工养老保险参保人员范围包括驻赤峰的中央及自治区直属企业、市直属国有企业的固定工,非独立核算的集体混岗职工(经国务院批准暂不参加地方统筹的系统、行业除外）和离退休职工，全市参保职工共有 85769 人。1995 年，参保人员扩大到自收自支事业单位和集体企业职工，参保人数达到 15.15 万人。2000 年，城镇私营企业职工和个体劳动者纳入保险范围。2001 年，包括破产改制企业在内的所有灵活就业人员全部纳入保险范围，参保人数达到 16.06 万人。2004 年，农垦企业职工纳入城镇职工养老保险，参保人数达到 19.09 万人。2011 年，自治区人力资源和社会保障厅印发《关于“五七工”参加企业职工基本养老保险实施细则的通知》精神，历史遗留的“五七工”（20 世纪 60 年代至 70 年代初响应毛主席“五七”指示，走出家门参加生产劳动，进入企业不同岗位的城镇职工家属，统称为“五七工”）23976 人纳入保险范围。同年，全市尚未参保的集体企业职工和市直事业单位新进人员纳入保险范围，参保人数达到 28.8 万人。到 2014 年，全市参保人员达到 34.17 万人。1991—2014 年，全市累计达到 475.74 万人。

缴费办法　1991 年，城镇职工养老保险实行企业统一缴费，缴费标准为企业工资总额的 17%。自 1995 年 1 月 1 日起，全市城镇企业在职职工养老保险实行企业、国家、个人缴纳相结合的办法，按照“以支定收”原则，确定统筹金缴费比例。1995—2014 年，企业缴费按在岗职工工资总额的 15% ~ 20%不等的比例缴费；已纳入社会统筹的各类人员统一按月工资收入的 2%~8%的缴费比例缴费；离退休人员按离退休费 5%左右的比例缴费。1999—2006 年，个体工商户和灵活就业人员缴费按当地上年度在岗职工平均工资的 20%缴费，其中 8%记入个人账户。2007 年及以后，个体工商户、灵活就业人员的缴费基数为全市上年度在岗职工平均工资的 60%、80%和 100%三个档次缴费，多缴多得。

基金管理与监督　1991 年，建立市本级国有企业职工基本养老保险基金统筹和调剂制度。当年基金收入 3686 万元，基金支出 2366 万元。1991—1997 年，城镇养老保险基金收支由赤峰市社会保险局自行管理。1998 年，城镇企业职工基本养老保险基金纳入财政专户，实行“收支两条线”管理，基金收入达到 20281 万元，基金支出 16124 万元。从 2001 年 1 月 1 日起，社会保险费改由市和旗县区地方税务局征收，“税务管征收、财政管资金、社保管核准、银行管发放”的新型社会保障资金管理机制全面形成。2008 年，城镇企业职工养老保险实现全市统筹。2009 年，上升到自治区统筹。同年 9 月，在建立自治区调剂金制度之后，建立市级对旗县区基本养老保险调剂金制度。当年基金收入 16.73 亿元，基金支出 13.85 亿元。2010 年，全市养老保险基金统一纳入市财政局养老基金财政专户管理。到 2014 年，基金收入达到 37.39 亿元，基金支出达到 47.07 亿元。1991—2014 年，全市累计基金收入 229.36 亿元，基金支出 222.54 亿元。

保险待遇及发放办法　1998 年 7 月，启动全市已纳入社会统筹的破产转制企业退休人员养老金社会化发放工作。1999 年，缴费年限累计满 15 年的，退休后按月发给基本养老金；缴费年限累计不满 15 年的，退休后不享受基本养老金待遇，其个人账户储存额一次性支付给本人。统一制度实施前已退休的人员，仍按国家和自治区原规定发

1991—2014年赤峰市城镇职工养老保险情况统计表

表 20-2-20

年 份	参保人数(人)	享受待遇人数(人)	基金收入(万元)	基金支出(万元)
1991	85769	14698	3686	2366
1992	89545	16561	4784	3103
1993	115426	18204	5581	4097
1994	126320	19909	6628	5465
1995	151539	25371	7242	9141
1996	162542	27896	12001	10025
1997	160481	30087	13414	12202
1998	156550	31679	20281	16124
1999	156625	36094	14614	17854
2000	160179	39129	26245	21919
2001	160607	43996	25947	23832
2002	169022	47722	33321	30171
2003	174706	50969	34949	34677
2004	190906	58030	40763	37918
2005	201564	61652	55483	54581
2006	223118	66666	80894	63837
2007	236166	74593	107158	87922
2008	253166	81431	148096	107311
2009	262138	87706	167344	138547
2010	274202	93894	164927	162723
2011	287962	106918	273520	209356
2012	301516	131066	303140	305514
2013	315652	173090	369654	396044
2014	341715	192951	373900	470677
合计	4757416	1530312	2293572	2225406

给养老金，同时执行养老金调整机制。统一制度实施前参加工作、实施后退休且缴费年限（含视同缴费年限）累计满15年的人员，按照新老办法平稳衔接、待遇水平基本相同的原则，在发给基础养老金和个人账户养老金的基础上再设立过渡性养老金和过渡性调节金。按上述过渡办法计发的基本养老金，低于老办法待遇标准的，差额部分予以补齐。按老办法计算养老保险待遇的标准工资截止到1997年12月31日。2006年，全市第二次实行新的养老金计发办法，基本养老金由基础养老金和个人账户养老金构成，退休人员的养老金待遇水平与缴费年限的长短、缴费基数的高低、退休年龄的大小直接挂钩。2009年，企业职工养老金全部实现社会化发放。从2005年起，全市连续10次调整企业退休人员养老金。到2014年，企业退休人员月人均养老金由2005年的468元增加到1870元，人均月增加1402元。

二、农村牧区（城镇）居民养老保险

工作机构　1996年10月，经市政府批准，在市民政局设立赤峰市农村牧区社会养老保险办公室。2004年7月，农村牧区社会养老保险职能由市民政局划入市劳动和社会保障局。2009年12月，市人力资源和社会保障局养老保险科承担全市新型农村社会养老保险工作。2010年12月，市人力资源和社会保障局成立农村牧区养老保险科。

实施概况　1992年1月3日，民政部印发《县级农村社会养老保险基本方案（试行）》。同年4月，自治区政府印发《关于开展农村牧区社会养老保险试点工作的通知》及《补充通知》。1992年4月底，市民政局在元宝山区、红山区、松山区和宁城县进行农村牧区社会养老保险试点。到同年底，全市12个旗县区全部落实农村牧区社会养老保险制度。1997年6月，市政府印发《赤峰市农村牧区社会养老保险暂行办法》，规范全市农村牧区养老保险。2001年，按照自治区劳动和社会保障厅“全区农村牧区社会养老保险暂停收缴养老保险金和新业务，转入规范整顿阶段”的要求，全市进行农村牧区社会养老保险整顿工作。2003年，市政府办公厅印发《新区村民整体转为城镇居民后参加养老保险问题的意见》，新城区“农转非”村民纳入养老保险。2009年9月1日，国务院印发《关于开展新型农村社会养老保险试点的指导意见》，农村养老保险的参保条件、基金来源、待遇标准等政策发生相应变化。同年12月，敖汉旗成为国务院批准的第一批新型农村社会养老保险试点地区。以此为界，全市农村牧区养老保险划分为两个阶段：1992—2008年为“老农保”阶段；2009—2014年为“新农保”阶段。2010年10月，喀喇沁旗成为全国第二批新型农村社会养老保险试点地区。2011年7月，翁牛特旗、巴林右旗、林西县和克什克腾旗成为全国第三批新型农村社会养老保险试点地区。同年7月，市人力资源和社会保障局下发《农村牧区和城镇居民社会养老保险的实施办法》；同年11月25日，自治区政府办公厅印发《关于开展城镇和农村牧区居民社会养老保险试点的实施意见》，全市城镇居民开始纳入城乡社会养老保险。2012年7月，红山区、松山区、元宝山区、宁城县、巴林左旗和阿鲁科尔沁旗成为全国第四批新型农村社会养老保险试点地区。至此，新型城乡居民养老保险实现全市全覆盖。2014年5月，市政府印发《关于赤峰市被征地农牧民参加养老保险有关问题的通知》,全市被征地农牧民可自愿选择参加企业职工养老保险或城乡居民养老保险。

参保范围及人数 1992—2008 年,年满 20 周岁的农牧民可自愿参加养老保险。2009 年,“新农保”开始,年满 16 周岁(不含在校学生)、未参加城镇职工基本养老保险的农村居民可以在户籍地自愿参加“新农保”。2012 年,城乡居民社会养老保险实现全覆盖后,全市参保的城乡居民达到 153.1 万人;2013 年,增加到 178.1 万人;2014 年,回落到 169 万人。同年,全市有被征地农牧民 39 万人,参加城乡居民养老保险的 21 万人,参加企业职工养老保险的 1.4 万人。

基金筹集与缴费标准 1992—1996 年,以个人缴费为主、集体补助为辅,个人月缴费标准从 2 元到 20 元,每 2 元为一个档次,共 10 个档次;缴费方式可按月、也可按年缴费。1997—2008 年,以个人缴纳为主、集体补助为辅、国家予以政策扶持,个人缴费标准以上年农牧民人均纯收入的 50%、60%、70%、100%为缴费基数,按 28%的缴费比率,由农牧民选择缴费。2009 年,开始实行个人缴费、集体补助、国家补贴的政策;个人缴费标准设每年 100 ~ 500 元 5 个档次;参保人自主选择缴费档次,多缴多得。2011—2014 年,年缴费标准设 100 ~ 1000 元 10 个档次。

“老农保”时期养老基金的主要来源为个人缴费,基金构成完全是个人账户。“新农保”时期,农村牧区养老基金主要来源为个人缴费和政府补贴,基金构成分为基础养老金和个人账户;个人缴费、集体补助、对参保人缴费的各种资助、地方政府对参保人的缴费补贴全部记入个人账户。2009—2014 年,各旗县区政府对参保人的缴费补贴标准为个人缴费 100 元的,补贴 30 元,缴费每提高一个档次,增加补贴 5 元,补贴到 75 元为止。2009 年、2010 年、2011 年、2014 年,全市分别投入国家和地方政府补贴资金 1032 万元、1.32 亿元、2.72 亿元、3.77 亿元。

保险待遇、发放条件及发放办法 参保人年满 60 周岁时可享受养老保险待遇。

年满 60 周岁、未享受城镇职工基本养老保险待遇的参保人,可以按月领取养老金。新农保制度实施时,已年满 60 周岁、未享受城镇职工基本养老保险待遇的参保人,不用缴费,可以按月领取基础养老金,但其符合参保条件的子女应当参保缴费;距领取年龄不足 15 年的,应按年缴费,允许补缴,累计缴费不超过 15 年;距领取年龄超过 15 年的,同样按年缴费,累计缴费不少于 15 年。

在新农保试点地区,凡已参加老农保、年满 60 周岁且已领取老农保养老金的参保人,可直接享受新农保基础养老金;对已参加老农保、未满 60 周岁且没有领取养老金的参保人,应将老农保个人账户资金并入新农保个人账户,按新农保的缴费标准继续缴费,待符合规定条件时享受相应待遇。

从 2009 年开始,养老金待遇由基础养老金和个人账户养老金组成,支付终身;基础养老金标准为每人每月 55 元;个人账户养老金的月计发标准为个人账户全部储存额除以 139(与相同年份的城镇职工基本养老保险个人账户养老金计发系数相同)。参保人死亡，个人账户中的余额，除政府补贴外，可依法继承；政府补贴余额用于继续支付其他参保人的养老金。从 2014 年 1 月份起，每人每月增加基础养老金 5 元。

参保及养老金收支情况 1997 年，全市农村牧区城乡居民养老基金收入 1370 万元。2004 年，全市参保 27.55 万人，享受待遇 4538 人。2012 年，全市参保 153.08 万人，享受待遇 39.21 万人；基金收入 6.17 亿元，基金支出 3.44 亿元，结余 2.73 亿元。到 2014 年，全市参保人数达到 169 万人，享受待遇 43.4 万人；保险基金收入 5.71 亿元，支出 4.97 亿元，结余 7322 万元。2012—2014 年，全市累计参保 500.16 万人，享受待遇 124.69 万人；保险基金收入 18.5 亿元，保险基金支出 12.58 亿元，结余 5.92 亿元。

1992—1997 年，农村牧区（城镇）居民养老保险基金由社保部门自行管理。2008—2014 年，实行“收支两条线”管理。

第二节 医疗保险

一、实施概况

1986 年，市本级和旗县区分别成立公费医疗办公室，实施机关企事业单位和离退休人员医疗保障。2000 年，市政府印发《赤峰市城镇职工基本医疗保险办法》《赤峰市城镇职工社会医疗救助保险办法》《赤峰市城镇职工基本医疗保险参保与缴费管理暂行办法》《赤峰市城镇职工基本医疗保险个人账户管理办法》等 8 个配套文件；确立城镇职工基本医疗保险的参保范围、参保待遇、基金构成与管理等基本制度，逐步实施企业、机关事业单位职工、城镇农村牧区居民基本医疗保险和医疗救助（大病救助）。2003 年，市政府转发自治区政府《关于推进全区医疗保险制度改革有关问题的通知》，印发《关于调整基本医疗保险统筹基金支付标准和异地居住人员医疗服务管理有关问题的通知》，市劳动和社会保障局下发《赤峰市城镇灵活就业人员基本医疗保险管理办法（试行）》，推进全市医疗保险改革、扩大保障范围。2006 年 6 月 12 日，市政府召开全市城镇居民基本医疗保险试点工作动员会议，推动城镇居民医疗保险工作。同年，除参加农村牧区新型合作医疗的农牧民外，全市城镇和农村牧区居民医疗保险实现全覆盖。2008 年，赤峰市被列为国家城镇居民基本医疗保险工作试点城市。2009 年 10 月 15 日和 2011 年 5 月 12 日，市政府分别印发《关于进一步完善城镇基本医疗保险制度的实施意见》和《关于完善城镇基本医疗保障制度的通知》，进一步推进医疗保险制度改革，实施城镇基本医疗保险市级统筹。2011 年 11 月 1 日，城镇医疗保险“一卡通”信息系统全面启用，参保人员持“中华人民共和国社会保障卡”可在全市任何定点医疗机构、定点零售药店就医、购药。2010 年 6 月 17 日，市人力资源和社会保障局、财政局下发《关于市本级公务员医疗补助暂行办法的通知》，建立市本级公务员医疗补助制度。2013 年，市政府印发《关于调整城镇基本医疗保险待遇和建立城镇居民大病保险等问题的通知》。同年底，参保人可在全市定点医疗机构和定点零售药店以只支付个人自付部分的方式直接报销医药费,实现医药费报销零等待。2014 年 1 月 1 日起,总额控制结算在市本级 12 家定点医疗机构试行。

二、参保范围及人员

2000 年,全市各级各类企业(国有企业、集体企业、外商投资企业、私营企业等)、机关、事业单位、社会团体及其职工全部参加医疗保险。当年参保人数为 9.9 万人。2003 年,灵活就业人员参加基本养老保险后可参加基本医疗保险,全市参保人数 28.61 万人。2006 年,市劳动和社会保障局下发《关于开展农民工参加医疗保险工作的指导意见》,将农(牧)民工纳入医疗保险范围,各类参保人员总数 38.3 万人。到 2014 年,全市城镇职工医疗保险参保人数 49.56 万人,城镇居民医疗保险参保人数 57.1 万人。

三、基金筹集与缴费标准

基本医疗保险费由用人单位和参保人共同缴纳,实行基本医疗费和个人账户相结合。用人单位和参保人缴纳的基本医疗保险费,由医疗保险经办机构建立基本医疗保险个人账户和社会统筹基金。基本医疗保险个人账户按规定逐月记入,单位缴纳的基本医疗保险费,在扣除划入个人账户部分后全部划入社会统筹基金。

城镇职工缴费标准 2000 年后,用人单位缴费率为在职职工上年度工资总额的 6%,职工个人缴费率为本人上年度工资收入的 2%。用人单位职工月平均工资低于统筹地区上年度职工月平均工资 80%的,以上年度月平均工资的 80%为基数缴纳。2001 年 6 月 5 日,市政府印发《关于调整市本级城镇职工社会医疗救助保险收费标准和支付限额的通知》,从该年 1 月 1 日起,市本级社会医疗救助保险费的筹集标准由 2000 年的每人每年 30 元调整为每人每年 50 元。2005 年,市政府印发《关于调整市本级城镇职工社会医疗救助保险费缴费标准及确定医疗救助保险最高支付限额等问题的通知》,社会医疗救助保险费缴费标准再度调整,城镇职工缴费由原来的每人每年 50 元调整为每人每年 100 元,所增加部分由职工所在单位负担。2010 年,城镇职工社会医疗救助保险费由原来每人每年 100 元调整到每人每年 150 元。至 2014 年,缴费标准未变。

灵活就业人员缴费标准 2003 年后,按市政府有关规定,灵活就业人员以上年度社会平均工资为基数,按参保单位正常缴费的 80%缴纳医疗保险费,在达到法定退休年龄前不建个人账户;全部缴费均由个人负担。至 2014 年,缴费标准未变。

退休人员缴费规定 2005 年后,按市政府有关规定,已由社会保险经办机构管理的退休人员的基本医疗保险费从基本医疗保险统筹基金中解决。至 2014 年,缴费标准未变。

城镇居民缴费标准 2008 年后,按市政府规定,城镇居民基本医疗保险费的缴费标准为 18 周岁以上居民年缴费 210 元。城镇居民基本医疗保险费全部纳入医疗保险统筹基金,不设个人账户。至 2014 年,缴费标准未变。

四、管理与监督

2003 年，全市基本医疗保险基金纳入财政专户管理；市和旗县区经办机构普遍建立基本医疗保险基金预算、财务会计和内部审计等制度。用人单位和职工缴纳的基本医疗保险费由地方税务部门征缴后直接上缴财政专户，实行专户储存。市和旗县区社会保障及财政部门负责医疗保险基金的管理及监督，审计部门定期对基金收支和管理情况进行审计监督。2010 年，实行医疗保险基金预决算制度。到 2014 年，全市行政事业单位普遍做到基金征缴与参保职工人数一致、缴费基数申报与职工的年工资总额一致、全额拨款单位工资发放及申报数与实际工资一致；企业单位申报缴费基数平均达到全市社会平均工资的 80%以上； 旗县区参保单位全部实现基金征缴当年无尾欠；城镇职工医疗保险基金征缴收入由 2006 年的 2.59 亿元达到 15.73 亿元，累计达到 74.48 亿元，支出由 2006 年的 2.07 亿元达到 14.51 亿元，累计达到 61.57 亿元，滚存结余由 2005 年的 1.73 亿元达到 14.64 亿元，累计达到 74.30 亿元；城镇居民医疗保险基金征缴收入由 2008 年的 1330 万元达到 2.22 亿元，累计达到 8.39 亿元，支出由 2008 年的 260 万元达到 1.94 亿元，累计达到 5.89 亿元，滚存结余由 2007 年的 2266 万元达到 2.72 亿元，累计达到 10.05 亿元。

五、医疗保险待遇

医疗保险待遇主要包括两个方面：在起付标准范围内的住院和特殊门诊医药费（简称“基本医疗费”）由医疗统筹基金按比例支付（简称“报销”）；超过基本医疗保险社会统筹基金最高支付（报销）限额的医药费由医疗救助保险基金支付（报销）。此外，从 2004 年开始，新中国成立前参加工作的退休工人除享受其他退休人员同样的医疗保险待遇外，每人每年增加一次性医疗补助费 800 元。

基本医疗保险待遇　起付标准。2000—2014 年，在一（乡镇级）、二（旗县区级）、三级（市级及以上）医院（社区卫生服务机构）第一、二次住院，报销基本医疗费设起付标准（起付标准以上的部分报销）。2000 年，第一次住院的起付标准分别为 500 元、600 元、700 元。2007 年 4 月 1 日后，降低为 300 元、400 元、500 元。从 2008 年开始，报销范围扩大到在社区卫生服务机构住院的医药费，其起付标准为 200 元；一、二、三级医院的起付标准分别降低到 300 元、400 元、500 元。2010 年，从社区卫生机构至三级医院第一次住院的起付标准分别降低为 100 元、200 元、300 元、400 元。第二次住院的起付标准为第一次的 50%，第三次不设起付标准。至 2014 年，起付标准未发生变化。

报销标准（比例）。2000 年，在起付标准以上至 10000 元，报销 75%；10001 ~ 15000 元，报销 80%；15001 ~ 20000 元，报销 85%；超出 20000 元不再从医疗统筹基金中报销，改从救助基金中报销。2010 年，报销比例调整为 80% ~ 90%。2011 年，报销比例调整为 60% ~ 85%。2011 年，在社区卫生机构住院医药费的报销比例比其他医疗机构提高 5%。同年，市本级公务员最高支付限额以下药费的报销比例由 75%提高到 80%。2014 年，城镇医疗保险参保人员因病情需要转市外医疗机构住院治疗的，个人自付比

2000—2014 年赤峰市城镇职工医疗保险情况统计表

表 20-2-21

年份	参保人数(人)	基金收入(万元)	基金支出(万元)	基金年度结余(万元)	基金滚存结余(万元)
2000	99000	—	—	—	—
2001	142000	—	—	—	—
2002	249400	—	—	—	—
2003	286100	—	—	—	—
2004	311700	—	—	—	—
2005	332000	—	—	—	17310
2006	383000	25891	20677	5214	22524
2007	408900	33352	25685	7667	30191
2008	425000	44027	33307	10720	40911
2009	471300	64110	43551	20559	61470
2010	512300	74033	59758	14275	75745
2011	472100	98525	73821	24704	100449
2012	479100	108717	95179	13538	113987
2013	490500	138770	118691	20079	134066
2014	495600	157347	145061	12286	146352
合 计	5558000	744772	615730	129042	743005

说明:2000—2005 年没有进行医疗保险基金数据统计。

2007—2014 年赤峰市城镇居民医疗保险情况统计表

表 20-2-22

年份	参保人数(人)	基金收入(万元)	基金支出(万元)	基金年度结余(万元)	基金滚存结余(万元)
2007	—	—	—	—	2266
2008	260200	1330	260	1070	3336
2009	374400	4539	2528	2011	5347
2010	450400	6671	5717	954	6301
2011	516500	13518	7209	6309	12610
2012	563100	16639	10295	6344	18954
2013	563900	19005	13514	5491	24445
2014	571000	22173	19410	2763	27208
合计	3299500	83875	58933	24942	100467

说明:2000—2005 年没有进行医疗保险基金数据统计。

例由 20%降低至 10%。

2000—2014 年,一个医疗年度内,政策范围内个人自付医疗费 0.8 万元以上部分,按 30%给予补偿(再报销);个人自付医疗费 1.4 万元以上部分,按 40%给予补偿(再报销)。

报销限额。2001 年,基本医疗保险医药费报销最高限额由 2 万元提高到 2.4 万元。2007 年 4 月 1 日, 由 2.4 万元提高到 3 万元。2010 年, 由 3 万元提高到 5 万元。2011 年,18 周岁以下少年、儿童和在校学生的最高报销限额提高到 9 万元,城镇职工以外的其他参保人提高到 6 万元。2012 年 1 月 1 日,城镇职工最高报销限额由 2011 年的 5 万元提高到 6 万元。

医疗救助基金报销标准及限额 参保人员发生超过基本医疗保险社会统筹基金最高支付(报销)限额的医药费由医疗救助保险基金支付(报销)。

报销标准。2000—2014 年,报销比例为 85%。

最高限额。2000 年, 最高报销限额为 3 万元。2001 年, 由 3 万元提高到 4 万元。2005 年,由 4 万元提高到 7.6 万元。2007 年 4 月 1 日,由 7.6 万元提高到 8 万元。2011 年,提高到 12 万元。2012 年,提高到 14 万元。2013 年,提高到 17 万元。从 2014 年 1 月 1 日起,城镇职工最高限额提高到 30 万元以下,城镇居民最高限额提高到 20 万元以下。

第三节 失业保险

一、参保人数及缴费标准

1986 年,依据自治区政府印发的《内蒙古自治区国营企业职工待业保险实施细则》的有关规定,赤峰市开始实施失业保险制度。参保范围为国营企业职工和国家机关、事业单位及社会团体内的合同制工人, 至 1991 年, 参保人数为 68475 人。1993 年,自治区政府发布《内蒙古自治区职工待业保险办法》,失业保险范围从国有企业扩大到城镇集体所有制、股份制、中外合资经营、中外合作经营、外商独资企业的中方职工,实行企业管理的事业单位的职工,机关、事业单位和社会团体的劳动合同制职工,参保人数为 89576 人。同年 4 月,国务院颁布《国有企业职工待业保险规定》,将缴费基数由企业职工标准工资之和改为工资总额,国有企业缴费比例为 1%。1998 年,失业保险基金缴费比例由单位工资总额的 1%提高到 3%。1999 年 1 月,国务院颁布《失业保险条例》。同年 12 月 29 日,自治区政府发布《内蒙古自治区失业保险实施办法》。按此要求,全市失业保险参保范围扩大到事业单位的其他职工,各类参保人员总数达到 25.7 万人。此后建立国家、用人单位、职工三方负担筹资机制,单位缴费比例调整为 2%,个人缴费比例为 1%,至 2014 年未变。2014 年,全市参保人数达到26.31万人,比1991年增加19.46万人。

1991—2014年,全市共有520.33万人参保,累计缴纳失业保险费11.25亿元;共有70763人享受失业保险金,累计金额4.68亿元。

二、基金管理与监督

1991—1998年,失业保险基金由市和旗县区就业部门管理。1999年,按国务院和自治区政府条例及办法要求,全市失业保险基金由就业部门在国有商业银行设立的专户管理改为财政部门在国有商业银行设立的社会保险基金专户管理,实行"收支两条线"制度。2001年,自治区政府决定失业保险基金征缴工作改由各级地方税务机关负责。2008年,自治区政府办公厅转发自治区劳动和社会保障厅等部门《关于全区失业保险基金实行盟市级统筹的指导意见》,市政府印发《关于赤峰市失业保险基金市级统筹实施意见》,全市失业保险基金实行市级统筹。2011年,市就业服务局出台《失业保险金发放流程》和《失业保险金申领程序》,加强失业保险基金管理和监督。

2014年,根据自治区人力资源和社会保障厅转发《人力资源和社会保障部关于进一步加强和规范失业保险基金管理的通知》精神,市就业服务局制定《赤峰市失业保险经办机构内部控制制度》,同时完善《失业保险缴费核定方法及工作流程》《失业保险金申领指南》《科室岗位职责及业务流程》等规章制度,进一步规范业务流程,确保基金安全。

三、待遇及标准

失业人员失业期间的失业保险待遇有失业保险金、医疗补助、冬季取暖费三项。

失业保险金　1991—1994年,按统筹地区最低工资标准的百分比发放,第一年的1~12个月按80%发放;第二年的1~12个月按70%发放。1995年后,全市共10次提高标准。从1995年的平均每人每月131元提高到2014年7月的平均每人每月1050元。

失业人员医疗补助金　自1995年开始发放,1995—2007年的发放标准为每人每月5元。2008—2014年,调整至失业保险经办机构代为缴纳失业人员失业期间的医疗保险费和大病救助费的两项之和;医疗保险费为社会平均工资的4.8%,大病救助费为每人每年150元,两项之和为每月平均100.91元。

失业人员冬季取暖费　自2004年开始发放,2004—2007年的发放标准为每人每月7元,每年取暖期6个月,全年42元;2008—2014年调整至每人每月80元,全年480元。

第四节　工伤保险

1994年,市政府印发《赤峰市城镇企业职工工伤保险暂行规定》,企业职工工伤保险开始实施。全市城镇各类所有企业及其不同身份的职工全部纳入保险范围。工伤保

1991—2014年赤峰市失业保险情况统计表

表 20-2-23

年份	参保(人)	缴费(万元)	享受待遇(人)	支出(万元)
1991	68475	172	34	31
1992	88463	192	62	36
1993	89576	152	63	32
1994	98686	162	262	85
1995	110659	334	637	168
1996	150000	344	587	357
1997	155400	40	2020	384
1998	157500	715	6636	879
1999	257000	1895	5519	1770
2000	261500	3396	7392	3291
2001	239000	3320	8558	3150
2002	270000	3864	6225	3176
2003	249686	3188	4044	2971
2004	280085	3653	4682	3312
2005	280561	4259	4410	3342
2006	280102	3966	4211	2554
2007	285308	4012	1880	1727
2008	265000	5202	1586	1638
2009	269000	7286	2430	3850
2010	280363	9944	1490	3178
2011	273051	10414	898	2358
2012	265026	13053	1366	2109
2013	265800	14802	2659	2989
2014	263105	18108	3112	3377
合计	5203346	112473	70763	46764

险费由企业缴纳(个人不缴纳);企业缴费分城镇国有企业、集体企业、其他所有制企业3个类别,实行工资总额0.6%~2%的差别费率。工残职工抚恤金、工残补助金、遗属生活费和工残医疗费由社会保险局报销60%,企业报销40%。到1996年,全市参保人数为15.19万人,基金收入144万元,基金支出25万元。

1997年,自治区政府印发《内蒙古自治区企业职工工伤保险试行办法》,全市1996年10月底前纳入的工伤职工全部退回原企业管理,工残职工的相关待遇全部由企业负担;随后发生的工伤人员由社会保险局管理。

2001—2003年,市劳动和社会保障局先后下发《关于提高工残人员工伤保险待遇等有关问题的通知》《关于养老保险制度改革中几个具体问题的处理意见的通知》等六个规范性文件,规范全市工伤保险工作。2003年,全市规范后的参保人数为89943人,基金收入1047万元,基金支出606万元。

2003年,国务院颁布《工伤保险条例》。同年,自治区政府办公厅印发《内蒙古自治区工伤保险条例实施办法》。2004年10月,市政府办公室印发《赤峰市实施〈内蒙古自治区工伤保险条例实施办法〉细则》,全市工伤保险所有政策与国家、自治区完全并轨和统一。工伤认定、劳动能力鉴定、工伤预防、工伤待遇支付条件和标准、工伤保险储备金建立、工伤保险市级统筹等具体问题均有明确规范。当年,全市参保人数为12.46万人,基金收入559万元,基金支出626万元。

2010年12月23日,市政府印发《关于印发工伤保险市级统筹实施方案的通知》,全市工伤保险实行市级统筹,参保人数为19.56万人,基金收入6722万元,基金支出4651万元。

2011年4月25日,市人力资源和社会保障局下发《赤峰市国有企业老工伤人员纳入工伤保险统筹管理工作实施方案》,全市国有企业老工伤人员纳入工伤保险统筹管理。参保人数增加到20.96万人。

2012年12月,市人力资源和社会保障局转发人力资源和社会保障部、财政部《关于进一步做好事业单位等参加工伤保险工作有关问题的通知》,全市事业单位、社会团体等工作人员纳入工伤保险,到2013年底,全市参保人数增加到26.89万人。

2014年7月,市政府转发自治区政府印发的《内蒙古自治区工伤保险条例实施办法》,同年同月,市人力资源和社会保障局出台《赤峰市小微企业参加工伤保险试行办法》《赤峰市建筑施工企业农民工参加工伤保险试行办法》,小微企业和建筑企业农(牧)民工纳入工伤保险。同年,全市非参公事业单位职工纳入工伤保险,国家机关、参照公务员法管理的事业单位职工随后纳入工伤保险,工伤保险参保范围涵盖所有用人单位。当年,全市参加工伤保险累计27.75万人,比1996年增加12.55万人,增长82.26%;享受待遇人员累计5788人,比1996年增加4028人,增长2.29倍。1996—2014年,全市工伤保险累计参保312.1万人,享受工伤保险待遇人员累计6.97万人,累计基金收入7.51亿元,累计基金支出5.41亿元。

1996—2014 年赤峰市工伤保险情况统计表

表 20-2-24

年 度	参保人数(人)	享受待遇(人)	基金征缴(万元)	基金支出(万元)
1996	151904	1760	144	25
1997	164179	2322	372	118
1998	158079	3029	348	288
1999	142866	3167	331	342
2000	137686	3206	316	352
2001	123733	3329	411	546
2002	94364	3451	522	624
2003	89943	3521	1047	606
2004	124610	3656	559	626
2005	113736	3846	1247	1167
2006	113600	3419	1996	1415
2007	158311	2856	2089	1606
2008	177306	2987	4076	2691
2009	188320	3265	2169	1685
2010	195606	3966	6722	4651
2011	209613	5124	9459	6081
2012	230615	5543	12805	9308
2013	268910	5437	13841	10154
2014	277472	5788	16617	11806
合计	3120853	69672	75071	54091

第五节　生育保险

1994 年 12 月,劳动部颁发《企业职工生育保险试行办法》。1996 年 12 月,赤峰市实施生育保险。参保范围为国有企业、城镇集体企业、三资企业和自收自支事业单位职工;国家机关、事业单位、社会团体中与之建立劳动关系的职工;经办机构为市劳动局;缴费比例为参保单位上一年度全部职工月平均工资总额的 1%,全部由用人单位承担。生育保险医疗费报销标准为产前检查费 70 元,顺产接生费 300 元,助产接生费 400元,剖腹产手术费1300元。

1997年，全市参加生育保险的职工总数为15.49万人，享受生育保险待遇的516人。1998年,生育保险缴费比例由1%降低到0.8%;新增护理假津贴、流产医疗费两项待遇。

2000年,市劳动和社会保障局下发《关于生育保险费提取比例及增加统筹项目的通知》,生育保险缴费比例由0.8%降低到0.7%;参加生育保险职工的计划生育手术费全部纳入生育保险金支付(报销)范围。2002年,产前检查费由70元提高到100元。

2004年,市劳动和社会保障局下发《关于2004年度市本级生育保险调整和生育保险费提取比例问题的通知》,提高生育医疗费。

2006年底,市本级生育保险业务由市劳动和社会保障局划归市医疗保险局管理。

2009年,根据市政府《关于进一步完善城镇基本医疗保险制度的实施意见》,从当年10月15日起,参加城镇居民基本医疗保险的居民生育费用纳入城镇居民基本医疗保险报销范围。

2010年7月,市人力资源和社会保障局、财政局下发《赤峰市机关事业单位职工生育保险办法》,建立机关事业单位职工生育保险制度。同年,根据自治区人力资源和社会保障厅、财政厅《关于印发内蒙古自治区生育保险试行办法的通知》精神,市本级财政安排预算资金165万元,用于机关事业单位人员缴纳生育保险,解决机关事业单位女职工的生育保险缴费来源问题。

2014年,市政府继续调整生育保险政策,在全市范围内实现政策标准、待遇水平、经办流程、信息系统“四统一”,扩大职工生育保险范围,提高待遇标准,推进生育保险市级统筹;全市所有用人单位在职职工全部参加生育保险。

1997—2014年，全市共征缴生育保险基金2.28亿元，支出1.29亿元，滚存结余9953万元。

第十章　机　构

第一节　管理机构

一、市级行政管理机构

赤峰市人事局　赤峰市人事局前身为昭乌达盟人事局。1991年，市人事局设有办公室、干部调配科、干部任免科、干部教育科、工资福利科、离退休干部管理科、科技干部管理科7个内设机构;核定行政编制22个,工勤编制3个,离退休管理人员编制3个。同年12月,增设干部管理科。1992年1月,增设监察室。1995年,机构改革,市人事局内设机构调整为办公室、录用调配科、任免奖励科、培训教育科、工资福利科、社会保险与离退休管理科、专业技术人员管理科、职称科8个，核定编制无变化。2001年，再次机构改革，市人事局内设机构调整为办公室、公务员管理科、企事业管理科、专业技术人员管理科、人才流动开发科、工资与离退休管理科、培训教育科7个，核定编制保持不变。2009年8月，市人事局与劳动和社会保障局合并，组建赤峰市人力资源和社会保障局。

赤峰市劳动(劳动和社会保障)局　赤峰市劳动局的前身为昭乌达盟劳动局。1991年，市劳动局有人秘科、计划调配科、工资福利科、技工培训科、劳动争议仲裁办公室、劳动保护监察科、锅炉压力容器监察科、矿山安全卫生监察科8个内设机构，核定行政编制25个、工勤人员编制2个、离退休管理人员编制3个。1995年，机构改革，市劳动局内设机构调整为办公室、劳动监察科、计划工资保险科、劳动力管理科、职业技能开发科、劳动争议仲裁科、劳动保护监察科、锅炉压力容器监察科、矿山安全卫生监察科9个，核定编制无变化。2001年，市劳动局改为劳动和社会保障局，内设机构有办公室、培训就业科、劳动工资科、劳动和社会保障监察科、劳动争议仲裁科、养老保险科、失业保险科、医疗保险科、规划财务审计科9个，核定编制保持不变。2009年8月，市劳动和社会保障局与市人事局合并为赤峰市人力资源和社会保障局。

赤峰市人力资源和社会保障局　2009年8月，市人事局与市劳动和社会保障局合并，成立赤峰市人力资源和社会保障局，内设办公室、人事科、事业单位人事管理科、专业技术人员管理科、工资福利科、综合法规科、规划财务审计科、就业促进科、人力资源市场科、人才开发科、职位管理与考试录用科、考核奖励与培训监督科、养老保险科、医疗保险科、工伤保险科、农村牧区社会保险科、军官转业安置科、职业能力建设科、劳动关系科、调解仲裁管理科、劳动监察科、党办、纪检监察室、引进国外智力办公室24个机构；核定行政编制53个、工勤编制5个。2013年，引进国外智力办公室与人才开发科合并，规划财务审计科更名为基金监督审计科，增设财务科。到2014年，赤峰市人力资源和社会保障局内设机构数量保持24个，核定编制无变化，机关行政人员50人，工勤人员5人。

二、旗县区行政管理机构

旗县区人事局　1991年，全市12个旗县区均设有人事局和劳动局。2003年，劳动局更名为劳动和社会保障局。

2010年，阿鲁科尔沁旗、巴林左旗、林西县、克什克腾旗、翁牛特旗、喀喇沁旗、宁城县、红山区、松山区、元宝山区10个旗县区的人事局与劳动和社会保障局合并为人力资源和社会保障局。2012年，敖汉旗人事局与劳动和社会保障局合并为人力资源和社会保障局。2010年后，旗县区人力资源和社会保障局一般有办公室、工资福利股、培训教育股、养老保险股、社会保险股、劳动仲裁股、财务股等内设机构。至2014年，巴林右旗人事局与劳动和社会保障局保持分设；其他旗县区人力资源和社会保障局内设机构及编制均未发生变化。

第二节　直属事业单位

一、市级直属事业单位

市人事局直属事业单位　1991年,市人事局有直属事业单位2个,为赤峰市干部中等专业学校、赤峰市科技干部培训中心。1992年,人才交流职能从干部调配科分出,成立赤峰市人才交流服务中心。同年6月,成立赤峰市专业技术职务任职资格考试办公室。1993年2月,赤峰市专业技术职务任职资格考试办公室撤销,成立赤峰市专业技术资格考试中心。2004年12月,赤峰市干部中等专业学校并入市委党校。2005年6月,赤峰市专业技术资格考试中心改为赤峰市人事考试中心。2009年,成立赤峰市人力资源和社会保障信息中心。同年,市人事局有直属事业单位4个。

市劳动(劳动和社会保障)局直属事业单位　1991年,市劳动局有直属事业单位5个,分别为赤峰市锅炉压力容器研究检验所、赤峰市社会保险事业管理局、赤峰市就业服务局、赤峰市职业介绍服务中心、赤峰市职业技术培训教研室。1997年7月30日,成立赤峰民族技工学校。1999年11月20日,赤峰市锅炉压力容器研究检验所划归市技术监督局。2001年,市劳动局直属事业单位为5个。2003年7月,成立赤峰市劳动和保障监察支队。2005年9月14日,赤峰民族技工学校并入内蒙古纺织工业学校。2006年9月,成立赤峰市社会医疗保险管理局。2009年,市劳动和社会保障局有直属事业单位6个。

市人力资源和社会保障局直属事业单位　2010年,市人力资源和社会保障局有直属事业单位10个,分别是赤峰市科技干部(专业技术人员)培训中心、赤峰市人才交流服务中心、赤峰市人事考试中心、赤峰市人力资源和社会保障信息中心、赤峰市社会保险事业管理局、赤峰市就业服务局、赤峰市职业介绍服务中心、赤峰市职业技术培训教研室、赤峰市劳动和社会保障监察支队、赤峰市社会医疗保险管理局。2013年,成立赤峰市人事劳动争议仲裁院。2014年5月,赤峰市人才交流服务中心与赤峰市职业介绍服务中心合并,成立赤峰市人力资源公共服务中心(加挂"内蒙古东部人才市场管委会办公室"牌子)。同年,成立赤峰市人力资源社会保障能力建设中心。2014年底,市人力资源和社会保障局有直属事业单位11个。

二、旗县区级直属事业单位

1991年,旗县区人事劳动社会保障直属事业单位一般有社会保险事务局、就业服务局、人才交流中心。2014年,旗县区人力资源和社会保障直属事业单位一般有社会保险管理局、就业服务局、人才交流中心、劳动保障监察大队、社会医疗保险管理局。

第二十一卷

教育　科技

赤峰人有重视教育的光荣传统。清代,在喀喇沁右翼旗建有赤峰第一所学堂——崇正学堂。新中国成立后,特别是改革开放以来,赤峰市坚持优先发展教育战略,形成了集基础教育、高等教育、职业教育、民族教育、特殊教育于一体的现代教育体系。“两基”达标如期实现,高中教育基本普及,职业教育取得突破,民族教育得到加强,高等教育、幼儿教育、特殊教育、民办教育均有较大发展。办学条件明显改善,校点布局更趋合理,校园校舍实用美观,信息技术覆盖城乡学校。师资队伍整体优化,素质教育纵深推进,德育教育不断增强。2014 年,全市有各级各类学校 1460 所,在校生 71.3 万人。其中幼儿园 801 所,在园幼儿 11.34 万人。小学 501 所、初中 114 所,毛入学率均达到 100%,在校生分别为 24.73 万人、12.28 万人。普通高中 37 所,高中阶段入学率达 90.11%,在校生 9.87 万人。中等职业学校 43 所,在校生 4.44 万人。民族中、小学校 112 所,占中小学总数的 17.18%,蒙语授课在校生 2.41 万人,占中小学在校生总数的 5.13%。特殊教育学校 10 所,在校生 857 人,聋盲弱智三类儿童入学率提高至 91.4%。全日制普通高等院校 1 所,高等职业学校 3 所。民办学校及民办机构 669 所,在校生 7.17 万人。

2006 年,赤峰市全面实现“两基”达标,并代表内蒙古自治区迎接国家评估验收。2014 年,全市学前三年入园率达到 91.74%,高于自治区平均水平。高考本科上线率多年居自治区前列,2014 年达到 90.39%,高于自治区平均水平 13.9 个百分点,其中 600 分以上考生 241 人,占全区的 26.5%,考入清华、北大的学生占全区的 50.1%。蒙语授课初中毕业升学率 98%以上,高考本科上线率 92.5%。职业学校招生职普比例达到 2.9∶7.1,就业率达到 98.9%以上。赤峰学院 2003 年晋升为本科院校,现有各类专业 46 个,全日制在校生近 2.76 万人。1991年后,赤峰市各级政府持续加大教育投入,各类学校的办学条件不断改善。2014 年, 市和旗县区两级政府投入的教育经费由 1991 年的 1.26 亿元增加到 71.59 亿元,增长 55.82 倍,教育支出占当年财政总支出的 48.94%,校舍面积、教学设备、生活设施等所有办学条件因此得到根本性改善,学校基础能力建设显著加强。赤峰市重视教师队伍建设,各类学校教师人数不断上升,教师队伍整体素质明显提高。至 2014 年,全市有各级各类学校教职员工 6.5 万人,其中本科以上学历教师占教师总数的 90%,具有中级以上职称教师占教师总数的 85%;小学、初中、高中教师的学历合格率分别为 100%、99.2%、97.8%;教师岗位继续教育和骨干教师培训工作也取得较大进展。全市有 113 人获自治区中小学特级教师称号,有 314 人获国家、自治区优秀教师和优秀教育工作者称号。

改革开放以来,赤峰市科技事业快速发展,科技队伍迅速壮大,科技成果不断涌现。全市各类科技机构由 1991 年的 15 个增加到 2014 年的 390 个, 专业技术人员由 3.78 万人增加到 9.08 万人。赤峰市 4 次获得全国科技进步先进市称号,有 10 个旗县区进入全国科技进步先进县行列。1995 年,赤峰市首届科技大会召开,成为推动赤峰市科技发展的动力。1996 年,市委、市政府印发《关于繁荣科技事业,加速科技进步的决定》后,全市各级政府不断增加科技投入,建立激励机制,加速科技成果向生产力转化。2000

年,市委、市政府印发《关于加强技术创新,进一步推进“科教兴市”战略的实施意见》,把“科教兴市”作为三大战略之一,进一步提高科技的战略地位,重点推动科技成果向农村牧区推广,加快传统产业的技术升级和高新技术产业化。2014年,全市有自治区级高新技术产业开发区2个,入驻科技型企业150多家。建成国家级示范生产力促进中心1个、自治区级工程技术研究中心6个、企业研发中心27个、重点试验室6个,有国家级高新技术企业22家、自治区级高新技术企业32家,成立科技企业孵化器2个,有自治区高新技术特色产业化基地5个,建成国家级和自治区级产业技术创新战略联盟7个,创建自治区级和市级院士专家工作站11个。全市初步形成了以企业为主体多种形式的高新技术创新体系。

2006—2014年,全市累计完成企业技术改造投资500多亿元,实施了一大批重大技改项目。全市重点企业采用国际先进标准的比例超过50%。金峰铜业公司研发的10万吨铜熔炼炉、中色库博红烨锌业公司研发的低污染沉矾除铁湿法炼锌工艺、平庄煤业集团研发的褐煤提质新技术等分别达到国内、国际先进水平。一批高新技术成果实现产业化。全化学合成麻黄素、扫日劳-7胶囊、小牛血去蛋白提取物、甲苯磺酸妥舒沙星、仙藿补肾合剂等许多产品属国内首创。1991—2014年,累计实施农业和工业科技计划项目397项,其中获得国家级科技成果奖2项,自治区级科技成果奖173项,干旱黄土丘陵造林技术研究获得国际环境成就大奖。累计推广技术项目318项,其中重大科技成果项目52项。2003年3月,市政府印发《赤峰市科学技术进步奖励办法》,当年共评出优秀科技成果50项,其中一等奖3项,二等奖21项,三等奖26项。2001—2014年,赤峰市连续举办农(牧)业新品种、新技术或科技成果展会,推动农牧业科技成果的商品化、市场化。到2014年,该展会升格为国家级展会,参展商扩大到国内18个省、市、自治区和美国、荷兰等5个国家。

1997年,气象测报业已形成以卫星通信为主、地面通信为辅的气象信息网络系统,信息处理、传输和交换能力大幅增强。2003年,多普勒雷达开始在气象业务中应用。2006年,天气预报由电子传输取代人工投递。2011年后,结合雷达、卫星等资料数据开展天气预报工作,灾害性天气的监测与预报准确率进一步提高。2014年,全市共设立地震台6个,地震观测台(站)7个。1991—2014年,赤峰境内共发生1.0级以上地震1062次,其中5.0级以上2次,均为浅源地震。最大地震为2003年8月16日阿鲁科尔沁旗与巴林左旗交界处发生的5.9级地震。

第一篇　教 育

第一章　学前教育

第一节　幼儿园

一、发展概况

20 世纪 80 年代中后期，赤峰市通过独立幼儿园和在小学内附设学前班两种形式进行学前教育。至 1991 年，全市有幼儿园 349 所，在园幼儿 29706 人，其中民办幼儿园 3 所，在园幼儿 283 人。小学附设学前班 2828 个，在班幼儿 62570 人，教职工 213 人。3～6 周岁入园（班）率达 25.4%，6 周岁幼儿入学前班率达 78.96%。同时，市、旗县区两级人民政府与教育主管部门注重幼儿教育从城镇向农村、牧区发展，在全市乡镇苏木建立中心幼儿园 178 所，在园幼儿 12533 人。

1995 年后，赤峰市加大对学前教育管理指导的力度，打造重点幼儿园，发挥其示范引领的作用。市教委先后下发《赤峰市幼儿园分类定级评估细则》《赤峰市幼儿园常规管理标准及检查评估细则》《赤峰市农村牧区幼儿园标准及检查评估细则》，对全市幼儿园按一类园、二类园、三类园 3 类和一类甲级园、一类乙级园、二类甲级园、二类乙级园、三类园 5 个级别实行分类定级管理，并开展达标晋级活动和不同层面的检查评估活动，赤峰市幼教事业在积极促进、规范管理中高质量地发展起来。至 2000 年，全市幼儿园增至 478 所，在园幼儿 70721 人。3～6 周岁入园（班）率达 43.23%，6 周岁幼儿入学前班率达 96.29%。同年，全市自治区示范性幼儿园达到 7 所，有市级一类园 20 所、二类园 8 所、三类园 41 所，其中市直机关幼儿园、平矿第一幼儿园、元宝山发电厂幼儿园、平矿直属幼儿园、元宝山山前村幼儿园、市直蒙古族幼儿园、市政府幼儿园为自治区示范性幼儿园。这一时期，全市大部分园所的房屋已是新建或改建的标准砖瓦结构的房舍，规模较大的幼儿园都配备了钢琴，班班都有脚踏琴、电子琴，还购置了电化教学设备，建有微机室、语音室等。厨房设备从机械化向电气化发展，配置红外线消毒柜、电烤箱、电冰箱、冷柜等。农村中心园选用新园址，建起标准活动室、宽敞的活动场所。办学条件得到进一步改善，办学设备也更加完善。

2001年,赤峰市根据《内蒙古自治区幼儿园登记注册审批办法》的有关规定,对全市幼儿园重新审批、注册登记,注销不符合办学要求的幼儿园,全年重新注册登记幼儿园271所、注销207所。2003年,市教育局下发《关于利用农村牧区中小学布局调整的有利时机大力发展学前教育的通知》,要求各地把闲置的教育资源盘活,大力发展农村牧区学前教育,扩大办园规模,提高办园水平。在人口居住比较集中的地区,可办中心园、村办园或村民组幼儿园;在人口居住比较分散的地方,可视具体情况建立寄宿制幼儿园或作为非正规学前教育活动集中点;利用闲置的校舍建立起0~6岁儿童家长和看护人员学习科学育儿知识、提高科学育人能力的培训基地等。至2005年,全市幼儿园发展至318所,其中公办园107所,民办园211所;在园幼儿60458人,专任教师2960人,全市幼儿学前三年入园率达48.96%。

2007年,根据市政府办公厅印发的《关于进一步做好幼儿教育改革与发展工作的通知》要求,制定《赤峰市三类以下幼儿园(班)的办园条件最低标准》,进一步规范全市各级各类幼儿园的办园行为。同时编制《赤峰市幼儿教育"十一五"发展规划》,明确幼儿教育发展任务,加大幼儿园办园体制改革,坚持公办和民办相结合,多渠道、多种形式发展幼儿教育;大力发展农村牧区幼儿教育;加强管理,深化教育教学改革,提高保教质量,注重幼儿素质和能力的培养,促进幼儿身心和谐发展。至2009年,全市幼儿园增至437所,其中公办园140所,民办园297所;在园幼儿72425人,专任教师3473人,全市幼儿学前三年入园率提高至79.38%。

2010年,全市加大投资力度,新建、改扩建幼儿园240所,新增床位6万多个。由于小学学制由5年调整为6年,全市学前班招生人数开始逐年减少。至2011年,全市各地各校已基本停办学前班。同年,启动实施学前教育2011—2013年三年行动计划。至2012年,全市幼儿园增至646所,其中公办园147所,民办园499所;在园幼儿增至10.01万人,专任教师4168人。有10所幼儿园晋升为自治区示范园,132所幼儿园晋升为自治区一类园。全市幼儿学前三年入园率提升至85.2%,学前一年入园率提升至98.2%,均高于全国和自治区平均水平。

2013年,继续加大幼儿教育投资,全市投入3205万元,新建公办幼儿园19所、改扩建10所;争取上级扶持民办教育发展资金2273万元,吸引民间资金8426万元,新建、改扩建民办幼儿园20所。至2014年,全市幼儿园增至801所,其中公办园171所,民办园630所;在园幼儿增至11.34万人,专任教师5580人;幼儿园总数比1991年增加452所,在园幼儿比1991年增加21161人,专任教师比1991年增加1754人。全市幼儿学前三年入园率提升至91.74%;全市幼儿教师学历合格者由1991年的2950人增至5490人,学历合格率由1991年的72.62%提升至98.4%。

二、学制与课程、教材

学制　1991—2000年,全市幼儿教育按照1989年国家教育委员会颁发的《幼儿园管理条例》要求,对3周岁以上学龄前幼儿进行保育和教育。幼儿园学制一般为三年制,

1991—2014年赤峰市学前教育基本情况统计表

表21-1-1

年份	幼儿园（所）	在园幼儿（人）	毕业生（人）	招生（人）	教职工（人）	专任教师（人）
1991	349	92276	69604	73280	4873	3826
1992	308	104237	64190	76940	4568	3462
1993	319	97826	61872	71563	4038	3065
1994	361	110115	—	—	4243	3113
1995	397	30244	16528	15002	3926	3203
1996	354	105808	—	79575	3944	3179
1997	372	89230	—	66560	3835	3086
1998	494	79908	—	60830	3516	2802
1999	470	73541	—	53616	3702	3135
2000	478	70721	—	53134	3527	3019
2001	271	79175	92757	58765	3794	3237
2002	316	65026	78249	49479	2501	1813
2003	333	60892	53380	44252	3550	1773
2004	335	60761	45843	43485	3758	2917
2005	318	60458	43482	39775	3742	2960
2006	426	59910	42117	38417	4402	3309
2007	481	66612	41051	41957	4724	3532
2008	460	71171	42821	44530	4602	3396
2009	437	72425	40188	42185	4785	3473
2010	432	78694	43350	44383	4468	3053
2011	585	94943	43913	48551	6146	3892
2012	646	100116	44631	47737	6464	4168
2013	708	111738	43186	48850	7557	4723
2014	801	113437	43186	46983	8925	5580

说明：1991—2011年在园幼儿数含学前班在班幼儿数；2011年后均为幼儿园在园幼儿数。1995年幼儿园在园幼儿数、毕业生数、招生数、教职工数、专任教师数均不含学前班数。

分别开设小、中、大班。小学附设学前班,一般为一年制,入学幼儿年龄为6周岁,2002年改为5周岁。

课程 2001年,各幼儿园依据教育部颁发的《幼儿园教育指导纲要(试行)》,一般开设语言、计算、常识、音乐、美术、体育等课程,幼儿在园学习主要以游戏为主。2004年后,一般开设健康、语言、科学、社会、艺术五大领域的教学课程。

教材 1998年后,学前班使用内蒙古教育出版社编写的学前班专用教材。

第二节 幼儿园选介

赤峰市直属机关幼儿园 前身是昭乌达盟直属机关托儿所。1950年创办于林东镇,1953年改为昭乌达盟直属机关幼儿园。总园位于赤峰市红山区钢铁街116号,建筑面积6872平方米。2005年,创办新城分园,位于赤峰市新城区锦山路26号,建筑面积2044平方米。该园隶属于市教育局。2014年,该园有教学班29个,在园幼儿1000余人;教职工141人,其中高级职称16人、中级职称40人。该园教育设备齐全,配有多媒体教学和办公自动化设施,设有舞蹈室、美工活动室、音乐活动室、社会活动室、亲子书吧等各类幼儿专用活动室。该园先后获"赤峰市幼儿教育先进集体""德育教育先进集体""赤峰市文明单位""食品卫生A级单位"等称号。

赤峰市政府机关幼儿园 创办于1982年12月,位于赤峰市红山区钢铁街中段新华小区。建筑面积6982平方米。原隶属于市政府办公厅管理,2005年12月,划归市教育局管理。2014年,有教学班18个,在园幼儿600余人,教职工80多人。该园教学设备齐全,配有多媒体教学和办公自动化设施。该园先后获"自治区幼儿教育先进集体""自治区三八红旗集体""国家科研先进集体""全国'双合格'家庭教育先进集体"等称号。

赤峰市六一幼儿园 创办于1987年,位于红山区钢铁街东段南路79号。原隶属于市妇联,2005年10月划归市教育局。2013年,在新城区建立新园,位于新城区新惠路31号。2014年9月,原位于钢铁街的六一幼儿园归属红山区教育局,并更名为红山区六一幼儿园。新园占地面积4800平方米,建筑面积5800平方米。2014年,有教学班15个,在园幼儿500余人;教职工78人,其中高级职称12人。该园设有陶艺室、创意美工室、百科生活坊、科学发现室、梦想小剧场等功能室,图书5000余册。该园先后获"自治区示范园""自治区教育系统先进集体""自治区教育科研优秀实验基地""赤峰市名园"等称号。

赤峰市红山区幼儿园 创办于1955年,位于赤峰市红山区三中街58号,建筑面积4170多平方米。2014年,有教学班14个,在园幼儿479人;有教职工70人,其中高级职称7人、中级职称13人。该园教育设备齐全,配有多媒体教学和办公自动化设施,设有舞蹈室、美术室、共享书吧等各类幼儿专用教室。该园先后被自治区、市两级政府评为"儿童经典诵读工程学校""特色项目先进幼儿园""优秀幼儿园""幼儿教育示范园";

被自治区相关部门命名为“自治区甲级幼儿园”“自治区幼儿礼仪教育示范园”“自治区示范园”“内蒙古2010年度百家诚信幼儿园”“自治区幼儿教育先进单位”；获国家级“科学早教幼儿园”称号。

第二章 初等教育

第一节 普通小学

一、发展概况

初等教育是九年义务教育的基础阶段。1991—2006年，赤峰市主要普及九年义务教育；2007—2014年，在完成普及九年义务教育的基础上，促进城乡义务教育均衡发展。

1991年，全市有小学2865所，在校学生43.81万人，招生79678人，学龄儿童入学率98.1%，巩固率94.35%，毕业率90.8%，升学率80.7%，毕业生14905人，专任教师28722人。自《中华人民共和国义务教育法》颁布实施后，赤峰市开始有计划、有步骤地开展普及九年义务教育。1992年，根据自治区有关规定，市、旗县区、乡镇自上而下开展《中华人民共和国义务教育法》宣传活动。1993年，市政府召开全市教育工作会议，并与各旗县区政府、市教育局与各旗县区教育局签订义务教育双向目标责任状，明确了任务要求、验收指标、积分办法和奖惩办法，一年一检查评比，进行总结表奖。以村嘎查和乡镇苏木为单位，逐村逐乡逐旗县区推进九年义务教育。至2000年，全市12个旗县区中有元宝山区、红山区、巴林右旗、宁城县、巴林左旗、林西县、松山区7个旗县区完成九年义务教育普及工作。2002年，实行“以县为主”的义务教育管理体制，国家、自治区逐年加大对九年义务教育的投入，赤峰市集中力量推进其余5个旗的九年义务教育普及工作。2004年，喀喇沁旗完成九年义务教育。2005年，阿鲁科尔沁旗和敖汉旗完成九年义务教育。2006年，随着克什克腾旗和翁牛特旗九年义务教育的完成，全市全面完成九年义务教育普及工作。

自2007年起，赤峰市在全市普及义务教育的基础上，将促进义务教育均衡发展作为主要工作目标，通过投入义务教育资金改善办学条件，实施农村薄弱学校改造工程项目建设等，缩小城乡、区域教育差距，推动县域内义务教育均衡发展。2007—2011年，共投入义务教育保障经费15.42亿元，用于义务教育校舍维修、住宿生生活补助等，全市所有义务教育阶段学校实行免费教育。2011—2014年，全市实施农村薄弱学校改造工程，共投入2.78亿元，对188所学校进行改造建设，累计改造建设校舍面积5.06万平方米，购置设备、图书、器材等46.49万台（件套册）。至2014年，全市有小学501所，在校生24.73万人，招生41488人，学龄儿童入学率100%，升学率100%，专任教师21085人。

1991—2014 年赤峰市小学教育基本情况统计表

表 21-1-2

年份	学校（所）	在校生（人）	招生（人）	毕业生（人）	教职工（人）	专任教师（人）
1991	2865	438127	79678	14905	31750	28722
1992	2849	437760	78000	77293	31120	28264
1993	2819	440466	86029	94488	31437	28751
1994	2709	443879	99233	94342	31628	28908
1995	2692	450207	96116	90309	31187	28528
1996	2596	450217	91852	85241	31403	28847
1997	2567	463810	92973	80932	31571	28894
1998	2511	453339	75141	85277	27430	25124
1999	2269	419375	61576	96211	27591	24922
2000	2167	382223	56843	94466	26727	24344
2001	2095	344324	56384	91624	27548	25161
2002	1936	347690	94781	93888	27980	25445
2003	1781	330352	60327	79235	28079	25515
2004	1634	318336	50503	67184	28000	25122
2005	1339	307517	48148	61622	28621	24771
2006	1085	303526	51069	60724	29674	24229
2007	952	300332	48785	55354	29842	23980
2008	839	301088	48546	53651	29900	24473
2009	735	288240	45924	57538	30242	24124
2010	671	280294	46846	53149	29975	23507
2011	647	276161	48898	50684	28908	23521
2012	599	267548	45543	46731	28177	22985
2013	542	252442	40687	41894	27531	22052
2014	501	247289	41488	41894	26364	21085

二、学校布局调整

20 世纪 90 年代初，随着学龄人口的减少、大规模人口流动、群众追求更高质量的教育，规模化办学成为提高教育质量和办学效益的必然趋势，学校布局调整已是教育必行之策。在人口普查预测的基础上，市政府修订了小学布局调整方案，采取“一乡一校”、“一村一校”、村际联办学校、实行隔年招生、取消复式班等办法调整小学布局。从 1991 年到 2000 年，全市共撤并小学 698 所、教学点 1525 个，适龄儿童入学率提高到 99.1%。2005 年，全市教育布局开始大调整。当年，林西县举全县之力在全市率先调整中小学布局，学校总数由 2002 年的 331 所调整为 22 所，减少 93.4%，教育资源得到整合利用。林西县成为自治区第一个县城办中学、乡镇办小学的典型。随着林西县经验的推广，学校布局调整工作逐步在全市其他 11 个旗县区铺开。阿鲁科尔沁旗政府在布局调整工作中，以扩大天山镇城区办学规模为重点，以“一乡一校”或“几乡一校”为模式，将全旗 134 所小学调整到 26 所，九年一贯制学校由 3 所增加到 12 所，教学点由 62 个调整到 27 个。元宝山区政府本着“全面规划与合理布局相统一，办学规模与效益相统一，适当集中与学生就近入学相统一”的总体原则实施布局调整，将平庄煤业集团公司所属的 9 所小学划归元宝山区管理。同年，赤峰实验小学、赤峰铁路第二小学划入红山区。2007 年起，继续加大小学布局调整，特别是农村教育布局调整。2010—2013 年，全市相继撤并村级小学 15 所，初步形成了以城镇小学、农村寄宿制中心小学为主的教育发展新格局。经过布局调整，至 2014 年，全市小学数量由 2005 年的 1339 所调整为 501 所。校均规模由 2005 年 230 人提高到 494 人，适龄儿童入学率提高到 100%，辍学率控制在 2.26%。

三、学制与课程、教材

学制　1991—2001 年，小学实行五年制。2002 年，根据自治区政府《关于义务教育学制改革的意见》要求，全市小学实行六年制。

课程　1991—2014 年，小学课程共进行了 3 次改革。1991 年，按照国家相关规定，小学开设思想品德、语文、数学、自然、地理、历史、体育、音乐、美术、劳动 10 门课程；课外活动有早读、自习、科技文娱活动、体育活动、周会、班会。1993 年，小学阶段共开设 9 门课程，除开设思想品德、语文、数学、自然、体育、音乐、美术、劳动原有的 8 门课程外，取消地理、历史 2 门课程，增设社会课程；课外活动有晨会（夕会）、班团队活动、体育锻炼、科技文体活动；自治区规定课程有手工制作。2003 年，赤峰市启动实施基础教育课程改革，小学阶段需开设国家课程、自治区课程和校本课程 3 类。国家课程开设 9 门，除开设语文、数学、体育、音乐、美术原有课程外，增设品德与生活（三年级以上为品德与社会）、外语、科学、综合实践活动（信息技术、研究性学习、社区服务与社会实践、劳动与技术教育）4 门课程；自治区课程除手工制作（一至三年级）外，增设阅览、科技小制作（四至六年级）；校本课程内容自选或开发。2007 年，小学课程设置进行局部调整，小学三年级增设信息技术课。2014 年，小学阶段共开设 11 门课程，除原有的品德与生活、语文、数学、外语、科学、综合实践活动、体育、音乐、美术9门课程外，增设中华传统文化、书法练习指导2门课程。

教材　小学教材除校本课程为地方补充教材外，其他均采用全国统编教材，即人民教育出版社出版的全日制九年义务教育教材。

第二节　小学选介

赤峰实验小学　创办于1947年，原名赤峰县第四完小。1958年，改为赤峰师范附属小学。1981年，更名为赤峰实验小学。位于红山区园林路中段，占地面积12000平方米，建筑面积11000平方米。2014年，有教学班37个，在校生2271人；教职工110人，其中高级职称26人、中级职称56人。学校教学设备齐全，设有计算机室、电教室、语音室、实验室、电子琴室、舞蹈室、美术室和综合档案室。学校以科研兴校为动力，积极进行教育教学改革与实验，建立涉及德育、心理健康、语文、数学、英语、音乐、美术、体育、自然等多个领域和学科的各类科研课题，是内蒙古教育科研实验基地。学校先后获得“全国红旗少先大队”“全国群体先进单位”“自治区贯彻学校体育卫生工作条例优秀学校”“自治区电化教育优秀学校”等称号。

红山区第三小学　创办于1947年，位于红山区昭乌达路北段103号。占地面积9700平方米，建筑面积7010平方米。2014年，有教学班35个，在校生1985人；教职工100人，其中高级职称39人、中级职称57人。学校教学设备齐全，设有计算机室、舞蹈室、音乐室、劳技室、科学实验室、图书室、美术室、体育室等专用教室及教学设备，200米环形塑胶跑道操场、篮球场、排球场、羽毛球场、单双杠等体育设备及场地和1个多媒体教室。学校先后获得“全国学校民主管理先进校”“全国汉语言文字规范化示范校”“内蒙古自治区义务教育示范校”“内蒙古自治区现代教育技术先进校”“赤峰市名学校”“赤峰市教育科研先进集体”“红山区名学校”“红山区责任目标管理先进校”等称号。

红山区第九小学　创办于1959年，位于红山区长青街中段路南15号。占地面积9521平方米，建筑面积8687平方米。2014年，有教学班38个，在校生1928人；教职工111人，其中高级职称10人、中级职称61人。学校教学设备齐全，设有电教室、计算机室、美术室、音乐室等专用教室。学校先后获得“赤峰市名学校”“赤峰市素质教育先进学校”“内蒙古自治区义务教育示范学校”“全国名优学校”等称号。

红山区第十七小学　创办于1966年，位于红山区钢铁街58号。占地面积14219平方米，建筑面积8322.72平方米。2014年，有教学班38个，在校生2366人；教职工112人，其中高级职称12人、中级职称54人。学校设有科学实验室、卫生保健室、心理咨询室、多功能教室、图书资料室、阅览室、计算机室、音乐室、美术室、书法室等专用教室及多媒体教室共48个，图书37000册。学校先后获得“基础教育国家示范学校”“国家教育科研基地”“国家足球特色学校”“内蒙古自治区特色教育实验学校”“赤峰市素质教育先进学校”“红山区名学校”等称号，连续 14 年被红山区政府评为“目标化管理优秀学校”。

赤峰市第二实验小学　创办于 2004 年，位于松山区罕山街 12 号。占地面积 25649.6 平方米，建筑面积 8558.94 平方米。2014 年，有教学班 36 个，在校生 2401 人；教职工 87 人，其中高级职称 13 人、中级职称 34 人。学校设有计算机室、图书室、实验室、语音教室、多媒体教室等专用教室。学校先后被命名为“全国特色教育实验校”“国家级素质教育先进学校”“国家级国学传承教育系列活动基地”“国家级美术教育先进学校”“赤峰市素质教育先进学校”“赤峰市汉语言文字示范学校”“赤峰市校本教研示范学校”等称号。

阿鲁科尔沁旗天山第二小学　创办于 1959 年，位于阿鲁科尔沁旗天山镇西市街北段、查布嘎山南麓。占地面积 27714.5 平方米，建筑面积 13987.13 平方米。2014 年，有教学班 42 个，在校生 2603 人；教职工 131 人，其中高级职称 46 人、中级职称 65 人。学校建有 200 米塑胶跑道运动场、篮球场、排球场、足球场，有多媒体教室，微机室、心理咨询室、多功能教室以及自然实验室、舞蹈室、陶艺室、美术室、音乐室、少先队活动室、播音室、录播教室、汇报厅等专用教室。学校先后被命名为“国家新课程理论与实践研究实验基地”“全国校园多维信息化联盟学校”“国家级英语奥赛实验学校”“内蒙古自治区汉语言文字规范化示范校”“自治区书法教育实验学校”“赤峰市教育科研实验基地”“赤峰市示范家长学校”等称号。

喀喇沁旗锦山第二小学　创办于 1990 年，位于喀喇沁旗锦山镇广场路 5 号。占地面积 25162 平方米，建筑面积 9000 平方米。2014 年，有教学班 38 个，在校生 2931 人；教职工 122 人，其中高级职称 36 人、中级职称 78 人。学校教学设备齐全，建有塑胶跑道、塑胶篮球场，有多媒体教室，录播教室、微机室、电子备课室、书法教室、画室、音乐教室、舞蹈教室、电子琴教室等专用教室。学校先后获得“国家级书法教育示范校”“自治区级中小学美育特色校”“市级十佳书香校园”“赤峰市优质特色多样化发展示范学校”等称号。

第三章　中等教育

第一节　初中教育

一、发展概况

1991—2006 年，赤峰市初中教育主要实施九年义务教育普及工作。2007 年以后，主要促进城乡义务教育均衡发展。

1991 年，全市初中有 432 所，在校生 15.58 万人，专任教师 11553 人，入学率79.5%。1992 年起，赤峰市每年召开教育工作会议，将实施九年义务教育普及工作作为发展基础教育的重点，先后出台一系列政策，采取制定规划、做宣传、防流控辍、加强师资建

1991—2014年赤峰市普通初中教育基本情况统计表

表 21-1-3

年份	学校（所）	在校生（人）	招生（人）	毕业生（人）	专任教师（人）
1991	432	155799	57920	47451	11553
1992	416	161094	58905	45421	12971
1993	405	165438	61627	44413	11866
1994	395	184340	73039	46294	12407
1995	375	200256	73628	48371	12467
1996	363	208705	70159	53442	12792
1997	359	208054	71303	64025	13030
1998	343	212149	74730	64493	12452
1999	336	223498	84806	64102	12759
2000	319	239735	85902	64491	12985
2001	318	294465	84941	67373	13441
2002	300	253758	87089	77424	13852
2003	296	242328	73584	71593	13932
2004	288	223814	62633	77745	13837
2005	260	198721	58311	83713	13224
2006	218	186682	57861	69683	12685
2007	203	179526	53983	63369	12480
2008	179	169905	52329	62268	12526
2009	153	167819	57538	62952	12624
2010	139	162634	53149	57035	12232
2011	131	158916	50864	53265	12090
2012	124	144168	46731	56583	11797
2013	124	126889	40647	50802	11524
2014	114	122785	40429	43084	11067

设、增加投入改善办学条件等多种措施，有效保证九年义务教育普及工作的顺利完成。至 2006 年，赤峰市全面完成九年义务教育普及工作。

2007 年后，全市将促进城乡义务教育均衡发展作为新的目标，启动实施中西部初中校舍改造工程、义务教育阶段学校标准化建设、农村薄弱学校改造工程等项目，持续加强农村牧区寄宿制学校的建设和管理，把寄宿制学校建成集教育、教学、生活于一体的多功能育人场所。2012—2014 年，实施义务教育阶段学校标准化建设工程，累计投资 3.6 亿元，对 168 所学校进行建设，建设校舍 4.54 万平方米，购置设备及图书、器材等 93.43 万台（件套册）。至 2014 年，全市有初中学校 114 所，在校生 12.28 万人，招生 40429 人，专任教师 11067 人。

二、学校布局调整

“八五”时期，赤峰市进行初中布局调整，撤并一些条件差、办学水平低的村联办初中，并逐步撤销小学“戴帽”初中，走独立初中的路子。1991—1995 年，全市初中由 432 所撤并为 375 所。“九五”时期，市教委对全市初中布局情况进行专题调查，在人口普查预测的基础上，修订中小学布局调整工作方案，采取“一乡一校”“一村一校”，乡际、村际联办学校等措施，进一步调整初中布局。至 2000 年，全市初中减少至 319 所。“十五”时期，进一步优化全市教育资源配置，结合“义务教育工程”“薄弱学校改造工程”，改建新建一批学校，各旗县区开始试行以寄宿制为主要内容的初级中学布局调整，在农村牧区和边远山区继续实行隔年招生，减少小班额和复式教学班。2001—2005 年，全市初中由 318 所撤并为 260 所。2006 年，根据市政府印发的《关于全市中小学布局调整意见》要求，市教育局下发《赤峰市 2006—2010 年中小学布局调整规划》，同年，全市共撤并初中 68 所，其中赤峰铁路中学、赤峰实验中学划入红山区，赤峰平民中学划入松山区。至 2010 年，全市初中调整为 139 所。经过布局调整，至 2014 年，全市初中学校由 1991 年的 432 所调整为 114 所。校均规模由 1991 年的 361 人提高到 1077 人，毛入学率提升至 104%，辍学率控制在 1.19%。

三、学制与课程、教材

学制　自 1991 年起，普通初中实行三年制，部分农职初中实行四年制。2007—2014 年，初中全部实行三年制。

课程　1991—2014 年，初中课程共进行了 3 次改革。1991 年，按照国家相关规定，初中阶段开设思想政治、语文、数学、外语、历史、地理、物理、化学、生物（初三开设生理卫生）、体育、音乐、美术、劳动技术共 13 门课程；活动课程为晨会（夕会）、班团队活动、体育锻炼、科技文体活动；自治区课程有手工制作等。2003 年，初中阶段课程有所调整，除开设思想政治、语文、数学、外语、物理、化学、生物、历史、地理、音乐、美术原有的 11 门课程外，将体育课程改为体育与健康，将劳动技术课程改为综合实践活动课，包括研究性学习、社区服务与社会实践、劳动与技术教育、信息技术等内容；自治区课程有科技制作实验能力培养、内蒙古历史与文化、内蒙古生态与环境、民族团结与法制教育、心理健康教育、安全教育、生命教育;学校课程内容自选或开发。2007年,课程设置进行局部调整,初中一年级增设信息技术课。2014年,初中阶段共开设14门课程,除2003年原有的思想政治、语文、数学、外语、物理、化学、生物、历史、地理、音乐、美术、体育与健康、综合实践活动13门课程外,增设中华传统文化课程。

教材　初中教材除校本课程为地方补充教材外,其他均采用全国统编教材,即人民教育出版社出版的全日制九年义务教育教材。

第二节　高中教育

一、发展概况

20世纪80年代末,赤峰市的高中学校多为初、高中合办,学生容量小,办学较为分散。1991年,全市有普通高中和完全中学58所,在校生35282人,校均规模608人。1993年,市政府印发《赤峰市中小学布局调整意见》,各地区开始调整高中学校布局。对规模过小、生源不足、办学效益差的普通高中予以撤并,提倡在旗县区所在地的镇内集中办学,并对班级数额提出明确要求,完全中学的高中班额不能低于6个班,独立高中班额应在12~30个。厂矿企业所属高中、民办高中也应提高办学规模。同时,全市大力调整完全中学的结构,将旗县所在地的完全中学初中部移出办独立高中,改为高级中学。阿鲁科尔沁旗、巴林左旗、巴林右旗、林西县、克什克腾旗5个旗县原则上设1所蒙语授课、2所汉语授课的高中学校,喀喇沁旗、宁城县、敖汉旗3个旗县设2所蒙语授课、3~4所汉语授课的高中学校。至1998年,全市普通高中逐步完成与初中部的分离,全市有普通高中47所,在校生40893人,校均规模870人。

“九五”期末和“十五”期间,全市推行普通高中市级统筹分类管理体制,实行学校管理与整体办学水平年度评估制度,促进了不同办学层次、不同类别普通高中快速优质发展。2001年,全市高考上线人数达12348人,首次突破万人大关,自治区理科状元和蒙授文科状元均出自赤峰市。清华大学、北京大学在赤峰市录取33人,占自治区录取人数的31.3%,其中赤峰二中录取6人,居各校之首。同年起,依据《赤峰市2001—2010年高中阶段教育发展规划》,赤峰市全面组织实施高中扩招工程。各地、各校针对不同地区不同特点,通过采取改善办学条件和增建教学楼、宿舍楼、硬件设施及易址新建等措施,使高中招生规模得到扩大。至2006年,全市高中入学率提升至63.8%,其中红山区、松山区、元宝山区、喀喇沁旗的高中阶段入学率达到80%以上。元宝山区教育局在全市率先普及高中教育,高中阶段入学率达到90%,并实现了高中学校全部集中在城区办学的目标。同年,全市有普通高中学校55所,招生人数增加至44460人,在校生突破12万人,达12.69万人,校均规模增加至2307人,比2001年的招生人数、在校生、校均规模分别增加21332人、70637人、1302人。赤峰市高中教育的大众化水平大幅度提升。

2008年,为促进高中教育均衡发展,赤峰市本着“科学规划、合理布局”原则,继续

1991—2014年赤峰市普通高中教育基本情况统计表

表 21-1-4

年份	学校（所）	在校生（人）	招生（人）	毕业生（人）	专任教师（人）
1991	58	35282	11294	12022	2868
1992	56	33898	11197	12294	1587
1993	53	30463	10453	11502	2926
1994	50	31486	12052	9826	2866
1995	51	34645	13376	9558	2804
1996	49	37151	13088	9782	2847
1997	48	38010	14090	11225	2916
1998	47	40893	14381	11034	2971
1999	49	43939	14989	11980	3029
2000	55	48392	19493	14853	3488
2001	56	56273	23128	14084	3684
2002	57	75237	32936	14530	4212
2003	58	91331	36406	19153	4754
2004	59	105705	39690	23677	5198
2005	55	118072	45407	30827	5549
2006	55	126910	44460	35378	5879
2007	52	126615	41539	38895	6066
2008	47	121720	40608	43918	6193
2009	43	117266	39805	41299	6532
2010	41	109508	37229	42104	6525
2011	38	108729	37126	36724	6463
2012	37	111221	38905	35521	6626
2013	38	103844	31851	36666	6794
2014	37	98698	41488	41037	6776

1991—2014 年赤峰市高考录取人数统计表

表 21-1-5

项目 年份	报考人数（人）	录取数			录取率（%）
		总数（人）	其中		
			北京大学、清华大学录取数（人）	占自治区录取人数（%）	
1991	16389	2807	18	19.9	17.13
1992	17357	2859	16	17.4	16.47
1993	15894	2906	15	19.8	18.28
1994	13366	3012	19	21.2	22.53
1995	12894	3156	20	23.7	24.47
1996	14211	3658	19	24.5	25.74
1997	14407	4410	22	23.9	30.61
1998	15756	4555	23	26.33	28.91
1999	17654	4675	31	28.9	26.48
2000	24156	9101	28	27.7	37.68
2001	24459	12348	33	31.3	50.48
2002	27740	18856	31	30.3	67.97
2003	33387	27344	29	—	81.90
2004	38467	32816	26	25.4	85.31
2005	46706	36317	36	37.2	77.76
2006	53999	28465	36	36.3	52.71
2007	59919	29444	29	33.4	49.14
2008	63230	36103	34	35.8	57.10
2009	56863	39473	27	28.7	69.42
2010	49202	37861	28	29.1	76.95
2011	45823	39225	29	29.7	85.60
2012	40375	33821	42	48.9	83.77
2013	41108	35807	41	48.7	87.10
2014	38744	35020	50	50.1	90.39
合计	782106	484039	682		

贯彻落实市政府《关于中小学布局调整的意见》,组织实施《赤峰市 2006—2010 年中小学布局调整规划》。经过调整,至 2010 年,全市普通高中学校减至 41 所。

“十二五”前期,赤峰市除继续加大高中教育的布局调整外,按照“普及、均衡、提高”的发展思路,加快优质高中建设,适时把高中教育的工作重心从规模扩充转向内涵发展。至 2012 年,全市有 10 所普通高中学校晋升为自治区级示范性普通高中,占普通高中总数的 27.03%,15 所普通高中学校进入市级示范性普通高中行列,占普通高中总数的 40.54%,优质教育资源总量不断扩大,越来越多的学生能够享受到优质高中教育资源。同年,全市有普通高中学校 37 所,在校生 11.12 万人,入学率 89.5%,毕业生 35521 人,全市高考录取人数 33821 人,录取率 83.77%,被清华大学、北京大学录取 42 人,占自治区总数的 48.9%。

2014 年,赤峰市确立“控制规模、内涵发展,分类指导、办出特色”的发展方针,大力推进“优质精品高中、学科特色高中、职普融通高中”三类普通高中建设;建立“统一报名、统一考试、统一阅卷、统一录取、统一质量分析”的“五统一”招生考试机制;通过夯实基础、龙头引领、人才支撑、课改推进、文化催生五项基本举措,全市教育整体优化、教育质量进一步提升,推动了普通高中优质、特色、多样发展。同年,全市有普通高中学校 37 所;在校生 98698 人,是 1991 年的 1.8 倍;校均规模提高至 2668 人;高中阶段入学率达到 90.11%;高考录取率提升至 90.39%,比 1991 年提高 73.26 个百分点。

二、学制与课程、教材

学制　1991—2014 年,高中实行三年制。

课程　1991—2014 年,高中课程共进行了 3 次改革。1991 年,高中阶段开设必修课有思想政治、语文、数学、外语(英语、俄语、日语等语种)、物理、化学、生物、历史、地理、体育、劳动技术 11 门课程,高中二年级、三年级开设选修课。2003 年,赤峰市启动实施基础教育课程改革,高中阶段共开设 13 门课程,除开设语文(第一语言)、数学、外语(第二语言,即英语、俄语、日语等语种)、物理、化学、生物、历史、地理、思想政治 9 门必修课外,将体育课程改为体育与保健,增设音乐、美术、信息技术及综合实践活动(研究性学习、劳动技术教育、社区服务、社会实践)3 门课程;自治区课程有经济、工艺品制作、投资策略、信息社会、市场营销、第三语言等;校本课程各校自选内容。2014 年,高中阶段共开设 14 门课程。除 2003 年开设的思想政治、语文、数学、外语、历史、地理、物理、化学、生物 9 门课程外,将体育与保健课程改为体育与健康,将信息技术及综合实践活动分为技术(信息技术、通用技术)和综合实践(研究性学习、劳动技术教育、社区服务、社会实践)2 门课程,将音乐、美术合为艺术 1 门课程,增设高中心理发展 1 门课程。

教材　普通高中教材除校本课程为地方补充教材外,其他均使用人民教育出版社出版的全国统编教材。

第三节　中等专业教育

20世纪80年代初,赤峰市中等专业教育得到恢复和发展。至1991年,全市有9所中等专业学校,即赤峰农牧学校、内蒙古纺织工业学校、赤峰财经学校、赤峰卫生学校、内蒙古艺术学校赤峰分校、内蒙古幼儿师范学校、林东师范学校、新惠师范学校、乌丹师范学校。9所中等专业学校在校生6101人,招生2116人,毕业生1584人,专任教师717人。同年起,赤峰市开始加大中等专业学校的建设,拓宽办学面,充实教学设备,加强技能课程建设,使中等专业学校在全市职业技术教育中起到龙头作用。至1996年,赤峰农牧学校建成国家级重点普通中等专业学校,赤峰卫生学校建成自治区级重点普通中等专业学校。同年,全市9所中等专业学校在校生6588人,招生2109人,毕业生1595人,专任教师720人。

1997年,全市改革中等专业学校办学体制,实行一校多能,5所普通中专学校侧重面向市场、面向企业、面向基层培养适应生产第一线的实用人才。在普通中专基础上,开办职工中专班及在岗职工短训班、函授班。同年,赤峰卫生学校在校生1894人,其中全日制学生954人,自费生917人,职工中专23人。赤峰财经学校在校生1200人,其中中专班879人,职工短训班、函授班321人。内蒙古纺织工业学校招生421人,其中国家统一招生222人,委培生199人。

1999年,全市普通中等专业学校办学水平稳步提高。全市9所中等专业学校在校生增至10217人,招生增至4284人,毕业生2065人,专任教师706人。同年,赤峰卫生学校被卫生部授予“1999年卫生先进集体”称号。

“十五”时期,按照市委办公厅印发的《关于全市中等专业学校管理体制改革和布局结构调整意见的通知》要求,全市逐步开展中等专业学校的布局调整工作。2000年,乌丹师范学校并入赤峰教育学院,改称赤峰教育学院基础教育系。2003年,内蒙古幼儿师范学校、赤峰卫生学校并入赤峰学院;内蒙古艺校赤峰分校与赤峰商业职工中等专业学校组建成赤峰艺术旅游学校,2008年, 赤峰艺术旅游学校并入赤峰学院。2005年,赤峰财经学校并入内蒙古纺织工业学校;内蒙古纺织工业学校同时成为国家级普通中等专业学校。2006年,林东师范并入赤峰蒙古族中学;新惠师范由敖汉旗迁入红山区,改为普通中学,称赤峰实验中学。至2008年,赤峰市有赤峰农牧学校、内蒙古纺织工业学校2所中等专业学校,再无中等师范学校,全年在校生15737人,招生3180人,毕业生3017人,专任教师569人。2011年,在内蒙古纺织工业学校基础上组建赤峰工业职业技术学院,学院内设中职部。至2014年,赤峰市保留了赤峰农牧学校1所中等专业学校。

第四节　职业教育

改革开放以后，赤峰市的职业教育得到了较快的发展。1984年，赤峰市政府印发《关于发展职业技术教育的意见》,市人民代表大会又通过了《关于调整中等教育结构，大力发展职业技术教育的决定》,将发展职业技术教育工作作为教育体制改革的重点，列入议事日程,并从全市经济建设需要出发,把发展职业技术教育同振兴赤峰经济联系起来,加强领导,推动职业教育的发展。至1990年,全市职业中学发展到66所,在校生18943人,招生6852人,毕业生4849人,专任教师2101人。1991年6月,市教育局、市计委、市经委、市劳动局联合下发《关于在全市进行中等职业教育调整的通知》,对全市职业教育的布局、培训层次、职教与农科结合等情况进行摸底,并按照国家教育委员会印发的《省级重点职业高中的标准》和自治区教育委员会印发的《内蒙古自治区职业中学办学条件评估细则》要求,确定重点办好赤峰第一职业高中、巴林左旗海力根台职业高中、喀喇沁旗楼子店建筑职业高中、郊区(今松山区)五三职业中学、翁牛特旗乌丹卫生学校、林西县新城子职业高中、翁牛特旗乌敦套海职业中学、赤峰第二职业中学8所学校。以8所骨干学校为依托,带动农村牧区职业中学和农村牧区文化技术教育的发展。1993年,依据中共中央、国务院颁发的《中国教育改革和发展纲要》,重新修订《赤峰市和旗县区职业技术教育发展计划》。根据全市农村牧区的实际需要,探索出了适合本地区的普通教育和职业教育相结合的办学模式，即职业中学从高中向初中调整。经过5年的调整,至1995年,职业高中由1991年的44所调整到31所,职业初中由1991年的21所调整至35所,职业初、高中的在校生发展至22953人。全市自治区级重点职业高中发展至3所,市级重点职业高中7所。

1996年,针对赤峰市中等教育存在“条块分割、力量分散”、规模小、效益低、职业教育大而散的弊端,全市采取多项举措,推动职业教育发展。同年,松山区、阿鲁科尔沁旗各建立1所职教中心。到1997年,全市已有7个旗县区建起职教中心。全市按照自治区教育厅印发的《关于农牧职业中学开展科技兴农兴牧的通知》要求,将各类职业教育与农牧业生产科技教育紧密结合,加大各职业中学科技班培训力度。全年开办科技班71期,培训农牧民6228人,与贫困乡镇苏木签订致富合同302份,推广实用技术19项，获得经济效益2000万元。1998年，全市部分农牧职业中学承担红丰萝卜引种试验、旱地高产小麦试验、小麦玉米套种等12个项目,并全部获得成功。推广实用技术382项,使40个乡镇苏木受益。

经过“八五”“九五”时期的努力,全市职业学校办学条件得到改善,教学质量不断提高,培养了大批有文化素质、会科学种田、懂科学养畜的专业技术人才。至“九五”时期末,全市职业教育与当地乃至全市经济建设人才的需求实现了更好的对接。喀喇沁旗楼子店建筑职业高中毕业生遍布全市建筑行业,并有许多人成为行业骨干;赤峰第

1991—2014 年赤峰市职业教育基本情况统计表

表 21-1-6

年 份	学校（所）	在校生（人）	毕业生（人）	招生（人）	教职工（人）	专任教师（人）
1991	65	19126	5776	6784	2622	1854
1992	69	21167	6547	9120	2655	1922
1993	73	22319	7000	8795	3131	2110
1994	67	22912	5946	9533	3005	2061
1995	66	22953	5598	9144	2618	1913
1996	65	26226	6352	10471	2662	2007
1997	65	32299	6441	13624	2856	2167
1998	67	35168	8686	13606	2881	2200
1999	62	39672	10432	14680	3126	2412
2000	58	37178	10547	12791	2887	2245
2001	58	34748	10385	12082	2943	2325
2002	53	21496	5450	7413	3101	2447
2003	53	38493	10611	12609	3127	2476
2004	51	37218	11140	12105	2973	2368
2005	47	35482	13480	14189	2905	2272
2006	36	36953	10513	14055	2629	2032
2007	30	36651	9874	12653	2605	2076
2008	34	30682	11023	11507	2459	1925
2009	32	41653	8453	23427	2527	2057
2010	34	44956	9167	18629	2651	2017
2011	33	43391	10968	13955	2774	2065
2012	45	53508	19968	20972	3457	2701
2013	44	49821	16814	16652	3390	2786
2014	43	44436	13645	13828	3392	2798

一职业中专的毕业生在市区服务行业深受好评。截至2000年，全市职业中学调整至58所，在校生增至37178人，毕业生增至10547人，招生增至12791人，专任教师2245人。

“十五”和“十一五”时期，通过深化管理体制改革和布局结构调整，全市逐步取消职业初中，先后撤销10所成人中专建制，将5所行业办中专和3所行业办技工学校整合为2所中等职业学校，并归口教育部门管理，职业教育资源得到进一步优化。2005年，按照教育部印发的《关于加快发展中等职业教育的意见》要求，赤峰市加强职业中学的国家和自治区两级重点校、实习实训基地、精品专业建设。全市投资1260万元，加强职业中学信息化建设，购置万余套现代化教学设备，职业中学的实验、实习、教学条件趋于完善。2006年，全市6所职业中学的电子电工、农学、烹饪、建筑、纺织、畜牧兽医6个专业均通过自治区精品专业评估验收。截至2012年，全市职业中学调整至45所，比2000年减少13所；在校生53508人，比2000年增加16330人；毕业生19968人，招生20972人，专任教师2701人。建成国家级示范校3所，国家级重点职业学校6所，自治区级重点职业学校6所。共开设14大类70个专业，建成自治区级精品专业9个，市级骨干示范专业15个。

进入“十二五”时期，赤峰市加大职业中学教育布局的市级统筹力度，按照“跳出教育看教育，紧跟产业办教育”的思路，加快体制机制改革和模式创新，鼓励开展多种形式的校校合作、校企合作，推动职业教育集团化办学。2012年，依照本地职业中学教育发展实际情况，制定《赤峰工业职业教育集团组建方案》，成立赤峰工业职业教育集团，全市校企合作企业达200多家。职业教育步入新的发展阶段。截至2014年，全市有职业中学43所，比1991年减少22所，其中红山区、松山区各7所，翁牛特旗5所，元宝山区、宁城县各4所，巴林左旗、敖汉旗各3所，阿鲁科尔沁旗、巴林右旗、林西县、克什克腾旗、喀喇沁旗各2所；在校生达到44436人，比1991年增长1.3倍；毕业生13645人，招生13828人，专任教师2798人。全市中等职业学校毕业生就业率达到98.9%。24年间，累计培养职业学校毕业生23.48万人。

第五节　技工教育

20世纪80年代中后期，赤峰市中等技工教育得到进一步发展。至1991年，赤峰市有技工学校5所，即1958年建立的平庄矿务局技工学校、1975年建立的赤峰交通技工学校、1980年建立的赤峰民族技工学校、1985年建立的赤峰建筑技工学校、1987年建立的赤峰黄金技工学校。同年，全市5所技工学校在校生1779人，毕业生576人，招生682人。

自1993年起，赤峰市技工学校创新办学模式，实行与企业联合办学，使技工学校逐步走上自筹资金、自我发展之路。1995年，在赤峰商业职工中等专业学校的基础上，增办赤峰商业技工学校。1996年，建立粮食技工学校，与赤峰粮食职工中等专业学校一个机构、两块牌子。同年，全市中等技工学校发展为7所。

“九五”时期,全市技工学校办学水平均有所提高。学校按照市场和本行业人才需求来设置专业课程,办学方式各具特色,为各自行业、社会培养了一批优秀技术人才。1997年,全市7所中等技工学校在校生5753人,毕业生2541人。自1998年起,由于受普通高校扩招的冲击,赤峰市技工学校的招生工作出现滑坡,全市7所中等技工学校仅招生1366人。1999年,招生1157人。同年,赤峰交通技工学校晋升为国家级重点技工学校,同时晋升为高级技工学校,并更名为内蒙古交通高级技工学校。2000年11月,赤峰粮食职工中等专业学校更名为赤峰电子职工中等专业学校。

进入“十五”时期,赤峰市根据本地区经济、社会发展情况的需要,整合教育资源。2001年,内蒙古交通高级技工学校经自治区政府批准挂牌内蒙古交通职业技术学院,成为全日制高等职业院校。2003年,赤峰商业技工学校与赤峰市艺术学校合并为赤峰艺术旅游学校,后并入到赤峰学院;赤峰电子职工中等专业学校并入内蒙古纺织工业学校。2005年,赤峰民族技工学校、赤峰黄金技工学校及赤峰财经学校并入内蒙古纺织工业学校;赤峰建筑技工学校并入赤峰农牧学校。2009年,自治区人社厅批准在阿鲁科尔沁旗职教中心的基础上设立阿鲁科尔沁旗北方民族技工学校;平煤技工学校晋升为高级技工学校。

2013年,经自治区政府批准,设立内蒙古自治区民族交通技师学院,与内蒙古交通职业技术学院一个机构、两块牌子;经自治区人社厅批准,在克什克腾旗职教中心的基础上设立克什克腾旗民族技工学校。

2014年,经自治区政府批准,设立内蒙古民族工业技师学院,与赤峰工业职业技术学院一个机构、两块牌子;经自治区人社厅批准,在喀喇沁旗建筑职业中专、松山区职教中心的基础上分别设立赤峰建筑高级技工学校、赤峰机电信息工程高级技工学校。至同年末,赤峰市有平煤技工学校、克什克腾旗民族技工学校、阿鲁科尔沁旗北方民族技工学校、赤峰建筑高级技工学校、赤峰机电信息工程高级技工学校、内蒙古自治区民族交通技师学院、内蒙古民族工业技师学院7所中等技工学校,在校生增至1.8万人,其中全日制技工注册在校生近5000人,毕业生就业率达96%以上。

第六节　学校选介

一、初级中学

赤峰第三中学　创办于1923年,名称几经变更。1957年,新建赤峰第三中学,是赤峰地区成立较早的一所中学,位于赤峰市红山区二道街路北66号。学校占地面积14048平方米,建筑面积10130平方米。2014年,有教学班34个,在校生1865人;教职工139人,其中高级职称79人、中级职称41人。学校教学设备齐全,设有篮球场地4个,多媒体教室48个,理化生实验室8个,心理咨询室、卫生保健室、图书馆、阅览室、音乐教室、书法教室、劳技教室、美术教室、计算机教室等多种专用教室。学校先后获得“赤峰市素质教育先进学校”“赤峰市家长学校教育工作先进集体”“赤峰市课程改革名学校”“赤峰市文明校园”等称号。

赤峰第六中学　创办于1958年，位于红山区哈达西街136号。占地面积14100平方米，建筑面积5100平方米。2014年，有教学班25个，在校生1567人；教职工148人，其中高级职称30人、中级职称68人。学校教学设备齐全，设有实验室、卫生保健室、电子阅览室等多种专用教室及多媒体教室。学校先后获得“红山区名学校”“德育管理先进校”“内蒙古自治区依法治校示范校”“赤峰市教育教学研究实验基地”等称号。

赤峰第八中学　创办于1970年，位于红山区三东街43号。占地面积9890平方米，建筑面积6940平方米。2014年，有教学班30个，在校生1699人；教职工181人，其中高级职称123人、中级职称58人。学校教学设备齐全，设有实验室、电子阅览室等专用教室及多媒体教室共39个。学校先后获得“自治区课程改革先进单位”“自治区篮球体育传统项目学校”“赤峰市名学校”等称号。

赤峰第十中学　创办于1974年，位于红山区新华路中段1号。占地面积12000平方米，建筑面积11000平方米。2014年，有教学班34个，在校生1930人；教职工150人，其中高级职称29人、中级职称84人。学校教学设备齐全，设有实验室、阅览室、音乐室、美术室等专用教室及多媒体教室共42个。学校先后获得“全国现代教育技术实验学校”“全国优秀外语示范学校”“自治区电化教育优秀教育学校”等称号。

赤峰第十二中学　创办于1980年，位于红山区宁澜路中段。占地面积14000平方米，建筑面积8000平方米。2014年，有教学班33个，在校生1930人；教职工120人，其中高级职称38人、中级职称60人。学校教学设备齐全，设有书法室、劳技室、心理咨询室、实验室、电子阅览室、多功能厅等多种专用教室及多媒体教室。学校先后获得赤峰市“教育系统先进集体”“师德先进集体”“德育特色先进学校”“家长学校教育工作先进集体”等称号。

松山区第四中学　创办于2007年，2011年9月迁入新校区，位于松山区巴林大街。占地面积10万平方米，建筑面积37000平方米。2014年，有教学班52个，在校生3300人；教职工180人。学校教学设备齐全，每班都配备多媒体教学平台。建有400米塑胶环形跑道的高标准操场，10个标准篮球场。2010—2012年，高中升学率连续三年名列松山区榜首。同时，学校注重开发多样化校本课程，将写字课作为学生必修的拓展性课程，编写了《写字学做人》《学生习字临帖和摹帖教程》等校本教材，学校被评为“全国书法写字教育示范学校”。

二、高级中学

赤峰第二中学　创办于1923年，原为赤峰县立初级中学，位于红山区二道街西段。名称几经变更。1956年，定名为赤峰第二中学。1957年，迁入赤峰市红山区园林路。2006年，学校整体搬迁至新城区玉龙大街西段。占地面积12.2万平方米，建筑面积89000平方米。2014年，有教学班66个，在校生4016人；教职工270人，其中高级职称

151 人、中级职称 106 人。2000—2014 年,考入清华大学、北京大学学生共 113 人,一、二、三本录取率均居全市第一,高考成绩居全市乃至全区前列。学校教学设备齐全,教室配备有投影仪、室内播音设备、多功能黑板。设有理化生实验室 16 个,演示实验室 2 个,语音教室 2 个,计算机教室 4 个,校园广播室 1 个,美术、音乐、舞蹈专用教室各 1 个,乒乓球教室 1 个,建有体育馆、400 米国家标准田径场,篮球、排球、网球场地 22 个。学校先后获"自治区首批重点学校""自治区示范性普通高中""自治区高中管理先进学校""中小学教师继续教育国家级实验区项目学校""赤峰市名学校"等称号,是赤峰市首批教育科研实验基地。

赤峰第四中学　创办于 1960 年,位于红山区哈达街东段 10 号。占地面积 44632 平方米,建筑面积 29500 平方米。2014 年,有教学班 65 个,在校生 3663 人;教职工 434 人,其中高级职称 147 人、中级职称 220 人。学校教学设备齐全,建有全市第一家塑胶草坪运动场及篮球场。各班均配有高清晰液晶投影实物展台、电子教学系统等。高考升学率由 1991 年的 21.2%提升至 2014 年的 48.6%。2011—2014 年,考取清华大学、北京大学学生共 8 人,理科一本上线率居全市第三。是"赤峰市示范性普通高中"。

红旗中学　创办于 1976 年,先后改称桥西中学、松山中学,2002 年恢复红旗中学名称,位于松山大街 29 号。占地面积 73695 平方米,建筑面积 40100 平方米。2014 年,有教学班 64 个,在校学生 3800 人;教职工 238 人,其中特级教师 2 人,高级教师 123 人,自治区级教学能手 12 人,赤峰市级以上学科带头人 61 人。高考升学率由 1991 年的 25.2%提升到 2014 年的 91.3%。学校教学设备齐全,多媒体教室 5 个,电子阅览室 3 个,校园演播室 1 个。每间教室都有多媒体投影机、视频展台、百兆宽带接口、视频监控等设备。有标准化综合体育场 1 个,篮球场 22 个,排球场 4 个,通过改造建成的室内综合体育馆 1 个。学校先后获得"赤峰市名学校""自治区示范性高中""普通高中管理先进校""国防生生源基地学校""自治区首批课程改革样本校""全国奥林匹克体育教育示范校""全国软式垒球教育基地学校"等称号,并在 2013 年成为清华大学"新百年领军计划"推荐优秀生源基地学校。

元宝山区平煤高级中学　创办于 1959 年, 原为平庄矿务局职工子弟中学。2005 年,更名为元宝山区平煤高级中学,位于平庄商城北,哈河街西段。占地面积 46000 平方米,建筑面积 18569 平方米。2014 年,学校有教学班 56 个,在校生 3100 多人,教职工 266 人。2010—2014 年,考入清华大学、北京大学 55 人。被清华大学命名为"新百年领军计划"推荐优秀生源基地学校。学校排球被命名为自治区传统体育项目。2010 年,男女排球队获全国中学生排球联赛双冠军,获国家一级运动员资格 11 人,被国家体育委员会命名为"全国群众体育先进单位"。

林东第一中学　创办于 1949 年,前身是内蒙古自治学院昭盟分院,后改名为热河省立昭盟中学。1955 年,更名为林东第一中学。2013 年迁入新址,位于林东镇西城区契丹大街西段 266 号。占地面积 12 万平方米,建筑面积 56000 平方米。2014 年,有教学班

74 个，在校生 4233 人；教职工 326 人，其中高级职称 74 人、中级职称 107 人。学校教学设备齐全，设有排练厅、实验室、电子阅览室、信息技术教室、音乐教室、美术教室等专用教室及多媒体教室。高考升学率由 1991 年的 30%提升至 2014 年的 84%。2011—2014 年，考入清华大学、北京大学学生共 15 人，考入“985”及“211”工程院校 842 人。学校先后获得“赤峰市名学校”“自治区文明学校”“自治区普通高中管理先进学校”“自治区示范性普通高中”“全国学校精细化管理示范学校”“全国百所德育科研名校”“全国管理名校”“全国文化名校”等称号。

赤峰市田家炳中学　创办于 1956 年，原名锦山中学，2001 年更名为内蒙古师范大学锦山实验中学，2002 年更名为赤峰市田家炳中学，位于喀喇沁旗政府驻地锦山城区。占地面积 73370 平方米，建筑面积 55000 平方米。2014 年，有教学班 74 个，在校生 4220 人；教职工 304 人，其中高级职称 112 人、中级职称 126 人。学校教学设备齐全，设有标准实验室、计算机教室等专用教室及多媒体教室，图书 10 万册。2014 年，一本上线率 30.8%，二本上线率 75.3%。学校先后获得“自治区示范性普通高中”“全国名优学校”“赤峰市高中教育突出贡献先进学校”等称号。学校是中央教科所师资培训基地。

宁城八里罕高级中学　创办于 1954 年，2012 年迁入新址，位于宁城县天义镇大宁路 7 号。学校占地面积 14 万平方米，建筑面积 5.3 万平方米。2014 年，有教学班 70 个，在校生 3569 人；教职工 295 人。报考高等学校升学率由 1991 年的 10%提升至 2014 年的 45%。学校教学设备齐全，设有实验室、微机室、机器人教室、航模活动室、3D 打印设计室、录播教室、地理探究室、音像阅览室等多种专用教室及多媒体教室。学校先后获得“国家级足球特色学校”“赤峰市名学校”“教育信息化示范学校”“园林式学校”等称号。

三、中等专业学校

内蒙古幼儿师范学校　创办于 1957 年，原名赤峰师范学校，1989 年更名为内蒙古幼儿师范学校，位于红山区园林路西。占地面积 56000 平方米，建筑面积 21123 平方米。1991 年，学校在校生 616 人，毕业生 312 人，招生 336 人，教职工 154 人，其中专任教师 101 人。1992 年，学校新建艺术楼。1993 年，在国家教育委员会组织的联合评估检查中，被认为“基本达到全国一流幼师的办学水平”。1996 年 10 月，学校被自治区教育厅授予“甲级二等师范学校”称号。1997 年 12 月，被国家语言文字工作委员会评为“全国语言文字工作先进集体”。1998 年，建成内蒙古特幼教培训中心。2000 年，在校生 1262 人，毕业生 529 人，教职工 136 人，专任教师 92 人。2003 年 4 月，并入赤峰学院。

赤峰卫生学校　创办于 1958 年，原名昭乌达盟卫生学校。1960 年，改为昭盟医学专科学校。1961 年，专科学校撤销，恢复昭盟卫生学校。1962 年，改为赤峰卫生学校，位于红山区长青路西段路南。1993 年 7 月，赤峰卫生学校被内蒙古自治区人民政府批准为自治区级重点普通中专学校。1994 年 8 月，被国家教育委员会批准为国家级重点普通中等专业学校。自 1992 年至 2002 年，学校建筑面积由 4.14 万平方米增加至4.73万平方米;在校生由1523人增至2549人;教职工由219人减至218人,其中副高级以上职称由23人增至50人,中级职称由60人增至70人;图书馆藏书由9.5万册增加到11万册;固定资产由713万元增加到5817万元。开设的专业由医士、中医士、口腔医士、检验士、妇幼医士、护士6个中专专业增至医士、中医士、口腔医士、检验士、妇幼医士、护士、影像诊断技术、全科医学、药剂9个中专专业。2003年4月,并入赤峰学院。

赤峰财经学校　创办于1963年,原名昭盟财贸干部学校。学校名称和体制多次改变,1984年定名赤峰财经学校,位于红山区昭乌达路北段西侧。建筑面积19275平方米。自1991年至2000年,学校在校生由1011人增至1060人,毕业生由223人增至281人,教职工由123人减至115人。开设的专业有商业计划统计、商业财务会计、供销财务会计、商业物价、财政、税务、企业财务、工业会计等,学制4年。2005年,并入内蒙古纺织工业学校。

赤峰农牧学校　创办于1958年,位于松山区。占地面积38.67万平方米,建筑面积63222平方米。2014年,有在校生2704人;教职工266人,其中高级职称86人,中级职称47人。学校教学设备齐全,设有教学楼、实训楼、图书馆、电教楼、公寓楼、多功能餐厅、标准400米田径运动场;实训室52个,示范农场、动物诊疗中心、建筑实训中心等校内生产性实训基地6处。学校还建有校外实训基地25处,教学及实训实习设备3万多台(件),图书馆藏书16万多册,开设生物技术、畜牧兽医、建筑工程、经济管理、机电工程、电子信息、学前教育等专业课程。学校先后获得“A等三级学校”“国家级重点中等职业学校”“首批国家星火计划农民培训星火学校”“赤峰市名学校”“全国农学会科普先进集体奖”“赤峰市职业教育专业建设先进单位”“赤峰市职业教育先进集体”“全国德育工作先进集体”等称号。

四、职业学校

赤峰第一职业中等专业学校　创办于1980年,位于红山区桥北新区中昊街西段。占地面积12.95万平方米,建筑面积50976平方米。2014年,有教学班54个,在校生1811人;教职工216人,其中高级职称84人、中级职称100人。学校教学设备齐全,设有酒店管理、中餐烹饪、学前教育、机电一体化、工艺美术、计算机应用等6个专业,开设中式铺床、西餐摆台、声乐、琴法、美工、烹调技术、中西式面点、网页设计、汽车美容与装潢、电梯维保等专业课程。该校有实训室(场)47个、运动场(馆)5个,教学设备总价值1600万元。学校先后获得“首批国家级重点中等职业学校”“国家校园足球特色学校”“自治区现代学徒制试点学校”“赤峰市名学校”等称号。

第四章　高等教育

第一节　发展概况

赤峰市高等教育始于 1957 年成立的昭乌达蒙古族师范专科学校。1991 年，昭乌达蒙古族师范专科学校仍是赤峰地区唯一一所全日制普通高等专科学校；成人高等教育学校有赤峰教育学院、内蒙古广播电视大学赤峰分校。同年，全市 3 所高等院校在校生 3500 人，毕业生 1254 人，招生 778 人，教职工 1140 人，专任教师 376 人。

1995 年，昭乌达蒙古族师范专科学校更名为赤峰民族师范高等专科学校。2001 年，内蒙古交通职业技术学院成立。

2003 年，赤峰市全面进行教育资源的扩展和整合，扩大高校办学规模。经教育部批准，原赤峰民族师范高等专科学校、赤峰教育学院、内蒙古广播电视大学赤峰分校、内蒙古幼儿师范学校、赤峰卫生学校合并，组建多学科、综合性全日制普通本科院校——赤峰学院，结束了赤峰市长期以来没有全日制本科院校的历史。

2011 年，经自治区政府批准，组建赤峰工业职业技术学院。至此，赤峰市初步形成以赤峰学院为龙头、多所高等职业技术学院相互补充的高等教育体系。2014 年，全市有高等院校 4 所，即赤峰学院、内蒙古交通职业技术学院、赤峰工业职业技术学院、赤峰职业技术学院（民办）。4 所学校在校生 19710 人，毕业生 4998 人，招生 6227 人，教职工 2774 人，专任教师 1798 人。

第二节　学校选介

一、赤峰学院

前身是赤峰民族师范高等专科学校，创办于 1957 年。位于红山区迎宾路 1 号。2003 年，赤峰民族师范高等专科学校与赤峰教育学院、内蒙古广播电视大学赤峰分校、赤峰卫生学校、内蒙古幼儿师范学校合并，组建赤峰学院。是一所综合性全日制普通高等本科院校。学校占地面积 52 万平方米，建筑面积 22.05 万平方米。2008 年，赤峰艺术旅游学校并入赤峰学院。

2014 年，赤峰学院设有蒙古文史学院、文学院、外国语学院、音乐学院、美术学院、政法学院、历史文化学院、经济与管理学院、教育科学学院、体育学院、数学与统计学院、资源与环境科学学院、物理与电子信息工程学院、计算机与信息工程学院、化学化工学院、生命科学学院、建筑与机械工程学院、初等教育学院、医学院、马克思主义学院、成人教育学院、远程教育学院、继续教育与教师培训学院、大学外语教学部共 24 个

1991—2014年赤峰市高等教育基本情况统计表

表21-1-7

年份	学校（所）	在校生（人）	毕业生（人）	招生（人）	教职工（人）	专任教师（人）
1991	1	1173	526	540	553	295
1992	1	1207	541	582	545	295
1993	1	1383	534	722	548	283
1994	1	1590	371	567	542	280
1995	1	1307	671	388	541	271
1996	1	1304	522	542	560	285
1997	1	1351	531	580	574	300
1998	1	1628	332	623	588	296
1999	1	1749	577	745	599	301
2000	1	2539	657	1483	598	313
2001	1	3720	608	1911	599	323
2002	1	3544	474	940	625	327
2003	1	4458	1376	1640	1263	657
2004	1	6890	1126	3170	1310	678
2005	1	7748	1449	2436	1348	718
2006	2	9368	1847	3493	1588	933
2007	2	11445	2128	4130	1778	1057
2008	2	12671	2678	4095	1992	1267
2009	2	13893	3240	4591	2131	1383
2010	2	8668	2181	2709	1679	878
2011	4	17235	4601	5488	2746	1716
2012	4	17850	4736	5544	2738	1737
2013	4	18756	4886	5939	2750	1774
2014	4	19710	4998	6227	2774	1798

教学院、部。专业设置涵盖文学、史学、法学、教育学、理学、工学、农学、医学、管理学、艺术学10个学科门类共46个本科专业和60个高职高专专业。其中历史学专业为国家级特色专业建设点,蒙古语言文学、物理学、生物科学、汉语言文学4个本科专业是自治区级品牌专业。有文物与博物馆专业硕士学位点,部分专业采用蒙古语、汉语两种语言授课。学院设有附属医院、第二附属医院、附属中学3个附属单位。有"红山文化研究院""契丹辽文化研究院""蒙古学研究中心""旅游与文化产业发展研究所""环境与发展研究所"等20个研究机构。红山文化和契丹辽文化研究在全国有较高的知名度和学术影响力。赤峰学院与美国、英国、加拿大、韩国、蒙古国等国家的有关院校建立了良好的合作关系,有蒙古国、韩国、加纳等国家留学生在校深造。拥有各类专业实验室、专业实训室、计算机中心、数字化校园网、体育馆、多功能厅等现代化教学、科研设施。学校图书馆馆藏纸质图书102万余册,电子图书49.6万册,刊物1500多种。馆藏《永乐大典》《四库全书》等重要文化典籍。共有18个数据库,是中国高等教育文献保障系统(CALIS)成员馆和中国高校人文社会科学文献中心(CASHL)成员馆。

2014年,学院有教职工1706人,其中专任教师992人,教授136人,副教授347人,硕士研究生导师32人,硕士以上学位教师占专任教师总数的50%。教师中享受国务院颁发的政府特殊津贴教师6人。在校学生总数27565人,其中硕士研究生30人,本科生10269人。2003—2014年,学院获国家级、自治区级和市级奖励的科技成果264项。

二、内蒙古交通职业技术学院

前身是昭乌达盟汽车技工学校,创办于1974年。位于红山区清河路北段。1981年,更名为内蒙古赤峰交通技工学校。1999年12月,晋升为高级技工学校,并更名为内蒙古交通高级技工学校。2001年10月22日,内蒙古交通职业技术学院成立,由赤峰市政府和内蒙古自治区交通厅共建共管。2006年,学院迁址新城区王府大街2号。2013年,该院建立内蒙古自治区民族交通技师学院,与内蒙古交通职业技术学院一个机构、两块牌子。该学院是内蒙古自治区唯一一所独立设置的公办全日制交通运输类高等职业院校、技师学院。

2014年,学校占地面积47.78万平方米,建筑面积23.19万平方米。招生专业覆盖交通运输、土建、制造、财经、旅游、电子信息、资源开发与测绘7个领域,形成了以汽车、公路、建筑为龙头的专业架构。全年开设专业34个,其中道路桥梁工程技术、汽车检测与维修技术、汽车电子技术、汽车技术服务与营销、桥梁施工技术与检测、建筑工程计量与计价6个专业为自治区级品牌专业。学院设有汽车工程系、道路桥梁工程系、建筑工程系、管理工程系、机械工程系、基础教育部、实训一部、实训二部、实训三部共5系4部。与庞大汽贸集团股份有限公司等企业建立校外实习实训基地80余个。拥有设施完备的实训中心9个、实训实验室50个,计算机1600余台。学校图书20万册,纸质期刊486种。学校有教职工526人,其中专任教师438人,高级讲师89人,高级技师、技师37人。有技工在校生3000余人,高职在校生7000余人;高职毕业生2184人,就业率为96.33%,技工毕业生459人,就业率为97.26%,就业率和就业质量始终保持全区较高水平。1991—2014年,累计毕业生21800余人,其中高职毕业生12000余人。

2004年,学院被教育部等六部委批准为汽车运用与维修专业技能型紧缺人才培训基地。2012年,被教育部确定为教育信息化试点单位,被人社部确定为国家级高技能人才培训基地。2013年10月,内蒙古民族交通技师学院被自治区教育厅评为自治区级示范性高等职业院校。2014年4月,内蒙古民族交通技师学院被教育部等六部委评为“全国职业教育先进单位”。

三、赤峰工业职业技术学院

前身是昭乌达盟农牧机械化学校,创办于1958年。位于新城区巴林北街22号。1983年,更名为昭乌达盟工业学校。同年10月,更名为赤峰工业学校。1988年3月,改建为内蒙古纺织工业学校。2003—2005年,赤峰电子职工中等专业学校、赤峰财经学校、赤峰民族技工学校、赤峰黄金技工学校先后并入内蒙古纺织工业学校。2011年,在内蒙古纺织工业学校的基础上组建赤峰工业职业技术学院。

该学院是一所公办全日制高等职业学校,是以工科为主体、兼具设计和管理学科的综合职业技术学院,由赤峰市政府主办,自治区教育厅主管。2014年6月,该院建立内蒙古民族工业技师学院,与赤峰工业职业技术学院一个机构、两块牌子。同年,学院占地33.53万平方米,建筑面积68896平方米。

2014年,设有机械与自动化系、经济管理系、新能源与电子信息系、冶金与工业设计系、轻工化工系、建筑工程系、基础教学部、实训一部、实训二部等9个教学系、部,开设应用化工技术、工业分析与检验、建筑装饰工程技术、建筑工程技术、机械设计与制造、数控技术、工业设计、风能发电设备制造与维修、机电一体化技术、电气自动化技术、应用电子技术、现代纺织技术、物流园区金融管理、财务管理、会计电算化、电子商务、酒店管理、汽车制造与装配技术、项目管理、物联网应用技术等高职专业20个,中职专业41个,品牌专业2个,特色专业1个,精品课10门。拥有数控实训车间、普通机床加工实训车间、钳工实训车间、焊工实训车间、普通机床维修实训车间、数控机床维修车间、风电设备检修与维护实训车间、印刷实训车间、建筑装饰实训车间、化工检测中心、计算机中心等11个大型实习实训车间和中心、59个实训实验室,实训教学面积5400平方米。其中数控实训车间是中央职业教育数控实训基地,能够容纳100多名学生同时实训。风电设备检修与维护实训基地由学院和中国大唐新能源股份有限公司合作共建,占地800平方米,拥有维斯塔斯V80风机仿真实训机组和风电仿真综合培训等系统,能够实现风电运行仿真、风机检修维护实训、多媒体远程教学等培训功能。馆藏纸质图书3万余种18万册、电子图书10万册,高职教育的专业类书刊超过50%。学院有教职工448人,其中专任教师350人,包括教授2人、副教授14人、高级讲师180人。有全日制在校生4426人,招生4210人。2011—2014年,学院开展各类职业培训9918人次,对2220人进行了职业技能鉴定。2014年6月,学院被自治区人社厅批准成为“国家高技能人才培训基地”。

第五章　成人教育

第一节　农牧民教育

一、扫除青壮年文盲

20世纪80年代初，各地积极恢复业余教育机构，配备人员，采取"一普、二扫、三提高"，即抓好普及小学教育，扫除12~45周岁青壮年文盲，组织多种形式学习、巩固提高的措施，深入开展扫除文盲工作。1984年12月，经自治区政府验收，赤峰市被确定为基本无文盲市。1985年，宁城县和巴林左旗被评为"全国扫盲先进地区"。1990年，第四次全国人口普查时，赤峰市12~45周岁的青壮年人口有242.07万人，其中文盲半文盲22.69万人，青壮年非文盲率为90.6%。1991年，针对一些地区的青壮年仍存在复盲的现象，赤峰市按照国家教育委员会印发的《关于改革和发展成人教育的决定》和"基本扫除青壮年文盲"要求，加强对扫除文盲的领导力度，建立健全扫盲机构，当年配备农牧民教育专职干部625人。1993年，全市各旗县区先后制定并下发扫除青壮年文盲工作的相关规定和通知，采取分散办班、集中上课等多种形式开展扫盲工作。1994年，市教育局、市文联联合下发《关于进一步加强妇女扫盲工作的通知》，动员未脱盲的妇女积极参加学习，尽早摘掉文盲帽子。经过5年扫除青壮年文盲工作，至1995年，全市累计扫除青壮年文盲37168人，脱盲率由1991年的98%提升至98.8%。

"九五"时期，全市各旗县区通过采取印发成人教育宣传材料，召开扫盲誓师大会，健全旗县区、乡、村三级扫盲工作领导小组，对文盲、半文盲调查摸底，建立健全扫除文盲档案，签订"扫盲目标责任状"，实行包组织领导、包宣传发动、包筹集经费的"三包"制度等，继续开展扫盲工作。鉴于曾经脱盲学员大量复盲的教训，部分旗县区采取"夯实基础，落实阵地"的办法，在各乡镇村建立农民文化技术学校，抽调教师，加大经费投入，巩固提高脱盲学员的文化学习成果。至2000年，全市扫除文盲83149人，青壮年非文盲人数达98.76%，全市基本完成扫除青壮年文盲的历史任务。针对边远偏僻地区仍有5万余人文盲的现状，各地区采取把扫盲任务落实到位、教师包教落实到位、扫盲经费落实到位等措施继续扫盲。至2005年，全市完成扫除青壮年文盲工作，青壮年非文盲率达99%。

二、农牧民文化技术教育

20世纪80年代，赤峰市农村牧区的业余技术教育学校逐步发展起来。1984年，市教育局下发《大力发展农牧民文化技术教育，加快农村牧区经济发展步伐的意见》，要求旗县区、乡镇苏木、村嘎查三级举办农牧民文化技术教育学校。至1991年，全市旗县区办农牧民文化技术学校6所，培训农牧民7034人次；乡镇苏木办农牧民文化技术学校268所,培训农牧民18万人次;村嘎查办农牧民文化技术学校2308所,培训农牧民85.2万人次。同年起,根据农村牧区对技术人才的需要,各旗县区、乡镇苏木、村嘎查三级继续加强农牧民文化技术学校建设,配备成人教育专职干部和农牧民学校专职教师,定期开办各种农牧业技术学习班,组织农牧民学习专业技术知识。1993年,市教育局与各旗县区教育局签订农村牧区成人教育责任状。1994年,市教育局下发《关于进一步加强农村牧区成人教育机构建设和人员配备的通知》,要求各旗县区建立健全机构,继续配备相关人员。当年全市配备农牧民教育专职干部409人、兼职干部938人,专职教师1162人、兼职教师6737人。至1995年,农牧民文化技术学校数量和质量都有所提高,各学校基本上达到了有教室、有教师、有教材、有桌凳、有经费的"五有"标准。全市乡镇苏木办农牧民文化技术学校增至273所,累计培训农牧民97.02万人次;村嘎查办农牧民文化技术学校增至2564所,累计培训农牧民401.08万人次。1997年,全市县、乡、村三级农牧民文化技术教育网络基本形成。1998年,为确保农牧民文化技术学校的巩固和发展,加强成人教育队伍建设,市、各旗县区均设成人教育办公室,在乡镇苏木配备成人教育专职干部290人,选聘兼职成人教育干部1072人,并在三级农牧学校中建起市级示范性农牧民文化技术学校34所。至2000年,全市三级农牧民文化技术学校发展至2911所,累计培训农牧民887.46万人次。其中旗县区级发展至8所,乡镇苏木级发展至273所,村嘎查级发展至2630所;有7所农牧学校进入自治区示范农牧学校行列。1991—2000年,市、旗县区两级农业广播电视学校为全市累计培训中等技术人员10469人。

"十五"时期,全市农牧民文化技术教育以旗县职业学校为骨干,以乡级成人文化技术学校为主体,以村级成人文化技术学校为基础,充分发挥自治区级农牧学校和中等职业学校的人才和资源优势,广泛开展送教下乡、送教下厂等活动,不断加强农牧民实用技术培训、农村剩余劳动力转移培训、新增劳动力就业培训和城镇在岗、转岗、下岗人员培训。2003—2005年,举办培训班1.67万期,培训农牧民143.65万人次。2006—2010年,共培训农民工60万人次,其中转移培训农村剩余劳动力34.6万余人次。对农牧民进行各种实用技术培训年均达50万人次。

2012年以后,全市农牧民文化技术教育重点转移到农村牧区实用人才培养、新型职业农民培育和农牧业专业技术人员知识更新等方面。至2014年,全市各类培训规模年均10万人次以上。其中内蒙古农业广播电视学校赤峰分校及旗县区站培训新型职业农民5336人次;结合基层农业技术推广体系改革与有关项目,培训农业专业技术人员4745人次;通过连续组织开展送教下乡和科技大培训活动,培训农牧民350多万人次。

第二节 职工教育

20世纪90年代,随着赤峰市经济和社会进一步发展,各行各业对人才需求日益增加，对人才的文化水平、业务素质能力要求越来越高。以成人中等专业学校为主的职工教育在这一时期得到相应发展。1991 年，全市有成人职工中等专业学校 7 所，即赤峰商业职工中专、赤峰粮食职工中专、赤峰干部中专、赤峰公安警察干部中专、赤峰建筑职工中专、中国农行赤峰分行职工中专、平矿职工中专。7 所学校在校生 2689 人，其中函授生 946 人；招生 1309 人，毕业生 692 人，专任教师 220 人。全市完成技术职工中级培训 11528 人。

“八五”时期，各成人中专学校根据本行业的实际需要，设置和确定专业课程、学制年限、工作目标和办学思路，各学校办学方式活跃，规模也有所发展。赤峰干部中专增挂“干部行政学院”牌子，赤峰粮食职工中专增设技工学校，赤峰商业职工中专增设“内蒙古旅游专修学院教学部”等。

1998 年，中国农行赤峰分行职工中专停办。1999 年，赤峰农牧学校在不增教职员工、设备的条件下，增设赤峰市农牧职工中等专业学校；内蒙古纺织工业学校增设内蒙古纺织职工中等专业学校。同年末，全市成人中专学校增至 8 所，在校生增至 3951 人，招生增至 1425 人，毕业生增至 1051 人，专任教师增至 311 人。1991—2000 年，全市成人中专学校累计招生 10901 人，培养毕业生 9890 人。

进入 21 世纪，随着各普通高校举办的成人教育迅速发展和中等职业教育的日益普及以及高等教育自学考试的广泛开展，在职职工报考成人中专学校越来越少。2001—2005 年，8 所中专学校陆续停办或合并到其他学校。至 2005 年末，赤峰市已没有成人职工中等专业学校。

第六章　民族教育

第一节　民族幼儿教育

一、发展概况

20 世纪 80 年代后期，赤峰市在优先重点发展民族教育政策的指引下，继续加大民族幼儿教育投入，创建示范幼儿园，重点发展农村牧区民族幼儿教育。1991 年，全市民族幼儿园（含学前班）发展至 35 所，在园（班）幼儿 6169 人，其中蒙古族幼儿在园（班）5307 人，占在园（班）幼儿的 86%。这一时期，蒙古族幼儿园主要有赤峰市蒙古族幼儿园、阿鲁科尔沁旗天山蒙古族幼儿园、巴林右旗大板蒙古族幼儿园、巴彦尔灯幼儿园等。1992 年，全市旗县区所在地均设有示范民族幼儿园，苏木乡镇均设有中心幼儿园。1993 年，全市已有农村牧区民族幼儿园 28 所，占全市民族幼儿园的 80%，农村牧区民族幼儿教育得到重点发展。

“九五”时期，赤峰市开始大力调整民族幼儿园布局，集中教育资源，在蒙古族聚居地区创办蒙语授课幼儿园,在民族杂居地区的幼儿园开设蒙语授课班。同时,根据《幼儿教育工作规程》要求,全市各旗县区加强示范幼儿园软硬件建设。至2000年末,全市民族幼儿园调整为18所,比1991年减少17所;在园幼儿715人,专任教师55人。全市各示范幼儿园的教师专业合格率提升至100%。园内各班均配有独立的活动室、卧室、盥洗室、消毒柜;有适合幼儿年龄要求的桌椅、床、玩具柜、图书架、衣柜等;有钢琴和现代化教育技术所需的多媒体教学设施等。户外增设了适合孩子们活动的蹦蹦床、多功能滑梯、多功能攀登架及各种中小型户外体育器械等,各类室内外玩具一应俱全,为寓教于乐、增强体质、启迪智能创造了良好的环境,办学条件得到极大提升。同年,赤峰市蒙古族幼儿园被自治区教育厅评为"自治区示范园"。

"十五"时期,随着全市民族语言授课学生的日益减少,赤峰市陆续撤销合并民族幼儿园10所。至2005年,全市民族幼儿园调整为8所,在园幼儿422人,专任教师52人。2006年起,赤峰市继续调整规模过小的校点,把附属于小学的幼儿园逐步分离出来,单独办园,陆续新建5所民族幼儿园。截至2010年,全市民族幼儿园增至13所,在园幼儿2456人,专任教师133人。

自2011年起,赤峰市在充分利用国家项目及自治区民族教育项目等有关政策资金的支持下,政府加大投入力度,新建和改扩建一部分乡镇苏木、大嘎查和小嘎查联办幼儿园,逐步扩大了蒙语授课幼儿教育嘎查级覆盖面。至2014年,阿鲁科尔沁旗建设7所规模较大的嘎查联办幼儿园;巴林左旗改扩建3所苏木镇幼儿园;巴林右旗新建1所苏木幼儿园和2所嘎查幼儿园。全市通过新建、改扩建和剥离建设等方式,加大了旗县政府所在地蒙语授课公办幼儿园的建设力度。同年,巴林右旗蒙语授课达尔罕幼儿园竣工;阿鲁科尔沁旗天山蒙古族幼儿园易址新建工程、巴林左旗林东蒙古族幼儿园剥离改建工程、克什克腾旗直属蒙古族幼儿园新建工程、翁牛特旗蒙古族幼儿园易址改建工程全部启动;赤峰新城区蒙古族幼儿园申请立项。截至同年末,全市民族幼儿园共有33所,在园幼儿5657人,专任教师277人。

1991—2014年部分年份赤峰市民族幼儿园基本情况统计表

表21-1-8

年份	幼儿园(所)	在园幼儿(人)	专任教师(人)
1991	35	6169	279
1995	20	7811	237
2000	18	715	55
2005	8	422	52
2010	13	2456	133
2014	33	5657	277

说明:2000年、2005年、2014年在园幼儿数不包括牧区小学附设的学前班幼儿数。

二、学制与课程、教材

学制　民族幼儿园学制与普通幼儿园学制相同，为三年制，分别开设小、中、大班。小学附设学前班，一般为一年制，入学幼儿年龄为6周岁，2002年后，改为5周岁。

课程　1991—2000年，民族幼儿园一般开设蒙语语言、计算、常识、音乐、美术、体育等课程。2001年，各幼儿园依据教育部颁发的《幼儿园教育指导纲要》，一般开设蒙语语言、社会、科学、艺术、健康等课程，幼儿在园学习主要以游戏为主。部分幼儿园根据各自办园条件加设汉语与英语课程，并注重地方课程和校本课程的研究开发与使用。如赤峰市蒙古族幼儿园开设了关于民族文化传统、蒙台梭利、奥尔夫音乐、礼仪品格等相关课程。

教材　1998年后使用内蒙古教育出版社出版的学前班专用教材。

第二节　民族中小学教育

一、发展概况

改革开放后，赤峰市在贯彻执行党的民族政策过程中，一直把优先发展少数民族教育作为整个教育工作的重点。1985年，完成了普及牧区小学教育的历史任务，并且在少数民族聚居的旗县都有1所重点初中、1所完全中学或高中，苏木有初中，嘎查有小学，自然屯有教学点，民族学校布局基本合理。在民族职业技术教育方面，牧区建成高中3所，学生947人；初中2所，学生322人。此外，在赤峰卫生学校、农牧学校还开设了民族班、蒙医士班等，为牧区培养初、中级技术人才。至1991年，赤峰市有民族中小学校723所，在校生55728人，蒙语授课生38115人。其中独立设置的蒙古族小学619所，在校生36096人，蒙语授课生25852人，占在校生的71.6%；回族小学5所、满族小学2所，回族、满族在校生1354人。独立设置的蒙古族初中82所，在校生12599人，蒙语授课生8229人，占在校生的65.3%。独立设置的蒙古族高中15所，在校生5679人，蒙语授课生4034人，占在校生的71%。自1992年起，赤峰市在普及牧区九年义务教育、调整牧区学校布局、教学、民族教师队伍建设、培养民族人才等方面采取一系列措施和改革，加快发展民族中小学教育。至2014年，全市民族中小学教育在各级各类教育同步发展的基础上得到优先重点发展。

普及九年义务教育。1992年，市政府在阿鲁科尔沁旗召开全市民族教育工作会议，提出在牧区普及小学教育的基础上普及九年义务教育，至此，牧区九年义务教育普及工作逐步展开。同年，市教委在翁牛特旗举办培训班，确定阿什罕苏木为义务教育建档试点，推广建档经验，并要求全市各地结合实际制定学龄儿童登记、入学通知书、免学或缓学申请审批、义务教育档案制度等规范。1993年，市、旗县区两级政府和教育主管部门采取加大《义务教育法》的宣传力度、健全约束学生辍学的规章制度、加大对民族教育的资金投入等多种措施，全市牧区义务教育工作进入规范化和法制化轨道。至1994年，全市有12个苏木镇普及了初等义务教育。1999年，全市累计44个苏木镇普及了初等义务教育，蒙古族学龄儿童入学率已达到98%。松山区满族乡关家营子满族小学和马架子满族小学学区内的学龄儿童入学率、巩固率、普及率和及格率始终保持在100%。2001年，赤峰市进一步落实全国和自治区教育工作会议精神，编制《赤峰市民族教育"十五"发展规划》，大力普及九年义务教育，加快民族教育的改革和发展步伐。至2005年，全市民族地区已全部普及九年义务教育，普及率达100%。

调整学校布局。1991年起，赤峰市根据少数民族大分散、小聚居的居住特点，合理规划调整学校布局，撤并一些规模小的民族中小学校点，实行集中办寄宿制全日制中小学，扩大学校办学规模。至2000年，民族中小学由1991年的723所调整到365所，累计撤并中小学358所。自2001年起，结合"一乡一校""几乡一校"的办学模式，赤峰市继续大力调整牧区较为分散的学校，90%以上的民族学校实行寄宿集中制，民族教育较集中的阿鲁科尔沁旗、巴林左旗、巴林右旗、克什克腾旗陆续实施民族初中全部集中到政府所在地办学。2006年，市政府印发《赤峰市2006—2010年民族中小学布局调整规划》后，全市集中做好赤峰蒙中、阿旗天山二中、右旗大板一中、翁旗乌丹蒙中4所蒙语授课高中和宁城天义蒙中1所加授蒙语民族高中的规划和其他民族高中的调整工作。年内合并了赤峰蒙中和林东师范，并调整撤并中小学校20所。至2010年末，全市民族中小学由2006年的160所调整为112所。至2014年，全市民族中小学仍为112所，其中民族小学83所，民族中学29所。

教育教学。20世纪90年代，根据自治区提出的民族学校"首先学好蒙语文，也要学好汉语文"的原则，赤峰市民族中小学进行蒙汉双语教学改革试验。阿鲁科尔沁旗、巴林左旗、巴林右旗、林西县、克什克腾旗的民族中小学均以蒙语授课为主，从小学三年级开始加授汉语课；翁牛特旗、喀喇沁旗、宁城县、敖汉旗及红山区、元宝山区、松山区的民族中小学，实行蒙语授课、汉语授课加学蒙语及汉语授课3种方式，并由学生自选授课方式。至2000年，全市蒙古族中小学在校生9.14万人中，蒙语授课在校生有4.05万人，加授蒙语授课在校生有1.08万人。全市民族中小学的蒙、汉双语教学体系基本形成。自2001年起，赤峰市在蒙语授课中小学进行蒙、汉、英"三语"教学改革实验研究，全市民族教育集中地区的蒙语授课小学从三年级起开设英语课。克旗民族小学从一年级就开始尝试开设英语课。赤峰蒙中、天山二中和大板一中设有"三语"实验班，其中天山二中是国家级"民族中学三语教学实验点校"。至2014年，全市蒙古族中小学在校生7.41万人中，蒙语授课在校生有2.41万人，加授蒙语授课在校生有1.22万人，加授英语授课在校生1.22万人。

教师队伍建设。为了提高民族中小学教师的文化、业务水平，不断更新知识，自1991年起，全市开展函授、自学、外派、短期等多种形式的培训活动，提高民族教师的各方面素质及民族中小学教学能手和骨干教师的教学能力。全市民族中小学专任教师学历合格率有很大提高。至2001年,全市有民族中小学专任教师6078人,其中蒙授小学、初中、高中专任教师学历合格率由1991年的76.5%、50.6%、49.8%分别提升至97.9%、83.3%、70.6%。2003年,全市民族中小学教师参加自治区、赤峰市组织的学科专业培训754人次。2006年,组织民族学校教师参加各级各类新课程培训。2009年,全市民族专任教师共有1069人次参加市级培训,269人次参加自治区级培训,90人次参加国家级培训。投入15万元资金,对全市蒙语授课高中数、理、化、生教师进行全员免费培训,通过各类形式的培训,使全市民族中小学专任教师学历合格率得到大幅度提高。截至2014年,全市有民族中小学专任教师4979人,其中蒙授小学、初中、高中专任教师学历合格率分别提升至100%、100%、97.38%,民族中小学教师队伍水平的提高,使全市民族中小学教育教学质量显著提高。2000—2014年,全市蒙古族高中毕业生升入全国和自治区高等院校本科以上人数共20378人,蒙语授课本科升学率由2000年的28.3%提升至2014年的92.5%,2014年蒙语授课一本、二本上线率均处于全区领先水平。

2000—2014年赤峰市民族中小学基本情况统计表

表21-1-9

项目/年份	学校(所)		在校生(人)		专任教师(人)		蒙语授课学生本科升学率(%)
	小学	中学	小学	中学	小学	中学	
2000	292	73	49417	41971	3964	2774	28.3
2001	224	62	35871	36766	3521	2557	34.9
2002	205	64	36130	41874	3625	2798	47.8
2003	168	64	34033	42490	3422	3032	45.1
2004	156	64	35285	43889	3539	2890	51.7
2005	131	59	34931	43042	3634	3138	51.9
2006	108	52	35594	39613	3548	2856	49.9
2007	87	48	35513	42613	3697	3307	62.9
2008	90	36	33618	38599	3610	3113	60.9
2009	88	35	33288	35178	3692	2993	62.6
2010	83	29	33219	32961	3718	3032	57.8
2011	83	23	32359	33289	3264	1891	66.1
2012	78	23	31930	36586	3179	1905	78.9
2013	80	25	32844	35810	3097	1955	70.7
2014	83	29	33545	40592	2966	2013	92.5

二、学制与课程、教材

学制　民族中小学校学制与普通中小学校学制一致。

课程　民族中小学校开设的课程与普通中小学校课程一致。不同的是，蒙语授课中小学校是用蒙语授课，加开汉语课。学校根据实际，还开设摔跤、马头琴、舞蹈等特色课程。

教材　民族中小学校尤其是蒙语授课中小学校使用的教材是内蒙古教育出版社出版的蒙文教材。

第三节　学校选介

赤峰市蒙古族幼儿园　创办于1984年，位于红山区长青街。建筑面积5851平方米。2014年，有小、中、大教学班19个，在园幼儿845人，其中蒙语授课班级幼儿125人；教职工94人，其中高级职称17人、中级职称26人。教学楼设有音乐教室、舞蹈教室、美工创意教室，园内还有多块场地、沙地、多功能组合大型玩具、地下大型游乐场、动植物角等。该园先后获得“自治区现代教育技术优秀幼儿园”“自治区示范园”“赤峰市民族教育先进集体”“精神文明单位”“教育科学实验基地”“赤峰市学校艺术教育工作先进单位”“全市家庭教育工作先进集体”称号。

赤峰蒙古族实验小学　创办于1956年，位于红山区长青街。是市教育局唯一一所直属民族小学，承担着红山区、松山区、元宝山区蒙古族儿童的教育教学任务。占地面积17130平方米，建筑面积8700平方米。2014年，有教学班24个，在校生720人，教职工85人，师资队伍学历达标100%，其中自治区教学能手10人，市级教学能手32人。2002年，在自治区率先实行“小班化”教育，并结合民族学校特色开展蒙、汉、英“三语”特色教学，教学效果显著。该园先后获得“自治区义务教育示范学校”“民族中小学素质教育试点校”“中小学教师继续教育先进集体”“民族教育工作先进集体”“民族传统文化教育基地”“学校安全工作先进集体”“家长学校教育工作先进集体”称号。2014年，学校建有蒙汉双语资源库，成为国家信息技术试点学校。

赤峰回民实验小学　创办于1945年，位于红山区新华路7号。是红山区唯一一所以回族学生为主体的民族学校。占地面积9848平方米，建筑面积6210平方米。2014年，有教学班31个，在校生1686人，教职工98人。学校常年坚持教学改革实验，成绩突出，先后被国家教委课题组评为“整体构建德育体系”“现代小学数学教材实验”先进学校。学校先后获得“全国青少年普法教育先进单位”“全国和谐校园先进校”“全国书法教育示范校”“全国班主任专业化实验学校”“自治区民族团结教育先进集体”“学校安全工作先进集体”“市级德育教育先进校”等称号。

赤峰蒙古族中学　创办于1946年。原名是内蒙古自治学院，由乌兰夫创建并兼任院长，被誉为“草原抗大”，旨在培养民族干部和民族知识分子。后历经发展，先后更名为卓索图盟中学、赤峰蒙民初级中学、赤峰一中。1978年，更名为赤峰蒙古族中学。2006年，市委、市政府决定赤峰蒙古族中学和林东师范学校合并。同年，学校整体搬迁至新城区天义路。学校占地16.47万平方米，建筑面积55000平方米。2014年，有教学班41个，其中初中教学班6个，高中教学班35个，在校学生1800余人，教职工292人，全校二本上线率达85%。学校先后获得“全国民族教育先进集体”“全国少数民族双语教育先进单位”“自治区示范性普通高中”“赤峰市名学校”等称号。

阿鲁科尔沁旗天山第二中学　创办于1958年，2005年新建，校址位于天山镇新城区。占地面积88000平方米，建筑面积25800平方米。2014年，有教学班50个，在校生2379人，教职工242人，其中国家级优秀教师1人，特级教师3人，自治区学科带头人4人，自治区教学能手4人。建有教学综合楼、宿舍楼、食堂、体育馆和标准化体育运动场以及完备的现代化教学仪器，设有音体美专业类教学班、民族文化展览室、搏克训练室和射箭基地及蒙古书法训练室、蒙古象棋训练室、民族舞蹈训练室等。同年，高考本科升学率达到95.2%。学校先后获得国家“民族中学三语教学实验点校”和自治区级“示范性普通高中”“传统体育学校”“先进学校”“全区第四次学习使用蒙语文先进集体”等称号。

第七章　特殊教育 民办教育

第一节　特殊教育

一、发展概况

20世纪80年代末，赤峰市特殊教育事业开始起步。1988年，赤峰市办起第一所聋哑学校，即赤峰市民族特殊学校。进入90年代，全市扩大残疾儿童受教面，以特殊学校单独办学和在普通小学中附设聋哑班、弱智班两种形式发展特殊教育。至1995年，全市有特殊教育学校1所，教学班9个，聋哑学生229人，其中少数民族学生占总数的30%；教职工44人，其中专任教师35人。在普通小学中增设聋哑班3个，在校生21人；弱智儿童辅读班增至8个，在校生82人；专任教师14人。同年，市教委下发《残疾儿童少年义务教育发展规划》，按照30万人口以上旗县区建一所特殊教育学校的规划要求，红山区、宁城县于1997年、1998年各成立1所特殊教育学校。1999年，全市有特殊教育学校3所，在校生220人，教职工65人，其中专任教师50人。

2000年，全市实施“金钥匙工程”，大力开展视障儿童少年和视力残疾、听力语言残疾、智力残疾三类儿童少年随班就读工作，全年到普通学校随班就读的视障儿童少年189人。2003年后，赤峰市根据自治区教育厅的要求，在市和旗县区均建立特殊教育研究指导中心，对特殊教育学校和随班就读进行全面指导，加强推动上述三类儿童

1991—2014 年赤峰市特殊教育基本情况统计表

表 21-1-10

年份	学校（所）	在校生（人）	招生（人）	教职工（人）	专任教师（人）
1991	1	84	34	21	15
1992	1	144	9	33	25
1993	1	174	27	30	22
1994	1	190	32	33	25
1995	1	229	77	44	35
1996	1	139	7	39	32
1997	2	148	36	39	31
1998	3	179	40	50	35
1999	3	220	42	65	50
2000	3	205	25	69	55
2001	3	136	29	86	68
2002	4	542	111	101	80
2003	5	514	61	112	94
2004	5	582	109	140	116
2005	5	549	92	148	128
2006	6	699	101	178	150
2007	5	883	143	186	157
2008	5	984	294	183	156
2009	5	999	163	229	206
2010	8	1172	188	273	242
2011	9	828	139	280	244
2012	10	773	159	311	282
2013	10	844	116	300	281
2014	10	857	118	351	314

少年随班就读工作。同年,全市盲聋弱智三类儿童少年入学率达 81.7%。2002—2005 年,巴林左旗、元宝山区各成立 1 所特殊教育学校。至 2005 年末,全市特殊教育学校增至 5 所,在校生增至 549 人,教职工增至 148 人,其中专任教师增至 128 人;全市有 200 余所普通中小学能够接纳各类适龄残疾儿童少年接受九年义务教育, 随班就读学生 750 余人。全市盲聋弱智三类儿童少年入学率提升至 86%。全市特殊教育有了较大的发展。

2006 年起,赤峰市借助国家西部特殊教育学校建设项目,继续扩大残疾儿童受教面,在阿鲁科尔沁旗、喀喇沁旗、敖汉旗各建起 1 所规格较高的特殊教育学校。同时原有的市民族特殊教育学校、巴林左旗特殊教育学校、红山区特殊教育学校、元宝山区特殊教育学校、宁城县特殊教育学校借国家西部特殊教育学校建设项目,进行易址新建或改扩建。2009 年,按照市教育局下发的《赤峰市关于残疾儿童少年随班就读工作的指导意见》要求,全市有 516 所中小学能够接纳各类残疾儿童少年接受九年义务教育,随班就读学生达 1300 人。至 2010 年末,全市特殊教育学校增至 8 所,在校生 1172 人,教职工 273 人,专任教师 242 人。聋盲弱智三类适龄残疾儿童少年入学率达 92.06%。全市基本形成了以特殊教育学校为骨干、以普通中小学增办特教班和随班就读为补充的较为完整的特殊教育体系。

"十二五"时期,全市特殊教育在办学条件、师资队伍建设、残疾学生随班就读、教育教学质量等方面都得到了提升。各特殊教育学校都配备了一定数量的教学、康复、体育、音乐、美术等现代化教育教学设施设备,基本实现了课堂教学、康复训练、职业技术教育手段现代化。在全市特殊教育学校教师和随班就读辅导教师队伍中,被评为自治区或国家级特殊教育先进教师近 30 人,评为市级特殊教育先进教师近 100 人,有市级骨干教师 198 人,市级特殊教育教学能手 38 人,市级特殊教育学科带头人 13 人。随班就读的残疾儿童少年"进得来,留得住,学得好"在全市基本变为现实。2011 年、2012 年,克什克腾旗、翁牛特旗各成立 1 所特殊教育学校。截至 2014 年,全市特殊教育学校发展至 10 所,在校生 857 人,教职工 351 人,专任教师 314 人。聋盲弱智三类适龄残疾儿童少年入学率达 91.4%。同年,赤峰市民族特殊教育学校成为国家级特殊教育先进学校,赤峰市被列为国家特殊教育改革实验区。

二、学制与课程、教材

学制　特殊教育学校学制一般为小学六年、初中三年,有条件的学校增设了学前教育和以职业教育为主的高中教育。

课程　特殊教育学校课程与普通学校课程有较大差别,课程更加注重了学生缺陷补偿和个性需求。除开设语文、数学、美术、思想品德、常识、手工、体育等生活化课程外,还开展按摩、编织、烹饪、打字复印、装饰装潢、美发、面点等职业技能课程。盲教教学增设盲文读写、定向行走,聋教教学增设手语课,培智教学增设感观系统训练课。

教材　特殊教育学校使用教材是根据国家盲、聋、培智课程标准编制的全日制教材。

第二节　民办教育

一、发展概况

20 世纪 80 年代末至 90 年代初，是赤峰市民办教育的起步阶段。1986 年 9 月，巴林右旗牧民吉日木图投资 1 万元办起全市第一所私立小学，使全嘎查 34 户牧民的 30 多名适龄儿童入了学。1989 年，宁城县有民办幼儿园 17 所。1993 年，松山区城区有民办幼儿园 5 所。民办幼儿园比公办幼儿园具有作息时间灵活、幼儿入园年龄要求低等特点和优势。至 1995 年，全市民办幼儿园发展至 37 所，在校生 2740 人，教职工 184 人。

1997 年，国务院颁发《社会力量办学条例》后，国家教育委员会办公厅和劳动部办公厅联合印发《关于实行社会力量办学许可证制度有关问题的通知》，民办教育进入了依法办学、依法管理和主管部门依法行政的新阶段。1998 年 6 月 22 日，市教委为公民个人开办的赤峰民族师专第二附中和内蒙古职业技术学院附属中学颁发“中华人民共和国社会力量办学许可证”。同年，宁城县私立一中成立。1999 年，赤峰英才学校成立，是一所集小学、初中、高中于一体的寄宿制、封闭制管理的国有民办学校。同年，元宝山区建起第一批民办幼儿园共 6 所。2001 年，阿鲁科尔沁旗天山育英学校成立。2002 年，敖汉旗育才学校成立。2004 年，阿鲁科尔沁旗相继开办了以培训英语或语文为主的 5 所培训学校。2005 年，赤峰市民办教育专业委员会成立。同年，全市民办幼儿园发展到 211 所，在校生 17224 人，教职工 1083 人；民办小学发展到 8 所，在校生 2155 人，教职工 304 人；民办初中发展到 5 所，在校生 2434 人，教职工 153 人；民办普通高中发展到 7 所，在校生 3532 人，教职工 291 人。

2006 年后，按照国务院颁发的《中华人民共和国民办教育促进法》有关规定，市政府先后印发《赤峰市民办非学历教育培训机构设置标准》《赤峰市民办非学历教育培训机构评估细则》《赤峰市民办幼儿园设置标准》《赤峰市民办幼儿园评估细则》，对全市民办幼儿园、小学、初中、高中及业余补习学校等文化教育培训机构进行规范、整顿，注销不符合要求的办学机构。2008 年，市教育局对全市所有民办教育机构进行年度评估。2009 年，《内蒙古自治区民办学校审批管理办法与设置标准(暂行)》出台，宁城县依据标准注销管理不善的 4 所民办幼儿园办学许可证，并按新标准审批 12 所民办幼儿园办学许可。各种政策的陆续出台促进了民办学校办学水平的提高，办学数量有所增加。2010 年，全市各级各类民办教育机构增至 787 所，在校生 10.3 万人，教职工 5164 人。其中民办幼儿园发展到 401 所，在校生 35242 人，教职工 2552 人；民办小学增至 12 所，在校生 3524 人，教职工 351 人；民办初中增至 13 所，在校生 4702 人，教职工 343 人；民办普通高中 7 所，在校生 3985 人，教职工 300 人。

2011 年，市政府先后印发《关于促进民办教育发展的决定》《赤峰市学生校外托管机构管理暂行办法》，规定学生校外托管机构由教育、工商、食品药品监督、卫生、公安、乡镇苏木政府等行政部门共同监督管理，学生校外托管机构管理工作走上了法制化轨道。2012 年 10 月，市教育局下发《关于在学历教育阶段试行公办教师派驻民办学校支教的意见》，对于稳定民办学校师资队伍、提高办学质量起到积极的促进作用。2013 年，全市各级各类民办教育机构增至 871 所。其中民办幼儿园 516 所，在园幼儿 48450 人；民办中小学 15 所，民办中等职业学校 13 所，在校生 11933 人。各级各类民办教育机构在校生 11.56 万人；教职工约 5000 人，专任教师 837 人。同年 7 月，市政府印发《关于清理整顿全市无证办学机构的通知》，对全市无证办学机构集中进行了清理整顿。2014 年，根据市政府《关于公布市本级行政审批事项的通知》要求，市教育局下发《关于调整民办教育行政审批与管理有关事项的通知》，对全市民办教育行政审批和管理事项进行调整。凡冠以“内蒙古”字样的民办中等职业学校由市级审批；举办学历、学前、自学考试助学文化教育机构的许可由旗县区审批。2012—2014 年，全市共清理整顿不达标民办幼儿园 247 所，其中取缔关停民办幼儿园 131 所。经过改革和发展，赤峰市初步形成了以政府办学为主体、民办教育为辅助的多种形式并存的办学格局，满足了人民群众多层次、多样化的教育需求。民办教育的发展为赤峰教育注入了生机活力，促进了办学体制的改革与深化，弥补了公办教育资源的不足，已经成为赤峰教育的重要组成部分。截至 2014 年末，全市各级各类民办教育机构遍布城乡，共有 669 所，在校生 71693 人。其中民办幼儿园 630 所，在校生 62657 人，教职工 7528 人；小学 8 所，在校生 1298 人，教职工 156 人；九年一贯制初中、十二年一贯制高中、职业高中等 30 所；高等学院 1 所。全市有 9 所民办幼儿园为自治区优秀园，有 6 所民办学校为自治区示范校。

二、学制与课程、教材

学制　学历教育的民办学校学制与公办学校大体一致。非学历民办培训机构一般按照培训内容、对象确立学制，学制不等，一般为 1 ~ 3 年。主要是利用周六、周日、寒暑假和课余时间学习，如电子琴、钢琴、舞蹈等为考级制，英语培训一般 3 ~ 4 年。

课程　学历教育的民办学校课程设置与公办学校大体一致。民办学校幼儿园一般开设语言、数学、常识、音乐、美术、体育等课程，除上述 6 门课程外，还增设珠心算、手工制作、围棋、英语等特色课。非学历民办培训机构一般按照培训内容确定课程。艺术类主要开设钢琴、电子琴、古筝、声乐、萨克斯、架子鼓、葫芦丝、竹笛、绘画、书法等课程；文化类主要开设幼儿启蒙英语、少儿英语、新概念英语、剑桥英语、小学数学思维训练、珠心算、中学生同步数学、中小学作文等级培训与辅导以及初高中数学、物理、化学辅导等课程；体育类主要开设篮球、足球、网球、乒乓球等课程；其他类主要开设围棋、主持、演讲、汉字规范书写等课程。

教材　学历教育的民办学校使用的教材与公办学校大体一致。非学历民办培训机构使用的教材一般按照培训内容确定教材。

第三节 学校选介

赤峰市民族特殊教育学校 创办于1988年7月,原名赤峰市聋哑学校。1989年,更名为赤峰市民族特殊教育学校。2011年,学校搬迁到新城区天义路北段。占地面积34666.67平方米,建筑面积11800平方米。是赤峰市最早的一所全日制特殊教育学校。2014年,有教学班26个,在校生254人,其中聋生236人,盲生18人;教职工96人,其中35岁以下的青年教师比例达70%,中学高级教师18人,小学高级教师38人。学校设有校园网络、演播中心、数字化教室、录播一体教室、智能广播系统、全天候实时录像系统,集信息化、功能化于一体,配有课件制作室、多功能多媒体教室、全自动录播教室。学校先后被国家、自治区授予"全国特殊教育先进单位""全国名学校""自治区特殊教育先进集体""自治区残疾人之家"等称号;被市政府命名为"安全示范单位""市级文明单位标兵""赤峰市名学校"等称号。2014年,经市教育局批准为赤峰市特殊教育职业技术学校,与赤峰市民族特殊教育学校一个机构、两块牌子。

赤峰英才学校 创办于1999年,位于红山区红烨大街。是一所集小学、初中、高中于一体的寄宿制、封闭式管理的国有民办学校。占地面积22.7万平方米,建筑面积13万平方米。2009年,设小学部、初中部、高中部,共有教学班82个,在校生3121人;教职工279人,其中高级职称40人、中级职称83人。学校教学设备齐全,设有现代化多功能教室、语音教室、微机教室、电子备课室、实验室、阅览室等专用教室。图书9万余册,报纸杂志260余种,可供600名学生同时阅览。学校自2001年首次参加高考,一本上线率40%,本科上线率72%。2002年,一本上线率42%,本科上线率80%,考入清华大学、北京大学5人。学校先后获得"全国基础教育英语教学实验基地""自治区现代教育技术优秀学校""赤峰市青少年科技活动先进单位"等称号。2009年,学校撤并到赤峰第四中学。

赤峰市松山区外国语学校 创办于2005年,是一所全日制寄宿民办初中,位于松山区英金路北段62号。教学楼、宿舍楼建筑面积800平方米。2014年,有教学班28个,在校生1950人,专任教师86人,教师学历合格率达100%。学校配备微机室、图书室、大型LED显示屏等,教室安装多媒体、投影仪、电视、风扇等。2005—2014年,被中国基础教育学会授予"教育科研先进学校"称号;多次被市、区两级教育局授予"先进单位""校园文化建设先进单位"称号;被市委、市政府授予教育系统"先进集体"称号。

第八章 教 师

第一节 教师队伍

一、数量

20 世纪 80 年代中后期，随着各级各类教育事业的改革和发展，赤峰市教师队伍不断充实和壮大。至 1991 年，全市各级各类教育学校的教职工总数 65354 人，其中专任教师 52018 人。在教职工总数中，幼儿园教职工 4873 人，其中专任教师 3826 人；特殊教育学校教职工 21 人，其中专任教师 15 人；小学教职工 31750 人，其中专任教师 28722 人；普通中学教职工 19458 人，其中专任教师 14421 人；中等职业学校教职工 2622 人（不含技工学校教职工），其中专任教师 1854 人；普通高等学校教职工 553 人，其中专任教师 295 人。在幼儿园、中小学教师队伍中，民办教师和代课教师有 28659 人，所占比重较大，占幼儿园、中小学校教职工总数的 51.1%。

1996—2000 年，赤峰市加快教育发展，加大力度调整教师队伍。至 2000 年，全市教职工总数 55960 人，其中专任教师 47114 人，比 1991 年减少 4904 人。在专任教师队伍中，幼儿园、中小学专任教师总人数有所减少，比 1991 年减少 3133 人；特殊教育、中等职业教育、高等教育教师队伍总人数均有所增加，增幅不大。2001 年，全市经考试考核有 18742 名民办教师转为公办教师。

2001—2005 年，赤峰市进行教育资源的扩展和整合，扩大办学规模，高等教育的教师队伍迅速增加。至 2005 年，全市普通高校教职工 1348 人，比 2000 年增加 750 人。同年，赤峰市民族教育在 20 世纪 90 年代教育质量提升的基础上，继续加大师资投入力度，保证民族教育尤其是蒙古族教育持续健康发展。全市中小学蒙语授课专任教师由 1995 年的 4284 人增至 2005 年的 6772 人，增长 0.58 倍。

2006—2014 年，随着教育改革的深化和各级各类教育事业的发展，全市教师队伍又有新的变化。幼儿园教师队伍迅速增加；特殊教育学校、中等职业学校、高等教育学校教师队伍有所增加；中小学教师队伍虽有所下降，但结构更趋于合理。至 2014 年，全市各级各类学校教职工总数 65101 人，其中专任教师 49418 人。在教职工总数中，幼儿园教职工 8925 人，比 2005 年增加 5183 人；特殊教育学校教职工 351 人，比 2005 年增加 203 人；普通高等学校教职工 2774 人，比 2005 年增加 1426 人；中等职业学校教职工 3392 人（不含技工学校教职工），比 2005 年增加 487 人；中小学教职工 49659 人，比 2005 年减少 3064 人。

二、文化结构

20 世纪 90 年代，赤峰地区的教师结构有两大特点，一是中小学教师以教龄在 10

年以下青年教师为主体,共有2.7万人;二是农村牧区中小学教师以民办教师为主体,全市有民办教师2万人,另有长期代课教师6000人。全市各级各类教师学历合格率均低于自治区平均水平。面对中小学教师学历低以及教师的文化业务水平不能适应教育事业的发展和提高的形势,赤峰市采取培养和培训并举的方式,提高教师学历水平。

1991年,赤峰市培养教师基地主要是4所中等师范学校、12所教师进修学校以及1所民族师范高等专科学校。这些学校均按照国家计划统一招生,毕业后统一分配到各教育岗位。1991—2000年,4所中等师范学校共培养出小学教师7787人,12所教师进修学校培养出两年制中等师范毕业生14306人,1所民族师范高等专科学校培养出中学教师4102人。从1999年开始,国家实行高校扩大招生政策,赤峰市对4所中等师范学校和1所民族师范高等专科学校进行调整合并。至2006年,赤峰市有12所教师进修学校负责在职教师继续教育培训等工作。

赤峰市除培养各类专业教师力量外,还对全市中小学教师进行了学历补偿教育工作。全市小学教师学历补偿教育工作主要由12所教师进修学校承担,以函授辅导的形式进行;中学教师学历补偿教育工作主要由赤峰学院承担,以全日制学习和函授教学的形式进行。1991—2000年,全市共完成小学教师中等师范学历教育6989人。

经过10年的培训、培养,全市中小学教师的学历结构发生较大变化。2001年,小学教师学历合格率由1991年的67.8%提升至96.92%,初中教师学历合格率由1991年的35.3%提升至78.3%,普通高中教师学历合格率由1991年的50.5%提升至60.2%,全市中小学教师基本达到国家要求的学历教育标准。2008年,赤峰市为进一步优化教师结构,提高教师整体素质,开始面向普通高等院校招录优秀毕业生。共招录普通高等院校全日制大专及以上学历毕业生895人,为全市教师队伍注入了新的力量,缓解了偏远农村牧区教师数量不足和学科结构不合理的状况。2009年,继续面向普通高等院校招录优秀毕业生,全市补充教师1428人,教师结构进一步优化。同时实施农村牧区义务教育学校教师特设岗位计划,为5个旗县区招聘特岗教师204人,充实到最需要师资的农村牧区学校。从高校引进硕士研究生11人,通过公开考试录用教师28人,对直属9所有空余编制的学校和幼儿园进行人员补充。至2014年,小学教师学历合格率100%,初中教师学历合格率99.2%,普通高中教师学历合格率97.8%。

第二节　教师培训

一、继续教育

20世纪90年代,赤峰市中小学教师教育培训主要由全市12所进修学校和赤峰学院继续教育培训部承担。1997年,在基本完成小学教师学历补偿教育、初中教师学历培训进入扫尾阶段的同时,为适应素质教育对师资的要求,赤峰市把中小学教师学历

2014年赤峰市幼儿园、中小学专任教师文化结构情况统计表

表 21-1-11　　单位：人

所在地区＼项目	幼儿园			小学			普通初中			普通高中		
	大学本科毕业	大专毕业	高中阶段及以下毕业	大学本科毕业	大专毕业	高中阶段及以下毕业	研究生毕业	大学本科毕业	大专毕业	研究生毕业	大学本科毕业	大专毕业
红山区	346	527	84	1248	438	17	23	868	4	19	613	16
松山区	205	744	297	1406	907	61	9	1223	1	72	1108	15
元宝山区	108	394	81	1036	563	40	0	731	0	54	604	10
阿鲁科尔沁旗	149	98	15	1013	594	20	5	563	117	5	458	4
巴林左旗	119	186	60	1087	626	32	31	590	111	24	486	1
巴林右旗	67	153	23	514	712	84	2	406	105	16	247	16
林西县	28	60	26	386	534	27	5	350	127	11	240	3
克什克腾旗	73	162	9	533	606	35	0	461	151	10	281	1
翁牛特旗	240	413	63	977	1104	90	3	814	233	55	424	4
喀喇沁旗	91	142	17	1078	678	98	2	627	142	29	472	0
宁城县	161	299	165	1025	899	178	3	892	228	45	572	36
敖汉旗	68	422	252	888	1160	309	6	1013	424	55	765	5
合计	1655	3600	1092	11191	8821	991	89	8538	1643	395	6270	111

说明：公办幼儿园和小学教师的文化水平按高中阶段毕业为合格；初中教师的文化水平以大专毕业为合格；高中教师的文化水平以大学本科毕业为合格。

教育培训工作重点转移到继续教育工作上来。同年，根据《赤峰市1997—2000年小学教师继续教育实施方案》《赤峰市初中教师继续教育实施方案》的要求，选择中小学教师基本功训练作为全员培训的突破口，普遍进行以钢笔字、粉笔字、毛笔字、简笔画、口头表述、教案编写、说课为主要内容的培训，并对教师基本功全员培训工作检查验收，合格率为70%。

2000年，赤峰市依据教育部印发的《中小学教师继续教育规定》要求，全面开展中小学教师继续教育工作。自2001年起，全市中小学教师继续教育主要以集中培训为主，通过专家讲学、专题讲座、专题研讨、实习实践、训练过关、实际操作、能力大赛等多种形式开展学科知识、新课标解读、短缺学科、基本功训练、课堂教学技能、计算机等内容的培训工作。2003年，根据自治区政府印发的《内蒙古自治区中小学教师继续教育

规定》要求,在教师学历达标教育基本完成后,赤峰市中小学教师继续教育工作的总体目标转为提高中小学教师整体素质,针对素质教育的实施和新课程改革,培训教师适应新课标、新教材以及利用现代媒体技术教学的能力,提高教师政治素养和专业素质,开展全市幼儿园、中小学教师全员培训继续教育工作。至2007年,全市完成培训中小学班主任31000人,中小学教师学科培训、骨干教师培训、教育技术培训37300人次,中小学校长培训687人次。

2009年,随着现代教育的发展,赤峰市创新培训模式,改变过去主要由教师进修学校和赤峰学院继教部承担中小学教师继续教育培训的模式,实施全员教师远程教育培训模式。同年底,市教育局下发《赤峰市2009—2012年中小学教师培训工作实施意见》,根据实施意见要求,全市全面开展全员教师远程教育培训工作。2010年,为提高中小学教师特别是农村教师队伍整体素质,赤峰市全面落实由教育部、财政部实施的中小学教师国家级培训计划(简称国培计划)相关培训项目,全市农村中小学教师有5956人次参加国培计划培训。同时,继续创新教师培训模式,以资源整合、研训一体为总方向和培训基础,实现多种培训模式的有机结合。至2014年,全市建立起了远程培训、县级集中培训、校本研修相结合的培训模式。全市中小学教师共有38301人次参加了全员教师远程培训,其中小学教师20827人次,初中教师10871人次,高中教师6603人次。全市农村中小学教师有7285人次参加国培计划培训。

二、师德建设

自1991年起,赤峰市、旗县区两级教育主管部门不断规范教师的职业道德,并多次开展师德建设相关活动。1991—2000年,市、旗县区两级教育部门开展"加强师德建设,共创行业新风"活动;组织师德建设先进事迹报告团巡回演讲,开展读书学习、无批评周等一系列创建评比活动;先后制定禁止体罚学生、变相收费的规定;制定纠风办法和减轻学生负担等措施。

2001—2008年,全市开展争创名学校、名校长、名教师"三名"活动和"教育行风建设年""师德建设年"活动;举办师德报告会、师德论坛;在教育网站上开设《师德论坛》《师德风采》等栏目,在内部小报进行师德标兵报道;设立师德监督信箱、专线电话等,组织教师进行师德反思和自查自纠活动;下发《师德师风建设整改方案》;加强对乱补课、乱办班、乱收费的检查处理。2009年,在"师德建设年"活动中,全市着力推进师德建设专项推进工程。有9人分别获"全国模范教师""全国优秀教师"称号,有41人获"自治区优秀教师""自治区优秀教育工作者"称号。至2014年,全市先后有8批113人获自治区中小学特级教师称号,有49人获国家和自治区级优秀教师称号,有265人获"自治区优秀教育工作者"称号。

三、普通话培训

1995年,《中华人民共和国教育法》规定,学校及其他教育机构进行教学时,应当使用并推广全国通用的普通话。1998年,赤峰市率先在教育系统开展普通话培训测试工作。2000 年以后，市教育局把语言文字普通话培训纳入教师培训计划之中。2001 年,根据《中华人民共和国国家通用语言文字法》和自治区教育厅《关于在全区教育系统开展普通话培训测试和逐步实行教师持普通话等级证书上岗制度的通知》要求,语文教师普通话水平必须达到二级甲等，其他学科教师的普通话水平必须达到二级乙等,专任教师须持证上岗,否则不予办理教师资格证。同年,赤峰市普通话水平培训测试工作站成立，更多的教师参与到普通话培训测试当中。仅 2004 年、2005 年两年时间,全市通过普通话测试的教师达 2.5 万人。至 2014 年,全市专任教师实现全部持普通话证上岗。

四、资格认证

1994 年 1 月 1 日起,根据《中华人民共和国教育法》规定,国家开始实施教师资格制度。1995 年 12 月,国务院颁发《教师资格条例》。2002 年,根据自治区教育厅的部署,赤峰市首次开展教师资格认定工作,合格者发给教师资格证书,无资格证书者不能应聘上岗。全年完成全市各类学校在职教师资格认定 3113 人,其中认定幼儿园教师资格 146 人,中小学教师资格 2967 人。2003 年,为了拓宽教师来源的渠道,提高教师队伍素质,改

2002—2014 年赤峰市教师资格认定情况统计表

表 21-1-12　　单位:人

年 份	总人数	高中教师资格	中职教师资格	初中教师资格	小学教师资格	幼儿园教师资格
2002	3113	289	273	675	1730	146
2003	8383	905	164	2794	4170	350
2004	12365	1462	237	4143	6033	490
2005	8490	1140	174	4315	2615	246
2006	4763	974	60	2760	878	91
2007	5041	1332	75	3036	501	97
2008	3899	1879	67	883	398	672
2009	2979	1619	160	805	286	109
2010	3420	1822	46	848	452	252
2011	3479	1663	54	636	699	427
2012	3181	1594	56	485	456	590
2013	3703	1858	84	499	486	776
2014	4626	1616	150	964	655	1241
合计	67442	18153	1600	22843	19359	5487

善教师队伍结构,开始面向社会认定教师资格。至2014年末,全市累计完成认定各类学校在职教师67442人。其中高中、中职、初中、小学、幼儿园教师完成资格认定分别为18153人、1600人、22843人、19359人、5487人,分别占完成教师资格认定总人数的26.92%、2.37%、33.87%、28.7%、8.14%。

第三节　教师待遇

一、工资待遇及津(补)贴

1991年后,赤峰市教师工资随全国事业单位工资制度改革进行了3次调整。1994年4月,实行市教育局直属事业单位工资制度改革,建立工资正常晋升机制和动态调整机制。2006年7月起,市教育局直属事业单位实行岗位绩效工资制度。2009年起,实行义务教育阶段事业单位教师绩效工资改革,教师工资的发放与工作量、工作业绩紧密挂钩,极大地激发教师的工作热情。

1991—2014年,赤峰市教职工工资随着全国职工工资增长而增长,24年间教职工工资增长超过原工资20%的年份有6个,教职工的年人均工资由1991年的1788元增长到2014年的63998元,增长34.79倍。

1991—2014年,赤峰市的公办教职工除享有事业单位人员基本津(补)贴外,还享受教龄津贴、班主任津贴、知识分子补贴、报刊费补贴;体育教师每人每年发放体育教练服装1套;在农村、山区从教的中专以上学历的教师享有专项补贴等。

1991—2014年部分年份赤峰市教职工工资统计表

表21-1-13

年份	教职工人数(人)	年人均工资(元)	月人均工资(元)
1991	63427	1788	149
1995	60724	4132	344
2000	59794	8400	700
2005	66609	15321	1276
2010	65833	37412	3117
2014	62327	63998	5333

二、职称评定

1987年,全市中小学、幼儿园和中等职业学校教师首次参加教师专业技术职务评定。1991年起,教师职称的评聘开始正常化运行,每年开展一次,中小学教师队伍中高级职称的比例逐渐上升。至2014年末,全市在职中小学专任教师中,具有中学高级教师专业技术资格4988人,中学一级教师专业技术资格7686人,中学二级教师专业技术资格 4338 人；具有小学高级教师专业技术资格 14903 人，小学一级教师专业技术资格 4897 人，小学二级教师专业技术资格 184 人。

第九章　教育改革与管理

第一节　管理体制改革

一、分级办学、分级管理

1986 年起，按照中共中央《关于教育体制改革的决定》精神，赤峰市加快教育体制改革进程，贯彻实行“分级办学、分级管理、分级负责”的管理体制，即“旗县区、乡镇、村”三级办学和“旗县区办旗县区管，乡镇、村办乡镇管”两级统筹管理。1991 年，全市继续贯彻实行该管理体制。1993 年 2 月，按照中共中央、国务院颁发的《中国教育改革和发展纲要》要求，全市加大中等以下教育体制改革的力度，继续完善“分级办学、分级管理”体制。尤其是将农村九年制义务教育改为“政府负责，分级管理，以乡为主”的体制。高等教育实行国家、自治区、市三级办学，分级管理，逐步建立起由政府宏观管理、扩大其办学自主权的管理体制。赤峰学院、赤峰工业职业技术学院由自治区教育厅主管，内蒙古交通职业技术学院由自治区教育厅和赤峰市政府共同管理。2001 年，中等专业学校由自治区教育厅划归市教育局管理。

二、“以县为主”管理体制

2001 年，依据国务院颁发的《关于基础教育改革与发展的决定》要求，赤峰市开始实施“以县为主”的管理体制。各旗县区政府对当地九年制义务教育负主要责任，负责中小学的规划、布局调整、建设和管理，统一发放教职工工资；负责中小学校长、教师的管理，指导学校教育教学等工作。乡级政府承担相应的农村义务教育办学责任，根据国家规定筹措教育经费，改善办学条件，提高教师待遇。乡村两级都有维护学校的治安、动员适龄儿童入学等责任。

2006 年后，随着《中华人民共和国义务教育法》的颁发和国家义务教育均衡发展的推进，农村和城市义务教育阶段学生全部免除学杂费。全市加强各旗县区九年制义务教育统筹协调、督查指导，加大必要经费的投入，继续贯彻实施义务教育“以县为主”的管理体制。2012 年，赤峰市贯彻落实国家、自治区《中长期教育改革和发展规划纲要》，加快全市教育管理体制改革的发展步伐，以转变政府职能和简政放权为重点，明确各级政府教育管理责任，继续深化教育管理体制改革，逐步形成权责明确、统筹协调、规范有序的教育管理体制。积极发挥行业协会、专业学会等各类社会组织在教育中的作用，提高各级教育行政部门综合运用立法、规划、信息服务、政策指导和必要的行政措施进行管理的能力。至 2014 年，全市仍继续实施义务教育“以县为主”的管理体制。

第二节 办学体制改革

20 世纪 80 年代初，赤峰市办学体制单一，境内学校以公办为主。20 世纪 80 年代后期，随着改革开放的深入，赤峰市探索办学体制改革，鼓励民间和社会办学，赤峰市民办教育开始起步。1993 年 2 月，根据中共中央、国务院颁发的《中国教育改革和发展纲要》规定，赤峰改革办学体制，改变政府包揽的办学格局，逐步建立以政府办学为主、社会各界共同办学的体制。在加强公办学校的基础上，大力支持和鼓励社会力量办学，弥补公办学校的不足。1999 年，赤峰英才学校建立，该校在办学方向、教学质量方面都在全市产生很大影响。同期赤峰民族师专第二附中、赤峰市八一中学、宁城第一私立中学等学校相继成立。到 2000 年，全市民办学校达到 42 所，其中民办职业培训学校 30 所。

“十五”时期，赤峰市贯彻《中华人民共和国民办教育促进法》，坚持“积极鼓励、大力支持、正确引导、依法管理”的方针，规范有序地发展民办教育。至 2005 年，全市民办教育机构发展至 469 所。“十一五”时期，随着赤峰市办学体制改革步伐的加快，以政府办学为主体、社会各界共同办学的多元化办学格局逐步形成。2010 年，全市有各级各类学校 1329 所，其中公办学校 542 所，民办学校 787 所。这一时期，民办幼儿园增幅显著，全市各级各类幼儿园 432 所，其中民办幼儿园 401 所。2011 年以后，赤峰市进一步深化办学体制改革，促进民办教育的发展。至 2014 年，全市有各级各类学校 1510 所，其中公办学校 841 所，民办学校 669 所，分别占学校总数的 55.7%、44.3%。公办幼儿园幼儿占 46.02%，民办幼儿园幼儿占 53.98%；公办小学学生数占 99.48%，民办小学学生数占 0.52%；公办初中学生数占 96.17%，民办初中学生数占 3.83%；公办高中学生数占 96.7%，民办高中学生数占 3.3%；公办职业教育学校学生数占 92.09%，民办职业教育学校学生数占 7.91%。

第三节 招生考试制度改革

小学招生考试　1991—2001 年，全市小学招生按照《中华人民共和国义务教育法》规定，汉语授课儿童入学年龄为 7 周岁，蒙语授课儿童入学年龄为 8 周岁。2002 年，全市小学学制由五年制改为六年制，全市汉语、蒙语授课儿童入学年龄均缩小 1 周岁，即汉语授课儿童入学年龄为 6 周岁，蒙语授课儿童入学年龄为 7 周岁。

自 1994 年起，小学招生由教育行政部门按就近入学原则划定学区，由各学校组织实施。同时，取消小学升初中统一考试。至 2014 年未变。

初中招生考试　1991—1993 年，小学毕业生参加全市、旗县区统一考试，由各初中校划片自主招生。自 1994 年起，实行初中招生制度改革，小学毕业生免试就近升入初中。

1996 年，市教育局下发《赤峰市初中毕业升学体育考试工作实施方案》，将体育考试纳入初中毕业升学考试中。2002 年,市教育局下发《关于初中毕业、升学考试改革方案》规定,初中毕业实行会考制度,同时初中毕业考试与升学考试实行两考分离。初中升学实行一考多取制度,即一次考试,普通高中、职业高中、中专、中师分别录取。至 2014 年,初中毕业升学考试仍实行会考制度。

高中招生考试　1991 年,高中阶段招生考试采取全市统一命题、统一考试、旗县区统一阅卷录取的办法进行。在市教育局统一领导下,由旗县区教育局负责组织实施,但不得随意增减科目和调整分数比例。高考实行文、理科考试和会考两种形式。考试:文科考语文(汉语文)、数学、外语、政治、历史、地理,理科考语文(汉语文)、数学、外语、物理、化学、生物。总分为 640 分。蒙授考生不考英语,考蒙古语文。会考:高一年级考地理、生物;高二年级考政治、历史、物理、化学;高三年级考语文、外语、数学。考试成绩分优秀、良好、及格、不及格。考试合格发给会考合格证书,作为学生毕业、三好学生评选的重要依据。会考形式为自治区统一考试。

1994 年,按自治区要求,高考实行“3+2”考试科目。“3”为基础课,考语文(汉语文)、数学、外语。“2”为文科加考历史、政治,理科加考物理、化学。蒙语授课另加考蒙古语文,外语分作为参考分数。总分 750 分。2001 年,全市高考实行“3+2 综合”考试科目。“3”为语文(汉语文)、数学、外语。“2 综合”为文科小综合(政治、历史、地理)和理科小综合(物理、化学、生物)。蒙语授课考蒙古语文。2005 年,取消会考制度,由学校自行组织毕业考试。

2006 年,市教育局下发《赤峰市课改试验区初中毕业考试与高中招生制度改革实施方案(试行)》,改革之前考试形式,由单一的学科考试改变为学科考试、素质能力考察相结合。改革以升学考试科目分数简单相加作为唯一录取标准的做法,建立以初中毕业生学业考试为基础和综合素质评价相结合、定量和定性相结合的初中毕业考试及高中阶段招生制度。2014 年,市政府印发《赤峰市基础教育创新管理 2014—2017 年行动纲要》后,市教育局下发《赤峰市 2014 年初中毕业、升学考试及高中阶段学校招生工作方案》规定,普通高中以“控制规模、内涵发展、分类指导、办出特色”和职业教育以“区域统筹、科学发展、择强办优、创造品牌”为工作方针,普通高中坚持“县域为主,有限流动;自主选择,择优录取;公平公正,阳光招生”原则,建立全市统一报名、统一考试、统一阅卷、统一录取、统一质量分析的“五统一”招生考试机制。同年 6 月,赤峰市高中招生首次实行“五统一”考试机制。高考仍实行自 2001 年起实行的“3+2 综合”考试形式。

第四节　教育教学研究

一、素质教育

赤峰市对素质教育在 20 世纪 80 年代初已有所探索和实践。1994 年 6 月，中共中央、国务院召开全国教育工作会议,提出各地要推进素质教育改革试验区建设。素质教育观念逐步转化为各地各部门的积极探索和实践,素质教育进入了区域性试验与探索阶段。1997 年 4 月,赤峰市教委组织各旗县区教育部门赴湖南省汨罗市学习考察素质教育。考察后,各旗县区结合实际制定了素质教育实施方案,并确定了实施素质教育试点校。同年 9 月,在元宝山区召开全市素质教育经验交流会,会上巴林左旗、红山区、元宝山区分别就探索和实施素质教育作了经验介绍。1999 年, 根据自治区政府印发的《关于切实推进中小学实施素质教育的通知》,市政府印发《关于全面推进中小学素质教育的通知》,就开展素质教育宣传、中小学考试、高中招生、教育评价制度改革、培育树立推广各类素质教育典型等方面作出部署, 全市素质教育工作全面铺开。2000 年,赤峰市贯彻中共中央、国务院颁发的《关于深化教育改革全面推进素质教育的决定》,全面推进素质教育改革。至 2014 年,赤峰市以素质教育理念为核心的教育质量逐步提升,并在自治区始终处于领先地位,全市中小学素质教育呈现出良好的发展态势。

德育工作 1983 年,市教育局下发《学校思想政治工作检查评估细则》,纠正德育工作“说起来重要,干起来次要,忙起来不要”的糊涂观念,使德育管理工作走向科学化、规范化。各校普遍通过改进政治课教学,加强四项基本原则教育,加强爱国主义(包括国情教育)、集体主义教育和自力更生、艰苦创业教育;通过开展“学雷锋、创三好、争戴小红花”和“五讲四美三热爱”活动,更深入地推广德育工作。1988 年,市委宣传部和市教育局党组总结和推广了全国德育先进校——赤峰七中的经验。20 世纪 90 年代,赤峰市承担的国家级重点课题《整体构建学校德育体系的研究和实验》,完成阶段性科研任务,有 100 所学校的实验研究成果通过中央教科所德育研究中心鉴定验收。有 54 所学校被评为 “全国德育实验先进学校”,4 所学校被评为 “心理健康教育示范学校”,市教育局和红山区被评为“先进实验区”。进入 21 世纪,学校德育工作在弘扬爱国主义、集体主义和社会主义主旋律的同时,更加注重学生心理健康教育、青春期教育和人生观、世界观、价值观的教育。积极推进家庭教育、学校教育、社区教育“三教一体化”实验,扎实开展德育导师制试点学校和德育特色学校创建活动,至 2010 年,共创建市级德育导师制试点学校 110 所、德育特色学校 45 所。2011 年,成立赤峰市家长学校教育指导中心,着眼于学生整体素质的提高,统一规划指导全市家长学校工作,在 55 所学校开展以学校教育为主导、心理健康教育为主要内容、家长学校为主要方式的和谐教育研究。2014 年,坚持以立德树人为根本任务,进一步加强中小学生的德育教育工作。

体育卫生、艺术教育工作 20 世纪 80 年代初期,为增强青少年体质、提高健康水平,赤峰市学校体育卫生工作引入激励机制,实行量化目标管理,调动了各地各校的积极性,激发了广大体育教师和校医的责任感。1990 年,全市达到“暂行规定”合格以上标准的学校有 614 所,达到《国家体育锻炼标准》合格以上标准的学生占应测人数的 81.3%, 除 50 米、800 米跑等指标外, 其他多项指标均略高于全国同龄学生的平均水平。1991 年,市教委根据国家教委修订的《中小学生体育合格标准实施办法》要求,对学生测试及评定作出具体规定，建立“体育合格登记卡”并纳入学生档案。1998年，在学习外地先进经验的基础上，赤峰市确定松山区、红山区为开展大课间体育活动实验区，于2000年5月在松山区、红山区召开全市大课间体育活动现场会，确定在全市各级学校全面开展大课间体育活动。2001年，全面实施“33211”工程，要求上好体育与健康教育、音乐、美术3课和早操、课间操、眼保健操3操，开展好体育锻炼、科技文体2项活动，办好田径运动会、艺术节，并将大课间体育活动改为间操课，以课节的形式固定下来，中学40分钟，小学35分钟。全市各级学校间操课形成“活、新、趣、全、养”等特点。自2003年起，在全市各级学校逐步建立应对突发性公共卫生和安全事件长效机制，在全市学校食堂推行食品卫生量化分级管理。2004年，按照《赤峰市学校体育、艺术“2+1”项目实施方案》要求，做到与课外文体活动、间操课体育活动、课程改革三方面结合，以点带面，整体推进，使各地各校逐步形成了各具特色的体育、艺术活动体系，形成体育、艺术传统项目。2005年，赤峰市教育局被自治区教育厅评为“实施33211工程优秀盟市”。2011年，全市实施以“学校体育卫生艺术教育制度化、工作规范化、条件标准化，体育卫生艺术教育的教师素质明显提高、教育教学质量明显提高、学生体质健康标准明显提高”为主要目标的“三化三高”工程，进一步规范各级各类学校课外文体活动管理，切实保证学生每天一小时校园体育活动，着力提高学生体质健康水平和艺术文化修养。至2014年，赤峰市的体育卫生、艺术教育均得到进一步发展。

二、教学研究

课程改革 2001年，教育部颁发《基础教育课程改革纲要（试行）》，启动基础教育课程改革。2002年，赤峰市确定红山区为自治区级课程改革实验区。2003年，在提高红山区课程改革实验基础上，全市启动6个市级课程改革实验区，中小学起始年级进入课程改革学生人数达到同年级学生总数的54.6%。2005年，赤峰市在自治区课程改革规划的时间内，提前一年全面进入实验阶段。同年，红山区课程改革工作走在自治区前列，先后两次参加国家级课改经验交流会，成为全国的先进典型。2008年，在课程改革的推动下，翁牛特旗“以学定教，同案协作”区域课改模式在全国产生了一定影响，一些成功的经验和做法受到中国教育电视台等多家媒体的报道。至2014年，随着基础课程改革的不断深入，在全市课程改革工作中，涌现出巴林左旗“自主高效”、阿鲁科尔沁旗“自主学习”等地区典型和元宝山区平庄镇中学、喀喇沁旗王爷府中学等学校典型。

中小学教学研究 1991—2014年，全市中小学教学研究活动主要是着力改革教学方法，创立了中学语文全方位实践教学改革、小学数学五步教学法、蒙古语文三元式教学法等多种优秀的教学方法体系，并运用到教学实践中。尤其在蒙语教学研究方面，蒙古族小学的“小班教学研究”、蒙古族高中的“三语”实验班研究、蒙语乙改蒙语甲教学研究，教研人员编写的《双语教学法》、编译的《教学法指南》，都为自治区乃至全国蒙语授课教师的教学起到指导作用，产生积极影响。同时，推广国内一些先进的教学方法，如“青浦经验”“愉快教育”“目标教学”“小学语文整体改革”“尝试教学法”“作文三级训

练”等教学方法,共享优质教育资源。

现代教育技术研究　1991 年起,全市开展电化教育和实验教学工作。在教学手段现代化方面,一些条件和基础较好的中小学校开始建设实施电化教育的多功能教室和各类专用教室,运用电教手段开展各类教育教学活动。1995 年,全市有 944 所学校开展电化教育,全市有投影仪、幻灯机共 2863 台,录音机 2961 台,录像机 748 台,摄像机 34 台,语音室 21 个,教育电视台 5 个,教育电视地面接收站 97 个。中小学各科教学初步改变一支粉笔、一本书的传统教学状况。1997 年,全市中小学专兼职实验教师均持有“专业技术岗位培训合格证”上岗。“十五”时期初,实施远程教育工程。微机室、闭路电视系统等成套教学设备进入学校。2004 年,全市共建成教学光盘播放点 470 个,卫星教学收视点 245 个,计算机教室 49 个,同时开通赤峰市教育科研网。进入“十一五”时期,继续实施远程教育工程。在红山区开展初中毕业生信息技术能力考试试点工作,并逐步在具备条件的旗县区推广。2007 年,全市共建成卫星教学收视点 1245 个,计算机教室 237 个,实现远程教育资源对全市农村牧区中小学全覆盖。“十二五”时期,全面推进宽带网络校校通、优质资源班班通、网络学习空间人人通及教育管理公共服务平台、教育资源公共服务平台的建设与应用工作。触控一体机等交互式教学设备在部分学校中得到普及。完成教学点数字教育资源全覆盖项目一期工程,边远农村牧区优质数字教育资源得到有效扩充。截至 2014 年,全市有 152 个教学点完成数字教育资源全覆盖项目,基本能够开足开齐国家规定课程。初中毕业生信息技术能力考试正式纳入全市中考“五统一”的内容中,促进了现代信息技术教育的发展。

第五节　教育经费

1991—2014 年,赤峰市的教育事业经费来源主要是由政府财政拨款,经费拨款数额随着教育事业的发展逐年增加,并在地方财政总支出中占有一定的比例,24 年间,教育事业费累计支出 509.37 亿元。1991—1995 年,教育事业费支出 9.58 亿元,占同期财政支出总额的 22.65%。1996—2000 年,教育事业费支出 20.91 亿元,占同期财政支出总额的 24.4%。2001—2005 年,教育事业费支出 47.71 亿元,占同期财政支出总额的 19.36%。2006—2010 年,教育事业费支出 161 亿元,占同期财政支出总额的 20.97%。2011—2014 年,教育事业费支出 270.16 亿元,占同期财政支出总额的 20.69%。

1991—2001 年,赤峰市教育经费投入在“分级办学、分级管理”的体制下实施,旗县区直属中小学投入由旗县区财政负责,乡级直属中小学投入由乡级财政负责,村级中小学投入由嘎查村委会负责,教育费附加根据各乡村的财力状况给予补助。2002—2014 年,在“以县为主”的体制下,市直属中小学投入由市财政负责,旗县区、乡镇苏木、村嘎查中小学投入统一纳入到旗县区财政统筹。

1991—2014年赤峰市教育事业费支出情况统计表

表 21-1-14　　单位:万元

年份	教育事业费	年份	教育事业费
1991	12616.3	2003	86710
1992	15275	2004	113831
1993	17708	2005	138804
1994	24142	2006	173132
1995	26028	2007	256620
1996	29698	2008	321913
1997	39986	2009	392512
1998	33545	2010	465904
1999	50502	2011	583775
2000	55407	2012	668023
2001	59739	2013	733927
2002	78045	2014	715889

赤峰市在教育经费的投入使用中，坚持保证重点，注重均衡发展。在开展“两基”工作方面，赤峰市加大教育投入。1991—1997年，对479所学校进行改善，累计新建、改建及维修改造校舍33.08万平方米，购置仪器设备17.46万台(件套)，累计投入资金1.7亿元，为部分旗县区按时保质保量完成“两基”达标工作提供了财力保障。1998—2001年，赤峰市启动并实施国家一期义务教育工程，在6个旗县区累计新建、改扩建及维修改造校舍20.44万平方米，购置仪器设备5.4万台(件套)，累计投入资金1.52亿元。2002—2006年，赤峰市实施国家二期义务教育工程，在5个旗县区累计新建、改扩建及维修改造校舍11.19万平方米，购置仪器设备10.08万台(件套)，累计投入资金8964万元。

2011—2013年，赤峰市实施学前教育推进工程及学前教育标准化学校建设工程，共对125所学校进行改造建设，累计建筑面积13.84万平方米，购置设施设备2.79万台（件套），累计总投资2.79亿元。2012—2014年，全市共投入民办幼儿园专项资金6948.6万元，其中新建、改扩建园舍资金2513.8万元，租用园舍资金2059.8万元，设备购置资金2375万元。

2001—2007年，赤峰市实施中小学校舍改造工程，在4个旗县164所学校进行危房改造，累计新建校舍57.28万平方米，购置课桌椅等设备5.11万台(件套)，累计投入资金6.81亿元。2007—2014年，赤峰市实施一期、二期农村初中改造工程，对部分旗县区的27所学校进行改造，累计改造校舍15.57万平方米，购置设施设备3.15万台(件套)，累计投资2.56亿元。2009—2014年，赤峰市实施中小学校舍安全工程，规划重建、新建和加固改造校舍面积429.39万平方米，占全市中小学校舍总面积的89.58%，累计投入资金66.6亿元。

2008—2014年，对9所中等职业学校进行扶持，累计建设实习实训基地8.78万平方米，购买设施设备0.65万台(件套)，累计投入资金1.98亿元；对3所特殊教育学校进行扶持，新建校舍6614平方米，购置设施设备382台(件套)，累计投入资金1636万元。实施基础教育标准化示范校建设工程，对11所学校进行建设，完成建筑面积11.77万平方米，累计投入资金2.36亿元。2011—2014年，实施农村牧区义务教育薄弱学校改造工程，对188所学校进行改造，累计改造校舍5.06万平方米，购置仪器设备、图书等46.49万台(件套册)，累计投入资金2.78亿元。2012—2014年，实施基础教育学校标准化建设工程，对168所学校进行建设，完成校舍建设4.54万平方米，购置设备及图书、器材等93.43万台(件套册)，累计投入资金3.6亿元。

第六节　教育管理

一、管理机构

市级管理机构　赤峰市教育管理机构是赤峰市教育局。1991年，市教育局内设科室12个，编制27人。1995年11月，市教育局改称赤峰市教育委员会，内设机构9个，编制31人。2002年4月，恢复赤峰市教育局名称。至2014年，赤峰市教育局内设办公室、组织人事科、计划财务科、基础教育科、职业与成人教育科、民族教育科、师资科、体育卫生与艺术教育科、汉语言文字使用管理科、审计科、对外合作与交流科、监察室12个科室，编制29人；设有市招生考试中心、市教育教学研究中心、市职业与成人教育研究中心、市现代技术教学研究中心、市学校安全监督管理办公室、市学校后勤管理办公室、市学生资助管理中心，共7个直属事业单位。

旗县区管理机构　1991年，全市12个旗县区均设有教育局。每个旗县区教育局内设科室7~11个不等，主要有办公室、普教股、计划财务股、勤工俭学办公室、督学室、审计监察股、招生办公室等。至2014年，全市共有12个旗县区教育局。每个旗县区教育局内设科室11~21个不等，主要有办公室、人事股、计划财务股、基础教育股、民族教育股、职教股、体卫艺教育股、督导室、招生考试办公室、勤工俭学(后勤管理)办公室、安全监督管理办公室等。

二、教育督导

1989年，赤峰市教育督导室成立，配备督导室正副主任各1人、督学4人。1990年，按照国家教委颁布的《教育督导暂行规定》要求，赤峰市12个旗县区和平庄矿务局相应建立了教育督导机构，配备督导员 37 人。至 2013 年，赤峰市基本形成了市、旗县区两级联动的督政、督学与质量监测三位一体的教育督导评估体系。12 个旗县区均有较健全的教育督导机构，配有责任督学和兼职督学 283 人，其中 6 个旗县区成立教育督导委员会。市及旗县区教育督导机构主要监督学校贯彻执行国家有关教育的方针、政策、法律、法规等情况，检查评估学校工作，并通过信息反馈为教育决策做咨询参谋工作。

1993 年始，赤峰市启动基本普及九年制义务教育、基本扫除青壮年文盲“两基”评估验收，市教育督导室把开展“两基”验收作为一项重要工作，加强对各旗县区“两基”工作的指导与市级审核工作。1994 年 7 月，元宝山区“两基”工作率先通过自治区验收。1997 年，宁城县、松山区、敖汉旗、林西县 4 个旗县区通过自治区评估验收。2006 年，阿鲁科尔沁旗、巴林左旗、巴林右旗、克什克腾旗、翁牛特旗、喀喇沁旗、红山区 7 个旗区通过自治区评估验收。至此，赤峰市 12 个旗县区的“两基”工作全部通过自治区的验收。2007 年，市及各旗县区教育督导机构把进一步巩固“两基”成果、提高“两基”水平作为工作重点。2008 年，阿鲁科尔沁旗被自治区评为首批“两基”巩固提高先进旗。2011—2014 年，市及各旗县区教育督导机构将工作重点转移到督导县域九年义务教育均衡发展工作上来。市教育督导室成立评估组，并通过听取汇报、查阅资料、核实校际间差异系数、随机走访学校等形式，对阿鲁科尔沁旗和林西县推进义务教育均衡发展工作开展了督导评估，使得两旗县义务教育均衡发展水平不断提升，并呈现出良好发展态势。1999 年、2012 年，赤峰市教育督导室获“全国教育督导先进集体”称号。

1991—2014 年，市及旗县区教育督导机构还对全市中小学德育工作、教师培训工作进行督导评估；指导各学校内部管理体制改革工作；开展中小学课业负担监督检查工作、教育经费政策落实情况等专项督导活动。这些督导活动促进了教育法律法规的宣传、落实，促进了教育难点、热点问题的解决，也逐步树立了督导工作的权威性。

三、学校安全管理

1991 年起，赤峰市将学校安全管理工作纳入重要议事日程，常抓不懈。自 2005 年起，市教育局重点加强对全市各级各类学校的安全管理工作，加大安全检查和隐患排查力度，强化安全教育，切实落实安全责任制，创设平安和谐的校园环境，确保教育事业的可持续发展。2006 年，赤峰市率先在全国实行学校安全工作预警制度，实行《学校安全工作日志》制度，全市各级教育行政部门、各级各类学校发布预警通告每年不少于 12 次。2009 年，市政府成立由 26 个委办局组成的市学校安全工作委员会。并成立赤峰市校园及周边环境综合治理工作领导小组、市校车安全管理工作领导小组，均由分管副市长任组长，日常工作由教育行政部门负责。各旗县区政府均设立了相应的机构。学校安全管理工作“科学化、规范化、制度化、长效化”写入政府安全工作目标责任状，作为学校安全管理工作的总要求。2011 年，安全教育纳入教学内容，在正式课堂教学中开设每学期不少于16课时的安全教育课，提出“有大纲、有计划、有课时、有教师、有教材、有教案、有作业、有考试”八项要求。把安全知识纳入中小学、职业院校学期考试内容，考试成绩记入学校相关教师和学生的档案中。强化应急避险演练工作，规定各学校火灾、疏散、地震、防踩踏等大型演练每学期不少于4次。同年，市教育局下发《赤峰市中小学公共安全教育实施细则》等学校安全方面的规范性文件34个，中小学校安全管理工作更加规范、有章可循。全市实行学校安全工作三级管理体制，签订安全工作目标责任状，狠抓安全责任落实。市教育局领导与工作人员均要求做到谋划工作必想安全、听取汇报必问安全、下乡调研必查安全、工作总结必有安全。学校安全管理做到时间上全天候，无间断；空间上全方位，无死角；环节上全过程，无缝隙；措施上全覆盖，无漏洞。到2014年，已初步形成人防、物防和技防于一体的学校安全防控体系。

四、语言文字应用管理

“十五”时期，市政府及市汉语言文字工作委员会贯彻实施《中华人民共和国国家通用语言文字法》，开展城市汉语言文字评估工作，主要以学校、党政机关、新闻媒体和主要公共服务行业为重点，开展语言文字“目标管理、量化评估”等工作。2005年，在全市各级各类单位中启动国家二类城市汉语言文字达标评估工作。2006年，全市各级各类单位积极参与，通过开展宣传活动、自查整改、普通话培训测试等方式，开展普及普通话、规范社会用字工作。至2007年，全市党政机关、学校、新闻媒体、公共服务行业的25家单位代表赤峰市通过自治区评估组验收。2014年，赤峰市推进国家三类城市汉语言文字达标评估工作，至年末，红山区、松山区、克什克腾旗、元宝山区、敖汉旗、宁城县、喀喇沁旗、阿鲁科尔沁旗8个旗县区通过国家三类城市汉语言文字工作的评估验收。

2005年起，全市各级各类中小学开展汉语言文字规范化示范校创建活动。至2014年，全市共指导创建市级汉语言文字规范化示范校112所，自治区级汉语言文字规范化示范校15所，国家级汉语言文字规范化示范校3所。红山区第三小学、赤峰二中等获“全国汉语言文字规范化示范校”称号。

2011年，全市全面开展规范汉字书写教育特色学校创建工作。至2014年，全市共指导创建市级规范汉字书写教育特色学校7所。林西第三小学、敖汉新惠三中获“国家级规范汉字书写教育特色学校”称号。

第二篇　科 技

第一章　机构队伍

第一节　管理机构

1991 年，赤峰市科学技术委员会（简称赤峰市科委），内设办公室、成果科、工业科、计财科、体改科、农社科 6 个职能机构，有工作人员 22 人，负责全市科技工作；下设赤峰市情报研究所、赤峰市科技开发中心、赤峰市技术市场管理办公室 3 个事业单位，有工作人员 36 人。1992 年，成立赤峰市专利事务所，为科级差额事业单位，有工作人员 3 人。2000 年，赤峰市科委内设 6 个职能机构，有工作人员 24 人；下设 4 个事业单位，有工作人员 39 人。2002 年 4 月，赤峰市科委更名为赤峰市科学技术局（简称赤峰市科技局），挂赤峰市知识产权局牌子，有工作人员 20 人，内设机构和下设单位不变。2004 年 7 月，将市情报研究所、科技开发中心、技术市场管理办公室合并成立赤峰市生产力促进中心。2011 年 8 月，赤峰市专利事务所改称赤峰市知识产权事务管理中心，为科级差额事业单位。2014 年 4 月，将赤峰市知识产权事务管理中心由差额事业单位转为全额事业单位，加挂赤峰市有色金属技术服务中心牌子。至 2014 年末，赤峰市科技局内设办公室、知识产权科、高新科、计财科、政策法规科、农村科技科、社会发展科、党办 8 个职能机构，有工作人员 21 人；下设赤峰市生产力促进中心、赤峰市知识产权事务管理中心 2 个事业单位，有工作人员 32 人。

1991 年，全市 12 个旗县区均设科学技术委员会，有工作人员 102 人，分别负责本地区的科技工作。2002 年机构改革后，全市 12 个旗县区科学技术委员会先后更名为科学技术局。至 2014 年，共有工作人员 178 人。

第二节　科研机构

1991 年，全市有科研机构 15 个。其中市直独立科研机构有赤峰市农业科学研究所、赤峰市畜牧兽医科学研究所、赤峰市林业科学研究所、赤峰市水产科学研究所、赤峰市农牧业机械化研究所、赤峰市情报研究所、赤峰市水利灌溉研究所和赤峰市环境科学研究所8个,县属研究所7个。1992年后,全市民营科技贸易机构逐步发展。至2000年,全市有科研机构56个,其中市直独立科研机构7个,县属研究所4个,民营技贸机构45个。2001年5月,赤峰市水利灌溉研究所改称赤峰市水利技术推广站。2004年7月,赤峰市情报研究所合并为赤峰市生产力促进中心。2005年11月,赤峰市农牧业机械化研究所改为赤峰市农牧业机械化研究推广中心。2006年1月,赤峰市水产科学研究所合并为赤峰市水产技术工作站。同年9月,赤峰市环境科学研究所改为赤峰市环境科学研究院。2009年8月,赤峰市农业科学研究所、赤峰市畜牧兽医科学研究所合并组建赤峰市农牧科学研究院。2011年6月,赤峰市林业科学研究所改为赤峰市林业科学研究院。2013年10月,赤峰市水利技术推广站改为赤峰市水利科学研究院。2014年,全市有各类科研机构390个。其中独立科研与技术开发机构8个,即市直科研机构有赤峰市农牧科学研究院、赤峰市农牧业机械化研究推广中心、赤峰市林业科学研究院、赤峰市生产力促进中心、赤峰市水利科学研究院和赤峰市环境科学研究院6个;县属科研机构有阿鲁科尔沁旗林业科学研究所和敖汉旗林业科学研究所2个。有民营技贸机构382个。

第三节　科技队伍

1991年,赤峰市8个独立科研机构有职工471人,其中专业技术人员235人,占49.89%,专业技术人员中高级职称3人,中级职称98人,初级职称134人;县属7个独立科研机构有职工130人,其中专业技术人员115人。全市有助理以上各类专业技术人员37787人,其中高级职称851人,中级职称8345人,初级职称28591人。1992年后,随着民营技贸机构的发展,队伍不断壮大。至1995年,全市有民营技贸科技研发人员1304人。2000年,赤峰市7个独立科研机构有职工362人,其中专业技术人员205人,占56%,专业技术人员中高级职称38人,中级职称123人,初级职称44人;县属4个独立科研机构有职工61人,其中专业技术人员41人;民营技贸机构有科技研发人员929人。至2014年,赤峰市6个独立科研机构有职工479人,其中专业技术人员449人,占93.74%,专业技术人员中高级技术职务人员107人,占技术人员总数的23.83%;县属2个科研机构有职工28人,其中专业技术人员21人;非独立民营技贸机构有科技研发人员4760人。全市有助理以上各类专业技术人员90764人,比1991年增长1.4倍。

第二章　科技体制改革与园区建设

第一节　科技体制改革

1991年后,赤峰市加快科技体制改革步伐,对科研所进行体制改革,建立健全科技工作目标责任制。各乡镇苏木、重点骨干企业建立健全科技组织机构，促进全市经济社会发展。全市有20%乡镇苏木建立科委，90%乡镇苏木配备专职或兼职科技助理。按“一所两制”或“一所多制”的原则，各科研所积极创办科技先导型经济实体，开展多渠道有偿技术服务。仅市直科研所系统就组织177名科技人员到17个点开展科技服务工作，占科研所科技人员的68%。1994年，继续深化科研所改革。本着“稳住一头，放开一片”的原则，市科委在市直科研所全面推行所长负责制和项目承包责任制的管理体制改革、以分流人员和创办实体为主的经营体制和运行机制改革。至1994年末，市直科研所创办各种经济技术实体14个，从业人员91人。2000年后，赤峰市明确提出“科教兴市、工业强市、生态立市”的发展战略，把“科教兴市”作为推动全市经济发展的三大战略之一。为推进“科教兴市”战略目标，全市12个旗县区配备科技副旗（县、区）长，50%乡镇苏木配备科技副乡（镇）长、副苏木达，95%以上村嘎查配备科技副主任、副嘎查达。2001年8月，不断深化科技体制改革，市科委下发《赤峰市直属科研所深化改革实施方案》。2002—2003年，按照“转换机制，调整结构，分流人员，制度创新”的基本原则，市直各科研机构制定改革方案，发挥科技中介机构服务技术市场的作用，加大知识产权保护力度，加强科技信息交流，建立科技信息平台。2004年，对市直研究所分类进行改革。对农、牧、林、水4个公益类研究所，采取稳步推进的办法深化内部改革，通过结构调整、人员分流、机制转换和制度创新，研究所的活力明显增强，科技人员所办实体取得了较好的经济效益。对其他实力较弱的研究所进行合并重组，对市情报研究所进行示范性改革，与相关事业单位合并成立赤峰市生产力促进中心。通过改革，机构编制由36个减为26个，领导职数由5个缩减为3个，人员整合后实行竞争上岗、双向选择，工作职能更加明确和合理，突出服务“三农”和中小企业的宗旨。2009年后，对4个公益类研究所改所建院。2012年，赤峰市提出科技发展“1615”工程，即加快打造一个科技创新体系平台；建立健全科技政策体系、科技投入体系、科技服务体系、科技人才体系、科技合作交流体系、科技普及教育体系六大科技支撑体系；实施一系列科技攻关计划；落实加强组织领导、科学规划分类指导、创新管理机制和模式、实施知识产权和名牌战略、加强宣传和引导五项措施，不断推进科技体制创新。

2014年，为了大力推动创新型赤峰建设，结合全市经济社会发展实际，赤峰市政府印发《全市创新驱动发展战略实施方案》。赤峰市组建赤峰有色金属工业技术研究院，该研究院为政府部门发起、以企业为主体、高校和科研所共同参与的社会性有色金属研究开发机构。研究院成立理事会，建立专家咨询委员会和专家库。理事会由赤峰市有色金属技术服务中心和15家有色金属企业组成。围绕采、选、冶、加四个关键环节开展技术攻关，已投入项目研发资金1亿元。组建内蒙古华浩新能源汽车研发有限公司，该公司主要依托清华大学汽车工程系科技研发机构，进行新能源汽车及零部件相关技术和产品研发、科技成果转化、技术服务、高端人才培养、国内外技术交流、科技企业孵化等工作。

第二节 科技园区建设

一、农业科技园区

2002—2011年,赤峰市先后建成国家与自治区级科技园区。其中内蒙古赤峰农业科技园区为国家农业科技园区,宁城畜禽产业化科技园区、赤峰市农牧业高新技术科技园区、元宝山草原兴发绿色产业化科技园区、赤峰林业生态科技园区、赤峰和润农业科技产业开发园区为自治区级农业科技园区。2014年,建成的松山猪产业赤峰农业科技园区、翁牛特马铃薯产业赤峰农业科技园区、克什克腾肉羊产业赤峰农业科技园区和红山设施果树产业赤峰农业科技园区为市级科技园区。

国家农业科技园区 内蒙古赤峰农业科技园区是科技部等6部委于2002年正式批准的全国38个农业科技园区试点之一,2010年通过科技部验收,成为内蒙古唯一一家国家农业科技园区。园区以设施农业为主导产业,按照“核心区、示范区、辐射区”三区模式建设,规划总面积7.8万公顷。核心区位于元宝山区元宝山镇建昌营村和南庙村,规划面积646.67公顷;示范区分布在松山区、元宝山区、阿鲁科尔沁旗、巴林左旗、宁城县、敖汉旗6个旗县区,规划面积1.07万公顷;通过核心区和示范区辐射带动内蒙古及周边省市的6.67万公顷设施农业发展。

至2012年末,建成核心区面积343.33公顷,先后引进培育与蔬菜育苗、保鲜加工和冷链物流、生物肥料、信息服务等设施农业相关的龙头企业12家,企业聚集度达到15.6%,增长率达到300%,融资能力达到18.8%。建成配套完善的高智能育苗温室、连栋温室和冷棚10万平方米,年繁育优质蔬菜和花卉苗木1.5亿株;建成科技成果展示示范温室大棚253.33公顷,各项基础设施逐步配套完善。核心区实现产值5.22亿元,实现利税5898万元;核心区投入产出比例1∶1.03,净利润与投入资金的比例1∶10,农民增收比例达到53.1%。园区一、二、三产业产值比例逐步优化,由2009年的72.9%、21.6%、5.5%调整到2012年的32%、35%、33%。示范区面积已达到1.03万公顷,通过优良品种、工厂化育苗、机建厚墙体、日光温室沼气、节水灌溉、蔬菜保鲜加工等项技术的示范作用,示范区实现收入19.38亿元,利润7.14亿元,带动设施农业种植户4.3万户,户均收入1.66万元。示范区增产增效水平达到60%,农民增收比例达到33.65%。通过核心区和示范区的带动,辐射区覆盖赤峰全境和呼伦贝尔市、通辽市及辽宁、吉林、黑龙江省等周边地区,总面积5.4万公顷,实现总收入82.3亿元,实现利润27.6亿元,带动设施农业种植户23万户,户均纯收入1.2万元,增产增效水平达到45.7%。

二、可持续发展实验区

可持续发展实验区是科技部、国家发改委等20个国务院部门和地方政府共同推动的一项地方可持续发展综合示范试点工作。2009—2014 年，赤峰市有 6 个可持续发展实验区，即元宝山区国家级可持续发展实验区、克什克腾旗国家级可持续发展实验区、红山区自治区级可持续发展实验区、林西县自治区级可持续发展实验区、宁城县自治区级可持续发展实验区、喀喇沁旗自治区级可持续发展实验区。

赤峰市可持续发展实验区统计表

表 21-2-1

年份	名称	级 别	类　型
2009	元宝山区可持续发展实验区	国家级	工矿区和北方半干旱山丘区
2013	克什克腾旗可持续发展实验区	国家级	生态、资源型
2009	红山区可持续发展实验区	自治区级	综合型(工业、畜产品加工、物流)
2013	林西县可持续发展实验区	自治区级	农牧业交错带新型工业区
2013	宁城县可持续发展实验区	自治区级	绿色农牧业基地
2014	喀喇沁旗可持续发展实验区	自治区级	畜产品加工、建材、冶金产业主导型

第三章　科技开发与推广应用

第一节　农牧业科技

一、概况

种植技术　1991—2014 年，围绕农作物新品种选育及配套栽培技术研究，全市种植业共实施科技计划项目 60 项，投入资金 8125 万元，实现产值 2.57 亿元。1995 年，“蒙椒 4 号”选育成功。2001 年，“蒙椒 4 号”大面积推广，该技术获得自治区科技进步二等奖。2002 年 11 月，科技部农业科技成果转化资金项目高粱新杂交品种“赤杂 16 号”高产栽培技术的研究，获得自治区农牧业丰收一等奖；2003—2009 年，累计推广面积达 72.86 万公顷，创社会效益达 5.58 亿元。“赤葵 2 号”是内蒙古自治区审定向日葵品种，2008 年，食用向日葵新品种“赤葵 2 号”试验示范技术，获得内蒙古自治区农牧业丰收一等奖。2009 年，高产优质多抗向日葵新品种“赤葵杂 3 号”“赤葵 2 号”选育与配套技术，获得自治区科技进步一等奖。2010 年，国鉴高粱新杂交品种“赤杂 24 号”选育技术，获得自治区科技进步一等奖。

养殖技术　1991—2014 年，全市养殖业共实施科技计划项目 39 项，投入资金 6525 万元，实现产值 2.11 亿元。1991 年，开展羊绦虫季节动态及防治研究，首次查清赤峰地区羊绦虫的发生、流行及季节消长规律,提出羊绦虫病防治适应期、次数和方法,提高驱虫效果,1993年获得赤峰市科技进步三等奖。1992—1996年，碘硝酚防治羊内外寄生虫的试验与推广项目,通过碘硝酚100%杀灭羊体上的痒螨,驱除羊主要胃肠道线虫及羊鼻蝇幼虫的效果可达90%~100%,1998年获得赤峰市科技进步三等奖。1998年,开展幼龄商品肉牛产肉能力的研究,选用夏洛来、西门塔尔、草原红牛3个比较适应赤峰地区气候且产肉性能较好的品种改良当地牛,增加产肉能力,1999年获得赤峰市科技进步二等奖。2007年,国家星火计划项目细毛羊标准化补饲规程及配套技术的试验研究,研制出5个细毛羊专用饲料品种,形成细毛羊标准化补饲及配套技术、细毛羊羊毛品质的调控、细毛羊疫病防治规程，羊毛年产量达到1.8万吨，年平均产量提高20.41%,净毛率提高19.04%。

林业技术 1991—2014年,以赤峰林科院为主的林业科技人员,围绕全市生态建设重点开展应用技术研究与推广工作。1991—1992年,积极开展大犁开沟深栽抗旱造林系列技术、沙地樟子松试验推广、山杏封育丰产等技术推广。1995年,全市推广大犁开沟深栽抗旱造林系列技术造林2万公顷,推广山杏低产低效林技术改造4万公顷。1996年,重点开展科技成果转化及新技术推广应用,到1998年,引进繁育大果沙棘、大枣、白柠条、锦海油松和杨树新品种等13个树种,繁育面积41.3公顷。2004年后,开展半干旱地区优良杨树品种推广与试验示范。2011年,推广文冠果丰产栽培技术等科研项目13项。至2014年,全市在生态环境监测和林业规划设计、林木育种、荒漠化防治、森林经营、森林病虫害防治、森林生态、经济林与林产业等领域进行研究,特别是半干旱区黄土丘陵综合治理、农田牧场防护林营建、杨树品种选育方面取得了显著成果。完成科研课题115项，其中获得国际流失控制协会环境杰出贡献最高荣誉奖——环境成就大奖1项,国家级奖励3项,省部级奖励27项,为赤峰市生态建设与保护提供科技支撑。

水利技术 1991年后，水利科研机构主要围绕节水灌溉开展技术研究。1991—2013年,共实施水利技术项目33项,其中获农业部一等奖、自治区科学技术进步三等奖等奖项18项。完成大田作物需水规律试验、春小麦需水规律推广、喷灌增产效应试验、小麦喷灌降温试验、小麦喷灌与地面灌溉对比试验、果树滴灌试验、小麦玉米谷子灌水技术试验等科研试验项目,每年进行旱灌试验整编,积累大量的试验数据。其中大田作物需水规律试验项目,获得自治区科学技术进步三等奖;春小麦需水规律推广项目,获得国家科委、农业部颁发的农业丰收一等奖;喷灌增产效应试验项目,获得自治区科学技术进步三等奖。1998年,完成赤峰市百万亩半灌溉技术推广与应用科技攻关项目,通过对播前土壤含水量的测定,确定灌水定额,确定播种时间,保证春播正常进行和苗齐苗壮,与生育期内有效降雨结合,基本保证作物的需水要求,从而达到稳产高产的目的。该项目推广取得显著经济效益,全市粮食产量由1995年的158.7万吨增加到1998年的333.2万吨,每亩节水50立方米,节电费17.6元;1996—1998年,累计推广面积 37.27 万公顷，总增产 12.32 亿公斤，增加产值 13.06 亿元，纯收入 9.17 亿元；2000 年获得自治区科技进步三等奖、赤峰市科技进步一等奖。2000 年后，全市共完成科技推广项目 25 项，有 13 项获奖，其中农田灌溉推广科学用水项目在全市 12 个旗县区大面积推广，亩增产 47.52 公斤，先后两次获得自治区农牧业丰收奖二等奖。2001 年，虹吸管灌水器试验及应用项目，获赤峰市科技进步一等奖。2004 年，水稻节水新技术引进与推广项目，获自治区科技进步三等奖。2005 年，赤峰市水利技术推广站与内蒙古水利科学研究院共同完成大型灌区节水改造前后渠系水有效利用系数对比试验项目，获自治区农牧业丰收奖一等奖。2011—2013 年，完成赤峰市玉米膜下滴灌工程技术及栽培模式的应用与推广，全市玉米膜下滴灌推广面积达到 18 万公顷，每亩地平均节约劳力费 50%~70%，节约机耕费 20%~40%，加上节约的物化成本水费、肥料费等，每亩地减少投入 250~280 元，每亩增产、降耗达 350 元以上。

二、主要科技项目简介

种植业主要科技项目 谷子显性雄性核不育基因和谷子矮秆基因的发现及应用。赤峰市农业科学研究所完成谷子显性雄性核不育基因和谷子矮秆基因集成系列农牧业新技术。其中“谷子细胞核显性基因互作雄性不育系的选育繁殖制种方法”1993 年获国家发明专利；“谷子显性矮秆基因的发现”1997 年获自治区科技进步三等奖；“谷子基因互作型显性核不育的发现、起源、胞质转换与应用体系”1999 年获国家自然科学奖四等奖。为农作物杂种优势利用和常规育种开辟了新途径。

1MC—1.1~2.2 系列旋耕灭茬多功能联合作业机中试。2005 年，由赤峰市宁城长明机械有限公司研制，总投资 387.87 万元，建成 1MC—1.1~2.2 系列旋耕灭茬多功能联合作业机中试生产线。该机加挂附件后可一次完成旋耕或灭茬、深松或起垄、播种、镇压等联合作业，对赤峰地区保护性耕作农艺技术的实施与推广、农业机械化作业水平的提高起到促进作用。累计实现销售收入 1356 万元，利税 584.8 万元。该产品已通过国家农机鉴定总站组织的推广鉴定，被列入 2007 年国家农业机械产品支持推广产品目录。

荞麦大垄双行栽培技术。赤峰市农牧科学研究院 2010 年 4 月实施，2012 年开始应用推广。该项目是荞麦耕作方式的创新研究成果，开创荞麦“大垄双行”模式，成功提高荞麦品质，增加荞麦产量。配套研制发明国家实用新型专利农机具大垄双行荞麦播种机、丘陵山地中耕施肥机，可实现荞麦生产的全程机械化，极大提高农业生产效率，减少劳动力投入，节本增效。2012 年起，在赤峰市荞麦主产区进行示范应用，后经国家燕麦荞麦产业技术部门大力推广，逐步扩大推广区域和推广面积，已推广到宁夏、甘肃、西藏、山西、河北、江苏、云南等省区的荞麦主产区，累计应用面积达 6 万公顷以上。在荞麦生产中增产幅度达 20%以上，节本增效达 30%以上。

烟碱、苦参碱生物农药产业技术开发。2010 年，赤峰市帅旗农药有限责任公司实施烟碱、苦参碱生物农药产业技术开发国家星火计划项目，总投资 1558.2 万元，利用超声波提取技术,建立年产3000吨生产线一条,使生物农药烟碱、苦参碱形成产业化经营规模。建立苦参种植基地4333.33公顷,烟草种植基地1066.67公顷,年平均实现销售收入1.18亿元,利税3266万元,新增就业岗位128个,年工资收入691万元。

北方寒冷地区设施蔬菜高新技术集成与示范。2012年,赤峰和润农业高新技术产业开发有限公司实施北方寒冷地区设施蔬菜高新技术集成与示范国家星火计划项目,研发3种节能日光温室建造技术,并获得国家专利;研制番茄等5个品种的工厂化育苗技术模式,茄果类、瓜类、叶菜类和根菜类四大类蔬菜的微循环调控技术管理模式,设施蔬菜病虫害生物防治技术模式。该项目每亩单产平均由6500公斤提高到7540公斤,增产16%。农民通过设施蔬菜的增产,亩均增加收入14%,户均增收2290元;生产蔬菜3935万公斤,实现收入7850万元,实现利润5021万元。

脱毒马铃薯加工品种高产高效栽培技术示范与推广。2014年,内蒙古凌志马铃薯科技股份有限公司承担自治区脱毒马铃薯加工品种高产高效栽培技术示范与推广项目。通过对工厂化马铃薯脱毒试管苗和脱毒微型薯高效低成本生产技术的研究,每株脱毒试管苗生产成本降低25%、每粒脱毒微型薯生产成本降低55%,繁育率增加38%。通过土地流转,共建立种薯繁育基地137.4公顷,生产合格脱毒种薯5453吨,推广加工用马铃薯脱毒种薯2647.6吨,辐射带动1008户农民种植马铃薯844.67公顷。公司通过种薯种植和销售获得总产值1326.5万元,利润260万元。

养殖业主要科技项目 提高敖汉细毛羊生产性能的研究。20世纪80年代后期,为适应畜牧经济和毛纺工业的发展需要,力求短时间较大幅度地改善羊毛品质,赤峰市畜牧兽医科学研究所通过引进澳洲产优质奴羊进行杂交,严格选种选配,提高敖汉羊品种的生产水平,显著改善羊毛综合品质,提高了生产性能。成年母羊剪毛后体重49.5公斤,毛长9.17厘米,净毛重3.55公斤,三项指标分别超过原定计划任务17.85%、7.88%和26.78%;三项达标羊数5934只,超过计划任务48.35%。1987年后,推广种羊3000只,产生经济效益275.8万元,社会效益303万元。该项目1993年获赤峰市科技进步一等奖。

中国北方放牧绵羊矿物质营养研究。1994年,赤峰市畜牧兽医科学研究所通过系统的检测技术,确定敖汉地区主要限制性矿物质元素为锌,其次为硒、铜、钼等元素。在国内提出一套简便易行的矿物质营养检测方案,对放牧家畜补饲技术有重大改进,同时还推广应用过瘤胃技术和缓释技术。该项目1995年获自治区科技进步三等奖。

赤峰市巴林右旗放牧绵羊矿物质限制性元素检测和补饲技术。1996年,赤峰市畜牧兽医科学研究所以赤峰市畜牧经济的主要畜种为研究对象,以绵羊矿物质营养需要为内容,选择具有广泛代表性的优质高产的敖汉细毛羊为试验羊,采用科学的单因子设计,研究查明右旗放牧绵羊矿物质营养全年缺钠,而硫、锌和硒处临界缺乏状态,成功研制的矿物质添加剂经过补饲试验,效果十分显著,填补了赤峰市绵羊矿物质营养方面的空白,解决了赤峰市北部旗县畜牧业生产中的一个关键问题。该项目1997年获赤峰市科技进步二等奖。

北方农牧结合综合配套技术。1996 年，赤峰市畜牧兽医科学研究所将多项先进的养殖技术组合配套,采取不同形式培训农牧民,示范推广先进适用的养殖技术,引进畜禽良种,培育和发展不同类型农牧结合户,以点带面、以户带村、以村带乡。至 1999 年,发展农牧结合户 1038 户。1996—1999 年,出栏肉鸡 40 万只,获经济效益 87.6 万元;每头育肥猪获纯效益 223.92 元;每头育肥牛获纯效益 185~285 元;综合配套技术提高小尾寒羊羔羊成活率 50%以上;农牧结合提高土壤有机质含量 16.18%~54.11%;农牧结合户农业投入降低 11.65%，产出增加 5.27%。该项目 2000 年获赤峰市科技进步一等奖,2002 年 12 月获自治区科技进步三等奖。

优质肉牛产业化技术开发。2010 年，内蒙古东方万旗肉牛产业有限公司实施优质肉牛产业化技术开发国家星火计划项目,总投资 411.53 万元。建成优质肉牛标准化健康养殖技术体系,研制小架子牛育肥日粮和育肥牛饲料配方一套,实现育肥期肉牛日增重平均在 1.8 公斤,最高达 2.6 公斤,料肉比为 10 ∶ 3,较中试前平均提高 14.5%。编制《肉牛养殖手册》《疾病预防手册》,修订《速冻分割牛肉》企业标准。年均产育肥肉牛 6205 头,生产冷鲜、冷冻牛肉 1378 吨,副产品 1488 吨,实现年销售收入 6184 万元,实现利润 178 万元。新增就业 225 人,发展养牛户 650 户,间接解决 2025 人的就业问题,产生良好的社会经济效益。

反刍动物富酶蛋白饲料产业化开发与示范。2013 年，内蒙古蒙都羊业食品有限责任公司实施反刍动物富酶蛋白饲料产业化开发与示范国家农业科技成果转化资金项目,研发高活性反刍动物富酶蛋白饲料产品 3 种,生产产品 15260 吨。建立示范基地 9 个,其中肉羊示范基地 3 个,规模 10 万只;奶牛示范基地 3 个,规模 3.3 万头;肉牛示范基地 3 个,规模 1.6 万头;获国家发明专利 1 项。该项目育肥羊日增重提高 9% ~ 15%,饲料转化率提高 15% ~ 21%;奶牛产奶量提高 10% ~ 16%,体细胞数下降 10% ~ 15%;育肥肉牛日增重提高 8% ~ 15%,饲料转化率提高 16% ~ 20%。

林业主要科技项目 太平地生态经济型综合防护林体系营造技术及效益的研究。20 世纪 90 年代,由赤峰市林业科学研究所、松山区林业局、松山区太平地乡政府共同完成。太平地生态经济型综合防护林体系是多林种的有机结合,包括平川地农田防护林,坡耕地农田防护林,内陆盐碱地农田防护林,以立体疏林牧场和灌丛草场为主的草牧场防护林,以山杏为主的山杏、大扁杏、果园经济林,旱作型速生丰产林,改造公路林及万亩能源用材林。总作业面积 4533.33 公顷,已经形成带、片、网、点相结合的多功能防护林体系;以绿化、美化相结合,绿化为主的乡镇园林体系;以农产品为主要原料,以系列生产和集约经营为主要形式,林、工、商、贸相结合的综合利用体系,是“三北”防护林建设中优化生态工程。该项研究成果在国内外同类研究中处于领先地位,1993 年获自治区科技进步一等奖。

敖汉旗退化草场防护林体系工程营建。20 世纪 90 年代,由赤峰市林业科学研究所、敖汉旗林业局共同完成。采取大犁开沟、选用良种壮苗、浸苗补水、深栽接墒、分层踩实、培抗旱堆等苗木保湿技术,有效地解决造林成活难的问题,使造林成活率达到了95%以上。1995年,对建设效果进行科学的观测研究,又提出在原有大网格内加“十”字防护林带,株距2米,行间5米,两行间10米,使原有的400米×400米、400米×500米的大网格变成200米×200米、200米×250米的小网格,极大地增强防护林体系的防护效益,彻底地消除防护林体系内风蚀沙埋问题。同时小网格内可进行林粮、林草、林经复合式经营,使防护林体系的防护效益和土地利用效果实现最佳组合。该项目是全国规模最大的牧场防护林项目,防护面积3万公顷,1994年获林业部、自治区科技进步二等奖。

干旱黄土丘陵造林技术研究。从20世纪80年代后期至90年代,赤峰市林业科学研究所在松山区城子乡,本着农牧林兼顾、综合治理的原则,采取生物措施与工程措施相结合的治山造林方法,营造小网宽带、针阔混交、乔灌草结合的草田林网1600公顷,营造横山林带151条,长99公里,顺山林带86条,长61公里,构成438个网眼。进入21世纪后,林地面积已达4600公顷。同时,引进栽植各种适应性强、经济价值大、生长迅速的针阔树种,建成防御风沙、保持水土的带片网相结合的防护林综合体系,采取以草养林和以林促农、促牧的三三制土地利用模式,土地逐步实现集约经营,促进生产发展。城子乡粮食产量比造林前提高4倍以上,为黄土丘陵地区走上“以林牧为主,多种经营”的发展方向开辟新的途径。1987年获自治区科技进步一等奖,1995年获得国际流失控制协会环境杰出贡献最高荣誉奖——环境成就奖。

杨树新品种——赤峰杨系列选种与推广应用。21世纪后,经赤峰市林业科学研究所长期栽培试验,选育出赤峰杨17号、赤峰杨34号、赤峰杨36号3个杨树优良品种。赤峰杨系列品种适宜在中国“三北”地区同类条件下栽培推广,适宜营造速生丰产用材林、防风固沙林、一般用材林、农田牧场防护林和“四旁”(路旁、水旁、宅旁、村旁)植树。为确保赤峰杨系列品种的应用推广成效,重点研究总结出壮苗培育技术、抗旱造林系列技术和速生丰产林、旱作型用材林及防护林的行带式造林模式,研究成果达到国内领先水平。2008年获自治区科技进步一等奖。

文冠果优系选育研究与应用。文冠果是干旱地区首选的生态造林绿化树种和主要的木本油料树种。赤峰地区文冠果资源集中分布,有良好的研究基础。2011年后,赤峰市林业科学研究院针对文冠果良种选育和规模化繁育,引进优良品系18个、筛选出丰产品系3个,嫁接后第三年平均单株产种量为2.65公斤;筛选出种子产量高、性状稳定、适应性广、抗逆性强的高产优良品系8个,通过对文冠果育苗各技术环节的比较试验,形成优化组合技术模式,合格苗率为72.2%。制定适合北方地区的文冠果播种育苗技术规程,结合文冠果优系选育和繁育,建立一定规模的良种基地和丰产示范林,实现技术成果的快速转化。在阿鲁科尔沁旗、宁城县、新疆地区营造文冠果示范林96.67公顷;在阿鲁科尔沁旗和翁牛特旗改建采种母树林200公顷;利用优系种子播种育苗组合技术累计应用推广 800 公顷，该研究成果达到国内领先水平。2014 年获自治区科技进步二等奖。

水利主要科技项目　超典型井流消能及其在低坝中的应用研究。1994 年，市水利局与位于江苏省南京市的河海大学合作，进行超典型井流消能及其在低坝中的应用研究。该成果探明超典型井流的流态特性及其演变规律，得出可供设计应用的计算方法和计算公式，已在 30 多座低坝工程中得到应用，取得良好的社会效益。1994 年获水利部科技进步三等奖。

水稻“浅、晒、浅湿”灌溉技术。1996 年 3 月至 2001 年 12 月，赤峰市水利技术推广站与通辽市水利科学研究所协作，共同完成水稻“浅、晒、浅湿”灌溉技术推广项目。主要针对西辽河流域水稻种植耗水量大、单位水产出率低的实际情况，引进水稻“浅、晒、浅湿”灌溉技术，在作物不减产的前提下，灌溉定额由 1500 ~ 2000 立方米 / 亩减少到 500 ~ 700 立方米 / 亩，节水 70%以上，节水增效十分明显。2001 年，获自治区科技进步三等奖，赤峰市科技进步一等奖。

英金河灌区、幸福河灌区节水改造综合技术。2001 年 3 月至 2004 年 10 月，赤峰市水利技术推广站与自治区水利科学院合作，共同完成赤峰市英金河灌区、幸福河灌区节水改造综合技术试验与示范推广项目。该项目主要针对大型灌区大部分工程年久失修、老化破坏严重，干、支渠绝大部分无防渗措施，输水渗漏严重，渠系水利用率低的实际情况，开展大型灌区节水改造综合技术试验与推广。通过试验测试，英金河灌区干渠防渗后防渗效果为 83%，渠系水利用系数由衬砌前的每公里 0.88 提高到衬砌后的每公里 0.99，提高 0.11，渠道衬砌后防渗效果明显。对幸福河干渠支 3 渠 2003—2004 年冻结期冻深变化过程成果分析，未采用保温措施的对比段阴坡上、下部冻深分别为 149 厘米和 115 厘米，渠底为 107 厘米，阳坡上、下部冻深分别为 85 厘米和 132 厘米；采用保温处理后同部位冻深分别降低 88 厘米、66 厘米、69 厘米、48 厘米、87 厘米，冻深减少率为 59%、57%、64%、56%、66%。2004 年，该项目获自治区农牧业丰收奖一等奖。

达里湖增养殖与捕捞集成技术研究。2005 年后，克什克腾旗达来诺日渔场在自治区水利科学院的技术指导下，对达里湖及其附属水体进行资源调查，初步评估水域产鱼能力，研究达里湖及其附属水体鱼类资源的增养殖方式，通过环境模拟和药物催情，开展瓦氏雅罗鱼人工繁殖技术研究，使人工催产的成功率达到 85%；用黏土做脱粘剂，一次可脱粘受精卵 1.2 公斤，脱粘成功率 94%，无团块存留；用 GPS 定位技术，开展冬季冰下捕捞集成技术研究，提高了冬季渔业生产效率，降低网次事故率。通过项目实施，共增殖瓦氏雅罗鱼、鲫鱼 4.1 亿尾，达到捕捞上市规格后增加鱼产量 4.8 万公斤，增加产值 290 万元；引进优良鱼种 2.88 万公斤，达到捕捞上市规格后增加鱼产量 5 万公斤，增加产值 80 万元；捕捞集成技术的研究与应用节约捕捞成本 51 万元。2010 年，达里湖鲫鱼、瓦氏雅罗鱼获得中华人民共和国农产品地理标志保护认证，成为内蒙古自治区首个取得国家农产品地理标志保护的鱼类产品。

赤峰市玉米膜下滴灌技术模式的制定与推广。2010年，赤峰市水利技术推广站全面配合完成赤峰市政府下达的33.33万公顷玉米膜下滴灌工程建设项目。该项目通过赤峰市科技局组织的成果鉴定,整体达到国内先进水平,在管道铺设模式方面达到了国内领先水平。2012年,赤峰市玉米膜下滴灌技术模式的制定与推广项目,获得自治区农牧业丰收奖一等奖,赤峰市科技进步一等奖。

第二节　工业科技

一、概况

20世纪90年代，赤峰市依靠科技进步推进工业经济发展，高新技术产业不断壮大。2002年后,初步形成冶金、能源、医药、化工、新材料、生物制药、农畜产品加工等高新技术产业格局,全市工业整体实力明显增强。至2014年,赤峰市有国家级高新技术企业22家,自治区级高新技术产业开发区2个;国家级科技企业孵化器2个,自治区级科技企业孵化器4个;国家级产业技术创新战略联盟1个,自治区级产业技术创新战略联盟6个;国家级生产力促进中心1个,自治区级生产力促进中心24个;自治区级企业工程技术研究中心6个;自治区级企业重点实验室6个;自治区级企业研究开发中心27个。1991—1995年,围绕“科教兴市”战略实施,大力发展以深加工为重点的相关工业技术,项目重点开始向乡镇企业和地方工业方面适度倾斜。工业领域共实施科技计划项目38项,取得科技成果10项,其中1991年赤峰市城市供热网微机监控系统获得自治区科技进步二等奖,1992年加筋土结构新技术在昭乌达桥引道工程应用与研究中获得赤峰市科技进步二等奖。1996—2000年，主要推进工业领域科技进步,加速传统产业的技术改造,优化产业结构和技术结构。围绕赤峰地区经济发展的关键技术和市场需求,工业领域共实施科技计划项目30项,取得科技成果4项,其中1996年金精矿氰化渣综合利用研究获得赤峰市科技进步一等奖,2000年2万吨EPC球墨铸铁管件、铸铁件及铸钢件生产线获得自治区科技进步三等奖。2001—2005年,按照“创新、产业化”的基本方针,加速科技创新体系的建立,发展高新技术,加快改造提升传统产业。完成赤峰工业高新技术开发园区建设,产业重点在医药化工及中蒙药产业化、新材料开发及产业化、生物工程技术开发及产业化等方面实施科技攻关行动,科技项目管理由过去的零星、分散向重点、规模化、产业化方向转变。工业领域共实施科技计划项目35项,取得科技成果16项,其中2001年化学法合成盐酸麻黄碱和盐酸伪麻黄碱研发成果获得自治区科技进步三等奖,2003年金厂沟梁金矿优化通风系统研究获得自治区科技进步二等奖。2006—2010年,是赤峰市经济结构战略性调整的关键时期,在“工业强市”奋斗目标指引下,通过科技项目拨款资助、贷款贴息等方式扶持和引导企业技术创新活动,重点扶持企业自主开发和引进吸收新的科技项目,特别是开发具有自主知识产权、在国内外具有较强竞争力的高新技术产品,培育高新技术企业,加快高新技术产业化进程,高新技术产业取得突破性进展。工业领域共实施科技计划项目21项,取得科技成果11项,其中2010年金峰铜业有限公司炉熔池熔炼工艺研究与应用获得自治区科技进步一等奖。2011—2014年,通过实施科技“1615”工程,高新技术产业快速发展,产业结构进一步优化。至2014年,工业领域共实施科技计划项目26项,其中赤峰市有色金属产业关键技术开发项目于2013年列入自治区重大科技专项,涉及有色金属冶炼及回收的六大工艺技术,由赤峰有色金属工业技术研究院成员单位赤峰云铜有色金属有限公司、赤峰富邦铜业有限责任公司、赤峰宝山能源(集团)贺麒铜业有限责任公司、赤峰山金银铅有限公司、赤峰中色锌业有限公司、内蒙古拜仁矿业有限公司共同承担,项目总投资5.6亿元。全市取得科技成果8项,其中2012年不对称合成法生产盐酸去氧肾上腺素工艺技术应用获得自治区科技进步三等奖。

二、主要科技项目简介

扫日劳清肺止咳胶囊研发　2008年,由赤峰天奇制药有限责任公司研发完成。拥有自主知识产权,属国家蒙药三类新药,被列为国家火炬计划项目和国家高新技术产业化示范项目。2009年,获得自治区科技进步二等奖。

复方羊角胶囊等新药的研发与生产　复方羊角胶囊是2008年赤峰丹龙药业有限公司自行研发的国家级新药,属国家中药保护品种;仙霍补肾合剂属国内首创、独家生产品种;芩黄喉症胶囊、阿胶补血口服液、黄芪精颗粒等主导产品在全国销售并得到市场的广泛认可。2009年,获自治区科技进步二等奖。

年产200吨羟乙基淀粉产业化应用技术　2010年,由赤峰迪生药业有限责任公司完成。主要研发羟乙基淀粉等代血浆系列药品,并采用水解新工艺“三点定曲线法”解决淀粉类大分子物质水解分子量分布宽、中间产物糊精产生多的难题,生产的产品各项主要指标均高于国家药典标准,达到或超过国外标准。2011年,获得国家发明专利1项。

大豆深加工应用技术研究　2012年,内蒙古科然生物高新技术有限责任公司利用大豆深加工产品大豆浓缩蛋白为原料,提取高纯度的大豆低聚肽,采用酶分解、膜分离等技术,从大豆浓缩蛋白中制备高纯度粉末状大豆低聚肽,年产大豆低聚肽54吨,销售收入实现1512万元,利润662万元。2013年,获得国家发明专利1项。

双炉粗铜连续吹炼工艺技术研发　自治区重点科技专项,2012年由赤峰云铜有色金属有限公司完成。该工艺采用双炉侧顶吹连续吹炼技术对现有的PS转炉吹炼工艺及装备进行技术改造,解决粗铜吹炼生产中存在的烟气无组织排放、维修成本高、维修劳动强度大、高耗电等问题。形成一套完整的粗铜连续吹炼技术体系和相关装备,其指标相较PS转炉总硫回收利用率由97%提高到99%,粗铜品位达到99%以上,粗铜直收率达到98%以上,产能提高20%,年增加效益6640万元。2013年,双炉粗铜连续吹

炼工艺技术获选中国十大绿色技术创新成果。

湿法炼锌——高酸浸出工艺高浸渣资源化综合回收银金锌技术研究及产业化 自治区重点科技专项,2012 年由赤峰中色锌业有限公司完成。包括湿法炼锌——高酸浸出工艺过程中银的分散损失及不可选银产生的控制措施;降低高浸渣含锌的技术;高浸渣浮选前预处理及活化技术;高酸浸出渣浮选回收银金及银浮选废水回收锌和选矿废水的再循环利用技术;银冶炼技术。每年可回收银 16 吨,金 60 公斤,锌 0.3 万吨,创造产值达 1.26 亿元。主要指标达到国内领先水平,其中金浮选回收率达到 80%,银浮选回收率 60%~70%,精矿含银品位大于 6000 克/吨,高浸渣含锌降低 1.5%~2%,萃取率 60%。2013 年,获得自治区科技进步三等奖,中国有色矿业集团科技进步一等奖。

2MW、3MW 风力发电机组研发 2011 年、2013 年由国电联合动力技术(赤峰)有限公司研发完成。2011 年,研发 2MW 风力发电机组及配套叶片,设计产能 100 万千瓦,获研发专利 13 项。2013 年,进行 3MW 陆上风机产业化关键技术的研究,主要解决陆上风机高效、高可靠性传动链关键技术和风机叶片气动及结构设计关键技术等问题。

铜冶炼行业资源综合利用清洁高效技术研究 自治区重点科技专项,2013 年由赤峰富邦铜业有限责任公司完成。包括侧吹炉及熔炼渣选矿应用研究、降低侧吹炉烟尘率应用研究、余热发电应用研究、提高侧吹炉烟气 SO_2 浓度应用研究以及高铁低硅渣应用研究,使铜冶炼综合回收率由原来的 96.8%提高到 98.2%,全年从弃渣中回收铜金属量达到 1000 吨,银 1750 公斤,金 10500 克,制酸尾气 SO_2 排放浓度≤400 毫克/立方米。2014 年,获得中国有色金属工业协会科技进步二等奖。

新型自走式玉米青贮饲料收获机研发及产业化 自治区重点科技专项,2013 年由内蒙古长明机械股份有限公司研发完成。可一次性完成玉米青贮饲料不对行切割、输送、切碎、抛送装车作业,建成一条年产 200 台的流水生产线,年销售 200 台,实现销售收入 1.2 亿元,年实现利税 1630 万元。2014 年,获得国家发明专利 2 项,实用新型专利 2 项。

新型整体壁挂式太阳能热水器 2013 年,由赤峰尚恒新型建材有限公司研发完成。新型整体壁挂式太阳能热水器,用真空集热管布设方法,在相同的面积内增加真空集热管的布设数量,增大集热面积,增大储热水箱容量,为高层住宅建筑提供理想的太阳能热水器。2014 年,获得国家实用新型专利 2 项。

第三节 高新技术企业及基地

一、国家高新技术企业

2008 年始,科技部开始认定国家高新技术企业,至 2014 年末,赤峰市有国家高新技术企业 22 家,主要分布在医药、化工、新材料、生物、新能源等领域,其中医药化工和生物制药领域所占比重较大。

2014 年赤峰市国家高新技术企业情况统计表

表 21-2-2　　　　单位:项

企业名称	技术产品	开发项目	研发专利	认定年份
赤峰艾克制药科技股份有限公司	国家二类、四类新药、麻黄素系列产品	5	2	2008
赤峰天奇制药有限责任公司	扫日劳清肺止咳胶囊、片剂、丸药	3	5	2009
赤峰市新州中药饮片有限责任公司	甘草纳米、甘草中药饮片	2	2	2009
赤峰丹龙药业有限公司	颗粒、合剂、胶囊、片剂、丸药等	10	4	2009
内蒙古力王工艺美术有限公司	青铜器系列产品、青铜器工艺品	2	9	2009
赤峰瑞阳化工有限公司	单双季戊四醇、饲料添加剂、食用酒精	5	11	2009
内蒙古长明机械股份有限公司	温室卷帘机、作业机、灭茬旋耕机、揉切机	5	3	2010
内蒙古健元鹿业有限责任公司	鹿茸灵芝胶囊、鹿胎珍珠胶囊、鹿骨钙胶囊	3	5	2010
赤峰制药股份有限公司	维生素 B_2、灰黄霉素、土霉素、春雷霉素	4	5	2011
国电联合动力技术(赤峰)有限公司	3MW、2MW 风力发电机组	2	13	2011
赤峰市云淞科技发展有限责任公司	糜蛋白酶、核糖核酸酶、胰蛋、糜蛋白酶混合物	4	6	2012
赤峰天源生态建设有限公司	单翼迷宫式滴灌带、各种型号 PE 管等	2	7	2012
内蒙古华天制药有限公司	新疫康泰、润肠生、兽用复方双黄连口服液等	4	1	2012
内蒙古凌志马铃薯科技股份有限公司	马铃薯脱毒种薯、商品薯、马铃薯全粉	3	12	2013
赤峰天泽生物科技有限责任公司	马铃薯变性淀粉、水晶粉条、彩色马铃薯等	4	8	2013
内蒙古沐禾金土地节水工程设备有限公司	膜下滴灌节水灌溉系统	1	4	2013
赤峰盛森硅业科技发展有限公司	150 型、200 型、380 型气相法二氧化硅	3	3	2013
赤峰蒙森农产品开发有限责任公司	精制马铃薯淀粉、水晶粉条、粉皮	3	7	2013
内蒙古开元地球物理勘查技术有限公司	物探技术服务	1	8	2013
北方时代建筑勘察设计研究院有限公司	城乡规划、设计和建筑、技术咨询服务等	7	7	2014
内蒙古龙泽节水灌溉科技有限公司	PE 滴灌管路连接件、自冲式网式过滤器等	5	8	2014
赤峰博恩药业有限公司	破伤风抗毒素、注射用血促生素	2	9	2014

二、科技示范基地与特色产业化基地

2001年后,赤峰市先后建成科技示范基地、特色产业化基地12个。2001年1月,建成赤峰克什克腾旗沙地云杉良种繁育特色科技产业化基地。2014年11月,建成赤峰阿鲁科尔沁肉牛产业特色科技产业化基地、赤峰松山区有机高效农业特色科技产业化基地、赤峰巴林右旗油莎豆特色科技产业化基地、赤峰克什克腾旗有机杂粮特色科技产业化基地、赤峰翁牛特旗生态农业特色科技产业化基地、赤峰巴林左旗马铃薯特色科

2014年赤峰市农业特色产业化基地一览表

表21-2-3

基地名称	承担单位	建立时间	主导产业	总投资（万元）
赤峰克什克腾旗沙地云杉良种繁育特色科技产业化基地	克什克腾旗白音敖包林场	2001.1	沙地云杉优良种苗繁育、基因保存和科学研究	1350
赤峰阿鲁科尔沁肉牛产业特色科技产业化基地	赤峰阿鲁科尔沁北方肉业有限责任公司	2014.11	基础母牛养殖繁育	2500
赤峰松山区有机高效农业特色科技产业化基地	赤峰楚东农业发展有限公司	2014.11	有机蔬菜生产配套栽培技术研究、技术示范及推广	15000
赤峰巴林右旗油莎豆特色科技产业化基地	巴林右旗京蒙鑫科创油莎豆科技有限公司	2014.11	油莎豆终端产品食用油、食品饮料、油莎豆粉等研究	168.33
赤峰克什克腾旗有机杂粮特色科技产业化基地	内蒙古禾丰有机农产品有限公司	2014.11	发展绿色有机农业，发展农业特色科技产业	1011.29
赤峰翁牛特旗生态农业特色科技产业化基地	翁牛特旗黑鱼泡子有机农牧业产业开发有限公司	2014.11	以生态种植业、加工业、畜禽、水产品养殖业和有机沙产业为主的综合性循环经济,基本形成产、供、销一条龙的良性循环产业化体系	2000
赤峰巴林左旗马铃薯特色科技产业化基地	赤峰天睿泽生物科技有限责任公司	2014.11	马铃薯脱毒种薯及其生产技术的研究、生产、示范和推广，以及马铃薯商品的回收加工利用	2910
赤峰敖汉旗文冠果特色科技产业化基地	赤峰菩缘林业有限公司	2014.11	文冠果特色产业技术开发与利用	1500
赤峰翁牛特旗沃野农业特色科技产业化基地	翁牛特旗沃原农牧业发展有限公司	2014.11	有机牛羊繁殖育肥，有机果品加工,中草药鲜品、干品加工	9100
赤峰阿鲁科尔沁旗绍根镇额黑诺尔嘎查牧草产业化基地	阿鲁科尔沁旗达布希绿业有限责任公司	2014.11	牧草新品种培育，牧草种植,草产品深加工	3312.9

技产业化基地、赤峰敖汉旗文冠果特色科技产业化基地、赤峰翁牛特旗沃野农业特色科技产业化基地、赤峰阿鲁科尔沁旗绍根镇额黑诺尔嘎查牧草产业化基地，共9个特色产业化基地；建成荣兴堂赤峰中蒙药材种植科技示范基地和福善堂赤峰中蒙药材种植科技示范基地。

荣兴堂赤峰中蒙药材种植科技示范基地　位于喀喇沁旗，以牛家营子镇为中心，核心种植基地33.33公顷，辐射带动该旗其他乡镇及周边旗县区中蒙药材种植面积6666.67公顷。主要种植北沙参、桔梗、防风、牛膝、板蓝根、大青叶、紫草、黄芪、黄芩、赤芍、苍术、当归、白芷、甘草14个品种，其中年生产北沙参7800吨，桔梗20000吨，防风1800吨。

福善堂赤峰中蒙药材种植科技示范基地　位于敖汉旗，总规模4000多公顷，主要种植品种有桔梗、蒙古黄芪、甘草、北沙参、牛膝等。建设总投资1.19亿元，全部投产后，可产出桔梗、甘草、黄芪等药材5000吨以上，产值可达8000万元。

第四节　技术推广应用

1991年，根据国家科委和自治区《科技成果推广的十年规划和“八五”计划发展纲要》要求，赤峰市在经济和社会发展领域全面推进和实施科技成果推广计划。先后推广“三合激素”诱导母牛同期发情、喷施宝应用、草原兴发集团种植出口大萝卜、绒山羊技术、万寿菊栽培技术、水稻旱育稀植技术、3yc—100型常温烟雾机保护地应用试验、水稻免疫育苗等实用技术，为广大农牧民带来显著的经济效益。至1995年末，列入计划的重点项目512项，其中成果推广计划181项。1996—2000年，积极推进科技产业化进程。安排新成果、新技术推广项目100项，主要在根瘤菌生物固氮技术、农牧业保护性耕作技术、秸秆转化配套技术、家畜胚胎移植技术、绒山羊舍饲技术等方面进行重点推广，其中自治区级15项，市级30项，旗县区55项。2001—2005年，重点围绕脱毒马铃薯繁育及高产栽培技术、牛羊胚胎移植技术、秸秆转化综合利用、保护地蔬菜种植技术、高产优质蛋鸡繁育技术、色素万寿菊繁育及推广、优质高产奶牛新品种繁育等方面进行推广。特别是在松山区和克什克腾旗进行的保护性耕作技术及农机化精品示范推广，推广面积6.67万公顷，每年增产粮食1500多万公斤，使2.67万公顷被侵蚀严重的土地得到滋养。工业项目主要是对雷蒙欣及人工合成麻黄素等新药进行成果推广。至2005年末，落实成果推广项目10项，实现产值9.58亿元，其中农牧业8项，产值8.07亿元；工业2项，产值1.51亿元。2006—2010年，为加快赤峰市科技成果推广信息平台建设，以建设赤峰市农村信息化技术服务基地、建立内蒙古自治区农牧业科技服务赤峰指挥中心、建设赤峰市“全国农业科技信息村村通工程”、建立农业“专家大院”服务网络为目标，通过政府主导、社会力量广泛参与，全面建设队伍多元化、组织形式多样化、运行机制市场化的科技推广体系。2007—2009年，完成国家农业科技成果转化项目“赤草一号”杂花苜蓿新品种中试与示范,先后在巴林右旗、林西县、克什克腾旗、巴林左旗、阿鲁科尔沁旗引导237户农牧民参与项目建设,建立“赤草一号”杂花苜蓿新品种原种繁育基地73.33公顷,建立旱作示范人工草地700公顷。推广水稻免疫育苗科技成果项目,累计推广40000公顷,每亩平均增产稻谷105公斤,与水稻软盘育秧对比,每亩降低育秧成本21元。至2010年末,已建立农村信息化基地1个,建成信息服务站120个,拥有信息服务人员135人,年培训农牧民达到2万人次。先后承担自治区科技成果推广项目11项,投入资金905万元,其中自治区拨款195万元,自筹资金710万元,取得经济效益2407万元,申请专利5项。2011—2014年,在设施蔬菜、水稻无土育苗、苜蓿新品种、高粱新品种、马鹿繁育、奶牛性控、肉羊和肉牛繁育、蛋白饲料产业化、生物有机肥技术等方面落实国家和自治区科技成果转化及推广应用项目16项,投入资金750万元。完成水稻无土育苗技术在赤峰市大面积推广,彻底解决水稻育苗中的病、虫、草害问题,秧苗健壮素质好,成苗率达到98%;无缓苗期,分蘖提前6天,省工省水,提高肥料利用率,与传统育秧比亩增产11.5%,亩增收节支178.52元,在旗县区累计推广面积近80000公顷。完成“赤草一号”杂花苜蓿新品种示范推广,创造社会经济效益2500多万元。实施赤峰市设施农业科技创新引领工程,选拔赤峰市农业战线有工作经验的专家,组建赤峰市丘陵区蔬菜生产设施与无公害蔬菜标准化生产技术集成与推广课题组, 筛选出中国北方丘陵区设施农业基础建设蔬菜保护地最优的棚型——机建厚墙体钢筋框架日光温室、钢筋(竹木)结构的塑料大棚,进行重点推广,其中半地下双拱日光温室建造技术获得国家实用新型专利1项;筛选出保护地生产条件下的无公害标准化生产模式进行示范推广, 共推广到7个旗县区56个乡镇6.46万户,推广面积8133.33公顷,建设保护地无公害蔬菜标准化生产示范基地22个;增加无公害蔬菜总产量1.48亿公斤,新增总产值2.01亿元。至2014年末,全市累计推广技术项目318项,其中推广重大科技成果项目52项;创造社会经济效益4907万元,实现工农业产值11.6亿元,为全市经济、社会发展作出重大贡献。

第四章　科技成果与奖励

第一节　重大科技成果

1991—2014年,全市累计完成科技鉴定成果943项,其中重大科技成果84项,占8.90%;获国家级科技成果2项,自治区级科技成果173项,市级科技成果768项。

一、国家级

1994年、1999年,全市获国家级科技成果2项,其中获国家科技进步三等奖1项,获国家自然科学四等奖1项。

1994 年、1999 年赤峰市获国家级科技成果奖一览表

表 21-2-4

获奖年份	项目名称	完成单位	主要完成人员	获奖等级
1994	敖汉旗退化草场防护林体系工程营建	敖汉旗林业局	张立华、李显玉、刘士和、邵喜德、王学	国家科技进步三等奖
1999	谷子基因互作型显性核不育的发现、起源、胞质转换与应用体系	赤峰市农业科学研究所	胡洪凯	国家自然科学奖四等奖

二、自治区级

1991—2014 年，全市获自治区级科技成果 173 项，其中一等奖 7 项、二等奖 34 项、三等奖 132 项。

三、市级

1991—2014 年，全市获市级科技鉴定成果 768 项，其中一等奖 140 项、二等奖 283 项、三等奖 345 项。

第二节　评定奖励

1991 年，全市科技奖励项目共 39 项，受奖人数 243 人。随着改革开放的深入和经济社会的不断发展，1999 年 5 月，国务院颁发《国家科学技术奖励条例》，设立国家最高科学技术奖、国家自然科学奖、国家技术发明奖、国家科学技术进步奖和中华人民共和国国际科学技术合作奖，国家科学技术奖励委员会负责国家科学技术奖的评审工作。2003 年 3 月，赤峰市政府印发修改后的《赤峰市科学技术进步奖励办法》规定，市科学技术进步奖每年评审一次，分为一等奖、二等奖、三等奖，奖金一等奖 1 万元 / 项、二等奖 5000 元 / 项、三等奖 3000 元 / 项。每年受奖项目总数不超过 50 项，其中一等奖不超过 5 项，二等奖不超过 20 项，三等奖不超过 25 项。2007 年，自治区政府印发《内蒙古自治区科学技术奖励办法》，设立自治区科学技术奖，奖项分为科学技术特别贡献奖、自然科学奖、科学技术进步奖、中青年科学技术创新奖和国际科学技术合作奖 5 种。科学技术特别贡献奖、中青年科学技术创新奖、国际科学技术合作奖每 2 年奖励 1 次，不分等级。科学技术特别贡献奖每次奖励人数不超过 3 人，中青年科学技术创新奖每次奖励人数不超过 10 人，国际科学技术合作奖每次奖励数不超过 5 项。科学技术特别贡献奖奖金每人 100 万元，中青年科学技术创新奖奖金每人 8 万元。自然科学奖、科学技术进步奖每年奖励 1 次，分设一等奖、二等奖、三等奖 3 个等级，每年奖励项目数分别不超过 20 项和 120 项，奖金一等奖 10 万元 / 项，二等奖 5 万元 /项，

1991—2014年赤峰市获自治区科技进步奖一览表

表 21-2-5

获奖年份	项目名称	完成单位及协作单位	主要完成人员	获奖等级
1991	改良法制碱技术	赤峰市第二化肥厂、化工部制碱工业研究所	王全、张祝生、朱长城、王志华、丁永臣	二等奖
	赤峰市城市供热网微机监控系统	赤峰煤气热力公司、清华大学热能工程系	景树森、陆致成、尹炜、李洪根、徐忠堂	二等奖
1993	苹果抗寒育种——抗寒优质大苹果新品种宁丰(78—7—43)	宁城县巴林果树试验站	乔凤岐、李怀玉、丛日春、张志阳、李向宏、李贵元、王志贤、张义、凌广通	一等奖
	HSD—赤一变微机综合监测监控系统	赤峰市电业局微机办	卢正国、张彦明、郑元、魏孝铭、郑锡云、杨经伟	二等奖
1994	太平地生态经济型综合防护林体系营造技术及效益研究	赤峰市林业科学研究所、松山区林业局、松山区太平地乡政府	曲志义、刘涛、苏志国、刘二龙、马化峰、崔广学、刘振富、王民、张凤	一等奖
	敖汉旗退化草场防护林体系工程营造	赤峰市林业科学研究所、敖汉旗林业局	张立华、李显玉、梁久明、陈向义、邹吉禄、吴振范、王明远、于兆印、陈孝力	二等奖
	窖泥质量技术研究	内蒙古宁城老窖酒厂、内蒙古轻工科研所	李印、张秀英、李树林、路翠兰、朱永国、马美峰、杨川宇	二等奖
1995	人工晶体植入术及前房冲洗液的临床研究	赤峰市医院	于怀宇、马国元、耿凤臣、程毅力、戈更夫	二等奖
	赤峰红花沟金矿田综合预测——地质勘查	赤峰红花沟金矿、沈阳黄金学院	刘海田、陈惠之、李国增、张连义、张文秀、王彦林、杨玉林	二等奖
1997	科尔沁沙地退化环境定向改造利用优化模式试验示范研究	中国科学院沈阳应用生态研究所、翁牛特旗林业局	寇振武、蒋德明、张春兴、唐海军、曲世鹏、郭云义、王桂荣	二等奖
1999	内蒙古东南部地区水浇地“双千五田”立体栽培技术的研究	赤峰市农业技术推广站、宁城县农业技术推广中心、宁城县二龙农业技术推广站	乌瑞翔、郭金榜、李占军、甄国平、崔志民、李慧英、李春峰	二等奖
2000	玉米、小麦、谷子、高粱四大作物新品种繁育与高产示范开发	赤峰市农业科学研究所	赵国强、王毅、曲文祥、李书田、丁素荣、唐世清、张青春	二等奖
	松毛虫冬防技术研究及推广	敖汉旗林业局	宋仕清、刘士和、李亚信、邵喜德、杨玉江、索明礼、李显玉	二等奖
	提高病理大标本制片速度的试验与研究	宁城县医院	孟建英、周振波、陈景荣、王志、赵英、张凤岐、梁晓琴	二等奖
2001	优质高产辣椒新品种“蒙椒4号”的大面积推广	赤峰市农业科学研究所	王秀芝、陈桂英、赵国强、王毅、李尽朝、慈艳华、刘汉宇	二等奖
	元宝山露天煤矿管理信息系统(ybs－mis)	内蒙古平庄煤业(集团)有限公司元宝山露天煤矿	叶景楼、武杰、邵良杉、王军、宋国卿、张正	二等奖
	氨酚伪麻美那敏片(商品名:雷蒙欣)	赤峰制药厂	陈文标、崔晶华、周成云、孙雪艳、张建义、刘文忠、胡志远	二等奖
2002	泰乐菌素及酒石酸泰乐菌素	赤峰制药(集团)有限责任公司	张建义、高志杰、张学民、付桂杰、孙北屏、黄秀果、赵凤祥	二等奖
	应用均匀设计法优化灰黄霉素发酵工艺	赤峰制药(集团)有限责任公司	胡志远、孙雅丽、王贵民、郑清华、贾永顺、姚广华、王绍明	二等奖

续表

获奖年份	项目名称	完成单位及协作单位	主要完成人员	获奖等级
2003	氮离子注入灰黄霉素产生菌诱变高产新菌种及其推广应用	赤峰制药(集团)有限责任公司	赵凤祥、付林、于广成、李相	二等奖
	金厂沟梁金矿优化通风系统研究	内蒙古金陶股份有限公司	张玉文、贾洪杰、安玉坤、崔士成、常海龙、杨云成、张占生	二等奖
	达里诺尔自然保护区珍稀鸟类栖息环境——湿地生态系统的保护与可持续利用研究	赤峰市环境监测中心站	赵丽囡、陈宏宇、丁子军、红梅、李向东、李文军、林杨	二等奖
2005	化学合成生产硫酸伪麻黄碱	赤峰艾克制药科技股份有限公司	于晓丽、兰振民、王文全、六成、江国志、李志杰、李晓光、胡志远、常一鸣	一等奖
	草原肉羔羊当年育成出栏模式与产业化关键技术研究	内蒙古草原兴发股份有限公司	张振武、方武、张海儒、屈桂林、吕永利、周学军、卢志军	二等奖
	公路三背回填材料及稳定性研究	赤峰市中交公路勘察设计有限责任公司	陈璞、黄晓明、苏伟光、苏跃宏、朱湘、白立新、王岚、陈凤箴	二等奖
	平庄西露天煤矿预应力锚索加固技术研究	内蒙古平庄煤业(集团)有限责任公司	王儒军、吴学民、李久和、关福臣、许金发、薛应东、盛玉学	二等奖
	蒙药扫日劳清肺止咳胶囊高技术产业化示范工程	赤峰天奇制药有限责任公司	张育东、林秀玉、包 霞、佘广宇、张丽华、侯世雄、庞玉华	二等奖
2007	优质高产青椒新杂交种选育及区域产业化综合配套技术开发	赤峰市农业科学研究所	王秀芝、曲文祥、李尽朝、刘汉宇、马尚耀、孟令强、严福忠、王旭东、庞琢	一等奖
2008	杨树新品种——赤峰杨系列选种与推广应用	赤峰市林业科学研究所	白玉茹、乌志颜、孙玉杰、刘桂滢、鹿学程、刘士和、赵鸥、霍仲芳	一等奖
	高比表面积膨润土催化吸附剂加工工艺的开发研究	内蒙古宁城天宇化工有限公司	李树军、代新文、刘丽娟、郭凤军	二等奖
2009	优质肉牛产业化技术示范研究与应用	内蒙古东方万旗肉牛产业有限公司	王维峰、马玉山、邵云丽、邵春辉、蔚效义、郭金奎、刘桂和	二等奖
	氰化尾矿多金属回收技术研究与应用	内蒙古金陶股份有限公司	贾洪杰、鲍永合、祝宝军、孙富荣、吴建华、张占升、杨云成	二等奖
	复方羊角胶囊等新药的研制开发与生产	赤峰丹龙药业有限公司	李树庆、周海英、张妍、赵宏澜、刘燕、谢裕达	二等奖
2010	炉熔池熔炼工艺研究与应用	赤峰金峰铜业有限公司、恒曲县华盛冶金技术有限公司	黄贤盛、王国军、韩智	一等奖
2011	倾斜煤层露天矿深部开采技术	内蒙古平庄煤业(集团)有限公司西露天煤矿、辽宁工程技术大学	薛应东、张志、张学、白润才、赵宏、李三川、吴学民	二等奖

续表

获奖年份	项目名称	完成单位及协作单位	主要完成人员	获奖等级
2012	无人值守数字化提升机控制系统的研究与应用	内蒙古金陶股份有限公司	张占升、张孝、盖宝文、吕海清、贾洪杰、李祥龙、孙富荣	二等奖
	负压防反流技术联合IL-2治疗恶性胸腔积液的临床研究	赤峰市医院	马长武、项庆增、季洪波、尹胜杰、商迪、王磊、王乐乐	二等奖
2013	低覆盖度防风治沙的原理与模式	中国林业科学研究院荒漠化研究所、内蒙古林业科学研究院、赤峰市林业科学研究院	杨文斌、杨晓晖、贾志清、姚建成、梁海荣、郭永盛、李显玉、孟和、王涛	一等奖
	赤峰市鸟类多样性及其保护研究	赤峰市野生动植物保护中心	张书理、钱荣举、王志玲、薛庆海、张帆、杨永昕、卢朝霞	二等奖
2014	文冠果优系选育研究与应用	赤峰市林业科学研究院	乌志颜、杨素芝、冯昭辉、段磊、刘桂滢、张呈昕、陈浩	二等奖
	电视胸腔镜手术在快速康复外科中的应用	赤峰学院附属医院	苏志勇、张镱镭、姜天烁、赵鑫、丁磊、刘春洁、张亚丽	二等奖

三等奖 2 万元 / 项。1991—2007 年,赤峰市科技奖励获奖项目 736 项,受奖人员 4000 多人。2008 年,为进一步建立和完善人才培养使用及激励机制,市政府对 2003 年的奖励办法再次进行修订,新修订的《赤峰市科学技术进步奖励办法》增加科学技术特别贡献奖奖项,每 2 年评审一次,名额不超过 2 人,奖金 10 万元 / 人;增加中青年科学技术创新奖奖项,每 2 年评审一次,名额不超过 5 人,奖金 5 万元 / 人。科学技术进步奖仍实行每年评审一次,同时提高科学技术进步奖奖金额度,一等奖奖项不超过 5 项,奖金 3 万元 / 项;二等奖奖项不超过 10 项,奖金 2 万元 / 项;三等奖奖项不超过 15 项,奖金 1 万元 / 项。为鼓励科技创新,赤峰市分别在 1995 年、2005 年、2009 年和 2011 年 4 次召开全市科技奖励大会,表彰获科技奖励的优秀科技人员。其中获自治区中青年科技创新奖 2 人,获自治区科技创新杰出人才称号 1 人,获赤峰市特别贡献奖 4 人,获赤峰市中青年科技创新奖 10 人。至 2014 年,赤峰市科技奖励注重向工业项目、农业项目、民生项目、社会发展项目和科研一线人员倾斜,不断加强自主创新、产学研合作、成果转化,充分发挥科技奖励工作在推动科技创新和促进社会全面进步中的重要作用。1991—2014 年,全市各类科技奖励项目共 943 项,受奖人员 5600 多人。

第五章 科技服务

第一节 科普工作

1991 年,为调动科技人员积极性,市政府印发《关于组织农牧科技人员下乡承包、推广适用技术的决定》，并制定相应的奖励办法；市科协开展“学科学、讲理想、比致富”竞赛活动，实施科技扶贫、科技教育、科普村建设。全市建成科普乡镇苏木 43 个，科技扶贫乡 1 个，科普村嘎查 164 个，科技教育村嘎查 27 个，科技扶贫村嘎查 20 个，培育科技示范户 227 户。1993 年，配合全市农村牧区小康村建设活动，赤峰市科技部门进一步推进农村科普工作，积极开展科技培训、科技推广和科技咨询服务。通过科普之春、科普大集、科普周活动，进行科技咨询，市、旗县区、乡镇苏木三级培训近 40 万人次；举办家电维修班 18 期。1995 年，根据国务院《关于加速普及科学技术工作的若干意见》，全市开展多层次、多形式的科普活动。开展学术交流活动 17 次，参加 1222 人次；办科普讲座 158 次，听讲 14899 人次；36 学时以上培训 37 次，培训 3223 人次。先后与北京、江苏、福建、山东、宁夏等省市科技信息服务部门建立信息交流。1998—1999 年，加强科普学会体系建设，全市整顿恢复市直学会 47 个、旗县区直属学会 140 个、农民专业技术协会 128 个，对推动科技进步起到积极促进作用。组织科技人员开展科技下乡、“赶科普大集”等活动 300 多次，发放各类科普资料 10 万份，受益人数达 50 万人。积极推广科普示范基地建设，全市建立科普示范基地 130 处，实施项目 29 个，总面积 5753.33 公顷。开通“科技 110”专线服务电话。组建由农牧林水、农机、气象等专业 123 名技术人员组成的专家咨询服务团，为农牧民提供快捷、高效的服务。2001 年开始，积极推进城区科普工作，全市 11 个街道办事处普遍设立科普领导组织，发展科普志愿者 2500 人，每年利用不同形式的科普画廊或科普宣传栏普及科技知识，全市社区科普活动累计 400 次以上。当年，红山区、喀喇沁旗分别被自治区科协命名为自治区级科普示范城区（旗）。2003 年，全市采取不同形式积极向农牧民传播生产实用技术，帮助农牧民掌握科技知识和生产技能。举办各种培训班 4285 期，培训农牧民 55 万人次；开展送科技下乡活动，受益农户 15.4 万户。翁牛特旗建立中国北方草原羊网，实现网络销售，已发展协会会员 260 多人。喀喇沁旗开展山葡萄基地建设，面积已达 666.67 公顷。2005—2006 年，全市引进农作物新品种、新技术 500 多项，涉及全市乡镇苏木近百万农牧民，每年为农牧民增收近亿元。组建少数民族科普工作队，积极开展科普大篷车进校园、进社区、进集市活动，先后开展巡展活动 63 次，有 150 所学校 21.8 万中小学生、2.2 万城镇社区市民、4.5 万农牧民受益。2011 年，根据国务院《全民科学素质行动计划纲要》，向部分旗县区发放《设施农业蔬菜栽培技术》《兽医手册》等实用技术资料 1 万多册。建立和完善专家库，有 570 名副高级技术职务以上专家被收入专家库。2014 年，开办赤峰市经纪人网站，实现信息资源整合和共享。通过全力推进科普工作，全市已建成全国科普示范县 2 个，自治区级科普示范旗（城区）2 个、科普示范乡镇 5 个、科普示范基地 11 个，市级科普示范乡镇苏木 55 个。

第二节　科技信息服务

从 20 世纪 90 年代开始，赤峰市开展多方面、多形式的科技信息工作，与全国部分大专院校、科研单位和情报部门建立情报交流关系,通过交换、搜集、复制、采购等途径和方法,收集大量科技图书、期刊、资料。为赤峰市经济发展,提供科技信息服务。1996年,赤峰市科委与国家科委科教兴市信息通道实现联网,并建成国家科委科教兴市信息通道赤峰分中心。2002年,注册赤峰科技信息网并链接到赤峰市政府网站。赤峰科技信息网的主要内容包括:赤峰科技动态,科技政策、法规等几个板块,并建有赤峰科技专家库、赤峰科技成果数据库,数据库检索业务与内蒙古科技信息网合作共建、信息资源共享。2005年,赤峰市科技局与电信部门合作开通"96048"服务平台,先后印制宣传单3万份,翻印宣传手册1万册,根据赤峰农牧业生产实际,组织专家编印宣传手册2万册。利用电视台、电台、报纸等新闻媒体进行多次宣传和专题报道。全市建立"96048"示范村15个,"96048"平台累计语音服务13200多次、座席专家应答10100多次、移动解答1800多次、现场指导160多次。2006年,在全市12个旗县区安装100套村村通信息管理系统,建立100个全国农业科技信息村村通服务站(赤峰信息服务站),汇集种植、养殖、水产三大类22个小栏目信息10万多条。2008年,赤峰市科技局与中国联通赤峰分公司合作,开通特别服务号码"12396",实现"12396"与"96048"双号同时运行。2012年,赤峰市实施京蒙合作农业技术转移"信服通"(网络平台)示范工程。京蒙"信服通"示范工程是由内蒙古科技成果转化促进中心与北京技术交易促进中心共同实施的京蒙合作项目,在赤峰地区共选择示范站点10个,其中分布赤峰农牧科学研究院1个、喀喇沁旗4个、元宝山区3个、克什克腾旗2个,有9家企业参与项目建设,共涉及设施农业、蔬菜、中药材、花卉、肉羊、种子、食用菌等行业。当年开通"信服通"网络平台。

2014年,赤峰科技信息网升级改造,升级完成后的平台包括1个大平台和4个子平台,即科技信息服务平台,"12396"子平台、技术市场子平台、国家农业园区服务子平台和农博会子平台。全市建成数据库6个,信息库16个,以联机方式发展网员单位及个人用户38个,非联机网员用户230个,向社会培训网络操作人员700多人次,接待咨询1540人次,答复信函1200多封。编辑出版《赤峰科技信息》125期,在《赤峰日报》发布信息76条。

第三节 技术贸易与科技展会

一、技术贸易

20世纪90年代,赤峰市技术贸易逐步活跃。1991年,成立赤峰市技术市场管理办公室。1992年,建立赤峰市技术贸易市场。1995年,赤峰市实行技术市场检查验证制度。

1992—1995年,全市成交技术合同数153项,合同金额4709万元,技术交易额1468万元。1996—2000年,成交技术合同数288项,合同金额2.47亿元,技术交易额

1.13 亿元。2001 年 4 月，赤峰市政府印发《赤峰市技术市场管理办法》。2003 年，开展技术市场诚信单位评选活动，赤峰艾克制药科技股份有限公司等 6 个企业获赤峰市技术市场诚信单位。2001—2005 年，成交技术合同数 104 项，合同金额 1.34 亿元，技术交易额 7501 万元。2006—2010 年，成交技术合同数 431 项，合同金额 7902 万元，技术交易额 7775 万元。2011—2014 年，成交技术合同数 423 项，合同金额 1.81 亿元，技术交易额 1.38 亿元。2014 年，开通赤峰市技术市场服务平台，技术合同签订、技术贸易机构审批实现网络化无纸办公。全市技术贸易机构由 1992 年 64 个发展至 382 个，从业人员由 1992 年 1258 人发展至 4760 人。1992—2014 年，全市成交技术合同数累计 1399 项，合同金额 6.88 亿元，技术交易额 4.19 亿元。

二、科技展会

为加快农牧业新技术、新品种、新成果、新产品、新设备的引进和示范推广，全面提升农牧业整体水平和效益，赤峰市从 2001—2014 年连续举办 14 届农业科技成果博览会，其中第十一届农业科技成果博览会升格为自治区级展会，第十二届至第十四届中国北方农业科技成果博览会升格为国家级展会。

2001—2002 年，由赤峰市政府主办的第一届和第二届农业新品种、新技术交易会在松山区新华书店举办，每届展会有来自 10 多个省、市、自治区近 250 家客商到会参展，展出农业新技术、新品种达 2000 多项，现场完成交易额 1000 多万元，参会人员 5 万多人次。举办西班牙园艺、草原畜牧业面临的挑战、禁牧舍饲及饲草饲料加工综合配套技术 3 场科技论坛和技术讲座，有种植和养殖大户代表、农牧业专业技术人员、科技管理人员等 2800 多人次参加论坛和讲座。2003—2010 年，由中国技术市场管理促进中心、中国农村技术开发中心、自治区科技厅和赤峰市政府共同主办，分别在宁城县天义镇的华兴市场、元宝山区平庄镇的银河广场、松山区政府东侧办公楼和穆家营子镇北方商贸城仓储库、赤峰国际会展中心举办第三届至第十届内蒙古农业科技成果博览会暨赤峰农业新品种、新技术交易会，每届展会有来自 10 个省、市、自治区 420 多家客商到会参展，展出农业新技术、新产品、新品种达 1600 多项，现场完成交易额 6800 多万元，参会人员 6 万多人次。其中在巴林左旗、敖汉旗、元宝山区、宁城县举办第五届、第八届内蒙古农牧业科技成果展览会巡回展，共有 89 家企事业单位参展，参展品种 300 多项，参会人数 5 万多人次。举办奶牛饲养技术、保护地蔬菜栽培技术、蔬菜温室大棚设计与建造、赤峰地区猪病流行现状与防治、设施蔬菜栽培技术、牧草栽培及加工技术、蔬菜病虫害防治、设施农业蔬菜科学管理技术等 10 场科技讲座。

2011 年，内蒙古自治区（赤峰）第十一届农业科技成果博览会提升由自治区政府主办，自治区科技厅、赤峰市政府承办，在赤峰国际会展中心举办。展会有来自 16 个省、市、自治区 850 多家客商到会参展，展出农业新技术、新品种近 3000 项。有 12 个农牧业科技合作项目进行了现场签约，签约金额达 1 亿元，现场完成交易额 1.2 亿元，参会人数达 9 万多人次。举办赤峰地区良种猪标准化饲养技术及赤峰地区猪病流行现状与防控科技讲座。同年12月26日,科技部同意由自治区政府和科技部共同主办中国北方农业科技成果博览会。

2012年、2013年,第十二届、十三届赤峰·中国北方农业科技成果博览会在赤峰国际会展中心举办。两届展会均由科技部和自治区政府共同主办,自治区科技厅和赤峰市政府承办。其中2013年农博会按照"市场引导、企业运作、政府管理"的办会原则,由内蒙古赤峰国家农业科技园区核心企业——赤峰和润农业高新科技产业开发有限公司参与承办农博会,并负责主会场展馆室内的招商布展工作,布展面积6000多平方米,占室内展位面积的30%,并在全市12个旗县区举办分会展15场。两届各有约1100家参展客商参展,其中赤峰市外展商占60%以上,分别来自全国近20个省、市、自治区和美国、荷兰、法国、比利时、韩国的5家国外企业,现场展示交易的新技术、新品种、新成果4500多项,涉及农业领域几十个产业。两届展会现场交易额共3.9亿元,现场签约71项,签约金额达3.7亿元,参会人数22.7万人次。举办推进农业农村科技创新、中国花卉产业现状与前景科技讲座2场。

2014年,第十四届赤峰·中国北方农业科技成果博览会暨全国农高会新丝绸之路创新品牌展览会在赤峰国际会展中心举办,由科技部和自治区政府主办,自治区科技厅、赤峰市政府和赤峰国家农业科技园区承办。继续由赤峰和润农业高新科技产业开发有限公司负责主会场展馆室内的招商布展,面积10000平方米,占室内展位面积的50%。有中国农大等8所国家知名高校,中国农科院等32个科研院所出席展会。参展商来自18个地区有1123家,有来自美国、荷兰、法国、比利时、韩国的5家国外企业。现场展示交易的新技术、新品种、新成果达到4512项,现场完成交易额2.5亿元,意向成交额5.7亿元。参加网上展出的企业160家,展示的新技术、新品种、新成果394项。有35项科技合作协议通过展会正式签约,其中18项农牧业科技合作协议参加集中签约(仪式),签约总金额达2.6亿元,参会人数13.2万人次。同时举办温室土壤抗连作障碍技术——赤峰地区日光温室土壤连作障碍现状及其预防等科技讲座。在阿鲁科尔沁旗、巴林左旗、克什克腾旗、翁牛特旗、宁城县5个旗县的政府所在地举办5场农博会分会,推介展示农牧业适用新技术、新品种、新产品1018项次,举办科学养牛、养羊、设施农业、节水灌溉、玉米种植等方面适用技术培训班138期,培训农牧民1.1万人次,累计发放技术资料10.4万份(册),参加分会的农牧民及各界人士达到10.8万人次。

第四节 科技合作

一、成立产业技术创新战略联盟

产业技术创新战略联盟是由企业、大学、科研机构等组成,共同投入、联合开发、优势互补、利益共享、风险共担的技术创新合作组织。

2008年开始，根据科技部、财政部、教育部、国资委、中华全国总工会、国家开发银行联合印发的《关于推动产业技术创新战略联盟构建的指导意见》和《内蒙古自治区关于推动产业技术创新战略联盟构建的实施意见》精神，赤峰市科技局、财政局、教育局、发改委、经信委、国税局、地税局、金融办、市总工会9个单位，在农畜产品加工、现代农牧业、医药化工等领域积极组织申报国家和自治区级产业技术创新战略联盟。同年11月，内蒙古鹿产业技术创新战略联盟正式成立，内蒙古健元鹿业有限公司、北京中医药大学中药学院、中国农科院特产研究所为联盟的发起单位，有企业、大学、科研机构等88个成员单位，其中内蒙古健元鹿业有限公司为联盟的理事长单位。联盟已获得鹿茸灵芝胶囊、鹿胎珍珠胶囊、具有补钙健脾益肾和增强机体免疫力作用的保健品胶囊、马鹿反季节多次生茸的饲养方法、鹿血清的提纯方法、鹿茸提取方法及由该方法获得的鹿茸提取物6项国家发明专利；梅花鹿与马鹿杂交试验研究、马鹿胚胎移植技术研究与开发、马鹿精子分离——性别控制技术研究及应用示范、马鹿反季节二次生茸技术研究与应用4项科技成果获自治区级科技成果奖励。马鹿克隆技术取得突破性进展，已成功克隆出优质高产茸鹿8头，并建立国内优质马鹿细胞库。2010年8月，内蒙古肉羊产业技术创新战略联盟成立，内蒙古草原金峰畜牧集团有限公司为该联盟的理事长单位，有内蒙古大学生命科学学院实验动物研究中心、中国农业大学有机技术研究中心、内蒙古林西锦绣大地农业有限责任公司等31个成员单位。联盟培育的昭乌达肉羊新品种正式通过国家审定验收，成为内蒙古自主培育的肉羊新品种。开展的昭乌达肉羊生长规律研究、繁殖规律研究、生长性能及肉质特性研究、胚胎移植技术应用研究、疫病防控技术研究、优质肉羊杂交系选育等研究课题，取得多项技术成果，昭乌达肉羊培育和推广获得自治区农牧业丰收奖一等奖、赤峰市科技进步一等奖。同年12月，内蒙古寒冷地区蔬菜产业技术创新战略联盟成立，赤峰和润农业高新科技产业开发有限公司为该联盟的理事长单位，有中国农科院蔬菜花卉研究所、内蒙古农业大学农学院、沈阳农业大学工厂化农业技术服务中心、吉林省公主岭市岭丰种苗研究所、北京大汉农业科技有限公司等14个成员单位。联盟在蔬菜工厂化育苗、农业有害生物预警、蔬菜安全高效栽培等方面建立了较完善的技术体系和生产管理体系，引进并转化农业科技成果6项，获得国家专利13项，实施国家和自治区科技项目6项，试验示范各类蔬菜品种320个，筛选并推广优新蔬菜品种12个，其中“汉姆”系列番茄以其优良的品质蹿红南北市场，在赤峰及周边地区得到大面积推广种植，取得良好的经济效益和社会效益。2011年12月，内蒙古中蒙药产业技术创新战略联盟成立，内蒙古天奇中蒙制药股份有限公司为该联盟的理事长单位。2012年8月，更名为内蒙古蒙中药产业技术创新战略联盟，有中国中医科学院中药研究所、中国医学科学院药用植物研究所、江西中医药大学、内蒙古医科大学、内蒙古民族大学蒙医药学院等20个成员单位。联盟陆续实施蒙中药研发项目33个，其中具有自主知识产权的蒙药品种7个，中药品种5个。同年，为规范产业技术创新战略联盟的管理，赤峰市科技局制定《赤峰市产业技术创新战略联盟管理办法》。2012年11月,内蒙古农牧机械制造产业技术创新战略联盟成立,内蒙古长明机械股份有限公司为该联盟的理事长单位,有中国农业机械化科学研究院、中国农业大学、农业部南京农业机械化研究所、内蒙古农业大学、内蒙古工业大学、有关企业等23个成员单位。联盟已研发农牧业机械新产品50多个,累计获得国家专利20多项,其中发明专利3项;获得自治区级、赤峰市级科技进步奖8项;获得自治区科技名牌企业2个,科技名牌产品1个。2012年12月,内蒙古草产业技术创新战略联盟成立,内蒙古黄羊洼草业有限公司为该联盟的理事长单位,有北京农业大学、东北农业大学、赤峰市农牧科学院、北京正道生态科技有限公司、内蒙古赤峰天山农牧业机械有限公司、百绿国际草业有限公司等31个成员单位。联盟针对草业重点共性技术进行联合攻关,培育出新品种苜蓿草品种1个,建立苜蓿草种子繁育基地1个,研发出以新品种苜蓿草为原料的3大系列12个品种的草产品。2013年2月, 内蒙古道地药材种植产业技术创新战略联盟成立,赤峰道地中药材种植科技有限公司为该联盟的理事长单位,有辽宁中医药大学、北京中医药大学、内蒙古医科大学、内蒙古农业大学、中国医学科学院药用植物研究所等27个成员单位。联盟在技术方面已取得重大突破,培育优良中药材桔梗新品种2个, 药材种植技术6套, 编制规范化操作规程4套。至2014年末,赤峰市有国家级产业技术创新战略联盟1个,即内蒙古蒙中药产业技术创新战略联盟。有自治区级产业技术创新战略联盟6个,分别为内蒙古鹿产业技术创新战略联盟、内蒙古肉羊产业技术创新战略联盟、内蒙古寒冷地区蔬菜产业技术创新战略联盟、内蒙古农牧机械制造产业技术创新战略联盟、内蒙古草产业技术创新战略联盟、内蒙古道地药材种植产业技术创新战略联盟。7个联盟先后引进区内外专家169人,其中院士4人,首席科学家9人,高级职称人员73人,博士83人。成功研发和引进新技术112项,解决技术难题近百个,有效地促进了相关产业发展。

二、创建院士专家工作站

2011年,赤峰市开始创建自治区级院士专家工作站。2012年,赤峰市医院与中国工程院邱贵兴院士合作, 建立自治区级赤峰市医院麻醉与骨科院士工作站。2014年,先后建立赤峰赛林泰药业有限公司与中国工程院甄永苏院士、内蒙古沐禾金土地节水工程设备有限公司与中国工程院瞿金平院士、宁城县中心医院与中国科学院汪忠镐院士3个自治区级院士专家工作站。同年,赤峰市委组织部、市科技局、市科协3家单位联合开展创建市级院士专家工作站,先后建有赤峰农牧科学研究院、赤峰市医院肿瘤内科、内蒙古沐禾金土地节水工程设备有限公司、赤峰和润农业高新科技产业开发有限公司、宁城县中心医院、赛罕乌拉国家级自然保护区管理局、赤峰赛林泰药业有限公司7个市级院士专家工作站。截至2014年,全市先后建立院士专家工作站11个,其中自治区级4个,市级7个。与北京、广东两省市签订框架协议4项,合作协议55项,合作资金达40多亿元,为促进多领域、多层次、多种形式的产学研合作,提升企业自主创新能力发挥了重要作用。

第六章 科技管理

第一节 科技干部管理

1991 年，赤峰市政府印发《关于组织农业科技人员下乡开展承包、推广适用技术的决定》。当年，市直科研所系统有 177 名科研人员下乡开展科技服务工作，占科研所科研人员的 68%。1995 年，市委、市政府继续支持科技人员下乡开展“四技”（科技项目、科技开发、科技推广、科技培训）活动。年末，市、旗县区两级科技人员下乡人数达 2846 人次。2000 年后，为提高重大决策的科学化水平，市政府成立由 39 名各行业的老中青专家组成的市政府科技顾问团，下设工业、农业、畜牧业、社会发展 4 个组。2001 年，根据科技部《关于开展市（县）科技进步考核，推动科教兴市（县）工作的通知》精神，市和旗县区共同接受此项考核，每两个年度考核一次。2001—2013 年，全市参加科技进步先进市与先进县（旗、区）考核 7 次。通过考核的旗县区 72 个次，获全国科技进步先进县（旗、区）33 个次，获全国科技进步考核先进个人 102 人次。先后有 10 个旗县区获得全国科技进步先进县（旗、区）称号，赤峰市连续 4 次被评为全国科技进步先进市。

2003 年，赤峰市开展科技特派员试点工作，2005 年逐步铺开，2007 年全面推开。2003—2014 年，每年市、旗县区、乡镇苏木三级有 700 多名科技特派员深入到企业和农村牧区，其中企业科技特派员 110 多人，年实施科技项目近 300 个，总投资近 2 亿元，实现年利润约 1 亿元，辐射带动农牧户 5 万多户，受益农牧民人均纯收入 5550 元。2006 年后，科技特派员学历逐年提高，其中具有高级职称的达到 120 人，中级职称的达到 530 多人。先后有 3 人被科技部评为国家优秀科技特派员，有 21 人被自治区人事厅评为全区十佳科技特派员、全区优秀科技特派员。至 2014 年，全市有 66 名科技人员享受国务院特殊津贴。

第二节 科技项目管理

“八五”时期（1991—1995 年），在全市经济和社会发展领域全面推进和实施四大科技计划项目，即科技攻关项目、星火项目、火炬项目、成果推广项目。至“八五”期末，列入四大科技计划项目的重点项目共 460 项，其中科技攻关项目 252 项，星火项目 24 项，火炬项目 3 项，成果推广项目 181 项。星火项目总投资 2.5 亿元，新增产值 4.2 亿元，新增利税 2.05 亿元；火炬项目总投资 3641.6 万元，新增产值 7769 万元，新增利税 1821.6 万元；成果推广项目形成 102 项具有一定规模的技术产业，创造上亿元的经济效益；科技攻关项目中有开发贷款项目 27 项，贷款金额为 6683 万元。

“九五”时期(1996—2000年),按照科技发展目标要求,全市重点实施五大科技计划项目,即科技承包项目、科技攻关项目、科技成果推广项目、星火项目和科技培训项目。列入五大科技计划项目的重点项目共365项,其中科技承包项目170项;科技攻关项目72项;科技成果推广新成果、新技术项目100项,其中自治区级15项、市级30项、旗县区55项;星火项目23项;科技培训项目在全市举办技术培训班7500期,发放技术资料10万多份,完成科技培训70.6万人次。特别是星火项目的实施,有力推进了农村牧区的经济发展。

“十五”时期(2001—2005年),科技项目管理实现三个转变,即由过去的零星分散向有重点、规模化、产业化转变;由过去的单纯部门行为向大科技转变;科技投入由单一财政投入向多元化、多层次、多渠道转变。在项目管理初期,搞好项目库建设;在项目执行期,进行跟踪管理、实行执行情况报表制度,对完成的项目及时鉴定和验收。全市实施国家和自治区级各类科技计划项目共224项,其中实施国家级农业科技成果转化项目、重点新产品项目、星火项目、火炬项目、攻关项目等89项;实施自治区级科技攻关项目、星火项目、火炬项目、科技推广项目和民族机动金项目等135项。

“十一五”时期(2006—2010年),全市实施国家和自治区级各类科技计划项目共194项,其中实施国家创新基金项目、农业科技成果转化项目、重点新产品项目等55项,实施自治区级科技推广项目、富民强县项目、星火项目、科技攻关项目等139项。此外,根据赤峰市实际情况,还推出并实施工业强市科技引领资金、赤峰市专利发展资金、赤峰市青年优秀学术带头人资金、农牧业科技成果转化资金四大资金计划项目。5年累计投入科技培训经费274万元,其中自治区科技厅支持49万元,共举办管理班98期,受训人员5347人次;举办适用技术培训班15041期,受训人员90.35万人次;举办师资班185期,受训人员9643人次。结合星火项目培训,5年累计编制发放各类技术资料103.05万份(册)、录像教材672盘,累计完成各种科技培训380.3万人次。涌现出各级青年星火带头人1000多人,妇女“双学双比”能手622人。

“十二五”时期的前四年(2011—2014年),实施国家和自治区级科技计划项目共308项。其中实施国家中小企业创新基金、科技攻关、星火、农业成果转化资金、富民强县、重点新产品等计划项目116项,实施自治区创新引导奖励资金计划、应用技术研究与开发计划、重大专项等计划项目192项。有多家科技型企业获得科技贷款和贷款贴息,特别是赤峰市有色金属产业关键技术开发项目列入2013年内蒙古自治区重大科技专项,项目总投资5.6亿元。

自1986年国务院批准实施第一个科技促进农村经济发展的星火计划后,赤峰市从1991年开始实施星火计划项目,至2014年全市实施各类星火计划项目共165项,其中1991—1995年,实施星火计划项目24项;1996—2000年,实施星火计划项目23项;2001—2005年,实施星火计划项目44项;2006—2010年,实施星火计划项目45项;2011—2014年,实施星火计划项目29项。特别是2002—2014年,国家增加对星火计划项目的投入，全市实施国家级、自治区级星火计划项目共 27 项，其中 2002—2010 年，实施国家级星火计划项目 16 项，总投资 6918 万元，实现年产值 4.85 亿元，利税 1.26 亿元；2011—2014 年，实施星火计划项目 11 项，其中国家级 9 项、自治区级 2 项，总投资 3578 万元，实现年产值 4.53 亿元，利税 4881 万元。

1991—2014 年赤峰市实施星火计划项目统计表

表 21-2-6　　　　单位：项

年 份	星火计划项目	年 份	星火计划项目
1991	7	2003	9
1992	4	2004	11
1993	7	2005	16
1994	5	2006	22
1995	1	2007	9
1996	5	2008	7
1997	3	2009	2
1998	3	2010	5
1999	5	2011	3
2000	7	2012	5
2001	4	2013	12
2002	4	2014	9

2001—2014 年，先后承担国家农业科技成果转化资金项目 35 项，投入资金 1.68 亿元，其中国家拨款 2130 万元，承担单位自筹 1.47 亿元，实现产值 5.66 亿元，利税 8862 万元，社会效益和生态效益显著。

第三节　科研资金管理

“八五”时期（1991—1995 年），全市重点对科技示范工程与高层次科技试验区建设项目、环境与资源综合开发利用项目、乡镇企业加工业及矿产品综合开发项目、农业综合开发项目、农口科研所育种和饲料高技术攻关项目进行科技投入，进一步加大科技经费的有偿使用比例。通过匹配形式，建立旗县区科技发展基金。至“八五”期末，全市科技三项费用支出 791 万元，占同期财政支出 0.19%。全市科学研究与试验发展经费 1752 万元，占同期国内生产总值比例为 0.05%。

“九五”时期（1996—2000 年），全市科技三项费用支出 3124 万元，年均增幅达到

40%,高于年度财政收入的增长幅度。全市科学研究与试验发展经费 584 万元,占同期国内生产总值比例为 0.01%。

“十五”时期(2001—2005 年),全市争取国家和自治区项目投入资金 3984 万元,其中国家投入科技项目经费 2677 万元,自治区投入科技项目经费 1307 万元。至“十五”期末,全市科技三项费用支出 8357 万元,占同期财政支出 0.34%。全市科学研究与试验发展经费 1126.6 万元,占同期国内生产总值比例为 0.01%。

“十一五”时期(2006—2010 年),全市争取国家及自治区级各类计划项目资金 6278 万元,较“十五”期间增长了 57.58%,其中国家级科技项目资金 3071 万元,自治区级科技项目资金 3207 万元。至“十一五”期末,全市科技三项费用支出 2.15 亿元,较“十五”期间增长 1.56 倍,占同期财政支出 0.28%。全市科学研究与试验发展经费为 5084 万元,占同期国内生产总值比例为 0.05%。

“十二五”时期的前四年(2011—2014 年),全市科技计划在“十二五”科技发展规划框架内,围绕园区建设、创新平台建设、产业技术创新战略联盟建设、科技进步奖励及科技展会等确定专项计划。至 2014 年,争取国家科技投入 9523 万元,争取自治区科技投入 1.30 亿元,其中 8 项自治区科技重大专项自治区投入专项资金 5200 万元。市财政为赤峰市有色金属产业关键技术开发重大专项投入配套资金 2500 万元。全市科技三项费用支出 1.93 亿元,占同期财政支出 0.15%。全市科学研究与试验发展经费 3.09 亿元,占同期国内生产总值比例为 0.05%。

第四节　知识产权管理

1991 年,赤峰市开始加强知识产权工作。当年,专利代理 13 项,其中发明专利 2 项,实用新型专利 11 项。1995 年,市科委组织宣讲团到全市 12 个旗县区巡回宣讲专利法,普及专利知识,印发专利知识材料 3000 多册。组织参加自治区举办的专利知识有奖竞赛活动,提高全民的专利意识。当年,专利代理 50 项,其中发明专利 4 项,实用新型专利 46 项。2004 年,市科技局全面开展知识产权领域法律咨询服务,通过广播、电视讲座讲授专利和商标有关知识,年接待专利咨询 1500 多人次。开展冒充专利产品的市场大检查活动,为净化市场、保护专利人合法权益起到积极推动作用。全市专利代理 92 项,其中发明专利 25 项,实用新型专利 65 项,外观设计专利 2 项。2005 年 11 月,赤峰市科技局与赤峰市财政局联合设立赤峰市专利发展资金,为企业和个人的专利申请提供资助,主要资助实用新型和外观设计专利。发明专利由自治区资助,先后补助 400 多项专利,补助资金 20 多万元。2008 年,赤峰市政府印发《关于加强知识产权工作的意见》,成立赤峰市保护知识产权行动领导小组;组建由市知识产权、工商、文化、技术监督、检验检疫、食品药品监督和海关 7 个部门组成的赤峰市行政知识产权联合执法大队;开通赤峰知识产权网;为企业和社会各界专利申请、商标注册以及维权保护等提供一站式服务。2011 年，开展知识产权执法专项行动，系统执法和跨部门协作执法 6 次，检查大型商贸机构 30 多家、食品 2000 多种次。提供专利咨询 5000 多人次，专利文献检索 2100 多项次，全文专利文献下载 1200 多项。全市专利代理 132 项，其中发明专利 30 项，实用新型专利 84 项，外观设计专利 18 项。至 2014 年，赤峰市专利代理量由 1991 年的 13 项增加到 2014 年的 170 项，其中发明专利 33 项，实用新型专利 130 项，外观设计专利 7 项，比 1991 年增长 12.08 倍。1991—2014 年，全市专利代理 2343 项，其中发明专利 425 项，实用新型专利 1652 项，外观设计专利 266 项。2005—2011 年，培育国家级知识产权试点企业 2 家，自治区级知识产权试点企业 9 家，市级知识产权试点企业 12 家。2008 年，赤峰市被国家知识产权局列为国家知识产权试点城市；2009—2011 年，赤峰市知识产权局先后被评为全国专利行政执法工作先进集体、全国知识产权培训工作先进集体和自治区知识产权行政执法工作先进集体；元宝山区进入国家知识产权强县试点行列。

第七章　气象测报

第一节　工作机构

一、赤峰市气象局

赤峰市气象局始建于 1958 年。1980 年后，上划自治区气象局，为垂直管理的事业单位。1991 年，赤峰市气象局内设办公室、人事政工科、计划财务科、监察审计科、业务科、仪器装备科、探测科、气象台 8 个职能机构；下设农牧气象室、咨询服务中心和知青劳动服务公司 3 个直属机构；共有工作人员 149 人。

1997 年、2002 年、2006 年、2011 年，先后 4 次对内设机构进行调整。2011 年 12 月，赤峰市气象局内设办公室（政策法规科）、业务管理科、计划财务科和人事监察科 4 个科室；下设赤峰市气象台、气象灾害防御中心、气象技术装备保障与信息中心、财务核算中心（机关服务中心）、气象行政执法队 5 个直属事业单位。在赤峰市气象台加挂赤峰市人工增雨防雹指挥部办公室牌子。全局有工作人员 105 人。至 2014 年机构未变。

二、旗县区气象局（站）

赤峰市各旗县区气象管理机构工作人员自 1980 年 6 月由自治区气象局统一配置事业编制。1991 年，赤峰市有林西县气象局、翁牛特旗气象局、巴林左旗气象局、郊区（今松山区）气象观测站、阿鲁科尔沁旗气象局、巴林右旗气象局、克什克腾旗气象局、敖汉旗气象局、喀喇沁旗气象局、宁城县气象局 10 个旗县区气象局（观测站）；郊区气象观测站为国家基准气候站，翁牛特旗气象局设乌丹气象观测站、巴林左旗气象局设林东气象观测站、林西县气象局设林西气象观测站，为国家基本气象站，其他 6 个旗县气象局设气象观测站,为国家一般气象站。共有工作人员 185 人。2002 年,赤峰市郊区气象观测站更名为松山区气象局,下设气象观测站改为国家基本气象站。2006 年,全市 10 个旗县区国家气象观测站与所在旗县区气象局实行局站合一,共有工作人员 140 人。2011 年,巴林左旗气象局(站)为国家基准气象站,林西县气象局(站)、翁牛特旗气象局(站)、松山区气象局(站)为国家基本气象站,喀喇沁旗气象局(站)、敖汉旗气象局(站)、宁城县气象局(站)、巴林右旗气象局(站)、阿鲁科尔沁旗气象局(站)、克什克腾旗气象局(站)为国家一般气象站,由赤峰市气象局统一管理,共有工作人员 135 人。2013 年,松山区气象局(站)由国家基本气象站升级为国家基准气象站。至 2014 年,全市旗县区气象机构共有工作人员 146 人。

三、乡镇气象观测站

1991 年,赤峰市气象局设宝国吐、八里罕、浩尔吐、岗子 4 个乡镇气象观测站,其中宝国吐气象观测站为国家基本气象站,其余 3 站为国家一般气象站。2009 年,浩尔吐气象观测站更名为富河气象观测站。2010 年 1 月,建成海拉苏国家无人气象观测站。至 2014 年,全市设 4 个乡镇气象观测站,宝国吐气象观测站为国家基本气象站,岗子、八里罕和富河气象观测站为国家一般气象站,共有工作人员 15 人。

第二节　气象观测

一、地面气象观测

气象观测站设置情况　1991 年,赤峰市共有国家级各类气象观测站 14 个,其中基准站 1 个,基本站 4 个,一般站 9 个。2010 年后,新增海拉苏国家无人气象观测站 1 个,松山区气象观测站由国家基本气象站升级为国家基准气象站。至 2014 年,赤峰市共有国家级各类气象观测站 15 个,其中基准站 2 个,基本站 3 个,一般站 9 个,无人站 1 个。

区域站建设情况　2005 年 6 月至 2006 年 5 月,共建成 90 个两要素区域自动站。2009 年,建成 1 个六要素区域自动站。2011 年,建成 31 个四要素区域自动站。2012 年,建成 75 个单要素雨量站。2013 年,建成 23 个单要素雨量站和 4 个四要素区域自动站。2014 年,新建 18 个四要素区域自动站和 1 个两要素区域自动站;将 76 个两要素区域自动站升级为四要素区域自动站。至年末,全市共有各类区域自动站 243 个,其中六要素站 1 个,四要素站 129 个,两要素站 15 个,单要素站 98 个,实现气象观测覆盖全部乡镇苏木。

数据处理方式变更情况　1987 年起使用 pc-1500 袖珍计算机计算编制气象电报,提高了编报的准确性。1999 年 6 月至 2014 年 12 月,使用微机运行地面测报软件进行计算、编制报表,对观测数据进行加工处理,结束手工编报的时代,提高了工作效率及气象报文报表的准确性。

气象电报传输方式　气象电报传输方式自建站开始通过邮局发报。1999 年 1 月,开始使用单边带数传网传输气象电报。2001 年，开始使用拨号网络传输气象电报。2004 年 8 月至 2014 年 12 月，使用 2 兆光纤专线网络将各类气象电报、数据文件直接传输到自治区气象局信息中心。

观测次数及观测内容变更情况　1991—2012 年，国家基准站每天进行 24 次人工观测 8 次发报，基本站每天进行 8 次人工观测 8 次发报，一般站每天进行 3 次人工观测 3 次发报。2012 年 4 月起，国家基准站、基本站每天进行 8 次人工观测，夜间不守班，一般站每天进行 3 次人工观测；同时取消天气报、天气加密报编发和报文上传，采用新格式的地面气象要素数据文件代替，所有站每小时上传地面气象要素数据文件。2014 年 1 月起，国家基准站、基本站每天进行 5 次人工观测，取消云状的观测；一般站每天进行 3 次人工观测，取消云和蒸发的观测。

自动观测情况　2004 年，5 个国家基准站、基本站基本实现自动观测。2006 年，6 个国家一般站基本实现自动观测。2008 年，3 个乡镇气象观测站基本实现自动观测。2014 年，全市共有 8 个站建成双套自动气象观测站，实现自动观测。

二、雷达探测

新一代天气雷达　2002 年底，赤峰市率先在全区建成 C 波段新一代天气雷达系统。2003 年底，新一代天气雷达系统实现业务化运行，主要应用领域包括强对流天气的探测和预警、大范围降水监视和雨量定量估计、风场特征判断以及高分辨率数值天气预报模式初值场的形成。根据雷达回波特征可以判断降水的强弱和有无产生冰雹、龙卷风和地面直线型风害的可能。2009—2012 年，赤峰市对新一代天气雷达系统先后进行升级改造，雷达通信系统增加 100M 光纤通信，将原来的微波扩频作为备用线路。2014 年，赤峰市新一代天气雷达通过国家气象局业务验收。

L 波段雷达　1991 年，赤峰市气象局继续使用无线电探空站，使用 701 雷达测风，7 时、19 时 2 次探空观测，7 时、19 时、1 时 3 次测风观测。1992 年 1 月，停止 1 时雷达测风业务。2006 年 1 月 1 日，探空站由市气象局迁至松山区气象局。2006 年，在松山区气象局完成 L 波段雷达系统建设。至 2014 年，赤峰市气象局利用 L 波段雷达开展测风业务。

旗县区气象局雷达探测　2004 年 10 月，宁城县政府投入 12 万元购置车载雷达 1 部并投入运行，2009 年停用。2008 年 3 月，阿鲁科尔沁旗气象局安装小型天气雷达并投入使用，为短临预报、指导人工增雨(雪)、应对局地灾害性天气等工作发挥了重要作用。2011 年，巴林左旗气象局小型天气雷达投入运行。

三、气象卫星观测

2005 年后，赤峰市全面使用中国自主发射的静止气象卫星，卫星云图主要有近红外卫星云图、中红外卫星云图、远红外卫星云图、水汽图像、可见光云图。至 2014 年，已经可以利用卫星云图对锋面云系、温带气旋云系、高空急流云系、强对流天气系统等进行分析和识别。

第三节　天气预报

一、短期天气预报

20世纪90年代，赤峰短期天气预报主要依赖于打印日本传真图的分析方式来进行，卫星观测依赖于日本的葵花静止卫星，预报发布靠人工手写，再由人工或信件方式送到各级政府、电视台等单位。预报时效为48小时。进入2000年后，天气预报事业发展进入了快车道，气象综合业务分析系统不断更新换代，天气预报业务的现代化水平逐步提高。

2003年，赤峰多普勒雷达投入业务应用，探测时效达到6分钟。中国静止气象卫星FY—2C、FY—2D、FY—2E、FY—2G完全取代国外卫星投入业务应用，半小时一张卫星云图，加密观测15分钟一张卫星云图。雷达和卫星的业务应用大大促进短时预报、临近预报、强对流预报的发展。至2006年，赤峰天气预报完全实现电脑操作的无纸化作业，发布手段也由电子邮件取代人工投递。2011年后，短期预报质量正式开始全区自动考核，至2014年，赤峰市短期气候业务一直处于全区领先水平。

二、短时天气预报

短时预报是指0—12小时降水、温度、压强、湿度、风等气象要素及天气现象的预报与发布。赤峰短时预报从2003年多普勒雷达投入业务应用开始，主要以手机短信或微信来发布，重点是借助雷达和卫星对强对流天气的预报与研判，对短期预报进行有益的补充和订正，短时预报伴随雷达、卫星及数值模式的精细化发展而发展。2011年后，细网格资料陆续问世，时间分辨率达到3小时，从此开始短时预报有了模式支撑。至2014年，通过雷达、卫星及细网格模式，灾害性天气的监测与预警达到较高水平，基本做到短时强降水、雷雨大风、冰雹、暴雪、雾霾等灾害性天气及时预报、预警。短时预报在防灾减灾方面发挥着重要作用。

三、中期天气预报

中期预报指未来10天天气趋势预报，主要预报平均温度、降水与历年平均值的关系及主要降水过程等。赤峰中期预报多年一直以旬天气趋势预报的形式开展，每月10日、20日和月末发布。2006年，逐步以电子邮件取代信件邮递。2008年以前，主要以欧洲中期天气预报中心和日本传真图168小时时效的形势分析进行预报，之后时效均已延长到240小时，满足了中期预报的形势分析需要。2008年以后，赤峰市中期预报主要依靠分析欧洲中心粗网格模式，同时也参考沿用日本传真图。

四、长期天气预报

时效在10天以上，一个月、一季甚至一年的天气预报，称为长期天气预报。时效在一年以上的预报称为超长期天气预报。长期天气预报是以大气过程在较长时间内发展的客观规律为依据，多采用气象要素历史演变相关统计、环流指数变化等方法来制作长期天气预报。从 20 世纪 90 年代开始，赤峰市长期天气预报主要以短期气候预测形式为主，每月末发布下月气候预测信息，统一应用内蒙古气候中心的业务系统分析制作。至 2014 年，赤峰市专设长期预报员 1 人，进行气候预测，预报员被评为全区首席预报专家。

第四节　人工影响天气

一、人工增雨

从 1988 年起，赤峰市与东三盟（呼伦贝尔盟、兴安盟、哲里木盟）联合开展人工影响天气工作，四地同用一架飞机开展人工增雨作业，人工增雨基地设在赤峰市。1991 年，赤峰地区采用飞机人工增雨作业 10 架次，有效缓解部分地区旱情。1992 年，飞机人工增雨作业 10 架次。此后每年根据天气情况开展人工增雨，有效地缓解春旱和初夏旱情。1995 年，赤峰市政府投资 103 万元单独租用飞机，用于全市人工增雨抗旱。市气象局在 5 月 8 日、13 日、18 日三次进行人工增雨，通过精心作业，南部地区降中到大雨，北部地区降小到中雨，使严重的春旱得以缓解。1997 年，翁牛特旗推出火箭人工增雨（雪）作业技术。1999 年 4 月 24 日、26 日，人工增雨飞机两次飞行 5 个多小时，使全市普遍降雨 5～13 毫米。5 月 22 日至 24 日，人工增雨飞机作业 5 架次 8 小时，使全市三分之二地区下透雨，旱情得以解除。2002 年，宁城县政府投资 30 万元，购置火箭发射架和 1 辆增雨火箭车。2003 年，赤峰市气象局申请资金 500 万元，为 10 个旗县区气象局增购 20 部车载火箭增雨设备。2003—2005 年，推广移动火箭增雨（雪）作业，先后为翁牛特旗、巴林左旗、克什克腾旗、巴林右旗、林西县、敖汉旗、阿鲁科尔沁旗、松山区、宁城县、喀喇沁旗 10 个旗县区配备移动火箭增雨（雪）作业车，实现全市范围的空中与地面的立体交叉作业。2007 年，引进人工影响天气综合业务系统和以北斗卫星为平台的飞机增雨通信数据指挥系统。5 月，在全市范围内进行飞机增雨作业，作业区普降小到中雨，宁城县、喀喇沁旗、敖汉旗大部地区雨量在 10 毫米以上，其中宁城县降雨量达 23.3 毫米。此次降雨对全市南部宁城县、喀喇沁旗、敖汉旗旱情有效缓解，对北部牧草返青、晚田播种也比较有利。7 月，受高空冷涡影响，出现有利于飞机增雨作业的天气条件，市气象局抓住作业有利时机，在全市范围内实施 10 多个小时增雨作业，作业区大部地区降中到大雨，局部地区暴雨。10 个旗县区实施火箭增雨作业 29 点次，共发射火箭弹 145 枚，增雨效果十分明显。2010 年，为 10 个旗县区安装人工增雨地面烟炉 10 台。引进 2 套碘化银增雨地面燃烧炉设备，布设在翁牛特旗和克什克腾旗，弥补北部山区地面增雨作业能力不足。2012 年，为全市 10 个旗县区配备手持 GPS 定位系统，实现移动火箭作业全程监控和作业信息实时上报。同年 4 月，市政府出资购置“玉龙号"Y—12 型增雨飞机，结束了长达 17 年的租机开展飞机人工增雨工作的历史。气象部门在增雨飞机上安装观测设备,使增雨飞机可进行空中观测,实现一机多用。2013 年,更新 10 个旗县区火箭作业设备。到 2014 年末,全市 10 个旗县区共有火箭作业装备 24 部,所有火箭作业点均配备火箭弹保险柜和视频监控系统。

二、人工防雹

20 世纪 90 年代开始,赤峰地区人工防雹主要以"三七"高炮为主。1991 年,全市"三七"高炮点由原来的 4 个发展到 17 个,高炮由 6 门发展到 24 门。市气象局使用雷达数字化显示及时提供情报,利用警报接收机传递信息,指挥作业。当年,全市雹灾面积 3 万公顷,在"三七"高炮防护区内无雹灾。1992 年,全市 "三七"防雹高炮增加到 30 门,有效防护面积达 36 万公顷。防雹通信网初具规模,加强防雹指挥和技术指导及雹云跟踪,防雹能力进一步加强。到 1995 年,全市"三七"防雹高炮增加到 42 门。1997 年,全市"三七"防雹高炮达到 118 门,分布点较多的有喀喇沁旗、松山区、元宝山区、宁城县和红山区,阿鲁科尔沁旗、巴林左旗、克什克腾旗、敖汉旗、翁牛特旗开始建点。全市人工防雹工作发展迅速,有效控制耕地面积近 5.33 万公顷。当年,全市出现大范围冰雹 5 次,高炮作业 129 点次,发射炮弹 4739 发,有效预防冰雹对农作物的危害。1999 年,敖汉旗、翁牛特旗气象局建立防雹减灾网。全市人工防雹"三七"高炮发展到 215 门,炮点总数 188 个,全年作业 500 多次,用弹 2 万多发,收到显著防雹效果。2001 年,市政府印发《赤峰市人工增雨防雹管理办法(试行)》及 7 个防雹工作规章制度,人工防雹工作实现有法可依。

至 2008 年,全市 12 个旗县区普遍开展高炮防雹工作,在 117 个乡镇设作业点 196 个,"三七"高炮 215 门,作业人员 784 人。从 2010 年开始,赤峰市气象局对作业点进行炮库、弹药库,值班室和作业平台标准化建设,作业点均绘制安全射界图,规范高炮管理,弹药须放入炮库专用保险柜。2013 年,全市夏季出现阶段性干旱,7 月 、8 月多次出现强对流天气,多个旗县区遭遇雹灾袭击。4—9 月,全市防雹作业 278 点次,发射火箭弹 4981 枚，有效防护农作物面积 27.47 万公顷。2014 年，全市建成标准化作业点 100 个,"三七"高炮 101 门。全市进行高炮防雹作业 360 点次,有效减少了冰雹灾害发生次数。

第五节　气象服务

一、农牧业气象服务

1991 年,全市各级气象部门发布自然灾害调查报告 18 期,阿鲁科尔沁旗、克什克腾旗气象局开展虫灾和森林草原火险预报服务。2001—2003 年，市气象局连续 3 年对全市京津风沙源工程任务进行实地监测,评估京津风沙源工程的完成质量及产生的生态效益和经济效益。2003 年，市气象局编纂出版《赤峰市第三次农牧业气候区划》。2004 年 5 月，在原有 2 个农业气象观测站的基础上，先后在宁城县、喀喇沁旗、松山区、敖汉旗、翁牛特旗、巴林左旗、林西县气象局增加农业气象观测业务，开展农业气象服务。在克什克腾旗、巴林右旗、阿鲁科尔沁旗 3 个主要牧业旗增加牧业气象观测业务，并开展牧草高度、地上生物量、营养成分等牧业气象服务。在全市 10 个旗县区（除红山区、元宝山区外）增加生态监测业务，赤峰市气象局和所属旗县区气象局同时开展包括地下水位、干沉降、风蚀度等方面内容的生态评估服务。2005 年开始，进入防火期前，开展森林草原火险形势分析；在防火期，开展森林草原火险等级预报；为森林草原防扑火工作提供气象信息服务。2006 年，完成赤峰地区三北防护林气候效益评估。自 2009 年起，赤峰市气象局陆续购置 14 部农田小气候观测仪，分别安装在各旗县区设施农业园区，对棚室内外的气象要素进行对比观测，分析总结出一系列设施农业气象服务指标。2010 年，为加强气象灾害防御体系建设，提高气象防灾减灾能力，最大限度地减少和避免人民生命和财产损失，编纂出版《赤峰市主要农牧业气象灾害防御规划》《赤峰市历年主要气象灾害与农业年景》《赤峰市气象灾害防御实用技术手册》。2010 年开始，针对不同农作物（牧草）生育期和农牧业生产过程，开发“农（牧）用天气预报”服务产品，建立起全市农用天气预报联防会商制度，及时指导农业和畜牧业生产。在每年春季造林期，开展植树造林一周气象条件影响分析。2013 年起，针对喀喇沁旗中草药产业开展专业气象服务。针对不同中草药对气候资源的需求，完成中草药适宜种植气候区划。建立中草药气象服务指标库，在中草药生育期发布专题预报服务产品。受喀喇沁旗政府的委托及牧草企业的要求，自 2011 年起，开展牧草气象服务。至 2014 年，在牧草基地建立 1 个全要素自动气象观测站，安装 1 部农田小气候观测仪，设立 2 个两要素气象观测站、4 个四要素气象观测站、1 个单要素雨量观测站、4 块电子显示屏。专门设立科研项目，深入研究牧草返青、晾晒、越冬等各生育期的服务指标，开展牧草全生育期系列化气象服务。

二、应急气象服务

1991—2014 年，不断完善“政府主导、部门联动、社会参与”的气象灾害防御机制，提高基层灾害防御组织覆盖率。切实加强基层防灾减灾体制机制建设，各级政府成立气象灾害防御领导小组，并将气象工作纳入对政府的年度绩效考核；各级政府在气象部门设立气象防灾减灾办公室或应急指挥中心；乡镇建立气象信息服务站的覆盖率达 100%；建立完善村级气象信息员队伍，实现村村都有信息员，并发挥应有作用。扩大雷电灾害防御覆盖率，建筑物雷电防护装置检测率达到 100%，重大工程的雷击风险评估覆盖范围达 100%；建立赤峰市移动应急系统，为重大活动以及突发事件现场提供温度、湿度、气压、风速、风向及雨量等资料，当出现突发气象灾害、环境污染事件、城市火灾等情况时，进行现场服务，及时获取事发地点的气象信息，提供详尽的气象服务，为领导决策提供科学建议；完善暴雨实时监测和预报预警及信息发布机制，建立气象、水利、国土资源等部门联合监测预警信息共享平台和短时临近预警应急联动机制,重大气象灾害应急联动响应实现15~30分钟内通知各相关部门,实现10~15分钟内传媒应急联动响应,应急处置和气象灾害防御能力不断提高。

三、公众气象服务

1991—2014年,先后采用广播、电视、报纸、电话、网络、电子显示屏、警报系统等多种途径发布气象信息,不断丰富信息发布和气象科普宣传的手段,增强了发布时效;加强与通信部门合作,提升气象信息手机短信的群发能力,升级"12121"电话自动答询系统;完善气象信息电子显示屏和农村气象预警广播系统建设;利用公交电视、车载和户外电子屏等资源,进一步扩大气象信息的城乡覆盖面,基本实现公众能通过至少一种途径方便快捷获取最新气象信息,气象信息公众覆盖率不断提高。

四、专业气象服务

2001年以后,赤峰市气象局随着气象观测技术水平的提高,不断拓展气象服务项目,先后增加生态、环境、能源、交通、医疗、旅游等多领域、多项目气象服务。2002年,陆续开展穿衣指数、紫外线指数、晨练指数、体感指数、舒适度指数、火险指数等指数预报。2005年,开展风能、太阳能等能源详查和评估工作。2006年开始,开展交通气象预报工作。2007年,针对商品销售、仓储、建筑施工、庆典气球挂放等行业,陆续开展制作指数预报。2008年,开展医疗气象预报工作,制作中暑指数、风寒指数、冻伤指数、感冒指数、关节炎指数等预报产品。2013年,在克什克腾旗4大景区建成5个四要素气象观测站,在大青山安装1块全彩电子显示屏,在旅游季节开展景区天气预报,通过电视和短信发布。2014年起,通过"赤峰天气"微信公众平台,开展全市所有景点的气象服务。应用森林草原防扑火气象服务系统,为科学防扑火提供科技支撑。

第八章　地震监测

第一节　机　构

一、市级管理机构

赤峰市地震局始建于1976年。1991年,赤峰市地震局内设人秘科、监测预报科、震害防御科,有工作人员12人;下设地下流体监测中心。2014年,市地震局内设办公室、监测预报科、震害防御科、应急救援科和宣传教育科。地下流体监测中心并入应急救援科,有工作人员17人。

二、旗县区管理机构

1991年,赤峰市除红山区、松山区、元宝山区以外,其他各旗县都设有地震管理机构。其中阿鲁科尔沁旗、林西县、翁牛特旗设立独立的地震局，其余旗县在科委设地震办公室。全市旗县地震管理机构有工作人员 34 人。1998 年，红山区、松山区、元宝山区分别在当地科委设立地震办公室。2009 年，巴林左旗成立地震局，与科技局合署办公，一个机构、两块牌子。2014 年，全市有旗县区地震管理机构 12 个。其中阿鲁科尔沁旗、巴林左旗、林西县、翁牛特旗机构性质为局台合一，既有监测任务，又负责本地区防震减灾行政管理工作；其他 8 个地区地震机构均设在科技局，有专门的机构和编制。全市旗县区地震管理机构共有工作人员 49 人。

第二节　地震分布

一、地震带

赤峰地区以赤峰—开原断裂构造带为界线，以北属东北地震区，以南属华北地震区，华北地震区包括郯庐地震带、华北平原地震带、汾渭地震带和银川—河套地震带。1991—2014 年，赤峰市境内地震活动在赤峰南部和北部较为密集，中部地区较为稀疏。南部地区地震活动，主要集中在赤峰—开原纬向断裂构造带与天山口—八里罕新华夏系断裂构造带的交会部位；北部地区地震活动，多发生在纬向断裂构造带与新华夏系断裂构造带及北西向断裂交会处。

二、地震强度、频度

1991—2014 年，赤峰市境内地震活动 3.0 级以上地震震源深度为 5 ~ 20 公里，均为浅源地震。

1991—2014 年，赤峰市境内共发生里氏 1.0 级以上地震 1062 次，其中 1.0 ~ 1.9 级地震 496 次，2.0 ~ 2.9 级地震 493 次，3.0 ~ 3.9 级地震 64 次，4.0 ~ 4.9 级地震 7 次，5.0 级以上地震 2 次。最大地震为 2003 年 8 月 16 日阿鲁科尔沁旗与巴林左旗交界的 5.9 级地震。

第三节　监测与预报

一、监测机构

1991—2014 年，自治区地震局在赤峰市不同地区设立地震台、观测站和观测台，均为事业单位，其中赤峰中心地震台为准处级事业单位。

1991 年，赤峰市地震监测机构有赤峰中心地震台、阿鲁科尔沁旗地震台、林西县地震台、宁城县地震台、敖汉旗新惠地震台、翁牛特旗地震台、巴林左旗林东地震台共 7 个地震台；有敖汉旗大甸子水位观测站、巴林右旗良种场水位观测站 2 个水位观测站。1992 年，增设宁城县甸子乡四道营子水位观测站，翁牛特旗地电阻率、自然电位观

1991—2014年赤峰市1.0级以上地震统计表

表21-2-7　　单位:次

年份	1.0～1.9级	2.0～2.9级	3.0～3.9级	4.0～4.9级	≥5.0级
1991	—	39	2	—	—
1992	—	42	3	—	—
1993	—	36	5	1	—
1994	—	16	2	—	—
1995	—	24	3	—	—
1996	71	25	5	—	1
1997	20	14	4	—	—
1998	17	14	2	1	—
1999	10	11	3	—	—
2000	6	10	—	—	—
2001	19	17	3	—	—
2002	13	12	1	—	—
2003	30	57	9	3	1
2004	20	6	1	—	—
2005	15	11	1	—	—
2006	26	22	1	1	—
2007	13	18	—	—	—
2008	43	24	2	—	—
2009	28	14	1	1	—
2010	20	4	1	—	—
2011	75	28	4	—	—
2012	18	16	5	—	—
2013	18	18	3	—	—
2014	34	15	3	—	—
合计	496	493	64	7	2

测站。2000 年，林东地震台撤销。2008 年，自治区地震局在松山区穆家营子镇、元宝山区风水沟镇哈拉木头村、敖汉旗大甸子乡和翁牛特旗乌敦套海镇建设 4 个强震动观测台。2009 年，将翁牛特旗乌敦套海镇的强震动观测台搬迁至翁牛特旗地震局内进行观测。2013 年，宁城县甸子乡四道营子水位观测站撤销。2014 年，赤峰市有赤峰中心地震台、阿鲁科尔沁旗地震台、林西县地震台、敖汉旗新惠地震台、宁城县地震台、翁牛特旗地震台 6 个地震台；有松山区强震动观测台、元宝山区风水沟强震动观测台、敖汉旗大甸子强震动观测台和翁牛特旗强震动观测台 4 个强震动观测台；有敖汉旗大甸子水位观测站、巴林右旗良种场水位观测站 2 个水位观测站；有翁牛特旗地电阻率、自然电位观测站 1 个。全市地震系统工作人员 58 人，其中高级工程师 6 人，工程师 39 人，助理工程师 13 人。

二、监测预报

1991 年以后，赤峰市地震局不断加强地震监测预报工作，对各监测台站监测数据进行认真研究分析。根据自治区地震局统一要求，每周二 18 点之前将本单位周会商意见发送到内蒙古局域网；每月最后一周周二进行月会商，将会商意见编写成月会商报告和震情通讯，分别发送至自治区地震局和赤峰市委、市政府及防震减灾领导小组成员单位。1991—2005 年，赤峰市地震局与各观测台站没有网络连接，地震前兆数据收集完成后，通过电话拨号上网传送给自治区地震局。2005 年数字化改造后，赤峰市地震局与旗县级地震台站建立起宽带信息网，直接接收数据，相关数据直接通过宽带网上报自治区地震局。2014 年，赤峰市地震局在自治区地震局监测预报综合评比中取得第一名。

第四节　抗震防震

一、综合管理

1991—1998 年，赤峰市地震局抗震防震工作主要以监测预报和宣传教育为主。市建设局抗震办公室负责建设工程抗震设防标准、施工建设环节、抗震性能鉴定等工作。1998 年 3 月，《中华人民共和国防震减灾法》颁布施行。1999 年，市地震局编制《赤峰市破坏性地震应急预案》，对破坏性地震发生时进行防灾救灾、减少震灾损失提出明确具体应急处置措施。2002 年 6 月，市政府批转市地震局《关于贯彻落实自治区电视电话会议精神进一步做好全市防震减灾工作意见的通知》，对全市防震减灾重点工作提出明确要求。2003 年 6 月，市地震局制定《赤峰市建设工程抗震设防要求管理办法》，对全市抗震设防工作提出更加具体明确的规定。2004 年开始，每年召开全市防震减灾工作会议，部署防震减灾工作。2009 年，将《赤峰市破坏性地震应急预案》修订为《赤峰市地震应急预案》，全市各旗县区及相关部门、大中型企业、事业单位也制定本地区、本部门的地震应急预案。2012—2014 年，全市每年召开防震减灾工作电视电话会议，进一步推进全市抗震防震工作。

二、防震减灾示范项目建设

2009 年,市地震部门会同教育、建设部门在全市各中小学校实施中小学校安工程,加强中小学校房屋抗震安全建设。2011 年 5 月,市地震局制定《赤峰市农村牧区民居建设管理办法》,联合建筑工程设计院设计安居民房图纸,在巴林左旗碧流台镇孤榆树村建设 10 户农村牧区民居防震保安全试点工程。2010 年 4 月，元宝山区风水沟镇中心校和第二中学创建为防震减灾科普示范学校。2014 年开始,在中心城区社区和中小学校分别开展“手牵手、邻帮邻、共建地震安全社区”和“防御地震灾害,构建平安校园”活动,全年有 2 个社区、6 所学校进入第一批评审验收。

三、宣传教育

1991—2014 年,赤峰市地震局通过广播电视、报纸、互联网等新闻媒体宣传,举办知识讲座,印发宣传资料,采取防震应急避险演练等多种形式,积极开展抗震防震宣传教育,提高全民抗震防震意识,普及抗震防震知识,增强整体防震减灾能力。

媒体宣传　赤峰市地震局注重将重要节点宣传和长效宣传有机结合,每年的“7·28”唐山大地震纪念日宣传周分别在电视台、广播电台、报纸、网站等新闻媒体播发多种内容的防震减灾科普知识。自 1998 年后,每年 3 月 1 日《中华人民共和国防震减灾法》纪念日,都与新闻媒体联合进行抗震防灾政策法规、抗震设防、防震减灾常识等宣传。2010 年,市地震局官方网站开通,通过网站宣传防震减灾法律法规、科普知识。2012 年,市地震局开通“赤峰地震”新浪官方微博,通过新浪门户网站发布科普知识。2013 年起,赤峰市地震局采用公益短信形式对防震减灾知识进行宣传。至 2014 年,群发宣传短信 10 万多条。

防震应急避险演练　2009 年起,赤峰市地震局每年都组织开展防震应急避险演练活动。2009—2014 年,赤峰市地震局先后组织局机关防震救灾演练 2 次,参演人员 30 人;举办中小学校防震应急避险演练 10 次,参演学生 1 万多人。通过不同层次、不同类别的演练,不断提高应急行动的组织、指挥与协调能力,提高群众应急反应和避险能力,达到防震减灾宣传教育目的。

第二十二卷

文化

赤峰市是传统文化大市。悠久的历史文化传承和深厚的文化积淀，使赤峰具有了独特的文化资源优势，也滋润形成了赤峰人崇文重教的优良传统和赤峰地区浓厚热烈的文化氛围。改革开放以来，赤峰市始终把满足群众文化需求作为文化建设的首要任务，持续加大投入，文化服务基础设施日臻完善。市区新建了群众艺术馆，各旗县区都新建了文化馆，并全部实施了文化信息资源共享工程，乡镇苏木综合文化站、广播电视"村村通"、嘎查村草原书屋基本实现全覆盖，初步建立了市、旗县区、乡镇苏木、村嘎查四级公共文化服务体系。2014 年，全市拥有公共图书馆 14 个、文化艺术馆(站)186 个、草原书屋 2000 多个、文化信息资源共享工程县级支中心 12 个、乡镇苏木基层服务点 54 个。全市博物馆、图书馆、群艺馆(文化馆)全部向社会免费开放。

赤峰市历来注重文化队伍建设。新中国成立以来，赤峰话剧团、赤峰京剧团、赤峰歌舞团以及旗县区乌兰牧骑等 20 余家(支)专业艺术表演队伍长期活跃在文艺舞台上，深受群众欢迎。2006 年，赤峰市率先在内蒙古自治区进行了文化体制改革，国有经营性文化事业单位全部转企改制，公益性文化事业单位全面完成内部改革。市民族歌舞团与市民族艺术剧院合并，组建了赤峰市民族歌舞剧院，赤峰广播电台与电视台合并，赤峰日报、红山晚报、赤峰广播电视报、塞外赤峰网站合并组建赤峰传媒集团，一批具有专业水准的文化企业走上舞台，成为宣传展示赤峰的主力军。

群众性文化活动日趋活跃。先后举办了 9 届红山文化节。承办了第五届内蒙古国际草原文化节和首届内蒙古马头琴艺术节。中国巴林石节、喀喇沁王府文化节、辽中京文化节、克什克腾草原文化旅游节的规模和影响力不断扩大。连续 10 多年组织开展了百日广场消夏文化活动。农村牧区电影放映实现了"一村一月一场"，每年送文化下乡 1000 余场。元宝山区、松山区、林西县被评为全国文化先进区县。

文艺舞台日益繁荣。创作演出了一大批弘扬时代主旋律、讴歌时代精神的优秀剧目，赢得了广泛赞誉，并荣获众多国家级奖项。《萧观音》荣获第二届中国京剧艺术节剧目奖，《赖宁》荣获全国儿童剧优秀剧目银奖，《大地之根》荣获"国家森林文化奖"，《大漠绿海》荣获第四届中国评剧艺术节优秀演出奖，《小村总理》荣获全国话剧界最高奖项"全国戏剧文化奖·话剧金狮奖"的剧目奖、编剧奖、表演奖三大奖项。全市有作家、音乐、舞蹈、书法、美术、摄影、影视等协会会员 818 人。一大批文艺工作者创作的文学、美术、歌舞、摄影等作品，荣获众多国家级奖项和自治区"五个一工程"奖，并在国际间交流。王燋作词、呼格吉夫作曲的《草原上有一座美丽的城》被确定为赤峰市市歌。市文联出版由本土作家创作的以小说为主，兼顾散文、随笔、报告文学、纪实文学的丛书达 149 部。

非物质文化遗产抢救发掘工作成果显著。2006 年"非遗"普查开始，至 2014 年，全市已有国家级非物质文化遗产项目 5 个、自治区级 37 个、市级 68 个、旗县区级 300 多个，拥有国家级非物质文化遗产传承人 2 人、自治区级传承人 35 人、市级传承人 107 人、旗县区级传承人 100 多人。巴林右旗被评为中国好来宝之乡、中国格斯尔文化之乡、中国民间文化艺术之乡。

文博战线成绩斐然。1987 年赤峰博物馆建成。1991 年，全市仅有 1 家博物馆，2 个文物管理所(站)，1 个文物店。2014 年，全市已成立各级文物局 6 个，共有国有博物馆 10 家(其中总投资 2 亿多元、建筑面积 3 万多平方米的新城区市博物馆新馆于 2008 年竣工投入使用)，文物管理所 5 个，馆藏文物达 139891 件组，其中三级以上珍贵文物 4736 件组，包括一级文物 648 件组，二级文物 1528 件组，三级文物 2560 件组。20 世纪 80 年代以来，赤峰市在历史文化的保护、发掘、传承和利用方面做了大量工作。全市已发现各个时期古人类文化遗址 7340 处。1991 年，全市有全国、自治区和市级文物保护单位分别为 4 处、7 处、58 处，到 2014 年分别增加到 49 处、100 处、165 处。连续举办了 9 届红山文化国际高峰论坛。编辑出版了《赤峰历史文化研究》《红山玉器》《赤峰青铜器》《赤峰辽代绘画》等几十部各个时期文化研究专著。红山文化遗址、辽代上京城和祖陵遗址列入中国世界文化遗产预备名单，二道井子夏家店下层文化遗址列入"十二五"时期国家 150 处大遗址名单，魏家窝铺遗址列入第七批全国重点文物保护单位名单，红山文化展示中心启动建设。

广播电视事业加快发展。全市建成了以赤峰广播电视台为中心，以旗县区、乡镇苏木广播电视台(站)为基础的广播电视网，先后建立 9 座微波站、14 条数字微波传输线路，传输中央、自治区、市和旗县区电视节目，逐步形成了广播与电视同步发展、城镇与乡村统筹规划、蒙语与汉语并重推进、有线与无线双重覆盖的发展格局。截至 2014 年，全市广播、电视人口综合覆盖率分别达 98.30%和 98.69%，"村村通"建设任务圆满完成，农村牧区电影放映工程扎实推进。

史志出版档案事业成效显著。1985 年，赤峰市委党史资料征集研究委员会办公室和赤峰市地方志办公室分别成立，全市史志工作进入全新的历史时期。到 2014 年，市、旗县区两级党史、地方志机构共编辑出版各类党史图书 100 余部；编辑出版综合志书 19 部，市级专业志、部门志 105 部，乡镇企业志 9 部，蒙古文志书 16 部；出版市和旗县区综合年鉴近 10 种 44 卷；整理旧志 13 种。"赤峰地情网"上线运行。内蒙古科学技术出版社是赤峰地区唯一一家出版单位。1991—2014 年，累计出版医药卫生、民族及传统文化、科普、农牧业技术、学生读物和综合类蒙汉文图书 2500 多种。2014 年，市档案馆晋升为国家一级档案馆，12 个旗县区档案馆全部晋升为国家二级档案馆。全市馆藏文书档案 753297 卷、51784 件。

第一篇　社会文化

第一章　群众文化机构

第一节　艺术馆 文化馆(站)

一、艺术馆

赤峰市群众艺术馆(简称市群艺馆)前身为昭乌达盟群众艺术馆,始建于 1970 年 5 月,原馆址位于红山区园林路中段。1990 年,市群艺馆增设调研部、声乐器乐部、舞蹈戏剧部,共有工作人员 27 人,其中副高职称 2 人,中级职称 9 人,初级职称 15 人。

1993 年 5 月, 赤峰市书画院、赤峰市民族艺术研究所合并到市群艺馆。1998 年 2 月,赤峰市书画院、赤峰市民族艺术研究所(后更名为文化艺术创作研究中心)从市群艺馆划出。2006 年 7 月,文化艺术创作研究中心和赤峰图片社合并到市群艺馆。

2010 年 9 月,市群艺馆搬迁至新城区锦山路。新馆使用面积 2737.71 平方米,内设排练厅 3 个、多功能厅 4 个。2014 年,馆内设舞蹈部、音乐部、摄影美术部、非遗部、调研创编部、综合办公室,共有工作人员 33 人,其中正高职称 2 人,副高职称 7 人,中级职称 14 人。

二、文化馆

1991 年,全市有旗县区文化馆 12 家,共有工作人员 193 人。1993 年,林西县、松山区文化馆被文化部命名为标准文化馆。2000 年,红山区文化馆被评为内蒙古自治区优秀文化馆。2008 年,巴林左旗文化馆被中宣部、文化部评为“全国服务农民服务基层文化建设先进集体”。2009 年,敖汉旗、巴林左旗文化馆被评为内蒙古自治区“十佳”文化馆。2011 年,在文化部开展的第三次文化馆综合评估中,巴林左旗文化馆被评为一级馆,敖汉旗文化馆被评为二级馆,红山区、元宝山区、克什克腾旗、翁牛特旗文化馆被评为三级馆。2014 年,全市 12 个旗县区文化馆建筑面积 1.7 万余平方米,共有工作人员 197 人。馆内普遍设有展览厅、阅览室、游艺厅、舞厅、美术室、少儿活动中心、摄影厅、放像厅、排练室、蒙汉语说书馆等场馆及设施。

2014年赤峰市旗县区文化馆建设情况统计表

表22-1-1

项目 馆名	建筑面积（平方米）	总投资（万元）	建成时间（年）
红山区文化馆	1800	250	2001
松山区文化馆	400	—	2009
元宝山区文化馆	1520	165	2005
阿鲁科尔沁旗文化馆	700	80	2006
巴林左旗文化馆	1580	190	1994
巴林右旗文化馆	480	—	2008
林西县文化馆	2800	280	2010
克什克腾旗文化馆	600	90	1996
翁牛特旗文化馆	1500	550	2014
喀喇沁旗文化馆	2500	810	2013
宁城县群众文化艺术馆	1232	60	2001
敖汉旗文化馆	2058	210	2007

三、文化站

1990年，全市共有乡镇苏木文化站267个，有工作人员297人，其中公办站137个、173人，民办公助站130个、124人，多数文化站设施简陋、设备不足。1996—1998年，全市各级政府贯彻执行自治区关于加强基层群众文化建设的“彩虹计划”，实施新建、改建乡镇苏木文化站工程。全市共投入资金497.31万元，其中自治区财政补助资金65万元，市财政配套资金47万元，旗县区财政配套资金127.87万元，乡镇苏木配套资金257.44万元，新建、改建87个文化站，增添各类文化器材1302件(组)。“十一五”期间，国家继续实施乡镇综合文化站建设工程，赤峰市160个项目列入计划。至2014年末，累计投资5365万元，其中国家投资3840万元，地方配套1525万元，建成乡镇苏木综合文化站157个，建筑面积总计61876平方米，配备专职人员274人、兼职人员185人。各文化站积极开展标准化、规范化建设，组织开展文明健康的群众文化活动。1998年，林西县新林镇、宁城县大城子镇、翁牛特旗山嘴子乡、巴林左旗浩尔吐乡、红山区站前办事处、松山区初头朗镇、喀喇沁旗乃林镇、松山区老府镇、敖汉旗牛古吐乡和康家营子乡的文化站被评为自治区优秀文化站。2000年，林西县大营子乡、宁城县小城子镇、巴林左旗杨家营子镇、翁牛特旗桥头镇的文化站被评为自治区优秀文化站。2009 年,喀喇沁旗乃林镇文化站被评为自治区“十佳”文化站。2011 年,翁牛特旗阿什罕苏木文化站被评为自治区“十佳”文化站。2013 年,在文化部及内蒙古自治区文化厅开展的第一次文化站评估中,赤峰市有 8 个文化站被评为一级站,17 个文化站被评为二级站,33 个文化站被评为三级站。

四、文化室

1991 年,赤峰市有 1270 多个村嘎查建成文化室。1992 年后,全市实施内蒙古自治区“边疆文化长廊”建设和基层文化建设“彩虹计划”,同步试行《赤峰市农村牧区达小康文化事业达标标准》,基层文化网络建设逐步得到强化。

2001 年后,赤峰市进一步加强村级文化室建设。旗县区政府对文化室建设积极性高的村嘎查进行奖励性财政补贴;各级政府和文化管理部门通过积极协调,争取机关、企事业单位出资援建村级文化室;部分村委会自筹资金建设文化室。全市村级文化室数量不断增多,设施、设备日益完善。2014 年,赤峰市争取自治区投资 388 万元,为 656 个村嘎查文化室配备乐器、音响等设备。全市多数文化室均“一室多用”,兼具图书室、学习室、会议室、科技培训室、影视播放室、文化娱乐活动室、党员远程教育室等多种功能,成为提高群众文化素质、丰富群众精神文化生活的重要场所。至 2014 年末,全市建有村级文化室 1216 个,占全市村嘎查总数的 58%,其中建筑面积在 150 平方米以上的文化室 282 个,150 平方米以下的文化室 934 个。建筑面积 150 平方米以上的文化室主要集中在红山区、元宝山区等经济较发达地区。

第二节　图书馆

一、赤峰市图书馆

赤峰市图书馆建于 1983 年,馆址位于红山区园林路,建筑面积 4200 平方米,内设办公室、辅导部、采编部、借阅组、蒙文组。1991 年,馆内设有阅览部、外借部、少儿部、咨询部和电化教育办公室,有工作人员 39 人,馆藏图书 11.8 万余册。至 2010 年,馆藏图书 20 万册。

2011 年 1 月, 赤峰市图书馆迁址到新城区, 新馆建筑面积 7800 平方米。2012—2014 年,通过购进图书馆自动化集成系统,使图书编目由原来的手工操作变为计算机录入。2012 年 2 月,外借流通图书和阅览室报刊实现免费开放服务。同年 11 月,市图书馆建成电子阅览室和数字图书馆, 通过自动化系统开展借阅服务工作。2013 年 4 月,与 13 个旗县区级公共图书馆、赤峰市委党校图书馆、内蒙古交通职业技术学院图书馆实现资源共享。同年,赤峰市图书馆晋升为地市级二级图书馆。

2014 年,市图书馆建成自助借还系统,日均接待读者 200 多人次。截至同年底,馆藏图书 50 余万册。其中纸质图书藏有《四库全书》《四部丛刊》《中国文化史丛书》《清实录》《蒙古源流》《黄金史纲》等经典文献;拥有电子文献26万册,电子期刊30600种,视听资料131507集,构成丰富的馆藏体系。

二、旗县区图书馆

1991年,赤峰市共有13个公共图书馆,馆舍总面积13254平方米,馆藏图书60余万册,有工作人员154人。

1991年后,全市13个公共图书馆基础设施条件逐步改善,由传统图书馆向现代图书馆转型。1999年,红山区民族少儿图书馆在全市率先使用图书馆自动化集成系统。2013年,翁牛特旗图书馆率先在街区设3个24小时自助图书馆,购置自助图书借还机4台、数字报刊阅览机1台、移动盘点车3台、电子书借阅机1台,成为现代化水平较高的旗县区级图书馆。至2014年,全市各旗县区图书馆馆舍总面积19544平方米,共有在编工作人员158人,计算机380台,藏书数量110余万册。

2014年赤峰市及各旗县区图书馆一览表

表22-1-2

项目 馆名	建馆时间	馆舍面积(平方米)	藏书数量(万册)	评定等级
赤峰市图书馆	1983年	7800	50	地市级二级
红山区图书馆	1950年	1500	25.5	县级二级
红山区民族少年儿童图书馆	1987年	1500	14	县级一级
松山区图书馆	1984年	800	6	县级三级
元宝山区图书馆	1984年	880	5	县级三级
阿鲁科尔沁旗图书馆	1987年	1000	4	县级三级
巴林左旗图书馆	1988年	1300	11	县级二级
巴林右旗图书馆	1981年	2020	10	县级二级
林西县图书馆	1956年	2600	5.4	县级三级
克什克腾旗图书馆	1985年	600	3.6	县级三级
翁牛特旗图书馆	1984年	1320	10	县级三级
喀喇沁旗图书馆	1980年	3500	4	县级三级
宁城县图书馆	1979年	424	5.34	县级三级
敖汉旗图书馆	1979年	2100	8	县级三级

红山区民族少年儿童图书馆　位于赤峰市红山区哈达街、新华路交会处南侧，是全国第三座、内蒙古自治区第一座民族少年儿童图书馆，1984 年兴建，1986 年 11 月竣工，1987 年 6 月 1 日正式开馆。该馆面积 1500 平方米，楼高四层。设有书库、外借处、阅览厅、电教室、采编、辅导室、办公室。1997 年末，全馆职工 17 人，其中少数民族职工 10 人。该馆藏书 14 万册，接待小读者 60 余万人，借阅图书 200 余万册次，阅读辅导 160 余场，举办各种兴趣班 200 余期，播放录音故事 100 余场，接待少年儿童观众万余人次。1989 年，该馆被文化部评为全国文明图书馆。1990 年，获内蒙古自治区文化工作“金牛奖”。1990—1991 年，两次获市级“优质服务杯”奖。1996 年，被评为全市民族团结进步先进集体。1999 年，晋升为县级国家一级图书馆。

三、院校图书馆

赤峰学院图书馆　赤峰学院图书馆始建于 2003 年 7 月，由原赤峰民族师范高等专科学校、赤峰教育学院、内蒙古广播电视大学赤峰分校、内蒙古幼儿师范学校、赤峰卫生学校、赤峰艺术学校 6 所院校图书馆合并而成，馆址设在原赤峰民族师范高等专科学校图书馆。2004 年，引进图书馆集成化管理系统，实现图书编目、流通、典藏、查询等业务的计算机管理。2006 年后，陆续引入和运用各类全文数据库、中国知网 CNKI 等资源，建立图书馆网站，提高图书馆管理和使用的便捷化、现代化水平。2011 年，图书馆设蒙汉文书库 5 个，阅览室 10 个，阅览座位 1000 多个，馆藏纸质图书 84 万余册，电子图书 16.5 万册，期刊 1000 多种。每周向读者开放 70 小时。同年，图书馆新楼建设工程启动，2013 年竣工，馆舍面积为 2.9 万平方米，馆藏纸质图书 102 万余册，电子图书 49.6 万册，现刊 1500 多种，数据库 18 个。馆藏书籍涵盖学校开设的所有学科专业，其中以蒙古学、北方文化、医学、历史学等文献为收藏特色。馆藏的重要典籍有《永乐大典》《四库全书》《四部丛刊》《四部备要》《古今图书集成》《中国近代史料丛刊》《大藏经》《清实录》《中国大百科全书》《大不列颠百科全书》《天一阁》以及自治区仅存一部刻印于光绪年间的《普通百科全书》等精品。2014 年，图书馆设有借阅室、阅览室、密集书库、电子阅览室，阅览座位 3283 个，采用藏、借、阅合一的模式，为读者提供全方位的开放服务，设有专门的自修室和自修区，每周向读者开放时间为 112 小时。

赤峰工业职业技术学院图书馆　赤峰工业职业技术学院图书馆前身为昭乌达盟农牧机械化学校图书馆，始建于 1973 年。1988 年，学校更名为“内蒙古纺织工业学校”后，确定“大基础，小专业”的馆藏原则。1998 年，馆藏图书 9000 余种 4 万册，中外杂志 300 多种，报纸 40 余份。2004—2005 年，赤峰粮食学校、赤峰黄金技校、赤峰民族技工学校、赤峰财经学校合并到内蒙古纺织工业学校，4 所学校的部分馆藏图书一并归入内蒙古纺织工业学校图书馆。2005 年，馆藏图书有 18000 余种 90610 册，中外杂志 300 余种，报纸 70 余份。2011 年，在五校合一的基础上，组建赤峰工业职业技术学院后，内蒙古纺织工业学校图书馆更名为赤峰工业职业技术学院图书馆。2014 年，图书馆总面积超过 2500 平方米，拥有综合、专业 2 个书库和现刊阅览室、过刊阅览室、教师阅览室、电子阅览室。馆藏纸质图书3万余种18万册,电子图书10万册,视频教学资源1000集,杂志400多种,报纸80余份。馆藏比重向高职教育倾斜,对应高职教育的专业类书刊超过50%,基本满足全校师生教学科研的需求。

内蒙古交通职业技术学院图书馆　内蒙古交通职业技术学院图书馆前身为昭乌达盟汽车技工学校图书馆,始建于1975年。2010年,内蒙古交通职业技术学院图书馆馆舍建成,占地面积5475平方米,分为上下两层,设有阅览室2个,提供座位800个。截至2014年,馆藏图书20万册,纸质期刊486种。

四、草原书屋

从2007年起,文化部和国家新闻出版署在全国实施“农家书屋”工程(内蒙古自治区称“草原书屋”)。到2014年底,全市分4批在农村牧区的村嘎查建成草原书屋2040个,配送图书326万册,提供报刊、音像制品价值4000多万元。为便于管理,草原书屋的设置除个别选在学校、农民文化大院外,绝大多数都与党员活动室、文化室等共建共享。全市各公共图书馆派出专业人员指导帮助各个草原书屋管理图书,辅导培训书屋管理员。通过整理、分类、编目,全市草原书屋的图书均按政治、经济、科技、生活、文化、少儿、综合七大类分类上架。各地建成的草原书屋都广泛开展借阅读书活动,为服务于农牧民的生产生活、促进农牧民文化素质提高起到积极作用。各级文化行政部门注重培植草原书屋典型,敖汉旗新惠镇康家店村草原书屋被评为“2012年全国示范农家书屋”。

第三节　文化宫 少年宫

一、赤峰工人文化宫

赤峰工人文化宫坐落在原新华广场南侧,其前身是1958年建成的赤峰工人俱乐部,是赤峰较早的公共娱乐场所。1983年,工人俱乐部被拆除。1987年,建成工人文化宫,楼高43.6米,6层,建筑面积4180平方米,钢混结构。由市设计院设计,第一建筑工程公司施工。大楼造型独特,上部为白色马赛克贴面,中部为白色瓷砖贴面,下部为黑色大块有机玻璃贴面,色调典雅,搭配得当。楼内设学习室、游艺室、实验室、教室、电影厅、舞厅等活动场地,成为职工文娱活动中心。2011年,修建维多利广场时被拆除。

二、赤峰青少年宫

赤峰青少年宫原称红山区青少年辅导站,始建于1979年,1987年,改称赤峰青少年宫,为共青团赤峰市委对青少年进行校外文化艺术教育活动的事业机构。1990年,有职工7人,设有文艺部、美术书法部、少先队工作部、办公室。每年招收业余学员500余人。1987年,赤峰青少年宫被评为内蒙古自治区少先队工作先进单位。1991年,被评为全国艺术教育优秀集体。赤峰青少年宫逐渐成为开展青少年文艺、科技制作、音乐器乐、美术书法活动的中心和第二课堂,得到学校、家长和社会的广泛认可。2014年后,在新城区新建了赤峰青少年宫。

第四节 美术馆 书画院

一、赤峰美术馆

2011 年 10 月，赤峰美术馆成立。2013 年 8 月 18 日，免费对外开放。馆址为赤峰博物馆旧馆，建筑面积 6880 平方米。内设学术部、展览部、典藏部、公共教育部和办公室，核定编制 14 人。截至 2014 年，赤峰美术馆共举办 30 余次大中型展览，主要有《全国第七届篆刻艺术展》《赤峰首届中国画学术展》《2013 迎新春综艺文化汇展》《用创意向青春告白——赤峰学院美术学院 2014 届毕业生作品展暨毕业生推介会》《赤峰油画学会第三届年展》等。

二、赤峰市书画院

1990 年，赤峰市书画院成立，为独立事业单位，人员编制 7 人，与市群众艺术馆合署办公。主要业务是培养书画艺术人才，繁荣书画艺术创作，活跃书画艺术交流。1993 年 5 月，书画院重新划归市群众艺术馆，一个单位、两个牌子。1998 年 2 月，赤峰市书画院再度从市群艺馆分出，为全额拨款事业单位，办公场所迁入赤峰市昭乌达路中段钟楼内，建筑面积 300 平方米。2008 年，赤峰市书画院迁入新城区石博园，建筑面积 1200 平方米。截至 2014 年，书画院内设办公室、展览馆、书法创作室、美术创作室，人员编制 7 人。1991—2014 年，书画院先后举办 20 多次书画展览。

三、红山区书画院

1991 年 12 月，红山书画院成立，定编 4 人，隶属于红山区文化局，是从事书画艺术创作与理论研究的艺术事业机构。主要任务是开展理论研究，提高书画艺术创作水平，扩大国内外书画艺术交流，搜集、收藏有一定艺术价值的书画作品。该院有副教授级专业书画人员 10 人，全国美协会员 5 人，自治区美协会员 21 人。自书画院成立至 2014 年，每年都有几十件书画作品参加市级以上作品展览或在报刊上发表，累计入围全国美展作品 14 件。

四、喀喇沁旗书画院

2012 年 2 月，喀喇沁旗书画院成立，隶属于喀喇沁旗政协，为全额拨款事业单位。内设书法工作室、美术工作室、摄影工作室、文学工作室。有办公室 220 平方米，展厅 1000 平方米，创作室 320 平方米。

第二章 群众文化活动

第一节 培训辅导

赤峰市群众艺术馆、旗县区文化馆、乡镇苏木文化站、村嘎查文化室构成四级群众文化网络,各文化馆、站根据群众的文化意愿和需求经常性地、有针对性地进行辅导培训。1991 年,全市文化基层单位共举办各类实用技术培训班 1800 余次,培训骨干 5 万余人,编印经济、科技、文化等信息材料 4500 余份。市群艺馆常年坚持为机关、企业、学校、村镇和社区的业余文艺宣传队进行业务辅导。1995 年,市群艺馆举办全市群众文化专业继续教育岗位培训班,有 136 名群众文化专业人员接受培训。2014 年,市群艺馆开办舞蹈、声乐、器乐、朗诵、书法、美术、摄影等免费培训班及讲座 28 项、154 次,免费培训 4 万人次。

1991—2014 年,全市由不同办学主体面向少年儿童举办了歌唱、舞蹈、器乐等多种类型的表演艺术教育培训班(校)。为检验表演艺术的教学成果,全市有 9 家单位按对口承接方式与中国音乐学院、中国舞蹈家协会、中国民族管弦乐学会、中国民族民间舞蹈等级考试中心、中国歌舞团、北京舞蹈学院等 9 家单位联合开展艺术水平考级活动。对口承接考级的 9 家单位分别是蒙东演艺学校、草原骄子舞蹈学校、赤峰市民族管弦乐学会、赤峰市雏鹰少儿舞蹈学校、赤峰名家艺校、红苹果艺术培训学校、赤峰国标舞俱乐部、美美少儿舞蹈培训中心、内蒙古音协赤峰考级站。考级活动每年一次。2014 年,全市接受考级的少年儿童共有 2.2 万人次。

第二节 文化活动

一、“文化下乡”活动

自 1996 年中宣部、文化部等 10 部委倡导文化、科技、卫生“三下乡”活动开始,市文化局一直高度重视文化下乡工作,每年专门下发文件对活动时间、活动范围、组织领导作出具体安排。全市各地专业文艺团体、文化馆、图书馆、文化站深入基层,送戏下乡、送辅导下乡、送图书下乡。到 2006 年,全市送戏下乡 18 万多场,送图书下乡 100 多万册,送辅导下乡 1 万余次,培训农村牧区文艺骨干 15 万余人。2001 年 12 月,市直文化系统各单位共同参加在喀喇沁旗牛家营子镇开展的“三下乡”活动,市新华书店向当地群众捐赠有关种植、养殖方面最新版科技图书 480 多种、2000 余册;市民族歌舞团、市民族艺术剧院演出京剧、评剧、小品、歌舞等节目;市书画院的书法家现场书写捐赠春联 200 余幅。1998 年 1 月,敖汉旗乌兰牧骑因送戏下乡成绩突出,被中宣部、文化部等10部委评为全国文化、科技、卫生“三下乡”先进集体，并在表彰会上作经验介绍。1998年，市民族艺术剧院、克旗乌兰牧骑被自治区党委宣传部、自治区文化厅等部门评为全区文化、科技、卫生“三下乡”先进集体，敖汉旗乌兰牧骑马文波、宁城县乌兰牧骑张树德、翁旗乌兰牧骑莫德格被评为先进个人。2008年3月20日，在中宣部、文化部、广电总局、国家新闻出版署联合召开的全国服务农民服务基层文化建设先进集体表彰大会上，巴林左旗文化馆获得“全国服务农民服务基层文化建设先进集体”称号。

二、社区文化活动

全市社区文化活动十分活跃。各地居民自发组织的秧歌队、合唱队、舞蹈队、棋牌队伍等团体不计其数。尤其是具有健康益智性、娱乐趣味性的扑克竞技类活动“赤峰对调”遍布全市城乡，社区群众普遍参与，赛事活动经常不断。市群艺馆在中心城区各街道办事处及社区以辅导为手段，发现和培养群众文化人才，锻炼和培育文化活动队伍，打造各具特色的社区群众文化活动“一街一品”。至2014年，全市中心城区和旗县街道管辖社区的文化活动普遍开展，居民自发的文化活动达到350天以上，社区居委会举办的公益性文化活动基本达到“五一”“七一”“十一”逢节必办。

三、节假日文化活动

每年春节期间，市文化局都组织丰富多彩的群众文化活动。2002年春节期间，市文化局组织“人寿保险杯”庆新春秧歌大赛和焰火晚会。2005年春节期间，市文化局组织“人保财险杯”欢乐赤峰新春歌会，从正月初八至十四，在昭乌达剧场连续举行7场精彩演出；与新区办联合举办敖汉旗庆祝市委、市政府入驻新城区大型焰火晚会；与喀喇沁旗委、旗政府联合举办喀喇沁旗名人书法展。市图书馆举办有奖猜谜活动，市民族艺术剧院在红旗剧场举办金鸡报晓戏曲综艺专场演出，市书画院举办迎新春赤峰名家书画春联展销，赤峰博物馆举办“探寻逝去的王朝——内蒙古辽代文物精品展”。2007年春节期间，市文化局与红山区文化局、松山区文体局共同承办“和谐赤峰”新春系列文艺演出和“海贝尔杯”新春系列文艺大赛。2011年春节期间，市文化局组织市直和红山区、松山区文化单位开展文艺演出、秧歌会演、有奖猜谜、焰火晚会、艺术展览等各类文化活动20多项；还组织所属文化艺术机构及社会团体举办市民族歌舞剧院专场文艺晚会、群众综艺文艺晚会、戏曲专场文艺晚会、少儿新春联欢文艺晚会、春节大拜年大型秧歌会演等5项活动。2012年春节期间，市文化局协调直属单位和红山区、松山区文化部门组织开展有奖猜谜、秧歌会演、书画展览、焰火晚会等28项丰富多彩的群众文化活动。

市群艺馆从2012年起，组织少年儿童举办“六月星光”活动，主题是学习雷锋精神、关爱留守儿童、树立良好社会风气、争做新时代小主人；举办“爱在赤峰——庆‘六一’儿童文艺展演”，来自全市各旗县区的300余名儿童参加演出。2013年的“六月星光”活动以感恩社会、奉献爱心、关爱地震灾区儿童为主题，举办“童心祈福 雅安加油”

大型公益文艺演出,全市12支少儿艺术团队、300多名小演员参加演出。

四、大型文艺演出

1982年后,全市各旗县区每年都举办文化夜市、文化节、文化庙会等大型群众文化活动。1985年、1987年、1991年,市文化局、市群艺馆举办3届“乌兰哈达之声”音乐会。1986年3月,市群艺馆辅导和录制舞蹈、歌曲节目15个,分别参加全区、全国民歌民间舞蹈录像比赛,共有13个节目获奖,白音查干演唱的《小黄马》获全国民歌比赛特等奖。1987年8月,为庆祝自治区成立40周年,市文化局组织开展文艺演出、电影展映、美术摄影展、大型成就展等文化活动,受到市委、市政府表彰。1989年9月,赤峰市首届文化节在市体育场举行,其间组织专业、业余文艺团体演出28场,街头及阵地活动40多项,并设立文化一条街和经贸一条街。1992年5月,市文化局、市经贸委、市总工会联合举办赤峰市首届企业文艺会演,10个系统32家企业组成的16支代表队参加会演,演出18场、239个节目。1995年,元宝山区山前镇马架子村民族儿童文化园被文化部命名为国家级“蒲公英计划”农村儿童文化园试点单位,并参加庆“六一”“农村娃”进京文艺演出。1996年7月,市文化局、市文明办举办全市文明企业文艺大赛,全市近40个市级以上文明企业组成的15支代表队参加大赛。1997年11月,市群艺馆编导并推荐5个舞蹈参加全国第六届“群星奖”舞蹈大赛,其中《玉龙神韵》获银奖,《搏》《腾飞》获铜奖,《草原小骑手》《牧人的摇篮》获优秀奖。1998年9月和11月,市文化局举办“迎国庆交通安全进万家”广场文艺演出和“药业杯”全市企业小品大赛。1999年,市文化局共组织开展3次大型文艺演出:5月,举办“赤峰市少儿文化艺术节”,共有500多件书画、手工作品参加评选,11支代表队340人参加文艺演出;8月,举办“农行杯”全市农村牧区文艺会演,演出各类节目35个;6月至国庆节期间,举办“红烨杯”全市首届广场消夏文化节,全市共组织各类广场文化活动728场。同年12月2日,在浙江台州举行的全国第10届“群星奖”舞蹈比赛中,市群艺馆陈玉华编舞、呼格吉夫作曲的群舞《天使情》获编舞、辅导、作曲、表演4项铜奖,陈玉华编舞、宋汇霖作曲的老年舞蹈《飘香的草原》获编舞、作曲、表演3项优秀奖。2001年,市文化局组织2次大型活动:“七一”期间,组织《母亲颂》专题文艺演出、大型歌咏比赛庆祝建党80周年;8月,组织由6个单位、110名演职人员组成的代表队参加全区首届少儿舞蹈比赛。2002年5月至9月,按照市政府办公厅《关于开展全市城镇文化建设活动的通知》要求,全市各地普遍组织开展以广场文化为主的城镇文化建设活动,市文化局于7月、8月组织“人民保险进万家”“中国网通连着你我他”广场消夏文化活动周2次。同年,市群艺馆创作演出的小品《贴心人》、相声《老兵新传》分获全国第11届“群星奖”铜奖、优秀奖。

自2006年以来,赤峰市成功举办九届红山文化节,着力打造城市文化品牌,形成以文艺演出为主体,融历史文化研讨、群众文体活动、古玩藏品交流、经贸会展、旅游观光于一体的文化艺术类节庆活动模式,曾两次被全国节庆协会评为文化艺术类节庆活动前十名。从2007年起,市文化局每年都在红山文化节期间举办全市城镇社区文艺会演、农村牧区文艺会演，城、乡隔年分别举行，连续五届基层文艺会演活动参演群众3000多人，参演节目460多个，涵盖舞蹈、声乐、器乐、戏剧、小品、曲艺、民族服饰表演等各门类，观众达到10万余人次。

第三章 电 影

第一节 影剧院

1991年，全市共有城镇电影院19座，乡镇和厂矿企业影剧院、俱乐部33座。至2014年，赤峰市电影院由1991年的52座(包括乡镇和企业影院)减少到17座，各电影院普遍完成数字化的改造。

2014年赤峰市电影院情况统计表

表22-1-3

影剧院名称	银幕数（块）	座位数（个）	总票房（万元）	总场次
赤峰红旗剧场	7	558	677.86	13100
赤峰昭乌达剧场	2	911	43.80	2226
阿鲁科尔沁旗时代影城	3	356	24.38	1641
巴林左旗新视界影城	3	214	6.00	300
巴林左旗鼎丰盛汇影城	6	302	4.00	200
巴林右旗奥斯卡影城	3	320	9.83	869
克什克腾旗葛亮影城	5	724	19.64	2110
翁牛特旗启程影城	3	234	10.51	3750
赤峰星美国际影城	7	969	788.08	9670
赤峰新天地国际影城	5	477	234.99	5999
赤峰万达电影城	10	1752	2325.70	19737
赤峰北斗星影城	7	828	984.81	11343
元宝山区创美影城	4	459	49.74	2741
宁城县科视影城	4	285	6.09	867
敖汉旗智新影城	5	409	96.22	3905
喀喇沁旗创美影城	3	120	—	—
林西县青蛙影城	4	426	—	—

一、赤峰红旗剧场

赤峰红旗剧场始建于1958年，是赤峰市区最早的电影放映场所之一。1999年,红旗剧场与赤峰市元宝山宝昌建筑公司合作开发经营。2004年8月，重新开业。2010年,自筹资金进行数字化改造,将原有的2个胶片电影厅改造成4个数字电影厅。随后又自筹资金再次改造,增加3个数字电影厅,进而成为赤峰第一家从胶片电影向数字电影过渡的影院及第一家多厅影院。截至2014年,数字电影厅增加到7个,座位558个。所用放映设备均为2K数字电影放映设备，配备数字电影放映设备7台、进口银幕和3D立体设备各7套。2014年,划归赤峰市文化新闻出版广播电视局管理。

二、赤峰新天地国际影城

赤峰新天地国际影城位于赤峰市长途汽车站路南新天地广场中心。2014年营业,是赤峰首家与中影数字院线合作的高端数字影城。建筑面积2300多平方米，可容纳477人同时观影。影城采用国际先进的放映设备,环绕立体数字音响,配置清晰流畅观感一流的银幕、高档舒适的影院座椅,可播放3D立体电影。

三、赤峰万达电影城

赤峰万达电影城位于赤峰市红山区西拉木伦大街万达广场4楼,2014年6月开业,共设10个豪华影厅、1752个座位,拥有赤峰首家IMAX影厅,可播放3D电影。

四、赤峰星美国际影城

赤峰星美国际影城位于赤峰市新城区“上海城商业中心”,是周边5公里范围内唯一一家影院门店。2014年营业,拥有影厅7个,座位969个。

第二节　发行机构

1991—2001年,赤峰市电影发行放映公司以及12个旗县区的12家电影发行放映公司是文化事业体系的子系统。赤峰市电影发行放映公司总建筑面积4300平方米。公司实行经理负责制,内设9个科室:计财科、发行科、拷贝科、放管科、技术科、宣传科、器材科、蒙语影片译制科、综合办公室,编制内职工70人。12个旗县区电影发行放映公司下辖电影管理站24个,放映队283个。

2001年10月,中共中央办公厅、国务院办公厅《关于深化新闻出版广播影视业改革的若干意见的通知》颁布后,全国原来计划经济体制下的电影发行放映公司普遍实行向市场经济体制变革的“转企改制”。到2003年12月,赤峰市原有的13家电影发行放映公司全部解体并被取消,开始实行院线公司电影发行放映机制。2005年,全市电影工作管理职能由市文化局划归市广播电视局。2008年5月,国家广电总局颁发《数字电影发行放映管理办法(试行)的补充规定》,2010年,赤峰市组建赤峰龙乡农村牧区数字电影院线有限公司。到2014年底,全市12个旗县区共组建13个农村牧区公益电影院线公司、120 个基层电影放映队，从业人员 130 人，拥有流动电影放映机 125 台、流动放映车 7 台。

1991 年，赤峰市电影发行放映公司统筹制定全市 35 毫米、16 毫米、8.75 毫米三种影片拷贝的供求计划，向内蒙古自治区电影发行放映公司申报并按审批计划供给影片拷贝。市和旗县区分别设立影片拷贝库，1991—2000 年，赤峰市电影发行放映公司负责发行和管理的 35 毫米影片节目 503 部，拷贝数 1006 卷；旗县区公司负责发行和管理的 16 毫米影片节目 839 部，拷贝数 4195 卷。电影管理站具体负责 8.75 毫米影片拷贝并向各乡镇苏木电影放映队发放、调度和流转。

第三节 放映活动

20 世纪 90 年代以前，观看电影是人们日常主要的文化生活方式之一，因而电影放映场次多、观众数量大。1992 年，赤峰市电影放映 3.13 万场，观众 605 万人次。放映方式为固定放映和流动放映两种，固定放映，即在赤峰市区、旗县城镇以及乡镇和厂矿企业有电影院的固定场所里，采取售票收费或包场收费的方式放映。2000 年之前，全市电影固定发行放映平均每年 2 万场，年均收入 300 万元；流动放映，即由电影队到农村牧区走乡串村，在露天广场向群众免费放映电影。随着电视的普及，电影放映的场次和观众逐年递减，至 2000 年末，全市电影放映由 1993 年的 4.7 万场锐减到 6000 场。

2006 年后，按照国家计委、广播电影电视总局、文化部联合发出的《关于进一步实施农村电影放映“2131 工程”的通知》精神，赤峰市在农村牧区实行公益电影放映，保证“一村一月一场电影”，由中央和自治区财政对放映单位给予场次补贴。2008—2014 年，全市年均放映公益电影 2.8 万场次，受益群众年均 300 万人次。

第四节 蒙语影片译制

赤峰市电影发行放映公司设有蒙语影片译制科，承担将汉语影片翻译为蒙古族语言并配音的任务。1991—1994 年，每年译制故事片 10 部、科教片 5 部。译配完成后，交内蒙古自治区电影发行放映公司统一涂磁，变成蒙语影片。这些译制片除在赤峰市的克什克腾旗、阿鲁科尔沁旗、翁牛特旗的 33 个牧区电影队发行放映外，还向锡林郭勒盟、巴彦淖尔盟、鄂尔多斯市发行拷贝。1991 年 1 月，赤峰市电影公司译制科被评为全市学习使用蒙古语言文字先进集体。1994 年 9 月，蒙语译制故事片《卧底》获全国少数民族语电影译制“腾龙奖”。1998 年 11 月，蒙语译制故事片《留村察看》获国家民委、广电部、文化部、中国文学艺术界联合会联合举办的第二届全国少数民族语电影译制“骏马奖”。2013 年 6 月，赤峰市广播电视局注册成立赤峰蒙古民族语影视译制中心，由局宣传管理科代管。2014 年 8 月，内蒙古民族语电影译制中心配发电影数字化译制整台设备，并培训译制人员。年内译制完成《生死牛玉儒》《苏布尔嘎风云》《大漠之子》3部蒙语故事片。

第四章　图书发行

第一节　新华书店

1991年,全市共有新华书店12个,即赤峰市店及其所辖的11个旗县区店,共有职工374人。当年全市图书销售总额2044万元,此后连续7年保持全自治区同行业榜首。1992年,全市共有公办和民营图书发行网点664处,基本覆盖全市各地,从业人员1165人。

1993年,赤峰市新华书店各店人、财、物由内蒙古自治区新华书店统管,市店称为分店,县级店称为支店,单位性质由事业单位改为企业。1998年,内蒙古自治区新华书店系统进行集团化公司制改造,成立国有独资内蒙古新华书店集团有限责任公司,赤峰市分店和各旗县区支店为其子公司,盟市级子公司对旗县区子公司负有管理职能。

1991—2014年部分年份赤峰地区各新华书店图书销售情况统计表

表22-1-4　　单位:万元

书店名称＼销售总额＼年份	1991	1993	1995	1998	2003	2008	2012	2014
赤峰市店	421.0	477.4	666.9	1090.4	1362.1	1974.1	2337.6	3010.1
元宝山区店	194.5	270.5	346.3	521.5	516.4	706.1	718.7	1358.5
松山区店	200.3	270.1	467.9	848.0	775.5	915.1	1455.7	2113.9
阿鲁科尔沁旗店	95.0	129.8	185.4	425.8	456.1	609.1	1057.1	1123.0
巴林左旗店	126.0	162.3	275.3	508.9	421.7	639.5	470.1	1324.4
巴林右旗店	77.1	92.7	154.7	256.3	223.0	261.7	596.1	792.1
林西县店	101.7	129.3	185.5	312.1	344.4	311.3	637.3	793.6
克什克腾旗店	98.2	112.3	211.9	333.5	331.1	417.2	404.4	656.6
翁牛特旗店	211.9	241.2	301.8	677.1	459.2	718.6	1277.3	1307.8
喀喇沁旗店	131.7	180.3	270.5	589.3	469.1	523.4	767.2	1130.0
宁城县店	199.9	281.3	408.8	648.1	857.7	878.9	1392.2	1822.6
敖汉旗店	187.1	278.6	344.1	710.2	—	—	—	—

2005年,赤峰市店以图书连锁经营为载体,突破传统观念,打破地域界限,构筑现代物流新模式,引进辽宁北方出版物配送有限公司为内蒙古中东部地区图书连锁经营物流配送商,达成国内图书发行行业首例全方位、深层次、跨区域合作。

2008年,内蒙古新华发行集团股份有限公司成立,赤峰市新华书店更名为内蒙古新华图书发行集团股份有限公司赤峰市分公司,下辖11个旗县区子公司。至2012年,全市各旗县区共有图书经营网点11处,图书销售总额1.29亿元。2014年,全市新华书店职工人数287人,图书销售总额为1.54亿元。

1991—1994年,松山区、巴林右旗、林西县、巴林左旗等旗县区新华书店先后建起营业楼。1995年,市新华书店投资900万元,在原址翻建新营业大楼,建筑面积5500平方米,1996年11月竣工交付使用。2003年,营业大楼在原有基础上进行扩建,建筑面积达到1.4万平方米。克什克腾旗、阿鲁科尔沁旗、敖汉旗也相继建起新华书店营业办公综合楼,图书经营场所和办公条件均得以改善。24年间,赤峰市新华书店先后被国家新闻出版署评为全国新闻出版系统先进单位,被内蒙古书刊发行业协会评为全区书刊发行成就优异、服务优良的"双优"单位。

第二节 民营书店

赤峰市的民营书店兴起于1983年,经历从无到有、从小到大的过程。1991年,全市民营书店共有32家,主要分布在赤峰市中心城区。此后,各地的民营书店逐渐增多。截至2014年,全市民营书店发展到472家(含网上书店31家),从业人员757人;零售发行单位资产总额7986.2万元,零售总额6218.7万元,营业收入8247.4万元,实现利润总额1420.4万元。

2005年12月开业的赤峰市洪森书城,是赤峰市唯一具有出版物批发资质的民营书店,也是赤峰市经营规模最大、图书品种最全的民营书店,营业面积1500平方米,拥有在职员工30多人。经营图书的主要种类有:社会科学、文学艺术、经济管理、生活保健、法律、计算机、少儿图书等,在架图书5万余种、24万余册。规模较大的民营书店还有金石书店、文史书店。红山区民营书店较集中的地区位于大棚栏图书城和梅园小区,新城区位于赤峰二中北门一带和玉龙家园小区。

第二篇 文学艺术

第一章 文 学

第一节 文学创作

20世纪90年代后，赤峰市文艺创作进入出人才、出作品、出成果的繁荣发展新时期，其重要标志是文学作品出版总量剧增，艺术创作获奖居于自治区前列，国家级会员成为文学艺术创作的中坚力量，影视创作、制作水平不断提高。市文联所属各协会会员和社会各界人士积极投身到建设文化强市的大军中，大批原创作品不断出版、展演，并不断获得各种奖励。

一、小说

1991—1995年，赤峰市作家协会成员达到478人，小说创作进入高峰期。从1995年开始，市文联每年与相关出版社合作出版一套丛书，为本域作者创作出版搭建平台，丛书以原创小说为主，兼有散文、随笔、报告文学、纪实文学等。1995年，内蒙古人民出版社出版《塞外文丛》共15部；1999年，中国文联出版社出版《金驼铃文丛》共12部；2001年，中国文联出版社出版《金翅鸟文丛》共10部；2002年，内蒙古人民出版社出版《鼎新文丛》共12部；2003年，新华出版社出版《原上草文丛》共12部；2004年，内蒙古人民出版社出版《太阳城丛书》共10部；2005年，内蒙古人民出版社出版《龙凤文化丛书》共12部；2007年，远方出版社出版《厚土文化丛书》共12部；2009年，内蒙古文化出版社出版赤峰历史文化丛书《消失的草原帝国》共8部，有长篇历史小说《大漠罡风》《铁马中原》《大梦恍惚》《日月同辉》《梦远苍穹》《冷月悲歌》《大辽残照》《西域旗鼓》；2010年，光明日报出版社出版《草根文学丛书》共10部；2011年，内蒙古人民出版社出版《阡陌文化丛书》共12部，光明日报出版社出版《赤峰历史文化书系·文学卷》，汇聚赤峰市本域作家30年文学创作精华；2014年，光明日报出版社出版10部长篇小说《通衢文学丛书》。继王栋、张向午、戴云卿、陈计中等老作家之后，全市又涌现出荆永鸣、刘玉琴、刘书芳等知名作家。除专业作者之外，社会各界业余作者出版小说和文集50多部。

1991—2014年，赤峰市一批文学工作者先后摘取全国全区大奖。在全国第七届少数民族文学“骏马奖”评奖中，赤峰市作家希儒嘉措、李晓峰、韩静慧等榜上有名。荆永鸣的小说《外乡人在北京》荣获“老舍文学奖”；独乔木、吕斌、张雅琴、敖·朝洛蒙、吉青格乐、哈巴图吉日嘎拉、左永民等多人获内蒙古自治区“五个一工程”奖和文学创作“索龙嘎”奖；鲍尔吉·原野等人多次获《人民文学》《民族文学》优秀作品奖；陈计中、张雅琴等作品被列入中国作家协会和自治区作家协会重点扶持项目。

二、诗歌

1991—2014 年，赤峰市的诗歌创作呈现出人才辈出、力作纷呈的局面。2008 年，《崔长青诗词赋选集》四卷本由人民文学出版社作为精品图书出版，《人民日报》、人民网、凤凰网、百度网、搜狐网等媒体同时刊发其出版消息，其代表作品《玉龙赋》《塞上行》《恐龙赋》等先后在市内和域外刊碑。傅智勇的《红山赋》、王立恩的《赤峰胜境十二咏》《赤峰古韵二十声》因其立意高远而产生了较为广泛的影响。刘晓欣、袁凯军、麦沙等人的现代诗和杨凤趾等部分离退休老干部创作的古体诗词，先后在《百柳》等刊物发表，并出版诗集。2000 年以后，诗歌创作走进校园，赤峰学院、赤峰十中、松山区大庙小学等成为诗词创作基地并有诗刊出版。

三、民间文学

自 20 世纪 90 年代起，赤峰市民族民间文学以挖掘赤峰历史文化和传承非物质文化遗产为主题，做了大量细致的工作，推出了一批成果。到 2014 年，整理、保护了许多市级、自治区级、国家级非物质文化遗产。

2009 年，民间史诗《巴林格斯尔》被列入自治区非物质文化遗产名录。巴林右旗是蒙古族“格斯尔”的发祥地。著名艺人参布拉敖力布、金巴扎木苏是说唱格斯尔的传承人，金巴扎木苏说唱的“格斯尔”长达 12.2 万行，说唱 300 多小时。2009 年，巴林右旗被文化部命名为“格斯尔文化之乡”。2012 年，赤峰市文联将该项目列入内蒙古文联“一旗一品”文化建设申报项目予以支持。2014 年，《巴林格斯尔》被列入国家级非物质文化遗产名录。

2009 年，巴林右旗民间文学《沙格德尔》被列入自治区非物质文化遗产名录。沙格德尔是蒙古族著名的民间口头诗人，出生在巴林右旗查干乌苏浩特的一个贫苦牧民家庭，自幼到善福寺出家，通晓经文，并对民间故事、诗歌产生兴趣，由沙格德尔创作的几百首诗歌在民间广为传诵。1959 年，学者塔·乌力更搜集整理这些作品，出版《疯子沙格德尔》一书。沙格德尔的诗歌被研究蒙古族民间文学的学者认为是蒙古族民间文学的宝贵财富。

许景全、于海永、吴肃编著的《敖汉民间故事》于 2008 年荣获自治区民间文学最高文学奖——阿尔丁奖，并被列入中国民协民间文学抢救工程《中国民间文学·县卷本》出版发行。2009 年，《敖汉民间故事》被列入自治区第二批“非遗”名录。

第二节 文学期刊

1991—2014 年,赤峰市文联主办的全国发行文学期刊《百柳》、蒙文文学期刊《西拉沐沦》，皆是具有独特风格、体现赤峰蒙汉文文学创作水平的文学期刊，各出版发行215 期;针对提升青少年写作水平而出版的《百柳·简妙作文》(半月刊)单期发行量突破 10 万份。两刊在确立正确的办刊指导思想的基础上,坚持高品位、高质量、高标准,内容健康、活泼生动、版式新颖,吸引大量读者。1989 年,《百柳》被评为自治区优秀期刊。1993 年,《百柳》和《西拉沐沦》均获全国少数民族期刊“园丁”奖;《西拉沐沦》编辑部获内蒙古自治区学习使用蒙文蒙语先进集体称号。为充分发挥文学园地的作用,两刊还通过文学创作笔会、采风等活动,大量推出新人新作,培养出一大批优秀的中青年作者,其中的许多作者成为享誉全国文坛的知名作家。到 2014 年,两刊共举办蒙汉文学创作笔会 40 余次,出版蒙汉文两刊笔会专号 30 余期。

第三节 文学社团

赤峰市文学社团主要有赤峰作家协会。1994 年 5 月，赤峰市文学艺术界第一次代表大会召开,会议决定成立赤峰作家协会,选举勒·敖斯尔为主席。2006 年,赤峰作家协会召开第二届代表大会,选举荆永鸣为主席。此后,赤峰市作家协会不断发展会员,建立二级协会,部分旗县成立作家协会。到 2014 年,赤峰市作家协会有国家级会员 20 人,自治区级会员 168 人,市级会员 169 人,旗县区级会员 478 人。赤峰作家协会建立的二级协会有:赤峰市文学艺术爱好者协会、赤峰青少年文学艺术协会、赤峰蒙文文学协会。其中赤峰市文学艺术爱好者协会有国家级会员 1 人,自治区级会员 6 人,市级会员 248 人,旗县区级会员 527 人。诗社主要有红山诗社和蓝太阳诗社。

第二章 艺 术

第一节 表演艺术团体

一、赤峰市民族歌舞团

赤峰市民族歌舞团前身为昭乌达盟文艺工作团,1949 年建于巴林左旗林东镇。1956 年,随昭乌达盟机关迁至赤峰。1959 年,称昭乌达盟文工团。1984 年,改称赤峰市民族歌舞团。1991 年末,有演职人员 131 人,其中有艺术专业二级演员、编导、演奏员 12 人,三级演员 42 人。内设党委办公室、行政科、编导科、演出科、声乐队、舞蹈队、乐队、小品曲艺队、舞台美术队、服装厂等。2006 年，赤峰市民族歌舞团与赤峰市民族艺术剧院合并。

二、赤峰市京剧团

赤峰市京剧团原为热河省戏曲实验剧团第二团，建于 1953 年 5 月 1 日，同年 8 月改称热河省京剧团。1956 年，划归内蒙古自治区后，称昭乌达盟京剧团。1983 年，更名为赤峰市京剧团。1988 年，剧团实行承包聘任制。1991 年，有演职人员 121 人，其中国家二级演员、编导、演奏员 18 人，中级职称 45 人，初级职称 44 人。1993 年，改称赤峰市戏曲剧团。1998 年，改称赤峰市民族艺术剧院。

三、赤峰市民族歌舞剧院

2006 年 4 月，赤峰市民族艺术剧院与赤峰市民族歌舞团在文化体制改革中合并，组建赤峰市民族歌舞剧院，成为全市唯一的市级专业文艺团体。院址在昭乌达剧场后侧，占地 2300 平方米。2006 年 6 月，剧院实施“领导干部聘任制、全员竞争上岗考核聘用制、岗位结构工资制”的内部机制改革。2010 年 10 月，院址搬迁到新城区。2013 年 7 月，成立赤峰市达丽雅民族歌舞演艺公司。至 2014 年底，全院职工 108 人，其中事业编制的 70 人，聘用职工 38 人。

赤峰市民族歌舞剧院成立后，一直为繁荣赤峰舞台表演艺术、开拓演艺市场而积极努力。2006 年，创作排演大型主题风情歌舞晚会《西拉沐沦》，同年 8 月参加辽宁省葫芦岛艺术节的演出；2007 年，创作排演民族歌舞晚会《我和草原有个约定》，11 月赴湖北武汉、江苏无锡等地演出；2008 年，创作排演主题民族歌舞晚会《牧歌草原》，参加中央电视台“梦想剧场”的巡回演出；2009 年，创作排演主题情景歌舞《塞外牡丹》，7 月参加内蒙古自治区首届少数民族会演并获铜奖；2010 年，创作排演大型民族歌舞晚会《追寻契丹》；2011 年，创作排演音舞诗话《红山之光》，同年 8 月参加内蒙古自治区第八届草原文化节，获优秀剧目奖；2012 年，创作演出小剧场晚会《天的祝福——马头琴音乐会》、《岁月如歌——经典老歌演唱会》和儿童人偶剧《喜洋洋与灰太狼之神奇药水》，并首次在赤峰进行售票演出，其中《天的祝福——马头琴音乐会》中的部分节目参加内蒙古自治区党委宣传部主办的《聆听草原——马头琴音乐会》在北京保利剧院演出，同年创作的主题风情旅游晚会《敖包相会》在克什克腾旗白音敖包景区进行为期 2 个月的驻场演出；2013 年，独立承担第八届红山文化节开幕式晚会《美丽赤峰 幸福家园》的创意策划、组织排演；2013—2014 年，推出“达丽雅周末小剧场”系列演出活动，每年为市民推出 40 余场公益性演出；2014 年，创作排演话剧《太阳一定升起》，同年 6 月参加内蒙古自治区第十一届草原文化节，获优秀剧目奖。

四、旗县乌兰牧骑

乌兰牧骑是旗县级专业表演艺术团体。赤峰地区成立最早的是翁牛特旗乌兰牧骑，创建于 1957 年，为全自治区 2 个试点地区之一。1966 年，全盟 11 个旗县市乌兰牧骑组建完成,共有队员135人,设政治指导员、队长各1人,隶属旗县市文化局,其中克什克腾旗、林西县、巴林左旗、巴林右旗和喀喇沁旗乌兰牧骑均由原文化队转建。1985年,红山区乌兰牧骑撤销。至1990年,全市共有乌兰牧骑10支,演职人员316人,其中中级艺术专业职称45人,初级75人。1994年,松山区乌兰牧骑被双马集团公司收购,成立双马集团艺术团,后随着企业破产而取消。2013年,宁城县乌兰牧骑与宁城县文化馆合并为宁城县群众文化艺术馆,乌兰牧骑作为馆内建制依然保留。在2009—2011年的乌兰牧骑评估中,克什克腾旗、巴林右旗、翁牛特旗、敖汉旗、宁城县的乌兰牧骑被评为一类队,阿鲁科尔沁旗、巴林左旗、林西县、喀喇沁旗的乌兰牧骑被评为二类队。

2014年赤峰市民间表演艺术团体一览表

表22-2-1

团体名称	所在地区	演出范围	人数(人)	年演出场次(场)
赤峰市话剧团	赤峰市区	话剧	23	2014年始建
赤峰市京剧团	赤峰市区	京剧	35	2014年始建
赤峰市蒙古族民乐团	赤峰市区	民族器乐	15	2014年始建
阳光歌舞团	阿鲁科尔沁旗	声乐、器乐、舞蹈	16	50
皮影艺术团	阿鲁科尔沁旗	皮影	20	40
科尔沁民族舞蹈团	阿鲁科尔沁旗	声乐、器乐、舞蹈	30	30
阿旗蓝天艺术团	阿鲁科尔沁旗	声乐、器乐、舞蹈	44	60
西拉木伦组合	巴林右旗	声乐、器乐、舞蹈	9	150
奥根牧骑文化艺术有限责任公司	巴林右旗	声乐、器乐、舞蹈	32	200
珠拉沁组合	巴林右旗	声乐、器乐	5	300
腾飞民族歌舞团	翁牛特旗	歌舞演出	23	280
金达慧民评剧团	翁牛特旗	评剧、歌舞、二人转	35	400
天长地久文化服务队	翁牛特旗	歌舞演出	12	160
成荣评剧团	翁牛特旗	评剧、歌舞、二人转	24	200
新丽旺评剧团	翁牛特旗	评剧、歌舞、二人转	20	190
金生艺术剧组	翁牛特旗	歌舞演出	12	140
三家皮影队	翁牛特旗	皮影	6	90
红山慧锋文化演出团	翁牛特旗	歌舞演出	15	100
宁城县飞龙歌舞团	宁城县	歌舞表演	21	220

全市各乌兰牧骑坚持“文艺为社会主义建设服务、为人民服务”的方针，以“大方向，小队伍、小节目、小舞台”的“一大三小”精神为指导，结合地区、民族特点，融演出、服务为一体，一队多用、一专多能，常年活跃在农村牧区，为群众送歌献舞，并积极开展面向群众的服务活动。主要服务项目有文艺辅导、时事宣传、图片展览、理发照相等，深受群众欢迎。群众亲切地称乌兰牧骑队员是“懂得牧民心的人”，称乌兰牧骑为“草原上文艺轻骑兵”。

由于乌兰牧骑文化惠民的突出作用，2010 年，自治区党委、自治区政府印发《关于加强新时期乌兰牧骑建设的通知》。2011 年，中共中央宣传部、文化部联合印发《关于加快国有文艺院团体制改革的通知》，明确乌兰牧骑为公益性文化事业单位。至 2014 年，赤峰市共有阿鲁科尔沁旗、巴林左旗、巴林右旗、克什克腾旗、翁牛特旗、喀喇沁旗 6 支乌兰牧骑。各乌兰牧骑和文艺团体拥有场所面积 1.54 万多平方米，演出用车 14 辆，演出服装 9887 套，乐器 470 多件，灯光音响设备 34 套，演出设施大为改善。

第二节 戏 剧

1991—2014 年，赤峰市专业文艺团体的戏剧创作和演出十分活跃，创演的剧种主要有京剧、评剧、话剧。宁城县、敖汉旗的乌兰牧骑（评剧团）每年演出 300 多场，多部自编剧目参加全国会演且获奖，并因此成为全国文化先进单位。

一、京剧

赤峰市的京剧创作演出主体为赤峰市京剧团（赤峰市民族艺术剧院）。1991 年后，该剧团创作演出大量剧目，部分剧目先后获奖。1992 年和 1993 年，排演由王植标编写的古装神话京剧《孤魂奇缘》。1994 年 5 月，创作演出现代京剧《彩虹》，该剧获内蒙古自治区“五个一工程”奖。1998 年，创作演出由郭兴义、李仲鸣执笔的反映辽代历史人物的《萧观音》，该剧先后获国家文化部第八届少数民族题材戏剧调演“孔雀杯”银奖、第二届中国京剧艺术节剧目奖及内蒙古地区优秀剧特等奖和自治区 “五个一工程”提名奖。此外，还排演于振东、项颖、朱嘉庚、史宝珊等人执笔创作的现代京剧《红石山》，该剧获内蒙古自治区“萨日纳”奖。2001 年后，复排《萧太后》《萧观音》《四郎探母》《穆桂英挂帅》《挡马》等剧的选场、传统折子戏《李逵探母》，排演《古城会》《打焦赞》和现代戏《红灯记》《沙家浜》《智取威虎山》《杜鹃山》等 20 多个剧目的经典唱段。为送戏下乡，满足农民文化生活需求，复排评剧《杨三姐告状》《狐仙女》等 8 个剧目。2004 年，到敖汉旗农村演出近 100 场，到辽宁省朝阳市巡回演出一个多月。同期，赤峰市京剧团开展京剧进校园活动。首批教育基地为松山一小、松山四小、松山五小，教授对象为在校的二至五年级喜欢京剧的学生，授课时间为每周三、四下午最后两节课。此外，还在“六一”幼儿园开办“少儿京剧班”。2006 年，因赤峰市民族艺术剧院与赤峰市民族歌舞团合并，只留下 5 名京剧演员，故再无演出活动。

二、评剧

赤峰地区的评剧创演活动具有深厚的群众基础和优良传统。1992 年，评剧队排演评剧《唤心石》，在赤峰地区旗县、乡镇、工矿等企业演出 70 余场。1995 年，赤峰市歌舞团演出的少儿评剧《赖宁》，在中宣部等部门举办的全国戏曲展演中获优秀剧目银奖。宁城县乌兰牧骑创演《亲人的哭喊》《红石山》《大宁魂》《杏花盛开的时候》《诺恩吉雅》等一批评剧作品。《红石山》于 1994 年参加文化部新剧目调演获优秀表演奖，同年获内蒙古自治区“五个一工程”奖，1997 年获内蒙古自治区文学艺术创作“萨日纳”奖。敖汉旗乌兰牧骑创演的《大漠绿海》于 2004 年 9 月参加第四届中国评剧艺术节，获优秀演出奖；同年 11 月，参加内蒙古自治区专业文艺调演，获银奖；2006 年 5 月，获内蒙古自治区“五个一工程”第九届入选作品奖；2007 年 9 月，获林业部“关注森林文化艺术奖”二等奖。

《红石山》剧情　该剧取材于 20 世纪 90 年代初期内蒙古东部蒙汉民族居住的贫困山区发生的故事。万青山从军队复员回乡，恋人春杏因贫穷出外打工，技术员娜仁到此帮助脱贫致富，村干部陈永利有强烈的商品经济意识，万合坚持计划经济观念，因此引发出一场激烈的思想冲突、情感碰撞。父子之争、甥舅之怨、恋人的爱与恨、红石山的悲壮、老杏树的辛酸、石碾盘的吟唱等情节扣人心弦。该剧在人与人、人与自然、科学与愚昧的矛盾纠葛中，突出了转变观念、摈弃愚昧、相信科学、追求创新的思想教育意义。

《大漠绿海》剧情　该剧以敖汉旗生态建设先进人物为原型，艺术地再现敖汉旗干部群众和林业科技工作者坚持几十年植树种草，改造环境，创造出“大漠绿海”的生态奇迹，进而歌颂敖汉人“一届接着一届干，一张蓝图绘到底”“林带树海是我命，绿色是我梦与魂”的创业精神、人生追求和崇高境界。

三、话剧

1991—2014 年，赤峰市文艺团体创作和演出的话剧数量不多，但质量较好。赤峰市民族歌舞团 1992 年创作演出的《大地之根》、2013 年创作演出的《太阳一定升起》，喀喇沁旗乌兰牧骑 2012 年创作演出的《小村总理》等话剧，产生良好的效果和广泛的影响。《大地之根》于 1993 年获内蒙古自治区“五个一工程”入选作品奖；《小村总理》于 2012 年获第九届内蒙古草原文化节优秀剧目奖，内蒙古第十一届精神文明建设“五个一工程”优秀作品奖，自治区第十届“萨日纳”奖，全国话剧“金狮奖”剧目奖、编剧奖、表演奖。

《大地之根》剧情　该剧以全国治沙模范、赤峰治沙先进典型唐臣近 20 年的艰辛历程为原型，集中反映唐臣一家三代人放弃舒适的乡村生活，举家搬迁到风沙肆虐的西梁山上，治理荒漠、种树种草、再造秀美山川的感人故事和坚忍不拔、勤劳勇敢、顽强抗争的精神品格。

《小村总理》剧情　该剧以喀喇沁旗十家满族乡三道营子村党委书记兼村委会主

任王福春的真人真事为素材。王福春坚持科学发展观，带领村民工农并举抓经济，勤劳致富奔小康。不论对村里的工作，还是村民的大事小情，他都兢兢业业、勤勤恳恳，村民亲切地称他为“小村总理”。

第三节　音乐　舞蹈

一、音乐

赤峰市音乐家协会　赤峰市音乐家协会于1982年成立，2006年换届，选举白立平为主席。下设二级协会——赤峰合唱指挥协会。到2014年，赤峰市音乐家协会有国家级会员13人，自治区级会员79人，市级会员179人，旗县级会员145人。

主要作品　自20世纪90年代之后，赤峰市的音乐创作呈现前所未有的新局面。国家一级作曲家呼格吉夫连续八次荣获内蒙古自治区“五个一工程”创作奖，并被评为全区杰出作曲家，其获奖作品主要有《草原上有一座美丽的城》（赤峰市市歌）、《朋友，请到草原来》、《草原宝贝》等；词作家白立平创作大量歌唱时代、歌颂家乡草原的歌词，其中《深深眷恋的草原》、组歌《内蒙古礼赞》等作品在自治区内外具有广泛影响，《神奇壮美的赤峰》《心中的牧歌》获全区“五个一工程”优秀作品奖；魏世夫创编的儿童音乐《画草原》获内蒙古社科优秀成果三等奖；宋汇霖创作的马头琴重奏曲《马背随想》在中央电视台三套展播，其个人器乐专辑于2010年由内蒙古文化音像出版社出版；张文刚作曲的《巴林蒙古女性》获自治区“五个一工程”奖；“梅林组合”以优秀的民族歌曲在全国各地参加演出活动，参加江西电视台新春红歌会暨第七届中国金唱片颁奖晚会并荣获金奖。2013年，宁国涛作词歌曲CD光盘刻录出版，共收录原创歌曲《辙迹》《天边不再遥远》《西拉木伦》等12首。同年，赤峰原创歌曲集《放歌赤峰》出版发行，共筛选编辑改革开放后赤峰词曲作家各种题材和体裁原创歌曲287首。

二、舞蹈

赤峰市舞蹈家协会　赤峰市舞蹈家协会于1982年成立，2006年换届，选举刘玉润为主席。到2014年，赤峰市舞蹈家协会有国家级会员7人，自治区级会员8人，市级会员132人，旗县级会员129人。

主要作品　赤峰市的舞蹈队伍建设和作品创作，一是以赤峰市民族歌舞剧院和旗县乌兰牧骑等专业队伍作为中坚和骨干力量承担主要任务；二是在市舞蹈家协会和市群艺馆的积极支持下，大力培养青少年舞蹈后备人才。1991—2014年，全市各类舞蹈培训班发展迅速，舞蹈创作成果丰硕。1995年，赤峰市舞蹈家协会创作的舞蹈《兰花》、市民族歌舞团创作演出的大型歌舞《契丹钩沉》，分别获内蒙古自治区“五个一工程”奖。1997年，巴达玛、高娃、包文华创作的舞蹈诗剧《太阳契丹》获全国舞剧观摩“剧目奖”。1998—2010年，巴达玛创作的《草原小伙伴》《生命》、高娃创作的《绣荷包》、萨仁高娃编创的

《巴林蒙古女性》《心中的圣光》、翁牛特旗乌兰牧骑创作的《八骏赞》先后获内蒙古自治区“五个一工程”奖。2012年，萨仁高娃编舞的情景舞蹈《永远的乌兰牧骑》获内蒙古自治区舞蹈创作金奖；刘玉润编导的舞蹈《冲、杀、嘿》获首届中国少儿舞蹈金奖。

第四节　书画　摄影

一、机构组织

赤峰市书法家协会　1982年，昭乌达盟美术、书法、摄影协会成立，主席为杨义。2006年，赤峰市书法家协会换届，选举吴银成为主席。下设二级协会有赤峰蒙文书法协会、赤峰女子书法家协会。到2014年，赤峰市书法家协会共有国家级会员21人，自治区级会员187人，市级会员364人，旗县级会员737人。

赤峰市美术家协会　1982年，昭乌达盟美术、书法、摄影协会成立。2006年，赤峰市美术家协会换届，选举鲍凤林为主席。下设二级协会——赤峰油画家学会。到2014年，赤峰市美术家协会共有国家级会员9人，自治区级会员68人，市级会员254人，旗县级会员737人。

赤峰市摄影家协会　1982年，昭乌达盟美术、书法、摄影协会成立。2009年，赤峰市摄影家协会换届，选举梁万龙为主席。下设二级协会有赤峰艺术摄影家协会、纪实摄影家协会。到2014年，赤峰市摄影家协会有国家级会员55人，自治区级会员169人，市级会员396人，旗县级会员649人。

赤峰市影视家协会　1982年，赤峰市影视家协会成立。2006年，赤峰市影视家协会换届，选举姚选忱为主席。到2014年，有国家级会员2人，自治区级会员12人，市级会员50人，旗县级会员36人。

二、作品

1991年以后，随着经济社会发展和人民群众精神文化需求的日益增长，赤峰市书法、美术、摄影艺术事业得到长足发展。许多书法、美术、摄影工作者的作品在全国重大赛事中参展并获奖。

书法作品　1991年前，赤峰市的书法创作队伍规模小，作者及作品很少有在全国重大赛事中获奖的。1996年，吴银成、德钦书法美术创作作品参展中国艺术博览会。2002年，宁广瑞书法入展首届中国书法兰亭奖作品展。2006年，石月晨书法作品入展全国首届行书展。2007年，朝洛蒙、杨少辉、贾永昕获内蒙古自治区政府第八届艺术创作“萨日纳”奖。2012年，白旭丰、刘广新书法获第四届中国书法兰亭佳作奖。王福全、苏涛的书法在市内外享有较高声誉。

篆刻作品　20世纪70年代，巴林石矿投产后，宋英达、崔连魁、孙礼等篆刻家开始以巴林石为章料进行篆刻。1991—2014年，赤峰市的巴林石篆刻队伍成长起来并取得丰硕成果。1997 年，崔连魁篆刻作品获“首届中国（天津）书法艺术节华北五省书法奖”。2004 年，杨少辉篆刻作品获全区第四届篆刻展优秀奖。2008 年，欧庚秦篆刻作品获西泠印社第二届印文化暨艺术休闲博览会铜奖，获西泠印社国际篆刻主题创作大赛三等奖。2013 年，侯希杰、张树昌、白旭丰、四海、孙礼、薛树源、张敏、商原驰、张广元作品多次参加全国篆刻艺术展。

美术作品　1994 年后的 20 年间，赤峰地区国画创作屡屡在全国大赛中展出和获奖。赤峰学院美院教授鲍凤林先后有 36 幅作品获奖，其中《晴雪》《外婆的蒙古包》《永远的长调》先后获第四届、第五届、第七届“民族百花奖”和中国少数民族美术作品展览奖。刘宝玉的《巴林初雪》《牧歌悠悠》等 10 幅国画作品参加全国的美术大展。德钦的《归途》《红色的西乌珠穆沁》、李喜成的《茶香》、唐家庆的《沙地草原系列之十》等作品多次在全国的油画大展中获奖。

在壁画、版画、书籍装帧设计领域，傅智勇与张松柏合作的石刻壁画《契丹王朝》入选 2004 年全国首届壁画大展，并获佳作奖。李国明的版画作品《冬春的日子》《我们的朋友》入选全国美术作品展览。汪景林书籍装帧设计作品《蒙古民族服饰》一书入选第四届全国美展书籍装帧艺术展览，评为优秀作品。

摄影作品　1996 年，市摄影家协会举办赤峰市青年摄影艺术展。1997—2004 年，连续举办五届赤峰摄影艺术展暨优秀作品评奖活动。1998—2000 年，连年举办赤峰市迎春摄影艺术展。2006—2009 年，连续举办四届红山文化节摄影艺术展。2005 年，承办“玉龙杯”全国摄影大奖赛。2009 年，举办“燕京杯”我爱赤峰摄影大赛。2010 年，举办“喀喇沁旗四季风光”摄影大赛。2011 年，举办首届“中京杯”摄影大赛。2012 年，举办“文化敖汉、绿色敖汉”摄影大赛。2013 年，举办“中国草都，美丽阿旗”摄影大赛和“玉龙杯”魅力翁牛特摄影大赛。2014 年，与喀喇沁旗委、政府联合举办“京北后花园，秀美喀喇沁”摄影大赛。各基层摄影家协会也相继举办异彩纷呈的摄影作品展览。通过这些展览，推出一大批展示赤峰市悠久的历史、灿烂的文化、独特的自然与人文景观、浓郁的民族风情、辉煌的发展成就和各族人民崭新风貌的摄影作品。市摄影家协会还多次组织摄影工作者和爱好者到农村、牧区、工厂、矿山进行创作采风活动。杨义的摄影作品《晨曲》《电器挤奶》，曾赴法国、美国展出。一些资深摄影家钟情创作，作品丰厚。白显林于 1997 年、2010 年出版个人摄影作品集《美丽富饶的昭乌达》《光影四十年》，举办个人摄影作品展览 3 次。2008 年，周锡三出版摄影作品集《石林四季》《魅力金山岭》，并举办个人摄影作品展。谢道渝、薛汉英、孙发、高雅雄等老摄影家在勤于创作的同时，培养摄影新人，为繁荣赤峰市的摄影事业作出贡献。

20 世纪 90 年代后，赤峰市中青年摄影家迅速成长，成为摄影队伍的骨干力量。马天烈和李晓辉的多幅摄影作品被收入中科院主办的《中国人与生物圈》。邱东慧的作品《炊烟升起的地方》获美国《国家地理》优秀奖。白风斌、王义、安鹤杰等摄影家的作品先后获得全国性摄影大赛的多种奖项。

影视作品　1991年后,赤峰市影视作品以剧本创作为主导,同时拍摄一些反映地方历史文化和现实生活的电视剧。由陈计中等影视人编剧制作的四集广播剧《普通人家》获全国"五个一工程"奖。1994年,赤峰电视台拍摄电视剧《归途》。1998年,赤峰市电影公司译制蒙语电影《留村察看》荣获第二届全国少数民族题材电影"骏马奖"。1993—2001年,贾云鹏等人创作的《红山文化》《西拉木伦》、宋秀芬等人创作的《角落》、马长文等人拍摄制作的《开学的日子》先后获内蒙古自治区"五个一工程"奖。于广祥等人创作的《龙乡情韵》、崔建军等人创作的《长河落日》、姚选忱等人创作的《天上的风》先后获全国"骏马奖"。2007年以后,由邱对编剧的《中国远征军》、刘泽民编剧的《青山恋》等电视连续剧相继在全国热播。2011年,由赵向阳担任制片人的文献纪录片《契丹王朝》在央视《探索·发现》连续播出。

第五节　民间艺术

一、民间音乐

赤峰地区蒙古族民歌有着鲜明的民族和地域特色,其主要分为两大类:礼仪歌和牧歌。礼仪歌用于婚宴等喜庆场合,以歌唱纯真的爱情、令人敬仰的英雄、夺标的赛马骑手等内容为主;牧歌多在放牧和搬迁时吟唱,内容以赞美家乡、状物抒情居多。赤峰地区《牧歌》《云青马》《江河水》《诺恩吉雅》《天上的风》等民歌在海内外广为传唱。进入21世纪,全市各级政府高度重视蒙古族民歌的搜集整理工作,《巴林民歌精品选》《巴林左旗蒙古族民歌选》《翁牛特旗民歌》《克什克腾旗蒙古族民歌》陆续出版。1998年出版的赤峰雅乐套曲盒式带在法国国际图书博览会上展出,被称作是中国民族音乐的瑰宝。2010年以后,赤峰市和红山区老年艺术团、红山区回民小学成为赤峰雅乐传承基地。2011年赤峰市红山文化节期间,赤峰雅乐以70人阵容亮相赤峰玉龙广场演奏。

在赤峰地区民间,番乐、佛乐、庙乐、杠房音乐流传了几百年,这些音乐被发掘整理传承。2010年,陆殿文编著出版《宁城十番、唢呐与锣鼓乐谱》;丛培军、张百奇整理出版《赤峰古曲集成》,收录流传在赤峰地区的古乐曲192首,其中蒙古族宫廷音乐26首,赤峰雅乐26首,佛乐48首,十番等民乐94首。2012年,赤峰市文化局组织整理、出版《放歌赤峰》歌曲集,其中收录新创作的蒙语歌曲30首,是新时代的牧歌。

2011年,蒙古族林丹汗宫廷音乐被列入内蒙古自治区非物质文化遗产名录。同年,赤峰雅乐被列入内蒙古自治区非物质文化遗产名录;宁城县的"十番乐谱"被列入内蒙古自治区非物质文化遗产名录。2013年,《巴林民歌精品选》被列入市级非物质文化遗产名录。2014年,蒙古族林丹汗宫廷音乐被列入国家非物质文化遗产名录。

二、民间舞蹈

赤峰地区汉族民间舞蹈最负盛名的是汉族秧歌,表演形式多达30余种,每逢年节,各地的秧歌会纷纷登场,锣鼓唢呐声不绝于耳。宁城县的唢呐、锣鼓乐和三座店的抬阁、背阁百年不衰,克什克腾旗土城子回族的双龙舞、敖汉旗的黄河灯会在周边地区影响广泛。2014 年,红山区红庙子镇东南营子村举办寿星会、皇箱会,传承上百年的民间艺术在新农村文化建设中重新绽放。

流传久远的蒙古族舞蹈主要有《安代》《查玛》《呼图格沁》等。《查玛》作为寺庙藏传佛教舞蹈,历史上在赤峰地区流传的有 10 余种,其中藏传佛教密宗乐舞《娜若·卡吉德玛》在内蒙古独树一帜,具有委婉、细腻、亦歌亦舞的表现形式。1994 年,《娜若·卡吉德玛》的图、文、谱资料收入《中国民族民间舞蹈集成·内蒙古卷》。2004 年,中央电视台录制该舞蹈演出的全过程并在《走遍中国》栏目播出。2007 年,《呼图格沁》被列为第一批内蒙古自治区级非物质文化遗产名录。2009 年,藏传佛教密宗乐舞《娜若·卡吉德玛》被列为第二批内蒙古自治区级非物质文化遗产名录。2011 年, 宁城县三座店抬阁、背阁被列为第三批内蒙古自治区级非物质文化遗产名录。

进入 21 世纪,新秧歌和健身舞、街舞、广场舞风靡城乡社区,集舞蹈与体育健身为一体的现代群体舞蹈成为民间舞蹈的主流。1999 年以后,红山区连续 4 年举办秧歌大赛,对金唢呐、金鼓手进行表彰,参赛队伍达到 17 支。2012 年春节,赤峰市舞蹈家协会举办全市秧歌大赛;2013 年, 市舞协举办全市舞蹈人才大赛和中华国际标准舞大赛;2014 年,市舞协协同内蒙古自治区舞协专家在翁牛特旗举办全市性舞蹈专业培训班,并组织开展全市性“自己的歌、自己的舞”广场健身舞活动。

三、民间戏剧

从 19 世纪到 21 世纪初期,赤峰地区农区的皮影戏活跃在城乡,其中有影响的皮影戏班有几十个。巴林左旗的皮影戏在传承中改革、在改革中创新,得到国家民间戏剧理论家的好评,被誉为“上京草原风皮影”,2014 年,被赤峰市文联列入“一旗一品”项目予以支持。红山区皮影协会于 2011 年成立,以协会主席、内蒙古民间艺术大师高云为团长的红山皮影剧团一直活跃在赤峰市区城乡,平均每年演出 50 多场次。赤峰市实验小学、赤峰学院附属中学成为红山皮影戏的传承基地。2011 年之后,红山皮影戏被列为赤峰市第三批非物质文化遗产项目。宁城评剧和宁城皮影戏被列为赤峰市第四批“非遗”项目,喀喇沁皮影戏、翁牛特皮影戏分别被列为赤峰市第五批“非遗”项目。

四、民间说唱

民间说唱是面对面的大众艺术形式。蒙古族的祝词和赞词是原生态的民间说唱艺术,以诗歌般的唱词、韵调质朴的歌声表达民间艺人对美好事物的赞颂和祝愿。祝赞词用于婚庆、出征、牲畜繁育、祭祀、那达慕赛事等家庭和社会活动的方方面面。说唱祝赞词的民间艺人多是德高望重的长者或青年歌手, 多为临场即兴发挥, 多用比兴手法。2007 年,阿鲁科尔沁旗蒙古族祝赞词被列入内蒙古自治区非物质文化遗产名录。流行在汉族地区的民间说唱艺术主要是秧歌伞头曲和喜歌,敖汉旗民间说唱艺人孟庆和坚持与时俱进,编写《唱家乡》《十大劝》《伞头秧歌帽》等大量伞头曲。2009年,敖汉旗伞头曲被列入赤峰市非物质文化遗产名录。喜歌是旧社会沿街乞讨的流浪艺人通过给操办婚庆、乔迁、生子、寿诞、开工等喜事主唱喜庆的歌,并取得报酬、维持生计的表演形式。喜歌的歌词是因需要来编排,合辙押韵、朗朗上口,主要内容是祝愿和礼赞,博得主人欢心。乐器是铜板、竹板等打击乐器。2009年,敖汉旗喜歌被列入赤峰市非物质文化遗产名录。到2014年,随着社会进步和物质文化生活的普遍提高,喜庆的形式发生重大变化,喜歌的从业人员基本退出。

五、民间美术

1991—2003年,赤峰市民间美术事业蓬勃发展。随着巴林石声名鹊起,巴林石雕艺队伍迅速发展壮大,一批雕艺家不断在国家和自治区荣获大奖。蒙古刺绣、剪纸、民族服饰、皮影、草柳编、布艺、根雕、牙雕、铜雕等艺术门类相继成长壮大,涌现出一大批卓有成就的民间艺人和民间文化传承人,一批作品参加全国、全区大赛,并获得多项大奖。

2006年,在第一届内蒙古自治区工艺美术大师评定中,赤峰的刘林阁、包英志、李矛矛、屈伟广被评为内蒙古自治区工艺美术大师。同年,刘林阁、包英志被评为国家级工艺美术大师。2011年,邹亚华、吴画杰、李健、刘国兰被评为第二届内蒙古自治区工艺美术大师。2012年, 王国利被评为国家级工艺美术大师。2004年、2008年、2012年,刘林阁、李矛矛、刘国兰被中国宝玉石协会授予中国玉石雕刻大师称号。杨万年、卜志军、爱雅施理、于和平、王黎明、高云、任廷丽等被评为内蒙古自治区民间艺术大师。

从20世纪90年代起,赤峰市工艺美术企业在转制进程中破产,一批民营工艺美术公司和民间美术创作室同步诞生。到2014年,全市有艺仁阁工艺品厂、力王工艺美术公司、宁城御绣轩手工制品公司、翁牛特旗民族服饰公司、李健工作室、陶笛研制工作室、袁国文辽画民俗画创作室等工艺美术企业(创作室)80多家。

巴林石雕 1991—2014年, 是巴林石雕刻工艺美术事业长足发展的历史时期。巴林右旗和赤峰城区成为巴林石雕刻艺术创作的人才集聚区,创作人员共有57人,创作成果丰硕。2003年,在第二届中国玉石雕刻作品"天工奖"评选活动中,包英志的巴林石微雕作品《唐宋八大家名篇》荣获银奖,李矛矛的巴林石雕《十八罗汉》荣获铜奖,李健、屈伟广雕艺作品荣获轻工部"百花奖"。2012年2月,经内蒙古自治区文化厅推荐,刘林阁的巴林石雕刻作品参加国家非物质文化遗产生产性保护成果大展,受到文化部表彰并发行巴林石雕刻系列纪念邮票一套。在艺术风格上,李健的巴林石巧雕独具特色,程铁峰在现代人物巴林石雕上具有成功探索。

雕塑 赤峰市早期的泥塑工艺美术多用于寺庙佛像造型。20世纪90年代之后,泥塑工艺向城市园林建设、博物馆建设方向发展。赤峰市新城区的蒙古源流文化长廊、车伯尔文化园、玉龙广场及喀喇沁旗王府博物馆等场所均建有雕塑,用以展示赤峰丰厚的文化底蕴。

剪纸　赤峰市较早从事剪纸艺术创作的是内蒙古自治区的剪纸艺术家邢逊，曾带动了当时赤峰市民间剪纸事业的发展。1991 年以后，红山区、宁城县、巴林左旗、松山区、克什克腾旗等地的剪纸艺术创作出现新局面。2012 年 12 月，赤峰市剪纸协会成立，会员 76 人。2013—2014 年，举办两届赤峰地区民间剪纸艺术成果展和萨仁剪纸艺术展，杨万年、李丛春、萨仁、伍永娟、白玉霜、韩素珍、田慧莲、钱一华等剪纸艺术家的作品传承邢逊大师剪纸艺术细腻传神的创作风格，具有鲜明的时代气息和地域特点、民族特色。敖汉旗韩雪梅创作的《群英会》《总理视察敖汉》等大幅剪纸作品呈现出强大的艺术震撼力和视觉冲击力。宁城县的李家剪纸开辟出春联剪纸、庆典大挂钱儿等艺术表现形式，形成了文化产业。

根雕　1991—2014 年，赤峰地区从事根雕木雕艺术创作的队伍有 30 余人，其中卜志军、王黎明以根艺书法闻名，被誉为内蒙古自治区民间艺术大师，2 人共同创作出“活字根艺书法”这一艺术表现形式。2013—2014 年，王黎明有多幅活字根艺书法作品被《中国邮册》收录，制作发行整版特色邮票，作品《千年书法》被赤峰美术馆永久收藏。

刺绣　赤峰地区的民间刺绣艺术分蒙古族刺绣、契丹宫廷刺绣、民间传统刺绣三种艺术风格。2004 年 1 月，内蒙古民间艺术大师爱雅施理的蒙古族刺绣作品《孛尔帖兀真》在首届内蒙古民间文化“阿尔丁”奖评选中获得银奖。2004 年，阿鲁科尔沁旗民间艺人青春收集整理和创作 200 多幅蒙古族服饰、靴子的图案，并出版发行。内蒙古民间艺术大师于和平将苏绣艺术与契丹御绣及蒙古族传统的民间刺绣艺术相互融合，创造出乱针、套针、接针等 30 多种独特针法，具有自己独特的刺绣艺术风格。内蒙古民间艺术大师任廷丽的绣花鞋刺绣以传统手工刺绣的最高水准在香港国际博览会展出。赤峰地区的民间刺绣还有额尔敦其其格的蒙古荷包刺绣、翁牛特旗的民族服装刺绣。

高仿辽瓷　赤峰市是契丹辽王朝故地，也是辽瓷的生产基地。松山区的缸瓦窑村一直保存着辽瓷基地的遗址，被专家称为“辽代瓷都”。从 20 世纪 90 年代开始，这里先后有鸡冠壶、束颈壶、凤首壶等辽瓷工艺品问世。2010 年后，松山区板地营子村屈氏三兄弟、徐氏三兄弟最早从事辽瓷研发。到 2014 年，巴林左旗、翁牛特旗、宁城县分别建起高仿辽瓷的窑口，全市高峰期年产 2 万件。2014 年，赤峰文化产业博览会上展出 10 多种作品后，高仿辽瓷被推荐为赤峰旅游纪念品。

第六节　重大演艺活动

一、文化节庆活动

20 世纪 90 年代以前，赤峰地区只在传统节日及庆祝时有表演活动，部分旗县每年举办那达慕和庙会活动。进入 21 世纪以后，全市各地的文化节庆及其表演活动日趋活跃。2006—2014 年每年的 8 月上旬，由赤峰市人民政府主办，市文化局组织策划、创演、承办，连续举办 9 届红山文化节。从 21 世纪初开始，部分旗县相继举办不同内容和形式的文化节等节庆活动。

红山文化节　2006年,赤峰市委、市政府为繁荣赤峰文化艺术,打造赤峰文化品牌,丰富人民群众文化生活,决定每年夏季举办一届文化节。因红山文化发祥于赤峰且在国内外驰名,故名红山文化节。红山文化节坚持"政府主导,市场运作,群众参与,文化活动与经贸交流有机结合、相互促进、相得益彰"的原则,集文化特色、地域特色、民族特色及其多种功能于一体,2006—2014年已连续举办9届红山文化节。历届红山文化节均达到内容丰富、隆重热烈的效果。

2006年8月12日至18日举办的首届红山文化节,主题是"传承红山文化,建设和谐赤峰",内容包括文艺表演、文物展览及艺术品展销、旅游观光、经贸洽谈、理论研讨、旗县节庆六大类23项活动。除开幕式举行《龙出红山》大型文艺演出和焰火晚会外,还由中央电视台《鉴宝》《搜寻天下》栏目组播出"走进赤峰"专题节目;由组委会举办突出红山文化特色的红山先民遗址大型祭祀活动、"龙归故里主题游"活动和旅游纪念品展示活动。

2008年8月30日至9月6日的第三届红山文化节,内容包括文艺演出、历史文化活动、群众文体活动、经贸会展、旅游观光、旗县节庆六大类22项活动。其中大型开幕式文艺晚会《永远的牧歌——走进绿色赤峰 欢聚和谐草原》,第一次确立"牧歌"文化品牌,晚会阵容庞大、气势恢宏,首次实现全市现场直播、内蒙古卫视录播,约260万观众收看了开幕式晚会盛况。经贸会展活动中有13个项目进行了签约,签约资金达54亿元。

第六届红山文化节暨第一届赤峰·中国印城文化节于2011年8月12日至19日举办,开幕式文艺晚会主题为"牧歌草原 神奇赤峰"。本届文化节共举办文艺演出、动漫展、经贸会展、历史文化研究等七大类50项活动,全方位展示现代赤峰的发展成就和人民群众的精神风貌。其中经贸会展活动实现交易额6000余万元;第六届民间古玩藏品交流展示大会吸引国内外参展商和参观者近6万人次,总成交额达7500余万元;赤峰第三届古玩·宝玉石博览会有2000余名参展商,成交额约3000万元。

第九届红山文化节暨第四届赤峰·中国印城文化节于2014年8月17日至23日举办。此届文化节以第二届"牧歌合唱节"为开幕式,来自赤峰市直机关单位8个系统和红山区、松山区、元宝山区的12支合唱队近千名职工参加合唱比赛。文化节期间,先后组织开展全市乌兰牧骑优秀节目展演、赤峰城镇社区群众文艺优秀节目展演、内蒙古民族歌舞剧院大型民族歌舞专场演出,蒙古国后杭盖省歌舞剧院到赤峰进行文化交流演出。由赤峰契丹文化旅游有限公司承办的《放歌赤峰》广场大型主题综艺晚会、《动感视听 激情摇滚》大型音乐会,在赤峰契丹广场举行,并成为驻赤峰企业向市民献上的文化盛宴。

旗县区节庆活动　旗县区的节庆活动主要有巴林右旗巴林石文化节、喀喇沁王府文化旅游节、宁城县辽中京文化节、克什克腾旗旅游文化节、敖汉旗兴隆洼文化节。此外，还有各具特色的杏花节、兴畜节、冬捕节、蒙古族服装服饰节、蒸汽机车摄影节等。这些节庆均有专业或业余文艺团体的演出活动。

巴林石节于2000年设立，每年举办一届，旨在通过巴林石展销会、研讨会、拍卖会和举办那达慕大会等多种活动，吸引国内外艺术家、收藏家、石商石友前来观展与交流，弘扬巴林石文化，提高巴林石文化品牌魅力，推动巴林石文化产业发展。从2000年8月举办的第一届巴林石文化节开始，到2014年连续举办15届。每届文化节均有大型文艺表演、巴林石文化论坛、石雕艺术展、经贸洽谈会、草原旅游观光、荟福寺法会、蒙古族搏克及赛马和射箭比赛等活动，树立了巴林右旗“中国巴林石都”的形象。

喀喇沁亲王府是全国重点文物保护单位、AAAA级旅游景区。喀喇沁王府文化旅游节于2002年设立，到2014年，每年举办一届。历届王府文化旅游节主要以发掘整理清代蒙古族文化为主题，重点推出王府庆典、公主下嫁、王府雅乐和清代服饰表演等节目，再现蒙古王府礼仪和喀喇沁蒙古族生活习俗，营造浓厚的历史文化氛围。王府文化旅游节期间，还举办篝火晚会、摄影书画展览、商贸洽谈等活动，喀喇沁旗乌兰牧骑和来自机关、学校、社区的业余文艺团体进行丰富多彩的文艺表演。

宁城县是辽文化的发源地和辽代中京所在地，境内有中国体积最大的辽代大明塔等遗存。宁城县辽中京文化节于2007年设立，至2014年举办8届。历届辽中京文化节期间，都有大型文艺表演、书画展览、职工篮球赛和乒乓球赛、环城长跑等形式多样的文体活动和经贸交流活动。辽中京文化节逐渐成为展现宁城地域文化特色、丰富全县人民文化生活的重要载体和平台。

二、专业团体文艺会演

1991年11月，全市乌兰牧骑暨专业团体文艺会演在赤峰举行。内蒙古自治区文化厅领导及专家到赤峰观摩指导。全市10个专业文艺团体共310名演员参加本次会演，共评出154个单项奖。巴林右旗、翁牛特旗、阿鲁科尔沁旗乌兰牧骑被评为先进集体，巴林左旗、克什克腾旗乌兰牧骑被评为精神文明集体。

1999年10月1日至7日，“赤峰市庆祝建国五十周年大型文化展演暨专业文艺会演”在赤峰文化广场举行。全市9支乌兰牧骑、市民族歌舞团、市民族艺术剧院、赤峰市艺术学校共12支队伍参加展演会演，共评出优秀演出奖55项、演出奖59项，优秀演出组织奖8项、演出组织奖4项。

2003年8月19日至28日，以“新世纪、新赤峰、新起点、新发展”为主题的全市乌兰牧骑暨专业团体消夏广场文艺展演在赤峰举行。9支乌兰牧骑、市民族歌舞团、市民族艺术剧院、红山区文化局、松山区文化局、元宝山区文化局、市群艺馆创作排演15台优秀节(剧)目进行展演，共评出优秀组织工作奖5个、组织工作奖7个，节(剧)目一、二等奖68个。

2005年8月7日至12日，全市乌兰牧骑会演在赤峰举办。9支乌兰牧骑演出9台151个节目，评出创作、表演、演唱、演奏、服装设计等奖项共102个，其中金奖40个、银奖45个、铜奖18个。

2009年10月10日至15日,赤峰市庆祝中华人民共和国成立60周年暨全市乌兰牧骑文艺会演在赤峰举办。全市9支乌兰牧骑的350名演员、118个节(剧)目参加会演,共评出演出金奖3个、演出银奖3个、演出奖3个,68个节目获得创作奖、表演奖,18名乌兰牧骑队员获得一专多能奖。

2013年8月10日至13日,全市乌兰牧骑会演在赤峰国际会展中心剧场进行。参加会演的8支乌兰牧骑共演出116个节目,评选出整台演出奖、一专多能奖、单项演出奖三类奖项共68项。

2014年12月9日至12日,赤峰市文化广播电影电视局组织举办"首届赤峰市专业表演艺术大赛"。由全市10个专业文艺团队、市群众艺术馆和阿鲁科尔沁旗、宁城县、敖汉旗、红山区的文化馆及赤峰学院音乐学院等共15个单位推选出来的182名参赛选手,用145个展示艺术技巧和专业能力的节目,分别参加器乐、戏曲、舞蹈、声乐四个类别为时4天的7场决赛。55名参赛选手分别获得一、二、三等奖。

三、国际艺术交流

赤峰市民族歌舞团赴韩国蔚山参加龙文化节演出 2004年10月,应韩国蔚山龙文化节组委会邀请,经文化部和赤峰市政府委派,赤峰市民族歌舞团20名演员组团赴韩国进行友好访问演出。在韩国蔚山市、釜山市共演出7场,演出的蒙古族歌舞受到韩国各界观众的热烈欢迎。

越南国家艺术团到赤峰演出 2002年10月,越南国家艺术团一行43人应邀到赤峰演出。

俄罗斯艺术团到赤峰演出 2006年、2007年、2008年的红山文化节期间,俄罗斯艺术团应邀到赤峰演出,其节目具有浓郁的俄罗斯民族风情,深受观众欢迎。

蒙古国后杭盖省艺术团到赤峰交流演出 2014年,是中蒙建交65周年、《中蒙友好合作关系条约》修订并签署20周年,蒙古国政府将2014年定为蒙中文化、艺术、人文交流年。2014年8月11日至14日,以车·孟和巴图为团长的蒙古国后杭盖省代表团率领歌舞团到赤峰,赤峰市民族歌舞剧院为其奉献了1台具有浓郁地方特色的文艺演出,后杭盖省歌舞团在赤峰国际会展中心剧场进行2场演出。

四、承办国家和自治区文化艺术活动

中央电视台心连心艺术团到赤峰演出 为了慰问京津地区风沙源治理第一线的广大干部群众,经中共中央宣传部批准,中央电视台心连心艺术团于2004年9月13日到赤峰进行慰问演出。慰问演出在喀喇沁旗锦山镇市民广场举行。整台节目以民族歌舞为主要形式,以歌颂民族团结为主要内容。朱军、周涛、白岩松主持,斯琴高娃、杨洪基、佟铁鑫、吕继宏、拉苏荣、德德玛、腾格尔等著名演员及赤峰市民族歌舞团和乌兰牧骑抽调的200名舞蹈演员、500名牧民搏克手参加演出。赤峰各界3万名观众观看

演出。中央电视台现场录像，赤峰电视台现场直播，现场演出后中央电视台进行滚动播放。

承办盛中国小提琴演奏音乐会　2010 年 12 月 28 日，赤峰市文化局承办“盛中国小提琴专场演奏音乐会暨赤峰地区庆新年音乐会”。赤峰地区的音乐人与著名小提琴艺术家盛中国同台演出，音乐会取得圆满成功。

承办内蒙古自治区第十三届运动会大型文艺活动　2014 年 8 月，赤峰市政府承办内蒙古自治区第十三届运动会。按组委会成员单位分工，市文化广播电视局组织了开幕式和闭幕式的文艺演出活动。

第三篇　文　博

第一章　古遗址

第一节　聚落遗址

小河西聚落遗址　位于敖汉旗木头营子乡小河西村西北1500米后梁上，属半丘陵地貌，东依孟克河。1987年，中国社会科学院考古研究所内蒙古工作队对该遗址进行发掘，房址面积在15~50平方米，为圆角长方形半地穴式建筑，有的房址还修筑呈“凹”字形的二层台。出土的遗物有红褐夹细砂筒形罐，素面陶占大多数，个别陶片上刻画有稀疏的斜线纹。石器为打制，器类有锄形器、饼形器、斧、锛、球、磨盘、磨棒等。命名为“小河西文化”，距今8500年。2012年7月5日，被市政府公布为第五批市级重点文物保护单位。

兴隆洼聚落遗址　位于敖汉旗兴隆洼镇浴隆洼村南1.3公里低丘陵西缘，西南山坡下有泉水终年涓流不息。遗址总面积6万平方米，四周有椭圆形围壕，直径183米，围壕设有寨门，围壕内共有房址170座，呈东北—西南向排列，计12排，为圆角方形半地穴式建筑，房址面积大小不一，小者20~40平方米，最大的两间房址位于聚落中部各为140平方米。遗址中出土了夹砂陶器、石器、骨器、动物骨骼，被考古界誉为“华夏第一村”。兴隆洼遗址是“兴隆洼文化”的命名地，年代距今8200~7400年。1983—1994年，由中国社会科学院考古研究所内蒙古工作队进行7次考古发掘，获得一系列较为重要的考古资料。1996年11月20日，被国务院公布为第四批全国重点文物保护单位。

兴隆沟遗址　新石器时代至青铜时代遗址。位于敖汉旗牤牛河上游。2001—2003年进行发掘。揭出兴隆洼文化、红山文化和夏家店下层文化三个时段的遗存。兴隆洼文化的半地穴式房址群分布于两个相邻的缓丘上，部分房址内设有土坑墓。红山文化和夏家店下层文化的遗存各自处于相对独立的空间，且有环壕，红山文化的环壕围成长方形，出土有陶器、石器、玉器、骨器、蚌器、动物骨骼等遗物。兴隆沟第一地点出土了距今8000年前的炭化粟和黍，是目前国内发现最早的小米。兴隆沟第二地点出土的女神像，被考古学界誉为中华祖神。2013年5月，被国务院公布为第七批全国重点文物保护单位。

白音长汗遗址　新石器时代遗址。位于林西县西拉木伦河北岸山丘东坡。1988—1991年进行发掘。揭出千斤营子类型、兴隆洼文化、赵宝沟文化、红山文化和小河沿文化五种遗存。其中以兴隆洼文化为主，有两个彼此紧邻的围壕，各自环围了 20 余座半地穴式房址和一些坑穴。两围壕以西的坡顶处尚有一些墓葬，多半属于兴隆洼文化。2013 年 5 月，被国务院公布为第七批全国重点文物保护单位。

赵宝沟聚落遗址　位于敖汉旗新惠镇赵宝沟村南 2 公里处，遗址地势开阔，向阳背风，植被覆盖面积大。遗址面积 9 万平方米，地表暴露房址 89 座，分东南、西北两区。1986 年，由中国社会科学院考古研究所内蒙古工作队进行考古发掘，发掘面积 2000 平方米，清理房址 17 座，均为半地穴式建筑，平面呈方形或长方形，有的呈梯形，被考古界确定为一种新的考古学文化“赵宝沟文化”，经碳 -14 测定距今 7200~6800年。1996 年 11 月 20 日，被国务院公布为第四批全国重点文物保护单位。

富河沟门遗址　位于巴林左旗富河镇富河沟门自然村，范围南北 200 米、东西 300 米。共发现房址 37 座，大多数为方形，仅有 4 座房址为圆形。遗物有陶器、石器、骨器。陶器中最典型的是筒形罐，罐为手制，火候低，有“之”字形纹饰。石器种类有石斧、石锄、石耜、石锛、石磨盘、石磨棒、刮削器、砍砸器、镞、锥、石片等。骨器有锥、骨针、刀柄、鱼钩、鱼镖、骨饰、卜骨等。卜骨用鹿或羊的肩胛骨做成，是我国迄今发现年代较早的卜骨。2013 年 5 月，被国务院公布为第七批全国重点文物保护单位。

魏家窝铺遗址　新石器时代遗址。位于红山区文钟镇，面积 9 万余平方米。2009—2012 年进行发掘。遗址成排布列着数百座方形或长方形半地穴式房址，是红山文化规模最大的一处完整聚落。所出土的筒形罐、斜口器、小口平底瓶、红顶钵等陶器和红色鳞纹彩陶，均代表了红山文化较早阶段的特征，圜底釜则反映了与后岗一期文化的交流关系。2013 年 5 月，被国务院公布为第七批全国重点文物保护单位。

二道井子遗址　夏家店下层文化聚落遗址。位于红山区文钟镇二道井子村，面积约 3 万平方米。2009—2010 年发掘。遗址为环壕聚落，发现有环壕和墙垣、院落和房址、道路、墓葬、窖穴、窑址等遗迹。环壕平面大体呈椭圆形，南北长约 190 米、东西宽约 140 米。环壕剖面大体呈“V”字形，口宽约 11.8 米、底宽 0.2~0.5 米、深 6 米。城墙位于环壕内侧，基宽 9.6 米、残高 6.2 米。城墙内侧堆积坡度较缓，外侧坡度陡峭，与环壕内壁相连形成统一的斜面。房址多位于环壕以内，已发现 150 余处。墓葬位于环壕以外，已发现 260 余座。遗址内出土遗物以陶器、石器和骨器为主，并有少量玉器及青铜器等。陶器以筒腹鬲、鼓腹鬲、罐形鼎、豆、罐、三足盘、大口尊等为大宗；石器有斧、刀、铲、镞、锛、饼、球、磨盘及磨棒等；玉器有玉斧、玉环；青铜器有刀、锥及喇叭口式耳环。其建筑遗迹保存完整，是迄今所见保存最好的夏家店下层文化遗址。2006 年 5 月，被国务院公布为第六批全国重点文物保护单位。

红山遗址群　位于红山区，地处英金河的东南岸，总面积约 10 平方公里。新中国成立以后，北京大学历史系、内蒙古自治区博物馆、中国社会科学院考古研究所先后到红山及其周围开展了一系列田野考古调查和发掘工作，探明了不同文化时期遗存的分布和保存状况，已确认红山文化居住遗址、夏家店下层文化祭祀性遗址、包含夏家店下层文化和夏家店上层文化的居住遗址、夏家店上层文化石棺墓地各有2处,总计为8个地点,统称为红山新石器时代至青铜时代遗址群。2006年5月,被国务院公布为第六批全国重点文物保护单位。

夏家店遗址群　位于松山区夏家店乡西平顶山南夏家店自然村北的坡地上,由九处遗址点和一处山顶石砌建筑址组成,是“夏家店下层文化”和“夏家店上层文化”的命名地,总面积38万平方米。1960年春,中国社会科学院考古研究所在夏家店遗址选定4个试掘点,试掘面积280平方米。经过发掘,对区别两个各具明显特征的器物群找到了原始地层根据,因此将夏家店遗址堆积的上层命名为“夏家店上层文化”,遗址堆积的下层命名为“夏家店下层文化”。

“夏家店下层文化”时期的人类,生活器皿以陶器为主,有罐、瓮、鬲、甗、盆等常见器型,陶质以夹砂灰陶、泥质灰陶为多,陶器纹饰以绳纹、弦断绳纹、附加堆纹常见;生产工具以石类为主,有石锄、石铲、石锤、石刀及带孔环形器等,另有骨针、骨镞、骨锥等骨器和少量铜器。居址建筑方式有圆形土坑半地穴式、圆形地面建筑式(包括土坯墙、石砌墙两种)。“夏家店上层文化”时期,青铜器已普遍使用,已出现成套的青铜礼器,大量的青铜兵器、甲胄以及生活用具、车马器等,是北方长城地带最发达的青铜时代晚期文化。陶器以夹砂红陶为主,多素面少纹饰,陶质疏松,普遍采用泥条盘筑法制陶。陶器类型有鼎、鬲、豆、罐、盆、钵等。居住房址见有圆形袋状半地穴式及地面式建筑等。墓地多分布在聚落附近,以石棺墓多见,墓圹排列整齐。2006年5月,被国务院公布为第六批全国重点文物保护单位。

架子山遗址群　位于喀喇沁旗牛家营子镇的交界地带,是由架子山、大山前、城子顶三个聚落遗址为主组成的既相对独立又相互联系的大型遗址群落。在30平方公里的范围内,分布有33个典型遗址,其内涵主体是繁荣发展时期的夏家店下层文化,年代为距今4000~3500年左右。架子山遗址群处于夏家店下层文化分布区的中心地带,规模庞大,遗址众多,联系紧密,层次分明,充分体现了夏家店下层文化繁荣时期高度发展的社会组织结构、物质生产水平和地域文化风貌。2001年6月,被国务院公布为第五批全国重点文物保护单位。

城子山遗址　位于敖汉旗萨力巴乡与玛尼罕乡的交界处,北距哈拉沟村4公里,总面积6.6平方公里。主城平面呈不规则的“亚”字形,南北长440米,东西宽340米,总面积15万平方米。周围有石砌围墙,墙基宽15米,残墙高约2米,设有10个门道,墙体外侧附设半圆形“马面式”建筑。这处山城的调查和发现对探明早期国家形成具有重要的意义,可作为夏家店下层文化进入早期国家的重要标志之一。由于保存好,面积大,遗迹清晰、壮观,被誉为上世纪末最后一次考古大发现。2001年6月,被国务院公布为第五批全国重点文物保护单位。

尹家店山城遗址　位于松山区初头朗镇尹家店村,城址平面呈亚腰形,东西最宽处235米,南北最长处245米,总面积4.6万平方米。一道东西走向的城墙将城址分为南、北两部分。南城地势高于北城，但面积较北城略小。城址外围修筑城墙，墙体保存最好处高度为 2~3 米，主体城墙两侧用石块砌筑，中间夹填黄土和小石块，墙体的截面呈上窄下宽的梯形。城墙外间隔筑有半圆形“马面”，长宽不等，在 7~10 米之间，犹如一个个墙垛附在城墙外侧。城内地表暴露有多处圆圈形石砌房址，散布有陶片、石器等遗物，以夏家店下层文化为主，陶器可辨器型有鬲、甗、瓮、缸、鼎、豆把、盂等，多为夹砂灰陶，饰以绳纹、附加堆纹，采集有打制或磨制的石斧、石铲、三棱石刀等。此外，还有少量战国、辽代遗物。根据营造特点及布局可以断定，该遗址建于夏家店下层文化时期，又被后世多次利用。尹家店山城遗址是松山区阴河流域石城中上游地区保存最好、外围轮廓最清晰的城址，具有较高的研究和保护价值。2013 年 5 月，被国务院公布为第七批全国重点文物保护单位。

三座店石城遗址　位于松山区初头朗镇三座店村西北阴河左岸洞子山上。该遗址由大、小两座并列的石城组成，大城在西，面积约 1 万多平方米；小城紧傍大城东侧，呈不规则四边形，面积 1600 平方米。清理的遗迹有石砌的圆形地面建筑基址、半圆形建筑基址、窖坑以及石砌城墙、院墙、积石台和零星墓葬。出土遗物石器有磨石、石臼、斧、铲、刀、饼形器等，有些臼窝直接凿在大块基岩之上。陶器种类有筒形鬲、甗、罐、瓮、盆、钵等，属于夏家店下层类型。2013 年 5 月，被国务院公布为第七批全国重点文物保护单位。

第二节　古城址

大甸子城址　位于敖汉旗兴隆洼镇大甸子村东侧台地上，台地高出周围 2 米。城址本身地势较平，近似长方形，边缘有清晰的土围墙，南北长 350 米，东西宽 230 米，总面积 7 万平方米。经解剖的围墙残高 3.2 米，基宽 6.15 米，基外还有宽约 10 米左右的环壕，城墙南侧有一城门，经发掘得知门道宽 2.25 米。城内已开辟为耕地，地表散布的遗物有灰陶和残石器，陶器多为附加堆纹或细绳纹，器型有豆、鬲、罐、盆等；石器有石斧、磨盘、磨棒、石铲等。在城址的东北侧有一片墓地，总面积约 1 万平方米，排列有序且密集，已发掘的有 804 座，出土陶器 1683 件，其中有 400 多件彩绘陶，从出土的器物判断墓地和城址是共存的，既有生居的城址，又有死葬的墓地，为研究距今 4000 年中国北方古代社会提供了一个完整的材料。1996 年 11 月，被国务院公布为第四批全国重点文物保护单位。

黑城城址　位于宁城县右北平镇西南部。“黑城”由外城、内城两重城组成，外城废弃年久，仅见轮廓；内城经辽、元、明代沿用，保存有 4~6 米高的土筑城墙、瓮城、敌楼。外城东西长 1800 米，南北宽 800 米；内城在外城北部居中，东西长 750 米，南北宽 500 米。内城北墙与外城北墙重合。内城城墙显见历代维修沿用的痕迹。黑城城址中发现西汉王莽时期铸钱陶范共千余块，陶范母中有纪年文字“始建国元年三月”。可以认定，这里是王莽时期右北平郡铸钱址。遗址中还发现“白狼之丞”、“渔阳太守章”封泥及“部曲将印”等重要文物。这些资料表明，黑城城址就是汉代右北平郡治所所在。2006 年 5

月,被国务院公布为第六批全国重点文物保护单位。

辽上京遗址 位于巴林左旗林东镇南郊，是辽朝的第一座京城，始建于辽太祖神册三年(918年)。辽上京分南北二城,两城连接呈“日”字形,“北曰皇城,南曰汉城”。皇城在北,略呈方形。皇城南北宽1600米,东西长1720米。城墙夯土版筑,残高6~10米。城墙外侧上筑马面,城门外有瓮城。皇城四墙各有城门:东为安东门,西为乾德门,南为大顺门,北为拱辰门。皇城正中偏北处有一高台,为大内遗址,南北长600米,东西宽300米,呈南北长方形。据辽史记载,大内有3门,南曰承天门,东曰东华门,西曰西华门。大内有开皇、安德、五銮三大殿址。官署、佛寺、作坊等建筑遗址分布在大内以东和东南一带。汉城在南,是汉族、渤海、回鹘等族和中原地区的工匠居住的地方。今汉城与皇城已被沙里河水隔开。城呈矩形,墙为土筑,残存3段,高4米。城周长5700余米,西门尚有门址,豁门宽10米,残存柱础尚在。1961年3月,辽上京遗址被国务院公布为第一批全国重点文物保护单位。

辽中京遗址 位于宁城县天义镇,地处开阔的老哈河冲积平原北岸。辽统和二十五年(1007年)始建为辽极盛时期的陪都。辽兴宗时,又经过近20年的扩建,中京成为辽朝中后期政治、经济、文化、军事中心。辽亡后,金、元、明各代修筑沿用。中京城规模宏大,气势壮观,周长15公里,由外城、内城和皇城三部分组成。城垣遗迹保存基本完好。外城规模最大,略呈长方形,南北宽3500米,东西长4200米。南墙正中设朱夏门,门外有瓮城,门有楼阁。城内有南北向街道3条,东西向街道5条。由朱夏门往北一条长400米、宽60米的大街为中央干道,道两旁挖有排水沟,5条东西向大街各宽10米左右,道旁有市场、廊舍、官署、庙寺、驿馆等建筑,排列有序。外城西南山冈有规模壮观的寺院建筑。内城位于外城正中偏北,与外城构成“回”字形,周长7公里,东西长2000米,南北宽1500米。墙上有楼橹,阳德门设在南墙正中与朱夏门南北相对。皇城在内城范围内,正方形,长宽各1000米。南墙正中有阊阖门,与阳德门相对,东西两端各有角楼。阊阖门东西各有一门,曰东掖门、西掖门。1961年,辽中京遗址被国务院公布为第一批全国重点文物保护单位。

饶州故城址 位于林西县双井店乡西樱桃沟村,城呈长方形,分东西两城,东大西小。城址东西长1400米,南北宽700米。东城东西长1050米,西城东西长350米,城墙基宽12米,残高2米,为夯土筑成。城东西两面各有二门,周围无马面,东城南墙中部有一处60余平方米的方形土岗,疑为南门遗址。东门内城附近,有较为明显的建筑遗址,其上布满冶铁礁渣,西城南部也布满冶铁礁渣。距该城址的西南方约300米处有一座石庙,城址西北方向约500米的小山冈上,有明显的半圆形石墙,直径70米。西南约350米处,现代的陈家营子桥西侧南岸有乱石堆积,乱石北侧曾发现两根桩,桩上凿有卯痕。据有关资料记载:“过潢水石桥旁有饶州”,西拉木伦河辽代称之为潢水,该地可能就是辽代潢水石桥遗址。此城是辽代建造较早的州城,同时又是唐代的松漠都督府旧址,因此该城址具有较高的历史价值和科学研究价值。2013年5月,被国务院公布为第七批全国重点文物保护单位。

宁昌路遗址　位于敖汉旗玛尼罕乡五十家子村西，孟克河西岸一级台地上，现存土筑城垣呈长方形，南北长250米，东西宽225米，城垣残高2米；其外还有一重城垣，边长600米。城内耕种仅存有黑土带。此城建于辽代，元代沿用建宁昌路，是内蒙古东部元代古城之一。宁昌路，为中书省“腹里”二十九路之一。在元朝政治、经济、军事及交通地理上具有重要地位。2013年5月，被国务院公布为第七批全国重点文物保护单位。

武安州遗址　位于敖汉旗丰收乡南塔子村西侧，北临验马河，南近高台地，城址坐落在验马河南岸一级台地上。由于河水冲刷和耕种所致，现可见三重城垣，最外重城垣保存较差，略呈方形，边长800米；第二重城垣呈方形，边长650米；第三重城垣保存稍好，向北回收，略呈方形，边长270米。城内主要建筑遗址隐约可见，地表散布大量的砖、瓦、陶、瓷器残片等。1976年，在遗址中发现“纯造妻杨氏墓”，出土元代至元七年(1270年)，纪事“买地券”上首书“大朝蒙古国北京(路)所管武平县……”等字样。2013年5月，被国务院公布为第七批全国重点文物保护单位。

应昌路故城遗址　位于克什克腾旗达里湖西岸。城址坐北面南，由内城、外城和关厢部分构成一体。外城长方形，南北长800米，东西宽650米，城墙周长2.9千米，占地面积52万平方米，建筑面积22万平方米。高大的城墙宽10米，高6米，城墙东、西、南中部辟有瓮城城门，城墙之上为宽3米的巷道，巷道外侧为朵墙，内侧为宇墙，外城墙四角建有高大的角楼。外城南部为商业和市肆，井字形的街道分布有序，街道两旁店铺鳞次栉比，居民庐舍重重叠叠，佛教、道教、儒教、伊斯兰教、景教及学府点缀其间。外城北部沿内城周边地区衙署遍布、庙宇宏大，诸多管理机构，40余座衙署以及王傅府互为依托，东侧为报恩寺，西北角为罔极寺，建筑规模恢宏壮观。2001年6月，被国务院公布为第五批全国重点文物保护单位。

查干浩特城址　位于阿鲁科尔沁旗罕苏木苏木查干浩特嘎查东南20米，是内蒙古自治区境内保存比较完整的古代城址，为明代末期所建，内城城墙和宫殿基址未遭受严重的破坏。遗址由东白城、白城、西白城、阿巴嘎山祭祀遗址及白城附近村落遗址等几部分组成。城址规模宏大，总面积约69万平方米。城址建筑布局主次分明，结构严谨。古城分内外两重，呈“回”字形布局，并利用棋盘山作为天然屏障，在两座山峰之间的山坳处夯筑城墙，中心辟有宽10米的南门。白城的内城位于外城的中部，城墙高大规整，防御设施完备。城址为正方形，边长255米，保存完整。内城建筑以宫殿为主，中央宫殿位于城址的中轴线上，四周环以7座配殿，形成众星拱月式的格局。在外城和内城共发现24块不同形状和规格的柱础石，全部采用白色花岗岩制造，柱础正面和立面均经过磨刻或凿刻处理，城中出土有绿色、黄色琉璃龙鳞纹残砖、绿釉筒瓦、高足杯、银锭等一批重要文物，充分显示出其主人的权位之高。查干浩特城址附近共发现3处村落遗址，这些村落遗址在地表上均分布有成排的房址，大者一排达20余间。在查干浩特城址北部的阿巴嘎山坡上，分布着大片的墓葬群及阿巴嘎山祭祀遗址等多处遗迹，保存较好。这处综合性遗址对研究明代北方少数民族的历史具有极高的价值。2006 年 5 月,被国务院公布为第六批全国重点文物保护单位。

第三节 乌兰布统古战场

乌兰布统古战场位于克什克腾旗南境与河北省围场县交界,是清代皇家猎苑——木兰围场的一部分。主战场位于乌兰布统北缘,将军泡子以北,大红山子以南乌兰公河两岸,长约 5 公里范围内。保存有十二座连营等遗存。

清朝时,蒙古族主要分为漠南、漠西、漠北蒙古三部。清政府对于漠西、漠北蒙古的控制较为薄弱。康熙二十九年五月(1690 年),噶尔丹以追击漠北蒙古部为名向南进攻,康熙皇帝调集 20 万大军,北上阻止噶尔丹。在乌珠穆沁旗一带,清军首战失利,噶尔丹长驱直入,越过乌珠穆沁南下,再次向今赤峰克什克腾旗境内的乌兰布统发起进攻,噶尔丹以 1 万峰骆驼缚足卧地组成的"驼阵"对阵清军。七月二十,康熙帝抵达河北隆化,准备亲自上前线督师,因患病返回京师。八月初一,清军向噶尔丹部发起总攻,用铁心炮、子母炮向敌阵猛烈轰击,清军骑兵乘势进击,驼城被摧毁,清军大败噶尔丹。噶尔丹战败后,派人和清军假和谈,自己借机率众乘夜下山,北走昭莫多。康熙三十四年(1695 年),在沙俄的策动下,噶尔丹再次大举进犯。第二年,康熙帝御驾亲征,在昭莫多大败噶尔丹。康熙三十六年(1697 年)噶尔丹自杀。2006 年 9 月,乌兰布统古战场被内蒙古自治区政府公布为第四批自治区级重点文物保护单位。

第四节 古窑址 古矿冶

缸瓦窑遗址 位于松山区城子乡缸瓦窑村,总面积 1.25 平方公里。北面、南面均为东西走向的连绵山脉,煤矿、瓷土资源丰富,窑址主要分布在河北岸,文化层厚约 1~3 米。缸瓦窑遗址始烧于辽代,辽中、晚期及金代最盛,元代逐渐衰落,烧造历史长达 400 余年,文化层中包含物极为丰富,各种瓷器残片、窑具等大量存在。主要以粗白瓷为主,早期地层中出土少量彩瓷(黄、绿彩)、三彩瓷以及细白瓷瓷片,中晚期地层中也以粗白瓷为主,铁锈花瓷、黑釉瓷、酱釉瓷片也较多。器型主要有碗、盘、罐、暖砚、瓷玩具、壶、瓶等。大体上早期受定窑影响较深,晚期同磁州窑联系密切。纹饰以卷草、花卉、鸟兽、鱼虫、水波纹等为主,以印模、刻画、雕花为主要技法。遗址中发现大量匣钵、窑柱、支钉、垫圈、印模等窑具和制瓷工具。以前曾采集到"官"字款和"新官"字款匣钵,后来又在辽代晚期地层中发现"官"字款瓷片。缸瓦窑村东北一隅是集中烧造精美彩釉和三彩器的地方,出土有龙凤纹扁壶、摩羯壶等,极有可能为辽代官窑作坊区。1995 年,出土"泰和十年"铭器盖 1 件,对鉴别金代晚期器物至关重要。由于该窑址烧造时间长,窑场面积大,产品特色鲜明,又处于中国北方游牧民族地区,因此被专家学者们誉为

“草原瓷都”。1996年11月，被国务院公布为第四批全国重点文物保护单位。

大井古铜矿遗址　位于林西县大井镇中兴村大井自然村北山南坡上，西周时期开采。遗址面积2.5平方公里。发现47条矿坑分不同方向布局在山谷之中，长宽深浅各不相同，皆为露天开采。主要遗存是古采矿坑、工棚和冶炼用的坩埚，重要的文化遗物石器，均选用天然砾石磨制而成，器型有锤、镐、滑车等，皆为亚腰形；陶器次之，器型有鼎、罐、盆、豆等，素面压光，无纹饰；再次之为铜器、骨器，均为小件，器型有锥、针、镞、匕等。2001年6月，被国务院公布为第五批国家级重点文物保护单位。

第五节　长　城

战国燕北长城　燕北长城在赤峰市由东向西主要分布于敖汉旗、元宝山区和喀喇沁旗境内，大体沿燕山山系北麓、努鲁尔虎山和七老图山分布，总长度为132.3千米，沿线保存烽燧40座、障城13座。燕北长城分为南北两道，据其地理环境因地制宜、就地取材、依势而建，共有石筑、土筑、山险（山险墙）、河险四种类别。石筑墙体多分布在丘陵高山地带，因山石较多，墙体都是以自然石块垒砌，其构筑方法是墙体底部多用大长条石为基础，两侧用比较大的不规则石块砌筑，中间填以碎石。土筑长城多建于河谷平川地带，其构筑方法是在预定位置先挖沟取土，版筑夯墙。有些地段，依陡峭的山崖峭壁等山险，或依河为塞，而不筑城墙，或只将山口或低凹处用石块加以堵砌。现存遗迹底宽2~4米，高不及1米。为自治区重点文物保护单位。

秦汉长城　秦始皇在燕赵长城的基础上重新修筑了长城。赤峰境内秦汉长城遗迹由通辽市进入赤峰市境内，经敖汉旗、松山区进入河北省，与燕北长城相比，秦汉长城向北推移了10~50千米不等，全长135.3千米，墙体底宽3~5米。在墙体构筑上，以夯土墙为主，石砌墙体只在敖汉旗、松山区境内有少量发现，沿线保存烽燧3座、障城7座。由于损毁严重，已难以归纳出其中的分布规律。2001年6月，被国务院公布为第五批全国重点文物保护单位。

东汉长城　据2009—2010年全国长城资源调查报告显示，赤峰市东汉长城分布于喀喇沁旗和宁城县境内，全部烽燧连线长度190余千米，东接辽宁，西入河北；大体呈东北至西南走向，穿越了赤峰境内的2个旗（区）、5个乡（镇）、34个村。现存烽火台遗迹47座，底径最大35米，最小9米，一般介于17~25米之间；障城址5座；与长城相关的古城址2座，即七家古城和黑城古城。在一些烽燧的外侧，断断续续保存壕堑遗迹，总长度5千米。此长城构成了壕堑与烽燧、障城相结合的一种防御体系。为自治区重点文物保护单位。

金界壕　又称金长城，是金代为抵御蒙古骑兵南下而修筑的军事防御工程，绝大多数为土筑，由壕、墙体和附属边堡组成，墙体外侧往往附设马面，采用分段方法构筑。赤峰境内的金界壕是界壕主线的一部分，建于金章宗明昌、承安年间（1190—1200年）。从通辽境内越达拉尔河进入赤峰市东北部，经阿鲁科尔沁旗、巴林左旗、巴林右旗，至林西县凌家营子分为两支，一支沿巴尔汰河北岸西行，经克什克腾旗贡格尔草原和浑善达克沙地延伸至锡林郭勒盟境内；另一支西南行，经克什克腾旗、翁牛特旗、松山区进入河北省境内。分布于赤峰境内的金界壕全长578.5千米。墙体底宽8~12米，顶宽2~4米，高0.5~5米。沿线保存马面2079个，边堡104座。2001年6月，被国务院公布为第五批全国重点文物保护单位。

第二章　古墓葬

第一节　新石器时代墓葬

草帽山积石冢群　新石器时代红山文化积石冢群。全国重点文物保护单位。位于敖汉旗四家子镇东北的山梁上。该地矗立着3座积石冢，2001年发掘其中的一座，揭出墓葬7座，获石雕神像4件、外廓方形玉璧1件、玉环2件、骨笛1件和数十件红山文化彩陶筒形器。

牛头沟门积石冢　位于喀喇沁旗锦山镇牛头沟门村西北山梁及平地上，共发现3座。地表可见零星无底彩陶筒形罐残片。封石已被拆扔，辟为耕地，隐约可见盗掘迹象。牛头沟门红山文化积石冢是一处规模相对较小的冢群，虽然坐落分散，但有一定的代表性。

大南沟墓群　位于翁牛特旗解放营子乡二道杖房村大南沟自然村东南的石棚山坡上，海拔高度1066米。大体呈不规则长方形，面积为4500平方米。1977—1979年，由翁牛特旗文物工作者与辽宁省博物馆、昭盟文物工作站联合考古队对墓群进行考古发掘，出土有陶器、骨器、石器，现发掘墓地已被回填。此墓群的文化类型为新石器时代小河沿文化。

第二节　夏商—秦汉墓葬

小黑石沟墓群　位于宁城县甸子镇小黑石村。20世纪70年代起，该地多次发现青铜短剑墓。特别是1985年发现的大型石椁墓，引起考古界高度重视。该墓群南北分布，地门面山西坡台地上，在南北长约1000米、东西宽约150~200米的范围内均发现有石椁墓、石板墓。台地被三条雨裂沟分割成四块，北部二级台地上的墓葬多为大中型石椁墓，南部的二级台地多发现小型石板墓和土坑墓。1985年4月，当地村民在取土时发现大型石板墓，出土大量青铜器，后经文物部门清理发掘，共征集、发掘金器、骨器、石器、青铜器700余件。1992—1993年，内蒙古文物考古研究所对该墓群的北部进行重点调查发掘，共发掘石椁墓13座，出土金器、石器、骨器、铜器近千件。1998年，内蒙古文

物考古研究所又在该地发现石椁墓数座，出土金器、铜器、骨器、石器 200 余件。该墓群早期墓葬为西周晚期，晚期墓葬为汉代早、中期。该地墓葬众多，排列有序，且时代跨度较大，出土器物种类齐全，组套关系明显，既有当地民族特点，又有中原文化风格，在我国辽西地区所发现的同期墓葬中当属首位。考古界、学术界普遍认为，该地当为夏家店上层文化的主体民族山戎族的王族墓地。2013 年 5 月，被国务院公布为第七批全国重点文物保护单位。

南杨家营子墓群　位于巴林左旗碧流台镇南杨家营子村东南 500 米，山区丘陵地带的黄土坡地上，东南高西北低。墓群内有一东西走向的人工修筑的土路，宽约 6 米。墓群略呈方形，面积约为 28604 平方米。1962 年，发掘 90 平方米，清理墓葬 20 座，灰坑 1 个。墓葬均为长方形竖穴土坑墓，少数墓两端或一端有生土或熟土二层台，部分墓有木质葬具，分为单人、双人和多人葬。出土有夹砂红褐陶凹点纹壶、罐、碗、骨镞、绿松石、东汉"五铢"钱等。该墓群属鲜卑文化遗存。2012 年 9 月，被内蒙古自治区政府公布为第五批区级重点文物保护单位。

第三节　辽代墓葬

祖陵　辽祖陵及奉陵邑位于巴林左旗查干哈达苏木石房子嘎查石房子自然村西北，距林东镇 25 公里，地处峰峦叠嶂、岭涧纵横的一个深幽山谷中。祖州为辽太祖耶律阿保机四辈先人的出生之地，祖陵即辽太祖及述律后的陵寝所在，祖州位于祖陵东南部，为祖陵奉陵邑。1988 年 1 月，被国务院公布为第三批全国重点文物保护单位。

怀陵　辽怀陵及奉陵邑位于巴林右旗幸福之路苏木浩特艾勒嘎查，是辽太宗和穆宗的皇陵及奉陵邑。怀陵及奉陵邑所在城址为怀州城，怀州城址平面呈方形，正南北向，城有南北两门，四角建有角楼，城内建筑址多位于西部，主要为二组大型宫殿建筑址。东城墙长 524 米，南城墙长 496 米，西城墙大部分已被床金河冲毁，仅西南角残留 24 米一段，北城墙西段已被河水冲毁，其余保存完好。墙基残宽 8~10 米，残高 2~3 米，顶残宽 1~2 米，夯层厚 8~12 米。1988 年 1 月，被国务院公布为第三批全国重点文物保护单位。

庆陵　辽庆陵及奉陵邑位于巴林右旗索博日嘎镇，是辽圣宗、兴宗、道宗的皇陵及奉陵邑，是辽代最鼎盛时期的皇家陵园。庆陵及奉陵邑所在城址为庆州城，庆州建于辽景福元年（1031 年），城池呈回字形，有内外两重城墙组成，外城遗迹已不太明显，内城保存较好。外城平面呈长方形，东西长 1880 米，南北宽 1440 米，周长 6640 米，城墙全系夯土筑，现存高 3~5 米，宽 10~12 米。内城平面呈长方形，南北长 1140 米，东西宽 960 米。在四面城墙上都开设城门，加筑有瓮城，外侧均筑有马面，四角还有角台。城内殿宇寺庙林立，街市作坊错落有序，规模宏大，城市繁华。辽中晚期，皇室四时捺钵中，夏、秋季狩猎多数在庆州周围的山岭，皇帝行宫亦设于庆州城。因此，辽庆州城在辽朝州城中是个殊例,其规模、品级仅次于京城。城内西北曾耸立辽代建造砖砌释迦佛舍利塔,索博日嘎为蒙古语“塔”的意思,因此用作地名。1988年1月,被国务院公布为全国第三批重点文物保护单位。

宝山、罕苏木墓群　位于阿鲁科尔沁旗东沙布尔台乡西南12.5公里,东距宝山村1.5公里。东西宽14.7公里,南北长24公里,总面积26718公顷,为辽代墓葬。墓地可见墓葬约有10座。宝山、罕苏木墓群分别于1993年和1996年进行过两次发掘,发掘清理了两座墓葬。茔区平面呈长方形,方向略偏东,东墙长197米,西墙长201米,面积4万平方米。东、西各有一门,建有瓮城。茔区内系北高南低的缓坡,现所见墓葬均分布于中部以北,大体由南向北至少分为三排,其中以居中或偏南位置的墓葬规模较大,墓葬形制特殊、装饰华美,壁画绚丽精致,绘于墓室及石室内外,总面积近150平方米,共为三层。阑额至撩檐枋为中层,穹隆顶部为顶层。各层画面主题鲜明,与施彩仿木建筑结构相辉映,立体效果甚佳。主要壁画有吏仆图、侍仆图、牵马图、宴桌图、犬羊图、厅堂图、高逸图、降真图、寄锦图、颂经图(杨贵妃教鹦鹉颂经图)。外室壁画皆辽代风范,内室则晚唐五代之风。宝山辽壁画墓群1号墓下葬于天赞二年(923年)。为已知时代较早的有纪年的契丹贵族墓。其中的耶律羽之家族墓群大致呈长方形,东西宽257米,南北长734米,面积约79848平方米。有11座墓葬,1处中心祭坛。墓葬多数为方形砖室墓,1992年发掘,出土有一合墓志,证明为辽代贵族墓群。其中耶律羽之墓墓室以琉璃砖为建筑材料,坚固美观,这种四壁生辉的设计在众多辽墓中堪称一绝。墓内装饰壁画与彩绘形象逼真,画技高超,是罕见的辽代早期绘画佳作。金银器、玉器、瓷器等大量随葬品做工精湛,许多器物在工艺和造型上都极具特色。墓志千余言,史料丰富,有助于对文献史实的勘补,特别是有关契丹与鲜卑关系的记载殊为珍贵。耶律羽之家族墓群被评为1992年度全国十大考古新发现之一。

宝山、罕苏木墓群被评为1994年度全国十大考古新发现之一,2001年6月被国务院公布为第五批全国重点文物保护单位。

耶律祺家族墓　位于阿鲁科尔沁旗罕苏木苏木,为辽代墓葬。1993年7月和1996年9月,内蒙古文物考古研究所对墓地进行考古发掘,共发掘墓葬两座。1号墓墓主人为耶律祺,出土契丹大字墓志一方及汉文墓志一方。志石刻契丹大字46行,总计2930余字,是迄今为止发现的所有契丹大字石刻中字数最多的一件。耶律祺契丹大字墓志的出土,堪称20世纪契丹大字资料的最重大发现。2013年5月,耶律祺家族墓被国务院公布为第七批全国重点文物保护单位。

韩匡嗣家族墓地　位于巴林左旗伊斯力格嘎查。其中韩匡嗣墓是墓地祖坟,葬于辽统和三年(985年)。墓地东南约1千米有祭祀基址,约15千米有辽代四方城址,2000年发掘。墓地较大,分西沟和北沟,有40余座墓被盗。北沟区有石墙茔界,发掘韩匡嗣墓(3号墓)等3座。3号墓为砖筑圆形主室墓,东南向,由墓道、天井、前后甬道、前室、南北耳室和主室组成,还有排水设施。墓门正面为仿木结构门楼;前甬道两侧有小壁龛。圆形主室有木护墙，北部中有砖棺床，上有木质小帐，内置一刻四神像的石棺。棺内为韩匡嗣夫妇尸骨。墓室内有墓志铭，还残存瓷、铜、铁、骨器等。壁画绘于天井、甬道和前室壁面，以架鹰捧物的仆侍图为多，还有云鹤图和蟠龙图等。2006 年 5 月，被国务院公布为第六批全国重点文物保护单位。

第四节 元代 清代墓葬

张应瑞家族墓地 位于翁牛特旗梧桐花镇国公府村东北的国公山脚下，面积为 40 万平方米，墓地葬有元代蓟国公张应瑞及两代先人和后代。张应瑞因侍奉弘吉剌部首领纳臣那演有功，受封中奉大夫加赠荣禄大夫。其后又侍奉纳臣那演之子斡罗臣驸马，在一次叛乱中驸马被杀，张应瑞受刑不屈，逃至大都报告，朝廷派兵镇压了叛乱，张应瑞被封为鲁王傅，受世祖忽必烈赏赐（纸币 5000 贯文），寿 82 以终，追赠蓟国公。墓地地表见有石碑、武士石雕、文吏石雕、石麒麟雕像、石虎雕像、石羊雕像、龟趺，东西北三面山脊有原墓地围墙基础遗迹，其张氏先茔碑保存完好。2006 年 5 月，被国务院公布为第六批全国重点文物保护单位。

和硕端静公主墓 位于喀喇沁旗十家满族乡十家村。端静公主生于康熙十三年（1674 年）五月，自幼深得康熙帝宠爱。康熙三十年十月，嫁喀喇沁右翼旗杜棱郡王噶尔藏，卒于康熙四十九年，九年后葬于十家村。此墓现存地面建筑有牌坊、华表、墓碑等，规模颇为壮观。原有享殿等建筑在解放初期遭破坏。保存下来的石刻有敕建碑、圹志文碑、奉旨合葬碑、多尔记阿哥碣等四种。2013 年 5 月，被国务院公布为第七批全国重点文物保护单位。

第三章 古建筑

第一节 佛 塔

辽上京南塔 坐落于赤峰市巴林左旗林东镇辽京城南约 2.5 公里处的塔子村土龙山上，为八角七级密檐式砖塔。关于上京南塔建造时间，尚无确切记载，曾在塔下发现一块褐色石碑残片，残字有“……至第五檐……十二年……”，褐色残碑片与塔身镶嵌的褐色石雕像，色泽质地相似，综合现有资料确认辽上京南塔的建造年代在重熙十二年（1043 年）较为合理。1991 年国家文物局拨款，对南塔进行加固维修，复制了石雕造像，镶嵌在造像原位置。2013 年开工修缮，2014 年在塔身重新镶嵌 19 尊佛造像。1961 年，南塔被国务院公布为全国重点文物保护单位。

辽中京大塔 俗称大明塔。位于宁城县辽中京遗址内感圣寺院中。辽中京大塔为八角形十三层密檐式砖塔,塔高 80.22 米。关于中京释迦佛舍利塔建造时间出处有三:元《一统志》有记载;1982 年至 1984 年对大塔进行全面维修时发现塔檐上有“寿昌四年四月初八”的字样;对大塔上木料碳十四年代测量,距今 1080 ± 85 年。把测年数据与大塔题记相互对应参考,寿昌四年(1098 年)应是大塔竣工之时。1993 年大塔遭雷击,1996 年国家文物局批准,国家安全技术中心制定避雷方案,为大塔安装避雷设施,同时对大塔进行修补粉刷。1961 年,辽中京遗址被国务院公布为全国重点文物保护单位。

辽庆州白塔 坐落于赤峰市巴林右旗辽庆州城西北隅,因塔身洁白,称为辽庆州白塔。此为八角七级砖木结构的阁楼式佛塔,建塔时间为辽重熙十六年(1047 年)二月十五开土动工,至重熙十八年七月十五建成(1047—1049 年)。此塔是“奉宣”(奉兴宗皇帝之宣)为“章圣皇太后特建”。

1988—1992 年,由国家文物局、自治区文化厅、巴林右旗政府联合对释迦佛舍利塔进行了全面、大规模的勘测、维修,在塔顶天宫发现了辽代秘藏的大批珍贵的佛教文物。其中有内藏纸本雕版印刷陀罗尼经卷的各种形制柏木雕制的法舍利塔 108 座;内置佛经的凤衔珠银鎏金法舍利塔一座,塔身錾刻有辽兴宗、章圣皇太后礼佛的形象;内藏舍利子的银净瓶、黑琉璃瓶各一尊;还有纸本写经、雕版印刷佛经、金版功能法、银版陀罗尼咒、水晶杯、玛瑙杯、瓷器、香料、精美的织绣等,是辽代考古的重大发现。1986 年,被国务院公布为全国重点文物保护单位。

辽武安州塔 位于赤峰市敖汉旗南塔乡白塔子村北武安州城内,验马河北岸的高岗之上,早年塔壁外抹有白灰,俗称白塔。佛塔为八角密檐式砖塔。为辽代早期修建。1996 年,被自治区政府公布为第三批自治区级重点文物保护单位。

元宝山白塔 位于赤峰市元宝山区美丽河镇大营子村北塔山上,塔山东南有静安寺遗址。为八角形密檐覆钵组合式塔,直接建在山体基岩之上。塔的建造时间应在咸雍八年(1072 年)之后,大安七年(1091 年)之前。塔属于静安寺,建于安葬佛牙舍利之地,为佛牙舍利塔。

1999 年 8 月至 10 月,内蒙古自治区文化厅拨款对辽塔实施塔基保护性加固工程,对塔基外围松动青砖进行替换、加固及地宫内盗洞进行清理,未见文物,然后对塔基进行全面加固。2013 年 6 月至 8 月,自治区文物局批复实施该塔的保护性修缮,分别进行了塔体加固、修补盗洞、艺术雕刻构件修复、塔顶三层密檐修复、重新安装塔刹、防雷设施安装等工程。1996 年,被自治区政府公布为区级重点文物保护单位。

第二节 石室 府邸

辽祖州石房子 位于全国重点文物保护单位辽陵及奉陵邑的祖州城西北部高台上,石房子为辽代建立的平顶石屋,用 7 块巨石支盖而成,前檐墙两块,左、右、后三墙各 1 块,屋顶 1 块,屋内地下平置 1 块。石屋面南背北,东西长 7 米,南北宽 5.3 米,高

3.6 米。前檐墙正中留有一门，门宽 1.4 米，高 1.95 米。门上为窗，窗宽 2.3 米，高 0.9 米。檐墙、山墙厚 0.4 米左右，顶盖厚 0.75 米左右。石壁 4 角有铁锔连接的痕迹。紧靠北壁正中平置的石床，长 4.3 米，宽 2.5 米。未发现有任何纹饰和铭刻，石室兴建在城内的一角，与其他区域隔开，此石室当时作何用途，文献无记载，中外学者推断不一。

喀喇沁亲王府　位于喀喇沁旗王爷府镇，始建于清代，先后共有 12 代喀喇沁蒙古王公在此居住。王府原占地 8.67 万平方米，由府第、前庭、后花园和东院、西院五部分组成。府第原占地 4.48 万平方米，现存 4.05 万平方米，呈中、东、西三路布列，中轴对称式布局。中路为五进连续四合院格局，主体建筑为府门、轿厅、回事处、议事厅、承庆楼。东路主体建筑为马厩、仓廪、寝宅、燕贻堂和毓正女学堂。西路主体建筑为书塾、驿馆、文武庙和祠堂。府内种植松、杉、榆、桑等各种树木。前庭（府前广场）现存 1.04 万平方米，立照壁。1996 年 12 月 28 日，成立喀喇沁旗王府博物馆。2001 年 6 月，被国务院公布为第五批全国重点文物保护单位。

第四章　岩画　石窟寺

第一节　岩　画

克什克腾岩画群　包括百岔河流域岩画、砧子山岩画、西拉木伦河岩画、土城子岩画，在以上 4 处不同地域 23 个地点发现岩画 90 余幅。这些岩画内容丰富，涉及图腾、萨满教和狩猎放牧场景。题材广泛，有动物、人面、人物、符号、星象等，是该地区不同历史时期人类生产、生活、信仰、形态等方方面面的真实写照。克什克腾岩画，作画时代久远，跨越时限绵长，年代上限新石器时代，历经青铜时期，直至辽代早期。作画手法以涂绘、研磨、刻画、敲凿为主，画风古朴粗犷，区域明显，分布广泛，数量众多。特别是百岔河岩画斑驳影绰时续时断连绵 50 公里，形成一条蜿蜒的远古艺术画廊。2013 年 5 月，被国务院公布为第七批全国重点文物保护单位。

翁牛特旗岩画群　主要分布于翁牛特旗高日苏大黑山、阿什罕毛瑙海山、白庙子等地方，包括白庙子岩画、牦牛海山岩画、黑头山岩画。调查发现 100 余幅，作画技法主要采用磨刻、凿刻、研磨、彩绘等方法。内容以人面岩画和符号为主体，其次是动物岩画，辅以人面、人像、符号组图出现。其他星象岩画、生殖崇拜岩画也有发现。2014 年 9 月 24 日，被自治区政府公布为第五批自治区级重点文物保护单位。

阴河流域岩画群　分布于松山区阴河中下游北岸，岩画集中分布的地点有小孤山、池家营子村、平房村、半支箭村、康家湾村、三座店村、当铺地满族乡境内的跃进渠渠首、王家营子村等，共发现古代岩画遗存 107 幅。岩画大多发现于朝阳的岩石或崖面上，岩画题材有人物、动物、符号、几何图形等，其中以人面、双漩涡纹为主，反映的内容应与当时的原始崇拜和重大活动有关,年代推测在新石器时代及青铜时代。是赤峰市重点文物保护单位。

第二节 石窟寺

真寂之寺石窟 位于巴林左旗查干哈达苏木阿鲁召嘎查东南1.5公里的桃石山上。石窟开凿在一座俗称桃石山的峭壁上,窟分南、中、北三室,中窟规模较大,窟内均有造像和浮雕,中窟门楣正方刻“真寂之寺”四字,每字60厘米见方。桃石山南侧山谷岩壁有金刚力士浮雕两尊。真寂之寺石窟与唐代风格略同。石窟坐西朝东,窟前的善福寺大殿南北长22.5米,宽5.7米,大殿没有后墙,直接依附石窟而建。2006年5月,被国务院公布为第六批全国重点文物保护单位。

前召庙石窟寺 位于巴林左旗查干哈达苏木前召嘎查前召牧点北山。石窟开凿在山体的峭壁上,窟前有三门面阔5.5米,进深4.4米,高3.15米,门楣雕有花纹,面东南,窟内三面有佛龛若干,主窟两侧各有小窟。窟外台地上原存辽代“乾统九年”经幢,通过铭文考证,此石窟为辽代开化寺,是契丹族的一个佛教活动场所。清代在石窟前建喇嘛庙,称隆善寺(早期被毁)。前召庙石窟寺与辽真寂之寺石窟风格规模略同。1996年5月,被自治区政府公布为第三批自治区级重点文物保护单位。

云门寺石窟 位于巴林左旗十三敖包镇洞山村西一公里的果园北山的坡地上,北高南低。遗址北靠两座山峰,两峰对峙,形成门状。遗址位于半山坡上,面积约为50万平方米。在遗址北面的山峰上有一经幢残座,山下有辽乾统十年(1110年)石经幢1通,已运回博物馆。遗址内暴露有少量陶瓷器皿残片和建筑构件柱础、砖、瓦等。遗址西面崖壁上有线刻填彩佛像和人物像。根据经幢文字记载,此属辽代云门寺故址。1996年5月,被自治区政府公布为第三批自治区级重点文物保护单位。

喇嘛洞石窟 位于宁城县甸子镇喇嘛洞村下马场自然村西约700米的喇嘛洞山顶部,现存洞窟5处,皆凿于悬崖峭壁之上。当地人称三星洞、十八罗汉洞、娘娘洞、响洞、朝阳洞。洞外有与洞室相连的铺地砖及砖墙遗迹,见有勾纹砖、布纹瓦等遗物。石窟凿有门窗、石龛、烟道、灯窝、石阶等。石窟南50米处的山脊上凿有石井一口,井口呈长方形,边长2.4米,深7米,已枯干。石窟南约300米处有一高约10米的独立巨石,刻有“福峰山”三字,石刻以蒙、汉、满三种文字并列。喇嘛洞石窟保存状况较好。从石窟外接建筑遗址、遗物判断,石窟开凿年代当在辽代或以前。据“福峰山”石刻,此地清代称“福峰山”,民国以后称喇嘛洞山。2014年9月,被自治区政府公布为第五批自治区级重点文物保护单位。

第五章 馆藏文物

第一节 古生物化石

猛犸象化石 有臼齿、下颚骨、小腿骨化石。以小腿骨最为完整,长 0.8 米,保存较好。地质年代为第四纪更新世中晚期。收藏于巴林左旗辽上京博物馆。

东北野牛化石 有头骨、牛角化石。石化程度较高,外表呈黄褐色,地质年代为第四纪下更新世。收藏于巴林左旗辽上京博物馆。

羚羊角化石 石化程度较好,外表多呈乳白色,地质年代为第四纪更新世。收藏于巴林左旗辽上京博物馆。

鹿角化石 第四纪鹿角化石,残长 0.14 米。收藏于巴林左旗辽上京博物馆。

披毛犀化石 有上颚骨、鼻骨,地质年代为第四纪更新世。收藏于巴林左旗辽上京博物馆。

野牛角化石 出土于翁牛特旗朝格温都苏木,两角间距 77.5 厘米,石化程度较高,外表呈黄褐色,地质年代为第四纪更新世晚期。收藏于翁牛特旗博物馆。

鹿角化石 出土于翁牛特旗境内,两角间距 72 厘米,枝杈完整,形状美观,地质年代为第四纪更新世晚期。收藏于翁牛特旗博物馆。

盘羊角化石 出土于翁牛特旗乌丹镇北大庙村,两角间距 46 厘米,石化程度较高,外表呈乳白色,地质年代为第四纪更新世晚期。收藏于翁牛特旗博物馆。

松树化石 宁城县忙农镇发现。地质年代为中生代晚侏罗纪—白垩纪时期。收藏于宁城县辽中京博物馆。

东北野牛头骨化石 宁城县五化镇出土,仅存头骨,石化程度较低。其地质年代为第四纪下更新世。收藏于宁城县辽中京博物馆。

东北野牛角化石 宁城县二龙镇出土,仅存牛角,石化程度较低。其地质年代为第四纪下更新世。收藏于宁城县辽中京博物馆。

第二节 历史文物

一、石器

石雕女神像 属兴隆洼文化,1984 年出土于林西县林西镇西门外西山。石雕女神像高 68 厘米,宽 18 厘米,厚 16 厘米,花岗岩质,只雕出人体上肢,嘴眼内凹,鼻子凸起,双臂交于胸前,双乳突出,女性特征明显,下肢呈锥体。为国家一级文物。收藏于林

西县博物馆。

石兽 属兴隆洼文化,1984 年出土于林西县林西镇西门外西山。石兽长 26.7 厘米,宽 16.1 厘米,高 11.7 厘米,阔嘴,凸鼻,圆眼下凹,脊椎突出,呈趴形,花岗岩质。为国家一级文物。收藏于林西县博物馆。

石雕人头像 属红山文化,敖汉旗四家子镇草帽山祭祀遗址第二地点出土。残高 27 厘米。由红色凝灰岩雕琢而成,头戴冠,双目微闭,逼真而神化。这是首次在红山文化遗址中发现的石雕人像,是史前艺术宝库的珍品。为国家一级文物。收藏于敖汉旗博物馆。

羊首石杯 属春秋时期,1996 年于宁城县甸子镇小黑石村出土。长 13.5 厘米,柄长 6 厘米,口径 7.1 厘米,底径 5~5.5 厘米。石质较软,宽沿,圆唇,深弧壁,长柄,柄尾部雕刻成羊首形,足雕刻成羊蹄形。器身素面。为国家一级文物。收藏于宁城县辽中京博物馆。

二、玉器

猪首玉龙 属红山文化,巴林右旗出土,高 6.9 厘米,宽 6 厘米,厚 2.7 厘米,中间孔径 1.8 厘米。为软玉雕琢,呈浅绿色,间有少量黄褐色斑点。首尾相近,呈卷曲扁圆柱形。额头隆起,有两圆弧形耳,耳下浮雕圆眼一双。下颏前伸,阴线刻出双唇,唇上鼻头隆起,上饰阳线鼻孔。尾端变细,向中心收拢。颈部有一对圆孔。整件器物除头部外,余皆光素无饰,属新石器时代红山文化。猪首玉龙为红山文化典型器物之一,是远古先民们图腾崇拜的索证。该玉龙的出土标志着西拉木伦河流域是中华龙文化发源地之一。为国家一级文物。收藏于巴林右旗博物馆。

玉蚕 属红山文化,长 7.3 厘米,直径 3.3 厘米,1982 年出土于巴林右旗那日斯台新石器时代遗址。为软玉雕琢,呈浅黄绿色,有少许黄褐色斑点。蚕身为扁柱状,面部雕琢大圆眼,两眼间有一道凸棱,面部边沿有一对突出触角。尾部略弯曲,腹部有一个对穿孔,背部光素。该玉蚕玉质莹润、体积硕大、工艺娴熟,是红山文化仿生类器物中的精品。为国家一级文物。收藏于巴林右旗博物馆。

玉勾云形佩 属红山文化,巴林右旗出土,长 18.2 厘米,宽 10.9 厘米,厚 0.4 厘米,长方形,左右两侧四角雕琢对称外弯勾状,上下边沿各有三个齿状凸,中央镂雕一勾状纹,上边缘中端有二小穿孔。为软玉雕琢,呈浅黄绿色,有少许黄褐色斑点。为国家一级文物。收藏于巴林右旗博物馆。

黄玉猪首龙 属红山文化,敖汉旗下洼镇河西出土。高 7.1 厘米,宽 5.9 厘米,中孔径 1.6~1.9 厘米,小孔径 0.2~0.6 厘米,体厚 2.1 厘米。黄玉有红褐色斑沁。兽首,圆目中有菱形突睛,前额略突,立耳,嘴前伸,身体蜷曲。颈部小孔对穿,有磨损痕。中部大孔,孔壁抛光,孔缘起棱。缺口留有切割痕。玉质较好,透明度较高,有红褐色斑沁,更显珍贵。为国家一级文物。收藏于敖汉旗博物馆。

碧玉斜口箍形器 属红山文化,敖汉烧锅地出土。最大径 9.4 厘米,高 15.2 厘米。椭圆扁体,两侧略内弧,口部有残缺,壁较薄呈半透明状,内壁残留绳状物切割的弧形

痕迹。为国家一级文物。收藏于敖汉旗博物馆。

和田白玉鱼形扣盒　属辽代，1992 年宁城县甸子镇喇嘛洞村出土。长 10.5 厘米，宽 4.9 厘米，厚 2.6 厘米。整体用和田白玉雕琢成鳜鱼形，鱼嘴处有一穿孔，鱼尾以金合页相连，合页上錾刻蝴蝶纹。为国家一级文物。收藏于宁城县辽中京博物馆。

胡人乐舞纹玉带　属辽代，敖汉旗水泉墓葬出土。玉銙 8 件，长 6.5~6.9 厘米，宽 6~6.1 厘米；铊尾 1 件，长 12.6 厘米，宽 6.7~6.9 厘米。背面的四角各一个象鼻孔，正面为胡人乐舞纹，人物服饰和面部均略同，为大胡须，卷发，深目，高鼻，身着紧袖圆领衣，腰系带，肩披巾，足蹬长筒靴。玉銙上除 1 人饮酒外，其余 7 人均为演奏者，铊尾为舞者。纹饰刻画较细，出浅池面，人物为半浮雕。为国家一级文物。收藏于敖汉旗博物馆。

三、陶器

凤形陶杯　属赵宝沟文化，2004 年翁牛特旗征集，通高 9.1 厘米，长 18 厘米，宽 10 厘米，黑灰色陶。整体为一凤形，长冠，长喙，丹凤眼。杯身长圆形，矮圈足。器壁上饰交叉的几何线纹、细线纹，表示羽毛。为国家一级文物。收藏于赤峰博物馆。

鹿、鸟纹尊形器　属赵宝沟文化，敖汉旗新惠镇南台地遗址出土。口径 24.6 厘米，底径 13 厘米，高 28.2 厘米。夹细砂灰褐陶，腹部压刻一鹿一鸟纹，由云雷纹组成的蜷曲身躯，鹿尾部有放射线式三角纹，鸟喙似鹰。为国家二级文物。收藏于敖汉旗博物馆。

整身陶塑人像　属红山文化，兴隆沟遗址第二地点出土。高 55 厘米，泥质红陶，中空，呈盘坐状，双手合十置于双脚之上。这是目前发现的最大、最完整的红山文化陶塑人像。收藏于敖汉旗博物馆。

刻划符号筒形罐　属小河沿文化，1977 年翁牛特旗大南沟墓葬出土，口径 9.6 厘米，高 9 厘米，底径 5.2 厘米，夹砂褐陶，口微敛，横环耳，口下有堆纹，腹部刻划一组图像符号。为国家一级文物。收藏于赤峰博物馆。

嵌贝彩绘陶鬲　属夏家店下层文化，1974 年敖汉旗大甸子墓地出土，高 29.5 厘米，口径 22 厘米，泥质褐陶。敞口卷沿，筒状腹，筒状空足，柱状足尖。口沿上镶嵌四个贝壳，贝壳间镶嵌四个圆形蚌泡。器壁用红、白两色绘制勾云形图案。为国家一级文物。收藏于赤峰博物馆。

鹿纹穹庐式陶骨灰罐　属辽代，巴林左旗辽上京西 12 公里的辽代火葬墓中出土。高 26 厘米，口径 10 厘米，底径 31 厘米。造型独特，纹饰生动，具有浓郁的草原生活气息。骨灰罐为泥灰陶，穹庐顶，圆壁。顶部有圆形透气孔，孔上扣盖，顶下沿有一匝牙状堆纹。腹部开一门，为带轴长方形单扇门。门两边各开方形小窗，从顶至腹外壁以细线刻划母子鹿 10 只。它们或嬉戏相随，或母喂子奶，其神态活泼可爱，形象生动逼真。1993 年，列入国家一级文物。收藏于巴林左旗辽上京博物馆。

花式口三彩盘　属辽代，1994 年出土于巴林左旗浩尔吐乡的乌兰坝村。盘为八曲花式口、曲腹、平底，盘心印牡丹花纹，边上还印有一只蝴蝶。八曲腹内有八朵牡丹花叶纹，内壁施黄釉、外底无釉，2003 年经国家文物专家鉴定为国家一级文物。辽三彩是契丹人在学习唐三彩的基础上逐渐融入本民族的特色发展而来的，为低温彩色釉陶制品。其本色为黄、绿、白三色。盘心的牡丹花纹，象征着富贵荣华，是对唐、宋文化的传承。收藏于巴林左旗辽上京博物馆。

四、铜器

“师道”铭青铜簋　属西周晚期，1996年于宁城县甸子镇小黑石村出土。通高23.4厘米，口径19.6厘米，底径20.7厘米。圆形四足簋，直口，圆形盖握，双兽首耳(一耳似补铸)，深腹下垂，圈足外撇，圈足下接铸四兽首，腹饰瓦棱纹，盖边缘及簋口沿饰变形兽面纹，内底铸铭文94字。为国家一级文物。收藏于宁城县辽中京博物馆。

夔龙纹双耳青铜盘　属西周晚期，1996年于宁城县甸子镇小黑石村出土。通宽39.5厘米，通高13厘米。圆形敞口，窄沿，浅腹，高圈足，口沿下附双耳，外腹及圈足上饰两周夔龙纹。为国家一级文物。收藏于宁城县辽中京博物馆。

素面双錾耳鬲形青铜鼎　属春秋早期，1996年于宁城县甸子镇小黑石村出土。口径47.5厘米，通高26.5厘米。敞口、宽沿、斜腹、双錾耳、三锥形足，通体素面，鼎底保留火烧痕迹。为国家一级文物。收藏于宁城县辽中京博物馆。

立兽口青铜豆　属春秋早期，1996年于宁城县甸子镇小黑石村出土。通高25厘米，口径18厘米。器型瘦高，浅盘，口沿铸有11个顺行“虎”；圆筒形长柄，高圈足外撇，足面刻画几何纹。为国家一级文物。收藏于宁城县辽中京博物馆。

鸟纹青铜鼓　属春秋早期，1996年于宁城县甸子镇小黑石村出土。高26.9厘米，口径11.7厘米。筒形亚腰，两端呈喇叭口形，口沿饰一周鹰纹和几何纹，器身留有绳子捆绑的痕迹。为国家一级文物。收藏于宁城县辽中京博物馆。

“T”形柄曲刃青铜短剑　属战国时期，通长38.2厘米，剑身长29厘米，柄长10.8厘米。由加重器、剑柄、剑身三部分组成。加重器为黑灰色陨石质，磨制光亮，顶端有四个突瘤，突瘤间存交叉的两道绑缚痕；“T”形柄上端为椭圆形盘状托，中部突起一棱并对穿一孔。剑身为曲刃，尖节靠近尾端，脊部横截面呈突棱形，与尖节对应的脊部未出突节。为国家一级文物。收藏于敖汉旗博物馆。

五、金银器

三鹿纹镂空金牌饰　属汉代，1981年出土于林西县十二吐乡锅撑子山。金牌饰长7.9厘米，宽6.1厘米，厚0.3厘米，呈长方形，锤打而成，透雕，三鹿呈回首状，原边背部包有铁条，已氧化。金牌饰文化性质属鲜卑文化。为国家一级文物。收藏于林西县博物馆。

捶鍱鎏金錾花鹿纹银罐　属唐代，残高26.7厘米，腹径25.6厘米×24.4厘米，残重2376克。残损修复，口足残缺，焊点开裂造成两块残片脱落，一片为原器残片，另一片为修补银片，呈圆球状。器表满錾纹饰，繁缛细密，球腹周围均匀分布三组圆形图案，圆环里侧饰向心花瓣一周，圆环外侧绕以十二朵侧置的花朵形成一花环，花环中心立一鹿状神兽，前肢肩部有双翼，头顶一朵肉芝，身满饰梅花斑点。在三个花环之间上下分填一组花卉图案，呈对三角形排列。在球顶原也有一组圆形图案，外环由联珠纹构成,圆环内图案残损不清。各组花纹图案均鎏金,银地金花美观精致。为国家一级文物。收藏于喀喇沁旗文物管理局。

鎏金银覆面　属辽代,在敖汉旗英凤沟7号墓出土。最宽18.4厘米,高21厘米,厚0.1厘米。银片捶錾而成,正面鎏金。面宽阔,两侧各有两小孔,出土时穿有银丝。闭目,眉和睫毛均刻出细线,厚唇。出土时覆盖于墓主人脸部并佩戴凤冠。为国家一级文物。收藏于敖汉旗博物馆。

银文房四宝　属辽代,敖汉旗英凤沟7号墓出土。笔筒高25厘米;笔洗口径9.6厘米,底径5厘米,高3.8厘米;砚通长20.8厘米,宽11.5厘米;盘长24.1厘米,宽12.7厘米,高2.2厘米。均为银质,素面,笔筒和砚台上存有积墨,并以小银链相连。笔洗圈足内侧和盘外底部刻有契丹文题记。为国家一级文物。收藏于敖汉旗博物馆。

白釉竹节柄龙首鎏金链执壶　属辽代,通高20.1厘米,宽149厘米,腹径13.4厘米,足径6.8厘米,一壶一盖一链,重538克,白釉,薄胎,直口,鼓腹,龙首流,卧纽盖,盖顶有花蒂形纽,并列三排一体竹节柄,柄与盖纽间系一金质链。圈足内有垫圈砂痕。口2条璺,盖沿微残修复。为国家一级文物。收藏于喀喇沁旗文物管理局。

六、瓷器

紫定莲池四鱼碗　属辽代,在巴林右旗庆州古城内出土。高6.2厘米,口径16.1厘米,足径5.5厘米,白瓷胎,施酱釉。碗内印四鱼、莲花、水波纹。釉质晶莹柔润,薄厚均匀。釉薄处可见胎上的旋轮痕,积釉处有泪痕,隐现黄绿色。击声如磬。系宋代名窑定窑烧制的稀世珍品,为国家一级文物。收藏于巴林右旗博物馆。

白釉剔牡丹花纹长颈瓶　属辽代,巴林右旗出土。高52.8厘米,口径13.8厘米,腹径20厘米,底径9.8厘米,瓶为杯形口,长颈,圆肩,腹部斜收,底部微外撇,颈部饰弦纹,腹部采用剔地法刻出一对牡丹图案,通体施白釉。该器物造型优美,纹饰简练,富有契丹民族特色。为国家一级文物。收藏于巴林右旗博物馆。

黑釉暗花葫芦瓶　属辽代,在敖汉旗呼仁宝和村南山墓葬出土。口径3厘米,底径9.4厘米,高35.7厘米。亚腰葫芦形,灰褐色瓷胎,黑釉光亮。从口至下腹部绘暗花,上腹部为几何形装饰图案,下腹部绘一幅水乡景色画,有盛开的荷花,摇曳的芦苇,水鸟飞翔其间,近底部露胎。造型古朴庄重,匀称流畅,为辽瓷中罕见之精品。为国家一级文物。收藏于敖汉旗博物馆。

印花紫定瓷碗　属宋代,敖汉旗小坑子墓葬出土。口径16.3厘米,底径5.6厘米,高5.7厘米。紫釉,胎较薄。敞口,斜壁微外弧,圈足。碗内壁为模压凸花:底部为牡丹花,壁分均等的6格,每格一枝花卉,其中有月季花、牵牛花、菊花等。釉色光亮,是宋瓷之精品。为国家一级文物。收藏于敖汉旗博物馆。

耀州窑缠枝花纹三足香炉　属金代,1972年在林西县大井镇温都村窖藏出土。香炉口径19.4厘米,高17厘米,平沿,短颈,鼓腹,圜底,兽头足,颈饰莲纹,肩饰回字纹,腹饰半浮雕缠枝花卉纹,兽头三足。为国家一级文物。收藏于林西县博物馆。

青花鸳鸯水草纹盘　属元代,1972 年在林西县大营子乡前地村窖藏出土。青花鸳鸯水草纹盘口径 13.9 厘米,底径 4.5 厘米,高 3.8 厘米,圆唇,敛口,弧腹,小圈足。内底饰一对鸳鸯戏水于荷花间,口沿内壁下饰六朵缠枝花纹,外壁口沿下饰六朵缠枝花纹。为国家一级文物。收藏于林西县博物馆。

七、丝织品

红罗绣竹梅莲石蜂蝶联珠纹巾　属辽代, 在巴林右旗辽庆州释迦佛舍利塔内出土。长 66 厘米,宽 52.5 厘米,正面深红色素罗,背面浅红色绢作夹层。图案主题为梅、竹、荷花、祥云蜂蝶和湖石等,左、下、右三边缘绣白色联珠纹钩边。为国家一级文物。这是全国考古发现中辽代丝织品中罕见的精品,收藏于巴林右旗博物馆。

绢画"群马图"　属辽代,敖汉旗喇嘛洞梁墓葬出土。残高 100 厘米,残宽 70 厘米。白色绢,加黄色绢边和背衬。画面仅存右侧一部分,存有三匹全鞍辔的马,上下排列,上两匹马头向右,一红一青,下一匹红色马只存后半身,背景有栏杆、兰草和一株芭蕉树。收藏于敖汉旗博物馆。

珍珠团龙袍　属清代,1966 年于巴林右旗白音尔灯苏木荣宪公主墓出土。通肩宽 190 厘米,长 150 厘米。圆领,右衽,大摆开衩,马蹄袖口,明黄缎地。全身用了近 8 万颗米珠绣出团龙八条,前胸、后背、两肩为正龙图案,前后下摆为行龙图案。八团龙中间以珍珠高绣"寿"字。下边缘为丝绣海水江牙和佛家八宝。为国家一级文物。收藏于赤峰博物馆。

绫本墨书敕命卷轴　属清代,1992 年在松山区大庙镇公主陵村征集。长 226 厘米,宽 31 厘米。质地为白色提花龙纹绫本,下衬宣纸。在两端加织宽约 20 厘米底纹为花朵的黄绫,褐色牙边。是康熙二十三年九月二十四日,封典给七品管厩官吴达礼及其妻佟佳氏的一道敕命。由满、汉两种文字书写,汉字为端正楷体,共书汉字 231 个。钤盖"敕命之宝"印。收藏于松山区文物管理所。

八、墓室绘画、雕刻

烹饪图　属辽代,绘于敖汉旗四家子镇羊山 3 号墓天井西壁。画中 4 人,均为契丹人装束,在一个由 5 根红柱支起的白色尖顶棚下活动。由左至右,第一人袖手端坐在圆凳上,身着黑色长袍,双目前视,面孔严肃,圆凳红色,上加浅绿色厚垫;第二人立于高锅之后,嘴衔一横刀,右手挽着左袖,左手五指张开欲向锅中取肉;第三人手指前二人似有所语;第四人半蹲坐,正用力撅断一木棍,身着白色长袍,足蹬黑靴。整个画面具有浓厚的生活气息,为研究契丹人的生活方式提供了宝贵资料。为国家一级文物。收藏于敖汉旗博物馆。

宴饮图　属辽代,绘于敖汉旗四家子镇羊山 1 号墓墓室东壁。墓主人半侧身坐于砖砌仿木半浮雕的黑色椅子上,身着红色长袍,腰束蹀躞带,面前置一方桌,桌上摆满西瓜、石榴、桃、枣等果品。墓主人身后立一手捧盂的契丹人,髡发。主人近前的侍奉者用海棠盘托一杯躬身朝向主人;其身后立一侍者手捧带盖大罐,长袍下角掖于腰间。画面生动地再现了墓主人生前进饮的场面。为国家一级文物。收藏于敖汉旗博物馆。

春猎图　属辽代,绘于敖汉旗贝子府镇喇嘛沟墓墓室西南壁。画中绘 5 个契丹男子,均半侧身左向而立。分前后两排,前排三人,右数第一人袖手,腰挎一扁鼓,髡发,身后飘一发辫,面含微笑;第二人为一长者,右手戴手套,擎一淡红色海东青;第三人为一青年,捧一白面蓝里高筒靴。后排两人,右者双手抱一红色木琴,脑后一发辫打结成团状;左者蓄八字胡,右手握一红色弓,左手执箭 2 支。画面表现春猎时即将出发的场面。为国家一级文物。收藏于敖汉旗博物馆。

茶道图　属辽代,绘于敖汉旗四家子镇羊山 1 号墓墓室西南壁。共绘 7 人,其中 5 个男子立于一高桌周围,正忙于准备杯盏茶果,相互间似有所语,桌上摆放有杯、盏、碗、罐及果品。桌前左侧一髡发男童正袖手压扶于竹笥之上,下颏抵于腕处闭目鼾睡,睡态甜美。右侧女童蹲坐于一个三足火盆之后,头扎双髻,正烧水煮茶。画面生动自然,富有情趣。为国家一级文物。收藏于敖汉旗博物馆。

贴金彩绘浮雕七佛柏木法舍利塔　属辽代,1989 年出土于巴林右旗辽庆州释迦佛舍利塔。通高 44.7 厘米,座径 13.8 厘米。柏木雕制,由塔座、塔身、塔檐及塔刹插接而成。塔身中空,外壁浮雕贴金七佛,塔刹宝珠贴金,其余彩绘,内藏经卷。为国家一级文物。收藏于巴林右旗博物馆。

琥珀观音刹法舍利塔　属辽代,1989 年出土于巴林右旗辽庆州释迦佛舍利塔。通高 19 厘米,像高 7.1 厘米,座高 11.5 厘米,底径 6.9 厘米。佛像由深红色琥珀雕制,身修长,跣足,双手捧摩尼宝珠于胸前,额中镶嵌一颗珍珠。柏木座为筒状,外雕饰一条行龙,内置经卷。为国家一级文物。收藏于巴林右旗博物馆。

凤衔珠银鎏金法舍利塔　属辽代,在巴林右旗辽庆州释迦佛舍利塔内出土。通高 40 厘米,底径 10.5 厘米,塔由塔座、塔身、塔檐、塔刹组成。用薄银板分段捶鍱、錾刻,铆接而成。覆莲座,6 面塔身。正面錾有塔门,其余 5 面錾刻一组礼佛图。塔顶端立一凤鸟,喙衔 24 颗珍珠编缀而成的璎珞。在塔座的前面为佛立像,右手持龙首禅杖,左手托钵。塔内藏银鎏金板陀罗尼咒 1 卷。该法舍利塔整体造型玲珑剔透、工艺精湛,是辽代佛教文物精品。为国家一级文物。收藏于巴林右旗博物馆。

彩绘牧牛木版画　属辽代,1989 年在林西县新林镇哈什吐村辽墓出土。彩绘牧牛木版画木质为柏木,高 106.7 厘米,横 53.7 厘米,整体由榫卯将三块柏木板组合成一个画面,画面绘有牛五头,一契丹男子骑于牛背之上,中间绘一棵高大的银杏树,上方绘有三只喜鹊。为国家一级文物。收藏于林西县博物馆。

彩绘木棺　属辽代,1965 年在翁牛特旗广德公辽墓出土。一层棺座高 105 厘米,长 273 厘米,宽 95~119 厘米;二层棺座高 59 厘米,长 225 厘米,宽 74~91 厘米;棺高 53~73 厘米,长 220 厘米,宽 68~84 厘米。棺为柏木制作,榫卯结构。由棺、棺座 2 部分组成。棺前端比后端高、宽,棺顶屋脊状,棺前端为两扇能开启的门。棺的四边分别绘有前朱雀,后玄武,左青龙,右白虎。门两侧分别绘有捧奁、抱镜侍女。棺顶前后两端有铁铆钉,棺顶上绘满缠枝牡丹。底层棺座四足,两层座箱均呈前宽后窄的长梯形,四壁雕桃形开光,内绘彩绘。箱上为座面,以木板平铺。四角设角柱,柱间有围栏。收藏于赤峰博物馆。

第六章 文物管理

第一节 机 构

一、博物馆

赤峰博物馆 赤峰博物馆成立于1987年。2007年，市政府投资2亿多元在新城区富河街建新馆,于2010年8月建成并对外开放。新馆建筑面积1.1万平方米,展厅面积4000平方米。4个基本陈列展厅以赤峰市古代历史的发展脉络为线索，开办了《日出红山》《古韵青铜》《契丹王朝》《黄金长河》4个系列相对固定的常设文物展览。展览利用声、光、电、幻影成像、弧幕拼接投影、音像投影、电视投影、电子翻书、电子触摸、双屏转换等高科技手段和设施,增加了30处多媒体展示画面。钻木取火、东胡王狩猎、辽宋澶渊之盟、辽代四时捺钵、乌兰布统之战、清代公主下嫁赤峰等重大历史事件和知识点,都得以立体化地成像复原或场景再现,形成了鲜明的展陈风格。展厅展出文物1500余件(组),年接待观众量50万人次以上。属于国家二级地市级博物馆。截至2014年,赤峰博物馆馆藏文物1万余件(组),种类包括陶瓷器、青铜器、漆木器、玉器、石器、骨器、蚌器、铁器、金银器、丝织品、皮革制品、壁画、书画、珠宝等。其中一级文物116件(组),二级文物357件(组),三级文物743件(组)。

旗县博物馆 阿鲁科尔沁旗博物馆。1997年建馆,占地面积2384.60平方米,建筑面积5692.36平方米。现有馆藏文物8589件(组),其中一级文物54件(组),二级文物130件(组),三级文物214件(组)。

巴林左旗辽上京博物馆。2003年建馆,建筑面积4800平方米,展厅面积1800平方米,是一座集收藏、研究、展示为一体的多功能博物馆,兼有全旗文物保护和管理双重职能。馆藏文物15993件(组),其中一级文物57件(组),二级文物451件(组),三级文物362件(组)。属于国家三级博物馆。

巴林右旗博物馆。1985年建馆，建筑面积7000多平方米，展厅面积1000多平方米。馆藏文物总数84985件(组),其中一级文物238件(组),二级文物153件(组),三级文物175件(组)。属于国家三级博物馆。

林西县博物馆。2003年建馆,建筑面积2480平方米,展厅面积600平方米。馆藏文物1200余件(组),其中国家一级文物19件(组),二级文物45件(组),三级文物103件(组)。最具特色的文物有新石器时代石雕女神像、辽代彩绘木版画、古钱币和元代青花瓷器等。

克什克腾旗博物馆。1987 年建馆，建筑面积 5000 平方米，展厅面积 1100 平方米。馆藏历史文物、民族民俗文物、革命文物及古生物化石 2002 件（组），其中珍贵文物 136 件（组）。

翁牛特旗博物馆。建筑面积 5183 平方米，展厅总面积 3500 平方米。馆藏文物 5198 件（组），其中一级文物 20 件（组），二级文物 88 件（组），三级文物 116 件（组）。

喀喇沁旗王府博物馆。是清代王爷府的古建筑，1996 年命名博物馆。占地面积 86670 多平方米，建筑面积 9900 平方米，全部展室面积 4500 余平方米。馆藏文物 1224 件（组），其中珍贵文物 3 件（组）。属于国家三级博物馆。

宁城县辽中京博物馆。1988 年建馆，占地面积 45000 平方米，建筑面积 4500 平方米，展览面积 1500 平方米，库房面积 500 平方米。馆藏文物 5700 余件（组），其中一级文物 47 件（组），二级文物 138 件（组），三级文物 247 件（组）。属于国家三级博物馆。

敖汉旗博物馆。1987 年建馆，建筑面积 4584 平方米，展厅面积 2300 平方米。馆藏文物 5000 件（组），种类有历史文物、古生物化石、民族民俗文物等，其中一级文物 79 件（组），二级文物 193 件（组），三级文物 226 件（组）。属于国家三级博物馆。

表 22-3-1

2014 年赤峰市民营博物馆统计表

名　　称	成立时间	创办人
巴林右旗民俗博物馆	2006 年 6 月	那顺孟和
翁牛特旗古代艺术博物馆	2008 年 5 月	张　军
龙乡博物馆	2008 年 12 月	臧洪贵
巴林左旗契丹博物馆	2009 年 12 月	刘凌江
敖汉旗新州博物馆	2010 年 8 月	杨晓明
敖汉第一村民俗博物馆	2012 年 9 月	丁起义
内蒙古龙源博物馆	2013 年 7 月	刘井军
赤峰市玉源博物馆	2013 年 10 月	朱俊杰
西拉沐沦民俗博物馆	2014 年 3 月	景海龙

二、文物局、所

赤峰市文物局　成立于 2011 年 7 月，为赤峰市文化局所属的处级事业单位。编制 10 人，其中局长 1 人，副局长 1 人，内设文物保护科、博物馆管理科、申报世界文化遗产办公室 3 个科室。

旗县区文物局、所　2009 年 3 月，阿鲁科尔沁旗文体局重新设置了文物事业管理所。工作人员 5 人，其中大专以上学历 5 人，中级职称 2 人，初级职称 1 人。2014 年 3 月 6 日，阿鲁科尔沁旗文物局正式成立，并为阿鲁科尔沁旗文化旅游体育局下设副科

级全额事业单位,人员由阿鲁科尔沁旗文化旅游体育局内部调配。

巴林左旗文物局。成立于 2011 年 8 月,隶属于巴林左旗文化体育广播电视局,机构规格定为副科级事业单位。设有专职局长 1 人,其他事业编制在职人员 4 人,内设文保、博物馆管理、执法 3 个部门。

巴林左旗文物管理所。成立于 2011 年 4 月,负责境内文物考古和调查、宣传教育、管理保护等工作,其下设辽祖陵文物保护管理所、辽上京文物保护管理所,事业编制工作人员 3 人。

林西县文物管理所。成立于 1988 年 1 月 1 日,股级事业单位,隶属林西县文化体育广播电影电视局。有工作人员 6 人,其中中级职称以上 4 人,经费财政全额拨款。

翁牛特旗文物局。成立于 2012 年 6 月 30 日,正科级事业单位,隶属于翁牛特旗文化体育广播电影电视局。文物局内设办公室、文物保护股和文物执法股 3 个职能股室。核定编制 6 人,其中科级领导职数 2 人,1 正 1 副。经费由财政全额拨款。

喀喇沁旗文物管理局。成立于 2004 年 4 月 21 日,副科级事业单位,隶属于喀喇沁旗文化体育广播电影电视局。文物局内设办公室、文物执法股和文物保护股 3 个职能股室。

宁城县文物局。成立于 2014 年 3 月 20 日,隶属于宁城县文化体育广播电视局,其前身是宁城县文物管理所。

敖汉旗文物管理所。成立于 2004 年 11 月,隶属于旗文化体育广播电影电视局,正股级单位,核定编制 6 人,经费由财政全额拨款。

红山区文物局。成立于 2013 年 2 月,核定全额事业编制 12 人。

元宝山区文物管理所。成立于 1988 年 7 月,隶属于元宝山区文化体育广播电视局。全额事业编制 3 人。

松山区文物管理所。成立于 1993 年 7 月 1 日,编制 6 人。

第二节　文物保护

1992—2014 年,国务院公布了四批全国重点文物保护单位。其中 1996 年 11 月 20 日公布的第四批名录中赤峰市有 3 处;2001 年 6 月 25 日公布的第五批名录中赤峰市有 9 处;2006 年 5 月 26 日公布的第六批名录中赤峰市有 11 处;2013 年 5 月 3 日公布的第七批名录中赤峰市有 26 处。内蒙古自治区人民政府公布三批内蒙古自治区重点文物保护单位。其中 1996 年 5 月 28 日公布的第三批名录中赤峰市有 20 处;2006 年 9 月 4 日公布的第四批名录中赤峰市有 37 处;2014 年 9 月 24 日公布的第五批名录中赤峰市有 43 处。赤峰市人民政府公布四批赤峰市重点文物保护单位。其中 1992 年 6 月 20 日公布第二批北大王家族墓地等 50 处;2000 年 11 月 20 日公布第三批白音长汗遗址等 11 处;2004 年 10 月 21 日公布第四批保安寺等 25 处;2012 年 7 月 5 日公布第五

2014 年赤峰市部分全国重点文物保护单位一览表

表 22-3-2

名 称	年 代	类 型	地 址
沙日宝特墓群	辽	古墓葬	阿鲁科尔沁旗
耶律祺家族墓	辽	古墓葬	阿鲁科尔沁旗
宝山、罕苏木墓群	辽	古墓葬	阿鲁科尔沁旗
查干浩特城址	辽至明	古遗址	阿鲁科尔沁旗
宝善寺	清	古建筑	阿鲁科尔沁旗
韩匡嗣家族墓地	辽	古墓葬	巴林左旗
辽上京遗址	辽	古遗址	巴林左旗
真寂之寺石窟	辽	石窟寺及石刻	巴林左旗
辽陵及奉陵邑（包括祖陵及奉陵邑、怀陵及奉陵邑、庆陵及奉陵邑三处）	辽	古墓葬	巴林左旗、巴林右旗
荟福寺	清	古建筑	巴林右旗
富河沟门遗址	新石器时代	古遗址	巴林左旗
克什克腾岩画群	新石器时代至南北朝	石窟寺及石刻	克什克腾旗
应昌路故城遗址	元	古遗址	克什克腾旗
大井古铜矿遗址	青铜时代	古遗址	林西县
饶州故城址	辽	古遗址	林西县
白音长汗遗址	新石器时代	古遗址	林西县
梵宗寺	清	古建筑	翁牛特旗
张应瑞家族墓地	元	古墓葬	翁牛特旗
耶律琮墓	辽	古墓葬	喀喇沁旗
和硕端静公主墓	清	古墓葬	喀喇沁旗
马架子遗址	新石器时代、夏、商、周	古遗址	喀喇沁旗
架子山遗址群	青铜时代	古遗址	喀喇沁旗
福会寺	清	古建筑	喀喇沁旗
喀喇沁亲王府及家庙	清	古建筑	喀喇沁旗
锦山龙泉寺	元至民国	古建筑	喀喇沁旗

续表

名称	年代	类型	地址
灵悦寺	清	古建筑	喀喇沁旗
辽中京遗址	辽	古遗址	宁城县
黑城城址	汉	古遗址	宁城县
南山根遗址	周	古遗址	宁城县
小黑石沟墓群	西周至战国	古墓葬	宁城县
法轮寺	清	古建筑	宁城县
宁昌路遗址	辽、金、元	古遗址	敖汉旗
武安州遗址	辽、金、元	古遗址	敖汉旗
兴隆沟遗址	新石器时代	古遗址	敖汉旗
草帽山遗址	新石器时代	古遗址	敖汉旗
兴隆洼遗址	新石器时代	古遗址	敖汉旗
大甸子遗址	青铜时代	古遗址	敖汉旗
城子山遗址	青铜时代	古遗址	敖汉旗
赤峰清真北大寺	清	古建筑	红山区
魏家窝铺遗址	新石器时代	古遗址	红山区
二道井子遗址	夏至商	古遗址	红山区
赵宝沟遗址	新石器时代	古遗址	敖汉旗
红山遗址群	新石器时代至青铜时代	古遗址	红山区
夏家店遗址群	新石器时代至战国	古遗址	松山区
缸瓦窑遗址	辽	古遗址	松山区
三座店石城遗址	夏至商	古遗址	松山区
尹家店山城遗址	夏至商	古遗址	松山区
太平庄遗址群	夏至商	古遗址	松山区
金界壕遗址	金	古遗址	赤峰市
长城	战国至明	古遗址	赤峰市

2014 年赤峰市自治区重点文物保护单位一览表

表 22-3-3

名 称	年 代	类 型	地 址
根丕庙	清	古建筑	阿鲁科尔沁旗
百兴图遗址	辽	古遗址	阿鲁科尔沁旗
玛尼吐城址	辽	古遗址	阿鲁科尔沁旗
罕庙(钦定戴恩寺)	清	古建筑	阿鲁科尔沁旗
小南沟窑址	辽	古遗址	阿鲁科尔沁旗
陶海城址	辽	古遗址	阿鲁科尔沁旗
北大王墓	辽	古墓葬	阿鲁科尔沁旗
三龙山石窟寺	辽	石窟寺及石刻	阿鲁科尔沁旗
前召石窟寺	辽	石窟寺及石刻	巴林左旗
平顶山石窟寺	辽	石窟寺及石刻	巴林左旗
哈拉基木祭祀遗址	辽	古遗址	巴林左旗
浩尔吐城址	辽	古遗址	巴林左旗
努和图白其城址	辽、金	古遗址	巴林左旗
野猪山遗址	辽	古遗址	巴林左旗
新罗寨故址	辽	古遗址	巴林左旗
白音高洛窑址	辽	古遗址	巴林左旗
王家湾遗址	辽	古遗址	巴林左旗
南杨家营子墓群	辽	古墓葬	巴林左旗
小罕山墓群	辽	古墓葬	巴林左旗
浩尔吐墓群	辽	古墓葬	巴林左旗
牤吐坝墓群	辽	古墓葬	巴林左旗
石羊沟墓群	辽	古墓葬	巴林左旗
辽黑山祭祀遗址	辽	古遗址	巴林右旗
阿力木图山遗址	辽	古遗址	巴林右旗
康熙行宫	清	古建筑	巴林右旗

续表

名称	年代	类型	地址
多罗郡王府	清	古建筑	巴林右旗
大板巴林王府	中华民国	近现代重要史迹及代表性建筑	巴林右旗
索博日嘎磴磴山遗址	辽	古遗址	巴林右旗
必图城址	辽	古遗址	巴林右旗
乌兰哈达遗址	辽	古遗址	巴林右旗
索博日嘎砖瓦窑址	辽	古遗址	巴林右旗
四方城城址(辽孝安县故城址)	辽	古遗址	林西县
井沟子墓群	春秋至战国	古墓葬	林西县
大营子天主教堂	清	古建筑	林西县
大城城址	辽	古遗址	林西县
石人沟墓群	元	古墓葬	林西县
乌兰布统战场遗址	清	古遗址	克什克腾旗
园林子矿冶遗址	青铜时代	古遗址	克什克腾旗
侵华日军工事旧址	中华民国	近现代重要史迹及代表性建筑	克什克腾旗
永州故城址	辽	古遗址	翁牛特旗
上窑洞穴遗址	旧石器时代	古遗址	翁牛特旗
小善德沟遗址	新石器时代	古遗址	翁牛特旗
海金山遗址群	新石器时代、辽	古遗址	翁牛特旗
张丑间墓	元	古墓葬	翁牛特旗
响水石刻	清	石窟寺及石刻	翁牛特旗
翁牛特旗岩画群	新石器时代、夏、商	石窟寺及石刻	翁牛特旗
明安山城址	辽	古遗址	喀喇沁旗
马架子遗址群	新石器时代—青铜时代—战国秦汉	古遗址	喀喇沁旗

续表

名 称	年 代	类 型	地 址
咸应寺	清	古建筑	喀喇沁旗
喇嘛洞石窟	辽、金	石窟寺及石刻	宁城县
小古立吐遗址	新石器时代	古遗址	敖汉旗
牛夕河遗址	新石器时代	古遗址	敖汉旗
北城子遗址	新石器时代	古遗址	敖汉旗
齐大窝铺城址	战国	古遗址	敖汉旗
刁营子城址	战国	古遗址	敖汉旗
酒局子遗址	新石器时代、青铜时代	古遗址	敖汉旗
马架子南房申遗址	新石器时代、青铜时代	古遗址	敖汉旗
蜘蛛山遗址	新石器时代至秦、汉	古遗址	红山区
赤峰天主教堂	清	古建筑	红山区
姚家洼遗址	青铜时代	古遗址	红山区
药王山遗址	青铜时代	古遗址	红山区
玉皇庙山城遗址	夏、商	古遗址	红山区
蔡家沟杨大孺人贞节牌坊	清	古建筑	红山区
平庄侵华日军飞机库旧址	中华民国	近现代重要史迹及代表性建筑	元宝山区
小五家回族乡大营子辽白塔	辽	古建筑	元宝山区
柴胡栏子事件烈士陵园	近现代	近现代重要史迹及代表性建筑	松山区
岗子岱王山遗址	青铜时代	古遗址	松山区
通辽—赤峰秦汉长城	秦、汉	古遗址	赤峰市、通辽市
赤峰南部东汉长城	汉	古遗址	喀喇沁旗、宁城县
战国燕北长城	东周	古遗址	敖汉旗、元宝山区、喀喇沁旗

2014 年赤峰市级重点文物保护单位一览表

表 22-3-4

名称	年代	类型	地址
徐汉林烈士陵园	近代	近现代重要史迹及代表性建筑	阿鲁科尔沁旗
拉嘎坦花城址	金	古遗址	阿鲁科尔沁旗
塔本套勒盖遗址	新石器时代	古遗址	阿鲁科尔沁旗
达兰花遗址	新石器时代	古遗址	阿鲁科尔沁旗
曹布日嘎遗址	辽	古遗址	阿鲁科尔沁旗
宝日浩特城址	辽	古遗址	阿鲁科尔沁旗
温都敖来墓群	辽	古墓葬	阿鲁科尔沁旗
坤都王爷府城址	清、中华民国	古遗址	阿鲁科尔沁旗
紫金山城址	金、元代	古遗址	阿鲁科尔沁旗
于家地铺遗址	中华民国	古遗址	阿鲁科尔沁旗
弘福寺遗址	辽	古遗址	巴林左旗
四方城遗址	辽	古遗址	巴林左旗
石棚沟城址	辽	古遗址	巴林左旗
孤榆树遗址	辽	古遗址	巴林左旗
乌兰白旗城址	辽	古遗址	巴林左旗
屯积号遗址	新石器时代	古遗址	巴林左旗
岱王山遗址	辽	古遗址	巴林左旗
下段城址	辽	古遗址	巴林左旗
西山屯南城址	辽	古遗址	巴林左旗
后双井北遗址	辽	古遗址	巴林左旗
喇嘛苏庙址	清	古遗址	巴林左旗
黄家北遗址	辽	古遗址	巴林左旗
赛罕山东遗址	辽	古遗址	巴林左旗
太阳沟墓群	辽	古墓葬	巴林左旗
哈拉海北沟墓群	辽	古墓葬	巴林左旗
滴水壶山墓群	辽	古墓葬	巴林左旗
索贝山岩画	新石器时代	岩画	巴林左旗
那日斯台遗址	新石器时代	古遗址	巴林右旗
马鬃山岩画	新石器时代	岩画	巴林右旗
床金沟岩画	青铜时代	岩画	巴林右旗

续表

名称	年代	类型	地址
塔布敖包遗址	青铜时代	古遗址	巴林右旗
必图北城址	辽	古遗址	巴林右旗
庙子沟遗址	辽	古遗址	巴林右旗
安民县故城	辽	古遗址	克什克腾旗
龙头山遗址	青铜时代	古遗址	克什克腾旗
庆宁寺	清	古建筑	克什克腾旗
采石沟墓群与聚落址	西周—战国	古遗址	克什克腾旗
柳树林遗址	新石器时代	古遗址	林西县
大半拉山遗址	新石器时代	古遗址	林西县
清真寺	清	古建筑	林西县
西梁遗址	新石器时代	古遗址	林西县
小城子北遗址	新石器时代	古遗址	林西县
龙头山南遗址	新石器时代	古遗址	林西县
西梁遗址	新石器时代	古遗址	林西县
石棚遗址	青铜时代	古遗址	林西县
扎马吐遗址	青铜时代	古遗址	林西县
黄谷屯遗址	新石器时代	古遗址	翁牛特旗
大窝铺遗址	新石器时代	古遗址	翁牛特旗
三间房遗址	新石器时代	古遗址	翁牛特旗
赛沁塔拉遗址	新石器时代	古遗址	翁牛特旗
东拐棒沟遗址	新石器时代	古遗址	翁牛特旗
老牛槽沟东遗址	新石器时代、辽	古遗址	翁牛特旗
大麻杖子遗址	新石器时代、辽	古遗址	翁牛特旗
四道杖房北遗址	新石器时代	古遗址	翁牛特旗
敖包遗址	新石器时代	古遗址	翁牛特旗
大庙南二号遗址	新石器时代	古遗址	翁牛特旗
铁匠炉遗址	新石器时代	古遗址	翁牛特旗
箭眼山岩画	新石器时代	岩画	翁牛特旗
丁家窝铺石刻	元	石窟寺及石刻	翁牛特旗
苦力吐天主教堂	清	古建筑	翁牛特旗
灵峰寺	辽	古建筑	喀喇沁旗

续表

名称	年代	类型	地址
太平沟辽墓葬	辽	古墓葬	喀喇沁旗
大金地红山文化遗址	新石器时代	古遗址	喀喇沁旗
杨家营子兴隆洼文化遗址	新石器时代	古遗址	喀喇沁旗
潘胡地夏家店下层文化遗址	青铜时代	古遗址	喀喇沁旗
牛头沟门诺瑟堂	近现代	古建筑	喀喇沁旗
红庙子北山遗址	辽、金	古遗址	宁城县
普祥寺	清	古建筑	宁城县
石头老爷庙	清	古建筑	宁城县
毡家地红山文化遗址	新石器时代	古遗址	敖汉旗
西台红山文化遗址	新石器时代	古遗址	敖汉旗
老虎山遗址	战国	古遗址	敖汉旗
敖包梁遗址	新石器时代、青铜时代	古遗址	敖汉旗
喇嘛庙山梁遗址	新石器时代、青铜时代	古遗址	敖汉旗
小河西遗址	新石器时代	古遗址	敖汉旗
龙泉山庄遗址	新石器时代、青铜时代	古遗址	敖汉旗
大砚台山遗址	青铜时代	古遗址	敖汉旗
鲁班庙	清	古建筑	红山区
乍苏台城址	青铜时代	古遗址	元宝山区
冷水塘城址	战国	古遗址	元宝山区
八家石城遗址	青铜时代	古遗址	松山区
哈通营城址	辽	古遗址	松山区
哈拉海洼遗址	新石器时代	古遗址	松山区
摩天岭山城	青铜时代	古遗址	松山区
中京道松州城址	辽	古遗址	松山区
板地营遗址	青铜时代	古遗址	松山区
朝阳沟北遗址	新石器时代	古遗址	松山区
四十亩地遗址	新石器时代	古遗址	松山区
小潘家沟南遗址	新石器时代	古遗址	松山区
池营子岩画	青铜时代	石窟寺及石刻	松山区
小孤山岩画	青铜时代	石窟寺及石刻	松山区

批姚家洼遗址等79处。

按照文物保护的要求，辽上京遗址、宝山罕苏木墓群、应昌路故城遗址、二道井子遗址、辽陵及奉陵邑、红山遗址群、魏家窝铺遗址、张应瑞家族墓地、辽中京遗址等一批文物保护规划已进行编制和实施；辽上京南北二塔修缮、宝善寺抢救维修、二道井子遗址本体加固、福会寺油饰彩绘保护修缮、法轮寺防雷、梵宗寺文物保护修缮、庆州白塔保养维护、荟福寺文物保护修缮、赤峰地区馆藏壁画保护修复、赤峰地区馆藏纸质文物保护修复、赤峰市燕长城遗址保护规划等大量文物保护项目已实施。

第三节 普查发掘

一、文物普查

1956—1962年、1981—1989年两次全国文物普查后，赤峰市共发现古遗址、古墓葬、古建筑、近现代重要史迹等文物遗迹6800余处，其中登记编入《中国文物地图集》(内蒙古分册)的有5972处。2006年2月，赤峰市作为全自治区三个试点盟市之一，开展第三次全国文物普查工作。到2011年，通过自治区和国家两级专家组验收。全市共登记各时期各类文物遗存7340处，其中新发现文物点2353处，复查文物点4987处。登记消失文物点768处。

二、馆藏珍贵文物信息数据库建设

馆藏珍贵文物信息数据库建设项目是国家文物局“十一五”期间的重点文物项目，为此，赤峰市人民政府和各级文化文物部门成立了内蒙古赤峰市文物调查及数据库管理系统建设项目领导小组，并制定详细的工作方案。赤峰市文化局抽调全市多名业务骨干组成专业技术队伍，利用2010年到2011年上半年的时间，将赤峰市博物馆、阿鲁科尔沁旗博物馆、巴林左旗辽上京博物馆、巴林右旗博物馆、林西县博物馆、克什克腾旗博物馆、翁牛特旗博物馆、宁城县辽中京博物馆、敖汉旗博物馆、喀喇沁旗王府博物馆等10家国有博物馆和喀喇沁旗文物管理局、红山区文物管理所、松山区文物管理所、元宝山区文物管理所等4家文物管理机构的馆藏一、二、三级文物信息数据全部采集录入数据库。共采集4736件(组)文物信息数据，其中一级文物648件(组)，二级文物1528件(组)，三级文物2560件(组)。

三、长城资源调查

为配合全国开展长城资源调查工作，2009—2010年，赤峰市抽调文博专业骨干力量组建了专业调查工作队伍，对分布于赤峰地区11个旗县区境内的各时期古代长城做了全面调查、记录、测量和认定，确认赤峰境内现存战国燕北长城132.3千米，秦汉长城135.3千米，东汉长城190余千米，金界壕全长578.5千米。

赤峰市第三次全国文物普查成果一览表

表 22-3-5　　单位:处

地区	调查登记文物点				分类遗迹登记				
	登记遗址点			消失文物点	古遗址	古墓葬	古建筑	石窟寺及石刻岩画	近现代重要史迹及代表性建筑
	新发现	复查	合计						
全市合计	2353	4987	7340	768	6110	1044	50	55	81
红山区	148	34	182	1	159	9	9	0	5
松山区	213	189	402	111	352	36	3	3	8
元宝山区	70	66	136	10	102	26	2	1	5
阿鲁科尔沁旗	223	224	447	11	276	156	4	4	7
巴林左旗	486	332	818	45	501	304	2	5	6
巴林右旗	123	145	268	30	131	121	7	5	4
林西县	95	145	240	7	147	90	0	0	3
克什克腾旗	66	195	261	25	159	61	5	24	12
翁牛特旗	233	180	413	18	324	69	2	9	9
喀喇沁旗	307	298	605	15	570	17	10	1	7
宁城县	263	262	525	3	447	62	5	1	10
敖汉旗	126	2917	3043	492	2942	93	1	2	5

四、第一次全国可移动文物普查

第一次全国可移动文物普查工作是中华人民共和国成立以后在可移动遗产领域开展的首次调查,是一项旨在全面掌握我国文物资源、加强文物保护、建设文化遗产强国的国家工程。2012 年 10 月,按照国务院和自治区政府的统一部署,赤峰市和各旗县区政府均成立了相应的“一普”领导小组,组建了以各旗县区文博业务骨干为主要力量的 12 支普查队。普查时间从 2012 年 10 月开始,2016 年 12 月结束,历时 5 年。普查覆盖的范围涉及全市各级国家机关、事业单位、国有企业、中国人民解放军和武警部队等单位 1825 家,其中收藏可移动文物的国有单位 78 家,涉及可移动文物 4 万余件(套)、15 万余件。普查内容按照全国统一标准和规范对国有可移动文物的名称、类别、级别等 14 项基本指标项,11 类附录信息、照片影像资料以及收藏单位主要情况等信息进行登记,并联网上报国家统一可移动文物普查平台。

五、考古发掘

1991 年,中国社会科学院考古研究所内蒙古工作队对敖汉旗兴隆洼遗址进行发掘。

1992—1993 年, 内蒙古文物考古研究所对宁城县小黑石遗址北台子进行发掘,主体为夏家店上层文化遗址,文物包括兴隆洼、赵宝沟、红山文化及较晚的春秋战国时期墓葬等。

1995 年后,内蒙古考古研究所先后 4 次对缸瓦窑遗址进行考古发掘。

1997 年,内蒙古考古研究所、赤峰市博物馆对巴林右旗查干诺尔苏木巴日图嘎查北哈布特盖山进行考古发掘。8 月,内蒙古文物考古研究所对辽上京遗址进行了试掘,获得重要资料。

2000 年,内蒙古文物考古研究所、巴林左旗博物馆对辽代韩匡嗣家族墓地进行调查,并对其中 3 座被盗墓进行清理。

2001 年,中国社会科学院考古研究所和内蒙古文物考古研究所合作,对辽上京城址进行勘测、钻探和试掘。

2003 年,内蒙古文物考古研究所、赤峰市博物馆、宁城县辽中京博物馆联合对辽中京遗址的半截塔塔基及地宫进行考古发掘;中国社会科学院考古研究所内蒙古工作一队对红山遗址群进行调查,在红山后发现一处保存完好的夏家店下层文化遗址。

2005 年,为配合三座店水利枢纽工程建设,内蒙古文物考古研究所组织赤峰市博物馆、吉林大学、辽宁师范大学等,联合对库区内的三座店石城遗址、下机房营子石城遗址、上机房营子遗址、砚台山遗址、康家湾 A 区遗址、康家湾 B 区遗址、上半支箭村南遗址、肖家地沟东坡遗址、徕歹沟岩画等 14 处遗址进行抢救性清理发掘。

2006 年,内蒙古文物考古研究所对敖汉旗四家子镇草帽山红山文化祭祀遗址群第三地点进行发掘。

2007 年,巴林左旗辽上京博物馆对巴林左旗林东镇帐房山被盗辽墓进行抢救性清理,揭取壁画 6 幅;中国社会科学院考古研究所、内蒙古文物考古研究所联合对辽代祖陵陵园遗址进行抢救性考古发掘。

2008 年 10 月至 11 月,内蒙古文物考古研究所对红山区文钟镇魏家窝铺遗址进行全面的考古勘探,确定面积约 10 万平方米的红山文化环壕聚落遗址。

2009—2010 年,为配合赤峰—朝阳高速公路建设,内蒙古文物考古研究所对红山区文钟镇二道井子遗址进行抢救性考古发掘。

2011 年,中国社会科学院考古研究所、内蒙古文物考古研究所联合对辽上京西门(乾德门)遗址进行考古发掘;对辽上京西山坡佛寺遗址进行考古发掘。当年的考古发掘成果被评为 2012 年度国家十大考古新发现。

2012 年, 内蒙古文物考古研究所配合国道 303 线巴林左旗辽上京遗址段改线工程,对辽上京南山窑址进行抢救性考古发掘。

2013 年,赤峰市博物馆对喀喇沁旗西桥乡宫家营子村铁营子三组一处遭受盗掘的战国墓地进行抢救性考古发掘工作,发现战国墓葬 69 座,出土了一批战国青铜器等; 赤峰市博物馆对巴林左旗哈拉哈达镇大西沟村石羊沟墓群的一处墓葬进行了抢救性清理发掘。

2014 年,中国社会科学院考古研究所、内蒙古文物考古研究所联合对辽上京宫城墙及西门遗址进行考古勘探和发掘。委托洛阳市文物钻探管理办公室对辽上京遗址进行考古钻探。

第四篇　新闻　出版

第一章　报　刊

第一节　报　纸

一、《赤峰日报》

赤峰日报社机构沿革　1991年,赤峰日报社下设汉编部、蒙编部、办公室、经理部等部门及印刷厂,共有员工180余人。1997年,市编委批准《赤峰日报社五定方案》,核定编制数175人。1998年11月,全市公办报纸行业成立以赤峰日报社为龙头、各旗县区报社参加的赤峰报业联合体,赤峰日报社对各旗县区报社进行业务上的指导和协调。2004年1月,中共赤峰市委书记办公会议决定,将红山晚报社整体划转到赤峰日报社,实行"一社二报、统一管理"的体制。同年1月17日,赤峰日报社成立广告管理中心。2006年10月,赤峰报业天天发行有限公司成立。2007年10月,赤峰日报社开通《赤峰日报》、《红山晚报》数字报和"塞外赤峰"网站。2008年4月,《赤峰广播电视报》划归赤峰日报社。2010年9月,赤峰日报传媒集团成立,与赤峰日报社一个机构、两块牌子,核定编制219人。自此形成蒙汉文日报、晚报、周报平面媒体全覆盖,以数字报网络为补充,以"四报一网"多媒体传播带动广告、发行、印刷多元化发展的传媒集团。2011年12月,《赤峰广播电视报》停办。2013年,市直事业单位分类改革,核定赤峰日报社编制数190人。2014年,赤峰日报社新媒体中心正式成立。到年末,赤峰日报社内设办公室、经理部、《赤峰日报》汉文编辑部、《赤峰日报》蒙文编辑部、《红山晚报》编辑部等部门及新媒体中心、广告管理中心等部门,共有编制内职工159人,招聘人员111人。

《赤峰日报》汉文版　1991年,《赤峰日报》汉文版为4开4版,日刊,发行量为2.6万份。1993年7月,改为对开4版(周二、周五为对开8版)。2007年10月,《赤峰日报》数字报开通。到2014年,《赤峰日报》汉文版日发行量为2.36万份。

中共十四大于1992年10月召开后,《赤峰日报》围绕中心、服务大局,在及时报道上级党委、政府的重要部署、重大举措的同时,突出全市经济发展和典型报道,组织"百行风采"系列报道,让人们看到战斗在各行各业平凡岗位上的"凡人风采"。《重访集通线》《山羊大发展的思考》及人民的好教师王建哲和刘景昌、好干警刘虎、好基层干部刘清河的事迹等宣传报道均产生良好的社会反响。在此基础上，针对物价、住房、工资、消费、就业等社会热点难点问题，做到解疑释惑，进行正确引导。

1994 年，为了全面反映改革开放和赤峰建市 10 年的成就，相继推出《春天的报告》《争创国家卫生城征文》系列报道，其中包括城市建设系列报道《大路歌》、反映秋季大会战的报道《大会战巡礼》、深度报道《秋风劲》等影响强的新闻报道。1997 年，以内蒙古自治区成立 50 周年为契机，在头版头条位置先后登载《赤峰工业辉煌 50 年》《农业发展纪实》《乡镇企业发展纪实》等 6 组大型报道。

1997 年 4 月 27 日，《赤峰日报》设通栏标题《中共中央政治局候补委员、书记处书记温家宝到我市视察》，刊发温家宝视察赤峰的文字稿件和新闻照片。1998 年 7 月末，国务院总理朱镕基视察赤峰，赤峰日报社派出得力记者，先后采发《亲切的关怀巨大的鼓舞》《留给赤峰人民的深情与厚望》整版新闻和评论《赤峰大有希望》。1999 年，经济建设、精神文明建设、“三讲”教育、生态建设和新中国成立 50 周年宣传报道为重头戏，其中编发大量工业经济的稿件，推动全市经济改革和工业攻坚；报纸连续介绍全市十佳公务员、十佳模范员工、十佳小康带头人、十佳服务标兵、十佳执法标兵、十佳科教工作者等 60 位候选人的先进事迹，助力全市精神文明建设。

进入 21 世纪，《赤峰日报》汉文版更加注重新闻策划，打造视觉新闻。2000 年 4 月，在《保卫绿色关注森林》通栏标题下，以整版的照片和文字，报道全国文化名人参加赤峰沙漠植树活动；9 月，发起“赤峰边界万里行”采访活动，用新闻报道、散文随笔、新闻照片等形式反映赤峰市边界地区改革开放以来各族人民的生产生活情况。2001 年 6 月，报纸加大生态环境建设的报道力度，以《乱开滥垦淌血的草原在呻吟》《咬定青山不放松》《让草原醒来》等通讯，报道生态环境的重要性和治理工程建设情况。2002 年，《赤峰日报》扩版增容，增加信息量，每周二、周四扩为八版。2003 年，为配合赤峰城区“西移北扩”战略，报纸以图文并茂的形式进行《万众瞩目新城区》系列报道。

同期，围绕改善投资环境、树立赤峰形象，在坚持正面报道为主的前提下，相继刊发《百人大闹外地展销团》《外商遭遇鸡蛋攻击》《百万美元何以撤走赤峰》等 20 多篇重点文章和 200 多篇新闻报道。为庆祝建市 20 周年，推出《盘点赤峰二十年》《走马旗县话今昔》等系列报道和《老照片、新视点》《二十年没想到》《我的镜头会说话》等 3 个图文并茂的专栏。

2003 年 8 月，阿鲁科尔沁旗、巴林左旗等地发生里氏 5.9 级地震，该报记者在第一时间赶到现场采写大量准确、客观的新闻。同年，策划实施“百村纪事”大型系列报道活动，组织百余名记者深入到农村牧区，体验生活，了解风俗民情，深入采访，以全新的视角报道 100 多个自然村的发展变化。2004 年，调动蒙汉编辑部、红山晚报 104 名记者，组织了大型系列报道《百业纪事》；在一版开设《探索、抉择、崛起——赤峰工业项目扫描》《项目建设跨骏马县城经济谱新篇》《企业家谈振兴赤峰工业》等专栏，宣传工业强市战略和全面反映全市工业发展情况;蒙汉文两种报纸同时开设了《打造赤峰旅游品牌,创建优秀旅游城市》《人人都是旅游环境,事事关系旅游发展》等系列报道和专栏,为赤峰最终荣膺中国优秀旅游城市获得宣传加分。

2004年4月13日至14日,中共中央政治局常委、国家副主席胡锦涛到赤峰视察。《赤峰日报》头版和二版报道胡锦涛同志到元宝山区山前镇深入农民新居小区、走进镇幼儿园、到松山区龙潭流域治理工程参加植树造林的消息和照片。2005年,突出做好保持共产党员先进性教育的宣传和“十五”计划成就的宣传。

2006年,根据“十一五”规划开局之年的宣传需要,精心策划《工业强市项目篇》《工业强市园区篇》《工业强市产业篇》《工业强市招商篇》等系列报道;分别在一版、二版、五版和“农经视野”版进行建设社会主义新农村新牧区的报道;在一版开设《知荣辱树新风》专栏,及时报道全市各地开展“八荣八耻”教育的动态消息;在一版和理论版开设《赤峰发展文化产业论坛》。2007年,赤峰日报社以“精品建设年”活动为主线,突出做好深入贯彻科学发展观和中共十七大精神的宣传,加强经济工作宣传报道。开辟《风采录》《群英谱》等栏目,从百姓身边的事透视社会的重大变化,用感人的故事打动读者。

2009年8月中旬,在一版刊发《小城故事》系列报道50余篇,向人们讲述新中国成立的60年间全市小城镇健康成长的精彩故事。2010年, 配合全区第六次精神文明建设经验交流会在赤峰召开,从年初开始在头版开设《创文明、迎盛会、促发展》专栏,在头版刊发《迎盛会系列谈》评论,以显要的版面、显要的位置梳理、聚焦全市项目建设动态;推出“新闻视点”专版,多角度、多侧面、全方位深度报道全市重大新闻。2011年,制定实施方案,开展全国新闻战线“走基层、转作风、改文风”活动,分期分批安排采编人员到联系点蹲点,深入农村牧区、街道社区、工矿企业采写新闻。同年,加强对全市文化产业和创建国家森林城市的宣传。

2012年,在理论版开设《新时期赤峰精神大家谈》专栏,集中刊发由市委宣传部征集的和各旗县区理论中心组撰写的关于赤峰精神的文章;11月,在头版开设《新时期赤峰精神大讨论》专栏,集中刊发本报知名记者和社会知名人士撰写的讨论赤峰精神的文章;全年在头版共发关于赤峰精神的稿件36篇。

2013年,先后在头版开设《理清新思路,全力谋发展》《旗县区委书记、旗县区长谈县域经济发展》《县域经济典型报道》等专栏,在头版开设《非公经济系列报道》专栏,重点推进县域经济和非公经济发展的宣传报道。同年4月起,在一版开设《贯彻内蒙古“8337”发展思路进行时》专栏,报道全市贯彻落实“8337”发展思路的新闻;在头版、二版开设《创建全国文明城市·共享幸福美好生活》栏目、《创城·加强未成年人思想道德建设》专栏,登载开展未成年人思想道德建设的报道;在头版发表言论,阐述实现中国梦的重大意义和深远影响。

2014年2月8日,在头版头条刊发《市委中心组学习习近平总书记视察内蒙古讲话精神》;2月13日,在头版开设《贯彻落实总书记视察内蒙古重要讲话精神》栏目;5

月 21 日，头版开栏发表《落实总书记视察内蒙古重要讲话精神——打造亮丽的风景线》。随后相继在头版刊登《在下行压力中寻求突破》《让群众从忧居变宜居——我市棚户区改造工作综述》等报道。同年 3 月底，连续报道中共中央政治局常委、国务院总理李克强到第二批群众路线教育实践活动联系点赤峰市翁牛特旗参加旗委常委扩大会议的新闻：3 月 28 日，头版头条刊发反映翁牛特旗党的群众路线教育实践活动的通讯《四家“信访”解民忧》；3 月 31 日，头版头条转发内蒙古日报记者采写的消息《李克强在我区考察时强调：大力推进改革发展，倾情造福各族群众》，二版刊发内蒙古日报记者拍摄的图片专版《李克强在赤峰》；4 月 1 日，头版头条转发内蒙古日报记者采写的消息《李克强在调研指导翁牛特旗党的群众路线教育实践活动时强调：倾听群众心声，顺应群众期盼，扎实推进第二批党的群众路线教育实践活动》；4 月 9 日至 16 日，头版连续刊发评论员文章《学习贯彻李克强总理视察我市重要讲话精神系列评论》。同年，围绕党的群众路线教育实践活动，共刊发相关稿件 320 余篇；主动做好弘扬社会主义核心价值观、创建全国文明城和全面深化改革等方面的宣传报道。

《赤峰日报》蒙文版　1991 年，《赤峰日报》蒙文版为 4 开 4 版，日刊，发行量 1500 份。1993 年 7 月，由 4 开 4 版改为对开 4 版（周二、周五为对开 8 版），双色印刷，并实现激光照排、轮转式胶版印刷。发行量有所增加，到 2007 年为 2080 份。到 2014 年，《赤峰日报》蒙文版发行量为 3000 份。

1991—2000 年，先后开设《文史》和《文摘》专版，刊发赤峰地区蒙古族历史文化与发展变化以及政策信息；策划《牧民与市场》系列报道，反映全市牧区牧民在市场经济形势下的精神思想状态和生产生活变化；推出《世纪之交话生态》系列报道，反映 20 世纪末全市牧区生态建设成就以及仍需解决的问题；策划并实施《发展中的牧区小城镇》系列报道，连续刊登全市牧区向城镇化道路迈进的各类新闻。在此期间，有许多稿件在全国、全区获奖。通讯《嘎查党支部书记的好榜样赵向荣》《改革中的先锋》获自治区好新闻一等奖，深度报道《关于牧民子弟与牧区未来的思考》获自治区好新闻一等奖及全国蒙文报刊好新闻一等奖。

进入 21 世纪，《赤峰日报》蒙文版在改革中进入新的发展阶段。2001 年，实现彩色印刷。2002 年，尝试编辑业务与采访业务分开，独立运作；各部室主任全部竞争上岗，编辑记者实行双向选择；重新修订编辑部《量化管理办法》，首次将业务工作量与奖金挂钩。2006 年，实行编辑记者招聘制。2010 年，蒙文报纸系统从财政差额拨款转变为财政全额拨款。2012 年，蒙文编采业务实现内部网络化操作和管理。

2001—2014 年，先后开设《牧区改革开放 30 年经典回顾》专栏，回顾赤峰市牧区走过的历程，讴歌改革开放 30 年间牧区取得的巨大成就和发展变化；策划刊登《直面 WTO—农牧业产业化》系列报道，报道全市农牧业在中国加入世贸组织后的新趋势、新变化；在周日版设置《赤峰文化之最》《历史上的赤峰》《赤峰市部分山川河流湖泊名称》《多姿多彩的蒙古族民俗》《赤峰地区蒙古文化遗址》《昭乌达说书人》《博客传奇》等专栏,宣传赤峰文化大市建设;组织开展《蒙古文化源远流长》征文活动;策划实施《免征牧业税 牧民得实惠》、《来自农村牧区的健康知音——新型合作医疗》和“建设社会主义新牧区——小康村篇章、生态村篇章、文明村篇章、和谐村篇章”、《进城蒙古人》等系列报道,报道全市社会主义新牧区建设所取得的繁荣与进步。通讯《植根群众,永葆活力》,消息《牧民阿拉坦其木格见安南》《我市荣获全国唯一林业生态建设先进城市称号》《蒙古汗廷音乐重现舞台》等许多新闻作品在全国全区新闻评选中获奖。

二、《红山晚报》

《红山晚报》创刊于1988年,隶属于中共红山区委,是当时全国唯一的县级晚报。1991年10月,国家新闻出版署批准《红山晚报》全国统一刊号:CN15—0054。当时《红山晚报》为周二刊,4开4版,日发行量1万份。1992年,日发行量增加到2万份。2004年1月,《红山晚报》划归赤峰日报社。2007年6月,红山晚报网络版开始运行。2007年,《红山晚报》日发行量达到4万份。到2014年,日发行量为3万份。

《红山晚报》坚持“立足红山区,面向赤峰市,走进千家万户,服务百姓生活”的宣传定位。由于办报从严,注重质量和可读性,很快在赤峰市区打开局面,受到广大读者欢迎和喜爱。有影响的较大版面和栏目有:要闻版、社会新闻版、文化副刊版、文摘版。一版的《红山石》《监督台》《记者现场目击》、二版的《城乡角落》《街头巷尾》、文化副刊的《柳下放谈》《人生百味》等栏目,都以短、活、鲜的特色成为“名栏目”。文化副刊后改为《柳丝丝》版,由老舍夫人胡絜青为之题写刊头。

1991年至2003年,该报刊发的稿件多次在全国晚报开展的社会新闻、头条新闻、短新闻、现场新闻等新闻大赛中获奖。2000年,《只开一天的邮政所》获得全国晚报好新闻大赛特等奖。同年,《距今四千年大型祭祀遗址在敖汉旗境内发现》获中国新闻奖消息类三等奖,为该报该奖项的首次奖。

2004年初,根据国家新闻出版署关于报刊整顿的相关政策,红山晚报社上划到赤峰日报社,《红山晚报》成为市级晚报。2005年1月1日起,《红山晚报》全面扩版,由原来的4开8版和4开12版全部扩为4开16版,彩色印刷,形成A叠新闻版加B叠周刊版的新格局。

自2011年起,《红山晚报》根据新媒体崛起和拓宽传播渠道的需要,开始构建全媒体发展格局。2011年9月2日,《红山晚报》论坛正式上线。2011年9月22日,《红山晚报》新浪官方微博上线。2012年8月6日,《红山晚报》腾讯官方微博上线。2012年10月8日,《红山晚报》和中国移动通信赤峰分公司合办的赤峰手机报正式上线运行,是赤峰地区第一家本土手机报。2013年2月4日,《红山晚报》官方微信平台正式上线运营,微信内容以本地新闻为主、其他一些文体娱乐信息为辅,每天发送一期。

三、《赤峰广播电视报》

《赤峰广播电视报》创刊于1986年,使用《内蒙古广播电视报》刊号,节目预告由内蒙古电视台供给。每周一刊,全市发行,发行量最高时为每期5万份,最低时为2万份。

2011年12月停刊。

1986年，赤峰市广播局创办广播电视报，专门介绍电视剧和预告电视节目。最初为16开2版，后改为4开4版，增加广播电视动态、电视剧情介绍等内容。1992年，赤峰广播电视报社正式设立为市广播局下辖的自收自支事业单位，定编7人。随后，该报进行从内容到形式的全面改革，版面由原来的4开4版扩为4开8版。1997年底，随着服务性的增强和读者阅读需要的扩大，版面扩至4开16版。2003年12月，扩至4开24版。2008年4月，赤峰广播电视报社改企转制，由赤峰日报社接管。2010年，版面由4开24版扩为32版。因《内蒙古广播电视报》停刊，2012年1月，该报改为《红晚周末》，不再刊登广播电视节目预告，《赤峰广播电视报》正式停刊。

广播电视报从创刊后一直坚持自办发行。早期在市区内以零售为主，市区外委托旗县广播电视局代售或订阅。20世纪90年代的发行量稳中有升，持续走高。2001年，《赤峰广播电视报》发行业务全部交给邮政部门，人力大幅度减少，发行量滑坡。次年，制定发行目标责任制，实行全员订报、多订有奖、邮政和自办并行的“两条腿走路”模式。

《赤峰广播电视报》的新闻，坚持为广播电视事业服务的宗旨、为读者服务的办报思想，突出行业特点，每年在要闻版刊发有关赤峰地区广播电视方面的稿件不少于100篇。节目预告的编排最大程度满足读者要求，刊登中央各套和各地方台及本市节目预告的版面最多时达到8块，节目的数量达到34台套。

四、旗县区报纸

《松山时讯》《松山时讯》系中共赤峰市松山区委机关报。1991年7月1日，《英金报》创刊，报社为正科级事业单位。1993年7月1日，随着郊区更名为松山区，《英金报》改为《松山时报》，1995年1月1日更名为《松山报》。1999年1月，《松山报》加入赤峰报业联合体，改称《赤峰日报松山版》。2003年11月，按照全国报刊业治理整顿精神，《赤峰日报松山版》停刊。2004年5月，松山报社并入松山区委宣传部，组建《松山时讯》编辑部，《松山时讯》实行内部赠阅。2005年12月，《松山时讯》编辑部划入松山区文化体育广播电视局。2009年4月，复划归松山区委宣传部，核定编制12人，内设编辑部、记者部、摄影部。同年9月，《松山时讯》改为周二刊，对开4版。2013年4月，改为周一刊。至2013年5月，《松山时讯》共印发617期，每期2600余份。

《元宝山专刊》《元宝山区专刊》编辑部的前身为《平庄矿工报》元宝山专刊编辑部，成立于2003年1月，是元宝山区委宣传部所属事业单位，核定编制5人，出版发行《平庄矿工报·元宝山专刊》，4开4版，黑白印刷，每周一期。2011年1月6日，改称元宝山专刊编辑部，核定编制11人。编辑部与《内蒙古商报》合作出版发行《内蒙古商报·元宝山专刊》，对开4版，彩色印刷，每周四发行。2014年，《元宝山专刊》出版49期，每期1500份。

《阿鲁科尔沁报》《阿鲁科尔沁报》是中共阿鲁科尔沁旗委、旗政府机关报，创刊于1958年7月1日,分蒙、汉文两种文字出版发行,1960年12月停刊。1991年,《阿鲁科尔沁报》复刊,内蒙古新闻出版局批准蒙文报刊号为NZ—066,汉文报刊号为NZ—067。报社为正科级全额事业单位,核定编制18人,内设蒙编部、汉编部、办公室。1998年,《阿鲁科尔沁报》更名为《赤峰日报阿鲁科尔沁版》(蒙汉文),加入赤峰报业联合体,接受赤峰日报社业务指导,行政隶属关系不变。2004年1月1日,《赤峰日报阿鲁科尔沁版》更名为《阿旗通讯》,由公开发行变为内部赠阅,仍是旗委、旗政府机关报。2012年3月,《阿旗通讯》更名为《阿鲁科尔沁报》,由4开4版改为对开4版,彩色印刷。至2013年7月,报社有正式职工18人。2014年,发行45期、22.5万份。

《巴林左旗报》《巴林左旗报》是中共巴林左旗委、旗政府机关报,创刊于1958年5月1日, 为不定期铅印小报,1959年7月1日停刊。1984年6月巴林左旗报社成立,为科级事业单位。复刊后的《巴林左旗报》为铅印4开4版周报,旗内每期发行6000份。2003年,在"2002年度中国县市报好新闻摄影评选"活动中,该报获得"总编辑组织奖"等4个奖项。2004年,全国报业治理整顿,《巴林左旗报》改为《左旗通讯》,内部赠阅。2010年5月起,《左旗通讯》改为对开4版,每期印发4000份。

《牧民报》《巴林晨报》《牧民报》是中共巴林右旗委、旗政府机关报,创刊于1988年9月,分蒙文版、汉文版,4开4版,周一报。牧民报社为全民所有制事业单位,核定编制6人。1997年,升格为正科级事业单位,内设办公室、编辑部、采通部,核定编制8人。1999年1月,《牧民报》加入赤峰报业联合体,蒙文版改版为《赤峰日报巴林右旗版》。2004年,牧民报社撤销,《赤峰日报巴林右旗版》停刊,共印发769期、115.5万份。1993年5月,《牧民报》汉文版改为《巴林晨报》。1997年,巴林晨报社为正科级事业单位,内设办公室、编辑部、采通部,核定编制8人。1999年1月,《巴林晨报》加入赤峰报业联合体,改为《赤峰日报巴林右旗版》(汉文),接受赤峰日报社业务指导。2000年1月1日由周一报改为周二报。2004年3月,《赤峰日报巴林右旗版》(汉文)停刊,存续期间累计印发713期、164万份。

《林西报》《林西报》是中共林西县委、县政府机关报,创刊于1958年4月,为周二刊,4开4版。1959年4月27日停刊,共出刊75期。1996年10月,林西报社重新组建,有编采人员11人,内设办公室、编辑部和广告部。复刊后的《林西报》于1997年1月1日出版,为4开4版,周一刊,设有要闻版、经济社会发展综合版、文艺文化法制副刊版和科技生活版,每期印发2500份。1999年8月,报社编制扩至12人,报纸由每周一期扩至每周二期。2004年,林西报社更名为《林西时讯》编辑部。2006年,《林西时讯》编辑部更名为林西县新闻中心,隶属于县委宣传部,为科级事业单位,核定事业编制7人。2014年,《林西时讯》出版47期,每期印发2000份。

《翁牛特信息》 1948年7月,《乌丹新闻周刊》创刊,1958年6月1日更名为《翁牛特报》,1959年7月20日停刊。1988年3月,复刊并更名为《翁牛特消息》,是中共翁牛特旗委、旗政府机关报。1990年3月,翁牛特旗报社成立,为正科级事业单位,人员编制 9 人。1991 年 10 月,《翁牛特消息》蒙文版创刊,增设蒙编部,编制 5 人。1998 年 11 月,《翁牛特消息》加入赤峰报业联合体,更名为《赤峰日报翁牛特版》,2004 年 1 月 1 日停办,人员并入翁牛特旗委宣传部。同年 3 月,成立翁牛特旗记者站,负责编发《翁牛特信息》,为股级事业单位,隶属于旗委宣传部,核定编制 6 人。2010 年 3 月,《翁牛特信息》由 4 开 4 版扩大为对开 4 版。至 2013 年 6 月,共印发 455 期,每期 2500 余份。2014 年,《翁牛特信息》每周出版一期,每期印发 5000 份。

《喀喇沁旗报》 《喀喇沁旗报》是中共喀喇沁旗委、旗政府机关报,创刊于 1958 年 3 月 14 日。报纸为 4 开 4 版,至 1959 年 7 月 5 日终刊,共印发 198 期。1988 年 7 月,《喀喇沁旗通讯》编辑部建立,创办《喀喇沁旗通讯》。1991 年,《喀喇沁旗通讯》编辑部改为“喀喇沁旗通讯社”,10 月设立“赤峰日报社、赤峰人民广播电台驻喀喇沁旗记者站”,核定事业编制 2 人,归属旗委宣传部领导。2009 年 3 月,组建《喀喇沁旗时讯》编辑部,为旗委宣传部所属全额拨款事业单位,核定编制 4 人。2014 年,《喀喇沁旗时讯》每周一期,共 50 期,全年共印发 15 万份。

《宁城报》 《宁城报》是中共宁城县委、县政府机关报,创刊于 1958 年 8 月 5 日。报纸为 8 开 4 版,周刊,报社有编采人员 4 人。1959 年 6 月 20 日停刊。1985 年 4 月,《宁城报》复刊,为 4 开 4 版,周刊。1990 年,宁城报社内设新闻部、政文部和采通部,有编采人员 7 人,每期报纸发行 8000~15000 份。1992 年 7 月,《宁城报》编入国内统一刊号 CN15—0060,为 4 开 4 版,周二刊,编采人员增至 14 人。1993 年 12 月,宁城报社内设办公室、采通部、广告部和编辑部,为正科级差额拨款事业单位。1998 年,《宁城报》改为周三刊。2003 年 12 月 31 日停刊。2004 年 1 月,《宁城时讯》创刊,16 开 4 版,每周一期,每期印发 2000 份。12 月改为 16 开书刊型 8 版。2005 年 1 月改为 4 开 4 版,周刊,每期 3000 份。2007 年 1 月,《宁城时讯》更名为《宁城信息》。2010 年 1 月 1 日,《宁城信息》更名《宁城报》,12 月改为对开 4 版彩报,周一刊,每期印发 4000 份,免费赠阅。2014 年,《宁城报》每 5 天印一期,每期 3500 份。

《敖汉信息》 敖汉信息社前身是敖汉报社。《敖汉旗报》是中共敖汉旗委、旗政府机关报,创刊于 1957 年 7 月 1 日。报社设办公室、编辑部、采通部。1960 年 10 月 18 日停刊,累计出刊 440 期。1992 年,敖汉旗组建敖汉报社,为准科级事业单位,编制 14 人。同年 7 月 1 日,《敖汉旗报》正式复刊。到 1998 年 12 月 31 日终刊,累计出刊 617 期。1999 年 1 月 1 日,敖汉报社加入赤峰报业联合体,更名为《赤峰日报敖汉版》。2003 年 12 月 31 日,《赤峰日报敖汉版》随全国报业治理整顿停办,累计印发 466 期。中共敖汉旗委因此决定撤销敖汉报社,创办《敖汉信息》。2004 年 1 月 1 日,敖汉信息社成立,为正科级全额事业单位,《敖汉信息》正式创办。至 2012 年 12 月末,《敖汉信息》印发 813 期。2014 年,《敖汉信息》每周两期,全年印发 92 期,每期 4000 份。

第二节 期 刊

1991 年,赤峰市公开发行的刊物有《百柳》《西拉沐沦》2 种,其他内部资料性的刊物时办时停。截至 2014 年底,全市公开发行的刊物主要有《百柳》、《西拉沐沦》、《赤峰通讯》、《松州》、《赤峰画报》、《赤峰学院学报》(汉文哲学社会科学版)、《赤峰学院学报》(蒙文哲学社会科学版)、《赤峰学院学报》(自然科学版)。此外,赤峰地区还有内部发行的期刊 20 余种。

一、《百柳》

《百柳》由赤峰市文学艺术界联合会主办,1980 年创刊,为全国发行的文学双月刊,1992 年改为月刊,2006 年改为半月刊。该刊发表的文学作品具有赤峰乡土气息和民族文化特点。1992 年,全国发行量 50 余万册。1993 年,获中国社科院“园丁奖”。2009 年,被评为“中国北方优秀文学期刊”。改为半月刊后,以出版青春文学和中小学生作文为主,每期发行 3 万册。《百柳》刊载了大量以本土作者为主的纯文学性作品,涌现出鲍尔吉·原野、荆永鸣等一批在国内较有知名度的赤峰籍作家。1991—2014 年,出版发行 215 期。

二、《西拉沐沦》

《西拉沐沦》由赤峰市文学艺术界联合会主办,1980 年 5 月创刊,为全国公开发行的蒙文文学双月刊,辟有诗歌、小说、散文、文艺评论、名作欣赏、新人新作、百姓广场、社会话题等栏目。1983 年,《西拉沐沦》发表的《草原之夏》《春天》等作品荣获内蒙古文学创作“索龙嘎”奖。1993 年,《西拉沐沦》获中国社科院“园丁奖”。1997 年,举办《给你》爱情诗征文大赛,有 8 个省市自治区的几百名作者参赛。2000 年,《西拉沐沦》所发表的散文《元上都探古》获中国少数民族文学“骏马奖”。2001 年 12 月,《西拉沐沦》获内蒙古“学习使用蒙古语文先进集体”奖。2003 年,被自治区新闻出版局评为全自治区优秀民族期刊。

三、《赤峰通讯》

《赤峰通讯》由中共赤峰市委办公厅、中共赤峰市委政研室联合主办。1992 年创刊。2002 年 10 月,根据新形势、新任务的要求,进行全面改版升级,为 16 开、52 页、4 版彩封的双月刊,为自治区准印内部资料。2015 年 9 月获准印证号,印数 1500 册。《赤峰通讯》的办刊宗旨是宣传中国共产党的路线方针政策;基本原则是突出党刊的指导性、权威性和创新性;指导思想是办成中共赤峰市委指导全市工作的舆论阵地,全市广大党员干部学习理论、研究工作、交流经验的平台。截至 2012 年 10 月,累计出版发行 82 期,刊登各类文稿 500 万字。

四、《松州》

《松州》是中共赤峰市委宣传部主管、赤峰市社科联主办的双月期刊,是赤峰市唯一的综合性社科理论学术期刊。《松州》曾用名《松州学刊》,其前身是 1981 年创刊的

《昭乌达社会科学研究》。从1985年开始，定名为《松州学刊》。2003年，经自治区新闻出版局批准，更名为《松州》。主要栏目有：政策解读、本刊特稿、学者观点、工作研究、热点关注、经济热点、调查思考、交流探讨、文史园地、理论园地、基层采风、社科普及、时代风采等。《松州》以"立足赤峰，服务赤峰，为繁荣发展赤峰市的社会科学事业尽心献力"作为根本方针，坚持"开门办刊"，吸引市内外的有识之士撰文投稿、献计献策，其中许多有价值的观点和建议被政府及有关部门采纳。截至2014年，更名后的《松州》共出刊175期，发表社科工作者的学术文章1365篇，其中有503篇被国家级和省部级报刊选用。

五、《赤峰画报》

《赤峰画报》由赤峰画报社主办。2009年，经内蒙古自治区新闻出版局批准注册，面向市内外发行，每期发行量4000余册。《赤峰画报》设有时政回放、社会聚焦、专题报道、赤峰儿女、百姓故事、企业名家、业界风采、文艺天地、艺术人生、光影天地等众多栏目。内容涉及党政机关领导活动、日新月异的城乡面貌、社会瞩目的重大事件、蓬勃发展的品牌企业、风光无限的美丽草原、动人心弦的人物故事等多个方面，内容丰富，图文并茂，逐渐成为宣传"秀美赤峰、人文赤峰、和谐赤峰"的一张名片。

六、《赤峰学院学报》(汉文哲学社会科学版)

《赤峰学院学报》(汉文哲学社会科学版)1980年创刊，月刊，168页。设有红山文化研究、契丹辽文化研究、哲学研究、历史学研究、文学研究、法学研究、新闻与传播学研究、语言学研究、艺术研究等栏目，其中"红山文化·契丹辽文化研究"栏目于2014年入选教育部高校哲学社会科学学报"名栏建设工程"。截至2014年底，共出版197期，发表文章约6000篇。为"中国学术期刊综合评价数据库"来源期刊，为"中国期刊网""中国学术期刊(光盘版)"全文收录期刊，为内蒙古自治区高校精品期刊、全国教育院校优秀期刊、全国民族地区优秀期刊、全国地方高校名刊。

七、《赤峰学院学报》(蒙文哲学社会科学版)

《赤峰学院学报》(蒙文哲学社会科学版)1981年创刊，双月刊，100页。设有哲学研究、政治理论研究、经济学研究、文学研究、语言学研究、历史文化研究、教育教学研究等固定栏目。特色栏目有游牧文化研究、文艺学美学研究等。曾多次在全国和自治区高校学报评比中获奖，为全国第二届高校优秀学报、内蒙古自治区高校优秀学报。截至2014年底，共出版124期，发表文章2000余篇。

八、《赤峰学院学报》(自然科学版)

《赤峰学院学报》(自然科学版)1985年创刊，月刊，168页。设有数理研究、化学与生物学研究、计算机科学技术、环境与资源、工程与技术、医学研究、教育教学研究等栏目。重点打造区域环境与资源研究、地方本科院校教育教学论坛、医学研究栏目。至2014年，累计出版208期，发表文章8000余篇。本刊为各主流期刊网全文收录期刊，是内蒙古自治区高校优秀学报、全国教育院校优秀期刊、全国高校民族类特色科技期刊、内蒙古自治区高校特色期刊,多次获得教育部“中国科技论文在线优秀期刊”奖励。

第二章 广播 电视

第一节 广 播

一、机构队伍

赤峰人民广播电台 赤峰人民广播电台始建于1958年9月。1991年初,赤峰人民广播电台与赤峰市广播电视局合署办公。1997年7月,赤峰人民广播电台人员编制144人,内设办公室、总编室、蒙语编辑部、汉语编辑部、技术部、播音部、发射台等19个科级机构。2001年,915、916发射台上划内蒙古广播电视局直接管理。赤峰人民广播电台内设机构17个,核定编制118人。2002—2003年,红山区广播电视系统的在职和退休职工上划赤峰人民广播电台,内设机构增至35个,编制总数152人。2009年,赤峰人民广播电台与赤峰电视台合并。

赤峰广播电视台 2009年7月,赤峰人民广播电台、赤峰电视台合并,成立赤峰广播电视台,为赤峰市广播电影电视局所属正处级事业单位。2009—2013年,内设机构25个,编制277人。2014年上半年,赤峰广播电视台进行内设机构改革,原部门制改为频率频道制,广播四个频率和电视三个频道实行总监负责制,通过竞争上岗,25个内设机构共产生25名总监和32名副总监。至2014年,赤峰广播电视台在岗人数428人,其中全额编制219人,自收自支编制24人,招聘人员185人。在专业技术人员中,正高职称7人、副高职称56人、中级职称69人。

旗县区广播电台 20世纪90年代,赤峰市12个旗县区均设有广播电台,内设机构不尽相同,管理人员、编播人员数量不等。旗县区广播电台以转播中央、内蒙古自治区、赤峰市广播电台的新闻节目为主,以播出自办的新闻、专题等节目为辅。2000年前后,大部分旗县区广播电台、电视台、有线电视台实行三台合一,或者建立广播电视中心。广播信号由原来的专线传输陆续改为调频传输,到20世纪90年代末调频广播已全面取代有线广播。进入21世纪后,各旗县区的调频广播逐渐实现编播设备数字化,广播覆盖率不断提高。到2014年,全市基本实现“村村通”广播。

二、基础设施建设

1994年1月4日,经广播电影电视部批准,赤峰经济广播电台成立并开播。1996年12月末,文艺调频试播成功,每天播出16小时,调频立体声信号覆盖红山区、松山区、元宝山区及邻近旗县。至此,赤峰人民广播电台由蒙汉语2套节目增至蒙语、汉语、经济、交通文艺4套节目;传播方式实现调幅与调频结合、综合频率与专业频率结合、直播与录播结合。

1997年，赤峰人民广播电台购置现场直播设备，成功实现第一次现场转播——全市各族各界群众庆祝自治区成立50周年大会现场实况转播。同年，经济台筹资11万元购置进口调音台、进口调频发射机和电话耦合器等设备，将中央台和内蒙古台微波接收改为卫星接收。

1998年，赤峰人民广播电台新开通汉语节目的50瓦调频广播，汉语播音在每天11.3小时中波覆盖的基础上，增加15小时的调频覆盖。蒙语节目更换进口调音台，实现从录制到播出的数字化。1999年，赤峰人民广播电台投入20万元，购置300瓦调频发射机、调音台、MD采访机、直播现场调音台、电话耦合器等采访设备，户外现场直播由此实现。同年，新建汉语节目直播间、录音室，汉语文字节目及广告节目全部使用MD数字化光盘录制，直播节目增加到9个小时。

2000年9月30日，915发射台在原松山区1535热线基础上开通红山区1224线路，实现高压电源双备份。同年10月1日，建立卫星地面接收站2座，用于接收中央人民广播电台一套节目和内蒙古人民广播电台汉语节目。同年，自筹资金建立音频工作站网络系统，向广播节目制作数字化迈出重要一步。2002年12月30日，蒙语节目增设的300瓦调频发射机正式开通，蒙语广播实现中波和调频双重覆盖。2004年，投资80万元购置总控设备，进一步增强安全播出的可靠性。

2004年，增设调频广播发射机15部，赤峰电台的节目调频覆盖率从原来不足20%提高到60%以上，广播节目的信号清晰度得到加强，进而实现中波与调频信号双重覆盖。2007年2月1日，赤峰广播网正式开通。2009年，赤峰广播电视台更新3部1千瓦调频发射机，四套广播节目的调频发射备份问题得到解决；完成广播电视CMMB系统设备安装和调试，开通广播综合频道和电视一套手机信号。

2010年，投资170万元购置广播直播车，配备车载电源、调频发射机、车载直播设备、转播设备、信号传输等设备，提高广播对大型活动的参与力度和新闻反应速度；投资45万余元更新广播音频工作站系统服务器、直播录播制作管理软件以及部分硬件设备，提升广播设备的档次，完善设备系统的科学配置，提高节目制作水平；投资100万元，更新和备份广播传输设备，为广播各频率扩大覆盖率提供技术保障。

2012年，投资50万元更新广播录制设备，购进办公电脑和打印机，方便编辑记者的后期编辑工作。2013年，配备广播四套调频发射机所需的UPS备用电源和发电机，解决因临时停电引发的停播问题。同年，广播技术部门配合频率化管理及节目改版，投入40万元购置广播各频率采访、制作和节目运行所需设备，为各类广播节目顺畅运行提供技术基础；投资200万元购置改装大马力广播随车必备设备，满足随车直播的速度和播出要求。

截至2014年，赤峰人民广播电台蒙汉语中波发射由建台初期的500瓦发展到蒙语50千瓦、汉语10千瓦、7个中波地面转播台、3个高山调频转播台，广播覆盖率达到全市区域面积的90%以上。广播节目的录制、播出由传统的模拟化进入数字化时代。

三、广播节目

蒙语节目　赤峰广播电台蒙语广播于1959年1月1日开播，播出频率为AM1140千赫，FM89.4兆赫，中波、调频双重覆盖，能够覆盖赤峰市12个旗县区及周边地区。全天播音18小时35分钟，其中自办节目14小时35分钟。

蒙语广播自办新闻、社教、文艺三大类节目。新闻节目主要有“全市新闻”“协作体新闻”“国内外要闻”；社教专题节目主要是集新闻性、教育性、服务性于一体的“银色马镫”节目；文艺节目主要有丰富蒙古族听众业余文化生活的“晨曦之恋”“星星部落”“雏鹰”“老年之友”等品牌节目。2014年，蒙语广播实行频率化管理，原新闻、专题、文艺部重组合一，全面升级改版。

汉语节目　赤峰广播电台汉语广播节目分为三套频率，分别是综合广播、农村牧区广播和交通广播。

综合广播。综合广播的播出频率为AM1143千赫，FM96兆赫，发射范围广泛，是赤峰地区唯一中波、调频双重覆盖赤峰市12个旗县区及辽宁、河北等周边地区的主流媒体。综合广播全天播音19小时45分钟，其中自办节目15小时45分钟。品牌节目有：新闻类节目“赤峰新闻”、法律服务类节目“法制早班车”、监督服务类节目“政风行风热线”、服务“三农”节目“金色田野”、生活服务类节目“生活帮你办”、互动娱乐类节目“96娱乐大咖秀”、婚恋服务类节目“爱情帮你办”等多个类别，拥有广泛的听众。

农村牧区广播。其前身是1993年12月开播的全自治区盟市台中第一个经济广播电台——赤峰经济广播电台，全天播音19小时。2007年7月1日，全新改版，为农村牧区广播。新版节目以娱乐互动为特色，融合电话、网络、短信平台等多元互动模式，向听众提供新闻资讯、生活信息、音乐文学、娱乐互动等丰富多样的节目内容。到2014年，农村牧区广播已稳步形成以品牌节目为龙头的节目群，拥有“非常可乐”“都来迷发烧”“我爱团购”“空中门诊”“今夜你和我”“芳草地”“赤峰楼市直通车”“淘宝俱乐部”等优势节目资源和一批优秀节目主持人。

赤峰交通广播。由赤峰交通广播电台与赤峰市公安局交警支队合办。1997年12月1日开播，全天播出24小时，覆盖60万汽车驾驶员和260万人口。赤峰交通广播电台按照“服务交通，关照心灵”的宗旨，相继开办一系列交通出行及安全的专业节目，兼顾新闻、信息与服务。节目新颖，视角独特，深受听众青睐。品牌节目有“交广早高峰”“交警直播室”“伴你同行”“幸运十一点”等多个类别，并由此成为赤峰地区具有很高知名度和影响力的广播媒体。

第二节　电视

一、有线电视

机构　赤峰有线电视台建于1990年6月，隶属赤峰市广播电视局，1997年下设办公室、新闻部、专题部、文体社教部、广告部、技术部、播出部、安装部、维修收费部、稽查部和有线电视服务中心。1997 年 12 月，组建赤峰有线电视网络有限责任公司，实行事业单位企业管理。2001 年，赤峰电视台与赤峰有线电视台的采编播人员、设备、频道合并。同年 8 月，红山区广播电视台上划市广播电视局。

基础设施　赤峰有线电视台于 1990 年 10 月开通试播。经内蒙古广播电影电视厅检查验收并报广播电影电视部批准，于 1993 年 2 月正式设台，节目播出频道 13 个，其中自办节目频道 2 个，为中国北方地市级行政区域第一家有线电视台。

1998 年底，开通了 30 套电视节目，有线电视网络终端用户 8 万户。全天 24 小时转播中央电视台一套至八套、内蒙古电视台蒙语和汉语、中央教育台一套和二套、部分省市的卫视节目 16 套，自办节目 2 套。

1999 年 8 月，赤峰有线电视台加入中国有线电视协作体，自办并开通图文影视频道，自办频道由此增为 3 套。同年，开通查布干山微波站至阿鲁科尔沁旗广播电视局、巴林左旗豁子梁微波站至林东镇微波线路，将赤峰电台、赤峰电视台的节目送入阿鲁科尔沁旗和巴林左旗有线网。

2001 年 8 月，完成赤峰市城域信息网络工程布穿光缆、模拟和数字设备的安装调试等工作，模拟平台在市区投入运营，全面启动全市旗县城区网升级改造工程，完成翁牛特旗、敖汉旗、林西县城区光缆改造工程，部分工程到年底投入运营。

2002 年 11 月 6 日，赤峰市广播电视光缆双向传输工程开通。该工程利用国家光缆干线 888 公里，自行铺设光缆 100 多公里，正向传送赤峰电视台 3 套电视节目和赤峰电台 4 套广播节目，联网旗县可随时反传广播电视节目。

2003 年，完成赤峰市区和 9 个旗县光缆入地升级改造以及向乡镇延伸，全市建成光缆干线 3000 多公里，接通光缆的乡镇达到 50 多个，发展有线电视用户 35 万户。2004 年，有 123 个乡镇苏木与旗县光缆联网。

2006 年，全市新建光缆 4500 公里，累计达到 15057 公里，有线电视用户达到 53 万户，其中乡镇以下 30 万户。同年 9 月，配合中共赤峰市委组织部在各旗县区开通基层党员远程教育平台，全市 30 多万户农牧民家庭能收看到远程教育节目。同年，林西县、宁城县广播电视局率先与内蒙古有线电视网络总公司合作，开发部分增值业务。

2007 年，全市新增光缆联网自然村 269 个，发展农村牧区有线电视用户 3.8 万户。同年底，实施市区有线电视数字转换。到 2012 年，有 9 个旗县区的有线电视被自治区整合，并完成数字化改造。截至 2014 年底，全市有线电视用户达到 99 万户。

2009 年，赤峰有线电视台购置电视数字转播车 1 台，升级改造全台自办节目制作非线性编辑系统，购置配装专门传输设备。同年 11 月，有线电视三套节目在所有旗县区落地。2010 年，投资 430 万元，改造节目制作播出网，购置电视制作播出等相应设备，并实现数字化。

2011 年，投资 130 万元，建立媒体资源管理系统，加上数字化技术优势的充分发挥,电视画面质量和制作效率得到极大提升,播出安全得到有效保障,音视频资料有效保存;投资176万元,实施《直播生活》栏目直播机房的数字化改造,当年实现赤峰广播电视台首个大型民生栏目的正常直播;投资145万元,购置广播电视采访、播出设备。

2012年,投资200万元,购置档次较高的电视摄像等录制设备。2013年,《直播生活》栏目机房直播设备全面进行数字化改造,购进数字高清摄像机,大幅度提高音视频信号质量和节目质量。2014年,申请认证赤峰广播电视台官方微博、官方微信公众号、赤峰广播电视网微信公众号,建成赤峰广播电视台微网站,实现手机端既可看到赤峰新闻视频、又能收听广播四套节目直播。

二、无线电视

机构队伍　赤峰电视台。其前身为昭乌达盟208电视转播台,始建于1970年8月。1983年3月,赤峰电视台成立,系正处级事业单位。1983年12月,开始播出自办节目。1991年,赤峰电视台内设机构有总编室、蒙编部、新闻部、专题部、文艺部、群工部、广告部、技术部、801转播台、卫星地面站、办公室等11个,在编职工75人。2003—2008年,内设机构增至13个,核定事业编制143人,其中全额事业编制120人,自收自支事业编制23人。2009年7月,与赤峰人民广播电台合并为赤峰广播电视台。

旗县区电视台。20世纪80年代末到90年代初,全市12个旗县区先后建立电视台和有线电视台。1997年后,按照上级广播电视主管部门要求,各旗县区的电视台、有线电视台、广播电台相继合并,统称广播电视台。2002年,全市事业单位体制改革,各旗县区普遍成立广播电视中心,承担各自区域广播电视业务。至2014年无变化。

基础设施　赤峰市首个电视(无线)基础设施工程自1986年开始施工。1987年,完成境内9座微波干线建设,微波线路全长450公里。1991—2013年,依托内蒙古微波干线赤峰段模拟微波传输电路,采用正向3个波导2+1方式,传送内蒙古蒙汉语2套彩色电视节目和内蒙古蒙汉语4套广播节目及960路电话;采用反向2个波导1+1方式,传递一套赤峰彩色电视节目和赤峰蒙汉语2套广播节目及960路电话。在此期间,对微波电路进行综合开发,并取得巨大社会效益和经济效益:2007年,市政府投入100万元,解决无线覆盖的基础设施和设备问题,完成赤峰市数字微波备份线路建设,运用14条微波线路传输赤峰电视台的4套广播节目和3套电视节目,全面提高赤峰电台和电视台的节目覆盖率。2010年,开通5条传输赤峰电台蒙汉语节目的数字微波线路。

蒙语电视节目　《赤峰新闻》。1985年7月20日正式播出。蒙语《赤峰新闻》以贴近百姓、贴近生活、为广大农牧民服务为宗旨,以报道时政要闻、社会新闻、农村牧区新闻为主。每期20分钟,每周五期,每期播出4次。至2014年无变化。

《昭乌达》。2004年10月1日正式开播。是赤峰电视台首档自办蒙语专题节目。该栏目以专题节目的形式报道各行各业的发展业绩、先进人物,传播蒙古族文化,反映基层农牧民的生产生活,关注他们的所思所想、所作所为,贴近基层、贴近老百姓。每期20分钟,每周一期,每期播出4次。至2014年无变化。

《西拉沐沦》。是文化类蒙语专题节目,2004 年 10 月正式播出。该栏目突出民族和地方特色,节目内容以蒙古族歌舞为重点,全面展示丰富多彩的蒙古族文化。每期 20 分钟,每周一期,每期播出 4 次。至 2014 年无变化。

汉语电视节目 新闻综合频道。赤峰广播电视台新闻综合频道每天播出 17 小时。自办节目以两档新闻栏目为主。其中以报道蒙古族政治、文化、生产、生活为主要内容的《赤峰新闻》(蒙语),每周五期,每期 20 分钟,首播周一至周五 18:40;以报道时政新闻为主的《赤峰新闻》,每周七期,每期 15 分钟,首播 19:35。除新闻栏目外,自办节目还有社教类栏目,主要有《印象赤峰》和《龙乡发现》。《印象赤峰》重点反映赤峰地区的民族风情、历史文化、旅游资源,每周一期,每期 15 分钟,首播周六 20:30;《龙乡发现》主要展现生活化、故事化的赤峰人、赤峰事,每周一期,每期 15 分钟,首播周日 20:05。至 2014 年无变化。

经济服务频道。于 2001 年 8 月开播,每天播出 17 小时。主要栏目是以报道民生新闻为主的《直播生活》,每周七期,每期 50 分钟,首播 18:00。此外还有:报道房地产类的栏目《宜居赤峰》,每周七期,每期 20 分钟,首播 19:58;汽车时尚类栏目《车行天下》,每周七期,每期 20 分钟,首播 20:20;衣食和金融理财类栏目《生活无限》,每周七期,每期 20 分钟,首播 19:35;医疗服务类栏目《健康有约》,每周七期,每期 20 分钟,首播 20:45。

影视娱乐频道。于 2001 年 8 月开播,每天播出 17 小时。栏目有:以小品、二人转为主的《快乐 365》,每周七期,每期 120 分钟,首播 8:30;少儿节目《希望之星》《动画时间》;大型自办文艺类栏目《百姓大舞台》《综艺节目》;娱乐类栏目《逗你乐翻天》《笑话》《笑笑吧》《唱响赤峰》等。

第三节 广播电视工程

从 1998 年开始,赤峰市抓住国家和自治区的政策机遇,相继实施广播电视工程,全市广播电视基础设施条件由此得到极大改善,数以万计的电视观众和广播听众从中受益。

一、"村村通"工程

1998 年,从国家层面开始实施。1999 年 10 月,《赤峰市村村通广播电视方案》出台。1999—2003 年,启动第一阶段工程,主要采用卫星接收、小功率无线转发、小片有线联网等方式推进工程建设。全市共投入建设资金 810 万元,其中国家和自治区专项资金 540 万元,市县两级配套 270 万元,完成 2051 个行政村(撤乡并镇前)广播电视"盲村"和 1460 个 50 户以上自然村广播电视"盲村"的建设任务,共解决 130 多万群众收听收看广播电视难的问题。

2005 年,完成 2004—2005 年的 1460 个 50 户以上自然村的通广播电视工作,其中光缆联网的948个点,小片网覆盖的176个点,小功率无线发射覆盖的25个点,个体卫星接收的187个点，共解决边远地区8万多户29.3万人的收听广播、收看电视问题。2006年,全市电视覆盖率达到90.77%。赤峰市广播电视局被国家发改委、财政部、广电总局表彰为“十五”期间全国广播电视“村村通”工作先进集体。

2009年，市和旗县两级政府投入配套资金161.6万元，完成20户以上广播电视“盲村”868个村、27384户通广播电视的建设任务。2011年，启动20户以下广播电视“村村通”工程,完成2794个自然村、51446户的广播电视“村村通”工程建设任务。

二、“西新工程”

2001年9月,赤峰市完成内蒙古自治区广播电视局下达的“西新工程”任务,即更新电视发射设备,完成1座95米铁塔和2部1千瓦调频发射机的安装调试,由此扩大中央电台一套、内蒙古电台汉语节目在市区和元宝山地区的覆盖范围。2003年,完成“西新工程”19部电视发射机和4座广播电视发射塔的安装任务，使全市广播电视综合覆盖率提高1.2个百分点。赤峰市20户以上“村村通”工程、“西新工程”,均通过了内蒙古自治区广播电影电视局验收。

三、无线覆盖工程

2008年,赤峰市完成中央广播电视节目的无线覆盖工程任务。全市12个发射台站的24部广播、电视发射机和2座发射塔投入使用。当年投入100万元,新增4部调频发射机、1部电视发射机和10部调频备机,赤峰电台蒙语调频节目在全市无线覆盖的空白问题得以解决。同年,各旗县政府投入500多万元,购置500瓦以上调频发射机11部和配套设备,开展“广播加强年”活动。同年10月底前,全面恢复旗县区所在地的广播,广播人口综合覆盖率提高0.3个百分点,受益人口达到200多万人。

2010年,中央人民广播电台2、3套节目在赤峰市区落地;敖汉旗、元宝山区和喀喇沁旗分别安装1千瓦调频发射机,扩大赤峰电台蒙语节目的覆盖率;内蒙古自治区2009年无线覆盖工程在赤峰市的4部1千瓦蒙语调频发射机全部开通。

四、“户户通”工程

2011年12月,全市组织实施第一期广播电视“户户通”工程,到2013年6月全部完成7.52万户的“户户通”任务。工程所需资金由国家、自治区、盟市、旗县区四级承担，总投资2668.05万元，其中国家补助751.98万元，内蒙古自治区投入1127.97万元,市和旗县共配套399.77万元,向用户收取388.33万元。

2014年3月,内蒙古自治区将第二期的广播电视“户户通”工程列入农村牧区公共服务建设任务,赤峰市共实施77561户,工程总投资2753万余元。到2014年12月底,共完成5.4万户的建设任务。

五、“村村响”工程

2014年初,赤峰市广播“村村响”工程列入内蒙古自治区农村牧区公共服务建设之中。同年12月底，赤峰市完成10个试点地区建设任务。

六、微波数字化改造工程

2013年5月，赤峰市广播电视部门开始进行微波线路数字化的设计论证。同年11月，开始工程建设。至2014年6月，已完成赤峰段9个微波站的数字化改造，微波线路全长450公里，负责传输赤峰段的内蒙古广播电视节目和反向传输赤峰广播电视台的节目，覆盖人口约251万人。

七、高山台站建设工程

赤峰市从2012年开始建设高山台站工程。至2014年底，国家和内蒙古自治区投入740.2万元，陆续完成翁牛特旗广播电视发射台、803转播台、802转播台、801转播台、巴林右旗广播电视发射台、林西广播电视发射台、喀喇沁旗东山广播电视发射台、宁城广播电视发射台、阿鲁科尔沁广播电视发射台等台站的基础设施建设。建设内容包括发射机房和技术用房的改(扩)建；台站供电、给排水、冷暖、通风、节传、监控和防雷接地系统的建设、改造；台站围墙的修建、改造；台站内外的修建、改造；发射铁塔的更新改造等。

八、有线电视数字化工程

有线电视数字化具有双向、交互、多功能、多业务等优势，是国家在“十一五”期间的发展方向。2012年，赤峰市有线电视数字化改造工程开始，共发展60多万户。

按照内蒙古自治区政府的农村牧区公共服务工程建设规划，2014—2016年3年期间，将在赤峰市实施22个台站建设。2014年，完成10个台站建设。工程采用AVS+的编码方式，发射功率为1000瓦，采用卫星节传方式。

第四节　广播电视管理

一、广播电视管理机构

赤峰市广播电影电视局前身为1960年7月成立的昭乌达盟广播事业管理处。1991年，赤峰市广播电视局内设办公室、事业科、科技科3个职能部门；下属单位有赤峰广播电台、赤峰电视台、赤峰广播电视报社、801转播台、802转播台、803转播台、804转播台、805转播台、806转播台、915转播台、916转播台、钟楼转播台、微波总站、C115微波站至C123微波站9个微波站；局机关工作人员15人，负责全市广播电视行政管理工作。1994年，广播电视局有办公室(含党办)、科技科、社管科、计财科、总编室等5个内设机构。2001年，804转播台、805转播台、806转播台、915转播台、916转播台整体上划。2003年，有线电视台上划。2006年，电影管理职能划归赤峰市广播电视局，该局相应改称为赤峰市广播电影电视局，增设电影科。2013年，赤峰市广播电影电视局与市文化局合并，成立赤峰市文化新闻出版广电局。

1991年,全市12个旗县区均设有广播电视管理局,分别负责当地广播电视管理工作,指导乡镇苏木广播电视站的业务。2002年后,随着事业单位的改革,部分旗县区广播电视局与广播电视台合一,改称广播电视管理服务中心。2013年后,大部分旗县区的广播电视管理服务中心合并到文化体育局,改称文化体育广播电视局。合并后,文化体育广播电视局负责本地区广播电视系统行政管理工作,广播电视管理服务中心负责宣传报道等业务工作。

二、管理工作

宣传管理　市广播电视局对全市广电系统的宣传实行宏观管理,各旗县区广播电视局(中心)按照谁主管、谁负责的原则,实行属地管理。

1995—1997年,全市广电系统连续三年开展"纠正行业不正之风,禁止有偿新闻"活动,严格区分新闻报道与广告、赞助行为的界限,规范新闻报道行为。自2000年起,对谈话故事类、情感故事类节目进行专项检查,实行播前审查和重播重审制度。2004—2005年,落实广电总局有关舆论监督工作要求,加强舆论监督节目的科学监督、依法监督。2004年,按照上级关于群众参与的广播电视直播节目必须延时播出的要求,赤峰电台所有直播节目均安装"延时装置""储存电话"等保障设施。2007年,整顿和规范群众参与的选拔类节目、通过电话和手机短信参与的广播电视互动节目,并做到在节目的内容、品位、数量、时段、时长等方面的全面规范。2006—2007年,按照广电总局《关于加强对综艺娱乐类广播电视节目管理的通知》要求,对全市市县两级广播电视播出机构综艺娱乐类节目进行摸底调查,完善相应规范,确保此类节目健康发展。

1991—2014年,市和旗县区广电机构还制定和执行宣传工作例会制度、备案审批、三级审稿审片等一系列规章制度,强化宣传工作管理,严格整治虚假广告、非法养生类医疗和药品广告及非法集资资讯广告等,杜绝宣传事故发生。

安全播出管理　2005年6月,市广播电视局成立安全播出指挥调度中心。该中心成立后,从组织协调、工作调度、行业管理、技术管理、防范预警等方面,全面负责市本级广播电视及全市重大宣传活动期间的安全播出工作。从该中心成立到2014年,全市未出现播出安全事故。

职工队伍管理　赤峰市广电系统长期坚持和开展以思想政治教育和业务培训为核心的职工队伍管理工作。1991年,全市广播电视系统开展学习践行"中国新闻工作者职业道德准则"活动,基本达到弘扬职业精神、恪守职业道德、维护队伍形象的效果。1990—1995年,先后参加在全市新闻系统开展的无产阶级新闻观、马克思主义新闻观教育和在全市开展的"当好人民记者,争创一流新闻,强化舆论引导"活动。1996—1998年,参加全市新闻系统开展的"创一流宣传,争做优秀新闻工作者;创一流管理,争做模范带头人;创一流服务,争做最佳后勤保障人员"评比竞赛活动,并获得多项奖励。2003—2012年,先后3次参加全国新闻战线开展的中国特色社会主义理论体系、马克思主义新闻观、职业精神职业道德"三项学习教育"活动。从2013年起,相继组织全市广电系统采编播人员参加全国新闻工作者“走基层、转作风、改文风”教育实践活动、专业技术人员继续教育、新闻采编从业资格培训等活动，以此不断提高职工队伍的综合素质。

第三章　出　版

第一节　图书出版

内蒙古科学技术出版社成立于 1982 年。1991 年，内设办公室、总编室、科普读物编辑室、应用科技编辑室、《科学》杂志编辑室、出版发行科、财会科等 7 个科室。2014 年 3 月，出版社内设办公室、总编室、第一编辑室、第二编辑室、第三编辑室、第四编辑室、出版科、财务科、发行部、版权保护科等 10 个科室。

1995—2012 年内蒙古科技出版社获自治区“五个一工程”奖书目

表 22-4-1

年 份	书 名	责任编辑
1995 年	赤峰市文物古迹博览	那顺巴图
1997 年	乌珠穆沁蒙古民俗画卷	旺吉乐
1999 年	蒙古族民俗百科全书·经济卷	布林特古斯 胡达古拉 胡都仁嘎
2003 年	草原之子廷·巴特尔	额敦桑布 巴图巴雅尔
1999 年	蒙古文信息处理	巴图巴雅尔
2001 年	蒙古族民俗百科全书·精神卷	布林特古斯 胡达古拉 胡都仁嘎
2008 年	成吉思汗万户卫士后代	乌云曹都
2010 年	蒙古族工艺美术史	胡达古拉 乌云
2010 年	纳·赛西雅拉图文集	额敦桑布 香梅
2010 年	农牧民金钥匙丛书（108 分册）	浩毕斯等
2012 年	勒·敖斯尔自选文集	布仁巴雅尔 斯日古楞
2012 年	乌·那仁巴图文集	布仁巴雅尔 斯日古楞
2012 年	求索之路	阿如罕

内蒙古科学技术出版社主要出版蒙汉文各类科技读物。截至2014年12月末，累计出版各类蒙汉文图书2500多种，其中蒙古文图书近1000种，汉文图书1500余种；重印和再版图书约450种。图书类别涵盖医药卫生、民族文化、大众健康、养生保健、科学普及、传统文化、农牧业技术、学生读物和综合类书籍等多个领域。

内蒙古科技出版社编辑出版的图书多次在全国、全区获奖。其中1992—2003年出版的《蒙古民族服饰》《简明林业辞典》等5部书，连续五届获得中国民族图书奖；1998—2004年出版的《蒙古族民俗百科全书·经济卷》《中国少数民族传统医药大系》等4部书，分获第十一届至第十四届中国图书奖；2003年出版的《草原之子廷·巴特尔》获得全国“五个一工程”奖；2013年出版的《蒙医学家罗布桑学术著作大成》获得中国出版政府奖；2003—2014年，有66部图书获中国西部地区优秀科技图书奖，50余部图书获北方十省区优秀科技图书奖。

第二节　出版管理

赤峰市文化市场综合执法局是赤峰市出版物市场行政执法主体，成立于2011年，其前身是赤峰市文化市场稽查队，属全额拨款正处级事业单位，归属赤峰市文化新闻出版广播电视局，负责查处出版物发行活动中的违法违规经营行为。全市共有文化市场经营单位1183家，其中有图书、报刊、音像等各类出版企业650家。2009—2012年，宁城县文化市场执法部门共收缴盗版书籍7500余册、盗版音像制品1万余张。2013—2014年，林西县文化市场执法部门共查缴盗版音像制品900余张，查缴盗版书刊3900余册。到2014年，赤峰市文化市场综合执法局共查办版权类案件总数为113件，其中网络侵权盗版案件总数为52件；查办版权类案件的罚款金额59.8万元，其中网络侵权盗版案件43.05万元。

第五篇 史志 档案

第一章 党史工作

第一节 党史编研

自 1985 年中共赤峰市委党史资料征集研究委员会办公室（简称市委党史办）成立，到 2014 年，市和旗县区两级党史部门共征集文献资料 2000 余卷、8000 多万字；征访足迹遍布全国 20 多个省市自治区；面访老干部千余人次，获得珍贵口碑资料约 800 万字。共编辑出版各类党史图书 100 余部、3000 多万字，内部准印出版的期刊 100 余期、500 余万字；与其他单位合作拍摄电视专题片近 10 部，时长 600 多分钟；在地级以上报纸杂志（不包括本单位出版的报刊）上发表理论研究文章 100 余篇。市委党史办每年编辑出版 4 期《赤峰党史资料》（季刊），累计出版 70 余期、200 余万字；编辑出版《党史征研工作信息》10 余期，约 20 万字。

党史专题编辑出版　1985—1999 年，市委党史办相继编辑出版 10 部党史专题。主要有：1987 年 8 月，出版原冀察热辽解放区部分新闻工作者的回忆录《六家党报在赤峰》；1990 年 12 月，出版记述抗日战争和解放战争时期战斗在赤峰地区的英雄儿女的人物传记《红柳》；1991 年 6 月，出版记述赤峰籍革命先烈抛头颅、洒热血的感人事迹的《赤峰英雄儿女》，出版收辑 55 篇老干部回忆录和专题文章的《昭卓星火》；1991 年 10 月，出版 1919 年至 1955 年热河地区妇女运动的资料集《塞外英姿——热河妇女运动简史》；1992 年 10 月，出版 1921 年至 1991 年赤峰地区的《中国共产党赤峰党史大事记》；1993 年 9 月，出版赤峰地区土地改革运动（牧区民主改革运动）专题集《大风暴——赤峰土地改革运动》；1993 年 10 月，出版赤峰市资本主义工商业社会主义改造专题资料集《朝霞——赤峰资本主义工商业改造》；1996 年 8 月，出版纪念抗日战争胜利 50 周年党史专辑《不可忘却的历史》；1998 年 9 月，出版反映和展示赤峰市新时期农村牧区改革的中共内蒙古党史资料丛书《新时期农村牧区变革·赤峰市卷》。

进入 21 世纪，按照中共中央、自治区党委党史研究室提出的党史工作新要求，市委党史办进一步深化地方党史征研工作，完成既有重大现实借鉴意义、又具有重要史料价值的特色课题。2000 年，编纂出版《党和国家领导人视察赤峰实录》，该书记述的是中华人民共和国成立后党和国家领导人历次视察赤峰活动情况，侧面反映出赤峰市社会主义建设，尤其是改革开放的历史进程和取得的巨大成就。2002年，编纂出版《中国共产党赤峰地方史(1919—1949)》，该书记述的是共产主义在赤峰地区传播、发展、壮大过程，是一部新民主主义时期中国共产党领导赤峰人民进行民族民主革命斗争的地方党史专著。2004年，编纂出版《辉煌历程—赤峰市改革开放纪事》，该书展示的是全市各族人民解放思想、开拓进取、团结奋斗所创造的辉煌业绩及取得的成功经验。2007年，编纂出版《中国共产党赤峰地方史大事记(1949—2007)》，该书反映的是中华人民共和国成立之后，赤峰地区各族人民在党的领导下取得的辉煌成就和所走过的曲折道路，展现几代赤峰人开拓进取、艰苦创业、奋发图强的精神风貌。同年，出版《中国共产党赤峰市历次代表大会(1950—2006)》。

基层党史征研工作 巴林左旗党史办完成旗县党史正本《中国共产党巴林左旗地方史(1923—1978)》的征集、研究、编纂工作，该书是赤峰市旗县区第一部党史正本；此后还相继出版《中国共产党赤峰市巴林左旗党史大事记》和内部资料《巴林左旗党史资料专题》第一辑、第二辑及《巴林左旗六十年代国民经济调整》；2011年与巴林左旗档案局合作出版《中共在巴林左旗早期组织及主要人物》。喀喇沁旗档案局于1991年编纂出版老干部回忆录《为了明天》；之后，出版《喀喇沁旗党政大事记》《中国共产党喀喇沁旗党史大事记(1921—1993)》。巴林右旗党史办相继出版《中国共产党赤峰市巴林右旗党史大事记》《巴林右旗社会主义建设新时期农村牧区变革》《巴林右旗土地改革》《巴林右旗城市接管社会改造与新生政权建设》《现代花木兰郭俊卿》《丹阳血》等6部党史专题集。元宝山区于1993年出版《古山战役》；2005—2007年，编辑出版《韩麟符文集》(共二卷)、《韩麟符全传》和《韩麟符史料拾遗》。松山区编辑出版党史人物专题《松山英烈》《怀念杨雨民》；于2004年、2006年分别编纂出版《血染的丰碑》和《亲切的关怀》；于2008年出版《赤峰市松山区改革开放30周年》党史专题集；于2010年出版《松山风韵》画册。林西县于1984—1986年相继出版《巴林垦务》《解放战争时期的林西》《峥嵘岁月》；于2008年建县一百周年之际，编辑出版《百年林西》系列丛书。宁城县编辑出版《承宽宁平抗日斗争回忆录》(上、中、下)、《宁城县领导人名录(1943—1987)》、《高桥专辑》、《党史资料》(第一、二集)、《中国共产党宁城县大事记(1919—2000)》等党史书籍。翁牛特旗党史办于1992年出版《中国共产党赤峰市翁牛特旗党史大事记》。阿鲁科尔沁旗出版《阿鲁科尔沁旗党史资料(1~4集)》《中国共产党阿鲁科尔沁旗党史大事记》；于2011年出版《阿鲁科尔沁旗革命遗址普查资料汇编》，是赤峰市旗县区第一部革命遗址普查成果书籍。红山区编辑出版《赤峰市红山区党史大事记(1925—1988)》《红山区历届党代会简介(1949—2005)》《春潮》《赤峰沧桑》。克什克腾旗于1993年编辑出版《中国共产党克什克腾旗党史大事记》。

第二节 党史宣传教育

纪念活动与媒体宣传 市委党史办以宣传媒体为载体，开展各种纪念活动，宣传和普及党史知识。2006 年，与市委组织部、市委宣传部、市直工委联合举办全市纪念建党 85 周年知识竞赛活动；在赤峰电视台《赤峰新闻》中开设党史宣传专题，向广大市民、青少年介绍赤峰有重大影响早期党史人物；在《赤峰日报》开设“纪念建党 85 周年赤峰英烈谱”宣传专栏。2008 年，为纪念中共十一届三中全会召开 30 周年，市委党史办为赤峰电视台提供改革开放以来大量翔实的党史资料，并协助赤峰电视台开办“精彩赤峰，图说 30 年”系列专题节目。2009 年，为庆祝中华人民共和国成立 60 周年，在《赤峰日报》上开设“赤峰英模”专栏，以图文形式刊登新中国成立以来在赤峰地区作出突出贡献的 20 余位英雄烈士和当代英模。

2011 年，市委党史办与市委宣传部、市文明办、市社科联联合举办全市纪念中国共产党成立 90 周年知识竞赛活动，共回收试卷 8 万份，近百个单位、团体参加竞赛答题活动；为市教育局提供党史知识 200 题，并与其联合举办全市教育系统党史知识百题知识竞赛，有近 3 万名教师、学生参加答题，回收试卷 2 万余份；在《赤峰日报》第二版上开设“松州丰碑”和“党旗飘飘”专栏，连续刊登 30 位对赤峰地区有重要影响的党史人物和 15 个重大党史事件；在赤峰广播电台汉语广播新闻栏目开设“赤峰英烈”专栏，播出 20 多位对赤峰地区有重大影响的英雄烈士事迹；协助其他部门开展党史宣传教育活动，为市委宣传部举办的《辉煌成就，历史跨越》大型图片展提供历史图片 200 余张，为赤峰新闻网举办的《赤峰 60 年变革图强记忆》大型网络摄影图片展提供历史图片 200 余张，为市文化局举办的“庆祝建党 90 周年成就展”提供珍贵的历史图片 20 余张和大量的历史文字资料。

面向基层和群众宣传教育 1991 年上半年，市委党史办与市博物馆共同筹建“赤峰地区民主革命时期中共党史展厅”，社会各界观展者共有 1.4 万人次。2001 年，在纪念中国共产党成立 80 周年之际，市委党史办分别与市博物馆、市委宣传部联合推出“赤峰地区民主革命时期中共党史陈列展”和“建党 80 周年大型图片展”。2012 年 7 月，自治区党史研究室与市委党史办走进克什克腾旗、阿鲁科尔沁旗、敖汉旗、喀喇沁旗、宁城县、松山区和驻赤峰 119 旅，共同开展以“迎接十八大，党史进基层”为主题的党史“六进”（进学校、进企业、进社区、进农村、进牧区、进军营）活动，共向基层图书室赠送党史图书和影视资料 50 余种、2700 余本（套）。

合作拍摄党史专题片 2006 年，中共赤峰市第五次代表大会召开期间，市委党史办与赤峰电视台合作，共同制作《赤峰市历次党代表大会回顾》《赤峰市历次党代表大会精彩瞬间》电视专题片。在纪念建党 85 周年之际，与赤峰电视台合作拍摄 6 集党史人物专题片《丰碑》；与赤峰市委老干部局、赤峰电视台共同制作 3 集专题节目《红色足迹》;与赤峰电视台合作拍摄9集专题片《全国党代表赤峰寻访录》。2010年,与赤峰电视台合作拍摄4集反映赤峰工业经济发展的专题片《强市之路》。2011年,在庆祝建党90周年之际,与赤峰电视台联合拍摄12集电视专题片《塞上风云》;在赤峰市第六次党代会召开之际,与赤峰电视台共同制作5集系列专题节目《特别相册—赤峰市历次党代表大会回顾》。2012年,与自治区党史研究室合作拍摄7集抗战专题片《八路军挺进承平宁》和5集生态建设专题片《绿色家园敖汉旗》。2013年,与自治区党史研究室合作制作动漫专题片《革命烈士刘自明》,获得“美丽内蒙古微电影大赛”人气奖。

旗县区的党史宣传教育活动 1993年,元宝山区委党史办结合纪念毛泽东诞辰100周年,在全区青少年中广泛开展学党史、爱祖国、爱家乡的革命传统教育,并与区教委、团委等部门联合举办“纪念毛泽东诞辰100周年地方党史知识竞赛”。林西县委党史办与其他部门联合录制电视专题片《为了肩负的历史重任》和《在这片土地上》。翁牛特旗委党史办与其他部门合作拍摄电视专题片《光辉的历程》。其他旗县区党史部门利用各种文化阵地,通过举办图片展览、组织参观革命烈士纪念地、开展党史知识讲座、召开座谈会等形式进行党史宣传教育,并收到良好的社会效果。

第二章 地方志工作

20世纪80年代末,赤峰市开始首轮社会主义时期新方志编纂。至1999年,市、旗县区两级修志工作全部完成,共出版两级综合志书13部。《赤峰市志》获第二届全国志书评比二等奖、内蒙古自治区第一届地方志书评比特等奖。2005年,启动旗县区志续修工作。2014年末,《赤峰市志(1991—2014年)》编修工作启动,2015年全面铺开。1996年,首部《赤峰年鉴(1991—1995年)》出版发行,此后一年一卷。部分旗县区也相继编辑出版年鉴。与此同时,旧志整理和读志用志工作亦取得较好成绩。截至2014年底,全市公开出版编印各级各类志书共200余部,其中蒙古文志书18部;出版地方综合年鉴近10种50余部;整理旧志13部。

第一节 地方志机构

2014年,全市有市级地方志机构1个,旗县区地方志机构12个。此外,一些单位部门成立了临时性的地方志编纂办公室。

一、赤峰市地方志办公室

1964年,昭乌达盟(今赤峰市)委员会宣传部组织成立修志领导小组,着手编修《昭乌达盟志》,并将此志的编修作为向内蒙古自治区成立20周年的献礼项目。1966年,《昭乌达盟志》的编修工作因“文化大革命”开始而终止。1980年,昭乌达盟地方志办公室成立，隶属昭乌达盟行政公署办公室领导，具体负责《昭乌达盟志》的编写。但因当时条件所限，行之未果。

赤峰市地方志办公室（简称市地志办）成立于 1985 年 9 月，为科级事业单位，人员编制 5 人，设在赤峰市档案局，与档案局合署办公。1987 年，成立赤峰市地方志编纂委员会，同时成立《赤峰市志》编辑部。1992 年，转隶市政府办公厅管理，为下属科级事业单位，人员编制仍为 5 人。2006 年，转为参公管理事业单位。2009 年，改由市档案局管理，为档案局内设科级单位，人员编制不变。2011 年，重新划归市政府办公厅管理。至 2014 年，仍为市政府办公厅参公管理的科级事业单位，人员编制 5 人。市地方志办公室主任先后由王春（兼）、董信、魏昌友、孙晓雷、唐玉茹担任。

二、旗县区地方志办公室

红山区　1987 年 8 月，赤峰市红山区地方志编纂委员会及办公室成立，设在红山区政府办公室。1997 年 7 月，红山区地方志办公室划归红山区档案局（馆），内设史志编研办公室，至 2014 年未变。

松山区　1983 年 7 月，赤峰市松山区地方志编纂委员会及办公室成立，设在松山区政府办公室。1995 年 12 月，人员编制划归区档案局。2012 年 12 月，划归区政府办公室管理，人员编制 1 人。至 2014 年未变。

元宝山区　1990 年 11 月，赤峰市元宝山区地方志办公室成立，设在元宝山区政府办公室。1991 年 4 月 6 日，元宝山区地方志编纂委员会成立。至 2014 年，地方志办公室仍设在区政府办公室。

阿鲁科尔沁旗　1984 年 6 月，阿鲁科尔沁旗地方志编纂委员会及办公室成立，设在旗政府办公室，后划归旗档案局管理。

巴林左旗　1980 年，巴林左旗地方志编纂委员会及办公室成立。1991 年，旗党史办与旗地方志办公室合并成立旗史志办，负责党史、地方志编修工作，工作人员 6 人。1992 年，撤销史志办，史志编修工作归属旗档案局，档案局内设史志办，负责党史、地方志编研工作。1994 年，地方志工作划归旗政府办公室。至 2014 年未变。

巴林右旗　1981 年 5 月，巴林右旗地方志编纂领导小组及办公室成立，设在旗政府办公室。1990 年 11 月，旗地方志办公室与党史办合并成立旗史志办公室。1993 年 11 月，旗史志办并入旗档案局。1996 年 11 月，由档案局划归旗政府办公室管理。至 2014 年，仍设在旗政府办公室。

林西县　1982 年 7 月，林西县地方志编纂委员会及办公室成立，设在县政府办公室，工作人员 4 人。1983 年 9 月，林西县地方志办公室与党史办公室合署办公，为科级事业单位，工作人员 4 人。1994 年，县地方志办公室撤销。2008 年，组建林西县志办公室，设在县政府办公室，为临时机构，负责第二轮《林西县志》编纂工作。至 2014 年未变。

克什克腾旗　1982 年 6 月，克什克腾旗地方志编写领导小组及办公室成立，设在旗政府办公室。1994年12月,撤销克旗地方志办公室,人员划归克旗档案馆。1997年7月,旗志办划归旗政府办公室。至2014年未变。

翁牛特旗 1981年4月,翁牛特旗地方志编纂委员会及办公室成立,设在旗政府办公室。1993年4月,旗志办与档案馆合并,成立史志档案局。1996年3月,旗志办划归旗政府办公室,事业单位,编制3人。至2014年未变。

喀喇沁旗 1982年1月5日,喀喇沁旗地方志编纂委员会及办公室成立,设在旗政府办公室。1987年8月,办公室主任由旗政府办公室副主任兼任,设主编1人,编辑2人。1995年4月,旗地方志办公室划归旗档案馆。至2014年未变。

宁城县 1981年7月10日,宁城县地方志编纂领导小组及办公室成立,隶属于宁城县政协,借调人员3人。1986年1月,宁城县志办归属县政府,准科级事业单位,编修人员4人。1993年12月,撤销县志办,人员和业务并入县档案馆。1996年9月23日,县政府成立《宁城年鉴》编写工作领导小组,下设年鉴编写办公室,办公室设在档案局,编制2人。2009年,县政府成立《宁城县志(1986—2010)》编纂委员会,下设县志办公室,设在县档案局。2012年5月,县志办公室划归县政府办公室,股级全额事业单位,编制3人。至2014年未变。

敖汉旗 1984年12月,敖汉旗地方志编纂委员会及办公室成立,设在旗政府办公室。1986年,敖汉旗党史办与地方志办公室合并成立旗史志办,为准科级事业单位,编制4人。1992年,旗史志办撤销。2004年,旗政府地方志办公室成立,编制2人,实有人员1人,相当于股级事业单位,隶属于旗政府办。至2014年未变。

第二节 地方志书

1985年,市地方志办公室成立后开始启动《赤峰市志》编纂工作,至1996年,第一部《赤峰市志》公开出版发行。在此期间,《巴林右旗志》《敖汉旗志》《宁城县志》《翁牛特旗志》《巴林左旗志》《克什克腾旗志》《阿鲁科尔沁旗志》《松山区志》《红山区志》《喀喇沁旗志》《元宝山区志》11部旗县区志相继出版发行。1999年,《林西县志》出版,标志着全市首轮修志工作全部完成。2005年,第二轮修志工作全面启动,至2014年末,松山区、巴林右旗、阿鲁科尔沁旗完成第二轮志书出版工作;红山区、元宝山区完成志书编纂和评审工作;敖汉旗、宁城县、林西县、巴林左旗、克什克腾旗、翁牛特旗、喀喇沁旗相继开展续志编纂工作。30多年来,全市共出版(含内部出版)各级各类志书200多部。

一、市本级

综合志 **《赤峰市志》** 武国栋总纂,《赤峰市志》编纂委员会编。始修于1985年,1996年修毕。内蒙古人民出版社出版发行,1996年12月第1版第1次印刷。全书340万字,飨图附表,设上中下三册,精装16开本。该志共21卷:卷一政区,卷二人口、民族，卷三自然环境，卷四经济总体，卷五农业，卷六工业，卷七交通、邮电，卷八商业，卷九财政、金融，卷十城建、环保，卷十一经济管理，卷十二党派、团体，卷十三政权，卷十四民政、劳动、人事，卷十五公安、司法，卷十六军事，卷十七教育、科技，卷十八文化，卷十九卫生、体育，卷二十宗教、民俗、方言，卷二十一人物。冠以序、概述、大事记，殿以附录、编修始末。上限据实追溯，下限 1990 年。

专业志（专题志）**《赤峰市政协志》** 周兴海主编，《赤峰市政协志（1955—2007）》编纂委员会编。始修于 2005 年。内蒙古人民出版社出版发行，2008 年 4 月第 1 版第 1 次印刷。全书 67.5 万字，彩图附表，精装 16 开本。该志共设 6 篇。冠以序、概述、大事记，殿以文献辑存、编后记。上限 1955 年，下限 2007 年。

《中共赤峰地区宣传志》 佟国清主编，《中共赤峰地区宣传志》编纂委员会编。始修于 2013 年，2014 年修毕。内蒙古文化出版社出版发行，2015 年 5 月第 1 版第 1 次印刷。全书 46.2 万字，彩图，精装 16 开本。该志共设 5 篇。冠以序、概述、大事记，殿以编后记。上限据实追溯，下限 2014 年。

《赤峰市军事志》（续志） 于志军主编，《赤峰市军事志》编纂委员会编。始修于 2005 年，2008 年修毕。内新图准字〔2008〕第 133 号准印，2008 年 11 月第 1 次印刷。全书 95 万字，彩图附表，精装 16 开本。该志共设 8 篇。冠以序、凡例、概述、大事记、人物，殿以附录。上限据实追溯，下限 2005 年。

《赤峰市防空志》 付信主编，《赤峰市防空志》编纂委员会编。始修于 1988 年，1991 年修毕。内蒙古人民出版社出版发行，1991 年 11 月第 1 版第 1 次印刷。彩图附表，精装 16 开本。该志共设 9 章。冠以序、概述、附图，殿以附录、编后。上限 1933 年，下限 1989 年。

《赤峰市人事志》 郭松樵主编，《赤峰市人事志》编纂委员会编。始修于 1992 年，1995 年修毕。中国人事出版社出版发行，1996 年 9 月第 1 版第 1 次印刷。全书 60 万字，彩图附表，精装 16 开本。该志共设 13 章。上限清顺治元年（1644 年），下限 1992 年。

《赤峰市人口计划生育志》 唐耀明主编，《赤峰市人口计划生育志》编纂委员会编。始修于 1989 年，1994 年修毕。内蒙古人民出版社出版发行，1995 年 2 月第 1 版第 1 次印刷。全书 22 万字，彩图附表，平装 32 开本。该志共设 2 篇。冠以序、概述、大事记，殿以附录、编后记。上限清乾隆三十五年（1770 年），下限 1990 年。

《赤峰市建设志》 斯钦巴特尔主编，《赤峰市建设志》编纂委员会编。始修于 1990 年，1998 年修毕。内蒙古科学技术出版社出版发行，1999 年 9 月第 1 版第 1 次印刷。全书 71 万字，彩图附表，精装 16 开本。该志共设 5 篇。冠以序、概述、大事记，殿以后记。上限据实追溯，下限 1996 年。

《赤峰市邮电志》 王全主编，《赤峰市邮电志》编纂委员会编。始修于 1985 年，1998 年修毕。方志出版社出版发行，1998 年 10 月第 1 版第 1 次印刷。全书 102 万字，彩图附表，精装 16 开本。该志共设 12 章。冠以序、概述，殿以附录、编纂始末。上限据实追溯，下限 1995 年。

《赤峰市交通志(1991—2005)》 江维主编,《赤峰市交通志》编纂委员会编。始修于2004年,2009年修毕。内蒙古人民出版社出版发行,2009年9月第1版第1次印刷。全书100万字,缋图附表,精装16开本。该志共设7篇。冠以序、概述、大事记,殿以专题、附录、编纂始末。上限1991年,下限2005年,个别内容与大事记下限延至2007年。

《赤峰市公路交通志》 马群主编,《赤峰市公路交通志》编纂委员会编。始修于1981年,1995年修毕。人民交通出版社出版发行,1997年6月第1版第1次印刷。全书38万字,缋图附表,精装32开本。该志共设2篇。冠以序、概述、大事记,殿以编后语。上限据实追溯,下限1990年。

《赤峰市财政志》 杨凤跐主编,《赤峰市财政志》编纂委员会编。始修于1993年,1996年修毕。内蒙古自治区新闻出版局内新图准字〔96〕第26号准印,1996年5月第1版第1次印刷。全书40万字,缋图附表,精装32开本。该志共设7章。冠以序、概述、大事记,殿以附录、后记。上限清雍正元年(1723年),下限1990年。

《赤峰市地方税务志(1994—2010)》 麻晓松主编,《赤峰市地方税务志》编纂委员会编。2011年修毕。内蒙古文化出版社出版发行,2012年5月第1版第1次印刷。全书46.3万字,缋图附表,精装16开本。该志共设10篇。冠以序、概述、大事记。上限1994年,下限2010年。

《赤峰市金融志》 董化南主编,《赤峰市金融志》编纂领导小组编。始修于1988年,1996年修毕。内蒙古人民出版社出版发行,1996年11月第1版第1次印刷。全书93万字,缋图附表,精装16开本。该志共设12篇。冠以序、概述、大事记,殿以后记。上限据实追溯,下限1990年。

《赤峰农牧金融志》 郑惠民主编,《赤峰农牧金融志》编委会编。始修于1991年,1995年修毕。内蒙古人民出版社出版发行,1995年7月第1版第1次印刷。全书90万字,缋图附表,精装16开本。该志共设12篇。冠以序、概述、大事记,殿以编后记。上限据实追溯,下限1990年。

《赤峰市工商行政管理志》 田雨亭主编,《赤峰市工商行政管理志》编纂委员会编。始修于1993年,1998年修毕。内蒙古自治区新闻出版局内新图准字〔98〕第80号准印,1998年12月第1版第1次印刷。全书91.8万字,缋图附表,精装16开本。该志共设8章。冠以序、概述、大事记,殿以编纂始末。上限据实追溯,下限1992年,大事记、市工商行政管理领导成员延至1997年。

《赤峰电业局志》 杨明主编,《赤峰电业局志》编委会编。始修于1985年,1989年修毕。内蒙古人民出版社出版发行,1990年5月第1版第1次印刷。全书38.5万字,缋图附表,精装16开本。该志共设14篇。冠以序,殿以附录、后记。上限1921年(民国10年),下限1985年。

《赤峰电业志(1986—2000)》 张有志、张朝阳主编,《赤峰电业志(1986—2000)》编纂委员会编。始修于1998年,2002年修毕。亚太新闻出版社出版发行,2002年6月第 1 版第 1 次印刷。全书 55 万字，娴图附表，精装 16 开本。该志共设 10 篇。冠以序、概述、大事记，殿以人物、附录、编后记。上限 1986 年，下限 2000 年，个别内容延至 2001 年。

《赤峰市教育志》 陈肇基主编，《赤峰市教育志》编纂委员会编。始修于 1986 年，1994 年修毕。内蒙古科学技术出版社出版发行，1995 年第 1 版第 1 次印刷。全书 60.3 万字，娴图附表，精装 16 开本。该志共设 10 篇。冠以序、概述、大事记，殿以旗县区教育事业发展概况、附录、编后记。上限清顺治元年（1644 年），下限 1990 年。

《内蒙古自治区新华书店志·赤峰分店卷》 张学苍主编，《内蒙古自治区新华书店志·赤峰分店卷》编纂委员会编。始修于 1996 年，1998 年修毕。内蒙古科学技术出版社出版发行，1999 年 7 月第 1 版第 1 次印刷。全书 47 万字，娴图附表，精装 16 开本。该志共设 16 章。上限 1947 年，下限 1995 年，部分内容下延至 1997 年。

《赤峰灾害志》 唐玉茹主编，赤峰市人民政府地方志办公室编。内蒙古文化出版社出版发行，2008 年 11 月第 1 版第 1 次印刷。全书 60 万字，随文附表，精装 16 开本。该志共设上、下卷。上限据实追溯，下限 2005 年。

《赤峰市农作物种子志》 翟培恩主编，《赤峰市农作物种子志》编写领导小组编。始修于 1999 年，2003 年修毕。亚太新闻出版社出版发行，2003 年 4 月第 1 版第 1 次印刷。全书 46 万字，娴图附表，精装 32 开本。该志共设 12 篇。冠以序、概述、大事记，殿以附录、后记。上限 1949 年，下限 2000 年。

《赤峰市粮食志》 王敬国主编，《赤峰市粮食志》编纂委员会编。始修于 2002 年，2010 年修毕。内蒙古文化出版社出版发行，2011 年 1 月第 1 版第 1 次印刷。全书 40 万字，娴图附表，精装 16 开本。该志共设 8 篇。冠以序、概述、大事记，殿以附录、编纂始末。上限清朝初，下限 2010 年。

《赤峰药用植物志》 崔国栋、高明文、刘国荣主编，《赤峰药用植物志》编委会编。2008 年修毕。内蒙古科学技术出版社出版发行，2009 年 9 月第 1 版第 1 次印刷。全书 116 万字，娴图附表，精装 16 开本。该志共收录药用植物 3 类。冠以序、前言、编写说明，殿以药名索引、参考文献。

《赤峰制药厂志》 刘玉琛主编，《赤峰制药厂志》编委会编。始修于 1989 年，1994 年修毕。内蒙古人民出版社出版发行，1994 年 6 月第 1 版第 1 次印刷。全书 38 万字，娴图附表，精装 16 开本。该志共设 13 篇。冠以序、概述、大事记，殿以附录、修志始末。上限 1949 年，下限 1989 年。

《赤峰回族风情志》 李树臣主编。2007 年始修，2008 年修毕。内蒙古人民出版社出版发行，2008 年 8 月第 1 版第 1 次印刷。全书 54.4 万字，娴图附表，精装 16 开本。该志共设 16 章。冠以序，殿以后记。

大事记、赤峰史、赤峰历史文献 **《赤峰八千年大事记》** 孙晓雷主编。始修于 1997 年，1999 年修毕。方志出版社出版发行，1999 年 8 月第 1 版第 1 次印刷。全书 60 万字，缋图附表,精装 32 开本。该志共设 12 部分。冠以序,殿以赤峰历史纪年表、后记。上限追溯至新石器时代兴隆洼文化,下限 1999 年。

《赤峰蒙古史》 魏昌友主编,《赤峰蒙古史》编纂委员会编。内蒙古人民出版社出版发行,1999 年 10 月第 1 版第 1 次印刷。全书 60 万字,缋图附表,精装 32 开本。该志共设上、下 2 卷。冠以序、例言,殿以附录、后记。上限商周时期,下限 1949 年。

《内蒙古历史文献丛书(之十三)》 内蒙古图书馆、赤峰市地方志办公室合编,忒莫勒、唐玉茹审校,责任编辑刘成法、韩登庸、刘洪洋。内蒙古远方出版社出版发行,2014 年 3 月第 1 版第 1 次印刷。全书 42 万字,缋图附表,32 开本。该书共设《热河省经棚县志》《经棚日记》2 卷。

《内蒙古历史文献丛书(之十四)》 内蒙古图书馆、赤峰市地方志办公室合编,忒莫勒、唐玉茹审校,责任编辑刘成法、韩登庸、刘洪洋。内蒙古远方出版社出版发行,2014 年 3 月第 1 版第 1 次印刷。全书 40 万字,缋图附表,32 开本。该书共设《宁城县志》《蒙地概况》《喀喇沁源流要略便蒙》《关于热河之蒙监》《热河整理蒙租简章》5 卷。

《内蒙古历史文献丛书(之十五)》 内蒙古图书馆、赤峰市地方志办公室合编,忒莫勒、唐玉茹审校,责任编辑刘成法、韩登庸、刘洪洋。内蒙古远方出版社出版发行,2014 年 3 月第 1 版第 1 次印刷。全书 42 万字,缋图附表,32 开本。该书共设《赤峰县地方事情》《赤峰州调查记》2 卷。

《内蒙古历史文献丛书(之十六)》 内蒙古图书馆、赤峰市地方志办公室合编,忒莫勒、唐玉茹审校,责任编辑刘成法、韩登庸、刘洪洋。内蒙古远方出版社出版发行,2014 年 3 月第 1 版第 1 次印刷。全书 34 万字,缋图附表,32 开本。该书共设《赤峰县志略》《林西县志》《热河七县游记》《热河改建行省议案》4 卷。

二、旗县区级

《赤峰市红山区志》 斯乃洪主编,《赤峰市红山区志》编纂委员会编。始修于 1987 年,1994 年修毕。内蒙古人民出版社出版发行,1996 年 12 月第 1 版第 1 次印刷。全书 100 万字,缋图附表,精装 16 开本。该志共设 8 篇。冠以序、概述、大事记,殿以人物、附录。上限据实追溯,下限 1990 年。

《赤峰市红山区志(1991—2007)》 刘瑞翔主编,《赤峰市红山区志》编纂委员会编。始修于 2009 年,2014 年修毕。内蒙古文化出版社出版发行,2015 年 6 月第 1 版第 1 次印刷。全书 130 万字,缋图附表,精装 16 开本。该志共设 22 篇。冠以序、综述、大事记,殿以人物、附录、索引。上限 1991 年,下限 2007 年。

《松山区志》 赵建国主编,《松山区志》编纂委员会编。始修于 1983 年,1995 年修毕。辽宁人民出版社出版发行,1995 年 10 月第 1 版第 1 次印刷。全书 145 万字,缋图附表,精装 16 开本。该志共设 36 篇。冠以序、概述、大事记,殿以附录。上限据实追溯,下限 1990 年。

《赤峰市松山区志(1991—2005)》 鲁殿华主编,《赤峰市松山区志》编纂委员会编。始修于 2004 年，2009 年修毕。内蒙古文化出版社出版发行，2010 年 11 月第 1 版第 1 次印刷。全书 118.2 万字，缋图附表，精装 16 开本。该志共设 25 篇。冠以序、概述、大事记，殿以人物、附录。上限 1991 年，下限 2005 年，大事记下延至 2008 年。

《赤峰市元宝山区志》 赵芝怀主编，《赤峰市元宝山区志》编纂委员会编。始修于 1990 年，1997 年修毕。内蒙古人民出版社出版发行，1997 年 12 月第 1 版第 1 次印刷。全书 100 万字，缋图附表，精装 16 开本。该志共设 29 篇。冠以序、概述、大事记，殿以附录、编后记。上限据实追溯，下限 1995 年。

《阿鲁科尔沁旗志》 阿拉坦格日乐主编，《阿鲁科尔沁旗志》编纂委员会编。始修于 1984 年，1992 年修毕。内蒙古人民出版社出版发行，1994 年 10 月第 1 版第 1 次印刷。全书 127 万字，缋图附表，精装 16 开本。该志共设 28 篇。冠以序、概述、大事记，殿以人物、附录。上限据实追溯，下限 1988 年。

《阿鲁科尔沁旗志》（蒙古文） 阿拉坦格日乐主编，阿拉坦格日乐、哈斯图娅、乌兰、根祥、沙格扎敖都、常舒、斯庆毕力格、斯琴高娃、旺吉拉、图门乌力吉、赵逸山、乌云巴根译稿，《阿鲁科尔沁旗志》编纂委员会编。始修于 1984 年，1992 年修毕。内蒙古人民出版社出版发行，1995 年 10 月第 1 版第 1 次印刷。全书 150 万字，缋图附表，精装 16 开本。

《阿鲁科尔沁旗志（1989—2006）》 于丽华主编，《阿鲁科尔沁旗志》编纂委员会编。始修于 2005 年，2011 年修毕。内蒙古文化出版社出版发行，2011 年 12 月第 1 版第 1 次印刷。全书 128.8 万字，缋图附表，精装 16 开本。该志共设 33 篇。冠以序、概述、大事记，殿以人物、附录、索引、后记。上限 1989 年，下限 2006 年。

《巴林左旗志》 鲍海明主编，《巴林左旗志》编纂委员会编。始修于 1980 年，1994 年修毕。内蒙古人民出版社出版发行，1996 年 5 月第 1 版第 1 次印刷。全书 134 万字，缋图附表，精装 16 开本。该志共设 6 门。冠以序、概述、大事记，殿以附录、编修始末。上限据实追溯，下限 1992 年。

《巴林右旗志》 王兴贵总纂，《巴林右旗志》编纂委员会编。始修于 1981 年，1989 年修毕。内蒙古人民出版社出版发行，1990 年 4 月第 1 版第 1 次印刷。全书 76 万字，缋图附表，精装 16 开本。该志共设 25 编。冠以序、概述、大事记，殿以附录。上限据实追溯，下限 1986 年。

《巴林右旗志（1987—2006）》 钢苏和、孟和达来主编，《巴林右旗志（1987—2006）》编纂委员会编。始修于 2002 年，2010 年修毕。内蒙古人民出版社出版发行，2011 年 1 月第 1 版第 1 次印刷。全书 100 万字，缋图附表，精装 16 开本。该志共设 25 篇。冠以序、综述、大事记，殿以人物、附录。上限 1987 年，下限 2006 年。

《巴林右旗志（1987—2006）》（蒙古文） 孟和达来、敖日布巴斯尔主审，敖日布巴斯尔、吉木斯、哈斯其木格、阿荣高娃、格日勒、敖敦格日勒、乌云达来翻译，吉木斯总校对。内蒙古人民出版社出版发行，2011 年 7 月第 1 版第 1 次印刷。全书 110 余万字，缋图附表，精装 16 开本。该志共设 25 篇。冠以序、综述、大事记，殿以人物、附录。上限

1987年,下限2006年,部分章节记述内容有所上溯或下延。

《林西县志》 谢国柱主编,《林西县志》编纂委员会编。始修于1982年,1998年修毕。内蒙古人民出版社出版发行,1999年12月第1版第1次印刷。全书97.5万字,飨图附表,精装16开本。该志共设29篇。冠以序、概述、大事记,殿以编纂始末。上限清光绪三十四年(1908年),下限1996年。

《克什克腾旗志》 李振刚主编,《克什克腾旗志》编纂委员会编。始修于1982年,1991年修毕。内蒙古人民出版社出版发行,1993年10月第1版第1次印刷。全书120万字,飨图附表,精装16开本。该志共设30卷。冠以序、概述、大事记,殿以附录。上限据实追溯,下限1990年。

《翁牛特旗志》 范郁森主编,《翁牛特旗志》编纂委员会编。始修于1981年,1991年修毕。内蒙古人民出版社出版发行,1993年6月第1版第1次印刷。全书117万字,飨图附表,精装16开本。该志共设32卷。冠以序、概述、大事记,殿以附录、编后记。上限据实追溯,下限1985年。

《喀喇沁旗志》 郑家彦总纂,《喀喇沁旗志》编纂委员会编。始修于1982年,1998年修毕。内蒙古人民出版社出版发行,1998年11月第1版第1次印刷。全书150万字,飨图附表,精装16开本。该志共设36卷。冠以序、概述、大事记,殿以附录、后记。上限据实追溯,下限1996年。

《宁城县志》 吴殿珍主编,《宁城县志》编纂委员会编。始修于1981年,1991年修毕。内蒙古人民出版社出版发行,1992年10月第1版第1次印刷。全书125万字,飨图附表,精装16开本。该志共设27卷。冠以序、概述、大事记,殿以附录。上限据实追溯,下限1985年。

《敖汉旗志》 张乃夫主编,《敖汉旗志》编纂委员会编。始修于1981年,1990年修毕。内蒙古人民出版社出版发行,1991年6月第1版第1次印刷。全书139万字,飨图附表,精装16开本。该志共设36卷。冠以序、概述、大事记,殿以附录、编纂始末。上限据实追溯,下限1985年。

第三节 地方综合年鉴

20世纪90年代末,赤峰市及各旗县区地方志机构先后开始编纂年鉴,记述上年度本行政区域内自然、政治、经济、文化、社会等方面的主要情况。《赤峰年鉴》于1996年创刊并出版发行,此后部分旗县区及部门年鉴亦先后出版。至2014年,赤峰两级地方志机构共出版年鉴50余部。

《赤峰年鉴》是市人民政府主办、市地方志办公室编修的一部全面、系统记述赤峰市市情的大型综合资料年刊。1996年12月,赤峰市第一部地方综合年鉴——《赤峰年鉴(1991—1995)》公开出版发行,此后一年一卷,至2014年共出版《赤峰年鉴》18卷,

1000 余万字。2005 年、2008 年编纂出版《赤峰百姓年鉴》。

1996 年,《宁城年鉴》编纂工作在全市率先启动。1997 年,《红山年鉴》《松山年鉴》编纂工作启动。2011 年,《翁牛特年鉴》编纂工作启动。至 2014 年,《宁城年鉴》出版 16 卷,《红山年鉴》出版 2 卷,《松山年鉴》出版 3 卷,《翁牛特年鉴》出版 5 卷。赤峰军分区、赤峰统计局、赤峰财政局分别出版各自的专业年鉴。

第四节　旧志整理和方志利用

一、旧志整理

2010 年后,按照自治区地方志办公室要求,市地志办与内蒙古图书馆和内蒙古师范大学历史文献研究专家合作,开始整理、点校旧志。2013 年 7 月完成点校、整理工作,共编印成书 4 册,总计约 143 万余字。2014 年 3 月,由内蒙古远方出版社正式出版发行。该丛书具有很高史料价值,对研究赤峰历史、编修地方志等均有重要的参考作用。丛书包括《热河省经棚县志》《经棚日记》《宁城县志》《蒙地概况》《喀喇沁源流要略便蒙》《关于热河之蒙监》《热河整理蒙租简章》《赤峰县地方事情》《赤峰州调查记》《赤峰县志略》《林西县志》《热河七县游记》《热河改建行省议案》各类旧地方志书 13 部。

二、方志电子化

2007 年,赤峰市地方志办公室开发利用方志资源,推出首轮志书电子版光盘,并在赤峰市人民政府办公厅局域网设立地方志网页,开始载入志书及年鉴资料。2014 年 10 月,按照自治区人民政府办公厅《关于建立各级地方志信息网站有关事宜的通知》要求,市地志办开通“赤峰地情网”,并与“内蒙古区情网”实现链接。“赤峰地情网”设赤峰地情、方志工作、数字方志馆等栏目,内容涵盖全市政治、经济、文化、社会、自然环境等各个方面,其中数字方志馆下设志书库、年鉴库、古籍库和影音库 4 个栏目。志书库收录市本级及 12 个旗县区的志书;年鉴库涵盖 1998 年后历年出版的《赤峰年鉴》;古籍库收录《热河省经棚县志》《宁城县志》《赤峰县志略》等 13 部旧志;影音库收录撤盟建市三十年成果展等视频、音频、图片资料。市地方志办公室持续上传电子版志书、年鉴资料,丰富网站信息库。

第三章　档案管理

1991 年后,赤峰市档案工作在档案法制建设、档案业务指导、农村牧区档案业务建设、经济科技档案业务建设、城市建设档案业务、档案信息化建设、档案收集整理、保管利用等方面实现全面发展。档案建设不仅涵盖国家党政机关、企事业单位、农村牧区,而且延伸至私营企业、重点工程项目、小城镇建设等许多领域,更加侧重民生档案的建设,积极主动地为领导决策、科研生产、编史修志和维护人民群众合法权益提供有效服务。赤峰市档案工作整体水平一直处在自治区前列。1991 年,市档案局被评为全国档案系统先进集体。2011 年,市档案局被评为内蒙古自治区“十一五”期间档案宣传工作先进集体。到 2014 年,全市共有国家综合档案馆 13 个,馆藏各类档案总量达 320 万卷件。

第一节 档案馆

一、赤峰市档案馆

1991 年,赤峰市档案局、馆分设,档案局内设 5 个科室,档案馆规格未定。1996 年,市直机构改革,明确市档案局为处级事业单位,市档案馆为市档案局所属科级事业单位,内设收集整理室、保管利用室、综合室。2011 年 12 月,赤峰市档案局、档案馆实行局馆合一管理体制,重新核定 8 个科室,全额事业编制 38 人,参照公务员法管理。至 2014 年,机构未变。

1991 年,市档案馆大楼使用面积 1100 平方米,档案库房面积 434.8 平方米,设有阅档室、展览室、复印室、暗室等。2002 年,市档案馆建立破产企业档案库,先后在宁城县境内的档案战备后库改建 5 个档案库房, 陆续接收保管市直国有破产企业档案。2005 年 4 月, 市档案馆搬迁至赤峰市新城区市委市政府党政机关综合办公大楼 A 座一楼。馆库面积 1000 平方米,设置有档案库、资料库、声像档案库和阅档室、复印室、计算机房、裱糊室等功能用房。1993 年、1998 年,市档案馆先后晋升为内蒙古自治区一级馆和特级馆。

截至 2014 年 12 月 31 日, 赤峰市档案馆馆藏档案 201 个全宗, 文书档案 753297 卷、51784 件。其中 1949 年之前历史档案 33500 卷,新中国成立后档案 71 万多卷,记录文字主要有汉、蒙、满、藏、日、英文,形成时间最早可追溯到 1648 年;照片档案 11886 张,录音录像磁带 496 盘,底图 2052 张,实物档案 652 件,馆藏资料 20475 册。

二、赤峰市城市基本建设档案馆

该馆建于 1982 年,2004 年 10 月 28 日整建制并入赤峰市档案馆。城建档案库房仍设在新城区市建委办公大楼内,库房建筑面积 336.49 平方米。

三、旗县区档案馆

1991 年以前,全市 12 个旗县区均建有档案馆,有的是档案局、馆合一,有的是局、馆分设,有的不设局而由档案馆行使档案事业管理职能。1991 年以后,依据内蒙古自治区档案局《盟市、旗县档案馆定级升级标准》,赤峰市开展档案馆定级升级工作。1993 年至 2000 年,有 10 个旗县区档案馆先后晋升为自治区一级档案馆。至 2014 年,全市 12 个旗县区档案馆全部晋升为国家二级档案馆。

2014 年赤峰市各档案馆馆藏档案情况统计表

表 22-5-1

项目 / 单位	全宗（个）	案卷数（卷）	件数（件）	声像档案（盘）	照片档案（张）	实物档案（件）	资料（册）
赤峰市档案馆	201	753297	51784	496	11886	652	20475
红山区档案馆	131	110236	46389	—	150	231	11575
松山区档案馆	107	180590	24333	123	3684	654	12255
元宝山区档案馆	140	257713	48265	494	9802	326	4200
阿鲁科尔沁旗档案馆	126	101229	32190	132	2927	842	17404
巴林左旗档案馆	131	80594	10427	287	16466	154	16564
巴林右旗档案馆	98	147227	27170	44	9624	317	7845
林西县档案馆	101	124526	106674	167	25907	2388	13772
克什克腾旗档案馆	107	241755	78352	510	1723	—	11709
翁牛特旗档案馆	116	110647	40996	278	3084	—	16847
喀喇沁旗档案馆	110	74331	52066	841	6842	18	13074
宁城县档案馆	131	197703	43347	220	2886	1974	11736
敖汉旗档案馆	116	126683	58803	—	2362	—	11897

第二节　档案接收与利用

一、档案接收

1991 年以后，市和各旗县区档案馆以定级升级为契机，在确保进馆档案质量的前提下，加大档案接收力度，相继接收机关企事业单位已到进馆期限的大量文书档案，还接收部分会计、经营、声像档案。1993 年，市档案馆接收首批专业技术职称档案进馆。1995 年，市档案馆馆藏档案由 1991 年的 44347 卷增加到 79985 卷，其中专门档案近 2.5 万卷，馆藏结构进一步优化。各旗县区档案馆馆藏结构单一的状况明显改善。

1998 年，赤峰市档案馆开始接收各单位 1986 年至 1990 年应进馆档案。到 1999 年，共接收 94 个单位的文书、会计档案 31073 卷，接收原保存于赤峰市就业局的京津沪及辽宁籍下乡知青档案。同期，宁城县档案馆接收各门类档案 16277 卷，其中包括婚姻档案 12115 卷；元宝山区档案馆接收区公证处经济、民事合同档案 17261 卷。

2000 年，市档案馆根据内蒙古自治区档案馆《关于我馆部分政府短期档案拟移交各盟市档案馆的通知》，接收该馆保存的 1950 年至 1970 年原昭乌达盟地区的文书、科技、会计档案1061卷（件），其中351卷（件）归入市档案馆保存。同年，市档案馆首次开展档案寄存、代管业务。市档案馆寄存、代管市财政局所属会计师事务所、神峰皮革制品有限公司的会计档案等共1885卷。翁牛特旗档案馆寄存梧桐花联营公司破产企业档案1000余卷。

2001年起，全市将档案资源建设作为档案事业发展的第一要务，档案部门坚持档案集中统一管理和档案资源优化整合两手抓，全市文件材料归档率、档案进馆率和社会征集总量实现新的突破。2002年，市和旗县区两级档案馆配合机构改革和企业改制，接收12个撤并单位档案10989卷、17家改制企业档案26738卷、全市专业技术职称档案22353卷。同年末，市档案馆筹建现行文件查阅中心，接收已公开现行文件。2003年“非典”防治时期、2004年“高致病性禽流感”防治时期，市档案局指导相关单位的防治工作建档后，市档案馆接收进馆并形成一整套全市“非典”防治档案，共983件。2003年“8·16”地震后，巴林左旗、阿鲁科尔沁旗档案部门在积极协助抢救当地地震乡镇苏木档案的同时，为抗震救灾工作建档。

2005年翁牛特旗档案馆将全旗32个乡镇苏木（场）档案全部接收进馆，总数达16939卷；克什克腾旗档案馆也首次将14个乡镇苏木、1个原国有牧场到期的4041卷档案接收进馆。至2005年，全市国家综合档案馆馆藏突破百万，总量达100.03万卷（件、册）。2006年，《国家重点档案抢救和保护补助费管理办法》出台后，全市43077卷档案列入国家重点档案抢救范围。截至2014年，市及7个旗县区档案馆报送重点档案抢救和保护项目20余个，全市档案部门完成重点档案抢救7019卷。

“十一五”时期，赤峰市将档案资源建设作为推动全市档案事业健康发展的核心任务，转变资源建设理念，优化馆藏结构。2008年，民生档案成为全市各级档案馆接收的重点。全市各级档案馆打破常规，将所有涉及人的档案全部纳入接收范围。2009年，市档案局在全市范围内改革档案接收机制，将进馆档案截止时间统一确定为2005年，并将所有具有保存价值的各种门类、各种载体档案全部纳入接收范围，档案接收工作因此得到极大推进。元宝山区档案局全年共接收低保档案11600卷，婚姻档案34788卷，复员军人档案1063卷，规划档案2688卷，下岗职工档案3300卷。宁城县档案馆接收并整理原宁城老窖集团1979年至1997年企业档案共3623卷（盒、件），中国十大污染源普查档案1360卷。

2010年初，市档案馆首次接收公证档案3万多卷；松山区、巴林左旗档案馆接收婚姻档案50157卷；林西县档案馆接收人事档案316卷、商标档案536件、纪检监察档案206卷。至2010年底，全市馆藏档案总量达到1807079卷、477786件，其中市档案馆383912卷、35846件，档案服务社会公众的范围进一步扩大。2011年，市档案局提出加强和完善档案资源建设机制，坚持做大总量、调优结构、丰富内容、突出特色。树立大资源观念，建立健全档案资源建设法规体系，积极研究制定地方、部门关于档案资源建设的规范标准。2012年，市和旗县区共接收进馆文书档案18万多卷，专门档案2万多卷。接收进馆档案中婚姻、医保、就业、房产、公证、城市规划、土地等涉及民生民利的专门档案比重越来越大，为服务民生创造了条件。2013 年，市档案馆共接收档案 8.9 万卷件，新入库档案 6.3 万卷件，馆藏档案总量突破 60 万卷；旗县区档案馆共接收各门类档案 13 万卷件，其中文书档案 8 万余卷件。

截至 2014 年末，全市 12 个旗县区档案馆工作人员为 170 余人，档案库房面积 5700 余平方米，馆藏档案 1414 个全宗、175.32 万余卷、56.9 万余件。全市初步形成总量大、门类多、富有地方特色的档案馆馆藏体系。赤峰市档案馆馆藏档案 201 个全宗，文书档案 753297 卷、51784 件。

二、档案征集与自采

1991—1992 年，市档案馆陆续将 42 家企业的名优特产品档案征集进馆，初步形成赤峰名优特产品档案汇集。1993 年，新建实物档案汇集，将此前赤峰市所获多项荣誉的奖杯和奖旗、外地所赠纪念品以及名人题词等征集进馆。克什克腾旗档案馆先后征集旗内 6 家企业的十几种部优、区优产品档案和实物档案充实馆藏。1996 年，喀喇沁旗档案馆将清代及民国时期的民间、官方契约 99 件征集进馆。1998 年，巴林左旗档案馆征集到全国劳动模范档案材料 8 大类 116 卷；宁城县档案馆征集名人档案 82 卷、名优特产品档案 82 卷，并为大明塔、法轮寺等名胜古迹建档。1998 年，市档案局、市委宣传部、市文化局联合下发《关于征集珍贵声像档案的通知》。1999 年，市委办公厅、市政府办公厅印发《关于加强珍贵档案资料管理工作的通知》。2000 年，市档案馆在全市范围内实施著名人物档案全宗库工程，集中为赤峰历史上有重要影响的人物和 1949 年后赤峰地区党政领导、知名人士、先进人物建立档案。截至 2014 年，市档案馆馆藏名人档案总量超过 3000 件，名优特产品档案 88 卷。

2002 年，阿鲁科尔沁旗档案馆获得留日学生捐赠的关于 1939 年前后近 15 年间阿旗北部社会发展历史情况的部分日文档案；敖汉旗档案馆征集相关材料建立“华夏第一村”全宗。2003 年，市档案馆征集内蒙古草原兴发进出口有限责任公司信用档案 101 件，首开信用档案保管先河。2004 年，各档案馆重大活动、重大事件档案材料征集工作成果显著。市档案馆先后征集到中央电视台“心连心”艺术团赴赤峰慰问演出档案 5 卷，“鲁能杯”全国乒乓球联赛赤峰分赛场赛事档案材料和照片、光盘，赤峰市创建全国优秀旅游城市资料 238 册。2005 年是赤峰市“档案资源建设年”，市档案局以“走万家、征万件”为主题，在全市范围内开展各门类档案资料征集活动。市档案馆征集名人档案 500 件；翁牛特旗征集到老房契 25 件；巴林左旗征集到蒙古族说书艺人档案 3 卷；巴林右旗征集到有 50 余年历史的蒙古靴子“刺绣图案”8 幅；元宝山区征集到地方戏剧本、珍贵照片等档案资料 17 种近 100 件；宁城县征集到清代历史文献资料 268 卷。截至 12 月，全市两级综合档案馆共征集到进馆名人档案、旅游资源档案、民间收藏档案等各类档案总计 4325 件。

2008 年，巴林左旗档案馆重点征集了契丹辽文化档案，包括辽上京、辽祖陵、辽全州档案以及全市各旗县区出土的辽代文物及壁画等方面资料和照片933件(张)。2009年,市档案馆征集第29届奥运会火炬在赤峰传递期间的线路图、摄影集、相关文件以及各类年鉴史志等资料61册(件)。是年,全市共征集档案资料1.22万余卷、1.19万余件。2010年2月,各档案馆继续加大工作力度,扩充征集范围。宁城县档案馆征集喀喇沁中旗驸马府等老照片20余张;著名手工剪纸、窗花、字画100余张;辽中京大定府简介1份,平面图、全景图各1幅;《走进契丹国》《乌梁海氏部落史》等文史资料10余册。巴林右旗将具有民族特色的“格斯尔”文化资料征集进馆。翁牛特旗通过报纸、电视、网络等渠道发出《关于征集档案资料的公告》,全年共征集档案资料6000多件。

2012年,市和旗县区档案馆共征集各类档案3万多卷件,是历年最多的一年。市档案馆征集珍贵历史图片1000余幅、名人著作50余册。宁城县档案局经过多年的追踪寻访,征集到《康熙五彩圣旨》和《杨氏家谱》。阿旗征集保存《蒙古汗廷音乐》等非物质文化遗产档案。宁城县档案局成立“档案资料义务征集员”队伍,颁发证书并制定工作计划,使档案征集工作不断制度化。2013年,市档案馆共征集、自采各类资料、照片等4540件张;走访调查征集赤峰地区的纪录片和反映赤峰地区的老照片,征集照片2500张、底片356张;征集到赤峰建市30周年大型图片成就展展板183块,各种牌匾、证书、奖杯等实物18件,以及相关的音像资料和电子版老照片等珍贵资料。巴林右旗征集到著名作家阿·敖德斯尔的档案资料以及100多年前佛教经卷蒙文手抄本并进行抢救性裱糊。宁城县征集到第四届宁城县孝老爱亲道德模范事迹材料及影像资料,以及清咸丰八年(1858年)前后描写中京手抄诗集。2014年,市档案局征集到李克强总理视察赤峰的全程图片,《赤峰日报》蒙文版1958年至2011年电子版档案,1930年至2013年各类资料汇编79种。巴林右旗征集到溥杰《固伦淑慧公主陵》书法真迹,《花的原野》(1958—1991年)合订本等。

在面向社会广泛征集各门类档案材料的同时,赤峰市各级档案馆采取有效措施自主采集重要活动、重大事件档案材料。“十五”期间,各档案馆抓住赤峰市城市改扩建工程和建设旅游大市的契机,采集制作了大量珍贵的照片、声像档案,如市区旧城改造、新城区建设、克什克腾旗草原文化旅游景点、喀喇沁亲王府和龙泉寺特色旅游景点、敖汉旗兴隆洼文化、巴林左旗那达慕大会等等,形成了各档案馆独具特色的馆藏内容。随着赤峰市各级档案部门设备条件的不断改善,自采档案日益成为档案馆改善馆藏的重要手段。每年采集市党代会、人代会、政协会及农博会等重大活动照片100件余。2008年,市档案馆派人全程跟踪拍摄第29届奥运会火炬在赤峰传递活动,形成了完整的声像档案。2009年5月,市档案局统一部署,在全市开展万张图片采集活动。市档案馆派出专门人员拍摄照片5000张,刻录录像带16盘,详细记录了全市12个旗县区名胜古迹的名称和地址。元宝山区档案馆启动“万张图片资料数据库”工程,拍摄照片2110张。2011年,红山区拍摄桥北新区图片1000余张,松山区自采境内风景、遗迹、旧建筑图片近500张。巴林右旗将巴林石节、自然灾害等图片600余件(张)采集入馆。2013

年,市档案馆采集庆祝赤峰建市30周年大会、全市民族团结表彰大会、赤峰首届就业创业博览会等重大活动照片150多张。2014年,市档案馆按工程进度定期深入红山区铁南街道棚户区改造项目采集图片资料,全程采集市政府与蒙古国后杭盖省友好交往活动和内蒙古自治区第十三届运动会等影像资料。

三、利用查阅

随着改革开放和各项建设事业的深入发展, 档案信息资源的利用需求不断增加。市和各旗县区档案馆相继制定并完善档案利用工作制度,树立全新的服务理念,完善服务方式,拓展以利用查阅为重点的服务领域。

1991年,内蒙古自治区档案局对各级档案馆的开放档案数量进行限定。市和旗县区档案馆严格执行规定标准,推动开放档案工作。年满30年向社会开放的档案约占馆藏总量的76.65%,至1995年达到85%。到2010年底,市和旗县区总计开放1949年前档案63个全宗、14507卷,新中国成立后档案773个全宗、164825卷,以件为保管单位的档案14298件,开放档案目录案卷级27.57万条、文件级49.33万条。市档案馆馆藏应开放档案目录全部实现网上开放。

随着档案馆藏量的不断丰富以及国家各项惠民政策的出台,到赤峰市档案馆利用档案资料的单位和各界人士不断增加。1993年,查阅人员达2000余人次,查阅档案3万余卷次。各旗县区档案馆年均利用1000卷以上,大批人员的工龄、工资待遇和众多经济纠纷等问题依靠档案的原始和唯一效能得到解决。1995年, 城建档案馆为63个单位及个人提供产权凭证、图纸等相关资料,为产权单位取得68.6万元的直接经济效益。1999年,市档案馆围绕知识青年投身建设第二故乡的主题,联合12个旗县区档案馆开展知青概况统计工作,为市委提供外地赴赤峰市上山下乡人员名录。同年,敖汉旗档案馆为中科院环境研究所人员提供的1945年以后该旗自然灾害情况的有关资料,成为研究华北, 尤其赤峰地区生态建设与环境相互关系的重要原始素材。1989—2010年,全市档案资料查阅利用数量达到6万人次、26万余卷(册)。2012年,企业职工档案成为深化社会保障制度改革中解决企业分流人员待遇问题不可或缺的依据,众多企业下岗职工的社保问题通过查阅档案而及时解决。元宝山区档案馆提供档案5000余卷,出具证明500余份。林西县档案馆接待查档者1686人次,提供档案4112卷。据不完全统计,当年全市共接待复员军人、代课教师、企业离退休职工等档案查询人员8000人次以上,提供档案16万余卷件,约有3000人受益。

1997年,档案馆目标管理考评工作在全市推开,档案馆的社会教育功能得到发挥。1999年12月,赤峰市档案馆被命名为市级爱国主义教育基地。2000年,红山区、松山区、宁城县等地档案馆分别建成各自的爱国主义教育基地。市档案馆利用信息网站开辟网上爱国主义教育基地,利用馆藏珍贵图片开展革命历史教育和爱国主义教育。

2002年10月,中共赤峰市委、市政府办公厅印发《关于向市档案馆报送文件资料的通知》,指定市档案馆为市委、市政府政务信息公开场所。同年,为满足社会各方面利用查阅现行文件的需求，市档案馆建立现行文件服务中心，制定《现行文件交送办法》《现行文件资料阅览制度》，并确定市委、市政府及职能部门93个单位为现行文件收集单位，收集1996年以后的现行文件资料，经系统鉴定、整理，形成全市有关现行政策、投资环境、民生福利等与人民群众关系密切的各类信息，面向社会提供利用服务。

四、档案科教与编研

20世纪80年代末和90年代初是全市档案人员教育培训框架基本形成时期。1992年，市档案局举办全市第一期全市档案干部岗位培训班。1993年，举办第一期全市档案干部继续教育培训班。至1995年，岗位培训覆盖率达到87%。1986—1995年，全市累计开办短期班221期，培训干部7378人次。

1998年，市档案局、市人事局下发《赤峰市档案专业技术人员继续教育实施办法》，进一步规范档案专业技术人员继续教育工作。1999年10月，首次考录高等教育自学考试档案专业人员。同年，开始实行档案教育培训兼职教师持证上岗制度。此后，根据全市档案从业人员流动性比较大的特点，注重档案从业人员的全员培训；配合专项业务工作开展，有针对性地举办民营企业、重点建设项目、档案管理软件、档案人才培训班。截至2014年，对全市档案人员培训基本达到全覆盖。

1992年3月12日，赤峰市档案学会成立，成为档案科研的重要平台。1995年，市档案局主持研制的“计算机档案管理通用软件”分别获得国家档案局科技进步四等奖、赤峰市科技进步一等奖、联合国技术信息促进系统中国国家分部科学技术发明与革新杰出成果奖。1999年，市城建档案馆开发的“城市建设档案管理系统CJDA3.0”通过鉴定，并填补内蒙古自治区城建档案计算机管理的空白。2002年，松山区档案局主持研制的“人物档案数据系统”被内蒙古自治区档案局选定立项，给予资金支持。市档案局“档案库房防水报警系统”、松山区档案局“归档文件纸条粘贴式装订方法”“人物档案数据库”分获2004年度内蒙古自治区档案优秀科研成果三等奖和优秀奖。市档案局开发的“文书处理与档案管理计算机软件”获得2004年度赤峰市科技进步三等奖。

1999年3月，市档案馆第一本公开出版物《希望之路——赤峰乡镇企业二十年》由内蒙古科学技术出版社出版发行。2000年，市档案馆与市委党史办联合出版《党和国家领导人视察赤峰实录》，敖汉旗档案馆编辑完成《灾情录》，宁城县、喀喇沁旗档案馆分别编辑完成《宁城康熙圣旨》《宁城革命老区史》和《喀喇沁旗历届政府工作报告》，城市建设档案管理科编辑完成《赤峰市城建档案馆指南》《城建档案工作文件汇编》《赤峰市重点工程概况》《赤峰市住宅建设二十年》，摄制了《龙乡绿韵》《托起腾飞的希望》等电视专题片。2013年，市档案局编辑完成《赤峰市历史沿革》《旗县区概况》《远古时期至今的赤峰市大事记》《内蒙古自治区人民政府蒙语文件选编》及《赤峰市档案志》初审稿。2014年，巴林左旗档案局编辑完成《巴林左旗五千年大事记》《辽上京契丹记忆》《巴林左旗寺庙》初稿。松山区档案局编辑完成《政府工作报告汇编》《松山区自然灾害概览》《档案利用效果汇编选集》。

第三节 档案业务指导

一、机关单位档案工作

1991—1995 年,全市全面开展机关档案管理升级达标工作。至 1995 年,全市 186 个机关的档案管理达到自治区标准。1996 年,开始实行档案工作目标管理考评认定。1997 年,全市有 387 个机关单位通过档案目标管理自治区级考评,其中 8 个机关单位的档案管理工作通过自治区特级考评。截至 2000 年,全市共有档案管理升级达标单位 414 个(次),其中产生“双优”系统 18 个、“双特优”系统 14 个。2000 年,全市 13 个国家综合档案馆全部通过目标管理考评,机关档案业务工作水平有了整体提高。2001—2005 年,机关档案工作重心向服务利用转移。2001 年,市档案局针对市政府机构改革的特殊情况,及时提出撤并转单位档案处置意见,有 12 个撤销单位的 10989 卷档案移交给市档案馆,8 个合并单位档案移交相关部门,档案的完整与安全得到保证。至 2005 年,全市 152 个档案馆室利用服务晋升等级。截至 2010 年,全市共有 244 个机关单位晋升为赤峰市示范档案室。2012 年,市档案局按照自治区新的测评办法调整和提高档案管理标准,并依此对 700 多个机关事业单位档案室进行业务检查指导,着力培养一批样板式机关档案馆室。2013 年,市和旗县区共有 20 个单位率先晋升为自治区档案管理一级单位。截至 2014 年,全市共有近 40 个机关单位晋升为自治区档案管理一级单位。

二、经济科技档案工作

1991 年,赤峰市档案工作重心向基础业务建设转移,市和旗县区档案行政管理部门对自愿开展档案管理升级工作的企业给予配合和指导。到 1995 年底,全市共有 142 个企业晋升为国家级和自治区级档案管理先进单位。1991 年 7 月,市档案局在全市企业中推行国家档案局印发的《工业企业分类试行规则》。1992 年 5 月,自治区档案局开始实行《科学技术事业单位档案管理升级实施办法》;9 月,自治区档案局对赤峰市科技事业单位档案管理升级工作的试点单位进行验收,市林研所、市农研所顺利晋升为国家二级档案管理先进单位,市畜研所晋升为自治区级档案管理先进单位。1996 年,全市有 50 个企业通过企业档案工作目标管理考评,其中 10 个企业晋升为企业档案工作目标管理国家二级先进单位,40 个企业晋升为省部级企业档案工作目标管理先进单位。

1997 年,全市推行档案目标化管理,重点强化科技档案整理的监督指导工作;当年,全市有 29 个企业通过企业档案工作目标管理考评,其中 17 个企业晋升为企业档案工作目标管理国家二级先进单位,12 个企业晋升为省部级企业档案工作目标管理先进单位。1998 年,经自治区档案局科技事业单位档案管理国家级考评组考评认定,批准赤峰市公路管理处等5个单位为科技事业单位档案管理国家二级。截至2000年,赤峰市直属一级企事业单位档案室全部升级达标。

1995年后,全市档案部门加强产权变动企业档案管理和科技档案信息开发利用的指导工作,并开展民营企业建档。2001年,围绕西部大开发战略的实施,市档案局开展重点工程、重点建设项目规范建档试点工作。2002年,重点开展自治区"亿元工程企业"规范建档和达标工作,全市95家规模以上民营企业中的42家完成规范建档,占总数的44%。同年,经市政府同意,市档案局申请资金维修市档案馆战备后库,作为破产企业档案库,赤峰市档案馆当年接收的18个市直破产企业26337卷档案得到集中统一管理,此举受到国家档案局检查组的肯定。此后,全市档案部门不断加大破产转制企业档案处置工作力度,确保国有资产与产权变动档案得到有效处置。到2008年底,市档案馆累计接收市直46家破产转制企业档案74430卷。

2003年,市委、市政府将"做好重点项目管理,为经济建设服务"列入政府重点工作考核内容。市档案局与各旗县区档案局加大重点项目档案的监督与指导工作力度,当年共完成60个重点项目的规范建档工作。同年,市和旗县区档案部门通过抓住龙头、无偿建档、上门服务,对全市民营企业进行分类分批指导。2005年,市档案局联合市工商局、个体私营企业协会等部门制定民营企业档案工作的意见,将规模以上民营企业、农牧业产业化龙头企业、工商业联合会成员单位以及注册资金在500万元以上的建筑业、采矿业、制造业等民营企业档案纳入规范化管理范围。针对民营企业特点,按照适用性、效益性、自主性原则,分类分批指导,当年有240个民营企业建档,规范建档率达到50%,所建档案在民营企业扩大生产、资质认证、打造品牌形象等方面起到积极作用。

2006—2014年,全市档案部门更加注重经济建设档案管理及其规范。2006年,市档案局将民营企业档案工作作为全市四项重要工作之一,进行专项推进。2007年5月下旬,市档案局对平煤集团老公营子煤矿等5个市级以上重点建设项目档案管理进行执法检查。2006—2010年,全市重点推进交通、水利、有色金属重点建设项目档案管理工作,累计验收档案2.4万卷。市档案局与市发改委、经信委、统计局等部门协调,按照突出重点、分类指导、分级管理、跟踪服务的原则,对近300家规模以上民营企业规范建档进行指导和服务,对市级以上重点建设项目档案进行有效监管,做到工程建成、档案健全、同步验收。其中重点对阿鲁科尔沁旗道德风电场、京能赤峰煤矸石电厂、大唐克什克腾旗大石门水电站、赤朝高速公路等项目档案工作进行指导,帮助企业在档案管理中要决策、要效益、要形象。截至2010年底,全市共有86个科技事业单位档案目标管理晋级,其中18家单位晋升为国家二级先进单位,47家单位晋升为自治区一级先进单位。2013年,市档案局加强与经济主管部门联系,及时掌握全市重点建设项目进展情况,按时为项目档案建设提供业务指导,并在全市推广重点建设项目档案管理经验。

三、农村牧区档案工作

1992 年 11 月，内蒙古自治区政府颁布《内蒙古自治区乡镇苏木档案管理办法》，赤峰市随即开展乡镇苏木档案管理升级工作。同年，阿鲁科尔沁旗 2 个乡镇苏木档案管理率先升级。1993 年，巴林右旗乡镇苏木全部建立档案室；市与巴林右旗两级档案局指导部分苏木建立联合档案室的做法，引起自治区档案局关注。1994 年 9 月，自治区乡镇苏木档案工作现场经验交流会在巴林右旗召开，自治区党委办公厅、政府办公厅转发会议纪要，在全自治区推广这一经验。1995 年，全市有 77 个乡镇苏木档案管理升级。

1998 年 8 月，市档案局下发《赤峰市嘎查村档案管理办法（试行）》。1999 年，全市 273 个乡镇苏木全部建立综合或联合档案室，2644 个村嘎查全部开展档案工作，实现乡镇苏木、村嘎查建档两个 100%的目标。2001 年，市档案局在调研试点的基础上下发方案，对小城镇建设档案的建档标准作出明确规定，全市各旗县区小城镇建设档案管理工作实现有章可循。截至 2008 年，全市 81 个建制镇全部达到规范建档。

2002 年，市档案局围绕农村牧区产业化经营，制定下发《农村牧区种植养殖户档案归档范围及保管期限表》《农村牧区种植养殖户建档标准》等相关文件，开展农村牧区种植养殖专业户建档工作。2004 年，市档案局下发《赤峰市乡镇苏木档案馆标准（试行）》。在此期间，有 7 个乡镇苏木建立档案馆，集中保管本级和所属村嘎查的档案资料，并对外提供利用服务；有 22 个乡镇苏木建立现行文件中心，进一步满足农牧民的档案查阅需求。2005—2010 年，市档案局连续把农村牧区种植养殖专业户建档工作作为全市档案工作专项推进内容，纳入对旗县区档案局重点考核内容。2008 年，重点开展农村土地承包、集体林权制度改革、新型农村基层党组织建设等领域建档工作，更加重视涉及农牧民切身利益档案资料的收集整理和保管利用。到 2010 年，全市有 1.5 万户农牧户、300 余户种植养殖专业户建档，15 个乡镇苏木建立档案馆，22 个乡镇苏木建立现行文件中心。

2011 年，为推行乡镇苏木所辖村嘎查档案集中管理与分散管理相结合的模式，市档案局制定乡镇苏木和村嘎查档案工作考核标准，重点加强档案规范管理和典型培养。全市 100%的乡镇苏木和 95%的村嘎查实现规范建档，乡镇苏木档案管理合格率达 85%，规范的档案成为政务公开、民主监督工作的第一手资料。在此基础上，结合农村基层组织建设和村务公开工作，做好村党支部和村委会换届档案移交管理工作，重点加强村级档案规范管理和档案利用服务功能建设，全市村级档案管理合格率达到 70%以上。2012 年 7 月，经国家档案局、农业部、民政部验收，元宝山区成为全自治区第一家全国社会主义新农村建设档案工作示范区。2014 年，全市 116 个全部建档的乡镇苏木中有 15 个实现民生档案集中管理并具备对外查阅服务功能，农村宅基地、新型农村合作医疗、土地、山林、选举等档案全部纳入档案管理范畴。

四、民生档案工作

2003年6月,市档案局与市民政局、文明办、综治办、劳动和社会保障局联合下发《关于加强社区档案工作的意见》。同年,市档案局、民政局下发《赤峰市社区档案管理暂行办法》,在全市首次大规模地开展社区事务建档工作,尝试开展社区家庭建档活动。到2004年,全市社区全部启动社区事务的建档工作。2007年,国家档案局印发《关于加强民生档案工作的意见》,市档案局把民生档案工作作为全市档案工作的重点,加大档案服务民生工作的力度,拓宽档案服务民生的广度。2008年7月,市档案局联合市民政局下发《赤峰市最低生活保障档案管理暂行办法》等一系列规范标准。此后,市和旗县区两级档案行政及管理部门及时将劳动就业、婚姻家庭、社会保险、收入分配、医疗卫生、教育培训等民生事务全部纳入民生档案范围。2009年,市和旗县区两级综合档案馆接收民生档案15大类、8.5万卷。

2012年,市档案局通过优先指导、优先整理、优先接收的方式,把涉及民生的各种档案列入重点征集接收范围,将城镇居民密切关注的房改、低保、医疗、就业、养老档案以及与农牧民切身利益密切相关的宅基地、新型合作医疗、土地林地承包合同档案作为重点,加强有效监管;同时建立婚姻、病历、退伍军人、知青等13类民生档案专题目录和存档文件目录数据库及其微机管理检索系统,完善其服务功能,充分发挥民生档案在解决退伍军人优待、婚姻纠纷、案件诉讼、养老保险、工龄审定、离休老干部住房补贴等方面的作用。

2013年,市档案局加大民生档案的接收管理工作,规范民生档案管理的归属与流向,先后将全市范围内婚姻、公证、房产、林权、土地、教育、就业、分配、社保、医疗、计生等涉及群众切身利益的民生档案统一纳入全市各级国家综合档案馆进馆序列;加强和规范民生部门档案管理,确保民生档案完整归档、安全保管、科学分类、开放利用。截至2014年底,全市90%的社区建有档案室,社区养老、就业、生育、救助等民生档案管理更加规范,利用更加有效,在和谐文明社区建设中的作用更加重要。

第四节 档案法制建设

一、档案法制宣传

从1991年开始,赤峰市档案法制宣传周、宣传日作为固定活动一直延续至2014年。市和旗县区档案部门利用广播、电视、报刊等媒体,长期开展《中华人民共和国档案法》等档案法律法规宣传活动。1991年以后,全市档案法制宣传平均每年展出展板500多块,设置宣传条幅260多条,发放宣传材料2000余份,发送手机短信2000余条,利用QQ群、微信、微博等网络手段开展的档案及其法制宣传频次更多,范围更广。1991—1995年,全市共组织大规模的档案法制宣传活动12次。

1999年3月,《内蒙古自治区档案条例》颁布实施,市档案局组织开展档案宣传周和宣传月活动,编印档案宣传手册、宣传单并分别送到人大代表、政协委员和有关领导手中;组织市直、红山区、松山区等60余家单位举办大型档案事业图片展览;在各级新闻媒体上发表宣传文章224篇,制作专题片72部。此后,全市档案管理部门每年确定主题,开展档案法制宣传活动。

2001年初,赤峰市档案事业列入赤峰市"十五"期间经济与社会发展计划,《中华人民共和国档案法》纳入全市"四五"普法规划,档案法制宣传首次延伸至乡镇苏木、村嘎查。同年6月,全市档案部门深入挖掘档案中蕴藏的爱国主义教育资源,集中开展宣传活动;市档案局与市委宣传部共同举办"建党八十周年大型图片展",历时1个月,接待参观者1万余人次。

2002年5月,市档案局会同市人大教科文卫委员会、市司法局等5家单位共同举办"丹龙杯"档案法规百题知识竞赛,联合市直机关开展以"关注热门话题,开展咨询服务"为内容的宣传活动,接受群众咨询。2006年,市档案馆开展"赤峰市档案精品展",展出馆藏清代、中华民国、抗战时期、中国革命历史等档案精品。2007年,全市3000余名档案人员参加全国"剑南春杯"档案与法律知识有奖竞赛活动。2008年,市档案局将23338条开放档案目录、2639条现行文件上传至赤峰档案资料信息网,供公众网上查询。2013年,全市档案系统开展以"档案在你身边"为主题,以档案法规宣传、档案知识讲座、档案征集捐赠为内容的国际档案日宣传活动。

二、档案执法检查

自1987年《中华人民共和国档案法》颁布开始,全市档案工作进入依法管理的新时期。1992年,赤峰市正式组建全市档案执法检查队伍,首批有13人持证上岗。1991—1995年,市和旗县区档案部门会同有关部门开展执法检查23次,市档案局开展全市性档案执法检查2次。此后,全市档案部门开始定期开展执法检查活动。1999年10月,市档案局制定《档案行政执法责任制》和《档案行政执法监督九项制度》,促进档案行政执法工作的公平、公正、公开。

2001年,全市实行统一的执法检查标准,档案执法检查工作由业务指导为主向执法监督为主过渡。

2003年,内蒙古自治区档案局下达执法工作年度考核目标责任书,市档案局按照自治区的工作部署,制定实施方案下发到市直机关单位和各旗县区,全市掀起新一轮档案法制建设高潮。2004年,市档案局根据上年执法检查中发现的突出问题,有针对性地细化检查项目,再次联合有关部门开展较大规模的执法检查。2005年,各旗县区均将机构改革中撤并乡镇苏木的档案处置工作纳入执法重点,并开展专项执法检查,确保相关档案完好并移交。2001—2005年,市及旗县区人大常委会牵头开展联合执法检查26次,全市档案部门开展不同形式、不同规模、不同层次的执法检查43次。

2006年,市档案局修订完善行政执法责任制10项118条,准确界定执法职责,全市档案行政部门严格规范执法程序，提高依法行政水平。2007 年，市档案局行政执法内容共有 17 项。2006—2010 年期间，喀喇沁旗、克什克腾旗、巴林左旗旗委旗政府分别出台《关于加强全旗档案工作的意见》，市及元宝山区等 4 个旗县区以每卷 2 元人民币的标准将馆藏档案保护费列入财政预算。

2008 年后，档案执法检查内容主要是落实国家档案局《机关文件材料归档范围和文书档案保管期限规定》执行情况，重点解决档案馆库条件、档案保护经费方面存在的问题。多数旗县区人大常委会和政府关心、关注档案法贯彻落实情况，并通过支持指导档案执法检查推动档案工作。有 4 个旗县区落实档案保护费，档案实体和档案信息的安全得到有效保障。

第二十三卷

卫生 体育

1949 年，赤峰市（昭乌达盟）仅有 12 家医疗卫生机构，收治病人能力极低，急慢性传染病和地方病流行，发病率和死亡率很高，边远地区基本处于无医无药的局面。新中国成立后，各级政府重视卫生事业建设和发展，建立各项卫生制度，开展群众性卫生宣传活动，新建和扩建医疗卫生机构，全市的医疗卫生事业迅速发展起来。1978 年中共十一届三中全会后，赤峰市卫生事业呈现出生机和活力，各地推行多形式、多渠道、多层次办医方式，组织医疗联合体，开设专家门诊、专科门诊、家庭病床，缓解群众看病难、住院难的矛盾。医疗单位普遍建立并执行各项规章制度，引进应用医疗新技术、新设备，医院管理水平和医疗服务质量明显提高。1996 年，全市实行医疗保障制度改革，城镇职工统一参加医疗保险。1999—2000 年，城镇医疗卫生机构实行分类管理，基层卫生院实行院长聘任制。2001 年后，实行药品采购集中招标。2005—2007 年，各旗县区普遍推行新型农村牧区合作医疗（简称新农合）制度。2009 年后，深化医药卫生体制改革，基本公共卫生和重大公共卫生的服务项目由 9 项增至 11 项。

医疗卫生服务体系日臻完善。2014 年，全市共有医疗卫生机构 4445 个，形成了覆盖城乡的四级优质高效医疗服务网络，共有医院 81 家，其中三级综合医院 5 家（三级甲等综合医院 1 家），二级综合医院 12 家，蒙医中医医院 14 家，二级专科医院 2 家；乡镇苏木卫生院 241 个，社区卫生服务机构 114 个，村卫生室 3361 个。有民办医院 48家，个体诊所 648 个。全市共有卫生技术人员 26819 人，执业（助理）医师 10888 人，注册护士 9560 人，乡村医生 5236 人，每千人拥有执业医师和护士数分别达到 2.34 人和 2.05 人。医疗机构实有床位 23940 张，城镇每千人拥有床位 5.56 张。全市各地基本做到小病不出村（嘎查），常见病、多发病不出乡镇苏木，大病不出旗县区或市，疑难病不出或少出市。北京与赤峰卫生对口支援与技术协作已达 23 年，赤峰人不出家门就可以享受到代表国家水平的医疗服务。

认真贯彻“预防为主”方针，持续强化疾病防控、妇幼保健、基层卫生工作。全市有疾病预防控制机构 11 个，卫生监督机构 11 个，妇幼保健机构 13 个，健康教育机构 11 个。1991—2014 年，全市人均寿命达到 73.5 岁，婴儿死亡率由 24.1‰降至 4.79‰，孕产妇死亡率由 85/10 万降至 15.68/10 万。新农合参合人数 321.84 万人，参合率 96.25%。住院报销封顶线提高到 30 万元，政策范围内住院费用支付比例达到 70%左右，人民群众看病就医条件和健康状况得到明显改善。年总诊疗人次达到 1083 万人次，急诊急救成功率达到 95%以上。

公共卫生服务能力明显增强。重大传染病和各类地方病得到有效控制，无重大突发传染病疫情和鼠疫发生。基础免疫和加强免疫接种率分别保持在 95%和 90%以上。传染病网络报告及时率与准确率达到 100%，突发公共卫生事件及时报告率和处置率均达到 100%。国家卫生城成果得到巩固和发展，卫生城市建设和管理水平进一步提升，赤峰市连续 19 年保持国家卫生城市荣誉。

中蒙医快速发展。2014 年，蒙医中医医疗机构有 14 个，个体蒙医、中医、中西医结合诊所 100 余家，卫生技术人员由 1991 年的 1313 人发展到 2014 年的 3175 人；全年门诊诊疗达150万人次,住院治疗9.9万人次。赤峰市蒙医中医医院中医肾病科成为国家级重点专科。

医疗技术水平显著提高。赤峰市医院麻醉科、赤峰学院附属医院心内科和口腔科被列为自治区重点学科。赤峰学院附属医院泌尿外科被确定为国家重点临床学科。心脏介入治疗、冠状动脉搭桥术、脑动脉瘤夹闭术等一些高难手术都已成功开展。全市累计获得自治区科技进步奖20余项,市级科技进步奖60余项。

赤峰体育事业发展源远流长。早在元代就有那达慕的记载,赛马、射箭、摔跤三项运动在赤峰具有较好的群众基础;套马、蒙古象棋、马球、踢毽子、荡秋千、放风筝、踩高跷等传统运动形式也深受广大群众喜爱。1991年以来,赤峰市坚持“以群众体育为基础,以民族体育为特色,以竞技体育为重点”的思路,不断加强公共体育服务体系建设,积极改善公共体育设施,大力健全体育组织网络,扎实推进全民健身活动。到2014年,功能完善、管理规范的各类体育场地达到3830个,其中符合标准的专业场馆3797个,占地面积达1000多万平方米。赤峰市跨入自治区体育先进市行列,3个旗县区进入全国体育先进县行列。

群众体育蓬勃发展。围绕建设群众身边体育场地、健全群众身边体育组织、开展群众身边体育活动的“三边”工程,参与活动的人口占全市总人口的40%以上。全市乒乓球、羽毛球、篮球、台球、武术等群众性体育社团遍布城乡,有组织和群众自发的比赛接连不断。广场健身舞和赤峰对调成为部分城乡居民日常生活的重要内容之一。至2014年,全市举办职工运动会、老年人运动会和那达慕大会等各类运动会35届次。各类群众性体育活动点达到1034个,建成小型健身广场80处,中心城区有40%以上的居民小区配备健身器材。指导基层体育活动的社会体育指导员4674人,每万人拥有社会指导员10人,先后有236人获得自治区优秀社会指导员称号。全市体育人口由1991年的106.7万人增加到2014年的180万人,增长68.7%。

竞技体育成绩优异。1991—2014年,赤峰市组织参加内蒙古自治区第七届至第十三届运动会,共获金牌553枚;参加国际各类比赛16次,获个人冠军5项;参加全国运动会6次,获金牌13枚。打破自治区、全国及亚洲比赛纪录224项次。全市累计为国家、自治区、外省市输送优秀运动员680多人,培养出了呼日嘎、朝鲁、马经伟、敖特根等多名优秀运动员。

学校体育健康发展。1991—2014年,全市共举办12届中学生田径运动会,先后8次组队参加自治区、全国中学生运动会及体育比赛,并取得较好成绩。全市有2所国家级传统项目学校,12所自治区级传统项目学校。拥有国家级青少年俱乐部14个,自治区级6个。

1996—2014年,红山区被国家体委命名为“全国武术之乡”,巴林右旗被自治区体育局命名为内蒙古自治区“射箭之乡”,赤峰市被称为内蒙古自治区“柔道摇篮”。

第一篇　卫　生

第一章　医疗卫生改革

第一节　卫生管理体制改革

一、农村牧区卫生体制改革

1992年，市政府批转市卫生局《关于改革和加强农村牧区卫生工作意见报告》，确定卫生院要坚持“条块结合、以块为主、乡镇苏木主办、系统管理”的原则，继续完善“三权下放、独立核算、自负盈亏、民主管理、按劳分配，实行工资奖金全浮动”的改革措施。进一步调动乡镇苏木创办卫生事业的积极性，全市乡镇苏木全部建立卫生院，缓解农牧民群众看病难、住院难的状况。

1995年，开始推行乡村卫生服务管理一体化制度，确定“先行试点，总结经验，逐步推广，不断提高，整体推进”的思路。1996年，赤峰市在喀喇沁旗召开乡村联合办医、一体化管理现场经验交流会，推广喀旗、宁城县等地经验。市卫生局下发《赤峰市乡村医疗卫生机构一体化管理暂行办法》，在全市推行乡村一体化管理。

1997年，中共中央、国务院《关于卫生改革与发展的决定》颁发后，赤峰市打破全民所有制和集体所有制的界限，实施统一规划、分级管理。分别采取村办乡管、乡村联办、乡办乡管、承包经营等形式，从多方面加快卫生室建设步伐。全面推行“一证五统一”（一证：有医政部门核发的“行医许可证”，五统一：统一政务管理、统一药品质量管理、统一账目管理、统一价格管理、统一业务管理）的乡村卫生服务一体化管理制度，一体化管理覆盖面达80%。卫生院人员、业务、经费逐步归属旗县区卫生局统一管理，为全面实现“县办县管”体制奠定良好的基础。

2000年，进一步推进和完善人事和分配制度改革，市卫生局、人事局下发《赤峰市卫生院人事制度改革的意见》。全市卫生院在科室“五定”（定岗、定编、定责任目标、定酬、定奖惩）的基础上，实行全员聘任制。引入竞争机制，通过公开考试，平等、择优录用卫生防疫和妇幼保健人员。采取向社会公开招聘、群众推荐、竞争上岗方式，在全市范围内选拔优秀院长，实行卫生院院长任期目标责任制。

2003 年,中共中央、国务院颁发《关于进一步加强农村卫生工作的决定》后,市政府先后印发《赤峰市人民政府关于进一步加强农村牧区卫生工作的意见》《农村牧区卫生院人员、业务、经费上划到旗县区卫生行政部门按职责管理的意见》《赤峰市乡镇苏木卫生院基本标准》,明确全市农村牧区卫生工作的基本思路和具体要求,实现全市卫生院"县办县管"体制和全员聘任制,积极稳妥地推进各项改革工作。

2006 年,以自治区推进农村牧区综合改革为契机,市政府制定和完善农村牧区卫生投入补偿政策。确定 2006 年农村牧区卫生院人员工资的财政拨付比例不低于档案工资的 20%,2007 年不低于 40%,2008 年不低于 60%,2009 年不低于 80%,2010 年全额拨付,多年困扰卫生院发展的投入不足问题得到解决。

2009 年开始,全面推进农村牧区基层卫生综合改革工作。至 2011 年底,全市 238 个乡镇苏木卫生院和 1966 个一体化管理的村卫生室实施国家基本药物制度,实行药品零差率销售,实现基本药物制度基层全覆盖。同年,赤峰市按照《自治区基层医疗卫生机构人员聘用和分流安置办法》的有关规定,开展人员聘用和分流工作。按照"全员聘用、定岗不定人"的原则,在全市所有公办基层卫生院实施定岗定编管理,全面推行全员聘用制度。对改革未聘的 748 人,进行妥善安置和补偿。

2013 年 5 月,市卫生局、市人力资源和社会保障局、市财政局、市医改办联合下发《赤峰市基层医疗卫生单位绩效考核工作指导意见》,逐步建立按工作业绩取酬的内部分配激励机制,全市各基层卫生院分别制定绩效工资实施方案,进一步落实绩效工资制度。2014 年 1 月,红山区、克什克腾旗被确定为国家基层综合改革重点联系点。

二、城镇卫生体制改革

20 世纪 80 年代,城镇医院实行"院长负责制、科室目标承包责任制"。20 世纪 90 年代,全市城镇医疗机构改革逐步实现区域卫生规划,医疗机构向大综合小专科、大专科小综合专业结构调整,突出特色,发挥优势,向提高整体水平方面发展;在人事分配制度上继续推行院长负责制,实行职称评聘分开、高职低聘、低职高聘的办法;在投入补偿机制上,实行盘活存量、增加流量的经营机制,加快了各级医疗机构基本建设速度。1998 年,为加快城镇医疗机构发展步伐,开始建设城市医疗卫生两级服务体系,发展社区卫生服务机构,赤峰市在红山区开展试点工作。1999 年后,根据国家计划委员会、财政部、卫生部印发的《关于开展区域卫生规划工作指导意见的通知》和《国务院办公厅转发国务院体改办等部门关于城镇医药卫生体制改革指导意见的通知》,城镇医疗机构管理逐步实现全行业属地化管理。按经营主体将医疗机构分为公立和民营,按医疗机构类别分为营利性和非营利性两类。实行医疗机构分类管理,扶持民营医疗机构发展,建立起以公立医疗机构为主体、民营医疗机构共同发展的医疗服务体系;实行二、三级医院双向转诊、住院病人费用清单制、医药分开分别管理、后勤服务社会化、整体护理等改革措施。2000 年后,随着改革的深入,不断推进医疗卫生工作的全行业管理,一些行业设立的医疗机构逐步与原管理单位脱钩。2004 年,沈阳铁路局赤峰医院整建制移交赤峰市政府管理，改称赤峰市铁路医院，隶属赤峰市卫生局；赤峰市卫生学校附属医院划归赤峰学院管理，更名为赤峰学院附属医院。2005 年，赤峰市铁路医院整建制移交赤峰学院管理，更名为“赤峰学院第二附属医院”。赤峰学院附属医院、赤峰学院第二附属医院由市卫生局实行行业管理，旗县区医疗机构由当地卫生行政管理部门实行行业管理。

从 2003 年开始，赤峰市加强社区卫生工作。2003 年后，市卫生局制定实施《社区卫生服务站设置规划》《社区卫生服务考核标准》等 50 多项工作制度和技术规范，促进社区卫生服务健康发展。以街道办事处设站，注重社区卫生服务综合功能的发挥，同步开展预防、保健、医疗、健康教育、慢性病管理工作，并积极拓展计生服务功能；将家庭健康档案、高血压管理、儿童计划免疫入保、接种记录、预约登记、统计报表等纳入微机管理。取缔不符合设置规划、乱挂社区卫生服务机构牌匾的机构。

2007 年，赤峰市政府印发《2006—2010 年赤峰市城市社区卫生服务发展规划》。2008 年，赤峰市政府印发《关于加快发展城市社区卫生服务的通知》，在指导思想、基本原则、工作目标、网络布局、机构筹建、编制配备、运行模式、保障措施 8 个方面提出具体要求。划定社区卫生服务机构服务区域，明确工作任务，充分发挥预防、保健、医疗、康复、健康教育、计生服务“六位一体”功能。此后城镇社区卫生服务机构延伸发展到全市 12 个旗县区。

2009 年，深化医药卫生体制改革全面启动，开始实施基本公共卫生服务项目和重大公共卫生服务项目。基本公共卫生服务项目 9 项，人均服务经费 15 元，服务项目包括居民健康档案管理、健康教育、预防接种、儿童健康管理、孕产妇健康管理、老年人健康管理、高血压和 2 型糖尿病患者管理、重性精神疾病患者管理。

2010 年，市委、市政府印发《赤峰市深化医药卫生体制改革实施意见》《关于基层医药卫生体制综合改革实施意见》。2011 年，全市 12 个旗县区全部完成公办医疗机构定编定岗，竞争上岗、全员聘用，核定收支、落实补助等综改任务，基层综合改革基本完成，政府办医疗机构的公益性体制得到有效建立。基本公共卫生服务项目由 9 项增加到 11 项，服务经费由人均 15 元提高到 25 元。同年，市政府批转市卫生局《赤峰市区域卫生规划》《医疗机构设置规划》，调整和完善公立医院的布局和规模。在克什克腾旗医院开展县级公立医院改革试点工作，由赤峰学院附属医院实施帮扶式托管模式。2013 年，市卫生局将民办一级医院、个体诊所等审批权限下放到旗县区，进一步明确规范医疗机构准入权限和监管责任。

2014 年，红山区、克什克腾旗、巴林左旗医院被确定为国家试点，阿鲁科尔沁旗、翁牛特旗医院被确定为自治区试点，启动县级公立医院改革试点工作。市卫生局、市财政局、市医改办联合下发《关于进一步规范基本公共卫生服务经费使用和管理工作的通知》，各项基本公共卫生服务经费提高到人均 35 元。全市规范化电子健康档案建档率 89.55%，65 岁以上老年人规范化管理率 76.63%，高血压病人规范化管理率 87.06%，糖尿病人规范化管理率81.25%,重性精神病人管理率83.31%,全市卫生监督协管报告率达到100%,各项指标均达到国家要求。

第二节 医疗制度改革

一、公费医疗

赤峰市公费医疗始于1952年,享受范围为国家规定的党政、群团、全民事业单位工作人员和退休职工及革命残废军人,医疗费用由国家财政拨款,超支部分由地方财政列支,在规定范围内报销。1953年,公费医疗经费列入地方财政预算,国家不再拨款。为切实加强公费医疗管理,1985年,赤峰市成立公费医疗管理委员会,明确规定公费医疗享受范围、拨款办法和经费管理办法等,公费医疗支出有所下降。1987年,市公费医疗管理委员会下发《公费医疗管理实施细则(试行)》《直属行政事业单位公费医疗有关规定》,对管理制度进行初步改革。1991年后,市卫生局设市公费医疗管理办公室,全市12个旗县区也相继设公费医疗管理办公室。公费医疗主要针对行政事业单位的职工,实行"定额拨款、单位包干、超支不补"的管理办法,划定定点医疗单位,门诊费由单位包干,看病由个人现金支付医疗费,以后审核报销,费用超支个人适当负担;住院费县级统筹,超额分段负担。企业职工可参照管理办法自行解决医疗费用。当时,全市享受公费医疗8.4万人。具体报销范围实行分类管理:老红军、离休干部、"文化大革命"中致残人员、二等乙级以上革命残废军人、高级知识分子医疗费实报实销;特殊病症如癌症、结核、精神病等给予适当照顾;一般职工实行"定额管理、工龄分档、医药费与个人经济利益挂钩""结余留用,超支由个人负担一定比例,其余由单位负责"的办法。具体工龄档次划分为:1~30年年定额药费50元,其中1~10年超支部分个人负担比例为门诊30%、住院10%,11~20年超支部分个人负担比例为门诊20%、住院8%,21~30年超支部分个人负担比例为门诊10%、住院5%;30年以上及退休人员年定额药费100元,超支部分个人负担比例为门诊5%、住院5%。尽管采取多种办法,但公费医疗经费上升幅度仍然较大。此项医疗制度延续至1995年。

二、医疗保险

1996年,根据《国务院办公厅转发国家体改委等四部委关于职工医疗保障制度改革扩大试点意见的通知》精神,赤峰市开始推进职工医疗保障制度改革,将赤峰市公费医疗管理办公室改为赤峰市职工医疗保险管理办公室,下设赤峰市职工社会医疗保险基金管理中心。根据市政府先后印发的《赤峰市职工社会医疗保险办法(试行)》《赤峰市直属行政事业单位职工社会医疗保险试行办法》《赤峰市直属行政事业单位离休人员社会医疗保险暂行办法》通知规定,各旗县区全部开展职工医疗保险工作。当年,全市参加职工医疗保险人数达16.4万人,其中市直属单位3.4万人,属地管理及中区直单位2万人，12个旗县区参保人数达11万人。1997年，按照市政府办公室印发的《赤峰市行政事业单位职工社会医疗保险实施细则》通知规定，职工参加社会医疗保险实行社会统筹医疗基金与个人医疗账户相结合，医疗费由国家、单位和个人共同负责的原则。赤峰市内的国家机关、企事业单位、中直、区直和外地驻赤单位的职工，离退休人员，二等乙级以上伤残军人均为职工医疗保险对象。医疗保险机构为职工建立个人医疗账户，个人医疗账户的资金来源为职工个人缴纳其工资总额1%的医疗保险金；从用人单位为职工缴纳的医疗保险基金中，45岁以下（含45岁）职工，提取40%，45岁以上职工，提取50%，划入个人医疗账户。个人医疗账户的基金专门用于支付个人符合规定的医疗费用，其本金和利息为个人所有，可以结转使用和依法继承。职工医疗保险待遇采取“三段”式支付方式：一是先由个人医疗账户支付；二是个人医疗账户不足支付时，由职工自付；三是采取分段累加计算办法，个人自付的医疗费超过个人年工资总额5%的部分，个人负担一定比例后，由社会统筹医疗基金支付，比例为：1～5000元部分，个人负担20%，5001～10000元部分，个人负担10%，10000元以上部分，个人负担5%。职工退休后，个人不缴纳医疗保险费，不设个人医疗账户，其医疗费用个人负担比例为在职职工的50%，剩余部分由社会统筹医疗基金支付。老红军、离休人员、二等乙级以上革命伤残军人和“文化大革命”期间致残人员不设个人医疗账户，个人不缴纳医疗保险费，医疗费用由社会统筹医疗基金支付。赤峰市各旗县区均按赤峰市行政事业单位职工社会医疗保险实施细则执行。2000年，原隶属卫生局的医疗保险工作职能划归劳动部门管理。市政府先后印发《赤峰市城镇职工基本医疗保险办法》《赤峰市城镇职工社会救助保险办法》等8个相关文件后，全市城镇职工全部纳入社会保险范畴。

三、合作医疗

初始农村牧区合作医疗　20世纪90年代初，喀喇沁旗对村级卫生室进行全面整顿，整顿的核心是坚持以集体办医为主，通过集资或合作办医疗，逐步实行多种形式并存的农村医疗体制，并取得成效。1991年4月8日，市卫生局下发《赤峰市医政工作座谈会纪要的通知》，要求结合农村初级卫生保健的实施，在村嘎查大力推进集体办医、集资办医疗和合作办医疗。随后在喀喇沁旗召开全市初级卫生保健经验交流会，在全市推广喀喇沁旗整顿村卫生室、实行集资或合作办医疗制度的经验。同年12月5日，市政府印发《赤峰市1991—2000年初级卫生保健发展规划》，要求对村嘎查卫生组织进行大力整顿，实行分级管理，落实集体办医方向，积极推广集资或合作办医疗。1992—1993年，全市有34个村嘎查卫生室开展合作医疗试点工作。1993年后，部分地区把筹集合作医疗费用当作“加重农民负担的乱收费”而取消，第一次农村合作医疗的尝试终止。1996年，自治区卫生厅确定宁城县、林西县、喀喇沁旗作为全区合作医疗试点旗县，为全区推行以集体办医集资医疗为主、财政补贴为辅的合作医疗制度提供了经验。1997年，赤峰市在3个旗县区进行试点的基础上，市政府在林西县召开合作医疗现场会。同年，市政府印发《赤峰市农村牧区推行合作医疗制度实施方案》，从总体目

标、指导原则、合作内容和举办形式、资金筹集、使用与管理、实施措施六个方面对合作医疗工作提出具体要求。1998 年,全市 53 个乡镇苏木开展合作医疗试点。由于财政引导资金不到位和以乡村为单位筹集合作医疗资金覆盖人群少等因素制约,第二次合作医疗工作未能全面展开。

新型农村牧区合作医疗　组织机构。2004 年,根据赤峰市政府办公厅印发的《关于成立赤峰市新农合工作协调领导小组的通知》,赤峰市成立新农合协调领导小组,领导小组办公室设在赤峰市卫生局,市卫生局基层卫生与妇幼保健科具体负责新农合日常工作。2009 年,根据市编办《关于组建赤峰市、旗县区及乡镇苏木新农合管理机构的批复》,成立赤峰市新农合管理办公室(简称合管办),为隶属赤峰市卫生局科级事业单位,核定编制 5 人。2011 年,全市 12 个旗县区相应成立新农合管理委员会,委员会均在本地卫生局设办公室,为隶属卫生局的副科级事业单位,核定编制 5~7 人。全市乡镇苏木也成立新农合管理机构,乡镇苏木合管办为旗县区合管办的派出机构,核定编制 3~5 人。2011—2014 年,根据市编办《关于赤峰市新农合管理办公室增加编制的批复》,新增赤峰市新农合管理办公室编制 10 人,编制总数为 15 人。

新农合制度。2004 年,按照自治区卫生厅和市政府统一部署,市卫生局统筹指导敖汉旗申报新农合试点前期准备工作。12 月 22 日,在内蒙古自治区新农合工作会议上,敖汉旗被确定为自治区第二批试点地区。2006 年 12 月 21 日,市政府印发《关于认真做好新农合工作的通知》,喀喇沁旗、克什克腾旗、林西县被确定为赤峰市第二批新农合试点地区。2007 年,阿鲁科尔沁旗、巴林左旗、巴林右旗、翁牛特旗、宁城县、元宝山区、松山区、红山区 8 个旗县区实施新农合制度试点,全市 12 个旗县区全部实行新农合制度。各地区本着“就医自主,提供便利,及时补助,最大受益”的原则,简化看病手续,改进补助政策、方法和程序,进一步落实新农合工作。2008 年 8 月,全市 11 个旗县区实现网上审核和结算。2009 年,进一步加强新农合信息化建设,全市参合农牧民在县域内就医即时结报,部分旗县区将信息化建设延伸至村级。10 月,全市门诊统筹试点工作在敖汉旗启动。同年,市政府印发《关于赤峰市新农合门诊统筹和住院统筹相结合补偿模式工作指导意见》,确定从 2010 年 1 月 1 日起,市域范围内实施住院统筹和门诊统筹相结合的管理模式。门诊统筹包括普通门诊、门诊观察和门诊特殊慢性病定额补偿三方面内容。

2012 年,根据市政府印发的《赤峰市新农合市级统筹及引入商业保险参与经办工作方案(试行)的通知》规定,在定点医疗机构实现全市范围内参合人员异地就诊现场直补、即时结报,实现参合农牧民就医“一证通”,参合农牧民享受到更加方便快捷的医疗服务。2013 年,在全市乡镇苏木级定点医疗机构积极推行住院总额预算限额付费补偿改革,市县乡村四级信息化管理网络已初具规模,新农合制度得到巩固、发展和完善。

基金筹集与使用。新农合制度实行个人缴费、集体扶持和政府资助相结合的筹资机制,基金使用补助原则是以收定支、收支平衡、补助适当、略有结余。新农合基金主要用于补偿参合农牧民的大额住院医疗费用,同时实行大额医疗费用补偿与小额医疗费用补偿相结合,既提高基金抗风险能力,又兼顾广大农牧民群众受益面。

2005—2014 年,新农合参合人数由 42.97 万人达到 321.84 万人,参合率由 82.26%提高到 96.25%,人均筹资水平由 30 元达到 380 元,各级财政补助所占比例由 66.67%提高到 84.21%,农牧民住院受益面由 2.8%达到 27.04%,报销封顶线由 8000 元提高到 30 万元。至 2014 年末,新农合年度住院受益率、门诊受益率和总受益率分别达到 12.51%、33.47%和 45.98%,保障水平和受益水平得到大幅提升。

2005—2014 年赤峰市新型农村牧区合作医疗情况统计表

表 23-1-1

年份	年度筹资总额（亿元）	住院报销封顶线（万元）	参合人数（万人）	参合率（%）
2005	0.12	0.8	42.97	82.26
2006	0.47	0.8-1.5	100.06	84.80
2007	1.49	1.6-2.5	300.55	86.90
2008	2.79	2-3	310.08	93.00
2009	3.16	3.5	314.05	95.40
2010	4.73	4	312.98	90.55
2011	7.27	8	315.26	92.51
2012	9.12	20	314.61	95.50
2013	11.24	25	314.54	95.48
2014	12.29	30	321.84	96.25

说明:2009 年之前参合人口以常住人口计算,其他年份以户籍人口计算。

定点医疗机构管理。2007—2014 年,赤峰市卫生局、赤峰市新农合协调领导小组办公室先后下发《关于确定新型农村牧区合作医疗市级定点和转诊医疗服务机构的通知》《赤峰市新农合定点医疗机构管理办法(试行)》《关于公布市县乡新农合定点医疗机构的通知》等文件,强化各地对定点医疗机构的监管。逐步探索不同费用支付方式、加强定点医疗机构服务和费用控制、控制药品费用增长、开展对定点医疗机构准入考核、严格执行奖罚制度等管理措施,取得较好效果,定点医疗机构服务行为得到有效规范。全市定点医疗单位由2005年后的442个增加到2014年的2593个，其中市级定点医疗机构由8个增至21个，旗县区级定点医疗机构由6个增至86个，乡镇苏木级定点医疗机构由57个增至272个，村嘎查级定点医疗机构由371个增至2214个。2009年，宁城县、松山区、敖汉旗、阿鲁科尔沁旗被内蒙古自治区新农合工作协调领导小组授予全区新农合工作先进旗县。2012年，赤峰市新农合管理办公室被卫生部授予全国新型农村合作医疗工作先进集体，林西县、元宝山区、松山区、巴林左旗、宁城县、敖汉旗被赤峰市政府授予2012年度新农合工作先进地区。2013年，林西县、元宝山区、松山区、翁牛特旗被赤峰市政府授予2013年度新农合工作先进地区。

第二章　医　疗

第一节　医疗机构

2014年，全市有医疗机构4445个，病床23940张，其中三级综合医院5个，二级综合医院12个；有市级专科医院2个，蒙医中医医院14个，民营医院48个；乡镇苏木卫生院241个，村级卫生室3361个；有个体门诊(所、室、部)、社区服务中心(站)762个。

一、公办医疗机构

市级医疗机构　1991年，市级医疗机构有赤峰市医院、赤峰市卫生学校附属医院、赤峰市传染病医院、赤峰市结核病防治医院、赤峰市中蒙医院、赤峰市复员军人精神病院，病床1420张。1993年，赤峰市医院被评为三级乙等医院。1993年6月，赤峰市复员军人精神病院增挂赤峰市安定医院牌子，为二级精神专科医院。1994年，赤峰市医院改称赤峰市第一医院；赤峰市卫生学校附属医院改称赤峰市第三医院，同时挂赤峰市红十字医院牌子；赤峰市传染病医院改称赤峰市第四医院，同时挂赤峰市传染病防治中心牌子；赤峰市结核病防治医院改称赤峰市第五医院，同时挂赤峰市结核病防治中心牌子，为二级专科医院。2004年4月，赤峰市第三医院划归赤峰学院。同年，沈阳铁路局赤峰医院更名为赤峰市铁路医院，整建制移交赤峰市政府管理。2004年12月，根据赤峰市卫生局《关于重新核定全市一级以上医疗机构名称的决定》，赤峰市第一医院、赤峰市第三医院重新改称赤峰市医院和赤峰学院附属医院，赤峰市第四医院、赤峰市第五医院合并改称赤峰市传染病防治医院。同年，赤峰市医院晋升为三级甲等综合医院。2005年4月，赤峰市铁路医院整建制移交赤峰学院管理，更名为赤峰学院第二附属医院，为二级甲等综合医院。2007年，赤峰学院附属医院晋升为三级乙等综合医院。2011年6月，赤峰市中蒙医院更名为赤峰市蒙医中医医院，为二级甲等医院。至2014年，赤峰市市级医疗机构有赤峰市医院、赤峰学院附属医院、赤峰学院第二附属医院、赤峰市传染病防治医院、赤峰市安定医院(挂赤峰市复员军人精神病院牌子)、赤峰市蒙医中医医院 6 个。三级甲等医院 1 个，三级乙等医院 1 个，二级甲等医院 2 个，二级专科医院 2 个，病床 5580 张。有二级甲等驻军医院 1 个，病床 450 张。

2014 年赤峰市市级医院统计表

表 23-1-2

医院名称		医院等级	医院建筑总面积（万平方米）	床位数（张）	重点学科和重点专科
市级综合医院	赤峰市医院	三级甲等	14.04	2000	自治区级学科：麻醉科；院级学科：心内科、神经内科、肿瘤内科、泌尿外科等 11 个
	赤峰学院附属医院	三级乙等	23.50	1970	自治区级学科：口腔科、心内科、泌尿外科；院级学科：呼吸内科、胸外科、检验科、病理科等 8 个
	赤峰学院第二附属医院	二级甲等	5.63	600	院级专科：内分泌科、神经外科、肿瘤内科、放疗科、泌尿外科、腔镜中心、病理科、影像科
	赤峰市蒙医中医医院	二级甲等	1.31	260	国家级专科：中医肾病科；市级专科：蒙医疗术科、脑病科
市级专科医院	赤峰市传染病防治医院	二级	1.21	250	—
	赤峰市安定医院	二级	3.30	500	—

旗县区医疗机构　1991 年，赤峰市有旗县区综合医院 12 个，矿区综合医院 1 个，中蒙医院 11 个，共有病床 2538 张。1993 年，林西县医院、红山区医院、宁城县医院、克什克腾旗医院、翁牛特旗医院、巴林左旗医院、敖汉旗医院 7 个医院先后晋升为二级甲等综合医院，阿鲁科尔沁旗医院、巴林右旗医院、喀喇沁旗医院 3 个医院晋升为二级乙等综合医院。1994 年，根据赤峰市卫生局《关于调整市区医疗布局和医院名称的意见》，红山区医院改称赤峰市第二医院、松山区医院改称赤峰市第六医院。1997 年，元宝山区医院、赤峰市第六医院评为二级乙等综合医院。全市县级二级综合医院覆盖率实现 100%。2004 年，根据赤峰市卫生局《关于重新核定全市一级以上医疗机构名称的决定》，红山区医院沿用赤峰市第二医院名称，赤峰市第六医院改称赤峰松山医院，元宝山区医院改称赤峰宝山医院。全市旗县区二级以上综合医院 12 个，二级以上中蒙医院 12 个。2009 年，赤峰市第二医院、宁城县医院晋升为三级综合医院。2012 年，林西县医院晋升为三级综合医院。2014 年，宁城县医院改称为赤峰市宁城县中心医院。至 2014 年末，全市有旗县区综合医院 12 个，矿区综合医院 1 个，其中有赤峰市第二医院、赤峰市宁城县中心医院、林西县医院三级综合医院 3 个，二级综合医院 10 个，包括二级甲等综合医院 7 个，二级乙等综合医院 3 个。共有床位 6889 张。为进一步体现民族特色，全市中蒙医院大都更名为蒙医医院或蒙医中医医院，全市 12 个旗县区有蒙医

中医医院、蒙医医院、中蒙医院、中医医院13个,其中三级乙等3个,二级甲等9个,二级乙等1个。有蒙医中医医院4个,为巴林左旗、克什克腾旗、宁城县蒙医中医医院(挂赤峰市精神病防治院牌子,与蒙医中医医院一套机构,归宁城县管理),赤峰红山中医医院改称赤峰市第二蒙医中医医院;有蒙医医院2个,为阿鲁科尔沁旗蒙医医院、巴林右旗蒙医医院;有中蒙医院5个,为林西县、翁牛特旗、敖汉旗、喀喇沁旗、赤峰松山中蒙医院;有中医医院2个,为阿鲁科尔沁旗中医医院、赤峰宝山中医医院。共有病床3753张。

2014年赤峰市旗县区二级以上蒙医中医医院统计表

表23-1-3

医院名称	医院等级	床位数(张)	职工总数(人)	卫技人员(人)	门诊量(万人次)	出院人数(人次)	重点学科和重点专科
宁城县蒙医中医医院	三级乙等	750	764	616	18.56	17146	国家级重点学科:神志病科;市级专科:中医康复科、中医脑病科
阿鲁科尔沁旗中医医院	三级乙等	420	279	244	19.98	7965	市级专科:中医心血管科、中医肺病科、中医儿科
巴林左旗蒙医中医医院	三级乙等	420	318	284	20.42	14547	市级专科:针灸推拿科、蒙医内分泌科
赤峰宝山中医医院	二级甲等	200	194	194	6.19	5760	市级专科:中医脾胃病科
赤峰松山中蒙医院	二级甲等	160	183	156	6.92	5020	市级专科:针灸推拿科
赤峰市第二蒙医中医医院	二级甲等	170	355	302	9.03	4492	市级专科:中医糖尿病科、中医肛肠科
阿鲁科尔沁旗蒙医医院	二级甲等	120	109	103	5.40	923	市级专科:蒙医骨伤科
巴林右旗蒙医医院	二级甲等	130	147	135	6.06	2601	市级专科:蒙医心病科、蒙医脑病科
林西县中蒙医院	二级甲等	160	175	159	12.05	4761	市级专科:中医心脑病科
克什克腾旗蒙医中医医院	二级甲等	318	358	283	10.62	7191	国家级专科:蒙医疗术科;市级专科:中医脑病科
翁牛特旗中蒙医院	二级甲等	245	238	203	7.96	7033	市级专科:中医儿科、中医皮肤病科、中医骨伤科
敖汉旗中蒙医院	二级甲等	540	337	250	12.45	14490	市级专科:中医肾病科
喀喇沁旗中蒙医院	二级乙等	120	102	86	4.05	4974	市级专科:中医糖尿病科

乡村级医疗机构　1991年，全市有乡镇苏木卫生院253个，其中中心卫生院61个，共有病床3989张。通过集体办、乡医联办、乡医承包、卫生院设点等形式设村级卫生室3037个。2001年后，根据赤峰市卫生局、赤峰市计划委员会等五部门下发的《关于加强合乡建镇后卫生院管理的意见》要求，重点对11个旗县区（红山区除外）的乡镇苏木中心卫生院设置进行调整，调整后的中心卫生院74个。其中阿鲁科尔沁旗7个，巴林左旗6个，巴林右旗6个，克什克腾旗7个，林西县4个，翁牛特旗8个，宁城县10个，敖汉旗10个，喀喇沁旗6个，元宝山区2个，松山区8个。至2014年，全市乡镇苏木卫生院241个，其中中心卫生院110个。包括阿鲁科尔沁旗10个，巴林左旗8个，巴林右旗7个，克什克腾旗12个，林西县7个，翁牛特旗11个，宁城县13个，敖汉旗15个，喀喇沁旗7个，元宝山区5个，松山区14个，红山区1个。共有病床4855张。有乡村一体化管理的卫生室3361个。

城镇社区服务医疗机构　1998年8月，赤峰市在红山区启动社区服务试点工作，至1999年7月，红山区设立8个试点社区卫生服务站。至2001年9月，社区服务机构逐步扩展，松山区增加社区卫生服务中心7个，元宝山区增加社区卫生服务站2个。至2014年，全市有基层社区卫生服务站（中心）114个，其中社区卫生服务站80个，社区卫生服务中心34个。全市12个旗县区中，红山区、元宝山区、松山区共有社区卫生服务站46个、社区卫生服务中心21个，以红山区最多，社区卫生服务站39个、社区卫生服务中心8个；其他9个旗县47个，分别为社区卫生服务站34个、社区卫生服务中心13个。为方便群众就医，赤峰市医院、赤峰学院附属医院、赤峰市蒙医中医医院、赤峰市第二蒙医中医医院在赤峰城区设立社区门诊、服务中心（站）11个。全市社区服务医疗机构主要从事基础医疗、康复理疗等医疗服务项目，有病床666张。

厂矿企业医疗机构　1991年，全市厂矿企业设有医疗机构307个，其中医院20个，门诊部、卫生所287个，设病床1525张。规模较大的医院有平庄矿务局总医院、元宝山发电厂职工医院等。1993年，经市卫生局批准，赤峰市第二毛纺织厂职工诊所扩建为赤峰第二毛纺织厂职工医院，同年成立赤峰热电厂职工医院。2000年7月，平庄矿务局总医院更名为平庄煤业（集团）有限责任公司总医院。2004年，赤峰市卫生局批准成立赤峰医药集团职工医院、赤峰制药集团职工医院。2004年后，因企业改革转制，全市厂矿企业医院大多关停并转、人员分流，赤峰第二毛纺织厂职工医院、赤峰热电厂职工医院、赤峰制药集团职工医院撤销；赤峰医药集团职工医院更名为赤峰荣济堂医药有限公司医院；其他企业医院相继改建成卫生所和医务室，企业医院逐渐减少。2005年，平庄煤业（集团）有限责任公司总医院更名为平庄矿区医疗集团总医院，改制为国有控股的股份制医院，对平庄煤业（集团）有限责任公司下属国有煤矿医院进行业务指导。至2014年，全市共有厂矿企业医疗机构126个，其中二级甲等综合医院1个，为平庄矿区医疗集团总医院；一级医院8个，为平庄煤业（集团）有限责任公司下属国有煤矿医院6个，赤峰荣济堂医药有限公司医院、元宝山发电厂职工医院2个，共有床位

885张。有卫生所和医务室117个。

驻军医院　1991年后,赤峰市驻军医院只有中国人民解放军沈阳军区赤峰220医院。该院于1969年11月由辽宁省丹东市迁至赤峰,院址位于红山区北环路6号。1998年,220医院在精简调整中被撤销,赤峰市邮政局买断设备,220医院留下70余名医务人员有偿支持市邮政局开办医院。2000年3月15日,医院重新恢复部队编制,更名为234医院赤峰分院,对外称沈阳军区医院赤峰分院,当地仍习惯称220医院,为二级甲等医院。是赤峰市城镇职工基本医疗保险定点医院,赤峰市人寿保险公司定点医院,中华慈善总会唇腭裂免费手术定点医院,沈阳军区辽西地区烧伤整形中心,全军肿瘤放射治疗赤峰协作中心,空军总医院伽马刀赤峰培训基地,北京放疗分会肿瘤专家会诊中心。至2014年,医院有卫生技术人员295人,床位450张,有伽马刀、核磁共振、DSA等较先进的医疗设备,开设20多个专业科室。其中烧伤整形医学美容科、肿瘤综合科、皮肤科、骨科为院内重点专科,在烧伤、唇腭裂修补、骨科等医疗技术中有较丰富的诊疗经验。年接诊病人12万人次,其中先后为地方医治烧伤1000余人次,肿瘤1200余人次,唇腭裂修补近200人次,骨科2000余人次。2007年12月,该院被民政部评为全国拥政爱民模范单位;1992—2012年,先后5次被自治区人民政府评为拥政爱民模范单位;2014年,被国务院授予全国民族团结进步模范集体称号。

二、民营医院

赤峰市的民营医院建设起步较晚,2000年后逐步发展起来,主要分布在赤峰城区。2001年4月,成立首家赤峰仁济肿瘤医院;2002年10月,成立赤峰广慈医院;2005年7月,成立赤峰朝聚眼科医院;2006年,成立阿鲁科尔沁旗同济医院;2007年,成立赤峰康华皮肤病医院;2009年,成立赤峰都市肛肠医院;2010年,成立赤峰现代妇产医院、赤峰阳光泌尿专科医院;2011年9月,由赤峰维康生化制药有限公司投资兴建的赤峰上京内分泌专科医院成立。至2014年末,全市共有一级及以上民营医院48个,全部为专科医院。其中三级民营医院2个,分别是赤峰康华皮肤病医院和赤峰朝聚眼科医院,分布于红山区;二级民营医院6个,主要有分布于红山区的赤峰仁济肿瘤医院、赤峰都市肛肠医院、赤峰现代妇产医院、赤峰上京内分泌专科医院,分布于松山区的赤峰阳光泌尿专科医院和阿鲁科尔沁旗同济医院;一级民营医院40个,分布于红山区13个,松山区5个,元宝山区6个,巴林左旗4个,巴林右旗1个,林西县2个,喀喇沁旗1个,宁城县2个,敖汉旗6个。二级及以上民营医院开设病床1180张。

三、个体诊所(室、部)

1991年,全市有个体诊所313个,随着允许个体办医政策在医疗改革中的深入,诊所数量逐步增多。至2014年,全市有诊所、卫生所、医务室、门诊部648个。其中红山区229个,松山区62个,元宝山区74个,阿鲁科尔沁旗37个,巴林左旗21个,巴林右旗45个,林西县15个,克什克腾旗37个,翁牛特旗10个,喀喇沁旗52个,宁城县42个,敖汉旗24个,近60%分布于赤峰市区。主要开展中医、西医、中西医结合普通与基础诊疗服务。

四、重点医院简介

赤峰市医院　赤峰市医院位于红山区昭乌达路中段1号,始建于1951年。是赤峰市历史最久、功能最全、诊断能力最强,集医疗、急救、科研、教学、康复和预防保健为一体的大型三级甲等综合医院,是内蒙古东部地区区域医疗中心、卫生部国际紧急救援中心网络医院、卫生部医院信息化建设试点医院、内蒙古医科大学赤峰临床医学院。2014年,赤峰市医院病房楼、门诊楼共14.04万平方米,设置64个临床科室和医技科室、45个病区,开放病床2000张。全院有职工2045人,卫生技术人员1484人,其中中高级职称卫技人员373人,有主任医师102人、副主任医师115人、主治医师156人。有万元以上医疗设备2642台(件),其中50万元以上医疗设备119台(件),100万元以上医疗设备55台(件),千万元以上医疗设备7台(件)。

该院专业分类齐全,技术力量雄厚。麻醉科为自治区重点学科,心内科、神经内科、肿瘤内科、泌尿外科、骨科、神经外科、血管外科、影像医学专业、内分泌科、重症医学科、儿科为医院重点学科。医院每年开展新技术数十项,微创治疗已成为各科室的普及项目,心内科介入治疗每年平均完成1300余例,先天性心脏病介入治疗在国内处于先进水平;麻醉科在科研、教学、临床麻醉、疼痛治疗等方面在自治区处优势地位,连续两届被自治区卫生厅评为临床医学重点学科。至2014年,先后开展新技术911项,特别是肾脏、肝脏移植手术的开展填补了赤峰市乃至自治区的技术空白,达到国内先进、自治区领先水平。全院年门诊量达87万多人次,收治住院病人5.9万多人次,完成手术1.8万例。2006—2014年,医院科研成果69项,其中获自治区科技进步奖4项,自治区医学会科学技术奖3项,赤峰市科技进步奖49项,赤峰市中青年科技创新奖2项,通过科研项目成果鉴定11项。有6项达到国内先进水平,5项填补自治区空白。医务人员发表学术论文800余篇,其中国家级刊发100余篇,省级刊发700余篇。

赤峰学院附属医院　赤峰学院附属医院前身为赤峰市卫生学校附属医院,位于红山区园林路东三段4号,始建于1980年。2004年,赤峰市卫生学校附属医院划归赤峰学院管理,更名为赤峰学院附属医院。是一所集医疗、教学、科研、康复和预防保健于一体的大型三级综合医院,是内蒙古自治区普通高等医学教育临床教学基地、内蒙古自治区全科医生临床培训基地。2007年,晋升为三级乙等医院。2013年8月,赤峰学院附属医院迁址赤峰新城区王府大街。2014年,赤峰学院附属医院总建筑面积23.5万平方米,设置59个临床及医技科室、60个病区,开放病床1970张。全院有职工2092人,卫生技术人员1647人,其中有主任医师91人,副主任医师138人,主治医师214人。有万元以上医疗设备2000余台(件),其中千万元以上医疗设备8台(件)。

该院泌尿外科是国家临床重点建设专科;泌尿外科、心血管内科、口腔修复正畸科是自治区临床医学重点学科;院内口腔学科群、妇儿学科群、心脑血管学科群、肿瘤学科群、呼吸内科、胸外科、检验科、病理科等学科，处于赤峰市同行业领先地位。医院先后开展医疗新技术322项，其中肿瘤外科索拉非尼联合介入治疗及放射性粒子植入治疗肝癌、乳房再造技术、口腔修复科牙种植技术、心内科先心病介入封堵术等多项技术达到国内先进水平。2014年，全院年门诊量达61万多人次，收治住院病人5.5万多人次，完成手术1.7万例。2003—2014年，医院科研成果50项，其中获自治区科技进步奖3项，自治区医学会科学技术奖13项，赤峰市科技进步奖34项。医务人员发表学术论文1104篇，其中国家级刊发782篇，省级刊发312篇。

赤峰市第二医院　赤峰市第二医院原名红山区医院，位于红山区长青街中段路北1号，始建于1955年。1994年后，改称赤峰市第二医院，是内蒙古民族大学第三临床医学院，也是北京大学第一协作医院、北京大学临床肿瘤医院介入治疗中心协作医院、赤峰市眼病防治中心、医院信息化建设质控中心。2009年，晋升为三级综合医院。2014年，医院建筑面积7.5万平方米，开放床位1061张，有职工1014人，卫生技术人员910人，其中中高级职称卫技人员180人，有主任医师51人，副主任医师72人，主治医师57人。有万元以上医疗设备645台(件)，其中100万元以上医疗设备18台(件)。医院设56个临床科室和医技科室，其中眼科、骨科、神经内科、心内科、肾内科为医院重点专科。眼科始终处于赤峰市领先地位。

至2014年，医院开展新技术762项。其中成功开展断指、断臂再植术、拇指再造术、吻合血管的肌皮瓣移植术、肾移植、角膜移植、干细胞移植等高难复杂手术。心内科冠状动脉球囊扩张成形术及冠状动脉支架植入治疗、眼科眼底视网膜光凝技术、透明角膜切口下折叠式晶体在白内障治疗临床应用技术、妇科保留子宫血管阴式子宫全切术等医疗技术达到了自治区领先水平。全院年门诊量26万多人次，收治住院病人2.6万多人次，完成手术7700多例。1995—2014年，该院医疗技术成果获得自治区、赤峰市科技进步奖37项，其中自治区科技进步奖4项，赤峰市科技进步奖33项；医务人员在国家级、省级杂志上发表医学论文300余篇。

赤峰市蒙医中医医院　赤峰市蒙医中医医院原名赤峰市中蒙医院，位于红山区哈达街东段，始建于1990年。是以蒙医中医、西医相结合为医疗特色的民族医院，也是北京中医药大学东直门医院的赤峰合作医院、内蒙古医学院蒙医学院临床实习基地、赤峰市蒙中医研究所、赤峰市肾病研究中心。1996年10月，被自治区卫生厅评为二级甲等医院。2009年，院址迁入红山区园林路南段赤峰市教育局旧址。2011年，赤峰市中蒙医院建筑面积达到13060平方米，同年，赤峰市中蒙医院更名为赤峰市蒙医中医医院。2014年，开放床位260张，有职工243人，卫生技术人员160人，其中中高级执业医师96人。该院有高新技术的无痛无损伤碎石机、多功能微波治疗机、多功能肛肠治疗仪等多种康复和诊疗设备200余台(件)。医院开设6个病区14个临床科室，中医肾病科为国家级重点建设专科，蒙医疗术科被列为赤峰市重点示范专科，中医脑病科被列为赤峰市重点培育专科。全院年门诊量5万多人次，收治住院病人2000多人次，完成手术400多例。1998—2014年，医院先后引进中药熥敷、针刀、浮针、内热针、割刀治疗等10多种医疗新技术。研制开发疗效显著的制剂80余个品种，具有丸、散、膏、丹、口服液等多种剂型，部分制剂已被列为科研和推广项目。至2014年，先后编辑出版《珍珠本草》《中药材外观鉴别手册》《简明蒙医手册》《蒙医传统疗术》《蒙医三素理论分月经周期分期的临床研究和应用》论著，其中《珍珠本草》《蒙医三素理论分月经周期分期的临床研究和应用》分获自治区科技进步奖和赤峰市科技进步三等奖。

第二节　医疗队伍

1991年，全市有医疗卫生技术人员10223人，其中医师3274人，药师、检验师484人，其他卫生技术人员6465人。分布各类医院医疗卫生技术人员5573人，有医师1802人，药师、检验师344人，其他卫生技术人员3427人。分布旗县区基层医疗机构卫生技术人员4650人，有医师1472人，药师、检验师140人，其他卫生技术人员3038人。其中基层卫生院医疗卫生技术人员3292人，有医师1021人，药师、检验师107人，其他卫生技术人员2164人；门诊部、所及医务室医疗卫生技术人员1358人，有医师451人，药师、检验师33人，其他卫生技术人员874人。1998年6月，根据《中华人民共和国执业医师法》规定，未经医师注册取得执业证书，不得从事医师执业活动。1999年7月，卫生部发布《医师资格考试办法》后，医师资格考试实行国家统一考试，每年举行一次，经考试成绩合格，授予执业医师或执业助理医师资格。至2002年，全市有卫生技术人员12166人，其中经考试获得“医师资格证书”的执业医师4361人，执业助理医师1114人。2005年后，赤峰市新一轮撤乡并镇工作开始后，各地区努力保持基层医疗队伍稳定和发展。全市基层卫生院医疗卫生技术人员4357人，其中执业医师1338人，分别比1991年增加1065人和317人。各类医院医疗卫生技术人员也逐步增加，有医疗卫生技术人员7442人，其中执业医师2863人。至2014年，全市有医疗卫生技术人员24398人，其中执业医师7896人，药师、检验师2419人，其他卫生技术人员14083人。分布各类医院卫生技术人员16460人，有执业医师4926人，药师、检验师1468人，其他卫生技术人员10066人。分布旗县区基层医疗机构卫生技术人员7938人，有执业医师2970人，药师、检验师951人，其他卫生技术人员4017人。其中基层卫生院医疗卫生技术人员4295人，有执业医师1308人，药师、检验师525人，其他卫生技术人员2462人；村级卫生室医疗卫生技术人员869人，有执业医师371人，其他卫生技术人员498人；社区卫生服务中心（站）医疗卫生技术人员1011人，有执业医师395人，药师、检验师111人，其他卫生技术人员505人；诊所、卫生所、医务室医疗卫生技术人员1763人，有执业医师896人，药师、检验师315人，其他卫生技术人员552人。

第三节　医疗技术

一、西医

1990年以前,赤峰市医院、赤峰卫校附属医院等医院均设有内科、消化血液内分泌内科、急诊科、儿科、神经外科、泌尿外科、骨外科、普外科、心胸外科、肿瘤外科、皮肤科、妇科、耳鼻喉科、口腔科、眼科等医疗科室,有放射科、功检科、检验科、药剂科、理疗康复科、病理科、腔镜室等医技科室,赤峰市医院设有CT室。主要开展小脑深部肿瘤切除、肝星状破裂右半肝不规则切除、脾切除术、胆囊及胆道手术、左右半结肠切除手术、膀胱再生术、断指再植、腹膜外子宫切除、全喉摘除、角膜移植、心脏换瓣、宫颈切除术、显微输卵管复通术、二氧化碳激光治疗各种色素瘤痣、皮肤良性肿瘤切除术等医疗技术。1991年后,赤峰市医院增加耳鼻喉科、肛肠科,普外科分为普外一科、二科,增加微波医疗室、高压氧、核磁、介入科医技科室;赤峰卫校附属医院内科分为内一科、内二科,外科分为外一科、外二科,增设神经内科,增加CT、高压氧医技科室;红山区等其他主要医院也增加神经内科、心内科、肾内科、重症医学科、老干部科等医疗科室。主要开展血液灌流及血液透析技术,肺心病早期诊断和慢性阻塞性呼吸肌疲劳系列治疗技术,高血压脑出血微创术,中下段直肠癌切除术,结肠拉出肛门外吻合术,下咽癌行全喉、全下咽、全食道切除术及骨代食管术,肝癌半肝、胰、十二指肠切除术,左颞开颅三叉神经纤维瘤切除术等医疗技术。1992年,红山区医院眼科在赤峰地区开设第一家斜弱视门诊,使斜弱视患者得到及时有效治疗;1994年,赤峰市第二医院心内科成功抢救一名心跳呼吸停止95分钟的患者;1995年后,眼科年门诊量达到1.5万人次以上,年完成手术1000余例,获赤峰市科技成果奖10余项。赤峰市第二医院率先在自治区开展腹腔镜手术,至2003年,普外科、妇科应用腹腔镜微创技术已完成胆囊切除、小儿疝修补、胃穿孔修补、肝囊肿切除、肾上腺肿物切除、子宫次全切除、输卵管卵巢囊肿切除术等4000余例。1998—2005年,赤峰市医院增加肾内科、神经内科、心内科、呼吸内科、内分泌科、消化内科、血液内科,普外二科改为肝胆外科,成立烧伤整形美容科、老年病科、风湿免疫门诊;赤峰卫校附属医院增设口腔颌面外科、颜面颈部整形外科和胸外科。1998年,首例肾移植手术在赤峰市医院获得成功;当年赤峰市医院建立ICU室,开展冠状动脉搭桥术后的监护、严重胸外伤合并ADRS的呼吸机治疗的项目;2000年后,烧伤整形美容科救治烧伤总面积96%的重度烧伤患者;开展创伤美容治疗、面部除皱、鼻整形、隆胸、巨乳缩小、妇科整形美容等。2002年,赤峰卫校附属医院增加神经内科和ICU室;2003年,赤峰学院附属医院外一科分为普外一、普外二,设泌尿外科、心胸外科。2002—2005年,赤峰市医院肝胆外科开展腹腔镜胆囊切除术、腹腔镜阑尾切除术、腹腔镜肝血管瘤切除术、肝尾状叶切除术;风湿免疫门诊开展关节腔穿刺技术、关节腔内注射得宝松治疗类风湿关节炎及骨性关节炎。2004年,赤峰学院附属医院口腔外科口内入路颏部截骨成形术矫治颏后缩畸形和口内入路下颌角截骨术治疗下颌角肥大畸形技术位于自治区领先地位，泌尿外科完成首例重复肾上肾积水的上肾及输尿管切除术，心胸外科在自治区率先开展电视胸腔镜微创手术取得良好效果；2005年，泌尿外科成功开展院内第一例同种异体肾移植术。

2006年后，赤峰市医院增加感染性疾病科、预防保健科、新生儿科、小儿外科、康复医学科、疼痛科、临床心理门诊、核医学科，主要开展冠心病介入诊疗、起搏器植入诊疗、射频消融介入诊疗、先天性心脏病介入诊疗。赤峰学院附属医院医疗科室将内科系统分为神经内一科、神经内二科、心内科、呼吸内科、血液消化内科、内分泌科、肾内科7个专业科室，将外科系统分为骨外一科、骨外二科、普通外科、心胸外科、血管外科、重症监护室（ICU）、泌尿外科、肿瘤外科、神经外科等，将口腔科分为口腔颌面外科、口腔修复科、口腔正畸科，成立口腔预防保健科、妇产一科、妇产二科、肿瘤内科、呼吸内科、风湿免疫科、血液科、消化内科等。该院口腔修复正畸科是自治区重点学科，也是赤峰市牙病防治中心，规模和技术水平在赤峰市一直处于领先地位，其中直丝弓矫治、高频铸造、烤瓷、牙种植、舌再造和复杂性颌面外科手术已达自治区先进行列；泌尿外科同种异体肾移植术、绿激光切除增生前列腺及膀胱肿瘤手术、经皮肾镜超声气压弹道混合动力碎石术、腔镜手术均达到自治区先进水平；心血管外科在赤峰市率先开展颈动脉瘤切除自体血管原位移植术，自主创新的改良激光技术治疗大隐静脉曲张处于国内先进水平；神经内科对各种脑血管疾病的诊治均处于赤峰市领先水平，其中《赤峰地区脑血管病危险因素分析及防治对策》获赤峰市科技进步一等奖。2010年，赤峰市医院泌尿外科开展自治区首例女性假两性畸形女性化手术；血管外科开展复杂腹主动脉瘤—双髂动脉瘤覆膜支架植入术，肺动脉导管留置溶栓术治疗肺动脉栓塞，下肢动脉硬化长段闭塞血栓行股动脉切开取栓、球囊扩张、支架置入杂交手术，处于自治区领先地位。2011年，赤峰市医院、赤峰学院附属医院、赤峰市第二医院、赤峰朝聚眼科医院、巴林左旗医院开展白内障超声乳化技术，赤峰市第二医院、赤峰朝聚眼科医院开展准分子激光屈光性角膜手术。同年，赤峰市医院开展了肝脏移植、肾脏移植和心脏移植，开展两例心脏死亡器官捐献移植，1名患者在该院成功地完成肾脏移植手术，其余供体在北京等地为4名患者实施肾脏、肝脏移植手术，这些技术填补了赤峰市乃至自治区空白。赤峰市医院成为心脏死亡捐献器官移植试点单位之一。2013年，赤峰市医院、赤峰市第二医院、赤峰学院附属医院、宁城县医院开展人工髋关节置换技术、输尿管镜诊疗技术；赤峰宝山医院、翁牛特旗医院开展初次人工髋关节置换技术；赤峰市传染病防治医院开展肿瘤消融治疗技术；赤峰市医院开展放射性粒子植入治疗技术；赤峰市医院、赤峰学院附属医院、赤峰宝山医院开展肿瘤深部热疗和全身热疗技术。同年，赤峰市医院儿科率先在自治区开展小儿支气管镜的检查治疗，完成新生儿至15岁儿童支气管镜介入下的三、四级呼吸内镜诊疗技术，此技术填补了自治区空白。

2014年，赤峰市医院、赤峰学院附属医院、赤峰市第二医院、赤峰宝山医院、赤峰市宁城县中心医院、林西县医院开展呼吸内镜诊疗技术;林西县医院在本地及周边地区率先开展腹腔镜胆囊切除术、子宫切除术、输尿管切开取石术、前列腺汽化电切术、宫腔镜子宫内膜切除术等微创手术。二级以上医院均开展四级呼吸内镜诊疗技术、口腔种植技术、内镜逆行胰胆管造影诊疗技术、神经血管介入诊疗技术、三级外周血管介入诊疗技术、三级呼吸内镜诊疗技术、四级消化内镜诊疗技术、四级普通外科内镜诊疗技术、三级脊柱内镜诊疗技术、四级泌尿外科内镜诊疗技术、四级胸外科内镜诊疗技术、四级妇科腹腔镜诊疗技术、儿科内镜诊疗技术、四级鼻科内镜诊疗技术、四级咽喉科内镜诊疗技术等新医疗技术。同年,赤峰市医院开展新技术 42 项。其中心胸外科的胸主动脉夹层覆膜支架腔内隔绝术并左锁骨下动脉“烟囱”支架植入术在自治区领先,胸主动脉夹层覆膜支架腔内隔绝术并左锁骨下动脉弹簧圈封堵术在赤峰市领先,腹主动脉下段、双髂动脉硬化狭窄行双髂动脉支架“对吻”植入术在自治区领先,布加综合征下腔静脉支架置入术、右锁骨下静脉血栓上腔静脉临时滤器置入、取出术在自治区领先;神经外科的脑室镜下颅内肿瘤切除、颅内动脉瘤夹闭术、经单鼻孔蝶窦入路垂体瘤切除术;泌尿外科的经皮肾镜钬激光治疗输尿管狭窄术;骨科的膝关节重度外翻畸形、限制型人工关节置换术;相关科室联合开展的腰椎转移瘤椎体成形术、肺转移瘤 CT 下射频消融术、急性基底动脉栓塞选择性动脉溶栓术、CT 引导下肝癌射频消融治疗术、肾脏、肝脏移植术等医疗技术处于赤峰市乃至自治区领先水平。通过赤峰市科技成果鉴定的国内领先技术项目 6 项,其中有 5 项成果填补自治区空白。赤峰学院附属医院开展的 5 项新技术达到赤峰市先进水平。2014 年末,全市三级以上综合医院临床医疗科室大都增加到 30 个以上,其中赤峰市医院 44 个,赤峰学院附属医院 41 个,赤峰市第二医院 41 个,赤峰市宁城县中心医院 37 个;医技科室赤峰市医院 20 个,赤峰学院附属医院 18 个,赤峰市第二医院 15 个,赤峰市宁城县中心医院 11 个,林西县医院 11 个。其他二级综合医院医疗科室均在 15 个以上,医技科室 10 个以上。全市二级以上综合医院有卫生技术人员 10062 人,其中执业医师 3676 人。年诊疗 427.34 万人次,出院患者 36.65 万人次。

二、蒙医、中医

蒙中医医院科室建设　1991 年,市、旗县区蒙医院、中蒙医院、中医院的中医设内科、外科、妇科、儿科、骨外科、肛肠科、皮肤科、消化科、肝病科、心脑血管病科;蒙医设骨伤科、肛肠科、妇产科;西医设内科、外科、口腔科、眼科、耳鼻咽喉科、美容科、麻醉科;医技科室设检验科、胃镜室、心电图室、B 超室、X 光室等。1992—2003 年,增设中医肾病科、针灸科、推拿科、哮喘病科、甲状腺病科、小针刀科、康复科;增设蒙医内科、消化病科、肝胆病科、五疗科;增设西医糖尿病科、肿瘤科、神经内科;医技科室增设放射科、CT 室、内窥镜室、光量子血疗室。2004—2014 年,增设中医肺病科、神志病科、疼痛科;增设蒙医风湿骨病科、心身医学科、脑病科;增设西医急诊科、重症医学科、血液透析室、高压氧舱室、核磁共振室。中医诊疗科室总数达到 21 个,蒙医达到 11 个,医技科室比较齐全,达到10个。

蒙中医特色重点专科(学科)　2007年始,全市各蒙医中医医院大力开展蒙医中医重点专科建设。至2013年,先后建成国家级、市级重点专科27个。

国家级重点专科(学科)。2008年,赤峰市中蒙医院中医肾病科被列入国家中医药管理局“十一五”重点专科。2012年,克什克腾旗蒙医中医医院蒙医疗术科被列入国家中医药管理局“十二五”重点专科,宁城县蒙医中医医院中医神志病科被列入国家中医药管理局重点学科。

市级重点专科。2013年,经专家评估,市卫生局确定赤峰市蒙医中医医院蒙医疗术科等24个重点专科。其中重点示范专科4个,分别是赤峰市蒙医中医医院蒙医疗术科、巴林左旗蒙医中医医院中医针灸推拿科、克什克腾旗蒙医中医医院中医脑病科、赤峰红山中医院中医糖尿病科;重点建设专科10个,分别是阿鲁科尔沁旗中医医院中医肺病科与中医心血管病科、巴林左旗蒙医中医医院蒙医内分泌科与中医脑病科、巴林右旗蒙医医院蒙医心病科、翁牛特旗中蒙医院中医骨伤科、翁牛特旗中蒙医院中医儿科、宁城县蒙医中医医院中医康复科、敖汉旗中蒙医院中医肾病科、赤峰红山中医院中医肛肠科;重点培育专科10个,分别是赤峰市蒙医中医医院中医脑病科、阿鲁科尔沁旗蒙医医院蒙医骨伤科、阿鲁科尔沁旗中医医院中医儿科、巴林右旗蒙医医院蒙医脑病科、林西县中蒙医院中医心脑病科、翁牛特旗中蒙医院中医皮肤科、喀喇沁旗中蒙医院中医糖尿病科、宁城县蒙医中医医院中医脑病科、赤峰宝山中医院中医脾胃病科、赤峰松山中蒙医院中医针灸推拿科。

蒙中医技术　1991年,随着医学技术进步,全市蒙中医技术向重点专科建设及专病医疗方向发展。1995年,赤峰市中蒙医院确定2个重点中蒙医专科,2个二级专业组,6个专病组和专病诊室,1个责任制护理病区,2个辨证施护病种。该院开展“全髋关节人工置换术”,全年手术7例,是赤峰市同期各医院该类手术的总和,成功率100%,还开展股骨头坏死肌骨瓣移植术,中蒙药治疗不孕症、盆腔炎;1996年10月,康复疼痛科在赤峰地区率先从辽宁中医学院附属医院引进踩跷技术,治疗腰椎间盘突出症;1997年,肾病科引进“肾炎灵”系列药物,效果良好;1998年,市蒙医研究所研制开发专科制剂,多肾胶囊等投入临床使用。2000年,康复疼痛科在赤峰地区率先从北京空军总医院引进熥敷中药,治疗颈椎病、腰椎间盘突出症、膝关节骨病、肩周炎、风湿性关节炎。2004年后,巴林左旗蒙医中医医院针灸推拿科开放床位30张,病床使用率常年保持在90%左右;有中风、颈肩腰腿痛、风湿病和杂病诊疗区、门诊治疗室、针灸推拿治疗室、中草药熏蒸室、物理治疗室,拥有中草药熏蒸仪、电动颈腰椎牵引床、六合治疗仪、风湿治疗仪、骨质增生治疗仪、电麻仪、微波及高中低频治疗仪等设备。巴林右旗蒙医医院有心血管病专科、脑病专科、蒙医外科、传统疗术科、康复科等5个特色专科,有癫痫病、眩晕症、心悸症、小儿消化不良症、湿疹病、尿潴留病等18个专病门诊;采用蒙西医结合治疗脑血管病后遗症、眩晕症、癫痫、面神经麻痹、冠心病、心律失常、慢性胃炎、胃十二指肠溃疡、结肠炎、慢性胆囊炎、小儿消化不良、支气管哮喘、功能性子宫出血、痤疮、湿疹、颈椎病、腰椎间盘突出症、肩周炎、骨与关节损伤等病症,取得较好疗效。赤峰红山中医院糖尿病科是赤峰市重点示范专科,采用中药熏蒸、穴位注射、针灸治疗周围神经病变,中药调理糖尿病心脏支架术后机体功能,已成为赤峰市诊疗糖尿病临床基地。2006年后,赤峰学院附属医院理疗科开展中药外敷治疗哺乳期急性乳腺炎,取得良好治疗效果。2009年,赤峰市中蒙医院蒙医内科分成蒙医内科、蒙医疗术科两个以蒙医为特色的综合性科室,尤其是蒙医疗术对颈椎病、中风半身不遂、腰椎病、膝关节骨质增生、头痛、各种骨关节疾病有较好疗效。

2013—2014年,赤峰市蒙医中医医院新建康复医学科,先后从北京中医药大学东直门医院引进套管针治疗技术,一次性使用浮针在非病痛区域的浅筋膜层进行扫散手法的针刺疗法,对屈指肌腱狭窄性腱鞘炎"扳机指"的推割刀治疗技术、针对病程较长的慢性软组织疼痛通过内热针的透热治疗技术,对于治疗颈椎病、腰椎间盘突出症、膝关节骨病、肩周炎具有显著疗效。治愈患者295人次,治愈率达90%以上。

2014年,全市60%以上卫生院、社区卫生服务中心建立蒙中医综合服务区,能够开展针灸、推拿、刮痧、药浴、艾灸、拔罐等蒙中医6种以上适宜技术。全市有蒙中医卫生技术人员3175人,其中执业中医、中药师1193人,蒙医、蒙药师251人。全市年诊疗达150万人次,出院患者9.9万人次。

蒙中医药特色制剂(制药) 早在20世纪80年代末,全市先后有阿鲁科尔沁旗蒙医医院、巴林右旗中蒙医院生产蒙药制剂。1991年,全市有阿鲁科尔沁旗蒙医医院、巴林右旗中蒙医院、翁牛特旗中蒙医院3个蒙中医医院生产蒙药中药制剂,制剂品种百余种。至2003年,新增赤峰市中蒙医院、赤峰红山中医院、巴林左旗蒙医中医医院生产制剂,制剂医院由3个增加到6个。至2014年,生产专科制剂达到440种,其中赤峰市中蒙医院研制开发排石1、2、3号和多肾胶囊等专科制剂投入临床使用;肾病科采用肾炎灵1~5号纯中药制剂并配合穴位注射、中药离子导入等,对改善尿毒症、消化系统病症效果显著。巴林右旗蒙医医院建成30万级净化的现代化蒙药制剂室,能配制汤剂、散剂、蜜丸、水丸等4个剂型、120多个品种的蒙成药。赤峰红山中医院建有制剂室,能自行生产中药蜜丸、水丸、散剂、颗粒、片剂、胶囊6个剂型,经自治区药监局审批可以自行生产的特效中药制剂已达25个品种,特别是肛肠科研制出肠炎1号、肠炎2号,治疗急、慢性肠炎,化痔止痛丸治疗痔疮与便秘;中医内科研制出复方海贝散1、2号治疗胃溃疡、浅表性胃炎,降脂活血丸治疗高血脂导致的体虚乏力、胸满胀痛,利胆止痛丸治疗急慢性胆囊炎;外科研制出接骨1、2、3号,分别治疗骨折初期、中期、恢复期,红元丸治疗跌打损伤,骨折初期腰腿痛丸治疗腰椎改变引起的腰痛、腿痛、关节痛,新骨质增生丸、补正续骨丸合用用于治疗各种骨质增生;心血管科研制出起率丸、心安康胶囊、扩冠养心丸1、2号治疗心律不齐、心绞痛;中医妇科研制出异位痛经丸用于治疗痛经、月经不调,生精散、痛经促孕散治疗不孕不育症;西医内科研制出血尿停1、2

号治疗肾炎、膀胱炎、血尿。

赤峰著名蒙医、中医　1999—2011年，赤峰市有金广辉、任素玉等23人被内蒙古自治区卫生厅、人事厅命名为著名蒙医、中医。1994—2008年，赤峰市先后有斯楞、布仁巴雅尔等13人被赤峰市卫生局、人事局命名为赤峰市著名蒙医师，张平可、董松泉等58人被命名为赤峰市著名中医师。

三、中西医结合

1982年，昭盟中西医结合研究会成立，开展中西医结合学术研究工作。1983年后，市医院外科用中西医结合方法治疗胆囊炎、胆石症、阑尾周围脓肿、泌尿系统结石等，可以不做手术还有显著疗效。1990年，全市有中西医结合副主任医师1人、中西医结合主治医师10人。1991年以后，全市各大医院都积极开展中西医结合诊断和治疗，尤其采取中西医结合诊治常见病、多发病、难治病。1998年，《中华人民共和国执业医师法》颁布后，全市先后有13所医院设置中西医结合医疗科室，有中西医结合执业医师16人。赤峰市医院、赤峰市第二医院、赤峰红山中医院、阿鲁科尔沁旗同济医院等积极开展中西医结合诊治，特别是用中西医结合治疗心脑血管病、再生障碍性贫血、月经不调、病毒性肺炎、肛肠病、骨折、中小面积烧伤、血栓闭塞性脉管炎、硬皮病、红斑狼疮等。2004年，赤峰市医院肿瘤内科采用中西医结合开展“龙参颗粒对中晚期胃癌及消化肿瘤的诊疗研究”，其成果通过自治区卫生厅的成果鉴定，于2005年获自治区卫生厅科技进步三等奖，在同领域处国内领先水平，填补自治区空白。赤峰学院附属医院脑病科是以中西医结合为特色治疗神经系统疾病及老年人疾病为主的临床科室，2013—2014年，开展热敏灸技术，对面瘫、膝关节炎、前列腺增生、睡眠障碍、过敏性鼻炎效果良好；督脉灸技术，对各种原因导致脑功能障碍、抑郁症、亚健康状态、某些内科病辅助治疗效果显著；中药经皮透肤技术，对周围血管病及静脉淋巴回流障碍所致下肢浮肿、无力、麻木、沉重、慢性疼痛等，效果明显。至2014年，全市有中西医结合执业（助理）医师217人，其中主任医师7人，副主任医师11人，主治医师19人。年诊疗9.8万人次。

第四节　护　理

20世纪90年代始，赤峰市高度重视护理工作，全市在二级以上医院均设置护理部，并逐步将护理部主任—护士长二级护理体制提升为护理部主任—科护士长—护士长三级护理体制。1994年后，随着《中华人民共和国护士管理办法》的颁布实施，全市护理队伍不断扩大，文化素质、专业化水平不断提高。2014年，全市医疗机构有注册护士9066人，分布于各类医院的有7522人。

一、护理队伍

1991年，全市医疗机构有护理人员2338人，其中护师797人，护士1541人。分布于全市各类医院的有 1870 人,其中护师 710 人,护士 1160 人;分布于旗县区乡镇卫生院、村卫生室、门诊部(所)等基层医疗机构的有 468 人,其中护师 87 人,护士 381 人。1994 年,根据《中华人民共和国护士管理办法》规定,凡申请护士执业者必须通过卫生部统一执业考试,取得“中华人民共和国护士执业证书”,但未经护士执业注册者不得从事护士工作,护士执业考试每年举行一次。护士管理纳入依法管理轨道,全市各级医疗机构不断加强护理队伍建设。1996 年,全市通过考试的 2430 人注册办理护士执业证书。1997 年 1 月 1 日后,未经注册的护士,各医疗单位不为其转正定级和进行护士专业技术职务评审。1998 年 1 月 1 日后,各医疗单位不再录用未取得执业证书的护理人员。2000 年后,全市护理人员文化素质不断提高。至 2008 年末,护理人员中具有大专及以上学历的 2703 人, 其中二级以上医院护士中具有大专及以上学历的达 30%。同年 5 月,国务院颁发的《护士条例》正式实施。7 月,市卫生局下发《关于转发卫生部换发护士执业证书有关事宜的通知》,从 9 月 1 日起,对护理人员换发新执业证书,注册有效期为五年,取得护士资格证书的临床护理人员可申请护士首次注册。至年末,全市医疗机构首次注册护士 3797 人。至 2014 年,全市医疗机构有注册护士 9066 人,比首次注册护士的 2008 年增加 5269 人,分布于各类医院的有 7522 人,分布于旗县区乡镇苏木卫生院、村嘎查卫生室、社区服务中心(站)、诊所(室、部)等基层医疗机构的有 1544 人,其中本科学历 2161 人,攻读研究生 4 人。全市二级以上医疗机构主管护师 892 人,副主任护师 498 人。

二、护理技术

随着医学技术水平提高,赤峰市各医疗单位护理技术水平相应提高。1991 年后,进一步健全各项护理管理制度,建立各级护理人员岗位责任制,严格护理操作规范,执行一人一针一管一用一消毒制度。各医疗单位进行护理“三基”(基础理论、基本知识、基本技能)训练和考核。护理基本技能主要有无菌技术、铺床、口腔护理、床上擦浴、鼻饲、氧气吸入、生命体征测量、口服给药、注射法、静脉输液、灌肠、病人搬运、病人导尿、吸氧、洗胃、保护带应用、心脏复苏等项目,每个项目都有严格的考核标准。在各单位自行考核基础上,市、旗县区卫生局不定期组织多种形式检查。1993 年,为提高护理技术水平, 市卫生局举办全市护理知识竞赛, 赤峰市传染病医院等 6 个代表队获团体奖。至 1999 年, 赤峰市两次参加自治区护理学会组织的护理知识竞赛, 分获集体二等奖。2014 年,赤峰市医院护士马宝新、郭智伟参加全区医院感染知识竞赛,获得第一名。

2002 年后,根据全国统一的《病历书写规范》要求,在参考北京、沈阳和自治区等医院整体护理表格书写经验的基础上,全市进一步统一护理文件书写规范。积极开展护理计划和专科护理。赤峰市医院在介入治疗护理、血液透析护理、大型外科手术前后护理方面积累了丰富的临床经验,先后补充完善静脉输液、肌肉注射、皮内注射、氧气吸入、静脉套管针使用、注射泵的使用、多功能监护仪使用、非同步电除颤、自动洗胃机操作、呼吸机使用10项护理技术操作考核标准。在赤峰市医院专科护理技术引领下，急救护理、重症监护、各监测设备的操作使用、化疗、中小手术前后的护理均被二级以上医院普遍掌握，同时制定心、肺、肝、肾移植等多种疾病的护理计划。县级以上综合医院在危重病房监护、内科、外科、骨科、肾透析等各专科护理上也具备专业技术力量。

至2014年，赤峰市在自治区率先开展了护理技术服务评价，二、三级医院优质示范病房分别达到80%和100%。

第五节 医疗设备与服务

一、医疗设备

20世纪90年代初，全市旗县区医院仅有X线机、黑白B超等设备，只有赤峰市医院拥有CT。1994年，赤峰市医院引进全市第一台核磁共振机、第一台医用高压氧舱，填补全市空白。1995年1月，赤峰市医院购进1台日本产阿洛卡彩色B超并正式接诊。1996—1997年，赤峰市医院购入2台瑞典产血液透析机开展血液透析诊疗，购入1台美国产750型全自动生化分析仪并投入使用。1998年后，各县级以上医院相继引进数字X线摄影机、彩超、CT等设备。2000年后，一级医院逐步普及彩色B超、全自动生化检验仪、X线机，X线机又很快被数字X线摄影机取代；二级医院普及CT、射频消融仪、碎石机、人工心肺机、血液透析机、电子胃镜、特种蛋白分析仪、高压氧舱等，并逐步向64排CT、1.5核磁共振机、C型臂数字减影仪等中高端设备发展；三级综合医院的医用设备向高精尖发展。赤峰市医院先后引进光子发射型电子计算机断层扫描仪、3.0T核磁共振机、X射线计算机断层摄影设备256排CT。基层卫生院购置了X光机、B超、内窥镜、心电图机、半自动生化分析仪等医疗设备。2005年后，赤峰市的大型医用设备管理实施配置许可证制度，使医用设备配置和使用逐步走向正规化和规范化。赤峰学院附属医院先后购进智能平板CT、医用直线加速器、3.0T核磁共振机、256层CT扫描机、德国生产的高清大平板泌尿外科X线诊疗设备和激光前列腺切割与汽化手术设备、美国生产的激光碎石设备、瑞士生产的第三代超声弹道碎石机等先进诊疗设备。至2014年末，全市有X线电子计算机断层扫描装置（CT）45台，医用磁共振成像设备17台，800毫安以上数字减影血管造影机12台，医用直线加速器6台，单光子发射型电子计算机断层扫描仪2台（赤峰市医院和赤峰学院附属医院各1台）。全市医疗机构有万元以上设备12164台（件），价值达24.6亿元，其中各类医院10294台（件），基层卫生院1673台（件），社区卫生服务机构197台（件）。

二、诊疗服务

医院 1991—2014年，为方便群众就医，全市二级以上综合医院门诊实行每周五天半工作制度，星期六上午正常门诊。1999年后，推行病人选择医生、二三级医院双向转诊、住院病人费用清单制等服务措施。赤峰市医院开展预约挂号,实行“一日清单”,设立导诊咨询服务,开展温馨护理,畅通投诉渠道。赤峰市第二医院率先在全市推出了“病人选择医生”方法,开通了住院费用查询系统,为门诊病人建立、保存门诊病历,实行预约挂号服务等;同时还向社会公开了14项承诺和20余项便民措施。2009年后,林西县医院、宁城县医院等医院进一步改善服务环境,增加服务流程,提出多项便民利民措施,实施规范和承诺服务等。至2014年,赤峰学院附属医院、赤峰市医院等医院进行了业务用房扩建和改造,改善病人就诊和住院环境,门诊增设导诊台和导诊员、科室分布图示,公示主治医师以上医生信息及出诊时间,病房配备卫生设施,增设呼叫系统;根据患者业务量和医疗服务精细化要求,医疗科室划分数量不等的病区,特别在心脑血管、神经等部分医疗科室病区内设置重症病房和监护病房,增配必要的医疗设备;各病区实行每天查房制度、不定期会诊制度,对重症患者采取聘请区内外专家会诊,使重症患者及时得到救治。1991年,全市各级医院接诊209万人次,出院6.98万人次。2014年,全市各级医院接诊670万人次,出院50.3万人次。

卫生院(室) 20世纪90年代始,赤峰市以提高乡村医疗服务质量为重点,全面推进基层医疗机构基础服务水平。1995年,全市推行和完善乡村联合办医的卫生服务一体化模式,强化卫生室服务功能。1998年后,为不断满足群众日益增长的医疗卫生需求,在农村牧区基层卫生院加强急诊急救、县乡急救网络,为部分中心卫生院配备救护车;实行院长候诊大厅值周制、医师出诊公示制。为改变病人的就医环境,开辟绿地、建花坛、立雕塑、种花、植树,美化环境,建设花园式卫生院。发展城镇社区卫生服务机构,在试点基础上全市铺开。2002年后,基层卫生院在服务内容上优先发展产科、普通外科、口腔科等医疗业务,在服务方式上变“坐门等”为主动上门;开通产科急救绿色通道,组建产科急救小组,安装急救电话,配备专门救护车,建立健全产科转诊接诊护送制度。至2014年,基层卫生医疗机构服务能力明显增强,全市拥有X光机、B超和心电图机的卫生院分别占70%、84%和83%,拥有半自动生化分析仪、尿液分析仪的卫生院分别占63%和78%;装备血球计数仪、心电监护仪和救护车等先进设备的卫生院占55%。同年,全市乡镇苏木卫生院诊疗达323.96万人次,社区卫生服务医疗机构诊疗达89.38万人次。

三、急救

1991年后,赤峰市二级以上综合医院全部设置急诊科,并配备救护车,每院平均设置10张以上急诊观察床。1998年6月18日,赤峰市成立“120”急救中心,设在赤峰市医院,当时配有少量医务人员和医疗设备。各旗县区二级以上综合医院均成立急救分中心,并增配救护车,开通“120”急救电话。2006年10月,赤峰市“120”急救中心指挥调度系统建成并投入使用。2010年,实现全市统一的“120”急救指挥调度平台,形成统一指挥、分级管理、运转协调、功能完善的县乡两级急诊急救联动网络,在自治区率先实现基层急诊急救网络全覆盖。2014年8月,“120”急救中心指挥调度系统进行升级改造，采用全数字程控调度交换平台，实现“120”有线电话呼入、“120”定点求救、通过排队由值班长抢接或被均衡分配到呼救的受理席，指挥调度救护车辆送往急救医院完成急救任务。赤峰市“120”急救中心还与红山区、松山区和喀喇沁旗联网对接形成二级调度指挥，并与赤峰学院附属医院红山院区、新城院区和赤峰学院第二附属医院形成网络医院，有效地整合全市急救资源，确保急救流程一体化、操作规范化，对急救体系实行标准化管理和质量控制。

至 2014 年末，赤峰市“120”急救中心有 53 名医务人员、9 辆一线救护车辆、3 个调度席位，急救中心设有 3 部普通型“120”专线急救电话。救护车内监护、治疗设备一应俱全，配备急诊急救药品、心电图机、自动呼吸机、心脏除颤仪、按压泵、吸痰器、气管插管、简易呼吸器、多功能监护仪、急救气垫、骨折固定板、铲式担架等急救设备。救护车辆日常实行 24 小时值班负责制，白班任务车 6 辆，夜班任务车 3 辆，随时待命出发到现场抢救。赤峰市“120”急救中心年均受理电话 9700 多次，有效出车 7500 多次，救治病人 6600 多人，转送病人 420 多人，抢救危重病人 1200 多人，三人以上事故 10 多起，两人以上事故 90 多起。全市接收急诊 55.22 万人次，观察收治病人 14.79 万人次。

四、血液供应

1992 年前，全市的临床用血全部采取医疗机构自采自供、有偿献血的方式。按照卫生部《关于暂停生产和使用冻干血液的紧急通知》要求，自 1992 年 3 月 1 日起，全市暂时停止使用和生产冰冻干燥血浆，以避免不能综合利用血液和传染疾病的弊端。赤峰市主要采取有偿采血方式进行临床供血。全市除红山区、松山区、喀喇沁旗外，其他旗县区都建有中心血库，中心血库都是自采自供的模式。

1992 年 5 月，赤峰市红十字中心血站成立。2001 年 4 月，赤峰市红十字中心血站改称赤峰市中心血站，为市卫生局下属科级事业单位。2014 年，赤峰市中心血站内设 11 个科室，有工作人员 97 人，负责赤峰地区采供血工作。

1993 年，依据卫生部发布的《采供血机构和血液管理办法》，赤峰市卫生局下发《关于市区内各医疗单位的临床用血由市红十字中心血站统一供应的通知》。规定从 1993 年 9 月 1 日起，市直属各医院、红山区医院、松山区医院、元宝山区医院、220 医院、平煤医院、沈阳铁路局赤峰医院的临床用血，全部由市红十字中心血站统一供应。1995 年后，元宝山区、敖汉旗、巴林右旗、巴林左旗、翁牛特旗、林西县、宁城县 7 个旗县区中心血库先后改为储血点，仅保留阿鲁科尔沁旗、克什克腾旗中心血库，其余旗县区均由赤峰市红十字中心血站统一供血。同时各医疗单位的输血科除本医院开展的患者自体输血项目、病人亲属及其他公民为特定病人或急救病人提供血液外，其他临床用血的供应一律停止，不再开展采供血业务。

1996 年，为提高医疗机构合理用血和成分输血意识，市卫生局统一规划设置血站、统一管理采供血、统一管理临床用血。同时各医疗机构加强临床输血工作的领导，二级以上医院均成立由院长直接领导的临床输血管理委员会，负责临床输血的技术指导和监督管理，保证临床输血安全。到1997年，全市三级医院成分血使用率达到70%以上，二级医院成分血使用率达到50%以上。1998年10月，《中华人民共和国献血法》颁布实施，从1998年10月至2000年12月，赤峰市以有偿供血为主，约占80%以上。2001—2003年，通过下达任务无偿献血，弥补供血不足。2003年，市卫生局下发《关于推广使用成分血的通知》，在全市推广使用成分血。各医疗机构申请使用全血，由医疗机构向市中心血站预约供血。2004年后，全市供血以自愿无偿献血为主，自愿无偿献血占67.34%，无偿献血满足临床用血达81.07%。为鼓励无偿献血者，按照自治区无偿献血有关规定予以补偿，即献血者及其配偶、直系亲属医疗临床用血时，自献血之日起三个月后，献血者本人五年内医疗临床用血时，无限量免费用血，五年后医疗临床用血时，按照献血量等量免费用血；献血者的配偶、直系亲属五年内医疗临床用血时，按照献血量等量免费用血。献血累计1000毫升以上者，根据临床需要本人终身无限量免费用血；其配偶、直系亲属终身按照献血量等量免费用血。2005年，赤峰市下达无偿献血任务逐渐减少为4%，自愿无偿献血达96%。2006年，取消下达无偿献血任务做法，自愿无偿献血占100%，无偿献血满足临床用血达100%。2006年后，一次献血向多次献血转移，献200毫升向400毫升转移，献全血向献成分血转移，无偿献血由城市向农村牧区延伸。

2006年，市中心血站引进瑞士生产的全自动酶免仪检验设备检测乙肝、丙肝、艾滋病等经血传播疾病项目，降低了输血传播疾病的风险。2009年，引进启用瑞士产全自动血型仪，血液检验手段实现全自动化。市中心血站先后投入100多万元，对实验室、成分室、血库等进行整体改造，充分保证血液检测的准确性和血液安全。成功开展冰冻红细胞项目，使红细胞保存延长到10年，有效地解决Rh阴性血型患者应急供血难的问题。2010—2011年，市中心血站购置使用美国产全自动细胞处理系统，改变过去冰冻Rh(-)红细胞手工加入甘油、手工洗涤去甘油的操作模式，有效保障临床Rh(-)患者用血。成功开展血液滤白监测仪项目，进一步提升了血液安全，减少输血不良反应的发生。实现采血车与血站服务器的实时联网。2012年，为保证临床急救用血，解决潜在供血紧张问题，市卫生局下发《关于在二级以上医院积极开展社会互助献血的通知》，要求全市二级以上医院积极开展"互助献血"(献血者与用血者之间通常具备直接的亲戚、朋友、同事、邻居等关系)工作，确保赤峰临床用血。2013年后，赤峰市不断拓展无偿献血参与面，稳固发展无偿献血队伍。市卫生局与红十字会联合成立无偿献血爱心联盟，全市有赤峰人川大药房等27家单位加入无偿献血爱心联盟，各成员单位献血人数超过5000人。通过对全市28家临床用血单位进行拉网式检查，结果为各医疗机构均无非法采供血情况，临床机构成分用血均达到90%以上。

至2014年，全市无偿献血人数由1998年不足千人次，发展到2014年超过4万人次，其中旗县乡镇采血量占总采血量的50%。1993—2014年，先后有35万人次献血，献血总量达14344.32万毫升，临床救治患者50多万人次。全市供血量由1993年的

124.24 万毫升，提高到 2014 年的 1951.36 万毫升。2006—2013 年，赤峰市连续 8 年被卫生部评为全国无偿献血先进市。

五、对口支援技术协作

1991 年，市医学会先后邀请北京大学第三医院等医院的专家教授到赤峰教学和手术示教，讲学 64 人次，引进设备 12 台(件)，引进技术协作项目 12 项。1992 年，中共中央、国务院召开全国民族工作会议，确定北京市对口支援内蒙古自治区。同年，北京市卫生局、赤峰市政府在北京召开第一届北京市与赤峰市卫生对口支援技术协作协调会议，双方签订《卫生对口支援技术协作意向书》，两地之间开展有组织、有计划的对口支援技术协作活动。1995—1996 年，赤峰市医院先后与北京红十字朝阳医院、北京同仁医院建立协作关系，北京同仁医院帮助赤峰市医院成立验光配镜中心；赤峰卫校附属医院与北京天坛医院脑外科、积水潭医院骨外科建立协作关系；宁城县医院、赤峰市第二医院、第五医院、市中蒙医院、红山区中医院、翁牛特旗医院、巴林左旗医院、宁城县医院等，与北京、天津、辽宁等地建立和发展协作关系。两年到赤峰进行对口支援工作的专家教授 299 人次，接诊 23470 人次，疑难病会诊 426 人次，示教查房 408 次，手术 565 例，学术讲座 68 次，赤峰派往北京进修学习 201 人次，开展新技术、新项目 220 项。1998 年，巴林左旗医院与北京航天部中心医院、北京市朝阳区中医院、北京护国寺中医院、北京中西医结合医院建立协作关系；林西县 13 所卫生院与北京市丰台地区 11 所医院建立对口支援的协作关系；巴林右旗卫生局和北京市通州区卫生局、红十字朝阳医院建立协作关系；赤峰市急救中心与北京市急救中心建立协作关系；市妇幼保健所与北京市海淀区妇幼保健所建立协作关系。全年到赤峰市出诊的北京著名医学专家达 300 多人次，开展讲座 20 多次，引进资金 69 万元，引进设备 99 台(件)，价值人民币 240 万元，安排赤峰医务人员进京学习 150 多人。2000 年，全市 11 个旗县区 50 多个医疗卫生单位与北京 9 个区 60 多个医疗卫生单位建立协作关系。北京各医疗卫生单位专家到赤峰市进行讲学、手术示教达 100 多人次，为赤峰市安排进修学习 100 多人次，引进医疗仪器设备 50 台(件)，价值 180 余万元。2002 年，北京市卫生局和赤峰市政府签订《2002 年北京与赤峰卫生对口支援协议书》，制定《2002—2012 年北京与赤峰卫生对口支援发展规划》。全年北京各医疗卫生单位到赤峰市进行讲学、临床会诊、手术示教及义诊的专家教授达 500 多人次，安排进修人员 90 多人次，支援仪器设备、图书等价值 200 多万元，支援资金 38 万元。2004 年，北京市卫生局和有关医疗单位进一步加大对赤峰市卫生事业发展的支援力度。北京市朝阳区、西城区、海淀区、东城区、密云县、房山区等区县卫生局，北京急救中心、北京疾控中心及北京佑安医院、同仁医院、天坛医院、安贞医院、积水潭医院、宣武医院、友谊医院等知名医疗卫生单位，先后派员到赤峰讲学、指导工作达 500 人次，接受赤峰市临床进修学习 100 多人次，支援的仪器设备共 140 多台(件)，汽车 18 辆，价值 300 多万元，捐赠资金 41.8 万元。2005 年 8 月，赤峰市医院与北京首都医科大学宣武医院、北京首都医科大学朝阳医院举行协作医院挂牌仪式。举行北京安贞医院与赤峰学院附属医院心血管疾病诊疗协作中心揭牌仪式,2009年,北京各有关医疗单位帮助指导赤峰市各级医疗单位开展新技术新项目49项,其中多项填补自治区空白。全年到赤峰进行讲学、临床会诊、手术示教及义诊的专家教授达918人次,开展手术示范2773人次,会诊治疗病人6692人次,安排赤峰市进修人员66人次。同年,在北京召开的京蒙对口支援会议上,确定北京宣武医院、北京妇产医院、北京儿童医院对口支援赤峰市的宁城县医院、喀喇沁旗医院、巴林右旗医院;赤峰市传染病防治医院与中国人民解放军总医院建立协作医院关系。2014年, 赤峰市12个旗县区疾控中心与北京市各区县疾控中心建立对口支援关系,两地社区卫生服务中心“手拉手”对口帮扶单位13家,有近100个乡镇卫生院参与对口支援活动。北京各医疗单位为赤峰市各对口医疗单位在北京举办各类培训班24期,培训人员360多人。全年免费安排接受进修人员205人,派出专家教授赴赤峰开展学术讲座104次,培训医护人员3.58万人次,先后向赤峰市派出医疗卫生专家650多人次,诊疗2.53万人次,开展手术示教1648例,帮助开展新技术新项目21项,培养技术骨干和学科带头人30多人,帮助各医院发展重点学科90多个。全年北京各级各类医疗卫生专家到赤峰开展义诊50多次,惠及群众10万多人次,是多年开展义诊次数最多、规模最大、惠及群众最广的一年。北京各对口支援单位向赤峰市各受援单位捐助设备18台(件),价值872万元。为赤峰市第二医院综合楼建设项目落实帮扶资金380万元, 帮助市传染病防治医院综合病房楼建设项目解决资金1000万元。

1992—2014年20多年间,北京卫生界在人员、技术、管理和物资等方面给予赤峰巨大的支援。通过进修学习、技术指导、学术讨论等形式,为赤峰市培养一大批卫生专业技术人才。北京各医疗卫生单位到赤峰讲学、临床会诊、手术示教及义诊的专家教授累计达6717人次,安排进修人员2443人次,进行讲学的专家教授2450人次,会诊治疗病人17.04万人次,累计引进新技术、新项目600多项。在北京市对口支援下,赤峰有4个学科被评为自治区重点学科,有5个医院晋升为三级医院,有66项科研项目获得赤峰市和自治区科技进步奖。肾移植、干细胞移植、介入治疗、腔镜手术等高难度技术项目在市级医疗单位成功开展,其中多项填补赤峰市乃至自治区空白。

第三章　卫生监督

第一节　机　构

1991年,市及12个旗县区设卫生防疫站,负责全市环境、食品等公共卫生管理。2005年后,撤销卫生防疫站,由赤峰市、红山区、松山区整合成立赤峰市卫生监督所,其他10个旗县区成立县级卫生监督所，分别隶属市、旗县区卫生局。赤峰市职业病防治所监管职业病的监测和防治工作，有卫生技术人员43人。2014年，全市从事卫生监督工作的卫生监督员331人，其中卫生技术人员289人，市直属单位157人，乡镇苏木助理卫生监督员和卫生监督协管员235人，全市每万人配备卫生监督员1.32人。2012年后，食品卫生监督工作划归市食品药品监督管理局。

第二节　环境卫生

一、生活饮用水卫生

1991年，全市城市、农村生活饮用水主要供水方式为市政自来水厂集中式供水、自建设施集中式供水、学校自建设施集中式供水、农村小型集中式供水、分散式供水等。供水类型为地下水源，其中采取集中式供水占全部水源93.1%。市、旗县区卫生防疫部门每年对市自来水公司水源水、出厂水、末梢水和自备水进行水质监测，供水监测率达92%。

1995年，对生活饮用水进行监测，城市供水监测率100%，合格率100%；农村供水监测率99.84%，合格率88.1%。

1997年1月1日，建设部、卫生部发布《生活饮用水卫生监督管理办法》。同年，市建设局与市卫生局联合下发《生活饮用水卫生监督管理办法》，加强对生活饮用水的卫生管理工作。规定集中供水单位必须取得旗县级以上卫生行政部门签发的卫生许可证，城市公共供水企业和自建设施供水企业必须取得自治区建设厅颁发的“城市供水企业资质证书”方可供水。严格执行生活饮用水卫生检验制度，以确保供水水质符合国家卫生标准，保障安全健康。1996—1999年，全市卫生防疫部门监测生活饮用水全项水质分析样品448份，监测合格率城镇100%、农村92.13%。2009年7月23日，赤峰市新城区发生水污染事件，赤峰市疾病预防控制中心立即要求九龙自来水厂停止9号水源井供水，开展管网消毒工作，并成立新城区水污染事件领导小组和流调、检验、采样、报告、信息发布和后勤保障6个专业技术小组，派出专家赴8家定点医疗机构对就诊者开展流行病学调查，严格判定就诊者。为尽快恢复供水，赤峰市卫生局下发《新城区供水系统清洗消毒水质监测方案》，对新城区自来水蓄水池、18个小区供水远端、二次供水出水口、泄水阀等90个监测点余氯进行监测，出具监测报告200余份。至8月9日22时，所有监测点余氯经市疾控中心连续两次水质检测合格，由市政府发布公告恢复供水。

2009年，赤峰市卫生局制定《赤峰市（城镇）供水水质监督检测管理办法》。对城镇、乡镇集中式供水、二次供水和自备水、中小学自备水的监督检测和自检进行明确规定，使卫生监督覆盖城区、农村乡镇。全市城市集中式供水单位13个，农村小型集中式供水590个。自建设施供水单位城区25个，农村795个。

2010年，针对城区高层建筑增加、居民供水多元化的实际，为保证高层建筑供水安全，根据国务院《城市供水条例》《生活饮用水卫生监督管理办法》《二次供水设施卫生规范》等法律法规，市卫生局协调市住建委下发《关于加强高层建筑二次供水监督管理的通知》，对通过蓄水池（水箱）二次提升以及未直接接入市政管网采取变频加压和改变市政供水压力的供水，全部纳入二次供水管理。同时与市住建委共同开展对中心城区二次供水、自备水源的专项检查，共检查单位22家，保证生活用水安全。

2010—2014年，市卫生局卫生监督所每年均定期对全市城区生活饮用水、水源水和末梢水进行监测，供水监测率达96%。其中累计监测样品5621份，合格样品4591份，平均监测合格率82.90%。

至2014年末，全市城市集中式供水单位17个，自建设施供水单位城区3个，农村小型集中式供水1296个，供水监测率98%，监测合格率88.7%。

二、公共场所卫生

1991年后，按照国务院发布的《公共场所卫生监督管理条例》要求，建立公共场所卫生许可证制度，并由市、旗县区防疫站对宾馆旅店业、公共浴池业、化妆品等公共场所进行监督。监督覆盖率达100%，从业人员体检率90.25%。

1996年，全市各类公共场所办证率100%，从业人员体检率98.68%。监督2531户，覆盖率96.27%。其中抽检零售化妆品40份，细菌超标1份，发现假冒伪劣化妆品冲击市场问题较严重。

2000年后，根据卫生部印发的《化妆品生产企业卫生规范》，逐步加强对化妆品经营企业的监管。至2002年，全市专项推进中小旅店、洗浴中心、美容美发等公共场所管理工作。加强对化妆品的日常卫生监督，对特殊用途化妆品进行索证。2003年，全市重点加强旅游景区的旅游宾馆卫生监督力度。

2009年，赤峰市卫生局制定《赤峰市公共用品集中消毒配送单位卫生管理办法》，市、区卫生监督所重点对市区生产不符合卫生规范的小作坊进行整顿。整顿前市区有小作坊近30家，整顿后符合规范备案的6家，其他小作坊进行停业或取缔处理。同年，根据市卫生局《医疗机构消毒管理监督监测工作方案》《公共场所消毒管理监督监测工作方案》要求，在全市开展整治消毒产品违法宣传疗效和添加药物专项行动。将消毒产品生产企业、药品经营单位、医疗机构特别是民营、厂矿企业医疗机构和个体诊所消毒产品采购索证情况作为整治内容。共出动监督员740人次，检查483个单位，合格率达95%以上，对查出违法违规单位给予警告、停业整顿、罚款等处罚。至年末，全市持有卫生许可证的公共场所3086个，其中住宿业814个，游泳场所4个，沐浴场所268个，美容美发2000个，分布在赤峰市区的有1117个。2010年，市、区卫生监督所开展一次性卫生用品专项整顿工作，重点对城区一次性卫生筷子、餐巾纸等生产企业进行清理整顿，全年检查中心城区生产单位3个，一次性卫生用品经营户17户，药店、超市21户，立案3起、处罚3户次。2011年，根据卫生部发布的《公共场所卫生管理条例实施细则》，市、旗县区卫生行政部门对饭店类公共场所实施卫生许可证的发放工作。

至 2014 年，全市公共场所监督覆盖率、卫生许可证发证率、从业人员健康证发证率、卫生知识培训率均达 100%。全年监测公共场所 1569 个，合格 1513 个，合格率 96.43%。

第三节　食品卫生

1991 年，全市食品生产经营单位查出“五病”（伤寒、痢疾、病毒性肝炎、活动性肺结核、化脓性或渗出性皮肤病）583 人，全部调离。全市监测食品 15 类 2405 件，合格率 79.4%。

1996 年，市、区防疫站对城区内的食品生产加工经营单位进行全面监督检查，取缔无证经营饭店 4 家，限期改进 64 家。根据《内蒙古自治区食品卫生许可证发放管理办法》通知精神，规定县级以上地方政府卫生行政部门按分级管理的原则，对食品生产经营者发放卫生许可证。至年底，如期完成换发卫生许可证和体检工作。体检 3891 人，体检率 99%，检出“五病”412 人，全部调离。共监督 12305 户次，户均 5 次，行政处罚 2526 户次。其中没收销毁不合格产品 16260 公斤，罚款 85970 元，吊销许可证 10 户，监测各类食品 2703 份，合格率 80.6%。

2001 年，进一步强化食品行业卫生管理。对全市从事食品生产经营活动的单位换发了卫生许可证，监督覆盖率达 100%。现场监督 12.21 万户次，平均每户达 6.2 次。全市从业人员健康体检率达 100%，培训合格率达 99.55%。共查出“五病”人员 181 人，全部调离工作岗位。全市共监测食品 4297 件，合格 3704 件，合格率为 86.2%，其中粮油、肉及肉制品、乳及乳制品抽检合格率分别为 97.01%、73.4%、63.2%。全市共抽检餐具 23008 份，合格率为 70.2%。全市共进行卫生行政处罚 3513 户次，责令改正 744 户次，责令销毁假劣食品 457 户次，罚款 1344 户次、共 15.68 万元，取缔非法经营 81 户次。

2002 年，全面进行食品卫生专项整治，专项推进建筑工地食堂、中小餐馆、中小食品加工单位的卫生监督管理工作，共出动监督员 1214 人次，检查单位 4342 个，处罚 38 个，取缔无证经营 71 个，罚款 26.69 万元。同时，每年开展食品样品和食源性疾病监测工作。

2003 年，卫生部、自治区卫生厅先后印发《关于加强食品卫生监督、预防控制食品中毒工作的紧急通知》《关于加强传染性非典型肺炎防治期间餐饮业卫生监督管理的通知》后，市、旗县区卫生监督部门加大对餐饮业的监督管理力度，重点对餐饮业进行检查。至 2009 年，全市出动卫生执法人员 3375 人次，检查餐饮单位 3506 个，整治重点单位 510 个，整治重点地区 93 处，整治重点产品 139 种次。

2010 年，红山区卫生监督所及有关部门联合组成“取缔地沟油”和“整治食用油”两个专项组，开展对城区食用油加工企业的专项检查，对违法加工、经营企业予以取缔。市、旗县区卫生监督所重点对中心城区、少数民族聚居地区、旅游地区的餐饮业安全风险进行了监测、评估,抽检监测覆盖中心城区人口40万人、少数民族聚居地区人口20万人。监测6类食品共160份,总合格率为76.88%。进一步规范餐具消毒配送单位的监管,市区有合格配送单位16个,旗县有合格配送单位18个,全市餐具消毒配送单位达到34个。2012年1月, 赤峰市及12个旗县区卫生部门的食品业监管职能划归市食品药品监管部门,市卫生局及各地卫生行政部门承担食品安全综合协调职能。

第四节 学校卫生

1991—2000年,赤峰市确定红山区、松山区、元宝山区为中小学生常见病综合防治试点地区,其中赤峰二中、赤峰实验小学、赤峰四中、赤峰第十一中学、红山区第九小学、红山区第一小学、红山区第五小学先后被世界卫生组织确定为健康促进学校项目示范校。经过10年的防治,"三区"城乡学生蛔虫、沙眼、贫血、龋齿患病率达到了全国学生常见病综合防治方案2000年的终期目标,同1995年相比,蛔虫感染率由7.48%降至3.99%,沙眼患病率由9.24%降至5.16%,贫血患病率由6.14%降至1.76%,龋齿由20.75%降至14.46%。

1994—2001年,各级卫生防疫部门开展部分中专、技工学校新生体检和预防性健康检查。通过连续8年对市直中专、技工学校入学新生新乙肝表面抗原携带情况进行检查,结果表明,乙肝表面抗原阳性率在3%~5%,乙肝e抗原体阳性占60%左右。对113所中小学入学新生29923人进行甲乙肝、肺结核的检查, 检出乙肝表面抗原阳性1261人,阳性率为4.13%;检出甲肝抗体阳性23人,确诊甲肝6人;胸透检出肺结核19人。市卫生局与教育部门协作,开展学生常见病防治,各旗县区选择1~2个试点校建立卫生档案,开展卫生咨询和卫生监督监测工作;对全市中小学生进行学生常见病综合防治中期考评;对中小学生"六病"(寄生虫、沙眼、贫血、营养不良、龋齿、视力低下)进行跟踪调查。同时对学校的食堂卫生监督和学生饮用水问题提出明确的要求,积极开展学校健康教育工作,努力为学生身心健康服务。

2005年,全市检查各类学校及幼儿园644所,停业整顿个体幼儿园食堂9个,取缔个体幼儿园食堂5个,责令整改255个,罚款1.29万元。

2006—2012年, 市、旗县区卫生监督所每年结合传染病疫情或传染病发病季节特点, 依据《学校卫生工作条例》《中华人民共和国传染病防治法》《学校卫生监督工作规范》等法律法规,开展对学校传染病防治工作的监督检查,推进各级学校建立完善传染病防治管理制度,落实学生晨检、因病缺勤病因追查登记、传染病报告、新生入学预防接种证查验等各项防治措施,预防校园传染病疫情发生。各级学校都要按照要求设置卫生室或校医室;保健室配备与开展诊疗项目相应的设备;对未取得"医疗机构执业许可证""医师执业证书"开展治疗活动的违法行为进行依法查处;加强对学校周边食杂店、快餐店及校内食堂的监督管理;对学校周边的烧烤等流动摊点进行清理整顿;对全市425个学校食堂实行量化分级管理，出动卫生监督人员 429 人次进行监督检查。至 2012 年，全市学校食堂减少为 421 个，未发生食物中毒及水污染事件。

至 2014 年末，全市 699 所学校有 635 所成立传染病防控领导组织，并落实由学校主要领导负责的传染病防控责任制，制定突发公共卫生事件应急处置工作预案；有 628 所学校配备专职传染病报告责任人，制定了疫情发现、报告、登记制度；有 478 所学校设立校医室或卫生室，111 所学校设立保健室；有 189 所学校使用市政集中式供水，12 所学校使用二次供水，并定期对二次供水设施进行清洗消毒；有 387 所学校使用自建设施集中式供水，有 92 所学校配备消毒设施；有 56 所学校学生自带饮用水。

第五节　劳动卫生

一、职业病预防

1991 年，赤峰市职业病防治所负责全市职业病防治工作。内设尘肺生物因素防治科、物理因素毒物防治科、放射卫生科、检测检验科、功能检查科、办公室 6 个科室，有职工 45 人，其中卫生技术人员 37 人。至 2014 年，市职业病防治所内设体检科、功能科、检验科、职业卫生科、放射卫生科、临床科、办公室 7 个科室，有职工 44 人，其中卫生技术人员 43 人。

1991 年，赤峰市职业病防治所成立流调工作组，对全市尘肺患者开展调查，制定《赤峰市乡镇企业职业病危害调查方案》。1996—1997 年，市职业病防治所、防疫站配合自治区卫生防疫站开展乡镇企业职业病危害调查。全市监测有害作业点 962 个，监测率 58.27%，合格 417 个，合格率 43.35%，健康体检 4545 人，体检率 12.9%。全市旗县区经常性卫生监督管理覆盖率达 90%，乡镇企业达 60%；旗县区有害作业点监测率达到 70%，健康监护市直 1000 人、旗县区 300 人。

至 2000 年，赤峰市卫生局重新调整了职业病诊断小组，组织职业病诊断活动 114 次，会诊 6037 人。查出各类职业病人 1709 例，其中尘肺病 1282 例，确认职业病新病例 157 例。同时，授权平庄矿务局卫生处设立平庄矿务局职业病诊断组，负责该企业内部职业病诊断，对平庄矿务局卫生处职业病诊断组作出的诊断有异议的，可由市职业病诊断组进行复诊。2003 年，赤峰市职业病防治所获得盟市级最高资质，即自治区卫生厅颁发的职业病诊断、职业病健康监护、职业卫生技术服务 3 个资质证书。2002—2005 年，赤峰市职业病防治所对在松山区老府镇蒙古营子钼矿工作过的 79 人进行职业病检测，检出矽肺 22 例，检出率 27.85%。全市检出矽肺病人 44 例，慢性中毒 12 例，物理因素所致病例 1 例，患病率 14.6%。2008 年，开展职业病危害因素预防评价、控制效果评价和健康监护工作，检测职业病危害作业点 1210 个，对 3.7 万名接触职业危害的人员继续体检。至 2014 年，全市查出职业病人 3389 例，其中尘肺病 2568 例，其他各类

821 例,患病率降至 9.15%,采取分类管理、综合治理等防控措施。

二、职业病治疗

1993 年始,为探索职业病治疗工作,市职业病防治所在原门诊的基础上,设置 6 张观察治疗床,住院观察治疗 12 人次,家庭病床 2 人次,门诊治疗 400 多人次。

1995 年,赤峰市职业病防治所成立职业病临床科,设病床 30 张,增设雾化吸入、排痰机等康复设施。当年收治住院职业病患者 66 人次,接待门诊病人 300 多人次。

2000 年,赤峰市职业病防治所收治巴林左旗白音诺尔铅锌矿慢性铅中毒 27 例,中毒病患均在市职业病防治所治愈。

2002 年,全市职业病治疗统一归口市职业病防治所,所有职业病人转诊市职业病防治所进行规范治疗。

2006 年,全市存在职业危害的企业 600 个,接触职业危害人数 3995 人,收治各类职业病患者 214 人次,铅汞中毒病人治愈率达 100%。

至 2014 年,市职业病防治所累计门诊治疗(尘肺)职业病人 39860 人次,住院治疗 4608 人次,铅汞中毒职业病人康复 570 人。

第六节　放射卫生

1989 年,赤峰市被列为全国市级放射卫生综合监督管理示范市。1991 年,市政府拨专款经费 12 万元,购置必备的检测设备。加强放射性同位素和射线装置管理,对 16 个同位素使用单位、533 台射线装置建立管理档案,对放射工作人员建立健康档案和个人剂量检测档案。1992 年,赤峰市放射卫生工作被卫生部评为全国放射卫生先进集体。

1996 年,为加强放射计量器具的检定和管理工作,自治区技术监督局将医用辐射源(含医用诊断 X 线机)等四种放射器具授权自治区放射计量站进行强制检定,将各级医疗卫生单位医用诊断 X 线机强检工作纳入年检计划之内,凡新安装或到检定周期的,必须经自治区放射计量站检定合格后才能使用。

1997 年,全市有放射性同位素工作单位 40 个,有封闭放射源 140 余枚,有放射装置工作单位 377 个,射线装置 422 台,从事放射工作人员 710 人。每两年对放射工作单位、放射装置进行监督监测,监督覆盖率达 100%,合格率达 95%以上。对放射工作人员每两年进行一次健康检查,体检率达 70%~80%。累计检出放射病 4 例。对购入放射源、放射装置单位场地、防护设施等进行严格审核、检测、评价、许可发证。对旗县以上医疗机构和工业企业放射工作人员进行个人剂量检测。

2000 年,各级卫生部门按照有关 X 射线管理相关法规要求,开展对 X 射线诊断机等医用诊断和治疗设备的监督监测工作。当年,赤峰市卫生部门对全市从事放射线工作的人员体检和审核率达 80%。

2002 年,市卫生部门进一步加强对放射源、射线装置及伴生 X 线装置应用单位的监管力度，严格控制二手 CT、X 光机、放射源及射线装置的购入。2004 年，卫生部印发《关于进一步做好放射性职业病危害防治工作的通知》，要求各级卫生行政部门进一步加强对放射性职业病危害的防治监管，做好建设项目的放射性职业病危害审查，从源头控制职业病危害。加强对放射源诊疗技术和医用辐射机构许可的监督管理。

2005 年后，市、旗县区卫生监督所强化对放射卫生的监管，加强日常监督和不定期监测。2010 年始，全市每两年对放射诊疗单位进行监督监测，监督覆盖率达 100%、体检率达 96%。

至 2014 年，全市有放射诊疗单位 272 个，从事放射诊疗工作人员 863 人，没有查出放射病例。同时对新改扩建放射诊疗建设项目进行职业病危害放射防护评价，要求防护设施与主体工程同时设计、同时施工、同时投入使用，取得良好防护效果。

第四章　疾病预防控制

第一节　机　构

一、市级防疫机构

市疾病预防控制中心　1991 年，赤峰市卫生防疫站负责全市卫生防疫工作。内设党办、行政办、防疫科、食品卫生科、环境卫生科、学校卫生科、虫媒消杀科、计划免疫科、鼠防科、布防科、地病科、氟病科、地研室、性病科等 21 个科室，有工作人员 172 人，其中卫生技术人员 131 人。

2005 年，市卫生防疫站与红山区、松山区卫生防疫站合并成立赤峰市疾病预防控制中心，挂赤峰市卫生检测检验中心牌子。内设综合办公室、慢性病防治与信息统计科、免疫规划科、公共卫生科、流行病与艾滋病防治科、氟病防治科、鼠疫布病防治科、虫媒消杀科等 14 个科室，有工作人员 218 人，其中卫生技术人员 169 人。2011 年，市疾病预防控制中心下设红山区、松山区疾病预防控制分中心。

2014 年，市疾病预防控制中心内设综合办公室、免疫规划科、流行病防治科、性病与艾滋病防治科、慢性病防治科、氟病防治科、微生物检验科、理化检验科、鼠疫布病防治科、预防医学门诊、结核病防治科等 19 个科室及 2 个疾病预防控制分中心，有工作人员 188 人，其中卫生技术人员 148 人。

赤峰市结核病防治所　1991 年，赤峰市设结核病防治所，开展结核病防治工作。内设防治科、统计科、检验科、宣教科 4 个科室，有职工 14 人，其中卫生技术人员 10 人。2000 年，市结核病防治所并入市传染病医院，成为内部科室，对外挂市结核病防治所牌子，共有卫生技术人员 6 人。2009 年，市结核病防治所合并到市疾病预防控制中心，设结核病防治科，保留结核病防治所名称，对外挂市结核病防治所牌子。2014 年，结核病防

治科有工作人员6人,全部为卫生技术人员。

赤峰市精神卫生中心 2012年5月,在宁城县蒙医中医医院设立赤峰市精神病防治院,防治院下设赤峰市精神卫生中心,承担全市精神卫生的培训、督导、考核等工作。

二、旗县区防疫机构

1991年,全市12个旗县区设卫生防疫站、结核病防治所。2005年,10个旗县区(红山区、松山区除外)分设疾病预防控制中心,至2014年未变。

第二节 计划免疫

一、机构

1991年,市卫生防疫站下设计划免疫科,12个旗县区卫生防疫站下设防保站,各乡镇苏木设防保组,村嘎查卫生室设接种员,开展全市计划免疫工作。

2005年后,全市防疫部门改为疾病预防控制中心。除林西县、红山区继续保留防保站建制外,其他旗县区防保站、乡镇苏木防保组撤销。全市在旗县区政府所在地、城区所在地设社区预防接种门诊29个,农村牧区在基层卫生院设防保站,村级卫生室设接种员。2014年,全市共有防保工作人员1622人,其中卫生技术人员1460人,村级接种员581人。

二、计划免疫工作

发展过程 1991年,全市的计划免疫工作实行城区月免疫、农村牧区双月免疫。当时免费接种的疫苗有脊髓灰质炎疫苗、卡介苗、麻疹疫苗、百白破疫苗和白破疫苗5种,接种率分别为96.9%、95.0%、96.1%、96.8%和94.6%。全市儿童计划免疫工作实现第二个85%的目标。1995年始,全市实施整体月免疫。1996年,全市儿童计划免疫工作实现第三个85%的目标。1999年,在旗县区政府所在地实行周免疫。2003年,将乙肝疫苗纳入计划免疫实施免费接种。

2008年后,按照卫生部印发的《扩大国家免疫规划实施方案》要求,全市免疫疫苗由5种增加乙肝疫苗、麻腮风疫苗、A群流脑多糖疫苗、A+C群流脑多糖疫苗、乙脑疫苗、甲肝疫苗达到11种,预防传染病疫苗由乙肝、结核病、脊髓灰质炎、麻疹、百日咳、白喉、破伤风7种增加风疹、腮腺炎、流脑、乙脑、甲肝达到12种。至2009年,全市卡介苗、脊髓灰质炎疫苗、百白破疫苗、麻疹疫苗接种率和乙肝疫苗接种率分别达到99.90%、99.30%、99.20%、98.70%和99.10%,接种率明显提高。2012年始,在全市范围内实行城区日免疫、农村牧区周免疫,常规免疫疫苗接种率保持在95%以上,强化免疫疫苗接种率保持在90%以上。至2014年,"三病"(急性弛缓性麻痹病、麻疹病、新生儿破伤风病)监测工作各项指标均达到国家要求。

计划免疫管理 1992年,市政府印发《赤峰市儿童计划免疫保偿办法》,要求各旗县区政府所在地将乙肝疫苗纳入计划免疫管理；1993 年，扩展到乡镇所在地；1994 年，扩展到村所在地；1995 年在全市推开。从 1993 年始，赤峰市连续 11 年开展脊髓灰质炎强化免疫活动。1998 年，赤峰市在自治区首家将流脑、乙脑、甲肝、风疹、流腮纳入计划免疫管理；同时首次将业务人员专业素质考核纳入年度考核内容之中。

1997—2001 年，全市连续开展 1~14 岁儿童麻疹接种工作，共接种 113.38 万人次，接种率达 91.36%；开展 2~15 岁甲肝接种工作，接种 24.46 万人次，接种率由 11.86%提高到 43.36%。至 2001 年，赤峰市已连续 22 年无脊髓灰质炎病例报告。

2003 年，市卫生局提出建设规范化免疫门诊。2004 年 8 月，市卫生局制定《赤峰市规范化免疫门诊建设方案和标准》，确定全市规范化免疫门诊建设分三步走的战略目标。2004 年，卫生部计划综合评审专家组对赤峰市计划免疫工作进行评估，认为赤峰市规范化免疫门诊建设和抗体水平测定工作在全国处于领先水平。2007 年，全市开展两轮 0~3 岁儿童脊髓灰质炎强化免疫，口服液体疫苗 29 万剂次，开展麻疹查漏补种工作，补种 4 万人次。市疾控中心在全自治区免疫规划专项考核中获第一名。2009—2010 年，全市开展 1 ~ 14 岁儿童麻疹、脊髓灰质炎强化免疫工作，接种 59 万人次；开展 8 ~ 15 岁儿童乙肝疫苗查漏补种工作，接种 11.2 万人次；在全市范围内开展了消灭脊髓灰质炎和麻疹强化免疫工作，补种率 90%。2011—2012 年，全市开展 8 个月至 14 周岁儿童和 13 万名在校生麻疹疫苗查漏补种工作；开展两轮脊髓灰质炎强化免疫工作，口服液体疫苗 31.8 万剂次；对 1 ~ 18 岁人群开展麻疹查漏补种工作，补种率 90%。2013 年，开展两轮脊髓灰质炎强化免疫，口服液体疫苗 4815 剂次。脊髓灰质炎免疫成果巩固，未发现脊髓灰质炎病例。至 2014 年底，全市共建成规范化预防接种场所 244 个。

第三节　传染病防治

1993 年开始，全市先后有除红山区以外的 11 个旗县区启动国家结核病防治项目。2003 年 4 月，赤峰市报告首例传染性非典型肺炎病例。在“非典”疫情中，全市报告传染性非典型肺炎 3 例，经诊疗全部治愈，无死亡病例。2004 年 2 月 17 日，赤峰市政府印发《赤峰市人禽流感疫情防治应急预案》。2005 年，赤峰市疾病预防控制中心成立，红山区、松山区疾病预防工作开始实行“市区一体化”管理。2006 年，市疾控中心通过国家实验室认可现场评审。2008 年，赤峰市国家流感网络实验室建成投入使用。2012 年后，开展专项麻疹防控工作，麻疹防控达到国家要求。全市传染病得到有效控制。

一、急性传染病防治

疫情　1991 年，赤峰市传染病发病种类有 14 种，以肝炎、菌痢居多，发病 7490 例，发病率 180.83 / 10 万，死亡 7 例，死亡率 0.17 / 10 万。1998 年，传染病发病种类增至 17 种，主要以肝炎、菌痢、结核病为主，发病 5661 例，发病率 126.35 / 10 万，死亡 3 例，死亡率 0.07 / 10 万。

1991—2014年赤峰市传染病发病情况统计表

表 23-1-4

年份	发病种类	发病数(例)	死亡数(例)	发病数前三位病种
1991	14	7490	7	肝炎、菌痢、猩红热
1992	12	5390	11	肝炎、菌痢、猩红热
1993	12	4616	8	肝炎、菌痢、麻疹
1994	13	4912	3	肝炎、菌痢、麻疹
1995	12	4375	3	肝炎、菌痢、麻疹
1996	11	4208	1	肝炎、菌痢、麻疹
1997	13	5937	4	肝炎、菌痢、肺结核
1998	17	5661	3	肝炎、肺结核、菌痢
1999	16	5327	7	肝炎、肺结核、菌痢
2000	15	7161	1	肝炎、肺结核、菌痢
2001	14	7564	1	肝炎、肺结核、菌痢
2002	15	6690	3	肝炎、肺结核、菌痢
2003	16	5246	10	肝炎、菌痢、肺结核
2004	13	7377	8	肺结核、肝炎、麻疹
2005	20	10639	45	肝炎、肺结核、菌痢
2006	20	10134	26	肺结核、肝炎、布病
2007	22	10949	31	肺结核、肝炎、菌痢
2008	19	13504	26	肺结核、乙肝、手足口病
2009	22	17669	31	手足口病、肺结核、乙丙肝
2010	19	16440	23	手足口病、肺结核、乙丙肝
2011	21	14424	9	手足口病、肺结核、乙丙肝
2012	21	17191	13	手足口病、肺结核、乙丙肝
2013	24	14513	18	乙丙肝、肺结核、手足口病
2014	21	18345	20	手足口病、乙肝、丙肝

1999—2007 年,传染病发病种类由 16 种增至 22 种,以肝炎、结核病、菌痢为主,由于传染病种类增加因素,发病率、死亡率随之增加,发病由 5327 例增至 10949 例,发病率由 117.75/10 万增至 240.27/10 万,死亡数由 7 例增至 31 例,死亡率由 0.15/10 万增至 0.68/10 万。2008—2014 年,传染病发病种类由 19 种增至 21 种,以手足口病、乙丙肝、结核病为主,发病由 13504 例增至 18345 例,发病率由 293.35/10 万增至 422.61/10 万,死亡数由 26 例降至 20 例,死亡率由 0.56/10 万降至 0.46/10 万。

1998—2012 年,全市发生 6 次突发疫情。1998 年 8 月 12 日至 9 月 26 日间,赤峰市部分地区发生新中国成立以来首次霍乱流行,松山区打粮沟门乡、哈拉道口镇、河南营子乡,翁牛特旗梧桐花镇、头牌子乡、庄头营子乡、乌丹镇,阿鲁科尔沁旗道德乡先后报告疑似病例 20 例,其中确诊 4 例。2002—2003 年,巴林右旗胡日哈苏木、敖汉旗贝子府镇发生风疹疫情,分别发病 22 人、325 人;林西县发生病毒性肺炎,发病 143 人;均无死亡病例。2003 年,在全国范围内突发“非典”疫情,赤峰市境内确诊病人 3 例、疑似病人 2 例、排除 2 例。2009 年,赤峰市出现首例甲型 H1N1 流感病例;9 月,林西县报告首起学校甲流聚集性疫情;至 10 月 21 日,全市多地出现了学校聚集性疫情,疫情波及全市除喀喇沁旗之外的 11 个旗县区,共有 51 所学校报告确诊病例,其中聚集性疫情 10 起,实际确诊 237 例,死亡 3 例。2012 年,元宝山区和宁城县发生腮腺炎疫情,累计报告腮腺炎病例 1132 例,无重症及死亡病例。

防治　1991 年,市、旗县区防疫部门经过多年传染病疫情监测,掌握多种传染病的流行规律,根据流行规律开展疫情预测预报,因此能在某种传染病流行前做好预防工作,防止传染病的暴发和流行。1995 年后,对常规疫情报告由手工填报逐步发展为微机管理。2002 年,全市各级防疫机构实现传染病疫情报告网络化管理。至 2003 年,全市 60 个县级以上医疗保健单位实现了疫情网络直报。2005 年 11 月,市、旗县区疾病预防控制中心在全市 222 个乡镇苏木卫生院实现了传染病疫情网络直报,建立市县乡三级传染病疫情直报网络。2007 年,全市各旗县区级医疗机构和 95%的乡镇苏木卫生院实现了传染病疫情网络直报。2008 年后,全市开始启动国家传染病自动预警信息系统,当年收到预警信号 371 次,全部及时应答。传染病疫情网络直报工作的开展,大幅度提高全市传染病病例报告质量,为监测各类传染病提供准确的数据支持,为疾病预防控制奠定坚实的基础,使疫病及时得到救治,无大疫发生。

针对突发疫情,全市各级防疫和疾病预防部门成立应急处理组织机构,配备应急处理物资装备,确保突发疫情及时准确处理。对 1998—2012 年期间突发的霍乱、甲流、腮腺炎疫情,采取及时发现、隔离病人、疫苗接种等防治措施,特别针对 2009 年发生在学校的甲流疫情,对重点人群共进行 3 批 20 万针次预防接种,取得科学防控效果,传染病人得到有效治疗,无疫情蔓延。

二、非典型肺炎(简称“非典”)防治

2003 年 4 月,全国范围内暴发“非典”疫情后,赤峰市制定《赤峰市非典型肺炎防

治应急预案》,规范“非典”疫情报告程序,实行“日报告”“零报告”制度;在全市所有二级以上医疗单位和76个中心卫生院设立了发热门诊,严格实行首诊医院和首诊医师负责制;成立由流行病学等专家组成的市级防“非典”诊断专家组和临床救治专家组,负责全市范围内疑似“非典”病例的确认、诊断和临床救治工作,成立6个应急小分队;全市各级卫生行政部门行政值班电话、卫生防疫机构疫情值班电话全部实行24小时值班制度;将市传染病防治医院和红山区、松山区以外的10个旗县区医院的传染科设立为定点治疗医院。至5月31日,全市报告“非典”病人3例,全部治愈,无死亡病例。监控返乡人员62565人,累计追踪调查密切接触者422人,调查处理疫情587件次。对划定的4处疫区(点)和“非典”患者污染的15处场所进行彻底消毒,共出动消毒人员157人次,消毒面积512.35万平方米,消毒体积0.8万立方米,投药551公斤,全市累计投放消毒药品61667公斤,实现全市“非典”疫情无蔓延。

三、性病和艾滋病防治

疫情　20世纪90年代后,随着经济快速增长,人口流动频繁,特殊高危人群增加,性病、艾滋病发病率呈增长趋势。1991年,全市发生性病170例,发病率4.1/10万;1998年,全市发生性病318例,发病率7.1/10万;2000年,全市性病增至1355例,发病率29.76/10万;2003年,全市性病降至329例,发病率7.34/10万;至2014年,全市性病增至1322例,发病率28.74/10万,分布在全市12个旗县区。其中红山区597例,松山区270例,林西县108例,宁城县84例,敖汉旗61例,元宝山区60例,巴林右旗34例,巴林左旗33例,阿鲁科尔沁旗31例,翁牛特旗23例,克什克腾旗19例,喀喇沁旗2例。

1996年,在宁城县发现艾滋病感染者1例。2000年后,全市艾滋病病人和感染者逐年增多。至2014年末,全市累计发现艾滋病病人和感染者210例,死亡42例,分布在全市12个旗县区。其中红山区76例,死亡14例;松山区73例,死亡13例;宁城县29例,死亡10例;克什克腾旗11例,死亡1例;林西县4例,死亡2例;翁牛特旗3例,死亡1例;阿鲁科尔沁旗2例,死亡1例;元宝山区3例,巴林左旗3例,巴林右旗2例,喀喇沁旗2例,敖汉旗2例,均无死亡病例。

防治　1991年,赤峰市卫生防疫站设性病防治门诊,对性病患者及时诊疗。引进明胶颗粒凝聚法艾滋病检测技术、PCR性病检测技术,对赤峰市看守所、拘留所在押卖淫嫖娼人员、吸扎毒人员等高危人群、重点人群进行6189人次的艾滋病血清学监测、梅毒血清学监测,并对献血人员实施健康证制度。此后每年都对高危人群的性病、艾滋病疫情进行监测。至2001年,性病防治门诊累计收治患者3000人,平均每年收治性病患者300余人。其中以尖锐湿疣为甚,占40%;淋病次之,占30%;梅毒占5%;其他类型病占25%。

2004年,市卫生局制定下发《赤峰市艾滋病防治宣传教育工作方案(2004—2008)》《赤峰市艾滋病性病防治规划(2004—2010)》。市、旗县区防疫部门在全市范围内开展献血人员、吸扎毒人员、性病门诊就诊者的AIDS流行病学调查,完成1160份血清采集和调查表填写工作。其中吸毒人群403份，既往献血人员363份，性病门诊就诊人员394份，检测结果显示HLV抗体全部阴性，检出梅毒抗体阳性血清19份，阳性率为1.64%。完成赤峰市本级、宁城县、喀喇沁旗防治艾滋病的中期评估工作，配合自治区完成赤峰市无疫情县的艾滋病知晓率调查。同年，卫生部启动5年一轮的全国艾滋病综合防治示范区建设工作，宁城县被卫生部确定为第一轮全国艾滋病综合防治示范县。2009年，宁城县被卫生部确定为第二轮全国艾滋病综合防治示范县。2014年7月，赤峰市成为第三轮全国艾滋病综合防治城市示范地区，覆盖红山区、松山区和元宝山区3个地区，宁城县不再承担艾滋病示范县工作。

至2014年末，全市艾滋病病人传播途径由20世纪以血液传播为主转变为经性传播占大多数，特别是男性性行为传播所占比例逐年增高，易感人群由卖血、吸毒人员向一般人群扩散。针对艾滋病防控形势，市、旗县区政府设立艾滋病专项经费，积极宣传和落实“四免一关怀”（免费提供抗病毒药物和抗病毒治疗、免费咨询和艾滋病病毒抗体初筛检测、免费提供母婴阻断药物和婴儿检测试剂、免费提供义务教育，对艾滋病病毒感染者和患者提供救治关怀、扶助有生产能力的艾滋病病毒感染者和患者从事力所能及的生产活动）政策，市疾控中心性病防治门诊设立咨询电话，提供自愿检测免费服务。同时加强对医务人员培训，宣传艾滋病防治知识，形成人人积极参与“关注妇女、抗击艾滋”宣传教育活动的良好社会氛围。

四、结核病防治

疫情　赤峰市结核病疫情主要以活动性肺结核居多。1991年，全市发现活动性肺结核病人2616例，分布在全市12个旗县区，其中宁城县、敖汉旗、翁牛特旗、巴林左旗分别为344例、329例、322例、312例。1993—2000年，活动性肺结核呈增多趋势，全市累计发现活动性肺结核病人28843例，其中具有传染性病人8699例，发病数高出前8年近1倍。1991—2014年，全市累计发现活动性肺结核病人88544例，分布在全市12个旗县区，其中患病较多的旗县区为敖汉旗13925例，宁城县12746例，翁牛特旗9806例，松山区9342例，阿鲁科尔沁旗8236例，巴林左旗7699例。

防治　1991年，根据市政府印发的《赤峰市结核病防治暂行办法》，赤峰市在12个旗县区设有结核病流行病学调查（简称“流调”）管理点，为结核病流行情况提供科学防控依据。从1993年始，赤峰市先后有11个旗县区（除红山区外）启动了卫生部结控项目，覆盖面占93%，受益人口400万人，做到结核病人高发现、高治愈。

2000年，翁牛特旗和巴林左旗被列入比利时援助自治区12个旗县区结核病控制项目，并于2001年4月1日正式启动，为结核病人免费提供抗结核药物和病人管理费用。2002年，世行贷款和英国赠款、日本援助内蒙古结核病控制项目开始启动，阿鲁科尔沁旗、巴林右旗、林西县、克什克腾旗、宁城县、敖汉旗、松山区和喀喇沁旗8个旗县区被列入结核病控制项目。至年末，治疗活动性肺结核1006例，其中涂阳结核396例，肺外结核23例，先后有3位外籍专家和自治区专家督导赤峰市结核病防控工作，并给

1991—2014年赤峰市各旗县区肺结核病发病情况统计表

表23-1-5　　　　单位:例

分布地区 / 年份	红山区	元宝山区	松山区	阿鲁科尔沁旗	巴林左旗	巴林右旗	林西县	克什克腾旗	翁牛特旗	喀喇沁旗	宁城县	敖汉旗	合计
1991	108	165	269	173	312	143	144	125	322	182	344	329	2616
1992	98	153	269	170	251	167	126	155	295	188	324	273	2469
1993	107	282	409	222	489	227	252	309	494	366	695	832	4684
1994	150	208	402	339	312	252	217	250	447	242	541	617	3977
1995	142	112	482	248	297	253	260	244	489	208	459	495	3689
1996	197	97	416	251	79	243	322	237	479	258	353	614	3546
1997	101	28	265	365	234	250	230	235	482	185	474	619	3468
1998	91	99	179	292	350	336	240	232	466	110	538	416	3349
1999	84	69	209	247	276	288	180	219	370	126	398	395	2861
2000	91	86	370	237	334	256	239	270	419	120	428	419	3269
2001	111	129	357	197	381	133	211	261	303	193	427	362	3065
2002	101	136	259	175	205	186	192	113	312	191	290	413	2573
2003	40	114	263	237	153	141	217	126	199	181	362	473	2506
2004	38	125	397	347	260	160	231	155	365	241	653	539	3511
2005	66	129	592	380	320	180	318	164	461	323	737	779	4449
2006	95	166	554	422	424	280	361	178	473	379	786	809	4927
2007	101	146	648	510	434	265	319	179	524	428	851	877	5282
2008	134	176	660	667	459	199	349	140	491	382	813	830	5300
2009	132	103	525	546	390	181	282	123	425	329	610	823	4469
2010	123	123	393	494	381	182	244	83	462	274	660	598	4017
2011	121	76	302	488	358	181	218	84	487	320	699	705	4039
2012	154	97	430	437	360	203	202	101	381	287	597	745	3994
2013	139	105	368	413	343	232	189	100	362	281	353	570	3455
2014	149	96	324	379	297	161	192	101	298	285	354	393	3029
合计	2673	3020	9342	8236	7699	5099	5735	4184	9806	6079	12746	13925	88544

予高度评价。2003 年,赤峰市其他 4 个旗县区也被列入结核病控制项目。

2010 年,卫生部确定赤峰市宁城县为全国结核病流行病学抽样调查点,有 1278 人接受调查,受检率达到 95.44%,抽样调查工作通过国家和自治区验收。2013 年,完成比利时援助赤峰市结核病控制项目。赤峰市巴林左旗、松山区、敖汉旗和宁城县 4 个旗县区完成自治区下达的全区结核病流行病学调查。

至 2014 年,全市共治愈活动性肺结核病人 84410 例,治愈率 95.33%,新涂阳肺结核治愈率 93.36%。各项防治工作都走在自治区前列,先后有敖汉旗、翁牛特旗结防所被卫生部评为全国结核病防治工作先进集体。

第四节　地方病防治

1987 年,自治区考核认定,赤峰市布鲁氏菌病防治工作达到国家规定的基本控制区标准。地氟病与地砷病防治全部达到国家标准。1991 年,经自治区考核,大骨节病发病率达到稳控标准。2000 年, 碘缺乏病防治工作通过自治区评估组的阶段性目标评估,12 个旗县区全面达到消除碘缺乏病的阶段目标评估标准。到 2002 年,克山病与大骨节病连续 25 年无急发死亡,慢性克山病发病率控制在万分之三以下。2010 年 4 月,12 个旗县区达到实现消除碘缺乏病目标标准。

一、鼠疫防治

疫情　赤峰市的鼠疫疫源地属松辽平原达乌尔黄鼠疫源地的组成部分。全市 12 个旗县区有 89 个乡镇苏木属于历史鼠疫区。1987—2004 年, 阿鲁科尔沁旗绍根镇、赛罕塔拉苏木等低丘陵地区发生 7 次鼠疫,赛罕塔拉苏木、新民乡、道德百姓农场被判定为原发性鼠疫疫源地。至 2014 年,全市已查明的鼠疫疫源面积 1.6 万平方公里。

防治　20 世纪 50 年代,赤峰鼠疫防治专家费荣中曾进行达乌尔黄鼠生态研究,主持建立国内第一个方形黄鼠蚤的实验种群,推广到多个省市应用,为防治鼠疫提供了新技术和灭蚤新药。20 世纪 80 年代,在全市 89 个疫区开始灭鼠拔源治理。20 世纪 90 年代后,全市持续广泛开展灭鼠拔源活动,鼠疫流行主要宿主动物达乌尔黄鼠密度大幅度回落。1999 年 4 月 30 日,阿鲁科尔沁旗绍根镇发生鼠间鼠疫,由于发现早、处理及时,使鼠间鼠疫得到控制,没有传播到民间。

2002 年,市卫生局制定《赤峰市鼠疫监测工作规范》,在实际工作中创新并采取“血清学监测实行一材双检制,宿主动物监测实行保留头骨制”的做法,有效地保证各项监测指标的落实,确保不发生人间鼠疫。每年开展春季两轮灭鼠工作,鼠防工作人员每年下监测点 3 个月以上,监测历史疫区鼠密度,为下一年鼠防工作提供依据。坚持每年以旗县区为单位开展鼠疫应急处置演练。

2007 年 7 月,赤峰市疾控中心与北京市疾控中心签署《北京与赤峰开展自然疫源性疾病培训与演练项目协作意向书》。9 月 8 日,北京市疾控中心和赤峰市疾控中心联合组织实施的“北京—赤峰鼠疫应急处置联合演习”在克什克腾旗乌兰布统草原举行。2008 年 5 月 30 日,在阿鲁科尔沁旗绍根镇辖区检测出鼠疫阳性血清 2 份,滴度分别为 1∶180 和 1∶80。市疾控中心立即向自治区报告疫情,进行结果复判,复判结果为 1∶36 和 1∶80。按照《中华人民共和国国家标准鼠疫自然疫源地及动物鼠间流行判定标准(GB16883-1997)》的规定,虽未达到动物鼠疫现疫流行标准,但市疾控中心仍按照疫区处理标准进行处置,确保北京奥运会顺利召开。2009 年后,全市各旗县区均坚持春季两轮野外灭鼠。市卫生局每年为各旗县区提供灭鼠药品 1.5 吨,灭鼠烟雾剂 10 吨,用于开展野外灭鼠工作。

1954—2014 年,全市连续 61 年无人间鼠疫发生。市疾控中心《离体养殖方形黄鼠蚤》课题获得自治区科技进步奖。

二、地氟病和地砷病防治

地氟病防治 1991 年, 全市有 3006 个饮水型氟中毒病区自然村, 分布在全市 12 个旗县区。1996 年,市政府专门召开第十一次常务会议研究落实防氟改水工作。同时,赤峰市人大常委会审议通过《赤峰市防氟改水工程建设与管理暂行办法》。至 2014 年,全市氟中毒病区村减至 2600 个,仍分布在全市 12 个旗县区。其中红山区 30 个,松山区 297 个,元宝山区 196 个,阿鲁科尔沁旗 392 个,巴林左旗 87 个,巴林右旗 120 个,林西县 224 个,克什克腾旗 202 个,翁牛特旗 370 个,喀喇沁旗 136 个,宁城县 127 个,敖汉旗 419 个。

1991—2000 年,赤峰市针对饮水型氟中毒 3006 个病区自然村情况,采取改水降氟的防治措施降低发病率。至 2000 年末,全市累计投资 1.07 亿元,共建改水防氟工程 1207 处,总受益人口达到 109.86 万人。其中轻病区受益人口 45.58 万人,占 41.49%;中病区受益人口 37.34 万人,占 33.99%;重病区受益人口 26.94 万人,占 24.52%。全市高氟区 74%的人口吃上了低氟卫生的自来水。防氟改水工程的水氟达标率为 73.61%,8~12 岁儿童氟斑牙指数在 0.4 以下,氟斑牙患病率由大于 30%降低为 18.7%,符合国家要求 30%以下的标准。

2003 年,赤峰市防疫部门对 2001—2002 年国债项目防氟改水工程进行验收和水质检验。2004 年,共采水样 87 个,调查 27 所小学 3179 名学生,地氟病患病率为 12.46%,氟斑牙指数为 0.27,比 2000 年下降 0.13。

2004 年 7 月,按照《自治区地方性砷、氟中毒水质调查实施方案》,在全市范围内开展对已改水病区和未改水病区的水砷、氟含量调查。全市调查防氟改水工程 1757 处,覆盖人口 129.69 万人。其中运转工程 1072 处,覆盖人口 80.92 万人;报废停用工程 260 处,覆盖人口 17.12 万人。对未改水地区共调查乡镇 151 个、自然村 1303 个,覆盖人口 52.53 万人。其中轻病区 819 个自然村,覆盖人口 29.26 万人;中病区 356 个自然村,覆盖人口 16.01 万人;重病区 128 个自然村,覆盖人口 7.26 万人。

从 2011 年开始，全面落实《内蒙古自治区重点地方病防治规划（2011—2015 年）》要求。至 2014 年底，全市 2600 个氟中毒病区村中已改水村 1700 个。其中红山区 29 个，松山区 244 个，元宝山区 143 个，阿鲁科尔沁旗 197 个，巴林左旗 50 个，巴林右旗 34 个，林西县 205 个，克什克腾旗 85 个，翁牛特旗 294 个，喀喇沁旗 76 个，宁城县 86 个，敖汉旗 257 个。改水率为 65.38%。已改水的正常使用村 1279 个，正常使用率为75.24%。病区村 8～12 岁儿童氟斑牙检出率小于 30%的村为 1611 个，占总病区的 62%。

地砷病防治　1991 年，全市只有克什克腾旗的 2 个饮水型砷中毒病区村，砷中毒病人 78 人。1993 年，对病区进行普查，共有砷中毒病人 330 人，病情较轻。此后，赤峰市采取改水降砷的防治措施降低发病率。至 1997 年，对病区实行每户化学除砷改水。2000 年后，全市防疫部门加强对地砷病监测和防控。到 2014 年底，全市病区村全部改水。水砷调查结果显示全市地方性砷中毒已达到消除标准，未发现新的砷病区，全市已无砷中毒新发病人。

三、布鲁氏菌病防治

疫情　布鲁氏菌病（简称布病）是由布鲁氏菌引起的一种人畜共患的变态反应疾病，病畜是该病的主要传染源，主要以羊、牛为主。阿鲁科尔沁旗、巴林左旗、巴林右旗、克什克腾旗、林西县、翁牛特旗、宁城县、敖汉旗、松山区 9 个旗县区属于历史疫区。1998 年，经布病监测，全市阳性率 0.87%。根据 1987—2000 年的监测结果显示，全市人间布病血检阳性率介于 0.18%~1.79%之间。从 2001 年始，随着全国性物流市场开放、牲畜无序交易数量增多，导致布病感染难以识别，布病阳性率明显回升。2001—2003 年，全市报告病例分别为 54 例、84 例、292 例，分布于林西县、克什克腾旗、松山区 3 个旗县区。2004 年，除敖汉旗外，其他旗县区均有报告病例，累计报告病例 453 例。2005 年，全市 12 个旗县区均有布病病例报告，到 2008 年网上报告病例达到千例以上。至 2014 年，全市共报告 2186 例，分布在全市 12 个旗县区。其中松山区 502 例，阿鲁科尔沁旗 336 例，翁牛特旗 279 例，喀喇沁旗 206 例，其他 8 个旗县区均在 65～166 例之间。

防治　1990 年始，赤峰市在巴林右旗、巴林左旗、翁牛特旗、克什克腾旗、林西县 5 个旗县设立国家布病监测点，进行疫情监测。1991—1997 年，全市有阿鲁科尔沁旗、巴林左旗、巴林右旗、克什克腾旗、林西县、翁牛特旗、宁城县、敖汉旗、松山区 9 个疫区，其中有除克什克腾旗和翁牛特旗以外的 7 个旗县区通过自治区考核，达到了国家规定的布病控制标准。

2001 年后，针对布病疫情有所回升，出现由农村牧区逐步向中心城区消费人群蔓延的趋势，市、旗县区防疫部门主要采取免疫、检疫、淘汰病畜与监测相结合的防治措施，对疫区内及受疫情威胁地区成幼畜全部免疫；牲畜数量多、阳性率较高的病区，为减少经济损失，实行健康牲畜群分离后免疫措施；在毗邻的各行政区之间实行联防措施；加强牲畜及其产品的出境检疫。2007 年后，市卫生局与市农牧业局建立布病防控联席会议制度，每年至少召开一次布病防控联席会议，互通人间、畜间疫情信息。全市各级疾控中心配合农牧业部门做好疫点、疫区的无害化处理工作。2011 年后,为有效控制人间布病疫情,实施为期五年的自治区人间布鲁氏菌病防治项目,市政府印发《赤峰市人间布病防治项目实施方案》,全面部署布病防控工作。

2012 年,自治区卫生厅将阿鲁科尔沁旗、巴林左旗、巴林右旗、克什克腾旗、翁牛特旗、喀喇沁旗、敖汉旗确定为人间布病防治示范县,在全市范围内实行布病定点诊断、归口治疗措施。同年,自治区布鲁氏菌病防治工作评估组对赤峰市布病防控工作进行评估,全市布病防控工作均达到自治区方案要求标准,评估组对赤峰市归口治疗和规范管理等工作给予高度评价。2013 年始,实施布病“三位一体”(医疗机构归口治疗、疾控机构延伸指导、社区卫生服务机构追踪管理的综合防控体系)防治措施。2014 年,全市在实施“三位一体”防控措施基础上,强化宣传教育与行为干预,如录制宣传片、刷墙体标语、张贴宣传画、在农村牧区集市进行健康宣讲、免费发放各种宣传品和行为干预包等;与农牧业部门定时沟通疫情信息,协助农牧业部门开展疫区处理工作;将布病纳入新农合报销病种,实行治疗费用 80%报销。之后,全市布病发病率呈下降趋势。

四、碘缺乏病、克山病、大骨节病防治

碘缺乏病　碘缺乏病的主要症状是甲状腺肿大。1991 年,全市 8 ~ 10 岁儿童甲状腺肿大率 8.66%,防治措施是食盐加碘为主、特需人群强化补碘为辅。1993 年,市政府召开赤峰市实现 2000 年消除碘缺乏病目标动员大会,相继制定实施方案和规划。2000年,接受自治区评估组对赤峰市的阶段性目标评估,评估结果为销售、批发碘盐合格率达 96%,居民食用碘盐合格率达 93.7%,8 ~ 10 岁儿童甲状腺肿大率为 4.5%。到 2004 年,8 ~ 10 岁儿童甲状腺肿大率为 4.8%,全市居民合格碘盐食用率达到 90%以上。2010 年 5 月,通过了自治区卫生厅、自治区盐务管理局联合目标评估组的考核评估,实现了全市旗县级消除碘缺乏病的目标。

至 2014 年底,全市城乡居民合格碘盐食用率每年都保持在 90%以上,8 ~ 10 岁儿童甲状腺肿大率低于 5%,全市碘缺乏病总体达到持续消除的标准。

克山病　全市病区主要分布在克什克腾旗、松山区、喀喇沁旗、宁城县、翁牛特旗。1991 年,自然慢型克山病患病率大于 2‰,潜在型克山病患病率大于 30‰。2004 年,完成全国克山病调查,结果显示全市克山病处于稳定状态。全市连续 27 年无急发死亡,慢型克山病发病率控制在 3‰以下。至 2014 年末,全市已无急型、亚急型克山病新发病例,慢型克山病患病率小于 2‰,潜在型克山病患病率低于 30‰,全市克山病处于可控状态。

大骨节病　1991 年,全市病区主要分布在克什克腾旗、松山区、喀喇沁旗、宁城县和翁牛特旗 5 个旗县区,全市 7 ~ 12 岁儿童 X 线阳性检出率在 5%以上。通过改良水质、补硒等综合防治,大骨节病达到稳控标准。至 2014 年末,全市 7 ~ 12 岁儿童无临床病例,X 线阳性检出率为 0.13%,小于 5%,其中骨端阳性检出率为 0.02%,小于 3%,全市大骨节病得到有效控制。

第五节　精神卫生工作

20 世纪 90 年代，赤峰市对精神病人管理主要以患者家庭自主管理为主，社区监护为辅，对中、高危患者采取自愿方式到精神病院救治。1991—1999 年，市安定医院、市精神病防治院共收治患者 6925 人次，治愈好转率 95.8%。21 世纪后，精神病患病率呈上升趋势，市安定医院、市精神病防治院共收治精神病患者 12719 人次，好转率 96.5%。

2010 年 7 月，中央综治办、公安部、民政部、财政部、卫生部和中国残联联合印发《全国肇事肇祸精神病人排查行动方案》后，赤峰市加强精神卫生工作。市卫生局下发《关于做好全国重性精神病人排查工作的通知》，并成立排查领导小组和办公室。

2011 年，为摸清全市精神疾病发病情况，由市综治办牵头并提供资金，市安定医院、市精神病防治院、市疾控中心具体实施赤峰市精神疾病流行病学调查。建立覆盖全市的重性精神疾病患病、随访信息报告制度，并使用“国家重性精神疾病基本数据收集分析系统”实现网络直报。按照自治区卫生厅、民政厅联合印发的《内蒙古自治区提高农牧区重性精神病等重大疾病医疗保障水平试点实施方案的通知》规定，重性精神病患者在市级定点救治医院住院治疗，医疗费用采取按床日定额付费的方式予以补偿。患者每日自付 10 元。按床日定额付费标准（不含自付部分）为 45 天以内，190 元 / 日；46 天至 90 天，170 元 / 日；91 天至出院，110 元 / 日。凡参加新农合的患者，在定点医院救治列为补偿范围；医疗费用支付方式按上述医疗费用的定额标准，新农合基金承担 80%，民政医疗救治基金承担 20%，超出定额部分由定点救治医院承担。

2012 年，赤峰市精神卫生中心成立后，积极推进精神卫生工作。至 2013 年，赤峰市精神疾病流行病学调查项目完成并通过专家评估。同年，市卫生局下发《赤峰市卫生系统精神卫生防治体系建设实施意见》，进一步完善市县乡村四级防治网络，市精神卫生中心开展日常督查和指导。

2014 年，全市共排查重性精神疾病患者网报 9740 例，管理 7080 例。对排查出疑似患者，由市精神卫生中心专家上门提供诊断服务，对确诊的中、高危严重精神障碍患者采取接受正规精神疾病防治医院诊疗和居家服药的防治措施；对低危精神病患者实行专业技术人员、病人家属、治安民警、社区参与的监管体系。

第六节　卫生检测

20 世纪 90 年代初，赤峰市开展乙肝、甲肝、布病等抗体检测项目 90 多项。2000 年后，新开展的检测项目有艾滋病、流行性出血热等抗体检测项目 20 多项。

2004 年，利用中德卫生二期贷款项目落实资金 360 万元，订购 60 台（件）实验室仪器设备。2005 年，利用国债项目、艾滋病防治项目、地方病防治项目及自筹资金装备仪器27台(件),完成艾滋病初筛实验室、百白破实验室、麻疹实验室建设,初步建立P2(二级生物安全)实验室。

2009年9月,市疾控中心国家流感检测网络实验室在甲型H1N1流感流行期间建成并投入使用,检测流感样品842份,检出阳性样品237份。10月,中国疾病预防控制中心对全国411家流感检测网络实验室核酸检测能力考核中,市疾控中心出具的流感检测结果全部正确。2012年始,承担全市食品安全风险监测项目。2013年,市疾控中心艾滋病确证实验室建设通过自治区专家组评审验收。

至2014年,全市可开展的检验检测项目有流感、手足口病、麻疹、风疹等PCR检验130多项,其中重点检测流感、手足口病、麻疹、风疹等10多种病种样品6万多份,检测准确率达95%。

第七节 居民死因调查

1991—2014年,随着社会经济的发展,人们的生产生活方式发生变化,人口老龄化进程加快,人群病谱和死因构成发生改变,一些慢性非传染性疾病如心脑血管、恶性肿瘤等疾病的发病和死亡率大幅度上升,已成为严重威胁人民健康的重要社会公共卫生问题。

1994—1996年,为掌握人群疾病死亡的动态变化,市防疫部门在红山区、宁城县、巴林右旗对1991—1992年间的死亡者首次开展居民病伤死亡原因调查。调查结果显示,城市总死亡率264.69/10万。其中脑血管病73.71/10万,占27.85%;恶性肿瘤55.01/10万,占20.78%;心脏病43.14/10万,占16.3%;呼吸系统29.32/10万,占11.08%;损伤中毒20.94/10万,占7.91%。累计占全部死因的83.92%。农村总死亡率514.85/10万。其中呼吸系统116.56/10万,占22.64%;脑血管病112.62/10万,占21.87%;恶性肿瘤62.59/10万,占12.16%;损伤中毒57.56/10万,占11.18%;心脏病42.07/10万,占8.17%。累计占全部死因的76.02%。牧区总死亡率477.39/10万。其中脑血管101.69/10万,占21.30%;呼吸系统84.41/10万,占17.68%;恶性肿瘤76.89 /10万,占16.11%;心脏病74.39/10万,占15.58%;损伤中毒42.09/10万,占8.82%。累计占全部死因的79.49%。

2004年,在上述旗县区对2001—2003年的死亡者开展第二次居民病伤死亡原因调查。调查结果显示,城市总死亡率251.70/10万。其中恶性肿瘤60.35/10万,占23.98%;脑血管病59.91/10万,占23.80%;心脏病53.54/10万,占21.27%;损伤中毒48.25/10万,占19.17%;呼吸系统12.74/10万,占5.06%。累计占全部死因的93.28%。农村总死亡率461.22/10万。其中脑血管病158.35/10万,占34.33%;恶性肿瘤72.68/10万,占15.76%;心脏病62.32/10万,占13.51%;呼吸系统61.46/10万,占13.33%;损伤中毒48.25/10万,占10.46%。累计占全部死因的87.39%。牧区总死亡率386.76/10万。其中心脏病124.59/10万,占32.21%;恶性肿瘤104.91/10万,占27.12%;脑血管病68.03/10万,占17.59%;损伤中毒38.03/10万,占9.83%;呼吸系统13.18/10万,占

1991—2014年部分年份赤峰市红山区、宁城县、巴林右旗居民死因情况调查表

表 23-1-6

区域	年份	总死亡率（1/10万）	脑血管病			恶性肿瘤			心脏病			呼吸系统			损伤中毒			其他疾病		
			顺位	死亡率(1/10万)	构成比(%)	顺位	死亡率(1/10万)	构成比(%)	顺位	死亡率(1/10万)	构成比(%)	顺位	死亡率(1/10万)	构成比(%)	顺位	死亡率(1/10万)	构成比(%)	顺位	死亡率(1/10万)	构成比(%)
城市	1991—1992	264.69	1	73.71	27.85	2	55.01	20.78	3	43.14	16.30	4	29.32	11.08	5	20.94	7.91	—	—	16.08
	2001—2003	251.70	2	59.91	23.80	1	60.35	23.98	3	53.54	21.27	5	12.74	5.06	4	48.25	19.17	—	—	6.72
	2014	272.72	2	62.99	23.10	1	91.37	33.50	3	49.38	18.11	4	15.23	5.58	5	13.84	5.07	—	—	14.64
农村	1991—1992	514.85	2	112.62	21.87	3	62.59	12.16	5	42.07	8.17	1	116.56	22.64	4	57.56	11.18	—	—	23.98
	2001—2003	461.22	1	158.35	34.33	2	72.68	15.76	3	62.32	13.51	4	61.46	13.33	5	48.25	10.46	—	—	12.61
	2014	652.7	1	244.53	37.46	3	113.37	17.37	2	135.57	20.77	4	59.07	9.05	5	43.48	6.66	—	—	8.69
牧区	1991—1992	477.39	1	101.69	21.30	3	76.89	16.11	4	74.39	15.58	2	84.41	17.68	5	42.09	8.82	—	—	20.51
	2001—2003	386.76	3	68.03	17.59	2	104.91	27.12	1	124.59	32.21	5	13.18	3.41	4	38.03	9.83	—	—	9.84
	2014	673.76	1	209.73	31.13	3	129.75	19.26	2	187.44	27.82	5	40.00	5.94	4	45.15	6.70	—	—	9.15

3.41%。累计占全部死因的90.16%。通过两次死亡原因调查和多年死因监测,均表明心脑血管疾病在人群疾病的死因中占首位。

2014年,在红山区、宁城县、巴林右旗开展第三次居民病伤死因调查。调查结果显示,城市总死亡率272.72/10万。其中恶性肿瘤91.37/10万,占33.5%;脑血管病62.99/10万,占23.1%;心脏病49.38/10万,占18.11%;呼吸系统15.23/10万,占5.58%;损伤中毒13.84/10万,占5.07%。农村总死亡率652.7/10万。其中脑血管病244.53/10万,占37.46%;心脏病135.57/10万,占20.77%;恶性肿瘤113.37/10万,占17.37%;呼吸系统59.07/10万,占9.05%;损伤中毒43.48/10万,占6.66%。牧区总死亡率673.76/10万。其中脑血管病209.73/10万,占31.13%;心脏病187.44/10万,占27.82%;恶性肿瘤129.75/10万,占19.26%;损伤中毒45.15/10万,占6.7%;呼吸系统40/10万,占5.94%。通过居民死因调查,脑血管病除城市占第二位外,在农村、牧区仍占死因第一位。

第五章　妇幼保健

第一节　机　构

1991年,赤峰市设妇幼保健所,内设办公室、财务科、宣教科、妇保科、儿保科5个科室,有职工42人,其中卫生技术人员40人,医师以上26人。2009年,市妇幼保健所改为市妇幼保健院,新增放射科、骨密度科、妇产科、儿科、早教中心、口腔科、乳腺科、宫颈科、眼科、麻醉科等,有科室21个,共有职工117人,其中卫生技术人员103人,医师以上46人。2014年,市妇幼保健院内设办公室、护理部、感染科、超声科、检验科、药剂科、骨密度科、妇产科、儿科、儿保科、早教中心、乳腺科、钼靶放射科、宫颈科、计划生育科、眼科、产后康复中心等23个科室,有职工136人,其中卫生技术人员119人,医师以上45人。

1991年,全市旗县区设妇幼保健所12个,有职工448人,其中妇幼卫生技术人员363人,医师以上148人。乡镇苏木设妇幼保健员455人,村嘎查设保健医生994人、农村接生员2660人。2008年,巴林右旗妇幼保健所改为妇幼保健院。至2014年,全市旗县区设妇幼保健院1个,保健所11个,有职工683人,其中卫生技术人员578人,医师以上268人。乡镇苏木设妇幼保健员355人,村嘎查设保健医生4768人,彻底取缔农村接生员,形成市、旗县区、乡镇苏木、村嘎查四级妇幼保健网络。

第二节　妇女保健

一、婚前保健

1991年,全市妇幼保健机构依据卫生部颁发的《婚姻保健工作常规(试行)》,进行婚前体检，按有关规定对身体患有相应疾病人员给予不准登记结婚、暂缓结婚、可以结婚但不准生育、劝阻结婚生育 4 种指导标准，全面推进婚前检查。1995 年 6 月，《中华人民共和国母婴保健法》颁布实施后，婚前体检单位由自治区卫生厅、民政厅考核后批准，婚检单位由市卫生局发给婚前体检执业许可证，婚检医生需持证上岗。婚检机构向接受婚前医学检查的男女双方出具婚前医学检查证明。经婚前医学检查，对诊断患医学上认为不宜生育的严重遗传性疾病者，医师向男女双方说明情况，提出医学意见。当年，红山区妇幼保健所、克什克腾旗妇幼保健所、阿鲁科尔沁旗妇幼保健所 3 个妇幼保健机构取得婚前医学检查许可资质，依法开展婚前保健服务。1996 年，新增喀喇沁旗妇幼保健所、宁城县妇幼保健所、敖汉旗妇幼保健所 3 个婚检机构。全市有 6 个妇幼保健机构开展婚检工作，应婚检 13832 人，实际婚检 5738 人，婚检率 41.48%，查出患病总数 17 人。

2000 年 2 月，自治区政府印发《内蒙古自治区婚前医学检查管理办法》，进一步规范婚前保健管理。全市 13 个妇幼保健机构全部从事婚前医学检查工作。全市应婚检 54230 人，实际婚检 27848 人，婚检率 51.35%。查出患病总数 1512 人，其中指定传染病 462 人，严重遗传病 20 人，有关精神病 4 人，生殖系统疾病 425 人，内科系统疾病 404 人，其他 197 人。给出影响婚育疾病的医学意见暂缓结婚 380 人、不宜生育 12 人。

2003 年，全市应婚检 49596 人，实际婚检 34300 人，婚检率 69.16%。查出患病总数 4146 人，其中指定传染病 1544 人，严重遗传病 44 人，有关精神病 4 人，生殖系统疾病 1312 人，内科系统疾病 903 人，其他 339 人。给出影响婚育疾病的医学意见暂缓结婚 215 人、不宜生育 27 人。同年 10 月，国务院颁发新的《婚姻登记管理条例》规定，结婚登记不能强制婚前体检，婚检实行自愿选择。由于服务对象对婚前医学检查缺乏认识，全市婚检率大幅度下降。2004—2006 年，全市应婚检 16.6 万人，实际婚检 605 人，降至 0.36%。查出患病总数 81 人，其中指定传染病 13 人，严重遗传病 8 人，生殖系统疾病 35 人，内科系统疾病 23 人，其他 2 人。

2007 年 3 月，卫生部印发《孕前保健服务工作规范(试行)》。为达到婚前男女主动做健康体检目的，各级妇幼保健机构在加强自身建设的同时，开展婚前保健宣传，大力开展健康教育，努力提高服务对象自我保健意识，全市婚检人数逐渐回升。

至 2014 年末，全市应婚检 57874 人，实际婚检 27006 人，婚检率回升到 46.66%。查出患病总数 1726 人，其中严重遗传病 2 人，指定传染病 361 人，生殖系统疾病 993 人，内科系统疾病 366 人，其他 4 人。给出影响婚育疾病的医学意见包括不宜结婚、不宜生育、暂缓结婚共 103 人。

二、孕产妇保健服务

1991 年，全市各级医疗保健机构加强孕产妇孕前、孕期、产后各环节的生育健康服务。孕产妇实行建卡系统管理，孕产妇 3 个月建卡管理 21804 人，孕产妇系统管理率 70%；新法接生率 82.96%，住院分娩率 20.7%，孕产妇死亡率 85／10 万，婴儿死亡率

24.1‰;产后访视 29597 人,访视率 96%。1995 年,依据《中华人民共和国母婴保健法》规定,各级妇幼保健部门注重孕产妇保健工作,加强行业管理,提高服务能力。当年,孕产妇总数 47335 人,孕产妇系统管理率 88.31%;新法接生率 88.56%,住院分娩率 34.93%。由于住院分娩比率增高,孕产妇与婴儿死亡率呈下降趋势,孕产妇死亡率 44.47/10 万,婴儿死亡率 11.1‰。

2000—2007 年,巴林左旗、巴林右旗、克什克腾旗、林西县、翁牛特旗、宁城县、喀喇沁旗、敖汉旗、松山区 9 个旗县区实施国家"降低孕产妇死亡率和消灭新生儿破伤风项目"(简称"降消项目")。在项目实施 8 年间,中央财政、地方财政共投入项目经费 1757 万元,其中孕产妇贫困救助 1133.3 万元,基本设备配置 319 万元,其他项目经费 304.7 万元。此后,在全市 12 个旗县区全面开展"降消项目"工作。2007 年,根据卫生部关于对流动人口中的孕产妇服务情况进行统计的要求,全市对流动人口中的孕产妇进行登记,实施孕产妇保健管理。2008 年始,中央财政和自治区财政投入补助经费,各旗县区安排工作经费和贫困孕产妇救治资金,实行对农村牧区妇女住院自然分娩给予 400 元的补助政策。

2009 年,国家将孕产妇保健服务纳入医改内容,并确定为国家基本公共卫生服务项目之一,全市妇女保健机构对孕产妇提供保健服务。此后,孕 12 周前为孕妇建立孕产妇保健手册并进行第 1 次产前随访;孕 16~20 周、21~24 周各进行 1 次随访,对孕妇的健康状况和胎儿的生长发育情况进行评估和指导;督促孕产妇在孕 28~36 周、37~40 周到妇幼保健机构或有助产资质的医疗卫生机构各进行 1 次孕产妇随访。采取孕产妇自我监护方式,促进自然分娩、母乳喂养以及孕期并发症、合并症防治指导;产后 3~7 天到产妇家进行访视,进行产褥期健康管理,加强母乳喂养和新生儿护理指导;同时进行新生儿访视,产后 42 天进行健康管理服务结案。当年,全市有孕产妇 43488 人。妇幼保健机构为 41421 名孕产妇建立健康档案,占孕妇总数的 95.25%;产后访视 40996 人,占孕产妇总数的 94.27%。根据市政府印发的《关于进一步做好"增补叶酸预防神经管缺陷"项目的通知》,要求在孕妇孕前 3 个月至孕早期 3 个月期间连续服用 6 个月的小剂量叶酸,从而达到降低神经管缺陷婴儿的出生。全市有 11 个旗县区(元宝山区除外)予以实施,涉及育龄妇女 3.8 万人。全市加强产科临床技能培训和选派市级产科专家进驻旗县医疗保健机构,产科出血救治和转诊能力明显提高。2006—2009 年,全市因产科出血造成的孕产妇死亡呈下降趋势,2006 年占当年孕产妇死亡总数的 64.7%,2009 年占当年孕产妇死亡总数的 16%。孕产妇死亡率和婴儿死亡率分别控制在 43/10 万和 9.36‰。2011 年后,补服叶酸项目在全市推开。

至 2014 年末,全市有孕产妇 44249 人,孕产妇系统管理率达到 94.31%,剖宫产率 51.12%;孕产妇死亡率和婴儿死亡率分别降至 15.68/10 万和 4.79‰。全市连续 15 年无新生儿破伤风病例。住院分娩补助 40653 人,孕产妇住院自然分娩率达 91.87%;补服叶酸 6000 人,妇女健康水平明显提高。

三、妇女病普查

1991 年，妇女病普查工作由常规防治转变为以防癌为重点的妇女病防治。当年，市妇幼保健所在松山区穆家营子镇 10 个村开展妇女病普查，普查妇女 9086 人，均做宫颈癌涂片检查，查出妇女病 3854 人，患病率 42.42%。主要疾病为宫颈炎和阴道炎，查出非典型性增生 67 例，宫颈癌 2 例，对查出的妇女病均给予治疗。

1992—1994 年，全市普查妇女 55.14 万人，查出妇科疾病 14.29 万人，患病率 25.92%。主要疾病为宫颈炎和阴道炎，查出宫颈癌 25 例，尿瘘 15 例，治疗 7 例；子宫脱垂 428 例，治疗 313 例。

1995 年，《中华人民共和国母婴保健法》实施后，进一步规范妇女病普查普治工作。全市普查妇女 21.11 万人，查出患妇科病 4.84 万人，患病率 22.93%，均给予相应治疗。2010 年，全市对孕产妇实施重点传染病预防检测和干预，艾滋病咨询检测、乙肝和梅毒筛查全部纳入孕产妇系统服务，对 3706 名孕产妇进行检测，检测率达 95%以上，未发现艾滋病母婴传播病人。

2013 年，自治区卫生厅开始启动“两癌”（宫颈癌、乳腺癌）免费普查项目，利用中央资金为农村牧区 35 岁至 64 岁妇女进行“两癌”检查。赤峰市按自治区卫生厅要求，在阿鲁科尔沁旗、巴林左旗、巴林右旗、克什克腾旗、翁牛特旗、喀喇沁旗、宁城县 7 个旗县开展宫颈癌检查，实际完成宫颈癌检查 60000 人，查出宫颈癌 20 例；在巴林右旗开展乳腺癌检查，实际完成乳腺癌检查 3500 人，查出乳腺癌 8 例。2014 年，自治区卫生厅确定翁牛特旗为宫颈癌 HPV 检查项目地区，实际筛查 3500 人，查出癌前病变 4 例，对查出的病人及时治疗。

第三节　儿童保健

一、儿童健康保健服务

1991 年，全市将儿童保健纳入初级卫生保健目标任务，开展儿童登记管理，全市 7 岁以下儿童 52.18 万人，儿童保健系统管理率 55%，全面推行母子保健保偿责任制。各旗县区重点对儿童投服驱虫药，进行佝偻病、贫血和腹泻的筛查。从 1992 年始，根据上级规定，围绕生长发育，对 7 岁以下儿童进行健康体检，包括体重小于 2SD（低于正常值）、佝偻病和贫血。全市对 34 万名儿童进行健康体检，发现 9830 人体重小于 2SD，占 2.88%；佝偻病实查 12 万人，患病 21980 人，占 18.32%；贫血实查 8.6 万人，患病 9731 人，占 11.28%。

1994 年，赤峰市开展创建“爱婴医院”活动。全市有 7 所综合医院达到“促进母乳喂养成功十项措施”和“国际代乳品销售守则”标准，并获得世界卫生组织、卫生部命名的“爱婴医院”称号。1996 年，全市将“爱婴”创建活动引向农村和牧区。赤峰市卫生局下发《创建爱婴乡镇实施方案》《创建爱婴乡镇标准》《爱婴乡镇达标验收评分标准》等规范性文件。以乡镇苏木卫生院为核心,各旗县区每年以 2 ~ 3 个试点的速度,全面推进创建活动。当年,全市有 38 个乡镇苏木达到爱婴乡镇标准。自治区卫生厅在全区推广赤峰市“爱婴”创建活动模式。1999 年,全市共有 82 所“爱婴医院”,其中 49 所卫生院,旗县区级以上综合医院、11 个妇幼保健机构均获得“爱婴医院”称号。宁城县通过自治区卫生厅的评估验收,被批准为自治区唯一“爱婴县”。

2001 年,赤峰市政府印发《2001—2010 年赤峰市妇女儿童发展规划纲要》。赤峰市卫生行政部门将妇女儿童卫生保健工作纳入整体卫生工作规划以及年度工作计划,制定相关政策,强化行业管理,实施目标责任制。当年,全市有育龄妇女 94 万人,7 岁以下儿童 31.8 万人,儿童保健系统管理率 88%。2002 年,全市连续利用 7 年时间,共创建爱婴乡镇 202 个,占基层卫生院总数的 80%。2009 年,赤峰市各级妇幼保健机构按照卫生部要求,将学龄前儿童健康管理、健康问题处理纳入儿童保健服务内容,对 0~6 岁儿童提供系统保健服务。至 2010 年,7 岁以下儿童保健系统管理率达到 90.5%,较 2001 年提高 2.5 个百分点。

至 2010 年末,全市有育龄妇女 128 万人,较 2001 年增加 34 万人,7 岁以下儿童 29.5 万人,较 2001 年减少 2.3 万人。县级及以上综合医院、妇幼保健机构和部分中蒙医院均设有妇产科和儿科,有 170 所卫生院开展妇产科和儿科工作,全市能够开展妇产科和儿科业务的医疗保健服务机构较 2001 年增加一倍以上。

至 2014 年,全市 7 岁以下儿童 30 万人,儿童保健系统管理率达到 92%。各级妇幼保健机构对 11054 名 7 岁以下儿童进行新生儿苯丙酮尿症和甲状腺功能减低症筛查,筛查率 24.76%。对 23355 名儿童进行听力筛查,筛查率 52.32%。儿童生长迟缓和儿童贫血患病率分别为 0.26%和 2.83%,其中儿童生长迟缓比 1992 年的体重小于 2SD 儿童降低 2.62 个百分点,儿童贫血患病率降低 8.45 个百分点。

二、托幼机构卫生保健

1991 年,市、旗县区妇幼保健所对辖区托幼机构老师进行卫生知识培训,对幼儿进行健康体检。根据卫生部颁发的《托儿所、幼儿园卫生保健制度》,全市实行预防接种证查验制度,儿童凭预防接种证入托、入园。

1996 年,市、旗县区妇幼保健所加强对托幼机构园(所)长、保健老师的培训,考试合格后发给上岗证,每年一次体检,持“健康证”上岗。2005 年后,随着个体民办幼儿园(所)的增加,全市加强对托幼机构监督检查力度,建立儿童健康档案,加强基本设施、基本制度建设,开展卫生保健合格园评审,提高儿童保健工作水平。

2012 年,卫生部、教育部印发《托儿所、幼儿园卫生保健管理办法》,加强托儿所、幼儿园卫生保健工作,切实提高托幼机构卫生保健工作质量。同年,根据卫生部印发的《托儿所、幼儿园卫生保健工作规范》规定,各托幼机构按照保健室设置基本标准设立保健室或卫生室,根据接收儿童数量配备符合相关资质的卫生保健人员。赤峰市卫生部门按照托儿所、幼儿园卫生保健考核标准，组织专家对托幼机构进行预防性消毒监测和质量管理，对保育人员进行健康体检，不合格者不得上岗或调离岗位。

至 2014 年，全市合格托幼机构发展到 799 个，儿童健康建档率达 90%以上。

第六章　爱国卫生

第一节　组织机构

1991 年，赤峰市成立爱国卫生运动委员会，下设爱卫会办公室。2002 年，将市爱卫办工作机构划归市卫生局。2004 年 3 月 11 日，市爱卫办改为市政府直属工作机构。2006 年 3 月，撤销市爱卫办，工作职能划归市卫生局。同年 9 月 13 日，将赤峰市健康教育宣传中心更名为赤峰市爱卫办，承担市爱国卫生运动委员会的日常工作。2008 年 12 月 9 日，恢复赤峰市爱国卫生运动委员会办公室，隶属于市卫生局。至 2014 年，市爱卫办组织机构未变。

1991 年，全市 12 个旗县区设爱国卫生运动委员会，下设爱卫会办公室。1996 年，市辖红山区、松山区、元宝山区爱卫办为政府下属正科级管理机构。至 2014 年，“三区”爱卫办仍独立办公，其他旗县爱卫办与卫生局合署办公或为卫生局内设机构。

第二节　环境治理

一、除“四害”

20 世纪 90 年代，“四害”（鼠、蚊、蝇、蟑）综合防治工作，始终坚持“统一指挥、属地管理、严密组织、精心指导、强化监督、除害务尽、巩固提高”和“以防为主、防灭结合”的原则，按照国家有关标准和规范要求，保证各项防治措施落实到位。灭蝇工作加大环境治理，推进厕所改建达标、垃圾整体清运和特殊环境单位的综合治理，并在每年的 5—10 月开展季节性的化学药物消杀工作。灭蚊工作抓住早春消灭越冬蚊害的有利时机进行杀灭。灭蟑工作主要采取群防群治、整体全面和多次消杀的防治办法。灭鼠工作采取“五统一”（统一组织、统一指挥、统一时间、统一行动、统一毒饵）和“三不漏”（不漏村、不漏户、不漏外部环境）的原则，开展了家屋灭鼠投药工作。1998 年，赤峰市城区巩固“四害”综合防治达标成果和林西镇、锦山镇灭鼠达标成果，均通过自治区爱卫会组织的专家组的复查考核。2004 年 8 月，赤峰市除“四害”工作通过自治区爱卫会组织的专家组的检查验收。

2005 年后，市政府办公厅印发《全民爱国卫生运动实施意见》《关于加强中心城区市容环境管理工作的通知》，进一步强化城区环境治理工作。市区爱卫会组织有关部门加强垃圾、粪便管理,对各类旱厕进行改造,达到卫生标准。赤峰城区坚持每年春节期间进行一次集中灭鼠,特殊行业坚持常年灭鼠。灭蝇工作每年组建专业消杀队伍,用化学药物进行滞留喷洒辅助性灭蝇杀蛆。灭蟑工作主要发动群众自查,发现蟑螂及时向所在办事处、居委会报告,由当地爱卫会和防疫站组织人员杀灭。灭蚊工作主要加强环境治理和对有滋生条件的场所进行管理。同时,加强城中村及城乡接合部卫生管理,集中消灭“四害”,巩固赤峰城区“除四害”达标成果。

2010—2014年,全市各爱卫办根据季节变化和生物特点,积极组织开展早春集中灭蚊、春秋灭鼠、灭蟑和灭蝇害活动,“三区”政府划拨专项经费,有关部门实时监测,密度超标随时消杀,形成卫生城市常态管理机制。

二、爱国卫生月

1991年,赤峰市坚持每年4—5月开展爱国卫生月活动,即围绕一个活动主题,宣传和动员全社会力量,利用一个月时间,在全市范围内开展以普及卫生保健知识、咨询义诊、消除卫生死角、清运冬季积存垃圾、整顿市容环境、消杀“四害”等为主要内容的城乡环境卫生综合治理活动。市政府印发《赤峰市城镇公共卫生管理暂行办法》,全市各地卫生治理投入资金4390万元,开展以清除冬季积存垃圾污物、解决城乡接合部卫生问题为重点的第3个爱国卫生月活动。

1993—1995年,开展第5~7个爱国卫生月活动,以治理大环境、落实门前“四包”(包卫生、包治理、包绿化、包秩序)、门内达标社会卫生责任制为重点,市区干部群众参加各种公益卫生劳动74.12万人次,参加城乡接合部和东西旱河治理、街巷道路整修、绿地美化等公益卫生劳动200多万人次,以劳代资1000多万元。

2000年,大力宣传贯彻《内蒙古自治区爱国卫生条例》,城市社会卫生管理又有新突破,中心城区污水处理厂试运行和元宝山区污水处理厂完成一期工程。居民区卫生实行物业管理,做到专人全天候保洁,红山区13个居民小区实行垃圾收集袋装化。

2003年5月,市委办公厅、市政府办公厅印发《开展爱国卫生综合整治活动的实施方案》,进一步推进环境卫生综合治理,赤峰城区内生活垃圾做到日产日清,白天不见暴露垃圾,清运率为100%。

2007年,全面开展中心城区的环境卫生综合治理工作,重点解决影响市容市貌和群众生产生活的环境问题。中心城区主要街路设置垃圾箱,建成封闭式垃圾转运站11座,地坑式垃圾转运站43座,日处理垃圾300吨,街路巷道保洁面积达21万平方米,做到晨扫一次、全天保洁。对垃圾实行机械化装卸、密封化运输,实现无害化处理。

2010年4月14日, 在红山区文化广场和松山区松城广场举行赤峰市中心城区“2010年第22个爱国卫生月暨世界卫生日”活动启动大会,红山区和松山区政府、爱卫办及成员单位、街道办事处、社区居委会、居民5000余人参与现场活动。全面启动全国爱卫会“2010—2012年城乡环境卫生整洁行动”,各旗县区根据《赤峰市2010—2012年城乡环境卫生整洁行动实施方案》,成立领导组织,制定行动计划,分解任务指标。在

3 年的持续整洁行动中，旗县区基本形成综合整治与集中整治相结合、重点整治与全面整治相结合、规划行动与广泛宣传相结合、机关干部带头与群众积极参与相结合的“四结合”工作机制，全市有 120 多个村庄村容村貌得到明显改观，爱国卫生工作在乡村得到具体落实。

第三节　宣传教育

一、爱国卫生宣传

1991 年，赤峰市积极组织开展“强化基层、狠抓基础、扬长补短、巩固提高、争创一流”的爱国卫生宣传活动，以“两迎一创”（迎接自治区“阿吉奈”检查、迎接全国卫生城市复查，争创国家卫生城市）为中心，积极开展全市范围的爱国卫生运动。

1993 年，为加强创建国家卫生城市宣传工作，市创建领导小组和市委宣传部先后两次召开新闻发布会，报道创建进展情况，并与《赤峰日报》联合在全市开展创建国家卫生城市有奖知识竞赛活动。市爱卫会和市卫生局在全市开展第二届卫生新闻评比活动，共收集表奖各类卫生稿件 400 多件。

1996 年，赤峰市在中心城区率先开展“八不”（不随地吐痰、不在公共场所吸烟、不乱扔垃圾、不破坏绿地、不损害公物、不挤占马路、不违反交通规则、不说粗话脏话）、“两禁”（禁止吸烟、禁止乱扔杂物）活动。在昭乌达路、哈达街、火车站广场、文化广场实施“八不”，在中心城区 27 家公共场所和重点窗口单位实施“两禁”。并通过报纸、电视媒体广泛宣传，使市民文明意识不断提高，有力推进爱国卫生运动。

2000 年 5 月 30 日至 6 月 4 日，为加强卫生执法人员的宣传教育，市爱卫会举办全市爱国卫生监督员培训班，集中学习《中华人民共和国行政复议法》《中华人民共和国行政处罚法》《中华人民共和国赔偿法》《中华人民共和国行政诉讼法》《内蒙古自治区爱国卫生条例》，有 120 人参训。经考试合格后，由市政府核发“行政执法证书”和“爱国卫生监督员证书”。2004—2005 年，市爱卫会编印 2 万册“除四害”宣传手册，免费向机关单位和市民发放。

2010 年 4 月，市政府在红山区文化广场和松山区松城广场开展大型宣传活动，设立咨询义诊台 30 多处，悬挂各种宣传条幅 115 条，设立宣传展板 150 块，发放各种宣传资料 10 万份，进一步普及全民健康知识水平。

2011 年，市爱卫办组织 12 个旗县区与赤峰广播电台“行风热线”栏目，开展为期一个月的“寻找身边卫生死角”活动，与市委宣传部联合开展创建国家卫生城市系列宣传活动。编辑印发《建设国家卫生城市，打造靓丽文明赤峰》的宣传画册和《2011 版赤峰市巩固国家卫生城市成果资料汇编》，营造人人参与国家卫生城市建设的良好氛围。

至 2014 年，赤峰市每年围绕一个宣传主题，充分利用广播电视新闻媒体、黑板报、宣传板（栏）及发放宣传资料、播放公益广告等各种宣传手段，在全市范围内开展大规模的宣传活动。全市累计发放宣传单、折页、画册等各种宣传资料近400万份,设立卫生咨询点1500个、宣传板报5700块,悬挂条幅4600条,出动宣传车2000辆次。全市各级各类医疗卫生机构开展“世界卫生日”“世界无烟日”“世界洗手日“等主题宣传活动120多次,出动宣传车120多辆次,发放宣传单(册)20万份;医务人员为群众开展义诊,受益人口达20万人次;在广播电视等媒体开展爱国卫生健康宣传20期。

二、健康教育

1991年,市卫生局与市教育局联合下发《关于进一步加强幼儿园、中小学校健康教育工作的通知》,赤峰市中小学校在自治区内率先开设健康教育课。1992年,在全国爱卫会的指导下,赤峰市城市社区健康教育综合示范区建设全面启动。

1993年,全国爱卫会组织的“全国城市社区健康教育综合示范区”现场会在赤峰召开,来自全国17个省、市、自治区的健康教育专家参加全国城市社区健康教育模式研讨,并把这一示范成果推向全国。

1994年,由全国爱卫会、中国健康教育研究所主持的“中国农村社区健康教育模式研究”成果,在翁牛特旗山嘴子乡实施。通过一年半的实践与摸索,赤峰市总结出具有赤峰特色的农村社区健康教育经验,为中国农村社区健康教育探索出一条切实可行的路子。同年,农业部、卫生部、国家教委、中国轻工总会联合印发《关于实施大豆行动计划》的通知,翁牛特旗被列为国家大豆行动计划试点旗县,并在翁牛特旗山嘴子乡确定中、小学校各1所,作为大豆行动计划试点学校。

1995年,中国健康教育研究所选定赤峰市作为WHO健康促进学校项目市,并将赤峰二中、赤峰四中、红山区三小、红山区九小作为项目试点学校。开通160健康咨询服务热线。1996年,赤峰市被列为全国大豆行动计划第一批试点市。通过实验组和对照组分析,实施大豆行动计划的中小学生健康素质有了显著的提高。至年末,健康教育课在全市旗县区、乡镇苏木、村嘎查中小学校全部开课。1998年始,赤峰市将健康教育工作纳入各级政府和卫生行政部门领导任期责任目标考核条件之一。2004年3月,在全市范围内开展“健康面对面·乡村行”活动。同年4月,赤峰市健康教育网站全面开通,成为本市健康教育知识传播的重要途径。2009年4月6日,中共中央、国务院《关于深化医药卫生体制改革的意见》明确提出,将健康教育服务活动正式纳入基本公共卫生11项服务项目之中,并确定服务的具体方式和内容。同年,卫生部印发《健康教育服务规范》,对基层健康教育服务机构实行绩效考核。

2011年6月6日,市卫生局与中华慈善总会、赤峰市总工会联合启动“青光眼爱心活动月”活动;与卫生部国际交流与合作中心联合举办“‘让我们一起改变糖尿病’2011年健康大巴车健康之旅”赤峰站活动。同年,卫生部要求在全国卫生系统开展全面禁烟工作,市卫生局与各旗县区卫生局和市直医疗卫生单位签订全面禁烟工作目标责任状。

2012年,市卫生局将6月定为全市健康教育宣传月,并下发《2012年赤峰市健康教育宣传月活动实施方案》,大力普及卫生防病知识及《中国公民健康素养 66 条》,确定“关注健康,建立科学、文明的生活方式”的宣传主题。7 月,自治区健康教育机构绩效考核组对赤峰市健康教育和控烟工作进行综合考核,赤峰市被确定为全区健康教育专业机构绩效考核较好的 5 个盟市之一。

至 2014 年,全市各级各类医疗卫生机构组织开展“健康中国行——全民健康素养促进行动”健康宣传活动,制定以“合理用药”为主题的健康教育咨询和大讲堂宣传活动方案。开展全市服务百姓送健康大型义诊宣传活动,全市先后累计印发健康教育宣传资料 20 种,发放 7 万册,制作中医健康知识宣传光盘 5 种,开展健康咨询活动 3350 次,举办健康知识讲座 4067 次,设置健康教育宣传栏 1588 个。赠送药品价值 5 万元,受益人口达 3.5 万人。

第四节　村镇卫生

一、农村改水

20 世纪 90 年代,农村自来水普及率较低。为推进农村改水工作,1992 年,林西县引进农村改水世行贷款项目,启动资金 119.6 万元,完成供水工程 13 处,受益人口 10452 人。1991—1995 年,红山区、元宝山区加大农村改水力度,使 60%以上农村人口普及自来水。1996 年,林西县引进农村改水世行二期贷款项目,累计完成供水工程 97 处,总受益人口 11 万人。1998 年赤峰市遭到百年不遇的洪水灾害,各旗县区的农村饮水井和供水设施遭到不同程度的破坏。至 1999 年 11 月 15 日,修复了被洪水冲毁的农村饮用水工程,并顺利通过了自治区农村改水项目办的验收,此项工程共解决 25 个乡镇苏木 5.55 万人口饮水困难问题。

进入 21 世纪后,自治区政府印发《内蒙古自治区农村牧区饮用水安全项目建设管理实施细则》,进一步明确农村牧区开发建设生活饮用水工程要确保水质安全。

2004—2011 年,赤峰市重点在阿鲁科尔沁旗、克什克腾旗、巴林左旗、巴林右旗、翁牛特旗、林西县、喀喇沁旗、敖汉旗、宁城县 9 个旗县实施改水工程,共 1072 处,覆盖农村牧区人口 80 多万人,占全市农村牧区人口的 22.98%。

至 2014 年,全市 12 个旗县区农村牧区人口中,饮用经过净化的自来水的占 32%,饮用受保护的井水和泉水的占 48%,饮用不受保护的井水和泉水的占 18.56%,饮用其他水源的占 1.44%。

二、农村改厕

20 世纪 90 年代,针对农村牧区以普通旱厕为主的状况,赤峰市在加强环境治理的同时,逐步推进农村牧区改厕工作。1992 年,林西县建立 1 个示范村,建成卫生户厕 535 户。此后,红山区、元宝山区、敖汉旗、巴林左旗、巴林右旗、宁城县、喀喇沁旗 7 个旗县区,乡乡建有卫生户厕试点。

2005—2007 年,赤峰市红山区、松山区、元宝山区匹配资金 147.7 万元,完成改厕 2704 户; 同时全市完成 2006 年度中央财政转移支付资金的农村改厕项目 4000 户。2008 年,赤峰市承担中央补助内蒙古地区农村牧区改厕项目任务,国家补助 420 万元,自治区补助 320 万元,当年完成 12000 户厕所的主体建设。

2009—2013 年,赤峰市重点在阿鲁科尔沁旗、巴林左旗、巴林右旗、翁牛特旗、林西县、喀喇沁旗、宁城县、松山区 8 个旗县区,完成 2008 年中央补助地方农村牧区改厕项目 6800 户;组织实施 2009 年 10000 户农村牧区卫生改厕项目建设。至 2013 年,完成 5016 户农村牧区改厕。

2014 年,全市完成 2013 年度国家改厕项目 7299 户,全市累计完成改厕建设38354 户。完成自治区部分乡镇卫生院试点建设无害化厕所选址工作,并确定阿鲁科尔沁旗 4 所卫生院建设无害化厕所。完成国家环境卫生监测和水与环境调查任务。

至 2014 年末,全市 12 个旗县区农村牧区人口中,用水冲式卫生厕所的占 0.32%,用水冲式非卫生厕所的占 0.16%,用卫生旱厕的占 12%,用普通旱厕的占 82.08%,无厕所的占 5.44%。

第五节　卫生城创建

一、创建国家卫生城市

20 世纪 80 年代始,赤峰市开展以治理“脏、乱、差”为突破口,以除害灭病为中心的群众性爱国卫生运动。20 世纪 90 年代,赤峰市多次被全国爱卫办评为“全国地级十佳卫生城市”。

1991 年,市政府印发《关于进一步完善“门前四包、门内达标”社会卫生责任制的意见》。同年 8 月,市委、市政府提出争创国家卫生城市的奋斗目标,确定建设项目和争创措施,调整充实爱卫会组织及其办事机构。市政府批转市爱卫会《关于巩固十佳卫生城市成果,争创国家卫生城市的实施方案》,正式确立创建国家卫生城市的奋斗目标。

1992 年 1 月,市政府颁发《赤峰市城镇公共卫生管理办法》,对爱国卫生工作实行规范化管理。10 月,全国爱卫会开展第二次全国卫生大检查,在全国 472 个城市卫生检查评比中,赤峰市再次被评为“全国地级十佳卫生城市”。

1994 年 3 月,市委、市政府印发《关于创建国家卫生城市的决定》《赤峰市创建国家卫生城市实施方案》,成立创建国家卫生城市重点突破专项推进领导小组,红山区、松山区、元宝山区也成立相应的领导机构。至年末,市区用于国家卫生城市创建投资达 3070 多万元,新铺自来水管道 11.65 万延长米,新增受益人口 2.73 万人,新铺下水管道2.4万延长米，新铺柏油路面20.11万平方米，沙石路面34.83万平方米，硬化人行道4.92万平方米，新购置卫生清洁车18辆，新增清洁工人91人，扩大清扫面积达8.07万平方米。

1995年3月，市委、市政府在昭乌达剧场召开创建国家卫生城市动员暨表彰大会，全力推进卫生城创建工作。9月，全国爱卫办考核验收组采取明察与暗访的方式对赤峰市创建国家卫生城市工作进行全面考核鉴定，认为赤峰市基本达到《国家卫生城市检查考核标准实施细则》的要求。12月，全国爱卫办正式命名赤峰市为国家卫生城市，成为当时全国三北地区、边疆少数民族地区、经济欠发达地区第一个国家卫生城市。1996年1月，全国爱卫会在北京召开“国家卫生城市”命名表彰大会，赤峰市获得国家卫生城市牌匾一块和“市长奖杯”一个。国家卫生城建成后，每年复审一次，实行动态管理。

1998—1999年，市政府先后印发《关于进一步加强国家卫生城市建设和管理的通知》《赤峰市爱国卫生管理暂行办法》，成立赤峰市国家卫生城市建设和管理工作领导小组。市公安局、工商局、建设局抽调专人成立国家卫生城市建设与管理综合质量监督检查办公室，进一步推进全市爱国卫生工作。赤峰市顺利通过自治区爱卫办对城区“硬化、绿化、美化、净化”建设达标的考核验收，接受第四次全国卫生城市检查，被确认为较好地巩固了国家卫生城市建设成果。2003年9月，自治区爱国卫生检查团对赤峰市的爱国卫生工作进行综合检查，充分肯定赤峰市国家卫生城市创建成果。

2005年8月，全国爱国卫生工作调研督导组到赤峰市调研，对赤峰市巩固国家卫生城市成果工作给予较好评价。11月，市政府办公厅印发《关于加强中心城区市容环境管理工作的通知》，对城区管理提出新的要求。

2006年6月，市委、市政府召开加强国家卫生城市建设动员大会。市爱卫办抽调专业人员按照新修订的《国家卫生城市标准》，对“三区”的国家卫生城市建设工作进行两次督导检查。6月末，自治区爱卫会检查督导组对赤峰市国家卫生城市创建进行明察暗访，就相关问题提出意见和建议。市政府高度重视国家卫生城市复审工作，先后召开3次巩固国家卫生城市成果工作调度会，协调解决问题，部署迎检工作。9月末，全国爱卫办组织专家以暗访的形式对赤峰市的国家卫生城市进行复审，确认赤峰市为国家卫生城市。至此，赤峰市连续11年保持国家卫生城市荣誉。

2011年3月，市委、市政府组织召开“赤峰市2011年迎接国家卫生城市复审工作动员大会”，细化各部门各单位迎检工作职责任务，印发《2011年赤峰市迎接国家卫生城市复审工作实施方案》；5月，成立8个督导组进行两次大规模专项督查，全面落实迎检工作任务；6月，顺利通过自治区检查组的复审检查；8月，接受全国爱卫办专家暗访组的暗访；11月，赤峰市通过国家卫生城市复审，被全国爱卫会再次命名为国家卫生城市，成为全国爱卫会重新确认的63个城市之一。

2013年8月，顺利通过全国爱卫会委托自治区爱卫会的复审，赤峰市连续18年保持国家卫生城市成果。为巩固国家卫生城成果，几届领导高度重视、真抓实干，各部门协同配合、形成合力,全社会积极参与、共同努力,使创建工作科学化、常态化,初步形成了长效机制。

二、创建卫生城镇、村

1983年以后,赤峰市不断加强村镇卫生工作。喀喇沁旗锦山镇、克什克腾旗经棚镇、巴林右旗大板镇、巴林左旗林东镇、翁牛特旗乌丹镇先后获得自治区“阿吉奈”奖镇级组第一、第二、第三名;有9个旗县区先后进入自治区卫生城镇行列。1984年,林东镇、乌丹镇分别获得自治区“阿吉奈”奖第二名和第三名。1985年7月17日,赤峰市第一个爱国卫生“阿吉奈”奖白马雕塑在喀喇沁旗锦山镇落成。1986年,赤峰市松山区获得“全国农村改水先进地区”称号。1988年,巴林右旗大板镇获得自治区政府“阿吉奈”优秀卫生城镇称号。1991—1992年,巴林右旗大板镇、林西县林西镇在自治区爱国卫生“阿吉奈”竞赛评比检查中获得第一名和第三名。1994年,巴林右旗大板镇在首届自治区卫生城镇评比中获得自治区卫生城镇称号。1997年,红山区、元宝山区获得全国“八五”期间农村普及自来水先进地区称号。1998年,自治区政府正式命名巴林左旗林东镇、敖汉旗新惠镇为自治区卫生城镇。2007年,喀喇沁旗锦山镇、巴林左旗林东镇、巴林右旗大板镇、克什克腾旗经棚镇、宁城县天义镇、敖汉旗新惠镇,被重新确定为自治区卫生城镇。2011年,喀喇沁旗锦山镇、巴林左旗林东镇在自治区卫生城镇复审中,名列总排名第一、第二;元宝山区建昌营等8个村被评为自治区级卫生村。2012年,喀喇沁旗、巴林右旗被全国爱卫会命名为国家卫生县城。2013年,全市有39个行政村被命名为自治区级卫生村。

至2014年,全市6个城镇被评为自治区卫生城镇,7个城镇被评为自治区卫生示范乡镇,47个行政村(嘎查)被评为自治区级卫生村(嘎查)。

第七章　卫生管理

第一节　管理机构

一、市级卫生管理机构

1991年,赤峰市卫生局内设秘书科、防疫科、医政科、地病办、审计科、党办6个科室,有工作人员46人。下设赤峰市爱国卫生运动委员会办公室、赤峰市职工医疗保险管理办公室、赤峰市医学教育科研所、赤峰市健康教育研究所、赤峰市医疗机构监督管理办公室、赤峰市药品检验所、赤峰市药品监督管理办公室、赤峰市红十字会8个事业单位。

1992年5月,成立赤峰市红十字中心血站。1995年,增设药政科、妇幼卫生科和科教科,科室总数达到9个。1998年9月,赤峰市红十字会不再隶属市卫生局,为独立的社会救助团体。1999 年,赤峰市职工医疗保险管理办公室划归市社保局。2001 年 4 月,赤峰市红十字中心血站改称赤峰市中心血站。2001 年 10 月,赤峰市药品检验所划归市药品监督管理局。2002 年,机构改革后,市卫生局内设办公室、人事科、基层卫生与妇幼保健科、疾病控制科、医政科、卫生执法监督科 6 个职能科室。2002 年 4 月,赤峰市药品监督管理办公室划归市药品监督管理局。2004 年 5 月 12 日,赤峰市医学教育科研所与赤峰市健康教育研究所合并,组建赤峰市健康教育宣传中心。2006 年 9 月,撤销市卫生局医疗机构监督管理办公室,改称赤峰市医疗机构药品集中招标采购办公室。2009 年,成立赤峰市新型农村牧区合作医疗管理办公室。2011 年 7 月,成立赤峰市卫生应急救援指挥中心。

2014 年 12 月,赤峰市卫生局与赤峰市人口和计划生育委员会合并成立赤峰市卫生和计划生育委员会,内设办公室、人事科、财务审计科、疾病预防控制科、基层指导科、医政科、药政科、蒙中医科、妇幼保健和计划生育指导科、流动人口服务管理科、考核评价与信息科、宣传与科教科、政策法规科、综合执法监督科、党委办公室、监察室 16 个科室,有工作人员 103 人。下设事业管理机构 12 个,分别为赤峰市疾病预防控制中心,赤峰市卫生局卫生监督所,赤峰市中心血站,赤峰市新型农村牧区合作医疗管理办公室,赤峰市卫生应急救援指挥中心,赤峰市健康教育宣传中心,赤峰市爱国卫生运动委员会办公室,赤峰市医疗机构药品集中招标采购办公室,赤峰市计划生育技术服务中心,赤峰市计划生育协会办公室,赤峰市计划生育宣教中心,赤峰市计划生育药具管理站。

二、旗县区卫生管理机构

1991 年,全市 12 个旗县区设有卫生局、爱国卫生运动委员会办公室。2011—2014 年,各旗县区相继成立新农合管理委员会及管理办公室,全面开展新农合工作。

第二节　医政管理

一、医疗机构准入管理

20 世纪 90 年代初,赤峰市按行政区域设置医疗机构,厂矿企业、学校根据规模设置职工医院及医务室。旗县区卫生局对新设医疗机构进行审核,报赤峰市卫生局和自治区卫生厅审批。1996 年后,根据国务院《医疗机构管理条例》《医疗机构设置规划指导原则》,市卫生局下发《赤峰市医疗机构设置规划布局指导意见》,进一步加强对全市医疗机构的依法审批和管理。

1997 年,对全市医疗机构执业情况进行清理整顿,核发“医疗机构执业许可证”。至 1998 年,全市共核发一级医疗机构执业许可证 436 个,村卫生室执业许可证 2407 个,二级乙等以上医院执业许可证 27 个,私营医疗机构执业许可证 144 个。打击取缔非法医疗机构 105 个,取缔非法行医人员 31 人。

2000年,根据国务院办公厅批转的《关于城镇医药卫生体制改革的指导意见》和卫生部、国家中医药管理局、财政部、国家计委联合印发的《关于城镇医疗机构分类管理的实施意见》,对各级医疗机构实行分类登记管理。2001年,全市医疗机构3334个。

2002年,按照卫生部印发的《医师执业注册暂行办法》规定,对取得医师资格的人员取得医师资格证书后方可从事医疗活动。根据自治区卫生厅通知精神,在全市开展拥有医师资格人员注册工作。至2003年,全市医疗机构注册执业医师4450人。

2007年,按照赤峰市《医疗机构设置规划》的规定,严格执行各项准入制度,在市区和旗县所在地不再准入二级和一级综合医院。规范医务人员的执业行为,完成2625人的执业医师考试和5000多名乡村医生从业注册工作。

2013年,在全市深入开展基层医疗机构集中整治活动。对基层医疗机构设置审批、执业登记、项目变更、校验管理进行全面复核清理,对各机构人员、设备、技术、诊疗科目等进行重新核定,健全行政管理档案。通过集中整治,查处不合格医疗机构,共查处聘用非卫生技术人员43人次,暂停卫生技术人员执业78人,吊销执业证书2人,查处超范围执业60家,停业整顿33家,停止违规医疗广告2家。

至2014年,全市4445个医疗机构均领取执业许可证,有7896人取得“医师执业证书”。

二、医疗事故处理

20世纪90年代,依据国务院发布的《医疗事故处理办法》和《内蒙古自治区医疗事故处理办法实施细则》,市、旗县区成立医疗事故技术鉴定委员会。各医院发生医疗纠纷,由医院先自行调解处理,医患双方意见不一致时,向事故鉴定委员会提出鉴定申请。当时的鉴定费标准为400元/例,由申请方缴纳;从2002年起为2500元/例。如属事故,鉴定费由医院承担,并按规定赔偿。2002年,国务院发布《医疗事故处理条例》后,赤峰市医学会承担全市医疗事故技术鉴定工作,组建232人的鉴定专家库,向自治区专家库推荐专家64人。2007年,聘任鉴定专家331人。

2002—2014年,市医学会共鉴定医疗纠纷301例,其中构成医疗事故172例,不构成医疗事故129例。医疗事故赔偿费用,按误工费、住院伙食补助费、陪护费、残疾生活补助费、丧葬费、被抚养人生活费、交通费、住宿费、精神损害抚慰金的规定实行一次性结算,由承担医疗事故责任的医疗机构支付。

第三节　药品管理

一、药品供应管理

20世纪90年代,赤峰市各级各类医疗机构药品供应以医疗机构自主采购为主,以当地国营医药公司为主渠道。

1996年,依据国务院《关于进一步加强药品管理工作的紧急通知》以及自治区政府《转发国务院办公厅关于继续整顿和规范药品生产经营秩序加强药品管理工作的通知》精神,赤峰市大力清理整顿药品及保健品,加强对药品零售商店、个体医疗诊所的审批管理和乡镇苏木卫生院、村嘎查卫生室的用药管理,健全、完善农村基层供药的主渠道。乡镇苏木卫生院、村嘎查卫生室及乡村个体诊所的用药,由县级卫生行政部门会同县级药品生产经营企业提出计划,由县级国营医药(药材)公司统一供应。卫生室药品、设备及其他医用卫生材料的购进,从国家规定的合法经营单位购入,也可由乡镇苏木卫生院统一代购,禁止采购使用伪劣变质、过期失效药品。

2000年12月14日,自治区政府印发《内蒙古自治区卫生厅等四部门关于医疗机构药品集中招标采购实施办法(暂行)的通知》。从2001年1月1日起,在盟市所在地及盟市级以上医疗机构普遍推行药品集中招标采购制度,从3月1日起,盟市级所在地医疗机构执行招标采购后价格;从7月1日起,在旗县区医疗机构普遍推行药品集中招标采购制度,药品的集中招标采购以盟市和旗县所在地为单位统一部署,属地管理,从9月1日起,旗县所在地的医疗机构执行招标采购后价格。

2001年,市政府办公室印发《关于赤峰市医疗机构药品集中招标采购实施意见的通知》,市卫生局下发《关于成立赤峰市中心城区医疗机构药品集中招标采购领导小组、评标委员会及监督委员会的通知》,进一步推进药品集中采购管理。

2006年,赤峰市成立医疗机构药品集中招标采购办公室,隶属市卫生局医政科管理。根据自治区对2005年上半年全区医疗机构药品集中招标采购工作的通报,赤峰市的药品集中招标采购金额达1.36亿元,招标比例达44.77%,让利患者1557.9万元。医疗机构药品由盟市统一招标采购持续3年。至2008年,按照国家和自治区相关文件的统一要求,全区医疗机构的药品招标采购全部由自治区级统一采取网上招标采购。

2011年,自治区政府办公厅印发《关于建立和规范政府办基层医疗卫生机构基本药物采购机制的实施意见》,并出台相关药物采购工作实施细则,启动以自治区为单位的政府办基层医疗卫生机构基本药物网上集中招标采购。当时有基本药物307个品种(2009版基药目录)。赤峰市医疗机构药品集中招标采购办公室遴选赤峰颈复康等9家医药经营企业,负责赤峰地区的基本药物配送工作。

2014年,自治区卫生和计划生育委员会、发改委等六部门联合印发《内蒙古自治区医疗机构高值医用耗材阳光采购管理办法的通知》,进一步规范药品采购工作。市政府印发《关于成立赤峰市药品和医用耗材网上集中采购领导小组的通知》,赤峰市卫生局同时下发《赤峰市旗县区公立医院及政府办基层医疗卫生机构常用低价药品配送企业遴选实施方案》。通过公开报名和遴选,确定赤峰颈复康医药有限公司等17家药品经营企业作为赤峰地区旗县区常用低价药品的配送企业。

至2014年底,赤峰市通过自治区网上集中招标采购的药品达36.88亿元,参与网上药品集中采购的医疗机构达263家。

二、麻醉药品管理

1991年后,各级卫生行政部门严格依照国务院颁布的《麻醉药品管理办法》《精神药品管理办法》,对麻醉药品和精神药品的生产、供应、运输、使用进行监管。进一步完善落实目标责任制,对滥用复方“樟脑酊”“安那加”“杜冷丁”麻醉药品、非法销售使用强痛定等进行认真查处。

2005年11月,国务院颁布的《麻醉药品和精神药品管理条例》施行后,为保证麻醉药品和精神药品的合法、安全、合理使用,防止流入非法渠道,卫生部印发《医疗机构麻醉药品、第一类精神药品管理规定》和《麻醉药品、第一类精神药品购用印鉴卡管理规定》。从2006年开始,全市实行医疗机构经营麻醉药品、第一类精神药品印鉴卡制度,由市级卫生行政部门统一下发“麻醉药品、第一类精神药品购用印鉴卡”,医疗机构持印鉴卡到药品经销单位购买和使用麻醉药品、第一类精神药品。2009年和2012年,分别进行印鉴卡换发工作。

至2014年底,全市有211家医疗机构经营麻醉药品、第一类精神药品,对经营单位管理实行卫生、药监和公安三部门联动机制。市、旗县区卫生行政部门定期将印鉴卡办理情况报同级公安部门备案,同时向同级药监部门通报。各经营单位凭卫生行政部门审批的印鉴卡限量供应。各医疗单位实行阶梯止痛疗法,即止痛药从低档用起,逐步增加档次和剂量,最后可突破麻醉药品最高限量,真正保证晚期癌症病人达到止痛目的,提高患者的生存质量。

三、药品生产、经营管理

1991年,根据《中华人民共和国药品管理法》和自治区卫生厅有关规定,赤峰市卫生局开展以换发药品生产、经营单位和制剂单位许可证为主要措施的医药市场整顿工作。全市检查2180个单位,查处不合格的药品2040种,对药品经营批发企业和药品零售单位进行清理整顿,对23家无照、无证的非法经营单位予以取缔。

1992年,赤峰市对3类药品市场进行检查,先后检查286家药品生产单位、经营单位和制剂单位,覆盖率100%。开展全市药品质量大检查,共检查药品经营单位1520个,查处不合格药品718种次。组织开展“打假”活动,集中销毁13种次,销毁假劣药品718种次。对不合格和假劣药品经营者均依法进行严肃查处。

1995年,市、区卫生局重点对城区329家社会办医、个体诊所、药店药品质量和进药途径进行检查,查处游医药贩20余起,不合格输液器6810支,折合人民币6.44万元;检查药品3万多种次,查处伪劣药品325种次,其中西药178种次,中药147种次,折合人民币3.7万元;对15家违法个体诊所罚款3400元。查处重大违法贩药案件4起,没收药品价值8.2万元,对非法经营药品者罚款7757元。

1998年,全市医疗机构用药许可证发放工作基本结束。全市取缔无证或证照不全经营药品企业123家,没收药品价值8.6万元,罚款880元,立案15起。全市对药品质量检查70.98万批次,不合格药品4565批次,不合格率0.65%。赤峰市药检所全年检查生产、经营、用药单位 312 个，检查药品 56.75 万批次，完成检品 1677 件，其中计划抽检 1382 件，计划抽检率为 82.41%。计划抽检出的不合格药品 314 件，不合格率为计划抽检的 22.72%。

1999 年，全市检查药品 99.02 万批次，查出不合格药品 4881 批次，不合格率为 0.49%，不合格药品标值为 27 万元，罚款 21.3 万元。全市取缔非法经营户 71 户。市和红山区两级政府组织监察、卫生、医药、工商、公安 5 个部门对红山区头道街和同兴药品集贸市场予以取缔查封。同时，对头道街经营药品的国营、集体企业和个体经营户进行重新审核登记，经整顿批准 23 家重新开业。

2000 年，赤峰市药品经营企业、医疗机构制剂室换证工作进展顺利。有 11 家药品经营企业、2 家医疗单位灭菌制剂室、6 家普通制剂室通过自治区安全监督处换证小组的验收，占申请验收企业的 86.4%。赤峰永巨制药厂大输液车间通过国家 GMP 认证中心验收小组的验收，成为赤峰市第一个通过 GMP 认证的企业，也是自治区第三个通过 GMP 认证的单位。全市医药市场整顿由集中整治、阶段性打击转到日常化检查和集中查办大案要案。全年查处制售假复方头孢氨苄胶囊等案件 8 起，集中销毁假劣药品 372 个品种，价值 31 万元。全市药品生产、经营企业、旗县以上医院、医疗单位制剂室药品质量监察覆盖率达 100%。

2001 年 9 月，赤峰市药品监督管理局成立，全市药品生产、经营管理由市卫生局移交赤峰市药品监督管理局管理。

第四节　科研学术活动

1991 年，赤峰市有市医学会、护理学会、中医学会、药学学会、蒙医学会、防痨协会、中西医结合研究会和预防医学会学术团体 8 个，共有会员 2800 人。

2000 年 3 月，对全市卫生系统各类学会组织进行整合，成立赤峰市医药卫生学会，有会员 5489 人。下设医学分会、护理分会、中医分会、临床药学分会、蒙医分会、预防医学分会、医院管理分会、农村卫生与社区医学管理分会、医学教育与健康教育分会 9 个分会。2013 年 7 月，成立口腔医学分会。至 2014 年末，赤峰市医药卫生学会下设 10 个分会组织，有会员 7400 人。

1991—1993 年，市医学会先后召开全市妇产科、急诊、中西医结合学术会议，承办自治区中医妇科、中医儿科学术会议，举办国际护士节护理知识竞赛。召开全市儿科、内科、药学、东四盟市第五届中医学术会议，承办自治区离退休职工医药卫生工作研究会。召开全市护理学术会议、第七届外科学术会议，承办自治区第一期、第二期中医肛肠手术培训班，举办自治区第六届皮肤学术会议、自治区中医肛肠学术会议。举办周末专题讲座 26 次，举办学术讲座 14 次。1994—1996 年，市医学会举办全市防痨、神经科、内科、外科、消化、放射、麻醉、中西医结合学术会议，承办自治区眼科学术会议，举办全市首届中医护理知识和操作竞赛。召开全市药学、中医、医院管理、儿科、传染病、蒙医、急诊等学术会议,举办继续医学教育专题讲座58次。1997—1999年,承办自治区儿科学术交流会议,交流学术论文240篇。组织开展医学优秀论文评选活动,共评选出优秀论文30篇。举办全市护理、眼科、蒙医、中医和东四盟放射学学术会议。承办全区骨科学术会议,举办专题讲座42次。举办两期新技术培训班和放射预防及影像质量培训班。

2000—2002年,举办冠心病治疗、哮喘病治疗、心脏血管病防治、肾病防治培训班6次,有11篇蒙医论文选入《国际蒙医药学术会议论文汇编》。2003—2004年,召开护理、医学影像、麻醉专业等学术会议20次。举办"全市禽流感防治师资培训班""全市艾滋病防治师资培训班"等各种培训班10期,护理分会组织全市护理管理培训班。2005—2007年,举办各种学术活动、神经外科学术研讨会议50次。市卫生局与市科技局联合完成第四届卫生科技奖的评审工作,共评出卫生科技成果奖162项。2008—2010年,举办各类培训班、学习班、学术会议等大型学术活动60次,获得卫生科技成果奖18项。2011—2013年,举办各类学术会议等大型学术活动60次。承办放射学实践第十二次全国放射学术会议、中华医学会放射学分会全国心胸影像高峰论坛暨内蒙古医学会放射学分会学术会议、自治区医学会血管外科分会与风湿病分会学术会议、中华口腔医学会举办的西部行送健康培训班等。2014年,市医药卫生学会举办各类学术会议等大型学术活动40次,举办全国气道管理学组"手把手"系列高级培训班、全市肿瘤疾病学术会议暨国家继教项目培训班、自治区东部血管论坛暨国家继教项目推广培训班、全国泌尿培训班,与自治区医学会联合举办"自治区医学会开展国家级继教项目——医疗纠纷的防范与处理培训班"等。承办自治区医学会10次学术会议和中国医师协会放射医师学院主办的"中国影像好医生"项目、第六届北京协和微生物与临床论坛暨赤峰市检验学术会议、全国护理学术会议。1991—2014年,全市开展各类学术活动405次,参加人员达5万人次。评选推荐参加全国、华北、东北和内蒙古等学术会议论文500多篇。全市开展医学课题研究300多项,有239项科研成果获得自治区、赤峰市科技进步奖,在全市推广科技成果及适宜技术80多项。

第二篇 体 育

第一章 群众体育

1991年后，赤峰市单项体育协会相继成立，中华体育总会赤峰分会历经4届换届，积极指导基层单项体育协会工作，各单项体育协会协调组织全市群众体育活动。体育社团已成为推动赤峰群众体育发展的重要力量。1995年，国务院颁布《全民健身计划纲要》后，赤峰市成立全民健身计划领导委员会，并制定印发《关于贯彻“全民健身计划纲要”方案》。特别是2008年在赤峰城区开展迎北京奥运会圣火传递活动后，将全市全民健身活动逐步引向深入。至2014年，在开展创建全国和自治区体育先进县、体育先进乡镇、体育先进社区活动中，松山区、敖汉旗、翁牛特旗3个旗(区)被评为全国体育先进县，敖汉旗四道湾子镇等7个乡镇被评为全国体育先进乡镇，红山区南新街街道办事处等3个街道办事处被评为全国体育先进社区；喀喇沁旗等6个旗县被评为自治区体育先进县，喀喇沁旗乃林镇等18个乡镇被评为自治区体育先进乡镇，红山区永巨街道办事处等9个街道办事处被评为自治区体育先进社区。

第一节 职工体育

1991年后，赤峰市职工体育较为活跃，各级党政机关、企事业单位积极组织各类职工运动会和开展职工体育比赛，全市职工体育活动健康发展。1995年后，赤峰市职工体育活动进入新的发展时期，呈现出领导重视、职工积极的良好局面，参加活动人数众多，活动项目丰富多彩。至2014年，以职工体育为骨干，赤峰市已有网球、乒乓球、足球、篮球、武术、桥牌等单项体育协会179个；吸引会员73万人，占全市总人口的15.67%。社区俱乐部46个，吸引会员12万人。以职工为骨干的体育团体成为推动全民健身运动的主力军。

1991年3月4日，市妇联、团市委、市体委在工人文化宫共同举办市直单位迪斯科比赛，有24支代表队、400多人参赛，市公安局、邮电局结合本职工作特点创编的健美操受到好评。1993年，市电力系统、市建委系统、赤峰糖厂、赤峰酒厂、赤峰啤酒厂相继举办全市性规模较大的运动会和单项比赛。

1995年,市体委、民政局共同举办市直职工篮球赛,有10支代表队参赛;市直、旗县区部分单位举办篮球、门球、网球、钓鱼比赛;市桥牌协会举办“双拥杯”桥牌赛;市网球协会举办“国庆杯”网球赛,有23支代表队、202名运动员参赛;市雏鹰体协、邮电体协、红山区教育系统、元宝山电厂、赤峰丹龙制药有限责任公司、赤峰钢铁厂、赤峰电业局分别举办各种形式的体育活动。1997年,松山区举办万人长跑活动;翁牛特旗组织“庆回归,迎大庆”大型体育比赛活动,历时15天,有1万多名运动员参加;赤峰市邮电局举办全市邮电系统首届职工运动会;赤峰热电厂、元宝山发电厂继续举办一年一届的大型综合运动会;阿鲁科尔沁旗举办规模空前的全旗综合运动会。

1998年9月25日,赤峰市体委举办全市体委系统首届职工运动会,全市11个单位、75名运动员参加网球、门球、象棋、围棋、扑克等项目比赛。2005年,赤峰市体育局举办全市体育系统第二届职工运动会,有12个旗县区体育系统的153名职工参加网球、门球、棋类、扑克等项目比赛。2009年、2011年,平庄煤业(集团)有限责任公司举办两届职工运动会,参赛人员达7000人。

2003—2013年,赤峰市体育局、市直党工委先后举办由多家企业冠名的6届市直职工运动会。2003—2007年,举办第一届“中国电信杯”、第二届“城市信用社杯”、第三届“燕京杯”职工运动会,参赛项目由篮球、乒乓球、趣味接力赛、中国象棋、围棋5项增至网球、门球、羽毛球、排球、桥牌、登山、拔河、体育舞蹈表演等14项,参赛队伍累计168支,参赛运动员累计6469人。2009—2013年,举办第四届、第五届、第六届“移动杯”职工运动会,参赛项目增设万人长跑、万人健步走、游泳等,参赛队伍累计471支,参赛队员累计达27000名。体育成为扩大企业知名度、加强企业凝聚力的重要手段。

2008—2014年,赤峰市体育局每年举办一次全市智力运动会,共举办7届。第一届智力运动会,有全市12个旗县区、市直党政机关、企事业单位、驻赤单位、大专院校代表队,600余名智力爱好者参赛,运动会设围棋、桥牌、中国象棋、蒙古象棋、对调、跳棋6个智力项目,红山区、赤峰日报社、松山区代表队分别获得团体总分前三名。第二届至第七届智力运动会参加单位有各旗县区、市直党政机关、企事业单位、大专院校、驻赤有关单位及各俱乐部、协会代表队,参加人数共3000多人,参赛项目设中国象棋、蒙古象棋、围棋、桥牌、对调等。其中赤峰市桥牌协会、内蒙古煤监局赤峰分局、平庄煤业(集团)有限责任公司、市体育局、巴林左旗等12支代表队分获桥牌团体前三名;红山区、赤峰棋社一、二队、轩辕棋校等12支代表队分获围棋团体前三名;红山区、松山区、元宝山区、翁牛特旗等9支代表队分获中国象棋团体前三名;松山区、克什克腾旗、红山区等9支代表队分获蒙古象棋团体前三名;市直机关、市委老干部局二队、敖汉旗、市商务局、赤峰铁路等9支代表队分获对调团体前三名。有164人分获桥牌、围棋、象棋、对调前六名。

第二节 农牧民体育

1991年后，国家体委在全国范围内开展争创全国体育先进县活动，赤峰市把农牧民体育提高到重要位置，大力加强农牧民体育工作。1991年，红山区红庙子镇被自治区体委授予群众体育先进单位称号。1995年后，为推动少数民族传统体育事业的传承与发展，摔跤、射箭、掷布鲁、蒙古象棋等民族体育项目逐步走进校园，从基础培养后备体育人才。全市以创建活动为动力，以民族传统体育为重点，通过举办那达慕大会、参加各级运动会及各类比赛等方式，推进农牧民体育活动广泛开展。至2014年，松山区、敖汉旗、翁牛特旗获得全国体育先进县称号；喀喇沁旗、克什克腾旗、巴林左旗、宁城县、林西县、阿鲁科尔沁旗获得自治区体育先进县称号。全市有25个乡镇获得全国、全区体育先进乡镇称号。

一、那达慕大会

1999—2014年，赤峰市先后在巴林右旗举办第十九届至第二十三届那达慕大会，均设搏克、速度赛马、走马、传统弓射箭、蒙古象棋5个参赛项目，参赛运动员累计3586人，观众累计49万人次。2013年7月27日，克什克腾草原空中那达慕在克什克腾旗举行。此次活动以“美丽中国梦飞草原”为主题，包括特技飞行、无人机飞行、实验类飞行器表演、特种飞机展示、实验类飞行器研讨会、飞行知识普及、飞行员交流等内容。2014年，由红山区体育局主办的赤峰市首届城市那达慕大会在红山区桥北镇绿地举行，设骑马、射箭、摔跤、啤酒争霸赛、户外露营、户外攀岩等项目，数万名市民参与此次那达慕大会。

1991—2014年，赤峰市参加自治区举办的那达慕大会3次。1991年8月，参加在呼和浩特市举办的内蒙古自治区那达慕大会。赤峰市组成84人的体育代表团参加搏克、掷布鲁、速度赛马、蒙古象棋、射箭等6个体育项目比赛，翁牛特旗套格陶获5000米走马第二名，蒙古象棋获团体第三名。2012年8月，参加在鄂尔多斯市举办的第二届鄂尔多斯国际那达慕大会暨内蒙古首届体育大会。巴林右旗搏克队获得国际那达慕摔跤项目团体第四名，青昭日格图获得个人赛第一名，格格日夫获得第三名；巴林右旗射箭队获得男子团体30米第四名，男子团体40米第八名，女子团体30米第四名；巴林右旗射箭队男子组获得射箭个人赛第三、第四、第十二名，女子组获个人赛第四名。2014年，巴林右旗搏克队参加在巴盟举办的全区欢乐草原那达慕大会获团体第一名。

二、民族传统体育比赛

1998年5月，市民委、市体育局在赤峰技工学校举办市区第四届搏克运动会，赤峰蒙中、赤峰农牧学校、赤峰市体育中学、赤峰师专4所学校128名运动员参赛。2005年8月，赤峰市首届少数民族传统体育运动会在巴林右旗大板镇举行，共设射箭、赛马、蒙古象棋、武术、掷布鲁、押加、搏克、中国式摔跤8个项目,有9个旗县区的282名运动员参赛。巴林右旗、红山区、阿鲁科尔沁旗代表队分获奖牌榜第一、二、三名。2012年,赤峰市民族传统体育协会、克什克腾旗政府在克什克腾旗热水镇举办赤峰市首届蒙古象棋比赛,全市7个旗县区的36名蒙古象棋运动员参赛。松山区获得团体第一名;克什克腾旗4个小组分获团体第二、第三、第四和第六名;阿鲁科尔沁旗获得团体第五名。2014年,克什克腾旗承办赤峰市传统弓箭男子、女子单项比赛,共312人参赛。

1991—2014年,赤峰市参加国际、全国与自治区级民族体育专项比赛12次。其中参加国际与国家级比赛7次,获团体第一名2项,团体第二名1项,个人名次奖6项,获金牌10枚、银牌2枚;参加自治区级比赛5次,获团体第一名2项,团体第二、三名4项,个人名次奖5项。

三、参加农运会和民运会

1995—2013年,赤峰市先后11次参加全国、全区农民运动会和少数民族传统体育运动会,其中参加全国少数民族传统体育运动会和农民运动会5次,参加内蒙古自治区少数民族传统体育运动会6次,均取得优异成绩。1999—2012年,参加2届全国少数民族传统体育运动会和3届全国农民运动会,搏克、中国式摔跤、武术拳术、女子推轮胎、拔河等5个项目获奖,其中2项第一名,1项第二名。1995—2013年,参加内蒙古自治区第三届至第八届少数民族传统体育运动会,获蒙古象棋、搏克、射弩、中国式摔跤等项目金牌22枚,银牌13枚,铜牌18枚;获团体奖10项,获个人名次奖5项。

第三节　老年人体育

一、体育组织

1984年,赤峰市老年人体育协会成立后,组织开展老年人体育活动。至1991年,全市有老年体协组织255个,其中市和旗县区13个,乡镇苏木113个,街道办事处、居委会63个,企事业单位66个。

1998年,新建基层老年人体育协会516个,全市老年体协组织达1395个。2005年,全市基层老年体协组织达到1674个。2014年,全市有老年体协组织3023个。各级老年体协根据老年人文体健身活动的需要,建立专项工作委员会3153个。赤峰市及12个旗县区、132个乡镇苏木和2089个村嘎查、21个街道办事处及212个社区全部建立老年体协组织;在国有农牧林场、机关、较大企业、事业单位建立老年体协组织556个。市老年体协先后7次被评为全国先进集体,18次被评为全区先进集体。

二、体育项目

随着老年人口的逐渐增加,根据老年人活动需求,赤峰市不断加强老年体育设施建设。20世纪90年代初,全市老年人体育活动项目主要有门球、网球、台球、乒乓球、羽毛球、太极拳、秧歌、桥牌、扑克、棋类、钓鱼、爬山、快走、慢跑、射箭、掷布鲁等30多个。日常活动以各级各类老年人体育文化活动中心、晨(晚)练活动站点和健身室组织开展活动为主,以各级老年体协组织的体育文化比赛为辅,全市参加体育健身的老年人有10万多人。

2000年以后,新增书法、绘画、空竹、声乐表演、文艺表演等老年人体育文化活动项目,全市参加体育锻炼的老年人有20多万人。按照内蒙古自治区(2008—2012)用5年时间在全区乡镇苏木实施"123"(自治区负责100个乡镇苏木、各盟市负责20个乡镇苏木、各旗县负责3个乡镇苏木)老年人体育工程的规划要求,赤峰市制定"123"五年规划,全市总投资1.28亿元,扶持乡镇苏木97个,占乡镇苏木总数的74.62%。至2014年,通过"123"老年人体育工程建设,各旗县区不断增加老年人体育设施。克什克腾旗、阿鲁科尔沁旗、巴林右旗在旗政府所在地建起门球馆;林西县、松山区分别建成体育公园各一处,总面积12.85万平方米,林西县体育公园内还建起5000平方米的老年人活动中心;其他旗县区分别利用老干部活动中心和社保活动中心,为老年人体育健身提供空间和平台。全市老年人体育文化活动项目近60个。随着城乡公园、广场、健身圈的建设和发展,健身广场舞、太级拳、大秧歌等成为适合团队健身的项目,被老年人所接受。在建有活动广场的地方,大都有3~5支以老年人为主体的健身团队,参加团队健身的达到近10万人。全市老年人体育文化骨干9790人,文化体育展演团体2421个,各类老年人体育文化活动室(中心)1728个,老年人晨(晚)练活动站点2053处,体育活动各类健身器材2.5万件。全市老年体育人口37.75万人,占全市老年人口62.71%,比20世纪90年代初增长2.78倍。

三、体育竞赛

1991—2013年,赤峰市先后举办10届老年人体育运动会。每届运动会分球类、棋类、健身操舞、太极拳等8~10个比赛项目,参赛的老年人800~1000人,累计参赛运动员近1万人。2014年,市老年体协先后举办门球、网球、乒乓球、健身操舞、柔力球以及乡镇苏木老年人门球6项比赛,参赛的运动员、教练员、裁判员近800人。

1991—2012年,市老年人体育协会组队参加国际、全国和自治区举办的老年人体育赛事47次。其中参加国际比赛3次,参加在北京、山西、河北、辽宁、天津、上海省市举办的全国百队门球大赛、冠军赛、精英赛13次,参加在河南洛阳、黑龙江哈尔滨、湖北宜昌、河北承德、辽宁兴城、四川宜宾举办的老年太极拳、剑全国比赛6次,代表自治区参加华北区网球大赛、解放军网球邀请赛和西南、西北十省区老年网球赛3次,参加自治区举办的老年人"益寿杯"门球赛及其他比赛17次,参加自治区举办的老年人"健康杯"网球赛3次,参加自治区举办的第一届、第二届老年人运动会2次。

参加国际比赛　1999年,参加在河北省北戴河举办的国际老年人第二届"休养长寿杯"门球邀请赛,赤峰市队获得亚军。1998年后,赤峰市老年门球队代表自治区参加在沈阳市举办的亚洲体育节门球赛和2000年在上海闵行区举办的亚洲门球赛。2012

年,赤峰市参加在河北保定举办的国际空竹艺术节,共60个国家92个城市的200多支空竹代表队参赛,在集体空竹技艺展示中,赤峰市空竹代表队获得集体表演项目一等奖。

参加全国比赛　1991年,赤峰市参加在新疆乌鲁木齐市举办的十省区老年人网球赛,红山区老年女子网球队获得亚军,并获全自治区女子网球赛三连冠。市老年女子网球队代表内蒙古自治区参加全国十省区老年网球赛,获得双打第二名。1995年5月,市体委协助宁城县承办北京、天津、河北、山西、内蒙古五省市区参加的华北地区门球赛,赤峰市代表队获亚军。2005年8月,参加在赤峰举办的全国门球冠军赛内蒙古东部分区赛,获得第四名。

参加自治区比赛　1993—2005年,赤峰市老年门球队先后参加全区第八届至第十八届“益寿杯”老年门球赛,获得6届冠军、2届亚军。

2007年,赤峰市参加自治区首届老年人运动会,获得团体总分第三名。

2006—2011年,赤峰市老年网球队参加在呼伦贝尔市海拉尔区、兴安盟乌兰浩特市、包头市举办的第二十一届、第二十四届、第二十五届“健康杯”老年人网球赛,分别获1届冠军和2届第一名。

2012年,自治区政府在通辽市举办全区第二届老年人运动会,赤峰市派出由126名运动员、教练员组成的体育代表团,参加全部12个比赛项目,获得团体总分第一名。其中网球、桥牌、中国象棋、蒙古象棋、风筝获得冠军,台球获第二名,在参赛的25个代表团中名列前茅。

第四节　残疾人体育

1991年后,随着残疾人事业的不断发展,赤峰市残疾人体育工作逐步展开,残疾人竞技体育不断取得新成绩。

2011年,赤峰市举办第二届残疾人运动会暨第一届特殊奥林匹克运动会,共设6个大项、26个小项比赛项目,全市15支代表队、300名运动员参赛。此次残运会的成功举办,对全市残疾人体育事业起到极大的推动作用,涌现出多名优秀运动员。

1991—2014年,赤峰市参加全国、自治区级残疾人体育比赛10次。参加全国残疾人运动会及体育专项比赛7次。其中男子残疾人举重运动员徐敬东参加第四届全国残疾人运动会,获男子举重金牌、银牌各1枚;男子残疾人举重运动员郭宏志参加2003年第六届全国残疾人运动会,2005年、2009年、2010年全国残疾人举重锦标赛,2011年第八届全国残疾人运动会和2014年全国残疾人举重锦标赛,分别获举重4枚金牌、2枚银牌和1枚铜牌;女子残疾人举重运动员徐丽丽参加2009年、2010年全国残疾人举重锦标赛和2011年第八届全国残疾人运动会,分别获举重金牌1枚、铜牌2枚;女子残疾人举重运动员杨艳参加2003年第六届全国残疾人运动会、2009年全国残疾人举重锦标赛、2011 年全国第八届残疾人运动会和 2014 年全国残疾人举重锦标赛，分别获 4 枚金牌、1 枚铜牌。参加自治区级残运会 3 次，其中在自治区第三届、第四届残疾人运动会中，参加田径、举重、乒乓球等比赛，共获金牌 47 枚、银牌 21 枚、铜牌 17 枚；连续两届获得团体总分第一名、金牌总数第一名；同时获得大赛组委会授予的“体育道德风尚奖”。男子运动员白云龙参加 2007 年内蒙古自治区第三届残疾人运动会田径比赛，获得跳高、跳远、百米跑 3 项冠军。白云龙被评为“感动赤峰十大人物”；被赤峰市委、市政府授予“残疾人自强不息模范”称号；成为 2008 年奥运会火炬传递赤峰站火炬手。

第二章　学校体育

第一节　体育教学

1991 年，赤峰市中小学依据 1988 年教育部制定的《中小学生体育教学大纲》，开展体育教学工作。全市有体育教师 2012 名，平均每校有体育教师 0.6 名。同年，赤峰市在红山区开始初中升高中体育考试试点工作，体育考试增加 800 米跑、2 米立定跳远、坐位体前屈 3 项。1995 年，自治区教育厅在红山区召开全区初中升高中体育考试现场会。从 1996 年起，初中升高中体育考试在全市各旗县区全面铺开。

2000 年 12 月，教育部颁发新制定的全日制小学、初级中学和普通高级中学《体育与健康教学大纲》，于 2001 年 9 月 1 日正式施行。2008 年始，根据教育部要求，全市中小学体育课增加课时：小学 1～2 年级每周四节，3～6 年级和初中每周三节。2011 年，赤峰市按照教育部颁发的《九年义务教育体育教学大纲》《九年义务教育全日制小学、初级中学课程计划》规定，开展初级中学体育与健康课授课，并作为教学工作、评估教学质量和进行教学监管的依据。至 2014 年，全市有体育教师 2200 名，平均每校有体育教师 3.17 名，分别比 1991 年增长 9.34%、428.33%。全市有 90%以上中小学校基本实现体育教学达标。2010 年后，赤峰市体育中学毕业生高考升学率达 87%，有 105 人考入复旦大学、东北大学、北京体育大学、首都体育大学、清华大学等高等院校。

第二节　体育活动

1991 年，国家体委印发《关于进一步加强学校体育工作的意见》，要求全国城镇学校和农村中有条件的学校施行《国家体育锻炼标准》(1982 年 7 月 12 日国务院批准)。1992 年和 1993 年，国务院又相继颁布《国家体育锻炼标准施行办法》《学校体育工作条例》，学校体育工作以体质达标为重点，中小学生体质和体育基本技能得到逐步提高。

1993—1994 年，全市推行《国家体育锻炼标准施行办法》，中小学生达标率 91.96%。1997 年,全市各类学校普遍开展体质达标活动,实施面达 94.75%,学生达标率 92.87%。巴林右旗大板第五中学等 6 所中小学被自治区体委评为内蒙古自治区推行《国家体育锻炼标准施行办法》先进单位。2000 年,全市学校实施面达 100%,学生达标率为 97.05%。为促进学生体质健康达标,赤峰市确定松山区、红山区为开展大课间体育活动实验区。同年 5 月,在松山区、红山区召开全市大课间体育活动现场会,在全市中小学校全面开展大课间体育活动,内容包括国颁操、校操、校舞、集体活动、自由活动、队列回归六个方面。2001 年,为使大课间体育活动不流于形式,确保活动时间,将大课间体育活动改为“间操课”,以课节的形式固定下来,中学 40 分钟,小学 35 分钟。同年,自治区教育厅开始实施“33211 工程”(3 课:体育与健康课、音乐课、美术课;3 操:早操、课间操、眼保健操;2 活动:体育锻炼活动和科学文体活动;1 会:每年举办一届以田径为主的运动会;1 节:每年举办一届艺术节),当年赤峰市在全市中小学校开展“33211 工程”工作。2002—2009 年，全市 12 个旗县区先后高质量通过自治区政府教育督导团“33211 工程”专项督导评估验收。

2004 年 10 月,赤峰市实施学校体育、艺术“2+1 项目”(2 项体育运动技能、1 项艺术特长),在上好体育、美术、音乐课的同时,积极开展课外文体活动。同年,赤峰市被教育部评为“全国课外文体活动工程示范区”。

至 2005 年,全市中小学校注重培养体育特长生,相继建立篮球、排球、乒乓球、足球、射箭等课外运动训练队,发展传统体育项目,特别是市体育中学篮球、赤峰八中篮球、赤峰四中足球和篮球、赤峰八小和六小乒乓球、敖汉新惠中学篮球和排球、巴林右旗四中排球、平煤高中排球、大板一中射箭等成为优势体育项目。

至 2014 年,全市各类学校推行《国家学生体质健康标准》,达标率 87.6%,达标学生比 2002 年增长 2.1%。全市发展传统项目学校 59 个，其中国家级 2 个、自治区级 12 个、市级 45 个。拥有国家级青少年体育俱乐部 14 个,自治区级 6 个。

第三节 体育竞赛

20 世纪 90 年代,赤峰市各级学校每年都举办校园运动会,开展体育竞赛活动。进入 21 世纪,赤峰市实施学校体育、艺术“2+1 项目”后,增加趣味运动会、艺术节等竞赛活动。全市每两年举办一次中学生运动会、每年举办一次中小学生艺术节、每年举办 2～3 次单项体育竞赛已形成制度。至 2014 年，全市连续举办 12 届中学生田径运动会,参加比赛的运动员 1 万多人,累计参赛项目 100 多个,有 100 多人次打破市运会纪录。全市共举办田径、篮球、排球、足球、毽球、乒乓球等各类体育竞赛活动 120 多次,参赛学生 4 万多人,占学生总数 15.63%。同时还组队参加全国、自治区中学生运动会及各种体育比赛活动,取得优异成绩。

参加全国比赛 1991—2007年，赤峰市参加全国学校体育竞赛5次。1991年，宁城县天义中学代表内蒙古自治区参加河北省承德市举办的全国传统项目学校比赛，有28个省市代表队参赛，赤峰市男队获团体总分第一名，女队获第十名。1995年，赤峰市宁城县天义中学代表内蒙古自治区参加全国传统项目学校田径运动会，获得男子团体第十一名，女子团体第十名，男女团体总分进入前六名。2005年，赤峰市组队参加由教育部、国家体育总局举办的“全国首届中学生冰雪运动冬令营”，获得集体二等奖。2006年，赤峰市参加由教育部、国家体育总局举办的“全国第二届中学生冰雪运动冬令营”，获得集体竞赛项目一等奖，市教育局获得优秀组织奖。2007年，巴林左旗白音沟学校代表内蒙古自治区参加教育部组织的“中华少年团队竞技大赛”，获得冠军。

参加自治区比赛 1995—2014年，赤峰市参加自治区学校体育竞赛3次。1995年6月，赤峰市参加内蒙古自治区第七届中师、中专、中学生田径运动会，获得3项男女团体总分第一名。2011年4月，全区第十二届中学生运动会排球赛在鄂尔多斯市达拉特旗举办，有全区各盟市19支代表队240余名队员参赛，赤峰市女队获得亚军。2014年8月，内蒙古自治区第十三届运动会在赤峰市举办，赤峰市体育中学有400多名运动员参赛，最终获得金牌总数第一、团体总分第一、奖牌总数第一，个人奖项54项。

第三章　竞技体育

第一节　训练机构

1991—2014年，赤峰市为提高竞技体育水平，不断加强各级人才培养工作，通过各级体育运动学校、业余运动队等机构进行训练。全市设置田径、举重、射击、柔道、国际摔跤、射箭和乒乓球重点训练项目7个，其中松山区柔道项目、巴林右旗射箭项目被列为自治区重点项目，同时在中小学设训练点。全市基本形成市体育中学、旗县区业余体校、中小学训练点三级训练网络，共设训练点58个，参加各级训练的运动员达3500多人。全市创建高水平后备人才基地34个，其中国家级3个，自治区级7个，市级24个。

一、赤峰市体育中学

市体育中学建于1984年，是赤峰市唯一一所全日制公办体育运动学校，也是赤峰市专业体育训练的主要阵地。至2014年，学校建有标准训练场馆7900平方米，有高级教师、教练员30人，开设拳击、摔跤、跆拳道、田径、射击、柔道、网球、乒乓球、篮球、举重、武术散打11个体育教学项目，在校学生近600人。全国300余所大专院校对该校体育专业考生实行“单考单招”的优惠政策。常年聘请北京体育大学、沈阳体育学院、赤峰学院教授为客座教授，定期为学员授课。

1991—2014年，市体育中学培养出众多高素质的国家级、自治区级优秀运动员。向国家输送优秀运动员 27 人,向自治区专业队及外省输送优秀运动员 650 多人。在国家级和自治区级比赛中有近百人次获得金牌 510 多枚,在国际重大比赛中获 11 枚金牌;共获全国冠军 49 人次,自治区级冠军 506 人次;培养了呼尔查、朝鲁、呼日嘎、宋玉玲、许峰、吉日木德、敖特根、哈日呼、马经伟、都仁贺希格、哈达巴特、孟繁龙等一批体坛名将。

2001—2009 年,赤峰市体育中学先后被人事部、国家体育总局评为全国体育先进集体,被国家体育总局评为国家高水平体育后备人才基地,成为国家体育总局拳击跆拳道中心和举重摔跤柔道运动管理中心后备人才培训基地,被自治区体育局授予“输送体育后备人才贡献单位”。

二、红山区业余体校

红山区业余体校位于红山区长青街中段路南,是以学习、训练为主的业余培训学校。1991 年,有 5 个项目队。至 2014 年,体校发展了武术、篮球、乒乓球、田径、举重、网球、足球 7 个项目队,有在职教练员 13 人。习练爱好者遍及学校、机关、农村和社区,长期参加武术健身活动的达 9.5 万人。体校每年都组织学员、运动员参加市级以上体育竞赛,多次代表赤峰市参加自治区和国家级体育竞赛,并取得优异成绩。培养出一大批体育优秀人才,先后为高等院校输送武术人才 42 人;向呼和浩特国安足球俱乐部、大连金州足球俱乐部等输送队员 15 人;为体育院校、各级专业队培养篮球、乒乓球、网球、足球、田径、武术散打、跆拳道运动员 309 人。

第二节　运动项目

赤峰市以自治区运动会所设定比赛项目为目标,开展运动员专业与业余体育训练。1991—2014 年,内蒙古自治区先后举办 7 ~ 13 届共 7 届运动会,赤峰市适时根据参加全运会需要调整参赛项目,其中田径、国际摔跤、中国摔跤、柔道、射箭、射击、举重、搏克 8 个项目在 7 届全运会均被列入参赛项目。1991 年,第七届自治区运动会共设运动项目 17 个,赤峰市参加田径、国际摔跤、中国摔跤、柔道、射箭、射击、举重、搏克 8 个项目。1994 年,第八届自治区运动会增加速度滑冰、游泳、武术、羽毛球等项目,共设运动项目 19 个,赤峰市参赛项目 11 个。1998 年,第九届自治区运动会共设运动项目 29 个,赤峰市参加射击、田径、篮球、国际摔跤、举重、射箭、乒乓球、拳击等 25 个大项的比赛,是历届自治区运动会参赛项目最多的一届。第十届至第十一届自治区运动会共设运动项目 32~36 个,赤峰市参赛项目 10 ~ 11 个。第十二届至第十三届自治区运动会共设运动项目 23 ~ 24 个,赤峰市参赛项目 19 ~ 20 个,其中第十三届自治区运动会增加冬季冰雪、橄榄球、女子足球等运动项目。在各届运动会的参赛运动项目中,赤峰市竞技成绩显著,共获团体冠军 7 个,单项金牌 305.5 枚。

一、球类

篮球　20 世纪 90 年代初，由于自治区体工大队“三大球”（篮球、足球、排球）改革，赤峰市竞技体育男女篮球队当时解体。1995 年 6 月，赤峰市篮球协会成立。篮球运动在学校、企业及行业部门兴起，全市中小学都建有篮球场地，开展篮球训练及竞赛活动；市钢铁厂、赤峰二毛、市运输公司、市电业局等建有业余篮球队，开展竞赛活动。进入 21 世纪，全市篮球运动呈现快速发展。2002 年后，赤峰市在市体育中学重新组建男女篮球队，有队员 40 多人。建成 1000 余平方米室内篮球场，软硬式训练器材百余种，促使运动员竞技水平不断提高。至 2014 年，赤峰市为自治区体工队输送优秀运动员 500 多人，有近 30 名运动员被输送到天津体育学院、沈阳体育学院、北京体育学院、东北师范大学、内蒙古师范大学、内蒙古民族大学等全国高校深造。

1996—2012 年，赤峰市通过举办专项篮球赛，促进篮球运动的发展。1996 年，市篮球协会举办“红山杯”5 市篮球邀请赛和 7 市篮球友谊赛。2007 年，在赤峰市体育馆举办全市青少年篮球赛，全市各旗县区 144 人参赛。2012 年，赤峰市体育局主办的赤峰市青少年男子篮球锦标赛在市体育中学篮球训练馆进行 3 天的比赛，有各旗县区、市体育中学的 6 支代表队、84 人参赛。市体育中学、敖汉旗代表队获得并列第一名，宁城县、林西县、阿鲁科尔沁旗、克什克腾旗代表队分获第二名至第五名。

2005—2014 年，赤峰市男女篮球队代表赤峰市 6 次参加自治区竞技体育比赛。2005 年，赤峰市男子篮球队参加在兴安盟举办的自治区青少年篮球锦标赛获得冠军。2006 年，赤峰市男子篮球队参加内蒙古自治区第十一届青年运动会篮球比赛，获得第一名。

2010—2013 年，赤峰四中代表队参加在内蒙古农业大学举办的自治区中学生篮球锦标赛获得冠军；参加在鄂尔多斯举办的自治区中学生篮球锦标赛获得冠军。

2010—2014 年，赤峰市男子篮球队参加内蒙古自治区第十二届运动会获得第四名；赤峰市男女篮球队参加内蒙古自治区第十三届运动会，在赤峰市体育中心体育馆和赤峰学院体育馆参赛，男子篮球队获得银牌，女子篮球队获得铜牌。

乒乓球　20 世纪 90 年代，部分学校、机关、企事业单位每年都举办乒乓球竞赛活动，赤峰市未有专业乒乓球队，多为红山区业余体校代表队代表赤峰市参加自治区内外竞技比赛。2011 年，在市体育中学成立赤峰市男女乒乓球队，其中男队队员 12 人，女队队员 5 人。至 2014 年，男女队员发展至 30 多人。2001—2014 年，为自治区体工队输送 9 名优秀运动员。

1991—2014 年，赤峰市积极组织市级比赛和参加全国、自治区乒乓球比赛，其中参加国家级 1 次，自治区级 4 次。

举办全市乒乓球比赛。1991 年，赤峰市举办全市乒乓球比赛，红山区和元宝山区获得少年男子组、少年女子组、儿童女子组团体冠亚军；红山区和喀喇沁旗获得儿童男子组团体冠亚军。2004 年，举办全市职工乒乓球比赛，有旗县区和市直 40 支代表队的 200 多名运动员参赛。2014 年，举办全市乒乓球等级赛，为期 3 天，赤峰金店代表队、宁城县代表队一队、元宝山区乒协代表队分别获得前三名。

举办由企业冠名的乒乓球专项比赛。2004 年，市体育局与中国移动赤峰分公司联合举办市区“移动杯”乒乓球赛，全市移动通信系统及社会各界的乒乓球爱好者 300 多人参赛。2005 年，市体育局、市规划局和市建筑设计院共同举办赤峰市“规划杯”乒乓球比赛，38 支代表队、280 多名运动员参赛。2014 年，举办第四届“骄猛杯”乒乓球个人排名赛，有男选手 190 人、女选手 60 多人参赛。

参加全国比赛。1997 年 7 月，赤峰市参加在河南省郑州市举办的全国第六届“娃娃杯”乒乓球比赛，红山区业余体校、双马集团俱乐部代表队分获男、女团体第三名。

参加自治区比赛。1998—2014 年，赤峰市乒乓球队参加内蒙古自治区 4 届运动会乒乓球比赛。1998 年，赤峰市乒乓球队参加内蒙古自治区第九届运动会，分获乒乓球男女团体冠军。2006 年，赤峰市乒乓球队参加内蒙古自治区第十一届运动会，获得乒乓球男子团体冠军。2010 年，赤峰市乒乓球队参加内蒙古自治区第十二届运动会，分获乒乓球男子双打冠军、男子单打亚军、女子单打和女子双打冠军。2014 年，赤峰市乒乓球队参加在赤峰举办的内蒙古自治区第十三届运动会，共获男女甲乙丙 3 个组别团体、单打、混双、双打 10 枚金牌、6 枚银牌、5 枚铜牌，总成绩位居全区第一名。

足球　20 世纪 90 年代初，全市中小学广泛开展足球运动。1993 年后，赤峰市相继成立足球协会和组建校园业余足球队。1995 年，红山区成立全市首个赤峰青少年男子足球队，队员来自红山区各中学，训练地点设在红山区第十中学。进入 21 世纪，赤峰市校园足球运动虽然受足球教育资源、训练时间和场地、意外伤害等因素限制，但全市足球运动依然实现跨越式发展。2006 年，红山区业余体校与赤峰四中合作，联合成立赤峰女子足球队，队员多为赤峰四中学生。2014 年 7 月，内蒙古自治区成为全国第一个足球改革试点省区，赤峰市被自治区确定为东部区足球基地。至 2014 年末，赤峰二中、赤峰四中、赤峰蒙中、赤峰实验中学等成立校园足球队。全市成立 22 支业余足球队，在市足球协会注册会员 560 人，业余足球队代表赤峰参加各级比赛取得优异成绩。

1993—2014 年，赤峰市连续举办多届“爱好者杯”足球比赛。1996 年，赤峰市足球协会举办规模宏大的百队足球大赛，并组队到部分旗县区和外省市进行交流。在赴通辽市参加“绿茵杯”足球对抗赛中，取得优异成绩。1999 年，市足球协会举办“捷安特杯”足球赛，历时 15 天，共有 50 支球队参赛。2008 年 7 月，为迎接北京奥运会举行，市体育局组织 5 人制足球赛，历时 15 天。2014 年，赤峰市首届“巨达杯”足球联赛在赤峰蒙古族中学圆满结束，红山郡俱乐部获得冠军；赤峰市青年企业家协会在内蒙古交通职业技术学院成功举行首届足球邀请赛。

2001—2014 年，赤峰男女足球队 4 次参加自治区足球比赛。2001 年、2005 年，赤峰青少年男子足球队参加内蒙古自治区中学生第九届、第十届运动会足球赛，获得第四名和第三名。2006 年，赤峰女子足球队代表赤峰市参加自治区中学生校园足球锦标赛和教育系统比赛，在自治区中学生校园足球锦标赛上获第二名。2014 年，在包头市举行的内蒙古“主席杯”校园足球四级联赛暨青少年足球锦标赛上，赤峰四中女足队获得第四名。

网球 1984年，赤峰市网球协会成立。1991年后，全市网球爱好者逐渐增多，赤峰城区赤峰二毛、赤峰啤酒厂等大型企业建有网球队，红山区、松山区、喀喇沁旗等部分旗县区业余体校建有青少年网球队，有网球爱好者6000多人。2011年，赤峰市体育中学网球队成立，有队员15人，代表赤峰市参加自治区内外各项比赛。至2014年，在赤峰市区和旗县普遍活跃着由社会各界人士组成的网球爱好者队伍，全市网球爱好者达1万多人。

1992—1993年，市体委举办2届全市“国庆杯”网球比赛。其中1992年第三届全市“国庆杯”网球赛，有19支代表队、150名运动员参赛；1993年第四届全市“国庆杯”网球赛，有14支代表队参赛，红山区代表队获得团体第一名，喀喇沁旗代表队获得第二名，市政府代表队获得第三名。1997年5月，宁城县体委举办“中京杯”网球邀请赛，市委、市网球协会、敖汉旗、喀喇沁旗等网球代表队参赛，喀喇沁旗代表队获得第一名，市委代表队获得第二名，市网球协会代表队获得第三名。1999年5月，市网球协会在全市开展“百场万人网球活动月”，共有7000多人参加80多场网球比赛。2012年4月，由赤峰市体育局主办的全市青少年网球锦标赛在新城区球类训练馆举行，有各旗县区、传统项目学校、体育后备人才基地运动员33人进行四个小项的比赛。

1995年后，赤峰市参加全国、自治区重大赛事逐渐增多，先后参加各类比赛9次。

1995—2000年，赤峰市3次参加全国网球比赛。1995年2月，赤峰市少儿网球选手代表内蒙古自治区参加了全国第一届少儿短式网球赛，获得A组男子第一名和女子第一名，并获得女子A组双打第三名。1999年7月，在吉林省延吉市举行的“冰川杯”全国短式网球比赛中，赤峰市少儿短式网球代表队男子双打获得第一、第二和第四名，男子单打获得第三、第四和第五名，获得男子团体冠军。2001年，“云依杯”全国业余网球大赛在山东青岛举行，赤峰市网球选手获双打冠军。

1996—2014年，参加自治区网球比赛6次。获团体名次奖5项，个人名次奖获金牌4枚、银牌5枚、铜牌2枚。

排球 20世纪90年代，赤峰蒙古族中学注重开展排球运动，成立女子排球队。21世纪后，全市中小学普遍将排球纳入教学计划，排球运动取得较快发展。市、旗县区级中学赤峰二中、赤峰蒙中、赤峰四中、元宝山区平煤高级中学、阿鲁科尔沁旗天山一中、巴林左旗林东一中、敖汉旗新惠中学等学校普遍建成排球场地（馆），开展排球训练及竞赛活动。2001年，平煤高级中学组建男女排球队，并把排球定为“校球”，男女排球队在赤峰市始终名列第一。2003—2008年，平煤高级中学排球队有36名队员被高校特招，其中杨洁已被保送北京工业大学读研。2011年，平煤高级中学被内蒙古工业大学命名为“排球生源基地”。2013年，赤峰排球爱好者俱乐部成立，拥有成员近200人；俱乐部成员以赤峰城区为主，同时有赤峰各旗县及辽宁、呼和浩特、通辽等地的排球爱好者慕名加入，成员年龄结构横跨老中青；俱乐部在赤峰学院体育馆拥有固定活动场地，每周六、周日和国家法定节假日下午均在体育馆内组织开展俱乐部活动;俱乐部定期组织赤峰各个排球团体、单位进行友谊比赛,不断提升俱乐部排球整体水平。至2014年,全市业余排球队伍已达20多支,爱好者1000多人,排球爱好者占体育人口的比例不断上升。

2007—2014年,赤峰市首届中学生排球赛在平煤高级中学体育馆举办,平煤高级中学代表队分别获得男子组和女子组冠军。赤峰电业局第九届女职工排球赛开赛,有基层单位的11支代表队、近200名运动员参赛。全市先后有宣传文化系统、银行系统、国税系统、赤峰学院以及附属医院等20多个系统或单位组织职工排球比赛。

1991—2014年,平煤高中、赤峰蒙中排球队代表赤峰市参加全国、自治区排球比赛10次,其中国家级3次、自治区级7次。

参加全国比赛。2005—2013年,平煤高中男女排球队参加全国中学生“优胜者杯”邀请赛,男子排球队获第十六名,女子排球队获第六名;参加全国中学生“平煤高中状元校杯”排球联赛,男女排球队分获冠军;男子排球队参加全国中学生排球联赛获得第三名。

参加自治区比赛。1991年,赤峰蒙中女子排球队参加内蒙古自治区中学生排球赛获得冠军;1993年,参加内蒙古自治区中学生排球赛获得亚军。2007—2014年,平煤高中女子排球队参加内蒙古自治区中学生“宝山学校杯”排球锦标赛,获得女子组第二名和自治区教育厅颁发的“突出贡献奖”;参加内蒙古自治区第十届中学生排球赛获亚军。平煤高中男女排球队参加内蒙古自治区青少年排球赛,获得男队第二名、女队第三名;参加内蒙古自治区青少年排球赛,获得男队第三名、女队第二名;代表赤峰市参加内蒙古自治区第十三届运动会,男队获得铜牌,女队获得银牌。

羽毛球　20世纪90年代,全市有少量羽毛球爱好者在社区、路边开展羽毛球运动。因受场地限制,各级体育运动学校未设立专业羽毛球队。1996年,红山区体育馆交付使用,羽毛球爱好者有了正式的室内球馆,球员开始进入室内练习,球技水平逐渐提升。2000年后,羽毛球参与者不断增多,羽毛球爱好者主要在单位、羽毛球馆、室外场地参加各类活动。2007年12月,赤峰市羽毛球协会成立,有会员3000多人。2011—2012年,赤峰市羽毛球俱乐部、赤峰玉龙羽毛球俱乐部、天山胜利羽毛球俱乐部、翎悦羽毛球俱乐部先后成立,全市羽毛球项目在民间发展持续升温。2011年后,全市组织和参加多次羽毛球竞赛活动。至2014年,全市能够参加比赛的羽毛球爱好者达到5000多人,在公园、广场、路边坚持打羽毛球的爱好者达到5万多人,羽毛球运动成为深受群众喜爱的体育运动项目。

2011—2014年,敖汉旗、元宝山区、平庄煤业(集团)有限责任公司、市体育局等举办5次羽毛球比赛。2011年,敖汉旗“北方广告杯”首届羽毛球比赛暨敖汉旗羽毛球协会成立仪式在新惠中学体育馆举行。比赛共设男女单打、男女双打4个项目,有60多名羽毛球爱好者参赛。2012年4月,由元宝山区委、区政府主办,区文化广电体育局承办,区羽毛球协会、向阳小学协办的第八届全民健身运动会羽毛球团体赛在元宝山区向阳小学体育馆举行,分成年组、青少年组、老年组,共36支代表队、300多人参赛。举办

2012 年全市首届羽毛球双打排名赛，全市有 200 多名运动员参赛。2013 年，平庄煤业（集团）有限责任公司团委举办的“青春平煤‘羽’你共享”羽毛球比赛在元宝山区向阳小学体育馆举行，有公司各单位团委、直属团总支的 17 支代表队参赛，元宝山露天矿代表队获冠军。2014 年 5 月，由赤峰市体育局、赤峰市体育总会主办，赤峰市羽毛球协会、赤峰龙头山矿泉水有限责任公司承办的 2014 年“龙头山泉杯”赤峰市第三届羽毛球团体锦标赛在赤峰体育馆开赛，为期 2 天，全市各旗县区、行业体协、大专院校、俱乐部、业余羽毛球运动爱好者参赛。

1994—2014 年，赤峰市参加自治区羽毛球比赛 6 次，其中参加自治区运动会 5 次，自治区青少年羽毛球锦标赛 1 次。1994—2006 年，赤峰市羽毛球代表队参加内蒙古自治区第八届至第十一届运动会，分别获羽毛球男子组男双第八名、男双第六名、男双第三名和男单第四名、羽毛球成年男子组混合团体第三名。2011 年，由自治区体育局主办、通辽市体育局和自治区体育竞赛中心承办的“体彩杯”内蒙古自治区青少年羽毛球锦标赛在通辽市举行，有呼和浩特市、包头市、鄂尔多斯市、赤峰市、通辽市 5 个地区 19 支代表队共 121 名运动员参赛。2014 年 8 月，内蒙古自治区第十三届运动会羽毛球比赛在赤峰市老城区体育馆落幕。有全区各盟市、体育职业学院 8 支代表队、97 人参赛。赤峰市运动员在乙组男单比赛中获得 1 枚金牌。

橄榄球　橄榄球是赤峰市为参加自治区第十三届运动会最新引进的一项球类运动，此项运动全部集中在宁城县。2013 年 6 月，宁城县少年儿童体育学校成立橄榄球队，有男女队员 46 人，由田径队的全能队队员和篮球队队员为基础组建而成。为提高球队技术水平，2013 年 12 月中旬，橄榄球队到江苏常州进行为期 20 天的集训；2014 年初，橄榄球队到沈阳体院，与辽宁队、丹东队、抚顺队、沈阳 176 中学队共同进行为期 20 天的大集训；2014 年 5 月 1 日，橄榄球队到丹东东港市三中进行 4 天的教学比赛，此后聘请辽宁队两位优秀队员到宁城执教；6 月 13 日，橄榄球队全体队员随教练到赤峰市体育中学参加全运会前最后封闭训练，同时聘请内蒙古队主教练李伦到队做技术指导。2014 年 7 月 29 日，内蒙古自治区第十三届运动会橄榄球开赛，宁城体校橄榄球男女队均以全胜战绩夺得冠军。全运会过后，橄榄球成为宁城县的重点发展项目，橄榄球队伍建设稳步健康发展，全县橄榄球训练网点达到 13 个，参与橄榄球训练的队员人数达到 300 多人。

二、田径

20 世纪 90 年代，赤峰市田径运动开展活跃。全市各级各类学校以田径项目为重点，推动竞技体育的发展。赤峰市体委积极组织各种田径竞赛活动；赤峰市体育中学自 1984 年建校始成立田径队，始终代表赤峰市参加自治区内外比赛。1998—2012 年，全市举办田径竞赛 6 次。旗县区代表队共获团体奖项 11 项、学校代表队共获团体奖项 4 项，13 人打破运动会纪录。

参加全国比赛　1993 年 8 月，全国少年田径分区赛在辽宁省铁岭市举行，市体育中学田径队代表内蒙古自治区参赛,获得1枚银牌、2枚铜牌。1997年,赤峰市田径运动员在全国田径分区赛上,获得金牌4枚、银牌6枚、铜牌5枚。同年,全国青少年田径分龄赛在江西省举行,赤峰市田径运动员获得3枚金牌。

参加自治区比赛　1991—2014年,赤峰市田径代表队6次参加自治区运动会、1次参加内蒙古自治区少年田径赛,共获金牌61.5枚、银牌52枚、铜牌42枚;有8名运动员打破自治区短跑4项纪录,6名运动员打破自治区青少年田径纪录,1名运动员打破自治区跳远最高纪录;1次获得团体总分第一名,4次获得团体总分第三名,在内蒙古自治区第十三届运动会获得金牌总数位居各盟市第一位。

三、重竞技类

摔跤　1985年,赤峰市成立国际式摔跤(包括自由式、古典式)集训队,有9名运动员。1989年,赤峰市体育中学成立男子自由式摔跤队。2002年,赤峰市体育中学成立女子自由式摔跤队。2008年,男女摔跤队运动员发展到58人。2014年,男女摔跤队运动员达到64人。男女摔跤队代表赤峰市参加各级比赛,取得优异成绩。

中国式摔跤。2010年、2012年,赤峰市举办中国式摔跤比赛2次。2010年,赤峰市体育局举办全市青少年运动会,阿鲁科尔沁旗代表队获得中国式摔跤金牌1枚、银牌2枚、铜牌2枚。2012年,由赤峰市体育局主办、赤峰市体育中学举重摔跤柔道管理中心承办全市青少年中国式摔跤锦标赛,有全市各旗县区、市级中小学摔跤训练基地符合参赛年龄的100多名运动员参赛。赤峰市分别获得甲组50公斤、55公斤、60公斤、63公斤、68公斤、74公斤级以上冠军和乙组40公斤、46公斤、50公斤、54公斤、58公斤、63公斤、70公斤级以上冠军。

1991年、2012年,赤峰市先后参加自治区级以上中国式摔跤比赛2次。1991年,赤峰市摔跤队在内蒙古自治区第七届运动会上,获得中国式摔跤金牌2枚、铜牌2枚。2012年,赤峰市代表队参加第二届鄂尔多斯国际那达慕大会中国式摔跤比赛获得男子57公斤级冠军。

国际式摔跤。1991—2014年,赤峰市体育中学男女摔跤队代表赤峰市参加自治区各类国际式摔跤比赛8次,其中参加内蒙古自治区运动会7次,参加内蒙古自治区少年国际式摔跤比赛1次。共获得金牌49枚、银牌23枚、铜牌23枚;2次获得单项积分第二名,1次获得单项积分第三名。

1991—2014年,赤峰市先后向自治区及外省专业队输送优秀运动员88人,有50多名运动员由于在自治区大赛中表现出色,从基层牧民锻炼成长为教练员和体育教师。在全国各项比赛中获得全国冠军30次、全国亚军33次、全国季军38次,先后培养出国家级运动健将20人、国家一级运动员100多人。

柔道　赤峰市柔道队成立于1984年,当时只有2名教练、20多名男女柔道运动员。1992年,柔道再次被纳入奥运会项目后,为推进全市柔道运动的发展,市体育中学专门设置柔道教学项目,吸纳和培养柔道运动的后备人才。2007年,市体育中学被自治区体育局命名为柔道体育后备人才训练基地。2014 年，赤峰市柔道队经过发展有 6 名教练员，100 多名男女运动员，年龄最小的 12 岁，最大的 19 岁。

1991 年 5 月 14 日至 15 日，赤峰市少年柔道比赛在市体育场举行。克什克腾旗、翁牛特旗、敖汉旗和松山区 4 支代表队、48 名男女运动员参赛，松山区代表队获得团体第一名。1994—2014 年，赤峰市柔道队 6 次参加内蒙古自治区第八届至第十三届运动会，共获金牌 42 枚、银牌 25 枚、铜牌 28 枚，其中在内蒙古自治区第十三届运动会上，金牌总数和奖牌总数均列各参赛队首位。

1991—2014 年，赤峰市向内蒙古自治区体工队输送多名优秀运动员，先后参加全国运动会、全国青年柔道锦标赛、亚洲柔道锦标赛等 10 多次国内外柔道比赛，多次获得奖牌。内蒙古体工队 30 名柔道队员中有 20 名来自赤峰，赤峰市被称为内蒙古自治区“柔道摇篮”。

跆拳道　20 世纪 90 年代，赤峰市跆拳道运动开始起步，仅有少量跆拳道爱好者。1999 年，赤峰精英跆拳道馆（原精英武术馆）建立，是赤峰地区最早开展跆拳道专业训练基地。2000 年，跆拳道在悉尼奥运会成为正式比赛项目后，跆拳道运动得到较快发展。全市民间兴办的跆拳道馆逐步兴起，成为青少年参与跆拳道训练的主要场所。2002 年 9 月，赤峰市体育中学跆拳道队成立，当时有队员 10 人。2004 年 10 月，红山区创立赤峰文武跆拳道馆，是赤峰首家专业跆拳道俱乐部，也是红山区跆拳道协会升级考段及教练员、裁判员培训基地。2014 年，赤峰地区有民间跆拳道馆 10 多家，其中赤峰城区有 8 家，练习跆拳道的青少年超过千人，先后培养训练数千名跆拳道爱好者；市体育中学跆拳道队队员发展到 40 多人，并代表赤峰地区参加自治区各类比赛。

2012 年，由赤峰市体育局主办、市体育中学跆拳散打管理中心承办的赤峰市青少年跆拳道锦标赛在赤峰市体育中学训练馆举办。有红山区、松山区、元宝山区、喀喇沁旗、宁城体校、翁牛特旗、巴林右旗、巴林左旗、阿鲁科尔沁旗的 9 支代表队近 100 名运动员参赛。宁城体校、喀喇沁旗、元宝山区代表队分获前三名。

2002—2014 年，赤峰市体育中学跆拳道队代表赤峰市参加自治区各类比赛 6 次，共获金牌 30.5 枚、银牌 13 枚、铜牌 30 枚。2002—2006 年，在内蒙古自治区第一届大众跆拳道锦标赛上，赤峰市跆拳道队获得 3 枚金牌、1 枚银牌；参加自治区第十届、第十一届两届运动会，赤峰市跆拳道队获得 6.5 枚金牌、4 枚银牌、12 枚铜牌；2006 年，市体育中学跆拳道队被市政府授予“优秀项目队”称号。2012 年 11 月 21 日至 24 日，内蒙古自治区青少年跆拳道冠军赛在呼伦贝尔市举行。有全区 10 个盟市的 299 名运动员在男女 6 个组别、42 个级别中展开金牌角逐，市体育中学跆拳道队获得 7 枚金牌。2013 年，在自治区青少年跆拳道锦标赛中，赤峰市跆拳道队获得 7 枚金牌、5 枚银牌、6 枚铜牌，有 11 人获得第五名。2014 年，在内蒙古自治区第十三届运动会上，赤峰市跆拳道队获得 7 枚金牌、3 枚银牌、12 枚铜牌，有 16 人获得第五名。

至 2014 年，赤峰市先后向自治区、区外院校输送跆拳道队员 20 多人。有多名队员考入东北大学、长春师范大学、沈阳体育学院等高等学府深造。

武术散打 20世纪90年代，红山区在中小学推广普及适合青少年特点的武术运动，通过业余体校开展业余武术训练，武术爱好者逐渐增多。2000年后，赤峰市开始发展武术散打运动，各类武馆、拳社、培训学校相继建立，主要培养青少年武术散打爱好者。当年，位于松山区松北新城的赤峰少林武术影视学校成立，主要开设套路专业、散打专业、自由搏击专业、影视表演专业等。2003年，由红山区教育局、体育局联合创办赤峰文武学校。学校以文化课为主，开展武术、跆拳道、散打、女子防身术、自卫术、空手道、舞狮等专项训练，学校实行准军事化管理，是北京体育大学、沈阳体育学院、吉林体育学院、长春师范大学等院校武术实习基地。2004年，红山区体育局成立文武散打馆，开设周末班、假期班、晚间班，进行武术训练。2010年，位于巴林左旗的尚武武道馆成立，为专业从事武术、跆拳道培训的大型综合馆。2012年，位于红山区的赤峰天龙咏春拳社成立，开展咏春拳、散打、双节棍培训。至2014年，全市有武术散打培训机构近10家，接受培训人员500多人，向全国高等院校及体育院校输送武术人才400多人。

2002年后，赤峰市体育中学武术散打队成立，接受武术散打训练的青少年已近百人。市体育中学不仅培养专业武术散打运动员，同时开设业余武术散打训练班，从中发现更加优秀的武术散打人才。特别是输送到赤峰市公安局的队员，代表赤峰市公安局散打队在连续三届自治区公安厅武术散打比赛中保持金牌总数第一名，为赤峰市公安系统争得荣誉。2012年5月，由赤峰市体育局主办、赤峰市体育中学跆拳散打管理中心承办的赤峰市青少年武术散打锦标赛在市体育中学武术散打训练馆举行。各旗县区、武术馆、武术散打俱乐部98人参赛，进行两个组别18个级别的比赛。

2001—2014年，赤峰市武术散打队在自治区运动会、武术散打锦标赛、冠军赛中，共获得32枚金牌、26枚银牌、34枚铜牌。其中在2010年第十二届内蒙古自治区运动会中，获得2枚金牌、3枚银牌、2枚铜牌；2013年，在自治区锦标赛中，获得9枚金牌、5枚银牌、14枚铜牌；2014年，在第十三届内蒙古自治区运动会中，获得5枚金牌、3枚银牌、2枚铜牌，位居奖牌榜第一位。同年，赤峰市参加在湖南省东安县举办的“全国武术之乡”武术套路比赛，红山区代表队获得2枚金牌、3枚银牌、2枚铜牌和“武德风尚代表队”称号。

拳击 20世纪90年代始，赤峰市体育中学重点加强对拳击运动员的培养。1990年，创办赤峰市拳击队，以“严格管理，刻苦训练”为宗旨，贯彻执行“三从一大”(从严、从难、从实战出发，大运动量训练)科学训练原则，促进拳击运动的发展。2009年，赤峰市体育中学被自治区体育局确定为“内蒙古拳击青少年后备人才训练基地”。至2014年，拳击成为赤峰市竞技体育主要运动项目之一。

1995—2014年，赤峰市拳击队参加全国、自治区比赛6次。其中1995—1996年，赤峰市拳击队代表自治区参加全国少年拳击比赛2次，获得金牌1枚、银牌2枚、铜牌2枚、1个第四名；2002—2014年，赤峰市拳击队在内蒙古自治区第十届至第十三届4届运动会拳击比赛中，获得金牌48.5枚、银牌22枚、铜牌20枚。

1994—2014年，赤峰市为国家队、自治区专业队培养多名高水平优秀体育人才，参加全国、自治区级拳击比赛取得优异成绩。其中马经伟为内蒙古拳击队男队主教练，国际级运动健将，多次获全国冠军；哈达巴特为内蒙古拳击队女队主教练，国际级运动健将，曾参加2004年雅典奥运会，多次获全国冠军；孟繁龙为内蒙古拳击队队员，国家队队员，国际级运动健将；胡日查毕力格为内蒙古拳击队队员，国家队队员，国家级运动健将，多次获全国冠军。

举重　赤峰市举重队成立于1987年12月，主要由市体育中学在校学生组成。当时有1名教练员，20多名运动员。20世纪90年代后，赤峰市举重运动不断发展，举重队伍逐步扩大。至2014年，市举重队拥有2名专业教练员，40多名举重运动员。

1991年4月9日至12日，赤峰市少年举重比赛在市体育场举行，全市有8支代表队、128名运动员参加比赛。有10人打破9项赤峰市纪录，林西县、松山区分获团体冠亚军，红山区获得第三名。

1991—2014年，赤峰市举重队7次参加内蒙古自治区第七届至第十三届运动会，14次参加全区年度举重比赛。1991年，在内蒙古自治区第七届运动会中，打破26项自治区最高纪录。1994年，在内蒙古自治区第八届运动会中，打破19项最高纪录、23项青少年最高纪录。1998—2014年，在内蒙古自治区第九届至第十三届5届运动会中，获得金牌26枚、银牌26枚、铜牌23枚，打破内蒙古自治区36项最高纪录、青少年42项最高纪录。在2010年的全国中西部举重锦标赛中，赤峰市举重队获得9枚金牌、3枚银牌、10枚铜牌、团体总分第一名的优秀成绩。赤峰市共获全国与自治区举重比赛金牌35枚、银牌29枚、铜牌33枚，打破自治区最高纪录81项、青少年最高纪录65项。

1997—2014年，赤峰市举重队先后向内蒙古自治区体工队、八一队、外省队及国家队输送10多名优秀运动员。

四、射击

20世纪90年代，市体育中学成立赤峰市射击队，有队员25人。主要开设小口径步枪和气步枪、小口径手枪和气手枪射击项目。当时射击设施比较简陋，没有标准的射击场地，在有限的条件下开展射击训练活动。21世纪后，市体育中学新建射击训练馆，射击队拥有300平方米的室内射击场地，训练器材设备齐全，有国家级专业枪库，为运动员的训练提供物质基础和安全保证。至2014年，赤峰市射击队队员增至30人，开设小口径手枪和气手枪射击两大项。

1992—2014年，赤峰市射击队7次参加自治区射击比赛，共获金牌46枚、银牌50枚、铜牌43枚。1992年8月2日，自治区青少年射击锦标赛在通辽市举行，市体育中学射击队参赛获得8枚金牌、8枚银牌、7枚铜牌。1994—2014年，赤峰市射击队6次参加内蒙古自治区第八届至第十三届运动会，共获金牌38枚、银牌42枚、铜牌36枚，打破6项自治区射击最高纪录。在内蒙古自治区第十三届运动会上，赤峰市射击队有15人参加 18 项射击比赛,获得 7 枚金牌、3 枚银牌、2 枚铜牌,成绩位居射击奖牌榜首。

1991—2014 年,赤峰市射击队先后向国家、自治区输送近 30 名优秀运动员,其中 3 名运动员已担任内蒙古自治区射击队教练,2 名运动员已成为国家级运动员。

五、棋类

中国象棋　1984 年,赤峰市成立象棋协会。20 世纪 90 年代,中国象棋成为赤峰市群众喜爱的体育项目之一。2000 年后,全市中老年、青少年人群中参与中国象棋活动的人数逐渐增多,为赤峰市的智力运动起到积极的推动和促进作用。2006 年 12 月,赤峰市成立中国象棋协会。至 2014 年,赤峰市培养出多名优秀棋手。

2007—2008 年,由赤峰市体育局、中国象棋协会举办中国象棋比赛及邀请赛 5 次。2007 年 11 月,中国象棋特级大师柳大华应赤峰市体育局的邀请,到赤峰进行 1 人对 39 人的车轮大战以及以 1 对 10 的盲棋表演。柳大华在赤峰市体育馆与赤峰地区 39 名棋手进行车轮大战,以 20 胜、15 和、4 负的成绩结束;1 对 10 的盲棋表演以 6 胜 4 和的成绩结束比赛。2008 年,第四届赤峰市“红山晚报杯”中国象棋大赛在松城宾馆开赛,为期 3 天,有市区和旗县共 17 支代表队、68 名棋手参赛,经过 9 轮较量决出个人前 14 名、团体前 8 名。赤峰市首届“曲美杯”中国象棋大赛在新城区金帝大厦开赛,赤峰及辽宁朝阳等地 30 多名棋手参赛,国际特级象棋大师李来群应邀与赤峰市 20 名优秀棋手进行了车轮大战,李来群以 13 胜、6 和、1 负的成绩结束比赛。赤峰市“水利杯”中国象棋个人赛在赤峰市体育馆举行,赤峰市各旗县区棋类协会、广大象棋爱好者 1000 多人参赛。

1991—2012 年,赤峰市中国象棋协会先后 7 次组队参加自治区、全国象棋比赛,1 次获得团体冠军,2 次获得团体第一名,1 次获得团体总分第一名,2 次获得团体第二名,1 次获得优胜奖。1991 年,赤峰市代表队参加内蒙古自治区中国象棋年度赛,有 4 名棋手参赛,获得团体第一名。1993 年,赤峰市代表队代表内蒙古自治区参加全国体育大会老年象棋比赛,获得优胜奖。1998 年,赤峰市代表队参加内蒙古自治区第九届运动会,有 4 名棋手参赛,获得中国象棋团体总分第一名。2006 年,赤峰市代表队参加内蒙古自治区第十一届运动会,有 4 名棋手参赛,获得中国象棋团体第一名。

2007 年 7 月,内蒙古自治区首届老年人运动会中国象棋比赛在乌兰察布市举行,赤峰市代表队获得团体冠军,赤峰 1 名棋手获得个人第一名。

2011 年,赤峰残疾人代表队参加内蒙古自治区第四届残疾人运动会,有 2 名棋手参加中国象棋比赛,获得中国象棋团体第二名。

2012 年 9 月 27 日,内蒙古自治区首届体育大会中国象棋比赛在通辽市举行,赤峰市代表队获得团体第二名。

国际象棋　20 世纪 90 年代初,赤峰市成立国际象棋协会,当时全市仅有爱好者 100 多人,主要分布在赤峰中心城区、克什克腾旗、巴林右旗等蒙古族聚居地区。由于国际象棋在棋术上与蒙古象棋极为相似,因此,国际象棋棋手大多在少数民族运动会上参赛。至 2014 年,赤峰市 17 次组团参加国际和自治区各类比赛,进一步促进赤峰地区棋类运动的发展。赤峰市国际象棋爱好者超千人，保持自治区的优势地位。

参加国际比赛。2000—2014 年，赤峰市参加国际象棋比赛 3 次。2000 年 8 月，由中国国际象棋协会主办的首届全国国际棋协大师赛在北京劳动大厦举行，赤峰选手在九轮比赛中，获得第 6 名，并获“国家棋协大师”称号。2011 年，参加在鄂尔多斯市举办的第十一届国际艺术节，赤峰棋手获得国际象棋个人赛第一名。2014 年，第五届中俄蒙“奥运之星”国际青少年运动会在内蒙古体育馆举行，有自治区、呼和浩特市、包头市、呼伦贝尔市、通辽市、赤峰市、鄂尔多斯市与俄罗斯、蒙古国 9 支体育代表团、500 多人参加运动会。赤峰市国际象棋男子组 3 人分获国际象棋第四至第六名。

参加自治区比赛。1991—2010 年，赤峰市参加自治区蒙古象棋、国际象棋专项比赛 7 次。1991 年，赤峰市 4 名棋手参加内蒙古自治区国际象棋比赛，获得团体和个人第一名。1993 年，赤峰棋手获得自治区国际象棋比赛个人第一名。1997 年，赤峰市 4 名棋手组团参加内蒙古自治区五十年大庆蒙古象棋比赛，获得团体第二名，1 名棋手获得个人第一名。2007 年 6 月，在内蒙古北方新报与内蒙古棋类协会共同举办的首届内蒙古“北方新报杯”围棋、国际象棋赛中，赤峰市国际象棋代表队获得国际象棋赛团体第一名，

1995—2013 年赤峰市参加自治区国际(蒙古)象棋比赛成绩一览表

表 23-2-1

年份	名称	项目	参赛棋手	团体名次	个人名次		地点
					姓名	名次	
1995	内蒙古自治区第三届民运会	蒙古象棋	3	第一名	宫学龙	第一名	内蒙古通辽市
					李树龙	第三名	
1998	内蒙古自治区第九届运动会	国际象棋	4	第一名	宫学龙	第一名	内蒙古包头市
					马文明	第二名	
1999	内蒙古自治区第四届民运会	蒙古象棋	4	第一名	宫学龙	第二名	内蒙古通辽市
					李树龙	第三名	
					马文明	第四名	
2002	内蒙古自治区第五届民运会	蒙古象棋	4	第一名	李树龙	第一名	内蒙古兴安盟
					宫学龙	第二名	
2006	内蒙古自治区第十一届运动会	国际象棋	4	第一名	宫学龙	第一名	内蒙古通辽市
					马文明	第三名	
2010	内蒙古自治区第七届民运会	蒙古象棋	4	第一名	李树龙	第二名	内蒙古鄂尔多斯市
					宫学龙	第五名	
2013	内蒙古自治区第八届民运会	蒙古象棋	4	第二名	庞志良	第二名	内蒙古锡林浩特市
					宫学龙	第四名	
					李树龙	第六名	

1 名棋手获得国际象棋个人赛冠军。2009 年,参加内蒙古自治区第一届“欢乐草原”全民健身大会蒙古象棋比赛，赤峰代表队获得团体第一名,1 名棋手获得个人第一名。2010 年,参加内蒙古自治区第二届“欢乐草原”全民健身大会蒙古象棋比赛,赤峰棋手获得个人第一名。2011 年,参加内蒙古自治区第三届“欢乐草原”全民健身大会蒙古象棋比赛,赤峰棋手获得个人第二名。

1995—2013 年,赤峰市组团参加内蒙古自治区少数民族运动会、内蒙古自治区运动会国际象棋、蒙古象棋比赛 7 次,6 次获团体第一名、1 次第二名,个人奖项 4 个第一名、5 个第二名、7 个第三至第六名。

围棋　20 世纪 90 年代,围棋成为赤峰地区老少皆宜的体育项目,赤峰围棋爱好者达到千余人。2000 年后,赤峰城区赤峰棋院、天元围棋学校、方圆围棋学校、轩辕启智围棋学校、平庄围棋学校、赤峰聂卫平围棋教室等社会培训机构相继成立,主要对青少年开展围棋业余培训。2008 年后,赤峰出现青少年围棋热。赤峰市分别在红山区、元宝山区、宁城县、敖汉旗等旗县区设立了 8 个围棋培训基地,围棋基地大多设在中小学,以培养少儿选手为主。全市有 10 所学校开设围棋课，举办业余培训班，参训人数达 2000 多人。赤峰棋院每年对授课教师进行培训。经过多年的培养和发展,围棋项目在全市得到普及和提高。

1992—1999 年,全市组织各种民间友谊赛、交流邀请赛。先后开展 1992 年的赤峰市“电大杯”围棋赛、1996 年的赤峰市“绿岛爱仁杯”围棋赛、1999 年的赤峰市“艺海杯”围棋赛等,为棋手的成长起到推动作用。

2008—2014 年,赤峰市连续举办 7 届智能运动会,有多名优秀棋手参赛。全市有段位的棋手近 60 人，有级位的棋手 400 多人。每年至少有近千名青少年接受围棋启蒙培训。其中 2008 年 4 月 12 日至 18 日,赤峰市围棋代表团 10 名棋手在杨波团长的带领下前往日本大阪关西棋院进行为期 6 天的棋艺交流;中日双方棋手共进行 3 轮比赛,最终中国棋手以全胜的成绩结束比赛。

2006—2014 年,赤峰市围棋代表团 4 次参加自治区围棋比赛。2006 年、2010 年,赤峰市围棋代表团参加内蒙古自治区第十一届、第十二届运动会,分获团体第二名、团体第五名。2012 年 1 月,内蒙古自治区业余围棋精英赛在呼和浩特市举行,赤峰市夺得自治区围棋团体冠军，同时获得自治区业余围棋联赛甲级队第一名。2014 年 8 月,在内蒙古自治区青少年围棋定级定段赛上,赤峰选手表现出色,取得 10 个冠军,在各盟市中位居前列。

六、其他

射箭　射箭是内蒙古民族地区传统体育项目。20 世纪 90 年代,赤峰市在牧区那达慕大会或敖包会上均开展射箭比赛。巴林右旗在大板一中成立射箭队,实施班级和训练队双重管理模式。学校自编射箭运动校本课程教材和校本课程教学训练大纲。培养训练射箭优秀人才。进入 21 世纪,大板一中射箭队不仅在赤峰市内成绩位居榜首,在内蒙古自治区也位列前三强，是一支在全区较有影响、有着光荣传统的运动队。2009年，巴林右旗被自治区体育局命名为内蒙古自治区“射箭之乡”。2011年6月，赤峰市巴林右旗传统弓射箭协会在大板正式成立，有会员99人，为巴林右旗射箭事业的发展和文化遗产的挖掘奠定良好基础。2014年，赤峰市已有巴林右旗、巴林左旗、翁牛特旗、克什克腾旗、阿鲁科尔沁旗和红山区6个旗区成立传统弓射箭协会，会员达700多人。巴林右旗射箭队先后为高等院校输送20多名大学本科生和为自治区体工队输送10多名射箭运动员。巴林右旗大板一中被自治区体育局指定为“内蒙古自治区竞技体育后备人才培训基地”和“赤峰市射箭运动训练基地”，巴林右旗成为内蒙古自治区传统弓示范基地。

参加国际比赛。2010—2011年，赤峰市参加国际射箭比赛2次。2010年，巴林右旗射箭队代表赤峰市参加在呼和浩特举行的第二届国际青少年运动会射箭项目的比赛，分获男女组第三名和个人3枚铜牌。2011年，赤峰市传统弓箭代表队参加国际邀请赛，获得男子团体冠军、女子团体亚军及个人4项冠军。

参加全国比赛。2012—2014年，赤峰市参加全国射箭比赛3次。共获团体奖10项，其中团体第一名7项，第二名3项；获个人奖项11项，其中个人第一名3项，第二名4项，第三名4项。打破10项全国纪录。

参加自治区比赛。2003—2014年，巴林右旗射箭队代表赤峰市11次参加自治区射箭比赛，共获团体奖16项，其中团体第一名9项，团体第二名4项，团体第三至第六名3项；共获金牌17枚、银牌20枚、铜牌17枚。

滑冰　20世纪90年代，滑冰作为一种新兴体育健身活动悄然兴起。赤峰的滑冰运动由于没有室内场馆，只能在冬季开展，滑冰爱好者主要以青少年业余活动为主。1991年，仅有赤峰师专院内一片滑冰场，有校内学生和城区业余滑冰爱好者参加活动。1995年，松山区水上公园滑冰场营业，吸引赤峰城区滑冰爱好者聚此滑冰。2000年后，喀喇沁旗广泛开展中老年、青少年滑冰健身活动，喀喇沁旗滑冰协会经常举办滑冰训练和比赛。2008年后，赤峰轮滑协会成立，组织轮滑爱好者在赤峰松山城区水上公园广场开展轮滑演练活动，活动高峰达百人，轮滑陆续在赤峰城区等地得到推广。克什克腾旗根据冬季体育项目少的特点，建户外滑冰场免费向社会开放；喀喇沁旗在锦山水上公园建设冬季滑冰场。2014年2月17日，喀喇沁旗美林谷滑冰场馆建成并投入运营。2011—2014年，为推广普及赤峰城区的滑冰运动，赤峰市住建委河道管理处在赤峰新城玉龙桥南半支箭河道建成冬季滑冰场。冬季冰上运动者逐渐增多，中心城区有近千人参与滑冰运动，全市滑冰爱好者达2000人。

1996年起，赤峰市陆续开展滑冰竞赛活动。当年，赤峰轮滑协会在松山区水上公园冰场举办赤峰首届滑冰大奖赛，比赛设立不同年龄组别，参赛队员达到50多人。2002—2009年，喀喇沁旗滑冰协会举办5场滑冰赛事，经常参加锻炼的会员已达1000多人。2011—2014年，赤峰市滑冰选手参加自治区及以上滑冰比赛5次。2012年，在河北省承德市冰雪欢乐汇暨京津蒙辽冀“三一重机杯”第三届速度滑冰和冰球邀请赛上，赤峰选手获得成年乙组1500米第三名、成年乙组500米第三名；同年，赤峰选手获得全国速度滑冰马拉松赛(承德站)第四名。2014年3月10日，内蒙古自治区第十三届运动会“美林谷杯”男子、女子组1500米短道速滑赛在赤峰美林谷滑冰馆开赛。有赤峰、鄂尔多斯、乌兰察布、呼伦贝尔、包头、通辽6个市代表队参赛。赤峰市运动员以精湛的冰上技艺获得首日“美林谷杯”1500米短道速滑4个组别赛事的3枚金牌。2014年12月，在“承德避暑山庄杯”第六届中国北方8省区市速度滑冰暨承德市第十三届速度滑冰比赛上，赤峰选手获得成年男子乙组第一名、老年男子乙组1000米第二名。

游泳 20世纪90年代，游泳作为自治区竞技体育项目，赤峰市组织开展各类竞赛活动。21世纪后，游泳运动在赤峰地区蓬勃发展，参与游泳运动的群众与日俱增。赤峰城区先后建有红山区天元游泳馆、松山区水上公园游泳馆、元宝山电厂游泳馆、新城区九龙水上乐园游泳馆(后改称九天水上运动中心)4个大型游泳场馆。2002年，赤峰市冬泳运动兴起，在松山区水上公园游泳馆活跃着一批冬泳爱好者。2011年12月，赤峰市首家冬泳协会成立，冬泳爱好者达到近百人。2012年，赤峰市游泳协会成立，为赤峰地区广大游泳爱好者搭建交流沟通的平台，不断提高游泳运动的技能水平。至2014年，赤峰地区有近2万人定期参加游泳运动。

2010—2014年，赤峰市区组织游泳比赛和参加自治区游泳比赛4次。2010年2月25日至27日，赤峰地区首届“天元杯”千人游泳大赛在红山区天元游泳馆举行。有红山区、松山区、元宝山区的近千名游泳爱好者参加此次新春游泳活动。2011年6月22日，元宝山区农电局与赤峰玉龙游泳俱乐部共同举办庆祝建党90周年游泳邀请赛。比赛设老年男子组和女子组、青年男子组和女子组，比赛形式为蛙泳、自由泳、潜泳、带圈游泳和水中拔河，有近百名游泳爱好者参赛。2013年2月22日，由市体育局、市游泳协会、红山区体育局、春晖礼品城、九龙水上乐园游泳馆承办的2013年“九天杯”游泳大赛在九龙水上乐园游泳馆举行，全市170多名游泳爱好者进行了为期两天的比赛。此次比赛分为儿童组、少年组、青年组、中年组、老年组以及团体赛，其中年龄最大的70岁，最小的8岁，最终八一队、青年队、中年队分别获得4乘50米接力团体赛前三名。

2014年8月8日至9日，内蒙古自治区第十三届运动会游泳比赛在赤峰九天水上运动中心举行。比赛设男、女自由泳全能、仰泳全能、蛙泳全能、蝶泳全能等8个项目比赛，8个盟市代表队共99名运动员参赛。赤峰市运动员在游泳比赛中获得1枚金牌、3枚银牌、2枚铜牌，其中赤峰市运动员李天浩获得男子自由泳全能比赛金牌。李天浩、李杰洋子打破5项自治区青少年纪录。

第三节　竞赛成绩

1991年后，赤峰市通过参加自治区、全国运动会及国际各类体育比赛，不断提高竞

1997—2014 年赤峰市运动员参加国际比赛成绩一览表

表 23-2-2

年份	名称	姓名	单位	项目	成绩
2002	第八届远南运动会	杨　艳	市体中	女子 44 公斤级举重	银牌 1 枚
2004	第 28 届残奥会	杨　艳	市体中	女子 52 公斤级举重	铜牌 1 枚
2012	第 30 届残奥会	杨　艳	市体中	女子 60 公斤级举重	银牌 1 枚
1997	世界青少年举重锦标赛	陈国萍	市体中	女子 63 公斤级举重	冠军
		王福刚	市体中	男子 77 公斤级举重	冠军
1998	第八届世界杯拳击赛	马经伟	市体中	拳击	第三名
2003	世界轮椅和肢残运动会	杨　艳	市体中	女子 52 公斤级举重	金牌 1 枚
2004	雅典奥运会亚洲赛区资格赛	哈　达巴特尔	市体中	拳击 75 公斤级	冠军
	俄罗斯国际邀请赛	乌兰巴特尔	市体中	国际式摔跤	第三名
2007	欧洲 9 国邀请赛	董　智	元宝山区	男子射箭	个人淘汰赛金牌
2010	世界残疾人举重锦标赛	徐丽丽	市体中	女子 56 公斤、75 公斤级举重	金牌 1 枚和第五名
	第一届亚洲残疾人运动会	刘海芳	市体中	女子 56 公斤级举重	金牌 1 枚
2011	世界残疾人举重锦标赛	刘海芳	市体中	女子 60 公斤级举重	金牌 1 枚
	第二十六届亚洲锦标赛	孟繁龙	市体中	拳击 81 公斤级	亚军
2014	第八届世界女子拳击锦标赛	杨晓丽	市体中	拳击 81 公斤级	冠军
	第十三届世界大学生跆拳道锦标赛	李海玲	市体中	柔道	冠军
	第二届亚洲残疾人运动会	杨　艳	市体中	女子 61 公斤级举重	金牌 1 枚 3 次打破亚洲纪录

技项目技能水平,推进竞技体育的发展。

1997—2014年,赤峰市16次参加国际各类比赛,获个人冠军5项,金牌6枚、银牌2枚、铜牌1枚。

1997—2013年,赤峰市6次参加全国运动会及第十二届全国冬季运动会,在拳击、武术散打、柔道、速度赛马、国际式摔跤、射箭等项目中共获金牌13枚、银牌8枚、铜牌7枚;2项个人冠军、1项团体冠军。

1991—2014年,赤峰市参加7届内蒙古自治区运动会,共获金牌553枚、银牌292.5枚、铜牌311枚。团体总分和金牌总数在内蒙古自治区第七届至第十二届运动会中,除第十一届运动会全区排序第四名外,其他5届均为第三名;在内蒙古自治区第十三届运动会中,团体总分和金牌总数全区排序第一,个人获前三名总数累计1132人次,打破自治区纪录累计206人次。

1995—2013年,赤峰市承办全国体育比赛15次,赤峰市有5次参赛获得荣誉。其中在全国第十二届小学生"向阳杯"乒乓球赛中,红山区八小获得男子甲组团体冠军、乙组第三名;在全国青少年"未来之星"阳光体育节中,市体中获3对3篮球第一名,元宝山区一中获毽球第二名;在"健行杯"全国中西部举重锦标赛上,赤峰市运动员获2枚金牌。

1996—2013年,赤峰市承办自治区专项体育比赛19次,赤峰市8次参赛获得金牌48枚、银牌41枚、铜牌78枚,获团体冠军2项、第二名1项,个人第二名1项。

1997—2013年赤峰市运动员参加全国运动会成绩一览表

表23-2-3

年份	名称	单位	项目	成绩
1997	第八届全国运动会	市体中	拳击	金牌2枚、银牌3枚、铜牌2枚
			武术、散打	男子第二名
2001	第九届全国运动会	市体中	拳击	金牌8枚、银牌4枚、铜牌5枚
			柔道	金牌2枚、银牌1枚
2005	第十届全国运动会	赤峰市	速度赛马	金牌1枚
		市体中	国际摔跤	个人冠军
2009	第十一届全国运动会	市体中	国际摔跤	个人第三名
2012	第十二届全国冬季运动会	赤峰市	冰球	男子第八名
2013	第十二届全国运动会	巴林右旗	射箭	女子甲乙组冠亚军
		市体中	柔道	个人冠军

1991—2014年赤峰市运动员参加自治区运动会成绩一览表

表 23-2-4

名称	参赛项目总数	举办时间	金牌总数	银牌总数	铜牌总数	团体总分及名次	金牌排序	个人获前三名总数	打破自治区纪录人数
第七届自治区运动会	8	1991.8	38	28	30	1182分 第三名	3	96	60
第八届自治区运动会	11	1994.7	42	29	35	1778.5分 第三名	3	107	47
第九届自治区运动会	25	1998.8	30	23.5	25	1981.5分 第三名	3	79	32
第十届自治区运动会	10	2002.8	61	28	29	2226分 第三名	3	114	26
第十一届自治区运动会	11	2006.9	87.5	52	62	3809分 第三名	4	198	27
第十二届自治区运动会	19	2010.8	81	46	45	2704分 第三名	3	153	无
第十三届自治区运动会	20	2014.8	213.5	86	85	5666.5分 第一名	1	385	14

1995—2013年赤峰市承办全国体育比赛一览表

表 23-2-5

年份	名称	参赛单位及运动员	成绩
1995	全国百城自行车赤峰赛区比赛	赤峰市2名选手	赤峰市获女子组第十四名
2001	全国第十二届小学生“向阳杯”乒乓球赛	33支代表队310名运动员	红山区八小获得男子甲组团体冠军、乙组第三名
2005	全国乒乓球甲组联赛C组比赛	64支代表队416名运动员	赤峰市被国家体育总局评为最佳赛区
2007	全国CUBA大学生篮球争霸赛	清华大学、北京科技大学、体育大学、哈尔滨师范大学	—
2010	“健行杯”全国中西部举重锦标赛	30多个省、自治区、直辖市203名运动员	赤峰市运动员获2枚金牌
	全国青年女子自由式摔跤锦标赛	8省区市37支代表队	—
	全国青年男子自由式摔跤锦标赛	9省区43支代表队	—
	首届中国北方体育舞蹈公开赛	11个省市代表队	—

续表

年份	名称	参赛单位及运动员	成绩
2011	“祥源海派杯” 全国古典式摔跤锦标赛	7 省区 49 支代表队	—
	“祥源海派杯”全国青年拳击锦标赛	10 省区市 35 支代表队	—
	“祥源海派杯”全国柔道冠军赛	10 省区市 43 支代表队	—
2012	全国青年篮球赛	7 省区市及青岛市 8 支代表队	—
	全国青少年“未来之星”阳光体育节	各省、自治区、直辖市及新疆生产建设兵团 32 支学生代表队、800 名运动员	市体中获 3 对 3 篮球第一名,元宝山区一中获毽球第二名
2013	第二届全国青少年阳光体育节	全国 31 个省区市 1200 名运动员	—
	第十二届全国青年女子篮球预选赛	5 省市、解放军八一篮球队 6 支代表队	—

第四章　体育管理

第一节　管理机构

1991—2001 年,赤峰市体育运动委员会负责全市体育管理工作。2002 年后,赤峰市体育运动委员会更名为赤峰市体育局。至 2014 年,赤峰市体育局内设机构有群众体育科、竞技体育科、经济法规科、青少年体育科和办公室。有工作人员 13 人。

1991 年,全市 12 个旗县区设有体育运动委员会。1993—2014 年,全市 12 个旗县区体委分别改为文化体育局、文化体育广播局、文化体育广播电视局、体育事业局和体育局。有工作人员 265 人。

第二节　体育设施

一、设施建设

公共体育设施　20 世纪 90 年代,赤峰市体育设施主要集中在市区内和旗县区所在地。进入 21 世纪后,市政府为发展体育事业、满足群众体育锻炼需求,逐步加大体育设施建设的投入,一批大型公共体育设施陆续建成。

1991 年,全市有各类公共体育场地 3500 个,其中有体育场 5 个,游泳池 2 个,有固定看台的灯光球场 16 个。

1996 年,赤峰市进行第四次全国体育场地普查统计,统计结果显示,至 1995 年末,市、旗县区有各类公共体育场地 4376 个。其中有体育场 7 个,游泳池 3 个,有固定看台的灯光球场 17 个,小运动场、网球场、篮球场、排球场、田径场等场地主要分布在市、旗县区的体育部门、各类学校及工矿企业等单位,场地达 3507 个。其他场地 842 个。

2004 年,赤峰市进行第五次全国体育场地普查统计,统计结果显示,至 2003 年末,全市有体育场地 2721 个。其中有体育场 11 个,游泳馆 2 个,室内外游泳池 7 个,有固定看台的灯光球场 8 个,田径场、小运动场、网球场、滑雪场、赛马场、篮球场、排球场等场地 2624 个,及各种社会民办乒乓球、武术、健身、保龄球、台球、棋牌房馆 69 个。

2014 年,赤峰市进行第六次全国体育场地普查统计,统计结果显示,至 2013 年末,市、旗县区公办、社会民办体育设施快速发展,有体育场地 3797 个。全市有体育场 25 个,田径场、小运动场、篮球场、各类室内房馆等 2312 个,其他及民办 1460 个,占场地总数的 38.45%。特别是新增室外马术场、室外人工滑雪场、登山步道、城市健身步道、全民健身路径、户外活动营地 518 个(条、处),场地总面积 489.51 万平方米;体育场地种类由 1995 年的 20 种增加到 39 种。从区域分布情况看,“三区”体育场地 1455 个,占总数 38.32%,以元宝山区为最多,达 656 个;9 个旗县 2342 个,占总数 61.68%,以敖汉旗、翁牛特旗、喀喇沁旗为最多,达 1036 个,其他 6 个旗县为 1306 个。

通过 1996—2014 年 3 次全国体育场地普查显示,赤峰市公共体育设施与 20 世纪 90 年代相比发生极大的变化。学校体育设施明显改善,全民健身工程遍布城乡,民办商业性体育设施逐步增加。至 2014 年末,全市体育场地达到 3830 个,分别比 1991 年、2003 年增长 9.43%、40.76%。

学校体育设施 20 世纪 90 年代,全市各级各类学校都建有不同规模的小运动场、田径场、篮球场、排球场,部分学校建有网球场馆、室外网球场、乒乓球场。

进入 21 世纪后,学校体育设施有较大发展。至 2003 年,全市各类学校体育场地 2196 个。其中体育场 10 个,全部分布中小学;田径场 47 个,分布中小学 43 个;小运动场 553 个,分布中小学 548 个;篮球场 1343 个,分布中小学 1303 个;排球场 217 个,分布中小学 204 个;室外网球场、门球场 20 个,分布中小学 13 个;篮球房馆、乒乓球房馆、武术房馆、健身房馆 6 个,分布中小学 5 个。赤峰学院建有建筑面积 2027 平方米、360 个坐席、设施完备的球类馆,建筑面积 1625 平方米的体操馆及 10000 多平方米的室外篮球、排球、网球场。2006—2010 年,赤峰新城红旗中学建成建筑面积 5606 平方米的体育馆;赤峰二中建成建筑面积 7650 平方米的室内体育馆、有 8 个跑道 400 米标准田径运动场和人工草坪足球场;赤峰蒙古族中学建成建筑面积 4848.5 平方米的体育馆;赤峰工业职业技术学院建成建筑面积 5235 平方米、固定坐席 3588 个的综合体育馆。

至2013年,随着撤乡并镇改革和中小学校资源整合,学校体育场地数量虽然相继减少,但标准场地相对增加,全市各级各类学校有体育场地1960个(条、处)。其中体育场24个,分布中小学20个;田径场41个,分布中小学38个,全市中小学基本建有200~400米跑道的田径运动场地;小运动场282个,分布中小学280个;篮球场885个,分布中小学822个;综合房馆17个,分布中小学16个;乒乓球馆62个,分布中小学59个;体育馆、篮球房馆、排球房馆、体操房馆增至15个,大都分布中小学;摔跤柔道拳击房馆、健身房、棋牌房室8个;足球场、排球场38个,分布中小学18个;室外网球场、羽毛球场、乒乓球场358个,分布中小学326个;室外门球场、三人制篮球场9个,全部分布在中小学;全民健身路径60条,室外活动营地1处,其他体育活动场地160处。至2014年,赤峰第一职业中专建成建筑面积7951.6平方米、坐席892个标准化的乒乓球馆。

商业性体育设施　20世纪90年代初期,赤峰市体育经营场所逐步兴起,一些体育项目开始进入经营领域,主要开办游泳馆和台球厅(室)等。至2000年,赤峰市已有体育经营场所198个,从业人员556人,年经营收入逾千万元。至2014年,赤峰市各类体育经营场所已经发展到1300多个,体育经营项目逐渐增多,主要有跆拳道、保龄球、柔道、武术、游泳、滑雪、射击、乒乓球、台球、围棋、健身操、体育舞蹈等。较大型商业性体育场所有新城区赤峰九天水上运动中心、红山区天元游泳馆、道谷南山射击馆、元宝山电厂游泳馆、松山区水上公园游泳池、喀喇沁旗美林谷滑雪场等。

二、场馆简介

赤峰市体育中心　赤峰市体育中心位于赤峰新城区小新地组团,锡伯河南岸,赤峰学院西侧,于2010年9月开工建设,2014年7月交付使用。赤峰市体育中心由体育场、体育馆、室外练习场、中心平台和地下停车场组成。总占地面积22.31公顷,总建筑面积8.78万平方米。其中体育场3.91万平方米,可容纳3.2万人;体育馆2.43万平方米,可容纳7077人;中心平台和地下停车场2.44万平方米。成为赤峰大型赛事活动、全民健身服务以及商业活动的重要场地。

赤峰市体育馆　赤峰市体育馆位于红山区长青街中段,赤峰市医院路南;于1992年建成,2003年重新修建,同时启动馆外体育场通透改造工程建设,2004年3月竣工交付使用。该馆占地面积2.5万平方米,场地面积1.68万平方米。2004年4月,正式启用并向社会公众开放。2013—2014年,为迎接内蒙古自治区第十三届运动会在赤峰市举行,市政府投资398万元对赤峰市体育馆室外运动场和体育馆内进行翻修改造。室外运动场重新铺设新的塑胶跑道、草坪,硬化运动场周边地面,翻新入口通道柏油路面等;体育馆内安装通信信息系统,更换观众看台座椅,进行防水、排水管网的改造。体育馆能容纳2000名观众,可承办乒乓球、羽毛球、篮球、排球和摔跤等体育项目。

赤峰九天水上运动中心　赤峰九天水上运动中心原名九龙水上乐园游泳馆,位于赤峰市新城区,于2005年4月建成运营,建筑面积1.1万平方米,是内蒙古地区较大型商业性高档室内水上娱乐场所。2014年,改称九天水上运动中心,总面积1.37万平方米，增设运动员休息室和更衣室。水上乐园相应配套设施齐全，既可承办大型赛事，又可戏水健身，可同时接纳 5000 人。

第三节　体育人才

一、运动员

2009 年，全市有国家一级运动员 1 人，2010 年 3 人，2013 年 14 人。至 2014 年，有国家一级运动员 47 人。

1991—2001 年，全市国家二级运动员由 4 人发展至 35 人，2008 年达到 106 人。2010—2012 年，有国家二级运动员 247 人。至 2014 年，由于晋级、深造、输送等因素，全市国家二级运动员减少到 79 人。1996—2014 年，全市有国家三级运动员 151 人。

二、教练员

1991 年始，全市有专职教练员 83 人。至 2014 年，全市有专职教练员 110 人，其中高级教练员 15 人，全部集中在市体育中学。

1996—1998 年，为提高教练员素质，赤峰市连续 3 年对全市专职教练员进行岗位培训，专职教练员增加到 91 人。2000 年，按照《内蒙古自治区体育教练员继续教育实施办法》要求，对全市教练员进行继续教育和岗位培训。2004 年，举办第十二届全市业余体校教练员培训班，有全市 12 个业余体校 90 名教练员参训。2013 年，全市举办各类教练员培训班 10 次，并派出 30 余名教练员到外盟市、外省市交流学习。

三、裁判员

2008—2014 年，全市国家一级裁判员由 3 人发展到 15 人，有马铭言（田径），李显超、白晓光（足球），邱雅辉、王晓峰（羽毛球），张晨光（跆拳道），陈晓军、张国峰（自行车），王亚飞（武术）等。

1991—2014 年，全市国家二级裁判员由 134 人发展至 144 人。1996—2014 年，全市国家三级裁判员由 132 人减少至 25 人。

第四节　体育彩票

一、管理机构

1994 年 4 月 5 日，国家体委体育彩票管理中心正式成立，对全国各地发行的体育彩票进行编号、印刷和发行统一管理，并正式定名为“中国体育彩票”。2002 年，内蒙古自治区体育彩票管理中心在赤峰设立体育彩票销售管理站。

2009 年 6 月，赤峰市体育彩票管理分中心正式成立，位于赤峰市新城区水榭花都小区东门，是赤峰市体育局下属的自收自支事业单位，拥有 500 平方米的独立办公场所,负责全市行政区域内体育彩票的销售管理、营销宣传等工作。

2011—2014年,在各旗县区体育管理部门成立体彩办公室,并设立体育彩票专管员,专人负责体彩工作。

二、彩票销售

1996年始,赤峰市体育局有组织、有计划地销售体育彩票,当时没有正式的体育彩票管理机构,只在市体育局办公室临时抽调工作人员进行即开型体育彩票销售,也称"广场彩票"。

2000年,为扩大即开型体育彩票销量,市体育局积极开发社会卖场,与多个行业开展合作,在商场、超市、手机通信店、旅游景点、火车站等客流集中的地方开展合作代售,开发社会代售网点。与中石油赤峰分公司、中石化赤峰分公司、人川大药房、荣济堂大药房等单位合作,由市体育局配送、协助开发并备案、发放销售许可及兑奖设备。

2002年,电脑型体育彩票正式在赤峰上市发行,全市设有体育彩票销售网点96个。同年,赤峰市体育彩票首批42台终端机投入市场。2003年,新增终端机76台投入运营。2006—2007年,全市新增终端机181台,新增体育彩票销售网点127个。

2010年,赤峰市体育彩票开始实行即开型体育彩票大区域代理制,每个旗县区只设一个销售代表,根据销量缴纳一定数额的抵押金。严厉打击彩票非法经营,当年纠正、处理体育彩票违法案件7起,净化体育彩票市场,维护体彩经营秩序。至2011年,全市体彩销售网点达450个。2013年,实施即开型体彩销售代表竞争上岗制,竞聘的销售代表要求有一定的经济实力和销售方法,要确保完成市体彩分中心年初制定的销售任务,不够竞聘条件或不能完成任务的年底统一进行淘汰。

至2014年末,全市体育彩票终端机达495台、网点495个,发展即开型体育彩票社会卖场代售点100多个,体彩销售从业人员近千人。累计销售体育彩票19.56亿元,提取彩票公益金近2亿元,全部用于赤峰市全民健身工程和体育设施建设。

第五节　北京奥运会火炬赤峰传递活动

2008年7月10日,北京奥运会火炬在赤峰传递。赤峰为北京奥运会火炬传递全程的第83站,在内蒙古自治区的第4站。组委会将火炬传递主路线定于赤峰新城区,传递总里程6.1公里,由208名火炬手、55名护跑手完成,其中有赤峰籍火炬手58人。首棒火炬手为全国旅游系统先进个人、赤峰市旅游局局长娜日苏,最后一棒由赤峰旅游形象大使、赤峰籍著名演员斯琴高娃完成。全市社会各界50多万群众热情参与,传递现场文明有序,展现了赤峰良好的市民素质和城市形象,提高了赤峰在全国的知名度。

第二十四卷

宗教　民俗　方言

赤峰市是以蒙古族为主体、汉族为多数的少数民族聚居区。千百年来，生活在赤峰这片土地上的人民，在吸收融合诸多民俗文化元素的基础上，“人相习，代相传”，形成了自己的风俗。这些风俗，有思想观念方面的，也有行为准则和生产、生活方面的。民众向来务本重农（牧），耕织唯勤；尊师重教，不事奢靡；和气诚信，民风敦厚；尚礼仪，笃交亲，重祭祀。改革开放以后，随着经济的发展和人民物质、文化生活水平的提高，思想观念不断更新，民俗风情发生深刻变化。传统习俗注入了新的时代内容，原有风俗与新兴时尚并存。在日常生活中，大多数中老年人重视传统习俗，喜欢用乡土文化进行交流和娱乐；而西方一些节日的传入，青年人比较感兴趣。20 世纪 90 年代以后，赤峰地区民众衣食住行、婚丧嫁娶等方面的习俗变化很大，其特点是饮食更讲究、服装更新潮、婚俗更浪漫、节日更时尚。在传统文化与现代文化结合过程中，也出现另一种倾向，曾经一度消亡的旧俗有所恢复。随着社会主义精神文明建设不断深入，特别是 2010 年以后，赤峰市加强法制建设、文明城市建设，促进了民俗的转化，文明、科学、健康、向上的风气，是赤峰民俗的主流。

赤峰地区各民族均有自己不同的宗教信仰。随着历史的发展及少数民族迁入和外国僧人、传教士布道，各教派在不同时期传入赤峰。辽代佛教，清代伊斯兰教、天主教，中华民国时期基督教先后传入赤峰地区。中华人民共和国成立后，执行宗教信仰自由政策。“文化大革命”期间，各教派中止活动。20 世纪 80 年代初，赤峰各宗教团体恢复活动，宗教信仰自由政策重新得到落实，先后恢复和建立佛教协会、伊斯兰教协会、天主教爱国会、天主教教务委员会 4 个爱国宗教团体。2014 年，全市有依法登记的宗教活动场所 112 座（处），其中藏传佛教寺庙 19 座，汉传佛教寺庙 12 座，伊斯兰教活动场所 24 座，天主教活动场所 28 座（处），基督教活动场所 29 处；不同教别教职人员 319 人，其中佛教 198 人，伊斯兰教 54 人，天主教 49 人，基督教 18 人；不同教别信众 32.5 万人，其中藏传佛教 15.1 万人，汉传佛教 9.7 万人，伊斯兰教 3.2 万人，天主教 3.3 万人，基督教 1 万人，道教和萨满教民间信仰群众 2000 人。赤峰市委、市政府重视民族与宗教问题，坚持民族平等和宗教信仰自由。1992 年，成立赤峰市宗教事务管理局，积极落实民族、宗教政策，并对宗教事务进行依法管理。2014 年，有 47 名宗教界人士当选各级人大代表和政协委员，同其他各界人士共商国事，为地方发展和稳定献计献策。宗教界还按照各自特点，教育影响广大信众遵守社会规范和公德，参与社会公益事业，开展为民服务、救困济贫活动，为创建和谐社会作出贡献。

赤峰市汉语方言形成于清代，属北方方言区的冀鲁系。汉语方言用普通话比照，语法差别甚微，语音差别较大。蒙古语方言大体上可以分为“巴林土语，翁牛特和敖汉（简称翁敖）土语，阿鲁科尔沁土语，克什克腾土语，喀喇沁和宁城（简称喀宁）土语”5 个土语区域。这 5 个土语在广义上虽均属巴林次方言和喀喇沁次方言（含喀宁土语），但在语音、语法、词汇等诸方面均有其各自的特点。受普通话推广、民族融合加深、社交范围扩大等影响，赤峰地区的汉语方言和蒙古语方言均呈弱化趋势。

第一篇　宗　教

第一章　藏传佛教

明代藏传佛教格鲁派传入赤峰地区。清代在征服蒙古各部后,实行“崇释”政策,广建寺庙和扩大喇嘛特权。赤峰地区先后建有庆宁寺、荟福寺、梵宗寺、福会寺、法轮寺大小庙宇190多座,有喇嘛1万余人。中华人民共和国成立后,赤峰地区大部分喇嘛还俗,喇嘛人数剧减,到1990年,全市仅剩喇嘛416人。2014年,全市有藏传佛教寺庙19座,喇嘛182人,信众15.1万人。

第一节　佛事活动

1982年后,全市各地落实了党的宗教政策,佛事活动相继恢复。1991年后,赤峰市藏传佛教的佛事活动基本延续以前,主要由活佛、喇嘛主持开展法会日活动。1994年、2002年、2009年分别召开3届赤峰市佛教代表大会。

召庙(善福寺)按传统的佛事活动规程每年农历的正月初一至初九,每月的初一、十五、二十九,四月初一至十六,每年四月十五举行大型庙会,每年五月初五、六月十一至十五、九月二十二至二十五、十月二十五、十二月初一、大年三十都开展佛事活动。

荟福寺按照藏传佛教的习俗除每月初一、初八、十五、二十二举办国泰民安诵经会,最具影响力的大型庙会有农历正月初一鸣钟法会、正月十五祝愿法会、四月十五千供法会、六月十五大祝愿法会、九月二十二释迦牟尼重返人间日庆祝法会和十月二十五宗喀巴大师上师供法会等6次大型佛事活动。

法轮寺农历正月初八至十五、三月十五至二十、四月十一至十五、四月二十至二十五、五月十一至十五、六月十五、八月初一、十月二十五、十二月十五至十七、十二月二十一为诵经日,除夕彻夜诵经。

青城寺每年都举办四大法会,即农历正月初八蒙古族祭星法会、四月初八沐浴节是纪念释迦牟尼生日、七月十三青城寺开光法会、十月二十五黄教祖师圆寂纪念日。

梵宗寺从2004年恢复历代传统法会日,每年农历六月初四、初五、初六为释迦牟尼佛初转法轮日，农历十月二十五为纪念宗喀巴大师之燃灯法会，其余每月初一、初

二、初八、十五、二十九都有念经诵经活动。

其他寺庙根据信教群众的要求随时开展不同形式的佛事活动。

第二节　宗教场所

1991 年，赤峰市有藏传佛教寺庙 11 座。此后，赤峰市相继维修、扩建藏传佛教寺庙。至 2014 年，赤峰市有藏传佛教寺庙 19 座。其中阿鲁科尔沁旗 3 座、巴林左旗 1 座、巴林右旗 4 座、克什克腾旗 1 座、翁牛特旗 4 座、喀喇沁旗 3 座、宁城县 2 座、敖汉旗 1 座。

善福寺　建于清代。位于巴林左旗查干哈达苏木境内圣水山南端，是经自治区批准的宗教活动场所，也是全区重点文物保护单位之一。2006 年，被确定为国家级文物保护单位。2014 年，有喇嘛 25 人，其中 80 岁以上喇嘛 4 人。经常参加佛事活动的信众分布在赤峰市、锡林郭勒盟、通辽市、兴安盟和辽宁省北部等地区。

清宝善寺　位于阿鲁科尔沁旗巴拉奇如德苏木达兰花嘎查西 500 米的沙日德布斯格山岗上。始建于顺治八年（1651 年），先后有 6 世葛根转世，香火最盛时喇嘛 1000 多人。该寺为砖木结构的藏汉式建筑，现存建筑分为前、中、后三个部分，萨布腾拉哈木宫（护法殿）和葛根正殿（活佛殿）坐落在轴线上，逐级而上，层叠有致，其余建筑分列两厢，相互对称。2006 年 5 月，被国务院公布为第六批全国重点文物保护单位。

清荟福寺　位于巴林右旗大板镇中部。始建于康熙四十五年（1706 年），由东西两庭院和一个广场组成，总面积为 13200 平方米。西院为寺院，占地面积为 7100 平方米，有楼阁式四大天王殿五间，钟楼、鼓楼各 1 座，有前后两个大殿。2013 年 5 月，被国务院公布为第七批全国重点文物保护单位。

清梵宗寺　位于翁牛特旗乌丹镇北大庙村。始建于清乾隆年间。为汉式喇嘛教寺院。该寺坐北朝南，依山势起伏由南向北逐渐升高，形成阶梯式建筑布局，主要由山门、正殿、东西配殿、后殿、关帝殿和大经堂组成，现存房屋 115 间，占地面积为 5520 平方米。寺内主体建筑大经堂。殿内还现存清代以后佛教故事壁画近百幅，是研究藏传佛教的珍贵资料。2013 年 5 月，被国务院公布为第七批全国重点文物保护单位。

清灵悦寺　位于喀喇沁旗锦山镇。始建于清康熙年间。现存有山门、前殿、东西偏殿、中殿及后大殿等，保存基本完整。该寺建筑结构分为歇山、硬山、楼阁式 3 种，其中雕梁画柱、砖瓦齐砌、盘龙庙脊、伸张四厦为中国传统的建筑形式。2006 年 5 月，被国务院公布为第六批全国重点文物保护单位。

清福会寺　位于喀喇沁旗王爷府镇，属喀喇沁亲王府的家庙。建于清康熙年间。福会寺占地 6136 平方米，青砖院墙，南北长 945 米，东西宽 645 米。坐北面南，中轴对称式布局。该寺主体建筑为硬山、歇山大式砖木结构，和玺、旋子彩画，佛经故事壁画。主要有山门、前殿、经堂、大殿、后殿和东西配房、钟鼓楼、东西配殿、东西耳屋、东西僧舍，计

15 幢 49 间 2063.06 平方米。2001 年 6 月,被国务院公布为第五批全国重点文物保护单位。

清法轮寺　位于宁城县大城子镇上五家村。始建于清乾隆年间。该寺是一处保存完好的喀喇沁部落蒙古王公旗庙,南北长 195 米,东西宽 77.5 米,占地面积 15100 平方米。现存天王殿、钟鼓楼、旃檀殿、正殿、东西罗汉殿、东西配殿等建筑 13 座,建筑占地 4275 平方米。法轮寺以正殿为中心,正殿、山门、天王殿、旃檀殿居同一中轴线上。钟鼓楼、罗汉殿分列两侧。建筑疏密得当,高低错落有致,布局严谨合理。2013 年 5 月,被国务院公布为第七批全国重点文物保护单位。

青城寺　位于敖汉旗南部大青山脚下的牛西河村。始建于清代,"文化大革命"期间,青城寺被毁。1995 年,依法登记为宗教活动场所。1998 年,敖汉旗政府修复青城寺,2000 年 7 月竣工,修复后的前殿(老爷殿)建筑面积 50 平方米,中殿建筑面积 117 平方米。2002 年,旗民族宗教事务局争取资金建 40 平方米的观音殿。2004 年,筹资建 130 平方米的后殿,即法轮殿。2009 年,自筹资金在前殿原址重建 120 平方米的前殿,即天王殿。2013 年,自筹资金建 800 多平方米的生活办公二层楼房及钟鼓楼。2014 年,青城寺占地面积达到 1 公顷,院内存有 4 棵 300 多年树龄的古侧柏。2009 年,青城寺被列入内蒙古自治区非物质文化遗产名录。

2014 年赤峰市藏传佛教寺庙情况一览表

表 24-1-1

寺庙名称	地 址	始建时间	人员
罕 庙	阿鲁科尔沁旗罕苏木境内	清代	有信众 7 万多人
根培庙(广佑寺)	阿鲁科尔沁旗巴彦温都尔苏木	清代	有住持 1 人、喇嘛 40 多人
巴拉奇如德庙(宝善寺)	阿鲁科尔沁旗巴拉奇如德苏木	清代	有教职人员 8 人、信众 4 万多人
善福寺	巴林左旗查干哈达苏木	清代	有喇嘛 25 人
荟福寺	巴林右旗大板镇	清代	
床金庙(汇慧庙)	巴林右旗幸福之路苏木床金嘎查	清代	
格斯尔庙	巴林右旗查干木伦苏木巴尔台嘎查	清代	
固伦淑慧公主陵庙	巴林右旗查干木伦苏木毛敦敦达嘎查	清代	
庆宁寺	克什克腾旗经棚镇	清代	
梵宗寺	翁牛特旗乌丹镇	清代	有活佛 1 人、喇嘛 15 人

续表

寺庙名称	地 址	始建时间	人员
地彦吐庙 （禅宗寺）	翁牛特旗格日僧苏木	清代	
吉祥法增寺 （新庙）	翁牛特旗新苏莫苏木	清代	有活佛 1 人、喇嘛 12 人
高日苏庙 （永延寺）	翁牛特旗阿什罕苏木	清代	有活佛 1 人、喇嘛 2 人
福会寺	喀喇沁旗王爷府镇大庙村	清代	有教职人员 1 人
灵悦寺	喀喇沁旗锦山镇	清代	
康宁寺	喀喇沁旗锦山镇街西（原址）	清代	有教职人员 4 人
法轮寺	宁城县大城子镇	清代	
经峰寺	宁城县必斯营子乡哈尔脑村	清代	
青城寺	敖汉旗南部牛西河村	清代	

第二章　汉传佛教

辽代汉传佛教传入赤峰地区，在今敖汉旗、元宝山区、巴林左旗和松山区境内均建有寺庙。元代为达到“因其俗而柔其人”的统治目的，也赡养佛教僧侣，辽代所建的寺庙到元代多数仍留存并沿用，后又修建龙泉寺等寺庙。清代至民国时期，赤峰地区汉传佛教不断扩大。“文化大革命”期间，佛教活动停止。20 世纪 80 年代后，随着党的宗教政策落实，一些汉传佛教场所相继恢复活动，信佛的群众逐步增加。2014 年，全市有汉传佛教寺庙 12 座，信众 9.7 万人。

第一节　佛事活动

赤峰市汉传佛教的佛事活动主要在民间，而且大多和庙会连在一起。1984 年，宁城县大明庙会兴起，有 10 万多人参会。1998 年 9 月 26 日至 27 日，龙泉寺举办首届佛像开光及大威德金刚灌顶法会，邀请活佛、喇嘛、居士 300 多人参加。2000 年 6 月 14 日至 16 日，举办第二届佛像开光法会，有 16 名宗教教职人员按照宗教仪轨开展念经、开光、灌顶、火供、吉祥超度、摸顶等佛事活动，参加法会的约 2000 人。2010—2014 年，龙泉寺每年举办多次佛事活动，即农历正月初八举办转运法会，二月初二举办供龙王法会,四月初八至初十举办浴佛节和护国息灾吉祥法会,九月初一至初七举办吉祥火供和普贤云供等法会,腊月初八施粥等佛事活动;每月初八举办供护法法会,每月二十五举办供龙王法会。

2002—2014年,香山寺每年的农历二月十九、四月初八、六月十九、七月十五、九月十九、十二月初八,按照佛门仪轨举行佛事活动。在佛菩萨圣诞日,上午举行吉祥佛事,下午举行超度佛事;每年的农历三月初三、五月初五、九月初九是本地信众庙会日。静安寺每年农历二月十九、四月初八、六月十九、七月三十、十月初一、十一月十七、十二月初八组织大型佛事活动7次;每月农历初一、初五、初十、十五、二十、二十五举行吉祥普佛、往生普佛、三时系念、蒙山超拔、念佛法会、念经佛七、皈依法会、开光佛事等各种佛事活动。

其他寺庙庙会因地区不同、佛事来历不同,内容也不尽相同。娘娘庙会是四月十八,信徒多为祈子而来;四月二十八为药王庙会,赶庙会多为病患者,燃香拜佛,以祛病延年,阖家安康;五月十三为关帝庙会,六月十三为龙王庙会,农民集聚杀牲祭祀,以祈求风调雨顺、国泰民安。此外,还有三月初三、三月十八、三月二十八、九月初九等庙会日。

第二节　宗教场所

2014年,赤峰市有汉传佛教活动场所12座。其中红山区、阿鲁科尔沁旗、巴林左旗、林西县、克什克腾旗、喀喇沁旗各1座;松山区、元宝山区、敖汉旗各2座。

宝峰禅寺　位于赤峰桥北红山物流园区。该寺规划建设总投资6500万元,占地面积3.95万平方米,总建筑面积为1.19万平方米,采用明清仿古式建筑,全部工程5年内分期完成。一期工程于2011年10月开工建设,已完成投资1300万元。2014年,实施二期工程建设,已完成大雄宝殿内佛像组装落座、彩画、贴金。

香山寺　位于松山区城子乡瓦房村。始建于辽代。“文化大革命”期间,香山寺被毁。2002年5月10日,香山寺被批准为宗教活动场所。至2014年,香山寺总建筑面积3714平方米。其中天王殿140平方米,观音殿350平方米,大雄宝殿1500平方米,地藏殿和三大士殿124平方米,念佛堂和五观堂1600平方米。

静安寺　位于元宝山区小五家乡大营子村。始建于辽代。“文化大革命”期间,静安寺被毁。2007年,重建静安寺,总体规划占地8公顷,建筑面积10000平方米。寺院内设天王殿、观音殿、大雄宝殿、千手观音殿、地藏殿、念佛堂、藏经楼、孔圣殿、财神殿、灵霄殿、四海龙王殿、女娲娘娘殿、伏羲殿、辽代家族殿、五观堂等殿堂;寺院内僧舍、接待室等100多间。2014年,有僧人7人,常住居士10人。

青龙寺　原名关帝庙,位于克什克腾旗经棚镇东小井街。始建于清代。“文化大革命”期间,青龙寺被毁。2010—2011年,由个人出资重修青龙寺。2014年11月5日,青龙寺第一期工程建成。新落成的青龙寺总占地面积1226平方米,建筑面积963平方米，分正殿、东西配殿。

龙泉寺　位于喀喇沁旗锦山镇西北三华里。为元代庙宇。背靠海拔 1200 米的狮子峰，寺殿依山势而建，高低层叠，呈三进三阶院落。布局以中轴线为中心，左右对称，前有山门，中有天王殿和中西两侧配殿，最后一层为主体建筑，面阔三间，歇山重檐、周有围廊，殿前台基边缘有石刻勾栏。阶下有石狮一尊，缘山石而雕刻，呈卧式，昂首向西南，身长 4.5 米，身高 1.1 米。寺院西北有古井一眼，终年不枯，龙泉寺即由此得名。1997 年后，龙泉寺为正式开放的宗教活动场所。至 2014 年，每年举行多次法会佛事活动。2006 年 5 月，被国务院公布为第六批全国重点文物保护单位。

佛祖寺　位于敖汉旗四道湾子镇白斯朗营子村。2005 年 5 月开工建设，2009 年建成天王殿、大雄宝殿、东西配殿、八角财神殿、藏经阁等主要殿堂 2041 平方米。2009 年 12 月，该寺依法登记为汉传佛教活动场所。2012 年后，敖汉旗政府将佛祖寺纳入小河沿文化旅游区核心景区。

2014 年赤峰市汉传佛教主要寺庙情况一览表

表 24–1–2

寺庙名称	地址	始建时间	人员
宝峰禅寺	赤峰桥北红山物流园区	2011 年	
香山寺	松山区城子乡瓦房村	辽代	有僧人 2 人
万佛寺	松山区大夫营子乡	清代	有僧人 4 人
静安寺	元宝山区小五家乡大营子村	辽代	有僧人 7 人、居士 10 人
孤峰寺	元宝山区平庄镇大孤山子村	辽代	
福善寺	阿鲁科尔沁旗天山镇兴隆堡村	2014 年	有信众 1500 多人
云门寺	巴林左旗丰水山镇	辽代	有教职人员 3 人、信众 1000 多人
城隍庙	林西县林西镇西山脚下	中华民国	
青龙寺	克什克腾旗经棚镇东小井街	清代	
龙泉寺	喀喇沁旗锦山镇	元代	
佛祖寺	敖汉旗四道湾子镇白斯朗营子村	2005 年	
祥云寺	敖汉旗四家子镇老虎山村	清代	

第三章　伊斯兰教

伊斯兰教于清乾隆年间传入赤峰境内，是随着山东等地回族人口迁入而发展起来的。乾隆十二年（1747 年）和嘉庆八年（1803 年）在赤峰街分别建成清真北大寺和清真南大寺，从此，赤峰街成为本地区回族主要聚居区和伊斯兰教活动中心。此后一些回族群众相继迁入克什克腾旗经棚镇、林西县林西镇、巴林左旗林东镇、元宝山区小五家、宁城县瓦房店等地定居建寺，使回族在赤峰地区形成了“大分散、小集中”的格局。伊斯兰教的宗教活动与回族人口分布相统一。1991 年，全市有回族人口 2.79 万人，有清真寺 20 座，阿訇 18 人。至 2014 年，全市有回族人口 3.19 万人，有清真寺 24 座，伊斯兰教教职人员 54 人、信众 3 万多人。

第一节　教务活动

一、召开代表会议

1987 年，赤峰市伊斯兰教协会成立，冯学海为首届协会会长(主任)。1994—2012 年，赤峰市伊斯兰教协会先后召开 3 届代表会议，选举产生赤峰市伊斯兰教协会第二、第三、第四届委员会。其中 1994 年 5 月，第二届委员会选举李万山为会长；1997 年 7 月，李万山离任，补选刘敬一为会长；2003 年 12 月，第三届委员会选举丁守文为会长；2012 年 7 月，第四届委员会选举杨亚庚为会长。

二、宗教活动

伊斯兰教的宗教活动大多与节日连在一起，各种宗教活动和仪式均由阿訇主持，每当主麻日和伊斯兰教节日，穆斯林群众到清真寺进行聚礼或会礼。作为伊斯兰教信徒，其基本信仰是：除安拉外，别无神灵；穆罕默德是安拉的使者。另外还必须履行功修。功修有 5 项，总称“五功”，包括念功、礼功(拜功)、斋功、课功、朝功，在中国多简称为念、礼、斋、课、朝。

伊斯兰教三大节日是开斋节、古尔邦节和圣纪节，节期分别在伊斯兰教教历的 10 月 1 日、12 月 10 日、3 月 12 日。节日期间，穆斯林群众欢聚一堂，互致问候，互相祝福，并进拜殿进行会礼。

第二节　宗教场所

1991 年，赤峰市有伊斯兰教宗教场所 20 座。1994—1997 年，新建清真寺 2 座。1997 年后，改扩建清真寺 6 座，重建清真寺 15 座。2014 年，赤峰市有清真寺 24 座，分布于全市 12 个旗县区。其中市区 8 座，旗县 16 座，松山区、宁城县、克什克腾旗分布较多，分别为 5 座、4 座、3 座。

赤峰清真北大寺　位于红山区二道街西横街路西。始建于清代。赤峰清真北大寺是赤峰地区保存最完好、规模最大的清真古寺，历经 270 多年仍保留原本的古朴风格与穆斯林特色。2011 年，红山区完成清真北大寺规模较大的一次修缮，本着修旧如旧原则，修缮后的清真北大寺恢复其历史原貌。该寺占地面积3000余平方米，建筑面积800余平方米。2013年5月，被国务院批准为国家级重点文物保护单位。

赤峰清真南大寺　位于红山区五东街路南。始建于清代。1958年，清真南大寺被占用，改建成公园（长青公园）。1997年12月26日，重新修建后的赤峰清真南大寺落成，建筑面积900平方米。

经棚清真寺　位于克什克腾旗经棚镇东小井街。始建于清代。“文化大革命”期间，清真寺遭到破坏。2008年，对清真寺主殿、配殿进行加固维修。2009年，新建二层建筑面积约930平方米的综合服务楼。2000年、2005年，经棚清真寺被评为自治区模范清真寺。

锦山清真寺　位于喀喇沁旗锦山镇。始建于清代。在“文化大革命”期间被毁。2008年6月，清真寺开工重建，2009年一期工程竣工。该寺礼拜大殿建筑面积428平方米，可容纳300余人礼拜，建有高22.68米的望月亭。2014年6月，清真寺二期工程启动，总建筑面积1980平方米，总投资600多万元。1997年、1998年，锦山清真寺被评为赤峰市模范清真寺；1999年，获自治区先进集体称号；2014年，获全国和谐清真寺称号。

新惠清真寺　位于敖汉旗新惠镇区石羊石虎山南侧。始建于1994年。1995年，依法登记注册为伊斯兰教宗教活动场所。寺院占地面积313.33平方米，建筑面积108平方米。2012年，经旗政府同意易址重建新惠清真寺。2014年9月13日开始施工建设，11月12日交付使用。

2014年赤峰市清真寺情况一览表

表24-1-3

寺名称	地 址	始建时间	人员
赤峰清真北大寺	红山区二道街西横街	清代	
赤峰清真南大寺	红山区五东街	清代	
衣家营子清真寺	松山区穆家营子镇衣家营子村	清代	有阿訇3人
五里岔清真寺	松山区当铺地乡当铺地村	清代	先后6位阿訇在此任教
西柜清真寺	松山区大庙镇李家营子村	清代	寺内有教职人员4人
老府清真寺	松山区老府镇老府村	清代	信众298人
北波罗胡同清真寺	松山区太平地镇	中华民国	
小五家清真寺	元宝山区小五家回族乡红塔村	清代	
天山镇清真寺	阿鲁科尔沁旗天山镇	1988年	寺内有阿訇2人、信众243人
林东清真寺	巴林左旗林东镇	中华民国	寺内阿訇更替80多人次
大板清真寺	巴林右旗大板镇	1979年	寺内有教职人员3人
林西清真寺	林西县林西镇西街	中华民国	

续表

寺名称	地 址	始建时间	人员
经棚清真寺	克什克腾旗经棚镇东小井街	清代	寺内有教长1人
土城子清真寺	克什克腾旗土城子镇北门外	清代	寺内有阿訇1人
乌兰布统清真寺	克什克腾旗乌兰布统苏木	1990年	寺内有阿訇1人
米家营清真寺	翁牛特旗广德公镇	清代	寺内有阿訇1人
乌丹清真寺	翁牛特旗乌丹镇	1950年	寺内有阿訇2人
锦山清真寺	喀喇沁旗锦山镇	清代	寺内有教职人员2人、刀师1人、信众500多人
瓦房清真寺	宁城县大城子镇瓦北村	清代	寺内有阿訇1人、信众430人
天义清真寺	宁城县天义镇	1986年	寺内有阿訇2人
二龙清真寺	宁城县汐子镇二龙村	不详	信众80多人
忙农清真寺	宁城县忙农镇忙农营子村	不详	信众490人
新惠清真寺	敖汉旗新惠镇区	1994年	
金厂沟梁清真寺	敖汉旗金厂沟梁镇回族村	不详	

第四章　天主教

清道光十五年(1835年),天主教由法国传教士传入赤峰地区,当时建有天主教堂2座。赤峰天主教归辽东教区管辖,后改为蒙东教区。主要活动于翁牛特旗毛山东、苦力吐、马架子、山湾子一带,后相继传到林西县大营子等地。中华民国期间,在赤峰地区设有赤峰教区和林东教区,有天主教堂27座,有信众约2万人。

1956年,昭乌达盟公署宗教事务处成立,赤峰天主教开始宗教活动。1958年,赤峰天主教堂恢复。"文化大革命"开始后,教堂大都被毁,天主教活动停止。

20世纪80年代后,落实了党的宗教政策,天主教活动逐渐恢复。1981年,成立了昭乌达盟(今赤峰市)第一届天主教爱国会和第一届天主教教务委员会,两会主任冯占英。1999年4月,王凤琪任赤峰天主教堂神甫。2000年8月,张景峰接任赤峰市天主教堂神甫。2003年7月,召开赤峰市第三届天主教爱国委员会、天主教教务委员会会议,选举朱问渔为两会主任。2008年1月,朱晓飞接任赤峰市天主教堂神甫。2013年10月,常彦峰接任赤峰市天主教堂神甫。2014年,全市有天主教堂11座,聚会点、活动点17处;有神甫、修女教职人员49人,信众3万多人。

第一节　圣事活动

天主教圣事活动由天主教堂本堂神甫主持，继续延续复活节、圣母升天节、圣诞节、圣母无染原罪节四大瞻礼日。主日和重要宗教节日进教堂参与弥撒，遵守大斋、小斋日，每年至少告解和领圣体1次，量力奉献，供应教会需要。神职人员必须谨守教会法典，每天要祈祷、念早晚课、念《每日颂祷》、研读《圣经》等，举行弥撒和办神功。每当重大宗教节日，圣诞节、圣诞夜，天主教信徒进入天主教堂，互相问候祝福，共同参与圣诞大瞻礼。

第二节　宗教场所

1991年，赤峰市有天主教堂4座。1992—1995年，建天主教堂1座、活动点1处。2005年，建天主教堂1座。至2014年，赤峰市天主教堂（活动点、聚会点）发展到28座（处），分布于全市7个旗县区。其中红山区有天主教堂1座，松山区有天主教堂2座、活动点1处、聚会点15处，阿鲁科尔沁旗有活动点1处，巴林左旗有天主教堂1座，林西县有天主教堂4座，翁牛特旗有天主教堂2座，敖汉旗有天主教堂1座。

赤峰天主教堂　位于红山区二道街。建于1939年（民国28年）。该教堂为欧式建筑风格，堂宽12米、长38.5米，计11间，能容纳800人。堂内有14根圆柱，棚起圆旋，门窗亦同，外有钟楼两座。20世纪80年代后恢复宗教活动。1991—2014年，先后有在任赤峰天主教堂神甫4人。

东山天主教堂　位于松山区大夫营子乡东山村。始建于清代光绪七年（1881年）。教堂以欧式建筑为主要风格，建筑面积337平方米，是松山区最大的天主教堂。“文化大革命”期间，天主教堂院落被占用。20世纪80年代初，恢复人字形罗马式圣堂。2009年12月10日，发生火灾被毁。2011年7月26日，筹资重建后的东山天主教堂投入使用，建筑面积1200平方米。至2014年，在大碾子头道杖房、上窝铺北场和庆昌德山嘴子兴建3座公所（聚会点），信众1000多人。

苦力吐天主教堂　位于翁牛特旗毛山东乡。始建于清代。2009年，本堂神甫刘树章多方筹集资金200余万元重建教堂，建筑面积800平方米，可容纳1000多人。1991—2014年，苦力吐天主教堂先后有在任神甫8人。

2014年赤峰市天主教堂与活动(聚会)点情况一览表

表24-1-4

名称	地址	始建时间	人员
赤峰天主教堂	红山区二道街	1939年	有神甫1人
六分地天主教堂	松山区太平地镇六分地村	1921年	有信众370人
东山天主教堂	松山区大夫营子乡东山村	清代	有信众1000多人
黄土梁子天主教活动点	松山区老府镇东杖房村	1992年	有信众500多人
东姚家段天主教活动点	阿鲁科尔沁旗巴彦花镇姚家段村	1950年	有信众370人
解放天主教堂	巴林左旗十三敖包镇解放村	1995年	有神甫7人、信众3042人
老房身天主教堂	林西县五十家子镇老房身村	中华民国	有神甫1人
大营子天主教堂	林西县大营子乡中心村	清代	有神甫9人
东边墙天主教堂	林西县五十家子镇东边墙村	中华民国	有神甫1人
上官地天主教堂	林西县官地镇上官地村	中华民国	有神甫1人
合成功天主教堂	翁牛特旗五分地镇合成功村	2005年	
苦力吐天主教堂	翁牛特旗毛山东乡	清代	有神甫8人、信众3000多人
新民天主教堂	敖汉旗木头营子乡新民村	中华民国	有信众70多人

第五章 基督教

1913年(民国2年),基督教由英国传教士传入赤峰地区。当时成立赤峰基督教会,有基督教活动点2处,信徒10余人。1947年,赤峰基督教会解散,基督教活动终止。

20世纪90年代后,赤峰地区基督教恢复宗教活动,主要以分散的活动点、聚会点为主。1991年,红山区基督教活动点恢复宗教活动。1992—1993年,建立元宝山区古山矿基督教活动点、宁城县天义镇基督教活动点。2002—2005年,相继建立元宝山区平庄基督教活动点、松山平安基督教活动点和元宝山电厂基督教活动点。2007—2014年,松山区老府镇、喀喇沁旗锦山镇、敖汉旗贝子府镇、巴林右旗大板镇、阿鲁科尔沁旗天山镇先后建立基督教活动点、聚会点多处。到2014年,全市基督教活动场所达29处,有教牧人员18人,信众约1万人。

第一节　教务活动

一、节日活动

基督教是由天主教派生出来的新教，信仰的是基督耶稣，拜上帝或神，又称耶稣教。基督教教务活动由牧师主持，主要有圣诞节、受难节、复活节和主日节四大节日活动。其中主日节是基督教徒以庆祝主耶稣的复活为中心进行崇拜的日子，主日敬拜程序为读经（20 分钟）、赞美唱诗（30 分钟）、祷告、宣召、共诵使徒信经、诗班献诗、讲道（40 分钟）、共颂主祷文、唱《阿门颂》、散会。

二、日常活动

基督教徒每天早晨 5—6 点进行晨更祷告。每周三、周五、周日在基督教活动点进行 3 次聚集敬拜。活动内容以查考圣经、布道和赞美为主。

第二节　宗教场所

1991 年，全市有基督教活动场所 2 处。1992—1995 年，建基督教活动点 3 处。2002—2009 年，建基督教活动点 6 处。至 2014 年，赤峰市基督教活动场所发展到 29 处，主要分布于赤峰城区和 6 个旗县。其中红山区 10 处，元宝山区 4 处，松山区 2 处，阿鲁科尔沁旗 2 处，巴林左旗 5 处，巴林右旗 1 处，喀喇沁旗 1 处，宁城县 3 处，敖汉旗 1 处。

红山基督教堂　位于红山区二道街中段。1920 年，由英国传教士设立福善堂，占地面积 2100 平方米，房屋 49 间，供基督教信众做礼拜用。1947 年后，房屋被占用，活动中断。2004 年 10 月，红山基督教堂移至铁南大街原建材厂院内。2010—2014 年，聚会点 9 处，信众约 600 人。

松山平安基督教活动点　位于松山区临潢大街。2005 年成立，有信众 4 人。2006 年 3 月，经申请批准可公开挂牌聚会，有信众约 40 人。先后成立教会管理小组、教牧小组，管理人员 3 人，教牧人员 1 人。2014 年，信众发展到 370 余人。

宁城县基督教活动点　位于宁城县天义镇。基督教于 1993 年传入宁城，至 2013 年，建有活动点 3 处，分别是天义镇基督教活动点、王营子基督教活动点、金矿岗营子基督教活动点。信众分布于天义镇、大明镇、忙农镇、甸子镇、大双庙镇、八里罕镇、热水旅游度假开发区、黑里河镇和汐子镇，达到 900 多人。

2014 年赤峰市基督教活动场所情况一览表

表 24-1-5

名称	地址	始建时间	人员
红山基督教堂	红山区二道街中段	1920 年	有信众约 600 人
松山平安基督教活动点	松山区临潢大街	2005 年	有信众 370 多人
老府基督教活动点	松山区老府镇老府村	2007 年	有信众 200 多人
平庄基督教活动点	元宝山区平庄镇	2002 年	有教职人员 6 人、信众 270 人
古山矿基督教活动点	元宝山区古山矿	1992 年	有传道员 5 人、信众 100 多人
元宝山发电厂基督教活动点	元宝山发电厂居民区	2005 年	有牧师 1 人、抚琴 1 人、信众 48 人
西露天基督教活动点	元宝山区西露天工村	1990 年	有信众 80 人
天山城区基督教“家庭教会”	阿鲁科尔沁旗天山镇	2014 年	有信众 400 多人
林东镇基督教活动点	巴林左旗林东镇	1995 年	有信众 100 多人
玛拉沁新村基督教活动点	巴林右旗大板镇玛拉沁新村	2003 年	有信众 900 多人
北虹基督教活动点	喀喇沁旗锦山镇	2014 年	有信众 340 多人
宁城县基督教活动点	宁城县天义镇	1993 年	有传道员 8 人、信众 900 多人
贝子府基督教活动点	敖汉旗贝子府镇	2009 年	

第六章 宗教事务管理

第一节 管理机构

一、市级宗教管理机构

1992 年,赤峰市宗教事务管理局成立,为行政副处级单位。1993 年,更名为赤峰市宗教事务局,与市民委合署办公。2002 年后,市宗教事务局与市民委一套机构、两块牌子。由民委副主任兼任宗教事务局局长,下设宗教事务科,工作人员 3 人。2012 年,市宗教事务局增加 2 人。2014 年,赤峰市宗教事务局工作人员 5 人,负责全市宗教事务管理工作。

二、旗县区宗教管理机构

1991 年,全市 12 个旗县区设立民族事务委员会,配备专职宗教干事。1993 年后,各旗县区相继更名为民族宗教事务局,配备分管宗教工作的副局长,下设宗教股。2014

年，全市 12 个旗县区设立民族宗教事务局，有专职宗教干部 12 人，负责宗教事务管理工作。

第二节 管理工作

一、宗教队伍管理

1991 年，赤峰市委、市政府印发《关于进一步做好宗教工作的若干意见》后，全市在重点乡镇增设专职宗教助理。通过举办阿訇培训班、选送寺庙喇嘛到自治区学习深造、开办教会修女技能培训班等方式培训学员 43 人，逐步培养新型的宗教人才。

2005 年，国务院颁布的《宗教事务条例》实施后，全市每年在宗教界开展宗教政策法规“学习月”活动。在“学习月”活动中，除将条例列为必学内容，还向广大信教群众发放相关手册，开展宗教政策法规宣传教育活动。同时认真开展宗教干部行政法规培训，促进宗教干部队伍建设，逐步加强对全市宗教事务的依法管理。

2008 年开始，全面推进“三级宗教工作网络两级责任制”建设。强化旗县区、乡镇苏木和街道办事处、村嘎查和社区三级组织机构建设，旗县区设管理中心，乡镇苏木和街道办事处设工作室，村嘎查和社区建联络站。明确市、旗县区两级责任制，选配宗教专兼职委员和联络员，协调指导旗县区、乡镇苏木和街道办事处、村嘎查和社区三级宗教活动。至 2014 年，全市 153 个乡镇苏木和街道办事处已全部配备专兼职宗教干部，村嘎查和社区全部配备宗教工作信息联络员，保障宗教工作顺利开展，维护全市宗教领域的和谐稳定。为加强新形势下对宗教组织的管理，市宗教事务局组织人员前往宁城县、喀喇沁旗、翁牛特旗、阿鲁科尔沁旗等信教群众聚居生活的旗县，对当地寺庙教堂进行实地调研，并总结形成调研报告；开展天主教赤峰教区选主教、圣名和基督教市级管理组织筹备等工作。

2010 年开始，全市开展宗教教职人员认定备案专项工作。至 2014 年，全市完成 319 名宗教教职人员的认定备案工作，其中佛教 198 人，伊斯兰教 54 人，天主教 49 人，基督教 18 人。市宗教事务局每年组织重点宗教活动场所负责人和财务会计人员进行政策法规培训，其中将《宗教活动场所财务监督管理办法》定为必学内容，全面提高宗教活动场所负责人和财务会计人员的政策水平及业务素质。

积极支持宗教爱国人士参政议政，至 2014 年，先后有 47 人担任各级人大代表和政协委员。其中自治区政协委员 2 人，自治区人大常委会委员 1 人，市政协常委 2 人，市人大代表 2 人，市政协委员 7 人，旗县区政协委员 28 人，旗县人大代表 5 人。

二、宗教场所管理

1991 年，严格宗教活动场所开放的管理审批权限。对林西县老房身村和水泉沟村天主教活动点擅自增建教堂的问题进行了调查处理。

1995年,对宗教活动场所进行依法登记。全市通过建立组织机构、确定试点单位、开展相互学习等措施,对符合条件的近70座宗教场所进行登记。至年末,全市有31座宗教活动场所领取许可证,为132人颁发“赤峰市宗教教职人员证书”。

2002年,赤峰市组织开展全市宗教活动场所年度检查工作,按照自治区宗教事务局的要求,组织人员对9个宗教工作重点旗县区进行抽查,圆满完成全年的宗教活动场所年检任务。全市宗教活动场所年检率达到100%,合格率达98.6%。

2004年,为强化宗教团体、宗教活动场所、宗教教职人员在友好、平等的基础上开展对外交流,赤峰市开展争创文明宗教场所、争做文明教职人员活动,至2006年,评出文明场所23座(处)。其中藏传佛教场所6座,汉传佛教场所1座,清真寺11座,天主教堂2座,基督教聚会点3处。评选出敖其尔白音等11名文明教职人员。

2008年,赤峰市宗教管理部门进一步规范宗教活动场所设立、修复、扩建、审批登记办法,有效遏制擅自设立修建寺庙倾向。对全市各宗教活动场所进行重新审核登记,健全寺庙教堂管理组织及内部管理制度,强化宗教活动场所自律。进一步规范各类宗教活动,依法对宗教活动场所举办的重大宗教活动进行严格审批和监管,建立健全大型宗教活动应急预案制度,确保重大宗教活动安全有序和正常开展。限定各类宗教活动在依法登记的场所进行,并由有资格的教职人员主持。严格控制各类大型宗教活动,制止教职人员擅自进行跨地区宗教活动,依法取缔非法传经布道行为。

2009年3月,国家宗教事务局印发《关于开展创建“和谐寺观教堂”活动的意见》,决定从2009年开始在全国开展创建“和谐寺观教堂”活动。2011—2014年,全市有7座寺观教堂和6名宗教教职人员被评为自治区级“和谐寺观教堂”先进集体和先进个人。至2014年,全市依法登记的宗教活动场所有112座(处)。其中藏传佛教寺庙19座,汉传佛教寺庙12座,伊斯兰教活动场所24座,天主教活动场所28座(处),基督教活动场所29处。

三、宗教团体及宗教活动

1991—2014年,全市设有赤峰市佛教协会、赤峰市伊斯兰教协会、赤峰市天主教爱国会、赤峰市天主教教务委员会4个市级宗教团体和阿鲁科尔沁旗、喀喇沁旗、红山区3个伊斯兰教协会,逐步完善工作会议制度、人员管理制度和工作汇报等制度。为加强对宗教活动场所的管理,市佛教协会制定喇嘛教活动点经济管理条例,对宗教组织的自我管理起到推动作用。

1995年后,市、旗县区政府积极鼓励和支持寺庙、教堂兴办自养事业,并取得显著效果。全市已办自养项目22处,总投资41万多元,其中宗教界自筹22万元,从业人员80多人,累计收入达16.4万多元。翁牛特旗地彦吐庙兴办养殖业,围封200公顷固定草场,开辟100公顷饲料基地,每年收入近万元;阿鲁科尔沁旗根培庙有自主权的固定草场1000公顷,有使用权的草场1333.33公顷,经营种植业年纯收入达8000元,该旗罕庙喇嘛医苏尼来,自筹资金开办蒙医学习班,有14名学员获卫生部门颁发的行医证,缓解本旗牧民看病难的困难，为社会作出有益的贡献；巴林左旗召庙兴办旅游业，年纯收入 3 万多元；林西县大营子天主教堂兴办米面加工业、榨油业、粉碎业，多年为五保户、伤残人员免费加工，免收费用 3000 元；巴林右旗荟福寺元旦喇嘛开办蒙医诊所，免费为牧民治病，并积极扶持教育事业和家乡的基本建设，受到广大群众的好评。2006—2014 年，克什克腾旗政府支持经棚清真寺兴办自养事业，对经棚回民墓地围封治理，围封荒山、荒坡 133.33 公顷，建成育肥牛场一处，围封草场 66.67 公顷，种植果树 8 公顷，种草 6.67 公顷。

1995 年，赤峰宗教界人士积极参与“抗日战争胜利五十周年”的和平祈祷活动。市佛教协会所属寺庙普遍进行诵经祈祷，巴林左旗召庙专门修建洁白的“和平吉祥”塔，市天主教会在有神职人员的教堂举行和平祈祷周活动。

2003 年，赤峰市北部发生 5.9 级地震后，各宗教团体及场所通过不同渠道共向地震灾区捐款 86850 元，衣服及其他物品 21300 件(套)，折合人民币 21.3 万元。同年，翁牛特旗苦力吐天主教堂与北京市定武区天主教会爱心组织，为该村 50 名贫困儿童捐资助学 8000 元。

2008—2014 年，赤峰市宗教界积极参加社会公益活动。为救助贫困学生、帮助贫困人群，捐助资金物资达 50 万元；为四川汶川地震捐款 20 万元；市佛教协会同厦门南普陀寺慈善会，向松山区大夫营子乡东山寄宿制小学捐赠 20 台电脑和500 套桌椅，价值人民币 15 万元。

第二篇　民俗　方言

第一章　岁时节庆

赤峰地区岁时习俗丰富多彩。在传统岁时节庆中，新潮文化与怀旧情结同时并存、相互交融；新兴节日越来越受到人们的重视；少数民族节日异彩纷呈；外来节日逐渐传入，青年人比较感兴趣。随着改革开放的潮流和旅游业的发展，20 世纪 90 年代以后，赤峰地区的特色节日——红山文化节、巴林石节、喀喇沁王府文化节、克什克腾冬季旅游节等与时俱生。

第一节　传统节日

春节　农历正月初一为春节，俗称阴历年，是民间最重视、最隆重、最热闹的一个传统节日。春节凝聚着多种民俗事项，赤峰地区进入腊月家家户户便开始“忙年”，如农村牧区杀猪、宰羊，城乡居民扫房、挂灯笼、贴春联、置办年货等。年三十为岁末，春节为年初，民间习惯把这两天合在一起过。除夕夜要“守岁”，大多数家庭首先要祭祖，午夜时燃放鞭炮、吃年夜饭。从初一开始，人们穿戴一新，到亲友家或互相串门“拜年”，长辈按习惯要将事先准备好的“压岁钱”分给拜年的幼小晚辈。“过年”一般要持续到正月十五。

20 世纪 80 年代中期开始，除夕晚上观看中央电视台春节联欢晚会成为人们的习惯，赤峰电视台每年也都举办春节晚会。正月里各地文化机构举办的秧歌会、高跷会等文化活动也很活跃。随着城镇化进程的加快，赤峰城镇居民的过年习俗发生很多变化，形式趋于简化。一些单位开展慰问活动，或举办团拜会、茶话会、军民联欢会欢庆春节；家族亲戚时兴到饭店团聚过年；人们用贺年卡、电话、手机短信代替上门拜年成为新时尚。

21 世纪初开始，国务院规定将春节法定假日与前后的双休日连休，放长假 7 天被称为“黄金周”。

元宵节　农历正月十五，旧称上元节，是农历一年之中第一个月圆之夜。这天夜晚，城乡许多人家挂起彩灯以示庆贺。元宵节家家户户吃元宵，是最普遍、最流行的习俗。20 世纪 80 年代以前，农村家庭自己做元宵，只有城里人可以买到成品元宵。80 年代以后，元宵的加工有了变化，城乡不仅都有加工出售成品元宵的，而且元宵馅儿由原来单一的白糖馅儿增加为五仁、枣泥、山楂、豆沙、草莓馅儿等。

元宵节传统节目是灯会。一些地方自正月初六开始，选会首、定演员，排练秧歌、高跷、小车、舞狮子、旱船、龙灯、武术等节目，届时男女老幼出门观灯赏会。在农村有些地方有撒灯风俗，用毛纸包锯末或谷糠，油浸后点燃，按一定间距沿道路、河川、山梁撒放，灿若繁星，宛若火龙，煞是好看，据说此举可禳灾免祸。在农村院子里，在城镇居民楼，都能看到明晃晃的灯笼。20 世纪 90 年代以后，元宵节纸扎彩灯逐渐为机械模压塑料的声电彩灯取代，有些单位举办灯谜会供人们竞猜取乐。在赤峰市中心城区，每年元宵节都有企业投资举办大型焰火晚会，吸引成千上万人出来观赏。

清明节　清明时节是一年中万物生长的开始，赤峰民谚有“清明忙种麦，谷雨种大田”“清明前后，种瓜点豆”之说。同时，清明这天又是传统的祭祀扫墓的日子，祭扫已故亲人、故友的坟茔，表达对逝者的缅怀和对生者的期望。在农村扫墓时，要先为坟头添新土、戴坟帽，再于坟前置供品、燃香烛、烧纸钱祭奠，长者率晚辈拜祖叩头、颂先人功德。随着殡葬改革，赤峰地区各城镇、部分乡村建起公墓，人们开始到公墓祭奠逝者。各机关、团体、学校于清明节期间祭扫革命烈士墓，参观烈士纪念馆，进行革命传统和爱国主义教育。

2009 年，国家将清明节定为法定节日，放假一天。

端午节　农历五月初五，俗称五月节。端午节这天，赤峰地区的传统习俗是：为了驱灾辟邪，人们起早出游，采艾蒿、折柳枝，然后在家门口插上柳枝、艾蒿，挂上纸葫芦，以防毒害、除百病。有的人上衣腋下缀荷包，小孩手腕系五色线，以示避虫祛瘟。早晨吃粽子、煮鸡蛋。

改革开放以后，上述习俗有的已经消失，有的仍在传承。赤峰地区端午节吃粽子的习惯一直在延续，原来粽子以黄米为主，辅料掺进大枣，多数家庭有巧手者泡黄米、买粽子叶自己制作。随着南方和北方物资和文化的交流，城镇居民很少自家包粽子，可以去超市买到糯米粽子，而且能吃到掺进肉类、水果类辅料的粽子。

2009 年，国家将端午节定为法定节日，放假一天。

中秋节　农历八月十五，俗称八月节。中秋节晚间圆月当空，格外明媚，因而又有“团圆节”之称。是日，阖家团聚，操办盛宴，共度佳节。夜晚，皓月当空，全家人围坐在桌前，摆上月饼、水果，畅叙亲情，其乐融融。客居他乡的游子，有的借明月寄托思乡之情，有的则赶回家中与家人团聚过节。

20 世纪 90 年代后，随着人们生活水平的不断提高，中秋节越发被重视。特别是象征团圆的月饼，花样品种越来越多，无论自食还是馈赠，质量和包装倍加讲究。大多数人在吃月饼、品佳酿、赏明月的同时，收看中央电视台一年一度的中秋联欢晚会。

2009 年，国家将中秋节定为法定节日，放假一天。

重阳节　农历九月初九为重阳节，民间历来有登高、赏菊、吃切糕的习俗。20 世纪 90 年代起，赤峰市把农历九月初九定为敬老日。在这个节日里，各级政府和社会各界开展敬老爱老系列活动,如组织老年人参观游览,召开茶话会、联欢会,到家中慰问老干部、老模范,到敬老院慰问老人等。

赤峰市的蒙古族以及回族、满族、朝鲜族等少数民族,与汉族同样过春节、端午节、中秋节等传统节日,另外还有一些具有本民族特色的节日。

蒙古族节日 蒙古族主要有祭火节、兴畜节、那达慕大会、祭敖包节、马奶节、燃灯节等传统节日。

祭火节 祭火是蒙古族原始祭祀习俗之一。蒙古族人认为生活离不开火,火能净化一切污垢、能驱除一切邪恶,因而视火为一种不可侵犯的神灵。旧时每逢农历腊月二十三,各家各户早早起来彻底打扫卫生,把烟筒和锅灶里的炭灰弄干净。夜幕降临,天空布满星斗的时候开始祭火。20 世纪 90 年代后, 随着城镇化进程的加快和现代生活的影响,赤峰蒙古族的祭火形式有所简化。一些家庭在煤气灶上放个铁锅,把肉块、茶叶、炒米、红枣、黄油等祭品放到里面点火洒酒,进行叩拜,以示祭火。进入 21 世纪以后,有的地方统一组织人们到广场上共同举行祭火仪式。

兴畜节 为了祈求五畜兴旺、畜牧丰收,牧区有举办兴畜节的传统习俗。改革开放后,赤峰市北部一些牧区恢复了这一节日。兴畜节一般在农历正月至清明期间择日举行,男女老幼集合在野外指定的地方,支帐安灶准备茶饭。这一天牛羊倌儿为上宾,牲畜为主角,各家各户交流放牧经验,查看膘情,评选头畜,互换种公畜,优化品种。人们给选出来的肥壮公畜挂彩,用黄油或奶嚼口拌炒米往牲畜脑门处抹,祝愿五畜兴旺;然后开始摔跤、说蒙古书、唱歌等活动,最后进行野餐。

那达慕大会 那达慕是蒙古族具有鲜明民族特色的传统活动,也是蒙古族人民喜爱的一种传统的体育活动。那达慕一般在每年农历六月初四(草绿花红、羊肥马壮的公历 7、8 月份)开始举办。那达慕有旗、苏木(乡镇)、嘎查(村)举办的,也有牧民个人出资举办的,活动一般是 3、5、7 天不等。活动内容主要有祭敖包、骑马、摔跤、射箭、搏克、马球、摩托车、武术比赛等项目,同时开展文艺表演、组织旅游、招商引资、传播科技信息和商贸活动。每年的那达慕大会,像过年一样,热闹非凡。赤峰的那达慕举办地主要分布在阿鲁科尔沁旗、巴林右旗、巴林左旗、克什克腾旗等北部地区。

回族节日 回族有开斋节、古尔邦节、圣纪节等。

开斋节 赤峰的回族称开斋节为“尔代节”,是回族盛大的节日之一。按伊斯兰教规定,每年伊斯兰教教历 9 月为斋月。在这个月中,月首以见到新月为准,成年的穆斯林男女必须斋戒。斋月期间,每天只在日升前和日落后进餐。斋戒的目的在于通过尝到饥饿和干渴的痛苦,以此培养人的坚强意志、廉洁守法的操行。斋戒满一个月,这天傍晚要“望月”。但见新月,次日即可开斋。开斋节这天,赤峰的穆斯林男女都要起个大早,人人重新沐浴,换上节日的盛装,赶赴清真寺参加会礼,并向老弱病残和贫苦之人出散“乜贴”(施舍)。礼拜结束,众人向阿訇说“赛俩目”,互相问好、致贺。会礼过后,男女老少在清真寺共同开斋,吃油香和抱碗菜。这一天,有的穆斯林去回民公墓“走坟”,请阿訇诵读《古兰经》，悼念逝者，为生者祈求平安吉庆。

古尔邦节　古尔邦节又称“宰牲节”和“忠孝节”，伊斯兰教教历每年的12月10日是古尔邦节。是日，赤峰地区穆斯林盛装，净身到清真寺做礼拜。宰杀牛、羊，做油香，互相馈赠，但不准出售，济贫为尚。

圣纪节　伊斯兰教教历3月12日是圣纪节，为伊斯兰教先知穆罕默德诞辰、逝世纪念日，逐渐演变为伊斯兰教的节日。每年此日，赤峰的穆斯林都穿戴整齐，到清真寺聚会，听阿訇们念经，并介绍穆罕默德的生平事迹，以示纪念。

赤峰地区的朝鲜族传统节日有农历正月十五的耳明节、四月十八的春游节；满族的传统习惯除了平素祭典，每逢家有大事也要祭祀。这些节庆习俗今已淡化。

第二节　新兴节日

元旦　也称阳历年、新年。每年1月1日是阳历的一年之始，被认为是辞旧迎新的吉祥之日。在这个节日里，许多部门和单位利用开座谈会、茶话会、文艺演出等形式祝福庆贺。人们互赠贺年片、发短信，相互表示良好祝愿。许多男女青年选择元旦举办婚礼，宴请亲朋好友。

1999年开始，国务院提前发出通知，将元旦法定假日与前后的双休日连休，放假3天。

劳动节　5月1日是国际劳动节，简称劳动节。是日，赤峰市和旗县区党委、政府、工会组织和企事业单位通常举行大型集会，集中对劳动模范、先进工作者进行表彰，或举办文艺会演、游园游艺等活动以示庆祝。

1999年起，国务院规定劳动节放假3天，与前后双休日连休放长假7天，为此被称为“五一”黄金周。2008年起，国务院规定劳动节放假1天，与双休日连休放假3天。

国庆节　10月1日是国庆节，举国欢庆。赤峰地区传统的庆祝方式为升国旗、插彩旗、挂横幅标语、举行各种有教育意义的展览、召开庆祝大会和举行文艺演出等。1999年起，国务院规定国庆节放假3天，与前后双休日连休放长假7天，被称为“十一”黄金周。人们习惯在这时到外地旅游观光，许多青年也多选择此时举办婚礼。

除了以上三大法定假日外，还有每年3月8日国际妇女节、5月4日青年节、6月1日国际儿童节、7月1日中国共产党诞生纪念日、8月1日中国人民解放军建军节等。这些节日期间，相关部门和组织均举行庆祝或纪念活动。另外，每年5月12日为国际护士节、9月10日为中国教师节、11月8日为中国记者节。在这3个行业性节日期间，相关部门和组织也都举办庆祝或纪念活动。这些节日有的放假，有的不放假。

改革开放后，由国外逐渐传入一些节日，诸如圣诞节、情人节、愚人节、母亲节、父亲节、感恩节等。20世纪90年代后期，赤峰城乡部分人开始接受这些节日，尤其是年轻人比较追崇，不少商家以此为商机开展促销活动。

第二章　礼仪习俗

第一节　生育习俗

从20世纪80年代起,人们的生育观和生育行为发生转变,逐渐摒弃多子多福、重男轻女、传宗接代等旧观念,少生优育、“生男生女一个样”成为多数人的共识。从产妇怀孕、分娩、休产假,到婴儿接生、抚养等方面都有一些新变化。

坐月子　按传统习俗,出嫁女怀孕后,娘家于分娩前一个月准备礼物送往女婿家,一则对孕妇表示慰问,二则祈求分娩顺利。分娩多在家中,请“接生婆”助产。婴儿出生后,亲友们“下汤米”表示祝贺,送来鸡蛋、红糖、米面、糕点等补品。产妇产后一个月内称“坐月子”,不出房门、不事劳作,禁忌颇多。产房须紧闭门窗,门口挂红布提示闲人免进,以防冷风侵入和病菌传染。婴儿的女性长辈如奶奶、姥姥、姑姑或姨妈等,在照料产妇的同时,协助照顾好婴儿。

20世纪80年代后,随着科学知识的普及和人们生活水平的提高,妇女怀孕后大都做定期检查,临产时都去医院分娩,以保母婴平安、健康。在家里分娩的旧俗有所淡化,亲友们携带滋补品、婴儿用品“下汤米”的习俗仍然延续。

过满月　人们庆祝新生儿诞生,多选择在婴儿出生满月之后或是100天时,俗称“做满月”“做百岁”,家中按风俗习惯要办满月酒、剃满月头。满月酒比较隆重,主人于席间抱婴儿与宾客相见,宾客馈赠各种礼物或礼金,祝孩子健康成长。此习俗一直在延续。

抓周　孩子到了1周岁,家中仍要设宴请客,称“做周岁”。是日,许多人家有“试儿”之举,俗称“抓周”。即在孩子面前摆放纸笔、针线、刀尺、珍宝、玩具和糖果之类物品,观察孩子随意抓取之物,以此检验和预测孩子的智愚贪廉。此习俗已不多见。

第二节　婚嫁习俗

20世纪80年代以前,赤峰地区的婚嫁习俗延续着长期传承的传统。在婚姻择偶上,人们大多讲究门当户对、家庭成分、政治背景等,婚姻礼仪也比较繁琐。90年代后,原有的婚姻择偶观虽然存在,但已经逐渐淡化,婚姻礼仪也趋于简化。男女缔结婚姻在形式和步骤上基本遵循相亲、定亲、婚庆典礼、回门等习俗。随着中国传统文化与西方文化交融,婚嫁形式开始多样化,婚礼风格中西合璧,婚姻关系更加灵活,老年人再婚得到社会认可。但无论在城镇还是农村,一度消失的旧婚俗以新的形式流行,女方向男方索要彩礼、首饰等,有的婚礼讲排场比阔气,增加经济负担,影响社会风气。赤峰地区的蒙古族和回族等少数民族,婚嫁习俗除了与汉族有某些相同之处外,还有着各自鲜明的民族特色。

一、蒙古族

蒙古族青年求婚前男方父母先对女方进行全面了解，向长者、亲友征求意见，然后请媒人带上礼物去求婚。女方招待媒人“塔林阿日黑”（求婚酒）。男方根据双方商定的时间和条件，准备好礼物到女方家参加“巴嘎阿日黑”（订婚宴），席间商议结婚事宜，双方定妥彩礼和嫁妆。

婚礼当日早晨，新郎家首先设宴招待娶亲队伍，宴毕启程至新娘家门前。新郎须乘马在姑娘毡房右行绕一圈，并向闺房方向张弓射箭，体现新郎的勇武气概。但在下马进屋时，被女方的嫂子们拒之门外，于是双方执宾以优美、幽默的诗歌相对，妙语连珠喜庆热烈。双方敬酒、献哈达，热闹非凡。随后，宾客请入，接受茶点招待。

次日凌晨举行送亲宴，也称上马酒。迎送新娘篷车临门，男方举家出迎，新娘足不沾土，走在地面铺撒有小米的两条新毛毡上直达洞房。总执宾捧“阿日善”（圣水）供新郎新娘漱口、净面，以示去秽降福。新娘入座，一女宾用一根羊肋骨将新郎新娘的头发连在一起，然后再将新娘的独辫子分开，梳成盘头发式，以示夫妇结发，并说些吉祥祝福的话。随后，新郎、新娘向佛位叩头，再进行祭火仪式。礼毕开宴，人们争相饮酒诵诗，宾主歌舞，红火热闹。

二、汉族

相亲与订婚　旧时男女婚姻多是“父母之命、媒妁之言”，双方认为门当户对、互不相克即可相亲。相亲通常是女到男家见面，如果双方满意，再择日举行订婚仪式。赤峰地区当代相亲形式不拘一格，大多数青年男女通过自由恋爱开始，或仍然找介绍人保媒提亲，相亲的礼仪只是走一下形式。有时政府部门或社会团体、婚介机构组织集体相亲活动，为未婚青年搭建相识的平台。

订婚也称定亲，俗称“换盅”。旧时青年男女经媒人牵线搭桥，再经算命先生合婚，选择吉日举行换盅。订婚在男女方家中均可，桌席间，姑娘给公婆满酒，婆婆赠给姑娘耳坠、手镯、衣服、现金等。然后双方老人交换酒盅饮干即为亲事已定。偏远农村仍有换手绢习俗，手绢里包钱，钱的多少因家庭情况而定。20 世纪 90 年代后，赤峰城乡仍有举办订婚仪式的，但少了原来的繁琐礼节。

彩礼与嫁妆　男女青年订婚后，男方送彩礼，女方备嫁妆，彩礼和嫁妆因家庭贫富不等，差别很大。20 世纪 90 年代后，这种习俗仍在延续，男方彩礼钱少者数千元、多者数万元，或给新娘购买高档服装、金银首饰等；女方嫁妆也有高档电器、新式家具等。当代青年多为自由恋爱，不再讲究彩礼嫁妆，但更加注重实际，大多要求男方要准备好住房。

嫁娶　婚庆典礼是男婚女嫁中的重要仪式。20 世纪 80 年代后，赤峰市农村特别是边远地区的婚礼变化不大，仍保持固有的传统模式。90 年代后期，农村人多在家举行婚礼,城镇居民多在饭店或酒店举行婚礼,参加集体婚礼和旅游结婚也成为青年人追求的时尚。进入21世纪,婚礼越发讲究排场。城镇有婚庆礼仪公司承办婚庆事宜,婚礼有专职或兼职司仪主持。婚礼场所设置彩虹门,悬挂新郎和新娘婚庆的横幅,铺设红色地毯,布置花篮等装饰品。

现代婚礼的程序是,接新亲的队伍到达婚庆场所后,人们立刻点燃鞭炮或鸣放礼炮。司仪请双方父母和介绍人、证婚人等入场就座后,新郎和新娘在伴娘的陪伴下,踩着红地毯进入大厅,走上礼台。婚礼按步骤进行,首先由证婚人证婚,然后由男方或双方父亲讲话,依次是一对新人向双方父母鞠躬以感谢父母的养育之恩,交换戒指,喝交杯酒,其间夹杂着司仪安排的节目,如接吻、拥抱、相互敬礼等,以烘托婚礼的喜庆气氛。随后是主要亲友与新郎新娘合影,请来宾用餐,新婚夫妇要逐桌拜客敬酒。有的家庭在婚宴上请来歌手助兴。婚礼至尾声,新郎新娘与父母站在门口处恭送来宾。

婚礼后的第三天,新郎陪新娘回娘家,俗称"回门"。新郎要备好携带的礼品,到岳父母家拜见。女方设宴招待女婿,家宴结束后一般都要留宿。新婚夫妇返回时同样有回赠的礼品。

结婚照　20世纪70年代,赤峰地区青年男女拍结婚照就像拍工作照一样,多为一寸或两寸黑白半身照片。通常女士扎两条小辫子,男士穿着一件中山装。那时大家的感情都很内敛,拍结婚照的表情也比较严肃。随着人们生活水平的提高,照相馆里有了婚纱照。婚纱颜色主要以白色为主,背景多采用西方建筑或园林景致。男士穿西装,新娘则换上了店里的婚纱。进入21世纪,结婚照越来越丰富多彩,西方风格的、中式风格的都有。摄影师根据新郎新娘的创意和情绪进行抓拍,一套婚纱照花费两三千甚至上万元。照相形式也从摄影棚里走向户外的草原、河岸、海边、大山等自然场景。结婚纪念不但有厚厚的影集,同时还有DVD光盘以及特大的照片。

三、回族

赤峰地区回族人的男婚女嫁旧时多由父母包办,反对与异族通婚,尤其是女孩。当女儿到了适婚年龄,婚事经过媒人提亲、撮合而成。婚事谈成后,女方向男方开出彩礼单,男方置办齐全后,择吉日送到女方家,即正式订婚。结婚前新郎还要到墓地为已故的长辈"走坟",有缅怀告慰之意。"走坟"要请阿訇到长辈的坟前诵经,新郎跪在坟前,默思前辈的恩泽,祈求得到真主福佑。

结婚的当天,男方要请阿訇写"依扎布",作为伊斯兰教法定的结婚证明。待来宾到齐后,阿訇居上坐,主婚人侧陪,新郎跪在毛毯上,阿訇向众人宣布某人之子与某人之女婚配所用财物等事宜,并向新郎扔红枣,以示祝贺,同时将写在红纸上的"依扎布"发给新郎。这时双方家长、亲朋好友再次"拿手"道喜,一起接受"九大碗"宴席的款待。赤峰地区回族婚宴席间有给公婆"打花脸"习俗。公婆脸上涂油彩,耳朵挂辣椒,双手拿上笊篱、铜盆等道具,边敲边扭,以此为婚礼增添热烈气氛。因打花脸要洗脸,取其谐音"喜"。

第三节　生日与寿诞习俗

过生日和过寿诞是赤峰人重要的礼仪习俗。20 世纪 80 年代前，不论城里人还是乡下人，过生日和过寿诞都是同一种形式，即全家人聚在家中会餐庆贺。90 年代后，城镇居民兴起到酒店过生日与庆贺寿诞，并吸收了西方过生日的礼俗。这一天，准备相应的物品，还要举行仪式，如切蛋糕、点蜡烛、唱生日歌、吃长寿面。食用蛋糕时，请过生日和寿诞者吃第一口后，大家才能食用。

如果给长辈或年龄大的人过生日，由当事人坐在上首，全家人陪坐。晚辈和年纪小的人轮流敬酒，场面热烈、欢快、幸福。从 90 年代开始，有些中小学生过生日时也共同庆祝，互送纪念品。

民间为老人过生日俗称“祝寿”，祝寿仪式和寿宴由儿孙操办。20 世纪 90 年代，开始兴起“上礼”，钱多礼重，钱少礼轻。过寿诞者的人家在酒店大摆宴席，款待前来祝寿的客人。民间为老人过寿诞时气氛讲究欢快喜庆，特别是逢老人的 60 岁、70 岁、80 岁、90 岁乃至 100 岁这样的整数寿诞时，民间俗称“大寿”，场面热烈隆重。在农村生活的富裕人家，为老人做寿更讲究排场，放电影、放礼花、鸣鞭炮、演皮影、请剧团唱戏和文艺队伍演节目等，更是热闹非凡。

蒙古族老人祝寿从 60 岁开始，以后逢十便祝。人们祝寿所带礼品有马、牛、羊或长皮袍、棉袍、靴子、烟荷包、酒、钱等。祝寿要举行仪式，先向老人献哈达、敬酒，再赠礼品，叩拜，摆宴，唱歌助兴。祝寿完毕，主人不让客人空手而回，回赠毛巾、烟荷包和糖果等。

第四节　丧葬习俗

一、蒙古族

旧时，赤峰地区蒙古族有火葬、天葬、土葬三种。老人病逝后，七个时辰不准移动，盼有回生之望。过七个时辰，请喇嘛为死者念诵经文。天葬由亲属或者年长者主持，脱掉死者衣服，装入新白布口袋内。选定的吉日吉辰一到，将死者装在牛车上，送到偏僻荒野，在规定地点停车半刻，卸下尸体，头朝北，脚朝南，周围放石头数块做记号，然后赶车返回。三天后，由家属去放尸地点查看，尸体被飞禽吃光，就被认为死者亡灵已经升天，进入极乐世界；如尸体被野兽扯食，则认为死者生前罪孽尚未清除，对后代是不祥之兆，便请喇嘛念经，替死者忏悔，向遗骸上洒黄油、酒等，等待飞禽啄食。

火葬与不稳定的游牧生活和后来信仰藏传佛教有关。王公、喇嘛、贵族、牧主等富有者多采取火葬仪式。在特殊情况下，平民百姓死后采用火葬的有妇女难产死亡、非疾病死亡、传染病死亡等。火葬的过程是白布裹尸装入棺材,停于房西檐下,供祭食品、佛灯、香火,喇嘛诵经,超度亡灵。一般停尸三五天,晚辈和亲朋守灵举哀。起灵送葬,灵柩用人抬或车载,在指定地点停下来,由喇嘛诵经,祈求内卜达克(土地神)谅解;再用羚羊角在地上扎个洞,将灵柩放在洞上,用木柴或者油料火化。一般身份的人就地深埋,恢复地表原貌而不留坟头(清代以后开始留坟头)。

蒙古族也有土葬和聚族安葬的习俗,这种祖茔,蒙古语称"厚其德"。人死后要把尸体安放在蒙古包西南围墙根儿,用毛毡搭起遮光挡风的棚子,由孝子守灵。土葬棺木多用松木制作。出殡时,邀请德高望重的喇嘛确定日期、时辰、方位、地点。出殡开始,灵车启动,把灌好血的羊胃煮熟,摆放在盘子里,再放几块奶片,朝着灵车的方向,托盘高呼"福来!福来!"寓意把老人的福禄留下。灵车载着棺柩缓慢送往墓地。逝者儿子在灵车前,打着一面写着藏经文白色玛尼旗。送葬当日不允许妇女去,等到七天可以进墓地磕头、上香、添土。如果父母故去,7 天内女儿、儿媳不梳头,不戴耳环、头饰,不穿新鲜衣服。男人百日内不剪头,21 天内不刮胡须。儿女们遇见客人互相不问好、不唱歌、不参加娱乐和喜庆类活动,当年春节不拜年。

赤峰地区殡葬改革后,居住在城镇的蒙古族人去世后也实行火化,殡葬礼仪与汉族人大致相同;居住在牧区的蒙古族丧葬习俗也简化了许多。

二、汉族

汉族殡葬通常有一套约定俗成的仪式,大致分为:遴选墓地、沐浴更衣、守灵装殓、吊孝开吊、时送浆水、庙堂送行、吊唁辞灵、开光净面、起灵出殡、选时入葬、三天圆坟、祭日烧纸等环节。殡葬礼仪讲究颇多,比较繁琐。

20 世纪 80 年代后,国家大力推行殡葬改革,赤峰市区丧葬习俗发生很大变化。人们习惯在殡仪馆举行向死者遗体告别仪式,致悼词寄托哀思,然后进行火化。对死者骨灰保存方式有两种,一种是把骨灰装入骨灰盒,在公墓买块墓地将骨灰安葬;另一种是死者火化后,将骨灰放入棺木中埋葬。而在赤峰地区非火化区的农村,仍然进行传统的土葬,殡葬程序不一,有的比较复杂,有的讲究简朴。21 世纪后,赤峰地区丧葬文化新风渐起,出现了树葬、花葬、草坪葬等绿色文明殡葬方式。

讣告 吊唁 人死后亲人要多方告知,俗称报丧,官方则称讣告。昔时报丧有的派专人到亲朋好友家报信,或者托人捎信。若亲友们不在本地,都是打电话或者拍电报告知。20 世纪 90 年代后,家庭电话特别是手机普及,丧主多以打手机或发短信报丧。亲朋好友接到信息后,立即前往吊唁,送上花圈、挽幛或现金,悼念逝者,慰问亲属。亲朋好友行吊唁礼时,死者的平辈人行三鞠躬礼,晚辈人行跪叩礼。

入殓 守灵 病人临终,亲人立即为其更换寿衣。寿衣多是自家缝制,20 世纪 80 年代后大多到丧葬用品专卖店铺购买。人咽气后,为其擦净面部,把头发梳理整齐,然后将其放在设在室内的灵床上,随即在其头前点上"长寿灯",供上"倒头饭"。死者晚辈亲属要披麻戴孝,在遗体灵床前守候。死者遗体第二天入棺,称"入殓"。旧时入殓习俗颇为繁琐，一般要选择单日的子夜进行，子孙轮流为死者梳头，将遗体捧头抬脚平放进棺材时，鼓乐大作、哭声顿起。遗体一般要在胸前挂“招魂袋”，内置镜子、毛巾、火柴等物件；棺底放置石灰、衣被及死者生前喜爱之物等。棺材前置祭桌，放供品，燃香烛，亲属轮番守护，称作守灵。20 世纪 90 年代后，随着移风易俗，入殓和守灵过程的礼仪大为简化。

出殡 安葬 死者一般去世 3 天后被送葬，叫作出殡或出丧。旧时出殡程序也很繁琐。送葬路上要进行“路祭”，有吹鼓手奏乐，孝子手举白幡，后面跟随举“奠”字旗、挽联等的仪仗队，有专司撒纸钱的。抬棺材者大都是 4 人，送葬者白衣素服，跟随灵柩后面，有的手持“哭丧棒”，有的放爆竹，有的敲丧锣，女眷哭送。送葬队伍到达墓地，由一人主祭，先祭山神土地，再举行入圹仪式，送葬者按男女长幼拜别，孝子向送葬亲友回礼答谢。棺材入土前后，主祭都要念叨一些祭词。封土后纸幡、奠旗插于坟头，哭丧棒放于坟前。送葬队伍原路返回，一路仍有一些讲究。抵家后丧主祭告祖宗，设宴招待亲友。

20 世纪 90 年代后，随着火化区的扩大，殡葬旧俗有所改变。赤峰市各旗县区都建有殡仪馆，逝者尸体均被运到殡仪馆火化，殡葬事务由殡葬机构承担，从接运遗体、守灵间租用，到起灵送灵、遗体告别、骨灰存放等程序提供全程服务。赤峰殡仪馆还设有烛光祈福仪式、守灵间鲜花装饰、殡仪服务师、乐队等服务项目。

祭祀 丧主在死者死去后每 7 天举行一次祭祀，称“做七”。第一个 7 天叫做“头七”，以此类推，直到“七七”为止。还有百日、周年之祭。祭祀过程主要是为死者烧“纸钱”。20 世纪 90 年代后，“纸钱”从原来普通的纸演变成面值千元、万元、亿元的仿钱纸，俗称“冥币”。同时要为死者烧“纸扎”。原来的纸扎多为金童玉女、纸人纸马、纸车纸牛等物，20 世纪 80 年代后期增加了纸扎电视机、洗衣机、电冰箱等现代生活用品，有的还扎汽车、楼房等。21 世纪初，一种模拟祭礼的网站在互联网上兴起。在虚拟的纪念馆里，人们可以向逝者献上鲜花、点上红蜡烛等。

三、回族

赤峰市回族葬俗大体有探望患者、临终嘱托、肃穆正寝、易服报孝、执立主表、亲众吊慰、准备丧殓、迁匣就舆、挖圹砌坟 9 个步骤。回族信仰伊斯兰教，称死亡为“无常”。丧葬主要特点：土葬、速葬、薄葬，不用棺椁，不用任何陪葬物。主张当天入土为安、不起坟、不并骨。临终的病人留下嘱托，俗称“口唤”，对自己的亲人、信赖的人留下嘱托，请其代办，以了却最后的心愿。受嘱人在病人弥留之际，请来阿訇为病人做“讨白”（临终忏悔）。病人停止呼吸后，亲人速为其脱去衣服，抹合双眼，扶闭口唇，托紧下颌。然后去清真寺取来“水溜子”（安放遗体的木床板），平放在上面。遗体上盖上白布单，外面挂上白布帘。设炉焚香，全家举哀，男女戴孝皆白色。入殓前要为亡人净身，亡人不穿殓衣，净身后用白布裹体，然后放入经匣内，抬到院内，由教长率众阿訇及乡老列队经匣前诵经，集体做礼拜告别。发送时，不放鞭炮，不奏哀乐，不以烟酒招待客人。入葬后请阿訇诵经祈祷，做油香大炖菜招待送葬人。入葬后有七日、四十日、百日、周年之祭。

第三章 生活习俗

改革开放以后,随着人们物质生活改善,消费观念不断改变,消费水平逐步提高,赤峰地区与百姓息息相关的衣食住行及家庭用具、文化娱乐、通信工具等,都有巨大变化。

在生活习俗上,人们逐步向吃饭讲营养、穿衣讲时尚、住房讲宽敞的方向发展,在生活用具上向电气化、组合化、现代化方向发展。

在生活观念上,中老年人注重社会传统、家族传统观念的传承;青年人注重追求新求变。在传统与新潮并存的状态下,有些曾一度消失的封建落后的陋俗恶习有所抬头,但文明、健康的风气仍占主流。

第一节 服饰习俗

一、蒙古族

赤峰地区蒙古族自古以游牧、狩猎为主,又居高寒草原,为适应地理环境和生产生活的需要,形成了本民族的独特服饰。男女老幼皆穿长袍系腰带,为骑乘便利,喜穿高腰靴子。长袍右衽立领,腰间打褶。衣服多彩绦镶边。衣料皮毛、棉布、丝绸不等;颜色红、紫、粉、绿、天蓝、乳白各异。穿蒙古袍必扎腰带。腰带多为成幅彩绸。男子扎腰带袍要上提,束起后下摆短,显得健壮潇洒,且乘马方便,怀中还便于装带物品;女子则相反,袍衬下拉,显得身板挺直,窈窕健美。腰带颜色必与袍色相异,两端对称掖于后背作穗。

传统的蒙古帽子有圆顶宽檐帽子(礼帽),冬季为披肩大尾帽,用羊羔皮制作,夏季为瓜皮帽和圆顶帽等。男子缠头的布巾为棕色、黄色或暗绿色;妇女所缠头巾多为粉、绿、白等颜色。姑娘缠头不封顶,右侧打结垂穗,妇女缠头则封顶不打结。

赤峰地区蒙古族已婚妇女所戴头饰有叶忙乃布其、沙哈嘎(发套)、陶斯古尔(发罩)几种。叶忙乃布其,形状不尽相同,多用彩缎制作透顶小帽或布带形状套在头,用带或丝绳系于脑后,在透顶小帽或布带的不同位置,镶嵌形状各异的珊瑚、绿松石等珍宝,其下坠数十串珍珠飘穗。发套、发罩所用材料都是长方形金属套儿,一般用白银或白铜制作,在其正面有各种錾花镶嵌大小不同的珊瑚和绿松石,发套的两头都是空的,梳妆时用它罩住发辫的根部,固定于耳边,当作饰物。蒙古族妇女既戴耳坠又戴耳环,耳坠珠多串长,并不是戴在双耳上,而是挂于叶忙乃布其上,耳朵上只戴耳环。

20 世纪 80 年代以后,赤峰地区蒙古族服饰穿戴随潮流而改变。现蒙古族日常服饰与汉族已基本相同。民族服装更多的是在节庆时穿着。

二、汉族

衣着 随着时代的发展,人们的穿衣也在不断发生变化。1990 年后,赤峰地区“新三年,旧三年,缝缝补补又三年”的穿着习俗已不复存在,服装原料日益丰富,服装款式日趋多样。款式新颖、色彩艳丽、美观大方成为赤峰人穿着的主流。男子的服饰丰富多彩,各种西装、夹克服、牛仔服及毛衣、羊绒衫成为春秋时节的主要服装;各种衬衣、T恤衫等则为夏季的主要服装;而在冬季,最先流行的是呢子和防寒服,后来又演变穿皮夹克和各种各样的羽绒服。女子的服装艳丽夺目,短袖或无袖衬衫、百褶裙和各种套裙、连衣裙等流行于夏季;西服、休闲服、牛仔服、风衣、毛衣、毛裤、羊毛衫及保暖内衣等流行于春秋和冬季。老年人的服装变得日益美观大方、舒适和时髦,很多人抛弃过去穿对襟上衣和老式中山装及老式大棉袄的习惯,改穿休闲服、羽绒服、夹克衫和运动装等。服装的颜色也转向艳丽,特别是女性老年人,开始喜欢穿大红大绿、刺绣花朵的服装。

冠戴　帽子的使用变化巨大。20 世纪 80 年代前,青年人最为流行的是戴绿军帽、解放帽、前进帽,中老年人则习惯戴有檐儿帽、鸭舌帽、皮耳帽等。妇女习惯在冬季时围围脖,围脖或长或方,春秋和夏季为纱巾,纱巾颜色各异。进入 90 年代,各种各样的帽子开始广泛流行,各种款式的呢子帽、旅游帽应有尽有。而为妇女制作的各种帽子丰富多彩,花样翻新。有些心灵手巧的妇女,利用自己的智慧编织款式特殊的帽子戴在头上。

鞋袜　改革开放前,人们穿鞋大都是夏季穿塑料凉鞋和泡沫底凉鞋,春秋穿胶底布鞋或帆布面胶鞋、家做的千层底布鞋和翻毛皮鞋等,冬季穿棉布鞋、皮棉鞋和大头鞋。20 世纪 90 年代以后,市场上各种鞋子变得丰富多样,各种样式的皮鞋、皮凉鞋、雪地鞋、登山鞋等供人们选择。鞋的颜色也从原来单调的黄色和黑色发展到五颜六色。

袜子穿戴先是以尼龙袜、线织袜取代 20 世纪 80 年代前的方形包脚布和手制布袜。1990 年以后,款式多样、颜色新颖的各种丝袜流行起来,高筒袜、连裤袜等样式繁多,色彩丰富,穿着美观。

饰物　20 世纪 90 年代,随着人们生活的富裕和观念的转变,饰物开始进入赤峰人的生活。初时,饰物形式单调,主要有以黄金、白银为材质的项链、戒指和耳环等。此后,饰物种类增加了手链、脚链、耳坠、胸花、领花等品种,材质增加了钻石、翡翠、琥珀、蜜蜡、珍珠、白金、水晶、玉石、贝壳等。此外,由于信仰观念的因素,人们有佩挂伟人像章的,有佩挂佛像等物的,也有部分年轻人文身的。

美容美发　赤峰市美发始于 20 世纪 80 年代,90 年代得以快速发展。80 年代初,传统的平头、分头是男子发型的主流,少数男子修剪背头和光头;女子流行梳辫子或是留长发。1990 年以后,人们的发型发生变化,男人的发型特别是青年人开始追求时尚,有的不但留长发,还梳成小辫子。进入 21 世纪,染发比较流行,年纪大的人开始染发焗油,以显年轻,青年男女染各种颜色的头发。妇女的发型变得多样化,自然披肩、烫发披肩、短发、盘头等广泛流行。

20 世纪 80 年代,人们的美容比较简单,洗脸后擦点脂粉、雪花膏、凡士林等就算是一种美容。90 年代后,美容成为妇女特别是青年女子的新宠。美容的项目繁多,有皮肤护理、文眉、做面膜、割双眼皮、去眼袋、去皱纹、吊眼角、修面等。赤峰市区内布满大大小小的美容美发的店铺,相关的广告到处都有。此外,还有许多人到大城市的专业医院去做隆胸、吸脂肪减肥等手术,以显示活力和保持体型美。

三、回族

回族的服装也很有民族特点,男子爱穿白衬衫、套青坎肩,女子喜欢戴盖头、围巾,在衣服上绣花,都有装饰的因素;同时具有宗教色彩,一些回族群众参加宗教活动时头缠戴斯达尔(礼拜用的缠头)、穿准白(袍子)、穿麦塞袜子。回族服饰中,头饰是最典型、最具特点的,如男子戴白帽、戴斯达尔和妇女戴盖头比较普遍。回族服饰讲究整洁、美观、简朴舒适,不穿妖艳华贵的衣服。特别是男子不穿艳色,不戴异冠;在衣冠颜色上以白、绿、黑为主。

随着社会的不断发展,赤峰地区的回族除宗教人员、老年穆斯林坚持传统服饰外,聚居区和散居在城镇的回族受汉族服饰文化的影响较大,西装革履、夹克衫以及各种时装均成为回族的日常服饰。

四、满族

满族传统服饰喜欢青、蓝、灰色,一年四季皆穿袍服,长袍外罩马褂。裤外穿套裤,夏戴凉帽,冬戴皮帽,系腰带,扎腿带。夏穿布鞋,冬穿棉鞋或靰鞡、马靴、毡靴。袍服因四季变化而分单、夹、棉、皮几种。满族妇女多穿鲜艳绸缎制成的旗袍,以镶上十八道衣边为美,宽袍大袖,显得格外端庄大方。旗袍有长有短,一般式样为:直领,窄袖,右开大襟,上纽襻,紧腰身,衣长至膝以下,两侧开叉。由于旗袍能使妇女显出体形的曲美线,穿上文雅大方,所以颇为我国妇女所喜爱,进入21世纪,仍在延续。其他穿戴,满族与汉族已无差别。

第二节　饮食习俗

一、蒙古族饮食

赤峰地区蒙古族的传统饮食大致分为肉食品(包括牛羊肉、全羊宴、羊汤宴、烤猪宴等)、奶食品(包括鲜奶、奶茶、奶酒、酸奶、奶油、奶酪、黄油、奶皮子、奶豆腐、奶嚼口等)、膳食品(包括炒米、黄油干饭、奶油面片、肉粥等)三大类。

肉食品　肉食是蒙古族传统主食,主要为牛羊肉。牧民按季节宰杀牲畜。农历五月后草茂羊肥开始宰杀,但只随宰随食,供日常用肉,剩余晾肉干贮存。初冬小雪后,牲畜膘情好,又天寒地冻,进行一次集中宰杀,备足冬春肉食。肉食通常吃法有羊背子、手把肉、烤、炖、爆炒、火锅等。节日或待贵客,设全羊宴。

全羊宴席。蒙古语叫“布胡勒铁布呐”,为祭祀神佛、敖包、招待贵宾最高宴席。所谓全羊,并非把整羊囫囵下锅,而是按部位分件卸开,灌血肠,连同内脏一并煮熟,盛在一个器皿内,似羊卧状,摆到桌上,分割而食。客少整只羊不一定全上,但羊“乌叉”(荐骨部)必不可少,否则不称全羊宴。

奶食品 奶食亦是蒙古族传统食品,以牛、羊、马、驼之鲜奶制成。赤峰地区奶食品种类有鲜奶、酸奶、奶油、奶酪、黄油、奶皮子、奶豆腐、奶嚼口、奶茶、奶子酒等十几种。

图赫苏(鲜奶)。又称甜奶、生奶。它既是奶食品的原料,也可直接食之,用以泡炒米、烧奶茶等。鲜奶原料为牛、马、羊、驼奶,而牛奶为上品。

胡如达(奶豆腐)。将鲜奶放入缸中发酵沉淀后,奶油质上浮,蛋白质下沉。然后起出上层乳白色油质(奶嚼口),将沉淀之蛋白质除去清汤,放入锅中煮熟,搅黏,倒入木制模子中,凝固后取出晾干即成为奶豆腐。此品克旗牧区有别于他地做法是:搅和适度,即搅到拉出丝来为止;搅拌时掺些鲜奶,晾出来的奶豆腐色白软嫩,味道鲜美;鲜奶不发酵置锅中煮沸起出奶皮子,用纱布滤出清汤制成的奶豆腐无酸味,是做拔丝奶豆腐最好的原料,但易变质,只好秋冬做。

乌日莫(奶皮子)。将鲜奶置锅中煮沸,用勺扬出泡沫后加文火炖,使油质上浮凝结成一层油皮,起出片如扁指厚,呈乳白色,味道香酥适口,为奶食之精品。

沙日陶苏(黄油)。将制奶豆腐提出的奶嚼口置锅中稍搅拌,加文火熬炖,使水分和油质分解,上浮的为黄油,是牧民茶食中不可缺少的主品;黄油下层,为酸奶渣(查干陶苏),也是奶食品的一种。

艾日格(酸奶汁)。即做奶豆腐时提取之清汤放入酸奶缸中,再加进些鲜奶,使其发酵,味酸甜后即可饮用。酸奶汁又是酿奶子酒的曲子。

萨林阿日黑(奶子酒)。用酸奶汁制成的艾日格做曲子酿制而成。制奶子酒蒸馏方法与制白酒相同。奶酒性柔,无辣味,但后劲大,醉得慢清醒也慢。全市制作奶酒以克旗为最佳,巴林左旗、巴林右旗次之。

苏汏茶(奶茶)。是牧民日常生活中必备饮品。制法是将砖茶熬成深褐色,澄清后去其残叶,水沸后加鲜奶(或奶粉)和盐,再用文火熬,其间用勺不断扬搅,待茶浓凝炼散出浓香味即可饮用。进入 21 世纪以来,已有多家企业生产的成品奶茶供应市场,分甜味和咸味两种口味。

膳食品 胡日森巴达(炒米)。为牧民不可缺少的主食之一。炒米原料为糜子。制作工序是先将糜子簸筛干净,然后用水浸泡,用铁锅煮(或烀),待糜粒膨胀后,捞出晾晒,稍干,用铁锅炒熟,碾出米即可。如炒脆米,锅内先放细沙,沙烫放米,不断搅拌,米爆出花马上出锅。

肉粥。做法是把牛肉或羊肉切块入锅,添加好调料以硬火煮之,半生不熟时下米,肉熟米烂成稠粥状加大枣、红糖。此膳热量大、营养丰富,多三九寒天食用。

蒙古果子。亦称奶果子,主要原料是奶和白面。奶果子以面和乳调匀,掺糖制成糕形,以油炸之,或以奶油和糖、面制成点心。

风干牛肉。是蒙古族传统风味食品。牧民春季宰牛,将肉切成长条,加入盐和其他调料煮后晾干即成肉干。春天气候凉爽,肉条既不生蛆又不腐烂,肉质不变。牛肉干因保质期长,易储藏,热量高,在游牧和征战时便于携带,曾被誉为“成吉思汗的军粮”。在现代,牛肉干因丰富的营养价值而在休闲营养食品中独领风骚,备受人们的喜爱。进入21世纪,赤峰市涌现出一些规模化、现代化的牛肉干生产企业,创造出独伊佳、蒙都等牛肉干品牌,产品十分畅销。

随着汉族水饺、面条、饼、米饭等主食传入牧区,已定居的蒙古族牧民迄今也习惯一日三餐,除奶食外,主副食和汉族相差无几。

二、汉族饮食

主食 20世纪80年代赤峰人饮食结构单调,主食多为米饭、米粥等。食用白面的种类有饼、馒头、面条等。传统的饮食习惯一日三餐不变,粗细搭配。20世纪90年代后,粮食市场的放开促进了食品加工市场的活跃,城市居民的主食变得多样而讲究。自己烧火做饭的习惯在渐变,一些居民的主食特别是面食多在市面上购买,回家只烹制菜肴。基于此,各种各样的食品销售店铺和摊点遍布赤峰大街小巷,经营馒头、豆包、大饼、花卷、米粥、面条、煎饼、饸饹、烙糕、年糕及莜面食品等。主要风味小吃有:

对夹。旧时,赤峰街最负盛名的对夹铺是复兴隆。1917年(民国六年)由河北籍人苏文玉创办。赤峰对夹是一种烧饼里夹熏猪肉的食品,香酥适口,味道鲜美。把饼放烘炉上烤熟,然后用刀在饼侧面开口,塞进熏好的肉即可食用。对夹源于一种“叉子烧饼”,这种烧饼与普通芝麻烧饼除了在和面、制作工艺上有所不同外,还在于从烘炉取出之后,再摆到一种铁制叉子上,回烘炉以微火重烤一遍,这样做成的烧饼外酥内软,别有风味。对夹内的熏肉也十分讲究,精选十几种配料调味煮熟,香而不腻。对夹外表金黄,层次分明,具有北方特点,香酥脆,肉细嫩,瘦而不柴,肥而不腻。2003年,赤峰“福兴楼对夹”被中国烹饪协会认定为“中国名点”。

哈达火烧。又名杠子火烧。在赤峰已经有200多年历史,其形状如上下合在一起的小圆盒子。制作方法特别,主要用盐、矾和白面,加黄油和白糖反复揉搓后,用杠子压到结结实实,再装进模子放到烤炉中烤熟。特点是不怕挤压、冷冻和日晒,不易发霉变质,装在车上、驮在马上或者放在褡裢里都行。旧时当地人出行都要装上一口袋“火烧”,远途充饥或赠送亲友既方便又实惠。此食品今已少见。

缸炉烧饼。民国年间由凌源人王子云传入赤峰。是一种用缸制作的烤炉烤制的烧饼,因此叫缸炉烧饼。用缸烤制食品是一种很独特的方法,它利用了缸的光滑、耐火和厚度,烤出的烧饼不糊、面光,吃起来香、酥、脆。这种烧饼的制法在火候上极为讲究,因缸里呈凹形,凉或热烧饼都要滑下来。缸炉烧饼圆形,上有花檐,大小与普通的芝麻烧饼差不多。

饸饹。将荞面和好,软硬适中,搓成长棒状面团,放入饸饹床子中压成长条落入滚水锅内,煮熟加汤卤食用,润滑可口。

年糕。又称切糕。将黄米用水浸泡后加工成面,在蒸锅的箅子上铺好煮熟的芸豆,然后边撒面边加火蒸,面尽糕熟,有的还撒红枣。此糕黏性强韧、色黄味香,用刀蘸水切成片后食用,若蘸红糖白糖食用,味道尤佳。

拨面。用本市敖汉产的荞麦为原料，经轧碾后，和成稍硬的面团，放在长条形面案上压成扁片状，用特制两端有把儿的刀，进行挤切，直接拨入锅内煮熟，捞出浇上卤汁，口感润滑而富有筋性，味道甚美。

莜面蒸鱼。莜面用开水和好后揉成面团，取四块樟脑丸大小的面，等距离横码在面板上，用手搓成细条状，放在箅子上蒸熟，调配油炸辣椒或者酸菜卤食用。

副食　1990 年以前，赤峰人副食种类单调，春夏秋以茄子、豆角、黄瓜、土豆和各种瓜类为主，入冬后以白菜、酸菜、土豆、萝卜为主，肉类蛋类消费较少。20 世纪 90 年代后，随着全国物资流通的畅达，加之有条件的地方纷纷建起蔬菜大棚，各种新鲜蔬菜一年四季上市，且品种增多，新增品种有苦瓜、蒜黄、蒜薹、莴笋、荷兰豆、香椿、空心菜、西兰花、小西红柿等。肉蛋产业化发展，使鸡蛋、鸭蛋、鹅蛋、鹌鹑蛋和猪肉、羊肉、鸡鸭、海鲜等成为人们餐桌上的主要副食品。人们用餐的主食消费开始下降，副食消费大幅增长。

宴席　宴席是赤峰饮食习俗的重要组成部分。农村宴席通常为八大碗、三四席或四盘五碗等规格。八大碗为凉热各四；三四席即四凉四热四大碗；四盘五碗为单数席，喜宴一般不用。城镇宴席比较讲究，一般每桌备菜十几盘、二十几盘，有的在凉、热各式菜肴之外，再加火锅。火锅以酸菜丝、海带丝垫底，上覆粉条、烧肉片、肉丸子、豆腐等，加注肉汤，生火炖熟。宴席上多以酒助兴，有“无酒不成席”之说。赤峰人原来多饮用烈性白酒，20 世纪 90 年代后，啤酒、果酒和低度白酒饮用量增多。酒令的形式多样，随饮者的身份、文化水平和趣味的不同，大致分为游戏令、猜拳令等，有的可以即兴发挥。现代酒令多以酒谚代之，如“感情深，一口闷”“敬酒先干”“迟到罚酒”等，以示热情而文明。

三、回族饮食

回族群众依据《古兰经》所指导的伊斯兰教教义而选择饮食，从而形成了穆斯林特色的饮食民俗文化。回族穆斯林虔遵教义规定，对动物肉食的选择有一些条件，如：奉诵真主尊名而屠宰的动物，禁食猪肉，禁食自死动物，禁食动物血液，选择性情善良的动物如牛羊、鸡鸭而食，选择吃草的、吃洁净饲料的、反刍类、生活环境清洁的动物，对可食的畜禽必须由阿訇宰杀。

回族主食以米面为主，逢年过节或婚丧嫁娶，炸油香，设“九大碗”席。回族有饮茶嗜好，家家备有清洁讲究的茶具，更喜喝盖碗花茶，有的还在茶中放红枣、核桃仁等。传统上有禁烟酒的习俗，在宗教人士和长辈面前不许饮酒抽烟。

第三节　居住习俗

一、住宅

20 世纪 80 年代以前，赤峰市内农村牧区居民住房主要有两种模式，比较贫困的农牧民多为起脊草房、车轱辘圆顶土房;富裕地区多为砖瓦房。20 世纪 90 年代后,开始居住钢筋混凝土平房,每户一院。住房布局上有区别,北部地区比较分散,南部地区则是多户连成一线,院院相连。居住模式基本统一,属于三间或四间式建筑,中间为厨房,两边为卧室。2000 年后,大部分民间的住房多为钢筋混凝土结构,宽度加大,内部分设客厅、卧室、厨房、卫生间、储藏室等。居住在市区及城镇周边的农民盖起二三层或是更高的独立成户的小楼。小楼建筑设计新颖,分为大人、小孩及老人卧室和车库、库房、会客厅、餐厅、厨房等。建筑用材以钢筋水泥为主,外面镶瓷砖。房顶初期流行平顶,后期流行上架圈梁,外盖用土烧制的陶瓷瓦或铁皮大瓦。

20 世纪 80 年代后,城镇居民的住房相对统一,大多为六加一式楼房,即上面六层为住宅,下面一层是库房。住房设施大体相同,水、电、暖配套,面积小的五六十平方米,大的百余平方米。进入 21 世纪,赤峰市内和旗县区政府驻地兴起建高层住宅,高层住宅有十几层或二三十层。

室内装修从 20 世纪 90 年代开始流行。最初时,人们对新房的装修比较简单,装修仅有吊顶棚、包门窗口、粉刷墙壁、铺地板革等。进入 21 世纪,各种各样的装修形式层出不穷,双层吊顶、高档吊灯、墙壁纸、壁布进入室内,瓷砖地板、花岗岩地板、木地板成为居室地板的主要形式,比较豪华的铺地毯。

赤峰地区蒙古族传统住房主要有毡制的蒙古包,其他还有编制包、草屋、起脊房屋等。现代牧区绝大多数牧民已经定居,同样住上砖瓦平房或楼房,只有少数牧民或者出场放牧才居住蒙古包。蒙古包分两种:一种是牧区夏季用的,为移动式的;一种是冬营地,为半固定式的。蒙古包的主体结构由套瑙(天窗架)、乌尼(椽子)、哈那(围墙)、哈拉嘎(门)等组成。哈那用数根相等的细木棍和牛皮绳连接而成,用时拉开便成圆形的蒙古包墙,外边围以毛毡或布。搬迁时将哈那折叠,又能当勒勒车的车板。20 世纪 90 年代以后,随着旅游业的兴起,赤峰市北部草原上所见蒙古包集中的地方,大多是旅游景区。景区的蒙古包规格有大有小,多用来招待游客餐饮和住宿,根据不同的用途内设不同的装置。

二、家具、电器

1990 年以后,赤峰乡村农家使用大板柜、城里人使用木箱和柜橱的习惯开始发生变化,简易沙发、大衣柜、书橱及形状各异的酒柜进入家庭。2000 年以后,家具快速向更高档的方向转变,组合家具、写字台、席梦思、全(仿)皮沙发等家具进入寻常百姓家。21 世纪后,红木等高档木制仿古家具进入富裕家庭。

进入 20 世纪 80 年代后,家用电器流行普及。煤气灶、高压锅、电饭煲已经进入百姓厨房。电冰箱、微波炉、抽油烟机、空调、影碟机、照相机、录像机等家用电器普及使用,城市和乡村的差距缩小。在电器使用方面,照明器具是被人们重视和精心选择的用品。各种各样的吊灯、壁灯、地灯和台灯成为人们装饰家庭、追求美观而选择的器物。灯具的价格不等,低档的几百元,中档的三五千元,高档的超过万元。

第四节　交通通信习俗

20 世纪 80 年代，自行车大为普及，客运汽车、公共汽车逐渐增多，生活比较富裕的家庭开始购买四轮车、摩托车。

2000 年以后，赤峰地区乡村公路、县级公路、国道、高速公路四通八达。自行车、摩托车、四轮车、面包车、小轿车、大客车等各种交通工具多种多样。出租汽车成为人们外出办事、探亲访友的首选，出门便是车，招手车就停。进入 21 世纪，随着人们生活水平的提高，许多家庭购买小轿车，出外办事、旅游驾车出行，极为便捷。

牧区牧民旧时主要交通工具之一是马，放牧、外出都离不开马。骑马是蒙古族一大特色，而马具鞍鞯、笼头、嚼子、绊、鞭及套马杆，都是牧民心爱之物。马鞍是由鞍岔、鞍垫、座钉、肚带、辔、屉多部分组成；笼头为红、蓝、白三色皮条编制而成，名为“三花”笼头；嚼环铜质，缰绳丝质；马绊用上好的轧杠皮制作；马鞭也分有木柄、花蛇、藤条三种；套马杆制作更为讲究，杆为紫皮柳或白桦制作，杆梢为楠木条，杆绳皮制或用羊肠、牛筋制作，结实耐用。

在赤峰地区的草原上，昔时常见三五辆或十几辆牛车首尾相接，鱼贯而行，这就是勒勒车，蒙古牧人重要的交通工具。牧民移场、搬家、拉水、拉运东西均用勒勒车。勒勒车分三类：其一为棚车。车体上部制一半圆形棚架，冬围毛毡，夏围芦苇，以御寒挡雪，或防晒避雨，此种车除远徙作为头车外，多用接送亲友、婚配嫁娶等；其二为库房车。游牧居无定址，生活用品随人搬移，因此在勒勒车上放一长方形木制有盖有门的木柜，柜外面用白铁皮加固，或围以生牛皮，以防风防水防潮，柜内可贮存粮食、肉食等，为牧民的“游动库房”；其三为装水车。牧民走敖特尔，为防水防潮，多在山岗上扎营盘，缺饮用水，故预备一辆拉水车，车上装牛皮口袋或木制水桶，由妇女、孩子赶车到水源地去灌水。

1991 年以后，机动三轮车、四轮车、摩托车等交通工具已被牧民们普遍使用，外出骑马的越来越少，特别是勒勒车已不多见。

通信工具方面，20 世纪 80 年代初，固定电话在赤峰地区家庭中开始普及。20 世纪 90 年代初，手机“大哥大”开始使用，因价格昂贵，仅少数企业和公安、防汛等专业部门拥有。而寻呼机则以低廉的价格被大众接受，至 90 年代中期普及。90 年代末，随着手机价格降低，逐渐代替了寻呼机。进入 21 世纪，手机已非常流行，且更新的速度很快，外观越来越时尚，功能不断更新，除通话外，还可以上网，随时随地获取娱乐、生活、新闻等各种信息。

第四章 生产商贸习俗

千百年来,生活在赤峰地区的蒙汉等各族人民“人相习,代相传”,形成了多种多样的风俗习惯。在生产和商贸方面,这里以农牧业为主,同时百业并存,形成一系列具有地方特色和民族特色的牧养狩猎、食品加工、粮食种植、畜禽养殖、植树造林、工商贸易等生产内容和生产方式,积淀了丰富多彩的生产和商贸习俗。20世纪80年代改革开放以后,随着社会发展和科技进步,传统生产方式逐渐改变,科学养畜、科学种田得到普及,电气化、机械化、信息化等现代生产方式不断发展,推陈出新而形成一些不同以往的生产商贸习俗。

第一节 牧业习俗

赤峰市北部蒙古族历来以牧养为主业。牧民牧养牲畜通常是男主外、女主内。20世纪80年代后,牧区草场和牲畜承包到户,绝大多数家庭仍为男人白天放牧,每群牛羊百头只或数百头只,有的羊群甚至超过千只。畜群出归都有头畜圈敛,牧民骑马或骑摩托车、带犬出牧。日落归牧后,女人负责入圈、接羔、挤奶、烧茶等劳务,有时女人也外出放牧。牧养方式多采取移场轮牧(蒙古语称敖特尔),既满足饲养牲畜的需要,又有效保护草场。20世纪90年代后,建设草库伦的牧户多了起来,把草原一块块围封起来,建设水、草、林、料基地,使之成为成分多样、效益明显的草原生态结构。牧业生产项目中,有剪羊毛、打马鬃、牲畜去势、牲畜烙印、调驯杆子马、肉奶皮毛加工利用等等,具有浓厚而独特的牧养风俗。

蒙古族牧民加工制作奶食品、肉食品,酿制奶酒,是生活中不可或缺的内容。赤峰市牧区的牧民,家家户户都能制作奶豆腐、奶嚼口、奶皮子、黄油、奶酒、肉干等食品,多为自家食用。20世纪80年代后,一些家庭小作坊生产的肉奶食品向市场出售。90年代前后,牧区纷纷办起肉食加工、奶食加工企业。随着改革开放的深入,一些国有企业和集体企业改为股份制公司,建起规模不等的养殖场,实行养殖、屠宰、加工一条龙生产,加工方式由手工制作变为机械化,丰富多样的产品除供应当地市场、游客外,还远销北京、天津、沈阳等各大城市。

第二节 农业习俗

一、种植习俗

粮食种植 赤峰地区种植粮食历来是春种秋收,一年一季。主要粮食作物有玉米、高粱、谷子、小麦、水稻以及荞麦、大豆、马铃薯等。农业生产分为备耕、春播、田间管理、秋收、秋翻等已成定俗的程序。每年入冬就进行备耕生产，包括选种、浇地、积肥、送粪等生产程序及犁、耙、绳索等农具的准备工作。20 世纪 90 年代后，随着农村生产力水平的提高，许多地方特别是平川地区逐渐改为机耕、机播、机收的生产方式，实现机械化或半机械化。

赤峰地区的农民每年秋季就进行选种准备。选种分穗选、筛选、粒选、块选，选出的种子经晾晒单独存贮，春天经过发芽实验便可播种。20 世纪 70 年代以后，农业部门大量引进推广优良品种，保证了种子品类和质量。农民对肥料也特别重视，在没有化肥的时代，农民种地使用自己积攒的农家肥，如牛粪、羊粪、驴马粪和猪粪。各家各户还积攒人粪尿和草木灰、刮风土等。同时，化肥逐渐被农民认识并使用，农作物产量大幅度提高。2000 年以后，化肥成为主要肥源。在十年九旱的赤峰，灌溉是确保农业丰收的基础。20 世纪八九十年代多是井灌、渠灌，进入 21 世纪后，喷灌、滴灌等节水灌溉技术被农民广泛应用。田间管理主要有整地、间苗、耪地、浇地、追肥、防治病虫害等。20 世纪 90 年代以后，农民科学种田，习惯使用除草剂，很少用锄头耪地了。

蔬菜瓜果种植　赤峰地区蔬菜种植历史悠久，蔬菜瓜果种类有白菜、萝卜、茄子、辣椒、黄瓜、大蒜、韭菜、菠菜、胡萝卜、西红柿、芹菜、豆角以及西瓜、香瓜等。20 世纪 90 年代后，随着改革开放和科技进步，全国各地的蔬菜流通不断，本地区的蔬菜种植习俗发生很大变化。许多地方建立规模化的蔬菜基地和现代化的温室大棚，油菜、卷心菜、蒜薹等新品蔬菜不断增加。2000 年以后，大棚蔬菜种植广泛开展起来，全市一年四季都能自产或引进新鲜蔬菜。春夏季节，当地人习惯采食野菜，克什克腾等旗县采集蕨菜、哈拉海等野菜进行加工，销往市内外。

赤峰市的农民有植树造林的传统，习惯于在房前屋后、村旁路旁种树，并且总结出许多因地制宜、适地适树等方面的植树造林经验。昔时农区以栽种杨树、柳树为主，1990 年以后开始重视经济林，栽植苹果、大扁杏、桃树、梨树等果树。设施农业发展起来后，在温室大棚开始种植油桃、草莓等水果。在牧区特别是沙漠地区，则成规模地种植锦鸡儿、踏郎、沙棘等灌木，用以防风固沙、保护草原。

二、养殖习俗

赤峰市农民有着半农半牧的传统习俗。20 世纪 80 年代以前，农村几乎家家有猪圈羊圈，户户有鸡舍鸭舍，许多家庭建有牛、马、驴、骡的棚圈。饲养猪羊和鸡鸭等家畜家禽主要是为了自食，饲养牛、马、驴、骡等大畜主要是为了使役。从 20 世纪 90 年代开始，随着市场经济的发展，传统的养殖习惯发生变化，许多地方开展规模化养殖，涌现出饲养奶牛、肉牛、羊、猪、鸡、鸭、鹅等养殖专业户和养殖场，并受到政府鼓励。此外，还相继出现了养貂、貉子、狐狸、山鸡、鹌鹑等新兴的特色养殖业。在牧区，为了保护草原生态，开始舍饲圈养牲畜。

赤峰地区拥有一些湖泊、水库，在这些水资源较为丰富的地方，集体或个体户利用水面养鱼养虾养河蟹,水产品销往市内外。本市的达里湖、红山水库等盛产鱼类,每年举办冬捕节,进行冰下捕鱼作业。

第三节 商贸习俗

改革开放以后,赤峰地区民间贸易比较兴旺。工商贸易活动从内容到形式都有新的发展和变化。

集贸市场 各乡镇和大的村庄自发形成集市,农民每月定期“赶集”,主要是自销自产的农副产品等,沿街席地而摆,俗称“露天市场”。赶集一般黎明开始,近午而散,少数地方晚上还有一集,俗称“夜市”。赶集的习俗在赤峰各地一直在延续。20 世纪 90 年代后,赤峰市各级政府投资市场建设,为经营者提供便利,并在集市的基础上发展形成较有特色、规模较大的专业市场,如赤峰西城菜市场、赤峰古玩市场、林西统部牲畜交易市场等。

物资交流会 改革开放以后,赤峰地区首次物资交流会是 1984 年 4 月初在宁城大明举办的。来自市内外的 10 万多人云集曾是辽中京的大明镇。上百商家设专柜专铺,销售农牧民所需的生产资料和生活用品,同时收购农副产品。1991 年以后,各地大小规模不等的物资交流会相继举办。赤峰国际会展中心的运营,将物资交流会推向新的台阶。

招牌门面 商家喜爱用招牌宣传店铺历史、经营特色等,以兜揽生意、招徕顾客。有的店铺悬挂“童叟无欺”“货真价实”等匾额,既是炫耀也是承诺。旧俗店铺的名字喜欢用具有传统文化色彩的吉祥语,如兴隆、昌盛、永泰等,在吉祥语后面加上经营项目或行业特点的字词,如泰和饭店、悦来旅馆等。20 世纪 60、70 年代,大众、立新、东风等店名最为多见。改革开放初期,有些店名贪大求洋,如环宇、五洲、威尼斯等。90 年代后,商家的招牌和门面在继承传统文化的基础上,推陈出新,风格多样,琳琅满目,有的富丽堂皇,有的清新雅致。大店铺还以楹联形式镌刻于门口或厅堂,有的商家在店内或办公室设有园林小景或供有文武财神塑像。特别是声光电等现代技术和先进建筑材料的使用,商铺的装潢和广告招牌十分考究,五彩缤纷。

开业 1991 年以后,赤峰商家和企业开张的程序越来越丰富多彩。开业的当天,店铺门口张贴红纸横幅或对联红帖,上书“开张之喜”“大吉大利”等吉祥语,供财神、放鞭炮、接贺联,择吉时挂牌匾。亲朋好友馈送贺礼,主人办酒席招待,商品打折优惠。大企业还要开会举行典礼,邀请当地领导出席和讲话,给来宾赠送宣传画册、录像光盘和土特产品等礼品,有的企业还请来乐队和歌手进行演出。庆典时间一到,鸣炮奏乐,放飞气球,优惠促销更是花样繁多。

奠基竣工 20 世纪 80 年代起,赤峰地区大企业的工程项目如道路、桥梁、大楼的奠基、竣工时,要举行典礼,一般要召开大会,主管部门和企业领导、嘉宾上主席台,相继致辞表示庆贺；有的邀请地方官员、社会名流剪彩，新闻记者拍照录像，同时组织文艺演出，出席者合影留念。

营销　传统的营销方式比较简单，但生意人都要求公平买卖、热情和诚实待客，与顾客保持良好关系。现代营销手段则多种多样，在赤峰地区常见的就有供货会、展销会、竞标会、产品发布会、广告宣传、互联网交易等。工商企业在宣传、销售自己商品的同时，与客户联络感情，与重要客户谈生意时常常酒宴招待，以巩固合作关系。

第五章　方　言

赤峰方言，语音上较之普通话变化较大，词语上独具特色，民间俗语丰富多彩，语法结构变化不大。

第一节　语　音

一、声母

赤峰方言同普通话比较，有的是声母发生了音变。多数为发音接近的声母之间出现对换现象，如 g–k、j–q、z–c、r–y、zh–ch、z–zh、c–ch、s–sh 等。当然也有发音差别较大的声母之间出现对换现象，如“啥”应为 shá 却变为 há，“在”应为 zài 却变为 dǎi，“扔”应为 rēng 却变为 lēng 等。

声母音变例字

例字	标准音	赤峰音	例字	标准音	赤峰音
在哪	zài	dǎi	谬论	miù	niù
扔	rēng	lēng	歉年	qiàn	jiàn
撞倒	zhuàng	chuàng	厕所	cè	chè
刮脸	guā	kuā	干啥	shá	há
晃荡	huàng	guàng	笤帚	zhǒu	chu
扎紧	zā	zhā	早晨	chén	xin
焦黑	jiāo	qiāo	波浪	bō	pō
歼灭	jiān	qiān	斜扭	xié	jiě
粗糙	cāo	zào	脊梁	liáng	niang
暂时	zàn	zhǎn	晌午	wǔ	hu

续表

例字	标准音	赤峰音	例字	标准音	赤峰音
浸种	jìn	qǐn	差股般儿	gǔ	hu
森林	sēn	shēn	嫌恶	wù	hu
倒腾	teng	deng	刀刃儿	rènr	yènr
腼腆	tiǎn	pian	针鼻儿	bír	mír
怵惮	dàn	tan	糊涂	tu	du
河堤	dī	tí	涩	sè	shē

二、韵母

赤峰方言同普通话比较，有的是韵母发生了音变。

韵母音变例字

例字	标准音	赤峰音	例字	标准音	赤峰音
我们	wǒ	wǎng	苣荬菜	qǔ	qǐng
这个	zhè	zhài	蛙子	wā	wái
哪个	nǎ	nǎi	跃	yuè	yào
那个	nà	nài	牤牛	māng	māo
那么	nà	nòng	串门	chuàn	chuàng
什么	shén	shóng	沸	fèi	fú
怎么	zěn	zǒng	墨	mò	mèi
经冻	jīng	jīn	塑	sù	suò
弄坏	nòng	nèng	乱说	luàn	làn
别去	bié	bái	抛了	pāo	piě
起来	qǐ	qiě	某	mǒu	mǔ
学	xué	xiáo	隔开	gé	gēi
割地	gē	gā	寻思	xún	xín
疙瘩	gē	gā	吱声	zī	zū
暖和	nuǎn hé	nǎng huo	挖地	wā	wān
拾掇	duo	dao	告诉	sù	sòng
戳打	chuō	chuǎ	做活	zuò	zòu

续表

例字	标准音	赤峰音	例字	标准音	赤峰音
避雨	bì	bèi	含着	hán	hén
寻摸	xún	xué	咧嘴	liě	lǎi
巴结	jiē	jī	漆黑	qī	qiāo
陆续	lù	lū	真格的	zhēn	zhèng
柴禾	hé	huo	骨髓	suǐ	sǔn
抽空	chōu	chuǎ	萝卜	bo	bai
潦倒	liáo	lào	耳朵	duo	dao
粽子	zòng	zèng	角色	jué	jiǎo

三、声母和韵母

赤峰方言同普通话比较，有的声母和韵母皆发生音变；有的零声母音节（韵母自成音节）前面加了声母 n 或 ng。

声母、韵母皆音变例字

例字	标准音	赤峰音	例字	标准音	赤峰音
客（单用）	kè	qiě	色	sè	shǎi
闰	rùn	lìn	俊（骏竣）	jùn	zùn
仄	zè	zhǎi	缰	jiāng	gāng
尾巴	wěi	yǐ	这么	zhè	zòng

零声母音节前面加 n 或 ng 的例字

例字	标准音	赤峰音
鹅 娥 蛾 俄 讹 饿 恶 遏 扼	e	ne 或 nge
哀 挨 矮 蔼 爱 艾 碍 暧	ai	nai 或 ngai
敖 傲 熬 奥 懊 袄 凹 坳 嗷	ao	nao 或 ngao
欧 殴 鸥 呕 偶 沤	ou	nou 或 ngou
安 鞍 案 暗 岸 按 鹌	an	nan 或 ngan
昂 肮	ang	nang 或 ngang
恩 摁	en	nen 或 ngen

四、声调

汉语是有声调语言，音节的构成不仅有声母、韵母，还要有声调，声调具有表义作用。由于每一个音节（汉字）都有特定的声调，因此声调的差异就带来语音差别的普遍性。赤峰方言就是在声调上构成了同标准音的显著差别。大多数汉字的四声与普通话一致，但也有许多字存在四声错换现象。

一声字读二、三、四声

标准音	赤峰音	例字
第一声（阴平声）	第二声（阳平声）	出去 知道 村落 虽然 宣布 称赞 钦佩 阶级 摘菜 逼迫 胚胎 失去 搭救 敷衍 跌倒 多大 剔肉 帆布 拨款 分区 功勋 施行 滂沱 青蛙 小猫 捞鱼 喧哗 寒暄 姑父 蔬菜 邀请 三个 剥削 干净 家去 吞下 汗流浃背
	第三声（上声）	皮肤 可惜 脂肪 插队 嬉戏 侵略 黑豆 青豆 脱离 依然 揩油 曲折 姓薛 斗殴 旮旯 瘪三 撑杆 干戈
	第四声（去声）	医生 压迫 拼音 休戚 狮子 憎恨 供给 缩小 瑰宝 茎

二声字读一、三、四声

标准音	赤峰音	例字
第二声（阳平声）	第一声（阴平声）	由于 邮局 级别 竹子 菊花 橘子 吉祥 棘手 以及 雄壮 迎接 唯有 每逢 游泳 疾病 填空 昂首 愚昧 吟诵 嘈杂 辐条 囚犯 掘土 汾酒 巢穴 荒淫 啼哭 焚烧
	第三声（上声）	而且 幸福 篇幅 识字 国家 植树 符合 革新 执行 楼阁 胸脯 惭愧 摧残 边防 崇高 蒲团 职工 潜力 调皮 舆论 仆人 豆荚 夹衣 的确 恬静 间谍 蝴蝶 违背
	第四声（去声）	如果 没有 延长 仪器 集合 愉快 蜡烛 编辑 繁殖 逾越 沿途 坚持 嫉妒 凡是 娱乐 芙蓉 姓樊 黄鹂 禾苗

三声字读一、二、四声

标准音	赤峰音	例字
第三声（上声）	第一声（阴平声）	只有 皎洁 沼气 针灸 侮辱 酩酊
	第二声（阳平声）	享受 仰泳 俨然 主意 佐料 蓓蕾 骨髓 披靡
	第四声（去声）	而且 左手 尽管 比拟 卑鄙 脖颈 匕首 收敛 崭新 枕头 矩形 踩坏

四声字读一、二、三声

标准音	赤峰音	例字
第四声（去声）	第一声（阴平声）	担子 但是 克服 束缚 技术 肖像 继续 畏惧 诧异 姓卞 船坞 绢花 召开 旭日 饲养 装订
	第二声（阳平声）	自己 附加 负责 愕然 宁可 渲染 梵文 殉难 徇私 炫耀 友谊 轶事 燧人氏
	第三声（上声）	赤峰 各个 态度 档案 秩序 质量 座谈 掠夺 亚洲 尖锐 惊讶 促进 宪章 蔑视 诺言 围绕 恶劣 慎重 禁止 趣味 追悼 别墅 妄想 灿烂 敌忾 亦然 教诲 教室 狭隘 比较 腹稿 尴尬 一会儿

除了上述普遍性的方音之外，在赤峰市南部宁城县和喀喇沁旗东部一带，由于移民聚居和水土等原因，还形成了一个特殊方音区。该地区汉字读音没有一声，也就是说将汉字的“阴平、阳平、上声、去声”四个声调，变成了“阳平、上声、去声”三个声调。其中一声字全部改发二声音，如包读 báo、山读 shán、工读 góng、吃读 chí 、猪读 zhú 、腰读yáo。

第二节　词　汇

赤峰地区方言词汇，绝大部分来自宋、元以来的北方白话，如赶情、殃及、破五、打油飞、砸筏子、不待见、气不愤儿、罄身出、阴山背后、正头香主、求爷爷告奶奶等一些方言词汇，在明清白话文学作品中都能见到。有的是赤峰人自造的方言，如蛾的是（怎么能不是）、山老艮（对山区人的蔑称）、哨（编故事作践人）、爽来爽的（索性）、戳毛蛋（惹祸）、传耳过舌（传闲话）、出拱（教唆）、这疙瘩蹓儿（大致是这地方）、海了浩了（特别多）、秃噜翻掌（破烂不堪）等等。还有的可能是由蒙古语或满语发展而来的，如哈大虎吃（憨厚、不计较）、乌鲁巴突（中低温）等等。

赤峰地区的方言词汇按词性分，可以分为名词、动词、形容词、副词等。

名词

如耳性（记性）、花花雁（花色的蝴蝶）、涝倒帮子（不务正业的人）、双（shuàng）棒儿（双胞胎）、香盈（便宜）、力巴（外行）、哥哥豆（类似饸饹的面食）、一崩子（一段时间）等。

动词

如贼（zēi）着（暗中观察）、贴糊（接近或像）、淘澄（四下找寻）、抬杠（拌嘴）、要熊（胡闹）、摆鼻（故意挑皮）、扎咕（医治、修理）、扎刺（反抗）、喇忽（忘了）、烧作的（得意而不知满足）、搬登（吃零食）等。

形容词

如肉(行动迟缓)、不赖(不坏)、实举(满足)、瓷实(密度大)、草鸡(因害怕而畏缩)、褶子了(麻烦了)、尿叽(幽默滑稽)、虚精(娇气、忍耐力差)、不起眼(太小、看不上眼)、马大哈(粗心大意、丢三落四的人)、悬乎(危险)、哈大虎吃(憨厚、不计较、不在意)、海了浩了(特别多)、乌鲁巴突(中低温)等。

副词

如冒了号(最大可能)、敢情(恰巧,当然)、爽来爽的(索性)、须微儿(稍微)、且不走呢(表示经久,时间长)、兴许(或许)、归了包其(说到底)等。

四音词 以联合结构、重叠式、嵌字式、后缀式为多:

联合结构,如里出外进(排列不整齐)、死牙赖口(没好声气)、传耳过舌(传闲话)、爪毛鼠腚(不稳重)、缠头葛脑(头绪紊乱,难以理清)、戳七逗八(好跟人戏闹)等。其中仅形容"眼"的就有傻目瞪眼、直眉瞪眼、瞎目糊眼、贼目溜眼、野目吊眼、死目塌眼等许多。

重叠式,分"AABB"和"ABAB"式两种。"AABB"式如叫叫抓抓(哭喊吵闹)、抹抹(mǒ)丢丢(羞涩的样子)、模模(mú)样样(带搭不理儿)、毬毬蛋蛋(不是什么好东西)等;"ABAB"式如没紧没慢儿(不知缓急)、齐边齐沿(摆放得很齐)、凿头凿脑(长相不好看)、不管不顾(顾前不顾后)、一蹭一滑(到了危险的边缘)等。

嵌字式,主要是将"拉、巴、里……"等虚字嵌入词组之中。如崎里拐弯儿(弯弯曲曲)、糊赤拉啃(烧焦的样子)、歪巴横榔(杂乱无章)等。

后缀式,即词根后面加表示程度、范围的后缀,如鬼拉咕叽(耍心眼儿)、脏拉嘎叽(很脏的样子)、跟头流星(走路不稳)、可怜巴巴(很可怜的样子)、歇乎大势(夸大事态)、蹶子刚天(蹦高发脾气)等。

"的"字结构词

以形容词为主,后面除加"的"字外,多数在词根之后加了表示程度或范围的后缀,如乍不愣(lēng)的(突然出现)、甜个稀的(有点甜)、齐大乎的(大伙)、立刻亮(liāng)的(立刻)、好么当央的(莫明其妙地变了)、忽拉八的(突然间)、火出燎(liāo)的(发烫的感觉)、乐不得的(求之不得)、干产瓦的(全是一样的)等。

第三节 俗 语

赤峰地区的汉语俗语除继承了中国北方地区的传统俗语外,在生产生活中还创造出许多带有地方特色的俗语,语言形象生动并富有幽默感,人们在交流中很喜欢使用。

赤峰汉语俗语分熟语、谚语和歇后语三个类别。有的谚语、歇后语全市各地都使用,有的只在一定区域内流行。

熟语

是一种特色的固定短语。其长短不一,主要是通过联想、比喻、夸张等修辞手法,使语言形象化。它也是赤峰地区使用较多的一种方言类型。如八九不离十(差不多)、拉舌头扯簸箕(串闲话拨弄是非)、哪打铧子哪住犁(干到哪算哪)、碗大勺子有贼儿(zēir 有标准可依)、吐口唾沫钉个钉(说到做到)、现上轿现扎耳朵眼儿(临时抱佛脚)、牵着不走赶着倒退(甘于落后)、不见兔子不撒鹰(拣有把握的干)等等,皆属于这一范畴。

谚语 分普通谚语和农谚两种。

普通谚语　即人们在社会交流中常用的谚语,能够运用通俗易懂的语言,反映深刻的道理。如"老猫房上睡,一辈留一辈";"皮裤套棉裤,必是有缘故";"秤杆儿离不开秤砣儿,老头离不开老婆儿";"满堂儿女,不如半路夫妻";"人比人得死,货比货得扔";"吃不穷,喝不穷,算计不到才受穷";"猛虎一只能拦路,黑瞎子一百也是五十对熊";"是亲三分向,是火热于灰";"巧得的江山失得易";"不能因为虱子烧了棉袄"等。

气候农谚　是有关农业生产的谚语,是农民从长期的生产实践中总结出来的经验,用通俗又上口的语言予以表述。农谚又分普通农谚与气候农谚。赤峰地区普通农谚如:"种地不用问,全凭水和粪";"种地不上粪,等于瞎胡混";"清明种麦粮满仓,过了清明一把糠";"清明忙种麦,谷雨种大田";"过了芒种,不可强种";"六月六,看谷秀";"处暑不拿头,割倒喂老牛";"九月九,大撒手";"牛马年,好种田,就怕鸡猴那二年"等。气候农谚如:"清明难得晴,谷雨难得雨";"水缸穿裙山戴帽,燕子钻天蛇过道"(下大雨之兆);"大旱不过五月十三";"云彩往东,刮大风;云彩往西,牛倌羊倌披蓑衣;云彩往北,发大水;云彩往南,大水飘船";"旱了东风不下雨,涝了东风不开晴";"淋伏头,晒伏尾";"寒露不算冷,霜降变了天"等。

歇后语 是由前后两部分组成、中间有间歇的一种特殊俗语。其前部分是形象的比喻,像谜面;后部分是解释说明,像谜底。而这种解释说明,有的靠会意,也有的靠谐音。赤峰人讲究幽默,因此赤峰地区的歇后语非常丰富,而且趣味性很强。会意方面的歇后语如:"猪八戒啃猪蹄——自残骨肉";"十五个吊桶打水——七上八下";"捞鱼鹳打前食——全凭嘴上支";"打铁烤糊卵子——不看火色";"连篇胡子吃炒面——没鼻子带脸";"脱了裤子上吊——死不要脸";"屎壳郎钻炕洞——两眼摸黑";"张飞漾白沫——才来劲";"武大郎卖豆腐——人熊货也囊"等等。谐音方面的如:"鸡不尿尿——总有一变(便)";"外甥打灯笼——照旧(舅)";"背着手上鸡窝——不简单(捡蛋)";"老鸹子放屁——想(响)得高";"纳底子不用锥子——真(针)好";"绿豆蝇子下蛋——一肚子屈(蛆)"等。

第四节　语法特点

赤峰方言的语法特点与普通话基本相同,只是有个别特殊句式偶尔出现在口语里。

一、特殊句式

(一)总括性语尾式

语尾“五的”“啥的”“拉哄的”“货儿”,都是对语句叙述的一种总括,意近于“等等”“之类”,而“拉哄的”所总括的事物多属不美好的,因而带贬义。

1.“留着使使五的”

甲:这个空罐子可以扔掉了。

乙:不,不要扔。这个罐子很好看,又洁净,留着使使五的。

2.“用它喂个宠物啥的”

甲:这只小铁锅是不是没什么用处了?

乙:用处是不大了。——哦,还可以用它喂个宠物(猫)啥的。

3.“你看,毛佚拉哄的。”

甲:这件衣服外套没法穿啦,这么脏!

乙:嗯,你看,毛佚拉哄的,太脏了。

4.“能吃的货儿了”

甲:小猪崽怎么长得这么快?

乙:它——能吃的货儿了。

甲:小方穿得太讲究了。

乙:能摆的货儿了。

“货儿”表示数量或程度深的语气。意为“很能吃”“很能摆(谱儿)”。

(二)语气性语尾式

这种语尾如“来着”“来的”,没有实在意义,只表示一种肯定的强化的语气。

1.“谁知道来着”

甲:她是一个非常细心的人,怎么会把钱包落到出租车上呢?

乙:谁知道来着。

2.“真是来的!”

甲:原说不让他去,他非要去,出了事,他反埋怨别人。

乙:真是来的!

(“真是来的”一般整句适用)

(三)主谓倒装式

1.“待死的你个”

老女人甲:哟!今天你怎么穿得这么花哨?

老女人乙:少见多怪。待死的你个!

2.“挨刀的你个”

女甲:你丈夫出外打工,把你甩了吧?

女乙:什么话!挨刀的你个。

这种主语后出现句式,其前置谓语“待死的”“挨刀的”,语势虽强,却都是开玩笑中的嗔怒话,一般只在女人之间用。

（四）状语倒置式

甲：你知小周上哪儿去了吗？

乙：知不道。

“知不道”即“不知道”，否定副词“不”作状语，倒置于动词第一语素“知”之后。“不知道”与“知不道”在赤峰汇语中并存。“不知道”用得更多。

（五）介词“从”的特殊用法

方位介词“从”用作存在介词，相当于“在”。如：

甲：你上午做什么去了？

乙：我上午从家里学习。

二、特色词汇的语法功能

赤峰方言中，有少数特殊虚词（含应对语）。

1.保管、管保（保证、一定）

例句：下了雨，他管保不来了。

2.不好（不会，可以）

例句：不信？你不好试试。

3.才刚（刚才）

例句：他什么时候去的？才刚。

4.从打（自从）

例句：从打那天起，我就注意了。

5.打一小儿（从小）

例句：这孩子打一小儿就不好哭。

6.大概其（大概）

例句：大概其是这样。

7.大估摸（大约）

例句：大估摸是这样。

8.非得（必须、一定）

例句：非得你去才成。

9.敢情（当然是）

例句：你亲自来，敢情好。

10.恒是（就是）

例句：今年风调雨顺，恒是不错。

11.可不、可不是（是啊、对呀）

例句：买一本那书不就好了。可不是。

12.老劲儿（总、不断）

例句：他老劲儿去。

13.老门儿(一直、总是)

例句:他老门儿说,别人插不上嘴。

14.立刻量儿(立即)

例句:一问,他立刻量儿变脸了。

15.临期末了(到最后)

例句:临期末了,婚事还是散了。

16.那可呗(就是,对了)

例句:注意饮食卫生就好了。那可呗。

17.那可难(不、不这样)

例句:他不来是怕人多?那可难。

18.且(暂且、一时半会儿)

例句:等啊,他且不来呢。

19.啥个(什么)

例句:你说啥个?我不懂。

20.随赶(跟)着(紧接着)

例句:说完,随赶着就离开了。

21.兴许(也许、可能)

例句:他吃过饭了?兴许吧。

22.噎哈(表示惊讶)

例句:噎哈!今天太阳从西边出来了。

23.从新(重新)

例句:我们只好从新做了。

24.净、净是(全是)

例句:广场上净人。

第五节 蒙古语方言

蒙古族语言经过"突厥化、蒙古共同语的形成、分支出次语族、卫拉特化过程、蒙古诸方言的形成"等五个大的历史阶段。赤峰市行政区域内的蒙古语方言、土语,从第五阶段开始形成。赤峰蒙古语大体上可以分为"巴林土语,翁牛特和敖汉(简称翁敖)土语,阿鲁科尔沁土语,克什克腾土语,喀喇沁和宁城(简称喀宁)土语"5个土语区域,在广义上均属巴林次方言和喀喇沁次方言(含喀宁土语)。

赤峰地区蒙古族方音,以蒙古族标准话衡量,在语言中有许多蒙古语文字的元音、辅音或元辅音,三者之间,有相互借换发音的现象。方言词语保留着古代蒙古语特色和浓郁的地区特点。

赤峰地区蒙古语方言与标准音对照表

土语	标准音	共同语	汉译
[illegible]	jɔlɔ:x	[illegible]	胜，胜过
[illegible]	xarla:x	[illegible]	昏过去
[illegible]	tambʊ:	[illegible]	烟
[illegible]	bɔmbŏldʒig	[illegible]	圆的
[illegible]	səxə:x	[illegible]	开
[illegible]	ʃɔ:tœ:	[illegible]	衣服兜儿
[illegible]	u:t garăx	[illegible]	出门
[illegible]	uldʒəg	[illegible]	发呆的
[illegible]	o:r garăx	[illegible]	分家
[illegible]	œxʊs tɛ:	[illegible]	愣头愣脑的
[illegible]	məʃirăx	[illegible]	腼腆
[illegible]	dʒʊga: ɛmtɛ:	[illegible]	钱财
[illegible]	t'œl	[illegible]	玻璃
[illegible]	gɔ:r tɔ:r	[illegible]	地板上
[illegible]	gurt'ɛ:	[illegible]	有力气
[illegible]	ɛrdʒ'　t'umĕr	[illegible]	锄头
[illegible]	gɔtŏl	[illegible]	蒲棒
[illegible]	ɛmtɛtăn	[illegible]	衣物
[illegible]	ʃɔ:l	[illegible]	棉袄
[illegible]	dʒia:　ʃɔ:l	[illegible]	夹长袍
[illegible]	ontŏr ʃɔ:l	[illegible]	棉长袍
[illegible]	ɔgt'ɔr　ʃɔ:l	[illegible]	夹袄
[illegible]	t'ag	[illegible]	盖子
[illegible]	ʃur	[illegible]	额箍
[illegible]	tala:	[illegible]	垂饰
[illegible]	gɔb　gɔxɔ:	[illegible]	光秃秃的
[illegible]	adʒrag　mɔd	[illegible]	做套马杆的木头
[illegible]	agʃʊ:n	[illegible]	浓（茶等）
[illegible]	aman　ɛrx	[illegible]	订婚酒
[illegible]	andga:	[illegible]	原因、神奇
[illegible]	ɛŋ	[illegible]	独特、厉害
[illegible]	ba:dʊ:	[illegible]	霸道
[illegible]	baldrʊ:	[illegible]	结扣
[illegible]	bɛ:bɛ:	[illegible]	叫小孩子
[illegible]	bɛ:m	[illegible]	非常、很
[illegible]	bɛrda:	[illegible]	手把
[illegible]	bɛdʒimdʊ:r	[illegible]	容易心急的人

续表

土语	标准音	共同语	汉译
[illegible]	ɑ:mɑm	[illegible]	叔父
[illegible]	ɑjităx	[illegible]	接近、快要
[illegible]	ə:du	[illegible]	愚蠢的
[illegible]	əgsi:x	[illegible]	胃胀
[illegible]	əmə:xən	[illegible]	无声无息、不说话的
[illegible]	ʏ:săx	[illegible]	寂寞
[illegible]	ultə:	[illegible]	对啊
[illegible]	ulg ər	[illegible]	了不起
[illegible]	naŋgɑ:lăx	[illegible]	请假
[illegible]	nagɑ:dʒɛ:	[illegible]	舅舅
[illegible]	bagi:tɑ:	[illegible]	不错呢
[illegible]	bɛrăntăg	[illegible]	婴儿衣服
[illegible]	bɔŋnŏx	[illegible]	使性子
[illegible]	ʃʊngɑ:	[illegible]	嫂子
[illegible]	t′ɑŋ	[illegible]	面条
[illegible]	t′ɛwʊ:r	[illegible]	叫花子
[illegible]	məʃitən	[illegible]	腼腆的
[illegible]	məʃirăx	[illegible]	羞怯
[illegible]	tæŋăntăl dʒ′ib ărlăx	[illegible]	打扫得干干净净
[illegible]	lʊ:tăn ər	[illegible]	大汉子
[illegible]	lʊ:tăn dʒ′ɑtălt′æ:	[illegible]	有蛮力
[illegible]	mɑrăg-ər	[illegible]	傻里傻气的人
[illegible]	mɑrgălăx	[illegible]	干傻事
[illegible]	lɔbʃɔ:	[illegible]	(对小孩爱称)乖乖
[illegible]	nɑnɑ:	[illegible]	姨姨
[illegible]	xærăn ʃitə:	[illegible]	是啊
[illegible]	əd	[illegible]	东西
[illegible]	ʊsrəĕx	[illegible]	拖拖拉拉
[illegible]	tɑmbʊrăx	[illegible]	糟透、失业
[illegible]	t′oltŏr	[illegible]	前几天
[illegible]	ɑm nɔgɔ:rx	[illegible]	嘴烂
[illegible]	əru dʒ′ɑnăx	[illegible]	闲聊
[illegible]	ɑrxănăg gue:	[illegible]	非要、必须

第二十五卷

人物

本卷设人物传和人物表录2篇。根据收集到的资料，人物传收录1991—2014年期间去世的全国劳动模范，全国党代表、人大代表、政协委员，实职正地(师)级以上领导干部，作出一定贡献的社会知名人士，烈士。共54人，按传记人物生年先后排序，生年相同者以姓氏笔画顺序排列。人物表录主要收录1991—2014年期间全国劳动模范、全国五一劳动奖章获得者、全国三八红旗手、全国见义勇为先进个人、内蒙古自治区劳动模范、享受国务院颁发的政府特殊津贴专家。共343人，以在世人物为主，以受表彰时间先后为序。

第一篇　人物传

一、全国劳动模范

根　登(1911—1993)

根登，男，蒙古族，1911年11月出生，赤峰市翁牛特旗海拉苏镇胡日他拉嘎查人。1950年加入中国共产党，历任合作社主任，大队党支部副书记、书记，乌兰敖都公社党委委员。1993年病逝。

1952年，根登带领18户贫苦牧民在召克图办起牧区第一个牧业合作社，牲畜入股，按股分红。合作社定名为乌兰敖都(汉译为“红星”)牧业生产合作社。在其影响下，扎兰敖道嘎查办起牧业社。是年秋，10个牧业社相继建立。1958年，国务院授予乌兰敖都牧业合作社“农业社会主义建设先进单位”荣誉称号。根登多次被评为旗、盟、热河省、内蒙古自治区劳动模范，2次被评为全国劳动模范，10次出席省、自治区、全国农牧业先进集体代表会议，先后于1957年、1958年、1959年、1969年4次受到毛泽东主席的接见。根登是内蒙古自治区政协第二届、第三届、第四届委员会委员，辽宁省政协委员，全国政协第五届委员会委员。

陈洪恩(1914—1999)

陈洪恩，男，汉族，1914年11月出生，赤峰市松山区当铺地满族乡当铺地村人。

1950 年 10 月加入中国共产党,历任村长、农业社主任、人民公社社长、村党支部书记。1977 年 8 月当选中国共产党第十一次全国代表大会代表。1990 年离职休养,1999 年病逝。

为改变当铺地村风沙肆虐、贫穷落后的面貌,村党支部书记陈洪恩带领全村开渠、造林、治河、治沙。在造林实践中逐渐摸索出"雁翅掐条""倒坑埋干""翻窝植苗"等沙地造林方法,造林成活率达 90%以上。20 世纪 80 年代,他们又在速生林建设和生态环境保护上探索出新路,仅两年时间就在几千亩耕地上造完主副 14 条农田防护林,实现当铺地村大田林网化;1985 年, 其成就在日本国际科学技术博览会中国馆展出。1958 年 12 月,当铺地成为全国农业社会主义建设先进单位;1965 年 11 月,被评为全国农业学大寨典型单位; 先后受到联合国粮农组织、联合国环境规划署高度评价。1958 年 12 月,陈洪恩出席全国农业社会主义建设先进代表会议,被授予"全国劳动模范";1979 年,被辽宁省革命委员会授予"特等劳动模范";曾先后 6 次受到毛泽东主席接见,多次参加国庆观礼。

陈秀春(1919—2002)

陈秀春,男,汉族,1919 年出生,赤峰市宁城县石佛公社西大营子大队人。中共党员,曾任供销社售货员、主任。1978 年被评为全国劳动模范。2002 年病逝。

1960 年 9 月,陈秀春到条件艰苦的必斯营子供销社任党支部书记后,把全部的精力和心血都献给了财贸事业,带领干部职工取得一项项辉煌业绩。

陈秀春时刻不忘"支援农业生产,方便社员购销"的宗旨,要求全体职工都要挑货下乡,把货物销售出去后,再把社员交售的农副产品收购回来。他从不搞特殊化,和普通职工一样挑担下乡,而且总是挑最重的担子早出晚归。他带头抵制不正之风,对紧俏物资一律凭票供应,从不谋取私利。逢年过节,供销社总要给全公社的军烈属、五保户送去一些平时难以买到的副食品。

陈秀春打破部门界限,以商促农,甘当生产队的参谋。1974 年,他与一名职工进驻全公社最贫困的南山大队,鼓励社员开展养猪、养禽、编织、采集等家庭副业,帮助该大队在 4 年内摘掉"穷帽子"。陈秀春当时下乡就在社员家里吃派饭,每次都按规定付饭钱。他为人仗义,谁家有困难他都会解囊相助。南山大队距离供销社 7 公里,陈秀春每天不辞辛苦,都是步行。供销社经销的自行车,在当时是紧俏物资,他从来没想着给自己弄一台。当时生产队粮食产量低,粮食经常不够吃,想用化肥又没钱买,陈秀春就发动百姓自造"土化肥",全生产队粮食年产量由 2.25 万公斤猛增到 4.65 万公斤。为发展养猪业,壮大集体经济,他把仔猪、饲料等赊销给社员。仅仅 4 年时间,南山大队的生猪存栏量就达到人均 1 头,社员的生活明显改善。

忘我的奉献付出,使陈秀春获得了广泛的尊重与爱戴。1976 年的一天,陈秀春在下乡回单位的路上被拖拉机撞伤。在必斯营子公社医院抢救时，当地群众排队要为他献血，有关部门及时把他送到部队医院救治。1982 年，由于车祸造成身体损伤的影响逐渐加重，陈秀春自感体力不济，主动提出退休。退休后，他仍承担起全县供销系统离退休职工的管理工作。他一生兢兢业业、两袖清风，为党的事业甘于奉献。他去世时，只留下两只陈旧的木箱，装得满满的都是荣誉证书。

程丽华（1931—2010）

程丽华，女，汉族，1931 年出生，赤峰市人。中共党员，中学高级教师。1950 年参加教育工作，1960 年被评为全国劳动模范，1986 年 11 月在红山区教研室退休。2010 年 12 月病逝。

1953 年 3 月至 1965 年 4 月，程丽华在赤峰市（原昭乌达盟）第一小学任教，由于教学成绩突出，1955 年被评为赤峰县先进教育工作者。她与其他老师合作进行“如何搞好第二课堂”的实验，总结出如何搞好课外活动的经验，有力推进了全区小学课外活动的开展。1955 年，由程丽华课堂纪实整理编写的专辑在昭乌达盟发行推广，对全盟小学语文教学质量的提高产生一定的推动作用。当年，程丽华分别被评为昭乌达盟和内蒙古自治区先进教育工作者。1958 年任教导主任后，她坚持教学改革及实验，连续多年被评为赤峰市社会主义建设积极分子、先进教育工作者。1960 年，程丽华在赤峰市第一小学开展识字实验课题研究，实验班学生对 3500 个常用汉字的音、形、义掌握效果得到认可，为提前写读打下良好基础。同年，她针对当时普遍存在的师生负担过重而教学质量较低的情况，进行“减轻师生负担，提高教学质量”的研究实验。1960 年 6 月，程丽华出席全国群英会，受到党和国家领导人的接见。同年，被评为全国先进教育工作者和“全国三八红旗手”。

1965 年 5 月至 1969 年 12 月，程丽华先后任赤峰第六小学校长、赤峰市回民实验小学党支部书记。1973 年，被评为赤峰市先进教育工作者。1972 年 9 月至 1974 年 8 月，任赤峰市第十七小学革委会主任。1974 年 9 月至 1978 年 4 月，任赤峰二中革委会主任兼党支部书记。1978 年 5 月至 1986 年 11 月，担任赤峰市红山区教研室党支部书记。1985 年，被评为赤峰市劳动模范。1986 年，被评为赤峰市教育系统先进工作者。

赵景阳（1933—1997）

赵景阳，男，汉族，1933 年 10 月出生，赤峰市红山区人。中共党员，高级工程师。曾任赤峰城郊林场场长。1997 年病逝。

从 1953 年起，赵景阳在赤峰城郊林场从事固沙造林技术工作近 40 年。在他的带领下，城郊林场共治理沙丘、沙地 4932 公顷，林场产值累计达到 1.1 亿元。他带领职工大搞科学实验,成功推出固沙障造林法、方格设计定点法、带片结合、乔灌草混交、针阔混交、用材防护林与经济林混交等行之有效的科学造林方式方法,引进100余种新树种。这些做法,使赤峰城郊林场逐步形成一个半干旱沙地生态经济型林业产业系统,赤峰东、西、北郊近千个大沙丘变成了浓荫密布的林业基地。

赵景阳研制出杨树深栽钻孔机等10余种高效、实用机械工具,其中深栽钻孔机具有速度快、质量好、成本低的特点,在新疆、宁夏、甘肃、内蒙古大量推广应用。他创造和形成的“半干旱沙地生态经济型林业产业系统科研成果和生产经验”在全自治区、全市推广,吸引巴基斯坦、瑞典、瑞士、美国、日本等十几个国家以及联合国环境保护署的专家学者到赤峰参观考察。

赵景阳多次被内蒙古自治区和林业部、农牧渔业部评为先进工作者、三北防护林工程劳动模范;1987年,被国务院授予“全国劳动模范”称号;1991年,被全国绿化委员会、林业部、人事部授予“全国治沙劳动模范”称号。

孙凤财(1939—1999)

孙凤财,男,汉族,1939年6月出生,赤峰市宁城县一肯中乡人。中共党员,长期担任一肯中公社义务气象员。1959年,被评为全国劳动模范。1999年病逝。

孙凤财在担任义务气象员期间,认真学习气象知识,精心研制出“马尾温度表”“松塔棉球温度表”“氯化钴晴雨表”等土仪器,因地制宜开展气象预报工作。在气象灾害发生后,他总是迅速与民政、农业部门有关人员一起深入到受灾现场了解灾情,配合相关部门及时上报灾情。

孙凤财担任气象员,没有工资报酬。但他几十年如一日,每天把本地的气象数据按时向县气象站汇报,为预防自然灾害、指导农业生产起到良好作用。

1959年,孙凤财被评为内蒙古自治区劳动模范。同年,被评为全国劳动模范,出席全国工业、交通、财贸基本建设群英大会,获纪念章一枚,受到周恩来总理的接见。1977年,他被评为辽宁省先进科技工作者,出席省科技大会并受到表彰。

二、全国党代表、人大代表、政协委员

赵　斌(1920—2000)

赵斌,男,汉族,1920年11月出生,赤峰县(今松山区)小西牛波罗村人。1948年11月加入中国共产党,任村党支部宣传委员、互助组长、农业社长、乡党委委员、公社副社长、党委书记。1969年后,历任昭乌达盟革委会农牧组副组长、农牧学院党委副书记、

盟科委副主任、农业局副局长和种牛站书记、站长。为第一届、第二届、第三届全国人大代表。1983 年 3 月退休,2000 年病逝。

赵斌是互助合作的带头人,1952 年成为热河省级劳动模范。1954 年 3 月,在热河省第一个成立高级农业生产合作社。同年 8 月,当选全国第一届人大代表。1956 年,他创办的高级社有社员 880 户,一年向国家交粮 135 万公斤,先后受到热河省和内蒙古自治区的表扬。1958 年,赵斌创办半耕半读农业中学(今五三职中),并且担任名誉校长,开创内蒙古自治区职业教育的先河,多次受上级表奖。1960 年,该学校被评为全国先进集体。

赵斌所在村,解放前粮食亩产不足百斤。他领导群众治山改土,平整土地,植树造林,大搞科学种田,粮食产量大幅度增长。他带领的科学实验小组几十年间进行 147 项科学实验研究,135 项获成功推广。在他的带领下,全村 4500 亩耕地实现园林化、水利化、良种化,家家四旁绿化,该村成为内蒙古自治区树立的农业学大寨 28 面红旗之一。

华 祝(1922—2000)

华祝,男,汉族,中共党员,1922 年 12 月出生,天津市人。1943 年,毕业于天津市畜产技术员养成所。1949 年参加工作,先后在热河省兽医专科学校、承德农业试验场、热河省朝阳种羊场、省农业厅做技术工作。1956 年,在昭乌达盟公署农牧处、畜牧局任技师、科长、副局长。1958 年, 被聘为内蒙古自治区科学工作委员会畜牧专家组成员。1962 年,任昭盟农牧科学研究所所长。1978 年后,曾任辽宁省畜牧兽医学会副理事长,辽宁、吉林、河北、内蒙古四省区草原红牛育种委员会委员,内蒙古奶牛协会顾问。离休前曾任赤峰市畜研所所长、党委书记。2000 年病逝。

华祝为育成敖汉细毛羊新品种的主要研制人员之一。他在育成草原红牛、乌兰哈达猪新品种和消灭牛瘟方面也作有贡献。1977 年、1978 年,他先后出席昭乌达盟、辽宁省和全国科学大会,被评为全国先进科技工作者。他的科研成果于 1980 年获内蒙古科技成果一等奖、1982 年获国家农牧渔业部技术改进二等奖。1984 年、1985 年,他分别获自治区培育草原红牛先进个人一等奖、培育乌兰哈达猪荣誉奖。华祝为辽宁省第五届人大代表,内蒙古自治区第三届、第五届、第六届人大代表,全国第六届人大代表。

乌力更(1924—2005)

乌力更,男,蒙古族,1924 年 6 月出生,赤峰市巴林右旗巴彦他拉苏木人,初中文化。1946 年 6 月参加革命,同年 7 月加入中国共产党。2005 年病逝。

1948 年,乌力更在热辽中央分局党校、热河省委党校学习并担任党支部书记。曾任热河省民委专职委员、昭乌达盟行政委员会科员、内蒙古自治运动联合会巴林左旗支会宣传股长、巴林左旗政府民教科长。1949年至1966年，历任中共翁牛特旗委副书记、书记兼旗长;热河省农业厅副厅长、党组书记;昭乌达盟副盟长、盟长、盟委常委、书记,军分区党委书记。1955年3月,当选全国党代会代表。“文化大革命”结束后,任中共昭乌达盟委常委、副书记、革委会副主任。1979年至1983年,任中共内蒙古自治区党委组织部副部长、统战部部长,内蒙古自治区政协六届委员会副主席,国家民委委员等职。1988年至1993年,任内蒙古自治区政协副主席、党组副书记。系第五届全国人大代表,全国政协第六届、第七届委员会委员。离休后担任内蒙古关心下一代工作委员会常务副主任。

苏 赫(1925—1999)

苏赫,男,蒙古族,1925年出生,赤峰市喀喇沁旗王爷府镇人。抗战时期毕业于哈尔滨农业大学、长春建国大学。1946年2月参加工作。1999年病逝。

苏赫青年时期曾担任内蒙古自治运动联合会喀喇沁旗支会主任、卓索图盟分会青年科长等职。他曾在内蒙古自治政府卓东工作委员会、热辽专署公安处、辽西省公安厅、热河省公安厅、昭乌达盟公安处任科员、秘书、科长等职。1962年,开始从事文物考古工作,首任昭盟文物工作站副站长、站长,并亲手筹建赤峰文物店。他从1974年开始推动各旗县成立流散文物收购管理站,在全市形成文物管理网络。历任第六届全国政协委员、第七届全国政协常委,赤峰市政协第一届、第二届、第三届委员会副主席。

苏赫精通蒙、日、汉语,悉心研究辽(契丹)金文化,先后发表一系列学术价值较高的论文,对中国辽金史研究作出贡献。他先后当选为赤峰市哲学社会科学联合会副会长、内蒙古自治区考古学会副理事长、中国辽金史学会副会长。有《赤峰史》等著作问世。

卢振远(1930—2007)

卢振远,男,汉族,1930年3月出生,赤峰市松山区安庆镇人。1956年1月参加工作。2007年9月病逝。

1956年2月,当选为全国工商界青年积极分子代表大会代表并出席大会,受到党和国家领导人接见。同年3月,赤峰县公私合营药店正式成立,他被县政府任命为总店副主任。1956年8月至1972年10月,任赤峰市工商联副主任。1972年11月,任市医药公司副经理。1980年,任市五金公司副经理。1985年1月至1996年4月,任赤峰市人大常委会副主任。1996年4月,任赤峰市政协副主席。在职期间,先后当选为第七届、第八届全国人民代表大会代表，第六届、第七届、第八届内蒙古自治区人民代表大会代表，自治区政协常委，全国工商联执行委员，自治区工商联会长等，系中国民主建国会会员。

云德奎（1947—2003）

云德奎，男，蒙古族，1947 年 9 月出生，内蒙古土默特左旗人，大专文化。1966 年 3 月参加工作，1971 年 12 月入党。1998 年当选第九届全国人民代表大会代表。2003 年 4 月病逝。

1966 年 3 月至 1970 年 9 月，在土左旗毕克齐三小任代课教师。1970 年 9 月至 1973 年 3 月，在中共土左旗委办公室工作。1974 年 4 月至 1978 年 10 月，任土左旗毕克齐公社党委副书记、书记。1978 年 10 月至 1981 年 7 月，任包头市郊区革委会副主任、副区长、区委常委。1980 年 9 月至 1981 年 7 月，在中央民族学院干训班学习。1981 年 7 月至 1984 年 9 月，任包头市郊区副区长、区委副书记、区长。1984 年 9 月至 1986 年 8 月，在内蒙古党校大专班学习。1986 年 8 月至 1988 年 5 月，任包头市农委主任、党委书记。1988 年 5 月至 1994 年 12 月，任包头市人民政府副市长。1995 年 1 月至 1995 年 5 月，任中共赤峰市委副书记、市人民政府副市长、代市长。1995 年 5 月至 1997 年，任赤峰市人民政府市长。1998 年 4 月至 2003 年 4 月，任内蒙古自治区农业厅党组书记、厅长。

桑杰毛伦（1948—2005）

桑杰毛伦，男，蒙古族，1948 年 1 月出生，赤峰市阿鲁科尔沁旗坤都镇湖尼图嘎查人。中共党员，初中文化。1993 年当选为第八届全国人大代表。2005 年 3 月病逝。

桑杰毛伦于 1967 年 9 月至 1975 年 10 月历任湖尼图小学民办教师、大队团支部书记、大队会计、大队副队长等职务。1975 年 10 月至 1998 年 6 月，担任湖尼图嘎查党支部书记。他在担任党支部书记期间，筹措资金 15 万余元，带领广大牧民群众大力开展防沙治沙、种树造林育林会战。到 1993 年，全嘎查造林种草、改造治沙面积达到 5 万多亩，绵羊改良率达 100%，黄牛改良率达 85%以上，牲畜存栏达到 1 万多头只，牧民人均纯收入突破 1000 元。嘎查集体资产不断积累，牧业税、民办教师工资、嘎查干部报酬以及各项开支均由嘎查集体负担，并完成户户通电和嘎查小学的修建等工作。

在桑杰毛伦的带领下，湖尼图嘎查工作业绩突出，先后被中共赤峰市委、赤峰市人民政府授予“先进党支部”“治沙造林先进单位”“普及科学技术先进嘎查”“文明嘎查”“富裕先进支部”等称号。1992 年，桑杰毛伦被邀请参加内蒙古自治区成立 45 周年庆祝大会;1994 年获“全区优秀嘎查村党支部书记”荣誉称号;1997 年被邀请参加内蒙古自治区成立 50 周年庆祝大会。

三、正地(师)级以上领导干部

周 明(1916—2013)

周明,男,汉族,1916 年 10 月出生,四川省巴县人。1936 年参加革命,中共党员。2013 年 12 月病逝。

1931 年至 1933 年,在重庆市读书。1934 年 1 月至 1935 年 8 月,在重庆祥泰复羽绒加工厂做学徒。1936 年 5 月至 1937 年 12 月,先后在重庆人民日报、重庆电报局担任校对和派报生。1936 年 10 月,参加重庆“救国会”。1938 年 1 月至 5 月,在陕北云阳青训班和延安陕北公学十二队学习。1938 年 6 月至 1941 年 11 月, 在晋察冀边区《抗敌报》任编辑科长。1941 年 11 月至 1948 年 6 月,在《晋察冀日报》任编辑组长。1948 年 6 月至 9 月,在《人民日报》任编辑。1948 年 9 月至 1949 年 12 月,在《山西日报》任编辑部长。1950 年 1 月至 1951 年 12 月,在《内蒙古日报》任总编辑。1951 年 12 月至 1953 年 12 月,任中共中央内蒙古分局政策研究室主任。1954 年 1 月至 1958 年 12 月,任中共内蒙古党委农村牧区工作部副部长。1958 年 12 月至 1965 年 9 月, 任中共内蒙古党委秘书长。1965 年 9 月至 1968 年 1 月, 任中共昭乌达盟委书记。1968 年 1 月至 1969 年 8 月,任昭乌达盟革命委员会副主任、盟革委会党的核心小组组长。1972 年 2 月至 1977 年 8 月, 任中共昭乌达盟委员会副书记。1973 年 7 月至 1974 年 1 月, 在辽宁省“五七”干校学习、劳动。1974 年,出席全国第四届人民代表大会。1977 年 8 月至 1978 年 9 月,任中共昭乌达盟委员会书记、盟革命委员会主任。1978 年 9 月,任大连工学院党委书记。1983 年 3 月,离职休养。

董洪业(1917—2007)

董洪业,男,汉族,1917 年 5 月出生,河北省行唐县人。1940 年 7 月参加工作,中共党员。2007 年 1 月病逝。

1940 年 7 月至 1945 年 12 月,任行唐县七区抗日联合会秘书、四区抗日联合会主任、副区长、区长。1946 年 1 月至 1948 年 12 月,任克什克腾旗禁烟局局长、昭乌达盟禁烟分局副局长。1949 年 1 月至 1955 年 4 月,任热河省税务局副局长、局长。1955 年 5 月至 1955 年 12 月, 任热河省财政厅副厅长兼税务局局长。1956 年 1 月至 1959 年 9 月,任中共昭乌达盟委财贸部部长。1959 年 10 月至 1960 年 5 月,任昭乌达盟公署副盟长。1960 年 6 月至 1967 年 4 月，任中共昭乌达盟委员会副书记。1967 年 5 月至 1972 年 1 月，在“五七”干校参加劳动。1972 年 2 月至 1979 年 6 月，任中共昭乌达盟委员会常委、盟革委会副主任、盟委副书记。1979 年 7 月至 1983 年 11 月，任中共昭乌达盟委副书记，兼任盟政协主席。1983 年 11 月离职休养。

雷代夫（1917—1995）

雷代夫，男，汉族，1917 年 1 月出生，河南省孟津县人。1937 年参加工作，中共党员。1995 年病逝。

1937 年 6 月至 10 月，在山西省曲沃县参加抗日宣传工作。1937 年 11 月至 1938 年 8 月，在山西省洪洞县、陕北洛川随营学校学习。1938 年 9 月至 1939 年 7 月，在山西省屯留县野战供给部当文化教员。1939 年 8 月至 1942 年 2 月，在山西省武乡县野供大队任指导员兼队长，在辽县野供学校任副教导员。1942 年 3 月至 1943 年 5 月，在河北省邢台县抗大总校学习。1943 年 6 月至 1946 年 5 月，在北绥德县抗大任组织干事，在热河省承德市军政干校任政治处副主任。1946 年 6 月，任中共巴林右旗委代理书记。1947 年 6 月，任巴林右旗人民政府副旗长。1949 年 7 月，任中共巴林右旗委书记。1950 年 3 月，任昭乌达盟宣传部部长。1952 年 5 月，任盟委副书记。1954 年 3 月，任盟委书记。1964 年 5 月，任内蒙古自治区党委常委、农牧部部长。1967 年 7 月，任内蒙古自治区革命委员会生产建设部副主任、主任。1970 年 1 月至 6 月，在唐山学习班学习。1972 年 5 月，任内蒙古自治区革命委员会农牧办主任、自治区人民政府农牧办主任。1987 年 2 月离职休养。

阿 林（1923—2006）

阿林，男，蒙古族，1923 年 10 月出生，辽宁省建平县人。1946 年 4 月参加革命，中共党员。2006 年 3 月病逝。

1946 年 4 月至 1947 年 10 月，在巴林左旗人民政府任科员、司法科长。1947 年 10 月至 1949 年 6 月，在阿鲁科尔沁旗人民政府任实业科长。1949 年 6 月至 1951 年 5 月，任阿鲁科尔沁旗人民政府旗长。1951 年 5 月至 1952 年 6 月，任中共阿鲁科尔沁旗委副书记。1952 年 6 月至 1955 年 9 月，任中共巴林右旗委书记。1955 年 9 月至 1958 年 3 月，任中共昭乌达盟委秘书长。1958 年 3 月至 1958 年 12 月，任中共巴林左旗委第一书记。1958 年 12 月至 1962 年 11 月，任平庄矿务局党委常委、宣传部部长。1962 年 11 月至 1973 年 3 月，任平庄矿务局副局长。1973 年 3 月至 1976 年 4 月，任中共林西县委常委、革委会副主任。1976 年 4 月至 1977 年 8 月，任中共翁牛特旗委副书记。1977 年 8 月至 1979 年 1

月,任中共克什克腾旗委书记、旗革委会主任。1979 年 1 月至 1981 年 6 月,任中共克什克腾旗委书记。1981 年 6 月至 1983 年 11 月,任昭乌达盟委副书记。1983 年 11 月至 1985 年 1 月,任赤峰市人大常委会筹委会主任、党组书记。1988 年 11 月离职休养。

白俊卿(1925—2009)

白俊卿,男,蒙古族,1925 年 11 月出生,辽宁省朝阳县蒙古营子人。1946 年 1 月参加革命工作,中共党员。2009 年 5 月病逝。

1944 年 3 月至 1945 年 8 月,在长春实务学院读书。1946 年 1 月至 1948 年 7 月,先后任敖汉旗公爷府区公所干部、旗三官营子区公所财粮助理、旗人民政府民教科副科长。1953 年 3 月至 1959 年 2 月,任昭乌达盟敖汉旗人民委员会副旗长、旗长、中共敖汉旗委书记。1959 年 2 月至 8 月,在内蒙古党校学习。1959 年 8 月至 1966 年 9 月,任中共昭乌达盟委宣传部副部长、部长。1971 年 11 月至 1972 年 12 月,任中共昭乌达盟委常委、克什克腾旗委书记。1972 年 12 月至 1983 年 2 月,任中共昭乌达盟委副书记、书记。1983 年 3 月至 1988 年 6 月,任内蒙古自治区副主席。1988 年 6 月至 1993 年 5 月,任内蒙古自治区七届人大常委会副主任。在职期间,曾当选为中国共产党第十次、十一次、十二次代表大会代表。1996 年 10 月离职休养。

苏　星(1926—2008)

苏星,男,汉族,1926 年 2 月出生,赤峰市敖汉旗下洼镇下洼村人。中共党员,大学文化。2008 年 4 月病逝。

1946 年至 1948 年,在华北联合大学政治系读书。1950 年至 1958 年,在中国人民大学任校刊编辑,经济系政治经济学教研室教师、副主任、主任、副教授。1959 年,调任《前线》杂志社编辑部副主任。1961 年至 1982 年,先后任《红旗》杂志社经济组组长、经济部主任、副总编辑、代理总编辑。1988 年,任中共中央党校副校长兼《求是》杂志社总编辑。1989 年,分管中共中央党校教学工作,兼任中共中央党校学术委员会副主任、《中共中央党校学报》编委会主任、中共中央党校教授、博士研究生导师。2004 年,被聘为中央马克思主义理论研究与建设工程咨询委员会委员。曾担任中国城市住宅问题研究会副理事长、中国国情研究会顾问、中国价格学会顾问、中国计划学会常务理事、国家经济体制改革委员会委员、中国社会科学院经济研究所研究员。是中国共产党第十二次全国代表大会代表,全国政协第五届、第六届、第七届委员,第八届常委、学习委员会副主任。

苏星长期从事社会主义经济问题的研究,撰写许多有关社会主义经济问题的著作和文章。1959 年,合著出版《中国国民经济的社会主义改造》一书。1986 年,出版《我国城市住宅问题》专著。还著有《全民所有制经济内部交换的生产资料也是商品》《计划、市场、价格》《马克思的价值理论及其发展》《社会主义再生产的理论与实践》《在改革开放中建设和发展各具特色的小城市》等。他的著作被译成英、法、日等多种版本。

才吉尔乎（1927—1998）

才吉尔乎，男，蒙古族，1927 年 4 月生，赤峰市巴林左旗人。1945 年参加革命，中共党员。1998 年 6 月病逝。

1940 年，考入伪满王爷庙（今乌兰浩特）兴安学院。1945 年，参加东蒙古青年同盟。1946 年春，调入昭乌达盟临时行政委员会民政处。1949 年 10 月，任克什克腾旗民政科长。1954 年，任昭盟人民委员会民政处副处长。1957 年 3 月，任敖汉旗旗长。1958 年，任旗委书记兼旗长，后为旗委第一书记。1972 年，任昭盟革命委员会农牧组副组长兼农业局长、计委副主任、党组副书记。1977 年 6 月，任辽宁省畜牧局副局长、党组成员。1979 年，任昭盟革委会秘书长、副主任兼秘书长、副盟长、党组副书记。1980 年 10 月，任盟长、盟委副书记、盟公署党组书记。1983 年，任赤峰市市长、市委副书记、市政府党组书记。1988 年 5 月，任内蒙古自治区人大常委会委员。在职期间，曾当选为内蒙古自治区第二届、第五届、第六届、第七届人大代表，全国第六届人民代表大会代表，中国共产党第十三次全国代表大会代表。

于恩波（1927—2013）

于恩波，男，汉族，1927 年 4 月出生，河北省青龙县人。1944 年 3 月参加革命，中共党员。2013 年 3 月病逝。

1945 年 9 月，在冀东区建国学院学习。1946 年 6 月，参加冀东区土改工作团，任土改工作组长。1947 年 4 月至 1950 年，先后在顺义县委宣传部、青西县委宣传部、青龙县委、热河省委政策研究室、热河省委农村工作部等单位工作。1956 年，任昭乌达盟委农牧部副部长。1958 年，任中共敖汉旗委书记。1959 年至 1966 年，任中共昭乌达盟委宣传部副部长、部长兼党校校长、盟委秘书长。“文化大革命”结束后任昭乌达盟工程公司党委书记、经理、盟建委副主任。1977 年 4 月，任原赤峰市（今红山区）委书记。1978 年 12 月，任中共昭乌达盟委副书记。1983 年 12 月至 1988 年，任中共兴安盟委书记。1988 年 6 月，任内蒙古自治区第七届人大常委会委员。

杨振玉（1931—1998）

杨振玉，男，汉族，1931 年出生，赤峰市松山区老府镇五十家子村人。1947 年 7 月参军入伍,中共党员。1998年病逝。

解放战争时期,曾参加过平津战役。新中国成立后,入空军第四航校学习。1951年,参加中国人民志愿军入朝作战,荣立特等功、一等功、二等功各1次。1952年12月,被空军政治部授予"空军二级英雄"称号,并荣获朝鲜二级独立自由勋章。抗美援朝归国后,一直在空军部队工作,曾先后任团长、师及军参谋长、空四军副军长、上海空军指挥所副司令员、空军指挥学院院长等职。1988年被授予空军少将军衔,1990年晋升为空军中将。1993年1月至1994年11月,任中国人民解放军空军司令部副司令员。

巴特尔(1940—2007)

巴特尔,男,蒙古族,1940年出生,赤峰市克什克腾旗人。中共党员。2007年病逝。

1958年7月参加工作,先后在克什克腾旗委、达里公社、旗团委、旗革委会工作。1975年2月,任克旗白音查干公社党委书记。1976年9月,任中共昭乌达盟委组织部副部长。1978年2月,任中共克什克腾旗委常委、旗革委会副主任,兼任白音查干公社党委书记。1979年8月,任中共克什克腾旗委宣传部部长。1980年8月,任中共克什克腾旗委常委、政府副旗长。1983年11月,任中共喀喇沁旗委副书记。1985年8月,任中共巴林右旗委书记。1990年2月,任中共赤峰市委常委、宣传部部长。1995年5月,任政协赤峰市委员会主席。

王凤岐(1941—2013)

王凤岐,男,蒙古族,1941年8月出生,赤峰市敖汉旗萨力巴乡章京营子村人。中共党员,大学文化。2013年4月病逝。

1960年至1964年,在内蒙古党校师资班学习,毕业后留校任教。1964年至1968年,任内蒙古党校辅导员、团总支书记、牧区"四清"工作队队员。1968年至1971年,内蒙古毛泽东思想大学校八连学员。1971年至1974年,任内蒙古自治区革委会政治部写作组干事。1974年至1980年,先后任巴林右旗委宣传组干事、副组长、宣传部副部长、巴彦塔拉公社党委书记。1980年至1983年,任中共巴林右旗委副书记、旗长。1983年至1985年,任中共赤峰市委常委、宣传部部长。1985年至1986年,任中共赤峰市委常委、秘书长。1986年至1989年,先后任赤峰市副市长、中共赤峰市委副书记、代市长、市长。1989年至1995年,任中共包头市委副书记、市长。1995年至2002年,任内蒙古自治区副主席、政府党组成员。2002年,任内蒙古自治区人大常委会副主任、党组成员。在职期间,曾当选第八届、第十届全国人大代表。

赵育新(1943—2007)

赵育新,男,汉族,1943 年 2 月出生,赤峰市元宝山区小五家回族乡人。1973 年 7 月参加工作,中共党员。2007 年 9 月病逝。

1973 年 8 月至 1974 年 6 月,任赤峰县小五家乡党委副书记、革委会副主任。1974 年 6 月至 11 月,任赤峰县大营子乡党委书记、革委会主任。1974 年 11 月至 1977 年 10 月,任昭乌达盟农牧办公室副主任、党的核心小组副组长。1977 年 10 月至 1983 年 11 月,任中共赤峰县委副书记、常务副县长。1983 年 11 月至 1987 年 8 月,任中共赤峰市郊区(今松山区)委副书记、区长。1987 年 8 月至 1989 年 12 月,任中共赤峰市郊区委书记。1989 年 12 月至 1992 年 6 月,任中共赤峰市委常委、纪委书记。1992 年 6 月至 1995 年 9 月,任中共兴安盟委副书记。1995 年 9 月至 2003 年 6 月,任内蒙古大学党委书记。2003 年 1 月,当选为内蒙古自治区第十届人大常委会委员。

刘玉祥(1944—2003)

刘玉祥,男,汉族,1944 年 8 月出生,辽宁省康平县人。1969 年参加工作,中共党员,大学学历。2003 年 1 月病逝。

1969 年 8 月至 1978 年 6 月,任巴林右旗农牧林管理站技术员、林业管理站站长、农林局局长、农牧组副组长兼农林局局长。1978 年 6 月至 1980 年 12 月,任巴林右旗白塔子公社副书记、大板镇镇长。1980 年 12 月至 1984 年 5 月,任巴林右旗政府副旗长、旗委副书记。1984 年 5 月至 1990 年 2 月,任赤峰市红山区委副书记、区长、书记兼区长。1990 年 2 月至 1990 年 8 月,任中共赤峰市委常委、红山区委书记兼区长。1990 年 8 月至 1992 年 11 月,任赤峰市政府副市长。1992 年 11 月至 1993 年 8 月,任中共呼伦贝尔盟委副书记、副盟长。1993 年 8 月至 1996 年 8 月,任中共呼伦贝尔盟委书记。1996 年 8 月至 1998 年 5 月,任全国绿化委员会综合组组长、国家林业局造林司司长。1998 年 5 月至 2000 年 4 月,任中共赤峰市委书记。2000 年 4 月至 2001 年 9 月,任中共赤峰市委书记、市人大常务委员会主任。2001 年 9 月至 2003 年 1 月,先后任内蒙古自治区第九届、第十届人大常务委员会委员。

郑焕如(1946—1999)

郑焕如,男,汉族,1946 年 8 月出生,赤峰市翁牛特旗解放营子乡人。1970 年参加工作,中共党员。1999 年 5 月因公殉职。

1970年,中国人民大学计划统计系毕业后分配到赤峰市机床厂工作,历任技术员、副厂长。1976年2月,任赤峰市工交办生产组负责人。1981年2月,任昭乌达盟人事局干部科科长。1983年2月,任昭盟计划委员会副主任。1983年6月,任中共赤峰市委副书记。1993年5月,任内蒙古自治区体改委党组书记、主任。1994年7月,任内蒙古大兴安岭林管局党委副书记、局长。

四、社会知名人士

苏勒丰嘎(1923—2002)

苏勒丰嘎,男,蒙古族,1923年2月出生,赤峰市巴林右旗巴彦塔拉昭胡都格人。大学文化,副译审。2002年病逝。

1947年2月至6月,在巴林左旗林东内蒙古自治学院学习。1947年7月,在巴林右旗翁根努图克参加土改工作。1949年1月,在查干诺尔苏木中心小学任校长。1951年5月至12月,在张家口内蒙古编译训练班学习。1952年1月至1985年7月,在内蒙古人民出版社蒙文编辑部从事编辑、翻译工作。在出版社工作期间,责编图书70多种,审核图书30多种。主要著作有《巴林风俗民情录》、《金枝衍庆的查干沐沦》、《新旧婚姻》(合编)、《农村卫生常识》、《防疫常识》等。翻译作品有《可爱的中国》、《科尔沁草原上的人们》(合译)、《李家庄的变迁》、《青春时代》等16种。整理的《巴林格斯尔传》于1981年获蒙古语文奖,1986年获《格斯尔》抢救工作奖,1991年获“格斯尔说唱家”称号。

清格尔泰(1924—2013)

清格尔泰,男,蒙古族,1924年6月出生,赤峰市宁城县小城子镇柳树营子村人。当代民族语言学家、教育家。2013年病逝。

1938年,毕业于喀喇沁中旗大城子旗立高小。1940年,毕业于呼和浩特蒙古学院师范班。1941年至1945年留学日本。1946年后,先后在内蒙古自治学院、齐齐哈尔内蒙古军政大学任教。1949年后,历任中共内蒙古分局秘书、科长、处长,内蒙古蒙文研究会副主任、文字改革委员会副主任,中国科学院少数民族语言研究所研究员,内蒙古大学蒙语系主任、副校长、教授、博士生导师,蒙古语文研究所所长,兼任中国民族语言学会副会长、内蒙古自治区语言学会名誉会长等职。曾当选第四届、第五届、第六届、第七届全国人大代表,第六届、第七届全国人大常委会委员。1989年开始享受政府特殊津贴。

清格尔泰从事蒙古语文教学科研、组织领导工作60余年。他主持创建内蒙古大学蒙古语言文学系,中国第一个蒙古语言学硕士点、博士点和蒙古语言文学培养基地。倡导并成立蒙古族文化基金会。出版《蒙文文法》《现代蒙古语》《蒙汉词典》《蒙汉语族语言方言研究丛书》《契丹小字研究》等专著20多部,发表《中国蒙古语族语言及其方言概述》《论蒙古语动词》等学术论文150余篇。曾获全国高校人文社会科学研究优秀成果一等奖、内蒙古自治区哲学社会科学优秀成果一等奖、中国社科院优秀成果奖、中国蒙古语文学会优秀论文奖等。先后被评为全国、全区劳动模范,获内蒙古自治区突出人才贡献奖。

郃喜德(1927—2000)

郃喜德,男,蒙古族,黑龙江省泰来县人。1927年出生,1945年参军,1946年1月加入中国共产党。2000年2月病逝。

郃喜德以传奇式的战斗英雄而闻名。他先后参加齐齐哈尔、四平、辽西、辽沈等战役、战斗200余次,乘马冲锋40余次,负伤2次,立功多次,跃马横刀,战绩显赫。

1946年,在解放齐齐哈尔战斗中,他奉命带2名战士攻占八里岗子,冲锋中迫使10余名国民党士兵放下武器,又与6辆满载国民党士兵的汽车相遇,在接火中2名战士牺牲,他用仅有的4枚手榴弹威逼敌人投降,英雄虎胆,敌人慑服。此战擒敌少将1名、中队长2名,招降士兵120名,缴获汽车6辆、炮4门、机枪8挺。同年10月,在榆树台战斗中,他一个人缴获迫击炮1门、步枪和冲锋枪10支、轻机枪2挺。1947年12月,在四平北大洼战斗中,他奉命带领一个连冲击敌阵,他高喊"活在马上,死在马上,马刀见血,为党立功"的口号,左冲右突,挥刀斩杀,一人毙敌40余人,缴获轻重机枪8挺、迫击炮2门,为后续部队杀开一条血路。此战他立特等功1次,获东北民主联军英雄奖章1枚,受到师团通令嘉奖。1948年,在清河门、义县战斗中立大功1次。1950年8月,内蒙古军区授予他一等战斗英雄称号。同年9月,出席全国战斗英雄代表会议,被选为主席团成员,受到毛泽东、刘少奇、周恩来、朱德等国家领导人的接见。1957年后,先后任内蒙古军区分区作战科科长、骑兵团副团长、赤峰市红山区政协副主席。1987年5月,任赤峰市政协副主席,1989年离职休养。

德伯希夫(1927—2007)

德伯希夫,男,蒙古族,1927年8月出生,赤峰市宁城县人。1946年3月参加革命,中共党员。国家一级作曲家、指挥家。2007年病逝。

1953年,于东北鲁迅艺术学院干部理论作曲班毕业。1957年,于中央乐团苏联专家合唱指挥班毕业。1957年后,历任内蒙古歌舞团作曲、指挥、副团长、团长等职。曾任中国音乐家协会第二届、第三届、第四届常务理事,中国合唱指挥学会常务理事,内蒙古文联委员,内蒙古合唱学会理事长等职。系政协内蒙古自治区委员会第一届至第四届委员。

德伯希夫从事音乐创作60余年,创作300多部(首)大中型合唱曲、舞剧、歌剧等音乐作品,其中10部(首)作品获奖;出版蒙汉歌曲选集2部。《各族人民心连心》《牧民的伙伴》《红旗颂》《我的草原家乡之歌》《龙梅》《鄂尔多斯之歌》《猎人与金丝鸟》《草原儿女》《白云敖包颂》《绿色长城交响大合唱》等作品,成为自治区内外艺术团体演出和保留节目,并到国外交流,入选中央音乐学院教材。1989年,在北京音乐厅举办个人合唱作品音乐会。2007年,被内蒙古自治区人民政府授予“杰出作曲家”称号。

李　儒(1930—1992)

李儒,男,汉族,1930年出生,赤峰市敖汉旗玛尼罕乡玛尼罕村辛窝铺人。1947年参加工作。中共党员,初中文化。敖汉旗造林绿化功臣。1992年病逝。

1950年至1957年,历任捣格郎营子区秘书、下洼区秘书、下洼区副区长、新地区区长、巨林营子乡党委书记、旗委农村合作部干事、旗水土保持科科长、旗委办公室秘书等职。1960年,任旗农牧林水利局局长。1973年至1985年,历任三义井林场副主任、旗林业局局长、双井公社党委书记、旗农业局局长、旗人大常委会副主任。1990年3月,离职休养。

在担任旗农牧林水利局局长期间,在林家地乡、玛尼罕乡、长胜乡率先开展人工植树种草大会战。在长胜乡带领干部群众科学规划,苦干实干,使全乡7370公顷农田一举实现方田林网化。他在担任旗林业局局长期间,摸索出“国社合作造林”法,即国营林场出苗木、出技术,公社出劳力、出荒山沙地的合作造林方法,按三比一分成,加快全旗造林绿化的步伐。在担任双井乡党委书记期间,修滚水坝扩大水浇地面积、大面积种草、在三北防护林带内植树、修通乡间公路等。在旗北部乡镇苏木,农牧民以“李儒”名字命名的生态基础设施有“李儒方田”“李儒大渠”“李儒大坝”“李儒公路”“李儒防护林”“李儒沙包”。在担任旗人大常委会副主任期间,他蹲点敖润苏莫苏木并开展扶贫开发工作,选准植树种草、扩大饲料地、开发水稻作为脱贫致富之路。在他的带领下,投入人工6000个,完成造林5733.3公顷,完成种草40133.3公顷,开发饲料地133余公顷,开发稻田20余公顷。

1989年,李儒被自治区扶贫领导小组授予“先进工作者”称号。同年,被自治区人民政府表奖为扶贫工作先进个人、“七五” 期间作出突出贡献的先进个人。1992年,被授予“中国改革功勋”奖,获奖章1枚,他的事迹载入《中国改革功勋录》。1995年7月,赤峰市人民政府在新惠镇石羊石虎山公园为李儒立碑。

张长弓(1931—2000)

张长弓,男,汉族,1931年出生,赤峰市克什克腾旗经棚镇人。中共党员,当代作家、书法家。2000年病逝。

1947年参加革命。早年做财贸、行政工作,后从事新闻工作,酷爱文学,笔耕不辍。

1960年，入内蒙古大学文艺研究班进修3年。1963年，任内蒙古文艺月刊《草原》副主编，历任中国作家协会理事、内蒙古分会副主席。曾出版《漠南魂》等6部长篇小说、《红柳》等5部中篇小说集、《鹰》及《张长弓小说选》等5部短篇小说，并创作大量的诗歌、散文、游记、电影剧本。他的作品既有对时代主旋律的讴歌、对党的民族政策和民族团结的赞颂，又有对邪恶势力的鞭挞，也有对祖国北疆草原历史风云的描绘。

张长弓又是书法家，有《张长弓书法集》《张长弓书法选》《张长弓书法精品》出版。他的书画作品被人民文学出版社、茅盾旧居、鲁迅博物馆、赵一曼烈士展览馆、滕王阁等单位收藏。

马海超（1932—2012）

马海超，男，汉族，初中文化，中共党员。1932年8月出生，赤峰市敖汉旗敖音勿苏乡人。1951年参加工作后，一直从事林业工作，曾任林业技术员、林场场长、敖汉旗林业局局长兼党委书记，高级工程师。2012年7月病逝。

他学历不高，但是却凭着一种勇于探索的精神，在造林治沙方面取得一项项技术成果。1956年，他创造出"翻窝保湿植苗法"，在敖汉旗北部沙地推广。在国营三义井林场工作期间，他把外地经验和本地流传积累下来的成功经验结合起来，从树种选择、苗木培育、土地平整、栽植技术等一系列环节入手，进行反复研究论证，成功营造杨树速生丰产林，国有林场开始由单纯的生态效益向生态效益和经济效益相结合转变，"杨树速生丰产林营造技术"获赤峰市科技进步三等奖。1980年，他和工人们研制成功第一台开沟犁。1980—1985年，推出"开沟整地、良种壮苗、苗木保水、浸苗补水、扩坑保墒、适当深栽、分层踩实、培抗旱堆"一整套抗旱造林系列技术，使全旗造林成活率上升到83.2%，创造出敖汉造林史上的最好水平。这项技术随后在辽宁省和内蒙古自治区七个盟、市推广应用；1990年，被林业部列为100项科技兴林项目之一并通过鉴定验收，被誉为"三北"地区造林技术上的重大突破。他发明的开沟犁及抗旱系列造林技术，获得内蒙古自治区科技进步三等奖。他参与指挥的铁路防风固沙林工程，获得林业专家的很高评价，其造林技术获得林业部科技进步三等奖。

马海超先后被赤峰市人民政府和内蒙古自治区农委授予"先进工作者"称号；1989年，全国绿化委员会授予他"全国绿化奖章"；同年，被全国绿化委员会、林业部、人事部评为"全国造林绿化劳动模范"；1990年，被全国绿化委员会授予"农村科普工作先进工作者"称号。

松 迪（1939—2012）

松迪，男，蒙古族，1939年5月出生，赤峰市阿鲁科尔沁旗巴彦温都尔苏木包日浩特嘎查人。1956 年,考入内蒙古民族实验剧团。1959 年至 1963 年,在内蒙古军区服兵役。退役后回乡,先后在巴彦包勒格公社乳品厂当技术员,担任过生产队放牧员、保管、会计和队长。2012 年病逝。

2007 年,“冰上阿日嘎”“蒙古族勒勒车制作技艺”被列入内蒙古自治区非物质文化遗产名录,松迪被批准为这两个项目的自治区级代表性传承人。2008 年,“蒙古族勒勒车制作技艺”被列入国家级非物质文化遗产名录。2007 年,中央电视台派摄制组对松迪制作勒勒车技术进行采访,在第十套节目播出。松迪在勒勒车制作技艺上,不仅收徒传艺,还创作出《勒勒车祝赞词》。松迪能够演唱蒙古族婚礼四歌和奖赏八曲,诵说对新郎新娘蒙古包的祝赞诗文。著有《乡土文学》一书,收录有勒勒车制作技艺、冰上阿日嘎和祝赞词的文章、民间故事、民族风俗和民间见闻等方面的内容。

唐　臣(1952—2011)

唐臣,男,汉族,1952 年 11 月出生,赤峰市克什克腾旗万合永镇人。克什克腾旗造林绿化功臣。2011 年病逝。

1984 年,他带领全家舍弃殷实安定的生活,毅然决然进驻离村十几里外的西梁山,开始漫长而艰辛的治沙历程。在 230 公顷流沙上栽下了大面积的沙柳、白榆、杨树、樟子松等。唐臣和家人用 18 年的汗水彻底改变了西梁山的生态环境,昔日的滚滚黄沙变成绿洲。唐臣被群众誉为“治沙愚公”。在他的带动下,乡亲们纷纷承包荒山搞治沙,并逐步走上脱贫致富之路。唐臣先后获得“全市造林治沙劳动模范”“全区个体造林先进个人”称号。2001 年,获全国绿化委员会授予的“全国绿化奖章”。2002 年,被全国绿化委员会、人事部、国家林业局授予“全国防沙、治沙十大标兵”称号。同年,赤峰市委、市政府发出“向全国防沙、治沙标兵唐臣同志学习的决定”,在全市掀起学习唐臣精神的热潮。以唐臣的动人事迹为原型创作的话剧《大地之根》多次公演,受到社会各界的好评。

王　燃(1954—2005)

王燃,男,汉族,1954 年 10 月出生,赤峰市敖汉旗玛尼罕乡平顶庙村人。中共党员,大学文化。2005 年病逝。

1968 年,在昭乌达盟阿鲁科尔沁旗插队。1971 年,在赤峰县糠醛厂务工。历任赤峰市人大常委会教科文卫委员会副主任,赤峰市委宣传部副部长兼赤峰市文联党组书记,赤峰日报社社长、总编辑。

他在担任赤峰日报社社长、总编辑期间,实行赤峰日报社全员竞聘上岗、《赤峰日报》《红山晚报》改版等改革和创新,对《赤峰日报》乃至全市报业发展产生重要积极作用。

1975年后，从事业余文学创作，陆续在省市级以上报刊发表文学作品300余万字。他作词的歌曲《草原上有一座美丽的城》被确定为赤峰市市歌。出版有散文集《故乡情》、杂文集《三味泉》、随笔集《新潮语汇》《闲品录》《说话乱弹》《说话乱炖》等。主编作品有《赤峰文物大观》《可爱的赤峰》《今日赤峰》。曾为《今日内蒙古·赤峰分册》《赤峰情韵》《走进赤峰》《捍卫家园》等外宣作品撰稿。他担任赤峰市新城区规划建设指挥部副总指挥期间，主持制定主题公园、主题广场、景观桥梁、主题灯具等城市建设方案，赋予一大批普通工程以文化内涵。

崔连魁（1957—2011）

崔连魁，男，汉族，1957年出生，赤峰市巴林左旗人。中共党员，书法篆刻家。2011年病逝。

曾任巴林左旗文化馆干事、图书馆馆长。1999年，崔连魁调入赤峰书画院从事专业书法篆刻创作和组织工作，并担任书画院副院长兼党支部书记，内蒙古第三届书法协会副秘书长、篆刻委员会副主任，赤峰市书法家协会副主席兼秘书长，内蒙古北疆印社副社长、巴林石协会顾问、篆刻艺术委员会主任等职。为西泠印社社员。

崔连魁青年时期开始研习书法篆刻，师从我国著名书法篆刻大师熊一然，其创作的印品以隶篆为主，用刀爽辣、布局严谨、古朴平稳，具有独特风格。1997年，作品集《崔连魁印存》由内蒙古人民出版社出版。同年，其作品入选内蒙古自治区成立50周年美术、书法、摄影作品大展并获奖；篆刻作品入选首届中国（天津）书法艺术节，获第二届华北书法奖。1998年，赤峰市人民政府向香港特区赠送“香港特区回归一周年纪念玺”，特邀崔连魁刻制，该玺重140.8公斤，共刻2836字。同时，为董建华等筹委会委员刻印10方。2000年，崔连魁参与刻制赤峰市人民政府赠送给澳门特区的“澳门回归一周年纪念玺”，为钱其琛、马万祺、何厚铧等筹委会委员刻印30余方。2003年，为西泠印社百年华诞刻制巴林石印玺。2005年，刻制的“食无求饱”“多闻阙疑”等《论语》精句篆刻，被孔子故里博物馆收藏。

孟令春（1962—2011）

孟令春，男，汉族，1962年10月出生，赤峰市红山区人。中共党员，大学学历。1983年10月参加工作，历任赤峰市公安局红山区分局刑警侦查员、治安民警、永巨派出所副教导员、昭乌达派出所所长、红山区公安分局巡警大队大队长、党委委员、局长助理、副局长、纪检委书记、督察长等职务。2011年5月26日，孟令春因积劳成疾病逝，年仅49岁。

孟令春的一生,始终坚持党的事业至上,视事业如生命。无论干什么工作,总是站在第一线,冲在最前列。在一次执行任务中,深夜将盗贼堵在作案现场,只身徒手制服持械行窃案犯;他曾经不顾个人安危,只身闯入液化气罐即将爆炸的居民家中,关掉煤气阀门,及时排除险情。他工作认真,依法办事,政策性强,亲自组织实施一、二级警卫任务 142 次,从未出现过差错;处置化解群众性事件 102 起,从未出现过局面失控和矛盾升级问题;查处审批违反治安管理案件 3057 起,处罚违反治安管理人员 3524 人,从未出现过一起败诉案件。他担任红山区公安分局纪检委书记期间,先后查处 8 起民警违法违纪案件,使违法违纪人员受到相应处理;对 15 起侵犯民警权益的案件坚决依法查处,使民警的正当执法权益得到有效保护。他公正廉洁,从不以权谋私。2010 年 8 月,孟令春被诊断为重度肝硬化,但他一直坚守在工作岗位上。

孟令春从警 28 年,先后荣立个人二等功 1 次、三等功 5 次,连续 4 年被红山区公安分局评为"优秀人民警察",先后荣获自治区"人民满意警察""优秀人民警察"称号。他所带领的红山区公安分局巡警大队 5 次荣立集体三等功。2011 年 7 月,中共赤峰市委决定,在全市各级党组织和党员干部中开展向孟令春学习的活动。

胡日嘎(1962—2009)

胡日嘎,男,蒙古族,1962 年出生,赤峰市阿鲁科尔沁旗巴彦温都尔苏木玛尼图嘎查人。中共党员,古典式摔跤运动员。2009 年病逝。

胡日嘎自幼酷爱摔跤。1985 年 7 月,参加赤峰市第一届运动会,摔跤成绩优异,被选调到内蒙古体育工作队,专攻古典式摔跤。1986 年 9 月,在呼市参加全国古典式摔跤冠军赛获 130 公斤级第五名。1987 年 2 月参加上海"华申杯"全国古典式摔跤赛、1988 年 4 月参加郑州全国锦标赛、10 月参加贵阳全国锦标赛,均获 130 公斤级第一名,并获国家运动健将称号。1987 年 4 月参加广州全国锦标赛、1989 年 2 月参加北京"国旅杯"全国邀请赛、同年 4 月参加桂林全国锦标赛,均获 130 公斤级第二名。1990 年 9 月,在北京举办的第十一届亚洲运动会上,获古典式摔跤 130 公斤级金牌,为祖国和家乡人民争得了荣誉。1990 年,分别被共青团中央和共青团内蒙古自治区委员会授予新长征突击手荣誉称号。1993 年,被评为自治区十佳运动员。1993 年和 1995 年,被评为内蒙古自治区劳动模范,多次被内蒙古自治区体委评为优秀共产党员,参赛期间多次荣获体育道德风尚奖。

戴成钧(1966—2001)

戴成钧,男,汉族,1966 年出生,赤峰市宁城县汐子镇人。中共党员,大专学历。

1985 年 7 月参加工作，先后在宁城县大城子镇、二龙镇、汐子镇历任畜牧站技术员、行政秘书、党委秘书、宣传委员、镇长助理、副镇长。戴成钧参加工作 16 年，以身作则，严格要求自己，始终冲在工作一线，充分发挥共产党员的模范带头作用。由于长期超负荷工作，呕心沥血，积劳成疾，于 2001 年 8 月 29 日在工作岗位上不幸病逝，年仅 35 岁。

2002 年 1 月，中共赤峰市委决定，追认戴成钧为优秀共产党员，同时作出《关于向新时期农村基层干部的楷模戴成钧学习》的决定，在全市广大党员和干部中开展学习戴成钧、争做"三个代表"重要思想忠实实践者活动。同年 2 月，内蒙古自治区党委追授戴成钧"模范基层干部"荣誉称号。中央电视台、内蒙古电视台、赤峰电视台、《人民日报》、《内蒙古日报》、《赤峰日报》等各大新闻媒体都大量报道戴成钧的事迹。

五、烈 士

戴国生（1956—2002）

戴国生，男，汉族，1956 年 12 月出生，重庆市开县人。中共党员，大专文化。1973 年 11 月作为知识青年在四川大进区下乡。1974 年 12 月至 1981 年 1 月，在中国人民解放军 81217 部队服役。1981 年 2 月至 1989 年 3 月，在宁城县印刷厂工作。1989 年 4 月参加公安工作，先后任宁城县看守所看守员、副所长，监管大队大队长，国内安全保卫大队教导员，二级警督。2002 年 3 月 28 日，他在执法工作中不幸牺牲。同年 6 月，戴国生被公安部批准为二级英模；同年 11 月，内蒙古自治区人民政府批准戴国生为烈士。

徐 武（1957—1988）

徐武，男，1957 年出生，赤峰市翁牛特旗解放营子乡人。中共党员。1976 年应征入伍，1977 年考入沈阳军区步兵学校，1979 年毕业后历任中国人民解放军某部守备四师排长、赤峰守备区某连指导员。1988 年 9 月 18 日，徐武带领战士参加支援驻地林西县大营子乡牛营子村冲洗深水井任务时，不幸牺牲。他入伍 12 年，曾 4 次荣立三等功，4 次受到嘉奖，10 多次被评为学雷锋积极分子、先进工作者、优秀共产党员。徐武牺牲后，被赤峰守备区批准为烈士。牛营子村群众在他牺牲的地方立碑纪念。

王立国（1958—1999）

王立国，男，蒙古族，1958 年 9 月出生，赤峰市宁城县忙农营子乡三家村人。1996

年,在宁城县城市建设管理处工作,负责天义镇中央大街铁路平交道口监护。

1999 年 2 月 7 日上午 9 点 53 分,王立国正在中央大街铁路平交道口值班,他从监听器听到赤峰开往锦州的 854 次列车即将到达道口的信号,立即合闸,拉响报警喇叭和电铃,按通红灯信号。他像往常一样走出值班室,笔直地站在值班位置,目迎正在驶来的列车。此时,王立国发现,一位老太太手推家用三轮车正从西南方向不紧不慢地向铁路道口前进。王立国大声呼喊:“火车来了,不要过了!”同时火车警笛长鸣。但老太太似乎什么也没听到,仍推车走上了铁路。在这千钧一发之际,王立国快速冲向老太太,就在疾驰的列车离老太太二三米远时,他使足力气双手猛地一推,老人连人带车被推出轨道。王立国来不及躲闪,被火车撞倒,不幸牺牲。2000 年 2 月,内蒙古自治区人民政府批准王立国为烈士。

张 秀(1959—1994)

张秀,男,汉族,1959 年出生,赤峰市喀喇沁旗人。中共党员。1976 年 10 月参加工作。他曾任喀喇沁旗那尔村邮电所投递员、36007 部队战士、喀喇沁旗民政局优抚股长、中共喀喇沁旗委宣传部干事、旗委老干部局副局长、旗老干部活动中心主任等职务。

1994 年 7 月中旬,赤峰地区连降大雨,锡伯河河水猛涨,锦山镇河滨路段南岸的护堤随时有被洪水冲毁的危险,人民的生命财产面临严重的威胁。张秀响应旗委、旗政府的号召,带领老干部活动中心的工作人员连续战斗在抗洪第一线。7 月 15 日上午,为减轻洪水对堤坝的压力,他与同事一起奋不顾身地到河心拖树清障,疏通河道,保护河堤。由于水流湍急,张秀不幸被洪水冲走,为保护国家财产和人民的生命安全献出了年轻的生命。同年,内蒙古自治区人民政府批准张秀为烈士。

巴雅尔(1962—1998)

巴雅尔,男,蒙古族,1962 年出生,赤峰市阿鲁科尔沁旗绍根镇人。中共党员,初中学历。1978 年,巴雅尔初中毕业后回乡参加劳动,曾当选柴达木苏木第十二届和第十三届人民代表大会代表,被评为优秀党员、模范干部,受到苏木党委、政府的表彰。

1998 年 8 月,阿鲁科尔沁旗一带发生洪灾。8 月 4 日,在抗洪抢险中,巴雅尔为保护牧民耕地和草牧场献出年仅 36 岁的宝贵生命。1998 年 8 月 19 日,阿旗柴达木苏木党委发出《向巴雅尔同志学习的通知》。1998 年 12 月,内蒙古自治区人民政府批准巴雅尔为烈士。

乔 广（1967—1998）

乔广，男，蒙古族，1967 年出生，赤峰市阿鲁科尔沁旗荞麦塔拉乡汉林村人。中共党员，大专学历。1989 年，从赤峰师专毕业后分配到阿旗天山三中任教，担任班主任。1994 年，在天山四中担任班主任，1995 年担任天山四中教务主任，曾先后获得优秀教师、基本功竞赛二等奖、教学能手、先进个人等荣誉。1998 年 5 月 31 日，乔广为抢救落水学生献出了年仅 31 岁的生命。1999 年 6 月 16 日，内蒙古自治区人民政府批准乔广为烈士。

王建哲（1968—1995）

王建哲，男，汉族，1968 年出生，赤峰市翁牛特旗梧桐花镇双岭村人。大专学历。1987 年 7 月毕业于乌丹师范学校。同年分配到梧桐花镇双岭村任初中教师。1995 年 6 月 1 日，梧桐花镇欢庆“六一”儿童节，王建哲带领彩绸队正在表演时，迎面的一辆面包车失控冲向学生。王建哲大喊一声“快闪开”，便向不知所措的学生冲去，他边走边推，当他把第五排的 4 个学生推到安全地带的一刹那，面包车撞在王建哲身上，十几名学生得救了，而他却以身殉职。中共赤峰市委、赤峰市人民政府授予王建哲“见义勇为先进标兵”称号，号召全市人民向王建哲学习。1996 年 6 月，内蒙古自治区团委追授王建哲“五四”奖章；中共梧桐花镇党委追认他为中共正式党员。同年，内蒙古自治区人民政府批准王建哲为烈士。

刘景昌（1971—1996）

刘景昌，男，1971 年出生，赤峰市松山区大庙镇人。中共党员，大专学历。1992 年 9 月，从昭乌达蒙古族师范专科学校毕业后，被分配到松山区关家营满族乡中学任教，先后担任班主任和教导主任职务。1996 年 6 月 3 日上午 8 时 40 分，刘景昌正在给学生上课，突然发现教室北侧屋顶落土，立即命令学生撤离教室。当大部分学生已撤离时，仍有 10 余名学生被这突如其来的事件惊呆，他当机立断，不顾个人安危，把 10 余名学生全部推出门外，而他自己却被轰然倒下的屋梁砸成重伤，在送往医院途中不幸牺牲，年仅 25 岁。1996 年 6 月 11 日，中共赤峰市松山区委追认他为优秀共产党员，并作出《关于开展向舍己救人英勇献身的优秀共产党员刘景昌同志学习活动的决定》。1997 年 3 月 7 日，内蒙古自治区人民政府批准刘景昌为烈士。

哈斯通拉嘎(1971—1998)

哈斯通拉嘎,男,蒙古族,1971年出生,赤峰市阿鲁科尔沁旗绍根镇乌那嘎嘎查人。1998年8月2日,在抗洪抢险中哈斯通拉嘎为保护集体财产而英勇牺牲,年仅27岁。1998年8月19日,柴达木苏木党委发出《向哈斯通拉嘎同志学习的通知》。同年12月,内蒙古自治区人民政府批准哈斯通拉嘎为抗洪烈士。

满都呼(1971—1998)

满都呼,男,蒙古族,1971年出生,赤峰市阿鲁科尔沁旗绍根镇人。1988年,满都呼初中毕业后回乡参加劳动,他吃苦耐劳,踊跃参加各项公益活动,尤其在共青团、民兵工作中经常发挥模范带头作用。1998年8月2日,在抗洪抢险中为保护集体财产英勇牺牲,年仅27岁。1998年8月19日,柴达木苏木党委发出《向满都呼同志学习的通知》。同年12月,内蒙古自治区人民政府批准满都呼为抗洪烈士。

孙文姝(1973—2001)

孙文姝,女,1973年出生,赤峰市松山区太平地乡人。共青团员。1997年7月参加工作,任太平地乡中学教师。她甘于奉献,热心助人,在4年多的教育工作中多次为灾区捐款、为学生垫付学费。

2001年10月13日,孙文姝带病坚持劳动,和学生们一起整修校园内的蔬菜大棚。在劳动即将结束时,她猛然发现大棚后墙因培土过多而正在倾斜,连忙大喊:“同学们,快跑!”随即用左手拉开被惊呆了的学生,右手奋力将另一名学生推离险区,当她再去拽其他学生时,墙体已向她压了下来。两名同学得救了,孙文姝却牺牲了,年仅28岁。2002年11月,内蒙古自治区人民政府批准孙文姝为烈士。

刘　虎(1973—1996)

刘虎,男,汉族,1973年出生,赤峰市松山区老府镇人。中共党员。1995年3月从部队复员到赤峰市公安局松山区分局巡警大队工作,任七分队队长。他热爱本职工作,刻苦钻研业务,先后20余次参加抓捕逃犯活动,带领民警抓获各类违法犯罪分子80余人。1995年,被赤峰市公安局松山区分局评为优秀巡警。

1996年5月30日凌晨,刘虎检查缉私车辆时,被罪犯驾车撞出30多米,英勇牺牲，年仅 23 岁。刘虎牺牲后，中共赤峰市委、中共赤峰市松山区委分别追认他为优秀共产党员，共青团内蒙古自治区委员会追授他“五四”青年奖章，公安部追授他全国公安系统“二级英雄模范”称号。1998 年 2 月，内蒙古自治区人民政府批准刘虎为烈士。

郭 涛（1980—2012）

郭涛，男，蒙古族，1980 年出生。中共党员。1999 年参加公安工作，先后在阿鲁科尔沁旗公安局、赤峰市公安局红山分局任民警、中队长，三级警督。郭涛从警 13 年，曾先后立三等功两次，获个人嘉奖两次，被红山区公安分局评为“十大优秀人民警察”。

2012 年 7 月 21 日，郭涛带领民警在现场处理交通事故时，一辆大货车急速向停靠在路边的现场勘查车驶来，直接撞到勘查车尾部，郭涛为保护战友而英勇牺牲。2013 年 5 月，郭涛被公安部追认为“二级英模”，内蒙古自治区人民政府批准郭涛为烈士。

第二篇　人物表录

一、全国劳动模范获得者

牛玉铭,男,蒙古族,1945年11月出生,赤峰市喀喇沁旗楼子店乡玉皇村人。中共党员,初中文化。平庄矿务局西露天煤矿工人。1995年被评为内蒙古自治区劳动模范,同年被评为全国劳动模范。

黄金财,男,汉族,1957年8月出生。中共党员。原赤峰第一建筑公司抹灰班班长。1991年获得赤峰市“新长征突击手”称号。1995年被评为内蒙古自治区劳动模范和全国劳动模范。

张耀堂,男,汉族,1942年9月出生。中共党员,大专学历。曾任赤峰市元宝山区建昌营村党委书记。1995年被评为全国劳动模范。

李国华,男,汉族,1942年8月出生。中共党员,大专文化。高级经济师,原赤峰双马集团总公司党委书记、总经理。1995年被评为全国劳动模范。

滕翔宇,男,汉族,1958年5月出生。中共党员,大学学历。1975年5月参加工作,历任元宝山区供销系统售货员、采购员、统计、会计、副主任、主任。1995年被评为内蒙古自治区劳动模范和全国劳动模范。

夏景阁,男,汉族,1952年5月出生。中共党员,大学文化。宁城县人大常委会主任科员,1995年被评为全国劳动模范。

莫日根,男,蒙古族,1954年出生。赤峰印刷集团工人。2000年被评为内蒙古自治区劳动模范和全国劳动模范。

程子忠,男,汉族,1954年12月出生。中共党员。元宝山区元宝山镇建昌营村党委书记。1995年被民政部评为全国优秀村民委员会主任。2000年被人事部、农业部评为全国农村优秀人才。2005年被评为全国劳动模范。

荆向斌,男,汉族,中共党员,1966年9月出生,赤峰市元宝山区人。曾任元宝山露天矿采矿部轮斗机司机长、安质科副科长、元宝山露天矿工会副主席。2005年被评为全国劳动模范。享受国务院颁发的政府特殊津贴。2007年当选中国共产党第十七次全国代表大会代表。

孙显宗,男,汉族,1938年11月出生。中共党员,初中文化。松山区夏家店乡三家村党支部书记、村委会主任。1999 年获得国务院授予的“全国绿化奖章”。2000 年被评为内蒙古自治区劳动模范。2005 年被评为全国劳动模范。

徐忠海，男，汉族，1960 年 4 月出生于敖汉旗。中共党员，中专文化。1978 年参加工作，曾任平庄煤业风水沟煤矿一采区掘进二队队长、一采区开拓队队长、风水沟煤矿掘进四队党支部书记。2000 年被评为元宝山区功勋矿工、内蒙古自治区劳动模范。2005 年被评为全国劳动模范。

潘春，男，汉族，1956 年 2 月出生，巴林右旗人。中共党员，大学学历，高级工程师。巴林右旗罕山集团公司董事局主席、党委书记。1995 年被授予内蒙古自治区杰出青年企业家称号。2000 年被评为内蒙古自治区劳动模范。2005 年 4 月被评为全国劳动模范。

王俊斗，男，满族，1952 年 12 月出生。中共党员。内蒙古蒙森农产品开发有限公司高级工程师。曾获得 2008—2009 年度全国“优秀项目金桥奖”和“先进个人突出贡献金桥奖”。2010 年 4 月被评为全国劳动模范。

王振友，男，汉族，1960 年 9 月出生，赤峰市元宝山区人。中共党员，大专学历。历任元宝山区平庄镇党委副书记、向阳村党委书记。2010 年 4 月被评为全国劳动模范。

刘艳林，男，蒙古族，1971 年 12 月出生。中共党员，大学学历。赤峰市巴林左旗查干哈达苏木派出所副所长。2007 年 5 月被公安部评为“全国优秀人民警察”。2009 年 8 月被授予全国“人民满意公务员”称号。2010 年 3 月被公安部授予“全国公安机关爱民模范”称号。2010 年 4 月被评为全国劳动模范。

毕久桐，男，汉族，1961 年 4 月出生。中共党员，大专学历。赤峰市白音诺尔铅锌矿选矿车间党支部书记。2008 年 4 月获得“全国五一劳动奖章”。2010 年 4 月被评为全国劳动模范。

唐八十，男，蒙古族，1950 年 8 月出生。中共党员，初中文化。赤峰市翁牛特旗乌丹镇布力彦嘎查党支部书记。2002 年 11 月被内蒙古自治区评为造林绿化十大标兵。2002 年被授予全国绿化奖章。2005 年被评为内蒙古自治区劳动模范。2010 年 4 月被评为全国劳动模范。

侯景芳，男，汉族，1963 年 7 月出生于林西县。中共党员，高中文化。1981 年 6 月参加工作，平庄煤业西露天煤矿采掘段副段长。2007 年 9 月被评为全国煤炭工业劳动模范。2009 年被评为平庄煤业建企 50 周年“功勋矿工”。2010 年 4 月被评为全国劳动模范。

二、全国五一劳动奖章获得者

程广田，男，汉族，1939 年 5 月出生。1957 年 7 月参加工作，赤峰电机总厂书记。

1989年10月被评为内蒙古自治区劳动模范。1991年4月获得“全国五一劳动奖章”。

李素梅,女,满族,1971年3月出生。大学学历。赤峰华源毛业有限公司职工。1992年5月获得“全国五一劳动奖章”。

李广瑞,男,汉族,1939年1月出生。中共党员,小学文化。1958年参加工作,原巴林左旗运输公司司机。1993年4月被中华全国总工会授予“全国优秀驾驶员”称号,并获得“全国五一劳动奖章”。

曹广智,男,汉族,1956年11月出生。中共党员,红山国家粮食储备库技术人员。1996年获得“全国五一劳动奖章”。

张学民,男,汉族,1950年8月出生。中共党员,高级工程师,赤峰远航水泥有限责任公司党委书记、董事长兼总经理。1997年获得“全国五一劳动奖章”。

张斌,男,汉族,1946年4月出生。中共党员,大专文化。1966年7月参加工作,阿鲁科尔沁旗塔布花煤矿矿长。1997年获得“全国五一劳动奖章”。

王东,男,汉族,1966年1月出生。中共党员,赤峰市公共交通总公司职工。1998年获得“全国五一劳动奖章”。

王贵,男,汉族,1940年11月出生。中共党员,中专文化,高级分析学工程师,原内蒙古金陶股份有限公司董事长、党委书记。1998年获得“全国五一劳动奖章”。

刘兴武,男,蒙古族,1964年9月出生。中共党员,大学文化,高级工程师。1987年9月参加工作,燕京啤酒(沈阳)有限责任公司总经理。1997年被评为全国轻纺工业系统杰出青年岗位能手。1999年获得“全国五一劳动奖章”。

陈国香,男,汉族,1953年5月出生。中共党员,大专文化,工程师,内蒙古蒙鑫农林产业科技有限公司总经理。2000年被评为内蒙古自治区深入生产第一线科技人员。2002年获得“全国五一劳动奖章”。

李茂清,男,汉族,1968年12月出生。中共党员,大学文化,高级工程师。1991年7月参加工作,曾在元宝山发电厂工作,分配到热工部门,负责热工自动化技术。2003年获得“全国五一劳动奖章”。

王凤朝,男,汉族,1954年11月出生。中共党员,赤峰中色库博红烨锌业有限公司党委书记、总经理。1999年被评为内蒙古自治区劳动模范。2004年获得“全国五一劳动奖章”。

王民,男,汉族,1968年出生。赤峰宏文机电有限公司销售部副部长、高级技师。曾被平庄矿务局授予“技术状元”称号。2004年获得“全国五一劳动奖章”。

史建军,男,汉族,1961年11月出生。中共党员,大学文化,高级工程师,中电投集团公司东北分公司总工程师。2006年获得“全国五一劳动奖章”。

贡瑞平,男,蒙古族,1962年4月出生。中共党员,高中文化。1981年参加工作,喀喇沁旗邮政局楼子店支局局长兼投递员。2005年被评为全国模范投递员。2006年被评为内蒙古自治区劳动模范。同年获得“全国五一劳动奖章”。

刘春萍，女，满族，1969 年 5 月出生。赤峰市邮政局代理保险业务部营销人员。2007 年获得“全国五一劳动奖章”。

刘立，男，汉族，1989 年 7 月出生。赤峰兴和汽贸技术员。2008 年获得“全国五一劳动奖章”。

于得洋，男，汉族，1964 年 2 月出生。中共党员，赤峰市公安局刑警支队工作。2005 年 5 月被授予内蒙古自治区劳动模范称号。2006 年记个人二等功。2007 年 10 月被评为内蒙古“我最喜爱的十大北疆卫士”，同时记个人一等功。2009 年 4 月获得“全国五一劳动奖章”。

高振安，男，汉族，1959 年 2 月出生。中共党员，高级经济师。1977 年 1 月参加工作，燕京啤酒（赤峰）有限责任公司党委书记、总经理。2005 年被评为内蒙古自治区劳动模范。2009 年获得“全国五一劳动奖章”。

车永红，女，汉族，1971 年 8 月出生。中共党员，大学学历。赤峰市瑞阳化工有限公司车间主任。2010 年获得“全国五一劳动奖章”。

赵辉，男，汉族，1976 年出生。大专学历，中国国电集团平庄煤业公司六家煤矿机电区电力监测班班长、工人技师。曾获得“全国煤炭行业技能大师”“全国煤炭工业百名优秀青年矿工”“第一届中央企业青年五四奖章”“全国十佳班组长” 等称号或荣誉。2010 年获得“全国五一劳动奖章”。

刘贵明，男，汉族，1957 年 6 月出生。林西县兴安水泥有限公司经理。先后被评为赤峰市劳动模范和内蒙古自治区劳动模范。2011 年获得“全国五一劳动奖章”。

张勤，男，汉族，1957 年 8 月出生，阿鲁科尔沁旗荞麦塔拉乡人。中共党员，中学高级教师，阿旗民族职业教育中心党总支书记、校长。曾获得赤峰市名校长、诚信校长等称号。2011 年获得“全国五一劳动奖章”。

韩志平，男，汉族，1972 年出生。初中文化，赤峰正翔建筑工程有限公司脚手架施工队队长、高级工。2010 年 4 月被评为内蒙古自治区劳动模范。2012 年获得“全国五一劳动奖章”。

金山，男，汉族，1973 年出生，高中学历，内蒙古金陶股份有限公司三号采区井下采区安全员。2010 年 4 月被评为内蒙古自治区劳动模范。2012 年获得 “全国五一劳动奖章”。

王龙，男，蒙古族，1971 年出生。中共党员，高中学历。1991 年参加工作，赤峰正翔建筑工程有限公司副总经理、高级工程师。2013 年 4 月获得“全国五一劳动奖章”。

王俊祥，男，蒙古族，1964 年出生。中共党员，大专学历。赤峰正翔建筑工程有限公司党总支书记、总经理，松山区工商联主席。2013 年获得“全国五一劳动奖章”。

刘秀云，女，汉族，1962 年 11 月出生。1982 年 8 月参加工作，1986 年 12 月加入中国共产党。赤峰华源毛业有限公司二纺织厂厂长，曾为公司获得“全国纺织和谐企业建设先进单位”荣誉作出突出贡献。2014 年 5 月获得“全国五一劳动奖章”。

三、全国三八红旗手

李红宇,女,汉族,中共党员。曾任内蒙古自治区气象局副局长兼赤峰市气象局局长,高级工程师。1997年被评为内蒙古自治区“巾帼建功”标兵。1998年被全国妇联授予“全国三八红旗手”称号。

田雪梅,女,汉族,中共党员。1997年任赤峰市妇女联合会主席。2003年被全国妇联授予“全国三八红旗手”称号。

张亚军,女,汉族,中共党员。赤峰学院附属医院副院长,教授,主任护师。1998年被评为内蒙古自治区“巾帼建功”标兵。2001年被中华全国总工会授予全国“先进女职工”称号。2008年被全国妇联授予“全国三八红旗手”称号。

高淑茁,女,满族,大学本科,中共党员。曾任巴林左旗人口和计划生育局党组书记、局长。2005年被内蒙古自治区妇联授予“三八红旗手”称号。2009年被全国妇联授予“全国三八红旗手”称号。

岳玲,女,蒙古族,中共党员,大学学历。农业推广研究员,赤峰市农业多种经营管理站站长。2009年被全国妇联授予“全国三八红旗手”称号。

鲍华琴,女,蒙古族,中共党员。红山区妇女联合会主席。曾被评为内蒙古自治区“十佳”优秀妇联干部、“巾帼建功”标兵。2009年被全国妇联授予“全国三八红旗手”称号。

宋晖,女,蒙古族,中共党员,大学学历。赤峰市检察院公诉处处长。2003年10月被评为“全国优秀公诉人”。2009年被全国妇联授予“全国三八红旗手”称号。

四、全国见义勇为先进个人

赤峰市获全国见义勇为先进个人称号者一览表

姓名	性别	工作单位及职务	荣誉称号	表彰年份
宋占荣	女	宁城县小城子镇下窝铺村农民	全国见义勇为先进分子	2000年
张海军	男	林西县林西镇南街个体出租车司机	全国见义勇为司机	2007年
李易阳	男	巴林左旗发改局司机	全国见义勇为司机	2008年
宋晓刚	男	林西县林西镇个体出租车司机	全国见义勇为司机	2010年
薛凤军	男	巴林左旗扶贫办公室司机	全国见义勇为司机	2010年
陈拥军	男	内蒙古通辽车辆段赤峰运用车间工人	全国见义勇为模范	2012年
刘国利	男	巴林左旗哈拉哈达镇政府司机	全国见义勇为司机	2013年

五、内蒙古自治区劳动模范

1991—2010年赤峰市获内蒙古自治区劳动模范称号者一览表

姓 名	工作单位	职务或职称	授予时间
杜　毅	红山区个体诊所	医生	1991年
马玉良	平煤红庙煤矿二井	副井长	1995年
王金令	敖汉旗下洼镇沙西村	农民	1995年
乌力吉	克什克腾旗	牧民	1995年
乌兰巴特尔	巴林右旗水泥厂	工人	1995年
靳玉秀	宁城县政府	干部	1995年
付万鹏	巴林右旗人民检察院	副检察长	1995年
田丽芹	赤峰市公交公司	乘务员	1995年
刘凤英	赤峰市医院	护士长	1995年
刘玉臣	巴林左旗白音诺尔铅锌矿	职工	1995年
刘振平	喀喇沁旗	农民	1995年
曲志义	赤峰市林科所	技术人员	1995年
朱丽华	阿鲁科尔沁旗天山镇胜龙村	农民	1995年
牟金花	林西县冷山制糖有限公司	工人	1995年
达木仁斯楞	阿鲁科尔沁旗嘎坦花嘎查	党支部书记	1995年
齐焕龙	阿鲁科尔沁旗土畜产工贸公司	经理	1995年
吴春江	松山区大庙动检站	站长	1995年
张　龙	平煤集团公司古山煤矿	工人	1995年
张继文	内蒙古金陶股份有限公司	工程师	1995年
李树范	宁城县天义镇柠椤树村	农民	1995年
杨永启	敖汉旗长胜中心卫生院	院长	1995年
陈开利	赤峰啤酒集团	董事长	1995年
陈宝良	华能国际电力有限公司	高级工程师	1995年
单德芹	宁城县天义镇苏木皋村	农民	1995年
哈　斯	工商银行巴林右旗支行	工会主席	1995年
哈斯巴特尔	巴林左旗白音诺尔敬老院	职工	1995年
唐玉山	林西县文体局	局长	1995年
袁　庆	赤峰有色金属矿山修造厂	分厂厂长	1995年

续表

姓 名	工作单位	职务或职称	授予时间
郭凤花	敖汉旗光荣院	职工	1995 年
崔景华	中国银行赤峰分行	行长	1995 年
梁建波	松山区个体工商户	服务员	1995 年
萨仁图亚	巴林右旗洪格尔苏木	牧民	1995 年
黄瑞芬	阿鲁科尔沁旗天山蒙古族实验小学	教师	1995 年
董瑞和	赤峰市粮食车队	驾驶员	1995 年
满都拉	阿鲁科尔沁旗政协	副主席	1995 年
白玉兰	赤峰市农机总公司	总经理	1995 年
从速迁	赤峰市自来水总公司第一水厂变电所	所长	1995 年
李国利	沈阳铁路局沈阳车辆段赤峰运用车间	质检员	1995 年
马洪莉	赤峰市长城地毯总厂	工人	1995 年
袁生华	赤峰卫生学校	高级讲师	1995 年
杨 良	喀喇沁旗小牛群乡狮子沟	党支部书记	1996 年
额尔敦仓	阿鲁科尔沁旗绍根镇	牧民	1996 年
刘凤桐	敖汉旗农牧业机械厂	职工	1998 年
徐纪纲	赤峰市交通局	局长	1998 年
杨国祥	赤峰里扬工贸有限公司	职工	1999 年
梁文英	喀喇沁旗乃林纺织厂	工人	1999 年
马鸿鹏	敖汉旗水利服务中心	高级工程师	2000 年
王占福	红山区城郊乡大三家村	农民	2000 年
王 伟	巴林左旗辽都矿业公司	董事长	2000 年
王建国	燕京啤酒(宝山)公司	车间主任	2000 年
王素霞	赤峰市邮政局	班长	2000 年
王喜鹏	克什克腾旗家畜胚胎移植中心	主任	2000 年
牛忠平	赤峰市医院	主任医师	2000 年
刘化荣	松山区公路段	工区主任	2000 年
刘 俊	林西县总工会	主席	2000 年
孙广君	宁城县饮食服务公司	总经理	2000 年
孙 立	赤峰市天山制药有限公司	工段长	2000 年

续表

姓 名	工作单位	职务或职称	授予时间
孙达来	克什克腾旗达来诺尔镇	牧民	2000 年
闫振南	赤峰市工商局红山区分局	所长	2000 年
何 明	宁城县天义镇卫生院	院长	2000 年
吴子成	平煤集团老公营子煤矿	队长	2000 年
张素芝	巴林左旗林东三中	校长	2000 年
李凤和	红山区市容环境管理局	工会主席	2000 年
李玉杰	红山区个体经营者	个体经营者	2000 年
李亚凡	赤峰九天建材化工集团	董事长	2000 年
李 志	宁城辽沈兄弟矿业公司	职工	2000 年
李富林	松山区穆家营子镇古都河村	党支部书记	2000 年
杨春悦	赤峰市公安局	支队长	2000 年
汪景新	赤峰红旗中学	教师	2000 年
阿拉坦巴根	巴林右旗查干诺尔镇	牧民	2000 年
尚庆华	内蒙古交通职业技术学院	院长	2000 年
林大强	赤峰市气象局	高级工程师	2000 年
郑梅青	赤峰市儿童福利院	院长	2000 年
姚川江	赤峰中昊运输有限公司	董事长	2000 年
胡达古拉	内蒙古科技出版社	编辑	2000 年
赵 生	赤峰新城富龙热力公司	职工	2000 年
特木尔巴斯尔	阿鲁科尔沁旗阿格坦花嘎查	牧民	2000 年
额尔德木图	阿鲁科尔沁旗天山水泥厂	副厂长	2000 年
欧阳锡金	赤峰市百货总公司	经理	2000 年
信振华	赤峰动力机配件厂	分厂厂长	2000 年
陈友全	元宝山区总工会	主席	2004 年
潘玉沛	喀喇沁旗供销社	主任	2004 年
王士清	赤峰红山国家粮储库	主任	2005 年
王文国	赤峰市交通局	局长	2005 年
王玉成	克什克腾旗黄岗铁矿	矿长	2005 年
王艾华	巴林左旗白音诺尔铅锌矿	矿长	2005 年

续表

姓 名	工作单位	职务或职称	授予时间
王秀琴	喀喇沁旗乌兰牧骑	队长	2005 年
王建军	赤峰汽车站	站长	2005 年
王晓文	翁牛特旗人民检察院	检察长	2005 年
乌力吉孟和	巴林右旗查干诺尔	牧民	2005 年
勾建斌	赤峰市忠禹水业集团	职工	2005 年
邓凤翔	敖汉华海酒业有限公司	总工程师	2005 年
付久江	克什克腾旗达里诺尔渔场	工会主席	2005 年
付立民	宁城天丰菜业有限公司	董事长	2005 年
司政评	宁城县经贸局	干部	2005 年
田宝章	敖汉旗新惠镇喇嘛蒿村	党支部书记	2005 年
乔荣曾	林西县富源矿业公司	董事长	2005 年
刘　文	赤峰兴宝建筑公司	董事长	2005 年
刘　臣	赤峰广源建设有限公司	总经理	2005 年
曲文祥	赤峰市农牧科学研究院	副院长	2005 年
江青云	巴林左旗林东镇土龙岗村	党支部书记	2005 年
许爱民	翁牛特旗乌敦套海镇敖之木村	党支部书记	2005 年
贠新瑞	赤峰远航水泥有限公司	副总经理	2005 年
邢玉龙	巴林右旗	农民	2005 年
吴爱华	克什克腾旗世百合宾馆	经理	2005 年
张子一	松山区太平地中心卫生院	院长	2005 年
张凤花	宁城县五化镇榆树底村	农民	2005 年
张占森	赤峰云铜有色金属公司	副董事长	2005 年
张庆富	宁城县大城子镇瓦北村	党支部书记	2005 年
张进富	赤峰学院	教授	2005 年
张春雷	赤峰广播电视台	主任	2005 年
李本全	翁牛特旗皇姑屯铅锌矿	总经理	2005 年
李玉兰	巴林左旗林东三中	教师	2005 年
李红艳	赤峰市中级人民法院	副院长	2005 年
李志明	赤峰市农牧科学研究院	院长	2005 年

续表

姓 名	工作单位	职务或职称	授予时间
李俊有	赤峰市气象局	气象台台长	2005 年
李爱民	红山区环卫清洁二大队	队长	2005 年
杨良胜	林西县金城建筑公司	经理	2005 年
杨爱君	赤峰二中	教师	2005 年
陈 英	国网能源开发有限公司	总工程师	2005 年
周贵友	翁牛特旗路源建筑公司	董事长	2005 年
孟凡江	赤峰市地税局	副局长	2005 年
孟令春	赤峰富龙路桥投资公司	分公司经理	2005 年
孟宪良	元宝山热电厂	厂长	2005 年
贺希格	阿鲁科尔沁旗绍根镇	牧民	2005 年
赵兰英	红山区农牧业局	站长	2005 年
赵明宇	辽河工程局有限公司	董事长	2005 年
赵静君	赤峰九天建材化工集团	总经理	2005 年
郝春霞	松山区农业经纪人	经纪人	2005 年
徐相成	喀喇沁旗中昊小额贷款公司	经理	2005 年
徐 瑞	赤峰富龙热电厂	职工	2005 年
贾国友	克什克腾旗水泥厂	厂长	2005 年
高希云	赤峰市农电局	职工	2005 年
梁景新	喀喇沁旗信用联社	理事长	2005 年
韩国恒	宁城县四龙煤矿	董事长	2005 年
鲁子生	阿鲁科尔沁旗农电局巴彦花供电所	所长	2005 年
满都拉	阿鲁科尔沁旗巴彦宝力格	牧民	2005 年
甄 喜	松山区太平地镇八肯中村	党支部书记	2005 年
额尔敦毕力格	克什克腾旗巴彦查干苏木	牧民	2005 年
戴玉梅	宁城县天义三中	教师	2005 年
巴一峰	赤峰制药股份公司	副总经理	2005 年
段秀礼	松山区大庙镇公主陵村	农民	2005 年
杨立均	平煤公司红庙煤矿二井	副井长	2005 年
王亚民	平庄能源西露天矿机修厂	工人	2005 年

续表

姓　名	工作单位	职务或职称	授予时间
石　磊	红山区政府	区长助理	2007年
邢爱泽	中国人民银行赤峰市支行	科长	2009年
郝天民	宁城县天义镇农牧局	职工	2009年
于　荣	赤峰荣兴堂药业公司	总经理	2010年
于晓龙	北京金龙恒源物业公司	董事长	2010年
王卫东	赤峰市地税局	局长	2010年
王凤龙	赤峰维信羊剪绒制品公司	车间主任	2010年
王世荣	喀喇沁旗美林镇两家村	妇联主任	2010年
王兆龙	宁城县必斯营子村	农民	2010年
王秀芝	赤峰市农牧科学研究院	技术人员	2010年
王俊岭	巴林左旗辽都矿业公司	总经理	2010年
王　禹	元宝山区第一中学	校长	2010年
王敏太	元宝山区元宝山镇南荒村	党支部书记	2010年
王　斌	松山区岗子乡大榆营子村	村民组长	2010年
王福泉	翁牛特旗示范牧场额日茫哈嘎查	嘎查达	2010年
乌兰巴特尔	赤峰彩世印刷有限公司	董事长	2010年
乌志颜	赤峰市林科所	研究员	2010年
乌恩其	—	牧民	2010年
卞文明	赤峰人川医药有限公司	总经理	2010年
尹辑文	赤峰学院	系党总支书记	2010年
牛志广	喀喇沁旗农电局	技术员	2010年
车　义	赤峰宏基建筑集团	安全员	2010年
付艳春	中国农行赤峰松山支行	主任	2010年
卢俊杰	阿鲁科尔沁旗巴彦包特水泥公司	董事长	2010年
边振廷	林西县新城子镇七合堂村	党支部书记	2010年
刘世军	赤峰柴胡栏子金矿	技术部经理	2010年
孙占有	阿鲁科尔沁旗先锋乡广义村	农民	2010年
孙建国	元宝山区向阳黑山青年联营煤矿	采煤队长	2010年
孙景辉	喀喇沁旗龙都安石材厂	职工	2010年
何广文	赤峰市中心血站	主任医师	2010年

续表

姓 名	工作单位	职务或职称	授予时间
吴占文	赤峰中色库博红烨公司	工人	2010 年
吴增恒	燕京啤酒(中京)有限公司	总经理	2010 年
宋旭东	红山区桥北镇六大份村	党总支书记	2010 年
宋喜友	红山区环卫清洁二大队	工人	2010 年
张　占	元宝山区地税局	局长	2010 年
张　有	巴林右旗幸福之路苏木	牧民	2010 年
张国义	敖汉旗宝国吐乡永元号村	主任	2010 年
张国艳	平煤公司老公营子煤矿	班长	2010 年
张郁达	赤峰奔腾集团公司	董事长	2010 年
张素敏	赤峰红旗中学	教师	2010 年
张　勤	阿鲁科尔沁旗职教中心	校长	2010 年
李万臣	林西县富源矿业有限公司	副总经理	2010 年
李云令	赤峰建筑集团第一公司	工人	2010 年
李永生	翁牛特旗交通运输管理所	职工	2010 年
李　刚	赤峰天奇制药有限公司	工人	2010 年
李利民	赤峰市农牧业局能源站	主任	2010 年
李　杰	松山区老府邮政局	营业员	2010 年
李泊洋	内蒙古第十地勘院	队员	2010 年
李　俊	赤峰市水利勘测设计院	院长	2010 年
李　颖	内蒙古塞飞亚集团	总经理助理	2010 年
杨文山	松山区大庙镇公主陵村	党支部书记	2010 年
汪贺成	元宝山电厂	高级工程师	2010 年
肖凤琴	林西县城管局清洁公司	工人	2010 年
辛跃明	敖汉旗公路管理工区	工人	2010 年
迟桂霞	元宝山区平庄镇向阳村	农民	2010 年
陈玉学	燕京啤酒(赤峰)有限公司	科长	2010 年
陈庆发	克什克腾旗新庙乡光明村	党支部书记	2010 年
陈　卓	翁牛特旗治沙站	站长	2010 年
陈桂荣	巴林左旗红土沟村	农民	2010 年
单秀梅	克什克腾旗经棚饭店	经理	2010 年

续表

姓 名	工作单位	职务或职称	授予时间
周　正	宁城县明达建筑工程公司	董事长	2010 年
宝志强	赤峰东信绒毛制品公司	董事长	2010 年
范才兵	中钢集团赤峰金鑫公司	总经理	2010 年
郑天生	赤峰市计划生育服务中心	主任	2010 年
金　山	内蒙古金陶有限公司	安全员	2010 年
胡万强	敖汉旗万强商运总公司	总经理	2010 年
胡振江	巴林右旗公路管理工区	副班长	2010 年
赵国斌	赤峰绿谷农林生态公司	董事长	2010 年
赵学军	辽河工程局有限公司	项目部经理	2010 年
郝文义	翁牛特旗公路管理工区	职工	2010 年
唐广荣	赤峰二中	教师	2010 年
徐春青	平煤投资公司元煤矿区	职工	2010 年
钱永庆	克什克腾旗经棚一中	教师	2010 年
高国兴	赤峰市交警支队红山大队	主任科员	2010 年
高青山	林西县南街村村委会	主任	2010 年
康健丽	赤峰市气象局	高级工程师	2010 年
曹凤秋	翁牛特旗五分地镇板石吐村	党支部书记	2010 年
黄素敏	赤峰市中级人民法院	纪检组长	2010 年
葛桂平	内蒙古银都矿业公司	总经理	2010 年
韩广忠	巴林左旗林东镇宏伟庄村	党支部书记	2010 年
鲁天才	巴林右旗庆州建筑公司	总经理	2010 年
翟志英	阿鲁科尔沁旗双胜镇小新庙村	党支部书记	2010 年
额尔敦桑布	内蒙古科技出版社	社长	2010 年
黎　明	赤峰旺香婷商贸公司	总经理	2010 年
魏景峰	敖汉旗农电局	局长	2010 年
韩利华	赤峰市地质勘察开发院	副总经理	2010 年
刘国荣	赤峰市草原工作站	站长	2010 年
张爱政	平煤公司古山煤矿	队长	2010 年
张　洁	沈阳铁路局赤峰站	客运员	2010 年
耿建勇	平西白音华煤业公司	调度员	2010 年

六、享受国务院颁发的政府特殊津贴专家

1991—2014 年赤峰市享受国务院特殊津贴专家名录

姓名	性别	民族	出生年份	学历	工作单位	职务或职称	批准时间
胡洪凯	男	汉族	1937 年	大学	赤峰市农研所	研究员	1991 年
张　凤	男	汉族	1939 年	中专	赤峰市林研所	研究员	1991 年
安国卿	男	汉族	1932 年	大学	赤峰市草原站	研究员	1991 年
费荣中	男	汉族	1937 年	大学	赤峰市卫生防疫站	主任医师	1991 年
于怀宇	男	汉族	1945 年	大学	赤峰市医院	主任医师	1991 年
郭金荣	男	汉族	1935 年	大专	赤峰市农研所	研究员	1992 年
王纪泽	男	汉族	1942 年	大学	赤峰市农研所	副所长	1992 年
白应哲	男	汉族	1937 年	大学	赤峰市农技中心	高级农艺师	1992 年
籍凤鸣	男	汉族	1946 年	中专	赤峰市粮食科研所	所长	1992 年
高洪信	男	汉族	1938 年	大学	赤峰市卫生防疫站	主任医师	1992 年
高瑞华	男	汉族	1932 年	大专	赤峰市科委	高级农艺师	1992 年
蒋士鸿	男	汉族	1920 年	大学	赤峰市农研所	研究员	1992 年
鹿学程	男	汉族	1935 年	大专	赤峰市林研所	研究员	1992 年
傅　晶	男	汉族	1938 年	大学	赤峰市林研所	研究员	1992 年
孙祝宾	男	汉族	1940 年	大学	赤峰市林研所	研究员	1992 年
关忠志	男	汉族	1938 年	大学	赤峰市治沙站	高级工程师	1992 年
司秉廉	男	汉族	1937 年	大学	赤峰市农技推广中心	高级农艺师	1992 年
温俊斗	男	回族	1936 年	中专	赤峰水泵厂	高级工程师	1992 年
李　印	男	汉族	1938 年	大专	宁城老窖集团	高级工程师	1992 年
卜昭鹏	男	汉族	1940 年	大学	赤峰市钻探技术研究所	高级工程师	1992 年
景树森	男	汉族	1956 年	大专	赤峰市煤气热力总公司	高级工程师	1992 年
张秉才	男	汉族	1941 年	大学	赤峰钻机厂	副厂长	1992 年
曹广志	男	汉族	1956 年	大专	红山国家粮食储备库	高级工程师	1992 年
廉玉淳	男	汉族	1934 年	大学	赤峰市卫生学校	主任医师	1992 年
张祝生	男	汉族	1945 年	大学	松山区经贸委	高级工程师	1992 年
沙尔夫	男	蒙古族	1936 年	大学	赤峰市畜研所	研究员	1993 年

续表

姓名	性别	民族	出生年份	学历	工作单位	职务或职称	批准时间
宝国璞	男	蒙古族	1943 年	大学	赤峰市动物疫病预控中心	研究员	1993 年
石广学	男	汉族	1942 年	大学	赤峰市森林病虫害防疫站	高级工程师	1993 年
李利民	男	汉族	1954 年	大学	赤峰市土肥工作站	研究员	1993 年
马德海	男	汉族	1942 年	大专	宁城老窖集团	董事长	1993 年
于勇驰	男	汉族	1949 年	大专	翁牛特旗计划与经济局	高级工程师	1993 年
梁同生	男	汉族	1938 年	大专	赤峰市农研所	研究员	1994 年
周鼎铭	男	蒙古族	1937 年	大学	赤峰市畜研所	所长	1994 年
赵洪儒	男	汉族	1935 年	大专	赤峰市兽医工作站	研究员	1994 年
乔凤岐	男	汉族	1935 年	大专	宁城县巴林果园	研究员	1994 年
曲志义	男	汉族	1944 年	大专	赤峰市林研所	研究员	1995 年
鲍凤林	男	蒙古族	1959 年	大学	赤峰学院	教授	1997 年
呼格吉夫	男	蒙古族	1939 年	大专	赤峰市文联	一级作曲	1997 年
石艳华	女	汉族	1953 年	大学	赤峰市农研所	研究员	1999 年
姚川树	男	汉族	1949 年	大学	赤峰二中	特级教师	2001 年
刘召春	男	汉族	1954 年	大学	赤峰建筑集团	总工程师	2004 年
夏海波	男	汉族	1958 年	大学	赤峰学院附属医院	主任医师	2007 年
席永杰	男	蒙古族	1953 年	大学	赤峰学院	教授	2008 年
包英志	男	蒙古族	1967 年	大学	赤峰学院	高级工程师	2010 年
杨忠昌	男	汉族	1962 年	大学	赤峰市建筑勘察研究院	院长	2012 年
孙　义	男	汉族	1964 年	大学	赤峰市医院	主任医师	2012 年
李矛矛	男	汉族	1957 年	高中	巴林石雕刻艺术协会	高级工艺美术师	2012 年
白洪波	男	汉族	1963 年	大学	赤峰学院	教授	2012 年
李　健	男	回族	1963 年	高中	巴林石雕刻艺术协会	高级工艺美术师	2014 年

附录

附 录

一、党政文告

中共赤峰市委 赤峰市人民政府 关于拍卖“五荒”使用权的决定

赤党发〔1994〕11号

（1994年5月2日）

为适应社会主义市场经济发展的需要，进一步完善农村牧区以家庭联产承包为主的责任制和统分结合的双层经营体制，实现土地所有权与使用权的分离，促进生产要素的优化配置，有效地开发利用土地后备资源，恢复和保护生态平衡，加快农村牧区经济开发建设和农牧民增收致富达小康的步伐，市委、市政府决定，对农村牧区“五荒”使用权进行拍卖。

一、“五荒”是指属集体所有未经治理的荒山、荒沟、荒滩、荒沙和荒水。我市“五荒”资源分布广、面积大，经过有效的开发治理，把资源优势转化为经济优势，是一件利于当代、荫及子孙的事业。

二、拍卖“五荒”主要是拍卖地面使用权、地面覆载植物和辅助设施。“五荒”范围内的地下资源、城镇村庄建设用地不得拍卖；农田草原基本建设工程和公用设施及其占地不得拍卖；国家交通、邮电、军事等工程设施、永久性标记占地不得拍卖；未经勘定又存争议的边界地区不得拍卖。

三、“五荒”使用权应首先拍卖给本村、本嘎查的农牧民，也允许拍卖给本村、嘎查以外的农牧民和企事业单位，购得使用权后，权属关系五十年不变，允许出租、转卖、转让和继承。

四、“五荒”拍卖的具体步骤和程序：（1）乡苏木镇组建领导小组，具体负责本地区的“五荒”拍卖工作；（2）对本地区的“五荒”资源进行普查，测定面积，勘清界限；（3）根据“五荒”的地理位置、地形地貌、附属物等因素，确定类型，划分等级；（4）农区以村为单位、牧区以嘎查为单位组织拍卖，首先拍卖容易治理、便于管理、地理地势条件较好的“五荒”;(5)制定拍卖方案,实行公开竞争招标,一次性拍卖;(6)拍卖成交后,签订合同,经旗县区土地、畜牧、林业、水利、公安等部门审核同意后,由土地管理部门办理权属证明,颁发“五荒”使用证,经法律公证生效。

五、在拍卖“五荒”中要防止寻找借口或采取其他手段搞仗权指卖;防止哄抬哄降地价,抢占强买;防止见荒拉条,按户均卖。

六、乡苏木镇要搞好“五荒”治理规划,组织指导“五荒”购买者按规划要求治理。在治理开发上,第一步要搞好“五荒”的封育,重点是投工投劳,恢复植被;第二步要增加资金和技术投入,搞好工程建设;第三步要根据条件,发展林果业、养殖业或种植业。

在“五荒”治理过程中,要保护好“五荒”内的国防、交通、邮电等公共设施。

七、对集中连片有一定规模的“五荒”,倡导和鼓励多种形式的联户经营和股份合作制经营。单位和个人都可参股入股,发挥各自优势,集中资金、技术和劳力,形成规模效益。

八、根据“五荒”治理规划的要求,每年对已拍卖的“五荒”治理情况进行一次检查。规划要求要纳入合同,对买而不治的,要限期治理;在规定期限内仍不治理或治理达不到要求的,要收回重新拍卖。过去承包的“五荒”,已经按要求治理的,要继续履行合同;没有治理或治理达不到要求的,要终止合同,重新拍卖。

拍卖“五荒”所收取的偿金,要实行“村有乡管”,取之“五荒”,用之“五荒”。

九、金融、财政部门要给予资金扶持。利用“五荒”发展起来的经营项目和生产的产品,要在税收上给予照顾。

乡苏木镇农口各站和集体林、牧场购买“五荒”要给予优惠。要尊重“五荒”购买者的生产经营自主权,保护其合法权益。对“五荒”的开发治理成果,任何单位和个人不得以任何借口侵占、哄抢、毁坏。当地政府和司法部门要有相应的保障措施,杜绝此类事件的发生。

十、根据市委、市政府的规定,旗县区党委和政府要制定具体实施意见,建立领导组织,指定一名旗县区长具体抓,日常工作由农牧委负责。有关部门要明确任务,落实责任,加强宣传和调研,为“五荒”的开发治理提供服务。

国有农牧林场区域内的“五荒”,可以参照本规定,进行有偿承包或拍卖。具体实施意见,由农牧林场提出,征得主管部门和旗县区同意后实行。

中共赤峰市委 赤峰市人民政府
关于进一步稳定和完善农村
牧区土地承包关系的实施意见

赤党发〔1997〕18 号

(1997 年 11 月 10 日)

为了进一步稳定完善农村土地承包关系,现根据中办发〔1997〕16 号文件精神,提出以下实施意见：

一、今冬明春全市农村牧区稳定完善土地承包关系的工作任务和原则

我市自党的十一届三中全会以来全面积极地推行了家庭联产承包责任制，有效地调动了广大农牧民的积极性，解放和发展了农村生产力。但我市各地在执行土地承包政策上还存在一些不容忽视的问题。一些地方第一轮承包过程中存在着承包期短、不按党中央要求稳定承包期或调整频繁等问题；有的地方通过推行“两田制”，加重了农民负担；有的地方至今没按有关部署开展延长土地承包期工作；对土地承包关系没有建立起规范的管理是个较为普遍的问题。因此，市委、市政府决定，各旗县区要在今冬到明年春播之前，原原本本地贯彻落实中办发〔1997〕16 号文件精神，普遍扎实地做好进一步稳定和完善农村牧区土地承包关系的工作。

各级党委、政府必须认真领会党的农村基本政策，全面、准确地理解党的土地承包政策，充分认识稳定土地承包关系的重大意义，从深化改革、促进发展、保持稳定的高度出发，把落实中央部署，稳定和完善土地承包关系等项工作切实抓紧抓好，确保延长土地承包期工作的顺利实施。

集体土地实行家庭联产承包，是一项长期不变的政策。进一步稳定和完善农村牧区土地承包关系，工作重心是按党中央明确要求的土地承包期再延长 30 年。具体工作中要明确几个原则性问题：(1)弄明白一个工作基础，即延长土地承包期是在第一轮土地承包的基础上进行，而绝不是打乱重新承包；(2)认真理解好一个工作前提，就是稳定，即从全局和政治的高度保持农村社会的稳定，在延长土地承包期工作中，要使绝大多数农户的原有承包土地保持稳定；(3)正确领会承包土地的“大稳定、小调整”，即延长土地承包期，不是在全村范围内进行普遍调整，而是根据人地矛盾的实际在个别农户之间小范围的适当调整；(4)要注重群众的意见，即使政策允许的小调整，也要经村民大会或村民代表大会三分之二以上成员同意和上级审批，而不能用行政命令硬性调整。

全市延长土地承包期工作，要在明年三月份前全面完成，同时要建立健全土地的管理制度和流转机制，普遍地实施规范的合同管理，从而推动农业经济的进一步发展。

二、认真做好延长土地承包期和稳定完善土地承包关系的工作

依据中央的政策规定，稳定完善土地承包关系工作要具体落实以下几点：

1.延长家庭土地承包经营的期限。根据中央规定第一轮承包到期后，再延长 30 年的政策要求，为便于统一管理，全市农村家庭土地承包期一律延长到 2025 年底。承包未到期的或前段已经做了延长土地承包期工作的，但承包期不到 30 年的，本次承包都要顺延到 2025 年底。在延长土地承包期中要严格在第一轮承包的基础上，坚持“大稳定、小调整”，绝不能把原来的承包地打乱重包，更不能随意打破村或村民组(原生产队)的土地所有权界限，平均承包。绝不能搞成普遍的重新调整。前一阶段有的旗县区已做过延长土地承包期工作,但时限没有按这次中央要求办的,都要统一延长承包期,并不许敷衍塞责。

2.整顿"两田制"。中央明确了不提倡"两田制"。我市农村除市县区所在地近郊乡镇"菜篮子工程"区域外,前段已实行"两田制"的地方都要按中央的政策要求认真整顿,不得含糊。

坚决纠正超出"三提五统"提高土地承包费,把部分承包地高价发包,或不顾群众意愿,强行搞规模经营等做法。纠正的办法要按中办发〔1997〕16号文件要求实施。

3.严格控制和管理"机动地"。原来没留"机动地"的地方,就不再留"机动地"。原来已留有"机动地"的地方,必须严格控制在耕地总面积5%以内。"机动地"主要用于农田基本建设或国家征用土地减少土地时的调节。

4.对不进入家庭承包地经营范围的营造林地和"四荒"治理等开发性生产,也要按照稳定的原则,承包期可以更长。近年新开发的耕地、生态沟可以由集体发包经营,壮大集体经济实力,增强社会化服务的能力。

5.在延长承包期工作中实行"大稳定、小调整"的政策,在延长承包期以后,原则上坚持"增人不增地、减人不减地"。为此,要做好以下政策性保障:一是不断开辟新的就业门路,积极做好劳务输出工作,切实解决新增劳动力的出路问题。二是从集体"四荒"和新开发耕地等资源的承包、拍卖中给予优惠政策,优先发包给人多地少的农牧户经营。三是切实做好土地流转,通过土地流转机制,调节人地矛盾突出问题。

三、加强对承包土地的管理,建立健全土地流转机制

土地属于全体村民集体所有。村委会依法对土地实行发包和监督、管理。村民组不能成为发包单位,更不能转租和转让土地。在土地承包中不能打破村民组(原生产队)界限,在全村范围平均发包。

同时,必须明确,完善土地承包关系要在1996年底以前农牧民实际耕种的耕地范围内进行。

村委会向农牧户发包的土地必须签订承包合同。合同文本由旗县区人民政府依自治区印发的样本统一印制。在合同鉴证过程中,不许向农牧户收取"鉴证费"。县乡两级农经部门是承包合同的主管部门,要积极做好承包合同的鉴证、管理、纠纷调解和仲裁工作。要建立健全承包合同档案,积极做好土地转包、转让以及合同纠纷、仲裁等过程中形成的档案材料的收集和保管。要建立健全严格的土地经营管理制度。

承包土地的农牧户,必须承担相应的责任与义务,要接受乡、村两级宏观调控和指导。承包到户的土地不得买卖、抵顶债务和弃耕撂荒。未经有关部门批准,不得改变耕地用途。严禁农牧户私自开荒,对已经开垦的荒地,村委会有权统一收回,或限期恢复植被。

农牧户在承包土地内开展科技兴农和基本建设项目,苏木乡镇要予以积极支持和帮助。在承包地内搞永久性设施建设的,承包到期后,允许续包本地块继续经营,不续包的应给予补偿。

要建立健全土地使用权的流转机制。在坚持土地集体所有和不改变耕地用途的前提下，经发包方同意，允许承包方在承包期内对其承包经营的土地的使用权依法转包、转让、互换、入股、退包等，其合法权益受到法律保护。土地经营权的流转形式和经济补偿方式，应由流转双方或多方协商，经发包方同意，签订书面合同，经苏木乡镇政府和村委会批准，报农业承包合同管理机关备案。

第二、三产业比较发达，大部分劳动力转向非农产业并有稳定收入的地方，在充分尊重农牧民意愿的基础上，可以采取多种形式，适时引导农牧民发展适度规模经营。

鼓励龙头企业及其他经济技术组织与农牧户联营，建立产业化生产基地。

各地区农经部门要根据政府授权，依法行政，加大行政执法力度，切实做好耕地的监督管理，认真解决和处理农业经营管理中的重大问题。

四、加强土地承包费管理，切实减轻农牧民负担

在延长土地承包期中，不得随意提高承包费，无论是承包田，还是“机动地”，所有收费都必须纳入农牧民负担的“三提五统”范围内，不得超过上年人均纯收入的5%。新开发的耕地、“四荒”、果园、苗圃、鱼塘等资源的专业承包费和拍卖可不抵顶“三提五统”。

“三提五统”以外的收费项目，要坚持按国务院《农民负担监督管理条例》的审批程序和权限予以申报和审批。任何部门都不得各行其是，擅自对农牧民实行乱收费、乱摊派，违者严肃处理。

乡统筹原则上由乡级农经站管理，旗县区农业主管部门实行监督，不得平调到旗县区及旗县区以上单位使用，不得用农民统筹款弥补乡财政赤字。要运用审计手段对“三提五统”的收取、分配、使用等进行定期监督，维护农牧民合法权益。各苏木乡镇农经站要明确审计职能，对乡村财务实行“三审一监督”。村级财会人员要坚持集体办公制度和财务公开制度。

五、加强领导，保障完善土地承包关系工作顺利进行

各地区要高度重视稳定完善土地承包关系和延长承包期工作，认真贯彻落实好各项政策措施。市和旗县区都要成立稳定完善土地承包关系工作领导小组，对这次土地承包工作实行统一领导、统一组织、统一部署、统一行动。各旗县区要尽快制定工作方案和执行意见，并报市稳定完善土地承包关系工作领导小组办公室备案。

要组织有关部门，通过多种宣传媒体和各种培训形式广泛深入地宣传有关政策，做到家喻户晓、人人明白。

各苏木乡镇、嘎查村要按30年发展预期，搞好土地利用总体规划，个别没有完成土地总体规划的，要抓紧进行并与延长承包期工作相衔接。

在延长承包期工作中，对于问题复杂、难度较大、矛盾突出的乡镇、村、组，旗县区要加强群众的政治思想工作，直接指导、协调，减少或杜绝耕地承包工作中的上访案件。凡是由工作组或基层干部执行政策有误造成群众聚众上访或产生严重问题的，要追究有关人员的责任。

旗县区要负责搞好督查指导和验收工作,发现问题及时解决。市委、市政府将派出督查指导工作组对各地进行督查,对于工作不实、遗留问题较多、农民反映强烈的地区,责令限期整改。

六、市、旗县区以前下发的文件,凡与本文件不符的均以此为准。

赤峰市人民政府关于印发《赤峰市科学技术进步奖励办法》的通知

赤政发〔2003〕024 号

(2003 年 3 月 27 日)

各旗县区人民政府,市直各委办局:

《赤峰市科学技术进步奖励办法》已经市政府 2003 年第 5 次常务会议讨论通过,现印发给你们,请结合实际,认真贯彻执行。

赤峰市科学技术进步奖励办法

第一条　为了奖励在我市科学技术活动中作出突出贡献的公民、组织,调动科学技术工作者的积极性和创造性,加速我市科学技术事业及经济、社会发展,根据《内蒙古自治区科学技术奖励办法》,结合我市实际,制定本办法。

第二条　市科技进步奖励要贯彻尊重劳动、尊重知识、尊重人才、尊重创造的方针,鼓励自主创新,鼓励攀登科学技术高峰,建立和完善人才培养和使用激励机制,促进科学研究、技术开发与经济社会发展的密切结合,促进科技成果转化和高新技术产业化,加速科教兴市战略和可持续发展战略的贯彻实施。

第三条　设立市科学技术进步奖。科学技术进步奖的推荐、评审、授予等活动,按照公开、公平、公正的原则,不受任何组织或者个人的非法干涉。

第四条　市人民政府科学技术行政管理部门负责市科学技术进步奖评审的组织工作。市科学技术行政管理部门设立科学技术进步奖励办公室负责日常工作。

第五条　市人民政府设立市科学技术奖励委员会,下设市科学技术进步奖评审委员会,聘请有关方面的专家、学者组成。评审委员会根据工作需要组建若干专家评审组,负责市科学技术进步奖的评审工作。

第六条　市科学技术进步奖授予在基础理论、应用技术、新技术推广、高新技术产业化、社会公益等方面作出突出贡献的公民、组织：

（一）在基础研究和应用研究中阐明自然现象、特征和规律，做出重大科学发现的，得到国内外自然科学界公认的；

（二）在应用技术开发活动中，完成具有市场价值的新产品、新技术、新工艺、新材料、新装备、新设计和生物新品种的；

（三）在实施技术推广过程中，作出重要贡献，并创造明显经济、社会、生态效益的；

（四）采用国内外高新技术，经消化、吸收，形成规模化生产，并创造显著经济效益的；

（五）在实施社会公益项目中，创造明显经济、社会、生态效益的。

第七条 市科学技术进步奖每年评审一次，分为一等奖、二等奖、三等奖三个等级，每年授奖项目总数不超过 50 项，其中一等奖不超过 5 项，二等奖不超过 20 项，三等奖不超过 25 项。授奖数量服从质量，宁缺勿滥。

第八条 凡获过自治区或国家科技奖的项目，不再参加评奖。

第九条 市科学技术进步奖项目由市直各行政部门、各旗县区科技行政管理部门，国家、自治区各部门驻赤直属机构或单位推荐。

第十条 各推荐部门应对申报项目和人选进行审核，择优推荐。应填写统一格式的申报书，提供真实、可靠的评价材料。

第十一条 市科学技术进步奖评审委员会根据各专家评审小组初评意见，对候选人和科学技术成果作出认定结论，并向市科学技术奖励委员会提出获奖人选和获奖项目及奖励等级的建议。市科学技术奖励委员会根据评审委员会的建议，作出获奖人选和获奖项目及奖励等级的决议，由市人民政府颁奖。

第十二条 市科学技术进步奖由市人民政府颁发奖状、证书和奖金。

第十三条 建立赤峰市科学技术进步奖励资金，由市财政单独列入年度预算，专款专用。

第十四条 市科学技术进步奖实行异议制度。经市科技进步奖评审委员会评审通过后的获奖项目和完成人应向社会公布，接受监督。

第十五条 剽窃、侵夺他人的科学技术成果的，或用其他不正当手段骗取市科学技术进步奖的，由市科学技术行政管理部门报市人民政府批准后撤销其奖励，并追回奖状、奖金和证书。

第十六条 推荐单位提供虚假数据、材料，协助他人骗取市科学技术进步奖励的，由市科学技术行政管理部门通报批评；情节严重的，暂停或者取消其推荐资格；对负有直接责任的主管人员和其他责任人员，依据有关规定，给予处分。

第十七条 参与市科学技术进步奖评审活动和有关工作的人员在评审活动中弄虚作假、徇私舞弊的，依据有关规定，给予处分。

第十八条 市科学技术行政管理部门依据本办法制定实施细则。

第十九条 本办法自发布之日起施行。1987 年发布的《赤峰市科学技术进步奖励办法》同时废止。

赤峰市人民政府关于印发《赤峰市行政区域界线管理办法》的通知

赤政发〔2004〕049号

(2004年7月13日)

各旗县区人民政府,市直各委办局:

《赤峰市行政区域界线管理办法》已经市政府同意,现印发给你们,请认真贯彻执行。

赤峰市行政区域界线管理办法

第一条　为加强对行政区域界线的管理,维护边界地区稳定,根据国家有关法律、行政法规和自治区有关法规规定,结合赤峰市实际,制定本办法。

第二条　在赤峰市行政区域内,旗县区、苏木乡镇之间的行政区域界线管理,适用本办法。

第三条　市、旗县区人民政府民政行政主管部门是行政区域界线管理的主管部门,分别负责本级行政区域界线管理的日常工作。

第四条　行政区域界线管理的法定依据是依法批准的、各级政府联合勘定的行政区域界线协议书及其附图、批复和上级人民政府的决定。

第五条　对依法划定的行政区域界线,毗邻双方应当严格遵守,不得擅自变更。

第六条　以河流作为行政区域界线的,毗邻双方在疏导水流、治理河道时,应当严格遵守《中华人民共和国水法》《中华人民共和国防洪法》《中华人民共和国水土保持法》《河道管理条例》等法律、法规规定,不得损害对方利益,不得损害他人利益和社会公共利益。

第七条　跨行政区域界线经营的国营农、牧、林、渔场及工矿等企事业单位,应当严格遵守上级人民政府批准的经营范围,不得随意扩大;确需扩大经营范围的,必须经毗邻双方人民政府协商取得一致意见后或经毗邻双方的上级人民政府批准,方可扩大经营范围。

第八条　因资源权属发生争议引发边界争议后,争议双方人民政府必须采取有效措施,防止事态扩大,维护边界地区稳定。双方人民政府必须从维护国家整体利益出发,坚持实事求是、顾全大局、互谅互让的原则,妥善处理争议,不得推诿、拖延,不得捏造、歪曲事实,弄虚作假。

因行政区域界线两侧土地、耕地所有权或使用权引发的纠纷,由国土资源行政主管部门负责处理;因治理作为行政区域界线的界河引发的水事纠纷,由水务行政主管部门负责处理;因超越行政区域界线开荒、滥垦草原引发的草原所有权或使用权纠纷,由草原行政主管部门负责处理;因超越行政区域界线毁林、砍伐树木引发的林地、林木所有权或使用权纠纷,由林业行政主管部门负责处理;因边界纠纷引发的违法犯罪活动,由公安机关依法处理。

第九条　与外省、外盟市接壤的旗县区,因资源权属争议而与外省、外盟市发生争议时,有关旗县区人民政府应当及时、客观地向上级人民政府报告有关情况,同时做好群众思想工作,防止事态扩大,并及时申请上级人民政府裁决。

第十条　对于行政区域界线实地位置认定不一致引发的争议,民政行政主管部门应当及时按照行政区域界线协议书的有关规定处理。

第十一条　界桩划分单双号,由界桩两侧各方分别管理,双方应当分别指定与界桩相近的嘎查村派专人进行管护。

第十二条　行政区域界线两侧任何一方不得超越范围经营,任何单位和个人不得用挑动群众械斗的方式解决越界侵权问题,破坏生产和生活设施。行政机关工作人员参与、策划、组织或默许、纵容、授意他人挑起群众性械斗的,由人事、监察部门依法予以处理。

第十三条　本办法由赤峰市民政局负责解释。

第十四条　本办法自发布之日起施行。

赤峰市人民政府关于印发《赤峰市城市管理暂行办法》的通知

赤政发〔2007〕014 号

(2007 年 4 月 10 日)

各旗县区人民政府,市直各委办局:

《赤峰市城市管理暂行办法》已经于 2007 年 3 月 29 日市政府第 3 次常务会议审议通过,现印发给你们,请认真贯彻执行。

赤峰市城市管理暂行办法

第一章 总 则

第一条　为加强城市管理,维护城市秩序,创造和谐、清洁、优美、文明的城市生活环境,明确政府有关行政主管部门在城市管理中的行政执法职责,提高行政执法效能和城市管理水平,根据国家和自治区有关法律、法规和规章规定,结合本市实际,制定本办法。

第二条　在红山区、松山区、元宝山区城市规划区范围内，实施城市规划、建设、市容和环境卫生、园林绿化、环境保护、工商、公安、交通、文化、民族事务、民政等相关管理，适用本办法。

元宝山区城市规划区管理按其现行管理权限执行。

第三条　城市管理实行市统一领导、市辖区全面负责、有关城市管理部门和街道办事处(乡镇)具体管理、密切配合及居民委员会(村民委员会)、业主委员会和物业公司全面参与的综合体制。

市政府成立城市综合管理专门机构，负责统一领导、协调、组织、指挥、监督市辖区城市管理工作。市建设、规划、卫生、环保、公安、交通、工商、民族事务、民政等行政主管部门和单位，在市政府领导下，按照市辖区政府城市管理工作部署，实施联合执法、集中执法，并各司其职、各负其责、互相配合，依法做好有关城市管理工作。

市辖区人民政府是城市管理的主体，成立城市管理综合执法机构，具体组织实施城市管理。市辖区人民政府所属有关部门在区政府领导下，负责协调和指导各自职责范围内的城市管理工作。

街道办事处(乡镇)在辖区人民政府的领导下，按照辖区人民政府有关部门的部署，具体负责城市管理和社区服务工作，配合有关部门做好查处私搭乱建、损害环境卫生的违法行为。

居民委员会(村民委员会)及物业管理公司在街道办事处和有关乡镇人民政府的组织下，具体负责本社区和住宅小区的市容和环境卫生工作。

业主委员会，对任意弃置垃圾、排放污染物或者噪声、违反规定饲养动物、违章搭建、侵占通道、拒付物业费等损害他人合法权益的行为，有权依照法律、法规以及管理规约，要求行为人停止侵害、消除危险、排除妨害和赔偿损失。

第四条　城市管理所需经费列入本级财政预算，由本级财政予以保障。

收费和罚没收入实行收缴分离制度，必须全额上缴财政；禁止以罚没收入款项抵顶城市管理经费。

第五条　有关行政机关、法律法规授权的组织对住宿、餐饮、洗浴、美容美发、网吧、歌舞厅、超市、零售报刊、殡葬用品经营、各类加工作业门市、废旧物品收购、洗修车、停车场等经营性服务行业的设立，实施联合会审制度：

(一)未经批准，不得擅自改变建筑物、构筑物位置、立面及使用功能，规划行政主管部门对此负责规划审查；

(二)无给排水设施等相关开设条件的场所、建筑物、构筑物，不得用于开设住宿、餐饮、洗浴、美容美发、洗修车、各类加工作业门市等经营场所，市容环境卫生行政主管部门对此负责市容审查；

(三)公安、交通、文化、卫生、环保、民政、民族事务等行政主管部门负责相关行业的许可、审查；

（四）工商行政管理部门负责对经营者进行资格审查，颁发《企业法人营业执照》或《营业执照》。

第六条　建立城市管理日常巡查制度。各城市管理相关部门和单位应当落实有关执法人员的城市管理监察责任，实行包区划片及定人、定路段、定责任、定奖惩的包街路日常巡查制和责任追究制。

第二章　规划管理

第七条　市规划行政主管部门统一负责编制城市总体规划、建设项目选址、审批及监督管理工作，市辖区人民政府负责一般性详细规划的编制、初审和报批工作。

市辖区规划管理分局具体负责查处违反城市规划的建设工程及行为。

第八条　在城市规划区内挖砂、采石、取土、堆填废渣、垃圾、围填水面以及从事其他改变地形地貌活动的单位或者个人，必须先向城市规划行政主管部门提出申请，按照规定到有关部门办理批准手续。

第九条　在城市规划区内，未取得建设用地规划许可证或者临时建设用地规划许可证而取得建设用地批准文件，占用土地进行建设的，批准文件无效。由市城市规划行政主管部门责令停止建设，拆除违法建筑物。占用的土地由市辖区人民政府责令退回。

第十条　在城市规划区内，未取得或者违反建设工程规划许可证、临时建设工程规划许可证进行私搭乱建，具有下列情形之一的，由城市规划行政主管部门视情节轻重给予处罚，对尚可采取改正措施的，责令建设单位或者个人限期改正，并可处以违法建设工程总造价百分之三以下的罚款；对严重影响城市规划的建设工程，责令建设单位或者个人停止建设，并限期拆除；拒不拆除的，可强制执行。拆除的费用由违反规划的建设单位或者个人承担：

（一）擅自改变《建设用地规划许可证》确定的用地性质、用地位置或用地界限的工程；

（二）未取得《建设工程规划许可证》《临时建设工程规划许可证》擅自进行新建、改建、扩建和翻建建筑物、构筑物、道路、管线等设施及改变建筑物、构筑物立面的工程；

（三）未经城市规划行政主管部门批准，擅自改变《建设工程规划许可证》确定的红线位置、高度、层数、面积、立面和使用功能，以及违反《建设工程规划许可证》其他要求进行建设的工程；

（四）违反《临时建设工程规划许可证》，在临时用地上修建的永久性建筑物、构筑物的工程；

（五）按《临时建设工程规划许可证》内容建设的临时性建筑物、构筑物及其他工程设施，使用期限已满，未办理延期使用审批手续或未经批准延期使用，逾期不拆除的工程；

（六）其他严重违反城市规划的建设工程：

1.占压道路红线、绿线、黄线、蓝线、紫线的工程；

2.占压道路建筑退离地带的工程;

3.影响主次干道、铁路两侧、火车站、汽车站、机场、城市出入口地带等城市景观的工程;

4.危害城市安全,堵塞消防通道,污染和破坏城市环境的工程;

5.在临时用地上修建永久性建筑物、构筑物或者设施的、无法采取改正措施的工程;

6.影响他人合法建筑物安全或严重影响他人合法建筑物使用的工程;

7.在城区主干道路两侧建筑物上擅自扒门改窗,严重影响街路景观的工程;

8.其他妨碍城市发展、影响城市功能协调和城市规划实施的工程。

第十一条 凡各级人民政府公布的文物保护单位和有重要历史价值的文化街区,应当采取严格保护措施;确需拆迁、改变建筑结构、立面以及从事影响建筑环境活动的,应当按照《中华人民共和国文物保护法》、《中华人民共和国文物保护法实施条例》、《国务院关于加强和改善文物工作的通知》(国发〔1997〕13 号)等法律、法规的有关规定执行。

第十二条 对毁坏城市市容景观、污染城市环境、危害公共秩序的临时建筑,由城市规划行政主管部门限期改正;造成严重后果和损失的,责令拆除和赔偿。

第三章 市容和环境卫生管理

第十三条 市建设行政主管部门负责指导、协调、监督城市市容和环境卫生管理工作;市辖区人民政府市容环境卫生行政主管部门具体负责本辖区内的市容和环境卫生管理工作。

第十四条 国家机关、事业单位应当建立实施周末大扫除制度,做好本单位工作区域范围内的环境卫生工作。

第十五条 在市区临街主次干道两侧、铁路道口不得设置废旧物品回收、洗车、机动车修理等经营场所,已经设置的,由有关行政主管部门依法取缔或动员搬迁。

第十六条 户外广告、标识的市容性审查由市直有关执法机关统一管理;牌匾的市容性审查由市辖区市容环境卫生行政主管部门负责。

未经同意,擅自设置户外广告标牌、设施,影响市容的,由市建设行政主管部门或其委托的城建监察组织责令停止违法行为,限期清理、拆除、重建或者采取其他补救措施,并可处以 500 元以上 2000 元以下罚款。

第十七条 违反国务院《城市市容和环境卫生管理条例》和《内蒙古自治区城市市容和环境卫生违法行为处罚规定》,有下列行为之一的,由市辖区市容环境卫生行政主管部门除责令其纠正违法行为、采取补救措施外,可以给予下列行政处罚:

(一)随地吐痰、便溺、乱扔果皮、纸屑和烟头等废弃物的,处 10 元罚款;

(二)随意涂写、刻画或未经批准张挂、张贴宣传品的,分别给予下列处罚:

1.在城市建筑物、构筑物立面、电线杆、路灯杆、人行道、候车亭等市政公用设施表

面及各种树木上涂写、刻画的,处200元以上500元以下罚款;对恶意涂改的,由公安机关处理;

2.未经政府主管部门批准,擅自利用城市建筑物、构筑物或电线杆、路灯杆、广场、人行道、候车亭等市政公用设施及各种树木张贴、张挂宣传条幅、彩旗等宣传品的,处200元以上1000元以下罚款;

(三)在政府规定的街道临街建筑物阳台和窗外、门前堆放、吊挂有碍市容物品的,给予警告,根据情节轻重,可并处50元以上500元以下罚款;

(四)不按规定的时间、地点、方式倾倒污水、垃圾、粪便和其他废弃物,给予警告,根据危害后果及情节轻重,可并处50元以上1000元以下罚款;

(五)不履行卫生责任区浮土、积雪、垃圾等清扫保洁义务或不按规定清运、处理垃圾和粪便的,给予警告,根据危害后果及情节轻重,可以并处100元以上1000元以下罚款;

(六)运输液体、散装货物不做密封、包扎、覆盖,造成泄漏、遗撒的,处1000元以上3000元以下罚款;

(七)临街工地不设置护栏或者不做遮挡,影响市容环境卫生的,给予警告,责令限期清理,可以并处1000元以上2000元以下罚款;施工场地的废水和泥浆流出场外浸漫路面,堵塞城市排水管道,影响市容和环境卫生的,给予警告,责令限期清理,可以并处2000元以上3000元以下罚款;施工场地停工期间不及时整理并做必要覆盖或者竣工后不及时清理和平整场地,影响市容和环境卫生的,给予警告,可以并处3000元以上5000元以下罚款;

(八)未经批准擅自饲养家禽家畜影响市容环境卫生的,责令其限期处理或者予以没收,并可处以50元以下罚款;拒不改正的,由公安机关依法处理。

第十八条　违反国务院《城市市容和环境卫生管理条例》和《内蒙古自治区城市市容和环境卫生违法行为处罚规定》,有下列行为之一的,由市辖区市容环境卫生行政主管部门责令停止违法行为,限期清理、拆除、重建或者采取其他补救措施,并可按以下规定给予处罚:

(一)未经批准,擅自在街道两侧和公共场地堆放物料影响市容的,处100元以上1000元以下罚款;

(二)未经批准,擅自拆除环境卫生设施或者未按批准的拆迁方案对环境卫生设施拆迁的,属于经营行为的处以5000元以上10000元以下罚款,属于非经营行为的处以500元以上1000元以下罚款。

第十九条　损坏各类环境卫生设施及其附属设施的,由市辖区市容环境卫生行政主管部门除责令其恢复原状外,根据恢复原状的状况及危害后果的轻重,可以并处100元以上1000元以下罚款。

第二十条　不在城市主次干道两侧规划场地停放机动车、非机动车等车辆,损害社会公共利益、城市市容和环境卫生的,由市辖区市容环境卫生行政主管部门责令改正;拒不改正的,由管理部门按规定摆放,所需费用由车辆所有人、使用人承担。

第二十一条 施工单位未及时清运工程施工过程中产生的建筑垃圾,造成环境污染的,由市辖区市容环境卫生行政主管部门责令限期改正,给予警告,处5000元以上50000元以下罚款。

第二十二条 处置建筑垃圾的单位在运输建筑垃圾过程中沿途丢弃、遗撒建筑垃圾的,由市辖区市容环境卫生行政主管部门责令限期改正,给予警告,处5000元以上50000元以下罚款。

第二十三条 任何单位和个人随意倾倒、抛撒或者堆放建筑垃圾的,由市辖区市容环境卫生行政主管部门责令限期改正,给予警告,并对单位处5000元以上50000元以下罚款,对个人处200元以下罚款。

第二十四条 未经批准,擅自占用、挖掘城市道路的,除按造价1~5倍给予赔偿外,由市辖区市政工程行政主管部门处以20000元以下罚款。

第二十五条 未经市辖区人民政府批准,擅自占用城市道路作为集贸市场从事经营的,由市辖区市容环境卫生行政主管部门、公安交通管理部门责令限期清退,消除道路交通安全违法行为。

第二十六条 具有下列情形之一的,由市辖区市容环境卫生行政主管部门和工商行政主管部门联合依法处理:

(一)未依法向工商行政管理部门登记注册并领取营业执照,无固定门店而擅自挤街占道,或在街道及居民区随意摆摊设点,或者走街串巷从事流动经营活动的;

(二)依法取得营业执照,未经工商行政管理部门变更登记,擅自改变登记注册的经营场所,而在临街主次干道两侧摆放商品、从事店外经营的;

(三)未经工商行政管理部门登记,擅自悬挂、张贴户外广告,或在市及市辖区人民政府禁止发布印刷品广告的场所、区域发布、散发印刷品广告的;

(四)擅自在街路两侧搭建彩虹门、演出台、展示台等宣传设施;在各类广场随意停车或进行商业宣传活动。

第二十七条 市辖区人民政府应当按照便民、卫生、有序的原则,科学合理地规划、建设、设置和管理各类便民市场(含早、夜市场)。沿街沿路的便民市场由市辖区人民政府市容环境卫生行政主管部门负责管理,住宅小区、城中村的便民市场由街道办事处或有关乡镇人民政府负责管理。

开设早、夜市场的,应当明确早、夜市场的开闭时间和市场区域范围,禁止场外经营、越界经营和占道经营。

第二十八条 实行门前三包责任制。沿街沿路单位及个人的门前三包工作,由市辖区人民政府市容环境卫生行政主管部门、爱卫会办公室和工商行政主管部门负责监督实施和管理;街道办事处(乡镇)在市辖区人民政府市容环境卫生行政主管部门和爱卫会办公室的指导下，负责住宅小区、城中村、城边村、城郊村内单位及个人门前三包工作的监督实施和管理。

第二十九条 下列环境卫生管理工作，由街道办事处（乡镇）负责：

（一）划分社区管理责任区，落实门前三包制度；

（二）落实除害灭病、维护环境卫生的具体措施；

（三）配合市辖区市容环境卫生行政主管部门管理辖区内休闲活动场所、公厕和垃圾转运站、垃圾箱等基础设施；

（四）协调责任单位清理辖区内街路、住宅小区和公共活动场所的生活垃圾；

（五）配合相关部门做好辖区内城中村、城边村、城郊村的环境卫生管理工作。确定专门环卫工人负责卫生保洁，做到卫生有人清扫、垃圾有人收集、污水定点倾倒、公厕定人看护，不留卫生死角；

（六）配合相关部门做好辖区内农贸市场的管理工作。督促集贸市场的举办方做好市场内卫生设施配备、摊位设置、商品分类、市场内外环境保洁、垃圾清运、车辆进出停放及停车场管理等工作。

集贸市场内营业用房的经营字号、门头牌匾、广告和市场内的标识牌应当统一标准、统一制作、统一设置。集贸市场内应当建有与市场规模相适应的公共厕所和密闭的垃圾收集设施或转运点，并配备足够数量的清扫保洁人员。

第四章 园林绿化管理

第三十条 市辖区城市绿化行政主管部门负责本辖区的城市绿化管理工作。

法律、法规规定由林业、水利、交通等行政主管部门负责管理的绿化工作，从其规定。

第三十一条 未经同意擅自占用城市绿化用地的，由市辖区城市绿化行政主管部门责令限期退还、恢复原状，可以并处罚款；造成损失的，应当负赔偿责任。

第三十二条 下列城市绿地管理，实行专人养护、分工负责：

（一）向公众开放的各类公园（含综合性公园、动植物园、游乐公园、郊野公园、风景名胜公园、森林公园、文物古迹公园等）、小游园、陵园、滨河绿地和行道绿化带等供游人游览、休闲的公共绿地，由市辖区城市绿化行政主管部门负责管理；

（二）机关、部队、企事业单位等物业管理范围内的单位附属绿地，由该单位负责管理；

（三）居民住宅区、庭院和屋顶等居住区绿地，由业主大会或经业主大会授权的业主委员会委托物业管理企业负责管理；

（四）用于隔离、卫生、安全、水土保持、护堤、护岸、护路等防护绿地，由市辖区城市绿化行政主管部门负责管理；

（五）为城市绿化提供苗木、地被植物、花卉、种子等的生产绿地，由市辖区城市绿化行政主管部门负责管理；

(六)位于城郊依托自然地貌、美化和改善城市环境的风景林地,由市辖区城市绿化行政主管部门负责管理。

第三十三条　禁止在城市公共绿地内开设商业、服务摊点。对擅自开设商业、服务摊点的,由市辖区城市绿化行政主管部门或者其授权的单位责令限期迁出或者拆除;造成损失的,应当负赔偿责任。情节严重的,由市辖区城市绿化行政主管部门提请区工商行政管理部门吊销营业执照。

第三十四条　市辖区城市绿化行政主管部门负责查处下列损害城市绿地、树木花草和绿化设施的行为:

(一)剥、削树皮和挖树根;

(二)利用树木搭棚、架设线路和拉直钢筋;

(三)采摘花果、攀折树枝;

(四)在树木上刻字、砸钉和拴系牲畜;

(五)损坏草坪、花坛、绿篱和园林设施;

(六)在城市绿地内倾倒废物、排放有毒有害污水、放牧、割草、狩猎、打鸟、开山采石、取土、砌灶野炊、占地葬坟、烧香烧纸;

(七)其他损害城市绿地、树木花草和绿化设施的行为。

第五章　城市交通管理

第三十五条　市公安机关交通管理部门负责本市城市道路交通安全管理工作。

市交通行政主管部门负责本市客运经营管理工作。

第三十六条　未经许可,占用道路从事摆摊设点、经商、堆物作业等非交通活动的,由公安机关交通管理部门依据《内蒙古自治区道路交通安全违法行为处罚规定》第二十八条规定,责令其消除道路交通安全违法行为。

第三十七条　未经批准,擅自挖掘道路、占用道路施工或者从事其他影响道路交通安全活动的,由市政道路主管部门责令停止违法行为,并恢复原状,可以依法给予处罚;致使通行的人员、车辆及其他财产遭受损失的,依法承担赔偿责任。

有前款行为,影响道路交通安全活动的,公安机关交通管理部门可以责令停止违法行为,迅速恢复交通。

第三十八条　根据道路和交通流量的具体情况,公安机关交通管理部门可以限定畜力车、持有运输许可证的残疾人专用机动车、拖拉机、三轮汽车、人力三轮车、电动三轮车的行驶范围。禁止无机动车牌照的正三轮摩托车和非残疾人员驾驶残疾人专用车在中心城区范围内行驶。

第三十九条　对违反道路交通安全法律、法规关于机动车停放、临时停车规定的,由公安机关交通管理部门指出违法行为,并予以口头警告,责令其立即驶离。

机动车驾驶人不在现场或者虽在现场但拒绝立即驶离,妨碍其他车辆、行人通行的，处 20 元以上 200 元以下罚款，并可以将该机动车拖移至不妨碍交通的地点或者公安机关交通管理部门指定的地点停放。公安机关交通管理部门拖车不得向当事人收取费用，并应当及时告知当事人停放地点。

第四十条 城市客运出租汽车车体颜色、标记、标志、设施应当统一，符合市政府有关规定要求。

第六章 环境保护管理

第四十一条 市、市辖区人民政府环境保护行政主管部门负责城市规划区内的环境保护工作。

各级公安、交通、铁路、民航等主管部门，根据各自的职责，对交通运输和社会生活噪声污染防治实施监督管理。

公安机关交通管理部门可以根据环境保护的需要，划定禁止机动车辆行驶和禁止其使用声响装置的路段和时间，并向社会公告。

第四十二条 有下列行为之一的，由公安机关给予警告，可以并处罚款：

（一）在城市市区噪声敏感建筑物集中区域内使用高音广播喇叭；

（二）违反辖区公安机关的规定，在城市市区街道、广场、公园等公共场所组织娱乐、集会等活动，使用音响器材，产生过大音量干扰周围生活环境的；

（三）未依法采取措施，从家庭室内发出严重干扰周围居民生活的环境噪声的。

第四十三条 在城市集中供热管网覆盖地区新建燃煤供热锅炉的，由市、市辖区人民政府环境保护行政主管部门责令停止违法行为或者限期改正，可以处 50000 元以下罚款。

在城市市区内，禁止焚烧沥青、油毡、橡胶、塑料、皮革以及其他产生有毒有害烟尘和恶臭气体的物质；禁止在人口集中地区、机场周围、交通干线附近以及市辖区人民政府划定的区域露天焚烧秸秆、落叶等产生烟尘污染的物质。

第四十四条 在市区范围内禁止露天烧烤。

违反前款规定，由市辖区人民政府市容、环保、卫生、街道办事处（乡镇）等行政主管部门和单位联合监督管理。在沿街沿路进行露天烧烤的，由市辖区人民政府市容、环保、卫生行政主管部门依法处理；在住宅小区、城中村范围内进行露天烧烤的，由街道办事处或有关乡镇人民政府依法处理。

第四十五条 有下列行为之一的，由市或市辖区人民政府环境保护行政主管部门及其他依法行使监督管理权的部门根据不同情节，责令停止违法行为，限期改正，给予警告或者处以 50000 元以下罚款：

（一）排污单位不正常使用大气污染物处理设施，或者未经环境保护行政主管部门批准，擅自拆除、闲置大气污染物处理设施的；

（二）未采取防燃、防尘措施，在人口集中地区存放煤炭、煤矸石、煤渣、煤灰、砂石、灰土等物料的。

第四十六条　有下列行为之一的,由市或市辖区人民政府环境保护行政主管部门及其他依法行使监督管理权的部门责令停止违法行为,限期改正,可以处50000元以下罚款:

(一)未采取有效污染防治措施,向大气排放粉尘、恶臭气体或者其他含有有毒物质气体的;

(二)未经环境保护行政主管部门批准,向大气排放转炉气、电石气、电炉法黄磷尾气、有机烃类尾气的;

(三)未采取密闭措施或者其他防护措施,运输、装卸或者贮存能够散发有毒有害气体或者粉尘物质的;

(四)城市饮食服务业的经营者未采取有效污染防治措施,致使排放的油烟对附近居民的居住环境造成污染的。

第四十七条　向大气排放污染物超过国家和地方规定排放标准的,应当限期治理,并由市或市辖区人民政府环境保护行政主管部门处10000元以上100000元以下罚款。

第四十八条　违法贮存、堆放、弃置、倾倒、排放污染物、废弃物的,由市或市辖区人民政府环境保护行政主管部门及其他依法行使监督管理权的部门按下列规定给予处罚:

(一)向水体排放剧毒废液,或者将含有汞、镉、砷、铬、氰化物、黄磷等可溶性剧毒废渣向水体排放、倾倒或者直接埋入地下的,可以处100000元以下的罚款;

(二)向水体排放、倾倒放射性固体废弃物、油类、酸液、碱液或者含有高、中放射性物质的废水的,可以处50000元以下的罚款;

(三)向水体排放船舶的残油、废油,或者在水体清洗装贮过油类、有毒污染物的车辆和容器的,可以处10000元以下的罚款;

(四)向水体排放、倾倒工业废渣、城市生活垃圾,或者在河流、渠道最高水位线以下的滩地和岸坡存贮固体废弃物的,可以处10000元以下的罚款;

(五)企业、事业单位使用无防止渗漏措施的沟渠、坑塘等输送或者存贮含病原体的污水或者其他废弃物的,可以处10000元以下的罚款;使用无防止渗漏措施的沟渠、坑塘等输送或者存贮含有毒污染物的废水的,可以处20000元以下的罚款。

第四十九条　机动车向大气排放污染物不得超过规定的排放标准。

任何单位和个人不得制造、销售或者进口污染物排放超过规定排放标准的机动车。在用机动车不符合污染物排放标准的,不得上路行驶。

第七章　附则

第五十条　在城市管理工作中,行政执法机关及其行政执法人员应当依法行使职权、履行法定职责,禁止野蛮执法、粗暴执法。对违法执法或不履行法定职责的机关负责人、行政执法人员,将由有关机关依法追究行政责任;造成损失的,依法承担赔偿责任。

第五十一条　本办法没有规定的，适用国家和自治区有关法律、法规和规章的规定。

第五十二条　各旗县可参照本办法执行。

第五十三条　本办法由赤峰市建设委员会负责解释。

第五十四条　本办法自2007年5月10日起施行。

赤峰市人民政府办公厅关于印发《赤峰市保护知识产权行动实施方案》的通知

赤政办字〔2007〕084号

（2007年4月17日）

各旗县区人民政府，市直各委办局：

经市政府同意，现将《赤峰市保护知识产权行动实施方案》印发给你们，请认真贯彻落实。

赤峰市保护知识产权行动实施方案

为进一步加大我市保护知识产权工作力度，维护权利人的合法权益，促进科技创新，根据《内蒙古自治区办公厅关于印发保护知识产权行动纲要（2006—2007年）的通知》（内政办发〔2006〕15号）精神，结合赤峰市实际，特制定本方案。

一、指导思想

以邓小平理论和“三个代表”重要思想为指导，认真贯彻落实科学发展观，夯实工作基础，加强综合协调，抓住重点领域和突出问题，明确任务和职责，加大行政和司法保护力度，依法严厉打击侵犯知识产权违法犯罪行为，进一步提高全市创造、运用、保护和管理知识产权的综合水平，为鼓励自主创新、维护权利人合法权益提供有力保障。

二、目标和重点

通过扎实有效的工作，使保护知识产权的执法能力和执法效能明显提高，行政执法部门之间、行政执法部门与司法机关之间的信息沟通更加通畅，行政执法与刑事司法的衔接更加紧密，侵犯知识产权违法犯罪行为得到有效遏制，社会公众知识产权保护意识普遍得到提高，知识产权权利人的合法权益得到切实维护。通过加强知识产权的管理与保护，推动赤峰市经济社会的又好又快发展。

（一）市知识产权局要在积极营造和完善支持专利申请政策环境的同时，将专利申请和专利保护工作贯穿于技术创新的全过程，形成与市场经济相适应的专利运行机制和管理体制，加大对假冒、冒充专利行为的整治力度，保护专利权人合法权益，净化市场环境。以食品药品、农业及高新技术领域为重点，严厉打击涉及专利的诈骗行为，遏制重复性、群体性专利侵权行为,查处冒充专利、假冒他人专利行为。从流通环节入手,积极防范、加强监控,坚决查办具有较大影响的专利权侵权案件。

加强展会知识产权管理。各展会组织承办单位在会展期间要通过市知识产权局强化各类展会的知识产权管理,防止不法分子通过展会销售假冒侵权商品。

(二)市工商行政管理部门通过开展保护注册商标专用权,切实履行工商行政管理机关的商标管理职能,要加强打击商品生产和交易现场的商标侵权行为,依法为注册商标所有人提供高效的行政保护。提升注册商标、著名商标、驰名商标注册量。

(三)质量技术监督部门要加大对生产假冒产品行为的打击力度。加强日常巡查,对侵权行为突出的商品生产和交易市场进行重点整治;对长期销售假冒侵权商品的交易市场,要责令限期整改,情节严重的要坚决依法取缔;加强对生产和仓储现场的巡查,监督生产企业严格按照授权的数量、范围定牌加工。

(四)新闻出版、版权、文化、信息等部门的工作以保护著作权为重点,要依法严厉打击盗版行为。以打击盗版光盘、盗版教材教辅、盗版软件为重点,规范音像制品经营单位的日常经营行为。坚决取缔车站、校园周边、人行横道、居民小区、娱乐场所和商厦附近销售盗版图书、音像制品、软件的不法摊点和游商小贩。加强对软件预装和互联网软件传播的监管,积极推进政府部门及企事业单位使用正版软件工作。

(五)海关要加强进出口环节知识产权的保护。进一步健全相关规章制度,加强与工商、商务等部门的密切合作,帮助企业加强自律和完善内部管理。增强对侵权活动的防范能力。严厉打击进出口环节中的侵权行为,对涉嫌构成犯罪的案件及时移送司法机关追究刑事责任。

(六)公检法机关要充分发挥职能作用,依法严厉查处重大侵权案件。行政执法部门要依法及时移送涉嫌构成犯罪的侵权案件,并与司法机关通力合作,加强工作衔接,提高执法水平和办案效率,对反映强烈、情节严重、影响恶劣的侵权案件,要一查到底。

三、措施与要求

(一)加强组织领导,明确各部门责任

为确保保护知识产权行动健康有序持久开展,成立赤峰市保护知识产权行动领导小组,领导小组下设办公室,办公室主任由市知识产权局机关党委书记焦学武担任。

全市要按照统一领导、部门负责、各方联合行动的原则,统筹协调保护知识产权工作。各相关部门都要制定和完善保护知识产权的规章制度,要结合赤峰实际,针对保护知识产权工作中出现的突出问题,制定和完善有关法规制度,增强可操作性,加大打击力度。同时,要把保护知识产权工作列入重要议事日程,纳入经济社会发展总体规划,加强组织领导,层层落实责任。

(二)组建赤峰市保护知识产权举报投诉服务中心

按照国务院和全国整规办的统一部署,自治区人民政府在自治区知识产权局建立了保护知识产权举报投诉服务中心。为加强我市知识产权保护工作,特成立赤峰市保护知识产权举报投诉服务中心，该中心设在市知识产权局。主要职能是负责受理全市有关专利权、商标权、著作权等知识产权侵权行为投诉举报的接转工作，负责案件处理情况的跟踪和汇总。受理举报投诉后，经分类后分送知识产权相关部门，由相关部门在规定时限内查实、办理，对严重侵权的举报投诉转交相应的行政执法机关和公安、司法机关依法办理，并将结果反馈举报中心，中心定期对案件处理情况进行汇总、分析。负责为权利人和社会公众提供知识产权方面的咨询服务。

（三）进一步加强知识产权管理部门之间的执法协作，建立完善多方联动的执法协作机制

全市要形成统一、高效的保护知识产权执法协作机制。各知识产权主管部门、相关部门要坚持依法行政、各司其职、密切配合，有效整合执法资源，杜绝各自为政、推诿扯皮。加强行政执法与刑事司法的衔接，杜绝以惩代刑。积极探索区域联合执法的有效途径，加强地区之间的案件信息沟通、异地移送、调查取证，加大打击力度，使侵犯知识产权的违法犯罪分子无处藏身。发改委、财政等有关部门要对保护知识产权工作予以必要的支持。要把握国内知识产权制度的变革与发展方向，把握知识产权纠纷发展的特点和规律，提出有针对性的应对措施，妥善化解各类知识产权纠纷。加强与国内发达地区的交流与合作，建立健全打击知识产权侵权行为合作机制，遏制各类知识产权侵权行为的蔓延。

（四）增强企业知识产权保护能力和水平

加强与权利人的沟通协调，及时提供知识产权方面的信息咨询和公共服务。在企业并购、技术交易等经济活动中强化知识产权审查机制，避免自主知识产权流失。支持企业运用法律武器和国际规则维护自身权益，防止知识产权滥用。

（五）充分发挥行业协会和知识产权中介组织的作用

鼓励和支持行业协会开展行业自律和维权活动，有效应对知识产权纠纷。支持知识产权中介服务组织依法拓展服务领域、提高服务水平。整顿和规范知识产权中介服务市场。

（六）加强宣传培训工作

普及知识产权知识、宣传保护知识产权的法律法规要采取多种形式，结合每年保护知识产权宣传周及时宣传保护知识产权工作取得的成效，不断增强全社会知识产权保护意识。积极发挥舆论监督作用，曝光典型侵权案例。要多渠道、多途径开展对党政领导干部、行政执法人员、司法人员和企业管理人员的培训。

（七）各旗县区人民政府和各有关部门要结合工作实际，对保护知识产权工作提供必要的条件，充实基层执法力量，做到执法能力与承担任务相适应。同时，大力推进执法责任制，规范执法行为，切实做到有法必依、执法必严、违法必究。

（八）各旗县区人民政府、市直各有关部门要根据本方案要求，结合各自工作实际，制订具体的工作方案。

中共赤峰市委 赤峰市人民政府
关于全面深化集体林权制度改革的意见

赤党发〔2009〕7号

(2009年4月3日)

实施集体林权制度改革,是党中央、国务院确定的一项重大改革举措,是深化农村牧区综合改革的重要内容,是对农村牧区家庭承包经营制度的丰富和完善,是促进农牧民增收、建设社会主义新农村新牧区的重要途径。2004年以来,我市开展了以集体商品林改革为主要内容的集体林权制度改革,取得了阶段性成效。为全面贯彻落实《中共中央、国务院关于全面推进集体林权制度改革的意见》(中发〔2008〕10号)和《内蒙古党委、政府关于深化集体林权制度改革的意见》(内党发〔2008〕16号)精神,结合实际,现就全面深化我市集体林权制度改革提出如下意见。

一、集体林权制度改革的指导思想、基本原则和总体目标

(一)指导思想。全面贯彻党的十七届三中全会精神,以邓小平理论和"三个代表"重要思想为指导,深入贯彻落实科学发展观,大力实施以生态建设为主的林业发展战略,依法明晰产权、放活经营权、落实处置权、保障收益权,完善政策,创新机制,进一步解放和发展林业生产力,促进我市生态与经济社会协调发展,为建设社会主义新农村新牧区、构建和谐社会作出贡献。

(二)基本原则。坚持农村牧区家庭承包经营为主的基本经营制度,确保农牧民平等享有集体林地和林木承包经营权;坚持统筹兼顾,确保农牧民得实惠、生态受保护;坚持尊重农牧民意愿,确保农牧民的知情权、参与权和决策权,做到公开公平公正;坚持因地制宜、分类施策,确保改革符合本地区实际;坚持依法依规,确保政策的稳定性和连续性。

(三)总体目标。从2009年开始,利用3年时间,基本完成明晰集体林产权和承包到户的改革任务,同时完成核发林权证工作。在此基础上,通过深化配套改革,完善政策措施,健全服务体系,规范管理体制,逐步形成集体林业良性发展机制,达到资源增长、农牧民增收、生态与经济社会协调发展的目标。

二、集体林权制度改革的范围

集体林权制度改革的范围是:全市农村牧区集体所有的商品林、公益林和旗县级以上人民政府规划的集体宜林地。

自然保护区、森林公园、风景名胜区、河道行洪区内的集体林地、林木不列入此次改革范围。

三、集体林权制度改革的主要任务

（一）明晰产权。在保持集体林地所有权不变的前提下，落实以家庭承包为主体、其他形式为补充的经营体制，明确林地使用权和林木所有权，确立农牧民承包经营的主体地位。

对尚未承包到户的集体林地和林木，可采取以下方式明晰产权：

1.家庭承包经营。这是主要的明晰产权方式，能承包到户的都要到户，综合考虑人口、林地面积和林分质量，将林地使用权和林木所有权以家庭承包方式均分落实到集体经济组织的农牧户。本集体经济组织成员平等享有林地和林木承包权。

2.联户合作经营。对实行家庭承包经营划分过于零散不便经营管理的集体林地和林木，一是在按人、按户分配的基础上，由本集体经济组织成员自愿结组，联户承包合作经营；二是可将林地和林木评估作价，由本集体经济组织成员自愿结组，联户承包。联户之间通过合同约定责、权、利。

3.股份合作经营。对不宜实行家庭承包经营的集体林地和林木，可将现有林地、林木折股分配给本集体经济组织成员均等持有，确定经营主体，实行股份合作经营，收益按股分配。

4.其他承包经营方式。对不宜实行家庭承包经营的集体林地和林木，可将林地和林木评估作价，采取招标、拍卖、公开协商等方式承包，本集体经济组织成员依法享有优先承包权。

5.集体宜林地原则上划分到户，谁造谁有，自主经营。也可先统一治理，然后落实承包责任。集体组织成员无人承包的宜林地，可面向社会承包。立地条件差、造林难度大的，可以划给有能力造林者在一定年限内无偿使用，最长不超过一个生产经营周期。

6.对有经济收益的集体公益林要划分到户，对没有经济收益或效益不明显的公益林，可采取均利不分山的方式，落实好管护责任。

对已承包到户和流转的集体林地和林木，要进一步稳定和完善承包关系：

1.自留山稳定不变。对已经划定的自留山实行“增人不增地、减人不减地”的政策，由农牧户长期无偿使用，允许继承，不得擅自收回或调整。自留山上的林木除划分时对原有林木另有约定外，一律归农牧户所有，允许出售和转让。

2.稳定和完善“三定”以来的承包经营关系。对以家庭承包方式承包到户的集体林地和林木，上一轮承包到期后，可直接续包，并完善承包手续。对以其他方式承包的，凡符合法律规定，程序合法，合同规范，合同双方依法履行的，要予以维护；对承包合同不规范的，本集体经济组织多数成员没有意见且合同双方愿意继续履行合同的，可在协商的基础上，依法完善合同；对程序不合法、合同权利义务不对等、群众反映强烈、双方协商不成的，或承包方没有履行合同的，应依法修改或终止合同，重新确定承包经营关系。

3.完善有偿流转经营关系。对通过招标、拍卖、公开协商等方式有偿流转的集体林地和林木，凡符合法律法规和政策规定，流转程序合法、合同规范并依法履行的，要予以维护;对不符合法律法规和政策规定,严重侵害集体和农牧民利益,多数群众有意见的,可依照有关法律规定,调整原流转合同或通过司法程序妥善处理。

本次集体林产权改革,家庭承包经营期为70年。林业“三定”及后期以家庭承包形式均分到户的集体林,自到户之日起至70年为其承包期。承包期届满,可按照国家有关规定继续承包。以非家庭承包形式承包经营集体林地和林木的,可通过承包合同约定承包期限。

无论采取何种形式改革,都要制定方案。方案要经过村民会议三分之二以上成员或村民代表会议三分之二以上代表同意后方可实施。

(二)登记发证。产权明晰后,要依法进行实地勘界、登记,按照林权登记发证程序,核发全国统一式样的林权证。做到林权登记内容齐全规范,图、表、册一致,人、地、证相符。

以嘎查村为基本单位对林权持有情况进行全面梳理、登记造册、归档。所有承包的集体林地都要完善承包合同。核发新林权证后,对原有林权证依法变更或注销。

集体宜林地的确定,由所有权单位提出申请,经苏木乡镇人民政府初审,报旗县区土地管理部门审核同意后,由旗县区人民政府发放林地使用权证书,明确土地性质。

存有争议的林地,实行分级负责,及时解决,妥善处理。林权纠纷解决后及时落实经营主体。

(三)放活经营权。实行商品林、公益林分类经营管理。对商品林,农牧民可依法自主决定经营方向和经营模式;对生态公益林,在保障生态功能的前提下,允许依法合理开发利用林地资源开发林下种养业,利用森林景观发展森林旅游业。

(四)落实处置权。在不改变林地用途的前提下,承包人在承包期内可依法对其拥有的林地承包经营权和林木所有权进行转包、出租、转让、入股、抵押、担保或作为合资、合作的条件,对其承包的林地可依法开发利用。

(五)保障收益权。农牧户承包的林地收益一律归农牧户所有。征收、征用集体所有的林地,用地单位要依照国家有关规定足额支付林地补偿费、林木补偿费、安置补助费及地上附着物补偿费,安排被征收、征用林地农牧民的社会保障费用。其中:征收、征用家庭承包经营林地的,支付给本集体经济组织成员承包户的林地补偿费应不低于70%;林地林木所有权人,要积极支持国家工程项目建设。经政府划定的公益林,要实行统一防火、统一防病虫害、统一管护,从国家森林生态补偿费中提取合理的“三防”费用,由旗县区林业主管部门统筹使用,剩余部分要落实到户,本集体经济组织成员均等享有。

(六)落实责任。产权落实后,要签订书面承包合同,落实造林营林、保护管理、森林防火、病虫害防治等责任,促进森林资源可持续经营。宜林地要明确承包责任,并限期造林。限期内未治理的,收回承包权。林业主管部门要加强对承包合同的管理和指导,建立旗县区、苏木乡镇、嘎查村三级档案管理体制,加强对集体林权制度改革档案的规范化管理。

四、完善有关配套政策

（一）加强对植树造林的扶持。各级政府要按照当地财政收入的增加比例，逐年加大对生态建设、植树造林的投入。集体宜林地落实经营主体后，要按照当地林业发展规划，纳入国家重点林业建设工程、地方造林绿化工程和森林植被恢复工程项目，安排造林投资。

（二）完善林木采伐管理机制。改进商品林采伐审批制度，建立和完善适应家庭承包经营体制的林木采伐管理新机制。以旗县区为单位编制的商品林采伐限额，允许跨年度使用。商品林抚育间伐胸径10厘米以下的林木不占用商品材计划指标。在非林地上培育的人工林采伐，不纳入采伐限额管理范围。实行森林经营方案审批备案制度。林业部门要加强指导和服务，组织集体林承包经营者以户、联户或经营单位编制森林经营方案，按照森林经营方案确定的年采伐量、采伐方式和采伐年度自主安排采伐。速生丰产林、工业原料林的采伐年龄由经营者自主确定。

公益林只能进行抚育和更新性质的采伐，对长势衰退的灌木公益林可有计划地进行平茬复壮。有灌溉条件的防护用材兼用型杨树林，采伐年限确定为12年以上。

严格执行林木采伐公示制度，将分配下达的采伐计划指标、批准采伐的农户、单位及采伐数量纳入政务公开、村务公开内容，接受群众监督。简化采伐审批程序，承包经营权人可持身份证、林权证等有效证件直接向旗县区林业主管部门申请林木采伐许可证。

（三）完善流转制度，规范林地、林木流转。在依法、自愿、有偿的前提下，积极鼓励森林、林木所有权和林地经营权合理流转，实行规模经营，创造最佳效益。流转期限不得超过本轮承包期的剩余期限，流转后不得改变林地用途。集体经济组织保留的少量集体林地和林木，由本集体经济组织依法实行民主经营管理。集体统一经营管理的林地经营权和林木所有权的流转，要在本集体经济组织内提前公示，依法经本集体经济组织三分之二以上成员或三分之二以上村民代表同意。在同等条件下，本集体经济组织成员享有优先承接流转的权利。集体林地经营权和林木所有权流转及补偿所获得的收益在本集体经济组织成员内部分配或用于公益事业。

（四）建立健全林业社会化服务体系。建立市、旗县区两级林业要素市场，为广大农牧民和林业生产经营者提供林业法律政策咨询、林业科技和实用技术、森林资源资产评估、森林资源资产抵押贷款、林权登记、林地和林木产权流转及有关林业信息等方面的服务。盘活现有林地和林木资源，逐步实现从资源经营向资本经营的转变。各级林业主管部门要加强对林业要素市场的监管。

加快新型林业合作经济组织建设，扶持发展林业专业合作组织，促进林业规模化、集约化经营。积极引导农牧民在自愿的基础上，以资金、技术等生产要素为纽带，组建新型林业合作经济组织和经营实体，提高林业经营的组织化程度。指导和帮助合作经济组织制定和完善规章制度,加大对林业合作经济组织的扶持力度,在信贷融资、采伐指标分配、科技服务等方面给予倾斜。

鼓励和引导组建专业化的林业行业协会,加强行业自律和权益保护,为农牧民提供方便、高效、优质的服务。

(五)建立支持集体林业发展的公共财政制度。各级政府要建立和完善森林生态补偿基金制度,将地方公益林的补偿纳入财政预算,逐步扩大公益林补偿面积和提高公益林补偿标准。要按照当年财政增长比例,逐步加大对森林防火、林业有害生物防治、造林、抚育、保护、管理的投入补贴。要进一步加大对林业产业扶持力度,对林业企事业单位发展木材加工、森林旅游、森林绿色食品开发、能源林建设等特色林业产业项目给予贷款贴息。森林防火、病虫害防治以及林业行政执法体系等方面的基础设施建设要纳入各级政府基本建设规划,林区的交通、供水、供电、通讯等基础设施建设要依法纳入相关行业的发展规划,特别是要加大对偏远山区、沙区和少数民族地区林业基础设施的投入。

(六)加强对林业发展的金融和保险支持。金融机构要按照有关规定建立和完善林权抵押贷款办法,允许以林木、林地等森林资源抵押贷款。各金融机构要创新林权贷款品种,简化贷款手续,扩大面向林农的小额贷款规模。各级林业主管部门要做好林权证合法性和真实性的确认,并做好产权抵押相关的登记确权工作。对贷款到期后无法还贷,且经招标拍卖仍无法变现的抵押林木,符合采伐条件的,优先安排采伐指标。大力推动政策性保险,按照政府引导、政策支持、市场运作、农牧民自愿、稳步推进的原则,重点推进森林火灾、林业有害生物危害保险业务,并逐步扩大保险品种和范围,提高农牧民抵御森林火灾、森林病虫害和其他自然灾害的抗风险能力。

(七)建立和完善森林资源保护体系。加强林业执法体系建设,建立和完善各级森林公安机构,加大执法力度,依法严肃查处乱砍滥伐等破坏森林资源的行为。健全森林防火、林业有害生物防治的综合保护监督体系,积极引导农牧民成立森林防火、林业有害生物防治、防止乱砍滥伐联防组织,形成政府主导、部门监管、专业队伍与群防群治相结合的森林保护体系。

五、集体林权制度改革的保障措施

(一)加强领导,落实责任。集体林权制度改革,事关农村牧区发展稳定的大局,事关新农村新牧区建设的成效,事关广大农牧民的切身利益。各级党委、政府要把集体林权制度改革工作作为农村工作的重大任务,成立集体林权制度改革工作领导小组和专门的办事机构,由党政“一把手”负总责,制定方案并切实抓好落实。层层建立责任制,把集体林权制度改革纳入各级党委、政府和市级有关部门年度工作目标考核,将集体林权制度改革工作作为林业重点工作第一责任人和主要责任人目标考核的一票否决项目。建立旗县区直接领导、苏木乡镇组织实施、嘎查村具体操作、部门搞好服务的工作机制。各级组织、宣传和发改、财政、编制、林业、农牧业、国土资源、民政、监察、审计、档案、金融、保险等部门要在党委、政府的统一领导下，建立多部门参与、整体联动的工作运行机制，各司其职，各负其责，形成推动改革的强大合力。

（二）落实经费，保证人员。集体林权制度改革工作量大，涉及面广，持续时间长，任务重，必须在人力、财力上给予支持和保证，确保林改工作顺利进行。集体林权制度改革工作经费，主要由旗县区财政承担，并从 2009 年起纳入地方财政预算。本着“抽硬人、硬抽人”的原则，从有关部门抽调工作能力强、熟悉政策、精通业务的人员充实到林改队伍。要切实加强基层林业工作站建设，按照所管辖地区林业用地面积核定人员编制，工作经费要列入旗县区财政预算。

（三）严肃纪律，规范操作。集体林权制度改革是一次生产关系的大调整，经济利益的再分配，必须做到公开、公平、公正。党员干部特别是各级领导干部要以身作则，绝不允许借改革之机，为本人和亲友谋取私利。各级领导干部要深入集体林权制度改革第一线，及时发现和认真研究工作中出现的新情况、新问题，具体指导和帮助解决实际困难。尤其要注意加强森林资源管理工作，把保护森林资源安全、维护社会稳定贯穿于集体林权制度改革工作的全过程，坚决杜绝乱砍滥伐林木行为的发生。对在改革中不认真履行职责、工作作风不实、落实措施不到位，造成乱砍滥伐林木、群体性上访等严重问题的，要追究有关领导的责任。

（四）宣传发动，维护稳定。各级党委、政府要正确把握舆论导向，加强宣传教育，通过新闻媒体报道、举办培训班、召开村民大会、印发公告和宣传单等多种形式进行广泛宣传，使广大农牧民充分认识和了解改革的目的意义、方法步骤、主要内容等，增强全社会参与改革的自觉性和主动性，营造良好的舆论氛围。

（五）加强管理，搞好服务。各级林业主管部门要切实加强对林改工作的调度、统计、检查和督导。要健全林权纠纷调处工作机制，林业、司法等有关部门要密切配合，做好林地承包争议仲裁、林权纠纷调处工作，及时化解矛盾，确保改革顺利进行。

赤峰市人民政府关于完善城镇基本医疗保障制度的通知

赤政字〔2011〕130 号

（2011 年 5 月 12 日）

各旗县区人民政府，市直各委办局、各企业事业单位：

为进一步完善全市城镇基本医疗保障制度，提高城镇基本医疗保险统筹层次和保障水平，增强医疗保险基金保障能力，实现全市城镇医疗保险“一卡通”，提高我市医疗保险服务管理水平，借鉴湛江模式，结合我市实际，现将有关事宜通知如下。

一、实行城镇基本医疗保险市级统筹

根据《内蒙古自治区人民政府关于进一步做好城镇基本医疗保险工作的通知》（内

政发〔2009〕57 号)和《赤峰市人民政府关于进一步完善城镇基本医疗保险制度的实施意见》(赤政发〔2009〕77 号)要求,2011 年我市实施城镇基本医疗保险市级统筹,在全市范围内实现城镇基本医疗保险政策标准、待遇水平、经办流程、信息系统四统一。

(一)统一基金征缴政策

全市执行统一的基本医疗保险缴费政策。根据《内蒙古自治区人民政府办公厅关于深化医疗保险制度改革有关问题的通知》(内政办字〔2005〕76 号)要求,市县两级财政部门要做好医疗保险费预算编制工作,确保医疗保险费足额预算,凡是机关事业单位采取由财政代扣代缴医疗保险费的,从 2011 年起,一律改由地税部门依法向参保单位全额征缴。

(二)统一医疗保险待遇

1.参保职工在全市范围内就医、购药,医疗保险待遇执行统一标准。

全市城镇职工医疗保险,一个医疗年度内最高支付限额由 13 万元提高到 17 万元,即基本医疗保险最高支付限额维持 5 万元不变,社会医疗救助保险最高支付限额统一提高到 12 万元。

2.鼓励和允许城镇职工到定点社区卫生服务机构住院就医。在一个医疗年度内,第一次住院的,起付标准为 100 元,第二次住院起付标准减半,第三次住院不再设起付标准。住院医疗费支付比例比其他医疗机构提高 5%。

3.城镇基本医疗保险其他相关待遇仍执行《赤峰市人民政府关于进一步完善城镇基本医疗保险制度的实施意见》(赤政发〔2009〕77 号)所规定的标准。

(三)统一经办流程

城镇参保职工住院手续的办理、住院过程的实时监控和面对面的稽查,执行统一的流程,住院医疗费的结算全部实行即时结算。

(四)统一信息系统

2011 年,在全市范围内,城镇医疗保险实现计算机网络有效连接,社会保障卡实行全市“一卡通”,医疗保险费用实行即时结算。

二、实施城镇医疗保险“一卡通”

本着统一规划、稳步实施、规范管理、提供人性化服务的基本原则,全市城镇基本医疗保险参保职工从 2011 年 1 月起逐步实施医疗保险“一卡通”。“一卡通”结算业务实施后,全市参保职工持《中华人民共和国社会保障卡》(简称社保卡),可在赤峰市范围内确定的定点医疗机构、定点零售药店(简称两定单位)就医、购药。

(一)两定单位管理

各旗县区人社部门在本辖区内确定的两定单位中,选择二至三家二级以上定点医疗机构、三至五家定点零售药店作为全市管理的两定单位,其余两定单位仍由各地区自行管理。全市管理的两定单位的管理办法、考核办法和服务协议由市人社部门统一制定。

（二）就医购药

全市范围内，城镇基本医疗保险参保职工均可持社保卡在本地区所确定的两定单位就医、购药，亦可在全市管理的两定单位就医、购药。

（三）医疗费用审核、资金结算和资金清算

医疗费用审核、资金结算和资金清算总的原则是参保地审核，就医地结算，医疗保险经办机构间清算。

1.费用审核。参保职工跨参保地就医、购药发生的医疗费用，应由参保地医疗保险经办机构按照国家、自治区、市医疗保险规定进行审核。

2.资金结算。参保职工跨参保地就医、购药发生的医疗费用，属于个人负担的，由两定单位直接向参保职工收取；需由参保地医疗保险经办机构支付的，先由就医地医疗保险经办机构预留一定数额的保证金后，以垫付的方式定期与两定单位结算。

3.资金清算。市医疗保险经办机构负责各地区间“一卡通”资金往来清算的综合协调工作，根据参保职工跨参保地发生的就医、购药费用，每月清算出各经办机构应支付或应回收的资金。各地区医疗保险经办机构须在规定时间内及时予以支付。

三、引入商业保险机构参与市本级城镇职工社会医疗救助保险

根据赤政纪字〔2011〕27 号《研究市本级医疗保险管理和服务引入湛江模式有关事宜》会议纪要精神，按照以政府经办为主导、商业保险参与管理为补充的原则，借鉴湛江经验，引入商业保险公司参与市本级城镇职工社会医疗救助保险的管理和服务。

（一）资金筹集

城镇职工社会医疗救助保险费每人每年 150 元，其中 100 元作为社会医疗救助保险资金，由人社部门所属的医疗保险经办机构管理，50 元作为大额医疗补助保险资金，由人社部门所属的医疗保险经办机构（简称医疗保险经办机构）代参保职工向保险公司再投保。

（二）保险待遇

参保职工在定点医疗机构发生医疗保险范围内的住院医疗费用超过基本医疗保险最高支付限额部分，由个人、社会医疗救助保险和大额医疗补助保险共同承担。社会医疗救助保险和大额医疗补助保险支付比例均为 85%，即在城镇职工基本医疗保险最高支付限额 5 万元标准不变的前提下，将社会医疗救助保险最高支付限额由 8 万元提高到 12 万元，其中医疗保险经办机构用社会医疗救助保险费中的 100 元承保 7 万元（50001~120000 元），商业保险公司用社会医疗救助保险费中的 50 元再承保 5 万元（120001~170000 元）。一个医疗年度内，医疗保险最高支付限额达到 17 万元。

（三）服务管理

1.市本级城镇职工在本市定点医疗机构住院就医，出院时须结清个人应付的医疗费，其余部分由医疗保险经办机构与定点医疗机构结算，涉及大额医疗补助部分再由医疗保险经办机构与商业保险公司结算。

2.市本级城镇职工异地住院所发生的医疗费用,先由个人垫付,出院后,凭参保证件和加盖公章的疾病诊断证明、住院费用明细清单、住院收据等就医资料到医疗保险经办机构报销结算。

3.医疗保险经办机构要加强对定点医疗机构的监督检查,定点医疗机构要积极配合,及时提供检查所需资料等。

四、工作要求

(一)提高认识,加强领导。实施城镇基本医疗保险市级统筹和"一卡通"工作,是深化医药卫生体制改革的重要内容,是方便参保职工跨参保地就医、购药费用实时结算的有效手段,是提升医保服务水平和保障能力的重要举措,也是政府为民办实事的一项民心工程。各地区及有关部门要从大局出发,切实提高认识,加强领导,采取积极有效措施,认真做好市级统筹的衔接工作,确保 2011 年完成市级统筹并开展好"一卡通"工作。

(二)各司其职,分工负责。各级人社部门要牵头做好城镇基本医疗保险市级统筹和"一卡通"的管理协调工作;各级财政部门要积极筹措资金,加大对"一卡通"信息系统建设的支持力度,尽早把网络连接延伸到社区;市人社部门和市财政部门要按照各自职责制定医疗保险异地结算、审核、清算规则和医疗保险"一卡通"实施细则;各级审计部门要加强对资金管理使用的监督。

(三)先行试点,逐步推广。根据全市信息网络系统连接运行和我市医疗保险与商业保险合作正处于积极探索阶段的实际情况,自 2011 年起,我市医疗保险经办机构与商业保险公司先期在市本级城镇职工社会医疗救助保险领域开展合作试点,以便积累经验,不断完善,稳步推进。

内蒙古自治区人民政府
关于赤峰市城市总体规划的批复

内政字〔2003〕80 号

(2003 年 4 月 1 日)

赤峰市人民政府:

你市《关于报送赤峰市城市总体规划的请示》(赤政发〔2002〕125 号)收悉。根据《中华人民共和国城市规划法》有关规定、建设部《关于赤峰市城市总体规划中规划城市人口和建设用地规模的批复》(建规函〔2003〕55 号)精神,经研究,现批复如下:

一、原则同意《赤峰市城市总体规划(2002—2020 年)》。

二、同意总体规划中确定的总面积为 620 平方公里的城市规划区范围。

三、城市规划建成区实际居住人口规模(包括非农业人口、农业人口和一年以上的暂住人口)到 2005 年控制在 50 万人左右,到 2010 年控制在 58 万人左右,到 2020 年控制在68万人左右。城市规划建成区建设用地规模到2005年控制在50.63平方公里以内,到2010年控制在60.62平方公里以内,到2020年控制在68平方公里以内。

四、重点发展城市西部、西南部新区(即八家、小新地组团),积极完善城市西北部地区(即松山组团)。

五、加强规划监督管理,严格执行“一书两证”制度。开发区规划必须纳入城市总体规划,不得下放规划管理权。

六、在城市总体规划指导下,加快城市详细规划编制进度,增强规划的可操作性,确保城市总体规划顺利实施。

内蒙古自治区人民政府关于赤峰市城市总体规划(2012—2030年)的批复

内政字〔2014〕23号

(2014年1月24日)

赤峰市人民政府:

你市《关于报批赤峰市城市总体规划(2012—2030年)的请示》(赤政发〔2013〕2号)收悉。经研究,现批复如下:

一、原则同意《赤峰市城市总体规划(2012—2030年)》(简称《总体规划》)。

二、同意《总体规划》中确定总面积为3706平方公里的城市规划区范围,在该范围内实行城乡统一的规划管理。你市要提高中心城区对周边地区经济社会发展的辐射和带动能力。根据市域内不同地区的条件,大力发展旗县人民政府驻地镇和基础条件好、发展潜力大的重点镇。

三、合理确定城市人口和用地规模。中心城区人口规模:到2015年100万人,到2030年150万人;城市建设用地规模:到2015年132平方公里,到2030年208平方公里。

四、你市要结合赤峰市国民经济和社会发展“十二五”规划切实做好近期建设规划工作,进一步明确近期实施《总体规划》的发展重点和建设时序。加快旧城区改建步伐,不断完善城市功能,改善生活环境。在《总体规划》指导下,尽快组织开展控制性详细规划和各专业规划的编制工作。

五、你市在建设资源节约型和环境友好型城市时,要处理近期建设与长远发展,城区建设与工业园区、物流园区发展,经济发展和生态环境保护的关系,做到经济发展、城市建设、环境保护的协调发展。按照节能减排目标,明确责任主体,落实工作措施,严格控制污染物排放总量,提高污水处理率和垃圾无害化处理率。

六、严格控制生态敏感区域。要加强英金河、阴河、锡伯河、半支箭河的整治改造,确保城市供水安全。坚持节流、开源、保护并重的原则。

七、加强规划监督管理工作。赤峰市城市规划主管部门要依法实施规划管理,各开发区、物流园区要尽快完善总体规划,将规划纳入城市总体规划。开发区、物流园区的规划管理必须由城市规划主管部门统一管理,不得下放规划管理权。

八、你市要认真组织实施《总体规划》,任何单位和个人不得随意改变规划内容。加强公众参与和社会监督,提高全社会遵守城市规划意识。按照《中华人民共和国城乡规划法》有关规定,定期做好《总体规划》实施情况评估工作。相关部门要加强对《总体规划》实施过程的指导、监督和检查,促进生态宜居文化名城建设。

二、著述选目

(一)获自治区政府奖著述

2006 年赤峰市获内蒙古自治区首届哲学社会科学政府奖成果一览表

获奖等级	作者	成果题目	工作单位	类别
二等奖	敖木巴斯尔	三教整改、理论、实践方法	赤峰市教研中心	著作
二等奖	娜　仁	非公有制经济在我国经济发展中的作用	赤峰学院	论文
三等奖	拉给苏荣 其布日哈斯	赛春嘎研究	赤峰学院	著作
三等奖	盖文学	三农对策新论	赤峰市委党校	著作
三等奖	巴林右旗人大	巴林右旗人民代表大会志	巴林右旗人大	著作
三等奖	王青煜	护身符(原名:契丹护身符)	辽上京博物馆	著作
三等奖	刘振峰　金永田	红山古玉藏珍	赤峰市收藏家协会	著作
三等奖	戴景平	道德观概论	赤峰学院	著作
三等奖	斯　仁	蒙古秘史中的一般伦理概念及其语境分析	赤峰学院	论文
三等奖	李彦青	赤峰市农村牧区实现全面小康的研究报告	赤峰市财政学会	论文
三等奖	陈　莲	抵押贷款的负效应不容忽视	赤峰市银监局	论文
三等奖	焦瑞侠	法治与人治是相统一的——构建和谐社会	元宝山发电厂	论文
三等奖	王其格	红山文化“十”与北方民族“十”崇拜	赤峰学院	论文

2008 年赤峰市获内蒙古自治区第二届哲学社会科学政府奖成果一览表

获奖等级	作者	成果题目	工作单位	类别
二等奖	那斯仁	蒙古秘史伦理思想研究	赤峰学院	著作
二等奖	白初一	明代满蒙市场需求及文化组织的特点	赤峰学院	论文
三等奖	天　晓	现代蒙古语中的若干问题	赤峰学院	著作
三等奖	刘　冰 顾亚丽	草原姻盟	赤峰博物馆	著作
三等奖	戴景平	人的需要:马克思人性论的逻辑起点	赤峰学院	论文
三等奖	仁爱君	契丹“盐池宴”与“诸弟之乱”史料辩证	赤峰学院	论文
三等奖	车晓军	金融抑制下构建弱势金融体系探析	人民银行	论文
三等奖	王其格	红山诸文化之鹿与北方鹿崇拜	赤峰学院	论文
三等奖	滕海健	美国历史上的资源与荒野保护运动	赤峰学院	论文

2010年赤峰市获内蒙古自治区第三届哲学社会科学政府奖成果一览表

获奖等级	作者	成果题目	工作单位	类别
一等奖	席永杰	西辽河文化红山文化青铜文化研究	赤峰学院	专著
二等奖	斯　仁	蒙古族传统婚姻家庭伦理研究	赤峰学院	专著
二等奖	杨福瑞	北方游牧民族穹庐观念	赤峰学院	论文
二等奖	任爱君	唐代契丹制度与幽州契丹的形成	赤峰学院	论文
二等奖	李焕青　王彦辉	匈奴考辨	赤峰学院	论文
三等奖	于建设	红山文化概论	赤峰学院	专著
三等奖	白初一	清太祖时期满蒙关系研究	赤峰学院	专著
三等奖	张宏民	明清时期的敖汉蒙古	敖汉旗政府	专著
三等奖	德力格尔	蒙古语修辞学研究	赤峰学院	专著
三等奖	鲍金小　扎木苏	过程完整化教学模式应用研究	林东蒙中	论文
三等奖	孙国学	赤峰市辽文化旅游资源整合与开发	赤峰学院	论文
三等奖	曹彩霞　孙永刚	论希克索斯人在埃及的统治	赤峰学院	论文
三等奖	徐晓明　李铁峰	毛泽东思想和中国特色社会主义理论	赤峰学院	教材

2012年赤峰市获内蒙古自治区第四届哲学社会科学政府奖成果一览表

获奖等级	作者	成果题目	工作单位	类别
二等奖	郑晓光　李俊义 吴汉勤　侯　志	喀喇沁王府文化研究系列	喀喇沁王府博物馆 赤峰学院	著作
三等奖	张清华　张希梅	论大学生道德信仰	赤峰学院	著作
三等奖	巴林右旗 地方志办公室	巴林右旗志(1987—2006)	巴林右旗人民政府	著作
三等奖	孙国学	期望理论视域下的企业技术研发	赤峰学院	论文
三等奖	申国君	门外谈红楼	喀喇沁牛家营子总校	著作
三等奖	丛志芳	谈如何引导学生阅读中体会词句	赤峰市教研中心	论文
三等奖	席德强	如何在生物教学中培养学生的环保意识	喀喇沁锦山中学	论文
三等奖	交通局	赤峰市交通志	赤峰市交通局	著作
三等奖	刘增军　张仲仁	玉龙文化丛书	翁牛特旗文体局	著作
三等奖	刘桂芬	现代农民丛书	赤峰市农牧学校	著作
三等奖	刘慧敏	文化的本质:以文化人	赤峰学院	论文
三等奖	张立忠　熊　梅	论教师实践性知识的内涵与结构	赤峰学院	论文
三等奖	雪　艳	论大学生开展勤俭节约传统教育的必要性	赤峰学院	论文
三等奖	付占营	以创新来提高受众的关注度	赤峰日报社	论文

(二)获赤峰市政府奖著述

2011年赤峰市首届社会科学优秀成果政府奖获奖成果一览表

获奖等级	作 者	成果题目	工作单位	类别
一等奖	董连祥	道义文章	赤峰学院中文系	专著
一等奖	乌成荫	喀喇沁乌梁海部落史	宁城县文体局	专著
一等奖	敖 拉	满蒙关系史料比较研究(蒙文)	赤峰学院蒙古文史学院	专著
一等奖	张清华 张希梅	论大学生道德信仰	赤峰学院社科部	专著
一等奖	李文钧 鲁玉良 刘海明	翁旗承接产业转移情况调研报告	赤峰市委政研室	调研报告
二等奖	耿志民 骞国安 刘瑞明	宁城革命老区史	宁城县老区建设促进会	专著
二等奖	顾会田	赤峰汉语方言概论	赤峰学院科技处	专著
二等奖	孙国学	赤峰旅游	赤峰学院经管学院	专著
二等奖	敖木巴斯尔 南 丁	蒙古族传统母本教育(蒙文)	赤峰民族文化教育学会	专著
二等奖	天 晓	蒙古文化与语言研究(蒙文)	赤峰学院蒙古文史学院	专著
二等奖	李国华 高 嵘 陈海波	体育与健康	赤峰学院职教部	教材
二等奖	蔡晓军 张立春	自助与成长——大学生心理健康教育	赤峰学院教育系	教材
二等奖	周永振	旅游文化概论	赤峰学院经管学院	教材
二等奖	斯日古楞	神圣的摇篮(上、下)(蒙文)	赤峰民族文化教育学会	教材
二等奖	宝音陶格 陶 夫	马克思主义哲学原理(蒙文)	赤峰市委党校	教材
二等奖	丛智芳	小学语文阅读教学研究	赤峰市教育学会	系列论文
二等奖	王玉亭	从辽代韩知古家族墓志看韩氏家族契丹化的问题	巴林左旗政协文史委	论文
二等奖	迟淑贤 刘青松	欠发达地区高校筹资中的独立学院与大学基金构想	赤峰学院计划财务处 赤峰学院经管学院	论文
二等奖	张少珊 曲轶莉	丰宁县出土的契丹大字铭陶壶补释	赤峰学院历史文化学院	论文

续表

获奖等级	作 者	成果题目	工作单位	类别
二等奖	杨福瑞	辽朝推行州县制过程考述	赤峰学院 历史文化学院	论文
二等奖	魏　乐	创业板公司绩效与董事会特征研究	赤峰学院经管学院	论文
三等奖	丁宏玉	我的家教笔记	赤峰市人大教文卫委	专著
三等奖	吴甲才	红山岩画	翁牛特旗政协	专著
三等奖	丛培军 张百奇	韩麟符史料拾遗	元宝山区政协	专著
三等奖	李俊义	赵玉丰年谱	赤峰学院 历史文化学院	专著
三等奖	阿·胡图荣阿著 巴嘎宝力道译	阿鲁科尔沁三百年	阿鲁科尔沁旗 文化馆	专著
三等奖	双　喜	牧民常见法律纠纷案例分析(蒙文)	巴林右旗委党校	专著
三等奖	哈娜拉 刚巴图	学习探索与论述(蒙文)	巴林右旗委党校 赤峰学院	专著
三等奖	阿民布和	文学鉴赏理论与实践研究(蒙文)	赤峰学院 蒙古文史学院	专著
三等奖	赤峰市交通运输局	赤峰市交通志	赤峰市交通运输局	志书
三等奖	巴林左旗委宣传部	科学发展观与青少年成长漫画读本	巴林左旗委宣传部	科普读物
三等奖	王沭文	退休以后怎样生活	赤峰市人力资源和社会 保障局	科普读物
三等奖	刘　筠	女人的起源	赤峰工业职业 技术学院	译著
三等奖	杨占鹏	关于当前农村青少年犯罪的调查思考	敖汉旗公安局	论文
三等奖	孙智芳	提升城市软实力 增强赤峰综合竞争力	赤峰市委党校	论文
三等奖	高　飞	关于大学生公寓文化的几点思考	赤峰学院物理系	论文
三等奖	韩中凌	“批注式阅读教学”的认识与实践	林西县教研室	论文
三等奖	张无为	知识女性的精神困惑与选择——韩静慧小说近作的意义	赤峰学院中文系	论文
三等奖	魏世夫	蒙古族宫廷音乐的艺术特点	赤峰学院音乐系	论文
三等奖	宁志凡	针对心理特征实施成功教育	赤峰市教育学会	论文
三等奖	王艳红	在绘画活动中培养幼儿的创造潜能	赤峰市教育学会	论文
三等奖	耿亚军	浅议幼儿园开展科学教育	赤峰市教育学会	论文
三等奖	孙永刚	西辽河上游生态环境变迁与中国北方旱作农业起源	赤峰学院 历史文化学院	论文

续表

获奖等级	作 者	成果题目	工作单位	类别
三等奖	战宏杰	赤峰市中心城区商业物流园区发展现状与金融支持研究	赤峰市 金融学会	论文
三等奖	郭彩英	构建新型农业社会化服务体系刻不容缓	赤峰市委党校	论文
三等奖	王培荣 王建新	对加快支付结算服务新农村建设步伐的思考	赤峰市 金融会计学会	论文
三等奖	郑笑然	大学英语教师终身学习策略研究	赤峰学院外语系	论文
三等奖	张　敏 康建国	从衣单口粮制度看清代青海藏传佛教寺院的兴衰	赤峰学院 历史文化学院	论文
三等奖	娜　仁	科学发展观对马克思主义发展观的创新	赤峰学院社科部	论文
三等奖	斯钦毕力格	蒙古语文使用中存在的问题之思考	赤峰市教育学会	论文
三等奖	王淑萍	选择生态农业及农牧交错区域的重要性及可行性	克什克腾旗委党校	论文
三等奖	香　莲	蒙古秘史中的“burqanqaldun”解读	赤峰学院 蒙古文史学院	论文
三等奖	李布和	论科学人才观的标准及其意义	赤峰学院经管学院	论文
三等奖	潘存国	积极调整优化产业结构推动区域经济实现又好又快发展	松山区委	论文
三等奖	宋景军	创新形式 丰富载体 不断提升农村牧区思想政治工作整体水平	赤峰市思政研究会	论文
三等奖	王景文	深入开展人防机关“准军事化”建设的思考	赤峰市人防办	论文
三等奖	孟　崴	“代孕”现象背后的伦理冲突	赤峰学院政法系	论文
三等奖	金永田	辽祖州“军”号及附近部分山名考	巴林左旗辽上京博物馆	论文
三等奖	王毓部	关于建立治理预防“小金库”长效机制的调研报告	赤峰市财政学会	调研报告
三等奖	刘永光	赤峰市财政分配结构研究	赤峰市财政学会	调研报告
三等奖	衡振华	十大变迁历史跨越——改革开放30年赤峰人民生活实现由温饱奔小康	赤峰市统计局	调研报告
三等奖	李文钧 崔宏亭 鲁玉良 李　强	元宝山区工商企业参与设施农业建设的主要做法	赤峰市委政研室	调研报告

2013年赤峰市第二届社会科学优秀成果政府奖获奖成果一览表

获奖等级	作者	成果题目	工作单位	类别
一等奖	任爱君	辽朝史稿	赤峰学院	著作
一等奖	贺希格巴图	蒙古族历史三字经(蒙文)	赤峰蒙中	著作
一等奖	赤峰市文化产业发展研究课题组	赤峰市文化产业发展战略与对策研究	赤峰市社科联 赤峰学院 赤峰市文化局	课题研究
一等奖	九三学社 赤峰市委员会	关于赤峰市中心城区工业企业节水情况调研报告	九三学社赤峰市委员会	调研报告
二等奖	高瑞民	新媒体文学新论	赤峰学院	著作
二等奖	张红民	敖汉方言例释	敖汉旗政府采购中心	著作
二等奖	胡格吉乐图	尹湛纳希与儒家文化	赤峰学院	著作
二等奖	马凤磊	赤峰古代长城	赤峰市博物馆	著作
二等奖	王兴敏	房地产法实务问题解析:热点与难点	红山区司法局	著作
二等奖	杨德瑜	易经的科学之源	赤峰市易经研究会	著作
二等奖	孙永刚 乌兰 李明华 崔岩勤	西辽河上游考古时代自然与文明关系研究	赤峰学院	著作
二等奖	郑学辉	“四环三段”立体式数学教学模式	松山二中	著作
二等奖	徐长林	人生有味是语文	喀喇沁旗教育局教研室	著作
二等奖	申国君	回风舞雪红楼梦	喀喇沁旗牛家营子初中	著作
二等奖	郑晓光 李俊义	贡桑诺尔布史料拾遗	喀喇沁王府博物馆 赤峰学院	著作
二等奖	夏长青	教师语言艺术研究	赤峰学院	著作
二等奖	贾洪榛	赤峰沧桑	红山区政协	著作
二等奖	孙国学	旅游产品开发与创新研究	赤峰学院	著作
二等奖	敖木巴斯尔 阿荣 乌日罕	蒙古族传统政本教育	赤峰民族教育学会	著作
二等奖	崔宏亭 麻希柱 程广超	关于我市“1571”工程实施情况调研报告	赤峰市委办公厅	调研报告

续表

获奖等级	作 者	成果题目	工作单位	类别
三等奖	张书理 乌志颜 张松柏 丁明秀	赤峰古树名木	赤峰市林业局	著 作
三等奖	李红艳 戴晓莉 白淑娟	小材料 大智慧——蒙台梭利教具的变化与延伸	赤峰市六一幼儿园	著 作
三等奖	刘占军 王爱民	走进研究性学习	赤峰四中	著 作
三等奖	麻晓松 孙 明 胡庆山	赤峰市地方税务志	赤峰市地税局	著 作
三等奖	那顺德力格尔 刘军凤	成吉思汗箴言解析	昭乌达译书社 赤峰日报社	著 作
三等奖	刘增军 张仲仁	翁牛特旗乌兰牧骑志	翁牛特旗文广局	著 作
三等奖	李 义 胡廷荣	全编宋人使辽诗与行记校注考	宁城县文物管理所	著 作
三等奖	李俊义	元代追封蓟国公张应瑞墓碑研究	赤峰学院	著 作
三等奖	王瑞刚 郑伟	高校非音乐专业学生音乐教育概论	赤峰学院	著 作
三等奖	乌彦博	幼儿儿歌与故事指导	赤峰学院	著 作
三等奖	陈立乾	综合性学院英语教育专业教学研究	赤峰学院	著 作
三等奖	徐慧明	邓小平经济思想解析	赤峰学院	著 作
三等奖	内蒙古清格尔泰蒙古语言文化基金会	喀喇沁蒙古婚礼风俗	宁城县民宗局	著 作
三等奖	李文钧 崔宏亭 刘海波 李淑霞 袁桂华 杨东磊	与锡盟开展“水煤合作”提高赤峰市水资源承载能力问题研究	赤峰市委政研室	课题研究
三等奖	徐丽颖	赤峰地区应用型人才需求状况调查研究与思考	赤峰学院	课题研究
三等奖	李向林 盖文学 李宇洁	增强非公企业党组织吸引力问题研究	赤峰市委党校	课题研究
三等奖	纪秀琴	关于我区苏木（乡镇）中心幼儿园建设工程的前期调查研究	赤峰学院	课题研究
三等奖	衡振华 温延博	赤峰市第三产业支柱产业的选择与发展对策	赤峰市统计局	调研报告
三等奖	王建新	构建便捷农村结算体系 支持推进新农村建设	人行赤峰市中心支行	调研报告

续表

获奖等级	作者	成果题目	工作单位	类别
三等奖	高凤岭 黄云龙 于国柱 刘大成 王贵生	关于赤峰市实施膜下滴灌节水灌溉情况的调研	赤峰市财政局	调研报告
三等奖	王建民 房东升 战宏杰 李杰臣 董黎明	承接产业转移 推进欠发达地区工业化和城市化探析	人行赤峰市中心支行	调研报告
三等奖	赤峰市人民检察院	2012年赤峰市职务犯罪发生情况、发展趋势、预防对策综合分析	赤峰市人民检察院	调研报告
三等奖	萨义宁布	北元林丹汗都城地理位置考	赤峰学院	论文
三等奖	刘慧敏	儒家的礼、“自我”与德性完善	赤峰学院	论文
三等奖	汤向军	和谐社会下宽严相济刑事政策之浅见	赤峰市法学会	论文
三等奖	邵振国 巴特尔	关于民事简易程序改革和完善的思考	翁牛特旗法院	论文
三等奖	董瑞芳	论欠发达的边疆少数民族地区在发展过程中的“追赶代价”及其腐败的预防	赤峰市纪委	论文
三等奖	吕昕娱 杨福瑞	契丹建国前城邑建置考论	赤峰学院	论文
三等奖	霍宇红	论契丹族与汉族服饰文化的融合	赤峰市博物馆	论文
三等奖	王升	斯蒂芬·茨威格小说的心理描写探析	赤峰学院	论文
三等奖	李军	关于农村教师“合作发展”的思考	赤峰学院	论文
三等奖	王一凡	“思想政治理论课”教学改革的思考	赤峰学院	论文
三等奖	赵春林	教有定法,思有定势,学有常规——用高效阅读法落实《语文课程标准》的思考与实践	宁城县教育教学指导中心	论文
三等奖	林炜	扩大居民消费需求的税收政策分析	赤峰学院	论文
三等奖	周永振 王羽	基于季节性因素的草原生态旅游可持续发展探析	赤峰学院	论文
三等奖	敖拉朱兰	清代翁牛特部落历史文化研究	赤峰学院	论文
三等奖	包金花	蒙古族习惯法的现状分析	赤峰学院	论文
三等奖	宝音贺希格	弘吉剌部古今变迁探究	巴林右旗政府地志办	论文

（三）志书、年鉴书目

1991—2014年赤峰市旗县区专业志统计表

志书名称	主编	出版社	字数（万字）	出版时间
赤峰市红山区教育志	仲彦俊　李文廷	内蒙古人民出版社	7.5	1993年10月
赤峰市红山区文化志	张占海	内蒙古科学技术出版社	60	1999年9月
松山区邮电志	索凤山	辽宁教育出版社	65	1995年10月
松山区卫生志	杨德敏　张斌	辽宁教育出版社	43	1997年7月
松山区电业志	曹进元	远方出版社	30	1998年5月
元宝山区邮电志	于　海	内蒙古人民出版社	36	1996年12月
平庄矿务局志	张德印	内新图准字		1995年6月
阿鲁科尔沁旗畜牧志	周明瑞	内蒙古人民出版社	42	1994年5月
阿鲁科尔沁旗道德高中志	旺吉拉	内蒙古人民出版社	20	2001年9月
阿鲁科尔沁旗天山蒙古族实验小学志	旺吉乐	内蒙古少年儿童出版社	18.4	2003年7月
阿鲁科尔沁旗人民政府办公室翻译志	王吉乐 那·吉日嘎拉	内蒙古人民出版社	18.6	2004年9月
阿鲁科尔沁旗罕苏木教育志	乌·宝音乌力吉	内蒙古科学技术出版社	23	2006年7月
阿鲁科尔沁旗天山第二中学志	色仁旺吉拉	内蒙古文化出版社	80	2008年4月
阿鲁科尔沁旗巴彦温都教育志	乌·宝音乌力吉 额尔敦毕力格 明·宝音乌力吉	内蒙古少年儿童出版社	30	2008年6月
阿鲁科尔沁旗城乡建设志	张晶辉	内蒙古人民出版社	60	2008年12月
阿鲁科尔沁民俗志	那·吉日嘎拉	民族出版社		2008年12月
阿鲁科尔沁旗巴音花蒙古族教育志	旺吉拉	远方出版社	66.4	2010年7月
阿鲁科尔沁旗绍根第一中心总校志	旺吉拉　布仁赛音	内蒙古人民出版社	25	2011年11月
阿鲁科尔沁旗新华书店志	尹　翔	内新图准字	10	1999年
阿鲁科尔沁旗天山第一中学志	马振民	内新图准字	41.8	2005年7月
阿鲁科尔沁旗医院志	刘　悦	内新图准字	44.2	2007年9月
阿鲁科尔沁旗林业志	贾志文	内新图准字	101.8	2014年12月
巴林左旗皮影志	申凤山	内蒙古人民出版社	30	2007年
巴林左旗政协志	王云起　王冬旭	中国文化出版社	55	2010年12月
巴林左旗公路交通志	于洪臣	内新图准字	29	2005年10月
巴林人物志	布仁乌力吉	内蒙古科学技术出版社	46.7	1996年10月

续表

志书名称	主编	出版社	字数（万字）	出版时间
巴林石志	胡福巨	北京出版社	4.8	1989年9月
巴林右旗人民代表大会志	梁新建	内蒙古文化出版社	95	2004年10月
赛罕乌拉自然保护区志	李桂林	内蒙古科学技术出版社	69.5	2005年10月
大板一中校志	斯沁达赖	内蒙古教育出版社	71	2006年7月
巴林右旗邮电志	刘建国	内新图准字	30	1998年12月
巴林右旗畜牧志	马小平　李庆东	内新图准字	52	2001年
克什克腾旗文物志	刘志一	内蒙古人民出版社	27	1993年6月
克什克腾旗公路交通志	张玉良	内蒙古科学技术出版社	36	2006年10月
乌丹蒙古族中学30年校志	巴音那	内蒙古少年儿童出版社	65.6	2009年9月
翁牛特旗乌兰牧骑志	刘增军　张仲仁	内蒙古文化出版社	33	2012年9月
翁牛特旗乌丹第三小学志	滕广明	内新图准字	52	2013年5月
喀喇沁旗水利志	杜业春	内蒙古人民出版社	20	1991年12月
宁城县书店志	吴殿珍	内蒙古科学技术出版社	30	1998年12月
宁城县审计志	江　起	内新图准字	23	2001年12月
宁城县军事志	—	内新图准字	48	2008年9月
敖汉旗电业志	孙　栋　刘凤珠	内蒙古文化出版社	50	2007年8月
敖汉旗二轻工业志	刘学伟	内新图准字	9	1988年10月
敖汉旗标准计量志	刘玉学	内新图准字	4.5	1988年12月
敖汉旗土壤志	王孟廷	内新图准字	11.4	1989年6月
敖汉旗粮食志	刘景堂	内新图准字	20	1989年8月
敖汉旗教育志	张振祥	内新图准字	25	1990年12月
敖汉旗人口志	黎　晖	内新图准字	21	1991年4月
敖汉旗卫生志	庞占明	内新图准字	25	1991年5月
敖汉旗城乡建设环境保护志	曹瑞峰	内新图准字	25.4	1998年5月
敖汉旗邮电志	石亚梅	内新图准字	35	1998年8月
金厂沟梁金矿志	王　恕	内新图准字	78.5	1998年11月
白音诺尔铅锌矿志	陈玉清	内新图准字	35	1999年7月
新惠中学校志	刘建华	内新图准字	46	2002年8月
敖汉种羊场志	王庆基	内新图准字	40	2006年12月
敖汉旗军事志	张洪钟	内新图准字	38	2008年9月
敖汉旗政协志	马新华	内新图准字	56	2012年10月
敖汉旗发展和改革局实录(2001—2011)	杜景林 张乃夫	内新图准字	52	2012年10月

说明:此表以现有资料统计

1991—2014 年赤峰市乡镇、村志统计表

志书名称	主编	出版社	字数（万字）	出版时间
建昌营镇志	王永庆	内蒙古人民出版社	50	1995 年 8 月
阿鲁科尔沁旗查干浩特嘎查志（蒙古文）	旺吉拉　那木吉拉	内蒙古文化出版社	50	2007 年 4 月
阿鲁科尔沁旗坤都志（蒙古文）	旺吉拉　那·扎日嘎拉　斯琴巴图、扎·达木仁色楞	远方出版社	105	2010 年 7 月
下洼镇志	张乃夫	内蒙古文化出版社	90	2005 年 8 月
四道湾子镇志	张乃夫	内新图准字	85	2006 年 10 月
金厂沟梁镇志	张乃夫	内新图准字	88	2009 年 9 月
长胜镇志	张乃夫	内新图准字	130	2009 年 9 月
贝子府镇志	田国瑜	内新图准字	113.7	2009 年 9 月
宝国吐乡志	张乃夫	内新图准字	122.8	2014 年 4 月
甘苏庙村志略	刘景泉	内部出版	20	2005 年 11 月
宁城县杨树林子村志	辛增富	内部出版	5.6	2013 年
萨力巴乡志	张乃夫	内部出版	70	2009 年 12 月

说明:此表以现有资料统计

1991—2014 年赤峰市年鉴出版情况统计表

年鉴名称	主编	出版社	出版时间
1991—1995 年赤峰年鉴	魏昌友	内蒙古科技出版社	1996 年 12 月
1998 年赤峰年鉴	孙晓雷	方志出版社	1998年10月
1999 年赤峰年鉴	孙晓雷	亚太新闻出版社	1999年11月
2000 年赤峰年鉴	孙晓雷	内蒙古科技出版社	2000年10月
2001 年赤峰年鉴	唐玉茹	内蒙古科技出版社	2001年9月
2002 年赤峰年鉴	唐玉茹	内蒙古科技出版社	2002年10月
2003 年赤峰年鉴（特刊）	杨远新　唐玉茹	内蒙古文化出版社	2003年10月
2004 年赤峰年鉴	唐玉茹	内蒙古文化出版社	2004年11月
2005 年赤峰年鉴	唐玉茹	内蒙古文化出版社	2005年11月
2006 年赤峰年鉴	唐玉茹	内蒙古文化出版社	2006年11月
2007 年赤峰年鉴	唐玉茹	内蒙古文化出版社	2007年12月
2008 年赤峰年鉴	唐玉茹	内蒙古文化出版社	2008年12月

续表

年鉴名称	主编	出版社	出版时间
2009 年赤峰年鉴	唐玉茹	内蒙古文化出版社	2009 年 12 月
2010 年赤峰年鉴	唐玉茹	内蒙古文化出版社	2011 年 12 月
2011 年赤峰年鉴	唐玉茹	内蒙古文化出版社	2012 年 11 月
2012 年赤峰年鉴	唐玉茹	内蒙古文化出版社	2013 年 11 月
2013 年赤峰年鉴(特刊)	王立恩 唐玉茹	内蒙古文化出版社	2013 年 7 月
2014 年赤峰年鉴	唐玉茹	内蒙古文化出版社	2014 年 12 月
2005 年赤峰百姓年鉴	唐玉茹	内蒙古文化出版社	2005 年 12 月
2008 年赤峰百姓年鉴	唐玉茹	内蒙古文化出版社	2009 年 1 月
1992—1996 年红山年鉴	刘瑞翔	内新图准字	1998 年 12 月
1997—2001 年红山年鉴	刘瑞翔	—	2002 年
1992—1996 年松山年鉴	鲁殿华	内蒙古人民出版社	1999 年 11 月
1997—2001 年松山年鉴	鲁殿华	内蒙古人民出版社	2002 年 4 月
2007—2011 年松山年鉴	鲁殿华	内蒙古文化出版社	2012 年 7 月
1997 年宁城年鉴	魏利达	内新图准字	1997 年 11 月
1998 年宁城年鉴	魏利达	内新图准字	1998 年 12 月
1999 年宁城年鉴	魏利达	内新图准字	1999 年 12 月
2000 年宁城年鉴	魏利达	内新图准字	2000 年 12 月
2001 年宁城年鉴	魏利达	内新图准字	2001 年 12 月
2002 年宁城年鉴	魏利达	内新图准字	2002 年 12 月
2003 年宁城年鉴	魏利达	内新图准字	2003 年 12 月
2004—2005 年宁城年鉴	魏利达	内新图准字	2005 年 11 月
2006—2007 年宁城年鉴	魏利达	内新图准字	2008 年 3 月
2008 年宁城年鉴	魏利达	内新图准字	2008 年 12 月
2009 年宁城年鉴	魏利达	内新图准字	2009 年 12 月
2010 年宁城年鉴	魏利达	内新图准字	2010 年 12 月
2011 年宁城年鉴	魏利达	内新图准字	2012 年 1 月
2012 年宁城年鉴	魏利达	内新图准字	2013 年 1 月
2013 年宁城年鉴	魏利达	内蒙古文化出版社	2013 年 12 月
2014 年宁城年鉴	魏利达	内新图准字	2014 年 11 月

续表

年鉴名称	主编	出版社	出版时间
2010 年翁牛特年鉴	缴树奇	内新图准字	2011 年 1 月
2011 年翁牛特年鉴	缴树奇	内新图准字	2012 年 1 月
2012 年翁牛特年鉴	缴树奇	内新图准字	2012 年 10 月
2013 年翁牛特年鉴	缴树奇	内新图准字	2013 年 12 月
2014 年翁牛特年鉴	缴树奇	内新图准字	2014 年 12 月

三、艺文选录

(一)古今诗词赋选

奉使契丹道中五言长韵

[宋]欧阳修

初旭日霞烘，　都门祖帐供。
亲持使者节，　晓出大明宫。
城阙青烟起，　楼台白雾中。
绣鞯骄趺趺，　貂袖紫蒙蒙。
朔野惊飙惨，　边城画角雄。
过桥分一水，　回首羡南鸿。
地理山川隔，　天文日月同。
儿童能走马，　妇女亦腰弓。
度险行愁失，　盘高路欲穷。
山深闻唤鹿，　林黑自生风。
松壑寒逾响，　冰溪咽复通。
望平愁驿迥，　野旷觉天穹。
骏足来山北，　轻禽出海东。
合围飞走尽，　移帐水泉空。
讲信邻方睦，　尊贤礼亦隆。
斫冰烧酒赤，　冻脍缕双红。
白草经春在，　黄沙尽日蒙。
新年风渐变，　归路雪初融。
祗事须强力，　嗟予乃病翁。
深惭汉苏武，　归国不论功。

注:宋至和二年,辽清宁元年(1055年),欧阳修使辽,翌年归。

敖汉纪行

[清]曾国藩

突兀奇峰入眼多，　平沙莽莽散明驼。
大声欲撼诗人胆，　一片惊涛老哈河。

注:曾国藩,曾任两江总督、直隶总督,此诗作于清咸丰二年(1852年)。

浪淘沙·送钱孟材

［清］贡桑诺尔布

明日送君行，珍重声声。此去迢遥万里程。地北天南虽暂隔，异地同情。

世事太纵横，一语丁宁。从今时望好音聆。见我良朋劳致意，代达悃诚。

注：贡桑诺尔布，喀喇沁右翼旗札萨克，多罗都棱郡王。

晚度英金

［清］赵玉丰

树色苍茫望不分，　红山山下水沄沄。

渔舟摇碎波间月，　牧笛吹寒岭上云。

注：赵玉丰，赤峰人，清末举人。英金即今赤峰英金河。

答友人

王逸伦

一九二八年

军阀混战烽火天，　萑符遍地民倒悬。

愧我无才匡社稷，　蒙君过誉倍赧颜。

注：王逸伦，赤峰市翁牛特旗人，中共早期党员，曾任中共热北地委书记，中共内蒙古自治区委副书记、内蒙古自治区人大常委会主任。

游红山新鱼池

老 舍

塞上红峰映碧池，　茅亭望断柳丝丝。

临风莫问秋消息，　雁不思归花落迟。

注：此诗为现代小说家、戏剧家老舍1961年视察昭乌达盟时作。

咏红山水库

叶圣陶

大堤横截老哈河，　扼要宏图洵可歌。

自此辽河灾患绝，　　更欣沾润灌区多。
登堤满眼好秋光，　　如镜晴湖波不扬。
一旦洪流冲泻下，　　库容二十亿公方。
经营各族齐输力，　　才阅三年伟绩成。
多少劳模先进者，　　治河能手尽新生。
三门峡畔三门市，　　红山库边红山区。
一样工兴成市镇，　　安知先日是荒墟。

注:时任中华人民共和国教育部副部长叶圣陶于1961年视察红山水库时作。

访赤峰市

朱　德

炎炎夏日访乌盟，　　杨柳新栽绕赤峰。
黄沙万里今何在，　　一片青纱映碧空。

注:时任中华人民共和国全国人民代表大会常务委员会委员长朱德于1964年6月30日视察昭乌达盟时作。“乌盟”为作者对昭乌达盟的简称。

承德到赤峰

董必武

铁辇东行又北行，　　黄昏前已达昭盟。
风沙曾使田庐没，　　水草今为农牧生。
遍植笔杨防护好，　　多开爪浍灌淤平。
赤峰面貌初更变，　　万象欣欣日向荣。

注:时任中华人民共和国副主席董必武于1964年6月30日视察昭乌达盟时作。

登赤峰博物馆塔楼

萧克

红山一望意如何，　　恰似轻舟泛碧波。
飞起玉龙风色劲，　　凝视金骢诗韵多。
欲对新城书短句，　　还捉史笔赋大河。
朱总董老今如在，　　当为赤峰再放歌。

注:时任中共中央顾问委员会常务委员萧克于1987年8月26日视察赤峰博物馆时作。

红山赋

傅智勇

川甸茵茵，草木森森，荒原漠漠，河泽粼粼，薰风匆匆，甘雨频频，万类华滋嶷嶷，千态理法彬彬，天象贯通南北，风物辨析古今。一峰奇崛孤傲，始为洪荒传神，华彩红紫绮丽，气脉浑壮乾坤。此乃塞上古境之红山也。

悬崖垂地兮，环顾无近邻，苍龙横卧兮，恢弘大荒魂，酣饮英金水，醉迎塞风临，犹随霞彩动，碧海洗风尘。美哉！晨光熹微时，烟弥紫嫣昏。佳容敛春情，坤裳掩绣襟。幽猗雪遮羞色重，雨濡红颜新，岚生隐谷底，水溢滋山根。遍滩春意，翠映紫崖遥瞻璀璨；漫天青帷，寒光反衬嵯峨雄浑。冬夜绵绵，怀抱北斗山静欲睡；秋日杲杲，肺石试比丹阳之心。坡麓呼应，散缀醉石绿苔点润；峰峦顾盼，巅拥矾头朱砂漫淋。夕照笼阔珊瑚堆，朝晖泽被胭脂云。问其罕觏地质，察其峥嵘恒构，曰：地幔岩浆升涌亿年兮，凝于地壳存身；燕山运动隆起久远兮，崒蚀花岗山髡。

山者盛焉，广衍欣欣；气象生焉，映带殷殷。前开空野，以澄其怀；侧淌清流，以净其身。北疆平远以极目，南丘突兀以兴林。水岸青黄草尖嫩，石旁粉白杏花馨，松荫翠黛不知岩坡冷，杨柳疏影早报塞上春。百卉含英，于原上布锦霞；万泉融情，自谷中调轻音；禽吟纤歌，乃水天之灵性；兽嬉柔舞，为山林之奇珍。寒时既来，风起朔方；暑期将近，雾漫生津。雨细遍野静，霜重满荒金。水向青塞际，山投紫云心。清明赏郊野，风和观远村。瞻旷野之霁色，并有虹霓；仰长天之骤变，常带雷音；雨霏霏天野小，景物归隐；雪皑皑地无界，山隆堆银。日继日兮，远山依留古时韵；年复年兮，长河仍在故道吟。八荒绵延，斯地为源。一山雄峙，莽原之尊。早有摩崖刻石于山阳，先民世代情驻于河阴。其泱泱五千余载，乃是红山古老之领地，华夏之灵根。

古人有名句曰："山不在高，有仙则名；水不在深，有龙则灵"。红山，形体欹侧，虬蟠恭揖。岩面南峭，势向西趋。犹如一团盛大天火，其灿灿华光，彤彤艳彩，乃圣疆之奇。坐落其怀前之赤峰城，由此而得名，亦是"红山文化"摇篮之象征。因之其地域人文史之源远，隐秘之深奥，雅望之崇高，遐迩蜚声。故而国学方家逢迎祥集，海外名士艳羡遥临。试图于此寻求通古探访之隧道，景仰其远古秘境之莫测端倪，以感知其史前祖基之盛时景况，人类弥初之创造经历，原始生命之精神意韵。现岁月长河之丰厚积淀，取绝无仅有之人文瑰宝，以弘扬世上大族洋洋风华之龙魂。

明明上天兮，照临下土，世淳物善兮，造化之心，煌煌东隅兮，先族澄境。千支一脉兮，大荒之根。黄颜龙骨兮，生齿有幸，韶阳春色兮，禧曌乾坤。

塞上风

——有感于赤峰市荣获全国防沙治沙标兵市

王立恩

多少年了,多少年
腾格里喝足了太阳雨
艰难地站成一幅
刚毅而枯燥的永恒
没有河的概念
没有绿的想象
苍凉的大野
陡起的河床
陡起的潮涌
隐去真实的存在
刷出的岁月
一道又一道贫穷
哦,塞上风

没有烟卷的时代
阿爸的阿爸也曾年轻
抽旱烟喝白酒
骆驼般沉着
烈马般骁勇
不安分死守牧鞭
旱烟袋挂上马鞍
起草了悲壮的征程
黑发和鬟鬃冲着风浪
昭示桀骜不驯的血性
可叹啊,一切都被埋葬
那古驿道上的蹄印
和属于想象的松种
遥遥风沙线的尽头
一株红柳迎风抖动

——我那壮烈的父辈啊
哦,塞上风

古老的牧歌蘸着浓酒
马头琴摇走阿爸的半生
枯黄的岁月刻一脸冷峻
乌兰哈达的旷野
回荡雕群觅食的哀鸣
不是所向无敌吗
——有古部落留下的甲胄
不是强悍无比吗
——有成吉思汗的雕弓
从来不相信眼泪的阿爸啊
那布满阴郁的
可是你沉思的眼睛
驯服过暴戾的骏骥
却败给了无形的黄龙
甘心吗
哦,塞上风

镰刀锤头的大旗
摇醒醉醺醺的阿爸
扔掉桃符烟袋酒葫芦
也扔掉所有的沉重
连猎枪和千里驹
也参加了远行的队伍
大幕终于拉开——
铁蹄踏着黎明而来
猎枪挑着红日而来
上演了气壮山河的
东—方—红!
告诉嘎达梅林吧
草原上不再书写宁静
哦,塞上风

风刀,沙弹,浊流

摔打,格斗,翻滚
成吉思汗的子孙
永远是骏马!
永远是雄鹰!
那大旗下宣誓的手臂
早已焊就钢铁的意志
早已筑起巍峨的长城
开拓!开拓!开拓!
让荒漠粗犷的胸肌
多一点女性的温柔
让莽原苍凉的面庞
少一些难耐的苦痛
把青春交给腾格里
把生命交给腾格里
只要萨日娜开遍山野
那就是共和国赤子
忠直刚烈的英灵
哦,塞上风

一群沙坑里崛起的沙枣
一群不懂得畏惧的雏鹰
大草原挽起六弦琴
闯进祖父的画框
——那幅未就的风景
这一群毛孩子啊
吃完炒米就啃书本
试管里还原出父辈的梦
山在颤抖,风在颤抖
腾格里也在颤抖
铁锹和榔头
翻译着绿色交响曲
脚印和汗水
纺织出苍野的新生
哦,塞上风

陡起的潮涌重归温顺

陡起的河床不再狰狞
岁月由枯黄而绚烂
乌兰哈达深沉的眸子
闪烁出兴奋和激动
无需祈祷也无需礼拜
萨日娜已开遍心的沃野
太阳在腾格里的肌肤
注满青春注满光明
大草原以豪爽和刚毅凝固历史
大草原以信念和追求支撑苍穹
哦,塞上风

巴林石赋

崔长青

混沌初开,迄今何年?娲祖创世,何石补天?沧海与荒烟俱逝,大野与灵山生焉。其态绵亘而无垠,其意辽阔而高远。面对荒云,岑然而卧;斑斓梦境,泠月流年;一朝石破,万世惊天。

夫巴林石之意象,罄丹青而难描,擎椽笔而汗颜。故灵光已露,卷无尺素;蜚声四海,未诞名篇。何哉?意象万千难状也,韵致无穷难传也,美意滥觞辞穷矣。然则万类有形,生消有迹,嫣然一笑,已露端倪。石之象,贮五行之真气,藏三界之玄机,传千秋之寒热,道造化之神奇;石之意,穷天宇之高渺,凝大海之浩瀚,腾江河之细浪,现仙山之云烟。

知其宏观之浩浩,感其风韵之绵绵,晓其品位之高下,尔后方可出微言。因语曰:石之为王者,墨泽夺目,血涌狂澜,珠光宝气,美轮美奂;石之为后者,玉肌凝脂,芳容灿烂,香腮飞晕,彩霞满天;石之娇媚者,七彩纷披,盈盈款款,幽意通人,风月无边;而石之君子,至清至纯,静若深潭,卓尔不群,冰心一片。已矣哉,天工开物,钟灵毓秀,品级修列,蔚为大观。愕然为叹者,痴痴入境;倾心忘情者,缱绻自迷;知音而盟会,隔世而成缘。

石之美质,贵在天成,石之创意,在乎无限。意在天国,如梦如幻,琼楼玉宇,列列众仙,瑶台春暖,阆苑花鲜,琼浆清洌,天女飘然;意在山林,诗酒相伴,闲云野鹤,青松山泉,樵客负薪,渔翁在船,远山寒树,野火炊烟;意在笙歌,桃林春艳,风花雪月,洞箫管弦,莺声软语,玉环飞燕。至于蛟龙闹海、熊霸天下、丛林啸虎、鹰击长天,至于四时交替、风雷之变、荣辱通达、生息繁衍,洋洋者举一而漏万。斯石深厚之底蕴、丰富之内涵、天然之丽质,非慧眼重瞳者难鉴也,非绝天盖世者难善焉。

泱泱大国,奇石万类,塞野瑰宝,独傲其林。冉冉光华,令金失色;莹莹露霭,让玉成尘。国有此石,不须藏宝;宅有此石,不须囤金。盛世有藏兮,以昭鸿运;骚人作赋兮,以解其魂。

(二)祭词、祝赞词选

祭词选。祭祀活动,主要流传于牧区。有祭山、祭火、祭敖包、祭湖泊、祭塘神(树神)等,历史悠久。早在十三世纪,铁木真被莫尔格德人袭击,躲进了博尔罕山(即蒙古人民共和国境内的根台山)。追兵不获而返,铁木真得脱。铁木真抚胸告天:"……我之区区性命被博尔罕山搭救,日后我必当常常祭祀此山,我的子子孙孙当与我一般祭祀。"自此,祭山活动一直延续至解放。本市祭山以巴林右旗规模为最大,有赛罕山、巴彦罕山、大罕山(今林西县境)和达尔罕山。每年大祭四次,多在四月至八月举行。内容丰富,仪式隆重,往者云集。本市祭火(俗称祭锅撑子),过去在牧区十分普遍,均于农历腊月二十三日晚上举行。由于生活方式的变化,此类活动现在已不多见。

巴林祭山词

美丽的罕山,
山顶有温泉,
十三层险峻的山峰,
招引十方祭客前来祭奠。

凌云的罕山,
雄壮的罕山,
温暖而又凉爽的山麓,
多少达犴(驼鹿)出没林间。

丛山之首的赛罕山,
屹立在群峰之巅,
神力无比的大罕山,
雄踞千山万山之顶端。

屏绕四周的山峦,
在霞光里俯首鞠躬,
苍茫挺拔的山岭,
簇拥罕山矗立苍穹。

拯救生灵的三宝,
是佛祖、喇嘛、藏经,

至高无上的山神，
是天公赐予的神明。

僧众俗众济济一处，
整羊整牛供在坛前，
锣镲鼓号轰鸣奏起，
悠扬飘荡敬唱经歌。

山顶岭坡和沟壑，
松柏繁茂又青青，
山脚坦荡平川地，
草木欣欣而向荣。

野草随风翻卷如波，
鲜花烂漫铺满大地，
清清山泉流向远方，
都为须弥山巧妆俊扮。

巍峨山峰的顶端，
白云如同哈达一样飘扬，
庄重肃穆的山峰如宝刹，
为四方众生带来吉祥。

碾细的檀香木粉末，
堆积在奠坛上净焚，
以漫山飘动的岗雾，
祭祀赛罕山神圣明。

牵来剽悍的骏马，
赶来成群的牛羊，
为了让山神欢欣喜悦，
献上系着绸带的酒器。

山神啊山佛，
品尝甘美的祭品吧！

永佑草原上的人们，
世代承袭神佛的福荫。

镇住作孽的妖魔，
剪除害人的豺狼，
驱散四面八方的瘟疫，
永佑草原人畜兴旺。

遇旱恩赐甘霖，
遇灾施法剪除，
庇佑草原，
年年岁岁平安。

贡格尔草原祭火词

向以铁为父，
以石为母，
以榆为木的火神，
敬上肥肉与黄油，
祈求恩赐；

孝顺的儿子，
贤惠的媳妇，
温顺的姑娘，
善良的姑爷；

如须弥山一般恒存的福禄，
如海洋一般广阔的幸福，
保佑国泰民安，无病无灾，万事如意，
祝愿鸿运像须弥山般万古长存，
如海洋般源远流长。

祝赞词选。赞颂仪式活动,在本市牧区形式多样,内容广泛,多以赞马、赞蒙古包、歌颂母亲和赞颂家乡为主题。

赞蒙古包词

崭新秀美的蒙古包,
银光四射如月亮。
屹立在须弥山巅,
为大草原增添美丽的图画。
装饰着赡部洲的风光,
——斟上美酒来祝赞。

赞弓箭词

您那长弓用水牛角雕制,
用那苍茫瀚海中的曼陀罗胶粘合而成;
您那胜似金银锁链的弦,
是采用神驼的细鬃编成;
您那弓背上的图案,
是能工巧匠用宝象雕成;
五彩描出凤凰喜飞,
巧手雕出双龙腾云。
箭镞的鸣响,
响彻天际寰宇。
神弦的颤抖,
震撼万里大地。
壮实的新郎佩上弓箭,
就像那勇敢的守护神。
用那所有的玲珑珍珠,
把他打扮得更加美丽英俊。

赞马词

您的马呀，
驰骋于万马之首，
飞奔于千驹之先。
双目似金星，
颅骨像玉环，
四蹄特轻捷，
胸脯甚健壮，
两耳竖灵塔，
腰背展平野，
口含四根象牙，
颈藏九节白玉，
鬃毛像绸缎，
长尾似彩练，
玉齿闪光亮，
肥臀赛磨盘，
遍体骨节灵，
浑身毛灿灿，
疾驰刮雄风，
敏捷如雄鹰，
为草原添色，
神驹犹如龙。

全羊席祝词(节录)

博格多成吉思大汗，
迎娶尊贵的孛儿只斤夫人，
宰过一只洁白的羯羊招待贵宾，
全羊席成为席上的佳品。
这是祖辈留下来的规矩，
也是黄金民族沿用的玉律；
她是忠诚和纯洁的象征，
她是众多食品中的德吉。

(三)民间故事、传说选

马头琴的由来

马头琴是蒙古族民间传统乐器。琴身为木制,高约一米,琴箱下宽上窄,形如倒立的马腿,箱面多以马皮、羊皮或蟒皮蒙制,用马尾为弦拉奏,音域深沉圆润,低回婉转,饱蕴忧思之感。对马头琴的由来,在科尔沁草原曾流传着这样一个古老的动人故事。

很早以前在科尔沁草原上住着一个穷苦牧民,他一无畜群,二无包房,只养着一匹极通灵气的白马。他和白马走遍了茫茫草原,朝夕相伴,形影不离。一年,白马突然病倒了,牧民请遍了草原治马名医,但还是没有治好白马的病,白马死了,牧民悲恸地埋葬了它。可牧民心里却总也忘不了和他相依为命的白马,他昼思夜想,连吃饭也一天天少起来,他盼望着有一天白马能再回来。一天夜里,白马真的跑了回来,它咴咴地叫着,对牧民说:你不是总在想我吗?那你就用我的腿骨为柱、头骨为筒、筋尾为弦做把琴去拉吧,这样我们就会天天在一起了。牧民猛地坐起来,原来是个梦。第二天,牧民真的按照梦里白马说的做了一把琴,在琴杆顶部还精心刻上白马的头。琴响了,果真如同白马的咴咴叫声一般亲切。从此牧民就带着这把琴,在草原到处流浪。后来人们给他的琴起了个既形象又好听的名字——马头琴。

格斯尔

在巴林右旗东部的西拉木伦河岸边,有一片一望无际的草原,在草原中间,有一座山峰。这山峰又奇又美,正面山顶上高耸着三个大小一般、高矮一齐、距离相等的山峰,当地人叫它“古力本图拉嘎”,意思是锅撑子山。有锅撑子就有锅。在古力本图拉嘎旁有一个像扣过来的大锅一样的山,山顶的石头黑漆漆的,像是烧黑了的锅底,叫哈拉金山。

相传在很早很早以前,主管草原的大汗叫格斯尔,他拔山填海力大无穷。有一年草原上不知从哪里来了一个生着12个脑袋的凶恶妖怪,叫芒古斯。他伤害牛羊,祸害牧场,给草原带来了莫大的灾难。格斯尔大汗决心要把他消灭掉,便全身披挂、携刀带箭同芒古斯大战。战到巴林这个地方,已经是七七四十九天了。芒古斯渐渐不支,败了下去。格斯尔大汗暂不追赶,觉得肚子“咕咕”直叫,他便搬来三块石头,在草原上支起了一口大锅做饭吃。谁知刚支上锅,一阵龙卷风滚过,芒古斯妖怪又出现了,他施用妖法,使天空顿时不见五指,想悄悄地溜过去。哪知格斯尔大汗看得真切,灵机一动,在芒古斯从他旁边走过时,一下子推翻了锅,满锅滚开的水朝芒古斯头上浇去,芒古斯12个脑袋一下被烫掉了6个。他忍着疼痛就地翻滚,好歹逃了出来。翻倒的锅就成了今天的哈拉金山,3块石头变成古力本图拉嘎山,锅里的水流成了西拉木伦河。

格斯尔大汗为了彻底消灭魔怪芒古斯,为草原除害,手提兵刃,身背弓箭,到处寻找芒古斯。这一日格斯尔策马来到巴林草原中部的阿斯干山，见芒古斯正在山南麓洼地躲避，格斯尔断喝一声，挺刃向前与魔怪杀在一起。他们从地上杀到空中，又从空中杀到地上，只杀得天昏地暗，尘埃滚滚。格斯尔愈战愈勇，芒古斯用尽魔法，全不中用，渐渐不支。他知不是大汗的对手，收起兵器转身逃去，一纵身飞上阿斯干山巅。格斯尔大汗看得真切，他微微一笑，不慌不忙取过雕弓利箭，对准芒古斯弯弓满月，振臂飞矢。只听“轰”的一响，芒古斯被射翻，山巅被射掉一块巨石。从此以后，阿斯干山巅出现了一个数丈深的大豁子。至今这个豁子还耸立于沙巴尔台河东南。那块被格斯尔射掉的巨石，一直滚到沙巴尔台河南岸停住，石落泉出，许多泉眼绕石一周汇成溪流，汩汩流向河中。人们感激格斯尔大汗铲除妖怪，给此石取名叫吉尔格郎图哈达（幸福、吉祥之石），年年祭祀。神箭飞到“祭台子山”东侧，射出一池清水，人称巴罕宝力格。再往西，箭落之处，生出一棵参天大树，传说这是那支箭杆变的。

草原上的人们感激格斯尔大汗降妖禳灾造福于草原，在沙巴尔台河岸坡岗上建立格斯尔神庙，每年农历五月十三为祭祀日。届时，附近牧民们带上羊乌叉、黄油、奶豆腐等前去祭祀，并诵读祭文，以祈求大汗保佑，风调雨顺，草原兴旺。

九峰红山

在碧波荡漾的英金河东南岸，巍峨屹立着一座挺拔秀丽的九峰红山。山为什么是红的？而又偏偏是九个山峰？这里还有段美丽动人的传说哩！

相传，红山并不像现在这样是红色的，而是一座熠熠发光、五颜六色的山峰。每遇晚霞夕照，就更是金光闪烁，瑞彩千条，比七色彩虹不知要美多少倍。云蒸霞蔚的山脚下，有一潭波平如镜的湖水，湖面上蒸腾着紫蒙蒙的雾霭，似缥缈不定的薄纱。湖水冷暖适度，是个绝妙的仙泉。一次，久居天宫瑶池的西王母的九个女儿悄悄溜出南天门，脚踏祥云，转瞬间飘落在红山脚下，纵身湖中，尽情畅游、嬉戏。不料，被王母发觉，命太白金星下凡，速令九仙女返回天宫。这时，众仙女沐浴已毕，正以湖水为镜梳理秀发，轻点朱唇，忽见太白金星来到，亲传王母口谕，众仙女情知不妙仓促飞离，慌乱中不慎把胭脂撒落山上，从此，五颜六色的山变成了嫣红秀丽的山峰。就在众仙女即将返回天宫的刹那间，突然天昏地暗，霹雳闪电，震耳欲聋，一群天兵天将把众仙女团团包围，托塔天王高声宣读玉皇大帝的御旨：“九女私下凡间，违犯天条，罪在不赦，令化女为石，降贬凡间，永不复返天宫！”太白见此，含泪惜别，化作一道金光，回瑶池去了。此时，雷声隆隆，暴雨如注，一直下了九天九夜，雨过天晴，九女变作九座山峰，耸立于红山之中。当时又因雷公击电用力过猛，迫使金湖的水倒流回溯，绕山麓回环北去，再曲曲折折东流归入土河（今老哈河）。至今在赤峰一带还流传着“红山九个头，英金水倒流”的民谣，给挺拔、秀润、如霓如云的红山更增添了一层神秘的色彩。

四、赤峰市非物质文化遗产项目及传承人

2006年,根据内蒙古自治区文化厅统一部署,赤峰市开展非物质文化遗产普查工作。到2014年底,普查结果显示,全市共有非物质文化遗产项目110个,共有非物质文化遗产传承人144人。红山文化遗址、辽文化遗址被列入世界文化遗产预备名单。

2008—2014年赤峰市国家级、自治区级非物质文化遗产项目一览表

级别	项目名称	项目类别	审批批次	审批时间	申报单位
国家级	阿日奔苏木婚礼	民俗	第二批	2008年	阿鲁科尔沁旗文化馆
	蒙古族勒勒车制作技艺	传统技艺	第二批	2008年	阿鲁科尔沁旗文化馆
	巴林左旗皮影戏	传统戏剧	第三批	2011年	巴林左旗皮影研究协会
	蒙古汗廷音乐	传统音乐	第四批	2014年	阿鲁科尔沁旗文化馆
	巴林格斯尔	民间文学	第四批	2014年	巴林右旗非遗保护中心
自治区级	呼图格沁	舞蹈	第一批	2007年	敖汉旗文化馆
	阿日奔苏木婚礼	民俗	第一批	2007年	阿鲁科尔沁旗文化馆
	蒙古族勒勒车制作技艺	传统手工技艺	第一批	2007年	阿鲁科尔沁旗文化馆
	阿木尔巴伊斯呼朗	杂技与竞技	第一批	2007年	阿鲁科尔沁旗文化馆
	祝赞词	民间文学	第一批	2007年	阿鲁科尔沁旗文化馆
	冰上阿日嘎	杂技与竞技	第一批	2007年	阿鲁科尔沁旗文化馆
	蒙古族服饰图案	民间美术	第一批	2007年	阿鲁科尔沁旗文化馆
	藏传佛教密宗乐舞《娜若·卡吉德玛》	民间舞蹈	第二批	2009年	喀喇沁旗文化馆
	甘苏庙庙乐	民间音乐	第二批	2009年	喀喇沁旗文化馆
	榆鼓制作技艺	民间手工技艺	第二批	2009年	喀喇沁旗文化馆
	掷啪日吉游戏	传统体育、游艺与杂技	第二批	2009年	巴林右旗文体广电局
	巴林祭火	民俗	第二批	2009年	巴林右旗文化馆
	巴林格斯尔	民间文学	第二批	2009年	巴林右旗文体广电局
	沙格德尔口头文学	民间文学	第二批	2009年	巴林右旗文体广电局
	翁根毛都祭祀	民俗	第二批	2009年	巴林右旗文化馆

续表

级别	项目名称	项目类别	审批批次	审批时间	申报单位
自治区级	祝福阿曼乎朱	民俗	第二批	2009 年	巴林右旗文体广电局
	巴林婚礼	民俗	第二批	2009 年	巴林右旗文体广电局
	达尔罕兴畜节	民俗	第二批	2009 年	克什克腾旗文化局
	察干伊德	传统技艺	第二批	2009 年	克什克腾旗文化局
	克什克腾蒙古族马鞍具制作技艺	传统技艺	第二批	2009 年	克什克腾旗文化局
	敖汉旗民间故事	民间故事	第二批	2009 年	敖汉旗文化馆
	青城寺蒙古族祭星	仪式	第二批	2009 年	敖汉旗青城寺
	祭敖包	民俗	第二批扩展名录	2009 年	克什克腾旗文化局
	蒙古包营造技艺	传统技艺	第一、二批扩展	2011 年	阿鲁科尔沁旗文化馆
	蒙古汗廷音乐	传统音乐	第三批	2011 年	阿鲁科尔沁旗文化馆
	蒙医传统疗法器械制作工艺	传统技艺	第三批	2011 年	阿鲁科尔沁旗文化馆
	赤峰雅乐	传统音乐	第三批	2011 年	红山区文化局
	达里湖冬捕习俗	民俗	第三批	2011 年	克什克腾旗达里渔场
	宁城十番乐谱	传统音乐	第三批	2011 年	宁城县文化馆
	宁城三座店抬阁、背阁	传统舞蹈	第三批	2011 年	宁城县文化馆
	红山剪纸	传统技艺	第三批	2011 年	红山区文化局
	萨仁靶射箭	传统体育、游艺与杂技	第四批	2013 年	巴林右旗非遗保护中心
	蒙古族牛角弓制作技艺	传统技艺	第四批	2013 年	巴林右旗非遗保护中心
	胡仁乌力格尔	曲艺	第四批扩展	2013 年	阿鲁科尔沁旗文化馆
	蒙古族服饰(翁牛特服饰)	民俗	第四批	2013 年	翁牛特旗文化馆
	瓜子张炒货技艺	传统技艺	第四批	2013 年	红山区文化局

说明:此表由赤峰市文化和旅游局提供。

2008—2014年赤峰市国家级、自治区级非物质文化遗产传承人一览表

姓名	性别	出生年月	民族	传承项目	授予级别	保护单位
白音查干	男	1939年7月	蒙古族	蒙古族勒勒车制作技艺	国家级	阿鲁科尔沁旗文化馆
金巴扎木苏	男	1934年12月	蒙古族	巴林格斯尔	国家级	巴林右旗非遗保护中心
苏木雅	男	1966年2月	蒙古族	祝赞词	自治区级	阿鲁科尔沁旗文化馆
特古斯巴雅尔	男	1971年9月	蒙古族	祝赞词	自治区级	阿鲁科尔沁旗文化馆
道尔吉丹巴	男	1938年3月	蒙古族	祝赞词	自治区级	阿鲁科尔沁旗文化馆
嘎布图格其	男	1964年6月	蒙古族	祝赞词	自治区级	阿鲁科尔沁旗文化馆
阿拉坦敖其	男	1939年9月	蒙古族	冰上阿日嘎	自治区级	阿鲁科尔沁旗文化馆
松　迪	男	1939年5月	蒙古族	冰上阿日嘎	自治区级	阿鲁科尔沁旗文化馆
崇古拉	男	1936年8月	蒙古族	冰上阿日嘎	自治区级	阿鲁科尔沁旗文化馆
巴图巴雅尔	男	1940年10月	蒙古族	冰上阿日嘎	自治区级	阿鲁科尔沁旗文化馆
拉希拉布坦	男	1933年1月	蒙古族	阿木尔巴伊斯呼朗	自治区级	阿鲁科尔沁旗文化馆
青　春	女	1960年11月	蒙古族	蒙古族服饰图案	自治区级	阿鲁科尔沁旗文化馆
松　迪	男	1939年5月	蒙古族	蒙古族勒勒车制作技艺	自治区级	阿鲁科尔沁旗文化馆
赛音都楞	男	1966年4月	蒙古族	蒙古族勒勒车制作技艺	自治区级	阿鲁科尔沁旗文化馆
中那木斯来扎布	男	1952年11月	蒙古族	蒙古包木架制作技艺	自治区级	阿鲁科尔沁旗文化馆
曹德木加木苏	男	1948年12月	蒙古族	蒙古族五疗器械	自治区级	阿鲁科尔沁旗文化馆
敖特根巴音	男	1971年5月	蒙古族	胡仁乌力格尔	自治区级	阿鲁科尔沁旗文化馆
杨万年	男	1952年5月	汉族	红山剪纸	自治区级	红山区文化局
林正宇	女	1979年7月	蒙古族	赤峰雅乐	自治区级	红山区文化局
赵占儒	男	1950年5月	汉族	皮影戏	自治区级	皮影协会
王文全	男	1960年3月	汉族	皮影戏	自治区级	皮影协会
李国华	女	1970年12月	汉族	皮影戏	自治区级	皮影协会
金　玉	女	1947年4月	蒙古族	蒙古族长调民歌	自治区级	翁牛特旗文化馆
胡其图	男	1949年9月	蒙古族	蒙古族长调民歌	自治区级	翁牛特旗文化馆
万　花	女	1969年12月	蒙古族	蒙古族服饰	自治区级	翁牛特旗文化馆

续表

姓名	性别	出生年月	民族	传承项目	授予级别	保护单位
恩和巴图	男	1933 年 6月	蒙古族	巴林祭火	自治区级	巴林右旗文化馆
金巴扎木苏	男	1934年12月	蒙古族	巴林格斯尔	自治区级	巴林右旗文体广电局
恩　和	男	1942年7月	蒙古族	翁根毛都祭祀	自治区级	巴林右旗文化馆
乌有财	男	1942年4月	蒙古族	榆鼓制作技艺	自治区级	喀喇沁旗文化馆
林国祥	男	1940年2月	汉族	甘苏庙庙乐	自治区级	喀喇沁旗文化馆
苏亚拉图	男	1966 年	蒙古族	察干伊德(奶子酒制作)	自治区级	克什克腾旗文化局
李福山	男	1949 年 8 月	蒙古族	呼图格沁	自治区级	敖汉旗文化馆
金　生	男	1941 年 8 月	蒙古族	呼图格沁	自治区级	敖汉旗文化馆

说明:此表由赤峰市文化和旅游局提供。

索 引

说 明

1.本志索引为主题索引,采用主题分析法编制。

2.全部标引词按首字的汉语拼音音序排列。

3.标引词后的阿拉伯数字表示内容所在的页码。

A

B

C

D

E

F

G

H

J

K

L

M

N

P

Q

R

S

T

Y

Z

编修始末

20世纪80年代初,赤峰市开始社会主义时期第一轮修志,各旗县区和各部门、各单位共同参与,掀起一个空前的修志高潮。1996年9月,《赤峰市志》出版发行。截至1999年,赤峰市第一轮修志全面完成。按照《地方志工作条例》每20年左右编修一次地方志书的规定和自治区的总体部署,2014年8月,赤峰市政府研究决定启动第二轮《赤峰市志(1991—2014)》的编修工作。10月,市政府召开《赤峰市志》续修启动工作会议,全面部署二轮修志工作。会后,市政府与143家承编单位签订承编责任书,第二轮修志工作全面启动。11月,市政府办公厅印发《赤峰市第二轮地方志编修工作实施方案》,对第二轮《赤峰市志》编纂指导思想、组织领导、编修类型、志书定位、编修断限、结构体裁、编纂原则等进行总体设计。同时,明确各单位的编写任务。同年底,全市143家承编单位基本做到组织、人员、任务"三落实"。2015年2月,市政府成立了《赤峰市志》续志编修办公室,从此拉开了续修《赤峰市志》的帷幕。

修志伊始,我们制定了一套修志制度和规范文本,内容包括工作规则、行文规则、审稿规则、主编和编辑规则、质量标准、条目要素、记述规则等。力求把质量意识贯穿于修志全过程,确保资料征集这一基础工作扎实有序进行。其间,制订印发了《赤峰市志》基本篇目大纲、《赤峰市志·大事记》编纂方案和《赤峰市志·人物篇》编纂方案。

针对本轮修志人员大多数是首次参加修志这一特点,我们加大培训力度,举办了全市二轮修志业务培训班,汇编了《赤峰市志编修手册》等参考资料。同时,深入基层,针对修志的行业特点、地区特色开展专篇专章的"条条""块块"式辅导。通过业务培训,不仅使承编单位进一步明确了编纂思路、掌握了编纂方法,而且也使续志办编辑人员的业务素质和编纂水平得到了提升。

在资料征集阶段,为做到广征博采,要求编辑人员深入各承编单位,与各承编单位一一对接,落实编写任务,督导志稿撰写工作;组织专人查阅《赤峰日报》、《红山晚报》、统计普查、调查报告、部门内刊、档案馆藏等地情资料;走访调研"计算机服务业""广告业""商务服务业"等新兴现代服务业,掌握"活"资料。至2016年上半年,各承编单位基本完成资料的编写和上报工作,共征集各类资料近1500万字。为保证志稿质量,我们建立了承编单位资料审查验收制度,拟定并印发了《赤峰市志承编单位资料审查验收办法》,要求承编单位上报的资料必须经过严格审查并由主要领导审核签批,以确保上报资料的系统性、真实性、权威性。

2016年下半年,《赤峰市志》进入编纂阶段后,根据赤峰城市定位,结合赤峰市管县行政体制的特点，我们确立了“把握地情特点、突出时代特征，记好发展变化、浓墨人文特色”的编纂思路。在编纂过程中，始终把握三条修志原则：一是突出改革开放主旋律。志稿的焦点和重心，始终紧扣时代脉搏，尽可能完整记录改革开放的重要节点和脉络；尽可能完整记述赤峰在全国、全区重大改革中的率先举措和特殊贡献；尽可能准确揭示赤峰在政治、经济、文化、社会等方面，尤其在体制机制上的创新和转型，使市志更具时代性。二是突出快速发展和显著成就。这一时期，全市地区生产总值增长了 37 倍，财政总收入增长了 54 倍，城镇居民人均收入增长了 16 倍，农牧民人均收入增长了 14 倍。各项事业全面快速发展，被称为历史上经济社会发展最快最显著的时期。作为盛世修志，在抓全面、全貌的同时，更要重点抓关键、抓典型、抓变化，更多记录代表性、典型性信息，让后世能还原这段历史。三是突出信息的容量与质量。我们格外重视数据，以增强历史记述的精准度；格外重视表格，以强化数据对比的系统性；格外重视图照，更多地留存历史的珍贵瞬间。基于这样的认识，《赤峰市志》在篇目设计上紧抓三点：一是按照“体现全貌、横不缺项、繁简适当”的原则，选用志书的中编体结构；二是按照“要项覆盖、重点紧扣、特色升格”的原则，总揽设置卷篇章节；三是按照“统一规范、科学合理、集散结合”的原则，科学处理集中与分散、交叉与重复等难题。为了做到以上几点，《赤峰市志》总纂篇目曾三易其稿，最后形成了市志送审稿篇目，经市志编纂委员会审定后，于 2018 年开始总纂市志送审稿。面对人员少、任务繁重的状况，全体编辑人员以奋发有为的精神状态，迎难而上，变压力为动力，齐心协力，攻坚克难，经过艰苦努力，到 2019 年 8 月，市志送审稿基本完成，分别报送内蒙古自治区地方志办公室和有关领导、专家以及各有关部门广泛征求意见。

2019 年 12 月 26 日，由内蒙古自治区地方志办公室主持，邀集有关专家、学者，在赤峰市召开了《赤峰市志》（稿）评审会议，对志稿进行联合评审。会后，续志办公室对评审会议及各部门审核后提出的全部意见进行认真归纳整理。并在广泛吸收各方面意见的基础上，按照《〈赤峰市志〉评审委员会评审意见》的宏观思路，结合赤峰市的实际情况，制定了《〈赤峰市志〉送审稿具体修改方案》。2020 年 2 月开始，集中人力、集中时间，反复对志稿做进一步的修改和统一规范工作，7 月基本修订完毕。全书共 25 卷、81 篇、355 章、1121 节。

《赤峰市志》能够顺利编纂成书，关键在于领导重视。市委、市政府的坚强领导和有力推动，是二轮市志编修顺利完成的前提。市志开编以来，每届编委会领导成员均由市长任主任、分管市领导任副主任、主要部门负责人为委员，形成了党委领导、政府主持、编委会组织实施、各方面积极配合的修志格局。市政府主要领导和市政府办公厅分管领导本着对地方负责、对历史负责、对人民负责的态度，把修志列入工作日程，常抓不懈，在组建和稳定修志机构、配备专业人员、解决修志经费等方面给予了全力支持和关怀，为本届修志顺利完成提供了良好的工作条件。

各承编单位及牵头单位的重视和支持，是市志编修顺利完成的关键。市志编纂过程中得到了市委组织部、市统计局、市档案局、市保密局、市图书馆、赤峰博物馆、赤峰学院和各旗县区地方志办公室的通力协助；有143家市直及驻赤单位和400余名业余组稿人员为《赤峰市志》提供了资料。由于各承编单位情况差异较大，存在着不平衡性，市委办公厅、市政府办公厅、市委政法委、市工信局、市财政局、市住建委、中国人民银行赤峰市中心支行、赤峰军分区等牵头单位做了大量协调沟通工作，推动了修志进度的平衡和质量的提高。

修志人员的坚守奉献，是市志编修顺利完成的基础。"五年磨一剑"，个中甘苦，非亲历者难以体味。回顾五年修志路，我们清晰地记得，为核实一个关键数据，修志人员追根溯源；为了考证一个重要史实，修志人员引经据典；为了完整准确地把握文字，修志人员去冗消繁。在一千多个日日夜夜里，修志人员夙兴夜寐，青丝渐成白发，健腰已成橐驼。能够执着坚守到最后，靠的是修志者的事业心、责任感和使命感。市志的字里行间，将永远留有他们深深的印迹。

《赤峰市志》凝聚着许多专家学者的无私奉献，上海地方志办公室梅森、河北省地方志办公室王广才曾对本书的某些篇章提出过宝贵的修改意见；内蒙古地方志办公室杨泽荣、胡满达、贺彪、查干浪涛、孟秀芳、姚思泰、韩泽、郝文强、徐媛英、芙蓉等在市志编纂和审定过程中给予了精心指导和大力支持；市统计局尹洪山，市民政局曹德宝应邀分别为《赤峰市志》审校了统计数据、地名区划。还有梁万龙、范郁森、侯少平等老同志，也曾为市志编纂做出了努力。在此，我们一并表示衷心的感谢。

由于我们编纂水平有限，书中难免存在许多不足，敬请各位领导、专家和读者批评指正。

编　者

2020年8月

为《赤峰市志(1991—2014)》提供资料人员

（按姓氏笔画排序）

丁　蕾	于小鹏	于永利	于红林	于红星	于学才	于学丽	于海波
于海潮	于阔海	马青果	马超凡	王万春	王子彬	王天华	王天雨
王风清	王　丹	王书文	王伟东	王会德	王志军	王志强	王克林
王丽颖	王秀春	王宏坚	王　玫	王国青	王国栋	王学勤	王树明
王显军	王　星	王修茹	王　娜	王　勇	王素珍	王振兴	王晓珊
王　涛	王海波	王继革	王培权	王彩荣	王　博	王景坤	王景昕
王景海	王锐锋	王湛明	王静慧	王德成	王耀江	车会则	戈庶杰
牛明宇	毛彦杰	长　寿	文海军	尹卫义	尹永明	尹兆春	尹　静
孔繁萍	石　林	石　岩	石建勋	布　和	卢广君	卢永欣	史凤来
付海燕	白红星	白　利	白国栋	白雪冰	包小翔	包恩硕	冯志刚
冯　岩	冯琪越	兰春雨	宁志凡	司晓欣	尼木哈	刑广军	邢亚军
邢守谦	吉木斯	毕力格	毕书峰	毕世才	吕志超	吕松强	朱旭光
朱　玥	乔巴特	任　林	任悦军	伊　欣	朵日娜	刘大成	刘大晖
刘小兵	刘开虎	刘云龙	刘文欣	刘占峰	刘占祥	刘汉林	刘伟东
刘廷彦	刘兴伟	刘　宇	刘芳华	刘丽杰	刘利新	刘君国	刘英波
刘明军	刘依伦	刘金超	刘　朋	刘泽敏	刘宗军	刘宗顺	刘建宇
刘威力	刘艳军	刘艳亮	刘晓庆	刘晓敏	刘　浩	刘海明	刘海婷
刘淑君	刘渊波	刘喜民	刘蒙蒙	刘静源	刘德成	刘曙东	齐少琨
齐凤儒	齐安和	齐雁飞	闫东新	闫素华	闫晓波	关海军	米艳雪
江　枫	祁占武	许泽梓	许建慧	许晨曦	那日苏	孙广文	孙永强
孙雨梅	孙　虎	孙国权	孙国芳	孙洪学	孙艳梅	纪彦飞	芬亚军
苏明明	杜崇峰	李子贵	李　丹	李凤岭	李凤海	李玉茹	李玉海
李印民	李永春	李在伦	李成中	李伟琴	李延光	李延昭	李向阳
李　会	李兆惠	李庆华	李宏滨	李国玉	李国栋	李国峰	李宝才
李宗革	李建军	李建萍	李　轶	李　哲	李晓军	李晓玲	李　峰
李海霞	李雪峰	李　强	李瑰峰	李鹏远	李　颖	李福林	李　静

杨云峰	杨东磊	杨永昕	杨亚宁	杨　帆	杨庆艳	杨守军	杨红村
杨志辉	杨丽君	杨宏伟	杨　忠	杨　凯	杨育红	杨钟山	杨　洁
杨洪涛	杨　隽	杨　清	杨辉坡	杨　静	丽　娜	肖丽敏	时光照
吴志强	吴利军	吴　琴	吴瑞文	邱洪涛	何鹏飞	邹艺晶	辛志军
沙文学	沈雪梅	沈媛洁	宋文庆	宋玉敏	宋永昌	宋丽楠	宋建民
宋建华	宋建勋	宋海波	宋喜艳	宋景军	宋　歌	迟文强	迟雪峰
张乃夫	张久前	张文静	张世峰	张东辉	张冬梅	张永权	张圣合
张成文	张成学	张　伟	张兆民	张兆伟	张　阳	张志东	张　杨
张学福	张建忠	张树国	张彦雷	张艳春	张振华	张晓光	张海江
张海峰	张海燕	张鸿鹏	张婧媛	张　琦	张景春	张慧艳	阿　伦
阿如军	陈中责	陈凤波	陈玉贵	陈伟东	陈志忠	陈姊红	陈国峰
陈腾飞	邰洪业	邰洪林	武双艳	范体志	范昕华	范树德	范喜军
范德荣	林玉芳	林树涛	林　琳	明志军	明晓慧	牧　仁	周云玲
周俊秋	周　通	周睿宏	庞志强	郑文红	郑丽娟	郑春雨	单文广
房东升	孟　和	赵日辉	赵永波	赵　阳	赵建业	赵洪斌	赵晓刚
赵晓杰	赵　颖	郝俊峰	郝晓聪	胡大伟	胡昌明	胡春艳	胡艳琴
相　东	钟飞辰	段利明	侯丽英	侯　哲	姜志伟	姜　丽	姜海麟
宫泽显	姚志强	姚利军	姚金鹏	姚晓梅	贺　军	贺红英	贺　丽
贺希格巴图		骆成文	袁宏菲	袁洪军	袁桂华	贾玉红	贾宏能
夏　文	夏清华	钱卓夫	徐桂艳	徐敏兰	徐增宏	殷树敏	殷海池
高　义	高子民	高志峰	高虎龙	高晓凤	高瑞民	高新冬	郭永明
郭　昆	郭宝泉	郭春玲	郭美英	陶建英	黄文博	黄亚文	黄延祥
黄昕昕	黄俊义	菊再红	曹云舒	曹靖宇	曹德宝	常志骐	麻希柱
康建国	康悦欣	盖维军	剪绍民	梁国玉	梁　岩	梁淑君	寇国安
隋礼江	隗春华	斯日古楞	葛广玉	董文洁	董科明	董艳丽	蒋国强
韩昌笑	韩珍喜	韩雪冬	韩景飞	韩静波	朝乐蒙	朝　克	朝鲁蒙
程广超	焦美卉	皓　程	舒　丹	温玉峰	温延博	谢飞鹏	谢艳华
谢　静	瑞　云	雷　答	鲍松熠	满　仓	窦云杰	窦明文	蔡明慧
蔡继成	阚海峰	翟立民	滕广明	潘志伟	潘振纲	潘湘彬	薛　峰
薛　瑞	额尔德木图		穆海东	缴树奇	魏利达	魏利强	魏振羽